最新
カタカナから引く
外国人名
綴り方字典

日外アソシエーツ

●編集担当● 尾崎 稔

刊行にあたって

本書は､｢カタカナから引く 外国人名綴り方字典｣（2002年7月刊）､｢新・カタカナから引く 外国人名綴り方字典｣（2014年12月刊＝第2版）の10年ぶりの最新版＝新訂増補第3版であり､｢最新 アルファベットから引く 外国人名よみ方字典｣(2024年10月刊)の姉妹編にあたる。

姓・名の区別を問わず、人名構成要素のカタカナ表記からそれに対応するアルファベット表記を素早く一覧できるという基本方針は変わっていない。ただ、前版では151,042件のカタカナ見出しの下に、延べ194,083件のアルファベット綴りを収録していたが、今版では見出し数は約1.33倍､綴りの延べ数は約1.35倍となっている。インターネット全盛の現在、単に数量を増やすだけなら際限なく増やすことも簡単だろうが、本書に収録した人名はカタカナ表記・アルファベット表記ともすべて実在の人物名をもとにしており、それが各種参考資料に実際にどのような対応関係で掲載されているのか、ということを示しているもので、この増補は決して少ないものではないと考える。

また、前版に続き今回も非英語圏の人名を積極的に取り入れている。とりわけアジア・中東圏の増補が顕著であり、この10年間の日本との交流の増加、関心の高まりを反映しているともいえよう。

本書が前版・前々版に引き続き、インターネットに氾濫する大量情報と一線を画す、確実な情報源を集約したハンドブックとして、外国人名を扱う多くの人に御活用いただければ幸いである。

2024年10月

日外アソシエーツ

凡　例

1．本書の内容

本書は、実在の外国人名を姓・名の区別なく構成要素単位に分け、それぞれのカタカナ表記に対応するアルファベット表記を明示した人名表記字典である。

2．収録範囲と件数

(1) 歴史上の人物から現在活躍中の人物まで、カタカナとアルファベットによって表記可能な外国人名を収録対象とした。

(2) 国・地域で特有の読み方や愛称・短縮形の読み方など、厳密にはカタカナ表記とアルファベット表記が完全対応していなくても、後述する参考資料に記載されているものは原則採用した。

(3) ただし、英語圏の愛称などであまりにも語感が変わってしまう場合は割愛した。

（例：ボビー⇔Robert、リチャード⇔Dick）

(4) 収録件数は、カタカナ表記（見出し）が200,457件、対応するアルファベット表記（原綴）が延べ262,324件である。

3．記載項目と排列

(1) 人名のカタカナ表記（見出し）

1) 原則として、人名の最小単位として扱われる構成要素を五十音順に排列した。

2) ただし、カタカナ表記の分離が困難な場合は、適切な区切り位置を考慮した。

3) 排列上、濁音・半濁音は清音、促音・拗音は直音とみなし、長音符や記号類は無視した。

(2) 人名のアルファベット表記（原綴）

1) 上記カタカナ表記に対応するアルファベット表記を、後述の参考資料に基づいて記載した。ただし便宜上、原綴の先頭文字は大文字に統一した。

2) アルファベットの綴りが同一でも、各種変音記号の有無、綴り中の大小文字など、表記として多少でも異なるものがあれば併記した。

3) 見出しの下の各アルファベット表記はABC順に排列した。その際、ウムラウトなどの記号類は無視した。

(3) 頻 度

後述の参考資料群の中で、出現頻度の高い「カタカナ表記－原綴」の組み合わせには末尾に「＊」を付し、頻度の目安として以下のように３段階で示した。

今回参考とした８種の資料群のうち、

＊＊＊　７種以上に収録されていたもの

＊＊　５～６種に収録されていたもの

＊　３～４種に収録されていたもの

４．参考資料

以下８種の資料群を参考にした（書籍はすべて弊社刊）。

(1)「外国人物レファレンス事典 古代～19世紀　欧文名」(1999)

「外国人物レファレンス事典 古代～19世紀 Ⅱ(1999-2009)　欧文名」(2009)

「外国人物レファレンス事典 古代～19世紀 Ⅲ(2010-2018)　欧文名」(2019)

(2)「外国人物レファレンス事典 20世紀　欧文名」(2002)

「外国人物レファレンス事典 20世紀 第Ⅱ期(2002-2010)　欧文名」(2011)

「外国人物レファレンス事典 20世紀 Ⅲ(2011-2019)　欧文名」(2019)

(3)「西洋人著者名レファレンス事典」(1999)

「新訂増補 西洋人著者名レファレンス事典」(2009)

「21世紀 世界人名典拠録　欧文名」(2017)

(4)「翻訳図書目録 77/84」(1984)

「翻訳図書目録 84/88」(1988)

「翻訳図書目録 88/92」(1992)
「翻訳図書目録 92/96」(1997)
「翻訳図書目録 1996-2000」(2001)
「翻訳図書目録 2000-2003」(2004)
「翻訳図書目録 2004-2007」(2008)
「翻訳図書目録 2008-2010」(2011)
「翻訳図書目録 2011-2013」(2014)
「翻訳図書目録 2014-2016」(2017)
「翻訳図書目録 2017-2019」(2020)
「翻訳図書目録 2020-2022」(2023)

(5)「現代外国人名録 2004」(2004)
「現代外国人名録 2008」(2008)
「現代外国人名録 2012」(2012)
「現代外国人名録 2016」(2016)
「現代外国人名録 2020」(2020)
「現代外国人名録 2024」(2024)
「現代世界人名総覧」(2015)

(6)「現代物故者事典 2000～2002」(2003)
「現代物故者事典 2003～2005」(2006)
「現代物故者事典 2006～2008」(2009)
「現代物故者事典 2009～2011」(2012)
「現代物故者事典 2012～2014」(2015)
「現代物故者事典 2015～2017」(2018)
「現代物故者事典 2018～2020」(2021)
「現代物故者事典 2021～2023」(2024)

(7)「外国人別名辞典」(2004)
「最新 世界スポーツ人名事典」(2014)
「海外文学 新進作家事典」(2016)
「事典・世界の指導者たち 冷戦後の政治リーダー 3000 人」(2018)
「現代世界文学人名事典」(2019)

(8)「オリンピック記録総覧―メダリスト＆日本選手」(2020)、その他各種年鑑類、および本書初版刊行時のオンライン・データベース「ＷＨＯ」など

【ア】

ア
Aad
Af
Ah*
Al
Ha
アー
Aronovich
Awe
アア Aa
アアヴィング Irving
アアウセルラー
Auserre
アアオール Ağaoğlu
アアケプルラー
Akheperre
アアケペルウラー
Akheprure
アアケペルエンラー
Akheperenre
アアケペルカーラー
Akheperkare
アアケペルラー
Akheperre
アアサア Arthur
アアシャー A‘shā
アアセフラー Asehre
アアネスト Ernest
アアノルド Arnold
アアフ Aah
アアフ·メス Aah-mes
アアフメス Aah-mes
アアマー A‘mā
アアマラ Aamara
アアムストロング
Armstrong
アアヤバータ
Āryabhāṭa
アアラービー
Al-A‘rābī
アアルイ Aaly
アアルト Aalto*
アアルトネン
Aaltonen
アアロン Aaron
アァン Ang
アアンニパッダ
A-anni-padda
アアンネパッダ
A-anni-padda
アイ
Ai**
Ay
Aye
Ayi*
Ayik
Eye*
Israel
アイー Ayii
アイアー
Ayer
Eyer
Eyre
Iyer
アイアコーカ Iacocca
アイアコス Aiakos
アイアコッカ
Iacocca**
アイアコノ Iacono
アイアコン Iacone
アイアス Aiās
アイアッハ Eiach
アイアデル Iredell
アイアトン Ireton**
アイアナコーン
Iannaccone
アイアネッタ Iannetta
アイアポーズ Iapoce
アイアーマン
Eiermann
アイアムス Iames
アイアムズ Iams
アイアランド
Ireland**
アイアリーン Irene
アイアル Aiaal
アイアルソン Eielson
アイアレット Ayelet*
アイアン
Hayen
Ian*
Iron*
アイアンカー
Ayyangar
アイアンガー Iyengar*
アイアンサイド
Ironside***
アイアンシティ Iansiti
アイアンズ
Ions
Irons**
アイイ Ailly
アイイスドッティル
Ægisdóttir
アイヴ Ive
アイヴァ
Ifor
Ivor*
Yvor
アイヴァー
Ifor
Ivar*
Iver
Ivor**
アイヴァース
Ivars
Ivers
アイヴァス Ajvaz**
アイヴァースン
Iverson*
アイヴァーセン
Iversen
アイヴァソフスキー
Aivasovskii
アイヴァゾーフスキー
Aivasovskii
アイヴァゾフスキー
Aivasovskii
アイヴァゾーフスキィ
Aivasovskii
アイヴァーソン
Iverson
アイヴァミ Ivamy
アイヴァリー Ivereigh
アイヴァリオティス
Aivaliotis
アイヴァル Ival
アイヴァン
Ivan**
Iwan
アイヴァンホー
Ivanhoe
アイヴィ
Ivey
Ivie
Ivy*
アイヴィー
Ivan
Ivey
Ivy
アイヴィデ Ajvide*
アイヴィミ Ivimy
アイヴィン Eyvind*
アイヴィンス Ivins
アイヴィンズ Ivins
アイヴェロ Aivelo
アイヴォ Ivo
アイヴォー Ivo
アイウォラー Iworah
アイヴォリ Ivory
アイヴォリー Ivory*
アイヴォリィ Ivory
アイヴォール Ivor
アイヴス Ives*
アイヴズ Ives*
アイウトン Ailton*
アイウバ Aiuba
アイエ
Ahye
Aie
Ailly
Aye
アイェウ Ayew
アイエグブシ
Aiyegbusi
アイエツ Hayez
アイエッロ Aielo
アイエティ Ajeti
アイエテス Aiētēs
アイェド Ayed
アイエバ Ayéva
アイエム Hayem
アイエルマン
Eiermann
アイエレ Ayele
アイェレット Ayelet*
アイェレト Ayelet
アイエロ
Aiello*
Aielo
Iero
アイエン Ayieny
アイエンガー Iyengar*
アイエンス Ayensu
アイェンデ Allende
アイオアディ Ayoade*
アイオウブ Ayoub
アイオサ Iossa
アイオス Iooss
アイオスファ Iosefa
アイオーナ Iona
アイオナ Iona*
アイオニディス
Ioannidis
アイオミ Iommi
アイオロス Aiolos
アイオン
Ion*
Ione
アイカ Ayca
アイカー Eichar
アイガ Aiga
アイガー
Iger*
Igor
アイカク Aykac
アイガス Igus
アイカテリニ
Aikaterini
アイカード Ikard
アイガルス Aigars*
アイカルディ Aicardi
アイカーン Icahn*
アイカン Icahn
アイギ Aigi***
アイギストス Aigistos
アイギナ Aegina
アイギュン Aygun
アイギル Eigill
アイキン Ikin
アイキンズ Eakins
アイク
Aick
Ake
Ayik
Eicke
Eyck**
Icke**
Ike**
アイグ Eig
アイクエイ Ayikwei
アイクシュテット
Eickstedt*
アイクス Ickes
アイクトヴェズ
Eigtved
アイクナー Eichner*
アイグナー Aigner*
アイクハイム
Eichheim
アイクホート Eijkhout
アイクホフ Eickhoff*
アイクホーン
Eichhorn
アイクマン
Aikman
Eijkman
アイクラー Eichler
アイグラー Eigler
アイグルハート
Iglehart*
アイグレシアス
Iglesias
アイクロイド Aykroyd
アイケ
Eicke
Eike**
Ike
アイゲウス Aigeus
アイゲクツィ Aygektsi
アイケルバーガー
Eichelberger
アイケルマン
Eickelman
アイケン
Aiken
Ikenn
アイゲン Eigen**
アイケングリーン
Eichengreen**
アイケンバウム
Eichenbaum
アイケンバーグ
Eichenberg
アイケンベリー
Eikenberry
Ikenberry*
アイゲンマン
Eigenmann*
アイゲンラウフ
Eigenrauch
アイコ Aiko
アイゴウ Igor
アイコエ Ayikoe
アイコック Aycock
アイコノクラスト
Iconoclast
アイコフ Eickhoff
アイコブ Eikov
アイサ
Aissa
Isa*
アイザ Isa
アイザー Eyser
アイザィア Isaiah
アイザイア
Isaiah**
Isaish
Isiah*
アイザイアー Isaiah
アイザイヤ Isaiah
アイザーク
Isaac
Isaak
Issac
アイザク
Isaac
Isac
Issac
Izaak
アイザークス Isaacs
アイザクス Isaacs*
アイザークスン
Isaacson
アイザクセン Isaksen
アイサケ Aisake
アイサコフ Isacoff
アイサタ
Aissata

Aïssata
アイサック Isaac
アイザック
Isaac***
Isaack
Isaak**
Isac
Isak*
Ishaq
Issac*
Izaak*
アイザックス
Isaacks
Isaacs***
Isacs
Issacs
アイザックセン
Isacksen
アイザックソン
Isaacson**
アイザックマン
Issacman
アイザット Izatt
アイサード Isard
アイザード
Isard**
Izard
アイサトゥ
Aisatou
Aisattou
Isatou
アイサノア Ayzanoa
アイザノフ Isanove
アイザーマン
Yzerman*
アイザマン Eisaman
アイザーマンズ
IJzermans
アイサミ Isame
アイザルド Isard
アイジ Ahizi
アイシェ
Ayse
Ayşe
アイシェルバウム
Eichelbaum
アイジット Aidit
アーイシャ
Aisha
ʻĀ'isha
A'ishah
ʻĀ'ishah
Ayesha*
アイシャ
Aicha
Aisha*
Aishah
アイシャー ʻĀ'ishah
アイシャーウッド
Isherwood
アイジャズ Aijaz
アイシャタ Aishath
アイシャット Aishath
アイシャト
Aishat
Aishath
アイシャトゥ
Aichatou
Aïchatou
アイシャム
Isham**
Ishan
アイシュヌル Ayşenur
アイシュワーブハイ
Ishwarbhai
アイシュワリヤ
Aishwarya
アイジョン Ayllón
アイシル Aicil
アイジンガー
Eisinger*
アイシンジュエルオ
Aixinjueluo
アイシンスキー
Haissinsky
アイス
Eis
Eythe
Ice*
アイスキネース
Aischinēs
アイスキネス
Aischines
Aischinēs
アイスキュロス
Aischylos*
Aiskhulos
アイスキロス
Aischylos
アイスケンス Eyskens
アイスター Eyster**
アイスト Eist
アイストゥルフ Aistulf
アイスドーファー
Eisdorfer
アイスドルファー
Eisdorfer
アイストン Eyston
アイスナー Eisner***
アイズナー Eisner**
アイスネル Eisner
アイスノーグル
Icenogle
アイスバイン Eisbein
アイスバーグ
Aisberg
Eisberg
Iceberg*
アイズピリ
Aizpili*
Aizpiri
Aïzpiri
アイスフィールド
Icefield
アイスフェルト
Eissfeldt
アイスプルア
Aizpurua
アイスマン
Eiseman
Eismann
アイズマン
Eiseman
Eisemann
Eisman*
アイスラー
Eisler***
Eysler
Isler
アイズラー
Eisler
Isler
アイスラント Iceland
アイスランド Iceland
アイズリー
Eiseley*
Eisley*
Isley
アイスリン Iselin*
アイスルー Aisuluu
アイズレー Isley*
アイスレイ Eisley
アイスレイン Eiselein
アイスワート Eiswert
アイセア Aisea
アイゼア Isiah
アイセイ Isay
アイゼイア Isaiah*
アイゼット Isett
アイゼナワー Izenour
アイゼマン
Eisenmann
アイゼミンガー
Iseminger*
アイセラ Isela
アイゼリッヒ Eiserich
アイゼリン Eiselin
アイセル Eisele
アイゼルスベルク
Eiselsberg
アイセルベーカー
Isselbacher
アイゼルマン
Aizerman
アイゼレ Eisele
アイゼレン Eiselen
アイゼン
Eihsen
Eisen*
Eysen
アイセンアッカー
Eisenecker
アイゼンヴェルト
Eisenwerth
アイゼンウォルト
Eisenwort
アイゼンク
Eysenck**
Eysencle
アイゼングライン
Eisengrein
アイゼンコルブ
Eisenkolb*
アイゼンシナイダー
Eisenschneider
アイゼンシュタイン
Eisenstein**
アイゼンシュタット
Eisenstadt**
Eisenstaedt
Eisenstat
アイゼンシュテット
Eisenstaedt*
アイゼンスタット
Eisenstadt
Eisenstat
Eisenstodt
Eizenstat
アイゼンステイン
Eisenstein*
アイゼンステット
Eisenstaedt
アイゼンデッハー
Eisendecher
アイゼンドラス
Eisendrath
アイゼンドロース
Eisendrath
アイゼンハウアー
Eisenhower
アイゼンハウワー
Eisenhower
アイゼンバーク
Eisenberg
アイゼンバーグ
Eisenberg**
Isenberg
Isinberg
Issenberg
アイゼンバッド
Eisenbud
アイゼンハート
Eisenhardt*
Eisenhart
アイゼンバート
Eisenbarth
アイゼンハルト
Eisenhart
アイゼンバルト
Eisenbart
アィゼンハワー
Eisenhower
アイゼンハワー
Eisenhauer
Eisenhower***
アイゼンビューゲル
Isenbügel
アイゼンフート
Eisenhut
アイゼンブルガー
Eisenburger
アイゼンベルガー
Eisenberger
アイゼンベルク
Aizenberg
アイゼンベルグ
Aizenberg
Eisenberg
アイゼンベルヒ
Eisenberg
アイゼンホーファー
Eisenhofer
アイゼンマン
Aizenman
Eisenman*
Eisenmann
アイゼンメンガー
Eisenmenger
アイゼンライク
Eisenreich*
アイゼンライヒ
Eisenreich*
アイソ Aiso*
アイソーポス
AEsopus
Æsopus
Aisōpos
アイソポス
AEsopus
Æsopus
Aisōpos*
アイソム Isom*
アイソルト Eysoldt
アイソン Aison
アイーダ
Aida**
Aïda
Ida
アイタ Aita
アイダ
Aida
Aída
Aïda
Ida**
アイタク Aytac
アイダソン Eiduson
アイダック Ayduk
アイタッチ Aytaç
アイタミ Aythami
アイダム Aïdam
アイダラリエフ
Aydaraliev
Aydaraliyev
アイダル Haidar
アイダルス Aidarous
アイダルベコフ
Aidarbekov
アイダレーネ Idalene
アイダロウス
Aidarous
アイダロワ
Aidarov
Aidarova
アイタン Eitan**
アイダン Aidan**
アイチァトゥ
Aichatou
アイチェル Aichel
アイチケエワ
Aitikeyeva
アイチフェルド
Eichfeld
アイチモワ Aitimova
アイチャ
Aicha
Aïcha
アイチャトゥ
Aichatou
アイツ Eitz
アイツェン Eitzen
アイッカー Eicher
アイック Eyck
アイッセン Eyssen
アイップ Ajip**
アイデ
Eide
Eyde
アイデー Haydee
アイティ Ayitey
アイディ
Aïdi
Aydi
Eide
アイディー Haydee
アイティウス Aetius
アイディット Aidit
アイディード
Aideed

Aldeed
アイディド
Aidid*
Aydid
アイディノフ Eidinoff
アイディン Aydin*
アイティング Eytinge
アイディング Eiding
アイティンゴン
Eitingon
アイテキン Aytekin
アイデシオス
Aedesius
Aidesios
アイデット Aidit
アイデミール Aydemir
アイデラ Idella
アイデランド
Eydeland
アイテル Eitel**
アイデル Eydal
アイテルヴァイン
Eytelwein
アイテルト Uitert
アイデルバーグ
Eidelberg
アイデン Aiden
アイト
Ait
Aït
Āyt
Eidt
Eyth
アイド
Aído
Ayed
Ide*
Ihde
アイドー Aidoo
アイドゥ Aidoo
アイドゥー
Aidoo
Hajdu
アイドウ Aidoo*
アイトヴェズ Eigtved
アイドゥキェーヴィチ
Ajdukiewicz
アイドゥン Aydin
アイドガン Aydogan
アイドグディエフ
Aidogdyev
Aydogdyev
Aydogdyyev
アイドグドイエフ
Aidogdyev
アイトクリ Aitkul
アイトケン Aitken
アイトジャノワ
Aitzhanova
アイトデハーゲ
Uytdehaage*
アイトナー Eitner*
アイトバーエフ
Ajtbaef
アイトバエフ
Aitbayev
アイトベルガー
Eitberger
アイトマートフ
Aitmatov***
アイトマトフ
Aitmatov
アイトマン Eiteman
アイトムルザエフ
Aytmurzayev
アイトラ Aithra
アイドラー Eidler
アイドリアン Adrien
アイドリゲヴィチウス
Eidrigevicius
アイドリス Idriess
アイトール Aitor*
アイドル
Idle*
Idol*
アイドルソン Eidelson
アイトロス Aitōlos
アイトン
Ayton**
Eyton
アイドン Aydin
アィナ Ina
アイナ
Aina
Ejnar
Ina*
アイナー Einar*
アイナースン Einarsen
アイナバット Aynabat
アイナモ Ainamo
アイナール
Einar
Ejnar
アイナル Einar**
アイナルション
Einarsson
アイナルス
Ainars
Aināns
アイニ
Aini**
Ainí
アイニー
Aini
Ainí
アイニアノス Ainianos
アイニウ Ainiu
アイニッサ Ainissa
アイニーナ Ainina
アイヌル 'Ayn al
アイネア Aineas
アイネイアス Aineias
アイネシデモス
Ainesidēmos
アイネス
Iness
Innes
アイネズ Inez
アイネーダー Einöder
アイネック Ineck
アイネム Einem*
アイネヤ Aineas
アイネンケル Einenkel
アイノ
Aino**
Aïno
アイノア Ainhoa
アイノン Einon
アイバー
Aybar*
Ivar
Ivor
Yvor
アイパー Eipper*
アイバク
Aibak
Aybak
アイバジャン
Ayvazian
Ayvazyan
アイバシン Ivascyn
アイバース Ivars*
アイバーズ Ivers
アイバースン Iverson
アイバーセン Iversen*
アイバゾフスキー
Aivasovskii
アイバーソン
Iverson**
アイバック Aibak
アイバノフ Aïvanhov
アイバミー Ivamy
アイバラス Aivaras
アイバル Aivar
アイバルス Aivars
アイバーン Aiban
アイバン Ivan***
アイバンスビッチ
Ivancevich
アイバンホー Ivanhoe
アイヒ Eich**
アイビ Ivy
アイビー
Ivey**
Ivie
Ivy**
アイビィ Ivey
アイビイ Ivey
アイヒヴァルト
Eichwald*
アイヒェル
Aichel
Eichel
アイヒェルバウム
Eichelbaum
アイヒェレ Aichele
アイヒェンドルフ
Eichendorff*
アイヒシュテット
Eichstätt
アイビス Aivis
アイヒナー
Aigner
Eichner
アイヒハイム
Eichheim
アイヒバウム
Eichbaum
Eichbaume
アイヒベルク
Eichberg**
アイヒホルスト
Eichhorst
アイヒホルツ Eichholz
アイヒホルン
Aichhorn*
Eichhorn**
Einhorn
アイヒホーン
Aichhorn
アイヒマン
Eichmann**
アイヒャー
Aicher**
Eicher*
アイヒラー Eichler**
アイヒロット Eichrodt
アイヒロート Eichrodt
アイビーン Eiveen*
アイヒンガー
Aichinger***
Eichinger*
アイビンス Ivins*
アイビンズ Ivins
アーイブ Ayib
アイフ Ife
アイブ
Ibe
Ive*
アイプ
Ajip
Eyb
アイファ Aihwa
アイファート Eifert
アイファン Ivan
アイファンズ Ifans
アイフィーニ Ifeanyi
アイフィールド Ifield
アイフェル Eifel
アイブス Ives*
アイブズ Ives*
アイブソン Iveson
アイフディ Ifedi
アイブナー
Ivener
Ivner
アイプナー Eybner
アイブラー Eybler
アイブラヘイム
Ibraheim
アイブリー Ivry
アイブリンガー
Aiblinger
アイブル
Eibl*
Yvel
アイベク
Aibek*
Aybek
アイベシュッツ
Eybechütz
Eybeschütz
アイベスター Ivester
アイベスフェルト
Eibesfeldt*
アイベナー Ivener
アイヘル
Aichel
Eichel**
アイベル Eybel
アイベルク
Ayberk
Eyberg
アイヘルブルク
Aichelburg
アイベン
Eyvind
Eyving
Iben
アイヘンヴァリド
Aikhenvald
アイヘングリーン
Eichengreen
アイベンシュッツ
Eibemschuetz
Eibenschütz
アイベンズ Ivens
アイヘンドルッフ
Eichendorff
アイヘンドルフ
Eichendorff
アイヘンバウム
Eichenbaum
アイヘンバリット
Aikhenval'd
アイヘンワァリド
Aikhenval'd
アイヘンワリド
Aikhenvald
Aikhenvalid
アイボ Ivo
アイボー Ivor*
アイボーア Ayboga
アイボア Ivor
アイホースト
Eichhorst
アイホフ Eihoff
アイホファー
Eichhöfer
アイボリー Ivory**
アイホルスト
Eichhorst
アイマ Ayma
アイマー Eimer
アイマク
Aimaq
Aymaq
アイマット Aimat
アイマートフ
Aitmatov
アイマール Aimar**
アイマン Ayman***
アイミ
Aimi
Ime
アイミー Imee
アイミリアヌス
Aemilianus
アイミリウス Aemilius
アイム
Haim*
Haym
アイムス Imes
アイムズ Iams
アイメー Aimée

ア

ア

アイメージング
Eyemazing
アイメリク Aymeric
アイメリック Aimeric
アイメルス Eimers
アイメルト Eimert
アイメン Aymen
アイモ Aimo
アイモジン Imogene
アイモニーノ
Aymonino
アイモーネ Aymon
アイヤー
Eyer
Eyre*
Iyer
アイヤシ Ayachi
アイヤーズ Ayers
アイヤズ
Aiyaz
Aiyza
アイヤナ Ayyana
アイヤール
Aiyar
Iyer
アイヤル
Aiyar
Iyer
アイヤン
Haillan
Ian
アイユー
Ayew
IU
アイユシリダラ
Ayurširidara
アイユービー Ayyubi
アイユーブ
Ayub
Ayyub
Ayyūb
アイユレ Ailleret
アイヨン Ayllón
アイラ
Aira**
Ayla
Ira***
Irah
Isla*
アイラー
Ayler
Ayrer
Eiler
アイラウト Eyraud
アイラシアン Airasian
アイラース Eilers
アイラス Airas
アイラート
Eilert
Eylert
アイラペチャン
Airapetian
アイラペティアン
Ayrapetyan
アイラルディ Airaldi
アイラン
Ae-ran
Iran

アイランガニー
Iranganie
アイランド Ireland
アイリ
Aili*
Airi
アイリー
Ailie
Airy
Isley
アイリアーノス
Ailianos
アイリアノス
Aelianus
Ailianos*
アイリオ Ailio
アイリオス
Aelius
Ailios
Aílios
アイリーサ Elisa
アイリス Iris***
アイリック Eirik*
アイリッシュ
Eilish
Irish**
アイリッフェ Ayliffe
アイリナニ Ailinani
アイリーニ Irini
アイリーニアス
Irenaeus
アイリーヌ Irene
アイリネ Airine
アイリフ
Ayliffe
Iliffe
アイリョン
Ayllon
Ayllón
アイリーン
Eileen
Irene
アイリーン
AEleen
Aileen*
Aileene
Alieen
Arlene*
Eilean*
Eiléan
Eileen***
Eiléen
Elaine
Ileen
Ilene*
Irean
Irene***
Irenee
アイリン
Alieen
Alyn
Eileen
Irene
アイリング
Ayling
Eyring**
アイル
Ailu*
Uyl
アイルズ
Eyles
Iles**
Isles

アイルスワース
Aylesworth
アイルソン Ireson
アイルツ Eilts
アイルトン Ayrton**
アイルノース Ailnoth
アイルバー Eilber
アイルバーカー
Eilbacher
アイルバッハー
Eilbacher
アイルハルト
Eilhard
Eilhart
アイルベルトゥス
Eilbertus
アイルマー Aylmer
アイルモンガー
Iremonger
アイルランガ
Airlangga
アイルランド
Ireland**
アイルレッド
Ailred
Ethelred
アイルロス Aílouros
アイレス
Aires
Ayres
アイレルス Eilers
アイレン
Ai-lian
Aylen
アイレンバーグ
Eilenberg
アイレンベルク
Eilemberg
Eilenberg
アイレンベルグ
Eilenberg
アイレンホフ
Ayrenhoff
アイロット Aylott
アイロナ Ilona
アイロフ Airoff
アイロン Irons
アイワークス Iwerks
アイワジアン
Aivazian
Ayvazyan*
アイワズ Ayvaz
アイワゾスキー
Aivazovskiy
アイワッル Ayvalli
アイワン Iwan
アィン
Anh*
Ánh
Ann
アイン
Ain
Anh**
Ánh*
Ayn**
'Ayn

アインヴァルト
Einwald
アインエッケ Einecke
アインジガー
Einziger*
アインジーデル
Einsiedel
アインシュタイン
Einstein***
アインシュプラッハ
Einspruch
アインスタイン
Einstein*
アインスバーグ
Ainsberg
アインスバリー
Ainsbury
アインスリー Ainslie*
アインスレー Ainsley
アインスワース
Ainsworth
アインセィデル
Einsiedel
アインチッヒ Einzig
アインチヒ Einzig
アインツィヒ Einzig
アインテ
Aynte
Eynte
アイントーヴェン
Einthoven
アイントーフェン
Einthoven
アイントーベン
Einthoven
アイントホーヴェン
Einthoven
アイントホーフェン
Einthoven*
アイントホーフエン
Einthoven
アインハイト Einheit
アインハルト Einhard
アインハルドゥス
Einhardus
アインフェルド
Einfeld
アインヘンドルフ
Eichendorff
アインホルン
Einhorn*
アインホーン
Einhorn**
アインミラー
Ainmiller
アインミレ Ainmire
アーヴ
Aav
Irv*
Irving
アウ Au***
アウー Haour*
アヴ Av
アーヴァ Ava
アウァー Auer
アウア Auer
アウアー Auer***

アヴァ Ava*
アーヴァイン Irvine
アヴァクーム
Avvakum
アヴァクム Avvakum
アヴァース Avers
アヴァス Havas
アヴァスティー
Avasthi
アウアースバルト
Auerswald
アヴァッローネ
Avallone**
アヴァーティ Avati
アヴァティ Avati
アヴァネシアン
Avanesyan*
アヴァネーソフ
Avanesov
アヴァネル Avenel
アヴァバイ Avabai
アウアバック
Auerbach
アウアーバッハ
Auerbach
アウアバッハ
Auerbach
アウアーバハ
Auerbach
アヴァーリン Avarin
アヴァリン Avarin
アヴァール Havard
アヴァル Avar
アヴァローキタヴラタ
Avalokitavrata
アヴァロス Avalos
アヴァロン
Avallone
Avalon
Avalonne
Avaronn
アーヴァン
Arvan
Ervin
アヴアン Avan
アヴァンタン
Aventin*
アヴァンチーニ
Avancini
アヴァンツィ Avanzi
アヴァンツィーニ
Avanzini**
アヴァンツォリーニ
Avanzolini
アウアント Ahouanto
アウイ Haüy
アヴィ Avi*
アヴィア Aviat
アヴィアド Aviado
アウィアヌス Aviānus
アヴィヴ Aviv
アヴィヴァ Aviva
アウィエニウス
Avienius
アウィエヌス
Avienus
Aviēnus
アウィーカ Aweeka

アヴィガド Avigad
アーウィグ Erwig
アヴィグドール
Avigdor*
アヴィグドル
Avicdor*
Avigdor*
アヴィケブロン
Avicebron
アヴィケンナ
Avicenna
アヴィシャイ Avishai
アヴィシャグ Avishag
アヴィス Avis
アヴィセンナ
Avicenna
Ibn Sina
アヴィセンヌ
Avicebron
アウィソトル Ahuizotl
アヴィーソン
Avieson*
アヴィソン Avison
アウィータ Aouita*
アウイタ Aouita
アヴィタービル
Avitabile
アヴィタル Avital
アヴィダン Avidan
アヴィーチー Avicii
アヴィチェブロン
Avicebron
アヴィチェンナ
Avicenna
アウィツオトル
Ahuizotl
アーウィック Urwick*
アーウィット Erwitt**
アーヴィッド Arvid
アウィティ Awiti
アウィディウス
Avidius
アーヴィド Arvid**
アヴィートゥス Avitus
アウィトゥス
Avitus
Avītus
アヴィートゥス Avitus
アヴィトゥス Avitus
アヴィドム Avidom
アヴィナーシュ
Avinash
アヴィーニ Aveni
アヴィネリ Avineri
アヴィーラ Avila
アヴィラ Ávila
アヴィラム Aviram
アーヴィル Erville
アヴィル Avril
アヴィルッダーコ
Aviruddhako
アヴィルドセン
Avildsen
アヴィロヴァ Avilova
アヴィーロワ Avilova
アーウィン
Alwyn*
Ervin
Erwin***
Irwin***
Iwin
Urwin
アーヴィン
Alvin
Arvin
Earvin
Ervin**
Ervine*
Erving
Irvin*
Irvine*
Irving
Irwin*
アウィン Irwin
アーウィング Ewing
アーウイング Irving
アーヴィング
Erving*
Irving**
アヴィング Irving
アーヴィンド Arvind
アウヴァイヤール
Auvaiyār
アウヴェス Alves
アウヴェハント
Ouwehand
アウヴェルス Auwers*
アウヴェルター
Auwärter
アウエ Aue*
アヴェ
Ave
Avé
Aved
Habay
Havet
アウェアウ Aweau
アヴェイ Avei
アウェイス
Awes
Aweys
アウェケ Ahoueke
アウェサ Awesa
アヴェス Aves
アウエーゾフ Auezov*
アウエソフ Auezov
アウエゾフ Auezov
アヴェチク
Avetik
Avetik‘
アヴェディキアン
Avédikian
アヴェド Aved
アヴェドン Avedon
アヴェナイネン
Ahvenainen
アヴェナーリウス
Avenarius
アヴェナリウス
Avenarius
アヴェニ Aveni
アウエハント
Ouwehand
アヴェブリー Avebury
アヴェマナイ
Avemanay
アーヴェラー
Ahrveiler
アヴェラ Avella
アヴェラネダ
Avellaneda
アヴェラール Avelar
アヴェランジェ
Havelange
アヴェリー Avery
アヴェリイ Avery
アウェリカ Awerika
アーヴェリス Averiss
アヴェリス Averiss
アヴェリーナ Avelina
アヴェリーノ Avellino
アヴェリャーナ
Avellana
アヴェリャニェダ
Avellaneda
アヴェリル Averill
アヴェリン Averin
アーヴェリング
Aveling
アーウェル Arwel
アウェール Apil
アウエル Auer
アウエル Auer**
アーヴェルカンプ
Avercamp
アヴェルカンプ
Averkamp
アヴェルキー Averkii
アヴェルキイ Averkii
アウエルスペルク
Auersperg
アヴェルチェンコ
Averchenko*
アヴェルディエク
Averdieck
アウエルバク
Averbakh
アウエルバッハ
Auerbach
アウエルバッハ
Auerbach**
アウエルバッハー
Auerbacher
アヴェルバッハ
Averbakh*
アウエルバハ
Auerbach
Averbakh
アヴェルバーフ
Averbakh
アヴェルバフ
Averbakh
アウエルハーン
Auerhahn
アヴェルブフ
Averbukh*
アウエルヘン Auerhan
アウエルンハイマー
Auernheimer*
アヴェレスク
Averescu
アヴェレル Averell
アヴェロイス Averroës
アヴェロエス
Averroes
Averroës
アヴェロフ Averoff*
アヴェンゾア
Avenzoar
アヴェンゾアル
Avenzoar
アヴェンダーノ
Avendano
アウェンティヌス
Aventinus
アヴェンティーヌス
Aventinus
アヴェンティヌス
Aventinus
アーヴェンハウス
Avenhaus
アウエンブルガー
Auenbrugger
アウエンブルッガー
Auenbrugger
アウエンブルック
Auenbrugg
アウエンブルッゲル
Auenbrugger
アヴォ Avo
アヴォカ Avocat
アヴォガードロ
Avogadoro
Avogadro
アヴォガドロ
Avogadro
アヴォット Avot
アウォリ Awori
アヴォールト Avault
アウォロウォ
Awolowo
アーヴォン Arvonne
アヴォンド Avondo
アウガ Auga
アウガス August
アウガスタイン
Augustein
アウガスチン
Augustinus
アウガステヌス
Augustinus
アウカヌシ Aukanush
アウキシリアドラ
Auxiliadora
アウギュスト Auguste
アウク Auch
アウクシュタイン
Augstein**
アウグシュタイン
Augstein
アウクシリウス
Auxilius
アウグスタ Augusta**
アウグスタ Augusta
アウグスタット
Augustat
アウグスタヌス
Augustanus
アゥグスチヌス
Augustinus
アウグスチヌス
Augustinus
アウグスチノ
Augustin
アウグスチン
Augustin
アウグスチンス
Augustinus
アウグスツス
Augustus
アウグスツルス
Augustulus
アウグステ
Anguste
Auguste*
アウグスティ Augusti
アウグスティデス
Augoustides
アウグスティーニ
Augustiny
アウグスティニアク
Augustyniak
アウグスティーヌ
Augustine
アゥグスティヌス
Augustinus
アウグスティーヌス
Augustinus
アウグスティヌス
Augustine
Augustinus*
アウグスティーノ
Augustine
アウグスティノ
Augustino
アウグスティーン
Augustin
アウグスティン
Agustin
Agustín
Augustin**
Augustine
アウグスト August
アウグスト
Aúgoustos
Augst
August***
Auguste*
Augusto***
Augustus
アウグストゥス
Aúgoustos
Augustus*
アウグストゥソン
Agustsson
アウグストゥルス
Augustulus
アウグストドゥネーンシス
Augustodunensis
アウグストドゥネンシス
Augustodunensis*
アウグスバーガー
Augsburger
アウクスブルク
Augspurg*

ア

ア

アウグスブルク
Augspurg
アウクセンティウス
Auxentius
アウクトゥス Auctus
アウクトル Auctor
アウクラン Aukland*
アウグリス Augulis
アウグリヌス
Augurinus
Augurīnus
アウクルスト Aukrust
アウグロス Augros
アウゲ Aage
アウゲロ Augello
アウケン Auken*
アウゲンタラー
Augenthaler
アウコー Au-Co
アヴゴウスティニアトス
Avgoustiniatos
アウゴスト August
アウシ Aussi
アウジ Auzi
アウシアス Ausiàs
アウジアス Ausiàs
アヴジェーエンコ
Avdéenko
アウシェフ Aushev*
アウシデス Alcides
アウシャー Auscher
アウシリオ Aurelio
アウス
Ahoussou
Aus
Aws
アウスグリーミュル
Asgrímur
アウスグリムソン
Ásgrímsson*
アウスゲイル Ásgeir
アウスタ Asta
アウスティン Austin
アウステルリッツ
Austerlitz
アウスト Aust*
アウストリア Austria*
アウストレジェジロ
Austreǵesilo
アウスピッツ Auspitz
アウスベルジェ
Augsburger
アウスベルト Ausbert
アウスラー Oursler
アウズラー Oursler
アウスランダー
Auslander
アウスレンダー
Auslander
Ausländer*
アウスロイグ Áslaug*
アウセジョ Ausejo
アウゼル Houzel
アウセルレー Auserre
アウセンドルファー
Außendorfer
アウソニア Ausonia
アウソニウス
Ausonius
アウダ Awdah
アウダイール Aldair*
アウダエウス Audaeus
アウタガバイア
Autagavaia
アウターブリッジ
Outerbridge
アウタブリッジ
Outerbridge
アウタリ Authari
アウタリッジ
Outteridge**
アウダンソン
Audunson
アウッジャル Aujjar
アウット Awut
アウティ Autti
アウディ
Audi
Awodey
アヴディウシュコ
Avdyushko
アウディウス Audius
アウティオ Autio
アウディシオ Audisio
アウディナ Audina
アヴディヤイ Avdijaj
アヴデーエワ
Avdeeva*
アウデエンコ
Avdeenko
アヴデーエンコ
Avdeenko
アウテス Artus
アウデナールデ
Audenaerde
アウデルス Auders
アウテレロ Outerelo
アウデロ Audero
アウテンハイメル
Autenheimer
アウト
Aut
Oud*
Wout
アウド
Aoudou
Aud*
アウドア Audoa
アウトイブラー
Awibre
アウドゥ Awad
アウトウォーター
Outwater
アウトゥオリ
Autuori*
アヴドゥリナ
Abdulina
Avdulina
アウドゥローミ
Auḍulomi
アウドゥン Audun
アウトカ Outka*
アヴドーチヤ
Avdot'ia
Avdotiia
アウトナソン Árnason
アウトニ Árni
アウトベルトゥス
Autbertus
アウトペルトゥス
Autpertus
アウトホールン
Outhoorn
アウトメドーン
Automedon
アウトメドン
Automedon
Automedōn
アウトラン Autran
アウトーリ Autori
アウトリム Outtrim
アウトリュコス
Autolukos
Autolycos
Autolykos
アウトレイアノス
Autōreianós
アウトロー Outlaw
アウドロニウス
Andronius
アウドロネ Audronė
アヴナー Avner
アウナイ Haounaye
アウニ
Auni
Awuni
アヴニ Avni
アウネ Aune
アウネータ Agnete
アヴネット Avnet
アヴネリ Avnery
アヴネル
Avenel*
Avner
アウーノー
Awoonor**
アウノー Awoonor
アウノール Aunor
アウハディー
Auḥadī
Awḥadī
アウバート Aubart
アウハドゥッ・ディーン
Auḥadu'd-Dīn
アウバレン Auberlen
アウビング Irving
アウフ Auf
アウブ Aub*
アウファルト Auffarth
アウフィ Aufi
アウフィー
'Aufī
'Awfī
アウフィディウス
Aufidius
アウフェンアンガー
Aufenanger
アウフガング
Aufgang*
アウフサッツ Aufsatz
アウフスト Angust
アウフデルハイデ
Aufderheide
アウフデンブラッテン
Aufdenblatten
アウブリ Aubrey
アウブレー Aubrey
アウフレス Aufles
アウフレード Alfredo
アウフレヒト Aufrecht
アウベス Alves**
アウベリー Aubeli
アウベルス Auwers
アウベルト Alberto
アウマ Auma
アウマン Auman
アウミール Almir
アウミレル Aumiller
アウメイダ Almeida
アウモイット
Aumoitte
アヴュツキー
Avioutskii
アウラ Aura
アヴラ Avra*
アヴラアーミイ
Avraamii
Avraamij
アウラキ
Awlaki*
Awlaqi
アヴラハム
Abraham
Avraham
アヴラム
Abram
Avram*
アヴラモーヴィチ
Avramovic
アヴラモフ Avramov
アヴラール Avral
アウラングセーブ
Aurangzēb
アウラングゼーブ
Aurangzēb
アウランジーブ
Aurangzēb
アウランゼーブ
Aurangzēb
アウランゼブ
Aurangzēb
アウリ Auri
アウリオル Auriole
アウリカ Aulika
アウリス Aulis
アウリスパ Aurispa
アウリチェク Auliček
アウリッキ Aulikki
アヴリッチ Avrich
アウリッヒ Aulich
アウリーティ Auriti
アウリティ Auriti
アウリド Haoulid
アヴリーヌ Aveline**
アウリヒ Aulich
アウリファーバー
Aurifaber
アウリマス Aurimas
アウリヤー
Auliyā
Awliyā
アヴリヨン Avrillon
アヴリール Avril
アヴリル Avril**
アウリン
Aulin
Auryn
アウール Ahoure
アウル
Auel**
Owl*
アウルス Aulus
アウルスネス Aursnes
アウルダル Aurdal
アウルトナソン
Árnason
アウルナソン
Arnason
Árnason
アヴレ Havret
アヴレー Havret
アウレオーリ Aureoli
アウレオリ Aureoli*
アウレオールス
Aureoli
Aureolus
アウレオルス
Aureoli
Aureolus
アウレコエチェア
Aurrecoechea
アウレス Aulus
アウレスク Aurescu
アウレスティア
Aulestia
アウレッタ Auletta
アヴレット Avrett
アウレテス Aulētēs
アウレーリ Aureli
アウレリ Aureli
アウレリア Aurelia*
アウレリアス Aurelius
アウレーリアーヌス
Aurelianus
アウレリアヌス
Aurelian
Aurelianus
Aurelius
アウレリアーノ
Aureliano
アウレリアノ
Aureliano*
アウレーリウス
Aurelius*
アウレリウス
Aulerius
Aurelius*
アウレーリオ Aurelio
アウレリオ
Aurelio***

アウレル Aurel
アウレルコンスタンティン
Aurel Constantin
アウレーン Aulen
アウレン
Aulen*
Aulén
アウレンティ
Aulenti**
アウロガルス
Aurogallus
アヴロニティス
Avlonitis
アウローラ Aurora
アウロラ Aurora
アヴロン Avron*
アウワース Auwers
アウワーテル Ouwater
アウワテル Ouwater
アウワド
Aouad
Awwad
アウワーバッハー
Auerbacher*
アウワーム ʻAwwām
アゥン Aung
アウン
Aoun**
Aun
Aung***
Awn*
アーヴング Irving
アウンサン Aung San
アウンサンスーチー
Aung San Suu Kyi*
アウンジー Aung Gyi
アウンジョー
Aung Kyaw
アウンテンリーツ
Autenrieth
アウンバラ
Aung Bala
アウンリ Aunli
アエギディウス
Aegidius
アエギネタ Aegineta
アエギル
Aegil
Egil
Eigil
アエグザンダー
Alexander
アエソップ Aesop
アエソプス Aesopus
アエチウス Aetius
アエティウス Aetius
アエティオス
Aetios
Aētios
アエティオン Aetion
アエディルブルガ
Aedilburga
Ædilburh
アエドン Aëdon
アエネーアス Aeneas
アエネアス
Aeneas
Aenēās
アエピヌス Aepinus
アエミウス Aemilius
アエミリアーヌス
Aemilianus
アエミリアヌス
Aemilianus
アエミーリウス
Aemilius
アエミリウス Aemilius
アエモナ Ayemona
アエラペティアン
Ayrapetyan
アエリア Aelia
アエリアヌス Aelianus
アエリウス
Aelius*
Aerius
Aurelius
アエリオス Aerios
アエルツ Aerts
アエルフリク Aelfric
アエルレッド Ethelred
アエルレドゥス
Aelredus
アエロ Aero
アエロポス Aëropus
アーエン Arjen
アエングス Aengus
アエンヌ Aenne
アオ
Aho
Ao
アオウア Aoua
アオヴィニ Auvini*
アオエファ Ahoéfa
アオゴ Aogo
アオザラザ Aozaraza
アオスタ Aosta
アオーニオ Aonio
アオメイズニュ
Ahoomey-zunu
アオヤビ Ayaovi
アーオール Agaoglu
アオンドアカ
Aondoakaa
アーカ Arca
アーカー
Aaker*
Āqā
アーガ
Agha
Āghā
アーガー
Aga
Āgā
Agha
Āghā
Āgha
アカ
Aka
Aqa
アガ
Aga***
Agha
Aghā
Āghā
アガー Agur
アカアイジ Akaahizi
アカイオス
Achaios
AKhaios
Akhaios
アカイコ Achaikós
アカイメネス
Achaimenēs
アーガイル
Argyle*
Argyll
アガウ Agawu
アカウイ Accaoui
アカウィル Akawilou
アガウエ Agauē
アカウホル Akauhor
アカウワク ʻAkauwak
アカーエフ Akayev
アカエフ
Akaev
Akayev**
Akkaev
アガエフ Aghayev
アカエリス Achelis
アガオグル Agaoglu
アガオル Ağaoğlu
アカカ Akaka*
アカガムバ
Akaga Mba
アカキ Akaki
アカキウス Acacius
アカキオス
Acacius
Akakios*
Akákios
アガグ
Agag
Agagu
アガケ Agache
アガゲリディ
Agageldy
アガゲルドイ
Agageldy
アガサ Agatha**
アガザデ
Agazadeh
Aqazadeh**
アガザリアン
Agazarian
アガサンスキー
Agacinski
アガシ
Agassi**
Agassiz
Agazzi
アガシー Agassiz
アガシアス Agasias
アガジアニアン
Agagianian
アガシェ Agashe
アカシオ Acácio
アガシクレス
Agasicles
アガジャニアン
Agadjanian
アガジャン Aghajan
アカシュ Akash
アーガス
Argus
Ergas
アカス Akass
アガス Agasse
アカスィオ Acácio
アガスティア
Agasthiya
アガスティヤ Agastya
アーカースト
Arkhurst
アーガスト August
アカストス Akastos
アガセ Agasse
アガータ Agata
アガタ
Agata
Àgata
Agatha**
Agathe
Agutter
アガター Agutter
アガダジ Agadazi
アガタヌ Agathane
アガタルキデス
Agatharchides
アガダルキデス
Agatharkhidēs
アガタルコス
Agatharchos
Agatharkhos
アガタンゲロス
Agathángelos
アガツィオ Agazio
アガッシー Agassiz
アーカッシュ Arkush
アカッシュ Akash
アガッス Agasse
アガッソ Agasso
アガッター Agutter
アガッツァーリ
Agazzari
アガッツィ Agazzi
アガット
Agate
Agathe
アガツトン Agatston*
アカッフ Acuff
アカッワク ʻAkauwak
アガーテ Agathe*
アガテ Agathe
アガテーア Agatea
アーカディ
Arcady
Arkady
アガーティ Agati
アガティアース
Agathias
アガティアス
Agathias*
アカディリ Akadiri
アガディンクオール
Agadinquor
アカテス Achates
アカデモス Akademos
アーカート Urquhart
アカード Accardo
アガート Agathe
アガード
Agard
Agardh
アガト Agatho
アガトクレース
Agathoklēs
アガトクレス
Agathoklēs
アーカートダムクーン
Akatdamkoeng
アーカートダムクーング
Aakaatdamkoeng
アガトニケー
Agathoníkē
アガトーン Agathōn
アガトン
Agathon*
Agathōn
アカニ Akani
アガニ Agani
アガニキ Aganice
アガニス Aganice
アガニッペ Aganippe
アガニッペー
Aganippe
アカネ Akane
アガノール Aganoor
アーガーハーン
Āgā Khān
アガビ Agabi
アガピオス
Agapios
Agápios
アガービティ Agabiti
アカピト Akapito
アガピト Agapito**
アガピトゥス
Agapitus
アガーフィヤ Agaf'ia
アカフォ Akufo
アガフォーシン
Agafoshin
アガフォーノフ
Agafonov
アガフォノフ
Agafonov
アカブシ Akabusi
アカプシ Akapusi
アガペ Agape
アガペー Agápē
アガペツス Agapetus
アガペトゥス
Agapetus
アガボ Agabos
アカマス Akamas

ア

アカマツ Akamatsu
アカマピチトリ
Acamapichtli
アカーマン Ackerman
アカミング Acoming
アガム Agam*
アガムイラドフ
Agamyradov
アカメ Akame
アガメムノーン
Agamemnōn
アガメムノン
Agamemnon
Agamemnōn
アカランカ Akalaṅka
アカランガ Akaranga
アカーランド
Akerlund*
アーカリ Arcari
アカリ Acarie
アカリー Acarie
アガリ
Agali
Aghali
アガリステ Agaristē
アーガル Argall
アカール Akar
アガール Agard
アガル Agar
アガルウォル Agarwal
アカルディ Accardi*
アーガルド Aagaard
アカルド Accardo
アガルド Agardh
アカルドゥス
Achardus
Richardus
アガルワル Agarwal
アカレ Akare*
アカーレイ Akerley
アカレット Akeret
アーカロ Arcaro
アカーロフ Akerlof
アカロフ Akerlof**
アガーワル Agarwal
アガワル Aggarwal*
ア・ガン A-gang
アーガン Argand
アカン
Achar
Akan
Akunne
Aquin
Hackin
アガンガ Aganga
アカンジ Akanji
アーカンド Arcand
アカンバーク
Achenbach*
アガンベギャン
Aganbegian
Aganbegyan*
アガンベン Agamben*
アカンポーラ
Acampora*
アーキ Erkki
アーキー
Arkie
Arky
アキ
Ake
Aki*
アギー
Agee*
Aggie*
アキア
Akia
Akiya
アギアリー Aguirre
アギアール Aguiar
アギアル Aguiar*
アギアールブランコ
Aguiar-branco
アギアレイ Aguirre*
アギイーバー
Agyei-Baah
アキイブア Akii-Bua
アギィラー Aguilar
アキヴァ Akiva*
アギウス Agius
アギェマン Agyemang
アキエル Aqiel
アギオン Aghion
アキガ Akiga
アギガ Aguigah
アギキムア Agikimua
アキク Achike
アギグア Aguiguah
アキコ Akiko*
アキーサ Akissa
アキシ Agchous
アキーシナ Akishina
アキシュ Agchous
アキシルロッド
Axilrod
アーギス Agis
アキス Akis
アギス Agis
アキスカル Akiskal
アキスリング Axling
アキタ Akita
アーキタス Archytas
アキッリーニ Achillini
アキッレ Achille***
アキッレウス
Achilleus
アギトン Aguiton
アギナガ Aguinaga
アキナス Aquinas
アギナルド
Aguinaldo*
アギニス Aguinis**
アギニャガ Aguiñaga
アキネリ Akinyele
アキーノ Aquino*
アキノ Aquino***
アキバ
Akbar
Akiba*
Akiva*
アーキバルト
Archibald
アーキバルド
Archibald
アーキフ
Akef*
Akif
Âkif
アキフ Akif**
アキブ Aqib
アーキブージ
Archibugi*
アーキペンコ
Archipenko
アーキーポフ
Arkhipoff
アーキボールド
Archibald
アーキボルド
Archibald
アキマシュカダリウ
Achimaş-cadariu
アギマン Agyeman
アキーム
Akeem
Akiem
Akim
Hakeem*
アキム
Achim
Akim*
Hakim
アギム Agim
アキームシキン
Akimushkin
アキムシキン
Akimushkin
アキメテス Akoimētēs
アキーメンコ
Akimenko
アキメンコ Akimenko
アキモヴ Akimov
アキーモフ Akimov
アキモフ Akimov*
アキモン Atchimon
アキヤマ Akiyama
アギヤル Aguiar
アーキャロ Arcaro
アーギュ Argue
アーギュー Argue
アギュイイロンシ
Aguiyi-ironsi
アギュスタレロ
Agustarello
アギュード Aguado
アーギュマン
Agyeman
アーギュラ Argula*
アギュラー Aguilar
アギュララ Aguilera
アギュリオス
Agurrhios
アギュロン Agulhon
アキュンレル Akunler
アギョン Aghion
アギヨン Aghion
アキラ
Achila
Akila
Akúlas
Aquila
アギーラ Ageela*
アギラ Aguilar
アギラー Aguilar
アキラエソ
Akila-Esso
Akira-Esso
アギラシンセール
Aguilar Zinser
アギラール Aguilar**
アギラル
Aguilar**
Kaguilar
アキーリウス Acilius
アキリウス Acilius
アキリシ
Akilisi
‘Akilisi
アキリニ Achillini
アキリーノ Aquilino
アキリノ
Akillino
Aquilino
アキール
Akeel
Akhil*
Aqeel
‘Aqīl
アキル
Akhil
Akil
Aqil
アキルジャン
Akilzhan
アキルジョン Akiljon
アギルベルト Agilbert
アギルルフ Agilulf
アキルレ Achille*
アギルレ Aguirre
アキーレ Achille**
アキレ Achille*
アキレー Achille
アギーレ Aguirre***
アギレ Aguirre**
アギレー Aguirre
アキレウス
Achilles
Achilleus
アキレオス Achilleos
アギレサバラ
Aguirrezabala
アキレス
Achilles
Aquiles
Asquith
アギレチェ Agirretxe
アギレーラ
Aguilera**
アギレラ Aguilera**
アキロフ Akilov
アギロルフス Agillofus
アーキン Arkin**
アキン Akin*
アキンウミ Akinwumi
アキンウンミ
Akinwunmi
アーキング Arking*
アキンサーニャ
Akinsanya
アキンシャ Akinsha*
アキンデス Akindes
アキンデューノス
Akíndynos
アキンデュノス
Akindynos
アキントゥンデ
Akintúndé
アキントラ
Akintla
Akintola
アキンビ Akinbi
アキンフェエフ
Akinfeev
アキンラデウォ
Akinradewo*
アキンラビ Akinlabi
アキンロル Akinlolu
アーク
Arch
Ark
Urch
アク
Ak
Aku*
アグ
Ag*
Agu
アグー Agoult
アクア Akua
アクアー Acquah
アグア Aguad
アグアー Aguar
アクアヴィーヴァ
Acquaviva
Aquaviva
アグアート Aguado
アグアード Aguado
アクアビ Akouavi
アクアペンデンテ
Aquapendente
アグアヨ Aguayo*
アクアラアティポー
Akouala Atipault
アグアラサヌ
Ag Alassane
アグアルーザ
Agualusa
アグイ
A-gui
Agüi
アクィウィナ Aquina
アクィスタ Acquista*
アクイスト Acquisto
アクィナス
Aquinas*

Aquinatis
アクイナス Aquinas
アークイラ Aquila
アクィラ Aquila
アクイラ Aquila
アグィラー Aguilar
アクイラーニ Aquilani
アクィラーノ
Aquilano
アクィリア Aquilia
アクィリウス
Aquillius
アクィリーヌス
Aquilinus
アクィリヌス
Aquilinus
アクイリヌス
Aquilinus
アクイル Achuil
アクイルベク Akylbek
アグィーレ Aguirre
アークヴィラ Aquila
アクゥイリヌス
Aquilīnus
アクウォシ Aquash
アグエイアス
Argüelles*
アーグエイエス
Arguelles
Argüelles
アグエイヨ Aguayo
アークェット
Arquette
アークエット
Arquette**
アクエティ Acouetey
アグエーリ Aguéli
アグエロ
Aguero*
Agüero
アグエロス Agüeros
アクエンアテン
Akhenaten
アクエンアメン
Akhenamun
アクエンラー Akhenre
アクオゼル Aközer
アクオン Akuong
アグガムズ Uggams
アクギュル
Akgul
Akgül
アクク Akuku
アググリア Aguglia
アクサーコフ
Aksakov*
アクサナ Aksana*
アクサリナ Aksarina
アクシ
Axi
Uxi
アクシオニーコス
Axionīkos
アクシオニコス
Axionīkos
アクシット Aksit
アクシト Aksit
アクシニア Axinia
アクージャ Agulla
アクジャ Akcan
アクシャート Akshat
アクショーネンコ
Aksenenko
アクショネンコ
Aksenenko**
アクショーノフ
Acksyonov
Aksenoff*
Aksenov**
Aksënov
Aksyonov*
アクショノフ Aksenoff
アクシラオス
Akousilaos
Akusilaos
アグジン Aguzin
アクシンテ Acsinte
アクス Aksu*
アグス Agus**
アグスチン Agustin
アグスティ Agustí*
アグスティアニ
Agustiani
アグスティーナ
Agustina**
アグスティナ
Agustina
アグスティーニ
Agustini
アグスティニ Agustini
アグスティン
Agustin**
Agustín**
アクステル Axtell
アクスト
Akst
Axt*
アグスト Agust
アグストーニ
Agustoni
アクストヘルム
Axthelm
アクストン Axton*
アクスフォード Axford
アクスベルイ Axberg
アクスマン
Axeman
Axmann
アクスライン Axline
アクスリング Axling
アクスレル
Akousoulèlou
アクスワージー
Axworthy*
アクセ Axe
アクセノクス
Aksenoks
アクセノフ Aksenoff
アクセバル Axelvall
アクセリ Akseli
アクセリロート
Akselrod
アクセリロード
Akselrod
Aksel'rod
アクセリロド
Aksel'rod
アクセル
Achsel
Aksel*
Axel***
Axell
Axelle
Axl*
アクゼル Aczel*
アクセルセン
Akselsen
Axelsen*
アクセルソン
Axelson
Axelsson**
アクセルバル Axelvall
アクセルバンク
Axelbank
アクセルラ Axelrad
アクセルラッド
Axelrad
アクセルルント
Aksel Lund
アクセルロッド
Axelrod**
アクセロス Axelos
アクセン
Axen
Axén
アクセントヴィツ
Axentowicz
アクセンフェルト
Axenfeld**
アクソウコス
Axouchos
アクソン
Ackson
Axon
アクタ Acta
アクター
Achter
Actor
Akhtar
アクダ Aguda
アクダー Akdağ
アグタ
Agouta
Aguta*
アグダ Aguda
アクタイオーン
Aktaiōn
アクタイオン Aktaiōn
アグダシュルー
Aghdashloo
アクタート Achtert
アクターバーグ
Achterberg*
アクタム Aktam
アクタル
Akhtal
Akhtar**
アクダール Lakhdar
アクタルッジャマン
Akhteruzzaman
アクタン Aktan
アクチオグル
Axchioglou
アクチャカヤ
Akcakaya
アクチャル Akçalı
アクチュラ
Akçura
Akucura
アグッキ Agucchi
アクテ
Ackté
Acte
アグテ Agte
アグデ Agde
アークディ Arcudi
アクティス Actis
アクティピス Aktipis
アクティマイアー
Achtemeier
アクティーマイヤー
Achtemeier
アクテレークテ
Achtereekte
アクテン Achten
アグード Agudo
アグド Agudo
アクドアン Akdoğan
アクトイ Akhtoy
アクトン Acton***
アクーナ Acuña
アグナー Agner
アクナザロワ
Aknazarova
アグナス Agnus
アグナル Agnar
アグニ Agni
アグニア Agniya
アクニイリ Akunyili
アグニェシカ
Agnieszka
アグニェシュカ
Agnieszka
アグニエシュカ
Agnieszka**
アグニェッタ
Agneta
Agnetha
アグニージョ Agnijo
アクニス Akunis
アグニス Agnes
アクーニャ
Acuna*
Acuña*
アクニャ
Acuña
Acunña
アグニヤ Agniia
アグニュー Agnew***
アクーニン Akunin**
アクニン Aknin
アグネ
Agne
Agnès
アグネシカ Agnieszka
アーグネシュ
Agnes
Ágnes*
Ánges
アグネシュ
Agnes*
Ágnes
アクネス Agnes
アグネス
Agnes***
Agnès
Ágnes
Agnese
Agnieszka
アグネータ Agneta
アグネタ Agnetha
アグネッタ
Agneta
Agnetha*
アグネテ Agnete
アグネル Agner
アグネルス Agnellus
アグネロ Agnelo
アグノー Haguenau
アグノエール
Haguenauer
アグノディケ
Agnodice
アグノディチェ
Agnodice
アクーノフ Akunov
アクノフ Akunov*
アグノーン Agnon
アグノン Agnon**
アクバ Achva
アクバー
Achbar
Akbar
アグバ Agba
アグパオア Agpaoa
アクバシュ Akbas
アクハースト Akhurst
アークハート
Urquhart**
アクハト Aqhat
アクバト Akbat
アクハブ Achab
アグバヤニ Agbayani*
アクバラーバーディー
Akbarābādī
アクハリ Akhali
アグバリ Aghbari
アクバール Akbar
アクバル
Akbar***
Akber
アクバロワ Akbarova
アクパン Akpan
アグバン Aghvan
アークビスト Ahlqvist
アクフォ Akufo*
アクフォー
Addo-kufuor
Akufo

ア

アクフォアド
Akufo-Addo*
アクフリド Acfrid
アクブルト Akbulut**
アクプロガン
Akplogan
アグヘータ Agujeta
アグベトメイ
Agbetomey
アグベニェヌ
Agbegnenou*
アグベビアデ
Agbéviadé
アグボ Agbo
アグボー Agboh
アグボス Agbossou
アグボブリ Agbobli
アクポム Akpom
アグボリ Agboli
アグホロー Agholor
アクマタリエフ
Akmataliev
Akmataliyev
アクマメド Akmamed
アクマメドフ
Akmammedov
アクマル Akmal
アグマン Agman
アクマンメドフ
Akmammedov
アグム Agum
アクムイラト
Akmyrat
アクムイラドフ
Akmyradov
アクムフィ Akumfi
アクメッド Achmed
アクメド Achmed
アグモン Agmon
アグモント Agramont
アグヤポング
Agyapong
アグヤーリ Aguiari
アクラ
Akúlas
Akylas
アグラ
Agra
Agraa
Uggla**
アグラァ Agraa
アークライト
Arkwright
アクライトナー
Achleitner
アグラヴェイン
Agravain
アグラエ Aglaé
アクラサニ Akrasanee
アクラサネー
Akrasanee
アグラジェ Agladze
アグラシビリ
Agulashvili
アグラス Agras
アクラートフ
Akkuratov
アグラナート Agranat
アグラブ Aghlab
アクラポビッチ
Akrapovic
アグラマ Agrama
アクラミアン
Akramian
アクラム Akram*
アーグラモンテー
Agramontey
アグラモンテ
Agramonte
アグラーヤ Aglaja
アグラワラ Agrawala
アグラワール
Agravāl
Agrawal
アグラワル Agrawal
アグラン Agran
アクランド
Ackland
Acland
アークリー Arkley
アクリー Ackley*
アグリ Aggrey
アグリエッタ
Aglietta**
アグリーコラ Agricola
アグリコーラ Agricola
アグリコラ Agricola*
アグリジェント
Agrigento
アクリシオス Akrisios
アグリッパ
Agrippa*
Agrippas
アグリッパス
Agrippas
アグリッピーナ
Agrippina
アグリッピナ
Agrippina**
アグリッピーヌス
Agrippinus
アグリパイ Aglipay*
アクリル
Ackrill
Aklilu
アクリン Acklin*
アークル
Arkell
Arkle
アーグル Eargle
アクル
Akl
Akour
アグル Agur
アグルカーク
Aglukark
アグルカック
Aglukkaq
アクルガル Akurgal
アクルズ Ackles
アグルビチャヌ
Agârbiceanu
アクレー Ackley
アグレ Agre*
アグレア Aguilera
アグレイ Aggrey
アークレス Arkless
アクレス Ackles
アグレスタ Agresta**
アグレスティ Agresti*
アグレスト Agrest*
アグレダ Agreda
アクレドロ Acredolo*
アクレーリウス
Acrelius
アグレル Agrell
アクレルストロム
Akerstrøm
アクレン Acklen
アグレン
Aglen
Agren
アグロ Aglo
アクロイド
Ackroyd**
Akroyd
Aykroyd
アグロウ Uglow
アグロヴァル Aglovale
アグロシーノ
Angrosino
アクロタトス
Acrotatus
アグロトゥ Agroti
アグロトウ Agrotou
アクロポリテース
Akropolítēs
アクロポリテス
Akropolítēs
アクロン Achron
アグロン Agron
アクワ
Akwa
Akwa'a
アクワア Akwa'a
アクワシ Akwasi*
アクワース Acworth
アークーン Ah-Koon
アグン
Ageng
Agung*
アクンアトン
Akhenaten
アクンザダ
Akhundzada
アクンジュ Akinci*
アクンド Akhund
アグンドゥクア
Agoundoukoua
アグンロエ Agunloye
アーゲ Aage
アケ
Ake
Aké
アーケイド Arcade
アゲイト Agate
アーケイン Arcane
アゲエフ Ageeb
アゲキャン Agekian
アゲサンドロス
Agesandros
アケシー Agassiz
アゲシポリス
Agesipolis
Agēsipolis
アケジャン Akezhan*
アゲーシラーオス
Agēsilaos
アゲシラオス
Agēsilaos
Agesilaus
アゲソー Aguesseau
アケソン Akesson
アケチ Akech
アケチェ Aketxe
アケック Akec
アケッソン Åkesson
アゲット Aggett
アーケディ Arcady
アゲナ Agena
アケナトン
Akhenaton
アケニン Akenine
アゲノエル
Haguenauer
アゲノル Agēnōr
アゲノレ Agenore
アケフ Akefal
アケム Akem
アゲム Agem
アゲーヤ Agyey
アケラオ Archelaos
アゲラダス Ageladas
アケーラトス
Akeratos
アケリドウ Akkelidou
アケル Aqel
アケルボーム
Akerboom
アゲルホルム
Aggerholm
アケルマン
Ackermann
Akerman*
アケルルンド
Åkerlund
アゲレ Aguerre
アケロイド Akeroyd
アーケン Aken
アーゲン Ergen
アゲントフ Agentov
アケンピス À Kempis
アケンボ Ake N'gbo
アコ Ako
アゴ Ago
アコイタイ Akoitai
アコイメーテース
Akoimētēs
アコイメートス
Akoimētos
アーゴウ Argo*
アーコウィッツ
Arkowitz
アコヴォーネ Acovone
アコエフ Akoev
アココ Akoko
アコーシ Accorsi
アーコシュ
Akos*
Ákos*
アコシュ Ákos
アゴシン Agosín
アコス
Accoce*
Akos
アゴス
Agoes
Agossou
アコスタ Acosta**
アゴスタ Agosta*
アコスタドゥアルテ
Acosta Duarte
アコスタバルデス
Acosta Valdez
アゴスチーニ Agostini
アコスチーヌ
Agostino
アゴスチノ Agostino*
アゴスティ Agosti*
アゴスティーナ
Agostina
アゴスティナ
Agostina
アゴスティーニ
Agostini**
アゴスティーニョ
Agostinho
Agostino
アゴスティニョ
Agostinho
Agostino
アゴスティネリ
Agostinelli*
アゴスティネルリ
Agostinelli
アゴスティーノ
Agostinho
Agostino*
アゴスティノ
Agostinho
Agostino
アゴステイーノ
Agostino
アゴスティン
Agostin*
アゴステニ Agostini
アゴスト Agosto**
アゴストーニ
Agostoni
アゴストン Agoston*
アゴタ
Agota*
Ágota*

ア

アゴーチ Agócs
アコチェラ Acocella
アコック Acock
アコテ Akotey
アコード Acord*
アコノール Akonnor
アゴバカ Agovaka
アゴバール Agobard
アゴバルド Agobard
アゴバルドゥス
Agobard
アコビ Akobi
アコピャン Hakobyan
アーコフ
Ackoff
Arkoff
アーゴフ
Argof
Argov*
アコフ Ackoff
アコフォジ Akofodji
アコミナトス
Akominatos
アーコム Arkhom
アコラ Accola
アゴラクリトス
Agorakritos
アコラス Acollas*
アゴラトス Agoratos
アコリ Akoli
アゴリ Agolli
アコリオス Achólios
アコル Akol
アゴル Agol
アコロ Akolo
アコロゴ Akologo
アーコン Aakor
アコン Akon
アゴン
Agon*
Agong
アゴンシリオ
Agoncillo
アゴンシリョ
Agoncillo**
アゴンシルリョ
Agoncillo
アコンチ Acconci
アコンチオ Aconcio
アコンツィオ Aconcio
アコンド Akhond
アーサ
Aase
Arsa*
Arthur
Asa
Eartha*
アーサー
Arsa
Arther**
Arthour
Arthur***
Arthure*
Aushor
Authur
アーザー Arthur
アサ
Arthur
Asa*
Aza
アサー Assar*
アザ Azza
アザー
Asther
Azar
アーサア Arthur
アサア Arthur
アザアル Hazard
アサイ Asai
アザイ Azzai
アサイアス Assayas
アザーイザ Azaizeh
アザイス Azais
アザイゼ Azayzah
アサイヤス Assayas**
アザウィ Azzaoui
アザウイ Azzawi***
アサウォナク
Asayonak
アサエリ Asaeli
アサエル Asahel
アサガ Asaga
アサカロフ Assakalov
アサガロフ Asagaroff*
アサキ Asachi
アサーキル 'Asākir
アサクサンダー
Alexander
アサジオリ Assagioli
アサジョーリ
Assagioli*
アサジロー Asajiro
アザセタ Azaceta
アサーソン Assarsson
アサダウスカイテ
Asadauskaite**
Asadauskaitė
アサダタ Asadata
アザチャン Azatyan
アザッグ Azzag
アサッティ Assati
アサディ
Asadi
Assadi
アサディー Asadī
アサティアーニ
Asatiani
アザティワダ 'Ztwd
アーザード
Azad
Azād*
Āzād
アサード Asaad
アサト Asato
アサド
Asaad
Asad**
As'ad
Assad***
Assado
Azad
アザート Azzarto
アザード Azad
アザト Azad
アザド
Ajada*
Azad*
Azād
アサドゥザマン
Asaduzzaman
アサドゥッラー
Asadullāh
アサドゥラ
Assadullah
アサドゥロ Asadullo
アサドフ Asadov
アザドフスキー
Azadovskij
アサドラ
Asadulla
Assadullah
アサトリアン
Asatryan
アサトリャン
Asatryan
アーサートン
Arthurton
アサートン
Atherton**
アサトン Atherton*
アザートン Atherton*
アザナイ Azannaï
アサナウ Asanau
アザナヴィシウス
Hazanavicius*
アサナシア Athanasia
アサナシウス
Athanasious
アサナシオー
Athanasiou
アサナシオス
Athanasios
アサーナス Athanas
アサナミ Assanami
アサニ Assani
アサニゼ Asanidze*
アサーニャ
Azaña
Azaña*
アサニャ
Azaña
Azaña
アザーニャ Azaña
アサニン Asanin
アサネイシアス
Athanasius
アサネイシャス
Athanasius
アーサノ Ursano
アサノ Asano
アサーノヴァ Asanova
アサノビッチ
Asanovich*
アサハラ Azahara
アザハリ Azahari
アーサフ
Asaf
Āsaf
アサーフ Asaf
アサフ
Asaf**
Asaph
Assaf
アザフ Asaf
アザブ Azab
アサフア Asafa*
アサーフィエフ
Asafiev
アサフィエフ
Asaf'ev
Asafiev
アサヘル
Asaēl
Asahel
アザマ Azama
アザマンディオス
Adamantios
アーザム
Asam
Azam
Aẓam
アサム
Asam
Assam
アザム
Ahzam
Asam
Azam
A'ẓam
A'zam
Azzam
アサモア Asamoah**
アサヤス Assayas
アサラ Asara
アザライア Azariah
アサラフ Assaraf
アーザリー
Āḏharī
Āẓarī
アサリ
Asali
Assali
アザリ
Azali*
Azzali
アザリア
Asaria
Azaria
Azariah
アザリアウンウイ
Azaria Hounhoui
アザリアス Azarias
アザリアン Azaryan
アザリート Azzarito
アザリナ Azalina
アザリヤ Azarias
アザリロヴィック
Hadzihalilovic
アザリロビック
Hadzihalilovic
アーサリン Ertharin*
アザリーン Azareen
アーサル
Arthur
Asar
アーザル
Āḏhar
Azar
Āzar
Āẓar
アサール
As'ar
Asare
Assal
Assall
Assar
Azar
アサル
Assal
Assar*
アザール
Azar
Azhar
Hazard**
アザル
Azal
Azar
アーザルギン Azargin
アサルハドン
Esarhaddon
アーザルメードゥフト
Āzarmēdukht
アザルヤ Azarias
アサレ Asare
アザレロ Azzarello
アザレンカ
Azarenka**
アサロ Asaro**
アザロフ Azarov*
アサワ Asawa
アサワルーンチャイ
Asavaroengchai
アーサン Ahsan
アサーン Athearn
アサン
Asang
Assane
Assne
アザン Hazan
アサンガ
Asanga
Asaṅga
アザンコー Azencot
アサンゴノ Asangono
アサンジ Assange*
アサンシオン
Ascension
アザンチェフスキー
Azanchevskii
アザンチェーフスキイ
Azanchevskii
アサンテ
Asante**
Assante
アサンデ Azandé
アサンティ
Asante
Asanti
アサンティワー
Asantewaa
アサンデル Asander
アサンバ Assamba
アーシ Assi
アシ
Achi
Ashi
Assi
アジ
Adij*
Adji

アーシア Asia
アージア Argea
アシア Assia**
アシアイン Asiain
アシアゲヌス
Asiagenus
アシアスエ
Assi-assoue
アシアータ Asiata
アジアチカス
Asiaticus
アジアチクス
Asiaticus
アシアティクス
Asiaticus
アシアティコス
Asiatikos
アジアティコス
Asiatikos
アシァリード Ashared
アシァレド Ashared
アージィ Argy
アジウ Ajiu*
アジーヴァコ Ajivako
アシヴァゴーシャ
Asvaghosa
Aśvaghoṣa
アジウソン
Adilson*
Edieuson
アシェ Aché
アシエ Acier
アジェ
Age
Atget*
アジエ
Agier
Aziez
アジェイ
Adjei*
Ajay*
Ajaye
アジェイダーコ
Adjeidarko
アジェイネ Alleyne
アシェイマリ
Ashamarae
アーシェインボー
Archainbaud
アジェオダ Adjeoda
アジェクム
Agekum
Agyekum*
アシエシヴィリ
Asieshvili
アジェージュ Hagège*
アジェスタラン
Ayestaran
アシェット Hachette*
アジェノール Agénor
アジェノル
Agenor
Agénor
アジェマン
Agyeman
Agyemang
アジエマン Agyeman
アシェメ Hacheme

アーシェラ Urshela
アシェラ Ašera
アシェラト Ašerat
アシェリ Achéry
アシェリー
Achéry
Ashley
アーシェル Urschel
アシェル
Achille
Ascher
Aser
'Ašer
Asher*
'Asher
アシエル Asier
アジェル
Agel
Ager
Ejell
アジェルサ Ayerza
アシエルノ Acierno
アージェン Arjen
アジェン Adjeng
アジェング Adjeng
アシェンソ Adelino
アジェンデ Allende**
アージェンティ
Argenti*
アシェンティス
Ascentis
アシェンデン
Ashenden
アージェント Argento
アシェンバーグ
Ashenburg
アジオ Agio**
アジオカ Ajioka
アシオス Asios
アジオーリ Asioli
アシオーン Ascione
アージカ Arzika
アシカイネン
Asikainen
アジキウェ Azikiwe*
アジキウエ Azikiwe
アーシク Âshik
アシク
Achik
Âshik
Ashiq
Asik
アジゲ Ajige
アシケナージ
Ashkenazy
アジーザ Aziza
アジザ
Aziza
Azizah*
アジジ Azizi**
アシシュ
Ashis
Ashish
アシシンヌ
Akhchichine
アーシス Assis
アシース
Ashis
Assis
アシス
Ashis
Asis
Assis**
アジーズ
Aziz
'Azīz
アジス
Addis
Adis
Adisu
Ajith
Aziz
アジズ
Assis
Aziz***
'Azīz
Azizou
アシスクロ Acisclo
アシスタント
Asistent*
アジズホジャエフ
Azizkhodzhayev
アジズル Azizul
アジズルハスニ
Azizulhasni
アジゾフ Azizov
アジゾワ Azizova
アジソン
Addison*
Adisson
アシタ Asita
アジータ Ajeetha
アジタ Ajita
アジダール Azhdar
アジダルマ Ajidarma*
アジタワッダ
Azitawanda
アジタワンダ
Azitawanda
アジッチ Adzic*
アシット Asit
アジット
Adsit
Ajit**
アジーデ Agide
アシディク Assidik
アシテリ Acitelli
アシート Acito**
アシード Asseid
アジト Ajit*
アシーナ Athena
アシナゴラス
Athénagóras
アシナス Asenath
アジニ Ajdini
アーシーニア
Arthenia
アシニウス Asinius
アシヌム Asinum
アシノフ Asinof
アジノフ Asinof
アシバンダカプッタ
Asibandhakaputta
アシーフ Asif
アシフ Asif*
アジブ Hadjibou
アシファト Assifat
アジベーコフ
Adibekov
アジマ Azima
アシマイドゥ
Assimaidou
アシマコプロス
Asimakopulos*
アージマノグロー
Arzimanoglou
アジマル Ajmal
アシマン Aciman
アジーマン Azziman
アジマンメンサ
Agyemang-mensah
アシミ Assimi
アジミ
Adjmi
Azimi
アジミナグロウ
Hadji-Minaglou
アーシム
Asheem
Asim
アシム Asim*
アジーム
Aseem
Azīm
アジム Azim
アジムジャン Azimjan
アジムジョン
Azimzhon
アシモフ
Ashimov
Asimov**
アジモフ
Asimov
Azimov
アシモル Asimor
アーシャ
Asha
Asya
アーシャー A'shā
アシャ
Asa*
Asha*
アシャー
Achard
Asher**
Usher
アジャ
Agca
Aja
Hadja
Hajda
アシャアル Achard
アジャイ
Adjai
Adjaye
Ajay
アジャウィン Ajawin
アシャウンタ
Ashaunta
アジャーエフ Azhaev*
アジャオ Ajao
アジャク Ajak
アジャグバ Ajagba
アジャジ Ajaj
アジャシャンティ
Adyashanti
アジャズ Ajaz
アシャースト Ashurst
アシャースミス
Asher-smith
アシャーソン
Asherson
アジャータサットゥ
Ajātaśatru
アジャータシャトル
Ajātaśatru
アシャット Axat
アシャッフェンブルク
Aschaffenburg
アシャッフェンブルヒ
Aschaffenburg
アジャッル Ejell
アシャード Ashaad
アシャド
Achad
Ahad
アジャト Adiato
アジャーニ Adjani*
アジャニー Ajani
アジャバ Arjava
アシャプルナ
Āśāpūrṇā
Ashapurna*
アジャポング
Adjapong
アジャミー Ajami
アーシャム Arsham
アジャム Ajam
アジャヤ Ajaya
アシャヤカトル
Axayacatl
アジャーラ Ayala
アジャラ Ayala
アシャーリ Achaari
アシャリ
Asjari
Asyari
Asy'ari
アジャリロヴィック
Hadzihalilovic
アシャール Achard**
アシャル Achard
アジャール
Ajar
Ajhar*
アジャルベール
Ajalbert*
アジャルメ Ajarmah
アジャレス
Ayales
Ayares
アシャローズ
Asha-rose
アシャロン Asheron*
アーシャーン Āśān
アーシャン Ahsian
アージャン Arjun
アジャン Ajahn

ア

アジャンクール
Agincourt
アジャンサ Ajinca
アシャンティ
Ashanti*
アーシャンボー
Archambeau
Archambeault
アーシャンボウ
Archambault*
アーシャンボルト
Archambault
アーシュ
Artru
Asch
Erche*
アシュ
Asch*
Ash
Ashu*
Henri
アジュ Adju
アシュア Ashur
アシュアリー Ash'ari
アシュヴァゴーシャ
Asvaghosa
Aśvaghoṣa
アシュヴァッターマン
Ashwatthama
アシュヴァル Asvall
アシュウィニ Ashwini
アシュウィン
Ashvin
Ashwin
アシュヴィン Ashvin
アシュウェル
Ashwell*
アシュウエル Ashwell
アシュウォース
Ashworth
アシュウッド
Ashwood
アジュオルジュ
Ageorges
アシュカール Achcar
アシュカル
Achcar*
Ashkir
アシュカン Ashkan
アジュキェヴィチ
Ajdukiewicz
アジュキエヴィッチ
Ajdukiewicz
アジュキエウィッツ
Ajdukiewicz
アシュキン Ashkin
アーシュク
Âshik
Âşık
アシュク
Âshik
Ashk*
Aśk
アシュクラフト
Ashcraft*
アシュクール Ashkur
アシュクロフト
Ashcroft**
アシュケナージ
Ashkenazi*
Ashkenazy*
Askenazy
アシュケナジ
Ashkenazi
アシュケナス
Ashkenas*
アシュケナーズィ
Askenazy
アシュター Ashtar
アシュダウン
Ashdown**
アシュタート Ashtart
アシュタナ Asthana
アシュタール Ashtar
アジュディ Adjoudi
アシュトン
Ashton***
Aston
アシュナー
Aschner
Ashner*
アジュナン Agenin
アシュニ Ashni
アシュバゴーシャ
Aśvaghoṣa
アシュバートン
Ashburton
アシュバーナー
Ashburner
アジュバリス Ažubalis
アシュビ Ashbey
アシュビー
Ashbee*
Ashby***
アシュビィ Ashby
アシュファク Ashfaq
アシュフィールド
Ashfield
アシュフォード
Ashford**
アシュブレス Ashbless
アシュベ Ashbé
アジュベ
Azbe
Ažbe
アジュベイ
Adjubey
Adzhbei
Adzhubei*
アシュベリ Ashbery
アシュベリー
Ashbery*
アシュベル Ashbel
アシュホフ Aschhoff*
アシュマーウィー
'Ashmāwī
アジュマニ
Adjoumani
アジュマルディ
Azyumardi*
アシュマン
Ashman*
Ashmun
アシュミード
Ashmeade
アシュモア
Ashmore**
アシュモウル Ashmole
アジュモゴビア
Ajumogobia
アシュモール Ashmole
アシュモワ Ashumova
アーシュラ Ursula***
アシュラーウィ
Ashrawi
アシュラウィ
Ashrawi**
アシュラフ
Ashraf**
Ashraff
アシュラフアムガド
Ashraf Amgad
アシュラフル Ashraful
アジュラミ Ajrami
アシュラム Ashram
アシュラリエフ
Ashuraliyev
アシュラル Axular
アシュリ
Achery
Ashley
アシュリー
Ashlee*
Ashleigh*
Ashley***
Ashly
Ashry
アシュリーン Ashlinn
アシュリン
Ashlinn*
Ashlyn
アーシュール 'Āshūr
アシュール
Achour
Ashour
Ashur
Assur
Aššur
アジュル Adju
アシュールナシルパル
Aššur-nāsir-pal
アシュールバニパル
Assurbanipal
アシュレー
Asheley
Ashley*
アシュレイ Ashley**
アシュロゾ Ashrozo
アシュロック Ashlock
アシュロフ Ashcroft
アージュロン Ageron
アジュロン Ageron
アシュワース
Ashwarth
Ashworth*
アシュワデン
Aschwanden
アシュワニ Ashwani
アシュワル Ashwal
アシュワンデン
Aschwanden
アジュン
Adjeng
Adjung
A-jung*
アジュンワ Ajunwa*
アジョ Hajo
アジョー Ajou
アショーカ
Ashok**
Aśoka
アショカ Aśoka
アショク Ashok*
アショチャン
Ashotyan
アショック
Ashock
Ashok
アジョック Ajok
アショット Ashot
アショッフ Aschoff
アショト Ashot
アショーネ Ascione
アショバーン Ashburn
アジョビ
Adjobi
Adjovi
アショフ Aschoff*
アショーン A'Shawn
アシラ Ashira
アシラフ Achiraff
アジリ Ajili
アージリス Argyris*
アーシル Arshile*
アージル Argyle
アシール
Achille
Athīr
アシル
Achiel
Achille*
Acyl
Agyl
Ashiru
Assil
アジール Azile
アジル Aziru
アシルゲルディ
Ashirgeldi
アシルジャン
Asylzhan
アシルノ Acierno
アシルムハメドフ
Ashirmukhammedov
アシルムラートワ
Asylmuratova*
アシレイ Ashley
アシレム Assilem
アシーン Ossian
アシン
Ashin*
Asín
アシンガンビ
Assingambi
アーシング Ursing
アシンク Assing
アシング Athing
アース
Aas*
Arx
'Āṣ
Haas*
アス As
アズ Azz
アズー Azou*
アズーア Azúa
アスアド
As'ad
Assaad
アスアヘ
Asuaje
Azuaje
アスアール Asuar
アスアン Assounan
アズィーヴ Azeev
アズィーズ
Azīz
'Azīz
アズィズ
Aziz**
'Azīz
アスィーニ Athene
アズィーム Azim
アースィヤ Āsiya
アズイランクロフ
Azyrankulov
アスィール Athīr
アスイルゲルディ
Asyrgeldy
アスィルムラトワ
Asylmuratova
アーズィーン Āzīn
アスヴァバーヴァ
Asvabhāva
アスエマンゲ
Asue Mangue
アスエーラ Azuela
アスエラ Azuela**
アスエリオ Assuerio
アスカー Asker
アスガー
Asger
Asghar*
アスカスビ Ascasubi
アズガディ Azghadi
アスカニウス
Ascanius
Askanius
アスカーニオ Ascanio
アスカニオ Ascanio
アスカム
Ascham
Askham
アスカラーニー
'Asqalānī
アスカラフォス
Askalaphos
アスカーリ Ascari
アスカリ
Ascari
Askari*
アスカリー 'Askari
アスカリアン
Askarian*
アスカル
Askalu
Askar**
アスガル Asghar

ア

アスカルゴルタ Azcargorta
アスガルザデ Asgharzadeh
アスカルベク Askarbek
アスカローネ Ascalone
アスカロノフ Askalonov
アスガロフ Asgarov**
アスカンベック Askanbek
アスキ Haski*
アスキー Askey
アスキア Askia
アスキース Asquith
アスキス Asquith***
アスキダス Askidâs
アスギバ Asugiba
アスキヤ Asukiya
アスキュー
Ascuy
Askew***
アズキュー Azcuy
アースキン
Erskine***
アスキン
Askin
Erskine
アスキンス Askins
アスキンズ Askins*
アスク
Ask
Aske
Askr
アスクイ
Ascuy
Azcuy*
アスクィス Asquith*
アスクウィズ Askwith
アスクエ Azkue
アスクエス Ascues
アスクゴー Askgaard
アスクリ Ascri
アスグリムソン
Asgrimsson
Ásgrímsson
アズグル Azgur
アスクレーピアデース
Asklēpiadēs
アスクレピアデス
Asklēpiadēs
アスクレピオス
Aesculapius
アスクレピオドトゥス
Asclepiodotus
アスクレピオドトス
Asklēpiodotos
アスクレーフ Asklöf
アスクレン Askren
アスゲイル Asgeir
アスケナーゼ
Askenase
アスケラッデン
Askeladden
アスケリーノ
Asquerino
アスゲール
Asgeir
Ásgeir
アスゲールソン
Asgeirsson
Ásgeirsson
アスケングレン
Aschengreen
アスコ Asko
アスコー Ascough
アスコエト
Hascoet
Hascoët
アスコタ Acosta
アースコット Arscott
アスコット Ascott**
アスコナ Azcona**
アスコーニウス
Asconius
アスコニウス
Asconius
Ascōnius
アスコファレ Ascofare
アスコラ Askola
アスコリ
Ascoli*
Hascali
アスコリド
Askold
Askolid
アスコリドフ
Askoldov
アスジャディー Asjadī
アスシュ Assche
アスス Assous
アズーズ Azouz
アズズ Azouz
アスセナ Azucena
アスタ Asta
アスター
Aster*
Asther
Astor**
アスタシオ Astacio*
アースタッド Erstad*
アスターナ Athana
アスタファン
Astaphan
アスターフィエヴァ
Astafieva
アスタフィエーヴァ
Astafieva
アスタフィエヴァ
Astafieva
アスターフィエフ
Astaf'ev
Astafiev**
アスタフィエワ
Astafieva
アスタフェイ Astafei
アスタプコヴィッチ
Astapkovich*
アスタプコビッチ
Astapkovich
アスターホフ
Astakhov
アスタホフ Astakhov
アスタポフ Astapov
アスタホワ Astakhova
アスタラーバーディー
Astarābādī
アスタルテ Astarte
アスタン Astan
アスタンゴヴ
Astangov
アスツアゲス Astyagēs
アスツラロ Asturaro
アスツリアス Asturias
アステア Astaire**
アステアー Astaire
アスティ Asti
アスティアゲス
Astyagēs
アスティエ Astier
アスティカ Astica*
アースティック Ustick
アスティール Astyr
アスティン Astin
アズディン
Azeddine**
Azzedine
アスティントン
Astington
アズディンヌ
Azedine*
アステックス Astaix*
アーステッド Oersted
アステミロワ
Astemirova
アステュアゲース
Astyagēs
アステュアゲス
Astyagēs
アステュアナクス
Astyanax
アステュオコス
Astuokhos
アステュダマス
Astydamās
アステリオス
Asterios
Astérios
アステル
Astell*
Astels
Aster
アステルス Astels
アスト Ast
アズド ‘Aḍud
アストアヴァ Šťava
アストゥアゲス
Astyagēs
アズドゥッ・ダウラ
‘Aḍud al-Dawla
アストゥリアス
Asturias**
アストゥリウス
Asturius
アスドゥルバル
Asdrúbal
アズドゥルバル
Asdrubal
アストゥルラービー
Asṭurlābī
アズドッ ‘Aḍud
アズドッ・ダウラ
‘Aḍud al-Dawla
アストーネ Astone
アストバリー Astbury
アストベリ Astbury
アストベリー Astbury
アストラ Astra*
アストライア Astraia
アストライン Astrain*
アストラッド Astrud
アストラップ Astrup
アストランプシュコス
Astrampsȳchos
アストーリ Astori
アストリ
Astley
Astori
アストリー Astley
アストリアス Asturias
アストリット Astrid*
アストリッド
Astrid***
アストリート Astrid**
アストリド Astrid
アストリャブ Astriab
アストリュク Astruc
アストリュック
Astruc**
アストール Astor
アストル
Astle
Astor**
アストルガ Astorga*
アストルシュ Astorch
アスドルバル
Asdrubal
アズドルバル
Asdrubal*
アストループ Astrup
アストルフォ Astolfo
アストルフォード
Astleford
アストレイ Astley
アズドレニ Asdreni
アストロ Astro*
アストロップ Astrop*
アストローム
Astrom
Aström
Åström
アストン
Ashton
Aston***
Asuton
アーズナー Arzner
アスナー Asner*
アズナ Asner
アズナー Asner
アズナヴール
Aznavour**
アスナゲ Asnage
アスナーニ Asnaani
アズナブール
Aznavour*
アスナール Aznar**
アスニク Asnyk
アスネ
Asne*
Åsne*
アスネル Hassner
アスパー Asper*
アズバ Azuba
アスバア Aṣba‘
アスパーケル Aspaker
アスパシア Aspasia
アスパシオス Aspasios
アスパス Aspas
アスバッハ Asbach
アスバヒ Asbahi
アスパラガス
Asparagus
アスパーリ Aspari
アズハリ
Azahari
Azhari*
Azhary
アズハリー
Azhari
Azharī
アスパル Aspar
アスパルフ Asparuh
アズビー Azby*
アスピタルテ
Azpitarte
アスピナス
Espinas
Espinàs
アスピナール Aspinall
アスピナル Aspinall
アスピノール
Aspinall*
アスビャーン Asbjørn
アスビヨルン Asbjorn
アズビョルン Asbjorn
アスビョルンセン
Asbjornsen
Asbjørnsen*
アスビヨルンセン
Asbjørnsen
アズビヨン Asbjørn
アスビョーンセン
Asbjørnsen
アズビヨンソン
Asbjornson
アスピリクエタ
Azpilicueta
アスピルクエタ
Aspilcueta
アスピン Aspin*
アスピンウォール
Aspinwall
アスプ Asp*
アスファ Asfa
アスファウ Asfaw
アスファハ Asfaha
アズブイケ Azubuike

アスフォ Asfaw
アスフォーグ Asphaug
アスフォルム
Aspholm
アスブディン Aspdin
アスプディン Aspdin
アスプデン Aspden
アスプランド
Asplund
Asplundh
アスプリー Asprey
アスプリージャ
Asprilla*
アスプリン Asprin**
アスフール Asfour
アスプルッチ Asprucci
アスプルント Asplund
アスプルンド
Asplund**
アスプレイ
Aspley
Aspray
アスブローク
Asbroeck
アスプロモンテ
Aspromonte
アスブロモンテ
Aspromonte
アスペ Aspect
アスペイティア
Azpeitia*
アスベスタス Asvestas
アスペッティ Aspetti
アズヘッド Adshead
アスベリ Asbury
アズベリ Asbury
アズベリー Asbury*
アズベリィ Asbury
アスペリーン Aspelin
アスペリン Aspelin*
アスベル
Asbel*
Asbell*
アスペルガー
Asperger*
アスベルグ
Asberg
Åsberg
アスペルティーニ
Aspertini
アスペルニクス
Aspernicus
アスペルマイアー
Aspelmayr
アスペルマイヤー
Aspelmayr
アスペレン Asperen
アスペン Aspen
アスペンストレム
Aspenström
アスポール Aspord
アスマ
Asma*
'Asma
Asmah
Assemat
Assémat
Assouma
アスマー
Asmā
Assmaa
アズマ
'Azma
Azumah
アスマイー
Aṣma'ī
'Aṣma'ī
アースマス Ausmus
アスマット Asmat
アスマナ Assoumana
アズマナ Anzoumana
アスマニ
Assoumani**
Assoumany
Assumani
Athoumani
アスマヌ Asmane
アスマハーン
Asmahān
アスマール Asmar
アズマル Asmal
アスマン
Asman
Assmann**
アズマン Asman
アーズミー Azmi
アズミ
Azmi
Azmy
アスミーク Asmik
アスミク Hasmik
アスミス Asmis
アスミル Asmir
アースム Âsım
アスム Asm
アスムアヘンサ
Asum-ahensah
アスムス Asmus**
アスムセン Asmussen
アースムッセン
Asmussen
アスムッセン
Asmussen*
アズムーデ Azmoodeh
アスムムンムノス
Asumu Mum
Munoz
アスムンドソン
Asmundson
アスメル Asmer
アスメロン Asmerom
アズユタ Azuyuta
アースラ Ursula*
アーズラー Oursler
アスラ Aslam
アスラー Asrar
アズーラ Azula
アズラ Azra*
アズライ Azoulay
アズラエル Azrael
アズラキー Azraqī
アズラク Azraq
アスラチャン Asratian
アスラット Asrat
アスラニ
Aslani*
Asrani*
アスラニカシュヴィリ
Aslanikashvili
アスラノフ Aslanov
アスラバエフ
Asrabaev
アスラフ Asraf
アスラマゾフ
Aslamazov
アスラム Aslam
アズララ Azurara
アスラン
Ascelin
Aslan***
Asselin
アズラン Azlam*
アスランベイグイ
Aslanbeigui
アスランベク
Aslanbek*
アースリ Āsuri
アーズーリー
'Azūrī
'Āzūrī
アスリ
Asli*
Asri
アスリー Astley
アズーリー 'Azūrī
アズリア Azria
アズリエラ Azriela*
アズリエル Azriel
アスリーヌ
Asseline*
Assouline*
アスリノー Asselineau
アスリム Assilem
アズリール Azriel
アスリン Aslin
アズリーン Azleen
アズリン Azrin
アスリンダカ
Asurindaka
アスル Assr
アズール Azour
アスルドゥイ Azurduy
アスルハン Aslihan
アスルメンディ
Azurmendi
アスルル Asrul*
アズーレ Azoulay
アズレ Azoulay*
アスレイ Asley*
アスレイナー Uslaner
アスレット Aslett*
アスレヤ Athreya
アスロ Aslo
アスロフ Aslov
アスローム Asloum*
アスロリ Asrori
アスワス Aswath*
アスワディ Aswadi
アスワド Aswad
アスワーニー Aswany
アスワブ Aswab
アスン
Assoun
Asun*
アスンサオン
Assunção
アスンサン
Assuncao
Assunção
アスンシオン
Asuncion
Asunción
アスンソン
Assuncao
Assunçao
アスンタ Asunta
アスンプタ Assumpta
アゼアリアン
Azarian*
アセヴェド Acevedo
アゼヴェード Azevedo
アゼヴェド Azevedo**
アゼヴェドウ Azevedo
アゼヴェドオ Azevedo
アセーエフ Aseev*
アセオ Asséo*
アセギディエ Asegidie
アゼース Azes
アセッリオ Asselliō
アゼディヌ Azzedine
アゼディン Azzedine
アセート Aceto*
アセト Asset
アセド Acedo
アセトゥ Assétou
アセナザ Asenaca
アセナス Asenath
アセナティ Asenathi
アセナト Asenath
アーセニオ Arsenio
アセニニ Assegnini
アセニャ Aceña
アセノフ Asenov
アゼバード Azevado
アゼーフ Azef
アゼフ
Azef
Azev*
アセファ
Asefa
Assefa*
アーセフィ Asefi
アセベス
Acebes
Aceves
アセベード Azevedo
アセベド Acevedo*
アゼベード Azevedo
アゼベド
Azevedo*
Azevêdo*
アセマ Assémat
アゼマ
Aszema
Azéma
アセマニ Asemani
アセム Assem
アセモグル
Acemoglu*
アセラー Asehre
アーセラス Arcelus*
アゼラッド Azerrad
アセリ Aselli
アゼリア Azalea
アゼーリオ Azeglio*
アゼリオ Azeglio
アセリノ Acelino*
アセリノー Asselineau
アゼリョ Azeglio**
アセリン Asselijn
アゼリン Aselin
アセリング
Ætheling
Atheling
アーセル
Arcel*
Ursell
アセール Assael
アセル
Asell
Aser
Asser
Hazel
アセルスタン
Athelstan
アゼルスタン
Athelstan
アセルマン
Hasselmans
アセルリ Aselli
アセレイン Asselijn
アゼレードロペス
Azeredo Lopes
アーセン
Aasen
Arsen
Arsene
Arsène**
アセン
Asen
Assen
アーセング Aaseng*
アセング Aceng
アセンコヴァ
Asenkova
アセンシ Asensi*
アセンシオ
Ascencio
Asencio
Asensio*
アセンシオン
Ascensión
アセントゥス
Ancentus
アゼンバーグ
Azenberg
アセンホ Asenjo
アーゾ Azo
アソ

Adso
Asso
Azo
アゾ
Adso
Asso
Azo
アソア Assoa
アソウマナキ
Asoumanaki
アソークシン
Asooksin
アソゾダ Asozoda
アソット Asot
アソバ Assogba
アゾパルディ
Azzopardi
アソフェイファ
Azofeifa
アソマネ Assoumane
アソムハ Asomugha*
アゾリー Azzoli
アソリン
Azorin
Azorín*
アーゾル Asor
アソール
Athol**
Atholl
アソル
Athol*
Atholl*
アゾール
Asor
Azor
アソロ Asoro
アーソン
Ason
Urson
アソン Azón
アーソンヴァル
Arsonval
アーター
Arter
Artur
アーダ
Ada*
Ardagh
アーダー
Ader
Ardagh*
アタ
Ata**
Atta*
アター
Atā
'Aṭā'
アダ
Ada**
Adah
Adam
Adda*
Addad
アターイ Atâ'i
アターイー Atayi
アタイ
Atai
Atay
アダイ Addai
アダイウトン Adailton
アタイデ Athayde*
アータイバ Ahtyba
アタイヤ Atiyah**
アタイランギカーフ
Atairangikaahu*
アダイリアス Adairius
アタウアルパ
Atahualpa**
Atahuarpa
アタヴァレー
Athavale*
アダウィ Adawi
アダウィーヤ
'Adawīya
アダウィヤー
'Adawīya
アタウェイ Attaway*
アダウクトゥス
Adauctus
アタウダ Athauda
アターウッラー
'Aṭā' Allāh
アダウト Adauto
アタウラ Athaulla
アタウラー Ataullah
アタウルフ Ataulf
アタウルフォ
Ataúlfo
Ataūlfo
アタウルフス
Ataulf
Athaulfus
アタエフ
Ataev
Atayev
アタエワ Atayeva
アタオチュー
Attaochu
アタオラ Ataollah*
アタオル Ataol
アダーカー Adarkar
アダガ Akdag
アタク Atak
アタグルイエフ
Atagulyyev
アターシ Atasi
アターシー
Atasi
Atāsī
Atāssí
アタシ Atasi*
アダシ Adasi
アダジ Haddad
アダーシェフ Adashev
アダーシエフ Adashev
アダシェフ Adashev
アダシエフ Adashev
アーダス Ardath
アタス Attas
アダス
Adas
Hadas
アタースィー
Atasi
Atāsī
アダーソン Adderson*
アダダ Adada
アダチ
Adach
Adachi
アダチア Adatia*
アタチュルク Atatürk
アタック Atack
アダック
Adac
Adak
アタックス Attucks
アタッシ Atassi
アダット Adatto
アダッド Haddad
アターッラー Atallah
アダデ Adade
アタテュルク Atatürk
アダト Adad
アダド Adad
アダドニラリ
Adad-nirāri
アタートン Atterton
アダートン Adderton
アタナギルド
Athanagild
アタナジー Athanasie
アタナシアス
Athanasios*
アタナシウ
Atanasiu
Athanasiou
アタナージウス
Athanasius
アタナシウス
Athanasious
Athanasius*
アタナジウス
Athanasius
アタナジエ Atanasie*
アタナシオ Attanasio
アタナジオ
Atanasio
Atanásio
Attanasio
アタナシオス
Athanasios
Athanásios
Athanasius
アタナース Athanase
アタナーズ Athanase
アタナズ Athanase
アタナセ Athanase
アタナソ Attanasso
アタナソヴァ
Atanasova
アタナソバ Atanasova
アタナソフ
Atanasof
Atanasoff*
Atanasov*
Atanassoff
Atanassov
アタナトス Athánatos
アタナヤケ
Attanayake
アタナリック
Athanaric
アダーナン
Adharanand
アダナン Adanan
アダーニ Adani
アダニ Adani
アタネ Attané
アダネス Adánez
アタネロフ Atanelov
アターノドーロス
Athēnodōros
アタノドロス
Athanodoros
Athēnodōros
アダノム Adhanom
アダパ Adapa
アタハイ Atakhai
アダバシャン
Adabash'yan
アターバック
Utterback
アタハノフ Atahanov
アタバレー Athavale
アターヒヤ 'Atāhiya
アタフ Ataff*
アタベリ Atterbury
アタベリー Atterbury
アーダベルト
Adalbert
アダボ Addabbo
アタポン Attapon
アーダマ Aardema**
アタマ Atama
アダマ Adama**
アダマヴィチ
Adámovich
アタマス
Athamas
Athamās
アタマタベ
Atama Tabe
アタマニアック
Atamaniuk
アタマーノフ
Atamanov
アタマノフ Atamanov
アダマール
Hadamard**
アダマンチウス
Adamantius
アダマンティオス
Adamantios
Adamántios
アタミ Hatami
アダーミ Adami*
アダミ Adami***
アダミー
Adamy
Adhamy
アダミアン Adamian
アダミック Adamic*
アダミヤク Adamiak
アダミヤン Adamian
アタミラト Atamyrat
アーダーム
Adam
Ádám
アーダム
Adam*
Ádám
Ādam
アダム
Adam***
Ádám*
Ādam
Adamou
Adams
Adamu
アタムイラト
Atamyrat
アダムカック
Adamcak
アダムクス
Adamkus**
アタムクロフ
Atamkulov
アダムザック
Adamczak
アダムシャ Adamchak
アダムシャール
Adam Schall
アダムス
Adam
Adams***
Adamse
Adamus
Addams*
アダムズ
Adams***
Addams**
アダムスキ Adamski
アダムスキー
Adamski*
アダムスン
Adamson**
アダムソン
Adamson***
Adamsson
アダムチェフスキ
Adamczewski
アダムチク Adamczyk
アダムツィク
Adamzik
アダムナヌス
Adamnan
アダムナン Adamnan
アタムバエフ
Atambayev*
アダムベルガー
Adamberger
アタムラド Atamurad
アタムラドフ
Atamuradov
アダメ Adame
アダメズ Adames
アダメツ Adamec
アダメック Adamec*
アーダメッツ
Adametz
アダメッツ Adamec**
アダーモ Adamo
アダモ
Adamo**
Adamou
アダモーヴィチ
Adamovich
Adamóvich

ア

アダモヴィチ
Adamovich
アダモヴィッチ
Adamovich
Adamowicz
アダモヴスカー
Adamovská
アダモウスキ
Adamowski
アダーモビチ
Adamovich
アダモービチ
Adamovich
アダモビッチ
Adamovitch
Adamowicz
アダモフ Adamov**
アダモフスキ
Adamovsky
アダモフスキー
Adamovsky
アダモーリ Adamoli
アタヤ Atthaya
アタラ
Atala
Atallah
Attalah
アタラー Attallah
アタライ Atalay
アタラケ Atarake
アダラビオヨ
Adarabioyo
アタラリクス
Athalaricus
アタラリック
Athalaricus
アダラール
Adalar
Adalhard
アダラル Adalar
アダラルド Adalhard
アタランタ Atalantē
アタランテ Atalantē
アタランテー Atalantē
アタリ Attali**
アダリ Addari
アダリー
Adderley*
Adderly
アタリア Athaliah
アダリアス Adarius
アダリオ Addario
アタリッジ Atteridge
アタリフォ Atalifo
アタリヤ Athaliah
アタール Atar
アタル
Atal**
Attal
Attall
アダル Adar
アダルヴァルト
Adalwald
アダルヴァルド
Adalwald
アタルガティス
Atargatis
アダルギス Adalgis
アーダルダーク
Adaldag
アダルバート
Adalbert
アーダルハルト
Adalhard
アダルバルト
Adalbald
アダルベール
Adalbert*
アダルベルツス
Adalbert
アーダルベルト
Adalbert*
Adelbelt
アダルベルト
Adalbert*
Adalberto**
アダルベルトゥス
Adalbert
アダルベロ Adalbero
アダルベロン
Adalbéron
アタルヤ
Athaliah
Athalya
アダレー Adderley
アータレイ Atalay
アタレイ Atalay
アダレイ Adderley**
アターレス Atares
アダレト Adalet
アタロ Arturo
アターロフ Atarov
アタワルパ Atahualpa
アーダン Ardern*
アタン
Adam
Atan
Attin
アダン
Adam**
Adams
Adan*
Adán
Adão
Hading
Iddina
アタンガナクナ
Atangana Kouna
アタンガナメバラ
Atangana Mebara
アダンキ Addanki
アダンソン Adanson
アダンマイ Adanmayï
アーダンメズ
Erdonmez
アーチ
Arch***
Archey
Archie
アーチー
Archey
Archie**
アチ Achi
アチエ Atiyeh
アチェソン Acheson
アーチェット Archette
アチェベ Achebe***
アチェーラ Acela
アチェルビ Acerbi
アチキ Atīqī
アチク
Achikwe
Atiku
アチケ Achike
アチスン Atcheson
アチソン
Acheson**
Atcheson*
Atchison
アチット Arthit**
アーチディアコノ
Arcidiacono
アーチディコン
Archdeacon
アチディーニ Acidini
アチナ Atina
アーチバット
Archbutt
アーチバード
Archibald
アーチバルト
Archibald*
アーチバルド
Archbald
Archibald*
Artibald
アーチベック
Archibek
アチボエ Attipoé
アーチボールド
Archibald*
アーチボルト
Archbold
Archibald**
アーチボルド
Archbald
Archbold
Archibald***
Archibold*
アーチャー
Archer***
Arther
Arthur
Artur*
アチャ
Acha
Achá
Atcha
アチャー Achar
アチャーガ Atxaga**
アチャカ Atchaka
アチャガ Atxaga
アチャコジョ
Achacollo
アチャーチ Achurch
アチャチ Achach
アーチャード
Archard
Archerd
アーチャナン
Archanun
アチャバヒアン
Atchabahian
アチャリア Acharya*
アーチャリヤ Ācārya
アチャリャ Acharya
アチャリヤ Acharya
アチャーリャア
Acharya
アーチャールヤ
Acharya
アーチャン
Achaan
Ajahn
アチャン
Açan
Achaan
Achan
アチャンタ Achanta
アチャンポン
Acheampong
アチュイル Acuil
アチュガリー
Atchugarry
アチューカルロ
Achúcarro
アチューカロ
Achúcarro
アチュカロ
Achucarro
Achúcarro
アチュタ Achyuta
アチュタデーヴァ
Acyutadeva
アチュベ Achebe
アチュリー Atchley*
アーチュル Erchul
アチョー Acho
アチョン Achong
アチリー Atchley
アチル Achille
アチルソン Athirson
アチルバイ Achilbay
アーチン Aacin
アーツ
Aerts*
Artz
Ertz
アッ
Al**
Ash
アツィリ Atzili
アツォ
Aco
Atso
アーツォル Arthur
アッカ
Acca
Akca
アッカー
Acker***
Akker
アッガー Haggar
アッカーイム
Al-Qā'im
アッカウィー Accawi
アッカークネヒト
Ackerknecht*
アッガージ Aggházy
アッカス Akkas
アッカースィム
Al-Qāsim
アッカード
Accardo
Aqqād
'Aqqad
アッカド Akkad**
アッカーマン
Ackerman***
Ackermann***
Ackermans
Akerman
Akkerman*
アッカマン Ackerman
アッカラセーニー
Akrasanee
アッカリー
Ackerley
Ackerly
アッカルド Accardo*
アッカン Hackin
アッカンバウム
Achenbaum
アッキー Acky
アッキウス Accius
アッギェーエ Agyey
アッギエーエ Agyey*
アッギェーヤ Agyeya
アッキガ Aggika
アッギカ Aggika
アッギダッタ
Aggidatta
アッキーレ Acchile
アーツキン Erskine
アッキンソン
Atkinson
アック Ak
アックアネッタ
Acquanetta
アックアフレスカ
Acquafresca
アックイスティ
Acquisti
アックウォース
Acworth
アックス
Achs
Ax**
Axe
アッグス Aggs*
アックスフォード
Axford
アックスロッド
Axelrod*
アックマン Ackman
アックム Accum
アックラッセーニー
Akrasanee
アックランド Ackland
アックルシウス
Accursius
アックルシオ Accursio
アックルズ Ackles
アックロイド Ackroyd
アッケル Acker
アッケルマン
Ackermann*
アッケレート Ackeret
アッケレン Ackeren
アッコー Ucko

ア

アッコーサカ
Akkosaka
アッコラ
Accola*
Accolla
アッコラムボニ
Accoramboni
アツコラレ Atukorala
アッコランボーニ
Accoramboni
アッコルシオ
Accursius
アッコルティ Accolti
アッサ Assa
アッサー Asser
アッ・サアーリビー
Aṯẖ-Ṯha'ālibī
アッサイー Assailly
アッ・サイイッド
As-Sayyid
アッサイイド
Al-Sayyid
アッザイオーロ
Azzaiolo
アッ・サイード
As-Sa'īd
アッサーイード
Al-Sa'īd
アッサイード
Al-Sa'īd
As-Sa'īd
アッザイーム
Al-Za'īm
アッザイヤーティー
Al-Zayyātī
アッサウィンウィチット
Asavinvicitr
アッサジ Assaji
アッサダートン
Assadaathr
アッサッファーフ
As-Saffāḥ
アッサッヤード
Al-Sayyad
アッサーディク
Al-Ṣādiq
アッサーニ Al-Thani*
アッサヌーシー
Al-Sanūsī
アッサヌースィー
Al-Sanūsī
アッサバ Assaba
アッサービー Al-Ṣābī
アッザーヒリー
Al-Ẓāhirî
アッザーヒル Al-Ẓāhir
アッサーフ Assaf
アッザーフィル
Al-Ẓāfir
アッザーマン
'Al-Zamān
アッザーム
Azzam
'Azzām
アッザム Azzam
アッサラコス
Assarakos
アッサーリフ Al-Ṣāliḥ
アッサール Assar
アッサル
'Assāl
Assar
アッザルカーリー
Al-Zarqālī
アッサルタネ
Al-Saltanah
アッ・サルト Al-Ṣalt
アツサルン Athearn
アッサワヘム
Assavahem
アッサワポーキン
Asavaphokin
アッサン
Ahasan
Assane
Hassan
アッザーン 'Azzān
アッサント Assunto
アッシ
Asch
Asche
Assi*
Azzi
アッシア Assia
アッジェ Atget*
アッジエイ Adjei
アッシエル Axel
アッシェンバッハ
Aschenbach
アッシェンフェルター
Ashenfelter
アーツシオ Artusio
アッシージ
Assisi
Assisiensis
アッシジ Assisi
アッシット Ashit
アッシャー
Acher
Ascher
Asher***
Asscher
Usher**
Ussher
アッシャースト
Ashurst
アッシャーソン
Asherson
アッシャリーフ
Al-Sharīf
アッシャン Aschon
アッ・シャンファラー
Ash-Shanfarā
アッシュ
Ache
Asch**
Asche
Ash***
Ashe**
Ashok
Assche*
アッシュウォール
Ashwal
アッシュクロフト
Ashcroft**
アッジュナ Ajjuna
アッシュハイム
Aschheim
アッシュバーナー
Ashburner
アッシュバーン
Ashburn*
アッシュビー Ashby
アッシュフォース
Ashforth
アッシュフォード
Ashford
アッシュブルック
Ashbrook**
アッシュベッカー
Aschbacher
アッシュベリー
Ashbery***
アッシュボルト
Ashbolt
アッシュマン
Ashman*
アッシュモア
Ashmore
アッシュリー Ashley
アッシュール
Ashur
Assur
Aššur
アッシュル
Assur
Aššur
アッシュール・バニパル
Assurbanipal
アッシュールバニパル
Assurbanipal
アッシュル・バニパル
Assurbanipal
アッシュルバニパル
Assurbanipal
アッシュール・バーン・アプリ
Assurbanipal
アッシュレー Ashley
アッシュワース
Ashworth*
アッジーラーニー
Al-Jīlānī
アッシーラーフィー
Al-Sīrafī
アッシリ
Accili
Ussiri
アッシレー Ashley
アッス As
アッ・スィキッリー
Aṣ-Ṣiqillī
アッ・スィジスターニー
Al-Sijistānī
アッスィバーイー
As-Sibai
アッ・スィーラーフィー
Al-Sīrafī
アッスィーラーフィー
Al-Sīrafī
アッズッリ Azzurri
アッステアス Assteas
アッ・ズバイディー
Az-Zubaidī
アッズバイル
Al-Zubayr
アッ・スーフィー
Aṣ-Ṣūfī
アッ・スフラワルディー
Al-Suhrawardī
As-Suhrawardī
アッスマン Assmann
アッスムプータ
Assumpta
アッ・スラミー
Al-Sulamī
アッスラン Asselin
アッスル Asscher
アッスルフ Al-Sulh
アッセ Asset
アッセブルク
Asseburg
アッセマーニ
Assemani
アッセマニ Assemani
アッセル Asser*
アッセルト
Asselt
Hasselt
アッセルボルン
Asselborn
アッセルボーン
Asselborn
アッセレ Assele
アッセレイン Asselijn
アッセレート Assereto
アッセン
Asen
Assen*
アッセンシオン
Ascension
アッセンデルフト
Assendelft
アッセンマッカー
Assenmacher
アッゾパルディ
Azzopardi
アッタ Atta***
アッダァレー
Adderley
アッターイー Al-Ṭā'i
アッダイ Addai
アッタイイーブ
Attayyib
アッタヴァンテ
Attavante
アッタヴァンティ
Attavanti
アッダウラ Al-Dawla
アッダエフ Atdayev
アッダカーシー
Aḍḍhakāsī
アッターシ 'Aṭṭāsh
アッターシュ 'Aṭṭāsh
アッタース Attas
アッタス Attas**
アッターバック
Utterback
アッタバック
Utterback
アッターベリ
Atterbury
アッターベリー
Atterberg
アッタベリー
Attaberry
アッターベルク
Utterberg
アッ・ダミーリー
Ad-Damīrī
アッタラ Attala
アッ・ダーラーニー
Ad-Dārānī
アッ・タラーブルスィー
Aṭ-Ṭarābulsī
アッタール
Al-Attar
Attar
Attār
'Aṭṭār
アッタル Attar
アッタルス Attalus
アッタレイアテス
Attaleiates
アッタロス
Attalos
Áttalos
Attalus
アッチ Azzi
アッチェット Accetto
アッチェリー Atchley
アッチカス Atticus
アッチクス Atticus
アッチソン Atchison
アッチャリート
Acciarito
アッチラ Attila
アッチーリオ Attilio
アッチレ Attiret
アッツ Ad
アッツォ Atzo
アッツオ Azzo
アッツォーニ Azzoni*
アッツォーネ Azzone
アッツォパルディ
Azzopardi**
アッツォーリ Atzori
アッツジェ Atget
アッツベルガー
Atzberger
アッツモン Atzmon
アッテア Attia
アッディ Addy
アッディー Addie
アッティア Attia
アッティウス Attius
アッティオグベ
Attiogbé
アッティカ
Atika
Attica**
アッティカス Atticus
アッティクス Atticus
アッティクタカー
Al-Tiqtaqa
Al-Ṭiqṭaqā
アッティコス
Atticus
Attikos
Attikós

アッティス Attis
アッティニ Athni
アッティラ Attila***
アッテイラ Attila*
アッティーリオ
Attilio**
アッティリオ Attilio**
アッティーリョ Attilio
アッティレ Attiret
アッティロ Attilo
アッ・ディーン Al-Din
アッディーン
Al-Din
Al-Dīn*
El Din
Ud-Dīn
Ud-din
アッディントン
Addington
アッテカ Atika
アッテスランダー
Atteslander
アッテファール
Attefall
アッテラ Attila
アッテリオ Attilio
アッテル Attel
アッテルブム
Atterbom
アッテルベリ
Atterberg
アッテルベリー
Atterberg
アッテルボム
Atterbom
アッテンドロ
Attendolo
アッテンベリー
Attenbury
アッテンホーファ
Attenhofer
アッテンホーファー
Attenhofer
アッテンボロー
Attenborough**
アーツト Artzt
アット Atto
アットー Atto
アッド Addo
アットウィル Atwill
アットウォーター
Attwater*
Atwater
アットゥーシー
Al-Ṭūsī
アッ・トゥスタリー
At-Tustarī
アットゥスタリー
At-Tustarī
アットウッド
Attwood*
Atwood
アッドゥッル Al-Durr
アットゥール Artur
アッドゥンヤー
Al-Dunyā
アットキン Atkin*
アットキンソン
Atkinson
アットツォルン Atzorn
アットッバティ
Addobbati
アッドッル Al-Durr
アットマール
Agtmael*
アットモア Attmore
アットラム Attram
アットリ Attri
アットレー Utley
アットン Utton*
アッナースィル
Al-Nāṣir
アッナースイル
Al-Nāṣir
アッハ Ach*
アッバ Abba*
アッバーサ ʻAbbāsah
アッバサドゥ
Abba Sadou
アッバーシー
Abbasi
Abbāssi
アッバシ
Abbasi*
ʻAbbāsī
アッバース
Abbas**
Abbās*
ʻAbbas
ʻAbbās*
アッバースー ʻAbbās
アッバス
Abbas***
Abbās
ʻAbbās
Abbass
アツバス Abbās
アッバースィー
ʻAbbāsī
Abbāssi
アッバソフ Abbasof
アッバーテ Abbate
アッバテ Abbate
アッバーティ Abbati
アッバティエロ
Abbatiello
アッバティーニ
Abbatini
アッバード
ʻAbbād
Abbado*
アッパートン
Upperton
アッバニャーノ
Abbagnano
アッハム Acham
アッパム Upham
アッパヤディークシタ
Appayadīksita
アッバール
Abbar
Abbār
アッパル Appar
アッビ
Abbe
Abbey
Abby
アッビー Abbey
アッピア
Appia
Appiah*
アッピアー Appiah
アッピアオポン
Appiahoppiong
アッビアーティ
Abbiati
アッピアーニ Appiani
アッピアニ Appiani
アッピアーノス
Appianos
アッピアノス
Appianos
アッピウス Appius
アッピグナネッセイ
Appignanesi
アッヒム Achim
アッピングトン
Uppington
アッフ Affe
アッブ Ub
アップ
App
Upp
アッファーン ʻAffān
アッファンニ Affanni
アップウォード
Upward
アツフェルド Hatzfeld
アッフォルテル
Affolter
アッフォンソ Afonso
アップクラフト
Upcraft
アップショー Upshaw
アップショウ
Upshaw*
アップジョン Upjohn
アップスティル Upstill
アップソン Upson
アップダイク
Updike***
アップダグラフ
Updegraff
アップチャーチ
Upchurch
アップデグラフ
Updegraff
アップデール Updale*
アップトン Upton**
アッフネル Haffner
アップフィールド
Upfield*
アップマン Uppmann
アップライル Aprille*
アップリチャード
Upritchard
アップリャード
Appleyard
アップリング Appling
アッフル Affre
アップル Apple**
アップルオフ Appleoff
アップルガース
Applegarth*
アップルガス
Applegath
アップルゲイト
Applegate*
アップルゲート
Applegate**
アップルシード
Appleseed
アップルトン
Appleton**
アップルバウム
Applebaum
アップルビー
Applebee*
Appleby**
アップルビィ Appleby
アップルフェルド
Appelfeld
アップルホワイト
Applewhite
アップルマン
Appleman*
アップルヤード
Appleyard*
アップワード
Upward*
アッヘ Ahhe
アッベ Abbe*
アッベ Abbe
アッベイ Abbay
アッヘシュ Ahheshu
アッペリュウス
Appelius
アッペール Appert
アッペル
Appel
Appell
アツベルガー
Atzberger
アッペルス Appels
アッペルト Appelt
アッペルバウム
Appelbaum*
アッペルフェルト
Appelfeld
アッペルフェルド
Appelfeld***
アッペルホフ
Appelhof
アッペルボーム
Appelbaum*
アッペルマン
Apelman
Appelmann
アッペン Appen
アッヘンヴァール
Achenwall
アッヘンヴァル
Achenwall
アッペンゼラー
Appenzeller
アッペンツェラー
Appenzeller
アッヘンバッハ
Achenbach*
アッヘンバハ
Achenbach
アッヘンワル
Achenwall
アッボ Abbo
アッボー Abbo
アッボット Abbot
アッポフ Uphoff
アッボーラ Agboola*
アッポルド Appold
アッポローニオ
Apollonio
アッボン Abbon
アッボンディオ
Abbondio
アツマニ Attoumani
アツモン Atzmon*
アッラ Alla
アッラー
Allah
Allāh*
ʻAllāh
アッライハーニー
Al-Rayḥānī
アッラーウィア
Al-Rāwiya
アッラグリエフ
Allaguliyev
アッラサーニ Allasāni
アッラシオ Allasio
アッラージク Al-Rāziq
アッ・ラシード
Al-Rashīd
アッラーシド
Al-Rāshid
アッラシード
Al-Rashīd
Al-Rāshīd
アッラッザーク
Al-Razzāq
アッラーディ Al-Rāḍi
アッラティーフ
Al-Laṭīf
アッラハマーン
Al-Rahmān
Al-Raḥmān
アッラーフ
All āh
Allah
Allāh
アッラーフィイー
Al-Rāfiʻī
アッ・ラフマーン
Al-Raḥmān
アッラフマーン
Al-Raḥmān
アッラーマ ʻAllāma
アッラール
Allāl
ʻAllāl
アッラルト Allardt

ア

アッリアヌス Arrianus
アッリアノス
Arrianus*
アッリオ Allio
アッリギ Arrighi
アッリーゴ Arrigo*
アッリゴ Arrigo
アッリザー Al-Riḍā
アッリダー Al-Riḍā
アッ・リヤーシー
Ar-Riyāshī
アッルー Allu
アッルカイヤート
Al-Ruqayyāt
アッルーミー Al-Rūmī
アッルンティウス
Arruntius
アッルンマ
Al-Rumma
アッレーグリ
Allegri**
アッレグリ Allegri
アッレグレット
Allegretto
アッレスティ Arresti
アッロ Arro
アッローリ Allori
アッワーム ʻAwwān
アッワーン ʻAwwān
アデ
Ade
Adé
Adhe
アデーア Adair
アデア
Adair***
Adea
アデアン Adeang
アーティ Artie**
アーティー Artie*
アーディ
Adi
ʻĀdil
Ardai
Ardi
Ardy
アティ Atie
アティー
Athy
Hattie
アディ
Addey
Addy
Adi*
Ady**
アディー
Addae
Addie
ʻAdī
Adie
Adij
Adrian
アティーア Atiyah
アティア Atiyah
アデイア Adair*
アーティアイネン
Ahtiainen
アディアエノ
Adiahenot
アティアス Atias
アディアト Adiato
アディアトゥ Adiatu
アディウ Adihou
アディヴァル Adivar
アテイウス Ateius
アティエ Attiyeh
アデイェミ Adeyemi
アティエンサ Atienza
アティエンザ Atienza
アディカ Addica
アディガ Adiga**
アディカリ
Adhikari**
アディガール Adigard
アーティガン
Ertegun*
アティーキー Atīqī
アディキ Adiki
アティキル Atiqul
アティーク
Ateek
Atiq**
アティク
Atik
Atiq*
アディグン Adigun
アディケス Adickes
アディサイ Adisai
アティサノエ Atisanoe
アデイシビリ
Adeishbili
Adeishvili
アティーシャ Atīśa
アティシャ Atīśa
アティシヤ Atīśa
アディジャ Adidja
アディシャクティ
Adishakti*
アディジャトゥ
Adidjatou
アーティシュ Ātish
アーティス Artis
アーディス Ardis
アティス Atis
アディス
Addis
Addiss
Addisu
アーティスト Artest
アディスン Addison*
アディセシアー
Adiseshiah
アディゼス Adizes
アーディゾーニ
Ardizzone*
アディソン
Addison***
アディーチェ
Adichie**
アティック Atik
アティッグ Attig
アディッケス Adickes
アティッソ Attisso
アーティット Arthit
アティット Arthit
アーティットアーパー
Athitapha
アティッラ Attila
アーディティ Arditti
アディティ Aditi
アディティア Aditya
アーディティヤ Āditya
アディティヤ Aditya
アーディティヤワルマン
Ādityawarman
アーディド ʻĀḍid
アディード Adeed
アーディトヤ Āditya
アディーナ
Adena*
Adina
アディナ Adina*
アティナット Attinat
アディーニ Adini
アデイニー Adeiny
アティヌーケ Atinuke
アティネロ Attinello
アディノルフィ
Adinolfi
アティバ Atiba
アティパ Attikpa
アディバ Adibah**
アティハル
Atikal
Aṭikaḷ
アディバル Adivar
アーティフ
Aatif
Atef
アティフ
Atef
Atif
アテイブ Ateib
アディーブ
Adeeb
Adheeb
Adib
Adīb
アディブ Adib
アティフィテ Atifete
アティフェテ Atifete*
アディーベ Adīb-e
アディベコフ
Adibekov
アティボ Ativor
アーディマ Aardema
アーティマス Artemus
アディマド Adimado
アティマライペット
Athimalaipet
アティマン Atiman
アディマン Addyman
アデイマントス
Adeimantos
アディミ Adimi
アディムッタ
Adhimutta
アティメン Atimeng
アーティーモウスカ
Artymowska
アティーヤ
Atiya
Attiya
Attiyah
アティヤ
Atiyah*
Attiya
アティヤー Atiyah**
アディヤクサ
Adhyaksa
アディヤサンブー
Adiyasambuu
アティヤタッラー
Ateyatala
アティヤファ Atiyafa
アーディラ
Adila
Ardila
アティラ
Atilla
Attila**
アディラ
Adila
Adilah
アディラージェーンドラ
Adhirājēndra
アディリ
Adili
Adiri
アティリウス
Atilius
Atīlius
アティリオ
Atilio
Attilio*
アディリベク Adilbek
アディリム Adirim
アディリーン Adeline
アーディル
ʻĀdil
Ādil
アティル Atir*
アディール Adele
アディル
Adil**
Adili
アディルソン Adilson
アディルベク
Adilbek
Adylbek
アディルベクウール
Adylbek Uulu
アティレ Attiret
アティレー Attiret
アディレークサーン
Adireksarn
アディレクサーン
Adireksarn**
Adirekusarn
アディレクサン
Adireksarn
アディレックス Adirex
アディーン Adhin
アディン
Addin
Adin**
アーティンガー
Oetinger*
アティンク Atinc
アディング Ading
アディングトン
Addington
アディンセル
Addinsell
アティンチ Atinc
アディントン
Addington**
アーデウィーン
Aardewijn
アデウェール Adewale
アデウォレ Adewole
アデウミ Adewumi
アデオスン Adeosun
アデオダート
Adeodato
アデオダートゥス
Adeodatus
アデオダトゥス
Adeodatus
アデカムニ Adekamni
アデクペジュ
Adekpedjou
アデクロイエ
Adekuoroye
アデコラ Adekola*
アデシナ Adesina
アデシャン Adesiyan
アデシュ Adesh
アテシュカディ
Ateshkadi
アーテシュテイン
Artstein
アデジューマ
Adedjouma
アテシュリ
Atteshli
Atteshlis
アテシュリス Atteshlis
アテス Ates
アデス
Ades*
Adès
アーテスト Artest
アデセイェ Adeseye
アデソガン Adesogan
アテック Atiq
アデトクンボ
Adetokunbo
Antetokounmpo
アテナ Athena*
アデナ Adena
アテーナイ Athênai
アテーナイオス
Athēnaios
アテナイオス
Athenaeus*
Athēnaios
アテナイース Athénaïs
アテナイス
Athenais
Athénaïs*

アーデナウアー
Adenauer
アデナウアー
Adenauer*
アテーナゴラース
Athenagoras
Athénagóras
アテナゴラス
Athenagoras
Athénagóras
Athēnagoras
アテナゼ Athenase
アデナン Adenan
アデニー Adeney
アデニイ Adeniyi
アテニオン Athenion
アデニジ Adeniji
アテニス Athenis
アテニャン
Attaignant
アデニラン Adeniran
アテネ Athena
アテノドロス
Athenodoros
Athēnodōros
アテノヘネス
Atenógenes
アデバ Adeva
アデバヨ
Adebayo*
Adéboyo
アデバヨル Adebayor
アーテフ
Atef*
Atif
アテフ Atef**
アデーブ Adeeb
アデペジュ
Adekpedjou
アデポジュ Adepoju
アデボワレ
Adebowale
アテマ Atema
アデマ Adema*
アデマー Adhemar
アデマール
Ademar
Adémar
Adhemar
Adhémar*
アデマル
Adhemar*
Adhémar
アデマロ Ademaro
アデミ Ademi
アーテミス Artemis
アデミール Ademir
アデミル Ademir*
アーテム Ertem
アーデム Ardem
アデム Adem
アデモッロ Ademollo
アデモラ Ademola*
アーテュア Arthur
アデュアヨム
Aduayom
アテュール Atul
アーテューロ Arturo
アデーラ Adela
アデラ
Adela***
Adella
アデライダ
Adelaida**
アデライデ
Adelaide*
Adelheid
アデライード
Adélaïde*
アデライド
Adelaide*
Adélaide
Adélaïde
アデライン Adeline*
アデラジャ Adelaja
アデラード Adelard
アデラール Adelaar
アデラルドゥス
Adelard
アデリ Adeli*
アデリー Adelly
アーデリア Ardelia
アテリア Atelier
アデリア Adelia
アデリザ Adeliza
アデリッツィ Adelizzi
アデリーナ
Adelina*
Adeline
アデリナ Adelina*
アデリーヌ Adeline*
アデリノ
Adelino
Ascenso
アデリーン Adeline
アデリン
Adeline*
Aderin
アデリンデ Adelinde
アーテル Ertel
アーデル
Adel**
Áder*
ʻĀdil
アデール
Adair**
Adele
Adèle
Ader
アデル
Adel*
Adele***
Adèle*
Adell
Adhel
アデルキ Adelqui
アデルグンデ
Adelgunde
アーデルグンディス
Adelgundis
アーデルソン
Adelsohn
アデルソン Adelson*
アーデルハイト
Adelheid
Adelheit
アデルハイト
Adelheid
アデルバート
Adelbert**
アテルベリ Atterberg
アーデルベルト
Adalbert
Adelbert*
アデルベルト
Adalbert
Adelbert
アーデルボリ
Adelborg*
アデルホルト
Aderhold
アーデルマン
Adelmann
アデルマン
Adelman*
Adleman
アーデルマンヌス
Adelmannus
アデルラン Aderlian
アーデルング Adelung
アーデルンブルク
Adelnburg
アデーレ
Adele*
Adèle
アデレ Adele*
アデレイド Adélaide
アデレィド Adelaide
アデレイド
Adelaid
Adelaide**
Adeleide
アデレード
Adelaide*
Adélaide
Adélaïde
アデレミ Aderemi
アデロ Adelo
アデログバ Aderogba
アデワレ Adewale
アーデン
Alden
Arden***
Hardenne*
アテン
Aten
Ateng
アデン Aden*
アテンシオ Atencio
アーデンスタイン
Adelstein
アテンボロー
Attenborough
アート
Aart
Art***
Arte
Arthur*
Arto
Arturo
アード Aird
アト
Ad
Ato*
Atto
アド
Ad**
Addison
Addo**
Ado**
Hadot
アドー Ado
アドイアン Adoian
アードイン Ardoin*
アートゥ Aart
アドゥ
Addo
Adou
アドゥー
Adu*
Haddou
アートゥア Arthur
アドヴァヤヴァジュラ
Advayavajra
アドゥアヨム
Aduayom
アドゥアルテ Aduarte
アドゥアルデ Aduarde
アトウィル Atwill
アドゥヴァル Adivar
アトウエル Attwell
アトウェル
Attwell*
Atwell*
アドヴェントゥス
Adventus
アドウォク Adwok
アトウォーター
Attwater
Atwater**
アトゥオナ Atuona
アトウォル Atwal
アトゥクエイ
Atukwei*
アドゥーケ Aduke
アトゥコララ
Athukorala
アトゥジュ Atici
アトゥツェルト Atzert
アトウッド
Attwood**
Atwood***
アドゥド ʻAḍud
アドゥドゥッダウラ
ʻAḍud al-Dawla
アドウナイラム
Adoniram
アドゥバル Adivar
アトゥペレ Atupele
アトゥボ Atubo
アトゥマネ
Attoumane
アトゥマン
Attoumane
アドゥーム Addoum
アドゥム Adoum
アドウム Adoum
アドゥリス Aduriz
アトゥリーヌ Adeline
アートゥル
Arthur
Artur*
アトゥール Atul
アトゥル
Atholl
Atul*
アドゥール Adoor
アドゥン
Adul
Adun
アドウン Adoum
アドゥンデーチャラット
Adundetcarat
アドゥンヤデート
Adulyadej**
アトエフ Atoev
アドガード Odgård
アトカン Atkine
アトキソン
Atkeson
AtKisson*
Atkisson
アドキソン Adkison
アトキン
Aitken*
Atkin**
アトキンス
Atkins***
Atkyns
アトキンズ Atkins**
アドキンス Adkins**
アドキンズ Adkins*
アトキンスン
Atkinson*
アトキンソン
Atkinson***
アドキンソン
Adkinson
アドクフォー
Addo-Kufour
アドケ Adoke
アドコック Adcock**
アドコリ Adkoli*
アドシェイド Adshade
アドシェッド Adshed
アトシュトレーム
Attström
アドジョー Adjaoud
アードーズ Erdoes
アードス Erdoes**
アトス Atos
アトスィーズ
Atsïz
Atsız
アトスィズ Atsïz
アトスズ
Atsïz
Atsız
アートセン Aartsen
アドック
Adok
Adowok
アトッサ Atossa
アードナー Ardener
アドナ Adna*
アドナー Adner
アドナイ Adhonay
アドナイラム
Adoniram
アドナム Adnum

アドナル Adonal
アドナーン
Adnan
'Adnān
アドナン Adnan**
アドニ
Adni
Adoni
アドニー Adoni
アドニア
Adonijah
Ādonijah
アドニアス Adonias**
アトニオ Atonio
アドニス
Adonis***
Adūnīs
Antōnēs
アトニーブ Attneave
アドニヤ Ādonijah
アドニラム Adoniram
アドニラン Adoniran
アドネ
Adenet*
Adnet
アードネス Erdnase
アドネス Adnes
アドバーガム
Adburgham
アドバニ Advani**
アドハム
Adham
Adkham
アトパレ Atopare
アドフ Adoff
アドフォカート
Advocaat*
アドプティブ
Adoptive
アートフル Artful
アドヘミアン
Adjemián
アトベリー Attebery
アドヘルバル
Adherbal
アードボーゲ Adbåge
アートマー Ertmer
アドマー Uddmar
アドマイティス
Adomaitis
アドマイト Adomeit
アドマコー Adomakah
アドマス Admasu
アドマティ Admati
アトマール Atmar
アードマン
Erdman**
Erdmann*
アドミル Admir
アトム Atom*
アドメトス Admētos
アトーメン
Attoumane
アドュンヤヌコソン
Adulyanukosol
アードラー Adler*
アトラ Atra
アドーラ Adora
アドラ Adler
アドラー Adler***
アドライド Adelàïde
アトラクタ Attracta
アトラシュ
Atrash
Aṭrash
アトラス
Atlas*
Atras
アドラスキー
Adoratskii
Adoratskiy
アドラストス
Adorastos
アドラーストレール
Adlerstrahle
アトラーソフ Atlasov
アトラソフ Atlasov
アドラーツ Adlerz
アドラーツキー
Adoratskii
アドラッキー
Adoratskii
Adoratskiy
アドラツキー
Adoratskii*
アドラーツキィ
Adoratskii
アドラッキイ
Adoratskii
Adoratskiy
アドラツキイ
Adoratskii*
アドラード Adlard*
アドラトスキー
Adoratskii
アドラトフ Aldatov*
アトラニ Atlani
アトラン Atlan*
アドラン
Adlan**
Hadelin
アトランタ Atlanta*
アドランティ
Adoranti
アトランティック
Atlantique
アードランド Aadland
アトラーントフ
Atlantov
アトラントフ
Atlantov*
アートリー Artley*
アードリー
Ardley
Eardley
アトリ
Atli
Utley
Uttley
アトリー
Atlee
Attlee*
Utley**
Uttley**
アドリ
Adly
Adri
アドリー
Adley
Adly*
アドリア
Adrea
Adria*
Adriá
Adrià*
アドリアエン Adriaen
アドリアーナ
Adriana**
アドリアナ Adriana**
アドリアーニ
Adriane
Adriani*
アドリアニ Adriani
アードリアーニュス
Adrianus
アドリアーニュス
Adrianus
アドリアーヌス
Adrian
Adrianus
アドリアヌス
Adrian
Adrianus
Hadrianus
アドリアーネ Adriane
アドリアーノ
Adrian
Adriano***
アドリアノ Adriano
アドリアノス
Adrianós
Hadrianós
アードリアーン Adrian
アードリアン Adrian
アドリアーン
Adorján
Adraen
Adriaan*
Adriaen
Adrian
Adrien
アドリアン
Adriaan
Adriaen
Adrian***
Adrián
Adriean
Adrien**
アドリアンイグナチョ
Adrian Ignacio
アドリアンエドバルト
Adrian Edward
アドリアンザ
Adrianza
アドリアーンス
Adriaans
アドリアーンスゾーン
Adriaanszoon
Adriaensz.
Adriaenszoon
アドリアーンセン
Adriaensen
アドリァーンセンス
Adriaenssens
アドリアンヌ
Adrianne
Adrienne*
アトリエ Atelier
アドリエル Adriel
アドリーエン
Adrienne
アドリエン
Adriaen
Adrien
Adrienne
アドリエンヌ
Adrienne***
アドリエンネ
Adrienne
アドリオン Adrion*
アドリース Adrees*
アードリック
Erdrich**
アトリッジ Attridge
アードリッチ Erdrich
アドリード Aldrete
アドリーヌ
Adeline
Adrienne
アドリフォヴィッチ
Adol'fovich
アドリヘム Adrichem
アドリーメ Adrieme
アドリヤン
Adorján
Adrianus
Adrien
アドリン Adlin
アドリントン
Adlington**
アドリンヌ Adrienne
アトル
Atl
Atle**
アドール
Adolph
Adoor
アドル Adl
アドルイーサ
Adruitha
アードルガッサー
Adlgasser
アドルガッサー
Adlgasser
アドルノ Adorno*
アードルフ
Adolf**
Adolph
Adolphe
Adolphus
Adorf
アドルフ
Adolf***
Adolfe
Adolfo
Adolh
Adolph***
Adolphe***
Adorf
アドルファス
Adolfas*
Adolphus
アドルフィ
Adolfi
Adolphe
アドルフォ Adolfo***
アドルフォヴィチ
Adolfovich
アードルフス Adolf
アドルフス Adolphus
アドルフソン
Adolfsson
Adolphson
アドルフュス
Adolphus
アトルベイ Athorbei
アドルマン Adleman
アドルヤーン Adorján
アードルング Adlung
アードレー
Ardley
Eardley
アトレ Atle
アトレー Attlee
アドレ Adorée
アドレー Udry
アドレアナ Adriana*
アードレイ
Ardley
Ardrey
アトレイ Utley
アドレイ Adlai*
アトレイデス Atreidēs
アドレイド Adelàïde
アドレヴァルドゥス
Adrevaldus
アトレウス Atreus
アドレシチュ Adlešič
アートレス Artress
アドレト Adret
アドレーヌ Adlene
アートレーヤ Atreya
アトレーヤ Atreya*
アドレール Adler
アドレル Adler
アドログェ Adrogue
アドロック
Ad Rock
Ad-Rock
アドロフ Adloff
アードロン
Adlon
Ardron
アドロン Adlon*
アードワース
Aldworth
アトワータ Atwater
アドワーニー 'Adwānī
アトワーン Atwan
アトワン Atwan
アドワン Udwan
アートン
Alton
Urton
アトン Aton
アトンド Atondo
アドンヤデート
Adulyadej
アーナ
Arna**
Arne*
Erna*
アーナー
Aner
Arner

アナ
Ana***
Anna***
Annat
Anne
アナイ Anahí
アナイウソン Anailson
アナイク Anaïk
アナイス
Anais
Anaïs**
Anäis*
アナイツ Anaitz
アナイティス Anaitis
アナイート Anait
アナイリン
Aneirin
Aneurin
アーナウ Arnow
アナウク Anouk
アナウッペッルン
Anaukpetlun
アナエウス Annaeus
アナエル Anael
アナカオーナ
Anacáona
アナガーリカ
Anagālika
Anagārika
アナガリカ
Anagarika*
アナカルシス
Anacharsis
アナキ Anaky
アナキエフ Anakiev
アナキン Annakin*
アナーク ‘Anāq
アナク Anak
アナクサゴラース
Anaxagoras
アナクサゴラス
Anaxagoras
アナクサルコス
Anaxarchos
Anaxarkhos
アナクサンデル
Anaxander
アナクサンドリダス
Anaxandridas
アナクサンドリデス
Anaxandridēs
アナクシマンドロス
Anaximandros
アナクシメネス
Anaximenes
Anaximenēs
アナクシラオス
Anaxilaus
アナクシラス Anaxilas
アナグノーステース
Anagnostes
アナグノストウ
Anagnostou
アナクレ Anaclet
アナクレオーン
Anakreón
Anakreōn
アナクレオン
Anakreón
Anakreōn
アナクレト Anacleto*
アナクレートゥス
Anacletus
アナクレトゥス
Anacletus
アナコウトロウ
Anachoutlou
アナコンディア
Annacondia
アナザリャン
Ahnazarian
アナシイ Anasii
アナシタシオ
Anastasio
アーナス Anders**
アーナズ Arnaz*
アナース Anders*
アナス
Anas**
Anders*
Annas*
アナスケイヴィッチ
Anuszkiewicz
アナスタシ Anastasi
アナスタシー Anastasi
アナスターシア
Anastasia
Anastasiia
アナスタシーア
Anastasiya
アナスタシア
Anastacia*
Anastasia***
Anastasiia
Anastasija
Anastasio
Anastasiya**
Anastazia*
アナスタジア
Anastasia
アナスタシアス
Anastasios
アナスタシアディス
Anastasiades*
Athanassiades
アナスターシウス
Anastasius
アナスタージウス
Anastasius
アナスタシウス
Anastásios
Anastasius
アナスタジウス
Anastasius
アナスタシェフ
Anastas’ev
アナスタシオ
Anastacio
Anastácio
Anastasio*
アナスタジオ
Anastasio
アナスタシオウ
Anastasiou
アナスタシオス
Anastasios
Anastásios
Anastasius
アナスタシオン
Anastasion
アナスタシス
Anastasis
アナスターシャ
Anastasia*
Anastasiia
Anastasiya
Anastassija
アナスターシヤ
Anastasia
Anastasiia
アナスタシヤ
Anastasi
Anastasiia
Anastasija
Anastasiya
アナスタス Anastas**
アナスタズ Anastase
アナスタソフ
Anastasov
アナステージア
Anastasia
アナストス Anastos
アナストプロス
Anastopoulos
アナストポウロス
Anastopoulos
アナスヤベン
Anasuyaben
アーナスン Arnason
アナスン Andersen
アナセン
Andersen***
アーナソン
Arnason
Arneson
アナータピンディカ
Anāthapiṇḍika
アナツイ Anatsui*
アナック Anak
アーナッツ Arnaz
アーナット Arnatt
アナット Anat*
アナテ Anaté
アナディフ Annadif
アナデイル
Annandale
アーナート Anat
アナト
Anat*
Anath
アナドゥルス
Ana Dulce
アナトオル Anatole
アナドカット Anadkat
アーナドッティル
Árnadóttir
アナートーリー
Anatoly
アナトーリ
Anatol
Anatole
Anatoli
Anatolii*
Anatoliy
Anatoly
アナトーリー
Anatolii**
Anatoliĭ
Anatólii
Anatolij*
Anatoliy
Anatoly*
アナトリ Anatoli*
アナトリー
Anatoli
Anatolii***
Anatoliĭ
Anatólii
Anatoliis*
Anatolij
Anatoliy*
Anatoly**
Anatorii
アナトーリア Anatolia
アナトーリイ
Anatolii
Anatoliĭ
Anatoliĭ
Anatolij
Anatoly
アナトリィ
Anatoliĭ
Anatoly
アナトリイス
Anatolijs
アナトリエ Anatolie
アナトリエヴィチ
Anatolievich
アナトリオ Anatolio
アナトリオス
Anatolios*
Anatólios
アナトール
Anatol*
Anatole***
アナトル
Anatol
Anatole
Anatolii
アナナソワ
Ananasova
アナニ Anani
アナニー Anany
アナニア
Ananias
Ananiia
アナニアシヴィリ
Ananiashvili*
アナニアシビリ
Ananiashvili
アナニアス Ananias
アナニェヴァ
Ananyeva
アナニェフ Anan’ev
アナニエフ Ananiev
アナニオス Ananios
アナニチ Ananich
アナニヤ Ananias
アナネ Anane
アナパウラ Ana Paula
アーナバーラ
Anappara
アナビアン Anavian*
アナーヒター Anahita
アナヒタ Anahita*
アナヒット Anahit
アーナブ Arnab
アナフィ Annafi
アナベス
Anabeth
Annabeth
アナベラ
Anabela
Anabella
Annabella**
Annabelle
アナベル
Anabel**
Anabelle
Annabel**
Annabelle*
Annbel
アナポール Anapol*
アナマライ
Annamalai
アナマリ Anamari
アナマリア
Ana Maria
Ana María
Anamaria
アナマリヤ Anamarija
アナマルセラ
Ana Marcela
アナマルビナ
Anna Malvina
アナミ Anami
アナモー Anamoh
アナーヤ Anaya*
アナヤ Anaya**
アナラウド Anarawd
アナラトーネ
Annaratone
アナリー
AnnaLee*
Annalee
Annaleigh
アナリサ Annalisa
アナリーズ Annalise
アナリス Annelies
アナリーセ Anneliese
アナーリナ Anarina*
アナリン Annalyn
アーナル Arnall
アナルイザ Ana Luiza
アナルジロス
Anargyros
アーナルソン
Arnarson
アーナルデュル
Arnaldur**
アナワーティ Anawati
アナワティ Anawati
アナワルト Anawalt
アナン
Anan
‘Anan
Anand*
Anane
Ananth
Annan***
Hanin*
Ra’anan
アナンガヴァジュラ
Anaṅgavajra
アナングウェ
Anangwe
アナンサスワーミー
Ananthaswamy
アナンサスワミー

ア

Ananthaswamy
アーナンタ Ananda
アーナンダ
Ānand
Ananda*
Ānanda*
アナンタ Ananta***
アナンダ
Aananda
Ananda
アーナンダヴァルダナ
Ānandavardhana
アーナンダガルバ
Ānandagarbha
アーナンダギリ
Ānandagiri
アナンダジャヤセケラム
Anandajayasekeram
アナンタナスウォン
Anantanasuwong
アナンタポーン
Anantaporn
アーナンド
Anand**
Ānand
アナント Anant*
アナンド
Anand**
Ānand
アナントクマール
Ananthkumar
アナンドラ Anandra
アナンノビー
Anunoby
アーニ
Ani
Arni*
アーニー
Ani*
Annie*
Arne
Arney
Arnie*
Earnie
Ernest
Ernesto
Ernie***
Ernnie
アニ
Ani*
Anis
Anni*
Annie
アニー
Ani
Anne
Anni
Annie***
Anny**
Anys
アニア
Ania
Anier
Anja
Annia
アニアンズ Onions*
アーニイ Ernie
アニウス Annius
アーニェ Aine
アニエヴァス Anievas
アニェージ Agnesi
アニェシ Agnesi
アニェス
Agnes*
Agnès*
Ágnes
Áñez
アニエス
Agnás
Agnes*
Agnés
Agnès***
アニエスカ
Agnieszka*
アニエスベー
Agnès b.*
アニェーゼ Agnese
アニェッリ Agnelli
アニエッリ Agnelli
アニェッロ Agnello
アニエッロ Aniello
アニエラ Aniela
アニェリ Agnelli***
アニエリ Agnelli
アニエル
Agnel**
Anier*
アニェルロ
Agnello
Aniello
アニエレヴィチ
Anielewicz
アニェロ
Agnello
Agnelo
アニエン Anyen
アニオロフスキ
Aniolowski
アニオロフスキー
Aniolowski
アニーカ Anyika
アニカ
Anicka
Anika
Annica
Annika**
アニキウス
Anicius
Aniciuss
アニキエヴァ
Anikeeva
アニキエヴィチ
Anikievich
アニーキン Anikin
アニキン Anikin
アニーク Annik
アニク Annick
アーニクスト Anikst
アニクスト Anikst*
アニケ Anike
アニケツス Anicetus
アニケトゥス Anicetus
アニケリス Annikeris
アニケン Anniken
アニコー Anikó
アニーサ
Aneesa
Anisa
アニサ Anissa
アニシ
Anisi
Anissi
アニシナ
Anissina*
Aniushina
アニシモーヴァ
Anisimova
アニシモヴィチ
Anisimovich
アニーシモフ
Anisimov
アニシモーフ
Anisimov
アニシモフ Anisimov
アニシモワ Anisimova
アニジャール Anidjar
アニシュチャンカ
Anishchanka
アニース
Anīs
Annise*
アニーズ Anees*
アニス
Anies
Anis*
Annis**
アニストン Aniston*
アニスル Anisul
アニセ Anicet
アニセー Anicee
アニセト Aniceto**
アニセパルフェ
Anicet-Parfait
アーニタ Anita
アニータ
Anita***
Juanita
アニーター
Anita
Anitā
アニタ
Agnete*
Anita***
Anītā
Anitra
アニター Anita
アニチェベ Anichebe*
アニーチコフ
Anichkov
アニチコフ Anichkov
アニツ Anic
アーニック Irnich
アニック Annick*
アニツコーフ
Anichkov
アニッサ Anissa
アーニッシュ Anish
アニッシュ Anish*
アニッタ Anitta
アニード Anido
アニド Enid
アニトゥア Anitúa
アニババ Anibaba
アニバリ Annibali
アニーバル Aníbal
アニバル
Anibal**
Aníbal
Aníval
Annibal
アニーバレ Annibale
アニバーレ Annibale
アニファ Anifah*
アニマ Anima
アニマル Animal**
アニミ Animi
アーニム Arnim
アニムッチァ
Animuccia
アニムッチア
Animuccia
アニムッチャ
Animuccia
アニムル Animul
アーニャ
Ania
Anja
Anya**
アニャ
Anja**
Anya
アニヤ
Anja*
Anya*
アニヤナ Anjana
アニャン Anyang
アニュ
Agne
Anu
Anyu
アニュー Anew
アニュアル Aniuar
アニュエス
Agnes
Agnès*
Agnos
アニュシオス Anysios
アニュス Hanus*
アニュテ
Anutē
Anytē
アニュテー Anyte
アニュテエ Anyte
アニュトゥス Anytus
アニュトス
Anutos
Anytos
アニュプイェ
Agne-pouye
アニョレッティ
Agnoletti
アーニョロ
Agnolo*
Angiolo
アニョロ
Agnolo
Angiolo
アニョンズ Onions
アニラ Anila
アニール
Aneel
Anil
アニル Anil**
アニルダ Aniruddha
アニルッダ
Aniruddha
アニルバン Anirban
アニレヴィッツ
Anielewicz
アニン Henin
アーニング Arning
アニング Anning*
アニンディア Anindya
アニンディヤ Anindya
アヌ
Annou
Anu*
アヌイ Anouilh**
アヌイユ Anouilh
アーヌウル Arnul
アヌカン Hannequin
アヌーク Anouk**
アヌク Anouk
アヌケト Anuqet
アヌゴ Anugo
アヌーサキ Anousaki
アヌージ Anuj
アヌシェイ Anushay
アヌシティギーン
Anushtigīn
アヌシュ Annus
アヌシュアベーン
Anasuyaben
アヌーシュカ
Anouchka
Anoushka*
アヌシュカ Anushka*
アヌーシュティギーン
Anushtigīn
アヌシュテギン
Anushtigīn
アヌス Hanus
アヌスカ Anuska
アヌスキェウィッツ
Anuskiewicz
Anuszkiewicz
アヌーチン Anuchin
アヌチン Anuchin
アヌック Anouck
アヌップ Anup
アヌディット Anudit
アヌノビー Anunoby
アヌーパマ Anūpama
アヌパム Anupam
アヌープ Anoop
アヌープチアタル
Anûpchatar
アヌフリエフ
Anufriyev
アヌポン Anupong*
アヌマーン Anuman
アヌマーンラーチャトン
Anuman Rajadhom
Anuman Rajadhon
Anumanratchathon
アヌラ Anura*
アヌラー Anula*

アヌラーグ Anurag*
アヌラーダ Anurādha
アヌラダ Anuradha
アヌラック Anurak
アヌリーヌス
Anullinus
アヌリヌス Anullinus
アヌール Annour
アヌルダ Anuruddha
アヌルッサ Anuruttha
アヌルッダ
Anuruddha*
アヌルード Anerood*
アヌレーエフ Anureev
アヌワール Anouar*
アヌワル Anwar
アヌーン
Hannoun
Hanoun
Hanoune
アヌンシアシオン
Anunciación
アヌンシアーダ
Anunciada
アヌンセン Anundsen
アヌンチアータ
Anunciade
アヌンチアート
Annunziato
アヌンチオ Annuncio
アヌンツィオ
Annunzio
アヌンド Anund
アーネ
Ahrne*
Arne**
Ma'ane
アネ
Ane
Anet
Anne*
アネー Anet
アーネイ Aanei
アネイブル Anable
アネイリン Aneurin
アネイロス Aneiros
アネウリィ Aneury
アネカ Anneke
アネキン Hanequin
アーネク Anneke
アネーク Anek
アネケ Anneke
アネゲルト Annegert
アーネシー Agnesi
アネージ
Agnesi
Anesi
アネジ
Anesi
Anezi
アネジブ Anedjib
アネジャ Aneja
アネシュカ Anezka
アーネス
Arnes*
Arness
アネス
Anes
Anneth
アネスィ Anecy
アーネスタ Ernesta
アーネスタイン
Ernestine
アーネスタス Ernestus
アネスティス Anestis
アーネスティーン
Ernestine
アーネスティン
Ernestine**
アーネスト
Earnest**
Ernest***
Erneste
Ernesto**
Ernst*
アネースト Ernest
アネスト Earnest
アネスリー Annesley*
アーネセン Arnesen
アーネソン Arneson
アネタ Aneta
アネッタ Annette*
アネッダ Anedda
アネッテ
Anette**
Annette**
アーネット
Arnet
Arnett**
Arnette
アネット
Anet
Anette*
Annet**
Annete
Annett*
Annette***
アネッリ Anelli
アネッロ Anello
アネテ Anete
アネニ Anenih
アネニイ Anenih
アネファル Anefal
アネマリー
Annemarie
アネミ Annemie
アネミー Annemie
アネミーク Annemiek
アネミック Annemiek
アネモーヌ Anémone*
アネモーネ Anémone
アネユス Annéus
アネリ Anneli*
アネーリオ Anerio
アネリオ Anerio
アネリース Annelies*
アネリス Annelise
アネリーゼ
Anneliese
Annelise
アーネリック Arnerić
アネーリョ Anerio
アーネル
Arnel*
Arnell**
アネール Arnér
アネル
Anel
Anell
Anner
アネルカ Anelka**
アネルス Anders
アネルセン Andersen
アーネルト Ahnert
アネルード
Aneerood
Anerood*
アネロ Anello
アーネン Aanen
アネン Annen
アネンクレートス
Anénklētos
アネンバーグ
Annenberg**
アーノ Arno*
アーノー Arnow
アノ
Anno
Ano
アノー
Aneau
Annaud**
アノアロ Anoaro
アーノウ
Arno
Arnow
Aronow
アーノウィッツ
Arnowitz
アノヴェーロ Anovelo
アノウシラバニハムラバド
Anoushiravani
Hamlabad
アーノウト Arnout
アーノウド Arnoud*
アーノウドス
Arnoudse
アノウラータ
Anawrahta
アーノウルド Arnold
アノオラター
Anawrahta
アノキエ Anokye
アノーク Anouk
アノシキノヴェー
Anoškinovà
アノーシャルヴァーン
Anōsharvān
アノシュキン
Anoshkin
アノーソフ Anosov*
アーノット
Arnot*
Arnott**
アーノッフ Arnoff
アノテ Anote*
アノデア Anodea
アノテル Hanotel
アノトー
Hanotaux
Hanoteau
アノートン Honorton
アノニス Anonis
アノニマス
Anonymous
アノニモ Anonimo
アノーヒン Anokhin
アノヒン Anokhin
アーノフ Arnoff
アーノブ Arnove
アノメリティス
Anomeritis
アノーヤター
Anawrahta
アノーラータ
Anawrahta
アーノル Arnold*
アーノルズ Arnolds
アーノルディ Arnoldi*
アーノールド Arnold
アーノルト
Arnold*
Arnolt
アーノルド
Arnaldo
Arnold***
Arnol'd
Arnoldo
Arnolid
Arnord
Arnould
Harold
アノルド Arnold
アーノルドソン
Arnoldson
アノロ Anoro
アーノン Arnon*
アノン Hanon
アノンアディビメ
Anong Adibime
アーノンクール
Harnoncourt**
アノンシアタ
Annonciata
アーハ Aach
アーバー
Aber
Arber*
Arbor
Ehrbar
アハ
Aha
Apa
アバ
Aba
Abba***
アパ Appa*
アバアバ Abah Abah
アハイ Ahai
アバイ
Abai
Abaĭ
Abay
Abbay
アハイ
Abhay
Apai
アパイウォン
Aphaiwong
アバイエ Abbaye
アバイドゥン Apaydın
アーバイン Irvine**
アバウ Abou
アハヴァーネ
Akhavān-e
アハヴァーン
Akhavān
アバーエフ Abaev*
アバエフ Abayev
アーバーカー Abāghā
アバーカ Abāghā
アバーカー Abāghā
アバーガー Abāghā
アバカ Abāghā
アパカ Apaka
アバカカ Abakaka
アーバガード
Övergaard
アバガナ Abba-Gana
アバカノヴィチ
Abakanowicz
アバカノヴィッチ
Abakanowicz**
アバカノビチ
Abakanowicz
アバカノビッチ
Abakanowicz
アバカル Abakar
アパカルク Apakark
アバカロワ Abakarova
アバキアン Avakian
アバキャン Avakian
アバギャン Avagyan
アーバーグ Aaberg
アバク Adak
アパク Apak
アバグネイル
Abagnale
アバグネール
Abagnale
アバクーム Avvakum
アバクム Avvakum
アバクーモフ
Abakumov
アバクモワ
Abakumova*
アバクランビ
Abercrombie
アーバクル Arbuckle
アバークロムビー
Abercrombie
アーバークロンビー
Abercrombie
Abercromby
アバークロンビー
Abercrombie**
Abercromby
アバクロンビ
Abercrombie
Abercromby
アバクロンビー
Abercrombie*
Abercromby
アパーコヴァ
Appakova
アバコフ Avakov
アバーザ Abaza

ア

アパサ Apasov
アハサーイー Aḥsā'ī
アバサデガン
Abbaszadegan
アバサドゥ
Aba Sadou
アパサミー
Appasamy*
アバサラーラ
Avasarala
アバサララ Avasarala
アバシ Abbasi**
アハジア Ahaziah
アバシーゼ
Abashidze*
アバシゼ Abashidze
アバシッゼ Abashidze
アハジヤ Ochozias
アハシュエロス
Ahasueros
Khšayāršā
アーバス Arbus*
アハズ Ahaz
アバス
Abas*
Abbas**
Abbās
アハスヴェールス
Ahasverus
アバスカル Abascal
アバステニア
Abastenia
アーバスナット
Arbuthnot
アーバスノット
Arbuthnot*
Arbuthnott*
アハズヤ Ochozias
アバスヤヌク
Abasiyanik
アバゾヴィッチ
Abazović
アバソフ
Abasov
Abbasov
アバソワ Abassova
アバーソン Aberson
アパーソン Apperson
アバダ 'Abada
アバダー Abodaher
アパタ Apata
アバダヴィ Aberdovey
アハタル Akhṭal
アハターンブッシュ
Achternbusch
アハチ Ahti
アバチャ Abacha*
アハツ Achaz
アパーツァイ Apáczai
アーバック Auerbach
アーバックル
Arbuckle*
アーパッサラー
Aphatsara
アバッサラー
Abassalah
アバッシ Abbassi
アバッセ Abasse
アーパッド Arpad
アハッド Ahad
アバッド Abad
アバーテ
Abate**
Abbate
アバテ Abbate
アバデ Abade
アバデア Aberdare
アハーディ Ahadi
アハディ Ahady
アバーディ Abbadi
アバティ Avati
アバディ
Abadi*
Abadie*
Abbadi
Abbadie
アバディー Abbadie
アバディア Abadía
アハティサーリ
Ahtisaari**
アバテイノ Abatino
アハティラ Ahtila
アバディーリャ
Abadilla
アバディーン
Aberdeen*
Aburdene
アパデュライ
Appadurai
アハテルベルフ
Achterberg
アハテルンブッシュ
Achternbusch*
アバーデン Aburdene
アーパド
Arpad*
Arpád
アハト
Achad
Ahad
アハド
Achad
Ahad*
アバード Abbado
アバド
Abad*
Abbad
Abbado**
アハートヴナ
Akhatovna
アバドゥラ
Abadula
Abbadula
アパドゥライ
Appadurai
アパドライ Appadorai
アハトワ Akhatova
アハドワ Akhadova
アバナ Abana
アパナー Appanah
アバーナシー
Abernathy*
アバナシー
Abernathy*
アハナシイ Afanasii
アバーナシィ
Abernathy
アハナシェビッチ
Afanasievich
アバニ Abani
アパニ Apani
アバニャーレ
Abagnale
Abbagnale
アハヌッシュ
Akhannouch
アハーネ Aherne
アバネイル Abagnale*
アバネーシ Abernethy
アバネシ Abernethy
アバネシー Abernethy
アバーノ Abano
アバノ Abano
アーバハート
Aberhart
アバハート Aberhart
アバーバネル
Abarbanel
アハバーリー Akhbārī
アハバール Aḥbār
アババル Ababar
アバビ Ababii
アハブ Ahab
アバフ Abbahu
アバフー Abbahu
アバブ Ababu
アハファシュ
Al-Akhfash
アパフィ
Apaffy
Apafy
アバベル Ababel
アバホ Abajo
アハマ Ahmad
アバマガロ
Avamagalo
アハマダ Ahamada
アハマット
Ahamat
Ahmad
Ahmat
アハマッド
Ahmad***
Aḥmad
Aḥmād
アハマディ
Ahamadi
Ahamady
Ahmadi
アハマディプール
Ahmadipour
アハマト
Ahamat
Ahmat
アハマド
Ahamad**
Ahamed
Ahmad**
Aḥmad
Ahmadou*
Ahmed
Al-Ahmad
アバマート Avermaet
アハマドゥ Ahmadou
アハマドフ Ahmadov
アハマル Ahmar
アパム Upham*
アハメス Ahmose
アハメッド Ahmed
アハメト Ahmet
アハメド
Ahamed*
Ahmad
Ahmed***
Ahmedou
Akhmed
アハメドゥ Ahmedou
アハモス Ahmose
アバヤ
Abaya**
Abhaya
アバヤー Abhaya
アバヤーカラグプタ
Abhayākaragupta
アバヤマーター
Abhayamatār
アハヤリーヤ
Akhyalīya
Al-Akhyalīya
アバヨミ Abayomi
アハラ Ahala
アバラ Abala
アバラーコフ
Abalakov
アバラミス Avramis
アハラヤ Akhalaia
アバリ Abary
アバリー Abberley
アパーリー Apperley
アパリー Apperley*
アパリシ Aparisi
アパリシオ Aparicio*
アバリス Abaris
アパリスィオ Aparicio
アハリヤー Ahalya
アバリン Avarin
アーバル Ağbal
アバル Abal
アパル Apil
アバルヴェーズ
Abharvēz
アバルカ
Abaraca
Abarca
アバルキン Abalkin**
アバルト Abart
アバルドナド
Abardonado
アパルナ Aparna
アバルバネル
Abarbanel
Abarbanell
アハルハボ Ahlhabo
アバルベロ Abalbero
アバルメディナ
Abal Medina
アパレー Apperley
アバレア Aballéa
アパレシド Aparecido
アパロ Aparo
アバロス Avalos*
アハロニ Aharoni*
アハロニー
Aharoni
Aharony
アハロノビッチ
Aharonovitch
アハーロン Aharon
アハロン Aharon***
アバロン Avaronn
アハワニー Ahwany
アーバン Urban***
アーパン Arpan
アハーン
Ahearn*
Ahearne
Ahern***
Aherne*
アハンガマジー
Ahangamage*
アバンゴ Abango
アバンシーニ Avancini
アバンズ Abanes
アバンスール
Abensour*
アバンダ Abanda
アバンツ Avants
アバント Avant
アバンドゥック
Avunduk
アハンハンゾグレレ
Ahanhanzo Glele
アハンフォーフ
Ahanfouf
アービ Arvi*
アービー
Arbie*
Erbey
Urbie
アヒ Ahi
アビ
Abbe
Abbie
Abhi
Abi*
Abī
Aby*
Avi**
Haby
アビー
Abbe*
Abbey***
Abbi
Abbie**
Abby***
Abi
Abī*
Abie
Abigayl
Abiy
Aby
Ivy
アピ Api
アビア
Abia
Abijah

アピア
Appia
Appiah
アピアー Appier
アピアカブラン
Appiah Kabran
アヒアカロス
Achiácharos
アビアタル
Abiathar
Abiáthar
アビーアッシ Abi Assi
アビアット Abbiate
アピアヌス Apianus
アビアビテオボリコ
Abia Biteoborico
アピアーリウス
Apiarius
アビアン Abian
アピアン Apianus
アービィ Aebi*
アビィ
Abbey
Abby*
アビイ
Abbey
Aby
アビイエ Abiye
アピヴァッタカクル
Apivatthakakul
アヒェゼール Akhiezer
アヒエゼル Akhiezer
アビエフ Abiyev
アビエル Abiel
アビエルタス Abiertas
アピオス Apion
アビオセ Abioseh
アヒオティ Axioti
アビオヤ Abioseh
アビオラ Abiola
アピオーン Apíōn
アピオン
Apion
Apiōn
アビガイル
Abigaia
Abigail
アヒカム Achikam
アピーキウス Apicius
アピキウス
Apicius
Apīcius
アービク Urbik
アビーク Abheek
アービクソー
Aaviksoo
アビグドール Avigdor
アビグドル Avigdor
アビグル Avigur
アビゲィル Abigail
アビゲイル Abigail**
アビゲール Abigail*
アビゲル Abigel
アビケンナ Avicenna
アビーザー Abiezer
アピサイ Apisai**
アビザイル Avisail
アピサック Apisak
アビサレー Abi-sare
アビシェーク
Abhishek
アビシット Abhisit
アビジット Abhijit*
アピシット Abhisit**
アビシャイ
Abessa
Abishai
アビシャグ Abishag
アヒジョ
Ahidjo
Ahijo
アービス Irvis
アヒース Agís
アヒーゼル Akhiezer
アビセンナ Avicenna
アビゾワ Abyzova
アビーソン Avieson*
アビソン Avison
アビダス Abidas
アヒタフェルト
Achterfeld
アビダラー Abidallah
アビタル Avital
アビダル Abidal**
アビダン Avidan
アピチ Apithy*
アピチャッポン
Apichatpong*
アピチャートポン
Aphichatphong
アビーッ・サルト
Abī'ṣ-Ṣalt
アービッシャー
Aebischer
アビッシュ Abish**
アーピッツ Apitz*
アービッド Arvid
アービッヒ Abich*
アビッヒ Abich*
アービッブ Arbib
アービディー Abidi
アビディ
Abidi*
Abidine
アビティア Avitia
アービディーン
'Ābidīn
'Ābidīn
アビディン
Abidin**
'Ābidīn
Abidine*
アービド Arvid
アビード 'Abīd
アビト Habito
アビド
'Abd
Abid
アビドフ Abidov
アヒトフェル
Achitophel
Ahithophel
アヒトペル
Achitophel
アビトボー Abiteboul
アビトワ Abitova*
アービナ Urbina
アビナ Abina
アビナーヴ Abhinav
アビナヴァグプタ
Abhinavagupta
アビナダブ Abinadab
アビナッシュ
Avinash*
アービナティ Urbinati
アビナデル Abinader
アピナネシ
Appignanesi
アビナバグプタ
Abhinavagupta
アビナブ Abhinav*
アビナン Abinan
アピニャネジ
Appignanesi
アビネリ Abineri
アビネル Abner
アヒノアム Achinaam
アビハイル Avichail
アビーハリル
Abi Khalil
アビビラ Abibilla
アービブ Arbib*
アビブ Habib
アビブータ
Abhibhūta
アビブライ
Abiboulaye
アヒマアズ Ahimaaz
アヒマアツ Ahimaaz
アビマエル Abimael*
アビミク Abimiku*
アーヒム
Achim
Áchim
アヒム Achim**
アヒムサ Ahimsa
アヒメイール Ahimeir
アヒメレク Ahimelech
アビメレク Abimeleck
アビモラ Abimbola
アヒヤ
Achia
Ahhiya
アビヤ
Abiá
Abijah
アビヤタル Abiáthar
アビヤム Abijah
アビヤンカー
Abhyankar
Abhyanker
アビーラ Avila
アビラ
Avila**
Ávila*
アビラシェド
Abirached
アピラディー Apiradi
アピラナ Apirana
アビラム Abiram
アビラン Avilan
アビリオ Abílio
アビール
Abeel*
Abeer
Abir
アビル
Abī al
Abil*
アピル
Apil
Appel
アビルアブデルラハマン
Abdelrahman
Abir Abdelrahman
アビル・カースィム
Abī al-Qāsim
アビルゴー Abilgaard
アビルゴール
Abildgaard
Abilgaard
アビルダエフ
Abildayev
アビルドセン
Avildsen*
アビルーパ Abhirūpa
アビル・ハイル
Abī al-khayr
アヒーレ Agirre
アヒレス Achilles
アビレース Avilés
アビレス
Aviles
Avilés
アビロフ
Abilov
Avilov
アビーワッカース
Abī Waqqās
アビーワルディー
Abīwardī
アーヒン Arhin
アービン
Alvin
Arbin
Arvin*
Aubin
Earvin*
Ervin***
Ervine
Irvin***
Irvine
Irving*
Irwin
アヒーン Ahearn
アピン Apin
アーピンガム
Erpingham
アービング
Erving*
Irving***
アビンク
Abbink
Ubbink
アビング Abbing
アビングトン
Abington
アピンサ Apinsa
アービント Arvind
アービンド Arvind**
アビントン Abington
アピントン Upington
アーブ
Aab
Erb
Irv
アープ
Arp*
Earp*
Erb
アフ
Aah
Af**
アフー Afu
アブ
Ab
Abbe
Abbu
Abou*
Abu***
Abū*
Af
Habou
Ub
アブー
Abbou
Abi
Abou*
About
Abu***
Abū*
Abū'l
アプ
Ab
Ap
アブアイシャ
Abu Eisheh
アファガン Afergan
アーファーク Āfāq
アファク
Afaq
Āfāq
アファティア Afatia
アーファート Erfert
アファナーシー
Afanasii
Afanásii
Afanasy
アファナシー
Afanasii*
Afanasy
アファナシエ Afanasie
アファナーシェヴィチ
Afanas'evich
アファナーシエヴィチ
Afanaseevich
Afanas'evich
Afanasievich
アファナシエヴィチ
Afanas'evich*
Afanasievich
アファナーシェヴィッチ
Afanas'evich
アファナーシェフ
Afanas'ev
Afanasiev
Aflanas'ev

アファナーシエフ
Afanasev
Afanas'ev*
Afanasiev
Afanassiev
Afanasyev
アファナシェフ
Afanas'ev
Afanasiev
Afanassiev*
アファナシエフ
Afanasiev**
Afanasiyev
Afanassiev
Aflanas'ev
アファナセワ
Afanasyeva
アファヌ Afanou
アファノ Afano
アファビー Affabee
アファフ Afaf
アファフ Afaf
アフアブ Ahab
アブーアフ Abouaf
アファブレ Afable
アブアムル Abu Amr
アブアメル Abuamer
アファラ Afara
アブアラファ
Abu Arafeh
アブアリ Abu Ali
アーファリーズ ʻAfarīz
アファリーズ ʻAfarīz
アブー・アル Abū'l
アブー・アルアスワド
Abū'l-Aswad
アブー・アルファラジュ
Abū'l-Faraj
アブー・アルフィダー
Abū'l-Fidā'
アブアルホムス
Abu-al-hommus
アファロ Afualo
アーファン Irfan*
アファン Affan
アファンクアシ
Aphing Kouassi
アファンディ Affandi
アフィ
Affi
Afi
アブイ Avui
アフィア Afia**
アーフィエス Aafjes*
アブイゾフ Abyzov
アブイータ
Abu Eitta
Abu-eitta
アブイトフ Abytov
アフィニウス Afinius
アフィニティ Affinity
アフィノゲーノフ
Afinogenof
Afinogenov*
アフィバーンラト
Aphibarnrat
アフィーフ Afeef
アフィフ
Afif
Afiff
アフィフィ Afifi
アブイブラヒム
Abu Ibrahim
アブイライ Abylai
アーフィールド Arfield
アブヴァビ Abvabi
アフヴォー Ahvo
アフウォイ Ahwoi
アフウグラス Ugglas
アブウジャイラ
Abu Ujaylah
アブウジャイル
Abu Ujayl
アブーウッ・サージ
Abū's-Sāj
アフェアキ Afeaki
アフェウェルキ
Afewerki**
アフェス Aafjes
アフェスト Avest
アフェドソン
Arfvedson
アフェマイ Afemai
アフェライ Afellay
アブエライシュ
Abuelaish*
アーフェル Afer
アフェル Afer
アブエルカセム
Abouelkassem
アーフェルカンプ
Avercamp
アフェルディク
Averdijk
アフェルト Affeldt
アフォ Affo
アブオ Abouo
アフォード Afford*
アフォニョン Afognon
アブオヌドリ
Abouo-n'dori
アフォベ Afobe
アフォラビ Afolabi
アフォラヤン
Afolayan*
アフォルター Affolter
アフォワキ Afeworki
アフォンス Afonso
アフォンソ
Affonso*
Afonso*
Alfonso
アプカー Apker
アプガー Apgar
アブカシャワ
Abu-kashawa
アブガシュ
Abughaush*
アフガーニー
Afghani
Afghānī
アブガネム
Abu-ghanem
アフカミ Afkhami
アブカラキ
Abu-karaki
アフカリ Afkari
アブガリ Abgari
アブガリャン
Abgaryan
アブガル Abgar
アブガルダ Abu-garda
アフガン Afghan
アブク Abuk
アブクラア Abu Kraa
アブサアド Abusaad
アフサーイー Aḥsā'ī
アブザイド Abu-Zaid
アブサイドフ
Absaidov
アブサウード
Abu Saud
アブザグ Abzug
アフサツ Afsatu
アフサトゥ
Affoussatou
アフサネ Afsaneh*
アブサハミーン
Abu Sahmain*
アブサーブ Abu Saab
アブサフィーエ
Abu Safiyeh
アブサマト Absamat
アプサラス Apsaras
アフザリ Afzali
アフザル
Afzal
Afẕal
アフサルル Afsarul
アフザロッディーン
Afdal ad-dīn
アブサロム
Abessalōm
Absalom*
アブサロン Absalon**
アブサロン Absalon
アフサン Ahsan
アブシ Abssi
アブジ Abse*
アプシー Apsey
アフシアタ
Affoussiata
アブジアド Abu-Ziad
アブシエ Absieh
アブシェフ Abushev
アプシマール Apsimar
アフージャ Ahuja
アフジャ Ahuja
アブシャー Abshire
アブシャイア
Abshire*
アブシャイアー
Abshire
アブシャイヤー
Abshire
アブシャナブ
Abu Shanab
アブシャハラ
Abu Shahla
アブジャムーラ
Abujamra
アブジャムラ
Abou Jamra
アフシャール Afshar
アプシャル Upshall
アフシャルーモフ
Akhsharumov
アブシャロム
Avshalom*
アフシャロモフ
Avshalomov
アブシュ Abusch
アブジュ Avci
アーブシュロー
Erbschloe
アプジョン Upjohn
アブシール Abshir
アブシル Absil
アフシーン
Afshín
Afshīn
アフシン Afshin**
アフス Hafs
アブス
Abs*
Aps
アブズグ Abzug
アプスティル Upstill
アプストン Upston
アブスネイネ
Abu-sneineh
アーブスノット
Arbuthnot
アブスハーゲン
Abshagen
アフズーリ Akhzouri
アプスレイ Apsley
アプスレイ Apsley*
アブセ Abse
アブゼイド
Abou-zeid
Abouzeid
Abu-zeid
アブーセイフ Abouseif
アプセーカー
Aptheker*
アフセリウス Afzelius
アプソーブ Apthorp
アプター Apter**
アプダイク Updike
アプダイク Updike*
アフターグッド
Aftergood
アブダス Abdus*
アブダッカ
Abu Daqqa
アブダッラ
Abdalla
Abdallah
Abdullah
アブダッラー
Abd Allah
Abdulla
Abdullah
アブダッラーヒ
Abdallahi
アブタヒ Abtahi
アーフターブ Aftab
アフターブ Aftab*
アフタブ
Aaftab
Aftab
アブダラ
Abdalá*
Abdalla*
Abdallah***
Abdulla
Abdullah
アブダラー
Abdallah
ʻAbd Allāh
ʻAbdallāh
Abdullah
アブダライ
Abdallahi
Abdellahi
Abdullahi
アブダラーナスール
Abdallah Nassour
アブダラヒ
Abdallahi
Abdulahi
アブダラマン
Abd-al-Raman
アフタリオン
Aftalion**
アブダリャン
Avdalyan
アフタリヨン Aftalion
アフタル
Akẖṭal
Akhtar*
アフダル Afḍal
アブダル
ʻAbd al
Abdul*
アプダル Apdal
アブダルカディール
Abd-al-Qadir
アブダルカディル
Abdalqadir
アブダルハミード
Abdulhamid**
アブダルワハブ
Abd-al-Wahab
アブタン Abtan
アプタン Upton*
アブダンク Abdank
アフタンジル Avtandil
アフタンディリ
Avtandili
アフタンディル
Avtandil*
アフチェンコ
Avchenko
アプチーカー
Aptheker
アブツ Abts
アプツィアウリ
Aptsiauri
アブツーク Abzug
アブーッ・シース
Abū'sh-Shīṣ

アブッシュ Abusch
アブッドラー
'Abd Allah
アーブテー Āpṭe
アブテ Apte
アブディ
Abdi*
Abdy
Abudi
アブディ Abdi
アブディア 'Obadjā
アブディアジズ
Abdiaziz
アブディーアス
Abdias
アブディアット
Achdiat*
アブディアルアジズ
Abdi-al-Aziz
アブディウェリ
Abdiweli
アブディエンコ
Avdeenko
アブディカシム
Abdiqassim*
アブディカディル
Abdiqadir
アブディカリコフ
Abdykalykov
アブディカリコワ
Abdykalikova
アブディカリム
Abdikarim
アブディク Abdid
アブディグレド
Abdiguled
アブディサラム
Abdisalam
アブディシャクール
Abdishakur**
アブディショー
'Abdîšo
アブティドン
Aptidon**
アブディヌール
Abdinur
アブディハキム
Abdihakim
アブディハキン
Abdihakin
アブディファラー
Abdi Farah
アブディヤーク
Abu Diyak
アブディラシッド
Abdirashid
アブディラシド
Abdirashid
アブディラティフ
Abdilatif
アブディラヒ
Abdillahi
アブディラヒミギル
Abdillahimiguil
アブディラフマン
Abdirahman
Abdyrakhman
アブディラーマン
Abdirahman
アブディラマン
Abdirahman
アブディリウェリ
Abdiweli
アブディリサク
Abdirisak
アブディリザク
Abdiirizak
アブディリフマン
Cabdirixman
アブディル Abdil
アブディルアキム
Abdilaqim
アブディルダエフ
Abdyldaev
アブディン Abdin
アブデーエフ Avdeyev
アブテカー
Apteker
Aptheker
アブデサデク
Abdessadek
アブデサドキ
Abdessadki
アブデサラム
Abdessalam*
アブデサレム
Abdessalem
Abdesslam
アブデスマッド
Abdesmad
アブデスラム
Abdeslam
アブデッサマド
Abdessamad
アブデッサラーム
Abdessalem
アブデッサラム
Abd al-Salam
Abd al-Salām
アブテッド Apted**
アブデッラ Abdella
アブデッルウーフ
Abderraouf
アブデヌール
Abdennour
アブデノフ Abdenov
アブデーフ Avdeev
アブデュラ Abdullah
アブデュル
'Abd al
Abdel
Abdul
Abdül
'Abdu'l
Abdur
アブデュルガディル
Abdulkadir
アブデュルケリム
'Abdu'l-Kerim
アブデュルハク
Abdul-Hak
Abdülhak
アブデュルハック
Abdul-Hak
Abdülhak
アブデュルハミト
'Abdu'l Ḥamit
アブデュルハリーム
Abdülhalīm
アブデュルメジト
Abdülmecid
アブデュルレシト
Abdürresid
Abdürreşid
アブデラ
Abdella
Abdellah
アブデライ Abdellahi
アブデラウィ
Abdellaoui
アブデラウイ
Abdelaoui
アブデラウフ
Abderraouf
アブデラク Abdelhak
アブデラザック
Abderrazak
アブデラジズ
Abdelaziz
アブデラシド
Abderrachid
アブデラスル
Abderassoul
アブデラーティ
Abdalaati
アブデラティフ
Abdelatif
Abdellatif*
アブデラヒム
Abderahim
アブデラマネ
Abderamane
アブデラーマン
Abderrahmane
アブデラマン
Abderahman
Abderahmane
Abderaman
Abderamane
Abderrahmane
アブデラマンヌ
Abderrahmane
アブデラール
Abdelaal
アブデリラー
Abdelilah
アフテル Aftel
アブデル Abdel
アブデル
'Abd al
'Abd al
Abdel***
Abder
Abdul
Adbul
アブデルアジズ
Abdel Aziz
Abdel-Aziz
Abdelaziz**
アブデルアッティ
Abdel-Atti
アブデルアーティ
Abdel Aati
アブデルアフィド
Abdelhafid
アブデルアール
Abdel-aal
アブデルカウィ
Abdel Kawy
アブデルガッバール
Abdel-Gabbar
アブデルカーデル
'Abd al-Qādir
Abdelkader
アブデルカデル
Abdel-Kader
Abdelkader
Abdelqader
Abdul-Qadir
アブデルガニ
Abdelghani*
アブデルガファル
Abdel Ghafar
アブデルガフル
Abdel-Ghafur
Abdelghafur
アブデルカリム
Abdel Karim
Abdelkarim
Abdelkrim
アブデルクリム
Abd al-Karīm
Abd el-Krim
Abdelkrim
アブデルケビール
Abdelkébir
アブデルケビル
Abdelkebir*
Abdelkébir
Abderkebir
アブデルケフィ
Abdelkefi
アブデルケリム
Abdelkerim
アブデルサフィ
Abdel-safi
アブデルサラーム
Abdelsalam
アブデルサラム
Abdel-Salam
アブデルシャフィ
Abdel Shafi*
アブデルジャリール
Abdel-Jaleel
アブデルジリ
Abdeljilil
アブデルナセル
Abdelnasser
アブデルヌール
Abdel Nour
アブデルバキ
Abdelbaki
アブデルハキム
Abdelhakim
アブデルバシト
Abdel-Basit
アブデルハディ
Abdel-Hady
アブデルハーフィズ
Abdelhafidh
アブデルハフィド
Abdelhafid
アブデルハミド
'Abd al-Ḥamīd
Abdel-Hamid
Abdelhamid**
Abderhamid
アブデルハリク
Abdelkhaliq
アブデルハリム
Abdel-halim
アブデルハルデン
Abderhalden
アブデルハルデン
Abderhalden*
アブデルファタフ
Abdel Fattah*
アフテルベルフ
Achterberg
アブデルマクスード
Abdel Maqsood
アブデルマジェド
Abdel-Majed
アブデルマジド
Abdelmadjid*
Abdelmajid
アブデルマレク
Abdel Malek
Abdelmalek*
アブデルマン
Abderemane
アブデルムウミン
Abdel Mo'men
アブデルムニム
Abdelmunim
アブデルムーメヌ
Abdelmoumene
アブデルムーメンヌ
Abdelmoumene
アブデルモタレブ
Abdelmottaleb
アブデルモネイム
Abdel-Moneim
アブデルモネム
Abdelmonem*
アブデルラザク
Abdelrazzaq
Abdul Razzaq
アブデルラジム
Abdelazim
アブデルラスール
Abdel-Rasoul
アブデルラティフ
Abdel-Latif
Abdellatif**
アブデルラハマン
Abd-el-Rahman
Abdel-Rahman
Abderrahmane**
アブデルラヒーム
Abdel-Raheem
アブデルラヒム
Abdelrahim
Abderrahim
Abdul Rahim
アブデルラフマン
Abdelrahman
アブデルラーマン
Abdelrahman
Abderrahman
アブデルレダ
Abdel-Reda
アブデルワハブ
Abdelouahab
Abdelwahab
アブデルワーヘド
Abdelwahed
アブデルワヘド
Abdelouahed
Abdelwahed
アブデルワヘブ
Abdelwaheb
アブデレマン
Abderemane
アフト
Aft

Agt*
アブード
Abboud*
Abdoud
Abood
Aboud
アブト
'Abd
Abt
アブド
Abd***
'Abd*
Abdo*
Abdou**
Abdu
Abud
Abudo
アブドー Abdou
アブト
Abbt
Abt
Apt*
アブドアッラー
Abdullah
アブド・アッラーフ
Abdullāh
'Abdullāh
アブドアッラーフ
Abdallah
アブドイラフマノフ
Abdyrakhmanov
アブードゥ Abboud
アブドゥ
Abdou
Abdu
Abdú
'Abduh
Aboudou
アブドゥー 'Abduh
アブドゥカリム
Abdoulkarim
アブドゥサマド
Abdusamad
アブドゥサラーム
Abd al-Salām
アブドゥサラム
Abdusalam
アブドゥサロム
Abdusalom
アブドゥジャボル
Abdujabbor
アブドゥジャリル
Abduzhalil*
アブドゥス
Abdus
Abudus
アブドゥッ
'Abd
'Abd al
'Abd al
Abdur
アブドゥッサマド
'Abd al-Ṣamad
アブドゥッサラーム
'Abd al-Salām
アブトゥッラー
'Abd Allāh
アブドゥッラ Abdulla
アブドゥッラー
Abd Allah
'Abd Allah
'Abd Allāh
'Abdallāh
Abdullah*
Abdullâh
'Abdullâh
'Abdullāh*
アブドゥッラーズィク
'Abd al-Rāziq
アブドゥッラッザーク
'Abd al-Razzāq
アブドゥッラーティーフ
'Abd al-Latīf
アブドゥッラティーフ
'Abd al-Laṭīf
アブドゥッラーヒ
'Abd Allāh
'Abdullāh
アブドゥッ・ラフマーン
'Abd al-Rahman
アブドゥッラフマーン
'Abd al-Rahmān
'Abd al-Raḥmān
アブドゥッレ 'Abdulle
アブドゥハキモフ
Abdukhakimov
アブドゥハリク
Abduxaliq
アブドゥフ 'Abduh
アブドゥプル
Abudogupur*
Abudokirim
アブドゥーラ
Abdula
Abdullah*
アブドゥラ
Abdulla*
Abdullah***
Abdullāh
Avdullah
アブドゥラー
'Abd Allāh
Abdullah*
Abdullāh
Abdullar
アブドゥライ
Abdoulahi
Abdoulaye
Abdoulie
Abdoullaye
Abdulaye
Abdullahi
アブドゥライェ
Abdoulaye
アブドゥライエ
Abdoulaye
アブドゥライム
Abderahim
Abdourahim
アブドゥラエ
Abdoulaye**
アブドゥラエフ
Abdullaev*
Abdullayev
アブドゥラジス
Abdulaziz
アブドゥラジズ
Abdulaziz**
アブドゥラチポフ
Abdulatipov*
アブドゥラハマネ
Abdourahamane
アブドゥラハマン
Abdourahamane
アブドゥラヒ
Abdulahi
Abdullahi
アブドゥラヒイム
Abdurahim
アブドゥラヒム
Abdourahim
Abdurahim
Abdurakhim
アブドゥラヒーモビッチ
Abdurahimovich
アブドゥラフマノワ
Abdurakhmanova
アブドゥラフマン
Abdourahamane
Abdurakhman*
アブドゥラフモノフ
Abdurakhmonov
アブドゥラフモン
Abdurakhmon
アブドゥラマヌ
Abdourahmane
Abdouramane
Abdourhamane
アブドゥラマン
Abdoudrahmane
Abdourahman**
Abdurahman
アブドゥール
Abd al
Abdoel
Abdoul
Abdul
アブドゥル
Abd al
Abdal
'Abd al*
'Abd al
Abdel
Abdoel
Abdool
Abdoul
Abdul***
Abdu'l
Abdül
'Abdu'l
Abdulle
Abdur
'Abdu'r
Abudoul
Abudul
アブドウル Abdul
アブドゥルアジーズ
'Abd al-'Azīz
アブドゥルアジズ
Abdulaziz
アブドゥルアズィーズ
'Abd al-'Azīz
アブドゥルアハマン
Abdurakhman
アブドゥルアヒド
Abdelouahed
アブドゥルカダリ
Abdoulkadari
アブドゥルカダル
Abdoulkadar
アブドゥル・カーディル
'Abdu'l-Qādir
アブドゥルカーディル
'Abd al-Qādir
アブドゥルカディル
Abdulkadir
アブドゥルカデル
Abdoulkader
アブドゥルガニ
Abdulgani*
アブドゥルガニー
'Abd al-Ghanī
アブドゥルカーヒル
'Abd al-Qāhir
アブドゥルカリム
Abdoul Karim
Abdoulkarim
アブドゥルクッドゥース
'Abd al-Quddūs
'Abdulquddūs
アブドゥルクリム
Abdelkerim
アブドゥルサラム
Abdesselem
アブドゥルジェリリ
Abdul Jelili
アブドゥルジャッバール
'Abd al-Jabbār
アブドゥルナースィル
'Abd al-Nāṣir
アブドゥルハイイ
'Abd al-Ḥayy
アブドゥルハカム
'Abd al-Ḥakam
アブドゥルバースィト
'Abd al-Bāsiṭ
アブドゥルバストワ
Abdoulbastoi
アブドゥルハミード
'AbdulḤamīd
アブドゥルハミド
Abdoulhamid
Abdul-Hamid
Abudul-hamid
アブドゥルバーリー
Abdul Bari
アブドゥルハーリク
'Abd al-Khālik
アブドゥルハリーム
'Abd al-Ḥalīm
アブドゥルファタ
Abdoulfatah
アブドゥルフェタ
Abdulfetah
アブドゥルヘキモフ
Abdylhekimov
アブドゥルマスィーフ
'Abdulmasīḥ
アブドゥルムウミン
'Abd al-Mu'min
アブドゥルムッタリブ
'Abd al-Muṭṭalib
アブドゥルムネイム
Abdel Muneim
アブドゥルラ
Abdullah
アブドゥルラエワ
Abdullayeva
アブドゥルラザク
Abdulrazak
アブドゥルラッザーク
'Abd al-Razzāq
アブドゥルラッハマン
Abdurrahman
アブドゥールラフマン
Abudurrahman
アブドゥルラフマーン
'Abd al-Rahmān
アブドゥルラフマン
Abdurrahman***
Abudurrahman
アブドゥル・ワッハーブ
'Abd al-Wahhāb
アブドゥル・ワッハーブー
'Abd al-Wahhāb
アブドゥルワッハーブ
'Abd al-Wahhāb
Abdelwahab
アブドゥルワハブ
Abdulwahab
アブドゥルワヒド
Abdoulwahid
アブドゥレ Abdulle
アブドゥレイ
Abdoulay
Abdoulaye
アブドゥレイム
Abdurehim
アブドゥレヒム
Abdurehim
Abdürrahim
アブドゥレマネ
Abdurremane
アブドゥロ Abdullo**
アブドゥロヴ Abdulov
アブドゥロヴィチ
Abdulovich
アブド・エル Abdel
アブドカヒル
Abdukakhir
アブドキリム
Abudogupur
Abudokirim*
アブドサロモフ
Abdusalomov
アブドジャロル
Abdudzhalol
アブドス Abdus*
アブドスラム
Abdesslam
アブドッラー
'Abd Allah
'Abd Allāh
Abdollāh
Abdullah*
Abdullāh
'Abdu'llāh
'Abu Allāh
アブドッラハマーン
Abd al-Rahaman
Abd al-Rahman
アブドッラフマーン
'Abd al-Raḥmān
'Abd-r-Rahmān
アブドッラフマン
'Abd al-Rahmān
アブドディアブ
Abd Diab
アブドードッサル
Abdou Dossar
アブドバリ
Abdevali
Abdvali
アブドュル 'Abd al
アブドラ Abdullah
アブドーラ Abdullah*
アブドラ
Abdalla
Abd Allāh
Abdallah

ア

'Abd Allah
'Abd Allāh
Abdelilah
Abdollah*
Abdul
Abdulla**
Abdullah***
Abdullāh
'Abdullāh
Abdullahi
Abdullh
Abudulla
Abudullah
アブドラー Abdullah
アブドライ
Abdallahi**
Abdellahi
Abdoulaye
アブドラエ Abdoulaye
アブドラエフ
Abdullaev
アブドラクマノフ
Abdrakhmanov
アブドラザコフ
Abdrazakov
アブドラジク
Abdelrazig
アブドラチポフ
Abdulatipov
アブドラッザグ
Abdolrazzagh
アブドラティフ
Abdulatif
Abdullatif
アブドラハマン
Abdurahaman
アブドラヒ
Abbullahi
Abdullahi**
アブドラヒモフ
Abdurakhimov
アブドラフマノフ
Abdrakhmanov
アブドラフマン
Abdulrahman
アブドラボ
Abd ar-Rabbuh
Abd-Rabbo*
Abd Rabbuh
Abd Rabo
アブドラーマン
Abudurrahman
アブドラマン
Abderrahmane
Abdularahman
Aboudramane
アブドル
Abd al
'Abd al*
'Abd-al
'Abd al
Abdel**
'Abd l
Abdo l
Abdol
Abdul**
Abdu'l
'Abdu'r
アブドルアジズ
Abdul-Aziz
アブドルアジズ
Abd al-Aziz
Abdel Aziz*
Abdelaziz*
Abdul
Abdul Aziz*
Abdul-Aziz**
Abdulaziz*
アブドルアリザデ
Abdol-Alizadeh
アブドルウーフ
Abdurauf
アブドルカディル
Abdulghadir
Abdul Kadir
Abdulkadir
Abdul-Qadir*
アブドルカデル
Abdelkader
Abdul Kader
Abdul-Qader
Abdul-Qadir
Abdulqadir
アブドルガデル
Abdel-Gader
アブドルガニ
Abdelghani
Abdul-Ghani
Abdulghani**
アブドルガニー
Abdul-Ghani
アブドルカビル
Abdul-Kabeer
アブドルガファル
Abdul-Gafar
Abdul-Ghaffar
アブドールガフール
Abdoelgafoer
アブドルガフール
Abdul-Gafoor
アブドルカリーム
Abdel Karim
Abdulkareem
アブドルカリム
Abd al-Karim
Abd al-Karim al
Abdelkarim
Abdul-Kareem
Abdul Karim
Abdul-Karim
Abdulkarim
アブドルキャリーム
'Abd al-Karīm
アブドルサタル
Abdul Satar
アブドルサッタル
Abdul-Sattar
アブドルザフラ
Abd al-Zahra*
アブドルサマド
Abdul-Samad
アブドルサラー
Abdulsalam
アブドルサラーム
Abdul-Salam
Abdulsalam
アブドルサラム
Abdel Salam
Abdul-Salaam
Abdul Salam
Abdul-Salam
Abdulsalam
Abdulsalami*
アブドルジャバル
Abdul-Jabal
アブドルジャリル
Abdeljalil
Abduljaleel
Abdul Jalil*
アブドルスフニ
Abdul-sukhni
アブドルタワブ
Abdul Tawwab
アブドルナセル
Abdul-Nasser
アブドルナビ
Abd al-Nabi*
Abdul-Nabi
アブドルハイ
Abdul-Hay
アブドルバギ
Abdul-Bagi
アブドルハキム
Abdulkhakim
アブドルバシル
Abdul Basir
アブドルハック
Abdul-Hak
アブドルハーディ
Abdul-Hadi
アフトルハーノフ
Avtorkhanov
アフトルハノフ
Avtorkhanov*
アブドルハフィド
Abdul-Hafeed
アブドルハフェズ
Abdelhafiz
Abdul-Hafez
アブドルハミド
Abdul Hamid
Abdul-Hamid
Abdulhamid
アブドルバーリ
Abdel Bari
アブドルバリ
Abdul Bari
Abdulbari
アブドルハリク
Abdel Khalek
アブドルハリド
Abdul-Khalid
アブドルハリム
Abdul-Halim
アブドルハーレク
Abdelkhaleq
アブドルファタハ
Abdul Fattah
アブドルファタフ
Abdul-Fittah
アブドルファッターハ
Abdel Fattah
アブドルファラハ
Abdul-Falah
アブドルフセイン
Abd al-Hussein
Abdul-Hussain
Abdulhussain
Abdul-Hussein
アブドルベコフ
Abdulbekov
アブドルマジド
Abdul Majid
Abdul-Majid
アブドルマハディ
Abd Al-Mahdi
Abdul-Mahdi
アブドルマリク
Abd al-Malik
Abdul-Malek
Abdul-Malik
Abdulmalik
Adbulmalik
アブドルムスタファ
Abdul-Mustapha
アブドルムッタレブ
Abdul Muttaleb
アブドルムーティ
Abdul-mouti
アブドルムニム
Abdulmunim
アブドルムフシン
Abdulmihsen
Abdulmohsen
アブドルムフスィン
Abdulmohsen
アブドルモネム
Abdelmonem
アブドルモフシン
Abdulmohsin
アブドルモフセン
Abdulmohsen
アブドルラウフ
Abdul-Raouf
アブドルラキーブ
Abdulrakib
アブドルラキブ
Abdul-Raqib
アブドルラザク
Abdul Razaq
Abdul-Razzaq
アブドルラジク
Abdul-raziq
アブドルラシド
Abdul Rashid*
Abdulrashid
アブドルラゼク
Abdul Razeq
Abdul-razeq
アブドルラティフ
Abdul-Lateef
Abdul Latif
Abdul-Latif
Abdullatif
アブドルラハマン
Abd al-Rahman
Abdel-Rahman
Abdul Rahman
Abdul-Rahman
Abdulrahman
アブドルラヒーム
Abdul-raheem
アブドルラヒム
Abdelrahim
Abdul-Rahim
Abdurrahim**
アブドルラフマン
Abdel Rahman
Abdul-Rahman
Abdulrahman
Abudurrahman
アブドルラーマン
Abd al-Rahman
'Abd al-Rahmān
Abdul Rahman
Abdulrahman
アブドルレザ
Abdolreza
Abdulreza
アブドルワッハーブ
Abdelwahab
アブドルワハブ
Abd al-Wahhab
Abdul-Wahab
アブドルワヒド
Abdelwahid
Abdul Wahed
アブドルワヘド
Abdol-wahed
アブドレラ Abdulelah
アブドロ Abdullo
アブドワリエフ
Abduvaliev*
アフトン Afton
アブドン Abdon
アプトン Upton***
アブナ Abouna
アブナー
Abner**
Avner*
アプナー Abner
アブナスル Abul Nasr
アフナフ Aḥnaf
アブニ
Abney
Avni
アブニー Abney
アブヌル Abnur
アブネック Habeneck
アブネット
Abnett
Avnet
アブネリ Avnery
アブネル Abner
アブバ Abouba
アブ・バカー
Abubakarr
アブバカー Abubacar
アブバカリ
Aboubacary
Aboubakary
Abubakari
アブバカル
Aboubacar
Abou-Bakar
Aboubakar
Abu Bakar
Abubakar**
Abu Bakarr
Abubakarr
アブバクル
Abu-Baker
Abubaker
Abu Bakr*
Abu-Bakr
Abu Bakr al
Abu-Bakur
アブバケール
Aboubaker
アブバケル
Abubacer
Abu-Baker
Abū Bakr
アブハサン
Abu Hasan
アブバシール
Abu Baseer
アブーバスツ
Abu Basutu
アブハッサン
Abu Hassan
アブハディド
Abo-hadid
アブハデイブ
Abu Hdeib
アブバトール Abbator

アブハムル
Abu Hammour
アブハラフ
Abu Khalaf
アフバーリー
Akhbārī
Ak̲h̲bārī
アフバール Aḥbār
アブファウル
Abu Faour
アフファシュ Akhfash
アプファル Upfal
アプフィールド
Upfield
アプフェル Apfel
アプフェルバハー
Apfelbacher
アブフセイン
Abu al-Hussin
アプーフチン
Apuhtin
Apukhtin
アブフナス Abufunas
アブベクリン
Aboubekrine
アブベクル Aboubekr
アフホ Ofuho
アブホフ Obukhov
アフマ Ahmad
アブマ Abma
アブマイアー Abmayr
アフマダイエ
Ahmadaye
アフマダリエフ
Akhmadaliev
アフマッド
Achmad
Ahmad**
Aḥmad
Aḥmād
Ahmed
アフマディ
Ahmadi
Ahmadī
アフマディー Ahmadī
アフマディネジャド
Ahmadinejad*
アフマト
Ahmat
Akhmed**
アフマド
Ahmad***
Aḥmad*
Aḥmād
Ahmed*
Ahumad
Akhmad
Al-Hamad
アフマドゥ Ahmadu
アフマートヴァ
Akhmatova*
アフマトヴァ
Akhmatova
アフマドゥーリナ
Akhmadulina**
アフマドシャベリー
Ahmad Shabery
アフマートバ
Akhmatova
アフマードフ
Akhmadov
アフマドフ
Akhmadov
アフマドラ
Ahmmadollah
アフマートワ
Akhmatova**
Axmatoba
アフマトワ
Akhmatova
アフマニ Aghmani
アフマル
Ahmar
Aḥmar
アブミデン
Abumeddain
アフム Ahum
アブム Abum
アフメイズヌ
Ahumey-zunu
アフ・メス Aah-mes
アフメス Aah-mes
アフメタイ Ahmetaj
アフメット
Ahmet***
Aḥmet
アフメッド
Ahmed
Ahmet
アフメットジャン
Ahmatjan
アフメティ Ahmeti*
アフメディー Ahmedî
アフメト
Ahmed
Ahmet***
Aḥmet
アフメド
Ahmed***
Ahmedou
Akhmed*
アフメドゥ Ahmedou
アフメトジャン
Ahmätjan
Akhmetzhan
アフメドバエ
Akhmedbaev
アフメトビッチ
Ahmetović
アフメトフ Akhmetov
アフメドフ Akhmedov
アフメーロフ
Akhmerov
アブモグリ
Abu Moghli
アブヤ Avuyah
アブヤドハ Abyadh
アブヤン Abyan
アブユスフ Abu Yosuf
アフラ
Afra
Afrah
Aphra*
アブラ
Abra*
Avra
アプラ
Apla
Apra*
アフラアテス
Aphra'ates
アブラアム
Abraham**
アブライ Abīlay
アブライス Abu Laith
アブライハン
Ablaikhan
アブラヴァニ
Abravani
アブラヴァネール
Abrabanel
Abravanel
アブラヴァネル
Abravanel
アブラウン Abraão
アブラガム Abragam
アフラギ Akhlaghi
アフラク Aflaq
アプラク Apraku
アプラークシン
Apraksin
アブラシ Abrashi
アフラシアビ
Afrasiabi
アブラシェフ
Abrashev
アブラシモフ
Abrasimov
アフラーシヤーブ
Afrāsiyāb
アブラシュ Abrash
アブラショフ
Abrashoff
アブラス
Abraṣ
Abu-rass
アブラスキン
Abrashkin
アーブラスター
Arblaster*
アブラーゼ Abuladze*
アフラーテス
Aphraates
アブラナス Avranas
アーブラーニ
Abrányi
Ábrányi
アブラーニー Ábrányi
アーブラーニイ
Ábrányi
アフラニウス Afranius
アブラハ
Abraha*
Abrha
アブラハー Abraha
アフラハト Aphrahat
アブラバニ Abravani
アブラバネル
Abrabanel
Abravanel
アブラハミ Abrahami
アブラハミアン
Abrahamian
アブラハミャン
Abrahamian
Abrahamyan
アーブラーハム
Abraham
アーブラハーム
Abraham
アーブラハム
Abraham
アブラハム
Abraám
Abraham***
Ábrahám
Abrahams
Abrham
Avraham**
Ibrahim
アブラハムス
Abrahams*
アブラハムズ
Abrahams
アブラハムスゾーン
Abrahamsz.
アブラハムゼン
Abrahamsen
アブラハムソン
Abrahamsohn
Abrahamson
Abrahamsson*
アブラビウス
Ablabius
アフラフ Aflaḥ
アブラフ Ablah
アブーラフィア
Aboulafia
アブラフィア Abulafia
アブラベン Abraben
アプラーミアン
Aprahamian
アーブラム Abraham
アブラーム Abraham
アブラム
Abraham
Abrahm
Abram***
Avram*
アブラムス Abrams*
アブラムソン
Abramson
アブラムチュク
Abramchuk
アフラメンコ
Avramenko
アブラメンコ
Abramenko*
アブラーモ Abramo
アブラモ Abramo
アブラーモヴィチ
Abramovich
アブラモーヴィチ
Abramovic
Abramovich
アブラモヴィチ
Abramovich*
アブラモヴィツ
Abramowitz
アブラモヴィッチ
Abramovic
Abramović*
Abramovich
Abramowicz
アブラモウィッツ
Abramovitz
Abramowitz*
アブラモヴィッツ
Abramovitz
アブラモヴッチ
Abramovitch
アブラモビッチ
Abramović
アブラモビッツ
Abramowicz
アブラーモフ
Abramov**
アブラモフ
Abramov
Avramov*
アブラモフスキー
Abramowski
アブラモプロス
Avramopoulos
アフラール Aḥrār
アブラル Abrar
アフラロ Afflalo
アブラワ Abraoua
アブラン Ablan*
アブランソン
Abranson
アブランチェス
Abranches
アブラントヴィチ
Abrantovich
アブリ Abri*
アプリ
Ahhe
Apli
アフリイェ Afriyie
アフリエ Afriyie
アプリエス Apries
アブリエル Abriel
アフリカ
Africa
Afrika
アフリカーナー
Afrikaner
アフリカーヌス
Africanus
アフリカヌス
Africainus
Africanus
L'Africain
アフリカーノ Africano
アフリゲメンシス
Affligemensis
アフリコ Africo
アブリコソヴ
Abrikosov
アブリコーソフ
Abrikosov
アブリコソフ
Abrikosov*
アフリザル Afrizal
アブリザル
Abrizal
Aburizal*
アブリゼル Ablizer
アフリック Affleck
アブリッシュ Aburish
アフリディ Afridi
アフリディー Afridi

ア

アブリーデリス
Abbrederis
アブリーヌ Aveline
アブリネス Abrines
アブリビダモン
Abli-bidamon
アブリビニンスキー
Akhlibininskii
アブリファ Afrifa
アブリファズ Abulfaz
アブリブダ
Abu Libda
アブリャジン
Abliazin
Ablyazin**
アブリヤニ Apriyani
アブリヤントノ
Apriyantono
アブリール Avril
アブリル
Abril*
Avril**
アブリーレ Aprile**
アブリロフ Aprilov
アブリン Aplin
アブリンギウス
Apringius
アブリング Abbring
アプリング Appling*
アーブルー Ābrū
アフル Affre
アブ・ル
Abu-l
Abū'l
アブール
Abū al
Abul
Abū'l
アブル
Aboul
Abreu
Abū al
Abu l
Abul
Abū'l
Abur
アブルー Ābrū
アプル
Albert
Apl
Apple
Apulu
アブルアァラー
Abul Ala
アブール・アスワド
Abū'l-Aswad
アブルアセム
Abul-Athem
アブール・アターヒャ
Abū'l-'Atāhiya
アブール・アターヒヤ
Abū'l-'Atāhiya
アブル・アターヒャ
Abū'l-'Atāhiya
アブル・アターヒヤ
Abū'l-'Atāhiya
アブール・アッバース
Abū'l-'Abbās
アブル・アッバース
Abū'l-'Abbās
アブル・アッバス
Abū'l-'Abbās
アブルアフィヤ
Abolafia
アブール・アラー
Abū'l-'Alā'
アブル・アラー
Abū al-'Alā'
Abū'l-'Alā'
アプルーヴァ Apoorva
アブルカ Avluca
アブル・ガージ
Abū'l Ghāzī
アブル・ガジ
Abū'l Ghāzī
アブルガジエフ
Abulgaziev
アブル・カーシム
Abū-al-Qāsim
Abū'l Qāsim
アブール・ガーズィー
Abū'l Ghāzī
アブルガーズィー
Abū'l Ghāzī
アブル・カースィム
Abū al-Qāsim
アブルカラム
AbulKalam
Abulkalam
アブルゲイト
Abul Gheit
Abul-Gheit*
アプルゲイト
Applegate
アブルゴッド
Abu-Lughod
アブルサミーン
Abulsamin
アブルジーズ
Abbruzzese
アブルゼッシ
Apruzzese
アブルソン Ableson
アブルッツィ Abruzzi
アブルッツォ
Abruzzo*
アプルトン Appleton
アプルトン
Appleton**
アブルナガ
Abou El-naga
アブルハイル
Abū al-Khayr
アプルバウム
Applbaum
Applebaum*
アブル・ハサン
Abū al-Ḥasan
Abū'l Hasan
アブルハサン
Abul Hassan
アブルハーム Abrhám
アブルビ Apurvi
アブルファズ
Abulfaz**
アブール・ファズル
Abū'l-Fazl
アブル・ファズル
Abū'l-Fazl
アブルファズル
Abū'l-Fazl
アブール・ファラジ
Abū al-Faraj
Abū'l-Faraj
アブール・ファラジュ
Abū'l-Faraj
アブル・ファラジュ
Abū'l-Faraj
アブルファラジュ
Abū'l-Faraj
アブール・フィダー
Abū'l-Fidā'
アブル・フィダー
Abū'l-Fidā'
アブルフィダー
Abū'l-Fidā'
アブール・フサイン
Abū'l-Ḥusain
アブルフムス
Abul-humus
アプルボーム
Applebaum*
アブルホムス
Abu-al-hommos
アプルマン Appleman
アブルレイル
Abul Leil
アブール・ワファー
Abū'l-Wafā
アブル・ワファ
Abū'l-Wafā
アブル・ワファー
Abū'l-Wafā
アブール・ワリード
Abū al-Walīd
Abū'l-Walīd
アフレ Affré
アブレ Havret
アプレー Appley
アプレア Aprea
アーブレイ Arblay
アプレイ Apley
アーブレーイウス
Apuleius
アプレーイウス
Apuleius
アプレイウス
Apuleius*
アフレイテン
Afraitane
アブレイユ Abreu**
アープレーイユス
Apuleius
アプレイユス Apuleius
アブレイン Ablein
アブレウ Abreu***
アプレウス Apuleius
アブレーシモフ
Ablesimov
アプレジャー
Upladger
Upledger
アプレシャーン
Apresian
アフレック Affleck**
アブレット Ablett
アブレへ Abrehe
アープレーユス
Apuleius
アプレーヨ Apuleyo
アブロー Abloh*
アプロー Apro
アブロウ Ablow**
アプロガンジボデ
Aplogan-djibode
アブロシモワ
Abrosimova
アフロジャック
Afrojack
アブロソワ Abrosova
アフロダイテ
Aphrodite
アフロディテ
Aphrodite
アフロディナ
Aphrodite
アブロビッツ
Ablowitz
アブロマビチュス
Abromavicius
アフロマン Afroman
アフロメーエフ
Akhromeev*
アブロラット Abrolat
アフロン Affron
アブロン Ablon
アプワード Upward
アーブン Irven
アブン Abbum
アフンドザーデ
Axundzadə
アフンドフ Akhúndov
アーベ
Abbe
Ahbe
アベ
Abbe
Abbé*
Abe*
アベー Abbé
アベアウ Aveau
アベイ
Abbey
Avei
アペイ Apei*
アベイア Abaire
アベイシンハ
Abeysinghe
アベイド Abeid
アベイトゥア Abaitua
アベイドゥナ Abeidna
アベイラ Aveira
アベイレゲッセ
Abeylegesse
アベイワルダナ
Abeywardena
アベヴリイ Avebury
アベカシス
Abecasis
Abecassis*
Abécassis*
アベガス Abegasu
アベグ Abegg
アベグレン
Abegglen**
アベサラ Abessallah
アベジャネーダ
Avellaneda
アベジャン Abellán
アベジョ Abello
アーペス Urpeth
アベス Abbes
アベズ Avez
アベズガウス
Abezgauz
アペソス Apesos
アベソフマ
Abeso Fuma
アベソル Abessole
アベタオ Abtew
アベック Abegg*
アベッグ Abegg*
アベッチ
Abeti
Abetti
アベッツ Abetz*
アベッティ Abeti
アーベッド Abed
アベット Abbett
アベッド Abed*
アベデ Abed
アベディ Abedi**
アベディアン
Abediang
アベディニ Abedini*
アーベディーン
'Ābedīn
Ābedīn
アベーディン Abedin
アベディン Abedin*
アベデネゴ Abdenagō
アベデラティフ
Abdelatif
アヘド Ahed
アベート Abate
アベド Abed
アベドニゴ Abednigo
アベド・ネゴ
Abdenagō
アベドネゴ Abednego
アベドラボ
Abed-rabbo
アベドン Avedon**
アベナ Abena
アベナリウス
Avenarius*
アベニー Abney
アヘノバルブス
Ahenobarbus
アベノンシ Agbenonci
アベバ Abeba*
アベベ Abebe**
アヘメトフ Ahmetov
アベヤネダ
Avellaneda

ア

アベヨメ Agbeyome
アーベラー Ahrveiler
アベーラ Abela*
アベラ
Abela
Abella
Abera*
アベラアル
Abaelardus
アベラール
Abaelardus
Abélard*
アベラルド
Abelardo*
Aberaldo
アベラルドゥス
Abaelardus*
アベランジェ
Havelange**
アーペラント Apeland
アーベリ Erbury
アーベリー Arberry
アベリ Abelly
アベリー Avery*
アペリ
Apéry
Apperry**
アベリカ Awerika
アベリガズイ
Abelgazy
アヘーリス Achelis
アベリット Averitt
アベリナ Averina
アベリーノ Avelino
アベリノ Avelino
アベリヤ Abella
アベリャネーダ
Avellaneda
アベリャネダ
Avellaneda
アベリヤノフ
Averianov
Aver'ianov
アベリヨ Abellio
アベリル Averill**
アーベリン Abelin*
アーベル
Aabel
Abel**
Abell*
Arbel*
Arvell
Erbel
アーペル
Apel*
Arpel
アヘル Ager
アベール
Abeele
Abel
Haber
Habert
アベル
Abel***
Abele*
Abell**
Haber
アペール Appert
アペル
Apel*
Apell
Aper
Appel**
Appell
Appels
アベルカヌ Aberkane
アベルカン Aberkane
アベルカンプ
Avercamp
アベルキオス Abérkios
アペルギス Aperghis
アペルクライン
Appelcline
アペルグレン
Apelgren
アベルサノ Aversano
アーベルス
Aalbers
Abels
アベルス Abells*
アーベルスハウザー
Abelshauser*
Albelshauser
アベルソン Abelson
アベルチェンコ
Averchenko
アーベルト Abert*
アーペルト Apelt
アベルト Avelluto
アペルト Appelt*
アペルバウム
Appelbaum
アペルバーム
Appelbaum
アベルブフ Averbukh
アベルリ Aberli
アーベルレ Aberle
アペルレス Apellēs
アーベレス Abeles
アペレース
Apelles
Apellēs
アペレス
Apelles
Apellēs
アベレル Averell*
アペロ Appelo
アペロー Aperlo
アベロイス Averroës
アベロエス Averroës
アベロフ
Averof
Averoff
アペロワ Apeloig
アベワヌ Agbéwanou
アーヘン
Aachen
Achen
アーヘンヴァル
Achenwall
アベンセッツ
Abbensetts
アベンゾア Avenzoar
アベンダーニョ
Avendaño
アベンダノン
Abendanon
アペンツェラー
Appenzeller
アベンティヌス
Aventinus
アーベント Abend
アーベンド Abend
アベンド Abend
アーベントロート
Abendroth**
アーベンハウス
Avenhaus
アベンパーケ
Avenpace
アーボー Aaboe
アーポ Aapo
アホ
Aho***
'Aho
'Aho
アボ
Abo
Avo
アボアブ Aboab
アボイエ Aboye
アボイテス Aboites*
アボイボ Agboyibo
アボウ Abbo
アボヴァーン
Abovyan
アボヴャン Abovyan
アホウンディ
Akhoundi
アボカ Avoka
アポカウコス
Apokaukos
アボガドロ Avogadro
アボクスマ
Avocksouma
アポクリシアリオス
Apokrisiarios
アボゴヌコノ
Abogo Nkono
アボコル Abokor
アボーシ Aboushi
アボジ Abauzit
アボージット Abauzit
アボス Abbos
アポスタータ Aposta
アポステル Apostel
アポストリス
Apostólēs
アポストリディス
Apostolidis
アポストリデス
Apostolides
Apostolidès*
アポーストル Apostol
アポストル
Apostol*
Apostolou
アポストルー
Apostoloy
アポストレスク
Apostolescu
アポストロ Apostolo*
アポストロイ
Apostoloy
アポストロス
Apostolos**
Apóstolos
アポストロフ
Apostolof
Apostolov
アポダカ Apodaca*
アボッシュ Abbosh
アボット
Abbot***
Abbott***
Abott
Avot
アポッリナリス
Apollinaris
Apollināris
アポッロドロス
Apollodōros
アポッロニア
Apollonia
アポッロニオス
Apollonios
Apollōnios
アーホテップ Aahotep
アボード Abboud
アボドゥフ 'Abduh
アボドゥラエフ
Abdullayev
アポニ Apponyi
アポニー Apponyi
アホネン Ahonen**
アポピ Apopi
アポピス Apopi
アポフィス Apophis
アホメッド Ahmed
アホメド Ahmed
アホラ Ahola
アボラ Avola
アボラッフィオ
Abolaffio
アボリオ Avolio
アポリナリー
Apolinary
アポリナリウス
Apollinários
Apollinaris
アポリナリオ
Apolinario
Apolinário
アポリナリオス
Apollinarios
Apollinários
Apollinaris
アポリナーリス
Apollinaris
アポリナリス
Apollinaris
アポリネェル
Apollinaire
アポリネール
Apolinare
Apollinaire**
アポリネル
Apollinaire
アホル Akhol
アボル
Abo l
Abol
Abū al
アポル Apor
アボルカーセム
Abū al-Qāsem
アポルターヌス
Aportanus
アボルチン Aboltin
アポルティ Aporti
アボルティニャ
Aboltina
アボルティン Aboltin
アボル・ハサン
Abū al-Ḥasan
アボルハサン
Abol-Hassan
Abū al-Ḥasan
アボルハッサン
Abolhassan
アボルファズル
Abolfazl*
アボル・ファラジ
Abo l-Faraj
アボル・マジド
Abū al-Majd
アーボレリウス
Arborelius
アポロ
Apollo*
Apollōs
Apolo**
アポロドルス
Apollodōros
アポロドーロス
Apollodoros
Apollodōros*
アポロドロス
Apollodōros
Apollodorus
アポローニ Apolloni
アポローニア
Apollonia
Apollōnía
アポロニア
Apollonia
Apollōnía
Apolonia
アポローニウス
Apollonius
アポロニウス
Apollōnios
Apollonius
Appollonius
アポロニオ Apollonio
アポローニオス
Apollōnios
アポロニオス
Apollonios
Apollōnios
Apollonius
アポロニス Apollōnis
アポローノヴィチ
Apollonovich
アポロノヴィチ
Apollonovich

ア

アポロノビッチ
Apollonovich
アポロン Apollon*
アーボン Arbon
アホン Axun
アボン
Abon
Abū al
アポン Apong
アポンシリ
Ahpornsiri
アボンディオ Abondio
アーホンドザーデ
Akhúndov
アボン・ナジム
Abū al-Najm
アーマ
Armah
Erma
Irma
アーマー
Armah*
Armer**
Armour**
アマ
Ama**
Amah
Amat
アマー
Ah Mar
Ahmar*
Amar**
Amat
Ammar
Ammer
アマイ Amai
アマイア Amaia
アーマイゼ Ameisen
アーマイン Armine
アマウィ Amawi
アマヴィスカ
Amavisca
アマウーリ Amauri
アマエチ Amaechi
アマエル Amaël
アマガ Amagat
アマガー Amagat
アマゴアリク
Amagoalik*
アーマコスト
Armacost
アマコスト
Armacost**
アマコフィ
Armah-Kofi
アマサ
Amasa
Amessai
アマージア Amaziah
アマジア Amesias
アマシス
Ahmose
Amasis
アマージャ Amaya
アマジヤ Amesias
アマジョダ
Hamadjoda
アーマス Armas
アマス
Amas
Hamath
アマースィー Amāsī
アマースト Amherst
アマスヤ Amesias
アマセア Amasea
アマソン Amason
アマータ Amata
アマタ Amata*
アマダ
Amada
Hamada
アマダー Amador*
アマタガ Amataga
アマダジ Amadasi
アマダス Amadas
アマチ Amati
アマーチャ Amartya
アマチャー Amacher
アーマチルド
Ermachild
アーマット Ahmat
アーマッド
Ahmad***
Aḥmad
アマット Amat*
アマツヤ Amesias
アマーティ
Amartey
Amati
アマーティー Amati
アマーデイ Amadei
アマティ Amati*
アマティー Amatea
アマディ
Amadi**
Amady
アマデイ Amadei*
アマーティア Amartya
アマティア Amatya
アマディーアス
Amadeus
アマデイアス
Amadeus
アマディアール
Ahmadyar
アマーディオ Amadio
アマディオ Amadio*
アマディス Amadis
アマディート Amadito
アマティラ Amathila
アマティル Armethil
アマデウウス
Amadeus
アマーデウス
Amadeus
アマデーウス
Amadeus*
アマデゥス Amadeus
アマデウス
Amadeus**
アマデーオ Amadeo
アマデオ
Amadeo*
Amedeo
アマデス Amadeus
アーマド Ahmad*
アマート
Amat
Amato***
アマード
Amado***
Anado
アマト
Amat
Amath
Amato*
アマド
Ahmad
Amado*
アマドイス Amadeus
アマトイレオン
Amaty Léon
アマドゥ
Ahmadou**
Amadou***
Amadu
Hamadou
Hammadou
アマドゥー Amadou
アマドウ Amadou*
アマドゥジブリ
Amadoud Jibril
アマトゥス Amatus
アマトゥーゾ
Amatuzio
アマドゥール
Amadour
アマドコス Amadokos
アマトーリ Amatori
アマトリアイン
Amatriain*
アマトール Amator
アマドール Amador*
アマドル Amador
アマドルビカザコバ
Amador
Bikkazakova
アマトン Amatong
アマーナ Amana
アマナー Amanar
アマナアマナ
Amama Amama
アマナキ Amanaki
アマナット Amanat*
アマーナト
Amanat
Amarnat
アマナール Amanar*
アマニ
Amani
Hamani
アマニヌゲサン
Amani N'guessan
アマニャ Amanya
アマーヌッラー
Amanu'llāh
Amānullāh
アマヌッラー
Amān Allāh
Amanu'llāh
Aman'ullah
Amānullāh
アマヌラ Amanullah
アマヌラー
Amanu'llāh
アマノ Amanor
アマノフ Amanov
アマハド
Ahmad
Aḥmad
アマーバハ
Ammerbach
アマバハ Amerbach
アマビール Amabile
アマフォ Amafo
アマブリノ Amabilino
アマーブル Amable
アマベルティ
Amalberti
アマーマ Amama
アママ Amama
アママン Amerman
アマーヤ Amaya
アマヤ Amaya*
アマーラ Amara**
アマラ Amara**
アマラウ Amaral*
アマラウィーラ
Amaraweera
アマラオ Amaral*
アマラシムハ
Amarasiṃha
アマラシリ Amarasiri
アマラシンゲ
Amarasinghe
アマラシンハ
Amarasiṃha
アマラシンハム
Amarasingham
アマラスヴィンタ
Amalaswintha
アマラスンタ
Amalasuntha
アマラセーカラ
Amarasēkara
Amarasēkera
アマラトゥンガ
Amarathunga
アマラドス
Amaladoss
アマラナン Amranand
アマラーリウス
Amalarius
アマラリウス
Amalarius
アマラリクス
Amalaric
Amalaricus
アマラリック
Amalaric
アマラル Amaral***
アマーラーン
Ammerlaan
アマランテ
Amarante**
アマランテバレ
Amarante Baret
アマーリ Amari
アマーリー Amalie
アマリ
Amari
Amarilis
Amri
Amry
アマリー Amalie**
アマーリア Amalia
アマリア
Amalia**
Amália
アマーリエ Amalie*
アマリエ Amalie
アマリージャ
Amarilla*
アマリスタ Amarista
アマリーリォ
Amariglio
アマリリス
Amarilis
Amarilys
Amaryllis
アマリン Amarin
アーマーリング
Amerling
アマリンゴ
Amaringo*
アーマール Amal
アーマル Ermal
アマール
Amal*
Amar*
Ammar**
アマル
Amal
Amar*
Amaru*
Ammar*
Hamal
アマルー Amaru
アマルゴ Amargo*
アマルジート
Amarjeet
アマルジャルガル
Amarjargal**
アマルティ Amartey
アマルディ Amaldi
アマルティア
Amartya**
アマルテーオ Amalteo
アマルトゥベシン
Amartuvshin
アマルハジ Amarhajy
アマルパル Amarpal
アマルビレグ
Amarbileg
アマルベルガ
Amalberga
アマルベルティ
Amalberti
アマルリキ Amalrici
アマールリク Amalrik
アマルリーク Amal'rik
アマルリク
Amalricus
Amalrik
Amal'rik
アマルリクス
Amalricus
アマルリック
Amalric**
Amalricus

ア

Amarlic
アマレ Amare*
アマレク Amalek
アマレロウィリアムス
Amarello-williams
アマレンコ Amarenco
アマーロ Amarlo
アマロ Amaro*
アマロルパヴァダス
Amalorpavadass
アーマン
Ahman
Åhman
Ahmann
Amann
Amon
Arman*
Armand
Ehmann
Ehrman
Ehrmann
Erman
Urman*
アマーン Amān
アマン
Aman**
Amand
Amann**
Amant
Amman
Ammann***
Haman
Hamman*
Uman
アマーン・アッラー
Amanu'llāh
アマンク Amangku
アマンクラット
Amangkurat
アマンクワ Amankwa
アマンゲリディ
Amangeldy
アマンゲルディ
Amangeldy
アマンゲルドイ
Amangeldy
アマンザ Amanza
アマンジ Amanj
アマンシオ Amancio*
アマンズ Amans
アマンスハウザー
Amanshauser*
アマンダ
Amand
Amanda***
Ammanda
アマンタクン
Amantakun
アマンダス Amandus
アマンディーヌ
Amandine*
アマンディンヌ
Amandine
アーマンド
Armand**
Armando*
アマンド Amando*
アマンドゥス
Amandus
アマンドス Amandus
アーマントラウト
Armantrout
Armentrout
アマントル Amantle*
アマントワ Amantova
アマンヌ Aman
アマンネペソフ
Amannepesov
アマンプール
Amanpour*
アマンマルクサー
Amann-marxer
アマンムイラドフ
Amanmyradov
アーマンレイトン
Ahmann-Leighton
アーミー
Armey*
Armie*
Army
アミ
Aims
Ami*
'Ami
Ammi
Amy*
アミー
Ami**
Amiy
Amme
Amy*
Hamy
アーミーア Amir
アミーア Amir
アミア
Ameer
Amia*
アミアー Amir
アミアーヌス
Ammianus
アミアヌス
Ammianus
アミアネシス
Amianesis
アミアーノ Ammiano
アミアーノス Amianos
アミアーブル Amiable
アミアリュシク
Amialiusik
アミィ Amy
アミイチス Amicis
アミェ Amiez
アミエ
Amiet
Amiez
アミエイロ Amieiro
アミエト Amiet
アミエル Amiel***
アミオ Amiot*
アミオー Amiot
アミオン Amion
アミカス Amicus
アミク Amik
アミゲッティ
Amigetti
アミゲティ Amighetti
アミーコ Amico
アミーゴ Amigo*
アミゴーニ Amigoni
アミゴレナ
Amigorena
アミサ Amisaah
アミシ
Amici
Amisi
アミシア Amichia
アミス Amis
アーミステッド
Armistead**
Armitstead
アミタ Amita
アミダ Amida
アミタイ Amitai*
アミターヴ Amitav
アミタヴ Amitav**
アミタヴァ Amitava
アミタガティ
Amitagati
アミダーノ Amidano
アーミターブー
Amitabh
アミターブ Amitabh*
アミタフ Amitav
アミタブ Amitabh
アミーチ
Amaechi
Amici
アミーチー Ameche
アミーチイス Amicis
アミーチス Amicis*
アミチース Amicis
アミチス Amicis
アミック Amick
アミックス Amyx
アミット
Amit**
Umit
アミツール Amitsur
アーミディー Āmidī
アミティ Amity
アミディ Hamidi
アミデイ Amidei
アーミティージ
Armitage
アーミティジ
Armitage*
Armytage
アーミテイジ
Armitage*
アミーティス Amicis
アーミティッジ
Armitage
Armytage
アーミテージ
Armitage***
アーミテジ Armitage
アミテージ Armitage
アーミテステッド
Armitstead
アーミテッジ
Armytage
アミト Amit*
アミド Hamid
アミドゥ
Amidou
Amidu
Hamidou
アミドゥー Amidou
アミトーダナ
Amitodana
アミトラーノ
Amitrano
アミーナ
Ameenah*
Amina
'Amīnah
アミナ Amina**
アミナー Aminah
アミナシビリ
Aminashvili
アミナタ
Aminata*
Aminate
アミナッタ Aminatta
アミナット
Aminat
Aminath
アミナト Aminath
アミナトゥ Aminatou
アミナバビ
Aminabhavi*
アミニ
Amini*
'Amini
アミヌ
Aminou
Aminu
アミヌディン
Aminuddin
アミヌル Aminul
アミヌルラシッド
Aminurrashid
アミーネ Amine
アミノフ Aminoff
アミノン Amnōn
アミハイ Amichai***
アミフド Amihud
アミムール Amimour
アミュコス Amykos
アミュサ Amussat
アミュナンドロス
Amynandros
アミュモネ Amymonē
アミュンタス
Amyntas
Amýntas
アミョ Amyot*
アミヨ
Amiot
Amyot
アミヨー Amiot
アーミラ Amira
アミーラ Amira*
アミラ
Amiira
Amira*
アミラタ Ammirata
アミラマディ
Amirahmadi
アミラン Amiran*
アーミリー
'Amilī
'Āmilī
'Āmirī
アミーリー Amīrī
アミリ Amiri**
アミーリア Amelia*
アミリア
Amelia*
Amiria
アミリオ Amerio
アミリャン Amiryan
アーミル
Aamir*
Amil
'Āmir
Āmir
アミール
Ameer
Amīl*
Amir***
Amīr
Amyr
Emile
アミル
Amer
Amil
Amir**
Amyl
アミルカル Amilcar
アミルカーレ
Amilcare
アミルカレ Amilcare
アミールザイ Amirzai
アミルサム Amirtham
アミルタマセブ
Amir-tahmasseb
アミールマンスール
Amir Mansour
アミーレ
Amīr
Amīre
アミロー Amyraut
アミーロフ Amirov
アミロフ Amirov
アーミン
'Amîn
Armin***
アミーン
Ameen
Amin*
Amīn*
'Amîn
アミン
Ameen
Amien*
Amiin
Amin***
Amīn
Amine
Armin
アミンザデ
Aminzadeh
アーミンダ Arminda
アミンタ Aminta
アミンタス Amyntas
アミントーレ
Amintore*
アミントレ Amintore*
アーミントン
Armington
アム
Am**
Amu

アムーア Amoore
アムアク
Am'aq
'Am'aq
アムウィーロ
Amweelo
アムヴローシー
Amvrosy
アームガード
Armgaard
アムカマラ
Amukamara
アームキー Ehmke
アムクヤ Hamukuya
アムゲット Amget
アムゲムバ
Amoughe Mba
アムコワ Amukowa
アムサー Amthor
アムザ Amza
アムザラグ Amzalag
アムジ Amzi
アムジー Amzie
アムシゥル Amschl
アムシェル Amschel
アムジカ Amzica
アムジネ Amzine
アームシャー Irmscher
アムジャザーデ
Amcazâde
アムジャド Amjad
アムシュヴァルマン
Amcuvarman
アームス
Armas
Armus
アームズ
Armes
Arms*
アムス Amoussou
アムスガ Amoussouga
アームーズガール
Amuzgar
アムズジャケ
Amouzou-djake
アムスター Amster
アムスタッツ
Amstuts
Amstutz
アームステッド
Armstead
アムステッド
Umstead
アムステル Amstel
アムステルダム
Amsterdam
アムスデン Amsden
アムストラップ
Amstrup
アムスドルフ Amsdorf
アームストロング
Armstrong***
アームストン Urmston
アムスラー Amsler*
アムスレール Amsler
アムスレル Amsler
アムゼガル
Amouzegar*
アムゼル Amsel
アームソン Urmson*
アムソン Amson
アムダ
'Amda
Amdur
アムダー Amdur**
アムダール Amdahl**
アムチャステギ
Amuchastegui
アムテ Amte*
アムディ
Amedi
Amudi
アムティル Ampthill
アムドゥ Hamdou
アムドポ Amoudokpo
アムナ Amna
アムナー Amner
アムナート Amnat*
アムナト Amnat
アムヌアイ
Amnuay*
Amunuai
アムヌガマ
Amunugama
アムノン
Amnon**
Amnōn
アムバクシア
Ambachtsheer*
アムバサラ
Amba Salla
アムバテ Hampaté
アムババリ Ambapali
アムバルツミャン
Ambartsumian
Ambartsumyan
アムバルツーモフ
Ambartsumov
アムパーロ Amparo
アムフィテアトロフ
Amfiteatrov
アームフィールド
Armfield
アムプット Amphut
アームブラスター
Armbruster
アームブリスター
Armbrister
アムブルステ
Armbruster
アームブルステル
Armbruster
アームブレスター
Armbrester
アムブロオス Ambros
アムブロジウス
Ambrosius*
アムブロジオ
Ambrogio
アムブロジーニ
Ambrosini*
アムブローズ Ambrose
アムブロス
Ambros
Ambrose
アムブローズィ
Ambrosi
アムブロゼク
Ambrozek
アムブロワーズ
Ambroise
アムブロワズ
Ambroise
アムベードカル
Ambedkar
アムベール Imbert
アムベルガー
Amberger
アムボルト Ambolt
アムホーン Ambhorn
アムポーン Amporn
アムマナティ
Ammanati
アムマール 'Ammār
アムマン
Amman
Ammann
アムミ Ammi
アムヨ Amyot
アムヨット Amyot
アムライ Amrei
アムライン Amrine
アムラウィ Hamlaoui
アムラク Amlak
アムラディ Amladi
アムラニ Amrani
アムラーネ Amurane
アムラバト Amrabat
アムラフェル
Amraphel
アムラム Amram***
アムラン
Amran
Hamelin**
Hamelln
Hamlin
アームリー
Amulī
Āmulī
アムリ Amry
アムリーシュ Amrish
アムリス Amrith
アムリータ Amrita
アムリタ Amrita
アムリター Amritā
アムリタスワルーパーナンダ
Amritaswarupanan da
アムリターナンダマイー
Amritanandamayi*
アムリッシュ Amrish
アムリット Amrit
アムリットラール
Amritāl
Amritlāl
アムリト Amrit
アムリル Amryl
アムリン
Ameline
Hameline
アムリング Amling
アムール
Ameur
Amour
アムールー Amouroux
アムル
Amr**
'Amr
Amro
'Amrū
Hamel
アムルー
Amoureux
'Amrū
アムルサナ Amursanā
アムルサナー
Amursanā
アムルーシ Amrouche
アムールシュ
Amrouche
アムルーシュ
Amrouche
アムルシュ Amrouche
アムルース 'Amrūs
アムールスキー
Amurskii
アムルスキー
Amurskii
アムールスキィ
Amurskii
アムルンク Amlung
アムレズ Amled
アームレーダー
Armleder
アムレート Amleto*
アムレトー Amleto
アムン Amun
アームンセン
Amundsen
アムンセン
Ammundsen
Amundsen*
アムンゼン
Amundsen**
アムンゾン
Amundson
アームンドソン
Amundsen
アムンドソン
Amundson
アメ
Ahmed
Ame
A mes
アーメイ
A-MEI
Ermey
アメイエ Ameyë
アメイセン Ameisen
アメイプシアス
Ameipsiās
アメオビ Ameobi
アメカン Amekan
アメギーノ Ameghino
アメギノ Ameghino
アメシウス Amesius
アメシスト Amethyst
アメジョグベ
Amedjogbe
アメジョグベクエビ
Amedjogbekouevi
アーメス
Aah-mes
Aames
Armes
アメス Ames
アメスクア Amescua
アメストリス
Amestris
アメチー Ameche*
アーメッタ Armetta
アーメット Ahmet*
アーメッド
Ahmad
Ahmed*
Amed
アメット
Améte
Amette**
アメッド Ahmed
アメデ
Amedee
Amédée*
Amëdée
アメデー Amédée
アメティ Ameti
アメディー Amédée
アメディオ Amedeo
アメディック Amedick
アメデエ Amédée
アメーデオ Amedeo
アメデーオ
Amadeo
Amadeus
Amedeo
アメデオ
Amadeo
Amedeo**
アーメド
Āhameda
Ahmad
Ahmed***
Hamed
アメト Amet
アメド
Ahmed
Amed
Hamed
アメナーバル
Amenabar
Amenábar*
アメナバール
Amenabar
Amenábar
アメナバル Amenábar
アメナルダイオス
Amenardais
アメニ Ameni*
アメニオ Amenyo
アメネムヘット
Amenemhet
アメノーテス
Amenothes
アメノフィス
Amenophis
アメハド Ahmed
アメヤウ Ameyaw

ア

アーメラゴス
Armelagos
アメラシンゲ
Amerasinghe
アメラリ Ameerali
アメラール Ammeraal
アメラン Hamelin
アメーリ Ameir
アメリ
Amelie
Amélie**
Hamery
アメリー
Amelie*
Amélie***
Amery*
Améry**
アメリーア Amelia
アメリア
Amelia***
Ameria
Améria
アメリアチ Ameliach
アメリイ Améry
アメリウス Amelius
アメリエ Amelie**
アメリオ
Amelio**
Amerio
アメリオス Amelius
アメリカ
America*
América
アメリカーナー
Amerikaner
アメリキン Amel'kin
アメリーゴ Amerigo
アメリコ
Amelko
Americo*
Américo*
アメリゴ Amerigo*
アメリス Améris*
アメリータ
Amelita
Amerita
アメリタ Amerita
アメリーナ Amelina
アメリヤノビチ
Ameliyanovich
アメリヤノビッチ
Amelianovich
アメリン
Ameline
Hamelin*
アメリンク Ameling*
アメリング
Ameling*
Amering
アーメル
Amer
Armel
Armelle
Armhel
Ermel
アメール
Amel*
Amēl
Amer*
Hamer
アメル
Amel*
Amer
Hamel*
アメルスフールト
Amelsvoort
アメルソン Amerson
アメールディン
Ameeruddin
アーメルバッハ
Amerbach
アメルハノフ
Amerkhanov
アーメルバハ
Amerbach
アメルバハ Amerbach
アメルマン
Amerman*
アメルリング
Amerling
アーメルローイ
Ammelrooy
アメルン Ameln
アメルンク Amelung
アメルング Amelung*
アーメレンツケ
Amerentske
アメロー Amero
アメローイ
Ammelrooy
アメロウ Amero
アメロンゲン
Amerongen
アメロンヘン
Amerongen
アーメン
Amen
Armen*
アメン
Amen
Ament
アメンエイプ
Amenemope
アメンエムオペト
Amenemope
アメンエムニスウト
Amenemnisu
アメンエムネス
Amenemnisu
アメンエムハト
Amenemhat
Amenemhet
アメンエムハトセネブエフ
Amenemhatsonbef
アメン・エム・ヘト
Amenemhet
アメンエムヘト
Amenemhet
アメンタ Amenta
アーメンターノ
Armentano
アメンテ Amante
アメンデ Amende
アーメンティ Armenti
アメンテト Amentet
アメント Ament
アメンド Amend
アメンドーラ
Amendola
アメンドラ
Amendola**
アメンヘテプ
Amenhotep
アメン・ホテップ
Amenhotep
アメンホテップ
Amenhotep
アメン・ホテプ
Amenhotep
アメンホテプ
Amenhotep
アメンメセス
Amenmesses
アメンルド Amenrud
アモー Amo
アモア Amoore
アモアー Amoah
アモイヤル Amoyal
アモウズ Ammous
アモーガヴァジュラ
Amo-ghavajra
アモーガヴァルシャ
Amoghavarsha
アモーガバジュラ
Amo-ghavajra
アーモス
Aah-mes
Amasis
Amos
Ámos
アモース
Amorth
Amos
アモス Amos***
アモーソフ Amosov*
アモソフ Amosov
アモツ Amots
アーモット Aamodt
アモーディオ Amodio
アモディオ Amodio
アモテンスティーン
Amatenstein*
アモド Amod
アモニオス Ammōnios
アモファ Amofo
アモヤン Amoyan
アモラ Amorah*
アモーリ Amaury
アモーリー
Aimery
Amalric
Amarlic
アモリ Amaury**
アモリーニ Amorini
アモリム Amorim*
アモリン
Amorim**
Amorín
アモール
Amol
Amole*
Amor*
アモル
Amol
Amor
アモルーソ Amoruso
アモルーゾ Amoruso
アモルソロ Amorsolo
アモルト Amort
アモレ Amore*
アモレッタ Amoretta
アモレッティ
Amoretti
アモレビエタ
Amorebieta
アモロージ Amorosi
アモロジーノ
Amorosino
アモロース Amoros
アモロス
Amoros*
Amorös
アモローゾ Amoroso*
アモロソ Amoroso*
アモロゾ Amoroso
アモロッシ
Amorosi
Amorossi
アモワイヤル Amoyal
アーモン Almon**
アモーン Ammon
アモン
Ah Mon
Ammon**
Amon*
Amonn*
Amont
Emon
Hamon**
アモンギ Amongi
アモンズ Ammons**
アーモンティー
Armonty
アーモンド
Almond***
Armond
アモントン Amontons
アーヤ
Arya
Haya
アヤ
Ahya
Aya
Haya
Hayat
アヤコ Ayacko
アヤゴン Aillagon
アヤシュ Ayache
アヤーズ Ayāz
アヤス
Ayas
Ayass
アヤズ Ayaz*
アヤーズィー Ayazi
アヤソル Ayassor
アヤット Hayat
アヤディ Ayadi
アヤト Ayat
アヤド Ayad**
アヤナ Ayana*
アヤパンクティ
Aiyappankutty
アヤメ Ayame
アヤーラ Ayala***
アヤラ Ayala**
アヤリ Ayari
アヤリガ Ayariga
アヤル Ayar
アヤレウ Ayalew
アーヤロン Ayalon
アヤロン Ayalon
アヤーン Ayaan*
アヤンレ Ayanleh
アーユー Ai-yu
アユ Ayu**
アユー Allou
アユーイ Haüy
アユイ Haüy
アユカル Ayúcar
アユーキ Ayuuki
アユシン Ayushiin
アユタヤ Ayudhaya
アユッタヤー
Ayudhya*
アユビ Ayyubi
アユーブ
Ayoub
Ayub**
Ayūb
アユブ
Ayub
Ayūb
アユポワ Ayupova
アユメ Ayume
アユルザンイーン
Ayurzanyn
アユルシリダラ
Ayurširidara
アユルバルワダ
Ayurbarwada
アーヨ Ayo*
アヨ Ayo
アヨーシ Ayuush
アヨジャ Ajodhia
アヨニカ Ayonika
アヨルザナ Aiuurzana
アーラ
Alla*
Erla
アーラー Ahler
アラ
Ala*
Alá
'Alā
Alla***
Ara*
アラー
Alā
'Alā*
'Alā'
Alaa**
Alar
Aler
Allah
Allāh

Aller
Alur
アラアッサ Alahassa
アライア Alaia*
アライアス Alias*
アライエド Al-Urayed
アライエン Arrien*
アライサ Araiza*
アライザ Araiza
アライス Araiz
アライズ Allies
アライタ Araïta
アライダ Aleida
アライツ Araiz
アライナ Alaina
アライヘム
Aleichem
Aleikhem
アライモ Alaimo
アーライン Arline
アライン
Alain*
Aline*
Alline
アーラウ Arrau
アラウ
Alaw
Alawou
Allahou
Arau*
Arrau*
アーラヴァカ Āḷavaka
アラヴァムダン
Aravamudan
アラウィ
Alawi**
Allawi*
アラウィー 'Alawī
アラウイ
Alaoui
Allaoui
アラヴィ Alavi
アラヴィー 'Alavī
アーラヴィードゥ
Āravīḍu
アラヴィンダン
Aravindan
アラヴィンド
Aravind**
アラウェイ Allaway
アラウザ Alausa
アラウシシ
Allaouchiche
アラウジュ Araújo
アラウージョ
Araujo*
Araújo*
アラウジョ
Araujo*
Araújo*
アラウス
Arauz
Araúz
アラウズ
Araouzou
Arauz
アラウソ Arauzo*
アラーウツ 'Alā'u'd
アラー・ウッディーン
'Alā'u'd-Dīn
アラーウッ・ディーン
'Alā'u'd-Dīn
アラーウッディーン
'Alā al-Dīn
'Alā-al-dīn
'Alā' al-Dīn
Alla uddin
アラウッディン
Alauddin
アラウディン Allaedin
アラウホ
Araujo*
Araújo
Arauxo
アラウヨ Araujo
アラウンスィートゥー
Alaungsithu
アラウンパヤ
Alaungpaya
アラウンパヤー
Alaungpaya
アラーエッ・ディン
'Alā'ed-din
アラオス
Araoz
Aráoz
アラガ Arraga
アラガッパ Alagappa
アラガル Aragall*
アラカレ Alakare
アラガン Aragao
アラーキー Arākī
アラキ Araki
アラギ
Allagui
Araghi
アラキージャ Alakija
アラキジャ Alakija**
アラギリ Alagiri
アラーグ Allag
アラク Alak
アラグ Alag
アラグエス Aragüés
アラクサンドル
Aleksandr
アラクシュ Alaquš
アラクチェーエフ
Arakcheev
アラクネ Arachnē
アラクネー Arachnē
アラクバロフ
Alakbarov
アラクベルディエフ
Alakhverdiyev
アラケリャン
Aragelyan
アラケリヤン
Arakelyan
アラゴ Arago
アラゴー Arago
アラコク Alacoque
アラコック Alacoque
アラゴネス
Aragones**
アラゴン
Aragon***
Aragón*
アラサニア Alasania
アラサヌ Alassane
アラサン Alassane*
アラサンヌ Alhassane
アラジ
Aladji
Alage
Alhaji
Araj
Araji
Arazi*
アラジァーロヴァ
Aladzalova
アラシェフスカ
Alaszewska
Alaszewski
アラジック Alagic
アラジディ Aladjidi
アラジャス Arrayás
アラシャニ Arashani
アラシュ Arash*
アラジュアニヌ
Alajouanine
アラジル Alagille
アラジン
Alaa-Adien
Aladin
Arasin
アーラース Ehlers
アーラーズ Ahlers
アラーズ Allers*
アラス
Alas
Aras*
Arasse*
Arasu
Arras
アラスコ Alasko
アラスコッグ
Araskog*
アラスター
Alasdair***
Alastair*
Alistair
アラスダイア Alasdair
アラステァ Alastair*
アラステア Alastair**
アラスデア Alasdair*
アラスディア Alasdair
アラステェア Alastair
アラステール Alastair
アラスト Arastoo*
アラストゥーイー
Arastui
アラーストン
Ullerston
アーラースマイア
Ahlersmeyer
アーラースマイヤー
Ahlersmeyer
アラゾフ Arazov
アラゾーラ Arrazola
アラーソン Allerson
アラソーン Ullathorne
アラソン Arason
アラダー Aladar
アラーダイス
Allardyce
アラダイス
Allardice*
Allardyce
アラタス Alatas**
アラタニ Aratani
アラダール
Aladar
Aladár*
アラチッチ Aracic
アラチロフ Aratsilov
アラーツィー Arazi
アーラッカー
Urlacher*
アラック Arac
アラッサーヌ Alassane
アラッサン Alassane
アラッシュ Arash
アラッチ Allacci
アラッディン
Alaaeddine
アラッド Arad
アラップ
Arap**
Arup
アラティ Arati*
アラディ Alladi
アラティウス Allatius
アラティン Halatine
アラディーン Aladyin
アラディン Ala'Din
アラデオン Aradeon
アラート
Alart
Alert
Allardt
Allert
アラード Allard**
アラト Arat
アラド Arad*
アラトゥス
Aratos
Aratus
アラートス Aratos
アラトス
Aratos*
Aratus
アラドナ Aradhna
アラートル Arator
アラトル Arator
アラトーレ Alatorre
アラートン Allerton
アラトン Allerton
アラーナ
Alana
Arana*
アラナ
Alana
Alanna*
Arana*
アラナス Aranaz
アラニ
Alani
Arani
Arany
Aranyi
アラニー Arányi
アラーニア Araña*
アラニス Alanis*
アラニッツ Alaniz
アラニバル Aranibar
アラーニャ
Alagna*
Aragna
Aranha
アラニャ Aranha
アラニュ Arany
アラーヌ Alane
アラーヌス Alanus
アラヌス Alanus
アラネタ Araneta
アラネン Alanen
アラノヴィッチ
Aranovich
アラノス Aranos
アラノビッチ
Aranovich
アラバ
Alaba
Alava
Álava
アラーハイリゲン
Allerheiligen
アラバウ Alabau**
アラバジオウル
Arabacioglu
アラバスター
Alabaster*
アラバストロ
Alabastro
アラパティ Alapati
アラーハーバーディー
Allāhābādī
アラハペルマ
Alahapperuma
アラバール Arrabal**
アラバル Arrabal
アラハン Arahan
アラービー
Alavī
'Arābī
アラビ
Alabi
Alavi
'Arabi
'Arābī
Arabie
Araby*
アラビー
'Alavī*
Allaby*
Arabi
'Arabi
'Arabī
'Arābī
アラビアン Arabian
アラビゼ Alavidze
アラビーソ Alabiso
アラビト Arrabito
アラビヤト Arabiyat
アラビンダン
Aravindan
アーラブ
Aarab
Arlove

ア

アラフ Arakh
アラブ Arab*
アラプ
Arap
Arapu
アラファート ʻArafāt
アラファト
Arafat**
Arafāt
ʻArafāt
アラフィ Arafi
アラフィリップ
Alaphilippe
アラフェア Alafair*
アラフォティ Alafoti
アラブシャー
ʻArabshāh
アラブス Arabs
アラプス Arabs
アラフーゾス
Alafouzos
アラプタニー
Araptany
アラブタン Araptan
アラプタン Araptan
アラフフタ Alahuhta
アラヘ Arrahe
アラベ Allagbe
アラベラ Arabella**
アラベル
Arabell
Arabelle
アラボ Arabo
アラポビッチ
Arapovic
アラボフ Arbov
アラーマ
ʻAlâma
Arama
アラマーノ Allamano
アラマノヴィチ
Aramanovich
アラマヨ Aramayo
アラマラ Alamara
アラマラジュ
Allamaraju*
アラマーン Alamán
アラマン
Alamán
Allamand
アラマンニ Alamanni
アラマンヌ Alamanne
アラマンノ Alamanno
アラミ
Alami
ʻAlami
Alamy
Allam-mi
アラミー
Alami
ʻAlami
El Alami
アラミシェル
Alamichel
アラミス Aramis*
アラミヌ Alamine
アラミャン Aramyan
アラミヤン Alamiyan
アラミラ Alamilla
アーラーム Ārām
アーラム
Alam
ʻAlam
ʻĀram
アラム
Alam**
Allam
Allan
Allum
Aram***
Arame
Aramu
Arum*
アーラムギール
ʻĀlamgīr
アラムギル Alamgir
アラムシャ
Alamjah
Alamsjah
Alamsyah
アラムディン
Alamuddin
アラムナウ
Aramnau**
アラムブル Aramburu
アラムホン Alamkhon
アラメダ Alameda
アラメル Alamelu
アラモ
Alamo
Álamo*
アラモン Allamand
アラヤ Araja
アラヤルヴィ Arajarvi
アラヤーロフ Alajalov
アーラーラ Āḷāra
アララス Arraras
アララト Ararat
アラリ Alari
アラリア Alaria
アラリクス
Alaric
Alaricus
アラリック Alaric*
アラリヒ Alaric
アラール
Alard
Allard**
Halard*
アラル
Alar
Allar
Aral
Arral
アラルー Allalou
アラールコン Alarcón
アラルコン
Alarcon**
Alarcón***
アラルサ Alarza
アラルディ Araldi
アラールト Allart
アラールド Allardt
アラルト
Allaert
Allardt
Allart
アラレ Arale
アラレオーナ Alaleona
アラレック Alarek
アラロス Arārōs
アラロフ Aralov
アーラン Erlang
アラン
Alain***
Alan***
A-lang*
Alanus
Allain*
Allan***
Allen**
Alleyne
Alum
Alun*
Alyn*
Aran
Arany
Arend*
Arran
Harent
アーランガー
Erlanger*
アランカ Aranka
アランギス Aranguiz
アラング Alingue
アラングレン
Aranguren
アランゴ
Alango
Arango*
アランサディ
Aranzadi
アランジ Arangi
アーランジャー
Erlanger
アランスビア
Aranzubia
アランスン
Alanson
Aronson
アランダ Aranda*
アランチス Arantes
アランチャ Arantxa*
アーランツ Arrants
アランディ
Alandy
Arandi
アランティウス
Arantius
アランテス Arantes
アランデール
Arundale
アランデル
Arandell
Arundel*
Arundell*
アーラント Aland*
アーランド
Earland
Erland
アランド
Allandh
Arande
アーランドソン
Erlandson
アランナ
Alanna
Alannah
Allana
アーランハフト
Ehrenhaft
アランブール
Arambourg
アランブル
Aramburu*
アランブルック
Alanbrooke
アランブレット
Arambulet
アランベイエ
Allambeye
アランベール
Alembert
アランベルリ
Aramberri
アーリ
Ali
Âlî
Ari
Early
Urry**
アーリー
ʻAlī
Âli
Âlî
Arie*
Arlie*
Arlington
Earley*
Early**
Ellery
Urry
アリ
Al
Ali***
Alí**
Alī*
ʻAli
ʻAlī*
ʼAli
Âlî
Alison
Alley
Alli
Ally
Aly*
Ami
Aree
Ari***
Arri
Ary*
Hari*
Harry**
アリー
Ailey
Ali**
Alí
Alî
Alī**
ʻAli
ʻAlī**
ʼAli
ʼAlī
Àli
Alie
Alii
Allee*
Alley**
Allie
Ally***
Aly**
Aree*
Arie***
Arieh*
Ariy
Arree
Ary*
Arye*
Aryeh
Harry
Urry*
アーリア Arya
アリーア Alia
アリア
Alia***
Allia*
Aria
Arria
アリアーガ
Aliaga
Arriaga
アリアガ Arriaga**
アリアクサンドラ
Aliaksandra*
アリアクバリ
Ali Akbari
アリアクバル
Ali-Akbar
Aliakbar
アリアス
Arias***
Ariaz
アリアスカニェテ
Arias Cañete
アリアスガル Aliasqar
アリアスベク Aliasbek
アリアッテス Alyattes
アリアディエール
Aliadeire
Aliadiere
Aliadière
アリアテス Alyattes
アリアドーナ Ariadna
アリアドナ Ariadna
アリアドネ
Ariadne
Ariadnē
アリアドネー Ariadnē
アリアトラシュ
Al-Atrash
アリアーナ
Ariana
Arianna*
アリアナ
Ariana**
Arianna
アリアニウス
Arrhenius
アリアーヌ Ariane**
アリアヌス Arrianus
アリアーノス Arrianus
アリアノス
Arrhianos
Arrianus
アーリアバタ
Āryabhāṭā
アリアバータ
Āryabhāṭā
アリアバディ
Ali Abadi
Aliabadi
アリアハマディ
Ali-ahmadi
アーリアブハタ
Āryabhāṭā

ア

アリアフマド
Ali-Ahmad
アリアラジャ
Ariarajah
アリアラーテス
Ariarathes
アリアラテス
Ariarathes
アリアラムネス
Ariaramnes
アリアルディ Agliardi
アリアルドゥス
Arialdus
アリアーン Ariarne
アリアン
Arian*
Ariane*
アリアンズ Arians
アリアンスキー
Alinsky
アリアンダ Arianda
アリアント Ariantho
アリアンナ Arianna*
アリアンヌ
Ariane
Arianne
アリアンネ Marianne
アリアンロッド
Arianrhod
アーリイ
Earley
Early
アリウ
Aliou
Aliu
Allieu
アリウア Alioua
アリーヴァルディー
'Alī Vardī
アリヴァルト Ariwald
アリヴィサトス
Alivisatos
アリヴェー Arrivet
アリウス
Arius
Arrius
アリウーヌ Alioune
アリウーム Alioum
アリウン Alioune
アリウンバートル
Ariunbaatar
アリエ
Alier*
Alje
Arie*
Arieh
Arye
Aryeh
Hallier*
アリエヴィッチ
Aliyevich*
アリェクサンドル
Aleksandr
アリエクセイ Aleksei
アリエス
Aries**
Ariès**
アリエズ Alliez*
アリエータ Arrieta
アリエタ Arrieta
アリエッタ Arrieta
アリエット
Aliette**
Ariet
Ullyett
アリエティ Arieti
アリエテイ Arieti**
アリエヌス Alienus
アリエノール
Aliénor
Eleonor
アリエビ Allievi
アリエフ
Aliev*
Aliyev**
アリエラ Ariella
アリエリ Arieli
アリエリー Ariely*
アリエール
Allières
Ariel*
Arielle*
アリエル
Ariel***
Arielle**
Aryel
アリエレン Ali Eren
アリエロ Aliero
アリエン Arjen*
アリエンス Ariëns
アリエンセ Aliense
アリェンデ Allende
アリエンティ Arienti*
アーリオ Aglio
アリオ
Allio
Alliot
Ario
Arjo
アリオー Alliot
アリオウィスツス
Ariovistus
アリオウィストゥス
Ariovistus
アリオヴィストゥス
Ariovistus
アリオサ Ariosa
アリオス Arius
アリオスティ Ariosti
アリオスト Ariosto*
アリオッタ Aliotta
アリオット
Alliot
Alliott
アリオナ Aliona*
アリオーネ Allione*
アリオバルザネス
Ariobarasanes
Ariobarzanes
Ariobarzanēs
アリオマリ
Alliot-Marie
アリオラ
Ariola
Arriola
アリオリ
Allioli
Arioli
アリオーン Ariōn
アリオン
Alion
Ariōn
アリカ Arika
アリカット Erekat
アリカーニ Alikhani
アリカルテ Alicarte
アリーギ Arrighi
アリキ
Aliki**
Ariki
アリギ Arrighi
アリギェーリ Alighieri
アリギェリ Alighieri
アリギエーリ
Alighieri*
アリギエリ Alighieri*
アリギエロ Alighiero
アリギス Algis
アリギルダス Algirdas
アリキン Alikin
アーリク Alic
アリク
Alick
Alik*
Allik
Arik*
Ariq
アリグザーンダ
Alexander
アリグザンダー
Alexander*
アリクサンドリア
Alyxandria
アリクス Allix
アリグゾ Ariguzo
アリグッド Alligood*
アリクブカ Arikbuge
アリクブガ Arikbuge
アリク・ブケ Arikbuge
アリクブハ Arikbuge
アリクベク Alikbek
アリクマー Allikmaa
アリグルディッチ
Arigrudici
アリゲータ Alligator
アリーゲル Aliger
アリゲール Aliger**
アリゲル Aliger
アリーゴ Arrigo***
アリコ Aliko
アリゴ Arrigo*
アリコック Allicock
アリゴニ Arigoni
アリーサ
Alisa
Aretha
Ariza
Aylesa
アリーザ Ariza
アリサ
Alisa**
Alyssa*
Aretha
Aritha
Ariza
アリーザーデ Alizadeh
アリザデ Alizadeh
アリザデゼヌリン
Alizadeh Zenoorin
アリザトゥ Alizatou
アリサバラガ
Arrizabalaga
アリサル Alisal
アリザール Alizart
アリジ Arrighi
アリーシア Alicia*
アリシア
Aicia
Alicia***
Alycia*
アリシェール Alisher
アリシェル Alisher*
アリシカ Arisika
アリーシャ Arisha
アリシャウスカス
Alisauskas
アリシャバナ
Alisjahbana*
アリジャベド Alijawed
ア・リ・ス A-li-ce
アーリス
Arlis
Arliss
Earith
アリーズ Alise
アリス
'Alī
Alice***
Alicia
Alies
Alis
Allice
Allis**
Alliss
Alyce*
Alÿs*
Alysse
Arice
Aris**
Āris
アリスィア
Alicia
Alycia
アリスク Aliske*
アリスコラ Ariscola
アリスタ Arista
アリスター
Alasdair
Alastair
Alexander
Alistair**
Alistar
Alister*
Allister**
アリスダー Alisdair
アリスタイオス
Aristaios
アリスタイド
Aristide*
アリスタゴラス
Aristagoras
アリスタルコ
Aristarchos
Aristarco
アリスタルコス
Aristarchos
アリスチッポス
Aristippos
アリステア
Alistair***
アリステアー Alistair
アリステアス
Aristeas
Aristeās
アリスティア Alistair
アリスティオーン
Aristiōn
アリスティオン
Aristiōn
アリスティッド
Aristide
アリスティップス
Aristippus
アリスティッボス
Aristippos
アリスティッポス
Aristippos
アリスティーデ
Aristide
アリスティディス
Aristides
アリステイディス
Aristeidēs
アリスティデス
Aristeides
Aristeidēs
Aristeídēs
Aristides**
Arístides**
アリステイデース
Aristeidēs
Aristeídēs
アリステイデス
Aristeidēs
Aristeídēs
Aristides
アリスティード
Aristide*
アリスティド
Aristide***
Aristidou
アリステウス Aristeus
アリスト Aristōn
アリストゥイ Aristouy
アリストクセノス
Aristoxenos
Aristoxenus
アリストクラテス
Aristokratēs
アリストクレス
Aristoklēs
アリストゲイトン
Aristogeiton
アリストス Aristos
アリストーティレ
Aristoteli
アリストティレ
Aristoteli
アリストデモ
Aristodemo
アリストデモス
Aristodēmos
アリストテリス
Aristotelis
アリストテレース

Aristotelēs
アリストテレス
Aristoteles
Aristotelēs*
Aristotelis
Aristotle
アリストトゥル
Aristotle*
アリストートル
Aristotle
アリストニコス
Aristonicus
Aristonikos
アリストノオス
Aristonoos
アリストノトス
Aristonothos
アリストパァネス
Aristophanēs
アリストパネース
Aristophanes
Aristophanēs
アリストパネス
Aristophanes
Aristophanēs*
アーリストフ Aristov
アリストフ Aristov
アリストファーネス
Aristophanēs
アリストファネース
Aristophanēs
アリストファネス
Aristophanes
Aristophanēs
アリストフォン
Aristophon
アリストブルス
Aristobulus
アリストブロ
Aristobulo
Aristóbulo
アリストブロス
Aristoboulos
Aristobulus
アリストマコス
Aristomachos
アリストメネース
Aristomenes
アリストメネス
Aristomenēs
アリストーン Arístōn
アリストン
Ariston
Aristōn
アリスバー Alisbah
アリスプ Harispe*
アリスマン Arisman
アリスムナンダル
Arismunundar
アリスメンディ
Arismendi*
Arismendy
アリスン
Aallison
Alison***
Allison**
Allyson
アリーゼ Alize
アリセ Alice*
アリゼ
Alizee
Alizée
アリセア Alicea
アリセレス Aliceres
アリセン
Alicen
Allisen
アリソヴァ Alisova
アリソプ Allisop
アリソン
Alison***
Alisson
Allison***
Allyson***
Alyson**
Arison
Arrison
Harison
アリソンマドゥエケ
Alison-madueke
Allison-madueke
アリータ Arleta**
アリーダ Alida
アリダ Alida***
アーリチア Aricha*
アリチア Alicja
アリーチェ Alice*
アリチェ Alice
アリツ Aritz
アリツィア Alicja
アリツェ Alice
アーリック
Arrick
Ehrlich**
Erlich
Erlick
Ulric
Ulrich
Ulrick
アリック
Alec
Alick
アリックス
Alix***
Allix
アーリックマン
Ehrlichman**
Erlichman
アリッサ
Alissa
Allyssa
Alyssa*
アーリッジ
Arledge
Arlidge
アリッシャ Allisha
アーリッヒ Erlich*
アリップ Alip*
アリデー Hallyday
アリディ
Aridi
Halidy
Halliday
Hallyday
アリデイ Hallyday
アリディナ Alidina
アリディヒス Aridjis*
アリート Alito*
アリドゥスティ
Alidoosti
アリトシュルレル
Al'tshuller
アリトミ Aritomi
アリトン Ariton
アーリナ Arlina*
アリーナ
Alena
Alina**
Arena**
Arina
アリナ
Alina**
Halyna
アリーナス
Arenas
Arinos
アリナス Arenas*
アリナーリ Alinari
アリニ Arini
アリニー Aligny
アリニョン Arrignon
アリーヌ Aline*
アリヌ Aline
アリーネ Aline
アリネ Aline
アリハ Arikha
アリバー
Alibar
Aliber
アリバウ Aribau
アリバウム Al'baum
アリバザ Alibazah
アリバジュ Arribage
アリーバス Arribas*
アリパテ Alipate
アリハーノフ
Alikhanov
アリババ Alibaba
アリハミス
Ali Khamis
アリパリー Arepalli
アリハン Alikhan
アリピウス
Alipius
Alypius
アリビサトス
Alivisatos
アリヒス Aridjis
アーリフ ʻĀrif
アリーブ ʻArīb
アリフ
Aliff
Arief*
Arif*
Ariff
アリブ Alib
アリファ Arifa
アリファリ Arifari
アーリフィー ʻĀrifī
アリフィ Arifi
アリフィレンカ
Alifirenka
アリフィレンコ
Alifirenko*
アリフィン
Arfin*
Arifin*
アリフイン Arfin
アリフェイ Alifei
アリプガジエフ
Aripgadjiev
Ariphajiyev
アリブクス Alibux*
アリブランディ
Alibrandi
アリフレド Alfred
アリフレードヴィチ
Al'fredovich
アリフロン Ariphrōn
アリプロン Ariphrōn
アリー・ブン Aliibn
アリベアイ Alibeaj
アリベゴビッチ
Alibegović
アリベック Alibek*
アリベール
Alber
Alibert**
Allibert
アリベルティ
Aliberti**
Aliberty
Aliverti
アーリベルト Aribert
アリベルト
Albert*
Al'bert
Alberto
Aribert*
アリペルト Aripert
アリボ
Aribo
Aribot
アリボット Aribot
アリポフ
Alipov**
Aripov
アリホン Arijon
アリボーン Allibone*
アリマ Alima
アリマクトウム
Almaktoum
アリマタ Alimata
アリマミ Alimamy
アリマミー Alimamy
アリマルドン
Alimardon
アリーミ Aleemi
アリミ
Alimi*
Halimi*
アリミン Alimin
アーリム
Alim
ʻĀlim
アリム Alim*
アリムサ Ali Moussa
アリムハヌリ
Alimkhanuly
アリメディンゲン
Al'medingen
アリメンツス
Alimentus
アリメンティ Alimenti
アリメントゥス
Alimentus
アリモ Alimo*
アリモハンマディ
Ali-Mohammadi*
アリーモフ Alimov
アリモフ Alimov
アリモラド Alimorad
アリモンディ
Arimondi*
アリモント Arimont
アーリヤ Ārya
アリーヤ
Aaliyah*
Aliya*
アリヤ
Alija**
Ariya
アリャクサンドラ
Aliaksandra
アリャクサンドル
Aleksándr
アーリャシューラ
Aryasura
アーリヤシューラ
Āryaśūra
アリヤシンギエ
Aryasinghe
アリャス Arias
アーリヤデーヴァ
Āryadeva
アーリヤバーター
Āryabhāṭā
アーリヤバタ
Āryabhāṭā
アリヤバーター
Āryabhāṭā
アーリヤバッタ
Āryabhāṭā
アリャービエフ
Aliabyev
アリャビエフ
Aliabyev
Alyabyev
アリャマン Aryaman
アリヤラトネ
Ariyaratne**
アリヤル Aryal
アリヤン Ariyan
アリュ
Aliou
Allou
Alù
アリュー
Alieu
Aliou
Allieu
Allioux**
Ariew
Arrieu
アリユ Aliyu
アリュアッテス
Aluattēs
Alyattes
アリユウ Aliyu
アリュピウス Alypius
アリュピオス Alȳpios

ア

アリュール Alluru
アリュン Alioune
アリヨ Alliot
アリヨウ Aliyow
アリヨシ Ariyoshi
アリョーシャ Aljoscha
アリョーシン
Alyoshin*
アリョーナ
Alena*
Aliona
アリョーヒナ
Alekhina
アリヨマリ
Alliot-Marie*
アリリオ
Alirio
Alyrio
アーリル Arild
アリル
Ailill
Khalil
アリルーエヴァ
Allilueva
アリルーエワ
Allilueva
Alliluyeva
アーリルド Arild**
アリルト Arild
アリルド Arild
アリレザ
Ali-Reza
Alireza**
アリレザモハンマド
Alireza Mohammad
アリレール Allilaire
アリーロ Arelo*
アーリーン
Aline*
Arleen*
Arlene**
Arline
アーリン
Ahlin
Allyn
Arleen
Arlene**
Arlyn
Erlin
Erling*
アリーン
Ahlin*
Aline*
Alleine
Allin
Allyn
Areen
Arlene
アリン
Alin
Aline*
Allen
Alleyne
Allin*
Allyn**
Alun
Alyn
Alyne
アーリンガー
Ahringer
アリンガム
Allingham***
アーリング Erling*
アリング Alling
アリングァム
Allingham
アーリングトン
Arlington
アリンゲ Alingue
アリンゲオルゲ
Alin George*
アリンジャー
Alinger
Allinger
アリンジャヤ Ariṅjaya
アリンスカ Alinska
アリンスキー Alinsky
アリンゼ Arinze
アリンソン Allinson
アーリンダー Erlinder
アリンダ Arinda
アリンダー Alinder
アリンダム Arindam
アリンテーロ Arintero
アリンテロ Arintero
アーリンド Arlindo
アリンド Arlindo
アーリントン
Allington
Arlington**
Arrington**
Errington
アリントン
Alington*
Allington
アリンナ Arinna*
アーリンハウス
Arlinghaus
アリンビ Arimbi
アール
Aall**
Ahl*
Al
Art
Ear
Earl***
Earle***
Earll
Eral
Erle*
Haar
Hale
Halle
Irl
アル
Al***
'Al
Alan
Alastair
Albert*
Alfonso
Alfred
Allan
Allen
Alnoor
Alois
Alonza
Alou
Aloysius
Alphonse
Alphonso
Alton
Alu*
Alva
Ar*
Aru
Aziz
El*
Halle
アルー
Allou
Alou**
Arous
Arrou
アルアウダ Alaoda
アル・アカウワク
Al-'Akauwak
アルアジーズ Al-'Azīz
アルーアシュ
Allouache
アルアシール Al-Athīr
アル・アース Al-'Āṣ
アルーアス Al-'Āṣ
アルアース Al-'Āṣ
アルアス Aluas
アルアズィーズ
Al-'Azīz
アルアスィール
Al-Athīr
アルアスワーニー
Al Aswany*
アルアターヒヤ
'Atāhiya
アルアッカード
Al-Aqqād
アル・アッバース
Al-'Abbās
アルアッバール
Al-Abbār
アルアッワーム
Al-'Awwām
アルアティア
Al-Attiyah
アルアトバ Al-athba
アルアトラシュ
Al-Atrash
Al-Aṭrash
アル・アハファシュ
Al-Akhfash
アルアビド Al-Abid
アル・アフガーニー
Al-Afghani
アルアフバール
Al-Aḥbār
アルアフヤリーヤ
Al-Akhyalīya
アルアブラス
Al-Abraṣ
アルアミン Al-Amin
アルアメリ Alameri
アルアラビー
Al-'Arabī
アルアル Alualu
アル・アルカム
Al-Arqam
アルアワド Alawad
アルイ Alyea
アルイジオ Aluízio
アルイスタンベク
Arystanbek
アル・イスパハーニー
Al-Iṣfahānī
アル・イスファハーニー
Al-Iṣfahānī
アルイスファハーニー
Al-Iṣfahānī
アルイムクロフ
Alymkulov
アル・イラーキ
Al-'Irāqī
アルヴ Alev
アルヴァ
Alva**
Alvah
Alvar*
アルヴァー
Allvar
Alvar
アルヴァイ Arvay
アールヴァイラー
Ahrweiler
アルヴァクス
Halbwachs*
アルヴァスン Alverson
アルヴァックス
Halbwachs*
アルヴァートソン
Albertson
アルヴァニタ
Arvanitas
アルヴァラード
Alvarado*
アルヴァル
Allvar
Alvar
アルヴァレス
Alvares*
Alvarès
Álvares*
Alvarez*
Álvarez
Álvarrez
アルヴァレズ
Alvarez*
Álvarez
アルヴァレド
Alvaredo
アルヴァーロ Alvaro*
アルヴァロ
Alvaro***
Álvaro*
アルヴァン
Alvan
Alvin
Alwin
アルヴァンドゥス
Arvandus
アルウィ Alwi**
アルヴィー
Alavi
Alvy
アルヴィシオ Aloisio
アルウィス Alwis
アルヴィス
Alves
Alvis*
アルヴィーゼ Alvise**
アルヴィダス Arvydas
アルヴィット Arvid
アルヴィッド Arvid
アルヴィド Arvid*
アルヴィナ Alvina*
アルヴィニオ Alvinio
アルヴィーノ Alvino
アルウィン
Alwin*
Alwyn*
アルヴィン
Allwin
Alvin**
Alwin*
アルヴィンチ Alvinczi
アルヴェ Arve
アルウェイン Alwayn
アルヴェシュ Alves
アルヴェス
Alves**
Alvez
アルヴェセン Arvesen
アルウェッグ Altwegg
アルヴェット Arwed
アルヴェール Arvers
アルヴェル Alver
アルウェルデス
Alverdes
アルヴェルデス
Alverdes
アルヴェレール
Ahrweiler
アルヴェーン
Alfvén**
アルヴォ Arvo*
アルウォード Alward
アルヴォード Alvord
アルヴォン Arvon
アルウコビチ
Arłukowicz
アルヴテーゲン
Alvtegen**
アルウマル Al-'Umar
アルーエ
Allouez
Arouet
アルエ
Arouet
Arrué
アルエーゴ Aruego
アルエゴ Aruego*
アルカ Arca
アルカー Alker
アルガ Agraa
アルガー
Algar
Alger
アルガイア Alguire
アルガイアー Allgeier
アルカイオス Alkaios
アルガイオス Argaeus
アルカイディ Alcaide
アル・カーイム
Al-Qā'im
アルカイヤー Alkyer
アルガイヤー Allgeier
アルガウリー
Al-Ghawrī

ア

アルカーサル Alcázar
アルカサール Alcazar*
アルカザール Alcázar
アルカージ Arkadii
アルカージー
Arkadi
Arkadii***
Arkádii
Arkadiy
アルカジー
Arkadii**
Arkady*
アルガジ Algazi
アルカージイ
Arkadi
Arkadii
アルカジイ
Arkadii
Arkady
アルカジエヴィチ
Aleksandrovich
Arkad'evich
Arkadievich
アルカジェビッチ
Arkadievich
アルカーシム
Al-Qāsim
アルカージム
Al-Kāẓim
アルカシーム
Al-Qāsim
アルカス Arkas
アルカースィム
Al-Qāsim
アルカセヴァ Alcaceva
アルカセル Alcacer
アルガゼル
Algazel
Al-Ghazālī
アルカソヴァ
Alcáçeva
Alcáçova
アルカット Alcott
アルカッリ Arcalli
アルカーディ Arkadii
アルカディ
Arcadi*
Arcady
Arcudi
Arkadi
Arkadiĭ
Arkady*
アルカディー
Arkadie
Arkady
アルカディウシュ
Arkadiusz*
アルカディウス
Arcadius
アルカーディエヴァ
Arkad'eva
アルカーディエフ
Arkadiev
アルカディオ
Arcadio**
アル・カーティブ
Al-Kātib
アルカーティブ
Al-Kātib
アルカティリ Alkatiri*
アル・カーディル
Al-Qādir
アルカーディル
Al-Qādir
アルカデーエフ
Arkad'ev
アルカーデル
Al-Qādir
アルカーデルト
Arcadelt
アルカデルト Arcadelt
アルカード Alucard*
アルカネール Arcanel
アルガーノン
Algernon*
アル・ガーフィキー
Al-Ghāfiqī
アルカベツ Alkabez
アルカマ 'Alqama
アルガミッセン
Algermissen
アルカム Arqam
アルカメネース
Alkamenes
アルカメネス
Alcamenes
Alkamenes
アルカヤガ Alcayaga
アルカラ
Alcala
Alcalá*
Arcara
アルカライ
Alcalay*
Alkalai
Alkalaj*
アルカラウス
Archalaus
アルカラス Alcaraz*
アル・カリーム
El-Krim
アルカリーム
Al-Karīm*
アルカリル Alkhalil
アルガリン Algarín
アルガルディ Algardi
アルカルヒ Al-Karkhī
アルカルビー Al-Kalbī
アルカレイ Alcalay*
アルガロッティ
Algarotti
アル・カワーキビー
Al-Kawākibī
アルカン
Alekan
Alkan*
Arcan*
Arcand*
アルガン
Argan*
Argand
アルカンジェリ
Arcangeli
アルカンジェロ
Arcangelo
Arcângelo
アルカンジョ Arcanjo
アルカンターラ
Alcantara
Alcántara
アルカンタラ
Alcantara**
Alcántara*
Alcãntara
Alcátara
アルガンディワル
Arghandiwal
アルキ Alki
アルキアス
Archias
Arkhias
アルキエ
Alquié*
Alquier
アルギージ Alghisi
アルギシュティ Argišti
アルギシュティシュ
Argišti
アルギス Algis
アルキタス Archytas
アルキダス Alkidas
アルキダマス
Alkidamas
アルキダーモス
Archidamos
アルキダモス
Archidamos
Arkhidamos
アルキッポス
Archippos
アルキナーニー
Al-Kinānī
アルキヌス Alcinous
アルキノオス
Alcinous
Alkinoos
アルキノス Arkhinos
アルキビアデス
Alcibiades
Alkibiades
アルキブージ
Archibugi
アルキブジ
Archibugi*
アル・キフティー
Al-Qifṭī
アル・キブティー
Al-Qifṭī
アルキフロン
Alkiphrōn
アルキプローン
Alkiphrōn
アルキプロン
Alkiphrōn
アルキペンコ
Archipenko*
アルキポ Archippos
アルキポエータ
Archipoeta
アルギマンタ
Algimanta
アルキムス Alcimus
アルキメデ Archimede
アルキメデス
Archimedes
Archimèdès
Archimēdēs
アルキモス Álkimos
アルキャン Alchian
アルキュオネ
Alcyone
Alkyonē
アルキュタス
Archytas
Arkhutas
アルギュルス Argyrus
アルギュロス Árgyros
アルギュロプロス
Argyropoulos
Argyropulos
アル・キーラーニー
Al-Kīlānī
アルギリアディス
Argyriadis
アルギリス Argyris
アルギーリャ Arguilla
アルギール
Argir
Argyle
アルギルダス
Algirdas***
アルキレーイ Archilei
アルキレイ Archilei
アルキロコス
Archilochos*
Arkhilokhos
アルギロプーロス
Argyropoulos
アルキン Arkin
アルキント Archinto
アルギンベク
Argynbek
アルク Arik*
アルグ Alughu
アルグアシル Alguacil
アールクイスト
Ahlquist
アルクィヌス Alcuinus
アルクイヌス
Alcuinus*
アルクィン Alcuin
アルクイン Alcuin
アルグウェジェス
Arguelles
アルグエヨ Argüello
アルグェリェス
Argüelles
アルグエリェス
Argüelles
アルクエーリョ
Argüello
アルグエーリョ
Argüello
アルグザンダー
Alexander
アルクサンドル
Aleksandr
アルクス Arkus
アルグス Argus
アルクスニス Alksnis
アルクセノル Alxenor
アルクッチョ Arcuccio
アルクーティーヤ
Al-Qūṭīya
アルグノーフ Argunov
アルクマアン Alkmán
アルクマイオーン
Alkmaion
アルクマイオン
Alkmaion
アルクマーン Alkman
アルクマン
Alcman
Alkman
Alkmán
アルクミーオン
Alcmaeon
アルクメオン
Alcmaeon
アルクメネ Alkmēnē
アルグーラ Argula
アルグラ Algra
アルグラン Allegrain
アルクーリ Alkhuli
アールグリム
Ahlgrimm
アルクール Harcourt*
アールグレン Ahlgren
アルグレン
Ahlgren
Algren
アルクーン
Arkoun
Arkūn
アルグーン Arghūn
アルグン
Arghūn
Arγun
アルグンエル Erguner
アルゲ Algué
アルケサス Arsaces
アルゲージ Arghezi**
アルゲジ Arghezi
アルゲジョ Arguello
アルケシラーオス
Arkesilaos
アルケシラオス
Arkesilaos
アルケシラス
Arcesilas
アルゲス Albgés
アルケスティス
Alkēstis
アルケストラトス
Archestratos
アルゲタ Argueta
アルケタス Alcetas
アルゲーダス
Arguedas*
アルゲダス
Arguedas**
アルケラウス
Archelaus
アルケラオ
Archelaos
Archelaus
アルケラオス
Archelaos
Archelaus

Arkhelaos
アルゲランダー
Argelander
アルゲリッチ
Argerich*
アルゲリョ
Arguello
Argüello
アルケール Allucquere
アルケル Arkel
アルゲルス Algerus
アルゲルノン
Algernon
アルケルモス
Archermus
アルケン Alken
アルゲンターリウス
Argentarius
アルゲンタリオス
Argentarius
アルゲンティナ
Argentina
アルコ
Aluko*
Arco
アルコー Alko
アルゴ
Algoe
Argo
アルコヴェール
Alcover
アルコス Arcos**
アルゴス Argos
アルコセール Alcocer
アルコック Alcock**
アールコット Earlcott
アルコット
Alcott
Allcott
アルゴット Algot
アルゴットソン
Algotsson*
アルゴットソンオスルト
Algotsson Ostholt
アルゴーテ Argote
アルゴテ Argote
アルコデアス
Arkoudeas
アルコフ Alcoff
アルゴブ Argov
アルコフォラード
Alcoforado
アルコフォラド
Alcoforado
アルコベフォン
Alcobé Font
アルコム Arkom
アルゴラ Algora
アルコリサ Alcoriza
アルコーン Alcorn*
アルコン
Alcón
Alkon
アルサイエド
Al Saeed
アル・サイド Al-Said
アル・ザイン Al-Zayn
アルザーキウス
Arsacius
アルサキオス Arsakios
アルサケース Arsakes
アルサケス Arsakes
アルザケル Al-Zarqālī
アルサダ Alçada
アルザック Arzac
アルサップ Allsopp
アルサディール
Alsadir
アルサドゥーン
Al Sa'doun
アルサナ Arsana
アルザノフ Arzhanov
アルサバーハ
Al-sabah
アルサバハ Al-sabah
アル・サマウアル
Al-Samaw'al
アルサマコフ
Arsamakov
アルザマソワ
Arzamasova
アル・サマド
Al-Samad
アルサマルカンディー
Al-Samarqandī
アルザミル Al-Zamil
アルサモラ
Alzamora*
アルサヤーリ
Al-Jasser
アルサラ Arsala
アルサリュス Arzallus
アルサール Arusaar
アルサル
Alsar*
Arthur
アルザル Arthur
アルサン Arsan*
アルーシ Arusi
アルシ Arsi*
アルシー
Arshi
Harchy
アルジー Algie
アルシーア Althea
アルシア
Althea*
Arcia
アルジァー Alger
アルジァーノン
Algernon
アルシイ Arcy
アルシエ Arcier
アルジェ Arje
アルジェー Alger
アルジェーオ Argeo
アルジェオ Argeo
アルジェミロ
Argemiro
アルジェリン Algerine
アルシェル
Alcher
Archer
アルジェロ Algeo
アルジェンタ Argenta
アルジェンタイン
Argentine
アルジェンツィアーノ
Argenziano
アルジェンティ
Argenti*
アルジェンティナ
Argentina*
アルジェント
Argento*
アルジェンドロ
Alejandro
アルジェントン
Argenton
アルジオ Algeo
アルジス
Aldis
Algis*
アルシッド Alcide
アルジッリ
Argilli**
Arzilli
アルシデス
Alcides*
Alcidez
アルシド Alcido
アルシナ
Alcina
Alzina
アルジナ Alzina*
アルシーニ Ursini
アルシニエーガス
Arciniegas
アルシニェガス
Arciniegas*
アルシニエガス
Arciniegas*
アルシーノ Alcino
アルシノエ Arsinoe
アルシノエー Arsinoe
アルシーノフ
Arshinov
アルシノフ Arshinov
アルシビアデス
Alcibiades
アルシム Arsim
アルジモン Argimon
アルジャー Alger**
アルジャウイ Arjaoui
アルシャヴィン
Arshavin*
アルジャウズィー
Al-Jawzī
アルジャコワ
Arzhakova
アルジャッザール
Al-Jazzār
アルシャード Alshaad
アルシャド Arshad*
アルジャーナン
Algernon
アルジャナン
Algernon*
アルジャーノン
Algernon**
Argernon
アルジャノン
Algernon*
アルシャマー
Alshammar*
アルシャマール
Alshammar
アルシャリク
Al-Sharekh
アルジャリール
Aljaleel
アルジャン
Alican
Arjun
アルジャンヴィーユ
Argenville
アルシャンジュ
Archange*
アルジャーンス Argens
アルジャンス Argens
アルジャンソン
Argenson
アルジャントレ
Argentré
アルジャントレー
Argentré
アルシャンボー
Archimbaud
アルージュ 'Arūj
アルシュ Alush
アル・ジュッバーイー
Al-Jubbā'ī
アルシュテット
Alstedt
アルジュナ Arjuna
アルジュフリ Aljufri
アルシューラ
Alschuler
アルシュール Arthur
アルジュン Arjun**
アルジュンワドカル
Arjunwadkar
アルジョ Ardjo
アルジョゼリー
Al-jothery
アルジョハニ Aljohani
アルジーラーニー
Al-Jīlānī
アルジリアド
Argyriades
アルシール
Alcir
Arshile
アルジール Alzeer
アルジルダス
Algirdas*
アルシレシ Arcilesi
アルジーン Aljean
アルジン
Al-Jinn
Alzin
アルシンダ Alcinda
アルシンド Alcindo*
アルジンバ
Ardzinba**
アールズ Earls
アルーズ Halouze
アルス
Als
Arus
Arzu**
Arzú
アルスー Arzu
アルスアガ Arsuaga
アールースィー Ālūsī
アルーズィー
Arūzī
'Aruzī
アルズィベク Arzybek
アルスウェンド
Arswendo
アルスウォース
Alsworth
アルスガライ
Alzugaray
アルスキー
Alskii
Arskii
アルスゴール
Alsgaard*
アルスーズィー Arsūzī
アルスタイン Alstyne
アールステッド
Ahlstedt
アルステッド Alstedt
アルステルダール
Alsterdal*
アールスト
Aalst
Aelst
アルスト
Aelst
Harst
アルストランド
Ahlstrand
アルスドルフ Alsdorf
アールストレーム
Ahlström
アールストローム
Ahlström
アルストン Alston*
アルズナー Arzner
アルスニールセン
Als-Nielsen
アルスネス Alsnes
アルスノー Arsenault
アルズバイル
Al-Zubayr
アルスパッチ Alspach
アルスハマー
Alshammar
アル・スフラワルディー
Al-Suhrawardī
アルスブルック
Allsebrook*
アルズベタ Alzbeta
アルスポー Alspaugh
アルズーマニャン
Arzumanian
アルズマニャン
Arzumanian

アルズマン Alzmann
アルスラナギッチ
Arslanagic
アルスラーン
Arslan
Arslān*
アルスラン
Arslan**
Arslān
Erslan
アルスラーン・シャー
Arslanshāh
アルスロート Alsloot
アルセ
Arce**
Arze
アルセイ Irsay
アルセイン
Alhoussein
アルセエヌ Arsène
アルセオ Arceo**
アルセス Arses
アルセード Alcedo
アルセーニー
Arsenii*
Arsénii
アルセニー
Alseny
Arseniy*
アルセーニイ Arseniĭ
アルセニイ
Arsenii
Arsenij
アルセニウス Arsenius
アルセニエヴィチ
Arsenievich
アルセーニエフ
Arsenev
Arsen'ev*
Arseniev*
アルセニエフ
Arsen'ef
Arsen'ev
アルセニオ
Arsenia
Arsenio
アルセニオス Arsénios
アルセニシビリ
Arsenishvili
アルセニス Arsenis**
アルセニン Arsenin
アルセーヌ Arsène*
アルセーネフ Arsen'ev
アルゼノワ Arsenova
アルゼミロ Arzemiro
アルセーユ Halsalle
アルセヨ Arceo
アルセラ Archera
アルセリア Arcelia*
アルセリャーナ
Arcellana
アルセル Axel
アルセロ Arcero
アールセン Aertssen
アルーセン Allhusen
アルセン
Alsen
Althen*
Arsen**
アルセンチエフ
Arsent'ev
アルセンヌ Arsène
アルセンブスク
Hartzenbusch
アルゾイマト Arzymat
アルソガライ
Alsogaray
アルソップ Alsop
アルソナ Alzona
アルソビッチ Arsovic
アルソフ Althoff
アルソフスカ
Arsovska
アルソフスキ Arsovski
アルソブルック
Alsobrook
アルソン Alson
アルゾン Alzon
アルソンヴァル
Arsonval
アールダ Alda
アルーダ Arruda
アルタ
Alta
Arta
アルター
Alter*
Arthur
アルダ
Alda***
Alder
Arda
アルダー Alder**
アルダイ
Ardai
Ardail
アルタイア Althaia
アルタイザー Altizer
アルタウァスデス
Artavasdes
アルタウアスデス
Artauasdes
アルタヴァズド
Artavazd
アルタウァスドス
Artavasdus
アルタヴィスタ
Altavista
アルダウィッシュ
Alderwish
アルダヴィン Ardavín
アルターエフ Altaev
アルタエフ
Artaev*
Artayev
アル・ダーキー
Al-Dhaki
アルタクセルクセース
Artaxerxes
アルタクセルクセス
Artaxerxes
アルタグラシア
Altagracia
アルタサ Artaza
アルダシール
Ardashir*
Ardashīr
アルダシン Aldashin
アルダーソン
Alderson
アルタッカー Altucher
アルタッチャー
Altucher
アルダティー
Arundhati
アルダート Aldert
アルダートン
Alderton*
アルターナー Altaner
アルダナザーロフ
Aldanazarov
アルタニ Altani
アルダーニ Aldani
アルダーノフ
Aldanov*
アルタバ Altaba
アルタバズス
Artabazos
アルタバスデス
Artavasdes
アルタバゾス
Artabazos
アルタバヌス
Artabanos
Artabanus
アルタバノス
Artabanos
アルタビラ Altavilla
アルダビーリー
Ardabīlī
アルダビリ
Ardabili
Ardabīlī
アルターフ Alṭāf
アルタフ Altaf
アルタフェルネス
Artaphernēs
アルタフレネス
Artaphernēs
アルダベルゲノワ
Aldabergenova
アルダマ Aldama
アルダマツキー
Ardamatskii
アルダマトスキー
Ardamatskii
アルターマン
Alterman
アルダーマン
Alderman
アルタミシア
Artemisia
アルタミーラ
Altamíra
アルタミラ
Altamira
Altamíra
アルタミラーノ
Altamirano
アルタミラノ
Altamirano
アルダム Aldom
アルダムイ Aldamuy
アルタムーラ
Altamura
アルタモーノフ
Artamonov
アルタモノワ
Artamonova
アルダラジー
Al-daradji*
アルダラン Ardalan*
アルタリーバ
Altariba
Altarriba
アルターレ Artale
アルタローン
Alterraun
アルタン
Altan***
Hartung
Ultan
アルダン
Aldan
Ardan
Ardant*
Harden
アルタンゲレル
Altangerel*
アルタンツェツェグ
Altantsetseg
アルタンホヤグ
Altanhuyag
Altankhuyag*
アルチー Archie
アルチィアン Alchian
アルチェーオ Alceo
アルチェット Archetto
アルチェフスカヤ
Alchevskaia
アルチェフスキー
Altschewsky
アルチェミエフ
Archem'ev
アルチガス Artigas
アルチーデ Alcide
アルチバシェッフ
Artzibaschew
アルチバシエツフ
Artsybashev
アルチバーシフ
Artsybashev
アルチボールド
Archibold
アルチポーワ
Archipowa
アルチモビッチ
Artsimovich
アルチャコフ
Archakov
アルチャタ Arcaṭa
アルチャーティ
Alciati*
アルチャート Alciato*
アルチャナ Archana
アルチャナー Archana
アルチュイス Arthuis
アルチュウル Arthur
アルチュコフ
Altukhov
アルチュザラ
Altuzarra*
アルチュス
Arthus
Artus
アルチュセール
Althusser**
アルチュニアン
Arutiunian
アルチュニャン
Arutyunyan*
Harutyunyan
アルチューノフ
Arutyunov*
アルチューヒナ
Artiukhina
アルチュホフ
Artyukhov
アルチューホワ
Artyukhova
アルチュール
Altschul
Arthur***
Artur
アルチュル Arthur
アルチュン
Arutyun
Harutyun
アルチョウロン
Alchouron*
アルチョーム
Artem
Artyom
アルチョム
Artem*
Artyom*
アルチョムス Artjoms
アルチョーモフ
Artemov
Artyomov
アルチョーン Alchon
アルチラ Archila
アルチール Arthur
アルチル Archil
アルチン Artin
アルチンボルド
Arcimboldi
Arcimboldo
アールツ Aerts
アルツ
Arts
Artur
Artz
アルツィバアシェフ
Artsybashev
アルツィバァセフ
Artsybashev
アルツイバシエヴ
Artsybashev
アルツィーバーシェフ
Artsybashev
アルツィバーシェフ
Artsybashev**
アルツィバーシエフ
Artsybashev
アルツイバーシェフ
Artsybashev*
アルツイバシエフ
Artsybashev
アルツィバーセフ
Artsybashev

アルツィバチェッフ
Artschibatscheff
アルツィホフスキー
Artsikhovsky
アルツィモヴィチ
Artsimovich
アルツウル Arthur
アルツェット Arzet
アルツェラ Arzelá
アールツェン Aeltsen
アルツォーク Alzog
アルツォク Alzog
アルッザ Arruzza
アルツシューラー
Altschuler*
アールツセン Aeltsen
アルツハイマー
Alzheimer
アルツバーガー
Artzberger
アルツビク Artsvik
アルッフォ Aruffo
アルツール
Arthur***
Artur**
アルツル
Arthur
Artur
アルツルス Arturs
アルツーロ Arturo*
アルツロ Arturo**
アルテ
Alte
Altès
Altet
Arte
Carte
Halter**
アルテア Altea
アルテアガ Arteaga
アルティ
Alti
Alty
Artis
アルディ
Hardi
Hardy***
アルディー Ardee
アルディアン Ardian
アルティエ Altier*
アルティエフ Altyyev
アルティエリ Altieri
アルティエーロ Altiero
アルティエロ Altiero
アルティオム Artiom
アルディカ Ardika
アルティガス Artigas*
アルティキエーロ
Altichiero
アルティキエロ
Altichiero
アルティーギュ
Artigue
アルディーゴ Ardigo
アルディゴ Ardigo
アルティコフ Artykov
アルティス Artis
アルディス Uldis
アルディスィ Arditi
アルディソン Ardisson
アルティッシモ
Altissimo
アルディッソン
Ardisson
アルディッティ
Arditi*
Arditti
アルディーティ Arditi
アルディート Ardito
アルディト Ardito**
アルティドール
Altidore*
アルティナイ Altynai*
アルディーニ Aldini
アルティニアン
Artinian
アルティニャン
Artignan
アルディーヌ Aldine
アルティノ Artino
アルティマーニ
Altimani
アルティメット
Ultimate*
アルティモフ Artemov
アルティレス Artiles
アルディレス
Ardiles**
アルティン
Altin
Artin*
アルディーン Aldean
アルティング Alting
アルティントップ
Altintop
アルティンベク
Altynbek
アルテヴェルデ
Artevelde
アルデガーニ
Aldegani
アルデグレーヴァー
Aldegrever
アルデグレーファー
Aldegrever
アルデグレファー
Aldegrever
アルデコア Aldecoa
アルデシール Ardashīr
アルデシルー Ardashīr
アルテス Altés
アルテタ Arteta
アルテディ Artedi
アルテネック Alteneck
アルデバート Aldebert
アルデハニ Aldeehani
アルデハーリ Ardehali
アルデビリ Ardebili
アルテフェルデ
Artevelde
アルデブロン
Aldebron*
アルテベルデ
Artevelde
アルデベルト Aldebert
アルテポスト Altepost
アールデマ Aardema
アルテマス Artemas
アルデマーニ
Ardemagni
アルデマル Aldemar
アルデマンス
Ardemáns
アルテーミー Artemy
アルテミー Artemiĭ
アルテミエヴァ
Artem'eva*
アルテミエヴィチ
Artémievich
アルテーミエヴナ
Artemievna*
アルテーミエフ
Artem'ev
アルテミエフ
Artem'ev
Artemyev
アルテミオ Artemio
アルテミオス
Artemios
アルテミージア
Artemisia
アルテミシア
Artemisia
アルテミジア
Artemisia
アルテミス Artemis
アルテミドーロス
Artemidoros
アルテミドロス
Artemidoros
Artemidōros
Artemidorus
アルテム Artem**
アル・テムヤト
Altemyat
アルテメフ Artemev
アルテモン Artemon
アルテュ Arthus
アルデュイ Alduy
アルデュイノ Arduino
アルテュウル Arthur
アルテュス
Arthus*
Artus
アルデュス Ardys
アルテュニャン
Arutyunyan*
アルテュベルトラン
Arthus-Bertrand
アルテュール
Arthur**
アルテュル Arthur
アルテリオ Alterio*
アルデリギ Alderighi
アルテール
Alter
Altherr
Halter*
アルデル Hardel
アルデルヴァイレルト
Alderweireld
アールデルス Aelders
アルテルマン
Alterman*
アルデレッテ Alderete
アルデレーテ Aldrete
アルデレテ Alderete
アルテロ Altero
アルデロッティ
Alderotti
アルデロットー
Alderotto
アールデン Aarden
アルテン Alten
アルデン
Alden**
Aldene
Arden*
アルデンゴ Ardengo*
アルテンシュタイク
Altenstaig
アルテンシュタイン
Altenstein
アルデンス Ardens
アルデンスタム
Andenstam
アルデンティ Ardenti
アルテンドルフ
Altendorf*
アルデンドルフ
Aldendorff
アルデンネ Ardenne*
アルテンブルガー
Altenburger
アルテンブルク
Altenburg*
アルテンベルク
Altenberg**
アルテンベルヒ
Altenberg
アルデンベルリ
Anderberg
アルデンホフ
Aldenhoff
アルテンボルク
Altenbourg
アルテンミュラー
Altenmüller
アールト
Aalto**
Aart
Aert
Arlt
アールトー Aalto
アルト
Aart
Alt**
Alto
Ard
Arlt**
Arto***
アルトー
Alto
Artaud**
Arthaud
Artot
Artôt
アルド
Aldo***
Aldus
Ardo*
Halde
アルトイコフ Artykov
アルドイン Ardoin
アルトインバエフ
Altynbayev
アルトインベク
Altynbek
アルトゥーア Arthur*
アルトゥア Arthur
アルトヴァイン
Altwein
アルドゥーアン
Hardouin
アルドゥアン
Ardouin
Hardouin*
アルトウィース
Altwies
アルドヴィーニ
Aldovini
アルドゥイーノ
Adalbert
Arduino
アルトゥウル Arthur
アルトウェグ Altwegg
アルトヴェーク
Altwegg
アルトゥガマゲ
Aluthgamage
Aluthugamage
アルトゥーグ Altug
アルトゥージ Artusi
アルトゥシ Artuš
アルトゥジウス
Althusius
アルトゥシュラー
Altshuler
アルトゥス Artus
アルドゥス Aldus
アルトゥゾフ Artuzov
アルトゥチ Artuc
アルトゥート Artur
アルトゥニャン
Altunyan
Arutunian
アルトゥーベ Altuve*
アルトゥーラ Altura
アルトゥーリ Artturi
アルトゥール
Arthur***
Artur***
Artúr
Artuur
Artyr
アルトゥル
Arthur**
Artur**
アルトウール
Artur
Arutul
アルトウル Artur
アルトゥーロ
Arturo***
Auturo
アルトゥロ Arturo***
アルドゥワン
Hardouin

ア

アルトゥング
Hartung*
アルトゥンサリン
Altïnsarin
アルトオ Artaud
アルトーグ Hartog*
アルトゲルト Altgeld
アルトジウス
Althusius
アルトシューラー
Al'tshuller
アルトシュラー
Altshuler
アルトシュル Altschul
アールトセン Aeltsen
アルトドルファー
Altdorfer
アルトナー Artner
アルトナルソン
Arnarson
アルトニコル Altnikol
アルドーネ Ardone
アールトーネン
Aaltonen
アールトネン
Aaltonen
アルトハイム
Altheim*
アルトハウス
Althaus**
Althouse
アルトバッカー
Altbacker*
アルトバック
Altbach*
アルトハマー
Althamer
Althammer
アルトハメル
Althamer
アールドフ Ardov*
アルトファーター
Altvater
アルトフェスト Altfest
アルトフージウス
Althusius
アルドブランディーニ
Aldobrandini
アルドブランディーノ
Aldobrandino
アルドフリス Aldfrith
アルトーペ Artopé*
アルトベッロ
Altobello
アルトペーテル
Altpeter
アルトベリ Altobelli
アルトヘル Altherr
アルドベール Aldebert
アルドヘルム Aldhelm
アルトホーフ Althoff
アルトホフ Althoff**
アルトボレフスキー
Artobolevskii
アルトマイアー
Altmeyer
アルトマイヤー
Altmaier
Altmeyer
アルドマール Aldomar
アルトマン
Altheman
Altman***
Altmann**
Artman
Artmann**
アルトム Artom
アルトメイヤー
Altmeyer
アルトモンテ
Altomonte
アールトヤン
Aart-Jan
アルドラ Aldrá
アルトラギッレ
Altolaguirre
アルトラギレ
Altolaguirre*
アルトランド Altland
アルドリクス Aldricus
アルドリッジ
Aldredge*
Aldrich
Aldridge*
アルドリッチ
Aldrich**
アルドリッヒ Aldrich
アルドリン Aldrin
アルトリンゲン
Aldringen
アルトール Arthur
アルドール Aldor
アルドレッジ
Aldredge
アルドレッド
Aldred
Ealdred
アルトーロ Arturo
アルトロ Arturo*
アルドロヴァンディ
Aldrovandi
アルドロヴァンディーニ
Aldrovandini
アルトロック Altrock
アルドロバンディ
Aldrovandi
アルドワノ Ardoino
アルトン Alton*
アルドン
Aldon*
Ardon
アルトング Hartung
アルーナ Aruna*
アルナ
Arna
Arouna
Aruna
Harouna
アルナー
Allner
Arnar
Arnaud
Aruna
アルナイス Arnáiz
アルナウ Arnau
アールナウト Aert
アルナウトヴィッチ
Arnautovic
アルナウドフ
Arnaudov
アルナジム Al-Nagem
アルーナス Arūnas
アルナス
Arnaz
Ar-unas
Arunas
アルナソン
Arnason
Árnason
アルナック Arnac
アルナット Alnutt
アルナドッティル
Arnadottir
Árnadóttir
アルナール Arnar
アルナル
Arnal
Arnar*
アルナルド
Arnaldo**
Arnardo
Arnoldus
アルナルドゥス
Aranaldus
Arnaldus
Arnoldus
アールニ Āruṇi
アルニ Arni
アルニー Arni
アルニアチーク
Alniaçik
アールニヴァーラ
Aarnivaara
アールニオ Aarnio
アルニカ Arnica*
アルニス Arnys
アルニーチェス
Arniches
アルニチェス Arniches
アルニム Arnim**
アルヌー
Arnould
Arnoult
Arnoux**
アルヌア Alnoor
アルヌウ Arnoux
アルヌウマーン
Al-Nu'mān
アルヌース Arnous
アルヌール
Arnoul***
Arnoult
アルヌル Arnoul
アルヌルドゥス
Arnoldus
アルヌルドソン
Arnoldson
アルヌルフ Arnulf*
アルヌルフォ Arnulfo*
アルヌワンダ
Arnuwanda
Arnuwandaš
アルヌワンダシュ
Arnuwandaš
アールネ Aarne*
アルネ Arne***
アルネス Alnaes
アルネスト Ernest
アルネゼデール
Arnezeder
アルネセン Arnesen
アルネッツル Arnetzl
アルネート Arneth
アルネト Arneth
アルネール Arnér
アルネル Arnel
アルノ
Arnaud
Arno**
Artno
アルノー
Arnau
Arnaud***
Arnauld*
Arnault**
Arnaut
Arno**
Arnould
アルノーヴァ Arnova
アルノオ
Arnaud
Arnault
アルノシュト
Arnost**
Arnošt
アルノース Alnoth
アルノスト Arnost
アルノダン Arnodin
アルノッティ Arnothy
アルノッティー
Arnothy
アルノード Arnold
アルノードゥス
Alnodus
アルノビウス
Arnobius
アルノビッチ
Arunovic
アルノラ Arnola
アルノリッジ
Alnoridge
アルノリド Arnol'd
アルノール Arnold
アルノル Arnold
アルノルディ Arnoldi
アルノルト
Arnold***
Arnolt*
Arnord
アルノルド
Arnold***
Arnoldo**
Arnoldus
アルノルドゥス
Arnoldus
アールノルドソン
Arnoldson
アルノルドソン
Arnoldson
アルノルフィーナ
Arnolfina*
アルノルフォ Arnolfo
アルノワ Harnois*
アルノン Arnon**
アルノンクール
Harnoncourt
アルバ
Alba**
Albul
Alva**
Alvah
Arba
アルバー
Alber
Albert
Alberus
Alvar
Arber*
アルパ
Arpa*
Arupa
アルパー
Alpar
Alper*
Arper
アルバアスリー
Al-Baṣrī
アルバアト Albert
アルバイオス
Alphaeus
アル・ハイサム
Alhazen
アルハイサム
Al-Haytham
Alhazen
アルバイター Arbeiter
アル・バイタール
Al-Baytār
アル・バイタル
Al-Baitār
アルバイタール
Al-Baitār
Al-Baytār
アルバイラク
Albayrak
アルハイル Al-Khayr
アルパイン Alpine
アルバウム Al'baum
アルバカーキ
Albuquerque
アルバカーキー
Alburquerque
アルバカシス
Albacasis
アル・ハカム
Al-Ḥakam
アルハカム Al-Ḥakam
アル・ハキーム
Al-Hakim
アルハキーム
Al-Hakim
アールバーグ
Ahlberg*
アルバーグ Ahlberg**
アルパクサデ
Arphaxad
アルバクサミー
Al-Baksami
アルパクシャド
'Aarpakšad
アルバグダーディ
Al-Baghdādī
アルバグダーディー

ア

Al-Baghdādī
アル・バクリ Al-Bakrī
アル・バクリー
Al-Bakrī
アルバクル Arbuckle
アルバグワーディー
Al-Baghdādī
アルバーサル
Alberthal
アル・ハサン Al-Ḥasan
アルハサン
Al Hassan
Hassan
アルハジ
Al-Haaj
Alhadj
Al-Haj
Alhaj
Alhaji
Al-Ḥājjī
アルパジェス
Harpagès
アルバジーニ Albasini
アルバジーノ
Arbasino**
アルバシャ Albasha
アルバース Albers*
アルバーズ Albers
アルバス
Albus*
Arbás
アルパース Alpers
アルパーズ Alpers**
アルバーストーン
Alberstone
アルバスリー Al-Baṣrī
アルハーゼン Alhazen
アルハゼン Alhazen
アルパーソン
Alperson
アルバータ Alberta**
アルバータイン
Albertine
アルバダウィー
Al-Badawī
アルバータス Albertus
アルバタッジー
Albertazzie*
アルバタニウス
Albatenius
アルバータリ
Albertalli
アルバチャコフ
Arbachakov
アルバーツ
Albers
Alberts*
アールバック
Erlbach*
アルバック Allback
アルバックス
Halbwachs
アルハッサン
Alhassan
Alhassane
アル・ハッジ Al-Ḥājjī
アル・ハッジャージ
Al-Ḥajjāj
アルパッド Arpád
アルバッハ Albach*
アル・バッラヌービー
Al-Ballanūbī
アルバッワーブ
Al-Bawwāb
アルバデ Albadé
アルハーディ Al-Hadi
アルハーディー
Al-Hādī
アルハディ Al-Hadi*
アルバーティ
Alberti
Alberty
アルバーティーナ
Albertina
アルバティーナ
Albertina
アルハティーブ
Al-Khaṭīb
アルハティム
Al-Khatim
アルバーティン
Albertine
アルバテグニウス
Albategnius
アルハデフ Alhadeff
アールパード
Arpad
Arpád
Árpád*
アルバート
Albath
Albert***
Alberto**
Albrecht
Allbert
アルパード Árpád
アルパート Alpert**
アルパード
Arpad
Árpád***
アルパド
Arpad
Árpád
アルバートキビチ
Albert Kibichii
アルバートソン
Albertson*
Albertsson
アルバートフ Arbatov
アルバトフ Arbatov**
アルパートフ
Alpatov*
アルバーニ Albani*
アルバニ Albani
アルバニー Albany
アルバニージー
Albanese
アルバニーズ
Albanese
アルバニタ Arvanitas
アルバニトプロス
Arvanitopoulos
アルバーヌス Albanus
アルバヌス
Alban
Albanus
アルバネーズ
Albanèse
アルバネーゼ
Albanese***
アルバネル Albanel
アルバーノ Albano
アルバノ Albano
アルハノフ Alkhanov*
アルバーノフ
Al'banov
アル・バハー Al-Bahā
アルバハリ Albahari
アルハビ Arhabi
アルバーブ Arbab
アルハフィーズ
Al-Ḥafīz
アルハマウィー
Al-Hamawi
アルハマダーニー
Al-Hamadhānī
アルハマド Al-Hamad
アルハマミー
Alhamamy
アル・ハミード
Al-Ḥamīd
アルバム Albam
アルパヨ Alphaîos
アルバーラ Albala
アルバラグ Albalagh
アルバラシン
Albarracin
アルバラデホ
Albaladejo
アルバラード
Alvarado**
アルバラド
Alvarado**
アルバラン
Albarran
Albarrán*
アルバーリ Albahari
アルパリー Alpari
アルバリオティス
Alvaliotis
アル・ハーリス
Al-Ḥārith
アル・ハーリスィー
Alharthi
アル・ハリール
Al-K̲alīl
アルバール Alvar
アルバル Albar
アルパルスラン
Alparslan
アルパールツ Alpaerts
アルバルバネル
Arbarbanel
アルバルヒー
Al-Balkhī
アルバルマキー
Al-Barmakī
アルバレ
Albaret
Alvarez
アルバレイ Alburey
アルバレス
Álaverez
Alvalez
Alvarès
Álvares
Alvarez***
Álvarez***
アルバレズ Alvarez**
アルバレスカスコス
Álvarez-cascos
アルバレスコレア
Álvarez-correa
アルバレスマルファニ
Alvarezmarfany
アルバレツ Alvarez
アルバレリ Albarelli
アルバレロ Albarello
アルバレンガ
Alvarenga*
アルバーロ Alvaro
アルバロ
Alvaro***
Álvaro***
アルバーン
Alban
Albarn*
アルバン
Alban**
Albán
Albin*
Arban
アルパーン Alpern
アルパン Alpern
アルハーンゲリスキー
Arkhangeliskii
アルハンゲリスキー
Arkhangeliskii
Arkhangelskii
Arkhangel'skii*
Arkhangelsky
Arkhangel'sky
アルハーンゲリスキィ
Arkhangeliskii
Arkhangel'skii
アルハンゲルスキー
Arkhangel'skii
Arkhangel'sky
アルバンス Albans
アルバンナー
Al-Bannā
アルビ Alvi*
アルビー
Albbie
Albee*
Albert
Albie
Harvey
アルピ
Alpi
Arpi*
アルヒア Alhir*
アルビア Arbia
アルピアン Alpian
アルビウス Albius
アルビエフ Albiev**
アルビオル Albiol
アルビオン Albion**
アルビカストロ
Albicastro
アルビザッチ
Albizzati
アルピサル Alpizar
アルビージャ Arbilla
アルビーズ Albies
アルビス Alvis
アルビストン Albiston
アルビーゼ Alvise
アルビセッティ
Albisetti
アルビダ Alwida
アルビダス Arvydas
アルビッソン
Albisson*
アルビッツ Albitz
アルビッド Arvid
アル・ヒッリー Al-Ḥillī
アルビティオ Arbitio
アルビテル Arbiter
アルビド Arvid
アルビドション
Arvidsson
アルビトソン
Arvidson
アルビドソン
Arvidson
Arvidsson
Arwidson
アルビトマン
Arbitman
アルビナ
Albina*
Alvina
アルビーニ Albini
アルビニ Albini
アルピニー Harpignies
アルピーニ Alpini*
アルピニ Harpignies
アルピニー Harpignies
アルビニオ Alvinio
アルビーヌス Albinus
アルビヌス Albinus
アルピネ Arpine
アルビーノ Albino
アルビノ
Albino
Alvino
アルピーノ Arpino**
アルピノ Arpino*
アルビノヴァヌス
Albinovanus
アルビーノス Albinos
アルビノス
Albinos
Albinus
アルビノーニ
Albinoni*
アルビハレ Aluvihare
アルビブ Arbib
アルヒペンコ
Archipenko
Arkhipenko
アルヒーポヴァ
Arkhipova
アルヒポエータ
Archipoeta

ア

アルヒーポフ
Arhipov
Arkhipov
アルヒポフ Arkhipov
アルヒポワ Arkhipova
アルビュロー
Arbuleau
アルヒラゴス
Argilagos
アルヒラル Alhilal
アルヒール Alhir
アルビーン Albin
アルビン
Albin***
Alvin***
Alwin
Arvin
Erwin
アルビング
Albing
Irving
アルビンツィー
Alvinczy
アルビンド Arvind
アルヒンマキ
Arhinmäki
アルフ Alf**
アルフー Er-fu
アルブ Albou
アルブー Halbout
アルプ
Alp
Alpt
Arp**
Arup
Harpe
アルファ
Alfa
Alpha**
Arfa
Ulpha
アルファー Alpher*
アルファイ Halphaîos
アルファイオス
Alphaios
アルファイド
Al Fayed**
アルファウ Alfau**
アルファウイ Arfaoui
アルファガ Alfaga
アルファキーフ
Al-Faqīh
アルファーシー
Al-Fāsī
Alfasi
アルファシ Alfasi
アルファスィ Alfasi
アルファゼマ
Alfazema
アルファーツ Alpherts
アルファッシー
Alfassy
アルファティーフ
Al-Futaih
アルファーデス
Alverdes
アルファデス Alverdes
アルファト Arrufat
アルファーニ Alfani
アルファーノ Alfano*
アルファノ Alfano
アル・ファラジュ
Al-Faraj
アル・ファラズダク
Al-Farazdaq
アル・ファラズダック
Al-Farazdaq
アルファラディー
Al-Faraḍī
アルファラーノ
Alfarano
アルファリク Alfaric
アルファリック Alfaric
アルファーリド
Al-Fārid
アルファロ Alfaro**
アルファロー Alfaro
アルファン
Alphand*
Halphen
アルファンス Alfons
アルファンソ Alfonso
アルファンデリ
Alphandery
Alphandéry*
アルフィ
Alfi
Alfie**
アルフィー Alfie*
アルフィアス Alphus
アルフィアン Alfian**
アルフィヴァソン
Alfivason
アルフィウス Alfius
アルフィエ Alfie
アルフィエーリ
Alfieri*
アルフィエリ Alfieri
アルフィオ Alfio
アルフイド Arvid
アルフィン
Alfin
Alphin
アルブヴァクス
Halbwachs*
アルブヴァクス
Halbwachs
アルブヴァックス
Halbwachs
アルフヴェドソン
Arfvedson
アルフヴェン Alfvén
アルフェ Arfe
アルフェイ Alphey
アルフェウス Alpheus
アルフェエフ Alfeev
アルフェーエフスキー
Alfeevskij
アルフェギウス
Alphege
アルフェサ Arphaxed
アルフェジ Alphege
アルフェース Alpheus
アルブエス Arbués
アルフェデス Alverdes
アルフェドソン
Arfvedson
アルフェヌス Alfēnus
アルフェーフスキー
Alfeevskii
アルフェリ Alferi
アルフェリオ Alferio
アルフェルディ Alföldi
アルフェルデス
Alverdes*
アールフェルト
Ahlfeld
Alefeld
Alfeld
Alveldt
アルフェロフ Alferov
アルフェーワ Alfeeva
アルフェン Alphen
アールフォシ Ahlfors
アールフォース
Ahlfors
アルフォード Alford**
アルフォナ Alphona
アルフォール Alfort
アールフォルス
Ahlfors**
アルフォン
Alfons
Alphonse
アルフォンサ
Alphonsa
アルフォンサス
Alfonsas
Alphonsus
アルフォンシ
Aldefonsi
Alfonsi**
Alphonsi
アルフォンシーナ
Alfonsina
アルフォンシナ
Alfonsina
アルフォンシーヌ
Alphonsine
アルフォンシン
Alfonsin*
Alfonsín*
アルフォーンス
Alphonse
アルフォンス
Alfons**
Alfonse*
Alfonso
Alfonz*
Alphones**
Alphons**
Alphonse***
Alphonso
Alphonss
アルフォンスィ
Alfonsi
アルフォンスス
Alphonsus
アルフォンスフェリックス
Alphonce Felix
アルフォンセカ
Alfonseca
アルフォンソ
Alfonnso
Alfonso***
Alfonzo
Alonso
Alphonse
Alphonso**
アルフォンゾ
Alfonso*
Alfonzo*
アルフォンソアントニオ
Alfonso Antonio
アルブカシス
Albucasis
アルフガーニー
Al-Afghani
アルプギーン Alptigīn
アルブケルク
Albuquerque
アルブケルケ
Albuquerque
アルフケン Arfken*
アルフサイニー
Al-Husayni
Al-Ḥusaynī
アル・フサイン
Al-Ḥusayn
アルフサイン
AlḤusayn
アルブジャニ
Albuzjani
アルブース Arbousse
アルブスターニー
Al-Bustānī
アルフスリー Al-Ḥusrī
アルフセイニ
Alhousseini
アルフセイン
Al-Hussein*
アルフセン
Alfsen
Allhusen
アルブーゾフ
Arbusow
Arbuzov**
アルブゾフ Arbuzov
アルフター Halffter
アルフダー Al-Hudā
アルブッチャー
Albucher
アルブット Aelvoet
アルプティアン
Harpoutian
アルプティギーン
Alptigīn
アルプ・テキン
Alptigīn
アルプテキン Alptekin
アルプテギン Alptigīn
アルフテル Halffter*
アルフヌード
Al Hunnud
アルブバクス
Halbwachs
アルフヘア Aelfheah
アルフベン Alfvén
アルフホンス
Alphonse
アルフホンソ Alfonso
アルブマザル
Albomasar
Albumazar
アルフュース Alpheus
アルフユース Alpheus
アルフョーロフ
Alferov
アルフョロフ
Alferov**
アルフライ Allfrey
アルブライト
Albright*
アルプラガサム
Arulpragasam
アルフラート Al-Furāt
アルフーリー
Al-Khūrī
アルブリチ Albrici
アルフリック
Aelfric
Alfric
アルブリッツィ
Albrizzi
アルフリッド Alfred
アルブリットン
Albritton**
アルフリート
Alfred
Alfried
アルブリトン
Albritton
アルブール Arbour*
アルブル
Arbelet
Arbr
Arbulu*
アールブルク Ahlburg
アールブルグ Ahlburg
アルブルケルケ
Alburquerque
アールブルヒ Ahlburg
アルフレ
Alfre
Alfred*
アルフレー Alfred*
アルブレクト
Albrecht
Albrekt
アルフレズ Alfred
アルブレスク
Albulescu
アルフレダス Alfredas
アルフレツ Alfred
アルブレックソン
Albrektsson
アルブレッチェン
Albrechtsen
アルフレット Alfred*
アルフレッド
Albrecht
Alfled*
Alfred***
Alfréd
Alfredo***
Alhred
Alphred
Arfred
アルフレッドソン
Alfredson*

Alfredsson**
アールフレド Alfred
アルフーレド Alfredo
アルフレート
Alfred***
アルフレード
Alfred*
Alfredo***
アルフレト Alfred
アルフレド
Alfled
Alfred**
Al'fred
Alfredo***
アルフレドヴィチ
Al'fredovich
アルフレードソン
Alfredson
アルブレヒツゾーン
Albrechtszoon
アルブレヒツバーガー
Albrechtsberger
アルブレヒツベルガー
Albrechtsberger
アルブレヒト
Albrechit
Albrecht***
アルブレヒト
Albrecht*
アルブレヒトソン
Albrechtson
アルフレン Alflen
アルブロ Alburo
アルブロウ Albrow
アルブワクス
Halbwachs
アルブワックス
Halbwachs
アルブワックス
Halbwachs
アルベ
Alva
Arve
アルベー Albert
アルペ
Arpe
Arrupe*
Arrupé
アルベアル Alvear**
アルペイ Alupei*
アルペイオス Alpheios
アルペイディン
Alpaydin
アルベェル Albert
アルベゴフ Albegov
アルベシエール
Arbessier
アルベース Albert
アルベス
Alves*
Alvez
Arbes
アルベック Albaek
アルベッソン Alvesson
アルベット
Albert
Albet
アルベナ
Albena*
Albéna
アルヘニウス
Arrhenius
アルペニーク Arpenik
アルベーニス Albéniz
アルベニス
Albeniz
Albéniz*
アルヘニャル Argeñal
アルベーラ Alver'a
アルベラーゼ
Arveladze
アルベラゼ Arveladze
アルベーリ Alberi
アルベリー Albery
アルベリオーネ
Alberione
アルベリク
Alberic
Albéric
アルベリクス
Alberic
Albericus
アルベリーゴ
Alberigo*
アルヘリチ Argerich
アルベリック
Alberic
Albéric
アルヘリッチ Argerich
アルベリーニ Alberini
アルベール
Alber*
Albers
Albert***
Albért
Alfred
アルベル Albert
アルペル Alper
アルベルガーティ
Albergati
アルベルク Alberik
アルベールゲッティ
Alberghetti
アルベルゲッティ
Alberghetti
アルベルゲット
Alberghetto
アルベールズ Albers
アルベルス
Albers
Alberus
アルベルタ Alberta*
アルベルタッツィ
Albertazzi**
アルベルチ Alberti*
アルベルチーヌ
Arbertine
アルベルチュー
Albertus
アルベルツ Albertz
アルベルツス Albertus
アルベルティ
Alberti***
アルベルディ Alberdi
アルベルティエリ
Albertieri
アルベルティス
Albertis
アルベルティーナ
Albertina*
アルベルティナ
Albertina
アルベルティーニ
Albertini*
アルベルティーヌ
Albertine*
アルベルティヌ
Albertino
アルベルティネッリ
Albertinelli
アルベルティネリ
Albertinelli
アルベルティネルリ
Albertinelli
アルベルティーノ
Albertino
アルベルティーン
Albertine
アルベルディンク
Alberdingk
アルベルテッリ
Albertelli
アルベルテュス
Albertus
アルペルテン Alperten
アールベルト Albert
アルベルト
Albert***
Alberto***
Albertus
Arberto
Herbert
アルベルトゥス
Albertus*
アルベルトソン
Albertsson
アルベルトッリ
Albertolli
アルベルトニ
Albertoni
アルベールーニー
Alberūnī
アルベルニ Alberni
アルベルヒト Albrecht
アルヘルミ Al-Helmy
アルペルン Halpern
アルベレース Albérès
アルベレス
Alberes
Albérès*
アルベレツ Arbelaez
アルベレーニョ
Alberegno
アルベーロ
Albero
Albert
アルベロ
Albelo
Albero
Arbellot
アルベロア Arbeloa
アルペロヴィッツ
Alperovitz
アルベローニ
Alberoni***
アルペロビッツ
Alperovitz*
アルベローラ
Alberola*
アルベロラ Alberola
アルベーン Alfvén
アルベン
Alben
Arben
アルペン Alpen
アルベングリン
Albengrin
アルベンス Arbenz
アルベンス Arbenz
アルヘンソーラ
Argensola
アルヘンソラ
Argensola
アルヘンタ Argenta
アルヘンチーナ
Argentina
アルヘンチナ
Argentina
アルヘンチニータ
Argentinita
アルヘンティーナ
Argentina*
アルヘンティナ
Argentina
アルヘンティニータ
Argentinita
アルヘンティニタ
Argentinita*
アルベントサ
Albentosa
アルヘンホルツ
Archenholz
アルボ
Albo
Arbo*
Arbó
Arvo
アルボー
Arbaugh
Arbeau
アルポ Alupo
アルボア Arbois
アルボイン Alboin
アルボガー Arbogast
アルボガステス
Arbogast
アルボガスト
Arbogast
アルボース Arbós
アルボス
Arbos
Arbós
アルボーチ Alborch
アルボード Alvord
アルホーナ Arjona
アルボーニ Alboni
アルホビン Aljovín
アルホフ Erlhoff
アールボム Ahlbom*
アルボーム Albohm
アルボム Albom**
アルボムッレ
Alubomulle
アルボリオ Arborio
アルボル Árbol
アルボルク Alborch*
アルボルタ Alborta
アルボルノース
Albornoz
アルボルノス
Albornoz*
アルボルノッツ
Albornoz
アルボレーダ
Arboleda
アルボレダ Arboleda*
アルボレート
Alboreto**
アルボレヤ Arboleya
アルボロー
Harborough
アルボワ Arboix
アルボーン Albone
アルボン Albon
アルポン Arpón
アルホンス
Alphonse
Alphonso
アルホンソ Alphonso
アルマ
Alma**
Arma*
アルマー
Almaer
Armer
Ulmer*
アル・マアッリー
Al-Maʻarrī
アルマアッリー
Al-Maʻarrī
アルマイアー
Allmayer
アルマイズ Armaiz
アルマウエル
Armauer
アルマウシリー
Al-Mawsilī
アルマウスィリー
Al-Mawsilī
アルマギア Almagia
アルマキウス
Almachius
アル・マキーン
Al-Makīn
アールマーク
Ahlmark*
アルマクトゥーム
Almaktoum
アルマクトゥール
Al-Maqtūl
アルマグロ
Almagro**
アルマゲヤー
Almaguer
アルマサン Almazan
アルマザン
Almazan
Almazán
アルマーシ Almasy

ア

アルマジア Almagia
アルマシュ Armashu
アル・マジュースィ
Al-Majūsī
アルマース Allmers
アルマス
Almas
Armas***
アルマズ Almaz
アルマスベク
Almasbek
アルマズベク
Almazbek*
アルマスリ Al-Masri
アルマーダ Almada*
アルマダ Almada
アルマック Armack
アールマディンゲン
Almedingen
アルマディンゲン
Almedingen
アルマト Almat
アルマド Ahmad
アルマトフ Almatov
アルマーニ Armani**
アルマニーニ
Armanini
アルマーヌ Allemane
アルマーノ Armano
アル・マハリー
Al-Mahrī
アルマフディ
Al-Mahdi
Al-Mahdī
アルマフディー
Al-Mahdī
アル・マフリー
Al-Mahrī
アルマフリー
Al-Mahrī
アルマミ Almamy
アルマムベト
Almambet
アルマラン Armaran
アルマーリオ Almario
アルマリオ Almario
アルマリク Al-Malik
アールマン Ahlmann*
アルマン
Allemand*
Allemang
Almain
Alman
Arman***
Armand***
Armin
Ullman*
Ullmann
アルマンゴウ
Armengaud
アルマンザール
Almanzar
アルマンス Almans
アルマンスペルク
Armansperg
アルマンスール
Al-Manṣūr
アルマンゾ Almanzo
アルマーンド Armand
アルマント Armand
アルマンド
Armand**
Armande
Armando***
アルマンニ Armanni
アルミ Armi
アルミィン Armijn
アルミスリー
Al-Misri
Al-Miṣrī
アルミセン Armisen
アルミーダ Armida
アルミダ
Armeda
Armida
アルミタージュ
Armitage
アルミナ Almina
アルミニウス
Armin
Arminius
アルミニオ Arminio
アルミーニョ Armino
アルミニヨン
Arminjon*
アルミホ Armijo
アルミラ Almira
アルミライ Almirall
アルミランテ
Almirante*
アルミリアート
Armiliato*
アルミル Almir
アルミロン Almiron
アルミーン Armin
アルミン Armin***
アルミンク Arming*
アルミンド Armindo
アルム
Ah-reum
Arun
アル・ムゥタッズ
Al-M'tazz
アル・ムウタッズ
Al-Mu'tazz
アルムウミン
Al-Mu'min
アル・ムカッファ
Al-Mukaffa'
Al-Muqaffa'
アルムカッファー
Al-Muqaffa'
アルムカッファウ
Al-Muqaffa'
アルムガン Arumugan
アル・ムカンナ
Al-Muqanna'
アルムクィスト
Almquist
アルムクヴィスト
Almqvist
アルムクビスト
Almqvist
アルムグレン
Almgren*
アルムジック
Almsick*
アルムスター Armster
アルムスタアスィミー
Al-Musta'ṣimī
アルムスタファ
Almoustapha
アルムータッズ
Al-Mu'tazz
アルムダフ Almudhaf
アル・ムタワッキル
Al-Mutawakkil
アルムデナ
Almudena*
アルムート Almut
アルムノー
Armenault
アル・ムバッラド
Al-Mubarrad
アルムハルト
Armgard
アル・ムファッザル
Al-Mufaḍḍal
アル・ムファッダル
Al-Mufaḍḍal
アルムフェルト
Armfelt
アルムブルスター
Armbruster*
アルムブルステル
Armbruster
アルムルーク
Al-Mulūk
アルムルク Al-Mulk
アルムルタダー
Al-Murtaḍā
アルムレーブ Almlöf
アルムロース Almorth
アルムロス Almorth
アルムロトフ Almroth
アルメイザ Almeyda
アルメイダ
Almeida***
Almeyda*
アルメイン
Armijn
Armyn
アルーメーウス
Arumäus
アルメジノ
Armellino*
アルメス Almes
アルメスト Armesto*
アルメーダ Almeida
アルメダ Almeida
アルメッリーニ
Armellini
アルメディーナ
Almedina
アルメニアン
Armenian
アルメニーニ
Armenini
アルメノビィチ
Armenovich
アルメノビチ
Armenovich
アルメリーニ
Armellini
アルメリノ Almerino
アルメリャーダ
Armellade
アルメリャダ
Armellada*
アルメール Armelle
アルメル
Armel**
Armelle*
Harmel
アルメロ Armero
アルメン
Allmen*
Almain
Almen
Armen**
Ulmen
アルメンタノ
Armentano
アルメンダリス
Armendariz*
Armendáriz
アルメンダリズ
Armendariz
アルメンディ Armendi
アルメンティア
Armentia
アルメンテロス
Armenteros
アルメンドラス
Almendras
アルメンドロス
Almendoros
Almendros*
アルモ Almou
アルモガベル
Almogáver
アルモグ Almog
アルモスニーノ
Almosnino
アルモッサウィ
Almossawi
アルモディオ
Armodio
Harmodio
アルモドヴァル
Almodovar
Almodóvar*
アルモドーバル
Almodóvar
アルモドバル
Almodovar
Almodóvar*
アルモーラ Almora
アルモロス Almorós
アルモン Almon
アルモンテ
Almonte**
アルモンテール
Armontel
アールヤ Ārya
アルヤ Arja*
アルヤヴィルタ
Arjavirta
アルヤージジー
Al-Yāzijī
アルヤーズィジー
Al-Yāzijī
アルヤナーク Alyanak
アールヤバータ
Āryabhāṭā
アールヤバーター
Āryabhāṭā
アールヤバタ
Āryabhāṭā
アルユーニ
Arjouni***
アルヨナ Aljona
アル・ライハーニー
Al-Rayḥānī
アルラウィ Al-rawi
アルラウスキス
Arlauskis
アルラシディ
Alrashidi
アルラッキ Arlacchi*
アル・ラティーフ
Al-Laṭīf
アルラン
Allan
Arland**
アルランクール
Arlincourt
アルランディ Arlandi
アルリ
Alluri
Arli
アルリーゴ Arrigo
アルリス Alulis
アルリーチ Alrici
アルリック Ullrich*
アルリッシュ Alrich
アルリッチ Ulrich
アルリファイ
Al Rifai
Al-Rifai
アルリベール Allibert
アルリン Urlin
アルリンダ Arlinda
アルリンド
Arlind
Arlindo
アルール Arrour
アルル
Aloulou
Arles
アルルト Arlt
アルールプラガサム
Arulpragasam
アルレ
Harlé
Härle
Harlez
アルレー
Arley**
Harlez
アルレェ Arley
アルレッテ Arlette*
アルレッティ Arletty*
アルレット Arlette*
アルレッド Alred
アルレム Harlem*
アルレン
Allen
Arlen

アルロ
Arlo*
Harry
アルロー
Arlaud*
Arlaux
アルロイ Alroy
アルロソロフ
Arlosoroff
アルロゾロフ
Arlosoroff
アルワ
Arwā
Arwaa
アルワー Arwā
アルワイス Alweiss
アルワース Allworth
アルワタ Alwata
アルワッザーン
Al-Wazzān
アルワッハーブ
Al-Wahhāb
アルワード Alward
アルワファー Al-Wafā
アルワムナ
Alluwamna
アルワリア
Ahluwalia*
アル・ワリード
Al-Walīd
アルワリード
Al-Walīd
アルワルディー
Al-Wardī
アルワルド Al-Ward
アルワン Alwan
アールン Aron
アルーン
Aloun
Haroun
アルン
Arun***
Arung
Harun
アルンシュタイン
Arnstein
アルンス Arns*
アルンスヴァルト
Arnswaldt
アルンスタッド
Arnstad
アルンダティ
Arundhati**
アルンチ Arinç
アルンツ Arndts
アルンヅ Arnndts
アルンツェン Arntzen
アルンティウス
Arruntius
アールンド Ahlund
アルント
Arnd*
Arndt***
Arnt
アルンド Arnd
アルントゼニウス
Arntzenius
アルンドハティ
Arundhati
アルンノ Alunno
アルンハイム
Arnheim*
アルンフィン Arnfinn
アルンフリート
Arnfried
アルンブリュステ
Armbruster
アルンホルト Arnhold
アーレ
Aarre
Ahle
Al*
Āl-e
Aleh**
アレ
Allais***
Are
Ehret
Halep
Hallet
Halley
Re
アレー
Allais*
Alley*
Hallays
Halley
アレア
Alea*
Allaire
アレアー Allaire
アレアサ Arreaza
アレアルディ Aleardi
アレアルド Aleardo
アレアン Alean
アレアンドリ Aleandri
アレアンドロ
Aleandoro
Aleandro
アーレイ
Alley
Arleigh
アレィ Allais
アレイ
ALley
Alley*
Arey
アレイオス
Areios
Arius
アレイクサンドレ
Aleixandre**
アレイクス Aleix
アレイジャディーニョ
Aleijadinho
アレイショ Aleixo
アレイスター
Aleister*
アレイダ Aleida*
アレイニク Aleynik
アレイニコウ
Alejnikov
アレイニコフ
Aleinikov
アレイヒェム
Aleichem
アレイヘム
Aleichem**
Aleikhem*
アレイモウ Alaimo
アレイヤ Aleya
アレイン
Alain
Alane
Alleyne
アレイントピン
Alleyne-toppin
アレウ Aleu
アレヴ Alev
アレヴァロ Arévalo
アレヴィ
Halévi
Halevy
Halévy*
アレヴィー Halévy*
アレヴィイ Halévy
アーレヴィン Alewyn
アレヴィーン Alewyn
アレヴィン Alewyn*
アレウス Areus
アレエ Allais
アレオ Aleo
アレオス Areus
アレオッティ Aleotti
アレオナール
Aleonard
アレオパギタ
Areopagites
アレオパギーテース
Areopagites
アレオパギテース
Areopagites
Areopagitēs
アレオパギテス
Areopagites
Areopagitēs
アレオラ
Areola
Arreola**
アレオン Aleong
アレカ Aleka
アレガウィ Aregawi**
アレキ
Aleki
Alki
アレギ Arégui
アレキサンダ
Alexander
Alexandre
アレキサンダー
Aleksandăr
Aleksander*
Aleksandr*
Alexander**
Alexandre
Alexandros
アレキザンダー
Alexander
アレキサンダア
Alexandre
アレキサンダーソン
Alexanderson
アレキサンデル
Aleksander
Alexander*
Alexandros
Alexsander
アレキサンドラ
Aleksandra
Alexandra*
アレキサンドリア
Alexandria*
アレキサンドル
Aleksandr*
Alexander**
Alexandre**
アレキサンドレ
Alexandre
アレキサンドレスク
Alexandrescu
アレキサンドロヴィチ
Alexandrovich
アレキサンドローヴィッチ
Alexandrovich
アレキサンドロヴィッチ
Aleksandrovich
Alexandorovich
Alexandrovich
アレキサンドロヴナ
Alexandrovna
アレキサンドロッフ
Aleksandrov
アレキサンドロフ
Aleksandrov
アレキシ Alexis
アレキシー Alexis
アレキシス Alexis**
アレキス Alexis
アレキセイ Aleksei
アレキセーエヴ
Alekseev
アレキセエヴィッチ
Alekseevich
アレク
Alec*
Alek
Arek
アレクアンドル
Aleksandr
アレクサ
Aleksa
Alexa*
アレクサーシキン
Alexashkin
アレクサニアン
Alexanian
アレクサニャン
Aleksanyan
アレグザーン Alexan
アレグザン Alexan
アレグザンスキー
Alexinsky
アレクサンダー
Aleksandar
Aleksander
Aleksandr*
Alexandar
Alexander***
Alexandre***
Alexandros
Alexsander
Arexander
アレクザンダ
Alexander
アレクザンダー
Aleksandr
Alexander*
Alexsander
アレグサンダー
Alexander*
Alexandre
アレグザーンダ
Alexander
アレグザンダ
Alexander
アレグザンダー
Alexander***
アレクサンダーション
Alexandersson
アレグザンダーズ
Alexanders
アレクサンダーソン
Alexanderson*
Alexandersson
アレグザンダーソン
Alexanderson
アレグザンダソン
Alexanderson*
アレクサンダル
Aleksandar***
Aleksandâr
Aleksandr
Alexander
アレクサンダロフ
Allexandroff
アレクサンデション
Alexandersson
アレクサンデル
Aleksandar
Aleksander***
Aleksandër
Aleksandor
Aleksandr
Alexander***
Alexandre
アレクサンデルス
Aleksandrs
Alexander
アレクサンデルソン
Alexanderson
Alexandersson
アレクサンドヴィチ
Alexandovich
アレクサンドゥル
Alexandru
アレクサーンドラ
Aleksandra
アレクサンドラ
Aleksandra***
Alexander*
Alexandra***
Alexandre
アレクザーンドラ
Alexandra
アレクザンドラ
Alexandra
アレグザンドラ
Alexandra**
アレクサンドラトス
Alexandratos
アレクサンドリ
Alecsandri
アレクサンドリア
Alexandria*
Alexandrina
Alexandrinus
アレクサンドリアン
Alexandrian
アレクサンドリーナ
Alexandrina
アレクサンドリーヌ
Alexandrine
アレクサンドリーネ
Alexandrine

ア

アレクサンドリン
Alexandrine
アレクサーンドル
Aleksandr
Alexandre
アレクサントル
Alexandre
アレクサンドール
Aleksandr
アレクサンドル
Aleaksandr
Aleksandar
Aleksander***
Aleksandr***
Aleksándr
Aleksandre*
Aleksandrov
Alexander***
Alexandor
Alexandr**
Alexandra
Alexandre***
Aléxandre
Alexandru**
Alexsander*
Aliaksandr*
Oleksandr*
アレグザンドル
Alexandre
アレクサンドルス
Aleksandrs
アレクサンドルフ
Aleksandrov
アレクサンドレ
Alek'sandre
Aleqsandre
Alexandre*
アレクサンドレイア
Alexandreia
アレクサンドレスク
Alexandrescu
アレクサンドロ
Alessandro
Alexandro
Alexandros
アレクサンドロヴ
Aleksandrov
アレクサンドロヴァ
Aleksandrova*
Alexandrova
アレクサーンドロヴィチ
Aleksandrovich
アレクサンドロヴィチ
Aleksandorovich
Aleksandrovič
Aleksandrovich**
Aleksándrovich
Aleksandrovici
Aleksandrowicz
Alexandovich
Alexandrovich
アレクサンドローヴィッチ
Alexandrovitch
アレクサンドロヴィッチ
Aleksandrovich*
Alexandrovich
Alexandrowicz
アレクサンドロヴナ
Akeksandrovna
Aleksandrovna*
Aleksándrovna
Alexsandrovna
アレクサンドロス
Aleksandros
Alexander
Alexandre
Alexandros**
Aléxandros
アレクサーンドロビチ
Aleksandrovich
アレクサンドロビチ
Aleksandrobits
Aleksandrovich
アレクサンドロビッチ
Aleksandrovich*
アレクサーンドロフ
Alexandrov
アレクサンドロフ
Aleksandorov
Aleksandrov*
Alexandrov**
アレクサンドロフスカヤ
Aleksandrovskaia
アレクサンドロワ
Aleksandrova
Alexandrova*
アレクサンヤン
Aleksanyan*
Aleqsanyan
アレクシ
Aleksi
Alexi
Alexis**
アレクシー
Alecxih
Aleksei
Aleksii
Aleksiy
Alexi
Alexie**
Alexis*
Alexsey
Alexy
アレクシア Alexia*
アレクシーイ
Aleksei
Aleksii
アレクシーウ Alexiou*
アレクシウス
Aléxios
Alexius
アレクシウン Aleksiun
アレクシェーヴィチ
Alekseevich
アレクシエーヴィチ
Aleksievich*
アレクシエヴィチ
Aleksievich
アレクシエーヴィッチ
Aleksievich**
Areksievich
アレクシエービチ
Aleksievich
アレクシェービッチ
Alexievich
アレクシエービッチ
Aleksievich
アレクシオス
Alexios
Aléxios
Alexius
アレクシシビリ
Alexishvili
アレクシス
Aleksei
Aleksis
Alexie
Alexis***
アレクシスバーナディン
Alexis-bernadine
アレクシーゼ
Aleksidze
Alexsidze
アレクシチ Alexits
アレクシッチ Aleksici
アレクシナ Alexina
アレークシン Aleksin*
アレクシン Aleksin
アレクス
Aleix
Aleks
Alex
アレクスク Alexuc
アレクセ Alexe
アレクセーイ
Aleksei
Aleksej
Alexej
アレクセイ
Alecksey
Aleksei***
Alekseí
Alekseĭ
Alekséi
Aleksej*
Aleksey*
Aleksiy
Alexei***
Alexej*
Alexey**
Alexis
Alexsey
Alexy**
アレクセイヴィチ
Alekseevich
Alekseyevich
アレクセイヴィッチ
Alekseyevich
アレクセイエフ
Alekseyev
Alexeev
Alexeieff
Alexeyev
アレクセイエワ
Alekseyeva
Alexeyeva
アレクセイス Aleksejs
アレクセイビッチ
Alekseevich
アレクセーヴィチ
Alekseevich**
Alekséevich
Alexeyevich
アレクセヴィチ
Alexeevich
アレクセーヴナ
Alekseevna
Alekséevna
アレクセーエヴァ
Alekseeva
アレクセーエウィチ
Alekseevich
アレクセーエヴィチ
Alekseevich
Alexeyevich
アレクセエヴィチ
Alekseevich
アレクセーエヴィッチ
Alekseevich
アレクセエヴィッチ
Alekseevich
アレクセーエヴナ
Alekseevna
Alexeievna
アレクセエヴナ
Alekseevna
アレクセーエビッチ
Alekseevich
アレクセーエフ
Alekseev***
Alekseyev
Alexeev
Alexjev
アレクセエフ Alekseev
アレクセーエブナ
Alekseevna
アレクセーエワ
Alekséeva
Alexeyeva
アレクセービチ
Alekseevich
アレクセービッチ
Alekseevich*
アレクセーフ Alekseev
アレクセブナ
Alekseevna
アレクソプロス
Alexopoulos
アレクチェーエフ
Arakcheev
アレクトゥス Allectus
アレクナ Alekna**
アレクペロフ
Alakbarov
Alekperov
アレグラ
Alegra
Allegra**
アレグランテ
Allegrante
アレーグリ Allegri
アレグリ Allegri
アレグリーア
Alegria
Alegría
アレグリア
Alegria
Alegría*
アレグリアペニャ
Alegria Pena
アレグリイス Alighieri
アレーグル
Alègre
Allègre**
アレグレ
Alegre*
Alegret
Allègre
Allégret*
アレグレッティ
Alegretti
アレグレット
Allegretto*
アレグロ Allegro
アレケ Aleke
アレコ
Aleko
Areco*
アレコス
Alecos
Alekos
アレサ Aretha**
アレサナ Alesana**
アレーサミ Aleesami
アレサンドラ
Alessandra*
アレサンドリ
Alessandri*
アレサンドレ
Alexandre
アレサンドロ
Alessandro**
アレーシ
Ales'
Alesi
アレシ Ales
アレジ Alesi*
アレシア
Alecia
Alessia
Alethea
アレシウス Alesius
アレシオ
Alesio
Alessio
アレシコフスキー
Aleshkóvskii
アレジャーニ Alegiani
アレジャーノ Arellano
アレシャンドレ
Alexandre**
アレジャンドロ
Alejandro
アーレシュ Aleš
アレシュ
Ales*
Aleš*
アレーシン Olesin
アレシンスキー
Alechinsky**
アレス
Ales
Aleš
Alès
Aless*
Alles
Ares
アレスサンドリ
Alessandri
アレスサンドロ
Alessandro
アレスター Aleister
アレステア
Alastair**
Alastàir
アレスデア Alasdair*
アレスティデス
Arestides
アレスティン Alstein
アレスト Arrest
アレストリー Allestree
アレストリュ
Arestrup
アレスポー Allspaw
アレスレッブ Allerslev
アレセ Arrese
アレソン Aresson
アレタ
Aleta
Aretas
Arétas

アレタイオス
Aretaeus
アレタス Arethas
アレタン Aretino
アレッガー Aregger
アレック
Alec***
Alek
Alexandre
アレッグ Alleg
アレックシス Alexis
アレックス
Alex***
Álex*
Àlex
Alexander*
Alexis
Alexs*
アレックスウィリアム
Alex William
アレッサドロ
Alessandro
アレッサンドラ
Alessandra***
アレッサンドラン
Alessandrin
アレッサンドリ
Alessandri
アレッサンドリーニ
Alessandrini**
アレッサンドル
Alexandre*
アレッサンドレスク
Alessandrescu
アレッサンドレッロ
Alessandrello
アレッサンドロ
Alerrandro
Alessandoro
Alessandra
Alessandro***
Al'essandro*
アーレッジ Arledge
アレッシ Alessi
アレッシア Alessia**
アレッシィ Alessi**
アレッシォ Alesso
アレッシオ
Alessio**
Alesso
アレッシャンドレ
Alexandre
アレッシュ Alesch
アレッソ Alesso
アレッタ Aletta*
アレッター Aletter*
アレッツ Aretz
アーレット
Arlette
Ehret
アレッド Aled*
アレットクーロヴァ
Aretkulova
アレッツハウザー
Alletzhauser*
アレッホ Alejo
アレテ Arete
アレーティウス
Aretius
アレティーノ Aretino*
アーレティン Aretin
アレティーン Aretin
アレティン Aretin
アレトゥサ Arethousa
アレドミーズ Aledmys
アレトラリス Aletraris
アレトリノ Aletrino
アレドンド Arredondo
アレーナ Arena
アレナ
Alena
Arena
アレーナス Arenas*
アレナス Arenas**
アレナード Arenado
アレナド Arenado
アレナル Arenal
アレーニ Aleni*
アレニ Aleni
アレニー Aleni
アーレニウス
Arrhenius
アレニウス
Arenius
Arrhenius*
アレニチェフ
Alenitchev
アレーヌ Arène
アーレーネ Arlene
アレノ Alléno
アレーバロ Arévalo
アレバロ
Arevalo
Arévalo**
アレハンドラ
Alejandra
Alexandra
アレハンドリナ
Alejandrina
アレハンドロ
Alejandoro
Alejandro***
Alexandro**
アレハンドロエンリケ
Alejandro Enrique
アレビ Halévy
アレビー Halévy
アレピーナ Arepina
アレーヒン Alekhin
アーレフ
'Āref*
'Ārif
アレフ
Alef
Alev
Aref**
'Āref
アレブ Alev
アレブァ Alebua
アレブア Alebua*
アレファイネ Arefaine
アレプス Allepuz
アーレボー Aereboe*
アレーホ Alejo
アレホ Alejo**
アレホス Alejos
アレボーン Alleborn
アレマイユ
Alemayehu
アレマニ Alemany
アレマニー Alemany
アレマーニャ
Alemagna
アレマノ Alemanno
アレマン
Aleman**
Alemán**
Alleman*
Allemann
アレマンノ
Alemanno**
アレミ Alemi
アーレム Arem
アレム
Alam
Alem
Alemu*
Amr
アレムダル Alemdar
アレモニエール
Allémonière
アレモン Alemao
アレヤーノ Arellano
アレラ Aléra
アレ·ラマ AleLama
アレラーモ Aleramo
アレラモ Aleramo
アレリ Arely
アレリー Allely
アーレリアス
Arrelious
アレリャーノ Arellano
アレリャノ Arellano
アレリンド Arelind
アレール Allaire
アレル
Ailill
Harel
アレルス Allers
アレルストルファー
Allerstorfer
アレルム Alerme
アレロ Arero
アレワ Alewa
アーレン
Ahrens
Allan
Allen
Arlen***
Ehren
Erlend*
Irlen
アレーン Aleine
アレン
Aellen
Alain
Alan*
Alen*
Alene
Allan
Allane
Allem
Allen***
Allén
Allene
Alleyn
Alleyne
Allyn
Alten
Aren
Arlen*
Arren
Harent
アーレンウォルド
Ehrenwald
アレンカ
Alencar
Alenka**
アレンカール
Alencar***
アレンコフ Arenkov
アレンジス Arangis
アレンシビア
Arencibia
アーレンス
Ahrens**
Arens
アレンス
Ahrens
Arens**
アレンズ
Arends
Arens
アレンスキー
Arenskii*
アレーンスキィ
Arenskii
アレンスバーグ
Arensberg
アーレンスマン
Arensman
アレンソン Arenson
アレンダー Allender
アーレンツ Ahrendts*
アレンツ
Aerents
Arends
アレンツァ Arenca
アーレンツゾーン
Arentsz.
アーレンデルファー
Allendoerfer
アーレント
Ahrend
Ahrendt*
Arendet
Arendt*
Arent
アーレンド
Ahrend
Arendt
アレント
Arendt**
Arent*
アレンド
Arend*
Arends
Arendt
アレントーヴァ
Alentova
アレントゼー
Arendsee
アレントワ Alentova
アレンビ Allenby
アレンビー Allenby**
アーレンフェルド
Ehrenfeld
アーレンベック
Uhlenbeck
アレンベルグ
Allenberg*
アレンボー
Allenbaugh
アレンマーク
Allenmark
アーレンライク
Ehrenreich
アーロ
Aaro
Arlo*
アロ
Allo
Angrok
アロー
Alaux
Arrow**
アロア
Allor
Aloha
Alois
アロアジュース
Aroasüss
アーロイ Ah Loy
アロイ
Ah Loy
Aloys
アロイア Aloia
アロイアン
Aloian
Aloyan
アロイージ Aloisi*
アロイシア Aloysia
アロイジーア Alojzije
アロイジア
Aloysia
Luisa
アロイシアス
Aloysius*
アロイジアス Aloysius
アロイジイェ Alojzije
アロイシウス
Aloysius*
アロイジウス
Aloysius
Aloÿsius
アロイージオ
Aloisio
Aloysio
アロイジオ
Aloisio
Aloizio
Aloysio*
アロイシャス
Aloysius***
アロイジュス
Aloysius*
Aloÿsius
アロイジユス Aloysius
アーロイス
Alois*
Aloys
アロイーズ Aloïse
アロイス
Alios
Alois***
Aloys*

ア

アロイズ Alojz
アロイズィ Alojzy*
アロウ Arrow
アロウェイ Alloway*
アロウシアス Aloysius
アロウッド Arrowood
アローエ Aloe
アロオクール
Haraucourt
アロカ Aroca
アロギャスワミ
Arogyaswami
アローク
Alok
Aloke
アロークール
Haraucourt
アロゴ Alogo
アロゴスクフィス
Alogoskoufis
アロジー Alozie*
アロシュ Haroche*
アロージョ Araujo
アロジョ Arroyo
アローズ Araoz*
アロス Aros
アロスカー Aroskar
アロスティ Aroesty
アロステギ
Arostegui*
Aróstegui
アロースミス
Arrowsmith*
アロセニウス
Arosenius**
アロセメナ
Arosemena**
アーロゾロフ
Arlosoroff
アロタイビ Alotaibi
アロチャ
Arocha
Arrocha
アロッカ Allocca
アロック
Allock
Alok
アロット Allott*
アロップ Arop
アロテ Allotey
アロティ Allotey
アロディス Arodys
アローディン Arodin
アロトゥーロ Arturo
アローナ
Alona
Arounna
アロナ Alona
アロニ Aloni**
アロニー Aloni
アロニカ Aronica
アローニョ Arogno
アローニン Aronin
アーロノヴィチ
Ahronovich
アローノヴィチ
Arónovich
アーロノヴィッチ
Aaronovitch*
アロノウィッツ
Arinowitz
Aronowitz*
アローノビチ
Aaronovitch
アーロノビッチ
Aaronovitch**
アロノフ
Aronoff*
Aronov
アロノフスキー
Aronofsky**
アーロフ Alov
アーロプ Arup
アロプ Arop
アロベイタ Aloveita
アローホ Arrojo*
アローマ
Alawōma
Aruoma
アロマ Aloma
アロマー Alomar*
アロマティコ
Aromatico
アロマリ
Alomari*
Aromari
アロマンテ Almonte
アーロム
Aarom
Earlom
アロム Arom
アロムシターム
Aromshtam
アーロヨ Arroyo
アローヨ Arroyo**
アロヨ Arroyo***
アロヨバルデス
Arroyo Valdez
アローラ
Allora
Arora*
アローラー Arora
アロラ Alora
アローラス Arolas
アローリ Allori
アロリテス Alorités
アロル Arrol
アロルディス Aroldis*
アロルディンゲン
Aroldingen
アロルド
Aroldo
Harold
Haroldo
アロルナ Alorna
アロレ Arore
アロワ
Aloi
Alois
Arova
アーロン
Aaron***
Aarons
Aeron
Aharon*
Alon
Aron**
Áron**
Arron
アローン
Allán
Aron
Arone*
アロン
Aaron**
Aharon
Allon**
Alon*
Aloung
Aron**
Áron
Arron*
アロンギ Alongi
アロンシュタイン
Aronstein
アーロンズ
Aarons*
Ahrons
アロンズ Arons
アロンソ
Alonso***
Alonzo
アロンゾ
Alonso*
Alonzo***
アロンゾウ Alonzo
アーロンソン
Aaronson
Aronson
アーロンゾーン
Aaronsohn
アロンソン
Aaronsohn
Aronsohn
Aronson**
アロンダ Aronda
アロント Alonto
アロンドラ Alondra*
アーロンハイム
Ahronheim
アロンバーグ
Aronberg*
アロンホルド
Aronhold
アワ Awa*
アワー Auer*
アワイス Awais
アーワィック Urwick
アワションクス
Awashonks
アワズ Awazu
アワズジョン Avazjon
アワースバルト
Auerswald
アワースラー Oursler
アワスラー Oursler
アワズラー Oursler
アワダジン Awadagin
アワダッラー
Awadalla
アワダラ Awadallah
アワダラー
Awadallah*
アーワディ Arwady
アワディー 'Awaḍī
アワディス Avedis
アワド
Awad*
Awadh
アワドアラー
Awad-Allah
アワドヒ Awadhi
アワナ Awana**
アワーバック
Auerbach
アワパラ Awapara
アワル Awar
アワルディン
Awaluddin
アワレ Awaleh
アワーン Awan
アワン
Awan
Awang*
アワンジンメイ
Awangjinmei*
アーン
Aarne
Ahn*
Anh
Anne
Arn
Arne**
Hahn*
アン
Ahn***
Al*
AN
An***
Ang**
Angleterre
Anh**
Anm
Ann***
Anna
Anne***
Annie
Arne
El
Eng
Han
Hens
Ind
アンア Anna
アンアングスト
Unangst
アン・イザベラ
Annabella
アンヴァイラー
Anweiler*
アンヴァリー Anwarī
アンヴァール Anvār
アンヴァレリー
Anne-Valérie
アンヴィル
Anvil
Anville
アンウィン Unwin**
アンヴィン Unwin
アンウェイ Anwei
アンウォー Anwar*
アンエルセン
Andersen
アンカ
Anca
Anka***
Unka
アンカー Anker**
アンガ Unga
アンガー
Anger***
Ungar
Unger**
アンカア Anker
アンカージョ Ankersjö
アンカース Ankers
アンカーズ Ankers
アンカス Uncas
アンガース Angers
アンガス
Angas
Angass
Angus***
アンカーセン
Ankersen
アンガーソン
Ungerson
アンカダニエラ
Anca-Daniela
アンガナル Angrnar
アンガニカ Aṅgaṇika
アンガーマイヤー
Angermeyer
アンガマル
Engammare
アンカーマン
Ankermann
アンガマン
Ungermann
アンガーミューラー
Angermüller
アンガーミュラー
Angermüller
アンガラ Angara**
アンガラッド
Angharad
アンガラモ Angaramo
アンガリ Angari
アンガリータ
Angarita
アンカール Hankar
アンカーン
Angkhaan
Angkhan*
アンガン
An-gang
Enghien
アンガンベール
Inguimbert
アンキ
Ankhi
Anki
アンキー
Anky**
Antjie
アンギー Angie
アンギアン Enghien
アンギエ Anguier
アンギエーラ
Anghiera
アンギエラ Anghiera

アンギス
Angis
Anguis
アンキーゼ Anchise
アンキセス Anchisēs
アンギッソラ
Anguissola
アンキット Ankit
アンキーファー
Unkeefer
アンギマテ
Anguimaté
アンギャル Angyal*
アンギャロッシー
Angyalossy
アーンキル Arnkil
アンキール Ankiel*
アンギルベルト
Angilbert
アンク Ankh
アング
'Āṃng
Ang
Ng
アングアン Angouin
アングィッソーラ
Anguissola
アングィッソラ
Anguissola
アングイッソーラ
Anguissola
アングイッソラ
Anguissola*
アングウィン Angwin
アンクカーエンラー
Ankhkaenre
アンクケプルラー
Ankhkheprure
アンクス Ancus
アングス Angus*
アンクスト Angst
アングスト Angst*
アンクタン Anquetin
アンクツァ Ancuta
アンクティーユ
Anquetil
アンクティル Anquetil
アーングナ Angna
アングバン Angban
アングファコーン
Ungphakorn
アングマーマンソン
Angmar-Månsson
アンクラ Ankrah
アングラ Angula
アングラオ Ingrao
アングラーダ Anglada
アングラード
Anglade*
アンクラポ Anikulapo
アンクラム Ankrum
アングラン
Anglin
Angrand
アングランド
Anglund*
アングリア Anglia
アングリヴィエル
Angliviel
アングリカス Anglicas
アングリクス
Anglicus*
アングリサーノ
Angrisano
アングリス Angliss*
アンクリスティン
Ann-Christin
アングリスト Angrist*
アンクリッチ
Unkrich*
アングリマーラ
Aṅgulimāla
アングリム Anglim
アングリン Anglin
アンクール Ankur
アンクル
Ancre
Uncle
アングル
Angle**
Angul
Engle
Ingle
Ingres*
アングールヴァン
Angoulvent
アングルシー
Anglesey
アングルス Angles
アングルトン
Angleton
アングルバーガー
Angleberger*
アングルベール
Englebert
アングルンド Anglund
アングレス
Anglés
Anglès
アングーレーム
Angoulême
アングレーム
Angoulême
アングレリーア
Angleria
アングレール Englert*
アングーロ Angulo
アングロ
Anglo*
Angulo
アングロシーノ
Angrosino
アンクロス Unkroth
アングローバ Ungrova
アンクワブ Ankvab*
アンクワン Anquan
アングン Anggun
アンケ
Anke**
Ankie
Anquez
アンケセナーメン
Ankhesenamen
アンケニー Ankeney
アンケファー Unkefer
アンゲラ
Angela**
Ungerer
アンゲラー
Angerer**
Ungerer*
アンゲラン
Enguerrand
アンゲリア Angelia
アンゲリーウス
Angelius
アンゲーリカ
Angelika*
アンゲリーカ Angelika
アンゲリカ
Angelica*
Angelika**
アンゲリキ Angeliki
アンゲリーク
Amgélique
アンゲリク Angelique
アンゲリッシュ
Angelich*
アンゲーリナ
Angerina
アンゲリーネ
Angeline*
アンケール Hincker
アンケル Anker
アンゲル
Angel*
Angger
Anguel*
アンゲールゥ Angelou
アンゲルコバ
Angelkova
アンゲルス
Angelos
Angelus*
アンケルスヴァルド
Anckarsvard
アンゲルセン
Angelsen
アンゲルブレシュト
Inghelbrecht*
アンゲルブレック
Inghelbrecht
アンゲルホーファー
Angerhofer
アンゲールン Angehrn
アンゲレル Angerer
アンゲロ Angelo
アンゲロス Angelos*
アンゲロフ Angelov
アンゲロプル
Angelopoulou
アンゲロプロス
Angelopoulos**
Anghelopoulos
アンゲロポウロス
Angelopoulos
アーンゲーンブルグ
Aangeenbrug
アンゴ Ango
アンゴー Angot*
アンコヴィック
Unkovic
アンコヴィッツ
Ancowitz
アンコース Encausse
アンコーナ Ancona*
アンコナ Ancona
アンコニーナ
Anconina
アンコビック Unkovic
アンコマ Ankoma
アンコリ Ancoli
アンコリー Ancoli
アンコリス Anchóriz
アンゴルド Ingold
アンゴレッタ
Angoletta
アンコントル
Encontre
アンサ Ansa
アンサー
Ansah*
Unser
アンサート Annsert
アンサーニ Ansani
アンサラ Ansara*
アンサーリー
Ansārī
Anṣārī
Ansary
アンサリ Ansari**
アンサリー Ansary
アンサール Ansart**
アンサルディ Ansaldi
アンサルド Ansaldo
アンサルドゥーア
Anzaldua
Anzaldúa
アンサローネ
Ansalone
アンザロン Anzalone
アンサンク Unthank
アンシ
Ansi
Anthi
Hansi
アンジ
Ahnji
Andry
Undzis
アンジー Angie**
アンシア
Anchia
Anthea*
アンジア
Angier
Anzia
アンジアー Angier
アンジアタビソン
Andriatavison
アンジアナリスン
Andrianarison
アンジアニアイナ
Andrianiaina
アンジアマナリボ
Andriamanarivo
アンジアマンジャト
Andriamanjato
アンジアモサリソア
Andriamosarisoa
アンジアンサジャチニウニ
Randriasandratrini ony
アンジアンジャト
Andrianjato
アンジアンティアナ
Andriantiana
アンジアンパーラニ
Andriamparany
アンジアンパラニ
Andriamparany
アンジェ
Ange*
Angier
Aunger
アンジェイ
Andrej
Andrezej
Andrzei
Andrzej***
アンジェイェヴスカ
Andrzejewska
アンジェイェフスキ
Andrzejewski**
アンジェイェフスキー
Andrzejewski
アンジェイエフスキ
Andrzejewski
アンジェイエフスキー
Andrezejewski
Andrzejewski
アンジェエフスキ
Andrzejewski
アンシエタ Anchieta
アンジェッラ Angella
アンジェラ
Angela***
Angera*
アンジェラー
Ungerer*
アンジェラキス
Angelakis
アンジェラコス
Angelakos
アンジェラス Angelus
アンジェラベイビー
Angelababy*
アンジェラール
Engelhard
アンジェリ
Angeli*
Angjeli
アンジェリカ
Angelica**
Angélica
Angelika*
Angélique
Anjelica*
アンジェリキ Angeliki
アンジェリーク
Angelique*
Angélique**

ア

ア

アンジェリク
Angelique*
アンジェーリコ
Angelico
アンジェリコ
Angelico*
アンジェーリス
Angelis
アンジェリス
Angelis**
アンジェリータ
Angeleita
アンジェリック
Amgélique
Angelique*
Angélique*
アンジェリーナ
Angelina**
アンジェリナ
Angelina*
アンジェリーニ
Angelini
アンジェリーヌ
Angeline
Angéline
アンジェリーノ
Angelino
アンジェリル Angélil
アンジェリン
Angelin
Angeline
Angelyn
アンジェール Angèle
アンジェル
Angel
Ángel*
Angele*
Angèle*
Angell
Angelo
Engel
Ingele
アンジェルコ Andelko
アンジェルス Angelus
アンジェルッチ
Angelucci*
アンジェルベール
Angelbert
アンジェルマン
Engelman
アンジェレ Angere
アンジェレス
Angeles*
アンジェレッティ
Angeletti
アンジェレーリ
Angeleri
アンジェロ
Angelo***
Angélo
Ângelo
Angero*
アンジェロー Angelo
アンジェロウ
Angelou***
アンジェロス
Angelloz
Angelos
アンジェローナ
Angerona
アンジェローニ
Angeloni
アンジェロフ Angelov
アンシェン
Anchen
Anshen*
アンジエン Anshen
アンジォリーナ
Angiolina
アンジオレッロ
Angiolello
アンジナ Angna
アンシプ Ansip*
アンジャ Anja
アンジャー
Angier
Unger
アンシャイト
Anscheidt
アンジャナ Anjana
アンジャネット
Anjanette
アンジャパリーゼ
Andzhaparidze
アンジャパリゼ
Andjaparidze
Andzhaparidze
アンジャパリッゼ
Anzhaparidze
アンジャリ Anjali
アンジャン Anjan*
アンジャンジェ
Enginger
アンシュー Anshu*
アンジュ Ange***
アンジュー
Anjou
Anzieu**
アンシュ・ヴァルマー
Aṃśuvarmā
アンシューツ
Anschutz
アンシュッツ
Anschuetz
Anschüts
Anschutz**
Anschütz
アンジュム Anjum
アンジュラン
Angelin*
アーンショー
Earnshaw
アンショー Anshaw
アンジョ Andjo
アーンショウ
Earnshaw
アンジョス Anjos*
アンジョーネ Angione
アンジョリエーリ
Angiolieri
アンジョリッロ
Angiolillo
アンジョリーニ
Angiolini
アンジョロ Angiolo
アンション Ancillon
アンシヨン Ancillon
アンシラ Ancilla
アンシル
Ancil
Ansil
アンジルラム
Angilram
アンジン Angyne
アーンズ
Aarnes
Earns*
アンス
Ansu
Hans
アンスイーノ Ansuino
アンスウォース
Unsworth
アンスエト Anzueto
アンズオン
An Du'o'ng
アンスガー Ansgar
アンズガー Ansgar
アンスカリウス
Ansgar
アンスカル
Ansgar
Anskar
アンスガール Ansgar
アンスガル Ansgar
アンスキー
An-Ski
Ansky
アンスクーム
Anscombe
アンスコム
Anscombe**
アーンスター Ernster
アーンスタイン
Arnstein*
アンスタイン Anstine
アンスチー Anstey
アンステー Anstee
アンスティ
Anstee*
Anstey
アンスティー
Anstee*
Anstey*
アンステイ
Anstei
Anstey*
アーンスティン
Arnsteen
Arnstein
アンステット Anstett
アンステッド Unstead
アンスデール Ansdale
アンスデル Ansdell
アーンスト
Earnst
Ernest
Ernst*
アンスト Ernst
アーンストン Arnston
アンスネス Andsnes**
アーンスバーガー
Ernsperger
アンスバック
Anspach**
アンズバック Ansbach
アンズバック Anspach
アンスバッチ
Anspach*
アンスバッハー
Ansbacher
アンスバッハ Anspach
アンスパハ Anspach
アンスプラント
Ansprand
アンスベルト Ansbert
アンズリ Annesley
アンズリー Annesley
アンスリン Anslyn
アンスリンガー
Anslinger
アンスル Ancel
アンスロ Ancelot
アンスロー Anslow
アンスロップ Anthrop
アンスワース
Unsworth
アンズワース
Unsworth**
アンスン Anson
アンセ Hanze
アンセイ Ansay
アンセイル Antheil
アンセギス Ansegis
アンセット Amsette
アンゼリカ
Anzhelika*
アンゼリス Angelis
アンセール Anseele
アンセル
Ancel*
Ansel**
Ansell*
Encel
アンゼル Anzell
アンゼルジャナム
Antherjanam*
アンセルド Unseld
アンセルミ Anselmi*
アンセルミニ
Anselmini
アンセルム
Amschel
Anselm***
Anselme
Anselmus
アンゼルム Anselm**
アンセルムス
Anselm
Anselmus*
アンセルメ
Ansermet*
アンセルメー
Ansermet
アンセルメット
Ansermet
アンセルモ
Anselmo***
Ansermo
アンセレム Amsellem
アンセロ Ansello
アンゼロ
Angelo
Anzelon
アンゼロン Anzelon
アンセン
Ansen
An-sheng
アンセンヌ
Hansenne*
アンソー
Anceau
Ansseau
アンソヴィチ
Ansovich
アンソエルド Unsoeld
アンソニ Anthony
アンソニー
Anthoni
Anthony***
Antoine
Anton
Antony*
アンソニィ Anthony
アンソニイ Anthony*
アンソフ Ansoff
アンゾフ Ansoff**
アンソール Ensor**
アンゾルゲ Ansorge*
アンソレーナ
Anzorena
アンゾロニコス
Andronikos
アーンソン Arnson
アンソン
Anson**
Anthon
アンタ Anta
アンダ Anda**
アンダー Ander*
アンダァゼン
Andersen
アンダアセン
Andersen
アンタイ
Hantai*
Hantaï*
アンダイ Anday
アンタイル Antheil
アンダーウッド
Underwood***
アンダウッド
Underwood
アンタオ Antao
アンダーオウン
Underown
アンターカー
Untereker
アンダーガスト
Andergast
アンダカーニー
Andakānī
アンターキー Anṭākī
アンタキ Antaki

アンタゴラス
Antagorās
アンタサリ Antasari
アンダサロフ
Andasarov
アンダーシ Andahazi*
アンダシュ Anders*
アンダーショーン
Andersson
アンダーション
Anderson
Andersson
アンダション
Anderson
Andersson
アンダース
Anders**
Anderson
アンダーズ Anders
アンダースン
Andersen
Anderson**
アンダスン Anderson*
アンタゼ Antadze
アンダーセン
Andersen***
Anderson
Andersson
アンダセン Andersen
アンダーソン
Andersen*
Anderson***
Andersson***
Anderzon
アンダソン
Andersen
Anderson*
アンダーダウン
Underdown
アンダーダール
Underdahl
アンダッシュ Anders*
アンダーテイカー
Undertaker*
アンダートン
Anderton*
アンダトン Anderton
アンターナス Antanas
アンタナス Antanas*
アンダーバーグ
Anderberg
アンダーハブ
Anderhub
アンダーヒル
Underhill**
アンダヒル Underhill*
アンターマイア
Untermeyer
アンターマイアー
Untermeyer
アンタマイアー
Untermeyer
アンターマイヤー
Untermeyer
アンダマール
Andermahr
アンダミオン
Andamion
アンターメーヤー
Untermeyer
アンダヤ Andaya
アンタラ ‘Antara
アンダーラ Anderla
アーンダール Āṇṭār
アンタール Antal**
アンタル
Antal**
Antall*
Antar*
Intallou
アンダル Andar
アンタルキダス
Antalkidas
アンダルセン
Andersen
アンタレス Antares
アンダレディ
Anderledy
アンダロー Andalo̱
アンタンガナ
Antangana
アンチ Antti
アンチー Anchee*
アンチアス Antias
アンチェ Antje*
アンチエ Antier
アンチェスキ Anceschi
アンチエタ Anchieta
アンチェル
Ancerl
Ančerl
Antschel
アンチェルル Ancerl
アンチェロッティ
Ancelotti**
アンチオコス
Antiochos
アンチオーフ Antiokh
アンチオープ Entiope
アンチオフ Antiokh
アンチゴノス
Antigonos
アンチステネス
Antisthenēs
アンチセル Antisell
アンチッチ
Ancic
Ančić
アンチノウス
Antinous
アンチパス Antipas
アンチパテル
Antipater
アンチファネス
Antiphanēs
アンチフォン
Antiphōn
アンチボ Antibo
アンチーポヴィチ
Antipovich
Antípovich
アンチマコス
Antimachos
アンチャイルド
Annechild*
アンチャン Anchan
アンチュライ Antulay
アンチュルル Ančerl
アンチョルドギー
Anchordoguy
アンチルス Antyllus
アンチロッチ
Anzilotti
アンチン An-qing
アーンツ Arntz
アンツァー Anzer
アンツィア Anzia
アンツィジェール
Huntziger
アンツィフェロフ
Antsyferov
アンツィフェーロワ
Antsyferova
アンツィロッティ
Anzilotti
アンツィロッテイ
Anzilotti
アンツィロン Ancillon
アンツェ Antje
アンツェレフスキー
Anzelewsky
アンツェングリューバー
Anzengruber
アンツェングルーバー
Anzengruber
アンツェングルーベル
Anzengruber
アンッシ Anssi
アンッティ Antti
アンツネス Antunes
アンテ
Ante***
Antje
アンデ Ande
アンティ
Andy
Anti*
Antti**
Anty
Auntie
アンテイ Antei
アンディ
Andi**
Andie**
Andrew*
Andy***
Indy
アンディー
Andie
Andrew
Andy**
アンティアス Antias
アンティアレス
Antieres
アンティヴェドゥート
Antiveduto
アンティエ
Antie
Antier
Antje*
アンディエフ Andiyev
アンティーオ Antieau
アンティオー Antieau
アンティオクス
Antiochus
アンティオコス
Antiochos
Antiochus
Antiokhos
アンティオプ Entiope
アンティオペ Antiope
アンティオペー
Antiope
アンティガ Antiga
アンティカロフ
Antikarov*
アンティクレイデス
Antikleidēs
アンティーコ
Anticho
Antico
アンティゴヌス
Antigonus
アンティゴネ
Antigonē
アンティゴノス
Antigonos
Antigonus
アンティジェ Antje
アンティジョン
Antillón
アンディーズ Andes
アンティスチネス
Antisthenēs
アンティステネス
Antisthenēs
アンティセル Antisell
アンティチェビッチ
Antičevič
アンティッチ Antić
アンティド Antide
アンディーノ Andino
アンディノ Andino
アンティノウス
Antinous
アンティノオス
Antinoos
Antinous
アンティノフ Antinoff
アンティノーリ
Antinori
アンティノリ Antinori
アンティパ Antipas
アンティパス
Antipas
Antipás
アンティパテル
Antipater
アンティパトロス
Antipater
Antipatros*
Antípatros
アンティパネース
Antiphanēs
アンティパネス
Antiphanēs
アンティファネス
Antiphanēs
アンティフィロス
Antiphilos
アンティフォン
Antiphon
Antiphōn
アンティペンコ
Antipenko
アンティボ Antibo
アンティポーン
Antiphon
Antiphōn
アンティポン
Antiphon
Antiphōn
アンティマクス
Antimachos
アンティマコス
Antimachos
アンティーム Anthime
アンディムス
Andimuthu
アンティーモ Antimo
アンティモス
Anthimos
Ánthimos
アンティーヤカ
Auntie Yaka
アンティラ
Antila
Anttila*
アンティリョン
Antillón
アンティル Antill
アンティン Antin
アンティンク Antink
アンディンバ
Andimba*
アンデウェグ
Andeweg
アンデェション
Anderson
アンデオル
Andeol
Andéol
アンテカスティージョ
Antes Castillo
アンテケーラ
Antequera
アンテサナ Antezana
アンデジェフスキー
Anderszewski
アンデシェン
Andersen
アーンデシュ Anders
アンデーシュ Anders*
アンデシュ Anders***
アンデショーン
Andersson*
アンデション
Anderson**
Andersson***
アンテス
Antes**
Anthes*
アンデス Andes
アンデッシュ Anders*
アンテナ Antena
アンデナイス
Andenaes
アンテニオ Antonio
アンテニャーティ
Antegnati

ア

アンテーノール
Antenor
アンテノール Antenor
アンテノル
Antenor
Antēnōr
Anthenor
アンテノレオ
Antenoreo
アンテパス
Antipas
Antipás
アンテビ Antébi
アンテフ Inyotef
アンテミウス
Anthemius
アンテミオス
Anthemius
アンデミカエル
Andemicael
アンデム Undem
アンデュ Undeux
アンテラ Anttila
アンテーラミ
Antelami
アンテラミ Antelami
アンデリック Anderlik
アンデリマン
Anderiman
アンデリュー Andrew
アンデリン Andelin*
アンテル Antel
アンデル
Andel**
Ander
アンデルコヴィッチ
Andelkovic
アンデルシェフスキ
Anderszewski*
アンデルジェフスキ
Anderszewski
アンデルシュ
Andersch**
アンテルス Anterus
アンデルス Anders**
アンデルセン
Andersen***
Anderssen
アンデルゼン
Andersen
アンデルソン
Andersen
Anderson**
Andersonn
Andersson***
アンデルテン
Anderten
アンデルト Andert
アンデルブール
Anderbouhr
アンデルベリー
Anderberg
アンデルベルイ
Anderberg
アンデルマット
Andermatt
アンデルマン
Andelman
Andermann

アンテルミ Anthelmi
アンテルム
Antelme*
Anthelm
Anthelme*
アンデルル Anderl
アンデルローニ
Anderloni
アンデレ
Andere
Andreas
Andrew
Hinderer
アンデレア Andreas
アンデレス Anders
アンデレッグ
Anderegg
アンデレル Anderl
アンテーロ Antero
アンテロ
Antelo
Antero*
Ántero
Astere
アンデンシュタム
Ardenstam
アーント
Arndt**
Arnt
アント
Ant*
Anto
アンド And
アントア Anton
アントアーヌ
Anthoine
Antoine
アントアヌ
Antoine
Anton
アントアヌス Antoine
アントアネタ
Antoaneta
アントアネット
Antoinette*
アントアン Anthoine
アントイン Antoine
アンドゥ
Ando
Andu
アントゥアヌ Antoine
アントウィオン
Antwione
アントウェイン
Antwane
アントウォン Antwon
アントゥーサ Anthusa
アンドゥシチマクシモビッチ
Andusic Maksimovic
アントゥーネス
Antunes
アントゥネス
Antunes**
アントゥノビッチ
Antunović
アンドゥーハー
Andujar

アンドゥハル
Andujar*
アントゥライ Antulay
アントゥリオ Antulio
アンドゥリケ Andrike
アンドゥリザーニ
Andrisani*
アントゥル Arthur
アンドゥル Andur*
アンドゥルー Andrew
アンドゥルース
Andrus
アンドゥルス Andrus
アンドゥルラ
Androula
アンドゥレ André
アントゥーロ Arturo
アントゥーン
Antoon*
Antūn
Anṭūn
アントゥン Antun*
アンドゥン Andung
アントキェビチ
Antokiewicz
アンドキデス
Andokides
Andokidēs
アントーキビック
Antkiewicz
アントコーリスキー
Antokolískii
Antokol'skii
Antokol'sky
アントコリスキー
Antokolískii
Antokol'skii
Antokol'sky
アントコルスキー
Antokolskii
Antokolsky
アントザク Antczak
アントシ Antosii
アントソバ Antosova
アントソン Antson
アントッチャ
Antoccia
アントナコス
Antonakos*
アントナッチ
Antonacci*
アントナン
Antoine
Antonin**
アントーニ
Anthoni
Antoni**
アントーニー
Anthony
Antony
アントニ
Anthony
Anton
Antoni***
Antoní
Antonio*
Antony
アントニー
Anthonie
Anthony***

Antoine
Antoni**
Antonie*
Antonii
Antonio
Antony***
アンドニ Andoni
アントーニア
Antonia*
アントニア
Antonia***
Antónia
Antônia
Antonio
アントニアッツォ
Antoniazzo
アントニアディ
Antoniadi
アントニアノス
Antonianos
アンドニアン
Andonian
アントーニイ
Antonii
Antoniĭ
Antonij
Antony
アントニィ Antony
アントニイ
Anthony*
Antonii
Antony
アントニイェ Antonije
アントニウ Antoniou
アントーニウス
Antonius
Antūniwus
アントニウス
Antoninus
Antoniucci
Antonius**
Antony
アントニエタ
Antonieta*
アントニエッタ
Antonietta**
アンドニエフ
Andon'ev
アントーニオ
Antonio***
António
Antônio
アントニーオ Antonio
アントニオ
Antoine
Antoino
Antonino
Antonio***
António***
Antònio
Antônio***
Antono
アントーニオス
Antonius
アントニオス
Antonios
Antonius
アントニオズ
Anthonioz*
Antonioz
アンドニオス
Antonios
アントニオーニ
Antonioni**

アントニオーリ
Antonioli
アントーニス
Antônês**
アントニス
Anthonis
Anthonisz
Antonis**
アンドーニス Antônês
アンドニス
Andhonēs
Antônês
Antonis
アントーニスゾーン
Anthonisz.
アントーニチェク
Antonicek
アントニーチェク
Antonicek
アントニチェク
Antonicek
アントニチェルリ
Antonicelli
アントニッチ
Antoniucci
アントーニナ
Antonina
アントニーナ
Antonina*
アントニナ Antonina
アントニーニ
Antonini*
アントニーニョ
Antoninho
Antonio
アントニーヌ
Antonine*
アントーニーヌス
Antoninus*
アントニヌス
Antoninus*
Antōnīnus
Antonius
アントニーノ
Antonino**
アントーニャ
Antonia*
Antonya
アントニャン
Antonian
アントニュー
Antoniou
アントニュイータ
Antoñita
アントニョ Antonio
アントニーン
Anton
Antonin
Antonín*
アントニン
Antonin***
Antonín*
アントヌス Antoninus
アントヌッチ
Antonucci
アントヌッティ
Antonutti*
アンドネ Andone
アントネスク
Antonescu*
アントネッティ
Antonetti*

アントネット
Antonette
アントネッラ
Antonella**
アントネッリ
Antonelli***
アントネッロ
Antonello**
アントネラ
Antonella**
アントネリ Antonelli*
アントネリウス
Antonelius
アントネルリ
Antonelli
アントネルロ
Antonello
アントネレ Antonelle
アントネロ Antonello
アントネンコ
Antonenko
アントネンコフ
Antonenkov
アントーノヴ Antonov
アントーノヴァ
Antonova
アントーノヴィチ
Antonovich
アントノーヴィチ
Antonovich
アントノヴィチ
Antonovich*
アントーノバ
Antonova
アントノビッチ
Antonovich
アントーノフ
Antonov*
アントノフ Antonov*
アントーノフスカヤ
Antonovskaia
アントノフスキー
Antonovsky*
アントノプロス
Antonopoulos
アンドノール Andnor
アントーノワ
Antonova
アントノワ Antonova*
アントフ Antov
アーントフィールド
Arntfield
アントメロ Antomero
アントユフ
Antyukh**
アンドヨ Andojo
アンドラ
Anderer*
Andra*
アンドライ Andorai
アンドラウ
Andlau
Andlaw
アンドラーカ Andraca
アントラーグ
Entragues
アーンドラシ
Andrássy
アンドラーシ
Andrassy
Andrássy
アンドラージ Andrade
アンドラシ András
アンドラシー
Andrassy
Andrássy
アンドラジーニャ
Andradina
アンドラーシュ
Andras**
András**
Andrew
アンドラジュ Andraz
アンドラース András
アンドラス
Andras
András*
Andrus**
アンドラスキー
Andraski*
アンドラーダ Andrada
アンドラダ Andrada
アンドラッシー
Andrássy
アンドラーデ
Andrada
Andrade**
アンドラデ
Andrada
Andrade**
アンドラディ Andrade
アンドラード Andrade
アンドラド Andrade
アンドラニク
Andranik*
Andrannik
アンドラル Andral
アントリー Antley
アンドリ
Andri**
Andrii
アンドリー
Andely
Andrii
Andrïi
Andriy*
Andry**
アンドリーア Andreea
アンドリア
Aandria
Andrea*
Andres
Andria
Andrija
アンドリアコポーロス
Andriakopoulos
アンドリアス
Andreas**
Andres
Andress
アンドリアセン
Andreasen*
アンドリアナイナリベロ
Andrianainarivelo
アンドリアナサンドラトリニオニ
Andrianasandratriniony
アンドリアナリブ
Andrianarivo
アンドリアナンプイニメリナ
Andrianampoinimerina
アンドリアーニ
Andriani*
アンドリアニリナ
Andrianirina
アンドリアーヌス
Adrianus
アンドリアーネ
Andriane
アンドリァノフ
Andrianov
アンドリアーノフ
Andrianov
アンドリアノフ
Andrianov**
アンドリアノワ
Andrianova
アンドリアマハゾ
Andriamahazo
アンドリアミセザ
Andriamiseza
アンドリアン
Adrien
Andrian***
アンドリアンザフィ
Andrianjafy
アンドリアンツィミゥトヴィアミナンドリアナ
Andriantsimitoviaminandriana
アンドリアンパンジャバ
Andriampanjava
アンドリアンベルマシナ
Andriambelomasina
アンドリイ
Andrij
Andriy
アンドリィスク
Andrysek
アンドリウ Andrew
アンドリウス
Andrews
Andrius
アンドリエ Andreae
アンドリェイ Andrej
アンドリエッセン
Andriessen
アンドリーエフ
Andreyev
アンドリエーフ
Andreev
アンドリエフ Andriev
アンドリエフスキー
Andrievskii
アンドリオ
Andrieux
Andriot
アンドリオプロス
Andriopoulos
アンドリオーロ
Andriolo
アンドリカ Andrica
アンドリケ Andrique
アンドリコプロス
Andrikopoulos
アンドリサーニ
Andrisani
アンドリザーニ
Andrisani
アンドリース
Andreas*
Andries*
Andriese
アンドリス Andris**
アンドリスコス
Andriskos
アンドリーセ
Andriesse*
Andriessen
アンドリーセン
Andreasen
Andreessen*
Andriessen**
Andrisen*
アンドリーゼン
Andreasen
アンドリチ Andrić
アンドリツェフ
Andriitsev
アントリッチ Antolici
アンドリッチ
Andric
Andrić**
アンドリーナ
Andolina
アントリーニ
Antolini
Antorini
アントリーネス
Antolinez
アンドリノフ
Andrinof
アンドリヤ
Aandria
Andrija
アンドリャウスカス
Andrijauskas
アンドリヤセビッチ
Andriiasevic
アンドリヤナ
Andrijana
アントリュー Andrew
アンドリュ Andrew
アンドリュー
Andreas
Andreou
Andreu
Andrew***
Andrews
Andrieu*
Andrieux
Andruw
アンドリュウ
Andrew*
アンドリュウカイティス
Andriukaitis
アンドリュース
Andrews***
Andrus
アンドリューズ
Andrewes
Andrews**
アンドリュス Andrius
アントリン Antolín
アンドール Andor*
アンドールー Andrew
アンドル
Andor
Andre
André
Andrew
アンドルー
Andreu*
Andrew***
Andrews
Andrieu
Andruw**
アンドルウ Andrew
アンドルウエ
Androuët
アンドルーエ
Androuet
アンドルエット
Andruetto
アントルコル
Entrecolles
アンドルース
Andrews**
アンドルーズ
Andrewes
Andrews***
アンドルス
Andrs
Andrus**
Andrzej
アンドルチョプロス
Androutsopoulos*
アンドルツォス
Androûtsos
アンドルフィー
Andolfi*
アントルモン
Entremont*
アントレー Antley*
アンドレ
Amdré
Andeé
Anderé
Andrä
Andrae*
Andre***
Andre'
André***
Andrè
Andrea
Andreae
Andree*
Andrée**
Andrei*
Andres*
Andrés
Andrew*
Andrzej*
アンドレー
Andrae
Andre
André
Andreae
Andree*
Andrée*
Andrew
アンドレーア
Andera
Andrea***
Andreea*
アンドレア
Andorea*
André
Andrea***
Andréa**
Andreae*
Andreas**

ア

Andréas
Andreea
Andrew
Antonella
アンドレアィ Andrea
アンドレアエ
Andreä
Andreae*
アンドレアージ
Andreasi
アンドレアシュ
Andrasch*
アンドレーアス
Andreas**
アンドレアス
Anders
Andreas***
Andréas
Andrew
アンドレーアセン
Andreassen
アンドレアセン
Andreasen*
Andreassen
アンドレアソン
Andréasson
アンドレアッシ
Andreassi
アンドレアッタ
Andreatta*
アンドレアディス
Andreadis
アンドレァデス
Andreadés
アンドレアーデス
Andreadés
アンドレアデス
Andreades
アンドレアーニ
Andreani
アンドレアノ
Andreano
アントレイ Antley
アンドレーイ Andrei*
アンドレイ
Andleigh
Andre
André
Andreae
Andrei***
Andreí
Andreï*
Andreĭ
Andréi
Andréï
Andreia
Andrej***
Andrew
Andrey***
Andriy**
Andrzej**
アンドレイア Andreia
アンドレイアセン
Andreasen*
アンドレイヴィチ
Andreevich
アンドレイヴィッチ
Andreevich
アンドレイェーヴ
Andreyev
アンドレイェヴィチ
Andreevich
アンドレーイェフ
Andreev
アンドレイエフ
Andreev
アンドレイオール
Andréyor
アンドレイカ Andraka
アンドレイス
Andreis
Andrejs*
アンドレイチェンコ
Andreichenko
アンドレイチク
Andrejczyk
アンドレイチン
Andreychin
アンドレイド Andrade
アンドレイーナ
Andreina
アンドレイナ
Andreina
Andreína
アンドレイーニ
Andreini
アンドレイニ Andreini
アンドレイバシレ
Andrei
アンドレーヴ
Andreevich
アンドレウ
Andreou
Andreu*
Andrew
アンドレーヴィチ
Andreevich*
Andréevich
アンドレーヴィッチ
Andreevich
アンドレヴィッチ
Andreevich
アンドレウェルス
Andre Wells
アンドレウス
Andreus
Andrews
アンドレーヴナ
Andreevna*
アンドレーエ
Andrea
Andreä*
Andreae*
アンドレエ Andreä
アンドレエイエフ
Andreev
アンドレーエヴァ
Andreeva*
アンドレーエヴィチ
Andreevich
Andreyevich
アンドレエヴィチ
Andreevich
Andreyevich
アンドレーエヴィッチ
Andreevich
アンドレエヴィッチ
Andreevich
Andreevitch
アンドレエヴナ
Andreevna
Andreyevna
アンドレェエフ
Andreev
アンドレエスク
Andreescu
アンドレーエフ
Andoreev
Andreev***
Andreevh
Andrejew
Andreyev
アンドレエフ
Andreev
Andreyev
アンドレエフスキ
Andreevski
アンドレエフスキー
Andreevskii
アンドレーエワ
Andreeva
アンドレエワ
Andreeva
アンドレオッチ
Andreotti
アンドレオッティ
Andreotti**
アンドレオッリ
Andreolli
アンドレオポーロス
Andreopoulos
アンドレオーリ
Andreoli
アンドレオリ Andreoli
アントレカストー
Entrecasteaux
アンドレグ Anderegg*
アンドレース
Andres
Andrés
アンドレス
Anders
Andreas
Andres***
Andrés***
Aǹdres*
Andress*
アンドレスキー
Andreski
アンドレスロベルト
Andres Roberto
アンドレスン
Andresen
アンドレーセン
Andreessen
アンドレーゼン
Andreasen
Andrésen
アンドレセン
Andresen**
アンドレゼン
Andresen
アンドレッセン
Andréasson
アンドレッタ
Andretta*
アンドレッティ
Andretti**
アンドレデュードネ
André-Dieudonné
アンドレード
Andrade*
アンドレトン
Andrelton
アンドレビ Andrevi
アンドレービチ
Andreevich
アンドレービッチ
Andreevich
アンドレビッチ
Andreevich
アンドレーフ
Andreev
Andreff*
アンドレフ
Andreev
Andreff
アンドレーフスキ
Andreevskii
アンドレヤ Andreja
アンドレヤーノヴァ
Andreianova
アンドレヤノワ
Andreyanova
アンドレヨール
Andréyor
アンドレーワ
Andreeva
アンドレーン Andreen
アンドロ Andro
アンドロー Andrew
アンドロウィッチ
Androwich
アントロウバス
Antroubus
アンドロキュデス
Androkydes
アンドロギュノス
Androgynos
アンドロクレイダス
Androkleidas
アンドロクレス
Androcles
アンドロクロス
Androclus
アンドロゲオス
Androgeōs
アンドロシュ
Androsch
アンドロス
Andros
Andrus
アンドロディア
Androdias
アンドロディアス
Androdias
アンドロティオン
Androtiōn
アンドロニカシュヴィリ
Andronikashvili
アンドロニク
Andronik
アンドロニークス
Andronicus
アンドロニクス
Andronicus
Andrónikos
アンドロニコ
Andronico
アンドロニコス
Andronicos
Andronicus
Andronīcus
Andronikos
Andrónikos
アンドローニコフ
Andrónikov
アンドロネスク
Andronescu
アンドローノフ
Andronov
アンドロフ Androff
アンドロフスカヤ
Androvskaia
アンドロポフ
Andropov*
アンドロマケ
Andromache
アンドロマケー
Andromache
アンドロメダ
Andromeda
アンドロメダー
Andromeda
アンドロン Andrōn
アントワアヌ Antoine
アンドワイエ Andoyer
アンドワエ Andoyer
アントワーヌ
Anthoine*
Antoine***
Antoíne
Anton
Antone
アントワヌ Antoine*
アントワーネット
Antoinette
アントワネット
Anntoinette*
Antoinette**
アントワープ Antwerp
アントワン
Antawn
Antoine**
Antwan
Antwaun
Antwone*
アントワンヌ Antoine
アントーン
Anton
Antone
Antoon**
アントン
Anthon
Antoine
Anton***
Antón*
Antone*
Antoni
Antoon*
Antun
An-tʻung
アンドン Andon
アントン・ジョナータ
Antongionata
アントンジョナータ
AntonGionata
Antongionata
アントンセン
Antonsen
アントンソン
Antonsson
アントンマルキ
Antommarchi
アーンナ Anna
アンナ
Ana
Anand

Ann
Anna***
Ánna
Anne*
Annia
Hanna
アンナー Anner**
アンナアマノフ
Annaamanov
アンナイエンニュ
Anna Jenny
アン・ナイリーズィー
Al-Nayrīzī
アンナエウス
Annaeus*
アンナカーリン
Anna-Karin
アンナカリン
Anna carin
アンナーキド
Al-Nāqid
アンナグルイ
Annaguly
アンナケイ Annekei
アンナゲリディ
Annageldi
アンナゲルディ
Annageldi
アン・ナサーイー
Al-Nasa'i
アン・ナサヴィー
Al-Nasavī
アンナス
Annas
Hánnas
アン・ナスラーウィー
Al-Nasrawi
アン・ナズル
Al-Naḍr
An-Naḍr
アン・ナッザーム
Al-Naẓẓām
アン・ナディーム
Al-Nadīm
アンナディーム
Al-Nadīm
アンナードゥライ
Annadurai
アンナドライ
Annadurai
アンナニ Annani
アンナバイラモフ
Annabayramov
アンナピア Annapia
アン・ナービガ
Al-Nābighah
アン・ナフィース
Al-Nafīs
アンナフィース
Al-Nafīs
アンナベッラ
Annabella
アンナベルディ
Annaberdy
アンナ・マリア
Annamaria
アンナマリア
AnnaMaria
Annamaria*
アンナミルル
Annamirl
アンナム Annam
アンナムバッタ
Annambhaṭṭa
アンナムハメト
Annamuhammet
アンナメレドフ
Annameredov
アンナーリー Annalee
アンナリーサ Annalisa
アンナリータ
Annarita
アン・ナルシャヒー
Al-Narshakhī
アンナレーナ
Annalena
アンナレナ
Anna-Lena
アンナローロ
Annaloro
アンナワウィー
Nawawi
アンニ Anni**
アンニー Annie*
アンニア Annia
アンニアヌス
Anniānus
アンニウス Annius
アンニエ Annie*
アンニカ Annika**
アンニキアリーコ
Annichiarico
アンニケリス
Anniceris
アンニケン Anniken
アンニチェッリ
Annicelli
アンニバル
Annibal
Annibale
アンニーバレ
Annibale
アンニバーレ
Annibale
アンニバレ Annibale*
アンニャ Anja*
アンニャー Añña
アンニョリ Agnoli
アンヌ
Anne***
Annu
Arne
アンヌカロリン
Anne-Caroline*
アンヌキャン
Hannequin
アンヌッカ Annukka
アンヌビク
Hennebique
アンヌマリー
Annemarie
アンヌーマーン
Al-Nu'mān
アンヌモン
Ennemond
アンヌリーズ Annelise
アン・ヌワイリー
Al-Nuwayrī
アンヌーン Al-Nūn
アンヌンチャータ
Anunciade
アンネ
Ann
Anne***
アンネカトリン
Annekatrin
アンネグレット
Annegret
アンネグレーテ
Anne-Grete
アンネグレート
Annegret
アンネゲルト
Annegert**
アンネシェン
Andersen
アンネシュ Anders*
アンネッテ Annette*
アンネット Annette*
アンネドーレ
Annedore
アンネブリンク
Unnebrink
アンネーマリー
Annemarie
アンネマリー
Annemarie**
アンネミーク
Annemiek
アンネミケ Annemiek
アンネリ Anneli
アンネリース
Annelies*
アンネリーズ Annelies
アンネリーゼ
Anneliese**
アンネル
Anner
Henner
アンネルセン
Andersen
アンネローズ
Anneloes
アンネローゼ
Annerose*
アンネロルク
Anne Lolk
アンネンコヴァ
Annenkova
アーンネンコフ
Annenkov
アンネンコフ
Annenkov*
アンネンスキー
Annenskii
アンノ Anno
アンノー
Anno
Hanno
アンノーニ Annoni
アンバー
Amber**
Ambra
アンハイアー Anheier
アンバイエ Ambaye
アンパイタ Empaytaz
アーンハイム Arnheim
アンバーグ Amburg
アンバクシア
Ambachtsheer
アンバサ Ambassa
アンバシェ Ambacher
アーンバス
Ambase
Ambasz
アンバース
Ambase
Ambasz
アンバス Ambasz
アンバチョ
Ambachew
アンバック
Amback
Imbach
アンバツミアン
Ambatsumian
アンパテ Hampaté
アンバディ Ambady
アーンハート
Earnhardt*
Earnhart
アンバート Umberto
アンバトンベ
Ambatombe
アンバニ Ambani*
アンバパーリー
Ambapālī
アンバーリー Anbārī
アンバリ Anbari
アンバリー Anbaree
アンバール Imbart
アンバル
Ambar
'Ambar
Ámbar
Anvar
アンバルツイミヤン
Ambartsumian
アンバルツミヤン
Ambatsumian
アンバルツムヤン
Ambartsumyan
アンバルツーモフ
Ambartsumov
アーンハールト Anhalt
アンハルト Anhalt
アンパロ Amparo*
アンバーン Amburn
アンハンドロ
Alejandro
アンヒ An-hi
アンビエーラ Ambiela
アンビオリクス
Ambiorix
アンピオン
Amphion
Ampion
アンビカ Ambika
アンビス Hambis
アーンヒム Arnhim*
アンビーユ Ambille
アンビュター
Ambuter
アンビュルジェ
Hamburger
アンビル Anvil
アンピン
Ai-ping
Ann-ping
アンプ Hamp
アンプ Hamp*
アンファーニー
Anfernee
アンファニー
Anfernee*
アンファンタン
Enfantin
アンフィアラオス
Amphiaraos
アンフィオン
Amphion
アンフィクテュオン
Amphiktyōn
アンフィサ Anfissa
アンフィテアートロフ
Amfiteatrov
アンフィテアトロフ
Amfiteatrov
アンフィトリーテー
Amphitrite
アンフィトリテ
Amphitrite
アンフィトリュオン
Amphitryōn
アンフィロキオス
Amphilochios
Amphilóchios
アンフィロフ Anfilov
アンフィンセン
Anfinsen
アンフィンゼン
Anfinsen*
アンプエロ
Ampuero**
アンフォッシ Anfossi
アンフォルタス
Anfortas
アンブスッス
Ambustus
アンフツェツェグ
Ankhtsetseg
アンプティル
Ampthill
アンプフェラー
Ampferer
アンブマニ Anbumani
アンブラー Ambler**
アンブライ Ambullai
アンブライト Umbreit
アンブラス
Ambruas
Ambrus*
アンブラズ Anbrus
アンフリ Humfrid
アンフリー Amfrie
アンブリエール
Ambrière*
アンブリス Ambris
アンブリスター
Armbrister

アンブル Umble
アンプル Ample
アンブルジェ
Hamburger
アンブルシュ Ambrus
アンフルト Anvelt
アンプルール
Empereur*
アンブレ Humblet*
アンブレー Ambree
アンブレイト Umbreit
アンフレッド
Umphred
アンブレット Anvret
アンフレードゥス
Anfredus
アンブロ Ambro*
アンブロー Humblot
アンブロアーズ
Ambroise
アンブロアズ
Ambroise
アンブロイセ
Ambroise
アンブロウズ
Ambrose*
アンブローシ Ambrosi
アンブロージ
Ambrosi*
アンブロシアーニ
Ambrosiani
アンブロジィ
Ambrózy
アンブロージウス
Ambrosius
アンブロシウス
Ambrosius*
アンブロジウス
Ambrosius
アンブロジェッティ
Ambrogetti
アンブロージオ
Ambrogio
アンブロシオ
Ambrosio
アンブロジオ
Ambrogio
Ambrosio
アンブロシオス
Ambrósios
アンブロシス
Ambrosis
アンブロジーニ
Ambrogini
Ambrosini*
アンブロージョ
Ambrogio
Ambrosio
アンブロース
Ambros
Ambrose*
アンブローズ
Ambrose***
Ambrož
アンブロス Ambros*
アンブロスィウス
Ambrosius*
アンブロースィン
Ambrosine
アンブロゼッティ
Ambrosetti
アンブロセリ
Ambroselli
アンブロワーズ
Ambroise*
Ambrose
アンブロワズ
Ambroise
アンブワーズ
Ambroise
アンブンダ Ambunda
アンペア Ampère
アンペイタ Empeytaz
アンベージ Ambesi
アンベス Ambeth
アンベッケン
Anbäcken
アンベッセ Ambesse
アーンベードカル
Ambedkar
アンベードカル
Ambedkar*
アンベドカル
Ambedkar
アンヘネント
Angenent
アーンヘム
Ahnhem**
アンヘラ
Angela**
Ángela*
アンベリ Ambury
アンベリー Anvery
アンペリウス
Ampelius
アンヘリカ Angélica
アンヘリデス
Angelides
アンヘリーナ
Angelina
アンヘリノ Angelino
アンヘル
Angel**
Ángel***
Àngel
アンベール
Ambert
Humbert***
Imbert*
アンペール Ampère
アンペル Ampel
アンベルガー
Amberger
アンベルクロード
Humberclaude
Humbertclaude
アンヘルス Angeles
アンベルト Anvelt
アンヘルバロディア
Angel Valodia
アンヘレス
Angeles**
Ángeles
Ángels
アンヘロ Angelo
アンベロシ Amberoti
アンボー
An-bo
Imbault
アンボアーズ Amboise
アンホフ Imhoff
アンポフォ Ampofo
アーンホルト Aanholt
アンホールト
Anholt**
アンホルト Anholt*
アンボワーズ Amboise
アンポンマハ
Umponmaha
アンマナーティ
Ammanati
アンマニーティ
Ammaniti**
アンマーバッハ
Ammerbach
アンマリー
Anne-Marie
Annemarie
Ann-Mari
Ann-Marie
AnnMarie
アンマール
Ammar
'Ammār
アンマル Ammar
アンマン
Amman
Ammann*
アンマンナーティ
Ammanati
アンミ Ammi
アンミアーヌス
Ammianus
アンミアヌス
Ammianus
アンミラート
Ammirato
アンムナ Ammuna
アンメホパ
Unmehopa
アンメラール
Ammeraal*
アンメルス
Ammers
Anmers
アンモーニウス
Ammonius
アンモーニオス
Ammōnios
アンモニオス
Ammonios
Ammōnios
アンモン Ammon
アンヤ Anja*
アンユー Anjou
アンユム Anjum
アンユル Anyuru
アンライン Unrein
アンラール Enlart
アンリ
Anrig
Henri***
Henry***
Irénée
アンリー
Henri**
Henry
アンリアンヌ Anliane
アンリィ Henri
アンリイ Henry
アンリエッタ
Henrietta
Henriette
アンリエット
Henrietta
Henriette***
アンリオ Henriot**
アンリオン Henrion
アンリク Henrich
アンリグ Anring
アンリクロード
Henri-Claude
アンリケ Henriquez
アンリコ Enrico**
アンリジス Anrijs
アンリック Enric
アンリッシ Umrysh*
アンリヒ Anrich
アーンル Ernle*
アンルー Unruh
アーンルンド
Ahnlund*
アンレウス Anreus
アンレザーク
Anlezark
アンロ Henrot*
アンローイ Anrooy*
アンロク Angrok
アンロック Angrok
アンワー
Anwar*
Anwer
アンワイラー Anweiler
アンワース Unwerth
アンワリ
Anwari
Anwarī
アンワリー Anwarī
アンワール
Anouar
Anwar
アンワル
Anvar
Anwar***
Anwār
アンワルル
Anwarul**

【イ】

イ
Ivanovich
Lee**
Li*
Rhee*
Rhie
Ri
Yi**
イー
Ee
Lee
Yee**
Yi*
Yih
イーア Iya
イア
Erh
Ia
イアイア Iaia
イアイン Iain**
イアウ
Eav
Ieu
イアヴィコリ Iavicoli
イアーウィズ Iorwith
イアヴィッコリ
Iavicoli
イアウコイアリス
Iauko Iaris
イアカリーノ
Iaccarino
イアガル Iagar
イアキーニ Iachini
イアキーノ Iachino
イアキフ Iakiv
イアクインタ Iaquinta
イアクシナ Iakushina
イアグノッコ Iagnocco
イアゴ Iago
イアコヴィーノ
Iacovino
イアコノ Iakono
イアコバ Iakoba
イアコビ Iakob
イアコビシビリ
Iakobishvili
イアコブッチ
Iacobucci*
イアコペッティ
Jacopetti
イアコポ Jacopo
イアコボーニ Iacoboni
イアサント Hyacinthe
イアシヴィリ Iashvili
イアシビリ Iashvili
イアシャイシュ
Iashaish
イアジュディン
Iajuddin**
イアソン
Iason
Iasōn
イアドレイ Eardley
イアーニ Ianni
イアニィ Ianni
イアニス Iannis*
イアヌッツィ Iannuzzi
イァーネ Hjärne
イァーネス Ianes
イアネッロ Iannello
イアハート Earhart*
イアビコリ Iavicoli
イアファン Irfan
イアペトゥス Japetus
イアムブリコス
Iamblichos
イアモス Iamos
イアラ Era
イアリー Jiri

イアリン Erin
イアルチェフ Iartcev
イアロスラワ
Iaroslava
イアロッシ Iarossi
イアロムカ Iaromka
イーアン
Ean*
Iain
Ian
イァン Ian
イアン
Ean
Iain***
Ian***
Ilan
Ioan
Ivan
Jan
Jean*
イアンコヴィッチーナ
Ianchovichina
イアンシ Ianthi
イアンシティ Iansiti
イアンタ Ihanta
イアンチュク Ianchuk
イアント Ianto
イアンド Eando
イアンニ Ianni
イアンニス Iannis
イァンネ Janne
イアンブリコス
Iamblichos*
イアンブロス
Iamboulos
イアンラ Iyanla*
イイェーシュ Illyés
イイガル Yigal
イーイスボー
Egesborg
イイゼン I-cheng
イイダ Yda
イイホシ Iihoshi
イーヴ
Eve*
Yves**
イウ
Ieu
Yiu
イヴ
Eve***
Ève
Ive
Yve*
Yves***
Yvonne
イーヴァ
Eva*
Iva
イーヴァー Ivar
イヴァ
Eva
Iva**
Ivar*
イヴァー Ivar
イヴァイロ
Ivailo*
Iváilo
Ivaylo
イヴァシキン
Ivashkin*
イヴァシコ
Ivashko
Iwashiko
イヴァシコヴァ
Ivashkova
イヴァシュキェーヴィチ
Iwaszkiewicz
イヴァシュキエーヴィチ
Iwaszkiewicz
イヴァシュキェーヴィッチ
Iwaszkiewicz
イヴァシュキェヴィッチ
Iwaszkiewicz
イヴァショヴ Ivashov
イヴァース Ivers
イヴァスク Ivask
イヴァーセン Iversen
イヴァセン Iversen*
イヴァーナ Ivana
イヴァナ Ivana
イーヴァニー Yee vani
イヴァーニ Iványi
イヴァニェス Ibáñez
イヴァニオス Ivanios
イヴァニク Ivanic
イヴァニシェヴィチ
Ivanišević
イヴァニスゼ
Ivanesdze
イヴァニッカ Iwanicka
イヴァニック Ivanic
イヴァニッチ Ivanić*
イヴァネク Ivanek
イヴァネス Ibáñez
イヴァネンコ
Ivanenko
イヴァーノ Ivano
イヴァノヴ Ivanov
イヴァーノヴァ
Ivanova
イヴァノーヴァ
Ivanova
イヴァノヴァ Ivanova
イヴァーノヴィチ
Ivanovič
Ivanovich
イヴァノヴィチ
Ivanovich**
Ivanovici
イヴァノーヴィッチ
Ivanovitsh
イヴァノヴィッチ
Evanovich**
Ivanovic
Ivanovich*
Ivanovici
Ivanovitch
イヴァノヴスキー
Ivanovsky
イヴァーノーヴナ
Ivanovna
イヴァーノヴナ
Ivanovna*
Iwanowna
イヴァノヴナ
Ivanovna
イヴァーノフ Ivanov*
イヴァノーフ Ivanov
イヴァノフ Ivanov*
イヴァノーフスカヤ
Ivanovskaia
イヴァノフスキー
Ivanovski
Ivanovskii
Ivanovsky
イヴァミー Evamy
イヴァラーダス
Everardus
イヴーアラン
Yve Alain
イーヴァリン Evalyn
イーヴァル Ivar***
イヴァール Ivar
イヴァル Ivar*
イヴァルディ Ivaldi
イヴァルナ Ivarna
イヴァロ Ivalo
イーヴァーン
Iwan
Yvan
イーヴァン
Eavan*
Evan*
Ivan
Iwan
イウァン
Ivan
Iwan
イヴァーン
Ivan*
Iván
イヴァン
Evan
Ivan***
Iván*
Iwan
Yvain
Yvan**
イヴァンカ
Ivanka
Ivánka
イヴァンコビッチ
Ivankovic
イヴァンス
Evans
Ivens
イヴァンチッチ
Ivancich
イーヴァント Iwand*
イヴァント Iwand
イーヴィー Evie*
イヴィー Ivey
イヴィカ Ivica*
イヴィソン Evison
イヴィチャ Ivica**
イヴィツァ Ivica*
イヴィッチ Ivic
イヴィッツァ Ivica
イヴィルメト
Ibormeith
イウイン Evjen
イヴィン Ivin
イーヴィング Irving
イヴィングス Ivings
イヴィンスカヤ
Ivinskaia
Ivinskaïa
イヴィンド Eivind
イウェアラ Iweala
イヴェス
Ives
Yves
イヴェタ Iveta*
イヴェッテ Yvette
イヴェット
Evette
Ivette
Yvette***
イヴェト Ivet
イーヴェリン Evelyn
イーウェル Ewell*
イーヴェル
Evel
Iver
イヴェール
Iver
Yver
イヴェル Ivel
イヴェルセン Iversen
イヴェルソン Iverson
イヴェルネル Ivernel
イヴェレット
Everett
Everret
イーウェン
Ewen*
Ewer
Yi-wen
イウェン Yiwen
イヴェン Yvain
イヴェンス Ivens*
イヴェンダー Evander
イーヴォ
Iivo*
Ivo***
イヴォ
Ivo***
Yves
イヴォー Ivo
イヴォイロフ Ivoirov
イーヴォギュン Ivogün
イヴォーギュン Ivogün
イヴォギュン Ivogün
イウオザイチス
Juozaitis
イウォナ Iwona
イヴォナ Iwona*
イヴォーネ Ivone
イヴォネ Ivonne*
イウォビ Iwobi
イヴォリ Ivry
イーヴォル Ivor
イヴォール Ivor
イーウォルド Ewald
イヴォーン Yvon
イヴォン
Yvon*
Yvonne
イヴォンナ Yvonna
イヴォンニー
Ivonny**
イヴォンヌ
Ivonne*
Yvone
Yvonne***
イヴォンネ Yvonne
イヴシック Ivsic
イウシティノ Iusitino
イウジャーズ I'jāz
イーヴシャム
Evesham
イゥジーン Eugene
イーヴズ Eaves
イヴス
Eves
Yves
イウーダス Ioudas
イウッパ Iuppa
イウテック Iv Tek
イウネス Yunes
イウパティ Iupati
イウプト Yuput
イヴラック Ivrack
イウリ Iurii
イヴリ Ivry
イヴリー Ivry**
イウリアーノ Iuliano
イヴリアノヴナ
Ivlianovna
イヴリイ Ivry
イヴリエフ Ivliev
イヴリル Everil
イーヴリン
Evaline*
Eveline
Evelyn*
Everyn
イヴリン
Evelyn**
Everyn
Evlyn
イーヴレフ Ivlev
イヴレフ Ivlev
イウヮルド Ewald
イウン Euy-woong
イヴン Ivan
イーヴンネット
Evennett
イェ
Ye
Yeh
イェー
Jan
Ye
Yeh
Yip
イエ
Ye**
Yeh
イェーア Jaeger
イェアゲンセン
Jürgensen
イェアーセン
Jürgensen
イェアード Yared
イエアニー Jeannine
イェアン Jørn
イェイイェル Geijer
イェイイェルスタム

イ

Geijerstam
イェイヴィン Yeivin
イェイェル Geijer
イェイエル Geijer
イェイエルシュタム
Geijerstam
イェイエルスタム
Geijerstam
イェーイツ Yates
イェイツ
Yates*
Yatsu
Yeates
Yeats*
イエイツ
Yates*
Yeats*
イェイトマン
Yeatman
イエーヴァー Giaever
イエヴァ Ieva
イェヴィッチ Yevich
イェーヴェル Yevele
イエヴェル Yevele
イェヴォンデ Yevonde
イェウデ Yehude
イェウヘン Yevhen
イェヴレム Jevrem
イェウン Yeung
イェエ Ye
イエェツ Yeats
イェーオリー Georg
イェオリ Georg**
イェーオルィ Georg
イェオルイ Georg
イェオールイオス
Georgios
イェオルイオス
Georgios*
イェオン Yeon
イェーガ Yager
イェーガー
Jaeger*
Jaegere
Jager
Jäger*
Jerger
Joerger
Yeager**
イェガー
Yager*
Yeager
イエーカー Iyekar
イエーガー
Jaegar
Jaeger
Jäger
イエガー
Jaeger*
Jäger
Yeager
イェーガァ Jäger
イェカテリーナ
Yekaterina
イェカブソンス
Jekabsons
イェキエル Jechiel
イエキニ Yekini*
イェーキン Yakin
イェギン Jäggin
イェク Jack
イエクティエル
Yekutiel
イェクノ Yekuno
イェクリン Jecklin*
イェーゲー Jégé
イエゲヌドン
Eyeghe Ndong
イェーゲル Jaeger
イエーゲル Jäger
イエゲル Jaeger*
イェケルス Jekels
イェーケン Jöken
イェーゲン Jaegen
イエゴ Yego**
イェゴール
Egor
Yegor
イエコワ Jekova
イェザーヤ Jesaia
イェサヤン Yessayan
イェージー Jerzy
イェシ Yeshi
イェジ Jerzy**
イェジー Jerzy***
イエーシ Iehsi
イエージー Jerzy
イエジ
Jerzy**
Jiří
イエジー Jerzy*
イェジアースカ
Yezierska
イエージイ Jerzy
イェジィ Jerzy**
イェジイ Jerzy**
イエジィ Jerzy*
イェーシェ
Ye śes
Yeśes
イェシエー
Ye-ses
Yeshi**
イエシエイ Yeshey
イェジェイチャク
Jedrzejczak**
イェーシェーウー
Ye shes 'od
イエジェク Jezek
イェシェック
Jescheck*
イェーシェーデ
Ye shes sde
イェーシェーペルジョル
Ye shes dpal 'byor
イェジエルスカ
Yezierska
イエシエン Jesien
イェシカ Jessica
イェシス Yessis*
イェシポフ Esipov
イェシム Yesim
イエシャネ Yeshaneh
イェシャヤ Isaiah
イェーシュ Illyés**
イエーシュ Illyés
イェジュイ Jerzy
イェシュケ
Jaeschke*
Jaschke
Jäschke
Jeschke
イェシュタード
Gjerstad
イェシュテット
Jestaedt
イェシュロン
Yeshurun
イェシュワントラオ
Yeshwantrao*
イエジョランスキ
Jeziorański
イェジル Yesil
イェジン
Yeh-jin
Ye-jin*
イェジングハオス
Jesinghaus*
イェス
Jess
Yesü
Yesün
イエス Jesus*
イェズィスカ
Yezierska
イエスィム Yesim
イエスケ Ieske
イェスゲイ Yesügei
イェスコム Yescombe
イエスス Jesus
イエズス Jesus
イェスタ
Gosta
Gösta
Gøsta
イエスタ
Gosta
Gøsta
イェズディギルド
Yezdigird
イエステン Joesten
イエストバンク
Gjestvang
イェスナー Jessner*
イエスナー Jessner
イェスパー Jesper*
イエスパー Jesper
イェスパセン
Jespersen
イエスパセン
Jespersen
イエスペシェン
Jespersen
イェスペル Jesper
イェスペルセン
Jespersen**
イエスペルセン
Jespersen
イエスペルゼン
Jespersen
イエースレイ Yearsley
イェスン Yesün
イエセイン Ye Sein
イェゼジアン Yazejian
イェゼフ József
イェセーリウス
Gezelius
イェセンスカー
Jesenská
イェセンスキー
Jesenský
イエセンスキ
Jeszenszky
イエセンスキー
Jeszenszky*
イェソ Ye-seo*
イェソン Yesung
イェータ Göta
イェーダ
Gerda
Yehuda
イェーツ
Yates***
Yeats**
イエーツ
Yates**
Yeats**
イエツ
Yates
Yeats
イェッゲ Jegge
イェッケル
Jaeckel
Yaeckel
イエッケル Jäckel
イェッサー Jesser
イェッセ Jesse
イエッセ Jesse
イェッセラー Jesserer
イェッセル Jessel*
イェッセン Jessen
イェッタ Jetta
イェッター Jetter*
イェッダ Gedda
イェッツ
Yates
Yetts
イェッツイ Yezzi
イエッツィ
Iezzi
Yezzi
イェッツォネン
Jetsonen
イェット
Jet
Yet
イエット Yeth
イエットギリエス
Ietto-Gillies
イェップ Yep**
イェップセン Jepsen
イェッペ Jeppe
イェッペ Joppe
イェッペセン
Jeppesen*
イエッレ Ielli
イエッロ Hierro
イェーデ Jede
イエーデ Jahde
イェーディケ Joedicke
イェディケ Joedicke
イェディン Jedin
イェデル Yedder
イェード Gerd
イェドヴァイ Jedvaj
イェドヴァルドソン
Jedvardsson
イェトマル Jettmar
イェトマン
Yeatman**
Yetman
イェトミン Yetming
イェドルスク Jedrusk
イェトロ Jetro
イェードン Yeadon
イェーナー Jähner
イエーナ Jena*
イェーナイ Jeney
イェナワイン
Yenawine
イェニー
Jenny***
Yenny
イェーニィ Yeany
イェニーク
Jenik
Jeník
イェーニケ
Jaenicke
Jänicke
イェニケ Jänicke
イェーニッケ Jänicke*
イェニッケ Jänicke
イェーニッシュ
Jaenisch
イエーニッシュ
Jaenisch*
イェーニッヒ
Jähnig
Jänig
イェニテルズィ
Yeniterzi
イエーニヒ Jänich
イエニファー Jennifer
イェヌ Yan
イエヌ Jenö
イエヌトン Yantong
イェーネ
Jaehne
Jenő
イェネー
Jeno
Jenö
Jenő*
イエーネ Jane
イエネ Jeno
イエネー
Jeno*
Jenö
イェーネフェルト
Järnefelt
イエノ Jeno

イエノウ Ieno
イエノエ Jenö
イエバ Ieva
イェヒェル Yehiel
イェヒエル Jehiel
イエヒェル Yehiel
イエビッチ Jevtic
イェヒト Jecht
イェヒーモフ Efimov
イェヒール Jehiel
イエフ
Ios
Jehu
イェフィム
Yefim*
Yeflm
Yehum
イェフェイ Yefei
イェフェス Yeffeth
イェフゲン Yevhen
イェブス Yves
イェフストラクトフ
Evstratov
イェプセン Yepsen
イェフーダ
Judah
Yehuda
イェフーダー Judah
イェフダ
Judah
Yahuda
Yehuda***
Yehûdāh
イェフダー
Yehuda
Yehudah
イエフダ Yehuda
イェフーディ Yehudi
イェフディ Yehudi
イェブティッチ Jevtić
イェブネ Jevne*
イェフラショフ
Jewlachow
イェフリ Yefri
イェフリー Yefrey
イェフリチュカ
Jehlicka
イェブル Gjeble
イェーベ Jebe
イェペス Yepes
イエペス Yepes*
イェベセン Jeppesen
イェペセン Jeppesen
イェヘッケル Yehezkel
イェペトゥス Japetus
イエペネ Yipènè
イェヘル Jehiel
イエヘル Jehiel
イェホアシュ Yehoash
イェホシャファト
Yehoshafat*
イェホシュア
Yehoshua**
イエホシュア
Yehoshua
イエマネ Yemane
イェーマンス Yemans
イエミ Yemi
イエミー Yamey
イエミニ Yemini
イエミン Jemin
イエム Em
イェムチュク
Yemchuk
イェムティン Jämtin
イェムニツ Jemnitz
イエムレ Gjoemle
イェメロヴ Jemerov
イェメン Yemen
イェユーディ Yehudi
イェヨム Yeom
イェラ Jella*
イエラ Iela*
イェライ Yeray
イェラヴィチ Jelavich
イェラーギン Jelagin
イェラーチェ Jerace
イェラチチ Jelačić
イェラチッチ Jelačić
イェラッハ Yerach
イェラード Gerard
イェラハウ Yelahow
イェラビッチ Jelavić*
イェーラン
Goran
Göran
イェラン Göran*
イエラン Goran
イェランソン
Göranzon
イエリー Yealy
イェリェヴィチ
Yulyevich
イェリエン Jörgen
イエリガドゥ
Yerrigadoo
イェリッチ
Jelić
Jelici
Yelich
イエリッチ Jelić*
イェリッツァ Jeritza
イエリッツァ Jeritza
イエリッツア Jeritza
イェリネク
Jelinek**
Jellinek**
イェリネック
Jelinek
Jellinek*
イエリネック Jellinek*
イェリマ Yérima
イェリマピエール
Yerima Pierre
イエリヤツカヤ
Yeretskaya
イェリル Yerrill
イェリン Yellin*
イエリン Yellin**
イェーリンク Ihering
イェーリング
Ihering
Jhering*
Yeeling
イェリング Yehling
イエーリンク Jhering
イエーリング Jhering
イエリング Jhering
イェリングハウス
Jellinghaus
イェール
Geer*
Yale*
Yelle
イェル Yelle
イエール Yale
イエル Yel
イェルヴェル Jervell
イェルヴェレイネン
Järveläinen
イェルウェン Jerven
イェルカ Jelka
イェルガー Jerger
イエルガー Jerger
イェルガコポロ
Georgakopoulou
イエルギュー Yergeau
イェルク
Joerg
Jorg*
Jörg***
イエルク
Joerg*
Jorg
Jörg***
イェールクス Jelks
イェールケ Jelke
イェルゲン
Jorgen
Jørgen
イェルゲンセン
Joergensen
Jorgensen
イエルゲンセン
Jorgensen
イエルゲンゼン
Joergensen
Jorgensen
Jørgensen
イエルコ Yerko
イェルゴヴィチ
Jergović
イェルサリムスチー
Ierusalimschy
イェルーザレム
Jerusalem
イェルサレム
Hierosólyma
Ierousalēm
Jerusalem
イェルザレム
Jerusalem
イエルサレム
Jerusalem
イエルザレム
Jerusalem
イェルサン Yersin
イェルジ Jerzy
イェルジー Jerzy
イエールジ Jerzy**
イエルシー Yelsey
イェルシチュ Jelušič
イェルシャルミ
Yerushalmi*
イェルショフ Ershov
イェルショーフ Ershov
イェルショワ Ershova
イエルシルド Jersild
イェルシン Yersin
イェルス Jörs
イェルスター Jelstad
イェルゼイ Jedrzej
イェルセン Jølsen
イェルダ Yelda
イェルダウ Yirdaw
イェルチン Yelchin**
イェルツェン Gjertsen
イェルデン Joerden
イェルト Jelto
イエルト Gert
イェルドン Yeldon
イェルネ
Hjärne
Jerne
イエルネ Jerne
イェルネイ Jernej
イェールネフェルト
Järnefelt
イェルネフェルト
Järnefelt
イェルハーハイス
Jelgerhuis
イェルハルド Gerhard
イェルハルドセン
Gerhardsen
イェルヒェル Jerchel*
イェルヘ Jerge
イェルベズ Jelved
イェルマーク Ermak
イェルマク
Ermak
Yermak
イェルマック Ermak
イエルマハン
Yermakhan*
イェルム Hjelm
イエルム Hjelm
イェルムスレウ
Hjelmslev*
イエルムスレウ
Hjelmslev
イェルムバーレン
Hjelmwallén
イェルムバレーン
Hjelmwallen
イエルムバレン
Hjelm-Wallén*
イエルメセト
Hjelmeset
イェルモ Yermo
イェルラン Yerlan
イェルリカヤ
Yerlikaya**
イエルリカヤ
Yerlikaya
イェルリン Gorlin
イエルワジ Yeluwadji
イェルーン Jeroen**
イェルン
Jeroen
Jorn
Jörn
イエルーン Jeroen**
イエルン
Jeroen
Jörn
Jørn
イエルンベリー
Jernberg
イェレ
Jelle*
Jere*
イエレ Jelle
イェレイエレ Yereyere
イェレオンスカヤ
Eleonskaia
イエレク Jezek
イェレスマ Jellesma
イェレツキー
Geletzki
Jelecky
Jeletzky
イェレーナ
Elena
Jelena
イェレナ
Helen
Jelena
Yelena
イェレバンド Yervand
イェレマイン
Jeremain
イェレミー Jeremy
イエレミア
Ielemia**
Ieremia*
イェレミアーシュ
Jeremiáš
イェレミーアス
Jeremias
イェレミアス
Ieremías
Jeremias**
イェレミース
Jeremies**
イエレミース Jeremies
イェレミッチ Jeremić
イェレム Yelemou
イェーレル Järrel
イェレル Gerell
イェーレン Jehlen
イェレン
Jørgen
Yellen*
イエレン Yellen**
イェレンコヴィッチ
Jelenkovich
イェレンコビック
Jelenkovich
イェレンコビッチ

イ

Jelenkovich
イェレンスカ Jeleńska
イェーレンステン
Gyllensten***
イェロ
Yero
Yéro
イエロ
Hierro*
Yéro
イエロー Yellow
イェロニマス
Jeronimas
イェロニム Jeronim
イェロバシリ
Ierovasili
イエロフ Yalof
イエローマン
Yellow Man
イエローリーズ
Yellowlees
イェーン Yenne
イェン
Yan*
Yen**
Yeung**
Yien
Yin
イエン
Hien
Ien
Ieng**
Yan
Ying
イェンイェン Yen Yen
イエンガー
Iyengar
Iyenger
イエンガネ Yengane
イェングワン
Yang-uang
イェンコ Jenko
イェンシー
Yency
Yhency
イェンシュ Jaensch
イエンシュ Jaensch
イエンシュテイン
Jeanštein
イエンシン Yan-xin
イェーンス Jens
イェンス
Jenns
Jens***
Jöns
イエンス
Jen
Jens***
イエンスビュ Jensby
イェンセン
Jensen***
Jenssen
Yensen
イェンゼン Jensen**
イエンセン
Iensen
Jensen**
イエンゼン Jensen
イェンソン
Jaensson
Jonsson*
Jönsson**
Jönzon
イエンソン Joensson
イェンチ
Jentsch*
Jentzsch
イエンチャブレ
Yentchabré
イェンチャレ
Yentchare
イエンチュ Jentsch
イェンツ
Jens
Jentz*
イエンツ Jens
イェンテレ Gentele
イェントナー Jentner
イェンドリチコ
Jendričko
イェンドン Yan-dong
イェンナス Gennäs
イェンニ
Jenni
Jenny
イエンハーゲル
Enhager*
イェンホン Yan-hong
イエンメッロ
Iemmello
イオ
Gio
Ieoh**
Ieu
Iō
Yeo
イオアナ
Ioana
Ioanna
イオアニス Ioannis*
イオアニーディス
Ioannidis
イオアニデス
Ioannides
イオアヌ Ioannou
イオアネ Ioane
イオアーン Ioann
イオアン
Ioan**
Ioann
イオアンナ Ioanna
イオアンニス Ioannis*
イオーアンネース
Ioannes
Joannes
Johannes
イオイン Eoin
イオーヴ Iov
イオエル Ioelu
イオカステ Īokastē
イォーガン Eogan
イオザ Iosa
イオサファート Iosafat
イオシア Iosia
イーオシーウォン
Iawsiwong
Ieosiwong*
イオシーウォン
Eoseewong
イオーシフ Iosif
イオシフ
Iosif*
Josef
イオシフォヴィチ
Iosifovich
イオシフォフ Iosifov
イオシーホフ Iosifov
イオスブ Iosub
イォセリアーニ
Iosseliani
イオセリアーニ
Ioseliani
Iosseliani*
イオッセリアーニ
Ioseliani
イオッチ Iotti
イオッティ Iotti*
イオッフェ Ioffe
イオテイコ Joteyko
イオテバ Ioteba
イオーナ Iona
イオナ Iona
イオナス Ionas
イオニクス Ionicus
イオニス Ioannis*
イオニタ Ionita
イオニツァ Ionită
イオヌーツ Ionut
イオヌト Ionut
イオーネ Ione*
イオネスク Ionescu*
イオネスコ Ionesco**
イオネラリビア
Ionela-Livia
イオネル Ionel*
イオノフ Ionov
イオバルディ Eovaldi
イオブ
Iovu
Iovv
イオポン Iophōn
イオミン Ieoh Ming
イオランダ Iolanda
イオーリオ Iorio
イオリオ Iorio
イオル
Ihor
Iolu*
イオルウェルス
Iorwerth
イオルガ Iorga
イオルグレ Iorgulescu
イォルゲン Jørgen
イオルゴス
Georgos
Giorgos
Gíorgos
イオルダケ Iordache
イオーワス Iorwerth
イオン
Eon
Ioan
Ion***
Iōn
Ione
Yeon
Yon
イオンズ Ions*
イオントク Yeon-Tok
イーガー
Eagar
Eager*
Eger
Yeager
イカ
Ica
Ika*
イガ
Higa*
Iga
イカウニエツェアドミジナ
Ikauniece-admidina
イガエル
Igael
Yigael**
イカーサ Icaza*
イカサ Icaza
イガサキ Igasaki
イガシュ Igas
イカスバルセータ
Icazbalceta
イカスバルセタ
Icazbalceta
イカスリアガ
Icazuriaga
イーカーチ Ekirch
イーガートン Egerton
イカバルセタ
Icabalceta
イカボド Ichabod
イガリ
Igali*
Igaly*
イカリオス
Ikarios
Īkarios
イガール Igar
イガル Yigal
イカルディ Icardi
イガロ Ighalo
イーカロス Ikaros
イカロス
Icarus
Ikaros
イーガン
Eagan
Egan***
イカンガー Ikangaa*
イギー Iggy**
イキシャム Iqisham
イギデル Iguider
イギョン Lee-kyung
イキリウス Icilius
イキリル Ikililou*
イキリロウ Ikililou
イーキン
Eakin**
Ekin*
Yiqing*
イキン Ik'in
イーキンズ Eakins
イギンラ Iginla*
イーク
Oech*
Yeack*
イーグ Eeg
イク
IK
Ik
イグ
Hughes
Ig
イグアイン Higuain*
イクイアーノ Equiano
イークヴァル Ekvall
イグウェ Igwe
イクヴォール Ekvall
イクエベ Ikouébé
イクェンシ Ekwensi
イクキュ Ik-gyu
イークク Yee Kuk
イクゴポレング
Ikgopoleng
イグザム Exum
イクシオン Ixīōn
イグジビット Xzibit
イークス
Eakes
Īkusu
イクス
Ickx*
Ik-su
Ix
イクステナ Ikstena
イグセト Yggeseth*
イクセンバーグ
Iksenburg
イグダーラ Iguodala*
イクチノス Iktinos
イクチュン Ik-jun*
イクティヌス Iktinos
イクティーノス Iktinos
イクティノス Iktinos
イグドラ Ignodala
イグナシ Ignasi*
イグナシー Ignacy
イグナシア Ignacia
イグナシアス Ignatius
イグナシィ Ignacy
イグナシイ Ignacy
イグナシウス Ignasius
イグナシェヴィッチ
Ignashevich
イグナシオ
Ignacio***
Ignatius
Inacio
イグナショフ
Ignashov*
イグナース Ignace
イグナーズ Ignaz
イグナス
Ignace
Ignas
Ignaz
イグナタウ Ignatow
イグナタヴィシアス

Ignatavicius
イグナーチー
Ignatii*
Ignaty
イグナチ
Ignacy**
Ignati
イグナチー Ignatii*
イグナーチイ Ignatij
イグナチイ Ignacy
イグナチウス
Ignacio
Ignatius*
イグナーチエヴィチ
Ignat'evich
イグナチエヴィチ
Ignat'evich
Ignátievich
イグナーチェヴナ
Ignatievna
イグナーチェフ
Ignat'ev
Ignatiev
イグナーチエフ
Ignatiev
Ignátiev
イグナチェフ
Ignatiev*
Ignatyev*
イグナチエフ
Ignatiev*
イグナチェンコ
Ignatenko*
イグナチオ
Ignacio*
Ignatius
Ignazio
Ignizio
イグナチオス Ignatius
イーグナツ Ignaz
イグナーツ
Ignác*
Ignace
Ignatz
Ignaz
Ignáz
イグナツ
Ignác
Ignacy
Ignácz
Ignaz*
イグナーツィ
Ignacy
Ignaz
イグナツィ
Ignace
Ignacy**
イグナーツィオ
Ignazio
イグナツィオ Ignazio*
イグナーツェ Ignaz
イーグナッツ Ignacy
イグナッツ
Ignac
Ignace
Ignaz
イグナティウス
Ignatius*
イグナーティエフ
Ignatiev
イグナティエフ
Ignatieff**
Ignatiev
Ignatyev*
イグナティオス
Ignatios
Ignátios
Ignatius
イグナテンコ
Ignatenko
イグナト Ignat
イグナトー Ignatow
イグナトゥシェンコ
Ignatushchenko
イグナトバ Ignatova
イグナトビッチ
Ignatovich
イグナートフ Ignatov
イグナトフ Ignatov
イグナロ
Ignarro**
Jignarro
イグニョフスキ
Ignjovski
イグヌス Egnéus
イクーヌム Ikunum
イクヌム Ikunum
イグーネ Higounet
イグネ Higounet
イグネイシアス
Ignatius*
イグネイシャス
Ignatius*
イグネイチアス
Ignatius
イグネェーシュース
Ignatius
イグネーシアス
Ignatius**
イグネシャス Ignatius
イグネトー Ignatow
イグノシウシュ
Ignotus
イグノッフォ Ignoffo
イグノート Ignoto
イグノトフスキー
Ignotofsky
イグバーシュ Ighbash
イクバール
Eqbal
Iqbal
Iqbâl
Iqbāl*
イクバル
Iqbal
Iqbāl
イグバール Iqbāl
イクピ Iqpi
イクビア Ichbiah
イグビネク Igbineghu
イクヒョン Ik-hyun
イクブ Ykoubou
イクファン Ik-hwan
イクベ Ik-bae
イクペバ Ikpeba*
イクペバ Ikpeba
イグボグー Igbokwe
イクホーリア Ikhouria
イグムノフ Igumnov
イクラム Ikram
イクラーモフ Ikramov
イクラモフ Ikramov
イーグランド
Eagland
Egeland
イグリ
Ighli
Igli
イーグリン Eaglin
イーグリング Eagling
イーグル Eagle**
イーグルシャム
Eaglesham
イーグルス Eagels
イーグルズ Eagles
イーグルストン
Eaglestone
イグルストン
Eggleston
イグルデン Iggulden
イーグルトン
Eagleton**
Eggleton
Egleton*
イグルトン Egleton
イーグルバーガー
Eagleburger**
イーグルハート
Iglehart*
イーグルフィールド
Eaglefield
イーグルマン
Eagleman
イクレ
Ikle
Iklé*
イクレー Iklé**
イグレイン Igraine
イグレシア Iglesia
イグレシアス
Iglesias***
Yglesias*
イグレム Yigrem
イクン Ikhn
イーケ Ihrke
イケ Ike*
イゲ
Ige**
Igue
イケジー Ekezie
イケタス Hicetas
イケディア Ikedia
イケヘイモ Ikäheimo
イケマ Ykema
イーゲマン Ygeman
イケラー Ikelaar
イケル Iker**
イーゲルス Eagels
イーゲルスタッフ
Egelstaff
イゲロ Higuero
イーゲン Eeghen
イケンソン Ikenson
イゴー Igo
イコイトンギイエ
Icoyitungiye
イゴエ Igoe
イコシア Ikosia
イゴダロ Ighodaro
イコネ Ikone
イゴネ Higonnet
イコネン Ikonen
イコノミディス
Ikonomidis
イーコブ Ecob
イーゴフ Egoff*
イコラ Ikola
イゴラシュビリ
Yagorashvili
イーゴリ
Egor*
Igor***
Igor'*
Igori*
Ígori
Ygor
イーゴリー Igor'
イコリ Ikoli
イゴーリ
Igor
Igor'
イゴリ Igor'
イーゴル
Igor**
Igor'
イコール
Igor
Ikor*
イゴール
Igor**
Igor'*
Igors*
イゴル Igor**
イゴールス Igors
イゴルス Igors
イゴルト Igort
イゴロフ Igorov
イーゴン Eagon
イコンニコフ
Ikonnikov
イーサ
Easa
Eisa
Eissa
Essa
Isa*
Issa*
イーサー
Esther
Isa
'Isā
'Īsā*
イーザ Isa
イーザー Iser*
イサ
Isa**
Issa
イザ Isa
イサアキャーン
Isaakian
イサアク
Isaac*
Isaák
Issac
イザアク Isaac
イサアクス Isaacs
イサアコヴィチ
Isaakovich
イーサイ Esai
イサーイ
Isaai
Issaj
イサイ
Isaj
Isay*
Issay
イザイ
Izay
Ysaÿe*
イザイー Ysaÿe
イサイア
Isaia
Isaiah
イサイアー
Isaiah
Isaisah
イザィア Isaiah
イザイア Isaia
イサイーアス Isaías
イサイアス
Isaias*
Isaías
Issaias**
イサイエ Issaye
イザイエ
Ysaye
Ysaÿe
イーサイオス Isaios
イサイオス Isaios
イザイリ Izairi
イーザウ Isau**
イサウィ
Isawi
Issawi
イサウイ Isawi
イザウラ Izaura
イサウリクス
Isauricus
イザエ Ysaÿe
イサエヴィチ
Isaevich
Isáevich
イザエヴィッチ
Isaevich
イサーエヴナ Isaevna
イサエフ
Isaev**
Isayev
Issaiev
イサオ Isao*
イサカ Issaka
イサカー Issachar
イサガー Isager
イサカル
Issachar
Issachár

イサカーン Isakhan
イザキアス Isaquias
イサキウス Isaacius
イサーキオス Isaacius
イサキオス Isaacius
イザキャット Isacat
イサーキャン Isaakian
イサギレインサウスティ
Izaguirre Insausti
イーザーク
Isaac
Isaäc
Isaak
Isak
イサーク
Isaac***
Isaäc
Isaak**
Isaák
Isack
イサク
Isaac*
Isaak
Isaák
Isak*
Isasc
Issac
Issak
Yitzchak
Yitzhak
イザーク
Isaac
Isaak
Izaac
Izaak
Izák
イザク Isaac*
イサークス Isaacs**
イサクス Isaacs
イザークス Isaacs
イサクセン Isaksen
イサークゾーン Isaacz.
イサクソン
Isaacson
Isackson
Isakson
Isaksson
イザクソン
Isaacson
Izakson
イサクノワ Isakunova
イザケアス Isaquias
イサコー Isakow
イサコヴァ Isakova
イサーコヴィチ
Isaakovich*
イサコヴィチ Isaković
イサコーヴィッチ
Isakovitch
イサコウィッツ
Isacowitz
イサーコヴナ
Isaakovna
イサコービチ Isaković
イサコビッチ
Isakovic
Isakovich
イサーコフ Isakov
イサコフ Isakov*
イザコフ Izakov
イサコーフスキー
Isakovskii
イサコフスキー
Isakovski
Isakovskii*
イサコーフスキィ
Isakovskii
イサゴラス Isagoras
イサコンデ Isa Conde
イサジフ Isajiw
イサセジ Isaszegi
イサチェンコ
Isachenko
Issachenko
イサッカー Issachar
イサック
Isaac
Issac
イザック
Isaac*
Isac
イサッコ Isacco
イザディン
Eiz al-Din
Izz al-Din
イサード Issa-ard
イサド
Esad
Essad
イザード
Izard
Izzard
イサドア
Isadore
Isidor
イザドア Isadore**
イサトゥ Isatou
イサドラ Isadora**
イザドーラ Isadora
イザドラ Isadora*
イサドール
Isador
Isadore
イサドル Isador
イサヌブ Isanove
イザーネ Ysanne
イサノワ Issanova
イサハキャン
Isaakian
Isahakyan
イザベ Isabey
イザベー Isabey
イサベイ Isabey
イザベイ Isabey
イザベウ Isabel
イサベコフ Isabekov
イサベッラ Isabella
イザベッラ Isabella
イザベッレ Isabelle
イザベッロ Isabello
イサベラ
Isabel
Isabella**
Isabelle
イザベラ
Isabel
Isabela
Isabella***
Isabelle
Izabela*
Izabella
イサベリータ Isabelita
イザベリータ Isabelita
イサベル
Isabel***
Isabell
Isabelle*
Isaber
イザベル
Esabelle
Isabel***
Isabell**
Isabelle***
イサベルラ Isabella
イザベレ Isabel
イサベロ Isabelo
イサボー Isabeau
イザボー
Isabeau
Ysabeau**
イーサム Essam
イサーム Essam*
イサム
Essam
Isam*
Isamu
Issam
イザヤ
Esaias
Isaiah*
イサラ
Issara
Izarra
イサラセーナ
Israssena
イーザリー Eatherly
イサーリス Isserlis
イーサリッジ
Etheridge
イザリン Isaline
イザール Izarl
イサルコ Isarco
イザルチノ Isaltino
イサルト Iseult
イサルヌス Ysarnus
イサレス Isales
イサレスク Isărescu**
イサレッジ Etheredge
イーサン Ethan***
イーザン Ethan
イサン
Eui-sang
I-sang
Isang
イサンダル Ysander
イザンバード
Isambard
イザンバール
Izambard*
イザンベール
Isambert
イージー
Easy
Eazy
Ījī
Jiri
Jirí
Jiři
Jiří
イシ
Ish*
Ishi
Isi
イジ
Idji
Jiri
Jiří
イジー
Izzi*
IZZY
Izzy
Jiri**
Jirí
Jiři**
Jiří***
Jiři
Jíří
JiřÍ
イーシア Ethier*
イーシアー Ethier*
イシア Issiah
イージアスカ
Yezierska
イシイ Ishii*
イジィ Jiří*
イージェ Yijie
イシエ Icher*
イジェアスカ
Yezierska
イシェイ
Ishay
Yeshey
イジェーケル Ezekiel
イシエル Ithiel
イージェルス Eagels
イーシェン Yi-Sheng
イシエングル Ishengul
イーシェンコ
Ishchenko**
イシェンバイ Ishenbai
イシカワ Ishikawa*
イシキエル Isikiel
イジーキエル Ezekiel
イジク Izyk
イシグロ Ishiguro*
イシケリ Isikeli
イジコウスキ
Idzikowski
イシコフ Ishkov*
イジコフスキ
Irzykowski
イジコフスキー
Idzikowski
イシス Isis
イジス Izis*
イシダーシー Isidāsī
イシダッタ Isidatta
イシダンザンワンジル
Isidanzanvangǰil
イシチェンコ
Ishchenko
イシディンナ Isidinna
イジドー Isidore
イージドーア Isidor
イシドァー Isidor
イシドア
Isidor*
Isidore
イジドア Isidor
イジードビヒ Izidbih
イージドール Isidor
イシードル Isidor
イシドール
Isidor**
Isidore
イシドル Isidore
イジドール
Isidor
Isidore*
イジドル Isidore
イシドールス Isidor
イシドルス
Isidor
Isidoro
イシドレ Isidore*
イジドレ Isidre
イシードロ
Isidro
Ysidro
イシドーロ Isidor
イシドロ
Isidor
Isidoro*
Isidro
Ysidro
イジドーロ
Isidore
Isidoro
イシドロヴィチ
Isidorovich
イシドーロス
Isidor
Isidoros
Isidōros
Isídōros
イシドロス
Isidoros
Isidōros
Isídōros
イジーニオ Iginio
イジーノ
Higino
Iginio
Igino
イジノ Igino*
イシノフ Issinov
イシハ
I-shih-kha
Isikha
イシバル Isbar
イシフ Issifou
イシフィ Issifi
イジボア Izibor
イシボセテ
Ishbosheth
イシマ Isimat
イシマイラ Issimaila
イシマエル Ishmael
イシムラトワ
Ishmouratova**
イシメール Ishmael*
イーシャ Isha
イシャ Isha
イシャアウッド
Isherwood
イシャイ Yishai

イシャーウッド
Isherwood
イシャウッド
Isherwood***
イシャエフ Ishayev
イシャーク Ishaq
イシャク
Ichac
Ishak
イシャグ Ishagh
イシャグプール
Ishaghpour*
イージャーズ I'jāz
イジャーズ I'jāz
イジャスラフ Izyaslav
イジャズル Ijaz-ul
イシャタ Ichata
イシャック Ishaq
イジャートン Egerton
イジャーナ Yllana
イーシャーナヴァルマン
Icānavarman
Īśānavarman
イシャナヴァルマン
Icānavarman
イーシャナバルマン
Icānavarman
イジャネス Illanes
イシャヤ Ishaya
イシャヤウ Yeshayahu
イシャヤフー Isaiah
イジャラメンディ
Illarramendi
イジャン Eui-jang
イシュ
Isch
Ish*
Ishu
Ishu'
イーシュアン
Yi-Hsuan
イジュイコフスキ
Irzykowski
イーシュヴァラクリシュナ
Isvarakrsna
Īsvarakrsna
イシュヴァル Ishwar
イーシュヴァルチャンドル
Īśvaracandra
イシュカラ Išhara
イシュクン Ishkun
イシュター Ishtar
イシュタール
Ishtar
Ištar
イシュタル
Ishtar
Ištar
イシューチン Ishutin
イシュトヴァーン
Istvan
István**
イシュトヴァン
Istvan
István**
イシュトヴアーン
István
イシュトバーン
Istvan
István**
イシュトバン
Istvan**
István
イシュトファン Istvan
イシュトリショチトル
Ixtlilxochitl
イシュトリホチトル
Ixtlixóchitl
イシュトリルショチトル
Ixtlilxóchtl
イーシュバラクリシュナ
Īsvarakrsna
イシュバル Ishwar
イシュビ Ishbi
イシュベル Ishbel
イシュマエル
Ishmael*
イシュマーリー
Ishmaáily
イシュミエル Ishmael
イシュメ Ishme
イシュメイル
Ishmael**
イシュメール
Ishmael*
Ismael
イシュラー Ishler
イシュラク Ishraga
イジュラン Higelin*
イーシュワラン
Easwaran*
イシュワリ Ishwari*
イーシュワル
Ishvar
Īśwar
イーシュワルクリシュナ
Īsvarakrsna
イジュン Eui-joong
イジョー Izsó
イーショダード
Īshō'dād
Išo'dad
Išo'dadh
イショダード Išô'dad
イショック Ichock
イジョフォー Ejiofor
イジョン Yi-chong
イシリンスキー
Ishlinskii
イシール
Ischir
Ithiel
イジルド Isild
イシレリ
Isileli
Isireli
イージン Yijing
イジング Ising
イジンツォバー
Jirincová
イシンバエワ
Isinbaeva
Isinbayeva*
イーズ
Eades
Eads
イーズー Yi-zi
イス
Yesü
Yisü
イズー Isou
イスィアール Icíar
イズィドルチク
Izydorczyk
イスィンウィル
Isinwyll
イズヴィツカヤ
Izvitskaya
イズヴォリスキー
Izvol'skii
イズヴォーリスキィ
Izvol'skii
イスウォルスキー
Iswolsky
イスヴォルスキー
Izvol'skii
イズヴォルスキー
Izvol'skii
イズゥレ Izoulet
イスカ Isca
イスカコフ Iskakov
イスカシア Iskasiah
イスカライ Iscarai
イスカリオテ
Iscariotes
イスカン
Iscan*
Iskan
イスカンダリー
Iskandarī
イスカンダリャン
Iskandarian
イスカンダル
Iskandal*
Iskandar**
Iskander
イスカンデール
Iskander
イスカンデル
Iskander***
イスキエルド
Izquierdo*
Yzquierdo
イスキエルドメンデス
Izquierdo Mendez
イズギル Izgil
イズグレフ Izgrev
イスグローヴ Isgrove
イスケ Iske
イスケンダー
Iskender*
イスケンデル Iskender
イスゲンデル Isgender
イスケンデルベク
Iskenderbek
イスコ
Isco
Isko
Izco
イスコウイッチ
IcKowicz
イスセルリン Isserlin
イースター Easter
イースタウェイ
Eastaway*
イースターデイ
Easterday
イースターバイ
Easterby
イスタハリー Iṣṭakhrī
イースターフィールド
Easterfield
イスタフリー Iṣṭakhrī
イースターブルークス
Easterbrooks
イースターブルック
Easterbrook
イースターマン
Easterman*
イースタム Eastham
イースタリー
Easterly*
イースタリング
Easterling*
イスタル Istarú
イスチネスゼ
Isutines dze
イースティ Easty
イスティチョアイア
Isticioaia**
イスティチワヤ
Isticioaia
イーズデイル Easdale
イステヴァン
Istevan
Istvan
イステバン István
イズデブスキ Izdebski
イステミ Istämi
イステミハン
Istemihan
イーステール Easdale
イステル Istel
イズデル Isdell
イステルデール
Isteldael
イースト
East**
Easto
Eastoe
イーストー Eastoe*
イスト Isto
イストヴァーン István
イストヴァン
Istvan
István
イーストウィック
Eastwick
イーストウッド
Eastwood**
イストゥリス
Istúriz
Izturis
イストーク Iztok
イーストコット
Eastcott
イストシン Istoshin
イーストハム
Eastham*
イーストバーン
Eastburn
イーストバン Istvan
イストバン Istvan
イーストホープ
Easthope
イーストマン
Eastman***
イストーミナ Istomina
イストーミン Istomin
イストミン Istomin*
イーストメント
Eastment
イーストモンド
Eastmond
イストラチ Istrati
イストラーテ Istrate*
イストラティ Istrati
イストリーナ Istrina
イーストルンド
Eastlund
イーストレイク
Eastlake*
イーストレーキ
Eastlake*
イーストレーク
Eastlake
イストロス Istros
イーストン
Easten
Easton***
イスナー Isner
イズナー Isner
イスナール Isnard
イスバア Iṣba'
イスハキ Iskhakïy
イスハキー Iskhakïy
イスハーク
Bushaq
Ishaq
Ishāq
Isḥāq*
Isskhak
イスハク Ishaq**
イズバサ Izbasa**
イスハック Ishak
イスバック Isbak
イスバート Isbert
イスパーノ Hispano
イスバハーニー
Iṣbahānī
Iṣfahānī
イスビー Isby*
イズビッキ Izbicki
イスビン Isbin
イズビン Isbin
イスフ
Issouf
Issoufou**
イスブ Isbouts
イスファハーニ
Isfahani
Isfahānī
イスファハーニー
Isfahānī
Iṣfahānī
イスファラーイニー

Isfarā'inī
イスファル Issoufou
イスファルファガ
Issoufou Alfaga
イスファンディヤール
Esfandiyar
Isfandiyār
イスフィ Issoufi
イスフィザーリー
Isfizārī
イスフォ Issufo
イスブラント
IJsbrand
Ijsbrand
イスフリート Isfrid
イスペリヒ Isperikh
イスベル
Isbell
Isber
イズベル Isbell
イスベルト Isbert
イズボリスキー
Izvol'skii
イズボルスキー
Izvol'skii
イスマ Isma*
イスマイラ Ismaila
イスマイリ Ismaili
イスマーイール
Ismail
Isma‘īl
Ismā‘il
Ismā‘il̄
Ismā‘īl
Ismā'īl
イスマイール
Ismail
Isma‘īl
Isma'îl
Ismā‘īl
イスマイル
Ismael*
Ismail***
Ismaïl**
Ismäil
Ismā‘īl
İsmail
Ismayr
イズマイル Ismail
イスマイルチュク
Ismailciuc
イスマイロフ
Ismailov
Ismayilov
イズマーイロフ
Izmailov
イズマイロフ
Izmailov
Izmajlov
Izmaylov
イスマエル
Ishmael
Ismael**
Ismaël
Ismail
イズマエル Ismael
イスマエルザーデ
Ismayilzada*
イスマット ‘Iṣmat
イスマト Ismat
イスマル Ysmal

イズマル Ismail
イスマント Ismanto
イスミス Ismith
イスミル Ismir
イズミルリエフ
Izmirliev
イズムハムベトフ
Izmukhambetov
イスメイ Ismay
イズメイ Ismay
イスメイラ Ismaila
イスメット Ismet*
イスメッド Ismed
イスメト
Ismet*
İsmet
イスメニアス Ismenias
イスメネ Ismēnē
イスモイロフ Ismoilov
イスモン Easmon
イスモンド Ismond
イースラー Easler*
イスラ
Isla*
Ysla
イスラー Isler
イズラ
Ezra
Isla
イスライフ Isleif
イスラーイーリー
Islā'īlī
イスライル
Israel
Izrail
イズライル Izrail*
イズライレヴィッチ
Izrailevich
イスライロフ Israilov
イスラエラ Israela
イスラエリ Israeli
イズラエリ Izrael*
イースラエル Israel
イスラエール Israel
イスラエル
Ismail
Israel***
Israël
Israels
Israhel
Yisrael
Yiśra'el*
Ysrael
イズラエル
Israel***
Israël
Izrael
Izrail
Izrail'
イスラエルアチヴィリ
Israelachvili
イスラエルアチビリ
Israelachvili*
イスラエルス Israels
イズラエルス Israels
イスラエルソン
Israelsson
イスラス Islas

イスラセナ Israssena
イスラーミー Islāmī
イスラミ Islami
イスラーム Islām*
イスラム
Islam***
Islām
İslam
イズラム Islam
イスラムブーリ
Islambouli
イスラルラ Israrullah
イズラレフ Izrailev
イスラン Isselin
イズラン
Iselin
Izlan
イスランクンナアユタヤ
Israngkulnaayutha ya
イスランディ Islandi
イースリー Easley
イーズリー
Easlea
Easley*
イズリアル Israel
イスリエータ Izurieta
イスリエタ Izurieta
イースリック Easlick
イズリーヌ Izrine
イスリン Issurin
イズリン Iselin
イズリングハウゼン
Isringhausen*
イスリントン
Etherington
イスール Issur
イスールデオ
Iswurdeo
イスレ
Gisle
Isselé
イズーレ Izoulet
イズーレー Izoulet
イズレ Izoulet
イースレイ Easley
イスレイ Islay
イズレイアル Israel
イズレイエル Israel*
イスレイフスドッティル
Isleifsdottir
イズレイル Israel*
イスレール Israel
イスロムジョノヴィチ
Islomdjonovich
イスワラン Iswaran
イースン Eason
イセイ Isei
イセイン
Hissein
Hisseine
イセエルド Ithiel
イゼキエル
Ezechiel
Ezequiel

イセケシェフ
Issekeshev
イセケマンガ
Issekemanga
イセシ Isesi
イーセスコーグ
Iseskog
イセダル Isedal
イゼット
Izzet
İzzet
イゼディン Izedin
イゼト Izet
イゼトベゴヴィチ
Izetbegović
イゼトベゴヴィッチ
Izetbegović*
イゼトベーゴビッチ
Izetbegović
イゼトベゴビッチ
Izetbegović*
イゼブスカ Izewska
イゼベル
Iezábel
Jezebel
イセラ Isela
イーゼリーン Iselin
イーゼリン Iselin
イーゼル Yeazell
イセル Ithell
イセルク Isselkou
イゼルディン
Izzeldin*
イゼルビット Yzerbyt
イセルム Isselmou
イセルリス Isserlis
イセーレス Iserles
イゼン I-jan
イーゼンゼー Isensee
イーゼンバーグ
Eisenberg
イーゼンバルト
Isenbart
イーゼンブラント
Isenbrandt
イーゼンマン
Isenmann
イゾ
Iso
Izzo*
イゾー Izzo
イソイベカ Issoibeka
イソウン Isoun
イソク Eui-suk
イソクラテース
Isokratēs
イソクラテス
Isocrate
Isocratēs
Isokrates
Isokratēs
イソコスキ Isokoski*
イソゼンゴンデ
Issozengondet
イゾッタ Isotta
イーソップ Æsopus

イソップ
Aesop*
AEsopus
Æsopus
Aisōpos
イゾトフ Izotov
イソビル Isobyl
イソフォ Issoufou
イソベル Isobel*
イゾベル
Isobel*
Isobelle*
イソホロ Iso-Hollo
イソラ Isola*
イゾラ Izola
イソラーニ Isolani
イゾリア Izoria
イソール Isol
イゾルダ Izolda
イソルデ Isolde
イゾルテ Isolde
イゾルデ Isolde**
イゾルト Iseult
イゾルニ Isorni
イゾワール Isoir
イーソン Eason*
イソン
Isong
Yee-song
イゾンリテイ Izonritei
イータ Hita
イーダ
Eda**
Ida**
Idha
イタ
Hita
Ita*
Itah
Yitta
イダ
Eda
Ida***
Idda
イタイ
Itai
Itay
イダイス Ideiss
イターシャ Ytasha
イーダシャイム
Edersheim
イーダスハイム
Edersheim
イターソン Iterson
イダティウス Idatius
イタナ Ithana
イタニ Itani*
イダマリー Idamarie
イタマール Itamar
イタマル
Itamar**
Ithamar
イダム
Idham*
Yi-dam
イタラ
Itälä
Ítala

イタランタ Itäranta**
イタリー Itallie**
イタリア Italia
イダリア Idalia
イタリアーノ Italiano
イータリクス Italicus
イタリクス Italicus
イターリコ Italico
イダリス Idalys*
イダリナ Idalina
イタール Itard
イダルゴ Hidalgo***
イタルス Italus
イタルマゾフ
Italmazov
イタレリ Italeli
イータロ Italo*
イターロ Italo
イタロ
Italo***
Ítalo
イタロー Italo
イタロス
Italos
Italós
イータン
Etan*
Eytan
Yitang*
イダン Idan
イタンジェ Itandjie
イーチウ I Chiu
イチエ
Ichie
Ichiye
イチェヌ Iytjenu
イーチェン
Yi-cheng
You-chen
イチオカ Ichioka
イチク Itzig
イチャック Ichak
イチョル Eui-chul
イチリオ Icilio
イチロー Ichiro
イチンノロブ
Ichinnorov
イチンホルロー
Ichinhorloo
イチンホルローギーン
Ichinhorloogiin
イーツ
Yeates
Yeats
イツ Ids*
イツアク
Jizchak
Yitzhak
イツァーク
Itzhak**
Yitzhak
イツァク Itzhak*
イツィク Itzik
イツィック
Itzik
Izik
イッエーシュ Illyés
イツェル Itzel
イツェロット Itzerott
イッガ Igga
イッガース Iggers
イッキース Ickes
イッキーズ Ickes*
イッキス Ickes
イック Ich
イックス Ickes*
イッケス Ickes
イッケルザーマー
Ickelsamer
イッケルト Ickert
イツコアトル Itzcóatl
イッサ Issa*
イッサー
Issah
Isser*
イッサイ Issay
イッサカル
Issachar
Issachár
イッサーシュテット
Isserstedt
イッサハル Issachar
イッサム Issam
イッサラ Issara
イッサラー Itsaraa
イッサーリス
Isserlis**
イッサレス Isserles
イッサン Issan
イッジ Eizi
イッシドリデース
Issidorides
イッシフ Issifou
イッショル Ishvar
イッショルチョンドロ
Īśbarcandra
Ishvar-chandra
イッシンガー
Ischinger**
イッシング Issing
イッズ ‘Izz
イッズッディーン
‘Izz al-Dīn
イッゼト İzzet
イッセルシュテット
Isserstedt
イッセルマン
Isserman
イッセルム Isselmou
イッセルレス Isserles
イッタ Jitta
イッター
Yetter
Ytter
イッターハイム
Itterheim
イッチ
Itti
Izzi
イッチェク Itzchak
イツチェク Itzchak
イッチナー Itschner
イツチャコフ
Itzchakov
イッツアーク Issak
イッツォ Izzo
イッツハク Yitzhak
イッディナ Iddina
イッデスリー
Iddesleigh
イッテルソン Ittelson
イッテン Itten*
イット Ith
イットツィン Itzin
イットリ Yttri
イットリング Yttling*
イットルフ Hittorff
イッハーク Yiṣḥaq
イツハーク
Yitzhak*
Yitzkhok
イツハク
Isaac*
Isaäc
Iṣḥāḳ
Itskhak
Itzhak
Yitzchak
Yitzhak***
Yitzkhok*
Yizhak
イツハック Yitshak
イッパリート Ippolito
イツハル Yizhar
イッビ Ibbi
イップ
Ip
Yeh
Yip**
イッファト ‘Iffat
イッペン Ippen
イツホク
Isaac
Itskhok
Yitzc’hok
Yitzkhok
イッポリット
Hippolyte
Hyppolite
イッポーリト Ippolito
イッポリート
Hipolito
Hippolyte
Ippolit
Ippolito
イッポリト
Hippolyte
Ippolito**
イッポリトヴナ
Ippolitovna
イッポリートフ
Ippolitov
イッポリトフ
Ippolitov
イッラー Illah
イッリカ Illica*
イツルビ Iturbi*
イツルビデ Iturbide
イッルミナトル
Illuminator
イテ Ide
イデ Ide***
イーディ
Eadie
Eady
Edie
Eydie
イーディー
Eadie
Eady
Eydie
Yde
イティ Iti
イディ
Iddi
Idey
Idi**
イディア Iddir
イティイ Itihi
イーディス
Edith***
Edythe
イディス Edith**
イディット Idith
イディナ Idina*
イディナム Iddinam
イティベレ Itiberê
イティマイ Itimai
イディムアヌケ
Idi Muanuke
イディール Idir
イディル Idil
イティン Itin
イディン Iddin
イディングス Iddings
イディングズ Iddings
イテゥリア Iturria
イデケル Ideker
イーデス Edith*
イーデズ Edith
イデス Ides
イデスバルド Idesbald
イデミル Idemil
イデム Idem**
イデランド Ideland
イデリ Ideli
イテル Iter
イデルシャイム
Edersheim
イーデルスタイン
Edelstein
イーデルソン Edelson
イーデルゾーン
Idelsohn
イーデルゾン Idelson
イテルティ Iterti
イーデルマン
Edelman*
イーデン Eden**
イテン Iten
イーデンサー Edensor
イデンサー Edensor
イデンティチ Identici
イデンブルフ
Idenburg
イテンベルク Itenberg
イートー Etow
イード
Eade
Ede*
Eid
イト
Ito
Itto
イド
Ido*
Wi-du
イトイズ Itoiz
イトウ
Ito
Itoh
イドウ Idowu**
イトウア Itoua
イートウェル Eatwell*
イドヴォルスキー
Idvorsky
イトゥク Leeteuk
イトゥコネン Itkonen
イトゥノ Itno
イトゥラスペ
Iturraspe
イトゥリ Iturry
イドゥリ Iduri
イトゥリサ Iturriza
イドゥリス
Idris
Idriss
イドウル Idwal
イトゥールビ Iturbi
イトゥルビ Iturbi
イトウールビ Iturbi
イトゥルヒデ Iturbide
イトゥルビーデ
Iturbide
イトゥルビデ Iturbide
イトゥルベ Iturbe
イドゥン Idunn
イドォウ Idow
イトカン Itkine
イトキナ Itkina
イートキン Itkin
イトキン Itkin
イトコネン Itkonen*
イドザード Idzard
イードスン Eidson*
イードソン Eidson*
イドニス Idriss
イードバーガ
Eadburga
イドハム Idham
イドボルスキー
Idvorsky
イドメネウス
Idomeneus
イドラネ Idranee
イドリサ Idrissa
イドリーシ Idrīsī
イドリーシー Idrīsī
イドリース
Idries
Idriess
Idris

Idrīs**
イドリーズ Idries
イドリス
Iddrisu
Idris***
Idrīs*
İdris
Idriss***
Idrissou
イドリズ Idriz
イドリースィー Idrīsī
イドリソフ Idrissov
イドリッサ Idrissa**
イードルス Edols
イドルス Idrus*
イトルービ Itrubi
イトルフ Hittorff
イードルンド Gidlund
イドレット Idolette
イトレバーグ
Ytreberg
イドローゴ Idrogo
イドワルド Edward
イートワン E'Twaun
イートン
Easton
Eaton***
Eatton
Eyton
イードン Edan
イーナ
Ena
Hina
Ina*
イナ
Ina**
Inna**
イナイア Inaiá
イナエ Inae
イナゴシ Inagosi
イナシオ
Ignácio
Inacio
Inácio**
イナースト Innerst
イナースレウ
Ingerslev
イーナット Ihnat
イナニ Enany
イナニール Inanir
イナネッラ Iannella
イナホッファー
Innerhofer
イナーマ Inama
イナマ Inama*
イナム Inam
イナモワ Inamova
イナヤット Inayat
イナーヤト
Inayat
'Ināyat
イナヤト Inayat
イナーヤトゥッラー
'Ināyat Allāh
イナーヤトッラー
Ināyatullāh
イナール
Hinard
Ināl
イナル İnal
イナルジク İnalcik
イナルジュク İnalcik
イナルディ Inardi*
イナロス Inaros
イーナン
Yi-nan*
Yinan
イナン İnan
イニ Ini
イニー Iny
イニア Inia
イーニアス
Aeneas
Jeannie
イニェス Iñes
イニエスタ Iniesta**
イニェボルゥ Ingeborg
イニェマール Ingemar
イニェル Inger
イニオンス Inions*
イニガー Inniger
イニーゲス Íñigues
イニゲス
Íñigues
Iñiguez
Íñiguez
イニーゴ Iñigo
イニゴ
Inigo
Iñigo
Íñigo
イニゴー Inigo
イニゴウ Inigo
イニサン Inizan
イニシャス Ignace
イーニス Inez*
イニス
Ennis
Inez
Innes
Innis**
Inniss
イニツァー Innitzer
イーニット Enid
イーニッド Enid*
イーニド Enid*
イニム Inim
イニャキ Inaki
イニャシウ Ignatius
イニャシオ Ignacio*
イニャース
Ignace
Ignaz
イニャス Ignace
イニヤス Ignace
イニャチオ Ignazio
イニャーツィオ
Ignazio
イニャツィオ
Ignazio**
イニャリトゥ
Inarritu
Iñárritu
Iñárritu*
イニャンガ Hygnanga
イニュニュ İnönü
イニュンバ Inyumba
イニョン In-young*
イヌ
Inu
Yin
イヌクプック Inukpuk
イヌサ Inusah
イヌニュ Inönü
イヌヤマ Inuyama
イヌュ Egnéus
イヌル Inul
イヌン In-hun*
イーネ
Ihne
Ine
イネ
In-ae
Ine
イネア Inea
イネイチェン Ineichen
イーネグ İjneg
イネシュ Inés*
イーネズ Inez
イネース Inés
イネス
Ines**
Inés**
Inès
Iñes
Inez
Inéz
Innes***
Inness*
Ynes
イネスコート Inescort
イネステーラー
Innes Taylor
イネストラ Ynestra
イネッサ Inessa**
イネニュ
Inönü
İnönü
イネルデ Inhelder
イネレブナー
Innerebner
イーノ Eno**
イノ
Ino
Inō
イノー
Hinault*
Inō
イノーア Ynoa
イノア Ynoa
イノウエ
Inoue
Inouye*
イーノク Enoch
イノケ Inoke
イノケンチー
Innokentii
イノケンチウス
Innocentius
イノケンティ
Innokenty
イノケンティウス
Innocentius
イノサン Innocent
イノサンス Innocence
イノサント Inosanto
イーノス Enos
イノス Enos
イノストランツェフ
Inostrantsev
イノゼムツェフ
Inozemtsev
イノセンシア
Inocencia
イノセンシオ
Inocencio
Inocêncio
イノゼンシオ
Inocencio
イーノセンティ
Innocenti
イノセンティ
Innocenti
イノセント
Innocent**
Innocentius
イーノック Enoch*
イノック
Enoch***
Enock
イノックス Enochs*
イノーニ Oenone
イノニ Inoni
イノニュ
Inönü**
İnönü
イノニュー İnönü
イノホーサ Hinojosa*
イノホサ
Hinojasa
Hinojosa
イノヤトフ Inoyatov
イノンゲ Inonge
イノンゴ Inongo
イーバ Eva
イーバー Iveagh
イハ Iha*
イバ
Eva
Iva*
Ivar
Yva
イバー Ivar
イバイ Ibai
イハイア Ehire
イバイロ
Ivailo
Ivaylo
イバウ Ibau
イパヴェツ Ipavec
イバーカ Ibaka*
イバシコ
Ivashko
Iwashiko
イバシュキェビチ
Iwaszkiewicz
イバシュキエビチ
Iwaszkiewicz
イバシュキェビッチ
Iwaszkiewicz
イーバス Íbas
イハース Ihász
イバス Ibas
イバスク Ivask
イバーソン Iverson
イハタ Ihata
イパーチェフ Ipatieff
イパーチエフ Ipatieff
イパチェフ Ipatieff
イパチエフ Ipatieff
イーバッハ Ibach
イバッハ Ibach
イパティエフ Ipatieff
イーバート Ebert*
イバート Ebert
イバド Ivad
イパトヴィチ
Ipatovich
イバトゥーリン
Ibatoulline
イバトゥリーン
Ibatoulline
イバトーリーン
Ibatoulline
イバナ Ivana*
イバーニェス
Ibanez
Ibañez
Ibáñez*
イバーニエス Ibáñez
イバニェス
Ibanez*
Ibañez
Ibáñez**
イバニエス
Ibañez
Ibáñez*
イバニエズ Ibáñez
イバニシェビッチ
Ivanišević
イバネス Ibáñez
イバネツ Ibáñez
イバネット Evenett*
イバノ Ivano
イバノヴィッチ
Ivanovici
イバノビッチ
Evanovich
Ivanović
Ivanovich
イバノフ Ivanov
イバノブ Ivanov
イーハブ Ihab*
イハーブ Ehab
イーバラ Ibarra
イバーラ Ibarra**
イバラ
Ibarra*
Ivala
Ybarra
イハライネン
Ihalainen
イパラギレ
Iparraguirre

イハラーナ Ijalana
イバリ Ivari
イハル Ihar*
イバル Ivar
イバルグエン
Ibarguen
Ibargüen*
イバルグエンゴイティア
Ibargüengoitia*
イバルス Ivars
イバルディ Ivaldi
イバルブール
Ibarbourou
イバルブルー
Ibarbourou
イバルボウロウ
Ibarbourou
イバルリ
Ibarruri**
Ibárruri
イハレアカラ
Haleakalā
Ihaleakala*
イバレーチェ
Ibarretxe
イーバン Eban
イバーン Ivan
イバン
Evan*
Iban
Ivan***
Iván**
Iwan
Yvan
Yván
イバンカ Ivanka*
イバンガ Ibanga*
イバンス Evans
イービ Eby
イービー Eby
イビ
Eby
Ibbi
Ibi
イビー Eby*
イビア Ibya
イビカ Ivica
イピゲネイア
Īphigeneia
イビコス Ibykos
イビシェヴィッチ
Ibisevic
イビス Yves
イビチャ Ivica*
イビツァ Ivica**
イビッチ Ivić
イビットソン Ibbitson
イヒニ Higini
イヒマエラ
Ihimaera**
イビュクス Ibykos
イービュコス Ibykos
イビュコス Ibykos*
イヒョク Yi-hyock
イヒョン Yi-hyun*
イビラヒム Ibrahim
イヒレ Ihle**
イービン Yi-bing
イビン Ebin
イビンスカヤ
Ivinskaya
イーフー Yi-fu**
イーブ
Eve
Yves
イブ
Eve***
Ib**
Ibu
Ive
Yves***
イプ
Ib*
Yeh
Yip
イプア Ipoua
イファシ Ifasi
イファル Ivar
イーファン Irfan
イファンズ Ifans
イブイア Ibya
イフィクラテス
Iphikratēs
イーフィゲネイア
Īphigeneia
イフィゲネイア
Īphigeneia
イフィル Ifil
イーフェイ Yi-fei
イフェオマ Ifeoma*
イフェジアグワ
Ifejiagwa
イプエル Ipwel
イフェロス Hijuelos**
イフォ
Ifo
Ivo
イフォト Ifoto
イプカー Ipcar*
イプキ Ipqi
イフコフ Ivkov
イプコフスキ Ibkowski
イフザ Ihza*
イブザギモフ
Ibraguimov
イプシュタイン
Epstein
イプシランチ
Ypsilanti
イプシランティ
Ypsilanti
イプシランティス
Ypsilanti
イプシランディス
Ypsilanti
イーブス Eaves
イーブズ Eaves
イプスウィッチ
Ipswitch
イプステギィ
Ipoustéguy
イプセン
Ebbesen
Ebsen
Ibsen**
イプセン
Ibsen*
Ipsen*
イフター Yifter
イプタル Iptar
イフチェンコ Ivchenko
イブチボー
Yves-Thibault*
イブティハージ Ibtihaj
イブティハジ Ibtihaj
イフティヨル Ikhtiyor
イブニ Ibni
イブニュルエミン
İbnülemin
イブヌ
Ibn
Ibnu*
Ibunu*
イブヌ・サッバーフ
Ibn al-Sabbāh
イブヌッ Ibn al
イブヌッ・サッバーフ
Ibn al-Sabbāh
イブヌッ・スィッキート
Ibnu's-Sikkīt
イブヌッ・ズバイル
Ibnu'z-Zubair
イブヌル Ibnu'l
イブヌルアシール
Ibn al-Athīr
イブヌル・アッバース
Ibnu'l-'Abbās
イブヌルアッバール
Ibn al-Abbār
イブヌル・アハナフ
Ibnu'l-Aḥnaf
イブヌル・アブラス
Ibnu'l-Abraṣ
イブヌル・アラー
Ibnu'l-'Alā
イブヌル・アラビー
Ibnu'l-'Arabī
イブヌルアラビ
Ibn al-'Arabī
イブヌルアラビー
Ibn al-'Arabī
イブヌル・カースィム
Ibnu'l-Qāsim
イブヌル・バイタール
Ibn al-Baitār
イブヌル・バイタル
Ibn al-Baitār
イブヌル・ハッジャージ
Ibnu'l-Hajjāj
イブヌル・ハッジャージュ
Ibnu'l-Hajjāj
Ibnu'l-Ḥajjāj
イブヌル・ハッバーリーヤ
Ibnu'l-Habbārīya
イブヌル・ハティーム
Ibnu'l-Khaṭīm
イブヌル・ビトリーク
Ibnu'l-Biṭrīq
イブヌル・ムアルリム
Ibnu'l-Mu'allim
イブヌル・ラーヒブ
Ibnu'r-Rāhib
イブヌル・ワリード
Ibnu'l-Walīd
イブネ Ibne
イフブ Yves
イプマ Ypma
イフラ Yifrah
イフラー Ifrah
イブラ Ibra
イブライ Ibrai
イブライタナ
Iivula-ithana
イブライマ Ibrahima*
イブライミ Ibraimi
イブライム Ibrahim*
イブライモフ
Ibraimov*
イブライリャヌ
Ibrăileanu
イブラギム Ibragim*
イブラギモヴ
Ibragimov
イブラギモヴァ
Ibragimova*
イブラギーモフ
Ibragimov
イブラギモフ
Ibragimov*
イブラッカー Iblacker
イブラック Ivrack
イブラード Everard*
イブラハム
Ibrahim*
Ibrahima
イブラヒマ Ibrahima
イブラヒミ
Ebrahimi
Ibrahimi
イブラーヒーム
Ibrahim*
Ibrāhīm*
Ibrāḥim
Ibrāḥīm
İbrahim
Ibrāḥīmu
イブラーヒム İbrahim
イブラヒーム
Ibrahim
Ibrāhīm
イブラヒム
Ebrahim
Ibahim
Ibrahim***
Ibraḥim
Ibrāhīm
Ibrāḥīm
Íbrahim
Ibrahim
Ibrahim
Ibrahimi
イブラヒムフメド
Ibrahim Houmed
イブラーヒームル
Ibrāḥīmu'l
イブラヒモヴィッチ
Iburahimovic*
イブラヒモビッチ
Ibrahimovic
Ibrahimović
イブラフム Ibrahim
イブラム Ibram
イフラント Iffland
イフランド Ifland
イブランド Eveland
イブリ
'Ibrī
Ivry
イブリー
Ebrey
Ivry
イーフリイム Ephraim
イフリーキー Ifrīkī
イフリム Ifrim
イーブリン
Evaline
Evelyn***
Evelyne
イブリン
Eveline
Evelyn**
Evelyne
Yveline
イフル Yifru
イブル
Ybl
Yvel
イーフレイム Ephraim
イブレット Everett
イブレレアーヌ
Ibrăileanu
イブロウ Ibrow
イブロヒム Ibrohim
イブロヒモフ
Ibrohimov
イーブン Eben
イブン
Bin
Bn
Ibn***
イブン・アル Ibnul
イブンオウフ Ibn-auf
イブン・ヌルアシール
Ibn al-Athīr
イブンパクダ
Ibn-Paquda
イブンライモフ
Ibraimov*
イーベ Ihbe
イヘ Ri-hye*
イベ Ibe
イベア Hiber
イヘアナチョ
Iheanacho
イペイ Ijpeij
イベタ Iveta
イベット
Ebet
Ibbett
Yvette*
イベットソン Ibbetson
イベト Ivet

イ

イヘナーチョ
Ihenacho
イヘニオ Higinio
イペネ Yipene
イペマ IJpma
イベリア Iberia*
イベリナ Ivelina
イベリングス Ibelings
イーベル
Ebel
Evel
イーペル Epel
イベール
Hybert*
Ibert
イーベルヴィル
Iberville
イベルヴィル Iberville
イペルゼル Ypersele
イベルセン Iversen
イーベルト Ebert
イベルビル Iberville
イベレット Everret
イーベン
Eben
Iben*
イベン Iben
イペンサ Ipenza
イベンス Ivens
イベンダー Evander**
イーボー Yi-bo
イボ Ivo**
イボー Ivo
イホア Ihor
イボイロフ Ivoirov
イボウ Ibou
イボオ Ivo
イーボギュン Ivogün
イボセフ Ivosev*
イボットソン
Ibbotson***
イボナ Iwona
イボネ Yvonne*
イボハシナ Ivohasina
イボビ Ibovi
イボヤ Ibolya
イボーラ Iborra
イーホリ Ihor*
イポリイト Hippolyte
イポリット Hippolyte
イポリット
Hippolite
Hippolyte**
Hyppolite*
Ippolit
イポリート
Hippolyte*
イポリト
Hipolito*
Hipólito**
Hippolyte
Hypolite
Hypolito
Hyppolite
イーホル Ihor
イホール Ihor
イホル Ihor
イボール
Ivor*
Yvor
イボルド Ibold*
イーホルム Egholm*
イボワ Hybois
イホン Yi-horn
イボン
Ivonne
Yvon**
Yvonne*
イポンス I Pons
イボンナ Yvonna
イボンヌ
Ivonne
Yvonne***
イボンボ Ibombo
イーマー Eimar
イマ
Ima
Imma
Yma
イマーヴァール
Immerwahr
イマーエワ Imaeva*
イマキュレ
Immaculée
イマキュレー
Immaculée
イマシェフ Imashev*
イマージュ Image
イマジュッディン
Emaz Uddin
イマタ Imata*
イマッド Emad
イマディ Imadi
イマード 'Imād
イマド
Imad**
Imed
イマードゥッダウラ
'Imād al-Dawla
イマードゥッ・ディーン
'Imād al-Dīn
'Imādu'd-Dīn
イマードゥル 'Imād
イマナリエフ
Imanaliev
イマナリーフ
Imanaliev
イマーニ Imani
イマニエル Immanuel
イマニシ Imanishi
イマニュエル
Emanuel
Emmanuel
Immanuel**
イマニュニル
Immanuel
イマーヌエル
Immanuel*
イマヌエル
Emanuel
Immanuel**
イマノフ
Imanov
İmanov
イマノール Imanol
イマノル Imanol
イマーマン
Immerman
イマーミー Imāmī
イマミ Imami
イマーム
Imam
Imām
イマム
Emam
Imam*
Imamu
イマーム・アルハラマイン
Imāmu'l-Ḥaramain
イマームル Imāmu'l
イマーラ 'Imāra
イマリ Imari
イマルワ Himarwa
イーマン
Eamon
Yeaman
イマーン Iman
イマン Iman
イマンガリ Imangali
イマンツ Imants
イミ
Imi*
Yimi
イミッジ Image
イミッティ Imitti
イーミヌ Yimin
イミラー・メシャ
Mermesha
イーミル
Emil
Emile
イミン Imīn
イミンク Immink
イム
Im**
Imm
Imms
Lim**
Rim
Yim**
イムガルト Irmgard
イムケ Imke*
イムサンド Imsand
イムシェニェーツキー
Imshenetskii
イームス Eames
イームズ Eames**
イムス Imms
イムスン Im-Soon
イムダト Imdat
イムダドゥル
Imdadul*
イムハミド Imhamid
イムファン Im-hwan
イムブリー Imbrie
イムヘテプ
Imhetep
Imhotep
イムホッフ Imhoff
イム・ホテプ Imhotep
イムホテプ Imhotep
イムホーフ
Imhof
Imhoof*
イムホフ
Imhof
Imhoff
イムマヌエル
Immanuel
イムラー Immler
イムラノフ Imranov
イムラヒム Ibrahim
イムラール Imru'ul
イムラーン 'Imrān
イムラン Imran**
イムリー
Imrie
Imry**
イムル
Imle
Imru
Imru'ul
イムルー Imru'ul
イムル・アル Imru'ul
イムルー・アル Imru'ul
イムルウ Imru'ul
イムルウ・アル Imru'ul
イムルウル Imru'ul
イムレ
Emeric
Imre***
イムレー Imreh
イーメス Eames
イメダシュヴィリ
Imedashvili
イメット Imet
イメリンスキー
Imielinski
イメール Imer
イーメルス Ihmels
イメルダ
Imelda**
Imelde
イメルト Immelt**
イメルマン
Immelman*
イメレ Immélé
イーメンス Eamens
イメンドルフ
Immendorff
イーモウ Yi-mou
イモケ Imoke
イモーゲン Imogen
イーモジェン Imogen
イモージェン Imogen
イモジェン
Imogen**
Imogene*
イーモジーン Imogene
イモージン Imogine
イモジン Imogen
イモト Imoto
イモネン Immonen
イモフ Imhoff
イーモラ Imola
イモーリイ Emory
イーモン
Eamon*
Éamon
Eamonn*
イモンゴタタガニ
Immongault
Tatagani
イーモンド Emond
イヤ
Erh
Iya*
イヤイー Iyayi
イヤーウッド
Yearwood*
イヤオウ I-Yao
イヤゴ Iago
イヤゴー Iago
イヤコバキス
Iakovakis
イヤサント Hyacinthe
イャシルド Jersild
イヤース Iyās
イヤス Iyasu*
イヤスス Iyasus
イヤーズレイ Yearsley
イヤド
Ayad
Iyad
Iyād
イヤドハウエデルニ
Iyadh Ouederni
イヤードリー Yeardley
イヤニス Iannis
イヤハート Earhart*
イヤムボ Iyambo
イヤムレニェ
Iyamurenye
イヤムレニュ
Iyamurenye
イヤリー Yeary
イヤリング Jhering
イヤール Eyal
イヤル Bjarni
イヤン Ian
イャンナーコ Iannaco
イヤンボ Iyambo
イヤンラ Iyanla
イュッレンステーン
Gyllensten
イュルク Jürg
イュレンステン
Gyllensten
イュレンボリ
Gyllenborg
イーユン
Yivun
Yi-yun*
Yiyun
イュンゲ Jynge
イヨ Yeo
イヨアス Iyo'as
イョオ Yeo*
イヨジェフ József
イヨックル Jokl
イヨネスコ Ionesco**

イ

イヨネル Ionel
イヨハンネス
Johannes
イヨム Iyom
イョラン Göran
イヨラン Göran
イョルク
Jorg
Jörg
イョルグ
Jorg*
Jörg
イョールゴス Giorgos
イヨルゴス
Giorgos
Giörgos
イヨルチア Iyorchia
イヨン
E-young
Wi-yung
Yi Young
イョンソン Jonsson
イーラ
Ira
Ylla*
イラ
Ella
Illa
Ira*
Yira
イラー
Eller*
Ilā
イーライ
Eli***
Eligh
Ely*
Ili
イライ
Eli
Ely
Ilai
イラィアス Elias
イライアス Elias**
イライエル Eliel
イライザ
Elisa
Eliza**
イライシア Elisha
イライシャ Elisha
イライジャ
Elija
Elijah***
イライソス Iraizoz
イライティア Ilaitia
イライヒュー Elihu
イライフ Elihu
イライリ Irahiri
イラオラ Iraola
イラガン Ilagan*
イラーキ 'Irāqī
イラーキー 'Irāqī
イラーク Jirák
イラグ Ilag
イラークリー Iráklii
イラクリ Irakli*
イラクリー Irakli**
イラゴリ Iragorri
イラサハイ IlaSahai*
イラサバル Irazábal
イーラジ Iraj
イラーシック Ellersick
イーラジュ Iraj
イラシュ Iraschko
イラシュコ Iraschko
イラス Jiras
イラスタス Erastus
イラーセク Jirásek**
イラーセック Jirásek
イラセマ Iracema
イラーチェ Irace
イラーチャンドル
Ilāchandr
イラッド Elad
イラディエル
Iradier
Yradier
イラード Ilardo*
イラド Elad
イラーナ
Elana
Ilana*
Ilanah
イラナ Ilana**
イラーニ Ilani
イラニ
Ilani
Irani*
イラーネク Jiránek
イラハ Ilaha
イラーハーバーディー
Ilāhābādī
イラビング Irving
イラマ Irama
イラミ Irami
イーラム Elam*
イラム Iram
イララ
Ilala
Irala
イラリア Ilaria*
イラーリオ
Hilario
Ilario
イラリオ Hilario
イラリオーノヴィチ
Illarionovich
イラリオノヴィチ
Illarionovich
イラリオノヴィッチ
Illarionovich
イラリオーン Ilarion
イラリオン
Hilarion
Hilarión
Ilarion
イラル Iralu
イラワン Irawan
イーラン Y Lan
イラン Ilan***
イランアネス
Iranmanesh
イランガシンハ
Illangasinghe
イランゴー
Ilangōv
Iḷaṅkō
イランゴーアディハル
Ilangōvatikal
イランコーヴァディガル
Ilangōvatikal
イランゴーヴァティカル
Ilangōvatikal
イランゴーヴァディハル
Ilangōvatikal
イランソ Iranzo
イーランド
Eiland
Eland
イーリ
Elie*
Ely
Jiři
イーリー
Ealy
Earey
Eli
Ely*
イリ
Ely
Ili
Ilie
Ilig
Jiri
Jiří*
Jiří
Ylli*
イリー
Eley
Ely*
Illy*
Jiri
Jiří
イーリア Elia*
イリア
Elia
Ilia*
Il'ia
Illia*
Ilya**
Il'ya
イリアサ Iliassa
イーリアス
Elias
Erias
イリアス
Elias
Ilias*
Illiasou
Ilyās
イリアソフ Ilyasov
イリアディス Iliadis**
イリアナ Illeana
イリアニ Iriani
イリアーヌ Eliane*
イリアルテ Iriarte*
イリアン Ilian*
イーリィ
Eley
Ely*
イーリイ Ely**
イリィ Ely
イリイーチ Iliich
イリイチ
Ilich
Il'ich**
Iliich*
Illich*
イリイチエワ Il'icheva
イリイチョフ Iliichev*
イリイッチ
Il'ich
Iliich
イリィーナ Ilijna
イリイーナ Il'ina
イリイナー Il'ina
イリイニチナ
Ir'inichna
イリーイン Ilyin
イリイン
Iliin
Ilin
Il'in
イリインスキー
Iljinskij
イリエ Ilie**
イリエス Illies
イリエスク Iliescu**
イリーエフ Iliev
イリエフ Ilief
イリエンコ
Il'enko
Ilienko*
Illienko
イリエンコォフ
Ilienkov
イリエンコフ
Il'enkov
Ilienkov
イリオパウロス
Eliopoulos
イリオポウロス
Iliopoulos
イリオン
Illion
Irion
イリガライ Irigaray**
イーリク Erik
イリク Ilig
イリークペン Iriekpen
イリゴーイェン
Irigoyen
イリゴイェン Irigoyen
イリゴイエン Irigoyen
イリゴエン
Hirigoyen
Irigoyen
イリゴージェン
Irigoyen
イリゴワイアン
Hirigoyen
イリサ Elissa
イリザリー Irizarry
イリジッチ Iljitsch
イリジャ Eliga
イリシュ Ilishu
イーリス Iris*
イリース Illies
イリーズ Elise
イリス
Ellis
Gillis
Iris**
Íris
Írisz
イリタ Irita
イリタニ Iritani
イリーチ Il'ich
イリチ
Ilich
Il'ich
イリチェフ
Ilichev
Ilitchev
イリチッチ Ilicic
イーリック Erik
イリック Ilić
イリッグ Illig
イリッチ
Ilic*
Ilić
Ilich*
Il'ich
Ilitch
Illich**
イリット Irit**
イリッヒ Illig
イリディオ Ilidio
イリーナ
Ilina
Il'ina
Irena
Irina***
Irína
Iryna
Jirina
Jurina
イリナ
Ilina*
Ilyina
Irina**
Jirina
イリーナア Eleanor
イリーナカメリア
Irina-Camelia
イリーナルフ Irinarkh
イリーニ Irini*
イリニェス Iriniz
イリニッキー Il'nitskii
イリニフ Ilinykh
イリーヌ Irene
イリネチェル Irynetjer
イリネック Jelinek
イリネン Ylinen
イリノイ Illinois*
イリバギザ Ilibagiza
イリハム Ilham
イリバルネ Iribarne
イリハンヌクセラ
Yli-Hannuksela
イリーブ Iribe
イリフ
Ilf
Il'f*
Ilif*
イリプリ Ylipulli
イリマアトエンラー
Irmaenre
イリミエ Irimie
イリミンスキー
Il'minskii
イリメスク Irimescu
イーリャ Illia

イーリヤ Il'ia
イリャ Ilja
イリヤ
Ilia*
Il'ia
Ilía
Iliia*
Ilija**
Iliya***
Ilja*
Illya
Ilya***
Il'ya
イリヤー
Ilia
Il'ia
イリヤス
Elias
Īliias
Ilyas
イリャソワ Ilyasova
イリャーナ Ileana
イリャナ Ileana
イリヤナ Iliana
イリヤーニ Eryani
イリヤニ
Iriyani
Iryani*
イリャラ Irjala
イリャルテ Iriarte
イリューシン
Il'iushin
Ilyoushin*
Ilyushin
イリュヒナ Ilyukhina
イリュミジノフ
Ilyumzhinov
イリュムジノフ
Ilyumzhinov**
イリーリクス Illyricus
イリリクス Illyricus
イリリヤン Ilirijan
イリル Ilir**
イーリーン Elyne
イーリン
Ilin
Il'in
Yi-Ling
イリーン
Iliin*
Ilin
Il'in*
イリン
Erin
Ilin*
Il'in*
Ilyin
イリンカ Ilinka
イリンガー Ihringer
イーリング
Iring*
Yeeling
イリング
Illing
Iring
イリングウォース
Illingworth
イリングウォルス
Illingworth
イーリングオース
Illingworth
イリングトン Illington
イリングワース
Illingworth*
イリンジバル Irinjibal
イリーンスキー
Ilyinsky
イリンスキー
Iliinskii
Iliinsky
イリーンスキィ
Iliinskii
イール
Hierl
Hire
Isle
イル
El
Ell
Gill
Il**
Ilu
Jil
イルー Hiroux
イルヴァ Ylva
イルヴァイン Irvine
イールヴァール Irvall
イルヴィサカー
Ylvisaker
イルウィン Erwin
イルヴェス Ilves
イルウン
Il-woong
Yil-woong
イルエーシュ Illyés
イルカイ Ilkay
イルガウスカス
Ilgauskas
イルガシェフ Irgashev
イルカジル Ilkajir
イルカハナフ
Ilkahanaf
イルガン Irrgang
イルガンク Irrgang
イルガング Irrgang
イルギ Illugi
イールギフ Aelgifu
イルギュ Il-kyu
イルク Ilg
イルグ
Ilg
Il-koo
イルグォン Il-kwon
イルグク
Il-guk
Il-kook*
イルグロヴァ Irglova*
イルケ Ilke*
イルゲン Ilgen*
イルゲンス Irgens
イルコ Ilko
イルゴイエンヌ
Hirigoyen*
イルコフ Ilkov
イルゴン Ir-kon*
イルサ Yrsa*
イルザ Ilsa*
イルサン Irsan
イルサンカー Ilsanker
イルジー
Irji
Jiři
Jiří**
Jiřĺ
イルジェ Iloudjè
イルシェダト
Irsheidat
イルジギデイ Eljigedei
イルジーグラー Irsigler
イルジック Iljic
イルシャイ Irsai
イルジャック Jirák
イルシャド Irshad
イルシュ Hirsch
イルージョ Irujo
イルジョー
Yrjo
Yrjö
イルシング
Hirsching**
イールス Eeles
イールズ
Eales*
Eeles
Eelles
Eells*
イルーズ Illouz
イルス Illes
イルズ Ilse
イルスタ Irusta
イルスト Hilst*
イルストラップ Ilstrup
イルストローム
Gillstrom
イルズリー
Illsley
Ilsley
イルセ Ilse*
イルゼ
Ilse***
Ilze
イルセリル Ilselil
イルソン
Il-son
Ilson
Il-song
Il Sung
イルター Ilter
イルダ
Hilda**
Ilda*
イルダヤ Irudaya
イルチ Ilji
イルチェンコ
Ilchenko**
イルチギタイ Eljigedei
イルチス Iltis
イルチョル Il-chol*
イルッカ Ilkka
イールツトミシュ
Íltūtmish
イールディギズ Ildegiz
イルディコー Ildikó*
イルティシャム
Iruthisham
イルディズ Yildiz
イルディツ Yildiz
イルティッド Illtyd
イルディライ Yildiray
イルティリシュ Iltäriš
イルディルム
Yildirm
Yildrim*
イルディレイ Yildiray
イルデギズ Ildegiz
イルデフォンス
Ildefons*
イルデフォンスス
Ildefonsus
Ildefonsusu
イルデフォンソ
Ildefonso**
Ildefonsus
イルデフォンゾ
Yldefonzo
イルデブラント
Ildebrando
イルデブランド
Ildebrando*
イルデベール
Hildebert
イルデマロ Ildemaro
イルデム Ildem
イルデラウド
Hilderaldo
イルテル İlter
イルード Eliud
イルト
Hirt
Hirth
イールトゥートゥミシュ
Íltūtmish
イルトゥトゥミシュ
Íltūtmish
イールトゥートミシュ
Íltūtmish
イールトゥトミシュ
Íltūtmish
イルトゥトミシュ
Íltūtmish
イルドガルド
Hildegarde
イルドス Ildos
イルドブラン
Hildebrand
イールトミシュ
Íltūtmish
イルトュド Illtyd
イルトン Hilton
イルナ
Iluna
Irna
イルナム
Il-nam
Ilnam
イルネーリウス
Irnerius
イルネリウス Irnerius
イルバ
Ilva
Ylva
イルバート Ilbert
イルハム Ilham*
イルハルト Illhardt
イルハン Ilhan*
イルビー Irby
イルヒュン Ilhyung
イルピョ Ihl-pyo
イルビング Irving
イルファーン Irfaan
イルファン
Irfān
Irrfan
イルフェ Il-hoe
イルブド Ilboudo
イルベ
Ilube
Irbe
イルベス Ilves*
イルベック Hilbeck
イルホ Il-ho*
イルボン
Il-bong
Ill-Bohng
イルマ
Ilma*
Iluma
Irma**
Irmma
Jrma
イルマー
Ilmar
Irmer
イルマシェル
Hillemacher
イルマーズ Yilmaz
イルマス Irmas
イルマズ
Yilmaz
Yulmaz
イルマツ Yilmaz
イルマネン Ilmanen
イルマリ Ilmari*
イルマリネン
Ilmarinen
イルミ Irmi
イルミセキズ
Yirmisekiz
イルミーナ Irmina
イルミナ Irmina
イルーミナートル
Illuminator
イルミナトル
Illuminator
イルミヤフ
Yirmiahu
Yirmiyahu
イルム Irm
イルムガルト
Irmgard**
イルムガルド
Irmgard*
イルムトゥラウト
Irmtraud*
イルムトラウト
Irmtraud
イルムラー Irmler
イルメ Irme

イ

イルメヤ Ieremías
イルメラ Irmela**
イルメリン Irmelin**
イルメンゼー
Illmensee
イールモージ
Iil-Mooge
イルヤース Ilyās
イルヨラ Yrjölä
イルラ Erra
イルラン Irlan
イルリカ Illica
イルリッツ Irrlitz
イルリョン Il-ryong
イルルスベルガー
Irresberger
イルレ Irles
イルレタ Irureta
イルンガ Ilunga
イルンガムブンドゥワビルバ
Ilunga Mbundo Wa Biluba
イルング Irung
イルンセン Irsen
イーレ
Ihle
Yieleh
Yile
イレ
Gille
Irle
イレアーナ Ileana
イレアナ Ileana*
イレイン
Elaine**
Ireen*
イーレク Jílek
イレク Irek*
イレゲムス Ilegems
イーレシュ
Illesch
Illesh
イレーシュ
Illés
Illesh
イレシュ Jireš
イレス
Iles
Illes
イレズ Erez
イーレスベルガー
Irresberger
イレースベルガー
Irresberger
イレチェク Jireček
イレーツェイ Iretskii
イレツキー Iretskii
イレーツキイ
Iretskii
Iretsky
イレッシュ Illesh*
イレッリ Irelli
イレート Ileto**
イレト Ileto*
イレトゥミシュ
Íltūtmish
イレートミシュ
Íltūtmish
イレトミシュ
Íltūtmish
イレーナ
Ilana
Illeana
Irena*
Jrena
イレナ Irena
イレナエウス Irenaeus
イレーニクス Irenicus
イレーヌ
Elaine*
Ilene
Irene**
Iréne
Irène**
イレヌ Irène
イレーネ
Elaine
Ilene
Irena
Irene***
Iréne*
Irène
イレーネー
Eirēnē
Irene
イレネ
Irene**
Irénée*
イレネー
Henri
Irenée
Irénée*
イレネーウス Irenäus
イレネウス
Irenaeus
Irenäus*
イレーネオ Ireneo
イレーネオス Irenaeus
イレノイス
Irenaus
Irenäus
イレーバ Eriba
イレバエフ Ilebayev
イレヘルガッハ
Ilchelgach
イーレボルク Ileborgh
イーレム Elam
イレムニツキー
Jilemnický
イレリー Illéry
イレール Hilaire***
イレル Hillel
イーレン
Ihlen
Yi-ren
イレーン
Elaine**
Elayne
Elean
イーロ
Eero
Iiro
Iro
イーロー Ilo
イロアン Jiloan
イーロイ Eloy
イロイロ Iloilo**
イロウィエッキ
Ilowiecki
イーロヴェツ
Gyrowetz
イロエジェ Iloeje
イローカ Iloka
イロシュファルヴィ
Ilosfalvy
イロック Irok
イロッリ Irolli
イローナ
Illona*
Ilona*
Irona
イロナ Ilona**
イロネン
Ilonen
Ylönen
イロブラント
Illobrand
イロム Irom*
イロリ Ilori
イロロフ Ilolov
イロワイスキー
Ilovaiskii
イロワイスキィ
Ilovaiskii
イーロン
Elon*
Ilon
イロン Ilon*
イロンシ Ironsi
イロンベ Elombe
イワ Iwa*
イワイロ Ivailo
イワサキ Iwasaki*
イワシェンコ
Ivashchenko**
イワシキェーヴィチ
Iwaszkiewicz
イワシキェヴィチ
Iwaszkiewicz
イワシキエヴィチ
Iwaszkiewicz
イワシケウイチ
Ivashkevich
イワシコ Ivashko
イワシネフ Ivashnev
イワシュキェウィチ
Iwaszkiewicz
イワシュキェヴィチ
Iwaszkiewicz
イワシュキェーヴィッチ
Iwaszkiewicz
イワシュキェヴィッチ
Iwaszkiewicz
イワシュキェビチ
Iwaszkiewicz*
イワシュキェビッチ
Iwaszkiewicz
イワシュケーヴィチ
Iwaszkiewicz
イワシュケーウィッチ
Ivashkevich
イワシュケーヴィッチ
Iwaszkiewicz
イワシュケエウィッチ
Ivashkevich
イワシュケービッチ
Iwaszkiewicz
イワシュチン
Ivashutin
イワショフ Ivashov
イワース Eworth
イワーズ Ewers
イワースク Ivásk
イワド Awad
イワナ Ivana
イワニエク Iwaniec*
イワニキー Iwanicki
イワニーク Iwaniec
イワニシヴィリ
Ivanishvili*
イワニシビリ
Ivanishvili
イワニセヴィッチ
Ivanisevic*
イワニセビッチ
Ivanisevic
Ivanišević
イワニツキー
Ivanitsky
イワニン Ivanin
イワネ Ivane
イワネンコ Ivanenko
イワノイッチ
Ivanovich
イワーノヴィチ
Ivanovich*
イワノーヴィチ
Ivanovich
イワノウィチ
Ivanovich
イワノヴィチ
Ivanovich**
Ivánovich
Ivanovici
Ivanovitch
イワーノヴィッチ
Ivanovich
Iwanovich
イワノーヴィッチ
Ivanovitch
イワノウィッチ
Ivanovici
イワノヴィッチ
Ivanovic*
Ivanović
Ivanovich
Ivanovici
Ivanovitch
イワーノヴナ
Ivanovna
イワノヴナ Ivanovna*
イワノービチ
Ivanovich
イワノビチ Ivanovich
イワノビッチ
Ivanovich*
Ivanovici
イワーノフ Ivanov**
イワノーフ Ivanov*
イワノフ
Ivanoff*
Ivanov***
Ivánov
Ivanova
イワノフスキ
Ivanovski
イワノフスキー
Ivanovskii
Ivanovsky*
イワーノブナ
Ivanovna
イワノブナ Ivanovna
イワノーワ Ivanova
イワノワ Ivanova**
イワマツ Iwamatsu
イワルス Ivars**
イーワルド Ewald
イワルド Ewald
イーワン Ewan*
イワーン Ivan
イワン
Evan*
Ewan*
Ivan***
Iván
Iwan***
Yvan**
イワンコフ Ivankov*
イワンセビッチ
Ivancevich*
イワンチク Ivanchik*
イワンツォフ Ivantsov
イワンツォーワ
Ivantzova
イワンナ Ivanna
イン
Ien
In**
Ing*
Inn*
Ng
Yi
Yin*
Ying**
インイェ Inge
インヴァーチャペル
Inverchapel
インヴァラリティ
Inverarity
インヴェルニッツィ
Invernizzi*
インウェン
Ing-wen
Ying Wen
インウォン Ihn-won
インウッド Inwood*
インウード Inwood
インカ
Inca
Inka
Yinka
インカー Inker
インガ
Inga**
Inge
Inger
インガー
Inga
Ingar
Inger**
Yinger
インガスン Ingerson

イ

インガーセント Ingersent
インガーソル Ingersoll*
インガソール Ingersoll
インガソル Ingersoll***
インカビリア Incaviglia
インガーマン Ingerman
インガム Ingham**
インガルス Ingalls***
インガルズ Ingalls**
インガルスビー Ingalsbe
インガルデン Ingarden*
インガンナーティ Ingannati
インガンニ Inganni
インギ
Ingi
In-kee*
In-ki
In-kie
Yingyi
インキオフ Inkiow*
インキジノフ Inkijinoff
インギット Inggit
インギッレーリ Inghilleri
インキネン Inkinen*
インギビョリ Ingibjörg
インギビョルグ
Ingibjorg
Ingibjörg
インギムンドゥール Ingimundur
インキョン In-kyung*
インギラーミ Inghirami
インギリエリ Inghilleri
インギル In-gil
インギレアリー Inghilleri
インギレリ Inghilleri
イング
Ing**
Inge*
In-goo
Ng
イングアンソ Inguanzo
イングヴァー Ingwer
イングヴァール Ingvar*
イングヴァル Ingvar**
インクヴァルト Inquart
イングヴァルト Inquart
イングヴィ Yngve
イングヴィル Ingvild*
イングウェイ Yngwie
イングヴェイ Yngwie**
イングォン In Kwon
イングク In-guk*
イングス Ings
インクスター Inkster**
イングスタッド Ingstad*
インクスタト
Ingstad
Inkstad
イングダル Ingdal
イングドール Engdahl
イングナ Inguna
イングバー Ingber*
イングバーマン Ingberman
イングハム Ingham
イングバル Ingvar**
インクバルト Inquart
イングベ Yngve
イングベイ Yngwie
イングベス Ingves
イングベルセン Ingwersen
インクベルト Ingbert
インクペン Inkpen**
イングペン Ingpen**
イングマー Ingmar*
イングマール Ingmar**
イングマル Ingmar*
イングマン
Engman
Ingman**
イングヤルド Ingjerd
イングラオ Ingrao***
イングラーシア Ingrassia
イングラシア Ingrassia
イングラス Inglath
イングラッシア Ingrassia*
イングラッシャ Ingrassia
イングラート Englert*
イングラード Englard
イングラハム Ingraham**
イングラム
Ingraham
Ingrahm
Ingram***
インクラン Inclán**
イングランダー Englander**
イングランド
England**
Englund
イングリ
Ingri*
Ingrid
イングリシュ English
インクリース Increase
イングリス Inglis**
イングリスト Englyst
イングリーダ Ingrīda
イングリダ Ingrida
イングリッシュ
English***
Ingrisch**
イングリット
Ingrid**
Ingrit
イングリッド Ingrid***
イングリート Ingrid**
イングリード Ingrid
イングリド Ingrid
イングリーン Inglin
イングル
Engle
Imgre
Ingle*
イングルス
Ingles
Inglis
イングルズ Inglis
イングルズビー Inglesby
イングルダイ Inggūldai
イングルハート Inglehart
インクルレコ Inkululeko
イングルンド Englund
インクレイ Inkley
イングレイ Ingley
イングレイド Englade*
イングレス
Ingles
Inglés
イングレーゼ Inglese
イングレット Inglett
イングレード Englade
イングレバート Englebert
イングレビィ Ingleby
イングレント Englent
イングロバ Ingrova
インクワルト Inquart
インゲ
Inge***
Inger*
インゲイト Ingate*
インゲセード Ingegerd
インゲソン Ingesson
インゲヌウス Ingenuus
インゲブリクトセン Ingebrigtsen
インゲブリグトセン Ingebrigtsen
インゲブレツェン Engebretsen
インゲボルガ Ingeborga
インゲボルク Ingeborg**
インゲボルグ Ingeborg**
インゲマール Ingemar
インゲマル Ingemar**
インゲマルスドッテル Ingemarsdotter*
インゲマン Ingemann
インゲヤード Ingegerd*
インゲラ Ingela*
インゲランド Engelland
インケリ Inkeri
インゲリーゼ Inge-Lise
インゲル Inger**
インケルス Inkeles**
インゲルス Ingels
インゲルスタム Ingelstam
インゲルフィンガー Ingelfinger
インゲルフィンゲン Ingelfingen
インゲルフヒンゲン Ingelfingen
インゲルマン Ingelman*
インケレス Inkeles
インゲン Inghen
インゲンハイム Ingenheim
インゲンハウス Ingenhousz
インゲンホウス Ingenhousz
インコ Ingco
インゴ Ingo***
インゴウルヴル Ingólfr
インゴウルフソン Ingólfsson*
インゴグリア Ingoglia
インコニート Incognito
インゴマー Ingomar
インゴリ Ingoli
インゴリア Ingoglia
インゴールス Ingalls
インゴールト Ingholt
インゴールド Ingold
インゴルド Ingold*
インコルバイア Incorvaia
インゴルフ Ingolf*
インゴルフール Ingólfur
インコントレーラ Incontrera
インコントレラ Incontrera
インザーギ Inzaghi*
インサソム Inthasom
インサーナ Insana
インサナリ Insanally*
インサノフ Insanov
インサフォン Inthaphon
インサム Insam
インサル Insull
インサン In-sang
インサングイーネ Insanguine
インジ
Inci
Inge*
インシアーテ Inciarte
インシアラーノ Inciarrano
インジェ In-je*
インジェニェーリ Ingegneri
インジェニエーリ Ingegneri
インジェルス Ingels
インジェロー Ingelow
インシク In-sik
インジクル Inzikuru*
インシーニェ Insigne
インジヒ Jindřich
インジフ Jindřich
インシャー
Inśā
Inshāh
インジャイ Injai
インジャナ Ingianna
インジャンナシ
Injannasi
Injannasi
インジュ Inn-joo
インジュー Injū
インシュア Insua
インシュン Ying Sheung
インジュン Injun
インシル Insil
インジロー Ingelow
インジロウ Ingelow
インス Ince**
インスー Insoo*
インズ Innes*
インスーア Insua
インスア
Insua
Insúa
インスキップ Inskip
インスク In-suk*
インスコア Inscore*
インスタンティウス Instantius

インズーディン Inzouddine
インステフィヨルド Instefjord
インスドーフ Insdorf
インストール Install
インスペクター Inspectah
インズミンガー Ensminger
インスラー Insler
インスリ Inslee
インスリー Inslee
インスル Insull
インスルサ Insulza*
インスレー Inslee
インゼオ Inzeo
インセマン Inceman
インセル Insel
インゼルソル Ingersoll
インソ In-seo
インソク Inseok
インソプ In-sop
インソール Insall
インソン In-sung**
インター Winter
インダ Inda
インダー Inder
インダイク Indijck
インタウォン Inthavong
インタヴォン Inthavone Inthavong
インタグリアタ Intagliata
インタクン Intakul*
インダージート Inderjeet*
インダシュ Indash
インタータンテ Interrante
インターナショナル International
インタノン Intanon
インダービネン Inderbinen
インダーミル Indermill
インダラ Indara
インタラウィッタヤナン Intravitayanun
インタラソムバット Intharasombat
インタラタイ Intaratai Intarathai
インタラーティット Intharathit
インダル Indar
インダルモール Indermaur
インダレシオ Indalecio
インチ Inch*
インチウ Ying-jeou
インチェルト Incerto
インチオースチ Inchausti
インチケープ Inchcape
インチーサ Incisa
インチーザ Incisa*
インチフォウン Inchifawn
インチボールド Inchbald
インチャウステギ Incháustegui
インチャウスペ Inchauspé
インチュル In-chul
インチュワン Yam-kuen
インチョウ Ying Chow
インチョル In-chol In-chul
インチョン In-chon*
インツー Ying-Tzu
インツコ Inzko
インテ Ihn-tae In-Tae Inti
インデアミューレ Indermühle
インディ Indi
インディア India** Inndia
インディアナ Indiana**
インディオ Indio
インディカ Indika
インディゴ Indigo*
インディコプレウステス Indikopleustes Indikopleustēs
インティサール Intiṣār Intissar*
インティザール Intizar
インディック Indick
インディラ Indira* Indirā
インティラート Inthilath
インディラヤンティ Indirayanthi
インテク In-taek* In-taik In-teak*
インデパル Inderpal
インテマ Yntema
インデュライン Indurain Induráin*
インテリゲーター Intriligator
インデル Inder**
インデルガンド Indergand
インテルレンギ Interlenghi
イーンド Yeend
インド Ind
インドゥー Indu
インドゥーニ Induni
インドゥーノ Induno
インドゥライン Induráin
インドゥリス Indulis
インドク In-duk*
インドマン Indman
インドラ Indra***
インドラヴァルマン Indravarman
インドラジット Inderjit
インドラジャヤヴァルマン Indrajayavarman
インドラーニ Indrani
インドラニー Indranie
インドラパナ Indrapana
イントラパーリット Inthrapaalit
インドラブーティ Indrabhūti
インドラプラスド Indraprasad*
インドラプラミット Indrapramit*
インドラワティ Indrawati*
インドリアニ Indriyani
インドリジ Indridi
インドリス Indulis
インドリダソン Indridason** Indriðason
インドリフ Jindrich
イントリリゲーター Intriligator*
イントルチェッタ Intorcetta
インドルフ Indruch Indulf
イントレイター Intrater
インドレク Indrek
インドロ Indro*
インドロヨノ Indroyono
インナ Inna* Ínna
インナウアー Inauer Innauer
インナーホーファー Innerhofer
インナロ Innaro
インニス Innis
インニツァー Innitzer
インネス Innes Inness
インネマン Innemann
インネルホファー Innerhofer**
インノケンチー Innokentii
インノケーンチイ Innokentij
インノケンチウス Innocentius
インノケンティ Innokenti Innokentii Innokentiy
インノケンティー Innokenti Innokentii
インノケンティイ Innokentii
インノケンティウス Innocentius*
インノセント Innocentius
インノチェンツォ Innocente Innocenzo
インノチェンティ Innocenti**
インノチェンティウス Innocentius
インハ In-ha
インバー Imber*
インパクト Impact
インバーダール Inverdale
インバーチャペル Inverchapel
インバート Imbert
インパート Impert
インハム Ingham
インパラート Imparato
インバリ Imbali Inbali
インバル Imber Inbal**
インパンブトゥ Inpanbutr
インビ In-bee*
インピ Impey*
インピー Impey*
インビキ Imbiky
インビュラ Imbula
インピョ In-pyo* Inpyo
インヒョク In-hyock
インビルド Ingvild
インファン In-whan
インファンタス Infantas
インファンチエフ Infant'ev
インファンテ Infante***
インファンティ Infanti
インファンティーノ Infantino
インファンティノ Infantino
インフィールド Infield
インフェッスーラ Infessura
インフェリーゼ Infelise
インフェル Infeld
インフェルト Infeld*
インフェルド Infeld
インブズ Imbs
インブリ Imbrie
インブリー Imbrie*
インブリアーニ Imbriani
インブルーリア Imbruglia*
インフン In-hun
インヘ Inge**
インベ In-bea In-bee
インペイ Impey*
インヘニェーロス Ingenieros
インヘニエロス Ingenieros
インペラート Imperato
インペリオ Imperio
インペリオーリ Imperioli
インペリッツェリ Impellizzeri
イーンベル Inber
インベール Inber
インベル Imbert* Inber*
インヘルダー Inhelder
インヘン In-heng
インベンス Imbens
インヘンハウス Ingenhousz
インヘンホウス Ingenhousz
インホ In-ho*
インボー Inbau
インホイザー Imhäuser
インポイナ Impoina
インボディー Inbody
インホテプ Imhotep
インボーデン Imboden*
インボデン Imboden
インボナーテ Imbonate
インホーフ Imhoof

インホフ
Imhoff*
Inhofe*
インボン In-bong
インマ Imme
インマウ Wing Mau
インマゼール
Immerseel*
Immmerseel
インマディ Immaḍi
インマニエル Emanuel
インマヌエル
Emmanuel
Immanuel*
インマーフォール
Immerfall
インマーマン
Immermann
インマン Inman**
インミッシュ Immisch
インメ Imme*
インメスベルガー
Immesberger
インメルト Immelt
インメルマン
Immerman
Immermann
インモ In Mo
インモース Immoos*
インモネン Immonen
インモービレ
Immobile
インモン Inmon*
インヤー
Inn Yâ
Inya
インヨテフ Inyotef
インヨン
In-yong
In-young
インラック Yingluck*
インランダー Inlander
インリョン In-ryung
インレル Inler
インロガ Inroga
インワ Inwa
インワーゲン
Inwagen*

【ウ】

ウ
Oo*
Ua
Woo*
ウー
Au
Ng
Oo
Ou
Woo**
Wu***
Wú
Wuu*
ヴ Vu*
ヴー
Vu*
Vũ*
ウア
Oua
Ua
ヴーア Voors*
ヴァー Var
ウアアーピンヤクン
Ua-apinyakul
ヴァイ
Vai*
Vy
Vye
ヴァイア Weyer
ヴァイアー
Weyer
Weyher
ヴァイアーシュトラス
Weierstrass
ヴァイアーシュトラース
Weierstrass
ヴァイアット Wyatt
ヴァイアナ Vianna
ヴァィアン Vailland
ヴァイアン Vaillant
ヴァイアンクール
Vaillancourt
ヴァイイ Wailly
ヴァイエ
Vayer
Weyhe
ヴァイエルシュトラース
Weierstrass
ヴァイエルシュトラス
Weierstrass
ヴァイエルストラス
Weierstrass
ヴァイエルマン
Weyermann
ヴァーイエン Waeijen
ヴァイエンマイヤー
Weihenmayer
ヴァイオ Vaio*
ヴァイオーラ
Viola
Viora
ヴァイオラ Viola*
ヴァィオレット Violet
ヴァイオレット
Violet***
ヴァイカー Weicker
ヴァイガー
Weiger
Willer
ヴァイカート
Weikath*
ヴァイガント Weigand
ヴァイキング Wiking
ヴァイク
Weig
Wijk
Wyk
ヴァイクス Weichs*
ヴァイクセルバウム
Weichselbaum
ヴァイクマン
Waigmann
ヴァイクル Weikl
ヴァイグル
Weigl**
Weigle
ヴァイグレ Weigle*
ヴァイケニ Vahekeni
ヴァイゲル Weigel*
ヴァイケルト Weikert
ヴァイゲルト
Weigelt
Weigert
ヴァイゲレ Weigele
ヴァイゲント Weigend
ヴァイコー Weikko
ヴァイコム Vaikom
ヴァイゴン Vigon
ヴァイサー Weisser
ヴァイザー
Weiser*
Weisser
ヴァイジー Vaizey
ヴァイシェーデル
Weischedel*
ウァイス
Weiss
Weiß
ヴァイス
Vaïsse
Veis
Vise*
Vyse
Wayss
Wayß
Weihs
Weis*
Weiss**
Weiß*
Weisse
ヴァイスヴァイラー
Weissweiler
Weisweiler
ヴァイスゲルバー
Weisgelber
Weisgerber*
Weissgerber
ヴァイスコップ
Weiskope
Weisskopf
ヴァイスシュタイン
Weisstein
ヴァイストフ
Wuysthoff
ヴァイズナー Vizenor
ヴァイスハウプト
Weishaupt*
ヴァイスバッハ
Weisbach
Weißbach
ヴァイズバッハ
Weisbach
ヴァイスバハ
Weisbach
Weissbach
ヴァイスフローク
Weißflog
ヴァイスブロート
Weisbrodt
ヴァイスマン
Waismann
Weismann
Weissman
Weissmann
ヴァイスマンテル
Weismantel
ヴァイセ
Weise
Weisse
Weyse
ヴァイゼ
Weise
Weisse
Weyse
ヴァイゼッカー
Weizsäcker
ヴァイセル Weissel
ヴァイゼルフィッシュ
Weiselfish
ヴァイセンシュタイナー
Weissensteiner**
ヴァイゼンタール
Weiesenthal
ヴァイセンバッハー
Weissenbacher*
ヴァイセンブルク
Weißenburg
ヴァイセンベルガー
Waissenberger
ヴァイセンベルク
Weissenberg
Weißenberg
ヴァイゼンベルク
Weissenberg
ヴァイセンホフ
Weyssenhoff
ヴァイセンボルン
Weissenborn
ヴァイゼンボルン
Weisenborn*
Weissenborn
ヴァイダ
Vaida
Vajda*
Vida
Wajda
ヴァイダー Vajda
ヴァイダヤ Vaidya
ヴァイタル Vitale
ヴァイツ Waitz
ヴァイツェッカー
Weizsäcker
ヴァイツェホフスキー
Voitsekhovskii
ヴァイツクス Vaitkus
ヴァイツゼカー
Weizsäcker*
ヴァイツゼッカー
Weiszäcker
Weizsacker
Weizsäcker*
ヴァイツゼッガー
Weizsäcker
ヴァイツゼッケル
Weizsäcker
ウァイツマン
Weitzman
ヴァイツマン
Weitzmann
Weizmann
ヴァイツラア Weitzler
ヴァイディアナサン
Vaidhyanathan
ヴァイディツ Weiditz
ヴァイディヒ Weidig
ヴァイテカンプ
Weitekamp
ヴァイテク Wei-tek
ヴァイデマイヤー
Weydemeyer
ヴァイテルシャウゼン
Weitershausen
ヴァイテルスハウゼン
Weitershausen
ヴァイデルト Weidert
ヴァイデン Weyden
ヴァイデンスドルファー
Weidensdorfer
ヴァイデンハイム
Weidenheim
ヴァイデンフェラー
Weidenfeller
ヴァイデンフェルト
Weidenfeld*
ヴァイデンライヒ
Weidenreich
ウァイト White
ヴァイト
Weidt
Weydt*
ヴァイド Vaid
ヴァイドヴァ
Waydowa
ヴァイドゥヤネイサン
Vaidyanathan
ヴァイトクス Vaitkus
ヴァイトナー Weidner
ヴァイドナー Weidner
ヴァイトブレヒト
Weitbracht
Weitbrecht
ヴァイトプレヒト
Weitbrecht
ヴァイトマン
Weidmann
Weitmann
ヴァーイドヤナー
Vaidyanatha
ヴァイトリンク
Weitling
ヴァイトリング
Weitling
ヴァイドリング
Weidling
ヴァイトン Viton
ヴァイナ
Vahina*
Vajna
ヴァイナー
Viner*
Vyner
ヴァイナック Vinacke
ヴァイナモイネン
Väinämöinen
ヴァイニー Viney
ヴァイニーオ Vainio
ヴァイニコロ
Vainikolo
ヴァイニャグプタ
Vainyagupta
ヴァイニョ Väinö*

ヴァイニンガー
Weininger*
ヴァイニンク Vining
ヴァイニング Vining*
ヴァイネ Wäinö
ヴァイネル
Weinel
Weiner
ヴァイネルト
Weinert*
ヴァイノ
Vaino
Väinö
ヴァイバー Vybarr
ヴァイバート Vibert
ウアイブラー Wahibre
ヴァイブリンガー
Waiblinger
ヴァイプリンガー
Waiblinger*
ヴァイブル Waibl
ヴァイプレヒト
Weyprecht
ヴァイベツァーン
Weibezahn
ヴァイベル
Waibel
Weibel
ヴァイペルト
Weippert
ヴァイポント Vipont
ヴァイマー Weimer
ヴァイマール Weimar
ヴァイマン
Weimann*
Weymann
ヴァイヤー Weyer
ヴァイヤーシュトラース
Weierstrass
ヴァイヤース Weyers
ヴァイヤン
Vailland*
Vaillant*
ヴァイラ Vaira
ヴァイラー
Weiler*
Weiller
ヴァイラウフ
Weyrauch
ヴァイラオホ
Weyrauch**
ヴァイラーティ
Vailati*
ヴァイラント
Vaillant
Weiland
ヴァイランド Weiland
ウアイリ Ouaili
ヴァイリッヒ Weyrich
ヴァイル Weil
ヴァイル
Weil*
Weill*
Weyl
ヴァイルステク
Vuylsteke
ヴァイルド Wilde
ヴァイレッリ Vairelli
ヴァイレンマン
Weilenmann
ヴァイローチャナラクシタ
Vairocanarakṣita
ヴァイン
Vine*
Wein
ヴァインエック
Weineck
ヴァインガルテン
Weingarten
ヴァインガルト
Weingart*
ヴァインガルトナー
Weingartner*
ヴァイングラルト
Wijngaard
ヴァインケ Weinke
ヴァインシュタイン
Weinstein
ヴァインシュテイン
Weinstein
ヴァインシュトク
Vajnshtok
ヴァインズ Vines*
ヴァインスハイマー
Weinsheimer
ヴァインツィアル
Weinzierl
ヴァインツィール
Weinzierl
ヴァインドルッヒ
Weindruch
ヴァインバーグ
Vineberg
ヴァインファルト
Weinfurt
ヴァインブレンナー
Weinbrenner
ヴァインヘーバー
Weinheber*
ヴァインベルガー
Weinberger*
ヴァインベルク
Vainberg
Weinberg**
ヴァインベルゲル
Weinberger
ヴァインホルト
Weinhold*
ヴァインマイヤー
Weinmay
ヴァインマン
Weinmann
ヴァインライヒ
Weinreich
ヴァインリッヒ
Weinrich
ヴァインリヒ
Weinlig
Weinrich**
ヴァヴァエ Vavae
ヴァヴァオ Vavao
ヴァヴァサー Vavasor
ヴァヴァッソーリ
Vavassori
ヴァヴィロヴァ
Vavilova
ヴァヴィーロフ
Vavilov
ヴァヴィロフ Vavilov*
ヴァウヴェルマン
Wouwerman
ヴァヴェン
Verwaayen*
ヴァウェンサ Wałęsa
ヴァウクスキ
Walkuski
Wałkuski
ヴァヴジンチャク
Wawrzynczak
ヴァウス Vause
ヴァウスデン Vousden
ヴァウター Wouter
ヴァウト Wout
ヴァウプシャソフ
Vaupshasov
ヴァウベル Valber
ヴァヴラ Vavra
ヴァエイコフ Voeikov
ヴァーエズ Wā'iz
ヴァエル Vael
ヴァーガ
Vaga*
Virga
ヴァカ Baca
ウアカウ Wahkhau
ヴァーガス Vargas
ヴァガッジーニ
Vagaggini
ヴァガーノヴァ
Vaganova
ヴァガノーヴァ
Vaganova
ヴァガノヴァ
Vaganova
ヴァカーリ Vaccari
ヴァカリウス Vacarius
ヴァカリウス Vacarius
ヴァガール Waggerl
ヴァガル Waggerl
ヴァカレスコ
Vacaresco
ヴァカレルスキ
Vakarelski
ヴァカロ Vaccaro
ヴァカロイウ Vacaroiu
ヴァカン
Vacant
Vacquin
Wacquant
ヴァガン Vangen
ウアカンガ Ouakanga
ヴァカンダール
Vacandard
ヴァカンティ Vacanti
ウァキ Ouaki*
ヴァーキ Varki
ヴァギネル Vagner
ヴァーギノフ
Vaginov
Váginov
ヴァギフ Vagíf
ヴァキル Vakil*
ヴァーク
Valk
Waag
ヴァクエバ Vakueva
ヴァクス Vachss*
ヴァクスヴァイラー
Waxweiler
ヴァクスマン
Wachsmann
ヴァクスムート
Wachsmuth
ヴァクソフ Vaksov
ヴァクツェヴァノス
Vachtsevanos
ヴァークナー Wagner
ヴァーグナー Wagner*
ヴァクナー Wagner
ヴァグナー Wagner*
ウァグナア Wagner
ヴァークニツ Wagnitz
ヴァーグネル Vagner
ヴァグネル Wagner**
ウァーグネン
Wagenen
ヴァーグバタ
Vāgbhaṭa
ヴァークパティラージャ
Vākpatirāja
ヴァクフティス
Vakouftsis
ヴァグラチオーノヴィチ
Bagrationovich
ヴァクリ Vacquerie
ヴァクリー Vacquerie
ヴァクール Vacqueur
ヴァーグレン
Verguren
ヴァクレンコ
Vakulenko
ヴァクレンチューク
Vakulenchuk
ヴァクロフ Waclaw
ヴァクン Vagn
ヴァグン Vagn
ヴァケ Waquet
ヴァゲ Vaguet
ヴァーケヴカー
Varchevker
ヴァゲッジ Vagheggi
ヴァケッタ Vacchetta
ヴァーゲナー
Wagener**
Wagner
ヴァーゲマン
Wagemann*
ヴァケラス Vaqueiras
ヴァケルレ Wackerle
ヴァーゲン Waagen
ヴァーゲンザイル
Wagenseil
ヴァーゲンシャイン
Wagenschein
ヴァーゲンバッハ
Wagenbach**
ヴァーゲンバハ
Wagenbach
ヴァーゲンフェルト
Wagenfeld
ヴァーゲンフール
Wagenfuhr
ヴァーゲンホーファー
Wagenhofer
ヴァーゴ Vargo
ウアコヴレヴ
Yakovlev
ヴァーサ Vasa
ヴァサ
Vasa
Waza
ヴァサー
Vasseur
Waser
ヴァザー Waser
ヴァーサガル Vācakar
ヴァサス Vassas*
ヴァザック Vasak
ヴァサバ Vasabha
ヴァサラ Vasara
ヴァサーリ Vasari
ヴァサリ
Vasari
Vaszary
ヴァザーリ Vasari*
ヴァザリ Vasari
ヴァーサーリョヴァー
Vásáryová
ヴァーサル Versalle
ヴァザルリ Vasarely
ヴァザルリー Vasarely
ヴァザレリ Vasarely
ヴァザレリー Vasarely
ヴァサロ Vassallo
ヴァサン Vasan
ヴァサンジ Vassanji
ヴァサンタ Vasantha
ヴァサンティ Vasanti
ヴァサント Vasant*
ウアジ Wadji
ヴァーシ Varsi
ヴァーシー Varsi
ヴァージー Vergie
ヴァシアーン Vassian
ヴァシェ
Vaché
Vacher
ヴァジェロス Vagelos
ヴァシェンツェヴァ
Vashentseva
ヴァシオ Vascio
ウアジカーラー
Wadjkare
ヴァーシシェンコ
Vashchenko
ヴァジチェック
Vasicek
ヴァーシッティー
Vāsiṭṭhī

ウ

ヴァジニ Wazny
ヴァージニア
Virginia**
ヴァジニア Virginia*
ヴァシニッチ Vucinich
ヴァージニヤ Virginia
ヴァジパーイ
Vajpayee
ヴァジパイ Vajpayee
ヴァージペーイー
Vajpeyi
ヴァジム Vadim
ヴァーシャ Váša
ヴァシャ Vasja
ヴァジャ
Vajda
Važa
Vazha
ヴァーシャーリ
Vásáry
ヴァシャールド
Vaschalde
ウアジュ Wadji
ヴァーシュ Vass
ヴァシュ Vas
ヴァーシュアー
Verschuur
ヴァーシュウァ
Verschuur
ウアジュカーウ
Wadjkhau
ウアジュケペルラー
Wadjkheperre
ヴァシュコンセルシュ
Vasconcellos
ウーアシュプルング
Ursprung
ヴァジュラ Vajjara
ヴァーシュラエゲン
Verschraegen
ヴァーシュルツ
Werschulz
ヴァーシューレン
Verschueren
ヴァシュロ Vacherot
ヴァショー Vachaud
ヴァショヴィアク
Wachowiak
ヴァージョニ
Vázsonyi
ヴァション
Vachon*
Vashon
ヴァジラーニ
Vazirani*
ヴァジラボーディ
Vajrabodhi
ヴァシーリ
Vasilii
Vasílii
ヴァシーリー
Vasili
Vasilii
Vasilij
Vasily
ヴァシリ
Vasili
Vasilii
Vasyl'
ヴァシリー
Vasali
Vasili
Vasilii**
Vasiliĭ
Vasilij
Vasilli
Vasily*
Vassili
Wassily
ヴァージリアス
Vergilius
ヴァシーリィ Vasilii
ヴァシーリイ
Vasali
Vasili
Vasilii
Vasilij
Vasily
Vassili
ヴァシリィ
Vasily
Vassili
ヴァシリイ Vasilii
ヴァシーリイェ
Vasilije
ヴァシリイェーヴァ
Vasilyeva
ヴァシリーエヴ
Vasilyev
ヴァシリエヴィ
Vasil'yevich
ヴァシーリエヴィチ
Vasil'evič
Vasil'evich
Vasilievich
ヴァシリェヴィチ
Vasilievich
ヴァシリエヴィチ
Vasilievich
Vasil'jevich
Vasil'yevich
ヴァシーリエヴィッチ
Vasilievich
ヴァシリエヴィッチ
Vasilievich
Vasilyevich
ヴァシーリエヴナ
Vasilevna
Vasilievna
ヴァシリエヴナ
Vasilievna
ヴァシーリエフ
Vasil'ev*
Vasiliev
ヴァシリエフ
Vasil'ev
Vasiliev*
ヴァシリエフスキー
Vasilievskii
ヴァージリオ Virgilio
ヴァシリオス Vasilios
ヴァシリス
Basil
Vasilis
Vassilis
ヴァージル
Vergil
Vergilius
Virgil*
ヴァシル
Vasil*
Vasile
Vassil*
ヴァジル Vasil
ヴァシルチコフ
Vassilitchikov
ヴァシーレ Vasile
ヴァシレ Vasile***
ヴァジーレ Vasile
ヴァジレ Vasile
ヴァシレヴスキ
Wasielewski
ヴァシレフスカヤ
Vasilevskaya
ヴァシレーフスキー
Vasilevskii
ヴァシレフスキ
Wasilewski
ヴァシレフスキー
Vasilevskii
Vasilevskiy
ヴァジーレフスキー
Wasielewski
ヴァシレーフスキィ
Vasilevskii
ヴァシレンコ
Vasilenko*
ヴァシロス Vasilos
ヴァシロフスキー
Wassilowsky
ヴァシロポーロス
Vassilopoulos
ヴァース
Waas
Wace
ヴァス
Vance
Vas*
Vaz
Wass
ヴァズ
Vad
Vaz*
ヴァスィリ Vasyl'
ヴァスィル Vasil
ウァズウァス
Wordsworth
ウァスキ Laski
ヴァスクス Vasks
ヴァスケ Vaske
ヴァスケス
Vasquez*
Vásquez
Vazquez
Vázquez**
ヴァスコ
Vasco***
Vasko**
ヴァスコーニ Vasconi
ヴァスコンセロ
Vasconcellos
ヴァスコンセーロス
Vasconcelos
ヴァスコンセロス
Vasconcellos
Vasconcelos*
ヴァースタイネン
Verstynen
ヴァスツェレフスキー
Waszelewski
ヴァスティッチ
Vastic*
ヴァスデーヴ Vasudev
ヴァースデーヴァ
Vāsudeva
ヴァスデヴァン
Vasudevan
ヴァスデヴィ
Vasudevi
ヴァーステガン
Verstegan
ヴァースデーブ
Vasudev
ヴァスデフ Vasudev
ヴァースト Vedastus
ヴァスト
Vast
Vasto
ヴァーストッフ
Verstoff
ヴァーストレート
Verstraete
ヴァスネツォーフ
Vasnetsov*
ヴァスネツォフ
Vasnetsov
ヴァースネル Versnel
ヴァスバンドゥ
Vasubandhu
ヴァスバンドウ
Vasubandhu
ヴァースフ Vasif
ヴァスベルゲ
Waesberghe
ヴァスマン Wasmann
ヴァスマンスドルフ
Wassmannsdorff
ヴァスミトラ
Vasumitra
ウアズラ Ursula
ヴァスーラ Vassula
ヴァースライズ
Versluys
ヴァスラフ Vaslav
ヴァスール Vasseur*
ヴァスルカ Vasulka
ヴァスレ Wasle
ウァスロト Vasserot
ヴァスロン Vasselon
ウァーズワス
Wadsworth
ヴァーセ Vāse'
ヴァセイレフ
Vasseilev
ヴァセク Vasek
ヴァセゴーア
Vasegaard
ヴァーセッタ
Vāseṭṭha
ヴァーゼムスキー
Vyazemsky
ヴァセラ Vasella**
ヴァセル Vasser
ヴァーソヴァー
Vásová
ヴァソヴィッチ
Vasovic
ヴァゾニイ Vazsonyi
ヴァーゾフ Vazov
ヴァゾフ Vazov
ヴァソール Vassor
ヴァゾン Wazon
ウアタ Uata
ウアダー
Ouadah
Ouaddar
ヴァーダイン Verduyn
ヴァダカン Vadakarn
ヴァタゼス Vatatzes
ヴァターゾ Hurtado
ウァタツェス Vatatzes
ヴァーダニャン
Vardanyan
ヴァタネン Vatanen
ウアダヒ Ouadahi
ヴァタブリュ Vatable
ヴァターブル Vatable
ヴァーダマン
Vardaman*
ヴァータン Vartan
ヴァタント Vatant
ヴァダントン
Waddington
ヴァチェスラフ
Viacheslav*
ヴァーチャー Vercher
ヴァーチャスパティ
Vācaspati
ヴァーチャスパティミシュラ
Vācaspati-miśra
ヴァーチュ Virtue
ヴァッカ Vacca*
ヴァッカー Wacker*
ヴァッカーイ
Vaccai
Vaccaj
ヴァッカーナーゲル
Wackernagel
ヴァッカナーゲル
Wackernagel
ヴァッカリ
Vaccari
Vakkali
ヴァッカリー Vickery
ヴァッカリーニ
Vaccarini
ヴァッガール Waggerl
ヴァッカーロ Vaccaro
ヴァッカロ Vaccaro*
ヴァックス
Vachss
Vax
Wax
ヴァックスマン
Waxman
ヴァツケ Watzke
ヴァッゲル Waggerl
ヴァッケルナーゲル
Wackernagel
ヴァッゲルル Waggerl
ヴァッケンローダー
Wackenroder*

ウ

ヴァッケンローデル
Wackenroder
ヴァッサー Wasser
ヴァッサカーラ
Vassakāra
ヴァッサッリ Vassalli
ヴァッサッレット
Vassalletto
ヴァッサッロ Vassallo
ヴァッサーマン
Wassermann*
ヴァッサマン
Wassermann*
ヴァツサリ Vaszary
ヴァッサール Vassall
ヴァッサル Vassall
ヴァッサロ Vassallo
ヴァッサンジ Vassanji
ヴァッシー Vassi
ヴァッジタ Vajjita
ヴァッジプッタ
Vajjiputta
ヴァッシャー Vasher
ヴァッシーリ Vassili*
ヴァッシリー Vasily
ヴァッシリウ Vassiliou
ヴァッシリェヴィチ
Wassiljewitch
ヴァッシル Vassil
ヴァッスムー
Wassmo*
ヴァッスーラ Vassula*
ヴァッセイレフ
Vasseilev
ヴァッセナール
Wassenaer
ヴァッセルマン
Wassermann*
ヴァッソー Vasso*
ヴァッソール Vassort
ヴァッター Vatter
ヴァッダ Vaḍḍha
ヴァッタガーマニー
Vaṭṭagāmaṇī
ヴァッタナー
Vatthana
ヴァッターニ Vattani
ヴァッダマーター
Vaḍḍhamātar
ヴァッダマーナ
Vaḍḍhamāna
ヴァッチャ Vaccha
ヴァッチャパーラ
Vacchapāla
ヴァッツ Vagts
ヴァッティモ
Vattimo*
ヴァッデーシー
Vaḍḍhesī
ヴァッテル Vattel
ヴァッテン Vatten
ヴァッテンバッハ
Wattenbach
ヴァッテンバハ
Wattenbach

ヴァット
Vat
Wat
Watt
ヴァットヴィール
Watteville
ヴァットムッレル
Wertmüller
ヴァッハ Wach**
ヴァッパ Vappa
ヴァッフェラールト
Waffelaert
ヴァーツャーヤナ
Vatsyayana
ヴァーツヤーヤナ
Vatsyayana
Vātsyāyana
ヴァーツヤーヤン
Vātsyāyan*
ヴァッラ Valla
ヴァーツラヴ Václav
ヴァツラウ Vatslav
ヴァーツラヴィーク
Václavík
ヴァッラトール
Vallathol
ヴァッラバ Vallabha
ヴァーツラフ
Vaclav*
Václav***
Vaslas
Wenceslas
Wenceslaus
Wenzeslaus
ヴァツラフ
Vaclav
Václav**
Vaslav
Vatslav
Wacław
ヴァッリ Valli
ヴァツリーク
Vaclik
Vaculík**
ヴァツリク Watzlik
ヴァッリヤ Valliya
ヴァッルヴァル
Valluvar
ヴァッレ Valle**
ヴァッレンベリ
Wallenberg
ウァッロ Varro
ヴァツーロ Vatsuro
ヴァッローネ Vallone
ヴァッローラ Vallora
ヴァッロルサ Vallorsa
ヴァーツワフ
Waclaw
Wenceslaus
ヴァツワフ
Waclaw
Wacław
ヴァデ Vadé
ヴァーディ
Vardey
Vardy
ヴァーディー Virdee
ヴァディ Vaddey
ヴァデイ Vaddey

ウァティア Vatia
ヴァディアーヌス
Vadian
ヴァディアーン
Vadian
ヴァディアン Vadian
ヴァーディズ Vardys
ヴァディス Vadis
ヴァディスワフ
Wladyslaw
Władysław
ウァティニウス
Vatinius
ヴァディハル Aṭikaḷ
ヴァディム
Vadim***
Vadime**
Vadym*
ヴァーディル Vardill
ウァディングトン
Waddington
ヴァーデマン
Vardeman
ヴァデーラ Vadehra
ヴァテル Vatel
ヴァデル Vadel
ヴァーテルロー
Waterlo
Waterloo
ヴァーデン Varden
ウァーテンベイカー
Wertenbaker
ウァード Ward
ヴァトー Watteau*
ウアドゥー Ouaddou
ヴァトヴァート
Vatvāt
Waṭwāṭ
ヴァドゥーヴァ
Vaduva
ヴァドゥヴァ Vaduva
ヴァドウヴァ Vaduva
ヴァドゥバ Vaduva
ヴァードゥマン
Wademant
ウァトキン Watkin
ヴァトコーフスキイ
Vadkovskii
ヴァートシック
Vertosick
ヴァドネル Wadner
ヴァートハイマー
Wertheimer
ウァドマリウス
Vadomarius
ヴァトラン Watrin
ヴァトロスラヴ
Vatroslav
ヴァトロスラフ
Vatroslav
ヴァートン Verton
ヴァードン
Vardon*
Verdon*
Virdon
ヴァーナ
Verna*
Virna

ヴァーナー
Varner
Verner*
Vernor*
Werner
ヴァナ Vanna
ヴァナヴァッチャ
Vanavaccha
ヴァナガイテ
Vanagaitė
ヴァナーケン Vanaken
ヴァナコア Vanacore
ヴァナージー Barnejee
ヴァナス Vanas**
ヴァナーズドール
Vanarsdall
ヴァナック Vanak
ヴァナマン Vanaman
ヴァーナム Varnam
ヴァーニー
Varney
Verney
Vernie
Verny
ヴァニ
Vani
Vanni
ヴァニー Vanhee
ヴァーニア Vania
ヴァニア Vania*
ヴァニーヴァー
Vannevar
ヴァニエ
Vanier**
Vannier
ヴァニエール Vannier
ヴァーニカス Vernikos
ヴァーニック Wernick
ヴァーニック Vernick
ヴァニティ Vanity
ヴァニーナ Vanina
ヴァニナ Vanina
ヴァニーニ
Vanini
Vannini
ヴァニニ Vanini
ヴァニハル Vanhal
ヴァーニャ Vanja
ヴァニュハル Vanhal
ヴァニョーニ Vagnoni
ヴァニョニ Vagnoni
ヴァニラ Vanilla
ヴァニング Vaning
ヴァーヌ Verne
ヴァヌーステンド
Vanoostende
ヴァヌチ Vannucci*
ヴァヌッチ
Vannucci
Vanucci
ヴァヌヌ Vanunu
ウアネ Ouane
ヴァネ Vane
ヴァーネイ Vernay
ヴァネーヴァー
Vannevar
ヴァネヴァ Vannevar

ヴァネヴァー
Vannevar
ヴァネス
Vanes
Vanness
ヴァネステ Vanneste
ヴァネック
Vaneck*
Vanek
ヴァネッサ
Vanessa***
ヴァーネット Burnett
ヴァネフスキー
Vanevski
ヴァネリ Vannelli
ヴァーネル
Verner
Warner
ヴァネル Vanel*
ヴァネルリ Vanelli
ヴァノー Vano
ヴァノア Vanhoye
ヴァノイエク
Vanoyeke
ヴァノーニ Vanoni
ヴァノーラ Vanora
ヴァーノン
Varnon*
Vernon**
ヴァノン Vernon
ヴァノンシニ
Vanoncini
ヴァーバ Verba
ヴァハタンゴフ
Vakhtangov
ヴァーバック Werbach
ヴァハテリスト
Vahteristo
ヴァハニアン
Vahanian
ヴァーバラ Werbyrgh
ウァバラトゥス
Vaballathus
ヴァハリア Vahalia
ウアバン Urban
ヴァーバン Verban
ヴァービーク Verbeek
ヴァヒスラー
Wachsler
ヴァヒード Vaḥīd
ヴァヒド Vahid**
ヴァヒドゥッディン
Vāhidu'd-Din
ヴァヒナ Vahina
ウァヒブラー Wahibre
ウァフ Waugh
ウアファ Ouafa
ウアフアンク
Wahankh
ヴァフィアズィス
Vafiadis
ウァーフィールド
Warfield
ウァーフィルド
Warfield
ウアフカーラー
Wahkare

ウ

ヴァブス Wabbes
ヴァフタング
Vakhtang
Vaxtang
ヴァフターンゴフ
Vakhtangov
ヴァフタンゴフ
Vakhtangov
ヴァプツァロフ
Vapcarov
Vaptsarov
ヴァフデティ Vahdetî
ヴァプニャール
Vapnyar**
ヴァプリオ Vaprio
ヴァーブル
Vabre
Vabres
ヴァフルロース
Wahlroos
ヴァーヘイエン
Verheyen
ヴァーベク
Verbeck
Verbeke
ヴァヘク Vachek
ヴァヘーダ Waheeda
ヴァーベック Verbeck
ヴァーヘナール
Wagenaar
ヴァーヘマンス
Waegemans
ヴァヘンハイム
Wachenheim
ヴァーホーヴェン
Verhoeven**
ヴァーホフ
Verhoef
Verhoeff
ヴァホーマン
Verchomin
ヴァポリス Vaporis
ヴァホルダ Wacholder
ヴァポルチヤン
Vaporciyan
ヴァホン Vahan
ヴァーマ
Varma
Verma
ヴァーマス Varmus
ヴァーマナ Vāmana
ヴァーマン Wurman
ウアマン Huamán
ヴァーマン Vāman
ヴァーマンド
Vermund
ヴァミク Vamik
ヴァーミューラン
Vermeulen
ヴァーミュール
Vermeule
ヴァーミューレン
Vermeulen
ヴァーミリエア
Vermilyea
ヴァミリヤ Vermilyea
ヴァーミング
Warming
ヴァムピーロフ
Vampilov*
ヴァームベーリ
Vámbéry
ヴァーメイ Vermeij*
ヴァーメット
Vermette
ヴァーモシュ Vamos
ヴァモシュ Vamos
ヴァーモールド
Wormald
ヴァーモレル
Varmorel
Vermorel
ヴァヤンスキー
Vajanský
ヴァラ Valla
ヴァラ
Vala
Valat
Valla**
Vallas
Vallat
Varra
Wala
ヴァライエ Vallayer
ヴァラヴァニス
Valavanis
ヴァラエウス Walaeus
ヴァラオリティス
Valaoritis
ヴァラガンバーフ
Valagambāhu
ヴァラキン Varakin
ヴァラグディン
Vologdin
ヴァラシェーク
Wallaschek
ヴァラシェク
Wallaschek
ヴァラジネ Varagine
ヴァーラス Wallas
ヴァラス Vallas
ヴァーラステ Vallaste
ヴァラセク Valasek
ヴァラダラージャン
Varadarajan
ヴァラダーレス
Valladares
ヴァラダン
Valadão
Valladao
Valladào
Varadan
ヴァラット Wallat
ヴァラッハ Wallach
ヴァラッハ Wallach
ヴァラッロ Varallo
ヴァーラディ Várady
ヴァラディ Varady
ヴァラディエ Valadier
ヴァラディエール
Valadier
ヴァラディエル
Valadier
ヴァラドン Valadon
ヴァーラナ Vāraṇa
ヴァラニ Valani
ヴァラニャック
Varagnac
ヴァラニャノンド
Varanyanond
ヴァラーノ Varano
ヴァラハ Wallach
ヴァラバ Vallabha
ヴァラーハミヒラ
Varahamihira
Varāhamihira
ヴァラピラ Valappila
ヴァラフリードゥス
Walafrid
ヴァラブレーガ
Valabrega
ヴァラミィ Vulliamy
ヴァラム Vahram
ヴァラヤナ Vladyana
ウアラルー Oualalou
ヴァラール Vallar
ヴァラルディ Valardy
ヴァラレッジョ
Valareggio
ヴァーラン Walan
ヴァラン
Vallin
Varane
Varin
Warens
ヴァランシ Valensi
ヴァランシー
Valancy
Valency
ヴァランシエンヌ
Valenciennes
ヴァランシャンヌ
Valenciennes
ヴァランス
Valance
Valence
Vallance
ヴァーランダー
Wahlander
ヴァランタン
Valentin
Vallentin
ヴァランチーヌ
Valentine
ヴァランチノワ
Valentinois
ヴァランチュナス
Valanciunas
ヴァランティーヌ
Valentine*
ヴァランティヌ
Valentine
ヴァラーンド Varende
ヴァラント Valente
ヴァランド Varende
ヴァランドリ
Vallandri
ヴァランドレイ
Valandrey*
ヴァランヌ Varennes
ヴァランヤ Varanya
ウアリ
Houari
Ouali
ヴァーリ
Vali
Valle*
ヴァーリー
Varley*
Verree
ヴァリ
Vali
Valli***
Valy
Walli
ヴァリー
Valī
Vallee
Valley
Valy
Wally*
ヴァリア
Valia
Varia*
ヴァリアヴェーク
Valjavec
ヴァリアン
Valiant
Varian*
ヴァリアンテ
Valiante
Valiente
ヴァリアント
Valiant
Valliant
ヴァーリィ Varley
ヴァーリイ Varley
ヴァリウス Varius
ヴァリウス Varius
ヴァリエ Vallier
ヴァリエー
Vargo
Vargö*
ヴァリエール
Vallier
Vallière
Vallieres
ヴァリエル Valier
ヴァリク Varick
ヴァリグーラ
Waligura
ヴァリクール
Valicourt
ヴァリション
Varichon
ヴァリスカ Valiska*
ヴァリスコ Varisco
ヴァリスニエーリ
Vallisnieri
ヴァリスニエリ
Vallisnieri
ヴァリズニエリ
Vallisnieri
ヴァリスネリ
Vallisnieri
ヴァリセンティ
Valicenti
ヴァリチェンティ
Valicenti
ヴァリッキ Walicki
ヴァリツキ Walicki
ヴァリッキオ
Varricchio**
ヴァリック Wallich
ヴァリッチオ
Varricchio
ヴァリテス Valites
ヴァリトゥ Vallittu
ヴァリナ Varina
ヴァリニアーノ
Valignano
ヴァリニャーニ
Valignano
ヴァリニャーノ
Valignano*
ヴァリニャノ
Valignano
ヴァリニョン
Varignon
ヴァリハーノフ
Valikhánov
ヴァーリモント
Warlimont
ヴァリーヤ Varilla
ヴァリヤ Varilla
ヴァーリル Verrill
ヴァリロン Valiron*
ヴァーリーン Vereen
ヴァーリン Verlyn
ヴァリーン
Varine
Vereen
Wallin
ヴァリン Wallin
ヴァリンス Valins
ヴァリンズ Vallins
ヴァリンタイン
Vallintine
ウアール Huard
ヴァール
Vale
Verle
Waal**
Wahl**
Wall
Walle
ヴァールー Wahlöö*
ヴァル
Hval
Val**
Valentine
Valerie
Vall**
Var
Wall
ヴァルィンスキ
Varynski
ヴァルィンスキー
Varynski
ヴァールヴァイク
Waerwijck
ヴァルヴァッソーリ
Valvassori
ヴァルヴァーラ
Varvara
Varvard
ヴァルヴァラ
Varvara*
ヴァルヴィーゾ
Varviso
ヴァルヴィル Warville
ヴァルヴェルデ
Valverde

ヴァルーエフ Valuev
ウァルガ Varga
ヴァールガ Varga
ヴァルカー
Walcker
Walker
ヴァルガ Varga**
ウーアルカイシ
Wuerkaixi**
ウーアルカイシー
Wuerkaixi
ウアルカイシ
Wuerkaixi
ヴァルガス Vargas***
ヴァルカノーヴァ
Valcanover
ヴァルカノーヴェル
Valcanover
ヴァルカマ Valkama
ヴァルキ Varchi
ウァルギウス Valgius
ヴァルキエー Valkiers
ヴァルギーズ Verghese
ヴァルギツォヴァ
Wargizowa
ヴァルキューレ
Walküre
ヴァルキリー Valkyrie
ヴァルキリエン
Valkyrien
ヴァルク Walch
ヴァールクヴィスト
Vahlquist*
ヴァルクス Valckx
ヴァールグレン
Wahlgren
ヴァルグレン
Vallgren**
Wallgren*
ヴァルクローズ
Valcroze*
ヴァルクロズ Valcroze
ヴァルケアパー
Valkeapää
ヴァルケナル
Valckenaer
ヴァルケンバーグ
Valkenburg
ヴァルコア
Valcore
Valcour
ヴァルコニ
Varconi
Várkonyi*
ヴァルコネン
Valkonen
ヴァルコリエ
Varcollier
ウァルザー Walser
ヴァルサー Walser
ヴァルザー Walser**
ヴァルサノーフィエヴァ
Varsanof'eva
ヴァルサルヴァ
Valsalva
ヴァルサン Walsin
ヴァルシウカス
Valciukas
ヴァルジッチ Vargic
ヴァルジッツ Warsitz
ヴァルシナー Valsiner
ヴァルシニ Varshini
ヴァルシュ Walsh
ヴァールシュヤーヤニ
Vārṣyāyani
ヴァルシル Walcyr*
ヴァルジーン Valjean
ヴァルジンスキー
Warsinsky
ウァルス
Varus
Vārus
ヴァールス Waals
ヴァルス
Valls**
Varus
Walus
ヴァルスカ Warska
ヴァールスキー Warski
ヴァルスキ Warski
ヴァールスター
Wahlster
ヴァルスタ Warsta
ヴァルスツェック
Waluszek
ヴァールストレーム
Wahlström
ヴァルスハールツ
Walschaerts
ヴァルセシーニ
Valceschini
ヴァルセッキ
Valsecchi
ウァルター Walter*
ヴァルタ
Valtat
Walter
Wartha
ヴァルター
Walter***
Walther**
ヴァルダ
Valda
Varda**
ヴァルダー Walther
ヴァルタア Walther
ヴァルダイ Várdai
ヴァルダイアー
Waldeyer
ヴァルダイヤー
Waldeyer
ヴァルダス Valdas
ヴァルダーゼー
Waldersee
ヴァルダゼー
Waldersee
ヴァルダナ Vardhana
ヴァルタニアン
Vartanian*
ヴァルタニヤン
Vartanian
ヴァルダネス
Vardanes
ヴァルダペト
Vardapet
ヴァルダマーナ
Vardhamana
ヴァルダーラマ
Valderrama
ヴァルタリ Waltari
ヴァルタリウス
Waltharius
ヴァルダロス Vardalos
ヴァルタン Vartan*
ヴァルダン Vardan
ヴァルダンブリーノ
Valdambrino
ヴァルチ Warth
ヴァルチェヴスキー
Walczewski
ヴァルチェン Waltjen
ヴァルチャノヴァ
Valtchanova
ヴァルツ
Waltz*
Walz
ヴァルツィ Varzi
ヴァルツィコス
Varoutsikos
ヴァルツェル Walzel*
ウアルテ Huarte
ヴァルデ
Verdet
Walde**
ウアルディ Ouardi
ヴァルディ Vardi
ヴァルディー Wardī
ヴァルディヴィエソ
Valdivieso
ヴァルディス
Valdis**
Waldis
ヴァルディフィオーリ
Valdifiori
ヴァルディンガー
Waldinger
ヴァルデク Waldeck
ヴァルデグ Waldeck
ヴァルデグレイヴ
Waldegrave
ヴァルデーシュテン
Waldersten
ヴァルデス
Valdes
Valdés
Valdez
Waldo
ヴァルテツキ
Wartecki
ヴァルデツキー
Wardetzki
ヴァルデック Waldeck
ウァルデトルーディス
Waldetrudis
ヴァルデナール
Wardenaar
ヴァルテーマ
Varthema
ヴァルデーマ
Varthema
ヴァルデマー
Valdemar
Waldemar
Waldemer
ヴァルデマリン
Valdemarin
ウァルデマール
Waldemar*
ヴァルデマル
Waldemar
ヴァルデマール
Valdemar*
Waldemar*
ヴァルデマル
Valdemar
Waldemar***
ヴァルデラマ
Valderrama
ウァルテル
Walter
Walther
ヴァルテール Walter*
ヴァルテル
Valter
Walter**
Walther
ヴァルデルゼー
Waldersee
ヴァルデロマール
Valdelomar
ウァルデン Waerden
ヴァールデン Waerden
ヴァルデン Walden*
ヴァルデンゴ
Valdengo*
ヴァルデンストレム
Waldenström
ヴァルテンゼー
Wartensee
ヴァルデンフェルス
Waldenfels*
ヴァルテンブルク
Wartenburg
ヴァルデンブルク
Waldenburg
ヴァルデンベルガー
Waldenberger
ヴァールト Waart
ヴァルト
Varte
Wald*
ヴァルド Waldo
ヴァルドー
Valdo
Waldo
Walto
ヴァルドウ Waldow
ヴァルトシュタイン
Waldstein
ヴァルトシュミット
Waldschmidt
ヴァルドシュミット
Waldschmidt
ヴァルトゼーミュラー
Waldseemüller
ヴァルトトイフェル
Waldteufel*
ヴァルトハイム
Waldheim
ヴァルトバウアー
Waldbauer
ヴァルドフ Waldoff
ヴァルトブルク
Waldburg
Wartburg*
ヴァルトブルグ
Wartburg
ヴァルトブルゲール
Wardburger
ヴァルトヘル
Waldherr
ヴァルトホフ
Waldhoff
ヴァルドマニス
Valdmanis
ヴァルトマン
Waldmann*
ヴァルドマン
Waldmann
ヴァルトミュラー
Waldmüller
ヴァルトラウト
Waldtraut
Waltraud*
Waltraut
ヴァルトリーナ
Vartolina
ヴァルドリーニ
Valdrini
ヴァルトルタ Valtorta
ヴァルドルフ Waldorff
ヴァルトルン Waldrun
ウァルトン Wharton
ヴァルナイ Várnay
ヴァルナハ Warnach
ヴァルニエ Wargnier*
ヴァルネク Warneck
ヴァルネス Valnes
ヴァルノ Warnod
ヴァルハ Walcha
ヴァルハイト Warheit
ヴァルバーガ
Walburga
ウァールバーグ
Warburg
ヴァルバノフ
Varbanov
ヴァルヒ Walch
ヴァルヒャ Walcha*
ヴァルフ Walf
ヴァルプ Walb
ヴァルファキス
Varoufakis
ヴァルブエナ
Valbuena
ヴァルフガング
Wolfgang
ヴァールブリィ
Warburg
ヴァルフリッド
Walfrid
ウァルブルガ
Walburga
ヴァールブルガ
Walburga
ヴァルブルガ
Walburga
ヴァルプルギス
Walpurgis

ヴァールブルク
Wallburg
Warburg*
ヴァールブルグ
Warburg
ヴァールブルック
Waelbroeck
ヴァールブルトン
Warburton
ヴァルブローク
Walbrook
ヴァールヘディ
Várhegyi
ヴァルベリー
Wallberg
ヴァルベル Valbel
ヴァールベルイ
Valberg
ヴァルベルク
Wallberg
ヴァルボット Walpot
ヴァルボルク Valborg
ヴァルマ
Varma*
Verma
ヴァルマー
Varma*
Varmā*
Verma
ヴァルマン
Varman
Wallmann*
ヴァルミ Valmy
ヴァルミエ Valmier
ヴァールミーキ
Valmiki
Vālmīki
ヴァルミング
Warming
ヴァルム Warm
ヴァルムート
Warmuth
ヴァールムント
Wahrmund
ヴァルメール Valmer*
ヴァルメル Warmer
ヴァルモオル Valmore
ヴァルモーデン
Wallmoden
ヴァルモール
Valmore*
ヴァルモル Valmore
ヴァルモン Valmont
ヴァルラ
Valla
Walras
ヴァルラス Walras
ヴァルラハ Wallach
ヴァルラーフ Wallraf
ヴァルラフ Wallraff
ヴァルラーベ
Wallrabe*
ヴァルラーム Varlam*
ヴァルラム Walram
ヴァルラーモフ
Varlamov
ヴァルラモフ
Varlamov*
ヴァルラン Wallerant
ヴァルリー Valéry
ヴァルリィ Valéry
ヴァルリヒ Warlich
ヴァルレ Varlet
ヴァルレイ Varley
ヴァルレン Warren
ヴァルロ Varro
ヴァルロー Varro
ヴァルロント
Walrondt
ヴァルーン Vallon
ヴァルンケ
Warncke
Warnke**
ヴァルンハーゲン
Varnhagen
ヴァーレ
Vahle
Valle
Wahle
ヴァーレー Varley
ヴァレ
Vale
Valle
Vallee*
Vallée
Vallet**
ヴァレー
Valéry
Vallee
Vallée*
ヴァレア Valeur*
ヴァーレイ Varley
ヴァーレイス Varlejs
ヴァーレイン
Verlain
Verlaine
ヴァレーヴァ Valeva
ヴァレカー Vallacher
ヴァーレク Válek*
ヴァレーク Válek
ヴァレージ Varesi
ヴァレシウス Valesius
ヴァレジカ Varejka
ヴァレジャオ Varejao
ヴァレジョン Varejão*
ヴァーレス Wallace
ヴァレース
Vallés
Vallès
ヴァレーズ
Varèse
Wallez
ヴァレス
Valles
Vallés
Vallès
ヴァレスカルン
Walleskarn
ヴァレスキ Valeski
ヴァレスキエル
Waresquiel
ヴァレッカ Valleca
ヴァレッティ
Valetti
Valletti
ヴァーレット Verrett
ヴァレット
Valette
Varetto
ヴァレッリ Varelli
ヴァレトン Valeton
ヴァレーナ Verena
ヴァレニウス
Varen
Varenius
ヴァレニキ Vereniki
ヴァレニュ Varaigne
ヴァーレフェルト
Vahlefeld
ヴァレフスカ
Walewska
ヴァレフスキ
Walewski
ヴァレフスキー
Walewski
ヴァレーラ
Valera
Varela
Varella
ヴァレラ
Valera
Varela*
Varella
ヴァレラン Valérand
ヴァーレリー Vallely*
ヴァレーリ
Valeri*
Valéry
ヴァレーリー Valerii
ヴァレリ
Valeri
Valerie
Valery
Valéry*
Vallery
ヴァレリー
Valeri*
Valerie**
Valérie***
Valerii**
Valeriĭ
Valery**
Valéry***
Vallery
ウァレリア Valeria
ヴァレリア
Valeria**
Valéria*
Valeriya
Valerla
ヴァレリアーニ
Valeriani
ウァレリアーヌス
Valerianus
ウァレリアヌス
Valerianus
Valerius
ヴァレリアヌス
Valerianus
ヴァレリアーノ
Valeriano
ヴァレリアン
Valerian
Walerian
ウァレリイ Valéry
ヴァレリィ
Valerie
Valéry
ヴァレリイ Valerii
ウァレーリウス
Valerius
ウァレリウス
Valerius*
ヴァレーリウス
Valerius
ヴァレリウス
Valerius
Varelius
ヴァレリエ Valérie
ヴァレーリオ Valerio*
ヴァレリオ Valerio***
ヴァレリヤ
Valeriia
Valeriya
ヴァレリーラド
Vallery-Radot
ウァレル Waller
ヴァレール
Valere
Valère*
ヴァレル Valayre
ウァレルス Valerus
ヴァレルマン
Varelmann
ヴァレロ Valero*
ウァレン Warren
ヴァーレーン Verlaine
ヴァーレン
Valen
Waelhens*
ヴァレーン Wallen*
ヴァレン
Valen
Valene
Wallen
ヴァレンシー Valency
ヴァレンシア Valencia
ヴァレンシュタイン
Valenstein
Wallenstein
ウァレンス Valens
ヴァーレンス
Waelhens
ヴァレンス
Valence
Valens*
ヴァレンズ Valens
ヴァレンスエラ
Valenzuela*
ヴァレンズエラ
Valenzuela
ヴァレンスタイン
Valenstein
ヴァーレンステイン
Wallenstein
ヴァレンタ Valenta
ヴァレンタイン
Valentine**
Vallentyne
ヴァレンチーナ
Valentina
ヴァレンチナ
Valentina*
ウァレンチヌス
Valentinus
ヴァレンチーノ
Valentino
ヴァレンチノ
Valentino*
ヴァレンチノヴィチ
Valentinovich
ヴァレンチーノヴナ
Valentinovna
ヴァレンチノフ
Valentinov
ヴァレンチャック
Valencak
ヴァレンチーン
Valentin
ヴァレンチン
Valentin*
Valentine
ヴァレンツァ
Valenza*
ヴァレンツォーヴァ
Varentsova*
ヴァレンテ Valente**
ヴァレンティ
Valenti
Valentí
Valenty
Walenty
ヴァレンティス
Valentis
ヴァレンティック
Valentich
ヴァレンティーナ
Valentina*
ヴァレンティナ
Valentina**
ヴァレンティナー
Valentiner
ヴァレンティーニ
Valentini**
ウァレンティーニアーヌス
Valentinianus
ウァレンティニアヌス
Valentinianus
ヴァレンティニアヌス
Valentinianus
ウァレンティーヌス
Valentinus
ウァレンティヌス
Valentinus
ヴァレンティーヌス
Valentinus
ヴァレンティヌス
Valentinus
ヴァレンティーノ
Valentino***
ヴァレンティノ
Valentino**
ウァレンティーノス
Oualentīnos
ウァレンティノス
Oualentīnos
Valentinus
ヴァーレンティーン
Valentin*
ヴァーレンティン
Valentin
ヴァレンティーン
Valentin
ヴァレンティン
Valentin**
Valentine
Valentyn
Walentyn

ヴァレント
Valent
Valente
ヴァレンヌ
Varenne
Varennes
ヴァーレンブルフ
Walenburch
ヴァーレンベルイ
Wahlenberg*
ヴァロ Varro
ヴァロー Varro
ヴァロ
Valo
Varo
Varro
ヴァロー
Vallaud*
Vallaux
Vallot
ヴァロア
Vallois
Valois*
ヴァーロウ Varlow
ヴァロウファキス
Varoufakis
ヴァロエフ Valouev
ヴァロキエ Waroquier
ヴァーロス Verros
ヴァロツォス Varotsos
ウアロツカイア
Yarotskaya
ヴァロッティ Vallotti
ヴァロット Wallot
ヴァロットン
Vallotton*
ヴァロート Wallot
ヴァロトン Vallotton
ヴァローニン Voronin
ヴァローネ
Vallone*
Varone
ヴァロプーロス
Varopoulos
ヴァローリ
Valori
Varoli
ヴァロリ Varoli
ヴァロリー Valorie
ヴァロリオ Varoli
ヴァロル Varol
ヴァロワ
Vallois
Valois*
ヴァロワール Valloire*
ヴァローン Varone
ヴァロン
Vallon
Valon*
Varon
Wallon
ウーアン Houin
ウアン
Ouane
Ouen
Van
Wang
ウアン Uan
ヴァーン
Vaughn
Vern
Verne*
Vernon
Waern
ヴァン
Van***
Vân
Văn*
Văn*
Vang*
Vann*
Van't
Von*
Yan
ヴアン Van
ヴァンアンデル
Van Andel
ヴァンアントワーペン
VanAntwerpen
ヴァンヴァカリス
Vamvakaris
ヴァンヴィテッリ
Vanvitelli
ヴァンヴィテリ
Vanvitelli
ヴァンヴォークト
Van Vogt
ヴァンヴォート
Van Vogt
ヴァンウォーマー
Vanwarmer
ヴァンヴレック
Van Vleck
ヴァンオーケン
VanAuken
ヴァンカ Wanka
ヴァンカン Winkin
ヴァンガンタプッタ
Vaṅgantaputta
ヴァンギーサ Vaṅgīsa
ヴァンギルダー
Vangilder
ヴァンキン Vankin
ヴァング Vangout
ヴァンクイッケンボーン
Vanquickenborne
ヴァンクーヴァー
Vancouver
ヴァンクドーレ
Vankudre
ヴァンクープス
Van Coops
ヴァンクラ Vancura
ヴァンクリーヴ
Van Cleave
VanCleave
Vancleave
Van Cleve
ヴァンクリーフ
Van Cleef
ヴァンクリーブ
Van Cleave
VanCleave
ヴァンクール
Vancourt
ヴァンクレー
Winckler*
ヴァンゲマン
Wangemann
ヴァンゲリス
Vangelis*
ヴァンケル Wankel
ヴァンゲル Wangel
ヴァンゲンハイム
Wangenheim
ヴァンゴーア
Vanggaard
ヴァンコウィッツ
Wankowicz
ヴァンサック Vannsak
ヴァンザーレン
Van Zaalen
ヴァンサン
Vincent***
Vincentius
Vinsent
ヴァンザン Vincent
ヴァンザント
Van Zandt
Vanzant
ヴァンジ Vangi*
ヴァンジー Vangie
ヴァンシアーヌ
Vinciane
ヴァンシェンキン
Vanshénkin
ヴァンシタート
Vansittart
ヴァンシッタート
Vansittart
ヴァンジャ Vanja
ヴァーンシャッフェ
Wahnschaffe
ヴァンシル Vancil
ヴァンス
Vance**
Vince
ヴァンスウィーテン
Van Swieten
ヴァンスカ
Vanska*
Vänskä
ヴァンスティーンキース
Vansteenkiste
ヴァンストッカム
Van Stockum
ヴァンストーン
Vanstone
ヴァンスネ Vincenet
ヴァンスライク
Van Slyke
ヴァンスリック
Van Slyck
ヴァンズワム
Van Zuwam
ヴァンセスラス
Venceslas
ヴァンセッチ Vanzetti
ヴァンゼッティ
Vanzetti
ヴァンゾ Vanzo
ヴァンソーエ
Vangsaae
ヴァンソン Vincent
ヴァンダ
Vanda*
Wanda**
ヴァンダー
Van der
Vander
Wander
ヴァンダアリップ
Vanderlip
ヴァンダイク
Van Dyck
Van Dyk
Van Dyke
Vandyke
ヴァンダイン
Van Dine
ヴァンダーヴァット
Van Der Vat
ヴァンダヴィーン
Vanderveen
ヴァンダーヴェーケン
Vanderveken
ヴァンダーウェル
Vanderwell
ヴァンダーヴェルデ
Vandervelde
ヴァンダーヴェルド
Vandervelde
ヴァンダヴォーダ
Vandevoorde
ヴァンダーウォル
Vander Wal
ヴァンダーエイケン
Vandereycken
ヴァンダーカム
VanderKam
Vanderkam
ヴァンダーグリフト
Vandergrift
ヴァンダーコーク
Van Der Kolk
ヴァンダーザム
Vanderzalm
ヴァンダーザール
Vandersall
ヴァンダーザル
Van Dersal
ヴァンタドゥール
Vantadour
Ventadour
ヴァンダナ Vandana*
ヴァンダナー Vandana
ヴァンダヌート
VanderNoot
ヴァンダービルト
Vamderbilt
Vanderbilt*
ヴァンダビルト
Vanderbilt
ヴァンダービーン
VanderVeen
ヴァンダープラス
Vanderplas
ヴァンダープール
Vanderpool
Vanterpool
ヴァンダープローグ
Vanderploeg
ヴァンダーポスト
Van der Post
ヴァンダーポール
Vanderpoel
ヴァンダーマーブ
Vandermerwe
ヴァンダーミーア
Vandermeer
ヴァンダーミア
Vander Meer
ヴァンダミア
VanderMeer*
ヴァンダム
Vandamme
ヴァンダメア
Vandamere
ヴァンダーメン
Vanermen
ヴァンダーリー
VanderRee
ヴァンダーリッブ
Vanderlip
ヴァンダーリップ
Vanderlip
ヴァンダリップ
Vanderlip
ヴァンダーリン
Van der Ryn
ヴァンダーリンデン
Vanderlinden
ヴァンダーリント
Vanderlint
ヴァンダレイ
Wanderle
Wanderlei*
ヴァンダーレン
Van Dalen
ヴァンダン Wenden
ヴァンダンブルーク
Vandenbroucke*
ヴァンチーニ Vancini*
ヴァンチュラ
Vančura*
Ventura*
ヴァンツェア Vancea
ヴァンツォ Vanzo
ヴァンツローヴァ
Vancurová
ヴァンデ Vande
ヴァンディー
Vandehey
ヴァンディヴァー
Vandiver
ヴァンディヴォルト
Vandivort
ヴァンディス Vandis
ヴァンディーニ
Vandini
ヴァンティン
Van-Thinh
ヴァンテイン Vantyn
ヴァンデヴィア
Vandeveer
ヴァンデヴェルデ
Van De Velde
ヴァンデヴェルド
Vandevelde
ヴァンデヴォールデ
Vandevoorde
ヴァンデカステーレ
Vandecasteele
ヴァンデケイビュス
Vandekeybus*
ヴァンデプール
Van Depoele

ウ

ヴァンデボーン
Vandeborne
ヴァンテュラ Ventura
ヴァン・デ・リート
Vanderijt
ヴァンテール Winter
ヴァンデール
Vandaele
ヴァンデル
Vandell
Wendel
ヴァンデルヴェーケン
Vanderveken
ヴァンデルヴェルデ
Vandervelde
ヴァンデルヴェルド
Vandervelde
ヴァンデルカメン
Vandercammen
ヴァンデルカンプ
Van der Kemp
ヴァンデルノート
Vandernoot
ヴァンデルベーケ
Vanderbeke**
ヴァンデルベルト
Vandervelde
ヴァンデルホフ
Van der Hoff
ヴァンデルボルト
Vanderborght
ヴァンデルムーレン
Vandermeulen
ヴァンデルメール
Vandermeer
ヴァンデルメールシュ
Vandermearsch
ヴァンデルメルシュ
Vandermeersch
Vandermersch
ヴァンデルモンド
Vandermonde
ヴァンデルランス
VanderLans
ヴァンデレム
Vandérem
ヴァンデン Vanden*
ヴァンデンバーグ
Vandenberg
VandenBurg
ヴァンデンフェルス
Waldenfels
ヴァンデンブリンク
VandenBrink
ヴァンデンブルク
Waldenburg
ヴァンデンブルック
Van den Brouck
ヴァンデンベルグ
Vandenberghe
ヴァンデンボス
VandenBos
Van den Bosch
ヴァンデンボッシュ
Vandenbosch
ヴァンデンボーン
Vandenborne
ヴァンデンライト
Vandenreydt
ヴァント
Wand**
Wandt
ヴァンドヴィル
Vandewiele
Vendville
ヴァンドゥレスパー
Vanderspar
ヴァンドゥワラ
Vande Walle
ヴァントック Vantoch
ヴァンドット Vandot
ヴァンドーム
Vendome
Vendôme
ヴァンドラフ
VanDruff
ヴァーンドリー
Vándory
ヴァンドリエス
Vendryes*
ヴァントリーズ
Vantrease*
ヴァンドルシュカ
Wandruszka
ヴァントルツカ
Wandruszka
ヴァンドーレン
Van Doren
Vandoren
ヴァンドロス
Vandross
ヴァントンゲルロー
Vantongerloo
ヴァンナ Vanna*
ヴァンナー Wanner
ヴァンナリーレアク
Vannarirak**
ヴァンニ Vanni*
ヴァンニーニ
Vannini*
ヴァンヌ Van Nu
ヴァンヌッキ
Vannucchi
ヴァンヌッチ
Vannucci
ヴァンヌテッリ
Vannutelli
ヴァンネヴァー
Vannevar
ヴァンノッチョ
Vannoccio
ヴァンバ Vamba*
ヴァンハイン
Vạn Hành
ヴァンバエル
Van Bael
ヴァンバーグ
Vernberg
ヴァンバークレオ
Van Burkleo
ヴァンパック
Wampach
ヴァンパテン
VanPatten
ヴァンハネン
Vanhanen
ヴァンハル
Vanhal
Vaňhal
ヴァンハルトレン
Van Haltren
ヴァンハルブッシュ
Vanhullebusch
ヴァンビーマ
Van Biema
ヴァンヒューゼン
Van Heusen
ヴァンビューレン
Van Buren
ヴァンビルーン
Vanbilloen
ヴァンピーロフ
Vampilov
ヴァンファインド
Vanfind
ヴァーンフォード
Warnford
ヴァンフーザー
Vanhoozer
ヴァンブラ Vanbrugh
ヴァンフリート
VanFleet
Winfried
ヴァンブリート
Vanvleet
ヴァンプリュー
Vamplew
ヴァンブルー
Vanbrugh
ヴァンプルー
Vamplew
ヴァンブルグ
Vanbrugh
ヴァーンブロッド
Wänblad
ヴァンヘイセレン
Van Haselen
ヴァンヘック
Van Hecke
ヴァンペッタ
Vampeta
ヴァンヘラー
Van Heller
ヴァーンベーリ
Vambery
Vámbéry
ヴァンベリ Vámbéry
ヴァンベリー
Vambery
Vámbéry
ヴァンペレーラ
Vanpereira
ヴァンホーナッカー
Vanhoenacker
ヴァンヤ Vanya
ヴァンライデン
Van Leiden
ヴァンリア Van Lier
ヴァンリアー
VanLiere
Vanliere*
ヴァンルーネン
Van Leunen
ヴァンルーン
Van Loon
ヴァンレス Wanless
ヴァンレル Vanrell
ヴァンレルベルグ
Van Lerberghe
ヴァンロー Van Loo
ヴァンローン
Van Loon
ウィ
Oei
Wee**
Wi
ウィー
Oei
Wee**
Wie**
ウイ
Oei
Uy
Wee
ヴィー
Vee
Vig*
ヴイ
Vui
Vy
ウィーア
Iya
Weaire
Weir
Wheare
Wiere
ウィア
Weir***
Wier
ウィアー Weir**
ウイア Weir
ヴィア
Veer
Vere*
Weir
ヴィアー Vere*
ヴィアイ V.I
ヴィアガス Viagas
ウィーアース Weyers
ウィアーズ Wears
ヴィアーズ Veres
ヴィアス Vyas
ヴィアスト Viorst
ウィアーズマ
Wiersema
ウィアセーマ
Wiersema
ヴィアゼムスキー
Wiasemsky
Wiazemsky
ヴィアゼムスキー
Wiazemsky***
ウィアタ Wiata
ヴィアダーナ Viadana
ヴィアチェスラヴ
Vyacheslav
ヴィアチェスラフ
Viacheslav
Viatcheslav
Vyacheslav
ヴィアツェク Wiacek
ヴィーアッカー
Wieacker
ヴィアッカー
Wieacker
ウィアット Wyatt
ヴィアット Viatte
ヴィアテル Viertel
ウィアート Weart
ウィアード Weird
ヴィアトゥール
Viateur
ウィアトル Viator
ヴィアトール Viator
ヴィアトル Wiatr
ヴィアーナ Viana
ヴィアナ Vianna*
ヴィアーニ Viani
ヴィアニ Viani
ヴィアニー Vianney
ヴィアヌ Vianu
ヴィアネ Vianney
ヴィアネー
Vianey
Vianney
ヴィアネイ Vianey
ヴィアネージ Vianesi
ヴィアネッロ Vianello
ウィアマス
Wearmouth
ヴィアマン Viehmann
ウィアム
Wiam
Wi'am
ヴィアモーズ
Vouillamoz
ヴィアラ
Viala*
Vialar
Viallat
ウィアラム Willem
ヴィアラール Vialar
ヴィアリ
Viali
Vialli*
ヴィアリー Verey
ウィアール Wiart
ヴィアール
Viard
Viart
Wyart
ヴィアル
Vere
Vial*
ウィーアルダ Wiarda
ヴィアルド Viardot
ヴィアルドー
Viardot
Wiardo
ヴィアレ Viallet
ヴィアレク Viereck
ウィアン Wearn
ヴィアン
Vian**
Vien
Wian
ウィーアンド Weyand
ヴィアンナ Vianna
ヴィアンネ Vianney
ウィイダ Ouida
ヴィイタメキ
Viitamäki
ウィイド Wead
ヴィウ
Vieu

Viu
ヴィヴ
Viv
Vyv
ウィーヴァー Weaver*
ウィヴァー Wever
ヴィーヴァー Weaver
ウィーヴァーズ
Wevers
ヴィーヴァーズ
Veevers
ヴィヴァス Vivas*
ヴィヴァチャナ
Bibajna
ウィーヴァーバーグ
Weverbergh*
ウイヴァーリー Ujváry
ヴィヴァリウス
Wivallius
ヴィヴァリーニ
Vivarini
ヴィヴァルディ
Vivaldi*
ヴィヴァレッリ
Vivarelli
ヴィヴァレリ Vivarelli
ヴィヴァン
Vivant
Vivin
ヴィヴァーンテ
Vivante
ヴィヴァンテ Vivante
ヴィヴァンティ
Vivanti*
ヴィヴィ Vivi
ヴィヴィアナ
Viviana**
ヴィヴィアーニ
Viviani*
ヴィヴィアニ Viviani*
ヴィヴィアーヌ
Viviane
ヴィヴィアーノ
Viviano*
ウィヴィアン Vivian
ヴィヴィアン
Vivian**
Viviane**
Vivianne
Viviant
Vivien**
Vivienne*
Vyvyan
ヴィヴィアンナ
Vivianna*
ヴィヴィアンヌ
Viviane*
Vivienne*
ヴィヴィエ
Vivier
Viviers
ヴィヴィエン Vivien
ヴィヴィエンヌ
Vivienne
ヴィヴィエンネ
Vivienne
ヴィヴィオ Vivio
ヴィヴィオルカ
Wieviorka*
ヴィヴィヤン Vivien
ウィヴィル Wyvill
ウィーヴィング
Weaving*
ヴィヴェイロス
Viveiros
ヴィヴェカ
Viveca**
Wiveka
ヴィーヴェーカーナンタ
Vivekananda
ヴィヴェーカーナンダ
Vivekananda
Vivekānanda
ヴィヴェカーナンダ
Vivekananda
Vivekānanda
ヴィヴェカナンダ
Vivekānanda
ヴィーヴェク Viewegh
ヴィヴェク Vivek
ウィーウェス Vives
ヴィーヴェス Vives
ヴィヴェス
Vives
Vivés
Vivès
ヴィヴェッカ
Viveca**
ヴィヴェック Vivek
ウィヴェル Wivel
ヴィーヴェル Wivel*
ヴィヴェル Wivel
ヴィヴェロ Vivero
ヴィヴェンヌ Vivienne
ヴィヴォロ Vivolo
ヴィヴォンヌ Vivonne
ウィウコミルスカ
Wiłkomirska
ヴィヴレ Viveret
ウィヴレズリー
Wiveleslie
ウイエ Houllier
ヴィエ Vier
ウイェイスキ Ujejski
ヴィエイヤール
Vieillard
ヴィエイユ Vielh
ヴィエイラ Vieira*
ヴィエイリーニャ
Vieirinha
ヴィエイレス Vieyres
ウイェヴィチ Ujević
ヴィエヴィル Viéville
ヴィエガ Viégas
ヴイェク Wujek
ヴィエゴ Viego
ウィエジーニスキー
Wierzynski
ヴィエジーニスキー
Wierzynski
ウィエジュボウスカ
Wierzbowska
ヴィエジンスキ
Wierzynski
ウイェースキー Ujejski
ヴィエスラヴァ
Wieslawa
ウィエスワフ Wieslaw
ヴィエスワフ
Wieslaw*
Wiesław*
ヴィエタ
Vieta
Viète
ヴィエッタ Vietta
ヴィエッツ Viets*
ヴィエット
Viet
Viette
ヴィエート Viète
ヴィエト
Viet**
Viète
Vieth
Wiet
Wieth
ヴィエトリス Vietoris
ヴィエトール Viëtor
ヴィエニアウスキ
Wieniawski
ウィエニアフスキ
Wieniawski
ウィエニアフスキー
Wieniawski
ヴィエニアフスキー
Wieniawski
ヴィエニャフスキ
Wieniawski
ヴィエニャフスキー
Wieniawski
ヴィエニヤフスキー
Wieniawski
ヴィエネ Viennet
ヴィエネル
Wiener
Wiéner
ヴィエノ Viénot
ヴィエノー Viénot
ウィエヘツキ
Wiechecki
ヴィエーユ Vieille
ウィエラー Wierer
ヴィエーラ Viaera
ヴィエラ
Vera
Véra
Vieira*
Viera
ヴィエーリ Vieri
ヴィエリ
Vieri*
Villiers
ヴィエリゴルスキー
Viel'gorskii
ヴィエール Viel
ヴィエル
Viel
Vieru
ヴィエルコウッド
Vierchowod
ヴィエルゴシュ
Wielgosz
ヴィエルシェフスキ
Wieruszewski
ヴィエルジュビッカ
Wierzbicka
ヴィエルジュビツカ
Wierzbicka
ウィエルジンスキ
Wierzy'nski
ヴィエルス Wiertz
ヴィエルスマ
Wiersma
ヴィエルニー Vierny
ヴィエルヌ Vierne
ヴィエルメッター
Vielmetter
ヴィエレ
Vielé
Viélé*
ヴィエレック Viereck
ヴィエロ Viero
ヴィエロポルスキ
Vel'opol'ski
ヴィエン
Vien
Vienne*
ウイェンガ Ouyenga
ヴィエンカム
Viengkham
ヴィエンケ Wienke
ヴィエンチスラヴ
Wienczyslaw
ヴィェンツェスラヴァ
Venceslava
ヴィエンヌ Vienne*
ヴィオー
Viau
Viaud
Viaut
Wiaux
ヴィオースト Viorst**
ヴィオッチ Viotti
ヴィオッティ Viotti**
ヴィオッテイ Viotti
ヴィオネ Vionnet*
ヴィオーラ Wiora
ヴィオラ
Viola**
Wiora
ヴィオーリ Violi
ヴィオリ Violi
ヴィオリカ Viorica*
ヴィオリス Viollis
ヴィオール Violle
ヴィオレ Viollet**
ヴィオレータ Violeta
ヴィオレタ Violeta
ヴィオレッタ
Violeta*
Violetta*
ヴィオレット
Violet
Violette*
ヴィオレーヌ Violaine
ヴィオレル Viorel**
ウィーガー Wieger
ヴィカ Vicat
ヴィカー Vicat
ヴィガー Wigger*
ウィーガーズ
Wiegers*
ウィガース Wiggers
ヴィーガス Viegas
ヴィカース Vikas*
ヴィカーズ Vickers*
ヴィカス Vikas**
ヴィガーズ Viggers
ウィーガースハウス
Wiggershaus
ヴィーガースハウス
Wiggershaus
ヴィカースハウス
Wiggershaus
ヴィガースハウス
Wiggershaus
ヴィガート Wighard
ウィカナ Wikana
ヴィガーノ Vigano
ヴィガノ Vigano
ウィカム
Wickham
Wicomb**
Wykeham
ウィガム Wigham
ヴィカム Wykeham
ヴィガラ Vigara
ヴィガラーニ Vigarani
ヴィカーリ Vicari
ヴィカリー
Vicary
Vickery
ヴィカリオ Vicario
ウィーガリンク
Wiegerink
ウィカール Wekerle
ウィカル Wical
ウィガル Wigal
ウイガル Uygar
ヴィカール Wicar
ヴィガル Wigal
ウィカルシャム
Wickersham
ウィーガルツ
Wiegartz
ヴィカレリ Vicarelli
ヴィガレロ Vigarello
ウィガン Wiegand
ヴィカン Wikan
ヴィガン
Vigan**
Vigand
ウィカンデル
Wikander
ヴィカンデル
Wikander*
ウィーガント
Wiegand
ウィーガンド
Wiegand
ウィカント Wigand
ウィガンド Wigand
ヴィーガント
Wiegand
Wigand
ウィキ Wicki

ウ

ウィキー Wicke*
ヴィーキー Vici
ヴィキ
Viki
Wicki
ヴィキー Vicki*
ヴィギ Vighi
ヴィキィ Vicki
ヴィキイ Vicki
ヴィギエ Viguier
ヴィギエール Viguier
ヴィキャンデル
Vikander
ヴィギュエリ Viguerie
ヴィギュド Vigud
ウィーキョン
Wee Kiong
ウィギョン Ui-kyong
ウィギランティウス
Vigilantius
ヴィギランティウス
Vigilantius
ウィギリウス Vigilius
ヴィギリウス Vigilius
ウィギン Wiggin**
ヴィーキング Viking
ヴィキング Viking
ウィキングス
Wickings
ウィギンス Wiggins**
ウィギンズ
Wiggins***
ウィギントン
Wigginton*
ウィーク
Weeke
Wieck
ウィーグ Wiig
ウィク Wyk
ウイク Woo-ik*
ヴィーク
Vik
Wieck**
ヴィク
Vic*
Vicq
ヴィグ
Vig
Vigh
Vigud
ヴィグアース Viguers
ヴィクアーロ Vicuaro
ヴィクシー Vixie
ウィークス
Weekes*
Weeks***
ウィクス
Wickes
Wicks
ウイークス Weeks
ヴィクス Vix
ウィクストラム
Wikström
ヴィクストレーム
Wikström
ヴィクストレム
Wikström
ウィクストロム
Wikström
ヴィクストローム
Vikström
ヴィクストロム
Wikstrom
ウィクセル Wicksell*
ヴィクセル
Wicksell*
Wixel
ヴィグセル Wigzell*
ウィクソン Wixson
ヴィクタ Victor
ヴィクター
Victor***
Víctor
Viktor**
ウィグダーソン
Wigderson
ヴィグダーソン
Wigderson
ヴィグディス
Vigdis
Vigdís
ヴィクテュルニアン
Victurnien
ヴィクトーア
Victor
Viktor*
ヴィクトア
Victoire
Victor
ウィクトゥリウス
Victurius
ヴィクトオル Victor
ヴィクトラン Victorin
ウィクトーリア
Victoria
ヴィクトーリア
Victoria
ヴィクトリア
Victoria***
Viktoria***
Viltoria
ヴィクトリアン
Victorian
Victorien*
ウィクトーリウス
Victorius
ウィクトリウス
Victorius
ヴィクトリウス
Victorius
ヴィクトーリオ
Victorio
ウィクトリキウス
Victricius
ヴィクトリチウス
Victricius
ヴィクトリナ
Viktorina
ヴィクトリーヌ
Victorine
ウィクトーリヌス
Victorinus
ウィクトリヌス
Victorinus*
ヴィクトリーヌス
Victrinus
ヴィクトリヌス
Victorinus
ヴィクトーリヤ
Victoria
ヴィクトリヤ
Viktoriia
Viktorija
Viktoriya
Viktóriya
ヴィクトリヤン
Victorien
ヴィクトリーン
Viktorín
ヴィクトリン Victorin
ウィクトル
Victor
Viktor
ヴィークトル Viktor
ヴィクトール
Victor***
Víctor
Viktor***
ヴィクトル
Victo
Victor***
Víctor
Viktor***
Víktor
Vyktor
Wiktor
ウィクドローヴァ
Vigdorova
ヴィクトローヴァ
Viktorova
ヴィグドローヴァ
Vigdorova
ウィークトロヴィチ
Viktorovich
ヴィクトロヴィチ
Viktorovich
Víktorovich
ヴィクトローヴィッチ
Victrovitch
ヴィクトロヴィッチ
Victorovich
Viktorovich*
ヴィグドローワ
Vigdorova
ヴィクトワール
Victoire*
ウィーグナー Wiegner
ウィグナー Wigner**
ヴィーグナー Wiegner
ウィグナル Wignall
ヴィグニー Vigny
ヴィクニヤ Vicuna
ウィグネル Wignell
ヴィグネレ Vignere
ヴィグネロン
Vigneron
ヴィグノーラ Vignola
ウィグノール Wignall
ウイグハム Whigham
ウィグフィールド
Wigfield
ヴィグフースソン
Vigfússon
ヴィグフーソン
Vigfússon
ヴィクフュッソン
Vigfússon
ウィグベルト
Wigbert*
Wigberto
ヴィークベルト
Wigbert
ヴィグベルト Wigbert
ヴィクホフ Wickhoff
ウィグマン Wigman
ヴィーグマン
Wiegmann
Wigman
ヴィクマン Wigman
ヴィグマン Wigman*
ヴィークマンソン
Wikmanson
ヴィクマンソン
Wikmanson
ウィクーム Widcombe
ウィグモア Wigmore*
ウィグモアー
Wigmore
ウィクラー Wikler
ウィグラフ Wiglaf
ウィクラマシンゲ
Wickramasinghe
ウィクラマシンジ
Wickramasinghe
ウィクラマシンハ
Wickramasinghe**
Wickremasinghe**
Wickremesinghe
ヴィクラマチョーチ
Vikramachōḷa
ヴィクラマーディティア
Vikramāditya
ヴィクラマーディティヤ
Bikramaditya
ウィクラマナヤカ
Wickramanayake
ウィクラマナヤケ
Wickramanayaka
Wickremanayake*
ウィクラマワルダナ
Wikramawardhana
ウィクラム Wickram
ウィグラム Wigram*
ヴィクラム
Vikram*
Wickram
ヴィグラン Vigran
ウィークランド
Weakland*
ヴィークランド
Wikland*
ウィークリ Weekley
ウィークリー
Weakly
Weekley**
ウィグリー Wigley
ウィークリイ Weekley
ヴィグリッツォ
Viglizzo
ウィクリフ
Wyclif*
Wycliffe
ウイクリフ Wycliffe
ヴィクリーン Viktorin
ウイグル Uyghur
ヴィグルー
Vigoureux
Vigouroux*
Vigroux
ウィグルスワース
Wigglesworth
ウィグルズワース
Wigglesworth
ヴィークルント
Wiklund
ヴィクレイ Vickrey
ウィグレン Wittgren
ヴィクロム Vikrom*
ウィーケ Wiebke
ヴィーケ Wieke
ヴィケスヨ Wikesjö
ウィケット Wickett*
ウィーゲラン
Vigeland
ヴィーゲラン
Vigeland*
ヴィーゲランド
Vigeland
ヴィゲリー Viguerie
ウィゲリウス Vigellius
ウィケリヌス
Vicellinus
ヴィケリヌス
Vicelinus
ウィーケル Weikel
ヴィケール Vicaire*
ウィケルグレン
Wickelgren
ウィケルスハム
Wickersham
ウィケン Wiken
ヴィケン Wikén*
ヴィゲン Vigen*
ヴィケンチー
Vikentii*
ヴィケンチエヴィチ
Vikent'evich*
ウィケンハイスター
Wikenheiser
ヴィケンハウザー
Wikenhauser
ヴィーコ Vico*
ヴィーゴ Viggo
ヴィコ
Vico
Viko
ヴィゴ
Viggo*
Vigo*
ヴィゴー
Viggo*
Vigo
ヴィゴウ Viggo
ウィゴダー Wigoder
ヴィゴーツキ
Wygodzki
ヴィゴッキー
Vygodskii

ウ

Vygotskii
ヴィゴツキー
Vygotskii*
Vygotskiĭ
ヴイゴツキー
Vygotskii
Vygotsky
ヴィゴツキイ
Vygotskii*
ヴィゴッダ Vigoda
ヴィゴッツキー
Vygotskii
ヴィゴドジンスキー
Wygodzinski
ヴィゴトスキー
Vygotskii
ウィゴドスキイ
Vygodoskii
ヴイコフ Bykov
ヴィゴル Vigor
ヴィーゴロ Vigolo
ウィコン Wee-kong
ウィーザー
Weiser
Wieser*
ウィサー Wisser
ウィザ Wieser
ウィザー
Winther
Wither
ヴィーザー
Veeser
Wieser*
ヴィサー Visser
ヴィザー Viseur
ヴィザア Wieser
ヴィサーカ Visākha
ヴィサーカー Visākhā
ウィサーサ Wisasa
ウィササ Wisasa*
ヴィザジエ Visagier
ヴィサージュ Visage
ウィザース Withers*
ウィザーズ Withers*
ウイザース Withers
ウィザースプーン
Witherspoon**
ウィザースプン
Witherspoon
ウィザスプーン
Witherspoon
ウイザースプーン
Witherspoon*
ヴィーザック Vesak
ウィザード Wizard
ウイザード Wizard
ヴィサート Visser't
ヴィザード Vizard
ヴィサー・トーフト
Visser't Hooft
ウィサヌ Wissanu
ウィサム Wissam
ウィザム Witham*
ウィザラ Wisara
ウィザリー
Weatherly
Witherly*
ヴィサリオノヴィチ
Vissarionovich
ヴィサリオン
Vissarion
ウィザリッジ
Witheridge
ウィザーリング
Withering
ウィザリング
Withering
ウィザリントン
Witherington*
ウイサル Uysal
ヴィサール
Viṣāl
Wiṣāl
ヴィサロッフ Visaroff
ウィサワティーラノン
Visavateeranon*
ウィサン Wissant
ヴィザン Visan
ウィージ Wiese
ウィージー
Weegee
Wīdhī
ウィジー Weegee
ヴィーシー Veasey
ヴィージー
Veasey
Veazie
Vesey
ヴィシー Vichy
ヴィジ Vij
ヴィシヴァーナート
Vishvanāth
ヴィージェ Wieger
ヴィジェ
Vigée**
Vigier
Wieger
ヴィジェイ
Vijay
Vinay
ヴィジェーヴァノ
Vigevano
ウィジェシンハ
Wijesinghe
ヴィシェスラーフツェフ
Vysheslávtsev
ヴイシェスラーフツェフ
Vysheslavtsev
Vysheslávtsev
ヴィシェスラフツォフ
Vysheslavtsov
ウィジェセケラ
Wijesekera
ウィジェダサ
Wijeyadasa
ウィジェトンガ
Wijetunga**
ウィジェナイケ
Wijenaike
ウィジェラトネ
Wijeratne
ヴィジェリオ Vigerio
ヴィシェール Visscher
ヴィシエール Vissière
ヴィジェル Wieger
ヴィーシェンスキイ
Višenskii
ウィシエント Vicente
ヴィジオズ Vizioz
ウィジガー Widiger
ヴィージゲル
Wiesigel*
ウィジタ Vijitha
ヴィジタセーナ
Vijitasena
ウィジダン Wijdan
ヴィジック Visick
ヴイシッチ Vujisicl
ウィシット
Visit
Wisit*
ウィジナーマン
Wijnerman
ヴィジーニ Vizzini**
ウィシニェフスキ
Wiśniewski
ヴィシニャーコヴァ
Vishniakova
ヴィジニャーナビクシュ
Vijñānabhiksu
ヴィシニョーワ
Vishneva*
ヴィシヌスヴァーミン
Viṣṇuṣvāmin
ヴィシネヴェツカヤ
Vishnevetskaia
ヴィシネウスキ
Wisniewski
ヴィシネグラズキー
Vishnegradsky
ヴィシネグラツキー
Vishnegradsky
Vyshnegradskii
ヴィシネフ Vishnev
ヴィシネーフスカヤ
Vishnevskaya
ヴィシネフスカヤ
Vishnevskaia
Vishnevskaya**
ヴィシネーフスキー
Vishnevskii
ヴィシネフスキー
Vishnevskii**
ヴィシネーフスキィ
Vishnevskii
ウィジネン Wijnen
ウィジフォルティス
Wilgefortis
ヴィシーブロード
Vyšebrodský
ウィジャー Widger
ヴィジャイ Vijay*
ウィシャウス
Wieschaus*
ヴィーシャウス
Wieschaus*
ヴィジャエーンドラ
Vijayendra
ヴィシャーカダッタ
Visâkhadatta
Viśākhadatta
ヴィシャク Visiak
ヴィジャーサーガル
Vidyāsāgar
ヴィシャス Vicious
ヴィシャック Visiak
ウィシャート
Wishart*
ウィシャード
Wishard**
ウィジャトマージャ
Widyatmadja
ヴィジャーナンダ
Vijjànanda
ヴィジャヌエバ
Villanueva
ヴィシャーノ Visciano
ヴィジャマジョール
Villamayor
ウィジャヤ
Widjaja*
Widjaya
Wijaya**
ヴィジャーヤ Vijaya
ヴィジャヤ Vijaya*
ヴィジャヤー Vijayā
ウィジャヤクラマ
Wijayakrama
ウィジャヤシリ
Wijayasiri
ヴィジャヤーディティア
Vijayāditya
ウィジャヤティレーク
Wijayatilake
ウィジャヤナーヤカ
Wijayanayake*
ヴィジャヤ・バーフ
Vijayabāhu
ヴィジャヤバーフ
Vijayabāhu
ウィジャヤムニ
Wijayamuni
ヴィジャヤラトナ
Wijayaratna
ヴィジャヤーラヤ
Vijayālaya
ヴィジャヤン Vijayan
ヴィシャール Vichard
ウィシャルド Wishard
ウィジャン Wijarn
ウィジャンヤシリ
Wijayasiri
ヴィシュヴァナータ
Viśvanātha
ヴィシュヴァナータ・カヴィラージャ
Viśvanāthakavirāja
ヴィシュヴァナート
Vishvanāth
ヴィシュヴァンバラミシュラ
Vishvambharamishra
ウィシュニア Wishnia
ヴィシュニャ Višnja
ヴィジュニャーナビクシュ
Vijñānabhiksu
ヴィシュヌ
Vishnu
Viṣṇu
ヴィシュヌヴァルダナ
Vishṇuvardhana
ヴィシュヌグプタ
Vishṇugupta
ヴィシュヌスヴァーミン
Viṣṇusvāmin
Viṣṇuṣvāmin
ヴィシュヌーダス
Vishnoodas
ヴィシュヌ・テヴァナンダ
Vishnudevananda
ヴィシュヌテヴァナンダ
Vishnudevananda
ヴィシュヌデヴァナンダ
Vishnudevananda
ウィシュヌワルダナ
Wiṣṇuwardhana
ヴィジュネール
Vigenére
ヴィシュワ Vishwa
ヴィシュワナス
Vishwanath
ウィシュワナタン
Vishwanathan
ヴィシュワナータン
Viswanathan*
ヴィシュワナタン
Vishwanathan
Viswanatan
ヴィシュワナート
Vishvanāth
ヴィシュワナンダ
Vishwananda
ウィショー
Whishaw
Wishaw
ヴィショツキー
Wissotsky
ウィジョヤント
Widjojanto
ウィジョヨ Widjojo*
ウィション Wishon
ウィジョン Ui-jong
ヴィジーリア Vigilia
ヴィシリンガム
Vythilingum
ヴィジルド Vigild
ウィシン Wisin
ウィジンガー
Wiesinger*
ウィジング Wirsing
ヴィシンク Vissink
ウィシングトン
Withington
ウィシンスキー
Wisinski
Wyszynski
ヴィシンスキ
Wyszyński

ウ

ヴィシンスキー
Vyshinskii*
ヴイシンスキー
Vyshinskii
ヴィシーンスキィ
Vyshinskii
ヴィジンツェイ
Vizinczey
ウィシントン
Withington
ウィシントンフ
Withington
ウィース Wyss*
ウィス
Uys
Wiss
Wyss
Wythe
ウィズ Wiz
ウイース Wyss*
ウイス Wyss
ヴィース
Wies*
Wyss*
ヴィーズ Wied
ヴィス
Visse*
Wyss
ヴィスー Visu
ヴィスヴァナタン
Visvanathan
ヴィスヴァナート
Vishvanāth
ヴィスヴェー Wisweh
ヴィスヴェスバラヤ
Visvesvaraya
ヴィスヴェッサー
Wißwässer
ヴィスヴェーデ
Wißwede
ウィスウェル Wiswell
ウィスウォッキ
Wislocki
ヴィスウォツキ
Wisłocki
ヴィスカイノ Vizcaino
ヴィスカシ Viscusi
ヴィスカス Viescas
ヴィスカル Viscardi
ヴィスカローラ
Viscarola
ヴィスキン Viskin
ウィスクマン
Wiskemann
ウィスケ Wiske
ウィスケマン
Wiskemann
ヴィスコ Visco
ヴィスコヴァートフ
Viskovatov
ヴィスコヴォ Viscovo
ヴィスコチル
Vyskocil*
Vyskočil
ヴィスコット Viscott*
ヴィスコリオージ
Viscogliosi
ヴィスコンティ
Visconti***
ウィスター Wister*
ウィスダム Wisdom
ウィズダム Wisdom**
ヴィズダム Wisdom
ウィスタン Wystan*
ウイスタン Wystan
ウィスット Wisut*
ヴィスデルー Visdelou
ヴィステンドール
Hvistendahl
ウィースト Wiest**
ウィスト West
ヴィストマン
Wistman
ウィストリヒ Wistrich
ヴィストリヒ Wistrich
ヴィスドルー Visdelou
ウィストン
Whinston
Whiston*
Winston
ウィースナー Wiesner
ウィーズナー
Weesner*
Wiesner**
ウィスナー
Wiesner
Wisner
ウィズナー
Wiesner
Wisner
ヴィースナー
Wiesner*
ヴィズナー Vizenor
ウィスナム Wisnom*
ウィスニアウスカス
Vysniauskas
ウィスニーウスキー
Wisniewski
ヴィスニーヴスキー
Wisniewski
ヴィズニウスキ
Wisniewski
ヴィスニエフ Wisnieff
ウィスニースキー
Wisniewski
ウィズネスキー
Wisniewski*
ウィズネフスキー
Wisniewski
ヴィスネポルスキー
Visnepolschi
ウィスハート Wishart
ヴィスピアインスキ
Wyspiański
ウィスピアニスキ
Wyspiański
ヴィスピアニスキー
Wyspiański
ヴィスピアンスキ
Wyspiański
ヴィスピアンスキー
Wyspiański
ウィスビーチ
Wisbeach
ウィスピヤンスキ
Wyspiański
ヴィスピャンスキ
Wyspiański
ウィズベア Hvidberg
ウィスペルイ
Wispelwey
ウィスペルウェイ
Wispelway
Wispelwey*
ヴィスポ Vispo
ヴィースホイ
Wiesheu*
ヴィースマイアー
Wiesmeier
ウィスマン Wisman*
ヴィースマン
Wiesmann
ヴィスマン Wissmann
ヴィズミアラ
Wyszumialal
ウィズミュラー
Wiesmuller
ヴィースミュラー
Wiesmüller
ヴィスム Visme
ヴィスメ Visme
ウィスメイジャー
Wismeijer
ヴィスメール Wissmer
ウィスモヨ Wismoyo
ウィスラー
Whistler
Wisler
Wissler*
ウィズラー Wiseler
ヴィスラー Wissler
ヴィズライ Viszlai
ヴィスラフ Wizlaw
ウィスランデル
Wieslander
ヴィースランデル
Wieslander
ヴィズリ Vislyi
ヴィスリツェニー
Wisliceny
ウィスリツェーヌス
Wislicenus
ウィスリツェヌス
Wislicenus
ヴィスリツェーヌス
Wislicenus
ヴィスリツェヌス
Wislicenus
ウィスリング
Wyssling
ヴィズール Viseur
ウィズレル Witherell
ウィスロー Withrow
ウィズロウ Withrow
ヴィスロフ
Wisloff*
Wisløff
ヴィスワヴァ
Wislawa
Wisława**
ヴィスワナサン
Viswanathan
ヴィスワナタン
Viswanathan*
ウィスン
Ui-sun
Visoun
ウィーゼ Wiese*
ウィゼー Withee
ヴィーゼ
Vize
Wiese**
ヴィーゼー Veazey
ヴィセ Visé
ヴィゼ
Visée
Vize
ヴィゼー
Visée
Vizée
ヴィゼヴァ Wyzewa
ヴィゼテリー Vizetelly
ヴィゼナー Vizenor
ウィーゼナンド
Whisenand
ウィゼバ Wyzewa
ウィゼフスキ
Wyzewski
ヴィーゼベク
Videbaek
Videbæk
ヴィセリ Viselli
ウィセリンク
Wisselinck
Wisselink
ウィーゼル
Wiesel***
Wieser
Wisel
ヴィーセル Wiesel
ヴィーゼル
Viezzer
Wiesel*
Wisel
ヴィセル Visscher
ヴィーセルグレン
Wieselgren
ウィーセルス Wessels
ウィーゼルスベルガー
Wieselsberger
ウィゼルスベルガー
Wieselsberger
ヴィーゼルスベルガー
Wieselsberger
ウィーゼルティール
Wieseltier
ヴィーゼルティール
Wieseltier*
ウィセルリンク
Wisselink
ウィゼワ Wyzewa*
ウィーセン Wiesen
ウィゼン Wiesen
ヴィーゼングリュント
Wiesengrund
ヴィーゼングルント
Wiesengrund
ヴィセンシオ Vicencio
ウィーセンタール
Wiesenthal
ウィーゼンタール
Wiesenthal**
ウィゼンタル
Wiesenthal
ヴィーゼンタール
Wiesenthal*
ヴィセンチ Vincenti
ヴィセンテ Vicente
ヴィゼンティーニ
Visentini
ヴィセント
Vicent
Vicente
Vincent
ウィーゼンハント
Whisenhunt
ウィーセンフェルド
Wiesenfeld
ウィソク Ui-seok
ヴィソーコフ Vysokov
ヴィソツカ Wysocka
ウィソッキー Wysocki
ウィソツキー
Vysotskii
ヴィソーツキー
Vysótskii
ヴィソツキー
Vysotskii*
Vysótskii
Wissotzky
ヴィゾツキ Wisotzki
ヴイソツキー
Vysótskii
ヴィソルカス
Vithoulkas*
ウィソン Eui-sun
ウィーター
Wheater
Wieter
ウィーダ Ouida**
ウィーダー
Ouida
Weider
Wieder
ウィター Witter
ウィダー
Ouida
Weider
ウイーダ Ouida*
ウイダ Ouida
ヴィータ Vita*
ヴィーダ
Vida*
Vieda
ヴィーダー
Veeder
Wieder
ヴィタ
Victoria
Vita*
ヴィダ
Ouida
Vida*
ヴィダー
Vidor
Widder
ウィダウスン
Widdowson

ウィダウソン
Widdowson
ヴィータウタス
Vytautas
ヴィタウタス
Vitautas
Vytautas**
ウィタカ Whitaker
ウィタカー
Whitaker*
Whittaker*
ウィタケル Whitaker
ヴィダコヴィック
Vidakovic
ウィーターズ
Wieters*
ウィダス Widdus
ヴィータス Vietas
ヴィタス Vittas
ヴィダス Vidas
ウィダーストローム
Widerstroem
ウィタゼーク Witasek
ヴィタセク Vitásek
ヴィタゼーク Witasek
ヴィタゼック Witasek
ヴィータソーカ
Vītasoka
ヴィータネン Viitanen
ヴィタノフ Vitanov
ウィダーホールド
Wiederhold
ヴィーダーホルト
Wiederholt
ヴィーダーマン
Wiedermann
ヴィーダマン
Wiedemann
ウィダム
Wedum
Widom
ヴィーダム Veedam
ヴィダム Vidame
ウィタヤ Witthaya
ウィダヤティ
Widayati
ウィタラナ Vitarana
ヴィダラン
Vidalain
Vidalenc
Vidalin
ウィタリ Vitali
ウィタリー Vitaly
ヴィターリ
Vitale
Vitali**
Vitari
ヴィターリー
Vitali
Vitalii*
Vitaliy
ヴィタリ
Viali
Vitali**
Vitalii
ヴィタリー
Vitali
Vitalii**
Vitaliĭ
Vitaliy
Vitaly**
ヴィダーリ Vidari
ヴィダリ Vidali
ヴィダリー Vidalie
ウィタリアヌス
Vitalianus
ヴィタリアーヌス
Vitalianus
ヴィタリアヌス
Vitalianus
ヴィタリアーノ
Vitaliano**
ヴィターリイ
Vitalii
Vitaly
ヴィタリエヴィチ
Vitalievich
Vitálievich
ヴィタリエヴィッチ
Vitalievich
ヴィターリエフ
Vitaliev
ヴィタリエフ Vitaliev
ウィターリス Vitalis
ウィタリス Vitalis
ヴィターリス Vitalis
ヴィターリナ Vitalina
ヴィタリナ Vitalina
ウィタル Whittal
ウィダール Widal
ヴィタール
Vital
Vitale*
Vitalis
ヴィタル Vital*
ヴィダール
Vidal
Widal
ヴィダル
Vidal***
Widal
ヴィダルダス
Vithaldas
ウィダルティ Widarti
ヴィターレ Vitale**
ヴィタレ Vitale
ヴィダン Vidan
ヴィタントニオ
Vitantonio*
ヴィーチ
Veach
Veatch
Veitch
Vici
ヴィチアン Vichian
ウィチェゲルデ
Wychegerde
ヴィーチェスラフ
Vítězalv
Vitězlav
Vítězlav
Vitězslav
Vítězslav
ヴィチェースラフ
Vítězalv
ヴィチェスラフ
Vítězalv
Vítězlav
ヴィチェック Vicsek*
ウィチエン Vichier
ウィチェンサン
Vichiensan
ヴィチェンツオ
Vincenzo
ヴィチェンテ Vicente
ヴィチェンティーノ
Vicentino
ウィチカット
Whichcote
ウィチット Wijit
ウィチットワータカーン
Wicitwatthakan
ウィチトル Wichtl
ウィチャー
Whicher
Witcher
ウィチャイ Vichai*
ウイチャイ Vichai
ウィーチャート
Weychert
ウィチャリー
Wycherley
ウィチャン Wijan*
ウィチュン Ui-chun*
ウィチョレク
Wieczorek
ウィチョレクツォイル
Wieczorek-zeul
ウィーツ Weitz
ウイツ Uitz
ヴィーツ Viets
ウィツィーウス
Witsius
ウィツィリウィトル
Huitzilihuitl
ヴィツィン Vitsin
ヴィツェナ Vicena
ヴィツェリーン
Wizelin
ヴィツェル Witzel*
ヴィツェンゾ
Vincenzo
ヴィツェンツォス
Vitsentzos
ヴィーツェンマン
Wizenmann
ウィッカー
Whicker
Wicker**
Wickre
ウィッガー Wigger
ヴィッカイザー
Wickizer
ウィッカーシャム
Wickersham
ヴィッカース Vickers*
ヴィッカーズ Vickers*
ウィッカート Wickert
ウィッガード Witgert
ウィッカーハウザー
Wickerhauser
ウィッカマ Wickama
ヴィッカーマン
Vickerman
ウィッカム
Wickham**
Wykeham
ウイッカム Wickham*
ヴィッカリー Vickery
ウィツガル Witzgall*
ウィッキ Wicki
ウィッキー
Vicki
Wicky
ヴィッキ
Vicki*
Wicki*
ヴィッキー
Vicki*
Vickie*
Vicky*
Vikki
Viqui
Wicki
ヴイツキー Vicki
ヴィッキィ Vicki*
ヴィッキツァー
Wickizer
ウィッキービッツ
Witkiewitz
ウィッギン Wiggin
ウィッキンス Wickens
ウィッギンス Wiggins
ウィック
Wich
Wick**
Wicke
Wijck
Wik
Wyc
Wyck
ヴィック
Vic**
Vick
Vicq
Victor
Vik
ヴィッグ Vig
ウィックァー Wicker
ウィックエンデン
Wickenden
ウィックス
Wickes
Wicks**
ウィッグス Wiggs**
ヴィックス Vix
ウィックスティード
Wicksteed
ウィックセル Wicksell
ヴィックセル Wicksell
ウィックバーグ
Wickberg*
ウィックホフ
Wickhoff
ヴィックホフ
Wickhoff
ウィックマイヤー
Wickmayer
ウィックマン
Wickman*
ヴィックラー Wickler
ウィックラマシンゲ
Wickramasinghe*
ウィックラマシンジ
Wickramasinghe
ヴィックラム
Wickram
ウィックランド
Wickland
ヴィックリー Vickrey
ウィックル Wickre
ウィッグルスワース
Wigglesworth
ウィッグルズワース
Wigglesworth*
ウイッグルズワース
Wigglesworth
ウィックワー Wicker
ヴィツケ Witzke
ヴィッケリー Vickery
ヴィッケルト Wickert
ウィッケン Wicken
ウィッケンズ Wickens
ウィッケンデン
Wickenden
ヴィッケンデン
Wickenden
ウィッケンハイザー
Wickenheiser*
ウィッゲンホーン
Wiggenhorn
ヴィッゴ Viggo
ヴィッゴー Viggo
ウィッサー Witsaa
ヴィッサー
Visser*
Wisser**
ヴィッサー・トゥーフト
Visser't Hooft
ウィッザム Witham
ヴィッサリオーノヴィチ
Vissarionovich
ウィッサリオノウィッチ
Vissarionovich
ヴィッサリオーン
Vissarion
ヴィッサリオン
Vissarion
ヴィッジァーニ
Viggiani
ヴィッシェンバート
Wischenbart
ウィッシャー Wisher
ヴィッシャー
Visher*
Wischer*
ウィッシャート
Wishart
ヴィッジャーナンダ
Wijananda
ウィッシュ Wish
ウィッシュマン
Wischmann
Wishman*
ウィッス Vitus
ウィッスイー Withey
ウィッスラー Wissler
ヴィッセリング
Vissering
ウィッセル Wissel**
ヴィッセルト Visser't
ヴィッセン Wissen

ウ

ウィッソーヴァ Wissowa
ヴィッソーヴァ Wissowa
ヴィッソヴァ Wissowa
ウィッタ Whitta
ウィッター Witter**
ヴィッター Witter
ヴィッダー Widder
ウィッタカー Whittaker*
ウイッタカー Whittaker
ウィッタッカー Whittaker
ウィッターホルト Witterholt
ウィッタム Whitham* Whittam*
ウィツタム Witztum
ウィッタヤコーン Witthayakoon
ウィッタヤーパンヤーノン Wittayapanyanon
ウィッタール Whitall
ウィッチ Wicht Witschi
ヴィッチ Vicci
ヴィッチー Witschi
ウィッチェル Witchel*
ウィッチェロ Wichello
ウィッチコート Whichcote
ウィッチドクター Witchdoctor
ウィッチマン Wichman Wichmann Wiechmann*
ウィッチャー Whicher Witcher**
ウィッチャーリー Wycherley
ウィッチャリ Wycherley
ウィッチャリー Wycherley
ウィッチャン Wichern
ウィッツ Witts Witz
ウイッツ Witts
ヴィッツ Witz
ヴィッツィーニ Vizzini
ウィッツェル Wetzel Witzel
ヴィッツェル Witzel
ウィッツティア Whittier
ウィッツトラック Witstruck
ウィッツマン Witzmann
ヴィッツマン Wizmann
ウィッテ Vitte* Witte*
ヴィッテ Vitte Witte
ウィッティ Whitty* Witty**
ウィッティー Whitty
ヴィッティ Vitti**
ウィッティア Whittier
ウィッティアー Whittier
ウィッテイカー Whitaker Whittaker
ウィッティヒ Wittig
ヴィッティヒ Wittich Wittig*
ヴィッディヤーサーガル Vidyāsāgar
ウィッティンガム Whittingham*
ウィッティンク Wittink
ウィッティング Witting*
ウィッティンデール Whittingdale
ウィッティントン Whittington***
ウイッティントン Withington
ウィッテーカー Whittaker
ウィッテカー Whitaker
ウィッテキンド Wittekind
ヴィッテキント Widukind
ウィッテッカー Whitaker
ウィッテフェーン Witteveen*
ウィッテム Withem
ウィッデャー Vidya
ウィッテル Whittle Wittel
ウィッテルス Wittels
ヴィッテルスバハ Wittelsbach
ウィッテルン Wittern
ヴィッデルン Widdern
ウィッテン Whiten* Whitten Witten**
ウイッテン Witten
ヴィッテンヴァイラー Wittenweiler
ウィッテングトン Whittington
ウイッテングトン Whittington
ウィッテンシュタイン Wittenstein
ヴィッテンゾン Vittenzon*
ウィッテントン Whittington
ウィッテンバウエル Wittenbauer
ウィッテンバーグ Whittenburg Wittenberg*
ウィッテンバッハ Wyttenbach
ヴィッテンバッハ Wyttenbach
ヴィッテンバハ Wyttenbach
ウィッテンボーン Wittenborn*
ウィッテンマイヤー Wittenmyer
ヴィッテンマルク Wittenmark
ウィッテンワイラー Wittenweiler
ウィット Whit Whitlow Whitt Wit Witt**
ヴィット Vit Vitt Vitto Wit* Witt**
ウィットウェル Whitwell
ヴィットヴェール Wittwer
ウィットウォース Whitworth
ウィットゥロー Whitlow
ウィットエイカー Whitaker Whittaker
ウィットカー Whittaker
ウィットカム Whitcomb
ウィットギフト Whitgift
ウィットゲンシュタイン Wittgenstein
ヴィットゲンシュタイン Wittgenstein
ウィットケンペル Wittkemper
ウィットコウアー Wittkower
ウィットコウワー Wittkower
ウィットコースキ Witkowski
ヴィットコップ Witkop Wittkop
ウィットコフ Wittcoff
ウィットコム Whitcomb*
ウィットコワー Wittkower
ヴィットシュトック Wittstock
ヴィツドス Vizdos
ウィットソン Whitson**
ウィッドソン Widdowson
ウイットソン Whitson
ヴィットッツィ Vittozzi
ウィットニー Whitney** Witney*
ヴィットーネ Vittone
ウィットネス Witness
ウィットネベン Wittneben
ウィットビー Whitby
ウィットフィールド Whitefield Whitfield** Whitfild
ウィットフォーゲル Wittfogel**
ウイット・フォーゲル Wittfogel
ウイットフォーゲル Wittfogel
ヴィットフォーゲル Wittfogel
ヴィットフォゲル Wittfogel
ウィットフォード Whitford**
ウィットフト Witthoft
ウィットブレッド Whitbread*
ウィットベック Whitbeck*
ウィットペン Wittpenn
ウィットボーイ Witbooi
ウィットマー Witmer Wittmer
ウィッドマー Widmer
ウィットマン Whitman** Wittman**
ウイットマン Whitman*
ヴィットマン Wittmann
ウィットモア Whitmore* Whittemore
ウィットモント Whitmont
ウィットラッチ Whitlatch
ウィットラム Whitlam Witlam
ウィットリー Whiteley* Whitley* Wittry
ヴィットーリ Vittori
ヴィットーリア Vittoria
ヴィットリア Vittoria***
ヴィットーリオ Vittorio**
ヴィットリオ Victolio Vitorio Vittorie Vittorio***
ウィットリッフ Wittliff
ヴィットリーニ Vittorini* Vitturini
ヴィットリーノ Vittorino
ヴィットーリョ Vittorio
ウィットリン Wittlin
ヴィットリンガー Wittlinger
ウィットル Whittle
ヴィットル Vittore
ヴィットーレ Vittore*
ヴィットレ Vittre
ウィットレイ Whitley
ウィットロー Whitlow*
ウィットロウ Whitrow*
ウィットロック Whitlock*
ウイットロック Whitlock
ウィットワー Witwer
ウイットワー Wittwer*
ウィットワース Whitworth**
ウイットワース Whitworth
ウィットン Whitton Witten
ウィッパースベルク Wippersberg*
ウィッパースベルグ Wippersberg
ヴィッパースベルク Wippersberg
ウィッパーファース Wipperfürth
ヴィッパーマン Wippermann
ヴィツパーレク Vycpálek
ウィッパーワン Viphavanh
ヴィッヒェルン Wichern
ヴィッヒマン Wichmann

ウィップ
Whip
Whipp
ウィップス Whipps
ウィッフル Whipple
ウィップル
Whipple**
Wipple
ヴィッヘルン Wichern
ウィッペン Whippen
ウィッポ Wippo
ウィツム Witzum
ヴィッラ Villa*
ヴィッラーニ Villani
ヴィッラリ Villari*
ヴィッリー Willy
ヴィッリョーネ
Viglione
ウィツルベン
Witzleben
ヴィッレ Ville*
ヴィツレーベン
Witzleben
ヴィッロヴァイト
Willoweit
ウィテ Wite
ヴィテー Vitez
ヴィデ Vide
ウィティ Witi**
ヴィーティ Viti
ヴィティ Viti
ヴィディ Vidi
ヴィディアダール
Vidiadhar
ウィディアント
Widianto**
ヴィティエッロ
Vitiello
ヴィティエール Vitier
ヴィティエロ Vitiello
ウィティカ Whitaker
ウィティカー
Whitacre
Whitaker**
Whitiker
ウィテイカー
Whitaker*
ヴィーディカス
Viidikas
ヴィティギス Witiges
ウィティグ Wittig
ヴィーディク Viidik
ヴィティゲス Witiges
ヴィティザ Wittiza
ウィティッグ Wittig*
ウィディック Widick
ヴィティッグ
Wittig**
ヴィディック Vidić
ウィディックス
Wijdicks
ヴィディッチ Vidić*
ウイティット Wittit
ヴィティッヒ
Wittich
Witting
ウィティヒ
Wittich
Wittig
ヴィティヒ Wittich
ヴィディヤ Vidya
ヴィディヤーサーガル
Vidyāsāgar
ヴィディヤーパティ
Vidyāpati
ヴィディヤマラ
Vidyamala
ヴィディヤーランカール
Vidyalankar
ヴィディヤランカール
Vidyalankar*
ウィティングトン
Whitington
ヴィティングホフ
Vittinghoff
ウィテヴァール
Wittewael
ウィーデーカー
Wiederkehr
ウィテーカー
Whitaker
ウィテカー
Whitacre*
Whitaker**
Whittaker*
ヴィーデキング
Wiedeking**
ウィテク Witek
ヴィテク Vitek
ヴィーテゲ Wiethege
ヴィテシュニク
Witeschnik
ヴィテシュニック
Witeschnik
ヴィーテーズ Vitez
ヴィテーズ
Vitez*
Vitéz
ウィテスカ Wieteska
ヴィテスラフ
Vítezslav*
Vítězslav
ウィテック
Whittick
Wittek
ヴィテック Vitek
ウィテット Whittet
ヴィテッリ Vitelli
ヴィテッリウス
Vitellius
ヴィテッロ Vitello
ヴィデティック
Videtic
ヴィテニス Vytenis
ヴィデノフ Videnov
ヴィテブスキー
Vitebsky
ヴィデブラム
Widebram
ヴィデベック
Videbeck
ウイテマ Huitema*
ウィーデマン
Wiedemann
ヴィーデマン
Wiedemann*
ウィデュキント
Widukind
ウィテリウス Vitellius
ヴィテリウス Vitellius
ウィテリック
Witterick
ヴィテリック Witteric
ヴィテール Vitale
ヴィデルー Visdelou
ヴィーデルスハイム
Wiedersheim
ウィーデルベリ
Widerberg
ヴィーデルベリ
Widerberg
ヴィーデルベルイ
Widerberg
ヴィテルボ Viterbo
ウィーデルマン
Wiedermann
ヴィーデルマン
Wiedermann
ウィテロ Witelo
ヴィーテロ Witelo
ヴィテロ Witelo
ウィーデン
Wearden
Weeden
ウィーデングレン
Widengren
ヴィーデングレーン
Widengren
ヴィーデンスキー
Vvedensky
ヴィーデンゼー
Widensee
ヴィテンゾン
Vitenzon
ウィーデンバウム
Weidenbaum
ヴィーデンバック
Wiedenbach
ウィーデンフェルト
Wiedenfeld
ヴィーデンフェルト
Wiedenfeld
ヴィーデンブルゥク
Wydenbruck
ウィテンマーク
Wittenmark
ウィーデンメイヤー
Wiedenmayer
ウィート
Weate
Weert
Wheat**
Wieth
ウィード
Wead
Weed**
Weide
Wied
ウィト
Wit
Witt
ウィド Wid
ウィドー Wido
ヴィート
Vito*
Wied
ヴィートー Vietor
ヴィード
Hviid
Wied*
ヴィト
Vit
Vito**
Wit
ヴィトー
Vitaux
Vito
ヴィド Videau
ヴイト Vito
ヴィトゥー Vitoux*
ヴィドーヴ Vidov
ヴィートヴァルト
Wiedwald
ヴィトヴィ Hvitved*
ヴィトヴィツキ
Witwicki
ヴィトヴェル Vitver
ウィトゥキ Witucki
ウィードゥキント
Widukind
ウィドゥキント
Widukind*
ヴィードゥキント
Widukind
ヴィドゥキント
Widukind
ヴィトゥコフスキー
Witkowski
ヴィドゥシ Vidushi
ヴィトゥーシキン
Vitushkin
ウィートゥス Vitus
ウィトゥス Vitus
ウィドウズ
Widdoes
Widdows
ヴィトゥス Vitus
ヴィトゥースカ
Wituska
ウィドゥソン
Widdowson
ウィドウソン
Widdowson*
ヴィドゥーダバ
Viḍūḍabha
ヴィドゥーナス
Vydūnas
ウィドゥフィールド
Widdowfield
ウイトゥメン Uitumen
ウィトゥラル Witoelar
ヴィドゥルー Visdelou
ウィードゥン Weedn
ウィトゥーン Witoon
ウィドゥン Weedn
ウィトォー Uitto
ウィトカウアー
Wittkower
ヴィトカンプ
Witkamp
ヴィトキェーヴィチ
Witkiewicz
ヴィトキェヴィチ
Witkiewicz*
ヴィトキエヴィチ
Witkiewicz
ヴィトキェヴィッチ
Witkiewicz
ヴィトキーヌ Vitkine
ウィトキン Witkin*
ウィートクロフツ
Wheatcroft
ウィートクロフト
Wheatcroft
ウィトケ Witke
ヴィトケ Wittke
ヴィドゲン Vidgen
ヴィートゲンシテイン
Vitgenshtein
ウィトゲンシュタイン
Wittgenstein*
ヴィトゲンシュタイン
Wittgenstein*
ヴィトゲンシュテイン
Vitgenshtein
ウィトコウアー
Wittkower
ウィトコウスキー
Witkowski*
ウィトコウスキイ
Witkowski
ウィトコップ Witkop*
ヴィトコップ
Wittokop
ウィトコフ Wittkopf*
ヴィトコフスキ
Witkowski
ヴィトコフスキー
Witkowski
Witkowsky
ヴィトシウス Witsius
ウィドーズ Widdows
ヴィトス Witos
ウィートストン
Wheatstone
ヴィトーセク Vitousek
ヴィトゼック Vitousek
ウィトセット
Whitsett
ウィドーソン
Widdowson
ヴィドック Vidocq
ウィドップ Widdop
ヴィドップ Widdop
ウィドド Widodo*
ウィドナル Widnall
ウィトニー Whitney
ヴィトーニ Vitoni
ウィートニア
Wheatonia
ヴィトヌス Vitonus
ヴィトネル Wittner
ウィトノ Witono
ウィドノール Widnall

ウ

ヴィードフ Vidov
ウィトブーイ Witbooi
ウィトフィールド
Whitfield
ウィードフェルド
Wiedfeldt
ウィードフエルト
Wiedfeldt
ヴィードフエルト
Wiedfeldt
ウィトフォーゲル
Wittfogel
ウィドブロ Huidobro
ウイドブロ Huidobro*
ウィトベック
Whitbeck
ヴィトポート
Wittpoth
ウィトマー Witmer
ウィドマー
Widdemer
Widmer*
Wiedemer
ヴィトマー
Widmer
Witmer
ヴィドマー
Vidmar
Vidmer
Widmer
ウィドマイアー
Widmaier
ヴィドマイエール
Widmaier
ウィドマーク
Widmark**
ヴィドマーク
Widmark
ウィトマック
Wittmaack
ヴィドマール Vidmar
ウィードマン
Wiedemann
Wiedman
Wiedmann*
ウィドマン Widmann
ヴィートマン
Widmann
Wiedmann
ヴィドマン
Widman
Widmann
ヴィトメル Widmer
ウィトモア Whitmore
ヴィドラー Vidler*
ヴィトラック Vitrac**
ウィトラップ Wittrup
ウィトラム Witlam
ウィトラル Witoelar
ウィートリー
Wheatley**
ウィトリー Whitley
ヴィトリ
Vitry
Vittori
ヴィトリー Vitry
ヴィトーリア Vitoria
ヴィトリア Vitoria
ヴィトリオ
Vitorio
Vittorio
ウィドリグ Widrig*
ウィトリジ
Whittredge
ウイドリッジ
Wooldridge
ヴィトリッシュ
Wittrisch
ヴィトリド Vitold*
ヴィトリーノ
Vitorino*
ヴィトリフ Wittlich
ウィトリン Wittlin
ヴィトリン Vitorin
ヴィトリンガー
Waidringer
ヴィトリンハ Vitringa
ウィドール Widor
ヴィートル
Vítor
Wihthol
ヴィトール
Victor
Vitor
Vítor*
Wihtol
ヴィドール Widor
ヴィドルー Visdelou
ウィトルーウィウス
Vitruvius
ウィトルウィウス
Vitruvius
ヴィトルヴィウス
Vitruvius
ヴィドルカン
Vidrequin*
ウィトルシー
Whittlesey
ヴィトルズ Vitols*
ウィトルド Witold
ヴィートールド Witold
ヴィートルト
Witold**
ヴィトールト Witold
ヴィトールド Witold*
ヴィトルト Witold**
ヴィトルド Witold**
ヴィードルンド
Widlund
ウィートレイ
Wheatley
ウィドレックナー
Widrlechner
ヴィドロヴィチ
Vidrovitch
ヴィドロシェ
Widlocher
Widlöcher
ウィトロック
Whitlock
Wittrock
ウィートン Wheaton*
ウィードン Weedon*
ウィドン Whiddon
ヴィトン
Viton
Vuitton*
ウィーナ
Weiner
Wiener
ウィーナー
Weiner*
Wiener**
ウィナ Wina
ウィナー
Weiner
Wiener*
Winer
Winner**
ウイナー Wiener
ヴィーナ
Veena
Vina*
ヴィーナー
Wiener*
Winer
ヴィナ Vina
ヴィナー Wiener
ヴィナイ Vinay
ヴィナイアーク
Vinayak
ヴィナイヤク Vinayak
ヴィナヴェール
Vinaver
ウィーナーズ Wieners
ヴィーナス Venus*
ウィナースキー
Winarsky
ウィーナースミス
Weinersmith
ウィナーゼ Wienese
ウィナータ Winata
ヴィナター Vinata
ウィナタユダ
Winatayuda
ヴィーナネン
Viinanen
ヴィナヤ Vinaya
ヴィナヤーディティア
Vinayāditya
ウィナール Winar
ウィナールズ
Winearls
ウィナルティ Winarti
ウィナルニ Winarni
ウィナレー Whineray
ウィナレッタ
Winnaretta
ウィナンス Wynants
ウイナンス Winans
ウィナンツ Wynants
ヴィナンツ Wynants
ウィナント Winant
ウィニ Winifred
ウィニー
Vigny
Whinney
Winne
Winnie**
Winy
Wynne
ウイニ Uini
ウイニー Winnie
ヴィニ
Vigny
Vinny
ヴィニー
Vigny*
Vinnie
Vinny*
Winnie
ヴィニア Vina
ウィニアウスキー
Wieniawski
ウィニアルスキー
Winiarski
ヴィニアルスキー
Winiarski
ヴィニィ Vigny
ウイニイフレッド
Winifred
ウィニウス Vinius
ウィーニエ Vinje
ヴィニエ Vinje
ヴィニエ
Vignier
Vinier
Vinje
ウィニエイツ
Whinyates
ヴィニエス Viñes
ヴィニエッキ Winiecki
ヴィニエリ Vignelli
ウィニキアヌス
Vinicianus
ウィニキウス Vinicius
ウィニク Winik
ヴィニクス Winnix
ウィニコット
Winnicott*
ヴィニシウス
Vinicius*
Vinícius*
ヴィニシオ Vinicio
ヴィニス Vince
ヴィニータデーヴァ
Vinītadeva
ヴィニチェンコ
Vynnychenko
ヴィニツカヤ
Vinnitskaya
ヴィニツキ Winnicki
ヴィニツキー Vinitskii
ウィニック
Winick
Winnick
ウィニッチャクン
Winichakul*
Winitcakun*
ウィニッツ Winitz
ヴィニート Vineet
ウィニバルド
Winnibald
ウィニハン Whinihan
ヴィニヒ Winnig*
ウィニフリス
Winnifrith
ウィニフリド Winifred
ヴィニフリート
Winifried
ウィニーフレッド
Winifred
ウィニフレッド
Winifred**
Winnifred
ウイニフレッド
Winifred
ヴィニフレッド
Winifred
ウィニフレート
Winifred
ヴィニフレート
Winifred
ヴィーニャ Vigna**
ヴィニャ Vigna
ウィニャケート
Vignaket
ウイニャケート
Vignaketh
ヴィニャス Vignas
ヴィニャツィア
Vignazia
ウィニヤード
Wignade
ヴィニャル Vignal
ヴィーニュ Vignes
ヴィニュ Vignes
ヴィニュール
Vigneulles
ヴィニュロン
Vigneron*
ヴィニョ Vignod
ヴィニョー
Vignaux
Vigneaud
Vigneault*
ヴィニョード Vinod
ヴィニョーラ Vignola
ヴィニョラ Vignola
ヴィニョン Vignon
ウィニンガー
Winninger
ヴィーニンガー
Wieninger*
ウィニンガム
Winningham
ウィニングハム
Winningham
ヴィーニンゲル
Wieninger
ウィニントン
Winnington
ウィーネ Wiene
ヴィーネ Wiene
ヴィネ Vinet
ヴィネー Vinet
ヴィネイ Vinay
ウィネカ Wineka
ヴィネガー Vinegar
ヴィネーカル
Vinekar*
ヴィーネケン
Wyneken
ヴィネケン Wyneken
ヴィネゴー
Hvenegaard
ウィネット
Winett

Wynette
ヴィネバルド
Winebald
ヴィネフ Vinekh
ヴィネーブルズ
Venables
ウィネムッカ
Winnemucca
ヴィネロン Vigneron
ヴィネン Vinen
ヴィノー Vinot
ウィノカー
Winocour
Winocur
Winokur
ヴィノキュアー
Winokur
ヴィノグラーツキィ
Vinogradskii
ウィノグラッド
Winograd
ウィノグラード
Winograd*
ウィノグラド
Winograd
ヴィノグラードヴァ
Vinogradova
ヴィノグラドスカヤ
Vinogradskaia
ヴィノグラドスキー
Vinogradskii
ヴィノグラドスキイ
Winogradsky
ヴィノグラードフ
Vinogradoff*
Vinogradov**
ヴィノグラドフ
Vinogradoff**
Vinogradov
ヴィノグラードワ
Vinogradova
ウィノグランド
Winogrand
ヴィノクール
Vinokur*
ヴィノクル Vinokur
ウィノクーロフ
Winokurov
ヴィノクーロフ
Vinokurov*
ヴィノクロフ
Vinokurov*
ヴィノック Winock*
ヴィノード Vinod
ヴィノド Vinod
ウィノーナ Winona
ウィノナ Winona*
ウイノナ Winona
ヴィノバ Vinoba
ヴィノフスカ
Winowska
ヴィノーラ Vignola
ヴィノーリィ Vinoly
ウィーノルセン
Weenolsen
ウィーバー
Weaver***
Weber*
Wieber*
ウィバー Weaver
ウィパー Wipha
ウイーバー Weaver
ウイパー Wipha
ヴィハー Vehar
ヴィバウ Vibhav
ウィーバーカ
Weverka*
ウィバーグ Wiberg
ウィーバーズ
Weevers
Wevers
ウィバース Wiebers
ウィバツカ
Lybacka
Łybacka
ウィーバリー
Wibberley
ウィバーリー
Wibberley*
ウィバリー
Wibberley*
ウィハルジャ
Wiharja**
ウイハルジョ Wiharjo
ヴィハン Wihan
ヴィハンスキ
Vikhanski
ヴィハンスキー
Vikhanskii
ウィービ Wiebe
ウィービー Wiebe*
ウィビウス Vibius
ウィーヒェルト
Wiechert*
ヴィーヒェルト
Wiechert*
ヴィーヒェルハウス
Wichelhaus
ヴィヒグラム
Wychgran
ウィビソノ Wibisono*
ヴィビツキ Wybicki
ヴィビツキー Wybicki
ウィヒテル Wichter
ウィビヌ Wivine
ウィヒマン
Wichmann*
ヴィーヒマン
Wichmann
ヴィヒマン
Wichmann
ウィヒャルド Wichard
ヴィーヒャーン
Wichern
ウィヒョン
Wee-hoyun
ウィービング Weaving
ウィーブ Wiebe*
ヴィーフ Vích*
ヴィーブ Vives
ウィファ Ui-Hwa
ウィファルヴィ
Ujfalvy
Ujgalvy
ウイファルシ Ujfalusi
ウィーフェル Wiefel
ウィフェル Wefel
ウィフェン Wiffen
ヴィブケ Wibke
ウィプサニウス
Vipsanius
ヴィーフストランド
Wifstrand
ヴィフストランド
Wifstrand
ウィフテルレ
Wichterle
ウィフトレッド
Wihtred
ヴィフフソン
Vigfússon
ウィフラー Wipfler*
ウィプラー Wippler
ヴィプラカシト
Viprakasit
ウィプラッド
Wiprud*
ウィブラン Wibran
ウィブリー Whibley*
ウィーフリング
Wiefling
ウィプル Whipple
ウィフレード Wifredo
ウィフレド
Wifredo
Wilfredo
ヴィフレド Wifredo
ヴィフロフ Vihrovs
ウィーベ Wiebe
ウィヘイ Ujhelyi
ヴィベイロス Viveiros
ヴィーベーケ Vibeke
ヴィベケ Vibeke**
ウィーベリ Wiberg
ウィベリー Wiberg*
ウィーベル Wiebel
ウイベル Uibel
ヴィベール Vibert*
ウィベルイ Wibergh
ヴィベルイ Wibergh
ウィベルグ Wiberg
ウィーヘルト
Wiechert*
ウィーベルト Wiebelt
ヴィーヘルト
Wiechert*
ヴィヘルム Wilhelm
ウィヘルン Wichern
ヴィヘルン Wichern
ウィーベン Wieben
ウィベン Wuebben
ウィーベンソン
Wiebenson
ウィベンナ Vibenna
ウィポ Wipo
ウィポー Wipo
ウイボ Uibo
ヴィーポ Wipo
ヴィポ Wipo
ウィホニー Wihongi
ヴィボニー Vyborny
ヴィーホフ Viehoff
ヴィボラーダ
Wiborada
ヴィポン Vipont
ウィーマー Wiemer
ウィマ
Wema
Wijma
ウィマー Wimmer*
ヴィーマー Wiemer
ヴィマー Wimmer
ウィーマイア
Wiehmayer
ヴィーマイスター
Viemeister
ヴィマラ Vimala*
ヴィマラー Vimala
ヴィマラキールティ
Vimalakīrti
ヴィマラミトラ
Vimalamitra
ウィマル Wimal
ウィーマン
Wieman
Wiemann
ヴィーマン
Vihman
Wieman
ヴィマン Wiman*
ウィミン Weiming
ウィム Wim***
ヴィム Wim**
ヴィムクティ
Vimukthi
ヴィムクティセーナ
Vimuktisena
ウィムサット Wimsatt
ウィムザット Wimsatt
ヴィムシュナイダー
Wimschneider
ウィームス Weems
ウィームズ Weems*
ウィムズハースト
Wimshurst
ウィムパー Whymper
ヴィムペリング
Wimpfeling
ウィメット
Ouimet
Ouimette
ウイメット Ouimet*
ヴィメン Wijmen
ウィーモーツ
Weimorts
ウィモン
Wimol
Wimon
ヴィモン Vimont
ウィヤー Weir
ヴィヤ Vija
ヴィヤーサ Vyāsa
ヴィヤーゼムスカヤ
Viazemskaia
ヴィヤーゼムスキー
Viazemskii
ヴィヤゾフスカ
Viazovska
ヴィャチェスラフ
Viacheslav*
Vyacheslav
ヴィヤチェスラフ
Vyacheslav
Vyatcheslav
ヴィヤネ Vianney
ヴィヤネー Vianney
ヴィヤベーヤ
Villabella
ヴィヤーム Vyam
ヴィヤラール Vialar
ウィヤール Wijers
ヴィヤール
Vial
Viard
Villard
Vuillard
Wiart
ヴィヤルド Viardot
ヴィヤン
Vian
Vien
Villain
ヴィーユヴァン
Bullivant
ヴィユサンス
Vieussens
ヴィーユシェーズ
Villechaize
ヴィユータン
Vieuxtemps
ヴィユタン
Vieuxtemps
ヴィユッシュー
Vieusseux
ヴィーユフランシュ
Villefranche
ヴイユミエ
Vuilleumier
ヴィユルネル Wüllner
ヴィーユレー Villeret
ヴィヨ
Viau
Viaud
ヴィヨー Viau
ヴイヨ Veuillot
ヴイヨー Veuillot
ヴィヨサ Vjosa
ヴィヨーム
Vuillaume*
ウィヨン
Eui-yong
Wee Yong
ヴィヨン
Villion
Villon**
ウィーラ Wheeler
ウィーラー
Wheele
Wheeler***
ウィラ
Veera
Willa**
ウィラー

ウ

Wheeler**
Willer
Wyller*
ウイラ Willa*
ヴィーラ
Vera
Vīra
ヴィラ
Vila
Villa**
Vira
ヴィラー
Villar
Willer
ウィライトナー
Wieleithner
ウィライワン
Vilayvanh
ウィラウアー Willauer
ヴィラヴァイディア
Viravaidya**
ヴィーラヴィジャヤ
Vīravijaya
ウィーラウォン
Viravong
ヴィラヴォン
Viravong
ヴィラカジ Vilakazi
ウィラキ Újlaky
ウィラキチャ
Viracocha
ウィーラクーン
Weerakoon
ウィラコチャ
Viracocha
ウィーラコディ
Weerakkody
ウィラサウォーン
Wiratthaworn
ウィラサク Wirasak*
ウィラサクレック
Weelasakreck
ヴィラージェーシュワラ
Virajeshver
ヴィラジェシュワラ
Virajeshver*
ヴィラジャーナンダ
Virajananda
ヴィラジョンガ
Vilallonga
ウィラーズ Willers
ウイラーズ Willers
ヴィラーズ
Villers
Villiers
ウィラースレフ
Willerslev
ウィーラセータクン
Wirasethakun
ウィーラセタクン
Weerasethakul*
ヴィラータ Virata
ヴィラタ Virata
ウィラチャイ Virachai
ウィラット Wirach
ヴィラット
Vilatte
Villatte
Virat
ウィラーディング
Willerding
ウィラディング
Willerding
ウィラート Willert
ウィラード
Willard***
ヴィラート Willert*
ヴィラード
Viellard
Villard*
ウィラトゥ Wirathu*
ウィラナタ Wiranata
ヴィラーニ Villani**
ヴィラニ Villani
ウィラノヴァ
Villanovanus
ヴィラノヴァ
Villainova
ウィラハディクスマ
Wirahadikusumah**
ヴィーラバドラン
Veerabhadran
ウィラハン Whelehan
ウィラビー
Willoughby
ヴィラベッラ
Villabella
ヴィラベラ Villabella
ヴィラポール Viraphol
ウィラポン
Veeraphol*
ヴィラポン Viraphol
ウィラマイナ
Williamina
ウィーラマントリ
Weeramantry
ウィーラマントリー
Weeramantry
ウィラム Willam
ヴィラム Willam
ウィラメタクーン
Virametakul
ウィーラメーティークン
Virameteekul
ウィラモーウィツ
Wilamowitz
ヴィラモーヴィツ
Wilamowitz
ヴィラモヴィツ
Wilamowitz
ウィラモウィッツ
Wilamowitz
ヴィラモーヴィッツ
Wilamowitz
ヴィラモヴィッツ
Wilamowitz
ウィラユダ Wirajuda
ヴィーララガヴァン
Veeraraghavan
ヴィーララージェーンドラ
Vīrarājēndra
ヴィラーリ Villari
ヴィラリ Villari
ヴィラリアル
Villarreal
ヴィラール
Vilar*
Villard
Villars
ヴィラル Viral
ヴィラルソー
Villarceau
ウィラールト Willaert
ヴィラールト Willaert
ヴィラールドゥアン
Villehardouin
ヴィラルドゥアン
Villehardouin
ヴィラルドゥアン
Villehardouin
ヴィラールドゥワン
Villehardouin
ヴィラルドゥワン
Villehardouin
ヴィラレ Villaret
ヴィラロボス
Villalobos
ウィーラワイタヤ
Wirawaithaya
ウィラワイタヤ
Viravaidya
ウィーラワラナ
Weerawarana
ウィラワン Virawan*
ウィーラワンサ
Weerawansa
ウィーラン
Wheelan*
Whelan**
ウィラン
Wilen*
Willain
Willan*
ヴィラン Villain
ヴィランコート
Vaillancourt
ウィランス Willans
ウィランズ
Whillans
Willans
ウィランスキー
Wilansky
ヴィランティ Villanti
ウィーラント
Wieland*
ウィーランド
Ueland
Wieland*
ウィラント Wiranto**
ウイーランド Wieland
ヴィーラント
Wieland**
Wielandt
ヴィーランド Wieland
ウィーリー
Whealy
Willi
ウィリ
Uili
Wiley
Willey
Willi**
Willy
ウィリー
Wiley
Willey**
Willi***
William
Willie***
Willy***
Wilver
Wily
Wyllie
ウイリ Wylie
ウイリー
Wiley
Willi
Willie**
Willy*
Wily
Wylie
ヴィーリ Vil'
ヴィリ
Vili*
Wili
Willi**
Willy**
ヴィリー
Villy*
Wilhelm
Willi**
Willie
Willy**
ヴィリアーズ Villiers
ヴィリアト Viriato
ウィリアトゥス
Viriathus
ヴィリアトゥス
Viriathus
ウィリアミ Williams
ヴィリアミ Viliami
ウィリアミーナ
Williamina
ウィリアミナ
Williamina
ウィリアム
Wilhelm
Wilhelmus
Wiliam**
Willaim
Willam**
Willem
Willialm
William***
Williams**
Willian*
Wlliam
ウイリアム
Wiliame
Willam*
Willem
William***
Williams
Williamson
ヴィリアム
Viliam
Viliamu
William
ウィリアムス
Viliams
Willams
William
Williams***
ウィリアムズ
Wiliams
Willams*
William
Williams***
Williamus
ウイリアムス
Williams*
ウイリアムズ
Williams*
ウィリアムズミルズ
Williams-mills
ウィリアムスン
Willamson
Williamson**
ウィリアムソン
Willamson
Williamson***
ウイリアムソン
Williamson**
ウィリアムペン
William Pène
ウィリアモン
Williamon
ウィリアン
William
Willian
ウイリアンス Willans
ウィリィー Willy
ウイリィ Willy
ヴィリィ
Willi
Willy
ヴィリイ Willy
ウィリウス Willius
ウィリウム William
ヴィリェ Villiers
ヴィリエ Villiers***
ヴィリエールス
Villiers
ヴィリオーネ Viglione
ヴィリオン Villion*
ウィリギス Willigis
ヴィリギス Willigis*
ウィリグ Willig
ヴィーリクス Wierix
ウィリケ Williquet
ヴィリゲリム Vilgelm
ウィリジェルモ
Willigelmo
ヴィリジェルモ
Wiligelmo
ヴィリジル Virgil
ウィーリス Wheelis
ウィリス
Willes*
Willis***
Wills
Willys
Wyllis
ウイリス Willis**
ヴィリース Vries
ヴィリス
Vilis
Villis
ウィリストン
Williston*
ウィリソン Willison
ウィリック Wirick
ウィリッグ
Willig
Willing
ウィリッグス Williges
ウィリッチ Willich
ヴィリッチ Vulič

ウ

ウイリッヒ Ulrich
ヴィリナック Vilinac
ヴィリネル Vil'ner
ウィリバルト
Willibald*
ウィリバルド
Wilbald
Willibald
ヴィリバルト
Wilibald
Willibald
ヴィリバルド
Willibald
ウィリビロ Willybiro
ウィリファーゲン
Willighagen
ウィリフォード
Williford
ウィリブロード
Willibrord
ウィリブロルド
Willibrord
ヴィリヘルム Wilhelm
ウィリボールド
Willibald
ヴィリボールド
Willibald
ウィリーマイン
Willemien*
ウィリムス Wilmoth
ウイリムス Wilmoth
ウィリモブスキー
Wilimovsky
ウィリモン Willimon
ウイリヤ Wiriya
ヴィリャ Villa
ヴィリャソン Villázon
ヴィリャヌエヴァ
Villanueva
ヴィリャネン Viljanen
ウィリャム William
ウィリヤム William*
ウィリヤムス
Viliyams
Williams
ウィリヤムズ
Williams
ヴィーリヤムス
Viliyams
ヴィリヤムス Viliyams
ヴィリャロンガ
Villalonga
ヴィリュス Vilius
ヴィリョン Villion
ヴィリヨン Villion*
ヴィリラム Williram
ヴィリリオ Virilio**
ウィリン Willin
ヴィリーン Verene
ウィーリンガ
Wielinga
ウィリンガム
Willingham**
ウィリンギ Wiringi
ウィーリング Wierling
ウィリンク Willink
ウィリング
Willging
Willing*
ヴィリンク Willing
ウィリングス Willings
ウィリングハム
Willingham
ヴィーリンゲン
Wieringen
ウィーリンゴ
Wieringo
ウィリンジャー
Willinger
ウィリンスキー
Wilensky
ウィリンドン
Willingdon
ウィール
Weal*
Weale*
Weel
Weil
Wheal
Wheel
Wiehl
Wiel
Wiele
ウィル
Weil
Whil
Wil*
Wilbur
Wilfredo
Will***
Wille*
William*
Willie
ウイル
U-il
Will*
Woo-il
ヴィール
Veal
Veale*
Viele
Vīr
Wiehle
Wiel
ヴィル
Ville*
Wil
Will**
Willi
ウィル・アイ・アム
Will.i.am
ウィルアム William
ヴィルアルドゥアン
Villehardouin
ヴィルアルドゥワン
Villehardouin*
ヴィルヴァ Wyrwa*
ウィルヴィッチ
Wilvich
ヴィルエルヴェ
Villehervé
ヴィルエルメニア
Wilhelmenia
ウィルガ Wilga
ヴィルカ Wilke
ウィルカースン
Wilkerson
ウィルカーソン
Wilkerson**
ヴィルカラ Wirkkala
ヴィールカント
Vierkant
ウィルキ
Wilke
Wilkie
ウィルキー
Wilkie**
Willke
Willkie*
ウィルキイ Wilkie
ウィルキス Wilkis
ウィルギス Wilgis
ヴィルギニウス
Virginius
ウィルギリウス
Virgilijus**
Virgilius
ヴィルギリウス
Virgilijus
Virgilius
ヴィルギリユス
Virgilijus
ヴィルギール Virgil
ヴィルギル Virgil
ウィルキン Wilkin**
ウィルキンス
Wilkens
Wilkins**
ウィルキンズ
Wilkens
Wilkins***
ウイルキンズ Wilkins*
ウィルキンスン
Wilkinson*
ウィルキンソン
Wilkinson***
ウイルキンソン
Wilkinson*
ウィルク
Wilk*
Wilke*
ヴィルク Wilk
ウィルクシェア
Wilkshire
ウィールクス Weelkes
ウィルクス
Wilkes***
Wilks*
ウイルクス Wilks
ヴィルクス Vilks*
ウィルクスハウス
Wilkeshuis
ウィルクソン
Wilkeson*
ヴィルクナ Vilkuna
ヴィルクナン
Wilkening
ウィルケ
Wilcke
Wilke*
ヴィルケ
Virke
Wilke*
ウィルケス Wilkes
ヴィルゲニョン
Villegaignon
ヴィルケル Wilker
ウィルケン
Wilcken
Wilken*
ヴィールケン Veelken
ヴィルケン
Wilcken
Wilken
ウィルケンス
Wilckens
Wilkens*
ウィルケンズ Wilkens
ヴィルケンス
Wilckens*
Wilkens*
ウィルコ Wilko**
ウィルコクス Wilcox
ウィルコクスン
Wilcoxon*
ウィルコクソン
Wilcoxon
ウィルコック
Wilcock*
Willcock
ウイルコック Wilcock
ウィルコックス
Wilcocks
Wilcox***
Willcocks
Willcox**
Wolcocks
ウイルコックス Wilcox
ウィルコックソン
Wilcoxon
ヴィルゴット Vilgot*
ヴィルゴート Vilgot
ウィルコブ Wilcove
ヴィルコミルスキー
Wilkomirski
ウィルコム Wilcomb
ウィルコン
Wilkon
Wilkoń*
Wilkón
ヴィルコン
Wilkon
Wilkoń*
Wilkón
ヴィルコンドレ
Vircondelet
ウィルザー Wilser
ヴィルザーク Vilzak
ヴィルサラーゼ
Virsaladze*
ウィルシー
Wilsey*
Wilsie
Wirsiy
ウィルジー Willsie
ウィルジェン
Wildgen*
ヴィルジオ Virgilio
ヴィルジニ Virginie*
ヴィルジニー
Virginie***
ヴィルジニア
Virginia**
ヴィルジーニオ
Virginio
ヴィルジニオ
Virginio*
ヴィルジーニョ
Virginio
ウィルシャー
Willsher
Wilsher
Wilshere*
Wiltshire
ウィルジャー Wiltjer
ウィルシュ
Wyesch
Wyrsch
ウィルシュー Wilthew
ウィルシュテッター
Willstätter
ウイルシュテッター
Willstätter
ヴィルシュテッター
Willstätter*
ウィルショー Wilshaw
ヴィルジョーン
Viljoen
ヴィルジリウス
Virgilijus
ヴィルジーリオ
Virgilio*
ヴィルジリオ Virgilio*
ヴィルジール Virgile
ヴィルジル
Virgil**
Virgile
ヴィルシング
Wirsching
ヴィルジング
Wilsing
Wirsing
ウィルス
Wilce**
Willis
Wills***
Willse
Wils
Wilse
ウィルズ
Wiles
Willes
Wills**
Wilse
ウイルス Wills
ウィルスキー Willsky
ヴィルスキー Vilsky
ヴィルストラップ
Vilstrup
ウィルスドルフ
Wilsdorf
ヴィールスビツキイ
Wiersbitzky
ヴィルスマイア
Wilsmyer
ウィルスリン Wirthlin
ウィルスン Wilson***
ウイルスン Wilson
ウィルセイ Wilsey
ヴィルセーン Wirsén
ヴィルセン Wirsén**
ヴィルソニ Vilsoni
ウィルソン
Willison
Willson**
Wilson***

Wylson
ウイルソン
Willson
Wilson**
ヴィルソン Wilson
ウイルソンドスーザ
Wilson De Souza
ウィルソンレイボールド
Wilson-raybould
ウイルダー Wilder
ヴィルタ Virta
ヴィルター Virta
ヴィルダ
Wilda
Wyludda*
ヴィルダー Wildor
ウィルダア Wilder
ヴィルダウェル
Wildauer
ウィルダースピン
Wilderspin
ヴィルターネン
Virtanen
Wirtanen
ヴィルタネン
Virtanen
ウィルダフスキー
Wildavsky
ヴィルダームート
Wildermuth
ウィルダラー Wilderer
ヴィルタール Viltard*
ウィルダン Wildan
ウィルチェク Wilczek
ウィルチェック
Wilczek*
ヴィルチェンコ
Virchenko
ウィルチカム
Wilchcombe
ウィルチャ Wilcha
ウィルチャク Wilczak
ウィルチンズ Wilchins
ウィルチンスキ
Wilczynski
ウィールツ Wiertz
ウィルツ
Wiltse**
Wiltz
Wilz
Wirtz
Wirz
ヴィールツ Wiertz
ウィルツィー Wiltse
ウィルッカラ
Wirkkala
ヴィルッカラ
Wirkkala
ヴィルッケ Wilcke
ウィルデ Wilde
ヴィルテ Vilde
ヴィルデ
Vilde*
Wilde*
ウィルデイ Wilday
ウィルディエ Wildiers
ウィルディールス
Wildiers
ヴィルティンガー
Wirtinger
ウィルティング
Wilting
ウィルディング
Wilding*
ウィルデブール
Wildeboer
ヴィルデュ Villedieu
ヴィルデラー Wilderer
ヴィルデルムート
Wildermuth
ヴィルデンヴェイ
Wildenvey
ウィルデンシュタイン
Wildenstein
ウィルデンスタイン
Wildenstein
ウイルデンスタイン
Wildenstein
ウィルデンバイ
Wildenvey
ヴィルデンハイン
Windenhain
ヴィルデンハーン
Wildenhahn
ウィルデンブルッフ
Wildenbruch
ヴィルデンブルッフ
Wildenbruch
ヴィルデンブルヒ
Waerdenburgh
ウィルデンブルフ
Wildenbruch
ヴィルデンブルフ
Wildenbruch
ウィルト
Wild
Wildt
Wilt**
Wirth
ウィルド Wilde*
ウィルドー Wildor*
ウイルト Wilt
ヴィルト
Wild*
Wildt
Wirt
Wirth**
ヴィルトゥシオ
Virtusio
ヴィルドゥング
Virdung
ウィルトガンス
Wildgans
ヴィルトガンス
Wildgans
ウィルトシャー
Wiltshire*
ウイルトシャイヤー
Wiltshire
ヴィルトナー
Wildner*
ウィルトハーゲン
Wildhagen
ヴィルトハーゲン
Wildhagen
ウィルトバンク
Wiltbank
ウィルトブルン
Wildbrunn
ヴィルトブルン
Wildbrunn
ウィルトベルガー
Wildberger
ヴィルトベルガー
Wildberger
ウィルドマン
Wildman
ヴィルトマン
Wirthman
ヴィルトラウト
Wiltraud
ヴィルドラク Vildrac
ヴィルドラック
Vildrac*
ヴィルトール
Wiltord*
ウィルトルート
Wiltrud
ヴィルトルード
Wiltrud
ウィルドルフ Willdorf
ウィールドン
Wheeldon*
ウィルトン Wilton**
ウィルナー
Willner*
Wilner
ヴィルナ Virna**
ウィルヌーヴ
Villeneuve
ウイルヌーヴ
Villeneuve
ヴィルヌーヴ
Villeneuve*
ヴィルヌヴ
Villanovanus
ヴィルノ Virno*
ウィルバ Wilbur
ウィルバー
Wilber**
Wilbny
Wilbur***
Wildbur
ウイルバー
Wilber
Wilbur
ウィルハイト Willhite
ウィルハイド
Wilhide*
ウィルバーカー
Weilbacher
ウィルバーガー
Wilbarger
ヴィルーパークシャ
Virupāksha
ウィルバース Wilbers
ウィルパーズ Wilpers
ウィルバート
Wilbert**
ウィルバーフォース
Wilberforce*
ウィルバフォース
Wilberforce
ウィルバルフォルス
Wilberforce
ウィルバーン
Wilburn*
ウイルバーン Wilburn
ヴィルパン Villepin**
ウィルビー
Wilby*
Wilbye
ヴィルピ Virpi
ウィルビーク
Willebeek
ヴィルヒニア Virginia
ヴィルヒャルマー
Vilhjalmur
ウィルヒョー Virchow
ウィルヒョウ Virchow
ウィルヒョウー
Virchow
ヴィルヒリオ Virgilio
ウィルフ Wilf*
ウィルプ Wilp
ヴィルフ Volf
ウィルファート
Wilfert
ウィルファード
Wilferd
ウィルフィン Wirfin
ウィルフォーク
Wilfork*
ウィルフォード
Wilford**
Willeford**
Willford
ウィルフォング
Wilfong
ヴィルブシェビッチ
Wilbushewitch
ウィルブランズ
Willebrands
ウィルブラント
Wilbrandt
ヴィルブラント
Wilbrandt*
ウィルフリー Wilfley
ウィルフリィ Wilfley
ウィルフリエド
Wilfried
ウィルフリッド
Wilfred
Wilfrid***
ウイルフリッド
Wilfrid
ウィルフリート
Wilfreid
Wilfried**
ウィルフリード
Wilfrid
Wilfrido
Wilfried**
ウィルフリド Wilfrid*
ヴィルフリート
Wilfrid
Wilfried*
ヴィルフリード
Wilfried
ヴィルフリト Wilfrid
ウィルフレッド
Wilfred***
Wilfredo
Wilfrid
Wilfried
Willfred
ウイルフレッド
Wilfred
ヴィルフレッド
Wilfred
ウィルフレッドマディウス
Wilfred Madius
ウィルフレード
Wilfredo
ウィルフレド
Vilfredo
Wilfred
Wilfredo
ヴィルフレード
Vilfredo*
ヴィルフレド
Vilfredo*
ウィルブロード
Willibrord
ウィルブロルド
Wilbrord
ヴィルヘード Wirhed
ウィルヘム Willhelm
ウィルベリー
Wimberly
ヴィルペルト Wilpert
ウィルヘルミ
Wilhelmi
Wilhelmj
ウィルヘルミー
Wilhelmy
ヴィルヘルミ
Wilhelmi
Wilhelmj
ヴィルヘルミー
Wilhelmj
Wilhelmy
ヴィルヘルミィ
Wilhelmj
ウィルヘルミナ
Wilhelmina
ヴィルヘルミーナ
Wilhelmina
ヴィルヘルミナ
Vilhelmina
Wilhelmina
ウィルヘルミーネ
Wilhelmina
ヴィルヘルミーネ
Wilhelmine
ヴィルヘルミネ
Wilhelmine
ウィルヘルミン
Wilhelmine
ウィルヘルム
Vilhelm
Wilhelm***
Wilhem
Willhelm
ウイルヘルム
Wilhelm**
ヴィルヘルム
Vilh.
Vilhelm**
Wilheim
Wilhelm***
Wilherlm
Willhelm
William
ヴイルヘルム Wilhelm
ウィルヘルムス
Wilhelms

ウィルヘルムズ
Wilhelms
ヴィルヘルムス
Wilhelmus
ウィルヘルムセン
Wilhelmsen
ウィルヘルムソン
Vilhelmson
ウィルホイット
Wilhoite
ウィルホイティー
Wilhoite
ウィルホイト
Willhoite
ヴィルボワ
Vyroubova
ウィルポン Wilpon
ウィルマ Wilma**
ウィルマー
Willmer
Wilmar
Wilmer*
Wuilmer
ウイルマ Wilma
ヴィルマ
Vilma*
Wilma
ヴィルマー
Vilmur
Wilmar
Wirmer
ウィルマース
Wilmarth
ウィルマス
Willmoth
Wilmuth
ヴィルマース Wilmers
ウィルマット Wilmut*
ヴィルマーニ Virmani
ウィルマル
Willmar
Wilmar
ヴィルマール Wilmart
ヴィルマルケ
Villemarqué
ウィルマン
Willemin*
Willman*
Willmann
ヴィールマン Villemin
ヴィルマン
Villemain
Villemant
Willman
Willmann*
ウィルマンス
Wilmanns
ヴィルマンス
Wilmanns
ウィルミア
Willeumier
ウィルミントン
Willmington
Wilmington
ウィルム
Willm
Wilm
ウイルム Wilm
ヴィルム
Willm
Wilm
Wilms
ウィルムシャースト
Wilmshurst
ウィルムス
Willums
Wilms
ヴィルムス Willms
ウィルムスタッド
Willumstad*
ウィルムスハースト
Wilmshurst
ウィルムズハースト
Wilmshurst
ウィルムセン
Willumsen
ヴィルムセン
Willumsen
ヴィルムゼン Wilmsen
ウィルムット Wilmut*
ウィルメス
Willmes
Wilmès
ウィルメル Wilmer
ヴィルメン Villemain
ヴィルモ Villemot
ウィルモア
Willmore*
Wilmore
ウイルモア Willmore
ウィルモウスキー
Wilmowski
ヴィルモシュ Vilmos
ヴィルモス Vilmos
ウィルモッツ
Wilmots*
ヴィルモッツ Wilmots
ウィルモット
Willmot
Willmott*
Wilmot***
Wilmott
ウィルモト Wilmot
ヴィルモラン
Vilmorin
ウィルヤム William
ウィルヤムス
Williams
ウィルヤワン
Wirjawan
ウィールライト
Wheelwright
ウィルラフビー
Willoughby
ヴィルラム William
ウィルラン Willan
ウィルリ Willy
ヴィルリー Willy
ウィルリァム William
ウィルリアム
William
Williams
ウィルリエム William
ウィルリッチ Willrich
ウィルリャム William
ウィルリヤム
William
Williams
ウィルリャムソン
Williamson
ウィルル Wirl
ウィルレー Willey
ヴィルレッテ Villette
ウィルレム
Willem
William
Williams
ヴィルレンヴァイ
Wildenvey
ヴィルロア Villeroi
ウィルロック Willock
ヴィルロワ Villeroi
ヴィルロワドガロー
Villeroy de Galhau
ウィルワース
Willwerth
ウィルンスベルジェ
Wiernsberger
ヴィルント Wirnt
ウィレ Wille*
ウィレー Willey
ヴィーレ Wiehle
ヴィレ
Viélé
Vilè
Ville
Villey
Viret
Wille*
ヴィレー
Villey
Viret
ウィレエム Willem
ヴィレガス Villegas*
ウィレーケ Willeke
ウィレケ Willeke
ヴィレケ Willeke
ヴィレジェ Villéger
ヴィーレーシャリンガム
Vīrēśaliṅgamu
ヴィレソット Villessot
ヴィレソフ Vilesov
ヴィーレック Viereck
ヴィレッタ Viletta
ウィレッツ Willetts
ウィレット
Ouellete
Ouellette
Willet
Willett**
Willette
ヴィレット Willette
ウィレドゥ Wiredu
ヴィレーヌ Vilaine
ウィレハッド
Willehad
ウィレハド Willehad
ウィレブラント
Willebrandt
ウィレブロード
Willebrord
ヴィレブロルト
Willebrord
ヴィレマー Willemer
ウィレミーン
Willemien*
ウィレミン Willemin
ウィーレム Willem
ウィレム
Wilhelm
Willem***
William
Wiremu
ウイレム
Willem*
Wuilleme
ヴィレーム
Vilém*
Willaime
ヴィレム
Vihlem
Vilém*
Wilhem
Willem**
Williem
ウィレムス
Willems*
Willemse
ウィレムズ Willems
ヴィレムス Willems
ヴィレラ
Vilela
Villela
Villella
Virella
ヴィレール
Villèle
Villers
ヴィレル
Villers*
Virel
ヴィレルス Villers
ウィレルト Willert
ウィレルム Wilhelm
ヴィレルメ Villermé
ウィーレン Wieren
ヴィレーン
Virén
Wirén
ヴィレン
Vilen
Viren
ヴィレンキン Vilenkin
ウィレンス Wilens
ウィレンズ
Wilens
Willens
ウィレンスキー
Vilenskii
Wilensky*
ウィレンソン
Willenson
ウィレンツ Wilentz
ウィレンツェク
Wylenzek*
ヴィレンバッハー
Willenbacher
ウィレンブリンク
Willenbrink
ヴィレンベルク
Willenberg
ウィロ Willo
ウィロー
Willo*
Willow**
ヴィロアゾン Villoison
ウィロイヤ Willoya
ヴィロウボヴァ
Vyroubova
ヴィーログ Vihrog
ヴィロス Viros
ウィロステック
Wyrostek
ウィーロック
Wheelock*
ウィロック
Wheelock
Willoch*
Willock
ウィロックス
Willocks*
ヴィロティッチ Vilotic
ヴィロード Viroth
ヴィロトー Villoteau
ヴィロニカ Veronica
ウィロービー
Willoughby
ウィロビ Willoughby
ウィロビー
Willoughby**
ウィロポ Wilopo
ウイロポ Wilopo*
ウィローム Willaume
ヴィロムセン
Willumsen
ヴィローリ Viroli
ヴィロル Virole*
ヴィロルド Villoldo
ヴィロロー Virolleaud
ヴィローン Villone
ヴィロン Viron
ヴィロンドー
Virondeau
ウィワ Wiwa**
ウィワッタナチャイ
Wiwatthanachai
ウィワット
Wiwat
Wiwut
ウィーン
Wein
Wheen*
Wien*
ウィン
Win***
Windt
Wing
Winn***
Wyn**
Wyne
Wynn**
Wynne***
ウイン
Win
Winn
Wynn
Wynne*
ヴィーン
Veen
Wien*
ヴィン
Vin
Vinh
Vĩnh
Winn
ウィンウッド
Winwood**
ウインウッド
Winwood

ウ

ウィンカー
Winker
Winkler
ウィンガー Winger*
ウィンガーソン
Wingerson
ウィンガーター
Wingerter
ウィンガム Wingham
ヴィンカーン
Vincanne
ウィンキー Weinke*
ウインギー Wingy
ウィンキン Wynkyn
ウィーンク Weenk
ウィンク Wink*
ウィング Wing***
ヴィンク
Vinck
Vink
ヴィング Ving
ウィンクス Winks
ウィングス Wings
ウィングズ Wings*
ウィングフィールド
Wingfield**
ウィンクラー
Winckler
Winkler**
ウインクラー Winkler
ヴィンクラー
Winckler
Winkler**
ヴィングラー
Winklaar
ウィングリーン
Wingreen
ウィンクル Winkle
ウィンクルス Winkles
ウィンクルマン
Winkelmann
ウィンクルマンズ
Winkelmans
ウィンクレス
Winckless
ウィンクレル Winkler
ヴィンクレル Winkler
ウィングローヴ
Wingrove
ウィングロウ
Waingrow
ウィングローブ
Wingrove*
ウィンクワース
Winckworth
Winkworth
ウィンゲイト Wingate
ウィンゲット Wingett
ウィンゲート
Wingate**
ウインゲート Wingate
ウィンケル
Winckel
Winkel*
ヴィンケル
Winckel
Winkel*
ウィンケルシュタイン
Winkelstein
ヴィンケルブレッヒ
Winkelblech
ヴィンケルブレヒ
Winkelblech
ヴィンケルヘーフェル
Winkelhöfer
ウィンケルヘフェロヴァー
Winkelhoferova
ヴィンケルヘーフェロヴァー
Winkelhöferová
ウィンケルホフ
Winkelhoff
ヴィンケルホーファー
Winklhofer
ウィンケルマン
Winckelmann
Winkelman
ヴィンケルマン
Winckelmann*
Winkelman
Winkelmann
ヴィンケルリート
Winkelried
ヴィンゲレット
Vingerhoets
ウィンゲンダー
Wingender
ウィンケンティウス
Vincent
Vincentius
ヴィンケンティウス
Vincent
Vincentius
ウィンゴ Wingo*
ヴィンコ
Vinco
Vinko**
ウィンコット Wincott
ウィンコール Wincor
ウィンサー Winser
ウィンザー
Windsor***
Winser*
Winsor***
Winzer
ヴィンサー Vincer
ヴィンザー Winsor
ウインサビ Ouinsavi
ヴィンシー Vincy
ヴィンジ Vinge*
ウィンジェル
Wingell*
ウィンシップ
Winship*
ヴィンシャーマン
Winschermann*
ヴィンジャムリ
Vinjamuri
ヴィンジャムール
Vinjamur*
ウィンシュー
Winschuh
ヴィンシュ Winsch
ヴィンシュー
Winschuh
ウィンシュタイン
Winstein
ヴィンシュルス
Winshluss*
ウィンジョーンズ
Wynne-Jones
ウィーンズ Wiens
ウィンス Wyss
ヴィーンス Wiens
ヴィンス
Vince*
Vincent
ウィンスキー Iwinski
ウィンスタンリ
Winstanley
ウィンスタンリー
Winstanley
Winstanly
ウィンステッド
Winstead
Winstedt*
ヴィンストラ
Wijnstra*
ウィンストン
Whingston
Whinston
Winston***
Winstone
ウインストン
Whingston
Winston*
ウィンスパー Winspur
ウィンスピア
Winspear**
ウィンズピア
Winspear
ウィンスラー
Winsler*
ウインスラー Winsler
ウィンスラップ
Winthrop
ウィンスレイド
Winslade*
ウィンズレイド
Winslade
ウィンスレット
Winslet
ウインスレット
Winslet*
ウィンスレード
Winslade
ウィンスロー
Winsloe
Winslow**
Winthrop
ウィンズロー
Winslow**
ウインスロー
Winslow*
ウインズロー Winslow
ウィンスロゥ Winslow
ウィンスロウ Winslow
ウィンズロウ
Winslow***
ウインズロウ Winslow
ウィンスローエ
Winsloe
ウィンスロオエ
Winsloe
ウィンスロップ
Winthrop**
ウインスロップ
Winthrop
ウィンスローブ
Winthrop
ウィンスロープ
Winthrop
ウィンセク Wincek
ヴィンセック Wiencek
ウィンセミウス
Winsemius
ヴィンゼミウス
Winsemius
ヴィンセンス Vincenc
ウィンセンチウス
Vincentius
ヴィンセンツォ
Vincenzo
ヴィンセンツォーニ
Vincenzoni
ヴィンセンテ Vincente
ヴィンセンティ
Vincenti
ヴィンセンティア
Vincentia
ヴィンセンティウス
Vincent
ヴィンセンテリ
Vincentelli
ヴィンセント
Vicente
Vincent***
Vincente*
Vincete
ヴィンゾ Vinzo
ウィンソン Winson*
ヴィンソン Vinson*
ウィンター
Winter***
Winther
Wintour*
Wynter**
ウィンダー Winder*
ウインター Winter*
ヴィンター
Vinter
Winter**
Winther
ウィンダイアー
Windeyer
ウィンダイヤー
Windeyer*
ウィンダウス
Windaus
ヴィンダウス
Windaus
ヴィンターゲルスト
Wintergerst
ヴィンターコーン
Winterkorn*
ウィンダーシュタイン
Winderstein
ヴィンターシュタイン
Winterstein
ヴィンターシュテッテン
Winterstetten
ウィンタース
Winters***
ウィンターズ
Winters***
ウィンダーズ Winders
ウィンダス Windass
ウインタース Winters
ウインターズ
Winters**
ヴィンタース Winters
ウィンダスト Windust
ウィンタースン
Winterson
ウィンターソン
Winterson**
ヴィンターニツ
Winternitz
ウィンターニッツ
Winternitz
ヴィンターニッツ
Winternitz*
ヴィンターハーガー
Winterhager*
ウィンターハルター
Winterhalter
ヴィンターハルター
Winterhalter
ウィンターバーン
Winterburn
ウィンターフェルト
Winterfeld**
ヴィンターフェルト
Winterfeld
Winterfeldt
ヴィンターベア
Vinterberg*
ウィンターボーザム
Winterbotham
ウインターボザム
Winterbotham
ウィンターボトム
Winterbottom**
ヴィンターホフ
Winterhoff
ウィンターボーン
Winterbourn
ウィンダム
Whyndham
Windham**
Windom
Wyndham**
ウインダム Wyndham
ウィンダール Windahl
ウィンタン Wyntoun
ウィンチ Winch**
ヴィンチ Vinci***
ヴィンチェウスキー
Vinchevsky
ウィンチェスター
Winchester**
ウインチェスター
Winchester*
ヴィンチェツォ
Vincenzo
ウィンチェル
Winchel
Winchell*
ウインチェル Winchell
ヴィンチェル Winchel
ウィンチェルシ
Winchelsey

ウ

ウィンチェルシー Winchelsey
ヴィンチェンゾ Vincenzo*
ヴィンチェンツァ Vincenza
ヴィンチェンツィ Vincenzi
ヴィンチェンツィオ Vincenzo
ヴィンチェンツォ Vincenzo***
ヴィンチェンツォーニ Vincenzoni*
ヴィンチェンティ Vincenti*
ヴィンチェンティウス Vincent
ヴィンチェンティス Vincentiis
ヴィンチェンティーノ Vicentino
ウィンチコム Winchcombe
ヴィンチドル Vincidor
ヴィンチャクン Vincchayakul
ヴィンチラウス Vincilaus
ウィンチルシ Winchilsea
ウィンチルシー Winchilsea
ウィンツ Wintz
ヴィンツァス Vincas
ウィン・ツァン Wing-tsan
ヴィンツィンガー Winzinger
ヴィンツェンツ
Vincenz
Vinzenz
ヴィンツェンツォ Vincenzo**
ヴィンツェンティ
Vincentius
Wincenty
ヴィンツェント
Vincent
Vincenzo
ウィンティ Wingti*
ウィンディ Windy*
ウインディ Ouindi
ウィンディシュ Windisch
ウィンディッシュ Windisch
ヴィンディッシュ Windisch
ヴィンディッシュマン Windischmann
ウィンディト Windeatt
ウィンティン Win Tin
ウィンディング Winding*
ヴィンディング Winding*
ウィンディングスタート Windingstad
ウィンデクス Vindex
ウィンデケンス Windekens
ヴィンデック Windeck
ウィンデット Windeatt
ヴィンデッラ Vindella
ウィンテーラー Winteler
ウィンデラー Windeler
ウィンテール Winter
ウィンテル
Winter
Winther
ウィンデル Windell
ヴィーンテル Vinter
ヴィンテル
Vinter
Winter
Winther
ウィンテルシュタイン Winterstein
ヴィンデルスペヒト Windelspecht
ヴィンテルニツ Winternitz
ウィンテルニッツ Winternitz*
ヴィンテルニッツ Winternitz
ヴィンテルハルター Winterhalter
ヴィンテルハルテル Vinterhalter
ウィンデルバント Windelband*
ウィンデルバンド Windelband
ヴィンデルバント Windelband*
ヴィンデルバンド Windelband*
ウィント
Wind*
Windt
Wint*
ウィンド Wind*
ウインド Wind**
ヴィント
Vint
Wind
ウィンドウ Window
ヴィンドゥ Vindu
ヴィントゥイス Winthuis
ウィンドウォーカー Windwalker
ウィントガッセン Windgassen
ヴィントガッセン Windgassen*
ウィントシャイト Windscheid
ウィンドシャイド Windscheid
ヴィントシャイト Windscheid
ウイントナー Wintner
ウィンドハイム Windheim
ヴィントフォルスト Windhorst
ウィントホルスト Windthorst
ヴィントホルスト Windthorst
ウィンドホーン Windhorn
ウィンドミューラー Windmuller
ウィンドミュラー Windmuller
ウィントリンガム Wintringham
ウインドリング Windling
ウィンドル Windle**
ウィンドロー Wyndlow
ウインドロー Windrow*
ウィンドロウ
Windrow
Wyndlow
ウィントローブ Wintrobe
ウィントロープ Wintrop
ウィントン
Winton**
Wynton*
Wyntoun
ウイントン Wynton
ヴィントン Vinton**
ウィンナー Winner
ウインナー Winner
ヴィンナ Winna
ヴィンナーストレム Wennerström
ウィンナッカー Winnacker
ヴィンニチェンコ
Vinnichénko
Vynnychenko
ウィンニッカ Winnicka
ヴィンニッカ Winnicka*
ヴィンニツカ Winnicka*
ウィンニフレッド Winnifred
ウィンネムッカ Winnemucca
ウィンノク Winnoc
ウィンバー Wimber
ウィンパー Whymper*
ウィンバーグ Wijnberg
ウィンバリー Wimberly
ウィーンバルク Wienbarg
ヴィーンバルク Wienbarg
ウィンビー Winbee
ヴィンピナ Wimpina
ウィンフィールド
Whinfield
Winfield***
Wingfield*
ヴィンプェリング Wimpfeling
ウィンフォード Wynford
ウィンプフェリング Wimpfeling
ヴィンプフェリング Wimpfeling
ウィンプフェン Wimpffen
ヴィンプフェン Wimpffen
ウィンブラッド Winblad
ウィンブラード Wiinblad*
ウィンブラント Wynbrandt
ウィンフリー
Winfery
Winfree*
Winfrey**
ウィンフリス Wynfrith
ウィンフリッド Winfried*
ウィンフリート Winfried*
ウィンフリード
Winfried
Wynfrith
ヴィンフリート
Winfried**
Wynfrid
ヴィンフリード Winfried**
ウィンフレイ Winfrey
ウィンフレッド Winfred
ウィンベリ Winbergh
ウィンベルイ Winbergh
ヴィンベルク Vinberg
ヴィーンホヴェン Veenhoven*
ウィンホルツ Winholtz
ウィンボルト Winbolt
ウィンボーン
Winborn
Winborne
ウィンマー Wimmer
ヴィンマー Wimmer
ウィンヤード Winyard
ヴィンヤード Vineyard
ヴィンランド Windland
ヴィンルンド Winlund
ウィンレンツェク Wylenzek
ウィンローヴ Wingrove
ウィンロック Winlock
ウィンワロー Winwaloe
ヴーヴ Weuve
ウーヴァ Uwe
ウヴァーロヴァ Uvarova
ウヴァーロフ Uvarov*
ウヴァロフ Uvarov
ウウィゼイエ Uwizeye
ウーウェ Uwe
ウーヴェ
Euwe
Uwe***
ウウェ Uwe
ウヴェ Uwe**
ヴヴェジェンスキー
Vvedenskii
Vvedénskii
ヴヴェジェーンスキィ Vvedenskii
ヴヴェヂェンスキィ Vvedenskii
ヴヴェデーンスキー Vvedenskii
ウーウェルマン Wouwerman
ヴーヴェルマン Wouwerman
ウーヴェン Evein
ウウォジミェシュ Wlodzimierz
ヴウォジミェシュ
Wlodzimierz
Włodzimierz
ウウナプー Õunapuu
ウウナプー Õunapuu
ウヴネース Uvnäs
ウーヴラール Ouvrard
ウヴラール Ouvrard
ウヴラン Evelyne
ウウル Uğur
ウーヴレオース Øvreås
ウェ
Uwe
Wai
ウェー
Way
Weh
ウエ
Heuet
Huet
Uwe
ヴーエ Vouet
ヴェ Ve
ヴエ Vouet
ヴエー Vouet
ウェーア Wehr
ウエア
Ware**
Weah
Wear
Weir*
Weyr**

ウ

ウェアー
Waeir
Ware**
Weir*
ウエア
Ware
Weah**
Weir
ヴェーア Wehr*
ヴェア
Vare
Vea
ヴェアー Wehr
ウェアアリー Uea-aree
ウェアイング Wareing
ヴェアカンプ
Veerkamp
ヴェアシュア
Verschuer
ウェアスラー
Werschler
ヴェアテマン
Werthemann
ヴェアテルン
Werthern
ヴェアナ Werner
ヴェアナー
Verner
Werner
ウェアーニッキ
Wernicki
ヴェーアバイン
Wehrbein
ウェアーハウザー
Weyerhaeuser*
ヴェアベック Werbeck
ウェアマイアー
Wehmeier
ウェアーラー Weahler
ウェアラム Wareham*
ウェアリー Werley
ウェアリン Wearin
ウェアリング
Wareing
Waring*
Wearing*
ヴェアン
Vean
Veang
ヴェアンス
Woerns
Wörns
ヴェアンブローム
Wernbloom
ウェイ
Hwei
Wai
Way**
Wei**
Weixin
Wey
ウエイ Wei
ヴェイ Vaye
ウェイア
Wayre
Weir
ウェイアンス Wayans
ウェイアンズ
Wayans*
ウェイアント Weyant
ウェイアンド Weyand
ヴェイヴァノフスキー
Vejvanovský
ウェイヴァリ
Waverley
ウェイヴァリー
Waverley
ウェイウェイ
Wei-wei*
Weiwei*
ウェイウェイオール
Waiwaiole**
ウェイヴェル Wavell
ウェイエル Weyer
ヴェイエルガンス
Weyergans
ウェイエント Veiento
ウェイガー
Wagar
Weiger
ウエイガー Weiger
ヴェイガ Veiga*
ウェイガオ Wei-gao
ウェイガン
Weigang
Weygand
ヴェイガン
Weigand*
Weygand
ウェイガント
Weygandt
Weygant
ウェイガンド Weigand
ウェイク
Wake*
Weick
Weike
Wijk
ヴェイグー Veygoux
ヴェイクシャン
Veikshan
ウェイクセル Weixel
ウェイクフィールド
Wakefield*
ウェイクフィルド
Wakefield
ウエイクフィールド
Wakefield*
ウェイクフォード
Wakeford
ウェイクマン
Wakeman*
ウエイクマン
Wakeman
ウェイクリー Wakeley
ウェイクリン Wakelin
ウェイクリング
Wakeling
ウェイクル Weikle
ウェイゲル
Wagele
Weigel
ウェイコット Waycott
ウェイゴール Weigall
ウェイザース Weithers
ウェイザーズ Weithers
ウェイジー Weiji
ヴェイシー
Vasey
Veysi
ヴェイジー
Vaizey
Vasey
ヴェイジェール
Veigert
ウェイジェント
Weigent
ウェイジャー
Wagar
Wager**
ウェイジュ Wage
ウェイジョン
Weizhong
ウェイジンガー
Weisinger
ウェイス
Wace
Weis
Weiss*
ウェイズ Ways
ウェイズー Wei-zhi
ウエイス Weiss
ヴェイス Veis
ウェイスガード
Weisgard
ヴェイスベルク
Veisberg
ウェイズボード
Weisbord*
ウェイスマン
Waithman
Wijsman
Wuissman
ヴェイセ Veysset
ヴェイセイ Veysey
ウェイゼス
Weisaeth*
Weisæth
ヴェイセンホフ
Weyssenhoff
ヴェイソヴィチ
Vejzovic
ウエイター Waiters*
ヴェイダ
Vada
Veda
ヴェイダー Vader
ウェイターズ Waiters
ヴェイダル Vegdahl
ヴェイチェル
Vachel*
Vachell
ウェイチン Wei-qing
ウェイツ
Waites*
Waits**
Wates
Weisz
Weitz*
ウェイツアン
Wei-zhang
ウェイツキン
Waitzkin
ヴェイッコ Veikko
ヴェイティーズワラン
Vaitheeswaran
ウェイディン Weiding
ウェイデリック
Waydelich
ウェイデン
Weiden
Weyden
ヴェイデン Weyden
ウェイデンハマー
Weidenhammer
ウェイデンボス
Wijdenboshe*
ウェィド Wade
ウェイト
Wait*
Waite***
Wayte
Weight
Whaite
ウェイド
Wade***
Waid
Wayde
ウエイト Waite
ウエイド Wade**
ヴェイド Wade
ウェイトカス Waitkus
ウェイドソン
Wadeson
ウェイドナー Weidner
ウェイトマン
Weightman*
ウェイドマン
Wademan
Weidman
ウェイドラー Weidler
ウェイドライン
Weidlein
ウェイトリー
Waitley*
Whately*
ウェイドレ Weidlé
ウェイドレー Weidlé
ヴェイドレ Weidlé
ヴェイドレー Weidlé
ウェイトン Weighton
ヴェイドン Vadon
ウェイナー
Wainer
Waner
Wayner*
Weiner**
ウェイナースミス
Weinersmith
ヴェイナチャック
Vaynerchuk
ウェイナンツ
Wijnants
ウェイナンド
Weinand
Weynand
ウェイヌ Wayne
ウェイネル Weiner
ヴェイネル Weiner
ヴェイノット Veinot
ウェイバー
Waber*
Weaver
ウェイバート Weibert
ウェイバーマン
Waverman*
ウェイバリー Waverly
ウェイバーン
Wayburn
ウェイブラント
Wybrand
ウェイブル Weibull
ヴェイブル Weibull*
ウェイブレクト
Weibrecht
ウェイベル Weibel
ウェイホェイ Wei-hui
ウェイマス
Weymouth
ウェイマースカーチ
Weimerskirch
ウェイマート Weimert
ヴェイマルン Veimarn
ウェイマン
Wayman
Weyman
ウエイマン
Weyman
Weymann
ウェイミュレール
Weymuller*
ウェイミン Weiming
ウェイモス
Weymouth
ウェイモン Waymon
ヴェイヤーステッド
Veiersted
ヴェイュ Weil
ヴェイユ
Veil**
Weil**
Weill*
Weyl
ウェイユン Wai-Yung
ヴェイヨ Veijo**
ヴェイヨン Veillon
ウェイラー
Wailer*
Weyler*
Wheiler*
ウエイラー Weiler
ウェイラク Weyrauch
ウェイラム Whalum
ウェイラン
Werran
Whalen
ヴェイランコート
Vaillancourt
ウェイランド
Wayland*
Weiland
ウェイリー
Waley*
Weili
Whaley
Whalley
ウェイリック Weirick
ウェイリッチ Weyrich
ウェイリン
Wai Ling
Wylen
ウエイリン Wylen*

ヴェイリン Valin
ウェイル
Weil
Weill*
Weyl
ヴェイル
Vail*
Vaile
Vale*
ウェイルズ Wales
ヴェイルモ Vuiermoz
ウェイレット Waylett
ウェイレル Weyler
ウェイレン Whalen**
ウェイロン Waylon*
ヴェイロン Veyron*
ウェイン
Wain**
Waine*
Wayen
Wayn
Wayne***
Wein*
Wei-yin
Weyn
Weyne*
ウエイン Wayne***
ヴェイン Vane*
ウェインガー Weinger
ウェインガスト
Weingast
ウェインガーテン
Weingarten*
ヴェインガルテン
Veingarten
ウェイング Weyhing
ウェインジャー
Wanger
ウェインズ Waynes
ウェインスタイン
Weinstein
ウェインステイン
Weinstein*
ウェインストック
Weinstock**
ウェインディ Wendy
ウェイントラウブ
Weintraub
ウェイントラーブ
Weintraub
ウェイントローブ
Weintraub
ウェイントロープ
Weintraub
ウェインバーガー
Weinberger
ウェインバーグ
Weinberg*
ウェインベルグ
Weinberg*
ウェインホールド
Weinhold*
ウェインライト
Wainright
Wainwright***
ウエインライト
Wainwright
ウェインラウブ
Weinraub
ウェヴァ Wava
ヴェヴァーズ Vevers
ウェーヴェル Wavell
ウェヴゲニー Yevgeni
ウェヴゲニア Eugenia
ウェヴスター Webster
ウエウチュゴフ
Ustiugov
ヴェウヘレルス
Veugelers
ヴェーエ Wöhe*
ヴェーエナー Wegner
ウェーガー Wagar
ウェガー Weger
ヴェーガ Vega
ヴェガ Vega**
ヴェガス Vegas
ウェガフ Wegaf
ヴェガラ Vegara
ウェカール Wekerle
ヴェガルド Vegard
ウェーガン Weygand
ウェガン Weygand
ヴェーガン Weygand
ウエキ Ueki
ヴェギウス Vegio
ヴェキオ Vecchio
ヴェーク Veque
ヴェーグ
Vegh
Végh*
ヴェグー Veygoux
ヴェークア Vekua
ヴェークヴェルト
Wekwerth
ウェグシャイダー
Wegscheider
ヴェークシャイダー
Wegscheider
ウェグジュツキ
Wegrzycki
ウェクスタイン
Wekstein
ウェクスナー Wexner
ウェクスバーク
Wechsberg
ヴェクスバーグ
Wechsberg
ウェクスラ Wechsler
ウェクスラー
Waxler
Wechsler*
Wexler**
ヴェクスラ Wechsler
ヴェクスラー
Wechsler*
ヴェクスレル Wexler
ヴェクセイ Vecsei
ヴェクセルス Wexels
ウェクセルブラット
Wexelblat
ウェクソ Wexo
ウェクソウ Wexo*
ウェクタ Wector*
ヴェクテル Vegter
ヴェクテン Vechten*
ウェクト Wecht*
ヴェクトリン Vögtlin
ウェクナー Wegner
ウェグナー Wegner**
ヴェークナー
Wagner
Wägner
Wegner
ヴェーグナー Wegner
ヴェグナー Wegner*
ウェークネル Wegner
ウェーグネル Wägner
ヴェーグネル Wägner
ウェグハー Wegher
ウェークフィールド
Wakefield***
ヴェークマルスハウス
Wegmarshaus
ウェークマン
Wakeman
ウェグマン Wegman
ヴェーグマン Wegman
ウェグラー Wegler
ヴェークラー Wegler
ヴェクラ Vecla
ウェークリー
Wakely*
Wakley
ウェグリン Weglyn
ヴェクレ Wekre
ウェケサ Wekesa
ウェゲティウス
Vegetius
ヴェゲティウス
Vegetius
ウェーゲナー
Wegener*
ウェゲナー
Wegener**
ヴェーゲナー
Wegener**
ヴェゲナー
Wegener**
ウェーゲマン
Weegemann
ヴェケマンス
Vekemans
ヴェーゲラー Wegeler
ヴェゲリウス
Wegelius*
ヴェーゲリン Wegelin
ヴェゲリン Wegelin
ヴェケルディ Vekerdy
ヴェーゲレ Wegele
ウェーゲン Wegen
ウェゲンカ Wegenka
ウェゴット Waggott
ヴェーザー Wäser
ウェザーイル
Weatherill
ウェザーオール
Weatherall*
Wetherall
ウェザース Weathers
ウェザーズ Weathers*
ヴェサース Vesaas
ウェザーストーン
Weatherstone*
ウェザーストン
Weatherston
Weatherstone
ウェザースプーン
Weatherspoon
Witherspoon
ヴェザーセー Vedersøe
ウェザード Wethered
ウェザービー
Wetherby
ウェザビー
Weatheby*
Weatherbee
Wetherby
Wethersby
ウェザーフォード
Weatherford*
ウェザフォード
Weatherford
ウエザーフォード
Weatherford*
ウェザーヘッド
Weatherhead
ウェザーマン
Weathermon
ウェサム Whetham
ウェザリー
Weatherly*
ウェサリウス Vesalius
ヴェサリウス
Vesalius*
ヴェザーリオ Vesalius
ヴェザリュース
Vesalius
ウェザリル
Weatherill*
ウェザーレット
Wethered
ウェザーレッド
Wethered
ウェザレル Wetherell
ヴェザレル Wetherell
ウェザロール
Weatherall
Wetherall
ウエザロール
Weatherall*
Wetherall
ウェジ Wege
ヴェージェク Wujec
ヴェジェスナ Vegesna
ヴェジェネーエフ
Vedeneev
ヴェジェバーグ
Veggeberg
ヴェシエール Vaissière
ヴェシオ Vessiot
ヴェジオ Vegio
ヴェージノフ
Bezhinov
Vezhinov*
ヴェジノフ Vezhinov
ヴェジビツカ
Wierzbicka
ヴェーシュ Veche
ヴェシュ Wesch
ウェシュチェク
Wieszczek
ヴェシュテル
Waechter
ウェシュラー
Weschler*
ヴェージョ Vegio
ヴェショールイ
Vesëlyi
Vesyolïy
Vesyolyi
ヴェジリンド Vesilind
ヴェージン Vezin
ウェシングトン
Wethington
ウェース Wace
ウェス
Wes**
Wesley
Wess*
Wöss
ウェズ Wes
ウエス Wes*
ヴェース Vaes
ヴェス
Væth
Vess
Weiss
Wess
Wöss
ヴェズィログル
Veziroglu*
ウェースウェレール
Weisweiler
ヴェズヴェレール
Weisweiller*
ヴェースオース Vesaas
ウェスカー Wesker***
ウエスカー Wesker
ヴェスカー Wesker
ウエスカル Uescal
ヴェスキ Veski
ヴェスコ Vesco*
ヴェスコヴィ Vescovi
ウェスコット
Wescott**
Westcott
ヴェスコーリ Vescoli
ヴェスセリー Wessely
ウェスター Wester*
ヴェスタ Vesta*
ヴェスター Vester
ウェスターウェレ
Westerwelle**
ヴェスターヴェレ
Westerwelle
ウェスターガード
Westergaard**
ウェスターグレン
Westergren

ウ

ウェスターゴード Westergaard
ウェスターゴール Westergaard
ウェスターダール Westerdahl
ウェスタッド Westad*
ウェスターハウト Westerhout
ヴェスターハーゲン Westernhagen
ウェスタービー Westerby
ウェスタビー Westaby Westerby
ウェスターフィールド Westerfield
ウェスターフェルド Westerfeld*
ウエスターフェルド Westerfeld**
ウェスターベルト Westervelt
ヴェスターホッフ Westerhoff
ウェスターホフ Westerhof Westerhoff
ヴェスターホフ Westerhoff
ウェスターマーク Westermarck* Westermark
ウェスタマーク Westermarck
ウェスターマルク Westermarck
ウェスターマン Westerman** Westermann**
ウェスタマン Westerman
ウエスターマン Westerman
ヴェスターマン Westerman Westermann*
ヴェスタマン Westermann
ウェスターランド Westerlund
ウエスターランド Westerlund
ウェスターリンデ Westerlind
ウエスターリンド Westerlind
ヴェスタル Vestal
ウェスタン Western
ウェスチュー Westhues
ウェスチング Westing
ウェスチングハウス Westinghouse
ウェステ Weste
ウェスティン Westin
ヴェスティン Vestin Westin
ウェスティング Westing
ヴェスティング Vesting
ウェスティングハウス Westinghouse
ウエスティングハウス Westinghouse
ウェステソン Westesson
ウェステラ Westera*
ウェステル Wester
ウエステル Westel
ウェステルグレン Westergren
ヴェステルクレン Westergren
ヴェステルゴーア Vestergaard
ヴェステルゴード Westergaad
ヴェステルゴール Westergaard
ウェステルドゥーン Westerduin
ヴェステルブルク Westerburg
ウェステルヘイム Westerheim
ウェステルベリ Westerberg
ウェステルマルク Westermarck
ヴェステルマルク Westermarck
ウェステルマン Westermann
ヴェステルマン Westermann*
ウェステルリング Westerling
ウェステルレイン Westergren
ヴェステルレイン Westergren
ウェステルン Western
ヴェステールンド Westerlund
ヴェステルンハーゲン Westernhagen
ウェステン Westen
ウェステンガード Westengard
ウエステンガード Westengard
ウェステンタナー Westenthanner
ウェステンドーブ Westendorp
ウェステンドルプ Westendorp
ヴェステンドルプ Westendorp
ウェステンドロプ Westendrop
ウェステンホファー Westenhofer
ヴェステンホルツ Westenholz
ウェスト West*** Weste
ウエスト West***
ヴェスト Vest Vesto West**
ヴェストー Vesto
ウェストウェル Westwell
ウェストウッド Westwood**
ウエストウッド Westwood**
ウェストオーヴァー Westover
ウェストガード Westgard
ウェストコット Westcott***
ウエストコット Westcott
ウェストソン Westesson
ウエストソン Westesson
ウェストダイク Westdijk
ウェストニー Westney
ウエストニー Westney
ウェストーバー Westover
ウェストハイゼン Westhuizen
ヴェストハイゼン Westhuizen*
ウェストハイマー Westheimer***
ヴェストハイマー Westheimer
ウェストバーグ Westberg
ウエストバム Westbam
ウェストビー Westoby*
ヴェストファーリア Westphalia
ウェストファール Westphal
ヴェストファール Westphal
ヴェストファル Westphal
ヴェストファーレン Westfalen Westphalen
ウェストフォード Westford
ウェストフォール Westfall*
ウェストブルック Westbroek Westbrook**
ウエストブルック Westbrook*
ウエストブルックス Westbrooks
ウェストブレーク Westbroek
ヴェストブロ Vestbro
ウェストブロック Westbroek*
ウェストヘーゼン Oosthuizen
ウェストヘッド Westhead*
ウェストベリー Westbury
ウエストベリ Wastberg
ヴェストベリ Wästberg
ウェストホイゼン Westhuyzen
ヴェストホッフ Westhoff
ヴェストホフ Westhoff
ウェストマコット Westmacott
ウェストマン Westman
ウェストメイツェ Westmijze
ウェストモア Westmor Westmore
ウェストモアランド Westmoreland
ウェストモーランド Westmoreland**
ウェストラップ Westrup*
ウェストラム Westrum*
ウェストランド Westland*
ウェストリー Westleigh Westley
ウエストリー Westleigh
ヴェストリス Vestris
ウェストール Westall***
ヴェストルム Westrum
ウェストルンド Westlund
ウェストレー Westley
ヴェストレ Vestre
ウェストレイ Westley
ウェストレイク Westlake***
ウェストレーキ Westlake
ウェストレーク Westlake
ヴェストレム Wesström
ウェストロップ Westropp
ウェストン Weston***
ウエストン Weston**
ヴェスニク Vesnik
ヴェスニッチ Vesnič
ヴェスニナ Vesnina
ヴェスニーン Vesnin
ヴェスニン Vesnin
ウェスパ Vespa
ヴェスパ Vespa
ヴェスパー Vesper*
ウェースバーグ Waesberghe
ウェスパシアーヌス Vespasianus
ウェスパシアヌス Vespasianus
ヴェスパシアヌス Vespasianus
ヴェスパシアーノ Vespasiano*
ヴェスパジアーノ Vespasiano
ヴェスパン Wespin
ヴェスピニャーニ Vespignani
ヴェスプッチ Vespucci
ヴェスプレーミ Veszprémi
ヴェスペ Wäspe
ヴェスペル Vesper
ウェスマコット Westmacott
ウェスマン Wessman
ウェスラ Westra
ウェスラー Wessler
ウエスラティ Oueslati
ウェスリ Wesley
ウェスリー Wesley*** Wessely
ウェズリ Wesley
ウェズリー Wellesley Wesley***
ウエズリー Wesley
ウェズリイ Wesley
ヴェスリンク Wessling
ヴェスリング Wessling
ヴェズルス Wesuls
ウェスルマン Wesselman*
ウエスルマン Wesselman
ウェスレ Wesley
ウェスレー Wesley*
ウェズレー Wesley***
ウェスレイ Wesley**
ウェズレイ Ueslei* Wesley*
ヴェスロー Vessereau
ウェスロウ Wehselau
ウェスロウスルト Weslowsld
ヴェーゼイ Vesey

ウ

ヴェゼイ Vaizey
ウェーゼス Wythe
ウェセッド Westhead
ヴェセット Veysset
ウェセナー Wassenaar
ヴェセニナ Vesenina
ウェーゼネル Wesener
ヴェセーラ Vescera
ヴェセラ Vesela
ウェセリー Wessely*
ヴェセリ Veseli
ヴェセリー
Veselý*
Wessely
ヴェゼリー Wessely
ヴェセリン Veselin
ヴェーゼル Wesel
ヴェセル Wessel
ウェセレル Wetherell
ヴェセーロフ Beselov
ヴェセロフスキー
Veselovskii
Vesselovsky
ヴェセロフスキイ
Veselovskii
ヴェセーン
Weseén
Wessén
ヴェゼンコフ
Vezenkov
ヴェーゼンドンク
Wesendonk
ウェーセンブルグ
Wesenberg
ヴェーセンベア
Wesenberg
ヴェーセンベルグ
Wesenberg
ウエソ Huezo
ヴェソ Vezo
ヴェソウォフスキ
Wesolowski
Wesołowski
ウェーソス Vesaas
ヴェーソース Vesaas*
ヴェーソス Vesaas
ヴェソース Vesaas
ヴェソータ Vesota
ウェソロウスキー
Wesolowski*
ヴェソワ Versois
ウェソン Wesson
ウエダ Uyeda
ヴェーダー Weder
ヴェダー Vedder*
ウェタシンへ
Wettasinghe
ウェダストゥス
Vedastus
ヴェダストゥス
Vedastus
ヴェタティリ
Vethathiri
ヴェダド Vedad
ヴェーダナヤカム
Vedanayakam
ウェダーバーン
Wedderburn
ウェダバーン
Wedderburn
ウェタム Wetham
ヴェターリング
Vetterling
ウェタングラ
Wetangula
ヴェーダーンタ
Vedānta
ヴェダンタム
Vedantam
ヴェチェイ Vecsey
ヴェチェスラフ
Vecheslav**
ヴェチェスロワ
Vecheslova
ヴェチェッリオ
Vecellio*
ヴェチェリオ Vecellio
ヴェーチェル Vachell
ヴェチェルリオ
Vecellio
ウェチャチワ
Vejjajiva**
ヴェチンスキー
Vetchinsky
ウェーツ Wates
ヴェツァー Wetzer
ヴェツァーリ Vezzali
ウェツェル
Wetzel
Wezel
ヴェーツェル Wezel*
ヴェツェル Wezel
ヴェーツォルト
Waetzold
ヴェツォルト
Waetzold
ヴェッカー Wecker*
ヴェッカーリン
Weckherlin
ヴェッキ Vecchi*
ヴェッキア Vecchia*
ヴェッキアーティ
Vecchiati
ヴェッキアート
Vecchiato
ヴェッキエッタ
Vecchietta
ヴェッキオ Vecchio*
ヴェッキョ Vecchio*
ウェック
Weck*
Wek
ウェッグ Weg
ヴェック
Veeck
Weck*
ウェックス Wex
ヴェックス
Vex
Wex*
ヴェックヘルリン
Weckherlin
ウェックマン
Weckman
ウェッグマン
Wegman*
ヴェックマン
Weckmann*
ヴェッケルラン
Weckerlin
ウェッジ Wedge**
ウェッジウッド
Wedgwood*
ウェッシェ Waesche*
ヴェッシャー
Wäscher
Wescher
ウェツシュタイン
Wetzstein
ウェッシュバーグ
Wechsberg
ヴェッジョ Veggio
ウェッジワース
Wedgeworth
ウェッス Wess
ウェッスルマン
Wesselmann
ヴェッセ Veysset
ヴェッセリ Wessely*
ヴェッセリーナ
Vesselina*
ウェッセリング
Wesseling
ヴェッセリンク
Wesselink
ヴェッセリング
Wesseling
ウェッセル
Wessel**
Wessels
ヴェッセル
Vessel
Wessel*
ウェッセルズ Wessels*
ヴェッセルトフト
Wesseltoft
ウェッセルマン
Wesselmann**
ヴェッセルマン
Wesselmann
ウェッセンベルク
Wessenberg
ヴェッセンベルク
Wessenberg
ウェッソ Wesso
ウェッソン
Watson
Wesson**
ウェッター Wetter
ヴェッダー Vedder
ウェッターグレン
Wettergren
ウェッタシンハ
Weththasinghe
Wettasinghe**
ウェッダーバーン
Wedderburn
ヴェッチ Vetch
ウェッチン Wettin
ウェッツ Wets
ヴェッツ Vec
ヴェッツァー Wetzer
ヴェッツァーニ
Vezzani
ウェッツェ Wetze
ウェッツェル
Wetzel
Whetzel
ヴェッツェル
Wetzel
Wetzell
ウェッツェルスベルガー
Wetzelsberger
ヴェッツォシ Vezzosi*
ウェッツォルト
Waetzold
ウェッツラー Wetzler*
ウエッツラー Wetzler
ヴェッテ Wette**
ウエッディ Oueddei*
ウェッティウス
Vettius
ウェッディング
Wedding
ウェッテランド
Wetteland*
ウェッデル
Weddel
Weddell*
ウェッテルグレン
Wettergren
ウェット Wet
ウェッド Wedde
ウエット
Houette
Huet
ウエッド Wedde
ヴェット
Vet
Viet
Wet
ウェットシュタイン
Wettstein
ヴェットシュタイン
Wettstein
ウェットストーン
Whetstone
ウェットラウファ
Wetlaufer
ウェットラウファー
Wetlaufer
ウェットランド
Wetteland
ヴェットリー Vettori
ウェットローファー
Wetlaufer*
ウェットン Wetton**
ウェッバー
Webber*
Weber
ウエッバー Webber
ヴェッバー Webber
ヴェッパー Wepper
ウェッブ
Webb***
Webbe
ウェッブ Webb*
ウエッブ Webb*
ヴェッブ Webb
ウェッフェレイアー
Weggheleire
ウェッブスター
Webster
ウェツラー Wetzler
ヴェッラ Vella
ヴェッラッツァーノ
Verrazzano
ウェッランド Welland
ヴェッリ Verri
ウェッリウス Verrius
ヴェッリオ Verrio
ヴェッルーティ Velluti
ウェッレイウス
Velleius
ウェッレイユス
Velleius
ウェッレス Verres
ヴェッロッキオ
Verrocchio
ウェテ Wette
ウエテ Huete
ウェティウス Vettius
ウェディウス Vedius
ヴェデイキント
Wedekind
ヴェディゲン
Weddigen
ヴェディス Védís
ウェディング Wedding
ウェーデキント
Wedekind
ウェデーキント
Wedekind
ウェデキント
Wedekind*
ウェデキンド
Wedekind
ヴェーデキント
Wedekind*
ヴェデキント
Wedekind*
ヴェデキンド
Wedekind
ヴェデニフスキー
Wedeniwski
ヴェデーハ Vedeha
ヴェーデーヒー Vedehī
ヴェーデーヒプッタ
Vedehiputta
ウェデマイアー
Wedemeyer
Weydemeyer
ヴェーデマイアー
Wedemeyer
ウェデマイヤー
Wedemeyer**
ヴェーデマン
Woerdeman
ヴェデム Wedem
ウェテラー Wetterer
ウェテリンク
Wetering*
ウェテリング
Wetering
ヴェテリンク
Wetering

ウェデル
Weddell
Wedel*
Wedell
ヴェーデル
Vedel
Wedel
ヴェデル Vedel
ウェデルスボルグ
Wedellsborg
ウェデルニコフ
Vedernikov
ヴェデールニコフ
Vedernikov
ヴェデルニコフ
Vedernikov*
ウェデルニコワ
Vedernikova
ヴェデルニコワ
Vedernikova
ヴェテルリ Vetterli
ウェデンバーグ
Wedenberg
ウェテンホール
Wetenhall
ウェート
Waite
Wert
ウェード
Wade***
Wayde
Weed
ウエード Wade
ヴェト Viet*
ヴェトー Vetö
ヴェド Ved*
ヴェトゥ Vetu
ヴェードヴァ Vedova
ヴェトゥスン Watson
ウェドキンド
Wedekind
ウェドナー Weidner
ウェトナル Whetnall
ヴェドハラ Vedhara
ヴェドベリ Wedberg
ヴェドボンクアー
VadeBoncouer
ウエドラオゴ
Ouedraogo**
Ouédraogo*
ウエドラゴ Ouedrago
ウェトラニオ Vetranio
ウェートリー Waitley
ヴェートリッヒ
Wüthrich
ヴェドリッヒ Wedrich
ヴェドリーヌ Védrine
ヴェドリヌ Védrine
ウェトル Wetle
ウェドル Weddle
ヴェトルーギナ
Vetluginoi
ウェドレイク Wedlake
ウェドワース
Wedworth
ウェドン Whedon
ウェーナー
Wehner**
Werner
ウエナー
Wenar
Wenner
ヴェーナ Veena
ヴェーナー Wehner**
ヴェナー Venner
ウェナア Werner
ヴェナス Venus
ヴェナトーリウス
Venatorius
ヴェナブル Venable*
ヴェナブルズ
Venables*
ウェナム Wenham*
ヴェナール
Venard
Vénard
ヴェナン Venant
ウェナンチウス
Venantius
ヴェナンツィオ
Venanzio
ヴェナンツォ
Venanzo**
ウェナンティウス
Venantius
ヴェナンティウス
Venantius
ヴェナンティーニ
Venantini
ヴェナンティーノ
Venantino
ヴェニアミノヴィチ
Veniaminovich
ヴェニアミーノフ
Veniaminov
ウェニアミン
Veniamin
ヴェニアミン
Veniamin**
ウェニイー Mwenye
ヴェニエル Venier
ウェニエン Wenyen
ウェーニガー Weniger
ウェニガー Weniger
ヴェーニガー Weniger
ヴェニガー Weniger*
ヴェーニグ Wenig
ウェーニクス Weenix
ヴェーニクス Weenix
ヴェニコフ Venikov
ヴェニシオ Venício*
ヴェニーシャ Venetia
ヴェニス Venice
ヴェニゼロス
Venizelos
ヴェニツァー Venizer
ヴェニーニ Venini
ヴェニヒ Wenig
ウェニュコーウ
Veniukov
ウェニンガー
Weninger
Wenninger
ヴェニンガー
Weninger**
ウェニング Wenning
ヴェニング Vening
ウェニントン
Wennington*
ウエヌ Wen
ヴェーヌ
Véne
Veyne**
ウェヌス Venus
ヴェヌティ Venuti
ヴェヌート Venuto
ウェネー Werner
ヴェネ Venè
ヴェネヴィーチノフ
Venevitinov
ウェネグ Weneg
ヴェネシア Venetia
ヴェネジクト
Venedíkt
ヴェネジクトヴィチ
Venediktovich
ヴェネジークトフ
Venediktov
ヴェネジクトフ
Venediktov
ヴェネジス Venezis
ヴェネス Veness
ウェネズイ Wenezoui
ウエネズイ Wénézoui
ヴェネチアーノ
Veneziano
ヴェネーツィア
Venezia
ヴェネツィア Venezia
ヴェネツィアーニ
Veneziani
ヴェネツィアーノ
Veneziano*
ヴェネツィアーノフ
Venetsianov
ヴェネット Venet
ヴェネティア Venetia
ヴェネディクト
Venedikt
Venedíkt
ヴェネディクトフ
Venediktov
ヴェーネト Veneto
ヴェネト Veneto
ヴェネマ Venema
ウェネラビリス
Venerabilis*
ヴェネラービリス
Venerabilis
ヴェネラビリス
Venerabilis
ヴェネリーニ Venerini
ヴェーネル Verner*
ヴェーネルト Wehnelt
ヴェネローニ Veneroni
ヴェーネン Weenen
ウエノ Ueno
ヴェノ Vaino
ヴェノスタ Venosta
ウェノナ Wenonah
ヴェノーラ Venora
ヴェノラ Venora
ヴェノリア Venolia
ウェーバ Weber
ウェーバー
Veber
Waber**
Weaver
Webber**
Weber***
ウェバー
Waeber
Webber***
Weber***
Wever
ウエーバー Weber
ウエバー
Weber
Wever
ヴェーバー
Vaeber
Veber
Weber**
Weeber
ウェバア Weber
ヴェーバァ Weber
ウェバーゲール
Weber-Gale*
ヴェーバージンケ
Webersinke
ウェーバーズ Wevers
ウェバーズ Wevers
ヴェハーネン Vehanen
ヴェーバーン Webern
ウェヒター Wächter*
ヴェヒター
Wächter*
Waechter**
ヴェヒトリン Wechtlin
ウェブ Webb***
ウエブ Webb
ウェーファー Wafer
ウェフィク Vefik
ヴェフィク Vefik
ウェーブスター
Webster
ウェブスター
Webstar
Webster***
ウエブスター
Webster**
ウェブスタア Webster
ウェブスタール
Webster
ウェブストル Webster
ヴェプセー Vepsä
ヴェフビー Vehbî
ウェプファ Wepfer
ヴェプファ Wepfer*
ウェブミッシェル
Webb-Mitchell
ヴェーブヨルンソン
Vebjörnsson
ウェブレ Webre
ヴェブレン Veblen*
ウェペ Huepe
ヴェーヘ Veghe
ウェヘベ Wehbe
ウェーベル
Wäber
Wavell
Weber
ウェベール Weber
ウェベル Weber
ウエーベル Weber
ヴェーベル
Vaeber
Veber
Weber*
Wéber
ヴェベール
Veber
Weber
ウェーベルク Wehberg
ヴェーベルク Wehberg
ウェーベルン Webern
ヴェーベルン
Webern*
ウェボン Webbon
ウェマ Wema
ヴェーマイヤー
Wehmeyer
ヴェーマルン
Weimarn
ウェム Wem
ウエムカ Wehemka
ウエムラ Huemura
ウェメリアノヴ
Yemelyanov
ウェヤ Weya
ウェヤーズ Weyers
ウェーユ Weil
ヴェーユ
Veil
Weil*
Weill
ヴェユリュネン
Väyrynen
ヴェーヨ Veillot
ヴェーヨニス Vējonis*
ウェーラー
Wehler
Weller
Wöhler
ウェラ Werra
ウェラー
Waehler
Weller**
Woller
ウエラー Houelleur*
ヴェーラ
Vela**
Vera***
Viera
ヴェーラー
Wehler**
Wöhler
ヴェラ
Vela
Vella
Vera***
Véra
Věra**
Viera
Wera
ヴェラー
Waller

Weller
ヴェラーゲ Verhaeghe
ヴェラザーノ
Verrazzano
ヴェラス
Veiras
Vellas
ヴェラスケス
Velasquez
ヴェラスコ Velasco*
ウェラースタイン
Wellerstein
ヴェラースホフ
Wellershoff
ヴェラセカ Vilaseca
ウエラタ Werata
ヴェラチーニ Veracini
ヴェーラック Verlhac
ヴェーラッス Vairasse
ヴェラッチョ Vellaccio
ヴェラッツァーノ
Verrazzano
ヴェラッティ
Verratti*
ヴェラッパン
Velappan
ヴェラーディ Velarde
ウェラニウス Veranius
ヴェラヌス Veranus
ヴェーラハドラン
Veerabhadran
ウェーラペルマ
Weeraperuma
ヴェラーヘン Welagen
ヴェラマチャネニー
Veeramachaneni
ヴェラル Verrall*
ヴェラルディ Verardi
ヴェラーレン
Verhaeren*
ヴェラレン Verhaeren
ウェラワティ Verawati
ウェーラン Whelan
ウェラン Whelan*
ヴェラン
Velan
Véran
Veyrenc
ウェーランド Wayland
ウェランド
Ueland
Welland*
ヴェランドリー
Verendrye
ウェーリ
Ueli
Waley
ウェーリー
Wailly
Waley**
Whalley
ウェリ
Ueli
Wély
ウェリー
Waley*
Wely
Werry*
Wherry
ウエリ Ueli*
ヴェリ
Veli
Verri
Very
Véry
ヴェリー
Velî
Very
Véry*
Wailly
ヴェリアーノ Veriano
ウェリアム William
ヴェリアン Varian
ウェリィ Wherry
ヴェリイ Véry
ウェリウス Verrius
ヴェリウス Verrius
ヴェリエ Verrier
ヴェリオ Verrio
ヴェリオティス
Veliotis
ウェリオメンコ
Yeryomenko
ウェリガマゲ
Weligamage
ウェリグトン
Weligton
ヴェリケイ Velikay
ヴェリコ
Veliko
Veljko
ヴェリコヴィッチ
Velicovich
Veljkovic
Veljković
ヴェリコスキー
Velikovsky
ヴェリコフスキー
Velikovsky
ヴェリシモ Verissimo
ウエーリショッファー
Woerishoffer
ウェリース Werries
ヴェーリス Veris
ヴェリチ Welitsch
ヴェリチキナ
Velichkina
ヴェリチコ Velichko
ヴェリーチコフ
Veličkov
ヴェリチコフ Veličkov
ヴェリチコフスキー
Velichkovskii
ヴェリチコーフスキイ
Veličkovskij
ヴェリチュ Welitsch*
ヴェリッシモ
Verissimo**
Veríssimo*
ウェリッシュ Wellisz
ヴェリッチュ Welitsch
ヴェリティ Verity
ヴェリティー Verity
ヴェリトマン
Vel'tman
ヴェリナ Verina
ヴェリーノ Verino
ヴェリフ Werich
ヴェリホフ Velikhov*
ヴェリボル Velibor
ヴェリミール
Velemir
Velimir
ヴェリミル Velimir
ヴェリミロヴィチ
Velimirović
Velimirovié
ヴェリミロヴィッチ
Velimirovic
ヴェリヤト Veliath
ヴェリョポリスキー
Vel'opol'ski
ウェリョン
Woe-ryong
ヴェリラック Vérilhac
ヴェリル Verrill
ウェリン Wellin
ヴェリーン Vereen
ウェリンガー
Wellinger*
ウェーリング Wehling
ウェリング
Wehling
Welling*
ヴェーリング
Wehling
Wehrling
Weling
ウェリングズ Wellings
ウェリンズ Wellins
ウェリントン
Welington
Wellington***
Wellinton
ヴェリンヘル
Werinher
ウェール
Weil
Werle
ウェル
Wel
Wer
ウエル Hoüel
ヴェール
Vaile
Vair
Vale
Ver
Vert
Veyre
Wehr
Weil
ヴェル Ver
ヴェルー
Vellut
Verou
ヴェルアアレン
Verhaeren
ヴェルアーラン
Verhaeren
ヴェルアラン
Verhaeren
ヴェルアーレン
Verhaeren
ヴェルアレン
Verhaeren
ヴェルイーユ Verhille
ヴェルヴァート
Velvart
ヴェルヴァリー
Velvalee
ヴェルウィスト
Verwyst
ヴェルヴィッシュ
Vervisch
ヴェルヴィル Verville
ウェルウィン
Welwyn*
ウェルウッド
Welwood
ウェルカー
Welcker
Welker
ヴェルカー
Welcker*
Welker
ヴェルガ Verga*
ヴェルガーゼ Verghese
ヴェルガッソーラ
Vergassola
ヴェルカーデ Verkade
ヴェルガーニ Vergani
ヴェルガノ Vergano
ウェルガマ Welgama
ウェルカム
Welcome**
Wellcome
ヴェルガン Verguin
ウェルキー Welke
ウェルギニウス
Verginius
ウェルギリウス
Vergilius*
Virgil
ウエルギリウス
Vergilius
ヴェルギリウス
Vergilius
ヴェルキン Verkin
ウェルキンゲトリクス
Vercingetorix
ヴェルキンゲトリクス
Vercingetorix
ヴェルキンゲトリックス
Vercingetorix
ウェルク Welk*
ウエルク Welk
ヴェルク
Welck
Welk
ウェルクスホイス
Wilkeshuis
ヴェルクテール
Vercoutter*
ウェルクマイスター
Werckmeister
Werkmeister
ヴェルクマイスター
Werckmeister
Werkmeister
ウェルクマン
Werkman
ヴェルクメステル
Werkmäster
ヴェルクライセン
Vercruyssen
ヴェルクリセ
Vercruysse
ウェルケ Woellke
ウェルゲー Verdy
ヴェールケ
Wohlcke
Wöhlcke
ヴェルゲ Weltge
ウェルゲラン
Wergeland
ヴェルゲラン
Wergeland
ヴェルゲランド
Wergeland
ヴェルコール
Vercors**
ウェルザー Welser
ヴェルサ Velsor
ヴェルザー
Welser**
Werser
ウェルサイマー
Wertheimer
ヴェルサーチ
Versace**
ヴェルサーチェ
Versace
ウェルサム Welsome*
ウェルシ
Welch
Welsch
Welsh
ウェルシー Welthy
ヴェルジー Verdy
ヴェルジアーニ
Versiani
ヴェルシィニー Versini
ヴェルジェ
Berge
Verge
Vergé*
Verger*
ヴェルジェス
Vergès
Vergez
ヴェルジェーリオ
Vergerio
ヴェルジェリオ
Vergerio
ヴェルジェーリョ
Vergerio
ヴェルシェール
Verchère
ヴェルジェンヌ
Vergennes
ヴェルシーニ Versini
ヴェルシニ Versini
ウェルシーニン
Welshinin
ヴェルシャヴ
Verschave*
ヴェルシャフェルト
Verschaffelt
ウェルシュ
Walsh

ウ

Welch*
Welsch*
Welsh***
ウエルシュ Welsh*
ヴェルシュ
Welsch**
Welsh**
ヴェルジュ
Berge
Verjus
Verjux
ヴェルジュイス
Velthuijs
ヴェルーシュカ
Veruschka
ヴェルシュタイン
Wellstein
ウェルシュマン
Welchman
Welshman*
ヴェルジュリ Vergely*
ウェルショヴ Yershov
ヴェルショール
Verschoor
ヴェルジリオ Vergílio
ヴェルシリャ Versiglia
ウェールス
Verus
Wales
ウェールズ
Wales**
Wells
ウェルス
Verus
Welles
Wells*
Wels
ウェルズ
Wales
Welles***
Wells***
Welss
ウエールズ
Wales
Welles
ウエルズ
Welles*
Wells**
Wilder
ヴェルス
Wels
Werth
ヴェルズ Wells
ヴェルスコプ
Welskopf
ウェルステッド
Wellsted
ヴェルステーヘ
Versteghe
ウェルストウッド
Wellstood
ヴェルストラエテン
Verstraeten
ヴェルストリート
Verstraete
ウェルストン
Wellstone
ウェルスバッハ
Welsbach
ヴェルスバッハ
Welsbach
ウェルスバハ
Welsbach
ヴェルスバハ
Welsbach
ウェルズフォード
Welsford
ウェルスマン
Welsman*
ウェールズリー
Wellesley
ウェルズリ Wellesley
ウェルズリー
Wellesley
ウェルズレー
Wellesley
ウェルスレイ Wesley
ウェルズレイ
Wellesley
ヴェルソ Verso
ヴェルソワ Versois
ウェルソン Wilson
ウエルタ Huerta*
ウェルター
Walter*
Welter
ウェルダー Waelder
ウエルタ Huerta*
ヴェルタ Velta
ヴェルダー Werder
ウエルタス Huertas
ウェルダン Weldon*
ヴェルダン
Verdan
Verdun
ウェルチ Welch***
ヴェルチェノワ
Verchenova
ヴェルチェルローネ
Vercellone
ヴェルチニナ
Verchinina
ウェルチャー Welcher
ヴェルチュ Weltsch*
ヴェルチョブスキ
Wierzchowski
ヴェルチンスカイア
Vertinskaya
ヴェルチンスキー
Vertinskii
Vertinsky
ウェルツ Weltz
ヴェルツ
Weltz
Welz
Werz
ヴェルツァー Welzer
ウェルツェル Welzel
ヴェルツェル Welzel
ヴェルツェンミューラー
Wöllzenmüller
ヴェルッカー Welcker
ウェルッシュ Welsh
ヴェルツマン
Vertzman
ヴェールテ Wehlte
ヴェルテ
Verte
Vilde
Welte**
ヴェルデ
Velde**
Verde*
Verdé
Verdet*
ウェルティ Welty***
ウェルティー Welty
ウエルティ Welty
ウエルディ Ouerdi
ヴェルティ Welti
ヴェルディ
Verdi*
Verdy*
ヴェルデイ Verdi
ヴェルディエ
Verdié
Verdier**
ヴェルディエール
Verdier
ウェルディケ Wöldike
ヴェルディケ Wöldike
ヴェルディリオーネ
Verdiglione*
ウェルディング
Welding
ヴェルティンスカヤ
Vertinskaya
ヴェルティンスキー
Vertinskii
ウェルテケ Welteke
ヴェルデケ Werdeke
ウェルデニウス
Verdenius
ヴェルデュイス
Veldhuis
ヴェルデューゴ
Verdugo
ウェルデリッヒ
Werderich
ウェルテル Welter
ヴェルテール Welter
ヴェルデレフスキー
Verderevskii
ヴェルデロ Verdelot
ウェルデン
Walden
Welden
ヴェルテン Velten
ヴェルデン
Velden
Waerden**
ウェルデンケイル
Weldenkeil
ウェルデンサエ
Weldensae
ヴェルテンシュタイン
Wertenstein*
ヴェルデンハーゲン
Werdenhagen
ヴェルデンブルッフ
Wildenbruch
ウェールト
Weerth
Wehrt
ウェルト
Wehrt
Welt
Wert
Werth**
ウェルド
Weld**
Welde
ヴェールルト
Weerth*
Wehlte
Wehrt
ヴェルト
Velde
Velte
Wert
Werth*
ヴェルトー Vertot
ヴェルド
Veld
Velde*
ヴェルドゥロ Verdelot
ヴェルドーネ Verdone
ウェルトハイマー
Wertheimer*
Wer-theimier
ヴェールトハイマー
Wertheimer
ヴェルトハイマー
Wertheimer*
ウェルトハイム
Wertheim
ヴェルトハイメル
Wertheimer
ウェルトフ Vertov
ヴェルトーフ Vertov
ヴェルトフ Vertov*
ヴェルトヘイゼン
Veldhuizen
ウェルトヘイム
Wertheim
ヴェルドホーヴェン
Veldhoven
ウェールトマン
Weertman*
ウェルトマン
Weltman
ヴェルトマン
Veltman
Werthmann
ウェルドミカエル
Weldemikael
ウェルトミューラー
Wertmüller
ヴェルトミューラー
Wertmüller
ウェルドムニアヌス
Veldumnianus
ヴェルドールン
Verdoorn
ヴェルドロ Verdelot
ヴェルトローニ
Veltroni*
ウェルトン
Welton
Whelton
ウェルドン
Weldon***
Wheldon**
ヴェルトン Wellton
ヴェルドン Verdon*
ヴェルトンゲン
Vertonghen
ウェルナー
Wellner
Werner***
Wernher
Woellner
Wöllner
Wörner*
ヴェルナ
Verna
Werna
ヴェルナー
Verner*
Werner***
Wernher
Wöllner
Wörner
ウェルナア Werner
ヴェルナア Werner
ヴェルナツキー
Vernadskii*
Vernadsky
Vérnadsky
ヴェルナツキイ
Vernadskii
Vernadskiĭ
ヴェルナッチーニ
Vernaccini
ヴェルナッツァ
Vernazza
ヴェルナドスキー
Vernadskii
Vernadsky
Vérnadsky
ヴェルナン Vernant**
ヴェルニ
Verni
Verny
ヴェルニー Verny
ヴェルニエ Vernier
ヴェルニエー Vernier
ウェルニク Wernigk
ヴェルニケ Wernicke*
ウェルニッケ
Wernicke*
ヴェルニッケ
Wernicke*
ウェルニッヒ Wernich
ヴェルニーノ Vernino
ウェルニヒ Wernich
ヴェルニヒ Wernich
ヴェルニヤ Vernillat
ヴェルニャエフ
Verniaiev
ヴェルニュ Vergne
ヴェルニョ
Vergnaud
Vergniaud
ヴェルニョー
Vergniaud
ウェルーヌ Verne
ウェルヌ Verne
ヴェルーヌ Verne
ヴェルヌ
Vergnes
Verne*
Vernes
Vernoux
ヴェルヌー Vernoux
ヴェルヌイユ
Verneuil**
ヴェルヌジュール

Vernejoul
ウェルヌス Verus
ウェルネ Verne
ヴェルネ
Verne
Vernet
Verney
ヴェルネー
Verne
Vernier
ヴェルネイ Verney
ウェルネック
Wernecke
ヴェルネック Werneck
ヴェルネット Vernette
ウェルネル Werner
ヴェルネル
Vernel
Verner*
Werner*
ヴェルノー Vernoux
ヴェルノア Vernoit
ヴェルノワー Vernois
ヴェルノン Vernon
ウェルバ Werba
ヴェルバ Werba
ヴェルハアラン
Verhaeren
ヴェルハアレン
Verhaeren
Verharen
ヴェルハイデン
Verheiden
ヴェルハーヴ
Verhaeve
ウェルハーヴェン
Welhaven
ヴェルハーヴェン
Verhaeren
Welhaven
ウェルハウゼン
Wellhausen
ヴェルハウゼン
Wellhausen*
ヴェルハースト
Verhulst
ウェルハーベン
Welhaven
ヴェルハーラン
Verhaeren
ヴェールパル
Veerpalu*
ヴェルハーレン
Verhaeren*
ヴェルハレン
Verhaeren
ウェルビ Welby
ウェルビー Welby*
ヴェルヒオティス
Velouhiotis
ヴェルビースト
Verbiest
ヴェルビスト Verbist
ヴェルビーツカヤ
Verbitskaia
ヴェルビツカヤ
Verbitskaia
ウェルビン Verbin
ウェルフ
Welf
Werff
ヴェルフ Welf
ウェルファンダー
Welfonder
ウェルフェア Welfare
ウェルフェル
Werfel
Wolfel
Wölfel
ヴェルフェル
Werfel*
Wolfel*
Wölfel
ウェルフェンス
Welfens
ヴェルフェンス
Welfens
ウェルフォード
Welford*
Wellford
ヴェルブラッジ
Verbrugge
ウェルフラム Wolfram
ウェルフリ Wölfli
ウェルプリー Welply
ヴェルフリ
Wolfli
Wölfli
ヴェルプーリ Velpuri
ウェルフリン
Wölfflin*
ヴェルフリン
Wolfflin
Wölfflin**
ヴェルフル Wölfl
ウェルブルガ
Werburga
ヴェルブルガ
Werburga
ウェルブルグ
Werburgh
ヴェールブルク
Werburg
ヴェルブルグ Verburg
ウェルブルック
Werbrouck*
ウェルフレ Woelfle*
ウェルプレー Welply
ウェルブローク
Werbroeck
ウェルブロック
Wellbrock
ウェルヘェル Woelfel
ヴェールベケ
Weerbeke
ヴェルベーケ Verbeke
ウェルベック Welbeck
ウエルベック
Houellebecq**
ヴェルベック Verbeck
ウェルベネック
Wellbeneck
ヴェルヘリング
Welchering
ウェルベル Werber*
ウエルベル Werber**
ヴェルヘル Vergel*
ヴェルベール Werber
ウェルベルゲン
Welbergen
ヴェルヘルスト
Verhelst*
ウェルヘルム Wilhelm
ヴェルヘルム Wilhelm
ヴェルポー Velpeau
ヴェルボーヴェン
Verboven**
ウェルボス Werbos
ヴェールホーフ
Werlhof
ヴェールホフ
Werlhof*
ヴェルホフスキー
Verkhovskii
ウェルボーン
Wellborn
Whelbourne
ヴェルマ
Velma*
Verma
ヴェルマー
Wellmer*
Wermer
ヴェルマッセン
Vermassen
ヴェルマホス
Velmahos
ヴェルマーレン
Vermaelen
ウェルマン
Wellman**
Wellmann
Welman
ウエルマン Wellman
ヴェールマン
Woermann
ヴェルマン
Vehlmann
Velleman
Wellman
Woermann
Wörmann
ヴェルマンドア
Vermandois
ヴェルミッリ Vermigli
ウェルミーリ Vermigli
ヴェルミーリ Vermigli
ウェルム Willm
ヴェルーム Belhomme
ヴェルメシ
Vermes*
Vermès
ヴェルメーシオ
Vermexio
ヴェルメシュ
Vermes*
Vermès
ヴェルメール
Vermeer
Vermeire
ヴェルメールシュ
Vermeersch
ヴェルモワイアル
Vermoyal
ヴェルモン Vermont
ヴェルモンド
Vermande
ウェルヨフカ
Werjowka
ヴェルラー Verlor
ヴェルラン Verlant
ヴェルランダー
Verlander
ヴェルランド Verlinde
ウェールリ Wehrli
ヴェールリ Wehrli
ヴェルリ Wehrli
ヴェルリー Verly
ヴェルリンデン
Verlinden
ヴェルリンド Verlinde
ウェールレ Wehrle
ヴェルレ
Verlet
Werle
ヴェルレー Verley*
ヴェルレエヌ Verlaine
ヴェルレエン Verlaine
ヴェルレエン Verlaine
ヴェルレーヌ
Verlaine*
ヴェルレプト Verrept
ヴェルロークン
Verroken
ヴェルロージュ
Verloge
ヴェルロッキオ
Verrocchio
ヴェルワイス Verwijs
ヴェールング
Wehrung
ヴェルンスドルフ
Wernsdorf
ヴェルンツ Wernz
ヴェルンド Völundr
ヴェルンハルト
Wernhard
ウェルンヘル Wernher
ヴェルンヘール
Wernher
ヴェルンヘル Wernher
ヴェルンホファー
Wellnhofer
Wellnnhofer
ヴェルンリ Wernly
ヴェールンレ Woernle
ヴェルンレ Wernle
ウェレ Were
ウエレ Ouellet
ヴェーレ Verre
ヴェレ
Vele
Vere
Véret
Veyret
ヴェレア Véléa
ヴェーレイ Veley
ウェレイウス Velleius
ヴェレイウス Velleius
ウェレイスカヤ
Vereiskaya
ウェレイユス Velleius
ウェレウェレ
Wéréwéré
ヴェレク Wellek
ウェレクンドゥス
Verecundus
ヴェレークンドゥス
Verecundus
ウェレサーエフ
Veresaev
ヴェレサーエフ
Veresaev*
ヴェレサエフ Veresaev
ヴェレシチャーギン
Vereshchagin
ヴェレシチャギン
Vereshchagin
ヴェレシュ
Veres
Veress
Weöres
ヴェレシュマルティ
Vörösmarty
ウェレス
Verres
Wellesz
ヴェレス
Velez
Veres
Verres*
Wellesz
ヴェレズ Velez
ヴェレスチャーギン
Vereshchagin
ヴェレスティンリス
Velestinlis
ヴェレスラヴィーン
Veleslavín
ウェレック Wellek
ウエレック Wellek
ウェレッシェヨー
Veleshejo
ヴェレッシュ Veress
ウェレッテ Ouellette
ヴェレッティ Veretti
ウェレット
Ouellet*
Ouellette
ヴェレッド Vered
ウェレデ Werede
ヴェレド Veled
ウェレーナ
Elena
Yelena
ウェレナ Verena
ヴェレーナ Verena*
ヴェレナ Verena
ウェレニケ Wernicke
ヴェレニス Vérénice
ヴェレフキン
Wereffkin
ヴェレリア Veleria
ヴェーレル
Veller
Wöhler
ヴェレル Vairelles
ヴェレルスト Verelst
ウェーレン Wehlen
ウェレン Wellen

ウ

ヴェーレン Wehren
ヴェーレンシオル
Wereskiold
ヴェレンショル
Werenskiold
ヴェーレンス
Waelhens
ウェレンスキー
Welensky
ウェレンスキョルト
Werenskiold
ウェレンド Wehrend
ヴェレンド Vellend
ヴェーレンバーグ
Wehrenberg
ヴェーレンフェルス
Werenfels
ヴェーレンフリッド
Werenfrid
ヴェレンフリド
Werenfrid
ウェレンホフ
Wellenhof
ヴェレンホーフ
Wellenhof
ヴェレンホーファー
Wellenhofer
ウェレンラス
Werrenrath
ヴェレンロイター
Wellenreuther
ヴェロ
Verot
Verrot*
ヴェロー
Vero
Verot
Verreau
ヴェロヴィオ Verovio
ヴェロカイ Verocai
ヴェロス Veloz
ヴェロスキ Veloski
ヴェローソ Veloso
ヴェローゾ Veloso**
ヴェロッキォ
Verrocchio
ヴェロッキオ
Verrocchio
ヴェロッキョ
Verrocchio
ヴェロック Wheelock
ヴェローナ Verona
ヴェロナ Verona
ウェロニカ
Veronica
Veronika*
Weronika
ヴェローニカ Veronica
ヴェロニカ
Veronica***
Verónica
Veronika**
Weronika*
ヴェロニク
Veronique**
Ve'ronique
Véronique*
ヴェロニック
Veronique
Véronique*
ヴェロニナ Veronina
ヴェローヌ Vellones
ヴェロネージ
Veronesi**
ヴェロネーゼ
Veronese*
ヴェロネッリ Veronelli
ヴェロノー Veronneau
ヴェロマン Veroman
ヴェロール Verrall
ヴェロル Verrolles
ウェロン Véron
ヴェローン Vérone
ヴェロン
Veron*
Véron
Veyron
ウェロンス Wellons
ウェーン
Wayne*
Ween
ウェン
Nguyen*
Veng*
Wayne
Wen**
Weng
ウエーン Wayne
ウエン Wen
ヴェーン
Vane
Veen
ヴェン Venn
ウェンイン Wen-ying
ウェンガー
Wengar
Wenger
ヴェンカー Wenker
ヴェンガー Wenger
ヴェンカータ Venkata
ヴェンカタ Venkata
ヴェンカタマキ
Veṅkaṭamakhi
ヴェンカタラーマイア
Venkataramaiah
ヴェンカタラマナン
Venkataramanan
ヴェンカタラミア
Venkataramaiah
ヴェーンカテーシャーナンダ
Venkatesananda
ヴェンカテッシュ
Venkatesh
ウェンカート Wenkart
ヴェンカトラマン
Venkatraman*
ヴェンガルテン
Weingarten
ウェンガン Wénguāng
ヴェンキ Venki
ヴェンキャット Vencat
ウェンク Wenk
ヴェンク Wenk
ウェンクシュテルン
Wenckstern
ヴェンクシュテルン
Wenckstern
ヴェングスト Wengst
ヴェーングネル
Wägner
ヴェンクハウス
Wenkhaus
ウェングラー
Wengler*
ヴェングラー Wängler
ウェングラフ Wengraf
ヴェングラフ Wengraf
ヴェングロシュ
Venglos
Vengloš
ヴェンケ Wenche*
ウェンケル Wenker
ウェンゲル Vengera
ヴェンゲル
Venger
Vengera
Wenger
ヴェンゲーロヴァ
Vengerova
ヴェンゲローヴァ
Vengerova
ヴェンゲーロフ
Vengerov**
ヴェンゲロフ
Vengerov
ウェンゲン Wen-gen
ヴェンコフ
Venkov
Wenkoff
ヴェンザゴ Venzago
ヴェンサム Ventham
ウェーンジャー
Wanger
ウェンジャー
Wanger
Wenger*
ヴェンシュ Wünsch
ヴェンシュケヴィッツ
Wenschkewitz
ウェンジン Wen-jing
ウェンシンク Wensink
ウェンシング Wensing
ウェンス Wenth
ウェンズ Wenz
ウェンスタイン
Weinstein
ウエンスタイン
Weinstein
ウェンズデー
Wednesday
ウェーンストック
Weinstock
ウェンストーム
Wenstrom
ヴェンストルム
Wennström
ヴェンストレム
Wennström
ウェンストロム
Wenstrom
ウェンズビー Wensby
ウェンズリー
Wensley*
ウェンズレー Wensley
ウェンズレイ Wensley
ヴェンセスラウ
Wenceslau*
ヴェンセズラウ
Venceslau
Wenceslau
ヴェンセスラウス
Wenzeslaus
ヴェンセスラオ
Wenceslao
Wenceslau
ウェンセル Wensell*
ウェンゼル
Wenzel
Wenzell
ヴェンセル Wensell
ヴェンゼル Wensell
ウェンダー Wender*
ヴェンター Venter
ウェンタオ Wentao
ウェンダース Wenders
ヴェンダース
Wenders**
ヴェンダーズ Wenders
ヴェンタフリッダ
Ventafridda
ウェンダル Wendall
ヴェンチッヒ Wäntig
ウェンチヒ Wenzig
ヴェンチャー
Venture
Wentscher
ヴェンチューラ
Ventura
ヴェンチュラ
Ventura*
ヴェンチューリ
Venturi
ウェンチュン
Wen-chung
ウェンツ
Wentz**
Wenz
ヴェンツ
Wentz*
Wenz
ウェンツィンガー
Wenzinger
ヴェンツィンガー
Wenzinger*
ヴェンツェスラウス
Vencerous
Wenceslas
Wenceslaus
Wenzeslaus
ヴェンツェスラス
Wenceslas
Wenzeslaus
ウェンツェネ Venciene
ヴェンツェラス
Wenceslas
ウェンツェル
Wenceslaus
Wentzel
Wenzel*
ヴェンツェル
Wenceslas
Wenceslaus
Wentzel
Wenzel*
ウェンツケ Wentzke
ウェンツラー Wenzler
ヴェンツーラ
Ventura*
ウェンツル Wenzl
ヴェンツル Wenzl
ヴェンツロヴァ
Venclova
ウェンデ Wende
ヴェンテ Wendte
ウェンディ
Wendi
Wendie
Wendy***
ウェンディー
Wendy**
ウエンディ Wendy*
ウェンディグ Wendig*
ヴェンディッシュ
Wendisch
ヴェンディッティ
Venditti
ヴェンティッヒ
Wäntig
ウェンティディウス
Ventidius
ヴェンディテッリ
Vendittelli
ウェンティング
Wenting
ヴェンデブルク
Wendebourg
ヴェンデラ Vendela*
ウェンデリヌス
Wendelinus
ウェンデリン
Wendelien
Wendelin**
ヴェンデリーン
Wendelin
ヴェンデリン
Wendelin**
ウェンデール
Wendelle
ウェンデル
Wendel***
Wendell***
ウエンデル
Wendall
Wendell
ヴェンデル
Wendel*
Wendell
Wendl
ヴェンデルガルト
Wendelgard
ウェンデン Wenden
ウェンデンバーグ
Wendenburg
ウェント
Wendt**
Went**
ウェンド Wende
ヴェント
Vento
Wendt*
Went
Wenth

ウ

ウェントウォース
Wentworth
ウェントウォールス
Wentworth
ウェントウォルス
Wentworth
ヴェントゥーラ
Ventura**
ヴェントゥラ Ventura
ヴェントゥーリ
Vanturi
Venturi*
ヴェントゥリ Venturi
ヴェントゥリーニ
Venturini**
ヴェントゥリーノ
Venturino
ヴェントゥリン
Venturin
ウェントオウルス
Wentworth
ヴェントカー Wentker
ウェンドコス
Wendkos*
ヴェントツェリ
Venttzel'
ヴェントハウゼン
Wendhausen
ウエントブリッジ
Wentbridge
ヴェントーラ Ventola
ヴェントラ Ventola
ヴェンドラー Vendler
ウェントラップ
Wentrup
ヴェンドラミン
Vendramin
ウェンドランド
Wendland
Wendlandt
ヴェントラント
Wendland
ヴェントリス Ventris
ヴェントリリア
Ventriglia
ウェンドリンガー
Wendlinger
ヴェンドリンガー
Wendlinger*
ウェンドリング
Wendling
ヴェントリング
Wendling
ヴェンドリング
Wendling
ウェンドル
Wendl*
Wendle
ヴェントレ Ventre
ヴェントレラ
Ventrella
ヴェンドレル Vendrell
ウェンドロフ
Wendroff
ウェントワース
Wentworth**
ウェンドン Wendon
ウェンナー Wenner
ヴェンニング Wenning
ヴェンネルベリ
Wennerberg
ウェンバ Wemba**
ウェンハム Wenham*
ウェンバンヤマ
Wembanyama
ウェンピン Wen-pin
ウェンフー Wen-fu
ヴェーンフェイス
Veenhuis
ウェンプル Wemple*
ウェンベリ Wennberg
ヴェンベリ Vennberg
ヴェンベーリア
Wennberg
ウェンマネグダ
Wendmanegda
ウェンユアン
Wen-yuan
ウェンユエ Wen-yueh
ウェーンライト
Wainright
Wainwright
ウェンライト
Wainright*
Wainwright
ウェンリ
Wenley
Wernli
ウェンリー Wenley
ヴェンルーイジ
Venrooij
ウェンワルム
Weinwurm
ウォー
Wahl
War
Warr
Waugh***
Wo*
Woehr
Wuor
ウオ
Houot
Wo
ヴォ
Vo**
Vu
ヴォー
Vau
Vaugh
Vaux*
Vo**
Voe
Voeux
ヴォア Voye
ヴォアイエ Voyer
ヴォアイオーム
Voillaume
ヴォアザン Voisin
ウォアーズ Wores
ヴォアテュール
Voiture
ヴォアノフスキー
Woinowsky
ヴォイヴォード
Voevod
ヴォイエヴォド
Voevod
ヴォイエン Voien
ウォイキン Woikin
ヴォイクト Voigt
ヴォイクレスク
Voiculescu
ウォイケ Woyke
ヴォイケ Woicke*
ヴォーイコフ Voikov
ヴォイジ Voysey
ヴォイジー Voysey
ウォイジコウスキ
Woizikowski
Woizikowsky
ヴォイス Voyce
ヴォイズィ Voysey
ヴォイスクンスキー
Voĭskunskiĭ
ヴォイスラフ
Vojislav*
ウォイダ Woyda
ヴォイタ Vojta
ウォイダット Wojdat
ヴォイチェサック
Wojcieszak
ウォイチェフ
Wojciech**
ヴォイチェフ
Vojtech*
Vojtéch
Wojciech***
ウォイチェホフスカ
Wojciechowska
ヴォイチェホフスカ
Wojciechowska*
ヴォイチェホフスキ
Wojciechowski**
ウォイチンスキー
Woytinsky
ヴォイチンスキー
Voitinskii
ヴォイチーンスキィ
Voitinskii
ヴォイツィエフ
Wojciech
ヴォイツィーク
Vojtsik
ウォイッキ Wojcicki
ウォーイック Warwick
ヴォイティウァ
Wojtylor
ウォイティツ Woititz
ウォイティッツ
Woititz
ヴォイティンスキー
Voitinskii
ウォイデック
Woideck*
ヴォイテック
Voytek
Wojtek*
ヴォイテネシュテ
Voinesti
ウォイト
Waite
Woit
ヴォイト
Voight*
Voigt*
Voit
ヴォイトヴァー
Vojtová
ヴォイトヴィチ
Voitovich
Wójtowicz
Woytowicz
ヴォイトヴィッチ
Voitovich
ヴォイトケヴィッチ
Voytkevich
ヴォイトケビッチ
Voitkevich
ウォイトビチ
Woytowicz
ヴォイトフ Voitov
ヴォイドフスキ
Wojdowski*
ヴォイナロヴィッチ
Wojnarowicz
ウォイナロフスカ
Wojnarowska
ヴォイニチ Voynich
ヴォイニッチ Voynich
ヴォイネア Voinea
ヴォイノーヴィチ
Voinovich
ヴォイノヴィチ
Voinovich**
Vojnović
ヴォイノフ Voinov
ヴォイパ Voipa
ウォイボゴ Woibogo
ヴォイルシュ Woyrsch
ヴォイルズ Voiels
ウォーウィック
Warwick*
ウォウィック Warwick
ヴォヴィリエ
Vauvillier
ウォーウィン Walwyn
ウォーウェライト
Wowereit*
ヴォヴェル
Vevelle
Vovelle**
ウォヴォカ Wovoka
ヴォウォシュコ
Woloszko
ウォウク Wouk
ヴォウク Voake
ウォウター Wouter
ウオウター Wouter
ヴォウター Vawter
ヴォウチェク Wołczek
ヴォウチョーク
Vovchok
ヴォウデンベルク
Woudenberg
ヴォーヴナルグ
Vauvenargues
ヴォヴナルグ
Vauvenargues
ウォゥーパー
Whopper
ウォエイコフ Voeikov
ヴォエーイコフ
Voeikov
ヴォエイコフ Voeikov
ウォエウォジン
Voyevodin
ヴォエヴォジン
Voevodin
ヴォエヴォダ
Voevoda*
ヴォエヴォツキー
Voevodskiy
ヴォエヴォーデン
Voevodin
ヴォエヴォドスキー
Voevodsky*
ウォオ Waugh
ヴォオヴナルグ
Vauvenargues
ウォオド Ward
ウォオルタア Walter
ウォオルト Walt
ウォーカー
Walker***
Wocher*
Wolker
ウォカー Walker
ウオーカー Walker
ウォーカス Warchus
ウォーカップ
Walkup*
Wauchope
ヴォガナツィ
Voganatsi
ウォーカーへボーン
Walker-hebborn
ウォーカリー
Walkerley
ウォーカリイ
Walkerley
ヴォーガン
Vaughan
Vorgan
Wokaun
ヴォーカンソン
Vaucanson
ヴォカンソン
Vaucanson
ヴォキエテク Lokietek
ヴォーギャン Vaughan
ヴォギュエ Vogüé
ウォーキン Joaquin
ウォーキングショー
Walkingshaw
ウォーキンショー
Walkinshaw*
ヴォーキンス Vokins
ウォーク
Walk
Wark*
Wolk
Wouk**
ウォグ Wogu
ウオーク Wark
ウオグ Uongu

ウ

ヴォーク
Voake*
Wouk
ヴォグエ Vogüe
ヴォークス Vokes
ウォークスタイン
Wolkstein
ヴォークセル
Vauxcelles
ヴォークーター
Vorkoetter
ウォグデルス
Wogderesse
ウォークデン Walkden
ヴォークト Vogt*
ヴォーグト Vogt
ヴォクト
Vogt*
Vugt
ヴォグト Vogt*
ヴォグトル Vogtle
ヴォーグベル
Vaagberg
ウォクラー Wokler
ヴォークラン
Vauquelin
ヴォクラン Vauquelin
ウォークランド
Walkland
ヴォークール
Vaucouleurs
ヴォークレイン
Vauclain
ヴォークレール
Vauclair*
ヴォグレール Vogler
ウォーケ Waucquez
ウォーゲ Waage
ヴォーゲ Waage
ヴォーゲリン Voegelin
ウォーケル
Walker
Worchel
ヴォーケール Vaucare
ヴォーゲル
Vogel*
Vogels
ヴォケール Vaucaire
ヴォーゲルマン
Vogelmann
ウォーケン Walken**
ウォーケンティン
Warkentin
ウォーコウィアック
Walkowiak
ウォーコウィッツ
Walkowitz
ヴォーコス Voulkos
ウォーコップ
Wauchope
ヴォコナス Vokonas
ヴォーコルベイユ
Vaucorbeil
ウォーザー Walzer
ウォザーズ Wothers
ウォザースプーン
Wotherspoon**
ヴォザーン Voisin
ウォーシー Worthy
ウォージー Worthy
ウォーシァク Warshak
ヴォシウス Vossius
ヴォーシェ Vauchez
ヴォシェ Vaucher
ウォジェク Wojcik
ウォーシェル
Warshel*
ウォシェル Wachel
ヴォージェル Vogel
ヴォジェル Vogel*
ウォジスキ Wojcicki
ウォジスキー Wojcicki
ウォシチェフスキー
Voschevskyi
ウォジナロヴィッツ
Wojnarowicz
ウォジニャク Woźniak
ヴォジネリック
Vodinelic
ウォジミエシ
Wlodzimierz
ヴォジミエシ
Wlodzimierz
ウォジミエシュ
Wlodzimierz
Włodzimierz
ウオジミエシュ
Wlodzimierz
Włodzimierz*
ウォシャウスキー
Wachowski**
ウォーシャック
Warshak
ヴォジャンスキー
Wogenscky
ウォーシュ Warsh
ウォジュナロウィッツ
Wojnarowicz
ウォシュバーン
Washburn*
Washburne*
ウォシュバン
Washburn
ヴォージュラ Vaugelas
ヴォジュラ Vaugelas
ヴォージュラード
Vaugelade*
ウォーショー
Warschauer*
Warschaw
ウォーショウ
Warshaw
ウォーショフスキー
Warshofsky
ヴォージョリ Vosjoli
ヴォジーン Wosien
ウオシンスキ
Wosinski
ウォーシントン
Worthington
ウォージントン
Worthington
ウォシントン
Washington
ウォース
Vorse
Warth
Worth
ウォス
Vos
Wass
Wos
ウォズ Was
ヴォース
Vause
Voce
Vohs
Vorse
Vose*
ヴォースー Worsoe
ヴォス
Vos**
Voss*
ウォズヴァース
Wadsworth
ウォズヴァス
Wadsworth
ウォースウィック
Worswick
ウォズウォス
Wordsworth
ヴォスカニヤン
Voskanian
ヴォスクレセンスキー
Voskresenskii
Voskresensky*
ヴォスクレセーンスキィ
Voskresenskii
ヴォスコヴェック
Voskovec
ヴォスコボイニコフ
Voskoboinikov**
ヴォスジョリ Vosjoli
ウォスター Worster
ヴォスダニック
Vosdanik
ウォステイス Wortis
ヴォースト Vorst*
ウォストコフ
Vostokov
ヴォストーコフ
Vostokov
ウォストルーホフ
Vostrukhov
Vostrukhova
ウォスナー Woessner
ウォズニアク
Wozniak**
Woźniak
ウォズニアコフスキー
Woźniakowski
ウォズニアッキ
Wozniacki*
ウォズニアック
Wozniak
ヴォズニツキ
Voznitski*
ウォスニッツァ
Wosnitza
ウォズニャク Voznyak
ヴォズネセンスカヤ
Voznesenskaia
Voznesenskaya
ヴォスネセンスキ
Voznesenskii
ヴォズネセンスキー
Voznesenskii**
ヴォズネセーンスキイ
Voznesenskii
ヴォズネセンスキイ
Voznesenskii
ヴォスパー Vosper
ウォーズマン
Wasmund
ヴォスミック Vosmik
ウォースラー Warstler
ウォースリー Worsley
ウォスレイ Worsley
ウォズレイ Wasley
ヴォスレンスキー
Voslensky*
ウォズワース
Wadsworth*
ヴォセン Vossen
ウオソ Ouosso
ウォーター
Walter*
Water
Waters
ウォーダ Woda
ウォーダー Warder
ヴォーター
Vautor
Vawter
ヴォダ Voda
ウォータース Waters
ウォーターズ
Walters*
Warters
Waters***
Watters
Wauters
ウォータス Wotus
ウォダスキ Wodaski
ウォーターストラット
Waterstraat
ウォーターストーン
Waterston*
Waterstone
ウォーターストン
Waterston
ウォータストン
Waterston
ウォタスン Watterson
ウォーターソン
Waterson*
ウォータソン
Waterson*
ウォターソン
Watterson
ヴォダック Wodak
ウォーターハウス
Waterhouse**
ウォーターバーグ
Waterberg
ウォータービーム
Waterbeemd
ウォーターフィールド
Waterfield
ウォーターベリー
Waterbury
ウォーターマン
Waterman**
ウォータマン
Waterman**
ウォターマン
Waterman
ヴォーダマン
Vorderman
ウォダム
Whodam
Wodham
Woodham
ウォータメヤー
Watermeyer
ウォーターランド
Waterland
ウォータランド
Waterland
ヴォダルス Wodars
ウォダルチク
Wlodarczyk
Włodarczyk
ヴォダルチク
Wlodarczyk*
Włodarczyk
ウォーターロー
Waterlow*
ヴォーチェ
Vauthier
Voce
ヴォーチェー Vauthier
ヴォーチエ Vauthier
ウォーチェスター
Worcester
ヴォツァーク
Wowzack
ウォツェル Woetzel
ヴォックス Vox
ウォックナー
Workneh
ウォッケル Wöckel
ウォッケンファス
Wockenfuss
ヴォッコ Vuokko*
ウォッシバーン
Washburn
ウォッシャム Washam
ウォッシュ
Walsh*
Wash
ウォッシュバーン
Washbourn
Washburn**
Washburne
ウオッシュバーン
Washburn
ウォッシュボード
Washoboard
ウォッシュボーン
Washbourn
ウォッシュボンド
Washbond
ウォッズワース
Wadsworth
ウォッズワス
Wadsworth
ウォッセ Wosse
ウォッセン Wossen
ヴォッタ Votta
ウォッタース Watters

ウ

ウォッターズ
Watters*
ウォッダム Wodham
ウォッチマン
Watchman
Wichmann
ウォッツ Watts*
ウオッツ Watts
ウォッデル Waddell**
ウォット
Wat
Watt
ヴォット Votto
ウォットル Wottle
ウォットン Wotton
ウォツニーク Wozniak
ウォッバーミン
Wobbermin
ヴォッバーミン
Wobbermin
ヴォッバミーン
Wobbermin
ウォッフィンデン
Woffinden
ウォッペル Woeppel
ウオッペル Woeppel
ウォッペルミン
Wobbermin
ヴォッペルミン
Wobbermin
ウォーツマン
Wortzman
ヴォッレベク
Vollebaek*
ヴォッレル Voller
ヴォーテ Vauthey
ウォーデイ Wardi
ヴォティ Votey
ウォディエ Wodie
ヴォーティエ
Vauthier
Vautier
ヴォーティジャーン
Vortigern
ウォディス Woddis
ヴォディチコ
Wodiczko
ヴォティプカ Votipka
ウォディング
Wadding
ウォディングトン
Waddington
ウォディントン
Waddington*
ヴォデカル Vaudescal
ヴォデハム Wodeham
ウォーテラ Wartella
ウオーテラ Wartella
ウォーデル
Waddell
Wardell*
Wordell
ウォデール Waddell
ウォデル Waddell**
ウオデル Waddell
ヴォーテル Vautel*
ウォーデン
Warden**
Worden
ウォート Wart
ウォード
Ward***
Warde*
Worde
ヴォート
Vaught
Voet
Vogt*
Vought
ヴォード Ward
ヴォトー Votaw
ヴォド Vodoz
ヴォトヴィッツ
Wojtowicz
ウォードウェル
Wardwell
ウォドキー Wodtke
ウォトキン Vodkin
ヴォートキン Vodkin
ヴォトキン Vodkin
ウォトキンズ
Watkins**
ウォトケンヌ
Wotquenne
ヴォトケンヌ
Wotquenne
ウォトスン Watson*
ウォトソン Watson*
ヴォドディミール
Vladimir
ウォドハウス
Wodehouse
ウォードハフ
Wardhaugh
ヴォドピャーノフ
Vodopiyanov
Vodop'yanov
ヴォドピヤーノフ
Vodop'ianov
Vodopyanov
ヴォドピヤノフ
Vodopiyanov
Vodop'yanov
ウォドボデ Wodobode
ウォトモ Watmough
ヴォドラスキン
Vodolazkin*
ヴォートラン
Vautrin***
ヴォートリン Vautrin*
ウォートル Walter
ウォードル Wardle
ウォードルー Waudru
ヴォドルイユ
Vaudreuil
ウォートルス
Walters
Waters
ウォートレー Wortley
ウォートレイ
Wortley*
ウォードロー
Wardlaw
ウォードロッパー
Wardropper
ウォードロップ
Wardrop
ヴォドワ Vaudoit
ウォードワード
Woodward
ウォートン
Warton*
Wharton***
Whorton
Wootton
Worton
ヴォートン Wharton
ウォーナ Warner
ウォーナー
Warner***
Woerner
ウォナー Warner
ヴォーナ Vona
ヴォナ Vona
ウォーナァ Warner
ヴォナゴ Vonago
ウォナコット
Wonnacott
ウォナメイカー
Wanamaker
ウォナメーカー
Wanamaker
ウォーニー Wonnie
ヴォニエ Vonier
ヴォネガット
Vonnegut*
ウォーネキー Warneke
ヴォネッシュ Vonèche
ヴォネッタ Vonetta
ヴォーネマン
Voorneman
ウォノウィジョヨ
Wonowidjojo
ウォーノック
Warnock
ヴォノネス Vonones
ヴォーハウス Vorhaus
ウォーバーグ
Warburg*
ヴォーパゲル Vorpagel
ウォーバス Warbasse
ウォバス Warbasse
ウォーバック
Warbach
ウォーバートン
Warburton**
ウォーバトン
Warburton
ヴォーバン Vauban
ヴォーヒーズ
Voorhees
ウォービック Warwick
ウォーフ
Wharfe*
Whorf*
ウォフ Woff
ウォーフィル Warfel
ウォーフィールド
Warfield**
ウォフィングトン
Woffington
ウォフィントン
Woffington
ウォーフォード
Warford
ウォフク Vovk
ウォフクン Vovkun
ウォブシャル
Wobschall
ウォフセイ Wofsey
ヴォフチョーク
Vovchok
ヴォプナー Wopfner
ウォブル Wobble
ウォベ Wobbe
ヴォヘスランダー
Wocheslander
ウォーベック
Warbeck
Watrbeck
ヴォペーリウス
Vopelius
ヴォペリウス Vopelius
ウォーペル Woerpel
ヴォーペルニエ
Vaubernier
ヴォーペルミン
Wohbermin
ウォーボイス
Worboise
ウォボカ Wovoka
ウォホスカ Vochoska
ウォーホール Warhol
ウォーホル Warhol**
ウォホル Warhol
ウォボルディング
Wubbolding*
ウォーマー Wormer*
ウォーマーダム
Warmerdam
ウォーマック
Warmack
Womack*
ウォマック
Womack**
ウォーマルド
Wormald
ウォーマン Worman
ヴォーマン
Wohmann**
ウォミル Rwomire
ウォーミントン
Warmington
ウォーム Worm
ヴォーム Vorm
ウォームズ Worms
ウォームスリー
Warmsley
ウォームズリー
Walmsley*
ウォームズレー
Walmsley
ウォームフラッシュ
Warmflash
ウォムブランド
Wurmbrand
ウォームボールド
Warmbold
ウォームレー
Wormeley
ウォームレイ
Wormeley
ウォメ Wome
ウォーメル Wormell*
ウォーモルド
Wormald
ヴォユツキー
Voiutskii
ウォヨンゴ Woyongo
ウォーラー
Waller***
Wallerstein
ウォラー Waller***
ヴォーラ
Vola
Voura
ヴォラアル Vollard
ウォラウィー Voravii
ウォラギネ
Varagine
Voragine
ウォラク Wallach
ヴォラジネ Voragine
ウォーラース Wohlers
ウォーラーズ
Wallers
Wohlers*
ウォーラス
Wallace**
Wallas*
ウォラス
Wallace*
Wallas
ヴォーラス Vorrath
ヴォラーズ Vollers
ウォラースタイン
Wallerstein**
ウォーラースティン
Wallerstein*
ウォーラーステイン
Wallerstein**
ウォラースティーン
Wallerstein
ウォラーステイン
Wallerstein
ウォラストン
Wollaston
ウォラーゼ Wallaze
ウォラチット
Vorachit*
Vorachith
ウォーラック
Wallach**
Warrack
ウォラック
Wallach**
Wallack*
Worrack
ヴォラック Wolak
ウォラッシュ Wallach
ウォラディロック
Woradilok
ウォラード Wollard
ヴォーラート Wohlert
ウォラナー Wolaner
ヴォラハ Wallach

ウ

ヴォーラペット
Vorapheth
ウォラポート Worapoj
ウォーラム Warham
ウォラム
Warham
Warram
Woram
ヴォラム Vollam
ウォーラル Worrall
ウォラル Worrall**
ヴォラール Vollard*
ウォラワット
Worawat
ヴォラン Volang
ヴォランズ Volans
ウォランスキ Wolinski
ヴォランスキー
Wolanski
Wolinski
ヴォランツ Voranc
ウォーランド Warland
ウォラント Wallant
ヴォランド Volland
ウォーリ Whalley
ウォーリー
Waldon
Waley
Wallace
Walley**
Wally***
Walter
Whalley
Worley
Worry
ウォリ Wuori
ウォリー
Walley
Wally*
ウオリ Wuori*
ヴォリ Vuori*
ウォリアー
Warrier
Warrior**
ウォリアムズ
Walliams
ウォーリィ Walley
ウォリヴァー Woliver
ウォリオー Walior
ヴォリオ Vuorio
ヴオリオ Vuorio
ヴォリク Volik
ヴォリゲムート
Vol'gemut
ウォーリス
Wallace
Wallis**
ウォリス
Wallace**
Wallis**
Warith
ウオリス Wallace
ヴォーリーズ Vories
ヴォーリス
Vorhis
Vories
ヴォーリズ Vories*
ヴォリーズ Vories*
ヴォリス Voris
ウォリスキー
Volskii**
Vol'skii
ヴォリスキー
Volskii
Vol'skii
ウォーリーストン
Wolleaston
ヴォリセア Volicer
ウォリツァー
Wolitzer*
ウォーリック
Wallich
Warrick
Warwick**
ウォリック
Warrick**
Warwick**
ヴォリック Wollick
ウォリッツァー
Wolitzer
ウォーリッヒ Wallich
ウォリナー
Wariner**
Warinner
Warriner
ウォリニーク
Wolyniec
ヴォリーニン Volinine
ウォリネツ Volynets
ウォーリネン
Wuorinen
ウォリネン Wuorinen
ヴオリネン Wuorinen
ウォリバー Woliver
ヴォリフソン
Vol'fson
Vorifson
ヴォリフゾン Vol'fson
ウォーリペル Vol'per
ウォーリマン
Walliman
ウォリメル Volmer
ヴォリューム Volume
ウオリヨキ Wuolijoki
ヴォリヨン
Vaurouillon
ヴォリレヒト
Vuorilehto
ウォリロウ Worrilow
ウォーリン
Wahlin
Wallin
Wolin*
ウォリン
Wallin*
Waren
Warren
Wolin**
Wolynn
ヴォーリン
Volin
Wohlin
ウォーリンガー
Worringer
ウォリンガー
Worringer
ヴォーリンガー
Worringer
ヴォリンガー
Worringer*
ウォーリンガア
Worringer
ウォーリング
Walling
Waring**
ウォリング Walling*
ウォーリングフォード
Wallingford
ウォリングフォード
Wallingford
ヴォリンゲル
Worringer
ウォリンジャー
Wallinger
ウォーリンスキー
Wolinsky
ウォリンスキ Wolinski
ウォリンスキイ
Volynskii
ヴォリンスキイ
Volynskii
ウォーリントン
Wallington*
ウォリントン
Wallington*
Warrington*
ウォール
Uner
Waal*
Wahl**
Wall***
Wohl*
Woll
ウォル
Wal
Wall
Wohl
Woll
Worou
ヴォール
Wahl*
Wohl
ヴォル
Vold
Volle*
ヴォルィンスキー
Volynski
Volynskii
Volynsky
ヴォルインスキー
Volynskii*
ウォルィンスキイ
Wolynskii
ウォルインスキィ
Volynskii
ウォルインスキイー
Volynskii
ヴォルイーンスキィ
Volynskii
ヴォルインスキイ
Volynskii
ウォルヴァー Wolever
ウォルヴァートン
Wolverton
ウォルウィッチ
Walwicz
ウオルウィヌス
Vuolvinus
ヴォールヴィル
Wohlwill
ウォールウィン
Wallwyn
Walwyn
ウォルウィン Walwyn
ウォルヴィン Walvin
ウォルウォル Worwor
ウォルヴード
Walvoord
ウォルヴン Wolven*
ウォルカー Walker
ヴォルカー
Volker*
Völker
ヴォルガ Varga
ウォルカキウス
Volcācius
ウォルカーズ
Wolkers*
ヴォルガースト
Wolgast
ヴォルカーツ
Volckertszoon
ヴォルカールト
Volckaert
ウォルガン Worgan
ヴォルカン Volkan
ウォルガント
Wollgandt
ヴォルガント
Wollgandt
ヴォルギー Volgy
ウォルキャンプ
Walcamp
ヴォールギン Volgin
ヴォルギン Volgin
ウォルキンスキー
Wallechinsky
ウォルク
Wolk
Wolke
Worku
ヴォルク Volk**
ウォルクスタイン
Wolkstein
ヴォルクマー Volkmar
ヴォルクマン
Volckman*
Volkman
ウォルクラフト
Wallcraft
ウォールグリーン
Walgreen
ウォールグレン
Wallgren
ヴォルケ Wolke
ヴォルケスト
Wahlquist
ヴォルゲマス
Wolgemuth
ウォールゲムート
Wohlgemut
Wohlgemuth
Wolgemut
ヴォールゲムート
Wolgemut
ヴォルゲムート
Wolgemut
ウォルケル Warker
ヴォールケル Voelkel
ヴォルケル Wolker*
ヴォルケルツゾーン
Volckertszoon
ウォルケンシュタイン
Wolkenstein
ヴォルケンシュタイン
Wolkenstein
ヴォルコヴ Volkov
ヴォルコヴァ Volkova
ウォルコヴィツ
Wolkowicz
ウォルコウィッツ
Walkowitz
Wolkowitz
ヴォルコゴーノフ
Volkogonov
ヴォルコゴノフ
Volkogonov
ウォールコット
Walcott
ウォルコット
Alcott
Walcott***
Wolcot
Wolcott**
ウオルコット Wolcott
ウォルコフ
Volkov
Wolkoff
ヴォールコフ Volkov
ヴォルコフ
Valkov
Volkoff*
Volkov**
ウォルコフスキー
Walkowski
ウォルコワ Volkova
ヴォルコワ Volkova*
ヴォルコーンスカヤ
Volkonskaia
ヴォルコンスカヤ
Volkonskaia
ヴォルコーンスキー
Volkonskii
ヴォルコンスキー
Volkonskii*
ヴォルコーンスキィ
Volkonskii
ウォルサー
Walser*
Walther*
ウォルザー Walser
ウォルサム Waltham
ウォルサール Walthall
ヴォルシー Volcy
ウォルシアーヌス
Volsianus
ウォルシアヌス
Volusianus
ウォルシウス
Volsius
Volusius
ウォルシェ
Wallesch
Walsh

ウ

ヴォルジーシェク
Voříšek
ヴォルシャイト
Wollscheid
ウォルシャム
Walsham
ウォールシュ
Walsh*
Walshe
ウォルシュ
Walsch*
Walsh***
Walshe
Warsh**
ウオルシュ Walsh
ウォルシュイス
Wolthuis
ウォルシュレガー
Wullschläger
ヴォルシュレガー
Wullschlager
Wullschläger
ウォルショー
Walshaw
ウォルシン Vorsin
ウォールシンガム
Walsingham
ウォルシンガム
Walsingham
ウォールス Walls**
ウォールズ
Walls*
Walz
ウォルス
Wallace
Walsh
Wols
ヴォルス Wols*
ウォルズウォス
Wordsworth
ウォルズウォルス
Wordsworth
ウォルズウォルズ
Wordsworth
ウォルズオズ
Wordsworth
ウォルスキー
Wolski
Wolsky
ヴォルスキ Wolski
ヴォルスキー Volsky
ウォルスター Walster
ヴォルスティウス
Vorstius
ウォールステッター
Wohlstetter*
ウォルステッター
Wahlstetter
Wohlstetter
ヴォルステッド
Volstead
ヴォルステルン
Voldstedlund
ウォルステン Wallsten
ウォルステンホルム
Wolstenholme
ウォールストン
Walston
ウォルストン
Walston**
ウォルストンクラフト
Wollstonecraft
ウォルズフェルド
Wolzfeld
ヴォルスング Völsung
ヴォルセヌス
Volusenus
ウォールセン Wohlsen
ウォルゼン Woldsen
ウォルソー Worsaae
ヴォルソー Worsaae
ウォルゾウォス
Wordsworth
ウォルソール
Walthall*
ウォルソン
Walson
Wolfson
Wol-son*
ウォールタ Walter
ウォールター Walter*
ウォルタ
Walta
Walter
ウォルター
Waltar*
Walter***
Walters
Walther
Wolter
ウォルダー Waldherr
ウオルター Walter*
ヴォルタ Volta**
ヴォルター
Walther
Wolter*
ウォールタア Walter
ウォルタア Walter
ウォルタース Wolters*
ウォルターズ
Walters***
Wolters
ヴォルタース Wolters
ウォルターストーフ
Wolterstorff
ヴォルタースドルフ
Woltersdorf
ウォールタック
Waltuch
ウォールタート
Wohlthat
ヴォールタート
Wohlthat
ウォルタル Walter
ウォルチ Wortche
ウォールチェ Woeltje
ウォルチック Wolchik
ウォルチャニエツキ
Wolczaniecki
ウォルツ
Waltz**
Woertz*
Woltz**
ヴォルツ Voltz
ウォルツァー
Walzer**
ヴォルツォーゲン
Wolzogen
ヴォルツォゲン
Wolzogen
ウォルッシュ Walsh
ヴォルツフェルド
Wolzfeld
ウォルデ Wolde**
ヴォルデ Wolde
ウォルティー Walty
ウォルデイ Woldai
ヴォルティ Volti*
ヴォルティエ Vaultier
ヴォルティゲルン
Vortigern
ウォルティス Wortis
ウォールディンガー
Waldinger
ヴォルテエル Voltaire
ヴォルテッラ Volterra
ヴォルテッラーノ
Volterrano
ウォルデマー
Waldemar
ヴォルデマー
Voldemar
ヴォルデマーラス
Voldemaras
ウォルデマリアム
Waldemariam
ウォルデマール
Woldemar
ヴォルデマール
Voldemar
ヴォルデマル
Woldemar
ヴォルデマン
Wordemann
ウォルデミカエル
Woldemichael
ヴォルテラ Volterra
ウォルテル
Wálter
Wolter
ヴォールテール
Voltaire
ヴォルテール
Voltaire*
Wollter
ヴォルテル Volter
ヴォルテルラ Volterra
ヴォルテレック
Woltereck
ウォールデン
Walden***
Warden
ウォルデン
Walden*
Worden*
ウォルデンキエル
Woldenkiel
ウォルテンボー
Waltenbaugh
ウォールト Walt
ウォールド
Wald**
Waldo
ウォルト
Waldt
Walt***
Walter*
Worth
ウォルド
Wald*
Waldo*
Wold*
Wolde
ウォルドー Waldo**
ウオルト Walt
ヴォルト
Vold
Walt
ヴォルド Vold
ウォールドウ Waldo
ウォルトキー Waltke
ウォルドギオルギス
Woldegiorgis*
Woldgiorgis*
ウォルトセン Woldsen
ウォルトナー Waltner
ウォルドハイム
Waldheim
ウォルドバウアー
Waldbauer*
ウォルドーフ Waldorf
ウォルドフォーゲル
Waldfogel
ウォルドホルツ
Waldholz*
ヴォルドマール
Voldemar*
Woldemar
ウォールドマン
Waldman*
ウォルトマン
Waltman
Woltmann
ウォルドマン
Waldman**
ヴォルトマン
Woltmann
ヴォルドマン
Voldman
ヴォルトリ Voltri
ウォルトル
Walter
Waltl
ウォルドループ
Waldroop*
ウォルドルフ Waldorf
ウォールドロップ
Waldrop
ウォルドロップ
Waldrop
ウォールドロン
Waldron
ウォルドロン
Waldron***
ウォールトン
Walton**
Wharton
ウォルトン
Walton***
Wolton
ヴォルトン Wolton
ウォールナー Wallner
ウォルナー Wallner*
ヴォルナー
Volner
Wollner*
ウォルナット Walnut
ウォルナム Walnum
ウォルニ Worni
ヴォルニー
Volney
Wollny*
ヴォルネ Volney
ヴォルネー Volney
ウォルハ Volha
ウォルバー Wilbur
ウォルパー Wolper*
ウォルハイム
Wollheim**
ヴォルハイム
Wollheim
ウォルパウ Walpow
ヴォールハウプター
Wohlhaupter
ウォルバーカンプ
Wolverkamp
ウォールバーグ
Wahlberg**
ウォルバーグ
Wahlberg
Walberg
Wolberg
ウォルバースト
Wolbarst
ウォルバート Wolbert
ウォルパート Wolpert
ヴォルパート Volpato
ウォルバートン
Wolverton
ウォルバーン Walburn
ウォールバンク
Walbank
ウォルビー Walby*
ウォルピ Wolpe*
ヴォルピ Volpi*
ヴォルピー Volpe*
ヴォールヒーズ
Voorhees
ヴォルピチェッリ
Volpicelli
ヴォルピチェルリ
Volpicelli
ヴォルピーニ Volpini
ウォールヒューター
Wohlhuter
ウォルフ
Warf
Wolf***
Wolfe**
Wolff***
Wolffe
ウォルプ
Wolpe
Worp
ヴォルフ
Wolf***
Wolff***
Wolfram
ウォルファーズ
Wolfers*
ヴォルファース
Wohlfarth
ウォルファート
Wolfert

ウ

ヴォールファート
Wohlfahrt
ヴォールファルト
Wohlfahrt*
Wohlhart*
ウォルファーレン
Wolferen
ウォルファレン
Wolferen
ウォルファン
Wol-whan
ウォルファング
Wolfgang
ウォルフィッシュ
Wallfisch*
ウォルフィンガー
Wolfinger
ウォルフェ
Wolfe
Wolffe
ウォルフェタング
Wolvetang
ウォルフェレン
Wolferen
ヴォルフェンシュタイン
Wolfenstein*
ウォルフェンスタイン
Wolfenstein
ヴォルフェンスベルガー
Wolfensberger
ウォルフェンソン
Wolfensohn**
ウォルフェンデン
Wolfenden
ウォルフォウィッツ
Wolfowitz**
ウォルフォヴィッツ
Wolfowitz
ウォールフォース
Wohlforth
ウォールフォード
Wohlford
ウォルフォード
Walford**
Wolford
ウォルフォビッツ
Wolfowitz
ウォルフガン
Wolfgang
ヴォルフガン
Wolfgang
ウォルフガンク
Wolfgang**
ウォルフガング
Wolfgang***
ヴォルフガンク
Wolfgang***
ヴォルフガング
Wolfgang***
Wolfgangus
Wolfganng
Wurmnest
ウォルフガングス
Wolfgangus
ヴォルフガングス
Wolfgangus
ウォルフカンプ
Wolvekamp
ウォルフグラム
Wolfgram
Wolfgramm
ヴォルフザング
Wolfgang
ウォルフス Wolfes
ウォルブス Worbs
ヴォルブス Worbs*
ヴォルフスグルーバー
Wolfsgruber*
ヴォルフスグルーベル
Wolfsgruber*
ウォルフスケール
Wolfskehl
ヴォルフスケール
Wolfskehl
ウォルフスタール
Wolfsthal
ヴォルフスタール
Wolfsthal
ウォルフソン
Wolfson**
ウォルフゾーン
Wolffsohn
ヴォルフゾーン
Wolffsohn**
ヴォルフター
Wolhuter
ヴォルフディートリヒ
Wolfdietrich***
ウォルフバーグ
Wolfberg
ヴォルフハルト
Wolfhard
Wolfhart**
ウォルフハンヒ
Wolfgang
ウォルフベイン
Wolfbein
ウォルフラート
Wolfart
ウォルフラム
Wolfram**
ヴォルフラム
Wolfram***
ウォルフリ Wölfli
ヴォルフリ Wölfli
ウォールブリッジ
Wallbridge
ウォルブリッジ
Walbridge
ウォルブリンク
Wolbrink
ウォルブリング
Wolbring
ウォールフル Woelfle
ウォルフル Wolfle
ウォールブルック
Walbrook
ヴォルフルム
Wolfrum*
ウォルフレン
Walferen
Wolferen**
ウォルブン Wolven
ウォルペ Wolpe
ヴォルペ
Volpe
Wolpe
ヴォルペ
Volpe*
Wolpe
ヴォールヘイム
Vårheim
ウォルベン Wolven
ウォルヘンデン
Wolfenden
ウォールボウル
Walpole
ウォルポート Walport
ヴォルポーニ
Volponi**
ウォルポフ Wolpoff
ウォールポール
Walpole
ウォルポール
Walpole**
ヴォルボルン Vollborn
ウォルマー Wolmar
ヴォルマー Vollmer
ヴォールマイヤー
Wohlmeyer
ウォールマーク
Wallmark
ヴォルマラ Vormala
ヴォルマール Wolmar
ウォールマン
Wallman*
Wolman*
ウォルマン
Wallman
Wollman
Wollmann
Wolman
ヴォールマン
Wohltmann
ヴォルマン
Vollman
Vollmann*
Wollmann
Wolman
ウォルミング
Warming
ヴォルム
Worm*
Worms
ウォールムス
Wohlmuth
ウォルムス Worms*
ヴォルムス Worms
ウォルムズリー
Walmsley
ヴォルムセール
Wormser
ヴォルムート
Wohlmuth
ウォルヨ Walujo
ヴォルラアル Vollard
ウォルライチ
Wolraich
ウォルラス Walrath*
ヴォールラス Vollrath
ウォルラベン
Walraven
ヴォルリチェク
Worlitschek
ウォルレイス Wallace
ヴォールレーベン
Wohlleben
ウォルロンド
Walrond*
ウォールワーク
Wallwork
ウォールワース
Walworth
ウォールワス
Walworth
ウォルワース
Walworth
ウォルワード
Walvoord
ウオルン Waln
ウォーレ
Wahle
Wole**
ウォレ Wole*
ヴォレ Wolle
ウォーレイ Walley
ウォレィス Wallace
ウォレイス Wallace
ウォレク Wallach
ヴォレク Volek
ウォレシュ Walesh
ウォーレース Wallace
ウォーレス
Wallac
Wallace***
ウォレース Wallace
ウォレス
Wallace***
Wallis*
ウオレス Wallace*
ウォーレック Wollek*
ウォレック Worek
ウォレット Worret
ヴォーレット Wohlert
ウォレビー Warrebey
ヴォレフ Volev
ヴォレブ Wolleb
ウォレフガング
Wolfgang
ウォレベ Wohllebe
ヴォレラン Vaulerin
ウォレリウス Valerius
ウォーレル
Varelli
Woehrel
Worrell**
ウォレル
Warrell
Worrell
ウォーレン
Waren
Warren***
Whalen*
Wollen
ウォレン
Wallen
Warren**
ウオレン Warren
ヴォーレン
Vooren
Warren
ウォーレンシュタイン
Wallenstein*
ウォーレンシュレーガ
Wollenschläger
ウォレンス Wallace
ウォーレンスタイン
Wallenstein
ウォレンスタイン
Wallenstein
ウォーレンステイン
Wallenstein
ヴオレンソラ
Vuorensola
ウォーレンダ
Wallenda
ウォーレンダー
Warrender
ウォレンダー
Warrender
ウォレンバーグ
Wollenberg
ヴォレンベルク
Wollenberg
ヴォレンボルク
Wollemborg
ヴォローヴィチ
Vorovich
ヴォロガセス
Vologaeses
Vologases
ウォログェム
Ouologuem
ウォロケ Wolke
ウォロゲセス
Vologaeses
ヴォロゲセス
Vologaeses
ウオロゲム
Ouologuem
ヴォロシノフ
Voloshinov
ウォロジミール
Volodymyr
ヴォロジーミル
Volodymyr
ウォロシーロフ
Voroshilov
ウォロシロフ
Voroshilov
ヴォロシーロフ
Voroshilov
ウォロシン Woloshin
ウォロジン Volodin
ヴォローシン Voloshin
ヴォロシン Voloshin*
ヴォロジン Volodin*
ヴォロソジャル
Volosozhar*
ヴォロソフ Volosov
ヴォロダースキー
Volodarsky
ヴォロダールスキー
Volodarskii
ヴォロダルスキー
Volodarskii
ヴォロダールスキィ
Volodarskii
ヴォロツキー Volockij
ヴォローツキイ
Volockij

ウォーロック Warlock
ヴォロック Volokh
ヴォロディーヌ
Volodine**
ウォロディミル
Volodimir
Volodymyr**
ウオロディミル
Volodymyr
ヴォロディーミル
Volodímir
ヴォロディミル
Volodymyr
ヴォローディン
Volodin
ヴォロドス Volodos*
ウォロトニコフ
Vorotnikov*
ウォロニナ Voronina
ヴォロニーヒン
Voronikhin
ヴォロニヒン
Voronikhin
ウォローニン
Voronin*
ウォロニン Voronin**
ヴォローニン Voronin
ヴォロニン Voronin
ウォロネンコフ
Voronenkov
ヴォロノイ Voronoi
ウォロノヴ Woronov
ヴォロノヴ Woronov
ウォロノフ Woronoff*
ヴォロノフ
Voronoff*
Voronov
ヴォーロノワ
Voronova
ヴォロビエフ
Vorobiev
ヴォロビエワ
Vorobieva
ヴォロビヨヴァ
Vorob'eva
ウォロビョフ
Vorob'ev
ウォロビヨフ
Vorobyov
ヴォロビョーフ
Vorobëv
ヴォロビョフ
Vorob'ev
ヴォロビヨフ
Vorob'ev
ヴォロビヨワ
Vorob'eva
ヴォロブエフ
Volobuev
ヴォローフスキー
Vorovskii
ヴォロフスキー
Vorovskii*
ヴォローフスキィ
Vorovskii
ヴォーロム Borum
ウォーロール Worrall
ウォロンカー
Waronker
ヴォロンコウ
Voronkov
ヴォロンコフ
Voronkov
ウォロンコーワ
Voronkova
ヴォロンコーワ
Voronkova
ヴォロンスキー
Voronskii
ウォロンツォーフ
Vorontsov
ウォロンツォフ
Vorontsov***
ヴォロンツォーフ
Vorontsov
ヴォロンツォフ
Vorontsov*
ヴォロンテ Volonté*
ヴォワイエ Voyer
ヴォワイヨ Voillot
ヴォワザン Voisin**
ヴォワズノン
Voisenon
ヴォワセル Voiselle
ヴォワチュリエ
Voituriez
ヴォワチュール
Voiture
ヴォワテュール
Voiture
ヴォワト Voight
ヴォワネ Voynet*
ウォーン
Waln
Warn
Warne**
Woan
ウォン
Hwang**
Uon*
Uong
Von
Wang**
Wawn
Won*
Wong***
Woon
Wyon
ウオン Uong
ヴォーン
Vanghn
Vaughan*
Vaughn*
ヴォン
Von*
Vuong
ヴオン
Vuong
Vu'ọ'ng
ウォンアラヤ
Wong-araya
ウォンイェンチェオン
Wongyen Cheong
ウォンイル Won-il
ウォンウィチット
Vongvichit
ヴォンヴィチット
Vongvichit
ウォンウィパー
Wongvipa*
ヴォンヴォラ Volavola
ウォンガー Wongar
ウォンカムサオ
Vongkamsao
ウォンカラウン
Wongkhalaung
ウォーンキー Warnke*
ウォンギ Won-ki*
ウォンギョン
Wong-gyon*
ウォンギル Won-gil
ウォング
Hwang
Wang*
Wong**
Won-gu
Won-koo
ヴォンク Vonk
ウォンクソンキット
Vongkusolkit
ヴォンゲリヒテン
Vongerichten
ウォンコムトン
Wongkhomthong*
ウォンサ Vongsa
ヴォンサヴァン
Vongsavanh
ウォンサーヌプラパット
Wongsanupraphat
ウォンサムット
Wongsamut
ウォンサワット
Wongsawat*
ウォンサワン
Wongsawan
ウォンシク
Won-shik**
ウォンジャ Won Ja
ウォーンシュイス
Warnshuis
ウォンジュン Won-jun
ウォンジョン
Won-jong
ウォンジョンカム
Wonjongkam*
ウォーンズ Warnes**
ウォンスク
Won-sook*
Won-suk
Wonsuk
ウォンズブラ
Wansbrough
ウォンスワン
Wongsuwan
ウォンスン
Won-soon**
ウオンスン
Won-soon*
ウォンセ Won-se
ウォンダ Wanda
ヴォーンダ Vaunda
ヴォンダ Vonda
ヴォンダァレァ
Vonderlehr
ウォンダースマン
Wandersman
ヴォンダーハール
Vonderhaar
ウォンダーラー
Vongdala
ウォンダラ
Vondara
Vongdara
ウォンチョル
Won-chol
Won-chul*
ウォンデ Won-dai
ヴォンディ Vondie
ウォンテート
Wongtheet
ヴォンデル Vondel
ウォンデレン
Wonderen
ウォント Want
ウォンド Won-do
ヴォンドラーク
Vondrák
ヴォンドラチェク
Wondratschek
ヴォンドレー Wondre
ウォンドレイ Wandrei
ヴォンドロヴィチ
Vondrovič
ウォンパーサ
Wongpaser
ウォンパーサー
Wongpaser
ウォンパタナッキ
Wongpattanakit
ウォンパッタナキット
Wongpattanakit
ウォンヒ Won-hee
ウォンピョン
Won-pyung
ウォンビン
Won-bin
Wonbin*
ウォンプム
Wongpoom
ヴォンブレドーワーンドル
Von Bredow-Werndl
ウォンフン
Won-heung*
ウォンベ Won-bae
ヴォンヘリクテン
Vongerichten
ウォンボー
Wambaugh**
ウォンボク Won Bok
ウォンホート
Wormhoudt
ウォンホン Won-hong
ウォンモ Won-mo
ウォンヤ Wanya*
ウォンヨン Won-yong
ウォンラス Wanlass
ウォンリー Wanglee
ヴォンリー Vonleh
ウォンリョン
Won-yong
ウォンリン Wan-ling
ウォンルキエット
Wongluekiet
ウォンロカム
Vonglokham
ウォンワタナ
Vong Vathana
ウォンワン
Wongwan*
ウカ Ouka
ウガ Uggah
ウカシェーヴィチ
Lukasiewicz*
Łukasiewicz
ウカシェヴィチ
Lukasiewicz
ウカシェヴィッツ
Lukasiewicz
ウカシェービチ
Lukasiewicz
ウカシュ Lukasz
ウガス Ugas
ウガフ Wegaf
ウガラ Ugala
ウカル Ucar
ウガルテ Ugarte*
ウガルテーチェ
Ugarteche
ウガルテチェ
Ugarteche
ヴカロヴィチ
Vukalovich
ヴガン Vukan
ウーガンバートル
Uuganbaatar
ウーキー Wou-ki**
ウーギ Ughi
ウギ Ughi
ヴギウクラーキ
Vougiouklaki
ウギェン Ugyen
ウギス Ugis
ウギリ Ugili
ウギル Ugil
ヴキレ Vukile
ウキーン
Mukin
Ukīn
ウキン
Ukin
Ukīn
ウーク
Ook**
Wouk
ウーグ
Hougue
Hugues*
ウク
Uck
Wook
ウグ Woog
ヴーク Vuk
ウグァン Woo-gwan
ウグエト Ugueto
ウグエフ Uguyev

ウ

ウグエン Ugyen
ヴクサヴィッチ
Vukcevich
ヴクシク Vukšić
ウクセンシェルナ
Oxenstierna
ウクタム Uktam
ヴクチチ Vukčić
ウグッチオーネ
Uguccione
ウグッチョ Huguccio
ウグッチョーネ
Uguccione
ウクトムハン
Uktomkhan
ヴクトリアン
Vict rien
ヴクトル Victor
ウクバ
'Uqba
'Uq-bah
ヴクブ Vucub
ウグベシア Ugbesia
ウグベル Hugbel
ウクライーンカ
Ukrainka
Ukraïnka
ウクラインカ
Ukrainka
ウグラス Ugglas*
ウグラーノフ Uglanov
ウクラン Ukran
ウグリュモフ
Ugryumov
ウグル
Ugur
Uguru
ウグルラ Ugurla
ウグレ Ougoureh
ウグレシィチ Ugrešić
ウグレシッチ
Ugrešić*
Ugrešić
ウクレス Hucles
ウクレバ Ukleba
ウクレヤ Ukleja
ウグロフ Uglov
ウーグロン Hougron
ウゲ Hugues
ウーゲット Ugueth*
ウゲット Huguet
ヴケティツ Wuketits*
ウゲリ Ughelli
ヴケリッチ
Voukelitch
Vukelic
Vukelič
ウケル Ukel
ウーケン Uken
ウゲン
Ogyen
Ugen
Ugyen
ウーゲンパ
U rgyan pa
ウーゴ
Hugh
Hugo***
Ugo***
ウーゴー
Hugo
Ugo
ウコ Uko
ウゴ
Hugo**
Ugo
ヴコヴィチ Vuković
ヴコヴィック Vukovic
ヴコヴィッチ
Vuckovich
ヴコヴラボビィチ
Vukobratovic
ヴコティチ Vukotić
ウゴフスキ Wugofski*
ヴコブラトビッチ
Vukobratovic
ウゴリーニ Ugolini
ウゴリーヌス Ugolinus
ウゴリーノ Ugolino
ウゴルスキ Ugorski*
ウコロワ Ukolova
ウサ
Houssat
Usa
ウザ Uzzah
ウーサイ Houssay
ウサイ Houssay*
ウサイビア Uṣaibi'ah
ウサイミーン
Uthaymin
ウサイン Usain**
ウサキェヴィチ
Usakiewicz
ウザクバエフ
Uzakbaev
ウサチェフ Usachov
ウサチェフスキー
Ussachevsky*
ウサチョフ
Usachëv
Usachov
ウザーデル Usadel
ウサトゥイ Usatîi
ウサバ Usabha
ウサビアガ Usabiaga
ウサーマ
Usāma
Usâmah
ウサマ
Osama
Osma
Oussama*
Usama
ウサマテ Usamate
ウーサム Woo-Sam
ウサラム Usalam
ウーサン Houssin*
ウサンディサガ
Usandizaga
ウージ Uzi
ウシ
Euchi
Uschi*
ウジ
Uzi
Uziel
ウジー Ousey
ウジア Uzziah
ウジェ
Huget
Yoo-jae
ウシェイケル Usheiker
ウジエエヌ Eugène
ヴジェコフスカ
Wojciechowska
ウシェジブ Ushezib
ウーシェス Uzès
ウージェック Wujec
ウージェニー
Engénie
Eugene
Eugénie
ウジェニー Eugénie*
ウージェニィ Eugenie
ウージェーヌ
Eugene
Eugéne
Eugène***
ウージェヌ Eugène
ウジェーヌ
Eugene**
Eugéne
Eugène**
ウジェヌ Eugène
ヴジェーヌ Eugène
ウシェフ Ushev
ウジェリ Ugelli
ウージェル Heugel*
ウジェルー Oodgeroo
ウジエル Uziel
ウジエルリ Uzielli
ウージェンヌ Eugene
ウジェンヌ Eugene
ウシク
Usyk**
Woo-sik
ウシグリ Usigli
ウシシュキン
Ussishkin
ウシチェンコ
Usichenko
ウーシック Woo-Shik
ウージニー Eugenie
ヴージニア Virginie*
ウジノフ Uzhinov
ウーシャ Usha*
ウシャ Usha*
ウジヤ
Ozías
Uzziah
ウジャイリー 'Ujailī
ウシャクルギル
Usakligil
Uşakligil
ウシャコーフ Ushakov
ウシャコフ Ushakov*
ウシャコワ Ushakova
ウシャス Uṣas
ウシャツカス Ušackas
ウージャール Oujar
ウシャール Houchard
ウジャル Ujjal
ウージャン Ujang
ウジャン Ujang*
ウシャンギ Ushangi
ウーシュ Heusch*
ウジュヴィー Uzhvij
ウシュク Işik
ウシュケンピロフ
Ushkempirov
ウシュシュキン
Ussishkin
ウジューヌ Eugène
ウーシュラ Ursula
ウジュルー Oodgeroo
ウジュン Woo-joong
ウジョーア Ulloa
ウジョア Ulloa
ウショラ Wszola
ウショルド Uschold
ウジョン
U-jong
Woo-jhong
Woo-Jung
ウジラキ Ujlaki
ウジリ Ujiri
ヴシリイ Vasilii
ウシン Ussing
ウージンガー Usinger
ウージンゲン Usingen
ウシンスキー
Ushinskii*
ウシーンスキィ
Ushinskii
ウジンツェフ
Udintsev
ウーズ
Euse
Woese
Woods
ウーズー Auzout
ウス Houssou
ヴース Voes
ウスアルドゥス
Usuardus
ウズィ Uzi
ウスヴァイスカヤ
Usvayskaya
ウースウェイト
Outhwaite
ウズギリス Uzgiris
ウスココビッチ
Usković*
ウースター
Oostra
Wooster*
Worcester*
Worceter
Wurster
ウスター
Worcester
Worceter
ウスタオウル
Ustaoglu
ウスターシュ
Eustache
ウスタシュ Eustache
ウスターズスィース
Ustādhsis
ウスタッシュ
Eustache
ウスタッド Ustad
ウスタード Ustād
ウズダビニス
Uzdavinis
ウスタリス
Ustariz
Uztariz
ウズタリズ Uztariz
ウースタル Worcester
ウスチーノフ Ustinov
ウスチノフ Ustinov**
ウスチュナー Üstüner
ウスップ Usup
ウスツン Üstün
ウスティニア Ustinia
ウスティーヌ
Woestijne
ウーステイネ
Woestijne
ヴーステイネ
Woestijne
ウスティノフ
Oustinoff
ウスティノワ Ustinova
ウスディン Usdin
ウーステーネ
Woestijne
ヴーステル Veuster
ウースト
Woeste
Wuest
Wust
ヴースト Wust
ヴスト Wust
ウストイウゴフ
Ustyugov**
ウストヴォリスカヤ
Ustvol'skaya
ウストヴォルスカヤ
Ustvol'skaya
ウストゥン Ustün
ウストウーン Ustun
ウーストハイゼン
Oosthuizen
ウストピリョン
Ustopiriyon
ウストプスキ Ustupski
ヴストマン
Wustmann
ウストリャーロフ
Ustryalov
ウースナー Wuerthner
ウスナウ Wuthnow
ウーズナム
Woosnam*
ウスニ Usani
ウズニエ Usunier
ウズニディス
Oudzunidis

ウズノフ Uzunov
ウスパスキフ
Uspaskich
ウーズビー Ousby
ウズベク Uzbeg
ウスペル Usper
ウスペンスカヤ
Ouspenskaya
Uspenskaja
ウスペーンスキー
Uspenskii
ウスペンスキー
Ouspensky
Uspenski
Uspenskii**
Uspenskiĭ
Uspenskij
Uspensky**
ウスペーンスキィ
Uspenskii
ウスペンスキイ
Uspenskii
ウスボフ Usubov
ウースマ Uusma
ウスマー Usmar
ウスマーヌ Ousmane
ウスマヌ Ousmane**
ウスマノヴァ
Usmanova
ウスマーノフ
Usmanov
ウスマノフ Usmanov*
ウスマル Usmar
ウスマーン
Ousmane
Uthmān
'Uthmān
'Uṯẖmān
ウスマン
Ousman
Ousmane**
Usman*
Ussumane
Uthman
'Uthmān
ウスモナリ Usmonali
ウスモンクル
Usmonkul
ウスモンゾダ
Usmonzoda
ウースラー Uslar
ウーズラ Ursula
ウスラー Uslar*
ウスラル Uslar**
ウーズリ Ouseley
ウスール Usur
ウスル Usur
ウーズーン Uzun
ウーズン
Wuchun
Wuzun
ウスン Woo-soon
ウズン Uzun
ウズンチャルシュル
Uzunçarşili
ウーセ
Heuze
Houssaye
Ousset
ウーセー
Houssay
Houssaye
ウーゼ Uhse*
ウーゼー Heuzey
ウセ Houssaye
ウセイ Houssay
ウセイニ Ousseini
ウセイヌ Ousseynou
ウゼイル Uzeir
ウセイン Houssein
ヴセーヴォロド
Vsevolod
ヴセヴォロド
Vsevolod
ウーゼナー Usener
ウゼナー Usener
ウセニ Ousseni
ウーゼーヌ Eugene
ウセノフ Usenov
ウゼラツ Uzelac
ウーセル
'Od zer
Özer
ウセルアナト
Useranath
ウセルカーウラー
Userkhaure
ウセルカフ Userkaf
ウセルカーラー
Userkare
ウセルケプルウラー
Userkheprure
ウセルト Usert
ウセルバエフ
Usserbayev
ウセルマアトラー
Usermare
ウセルマレー
Usermare
ウセルラー Userre
ウセルラト Useranath
ウーゼン Eugèn
ウーゼンクラフト
Wozencraft**
ウーソヴァ Usova
ウソヴァ Usova
ウソク Woo-suk*
ウゾディンマ
Uzodinma
ウソバ Usova
ウゾマ Uzoma
ウゾマー Uzomah
ウソマイシ
U-su-mi-shih
ウゾレク Wzorek
ウーソワ Usova
ウソワ Usova*
ウソン
Wonsug
Woo-sun
Woo-sung*
ウータ Uta*
ウーター Wouter*
ウタ Uta**
ウター Uther
ウダ Houdas
ウダーア Oudaa
ウタイ Uthai
ウダイ
Uday***
Udaya
ウダーイン Udāyin
ウダエタ Udaeta
ウダーコーン
Udaakoon
ウダチン Udachyn
ウダード Woodard
ウタマ Oetama*
ウタミ Utami**
ウーダム Woodham
ウダヤ Udaya*
ウダヤーディティヤヴァルマン
Udayādityavarman
ウダーヤナ Udāyana
ウダヤナ Udayana
ウタヤーニン
Uthayanin
ウダヤン Udayan*
ウターリド 'Uṭārid
ウーダール Oudart
ウタール Houtart
ウタル
Utall
Uttal
ウダール
Houdar
Houdart
Oudart
ウダル Udr
ウダルチャク
Wlodarczyk*
ウダルツォヴァ
Udaltsova
ウータン Houtin
ウーダン
Houdenc
Houdin*
WuDunn*
ウタン Houtin
ウダン
Oudin
WuDunn
ウチェ Uche
ヴチェティーチ
Vchetitch
ウチクンベク
Uchkunbek
ウチダ Uchida*
ウチッキー Ucicky
ウチツキ Ucicky
ヴチック Vuchic
ヴチッチ Vučić*
ウチッツ Utitz
ウチヤ
Lucja
Łucja
ウチャキン Uchakin
ウチャン Ucan
ウチュン U-choon
ウチョソヴ Utyosov
ウチョル Woo-chul
ウーチン Utin
ウーツ Uz
ウーツェル Woetzel
ウッカー Uecker
ウッガ Ugga
ウック
Huch
Ouk*
Uc
Wouk
ウツク Utku
ウッケーパカタ
Ukkhepakata
ウッケライ Uckeley
ウッサイ Houssay
ウッザマン Uzzaman
ウッサン Houssin
ウッシ Ussi
ウッジャー Woodger
ウッジャヤ Ujjaya
ウッシリー Ussilly
ウッジンヌ Ouzzine
ウッズ
Wood
Woodes
Woods***
ウッズィーン Ouzzine
ウッズケ Woodske
ウッズフォード
Woodsford
ウッズワース
Woodsworth
ウッセイ Houssay
ヴッセルマン
Wassermann
ウッター Huther
ウッタイブ Al-Ṭayyib
ウッダウラ
'Al-Daula
Al-Dawla
ウッダカ Uddaka
ウッターストレーム
Utterström
ウッダード
Woodard**
ヴッダパッバジター
Vuddhapabbajitā
ウッタマ Uttama
ウッタマー Uttamā
ウッタマチョーラ
Uttamachōḷa
ウッダム Woodham
ウッタラ Uttara
ウッタラー Uttara
ウッダーラカ
Uddālaka
ウッダラジャート
'Al-Darajāt
ウッタラパーラ
Uttarapāla
ウッタル Uttal
ウッダル Woodall
ウッチ Utsch
ウッチェッリーニ
Uccellini
ウッチェッロ Uccello
ウッチェルリーニ
Uccellini
ウッチェルロ Uccello
ウッチェロ Uccello*
ウッツ Utz
ウッツォン Utzon**
ウッツシュナイダー
Utzschneider
ウッディ
Woodrow
Woodson
Woody***
ウッディー
Woodie
Woody
ウッディウィス
Woodiwiss**
ウッティーニ Uttini
ヴッティヒ Wuttig
ウッティヤ Uttiya
ウッディヨータカラ
Uddyotakara
ウッ・ディーン Al-Dīn
ウッディーン
Ad-Dīn
Al-Din
Al-Dīn
Oddīn
Ud-Dīn
Ud-din
ウッディン
Al-Dīn
Woodin
ウッティング Utting
ウッディング
Wooding*
ウッテン Wooten
ウッデン Wooden
ウッデンド Woodend
ウッデンベリ
Uddenberg
ウット
Hute
Hutt
Ut
Utt
ウットー Utto
ウッド
Uddo
Wood***
Woods
ウッドヴィル
Woodville
ウッドウェル
Woodwell*
ウッドウォース
Woodworth
ウッドウォード
Woodward*
ウットウン Wootten
ウッドオール Woodall
ヴットケ Wuttke
ウッドゲート
Woodgate*
ウッドコック
Woodcock***

ウ

ウッドサイド Woodside
ウッドスモール Woodsmall*
ウッドソープ Woodthorpe
ウッドソン Woodson***
ウッドハヴ Wouldhave
ウッドハウス Wodehouse** Wodhouse Woodhouse***
ウッドハム Woodham Woodhams
ウッドハムズ Woodhams
ウッドバリー Woodbury*
ウッドハル Woodhull**
ウッドバレー Woodbury
ウッドバーン Woodburn
ウッドビル Woodville
ウッドフィールド Woodfield
ウッドフォード Woodford** Woodforde*
ウッドフォール Woodfall
ウッドブリジ Woodbridge*
ウッドブリッジ Woodbride Woodbridge**
ウッドベック Woodbeck
ウッドヘッド Woodhead**
ウッドベリ Woodbury
ウッドベリー Woodbury*
ウッドベリイ Woodberry
ウッドホール Woodhall*
ウッドマン Woodman*
ウッドヤード Woodyard*
ウッドラフ Woodrough Woodruff**
ウッドランド Woodland
ウッドリー Woodley*
ウッドリュー Woodrew
ウッドリング Wooding Woodring*
ウッドルーフ Woodroofe Woodrooffe
ウッドルフ Woodroffe Woodroofe Woodruff
ウッドレー Woodley
ウッドレイ Woodleigh Woodley*
ウッドレル Woodrell**
ウッドロー Woodrow**
ウッドロウ Wodrow Woodrow**
ウッドロオ Woodrow
ウッドロック Woodlock
ウッドロフ Woodroffe
ウッドワーク Woodwark
ウッドワース Woodworth***
ウッドワーズ Woodwars
ウッドワス Woodworth
ウッドワード Woodward***
ウットン Wootton
ウッドン Wooden Woodin
ヴッパーフェルト Wupperfeld
ヴッハベルガー Wachberger
ウッパラヴァンナー Uppalavaṇṇā
ウッビリー Ubbirī
ウッフェルマン Uffelmann
ウップダール Uppdal
ウッラ Ulla** Ullah*
ウッラー Allāh Ullah Ullāh
ウッラマイ Ulla-Maj
ウッラーマイヤ Ulla-Maija
ウツール Usur
ヴッルグレーン Vallgren
ウーテ Étaix Ute*
ウーデ Houdé* Ude* Uhde**
ウテ Ute**
ウデ Houdet* Odet Ude*
ヴーテ Veuthey
ウティ Utuy
ウテイ Outey
ウディ Udi Woody**
ウーティエ Outhier
ウディエ Woodier
ウディエット Oudiette
ウーティス Outis
ウディチコ Wodiczko**
ウティチャイ Wuttichai
ウーティツ Utitz*
ウティツ Utitz
ウティック Utic
ウーティッツ Utitz
ウティッツ Utitz
ウティット Uthit** 'Uthit
ウーディニ Houdini
ウーディネ Udine
ウディネ Udine
ウーディノ Oudinot
ウーディノー Oudinot
ウディノ Oudinot
ウディノー Oudinot
ウティヒャ Uticha
ウティーム Uteem* Uttem
ウデイル Udale
ウディン Oudine Woodin
ウテク Woo-thak
ウーデゴーア Odegaard
ウテショフ Uteshov
ウテス Uteß
ウーデット Udet*
ウデット Udet
ウーデト Udet
ウデーナ Udena
ウテヒン Utekhin
ウテミシュ Utemish
ウデル Udell
ヴデル Vedel
ウデルゾ Uderzo
ウデルニ Ouederni
ウーデルホーヴェン Udelhoven
ヴテレス Viteles
ウーテン Wooten*
ウーデン Uden Wooden
ウテン Uthen
ウーテンハイム Utenheim
ウーテンボーハルト Wtenbogaert
ウーテンボハールト Wtenbogaert
ウテンボヘールト Wtenbogaert
ウデンワ Udenwa
ウート Uth Uto Woot
ウード Eude Eudes Eudo Houde Udo* Wood
ウト Ut Uto
ウトー Heurtaux
ウド Oudot Ud* Udo**
ウドー Oudot Udo Udoh
ヴート Voet
ウードァン Wood-hung
ウトイカマヌ Utoikamanu
ウトゥ Utu
ウトゥイ Utuy
ウドヴィチェンコ Udovichenko
ウートヴィル Houtteville
ウドゥインガー Houdeingar
ウドゥヴァルディ Udvardy
ウドヴェンコ Udovenko**
ウトゥカン Utkan
ウドゥニー Udny
ウドゥパ Udupa
ウドゥラオゴ Ouedraogo
ウドゥリー Udry
ウトゥリアイネン Uturiainen
ウドゥン Wooden**
ウドカ Udoka
ウトカン Utkan
ウトキル Utkir
ウートキン Utkin
ヴトケ Wuttke
ウドコック Woodcock
ウドース Eudoxe
ウドソン Woodson
ウドドフ Udodov
ウトニ Utoni
ウトバ 'Utba
ウドハヴ Wouldhave
ウードハウス Wodehouse
ウドバタ Udbhaṭa
ウトパテル Utpatel
ウトパール Utpal
ウトビー 'Utbī
ウドビチッチ Udovičić
ウドビチュキ Udovički
ウードビーヌ Houdebine
ウトフ Uthoff
ウトフマーン 'Uthmān
ウードブリジ Woodbridge
ウドベンコ Udovenko
ウドマ Udoma
ウトマーン 'Uthmān
ウトマンジャメ Outhmane Djame
ウードミャエ Uudmäe
ウドム Oudom* Udom
ウドムルトワ Udmurtova
ウトモ Oetome
ウトヨ Utojo
ウードラオガ Oudraoga
ウトラッキ Utracki
ウドラフ Woodruff
ウートラム Outram*
ウードリ Oudry
ウードリー Oudry
ウドリ Houdry
ウドリー Udry* Woodley
ウトリオ Utrio**
ウードリック Udorih
ウードリング Woodring
ウドルジャル Udr-žal
ウードレ Houdré
ウトレー Outrey Utley
ウドレー Houdret*
ウドレア Udrea
ウートレイン Outrein
ウートレム Outram
ウトレーラ Utrera
ウドロー Woodrow
ウートン Wooton Wootten Wootton*
ウードン Houdon
ウドン Houdon
ウドンポーン Udomporn*
ウーナ Oona Una*
ウナ Eun-ha Una**
ウナイ Unai
ウナイエス Ouneies
ウナイドゥン Ünaydin

ウ

ウナク Woon-hak
ウナクタン Unakitan
ウナクン Unakul
ウナサ Unasa
ウナス Unas
ウナヌエ Unanue
ウナムーノ
Unamuno**
ウナムノ Unamuno*
ウナル
Unal
Ünal
ヴナン Venant
ウニ Eun-hee
ウニー Ounie*
ウニェヴィッテル
Ungewitter
ウニカ Unica*
ウーニコ Unico
ウニコ Unico
ヴニーザ Vunisa
ヴニバルト Wunibald
ヴニポラ Vunipola
ヴニャック Vunjak
ウニョク Eunhyuk
ウニョン
Eun-yong
Eun-young
Eunyoung
Un-yeong
ヴヌーコフ Vnukov**
ウヌージュール
Unūjūr
ウヌス Unus
ウヌテ Ounouted
ウヌル Onur
ウヌルバト Onorbat
ウネ Eun-hye*
ウーノ
Uno
Uuno
ウノ
Eun-O
Uno*
ウノチュウ Ngo Chew
ウノンペ
Hounnonkpe
ウーパ Dbus pa
ウーバイ Wu Bai
ウハイシ Wuhayshi
ウバイダ
'Ubaida
'Ubayda
ウバイデ 'Ubaid
ウバイディ Ubaydi
ウバイド
Ubad
'Ubaid
Ubayd
'Ubayd
'Ubayd
ウバイドゥッラー
'Ubaid Allah
'Ubaidullāh
'Ubayd Allāh
'Ubaydallāh
ウパヴァーナ
Upavāṇa
ウパヴァルシャ
Upavarṣa
ウパカ Upaka
ウーハガード
Övergaard
ウパグプタ Upagupta
ウパサマー Upasamā
ウバシ Ubaši
ウパシーヴァ Upasīva
ウパシャーンタ
Upaśānta
ウパセーナ Upasena
ウパダヤ Upadhyaya*
ウパチャーラー
Upacālā
ウバック Ubach
ウバッシー Ubassy
ウパッデャイ
Upadhay
ウパデアーエ
Upadhyay
ウパティッサ Upatissa
ウパディヤヤ
Upadhyaya*
ウパトニークス
Upatnieks
ウパドヤーヤ
Upadhyaya
ウパドヤヤ
Upadhyaya
ウハナーギン
Uhnaagiin
ウパバルシャ
Upavarṣa
ウバーフ Ubaah
ヴーハープフェニヒ
Wucherpfenig
Wucherpfennig
ウーハーペニヒ
Wucherpfennig
ヴーハーペニヒ
Wucherpfennig
ウバーリ Oubaali
ウパーリ Upāli
ウパリ Upali
ウバリットー Uballiṭ
ウバリト Uballiṭ
ウバルタス Ubartas
ウバルデ Ubalde
ウバルディ Ubaldi
ウバルディナ
Ubaldina
ウバルディノ
Ubaldino
ウバルド Ubaldo**
ウバルドゥス Ubaldo
ウバルリト
Uballit
Uballiṭ
ウバーロフ Uvarov
ウハン Whang
ウバン Woo-bang
ウハンバイ Ykhanbai
ウーピ Whoopi
ウーピー Whoopi*
ウヒ Woo-hee*
ウピオ Upio
ウビガン Houbigant
ウビク Łbik
ウビーコ Ubico
ウビコ Ubico
ウビジュス Ubillús
ウビダ Oubida
ウピーツ Upīts
ウーピト Upit
ウービナ Urbina*
ウヒョン Woo-hyong
ウピラ Upira
ウヒルリアム William
ウーピン
Woo-ping
Wo-ping
ウーフ Woof
ウファン Ufan
ウーフィット Wooffitt
ウフィムセフ
Ufimtsev
ウフェ
Houphouët
Uffe**
ウフエ Houphouët
ウーフェル Ufer
ウーフェン Ufen
ウフォト Ufot
ウフカーウ Wahkhau
ウフキル Oufkir
ウフク Ufuk*
ウーフダド Hoefdraad
ウプダール Uppdal
ヴフタール Wuchterl
ウブティル Oubtil
ウーフティン Yukhtin
ウフトームスキー
Ukhtomskii
ウフトムスキー
Ukhtomskii
Ukhtomsky
ウフトームスキィ
Ukhtomskii
ウフナー Uhnaa*
ウフナーギーン
Uhnaagiin
ウブナージ Obonaji
ウフナール
Uchár
Uchnár
ウプフース Uphues
ウプマアト Wepmaat
ウー・フラ Uhla
ウープラン Houplain
ウフリアリク Uhliarik
ウーブリュー Ouvrieu
ウーブリユー Ouvrieu
ウーブル Houbre
ウフル
Uhl
Uhuru**
ウブルリ Oubrerie
ウーブレ Houbre
ウプワウトエムサフ
Wepwawetemsaf
ウーベ
Houvet
Uwe**
ウーベイエンス
Uwe-Jens
ウベイダラ
Ubeydullah
ウベイドゥラ
Obaidullah
ウベジアン Uvezian
ウヘムイブラー
Wehemibre
ヴヘラー Wucherer
ウベル Hubert
ウベルティ Uberti
ウベルティーノ
Ubertino
ウベルト Uberto*
ウーベルバイト
Øvretveit
ヴヘルベッキ Verbeck
ウーヘレン Uchelen
ウベローデ Ubbelohde
ウペーンドラ Upendra
ウペンドラ Upendra
ウペンドラナート
Upendra Nath*
ウペーンドルナート
Upendrnāth
ウペンドロキショル
Upendrakiśor
ウホフ Ukhov*
ウボン
Ubol
Woo-bong
ウボンラット
Ubol Ratana
Ubonrat
ウーマ Uma
ウマ Uma*
ウマー
Uma
Umā
Umar
ウマイヤ
Umaiya
Umayya
ウマガ Umaga*
ウマーシャンカル
Umā Shankar
ウマースヴァーティ
Umāsvāti
ウマースバーティ
Umāsvāti
ウーマック Womack*
ウマニ Oumani
ウーマノ Oumano
ウマーパティ Umāpati
ウマハノフ
Oumakhanov*
ウマヤ Umayya
ウマーラ 'Umāra
ウマラ
Humala*
Oumara
'Umāra
ウマラス Umaras
ウマリ Umali
ウマリー 'Umarī
ウマール
Omar
Oumar*
Umar
ウマル
Omar*
Oumar*
Oumarou**
Umar***
'Umar*
Umaru**
Umer
ウマルー Oumarou
ウマロ Umaro
ウマロゥ Oumarou
ウマーロフ Umarov
ウマン Woo-mahn
ウマンス Umans
ウーマンスキー
Oumansky
ウマンスキー
Umanskii
Umansky
ウミー
Umiich
Ummy
ウミア Oumiha
ウミット Umit*
ウミト Umit
ウミド Umid
ウミルザク Umirzak
ウミレ Umile
ウミン Yumin
ウーム
Umm
Wurm
ウム
Oum**
Oumou
Um
Umm
ウムアニ Oumhani
ウムシュタット
Umstatt
ウムット Umut*
ウムト Umut
ウムバッハ Umbach*
ウムフェルビー
Umphelby
ウムフリート Umfrid
ウムフローフェ
Umbgrove
ウムベトフ Umbetov
ウムベルト Umberto
ウムラウフ Umlauf*
ウムラン Umran
ウムランド Umland
ウーメ Wume
ウメシュ Umesh
ウメド Houmed

ウ

ウモー Houmeau
ウヤズドフスキ
Ujazdowski
ヴャズニコフ
Viaznikov
ヴャーゼムスキー
Viazemskii
Vyazemskii
ヴャゼムスキー
Viazemskii
Vyazemsky
ヴャーゼムスキィ
Viazemskii
ヴャチェスラヴォヴィチ
Vyacheslavovich
ヴャチェスラヴォフ
Viacheslavov
ヴャチェスラーフ
Viacheslav
Vyacheslav
ヴャチェスラフ
Viacheslav*
Viatcheslav
Vyacheslav***
Vyacheslàv
ヴャディン Vujadin
ヴャノヴィッチ
Vujanović
ウーヤヒア Ouyahia**
ウーヤヒヤ Ouyahia
ヴャヒレフ Vyakhirev
ヴャルデマー
Waldemar
ヴュ Vu
ヴュー Vieux
ヴュアタ Vuataz
ヴュアルネ Vuarnet
ヴュイエルモ
Vuillermoz
ヴュイエルモーズ
Vuillermoz
ヴュイヤール
Vuillard**
ヴュイーユ Vieuille
ヴュイユマン
Vuillemin
ヴュイヨーム
Vuillaume
ヴュイルマール
Wuilmart
ヴュグリネッチ
Vugrinec
ヴュザク Vieuzac
ヴューザック Vieuzac
ヴュザック Vieuzac
ヴューサンス
Vieussens
ヴュステンフェルト
Wüstenfeld
ヴュステンベルク
Wüstenberg
ヴュスト Wüst
ヴュストホッフ
Wüsthoff
ヴュストルツ
Wüstholz
ヴュータン
Vieuxtemps
ヴュチェビッチ
Vucevic
ヴュッシュー
Vieusseux
ヴュートリッヒ
Wüthrich*
ヴュトリヒ Wuthrich
ヴュナンビュルジェ
Wunenburger
ヴュプレヒティンガー
Wyprächtinger
ヴュリコフスキー
Velikovsky
ヴュルガモット
Vulgamott
ヴュルグラン Vulgrin
ウュルツ Wurtz
ヴュルツ
Wurtz
Würtz
ヴュルツバッハ
Wuřzbach
ウュルツブルグ
Würzburg
ヴュルツブルク
Würzburg
ヴュルディンガー
Würdinger
ヴュルテンベルガー
Würtenberger*
ヴュルテンベルク
Wertenberg
Würtenberg
Württemberg
Wurttermberk
ヴュルトヴァイン
Wurthwein
ヴュルトレ Würthle
ウュルトワイン
Würthwein
ヴュルナー
Wullner
Wüllner*
ウユルネル Wüllner
ヴュルネル Wüllner
ヴュルフェル Würfel
ヴュンシュ Wunsch
ヴュンステル Wünstel
ウュンマー Wummer
ウヨ Woo-yea
ウヨア Ulloa
ヴョヴッチ Bjovich
ヴョーム Villaume
ヴョルネル Worner
ウヨン
Woo-young
Wooyoung
ヴヨン Villon
ウヨンタナ
Wuyontana*
ウーラ
Ola
Olah
Uhler
Ulla*
ウーラー Ola
ウラ
Ulla**
Ullâh
ウラー
Ulla
Ullah
ヴラ Vla
ウライ
Oulai
Oulaye
ウライエ Oulaye
ヴライク Vlaicu
ヴライコ Vlajko
ウライティノ Ulaitino
ウライラット
Ourairat*
ウライラート Ourairat
ウライワン Uraiwan
ウーラヴ Olav
ヴラウヴァ Vrouva
ウラーウス Olaus
ウラカ Urraca
ウラガ Ulaga
ウラカン Huracan
ウラグチ Ulaghchï
ヴラコス Vlachos
ウーラコット
Woollacott*
ウラジスラウ
Uladzislau
Wladyslaw*
Władysław
ヴラジスラーヴィチ
Vladislavich
ヴラジスラヴィチ
Vladislavich
ウラジスラヴレフ
Vladislavlev*
ウラジスラフ
Vladislav***
Vladisláv
ヴラジスラフ
Vladislav
ウラジスラブレフ
Vladislavlev
ヴラシック Vlasic*
ヴラシッチ Vlašić
ウラジミーヴィチ
Vladimirovich
ウラジーミラヴィチ
Vlalńlmirovir
ウラージーミル
Vladimir
ウラジーミル
Uladimir
Vladimer
Vladimil
Vladimir***
Vladímir
Vladmir
Volodymyr
Vradimir
Wladimir
ウラジミール
Vladimil
Vladimir***
Vladimír**
Vladmir*
Volodymyr*
Wladimir*
Wlodzimierz
ウラジミル
Vladimir***
Wladimir
ヴラジーミル
Vladimir**
Vradimir
ヴラジミール
Vladimir
Vladimír
ヴラジミル Vladimir
ウラジーミルツォフ
Vladimirtsov
ウラジミルツォフ
Vladimirtsov
ヴラジーミルツォフ
Vladimirtsov
ヴラジミルツォフ
Vladimirtsov
ウラジミレスク
Vladimirescu
ヴラジミレスク
Vladimirescu
ウラジーミロ
Vladimilovich
ウラジーミロヴィチ
Vladimilovich
Vladimirovich**
Vladímirovich
ウラジミロウィチ
Vladimirovich
ウラジミロヴィチ
Vladimirovich
ヴラジーミロヴィチ
Vladimirovič
Vladimirovich
ヴラジミロヴィチ
Vladimirovich
ウラジミロヴィッチ
Vladimirovich
ウラジーミロヴナ
Vladimirovna
Vladímirovna
ウラジミロヴナ
Vladimirovna
ヴラジーミロヴナ
Vladimirovna
Vradimirovna
ウラジミロビッチ
Vladimirovich
ウラジーミロフ
Vladimirov
ウラジミロフ
Vladimirov
ウラジメリスゼ
Vladimeris dze
ウラジーモフ
Vladimov**
ヴラジーモフ
Vladimov
ヴラジール Vladir
ウラジレン Vladilen
ウラス
Ulas
Ullas
Uras
ウラズ Uraz
ヴラーズ Vraz
ヴラス Vlas
ヴラズ Vraz
ヴラスコ Velasco
ヴラスコヴィッツ
Vlaskovits
ヴラスタ Vlasta**
ヴラスチャ Vlastja
ヴラスティミール
Vlastimir
ヴラスティミル
Vlastimil
ウラストウ Vlastov
ヴラストス Vlastos
ウーラストン
Wollaston
Woollaston
ウラストン Wollaston
ウラズバーエヴァ
Urazbaeva
ウラースロー
Vladislas
ヴラセンコ Vlasenko
ウラーソフ Vlasov
ウラーゾフ Urazov
ウラソーフ Vlasov
ウラソフ Vlasov*
ヴラーソフ
Blasov
Vlasov
ヴラソフ Vlasov
ウラーダ Vlada
ウラダ Vlada
ヴラダ Vlada*
ヴラダー Vladar*
ウラダヴァー
Wladaver
ヴラダス Vladas
ウラダル Wladar
ヴラダン Vladan*
ヴラーチル Vláčil
ヴラツァノス
Vratsanos
ウラッグ Wragg
ヴラック Vlacq
ヴラッド Vlad
ウラッドコースキー
Wlodkowski
ウーラッハ Urach*
ヴラッハ Wlach
ウラディ Uladi
ヴラディ Vlady*
ヴラディヴォイ
Vladivoj
ヴラディカ Vladica
ウラディゲロフ
Vladigerov
ヴラディゲロフ
Vladigerov
ウラディスラウ
Wladyslaw
ヴラティスラヴ
Vratislav
ヴラディスラヴ
Vladislav
Wladyslaw
ヴラディスラヴァ
Vladislava
ウラディスラヴィッチ
Vladislavich
ヴラディスラス
Vladislas

ウ

ウラディスラフ
Vladimir
Vladislav*
Władysław
ヴラティスラフ
Vratislav
ヴラディスラフ
Vladislav*
Wladislaw
Wladyslaw
Władysław
ヴラディスラブ
Vladislav
ウラディスワフ
Władysław
ヴラディミーア
Vladimir
ヴラディミア
Vladimir
ヴラディミィル
Vladimir
ヴラディミーヤ
Vladimir
ウラディミラス
Vladimiras
ウラディーミル
Vladimir***
Wladimir
ウラディミール
Uladimir
Vladimir***
Vladimír**
Wladimir*
ウラディミル
Vladimir*
ヴラディーミル
Vladimir
Wladimir
ヴラディミール
Uladimir
Vladimil
Vladimir*
Vladimír
Wladimir
ヴラディミル
Vladimir*
Wladimir
ウラディミルス
Vladimirs
ウラディーミルツォフ
Vladimirtsov
ウラディミルツォフ
Vladimirtsov
ヴラディーミルツォフ
Vladimirtsov
ヴラディミルツォフ
Vladimirtsov
ヴラディミレスク
Vladimirescu
ウラディミーロ
Vladimiro
ヴラディミロヴ
Vladimirov
ヴラディミロヴィチ
Vladimirovich
ウラディミーロヴィッチ
Vladimirovich
ウラディミロヴィッチ
Vladimirovich
ウラディミロビッチ
Vladimirovich
ウラディーミロフ
Vladimirov
ウラディミロフ
Vladimiroff
Vladimirov
ウラディーン Uradyn
ヴラーディンガーブローク
Vlaardingerbroek
ヴラデク Vladek
ヴラデッタ Vladeta
ウーラード
Woolard*
Woollard
ヴラード Vlado
ヴラド
Vlad*
Vlado**
ヴラドヴィチ Vladović
ヴラトゥコ Vlatko
ウラトウスカ
Ulatowska
ヴラトコヴィチ
Vlatković
ウラドストン
Wladston
ウラドレン Vladlen
ヴラドレン Vladlen
ヴラーナ Vrána
ヴラナ Vrana
ウラニ
Euranie
Urányi
ウラニウス Uranius
ウラニオス Ouranios
ヴラニシュ Vranješ
ヴラニッキ Vranicki
ヴラニッキー Vranicki
ヴラニツキー
Vranický
Vranitzky
Wranitsky
Wranizky
ヴラニック Vranić
ウラーノヴァ Ulanova
ウラノヴァ Ulanova
ウラノス Uranus
ウラノフ
Ulanoff
Ulanov
ウラーノワ Ulanova
ウラノワ Ulanova
ウーラハ Ourach
ヴラービエ Vrabie
ウーラフ
Olaf
Olof
ヴラフー Vlachou
ウーラフソン Olafsson
ウラブル Urraburu
ヴラホ Vlaho
ヴラホス Vlahos
ヴラマンク Vlaminck*
ヴラミス Vlamis
ウラム
Ulam*
U-ram
ウラムス Woollams
ウラムヌ
Ourahmoune
ウラムバヤリン
Ulambayaryn
ウラヤ Ulaya
ヴラヤナ Vladyana
ウラリー Ullery
ウラル Ural*
ウラルツェーワ
Uralitseva
ウラン
Oran
Ulan
ウランウラン
Uran Uran
ウラーンゲリ Vrangel
ウランゲリ Vrangel
ヴランゲリ Vrangel
ウランゲル
Vrangel
Wrangel
ヴランゲル Wrangel
ヴランケン Vranken
ヴランチッチ Vrancic
ウランチメグ
Uranchimeg
ヴランチャーヌ
Vranceanu
ウランツェツェグ
Urantsetseg
ウーラント Uhland*
ウーランド
Uhland
Wooland
Woollard
ウランバヤー
Ulambayar
ウランフ Ulanhu
ウーリ
Oury
Uli
Ulli**
Uri
Woolley
ウーリー
Oury*
Ueli
Uhry
Uri*
Wooley
Woolley*
Yuri
Yurii
ウリ
Oury
Uli*
Ulli
Uri***
Ury
ウリー
Oury
Ulī
Uri
Woolley*
Wurie
ウリーア
Yulia
Yuliya
ウリア Uriah
ウリアス Urias
ウーリアセーター
Orijasaeter
Orjasaeter
ウリアナ Uliana
ウリアナナディア
Uliana Nadia
ウリアノヴ Ul'yanov
ヴリアミー Vulliamy
ウーリアムズ
Woolliams*
ウリアルテ Uriarte
ウーリィ
Ury
Woolley
ウリィ Woolley
ウリヴィエリ Ulivieri
ウリーヴクルーナ
Olivecrona
ウーリエ Houllier
ウリエ
Houillier
Houllier*
ウリエット Ullyett
ヴリエリンク Vrielink
ウリエル
Uliel
Ulliel
Uriel*
Uriël
ウーリオ Urio
ウリオス Urios
ウリオール Oriol
ウリカ Ullica
ウーリーク Uhlig
ウリクト Wright**
ヴリクト Wright
ヴリグト Wright*
ウーリケ Ulrike
ウリケ Ulrike
ウリザ Uriza*
ヴリーザス Vryzas
ウリシェフ Urishev
ウーリス Woolis*
ウリス
Ulises
Ulisse
ヴリース Vries*
ヴリーズ Vries*
ヴリースウィジク
Vreeswijk
ウーリスクラフト
Woolliscroft
ウーリスクロフト
Woolliscroft
ヴリスロキ Wlislocki
ウーリセス Ulises
ウリセス
Ulises**
Ulisses
Ulysses*
ウリソーン Uryson
ウリダ Oulida
ウリチャック
Urichuck
ウーリツ Ulitz
ウリツカヤ
Ulitskaia**
ウリッキー Ulitskii
ウリツキー
Uritski
Uritskii
ウリーツキィ Uritskii
ウーリック Ulrik
ウリックニー Ulicny
ウーリッジ Woolrich
ウリッセ
Ulisse
Ulysses
ウリッセス Ulysses
ウーリッチ
Ulich
Ulrich
ウーリッドナッハ
Uaridnach
ウーリッヒ
Uhlig*
Ulich
Ullrich
Ulrich*
ウリッヒ Ulrich
ウリティ Uliti
ウリーナ Urena
ヴリナ Vrinat*
ウーリネン Wuorinen
ウリノフ Urinov
ウーリヒ
Uhlich*
Uhlig
ウリビエリ Ulivieri
ヴリフ Vul'f
ウリブールー Uriburu
ウリブル Uriburu
ウリーベ Uribe*
ウリベ Uribe**
ウリヤ
Ourías
Ulya
Uriah
Uriyah
ウリヤスタイ
Uliyasutai
ウリャーテ Ullate
ウリャテ Ullate
ウリヤトゥ Uriat
ウリヤーナ
Uliana
Ulyana
ウリヤナ Uliana
ウリヤーノヴァ
Ul'ianova
Ulyanova
ウリヤーノフ
Ulianov
Ul'ianov
Uliyanov
Ulyanov*
Ul'yanov
ウリヤノフ Uliyanov
ウリヤーノワ
Ulyanova
ウリヤノワ
Il'inichna
Ulianova
Ulyanova
ウリヤマ Ul'iama

ウリヤーン ʻUryān
ヴリュ Velut
ウリュカエフ
Ulyukayev
ヴリューベリ Vruberi
ウリョーア Ulloa
ウリョア Ulloa
ウリョン
Oue-ryong
U-ryong
ウリーラ Urrila
ヴリーラン Vreeland
ヴリーランド
Vreeland*
ウリーン
Ohlin
Ulin*
ウリンソン Urinson*
ヴリーント Vriendt
ウール
Hours
Uğur
Uğur
Uhl*
Ulu*
Uulu
Wool*
Wuhl
ウル
Ul*
Ule
Ullu
Ulu
Ulug
Ur
Urru
Uru
Wulu
ヴル Wuruk
ウルィソーン Urïson
ウルイック Urwick
ウルイナイライ
Uluinairai
ウルイニムギナ
Uru-inim-gina
ウルイブイシェフ
Ulybyshev
ウルヴァエウス
Ulvaeus
ウルウァース
Woolworth
ウールヴァートン
Woolverton
ウルヴァートン
Wolverton
ウルヴィ Ulvi
ウルヴィン Woollvin
ヴルウェー Bulwer
ウールウェイ
Woolway
ウールヴェット
Woolvett
ウルヴェーティ Urveti
ウルヴェーラ Uruvela
ウルヴェル Ulver
ヴルヴスキー Vrbský
ウルエコッテ
Wulfekotte
ウルエータ
Urrueta
Urueta
ウルエタ Urueta
ウールガ Woolgar
ウールガー Woolgar
ウルーカ Ulūka
ウルカ Vulca
ウルガー Woolger
ウルカキウス
Vulcacius
ウルカギナ
Uru-Ka-Gina
ウルカデ Hourcade
ウルカララ Ulukalala*
ヴルガリス Voulgaris
ウルカル Urkal
ウルガント Urgant
ウルキーサ Ürquiza
ウルキサ Ürquiza
ウルキディ Urquidi
ウールグ Ulug
ウルーグ Ulug
ウルク Wuruk
ウルグ Ulug
ウルクハート
Urquhart*
ウルグベク Ulugbek
ウルクメン Ulkumen
ウルグンゲ Urgungge
ウルケシ Wuerkaixi
ウルケシュ Wuerkaixi
ウルケル Ülker
ウルコ Ulco*
ヴルコ Vulko*
ウールコット
Woollcott
ウルコット
Wolcot
Woollcott*
ウルゴビッチ Hrgovic
ウルサ Ursa
ウルサキウス Ursacius
ウルサキオス
Oursákios
Ursacios
ウルサケ Ursache
ウルサノ Ursano
ヴルサリコ Vrsaljko
ウールシー Woolsey*
ウールジー Woolsey**
ウルシ Ursi
ウルジ
Wolsey
Woolsey
ウルジー
Wolsey
Woolsey
ウルジィグルマシュ
Urzigurumash
ウルジェイトゥ
Uljāitū
ウルシカ Urška*
ウルジカ Urzica*
ウルシキヌス
Ursicinus
ウルジーサイハニー
Ulziisaihany
ウルジーサイハンイ
Olziisaihany
ウルシス Ursis
ウルジット Urjit
ウルシナ Ursina*
ウルシーニ Ursini
ウルシニー Ursiny*
ウルジーニャム
Ulziinyam
ウルシヌス Ursinus
ウルジーヌス Ursinus
ウルジヌス Ursinus
ウルシャ Urša
ウルジャイト Öljäitü
ウルジャーイートゥー
Uljāitū
ウルジャーイトゥー
Uljāitū
ウルジャイトゥー
Uljāitū
ウルシャゼ Urushadze
ヴルシャバ Vṛṣabha
ヴルシャリ Vrushali
ウルシュタイン
Ullstein
ウルシュプルング
Ursprung
ウルシュラ
Urszla
Urszula
ウルジルロ Ursillo
ウルス
Hours
Ulusu**
Urs**
Ursu
Urus
ウルスア Ursúa
ウルスィ Urzí
ウルズィートゥグス
Ȯlziĭtȯgs
ウルスス Ursus*
ヴルスター Wurster
ウルステイン
Wullstein
ウールステッター
Wohlstetter
ウルステン
Ullsten*
Wulsten
ウールステンフルム
Woolstenhulme
ウルスト Wurst
ヴルスト Wurst
ウールストン
Woolston*
ウルストン Woolston
ウルストンクラーフト
Wollstonecraft*
ウルストンクラフト
Wollstonecraft*
ウルスプルング
Ursprung
ウルスマル Ursmar
ウルスラ Ursula**
ウルズラ
Ursula**
Ursura
ウールズリー Wolsley
ウルズリ Wolsley
ウルズリー
Wolseley
Wolsley
ウルスリアック
Ursuliak
ウルスル Ulsrud
ウルスルス Ursulus
ウルスレアク Ursuleac
ウルズレアク Ursuleac
ウルスレアサ
Ursuleasa
ウルズレアック
Ursuleac
ウールスン Woolson
ウールセー Woolsey
ウールセイ Woolsey
ウルセフスキー
Urusevskii
ウルセマル Urusemal*
ウルセル
Oursel**
Ursel
ウルセルマン
Urselmann
ウルソ
Urso
Vulso
ウルソル Ul-sol
ウールソン Woolson
ウルソン Ohlsson
ウルダ Urda*
ウルタード
Hurtad
Hurtado*
ウルタド Hurtado**
ウルダネータ
Urdaneta
ウルダネタ Urdaneta
ウルダーノス Urdánoz
ウルダノス
Urdanoz
Urdánoz
ウルダバエワ
Urdabayeva
ウルダル Uldall
ウルタン
Heurtin
Ultan
ウルダング Urdang
ウルチ
Ultsch
Uruci
ウルチア Urrutía
ヴルチェク
Vlcek**
Vltchek
ウールチック Hourticq
ウルツ
Ultz
Wurtz
ヴルツ
Wurtz
Wurz**
ウルツィ Urzí
ウルツィディル
Urzidil*
ウルツェル Ulzer
ウルツハイマー
Ulzheimer
ヴルツバッハー
Wurzbacher
ヴルツブルグ
Wurzburg
ウルツマン Ultzmann
ウルデ Walde
ウルテアガ Urteaga
ウルティア
Urrutia*
Urrutía
ウルティガ Urteaga
ウルディス Uldis
ウールティック
Hourticq
ウルティック Hourticq
ウルディン Urdin
ウルデバイ
Hourdebaigt
ウールテビス
Heurtebis
ヴルーテン Vleuten
ウルト Würth
ウルトー Heurtaux
ウルド Ould***
ウルドアッバス
Ould Abbas
ウルドカブリア
Ould Kablia
ウルトマン Ultman
ウルトラ Ultra*
ウールドリッジ
Wooldridge*
ウルドリッジ
Wooldridge
ウルドリッチ Uldrich*
ウルトン Eul-dong*
ウールナー Woolner
ウルナー Woolner
ウルナール Uchnár
ウルナンシェ
Ur-Nanše
ウルナンム
Ur-nammu
ウルバイ Ulubay
ウルバイン Urbain
ウルパート Wolpert
ウールバートン
Woolverton
ウルバートン
Woolverton
ウルバーニ Urbani
ウルバニ Urbani
ウルバニーク Urbanik
ウルバニャック
Urbaniak
ウルバニングルム

ウ

Urbaningrum
ウルバーヌス Urbanus
ウルバヌス Urbanus
ウルバーネク Urbanek
ウルバネハ Urbaneja
ウルバーノ Urbano
ウルバノヴィチ
Urbanowicz
ウルバーノデソウザ
Urbano De Sousa
ウルバン
Ulvang
Urbain
Urban**
Urbanus
ウルヒ Urhi
ウルピアーヌス
Ulpianus
ウルピアヌス Ulpianus
ウルピウス
Uipius
Ulpius
ヴールピウス Vulpius
ヴルピウス Vulpius
ウルピオ Ulpio
ウルビクス Urbicus
ヴルピッタ Vulpitta
ウルビーナ Urbina*
ウルビナ Urbina
ウルビナティ Urbinati
ウルビノ Urbino
ウルビョン Ul-byong
ウルピライネン
Urpilainen
ウールフ
Olof
Woolf
Woolfe*
ウルフ
Ulf***
Wolf***
Wolfe***
Wolff***
Wolffe
Woolf***
Wulf**
Wulff**
ヴルフ
Wolff
Wulf**
Wulff**
ウールファ Ulpha
ウルファート Wolfert
ウルフィ Urfi
ウルフィー 'Urfī
ウルフィット Wolfit
ウルフィラ
Ulfilas
Wulfila
ヴルフィラ Ulfilas
ウルフィラス Ulfilas
ウルフィン Urvin
ウールフェルト Ulfeldt
ウルフェルト Ulfeldt
ヴルフェルト Wulfert
ウルフェン
Wulfen
Wulffen
ヴルフェン
Wulfen
Wulffen
ウルフェンスバーガー
Wolfensberger
ウルフォウィッツ
Wolfowitz
ウルフォーク
Woolfolk*
ウルフォード Wolford
ウルフガング
Wolfgang**
ウルフギャング
Wolfgang*
ウルブシス Urbshis
ウルフス Wolfs
ウルフスコーグ
Ulvskog
ウルフスタン
Wulfstan
ウールフスン
Woolfson
ウルフソーン
Wolfsohn*
ウルフソン Wolfson
ウルフトン Wolfeton
ウルフヒヤー
Wulfhere
ウルフマン Wolfman*
ヴルフライクス
Wulflaicus
ウルフラム Wolfram*
ヴルフラム Wulfram
ウルフラン Wolfram
ウルフリク
Ulfrick
Ulric
Wulfric
ヴルフリッキー
Vrchlický
ヴルフリツキー
Vrchlický*
ウルフリット Ulfrid
ウルフリート Walfrid
ウルブリヒト
Ulbricht*
ウルプリヒト Ulbricht
ウルフル Wolfle
ウルブレスキ
Wrubleski
ヴルブレフスカ
Wróblewska
ウルーブレフスキー
Wróblewski
ウルブレフスキー
Wroblewski
ヴルブレフスキ
Wróblewski
ヴルブレフスキー
Wróblewski
ウルフング Ulfung
ウルベ Urve
ウルベコフ Ulubekov
ヴルペス Vulpes
ヴルーベリ
Vrubel
Vruberi
ウルヘル Urgel
ウルベル Wrubel
ウルベルアーガ
Urberuaga*
ウルベルアガ
Urberuaga
ウルホ Urho*
ウルボアス Urvoas
ヴルホヴァ Vlhová
ウルポフ Wolpoff
ウルボラ Vrbová
ウールホルン Uhlhorn
ウルホン Uhlhorn
ウールマー Woolmer
ウルマー
Ulmer**
Wolmar*
ウルマス Urmas
ウルマーナ Urmana*
ウルマニス Ulmanis**
ウルマノフ Urmanov*
ヴルマル Wulmar
ウールマン
Uhlmann
Uhrmann*
Woolman**
ウルマン
Uhlman*
Ullman***
Ullmann**
Ullmen
Ulman
Urman
Wollmann
Woolman
ウルミ Ulumi
ウルミラ Urmila
ウルム Ulm
ヴルーム Vroom
ヴルム Wurm
ウルムシュナイダー
Ulmschneider
ウルムズ Urmuz
ヴルムネスト
Wolfgang
ウルメン Ulmen
ウルヤーン 'Uryān
ウルライク Ulrike
ウルライヒ Ulreich
ウルラス Urlus
ウルラニス Urlanis
ウルリーカ Ulrika
ウルリカ
Ulrica
Ulrika
ウルリーク Ulrik
ウルリク
Ulrich
Ulrik
ウルリーケ
Ulrika
Ulrike*
ウルリケ Ulrike**
ウールリシュ Ulrich
ウルリチ Ulrici
ウルリツィ Ulrici
ウルリック
Ulric*
Ulrich*
Ulrik*
ウールリッジ
Woolridge
ウルリッジ
Wooldridge
ウールリッチ
Ulrich*
Woolrich*
Woolrych
ウルリッチ Ulrich*
ウールリッヒ Ulrich
ウルリッヒ
Ullrich**
Ulrich***
ウールリヒ Ulrich
ウルリヒ
Huldreich
Udalricus
Ullrich**
Ulrich***
Urlich
ウルリヒス Urlichs
ウルリン Urlin
ウルルシュペルガー
Urlsperger
ウルルス Urlus
ウルワ 'Urwa
ウルワシー Urvashi*
ウールワース
Woolworth
ウルワース
Woolworth
ウーレ
Uhle
Ule
ウレ Ulle
ウレア Urrea
ウーレイ
Wooley
Woolley
ウレイ Wray
ヴレイ Vrij
ウレイカート Wreikat
ウレイカト Wreikat
ウレイマトゥ
Ouleymatou
ウレギン Ulegin
ウレゴー Oulegoh
ヴレーシューヴェル
Vleeschouwer
ウレスコ Ulezko
ウレスティ Urresti
ヴレタコス Vrettakos
ヴレック Vleck
ウーレット
Ouellette*
Woollett
ウレット
Oualett
Woollett
ヴレットリンド
Wretlind
ウレットル Ouellette
ヴレーデ Wrede*
ヴレーデマン
Vredeman
ヴレトブラッド
Vretblad
ヴレナ Vrenna
ウレーニャ
Urena
Ureña
ウレマン Ureman
ウレモン Uremon
ウーレリー Woolery
ヴレリック Vlerick
ヴーレルス Weulersse
ヴレルス
Vullers
Weulersse
ウーレン
Uhlen
Woollen
ウレーン Ulene
ウレン Thauren
ヴレンヴェーヴァ
Wullenwever
ヴレンヴェーヴァー
Wullenwever
ウーレンカム
Uhlenkamp
ヴレンケン Vranken
ヴレンチン Valentin
ヴレンネ Wrenne
ウレンハーグ
Ullenhag
ウーレンフート
Uhlenhuth*
ウーレンベック
Uhlenbeck
ウーレンベルク
Uhlenberg
Ulenberg
ウレンベルク
Ulenberg
ウーレンホルスト
Uhlenhorst
ウーロ Ouro
ウロー Heureaux
ヴロー Vrau
ウーロヴ
Olof*
Olov**
ウローエヴァ Uroeva
ウロークジック
Uhrowczik
ウロコフ Urokov
ウロシェヴィチ
Urosheviḱ
ウロシェヴィッチ
Urošević
ウロシェビッチ
Urošević
ウロシュ
Uros
Uroš
ウロシュチョフスカ
Wloszczowska
ウロス Urroz
ウロズボエフ
Urozboev
ヴロソス Vrotsos
ヴロダヴェツ
Vlodavets

ヴロツカ Wlotzka
ヴローティン Vlautin
ウロト Oulotto
ウーロフ
Olof**
Olov
ウロフ Olof
ウロブレフスキ
Wróblewski
ヴロブレフスキー
Wróblewski
ウロベル Wrobel
ヴローマン Vlowman
ウロム
Orum
Örum
ウロン Iulon
ウロンスキー Vronskii
ヴロンスキー Vronsky
ヴロンチェンコ
Vronchenko
ウワー Uhr
ウワイス
Uwais
Uways
ウワイルド Wilde
ウワインス Wines
ウワジスワフ
Władysław
ヴワジスワフ
Władysław
ウワタラ Ouattara
ウワチュ Uwacu
ヴワディスワヴァ
Wladyslawa
Władysława
ヴワディスワス
Wladzislaw
Władzisław
ウワディスワフ
Wladyslaw**
Władysław**
ヴワディスワフ
Vladislav
Władysław*
ウワード Ward
ヴワルガ Varga
ウワロワ Uvarova
ウワーン Walne
ウワンゼ Nwanze
ウワントラップ
Wantrup
ウーン Woon
ウン
Eun**
Ng*
Oun
Oung
Un**
Ung***
Woong*
Wun
ウンオ Eung-oh
ウンガー
Ungar
Unger**
ウンガク
Un Guk
Unguk
ヴンガコト Vungakoto
ウンガーマン
Ungerman
Ungermann
ウンカム Ounkham
ウンガラー Ungerer*
ウンガリ Ungari
ウンガレッティ
Ungaretti**
ウンガロ Ungaro**
ウンギュ Eun-kyu*
ウンギョン
Eun-kyeong*
Eun-kyoung
Eun-kyung*
ウンク Ungku*
ウング
Eun-ku
Hung
Ungu
ウングァン Ung-gwan
ウングヴァルスキー
Ungvarski
ウングォル Eungwol
ウングク Un-guk*
ウングソン Ungson
ウングナート Ungnad
ウングバリ Ungvari
ウンクペ Hounkpè
ウングボ Houngbo
ウングライヒ Ungleich
ウングラウプ Unglaub
ウングリアヌ
Ungureanu
ウングリック Unglik
ウングレアーヌ
Ungureanu*
ウングレアヌ
Ungureanu
ウングワレー
Kngwarreye
ウンゲ Woon-kay*
ウンゲヴィッター
Ungewitter
ウンゲホイアー
Ungeheuer
ウンゲラー Ungerer**
ウンゲル Unger
ウンゲルン Ungern
ウンゲレイ Ngaire
ウンゲレール Ungerer
ウンサ Woon-sa**
ウンサップ Eun-sup
ウンサル Unsal
ウンサン Eun-sang
ウンジ
Eun-ji
Undji
ウンジー Wungyi
ウンジェ Woon-jae
ウンシク Wumg-sik
ウンシム
Un Sim
Un-sim*
ウンジャン Oundjian*
ウンシュ Wunsch
ウンジュ
Eun-joo
Eun-ju*
ヴンシュ Wunsch
ウンシュリフト
Unshlikht
ウンジュン Eun-jung
ウンジョン
Eunjung
Un Jong
Un-jong*
Unjong
Woong-jon
ウンシリフト
Unshlikht
ウンシル Un Sil
ウンジン
Eung-jin
Unsinn
ウーンジンガ Njinga
ウンス
Eung-soo
Eun-soo
ウンスエータ Unzueta
ウンスク
Euen-sook
Eunsook
Wonsook
ウンスリー ʻUnsrī
ウンスル Eung-sul
ウンセット
Undset*
Unset
ウンセルト Unsoeld
ウンゼルト
Unseld*
Unsöld
ウンソン
Eun-sun*
Un-seong
ウンソンタム
Ungsongtham**
ウンター Winter
ウンダ Unda
ヴンダー Wunder*
ウンダアイク
Undereyck
ウンタアマン
Untermann
ヴンダイン Van Dine
ウンターウルザッハー
Unterwurzacher
ウンタシュ Untash
ウンターベルグ
Unterberg
ウンターマン
Unterman
Untermann
ウンタラー Ounthala
ウンダーリ Undari
ヴンダーリッヒ
Wunderlich*
ウンダーリヒ
Wunderlich
ヴンダーリヒ
Wunderlich**
ヴンダリング
Wunderling
ヴンダール Wunderl
ウンチャン Un-chan*
ウンチュク
Wangchuck
ウンチョ Ung-jo
ウンチョル
Eun-chul
Unchol
Wun Chul
ウンツナー
Unzner
Unzner-Fischer
ウンテ
Ung-tae*
Un-tae*
ヴンデ Van de
ヴンデラー Wunderer
ウンテライトマイヤー
Unterreitmeier
ウンテル Under*
ウンデル Under
ウンテルベルゲル
Unterbergel
ウンテルペルゲル
Unterpergher
ウンデルリヒ
Wunderlich
ヴンデルリヒ
Wunderlich
ウンデルレ Wunderle
ヴンデルレ Wunderle
ウンデーン Undén
ウンデンゲ Undenge
ウント
Hunt
Und*
ヴント Wundt*
ウンドイッチ
Undeutsch
ウンドゥラガ
Undurraga
ウンドゥール N'Dour
ウントゥン
Oentoeng
Untung
ウンドハイム
Undheim
ヴントラム Wundram
ヴンドラム Wundram
ウンナ
Un-na
Unna
ウンニ Unni*
ウンネルシュタード
Unnerstad*
ウンネルスタッド
Unnerstad
ウンネルスタード
Unnerstad
ウンパーコーン
Ungphakon
Ungphakorn
ウンバースハト
Unversucht
ウンハン Un-han
ウンヒ Eun-hee
ヴンビ Vumbi
ウンヒャン Un Hyang
ウンビョル Eunbyul
ウンヒョン
Woong-Hyeon
ウンピンゴ Unpingco
ウンファレッド
Umphred
ウンファン
Woon-hwan
ウンフェアツァークト
Unverzagt
ウンフェアドルベン
Unverdorben
ウンフェルドルベン
Unverdorben
ウンブライト Umbreit
ウンブラル Umbral*
ウンブロ Umbro
ウンベ Woong-bae*
ウンペ Hounkpe
ウンベリナ Umbelina
ウンベール Humbert
ウンベル Unver
ウンベルト
Humbert
Humberto***
Umbero
Umbert
Umberto***
Unberto*
ウンベルド Umberto
ウンボ Umbo*
ウンマニ Unmani
ウンミーディー
Ummīdī
ウンミディウス
Ummidius
ウンム
Umm
ʻUmm
ウンヨル Eung-ryul
ウンヨン
Eun Young
Un-yong
ウンリョン Un-yong
ウンル Unruh
ウンルー Unruh
ウンルウ Unruh
ウンロン Wen-long

【エ】

エ Al
エー
Áed
Aye
Ey**
エア
Ayer
Ea
Eyre***
エアー
Air
Ayer**
Eyre

エ

エアヴィン Erwin
エアエンライク
Ehrenreich
エアコンウァルド
Erconwald
エアシポール Eathipol
エアシュアール
Edouard
エアース Airth**
エアーズ
Ayars
Ayers**
Ayres*
Eayrs
エアズ
Ayers
Ayres*
エアステズ Ørsted
エアスリウ Erslev
エアスレウ Erslev
エアダーシュ Endoes
エアッソン Easson
エアテトミ
Ehate Tomi
エアード Aird**
エアドウィ Eadwig
エアドギス Eadgyth
エアドブーフ
Eadburga
エーアトマン
Erdmann
エーアトマンスドルフ
Erdmannsdorff
エアドメルス
Eadmerus
Edmer
エアトン Ayrton
エアナトゥム
Eannatum
エアネス Eanes*
エアバ Eaba
エアハート
Airhart
Earhart**
Ehrhart
エアバーマン
Erbermann
エーアハルト
Ehrhard
Ehrhardt*
Erhard
Erhart
エアハルト
Ehrhard
Ehrhardt*
Erhard***
Erhardt*
Erhart
エアフルト Erfurt
エアラーンド Erland
エアリ Airy
エアリー Airy
エアリアル Ariel
エアリアン Ariane*
エアリク Ehrlich*
エアリス
Aris
Eirlys
エーアリック Ehrlich
エアリック
Ehrich
Ehrlich
エーアリッヒ Ehrlich
エアリッヒ Erlich
エーアリヒ Ehrlich*
エアリンガー Erlinger
エアル Erll
エアルドレッド
Ealdred
エァルブルッフ
Erlbruch*
エーアレ Ehrle
エアレンスベルグ
Arensberg
エーアロン Aaron
エアロン Aaron*
エアン Heang
エアンシュト Ernst
エアンスト Ernst
エアンナトゥム
Eannatum
エアンフレド Eanflaed
エーイ Ailly
エイ
Aye**
Ey
Jei*
エイー Eyih
エイアル Eyal*
エイイットル Egill
エイイトル Egill
エイイルソン Egilsson
エィヴァリー Avery*
エイヴァリー
Avary
Avery*
エイヴァンズ Avens
エイヴィス Avis*
エイヴィスン Avison
エイヴィソン Avison
エイヴィン
Oivin
Øivind
エイヴィンド Eyvind
エイヴェリー Avery
エイヴェント Avent
エイヴソン Avison
エイヴニ Aveni
エイヴバリー Avebury
エイヴヤード Aveyard
エイヴラム
Abraham
Abram
Avram
エイヴリ Avery*
エイヴリー Avery**
エイヴリル
Averill*
Avil
Avril
エイヴリング Aveling
エイヴルス Averous
エイヴンス Avens*
エーイェ Eje
エイエム Hayem
エイオス Eos
エイカー
Aaker
Achor
エイガー Agar*
エイカース Akers
エイカーズ
Acres
Akers**
エイガス Agus
エイカーソン Akerson
エイカック Acock
エイガット Agate
エイカド Achad*
エイガード Agard
エイカーバーグス
Akerbergs
エイカフ Acuff*
エイカーマン
Ackerman
エイカーリンド
Akerlind
エイカン Eyquem
エイガンズ Agans
エイキ Eiki
エイキム Akim
エイギル Eigil
エイキン
Aiken*
Aikin*
Akin*
Eakin
エイキンサイド
Akenside
エイキンス
Aikens*
Akins
エイキンズ
Aikens
Aikins
Akins
Eakins
エイギンス Agins*
エイク Eyck*
エイクス Aks
エイグトヴェト
Eigtved
エイクハースト
Akehurst
エイクボーン
Ayckbourn**
エイクマン
Aickman*
Aikman*
Eijkman*
Eykman
エイクム Eyquem
エイグラン Agran
エイクリー Akeley*
エイクリン Akeson
エイグロ
Eyglo
Eygló
エイクロイド
Aykroyd*
エイクン Aiken
エイゲット Agate
エイケベリ Ekeberg
エイケム Eyquem
エイケル Aker
エイゲル Eygel
エイケルベルグ
Åkerberg
エイケン
Aiken***
Aitken**
Eycken
エイゲン Aigen
エイケンサイド
Akenside
エイケンヘッド
Aikenhead
エイケンベリー
Eikenberry
エイゴー Agor*
エイコック Aycock**
エイコフ Ackoff
エイコン Akon
エイサ
Asa**
Eissa
エイサー Asare
エイザ Asa
エイザー Azar
エイサギルレ
Eyzaguirre*
エイサギーレ
Eizaguirre*
Eyzaguirre
エイサギレ
Eyzaguirre
エイサン
Athan
Eisen
エイシ Ayissi
エイシー Acy
エイジー Agee**
エイジア Asia
エイジアス Agius*
エイシー・アローン
Aceyalone
エイジェイ
A.J.
Ajayi
エイジャ Elijah
エイジャー
Ager
Aja
エイシャール Eychart
エイジリンク Agelink
エイジンガー Azinger
エイシンハ Eyringa
エイス
Ace
Eijs
エイズ Ades
エイスケンス
Eyskens*
エイスコー Ayscough
エイスコーフ
Weiskopf
エイスタイン Eystein
エイステイン
Eystein
Øystein
エイステン
Eystein
Eysten
エイスドーファー
Eisdorfer
エイズベット Aisbett*
エイスモント
Eysymontt
エイゼナス Asenath
エイゼル Azer
エイセン Aisen
エイゼン
Ajzen
Eisen*
エイゼンシチューイン
Eizenshtein
エイゼンシッツ
Eisenschitz
エイゼンシテーイン
Eizenshtein
エイゼンシテイン
Eisenstein
Eizenshtein
エイゼンシュタイン
Eisenstein
Eizenshtein
エイゼンシュティン
Eizenshtein
エイゼンシュテイン
Eisenstein
Eizenshtein*
エイセンステイン
Eizenshtein
エイゼンドラス
Eisendrath
エイソス Athos
エイソン Eison
エイダ
Ada**
Adah
Eide*
エイタム Eitam
エイタヨ Eyitayo
エイタン
Eitan**
Eytan
エイダン Aidan***
エイチスン Aitchison
エイチソン Aitchison*
エイチャーチ Achurch
エイツ Yates
エイッカ
Eicca
Eikka
エイック Eick
エイデ
Eidé
Eyde
エイデア Adair
エイディ
Adey
Adie
エイディー Adey*
エイティローブ
Weintraub

エ

エイディン Aydin
エイディンタス
Eidintas
エイデマン Eidemann
エイデム Eidem
エイデル Adele
エイデルステイン
Eydelsteyn
エイデルマン
Adelman
Edelman*
Edelmann
Eidelman
エイデン Aiden
エイデンハート
Adenhart
エイト
Ayto*
Eiht
エイトー Ayto
エイド
Ade*
Aid
Eid
エイトウ Ayto
エイドゥ Aidoo
エイトヴェド Eigtved
エイドウス Eidus
エイドゥル Eidur
エイトゥーン Aytoun
エイドガン Aydogan
エイトキン
Aitken*
Aitkin
エイトクン Aitken
エイトケン Aitken**
エイドッソン Eidsson
エイトラ Eythora
エイドリアナ Adriana
エイドリアン
Adreian
Adreon
Adriaan
Adriaen
Adrian***
Adrián
Adriane*
Adrianne
Adrien***
Adrienne**
Yeo
エイドリアンス
Adriance
エイドリアンヌ
Adrianne
Adrienne
エイドリエン
Adrienne*
エイドリエンヌ
Adrienne
エイドリゲヴィチウス
Eidrigevicius
エイドリゲーヴィチュス
Eidrigevicius
エイドリゲヴィチュス
Eidrigevicius
エイドリゲビシウス
Eidrigevicius*
Eidrigevičius
エイドリゲビチウス
Eidrigevicius
エイドリゲビチュス
Eidrigevicius
エイドリッツ Eidlitz
エイトール Heitor*
エイトル
Egill
Heitor
エイドルマン
Adleman
エイトレム Eitrem
エイトン
Aiton
Ayton
Aytoun
エイナー
Egner
Einar*
Ejnar
エイナウディ
Einaudi*
エイナット Einat
エイナール Einar
エイナル Einar**
エイナルス Einars*
エイナルソン
Einarsson
エイニ Ayeni
エイネス Agnes
エイノ Eino**
エイノウデイ Einaudi
エイノーディ Einaudi
エイノユハニ
Einojuhani**
エイノン Einon
エイバー Aber
エイバイズ Avise
エイバソールド
Aebersold
エイバハート
Aberhart
エイハム Ayham
エイバラート Everaert
エイバリ Avery
エイバリー
Aberly*
Avebury
Avery
エイハーン
Ahearn
Ahern**
エイバン E'ban
エイピア Appier
エイピアー Appier*
エイピアス Avius
エイビス
Avis**
Avise
エイビン Abene
エイブ
Abe*
Abé
エイフェックス Aphex
エイブス Abes*
エイプス Apess
エイプスタイルズ
Apestyles
エイブナー
Abner*
Eibner
エイフマン Eifman*
エイブラ Abra
エイブラー Abelar
エィブラハム
Abraham
エイブラハム
Abraham***
Abrahams
Avraham*
エイブラハムス
Abrahams
エイブラハムズ
Abrahams***
エイブラハムソン
Abrahamson*
エイブラヒム
Abrahim
エィブラム Abraham
エイブラム
Abraham*
Abram**
Abrams
Avram*
エイブラムス
Abrams**
エイブラムズ
Abrahms*
Abrams**
エイブラムソン
Abramson*
エイブラン Ablan
エイブリ Avery
エイブリー
Abley
Abry
Avery***
エイブリュー Abreu*
エイブリル
Abril
Averill
Avil
エイプリル
April**
Aprill
エイブル
Abel
Abell
エイブルソン Abelson
エイプルトン
Appleton
エイブルマン
Ableman
エイフレム Eifrem
エイブロイ Avroy
エイベ Eyebe
エイベアイシ
Eyebe Ayissi
エイベリー Avery
エィベル Abel
エイベル
Abel**
Abell*
Aibel
エイペル Appel
エイベルズ Abels
エイベルソン
Abelson*
エイベン Eiben
エイヘンバウム
Eikhenbaum*
エイホ Aho
エイホー Aho*
エイボー Abou
エイボン
Avon
Avorn
エイマー Amy
エイマーマン
Amerman
エイマール
Eimerl
Eymard*
エイマン
Ayman*
Heymann*
エイマンタス
Eimantas
エィミ Amy**
エイミー
Aimee
Amie
Amy*
エイミ
Ami
Amy*
エイミー
Aimee**
Aimée*
Ame
A'me
Ami
Amie*
Amy***
Eighmy
エイミアス Amyas
エィミィ Amy*
エイミウィルスン
AmyWilson
エイミエル Amiel*
エイミス
Amies**
Amis**
エイミック Amick
エイミュ Eymieu
エイミュラー
Eychmüller
エイミーリア Emilie
エイミール Ameer
エイム
Amé
Heim
エイムス
Aames*
Ames*
Emes
エイムズ
Aames**
Ames**
Eames*
エイムリー Amery
エイムレン Eemeren
エイメ
Aimée
Ayme
Aymé
エイメー Aimee
エイメシェイタ
Emecheta
エイメス
Ames
Amess
エイメリー
Amerie
Amery
エイメリクス
Eymericus
エイメルト Eimert
エイメン Amen*
エイメンソン
Amenson*
エイメント Ament
エイモア Amor
エイモイ Eymoy
エイモス Amos***
エイモリ Amory*
エイモリー
Amorey
Amory**
エイモン
Amon*
Aymon
Eamon**
Eamonn*
エイヤ Eija*
エイヤー Ayer**
エイヤース
Ayers
Ayres*
エイヤーズ Ayres
エイユボフ Eiyubov
エイヨ Eyot
エイヨルフル Eyjolfur
エイラ
Eila
Eilla
エイラーズ Eilers
エイラーツセン
Eilertsen
エイラト Ehlert*
エイリ Ehli
エイリー
Ailey*
Ailie
Airey
Eilidh
エイリアス Aleas*
エイリーク Eiríkr
エイリク Eirik**
エイリークスソン
Ericsson
エイリシュ Eilish
エイリス
Eilis
Eilís
エイリック Eirik
エイリフ
Ayliffe
Eilif
エイリュー Elihu
エイリーン Eileen
エイリング Ayling
エイリンバーグ
Eirinberg

エ

エイール Egill
エイル
Ehle
Eyre
エイルウィン
Aylwin***
エイルウォード
Aylward*
エイルサ Ailsa
エイルズ
Ailes
Ales
エイルズワース
Aylesworth
エイルベルトゥス
Eilbertus
エイルマー Aylmer
エイルム Ailm
エイルワード
Ayleward
Aylward*
エイレイテュイア
Eileithyia
エイレス Ayres
エイレット Aylett
エイレーナイオス
Eirēnaîos
Irenaeus
エイレナイオス
Irenaeus*
エイレーネー Eirēnē
エイレネ Eirēnē
エイレペーエ Äyräpää
エイレン Heylen
エイロ
Aiello
Øilo
エイロー Eyraud
エイロット Aylott
エイローラ Airola
エイワルト Awalt
エイワン Ewan
エイン
Ayn
'Ayn
Eain
エーインガー Ehinger
エインゲルダ
Aingelda
エインジ Ainge
エインジェル Angell
エインジェルダ
Aingelda
エインジャー Angier*
エインスウォルス
Ainsworth
エインスコー Ainscow
エインスコウ Ainscow
エインズブラチ
Einspruch
エインスミス
Ainsmith
エインスリ Ainslie
エインスリー Ainslie
エインズリー
Ainsley*
Ainslie**
エインズレー Ainslie
エインズワース
Ainsworth***
エインズワス
Ainsworth
エインドゥラ Aeindra
エイントーフェン
Einthoven
エインハルドゥス
Einhardus
エインビッケ Eimbcke
エインリ Ainley
エインリー Ainley
エインレイ Ainlay
エインワース
Ainsworth
エーヴ
Eve*
Ève
エヴ
Eve*
Ève
エーヴァ
Eva**
Éva**
エヴァ
Ava*
Eeva
Eva***
Eve
Ewa**
エヴァー Ever
エウアイネトス
Euainetos
エーヴァウト Ewaut
エヴァグッド
Evergood
エウァグリウス
Evagrius
エヴァグリウス
Evagrius
エウァグリオス
Euagrios
エウアグリオス
Euagrios
Euágrios
Evagrius
エウアゴラース
Euagoras
エウアゴラス
Euagoras
エヴァシェッド
Evershed
エーヴァース Ewers
エヴァース Evers
エヴァーズ Evers
エヴァスカス Evaskus
エヴァソン Everson*
エヴァーツ
Evarts
Eversz*
エヴァット Evatt*
エヴァーディング
Everding
エヴァート
Evart
Evert*
Ewert
エヴァートソン
Evertson
エヴァドニ Evadne
エヴァナム Evernham
エヴァニア Evanier
エヴァニアー Evanier
エヴァネスコ
Evaneshko
エヴァミー Evamy
エヴァーラスト
Everlast
エヴァラード Everard
エヴァーラン
Overland
エヴァーリー
Everleigh
Everly
エヴァリー
Avery
Everly*
エヴァリスト
Evariste
Évariste
Evaristo*
エウァリストゥス
Euaristus
Evaristus
エヴァリット
Everett
Everitt
エヴァリットステュワート
Everitt-Stewart
エヴァリト Everett
エヴァリン
Evaline
Evalyn
Evelyn
エーヴァル
Ewald
Öwall
エヴァル Ewald
エーヴァルト Ewald*
エーヴァルド Eval'd
エウァルド Ewald
エヴァルト Ewald*
エウァレストス
Euárestos
エヴァレット
Everett*
Everette
エヴァーロール
Everall
エヴァン
Evan**
Evans
Evein
Even
Hevin
Hévin*
エヴァング Evang
エヴァンゲリスタ
Evangelista
エヴァンゲリスト
Evangelist
エヴァンゲリーナ
Evangelina
エヴァンゲロス
Evanghelos*
エヴァンコ Evancho
エヴァンシア
Evanthia
エヴァンジェリスタ
Evangelista
エヴァンジェリスティ
Evangelisti**
エヴァンジェリン
Evangeline**
エヴァンス
Evance
Evans***
Evanse
エヴァンズ Evans**
エヴアンズ Evans
エヴァンスタッド
Evenstad
エヴァンスン Evanson
エヴァンソン
Evanson
Evenson
エウアンデル Euander
エヴァンデル Evander
エヴァンドロ
Evandro
Ewandro
エウアンドロス
Euandros
エヴァンプール
Evenepoel
エーヴィ Evy
エヴィ
Evi**
Evy
エヴィー Evie
エヴィオータ Eviota
エーヴィス Avis
エーヴィソン Avison
エヴィソン Evison
エヴィット
Evitt
Hewitt
エーヴィヒ Ewig
エウィング Ewing
エヴィングトン
Evington
エヴィントン
Evington
エウェイク Ewijk
エーヴェット Ewert
エヴェット Evett
エヴェーニウス
Evenius
エウエノス Euēnos
エヴェヘマ Evehema
エウエメロス
Euhēmeros
エヴェラ Evera
エヴェラー Eweler
エヴェラード Everard
エヴェリット Everitt
エヴェリーナ Evelina
エヴェリーン Eveline
エヴェリン
Eveline*
Evelyn*
エヴェール Hébert
エウエルゲテース
Euergetes
エウエルゲテス
Euergetes
エーウェルス Ewers
エーヴェルス
Ewers***
エーヴェルツ Everts
エーヴェルト Ewert*
エヴェルト Evert*
エヴェルド Evered
エーヴェルハート
Ewerhart
エーヴェルハルト
Everhard
エヴェルベック
Ewerbech
エヴェルモド
Evermod
エーヴェルラン
Overland
Øverland
エヴェレスト Everest*
エヴェレット
Everett**
Everette
Everret
エーヴェンス Eeuwens
エヴェンス Evens
エヴェンソン Evenson
エヴェンデル Evander
エーウォウト Eewoud
エウォディウス
Evodius
エヴォーディオ
Evodio
エウオディオス
Euodios
Euódios
エウオドス Euodos
エウォボル Ewovor
エヴォラ
Evora
Évora*
エウォルト Ewoldt
エウォルド Ewald*
エヴォルト Eworth
エウォン Ewon
エウカイタ Euchaita
エウカイロス Eúkairos
エウカリウス
Eucharius
エウカリオ Eucario
エウギッピウス
Eugippius
エウクテーモーン
Euktēmōn
エウクラチデス
Eucratides
エウクラティデス
Eucratides
Eukratidēs
エヴグラーフ Evgraf
エウクリージス
Euclides
エウクリーデス
Euclides

エ

エウクリデス
Euclides*
エウクレイダス
Eucleidas
Eukleidas
エウクレイデース
Eukleidēs
エウクレイデス
Eucleides
Euclid
Eukleidēs
エウゲーニ Evgenii
エウゲーニー Evgeniĭ
エウゲニー
Eugen
Eugenie
Evgenii
エヴゲーニー
Evgenii**
Evgénii
Evgenij*
Evgeniy
Evgeny
エヴゲニー
Eugen
Evgenii*
Evgeniĭ
Evgeny
エウゲニア
Eugenia*
Evgeniya
エヴゲーニィ Evgenii
エヴゲーニイ
Evgenii*
Evgeny
エヴゲニイ Evgenii
エヴゲニヴィチ
Evgen'evich
エウゲニウーシ
Eugeniusz
エウゲニウス
Eugenijus
Eugenius*
エヴゲニエヴィチ
Evgenievich
エヴゲニエヴッチ
Yevgenyevich
エヴゲニエヴナ
Evgen'evna
Evgenievna
Evgénievna
エウゲニオ Eugenio
エウゲニオス
Eugenios
エヴゲニオス
Eugenios
エウゲニコス
Eugenikos
Eugenikós
エウゲーニヤ Evgeniia
エウゲニヤ Evgeniya
エヴゲーニャ Evgeniia
エヴゲーニヤ
Evgenia*
Evgeniia*
Evgeniya
Evgueniya
エヴゲニヤ Evgenia
エウゲニュシュ
Eugeniusz
エウゲーヌ Eugene
エウケリウス
Eucherius
エウゲン Eugen*
エヴジー Evsey
エヴジイ Hevesy
エウジェーニ Eugeni
エウジェニア
Eugenia*
Eugénie
エウジェーニオ
Eugenio***
エウジェニオ
Eugenio***
Eugénio
エウジェーヌ Eugene
エウジェン Eugen*
エヴジェン
Evjen
Evzen
エウジェンヌ
Eugene
Eugène
エウズ Ehouzu
エウスク Euske
エウスターキウス
Eustachius
エウスタキウス
Eustachius
エウスターキオ
Eustachio
エウスタキオ
Eustachio
エウスターキョ
Eustachio
エウスタシウス
Eustasius
エウスタシオ Eustasio
エウスタチオス
Eustathios
エウスタティオス
Eustathios
Eustáthios
Eustathius
エウストキア
Eustochia
エウストキウム
Eustochium
エウストラティオス
Eustratios
エウストラトス
Eustratos
エヴスリン Evslin
エウセ Eösze
エウゼニオ Eugenio
エウゼーヌ Eugène
エウセビア Eusebia
エウセビウス
Eusebios
Eusebius
エウセビオ
Eusebio*
Eusebius
エウゼービオ Eusebio
エウゼビオ
Eusebio**
Eusébio
エウセビオス
Eusebios*
Eusébios
Eusebiosof
Eusebius
エウゼビオス Eusebios
エウゾイオス Euzoios
エウダミダス
Eudamidas
エウタリオス
Euthalios
Euthálios
エウチデモス
Euthydēmos
Euthydemus
エウチュキデス
Eutychidēs
エウチュケス
Eutychēs
エウティキアヌス
Eutychianus
エウティキウス
Eutychius
エウティーキオ
Eutichio
エウティキデス
Eutychides
エウティコ
Eútychos
Eutychus
エウティーデーモス
Euthydēmos
エウティミウス
Euthymius
エウデス Eudes
エウデモス Eudēmos
エウテュキアーヌス
Eutychianus
エウテュキアヌス
Eutychianus
エウテュキオス
Euthychios
Eutychios
Eutýchios
エウテュキデス
Eutychianus
Eutychides
Eutychidēs
エウテュクラテス
Euthykrates
エウテュケース
Eutychēs
エウテュケス
Eutychēs
エウテュデーモス
Euthydēmos
エウテュデモス
Euthydēmos
エウテュミオス
Euthymios
Euthýmios
エウテューミデース
Euthymides
エウテュミデス
Euthymides
Euthymidēs
エウテュメネス
Euthymenēs
エウテリウス
Eutherius
エウテリオス
Eutherios
Euthérios
エウデル Helder
エウドキア Eudocia
エヴドキア Evdokia
エウトキオス Eutokios
エヴドキモヴィチ
Evdokimovich
エヴドキーモフ
Evdokímov
エヴドーキヤ Evdokiia
エヴドキヤ
Evdokiia
Evdokiya
エウドクシア
Eudocia
Eudoxia
エウドクシオス
Eudóxios
エウドクソス Eudoxos
エウドーロス Eudōros
エウドロス Eudōros
エウトロピウス
Eutropius
エーヴナー Avner
エヴナイン Evnine
エウナピオス
Eunapios*
エウニケ Euníkē
エウニコス Eunīkos
エウニシオ Eunício
エウニセ Eunice
エヴニン Evnine
エウヌス Eunus
エウノミオス
Eunomios
エウノモス Eunomus
エヴバット Evatt
エウパトール Eupator
エウパトル Eupator
エーヴバリー Avebury
エウパリヌス
Eupalinos
エウパリノス
Eupalinos
エウハルト Ewald
エウブゥリデス
Euboulides
エウフェーミア
Euphēmía
エウフェミア
Euphemia
Euphēmía
エウフェミオス
Euphemios
エウフォリオン
Euphoriōn
エウプラクシア
Eupraxia
エウフラシア
Euphrasia
Euphrasía
エウフラジア
Euphrasia
エウフラーノール
Euphranōr
エウフラノル
Euphranōr
エウブリデス
Euboulides
Eubulidēs
エウフロシヌ
Euphrosyne
エウブーロス Eubulos
エウブロス Eubulos
エウフロスネ
Euphrosyne
エウフロニオス
Euphronios
エウプロニオス
Euphronios
エウフロン Euphrōn
エウヘニア Eugenia*
エウヘーニオ Eugenio
エウヘニオ
Eugenio**
Euqenio
エウヘーメロス
Euhēmeros
エウヘメロス
Euhēmeros
エーヴベリ Avebury
エーヴベリー Avebury
エーヴベリイ Avebury
エウベル Elber*
エヴヘン Evgenii
エウポリオーン
Euphoriōn
エウポリオン
Euphoriōn
エウポリス Eupolis
エウポレモス
Eupolemos
エウマイオス Eumaios
エウメニウス
Eumenius
エウメニデス
Eumenidēs
エウメネース
Eumenēs
エウメネス Eumenēs
エウメーロス Eumelos
エウメロス Eumelos
エウモルポス
Eumolpos
エヴヤター Evyatar
エヴラ Evra*
エヴラー Evler
エヴラード Evrard
エヴラームピエフ
Evlampiev
エウラリア Eulalia
エウラーリウス
Eulalius
エウラリウス Eulalius
エヴラール
Evrard*
Évrard
エヴラン Evelyn
エーヴリ Avery
エーヴリー Avery

エヴリ Avery
エヴリー
Every
Evry*
エヴリア Evliya
エウリキウス Euricius
エウリクス
Eurich
Euricius
エウリクラティダス
Eurycratidas
エウリクラテス
Eurycrates
エウリクレス Euricles
エウリーコ Eurich
エウリコ Eurich
エウリック Eurich
エヴリット Everett
エウリッヒ Eurich
エウリッピデス
Euripedes
エヴリーヌ
Eveline
Éveline
Evelyne**
Évelyne
エヴリヌ Evelyne
エウリビアデス
Eurybiadēs
エウリーピデース
Euripides
Euripidès
Eurīpidēs
Eurīpídēs
エウリピーデース
Eurīpidēs
エウリピデース
Euripidès
エウリピデス
Euripides
Euripidès
Eurīpidēs
Eurīpídēs
エウリペデス
Euripedes
エウリポン Eurypon
エウリヤ Evliya
エヴリヤ Evliya
エウリュクレイア
Euryclea
エウリュステウス
Eurystheus
エウリュディケ
Eurudikē
エウリュトス Eurytos
エウリュビアデス
Eurybiadēs
エヴリン
Eveline*
Evelyn*
Evelyne*
Évelyne
エーヴリング Aveling
エヴルティウス
Evurtius
エヴルディンゲン
Everdingen
エウルマシュ Eulmash
エウルリエ Heurlie
エウレイノフ
Evreinov
エヴレイノフ
Evreinoff
Evreinov*
エヴレッグ Evelegh
エヴレット Everett
エヴレヤ Evliya
エウレリョ Heurelho
エウレル
Euller
Eurell
エウレン Euren
エヴレン Evren*
エヴローギイ Evlogij
エウロギウス Eulogius
エウロギオス Eulógios
エウロヒオ Eulogio
エウローペー Eurōpē
エウロペ Eurōpē
エヴンソン Evenson
エエウェルス Ewers
エエウエルス Ewers
エエブネル Ebner
エエルス Ewers
エエロ Eero
エーエロルフ Ehelolf
エオイン Eoin
エオク Eok
エオザンダー
Eosander
エオザンデル
Eosander
エオス
Eōs
Theos
エオバ Eoba
エオバーヌス Eobanus
エオバン Eoban
エオフ Eoff
エオルシュ
Eors
Eörs
エオルメンリック
Eormenric
エオン
Eon
Éon
エーカー Eaker
エーガー Eger
エカ Eka**
エガー
Eger
Egger
エカアン Hecaen*
エカウト
Eeckhout
Eekhout
エカエテ Ekaette
エーカーズ Akers
エガース Eggers*
エガーズ Eggers**
エガス Egas*
エカーズリー
Eckersley*
エカズリー Eckersley
エーカダンマ
Ekadhamma
エカチェテリーナ
Ekaterina
エカチェリーナ
Ekaterina*
エカチェリナ
Ekaterina
エーカチャイ
Ekachai
Ekkachai
エガッタ Egatta
エーガット Agate*
エカテリーナ
Ecaterina*
Ekaterina***
Yekaterina*
エカテリナ
Ekaterina
Yekaterina
エカテリーニ
Aikaterini
エカテリーニー
Aikaterini
エカテリニ
Ekaterini
Katerina
エカート
Eckard
Eckart*
Ekart
Ekert
エカード
Echard
Eckhard
エガート Eggert
エガード Agard
エカートヴァ
Eckertová
エカトーツァロト
Ekat'otsarot
エガートン Egerton
エカナヤケ Ekanayake
エーカーバーグス
Akerbergs
エーカフ Acuff**
エーカリー Akerley
エカリウス Ecarius
エガリテ
Egalité
Égalité
エーカール Aicard*
エカール Aicard
エガル Egal*
エカルト Ekkart
エカレン Ekeren
エガワ Egawa
エカン Hecaen
エガン Eggan
エカンガキ
Ekangaki**
エカンジョ Ekandjo
エギアガライ
Eguiagaray
エキアーノ Equiano
エギアーラ Eguiara
エキエル
Ekiel
Ekier
エギエルスキー
Egielski*
エギカ Egica
エギシェ
Egishe
Yeghishe
エキス Ekis
エギスト Egist
エキスネル Exner
エーギット Egid
エーギディ Egidy
エギーディウス
Ägidius
Egidius
エギディウス
Aegidius
Ägidius
Egidio
エギディオ Egidio
エギディユス Egidijus
エギート Egid
エギト Egid
エギド Egide
エキドナ Echidna
エギバル Eguibar
エーキム Akim
エキモフ Ekimov*
エーギル Egill
エキル Ekir
エギル
Egil
Egill
エギルス Egils*
エギルソン Egilsson
エーキン
Aiken
Akin
エーキンズ
Akins*
Eakins
エキンズ
Akins
Ekins**
エーク Ek
エク Ek
エグ Egwu
エグアラス Eguaras
エクィアーノ Equiano
エクイティウス
Equitius
エークヴィスト Öquist
エクヴィルツ Equiluz
エグウィン Egwin
エクウェンシ Ekwensi
エクウェンシー
Ekwensi
エクヴォル Ekvall
エクヴォルト Equord
エクエ Ekoué
エクェンシー
Ekwensi**
エクサム Exum
エグザルコプロス
Exarchopoulos*
エクザルフ Ekzarkh
エクサワン Eksavang
エグジェール Egger
エクシグウス Exiguus
エクスコフォン
Excoffon
エクスター Exter
エクスタイン
Eckstein**
Eckstine*
Ekstein*
エクスタインズ
Eksteins*
エクスタット Eckstut
エクステル Exter
エクストラント
Ekstrand
エクストレム
Ekström*
エクストローム
Ekström*
エクストロム Ekström
エグストローム
Egstrom
エグストロム Egstrom
エクスナ Exner
エクスナー Exner**
エクスピイ Expilly
エクスプライヤ
Exbrayat
エクスブラヤ
Exbrayat
エクスプレア
Exbrayat
エクスペディトゥス
Expeditus
エクスペランティウス
Exuperantius
エクスペリウス
Exuperius
エクスペール Expert
エクスマウス
Exmouth
エクスリン Oechslin
エクスレイ Exley*
エクセーキアース
Exekias
エクセキアス
Exekias
Exēkias
エクセター
Excetre
Exeter*
エグゼビアー Xavier
エグゼラー Exeler
エクセル
Axel
Eksell*
Exel*
エグゼルマンス
Exelmans

エ

エクセンダール
Øksendal
エグゾーデ Exaudet
エクソン Exon*
エクター Hector
エクダヴィ Ekdawi
エクターマイヤー
Echtermeyer
エクタマイヤー
Echtermeyer
エクダール Ekdahl
エクダル Ekdal
エグチ Eguchi
エークッダーニヤ
Ekuddāniya
エクディキウス
Ecdicius
エクディコス Ékdikos
エクテサリ Ekhtesari
エクデロス Ekdēlos
エークド Aked
エグトゥ Egutu
エクトゥール Hector
エクトール
Hector***
Héctor
エクトル
Ector
Hector**
Hećtor*
Héctor**
エクトン Eckton
エグナチウス Egnatius
エクナット Eknath*
エグナーティウス
Egnatius
エグナティウス
Egnatius
エークナート Eknāth
エクナト Ek Nath
エグニュー Agnew
エグネール Egner*
エグノット Egnot
エグノルフ Egnolff
エクハウス
Eckhaus
Eckhouse
エークハウト
Eeckhout
エークハウド Eekhoud
エクバーグ Ekberg**
エグバーグ Egeberg
エグバータス
Egbertus
エクハード Eckhardt
エグバート Egbert*
エグバト Egbert
エクバール Eqbāl
エクハルト
Eckhard
Eckhardt
Ekkehart
エクパンティデス
Ekphantidēs
エクファントス
Ekphantos
エクブラッド Ekbladh
エグフリース Egfrith
エグフリス Ecgfrith
エグベ Elegbe
エグベアチュオ
Egbe Achuo
エクベリ Ekberg
エグベル Aiguebelle
エクベルク Ekberg
エクベルト
Egbert
Ekbert
エグベルト
Eckbert
Egbert
Egberto
エクベルトゥス
Egbertus
エグベルトゥス
Egbertus
エグベンダ Egbenda
エクボ Eckbo
エクポ Ekpo
エグボ Egbor
エークホフ Ekhof
エクホーフ Ekhof
エクホフ
Eckhoff*
Ekhof
エクホーム Ekholm
エクボリィ Ekborg
エークホルム Ekholm
エクホルム Ekholm
エクマ Ekuma
エクマニス Ekmanis
エクマネル Ekmanner
エークマン Ekman**
エクマン Ekman**
エグムンズスン
Ögmundsson
エクメチッチ
Ekmecic
Ekmečić
エクメンディア
Echemendía
エグモント
Egment
Egmond*
Egmont
エクラー Eckler
エグラー Eggler
エグラウ Eglau
エクラムディン
Ekramuddin
エクラン Ekeland
エグラン Aigrain
エグランタイン
Eglantyne
エグランティナ
Eglantina
エクランド
Ekeland*
Ekland
Eklund**
エーグリ Egli
エクリ
Eckerle
Egli
エグリ Egli*
エグリッチ Eggerichs
エグリティス Eglitis
エグリヌース Eglinus
エクリル Eklil
エークリン Acklin
エーグリーン Eglin
エグリントン Eglinton
エークル Ekur
エーグル Egell
エクル
Eckl
Ekur
エクルズ Eccles**
エクルスシェア
Eccleshare*
エクルストン
Eccleston
エグルストン
Eggleston**
エクルズヘア
Eccleshare
エグルトン Eggleton*
エクルン Ekern
エークルンド Eklund*
エクルンド
Ecklund
Eklund*
Eklundh
エグレ Egret
エクレクトゥス
Eclectus
エグレシ Egresi
エクレス Eccles
エクレストン
Ecclestone*
エグレストン
Eggleston
エグレフスキー
Eglevsky
エクレム
Ekrem
Yekretn
エクレン Ekren
エグーレン Eguren
エグロッフ Egloff
エクロート Eckrodt*
エグロフ Egloff**
エグロン Eglon
エグワケ Egwake
エグワケヤンゲベ
Egwake Yangembe
エークンヘッド
Aikenhead
エーケ Eke
エケ
Eke
Ekeh
Hecquet*
エゲ Ege
エケクラテス
Ekhekratēs
エケストラトス
Echestratus
エーゲゼ Egede
エーゲダッハー
Egedacher
エーゲテ Egede
エーゲデ Egede
エゲーデ Egede
エゲデ Egede
エゲディウス Egedius
エーケブラード
Ekeblad
エゲブレヒト
Eggebrecht*
エーケベリ Ekeberg
エーケベリー Ekeberg
エケベリ Ekeberg
エーケム Eyquem
エゲメン Egemen
エーゲラン Egeland**
エゲリ Egely*
エゲリア Egeria
エーゲル
Egell
Egger
エケル Eker
エゲル Egell
エゲルセギ Egerszegi*
エーゲルディンゲル
Eigeldinger
Elgeldinger
エーゲルト Egert
エゲルト Eggerth
エーゲルバーグ
Egelberg
エゲルバリ Egervári
エゲルベルク Egelberg
エゲルホフ Egelhoff
エーケルンド Ekelund
エケルンド Ekelund*
エーケレーヴ Ekelöf
エケレーヴ Ekelöf
エゲレエフ Yegeleyev
エーケレーフ Ekelöf
エケロット Ekerot
エーケロート Ekeroth
エケング Ekeng
エーゲンター Egenter
エケンブロトス
Ekhembrotos
エゲンホッファー
Egenhofer
エーコ Eco***
エコ
Eco
Eko
エコー
Echo*
Echō
エゴ Ego
エゴイアン Egoyan
エゴイヤン Egoyan
エコウ Ekow
エコウト Eekhoud
エコク Ekoku
エゴスキュー Egoscue
エコット Eekhoud
エーコート Eeckhout
エコノミ Ekonomi
エコノミー Economy
エコノミディス
Economidis
エコノムス
Oeconomus
エコノモ Economo
エコノモス Economos
エコバル Escobar
エコビション
Ecobichon
エコブ Ecob
エコフェ Ecoffey*
エコフェイ Ecoffey
エコーミヤク
Ekoomiak
エコーム Ekholm
エゴヤン Egoyan*
エコユリ Eko Yuli
エコラムパディウス
Oecolampadius
エコランパーディウス
Oecolampadius
エコランパディウス
Oecolampadius
エゴリアン Egorian*
エゴール
Egol
Egor***
Yegor
エコルシュヴィル
Écorcheville
エコールズ Echols
エコーレン Echaurren
エコロ
Ecoro
Ekoro
エゴーロヴィチ
Egorovich
エゴロヴィチ
Egorovich
エゴロヴィッチ
Egorovich
エゴーロフ Egorov*
エゴロフ
Egorov**
Yegorov
エゴローワ Yegorova
エゴロワ
Egorova**
Yegorova
エーゴン Egon**
エコン Ekong
エゴン
Aigon
Egon***
エーサ Ehsa
エーザー

Eser*
Oeser
Öser
エサ
Eça
Esa**
Essa
エサイ Esai
エサイアス Esaias
エザイアス Esaias
エサイヤス Esaias
エサウ
Esau*
Esaú
ʻĒsāw
エサヴァリ Echavarri*
エサウィ Essawi
エザウイア Ezzaouia
エサオ Esaw
エサギ Esagui
エサスキー Esasky
エサット Es‘at
エサッド Esad
エザット Ezzat
エサト
Esad
Esat
Es‘at
エザード Edzard
エザトラ Ezzatollah*
エザナ Ezana
エサバリ Echavarri
エサム
Esam
Essam
エザメル Ezzamel
エザーヤス Esajas
エザラウイ
Ez Zahraoui
エサリッジ
Etherege
Etheridge*
エザリントン
Etherington
エサル Esar
エサルハッドン
Esarhaddon
エサルハドン
Esarhaddon
エサレジ Etherege
エーサン Ehsan
エザン Eisen
エージ Age
エージー Agee**
エシ Esi
エシー Essy**
エジ Ezi
エジアトン Egerton
エシアン Essien
エジウォルト
Edgeworth
エジウソン Edilson*
エシェヴァリア
Echevarria
エジェヴィト Ecevit
エシェヴェヒア
Echeverria*
エシェーエフ Esheev
エジェジップ
Hégésippe
エシェック Jescheck
エシェット Eshet
エシェテ Eshete
エジェニ Ejeni
エジェネ Eyene
エシェノーズ Echenoz
エジェビット Ecevit**
エジェビト Ecevit
エージーエフデー
EJFD*
エジェリ Yezhel
エシェリッヒ
Escherich
エージェル Ager
エシェル Eshel*
エジェル
Edgell*
Ejell
エシェルト Eschert
エシェルマン
Eshelman
エシエン Essien*
エシェンバッハ
Eschenbach
エシェンバハ
Eschenbach
エジオ Ezio
エシーク Eschig
エジグ Ejigu
エシコル Eshkol
エジスト
Egist
Egisto
エジソン
Edison***
Edson
エジツィオ Egizio
エシッグ Essig
エジッド Egide
エジディ Egidi
エジディウス
Egide
Egidius
エジーディオ Egidio
エジディオ Egidio
エジート Egide
エジド Egide
エジーヌ Ezzine
エシパイ Eshpay
エジハスリンダ
Ezilhaslinda
エジプシャン
Egyptian
エジフリス Ecgfrith
エシペノク Esipenok
エーシポヴァ Esipova
エシポヴァ Esipova
エシポフ Essipoff
エシポワ Essipova
エシマ Eshima
エシマムベトフ
Yeshmambetov
エシミ Essimi
エジミウソン
Edimilson*
Edmilson*
エシミメンイ
Essimi Menye
エジムンド
Edmundo*
Edumundo*
エシモフ
Esimov
Yesimov
エシモワ Eshimova
エシャー Escher
エジャー Edsger
エシャウツィアー
Eschauzier
エシャグ Eshag
エジャートン
Edgerton**
Egerton
エジャトン
Edgerton*
Egerton
エシャム Esham*
エシャヤフ Yeshahu
エシャリック Esherick
エシャール Echard
エシュ Esch
エージュイ Jerzy
エシュヴァイラー
Eschweiler
エシュコル Eshkol*
エジュス Edzus
エシュター Moeschter
エジュッタッチャン
Eḻuttacchan
エシュテヴァン
Estêvão
エシュテーバン
Estêvão
エシュテル Hecther
エジュデン Heijden
エシュト Hecht
エーシュトルフ
Ehestorf
エジュナー Ejnar
エジュニ Edgni
エシュノーズ
Echenoz**
エジュノール
Heijenoort
エシュバッハ
Eschbach**
エーシュフ Eshuh
エシュフ Eshuh
エジュベル Heijbel
エシュマイヤー
Eschmeyer
エージュミアン
Ajemian
エシュラー Eschler
エシュラギアン
Eshraghian
エジュル Heijl
エシュルマン
Eshleman
エジョーフ
Ezhov
Hzhov
エジョフ
Ezhov
Hzhov
エションネク
Jeschonnek
エジーリ Ezeli
エシリルマク
Yesilirmak
エージル Ergil
エジル
Edgil
Egil
Özil**
エーシン Esin
エジン Edgin
エージンガー
Azinger*
エジントン
Edgington
Edginton
エース Ace**
エス
Es
Ess*
Eß
Essou
Hess*
エズ Ezz
エスイ Esui
エズィオ Ezio
エズィズィ Äzizi
エスウィウス Esuvius
エスウッド Eswood
エスエネ Esuene
エスカ Eska
エスガイオ Esgaio
エスカィシェ Escaich
エスカット Escaith
エスカミーリャ
Escamilla
エスカーラ Escarra
エスカラ Escarra
エスカランテ
Escalante*
エスカリエ Escallier
エースカーリン
Esukārin
エスカル Escalle
エスカルド Escardó
エスカルピ Escarpit
エスカルラ Escarra
エスカレ Escalaïs
エスカロナ Escalona
エズカン Ozcan
エスカンデル
Escandell
エスキア
Es'kia**
Ezekiel
エスキウ Esquiú
エスキウー Esquiú
エスキヴェル Esquivel
エスキス Esquith
エスキベール Esquivel
エスキベル
Esquibel
Esquivel***
エスキャンダリ
Eskandari
エスキュータ Escueta
エスキュディエ
Escudié
Escudier
エスキル Eskil
エスキロス Esquiros
エスキロール Esquirol
エスキロル Esquirol
エスキン Eskin
エスクアルド
Escuardo
エスクイタ Escueta
エスクィリヌス
Esquilinus
エスクウィン
Aescwine
エスクェラ Esquerra
エスクデール Eskdale
エスクデーロ
Escudero
エスクデロ Escudero*
エスクード Escude
エスクーバ Escoubas
エスグバク Eschbach
エスクバック
Eschbach
エスクラントン
Esclangton
エスクリッジ Eskridge
エスクリット Escritt
エスクリバ
Escriba
Escrivá
エスクリバー
Escriva
Escrivá*
エスクリバーノ
Escribano*
エスクリュー Escriu
エスクレド Escuredo
エスクロール
Escourolle
エスゲイ Yesügei
エスケナージ Eskenazi
エスケナズィ Eskenazi
エスケメリング
Esquemeling
エスケーラ Esquerra
エスケルス Eskeles
エスケルダ Esquerda*
エスケロゥ Eskerod
エスケンス Eskens
エズゲントュルク
Özgentürk
エスコ Esko**

エスコット
Escot
Escott
エスコト Escoto
エスコバ Escobar
エスコバー Escobar
エスコバル
Escobar**
Scobar
エスコバルゲレロ
Escobar Guerrero
エスコフ Eskow
エスコフィアー
Escoffier
エスコフィエ
Escoffier**
エスコフェット
Escofet
エスコベド
Escobedo
Scobedo
エスコーラ Eskola
エスコラ Eskola
エスコラスティコ
Escolástico
エスコリエ Escholier
エスコリン Eskolin*
エスコルザ Escorza
エズスネイ Özsunay
エスセビウス
Eusebius
エスセル Esther
エスタ
Esta
Ester
Esther**
エスター
Ester*
Esther***
Oester
エスタウフ Estaugh
エスターソン
Esterson*
エスターダール
Österdahl
エスタニスラウ
Estanislau
エスタニスラオ
Estanislao
エスターネナディ
Esther Nenadi
エスタノール Estañol
エスターバウアー
Esterbauer
エスターハス
Eszterhas*
エスターハズ
Eszterhas*
エスタブルック
Estabrook
エスタブレ Establet
エスターヘルト
Oesterheld
エスターマン
Estermann
エスターライヒ
Österreich
エスタライヒ
Oesterreich
エスタライヒャー
Oesterreicher
エスタリ Oesterley
エスタン
Estaing
Estang*
Estin
エスタンゲ
Estanguet**
エスチューリン
Estulin
エズッタッチャン
Ezuttachchan
エステ Este
エスティ
Estee
Estée
Esty
エスティー
Estee
Estée
エステイ Estey
エズディー Yazdī
エスティアルテ
Estiarte
エスティーヴ
Esteve
Estève
エスティヴ Esteve
エスティウス Estius
エスティエンヌ
Estienne
エスティガリビア
Estigarribia
エスティガリビャ
Estigarribia
エスティーズ Estes
エスティス Estes**
エスティズ Estes
エスティビル Estivill*
エスティブ Esteve
エスティファノス
Estifanos
エスディヤン
Yesudian
エスティル Estil**
エスデイル Esdaile
エズデイル Esdaile
エステーヴ
Estéve
Estève*
エステーヴェス
Esteves
エステヴェス
Esteves
Estevez
エステェヴェス
Estevez
エステス Estes***
エステップ Estep
エステバ Esteva
エステバーニコ
Estevanico
エステバネス
Estébanez
エステバン
Esteban**
Estevan
エステーブ Estève
エステファノス
Estefanos
エステファン
Estefan*
Estephane
エステーベ Esteve
エステベ Esteve
エステベス
Esteves
Estéves
Estevez*
Estévez
エステミロワ
Estemirova
エステラ
Estela**
Estella**
エステラジー
Esterhazy
エステリータ Estelita
エステリャ Estella
エステリング
Österling
エステール Estelle
エステル
Estel*
Estelle**
Ester*
Estēr
Esterl*
Esthelle
Esther***
エステルアジ
Esterhazy
エーステルーキ
Eastlake
エステルグレン
Östergren
エステルハージ
Esterhazy
Esterházy***
エステルハジー
Esterhazy
エステルハージィ
Esterhazy
エステルハツイ
Esterhazy
エステルライヒ
Oesterreich
Österreich
エステルリング
Österling
エステルレン
Oesterlen
エステロウ Esterow
エステロン Estellon
エステン
Esten
Oesten*
Östen
エステンスタット
Estenstad
エステンセ Estense
エステンソロ
Estenssoro**
エステンソン
Östensson
エステンヌ Estenne
エスト Est
エストウ Estaugh
エストゥアルド
Estuardo
エストウアルド
Estuardo
エストヴァンキー
Estvanki
エストヴィク Oestvig
エストウィック
Estwick
エストウトビル
Estauteville
エズトゥナリ Oztunali
エストゥルース
Eschtruth
エストゥールネル
Estournelles
エストゥルネル
Estournelles
Estournellest
エストコート Estcourt
エストーニエ
Estaunie
Estaunié
エストニエ Estaunie
エストビク Oestvig
エストベリ
Östberg
Østberg
エストベリー Östberg
エストベルク Östberg
エストベルグ
Oestberg
Øestberg
Østberg*
エストマン Östman
エストミ Estomih
エストモ Østmo
エスドラ Esdra
エストライク Estreich
エストライヒ
Oestreich*
エストライヘル
Estreicher
エスドラス Esdras
エストラーダ
Estrada**
エストラダ
Estrada***
エストラダファルコン
Estrada Falcon
エストラーデ Estrade
エストラード Estrades
エストランデル
Estlander
エストリ Estori
エストリズセン
Estridsøn
エストリツセン
Estridsen
エストリッチ Estrich*
エストリル Estoril
エストリン Estlin*
エストリング Ostling
エストール Estall
エストル Estol
エストレ Estrées
エストレリヤ Estrella
エストロジ Estrosi
エストロス
Ostros
Östros
エーストロプ Estrup
エストロプ Estrup
エズトロム Edstrom
エーストン Easton
エスナ Esna
エスナール Hesnard
エズニク Eznik
エスパ Esper
エスパー
Esper*
Jesper
エスパイジャット
Espaillat
エスパイヤ Espaillat
エスバウム
Esbaum
Essbaum
エスハク Eshaq
エスパーセン
Espersen
エスパセン Espersen
エスパーダ Espada*
エスパダ Espada
エスパト Espat
エスパーニャ España
エスパヤルド
Espayaldo
エスパルサ Esparza
エスパルザ Esparza*
エスパルタコ
Espartaco*
エスパルテーロ
Espartero
エスパルテロ
Espartero
エスパンカ Espanca
エスパンサ Espanca
エスパンス
Espence
Espense
エスピー Espy
エスピ Espy
エスピー
Espie
Espy*
エスピーナ Espina
エスピナ
Espina
Espinas
エスピーナス
'Espinasse
エスピナス
Espinas*
Espinàs
エスピナール Espinar
エスピナル
Espinal
Espinar
エスピネリ Espineli*

エスピネル Espinel
エスピノ Espino
エスピノーサ
Espinosa**
エスピノーザ
Espinosa**
Espinoza
エスピノサ
Espinosa***
Espinoza**
エスピノザ Espinoza*
エスピノラ Espínola
エスビョルン Esbjørn
エスビョーン Esbjörn
エスピリト
Espirito
Espírito
エスピリトゥ
Espiritu
Espíritu
エスピン
Espin**
Espín
Esping*
エスファハーニー
Eṣfahānī
Iṣfahānī
エスファンディアリ
Esfandiari
エスファンディアル
Esfandiar
エスファンディヤール
Esfandiyar
エスファンディヤル
Esfandiar*
エスフィア Esphyr
エスフィリ
Esfir
Esther
エスフィール Esphyr*
エスプマルク
Espmark
エスプラ Esplá
エスプリ Esprit
エスプリー Esprit
エスプリウ Espriu
エスプリエヤ Espriella
エスプロンセーダ
Espronceda*
エスプロンセダ
Espronceda
エスペ Espe
エスペアンセン
Esbernsen
エスペーホ Espejo
エスペホ Espejo
エスペランサ
Esperança
Esperanza*
エスペランザ
Esperanza
エスペランス
Esperance
エスペラント
Esperanto
エスペランド
Espeland
エスペリア Hesperia
エスペリエス
Hespériès
エスペリド Espelid
エスヘル Escher
エスペル Espert*
エスペルセン
Jespersen
エスペルゼン
Jespersen
エスベン Esben*
エスペン Espen**
エスペンシード
Espenschied
エスペンソン
Espenson
エスポ Espot
エスポジイト Esposito
エスポージト Esposito
エスポシト Esposito
エスポジート
Esposito*
エスポジト
Esposito**
エスポス Espoz
エスポズィート
Esposito
エスポズィト Esposito
エスポスティ Esposti
エスポット Espot
エスポットサモーラ
Espot Zamora
エスポンダ Esponda
エスマ Esma*
エスマアイール Ismā'īl
エスマーイール
Esmā'īl
エスマイル Esmail
エスマイルプルジュイバリ
Esmaeilpoorjouybari
エスマイン Esmein
エスマト Esmat**
エスマハン Esmahan
エスマルク Esmarch
エスマルヒ Esmarch
エスマン
Esman*
Esmein*
Essman*
エスミー Esmee
エズミ Ezmé
エズミール Esmir*
エスメ
Esme*
Esmé
エズメ Esmé
エズメイ Esmé
エスメイル Esmail
エズメイル Esmail
エスメラルダ
Esmeralda
エスモン Esmon
エスモント Esmond
エスモンド Esmond
エズモンド Esmond**
エーズラ Adler**
エスラ
Esraa
Ezra
エズラ
Esdras
Esra
Ezra***
エズラティ Ezrati*
エスラーバ Eslava
エスラバ Eslava
エスラーム Eslām
エズラロー Ezralow
エスラン Hessling
エスランダ Eslanda
エスリー Ethlie
エスリック Eslick
エスリッジ
Etheridge*
Ethridge
エズリール Ezriel
エスリン Esslin
エスリンガー
Eslinger
Esslinger
エースル Astle
エスルマン
Estleman**
エズレー Esrey
エズレム Özlem
エスローム Esrom
エスワラン Eswaran
エスン Esson
エセ Ese
エゼーヴッチ
Evseevich
エセキア Esekia
エゼキア Hezekiah
エゼキアス Ezekias
エセキエル Ezequiel
エゼキェル Ezequiel*
エゼキエル
Ezekiel***
Ezequiel
Iezekiēl
エゼクウェシリ
Ezekwesili
エーゼス Ehses
エセックス Essex**
エゼディン Ezzedine
エセトジャン
Yesetzhan
エセナマノフ
Esenamanov
エセニウス Essenius
エセーニン
Esenin**
Yesenin
エセブア Esebua
エセリッジ
Etheridge*
エーゼル Oeser
エセル
Aïssel
Eselu*
Esser
Ethel***
Ethell*
Hessel*
エゼル
Etzel
Ezer***
Ezzell
エセルウェルド
Athelweard
エセルウォルド
Aethelwold
Ethelwold
エゼルウォルド
Ethelwold
エセルウルフ
Aethelwulf
Ethelwulf
エゼルスキス Ezerskis
エセルスタン
Aethelstan
エセルスティン
Esselstyn
エセルドレダ
Etheldreda
エゼルドレーダ
Etheldreda
エゼルノス Ethelnoth
エセルバーガ
Ethelburga
エセルハード
Aethelheard
Ethelhard
エセルバート
Aethelberht
Aethelbert
Ethelbert
エゼルバート
Ethelbert
エセルバルド
Ethelbald
Ethelbert
エゼルハルド
Ethelhard
エゼルフラッド
Aethelflaed
エセルフリス
Aethelfrith
エセルフリッド
Ethelfrid
エゼルブルガ
Ethelburga
エセルフレァド
Aethelflaed
エセルフレダ
Aethelflaed
Ethelfleda
エセルフレッド
Aethelflaed
エセルベルグ
Aethelberg
エセルベルト
Aethelberht
Ethelbert
エゼルベルト
Ethelbert
エセルリダ Ethelreda
エセルリック
Aethelric
エセルリード
Ethelreid
エセルレダ Ethelreda
エセルレッド
Aethelred
Ethelred
エゼルレッド Ethelred
エセルワルド
Aethelwald
エセレッジ Etherege
エセン Esen*
エセンバエフ
Yesenbayev
エセンブカ
Esen Bukha
エセンブハ
Esen Bukha
エーゼンベック
Esenbeck
エセンベル Esenbel*
エセンベルリン
Esenberlin
エセンムイラト
Esenmyrat
エソ Esso
エソー
Esau
Essoe
エソジムナ
Essossimna
Essozimna
エソップ
Æsopus
Essop
エソネ Essono
エゾーネ Ezzone
エソノ Essono
エソノアバ
Esono Ava
エソノエジョ
Esono Edjo
エソノエヨン
Esono Eyang
エソノオウォロヌフォノ
Esono Oworonfono
エソプ Essop
エソポ
AEsopus
Æsopus
エゾモ Ezomo
エソル Ethel
エゾール Ezor*
エソン Esson
エソンベティアコ
Essombe Tiako
エータ Eta
エーダー Eder**
エタ
Eta
Etah
Etta**
エダ
Eda*
Edda
エダー Eder*

エーダイン Étaín
エダグア Edgar
エダデス Edades
エタナ Etana
エダラ Eddalia
エダール Ederle*
エータン Eitan
エーダン Aidan
エダン
Hédin
Hesdin
エタンプ Etampes
エチアヌ Étienne
エチアン Etienne
エチアンヌ
Etienne
Étienne
エチアンブル
Étiemble
エチェイタ Etxeita
エチェヴァリア
Echevarria
エチェヴェリー
Etcheverry
エチェヴェリア
Echeverria
エチェガライ
Echegaray*
エチェコパル
Etchécopar
エチェニケ
Echenique**
エチエヌ Etienne
エチェバリア
Echevarría
エチェパール
Etchépare
エチェパレ Etxepare
エチェビット Ecevit
エチェベリ
Echeverri
Echeverry
Etcheberry
Etcheverry*
エチェベリーア
Echeverría
エチェベリア
Echeverria*
Echeverría**
Exteberria
エチェメンディ
Etchemendy
エチェレク Etchelecu
エチェレリ Etcherelli
エチエン Étienne
エチエンヌ
Étienne
Ettiene
エチエンヌ
Etienne**
Étienne*
エチオ Ezio
エチオーニ Etzioni*
エチカ Etchika
エチクソン Echikson*
エチスン Etchison
エチソン Etchison
エチメンディ
Etchemendy*
エチャイド Eochaid
エチャウレン
Echaurren
エチャス Echazú
エチャバリ Echavarri*
エチャバリア
Hechavarria
エチャフン Etchahun
エチャリ Etxarri
エチャンブル
Etiemble
Étiemble
エチュヴェリー
Etcheverry
エチュガライ
Echegaray
エチュバリア
Etxebarria
エチュパール
Etchépare
エチューフニ
Echouafni
エチリン Ettlin
エツァータ Ozata
エツァート Edzard
エツァルト Edzard**
エツァルドゥス
Edzardus
エツィオ Ezio**
エツィオーニ Etzioni*
エツェーヒエール
Ezechiel
エッカ Eca
エッカー
Ecker*
Eker
Ekker*
エッガ Egger
エッガー
Eggar
Egger**
エッガース Eggers*
エッガーズ Eggers
エッガースドルファー
Eggersdorfer*
エッカースペア
Eckersberg
エッカースリー
Eckersley
エッカーズリー
Eckersley*
エッカズリ Eckersley
エッカースレイ
Eckersley
エッカート
Eccard
Eckardt
Eckart**
Eckert***
Eckhard
Eckhart
エッカード
Eckard
Eckhard
エッガート Eggert*
エッカードシュタイン
Eckardstein*
エッカーマン
Ackerman
Eckerman
Eckermann**
エッガーマン
Eggermann
エッカリウス Eccarius
エッカルツハウゼン
Eckartshausen
エッカルディ Eccardi
エッカルト
Eccard
Eckard
Eckardt*
Eckart*
エッカルド Eckard
エッカルトシュタイン
Eckardstein
エッカルバー Eckalbar
エッカン Hekking
エッギマン
Eggiman
Eggimann
エック
Eck**
Egk
Ek**
Ekk*
Heck**
Hecke
エッグ
Eg
Egg
エックアルト Eckardt
エックシタイン
Eckstein
エックシュタイン
Eckstein
エックシュラーガー
Eckschlager
エックス
Ecks
Ex*
エックスタイン
Eckstein
エックストーム
Eckstorm
エックスナー Exner*
エックバウアー
Eckbauer
エックハウス
Eckhouse
エックハート Eckhart
エックハールト
Eckhardt
エックハルト
Eckehart
Eckhard*
Eckhardt
Eckhart**
エックヘル Eckhel
エックベルト Eckbert
エックホーフ Ekhof
エックホフ Eckhoff*
エックホルム Eckholm
エックマン
Eckman
Eckmann*
エッグム Eggum
エッグリストン
Eggleston
エックルス Eccles*
エックルズ Eccles*
エッグルストン
Eggleston
エックレス Eccles
エックレル Eckler
エッケ
Ecke
Hecquet
エッゲ Egge
エッゲウォルス
Edgeworth
エッゲシュタイン
Eggestein
エッケス Eckes*
エッケナー Eckener
エッケハールト
Ekkehard
エッケハルト
Ekkehard*
Ekkehardt
Ekkehart
エッゲブレヒト
Eggebrecht*
エッゲベルト
Eggebert
エッケミール Eckemyr
エッゲリング Eggeling
エッケル
Eckel**
Ecker
エッゲル Egger
エッケルスベール
Eckersberg
エッケルスベルク
Eckersberg
エッケルスベルグ
Eckersberg
エッケルト Eckert**
エッゲルト
Eggert*
Eggerth
エッゲルトソン
Eggertsson
エッケルマン
Eckelmann
Eckermann
エッケレン Eckeren
エッケレンシス
Ecchellensis
エッケン Eycken
エッゲン Eggen
エッゲンシュワイラー
Eggenschwiler
エッケンフェルダー
Eckenfelder
エッケンホッフ
Eckenhoff
エッゲンホッファー
Eggenhofer
エッケンホーフ
Eckenhoff
エッケンロード
Eckenrode
エツコ Etsuko
エツコウィッツ
Etzkowitz
エッサ
Eca
Eça*
エッサー
Aissah
Esser**
エッサイ
Essai
Iessaí
Jesse
エッサース Essers
エッサド Essad*
エッザト Ezzat
エッザド Ezzat
エッサム Essam
エッサンブレ
Essiambre
エッシ Essi
エッシー Essie*
エッジ Edge**
エッシアン Essien
エッジウォース
Edgeworth*
エッジウッド
Edgewood
エッシェー Escher
エッシェバッハ
Eschenbach
エッシェリヒ
Escherich
エッシェル Escher
エッジェル Edgell
エッシェルマン
Eshaelman*
エッシェン
Eschen
Essien*
エッシェンバッハ
Eschenbach**
エッシェンバハ
Eschenbach*
エッシェンブルク
Eschenburg
エッシェンマイアー
Eschenmayer
エッシェンマイエル
Eschenmayer
エッシェンモーザー
Eschenmoser*
エッジオース
Edgeworth
エッシグ Essig*
エッジソン Edgson
エッジヒル Edghill
エッジマン Edgman
エッシャ Escher
エッシャー
Escher**
Esther
エッシュ Esch*
エッシュガー
Oeschger

エッシュショルツ
Eschscholtz
エッシュバッハー
Aeschbacher
エッシュマン
Eschmann
エッショル Esher
エッジワース
Edgeworth*
エッシーン Essene
エッシンガー Essinger
エッスヴァイン
Esswein
エッズガー Edsger*
エッスラー Essler
エッスル Essl
エッセラー Eseler
エッセル Escher*
エッセルボルン
Esselborn
エッセルモント
Esslemont
エッセン
Essen**
Essene
エッセンバッハ
Eschenbach
エッソ Esso
エッソラ Essola
エッソン Esson
エッタ
Eta
Etta*
エッター Etter*
エッダ Edda
エッチ Etti
エッチェバーレン
Etchebarren
エッチェリーノ
Ezzelino
エッチェルズ Etchells
エッチェン Etgen
エッチソン Aitchison
エッチンガー Ettinger
エッチンゲン
Oettingen
エッツ
Ets*
Heitz
エッツァルト Edzard
エッツアルト Edzard
エッツェリーノ
Ezzelino
エッツェリノ Ezzelino
エッツェル
Ezzell
Hetzel
エッツエル Etzel
エッツェン Etzen
エッツオ Ezzo
エッティ Etty
エッディ
Eddé
Eddi
Eddy
エッディーン
Ed-Dīn
El Din
エッディン
Eddin
Eddine
エッティンガー
Ettinger**
Oettinger
エッティング
Etting
Oetting
エッティングハウゼン
Ettinghausen
エッティンゲン
Oettingen*
エッディントン
Eddington
エッテリ Ettel'
エッテル Ettel
エッテン
Etten
Ettten
エッテンバーグ
Ettenberg*
エット Ett
エッド
Eda
Eddé
エットヴァイン
Ettwein
エットゥレー Ettore
エットガール Etgar
エットハミ
Ettouhami
エットリンガー
Ettlinger
エットリング Ettling
エットーレ Ettore**
エットレ Ettore***
エットレー Ettore
エッバ Ebba
エッパ Eppa
エッパー Epper
エッピッチ Eppich
エッピンガー
Eppinger
エッピング Epping**
エッピンジエ
Eppinger
エッピンジャー
Eppinger
エッブ
Ebb
Webb
エップ Epp
エッファ Effa
エッフェル
Effel
Eiffel
エッブェレット
Everett
エッフェン Effen
エッフェンベルガー
Effenberger
エップス Epps*
エッフナー Effner
エップラー Eppler
エッフロス Effros
エッベ Ebbe*
エツベス Etzebeth
エッペル Eppel
エッヘルス Eggers
エッペルト Eppert
エッペンシュタイン
Eppenstein
エッボ Ebbo
エッポリト
Eppolit
Eppolito
エッマ Emma
エッラ Ella
エツラー Etzler
エッリ Erri
エッレゴード
Ellegard
Ellegård
エッロウ Erró
エッロル Errol
エーデ Eidé
エテ Ete
エデ Ede*
エデー Haydée
エーディー Adee
エティ
Eti*
Etty*
エティー
Ettie
Etty
エディ
Eddi**
Eddie***
Eddy***
Edey
Edhi
Edi**
Edie*
Edmund
Eduard
Edy*
Edye
Hedi
Hédi
エディー
Eddie***
Eddy*
Edey
Edgar
Edi*
Edward
Edwin
Heidi
エティアンヌ Étienne
エティアンブル
Etiemble
エティヴァン
Ethievant
エティエーヌ Etienne*
エティエネ Etiene
エティエン
Etienne**
Étienne*
エティエンヌ
Estienne
Etienne***
Etiénne
Étienne***
Etiennes
Etionne
エティエンヌ Étienne
エティエンネ Etienne
エディガー Ediger
エディグナ Edigna
エディゲイ Edigey*
エディゴフェル
Edighoffer
エディシオ Edicio
エディス
Edith***
Edys
Edyth
Edythe
エディスン
Eddison
Edison*
エディソン
Eddison
Edison***
エディタ
Edita**
Edytha
エディツ Edith
エディッタ Editha
エーディット Edith
エディット
Edith***
Édith*
エデイット Edith
エディップ Edib
エディティ Edite
エーディト Edith**
エディト
Edit
Edith*
Édith
Edyth
Eith
エディナ Edina*
エーディナウ Eidinow
エティヌ Etienne*
エティーネ Etienne
エディブ Edib
エディプ
Edib
Edip
エディベル Edibel
エディマ Edima
エティヤンブル
Etiemble*
Étiemble
エディリウィーラ
Ediriwīra
エディリヴィーラ
Ediriwira*
エーディリン Edelyn
エティル Etel
エディルベルト
Edilberto
エディレウザ Edileuza
エーディン Étaín
エディーン
Eddeen*
Eddine
Edeen
エディン
Al-Dīn
Eddin
Edin*
Edín
エーティンガー
Oetinger
エティンガー
Ettinger**
Oetinger
エディンガー
Edinger**
エディングス
Eddings***
エティングスハウゼン
Ettingshausen
エティンゲル Ettinger
エディンジャー
Edinger
エディンソン
Edinson*
エディントニウス
Edinthonius
エディントン
Eadington
Eddington*
Edgerton
Edginton
Edington
エディンバラ
Edinburgh**
エテオクレス Eteoklēs
エーデガルト
Ödegaard
エテキ Eteki*
エテギー Ettedgui*
エデキンド Wedekind
エテクス Etex
エデゴール Ødegaard
エーテサーミー
E'tesāmī
エテサーミー
E'tesāmī
E'tesāmī
エテシアス Etesias
エーテス Ates
エデソン
Edeson
Edison
エテックス
Etaix
Étaix*
Etex
エデニウソン
Edenilson
エテネシュ Etenesh
エデネタル Edenetal
エデバリ Edebali
エデバーン Edeburn
エーデボールス
Edebohls
エーデボールズ
Edebohls
エーテマードゥッサルタネ
E'temād al-Salṭane
エテム
Etem
Ethem

エ

エデム Edem**
エデュ Yudu
エデュアー Eduard
エデュアード Eduard*
エデュアール
Edouard*
エデュァルド Eduard
エデュアルト Eduard*
エデュアルド
Eduard
Eduardo*
エデユアルド Eduard
エデュジアン Edugyan
エーデュス
Eyt-Dessus
エデュヌドン
Edu Ndong
エデュブレイ Edubray
エデュール Edur
エデュルド Eduardo
エーデュワード
Eduard
エデュワール Édouard
エーデラー Ederer*
エテーリ Ethel
エデリー
Eddery*
Edery
エテリア Egeria
エテリアヌス
Etherianus
エデリシテイン
Edellsitein
エーテル Ethel
エーデル
Edel*
Eder*
Éder
エテル
Etel
Eter
Ethel
エデル
Edel
Eder*
Éder
エーデルウィッチ
Edelwich*
エテルウォルド
Ethelwold
エテルカ Etelka
エーデルガルト
Edelgard
エーデルシュタイン
Edelstein*
エデルシュタイン
Edelstein
エーデルスタイン
Edelstein
エデルスタイン
Edelstein*
エデルストン Edelston
エデルスブリュンナー
Edelsbrunner
エーデルソン Edelson
エデルソン
Edelson*
Ederson
エデルトゥルデス
Edeltrudes
エテルドレダ
Etheldreda
エーデルハイト
Edelheit
エーデルハート
Edelhart
エデルハート Edelhart
エーデルフェルト
Edelfelt
エデルフェルド
Edelfeld
エテルブルガ
Ethelburga
エテルベルト
Ethelbert
エーデルマン
Adelman*
Edelman**
Edelmann***
エデルマン
Edelman**
エデルレ Ederle
エデルン Edern*
エテレ Etele
エデレアーニュ
Edeleanu
エデレイン Ederaine
エテロ
Iothor
Jethro
エーデン
Eden
Eeden
Ödön
Oedoen
エデーン Edén
エデン
Eden**
Edén
Odön
Ödön
エデンス Edens*
エデンズ Edens
エデンブラント
Edenbrandt
エデンロス Edenroth
エート Ad
エード Ade
エードー Edo
エト Et
エトー
Eto*
Eto'o
エド
Aed
Ed***
Ed.
Edd**
Eddie
Eddo
Edgar
Edmund
Edo**
Edoh
Edward*
Edwin*
エドー Edoh
エドアー Edouard
エドアード
Edouard
Eduard
エドアール
Edouard**
Édouard*
Edward
Edwards
エードアルト Eduard
エドアルト Eduard
エドアルド
Edoard
Edoardo***
Edouard*
Eduard***
Eduardo**
Edvard
Edward
エトウ Eto*
エドゥ
Aidoo
Edou
Eydoux
エドゥー
Edu*
Edú*
Eduardo
エドゥア Edouard
エトゥアテ Etuate
エドゥアード Eduard
エドヴァート Edvart
エドゥアール
Edouard***
Édouard***
Èdouard
Edouart
Eduard*
Edward
エドゥアル Edouard*
エドヴァール
Edvard*
Edwall
Edwards
エドヴァル Edvard
エドゥアルダス
Eduardas*
エードゥアルト
Édouard
Eduard*
エトゥアルト Eduard
エトヴァルド Eduard
エトヴァルト Eduard
エドゥーアルト
Eduard
エドゥアルト
Edouard
Édouard
Eduard**
Eduardo
Edward
エドゥアルド
Edouard*
Édouard
Edouardo
Eduard***
Eduárd
Èduard
Eduardo***
Eduarudo
Edvárd
Edward*
エドウアルト Eduard
エドヴァルト
Eduard
Edvard**
Edward*
エドヴァルド
Edvald
Edvard*
Edward
エドゥアルドヴィチ
Eduardovich*
エドゥアルドヴィッチ
Eduardovich
エドヴァルドソン
Edvardson*
エドゥアルドビチ
Eduardovich
エドウィ Edwy*
エドウィー Edwy*
エドウィゲ Edwige
エドウィージ
Edwidge**
エドウィージュ
Edwidge
Edwige*
エドウィジュ Edwige
エドヴィージュ
Edwige
エドヴィジュ Edwige
エドウィッジ
Edwidge*
エドウィーナ Edwina
エドウィナ Edwina*
エドヴィナ Edvina
エトウィン Edwin
エトヴィーン Edwin
エトヴィン Edwin*
エドウィン
Edward
Edwin***
Edwyn**
エドウイン Edwin*
エドヴィン
Edvin
Edwin**
エドウィンズ Edwins
エートヴェシュ Eötvös
エトヴェシュ Eötvös*
エートヴェッシュ
Eötvös
エドウォーシー
Edworthy
エドゥカン Educan
エトゥス Ettus
エドウード Eadweard
エトゥフ Etuhu
エドゥムンド
Edmund
Edmundo**
エドウルフ Eadwulf
エドゥワール
Edouard
Édouard*
エドゥワルド
Eduardo*
エトゥンディヌゴア
Etoundi Ngoa
エトゥンディンゴア
Etoundi Ngoa
エトオ Eto'o**
エトガー
Edgar
Etgar*
エドーガー Edgar
エドカー Edgar
エドガ Edgar
エドガー
Edgar***
Édgar
Edgard
Edger**
Edogar*
エトカア Oetker
エドガァ Edgar
エドガア Edgar
エドガーズ Edgers
エドガラス Edgaras
エトガル
Edgar
Etgar
エドガール Edgar***
エドガル
Edgar**
Édgar
エドガルス Edgars
エドガルド
Edgardo***
エドガルトヴィチ
Ėdgartovich
エドギュ Edgü*
エトキン
Etkin
Etokin
エドキンス Edkins
エドキンズ Edkins*
エトキンド
Etkind
Étkind
エドクヴィスト
Ödkvist
エドグレン Edgren
エトコフ Etcoff*
エドサル Edsall*
エドシーク Heidesieck
エトシュゴワン
Etchegoin
エトシュミイト
Edschmid
エートシュミット
Edschmid
エドシュミット
Edschmid
エートシュミート
Edschmid
エドジョア Edjoa
エードストレム
Edström
エドストレーム
Edström
エドストレム Edström
エドストローム
Edström
エドストロム Edström
エドセル Edsel
エドゼル Edsel

エドゾア Edzoa
エドソール Edsall*
エドソン Edson***
エドソンイザイアス
Edson Isaias
エドツァート Edzard
エードッシー Erdossy
エトナ Etna
エドナ
Edna***
Ednah
Edona
エドナー
Edna
Edner
エドニー Edney*
エドニルソン Ednilson
エトネ Etone
エトネン Ethnenn
エドハー Edgar*
エトバアル Ethbaal
エドバーグ Edberg
エドバート Edvart
エトバルド Eadbald
エドバルト
Edvard*
Edward
エドバルドソン
Edvardson
エドビナス Edvinas
エドビン Edvin
エドビンソン
Edvinsson
エードフェルト Edfelt
エドブルガ Edburga
エートベシュ Eötvös
エトベシュ Eötvös
エートベッシュ Eötvös
エドベッシュ Eötvös
エトヘム Ethem
エドベリ Edberg*
エドベリィ Edberg
エドベルト Eadberht
エトホーファー
Edthofer
エードボム Edobom
エドボルド Eadbald
エドホルム Edholm
エドマー Edmer
エドマイヤー Edmaier
エドマーク Edmark*
エトマッド Etemad
エドマール Edmar
エードマン Edman
エドマン
Edman**
Edmond
Heidmann
エドマンス Edmans
エドマンズ
Edmands
Edmonds
Edmunds*
エドマンスン
Edmondson
エドマンド
Edmand
Edmond*
Edmund***
エドマンドソン
Edmundson*
エドミストン
Edmiston
エドミニスター
Edminister
エドム Edme
エドムンズ Edmunds
エトムント
Edmund**
エドムント
Edmund***
エドムンド
Edmond
Edmund***
Edmundo**
エドムンドヴィチ
Edmundovich
エドメ
Edme
Edmé
Edmée
エドメエ Edmée
エドメル Edmer
エトモニア Etomonia
エドモーニア
Edmonia
エドモニア Edmonia
エドモン
Edmon
Edmond***
Edmont
Edmund
Edomond
エドモンズ
Edmonds**
Edmons
Edmunds
エドモンストン
Edmonstone
Edmonstoune
エドモンソン
Edmonson
エドモンヅ Edmonds
エドモント Edmond
エドモンド
Edmond***
Edmonde***
Edmondo*
Edmonds
Edmund***
Edmundo
Edomondo
エドモンドソン
Edmondson*
エドュアード Eduard
エドュアルド Eduardo
エドュヴァルト
Eduard
エドュワード Eduard
エードラー Edler
エトラ Etra
エドラ Edla
エドラー Edler*
エドラン
Hédelin
Hédlin
エドランク Edelinck
エドランド Edlund**
エードリアン
Adrian**
Adriane
Adrien
Adrienne
エドリアン
Adrian
Adrienne
エードリエン
Adrienne
エドリエンヌ
Adrienne
エドリカ Edrica
エドリス
Edlis
Edrice
Edris
エドリック
Eadric
Edric
Haedrich
エトリト Etrit
エトリン Ettlin
エドリン Edlin
エトルスキラ
Etruscilla
エトルスクス Etruscus
エードルフ Adolph
エドルンド Edlund
エトレ Estrées
エドレッド Edred
エドレン Edlen
エトロ
Etro*
Iothor
エドロウ Edlow
エドローサ Edroza
エドロサ Edroza*
エドワァズ Edwards
エドワァド Edward
エドワアード Edward
エドワアド Edward
エドワァル Edouard
エドワーズ
Edward*
Edwardes
Edwards***
Edwars
エドワズ Edwards
エトワード Edward
エドーワド Edward
エドワート Edward
エドワード
Eadweard
Edouard**
Édouard
Edoward
Eduard**
Edvard
Edward***
Edwards*
Edword
Eward
エドワド Edward
エドワール
Edouard***
Édouard*
Eduard
Edwards
エドワルズ Edwards
エードワルト Eduard
エトワルト Edward
エドワルト
Eduard**
Edvard
Edward**
エドワルド
Eduard*
Eduardo*
Edvard**
Edvárd
Edward*
Edwardo
エートン Aytoun
エドン
Eddon
Hedan
エナ Ena
エナウイ Ennaoui
エナオ Henao
エナオモントジャ
Henao Montoya
エナース Anas
エナス Enas
エナーセン Enersen
エナーソン Enerson
エナナトゥム
Enannatum
エナフ Hénaff
エナムウェイ Enunwa
エナムル Enamul
エナメ Ename
エナメル Enamel
エナヤトラ
Enayatullah
エナール
Énard*
Hénard
Hénart
Yenal
エナン Henin**
エナンデル Enander
エナンナトゥム
Enannatum
エニー Enny
エニア Hainia
エニアイ Yeniay
エニアノス Ainianos
エニウトン Enilton
エニェディ Enyedi
エニオ Ennio
エニオン Ennion
エニグ Hennig*
エニコシェプジェス
Hennicot-schoepges
エニーズ Anyz
エニス
Enis
Ennis**
エニスヒル Ennis-hill
エニック
Enik
Heinich*
Hennique
エニッグ Hennig
エーニッド Enid
エニッド Enid
エニード Enid*
エニド Enid*
エニミア Aingimea
エニュー Ennew*
エニュレ Haigneré
エーニョ Hennion
エニール Eniell
エニル Enill
エーヌ Hayne
エヌカン Hennequin
エヌキーゼ Enukidze
エヌキゼ Enukidze
エヌキヌ Hennekinne
エヌキン Hennekinne
エヌキンヌ
Hennekinne
エヌゼル Hennezel
エヌデュルー Ndulue
エヌビク Hennebique
エヌマン Heynemann
エヌモン Ennemond
エヌルクス
Enurchus
Enurcius
エーネ
Ainé
Ane*
エネ
Ainé
Aîné
Ene
エネー
Jenó*
Jenő
エネーア Enea
エネイダ Eneida
エネヴアー Enever
エネヴォルドセン
Enevoldsen
エネカン Hennequin
エネケス Énekes
エネコ Eneko
エーネス Ehnes*
エネス Enes*
エネスク
Enesco
Enescu
エネスコ Enesco
エネスタム Enestam
エネストローサ
Henestrosa
エネストローム
Eneström
エネッサー Ennesser
エネット Enette
エネッパー Enneper
エネバイ Enebay
エネパン Hennepin
エネビシ Enebish**
エネモン Ennemond
エネラマウ Enelamah
エネル
Enner

エ

Haenel**
エネルンガ Enerunga
エネレ Enele
エネロー Enelow
エネロウ Enelow
エネン Ennen
エネンタルジィ
Enentarzi
エネンパリ Enemkpali
エノ
Enno
Eno
Enoch
エノー
Eno
Hainaut
Henault
Hénault
エノーカ Enoka
エノカティ Enokati
エノキャン Yenokyan
エノク
Enoch
Enocq
エーノクセン Enoksen
エノシュ Enōs
エーノス Enos
エノス
Ennos
Enos
Enōs
エノック Enoch*
エノミヤ Enomiya
エノレア Eleanor
エノン Hénon
エーバ Eva*
エーバー Eber
エバ
Ava
Ebba**
Eva***
Éva**
Eve*
Ewa**
Leva
エバアハート
Eberhart
エパイエ Epaye
エバイール Evair
エハイロ Ejiro
エーバーヴァイン
Eberwein
エバウェイン
Eberwein
エバグリウス Evagrius
エバゴラス Evagoras
エパサ Epatha
エバーシェッド
Evershed
エバシェット
Evershed
エバシェッド
Evershed
エバーショフ
Ebershoff**
エバース
Ebbers
Evers
Everth
エバーズ
Ebbers*
Evers**
エバスタイン
Eberstein
エバースタット
Eberstadt*
エバスティ Ervasti
エーバースバッハ
Ebersbach
エーバースベルク
Ebersberg
エバーズマイヤー
Eversmeyer
エパスン Epperson
エバーソール Ebersole
エバソール Ebersol
エバゾール Eversole
エバーソン Everson
エパーソン Epperson
エバーツ
Eberts*
Eversz**
Everts
エバット
Ebbutt
Evatt
エーバッハ Ebach
エバーディー Ebadi
エバディ
Ebadi*
ElbādĪ
エーバート Ebert
エバート
Ebert
Evert*
エバートン Everton*
エバニアー Evanier
エバニウソン
Evanilson
エハヌロフ
Yekhanurov*
エパネイト Epaínetos
エパネト Epaínetos
エバノフ Evanoff
エバーバック
Eberbach
エーバーハート
Eberhard
エバーハート
Eberhard
Eberhardt*
Eberhart
Everhart*
エバハート
Eberhard
Eberhardt*
Eberhart**
エバハード Eberhard
エーバーハルト
Eberhard**
Eberhardt
エーバハルト
Eberhald
Eberhard*
Eberhardt
エバーハルト
Eberhard*
Eberhardt
エバハルト Eberhard*
エパフラス Epaphras
エパフロディツス
Epaphroditus
エパフロディト
Epaphroditos
エパフロデト
Epaphroditos
エバーマン
Ebermann
Evermann
エパミノンダス
Epameinondas
エパムビリベ
Epam Biribe
エパメイノンダス
Epameinondas
エパメイノンダス
Epameinondas
エーバーライン
Eberlein*
エバライン Evaline
エバラガンサ
E Braganca
エバリー
Eberle*
Eberly
Everly*
エパリー Epperly
エバリスト
Evarist
Evariste
Évariste
Evaristo**
エバリストル
Evaristre
エバリュ Ebalus
エーバリーン Eberlin
エバリン
Evaline
Evelyne
エーバール Eberl
エバール
Eberl
Eberle*
Haéberlé
エパル Epalle
エパルキウス
Eparchius
エバルダス Evaldas
エーバルド Evald
エバルト Ewald*
エーバーレ Eberle
エバーレ Eberle
エバレッツ Everett
エバレット
Evarett
Everett**
Everette
エーバン Oeben
エハン Echan
エバン
Eban**
Evan***
Even
Oeben
エパンゲ Epangue
エバンゲラトス
Evanghelatos
エバンゲリア
Evangelia
エバンゲリスタ
Evangelista
エバンゲリナ
Evangelina
エバンゲロス
Evangelos*
Evanghelos
エバンジェリオス
Evangelios
エバンジェリスタ
Evangelista
エバンジェリスチ
Evangelisti
エバンジェリナ
Evangelina
エバンジェリン
Evangeline
エバンス
Evance*
Evans***
Evens
Ifans
エバンズ Evans***
エバンスキー Evensky
エバンソン Evanson*
エパンニャ Epanya
エバンバ Ebamba
エバーンハム
Evernham
エバンヘリスタ
Evangelista*
エービ Aebi
エビ
Ebi
Evi
エビー
Ebbe
Eby
エピー Epi
エビアカムエテ
Ebiaka Muete
エビアカモホテ
Ebiaka Mohote
エヒウ
Ios
Jehu
エビエタ Eviatar
エヒエル Yehiel
エピカルモス
Epicharmos
エピキュロス
Epikouros
エピクテェトス
Epictetus
Epiktētos
エピクテータス
Epictetus
Epiktētos
エピクテタス
Epictetus
エピクテート
Epictetus
エピクテトゥス
Epiktētos
エピクテートス
Epictet
Epictetus
Epiktētos
エピクテトス
Epictetus
Epiktētos
エピクラテス
Epikratēs
エピクレス Epicles
エピクーロス
Epikouros
エピクロス
Epicurus
Epikouros*
エピゲネス Epigenēs
エピゴヌス Epigonus
エピゴノス
Epigonos
Epigonus
エピシェフ Epishev
エービス Avis
エヒズキヤ Hezekías
エピスコピウス
Episcopius
エヒター Echter
エビータ Evita
エピタデウス
Ephitadeus
Epitadeus
エヒターホフ
Echterhoff
エヒターマイアー
Echtermeyer
エピック
Epik
Öpik
エビット
Evitt
Hewitt
エピッポス Ephippos
エヒデ Egide
エピテュンカノス
Epitynchanós
エヒテルマイヤー
Echtermeyer
エビナ Ebina
エビニーザー
Ebenezer
エピヌス Aepinus
エピーネ Épine
エピネ Epinay
エピネー Epinay
エピファーニイ
Epifanij
エピファニウス
Epiphanius
エピファニオ Epifanio
エピファニオス
Epiphanios
Epiphanius
エピファネース
Epiphanes
エピファネス
Epiphanes
エピファノウィチ
Epifanovich
エピフォニオ Epifanio

エピマコス Epimachos
エピメニデス Epimenidēs
エピメネス Epimenes
エヒメノ Eximeno
エビュスウット Ebüssuut
エビュスウド Ebüssuut
エビュッジヤー Ebüzziya
エビュッスート Ebüssuut
エヒョーグ Ehiogu
エヒル Ahil
エビル Evil
エビルン Ebilun
エヒン Ehin
エビンガー Ebinger
エービング Ebing
エビング Ebing*
エビングドン Ebyngdon
エビングハウス Ebbinghaus*
エビンゲ Ebbinge
エビンジャー Ebinger
エビントン Evington
エビンヘ Ebbinge
エーフ Eiff
エーブ Abe* Ève
エブ Abe Ebb
エプ Epp
エーファ Eva**
エファ Effa Efua* Eva*
エフア Efua*
エファン Efan
エフィ Efe Efi*
エフィー Effie
エーフィア Eefje
エフィアルテス Ephialtes Ephialtēs
エフィッポス Ephippos
エフィミヤ Efimiia
エフィーム Efim Yefim
エフィム Efim** Efím
エフィメンコ Efimenko
エフィーモヴィチ Efimovich
エフィモヴィチ Efimovich* Yefimovich
エフィーモヴィッチ Efimovich
エフィーモフ Efimov**
エフィーモワ Efimova
エフィモワ Efimova Yefimova*
エフィンガー Effinger
エフィンジャー Effinger***
エフェ Efe
エブーエ Eboué
エブエ Éboué
エフェオボッカン Efeovbokhan
エフェソス Éphesos
エフェニー Effeny
エフェラールト Everaert
エフェリン Evelyn
エフェルス Evers
エフェルスベルク Effelsberg
エフェルソン Everson
エーフェルディンク Everding
エフェルディンゲン Everdingen
エーフェルディンヘン Everdingen
エフェルディンヘン Everdingen
エーフェルト Evert
エフェルド Zoehfeld
エフェンディ Efendi Efendî Effendi Effendy
エフェンディー Efendi
エフェンディエフ Efendiyev
エフェンベルク Effenberg*
エフォサ Efosa
エフォード Efford
エフォレ Efole
エフォロス Ephoros
エプカー Epker
エブカババカス Ebouka Babakas
エフカン Efkan
エフグラーフォヴィッチ Evgrafovich
エフクリディス Euclides
エプケ Ebke Epke*
エフゲーニ Yevgeni
エフゲーニー Evgeniĭ
エフゲニ Evgeni Evgenii
エフゲニー Eevgenii Eugeniy* Eugeny Evgeii Evgeni* Evgenii*** Evgeniĭ Evgeniy Evgeny** Evgheni Yevgeni Yevgeniy Yevgeny** Ysvgeny
エブゲーニー Eugene
エブゲニ Jevgeni
エフゲニア Evgenia Evgeniya Ievgeniia Yevgeniya*
エフゲーニイ Evgenii Yevgeniy
エフゲニイ Evgenii
エブゲニイ Evgenii
エフゲニス Jevgenijs
エフゲーニャ Yevgenia*
エフゲニヤ Evgeniya Yevgenia*
エフゲン Yevhen
エブゲン Yevgen
エフサーノッラー Eḥsān Allāh
エフサン Ehsan
エプシテイン Epshtein
エフシミウ Efthymiou Ephthimiou
エフシミオス Efthymios
エフシュキナ Evstyukhina
エープシュタイン Ebstein
エプシュタイン Ebstein* Epstein*
エプス Epps
エフズイン Efsin
エプスタイン Eppstein Epstain Epstein***
エフスタフェビッチ Evstaf'evich
エプスタン Epstein
エフスチグネイ Evstignei
エフスチグネーヴィチ Evstigneevič
エフスティグネエフ Yevstigneev
エプスティーン Epstein
エプステイン Epstein*
エプステーン Epstein
エプストン Epston
エブスリン Evslin
エブスワース Ebsworth
エフセイ Evsej*
エフセイエヴィチ Evseevich
エフセイビッチ Evseevich
エフセーヴィチ Evcéevich
エフセエヴィチ Evseevich*
エブセン Ebsen*
エフソ Eshof
エフーダ Yehuda
エフタ Iephtháe Jephthah Yiftach*
エフダ Yehuda
エフダーエフ Evdaev
エプタディウス Eptadius
エブダネ Ebdane
エプタメロン Heptaméron
エフタリオティス Eftaliotis
エフディ Yehudi
エフティミアデス Eftimiades
エフティミオス Efthimios
エフティミス Efthimis
エプティング Epting
エブテカール Ebtekar*
エフテッカー Eftekhar
エブテハージ Ebtehaj Ebtehāj
エブテハージュ Ebtehāj
エフード Ehud**
エフド Ehud**
エフトゥシェンコ Evtushenko**
エフトゥチェンコ Evtushenko
エフドキモヴァ Evdokimova
エフドキモバ Evdokimova
エフドキーモフ Evdokimoff
エフドキモフ Evdokimoff Evdokimov*
エフドキモワ Evdokimova** Yevdokimova
エブドキヤ Evdokiya
エフトシェンコ Evtushenko
エーフナー Oefner
エーブナ Ebner
エーブナー Ebner*
エフナー Effner Efner
エブナ Egbuna* Evuna
エブナー Ebner**
エブニー Abney*
エブヌタリブ Ebnoutalib
エブネ Ibn
エーフネル Ebner
エーブネル Ebner
エブノ Evno
エブノザー Ebnöther
エーブハルト Ebhardt
エフベルト Egbert
エフヘン Evhen Yevhen*
エフモント Egmond Egmont
エフューガス Effugas
エフラー Effler
エブラ Yebra
エプラー Eppler**
エプライ Eppley
エーフライム Ephraim*
エフライーム Éphraïm
エフライム Efraim** Efrayim Ephraem Ephraim***
エフライモス Ephraimos
エフライン Efraim* Efrain Efraín
エフラエム Ephraem
エーブラハム Abraham*
エブラハム Abraham*
エブラハムズ Abrahams
エブラーヒーミー Ebrahimi Ebrāhīmī
エブラヒミ Ebrahimi
エブラーヒーム Ebrāhīm
エブラヒム Ebrahim**
エーブラム Abram
エフラム Ephram Ephrem
エーブラムス Abrams
エーブラムズ Abrams
エブラムソン Abramson
エブラール Ebrard

Evrard
Hébrard*
エーブラルト Ebrard
エフランド
Efland
Ephland
エーブリー
Avebury
Avery**
エブリー
Ebly
Every*
エプリ
Aeppli
Ekpre
エプリー Epley
エプリウス Eprius
エフリキアン Efrikian
エプリッジ Eppridge
エブリット Everitt
エブリーヌ Evelyne
エブリヌ
Evelyne
Évelyne
エブリピディス
Evripidis
エフリム Efrim
エプリーム Eprime
エフリュッシ Ephrussi
エープリル April
エブリル Avril
エフリン
Eflin
Evlyn
エブリン
Evelyn**
Evelyne
エブリング Ebling
エーフル Haefele
エーブル Abell
エブル Eble
エーブルソン Abelson
エプレ Epple
エフレイノバ
Evreinova
エフレイノフ
Evreinov
エフレイム Ephraim*
エブレオ Ebreo
エフレフスカヤ
Yauhleuskaya
エフレム
Efrem**
Ephraem
Ephraim
Ephrem
エフレモア Efremova
エフレモヴィッチ
Efremovich
エフレーモフ
Efremov***
Yefremov
エフレモフ Efremov
エフレモワ Efremova
エフレン
Efren
Efrén
エブレン Evren
エプロ Epulo
エフロエフ Yevloyev
エーフロス Efros
エフロス Efros
エフロン
Efron*
Ephron***
エブロン
Avron
Ebron
エプワース Epworth
エブン Even
エブンソン Evenson**
エーベ Ebe
エベ
Ebbe*
Ebe
エペ
Ep
Epée
エペー Epée
エベイド Ebeid
エペス Yépez
エヘズケル Yechezkel
エベド Ebed
エベドイエスス
Ebediesus
エベニーザ Ebenezer
エベニーザー
Ebenezer
エベネザー Ebenezer
エベネゼ Ebénézer
エベノイス Ebenois
エーヘベルヒ Eheberg
エヘラース Ehlers
エベラード Everard
エベラール Eberhardt
エーベリ
Avebury
Öberg
エーベリー Avery
エベリ Eberle
エベリー Avebury
エペリ Epeli**
エベリオ Evelio**
エベリナ Ewelina
エベリーネ Eveline
エベリネ
Eveline
Evelyne*
エベリル Averell
エベリーン Eveline
エベリン
Eveline**
Evelyn**
エーベリンク Ebeling
エーベリング
Ebeling**
エベリング Ebeling*
エーベル
Abel*
Abell*
Ebel*
エベール
Eberl
Hebert*
Hébert***
エベル
Ebel
Ebell
Ever
エペル Epel*
エーベルヴァイン
Eberwein
エーベルグ
Oberg
Öberg
エーベルス
Ebers
Ewers
エベルス Ebbels
エーベルスト Eberst
エーベルソン Abelson
エーベルツ Eberz
エーベルディング
Everding
エーベルト
Ebert*
Eberth*
エベルト
Ebert*
Evert
Hebert
Hébert
Heberto
エベルトフト Ebeltoft
エベルトン
Everton
Ewerthon*
エベルハルター
Eberharter*
エーベルハルト
Eberhard**
Eberhardt
エベルハルト
Eberhard*
エベルハルドゥス
Eberhardus
エーベルヒ Eheberg*
エーベルラン
Haeberlin
Overland
Øverland
エーベルリーン
Eberlin
エーベルリン Eberlin
エーベルレ Eberle*
エベルレ
Eberle
Heberle
エベレ Ebele*
エベレスト Everest*
エベレット
Everett**
Everette
Everret
エベレン Evelyn
エーヘン Yevhen*
エーベン Eben
エーペン Eupen*
エベン Eben*
エーベンシュタイン
Ebenstein
エーベンステイン
Ebenstein
エベンゼール Ebenzer
エベンセン Evensen
エベンソン Evenson
エベンドルファー
Ebendorfer
エーベンロート
Ebenroth
エボ Evo*
エホアハズ
Iōachas
Jehoahaz
エボキ Eboki
エホシュア Yehoshua
エボック Eboch
エボディア Euodía
エボニー Ebony
エホヤキム
Jehoiakim
Jehoiakin
エホヤキン Jehoiakin
エホヤダ Iōdae
エボラ
Evora**
Évora
エホラム Yehoram
エボリ Eboli
エポロス Ephoros
エボワ Yeboah*
エボン Ebon
エボンザ Ebondza
エーマー Ehmer
エマ
Ema
Emma***
Hema
エマー Emma*
エマアスン Emerson
エマァソン Emerson
エマースカ Emmuska
エマスカ Emmuska
エマースン Emerson*
エマスン
Emerson*
Emmerson
エマーソン
Amerson
Emerson***
Emmerson**
エマソン
Emerson**
Emmerson
エマディ Emadi
エマート Emmert*
エマド Emad
エマートン Emerton
エマニエリデース
Emmanuelides
エマニエル
Emmanuelle
エマニュイロヴィッチ
Emmanuilovich
エマニュエリ
Emmanuelli*
エマーニュエル
Emanuel
エマニュエール
Emmanuel
エマニュエル
Emanual
Emanuel***
Émanuel
Emanuele*
Emmanuel***
Emmanuele
Emmanuèle*
Emmanuell
Emmanuelle**
エマニュエルソン
Emanuelsson
エマニュエーレ
Emanuelle*
エマニュエレ
Emanuele
Emmanuelle
エマヌ Emane**
エマヌイル
Emanuil
Emmanuil
エマヌイロヴィチ
Emmanuilovich
エマヌエーラ
Emanuela*
エマヌエラ Emanuela
エマヌエリ
Emmanuelli*
エマーヌエール
Emanuel
エマーヌエル
Emanuel*
Emmanuel
エマヌエール
Emanuele*
エマヌエル
EImanuel
Emanuel***
Emanuele
Emmanouil
Emmanue
Emmanuel***
Emmanuelle
Emmanuil
Immanuel
エマヌエーレ
Emanuel
Emanuele**
Emmanuel
Emmanuele*
エマヌエレ
Emanuele*
Emmanuele
エマミ Emami*
エマラ Emara
エマリ
Emery
Emory
エマリー
Emerlye
Emery
エマリィ Emery
エマリチ Emerich
エマリン Emmalin
エマリング
Emmerling
エマール
Aimard*
Aymard
Emard
Emerle

Eymard
Hemart
エマルソン Emerson
エーマン
Ehmann*
Öhman
エマン
Emam
Emman
Heymann
エーマンス Emans
エーマンツ Emants
エマンド Edmund
エーミー
Amerlia
Amy*
エミ
Amy
Emi*
Emmi
Emmy
エミー
Amii
Amy**
Emme
Emmie
Emmy**
Emy
エミアー Emyr
エミィ Amy
エミイ
Amy*
Emmy
エミィル
Emile
Émile
エミエ Émié
エミコ Emiko
エミサ Amisaah
エミジ Emizh
エミショーベン
Emmichoven
エーミス Amis*
エミスム Emisum
エミソン Emison
エミッサーアーサー
Amissah-arthur
エミット
Emitt
Emmett
Emmitt*
エーミッヒ Emig
エミネ Emine
エミネスク Eminescu
エミネム Eminem*
エミマ Jemima
エミーリ
Emil
Emil'
Emili
Emilii
エミリ
Emery
Emil
Emilie*
Émilie**
Emily*
エミリー
Emeli*
Emelie*
Emile
Émile*
Emilee
Emilie**
Émilie
Emily***
エミリア
Aemilia
Aimilia
Eimilia
Emilia**
Emília
Emiliia
Emily
エミリアーニ Emiliani
エミリアニドゥ
Emilianidou
エミリアーノ
Emiliano*
エミリアノ Emiliano*
エミリアン Émilien
エミリィ Emily
エミリウス Emilius
エミーリエ Emilie
エミリエ Emilie*
エミリエヴィチ
Emil'evich
Emilievich
エミーリエヴィッチ
Emil'evich
エミリエーヌ
Emilienne
エミーリエビッチ
Emilievich
エミリエンヌ
Émilienne
エミーリオ
Emiglio
Emilio***
エミリオ
Emilio***
Emílio**
エミリオス Emilios
エミリーベアトゥリス
Emilie Béatrice
エミリヤ Emilia
エミリャノ Emiliano
エミリヤーノフ
Emelyanov
エミリヤン
Emilijan
Emiliyan
エミリーン Emmeline
エミリング Emling
エーミール
Emil***
Émile
エーミル
Eemil*
Emil**
エミール
Amīl
Amir
Eemil
Emil***
Emíl
Émil
Emile***
Emíle
Emi̍le
Émile***
Èmile
Émilie
Emir*
Emyl*
Emyr
Imīl
エミールー Emmylou
エミル
Emil***
Emile*
Émile**
Emill
Emir*
エミルー Emmylou
エミルエビッチ
Emilyevich
エミルジャン
Emirzian
エミルソン Emilson*
エミルトン Emilton
エミールフォーク
Emilfork
エミレィヴィチ
Emil'evich
エミレイヴィッチ
Emil'evich
エミーン Emin
エミン
Amīn
Emin***
エミンガー
Emminger*
エミングハウス
Emminghaus
エミンズ Emmins
エーム Ehm
エム
Em
Emm*
Im
エムキー Ehmke
エームケ
Ehmcke
Ehmke
エムケ Emcke
エムゲ Emge
エムザー Emser
エムシー Emcee
エムシュウィラー
Emshwiller***
エムショフ Emshoff
エームス Ames
エームズ
Ames*
Eames
エムス
Emms
Ems*
エムズ Emms
エムスカ Emmuska
エムステージュ
Hemstege
エムスリー Emslie
エムズリー Emsley*
エムセレム Emsellem
エムソン Emson
エムダニ Hemdani
エムチュック
Yemchuk
エムツェフ Emtsev
エムデ Emde
エムディ Emde*
エムデン
Embden
Emden*
エムド Emdo
エムナ Emna
エムナー
Emna*
Emunah
エムニー Emney
エムバイェ
Mbaye
M'Baye
エムハード Emhardt
エムバハー Embacher
エムバペ Mbappe
エムバミ M'Bami
エムバリ Embury
エムバリー Emberley
エムバーレク
M'Bareck
エムバロ Embalo
エムピー Empey
エムビワ Mbiwa
エムプソン Empson
エムブデン Embden
エムブラ Embla
エムブレトン
Embleton*
エムペイ Empey
エムペイリコス
Empiricos
エムペドクレス
Empedoklēs
エムボマ
Emboma*
Mboma
エムマ Emma
エムミ Emmi
エムメット Emmet
エムメリッヒ
Emmerich
エムメリヒ Emmerich
エムメロバー
Emmerová
エムラー Emler
エムラン Emeran
エムリ Emery
エムリク Émeric
エムリス Emrys
エムリッヒ Emrich
エムリヒ
Emmrich
Emrich*
エムリン Emlyn**
エムール Emr
エムル Emre
エムレ Emre
エムレン Emlen
エムンド Emund
エーメ
Aimé*
Aimee
Aimée**
Ayme
Aymé**
Oehme
エメ
Aime
Aimé***
Aimè
Aimee
Aimeé
Aimée*
Aymé*
エメー
Aimé
Aimée
Amatus
Aymer
エメイ
Aimé
Aimée
エメェ Aimé
エメカ Emeka**
エメケン Oemeken
エメシェ Emese*
エメシオール
Emesiochel
エーメセ Emese
エメチェタ
Emecheta*
エメツ Yemets
エメッカ Emmeche
エメット
Emett*
Emmet**
Emmett**
エメテリオ Emeterio*
エメニー Emeny
エメニイ Emeny
エメニケ Emenike
エメノー
Emeneau*
Ermenault
エメライン Emmeline
エメラム Emmeram
エメラルド Emerald*
エーメリ Amery
エーメリー Amery
エメリ Emery
エメリー
Amerie
Emelie*
Emery**
エメリア Emelia
エメリィ Emery
エメリク Emerick
エメリゴン Émérigon
エメリータ Emerita
エメリック
Aimeric
Emeric*
Emerich
Emerick*
Emmerich*
Emmerick
エメリッヒ
Emerich
Emmerich**
エメリト Emerito

エ

エメリーヌ Emmeline
エメリヒ Emmerich**
エメリフ Emmerich*
エメリヤーエンコ
Emelianenko*
エメリヤノヴィチ
Emel'yanovich
エメリヤノフ
Emel'ianov
Emeliyanov
Yemelyanov
エメリヤーノワ
Emel'ianov
エメリヤン Emeliyan
エメリル Emeril*
エメリン
Emeline
Emerine
Emmeline*
エメール
Emel
Haemers
エメル
Emel
Omer
エメルカンプ
Emmelkamp
エメルソン
Emerson**
エメルマン Emerman
エメレンティアーナ
Emerentiana
エメンス Emmens
エモ Emo
エモー Aimos
エーモス
Aimos
Amos**
エモス Amos
エモット Emmott**
エーモニエ Aymonier
エモマリ
Emomali**
Imamali
エーモリ Amory
エモリー
Amory*
Emory*
エモワン Aimoin
エーモン
Amon
Eamonn*
エモン
Hemon
Hémon*
Hémont
エモンシュ
Emmons**
エモンズ Emmons***
エーヤー Ayer
エヤ Eya
エヤー Ayre
エヤオロモ
Eya Olomo
エヤケニィ Eyakenyi
エヤーズ Ayres
エヤデマ Eyadéma**
エヤリ Airy
エーヤル Eyal
エヤル Eyal*
エヨン Aie-yung
エーラー Oehler
エラ
Ela**
Elah
Ella***
Élla
Era
エラー Eller***
エライ
Eli
Eray
エライアス Elias**
エライク Elhaïk
エライザ
Elisa
Eliza*
エライシャ Elisha*
エライジャ Elijah*
エライネ Elaine
エライヒュー Elihu
エライユ
Herail
Hérail
エラウ Heraud
エラウソ Erauzo
エラウゾ Erauzo
エラウト Elout
エラオヤナ Ela Oyana
エーラカ Eraka
エラカート Erakat
エラガバルス
Heliogabalus
エラーキー Erāqī
エラーギナ Elagina
エラーギン
Elagin*
Elágin
エラギン Yelagin
エラクリオ Heraclio*
エラクル Eracle
エラクレス Héraclés
エラケツ Ngiraked*
エラサール Eleazar
エラザール Elazar
エラジ
Elhadi
Elhadj
エラシストラス
Erasistratos
エラシストラトス
Erasistratos
エラジム Erazim
エラシュマウィ
Elashmawi
エラーショー
Ellershaw
エーラース Ehlers*
エーラーズ Ehlers
エーラス Ehlers
エラーズ
Ehlers
Ellers
エラス Heras*
エラスタス Erastus
エラスト Erast
エラストゥス Erastus
エラストッフ Erastoff
エラスペス Elspeth
エラスマス Erasmus
エラズマス Erasmus
エラーズム Erazum
エラズム Erazm
エラスムス Erasmus*
エラスモ Erasmo
エラズモ Erasmo
エラースリス
Errázuriz
エラスリス Errázuriz
エラソ
Eraso
Erazo
エラチ Elachi
エラットラシェ
Elattrache
エーラッハ Erlach
エラディオ Eladio
エーラト Elert
エラート
Aehlert
Elert
Ellert
Errath
エラード
Ellard*
Erard
エラト Erato
エラド Elad
エラトゥヴァラピル
Elattuvalapil
エラトステネース
Eratosthenes
エラトステネス
Eratosthenes
エラートン
Elarton
Ellerton
エラナ Elana
エラニ Errani*
エラニオ Eranio
エラヌツグヌザ
Ela Ntugu Nsa
エラヌドング
Ela Ndong
エラノシアン
Yeranosian
エラハジ Elhadj
エラービー Ellerbe
エラヒ
Elahi*
Ellahi
エラヒアン Elahian
エラビッチ Jelavić
エラーブ Ellerbe*
エラヘ Elaheh
エラベ
Eelaabe
Elabe
エラミヌ Elamine
エラミフム
Ela Mifumu
エラム Elam*
エラーモ Eramo
エラリ Ellery
エラリー Ellery**
エラリアン El-Erian*
エラリィ Ellery
エラリイ Ellery
エラリエフ
Eraliev
Yeraliyev
エラリック Eraric
エラリフ Elarif
エラリントン
Ellerington
エーラール Ehrhard
エラール
Erard
Érard
Hélard
Herard
Hérard
エラルド
Eraldo*
Heraldo
エラレチアナ Elatiana
エラワン Arawan
エラン
Ae-ran*
Aeran
Elan*
Ellan
Eran*
Göran
Helain
Héran
Hérent
Héring
Herrand
Herren
エランス Hellens
エランスカヤ
Elanskaia
Eranskaya
エーランソン
Erlandsson
エーランド Herand
エランド
Erandt
Errando
エランドン Elandon
エランベルジェ
Ellenberger*
エーリ
Eli
Elie
エリ
Ali
El
El'
Eli***
Elie***
Élie*
Eliezer
Eliyahu
Elli
Elly
Ely
エリー
Ealy
Eilidh
Eley
Elie***
Élie*
Eliezer
Eliseo
Ellie**
Elly**
Ely***
Errie
Ery
Hélie
Héry
エーリア Elia
エリア
Elia**
Eliane
Elias
Elijah
Elya
Erja
Helia*
Heriat
He'riat
エリアーヴァ Eliava
エリアカン Eliaquim
エリアキム Eliakim*
エリアシェフ Eliacheff
エリアーシュ Eliáš
エーリアス Elias
エリーアス
Elias
Elías
エリアス
Elias***
Elías*
Ēlías
Elíes
Elijahs
Ellice
エリアズ Elias
エリアセル Eliacer*
エリアセン Eliasen
エリーアソン Eliasson
エリアソン
Eliasson**
Elíasson
エリアッソン Eliasson
エリアーデ
Eliade*
Eliadé
Heliade
エリアーデス Eliades
エリアデス Eliades
エリアドール
Heliadore
Héliadore
エリアナ
Elena
Eliana*
エリアナア Eleanor
エリアーヌ
Eliane
Éliane
エリアヌ Eliane
エリアーネ Eliane
エリアノーア Eleanor
エリアノーラ Eleanora
エリアハウ Eliahou
エリアフ Eliahu*
エリアフー Eliahu
エーリアル Ariel
エリアル Ariail
エリアルド Eliardo*

エ

エーリアン Ariane
エリアン
Elian
Eliane*
Erian*
Orjan
エリアンシュバーグ
Eliashberg
エリアンナ Eliana
エリアンヌ Eliane
エリイザ Eliza
エリイゼ Eliza
エリイド Eilidh
エリヴィラ Elvira*
エリウエル Eliuel
エリウーゲナ
Eriugena
エリウゲナ
Eringena
Eriugena
エリウジェナ
Eriugena
エリウッド Ellwood
エリウド Eliud
エリエ
Elie
Élie
Ellies
Hérier
エリエイザー Eleazar
エリエザー Eliezer*
エリエス Elyes
エリエセル Eliezer
エリエゼル
Eleazar
Eliezer**
'Eli'ezer
エリエツァル Eleazar
エリエッテ
Eliette*
Hélyette
エリエット Eliette**
エリエール Ariel
エリエル
Ariel
Eliel*
エーリオ
Elio
Erio
エリオ
Elio***
Elío
Helio**
Hélio*
Héliot
Hélyot
Herriot*
エリオー Herriot
エリオウト Eliot
エリオダ Elioda
エリオット
Eliot***
Eliott*
Elliot***
Elliott***
Elliotte
Elyot
エリオットソン
Elliotson
エリオドーロ
Heliodoro
エリオバ Jeriová
エリオプロス
Eliopoulos
エリオポラス
Eliopulos
エリオン
Elion*
Erion
Helion
エーリカ
Erica*
Erika**
エリカ
Enrica
Erica***
Ericka
Erika**
Érika
Erykah*
エリガドゥー
Yerrigadoo
エリギウス Eligius
エリギユス Eligijus
エーリク
Eirik
Eric
Erich
Erik***
エリク
Eirik
Eric***
Erich
Erick
Erik***
Eriq
エリクス Eriks
エリクスン
Erickson
Ericson
Erikson
エーリクセン
Erichsen
Eriksen
エリクセン
Erichsen*
Ericksen*
Eriksen***
エーリクソン
Eriksøn
Eriksson*
エリクソン
Eiríksson
Erickson***
Ericson*
Ericsson**
Erikkson*
Erikson**
Eriksson***
Erixon
エリクトニオス
Erichthonios
エリクール Hericourt
エリーゴ Errigo
エリコ
Erico*
Érico
Errico
エリゴ Errigo
エリコット Ellicott
エリコニン El'konin
エリゴネ
Erigonē
Ērigonē
エリゴン Herigone
エリーサ Elisa*
エリーザ
Eliezer
Elisa*
エリーザー Eliezer
エリサ Elisa**
エリザ
Elisa**
Élisa
Eliza**
エリザー Eliezer
エリサヴェータ
Elisaveta
エリサヴェタ
Elisaveta
エリザヴェータ
Elisaveta
Elizabeth
Elizaveta***
Elizavéta
エリーザベス
Elizabeth
エリサベス
Elisabeth
Elizabeth
エリザベス
Elisabet
Elisabeth***
Elizabeth***
Ellizabeth*
Erisabeth
Erizabeth
Erzsébet
エリサベタ Elisabeta
エリザベータ
Elizabeta*
Elizaveta
エリザベタ
Elisabeta
Elizaveta
エリサベツ Elisabet
エリザベツ
Elisabet
Elizabeth
エリサベッタ
Elisabetta
エリザベッタ
Elisabetta*
Elizabetta
エリーサベット
Elisabeth
エリサベット
Elizabeth
エリザベット
Elisabet*
Elisabeth*
Élisabeth*
エリーサベト
Elisabeth
エリーザベート
Elisabeth
エリーザベト
Elisabet
Elisabeth***
Elizabeth*
エリサベート
Elisabeth
エリサベト Elisabet
エリザベート
Elisabet
Elisabeth***
Élisabeth**
Elisbeth
Elizabeth**
Élizabeth
Erisabeth
エリザベト
Elisabet*
Elisabeth***
Élisabeth*
Elizabeth
エリザベド Elisabeth
エリサラ
Elisala
Elisara
エリサルデ Elizalde
エリサルド Elissalde
エリザーロヴァ
Elizarova
エリザロヴァ
Elizarova
エリザーロフ
Elizarov**
エリザロフ Yelizarov
エリザーロワ
Elizarova
エリザロワ Elizarova
エリーシア Elicia
エリシア Elisha
エリジア Elisja
エリシェ Elišē
エリジオ
Elisio
Elísio
エリーシャ Esisha
エリシャ Elisha**
エリジャ Elijah*
エリジヤー Elizur
エリーシュ Eilis
エリシュ Éilis
エリシュカ
Eliska
Eliška*
エリシュム
Erishum
Erišum
エリース
Elise*
Ellis
エリーズ
Elise**
Élise
Ellease*
エリス
Eilis
Elis*
Elise
Elisse*
Ellis***
Ellys
Elys
Elyse
Eris
Héris
エリスゴリツ
Elisgolits
エリスゴリッツ
Elsgol'ts
エリスタヴィ Eristavi
エリスドッティル
Elisdottir
エリストラトフ
Elistratov*
エリストン Elliston*
エリズバル Elizbar
エーリスマン
Ehrismann*
Erismann
エリスマン
Erisman
Erismann
エリスランディー
Erislandy
エリスン Ellison*
エリーゼ
Elise**
Elyse
エリセ Erice*
エリゼ
Elise
Élisée
Elysee
エリゼー Elisée
エリセア Elisea
エリセイエワ
Yelisseyeva
エリゼウ Eliseu
エリセーヴィチ
Eliseevich
エリセウス Eliseus
エリセーエフ
Eliseev
Elisseeff***
エリセエフ Elisseeff
エリゼーオ Eliseo
エリゼオ Elíseo
エリゼッチ Elizeth
エリセベート
Elisebeth
エリソ
Eliso
Elisso*
エリソン
Elison
Ellison***
Hérisson
エリソンド
Elizondo**
エリゾンド
Elizond
Elizondo
エリーダ Elida
エリダ Elida
エリタシュ Elitaş
エリダル
Eldar
El'dar
エリチエ Héritier
エリチベイ
Elchibey**
エリチャン Yeritsian
エリチン Elchin
エリツァ Elitsa
エリツィン Yeltsin***
エリッカー Elicker
エリッキ Erikki
エリッキセン Erichsen

エ

エーリック
Ehrich
Ehrlich*
Erich
Erik**
エリック
Arick
Elic
Eric***
Éric**
Erich***
Erick**
Érick
Erik***
Érik
エリックゴードン
EricGordon
エリックス
Ellix
Ericks
エリックソン
Erickson
Ericsson
エリッサ Elissa*
エリッサベス
Elizabeth
エリッセン Erichsen
エリッソン
Ellison
Hérisson
エリッチ
Erich
Jelić
エリッツァ
Elitzur
Elizza
エリッツア Elizza
エリッツオ Erizzo
エーリッヒ
Ehrich
Ehrig
Ehrlich*
Erich***
Erlich
エリッヒ Erich*
エーリッヒャー
Ehrlicher
エリツャン Yeritzyan
エリツヤン Yeritzyan
エリツール Elitzur
エリティエ Héritier
エリティス
Elytes
Elytēs
Elytis
Elýtis*
エリーナ
Elina*
Elinor
Ellina*
エリーナー Eleanor
エリナ
Eleanor*
Elina*
Elinoore
Elinor
Ellina
エリナー
Eleannor
Eleanor**
Eliner
Elinor**
エリナア Elinor
エリナン Helinandus
エリナンド
Helinandus
エリニヤ Elynia
エリーヌ
Elaine
Eliane
エリーネ Eline
エリネック Jellinek*
エリノー Elinor
エリノア
Eleannor
Eleanor**
Eleanore
Eléonore
Elinoa
Elinor***
Elinore
Elionor
Erinor
エリハー Elijhaa
エリバ Eriba
エリバシュ Egribas
エリバム Eribam
エリバン Erivan
エリバンスキー
Erivanskii
エリパンドゥス
Elipandus
エーリヒ
Ehrich
Ehrig
Erch
Erich***
Erik
エリーヒ Erich
エリヒ Erich*
エリヒオ Eligio
エーリヒゼン
Erichsen*
エリビラ Elvira
エリフ
Elif*
Elihu*
エリファス
Eliphas*
Éliphas
エリファズ Eliphaz
エリファレット
Eliphalet
エリフジャレ Elif Jale
エリブルナ Herivelona
エリベルト
Eriberto
Heriberto
エリボン Eribon
エリマ
Elima
Elymas
Elýmas
Yerima
エリマス Elymas
エリマル
Elimar*
Elmar
エリマン
Elimane
Elliman
エリミ Elimi
エリミラ Elmira
エリム
Erim
Errym
エリムベトフ
Yerimbetov
エリメレク Elimelech
エリヤ
Elija
Elijah
Eliyâ
Eriya
He'riat
Hériat
エリャクリア
Ellacuria
エリャス Ellas
エリヤスベルグ
Eliasberg
エリャソフ Elyasov
エリヤード Ellyard
エリヤフ Eliyahu**
エリヤベツ Erjavec
エリヤン Elyan
エリュー
Elihu
Helleu
エリユ Elihu*
エリュアァル Éluard
エリュアール
Eluard*
Éluard
エリュアル Éluard
エリュウテリウス
Eleutherius
エリュエール Eluère
エリューキオス
Erykios
エリュシクトン
Erysichthon
エリュティス Elýtis
エリュール Ellul*
エリュル Ellul
エリューレ Eluere
エリョーミナ
Eremina
Erëmina
エリョル Elyor
エリラント Herilanto
エリル
Elir
Eryl
エーリン Elin
エリーン
Ehrlin
Eline
Oellien
エリン
Alyn
Elin**
Eling
Ellen
Ellin***
Ellyn
Elyn
Erin***
エリンウッド
Ellinwood
エリンガ Elinga
エリンガー Ellinger
エーリング
Erling
Jhering
Oehring
エリンク Enriquez
エリング
Elling*
Ering
エリングウッド
Ellingwood*
エリングトン
Errington
エーリングハウス
Ehringhaus
エリンコ Enrico
エーリンジャー
Ehrlinger
エリンダー Elinder
エリントン
Ellington**
エーリンナ Erinna
エリンナ Ērinna
エール
Ehle
Ehrl
Erre*
Hale
Héle
Herr
Yale
エル
Al
El***
Elle**
Hell*
エルー
Erueh
Helleu
Héroult
エルアイ Eluay**
エルアイサミ
El Aissami
エルアザリィ Elazary
エルアザル
Eleazar
Eleazár
エルアジ Elhadji
エルアド El-Had
エルアトフィ El-atfy
エルアフィ El Ouafi
エルアール Éluard
エルイヤール Elhuyart
エルヴァ Elva*
エルヴァー Elver
エルヴァイラ Elvira
エルヴァスティ
Ervasti
エルヴァート Elwert
エルヴァン
Elwing
Hervin
エルヴィ Elvey
エルヴィー Elvey
エルヴィアナ Elviana
エルヴィウ Hervieu
エルヴィグ Erwig
エルウィス Elwes*
エルウィズ Elwes*
エルヴィス Elvis**
エルヴィッジ Elvidge
エルヴィーナ Ervina
エルヴィーノ Elvino
エルヴィーユ Hervieu
エルヴィユ Hervieu
エルヴィユウ Hervieu
エルヴィラ Elvira*
エルヴィール Elvire*
エルウィン
Elwin*
Elwyn***
Erwin**
エルウイン Erwin
エルヴィーン
Ervin
Erwin**
エルヴィン
Elvin*
Elvine
Elwin
Ervin**
Ėrvin
Erwin***
エルウィング Elwing
エルウェー Elway
エルヴェ
Harvé
Helvé
Herve*
Hervé***
Hervey
エルヴェー Hervé
エルウェイ Elway*
エルヴェシウス
Helvetius
Helvétius
エルヴェシュース
Helvétius
エルヴェシユス
Helvétius
エルウェス Elwes
エルヴェット Järvet
エルヴェディ Elvedi
エルヴェホイ Elvehøi
エルウェル Elwell
エルウエル Elwell
エルヴェン Elvén
エルヴォリーニ
Ervolini
エルヴス Elves
エルウッド
Ellwood**
Elwood***
エルウード Ellwood
エルヴュー Hervieu*
エルエラ Eruera
エルエン Jeroen
エルオフ Yeleuov
エルカ Elka
エルカー
Elcar*
Ercker
Oelker*
エルガ
Elga
Helga
エルガー

Elgar**
Elger*
エルカインド Elkind
エルカサイ
Elchasai
Elkasai
エルガシ Ergash
エルカース Oelkers
エルガート Elgart
エルガード Ellgaard
エルカートン Elkerton
エルカーナー Elkanah
エルカーノ Elcano
エルガメネス
Ergamenēs
エルカール Erkal
エルカル Erkal
エルガルヒ Elgarhi
エルカン
Elkan
Elkann*
Ercan
Erkan*
エルガンディ
El Gindy
エルキ
Erki*
Erkki**
エルキー Elkie
エルキウス Erucius
エルキシア Erquicia
エルキュール
Hercule
Hercules
エルギュン Ergün
エルキン
Elkin***
Erkin
エルギン
Elgin**
Ergian
Erugin
エルキンス Elkins*
エルキンズ Elkins***
エルキンド Elkind*
エルキントン
Elkington**
エルク
Elk*
Elke
Erk
エルグ Elg
エルクジャー Elkjer
エルグジャ Elguja
エルクス Elkes
エルクスレーベン
Erxleben
エルグベ Elegbe
エルクマン
Erckmann*
エルクラーヌ
Herculano
エルクラヌ Herculano
エルクラーノ
Herculano
エルクラノ Herculano
エルグリシィ Elgrissy
エルケ Elke**
エルケサイ
Elkesai
Elxai
エルケス Erkes
エルゲゼン Ergezen
エルケーニ Örkény
エルケーニュ
Orkeny
Orkény
Örkény*
エルゲラ Helguera*
エルケル Erkel
エルゲルージ
El Guerrouj*
エルゲルス Elgers
エルゲルト Elgert
エルゲン Jürgen
エルコ
Eelco
Elcho
エルゴ Hergott
エルコック Elcock
エルゴティーモス
Ergotimos
エルゴティモス
Ergotimos
エルコーノン
Elkhonon
エルコノン Elkhonon
エルコムリ El Khomri
エルコリ Ercoli
エルコリーニ Ercolini
エルコール Ercole
エルコーレ Ercole
エルコレ Ercole
エールコンバート
Earconbert
エルコンワルド
Erconwald
エルサ
Elsa***
Else
エルサー Elsa
エルザ
Elsa***
Elza**
エルザー
Elser
Elzer
エルサイド Elseid
エルサエディ El-saeidi
エルサエド Elsayed
エルササー Elsasser
エルザス Elsas
エルサダット
Al-Sadat
エルサッサー Elsasser
エルサベス Elsabeth
エルサリムスキー
Erusalimskii
エルサール Hersart
エルザール Elzeard
エルサレム Jerusalem
エルザレム Jerusalem
エルサワリ Elsawalhy
エルサン
Ersan
Hersant
Hersent
Hersin
Yersin
エルザン Erzan
エルシ
Elsie
Eörsi
エルシー
Elsea
Elsie**
エルジ Erzsi
エルジー
Ellzey
Elsey
Elsie
エルシィ Elsie
エルジイ Elgey
エルジェ
Herge
Hergé**
エルシェイク Elsheikh
エルシェハビ
El Shehaby
エルジェーベト
Elisabeth
Erzsébet
エルジェリー Elijah
エルシェリフ Elsherif
エルジエール Elzière
エルジビェータ
Elzbieta
Elżbieta
エルジビェタ Elżbieta
エルジビエタ Elżbieta
エルシャド Ershad**
エルジャン Ercan
エルシュ
Ersch
Hersch
Ors
エルジュ Örücü
エルシュテイン
Elshtain*
エルジュビェタ
Elżbieta
エルジュビエタ
Elżbieta
エルシュメル Ersumer
エールシュレーガー
Oehlschlaeger
Ölschleger
エルシュレーガー
Oelshlaeger
エルショド Elshod
エルショーフ Ershov*
エルショフ Ershov*
エールション
Aershorn
エルシラ Ercilia
エルシリビーニー
Elsherbini
エルシーリャ Ercilla
エルシリャ Ercilla
エルシン Ersin
エルジン
Elgene
Elgin**
エルジンガ Elzinga
エルジンチリオール
Erzinçlioglu
エルジンハ Elzinga
エルス
Els**
Else*
Wells
エルスウィット Elswit
エルズウォース
Ellsworth
エルスカン Elskamp
エルスカンプ
Elskamp*
エルスキン Erskine
エルスケン Elsken**
エルスコヴィシ
Herscovici
エルスコット Elsschot
エルスゴルツ Elsgol'ts
エルスショット
Elsschot
エルスタ Elsta
エルスター Elster*
エルスタア Elster
エルスタヴィク
Ørstavik
エルスタッド
Elstad
Erstad*
エールステズ Oersted
エルステズ Oersted
エールステッド
Oersted
エルステット Oersted
エルステッド
Ersted
Hørsted
Oersted
Ørsted
エルステル Elster
エルステール Elsdale
エルストナー Elstner
エルストブ Elstob
エルストプ Elstob
エルストン
Eleston
Elleston
Ellston
Elston
エルスドン Elsdon
エルストンド
Elustondo
エルスナー
Elsener
Elsner**
Oelssner
エルスネル Elsner
エルスハイマー
Elsheimer
エルズバーグ
Ellsberg**
エルスパメル
Erspamer
エルズビエータ
Elzbieta
エルズビエタ
Elzbieta**
エルスブリー Ellsbury
エルズブリー
Ellsbury*
エルスベス Elsbeth
エルスペス Elspeth**
エルズベス Elsebeth
エルズペス Elspeth
エルスベツ Elsebeth*
エルスベト Elsbeth
エルスベルグ Elsberg*
エルスホット
Elsschot*
エルスマリー
Els-Marie
エルスマン
Elsmann
Estleman
エルズミーア
Ellesmere
エルスモア Elsmore
エルスラー
Ellsler
Elssler
エルズリッシュ
Herzlich
エルスワース
Ellsworth***
エルスワス Ellsworth
エルズワース
Ellsworth**
エルスン
Ellson
Elson*
エルセ
Else
Elsie
エルゼ
Else*
Elze
エルゼー Elzey
エルゼアル Elzéar
エルセイフィ Elseify
エルセヴィル Elzevir
エルゼヴィール
Elzevir
エルセギ Elosegi
エルセサー Elsaesser*
エルゼサー Elsässer
エルゼッサー Elsässer
エルゼバー Ersever
エルセバイ Elsebai
エルセラック Elserack
エルゼーリウス
Elselius
エルセン Elsen
エルゼン Erzen
エルゼンハンス
Elsenhans
エルソイ Ersoy*
エルゾーグ Herzog**
エルソニー Hersony
エルソン
Ellson
Elson**
エルター Oerter

エ

エルダ
Elda*
Hedda
エルダー
Edler
Eldar
Elder***
エルダーキン
Elderkin**
エルダキン Elderkin
エルタザロフ
Eltazarov
エルダーショー
Eldershaw
エルダース Elders*
エルダード Eldard
エルダド Eldad
エルダラトリー
El-Dawlatly
エルタール Erthal
エルダール El'dar
エルダル
Eldar
Erdal***
エルダン Erdan
エールチェス Eeltjes
エルチベイ Elchibey
エルチャニノフ
Eltchaninoff
エルチャロス
Elcheroth
エルチング Elting
エルツ
Eltz
Ertz
Hertz*
Herz
エルツェ Elze
エルツェン Oertzen
エルツォーグ Herzog*
エルツオグ Hertzog
エルッキ Erkki**
エルッサン Hertsens
エルツジーク
Erdtsieck
エルツバッハ Erzbach
エルツバッハー
Eltzbacher
エルツバッヘル
Eltzbacher
エルツバハー
Eltzbacher
エルッペ Hjerppe
エルツベルガー
Erzberger
エールデ Eerde
エルテ Erté**
エルデ Elde*
エールディ Érdi
エルデーイ
Erdély
Erdélyi
エルディ Heldy
エルディー Heldy
エルデイ Erdei
エルディイ Erdélyi
エルティス Eltis*
エルティン Eltingh
エルディーン
Eldean
El Din*
El-Din
エルディン Eldin
エルティング
Elting
Eltinge
Eltingh
エルティンジ Eltinge
エルデシ Erdösi
エルデーシュ Erdös
エルデシュ Erdös
エルテス Eltes
エルデス Erdos
エルデスーキ
El-desouki
エルデニ Erdeni
エルデネ Erdene**
エルデネチメグ
Erdenechimeg
Erdenechimegiin
エルデネバティーン
Erdenibatyn
エルデネバティン
Erdenebatyn
エルデネバト
Erdenebat**
Erdenebatyn
エルデネバートル
Erdenebaatar
Erdenebaator
Erudenebaatar
エルデブリンク
Eldebrink
エルデム Erdem
エル・テムル Entemür
エルテムル Entemür
エールテリ Erteli
エルテリ Erteli
エルデーリ Erdeli
エルデリ Erdeli
エルデリング Eldering
エルテル Oertel*
エルデール Helder
エルデル
Helder
Hélder
エルデルス Aelders
エールデン Aerden
エルデン
Elden**
Eldon*
エルデンチュルーン
Erdenechuluun
エルデンボー
Eldemboo
エルト Erdt
エルド
Eldo
Held
エルドアン
Erdogan*
Erdoğan
エルトイスバエフ
Yertysbaev
エルトゥウル Ertuğrul
エルトゥール Ertur
エルトゥル
Ertl*
Ertuğrul
エルトゥルディ
El Troudi
エルドウルフ
Eardwulf
エルトゥールル
Ertugrul
Ertuğrul
Ertuğrul
エルトゥルル
Ertgrul
Ertuğrul
エルドス
Erdos*
Yeldos
エルドニエフ
Erdniev*
エルドバーグ Erdberg
エルドホルム Eldholm
エールトマン
Erdmann
エルトマン
Erdmann**
Oertmann
エルドマン
Erdman
Erdmann*
エールドマンス
Eerdmans
エルトマンスデルファー
Erdmannsdörffer
エールトマンスドルフ
Erdmannsdorff
エルトマンスドルフ
Erdmannsdorff
エルドムート Erdmute
エルドヤウルトン
Eldjárn
エルドライド Eldridge
エルトリ Oertli
エルドリッジ
Eldredge**
Eldridge**
エルドリッチ Eldridge
エルドリッヂ Eldridge
エルトル Ertl**
エルドレジ Eldredge
エルドレッジ Eldredge
エルドレッド Eldred*
エルトン
Ayrton
Elton***
エルドン Eldon*
エルナ
Elna
Erna**
Ernie
エルナー
Eleanor
Hoerner
エルナイス Hernáiz
エルナド Ernad
エルナーニ Ernani**
エルナニ
Hernani
Hernâni
エルナーネ Hernane
エルナネス Hernanes
エルナン
Ernan
Hernan**
Hernán**
エルナンゴメス
Hernangomez
エルナンス Hernanz
エルナンスアゲリア
Hernanz Agueira
エルナンデス
Heenández
Hernádez
Hernandes
Hernandez***
Hern'andez
Hernández***
Hernàndez
エルナンデスアルセロ
Hernández Alcerro
エルナンデスウスカンガ
Hernandez
Uscanga
エルナンデスパウミエル
Hernandez
Paumier
エルナンデスマック
Hernández Mack
エルナンデスリオス
Hernandez Rios
エルナンド
Fernando
Hernán
Hernando
エルニ Erni**
エルニー Erni
エルニアリー Elniery
エルニッキ Elnicki
エルニュ Hernu*
エルヌ Ernu
エルヌー Ernout
エルヌフ Ernouf
エルヌル Elnur*
エルネ
Erne
Ernest
Ernö
エルネー
Erno
Ernö
Ernő*
エルネサー ElNesr
エルネスタ Ernesta
エルネスタィン
Ernestine
エルネスタイン
Ernestine
エルネスティ Ernesti
エルネスティーヌ
Ernestine
エルネスティーネ
Ernestine
エルネスト
Ernest***
Ernesto***
Ernst
Hernesto
エルネストゥス
Ernestus
エルネック Hernek
エルネニー Elneny
エルノ Ernö
エルノー
Ernault
Ernaux**
Erno
Ernö*
Ernő
エルノーラ Elnora
エルバ
Elba*
Erba
エルバカリ Elbakkali
エルバカン Erbakan**
エルハジ
Elhadi
El-hadj
Elhadj
Elhadji
エルバシル El Basir
エルバース Elberse
エルバス Elbaz*
エルバズ Elbaz
エルバック Elback
エルハッジ Elhadji
エルバッハ Erbach
エルハーディ El-Hadi
エルバート Elbert**
エルハドハド
Elhodhod
エルハナン
Elchanan*
Elhanan*
エルバノバ Erbanova
エルバフ
El-Bakh
Elbakh
エルバーフェルト
Elberfeld
エルバーフェルド
Elberfeld
エールハーフェン
Oelhafen
エルハミー Elhamy
エルハム Elham
エルハムダウイ
Elhamdaoui
エルハラシ
El Harrachi
エルバラダイ
El-baradei
ElBaradei
Elbaradei*
エルバーリ El-bary
エルバリング
Elberling
エールハルト
Ehrhard
Ehrhardt
Ehrhart
エルハルト
Ehrhard
Erhald
Erhard*
Erhardt*
Erhart
エルバン
Elvan
Erwan
Herbin

エルパン Herpin
エルバンドヴィチ
Ervandvich
エルビ Elvey
エルビー Elburt
エルビア Elvia
エルビィ Elby
エルビオ Elvio
エルピジオ Elpidio
エルビス Elvis*
エルビットスキー
Elvitsky
エルピディア Elpidia
エルピディオ Elpidio
エルピデオ Elpidio
エルビュー Hervieu
エルビーラ Elvira
エルビラ Elvira***
エルビーン
Elbein
Erwin
エルビン
Elvin*
Ervin
Erwin*
エルブ Erb
エルプ
Erb*
Erp
Erpf
エルファーズ Elffers*
エルファディング
Elfferding
エルファンバウム
Elfanbaum
エルフィ Elfi
エルフィー Elfie**
エルブイク
Hellebuyck
エルフィック Elphick
エルフィネッシュ
Elfenesh
エルフィンストーン
Elphinstone
エルフィンストン
Elphinstone
エルフウィン Aelfwyn
エルフウェアード
Aelfweard
エルフェ Helffer*
エルフェージュ
Elphège
エルブエル Elbuchel
エルフェルス Elffers
エルフェンバイン
Elfenbein
エルフォント Elfont
エルブグート Erbguth
エルフグリエン
Elfgren**
エルフサイニ
Al-husseiny
エルフストレム
Elfström
エルブストレム
Elvstrøm
エルブストローム
Elvstrøm
エルプセ Erbse
エルフチナ Elfutina
エルプフ Erpf
エルブプリンツ
Erbprinz
エルフマン Elfman*
エルフムンド
Ealhmund
エルブラン Herbrand
エルフリ Eljuri
エルフリーダ Elfrida*
エルフリダ Elfrida
エルフリック Aelfric
エルブリッジ Elbridge
エルフリッド Elfrid
エルフリーデ
Elfriede**
エルフリード
Efriede
Elfriede*
エルブリング Elbling*
エルブルス Elbrus
エールブルック
Erlbruch
エールブルッフ
Erlbruch
エルフルト Erfurth
エルブレー Herberay
エルフレッド Elfled
エルブロ Herbelot
エルフワルド Aelfwald
エルヘ Jorge
エルベ
Elbe
Erbe
Herve**
Hervé**
Hérvé
Hervey
エルベイ Elvey
エルベカイ Elbekay
エルベグドルジ
Elbegdorj**
エルベシウス
Helvétius
エルベチウス
Helvétius
エルベック Herbecq*
エルベト Elbethe
エルペニウス
Erpenius
エルペノル Elpēnōr
エルベリック
Herberigs
エルベール Herbert*
エルベル Herbert*
エールベルガー
Ohlberger
Öhlberger
エルベルグ Erberg
エルベルト
Herbert
Herberto*
エルベルフェルト
Erberfelt
Erbervelt
エルベルマン
Erbermann
エルベロ Herbelot
エルベン Erben**
エルベンスポーク
Elwenspoek*
エルペンベック
Erpenbeck*
エルボー
Eerbauts
Hellebaut**
Herbauts
エルボウ Elbow
エルボーゲン Elbogen
エルボラト
Erbolat
Yerbolat
エルボラフ Elborough
エルボル Yerbol
エルボーン Elborn
エールマー Aylmer
エルマ
Elma*
Elmer
Elýmas
Erma**
エルマー
Ellmer
Elmar**
Elmer***
Ermer
エルマア Elmer
エルマーク Ermak
エルマク Ermak
エルマグラビー
Elmaghraby
エルマコヴァ
Ermakova
エルマコーフ
Ermakov
エルマコフ Ermakov
エルマコーワ
Ermakova
エルマコワ
Ermakova*
Yermakova
エルマース Ermarth
エルマティンガー
Ermatinger
エルマティンゲル
Ermatinger
エルマート Ermarth
エルマナ Hermana
エルマナリック
Ermanaric
エルマナリヒ
Ermanaric
エルマニン Hermanin
エルマノ Hermano
エルマーノス
Hermanos
エルマラーエフ
Ermolaev
エルマリン Elmerine
エルマール Elmar
エルマル Elmar
エールマン
Ehrmann
Oehlman
Oehlmann
エルマン
Elleman*
Ellman*
Ellmann*
Elman**
Erman*
Herman*
Hermann
Hermant
Herrmann
エルマンシー Elmansy
エルマンジェラ
Elmandjra
エルマンシャ
Ermansyah
エルマンジャ
Elmandjra*
エルマンジュラ
Elmandjra
エルマンスキー
Ermanskii
エルマンスキイ
Ermanskii
エルマンデル
Elmander
エルマンノ
Ermanno***
エルーミ Elloumi
エルミ Elmi
エルミガー Elmiger
エルミタ Ermita
エルミダ Hermida
エルミダラモス
Hermida Ramos
エルミート Hermite
エルミニ Herminie
エルミニー Erminnie
エルミニア Erminia
エルミニアウィ
El-Miniawy
エルミニオ Herminio*
エルミノルド
Erminold
エルミブー
Elmi Bouh
エルミラ Elmira
エルミール
Elmire
Elmyr
Ermir
エルミロ Ermilo
エルミーロフ Ermilov
エルミロフ Yermilov
エルミン Ermin
エルミング Elming
エルム
Elm
Erum
エルムウッド
Elmwood
エルムカン Elm-Khah
エルムクビスト
Elmqvist
エルムグリーン
Elmgreen
エルムスタフ
Elmoustaphe
エルムスリー Elmslie*
エルムズリ Elmsley
エルムズリー
Elmsley
Elmslie
エルムセーター
Elmsäter
エルムセーテルスベード
Elmsätersvärd
エルムハースト
Elmhirst
エルムハメト
Yermukhamet
エルムラト Elmurat
エルムリッヒ Ermlich
エルムレル Ermler*
エルメ
Herme
Hermé*
Hermès
エルメクバエフ
Yermekbayev
エルメケ Ermecke
エルメジンデ
Ermesind
エルメス
Hermes
Hermés*
エルメーテ Ermete
エルメネジルド
Ermenegildo**
エルメネヒルド
Hermenegildo
エルメフディ Elmehdi
エルメヤ Elmer
エルメラドゥカガ
Ermela Doukaga
エルメリンス
Ermerins
エルメリンダ
Ermelinda
Hermelinda
エルメール Hermel
エルメル
Elemer
Elmer
Hermel
エルメレンス
Ermerins
エルメン Hermen
エルメンドルフ
Elmendorf
Elmendorff
エルメンライヒ
Ellmenreich
エルメンリヒ
Ermenrich
エルモ
Elmo***
Ermo
エルモア Elmore***
エルモクタル
El Moctar
エルモサ Hermoza

エ

エルモシジョ
Hermosillo
エルモシーヤ
Hermosilla
エルモシン
Yermoshin*
エルモス Ermos
エルモスタファ
El-Mostafa
エルモスニーノ
Elmosnino
エルモネラ Ermonela
エルモハマディ
Elmohamady
エルモラーイ Ermolai
エルモラエフ
Yermolayev
エルモラーエワ
Ermolaeva*
エルモーラオ Ermolao
エルモルト Ermold
エルモレンコ
Ermolenko
エルモーロア
Ermolova
エルモーロヴァ
Ermolova
エルモーロワ
Ermolova
エルモント Elmont
エルヤキム Eljakim
エルヤショフ
Eljaschoff
エルヤセーター
Orjasaeter
エルヤール Elhuyart
エルヤル Elhuyar
エルヤルト Elhuyart
エルユヌシ
Elyounoussi
エルヨー Hélyot
エルラ Erra
エルラー Erler
エールライシ Oelreich
エルラッハ Erlach
エルラハ Erlach
エルラフ Erlaf
エルラン
Erlan
Yerlan
エルランガ Airlangga
エルランガー Erlanger
エルランジェ Erlanger
エルランダル Erlander
エルランデル
Erlander*
エールランド Erland
エルランド
Erland**
Erlande
エルランドソン
Erlandsson
エルランビエケカタイ
Yeerlanbieke Katai
エルリ
Eluli
Erlih
エルリック Elrick
エルリッチ
Ehrlich
Oelrich
エールリッヒ
Ehrlich**
Erich
エルリッヒ
Eelich
Ehrlich
Erlich*
エールリヒ Ehrlich*
エルリファイ El-rifai
エールリンク Ehrling
エールリング Ehrling
エルリングソン
Erlingsson
エルリンソン
Erlingsson
エルリントン
Elrington
エルリンハーゲン
Erlinghagen
エルル Elulu
エルルロア Herleroy
エールレ Ehrle
エルレ Erlé
エルレエヌ Verlaine
エルレス Illes
エルレッド
Ailred
Lred
エルレバッハ Erlebach
エルレン Erlen
エルレンソン
Erlendssøn
エルレンドゥール
Erlendur*
エルレンマイアー
Erlenmeyer
エルレンマイヤー
Erlenmeyer
エルロイ
Ellroy**
Elroy*
エルロッド Elrod*
エルワイン Elwynn
エルワキル El-Wakil
エルワージ Elworthy
エルワージー
Elworthy
エルワン Erwann
エルワンド
Ellwand
Yervand
エルン Ern
エルンシュテル
Ernstér
エルンスト
Elnst
Ernest*
Ernst***
Erust
エルンド Eluned
エルンバック Ernback
エルンブラッド
Ernblad
エルンマン Ernman
エーレ Ehre
エレ
Aelle
Elle
Ellen
Hele
Hélé
Helle
Hellé
Héré
エレア
Elea
Éléa
エレアザール Eleazar*
エレアザル
Eleasar
Eleazar
Eleazár
エレアタイシ Ereateiti
エレアノーラ Eleanora
エレアノラ Eleanora
エレアノール Eleanor
エレイ Airay
エレイナ Elaine
エレイラ Ereira
エレイン
Elaine***
Elayne
エレインバーグ
Ehrenberg
エレーヴ Elöve
エレウシス Eleusis
エレウシノフ
Yeleusinov
Yeleussinov
エレウセリオス
Eleutherios
エレウテリウス
Eleutherius
エレウテーリオ
Eleuterio
エレウテリオ
Eleuterio
エレウテルス
Eleutherus
エレオドロ Eleodoro
エレオーノラ Eleonora
エレオノーラ
Eleonora**
エレオノラ Eleonora*
エレオノール
Aliénor
Eleonor
Eléonore
Éléonore*
エレオノーレ
Eleonore
Éléonore
Eloenore
エレガント Elegant*
エレク Elek
エレクソン Eareckson
エレクテウス
Erechtheus
エレクトラ
Electra
Elektra
エレゴード Öllegård
エレゴール Ellegard
エレシナ Yelesina*
エレシュキガル
Ereškigal
エレショフ Eresov
エレーズ Erez
エレス Ellece
エレズィ Elezi
エレストン Elleston
エーレスマン
Ehresmann
エレゾヴィチ Elezović
エレゾビチ Elezović
エレチ Elechi**
エレチニスキ
Erecinski
エレツ Erez
エレック
Ereck
Eric
エーレット Ehret
エレット
Ehret
Ellet*
Errett
エレーデ Erede
エレーディア Heredia
エレディア
Heredia***
Hérédia*
エレディヤ Hérédia*
エレデル Elleder
エレート Eröd*
エレト Ellet
エーレナ Elena
エレーナ
Eleanor
Elena***
Helena
Hélèna
Jelena
Yelena**
エレナ
Eleanor
Elena***
Ellena
Erena
Helena
Heléna
Héléna
Jelena*
Jerena*
Yelena*
エレナー
Aliénor
Eleanor***
エレナス Erena
エレーニ
Eleni
Helene
エレニ Eleni
エレニー Eleni
エレニアク Eleniak
エレニアック Eleniak
エレーヌ
Elaine***
Hélèene
Helene**
Hélène***
エレヌ Hélène
エレネ
Helene
Heléne
エレノア
Eleanor***
Eleanore
Elearnor
Elenoa
Elenor
Elenore
Eleonore*
Éléonore
Elinor
エレノラ Elnora
エレノール
Eleanor
Elle
Ellenor
エレノル Elénore
エレビッチ Elevitch
エレフサフター
Ellefsæter
エレフセリアディス
Eleftheriadis
エレフセリオス
Eleutherios
エレフソン Ellefson**
エレフテリオス
Eleftherios
エレフトエリウ
Eleftheriou
エレフム Efrem
エーレベ Aereboe
エーレボー Aereboe*
エレーボー Aereboe
エレボー Aereboe
エレマン Ellemann*
エレミア
Eremia
Jeremiah
エレミアス
Ieremías
Jeremias*
エレミターニ
Eremitani
エレミーテース
Erēmítēs
エレミヤ
Ieremías
Jeremiah
エレミャン Yeremyan
エレミール
Elémir
Élémir*
Elémire
エレーミレ Elémire
エレミーレ Elémire
エレム
Elem
Erem*
エレメール
Elemer
Elemér
エレメンコ Eremenko
エレヤンガ Ereyanga
エレーラ Herrera*
エレラ
Elera
Herrera***
エレーリ Eleri

エレリー Ellery
エレリイ Ellery
エレリン Herrerin
エレル
Erelle
Heller
エレルス Ehlers
エーレルテ Ēlerte
エーレルト Elert
エレルト Elert
エレルベック Ellerbek
エレーロ Herrero
エレロ Herrero
エレーロス Herreros
エレロス Herreros
エレワ Elewa
エレーン
Elaine*
Éliane
Elleen
エレン
Alanne
Elaine*
Elein
Elen**
Ellan*
Ellen***
Ellenn
Helen
Helene
Hélène
エレンウォルド
Ehrenwald
エーレンガルト
Ehrengard
エレング Ereng
エーレンクランツ
Ehrenkrantz
Ehrenkranz
エレンゲ Elengue
エーレンザフト
Ehrensaft
エーレンシュタイン
Ehrenstein
エーレンシュトラール
Ehrenstrahl
エーレンシュレーガー
Oehlenschläger
エーレンシュレーゲル
Oehlenschläger
エーレンシュレーヤー
Oehlenschläger
エレンショウ
Ellenshaw*
エレンジン Erendzhen
エレンス Hellens
エレンスタイン
Elleinstein
エレンステン
Elleinstein
エーレンスレーヤ
Oehlenschläger
エーレンスレーヤー
Oehlenschläger
エレンソン Ellenson
エレンダー Ellender
エーレンタール
Aehrental
Ehrenthal
エーレンツヴァイク
Ehrenzweig
エレントライヒ
Erentreich
エレントルディス
Erentrudis
エレンバ Elemba
エーレンバウム
Ehrenbaum
エレンバーガー
Ellenberger
エーレンバーグ
Ehrenberg*
エレンバーグ
Ellenberg
Erenberg
エーレンハフト
Ehrenhaft*
エーレンハルト
Ehrenhalt
エレンビー Ellenby*
エーレンフェスト
Ehrenfest*
エレンフェスト
Ehrenfest
エーレンフェルス
Ehrenfels
エーレンフェルト
Ehrenfeld
エーレンフェルド
Ehrenfeld
エーレンフォイヒター
Ehrenfeuchter
エーレンプライス
Ehrenpreis
エーレンフリート
Ehrenfried
エーレンブルグ
Ehrenburg
エレンブールク
Ehrenburg
エレンブールグ
Ehrenburg
エレンブルク
Ehrenburg
エレンブルグ
Ehrenburg*
Erenburg*
Ērenburg
エレンベッカー
Ellenbecker
エレンベック
Ellenbeck
エレンベルガー
Ellenberger*
エーレンベルク
Ehrenberg**
エーレンベルグ
Ehrenberg*
エレンベルク
Ellenberg
エレンベルグ
Ellenberg
エーレンベルヒ
Ehrenberg*
エレンボーク Ellenbog
エレンボーゲン
Ellenbogen
エレンボロ
Ellenborough
エレンボロー
Ellenborough
エーレンライク
Ehrenreich**
エーレンライヒ
Ehrenreich
エーレンリック
Ehrenreich
エレンリッチ
Ehrenreich
エーロ Eero*
エロ
Elo
Erro
Erró
Hello*
Hellot
エロー
Ayrault*
Hello
Hérault
エロア Eloy
エロイ Eloy***
エロイイズ Héloïse
エロイーザ Eloisa
エロイザ Eloisa
エロイース Eloise
エロイーズ
Eloise***
Heloise
Héloïse*
エロイテロプロス
Eleutheropulos
エローヴ Elove
エロウル Eroglu
エロエ Héroët
エロクール
Héraucourt
エロシェンコ
Eroschenko
Eroshenko**
エロシナ Yeroshina
エロージュ Eloge
エロス
Eros**
Erōs
エロディ
Elodie*
Élodie*
エロディー Elodie
エロティアノス
Erōtiānos
エローニコ Eronico
エロヌドングヌセフム
Elo Ndong
Nsefumu
エロビッチ Elovich
エロビッツ Elovitz
エロヒン Erokhin
エロフィエバ
Yerofeeva
エロフェーエフ
Erofeev**
Eroféev
Erofeiev
エロフソン Elofsson*
エーローラ Airola
エロランタ Eloranta
エロリ Hélory
エロリー Ellory
エロール
Eroglu
Eroğlu*
Eroḡlu
Erol*
Errol***
Erroll*
Hérol
Hérold
エロル
Erol*
Errol**
Erroll
エロルデ Elorde
エロルド
Herold
Hérold
エローレ Errolle
エロレス Heroles
エロワ
Eloi*
Éloi
Eloy*
エロン
Elon**
Eronn
Jeroen*
エワ Ewa
エワー Ewer
エーワース Ewers
エワース Eworth
エワーズ Ewers
エワート
Ewart
Ewert
エーワル Ewald
エーワルト Ewald*
エーワルド Ewald
エワルト Ewald
エワルド Ewald
エーン Eng
エン
Aen
En*
Eng
Enn
Ng
Yen
エンアルノ Enn-Arno
エンイェルブレクト
Engelbrekt
エンイエルブレクト
Engelbrekt
エンヴァー Enver
エンヴェゾー
Enwezor*
エンウェル Enver
エンヴェル Enver
エンヴォルトセン
Envoldsen
エンガー Enger*
エンガーソル Ingersoll
エンガタ Ngata
エンガート Engert
エンカーナシオン
Encarnacion
エンカナーシオン
Encarnacion
エンガマン Engerman
エンガルティアスト
Enggartiasto
エンカルナ Encarna
エンカルナシオン
Encarnacion
エンガン Engan
エンキ Enki*
エンギッシュ
Engisch*
エンキドゥ Enkidu
エンギバリアン
Yengibaryan
エンキム Ean Kiam
エンキン
Enkin
Hennekinne
エンク
Enck*
Eng
エング Eng
エンクイスト
Engquist*
Enquist*
Enqvist
エンクウ Nkuwu
エーンクヴィスト
Enquist
エンクウィスト
Engquist
エンクヴィスト
Enquist***
エングウェノ Egweno
エングギ
Ngugi
Ngũgĩ
エンクク Nquku
エングクビスト
Engqvist
エングゴード Änggård
エングスト Engst
エングストレーム
Engström
エングストレム
Engström
エングストローム
Engstrom
Engström
エングストロム
Engstrom
エングダール
Engdahl**
エンクドゥ Nkoudou
エングネル Engnell
エンクハウス Enghaus
エングハグ Enghag
エングバーツ
Engberts
エンクバット
Enkhbat**
エングバンダ
Engbanda

エ

エングブリング Engbring
エンクホルム Engholm
エングホルム Engholm*
エングラー
Englar
Engler**
エングラート Englert
エングラード Englard
エングリッシュ Englisch
エングリッヒ Englich
エングル Engle***
エングルハート Englehart
エングルバート Englebert
エングルベール Englebert
エンクルマ Nkrumah*
エングルマイアー Englmaier
エングルマン Engleman
エングルン Englund
エングルンド Englund
エングレーダー Engleder*
エングレンダー Engländer
エンケ
Encke
Enke**
エンゲ Enge
エンゲストローム
Engestrom
Engeström
エンゲッタ Engheta
エンゲネント Aengenendt
エンゲバック Engebak
エンゲハム Engeham
エンゲハルト Eugelhardt
エンゲブレトソン Engebretson
エンゲブレヒツ Engebrechtsz
エンゲブレヒト Engebrecht
エンゲラー Engerer*
エンゲラウ Engellau
エンゲラール Engelhart
エンゲリエン Engelien
エンゲリガールト Engelgardt
エンゲリガルト Engelgardt
エンゲリン Engelien
エンケル Enckell
エンゲル
Engel***
Enger*
Engle
エンゲルガルト Engelgardt*
エンゲルキング Engelking
エンゲルケ Engelke
エンゲルシャル Engelschall*
エンゲルジング Engelsing
エンゲルス Engels**
エンゲルスタート Engelstad
エンゲルステーン Engelstein
エンゲルスマン Engelsman
エンゲルソン Engelson
エンゲルト Engerth
エンゲルハウプト Engelhaupt
エンゲルバーガー Engelberger
エンゲルバーグ Engelberg*
エンゲルハート Engelhardt**
エンゲルハード Engelhard**
エンゲルバート
Engelbart**
Engelbert
エンゲルハルト
Engelehard
Engelhard**
Engelhardt*
Engelhart
エンゲルブ Engelb
エンゲルブレクト Engelbrekt
エンゲルブレッツダッテル Engelbretsbatter
エンゲルブレッド Engelbreth
エンゲルブレヒト Engelbrecht*
エンゲルベルク Engelberg*
エンゲルベルチェス Engelbert
エンゲルベルチュス Engelbert
エンゲルベルト
Engelbelt
Engelbert**
エンゲルベルトゥス Engelbertus
エンゲルマイヤー Engelmeier
エンケルマン
Enckelman
Enkelmann
エンゲルマン
Engelman*
Engelmann**
Engelmman
エンゲルン Engeln
エンケレイド Enkelejd
エンゲレン Engelen
エンゲン
Engen*
Engin
エンゲンギ Ngengi
エンコ
Enhco*
Enko
エンゴイ Ngoy
エンコシ Nkosi
エンゴティ N'Gotty
エンゴマニ Ngomane
エンゴロ N'Golo
エンゴンガ Engonga
エンゴンガエジョ Engonga Edjo
エンゴンガオビアンエヨン Engonga Obiang Eyang
エンゴンガヌドン Engonga Ndong
エンサー Ensor
エンサイン
Ensign*
Ensing
エンジ Enzi*
エンシーア Anthea
エンジェエスカ Jedrzewska
エンジェシス Engeseth
エンジェリーナ Angelina
エーンジェル Angell
エンジェル
Angel**
Angell**
Engel*
Engjell
エンジェルス Angeles
エーンジェルダ Aingelda
エンジェルハート Engelhardt
エンシェンバッハ Eschenbach
エンジオ Enzio
エンジカット Ensikat
エンジカート Ensikat
エンシーソ Enciso
エンシーナ Encina
エンシナ Encina*
エンシーナス Encinas
エンシナス
Encinas
Enzinas
エンジバス Engibous
エンジボス Engibous
エンジャイ N'Diaye
エンジールス Engels
エンジンガ Nzinga
エンジンガー Ensingen
エンシンク Ensink
エンジンゲン Ensingen
エンス
Enns
Ens
エンズ Enz
エンスエ Nsue
エンスコク Enskog
エンステット Enstedt
エンストローム Enström
エンスバーグ Ensberg*
エンスメンガー Ensmenger
エンスラー Ensler*
エンスリー Ainslie
エンスール Ensour
エーンズワース Ainsworth
エンズワース Ainsworth
エンスン Yen-hsun
エンセ Ense
エンゼ Ense
エンゼオカ Nzeocha
エンセナダ Ensenada
エンゼリーンス Endzelīns
エンセル Angell
エンゼル
Angel*
Angell
Ensel
エンセン
Enson
Jensen
エンゼン Jensen
エンソ Enzo
エンソー Ensor*
エンゾ Enzo**
エンゾウ Enzo
エンソゾンジ N'zonzi
エンソム Ensom
エンソール Ensor
エンソル Ensor
エーンゾルス Ainsworth
エンダ Enda**
エンダー
Ender*
Önder
エンタイン Entine
エンダコット Endacott
エンターズ Enters
エンダース Enders*
エンダーズ Enders**
エンダースビー Endersby
エンダースビィ Endersby
エンダーソン Anderson
エンダダイエ Ndadaye*
エンダートン Enderton
エンダバニンギ Ndabaningi
エンダービー Enderby
エンダラ Endara**
エンダーライン Enderlein
エンダリン Enderlin
エンダン Endang
エンチー Yen Chee
エン・チムール Entemür
エンチャエビア Entcha-ebia
エンチョズ Henchoz
エンツ Enz
エンツィ Enzi
エンツィオ Enzo
エンツィッスル Entwisle
エンツィンガー Enzinger
エンツェンスベルガー Enzensberger**
エンツェンベルガー Enzensberger
エンツォ Enzo***
エンツォーラ Enzola
エンツミンガー Entsminger
エンツラー Enzler
エンデ Ende***
エンディ
Endy
Ndi
エンディアイェ Ndiaye
エンディアエ N'Diaye
エンディエフィ N'Diefi
エンディカット Endecott
エンディコット
Endecott
Endicott*
エンディスフェルディ Endsfeldz
エンディミオン Endymiōn
エンディミヨン
Endymion
Endymios
エンデグワ Ndegwa
エンデコット Endecott
エンテザーム Entezām
エンデマン Endemann*
エンテメナ Entemena
エンデュミオン Endymiōn
エンデリカ Enderica

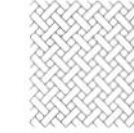

オ

エンデル Endel*
エンデルライン
Enderlein
エンデルレ Enderle
エンデレキウス
Endelechius
エンデンベルク
Endenberg
エンドア Endore
エンドイオス Endoios
エントウィスル
Entwistle*
エントウィッスル
Entwistle**
エントウィッセル
Entwistle*
エンドゥール N'Dour
エンドゥンド
Endundo
エントザキ Ntozake
エントザケ Ntozake
エンドフィールド
Endfield
エントフェルダー
Entfelder
エンドマンド Edmund
エンドラー Endler**
エントラーダ Entrada
エントラルゴ Entralgo
エンドリアルトノ
Endriartono
エンドリアン Adrian
エンドリゲッティ
Endrighetti
エンドリゴ Endrigo
エンドリック
Endlich
Hendrick
Hendrik
エンドリッハー
Endlicher
エンドリッヒ Endrich
エントリッヒヤー
Endlicher
エンドリハー
Endlicher
エントリヒャー
Endlicher
エントルーヴァイト
Endruweit
エンドレ
András
Endre***
エンドレイ Endrey
エンドレクソン
Endrekson
エントレス Endres*
エンドレース Endres
エンドレーズ Endrèze
エンドレス Endres**
エンドレツィ
Endröczi*
エンドン Endon
エンドング N'dong
エンナ Enna
エンナー Ennor
エンナブ Ennab
エンニ Hänni
エンニウス Ennius
エンニオ Ennio***
エンニス Ennis
エンニョ Ennio*
エンヌカール
Hennecart
エンヌカン Hennequin
エンヌビク
Hennebique
エンヌモン
Ennemond
エンヌラヤリンガム
Yennurajalingam
エンネ Änne
エンネクツェルス
Enneccerus
エンネバー Ennevor
エンネル Henner
エンネン Ennen
エンノ Enno*
エンノディウス
Ennodius
エンバ Enver
エンバス Embas
エンバーソン
Emberson
エンバッハ Embach*
エンバッハー
Embacher
エンバートン
Emberton*
エンバビ Embabi
エンバラク Embarak
エンバーリー
Emberley
エンバリ Embury
エンバリー
Emberley**
Embery
Embury
エンバリン Emberlin
エンバレシュ
Embaresh
エンバロ
Embalo
Embaló
エンピー Empey
エンビィ Enby
エンビート Embito
エンビード Embiid
エンピリクス
Empiricos
エンビリコス
Embirikos
エンピリコス
Empiricos
エンピリトゥス
Empiricos
エンビル Embil
エンブー Embu
エンフィールド
Enfield*
Enfild
エンフィンガー
Enfinger
エンフェルト Enfeldt
エンフサイハン
Enkhsaihan
Enkhsaikhan*
エンフジャルガル
Enkhjargal
エンプソン
Empson***
エンフトブシン
Enkhtuvshin
Enkntuvshin
エンフバヤル
Enkhbayar**
エンフボルド
Enkhbold*
エンブリー
Embree*
Embry
エンブリアーチ
Embriaci
エンフリス Eanfrith
エンブリッチ Embrich
エンブルトン
Embleton
エンブレイ
Embley
Embrey
エンブレッツ
Embrechts
エンブレヒツ
Embrechts
エンブレム Emblem
エン・ペイリコス
Empiricos
エンペイリコス
Empeirikos
Empiricos
エンペシナード
Empecinado
エンペシナド
Empecinado
エンベス Embeth
エンヘデュアンナ
Enheduanna
エンヘドゥアンナ
Enheduanna
エンペドクレース
Empedoklēs
エンペドクレス
Empedoklēs*
エンヘブレヒツ
Engebrechtsz
エンヘラール Engelaar
エンベリ Embury
エンベル
Embel
Ember
Enver*
エンペルガー
Emperger
エンヘルス Engels
エンヘルベルト
Engelbert
エンヘン Eng Hen
エンボーデン
Emboden
エンボベラ Envo Bela
エーンホーム
Eenboom
エンポリ Empoli
エーンホルン Eenhorn
エンボロ Embolo
エンマ Emma**
エンマオ En-mao
エンマニュエル
Emmanuel
エンマヌイロヴィチ
Emmanuilovich
エンマヌエル
Emanuel
Emmanuel
エンマリヒ Emmerich
エンマン Yeaman
エンミ
Emmi**
Emmy
エンミン Eng-Meng
エンムデン Embden
エンメ Hemme
エンメバラゲシ
Enmebaragesi
エンメリヒ Emmerich
エンメル Emmer
エンメルカル
Enmerkar
エンメルカンプ
Emmelkamp
エンメルハインツ
Emmelhainz*
エンメンス Emmens
エンヤ Enya*
エンライト
Enright***
エンランド Enlund
エンリエット
Henriette
エンリオット
Henriette
エンリーカ Enrica
エンリカ Enrica*
エンリカス Henrikas
エンリク
Enric
Enrich
Enrique
エンリークェス
Enriques
エンリークエス
Enriques
エンリクェス
Enriques*
エンリクエス Enriques
エンリーケ
Enrique**
Henrique
エンリケ
Engique
Enrique***
Henrique***
Henriques
エンリーケス
Henriquez
Henríquez
エンリケス
Enriques*
Enriquez**
Enríquez
Henriques*
Henriquez
Henríquez*
Heriques
エンリケタ Enriqueta
エンリケッタ
Enriquetta
エンリーコ Enrico**
エンリコ Enrico***
エンリーチ Enrici
エンリック
Enric
Enrique
エンリッケ Enrique
エンリッチ Enrich
エンリル Enlil
エンリレ Enrile*
エンレッド Eanred
エンロー
Enloe*
Enlow
エンロウ Enlow

【オ】

オ
Aux
Euh
Och
Oh**
オー
Aage
Auw*
Haug
Oh*
Ole
Oo
Or*
Orr*
オーア
Åge
Auer
Ore
Orr
オーアー Auer
オァー Orr*
オア
Ore
Orr***
オアー
Oher*
Orr*
オアイン
Oanh**
Oánh
オーアウスコウ
Overskov
オアナ
Oana
Ohana
オアニアン Ohanian
オーアーバック
Auerbach
オアロ Hoarau
オアロー Hoareau
オアン Oanh
オーイ Ohi

オ

オイ
Oi
Oýe*
オイヴィン
Oyvind
Øyvind
オーイェ Aage
オイェ Oye
オイエ Oyé
オイェイェミ
Oyeyemi*
オイェシク Oyesiku
オイェタデ Oyètádé
オイェッティ Ojetti
オイエッティ Ojetti
オイェムバ Oye Mba
オイエムバ Oyé Mba
オイエル Oier
オーイェン Ooijen
オイエン
Oyen
Øyen
オイエンバ Oýe-Mba
オイギンス O'Higgins
オイギンズ O'Higgins
オイクス Oiks
オイクスター Eugster
オイクメニオス
Oikouménios
Oikumenios
オイゲーニエ Eugenie
オイゲネ
Eugen
Eugene
オイゲネー Eugen
オイケン Eucken*
オイゲーン
Eugen*
Eugene
オイゲン
Eugen***
Eugene
オイコノム
Oikonomou
オイコノモス
Oikonomos
Oikonómos
オイスク Oisc
オイスター Oyster
オイスタイン Øystein
オイスタッハ Eustach
オイスタヒー
Eustachio
オイステイン
Oeystein*
Øystein
オイストハイセン
Oosthuizen*
オイストラッフ
Oistrakh
オイストラフ
Oistrakh*
オイズル Auður
オイゼービウス
Eusebius
オイゼビウス
Eusebius
オイゼルマン
Oizerman
オイッケン Eucken
オイティシカ Oiticica
オイディプース
Oidipous
オイディプス
Oidipous
オイデイプス
Oidipous
オイテヴァール
Uyttewaal
オイテンブルク
Uyttenbroeck
オイドフ Oidov
オイドブ
Oidov
Oyidob
オイヌ Ohin
オイネウス Oineus
オイノネ Oinōnē
オイノピデス
Oinopidēs
オイノマオス
Oinomaos
オイハ Ojha
オイバ Oyiba
オイピタン Oyepitan
オイビンド Oyvind
オイフェ
Aife
Oyfe
オイフェルス Auffarth
オイベル Eubel*
オーイヤー Ooijer
オイヤー Oyer
オイラー Euler**
オイリ Oili*
オイリンガー Euringer
オイル
Oh-ill
Oil
Oyle
Uyl*
オイルシュレーガー
Olschleger*
Ölschleger
オイルダー Polder
オイレ Hoyle
オイレル Euler
オイレンシュピーゲル
Eulenspiegel
オイレンブルク
Eulenburg*
オイレンブルフ
Eulenburg
オイレンベルク
Eulenberg*
オイレンベルグ
Eulenberg
オイロー Oilouch
オイロギウス Eulogius
オイワレ Oyewale
オーイン Eoin
オインカン Oyinkan
オインカンソラ
Oyinkansola
オーイングス Owings
オーインズ Owens
オーヴ Ove
オウ
Au*
Oh*
Ow
オヴ Of
オーヴァ Ove
オーヴァー Over
オヴァイス Ovais
オゥアイン Owain
オーヴァーオール
Overall
オーヴァオール
Overall
オヴァキム Ovakim
オヴァサピオン
Ovassapion
オヴァス Hovasse
オーヴァーストリート
Overstreet
オーヴァストリート
Overstreet
オーヴァーストン
Overstone
オーヴァストン
Overstone
オーヴァソン Ovason
オウアタ Ouatah
オーヴァートン
Overton
オーヴァトン Overton
オヴァートン Overton
オヴァネス
Hovhannes
オーヴァーバイ
Overbye
オーヴァバイ Overbye
オーヴァーベイ
Overbay
オーヴァベク
Overbeck
オーヴァーベック
Overbeck
オーヴァベック
Overbeck
オヴァーベック
Overbeck
オーヴァベリ
Overbury
オーヴァベリー
Overbury
オーヴァベルク
Overberg
オーヴァーマイヤー
Overmyer
オーヴァーマン
Overman*
オウアユーン
Ouayoun
オーヴァリ Overy
オヴァリー
Ovary
Overy
オヴァーリング
Overing
オーヴァル Orval
オヴァール Howard
オーウィグ Orwig
オーヴィス Orvis
オーウィック Warwick
オーヴィッツ Ovitz
オヴィッド Ovid
オヴィディア Ovidia*
オウィディウス
Ovidius*
オヴィディウス
Ovidius
オヴィディオ Ovidio
オウイデウス Ovidius
オヴィデウス Ovidius
オヴィド Ovide
オヴィドゥーユ Ovidiu
オウィニウス Ovinius
オーヴィル Orville*
オヴィル Orville
オーウィン Orwin
オウイン Owen
オーウィングス
Owings*
オーウィンズ Owens
オウインズ Owens
オヴィントン
Ovington
オウヴァオール
Overall
オウヴァトン Overton
オウヴァリー Overy
オウヴェハンド
Ouwehand
オーヴェ
Ove**
Owe*
オウエ Ouye
オヴェ Ove**
オウェイス Oweis
オヴェタ Oveta
オヴェーチキン
Ovechkin*
オヴェチキン
Ovechkin
オーヴェット
Hauvette
オヴェット Hauvette
オーウェル Orwell**
オーヴェル Over
オウェール Auweele
オウェル Orwell
オヴエルトン Overton
オーヴェルニュ
Auvergne
オヴェルニュ
Alvernia
Auvergne
オウエルバッハ
Auerbach
オヴェルベーク
Overbeek
オーヴェルベック
Overbeck
オーヴェルベルク
Overberg*
オーヴェルマンス
Overmans
オーウェン
Eoin
Olwen
Owain*
Owen***
Owens
オゥエン Owen*
オウェン
Eoin
Owen
オウエン Owen*
オーウェンス
Owens**
オーウェンズ Owens*
オウェンズ Owens
オウエンス Owens*
オウエンズ Owens
オヴェンデン Ovenden
オウオシ Ohouochi
オウオチ Ohouochi
オヴオデンコ
Ovodenko
オウォナ Owona
オウォノ Owono
オウォノエドゥ
Owono Edu
オウカシャ Oukacha
オウガスチン
Augustine
Augustinus
オウガスト August
オウキャラハン
O'Callaghan
オウギュスタン
Augustin
オウギュスト Auguste
オウグスティン
Augustin
オウクリ Oakeley
オウクレアリ O'Clery
オウグレイディ
O'Grady
オウケイシ O'Casey
オウケイシー O'Casey
オウゲテ Ouguete
オウケリ O'Kelly
オウコンネル
O'Connell
オウサリヴァン
O'Sullivan
オウシェア O'Shea
オウジェドニーク
Ouredník*
Ouředník
オウジェリー Augeri*
オウジャン Ozhan
オウショーニッシ
O'Shaughnessy*

オウス Owusu
オウズ Oğuz
オウスアギマン
Owusuagyeman
オウスアンコマ
Owusuaankoma
Owusuankomah
オウスウェイト
Outhwaite
オウスダル Ousdal
オウスチン Austin
オウステイン Austin
オウステルホフ
Oosterhof
オウステルン Austern
オウステン Austin
オウズハン Oguzhan
オウスラント
Ousland*
オウズリー Owsley
オゥセイ Owsei
オウダ Ouda
オウタマ
Ottama
Uttama
オーウチ Ouchi
オウツ Oates
オウッタマ Ottama
オヴッド Ovid
オウデ Oude
オゥデイ O'Day
オウティ Outi
オウディ Audy
オウディウス Ovidius
オウティオ Autio
オウティス Otis
オウティネン Outinen
オウディーン
Au-Deane
オウト
Haut
Oud
オウド Aud
オウトリー Oatley
オウドンネル
O'Donnell*
オウニイル O'Neill
オウニール
O'Neil
O'Neill
オウハディー Ouhadī
オウハド Auhad
オウハドッディーン
Auhad al-Dīn
オウハドフ Aukhadov
オウバロン Oberon
オウピー Opie
オウファイリ O'Fihely
オウフィー 'Aufī
オウブライアン
O'Bryan
オウフラハーテー
O'Flaherty
オウブリ Aubry
オウブレイ Aubrey
オウマ Omar
オウマハニー
O'Mahony
オゥモニヤー
Aumonier
オウモニヤ Aumonier
オウモンド Ormonde
オウヤン Ou-yang
オウライリ O'Reilly
オウラヴスドッティル
Ólafsdóttir
オヴラク Hovelaque
オウラフッソン
Ólafsson
オーヴリー Overy
オヴリー Overy
オウル
Aul
Oghl
Oh-eul
オウルサン Olson
オウルター Walter
オウルダム Oldham
オウルダン Ouldin
オヴルツキー
Ovrutsky
オウルド Ould
オウルドカースル
Oldcastle
オウルドマン Oldman
オーヴルファッハ
Overgaac
オゥレアリ O'Leary
オウレッテ Ouellette
オウレリアン Aurélien
オウレリオ Aurelio
オウローク O'Rourke
オウロフィーノ
Orofino
オウン
Aun
Own
オーエ
Aage*
Åge
Ohe
オエイ Oey
オーエイン Ooijen
オェセル 'Od zer
オエッティ Ojetti
オエップ Hoeppe
オエネ Oene
オェーペン Oepen
オエリ Oeri
オーエル
Howell
Orwell
オエル Hoël
オエルリックス
Oellrichs
オエレー Hoérée
オェーレンシュレーゲル
Oehlenschläger
オェーレンスレーヤ
Oehlenschläger
オーエン
Eoin**
Oen
Ouen
Owen***
Owens
Own
オエングス Oengus
オーエンジョーンズ
Owen-Jones*
オーエンス Owens***
オーエンズ Owens***
オオイシ Oishi
オオイワ Oiwa
オオウチ Ouchi
オオギュスト
Augustin
オオクボ Okubo
オオケ Ake
オオシロ Oshiro
オオスティン Austen
オオステルチィ
Oosterzee
オオタ Ohta*
オオタケ Ohtake
オオツカ Otsuka
オオドゥウ Audoux
オオニシ Ohnishi
オオヌキ Ohnuki
オオバネル Aubanel
オオマア Omar
オオモリ Omori
オーカ Ouka
オーカー Auker*
オーガー
Auger
Ogar
Orger
オカ
Oca*
Oka*
オガー Ogar
オカアマン Akerman
オカイ Okai*
オカイン Okine
オカカ Okaka
オカグバレ Okagbare
オカザキ Okazaki*
オガサビア
Oghassabian
オカシオ Ocasio
オカシオロドリゲス
Ocasio Rodriguez
オカーシャ Okasha
オカシャ Okasha
オーガス Ogas
オーガスタ Augusta**
オーガスタス
Augstus
Augustas
Augustus**
オーガスタン
Augustin
オーガスチ Auguste
オーガスチン
Augustine**
Augustinus
オーガスティン
Augustin
Augustine**
Augustyn*
オーガステン
Augusten*
オーガスト
August***
Auguste
Augusto
オーガストス
Augustas
オーガストソン
Augustsson
オーカソン Aakeson
オカーソン Okerson
オカダ Okada*
オガタ Ogata
オーカット Orcutt
オーガット Aagot
オーガード Augarde
オカート Okert
オカーナー O'Connor
オーガニック
Organick
オカニャ Ocaña
オカーニュ Ocagne
オカニュ Ocagne
オガネスイアン
Oganisian
オ・カネン Ó.Canainn
オカフォー Okafor*
オカーマ Okarma*
オーカーマン
Aukerman
オカーマン
Åkerman
Okerman
オガーマン Ogerman
オカムラ Okamura*
オカモト Okamoto
オカヨ Okayo
オカラ Okara
オガラ O'Gara
オカラガーン
O'Callaghan
オカラガン
O'Callaghan
オカラハム
O'Callaghan
オカラハン
O'Callahan
オカリス Ocariz
オカリック Okalik
オガリョーフ Ogarëv*
オガリョフ Ogarëv
オカール Hocquard*
オガルコフ Ogarkov
オカロ Okaro
オーカン Okun*
オーガン
Ogan
Organ*
オカン
Okan
O'Quinn
オガン Ogan
オカング Okung
オーガンスキー
Organski
オガンダガ Ogandaga
オカンツィーク
Okinczyc
オカンテダシルバ
Ocante Da Silva
オガンド Ogando
オカンナー O'Connor
オガンネシャン
Hovhannisyan
オーカンプ Aukamp
オカンポ Ocampo***
オカンポス Ocampos
オカンラ Okanla
オーキー
Oakie
Okey
Okie
オーギー August
オギ
O-gi**
Ogi**
オキエ Okieh
オギエヴェツキー
Ogievetsky
オキエミ Okiemy
オギオ Ogio
オキサイド Oxide*
オキシリア Oxilia
オーキーズ Okies
オキスホルド Oxford
オキツンドゥ
Okitundu
オキトゥンドゥ
Okitundu
オギニスキ Ogiński
オギニスキー Ogiński
オキーノ Ochino
オキーフ
O'Keefe**
O'Keeffe**
オギーフィールド
Ogiefield
オキボ Okigbo
オキモト Okimoto*
オキャラハン
O'Callaghan*
オキャル Okyar
オキャロル
O'Carroll**
オギュ
O-kyu*
Okyu
オーギュスタ
Augusta*
オギュスタ Augusta
オーギュスタイン
Augustin
オーギュスタン

オ

Auguste
Augustin**
Augustine
オギュスタン
Augustin**
オーギュスティーヌ
Augustine
オーギュスティン
Augustine
オーギュステュス
Augustus
オーギュスト
August*
Auguste***
Augustin
オギュースト Augusto
オギュスト
August
Auguste*
オギュストデニズ
Auguste-Denise
オキョン O-kyung
オーギル Orgill
オギルヴィ Ogilvy
オギルヴィー
Ogilvie*
Ogilvy
オギルヴイエ Ogilvie
オキルジョン Okiljon
オギルビー Ogilvy*
オーキン
Aukin
Okin
Orkin
オーキンクロウス
Auchincloss
オーキンクロース
Auchincloss
オーキンクロス
Auchincloss**
オギンス Oggins
オギンスキ Ogiński
オーク
Auch
Oche
Oerke
Oke*
オーグ Hoog*
オク
Okh
Ota
Uk
オグ Og**
オグアール Augouard
オグァン O-kwan
オクィーブ Ó'Cuív
オクイム
Ok Im
Okim
オークイン
Aucoin
O'Quinn
オクィン O'Quinn
オクイン O'Quinn
オグウ Oguwu
オクウィ Okwui*
オクウィリ Okwiri
オクウィル Okwir
オクウェイ Okwei
オグウチェ Oguwuche
オクエフナ Okuefuna
オクキル Ok-gill
オクサーナ Oksana*
オクサナ
Oksana**
Oxana
オクサネン Oksanen*
オクサラ Oksala
オクサール Okseer
オークシ Orczy
オークシー Orczy
オークシイ Orczy
オクジャワ
Okudzhava**
オクジョ Ok-jo
オークショット
Oakeshott**
オクシル Oksil
オクシン Ok-sin
オークス
Aakhus*
Oakes**
Oaks*
Ochs
オクス Ochs**
オグズ Oghuz
オクスズ Oksuz
オークスタカルニス
Aukstakalnis
オクスタブール
Auxtabours
オーグスチン
Augustine
オグスティニアック
Augustyniak
オーグスティン
Augustine
Augusutin
オーグスト Auguste*
オーグストゥス
Augustus
オクストン Oxton
オグストン Ogston
オクスナー
Ochsner
Oksner*
オクスナム
Oxenham
Oxnam
オクスフォード
Oxford
オクスホルム Oxholm
オクスリー Oxley
オクスレー Oxley*
オクスレイ Oxley
オクスレード Oxlade
オクスンベリ
Oxenbury
オクセナム Oxenham
オークセール Auxer
オクセーンクン
Ochsenkhun
オクセンシェーナ
Oxenstierna
オクセンシェールナ
Oxenstierna
オクセンシェルナ
Oxenstierna
オクセンシティルナ
Oxenstierna
オクセンシャーナ
Oxenstierna
オクセンバイン
Ochsenbein
オクセンバーグ
Oksenberg
オクセンハム
Oxenham
オクセンバリー
Oxenbury*
オクセンフェルト
Oxenfeldt
オクセンベリー
Oxenbury*
オクセンロウ
Oxenløwe
オグソー Augusseau
オクソン Ok-song
オクタ Octa
オクダ
Okouda
Okuda
オクタイ
Oktai
Oktay
オグタイ Ogtay
オクターヴ Octave*
オクタヴ Octave
オクタヴァス Octavus
オクタヴィ Octavie
オクタヴィー Octavie
オクターヴィア
Octavia
オクタウィア
Octavia
Oktawia
オクタヴィア
Octacvia
Octavia*
オクタヴィアス
Octavius
オクタウィアヌス
Octavius
オクタヴィアヌス
Octavianus
オクタヴィアン
Octavian
オクタウィウス
Octavius
オクタヴィウス
Octavius
オクタヴィオ Octavio
オクタゴン Octagon
オクタビ Octavie
オクタビア Octavia*
オクタビアヌス
Octavianus
オクタビアン
Octavian
オクタビオ Octavio**
オクターブ Octave*
オクタフ Oktav
オクタブ
Octav
Octave
オクタローニイ
Ochterlony
オクチュリエ
Aucouturier
オクティヴィア
Octacvia
Octavia
オクテイヴィア
Octacvia
Octavia*
オクテイヴィアス
Octavius
オクテービア
Octavia*
オグデン Ogden***
オクドゥ Ok-doo
オクトヴィヤン
Octovien
オクトマン Ochtman
オグドン Ogdon*
オクナー Ochner
オークニ Okyhb
オグニエノビッチ
Ognjenovic
オグニフツェフ
Ognivtsev
オグニベン Ognibene
オクニャー Oknha
オグニョーフ Ognyov
オグニョフ Ognyov
オクニョン Ok-nyun
オグバ Ogbah
オークバーグ Aukburg
オクパラーゴ
Okpalaugo
オグバーン Ogburn*
オグバン Ogburn
オクヒ Ok-hee
オグビー Ogilvy
オグブエウ Ogbuewu
オクベ Uk-Bae
オグベ Hogbe
オグベウ Ogbeh
オクペハ Okpeaha
オグボナヤ
Ogbonnaya
オグボーン
Ogborn
Ogburn
オグボンナ Ogbonna
オークマン Oakman
オクマン Ockman
オグム Ogoum
オグムンドゥル
Ogmundur
オークメイド
Alkemade**
オクモト Okumoto
オーグモン Augmon
オクヤル Okyar
オクヤン Okuyan
オーグラー Orgler
オクラ Okura
オグラッサー
O'Glasser
オグラーディ O'Grady
オグラディ O'Grady
オクラードニコフ
Okladnikov
オクラドニコフ
Okladnikov*
オークラニア
Orkrania
オクラポ Orakpo
オークラン Ockrent
オクラン Ockrent
オークランド
Auckland
Oakland*
Okrand
オークリー
Oakley**
Okely
オクリ Okri**
オクリー Ockley
オクリーヴィ
O'Creevy
オグリスコ Ohryzko
オクリックズ Okulicz
オグリツコ Ogrizko
オクリービー
O'Creevy
オグリビー Oglivie
オクリーン O'Crean
オーグル
Ogle
Orger
オクル Okell
オグル
Oghl
Ogle
Ogul
オクルアシビ
Okruashvili
オクルアシビリ
Okruashvili
オグルィ Ogly
オーグルヴィ Ogilvie
オーグルヴィー
Ogilvie
オグルヴィ
Ogilvie
Ogilvy
オグルヴィー Ogilvie
オクルカンチャティ
Okoulou-kantchati
オーグルソープ
Oglethorpe
オグルソープ
Oglethorpe
オクルト Okurut
オグルニウス
Ogulnius
オーグルビー
Ogilby
Ogilvy
オグルビー Ogilvy

オ

オグルリッチ Ogurlic
オークレー Oakley**
オークレイ Oakley
オグレイディ
O'Grady**
オクレグラク
Okreglak
オグレスビ Oglesby
オグレスビー
Oglesbee
Oglesby
オグレットリー
Ogletree
オグレーディ
O'Grady*
オグレディ O'Grady
オグレトリー Ogletree
オクレヤク Oklejak
オクレリー O'Clery
オークレール
Auclair*
Auclert
オクレール Auclair
オクロ Okullo
オクーロヴァ Okulova
オークローズ Augros
オクローフ Okulov
オグロフ Ogloff
オクロープコフ
Okhlopkov
オグワ Oguéwa
オクワチ Okwachi
オークワード
Awkward
オクワラ Okwara
オグワロ Ogwaro
オグワンガウォレ
Ogouwalangaawore
オークン Okun
オクン Okun
オグンイェミ
Ogunyemi
オググブレ
Ogungbure
オグンケル Ogunkelu
オクンコフ
Okounkov*
オグンコヤ Ogunkoya
オグンデ Ogunde
オグンレイド
Ogunlade
オグンレウェ
Ogunlewe
オーケ
Ake**
Åke*
Okay
オーゲ
Aage**
Åge
Oge
オケ
Hoquet
Oke
オーケア Aakjaer
オーケアア Aakjaer
オケア Aakjaer
オーケイ Oakey
オケイシー O'Casey*
オーケイシイ O'Casey
オケイシイ O'Casey
オケイセック Ocasek*
オケーエフ Okeekh
オケケ Okeke
オケゲム Ockeghem
オーケーシー O'Casey
オケーシ O'Casey
オケーシー O'Casey*
オケジー Okezie
オーゲスタッド
Augestad
オーゲセン Aagesen
オーケソン
Aakeson
Åkesson
オケソン Okeson
オケタ Oketa
オケチュク
Okechukwu
オケッソン Åkesson
オーケット Auckett*
オケット Occhetto
オケッロス Okellos
オーケヘム Ockeghem
オケヘム Ockeghem
オケモ Okemo
オケリ O'Kelly
オケリー O'Kelly**
オゲリーノ Oggerino
オーケール Aakjaer
オーケル Oker
オーゲル
Hauguel
Ogle
Orgel**
オーケルベリ
Akerberg
オーケルンド
Akerlund
オケレ Okere
オケロ
Okello
Okelo
オーケン Oken
オーゲン O rgyan
オケンド Oquendo
オケンドサバラ
Oquendo Zabala
オケンベヌドホ
Okenve Ndoho
オコイエ Okoye
オゴケ Ogoke
オゴゴ Ogogo
オーゴゴゾ Orgogozo
オゴタイ Ögödei
オゴダイ Ögödei
オコチャ
Okocha*
Okotcha
オーコット Aucott
オゴット Ogot
オコティ Okotie
オゴデイ Ögödei
オーゴード Aagaard
オコト Okot**
オゴト Ogot**
オーコナー O'Connor
オコーナー
O'Conner
Oconnor
O'Connor**
O'Conor
オコナー
O'Conner**
Oconnor
O'Connor***
O.Conor
O'Conor**
O'Cooner
オコナリー
O'Connolly
オコネド Okonedo
オコーネル O'Connell
オコネル O'Connell**
オコペンコ Okopenko
オ・ゴーマン
O'Gorman
オゴーマン O'Gorman
オコラフォー
Okorafor
オコリー Okolie
オゴルキィウィッチ
Ogorkiewicz
オコルフォア
Okorafor
オゴールマン
O'Gorman
オゴルマン
O'Gorman**
オコルミ Okormi
オコーロー Okoro
オコロ
Okolo
Okoro
オコロコワ Okorokova
オゴロドニク
Ogorodnik
オゴロドニコフ
Ogorodnikov
オゴロドニコワ
Ogorodnikova
オコン Okon
オゴン O-gon
オコンゴ Okongo
オコンジョイウェアラ
Okonjo-Iweala
オーコンナー
O'Connor
オコンナー
O'Connor*
オーコンネル
O'Connell
オコンネル
O'Connell***
オコンビ Okombi
オコンビサリサ
Okombi Salissa
オコンル O'Connell
オーサ
Asa**
Åsa*
Ortha
Osa**
Otha
オーサー
Arthur
Orser**
Oser
オサ
Osa
Osah
Ossa
オザイナ Uthayna
オサイミーン
Osaimin
Othaimeen
オサオサエコロ
Osa Osa Ekoro
オサギー Osagie
オザキ Ozaki
オザーク Ozark
オザク Özak
オザクマン
Özakman**
オサジェフォ
Osagyefo
オザースキー Ozersky
オーサターヌクロ
Osathanukhro
Osathanukhroh
オザタライ Özatalay
オサッチー Osadchil
オーサト Osato
オサナ Ossana
オザナム Ozanam
オザナン Ozanam
オーサネル Othanel
オーザバル Orzabal
オサフォマルフォ
Osafo-marfo
オサフル Osafu
オサーマ Ossama
オサマ Osama***
オサマン Othaman
オサム Osamu*
オーザリー Auzary
オザリー Auzury
オーサリヴァン
O'Sullivan
オサリヴァン
O'Sullivan**
オサリバン
O'sulivan
O'Sullivan**
O'Sullivan'
オサール Ossard
オザル Ozal**
オザルプ Ozalp
オザロフスカヤ
Ozarovskaia
オザワ Ozawa*
オサン
Hossain
O-sang
Osann
オザーン Ozanne
オザン Ozan
オザング Osang
オサントクン
Osuntokun
オザンヌ Ozanne*
オーザンファン
Ozenfant
オザンファン
Ozenfant
オージー Augie
オシー
O'Shea**
Osi*
Osie
Ossie*
Ossy
オジー
Oscar
Ossie*
Oswald
Oswaldo
Ozzie**
Ozzy**
オーシア O'Shea
オシーア O'Shea*
オシア
O'Shea*
Osier
オジアス Ozias
オジアッソン
Hosiasson
オシアン Ossian
オジアンダー
Osiander
オシアンデル
Osiander
オージェ
Auge
Auger***
Augér*
Augier
オージエ
Augier
Auxier
オージエー Auge
オシエー O'Shea*
オジェ
Augé*
Auger
Oger
Ogier
オジェー Augér
オジエ
Augier
Oger
Ogier*
オシェア O'Shea
オーシェイ
O'Shea
O'Shei
オシェイ
Oshea
O'Shea
オシエイ O'Shea
オジェヴィッツ
Oziewicz
オシェク Osiek
オジェシュコーヴァ

オ

Orzeszkowa
オジェシュコヴァ
Orzeszkowa
オジェシュコーバ
Orzeszkowa
オジェシュコバ
Orzeszkowa
オジェシュコワ
Orzeszkowa
オジェダ Ojeda
オシエツキ Ossietzky
オシエツキー
Ossietzky
オジェック Osieck**
オシェプコフ
Oshchepkov
オジェホフスキ
Orzechowski*
オジェマン Ojemann
オジェランキ Ojelanki
オジェリーノ
Oggerino
オージェロ Augello
オシェロフ
Osheroff*
Osherove
オシオ
Osio
Ossio
オジク Ozyck
オジグ Odjig
オジグエ Ojigwe
オジコヴァ Ozhigova
オジシャリア
Odisharia
オシス Osis*
オジズ Augis
オシダ Oshida
オシタディンマ
Ositadinma
オシーツキ Ossietzky
オシーツキー
Ossietzky
オージック
Ozick*
Ozik
オシック Osich
オジック Ozick**
オジッセフス
Odýsseus
オシッヒ Ossig
オーシップ Ossip
オシップ
Osip**
Ossip*
オシト Osyth
オシニン Osinin
オシネエ Oshineye
オシノフスキー
Osinovskii*
Ossinovski
オシピアン Osipiyan
オシピヤン Osipiyan
オーシプ
Osip
Ossip
オシプ Osip
オシペンコ
Osipenko
Osypenko*
オシペンコロドムスカ
Osipenko-rodomska
オーシポヴィチ
Osipovich*
オシポヴィチ
Osipovich
Osipovitch
オシポウィッチ
Osipowich
オシポビッチ
Osipovich
オーシポフ Osipov
オシーポフ Osipov
オシポフ
Osipov
Ossipow
オシポフスキー
Osipovskii
オシポワ Osipova*
オジミニスキ
Oziminski
オシム Osim**
オジムダイア
Ojemudia
オジメイ Ozimek
オージャ Oja
オージャー Ojhā
オジャ Ojha
オジャー Ojhā
オジャカンガス
Ojakangas
オジャーズ Odgers
オシャーソン
Osherson
オシャティンスキー
Osiatyńsk
オシャーニン Oshánin
オージャム Aujame
オジャラ Ojala
オジャラン
Ocalan
Öcalan*
Ocaran*
オシャール Osiier
オーシャロム
Awschalom
オーシャン Ocean*
オジャンタ Ollanta*
オジャンドル
Augendre*
オジャンペラ
Ojanperä
オーシュ
Aars
Auch*
オージュ Auge
オシュ Hoche
オシュカ Oszka
オジュク Ojukwu**
オジュグ Ozóg
オーシュコルヌ
Hauchecorne
オシュデ Hoschedé
オシュナー Ochsner
オジュバル Ozsvar
オージュボン
Audubon
オシュマン
Oschman
Oshman
オーシュリ Oechsle
オシュリン Oshrin*
オージュロー
Augereau
オジュロ Augereau
オジュロー Augereau
オジュン Oh-joon
オシュンダレ
Osundare
オショ Osho*
オショー
Osho
Oshô
オジョ Ojo*
オジョー Ojo
オショウ Osho
オーショウネスィ
O'Shaughnessy
オジョス Hoyos
オショティメイン
Osotimehin**
オーショーネシー
O'Shaughnessy
オショーネシー
O'Shaughnessy**
オーショネッシー
O'Shaughnessy
オショフィサン
Osofisan
オジョモ Ojomo
オシリス Osiris
オーシル Åshild
オージル Orgill*
オシール Ó Siadhail*
オージルヴィー
Ogilvie*
オジルヴィ Ogilvie
オジルビ Ogilvy
オシレー Ouseley
オーシロ Orsillo
オシーン Oisín*
オシン Oshin
オシンスカ Oshinska
オシンスキー
Oshinsky
オシンバジョ
Osinbajyo
オース
Ås
Auth*
Orth*
オス
Hoz
Os
オズ
Oz***
Ozu
オズアウド Oswald
オズィック Ozick
オスィップ Osip
オスイペンコ
Osypenko
オズィルハン Ozilhan
オーズウ Auzoux
オスヴァル Osvald
オスヴァルダ Oswalda
オスウアルド Oswald
オスヴァルト
Osvaldo
Oswald*
オスヴァルド
Osvaldo*
オズヴァルト Oswald
オズヴァルド
Osvaldo
Oswald
Oswaldo
オスウィ Oswi
オズウィ Oswy
オズウィック Oswick
オスウィン
Oswin
Oswine
オズウェイラー
Osweiler
オスウルフ Oswulf
オスカ
Oscar
Ossoucah
オスカー
Oscar***
Oskar***
Osker**
オスカア Oscar
オスカーション
Oscarsson
オスカニアン
Oscanyan
オスカニャン
Oskanian
オズガービー Osgerby
オズカヤ Ozkaya
オスカール
Oiwa
Oscar**
Oskar
Oszkár
オスカル
Orca
Osacar
Óscal
Oscar***
Óscar**
Oskar**
Oszkar
オスカルション
Oscarsson**
オスカルス Oskars
オスカルソン
Oscarsson*
オズカン
Ozkan**
Özkan**
オスキー Oski*
オズギュル Ozgur
オスグッド Osgood**
オズグット Osgood
オズグッド Osgood*
オスグート Osgood
オスグード Osgood
オスケオラ Osceola
オスコルスキー
Oskolski
オスジ Osuji
オースター
Auster**
Oester
Worster
オスタ Osta*
オスター Oster**
オスタイエ Ostaijen
オスターイェン
Ostaijen
オスタイェン Ostaijen
オスタイエン
Ostaijen
Ostäyen
オスタイマー
Ostheimer
オスターヴァルダー
Osterwalder*
オースターウィック
Oosterwyck
オスターウォールド
Osterwald
オスターウォルド
Osterwald*
オスターヴォルト
Osterwold
オスターガード
Ostergaard
オスタゴー
Østergaard
オスタセスキ
Ostaseski
オスタータグ Ostertag
オスタチャー
Ostacher
オースタッド
Auestad
Austad*
オスターデ Ostade
オスタード Ostād
オスタニナ Ostanina
オスターハウス
Osterhaus
オスターハウト
Osterhout
オースターハメル
Osterhammel*
オースタハメル
Osterhammel*
オスターバルダー
Osterwalder
オースターバルト
Oosterveld
オスタプ Ostap
オスタプチュク
Ostapchuk*
オスターブロック
Osterbrock**

オスターヘーベン
Osterhaven
オスターベリ
Österberg
オスタポヴィチ
Ostápovich
オースターホート
Ousterhout
オスターホルム
Osterholm
オスターマイヤー
Ostermayer
オスターマン
Osterman**
Ostermann
オスターミューラー
Ostermueller
オスターロー Osterloh
オスターワルダー
Osterwalder
オースタン
Austan
Austen
オスタン Hostin
オースチン
Austen
Austin**
Oustin
オステ Oste
オスティ
Hostie
Osti
オスティーニ Ostini
オースティーン Osteen
オースティン
Astin
Austen**
Austin***
Austyn*
Osteen
オスティーン
Osteen
O'Steen
オスティン Austin
オーステット Astedt*
オーステッド Astedt
オスデビラ
Hoz De Vila
オズデミール Ozdemir
オズデミル Ozdemir
オーステライヒ
Oesterreich
オステール Oster*
オステル
Osdel
Oster**
オステールヴァ
Osterwa
オステルヴァルド
Ostervald
オーステルウェイク
Oosterwyck
オーステルゼー
Oosterzee
オステルターク
Ostertag
オステールバ Osterwa
オーステルハイス
Oosterhuis
オステルマン
Osterman
Ostermann
オステルメイエ
Ostermeyer*
オステルメイヤー
Ostermeyer
オステルライヒ
Österreich
オーステルリンク
Oosterlinck
オステルワルダー
Osterwalder
オステロ Ostelo
オステロート
Osterroth
オステロフ Osterloh
オーステロム
Oosterom
オーステン Austen*
オステン Osten**
オステンスタッド
Ostenstad
オステンセン
Østensen
オステンソン
Östensson
オステンドルフ
Ostendorf
オースト Oost
オスト Ost*
オストー Osteaux
オストイチ Ostojić
オストイッチ Ostojić
オストウアルド
Ostwald
オストヴァルト
Ostwald*
オストウォルド
Ostwald*
オストゥジェフ
Ostuzhev
オストゥニ Ostuni
オストヴルト Ostwald
オストガールド
Ostgaard
オストス Hostos
オストハイマー
Ostheimer
オストハウス
Osthaus*
オストビー Østby
オストヘーレン
Ostheeren**
オストホーフ Osthoff
オストホフ Osthoff
オストヤ Ostoja
オーストラ Oostra*
オーストラー Oastler
オストラー
Ostler
Ostrer
オーストライカー
Oesterreicher
オストライカー
Ostriker**
オーストライヒャー
Oesterreicher
オーストラフ Ostrach
オーストラル Austral
オストランダー
Ostrander*
オストランド
Astrand
Ostlund
Ostrand
Östrand
オーストリー Austrie
オストリー Ostry
オストリウス Ostorius
オストリス Ostrith
オストリチル Ostrčil
オストリッチェ
Ostriche
オストルチル Ostrčil
オストルツィル Ostrcil
オストルツォレク
Ostrzolek
オストルンド Östlund
オーストレム Aström
オストロー Ostrow
オストロヴィーチャノフ
Ostrovityanov
オストロヴィチャーノフ
Ostrovityanov
オストロヴィチャノフ
Ostrovitianov
Ostrovityanov
オストロヴイチャーノフ
Ostrovitianov
オストロヴィティアノフ
Ostrovitianov
オストロウスキー
Ostrowski*
オストロヴスキー
Ostrovsky
オストロウーモヴァ
Ostroumova
オストロウーモフ
Ostroumov*
オストロウモフ
Ostroumov*
オストロウモワ
Ostroumova
オストログラツキー
Ostrogradskii
オストログラーツキィ
Ostrogradskii
オストロゴルスキー
Ostrogorski*
Ostrogorskii
Ostrogorsky
オストローシュスキイ
Ostrožskii
オストロスキー
Ostrosky
Ostrovskii
オストロビチャーノフ
Ostrovityanov
オストロビチャノフ
Ostrovityanov
オストローフ Ostrov*
オストロフ
Ostroff
Ostrov
オストロフスカヤ
Ostrovskaia
オストローフスキー
Ostrovskii
オストロフスキ
Ostrowski
オストロフスキー
Ostrovskii*
Ostrovsky*
Ostrowski
オストロブスキー
Ostrowski
オストローフスキィ
Ostrovskii
オストロフスキイ
Ostrovskii
オストローム Ostrom*
オストロム Ostrom**
オストワルト
Ostwald*
オストワルド
Ostwald*
オーストン Owston
オスーナ Osuna*
オスナ Osuna*
オズーナ Ozuna
オスナット Osnat
オスニエル Othniel
オスネ Åsne
オスネイ Osnei*
オスネード Osunade
オスノヴァネンコ
Osnov'ianenko
オスノス Osnos
オズノス Osnos
オズバイラクリ
Ozbayrakli
オスバーガ Osburga
オズバーグ Odsberg
オズハセキ Ozhaseki
オスバート Osbert
オズバート Osbert**
オズバード Osbert
オズバルデストン
Osbaldeston
オスバルト Osvaldo
オスバルド
Osbald
Osvald
Osvaldo**
Oswald*
オズバルト Oswald
オズバルド Osvaldo
オズバルドゥ Osvaldo
オスバーン Osburn
オズバーン
Osbern
Osborne
Osburn
オスビー Osby
オズビー Osby
オスピーシ Ospici
オスピーナ Ospina
オスピナ Ospina
オスビリス Ozbiliz
オズビレン Ozbilen
オスーフ Osouf
オズーフ
Osouf
Ozouf**
オスファテール
Hausfater*
オスフェルド Ostfeld
オスブリンク Åsbrink
オスプレイ Ospreay
オスベック Osbeck
オズペテク Ozpetek*
オースベル Ausubel*
オーズベル Ausubel
オスベール Osbert
オスペル Ospel
オスポヴァット
Ospovat
オスボルン Osborn
オーズボーン
Orsborne
オーズボン Audubon
オスボーン
Orsborn
Osborn*
Osborne*
オスボン Osborn
オズボーン
Ausbourne
Orsborn
Orsborne
Osborn**
Osborne***
Osbourne***
オズボン Osborne
オスマー
Othmar
Othmer
オースマス Ausmus*
オスマーニ Osmani
オスマニ
Osmani
Osmany
オスマノグル
Osmanoglu
オスマノビッチ
Osmanović
オスマノフ Osmanov
オスマノフスキ
Osmanovski
オスマノフスキー
Osmanovski
オズマル Osmar
オースマン
Ausman
Haussmann
Ousmane
オスマーン
Osman
Osmān
'Uthmān
オスマン
Adem
Haussmann
Osman**
Ossman
Othman**
'Othmān
'Othman
Othmane
Ousman
Ousmane
'Uthmān
オズマン
Oseman

Osman
オズマンド Osmund
オズミシュ Ozmis
オスミッチ Osmić
オースムン Aasmund
オスムン Aasmund
オズムン Ozmun
オスムンド Osmund
オズムンド Osmund
オスメニア
Osmeña
Osmeña
オスメーニャ
Osmeña
Osmeña
オスメニャ Osmeña
オーズメンディア
Auzmendia
オスメント Osment*
オズメント Ozment*
オスモ Osmo**
オスモノフ Osmonov
オスモノリエフ
Osmonaliev
オスモン Osmond
オスモンド Osmond
オズモンド
Osmond**
Osmund
オズヤクプ Ozyakup
オースラー Osler
オスラー Osler**
オースラウグ Åslaug
オースラック Orsulak
オースラン Aasland
オスランス Oslance
オーズリー Ousley
オズリー
Oslie*
Ozley*
オスリック Osric
オズリュ Ozlu
オースリン Auslin
オスリン Oslin
オズル Ozlu
オースルード Aasrud
オスルンド
Aslund*
Åslund
オズレー Ozeray
オースレイ Owsley
オスレイディス
Osleidys*
オスレッド Osred
オズレム Ozlem
オスレンダー Oslender
オスロ Ocelot*
オスロー Ocelot
オスロエス Osroes
オズワイラー Osweiler
オスワルダ Oswalda
オスワルト
Osswald
Oswald*
オスワルド
Osswald
Osvald
Osvaldo
Oswald*
Oswaldo*
オズワールド Oswald
オズワルト
Oswald
Oswalt**
オズワルド
Osvald
Osvaldo*
Oswald***
Oswaldo**
Ozsvald
Ozwald*
オースン Orson***
オスンダーレ
Osundare
オーゼ
Aase*
Hauser
Rose
オセア Osea
オセアリー Oseary
オセイ
Osei
Ossey
Osseyi
オーセイミ Ousseimi
オセーエワ Oceeva
オセオラ Osceola
オゼキ Ozeki*
オゼゲ Özege
オゼシム Osesime
オセツキー Oszetzky
オセデ Hocedez
オセトゥンバ
Ossetoumba
オセビ Ossébi
オーセフ Ouseph
オセメリー Osemele
オセラ Othella
オーセル
Hojer
Woeser
オーセルー Aaserud
オーゼル
Auzelle
Hauser
Orzel
Oser
オゼール Hauser
オゼル
Hauser
Ozer
オゼレー Ozéray
オゼレツ Ozerets
オセレデッツ
Oseledets
オセロ Othello
オーゼロフ Ozerov
オゼロフ Ozerov
オーセン
Aasen
Osen*
オーゼン Özen
オセーン Oseen
オーセンダルプ
Osendarp
オーゾ Auzou
オソ
Oso
Ossó
オソウスカ Ossowska
オソウスキ Ossowski
オソウスキー
Ossowski**
オゾキ Odzoki
オソキンス Osokins
オソク Oh-seok
オソット Hosotte
オゾノフ Ozonoff
オソフスカ Ossowska
オソフスキ Ossowski
オソフスキー Osofsky
オソモ Osomo
オソーリオ Osorio
オソリオ
Osorio**
Ossorio
オゾリーナ Ozolina
オゾリナ Ozolina
オゾーリン Ozolin
オゾリーン Ozolin
オゾリン Ozolins
オソリンスキ
Ossoliński
オソルギン Osorgin
オソルコン Osorkon
オゾルス Ozols
オソロ Osoro*
オーソン Orson***
オソン
Oh-sung
O-sung
Óthon
オゾン Ozon**
オーター Oerter**
オーダ
Oda**
Ûdah
オタ Ota**
オダ Oda
オタア Ota
オタイ
Otai
Udai
オダイ Udai
オタイバ Otaiba*
オタイビ Otaibi
オダイル Odair*
オターヴィオ
Octavio
Octávio
オタヴィオ Otavio
オタウェー Ottaway
オタウェイ Ottaway
オーダウド O'Dowd
オダウド O'Dowd
オダエナトゥス
Odenathus
オダーガ Odaga
オダガ Odaga
オタカール Otakar
オタカル
Otakar
Ottokar
オダジュ Odagiu
オダージンク
Odajnyk*
オダースキー Odersky
オタゾ Otazo
オダッツィ Odazzi
オダナヒュー
O'Donoghue
オータニ Otani
オダニエル O'Daniel
オタニョ Otaño
オダネル O'Donnell*
オタノン Otanon
オタビアノ Ottaviano
オダフィー O'Duffy
オタフィレ Otafiire
オタホノフ
Otakhonov
オーダボン Audubon
オーダーマット
Odermatt
オーターマン
Ottmann
オダーマン Odermann
オータム Autumn*
オーダム
Odam*
Odum
オタム Ottum
オダム
Odam
Odum**
オタメンディ
Otamendi
オタリ Otari*
オダリ Odalis
オタール Otar**
オタル Otar
オダール Audard
オタルスルタノフ
Otarsultanov**
オタロラ Otárola
オータン
Autain
Autant*
オーダン Ordan
オダン Odent*
オーチ Auch*
オーチー Orci
オチ Ochi
オチェナーシェク
Otčenásek
Otčenášek
オチェフ Ochefu
オチオグロッソ
Occhiogrosso*
オチガヴァ Ochigava
オチガワ Ochigava
オチコ Oczko
オーチス Otis
オチチ Ochichi
オチチェル Očičer
オーチャート Orchart
オーチャード Orchard
オーチャードスン
Orchardson
オーチャードソン
Orchardson*
オチャラハン
O'Callaghan
オチャン Oh-chang
オチュペ Ochekpe
オチョーア Ochoa
オチョア
Ochoa***
Otxoa
オチョン Oh-cheun
オチル Ochir
オチルスク Ochirsukh
オチルバティーン
Ochirbatyn
オチルバト
Ochirbat**
Ochirbatyn
オチルフー Ochirkhuu
オチロ Ochillo
オチロヴァ Ochirova
オーチン Orchin
オーチンクロス
Auchincloss
オーチンス Ortins
オーチンレック
Auchinleck
オーツ Oates***
オーツィ Orczy*
オツィプカ Oczipka
オツェテア Otetea
オツェトバ Otsetova
オツェプ Otsep
オーツカ Otsuka*
オッカー
Ocker*
Okker*
オッカーカ Okkāka
オッカーマン
Öckerman
オッカム
Occom
Ockham*
オッカンガム
Hocquenghem
オッキ Ok-hee*
オッキウツィ
Occhiuzzi
オック
Hocq
Ook
オッグ Ogg*
オックス
Ochs
Ox
オックスナー Oxner
オックスフォード
Oxford**
オックスマン Oxman
オックスリー Oxley

オックスレイ Oxley
オックスレイド
Oxlade
オックスレード
Oxlade
オックスンベル
Oxenbøll
オックマン
Hochmann
Ockman
オックラン Ockrent
オックルフォード
Ockleford
オッケ Hocké
オッケゲム Ockeghem
オッケヘム Ockeghem
オッケン Okken
オッケンデン
Ockenden
オッケンヘイム
Ockeghem
オッコ Okko*
オッコー Okko
オッサーニ Ossani
オッサマ Ossama*
オッサーマン
Osserman*
オッシ
Hossi
Occhi
Ossi
オッシー
O'Shea
Ossie
オッジ
Ossi
Ozzie
オッシアン Ossian
オッシナー Ochsner
オッシャー Ocier
オッシュ Hoche
オッシュル Ossur
オッジョーニ Oggioni
オッジョーノ Oggiono
オッセー Aussey
オッセイユ Ausseil
オッセルヴァトーレ
Osservatore
オッセルトン Osselton
オーツセン Ortzen*
オッセン Hossein**
オッセンドウスキ
Ossendowski
オッセンドーフスキー
Ossendowski
オッセンドフスキ
Ossendowski*
オッセンドフスキー
Ossendowski
オッセンワルド
Ochsenwald
オッソフスキ
Ossowski
オッソリニスキ
Ossoliński
オッソリンスキ
Ossoliński
オッター Otter**
オッタヴィア Ottavia
オッタヴィアーニ
Ottaviani
オッタヴィアニ
Ottaviani
オッタヴィアーノ
Ottaviano
オッターヴィオ
Ottavio
オッタヴィオ
Ottaviano
Ottavio**
オッタウェイ Ottaway
オッタクータル
Oṭṭakkūttar
オッタクーッタル
Oṭṭakkūttar
オッターニ Ottani
オッタバイン
Otterbein
オッタービオ Ottavio
オッタビオ Ottavio
オッタビーノ
Ottavino
オッタマ
Ottama
Uttama
オッターマン
Otterman
オッタル Óttarr
オッタンジェ Ottinger
オッダントニオ
Oddantonio
オッチエーリ Ottieri
オッチエーロ Ottiero
オッチギン
Odčigin
Otčigin
オッチーレ Ottilie
オッツァー Ozer
オッツォー Otto
オッテ Otte
オッティ
Otte
Ottey**
オッディ Oddi
オッティエーリ
Ottieri*
オッティエーロ
Ottiero*
オッディス Oddis
オッティーノ Ottino
オッティリー Ottilie
オッティリア Ottilia*
オッティリアーナ
Ottiliana
オッティリアナ
Ottiliana
オッティリエ Ottilie
オッテイン Ottein
オッディーン
Od-Dīn
Oddīn
オッティンガー
Oettinger
Ottinger
オッティンゲン
Oettingen
オッテセン Ottesen*
オッテリアッド
Otryad
Otryadyn
オッテリーニ Otellini*
オッテルポール
Otterpohl
オッテルロー Otterloo
オッテン Otten*
オッデン Ozden
オッテンザマー
Ottensamer
オッテンス Ottens
オッテンドルファー
Ottendorfer
オッテンハイマー
Ottenheimer
オッテンバッハー
Ottenbacher
オッテンブライト
Ottenbrite
オット
Ot
Ott**
Otto***
オットー
Otho
Óthon
Otmar
Ott*
Otto***
Ottó
Ottor
Otuto
オッド
Odd**
Oddo
Otto
オットウ Otto
オットウェー Otway
オットウェイ Otway
オットオ Otto
オットカール Ottokar
オットークルパン
Otto-Crépin
オットーソン
Ottosson
オットソン Ottosson*
オッドソン
Oddsson**
オットツ Ottoz
オットテール
Hotteterre
オットーネ Ottone
オッドバイグ Oddveig
オッドビョルン
Oddbjørn
オットフリート
Otfried**
オットマー
Othmar
Ottmar
オットーマール
Othmar
オットマール
Othmar
Otmar
Ottmar*
Ottomar
オットマル
Othmar
Otmar*
オットマン
Hotman
Ottman
Ottmann
オットリ Ottley
オットリー Ottley
オットリア Ottiliana
オットリーニ Ottolini
オットリーノ
Ottorino*
オットリーリエンフェルト
Ottlilienfeld*
オットリリエンフェルト
Ottlilienfeld*
オットレー
Otley
Ottley
オットレイ Ottley
オットレンギ
Ottolenghi
オットロー
Othlo
Otloch
Otloh
オットン Othon
オットンエメール
Ottenheimer
オッパ Oppah
オッパー Opper
オッパト Oppat
オッパーマン
Oppermann*
オツバンジョ
Otubanjo
オッピアーノス
Oppianos
オッピアノス
Oppian
Oppianos
オッピウス Oppius
オッファ Offa
オッフェ
Hoffet
Offe*
オッフェルス Offers
オッフェン Offen
オッフェンバック
Offenbach*
オッフェンバッハ
Offenbach*
オッフェンバッハー
Offenbacher
オッフェンバハ
Offenbach
オップストヘルダー
Obstfelder
オップラー Oppler
オップンハイム
Oppenheim
オッベ Obbe
オッペノール
Oppenordt
オッペール Oppert
オッペル Oppel*
オッペルト
Oppelt
Oppert
オッペン Oppen*
オッペンハイマー
Oppenheim
Oppenheimer***
オッペンハイム
Oppenheim***
オッペンハイメル
Oppenheimer
オッペンレンダー
Oppenlander
Oppenländer*
オッポルツァー
Oppolzer
オッポルトゥーナ
Opportuna
オッリ Olli
オッリペッカ
Olli-Pekka*
オッレ Olle*
オテ
Oh-tae
Otté
オデ
Hodey
Odeh
Odet
オデー
Odet
Oudeh
オデア
O'Dair
O'Dea
オーティー Oatey
オーディ
Audi
Audie
O'Dea
オーディー Audie*
オティ
Otey
Oti
Ottie
オディ
O'Day
O'Dea
Odey
Ody*
オデイ
Oday
O'Day***
オーディア Audiat
オディア
O'Dea
Odia
オディアイズワ
Odighizuwa
オーディアール
Audiard
オディアール
Audiard**
オディアンボー
Odhiambo
オディウェン
Odewahn*
オディエーヴル
Odievre
オティエノ Otieno

オ

オーティエール
Hautière
オディオ
Odio
Odiot
オディオーン
Odiorne*
オディオン Odion
オディカゼ Odikadze
オテイサ Oteiza
オティシエ Autissier
オーディジォ Audisio
オーディジョ Audisio*
オーディジヨ Audisio
オーティーズ Ortiz
オーティス
Oatis
Ortiz*
Otis***
オーティズ Ortiz*
オティーズ Ortiz*
オティス Otis*
オーティツ Ortiz
オディッシウス
Odysseas
Odysseus
オーディッシュ Ordish
オディッセアス
Odysseas*
Odysseus
オディッセウス
Odýsseus*
オーディッド Oded
オーディド Oded*
オディナ Ua Duibhne
オティニエル Otinielu
オディノ Odinot
オーディフレッディ
Odifreddi
オディフレッディ
Odifreddi
オディベール
Audibert
オーディベルチ
Audiberti
オーディベルティ
Audiberti**
オーディベルディ
Audiberti
オディーユ Odile
オティリー Ottilie
オティリア
Otilia
Otylia*
オディーリア Odilia
オディリア Odilia
オティリアナ
Ottiliana
オティリノ Otilino*
オディール Odile*
オディル Odile
オーディロ Odilo
オディロ Odilo
オディロン
Odilo
Odilon**
オーティン Otín
オーディーン
Au-Deane
オーディン
Audin
Odin
オーデイン Odayne
オデイン Odein
オディンガ Odinga**
オーディング Ording
オディントン
Odington
オーテガ Otegha
オーデカーク
Oedekerk
オテギ Otegui
オテク Oh-taek
オデコン Odekon
オデシル Odecil
オーテス Otis
オーテセン Ottesen
オテセン Ottesen
オテッサ Ottessa*
オデッサ Odessa
オデッタ Odetta*
オーデッツ Odets
オデッツ Odets*
オデッテ Odette
オーデット
Audet
Audette
オーデッド Oded*
オデット
Oded
Odette*
O'Dette
オデッド Oded
オテットゥ Otèth
オデットゥ Odette
オテッロ Otello
オデッロ Odello
オデーテ Odete
オデテ Odete
オテテオマンガ
Otete Omanga
オデト Odete
オデド Oded
オデナツス
Odenathus
オデナトゥス
Odenathus
オテニエル Othniel
オテニオ Othenio
オデニール Odeneal
オテプカ Otepka
オーデブレヒト
Odebrecht
オデマール Odemar
オーデム Odem
オデムウィンギー
Odemwingie*
オーデュス Audus
オデュッセアス
Odysseas
オデュッセウス
Odysseus
Odýsseus
オデュフィ O'Duffy
オデュベル Odubel
オーデュボン
Audubon*
オデラ Odera
オデリコ
Oderico
Odorico
オデリージ Oderisi
オデリンヌ Hodéllinne
オーデル
Audel
Odell*
O'Dell*
オデール
Hodeir
Odell*
O'Dell**
オデル
Odell*
O'Dell**
オデルソン Odderson
オデルダ Oderda
オーテルダール
Oterdahl
オーデルハイデ
Ordelheide
オテルマ Oterma
オーデルマット
Odermatt
オテーロ Otero*
オテロ
Otelo
Otero***
オーテロム Ootterom
オーデン
Auden**
Oden*
Orden
Uden
オテン Oteng
オーデンタール
Odenthal
オーテンバーガー
Ortenburger
オーデンベリ
Odenberg
オデンワルド
Odenwald*
オート Oud
オード
Aude*
Audoux
Odeh
Odo*
Ord*
Orde*
オードー
Audoux*
Odo
オト
Otho
Oto*
Ott
オトー
Otho
Otto**
オド
Aude
Eudes
Odo
Odon
オドー
Oddo
Odo
オドーア Odor
オドアケル Odoacer
オドアルド Odoardo
オドアルネ Odd Arne
オトイチ Otoichi
オードゥー Audoux**
オドゥー Odoux
オドゥアオギエンウォニ
Oduahogiemwonyi
オドヴァカル Odoacer
オートヴァル Hautval
オドゥアール
Audouard*
オードゥアン Audouin
オートゥイユ Auteuil*
オトウェー Otway*
オードウェイ Ordway
オトウェイ Otway*
オドヴェイグ Odveig
オドウェル Odwell
オトゥオマ Otuoma
オトゥクル Ötkür
オドゥーズ Audouze
オードゥナー Odhner
オドゥナヨフォラサデ
Odunayo Folasade
オドゥバジョ Odubajo
オードゥパン
Haudepin
オードゥブラン
Audebrand
オードゥボン
Audubon
オトゥマル Othmar
オドゥモス Odumosu
オートゥーユ Auteuil
オトゥール
O'Toole***
オドーウル Ord
オドゥール Oddur
オドゥルフス Odulfus
オドゥワン
Audouin**
オトゥンガオシバジョ
Otounga
Ossibadjouo
オドゥンシー Odunsi
オトゥンバエワ
Otunbayeva*
オードエフスキー
Odoevskii
オドーエフスキー
Odoevskii
オドエーフスキー
Odoevskii
オドエフスキー
Odoevskii*
Odoevskiĭ
オドーエフスキィ
Odoevskii
オドーエフスキイ
Odoevskii
オドエフスキィ
Odoevskii
オドエフツェワ
Odóevtseva
オドエル Hodhoaer
オードギー Audeguy
オトキュル Ötkür
オドクウィスト
Odqvist
オトクル Ötkür
オードゲロー
Oodgeroo
オトゴンダライ
Otgondalai
オトゴンツェツェグ
Otgontsetseg
オトゴンバータル
Otgonbaatar
オトゴンバートル
Otgonbaatar
オトゴンバヤル
Otgonbayar
オートシ Otoshi
オトセップ Otsep
オトテール Hotteterre
オートナー Ortner
オードナー Odhner
オドナー Odhner*
オドナヒュー
O'Donoghue*
O'Donohue
オドーニ Odoni
オトニエル
Othniel
Othoniel*
オードネー Oudney
オドーネ Odone
オドネ
Aadne*
Odonais
オードネヴィーク
Aadnevik
オトネス Otnes
オードネル Odner
オドーネル O'Donnell
オドネル
O'donel
O'Donnell***
オドノヴァン
O'Donovan*
オドノバン
O'Donovan*
オドノヒュー
O'Donoghue
O'Donohue
オドノヒュウ
O'Donohue*
オドノフー
O'Donoghue
オートバーグ Ortberg
オドバード Odbert
オドバヤル Odbayar
オドバル Udval*
オードパン
Haudepin*

オトバン Otban
オードヒューム
Ord-Hume
オードビン Haudebine
オトフィノスキー
Otfinoski
オートフイユ
Hautefeuille
オトフリート
Otfrid
Otfried***
オドフロワ Audefroi
オドベスク Odobescu
オトマー
Othmar
Otmar
Ottmar
オトマアル Othmar
オトマイアー
Othmayr
オトマニ Othmani
オトマール
Othmar*
Otmar**
Ottmar**
オトマル
Othmar*
Otmar
Ottmar
Ottomar
オートマン Oatman
オードマン Ordman
オトマン Hotman
オードム Odom*
オドーム Odom
オドム Odom***
オートュイユ Auteuil
オードラ Audra*
オートラドヴィッツ
Otradovic
オトラドヴィツ
Otradovic
オドラニエル
Odlanier*
オドラム Odlum
オードラン
Audrain
Audran*
Odland
オドラン Audran
オートリ Autry
オートリー
Autrey
Autry*
Oatley**
Ortlieb
オードリ
Audley
Audre
Audry
Awdry
オードリー
Ardrey
Audery
Audley**
Audre**
Audrey***
Audry*
Awdry**
Haudry
オトリ Ottley
オトリー
Otley
Ottley*
オドリア Odría
オードリィ
Audley*
Audrey
オドリオゾーラ
Odriozola*
オトリク Ottlik*
オドリク Odorico
オードリクール
Haudricourt
オドリクール
Haudricourt*
オドリーコ Odorico
オドリコ Odorico
オドリサマー
Odrisamer
オドリスコール
O'Driscoll
オドリスコル
O'Driscoll**
オドリック
Odorico
Odrick
オドリッジ Odorizzi
オードリッチ Aldrich
オドリッチ Odrich
オートリッド
Oughtred
オトリーヌ Ottoline
オトリャド Otryad
オトリリエンフェルト
Ottlilienfeld
オトリーン Ottoline
オドリン Odlin
オドリング Odling
オードル
Audre
Odle
オトル Otl
オドール O'Doul
オートルヴァン
Oughtred
オトルバエフ
Otorbayev
オドルリ Audrerie
オードレ
Audret*
Audrey*
Awdry
オードレー Audrey
オトレ Otlet*
オトレー Otley
オドレ Audret
オドレー Audrey*
オートレイ Oatley
オードレイ
Audley
Audrey*
オトレィ Otley
オドレイ Audrey**
オードレイン Audrain
オトレオー Autrëau
オートレッド
Oughtred
オドレール Haudrère
オトレンバ Otremba
オドロジル Odlozil
オドロバ Odorova
オトワ Hottois
オドワイアー
O'Dwyer
オドワイヤー
O'Dwyer
オードワン
Audoin
Audouin
オートン
Auten
Orton***
オトン
Othon
Othón
Oton
オドン Odon**
オドンコー Odonkor
オドンゴ Odongo
オドンチメド
Odonchimed
オトンヌ Automne
オドンネル
O'Donnell**
オーナ
Oona
Orna
オーナー
Honor
Ørner
オナ Ona*
オナー
Honor**
Honour
オナイアンズ Onians*
オナイオンズ Onions
オナオノ Ona Ono
オナオンド Ona Ondo
オナシス
Onasis
Onassis*
オナシビリ Onashvili
オナシュ Onasch
オナータース Onatas
オナタス Onatas
オーナティ Ornati
オナディーペ Onadipe
オナディペ Onadipe
オナナ Onana
オナハン Onahan
オナラン Onaran
オナルスイン Onalsyn
オナン
Onan
O'Nan
オナンゴ Onango
オニ Oni
オニー Oney
オニアス Onias
オニイル O'Neill
オニェフル
Onyefulu
Onyefuru
オニェマー Onyemah
オニエマータ
Onyemata
オニオンズ Onions*
オニカ Onika
オニーク Onik
オニシウォ Onisiwo
オニシェンコ
Onishenko
オニシコ Onyshko
オニシチェンコ
Onyschenko
オニシチュク
Onishchuk
オニシモヴィチ
Onisimovich
オニソイ Ŏnihsoy
オニヅカ Onizuka
オーニッシュ Ornish*
オーニッツ Orniz
オニティアナ Onitiana
オニファデババムッサ
Onifade
Babamoussa
オニミュス Onimus
オーニャ Ogna
オニャ Oña
オニャーテ Oñate
オニョン Hognon
オーニール O'Neill
オニール
O'Neal***
OŃeal
O'Neil***
O 'Neill
Oneill
O'Neill***
Óneill
O'Niell
オヌ Onu
オヌア Onneua
オヌアク Onuaku
オヌエブチ Onyebuchi
オヌオラ Onuora
オヌクール
Honnecourt
オヌザー Onwuasor
オヌビエ Onouviet
オヌーフ Onuf
オヌフ Onuf
オヌフリー Onufry
オヌーフリエヴィチ
Onufrievič
オヌフリエヴィチ
Onufrievich
オヌフリエヴィッチ
Onufrievich
オヌフリオス
Onouphrios
オヌール Onur
オヌル Onur
オーネ
Ohnet
Orne
オネー
Ohnet
Oney
オネイ
Oney
Öney
オネイル O'Neill
オネガー Honegger
オネーギン Onegin
オネーク Onek
オネク
Onec
Onek
オネゲール Honegger
オネゲル Honegger*
オネシクリトス
Onēsikritos
オネシフォロ
Onēsiphoros
オネシポロ
Onēsiphoros
オネシモ Onēsimos
オネーシモス
Onēsimos
オネス Onnes*
オネタ Oneta
オネッゲル Honegger
オネッティ Onetti**
オーネット
Ornett
Ornette**
オネディ O'Neddy
オネディー O'Neddy
オネト Orto
オネラス Ornelas
オネリオ Onelio
オネリオン Onellion
オネール O'Neill
オーノ Ohno**
オノ
Eou-nho
Onno
Ono
オーノア Aulnoy
オーノット Arnott*
オノディ Onodi
オノト Onoto
オノパス Onopas
オノーフリ Onofri
オノフリ Onofri
オノフリオ Onofrio
オノフレ Onofre
オノフレイ Onofrei
オノマ Onoma
オノマー Onomah
オノマクリトス
Onomakritos
オノマルコス
Onomarchos
オノラ
Honorat
Honourat*
Onora
オノラート Honorato
オノラト
Honorato
Onorato

オ

オノーラン Onuallain
オノリウス Honorius
オノリオ Onorio
オノリーヌ Honorine
オノリヌ Honorine
オノリン Honorine
オーノール Aunor
オノール Aunor
オノル Honoré
オノルド Honnold
オノーレ Honoré
オノレ
Honore*
Honoré**
オノレー Honoré
オノレイ Honoré
オノレメメン
Onolememen
オーノワ Aulnoy
オノン Onon
オーハ Oja
オーバ Ouba
オーバー
Auber
Ober*
オハー Oher
オバ Oba
オバー O'Barr
オバイエ Ovalle
オバイド
Obaid
Obeid
オバイドゥル Obaidul
オバイドラ
Obaidollah
Obaidullah
オパウスキ Opawski
オバーグ Oberg
オバークフェル
Oberkfell
オーバークフォル
Obergfoll*
オハコ O'Haco
オーパーサウォン
Ophasavong
オバサンジョ
Obasanjo**
オバージェ Ovalle
オバジェ Ovalle
オーバーシュタット
Oberstadt
オーバーシュトロイトナント
Oberstleutnant
オーバージョノー
Auberjonois
オーバジョノス
Auberjonois
オバーショール
Oberschall
オパス Opas
オバースキ Obarski
オバースキー Oberski
オーバースト Oberst
オーバーストリート
Overstreet*
オーバーストロム
Overstrom
オバーゼ Obaze
オーバゼス Overseth
オーバータ O Bâ Tha
オーバタ O Bâ Tha
オバタ Obata
オバダ Obada
オパチッチ Opačić
オーバック
Auerbach*
Ohrbach
Orbach*
Orback
オハッド Ohad
オバデア
Obadiah
'Obadjā
オバディア
Obadiah
Ovadia
オバデイア Obadiah
オーバーディーク
Oberdieck
オバデヤ 'Obadjā
オーバーテュア
Oberthür
オーバーテュアー
Oberthur
Oberthür
オーバテューア
Oberthür
オバデレ Obadele
オーバート
Aubert
Obert
オバード Obbard
オパトシュ Opatoshu
オパトシュー
Opatoshu
オパトッシュ
Opatoshu
オバドフ Obadov
オーバードーファー
Oberdorfer**
オバドヤ Obadiah
オーバードルファー
Oberdorfer
オーバートン Overton
オーバトン Overton
オバートン Overton**
オハナ Ohana
オバナン O'Bannon*
オーバニー Albany
オバニオン O'Banion
オハニャン Ohanyan
オバネス Hovhannes
オーバネル Aubanel*
オバノン O'Bannon*
オーバーバイ Overbye
オーバーハウザー
Oberhauser
オーバービー
Overby**
オーバビー Overby
オーバービーク
Overbeek
オーバーヒューマ
Oberhuemer
オハブ Ochab*
オバフェミ Obafemi*
オーバーフーバー
Oberhuber
オーバーベック
Overbeck*
オーバーベリー
Overbury
オーバーボー
Overbaugh
オーバーホッファー
Oberhofar*
Oberhoffer
オーバーホッフェル
Oberhoffer
オーバーホルザー
Oberholtser
Overholser
オーバーホールツァー
Oberholtzer
オーバーホルツァー
Oberholtzer
オーバホルツァー
Oberholtzer
オバーホルツァー
Oberholtzer
オーバーホルト
Overholt*
オーハマ Ohama
オバマ Obama***
オバマアスエ
Obama Asue
オーバーマイアー
Obermaier
Obermayr
オーバーマイヤー
Obermaier
Obermayer
Obermeier
Overmier
Overmyer
オーバマイヤー
Obermeyer
オーバーマーズ
Overmars
オーバマーズ
Overmars
オバマヌスエ
Obama Nsue
オバマヌチャマ
Obama Nchama
オバマヌベ
Obama Nve
オーバーマン
Oberman
Overman
Overmann
オバーマン Oberman*
オーバーマンズ
Overmanns
オバム
Obame
Obum
オーバメヤン
Aubameyang
オハーラ O'Hara
オハラ O'Hara***
オパラ
Opala
Opara
オーバーライト
Oberleit
オーバーランダー
Oberlander
オーバーランド
Overland*
オーバーリー Oberley
オーバリー
Overly*
Overy*
オハーリー
O'Herlihy*
オバリー O'Barry*
オーバーリース
Oberleas
オハリス O'Harris
オハリヒー O'Herlihy
オハーリヒイ
O'Herlihy
オパーリル Oparil
オバーリン Oberlin
オパーリン Oparin*
オパリン Oparin
オハリング Ohring
オーバル Orval*
オーパル Opal*
オバル Aubal
オパール Opal*
オパル Opal
オパルカ Opałka
オバルク Obalk
オバルディア
Obaldia**
オバルディヤ Obaldia
オパレ Opare
オパレフ Opalev**
オーバーレンダー
Oberländer*
オハロー O'Harrow
オハローラン
O'Halloran
オハロラン
O'Halloran
オハロン O'Hallaron
オーバーワーター
Overwater**
オーバーン
Auburn
Orbaan
オーバン
Aubin*
Orban
オハーン
O'Hearne
O'Herne**
オバーン O'Byrne*
オバン Aubin
オバンド
Obando
Ovando
オバンドー
Obando*
Ovando
オハンラン O'Hanlan
オハンロン
O'Hanlon**
オービー Obie*
オービ Opie
オーピー Opie**
オビ Obi*
オビー
Obee
Obie
オピー Opie**
オヒアー O'Hear
オビアゲリ Obiageli
オビアン
Obiang**
Obichang
オビアング Obiang
オービエ
Aabye
Aubier*
オピエ Opie
オビエード Oviedo
オビエド Oviedo*
オピェニスキ Opienski
オピエニスキ Opienski
オピエンスカ
Opienska
オピオ Opio
オビオーハ Obioha
オビオマ Obioma*
オビオラ Obiora
オビーガドゥー
Obeegadoo
オヒギンス O'Higgins
オヒギンズ
O'Higgins*
オビク Hovik
オビクウェル
Obikwelu
オビスポ Obispo
オービソン Orbison*
オヒーダ Ojeda
オビチキン Obichikin
オピチーノ Opicino
オーピツ
Opitz
Oppitz
オピツィイス Opicjis
オービッツ Ovitz*
オーピッツ Opitz
オピッツ
Opitz*
Oppitz*
オビッツオ Obizzo
オービット
Orbit
Ovid*
オービッド Ovid
オビッド Ovid
オビディウ Ovidiu
オビディウス Ovidius
オビディオ Ovidio
オビデウ Ovidiu
オヒテルフェルト

オ

Ochtervert
オビド Ovid
オビドフ Obidov
オビナ Obinna
オービニェ Aubigné
オビニェー Aubigné
オービニャック
Aubignac*
オビノ Aubineau
オピミウス Opimius
オービュ Aabye
オービュイ Aabye
オービュイソン
Aubuisson
オービュエ Aabye
オービュソン
Aubusson
オビュソン Aubusson
オビリ Obiri
オピリーク Opilik
オービル
Orville**
Orvlle
オビール Oviir
オービン
Aubin**
Aubyn*
Obin
オーヒンク Oogink
オービンスキー
Orbinski
オビンナ Obinna
オピンバ Opimbat
オーブ Ove
オフ
Of
Off*
オブ
Of
Ove
オファ
Ofa
Offa
オファット Offutt
オファーマン
Offerman
Offermann
オファマン Offerman*
オファムボ Ofa Mbo
オーファラ Orfalea
オーファリ Orfali*
オファリ
Ofari
Orfali
オ・ファリル O'Farrill
オファーリル O'Farrill
オファリル O'Farrill*
オファレ O'Farrell
オファーレル
O'Farrell**
オファレル O'Farrell*
オファロン O'Fallon
オフィオング Offiong
オフィサ Ofisa
オフィサー Officer
オーフィス Oreffice
オフィット Offit
オフィリ Ofili
オフィーリア Ophelia
オフィル
Offill
Ofir
Ophir
オフィールナ O'fearna
オブウェイヒ Ogbuehi
オフェイムン Ofeimun
オフェイロン
O'Faolain**
O'Faoláin*
オフェラス Ophellas
オフェリー Ophélie**
オフェーリア Ofelia*
オフェリア Ofelia
オフェリエ Ophélie
オフェール
Hopffer
Offer
オフェル Ofer*
オーフェルヴェーク
Overweg
オーフェルトワーテル
Overtwater
オフェルベーク
Overbeek
オーフェルベック
Overbeck
オーフェルベルグ
Overberg
オフェルマルス
Overmars*
オーフェルワーテル
Overwater
オフェローン
O'Faolain
オフェン Offen
オーフェンス Ovens
オフェンバック
Offenbach
オフォス Ofosu**
オフォスアジャレ
Ofosu-adjare
オブオチャ Obwocha
オーフォード Orford
オフォード Offord
オフォニウス Ofonius
オフォリ Ofori
オフォル Ó Foghlú
オブカイア Obookiah
オプカハイア
Opukahaiah
オプゲノールト
Opgenoorth*
オブザーヴァ
Observer
オプサール Opsahl
オブシ Obsieh
オフシアンニコフ
Ovsyannikov
オブシエ
Oboussier
Obsieh
オブシエ Obsieh
オブシェブー
Obsieh Bouh
オブシェワイス
Obsieh Waiss
オフシエンコ
Ovsienko
オフシャニコ
Ovsianiko
Ovsyaniko
オフシャーニコフ
Ovsyannikov
オフシャンニコフ
Ovsyannikov
オブショウスキー
Obuchowski
オブス Owusu
オプスヴィック
Opsvik
オプスタ Opstad
オプスタル Opstall
オプステルテン
Opstelten
オーブスト Obst
オブスト Obst
オブストフェルダー
Obstfelder
オブストフェルダー
Obstfelder
オブストフェルデル
Obstfelder
オブストフェルデル
Obstfelder
オブストフェルド
Obstfeld
オブズフェルド
Obsfeld
Obstfeld
オフセーエンコ
Ovseenko
オブセクゥエンス
Obsequēns
オプゾッペウス
Opsopäus
オプゾーメル
Opzoomer
オプダイク Opdyke**
オプタティアヌス
Optatianus
オフターディンゲン
Ofterdingen
オプタートゥス
Optatus
オプタトゥス Optatus
オプダム Opdam
オフチニコフ
Ovchinnikov***
オフチニコワ
Ovchinnikova*
オフチャロフ
Ovcharov
Ovtcharov**
オプチンスキー
Optinsky
オフチーンニコフ
Ovchinnikov
オフチンニコフ
Ovchinnikov**
オプティック Optic
オフテルフェルト
Ochtervelt
オフト Ooft*
オプトウ Opotow
オプトナー Optner
オフトホフ Osthoff
オフナー
Offner
Ofner
Ukhnaa
オプーナ Opeña
オプノ Hoppenot
オーフノイ Ookhnoi
オプノール
Oppenordt
オプノール
Oppenordt
オブノールスキー
Obnorskii
オブノルスキー
Obnorskii
オブノールスキィ
Obnorskii
オブーフ Obukh
オフベリィ Ohberg
オブーホヴァ
Obukhova
オーブホフ Obukhov
オブホフ
Oboukhoff
Obukhov*
オブホルツァー
Obholzer
オブホルツァー
Obholzer*
オブホーワ Obukhova
オブマシック
Obmascik*
オフマン
Ochman*
Offmann*
オフュールス Ophüls
オフュルス Ophüls*
オーフラ
Ofla
Ofra
オーブラー Aubrat
オフラ Ofra**
オブラー Obler*
オプラ Oprah**
オプラー
Opler
Oppler*
Oprah*
オフラアテイー
O'Flaherty
オブライアン
O'Brian***
O'Brien*
O'Bryan
オブライアント
O'Bryant
オーブライエン
O'Brien
オブライエン O'Brien
オブライエン
O'Brian*
Obrien
O'Brien***
オブライト Albright*
オブラエイン O'Brien
オブラク Oblak
オブラス Oblas
オブラスツォーヴァ
Obraztsova
オブラスツォヴァ
Obraztsova
オブラスツォバ
Obraztsova
オブラスツォーフ
Obraztsov
オブラスツォフ
Obraztsov*
オブラズツォーフ
Obraztsov
オブラズツォフ
Obraztsov
オブラスツォーワ
Obraztsova*
オブラスツォワ
Obraztsova*
オブラック Aubrac
オフラーティ
O'Flaherty
オブラードヴィチ
Obradović
オブラドヴィチ
Obradović
オブラドヴィッチ
Obradovic
オブラドヴッチ
Obradovic
オブラドビッチ
Obradović
オブラドール Obrador
オブラドル Obrador*
オフラナガン
O'Flanagan*
オーフラハティー
O'Flaherty
オフラハーティ
O'Flaherty
オフラハティ
O'Flaherty
オーブラン Aubrun
オーフリ Ofri
オーブリ
Aubrey*
Aubri
Aubry**
オーブリー
Aubree
Aubrey***
Aubry
Awbrey*
オフリ
Offray
Ofri
オブリ
Aubry***
Obry
オブリー Aubrey
オーブリィ Allbeuly
オーブリイ Aubrey
オーブリエール
Aubrière

オブリェンコルジネク Obuljen Koržinek
オーブリオ Aubriot
オブリスト Obrist*
オプリスト Obrist
オフリドスキ Ohridski
オブリャグルイ Ovliyaguly
オブリンガー Oblinger
オーフル Offel
オーブル
Houbre
Oubre
オブル Obure
オフルオグ Ohuruogu**
オブルスト Obrst
オフルソン Ohlsson
オーブルチェフ Obruchev
オブルーチェフ Obruchev
オブルチェフ Obruchev*
オブルーバ Obruba
オーブルファッハ Overgaac
オーフルマズド Ōhrmazd
オーフレ Auffray
オーブレ Aubrey
オーブレー
Aublet
Aubrey*
オフーレ Auffray
オフレ
Auffray
Auffret
オフレー
Auffray
Offray
オブレ Obure
オプレ Ople**
オプレア Oprea
オブレアス Obleas
オフレアティ
O'Flahertie
O'Flaherty*
オーブレイ
Alberic
Aubrey
Oubre
オーフレイム Overeem*
オーブレヴィーユ Aubréville
オーブレクト Obrecht
オブレゴーン Obregón
オブレゴン Obregón*
オブレジャ Obreja
オブレシュク Obrechc
オプレスク Oprescu
オブレスタ Obrestad
オプレスニク Opresnik
オフレデリクス O'Fredericks
オフレネオ Ofreneo
オブレノ Obreno
オブレーノヴィチ Obrenović
オブレノヴィチ Obrenović
オブレノビチ Obrenović
オブレノビッチ Obrenović
オーブレハト Obrecht
オブレハト Obrecht
オーブレヒト Obrecht
オブレヒト
Obrecht*
Obreht**
オプレヒト Obrecht
オフレフスキ Ochlewski
オブレロ Obrero
オフロソン Olofsson
オフロビスチン Okhlobystin
オブーロフ Obukhov
オフロプコヴ Okhlopkov
オフロープコフ Okhlopkov
オブロブスキー Obrowsky
オフロワ
Offray
Offroy
オープンショー Openshaw
オーブンデン Ovenden
オーベ Ove
オベ Ove*
オベー Obey
オーベア Aubert
オヘア
O'Hair*
O'Hare
オベイ Obey
オペイエン Opøien
オーヘイガン O'Hagan
オヘイガン O'Hagan**
オベイダト Obeidat*
オベイディ
Obaidi
Obeidi
オベイディッド Obedid
オベイド
Obaid**
Obayd
Obeid***
オベイドッラー Obeidollāh
オベイフォ Ogbeifo
オヘイリー O'Hailey
オペウォ Okpewho*
オペガード Oppegard
オベクサー Obexer
オベス Obeth
オーベスピーヌ Aubespine
オベーセーカラ Obeyesekere*
オベゾフ Ovezov
オヘーダ Ojeda*
オヘダ
Hojeda
Ojeda*
オベタ Oveta
オベダイア Obediah
オベーチキン Ovechkin
オベチキン Ovechkin*
オベツェビランプティ Obetsebi-lamptey
オベッセビ
Obestsebi
Obetsebi
オーペット Orpet
オベット
Hauvette
Ovett
オベッド Obed
オペティ Opeti
オーベド Obed
オベニッシュ Obeniche
オペラ Oprea
オーベライト Obereit
オベラート Overath*
オベラル
Obelar
Ovelar
オーベリ Åberg
オーベリー
Åberg
Aubery
オベリ
Öberg
Oeberg
オペリウス Opellius
オーベール
Auber
Aubert***
オーベル
Aubel
Auber
Aubert
オーペル Opel
オベール
Abert
Auber
Aubert***
オベル Obel
オペール Oppert
オーベルィ Åberg
オーベルヴィンクラー Oberwinkler
オーベルウェゲル Oberweger
オーベルカンプフ Oberkampf
オーベルク
Oberg
Oberge
オペルク Opherk
オーベルクフェル Obergfoll
オーベルゲ Oberge
オーベルシュトルツ Oberstolz
オーベルジュノア
Auberjonois
Auberjunois
オベルジョヌワ Auberjonois
オーベルジョノワ Auberjonois
オーベルソン Oberson
オベルタス Obertas
オーベルタン Aubertin
オペルティ
Operti
Opertti**
オーベルディーク Oberdieck*
オーベルデルスター Oberdörster
オーベルト Oberth*
オベルトーヌ Obertone
オベルトール Oberthor
オーベルドルフェル Oberdorfer
オーベルフェルト Oberfeld
オベルブルガー Oberburger
オーベルベーク Overbeek
オーベルベック Oberbeck
オベルホファー Oberhofer
オーベルホフナー Oberhoffner
オーベルマイアー Obermaier
オーベルマイヤー Obermayer
オーベルマン Oberman
オーベルヨハン Oberjohann
オベルラン Oberlin
オベルリ Oberli
オベルリン Oberlin
オーベルレンダー Oberländer
オーベルンドルファー Oberndorfer
オベレリオ Obelerio
オーベレンドルフ Oberendorff
オベロイ Oberoi*
オペロゲ Opeloge
オーベロン Auberon
オベロン Oberon
オーペン Orpen
オベン Oben
オーベンデン Ovenden
オーペンハイマー Oppenheimer
オーボー Aubeaux
オボァガード Overgaard
オボイ Oboi
オーボイル O'Boyle
オポーク Opoku
オポク Opoku
オポチェンスキー Opocensky
オホツィームスキー Okhotsimskii
オボテ Obote**
オボドム Obodom
オボニンドロナト Abanīndranāth
オボノエンゴノ Obono Engono
オホラ Aholah
オボラー Oboler
オポリヌス Oporinus
オホリバ Aholibah
オボーリン Oborin
オボリン Oborin
オポルカ Opolka
オポルツァー Oppolzer
オポルツアー Oppolzer
オボルドゥドゥ Oborududu
オーホルン Ohorn
オボレンスキー
Obolenski*
Obolenskii
オポローヴニコフ Opolovnikov
オーボワイエ Auboyer
オーボーン Oborne*
オボン Oh-bong
オポンフォス Oppong-fosu
オーマー
Homer
Omar
Oomah
Ormer
オマー
Omar**
Omer*
オマイ Omai
オーマグイ Omoigui
オマスワ Omaswa
オーマソン Aumasson
オマツ Omatsu
オマーティアン Omartian
オマトゥク Omatuku
オマニー Ommanney
オマネ Omane
オーマノ Oumano
オマハニー O'Mahony

オ

オマホニー
Omahoney
O'Mahony*
オマモ Omamo
オマユーン Homayoun
オーマラ O'Mara
オマーラ
Omara*
O'Mara
オマラ
Omara*
O'Mara*
オマランガ Omalanga
オマリ O'Malley
オマリー
O'Malley**
Omarī
O'Mary
オーマール Aumale
オーマル
Aumale
Ormel
オマール
Aumale
Omaar
Omar***
Omarr
Omer
オマル
Omar***
Omer*
Umar
'Umar
'Umār
オマルハノヴィチ
Omar-Khanovich
オーマルペー Omalpe
オマレイ O'Malley
オマーロヴィチ
Omárovich
オマーロッド
Ormerod
オマロフ Omarov
オマロワ Omarova
オーマン
Auman
Aumann*
Oermann
Ohman
Öhman
Oman*
Orman**
オマーン Oman*
オマン Osman*
オーマンディ
Ormandy**
オーマンディー
Ormandy
オマンド Omand
オーミ Ormi
オーミー Ohme
オミ Omi
オーミアラ O'Meara
オミシュル Omischl*
オミッド Omid*
オミディア Omidyar*
オミディアン Omidian
オミド Omid*
オミドハジ
Omid Haji*
オミナミ Ominami**
オミヨ Amiya
オーミラー Aumiller*
オミーラ O'Meara
オミラノフスカ
Omilanowska
オーミング Oeming
オミンスキー
Ominsky
オーム
Ohm*
Om
Oom
Orm
Orme
オム
Om**
Omu
Oum
Uhm*
オムー Omu
オムーア O'Moore
オムカー Omkar
オムカール Omkar
オムシュ Omoush
オムシン Ormsin
オームス
Ohms
Ooms*
オムス Homs
オムスキー Omskii
オームステッド
Olmstead*
Olmsted
オームスビー
Ormsbee
オームズビ Ormsby
オームズビー Ormsby
オムネク Omnec
オムネス
Omnes
Omnès
オムバーグ Omberg
オムペシ Ompeshi
オムベルヘン
Ombergen
オムラーム Omraam
オムラリエフ
Omuraliyev
オムーラン O'Mullane
オムラン Omran
オムリ
Ambri
Omri*
オムリー Omlie
オムルーズン
Omruuzun
オムルタグ Omurtag
オムルベク Omurbek
オームロッド
Ormerod**
オメ Homet
オメアラ O'Meara
オーメイメー
Omameh
オメガ Omega
オーメッド Ormerod
オメット Ometto
オメーラ O'Meara**
オメラエンコ
Omelayenko
オメリオ Omelio
オメリャン Omelyan
オメリヤンチク
Omeliantchik
オーメール Aumer
オメール
Omair
Omer
オメル
Omer*
Ömer**
オメルチュク
Omelchuk
オメーロ Homero
オメロ
Homero**
Omero*
オーメロッド
Ormerod*
オメン
Omenn
Ommen*
オ・メンリィ
O'Maonlai
オモー Ommo*
オモイル Omoile
オーモウニア
Aumonier
オモジョラ Omojola
オーモット Aamodt**
オモデーオ Omodeo
オモトショ Omotoso*
オモトバ Omotoba
オーモニア Aumonier
オモニアー Aumonier
オモフンドロ
Omohundro
オモボラ Omobola
オモル Homolle
オモルイ Omoruyi
オモロウ O'Morrow
オーモン
Aumonnt
Aumont***
Haumont*
オモン Omont
オモンテ Omonte
オーモンド
Ormond**
Ormonde
オモンド Omond*
オーモンドロイド
Ormondroyd
オヤ Oja*
オヤイ Oyai
オヤカワ Oyakawa
オヤデジ Oyedeji
オヤラ Ojala
オヤルサバル
Oyarsabal
Oyarzabal
オヤンカ Oyanka
オーヤング O'Young
オヤングーレン
Oyanguren
オヤングレン
Oyanguren
オヤンペレ Ojanperä
オユビ Oyoubi
オユーブ Oyub
オユランド Ojuland
オユリヒス Ulchis
オユル O.Yul
オユーンエルデネ
Oyunerdene
オユンホロル
Oyunhorol
オヨエブル Oyoebule
オヨエブレ Oyo Ebule
オヨス Hoyos*
オヨノ Oyono**
オヨノニュトゥム
Oyono Nyutumu
オヨーン
Oyun
Oyuun
オヨン Ojuun
オヨーンゲレル
Oyungerel
オヨーンバータル
Oyunbaatar
オーラ
Aura
Ola**
Ora*
Orla
オーラー Ohler*
オラ
Ola**
Olah
Ora**
Orah
Ullâh
オラー
Olah**
Oláh*
Oller
オライア Oriah
オライアン
Olayan*
O'Ryan
オライオン Orion
オライソラ Olaizola*
オライッチ Oraić
オライノコフ
Oleinokov
オライブ Oraib
オーライリ O'Reilly
オーライリー O'Reilly
オライリ O'Reilly*
オライリー O'Reilly**
オーライン Oualline
オライン Allyne
オーラヴ
Olaf
Olav*
オラヴ
Olav
Olave
オラヴィ Olavi*
オーラヴィゲン
Ola Vigen
オラヴィスト Oravisto
オラウェール Olawale
オラーヴォ Olavo*
オラーヴス Olaus
オラウス Olaus
オラウソン Olausson*
オラウダ Olaudah
オラエド Orayed
オラオルワ Olaoluwa
オーラグ Olaug
オラクリン
O'Loughlin
オラサバル
Olazabal*
Olazábal*
オラシー Oracy
オラジ Orazi
オラシオ Horacio**
オラジオ Orazio
オラージュ Orage
オラジュワン
Olajuwon*
オラース Horace
オラス
Horace
Oraz
オラズ Oraz
オラスィオ Horacio
オラズグルイエフ
Orazguliyev
オラズゲリドイ
Orazgeldy
オラズゲルディエフ
Orazgeldiev
オラズゲルドイ
Orazgeldy
オラズバコフ
Orazbakov
オラズベルディ
Orazberdy
オラズムイラト
Orazmyrat
オラズムイラドフ
Orazmyradov
オラズムラト
Orazmurat
オラスンカンミ
Olasunkanmi
オラソフ Olasov
オラゾフ Orazov
オラタンジ Olatunji
オラチオ Orazio
オラツ Olaz
オラーツィオ
Orazio**
オラツィオ Orazio**
オラッツィオ Orazio*
オラディポ Oladipo
オーラーディポウ

オ

Oladipo
オラトイ Olatoye
オラトラ Ortola
オラニエ
Aulagnier
Oranje
オラニット Oranit
オラーヌ Orane
オラーノ
Olano
Orano
オラノー Olanow
オラバエ Olavae
オラハリー
Ó Raghallaigh
オーラハン Oulahan
オラービー 'Urābī
オラビ Orabi
オラビーデ Olavide
オラビデ Olavide
オラヒリー O'Rahilly
オーラフ
Olaf**
Olav
Oluf
オーラブ Olaf
オラーフ
Olaf*
Olav
オラフ
Olaf***
Ólafur
Olav**
Olof
オラファー
Olafur*
Ólafur
オラーフス Olahus
オラフスソン Olafsson
オラフスドッティル
Ólafsdóttir
オラフセン Olafsen
オーラフソン Ólafsson
オラフソン
Olafsson*
Ólafsson
オラフリン
O'Laughlin
O'Loughlin
オラフル
Olafur**
Oraful
オラブン Olaboun
オラベリア Olaberria
オラベリアドロンソロ
Olaberria
Dorronsoro
オラボ Olavo
オラマス Oramas
オーラム Oram
オラム Oram**
オラムス Orams*
オラメイ O'Ramey
オーラメル Orramel
オラメル Orramel
オラモ Oramo*
オラヤ Olaya
オラヤグティエレス
Olaya Gutierrez
オラヤン Olayan
オラリー Oralee
オラリア
Olalia
Oralia
オラーリン
O'Laughlin
オーラール Aulard
オーラル
Aulard
Oral
オラール
Aulard
Oral*
オラル
Olaru*
Oral
オラルー Olaru
オラワリー Olawale
オーラン
Olan
Omran
Oran
オラーン Ulaan
オラン
Olan
Olin
Oran*
オランゲナ Olanguena
オランゲナアウォノ
Olanguenaawono
オランゴア Urangua
オランジ Olatunji
オーランシュ
Aurenche
オランシュ Aurenche
オランジュ Orange
オーランズ Orlans
オーランダ Orlanda
オーランダー Olander
オランダ Holanda
オランダー Olander
オランツィオ Orazio
オーランディ Orlandi
オランディ Orlandi
オランテス Orantes
オランデール
Hollander
Olender*
オーラント Olandt
オーランド
Aurand
Oland
Orland
Orlando***
オーランドー
Orlando*
オランド
Hollande*
Orlando
オランドー Orlando
オーランドウ Orlando
オーランヌ Hauranne
オランヌ Hauranne
オランパ Olympa
オランピア Olympia*
オランプ Olympe
オーリ
Aury
Ori
オーリー
Aury
Horry*
Ohly
Ollie*
Orie
Orley
Orrey
Orri*
Ory
Oury
オリ
Aury
Oli*
Olli*
Ollie*
Ori**
オリー
Olley
Ollie**
Olly
Olry
O'Ree
Orie
Orry
Ory*
オーリア Oriah*
オリア Oria
オーリアク Auriac
オーリアコンブ
Auriacombe
オリアコンブ
Auriacombe
オリアーナ Oriana***
オリアーニ Oriani
オリアリ O'Leary
オリアリー O'Leary*
オリアリィ O'Leary
オリアロロ Oglialoro
オーリアン Orlean**
オーリアンズ Orleans
オリアンズ Orians
オリアンスキー
Oliansky
オリアンティ Orianthi
オーリアンティス
Aurientis
オリアンティス
Aurientis
オーリィ Orrey
オーリイ Aury
オリィヴェクローナ
Olivecrona
オリィエ Oller
オーリウ Hauriou*
オリーヴ Olive*
オリウ Oliu
オリヴ Olive
オリーヴァ Oliva
オリヴァ
Oliva*
Oliver
オリヴァー Oliver**
オリヴァストロ
Olivastro
オリヴァドーティ
Olivadoti
オリヴァーリ Olivari
オリヴァル Oliver
オリヴァン Olivaint
オリヴァント Ollivant
オリヴァンヌ
Olivennes
オリーヴィ Olivi
オリウィ Olivi
オリヴィ Olivi
オリヴィア
Olivea
Olivia*
Olivier
オリヴィアー Olivier
オリヴィエ
Oliver**
Olivie
Olivier***
Ollivier**
Orivie
オリヴィエーリ
Olivieri
オリヴィエリ Olivieri
オリヴィエル Olivieri
オリヴィエーロ
Oliviero*
オリヴィエロ Oliviero
オリーヴェ Olive
オリヴェ Oliver
オリヴェイラ
Oliveira***
オリーヴェクローナ
Olivecrona
オリヴェクローナ
Olivecrona
オリヴェジ Olivesi
オリヴェターヌス
Olivétan
オリウェタン Olivétan
オリヴェタン Olivétan
オリヴェット Olivet
オリウエラ Orihuela
オリヴェラ Olivera
オリヴェリ Oliveri
オリヴェリオ
Oliverio*
オリヴェル Oliver*
オリヴェーロ
Olivero**
オリヴェロス
Oliveros*
オリヴェン Oliven
オリヴェンシア
Olivencia
オリヴェンシュタイン
Olievenstein*
Oliwenstein
オーリエ Aurier
オリエ
Hollier
Olier
Ollé
Ollier*
オリエッタ Orietta
オーリエル Auriel
オリエール Ollier
オリエル Ollier*
オリエント Orient
オリオ Orio*
オリオーダン
O'Riordan**
オリオードン
O'Riordan*
オリオーネ Orione
オリオリ Orioli
オリオリー Orioli
オーリオール Auriol
オーリオル Auriol
オリオール
Auriol*
Oriol*
オリオル
Auriol
Oriol
オリオン Ōriōn
オーリガ Ol'ga
オリガ
Olga***
Ol'ga**
Oliga**
Origa*
オリガー Oliger
オリガス Origas*
オリーガン O'Regan
オーリゲネース
Ōrigenēs
オリゲネス
Origenes
Ōrigenēs
Ōrigēnes
オリゲルド Ol'gerd
オリーゴ Origo
オリコ Orrico*
オーリコフスキー
Orlikowski
オリサデベ Olisadebe
オリザレンコ
Olizarenko
オリジ Origi
オリシヴァング
Olshvang
Ol'shvang
オリシエ Olicier
オリージェネス
Olígenes
オリジェネス
Origenes*
Orígenes
オーリシオ Aulisio
オリス Orris
オリスタグリオ
Oristaglio
オリセ Orise
オリセー Oliseh*
オリソン Orison*
オリゾン Orison
オリータ Oleta
オリタ Aurita
オリチニー Olichney
オリツィオ Orizio*
オリツカ Olitzka
オリツキー Olitski

オ

オーリック
Auric*
Orlick*
Orlik
オーリッグ Ohlig*
オリック Auric
オリッジ Orridge
オリット Orit*
オリト Orit
オリトールセン
Ole Thorsen
オリーニク Oliinyk
オリニク
Olijnik
Olynyk
オリーバ Oliva
オリーバー Oliver
オリハ Olha
オリバ
Oliba
Oliva*
Oliver
オリバー
Olivar
Oliver***
Olivier
オリバア Oliver
オリバシオス
Oreibasios
オリバドーティ
Olivadoti
オリバル Oliver
オリバーレス Olivares
オリバレス Olivares**
オリビーア Olivier
オリビア
Olivia***
Olivier
オリビウ Oliviu
オリビエ
Olivé
Oliver
Olivier***
Ollivier*
オリビエリ Olivieri*
オリビエール Olivierre
オリビエーロ Oliviero
オリビエロ Oliviero*
オリビオ Olívio
オリーブ
Olive***
Olivé
オリブ
Olive
Olivia
オリファント
Oliphant**
Olyphant
オリフェ Olliffe
オリフェルヌ Oliferne
オリブリウス Olybrius
オリブレイ Olibrei
オリーベ Oribe
オリベ
Oliber
Oribe
オリベイア Oliveira
オリベイラ
Oliveira***
Oliveria
オリペイラ Oliveira
オリーベクローナ
Olivecrona
オリベクローナ
Olivecrona
オリベッティ Olivetti*
オリベーラ Olivera
オリベラ Olivera*
オリベラボロプ
Oliveraboropu
オリベリオ Oliverio
オリベル Oliver
オリベロス Oliveros**
オリベンシア
Olivencia
オリベンシュタイン
Olievenstein
オリボ Olivo
オリホーヴイ Orekhov
オリボバ Olivová
オリポフ Oripov
オリマンス Oliemans
オリミンスキー
Oliminskii
オリミーンスキィ
Oliminskii
オリモフ Olimov
オーリーヤー Auliyā
オリヤヘイル Oryakhil
オリャーリン Olyalin
オリヤルス Olijars
オーリュー Hauriou
オリユー Orieux*
オリューニン Olyunin
オリュブリウス
Olybrius
オリュンピアス
Olympias
オリュンピウス
Olympius
オリュンピオドーロス
Olympiodōros
オリュンピオドロス
Olumpiodōros
Olympiodoros
Olympiodōros
Olympiodorus
オリュンプ Olympe
オリュンポス
Olumpos
オリヨーシャ Olesha
オリョニナ Olyunina
オリョン
O Young
O-young*
オリラ Ollila
オリーリ O'Leary
オリーリー O'Leary
オーリリア Aurilia
オリーリア Aurilia
オーリリアス
Aurelius*
オーリン
Allin
Allyn
Årlin
Aulin
Ohlin
Olin*
Orin*
Orlin
Orrin**
オリーン Ohlin
オリン
Olin**
Oline*
Orin*
Orrin*
オーリンガー
Aulinger
Ohlinger
Oringer
オリンカ Olinka
オリンガー Olinger
オーリンジャー
Ollinger
オリンジャー
Orringer*
オーリンジョン
Olimjon
オーリンズ Orleans
オリンズ Olins
オーリーンスキー
Orleansky
オーリンスキー
Orlinski
Orlinsky
オーリンソン
Awlinson
オリント Olinto
オリンド Olindo
オリンバ Olimba
オリンバエフ
Orynbayev
オリンピア
Olimpia
Olympia**
オリンピアス
Olympias
オリンピアダ
Olimpiada*
オリンピアド
Olimpiad*
オリンピオ Olympio
オリンピオストック
Olimpio Stock
オリンピョ Olimpio
オール
Aall
Ole
Or
Orr**
Wall*
オル
Honoré
Olau
Olu*
Or
Orou
Orr*
Oru
オルー
Orou
Orr*
オールアンド Alland
オルイェミ Oluyemi
オルイーグ Hollingue
オルヴ Olve
オルヴァー Olver*
オルヴァル Orvar
オルウィーヴァー
Orr-Weaver
オルヴィエート
Orvieto
オルヴィス Olvis
オルヴィルール
Horvilleur
オールウィン Allwine
オルウィン Alwyn
オールウェイン
Oelwein
オルヴェウス Olweus
オルウェーズ Olweus
オルウェン Olwen*
オルウォフスキ
Orlowski
オルヴォラ Orvola
オールウド Allwood
オルカ Oruka
オルガ
Olga***
Ol'ga
Orga
オルガー Holger
オルカシタス
Horcasitas
オルカス Oskar
オルガス Orgas
オルカット
Alcott
Olcott
オルガッド Orgad*
オルガド Orgard
オルガナ Orghina
オルカーニャ Orcagna
オルガネス Organès
オルガルト Olgart
オルカン Orkhan
オルガンチノ
Organtino
オルガンティーノ
Organtino
オルガンティノ
Organtino
オルギヴァンナ
Olgivanna
オルギェルト Olgierd
オルギエルド
Ol'gerd
Olgierd
オルギュスタン
Augustin
オルキン Olkin
オルギン
Holguín
Olgin
Ol'gin
オルギンスキー
Orginskii
オルーク O'Rourke**
オールグッド Allgood
オルグッド Allgood
オルグネル Olguner
オルグバイル Olugbile
オルグレン Algren**
オールクロフト
Allcroft*
オルクン Orkun
オルケシ Wuerkaixi
オルゲニ Orgeni
オルゲール Orgel
オルゲルト
Olgert
Ol'gert
オールケン Alken
オールコック
Alcock*
Allcock
オルコック Alcock*
オールコット Alcott*
オルコット
Alcott**
Alcotto
Olcott**
オルゴドル Orgodolyn
オルコフスキ
Olkowski
オールコーン Alcorn
オルサー
Alther
Ölçer
オルサク Orsak
オールザック Oorzhak
オルサッグ Orsag
オールサッチ Allsuch
オルサティ Orsati
オルサト Orsat
オールサム Altham
オルシ Orsi*
オルシー
Orczy
Orsy
オルジ Orji
オルシェ Orsier
オルシエ Orsier
オルシェイ Olshey
オルジェイ Öljei
オルシェイカー
Olshaker
オルジェイト Öljeitü
オルシェウスキ
Olszewski
オルジェフ Orudzhov
オルシェフスカ
Olszewska
オルシェフスキ
Olszewski***
オルシェフスキー
Olszewski
オルシシオス
Horsi-isi
Orsiésios
Orsísios
オルシッポス
Orsippos

オ

オルシーニ Orsini*
オルシニ Orsini
オルジフ Oldřich
オルシャ Olša
オルシャー Orsher
オルジャイ Olcay*
オルジャイトゥー
Oljaitu
Uljāitū
オルシャーク
Olschak
Olshak*
オルシャーグ Ország h
オルジャス
Olzhas
Ólzhas
オルジャティ Olgiati
オルシャン Olshan*
オルシャンスキー
Olshansky*
Orshanski
オルシュレーガー
Oelschläger
オルジョイ Orujov
オルジョニキーゼ
Ordzhonikidze
オルジョニキゼ
Orzhonikidze
オルジョニキッゼ
Ordzhonikidze
オルジョフ Orujov
オルション Alshon
オルジラ Oljira
オルシロ Orsillo
オルジーン
Ordin
Ordyn
オルジン Ordyn
オルジンミ Olujinmi
オールズ Olds*
オルス Ors
オルズ Olds
オルズカー Olesker*
オルスキー Olski
オルスキン Erskine
オルスダー Olsder
オルスッチ Orsucci
オルスティンスキー
Olsztynski
オルステッド Orsted*
オルステビス Alstevis
オールストレム
Åhlström
オールストローム
Ahlstrom
Åhlström
オールストン
Allston**
Alston*
オルストン Alston*
オルスナー Oelsner
オルスハウゼン
Olshausen*
オールスバーグ
Allsburg*
オールズバーグ
Allsburg**
オルスブ Olsbu
オルスーフィエワ
Olsuf'eva
オールスブルック
Allsebrook
オルズベック
Orzubek*
オルスポー Allspaw
オルスモンド
Orsmond
オールスン Olsen**
オルスン
Olson*
Orson
オルセオーロ Orseolo
オルセオロ Orseolo
オルセグン
Olusegun**
オルゼシコヴァ
Orzeszkowa
オルゼシュコ
Orzeszkowa
オルゼシュコヴァ
Orzeszkowa
オルゼスズコ
Orzeszkowa
オルゼック Orzeck
オルセナ Orsenna*
オルセニウス Olsenius
オルセフスキ
Olszewski
オルセル Orsel
オールセン
Ohlsen
Olsen**
オールゼン Ohlsen
オルセン
Olesen
Olsen***
Olshan*
Olssen
オルゼン Olsen
オルセンナ Orsenna
オールソー
Aurousseau
オルソ Orso
オルソー Aurousseau
オールソップ
Allsop
Allsopp*
Alsop*
オルソップ
Allsop*
Allsopp
Alsop**
オルソラ
Olusola
Orsola*
Ursula
オールソン
Ohlson
Ohlsson**
Olson
オルソン
Allson
Ohlson*
Ohlsson*
Olsen
Olson***
Olsson***
オールター Alter**
オールダー
Alder
Older
オルタ
Alter
Horta**
Orta*
オルター
Alter**
Olter*
Walter
オルダ Orda
オルタイ Ortai
オルダイク Ordeig
オールタイザー Altizer
オルタイル Ortheil
オルタク Ortag
オルタゴラス
Orthagoras
オールダシー Aldersey
オルダージー Aldersey
オルダシ Olldashi
オールダーショー
Oldershaw
オールダス Aldous*
オルダース Ordás
オルダス
Aldous**
Ordás
Ordass
Ordaz*
オルダースハウゼン
Oldershausen
オールダスン
Alderson
オルダースン
Alderson
オールダソン
Alderson
オルダーソン
Alderson*
オール・ダーティ
Ol'Dirty
オール・ダーティー
Ol'Dirty
オールダトン
Alderton
オルダートン
Alderton*
オールダマン
Olderman
オルダーマン
Alderman*
オールダム Oldham*
オルダム Oldham
オルタル Walter
オルタロ Ortalo*
オルタンス
Holtense
Hortense
Hortensius
オルチ Orci
オルチー Orczy
オルチイ Orczy
オルチイー Orczy
オルチス Ortiz
オールチン Allchin*
オルチン Allchin
オルツ Orts
オルツィ Orczy*
オルツィー Orczy
オルツイ Orczy*
オルツェヴスカ
Olczewska
オルツェウスキー
Olszewski
オルツェフスカ
Olczewska
オルテ Ortet
オルデー Holder*
オルディ Olde
オルティカ Ortica
オルティガ Ortega
オルティガウン
Ortigão
オルティガォン
Ortigão
オルティーガス
Ortigas
オルティガン
Ortigao
Ortigão
Ortigão
オルティグ Ortigues
オールディス
Aldiss***
Alldis
Oldys
オルティース Ortiz
オルティーズ Ortiz*
オルティス
Oritiz
Ortiz***
Ortíz
Ortìz
オルティズ Ortiz
オールティック Altick
オルディニ Ordini
オルディネ Ordine
オルディネール
Ordinaire*
オールディン Alden
オルディーン
Aldene
Ordyn
オールディング Olding
オールディングトン
Aldington
オールディントン
Aldington**
オルディントン
Aldington
オルテーガ Ortega
オルテガ
Artega
Ortega***
オルデガール Oldegar
オルテゴ Ortego
オルテス
Ortes
Ortez
オルテーゼ Ortese**
オルデネビッツ
Ordenewitz
オルデヘフト
Oldehoeft
オルデミーロ
Oldemiro
オルデラッフォ
Ordelaffo
オルテリウス
Ortelius*
オルデリークス
Orderic
オルデリクス Orderic
オルデリック Orderic
オールデン
Alden**
Olden
オルテン
Alten**
Olten
オルデン
Alden***
Oldden
Olden*
オールデンカンプ
Aldenkamp
オルテンシオ
Hortensio
オルテンセ Hortense
オルデンドルフ
Oldendorf
オルデンドルプ
Oldendorp
オルデンバーガー
Oldenburger
オルデンバーグ
Oldenburg**
オルデンバルネヴェルト
Oldenbarnevelt
オルデンバルネフェルト
Oldenbarnevelt
オルテンブルク
Oldenburg
オルデンブルク
Oldenberg
Oldenbourg
Oldenburg*
オルデンブルグ
Oldenbourg
Oldenburg
オルデンベルク
Oldenberg*
Oldenbourg
オルデンベルグ
Oldenbourg
オルデンベルヒ
Oldenberg
オルデンボルフ
Oldenborgh
オールト
Ault*
Oort*
オールド
Auld**
Old*
Olde
Ould
オルト
Alt

オ

Ault
Holt
Ort
Orth**
Orto*
オルド Orde
オルドイーニ Oldoini
オルトゥー Ortuno
オルトヴィーン
Ortwin
オルトヴィン Ortwin
オルドゥィン Ordyn
オルドゥイン Ordyn
オルドウェイ Ordway
オルトゥスキ Oltuski
オルトゥタイ
Ortutay*
オルドゥーニァ
Orduña
オルドゥーニャ
Orduña
オールドカースル
Oldcastle
オールドカスル
Oldcastle
オールドカッスル
Oldcastle
オールトカーム
Altkorn
オルドクロフト
Aldcroft
オールトゲルド
Altgeld
オルトケンパー
Ortkemper
オールトシェラー
Altsheler
オルドジッフ Oldrich
オルドジヒ Oldřich
オルドジフ
Oldrich*
Oldřich*
オルトス Oltos
オールドストーン
Oldstone
オルトナー Ortner
オルドニ Ordeni
オルドーニェス
Ordoñez
Ordóñez
オルドニェス
Ordonez
Ordoñez
Ordóñez*
Ordónñez
オールドニデ Oirdnide
オルドニュス Ordóñez
オルドニョ Ordoño
オルドネス
Ordonez**
Ordoñez
Ordóñez
オルトネーダ
Ortoneda
オルドノヴナ
Ordonówna
オルトハイル
Ortheil**
オルドハウス
Aldhouse
オルドバス Ordovás
オールドハム Oldham
オールドビー Aldouby
オルトフー
Hortefeux*
オールドファーザー
Oldfather
オールドフィールド
Oldfield**
オルトヘアー Altherr
オルトベリ Altobelli
オールドヘルム
Aldhelm
オルドマイヤー
Oldmeyer
オールトマン
Altman*
Aultman
オールドマン
Oldman**
オルトマン
Altman
Aultman
Oltmans
Ortman
Ortmann
オルドマン
Oldman
Ordman
オルトマンス Oltmans
オルトマンズ Oltmans
オールドメドー
Oldmeadow
オルトラー Ortler
オルトラーナ
Ortolana
オルトラーニ
Ortolani*
オルトラーノ
Ortolano
オルトラン Ortolan
オールドランド
Oldland*
オルトリ Ortoli**
オールドリチ Aldrich
オルドリチ Aldrich
オルドリック Aldrick
オールドリッジ
Aldridge**
Alldredge
オルドリッジ
Aldridge***
Oldridge
オールドリッチ
Aldrich**
オルドリッチ
Aldrich**
Oldrich
オールドリッド Oldrid
オルドリッヒ Oldrich
オルトリーブ Ortlieb*
オールドリン Aldrin
オルドリン Aldrin**
オルトリンガム
Altringham*
オルドリング Oldring
オルトレップ Ortleb
オルトレーブ Ortleb
オルトレプ Ortleb
オールドレン Aldren
オールトン
Alton*
Oulton
オルトン
Alton
Orton
オルドン Aldon
オルナ
Horna
Orna*
オルナギ Ornaghi
オルナット Allnutt
オルナーノ Ornano
オルニ Olney
オルニー Olney*
オルニィ Olney
オルニイ Oluniyi
オルニェス
Ordoñez
Ordónez
オルニッツ Ornitz
オルニトパルクス
Ornitoparchus
オルニョニキーゼ
Ordzhonikidze
オルネオーレ Orneore
オールネス Allness
オルネス
Aurness
Olness
Ornäs
オルネック Olnek
オルネッラ Ornella*
オルネラ
Ornell
Ornella**
オルネラス Ornellas
オールノワ Aulnoy
オールバー Albaugh
オルハ Olha*
オルバイ Orbay
オールバーグ Ohlberg
オルバース Olbers
オルバック Holbach
オールバット Allbutt
オルバーディング
Olberding
オールバニー Albany
オルバネハ Orbaneja
オルバノ Albano
オルバフ Orbach
オルハム Orhan
オールバラ
Alborough*
オールバリー Albery*
オルバリー Albury
オールバン Alban
オルハン
Orhan**
Orkhan
オルバーン
Orban
Orbán
オルバン
Orban*
Orbán*
オールバンズ Albans
オールビー Albee***
オルビー
Albee
Olby
オルビアナ Orbiana
オルビナス Orpinas
オルビニ Orbigny
オルビニアス Orpinas
オルビーニャス
Orpinas
オールビューリー
Allbeuly
オールビュリー
Allbeuly
Allbeury
オルビリウス Orbilius
オルビン Olpin
オールフ Oluf
オルーフ Olof
オルフ
Olff
Olof
Oluf
Orff*
オルファ Olfa
オルファース Olfers*
オルファデ Olufade
オルファート Olfert
オルファニディス
Orfanidis
オルファネール
Orfanel
オルファネル Orfanel
オルファノトロフォス
Orphanotrophos
オルファーリ Orfali
オルフィー Orphie
オルフィーラ Orfila*
オルフィラ Orfila
オルフェー Orphée
オルフェウス
Orpheus*
オルフェオ Orfeo
オルフェノフ Orfenov
オルフェルト Olfert
オールフォード Alford
オルフォード
Alford
Olford
オルブソラ Olubusola
オールブライト
Albright**
Allbright
オルブライト
Albright***
オルブライトン
Albrighton
オルブラハト Olbracht
オルブラフト
Albert
Olbracht*
オルブリスキ
Olbrychski
オルブリッチ Olbrich*
オールブリットン
Allbritton
オルブリッヒ Olbrich
オールブリトン
Allbritton
オルブリヒ Olbrich
オルブリヒト
Olbricht*
オルブリフスキ
Olbrychski
オルブリフスキー
Olbrychski
オルフレイ Allfrey
オルブロウ Albrow*
オルベ Orbais
オルベイ Orbay
オールヘイム Orheim
オルベウス Olweus
オルペウス Orpheus
オルベゴソ Orbegoso
オールベック Albeck
オルベック Allbeck
オルベベ Orubebe
オールベリー Albery
オルベリ Orbeli
オルベリアン Orbelian
オルベルク Olberg
オルベルス Olbers
オルベルツ Olbertz
オルベンガ
Olugbenga
オルベーンズ Orbanes
オルポ Orpo
オールポート Allport*
オルホート Olfert
オルポート Allport*
オルホフ Allhoff*
オルボラデ Olubolade
オルポルト Allport
オルホン Orkhon
オルボン Orbón
オールマー Ohlmer
オルマー Olimer
オルマエチェア
Ormaechea
オールマック Almack
オールマン
Alleman
Allman**
Alman
Oermann
オルマン Olman
オルマンディ
Ormandy
オルマンディー
Ormandy
オルーミ Oloomi
オルミ Olmi**
オルミガ Hormiga
オルミゴ Hormigo

オ

オルミズド Ormizd
オルム Olm
オルームーガビュッテン
Auroomooga
Putten
オルムグレン Almgren
オルムス Oremus
オルムステッド
Olmstead*
Olmsted*
オルムステド Olmsted
オルムズド Ormizd
オルムストゥンガ
Ormstunga
オルムスベイ Ormsby
オルムツソン
Ormesson
オルムベクゾダ
Orumbekzoda
オルムリッド Holmlid
オルメ Heaulme
オルメス Holmès
オルメード Olmedo*
オルメド Olmedo*
オルメルト Olmert*
オルメロッド
Ormerod*
オルモ Olmo
オルモス Olmos**
オルモデ Olumide
オルモント Ormont
オルモンド Ormond
オルヤーン 'Uryān
オルラ
Ola
Orla
オルライ Orley
オールライト
Allwright
オルランディ Orlandi
オルランディーニ
Orlandini
オルランド
Orland
Orlando***
オルランドゥス
Orlandus
オルランドーニ
Orlandoni
オールリ O'Reilly
オルリ Orley
オルリアック Orliac*
オルリク
Olrik
Orlik
オルリス Olris
オルリック
Olrik*
Orlic
Orlik
オルリッチ Olrich
オルリッツ Orlicz
オルリンスカ Orlińska
オルリンスキ Orliński
オルル Orrù
オルルク O'Rurk
オルルド Olerud*
オルレアン
Orléan*
Orléans
オルレイ Orley
オルレヴ Orlev
オールレッド Allred
オルレッド Allred
オルレブ Orlev**
オルレンドルフ
Ollendorff
オルロヴ Orlov
オルロヴァ Orlova
オルロヴェツ Orlovets
オルロウスカ
Orlowska
オルロバクス Orlovacz
オルローフ Orlov
オルロフ
Orloff**
Orlov***
オルロフスキー
Orlovsky
オルロワ Orlova
オルワ Orwa
オルワイラー Olwyler
オールワイン Allwyn
オルワン Alwang
オルワント Orwant
オルン Orhun
オルンガ Olunga
オルンシテイン
Ornstein
オルンシュタイン
Ornstein
オルンスタイン
Ornstein
オルンステッド
Ornstedt
オールンド
Ahlund
Ohlund
オーレ
Aure*
Ole***
Olle**
オレ
Ole*
Oleh
Olle*
Ollé
Ore
Oré
オレー
Olley
Oré
オレアリ O'Leary*
オレアリー O'Leary*
オレアーリウス
Olearius
オレアリウス Olearius
オーレイ
Awrey
Orley
オレイ Orey*
オレイジ Oreiji
オーレイドン
Oleydong*
オレイニア Orania
オレイニーク Oleinik
オレイニク
Oleinic
Oleinik
Oleynik
Oleynyk*
Oliynyk
オレイニコフ
Oleinikov
Oleynikov
オレイニチャク
Olejniczak**
オレイバシオス
Oreibasios
オレイビ Oraybi
オレイユ Oreiller
オレイリー O'Reilly**
オレイン Euren
オレーヴ Olave
オレヴ Olev
オレヴィアーヌス
Olevianus
オレヴィアヌス
Olevianus
オレエイリ O'Reilly
オーレオー Hauréau
オレカス Olekas
オレガリオ Olegario
オレーガン O'Regan
オレーク Oleg
オレーグ
Oleg**
Olég
オレク Oleg
オレグ Oleg***
オレクサンダー
Oleksandr
オレクサンドラ
Oleksandra
オレクサンドル
Alexander
Oleksander
Oleksandr**
Oleksandra
Olexander
Olexandr
オレクシ Oleksy**
オレクシー
Oleksii
Oleksiy*
Oleksy*
オレクシアク
Oleksiak*
オレクスィ Oleksy
オレクノ Oleckno
オレクリスティアン
Ole Kristian
オレゴ Orrego
オレゴヴィチ
Olegovich
オレゴヴナ Olegovna
オレージ Orage
オレシ
Oles
Olesi
Oresi
オレシア Olesya
オレシキン Oreshkin
オーレシック Oresick
オレシニツキ
Oleśnicki
オレーシャ Olesha*
オレシャ Olesya
オレジャーナ Orellana
オレジャナ Orellana
オレシャルスキ
Oresharski*
オレシュコヴィッチ
Orešković*
オレシュコビッチ
Orešković
オーレジョ Aureggio
オレスカニン
Oreščanin
オレスケス Oreskes
オレスケル Olesker
オレステ Oreste**
オレスティーズ
Orestes
オレスティス Orestis
オレステス
Orestes**
Orestēs
オレスト
Orest**
Oresta
オレスミウス Oresme
オーレスン Olesen
オレセック Oleszek
オレセン Olesen
オレゾン Oraison
オレチ Olech
オレチョウク
Oleshchuk
オレッキア Orecchia
オレッグ Oleg
オレッサバサン
Olezza Bazan
オーレッタ
Auletta**
Auretta
オレッツィア Orecchia
オーレット Aulet
オレッリ Orelli**
オレーナ Olena**
オレナ Olena
オレーニア Orania
オレニウク Oleniuc
オレニク Oleinik
オレニナ Olenina
オレハ Oreja*
オレビアヌス
Olevianus
オレピッチ Orepić
オレヒョフスキー
Olechowski
オレフ Oleh
オレブ Oreb*
オレフィチェ Orefice
オーレベーク
Oorebeek
オレホフスキ
Olechowski*
オレホワ Orekhova
オレホン Orejón
オーレマン Ohlemann
オレマンス Oremans
オレーム Oresme
オレム
Orem
Oresme
オレラーノ Orellano
オーレリ Aurélie*
オーレリー
Aurélie
O'Relly
オレーリー Aurélie
オレリ
Aurelie
Orelli
オレリー
Aurelie
Aurélie*
Orelli
Orrery
オーレリア
Aurelia
Aurélia
オレリア
Aurelia
Aurélia
オーレリアン
Aurélien*
オレリアン Aurélien
オレリアンサンプリス
Aurélien Simplice
オーレリウス
Aurelius*
オーレリオ Aurelio
オレリオ Orelio
オレリャーナ Orellana
オレリャナ Orellana
オーレール Aurèle
オーレル
Aurel**
Auréle
Aurèle**
Aurelle
Orel*
O'rell
Orrell
オレール Aurèle
オレル
Auréle
Orel
O'rell
Orrell
オレロ Orello
オレロン Oléron
オーレーン Ōlēn
オーレン
Auren
Olen
Oren**
オレン
Olen**
Oren
オレングハンコイ
Olenghankoy
オーレンゲ Alänge
オレンゴ Orengo
オレンサン Orensanz
オレンジ Orange**

オレンシュタイン
Orenstein*
オレンスタイン
Orenstein
Orestein
オレンスティーン
Orenstein
オレンダー Olender
オレンタール
Orenthal
オレンチャック
Olenchak
オレンテ Orrente
オレンディック
Ollendick
オーレンドルフ
Ohlendorf
オレンドルフ
Orendorff
オレンハウアー
Ollenhauer
オレンベ Olenbe
オーロ Aarø
オロ Olo*
オロー
Holleaux
Horeau
オーロイ Aaroy
オロヴィッツ Horouitz
オロヴェイラ Oliveira
オローク
O'Rorke
O'Rourke**
オロサ Orosa
オロシウス Orosius
オロズ Orosz
オロスコ
Orosco*
Orozce
Orozco**
オロズコ Orozco
オロズバコーフ
Orozbak uulu
オロッコリン
O'Loughlin
オーロット
Aulotte
Ohlott
オロテギ Olortegui
オロデス Orodes
オローナ Oroná
オロパデ Olopade
オロパン Olopan
オロビオ Orobio
オーロビンド
Aurobindo**
オーロビンドー
Aurobindo
オロビンド Aurobindo
オーロフ
Olof**
Olov
Orlov
オーロブ Olav
オローフ Olof
オロフ
Olof***
Ólöf
Orloff
オロファト Olofat
オロフィノ Orofino
オーロフスキー
Orlovsky
オロフソン Olofsson*
オロペサ Oropeza
オロペン Olopeng
オロム Olomu
オーローラ Aurora
オーロラ Aurora*
オローリン
O'Loughlin*
オーロール Aurore**
オロール Aurore
オロルンフェミ
Olorunfemi
オロレンショー
Olorenshaw
オロロント Oloronto
オロワカンディ
Olowokandi*
オロワキャンディ
Olowokandi
オーロン Hauron
オロン Oron
オロンテス Orontēs
オワ Owa
オワイエル Hoyer
オワイス Owais
オワイラン Owairan
オーワント Orwant
オーン Orne*
オン
Ohn**
On**
Ong***
Onn*
Wen
オンエアマ Onyeama
オンガニア Onganía
オンガーマン
Ungermann
オンガマン Ungerman
オンカリンクス
Onkelinx
オンガロ Ongaro
オンキリ Ongkili
オング Ong**
オングストレーム
Ångström
オングストローム
Ångström
オンクリン Onclin
オンクル Oncle
オンゲネ Onguene
オンゲリ Ongeri
オンケン Oncken**
オンコカメ Onkokame
オンゴリ Ongori*
オンサーガ Onsager
オンサーガー Onsager
オンサガー Onsager
オンシー Onesy
オンジェイ Ondrej
オンジェンダ
Ongenda
オンシーナ Oncina
オーンジャーヴィル
Aungerville
オンジャリ Onjali
オンシュック
Oneschuk
オーンズ Ornes
オンス
Hense
Ons
Un-su*
オーンスタイン
Ornstein**
オンストット Onstott
オンスロー Onslow*
オンズロー Onslow
オンスロウ Onslow
オンスワース
Ounsworth*
オンズンガ
Ondzounga
オンソエソノ
Onso Esono
オンソリー 'Onsorī
オンダージェ
Ondaatje
オンダーチェ
Ondaatje**
オンタニョーン
Hontañon
オンタニョン
Hontañon
Ontañón
オンダム Ondam
オンチャン Onechanh
オンティヴェロス
Ontiveros
オンディエキ Ondieki
オンティベーロ
Ontivero
オンティベロス
Ontiveros
オンディンバ
Ondimba**
オンデカネ Ondekane
オンテフェツェ
Ontefetse
オント Hondt
オンド
Hond
Ondo
オンドア Ondoa
オンドゥア Ondoua
オンドゥジェイ Ondřej
オンドオッサ
Ondo Ossa
オントキーン Ontkean
オンドサバル
Ondosabar*
オンドジェイ
Ondrej
Ondřej
オンドジーチェク
Ondříček
オンドヌクム
Ondo Nkumu
オンドヌゲマ
Ondo Nguema
オンドヌザン
Ondo Nzang
オンドビレ Ondo Bile
オーンドーフ Orndorff
オンドメトゴ
Ondo Methogo
オンドラ Ondra
オンドラチェック
Ondraček
オンドリチェク
Ondříček
オンドルジーチェク
Ondříček
オンドルジチェク
Ondříček
オンドルジーチェック
Ondříček
オンドルセック
Ondrusek
オンドレア Ondrea
オンドレイ Ondrej*
オンドレイカ
Ondrejka
オンドロ Ondoro*
オンドンゴ Ondongo
オンニス Onnis
オンニュ Hongne
オンヌクール
Honnecourt
オンネス Onnes
オンノ Onno*
オンノフランク
Onno-Frank
オンバビオンゴロ
Omba Biongolo
オンヒ Eon-hie
オンビーコ Ongbico
オンピン
Ongpin*
Ongping
オンファレ Omphalē
オンブルダーヌ
Ombredane
オンフレ Onfray*
オンフレイ Onfray
オンフロワ Onfroy
オンベル Ombel
オンポカ Ompoka
オーンマー Ohmar*
オンムラ Onmura
オンヤリ Onyali
オンヤンゴ Onyango*
オンヤンチャ
Onyancha
オンユ Onew

【カ】

カ
Ca
Ka**
Kâ
Kha***
Qaa
カー
Car
Carr***
Carré
Ka*
Kaa
Kahr
Kar
Karr**
Kaur*
Kaw
Ker***
Kerr***
Kha
Kurt
ガー
Gaa*
Gaar
Gahr
Gar**
Garr**
Guas
Gurr
Nga*
Ngah
カア
Carr
Kerr
Qaa
カアイ Khai
カアイフエ Ka'aihue
カアヴー Carver
ガァグ Gág
ガアグ
Gag
Gág*
カアス Carse
カアスン Carson
ガアディナー
Gardiner
ガアドナー Gardner
ガアドルストオン
Girdlestone
カーアーニー Qāānī
カアバア Carver
カアビー Ka'abi
カアブ Ka'b
カアペンタ Carpenter
カアペンター
Carpenter
カァペンタァ
Carpenter
カアマーニョ
Caamaño
カアミカエル
Carmichael
カアメンスキイ
Kamenskii
カアライル
Carlisle
Carlyle
カアリ Kaari**
カアリナ Kaarina
カアル Karl
カアル Carl
ガアール Gaál

ガアル Gard
カアルトン
Carleton
Carlton
Charlton
ガアレットソン
Garretson
カアロル Carroll
カーアン
Cahun
Kahan
Karen
カーアンクラー
Khaankhre
カアンヌ Kahanne
カーイ Khai
カイ
Cai*
Caius
Cui
Kai***
Kaj*
Kay**
Key
Khai***
Khái
Khay
Ki*
Kuai
ガーイ Gaj
ガイ
Gai
Gaieey
Gailly
Gaj
Gay*
Geir
Ghai
Guy***
Gye
カイア Kaia
カイアー Keir
ガイア
Gaia*
Geyer
Gire
ガイアー
Gayer
Geyer
ガイアースベルガー
Geiersberger
カイアッツォ Caiazzo
ガイアット Guyatt*
ガイアナ Gaiana
カイアファ
Caiaphas
Kaiaphas
カイアム
Khayyám
Kiam*
ガイアルドーニ
Gaiardoni
カイアン Kyan
ガイイ Gailly**
カイイム Qayyim
カイウ Qaiouh
カイヴァーン Kayvān
カイヴァン Cayvan
カイーウーヴェ
Kai-Uwe
カイヴォラ Kaivola
カーイウス Caius
カイウス Caius
ガーイウス
Caius
Gaius*
ガイウス Gaius*
カイウビー Caiuby
カイウベ Kai-Uwe*
カイエ
Cahier
Caille
Caillé
Caillet
Caillié
Cailliet
Cayez
Kaye*
ガーイェ Gaye
カイエア Kaiea
ガイエゴ Gallego
カイェタナ Cayetana
カイエターナ
Cayetana
カイェターヌス
Cajetanus
カイエタヌス
Caietanus
カイエタノ Cayetano
カイェタン
Cajetan
Kajetan
ガイェック Gajek
ガイエティ Gaetti*
カイエド Kayed
カイエール Cahierre*
ガイエル
Gayer
Guiel
カイエロ Cheiro
カイオ Caio**
ガイオ
Gaio
Gaios
ガイオソ Gayoso
ガイオーニ Gaioni
カイオーリ Caioli
ガイオン Guion
カイカー Kiker*
カイガー
Kiger
Kyger
ガイガ Geiger
ガイガー Geiger**
カイカイ
Kaikai
Kiki
カイ・カーウース
Kaykavus
カイカーウース
Kaykā'ūs
ガイキー Geikie
ガイギャクス Gygax
ガイギャックス Gygax
カイキリウス
Caecilius
カイキリオス Kaikilios
ガイク Gaik
カイクス Caecus
カイクバード
Kai-qubād
Kayqubād
ガイクワード Gaikwad
カイケル Keuchel
ガイゲル Geigel
ガイゲロヴァ
Gaigerova
カイコ Kaiko*
カイコー
Kai-ge*
Kaige
カイゴ Kygo
カイコバード
Kaikobād
カイサ
Kaisa
Kajsa**
カイサー
Keyßer
Kiser
カイザー
Caiser
Kaiser***
Kayser*
Keijzer
Keiser**
Keizer
Keyser*
Kiser
Kizer*
Kysar
Kyser
Kyzer
ガイサー
Gaisah
Gaisser
Gaither
ガイザー
Gaiser*
Geiser*
Geyser
カイザァ Kaiser
カイザースベルク
Kayserberg
ガイサート Geisert**
カイサラ Caicara
カイサリオス
Kaisarios
Kaisários
カイサリオン
Kaisarion
カイザーリンク
Keyserling
Keyserlingk*
カイザーリング
Keyserling*
カイザリング
Keyserling
カイサル
Caesar
Kaîsar
Qaisar*
Qayṣar
カイザワ Kaizawa
カイシ Qaissi
カイシー Khaisri
カイシエポ Kaisiepo
ガイジック Gaidzik
カイジャー Keijzer
ガイジュセク
Gajdusek**
ガイジュセック
Gajdusek
ガイシュター Geishtor
カイジン Huai-jên
カイシンガー Kisinger
ガイシンガー
Geisinger
Geissinger
カイス
Kais
Keith
Qais
Qays
カイズ
Keyes
Kyes
ガイス
Gaith
Geis*
Geiss
Ghaith
Guice
ガイズ
Geis
Guise
カイスイン
Kaisyn
Káisyn
ガイスカ Gaizka*
ガイズカ Gaizka
ガイスキー Gajski
ガイスト
Geisst
Geist*
ガイスバウワー
Geisbauer
ガイスバース
Gysbers*
ガイスビューラー
Geissbuhler
ガイスブレヒト
Ghysbrecht
ガイスマー
Geismar*
Geissmar
ガイスマイアー
Gaismaier
ガイスマイヤー
Gaismaier
ガイスマン
Geissman
Geissmann
カイスラー
Kayssler
Keislar
Keisler
ガイスラー
Geisler***
Geissler***
Geißler
Geiszler
ガイスライター
Geisreiter
ガイスレル
Geisler
Geissler
ガイズワイト
Guisewite
カイセ Kaysø
ガイセ Geisse
カイセド Caicedo*
ガイセリク Geiseric
ガイセリック
Gaiseric
Geiseric
ガイゼリック Geiseric
ガイゼリヒ Geiseric
カイセル
Kaiser
Keyser
カイゼール Kaiser
カイゼル
Kaiser*
Keizer*
ガイセル
Geisel
Geissel
ガイゼル Geisel*
カイゼルスヴァルダウ
Kaiserswaldau
カイゼルスベルク
Kayserberg
カイゼルベルク
Kayserberg
ガイゼルマン
Geiselman
Geiselmann
カイゼルリンク
Keyserling
カイゼルリング
Keyserling
カイセーン Khaisaeng
ガイゼン Geisen
ガイセンデルファー
Geissendörfer
ガイゼンベルガー
Geisenberger*
カイソーン Kaysone
カイソン Kaysone*
カイゾン Kaizon
カイター Keiter
ガイタ Guaita
ガイダ
Gayda
Guida
ガイダイ Gayday
ガイダーシェク
Gajdusek
カイタージュ Kitaj
カイタニ Kaitani
ガイターノ Gaitano
カイダーノヴァ
Kaidanova
カイダノヴスキー
Kajdanovsky
カイダノフスキー
Kaidanovskii
ガイダール
Gaidar*
Gaydar
ガイダル Gaidar***
ガイダルスキ
Gaydarski
ガイダルベク
Gaydarbek
ガイダルベコフ

Gaydarbekov
Ghaydarbekov
ガイダロヴ Gajdarov
カイダロフ Khaidarov
ガイダロフ Gaidarov
カイダン Caidin
ガイタン
Gaitan
Gaitán
カイチャック
Kaitchuck
ガイチャード
Guichard
ガイチュク Gaiciuc
カイツ Keitz
カイッコネン
Kaikkonen
ガイッチ Gajic
カイッペル Kaipper
ガイテ Gaite**
ガイディ Gaidi
ガイディス Gaidis
カイディン
Caidin
Kaidin*
ガイディン Gandin
ガイディンリュー
Gaidinliu
カイテシ Kayitesi
カイテジ Kayitesi
カイテラー Kyteler
カイテル Keitel**
カイデル
Kaidel
Keidel
ガイテル Geitel*
カーイト Qāit
カイード Qa'īd
カイト
Kight
Kite**
Kuyt*
カイド
Kaid
Kaido
ガイト Gaito
ガイトー Gaitó
カイドゥ Khaidu
カイトゥウ Kaitu'u
ガイドク
Gaiduk
Haiduk
カイドシ Kajdoš
ガイドシュ Gajdoš
カイドセブシ
Caid Essebsi**
ガイトナー
Geithner**
カーイトバイ Qā'itbay
カイドモン Caedmon
ガイトラー Geitler
カイトリー
Keightley
Kightly
カイトリン Caitlin
カイトル Kytle
ガイトン
Gaston
Guyton
カイナー Kiner*
ガイナ Gaina
カイナク Kaynak
ガイナス Gainas
カイナストン
Kynaston
カイナード Kynard
カイナパウ Kainapau
カイナル Kaynar
ガイナン Guinan
ガイニョー Gaignault
ガイヌッディン
Gainutdin
カイネッリ Cainelli
ガイネル Gynell
カイネロ Cainero**
カイノ Kaino
カイパー
Kuiper**
Kuyper*
ガイバ Gaiba
カイパア Kuyper
カイバース Cuyvers*
カイパース Kuipers*
カイバード Kiberd
ガイハトゥ Gaykhātū
ガイハトゥー
Gaykhātū
カイバール Kibar
カイハン Kaihan
カイバンダ
Kayibanda
カイピアイネン
Kaipiainen
カイフ Kai-fu
カイプ Cuyp
ガイプ Gipe
カイファラ Kaifala
ガイフィエ Gueyfier
ガイフォード Guyford
カイフォン Kaifeng
ガイブナザロフ
Gaibnazarov
Gaybnazarov
ガイブプラサート
Geibprasert
カイプル Kiple
ガイフロー Gayflor
カイベル Kaibel
カイペル
Kuiper
Kuyper
ガイベル Geibel*
カイペルス
Cuypers
Kuipers
カイホスルー
Kaikhosru
カイホスロー
Kaikhosru
Kaykhusrau
カイポフ Kaiypov
ガイポフ Gaipov
カイマー Kaymer*
カイマル Kaimal
ガイマン Geyman
カイーミ Caymmi
カイミ
Caimi
Caymmi*
ガイミシ Gaimisi
ガイミシュ Gaimisi
ガイミュラー
Geymüller
カーイム
Qā'im
Qā'im
カイーム Chaim
カイム
Chaim
Keim*
Kime
ガイム Geim*
カイメニ Kaimenyi
カイモ Caimo
カイモック Kaimook
カイヤ Kaija
ガイヤー
Gaillard
Geier
Geyer*
Guyer
カイヤヴェ Caillavet
カイヤカ Kaijaka
カイヤット
Cayatt
Cayatte
ガイヤード Gaillard
カイヤーム
Khayyam
Khayyám
カイヤム
Khayyam
Khayyám
カイヤール Caillard*
ガイヤール
Gailhard
Gaillard**
ガイヤルデ Gaillardet
カイヤン Khayan
ガイヤン Gayan
カイユ
Cailleux
Caillou
ガイユ Gail
ガイユス
Gaius
Gāius
カイユテ Cailletet
カイユボット
Caillebotte
ガイユマン Gaillemin
カイユム Khaiyum
カイヨー
Caillau
Caillaux**
Cailliaud
ガイヨー
Gaillot
Gaiuot
カイヨア Caillois
ガイヨト Gayot
カイヨワ Caillois*
ガイヨン Guyon
カイラ
Cayla*
Kaila*
Kaira
Kayira
Kayla
Kayra
Kyra
カイラー
Cuyler*
Kyler
ガイラー
Gayler
Geiler
カイラシュ Kailash*
カイラス Kailas*
カイラット Khairat
カイラト Kairat
ガイラト
Gairat
Gayrat
ガイラーニー
Gaylani
Gaylānī
カイラモ Kairamo
ガイラルト Gaillard
カイラワーニー
Qayrawānī
カイラン Kyran
カイリ
Kairi
Khaïry
Khyri
カイリー
Khairy
Kiely*
Kiley**
Kylie**
Kyrie*
ガイリ Gairí
カイリウス Caelius
カイリス Kaïrēs
カイリーナ Cailina
ガイリンガー
Geiringer*
ガイリンガア
Geiringer
カイル
Caer
Keil*
Kile**
Kyl*
Kyle***
ガイル
Gahiru
Gail
Geil
Geyl
Guile
ガイルウィッチ
Gilewich
カイルキ Kairuki
カイルス Kyles
ガイルス Guiles
ガイルズ
Geils
Giles
Guiles
Gyles
カイルベク Kairbek
カイルベコワ
Kairbekova
カイルベルト
Keilberth
ガイルホルド Guilford
カイルリーナ
Hairullina
カイルール Khairul
カイルル
Chairul
Khairul
カイルルアヌアル
Khairul Anuar
カイレストラトス
Chairestratos
カイレポン
Chairephon
カイレモン
Chairēmōn
Khairēmōn
カイロ
Cairo**
Calow
カイローニ Caironi
カイーロフ Kairov
カイローリ Cairoli
カイロリ Cairoli
カィン
Canh
Khanh
カイン
Cain**
Canh
Kain*
Káin
Khaing
Khang
Khanh*
Khánh
Khine
Kihn
Kyne*
ガイン
Gain
Guinn
カイング Kaingu
ガインゴブ Geingob*
ガインサ Gainza
カインジャ Kainja
カインズ Kainz
カインダー Kinder
カインツ Kainz*
カインド Kind
カインドバーグ
Kindberg
カインドル Kaindl
カインホルスト
Keinhorst
カインミ Caimmi
カインルワーンウェ
Kainlwaanwe
カーヴ Carve
カウ
Cau

Cow
Kau
ガーヴ Garve*
ガウ
Gaou
Gau*
Gow**
ガヴ Gav
カーヴァ
Carver
Cava
Kava
カーヴァー
Carver*
Carvor
Cava
カウア
Kaua
Khaoua
カウアー
Cauer
Kauer
ガーヴァー Garver
ガウア Gowan
ガウアー
Gauhar
Gaur
Gower*
カーウァイ
Kar-wai
Ka wai
カヴァイェ
Cavaillé
Cavaye
カヴァイエ
Cavaillé
Cavaye
カヴァイエス
Cavaillés
Cavaillès
カヴァコ Cavaco
カヴァコス Kavakos*
ガヴァサス Gavathas
ガヴァシヴィーリ
Gavashvili
ガヴァジュラ
Ghavajra
カヴァシン Cavasin
ガウアーズ Gowers**
カヴァッツィ Cavazzi
ガヴァッツィ Gavazzi
ガヴァッツェーニ
Gavazzeni*
カヴァッツォーニ
Cavazzoni
カヴァッツォーラ
Cavazzola
カヴァッラーロ
Cavallaro
カヴァッリ Cavalli*
ガヴァッリ Cavalli
カヴァッリーニ
Cavallini
カヴァッリーノ
Cavallino
カヴァッレッティ
Cavalletti
カヴァッロ Cavallo
カヴァッロッティ
Cavallotti
カヴァディアス
Kavvadias
カヴァデイル
Coverdale
カヴァーデール
Coverdale
カヴァデール
Coverdale
カヴァート Covert
カヴァトーレ
Cavatore
カヴァナ
Cavanna**
Kavanagh*
カヴァナー
Cavanagh
Kavanagh
カヴァナッハ
Kavanagh
カヴァナフ
Cavanagh*
Kavanagh*
カヴァーニ Cavani*
カヴァーニャ Cavagna
ガヴァヌーア
Gouverneur
カヴァノー
Kavanaugh*
カヴァノス Kavarnos
カヴァフィ
Cavafy
Kavafis
カヴァフィアン
Kavafian
カヴァフィス
Cavafy
Kavafis**
Kavaphes
カヴァーム Qavām
カヴァーモッサルタネ
Qavām al-Salṭane
カヴァラ Cavalla
ガヴァラ Gawara
カヴァラビアス
Covarrubias
カヴァラリス
Kavallaris
カヴァーリ Cavalli*
カヴァリ Cavalli*
カヴァリー Coverly
カヴァリア Cavaglià
カヴァリエ
Cavalie
Cavalier*
カヴァリェーリ
Cavalieri
カヴァリエーリ
Cavalieri*
カヴァリエリ
Cavalieri*
カヴァリエーレ
Cavaliere
カヴァリエレ
Cavaliere
カヴァリーニ Cavallini
ガヴァリーニ Gavarini
ガヴァリニ Gavarini
カヴァリュ Carvalho
カヴァルカ Cavalca
カヴァルカセッレ
Cavalcaselle
カヴァルカゼッレ
Cavalcaselle
カヴァルカセレ
Cavalcaselle
カヴァルカゼレ
Cavalcaselle
カヴァルカンテ
Cavalcante*
カヴァルカンティ
Cavalcanti**
ガヴァルダ Gavalda**
ガヴァルディ Gavardi
ガヴァルドン
Gavaldón
カヴァルニ Gavarni
ガヴァルニ Gavarni
カヴァルノス
Cavarnos
カヴァルリーニ
Cavallini
カヴァレイリー
Cavaliere
カヴァレッティ
Cavalletti
カヴァレッリ Cavalleri
カヴァレフスカヤ
Kovalevskaia
カヴァレフスキー
Kovalevskii
カヴァレラ Cavallera
カヴァレリ Cavaleri
カヴァレーロ
Cavallero
カヴァレロ Cavallero
カヴァレロヴィチ
Kawalerowicz
カヴァーロ
Cavallo
Cavaro
カヴァロッチ
Cavarocchi
カヴァロッツィ
Cavarozzi
ガヴァローリ Cavalori
カーヴァン Kirven
カゥアン Cowan
カウアン Cowan*
カウアン Cowan**
カヴァン
Cavan
Covan
Kavan*
ガーヴァン Garvan
ガウアン Gowan
ガヴァン
Gavan
Gaven
カヴァンダー
Cavander
ガヴァンティ Gavanti
ガヴァンデル
Gavander
カヴァントゥ
Caventou
カヴァントゥー
Caventou
カヴァンナ Cavanna*
ガヴァンパティ
Gavaṃpati
ガウアンロック
Gouinlock
カーウィ Cowie
カーウィー Cowie
カーヴィ Carvey
カウィ Cowie
カウィー Cowie*
カウイ Kaui*
カウイー Cowie*
ガーヴィ
Garvey
Garvie
ガーヴィー Garvey
ガヴィ Gavi
ガウィウス Gavius
カヴィエゼル Caviezel
ガーウィグ Gerwig
カヴィグリオリ
Caviglioli
ガーヴィス Garvice
カヴィーゼル Caviezel
カヴィータ Kavita*
カヴィーツェル
Caviezel
カヴィッキ Cavicchi
カヴィッキャ
Cavicchia
カーヴィック Carvic
カーヴィッシ Kavesh
カヴィーナ Cavina
ガヴィニエス Gaviniés
ガヴィーノ Gavino**
カヴィヨン Cavillon
カーウィラ Kawila
カヴィラージャ
Kavirāja
カヴィリカシヴィリ
Kvirikashvili
カウィール K'awiil
カーウィン
Carwyn*
Karwin
Kerwien*
Kerwin*
Kerwynn
Kirwin
カウィン
Cowin
Kawin
ガーウィン
Garwin
Gurwin
ガーヴィン
Garvin*
Girvin
ガウィン Gavin
ガヴィン Gavin*
ガゥイング Gowing
ガウイング Gowing
カウウェンホーフェン
Kouwenhoven*
カウヴェンホーフェン
Kouwenhoven
ガウヴォン Galvao
カウエ Cahouet
ガーヴェイ
Carvey
Garvey*
ガーウェイン Gawain*
ガウェイン Gawaine
カウエット Caouette
ガヴェット Govett
カヴェドーニ
Cavedone
カヴェドーネ
Cavedone
カヴェニー Cavenee
カヴェニャク
Cavaignac
カヴェーニャック
Cavaignac
カヴェニャック
Cavaignac
カーウェラウ Kawerau
カーヴェラウ Kawerau
カヴェラウ Kawerau
カヴェーリウス
Cavelius
カウェーリン
Kavelin
Kaverin
カヴェーリン
Kavelin
Kaverin**
カヴェリン Kavelin
カーヴェル Carvel
カウエル
Cauer*
Cowell*
カヴェル Cavell*
カウェルティ Cawelti
カヴェロス
Cavelos*
Gavelos
カーウェン Curwen*
カーヴェン Kerven*
カウエン Cowen**
ガウエン Gowen
カウエンズ Cowens
ガヴェンタ Gaventa
カヴェンディシュ
Cavendish
カヴェンディッシュ
Cavendish
カヴェントリ
Coventry
ガヴォー
Gaveau
Gaveaux
カヴォヴィット
Kavovit
カーウォウスキー
Karwowski
カヴォス Cavos
カーウォスキー
Karwoski*
ガヴォティ Gavoty
カーウォーディン
Carwardine*
カヴォーリ Cavoli
カヴォリ Cavoli

ガヴォワイユ Gavoille
ガヴォン Gavon
ガウガー Gauger
カウギル Cowgill
ガーウク Gauk
ガウク
Gauck**
Gauek
Gauk
ガウクラー Gaugler
ガウグラー Gaugler
カウケ Coucke
カウコ Kauko
カウサー Cowser
カウザー Cousar
カウジ Causi
カウジー Causey
ガウジ Gouge
カウシィク Kaushik
カウジェル Kauzer
カウシカ Kauśika
カウシック Kaushik
カウージャ Kałuza
カウシャンスキー
Kaushansky
カウシル Cowsill
カウシン Cousin
カーウース Kā'ūs
カーヴース Kā'ūs
カウス Kaus
カウスー Kautu
カウズ
Caws
Kaws
ガウス
Gaoussou
Gaus
Gauss*
Ghaus
カウスキー Kawski
ガウスタッド Gaustad
ガウズネル Gauzner
カウスブルック
Kousbroek*
カウズマン
Kauzmann*
カウスレル Kaussler
ガウゼ Gause
カウセア Kausea
ガウセルム Gaucelm
カー・ウセルラー
Khauserre
カーウセルラー
Khauserre
カウソーン
Cawthorne
カウダー Kauder*
ガウダ Gauda
ガウダー Gauder**
ガウダシンスカ
Gaudasińska
ガウダシンスキー
Gaudassinskii
ガウダット Gawdat
ガウダパーダ
Gaudapāda
ガウタマ Gautama
ガウタミー Gautamī
ガウタミープトラ
Gautamīputra
カウチ
Couch*
Kautzsch
ガウチ
Gaucci*
Gauch*
Gauchi
Gautschi
カウチク Kawchuk
カウチマン Couchman
カウチャー Cowcher
ガウチャー Goucher*
カウチュ Kautzsch
カウチンスキ
Kauczinski
ガウチンスキ
Galczyński
Gałczyński
カウツ Kautz
カウツキー Kautsky
カウツキー
Kautsky**
カウツキイ Kautsky
カーウット Curwood
カーウッド
Curwood**
カウット Kautto
ガーウッド Garwood*
カウツマン
Kautzmann
ガウディ
Gaudi
Gaudí**
Gowdy**
ガウディー
Goudy
Gowdy
ガウディアーノ
Gaudiano
ガウディアノ
Gaudiano
ガウティエリ Gautieri
ガウディオ Gaudio*
ガウディオージ
Gaudiosi
ガウディッヒ Gaudig
ガウディーニ Gaudini
ガウディネス
Gaudinez
ガウディーノ Gaudino
ガウディヒ Gaudig
カウティリーヤ
Kautilya
カウティリヤ
Kautilya*
カウティルヤ Kautilya
カウデクス Caudex
ガウデシ Gaudesi
カウデリー Cowdery
ガウデリクス
Gauderichus
カウテル Kaouther
カウデル
Caudell
Cowdell
Kauder
カウデン Cowden
ガウデンチオ
Gaudenzio
ガウデンツィオ
Gaudenzio
ガウデンツイオ
Gaudenzio
ガウデンティウス
Gaudentius
カーウード Qa'oud
カウト Kaut*
カヴート Cavuto*
ガウード Gaood
ガウトリュー
Gautreau
カウドロ Cauduro
カウトン Cowton
カウナ Cauna
カヴナー Kavner
カヴニー Coveney
カウニッツ Kaunitz
ガウニロ Gaunilo
カウパー Cowper**
カウパース Kuipers
カウパースウェイト
Cowperthwaite
ガウハル
Gauhar
Jauhar
カウピネン
Kauppinen
カウフ
Kauf
Kauff
Knauf
Koeus
カウプ Kaup
カウプ
Kaup
Kaupu
ガウプ Gaupp*
カウファー Kaufer
カーウフマン
Kaufmann
カゥフマン Kaufmann
カウフマン
Kauffman**
Kauffmann*
Kaufman***
Kaufmann***
ガウフリドゥス
Gaufridus
カウフリン Kauflin
カウマン
Cowman*
Kaumann
カウラ Kaulla
ガウラー Gowler*
ガウラヴ Gaurav
カウラカ Kauraka
カヴラク Kavlak
ガヴラス Gavras*
ガウラフ Gaurav
ガウラブ Gaurav
ガウラン Gouran
ガヴラン Gavran
ガウラント Gauland*
ガウランド Gowland
カウリ Cowley
カウリー
Cowley***
Khoury*
ガウリ
Gauri*
Ghauri
ガウリー
Ghawrī
Gowrie
カウリイ
Cawley
Cowley
ガヴリイル Gavriil*
カヴリエ Cavelier
ガヴリエラ Gavrielle
ガウリクス Gauricus
ガウリコ Gaurico
カウリショウ
Cowlishaw
ガウリスー
Gowreesoo
カウリスマキ
Kaurismäki*
カウリスメキ
Kaurismäki
ガウリック Gawlick
ガヴリッチ Gavric
カウリブス Caulibus
ガヴリーラ Gavrila
ガヴリラ Gavrila
ガヴリリュク
Gavrylyuk
ガヴリール
Gabrill
Gavriel
ガヴリロ Gavrilo
ガヴリーロヴァ
Gavrilova
ガヴリーロヴィチ
Gavrilovich
ガヴリロヴィチ
Gavrilovich
ガヴリローヴィッチ
Gavrilovich
ガヴリーロフ
Gavrilov*
ガヴリロフ Gawriloff
カウリン Kaurin
カウリング Cowling
カウール Cahours
カウル
Cowl
Kaul**
Kaur*
カヴール Cavour
ガウル
Gaul*
Ghaul
ガウルケ Gaulke
カウルス
Cowles
Kauls
カウルズ Cowles
ガウルーズ Goulooze
カウルソン Coulson
カウルバッハ
Kaulbach*
カウルバハ Kaulbach
カウレー Cowley
カウレイ Cowley
カウレン Kaulen
ガウワー Gower
カウン Hkaung
カウン
Cam
Cão
Caun
Cowne
Kahoun
Kaun*
Kaung
ガウン
Ga-eun
Gahoun
Gaun
Gaung
Goung
カウンスル Counsel
カウンスルマン
Counselman
カウンセル Counsell
カウンセルマン
Counselman
カウンター Counter
カウンダ Kaunda**
カウンツ Counts*
カウンティ
Countee
Countée
カウンティー
Countee
Countée
County
カウンテイ Countée
カウンディニヤ
Kauṇḍinya
カウンディンヤ
Kaundinya
カウンテス Countess
カウント
Caunt
Count**
カウントウィッツ
Kantowitz
カエ Kahe
ガエ Gae**
カエウ Keo
カエオ Kaeo*
カエキナ Caecina
カエキリア
Caecilia
Cecilia
カエキリアーヌス
Caecilianus
カエキリアヌス
Caecilianus
カエキリウス
Caecilius
カエクス Caecus
ガエーゴス Gallegos

カ

カエサリウス
Caesarius*
カエサリエンシス
Caesariensis
カエサリオン
Caesarion
カエサル
Caesar*
Cesare
カエザル Caesar
カエシウス Caesius
カエシリウス
Caecilius
カーエス Kaes
カエセンニウス
Caesennius
ガエータ Gaeta
ガエタ Gaeta
カエタナ Caetana
ガエターナ Gaetana
ガエタナ Gaetana
カエターニ Caetani
ガエターニ Gaetani*
カエタニオ Caetanio
ガエターヌ Gaëtane
カエタヌス Cajetanus
カエターノ
Caetano**
Cayetano
カエタノ
Caetanio
Caetano*
Cayetano*
ガェターノ Gaetano
ガエターノ
Gaetano**
ガエタノ Gaetano**
カエターン Kajetan
カエタン
Caietanus
Kajetan*
ガエタン
Gaetan
Gaétan
Gaëtan*
ガエティルクス
Gaetulicus
カエドモン Caedmon
カエナ
Kahena
Kayena
カエニー Kaehny
カエピオ Caepio
ガエミ Gae Mi
カーエム Qā'im
カエムウアセト
Ḫ'-m-wśt
ガエムペルレ
Gaemperle
カエラ Kajela
カエリー
Kaeley
Kaeli
カエリウス Caelius
カエール Caer
カエル Cael*
ガエル
Gaal
Gael*
Gaël**
Gaelle
Gaëlle
カエレア Chaerea
カエレス Caeles
カエレスティウス
Caelestius
カーエン Cahen
カエン Cahen*
カーオ Kragh
カオ
Cao***
Cào
Gao
Kao**
Kuo
ガオ
Gao**
Ngor
カオヴェリー Kaoverii
カーオガーム
Khaaugaam
ガオグライ Kaoklai
カオサーイ Khaosai
カオサイ Kaosay
ガオジア Gaojia
カオジェ Kaoje
ガオシトウェ
Gaositwe
ガオス Gaos
ガオタン Gao-tang
カオチー Gaoqi
ガオナ Gaona
ガオムバレ
Gaombalet
カオリー Gao-li
ガオリー Gao-li
カオル Kaoru
ガオワ Gaowa
ガオワー Gaowa
ガオン Gaon
カオンゾ Cuonzo
カーカー
Karker
Kerker
Kirker
カーガー Karger
カカ
Kaka**
Kaká
ガガ
GAGA
Gaga*
ガガー Gugger
カカイ Kakai
カカウ Cacau
カーカーヴァンド
Kakavand
ガガウゾフ Gagauzov
カーカウラー
Khakaure
カカエフ Kakayev
カカゲルディ
Kakageldi
カガシェキ Kagasheki
カーカス Kirkus
カカット Cacutt
カーカップ Kirkup***
カカップ Kirkup
ガガニャン
Geghamyan
カガノーヴィチ
Kaganovich
カガノヴィチ
Kaganovich
カガノーヴィッチ
Kaganovich
カガノウィッチ
Kaganovich
カガノヴィッチ
Kaganovich*
カガノビチ
Kaganovich
カガノビッチ
Kaganovich
ガガノビッチ
Kaganovich
ガガーノワ Gaganova
カカバエフ
Kakabayev
カカバゼ Kakabadze
カカバッゼ
Kakabadze
カーカフ
Carkhuff*
Kirchoff
カガーマン
Kagermann*
カーカム Kirkham
カガメ Kagame**
カガヨ Kagayo
カーカラー Qakare
カカリ Kakari
ガーガリアン
Gargarian
カカリエフ Kakalyev
ガガリマブ
Gagarimabu
ガガーリン Gagarin**
カカル Kakar
カガルリツキー
Kagarlitskii
Kagarlitsky
カーガン Kagan
カカーン Khaqan*
カカン Qaghan
カガン
Cagan
Kagan**
Khaghan
Ko-han
K'o-han*
K'o-han
Qagan
Qaγan
Qaghan
ガーガン
Gahagan
Gargan
ガガン
Gagan
Gaghan
Gagin
Gaguin
カカンド Kakande
カーキ Kaki
カーキー Kah-kee
カキ Kaki
カキアスビリス
Kakiashvilis
カギアリス Kagialis
ガギーク Gagik
ガギク Gagik
カーキート Carkeet*
カギナ Ka-Gina
カーキネン Kaakinen
カキムジャノフ
Kakimzhanov
カキャシビリス
Kakiashvilis*
Kakiasvilis
ガーギャン Gargan
カギョン Kah-kyung
カーギョング
Kah-kyung
カーギル
Cargile
Cargill**
ガーキン Gerkin
カギンビ Kagimbi
カーク
Kark
Kirch
Kirk***
Kirke**
Kuć
Kurke
Kyrk
Quirk**
カーグ Gág
カク
Kak
Kakou
Kaku
Khac*
Kwak**
ガーク
Geok
Girke
Guhrke
ガーグ
Gaag**
Gág
Garg
ガク Gakou
ガクー Gakou
カグイオア Caguioa
カグウェ Kagwe*
カークウッド
Kirkwood**
Krikwood
カクオー Cacouault
カクオル Kacuol
カクギュ Gak-kyu
カクケンボス
Quackenbos
カークコネル
Kirkconnell
カークコルディー
Kirkcaldie
カークシー Kirksey
カクジ Kakudji
カクシュカ Kakuska*
カークス Kirkes
ガクス Gak-su*
カクスウ Gak-su*
カグスウェル Cogswell
カクストン Caxton
カークセイ Kirksey
カークセナ Cirksena
ガクソット Gaxotte
カクタ Kakuta*
カグタ Kaguta**
カクタス Cactus
カクタニ Kakutani
カクチ Kakuchi
ガクチャン
Sngag 'chang
カクチョン
Cacktiong*
カクティオン
Cacktiong
カグナー Cagner
カークパトリク
Kirkpatrick
Kirkpatrik
カークパトリック
Kirkpatric
Kirkpatrick***
カークハム Kirkham
カークビー Kirkby**
カークブライド
Kirkbride
ガクペ Gakpe
カクペル Kacper
カーグボ Kargbo
カグボ Kargbo
カークホーヴェン
Calkhoven
Kirkhoven
カークホフ
Kerkhoff
Kirchoff
カークホフス
Kerkhofs
カクマック Cakmak
カクマレック
Kacmarek
カークマン Kirkman*
カーグマン Kargman*
ガグマン Gagman
カクラ
Chachra
Kakura
ガグラー Gugeler
カグラジ Khagraj
カクラマナキス
Kaklamanakis
Kuklamanakis*
カクラマニス
Kaklamanis
カグラム Khagram
カクラン
Cochran
Coughlan

カークランド
Kirkland**
カグリアータ
Quagliata
ガグリアーノ
Gagliano
ガグリアノ Gagliano
ガグリアルディ
Gagliardi
ガグリアルディノ
Gagliardino
ガグリオーネ Gaglione
カクレイン Cochrane
カークワイ Kākwaih
カークワイヒ
Kākwayh
ガクワヤ Gakwaya
ガクワン
Nag-dbań
Ngag dbang
カケ Kaké
ガケ Ngake
カーゲス Carges
カゲツ Kagetsu
カケトラ Khaketla
カケペルラー
Khakheperre
カーケリング
Kerkeling
カーゲル
Kagel
Kágel*
Kargl
カーゲルマン
Kagelmann
ガーゲルン Gagern
カーゲン Kagen
ガーケン Gerken*
ガーゲン Gergen**
カーケンダール
Kirkendall
カーケンダル
Kirkendall
Kuykendall
カケント Kakent
カーケンドール
Kirkendall*
カコー Caquot
ガーゴ Gago
ガコ Gakou
ガゴ Gago
ガーコウ Ngakoue
カコウシス Kakousis
ガコキーゼ
Gakhokidze
ガゴシアン Gagosian
ガゴシゼ Gagoshidze
ガコソ Gakosso
カーコップ Kirkop
カーコーディー
Kirkcaldy
カーコディ Kirkcaldy
ガコーニュ Gacogne
カゴネラ Kagonyera
カコネン Kähkönen
カーゴム Carr-Gomm
カコヤニス
Cacoyannis**
カーコリアン
Kerkorian
カコリアン
Kerkorian*
カコーリン Kokorin
カゴール Cagol
カコロア Kakoroa
ガーコン Garcon
カーサ
Casa*
Kasa
Kassa
Katia
カーサー Qāsā
カーザ Casa*
カーザー Kaser
カサ
Cassa
Kasa
Kassa
カサー Cassar*
カザ
Caza
Kasza*
Kaza**
カザー
Cather
Kother
ガーザ Garza*
ガサー Gasser*
ガザ Gaza
カサイ Kassaï
カサイジャ Kasaijia
カザイス Casais
ガーサイド Garside
カサイラ Kasaila
ガザウィ Ghezawi
ガザウェイ Gazzaway
カサヴェテス
Cassavetes*
カザヴォラ Casavola
カサウス Casaus
カザウス Casals
カサヴブ Kasavubu
カザウレ Kazaure
ガザーエリー
Ghazāyerī
カサエワ Kasaeva
カサキアン Kassakian
カサキナ Kasatkina
カザク Kazak
カサクシア Casaccia
カザクバエフ
Kazakbayev
カサグランデ
Cassagrande
カザケーヴィチ
Kazakevich**
カザケウィチ
Kazakevich
カザケヴィチ
Kazakevich
カザケービチ
Kazakevich
カザケビッツ
Kazakevic
カザコス Kazakos
カザコーフ
Kazakov
Kazak'ov
カザコフ
Kazakov***
Kazak'ov
カザーコワ Kazakova
カザコーワ Kazakova
カザコワ Kazakova*
カサージアン
Kassarjian
カザジアン Kazazian
カザジャン Kazazyan
カーサス Casas
カサス
Casas***
Casás
カサスベ Kasasbeh
カザーダ Quesada
カーザック Kasack
カサック Kassak***
カザック Kasack
カサッツァ Casazza
カザッツァ Casazza*
カザッティ Casati
カサット Cassatt*
カサーティ Casati
カサディ
Casady
Cassaday
Cassady
カザーティ Casati*
カザディ Kazadi
ガザーディ Guzzardi
カサーディオ Casadio
カサデサス Casadesus
カサード
Casado*
Cassadó
カサド
Casad
Cassadó*
カサドゥシュ
Casadesus
カザドゥシュ
Casadesus
カサトキナ Kasatkina
カサートキン
Kasatkin*
カサトキン Kasatkin
カサドシュ
Casadesus**
カサドジュ Casadesus
カザドシュ
Casadesus
Cassadesus
カザドジュ Casadesus
カサドシュス
Casadesus
カサトーノフ
Kasatonov
カザナヴ Casanave
カサナス Casañas
カサニ Casani
カサニー Casani
ガザニガ
Gazzaniga**
カサニャク Cassagnac
カサニャス Casanas
カサニャック
Cassagnac
カザーニン Kazanin
カザニン Kazanin
カサネア Cassanéa
カサネリェス
Casanelles
カサノーヴァ
Casanova*
カサノヴァ
Casanova**
カザノーヴァ
Casanova
カザノヴァ
Casanova**
カザノウスキー
Kazanowski
カサノーバ Casanova
カサノバ Casanova*
カザノーバ Casanova
カザノバ Casanova
カサノバス Casanovas
カザノフ Kazanov
カザノワ Casanova
カサパ Cacapa
カサビ
Kasabi
Qasaibi
カサピ Kasapi
カサビアンカ
Casabianca
カサピエトラ
Casapietra
カサビエフ Kasabiev
カサブ Kassab
カサプ Kassapu
カサブブ Kasavubu
カサブランカス
Casablancas*
カサブリ Casaburi
カサフン Kasahun
カサベテス
Cassavetes*
カサボア Cassabois
カサボフ Kasbov
カサマ Cassama
ガサマ Gassama
カサマッシモ
Casamassimo
ガサマディア
Gassama Dia
カサマユウ
Casamayou
カサマヨル
Casamayor**
カザマヨール
Casamayor
カザミアス Kazamias
カザミアン
Cazamian*
カサミケラ
Casamiquela
カザミヤン Cazamian
カサモンティ
Casamonti
ガザーラ Gazzara
ガザラ
Gazala
Ghazara
カサーリ Casali
カサリ
Casali
Casari
Kasari
カザーリ
Casali
Ghazālī
ガザーリ Ghazālī
ガザーリー
Ghazālī*
Ghazzali
Ghazzālī
ガザリ Ghazali**
カザリウ Kazaliou
カサリオ Casario
カザリス
Casalis
Cazalis*
カサリャ Cazalla
ガザリャン
Ghazaryan
カサリン
Catharine
Catherine*
Catherinr
Katharine*
Katherine*
Kathleen
Kathryn
カザリン
Catherine
Katharine
Katherine
カサール
Casal
Cassard
Kassar
カサル
Casal*
Qasar
カザール Cazale
カザル
Cazale
Cazelles
ガザル
Gazard
Ghazal
ガザルウィン
Gazalwin
カサルス
Casals
Cazals
カザルス
Casals**
Cazals
カサルダリガ
Casaldaliga
Casaldáliga
カサルテリ Casartelli
カサーレ Casale

カサレ Casarett
カザレ Cazalès
ガザーレ Gazale*
ガザレ Gazalé*
ガザレク Gazarek*
カサーレス Casares**
カサレス
Casares
Casarès
Cázares
カザレス
Casarès*
Cazalès
カザレッジョ
Casaleggio*
カサレット Casarett
カザレット Cazalet*
ガサレラ Gasparella
ガーザレリ Garzarelli
カサローヴァ
Kasarova*
カサロヴァ Kasarova
カサローザ Casarosa
カサローバ Kasarova
カサロリ Casaroli
カザロリ Casaroli*
カーザーン Kazan
カサン Cassin
カザーン Qazan
カザン
Cazan
Cazin
Ghāzān
Kazan***
ガーザーン Ghāzān
ガザーン Ghāzān
ガザン Ghāzān
カザンアレン
Kazan-Allen
カサンガ Kasanga
カザーンキナ
Kazankina
カザンキナ Kazankina
カザンザキス
Kazantzakes
Kazantzakis**
ガザンザキス
Kazantzakes
Kazantzakis
カザンジアン
Kazanjian
カザンジエフ
Kazandzhiev
カザンジス Kazantzis
カザンジャン
Kazanjian
カザーンスキー
Kazanskii
カザンスキー
Kazanskii
カザーンスキィ
Kazanskii
カサンダー Kasander
カザンチウク
Cazanciuc
カザンツァキ
Kazantzakes
Kazantzakis
カザンツァキス
Kazantzakis
カザンツィス
Kazantzis
カザンツェフ
Kazantsev
Kazántsev
ガサンディ Gassendi
カサンドラ
Casandra
Cassandra**
Kassandra
カサンドル Cassandre
カサンドロス
Kassandros
カサンバラ
Kasambara
ガザンファ Ghazanfar
ガザンファリ
Ghazanfari
ガザンファル
Ghazanfar
カーシ
Carthy
Kaci*
Kashi
Kersey
カーシー
Carsey
Carthy
Coury
Kāshī
Kathani
Kathi
Keirsey*
Kersee*
Kersey**
カージー Kersey
カシ
Kachi
Kasi
カジ
Kaj
Kaji
Kazi**
Kāzī
Qazi**
Qazzi
カジー
Kazee
Kazi
ガーシ Gashi
ガージ
Ghazi
Ghāzī
ガージー
Ghazi
Ghāzī
ガシ Gashi
ガシー
Gaschy
Gushee
ガジ
Gadzhi
Gazi
Ghazi**
Ghāzī
ガジー Guzy
カシア Kasia*
ガーシア Garcia
カシアス
Cassius*
Caxias
ガジアディス Gaziadis
カシアニウス
Cassianius
カシアヌス Cassianus
カシアノ Casiano
カシアロ Casciaro
カシアーン Kassian
ガシアン
Gacian
Gatien
カシイルスキー
Kassirskii
カシウェラヌス
Cassivellaunus
カシウス Cassius
カーシェ Kersh
カシェ Kache
カシエ Cassiers
カジェ
Cagé
Calle
Khajeh
ガシェ
Gachet
Gasché
ガジェ Gagey
ガジエ Gazier
カーシェヴァル
Kercheval
カジェゲリジン
Kazhegeldin*
Kazhgel'din
ガジェゴ Gallego**
ガジェーゴス Gallegos
ガジェゴス Gallegos*
カージェス
Calles
Carges
Kersjes*
カジェス Calles
カジェターノ
Cayetano
ガシェニカ Gasienica
カジェハス Callejas**
ガジエフ
Gadzhiev
Gajiyev
カーシェフィー Kāshfī
カジェホン Callejon
カシエラ Cassierra
カージェール
Kargere*
カシエロ Casiello
カーシェン
Kirschen
Kirschner
ガーシェン Gershen
ガシェン Gaschen
ガーシェンクロン
Gerschenkron*
ガーシェンソン
Gershenson
ガジェンタン
Gajentaan
カーシェンバウム
Kirschenbaum*
Kirshenbaum*
ガーシェンフェルド
Gershenfeld*
カーシェンブラット
Kirshenblatt
カーシェンマン
Kirschenmann
カーシオ Curcio
カシオ Cascio*
カシオドルス
Cassiodorus
カシオペイア
Kassiopeia
カシオポ Cacioppo
ガシオラ Gaxiola
カシオーリ Cascioli*
ガシオロウィッツ
Gasiorowicz
カシカロフ Kashkarov
カシキーン Kashkin
カシキン Kashkin
カシコ Kashko
ガジザデ Qazizadeh
カシージャ Casilla
カシージャス Casillas*
カシジャス Casillas
カジシュキー
Kasischke**
カシシュケ
Kasischke*
カージス Carges
カシス
Cassis
Qassis
ガジズーリン
Gazizullin
ガジズリン
Gazizullin**
カシタ Kasitah
カシタティ Kasitati
カージダン Kazdan
カジダン Kazhdan
カシツキー Kašick'y
ガーシック Gersick
ガジック Gadzik*
ガシッチ Gašić
ガジッチ Gadzić
ガシット Kasit
カシティ Cassity
カシディー Cassidy
ガージナー Gardiner
ガジーナ Gadzina
カーシーナート
Kashi-Nath
カシナート Kashinath
カシナリ Cassinari
カシーニ Casini
カシニ Cassini
カシニー Cassini
カジーニ Casini
ガジーニ Gagini
カシニッツ Kaschnitz
カシニュール
Cassigneul
カシニョール
Cassigneul*
カシネッリ Cassinelli
カシフ Kashif
カーシフィー
Kāshfī
Kāshifī
カジブウェ Kazibwe
ガジベーコフ
Gadzhibekov
Hadjibekov
カジマー Casimir
ガジマ Gwajima
カシマリ Kasimali
カーシミ Qasimi
カシミ
Kasimi
Qasimi
カージミーア Casimir
カシミア Casimir
カジミェシ Kazimierz
カジミェジ Kazimierz
カジミエシ
Kazimierz*
カジミエジ Kazimierz
カジーミェシュ
Kazimierz
カジーミエシュ
Kazimierz
カジミェシュ
Casimir
Kazimierz**
カジミェジュ
Kazimierz
カジミエシュ
Casimir
Kazimierz
ガジミェシュ
Kazimierz
ガジミエシュ
Kazimierz
カジミエルシュ
Kazimierz
カジミエルチク
Kazimierczyk
カジミュシュ
Kazimierz
カシミラ Casimira
カジミラ
Kazimiera*
Kazimira
カジミラス
Kazimieras
カシミーリ Casimiri
カジミーリ Casimiri
カージミール Kasimir
カージミル Kasimir
カシミール
Casimir
Kasimir
Kazimierz
カシミル
Casimir**
Kazimir
カジミール
Casimir*
Kasimir
Kazimierz
Kazimir**

Kazimír
Kažimír
カジミル
Casimir
Kazimir
カシミルス Casimirus
カジミーロ Casimiro
カジミロフ
Kazimiroff
Kazimirov
カーシム
Kasim*
Kassem
Kassim
Qasim*
Qāsim**
Quāsim
カシーム
Kasim
Khaseem
カシム
Kacem
Kasim
Kassim
Kassym
Khassimou
Qasim
Qāsim
Qassim*
カジム Kazim
ガシム Gasim
カジメジ Kazimierz
カジーメシュ
Kazimierz
カシメリス Cassimeris
カジモドー
Quasimodo
カシモフ Kasimov
ガシモフ Gasimov
カーシャ
Cascia
Kasia
カシーヤ Casilla
カシャ Kasha
カジャ
Calla
Kaja
ガジャ
Gadjah
Gaja
Gajda
カジャイ Kajai
カジャイア Kajaia
ガシャイナ Gashyna
カシャーク Kassák
カシヤス Casillas
カシャタ Kashta
カシャップ Kashyap
カシヤップ Kaashyap
ガジャディーラ
Gajadeera
ガジャーナン
Gajanan
Gajānan
カーシャーニー
Kāshānī*
カシャニ Kashani
ガーシャニー
Gershuny
カシャノフ Kasyanov
カシヤノフ
Kasyanov**
ガジャパティ
Gajapathi
カーシャパマータンガ
Kāśyapamātaṅga
ガジャマダ
Gadjah Mada
カシャミラ Kachamila
ガジャヤーナ
Gajayāna
カージャラ Karjala
カジャラミ
Kadjallami
ガーシャラン
Gursharan
ガシャール Gachard
ガジャール Gajard
カジャルド Gallardo
ガジャールド Gallardo
ガジャルド
Gallardo**
カシャワバキンジ
Kashawa Bakinzi
カシャン
Cachin*
Caçhin
Kasyan
カシヤン Kasyan
ガシヤン Gatien
ガジャン Gajan
カジャンダー
Kajander*
カシャンバ
KaShamba**
Kashamba
カーシュ
Cars
Karsh*
Kersh*
Kirsch*
Kursh
カーシュー Carthew
カシュ
Kasch
Kass
カシュー Cacheux
ガーシュ
Gersch
Gershe
ガシュ Gachet
カシューア Kashua*
カジュアル Casual
ガーシュイン
Gershwin*
ガーシュウィン
Gershwin*
カーシュヴィンク
Kirschvink
カシュカ Kashka
カシュカシアン
Kashkashian
カシュカシャン
Kashkashian*
カーシュガリー
Kāshgarī
Kāshgharī
カシュガーリー
Kāshgarī
カシュガリー
Kashgari
Kāshgarī
カシュキン Kashkeen
カシュシュ Kashshu
カシュタ
Kashta
Kšt
ガーシュタイン
Gerstein
カシュダン Kashdan
カシュチェンスキ
Kaszczeński
ガシュッツ Gaschütz
カシュティリアシュ
Kashtiliashu
カシュテン Karsten
カーシュナ Kershner
カーシュナー
Kershner***
Kirchner*
Kirschner**
Kirshner**
カシュナー
Kushner**
カシュニー Cushny
ガーシュニィ
Gershuny
ガーシュニイ
Gershuny
カシュニツ Kaschnitz
カシュニッツ
Kaschnitz**
カーシュバウム
Kirschbaum
Kirshbaum*
ガーシュパール
Gáspár
ガシュパロヴィッチ
Gašparovič*
カーシュフィー Kāshfī
カシュフィ Kashfi
ガシュブウェンゲ
Gaciyubwenge
カーシュブラム
Kirshblum
ガシュペルシッチ
Gašperšič
カシュマン
Cushman
Kaschmann
カシュミッター
Kaschmitter
カジュムラト
Kazhmurat
カシュモア
Cashmore*
ガジュモフ
Gazumov*
Gazyumov
カーシュヤパ Kassapa
カジュラ Kajura
カシュラル Caslaru
カシュリー Cushley
カシュリーク Kašlik
カシュルール
Kachloul
ガジュレル Gajurel
ガシュンバ Gashumba
カーショ Cascio
カーショー
Kershaw**
カジョ Kajo
ガーショ Gersho
ガショ Gašo
ガショー Gachot
ガジョ Gallo*
カショア Cashore*
カーショウ Kershaw*
カショーギ Khashoggi
カショギ
Kashoggi
Khashoggi
カショヌグウェ
Kashongwe
ガーショム Gershom
カショーリ Cascioli
カジョリ Cajori*
カション Cachon
ガーション Gershon**
ガション Gassion
カシラー
Cassirer
Kassirer
カシラギ Casiraghi
カジラギ Casiraghi
カシラグ Kasilag
ガジラジ Gajraj
カシラム Kashiram
ガジーリー Gazielly
カシリエ Kasirye
カシリナ Kashirina
カシリーニ Casilini
カーシル Kerschl
カージル Cargill
カシール Kassir
カジル
Kadir
Kazil
カシルスキー
Kassirskii
カシルダ
Cacilda
Casilda
カシレクマコエ
Kassirecoumakoye
カーシン
Ka-shing
Ka-sing
Ke-xin
カージン Kazin
カシーン
Caseen
Karsin*
カシン
Cassim
Cassin
Ka-shing
カシング Cushing
ガシンジグワ
Gasinzigwa
カシンジャ
Kassindja*
カジンスカ Kaszynska
カシンスキー Kasinski
カジンスキー
Kaczynski
Kazhinskii
Kazinski*
ガシンスキ Gaszyński
カジンツィ Kazinczy
カシンバーム
Kirshenbaum*
カース
Carse
Kaas*
Kase
Kath*
Kearse
Kurth
カーズ
Cases*
Caws
Caze
Cazes
カス
Cas
Cass*
Casse
Cath
Cus
Kas
Kass**
Kassu
カスー Cassou**
カズ
Cases*
Cazes
Kaz
カズー Cazeau
ガース
Gace
Garth**
Gerth
ガス
Gace
Gas
Gass
Gaß
Gus***
Guss
ガズ Gad
カズアザマ
Kaz'azama
カーズィー
Qāẕī
Qāẓī
カスィ Caty
ガーズィー
Ghazi
Ghāzī
カスィア Katya
カズィニー Qazwīnī
カズィーノヴ Cazenov
カスイマリエフ
Kasymaliev
カースィミー Qāsimī*
カースィム
Kāssem
Qāsim
カーズィム Kāẓim
カスイムジョマルト
Kassimjomart*

Kasymzhomart
カスイムベク
Kassymbek
カースィムル
Qāsimu'l
カスイモフ
Kassymov
Kasymov
カスィール Kathīr
カーズィン Kerzin
カスウ Cassou
カズウィーニー
Qazvīnī
Qazwīnī
カズヴィーニー
Qazvīnī
Qazwīnī
カスウェシ Kasweshi
カースウェル Carswell
カーズウエル Carswell
カスウェル Caswell
カズウェル Caswell*
カズエ
Kazue
Kazuye
カズオ Kazuo*
カスカ Casca
ガスカ Gasca
ガスカース Gaskarth
ガースカッデン
Garscadden
カスカート Cathcart*
カスカリーノ
Cascarino
ガスカール Gascar**
ガスカル Gascar
カースキ Karski
カスキー Caskie
カスキュブ Kaschube
カスキン Kuskin*
ガスキン Gaskin
ガスキンズ Gaskins
カスク
Cusk
Kask
ガースク Garske
ガスク Gaske
カスクウェレ
Kasukuwere
ガスクェット Gasquet
ガスクォイン Gasqoin
カスクード Cascudo
カスクーナ Cuscuna
カースグレン
Cassegrain
カスケ Kaske
ガスケ Gasquet***
カスケイ Caskey
ガスケス Gázquez
カスケード Kaskade
カスケル
Caskel
Kaskel
ガスケル Gaskell*
カスケン Casken
カスコ Kasko
カズコ Kazuko
ガスコ Gasco
ガスコイン
Gascoigne**
Gascoine
Gascoyne
カスコーネ Cascone
ガスコム Goscombe
ガスコン
Gascon*
Gascón*
カスザック Kuszak
カスザラ Kaszala
カースジェス Kersies
カズシオナク
Kazusenok
ガースズ Garces
カスセル Cassel
カースター Koster
カスタ Casta*
カスター
Castor
Cusrer
Custer**
Kastor
ガスタ Gustar
ガスター Gaster*
ガスタイガー
Gasteier
Gasteiger
Gasteyger
カスタイニョス
Castaignos
カースタイン Kirstein
ガスタイン Gustine
ガスタヴ Gustav
ガスターヴァス
Gustavus
ガスタヴァス
Gustavus
カスタグノリ
Castagnoli
ガスダスカ Gasdaska
ガスターソン
Gusterson
ガースタッド
Gerstad*
ガスタッド Gustad
カスタートン
Casterton
カスタニエ Castanier
カスタニェーダ
Castaneda*
Castaňeda
Castañeda*
Castanheda
カスタニェダ
Castañeda
Castanheda
カスタニエダ
Castañeda
カスタニェット
Castagnetto*
カスタニディス
Kastanidis
カスターニャ
Castagna*
ガスタニャガ
Gaztanaga
カスタニャリ
Castagnary
カスターニョ
Castagno
カスタニョ Castaño
カスタニョン
Castañón
カスタネーダ
Castaneda
Castañeda
カスタネダ
Castaneda**
カスターノ Castano*
ガズダーノフ
Gazdanov
Gazdánov
ガスターブ Gustave
ガスタフ Gustav
ガスタフェロー
Guastaferro
ガスタフソン
Gustafson
ガスタフリン
Gustavson
ガスターボ Gustavo
カスターマン
Casterman
カスダリス Kasdaglis
カスターリスキー
Kastaliskii
カスタルディ
Castaldi*
ガスタルディ
Gastaldi*
ガスタルデッリ
Gastaldelli
ガスタルデッロ
Gastaldello
カスタルド Castaldo*
カスタン Castan
カスダン Kasdan**
ガスタン
Gastao
Gastão
ガースタング
Garstang
カスタンス Custance
カスチ Casucci
ガースチェフ Gastev
カスチェリ Cuschieri
ガスチェン Gaschen
ガスチニスキー
Gaszyński
カスチリオーニ
Castiglione
カスチリオーネ
Castiglione
カスチリョーネ
Castiglione
カースチン Kirstin
カスツ Kast
カスツナール Kasznar
カスツーリ
Kasturi
Kastūri
ガステ Gasté
ガステー Gaste
カーステアズ
Carstairs
Carstares
ガステアソロ
Gasteazoro
カースティ
Casti
Kersti
Kirstie*
Kirstin
Kirsty***
カースティー Kirsty
カスティ
Casti*
Casty*
Khasti
カスディ Kasdi*
ガスティ
Giusti
Gusti
ガスディア Gasdia*
ガズディア Gasdia
ガズデイアル Guzdial
カスティオーニ
Castioni*
カスティガン Costigan
カスティグリオニ
Castiglioni
カスティゴ Castigo
カスティジェホ
Castillejo
カスティージャ
Castilla
Castīlla
カスティジャ Castilla
カスティージョ
Castillo*
カスティジョ Castillo*
カースティッチ Krstić
カスティナー
Kasztner
カスティノ Castino
ガスティノ Gastineau
カスティーヤ
Castilla**
Castīlla
カスティーユ Castille
カスティユー
Castillou
カスティーヨ
Castillo***
カスティヨン
Castillon**
カスティーラ Castilla
カスティリアーノ
Castigliano
カスティリェーハ
Castilleja
カスティリェホ
Castillejo
カスティリオーニ
Castiglioni**
Gastiglioni
カスティリオニ
Castiglioni
カスティリオーネ
Castighlione
Castiglione**
カスティリオン
Castillion
カスティリャ Castīlla
カスティリャーノ
Castigliano
カスティーリョ
Castilho
Castillo*
カスティリョ
Castilho
Castillo*
カスティリョーニ
Castiglioni
カスティーリョーネ
Castiglione
カスティリョーネ
Castiglione*
カースティル Kastil
カスティール Castile
カスティル Castil
ガスティル Gastil
ガステイル Gastil
カスティーロ Castillo
カスティロ Castillo*
カースティーン
Kirsteen
カースティン
Kerstin
Kirstein
Kirsten
Kirstin*
カズディン Kazdin
ガースティン
Garstin
Gerstein
ガステーヴ Gustave
カステジャーノ
Castellano
カステジャーノス
Castellanos
カステジャノス
Castellanos
カステジョン
Castellon
Castellón
カステス Castex
カステックス Castex
カーステッター
Kerstetter
カステッラッツィ
Castellati
Castellazzi
カステッラーニ
Castellani
カステッラーノ
Castellano
カステッラモンテ
Castellamonte
カステッリ Castelli*
カステッリット
Castellitto
カステッリーニ
Castellini
カステッロ Castello
カステニェード
Castaignède
カステヤーノ
Castellano

カステヤノス
Castellanos
カステーヨ Castelló
カステラ
Castella
Castellà
カステライン
Kasteleijn
カステラオ Castelao
カステラーニ
Castellani**
カステラニ Castellani
カステラニィ
Castellani
カステラーノ
Castellano*
カステラール Castelar
カステラル Castelar
カステラン
Castellan**
カステリ Castelli**
ガステリー Castery
カステリェト Castellet
カステリオ Castellio
カステリオン Castellio
カステリック Kastelic
カステリット
Castellitto
カステリーニ
Castellini
カステリャーノ
Castellano
カステリャーノス
Castellanos
カステリャノス
Castellanos**
カステリョ Castellio
カステリヨン
Castellio
Castellion
カステル
Casteele
Castel*
Castell
Castells**
Castelo
ガステル
Gastel
Gaztelu
Gáztelu
カステルウェトロ
Castelvetro
カステルヴェートロ
Castelvetro
カステールス Casteels
カステルスカ
Kasterska
カステルーチ
Castellucci
カステルッチ
Castellucci*
カステルヌヴォ
Castelnuovo
カステルヌォーヴォ
Castelnuovo
カステルヌオーヴォ
Castelnuovo*
カステルヌオヴォ
Castelnuovo
カステルヌォーボ
Castelnuovo
カステルヌオーボ
Castelnuovo
カステルヌオボ
Castelnuovo
カステルノー
Castelnau
カステルバジャック
Castelbajac*
カステルビ Castellvi
カステレイン
Casteleyn
カステレック
Kastellec
カステレト Castellet
カステレン Castelen
カステーロ Castelo*
カステロ
Castello*
Castelo*
Castillo
カステロダビッド
Castelo David
カステロン Castellon
カーステン
Carsten**
Karsten
Kirsten**
カステン Castaing
カズデン Cazden
ガーステン Gersten
ガスデン Gadsden
ガズデン Gadsden
カステンショルド
Castenschiold
カーステンス
Carstens*
カステンス Kastēns
カステンスキールド
Castenskiold
カーステンゼン
Carstensen
カステンバウム
Kastenbaum*
ガーステンバーグ
Gerstenberg
ガーステンフェルド
Gerstenfeld
カステンマン
Kastenman
カースト
Karst
Kast*
Kirst
カスート Kassutto
カスト
Cassuto
Cust
Kast*
ガースト Garst
ガスト
Gast*
Gastaut
ガストー Gastaut
ガストゥ Gastou
ガストゥエ Gastoué
カストゥーリ Kasturi
カストナー
Castner
Kastner*
Kästner
Kasztner
ガーストナー Gerstner
ガストーニ Gastoni
ガストーネ Gastone*
カストネル Kastner
ガストフレンド
Gastfriend
カストベルグ
Castberg
ガストマン Gastmann
ガストライト
Gastright
カストラニェダ
Castaneda
カストラノバ
Castranova
カストリ Castries
カストリアディス
Castoriadis*
Castriadis
カストリオト Kastriot
カストリオン
Kastoriōn
カストリジョ Castrillo
カストリス Castris
カストリッツ Kustritz
カストリニャーノ
Castrignano
カストリーヨ Castrillo
カストリヨン
Castrillón
カストリーリョ
Castrillo
カストリン Castlin
カストール Castor
カストル
Castries
Kastl
Kastōr
ガーストル Gerstle
カストルスキー
Kastorskii
Kastorsky
カストルッチ
Castrucci
カストルッチョ
Castruccio
ガストルディ Gastoldi
ガストルド Gasztold
カストレ
Castle*
Castries
カストレイ Castrée
カストレサナ
Castresana*
カストレーゼ Castrese
カストレール Kastler
カストレル Kastler*
カストレン Castrén
カストロ
Castelot
Castoro
Castr
Castro***
ガストロー Gastrow
カストロジョヴァンニ
Castrogiovanni
カストロスキー
Kastroskii
カストローネ
Castrone
カストロネヴェス
Castro-Neves*
カストロノヴァ
Castronova
Castronovo
カストロノバ
Castronovo*
カストロビエホ
Castroviejo
カストロベルデ
Castroverde
カストロマン
Castroman
カストロメンデス
Castro Mendes
カーストン Carston
ガストン
Gasston
Gaston***
Gastone
Gunstone
Guston
カーズナー
Kerzner*
Kirzner*
カスナー
Kasner
Kassner*
Kastner
カズナー Cuzner
ガースナー
Gerstner**
ガスナー
Gassner
Gaßner
カズナーヴ Cazenave
ガズナヴィー
Ghaznawī
カズナザニ Kasnazani
カズナチェエフ
Kaznacheev
ガスニー Gosney
カズニアック
Kaszniak
ガスニエ Gasnier
カズニック Kuznick
カズヌーヴ
Cazeneuve**
カズヌーブ Cazeneuve
カズネスキ Kuzneski
カズネーディ Casnedi
カズノー Cazneau
カスノーカ Casnocha
カスパ Casper
カスパー
Caspar*
Casper*
Kaspar***
Kaspear
Kasper***
ガスパー Gaspar
カスパーソン
Kasperson*
ガスパッリ Gasparri
カスバート
Cuthbert***
ガスパード Gaspard*
カスバートソン
Cuthbertson*
カスバートン
Cuthbertson
ガスパラ Gasoara
ガスパラン Gasparin
カスパーリ Caspari*
カスパリ Caspari
カスパリー Caspary
ガスパーリ
Gaspari
Guaspari*
ガスパリ
Gaspari*
Gasparri*
Guaspari
ガスパリアン
Gasparyan
ガスパリーニ
Gasparini
ガスパリニ Gasparini
ガスパリーノ
Gasparino*
ガスパリン Gasparin
カスパール
Caspar
Gaspard
Kaspar
カスパル
Caspal
Caspar*
Casper
Gáspár
Kaspal
Kaspar*
ガスバール Gaspar
ガスパール
Gaspal
Gaspar**
Gaspard*
Gaspare
ガスパル
Gaspar*
Gaspard
カスパルス Kaspars
カスパルト Kaspar
ガスパルドーヌ
Gaspardone
ガスパルレ Gasparre
ガスパーレ
Gaspare
Gasparo
ガスパレ
Gaspale
Gaspare*
Gasparo
ガスパレット
Gasparetto*
ガスパーロ Gasparo
ガスパロ
Gaspalo
Gaspare
Gasparo
ガスパロヴィッチ
Gašparovič

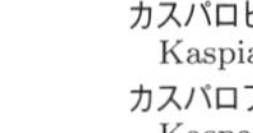

カ

カスパロビッチ
Kaspiarovich
カスパロフ
Kasparov**
カスピ
Casspi
Kaspi
ガスビー Gadsby
カスピアン Caspian
カスビオ Kasvio
カスピカーラ
Caspicara
カスピット Kuspit*
カズビーニー
Qazvīnī
Qazwīnī
ガスピラル Gaspiral
ガスフィールド
Gusfield
ガスフィルード
Gusfield
カスプシク Kasprzyk
ガスプラル Gaspiral
カスプリスキ
Kaspriske
ガスプリンスキー
Gasprinskii
カスプルザック
Kasprzak
カスプローウィチ
Kasprowicz
カスプローヴィチ
Kasprowicz
カスプロヴィチ
Kasprowicz
カスプロヴィッチ
Kasprowicz*
カスプロビッチ
Kasprowicz
カスペ Caspe
ガスペ
Gaspais
Gaspé
カズベギ Qazbegi
ガスペリ Gasperi
ガスペリーニ
Gasperini*
カスペル Casper
カスペルスキー
Kaspersky*
カスペルセン
Caspersen*
カスペルソーン
Caspersson
カスベルト Cuthbert
ガスペロ Gaspero
ガースホフ Gershoff
カスマ Kasma
ガーズマ Gerzema
カズマイヤー Kazmier
カズマレック
Kaczmarek
Ksczmarek
カーズマン Kurzman
カスマン
Cuthman
Kussman
カズマン Kazman
ガスマン
Gassman*
Gassmann**
Gusman
ガズマン Guzman
カースミー
Qāsimī
Qasmi
Qāsmī
カズミ Kazmi
カスミア Kasmir*
カズミアー Kazmir*
カスミール Casmir
ガズミン Gazmin
カスム Kassoum
ガズメル Gazmere
ガズメンド Gazmend
カースラー Cussler
カズラウスカス
Kazlauskas
カスラーナ Casulana
カズラーナ Casulana
カスラビー Kasravī
カスラン Castellan
カースリー
Carsley
Kearsley*
カーズリー Kersley
カスリ Kasuri
カズリ Khazri
ガスリ Guthrie*
ガスリー Guthrie***
カスーリス Kasulis
カスリス Kasulis
ガスリッジ Guthridge
カスリーディス
Kasoulides
カスリデス
Kasoulides
ガスリーニ Gaslini
カスリルス Kasrils
カスリルズ Kasrils
カスリーン
Cathleen
Kathleen*
カスリン
Kathleen
Kathryn
カースル Castle***
カスール Kasule
カスル
Castle
Kasl
カスルー Khasru
カースルズ
Cassels
Castles
カースルモン
Castlemon
カースルレー
Castlereagh
カスルレー
Castlereagh
カースルレイ
Castlereagh
カスレ
Kasle
Kastler
カスロー Kaslow
カズロウ Kazlou
カズローフ Kozlov
カズロフ Kozlov
カズロン Caslon
カーズワイル
Kurzweil*
ガズワニ Ghazouani
カスワン Kaswan
ガズワーン Ghazwān
ガズワン Ghazwan
カースン
Carson*
Karson
カーズン Curzon*
カスン
Casson
Cusson
Kassoum
カズン
Cosin
Cousin**
Kazdin
ガースン
Garson*
Gerson
カズング Kazungu
カズンス
Cousens
Cozens
カズンズ
Cousins***
Couzens*
Couzins
Cozens*
Cozzens*
Kosins
カセー
Casé
Casey
カゼ
Case
Casè
ガーセ Gahse
ガーゼ
Gade
Garde
Gazes
ガセ
Gassée
Gasset
Gyase
ガセー Gasset*
ガゼー Gasse
カーセイ Karsay
カゼイ Kazei
ガセイル Gutheil
ガゼヴィチ Gezevich
カセカンプ Kasekamp
カセグレイン
Cassegrain
カセグレン
Cassegrain
カーセケムラー
Khasekhemre
カセス Cases
ガゼース Gazēs
ガゼス Gaza
カセスニエミ
Kasesniemi
カセーダ Casseda
カセツィリ Kasetsiri
カセック Cacek
カゼック Caselli
カゼッタ Cazzetta
ガゼッタ Guzzetta
カゼット Cazette
ガセット Gasset*
ガゼット Gasset
カセッラ Casella
カゼッラ Casella
カセッリ Caselli
カゼッリ Caselli
ガセート Gasset
ガセト Gasset
カセートシリ
Kasetsiri*
カセナリ Kasenally
カゼナンボ
Kazenambo
カゼノヴ Cazenov
カセバウム
Kassebaum
ガゼボ Gazebo
ガーゼマン Gasemann
カセミ Qasemi
カゼミ Kazemi
ガセミ
Ghasemi
Ghassemi
カゼミヤン Kazemian
カゼミーロ Casemiro
カーセム
Kāssem
Qāsem
カーゼム Kurzem
カセーム Kasem**
カセム
Cassem
Cassim*
Kacem*
Kasem
Kassem*
Kāssem
Qasem
カゼム Kazem*
ガセム Ghasem
カセムサモソーン
Kasem-Samosorn*
カセムシー Kasemsri*
カセームスィー
Kasemsri
カセムブロート
Casembroot
カセーラ Casella
カセラ Casella
カゼーラ Casella
ガゼラニ Gazerani
カセリ Caselli
カゼーリウス Caselius
カゼリーニ Caserini
カセーリャス Casellas
カセリラ Casella
カセリン Katharine
カーセル Carsel
カーゼル Casel*
カセール
Cassell
Kacere
カセル
Casel
Cassel
Cassell
カゼル Cazelles
ガゼル Ghazālī
カーゼルマン
Caselmann
カセルラ Casella
カセルリ Caselli
カセレス
Caceres*
Cáceres*
カセーロ Casero
カーセン Karssen
カセーン Kasem
ガーゼン Goerzen*
カセンティーニ
Casentini
カゼンティーノ
Casentino
カゼンプール
Kazempour
カセンブロート
Casembroot
カゼンベ Kazembe
カゼンベク Kazembek
カソ Caso
カゾ Cazot
ガゾ Gazo
カゾアール Casoar
ガソイ Gasoi
カソヴィッツ
Kassovitz*
カソギュー Kassogué
ガゾズ Gazoz
カソタキス Kasotakis
カゾット Cazotte
カーソップ Kirsopp
カソーナ Casona
カソナ Casona*
ガゾビ Gazobi
カソビッツ Kassovitz
ガゾフ Gazov
カソボン Casaubon
カゾーボン Casaubon
カゾボン Casaubon
カソマ Kassoma
カゾラチ Casorati
カソラティ Casorati
カゾラーティ Casorati
カゾラティ Casorati
カソリーノ Casolino
カソリン Cathrine
カゾール Cazor
ガソル Gasol**

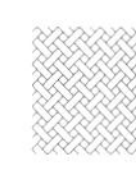
カ

カソルラ Cazorla*
カーソーン Cawthorn
カーソン
Carson***
Casson
Curson**
Curzon
Kurson
カーゾーン Curzon
カーゾン Curzon*
カソン Casson
ガーソン
Garson**
Gerson**
ガーゾーン Girzone*
ガーゾン Gerzon**
カソンゴ Kasongo
カーソンズ Carsons
カゾンダ Kazonda
カソンデ Kasonde
カータ Carter
カーター
Carter***
Cartier
Cartter
Cater*
Karter
Kater*
カーダー
Cader
Carder
カタ Catá
カダ Ca da
カダー Kador
ガーダ
Gerda
Ghada**
ガタ Gata
ガダ
Gada
Ghada
ガダー Gudder
カターイ Katay
カタイ Katai
ガタイ Ngatai
ガダーイー Gadai
カダイアー Cuddyer*
ガータイス Gerteis
カタイスト Katajisto
カタイネン Katainen*
ガダイリー G̱hadairī
ガタウリン Gataullin
カターエフ Kataev**
カタオシカ Kataotika
カダガ Kadaga
カータカンプ
Katerkamp
カタキ Kataki
カダキア Kadakia
カタコフ Katkov*
カタコラ Catacora
カーダシアン
Kardashian
カタジーナ
Katarzyna*
カタジナ Katarzyna
カーダシュ Kádas
カダシュマン
Kadashman
カダショーフ
Kardashov
カーダス Cardus
ガタズ Gattaz
カータースコット
Carter Scott
Carter-Scott
カタスタ Catasta
カタソノワ
Katasonova*
カターソン Caterson
ガターソン Gutterson
ガタチュ Getachew
ガーダッド Guardado
カタート Quataert
カタトニ
Katatni*
Katatny
カタナ Catana
カタナック Catanach
カタニー Catany*
カターニア Catania*
カタニア Catania
カタネオ Cattaneo*
カタノソ Catanoso
カダノフ Kadanoff
ガダノフ Gadanov
ガダバゼ Gadabadze
カタパーノ Catapano
カタビ
Khattabi
Qatabi
カダファルク
Cadafalch
カダフィ
Kadafi
Qaddafi**
Qadhdhāfī
カダフィー Qadhdhāfī
カタフィアツ
Katafiasz
ガダフナ Ghdafna
カダーブハイ
Kaderbhai
ガダフム Qadhakhum
ガーダマー Gadamer
ガダマー Gadamer
ガダマー Gadamer**
カダマルテリ
Cadamarteri
カタミ Qatami
カタミーゼ
Katamidze
カタミン Qatamine
カダム Kadam
ガーダム
Gardam*
Guirdham
ガダム Gaddam
ガーダムバ
Gaadamba
Gadamba
カダモースト
Ca da Mosto
カダモスト
Ca da Mosto
カターモール
Cattermole
カタヤ Kataja
カタラ
Catala
Catalá
Cathala
ガダラ Gadalla
カタラード Cataldo
カタラーニ Catalani
カタラーノ Catalano*
カタラノ Catalano*
カタラノット
Catalanotto*
カタラノート
Catalanotto
カタラン Catalan
カーダリー Kaderly
カタリ
Cuttaree
Katali
Katari
カダリ Kadali
カダリー Kadalie
ガタリ
Gattelli
Guattari**
カータリアン
Kartalian
ガターリッジ
Gutteridge*
カタリーナ
Catalina*
Catarina**
Caterina**
Catharina**
Catherine
Katariina
Katarina**
Kateri
Katharina**
カタリナ
Catalina***
Cătălina
Catarina*
Catharina
Catherine
Katarina*
Katharina*
Katrina
カタリニッチ
Katalinic
カタリヌス
Catharinus
カタリーネ Katharina
カタリネ Catherine
カタリーノ Catalino
カタリノ Catalino
カタリノット
Catalinotto
カタリペラサ
Catari Peraza
カターリヤ Khatharya
カタリン
Catalin*
Cătălin
Katalin**
カーダール
Kádar
Kádár
カダール
Kádár
Kader
カダル Kádár*
カタルジーナ
Katarzyna
カタルジナ Katarzyna
カタルジュウ Catargiu
カダルスト Cadalso
カダルソ Cadalso
カタルツィナ
Katarzyna
カタルディ Cataldi
カタルド Cataldo**
カタルネ Qatarneh
ガダルペ Guadalupe
カダレ
Kadare
Kadaré**
ガタレ Gatare
カータレット Carteret
カタレット Cataletto
カータレト Carteret
カータン Curtan
カーダン Cardone
カタン
Cattin
Katahn
カダン
Cadine
Khadan
カタンザロ Catanzaro
カタンツァロ
Catanzaro
カダンニコフ
Kadannikov*
カタンボ Katambo
カーチ
Curti
Karch**
Kerch
Kirch
カチ Kac
カーチア Katja*
カチア Kátia
カチアク Katsiak
ガチアン Gatien
カティール
Kathir
Katzir
カチェ Katche
カーチェヴァー
Kerchever
ガーチェヴァ Gacheva
ガチェチラゼ
Gachechiladze
カチェトコフ
Kochetkov
ガーチェフ Gáchev
カチェレ Kachere
カチェンコ Tkachenko
ガチカー Gachkar
カチカデーリス
Katsikadelis
カチク Kachikwu
カチコ Kachiko
カチコフスキー
Kaczkowski
カーチス
Courtis
Curtis**
Curtiss
カチチ Kačić
カチッチ Kačić
カーチナー Kirchner
ガチーナ Gacina
ガチノヴィッチ
Gacinovic
カーチマー Karchmer
カチマレク
Kaczmarek
カーチマン
Kirchman
Kochman
カーチャ
Katia
Katja**
Katya
カチャ
Cacia
Katja
Katya
ガチャ Gatsha
カチャイート
Cachaito
カチャーオ Cachao
カチャック Tkachuk
カチャッリ Cacialli
カチャーノフ
Katchanov
カチャノフ
Kachanoff*
Kachanov
カチャラヴァ
Kacharava
カチャリ Kachali
カチャル Kacar
カチャルスキー
Katchalsky
Katzir-Katchalsky
カチャーロフ
Kachalov*
カチャン Kachan
カチュアン Ka Chuan
カチュウル Catulle
カチュコフスキ
Kaczkowski
カチュシテ
Kačhušhité
カチュニック
Katshnig
カチュニッヒ
Katschnig
カチュマレク
Kaczmarek*
カチューラ Kachura
カチュール Catulle*
カチュル Catulle
カチュルー Kachru
カーチュン Kah-chun
カチョ Cacho*

カチョマレク
Kaczmarek
カチョル Kaczor
カチョーン Khacon
カチョン Khacor
カチョンプラサート
Kachornprasat
カチリザンビー
Kathirithamby
カチリーナ Catilina
カチル Katzir
カチロー Cutchlow
ガチンジ Gatsinzi
カチンス Kutchins
カチンスキ
Kaczyński**
カチンスキー
Kachinskii
Kaczynski
カーツ
Kaatz
Kartz
Kats
Katz*
Kurts
Kurtz***
Kurz
ガーツ
Gertz*
Goertz
カーツァー Kertzer*
ガツァーク Gazak
カツァニス Katsanis
カツァブ
Katsav*
Katzav
カツァラポフ
Katsalapov
カツァリス Katsaris*
カツァロス Katsaros
ガツァロフ
Gatsalov**
ガツィ Gatsi
カツィアリーナ
Katsiaryna
ガツィエフ Gattsiev
カツィカス Katsikas
カーツィグ Kurtzig
カツィール Katzir**
カツィル Katzir
カツェク Katzek
カツェッリ Katselli
カツェネルソン
Katsenelson*
カツエフ Katsev
カツェラス Katselas*
カツェリ Katseli
カツェール Kacer
カーツェンスタイン
Katzenstein
カツォブ Katsov
カツォヤニス
Katsoyannis
カツォンガ Katsonga
カッカー Kakkar
カッカヴェッロ
Caccavello
カッカル Khakhar
ガツキ Gadski
カック
K'ahk'
Khac
Kuck
カツク Katuku
ガック Gack
カツググ Katugugu
カックス
Cox
Kucks
カックラン Cochran
カックル Cockle
カックレル Cockerell
カッゲ Kagge
カッケランド
Kagchelland
ガッケンバッハ
Gackenbach
カッケンボス
Quackenbos*
カッサー Cassar
カツサ Katusa
ガッサー Gasser*
ガッザ Gazza
カッサヴェテス
Cassavetes
カッサド Cassadó
ガッサニ Gazzani
ガッザニーガ
Gazzaniga
カッサニス Cassanis
カッサネーア
Cassanéa
カッサーノ Cassano**
カッサノ Cassano
カッサバ Kassapa
カッサパ Kassapa
カッサブ Qassab
カッザーフィ
Qadhdhafi
カッサボバ
Kassabova*
カッサーム Qassām
カッサム
Cassam**
Quasem
ガッサム Ghassam
カッサーモ Caccamo
カッサーラ Cassara
ガッザーリー
Ghazālī
Ghazzālī
カッサル
Kassal
Kassar
カッサン Cassin
ガッサーン
Gassan
Ghassān
ガッサン
Ghassan**
Ghassān*
カッサンス Cussans
カッサンダー
Cassander
ガッサンディ
Gassendi
カッサンドラ
Cassandra*
Kasandrā
Kassandrā
カッサンドル
Cassander
Cassandre*
カッサンドロス
Kassandros
カッシー Cassie
カツジ Katsuji
カッシア Kassia
カッシアス Cassius
カッシアーヌス
Cassianus
カッシアヌス
Cassian
Cassianus*
カッシィラア Cassirer
カッシウェラウヌス
Cassivellaunus
カッシウス
Cassius
Cocceianus
カッシェー Kasher
ガッシェ Gachet
ガッシエ Gassier
カツシェフ Katushev*
カッシェン Cushen
カッシオ
Cascio
Cassio
カッシオス
Cassius
Kassios
カッシオドールス
Cassiodorus
カッシオドルス
Cassiodorus
カッシオドーロ
Cassiodoro
カッシオペイア
Kassiopeia
カッシオーラ Kassiola
カッジオラト
Cazziolato
ガッシオン Gassion
カッシス Kassis
カッシディ Cassidy
カッシーナ Cassina*
カッシーニ Cassini*
カッシニ Cassini
ガッジーニ Gaggini
カッシネッリ
Cassinelli
カッシネリ Cassinelli*
カッシーノ Cassino
カッシム Kassim
カッシャ Cascia
カッシャウアー
Kaschauer
カッシャーク
Kassak
Kassák
カッシャパ Katshapa
カッシャーロ Casciaro
カッシャン Cachin
カッシュ Kusch
ガッシュ
Gasch
Gashé
Gush
カッシュエン Cashen
カッシュケー
Katsheke
カッシュマン
Cashman
Cushman*
カッショール Cutshall
カッシーラ
Cassirer
Cassiser
カッシーラー
Cassirer**
カッシラー Cassirer*
カッシラア Cassirer
カッシーリ
Casilli
Kassili
カッシリ Kassil'
カッシレル Cassirer
カッシンガー
Kassinger
カッシンガム
Cassingham
カッシング Cushing**
カッス Casse
カッスート Cassuto
ガッスマン Gassman
カッスラー
Cussler***
Kassler
カッスル
Cassel
Castle
カッスルマン
Castleman
カッスルリー
Castlereagh
カッスルレー
Castlereagh
カッセ Casse
ガッセ Gasse
カッセーゼ Cassese
カッセッティ Cassetti
ガッゼッローニ
Gazzelloni
カッセバウム
Kassebaum
カッセバーム
Kassebaum
カッセボーム
Kassebaum
カッセボム
Kassebaum
カッセム Kassem
カッセラ Cassella*
カッセリ Caselli
カッセリオ Casserio
カッセール Casseres
カッセル
Cassel***
Cassell
Kassel*
Kassell
Kasser
カッセルズ Cassels*
カッセルマン
Casselman
ガッゼルローニ
Gazzelloni
ガッゼローニ
Gazzelloni
カッセン Cassen*
ガッセン Gessen
ガッセンディ
Gassendi
カッセンバウム
Kassebaum
ガッソウ Gussow
カッソーラ
Cassola***
ガッゾーラ Gazzola
カッソン Casson*
ガッソン Gasson
カッタ Catta
カッター Cutter*
ガッタ Gatta
ガッター Gatter
ガッダ Gadda*
ガッタス Ghattas
カッターネオ
Cattaneo*
カッタネオ
Cattaneo**
カッターハーラ
Kaṭṭhāhāra
ガッタポーネ
Gattapone
カッタボンマン
Kattabomman
ガッターマン
Gatterman
Gattermann*
ガッタメラータ
Gattamelata
カッターモール
Cattermole
ガッターリッジ
Gutteridge
ガッタリッジ
Gutteridge
カッタルッツァ
Cattaruzza
カッタン Cattan
カッチ Katch
カッチー Cacchi
ガッチ
Gutch
Gutsch
カッチェン Katchen
ガッチーズ Gaches
カッチーニ Caccini
カッチャ
Caccia
Katja
カッチャー
Katchor*
Kutcher*

ガッチャダール
Gachchhadar
Gachhedar
カッチヤッパ
Kacciyappa
カッチャトーリ
Cacciatori
カッチャトーレ
Cacciatore
カッチャプオティ
Cacciapuoti
カッチャーヤナ
Kaccāyana
カッチャーリ
Cacciari*
ガッチョーネ
Gaccione
カッチョーリ Caccioli
ガッチョン Gutcheon
カッツ
Cats
Cutts*
Kac*
Kats
Katz***
Kotz
ガッツ
Gatz*
Guts
カッツァーティ
Cazzati
ガッツァーディ
Guzzardi
カッツァート Cazzato
ガッツァート Gatzert
カッツァニーガ
Cazzaniga
ガッツァニーガ
Gazzaniga
ガッツァニガ
Gazzaniga
カッツァーブ Katsav
カッツァン Katzan
ガッツィ Gazzi
カッツィン Katzin
ガッツェッローニ
Gazzelloni
ガッツェローニ
Gazzelloni*
カッツェン Katzen*
カッツェンシュタイン
Katzenstein
カッツェンシュレーガー
Katzenschlager
カッツェンスタイン
Katzenstein**
カッツェンバーガー
Katzenberger
カッツェンバーグ
Katzenberg*
カッツェンバック
Katzenbach**
カッツェンバッハ
Katzenbach
ガッツォ Gazzo
ガッツォス Gatsos*
ガッツォーラ Gazzola
ガッツォーロ Gazzolo
カッツデン Cazden
ガッツデン Gadsden
カッツネルソン
Katzenelson
Katznelson
カッツマジック
Katzmarzyk
カッツマルスキー
Kaczmarski
カッツマレク
Kaczmarek
カッツマン Katzman*
カッツング Katzung
カッテ Katte
カッティ Katti
ガッティ
Gaddi
Gatti***
Gatty
ガッディ Gaddi
ガッディアーノ
Gaddiano
ガッティカー
Gattiker*
ガッティナラ
Gattinara
カッティニャ
Khattigna*
カッティーノ Cuttino
カッティン Cattin
カッティング
Cutting**
ガッティング Gutting
ガッテーニョ
Gattegno*
Gattégno*
ガッテニョ Gattégno
ガッテラー Gatterer
カッテリーノ
Catterino
カッテル Cattell
ガッテルマン
Gattermann
カッテンダイケ
Kattendijke
カッテンデイク
Kattendijke
カッテンディーケ
Kattendijke
カッテンブシュ
Kattenbusch
カッテンブッシュ
Kattenbusch
カット
Cat*
Cát
Catt
Cutt
Kaat*
Kadt
Kat**
Katt
Khat
カッド Cadd
ガット
Gat
Gatt
Gatto*
ガッド
Gad*
Gadd**
Gaddo
ガットゥーゾ
Gattuso**
カットウフンド
Katn'fund
カッドゥール Qaddour
ガットゥング
Gattung*
カットクリフ
Cutcliffe*
カットショウ Cutshaw
ガットスタイン
Gutstein
ガットステイン
Gutstein
ガットソン Gatson
カットナー
Cutner
Kuttner**
カットニヒ Kattnigg
カットバート Cutbert
カットバートソン
Cuthbertson
ガットフォセ
Gattefosse
ガットフォード
Gatford
カットホール Cutshall
ガットマイタン
Gatmaitan
カットマスター
Kutmasta
ガットマン
Gutman*
Gutmann*
Guttman*
カットラー Cutler
ガットランド Gatland
カッドリプ Cudlipp
ガットリング Gatling
カットル Cutter
ガッドール Gaddor
カットローネ Cutrone
ガットワルド Gutwald
カットン Catton**
カッパ
Cappa
Kappa
カッパー
Capper
Cooper
ガッパ Gappah**
カッパイ Cappai
カッパースミス
Coppersmith
カッパタクラ
Kappaṭakura
カッパーチェク
Kacperczyk
カッパドナ
Cappadona
ガッバーナ Gabbana*
カッバーニ Kabbani
カッバニ Qabbani
カッパーフィールド
Copperfield**
カッバーラ Kabbara
カッパロフ Kapparov
ガッバーン Ghabban
カッピ Cappi
カッピー Cuppy*
ガッビアディーニ
Gabbiadini
ガッビアーニ
Gabbiani
カッピエッロ
Cappiello
カッフ
Cuff
Kaff*
カッブ Cobb**
カップ
Cap
Cobb*
Cupp*
Kapp**
Kopp**
カッファ
Caffa
Kaffa
ガッファーリー
Ghaffārī
ガッファール
Gaffar
Gaffār
Ghaffār
カッファレッリ
Caffarelli*
カッファレル Caffarel
カッフィ Caffi
カッフィエーリ
Caffieri
Caffiéri
カッフェラー Kapferer
ガッフェン Gaffen
カップス Kappus
カップダビラ
Capdevila
カップッチッリ
Cappuccilli
カップルマン
Kappelman
ガッベ Gabbe
カッペッリ Cappelli
カッペラー Kappeler
カッペリ Cappelli
カッペリーニ
Cappellini
カッペリーノ
Cappellino
カッペル Kappel
カツペル Kacper
カッペレッティ
Cappelletti
カッペン Köppen
カッポーニ Capponi
カッポリーノ
Capolino
カッポン Cappon
カッマニ Capmany
カツマレク
Kaczmarek
カーツマン
Kertzman
Kurtzman**
ガツマン Gutmann
カツミレク Kazmirek
カッラ
Carrà
Kalla**
ガッラ Galla
カッラス
Callas
Kallas
カツラス Katsulas
ガッラス Gallaz
カッラーダ Carrada
カッラッチ Carracci
カッラーニ Callani
ガッラーニ Garrani
カッラーラ Carrara
カッラーリ Carrari
カッラリーニ
Carrarini
カッリ
Carri
Kally
ガッリ Galli**
ガッリアーノ Galliano
ガッリアーリ Galliari
ガッリエヌス
Gallienus
カッリエーラ Carriera
ガッリエーラ Galliera
カッリオ Kallio
カッリオマキ
Kalliomäki
カッリージ Carrisi**
ガッリズガロ
Gallizugaro
カッリスト Callisto
ガッリーナ Gallina
ガッリナーリ Gallinari
カッリノス Kallinos
カッリマコス
Kallimachos
ガッリレーイ Gallilei
カツルス
Catullus
Catulus
ガッルス Gallus
ガッルッピ Galluppi
カッレ Kalle
ガッレ Galle
ガッレア Gallea
ガッレッティ Galletti
カッレーラ Carrera
カッレラ Kallela
カッレール Carrer
カッレル Carrer
ガッレン Gallen
カッレントフト
Kallentoft*
ガッロ Gallo*
ガッロウェイ
Galloway

カッロッツォ
Carrozzo
ガッローニ Galloni
ガッローネ
Gallone
Garrone
カーツワイル
Kurzweil*
ガッワースィー
Ghawwāṣī
ガツン Gutzon
カツンバ Katoumbah
カーテ
Cate
Käthe
カーデ Kade
カテ
Cate*
Kate
カデ Cadet
ガーテ Garthe
ガーデ
Gade*
Garde*
ガテ Gattet
ガデ
Gadet*
Guadet
ガデー Guadet
カテア Catteae
ガデア Gadea
カデアック Cadéac
カーティ
Carty*
Cati
Curti
Kurtti*
カーティー
Carty*
Kürti
カーディ
Cardi
Qadi
カティ
Cathy
Catty
Cutty
Kati**
Katie
Katty
Katy
Kgathi
カティー Cathy*
カディ
Cadi
Cuddy
Cudi
Kadi
Kadie
Kady
Khady
Qadi
ガーティ
Gáti
Gertie
Gerty*
Ghartey
ガーティー
Gertie
Gerty
ガティ
Gatti
Gatty
ガディ
Gaddy
Gadi
カーティア Katia
カティア
Catia
Katia*
Katja
Katya
カディア
Kadia
Kadir
ガーディア Guardia*
カディアト Kadiatou
ガーディアン Gadian
ガティアン Gatien
カディウ Cadiou
カティウス Catius
ガティウス Gatius
カーティエ
Cartier
Cartiér
Kaatje
カディエ Cadier
ガディエ Gadier
カティエリ Quatieri
カディエール Cadière
ガディエル Gadiel
カティオ Cattiaux
カディオ Cadiot*
ガーディオ Gadio
ガディオ Gadio
カティガス Kathigasu
カーディガン
Cardigan
カディガン Cadigan
カディギリ Kadigiri
カティグバック
Katigbak
カーティゲイナー
Kartiganer
カティジャー
Khadijah*
カディジャ Khadijah
ガディーシュ Gadiesh
カディジョ Khadijo
カーティーズ Kurtycz
カーティス
Courtis*
Curtis***
Curtiss**
Curtiz
Kertesz
Kurt
Kurtis
カーティズ Curtiz
カディス Kadis
ガディス Gaddis
カディソン Kadison
カディック Caddick
カーディッシュ
Kardish
カディッシュ Kadish
ガディッシュ
Gadiesh*
カディッシュマン
Kadishman
カティッチ Katič
カディディアトゥ
Kadidiatou
カティティマ
Katitima
カーディナー
Kardiner*
カティーナ Katina
カティナ
Catinat
Katina
ガーディナ Gardiner
ガーディナー
Gardinar
Gardiner***
Gardiners
Gardinier
カーディナル
Cardinal*
Cardinale
カーディニ Cardini
ガティニ Gattini
カティーニャ
Khattigna
カーディネル
Cardinell
カーティノ Cartaino
カティーノ Catino
ガーディーノ
Guardino
ガーディノ Guardino*
ガティノン Gatignon
カーティビー Kātibī
カティービー Khatibi
カディヒー Cuddihy
カディヒィ Cuddihy
カーティブ Kātib
カーディフ Cardiff**
カティブ
Khatib
Khatibu
カディマ Kadima
カディマン Kadiman
カーティマンドゥア
Cartimandua
カディミ Kadhimi
カディーム
Kadeem
Ka'Deem
カディム
Kadhim
Khadim
カティヤ
Katya
Khattiya*
カディヤック
Cadilhac
Cadillac
カーティヤーナ
Kātiyāna
カーティヤーヤナ
Kātyāyana
カーティヤーヤニープトラ
Kātyāyanīputra
カディユ Kadieu
カティーラ Katila
カディラヴァニヤ
Khadiravaniya
カーディリー Qodiriy
カディリ Qadiri
カディリアン
Ghadirian
カティリウス Catilius
カティリーナ Catilina
カティリナ Catilina
カディーリャ Cadilla
カーディル
Cardille
Kadeer**
Kadir
Qadir
Qādir
カーデイル Cardale
カディール
Kadir*
Qadeer*
カディル
Kadir
Qadeer
Qadir*
カディルガマル
Kadirgamar*
カディロフ
Kadyrov**
カーティン Curtin*
カティン
Ka Ting
Ka-ting
ガーティン Girtin
ガーディン Gärdin
カティンカ Katinka**
カティング Cutting
カティンスキー
Katinsky
カテガヤ Kategaya
カデゲ Kadege
カテジナ Kateřina
カデジャーベク
Kaderabek
カーデス Cades
ガデス Gades**
カーデック Kardec
ガーデック Gardeck
カーテッツ Kertesz
カデット
Cadet
Kadet
カテッブ Kateb
ガテテ Gatete
カテーナ Catena
カテナ Catena
カデナ Cadena*
ガーデナ Gardiner
ガーデナー
Gardener
Gardiner
ガーデナア Gardiner
カテナッチ Catenacci
ガーデニーア
Gardenier
ガーデニア Gardenia*
カテニーナ Katenina
ガテーニョ
Gattegno
Gattengo
カテーニン Katenin
ガテノ Gateno
カテブ
Kateb**
Kātib
カテフォレス
Catephores
カテマ Katema
カデム Khadem*
カーデュー Cardew*
カデューシン
Kadushin
ガーデラ Gardella
カテラル Catterall*
カテラン Cattelan*
カテリ Kateri
カデリ Qaderi
ガテリ Gattelli
カテリアノ Cateriano
カテリーナ
Caterina**
Catharina
Catherina
Cathérine
Katerina
Katherine
Knauth
カテリナ
Caterina*
Katerina*
Kateřina
Kateryna
カーデリーニ
Cardellini
カテリニコフ
Kotel'nikov
カテリニッチ
Katerinich
カテリーヌ
Caterine
Catherine*
Cathérine
カテリーネ
Catherine
Katherine*
カテリネ Caterine
カテリーノ Caterino
カテリノフ Katerinov
カテリーン
Caterine*
Katherine
カテリン Katerine
カーデル
Cardell
Kadel
Kader
Kardel
Qāder
Qādir
カテル
Catel
Cattell
Chatel
Katell
カデール Kader*
カデル
Cadel*
Cadell
Cader

Kadel
Kader
Qadir
Quader
ガーテル
Gartell
Gertel
ガテル Gatell
ガデル Gaedel
ガーデルズ Gardels*
ガテルス Gaters
カデルッス
Caderousse
カーデルバッハ
Kadelbach*
ガーデルマン
Gadermann*
カテルリ Katerli
カテレ Katele
ガデレワ Gadeleva
カデロ Cadelo*
カーテン
Curtain
Karten
カーデン
Carden
Kaden
カデン Kadden
ガーテン Garten*
ガーデン
Garden**
Gurden
ガテン Gathen
ガーデンシュワルツ
Gardenswartz
カテンデ Katende
ガデンヌ Gadenne
ガーデンハイアー
Gardenhire*
ガーテンバーグ
Gartenberg
ガーテンフェルド
Gartenfeld
カート
Carte
Cato
Curt***
Curtis
Kaart
Kaat
Kath
Kaut
Kirt
Kurt***
カード Card**
カト
Cat
Cato
Kato
カトー
Cato*
Catto
Kato
Kató
カド Cadot
ガート
Gart
Gát
Gert
ガード
Gard
Garde
Gerd
Guard
ガトー
Gateau
Gâteaux
Gato
ガド
Gad
Gado
カトーイ Cattaui
カトィヤー Catoir
カドイルベク
Kadyrbek
カトウ Kato
カドゥ
Cadou
Kadi
カドゥー Cadou
カドウ Cadow
ガドウ Gadow
カドゥアット Kadouat
ガトウィニガー
Gutweniger
カドゥウベク
Kadłubek
カードウェル
Cardwell**
カドウォスィオン
Cadwallon
カドウォラドゥル
Cadwaladr
カドゥカ Khadka
カドウガン Cadwgan
カドゥク Kadyk
カドゥザーデ
Kadizade
カトゥーシャ
Katoucha
カドゥシン Kadushin
カードゥース Quduus
カドゥスガヌ
Kadresengane*
ガトゥーソ Gattuso
カドゥソン Kaduson
カドゥーダル
Cadoudal
カドゥダル Cadoudal
カトゥッチ Catucci
カートウッド
Kurtwood
カトゥッルス Catullus
ガートゥード Gertude
カトゥナ Khatuna
カトゥナリチ
Katunarić
カドウベク Kadłubek
カドウミ
Kaddoumi**
カトゥラ Kattra
カドゥラ Qadoura
ガトゥラ Gatura
カトゥラン Catelain
カトゥリ Katri
カドゥーリ Kaddouri
カドゥーリー
Kadoorie
カドゥリ Kadri
カトゥーリスカヤ
Katul'skaia
カトゥリスカヤ
Katul'skaya
カトゥリーナ Caterina
カトゥリーベ
Katureebe
カトゥリン Catherine
ガトゥルアク Gatluak
カトゥルガロス
Katrougalos
カトゥルス
Catullus*
Catulus
ガトゥルード
Gertrude
カトゥルラ Caturla
カトゥルルス Catullus
カートウン Kartun
カトゥーン Khatun
カトゥン Khatun
カトゥンバ Katumba
カドカ Khadka
カドガ Khadga
カトカラ Khatkhate
ガドカリ Gadkari
カドーガン Cadogan
カドガン Cadogan
ガードギール Gādgīl
ガドギル Gadgil
ガトキンド Gutkind
カドク Cadoc
ガトクオス Gatkuoth
カトコーフ Katkov
カトコフ Katkov
ガートサイド
Gartside*
カトサン Katosang
カートジ Kartje
カドーシャ Kadosa
カドシャ Kadosa
ガドジン Gudgin*
カトース Katus
カドス Chodos
ガトス Gatos
ガードスキ Gadski
ガトスキ Gadski
ガドスキ Gadski
ガドスデン Gadsden
ガードセー Gaardsoe
カトセラス Katselas
カードーゾ Cardozo**
カードーゾー Cardozo
カドーゾ Cardozo
ガトゾウリス
Gatzoulis
ガトソス Gatsos
カトチ Katoch
カドチニコヴ
Kadochnikov
カドチニコーヴァ
Kadochnikova
ガドッチ Gadotti
カトッティ Catotti
ガトット Gatot
カトッポ Katoppo*
ガトートカチャ
Ghatotkacha
ガトートカチャグプタ
Ghatotkacha
カートナー Kartner
カードナ Cardona
カトーナ Katona*
カトナ Katona*
カトナー
Kutner
Kuttner*
ガートナー
Gaertner
Gardner
Gartner
Gertner
Guertner
ガードナ Gardner
ガードナー
Gardener**
Gardiner**
Gardner***
ガトーナ Gattorna
ガードナーズ
Gardner's
ガードニィ Guedeney
カドニコフ Kadnikov
カトニッチ Katnić
カトニベレ
Katonivere
カドニヤン Guidanian
カドハタ Kadohata*
カトバト Cathbad
カドバニー Kadvany
カドバリー Cadbury
ガドバーン Ghadhban
カドビナ Kadobina
カードフ Kadow
ガートフ Gurtov
カドフィセース
Kadphises
カドフィセス
Kadphises
カドベリ Cadbury
カドベリー Cadbury
カドポ Khadpo
ガトマイタン
Gatmaitan
カートマン Cartman*
カドマン Cadman*
ガートマン Gartman
ガドマンダソ
Gudmundsson
ガドマンダール
Gudmundur
カートマントル
Curtmantle
カドミエル Cadmiel
カートミル Cartmill
ガードム Gardom
ガトームソン
Guttormson
カドムツェフ
Kadomtsev*
カートメリ Cartmell
カートメル
Cartmel
Cartmell*
カドモア Cudmore
カドモス Kadmos
カドモン
Caedmon
Kadmon
カトヤ Katja
カートヤーヤニープトラ
Kātyāyanīputra
カードュー Cardew
カードラ Khadra
カトーラ Cateora
カトラ Katora
カトラー
Cutler***
Cutrer
Cuttler
Kutler
カドラ Khadra**
ガートラー Gertler*
ガードラー Girdler
カートライト
Cartwright***
カートライン Cathrein
カトライン Cathrein
カトラキス Katrakis
カトラダ Kathrada*
カトラック Cutlack
カトラーン Qaṭrān
カトラン
Catelain
Cathelin**
カートランド
Cartland***
ガートランド
Gehtland
ガトランド Gatland
カートリ Kirtley
カートリー
Kirtley
Kurtley
カトリ Khatri**
カトリー Khatrī
カドーリ Kadoorie*
カドリ
Kadri*
Kadry
Qadri
Quadri
カドリー
Kaderly
Qadrī
カトリエルアンドレス
Catriel Andres
カトリオーナ Catriona
カトリオナ
Catriona**
カトリカ Católica
カトリカラ Catricalà
カートリッジ
Cartledge*
Cartlidge**

カ

カトリップ Cutlip
カトリーナ
Catriona*
Katrina**
カトリナ Katrina
カトリニチ Catrinici
カトリーヌ
CaTherine
Catherine***
Cathérine
Cathrine*
Cotherine
Katherine**
Kathrine
Katrin
Katrine
カトリーネ
Cathrine
Katrine
カトリネ Catherinet
カトリノー
Cathelineau
ガトリフ Gatlif*
カトリャ Katrja
カトリーン
Catherine
Catrien
Kathleen
Kathrin
Katrin*
Katrine
カトリン
Cathrin
Catlin**
Catrin
Karin
Kathrin**
Katrin***
Katrín*
Katrine
カドリン Cadorin
ガトリン Gatlin**
ガドリン Gadolin
カトリング Catling
ガトリング Gatling
カドリンスキー
Kudlinski
Kudlinskij
カトール Cator
カトル Cattell*
カトルー
Catroux
Catrux
カドル Cadol
ガドール Gadour
ガドル Gadol*
ガードルストーン
Girdlestone
カドルデ Quadrud
カドルディン
Quadrud-Din
ガートルード
Gertrud
Gertrude***
Goepppert
ガートルド Gertrud
カドルナ Cadorna
カトルファージュ
Quatrefages
カドルーベク
Kadłubek
カトルメール
Quatremère
カトレー Catley
カドレ Kadre
ガートレー Gartley
ガードレー Girdley
カトレイ Catley
カドレツ Kadlec
カートレッジ
Cartledge
カートレット
Carteret*
Catlett
カトレット
Catlett
Catret
カトレール Quatrale
ガトレル Gatrell
カトレーン Kathleen
ガトロー Gautreaux
ガトロアイファアナ
Gatoloaifaana
カドロス Quadros
ガドロス Quadros
カトロッフェロ
Cutrofello
カトロン Catron
カドロン Kadlon
カドワース Cudworth
カドワラダー
Cadwalader
カドワランダー
Cadwallader
ガトワール Ghatowar
カドワルン Cadwallon
カドワロン Cadwallon
カートン
Carleton
Carton*
Caton
Kirton*
カードン Cardon
カトン Khatoune
ガートン
Garton*
Girton
ガードン
Garton
Gurdon**
カトンゴレ Katongole
カトンバ Katomba
カーナ Carner
カーナー
Carner
Koerner
カナ
Kanah
Khanna
カナー
Conner
Connor
Kanner**
ガーナー
Garner***
Girner
ガナ Gana*
ガナー Gunnar*
カーナウ Curnow*
カナヴァジオ
Canavaggio*
カナヴァッソ
Canavasso
カナヴァン Canavan
カナヴェイル
Cannavale
カナヴェージオ
Canavesio
カナヴォ Cannavo
カーナーヴォン
Carnarvon
カーナヴォン
Carnarvon
カナエワ
Kanaeva
Kanayeva*
ガナカ Gaṇaka
カナカオレ Kanakaole
カナカッオレ
Kanaka'ole
カナカレデス
Kanakaredes
カナギー Kanagy
カナコス Kanachos
カナジ Kanazi
ガナシア Ganascia
カナシェーヴィッチ
Konashevich
カーナス Karnath
カナス Kanasz
カーナスット
Karnasuta
カーナゼス Karnazes
ガナーソン
Gunnarsson
カーナダ
Kanād
Kanāda
カナダ Canada
カナック
Cannac
Kanak
ガナッシ Ganassi*
ガナッタ Ganatta
カナット Canutt
カナデイ Canaday
ガナディ Gennadij
カナート Canart
カナード Cunado
カナト Kanat
ガーナート Gernert
ガナナート
Gananath*
ガナパシ Ganapathy
カーナバス Carnavas
カーナハン
Carnahan*
Kernahan
カナバン Canavan
カーナビー Carnaby
ガナピス Ganapes
カナビヒ Cannabich
カナビリャス
Canavilhas
カナファーニー
Kanafānī*
Kanafany
カナベ Casnabet
カナヘレ Kanahele
カーナーボン
Carnarvon
カーナボン Carnarvon
カナム
Canam
Canham
カナムギレ
Kanamugire
カナヨ Kanayo*
カナーリ Canali
カナリ Canale
カナリー
Cannary
Cunnally
Kanary
カナーリス
Canaris
Kanaris
カナリス
Canaris*
Kanaris
カナリック Kanarick
カナリット Kanharith
カーナル Kanar**
カナール Canale
カナル
Canal**
Kanal
Khanal*
カナルス Canals
カナーレ Canale
カナーレス Canales*
カナレス Canales
カナレック Kanarek
カナレット
Canaletto*
カナレットー
Canaletto
カナレハス Canalejas
カナレフ Kanarev
カナーロ Canaro
カナロ Canaro
カナワ Kanawa*
カナワアティ
Canahuati
カーナン Kernan**
カナーン
Canaan**
Kanaan**
Kanan
カナン
Canaan
Cannan
Cynan
Kanan*
Kan'an
カナンガラ
Kannangara
カーナンド Cournand
カーニ Kani
カーニー
Carney***
Kahney
Kânî
Karney
Kearney**
Kearny
カニ
Cani
Kani
カニー
Connie*
Kanny
Kany
ガーニ Gurney
ガーニー
Garney
Gurney***
ガニ
Gani
Ghani**
カニア Kania**
ガーニアー
Garnier
Guarnier
ガニア
Gagne*
Ghania
カニアイネン
Kanniainen
カーニアック
Cherniak*
カニアーナ Caniana
カーニィ Carney
カーニイ Kearney
カーニイー Qāni'ī
カニイ Cuney
ガーニィ Gurney
ガニヴァーチャカ
Gaṇivācaka
カーニヴァリ
Carnevali
カニエ Kanye*
ガーニェ Gagné
ガニェ Gagné
ガニエ
Gagne*
Gagné
カニェーケ Cañeque
カニェーテ Cañete
カニェテ Cañete
ガニエフ Ganiyev
ガーニエリ
Guarnieri*
ガニェール
Gagnaire
Ggagnaire*
カニェンキコ
Kanyenkiko
カーニオ Canio
カニオ Canio
ガニオ Ganio*
ガニオン
Gadnon
Gagnon*
カニカ Kanika
カニギン Kanygin
カニーク Kaník
カニグズバーク
Konigsburg
カニグズバーグ
Konigsburg***

カニーゲル Kanigel*
カニゲル Kanigel
カニサーレス
Cañizares
カニサレス
Cañizales
Canizares
Cañizares*
カニザレス Cañizares
カニザーロ
Cannizzaro
ガニサン Ganesan*
カニーシウス Canisius
カニシウス Canisius
カニジウス Canisius
カニシカ Kaniska
カニージャ
Canigga
Caniggia
Canigia
カニジャイ Kanižaj
カニシュカ Kaniska
カーニス
Carnes
Kahnis
Kernis
カニス
Canice
Canis
Kanis
ガーニス
Garniss
Gurnis
ガニス Ganis
カニスキナ
Kaniskina**
カニストラーロ
Cannistraro
カニストリス
Canistris
カニゾー Cannizzo
カニソン Cunnison
カーニック
Curnick
Kernick**
ガーニック Garnick
カニッシャイダー
Kanitscheider
カーニッツ
Canitz
Kanitz
Kurnitz
カニッツ
Canitz
Kanitz
カニッツァ Kanizsa
カニッツァーロ
Cannizzaro
カニッツァロ
Cannizzaro
カニットシャイダー
Kanitscheider
カニッリャ Caniglia
カニディウス Canidius
カニティラ Canitilla
カニトロ Canitrot
カニーナ Canina
カニニウス Caninius
カニーノ
Canino*
Cannino
カーニハン
Kernighan*
ガニバン Ganiban
ガニベ Ganivet
ガニベー Ganivet
ガニベート Ganivet
ガニベト Ganivet
ガーニム Ghanem
ガニム Ghanim
ガニメデス
Ganymēdēs
カーニャ
Cagna
Kania
カニャ Cagnat
カニャス Cañas
カニャッチ Cagnacci
カニャッツォ
Cagnazzo
カニャナ Kanyana
カニャール Cagniard
カニャル Cagniard
カニヤール Cagniard
カニュ Canu
カニュー Kanew
ガニュイ Ganiyu
カニュイック Kaniuk
カニュード Canudo
カニュド Canudo
ガニュバン Gagnebin
ガニュパン
Gagnepain
ガニュメーデース
Ganymēdēs
ガニュメデス
Ganymēdēs
ガニュール Gagneur
ガニュロー
Gagneraux
カニュンバ
Kanyumba
カニョット Cagnotto
カニョーラ Cagnola
カニョン Kanyon
ガニョン Gagnon**
ガニラウ Ganilau**
カニーリア Caniglia
カニリア Caniglia
カニーリャ Caniglia
ガーニール Garnir
カニン
Kanin
Kunin
カニンガム
Canningham*
Coningham
Conningham
Conyngham
Cunningham***
Cunninghame
カニング
Canning***
Cunning
ガニング Gunning*
カニングトン
Cunnington
カニングハム
Canningham
Cunningham***
カニンバ Kanimba
カニンハム
Cuninguhamu
Cunningham*
ガニンラウ Ganilau
カーヌ Kane
カヌ
Kane
Kanu*
カヌー Kanu
ガヌ Ganne
ガヌー Ganoo
カヌウ Canu
カヌヴェ Canevet
カヌク Kanik
カヌーセン Knudsen*
カヌット Canutt
カヌーティ Canuti
カヌート
Canute
Cnut
Kanoute
Knud
Qanout
カヌード Canudo
カーヌーニー Kanuni
カヌニ Qanuni
カヌレイウス
Canuleius
カヌンゴ Kanungo
カーネ Kane*
カーネー Kane
カネ
Canet*
Kané
Kanneh
ガネ
Gane
Gunew
カーネイ
Carney
Kearney
ガーネイ Gurney*
カーネヴァ Caneva
カネヴァ
Caneva
Kaneva
カネヴァーリ
Canevari
カネガエ Kanegaye
カーネーキー Carnegie
カーネーギー Carnegie
カーネギ Carnegie
カーネギー
Carnegie***
Carnegy
カーネギイ Carnegie
カネコ Kaneko
カネサ Canessa
ガネーサン Ganesan*
ガネサン Ganesan*
カネージャ Canella
ガネーシャン Ganesan
ガネシュ Ganesh
ガネシュクマール
Ganeshkoemar
ガネシュラム
Ganeshram
カネスリス
Cynethryth
カネック Canek
カネッサ Canessa
カネッティ
Canetti***
Cenetti
カネッティー Canete
カーネット Carnett
ガーネット
Garnet*
Gârnet
Garnett***
Garnette
ガネット
Gannet
Gannett**
カネットカー
Kanetkar
カネッラ Canella
カネーテ Canete
カネド Canedo
カネバ Caneva
カネブ Kaneb
ガネーフ Ganeyev
ガネフ Ganev**
カーネフェルラー
Khaneferre
カネーフスキー
Kanevskij
カネフスキー
Kanevskii*
カネヘム Caenegem
カーネベール
Carnevale
カーネベル Carnevale
ガーネベルク
Ganeberg
カーネマン
Kahneman*
カネミ Kanemi
ガネム
Ghanem**
Ghanim**
カネラキス Canellakis
ガーネリ Guarneri
ガネリ Ganeri*
ガネリー Ganeri
カーネル
Carnell
Karnell
Kernell
カネール
Canale
Kanner
カネル
Caneele*
Canel*
Cannell
ガネル Gunnell*
ガネレス Ganeles
カネロ Canelo
カネロス Kanelos
カネロプーロス
Kanellopoulos
カネロン Canelon
カネン Kanen
カーノ Cano
カノ
Cano***
Canó*
Kano
カノー
Cano
Canot
ガーノ Gano
ガーノー Garnaut
ガノー
Ganneau
Ganot
カーノイ Carnoy
カーノウ
Curnow
Karnow
カノウ Khanou
ガーノウ Garneau
カノーヴァ Canova
カノヴァス Cánovas
カノヴァン Canovan
カーノヴスキー
Carnovsky
カーノカン
Carnochan
カーノキ Kalnoky
カノーサ Canosa
カノーザ Canosa
カノス Chanos
カノスキー Kanoski
カノーツィ Canozi
カーノック
Carnock
Curnock
カノックポン
Kanokphon
カノッサ Canossa
カーノップ Knoop
カノップ Karnopp
カノディア Kanodia
カーノードル
Kernodle*
カーノドル Kernodle
カノーニカ Canonica
カノニカ Canonica
カノニカス Canonicus
カノーニチ Canonici
カノヌ Cannone
カノネロ Canonero
カノーバ Canova
カノーバー Conover
カノバス Cánovas
カーノフ Kernoff
カーノフスキー
Carnovsky
カノーボス
Kánōbos
Kánopos

カ

ガノール Ganor*
カーノルト Kanoldt
カノン
Cannon
Kanon
ガーノン Gernon*
ガノン Gannon
ガノンゴ Ganongo
カーバ
Caba
Kava
カーバー
Carbah
Carver***
Cava
Kerber**
カーパ Cappa
カーパー Carper**
カハ Kakha
カバ
Cava
Kaba
Kabbah
Kabua
Kava
Khaba
カバー Kabbah**
カパ
Capa
Kha-pa
カパー
Capper
Copper
ガーバー
Garber**
Garver
Gerber***
Guerber
ガバ Gaba
ガバイ
Gabai
Gabaix
Gabbai
カバイヴァンスカ
Kabaivanska*
カバイエ Cavaye
カバイェーロ
Caballero
カバイエロ Caballero
カバイジャ Kabaija
カバイバンスカ
Kabaivanska
ガパイヤール
Gapaillard
ガバイン Gabain
カバウ Kabaou
カパウ Kapau
カバエバ Kabaeva
カバエワ Kabaeva*
カーバーガー
Kirberger*
カバーガ Cabarga*
カバカ Kabaka
カパガン Qapagan
ガバーギーン
Gavaagiin
カパク Cápac
カパク
Capac
Cápac
カバクチェフ
Kabakchiev
ガバグリオ Gabaglio
カバクレ Kavakure
ガハクワ Gahakwa
カバクンバ
Kabakumba
カバコ Cavaco**
カバコーフ Kabakov
カバコフ Kabakov**
カバーサ Cabasa
カバサ Cabeza
カパサ Capasa*
カハサイ Kahsai
カバザンジャン
Kavazanjian
カバシ Kabashi
カパシ Kapashi
ガバシ Gervasi*
ガバシヴィーリ
Gavashvili
カバジェロ
Caballero**
カバジェロス
Caballeros
ガバジオ Gavaggio
ガバシビリ Gabashvili
カパシュ Kapas
カバシラス
Cabasilas
Kabasilas
Kabásilas
カーバース Kurvers
カバス Kabbas
ガーバス Garbus
ガバス Gabas
カバスタ Kabasta
カバズッティ
Cavazzuti
カハズナダル
Kahaznadar
カバセレ Kabasele
カバソス Cavazos
カバゾス Cavazos
カパタ Kapata
カバダス Kavadas
カパタナ Capatana
カハタニ Qahtani
カハタン Qahtan
カパチェッリ
Capacelli
カパチェルリ
Capacelli
カパチオーネ
Capacchione
カパチンスカヤ
Kapachinskaya
カパック
Capac
Cápac
ガーバック Grbac*
カバッサ Cavazza
ガバッチア Gabaccia*
ガバッチェーニ
Gavazzeni
カパッティ Capatti
カバット Kabat**
カバットジン
Kabat-Zinn
カバッロ Cavallo
カバディ Kabadi
カパディア Kapadia**
カバーデイル
Coverdale
ガーバーディング
Gerberding*
ガバーディング
Gerberding
カバーデル Coverdale
カバデール
Coverdale*
Coverdell
カーハート Carhart**
カーバート Cuthbert
カバート
Cavert
Kabat
カバト Kabat
カバド Kavadh
ガーバート Gerbert*
ガバート Gabhart*
ガバード Gabbard
カパトキン Kapatkin
カパトスト Capatosto
カパドーセ Capadose
カパドナ
Cappadonna
カパトルット
Capadrutt
カバドロ Kavadlo
カバトン Cabaton
カハナ Cahana
カハナー Kahaner*
カバナ Cavanagh
カバナー
Carbonneau
Cavanagh*
Kavanagh*
カパーナ Capanna*
カバナス Cabanas
ガバナス Govanus
カバナフ Kavanaugh
カハナモク
Kahanamoku
カバーニ Cavani
カパニー Kapany
カバニージャス
Cabanillas
カバニース Cabanis
カバニス Cabanis***
カバーニャ Cabaña
カバニャ Cabaña
カバニャス Cabanas
カバニョーリ
Cavagnoli
カバニリェス
Cabanilles
カバニリャス
Cabanillas
カハネ Kahane
カパネウス Kapaneus
カバネース Cabanis
カバネス Cabanès
カバネル Cabanel
カバノー Kavanaugh*
カハノフ Kahanoff
カバノフ Cavanaugh
ガバノフ Gubanov
ガバノン Gavanon
カバハ Qabha
カーバーハール
Carbajal
カバフィス Kavafis
カパーフィールド
Copperfield
カパブランカ
Capablanca
カハマ Kahama
ガーハマー
Garhammer
ガバマン Guberman
カハム Karam
カバヤン Kabayan
ガバーラ Gaballa
カハラニ Kahlani
カバラリス Kavallaris
カバラロ Cavallaro
カハラン Cahalan
カバリ
Cavalli
Cubberley
カバリー Cubberley*
ガバリ Gabaly
ガハリア Gakharia
カバリェ Caballé*
カバリエ
Caballé*
Cavalie
カバリエリ Cavalieri
カバリエレ Cavaliere
カバリェーロ
Caballero*
カバリェロ
Caballero**
カバリエロ Caballero
ガバリェロ Caballero*
カバリク Kavaliku
カバリッチ Kavarić
カバリティ Kabariti*
カバリーニ Cavallini
カバリノ Cavallino
ガーバリーノ
Garbarino
カバリュス Cabarus
カバリューロ
Caballero
カバリョス Caballos
カーパル Karpal*
カハール Cajal*
カハル
Cajal*
Kakhar*
カバル Kabal
カパール Capart
カバルカセレ
Cavalcaselle
カバルカンティ
Cavalcanti
カバルス
Cabarrus
Cabarrús
ガバルティー Jabartī
ガバルドン
Gabaldon**
Gabaldón
Gavaldón
ガバルニ Gavarni
カハレ Khaled
カバレガ Kabarega
カバレット Cabaret
カバレーフスキー
Kabalevskii
Kovalevskii
カバレフスキー
Kabalevskii*
Kabalevsky
Kovalevskii
カバレーフスキイ
Kabalevskii
カバレベ Kabarebe
カバレロ
Caballero
Cavallero
カハレワイ Kahalewai
カバロ Cavallo*
カパロ Caparó
カバロッティ
Cavallotti
カハロフ Kahharov
カハロン Kahlon
カーハン Cahan*
カハーン Cahan
カハン
Cahan
Kahan
Kahane*
カバン
Cabane
Kaban
Kavan
ガーハン Gahan
ガバン
Gabán*
Gabin
Gavan**
Ghaban
Govan
Govern
カバンガ Kabanga
カパンギ Khapangi
カバンゲ Kabange
カバンシ Kabanshi
カパンジー Kapandji
カパンジカララ
Kapanji Kalala
カバンス Cavaness
カバンスキー
Cabanski
ガパンソワ Gapençois

カーバンダ
Kharbanda
カバンダ Kabanda
カパンダ Kaapanda
カパンディ Kapandji
カバントゥ
Cabantous*
カバンナ Cavanna
カパンナ Capanna
カバンヌ Cabanne
カバンネ Cabanne
カハンバ Kahamba
カービ
Kaabi
Ka'abi
Kerby
Kirby
カービー
Kerby
Kirby***
Kirbye
Kirkby
カヒ Kahi
カビ
Cabi
Kabi
カビー
Kabir
Khaby
カピ
Kapi
Kauppi*
カピー Capie
ガービ Gabi
ガービー
Gabi
Gaby
Garvey*
ガビ
Gabi
Gaby
Gavi
ガビー
Gabby
Gabi
Gaby*
カヒア Cahier
カビア
Kabia
Kabir
ガービア Gerbier
ガビア Gabia
カヒアチビリ
Kakiashvilis
カビアンカ Cabianca
カービィ
Kerby
Kirby*
カービイ Kirby
ガビエ Gabier*
カピエルスキー
Kapielski
カービエルヤクローツ
Caabi El-yachroutu
カピオラニ Kapiolani
ガビオリ Gavioli
カヒーガ Kahiga*
カヒガ Kahiga
カビガ Kabiga*
カピシク Capicik
カヒシビリ
Kakhishvili
ガビジャン Gubijan
カービシュ Kabisch
カビシュリー
Curbishley
カピジンパンガ
Kapijimpanga
ガービス Garbis
カピストラヌス
Capistranus
カピストラーノ
Capistrano
Capistranus
カヒゼ Kakhidze
カビーゼル Caviezel*
カビータ Kav
カピタ Kapita
カピタス Copetas
カピターニ Capitani
カピターニオ
Capitanio
カピタニオ
Capitanio*
カピタニチ
Capitanich*
カピタニッチ
Capitanich
カピターニョヴァー
Kapitáňova*
カピタン
Capitan
Capitán
Capitant*
Captain
カーピツァ Kapitsa
カピーツァ Kapitsa
カピッキオーニ
Capicchinoni
カピック Kapic
カビッシュ Kabisch
カビッチ Cavic
カピッチ Kapic
ガービッチ Grbich
カービッツ Kabitz
ガビッツ Gubitz
カピッツァ
Kapitsa*
Kâpitsa
Kapitza
カピッツア Kapitsa
カピッツィ Capizzi
ガビット Gavit
カビッボ Cabibbo*
カーピト Capito
カヒート Cahit
カビト Kabit
カピト
Capito
Kapit
カピトー Capito
ガヒード Garrido
ガビト Gábit
カピトニェンコ
Kapitonenko
カピトノヴィチ
Kapitonovich
カピトノフ
Kapitonov*
ガビトフ Gabitov
カピトリーナ
Kapitolina
カピトリヌス
Capitolinus
カーヒナ Kāhina
カビナナ Kabinana
ガビニウス Gabinius
カヒーニャ Kachyna
カビネ
Kabine
Kabineh
カーピネン Karppinen
カーヒャ Katja
カビュ
Cabu
Cabut
カピュ
Capus**
Käpy
ガビュス Gabus
カピュスィーヌ
Capucine
カピュタ Kaputa
カビラ
Kabila**
Kavira
カピラ
Capilla
Kapila*
ガビラコリャド
Gavira Collado
カピラス Capillas
カビラル Kapilar
カピラル Kapilar
ガビラン
Gavilan
Gavilán
カヒリ Kahili
ガビリア Gaviria**
ガビリアレンドン
Gaviria Rendon
カビリニツカヤ
Kabyl'nitskaia
カピリャス Capillas
カーヒル
Cahill*
Qāhir
カービール
Kabīr
Qabil
カービル
Carvill
Courville
カヒル Cahill
カビール
Kabeer*
Kabir**
Kabīr
Kabira
カビル
Kabil
Kabir
Kabiru
カピール Kapil
カピル Kapil**
ガービル Gaber
カピロ
Capillo
Chapiro
カピロッシ Capirossi*
カビロフ Kabirov
カピローラ Capirola
カビーロール Gabirol
カビロール Gabirol
ガビーロール Gabirol
ガビロール Gabirol
ガビロル Gabirol
ガビロンド Gabilondo
カービン Carvin
カヒン Kahin*
ガービン
Garvin**
Girvin
ガビン Gavin**
カビンガ Kabinga
ガビンス Gubbins
ガビンズ Gubbins*
カーピンスキー
Karpinski
カヒンダ Kahinda
カビンデレ Kavindele
カビンバ Kabimba
カビンラシン
Kabinlasing
カーフ
Karhu*
Karpf
カーブ
Cobb
Curb
Ka'b
カープ
Cáp
Carp
Karp**
Karpf
Kirp
カフ Kahu
カフー
Cafu*
Kafu
カブ
Cobb*
Cub
カプ Kapu
カプー
Capoue
Kapu
ガーブ
Garb
Garbe
Garve**
ガフ
Gaff
Goff
Gough*
カープア Capua
カブア Kabua*
カプーア Kapoor*
カプア
Capua*
Kapoor
ガファ Gafa
ガファー Ghffar
カーファイ Ka-fai*
カファーイン Kefayen
ガーファイン Garfein
カファッソ Cafasso
カファティ Kafati
カファトス Kafatos
カプアーナ Capuana*
カプアーノ Capuano
カファラッティ
Caffaratti
ガファランガ
Gafaranga
カファリ Cuffari
ガファリ
Gaffari
Ghaffari
ガファール
Gaffar
Gaffār
Ghafar
ガファル
Gaafar**
Gaffar*
カファレッリ
Caffarelli
カファレナ Caffarena
カファレラ Caffarella
カファレル Caffarel*
カファーロ Cafaro
カファロ Cafaro
カファロフ Kafarov
ガーファンクル
Garfunkel*
ガーファンケル
Garfinkel
Garfunkel
カファンド Kafando*
カフィ
Caffi
Cufí
Kafi**
カフィー
Caffey
Cuffie
カブイ Kabui
カフィエリ Caffiéri
カフィエーロ Cafiero
カーフィオール Karfiol
ガーフィキー
Ghāfiqī
Ghāfiqī
ガフィス Ghafis
ガーフィット Garfitt
カプイビ Kapuibi
ガーフィールド
Garfield***
ガーフィルド Garfield
ガフィールド Gaffield
ガフィン
Gaffin
Geffen

カ

ガーフィンクル
Garfinkel
Garfinkle
ガーフィンケル
Garfinkel**
カブウェルル
Kabwelulu
カフェ Cafe
カブエ Kabwe
カーフェイ
Curphey
Ka Fai
Ka-fai
カフェッス Caffesse
カフェッツ Kafetz
カフェティアン
Kafetien
ガブエニ Gabheni
カーフェマン
Kavemann*
カフェルニコフ
Kafelnikov*
カブエルル Kabwelulu
カーフェン Caven*
カフェンティス
Caffentzis
カプオナック
Kapłaniak
ガフォーリ Gafori
カフォーリオ Caforio
カフカ
Kaffka**
Kafka**
カプカ Kapka*
カプガン Qapγan
ガフキ Gaffky
ガフキー
Gaffky
Ghāfiqī
カフキア Kahukiwa
カブキアン Cavoukian
カフキワ Kahukiwa*
カフグナ Kafougouna
カプグラ Capgras*
ガブーザ Gabuza
ガブサー Gubser
カプサゾフ Kapsazov
カブサヌ Kavussanu
カプサリ Capsali
カプサンベリス
Kapsambelis
ガブシー Gavsie
カプジェ Kap-che*
カプシチンスキ
Kapuściński***
カプシチンスキー
Kapuściński
カプシネット
Kupcinet
カブシュ Kabush
カプジュ Kap-joo
ガブション Gavshon
カプシール Capsir
カーブース Qābūs
カブース
Qaboos**
Qubūs
カプス
Cupps
Kappus
Kap-soo
ガプス
Gap-su
Kap-soo*
カブスギル Cavusgil
カプスタ Capusta
カプースチン
Kapustin
カプスティン
Kapustin
カプストカ Kapustka
カプスニク Kapusnik
カプスベルガー
Kapsberger
カプスベルゲル
Kapsberger
カプスン Kab-soon
ガブセラ Galbusera
カプーゾ Capuzzo
カプソニ Capsoni
カプソン
Capuçon*
Kap-sung
カプター Kaptur
ガフター Gafter
カプタイン Kapteyn
カフターノフ
Kaftanov
カブタラゼ
Kavtaradze
カプタリ Captari
カフタリアン
Kaftarian
カフターン Qaḥṭān
カフタン
Kaftan
Qaftan
Qahtān
カプチアーニ
Capucciati
カプチェ Kap-che
ガプチェンコ
Gapchenko
カプチャー Kasprzak
カプチャク
Kaptchuk*
カプチャック
Kupchak
カプチャン
Kap-chan
Kupchan*
カプチュフ Kaptyukh
カプチーリ Capucilli*
カプチリ Capucilli
カプチンスキー
Kapchinskii
カプッチ Capucci
カプッチッリ
Cappuccilli
カプッツィ Capuzzi
カプッツォー Capuzzo
ガーフット Garfoot
カプッロ Capurro
カプテ Gap-tae
ガプティル Guptill
カプティン Kaputin
カプテイン Kapteyn
カプデヴィラ
Capdevila*
カプテク Kap-taek
カプデビラ
Capdevila*
カフド Kafud
カプート Caputo
カプト Caputo**
カプトー Caputo
カプトゥ Kaput
ガブドゥッラ
Gabdulla
カプトゥム Kaptoum
カブートジーフ
Khabutdinov
カプナー Kapner
ガーブナー Gerbner
ガフナー Gafner
ガフーニ Gafni
ガフニ
Gaffney
Gafni
ガフニー Gaffney*
カプニースト Kapnist
カプニスト Kapnist
ガブーニャ Gabuniya
ガブニャー Gabuniya
カブバティ Cavubati
ガブハート Gabhart
カーフヒル
Calfhill
Calfield
カプフェレ Kapferer*
カプマニ Capmany
カーフマヌ
Kaahumanu
カーフマン Kaufman
ガブマン Gubman
カフムカチェ
Kafumukache
カプヤ Kapuya
カプヨル Kap-ryong
カフラ
Kafura*
Khafra
カフラー
Khafra
Kuffler
カブラ
Cabra
Capra
カプラ Capra**
カプラー
Kapler
Kappler*
ガーブラー Gabler*
ガブラー Gabler
カプライ Caprai*
ガーブライエル
Gabriel
カープラス Karplus*
ガブラス Gavras
カプラーニカ
Capranica
カプラニカ Capranica
カプラノス Kapranos
カプラノワ
Kapranova*
カプラフ Kappraff
カプラーラ Caprara
カプララ Caprara
カプラーリ Caprari
カプラリ Caprari
カブラル Cabral***
カプラロフ Kapralov
カプラローラ
Caprarola
カフラン Coughlan
カブラン Kablan
カプラン
Caplain
Caplan*
Caplin
Kaplan***
カプランオール
Kaplanoglu
カプランスキー
Kaplansky
カフリー Caffrey
カブリ Kavli*
カプリ Capri
ガフリ
Gafuri
Ghafri
ガブリ Gabri
カプリア Capria
カブリアス
Chabrias
Khabrias
カプリアティ
Capriati*
カプリアーニ Capriani
カプリイオリウ
Caprioriu
カプリーヴィ Caprivi
カプリヴィ Caprivi
ガブリエ Gabilliet
ガブリエウ Gabriel
ガブリエエル Gabriele
ガブリエエレ Gabriele
ガブリエッラ
Gabriella**
ガブリエッリ
Gabrieli
Gabrielli
ガブリエッレ
Gabriele
Gabrielle
ガブリエッロ
Gabriello
ガブリエラ
Gabriela***
Gabriele*
Gabriella**
Gabriera*
Gabrijela
Gabrjela
ガブリエーリ
Gabrieli
Gabrielli
ガブリエリ
Gabriel
Gabrieli
Gabrielli*
Gabriely
ガブリエリニ
Gabriellini
ガブリエリャン
Gabrielyan
カブリエル
Gabriel
Gabrielle
ガーブリエール
Gabriel
ガーブリエル Gabriel*
ガブリェル Gabriel
ガブリエール Gabriēl
ガブリエル
Gabriel***
Gabriela
Gabriele*
Gabrielle***
Gabriėlle
Gabriels
Gabrill
Gavriel*
Gavriil
ガブリエルス
Gabrielse
ガブリエルセン
Gabrielsen
ガブリエルソン
Gabrielson
Gabrielsson
ガブリエルラ
Gabriella
カブリエーレ Gabriele
カブリエレ Gabriele*
ガブリエーレ
Gabriele***
Gabrielle
ガブリエレ
Gabriele***
Gabrielle
ガブリエーレヴィチ
Gabrielevich
ガブリエレーヴィチ
Gabrielevich
ガブリエロ Gabriello
カプリオ Caprio
ガブリオ
Gaboriau
Gabrio
カプリオッリョ
Caprioglio
カプリオーリ Caprioli
カプリオリウ
Caprioriu
カプリオーロ
Capriolo**
ガブリク Gablik
カブリーコフ
Cubreacov

ガフリコフスキー
Gawlikowski
カプリコルヌス
Capricornus
カブリサス Cabrisas
カブリージョ Cabrillo
カブリス Gabrice
カプリス
Caprice*
Kapris
カプリスキー
Kaprisky
カブリタ Cabrita
ガブリチェフスキー
Gabrichevskii
ガブリチェーフスキィ
Gabrichevskii
カフリッシュ Caflisch
ガープリート
Gurpreet
カブリーニ Cabrini
カブリニ Cabrini
ガブリーニ Cabrini
カプリービ Caprivi
カプリビ Caprivi
ガブリリディス
Gavriilidis
ガブリリュク
Gavriljuk
Gavryliouk*
Gavrylyuk*
カブリーリョ Cabrillo
カブリリョ Cabrillo
ガブリール
Gabriel
Gavriil
ガブリレスク
Gavrilescu
ガブリレンコ
Gavrilenko
ガブリーロヴィチ
Gavrilovich
ガブリローヴィチ
Gabrilovich
ガブリロヴィッチ
Gabrilovich
Gavrilovich
ガブリーロフ Gavrilov
ガブリロフ Gavrilov
ガブリロワ Gavrilova
カフリン Coughlin
カブリン Kublin
カプリン Caplin
カーフール Kāfūr
カブール
Cavour*
Kaboul
カブル Kabul
カプール
Capoul
Kapoor**
Kapur**
カプル Capoul
ガーブル Gabl
ガフール
Ghafoor
Ghafur
Ghafūr
ガブール Gabourd
カブルコーフ
Kablukov
カブルコフ Kablukov
カプルス Couples**
カプルズ Couples
カプルソ Capurso
カプルーフ Kaplunov
ガプルベルディ
Gapurberdi
カフレ Khafra
カブレ
Cabré
Kabre
カプレ Caplet*
カプレーオルス
Capreolus
カプレオルス
Capreolus
カプレッツ Caprez
カプレッティ Capretti
カプレット
Capretto
Couplet
カプレニク Kaplanek
カブレーラ Cabrera
カブレラ Cabrera***
カブレラベロ
Cabrera Bello
カプレール Kappler*
ガーブレンツ Gablenz
ガブレンツ
Gabelentz
Gablenz
カプロ Capullo
カプロー
Kapleau
Kaplow
Kaprow**
カプロウィッツ
Kaplowitz
ガブログル Gacroglou
カブロック Kavlock
カプローニ Caproni
ガフロフ Ghafurov
カプローリ Caproli
カブロル Cabrol
カプロン
Capron*
Kapulong
ガブロン Gavron*
カブワジエレ
Kabwegyere
カフーン
Cahoon*
Colquhoun
ガフング Gahungu
カブンスワン
Kabungsuwan
カフンブ Kahumbu
ガフンホルト
Gavnholt
カベ
Cabet
Cavet
カベー Cabet
カペ Capet
カペー Capet
ガーベ Gervais
ガーベー Garvey
ガベ
Gabe
Gabet
ガベー Gabet
ガーベイ Garvey
カペイカ Kopejko
ガペエフ Gapeev
カペク Čapek
カベゲ Kavégué
カベサ Cabeza
カベサス
Cabezas*
Cavezas
カーベシアン
Kerbeshian
カーヘジェト
Qahedjet
カベシナ Cabecinha
カペジャ Capella
カベージョ Cabello
カベジョ Cabello
カベスード Cabezudo
ガベソウ Gavezou
カベソン Cabezón
カベゾン Cabezón
カペタノヴィッチ
Kapetanovic
カペタノビッチ
Kapetanovic
カペチェ Capece
カベツキ Kawecki
カペッキ Capecchi*
カーベック Carbeck*
カペック
Capek
Čapek
カペッタ Cappetta
ガベッタ Gabetta*
ガベッチ Gabetti
カペッツィ Capezzi
カペッティ Capetti
カベット Cavett
ガーベット Garbett*
ガベット Gabbett
カペッラ Capella*
カペッリ Cappelli
カペッリーニ
Capellini
カペッロ
Capello***
Cappello
カヘーテ Cajete
カーヘテプラー
Khahetepre
カベナー Cavenagh
カヘーニ Kahaney*
カベニャック
Cavaignac
カベヤス Cabezas
カーベラ Curbera
カペラ
Capela
Capella**
Cappella
ガーベラ Garbera*
カペラス Capellas
カペラーニ Capellani
カペラニ Capellani
カペラーヌス
Capellanus
カペラン Capéran
カーベリ Carberry
カベリ Kabeli
カペーリ Capelli
カペリ Capelli*
ガベリ Gabelli
カベリア Caveglia
ガヘリス Gaheris
ガベリーニ Gabellini
カベーリン
Kavelin
Kaverin
カーベル
Carvell
Kabel
カヘル Cuhel
カベル
Cabel
Cabell
Cavale
Cavell**
Kaber
カペール Cappaert
カペル
Capel*
Capelle
Cappel
Cappell
Kapell
Kappel
Kappl
ガベル
Gabel**
Gaber
カベルカ Kaberuka
カペルス
Capellus
Cappellus
ガーベルスベルガー
Gabelsberger
ガベルスベルガー
Gabelsberger
ガーベルト Gabert
カベルドフスキー
Gaverdovskii
カペルホフ
Kappelhoff
カペルラ Capella
カペルラヌス
Capellanus
カベレ Kabélé
カペレ
Capelle*
Cappell
ガーベレ Gabele
カペレッティ
Capelletti
Cappelletti
カペレン
Capellen
Cappelen
ガーベレンツ
Gabelentz
ガベレンツ Gabelentz
カベロ
Cavero
Kabelo
カペーロ
Capelo
Cappello*
カペロ
Capello*
Cappello
カベロス Cavelos
カペロス Capellos
カーベン Kerven*
カーペン Kerpen
カヘン Kahane
カペン Capen
ガーベン
Garben*
Gerben
カヘンスリ Cahensly
カーペンター
Carpenter***
カーペンティア
Carpentier*
カベンディッシュ
Cavendish
カペンブワ
Kapembwa
カーホー Kah Hoe
カーボ
Karbo*
Kargbo
カーボー Carbaugh*
カボ Cavo*
カボー
Cabau
Cabaud
カポ
Capo
Kapo
ガーボー Garbo
ガボ Gabo
ガボー Gabor
ガーボーア Gabor
ガーボア Gabor
ガボーア Gabor
カポイ Kapolyi
ガボイミラ
Gaboimilla
カーボウ Carbough
ガーボウ Garbo
ガボヴィチ Gabovich
カポウティー Capote
カポウラス Capoulas
カポウラスサントス
Capoulas Santos
ガボウリー Gaboury
カボキサ Kavokisa
カポグロッシ
Capogrossi
ガボサボ Gabo Sabo

カ

カポシ Kaposi
カポジ Kaposi
ガポシキン
Gaposchkin
カーポシュ Kabos
ガポシュ Gabos
ガポシュキン
Gaposchkin
カボス Kabos
カポス Kapos
カポズィストリアス
Kapodistrias
カポダイ Capodagli
カポダグリ
Capodagli*
カポダグリオ
Capodaglio
カポッツィ Capozzi
カポッツォ Cappozzo
カボット
Cabot*
Caboto
カポーテ Capote
カーポーティ Capote
カポーティ Capote**
カポーティー Capote
カポディストリアス
Capo d'Istrias
カポディフェッロ
Capodiferro
カボート Caboto
カポート Capote
カポニーロ Caponigro
カポネ Capone**
カボネカ Kaboneka
カーボネル
Charbonnel
ガポネンコ
Gaponenko*
カポビアンコ
Capobianco
カポビット Kavovit
カポフィ Kapofi
カホーフスキー
Kakhovskii
カホフスキ
Kakhovskii
カホフスキー
Kakhovskii
カホーフスキィ
Kakhovskii
ガボベ Gabobe
ガボラー Gaboriau
ガボラア Gaboriau
カポラーリ Caporali
カポラーレ Caporale
カポラレ Caporale
カボーリ Cavoli
ガボリ Gaborit
ガボリオ Gaboriau*
ガボリオー Gaboriau
ガボリオウ Gaboriau
ガボリヨ Gaboriau
カポール Kapor
ガーボル Gábor*
ガボール
Gabor**
Gábor
ガボル
Gabor*
Gábor
ガーボルグ Garborg
カポールディ Capaldi
ガーホールド Gerhold
カポルーポ Capolupo
カボーレ Kaboré
カボレ
Cabore
Kabore
Kaboré**
ガボレイ Gabourey
カボロ Caboclo
ガボロー Gaboriau
ガボワ Gabova
カーボーン Carbone*
カポーン
Capon
Kapón
カポン
Capon
Gapon
ガポーン Gapon
ガポン Gapon
カボンゴ Kabongo
カホンボ Kahombo
カーマ
Carma*
Kama
Kāma
Karma
Khama**
カーマー
Calmer*
Carmer
カマ
Kama**
Kamah
カマー
Comer*
Kamar
ガーマ Gama
ガーマー Germer
ガマ Gama
ガマー Gummer*
カーマイクル
Carmichael*
カーマイケル
Carmichael***
カマイティス
Kamaitis
カマイーノ Camaino
カマイノ Camaino
カマイリ Kamaile
カマイレオン
Chamaileōn
カーマイン
Carmine**
Carmines
ガーマイン Germain
カマウ Kamau**
カマウウ Kamau'u'
カマウフ Kamauff
カマーク Kamarck
カマクシ Kamakshi*
ガマゲ Gamage
ガマゲー Gamage
カマーゴ Camargo
ガマーシー
Gamassi
Jamasi
ガマシー Gamassi*
ガマシュ
Gamache
Gamaches
Gammaché
カーマジン Karmazin
カマジン Camazine
カマス Cammas
ガーマス Garmus
ガマス Gamas
ガマーソール
Gummersall
カマタ Kamata
カマーチョ
Camacho**
カマチョ Camacho**
カーマック
Carmack
Kermack
カマッセイ Camassei
カマット Kamath
ガマティエ Gamatié
カマディニ Camadini
カマテロス
Kamatērós
Kamáteros
カマト Kamath*
カマナ Kamana
カマナン Kamanan
カマーニ Camagni
カマニ Kamani
ガーマニー Garmany
ガマニ Gamani
カマニアマユア
Kama-niamayoua
ガマーニコフ
Gamarnikow
カマニョ Camaño
カマネティ Caminiti
カマノ Calmano
カマバ Ka ma ba
カーマブー Kāmabhū
カマーフォード
Comerford
カママル Kamamalu
カマーラ
Câmara
Kamala
カマラ
Camara**
Cámara*
Câmara*
Kamala**
Kamara*
カマラー Kamala*
ガマーラ Gamarra
ガマラ Gamarra
カマラーサ Camarasa
カマラサ Camarasa
カーマラージ Kāmarāj
カマラシーラ
Kamalaśīla
カマラス Kamaras*
カマラータ
Cammarata
カマラデヴィ
Kamaldevi
カマーリー Kamali
カマリ Kamali
ガマリエル
Gamaliel
Gamaliēl
カマリッロ Camarillo
カマリディン
Kamaliddine
カマリロ Camarillo*
カマーリン
Kamerlingh
カマーリング
Kamerling
Kamerlingh
カマリング
Kamerlingh*
カマール
Kamal*
Kamāl
カマル
Kamal**
Kamál
Kamalu
Kamar
Kamarou
Kamel*
Qamar
ガマール
Gamal
Gumal
Jamāl
ガマル
Gamal
Gamar
Jamal
Jamāl
カマルゴ Camargo**
カマルツ Cammaerts
カマールッ・ディーン
Kamālu'd-Dīn
カマールッディーン
Kamāl al-Dīn
カマルッディーン
Kamāl al-Dīn
カマルッディン
Kamaluddin
カマルディエル
Camardiel
カマールディーン
Kamaaludeen
Kamaludeen
カマルティン
Camartin
カマルディーン
Kamaluddeen
カマルディン
Kamal Eddien
Kamaluddin
Kamaludin
Kamaruddin
Kamarudin
カマルデーヴィー
Kamaldevi
カマルリンギ
Camarlinghi
カマルレンチ
Camarlench
カマレイ Kamalei
ガマレーヤ Gamaleya
ガマロ Gamarro
カマロフ Kamarov
カマロン Camarón
ガマワン Gamawan
カーマン
Carman***
Käärmann
Kalman
Kamann
Kerman**
Kirwan
Kurman
カマーン Khammāan
カマン Camann
ガーマン Garman
カマンジ Kamanzi
カマンダ Kamanda**
カーマンダキ
Kamandaki
カマンテ Kamante
カーミ Carmi
カミ
Cami**
Kami**
カミー
Cammie
Kammie
ガミー Ghaemi
カミィ Kamhi
カミイ Kamii
カミイユ Camille
カミェニスキ
Kamieński
カミエリ Camilleri
カミエール Chamier
カミエンスカ
Kamieńska
カミエンスキ
Kamieński
ガミオ Gamio
カミオンコウスキー
Kamionkowski
カミオンコフスキー
Kamionkowski
カミサ Khamisa
カーミサール Kamisar
カミース Khamis
カミセセ
Kamisese***
カミソコカマラ
Kamissoko
Camara
カミータ Kameeta
カミタツエツ
Kamitatu Etsu
カーミチェル
Carmichael
カミチス Kamitsis
カーミッシェル
Carmichael

カーミッチェル Carmichael
カーミット Kermit**
ガーミッヒ Gahmig
カミッラ Camilla*
カミッリアーニ Camilliani
カミッルス Camillus
カミッレーリ Camilleri**
カミッレリ Camilleri
カミッロ Camillo**
カミナ Kamina
カミナー Kaminer
カミナウ Kaminow
ガミナラ Gaminara
カミニ Kamini
ガーミニ Gāmini
ガミニ Gamini
カミニティ Caminiti**
カミニティー Caminiti
カミノフ Kaminoff
カーミハエル Carmichael
カミーユ Camille***
カミュ Camus***
カミュー Camu
カミューカ Kamuca
カミュゼー Camuzet
カミーラ
Camilla***
Kamila
カミラ
Camila
Camilla***
Kamila**
Kamilah
Kamilla
ガミラ Gamila
カミリ Camilli
カミリウス Kamillius
カミリエリ
Camilieri
Camillieri*
カミリオネア Chamillionaire
カミリヨ Camillo
カーミリヨン Carmylyon
カーミル Kāmil
カミール
Camiel
Camille**
Cammile
Cmiel
Kamil**
Kamil'
カミル
Camil
Kamil**
Khamil
ガミル
Gamil
Gamir
Gammill
ガミルシェーク Gamillscheg
ガミルシェク Gamillscheg
カミルス Camillus
カミルモハメド Kamil Mohamed
カミルラ Camilla
カミルロ Camillo
カミーレ Camille
カミレーリ Camilleri
カミレリ Camilleri*
カミーロ
Camillo*
Camilo**
カミロ
Camillo*
Camilo***
カミロフ
Kamilov**
Karmiloff
カーミン
Kamin
Karmin
カミン
Comyn
Cummins
Kamin*
カミンカー Kaminker
カミング Cumming***
カミングス
Comings
Commings
Cumings**
Cummings***
カミングズ
Commings*
Cumings
Cummings***
カミンゴウ Comingo
カミンス Cummins
カミンズ
Cammins
Comins
Commins
Comyns
Cummins**
Kamins
カミンスカ
Kaminska
Kamińska
カミンスカイテ Kaminskaitė
カミンスカヤ Kaminskaya
カミンスキ
Kaminski*
Kamiński
Kaminsky*
カミンスキー
Kaminski**
Kamiński
Kaminsky***
カーム
Calm
Curme*
Kaam
Kamm
カム
Cam***
Camm
Kam***
Kamm*
Kamu
Kham**
ガーム Gahm
ガム
Gam
Game
Gamm*
Gum
カムイ Kamwi
カムウアン Khamouan
カムキ Kumkee
ガムクレリーゼ Gamkrelidze
ガムクレリゼ Gamkrelidze
カムクワンバ Kamkwamba*
カムケ Kamke
カムゲ Kamougue
ガムザートヴィチ Gamzatovich
ガムザートフ Gamzatov***
ガムサフルジア Gamsakhurdia
ガムサフルディア Gamsakhurdia**
ガムーサン Ngamsang
カムジー Camgie
カムシン Kamsing*
カームス Kirmse
カムズ Kamuzu*
ガームス
Garmes
Garmus
ガームズ Garms
ガムス Gams
カムストック Comstock
カムスラー Kamsler
カムーソー Cammuso
ガムソン Gamson
カムタ Kamuta*
カムタイ Khamtay**
カムチ Kamuti
カムチャイ Kamchai
カムチュイベク Kamchybek
カムチョーン Kamchorn
カムッチーニ Camuccini
ガムッリーニ Gamurrini
カムディ Khamudi
ガムーデイ Gammoudi
カムデン
Camden
Comden*
カムドゥシュ Camdessus
カムドシュ Camdessus*
カムニッツ Camnitz
ガムニット Gumnit
カムバー Camber
カムパ Kam pa
カムハイ Camhi*
カムパイン Kampine
カムバッタ Khambatta
ガムパート Gumpert
カムパーニ Campani
カムパヌス Campanus
カムパネラ Campanella
カムパネルラ Campanella
カムバーランド Cumberland
ガムバロフ Gambaroff
カムピツ Kampits
ガムビーニ Gambini
カムピーリ Campigli
カムプイ Khamphoui
カムフィールド Camfield
カムフォート Comfort
カムブリー Kambly
カムプーン Knamphun*
カムペ Campe
カムベル Campbell
カムペルス Kampers
カムベロバ Kamberova
カームヘン Khamheng
カムヘーン Khamheng
カムヘン Khamheng
カムペンドンク Campendonk
カムポガッリアーニ Campogalliani
カムポス Campos
ガムポート Gumport
ガムポパ Sgam-po-pa
カムホーム
Khamhom
Khamhoom
カムポン Kamphon
カムマー Kummew
カムマオ Khammao
カムマーン Khammaan
カムマン
Cammann
Khammanh
ガムムアン Ngammuang
カムラ
Kamla
Kamura
カムラー Kamlah
ガムラリ Gamurari
カムラン
Cumrun
Kamran*
ガムラン Gamelin
カムランエク Kamlangek**
カムリー Comley
ガムリエル Gamliel
カムリン
Camryn
Kamrin
カムルル Qamrul
カムレー Kamler
カムレシュ Kamlesh
ガムレン Gamlen
ガムロス Gamroth
カムロート Khamlouad
カムワナ Kamwana
カムン
Kah Mun
Kamoun
カムンコリ Camuncoli
カムントゥ Kamuntu
カメアイム Kameaim
ガメイリエル Gamaliel
ガメイロ Gameiro
ガーメイン Germain
カメカッス Camescasse
カメケハ Kamekeha
カメザスカ Camesasca
カーメス Kamose
ガメス Gamez
ガメゼ Gamedze
ガメッゼ Gamedze
ガメット Gummett
ガメッラ Gamerra
カメニ Kameni*
カーメネヴァ Kameneva
カメネツキー Kamenetskii
カメネッツ Kamenetz
カーメネフ Kamenev
カメノス Kammenos
カメハメハ Kamehameha
カメホ Camejo*
カーメラ Carmela
カメラー Kammerer*
ガメラシュムイルコ Gamera-shmyrko
カメラーリウス Camerarius
カメラリウス Camerarius
カメリア Camelia*
ガメリエル Gamaliel
カメーリオ Camelio
カーメリータ Carmelita
カーメリタ Carmelita*
カメリーニ Camerini
カメリーノ Camerino*
カメリン Kamerlingh

カ

カーメリング
Kamerlingh
カーメル
Carmel*
Karmel
カメル
Camel
Kamal
Kamel***
ガメル
Gamel
Gammel
Gammell
ガメルセーテル
Gammelsaeter
ガメルトフト
Gammeltoft
ガメルラ Gamerra
カメルリン
Kamerlingh
カーメルリング
Kamerlingh
カメル・リンク
Camerlynck
カメルリング
Kamerlingh
カメレル
Kammerer
Knapek
カーメロ Carmelo**
カメロ
Cameron
Cammer
ガメロ Gamero
カメロン
Cameron**
Kameron
カーメン
Carmen***
Carmine
Kamen*
Kammen*
カメン
Kamen*
Kammen
カメンカ Kamenka
カメンジンド
Camezind
カーメンスキー
Kamenskii*
Kamenskiy
カメンスキー
Kamenskii*
Kaménskii
Kamenskiy
カーメンスキイ
Kamenskii
カメンツェフ
Kamentsev
ガーメンディア
Garmendia
ガーメント Garment
カーモ Carmo
カモ Camo
カモー Camou
ガーモ Garmo
ガモ Gummo
カモアン Camoin
カモインシュ Camões
ガモウ Gamow

カモーエンス Camões
カモガ Kamoga
カモス Kamose
ガモス Gamos*
カモソ Kamotho
カーモディ Carmody
カーモディー
Carmody*
カモデカ Camodeca
カーモード
Kermode**
カーモナ Carmona
ガモネダ Gamoneda
ガモフ Gamow*
カモラネーシ
Camoranesi
カモーリ Camogli
カモレーゼ Camolese
カモレッティ
Camoletti**
ガモワ Gamova*
カモワン Camoin*
ガモン Gammon
カモンイシ Camões
カモンイシュ Camões
カモーンイス Camões
カモンイス
Camoes
Camões
カモンエス Camões
ガモンド Gammond
カモンナーウィン
Kamonnawin
カーヤ
Chaaya
Kaja
カヤ
Kaya*
Khaya
Qaya
ガーヤ Gaya
ガヤ Gaya*
ガヤー Gayā
ガヤシ Goyeche
カヤス Kyas
ガヤス Ghayath
ガヤック Gailhac
カヤット Khayyat
ガーヤットリー
Gayatri
カヤト Kayath
ガヤード Gallardo
ガーヤトリー Gayatri
ガヤトリ
Gayatori
Gayatri**
カヤーヌス Kajanus
カヤヌス Kajanus
カヤパ Kaiaphas
カヤム Kayam**
カヤリ Kayali
カヤリス Kagialis
カヤール Kayar
カヤル Khayar

ガヤルド Gallardo*
カヤルプ Kayaalp
ガヤーレ Gayarre
ガヤレ Gayarre
カヤン Kayan
ガヤン Gayan
カヤンザ Kayanza
カヤンジャ Kayanja
ガヤンタ Gayantha
カヤンデル
Cajander
Kajander
カーユー
Kar
Kar-yiu*
カユ Cajún
カユー Cayeux
カユエット Cayouette
カユーザック Cahuzac
カユザック Cahusac
カーユス Cajus
カユース Cajus
ガーユス Gaius
カユーマルト
Kayūmarth
カユミ Qayumi
カユム Kayum
ガユーム Gayoom**
ガユル Ghayour
カユワンギ
Kayuwangi
ガユン Ga-yoon
カヨ Kayo
ガーヨ Gajo
ガヨ
Gajo
Gayo
カヨウ Jiayao
カヨジ Kajdi
カヨスマ Kajosmaa
カヨデ Kayode*
カーヨニ Kájoni
ガヨーマルト
Gayomart
ガヨン Ka-yeon
カーラ
Cara***
Carla***
Carra
Kaarla
Kāḷa
Kara*
Karla**
カーラー
Kaehler
Kahler
Kaler
Karrer
Koehler
カラ
Cala
Calla
Cara*
Carax
Carra
Carrà

Kada
Kala
Kalla*
Kara***
Qara
Qarā
Qarah
カラー
Carah
Culler**
Cullor
Currer
Kalā
Kaler
Kaller
Karrer
Kula
Qalaa
Qarā
ガラ
Gala**
Galla
Gara
Garat
カラアンゴフ
Karaangov
カーライ
Kállai*
Kallay
Kállay*
カライ
Kállai*
Kallay
Kerai
ガライ
Galai*
Galley
Garai*
Garay
カライオ Calaio
カーライオン Carlyon
ガライコエチェア
Garaikoetxea
ガライサバル
Garaizabal
カライジ Calais
カライシャ
Quarraisha
カライス
Calais
Kalais
ガーライス Gareis*
カライスカキス
Karaiskákis
カライツァ Kalaica
ガライド Galaid
カーライナー Carliner
ガライヤ Gelaye
ガライラ Gharaira
カーライル
Carlile**
Carlisle***
Carlyle***
Caryl
Caryle
カライル Kallayil
カラインドルー
Karaindrou
カーラウ Kalaw
カラウ Karau
カラヴァーエヴァ
Karavaeva

カラヴァカ Caravaca
カラヴァッジオ
Caravaggio*
カラヴァッジョ
Caravaggio*
ガラヴァーニ
Garavani
ガラヴァリア
Garavaglia
カラヴァリオ
Caravario
カラヴァン Karavan*
カラヴィタ Caravita
ガラウェイ Garraway
カーラヴェーラ
Khāravela
カラヴェリ Caravelli
カラヴェーロフ
Karavelov
カラヴェロフ
Karavelov
ガラヴェンタ
Garaventa
カラウオカラニ
Kalauokalani
ガラヴォッリャ
Garavoglia
カラウォレ Kolawole*
カラウシウス
Carausius
カラウーシン
Kalaushin
カラーウーン
Qalā'ūn
Qalāwūn
カラーエフ Karaev
カラエフ
Garayev
Karaev
ガラエワ Garayeva
カラエン Karaeng
カラオグル Karaoglou
カラオス Callaos
カラオスマノウル
Karaosmanoğlu
カラオスマンオウル
Karaosmanoğlu
カラオスマンオール
Karaosmanoğlu
カラオスマンオル
Karaosmanogilu
Karaosmanoğlu
カラオラノ
Calahorrano
カーラカ Kāḷaka
カラカー Karraker*
ガラガ Gallagher
ガラガー
Gallagher
Gulager
カラーカウア
Kalakaua
カラカウア Kalakaua
カラカシュ Karakas
カラカセビッチ
Karakasevic
カラガーツィス

Karagatsēs
Karagatsis
Karaghatsēs
カラカッラ Caracalla
カラカニス Calacanis
カラガノフ
Karaganov
カラカラ Caracalla
カラガール Carragal
カラカロス Karakalos
カラキ Karaki
カラキー Karakī
カラーキス Qalāqis
カラク Kha rag
カラグソワ
Karagusova
カラクタクス
Caractacus
ガラクチオーノヴィチ
Galaktionovich
ガラクチオノヴィチ
Galaktionovich
ガラクチオノフ
Galaktionov
ガラクチオン
Galaction
ガラクチノフ
Galaktionov
ガラクチノワ
Galaktionova
ガラクティオノヴィチ
Galaktionovich
ガラクティオノフ
Galaktionov
ガラクティオン
Galaction
ガラクトポロス
Galaktopoulos
ガラグリー Garaguly
カラケ Qaraqa
カラゴズ Karagoz
カラコーゾフ
Karakozov
カラコゾフ Karakozov
カラコタ Kalakota
カラコチ Karakoc
カラコール Caracol
カラコル Caracol
カラコルピー
Kallakorpi
カラコルピ Karakorpi
カラーザーズ
Carrothers
カラザース
Carothers
Carruthers*
カラザーズ
Carothers
Carruthers
Caruthers
カラザス Karatzas
カラザズ Carruthers
カラサディー Kalasadi
カラサンクティウス
Calasanctius
カラサンス
Calasanctius
カラサンチョー
Calasanzio
カラジー Karkhī
カラジアーレ
Caragiale
カラシェフ Karashev
ガラジオラ
Garagiola*
カラシク
Karasik
Karassik
カラジチ Karadžić
カラシック Karasik
カラジック Carasik*
カラジッチ
Karadžić**
カラジット Kiranjit
カラーシニコフ
Kalashnikoff*
カラシニコフ
Kalashinikov
Kalashnikov**
カラジャ Karadža
ガラジャエフ
Garajayev
カラジャオーラン
Karacaoğlan
ガラシャーニン
Garaschanin
ガラシャニン
Garaschanin
カラジャーレ
Caragiale
カラシュ
Karasch
Kharasch
ガラシュ Garas
カラシュス Carassus
カラジョバ Karadjova
カラショフ Karasyov*
カラジョルジェ
Karadjordje
カラジョルジェヴィチ
Karadjordje
Karadjordjević
カラージン Karazin
カラシン Karasin**
ガラジン Giraldin
カラジンスカヤ
Kaladzinskaya
カーラース Karasz
カーラス Karrass
カラーズ Cullors
カラス
Calas
Callas*
Carras
Carus
Kalas*
Kallas**
Karas**
Karras**
Karrass
Kharas
カラスー Carassou
ガラース Garasse
ガラス
Galas
Gallas
Garas
Garasse
カラスカラオ
Carascalao
Carascalão
Carrascalao
Carrascalão*
ガーラスキ Garlaschi
カラスキジャ
Carrasquilla
カラスキリャ
Carrasquilla
カラスケル
Carrasquel*
カラスコ
Carrasco***
Carrassco
カラスコサ
Carrascosa
カラスベダス
Karasevdas
ガラズボフ Golozubov
カラースラヴォフ
Karaslavov
カラスラヴォフ
Karaslavov*
カラスラボフ
Karaslavov
カラーゼ Kaladze
カラゼ Kaladze
ガラセ Qarase**
カラゼウスキー
Karaszewski
カラーセク Karásek*
カラゼク Karasek
ガラセク Galasek
カラソ Carazo**
カラゾ Carazo
カーラーソーカ
Kālāsoka
カラソフスキ
Karasowski
カラソフスキー
Karasowski
カラタ Kalata
カラタイ Callatay
カラタイウド
Calatayud*
カラダーウィー
Qaraḍāwī
カラタクス Caratacus
カラタスコス
Karakostas
カラーチー Corace
カラチ Karach
ガラチ Galati
カラーチェ Calace
カラチェク Kalachek
カラチェレビザーデ
Karaçelebi-zade
カラチョニ Karácsony
カラチョフ Kalachov
カラチョーロ
Caraciollo
ガラーツ Gallaz*
カラツィオラ
Caracciola
カラツゥバ Karatsuba
カラツォリス
Karatsolis
ガラッガー Gallagher
カラック Karac
ガーラック Gerlach
ガラック Gulack
カラックス Carax**
カラッザ Karatza
カラッザーズ
Carruthers
ガラッシ Galassi
ガラッシー Gallassi
ガラッシーノ
Garassino
カラッシュ
Karrasch
Kharasch
ガラッシュ Gallasch
カラッソ
Calasso
Carasso
ガラッソ Galasso
ガラッソー Galasso
カラッチ
Carracci
Kalac
ガラッチオ Gallaccio*
カラッチオーロ
Caracciolo
カラッチョリ
Caraccioli
Caracciolo
カラッチョーロ
Caracciolo
カラッチョロ
Caracciolo
カラッツア Karatza
カラッティ Caratti
カーラット Carlat
カラット
Carlat
Currutt
Kalat
ガラット Garratt
ガラッド Garrad
ガラテ Gárate
カラーディ Karády
ガラティ Galati
ガラテイア Galateia
カラティギナ
Karatygina
カラティーニ Caratini
カラディマ Caladima
ガラティン Gallatin
ガラテーオ Galateo
カラテオドリ
Carathéodory
Karatheodori
カラテオドリー
Carathéodory
カラデック Caradec
カーラート Kahlert
カラード
Calado
Callard
Collard
ガラード
Garard
Garrard*
ガラド Garrard
カラトイギン
Karatygin
カラトゥイーギン
Karatygin
カラトゥーギン
Karatygin
カラドゥク Caradeuc
カラトケヴィチ
Karatkevich
カラトーゾフ
Kalatozov
カラドック Caradoc
カラドッソ Caradosso
カラトニツキー
Karatnycky
ガラトプーロス
Galatopoulos
カラトラバ Calatrava
カラドリ Caradori
ガラーナ Garana
カラニ Kalani*
カラニー Qaranī
カラニシ Kalanithi
ガラニス Galanis
ガラニチェフ
Garanichev
カラニック Kalanick
ガラニーニ Galanini
ガラニャーニ
Garagnani
ガラニュー
Garagnoux
ガラニン Garanin
カラヌ Kälarne
カラノ Calano*
ガラーノ
Galano
Garano
ガラノ Garano
カラノヴィチ
Karanović
カラノス Kalanos
カラノビッチ
Kalanović
カラノベ Caranobe
カラハー
Caraher
Carraher
カラバ
Calaba
Kalaba
カラパ Kalapa
ガラハー
Gallagher*
Gallaher
カラバエワ
Karavaeva**
カラバオ Carabao
カラバーシュ
Karabash
カラバジョカブレラ

カ

Caraballo Cabrera
カラパス Carapaz
カラバッジオ
Caravaggio
カラバッジョ
Caravaggio
ガラハッド Galahad
カラパテス
Calaphates
ガラハド Galahad
カラパトス
Carabatsos
ガラバーニ Garavani
ガラバノ Garavano
カラバノーヴァ
Karabanova
ガラバルダ Galaburda
カラハーン Karakhan
カラハン
Callaghan
Callahan*
Karakhan
カラバン Carabin
カラビ Calabi
カラビー Calaby
カラビアス Carabias
カラビオット
Craviotto
カラヒサリー
Karahisarī
カラビシ Kalabish
カラビス Kalabis
カラビドプロス
Karavidopoulos
ガラヒュー Gallahue
カラビン Karabin
ガラビン Galabin*
カラフ
Caraffe
Khalaf
ガラブ Galab
カラーファ Carafa
カラファティス
Kalafatis
カラファト
Calafat
Calafato
カラフィアート
Karafiát*
カラフェテアヌ
Calafeteanu
カラフェルト
Calaferte
ガラフォラ Garafola
カラブコフ Kalabkov
カラフチ Kalafchi
カラブリア Calabria*
カラプリス Calaprice*
ガラブーリュ Galabru
ガラブリュ Galabru
カラブレイジ
Calabresi*
カラブレイジィ
Calabresi
カラブレージ
Calabresi
カラブレシ Calabresi
カラブレーセ
Calabrese
カラブレーゼ
Calabrese*
カラブレセ Calabrese
カラブロ Calabro
カラペキアン
Karapetian
カラベキル Karabekir
ガラベージァン
Garabegian
カラペチャン
Karapetyan*
カラベッタ Carabetta
カラベッリ Carabelli
ガラベディアン
Garabedian
カラペティヤン
Karapetyan
ガラベト Garabet
カラペトフ Karapetoff
カラベニック
Karabenick
カーラベーラ
Khāravela
カラベラ Caravella
カラベリ Caravelli
カラベル
Karabel
Karabell
カラベレーゼ
Carabellese
カラベーロフ
Karavelov
カラベロフ Karavelov
カラボ Karabo
ガラーポ Galapo
ガラボス Galambos
ガラポン Garapon*
カーラーマ Kālāma
カラマ
Carama
Kalama*
カラマギ Karamagi
カラマチアーノ
Kalamatiano
カラマッタ Calamatta
カラマトフ
Karamatov
カラマーニー
Karamanî
カラマフォニ
Kalamafoni
ガラマラ
Gallamallah
Ghalamallah
カラマルコ
Karamarko
カラマン
Callamand
Karaman
カラマンドレーイ
Calamandrei
カラマンリス
Karamanlis**
カラミ
Calamy
Karami**
カラミアン Kalamian
ガラミアン
Galamian*
カラミシェフ
Karamyshev
カラミス Kalamis
カラミティ Calamity
カラミトル Caramitru
カラミハス
Karamihas
カーラム Curram
カラーム Calame
カラム
Calam
Calame
Callum*
Calum*
Cullum*
Kalam**
Kalamu
Karam**
Qalam
カラムエル Caramuel
カラムジーン
Karamzin*
カラムジン
Karamzin*
カラムチャコフ
Karamchakov
カラムチャコワ
Karamchakova
カラムチャンド
Karamchand**
ガラムフセイン
Gulamhussein
カラムペロビッチ
Kalamperović
ガラムボ Galambos
カラメッカ Calamecca
カラメロ Caramello*
カラモ Karamo
カラモイエツ
Kalamoyets
ガラモン Garamond
カラヤー Kalaya
カラヤニ Karayianni
ガラヤニ Galyani
カラヤノブルー
Karagiannopoulou
カラヤルチュン
Karayalcin*
カラヤン
Karajan**
Karayan
カラーラ Carrara*
カララ Kalala
ガラーラガ Galarraga
ガララーガ
Galarraga*
ガララーティ
Gallarati
カラーリ
Callari*
Karalli
カラリ Qalallie
カラーリオ Caraglio
カラリコーヴァ
Korolikova
カラリス Coulouris
カラリーチェフ
Karalichev
Karaliichev
カラリヤッダ
Karalliyadda
カラリョフ Korolev
カラル Karal
ガラール
Galal
Gallard*
ガラル Galal
ガラルサ Galarza
カラルス Karalus
ガラルダ Garralda
カラルデ Kalaldeh
ガラルディ Guaraldi*
カラルヌ Calarnou*
カーラルベルタ
Carlalberta
カラレーゼ Calarese
カラロ Carraro
ガラロン Garralon
カラワエフ Karavaev
カラワーエワ
Karavaeva*
ガラワンジ
Ghalawanji
カーラン
Curran*
Karlan*
Kerlan
カラン
Calan
Calin
Callan*
Caram
Caran
Carrand
Curran***
Curren
Kalan*
Karan*
Karen
ガーラン
Garlan
Garland
ガラン
Galan
Galán*
Galant
Galin
Galland**
Gallum
Garang**
カランカ Karanka
カランサ
Carranza***
カランザ
Carranza**
Karantza
カランザサロリ
Carranza Saroli
ガランジェ Garanger
カランジャ
Karanja*
Karanjia
カーランスキー
Kurlansky*
ガランスキ Galanski
ガランスコーフ
Galanskóv
カランソン Calenson
カーランダー
Karlander
ガランター Gelernter
ガランタイ Galantay
カランダプッタ
Kalandaputta
ガランターラ
Galantara
カランタル
Käläntär
Kälil
カランダル Qalandar
ガランダロフ
Galandarov
カランチャ Calancha
ガランチャ Garanča*
カランツィス
Kalantzis
カランデ Karande
ガランテ Galante*
ガランディ Gallandi
ガランティーニ
Galantini
カーラント Caland
カーランド
Curland
Kurland*
カラント Karanth
ガーラント Galland
ガーランド
Galland
Garland***
Gerland
Gurland
ガラント
Galant
Galante
Galland
Gallant
ガランド
Galland
Gulland
カランドラ Calandra
ガラントリー
Gallantree
カランドルッチオ
Calandruccio
カランドレリ
Calandrelli
カランドロー
Callandreau
カランヌ Karenne
カランバル Karambal
ガランピ Garampi
カランブララウリク
Carambula
Raurich
ガランボス
Galambos*
カーリ
Cari
Carli*
Kari**
Karli
Khari
カーリー

Carey
Carlee
Carley*
Carly*
Carlye
Cary
Curlee
Curley***
Currey
Currie
Curry
Kahry
Kali
Karli
Kerley
Qālī
Qārī
カリ
Cagli
Cali*
Calì
Cally*
Kali
Kalī
Kari**
Qari
カリー
Cali
Calley
Cally
Carey
Carrie*
Carry
Cary
Culley
Cully
Currey*
Currie***
Curry**
Kali
Kalinin
Kaliz
Kállay
Karrie**
Kary*
ガーリ Ghali
ガーリー
Gary
Ghali
Ghālī
Gourley*
Gurley***
ガリ
Gali
Galí
Galli**
Gari
Garri
Gary**
Ghali**
Ghaly
Gurry
Kalī
ガリー
Galli*
Garry
Gary***
Golley
Gulley
Gulli
Gurry*
カリーア Carrier
カリア
Calia
Kalia
Kallir*
Karia
カリアー
Currier*
Kallir*
Karier
ガリア
Galea
Galia
Garia*
カーリアイネン
Kääriäinen
ガリアーガ Gallaga
カーリアス Callias
カリーアス Carias
カリアス
Callias
Carias*
Carías
Kallias
ガリアッツォ
Galiazzo**
Gariazzo
カリアティ Kaliati
カリアーニ Cariani
ガリァーニ Galiani
ガリアーニ Galiani
ガリアニ Galiani
ガリァーノ Gagliano
ガリアーノ
Gagliano
Galiano
Galliano**
ガリアノ Galiano
カリアーリ Caliari
カリアリ
Caliari
Calliari
Carrieri
ガリアルディ
Gagliardi
ガリアルド
Gagliardo
Galliard
ガリアン
Galien
Gallian
Galyean
Gurian
カリアンプル
Kallianpur*
カーリィ Curly
カーリイ Kerley*
カリイ Curry
ガーリィ
Gary
Gurry
ガーリイ Gurley
ガリィ Garrey
カリウ
Cariou*
Khalilou
ガリウ Galiou
ガリヴァー Gulliver*
カリヴァン Currivan
カリヴォダ Kalliwoda
カリウキ Kariuki*
カリウス
Carius*
Carlius
Karius
ガリウッシ Galliussi
カリウビ Kaliouby
カリェ Calle
カリエ
Cailliet
Carrié
Carrier
ガリエ
Galie
Garrier
カリエゴ Carriego
ガリェーゴ Gallego
ガリェゴ Gallego
ガリェーゴス Gallegos
ガリェゴス Gallegos
カリェス Calles
ガリェス Gallès
ガリエズ Galliez
ガリエナ Galiena*
ガリエニ Gallieni
ガリエーヌス
Gallienus
ガリエヌス Gallienus
カリェーハ Calleja
カリェハ Calleja
ガリエフ Galiev
カリエーラ Carriera
カリエラ Carriera
カリエール
Callières
Carriere**
Carriére
Carrière***
カリエル Kaliel
カリエルギス
Kalliérgēs
カリエロ
Cariello
Carriero
カリエワ Kaliyeva
ガリェン Gallen
カリエンド Caliendo
ガリエンヌ
Galienne
Gallienne**
カリオ
Kallio
Karyo
ガリオ
Galiot
Gallio
Gallo
カリオカ Carioca
カリオストロ
Cagliostro
カリオタキス
Kariotakis
カリオーティ Caglioti
カリオティ Caglioti*
カリオパテ Kaliopate
カリオピ Kalliopi
カリオピー Kalliopi
カリオピオス
Kalliopios
カリオペ
Calliope
Kalliopē
カリオマキ
Kalliomäki
カリオラート
Cariolato
カリオン
Carion
Carrion
Carrión*
Karion
ガリオン
Gallio
Gallion
Gallo
カーリカー Carriker
ガリガイ Galigaï
カリカヴァ Culicover
ガリガス Garrigus
カリガリス Calligaris*
カーリガン Carrigan
カリガン Culligan
ガリカン Gallichan
ガリキオ Gallicchio
カリキス Karikis*
ガリギューズ
Garrigues
カリキンスキイ
Kalikinskiĭ
ガリーグ Garrigue
ガリク
Gallik
Garrigue
ガリグ
Garrigou
Garrigoú
Garrigue*
Gurrigue
ガリグー
Garrigou
Garrigoú
ガリグエー Garrigues
カリクサ Calixa
カリクシュタイン
Kalichstein
カリクス Calix
ガリクス Gallicus
カリクスツゥス
Calixtus
カリクスツス Calixtus
カリクスト
Calixt
Calixte
Calixthe
Calixtus
カリクストゥス
Calixtus
Callistus
ガリクソン
Gullickson*
カリクテール
Kallikter
ガリグナニイ
Galignani
カリクマン Kalikman
カリグラ Caligula
カリクラチダス
Kallikratidas
カリクラティダス
Kallikratidas
カリクラテース
Kallikratēs
カリクラテス
Callicrates
Kallikratēs
ガリクルス Galliculus
カリクルブ
Karikurubu
カリクレス Kalliklēs
ガリケ Galliker
カリコ Karikó
ガリコ Gallico
ガリゴ Galigo
ガリコイ Garicoïts
カーリコウスク
Kerlikowske
カーリゴーダー
Kāḷigodhā
カーリゴーダープッタ
Kāḷigodhāputta
カリサ Karisa
カリザス Carrithers
カリサレス Carrizales
カリシウス Charisius
カリジェ Carigiet*
ガリシェ Galichet
カリシェイン
Calishain
ガリシェワ Galysheva
カリシャー Kalischer
カリシャ Kalischer
ガリジャーエフ
Galjdjaev
カリジャガ Kalijaga
カリシュ Kalisz
ガリシュクルンベルガーボーイ
Garisch-Culmberger-Boy
カリジューリ Caligiuri
カリージョ
Carillo
Carrillo*
カリジョ
Carrillo
Karidjo
カーリス
Carlis
Carliss*
Karlis*
カリス
Calixte
Caris
Cullis**
Kalis
Kaliss
Kallis
Karis
Khaalis
カリズ Calixthe*
ガリース Gareth
ガリス
Gallis
Garriss
カリスカ Kaliska**
カリスカン Caliskan
カリスキー Kalisky
ガリスコ Guarisco
カリスタ
Calista
Callista
カリスツス Callistus
ガリステウ Galisteu

カ

カリステネス
Kallisthenes
Kallisthenēs
ガリステル Gallistel
カリスト
Calixte
Callisto
Kallistō
カリストゥス
Calixtus
Callistus
カリストス
Kallistos
Kállistos
カリストラトス
Kallistratos
カリズナー Karizna
カーリスリー Carlisle
カーリスル Carlisle
カリーゼ Calise
カリーソ
Carrico
Carrizo
ガリソ Gallissot
カリソン Callison
ガリソン Garrison**
カリータ Karita
カリタ
Carita
Caritat
Kalita
Karita*
カリター Caritat
カリダ Caridad
カーリターサ Kālidāsa
カーリダーサ
Kalidasa
Kālidāsa*
カリ・ダーサ Kālidāsa
カリダサ Kālidāsa
カリタス Charitas
カリダード Caridad
ガリターノ Garitano
ガーリチ Galich
ガリチア Galizia
カリチェフスキー
Kalichevsky*
ガリチェンコ
Gal'chenko
ガリチャン Gallichan
カリチューン
Callichurn
ガリチン Golitsyn
ガリーツィア Galizia
ガリーツィン Gallitzin
ガリツィン
Galitzine
Gallitzin
ガリツェン Galitzen
ガリツカヤ Galitskaya
ガリツキー Galitskii
カーリック Carrick
カリック
Calic
Carrick
ガーリック
Galik
Garlick*
Garrick
ガリック
Galik
Garrick*
Gulick
Gullick
Gullik
ガリッグ Garrigue
ガリックソン
Gullickson
カリッサ Carissa
ガリッサール
Galissard
カーリッジ
Courage
Kerridge
カリッシ Kalish
カリッシーミ
Carissimi
カリッシミ Carissimi
カーリッシャー
Kalischer
カーリッシュ Kalisch
カリッシュ
Kalich*
Kalisch*
Kalish
カーリッチ Karic
カリッチマン
Kalichman
カーリッツ Karlitz
ガリッツ Galitz
カリッド Currid
ガリット Galite*
ガリットソン
Gerritsen
カリッヒ Kalich
カリップス Kallippos
カリッポス
Callippus
Kallippos
ガリッリ Garilli**
カリテ Kalite
カリティ Cullity
カリディ Qaridi
カリディア Caridia
カリティディ
Kharitidi
カリデモス
Charidēmos
Kharidēmos
カーリト Carlito
カーリド
Khalid
Khālid
カリード Khaled
カリド
Khaled
Khalid*
ガリード
Garrido
G̲harīd
ガリト Galit
ガリド Garrido
カリドゥ Kalidou
カリトス Carlitos
ガリドフー Gardkhuu
ガリドレカ
Garrido Lecca
カリトーン Charitōn
カリトン
Chariton
Charitōn
Culliton
Kharitōn
カーリナ Kaarina*
カーリナー
Carliner
Karliner
カリーナ
Carina**
Culina
Kalina**
Karena
Karina***
カリナ
Carina*
Kalina
Karina*
ガリーナ
Galina***
Galína
ガリナ Galina
ガリーナパヴロヴナ
Galina Pavlovna
ガリナリ Gallinari
カリナン Cullinan
カリーニ Carini*
カリニオ Carinio
カリニクス Callinicus
カリニコス
Callinicos*
Callinicus
Kallinikos
Kallínikos
カリニコフ
Kalinnikov
Kallinikov
カリニッチ Kalinic
カリーニナ Kalinina*
カリニナ Kalinina
カリニャーク Kaliňák
カリニャーニ
Carignani*
ガリニャーニ
Galignani
カリニャマット
Kalinyamat
カリーニョ Cariño
カリーニン Kalinin*
カリニン Kalinin
カリニング Kalning
カリーヌ
Carine*
Karine**
カリーヌイチェヴァ
Kalinycheva
カリーヌス Cărinus
カリヌス Cărinus
カリネスク
Calinescu
Càlinescu
Călinescu
ガリーノ
Garino
Gulino
カリノーヴァ
Kalinowa
カリーノス Kallinos
カリノス Kallinos
カリノフ Kalinov
カリノフスキ
Kalinowski*
カリノフスキー
Kalinovskii
Kalinowski
カリバ Kaliba
カリバー Culliver
ガリバー Gulliver
ガリバイ Garibay
ガリバシヴィリ
Garibashvili
ガリバシビリ
Garibashvili*
カリバタ Kalibata
ガリバート Galibert
ガリバラ Garibay
カリパリ Calipari
ガリバル Garibal
ガリバルジ Garibaldi
ガリバルジー
Garibaldi
ガリバルディ
Garibaldi
ガリバルト Garibald
カリバン Currivan
ガリービー Gharibi
カリフ
Califf
Kalif
Khalif
Khalīfa
ガーリブ
Galib
Ghalib
Ghālib
ガーリブ Galib
ガリーブ Gharib
ガリブ
Ghalib
Gharib**
ガリブ Galib
カリファ
Kalifa
Khalifa
カリファノ Califano
カリフィア Califia*
ガリフェ Galliffet
カリフォルニア
California
カリプソ Calypso
カリプベク Karipbek
ガリブール
Galibour
Gallibour
カリフングワ
Kalifungwa
カリベ Carybé*
ガリペリン Gal'perin
ガリペルシュテイン
Gal'pershtein
カリベルト Charibert
カリポス Callippos
カリポット Karippot
ガリボフ Garibov
カリーマ Karima
カリマ
Kalima
Karima
カリマコス
Kallimachos*
ガリマール Gallimard
カリマン Koloman
カリミ Karimi**
カリミーニ Carimini
カリミマチアニ
Karimimachiani
カリーム
Kalīm
Kareem*
Karim**
Karīm
Kerim
Krim
カリム
Kalim*
Karim***
Karīm
Karimou
カリムザデー
Karimzadeh
カリムジャノフ
Karimzhanov
ガリムジャン
Galymzhan
ガリムベルティ
Galimberti
カリムメッカスア
Karim Meckassoua
カリムルー Karimloo*
カリモ Karimo
カリモフ Karimov**
カーリヤー Kaliya
カリャ Caille
カリヤ Kariya*
ガーリャ Gaalyah
ガリヤ Ghaliyah
ガリャイ Gallay
ガリャーエフ Gorjaev
カリャーキン
Kariakin
Karyakin
カリャーギン
Kalyagin*
カリャギン Kaliagin
ガリャーチキン
Goriachkin
カリャーティ Cagliati
カリヤーナ
Kalyana
Kalyána
カリヤニ Kalyani
ガリャーニ Galiani
ガリャーノ Galliano
ガリヤフキン
Goliavkin
カリヤライネン
Karjalainen
ガリャルディーニ
Gagliardini

ガリャルド Gallardo
ガリャルドン
Gallardón
カーリャワサム
Kariyawasam
カリヤワサム
Kariyawasam
カリヤン Kalyan
ガリヤン Gallien
カリャンタ Callanta
カーリュー Carew
カリュー
Carew**
Cariou
カリュオフュレス
Karyophylles
カリユステ Kaljuste
カリュータ Kalyuta
カリュプソ Kalypso
カリユライド
Kaljulaid*
カリユランド
Kaljurand
カリーヨ Carrillo
カリョ Karyo*
カリョストロ
Cagliostro
カリヨマ Kaliyoma
ガリョールキン
Galyorkin
カーリョン
Kar-leung*
ガリラ
Galila
Galilah
カリラーニ Kalilani
カリーリ Khalili
ガリリ Galili
カリーリョ Carrillo*
カリリョ
Carillo
Carrillo**
カリリン Carilyn
カーリール Kahlil
カーリル Kahlil
カリール
Caleel
Carril
Gharaira
Kahlil
Kallir
カリル
Callil
Caryl*
Käläntär
Kalil
Kälil
Kalilou
Kalir
Khalil
Khalilou
Khaliru
ガリール Garilhe
ガリル Garilhe
ガリルへ Garilhe
カリルロス Charillus
ガリレー Galilei
ガリレア Galilea
ガリレーイ Galilei
ガリレイ Galilei*
ガリレーオ Galileo
ガリレオ
Galilei
Galileo*
カーリロ Carrillo
カリーロ Carrillo
カリロ Carillo
カリロー Kalliroe
カリロエ
Kalliroe
Kallirroē
カリロス Carlos
カリロフ Kalilov
カーリーン
Carleen*
Carlene**
Karlene
カーリン
Carin**
Carleen*
Carlin***
Carline*
Kaelin
Karen
Karin***
Karleen
Karlijn
Karlin
Karlyn
Karyn
Kerlin
Kharin
カリーン
Carine
Kareen
Karen
Karin*
Karine
カリン
Calin*
Călin*
Călin
Carin**
Carrin
Cullen
Cullin**
Currin
Kalin*
Kälin
Karin***
Karine
Karyn**
ガーリン
Galin**
Garin
Garlin
Girlyn
ガリン
Gallin
Garin*
カーリンガ Kerlinger
カリンカ Kalinka
カリンガム
Callingham
ガリンキン Galinkin
カーリング
Carling*
Karring
カリング
Culling
Kulling
ガーリンク
Galling
Garling
ガーリング Girling*
ガリング Galling
カリングウォールス
Cullingworth
カーリングトン
Carrington
カリングワース
Cullingworth
カリンケ Kalinke
カリンコヴァ
Kalinkova
カリンジアン
Kalindjian
カリンジェ Karinje*
カーリンジャー
Kerlinger
ガリンシャ Garrincha
ガリンジャー
Gallinger
カリンシュ
Karinš
Kariņš
カーリンズ Karlins
カリンズ Collins
カリンスカ Karinska
カリンスカヤ
Karinska
カーリンスキー
Carlinsky
Karlinsky
カリンスキー
Carlinsky
Kalinsky
Karinskii
ガリンスキ Galinski
ガリンスキー
Galinsky*
カリンチ Karinch
カリンチヤク
Kalinčiak
カリンチュク
Kalinchuk
カリンデ Kalinde
カリンティ
Karinthy**
ガリンデヴ Galindev
ガリンド Galindo*
カリンドロ
Caliandro*
カーリントン
Carrington
カリントン
Carrington**
カリンニコフ
Kalinnikov
カリンフォード
Cullingford
ガリンベルティ
Galimberti*
カール
Cahard
Cale
Carl***
Carle***
Carll
Carlo
Carr
Cars*
Charles*
Curl**
Curle
Kaare
Kahl**
Kahle**
Kahr*
Kahrl
Kalle
Karel
Karl***
Karle**
Karoly
Károly
Karr
Kaul*
Kerr
Kuhl
Kurrle
カル
Cal**
Calle**
Calvin
Carl
Carr
Cull
Ka
Kal*
Kalvoski
Kar
Karl
Karr
Karu
Khar*
Kjäll
カルー
Carew**
Kalou
ガール
Gaal*
Gahl
Gahr*
Gall
Gard**
Garr*
Karl
ガル
Gal***
Gál
Gall*
Garu
Gull
カルア Karua
ガルア Garoua
カルアナ Caruana*
カルイ Karoui**
カルイエフ Kalyev
カルイクベク
Kalykbek
ガルィシン Goryshin
ガルイナンディ
Galuinadi
ガルイム Galym
カルゥー Kalou
ガルウ Galloux
カルヴァー Culver
カルヴァイト Kalweit
カルヴァウェル
Culverwel
Culverwell
カルヴァク Kalvak
カルヴァシ Karvaš*
カルヴァック Kalvak
カルヴァティ Khalvati
カルヴァート Calvert*
カルヴァートン
Calverton
カルヴァトン
Calverton
カルヴァーニ Calvani
ガルヴァーニ Galvani
ガルヴァニ Galvani
ガルヴァーノ Galvano
ガルヴァノ Galvano
カルヴァリー
Calverley
カルヴァリャル
Carvalhal
カルヴァーリュ
Carvalho
カルヴァーリョ
Carvalho*
カルヴァリョ
Carvalho
カルヴァリヨ
Carvalho
カルヴァールト
Calvaert
カルヴァルト Calvaert
カルヴァレイ
Calverley
ガルヴァレンツ
Garvarentz
カルヴァロ Carvalho
カルヴァン
Calvin*
Kalven
ガルヴァン
Galvão
Galvin
カルヴィ Calvi**
カルヴィエール
Calvière
カルヴィージウス
Calvisius
カルヴィシウス
Calvisius
カルヴィシウル
Calvisius
カルウィック Kalwick
カルヴィーティス
Kalvitis*
カルウィヌス Calvinus
カルヴィーノ
Calvino**
カルウィリウス
Carvilius
カルヴィリウス
Carvilius
カルウィン
Curwin
Kalwin
カルヴィン Calvin**
ガルヴィン
Calvin
Galvin*
カールヴィンド
Carlwind
カルヴェ
Calvé
Calvet***
Calvez

カルヴェー Calvet
ガルヴェ Garve
ガルヴェー Garweh
ガルウェイ
Gallwey*
Galwey
ガルウエイ Gallwey
カルウェオ Kalweo
カルヴェージィ
Calvesi
カルヴェッティ
Calvetti**
カルヴェリー Calveley
カルウェル Culwell
カルヴェル Calvel
カルヴェン
Carven
Karven
カルヴォ Calvo
カルウォヴィチ
Karłowicz
カルヴォコレシ
Calvocoressi
カルヴォコレッシ
Calvocoressi*
カルヴォコレッシー
Calvocoressi
ガルヴォコレッシ
Calvocoressi
カルヴォス Kalvos
カルヴォネン
Karvonen
カルウス Calvus
カルヴス Calvus
カルヴニ Carvunis
カルカー Kalckar
カルカア Calker
ガルガウ Gargaud
カルカヴィ Carcavy
ガルガーウィ Gergawi
カルカヴィツァス
Karkavitsas
ガルガウシャヌ
Gargaud Chanut
カルガクス Calgacus
ガルガクス Galgacus
カルカサスカロシル
Carcasses Kalosil
カルカシャンディ
Qalqashandī
カルカシャンディー
Qalqashandī
ガルガーシュ Gargash
カルカス
Kalchas
Kalchās
カルカッシ Carcassi
カルカット Calcutt
カルカテラ
Carcaterra**
カールガード
Karlgaard
カルカーニ Calcagni
ガルガーニ Galgani
ガルガニ Galgani

カルカーニョ
Calcagno
カルカーノ Carcano
カルカノ Carcano*
ガルガーノ Gargano
ガルガノ Gargano
カルカビツァス
Karkavitsas
カルカベキア
Calcavecchia
カルカベッキア
Calcavecchia*
カルガポーロフ
Kargapolov
カルカモ Carcamo
カルガラマ
Karugarama
ガルガーリオ Galgario
ガルガリョ Gargallo
カルカル Calcar
カルガル Kargar
カルガロ Calgaro
カルガロワ Kargalova
カルキ
Kalki*
Kalkí
Karki
カルキー Karkhī
カルキディウス
Calcidius
Chalcidius
ガルキナ Galkina**
カルキノス Karkinos
ガルギーユ Garguille
ガルギリウス
Gargilius
カルーギン Kalugin
カルキン
Calkin*
Calkins
Culkin*
Qarqeen
ガルキン Galkin
カルキンス Calkins*
カルキンズ Calkins*
カルク
Karg*
Kuyk
ガルグ
Garg
Gurg
カールクヴィスト
Carlqvist
カルクス
Khalkous
Kirkes
カルクスタイン
Kalkstein
カールクビスト
Karlqvist
カルクブレンナー
Kalckbrenner
Kalkbrenner
ガルグム Gargoum
カルクリット Karklit
カールグレン
Carlgren

Karlgren**
カルクロイト
Kalckreuth
カルクワーフ
Kalkwarf
カールケ Kahlke
カルゲ Kharge
カルゲス
Carges
Karges
カルケドン
Chalkedonios
カルケール Karcher
カルコ
Całko
Carco*
ガルコ
Galko
Garko
ガルゴ Gargo
ガルゴー Gargaud
ガルコーウィチ
Galkovich
カルコウティ
Karkouti
カルココンデュレス
Khalkokondyles
カルコシュカ
Karkoschka
カルコット
Callcott
Kalkot*
カルコピーノ
Carcopino
カルコピノ Carcopino
ガルコフ Galkov
ガルコーマ Galkoma
カルコーリ Karkouri
カルコン Carcone
カルコンディラス
Chalcondylas
カルコンディレス
Chalcondylas
Chalkondyles
カルコンデュレス
Chalcondylas
Chalkondyles
カールサ Khalsa
カルーザ Kaluza
カルサ Khalsa*
カルサー Khalsa*
カルザー Kalser
ガルサ Garza**
ガルザ Garza
ガルザー Gulzar
ガルサアルダペ
Garza-Aldape
カルザイ Karzai**
カルザヴァーラ
Calzavara
カルザヴァラ
Calzavara
カルサーヴィナ
Karsavina
カルサヴィーナ
Karsavina

カルサヴィナ
Karsavina
カルサーヴィン
Karsavin
ガルサウン Garção
カルサカウ Kalsakau
カルザゲ Calzaghe*
カールーサーズ
Carruthers
カールーザース
Carruthers
カルーザス
Carruthers
カルサーズ Carruthes
カルザース
Carruthers
Caruthers*
カルサーダ Calzada
カルサダ Calzada
カルサディジャ
Calzadilla
カルサディーリャ
Calzadilla
カルザビージ
Calzabigi
カルサビナ Karsavina
カールサビン
Karsavin
カルサム Kulthūm
カルサン Skal-bzaṅ
カルザン Carzan*
ガルサン
Galsan
Garcin**
ガルサンスフ
Galsansükh
カルージ Calugi
カルシ Karsch
カルシー Qarshī
ガルシ Garci
カルシア Carcea
ガルーシア
Garcia
García
ガルシーア
Garcia*
García**
ガルシア
Galcia
Garcea
Garcia***
García***
Garcìa
Garzya
ガルシアコレイア
Garcia Correia
ガルシアサヤン
García Sayán
ガルシアパーラ
Garciaparra*
ガルシアブリト
Garcia Brito
ガルシアマルガリョ
García-margallo
ガルシアメンドーサ
Garcia Mendoza
ガルシェ
Garesche
Garesché

カルシェッド
Kalsched
ガルジェフ Gardjev
カルシガ Quarshigah
ガルシカ Galushka
カルシガリラ
Karusigarira
カルジャ Carjat
ガルシャ García
ガルシャースプ
Garshasp
カルシャット
Kurschat
ガルジャーニ Gargiani
カルージュ
Carrouges*
カルシュ
Karch
Karsch*
Karsh
カールシュタット
Carlstadt
Karlstadt
カールシュテット
Karstedt
カールシュテート
Karstädt
カルシュテン
Carstein
Carsten
Karsten
カルシュナー Kirshner
ガルジューロ Gargiulo
カルージョ Calusio
カルショー Culshaw
カールジョージ
Karl-Georg
カールション Karlsson
ガルシラーソ
Garcilaso*
ガルシラソ Garcilaso
ガールシン Garshin
ガルージン
Galouzine
Galuzin*
ガルシン Garshin*
カールス Carus
カールズ Karls
カルース
Carruth***
Caruth*
カルス
Cals
Carus
カルズー Carzou*
ガルス Gallus*
ガルスィア Garcia
カールスウェル
Carswell
カルズエデ Kalzuede
ガルスカ
Galusca
Garstka
カルスキ Karski
カルスキィ Cárský
カルスシュテン
Carsten
カルスタ Carsta

ガルスター Galster
カールスタート Karlstad
ガルスチャン Galstyan Galustian Galustyan
ガルスチン Garstin
ガルステア Garştea
ガルスティアン Galustian
カールステット Carlstedt
カルステット Karstädt
カールステン Carsten* Karsten Kirsten
カルステン Carsten* Carstens Karsten***
カールステンス Carstens
カルステンス Carstens** Karstens*
カルステンセン Carstensen
カルステンゼン Carstensen
カルースト Calouste
ガルースト Garouste
ガルスト Garst*
ガルストヤン Galstyan**
ガルストランド Gullstrand
カールストローム Carlstrom**
カールストロム Carlstrom
カールストン Carlston Karlson
ガルストン Galston
カルズニー Kaluzny
カールズバッド Carlsbad
カルズーベ Kalzeubé
カルズベ Kalzeube
カルスーム Kalthūm
カールスロー Carslaw
カルスロップ Calthrop*
カールスン Carlson* Karlson
ガルーセス Garces
ガルセース Garcés
ガルセス Garces* Garcés*
ガールセーチ Gálszécsi
ガルセッティ Garcetti
カールセフニ Karlsefni
カルセム Kalsem
カルセラ Carcela
カルセル Carcelle*
カールセン Callsen Carlsen*
カールゼン Carlsen
カルゼン Karsen
カルーソ Caruso**
カルーソー Caruso*
カルーゾ Caruso
カルーゾー Caruso*
カルソ Caruso*
カルソー Caruso
ガルソ Garzo
ガルゾ Gallezot
カルソープ Calthorpe*
カールソン Carleson* Carlson*** Carlsson*** Carlzon* Carson Karlson** Karlsson* Karlzon Karsen
カールゾン Carlzon Karlson
カルソン Carson
カルゾーン Calzone
ガルソン Garçon Garzon Garzón**
カルタ Carta* Karta
カルター Carter Coulter Cutler Kalter*
カルダ Kaladah
カルダー Calder** Kalder Kaldor
ガルター Galter
カルタイヤック Cartailhac
カールダーイン Kāḻudāyin
カルダーウッド Calderwood
カルタキス Kartsakis
カルタク Carthac
カルタグス Carthage
カルタゲナ Cartagena
カルタサスミタ Kartasasmita**
カルターシェフ Kartašev
カルタシエフスカヤ Kartashevskaia
カルタジャヤ Kartajaya
カルタショフ Kartaschoff Kartashyov
カルタショワ Kartashova
カルダス Caldas Kaldas
カルタッシ Quartucci
カルダーノ Cardano*
カルダノ Cardano
カルダノー Cardano
ガルダーノ Gardano
カルダノフ Kardanov*
カルダヒ Kordahi
カルタビア Cartabia
ガルダフスキ Gardavsky
カルタヘナ Cartagena
カルダマ Cardama
カルタミハルジャ Karta Mihardja Kartamihardja*
カルダム Kardam
ガルダメス Galdámez
カルタヤ Cartaya
カルタヤック Cartailhac
カルダーラ Caldara
カルダラ Caldara
カルターリ Cartari
カールダール Kaldahl
カルタール Kartar
ガルタル Gantar
カルタレスク Cărtărescu* Cărtărescu
カルダレッリ Cardarelli
カルダレリ Caldarelli Cardarelli
カルダレルリ Cardarelli
ガルタロッサ Galtarossa
カルダローラ Caldarola
カルダロン Caldarone
カルタン Cartan*
カルダン Cardin**
ガルダン Galdan
ガルダンツェリン Galdan Tseleng
カルタンバック Kaltenbach
カルタンマルク Kaltenmark*
カールーチ Carlucci*
カルチ Karcz
ガルーチ Gallucci*
カルチェ Calce* Cartier*
カルチエ Cartier*
カルチェフ Kalchev
ガルチエリ Galtieri
カルチェンコ Karyuchenko
カルチコフ Kartikov
カルチコフスキ Karczykowski
カルチフ Kalchev
カルチマンドゥア Cartimandua
カルーチュ Caroutch
カルツ Karz Kurt
カルツァ Calza*
ガルツァ Garza
ガルツァバルデス Garza-Valdes*
カルツァビージ Calzabigi
ガルツェナ Garzena
カルツェフ Kartsev
カルツェフスキー Karcevskij
カルツォウィッチュ Karzowitsch
カルツォヴィッチュ Karzowitch Karzowitsch
カルッカ Karkka
ガルッサリ Ghaesalli
カールッチ Carlucci
カルッチ Carucci
ガルッチ Garrucci Garucci
ガルッツィ Galluzzi
カルッツォ Carruzzo
ガルッピ Galluppi Galuppi
カルッラ Carulla
カルッリ Carulli
ガルテ Galter
ガルデ Garde Gardet
カールディ Káldi
カルーディ Kaludi
カルティ Karti Kurti*
カルディ Cardi
ガルディ Gardi Gardie
ガルディア Guardia
ガルディアン Gardien
カルティエ Carretier Cartee Cartier***
ガルティエ Galtier*
ガルティエリ Galtieri*
カルディエル Cardiel
カルディエロ Ciardiello
ガルディカス Galdikas*
カルディコット Caldecott Caldicott*
ガルディーズィー Ghardīzī
カールティック Karthik
カルティック Kartik
カルディッロ Cardillo
カルディナール Cardinal
カルディナル Caldinal Cardinal*
カルディナーレ Cardinale*
カルディナレ Cardinale
カルティーニ Kartini
カルティニ Kartini
カルティニー Kartini
カルディーニ Cardini
ガルディーニ Gardini**
カルディーヌ Cardine
ガルディーノ Galdino
カルティマンドゥア Cartimandua
カルディム Cardim
ガルデイユ Gardeil
カルデイラカブラル Caldeira Cabral
ガルデイル Gardeil
カルディロ Cardillo
カルディローラ Caldirola
カルディン Cardijn Cardim
ガールディン Gardin
ガルティン Gurtin
ガルディン Gardin
カルデコット Caldecott
ガルデージー Ghardēzī
カルテス Cartes*
カルデース Calders
カルデック Kardec
カルデッラ Cardella
ガルデッリ Gardelli
カルテッリエリ Cartellieri
カルデナス Cardenas Cárdenas**
カルデナル Cardenal***
ガルテナーレ Gartenaere
カルデネス Cardenes
ガルテネーレ Gartenaere
ガルデフ Gardev
カルデラ Caldera**
ガルデラ Gardella

カ

カルテラック
Cartailhac
カルテラノ Calderano
カルテラリ Caldelari
カルテーリ Carteri
カルテリ Carteri
カルデリ Kardelj*
カルテリエ Cartellier
カルテリエーリ
Cartellieri
カルテリオス
Karterios
カルデリーニ
Calderini
ガルデール Gardel
ガルデル
Gardel*
Gardères
カルデルウード
Calderwood
カルデルス Calders
ガルデレ Gardère
カルデローニ
Calderoni
カルデロリ Calderoli
カルテロン Carteron
カルデロン
Calderon**
Calderón***
カルテン
Kalten
Karten
カルデン Kalden
ガルテン Garten
ガルデン
Garden
Gulden
カルテンバッハ
Kaltenbach
カルテンブラナー
Kaltenbrunner
カルテンブラン
Kaltenbrun
カルテンブルナー
Kaltenbrunner
カルテンブルンナー
Kaltenbrunner
カルテンボーン
Kaltenborn*
カルト
Carlet
Kalt*
カルドー Kaldor
ガルト
Galt
Gart
ガルドー Gardot
カルドア Kaldor**
カルトゥ Cartou
カルトウィボウォ
Kartowibowo
カルドウェル
Caldwell*
カルトゥシアヌス
Cartusianus
カルトゥーシュ
Cartouche
カルドゥーチョ
Carducci
Carducho
カルドゥッチ
Carducci**
ガルドゥーニョ
Garduño
ガルドゥフ Galduf
カルドゥルム
Kaldirim
カルドゥン Khaldūn
ガルトゥング
Galtung**
カルトサ Kartoziya
カルドサ Cardoza
カルトジア Kartozia
カルドシュ Kardos
ガルドシュ Gardos
カルドーズ
Cardoso
Cardoze
カルドス Cardoz
ガルドース Galdós
ガルドス
Galdos
Galdós*
Gardos
カルトスウィルヨ
Kartosuwiryo
ガルドストン
Galdston
カルドーソ
Cardoso**
Cardozo
カルドーゾ
Cardoso*
Cardozo
カルドソ
Cardoso
Cardozo*
カルドゾ
Cardoso***
Cardozo
カルトディルジョ
Kartodirdjo
カルドーナ Cardona
カルドナ Cardona**
ガールドニ
Gardony
Gárdonyi*
ガルドニ Gal Denis
ガールドニュイ
Gárdonyi
カルドーネ Cardone
カルドネル Cardonnel
ガルトネル Gaertner
カルトハウス
Karthaus
カルドフ Kaludov
ガルトフ Gurtov
カルトーフェン
Kaltofen
カルトホフ Kalthoff
カルトマン Kaltman
カルトーラ Cartola
カルトリエ Cartelier
ガルドリシ Galdorisi
カルドルフ Kardorff
カルトレ Carteret
カルドロン Calderone
カルトワッセル
Kaltwasser
カールトン
Carleton***
Carlton***
Carton*
カルトン
Carleton
Carton*
Culleton
Quarton
カルドン
Cardon*
Kardon
ガルトン Galton
ガルドーン Galdone*
ガルドン
Galdone*
Goldone
Gordon
カルトンガ Kaltongga
カルドンヌ Cardonne
カルナ
Karna
Karuna
カルナー Karner
カルナイン Qarnayn
カルナウーホヴァ
Karnaukhova*
カルナウーホワ
Karnaukhova*
カルナウホワ
Karnaukhova
カルナカー Karunakar
カルナカゴーミン
Karṇakagomin
カルナカラ
Karunakara*
ガルナシ Garnasih
カルナップ Carnap*
カルナティラカ
Karunathilaka
カルナード Karnad
カルナナヤケ
Karunanayake
カールナプ Carnap
カルナプ Carnap
カルナブーチ
Carnabuci
カルナラトナ
Karunaratne
カルナン
Calnan
Culnan
カルニ Karni
ガルニー
Garnier
Garny
ガルニェ Garnier
ガルニェー Garnier
ガルニエ
Garnier*
Guarnier
ガルニエー Garnier
カルニエテ Kalniete**
ガルニエリ Guarnieri
ガルニエル Garnier
ガルニク Garnik
カルニシュ Kalnysh
カルニセル Carnicer
カルニセロ Carnicero
ガルニド Guarnido
ガルニール Garnier
カルニング Kalning
カルニンシュ Kalniņš
カルニンス Kalnins
カルヌーガン
Carnungan
Carunungan
カルヌサムディ
Karnou-samedi
ガルヌラン Garnerin
ガルヌール Galnoor
カルネ
Carné*
Carner
カルネアデス
Karneadēs
カルネイロ
Carneiro**
カルネエフ Karneyeu
カルネオ Carneo
カルネギー Carnegie
カルネシ Carnesi
カルネジス Karnezis*
カルネセッキ
Carnesecchi
カルネック Carnec*
カルネベーク
Karnebeek
カルネラ Carnera
ガルネリ Guarneri*
カルネリヴァーリ
Carnelivari
ガルネリウス
Garnerius
カルーネン
Karhunen*
カルノ Carnot
カルノー Carnot*
ガルノー
Garneau*
Garnot
カールノキ Kalnoky
カルノフスキー
Carnovsky
カルノワ Carnoy
カルバ Calva
カルバー
Calver
Culver*
カルパ
Kalpa
Karpa
ガルバ
Galba*
Garba*
ガルパー Galper
カールハインツ
Karl-Heinz
Karlheinz**
カールバウム
Kahlbaum
ガルバウン Galvão
カルパキアン
Kalpakian
カールバーグ
Carlberg*
カルバーグ
Cullberg
Kalberg
カルパク Karpak
カルパコーヴァ
Kolpakova
ガルバジャフンバ
Garba-jahumpa
カルバシュ Karvaš
カルバジョ Carballo
カルバス Carbasse
ガルバーズ Garbarz
ガルバス Garbus
カルバスチ
Karbaschi*
カルバーソン
Culberson
カルパチ Kárpáti
カールバック Kalbach
ガルバッシ Garbassi
カルバッチ Kalbach
カルパッチオ
Carpaccio
カルパッチョ
Carpaccio*
カールパーティ
Karpati
Kárpáti
カルバート
Calbert
Calvert*
Culbert
Kalvert*
カルバード Culbard
カルバートスン
Culbertson
カルバトスン
Culbertson
カルバートソン
Culbertson
ガルバドラフ
Galbadrakh
Galbadrakhyn
カルパトリック
Calpatorick
カルバートン
Calverton
カルハナ Kalhaṅa
カルパナ Kalpana**
カルバーニ Kalbani
カルパーニ Carpani
ガルバーニ Galvani**
ガルバーニョ
Galvagno
ガルバノ Galvano
カルバハル Carvajal*
カルバヘル Carvajel
カルバヨ Calvalho
カルバリー
Calverley
Calvery
ガルバリー Galbally

カ

カルバリド Carballido
ガルバリーニ
Garbarini
ガルバリーノ
Garbarino*
カルバリュ Carvalho
カルバーリョ
Carvalho
カルバリョ
Carvalho**
カルバリヨ
Carballo
Carvalho
カルパル Caspar
カルパルコワ
Kasparkova
ガルバルスキ
Garbarski
カルバールト Calvaert
ガルバレク Garbarek*
カルハーン Calhern
カルハン Karhan
カルバーン Colborne
カルバン
Calvin**
Colborne
ガルバン
Galbán*
Galván*
Galváo
Galvão
カルパンシェ
Carpantier
カールハンス
Karlhans
カルパンチェ
Carpentier
カルパンティエ
Carpentier
カルバントナ
Kalbantner
カルパントラ
Carpentras
カルヒ
Karch
Karkhī
カルヒー
Kar-k̲h̲ī
Karkhī
カルビ
Calvi
Karbi
Karrubi*
Karubi
カルビー Kalbī
カルピ Carpi*
ガルビ
Garbi
Gharbi
ガルヒア Galhia
ガルビアーティ
Galbiati
カルピオ Carpio***
カルピオーニ Carpioni
ガルビカン Garvican
ガルビス
Garbis
Gulbis*
カルピック Karpik
ガルビッツ Gallwitz
カルビティス Kalvitis
カルピーニ Carpini
カルピニ Carpini*
ガルピーニ Galuppini
ガルビネ Garbine
カルビーノ Calvino
カルピーノヴィッチ
Karpinowitch
カルビモンテス
Calvimontes
カルピョ Carpio
ガルピリル Gulpilil
カルビン
Calbin
Calvin***
Colvin
カルピン
Culpin
Karpin
ガルビン
Galvin**
Garbin
Garvin
ガルピン Galpin*
カルピンスカヤ
Karpinskaia
カルピンスキ
Karpiński
カルピンスキー
Karpinski
Karpinskii
カルピーンスキィ
Karpinskii
カルフ
Kalf
Kalff
カルプ
Culp
Kalb**
Kaleb
カルブ
Carp
Culp**
Kalb
Kalp
Karp
Kulp
ガルフ Garff
カルファ Khalfa
ガルファ Garfa
カルファウ Kalfau
カルブアディ
Kalbuadi
Kalbuady
カルファート Calvaert
カルファーニャ
Carfagna*
ガルファール Galfard
カルファン
Calfan
Khalfan
カルファンタン
Carfantan
ガルフィアス Garfias
ガルフィオン
Galfione*
カルフィン Kalfin
ガルフェッティ
Galfetti
カールフェルト
Karlfeldt*
ガルフォード Galford
カルフォーン Calhoun
カルフォン Kalfon
カールブカン
Carl Buchan
カルプス Carpus
カルブスィツキー
Karbusicky
ガルブーゾフ
Garbuzov
ガルブゾフ Garbuzov
カルプツォ Carpzow
カルプツォフ
Carpzov
Carpzow
カルフーニ
Khalfouni*
Khalfounie
ガルフーバー
Gallhuber
カルプマン Karpman
ガルブランセン
Gulbransen
Gulbranssen
カールフリート
Karlfried
ガルフリドゥス
Galfridus
ガルブル Galbur
カルプルナード
Calprenède
カルプルニア
Calpurnia
カルプルニウス
Calpurnius
カルプルネード
Calprenède
ガルブルブランセン
Gulbransen
カルブレイス
Calbraith
ガルブレイス
Calbraith
Galbraith**
Galbreath
ガルブレイズ
Galbraith
カルブレース
Calbraith
カルブレス Culbreath
カルプレス Karpelès
ガルブレース
Galbraith
ガルブレス Galbreath
カールフレッドリッチ
Carlfriedrich
ガルブレヒト
Garbrecht
カルフーン
Calhoon
Calhoun**
カルフン Calhoun
カルベ
Caluwe
Calvé
Calvet
Kalbe
カルペ Karpe
ガルベ
Garbe
Garve
ガルベイ Garbey
カルペジアニ
Carpeggiani
カルペジャニ
Carpeggiani
ガルベス
Galvez**
Gálvez*
カルペチェンコ
Karpechenko
カルベック Kalbeck
カルペッパー
Culpepper**
カルペニート
Carpenito
カルペーニャ Carpena
カルペパー
Colepeper
Culpeper
Culpepper*
カルペラ Karpela
カルペラン Carpelan*
カールベリィ Carlberg
ガルペリン
Galperin**
カルーベル Caroubel
カルベル Calvel
ガルベール Galbert*
ガルベルス Garbers
カルペレヴィチ
Karpelevich
カルペロフ Karavelov
カルヘーン Culhane
カルペンコ Karpenko
カルペンティエール
Carpentier*
カルペンティエル
Carpentier**
カルボ
Calvo***
Carbo*
Carbó
カルポー Carpeaux
カルポ
Carpo
Dkar po
カルポー Carpeaux
ガルボ
Galbó
Garbo***
カルボアメンゴル
Calvó Armengol
カルポヴィチ
Karpovich
カルポヴィチ
Karpovich
ガルボウーソヴァ
Garbousova
カルホウン Calhoun
カルポカス Kalpokas
カルポクラテース
Karpokratēs
カルポクラテス
Karpokratēs
カルボゴメス
Calvo Gomez
カルボコレッシ
Calvocoressi*
カルボコレッシー
Calvocoressi*
カルポジ Carpozi
カルボス Kalvos
カルボナーリ
Carbonari
カルボナーレ
Carbonare
カルボナロ Carbonaro
カルボーニ Carboni
カルボニ Carboni
カルボニエ
Carbonnier*
カルボーネ
Carbone**
カルボネ Carbone*
カルボネリ Carboneill
カルボネル
Carbonaile
Carbonel
Carbonell**
カルボネーロ
Carbonero
カルボネロ Carbonero
カルボーネン
Karvonen
カルボネン Karvonen
カルボノー
Carbonnaux
カルポノソフ
Karponosov
カルポビッチ
Karpovich
カルポビッチ
Karpovich
カールポフ Kárpov
カルポフ
Carpov
Karpov*
カルボモレノ
Calvo Moreno
ガルボリ Garborg
カルホール Kaldhol
ガールボル Garborg
ガールボルク Garborg
ガールボルグ Garborg
ガルボルク Garborg
ガルボルグ Garborg
カルホーン Calhoun**
カルボンキ Carbonchi
カルマ
Calmat
Carme
Karma**
カルマー Kalmar
ガルマー Garmaa
カルマイエル
Kallmeyer

カールマイヤー
Kiermayer
カルマカル Karmakar
ガルマシュ Garmash
カルマシン Karmasin
カルマース Chalmers
カルマス Calmes
カルマチャリャ
Karmacharya*
カルマット Qarmat
カルマト Qarmat
カルマニョーラ
Carmagnola
カルマーノ Calmano
カルマノ Calmano
カルマノフ Kalmanoff
カルマパ
Karma pa
Karmapa**
カルマヘリゼ
Kalmakhelidze
カルマムベトフ
Kalmambetov
カルマリ Kalmari
ガルマリーニ
Galmarini*
カールマル
Carlmar
Karmal
カルマール
Kalmar
Kalmár
カルマル Karmal*
カールマルシュ
Karmarsch
カルマルス
Karmarsch
カールマルティン
Karl-Martin
カールマーン
Kalman
Kálmán*
Kármán
Koloman
カールマン
Carlmann
Carloman
Kalman
Kálmán*
Karlman
Karlmann
Kármán
カルマン
Calman*
Calment
Carmen
Kallman
Kalman**
Kálmán*
Kalmann
Karman*
Kármán
カルマンソン
Kalmanson
カルマンチ
Karumanchi
カールマーンチェヒ
Kálmáncsehi
カルミ Carmi**
カールミッチェル
Carl-Mitchell

カルミッツ Karmitz*
カルミデス
Charmidēs
カルミナ Carmina
カルミナーティ
Carminati
カルミナーティモリーナ
Carminati Molina*
カルミニッチ
Carminucci
カルミニョーラ
Carmignola*
カルミネ Carmine***
カルミレイ
Calmy-Rey*
Calmyrey
カルミレス Karmires
カルミレッリ
Carmirelli*
カルミレルリ
Carmirelli
カルミンスキ
Karminski
ガルミンダ
Gurminder
カルム
Calm
Carme
Kalm
カルムイク Calmac
カルムイコヴァ
Kalmykova
カルムス
Calmes*
Kalmus
カルムハンベト
Kalmukhanbet
カルメ
Calmet*
Carme
Carmet*
Kalume
Karume
カルメー Calmet
カルメタ Kalmeta
カルメット
Calmette*
Calmettes
Kalmet
カルメヌンビ
Kalume Numbi
カルメラ Carmela**
カルメリータ
Carmelita
カルメリタ Carmelita
カルメル
Calmel*
Calmels
Carmel*
Carmelle
Carmer
Culmell
カルメルス
Carmel Sou
カルメーロ Carmelo
カルメロ
Carmelo***
Carmélo
カルメン
Carmen***
Karmen

カルメンアルフォンソ
CarmenAlfonso
カルメンソン
Calmenson*
ガルメンディア
Garmendia
カルモ
Calmo
Carmo
カルモー Kalmoe
ガルモ Garmo
ガルモー Garmo
カルモイ Kalmoy
カルモナ
Carmona***
カルモナエレディア
Carmona Heredia
カルモンテル
Carmontelle
カルヤ
Calja
Karya
カルヤーナ
Kalyana
Kalyána
カルヤーナマルラ
Kalyānamalla
カルヤライネン
Karjalainen*
カルラ
Carla**
Carlina
Carrà
Kalra
Karla*
ガルーラ Galura
ガルラ Galura
ガルラー Galler
カルラージ Kalraj
カルラス
Carles
Kallas
Karras
ガルラース Gallas
カルラン
Carlin
Karlin
ガルラン Garlin
ガルランディア
Garlandia
カルランド Kalleland
ガルランド Garlando
カルラントーニオ
Carlantonio
カルリ
Carli**
Carulli
ガルリ
Galli
Garri*
カルリク Karlik
ガルリコ Gallico
カールリス
Karlis
Kārlis
カルリス
Karlis
Kārlis
ガルリッキ Garlicki
ガルリツキ Garlicki

カルリト Carlito
カルリトス Carlitos
ガルリナ Garliner
カルリーニ Carlini
カルリーニョス
Carlinhos
カールリヒャルト
Karl-Richard
カルリュ Carlu
カルリール
Carlir
Charlier
カルリル Carril
カルル
Carl**
Carles*
Carll*
Carol
Charles
Kalulu
Karel
Karl***
Karol
Karr
ガルルイエフ
Garryyev
カルルイボンド
Karl-I-Bond*
カルルヴァイス
Karlweis
カルルエ Carroué
カルルグレン
Carlgren
Karlgren
カルルシュ Carlos
カルルシュタット
Karlstadt
ガルルス Gallus
カルルソン
Carlsson
Karlsson
カルルハインツ
Karl-Heinz
Karlheinz
カルルフェルト
Karlfeldt
カールレ Kaarle
カルレ
Carle
Carles
Carlet
ガルレ Galle
カルレイ Carlei
カルレヴァーリス
Carlevaris
カルレヴァリス
Carlevaris
カルレーカル Karlekar
カルレス
Calres
Carles**
Charles
カルレスク Carlescu*
カルレソン Carleson
カルレッチ Carletti
カルレッティ
Carletti*
ガルレッティ Galletti
カルレバーロ
Carlevaro**

カルレラス Carreras
カルレーロ Carrero
カルレン Carlén
カールロ Kaavlo
カルロ
Calro*
Carlo***
Carlos**
Carlot**
Carolus*
Charles*
Karl
Karlo
Karol
カルロウ Karlow
カルロヴァ Karlowa
カルロウイチ
Carlovich
カルロヴィチ
Karlovich*
カルロヴィツ
Carlowitz
カルロヴィッチ
Kanlovich
Karlovich
カールロヴナ
Karlovna
カルローヴナ
Karlovna
カルロシュ Carlos
カルロス
Calos
Carios
Carlo
Carlos***
Charles*
Charlos
Karlos
カルロスアルトゥロ
Carlos Arturo
カルロスアルベルト
Carlos Alberto
カルロスアンドレス
Carlos Andres
カルロスエドゥアルド
Carlos Eduardo
カルロスフェルト
Carolsfeld
カルロータ Carlota
カルロタ Carlota
カルロッタ Carlotta*
カルロッテ Charlotte
カルロット
Carlot
Charlotte
カルローニ Carloni
カルローネ Carlone
カールロフ Karlov
カルロフ Karlov
カルロブナ Karlovna
カルロマン Carloman
カールローン Carlon
カルロン Carlao
ガルロン Galeron
ガルワ Galwak
カールワイス Karlweis
ガルワク Galwak
カルワス Kalwas

カ

カルワーリュ
Carvalho
カルワリョ Carvalho
カルン Karun*
ガルン
Garrn
Garun
カルングソッド
Calungsod
カルンバ Kalumba
カルンビ Kalumbi
ガルンブレト
Garnbret
カルンベルジン
Kalnberzin
カーレ Kahle*
カーレー
Carley
Curley
Karrie
カレ
Calais
Cale
Calé
Calet
Carre
Carré***
Carrer
Kalle*
カレー
Cale
Calé
Carey
Kaler
ガレ
Gale
Gallait
Gallay
Galle
Gallé*
Gallet
Garré
ガレー
Galey
Gallait
Gallé
Garet
Gurrey
ガレア
Galea
Gallea
ガレアッツィ Galeazzi
ガレアッツイ Galeazzi
ガレアッツォ
Galeazzo*
ガレアッツオ
Galeazzo
ガレアーノ
Galeano***
ガレアノ Galeano
カーレイ
Carey
Carley
Curley
Kealey
カレイ
Carey
Kalley
Khalej
ガーレイ Gurley
ガレイ
Galley
Garay
Gary
カレイア Caleia
ガーレイク Garlake
カレイユ Careil
カレーイラ Carreira
カレイラ Correira
ガーレイロ Guerreiro
カレイワ Kareiva
カレイン Carlijn
ガレイン Gullane
カレヴィ Kalevi*
カレウィリアムズ
Calle Williams
カレーエフ Kareev
ガレエフ Gareyev*
カレオ Calleo
ガレオータ Galeota
ガレオッティ
Galeotti*
カレオパ Kaleopa
カレオン Carreon
カレカ Careca
カレガ
Carrega
Karega
カレカス
Kalekas
Kalékas
ガレガティ Gallegati
カレガーリ Calegari
カレガリ
Calegari
Callegari
カレコ
Kaleko
Kaléko
ガレゴ Gallego*
ガレゴス Gallegos
カレサース Carrethers
カレサビッチ
Kalesavich
カレジェッスキー
Kolodzieski*
カレージェルマン
Calais-Germain
カレジッチ Kalezic
カーレシモ Carlesimo
カレジャ Calleja
カレシュワール
Kaleshwar
カレージン Kaledin
カレース Charēs
カレス
Chares
Charēs
Kales
Karres*
Kharēs
カレズ Carrez
ガレーズ Gallese
ガレス Gareth***
カレスタン Karestan
カレステ Kaaleste
カレスティーニ
Carestini
カレスニコ Kalesniko
カレースニコフ
Kolesnikov
ガレスピー
Gillaspie
Gillespie**
Gillispie
カレスマ Quaresma
カレスワール
Kaleshwar
カレソ Kaleso
カレダ Khaleda*
ガレタ Garréta*
カレッカ Careca
カレッキー Kalecki
カレツキ Kalecki*
カレツキー Kalecki
カーレック Kurelek
カレック Carek
カレッジ
Colledge
Courage*
ガレッジ Gulledge
カレッティ
Caletti
Caretti
ガレッティ Galletti
カレット
Carette
Carretto
カレッド Khaled
ガーレット Garrett
ガレット
Garet
Garret
Garrett**
Gullett
ガレッド Garred
ガレットリー Galletly
ガレッニャーニ
Garegnani
ガレッフィ Galeffi
カレッラ Carrera
カレッリ Carelli
ガレティ Garety
ガレティウス Garetius
ガレティス Gallettis
カレーディン Kaledin
カレディン Kaledin
カレデニエ Kalediene
カーレド Khaled**
カレド Khaled
ガレート
Gareth
Garret
Garrett
ガレト
Garret
Garrett
カレートニコフ
Karetnikov
ガレトビッチ
Galetovic
カーレトン Carleton
カレーナ Carena
カレーニナ Karenina
ガレニャーニ
Garegnani
カレニュ Calénus
カレーニョ Carreño**
カレニョ
Carreno
Carreño
ガレーヌス Galēnos
ガレヌス Galēnos
ガレーノス Galēnos
ガレノス
Galenos
Galēnos
カレビ Kalevi**
カレピーノ Calepino
カーレフ
Karev
Karlöf
カレフ
Calef
Kalev
Kalevi
Karev
カレブ
Caleb*
Chaleb
Kaleb
ガレフ Galef
ガレブ Raleb
カレベ Kalebe
カレポフ Karepov
カレマ Kalema
ガレマ Galema
カーレマン Carleman
カレーム
Carême*
Kareem
カレム Karem
カレムファリデ
Karem Faride
カレヤ Calleja*
カレーラ
Carrera*
Carrere
カレラ
Carrera*
Kallela*
カレーラス
Carreras**
カレラス Carreras*
カレーリ Calleri
カレリ Callery
ガレリ Garelli
ガレリア Galeria
ガレーリウス Galerius
ガレリウス Galerius
カレリッツ Karelitz
カレリーナ Karelina
カレリヤ Kaleria
カレーリン Karelin
カレリン Karelin*
ガレリン Garelin
カーレル
Carel*
Karel*
カレール
Carère
Carrere
Carrère***
カレル
Carel*
Carell**
Carrel**
Carrell
Carrer
Carrere*
Charles
Currell
Kaler
Kallel
Karel***
Karl
Kharel
ガーレル Gerrell
ガレル
Garrel*
Gurel
カレルヴォ Kalervo
カレルギ Kalergi*
カレルギー Kalergi**
カレルズ
Karels*
Kurrels
カレルセ Karelse
カレルマン Carelman
カレルリ Carelli
カレレカビラ
Kalele Kabila
カレーロ Carrero
カレロ Calero
ガレロン Galeron
カレワラ Kalevala
カーレン
Carlen
Kaaren
Karen**
Karlen
Karlén
カレーン Carlén
カレン
Callen
Caren*
Cullen***
Curran*
Kalen*
Kallen*
Karen***
Karén
Keren
ガーレン
Gaalen
Gaelen
Galen*
ガレーン Galeen
ガレン
Galen*
Gallen*
Gallén
Garin**
カレンガ
Kalenga
Karenga
ガレンガ Gallenga
ガレンカンプ
Gallenkamp
カレンス Callens
カレンズ Carens
カレンスカ Kalenska
カレンスキー
Kalenskii
カレンゾー Colenso
ガレンソン Galenson

カレンダ
Calenda
Callender
カレンダー
Calendar
Calender
Callendar
Callender**
カレンダーリオ
Calendario
カレンチエワ
Kalentyeva
ガレンテ Guarente
カレンティー Calenti
カレンティエワ
Kalentieva*
カレンデル Kalender
カレント Current
カレンヌ Karen
ガレンヌ Garenne
カレンバ Kalemba
カレンバイン
Cullenbine
カレンバーグ
Calenberg*
Cullenberg
カレンバック
Callenbach*
カレンバッハ
Kallenbach
カレンバハ
Kallenbach
カレンフェルス
Callenfels
カーレンブロック
Karrenbrock
カーレンベルク
Kalenberg
カレンベルク
Korenberg
カーロ
Caló
Carlo*
Caro*
Kaarlo
Kahlo*
カーロー Carroo
カロ
Callot*
Calò
Caro***
Kalo
Karo*
Qaro
カロー
Callot
Carraud
Kalow
ガーロ
Gallo
Garro**
ガロ
Dga'blo
Gaillot
Galaup
Gallo***
Gallot
Galo*
Galot
Garo*
Garro
ガロー
Galaup
Galor
Garaud
Gareau
Garraud
Garreau
ガロア
Gallois
Galois*
カーロイ
Károly***
Károlyi
カーロイ Carauioi
ガロイ Galouye
カーロイネー
Károlyné
カーロウ
Callow
Carlow
Kalow
Kerlow*
カロウ
Callow**
Caroe
Carrau
Kalow
Karow
ガロウ Garreau
カロウイ Karoui
カローヴィウス Calov
カーロヴィッツ
Carlowicz
カロヴィリャーノ
Carovillano
カローヴィン
Karovin
Korovin
ガローウェー
Galloway
ガローヴェ Garove
ガロウエー Galloway
カロウセク Kalousek
ガローウニン
Golovnin
ガローヴニン
Golovnin
カロウヒル Callowhill
カロウペク Kaloupek
カローガー Kalaugher
カロキ Karoki
カロギアナキス
Calogiannakis
カログリディス
Kalogridis
カロゲロ Cologero
カロゲロプーロス
Calogerpoulos
カローゴ Kalogo
カローサ Calosa
カローザース
Carothers
カローザーズ
Carothers
カローザズ Carothers
カロザース
Carothers
Carrothers
カロザーズ
Carothers
Carrothers
カロサティ Carosati
カロジェロ Calogero
ガロジャン Garegin
ガローシュ Garoche
カーロス
Carlos**
Karlos
カロス
Kallos
Karos
カロズ Caroz
ガロス Gallos
カロゼッリ Caroselli
カロセリ Caroselli
カローゾ Caroso
カロゾルス
Carrothers
カーロック Carlock
ガーロック Garlock
カロッサ Carossa**
カロッザ Carrozza
カーロッタ Carlotta
ガロッタ Gallotta*
カロッチ Carocci
カロッツィ Carozzi
ガロッツォ Garozzo*
カロッティーシャ
Carotti-Sha
ガロット Gallott
ガロッド Garrod
ガロッビオ Garobbio
カーロッフ Karloff
ガローディ Garaudy
ガロディ Garaudy**
ガロディー Garaudy
ガロデト Gallaudet
カロテトス
Kalothetos
カロテヌート
Carotenuto*
カロート
Caroto
Carroto
ガロド Garrod
カロニウス Calonius
カロニータ Calonita
カロニムス
Kalonymus
カロニモス
Kalonymos
カローニン Karonin
カローヌ Carone*
ガローネ Garrone*
カロネン Karonen
ガロパン Garopan
カロビッチ Karlovic*
ガロピン Gallopin
カーロフ Karloff
カロフ
Calof
Calov
Kalow
ガーロフ Gerloff
ガロファノ Garofano
ガローファロ Garofalo
ガロファロ
Garofalo**
ガロファロー Garofalo
カロフィーリオ
Carofiglio**
ガロフェ Garrofé
ガロフォリ Garófoli
カロプス Charops
ガロフハロ Garofalo
ガロポロ Gareppolo
カロマトゥロ
Karomatullo
カロミリス Kalomiris
カロヤン Kaloyan
ガロヤン Galoyan
カロヨアンネス
Calojoannes
カローラ
Carola**
Karola
カロラ
Carola
Karola
カロライン Caroline*
カロラン Carolan
カーロリ Caroli
カーロリー Károlyi
カローリ
Calori
Caroli
Karori
Karouri
カロリ
Caroli
Karoli
カロリー
Caroli
Karoly
カロリィ Károly
カロリク Karolik
カーロリス Carolis
カロリス Carolis*
カロリーナ
Carolina*
Caroline
Karoliina
Karolina
Karolína
カロリナ
Carolina***
Caroline
Corolina
Karolina*
カロリーヌ
Caroline***
Carolyne
カロリーネ
Caroline**
Karoline*
カロリネ Caroline
カロリーネビエルケリ
Karoline Bjerkeli
カロリュス Carolus
カロリーン Caroline
カロリン
Carolien
Carolin*
Caroline*
Carolyn**
Carolyne
Karolin
カロル
Carol**
Carole*
Carrol
Carroll
Karl
Karol**
カロルス Carolus*
カーロルスフェルト
Carolsfeld
カロルスフェルト
Carolsfeld
カロレワ Koroleva
カロロス Karolos**
ガロワ
Gallois***
Galois
カーロン
Carlon**
Caron
Carreon
Kerron*
カローン
Caraun
Charōn
カロン
Calonne
Caron*
Charon
Charōn
Kallon*
Kalong
Karon*
ガロン
Gallon
Galon
Garon*
カロンジ
Kalongi
Kalonji
カロンゾ Kalonzo
カロンダス
Charondas
Kharōndas
カロンダヤ Kalondaya
カロンデレト
Carondelet
カロンヌ Calonne
ガロンヌ Garrone
カロンボ Kalombo
カワ Kawah
ガワー
Gawer
Gowar
Gower***
カーワイ Kah-wai
カワイ Kawhi
カワイエス Cavaillés
カワイヌイ Kawainui
ガワイン
Gawain
Gawin
カーワウスキー
Karwowski
カワーキビー
Kawākibī
カワサキ Kawasaki
カワジー Kahwajy
カワシマ Kawashima
カワース Cawrse

カ

カワーズ Gowers*
カワスマ Kawasuma
カワスミ
Kawasmi
Qawasmeh
カワタ Kawata
カワチ Kawachi
カーワディーン
Carwardine
カーワディン
Carwardine**
カワーディン
Cowardin
カワート Cowart
カワード
Coward**
Kavād
Kawādh
カワナ Kawana
カワバタ Kawabata
カワーム
Qawām
Qiwāmu
カワームッ Qiwāmu'd
カワームッ・ディーン
Qiwāmu'd-Dīn
カワモト Kawamoto
カワリ
Kawari
Kuwari
カワレロウィッチ
Kawalerowicz*
カワレロビチ
Kawalerowicz
カワレロビッチ
Kawalerowicz
カーワン
Khawam
Kirwan***
Kiwan
カワン
Kawan*
Kawann
ガーワーン Gāwān
ガワン
Gawan
Ngag dbang
Ngawang
カワンダ Kawanda
ガワンデ Gawande
カワンブワ
Kawambwa
ガワンロ
Ṅag-dbaṅ blo
カーン
Caan*
Cahan
Cahen
Cahn**
Calne*
Can
Cane
Carne*
Kaan
Kagan
Kag̲an
Kahan
Kahanne
Kahn***
Kahng
Kane
Kann
Karn*
Karne
Kearn
Kern**
Khan***
Khān*
K̲han
K̲hān
Khang**
Kháng
Khanh
Kirn*
カン
Caen*
Cain
Cam
Camp*
Camps
Can**
Cẩn
Cane
Conn
Gang*
Kaing
Kamg
Kan**
Kane
Kang***
Kann**
Kanne
Kham
Khan*
Khaṅ
Khān
K̲hān
Khang
Khánh
Kwan
Qan
Quint**
ガーン
Gahan
Gahn
Garn*
Ghan
ガン
Gan**
Gand
Gang**
Gann*
Ghan
Guimps
Gun
Gunn***
Kang
Ngan
Sgang
カンイ Kang-yi
カンイェ Kanye
カンイン Kangin
ガンウー Gangwu
カーンヴァイラー
Kahnweiler
カンヴァース Convers
カンウェア Kahnweah
カーンウェイラー
Kahnweiler
ガンエー Gagne
ガンエルデネ
Gan-Erdene
カンカー Kaṅkhā
カンガ Canga
ガンカ Ganka
ガンガ Ganga*
カンガァール
Khanghar*
ガンガジ Gangaji
カンガス
Cangas
Kangas**
ガンカーズ Gancarz
カンガスニエミ
Kangasniemi
カンガスマキ
Kangasmäki
ガンガーティーリヤ
Gaṅgātīriya
ガンガーナート
Ganganath
カンカナラ Kankanala
ガンガペルサンド
Gangapersand
ガンガラムパンデイ
Gangarampanday
カンガール Khanghar
カンガルー Kangaloo
カンガルデル
Cangardel
カンカン Kankan
カンキ Kanki
カンキマキ
Kankimäki
カンギヤ Kaṅgiya
カンキュル Canquil
ガンギレ Ganguillet
カンギレム
Canguilhem*
カンク Kanku
カング Kang
ガンク Gankou
ガングヌス Gangnus
カンクネン
Kankkunen*
ガングホーファー
Ganghofer
ガングラン Gingalain
ガングリー
Gangulee
Ganguly*
カンクリーン Kankrin
カンクリン Kankrin
ガングレール Gangler
カンクロ Cancro
ガングロフ Gangloff
カングン Kang-kwun
ガンゲーシャ Gaṅgeśa
カンケッラリウス
Cancellarius
ガンゲミ Gangemi
カンゲル Kanger
ガンケル Gunkel
カンコエ Kankoe
ガンコス Gancos
カンコネン
Kankkonen
ガンゴパッデェ
Gangopadhyay
カーンコフスキ
Karnkowski
カンゴマ Kangoma
カンサ Kantha
カンザ Kanza
カンザー Kanzer
ガンサ Gansa
ガンサー
Gansser*
Guenther
Gunther**
ガンザ Ganza
ガンザー Gunther
ガンサウゲ Gansauge
カンサス Kansas
ガンザレイン
Ganzarain**
カンシー Quincy
カンジ Kanji
ガンシー Ganci
ガンジー
Gandhi***
Gāndhī
Gandy
Gangjee
Ghandhi
ガーンジィ Garnsey
カンジェ
Kang-chae
Kanje
カンジェロシ
Cangelosi
カンジェン Kanjeng
カンシエンヌ
Cancienne
カンシオ Câncio
カンジグ Kunzig
ガンシク Gwangsik
ガンジザデ Ganjzadeh
ガンシナ Ganshina
カンジーニョ
Candinho
カンシーノ Cansino**
カンジムランギ
Kandjii-murangi
カンジャ
Canja
Kandia
Kanja
ガンジャ Ganjawī
ガンジャイー Ganja'ī
ガンジャヴィー
Ganjawī
カンジャナ Kanjana
カンジャナスティティ
Kanjanasthiti
カンジャナラート
Kanjanarat
ガンシャム Ghansyam
ガンシャール
Guinchard
ガンジャルゾダ
Ganjalzoda
カンシャン
Kang Sheng
カーンジュ Cange
カンジュ Cange
ガンシュ Gansch*
カンジュウロウ
Kanjuro
カンシュタイン
Canstein
カンジョ
Kang-jo
Kanjou*
ガンショー Ganschow
カンジョゼ Kandjoze
カンション
Kang-sheng
カンシラ Cancilla
カンシルマン
Counsilman
カンジンスキー
Kandinskii
Kandinsky
カンジーンスキイ
Kandinskii
カーンズ
Carnes**
Carns
Karnes
Karns*
Kearns**
Kerns*
カンスー Kwang-soo*
カンズ Kunz
ガーンス Gaens
ガンス
Gance*
Gans*
ガンズ
Gans*
Ganz
ガンズー Gan-zhi
カンズィー Kanzy
カンスキ Kanski
カンスキー Kanski
ガンスキー Gansky*
カンスタ Kanstad
カンスタブル
Constable*
ガンステッド
Gonstead
カンストラー Kunstler
ガンストーン
Gunstone
ガンストン
Gunston
Gunstone*
ガンスナー Gansner
ガーンズハイム
Gernsheim
ガーンズバック
Gernsback*
カーンスーフ Qān-ṣūḥ
カーンスーフー
Qānṣūḥ
ガンスフ Gansukh
ガンスフォルト
Gansfort
ガンスブール
Gunsbourg
ガンスベルク
Ganeberg
Gansberg
ガンスホーフ Ganshof

カ

ガンスホフ Ganshof
カンスラー Kunstler
ガンスラー Gansler
ガンズーリ Ganzuri*
カンセコ Canseco**
ガンゼマンス
Gansemans
カンセーラ Cancela
カンセララ
Cancellara**
カンセール Cáncer
カンゼル Kunzel**
カンセロ Cancelo
ガンセロス
Guntheroth
カンセン Kan Seng
ガンセン Ganszen
カンソ
Kanso
Qanso
ガンソ Ganso
ガンゾ Ganzo
ガンソク Kang-seok*
ガンソフスキー
Gansovskiy
ガンゾリグ Ganzorig
ガンゾリグマンダフナラン
Ganzorigiin Mandakhnaran
カンゾロ Kanzolo
カンソン Quinson
ガンソン Gunson*
カンタ
Canta
Cantat
Cantu
Kanta
Kantha
カンター
Canter
Cantor*
Kanter**
Kanther*
Kantor**
カンダ
Canda
Kanda
カンダー Kander
ガンター Gunter*
ガンダ Ganda
ガンダー Gander*
カンダイ Kandhai
ガンダヴァラム
Gundavaram
カンタカ Kaṇṭaka
カンダカ Kaṇṭaka
カンダカイ Kandakai
カンタガッリーナ
Cantagallina
カンタクジーノ
Cantacuzino
カンタクジノ
Cantacuzino
カンタクゼヌス
Cantacuzenus
カンタクセーノ
Cantacuzino
カンタクゼノス
Cantacuzenus
カンタグレル
Cantagrel
カンダケ Kandake
カンダケル
Khandaker
Khandker
カンダサミー
Kandasamy
ガンダーシーマー
Gundersheimer**
ガンダシュ Gandash
カンダス Candace*
ガンダスブラタ
Gandasubrata
カンダスマナ
Khaṇḍasumana
ガンダーセン
Gundersen
ガンダーソン
Gunderson
カンタップ Kanthap
ガンダートン
Ganderton*
カンタニェデ
Cantanhede
カンタニス Kantanis
カンタネン Kantanen
カンダパー
Kandapaah
カンタパビ
Kuntha Phavi
カンダパール Kandpal
カンタフォーラ
Cantafora
カンタブトラ
Kantabutra
カンタベリ
Canterbury
カンタベリー
Canterbery
Canterbury
Cantobriensis
ガンダーボ Gandavo
ガンダーマン
Gunderman
カンタメッサ
Cantamessa*
カンダモ Candamo
ガンダラ
Gandara
Gándara
ガンダラーディティヤ
Gaṇḍarāditya
カンダラヌ
Kandalanu
カンタラピエドラ
Cantalapiedra
カンタラメッサ
Cantalamessa
カンダリ Kandari
ガンダリージャス
Gandarillas
カンタリス Kantaris
カンタリーニ
Cantarini
カンタル Cantal
カンダル Cundall
ガンタル Gantar
カンダルパ Kandarpa
カンタルバエバ
Kantarbayeva
カンタルーピ
Cantalupi
ガンダルフ Gundulf
カンタルポ Cantalupo
カンタレヴィック
Kantarevic
カンタレッリ
Cantarelli
ガンダーロイ
Gunderloy
カンタロウ Cantarow
カンタロス Kantharos
ガンダロビッチ
Gandalovic
カンタン
Cantin*
Quantin
Quentin**
Quintin
カンダン Condon
カンタンプレー
Cantimpré
カンチー Kan-Chih
カンチェスカ
Kancheska
カンチェネ
Khaṅ-che-gnas
カンチェフ Kenchev
ガンチェフ
Ganchev
Gantschev**
カンチェラーラ
Cancellara
カンチェーリ
Kancheli*
カンチェリ Kancheli*
カンチェリエリ
Cancellieri
カンチェルスキス
Kanchelskis
カンチェロフ
Kantchelov
カンチェンネー
Khang chen nas
カンチャー Kanchier*
カンチャナー
Kanchana
ガンチャナ Kanchana
カーンチャナパート
Kaancanaphaas
カンチャナラット
Karnjanarat
カーンチャナワット
Kaancanavath
Kancanawat
カンチャノマイ
Kanchaanomai
ガンチャルンディ
Ganjarerndee
カンチュガ Kanchuga
カンチョル
Kyung-chul
カンツ Kuntz
ガンツ
Gandt*
Gants
Gantz*
Ganz***
Gunts
カンツィアン
Khantzian
カンツィク Cancik
カンツォーク Kanzog
ガンツバーグ
Ganzberg
カンツラー Kanzler
カンテ
Cantais
Cantet*
Kante*
Kanté*
カンデ
Cande
Candé
Kinde
ガンテ Gante
カンティ
Kanty
Khandi
Khanti
カンディ
Candi*
Cundey*
Kandeh
ガーンディー
Gandhi*
Gāndhī
ガンディ
Gandee
Gandhi*
Gāndhī
Gandi
Gandy
Gundy
ガンディー
Gandhi*
Gāndhī
Gandy
カンディア Candia
カンディアーノ
Candiano
カンティウス Cantius
カンディエ Kandie
ガンティエ Gantier
ガンディオル Gandiol
カンディス Candice
カンディスノン
Kandissounon
カンディーダ Cándida
カンディダ
Candida*
Cândida
Candide
カンティック
Quantick
カンディディウス
Candidius
カンディード Candido
カンディド
Candid
Candido*
Cándido*
Cândido
カンディドゥス
Candidus*
カンディーナス
Candinas
カンティーニ Cantini
ガンディーニ
Gandini*
カンディフ Cundiff
ガンティムール
Gantimur
カンティモーリ
Cantimori
ガンディヤック
Gandillac
ガンディヨ Gandillot
カンティヨン
Cantillon
カンティラル Kantilal
カンティリュープ
Cantelupe
カンディール
Candaele
Qandil*
カンディル Kandel
ガンディル Gandil
カンティレナ
Cantilena
カンティロ Cantilo
カンティロン
Cantillon*
カンティン Cantin
ガンティン Gantin
カンディンスキー
Kandinskii*
Kandinsky
カンディーンスキィ
Kandinskii
カンティンフラス
Cantinflas*
ガンデガ Gandega
カーンデーカル
Khandēkar
カンデーカル
Khandēkar
カンテジャノ
Cantellano
ガンテーズ Gantez
カンテッリ Cantelli
カンテミール
Kantemir*
カンデミール
Kandemir
カンデュラ Kandioura
カンデラ Candela*
カンテリ Cantelli
カンデリ Kandel'
カンテル
Cantell
Kanter**
カンデル
Cundell
Kandel**
ガンデル Gandel
ガンデルスハイム
Gandersheim
ガンデルスマン
Gandelsman
ガンテルト Gantert

カンテループ
Cantelupe
カンテルリ Cantelli
カンデローロ
Candeloro
カンテロン Cantelon
ガンテン Gunten
ガンテンベイン
Gantenbein
カーント Kahnt
カント
Cant
Canth
Canto
Kant***
Kante
Kanto
カントー Cantor
カンド Khand
カンドー Candau
ガント
Gant
Gantt*
ガンド Gando
ガンドイモフ
Gandymov
カントゥ
Cantu
Cantù*
カントゥー Cantù
カンドゥ
Candau
Candu
Khandu
Nkandu
カンドゥー Kandow
カンドウ Candau*
ガンドウ Gandow
カントウィッズ
Kantowicz
カントウェル
Cantwell**
ガンドゥス Gandus
カンドゥチ Canducci
カンドゥッチ
Canducci
カントゥード Cantudo
カンドゥノ Kandouno
ガントゥムル
Gantumur
カンドゥリ Khanduri
ガンドゥール
Ghandour
ガンドゥルフス
Gandulphus
ガントグソ Gantugs
カンドシュ
Camdessus
ガントス Gantos
ガンドットラ
Gandotra
カンドド Kandodo
カントナ Cantona*
カントナー Kantner**
ガントナー Gantner*
カントーニ Cantoni
カントニ Cantoni
ガントニー Ganthony
カントーネ Cantone*
ガントネル Gantner*
カントネン Kantonen
カントノ Kantono
ガントマッヘェル
Gantmakher
ガントマン Gantman
カントラ Kantra
カンドラー Candler
ガントラー Gandler
ガンドラック
Gundlach
ガントラム Guntrum
ガンドラム Gandulam
カントリー
Cantlie
Country
カンドリ Candoli*
ガンドリー Gundry
カンドリアン
Candrian
ガントリップ Guntrip
カントリーマン
Countryman
カンドリン Kandolin
ガンドリン Gandring
ガンドリング
Gundling
カントール
Cantor*
Kantol
Kantor**
カントル
Cantor*
Kantor*
カンドール
Candolle
Cundall
カンドル Candolle
カントループ
Canteloube
カントルーブ
Canteloube
カントルブ
Canteloube
ガンドルフィ
Gandolfi***
Gandolphy
ガンドルフィーニ
Gandolfini*
ガンドルフィーノ
Gandolfino
ガンドルフォ
Gandolfo
カントレー Cantlay
ガンドレー Gundry
カントレイ Cantley
カンドレーヴァ
Candreva
カントレス
Camp Torres
カントレック Quintrec
ガントレット
Gauntlett*
ガンドレフスキー
Gandlevsky
カントロウ Kantrow
カントーロヴィチ
Kantorowicz
Kantrowicz
カントローヴィチ
Kantorovich
カントロウィチ
Kantorovich
カントロヴィチ
Kantorovich
Kantorowicz
Kantrovich
カントーロヴィッチ
Kantorowicz
カントローヴイッチ
Kantorovich
カントロヴィッチ
Kantorovich
Kantorowicz*
カントロウィッツ
Kantorowicz
Kantrowitz*
カントロヴィッツ
Kantorowicz
カントーロビチ
Kantrowicz
カントロビチ
Kantorovich
Kantorowicz
Kantrovich
カントロービッチ
Kantrowicz
カントロビッチ
Kantorowicz
カントロビッツ
Kantorowicz
カントロフ
Kantorow*
ガントワ Gantois
カントン
Canton*
Cantón
カンドン Condon
ガントン Gunton*
ガンドン Gandon
カンナ
Canna
Kanna
Khanna*
カンナー
Kanner
Konner
ガンナ Ganna
ガンナー Gunnar
カンナヴァーロ
Cannavaro**
カンナヴァロ
Cannavaro*
カンナバーレ
Cannavale
カンナバーロ
Cannavaro
カンナバロ Cannavaro
カンナビッヒ
Cannabich
カンナビヒ Cannabich
ガンナーム Ghannam
カンニ Cannie
ガンニー Ghannî
カンニッチ Cannicci
ガンニュス Gannys
カンニンガム
Cunningham
ガンニング Gunning
カンニングハム
Cunningham
カンヌ Kann
ガンヌ Ganne
ガンヌーシ
Ghannouchi**
ガンヌーシー
Ghannūshī
ガンヌシキナ
Gannushkina
カンヌス Kannus
ガンネス Gannes
ガンネット Gannett
ガンネル Gunnell
カンネンバーグ
Kannenberg
カンノ Kanno
カンハ Canha
カンバ Camba
カンバー Cumbaa
カンパ Kampa
カンパー Camper
ガンバ Gamba*
ガンバー
Ganbar
Gunvor
カンバイ Khambai
カンパイルス
Kampiles
カーンバーグ
Kernberg*
カンバーグ
Kamberg
Kannberg
Kernberg
ガンバコルタ
Gambacorta
カンパース Kampers
カンパス Kampas
ガンパーズ Gumperz*
カンバセレス
Cambaceres
Cambacérès
カンバータ
Khambatta
ガンバータル
Ganbaatar
ガンバチーニ
Gambaccini
ガンバッチーニ
Gambaccini
ガンバット Ganbat
カンハディンナ
Kaṅhadinna
ガンバーデラ
Gambardella
ガンバート
Gombert
Gumbert
ガンバト Ganbat
ガンパート Gumpert*
ガンバートル
Ganbaatar
カンパーナ Campana
カンパナ Campana
カンパナーリ
Campanari*
カンパニー Campany
ガンバニー
N'Gambani
カンパーニウス
Campanius
カンパニェーツ
Kompaneets
カンバニス Kambanis
カンパニス Campanis
カンパニーニ
Campanini
カンパーニャ
Campagna*
カンパニャーノ
Campagnano
カンパニャーロ
Campagnaro
カンパーニュ
Campagne*
カンパニョーラ
Campagnola
カンパニョーリ
Campagnoli
カンパニーレ
Campanile**
カンパーヌス
Campanus
カンパヌス Campanus
カンパネッラ
Campanella*
カンパネラ
Campanella*
カンパネリス
Campaneris
カンパネルラ
Campanella
カンパーノ Campano
カンパノ Campano
カンバーバッチ
Cumberbatch*
カンハム
Canham
Canhan
ガーンハム
Garnham
Gurnham
カンパーヨ Campayo
ガンバラ Gambara
カンバラゲ
Kambarage*
カンバーランド
Cumberland***
カンバランド
Cumberland
ガンバリ Gambari**
ガンバリーニ
Gambarini*
カンバルス Convers
カンパルス Kampars
ガンバルデッラ
Gambardella
カンバルテル
Kambartel

キ

カンバルロドリゲス
Cambar Rodriguez
カンバレ Kambale
ガンバロ Gambaro
カンバン
Kamban
Kampan
カンパン
Campan
Campin
Khampane
カンパンウト
Campenhout
カンビ
Cambi
Kambi
カンピ
Campi
Kempis
ガンビ
Gambi
Gunby
ガンビー Gunby
ガンビア Gambier
カンビアジョ
Cambiagio
カンビアーソ
Cambiaso
カンビアーゾ
Cambiaso
カンビアッソ
Cambiasso*
ガンビィア Gambier
カンビエ Cambier
カンビオ Cambio
カンピオーニ
Campioni
カンピオーネ
Campione*
カンピオン
Campion**
カンピサノ
Campisano
カーンビーズ Kambiz
カンビス
Cambis
Kambiz
カンピストロン
Campistron
カンビセス Kambyses
カンピデッリ
Campidelli
カンビーニ Cambini
ガンビーニ Gambini
カンピーニャ
Campina
カンピニャ Campina
カンピネン
Kamppinen
ガンビーノ
Gambino**
カンビュセス
Kambyses
カンピョ Kang-pyo
カンピヨン Campion
カンピョンゴ
Kampyongo

カンピラパーブ
Kampeeraparb
カンピーリ Campigli
カンビル Kambile
ガンビル Gambill
ガンヒルド Gunhild
カンピーン Campin
カンピン Campin
カンビンガ Kambinga
カンピンス
Campins**
カンブ Kamb
カンプ
Camp
Kamp**
Kampf
ガンフー Gankhuu
ガンプ
Gampp
Gump
カンファイス
Camphijs
カンファーマン
Camfferman
カンブアヤ Kambuaya
カンファン
Gang-hwan
カンフイス Kamphuis
カンフィールド
Canfield
カンブウィリ
Kambwili
カンフォート
Comfort*
カンフォラ Canfora
ガンブケ Gambke
カンブシュネ
Kambouchner
カンブシュネル
Kambouchner
カンプス
Camps*
Kamps
ガンブス Gambs
カンプストン
Cumpston
カンプスン Compson
カンプソン Compson
ガンフード Ganfoud
カンプトン Cumpton
カンプハイゼン
Camphuysen
カンプハウゼン
Camphausen
Camphuysen
カンブフォール
Cambefort*
カンブフォール
Cambefort
カンプフマイヤー
Kampffmeyer
カンプヘイゼン
Camphuysen
カンプホイセン
Camphuysen
カンプマン

Kampman
Kampmann*
ガンフヤグ
Gankhuyag
Gankhuyagiin
カンフラ Canjura
カンプラ Campra
カンブラス Cambras
カンプラート
Kamprad
カンプラード
Kamprad*
ガンブラン Gamblin*
カンブリア Cambria
カンプリアーニ
Campriani**
カンブール Kanbur*
カンプル Kampl
カンプルー Camproux
ガンブル Gamble
カンプルビ Camprubi
カンブルラン
Cambreling
Cambrelling
カンブレー Cambrai
カンブレト
Chiambretto
ガンブレル
Gambrell
Gambrelle
Gumbrell
カンブレンシス
Cambrensis*
カンプワンウォン
Khamphounvong
カンプーン
Khamphun
カンペ
Campe*
Kampé
カンペアドール
Campeador
カンペク Kang-beak*
カンペッジョ
Campeggio
ガンベッタ Gambetta
ガンベッター
Gambetta
カンペッロ Campello
カンベッロッティ
Cambellotti
カンペニー Campeny
カンペヒーユス
Campegius
カンベラン Camberlin
ガンベリーニ
Gamberini
カンベール Cambert
カンベル Campbell
カンペル Camper
ガンペル Gumpel*
カンペルト Campert
カンペルマン
Kampelman*
カンベルラント
Cumberland

カンベレ Kambere
カンペロ
Campello
Campero
カンペーン
Khampheng
カンペン Kampen*
カンベンガ Kambenga
カンペンドンク
Campendonk
カンペンハウゼン
Campenhausen*
カンボ Cambo
カンボー Cambó
カンポ
Campaux
Campo*
ガンホ
Gang-ho*
Kang-ho
ガンボ
Gambo
Gangbo
ガンポ Sgam-po
ガンボア Gamboa***
カンポアモール
Campoamor*
カンポアモル
Campoamor
カンポォソリオ
Campoosorio
カンポガッリアーニ
Campogalliani
カンボジャ Kamboja
カンポス Campos
カンポス Campos***
カンポスフェルナンデス
Campos Fernandes
ガンボーデラ
Gambordella
ガンポート Gumport
カンボニ Camboni
ガンボーニ Gamboni
カンポピアノ
Campopiano
カンポフ Kampov
カンポマネス
Campomanes
ガンホヤグ
Gankhuyag
ガンホヤッグ
Gankhuyag
カンポーラ Campora
カンポラ Cámpora*
カンポーリ Campoli*
カンポリス
Kampouris
ガンボルド Ganbold
カンポレージ
Camporesi**
カンポレーゼ
Camporese
ガンボレナ
Gamborena
カンポワ Campoy

カンボン Cambon**
カンポン
Kampol
Kanpol
ガンボン Gambon**
ガンマ Gamma
カンマニ Khammani
カンマラーノ
Cammarano*
カンマレリ
Cammarelle**
カンミッロ Cammillo
カンメラー
Cämmerer
Kammerer*
ガンモン Gammon
カンヤダ Kanyada
カンヤレ Qanyare
カンヨル Kang-ryol*
カンヨン Kanyon
カンラス Canlas
カンラニャー Kanlaya
カンラヤーナポン
Kanlayaanaphong
Kanlayanaphong*
ガンリー Ganly
ガンリックス Gunlicks
カンリッフ Cunliffe
カンリフ Cunliffe**
カーンリャン
Khanlian
カンロヘール
Canrobert
カンロベール
Canrobert
カンワ Kaṇwa
カーンワイラー
Kahnweiler*
カンワル Kanwar
ガンワール Ganwar
ガンワン Ngawang

【キ】

キ
Gi
Kee
Ki**
Ky**
Qi
キー
Kee*
Key**
Keye
Khy
Kie
Ký
Qi
ギ
Gi
Gui
Guy**
Nghi**
ギー
Gee**
Gie**
Gui
Guie

Guy***
Nghi
キア
Chia*
Keir**
Kia
Kier*
キアー
Keir
Kier
ギーア Geer
ギア
Gear
Geer
Gere*
Gier**
Nghia*
ギアー Gere
キアイヤ Chiaia
キアヴィステッリ
Chiavistelli
ギァヴィン Gavin
キアヴェーリ Chiaveri
キアヴェリ Chiaveri
キァウレーン
Kiaulehn
キアク Kirk*
キアクサレス
Kyaxares
ギアクリトシス
Giachritsis
ギーアケ Gierke
キァケゴー
Kierkegaard
キアケゴー
Kierkegaard
Kirkegaard*
キアケビュー Kirkeby
キアコニオ Ciaconio
キアース Keirse
キアーズ Keers
ギアーズ Geers*
ギアスディン
Ghiasuddin
キアステン
Kiersten
Kirsten**
キアソン Quiason
ギーアツ Geertz
ギアーツ Geertz*
ギアツ Geertz**
ギアツィントヴァ
Giatsintova
キアットーネ
Chiattone
キアッパ Chiappa
ギアーティ Gearty
キアナ Kiana*
キアナン Kiernan
キアニー Kearney*
ギアニ Giani*
ギアニス Ghiannis
ギアニーニ Giannini
キアヌ Keanu**
キアヌー Keanu
ギアヌー Giannou
キアヌーシュ
Kianoush
ギアノッティ Gianotti
キアパスコ Chiapasco
ギアハート
Gearhart
Gearheart
キアブレーラ
Chiabrera
キアホン Kia Hong
キアマイアー
Kiermaier
ギアマン Guiramand
キアーラ Chiara**
キアラ
Chiara***
Ciara
Kiala
Kierra
Quiara
キアラッパ Chiarappa
キアラディーア
Chiaradia
キアラビーニ
Chiarabini
キアラモンテ
Chiaramonte
キアラン
Ciaran***
Ciarán
Kieran
キアーリ Chiari
キアリ
Chiari
Keary
Khiari
キアリー
Geary
Keary
ギアリ Geary
ギアリー Geary*
キーアリス Keyarris
キアリーニ Chiarini*
ギアリン
Gearin*
Gearrin
ギアール
Guiard
Guiart
キアルディ Ciardi
ギァルマチ Gyarmati
キアレッリ Chiarelli*
キアーロ Chiaro
キアロスタミ
Kiarostami**
キアロッリ Chiarolli
キーアン Kian
キアン
Khayan
Kian**
Qian
Quien
ギアン
Gian
Guihen*
キアンウィ Kian Wie
キアンギー Kian Gie
キアント Kianto
キアンプツ Kiamputu
ギアンフランコ
Gianfranco
キアンプール
Kianpour*
ギアンマルヴォ
Giammalvo
キーイ Keay
キィ Ky
キイ
Keay*
Key
Keye
Ky
ギィ Guy***
ギィー Guy
ギイ
Guy***
Guye
Gyi*
ギイェリ Győri
ギィエリチュ Gierycz
キイェル Kjell
ギイェルム Guillerm
キイエルレン Kjellén
ギィエロップ
Gjellerup
キィーズ Keyes
キイス Keyes***
キイズ
Keyes**
Keys
キイスキー Kiiski
キイゼル Kyser
キイツ Keats
キィティ Kiti
ギイド Guy de
ギイバル Guibal
キイヒッツ Kiehitz
ギイブ Gibb
ギイフォード Gifford
キイブルグ Kyburz
ギイマン Guillemain
ギィユー Guillou*
ギイユヴィック
Guillevic
ギィユマン Guillemin
ギィヨ Guyot
ギィヨオム Guillaume
ギィヨーム Guillaume
キイランド Kielland
キイル Keill
キインズ Keynes
キウ Kiu
ギウ Ki-woo
キーヴァ
Keeve
Keva
キヴァーミー Qivāmī
キウィ Kivi
キヴィ
Kivi*
Kiwi
キヴィアト Kiviat
キーウィト Kiewiet
キーヴィト Kievid
キヴィニエミ
Kiviniemi*
キヴィラフク Kivirähk
キウィリウス Civilius
キヴィリウス Civilius
キウィリス Civilius
キーヴィル Keevil
キーヴィン Kevin
キヴェー Kiwe
ギヴェオン Giveon
キウェテル Chiwetel
キヴェブラヤ
Kivebulaya
キーウェル Kiewel
キヴェル Kivel
キヴォーキアン
Kevorkian*
キウォン
Gui-won
Kiwon
ギウォン Gi-won
キウザーノ Chiusano
キーヴス Kiwus
ギウスティ Giusti
キウッチ Ciucci
キヴニック Kivnick
キウーラ Ciulla*
キウリ Chiuri
キウリケ Kiurike
ギウリス Giulio
キウリーナ Kiurina
キウル Kiuru
キウレヤン
Kiouregkian
キウロ Ciullo*
キウン
Ki-un
Ki-woon
ギヴン Given
キウンジュリ Kiunjuri
ギヴンズ Givens*
キエ Quillet
ギエ Guillet*
キェア Kjer
ギエイシュトル
Gejshtor
キェウ
Khieu
Kieu
キエウ Kieu*
ギェヴアー Giaever
キェーザ Chiesa
キエーザ Chiesa**
キエザ Chiesa*
キェシロフスキ
Kieslowski*
Kieślowski*
キェジンスカ
Kiedrzy'nska
ギエス Gies
キエスウェテル
Kieswetter
ギェスターヴ Gustave
ギェストゥル Gestur
ギェストル Gestur
キエスーラ Chiesura
キエセ Kiese
キエソ Kieso*
キエット Kiet
キエット
Keat
Khiet
Kierti
Kiet*
キエッリーニ
Chiellini*
キエデゴー
Kjaedegaard*
キエト Kiet**
ギエドリウス Giedrius
キェニェーヴィチ
Kieniewicz
キエヌ Kien
ギエネ Guyenet
ギェノー Guyenot
キエフ
Kieft
Kiev*
キエフスキー
Kijewski*
キエプラ Kiepura
キエム
Khiem**
Kiem**
Kiêm
ギエム
Guillaume
Guillem*
Nghiem*
キエメネイ Kiemeneiji
キエラ
Chiera
Kierra
ギェラルップ
Gjellerup
キエラン
Ciaran
Kielland
Kieran
キエーリコ Chierico
キェル
Kjeld*
Kyelu
キエル Kyelu
ギエル Gier
ギェルイムスキ
Gierymski
キェルガード
Kjelgaard**
キェルケゴォル
Kierkegaard
キェルケゴール
Kierkegaard*
キエルケゴール
Kierkegaard
ギエルシュ Giersz
キエルシュノヴスキー
Kiersznowski
キエルダール Kjeldahl
ギエルツァ
Rgyal tsha
キエルツェ Kielc

キ

キ

ギエルツェン
Gjertsen
Rgyal mtshan
Rgyal-mtshan
キエルツコウスキー
Kierzkowski
ギエルティフ Giertych
キエルド Kjeld
ギェルニュフ
Gielniowa
キエルネル Körner
ギェルポ Rgyal po
ギエルマ Guillermaz
ギエルミ Ghielmi
ギエルミーナ
Guillermina
ギェルム Guillerme
ギエルメ Guilherme
ギエルモ Guillermo
ギエルモン
Guillermond
キエルレン Kjellén
ギェルワ Rgyal ba
キエーレ Chiele
ギェレク Gierek
ギエレク Gierek**
キエレマンテン
Kyeremanten
ギェレルーブ
Gjellerup
ギェレルプ Gjellerup*
キエレン
Kieren
Kjellén
キエン
Khien
Kien**
Kiên
Kiēn
ギーエン
Guillen*
Guillén
ギエン
Gien
Gijn
Guillén
ギエンガー Gienger
キエンゲ Kyenge
ギェンゲダル
Gjengedal
キエーンス Keynes
ギェンツェン
Rgyal mtshan
キエンテガ Kientega
キエントガ Kientga
キエンバ Kyemba
キエンホー Kean Hor
キーオ
Kehoe*
Keogh
Keough**
キオ
Keogh
Kio
ギオ
Guihot
Guiot
Guyot
キオヴェンダ
Chiovenda
キォサリン Katherine
キオス Keios
キオストリ Chiostri
キオソーネ Chiossone
キオタ
Kiota
Kyota
キオダローロ
Chiodarolo
キオッソーネ
Chiossone
ギオット Ghiotto
キオド Chiodo
キオニ
Cioni
Keoni
Kioni
ギオニス Gionis
キオニデス
Chiōnidēs
Khiōnidēs
ギオーネ Ghione
ギオネ Guionet
ギオバニ Giovanni
キオプ Ki-up
ギオマール Guiomar*
ギオーム Guillaume
ギオラ Giora*
ギオール Guiol
ギオルカゼ Giorgadze
ギオルガゼ Giorgadze
ギオルギ
Giorgi***
Giorigi
ギオルギー Gyorgy
ギオルギス Giorgis
キオロ Chioro
ギオワニティ
Giovannitti
キーオン
Keon
Keown*
キオン
Chiōn
Keon
ギオン Guion
キオンジュ Kyeongju
キカ Kika
ギーガー Giger**
ギカ
Ghika*
Ghyka
ギガー Giger
ギカウ Gikow
ギカティラ Gikatilea
キガナヘ Kiganahe
キカハ Kikaha
ギガバ Gigaba
キカヤ Kikaya
キーガン
Keegan***
Kegan*
ギガンテス Gigantes
キカンポワ
Quiquampoix*
キーキー Keke
キキ
KiKi
Kiki*
Qiqi
ギーキー Geekie
キキア Kikkiya
ギキエヴィツ
Gikiewicz
キキニウ Kikiniou
キキニス Kikinis
キキン Kikin
キーグ Keig
キク
Kikou*
Kiku
ギーク Gieck
ギーグ Gieg
ギグ Gig
ギグー
Gigou
Guigou**
ギグァン Gi-kwang
キクウェテ Kikwete*
ギグォン Ki-kweon
キクク Kikuku
ギグス Giggs
キクチ Kikuchi
キクナーゼ Kiknadze
ギクヌリ Gjiknuri
キークブッシュ
Kiekbusch
ギグマ Guigma
ギグラ Gigla
キグリー Quigley*
ギグリエリ Ghiglieri*
ギグリオ Giglio
キグル Quiggle
キクルヴィッチ
Kiklevich
キクルビッチ
Kiklevich
キクレ Quiqueré
キグレー Quigley
ギグレ
Giguére
Giguère
キーグレイ Quigley
キグレイ Quigley
キケ
Kike
Quique*
ギゲス Gyges
ギゲビッチ Gigevich
ギーゲリッヒ
Giegerich
ギーゲレンツァー
Gigerenzer*
キケロ Cicero**
キケロー Cicero
キーケンス Kiekens
ギゲンフーバー
Gegenhuber
キコ Kiko
ギゴ Guigo
キゴダ Kigoda
ギゴフ Gigov
キーコルト Kiecolt
ギコロ Gikoro
キーサー Keyser
キーザー
Keaser
Keezer
Kieser
キサー Kisā
ギーサ
Gisa
Githa
ギーサー Gieser
ギーザ Giese
ギーザー Gieser
ギサ Githa
ギザ Ghitza
キサーイー Kisā'ī
キザイア Keziah*
ギサエ Githae
ギザエ Githae
キサカ Kisaka
キサク Kaesuk
キーザーズ Keysers
ギーサーズ Geathers
ギサド Guisado
キサノ Quixano
キーサノスキー
Kiesanowski
キサマス Klithermes
キサム
Ki-sam
Kisam
キサラ Kisala
キザール Kizart*
ギサル Guízar
キサン Xan
ギサン Guisan
ギザン
Gisin*
Guisan
キサンガ Kisanga
キサンタス Kitsantas
キサンバ Kisamba
キージ
Chigi
Kesey
キージー
Keagy
Kesey***
キジ Kij*
ギーシ Ghisi
ギージ Ghisi
ギージー Gysi
ギジ
Gisi
Gygi
Gysi**
ギジー Gizzi
ギージイ Giesy
キジェ
Ki-jae*
Kui-jea
ギシェー Guichet
キシェラー Quicherat
キジェルモ Guillermo
ギジェルモ
Guillermo***
キシェロフスキー
Kieslowski
キシエロフスキー
Kieslowski
ギジェン
Guillen
Guillén
ギジェンデボグラン
Guillén De Bográn
ギシオラ Githiora
ギジキス Gizikis
キシシェフ Kishishev
ギジス Guirgis
キシダ Kishida
キジダブラト
Kizidavlat
キシチャク Kiszczak*
キシテイニー
Kishtainy
キジバエフ Kidibayev
キシバシ
Kishi Bashi*
キジマル Kizimale
キジモフ Kizimov
キーシャ Kiesha
ギジャ Ghiggia
ギジャウメ Guillaume
ギシャール
Guichard**
キージャン Keysian
ギシャン Ghishan
キシャンチャンド
Kishanchand**
キシュ
Kis*
Kiš**
Kisch
Kish
Kiss**
キジュ Ki-joo
ギシュー Gouichoux*
キシュカ Kischka
キシュケヴィッツ
Kischkewitz
キシュシュ Kiss
ギシュツキ Gizycki
キシュティ Chishti
キシュナ Kishna
キシュナー Kisner
キシュファルディ
Kisfaludy
ギシュフォード
Gishford
キシュホンティ
Kishonti
ギシュメール
Guichemerre
キシュラ Quicherat

ギシュラー Gischler*
ギジュレモ Guillermo
キシュワール Kishwar
キシュワル
Kishvar
Kishwar*
キジュン Ki-joon
ギジュン Ki-jung
キショー Kishor*
キジョ Kidjo
キジョー Kidjo*
ギジョ Guillot
キショア Kishore
ギショネ Guichonnet
キショール
Kishōr
Kishore*
キショル Kishor
キション Kishon*
キジョン
Gi-jong
Kee-jong
Ki-jong
キシル Kisil
キシーロウ Kisielow
キシロフ Kicillof
キーシン
Kisin
Kissin*
キジン Ki-chin
ギジン Ki-chin
キージンガー
Kessinger
Kiesinger*
キシンガー Kisinger
キーシング Keesing*
キージング Keesing**
ギシング Gissing
キシンバ Kisimba
キース
Cees
Kees**
Keis
Keith***
Kerth
Kethe
Keyes**
Keys
Kies
Kieth*
Kiisel
Kyes
キーズ
Caius
Kees*
Keyes***
Keys***
キス
Kee-soo
Kis
Ki-soo
Kiss
ギース
Gies**
Giese*
Giesz
Guise
Guys
ギーズ Guise
ギス
Giess*
Guix
キスカ Kiska*
ギスカール Guiscard
キスキー Kisky
ギスキア Gischia
キースキネン
Kiiskinen
キスク Kiske
ギスク Ki-suk*
ギスケ Giske
キースタ Kirsta
キースター
Keaster
Kiester
ギスタ Ghista
ギスターブ Gustaw
キスチオン Kistion
キスチャコフスカヤ
Kistyakovskaya
キスチャコーフスキー
Kistyakovskii
キスチャコーフスキィ
Kistyakovskii
キスティアコウスキー
Kistiakowsky
キスティアコフスキー
Kistiakovski
キーステン Kirsten
キースト Keast
ギースト
Geest
Gist
ギスト Gist*
キストナー Kistner
キストハード
Kisthardt
キストラー Kistler*
キストリーニ
Chistolini
キーストン
Keston
Keystone
キースナー Kirsner
キスナー Kisner
ギスバート Gisbert
ギースブレヒト
Giesbrecht
キスペ Quispe
キスベルト Quisbert
ギースベルト Giesbert
ギスモンティ
Gismonti
ギスモンディ
Gismondi
キースラー
Keisler
Kiesler**
Kiessler*
キスラー
Kesler
Kisler
Kissler*
Kistler*
ギースラー Giesler
ギースラソン Gíslason
ギスラン Ghislain
ギズラン Ghiselin
ギズランツォーニ
Ghislanzoni*
ギスラーンディ
Ghislandi
ギスランディ
Ghislandi
ギースランド
Geasland*
キースリー Keighley
ギスリ
Gisli
Gísli
ギスリー Gisli
ギースリン
Geeslin
Ghiselin
ギーズリン Ghhiselin
キースリンク
Kiessling*
キースリング
Keesling*
Kiesling
Kiessling
Kießling
キスリング
Kisling*
Kissling
Kißling
キースル Kiesl
キスル Ki-sul
キスレヴァ Kisleva
ギスレベルトゥス
Gislebertus
キースレル Kiisler
キスレンコ Kislenko
キスロ Kisslo
キスン Ki-sung
ギースン
Geeson
Gieson
ギーゼ
Giehse
Giese
Gise
キセイン Kissane
キーゼヴェター
Kiesewetter
キーゼヴェッター
Kiesewetter
キゼヴェッテル
Kizevetter
キーセオン
Khee Seong
ギーゼキング
Gieseking*
ギゼゲム Ghizeghem
ギセック Giesecke
キゼット Kizette
キセノフォーン
Xenophon
ギゼフィウス Gisevius
ギーゼブレヒト
Giesbrecht
Giesebrecht
ギーゼム Gyseghem
ギーセラ Gisela
ギーゼラ
Giesela
Gisela*
ギーゼラー Gieseler*
ギセラ
Gisela**
Gisera
ギゼーラ Gisela
ギゼラ Gisela*
ギゼラー Giselher
ギセリー Ghiselli
ギゼリ Ghiselli
キセリョーフ
Kiselëv
Kiselyov
キセリョフ
Kiselev
Kiseljov
Kiselyov
キセリンチェフ
Kiselinchev
キーゼル Kiesel*
ギーゼル
Geisel
Giesel
キセルゴフ Kisselgoff
ギーゼルヘーア
Giselher
ギゼルヘール Giselher
キゼルボ Ki-Zerbo
ギーゼルマン
Gieselman
キセレフ Kiselyov
ギゼレフ Ghuiselev
ギーゼレル Giselher
キセレワ
Kiseleva
Kiselyova
Kisseleva
キセロ Kyselo
ギーセン Giessen
ギーゼン Giesen*
ギゼンガ Gizenga
ギセンズ Githens
キーゼンホファー
Kiesenhofer
キーソ Kieso
キゾー Guizot
ギゾー Guizot*
キソク Ki-sok
キーゾフ Kiesow
キソプ
Key-sop
Ki-sup
ギソルフィ Gisolfi
キーソン Kison
キソン
Ki-seang
Ki-sun
Ki-sung
Ki-young
ギーソン
Geeson
Geison
Giesen
Gieson
キーター Keter
キーダ Kida
キタ Kita
キダ Kida
キダー Kidder***
ギータ
Geeta
Gita**
ギーター Gita
ギタ
Ghita
Gita
Guitta
ギター Guitar*
ギダ
Gidda
Guida
ギダー Gider*
キタイ
Kitai*
Kitaj
ギタイ Gitai*
キタイゴローツキ
Kitaigorodskii
キタイゴローツキー
Kitaigorodskii
キタイベル Kitaibel
キタイン
Kitaen
Kitain
ギタウ
Gitau
Giteau*
キダヴァ Kidawa
ギタエ Githae*
キターエフ Kitaev
キタエンコ Kitaenko*
キタカ Khitaka
キタガワ Kitagawa
キタージ Kitaj
ギダスポフ Gidaspov*
ギダダ Gidada**
キタダイ Kitadai
ギタナス Gitanas
ギーターニー Ḡītānī
キタニチ Kitanics
キダネ Kidane
ギータパサド
Geetapersad
ギタヒ Gitahi
キダーラ Kidāra
キタール Quitard
ギーダール Gydal
ギタール
Guitart
Guittard
ギタレス Gutierrez
キーダーレン Kiderlen
キダーレン Kiderlen
キタンガ Kitanga
ギーターンジャリ
Gitanjali*
ギタンジャリ
Gitanjali
キダンビ Kidambi
キーチ Keach*
ギーチ Geach**
ギチェット Guichet
キーチェル Kiechel

キ

キ

ギチッキー Gizycki
ギヂッキ Gizycki
キチナー
Kijiner
Kitchener
ギチノフ Gitinov
キチャン
Ki-cahng
Ki Chang
キチュン Ki-Chun*
ギチュン Ki-choon*
キチョル Ki-cheul
キチョン Ki-chon
ギチョン
Gichon
Ki-chon
キチルー Kitchlew
キチン Kitchin*
キーツ
Geert
Keates
Keats*
Keatz
キツアーク Kitsak
ギーツィー Ghyczy*
キツォ Kitso
キツォイユ Chitoiu
キッカス Kikkas
キッカン Kikkan
キッキ Kicki*
キッキア Kikkiya
キック Kick
ギッグス Giggs*
キックブッシュ
Kickbusch*
キッグリー Quigley
キッザ Kizza*
ギッサー Giesser
キッシ
Kirsch
Kisch
ギッシ Ghissi
キッシアン Kit Siang
ギッシェン Gishen
ギッシャム Gitsham
キッシュ
Kisch*
Kish**
Kiss
ギッシュ Gish*
キッシン Kissin
キッシンガー
Kitzinger
キッジンガー
Kitzinger
ギッシング Gissing*
キッシンジャー
Kissinger**
キッス Kiss**
キッセ Kitsuse
キッゼ Kidde*
キツセ Kitsuse*
キッセベルト
Kisseberth
キッセル Kissel
ギッセル Gissell
キッセーン Kissane
キッセン Kissen
キッソン Kitson
キツソン Kitson
キッター Kittler
キッダー Kidder
ギッタ Gitta
ギッダ Gyda
ギッターマン
Gitterman
ギッチアルディーニ
Guicciardini
キッチェル
Kitchel
Kitchell
キッチナー
Kichener
Kitchener*
キッチム Ketchum
ギッチャルディーニ
Guicciardini
キッチリュー
Kitchlew
キッチン
Kitchen*
Kitchin*
キッチンガー
Kitzinger
キッチング Kitching
ギッチングス Gittings
キッチンジャー
Kitzinger
キッチンズ Kitchens
キッツ Kitz
キッツィンガー
Kitzinger**
キッツィング Kitzing
ギッツォーロ Ghizzolo
キッツハーバー
Kitzhaber
キッツホフ Kitshoff
キッツマン Kitzman
キッツミラー
Kitzmiller
キッデ Kidde
ギッテ Gitte
キッティ Chitty
キッティウットー
Kitthiwutthō
キッティカチョーン
Kittikachon
Kittikachorn*
キッティル Kittil
ギッティング Gittings
ギッティングズ
Gittings
ギッディングス
Giddings
ギッディングズ
Giddings
ギッティンズ Gittins
キッテル Kittel*
ギッテル Gittell
ギッテルソン Gitelson
ギッテルマン
Gittelman
キッテン Kitten
ギッテングス
Giddings
ギッテンズ Gittens*
キット
Kid
Kidd
Kit***
Kitt*
Kristen
キッド
Kid***
Kidd***
Kyd*
Kydd*
ギット
Gitt
Guit
キットウ Kitto
キットウッド Kitwood
キットシアン
Kit Siang
Kit-siang
キットシュタイナー
Kittsteiner
キットソン Kitson*
キッドソン
Kidson
Kidston*
キッドナー Kidner
キッドマン Kidman**
キットラー Kittler*
キッドラット Kidlat*
キットリッジ
Kittridge
キッドル Kiddle
ギットン Guitton
キッパー
Kipfer
Kipper
ギッパー Gipper*
キッパス Kiphuth
キッパーマン
Kipperman
キッビー Kibbee
ギッピウース Gippius
ギッピウス Gippius**
ギッビン Gibbins
キッピング Kipping*
ギッビンス Gibbins
ギッビンズ Gibbins
キップ
Kip**
Kipp*
ギッブ Gibb
ギップ Gibb
キッフィン Kiffin
ギッフェン Giffen*
ギッフォード Gifford*
キップス Kipps
ギッブス Gibbs*
ギッブズ Gibbs
ギップス
Gibbs
Gipps**
キップハルト
Kipphardt**
キップリング
Kipling**
キッペ Kippe
キッペス Kippes*
キッペンハーン
Kippenhahn**
キッペンベルガー
Kippenberger
キッペンベルク
Kippenberg*
キッポラ Kippola*
ギッボンス Gibbons
キーツマン Keatman
キッラ Kitsarath
ギッラード Gilad
ギッリ Ghirri
キツル Kitur
キテ Ki-tae
ギーテ
Geete
Gheete
ギテ Ki-tae
ギデ Guidé
ギデア Guidea
キーティ Chiti
キーディ Keedy
キティ Kitty***
キティー
Kitti
Kitty*
キテイ Kittay
キディ Keady
ギティ Guity
ギディ Giddy
ギティアダス Gitiadas
ギディアン Gideon
ギディウス Gidius
キティオナ Kitiona
ギーディオン
Giedion*
ギディオン Gideon
キティカチョーン
Kittikachorn
ギディグンス
Giddings
ギディコフ Gidikov
キティシュ Khitish
キーディス Kiedis**
ギティス Gittis
ギディス Giudice
キティッキクアンバ
Kiticki-kouamba
ギディーニ Ghidini
キディヌ Kiddinu
キティノパクン
Kittinoppakun
キティラット
Kittirat*
キティーン Kitaen
キティン
Kitin
Kitín
キティンガン Kitingan
キーティング
Keating***
Keeting
ギディング Giddings
キーティングス
Keatings*
キディングス
Giddings
ギティングズ Gittings
ギディングス
Giddings
ギディングズ
Giddings*
ギティンス Gittins
ギティンズ
Gittines
Gittins
ギディンス Giddins
ギデオン
Gedeōn
Gideon**
Gid̲e'ōn
キテク
Kie-taek
Ki-taek*
Ki-tak
ギデスケ Gidske
キデナス Kidenas
ギテラス Guiteras
キーデル Keydel
ギテル Gitel
ギデール Guidère
ギテルジ Giteruji
キテルバーガー
Kittelberger
ギテルマン Gitelman*
キーデルレン Kiderlen
ギテレーツ Gutierrez
ギデンス Giddens
ギデンズ Giddens**
キテンボ Kitembo
キート
Keat
Keate
Keet*
Keith
Keyt
キトー Kitto*
キド
Khee-do
Kido**
Quido
ギート Giedt
ギード Guido
ギトー Ghito
ギド
Gido
Guido***
Guidot
ギドー Guidot
キトゥ Chitu
キドゥ
Khiddu
Kiddu
Kidu
ギートウ Guitteau
ギドゥ Guide
ギドゥー Guidoux

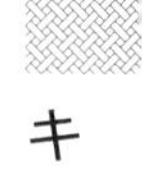

キトゥイ Kituyi
キドウェル Kidwell
キトゥム Kitum
ギドゥーム Guiddoum
キドゥル Kidul
ギトゥン Guitoune
ギトゥンズ Gittens
キドク
Kee-duk
Ki-duk
ギドク Ki-duk*
キトサラート
Kitsarath
キトサンタス
Kitsantas
キトシアン Kit Siang
ギトーズ Gittoes
ギドス Gidos
キトソン Kitson*
キトナ Kitna*
キドナー Kidner
キドニー Kidney
ギドニー Gidney
ギドーニス Guidonis
キトブガー Kitbughā
ギトマー Gitomer
キトラー Kittler
ギトラー Gittler
ギドラ Gidra
キドラット Kidlat
ギドランズ Gidlunds
キドランド Kydland*
キートリー
Keatley
Keightley*
ギトリ Guitry*
ギトリー Guitry*
ギドリー Guidry
ギトリス Gitlis**
キトリッジ
Kittredge**
ギトリン Gitlin*
キトル
Kittel
Kittle*
キドール Quidor
キドル
Khidr
Kiddell
Kiddle
キトルズ Kittles
キトルソン Kittleson
ギトルソン Gittelson
ギトルマン Gittleman
キトレッジ Kittredge*
キトロイス Chyträus
ギドロウ Gidlow
キドロン Kidron**
キトワンガ Kitwanga
キートン
Keaton**
Keeton
キドン Ki-dong
ギートン Guyton
ギトン
Guitton**
Guyton
ギドン
Gideon
Gidon**
キーナー Keener*
キナ
Kina
Quina
ギーナ Gina*
ギナ Gina
ギナー Giner
キナイトン Kinaithōn
キナストン
Kynaston**
キナセ Kinase
キーナート Kuehnert*
キナート Kuehnert
キナード Kynard
キナドン Kinadōn
キナーニー Kinānī
キナーネ Kinane
キナフ Kinakh**
キナマン Kinnaman
キーナム Keenum
ギナム Kwi-nam
ギナルディ Ginaldi
キーナン
Keenan**
Kenan
Kienan
Kiernan
キナン Kinnan*
ギナン Guinan
ギナンジャール
Ginandjar**
ギナンジャル
Ginandjar
キーニ Chini
キーニー
Keaney*
Keeney*
Keeny
キニ
Kini
Kinni
キニー
Keeney
Kinney**
ギーニ Ghini
ギニー Guiney**
キニア Kinnear*
キーニィ Keeney
キニウルフ Cynewulf
ギニエ Guinier
キニキニラウ
Kinikinilau
ギニース Gwyneth
ギニス Guinness
キニスキー Kiniski*
キニチ K'inich
キニバーグ
Kinniburgh
ギニャ Ghigna
キニャティ Kinyatti*
キニャール
Quignard**
ギニャール Guignard
キニャンジュイ
Kinyanjui
ギーニュ Guignes
ギニュベール
Guignebert
キニュラス Kinyras
キニョーネス
Quinñones
Quiñones
キニョネス
Quinones
Quiñones*
Quinonez
Quiõnez
ギニョン Guignon
キニーリー Keneally*
キニール Kuhner
キーヌ Keanu
ギヌメール Guynemer
ギヌリヤク
Ginoulhiac
キーネ
Kiene
Kijne
キネ
Kinet
Quinet*
キネー Quinet
キネア
Kinnear*
Kinneir
キネアー Kinneir
キネアス
Cineas
Kīneās
キネアード Kinnaird
キネウルフ Cynewulf
キネシアス Kinēsias
キネス Cineas
ギネス
Gines
Guiness
Guinnes
Guinness***
Gunes
Gwyneth*
キネスリス
Cynethryth
キネータ Kinata
ギネット
Ginet
Gwinnett
キネード Cináed
キネブルグ Cyneburg
キネリョフ Kinelev*
キネル Kinnell**
キネレット Kinneret
キーネン
Keenan
Keenen
キネーン
Kinane
Kinnane
キーノ Kino
キノ
Kino
Quinault
Quino*
キノー Quinault
ギノー
Guinagh
Guineau
Guinot
キノイ Kinoi
キノシタ Kinoshita
キノック
Kinnock*
Kynoch
ギノット Ginott
キノドス Quinodoz
キノーネス Quinones
キノネス Quinones*
ギノバルト Guinovart
キノルト Kinold
キノルド Kinold
キノン Quinon*
キーバ Kiver
キーバー Kyber
キーパー Kiper
ギバ Gibba
キバヴィチュウス
Gibavichius
キバキ Kibaki*
キパシビリ Kipashvili
キバス Chivas
キパーズ Kuipers
ギバス Gibas
ギバーソン Guiberson
キハーダ
Quiiada
Quijada
キハダ Quijada
ギバーツ Gevirtz
キパックス Kippax
キーパート Kiepert
キパート Kiphard
ギバート
Gibberd
Gibert
ギバード
Gibbard*
Gibberd
キハノ Quijano
キーバーベック
Kieber-beck
キバラ Kibala
キパリソフ Kiparisov
キバーリチチ
Kibalchich
ギバルシュ Guivarc'h
ギハーロ Guijarro
キバロバー Kybalová
キハン
Ki-han
Ki-hwan
ギバーン Giberne
ギバン Givhan
キハンドリア
Qui-jandría
Quijandria
Quijandría
キービ Kibbe
キビ
Cybi
Kivi*
キビー Kibbee
ギーヒー Gee Hee
ギビー Gibbie*
キビアット Kiviat
キピアニ Kipiani
キビィ Kivi
キビウォト Kibiwot
キピエゴ Kipyego
キピエゴン Kipyegon
キビカイ Kibikai
ギヒテル Gichtel
キビマキ Kivimäki
キヒョン
Gi-hyun
Kee-hyoung
ギヒョン
Gi-hyeon
Ki-hyeon*
キビリス Civilius
ギビリスコ Gibilisco
キビーロフ Kibirov
キーピン Keepin
ギビン Gibin
キーピング Keeping*
ギビンス Gibbins
ギビンズ Gibbins*
キーフ
Keef
Keefe**
Keeffe
Kief
Kiev
Kufe
キーブ Keib**
ギーブ Gieve
ギフ Giff**
ギブ
Gibb***
Givet
キーファ Kiefer
キーファー
Kiefer**
Kieffer*
ギーファー Giefer*
キファン Ki-whan
キーフイ Kee Hui
キブイエン Quibuyen
キフィン Kiffin
ギフィン Giffin**
キブエ Kibuey
キーフォーヴァー
Kefauver
ギフォーズ Giffords*
ギフォート Giffort
ギフォード Gifford***
キーフォーバー
Kefauver
キプカリャ Kipkalya
キプクルイ Kipkurui
キプケテル Kipketer*

キ

ギプケンズ Gipkens
キプコリル Kipkorir*
キブサ Kivutha
キプサング Kipsang*
キプシロ Kipsiro
キープス Kepes
ギブス
Gibbes
Gibbs***
ギブズ Gibbs*
ギプス Gipps
ギブスン Gibson*
キプセロス Cypselos
ギブソン Gibson***
ギプソン Gipson*
キプタヌイ Kiptanui*
キプチョゲ Kipchoge*
キフティー Qifṭī
キブティー Qifṭī
キーフト Kieft
ギフト Gift**
ギフトハイル Gifftheil
ギフトン Gifton
ギブニー Gibney**
ギブニイ Gibney
キープニス Kipniss
キプニス
Kipnis**
Kipniss
キブニック Kivnick
キープニュース
Keepnews
キプファー Kipfer*
キーフヘイバー
Kiefhaber
キプマン Kipman
キーブーム Kieboom
キープラ Kiepura
キブラー
Kibbler*
Kibler
ギーブラー Giebler
ギフラー Giffler
キプラガド Kiplagat
キプラガト Kiplagat*
キプラス Kipras
ギブラン Gibran
キブリア Kibria**
キプリアヌ
Kyprianou**
キプリアヌス
Cyprianus
キプリアーン Kiprian
キーブリク Kiblik
ギブリン Giblin
キプリング Kipling*
キーブル
Keble*
Keeble*
ギブール Guibourg*
キプルグト Kiprugut
キプルス Kiprus
キブルスミス
Kibblesmith
キブルツ Kyburz
キプルト Kipruto**
キフレ Kifleh
キフレル Küchler
キプレンスキー
Kiprensky
キプレーンスキィ
Kiprensky
キプロス Kypros
キプロップ Kiprop
キプロティク
Kiprotich**
キプロティチ
Kiprotich
キプロノ Kiprono
キプロプ Kiprop*
キブワナ Kibwana
キフン Gee-heung
キブン Ki-hoon
ギフン Kih-hoon
ギブン Given
キプンゲノ Kipng'eno
ギブンス Givens*
ギブンズ Givens
ギーベ Giebe
キベオム Kibeom
キベク Ki-baek
キベジンジャ
Kivejinja
ギベッチ Guivegtchi
キベト Kibet**
キーベニー Keaveney
キベヤ Kibeya
キベラ Kibera*
ギーベラー Giebeler
キーベリ Kibel
ギーベル Giebel*
ギベール Guibert***
ギベルチ Ghiberti
ギベルティ Ghiberti
キーペルト Kiepert
ギベルト Guibert
ギベルトゥス
Guibert
Guibertus
キベルラン Kiberlain
キベンジンジャ
Kivenjinja
ギベンス Gibbens
キーホー
Kehoe
Keyhoe
キホ
Ki-ho
Kiho
キーホウ Keyhoe
キボウェン Kibowen
キボキアン Kevorkian
キボク Gi-bok*
ギボク Gi-bok
キポピラタシ
Quipo Pilataxi
キボム Kibum
キーボン Keavon
キホン Gi-hong
キボン Kivon
ギホン
Gichon
Ki-hong
ギボン
Gibban
Gibbin
Gibbon**
ギボンス Gibbons
ギボンズ Gibbons***
ギマエラス
Guimaraes
キマジ Kĩmathi
キマス Kiemas**
キマデム Tchimadem
キマニ Kimani
キマーヌ Kimanne
キマネン Kimanen
キマーノン Kimaanon
キマラ Kimala
キマラー Kimmerer
ギマラエシュ
Guimaraes
ギマラネス
Guimaraes
ギマランイス
Guimaraes
Guimarães*
キマリオ Kimario
キマーリング
Kimmerling
ギマール Guimard**
ギマレス Guimarães
キマンタイテ
Kimantayte
キミ Kimi*
キミー
Kimmie*
Kimmy
キミコ Kimiko*
キミソパ Kimisopa
キミッチ Khimich
キミッヒ
Kimmich
Kimmig
キミナル Cuiminal
ギーミノ
Guilleminault
キミョン Ki-myong
キミン Ki-min
ギミンガム
Gimingham
キミンス Kimmins
キム
Khiem
Kihm
Kim***
Kimberly
Kym
Quim
ギム Gym
キムウィ
Kim Wee
Kim-wee*
キムウィー
Kim Wee
Kim-wee
キムキ Kimchi
ギムゴン Gim-Gong
キムジー Kimsey
キムジーハウス
Kimsey-House*
ギムシング Gimsing
キムスォ Kimsour
ギムスン Gimson
ギムセン Ghim Seng
キムソン Kim Song
ギムソン Gimson
キムター
Kim Tah
Kimtha
キムチ
Kimche
Kimchi
キムチュア Kim Chua
キムチュアン
Kim Chuan
キムト Kimto
キムトゥアン
Kim Tuan
キムトーン
Khimthong
キムニャ Kimnya
キムニヤ Kimunya
キムバリー Kim
キムヒ
Kimchi
Qimḥi
ギムペル Gimpel
キムホック Kim Hok
キムボール Kimball
キムマン Kimmann
キムモ Kimmo
キムヤン Kim Yan
キムヨン Kim Yong
キムラ Kimura
ギムラー Gimmler
キムリ Kimuli
キムリッカ Kymlicka
キームル Kiemle
キムロウ Kimlau
キムン Ki-mun
ギムン Ki-moon*
ギーメ Guimet
ギメ Guimet*
キメイジ Kimmage
ギーメシュ Gemes
キメツォ Kimetso
キメット Kimetto*
キメニエ Kimenye
ギメネス Gimenez
ギメノ Gimeno
キメラ Kimera
ギメラ Guimerá
キメラリング
Kimerling
キメリ Kimeli
キーメル Kiemle
キメル
Kimel
Kimmel**
キメルドーフ
Kimeldorf
キメルバーグ
Kimelberg
キメルマン
Kimmelman
キメンティ Chimenti
キモ Kimo*
キモト Kimoto
キモラ Kimora*
キモーン Kimōn
キモン Kimōn
キャー Kjaer
ギャ Gear
ギヤ Giya**
ギヤー Gere
キャアラル Carroll
キャイ
Kjai
Kyai
ギャイエ Galliez
キャヴァナ Kavanagh
キャヴァナー
Cavanagh*
Kavanagh
キャヴァナッグ
Cavanagh
キャヴァノー
Cavanaugh
キャヴァラーロ
Cavallaro
キャヴァリ Cavalli
キャヴァリア Cavalier
キャヴァリエ
Cavaliere
Cavallier
キャヴァレッタ
Cavarretta
ギャヴァレッタ
Cavarretta
キャヴァレロ
Cavallaro
Cavallero
キャヴァン Caveing
ギャヴァン Gavan
ギャヴィー Gavy
キャヴィネス Caviness
ギャヴィン Gavin*
ギャヴェストン
Gaveston
キャヴェーリ Chiaveri
キャヴェル Cavell
キャヴェンダー
Cavender*
キャヴェンディシュ
Cavendish
キャヴェンディッシュ
Cavendish**
キャヴナー Kavner
ギャウロフ Ghiaurov*
ギャガン

Gagan
Gaghan
ギャギニー Gagne
ギャク Geok
キャクサレス
Cyaxarer
Kyaxares
キャクシュト Kyaksht
キャクストン Caxton
キャグニー Cagney**
ギャグニー Gagne*
ギャグネ Gagné
キャグラー Caglar
ギャグリアーニ
Gagliani
キャサー Cather
キャザー Cather**
キャザァ Cather
キャザア Carher
キャサーウッド
Catherwood**
キャサウッド
Catherwood
キャザーウッド
Catherwood
ギャザコール
Gathercole
ギャザーズ Gathers
キャサディ Cassady
キャサディー Cassady
キャサデイ Cassaday
ギャザラ
Gazzara**
Gazzarra
キャサリー
Casserley
Casserly*
キャサリーナ
Catharina
Katharina*
キャサリーン
Catherine*
Cathleen*
Katharine
Katherine*
Kathleen***
キャサリン
Catharine**
Cathàrine
Cathereine
Catherine***
Catherynne**
Cathryn
Cathy
Katharine***
Katherin
Katherine***
Katheryn*
Kathleen***
Kathlyn
Kathryn**
キャザリーン
Katherine
キャザリン
Catherine
Katherine
キャサル Cassal
キャシー
Casey
Cassie*
Catherine
Cathey
Cathi
Cathie*
Cathy**
Kathe*
Kathey
Kathi*
Kathie*
Kathy***
キャシアス Cassius
キャシアトー Casciato
キャシィ
Cathy
Kathy
キャシイ
Casey
Kathy*
キャシオ Cascio
キャシディ
Cassedy
Cassidy***
キャシディー
Cassidy**
Kassidy
キャシュト Kyasht
キャシュフォード
Cashford
キャショー Cashaw
キャージョウスキー
Kierzkowski
キャシリー Cassilly
キャシレス Cassileth*
キャシン Cassin
キャス
Casmir
Cass**
Cath*
Kass
Kath
Kathe
ギャス
Gass***
Ghiyas
ギャズ Gaz*
ギヤース Ghiyāth
ギヤース·アッディーン
Ghiyathu'd-Din
キャスィー
Cathy
Kathie
キャスィアン
Cathianne
キャスウェル Caswell
キャズウェル Caswell*
キャズウォール
Caswall
ギヤースウッディーン
G̲hiyāt̲hu'd-Dīn
キャスカート
Cathcart*
キャスキー Caskey
ギャスキル Gaskill
ギャスキン Gaskin
ギャスキンズ Gaskins
ギャスケ Gasquet
ギャスケイ Gasquet
ギャスケル Gaskell**
キャスコ Kasko
ギャスコイン
Gascoigne
Gascoyne**
キャスタ Casta
キャスター
Caster*
Castor*
キャスタルド Castaldo
キャスタン Castaing
ギヤースッ
Ghiyāth al
ギヤースッディーン
G̲hiyāt̲hu'd-Dīn
ギヤースッ·ディーン
Ghiyathu'd-Din
G̲hiyāt̲hu'd-Dīn
ギヤースッディーン
Ghiyās̲ al-Dīn
Ghiyās̲ al-Dīn
G̲hiyās̲ al-Dīn
Ghiyāth al-Dīn
Ghiyathu'd-Din
G̲hiyāt̲hu'd-Dīn
キャスティ Casti*
キャスティーブンス
Casstevens
キャスティーヤ
Castilla
キャスティール
Casteel
Castiel
Castile
ギャスティル Gastil
ギャスティン
Ghiyas Uddin
Ghiyasuddin
キャスティング
Castaing
Casting
キャステク Castek
キャステラ Castella*
キャステリ Castelli
キャステリー Castelly
キャステルハン
Castelhun
キャステン Kirsten
キャスト Cast
キャストゥリー
Castree
キャストゥル
Castries*
キャストナー
Castner*
キャストラ Castera*
キャストン Caston*
ギャストン Gaston
キャストンゾ
Castonzo
キャスパー
Caspar*
Casper**
Kaspar
Kasper
ギャスパー
Gaspar**
Gaspard*
ギャスパーディ
Gàspàrdy
キャスパリ Caspary*
キャスパリス Casparis
ギャスパール Gaspard
キャスピアン Caspian
キャスマン Kathmann
ギャスマン Gassman
ギャスライト
Gathright
キャスラヴィー
Kasravī
キャスリオーネ
Caslione
キャスリルズ Kasrils
キャスリーン
Caitlin
Catherine*
Cathleen*
Katheleen
Katherine*
Kathleen***
Kathryn**
Kathryne
キャスリン
Catherine**
Cathlyn
Cathryn
Katherine
Katheryn*
Kathleen***
Kathlyn
Kathrin
Kathrine
Kathryn***
キャスル Castle
キャスルズ Cassels
キャスルマン
Castlemon
キャスロ Cathro
キャセイ
Casey
Kassay
キャセッセ Casssese
キャセール Cassell
キャセル Cassell
キャセロール
Catherall
ギヤソフ Giyasov
キャソン
Casson
Cathon
Kasson
ギャソン Garrison
キャタノ Catano
キャタモール
Cattermole*
キャータン Kjartan*
ギャツォ
Gyatso**
Jiacuo
Rgya-mtsho
ギャツォー
Rgya-mtsho
キヤック Kiyak
ギャッサー Gasser
キャッシー
Cathie
Cathy
Kathy*
キャッシィ Kathy
キャッシディ Cassidy
キャッシュ
Cars
Cash***
ギャッシュ Gash
キャッシュダン
Cashdan*
キャッシュナー
Cashner
キャッシュマン
Cashman*
キャッシュモア
Cashmore
キャッシン Cashin
キャッスル Castle**
キャッスルズ Castles
キャッスルトン
Castleton
キャッスルマン
Castleman
キャッセル
Cassel
Cassell
キャッセルズ
Cassells
Cassels
キャッソス Catsos
キャッソン Casson
キャッチ
Katch
Katsh*
ギャッチェル
Gatchel*
キャッチプール
Catchpool
キャッチポール
Catchpole**
キャッチャー
Kacher
Katcher
キャッチングス
Catchings*
キャッツ
Catts
Catz*
Kats
Katz*
ギャッツ Gatz
ギャッツオ Gyatso
キャッツク Katschke
キャッツマン
Katzman
ギャッティ Gatty
キャッティオ Cattiau
キャッテル Cattell*
キャット
Cat***
Catherine
Catt*
Kat
ギャッド Gad
キャットフィッシュ
Catfish
キャットフォード
Catford
ギャットプートン
Kiatputon
キャットマル Catmull
キャットムル
Catmull*
キャットラル
Catterall
Cattral

キ

キャットリン Catlin
キャットレット
Catlett
キャットロウ Catrow
キャットロール
Cattrall
キャッピー Cappi
ギャツビードリー
Gasdby-dolly
キャップ
Cap
Capp
Kapp*
キャップグレイヴ
Capgrave
キャップグレイブ
Capgrave
キャップショウ
Capshaw
キャップス Capps**
キャップリン Caplin
ギャテ Gates
キャティ
Catty
Caty
キャティー Katty*
キャディ
Caddy*
Cady
Khady*
キャディー Caddy
ギャティ Gatty
ギャディ Goddy
キャディガン Cadigan
ギャティス Gattis
ギャディス Gaddis***
キャーティブ Kâtip
キャーティプ Kâtip
キャティヤ Katya*
キャデーニア
Cadelinia
キャデュー Cadeau
ギャテュエスシ
Gathuessi
キャテル Cattell
キャトー Catto*
ギヤート Ghiyāṯẖ
キャドウ Kadow*
キャドヴァラダー
Cadwalader
キャドウォーラダー
Cadwallader
キャドウォラダー
Cadwaladr
キャドガン Cadogan
キャトスィムポーラス
Catsimpoolas
キャトナク Catnach
ギャドニー Gadney*
キャドバリー
Cadbury**
キャドベリ Cadbury
キャドベリー
Cadbury**
キャドマン Cadman

キャドモン
Caedmom
Caedmon
キャトラル
Cattral
Cattrall*
キャトリー Catley
キャドリー Kadrey
キャトリッセ Catrysse
キャトリーン Catrine
キャトリン
Caitlin**
Catlin*
キャトリング Catling
ギャトリング Gatling
ギャドレ Gadrey
キャトレット Catlett
キャトロウ Catrow
キャドロン Kadron
キャドワッラ
Caedwalla
キャドワラダー
Cadwallader
キャドワロン
Cadwallon
キャトン Catton
キャナヴァン Canavan
キャナウェイ
Canaway
ギャナス Ganus
キャナダイン
Cannadine*
キャナディー Canady
キャナデル Canadell
キャナム Canham
キャナリン Chanarin
キャナン
Canan
Cannan*
キャニー Caney
キャニオン Canyon*
ギャニオン Gagnon*
キャニス Kanis
キャニデイト
Canidate
キャニバス Canibus
キャニング Canning*
ギャーネーシヴァル
Gyāneshvar
キャネル Cannell***
ギャーネンドラ
Gyanendra
ギャネンドラ
Gyanendra**
ギャノ Gano
キャノヴァ Canova
キャノウィッツ
Kanowitz
キャノナコ Canonaco
キャノビオ Canobbio
キャノン
Canan
Cannon***
Cannone
Canon
Kanon**

ギャノン
Gannon*
Ganong
ギャノング Ganong
キャノンボール
Cannonball*
キャバ Cava
キャパ Capa***
キャパー Capper
キャバイエ Cabaye
キャパス Kappas*
ギャバート Gabbert
ギャバード Gabbard
キャバナ Cavanagh
キャバナー
Cavanagh*
キャパニック
Kaepernick*
キャバニュー
Cavagnoud*
キャバネ Cabanès
キャバノー
Cavanaugh
キャハラン Cahalan
キャバリ Cavalli
キャバリエ Cavallier
キャパルディ
Capaldi*
キャパレル
Capparell*
キャバレロ Cavallero
キャバン Cabban*
ギャバン
Gabain
Gabanes
Gabin*
キャバンヌ Cabanne
キャピ Capi
キャピー
Capie
Cappy
Kappe
ギャビ Gabi
ギャビー
Gabbey
Gabby
Gaby**
ギャビイ Gaby
キャビコ Cabico
キャピストラン
Capistran
キャピタン Capitan
キャピタンチック
Capitanchik
キャビュオト Cavuoto
キャピュシーヌ
Capucine*
キャビラ Chavira
キャビール Kabīr
ギャビン Gavin***
キャブ Cab*
キャファティ Cafferty
キャフィ Caffey
キャフィー Caffey*
ギャフィー Gaffey

キャフィエリ Caffiéri
キャフェリー Caffery
キャプサル Chapsal
キャプシーヌ
Capucine
キャプショー
Capshaw*
キャプス Capps
キャプスティック
Capstick
キャプタン Captan
キャプチャー Kapture
キャプテン Captain**
ギャフニ Gaffney
ギャフニー Gaffney*
キャプラ Capra*
キャプラー Kapler
ギャブラー Gabler*
キャプラン
Caplan
Kaplan**
キャプリ Kapri
ギャブリー Gabree
キャプリアーヌス
Cyprianus
キャプリエイアン
Kaprielian
ギャブリエル
Gabriel
Gabrielle
キャプリス Caprice
キャプリン Caplin
キャプリング Kipling
キャプリンスキー
Caplivski
キャブレーラ
Chiabrera
キャブレラ
Cabrera
Chiabrera
キャプロー Kaplow
キャプロウ Caplow
キャプロン
Capron*
Kapron
ギャブロン Gavron
ギャベイ
Gabay
Gabbay*
キャベナ Cabena
キャベナフ Cavenagh
キャベニー Caveney
キャペリ
Cappelli
Chiapelli
キャペリー Cappelli
キャベリス Cavellis
キャベル
Cabell**
Cavell*
キャペル Capell
キャベル Cabell
ギャベル Gabel
キャベロン Cabellon

キャベンダー
Cavender
キャベンディシュ
Cavendish
キャベンディッシュ
Cavendish*
キャボット Cabot***
キャボン Cabon
キャマコサ
Kyamakosa
キャマラタ Camarata
キャマール Kamāl
キャマル Kamal
キャマーロッディーン
Kamāl al-Dīn
Kamāloddīn
キャマン Cammann
ギヤマン Guiramand
キャミ Cami
キャミー Camy
ギャミジ Gamage
キャーミル Kiamil
キャミル Kiamil
キャム
Cam**
Camm
Kamm
キャムシン Khiam-sin
ギャムズ Gambs
キャムセル Camsell*
ギャムソン Gamson
ギャムツォ
Gyamtsho
Gyatso
Rgya mtsho
Rgya-mtsho*
キャムデン Camden*
キャムピオン
Campion
キャムプ Camp
ギャムブル Gamble
キャムベル Campbell
キャムペルマン
Kampelman
ギャムリン Gamblin
キャムロン
Cameron
Camron*
Cam'ron
キャメット Cammett
キャメリアン
Camellion
キャメリニ Camerini
キャメル Cammell
ギャメル Gamel
キャメロ Camero
キャメロン
Cam
Cameron***
Kameron
キャモン Camon
ギャモン Gamon*
キャラ Cara*
ギャラ Garat
キャライ Carey
ギャライ Galai

キ

キャラウェー
Caraway*
ギャラウェー
Galloway
キャラウェイ
Callaway**
Caraway
ギャラウェイ
Galloway
キャラガー Carragher
ギャラガー
Gallager*
Gallagher***
Gulager
ギャラガン
Garraghan
ギャラクシー
Galaxy**
キャラグリアン
Caragulian
キャラゲーン
Callagain
キャラシベッタ
Calasibetta
キャラス Karras
ギャラス Galás
キャラセニ Caraceni
キャラダイン
Calladine
Caradine
Carradine**
ギャラッティ Garatti
ギャラット Garratt*
ギャラップ Gallup**
ギャラティ Garraty
キャラディン
Carradine*
ギャラティン
Gallatin*
ギャラデット
Gallaudet
ギャラード
Gaillard
Gallard
Garrard
キャラドック Caradoc
キャラナン
Callanan**
ギャラニ Gallani
ギャラニヨン
Garagnon
キャラハー Carraher*
ギャラハー
Gallacher
Gallagher*
Gallahcer
Gallaher
ギャラハグ
Gallehugh*
ギャラハッド Galahad
キャラハン
Calahan
Callaghan***
Callahan**
キャラビ Calabuig
ギャラピック
Garapick
キャラビロ Carabillo
キャラビン Carabin
ギャラファー
Gallagher*
キャラブレイジ
Calabresi
キャラブレイス
Calabrese
ギャラベ Garrabé
キャラベロ Carabello
キャラミ Calamy
ギャラミスン
Galamison
ギャラリー Gallery
キャラリン Caralyn
キャラン
Callan*
Karan*
Kieran
ギャラン
Garang
Garrahan
ギャランス Garance
キャランダー
Callander
ギャランタ Galanter
ギャーランド Garland
ギャラント Gallant*
ギャランド Galland
ギャランボス
Galambos
キャリ Cari*
キャリー
Calley*
Callie
Cally
Carey**
Cari
Carie
Carolyn
Carrey*
Carrie***
Carry**
Cary**
Currie
Kary*
ギャーリー Gary
ギャリ
Gally
Gary
ギャリー
Garry**
Gary***
Gayry
キャリア Carrier*
キャリアー Carrier*
キャリィ Carey
キャリイ Cary
ギャリィ Gary
ギャリィー Gary
ギャリィティ Garrity
キャリエ Carrier
キャリエラ Quartiera
キャリエル Cariel
ギャリエン Gallienne
ギャリエンヌ
Gallienne
ギャリオット
Garriott*
ギャリオッホ Garioch
キャリオープ Calliope
キャリオン Carreon*
キャリガー
Carriger*
Carrighar
キャリカート
Carricart
キャリガン Carrigan*
ギャリガン
Galligan*
Garrigan
ギャリーグ Garrigue
キャリクスティ
Calixte
ギャリコ Gallico**
ギャリゴ Gallego
キャリコット
Callicott*
キャリシ Carisi
キャリシャー
Calisher
Kalischer
キャリーズ Callies
キャリス Callis*
ギャリス
Gareth
Garris
キャリスタ Calista*
キャリスター Callister
キャリスン Callison*
ギャリスン Garrison*
キャリソン
Callison
Carrison*
ギャリソン
Galison
Garrison***
キャリック Carrick**
ギャリック Garrick**
ギャリックス Garrix
キャリッシャー
Calisher
キャリット Carritt
ギャリティ Garrity*
キャリトン Catlin
キャリニコス
Callinicos
キャリーヌ Carine
ギャリバー Galiber
キャリハン Callyhan
ギャリフ Gariff
キャリールー
Carreyrou
キャリル
Carril
Carryl
Caryl**
Caryll
Karyl
キャリン
Callin
Carin
Carrin
Caryn
Kalin
Karin
Karyn**
ギャリン
Gallin
Garin
キャリングトン
Carrington
キャリンジャー
Carringer
キャリントン
Carrington***
キャル Cal
キヤール Quillard
ギャル Gall*
ギヤール
Guiard
Guyart**
キャルヴァート
Calvert
キャルヴァル Curval
キャルヴィン Calvin
ギャルヴィン Galvin
キャルコート Calcote
キャルシディス
Calcidise
ギャルソン
Garçon
Garson
キャルタン Kjartan*
ギャルツェン
Gyaltsen*
Gyaltshen
Rgyal-mtshan
ギャルット Garrett
ギャルド Garde
ギャルドゥ Gardes
ギャルトン Galton
キャルナン Calnan
ギャルネール Gerner
ギャルパー Galper
ギャルビス Galvis
キャルビン Calvin
ギャルビン Galvin
ギャルピン Galpin*
ギャループ Gallupe
ギャルフォード
Galford
ギャルーポ Galupo
ギャルポ Gyalpo*
キャルホーン Calhoun
ギャルマチ Gyarmati
ギャルマン Gallmann
キャルメ Carmet
キャルロッタ Carlotta
ギャルロン Galeron
キャレー Carey
ギャレー Gyare
キャレイ
Caillat*
Carey*
ギャレイ
Galey
Garey
Gary
キャレイア Calleia
ギャレイズ Gallays
ギャレーシュタイン
Gallerstein
ギャレス Gareth**
ギャレスピー Gillespie
キャレッセ Carrese
キャレッタ Caretta
ギャレット
Garett
Garetto
Garret***
Garrett***
ギャレットスン
Garrettson
ギャレットソン
Garretson
ギャレパ Rgya las pa
キャレブ Caleb
キャレラ Carrera
キャレリー Callery
ギャレリ Garelli
キャレール Carrère
キャレル
Carel*
Carrell*
ギャレル Garel
ギャレルス Garrels
ギャレルズ
Garrells
Garrels
ギャレルツ Garrelts
キャレロ Calero
キャレン
Callen
Caron
Karen*
ギャレン
Galen
Gallen
ギャレンソン
Galenson
キャレンダー
Callender
ギャレンバーガー
Gallenberger
キャレンバッハ
Callenbach
キャロ
Carlot
Caro**
Carrot
キャロー
Callow
Caroe
ギャロ Gallo**
キャロウ
Callow
Carrau*
ギャロウ Garrow
キャロウェー
Calloway
ギャロウェー
Galloway*
キャロウェイ
Callaway*
Calloway**
ギャロウェイ
Galloway***
ギャログリ Gallogly
ギャログリー Gallogly
キャロザース
Carothers*
キャロス Karros*

キ

キ

ギャロッシー Garosi
キャロッシュ Charosh
キャロッティ
Carlotti
Carotti
キャロット Kerrett
ギャロット Garrot*
ギャロッド Garrod*
ギャロップ Gallop*
ギャローデット
Gallaudet
キャロドニー
Calodney
キャロニタ Calonita*
ギャロファロ Garofalo
キャロベス Carobeth
キャロラ Carola*
キャロライズ
Karolides
キャロライナ Carolina
キャロライン
Carolaine
Caroline***
Carolyn**
Carolyne
Karolyn
ギャロラス Galorath
キャロラン Carolan
キャロリー
Caroliee
Carolly
キャロリーナ
Carolina*
キャロリーヌ
Caroline*
キャロリーン Caroline
キャロリン
Carlolyn
Carolin
Caroline*
Carolyn***
Carolynn
キャロル
Carol***
Carole**
Caroll*
Carollo
Carolyn
Carrell
Carrol***
Carroll***
Caryle
Karole
ギャロレット
Gialloreto
キャローロ Carollo
キャロン
Caron***
Carron
ギャロン Gallon
ギャワリ Gyawali
キャン
Camps
Can*
Cann
Canne
ギャン
Gann*
Gantt
Gyan*
ギヤン Guillain
ギャング Gang
ギャングウィッシュ
Gangwish
ギャングロフ Gangloff
キャンザス Kansas
ギャンジ Gange
ギャンジー Ganji
キャンジェロシ
Cangelosi
キャンシラ Cancilla*
キャンゾネリ
Canzoneri
キャンター
Canter
Cantor**
Kanter
Kantor*
キャンダー Kander
ギャンダ Ganda
キャンダス Candace*
キャンタローン
Cantillon
ギャンチョン
Gantillon
ギャンツェン
Rgyal-mtshan
ギャンツォ
Rgya mtsho
ギャンツォ
Rgya mtsho
キャンティ Canty*
キャンディ
Candi
Candido
Candy**
Cundy
Kandi
Kandy*
Khandi
キャンディー Candie*
キャンデイ Canedy
キャンディア Candia
キャンディオッティ
Candiotti*
キャンディス
Candace**
Candice**
Candis
キャンディーダ
Candida
キャンディド
Candide
Candido*
キャンディリス
Candilis
ギャンディル Gandil
キャンティン Cantin
キャンデス
Candace**
Candice
キャンデラ Candela*
キャンデラリア
Candelaria
キャンデラリオ
Candelario
キャンデル Kandel
キャンデローロ
Candeloro*
キャンデロロ
Candeloro
キャント Canto
キャントー Kantor
ギャント Gant
キャントウェル
Cantwell***
ギャントス Gantos
ギャントナー Gantner
キャンドラー Candler
キャンドランド
Candland*
キャンドリシュ
Candlish
キャントリル Cantril*
ギャンドルフィーニ
Gandolefini
キャントレル
Cantrell*
キャンドロット
Kandrot
キャントン Canton*
キャンパー Camper*
キャンパナロ
Campanaro
キャンパニアス
Campanius
キャンパニス
Campanis*
キャンパネラ
Campanella*
キャンハム Canham
ギャンバレ Gambale*
キャンバーン
Cambern
キャンビ Canby
キャンビー
Camby*
Canby*
キャンビアス
Cambias*
キャンピアン
Campion
キャンビィ Canby*
キャンピオン
Campion**
キャンピージ
Campese
キャンピージー
Campese
キャンピス Campisi
ギャンビニ Gambini
キャンプ Camp***
キャンフィールド
Canfield***
キャンプス Camps
キャンプトン
Campton
キャンプベル
Campbell
キャンプマイアー
Kampmeier
キャンプマン
Kampman
ギャンブリー
Gumbley
キャンプリン
Camplin**
ギャンブリング
Gambling
キャンブル
Campbell*
ギャンブル Gamble**
キャンブロン
Cambron
キャンベル
Cambell*
Campbel
Campbell***
ギャンペル
Gimpel*
Gimpell
キャンペン Kampen*
キャンポー Campau
ギャンボウルド
Gambold
ギャンメル Gammel
キャンモア Canmore
ギャンリー Ganley
キュ Queux
キュー
Kew*
Khieu**
Kieu
Kiew
Queux*
Quex
ギュ Kyu*
ギュー
Guillou
Guilloux*
ギユー
Guillou**
Guilloux
キュアクサレス
Kyaxares
キュアトン Cureton*
キュアラス Kurath
キュアロン
Cuaron
Cuarón*
キューイ Kiui
キュイ
Cui
Kiui
Kyui
キュイー Kiui
ギュイ
Guy*
Guys
ギュイザウ Guizot
ギュイス Guys
キュイズニエ
Cuisenier
キュイテリー Quitely
ギュイド Guido
キュイベルス Cuyvers
ギュイヤール Guyard*
ギュイヨー Guyau
ギュイヨ
Guyod
Guyot*
ギュイヨー
Guyau
Guyot
ギュイヨオ Guyau
ギュイヨタ Guyotat
ギュイヨン Guyon**
ギュイラーム
Guillaume
キュイル Kyu-il
キュイン Queen
キュウ Queux
キュヴィイエ Cuvilliés
キュヴィーエ Cuvilliés
キュヴィエ
Cuvier*
Cuvilliés
キユヴィエ Cuvier
ギューヴイク
Guillevic
ギュヴィク Guillevic
ギュヴィック
Guillevic
ギユヴィック
Guillevic*
キュヴィリエ Cuvillier
キュヴィリエ Cuvillier
ギュウヴィック
Guillevic
キュヴェリエ
Cuvelier
Cuvellier**
キューウェル
Kewell**
キュウェル Kewell
キュウォン Kyu-won
キュウゲルゲン
Kugelgen
キュウネル Kuhner
キュヴリエ Cuverlier
キュエスティ Kyösti
キュエノ
Cuénot
Cuènot
キュエノー Cuénod
ギュエノ Guyénot
キューエル Kewell
ギュエール Güher
キュエン Khuyen
キューエンブルク
Küenburg
キュオー Cuau
キュオスティ Kyösti
ギュオン Guyon
キューカー
Cuker
Cukor*
ギュギールメッチィ
Guglielmetti
キューグラー Kuegler
キュークリー Kuechly
キュクロプス Kyklops
ギュゲース Gyges
ギュゲス
Gugēs
Gyges
キューゲル Kugel
キューゲルゲン

Kugelgen
Kügelgen
キューケンタール Kükenthal
キューザ Kuethe
キュサ Gyu-sa
キューサック Cusack*
キューザック Cusack**
キュザン Cuzin**
キュージイ Cusy
キュシェラ Cucherat
キュシク
Kyoo-sik
Kyu-sik
キュジケノス Kyzikenos
キュシネル Kushner
キュジャス Cujacius
キューシュ Cuche
キュシュ Cuche**
キュジョン Kyu-jong
キューズ Queux
キュスター Küster
ギュスタァヴ Gustave
ギュスタアフ Gustave
ギュスタアブ Gustave
ギュスターヴ
Gustaaf
Gustav
Gustave**
ギュスタヴ
Gustav
Gustave*
ギュスターヴル Gustave
ギュスターフ
Gustaaf
Gustaf
Gustav
Gustave
ギュスターブ Gustave*
ギュスタフ
Gustaf
Gustave
ギュスタブ
Gustav
Gustave
ギュスタボ Gustavo
キュスチーヌ Custine
キュスティーヌ Custine
キュステンマッハー
Kustenmacher
Küstenmacher*
キュストナー Küstner*
キュストネル Kustner
ギュスドルフ Gusdorf
ギュスバッチャー Güßbacher
キュセ Cusset
ギュゼイ Güzey
ギュセフ Giuseppe
ギュゼーレフ Giuzelev
ギュゼレフ Ghiuselev
キューゼンベリー
Quesenberry
Quesenbery
キュソク Kyu-sock
ギュソク Gyu-seok
キュソプ Kyoo-sop
ギュソプ Kyu-Sup
キュソン Kyu-song
ギュソン Kyu-sun
キューダー Kuder
ギュータースロー Gütersloh*
ギュターボック Güterbock
キュタリー
Cuttare
Cuttaree
ギュタンゲール Guttinguer
キュチュク
Küchük
Küçük
キュチュクヤルチュン Küçükyalçin
ギュチュリュ Güçlü
キュチョル Gyu-chil
キュチル Kyu-chil
キュック Cuq
キュックリヒ Kücklich
キュッセ Cusset*
ギュッツラフ Gützlaff
キュッテル Kuettel
キュット Kütt
ギュット
Guth*
Gutt
Gütt
ギュットレル Güettler
キュッパース
Kuppers
Küppers
キュッパースブッシュ Küppersbusch
キュッヒエル Küchl
キュッヒル Küchl*
キュッファー Küpher
キュッフェル Kuffel
キュッフミュラー Küpfmüller
キュッヘラー Küchler
キュッペル Küpper
ギュッマン Gutman
ギュツラフ Gützlaff
キュッロネン Kyllönen
キュテ Kyu-tae
ギュデ Gyude
ギュティエレズ Gutierrez
ギュティンガー Güttinger
キューティング Cutting
ギューティング Güting
キューテン Küthen
ギューデン Güden
キュトゥックチュオウル Kütükçüoğlu
キュトゥミサ Kutumisa
キュドーネス Kydōnēs
キュドネス
Kydones
Kydōnēs
ギュトラー Güttler
ギュートライン Güthlein
ギュートリング Gütling
ギュードルン Gudrun
ギュトレル Guttler
ギュトン Gutton
ギュドン Kyu-dong
キューナー
Kuhner
Kühner*
ギュナイ Günay
キュナイトス Kynaithos
キュナスト
Küenast
Kunast
Künast*
キュナード Cunard*
ギュナルタイ Günaltay
キューニー Cuney
キュニー
Cugny
Cuny*
キュニスカ Kuniska
キュニッツ
Kunits
Kunitz
キューニヒ Kühnig
キュニョ Cugnot
キュニョー Cugnot
キュニヨ Cugnot
キューヌル Kühnl
キューネ
Kuenne
Kuhne
Kühne*
ギュネイ
Guney
Güney
キュネウルフ Cynewulf
キュネギウス Cynegius
ギュネシュ Gunes
ギュネス Gunes
キュネッケ Künneke
キュネット Künneth
キュネト Künneth
キューネマン Kühnemann
キューネル Kühnel*
ギュネール Güner
ギュネルセル Günersel
キューネン
Kuenen
Kunen
キューノー Cuno
キューバ Cuba**
キュハ Kyu-ha
ギュハ
Gyu-ha*
Kyu-ha
キューバイク Kyu-Baik
キューパック Cupach
キューバート Kubert*
キューハリソン Quharrison
キューバルト Kuebart
キューバン Cuban**
キュービ Kube
キュービー
Kube**
Kubie
キュビ Cuby
キュビー Kubie
キュピ Cupis
キュビイエ
Cuvillier
Cuvilliés
キュビエ
Cuvier
Cuvilliés
Kubie
キュピス Cupis
キュービック
Kubick
Kubik*
ギュビック Guillevic
キュービット Cubitt
キューピット
Cupid
Cupitt*
キューピッド Cupid
キュヒャン Kyu-hyang
ギューヒャン Kyu-hyang
キュヒョク Kyou-hyuk
ギュヒョク Kyou-hyuk*
キュヒョン Kyuhyun
キュヒラー
Kuchler
Küchler
キュビリエ Cuvillier
キューブ Cube
キュプセロス
Cypselos
Kupselos
Kypselos
キューブド Cubeddu
キューブラ Kuebler
キューブラー
Kubler
Kübler**
キュープラー
Kubler
Kübler
キュブラー
Kubler
Kübler
Kuebler
ギュブラー Gubler
キュプリアヌ Kyprianou
キュプリアーヌス Cyprianus
キュプリアヌス Cyprianus*
キュプリアノス Kyprianos
キュプリオス Kýprios
キューブリック Kubrick**
キュブレール Kübler
ギュフロワ Guffroy
キューベック Kubek
ギュベニシク Guvenisik
キュベリス Cubellis
キュヘリベーケル Kiukhelbeker
キューヘリベッケル Kiukhelbeker
キュヘリベッケル Kiukhelbeker
キューベル Kübel
ギュヘル Güher
キュベルベック Kuebelbeck
キュベレ Kybele
キュホ Kyu-ho
ギュホ Gyu-ho*
ギュボー Guillebaud*
キューマルス Kiumars*
ギーユマン Guillemin
ギューマン Ghuman
ギュマン Guillemain
ギュマン Guillemin*
ギュミノ Guilleminot
キューミン Kumin
キュムノス Chymnos
ギュメ Guillemet
キュメナル Cumenal*
キュメニテス Kymenites
キューメール Kuemmerle
キューメロウ Kumerow
キュモン Cumont**
ギュヨー
Guyau
Guyot
ギュヨオ Guyau
キュヨスティ Kyösti
ギュヨタ Guyotat
キュヨン Kyu-eung
ギュヨン Kyu-yong
キューラー
Kuehler
Kurer
ギュラ Gyula
ギュラー Guller

キ

キ

ギュラーグ
Guilleragues
ギユラーグ
Guilleragues
キューラス Kurath
ギュラルニック
Guralnick*
ギュラルプ Guralp
キュラン Cullen
キューリ
Currie
Curry
キューリー Curie*
キュリ
Curie
Küry
Kyu-ri
Qri
キュリー
Curie***
Cury
Kuri
ギューリ Guri
ギュリ
Gury
Gyu-ri*
Kyu-ri*
ギュリー
Guily
Guri
Gury
キュリア Currier
キュリアクス Cyriacus
キュリアコス
Kyriakos
Kyriakós
キュリアス Curíace
キュリアン Curien*
ギュリヴェール
Gulliver*
キュリエル Curiel
ギュリエルモ
Guglielmo
キュリオリ Culioli
キュリカン Culican
ギュリキ Gulick
キュリコス Cyricus
キュリス Kurys*
ギューリック Gulick**
ギュリック Gulick*
ギュリッチ Gjurić
ギュリッヒ Güllich
ギュリッポス
Gulippos
キュリッロス Kyrillos
ギュリブ Gurib*
キュリレンコ
Kurylenko*
キュリロス
Cyrilus
Kyrillos*
Kýrillos
キューリン Culin
キュール
Kuehl*
Kuehls
Kuhl
Kühl*
キュル Kül
ギュル
Gul
Gül*
キュルヴァル Curval*
ギュルヴィチ
Gurvitch
ギュルヴィッチ
Gurvitch
Gurwitsch
ギュルガン Gurgand
ギュルケス Györkös
キュルサート Kürsat
ギュルジイ György
キュルシウス Curtius
キュールシャーク
Kurschak
キュルシャク
Kurschák
キュルシャト Kürşad
キュルシュナー
Kürschner
キュルス Cyrus
ギュルストルフ
Gülstorff
ギュルセル
Gursel*
Gürsel
ギュルセン Gürsen
キュルゾン Curzon
ギュルダル Güldal
ギュルダン Guldin
キュルチス Curtis
キュルティ Curti
キュルディー Kürdī
キュルティス Curtis**
キュルテギン
Kül-Tägin
ギュルデメット
Güldemet
キュルテン Kürten
キュルト Kurth
ギュルトナー Gürtner
ギュルトナア Gütner
ギュルトラー
Gurtler
Gürtler
キュルノンスキー
Curnonsky*
キュルバル Curval
ギュルビッチ
Gurvitch
ギュルビヒ Gurbig
キュールブス Kuelbs
ギュルプナール
Gürpnar
ギュルプナル
Gürpinar
Gürpnar
ギュルブランソン
Gulbransson
キュルペ
Kulpe
Külpe
ギュルベヤズ
Gülbeyaz
ギュルベル Gruber
キュールマン
Kuhlmann
Kühlmann
ギュルミ Jurme
キュルムス Kulmus
ギュルメ Ḥgyur-med
ギュルメッド
Gyurmed
ギュルメン Gürmen
ギュルルジェ Güllüce
キューレ Kulle
キュレ Curé
ギュレ Guillerey
ギユレ Guillerey
ギュレチ Güleç
ギュレット Guerette
キュレネ
Cyrene
Kyrene
キュレビ Külebi
キュレリ Curelli
キュレル
Curel*
Küller
ギュレル Güler
キューレン Keulen*
ギュレン Gülen**
ギューレンブーウ
Gyllembourg
キューレンベルガー
Kürenberger
キューレンベルク
Kurenberg
Kürenberg*
キュレンベルク
Kürenberg
ギュロウスキ
Gyurovszky
キューロス Kyros
キュロス
Cyrus
Kuros
Kūros
Kūruš
Kyros
Kȳros
ギュローム Guillaume
キュロン
Kulōn
Kylōn
キーユン Kee Yoon
キューン
Kuehn*
Kuenn
Kuhn*
Kühn*
Kün
Küng
キュン Kewn
ギュン Gun
ギュンアルタイ
Günaltay
ギュンイェナツ
Gjungjenac
ギュンギョル Güngör
キューング
Kung
Küng
キュンク Küng
キュング Küng**
ギュンゲ Gyenge
キュンケル
Kunkel
Künkel
キュンジ Kyung Ji
キュンスラー Kuntsler
ギュンセリ Gunseli
ギュンタ Günter
ギュンター
Guenter*
Güenter
Guenther**
Gunter*
Günter***
Gűnter
Gunther**
Günther***
Gunthler
Günthör
ギュンダー Günter
ギュンダシャイマー
Gundersheimer
ギュンタート Güntert
ギュンダーローデ
Günderode
キュンチ Künzi
キュンツェル
Kuenzel
Kuntzel
Künzel
ギュンツブルク
Günzburg
ギュンディッシュ
Gündisch*
ギュンテキン
Güntekin
ギュンテル
Giunter
Gunter
Günter
Gunther
Günther*
ギュンデル Gündel
ギュンテルト Güntert
ギュンデローデ
Günderode
ギュンドアン
Gundogan
ギュンドードゥ
Gundogdu
キュンネ Künne
キューンネケ Künneke
キュンネケ Künneke
キュンネッケ Künneke
ギュンベル Gumbel
キュンポ Khyung po
ギュンマー Gümmer
キュンメル
Kummel
Kümmel*
キューンル Kühnl
キーヨ Quilliot
キヨ Koh
ギーヨ Guillot
ギヨ Guillot
ギヨー Guyot
ギヨ
Guillot*
Guiot
Guyot*
ギヨー
Guillaud
Guiot
Guyau
Guyot
ギョアン Kyo-ahn*
キョウ
Kyo
Qiao
キヨヴェンダ
Chiovenda
キョウコ Kyoko*
キョウチンニョ
Kaundinya
ギョオテ Goethe
ギョオテム Goethem
ギヨオマン
Guillaumin
ギヨオム Guillaume
ギョカルプ
Gokalp
Gökalp*
ギョキッツァ Gjokica
ギョク Geok
ギョク・アルプ Gökalp
ギョクアルプ Gökalp
ギョクシク
Gyok-sik
Kyok-sik*
ギョクソイ Göksoy
ギョクタン Goktan
ギョクチャン
Giok Tjhan
ギョクチュー
Geok-choo
ギョクハン Gokhan
ギョクベルク Gokberk
ギョクホ Kyuk-ho
キヨサキ Kiyosaki
キョシク Kyo-sick
ギョズデ Gozde
キョセム Kösem
キヨソーネ Chiossone
キヨソネ Chiossone
キョソーネ Chiossone
キョソネ Chiossone
ギヨタ Guyotat*
ギヨタン Guillotin
ギョタン Guillotin
キョチャン Kyo-chang
キョーディ Chiodi
キョナム Kyo-nam
ギョニュル
Gonul
Gönül
キヨフスキ Kijowski
キョブパ SKyob pa
キョプリュリュ
Köprülü
キョプリュリュザーデ
Köprülüzâde

キョプルル Koprulu
ギヨペ Guilloppé
キョペール Koper
ギヨーマ Guillaumat
ギヨーマー
Guillaumat
ギョーマン
Gillaumin
Guillaumin
ギヨーマン
Guillaumin
ギョーム
Guilaume
Guillaume***
ギヨーム
Guillaum
Guillaume***
Guillelmus
ギヨム Guillaume*
キョムス Kyoum-soo
ギョーラン Göran
ギョリ Gyori
キョル
Kör
Kül
キョルオウル Köroğlu
ギョルギ
Georgi
György
ギョルギイ Georges
ギヨルギス Giyorgis
ギョルゲ Gheorghe
ギョルゲスク
Georgescu
ギョールコー
Gyoerkoe
ギョールゴス Giorgos
ギョルチェフ Gjorcev
キョルホ Kyul-ho
キーヨン Keyon
キョン
Kwon
Kyeong
Kyong
Kyung*
キヨン
Gi-yong
Ki-yong
Ki-young
ギーヨン Guyon
ギョン
Guyon
Kyong
Kyung
ギヨン
Gi-yong*
Guillon
Ki-yong
Ki-young
キョンア Kyun-A
キョンイル Kyung-il
ギョンイル
Kyong-il
Kyongil
キョンウォン
Kyung-won
キョンウク
Kyung-wook
キョンウン
Kyung-woong
キョンエ Kyoung-ae
キョンオク Kyung-ok
キヨンガ Kiyonga
ギョンギ Kyeung-kyu
ギヨンギ Gyorgyi
キョンギャー Kyungja
キョング Kyung-koo
ギョング Kyung-gu*
キョングン
Kyong-kun
Kyung-keun
ギヨンゴビ Granhag
キョンゴン
Kyung-kon
ギョンシ Gyongsi
キョンジェ
Kyong-jae
Kyung-jae
Kyung-je
キョンシク
Kyong-shik
Kyung-shick*
ギョンシク
Gyon-sik
Kyong-sik
Kyung Shik
キョンジャ Kyong-ja
キョンジュ Kyung-ju*
キョンジュン
Kyeong-joong
ギョンジュン
Kyong-jun
キョンシン
Kyung-shin*
ギョンジン Kyung-jin
キョンス
Kyoung-soo
Kyung-soo
ギョンス
Gyeong Su
Kyungsoo
キョンスク
Kyung-suk
ギョンスク
Gyon-suk*
Kyung-Sook
ギョンソク
Kyung-suk
ギョンソプ
Kyung-sub
ギョンソン
Kyung-seon*
キョンチャン
Kyung-chan
キョンチョル
Kyong-cheol
ギョンチョル
Kyung-Cheol
キョンテ Kyung-tae
キョンテク
Kyung-taek*
ギョンドゥ
Kyeong-doo
キョンドン
Kyung-dong
キョンナム
Kyong-nam
ギョンナム
Kyong-nam
キョンニ Kyong-ni
ギョンニム
Kyeong-nim
ギョンニン
Kyung-rin*
キョンノ Kyung-ro
キョンパル Kyung-pal
ギョンハン
Kyung-han
キョンヒ Kyung-hee
ギョンヒ
Kyong-hui*
Kyoung hee
Kyung-hee
ギョンヒョン
Kyeong-hyeon
キョンファ
Kyung-hwa
Kyung-wha
ギョンファ
Kyung-wha*
キョンファン
Kyoung-hwan
ギョンファン
Kyoung-hwan
Kyung-hwan*
キョンフェ Kyung-hoi
キョンフン
Kyong-hun
Kyung-heun
Kyung-hoon
キョンヘ Kyung-hae
ギョンベ Kyung-bae
ギョンベール
Gyomber
キョンホ
Kyong-ho
Kyung-ho
キョンホア
Kyung-wha*
ギョンマン
Kyong-man
キョンミ Kyung-mi
キョンモ Kyung-mo
ギョンモ Kyong-mo
キョンヨン
Kyung-yung
キョンリ Kyong-ni**
キョンリン Kyung-lin
キョンロク
Kyung-nok*
キョンワァン
Kyung-hwan
キョンワン Kyongwan
キーラ
Keillor*
Keira*
Kiera*
Kiira*
Kira*
Kyra*
キーラー
Keeler***
Kuehler
キラ
Kila
Kira**
Kyra
Quiller
キラー
Killah
Killer*
Quiller
ギラ Gila
ギラー Giller*
キラーイ Király
キライ
Kiraj
Kiraly**
キライツ Kiraitu
キラウ Kilau
ギラヴォギ
Guilavogui
ギラウリ Gilauri
キラカ Kilaka*
キラクトール
Killaktor
キラクトル Killaktor
キラコス Kirakos
ギラシ Guirassy
キラス Kiras
ギラース Gillars
ギラーズ Gillars
ギラースィ Giraci
キラタ Kirata
ギーラック Gierach
ギラッド Gilad
キーラティ Keerati
ギラディ Gilady
キラデク Kiradech
ギラード
Gilad
Gillard**
Girard
ギラド
Gilad
Guirado
キーラーニー
Gailani
Kīlānī
キラニ
Kilani
Kirani*
ギラニ
Gilani**
Gillani
キラニン Killanin*
キラパルティ
Kilaparti
キラブケ Kirabuke
ギラベルトゥス
Gilabertus
ギラボキ Guilavogui
ギラボギ Guilavogui
キラマ Kilama
ギラマン Guiramand
ギラーミン
Guillermin
キラム
Kilham
Kiram*
ギラム
Gillam
Gillham
Gillum
キラリー Kiraly
キラール Kilar*
キラル Kilar
ギラール Guiral
ギラル Guiral
ギラルダンク
Guiraldenq
ギラルディーニ
Ghiraldini
Ghirardini
ギラルデス Güiraldes
ギラルドゥス
Giraldus*
ギラルドス Giraldus
キラルフィー Kiralfy
キラレンス Clarence
ギラロッフ Guilaroff
キーラン
Kielland
Kieran*
キラーン Killearn
キラン Kiran**
ギラン
Ghislain
Gielan
Gillan*
Gillian
Giran
Gouiran
Guilain
Guillain**
Guilland
Guillén
Guirand
キランダー Kilander
ギランダース
Gillanders*
ギランダーズ
Gillanders
キランティ Kiranti
キーラント Kielland
キーランド Kielland
ギランド Gilland
キーリ Kiely
キーリー
Kealey
Keeley*
Keely
Keighley*
Kiely*
Kiley
キリ
Killi
Kily
Kiri*
キリー
Khiry
Kiley
Killy*
ギリ
Gili*
Gilley
Gilly
Giri**
ギリー

キ

Geary
Gilley**
Gillie
Gilly
ギーリア Ghiglia
ギリアー Gilliar
キリアウ Kiriau
キリアキディス
Kyriakidis
キリーアクス Cyriacus
キリアクス Cyriacus
キリアコ Chiriaco
キリアコウ
Kyriacou
Kyriakou
キリアコス
Kyriacos*
Kyriakos*
キリアコフ Kiriakov*
キリアコポウロス
Kyriakopoulos
キリアジ Kyriazi
キリアシス Kiriasis**
ギリアット
Gilliat*
Gilliatt
キリアーニ Kiliani
キリアニ Kiliani
キリアニー Killiany
キリアヌス Kilianus
キリアム Quilliam
ギリアム Gilliam***
キーリアーン Kilian
キリアーン
Kilian
Killian
Kylián
キリアン
Cillian*
Kilan
Kilian*
Kilien
Killian***
Kirian
Kylian*
Kylián*
Quillien
ギリアン
Ghilean
Ghillean*
Gillian**
Guillien
ギリィエム Guillem
キリイェンコ
Kiriyenko
キリィレア Killilea
キリウス Kilius
ギリエウル
Guirieoulou
ギリェム Guillem
キリエラ Kiriella
ギリェルミーナ
Guilhermina
ギリェルミナ
Guilhermina
Guillermina
ギリェルメ
Guilherme*
ギリェルモ
Guillén
Guillermo***
ギリエルモ Guillermo
ギリェン
Guillen
Guillén**
Guillèn
ギリエン
Guillen
Guillén
キリエンカ Kiryienka
キリエンコ Kirienko*
ギリオ Guilio
ギリオー Guiliaud
キリオス Kyrgios
ギリオーニ
Ghiglione*
キリオン Killion
ギリオン Gillion*
ギリガシビリ
Giligashvili
ギリガン Gilligan**
キリーキ Kiriki
キリキ Kiriki
キリキャン Kilikyan
キリク
Kilic
Kirik
キリグリュー
Killigrew
Killligrew
キリグルー Killigrew
キリケシュ Chiriches
キーリコ Chirico
キリコ
Chirico*
Quilico*
キリジ Qilij
ギリジャ Girija**
キリジュ Qilij
ギーリシュ Gierisch
ギリシュ Girish
ギリシュチョンドロ
Giriścandra
ギリジン Gil'zin
キーリス Ķīlis
ギリース Gillies*
ギリーズ Gillies
ギリス
Gilles
Gilless
Gillies
Gillis**
ギリズ Gillies
キリスゼウスキー
Kieliszewski
キリスト Christ*
キリストリーブ
Christlieb
ギリスピー Gillispie**
ギリソン Gillison
キリチェンコ
Kirichenco
Kirichenko**
キリチベク Kylychbek
キリツォフ Kiritzov*
キリック Killick
ギーリック Giric
ギリック Gillick*
ギリッシュ Girish
キリッチ
Kilhwch
Kilicci
キリッロ Chirillo
キリディ Kiridi
キリトフスカ
Kalitovska
キリニウス
Kyrínios
Quirinius
キリネン Qirynen
キリーノ
Chirino
Quirino
キリノ Quirino*
キリバルダ Kilibarda
キリフィ Kilifi
ギリフェルジング
Giliferding
ギリマーナンダ
Girimānanda
ギリム Guillim
キリモ Kilimo
キリヤ Kirja
ギリヤ Giria
ギリャアレフスキー
Gilyarevskii
キリヤコス Kyriakos
ギリャロフスキー
Giliarovskii
Giliarovskiĭ
Gilyarovskii
Gilyaróvskii
ギリャローフスキイ
Giliarovskii
キリヤン Kiljan
キリューシン
Kiryukhin
ギリュン Gi-lyoong*
キリョン
Gi-ryong
Gi-ryoung
ギリラジマニ
Girirajmani
ギリーランド Gilliland
ギリランド
Gilliland
Guilliland
キリリ Kirili
キリール
Kirill*
Kyrillos
キリル
Cyrille
Kill*
Kiril*
Kirill**
Kyril*
Kyrillos
キリレンコ
Kirilenko*
Kyrylenko
キリーロヴィチ
Kirillovich
キリロヴィチ
Kirillovich
Kyrillovich
キリロウナ Kililovna
キリロヴナ Kirillovna
キリーロフ
Kirillov
Krylov
キリロフ Kirillov*
キリロワ Kirillova
キリーン Killeen
キリン Kirin
ギリン Gillin
キリンガー Klinger
ギリンガム
Gillingham*
キーリング Keeling**
キリング Killing
ギリング Gilling
ギリングウォーター
Gillingwater
ギリングス Gillings
キリングスワース
Kirinngsworth
キリングトン
Killington
ギリンゲッリ
Ghiringhelli
ギリンソン Gillinson
キリンチュク
Chirinciuc
キリンベック
Killingbeck
キール
Keel**
Keele
Keer
Keil
Keill
Keir*
Kheel
Kiehl
Kiel**
Kier
Kiir*
Kuhel
Kyle
Quayle
キル
Gil
Kil
Kyle
Quill
キルー Kyrou*
ギール
Geehl
Gheer
Gihr
ギル
Ghil
Giill
Gil***
Gilbert
Gill***
Gyl
ギルー Guillou*
ギルアド Gilad
キルイ Kirui**
ギルウ Girou
キールヴァイン
Kielwein
キルヴァート Kilvert*
ギルヴァン Girvan
キルヴィツァー
Kirwitzer
ギルヴィック
Guillevic
キルヴィントン
Kilvington
キルウォードビ
Kilwardby
キルウォードビー
Kilwardby
キルウォン Khil-won
キルウク Kil-uk
ギルエイロ Guilheiro
キルカー Kilcarr*
キルガー
Kilger
Kilgour*
キールガス Kielgass
ギールガッド Gielgud
キルガード Kilgard
キルガノン Kilgannon
ギルガメシュ
Gilgameš
キルキー Kilkey
ギルキー Gilkey
キルキサニ Kirkisani
ギルキーソン Gilkyson
ギルギノフ Girginov
キルキラス Kirkilas*
ギルキン Girkin
ギールキンク Gierkink
ギールキンデ
Gierkinde
キルク Kirk
ギルグ Gilg
キルクシュタイン
Kirchstein
ギルクス Gilks
ギールグッド
Gielgud**
ギルグッド Gielgud
キルクブライド
Kirkbride
ギルクライスト
Gilchrist**
ギルクリスト
Gilchrist***
Gillcrist
キールグレン Kihlgren
キルクレン Kilcullen
キルケ Circe
ギールケ Gierke*
ギールゲ Gierke
キールケゴール
Kierkegaard
キルケゴール
Kierkegaard*
キルケビェル
Kirkebjerg
キールケルス Kierkels

ギルゲン Gilgen
ギルゲンゾーン
Girgensohn
キルゴ Kilgo
キルゴー Kilgore
キルゴーア Kilgore
キルゴア Kilgore*
キルコイン Kilcoyne
キルコップ Kirkop
キルコモンズ
Kilcommons*
キルゴール Kilgore*
キルザー Kilzer
キルサク Kiresuk
キルサノヴ Kirsanov
キルサーノヴァ
Kirsanova
キルサノーヴァ
Kirsanova
キルサーノフ
Kirsanoff
Kirsanov*
キルサノフ Kirsanoff
キルサン Kirsan**
キルシー Kirsi
キルシェ Kirsche
ギルシェ Guilcher*
ギルジェ Kihl-jae*
キルシェンバウム
Kirschenbaum
キルシェンマン
Kirschenmann
キルジノフ Kirzhinov
キルジャ Kil-ja
ギルジャ Girja
ギルジャー Gilger
キルジャプキナ
Kirdyapkina
キルジャプキン
Kirdyapkin*
キルシュ
Kilsch
Kirsch***
Kirsh*
キルシュシュタイン
Kirschstein
キルシュテン Kirsten
キルシュナー
Kirschner*
Kirshner
キルシュネライト
Kirschnereit**
キルシュネル
Kirschner
キルシュバウム
Kirschbaum
Korschbaum
ギルシュマン
Ghirshman
キルジュン Giel-joong
キルショフェール
Kirchhoffer
キルション Kirshon*
キールス Keels
キルス Kyros
ギールス Giers
ギルス
Giles
Gil-su
Gilsu
Kil-su
キールスキー Kiersky
ギルスター Gilster
キールスツェンバウム
Kierszenbaum
キルスティ
Kirsti**
Kirsty
キルスティラ
Kirstila
Kirstilä*
キルスティン
Kirsten*
Kirstin
キルステッド
Kihlstedt
キルステン
Kirsten**
Kristen
キルスト Kirst**
キルストラ Kielstra
ギルストラップ
Gilstrap**
キルスドンク
Kilsdonk
キルスン Gil-seong
キルゼンシュタイン
Kirszenstein
キルソワ Kirsova
ギルソン Gilson**
キルタ Caílte
ギルダ Gilda**
ギルダー Gilder**
ギルダス Gildas
ギルダースリーヴ
Gildersleeve
ギルダースリーブ
Gildersleeve
キルタゼ Kirtadze
キルダフ Kilduff
キルチ Kirti*
キルチェフ Kirchev
キルチネル
Kirchner**
キルチャン Kil-chun
ギルチャン Gil-chang
キルツ Kilts
ギールツ Giertz
ギルツ Çirts
キルツェンスタイン
Kirszenstein
キルッフ Culhwch
ギルデー Gilday
キルデア Kildare
キールティ Kirti
キルティ
Kiltie
Kilty
Kirti
キルデイ Kilday
ギルデイ
Gilday
Guilday
キールティヴァルマン
Kīrtivarman
キルティカラ
Kirtikara
キルティキューマー
Kirtikumar
ギルディング Gilding
ギルデマイスター
Gildemeister
キルデリクス
Childericus
ギルデン Gilden
キルト Quilt
キルドー Kildow
ギルト Girt
ギルド
Gild
Gildo
Guild**
キルドウ Kildow
ギルドナー Gildner
キルトヒー Kürthy
ギルドフォード
Guildford
ギルトブルグ Giltburg
キルドルフ Kirdorf
ギルトロウ Giltrow*
キルトン
Kilton
Kirton
ギルドン Guiraudon
キルナー Kilner*
キルナニ Khilnani
キールナン Kiernan
キールニー Kierney
キルハー
Kelleher
Kircher
キルパ Kirpa
キルバー Kilber
キルパー Kilper
ギルバー Gilbaugh*
ギルバァト Gilbert
ギルハウザー
Gilhouser
キールバーガー
Kielburger**
キルバーグ
Kilberg*
Kilburg
ギルバーグ
Gilbarg
Gillberg*
ギルバース Gilbers**
キルバソワ Kirbasova
キルパック Kilpack
ギルバート
Gelabert
Gilbart
Gilbert***
Gilberto
Guilbaut*
ギルバード Gilbert
ギルバト Gilbert
ギルバートソン
Gilbertson
ギルバドッティ
Gylfadóttir
キルパトリック
Kilpatorick
Kilpatrick*
キルハム Kilham
ギルバルト Gilbart
キルバーン
Kilbourne
Kilburn
キルバン
Kilbane
Kilburn
キルヒ Kirch*
キルビ
Kirbi
Qirbi
キルビー
Kilby**
Kirby
キルピ Kilpi
ギルビ Gilby
ギルビー Gilbey
キルヒアイゼン
Kircheisen
キルビオ Quilvio
キルヒガサー
Kirchgasser
キルヒゲスナー
Kirchgessner
キルヒシュラーガー
Kirchschlager*
キルヒシュレーガー
Kirchschläger*
キルピチニコフ
Kirpichnikov
キルピチニコワ
Kirpichnikoya
キルピチョーフ
Kirpichyov
キルピチョフ
Kirpichyov
キルヒナー
Kirchner**
キルヒネル Kirchner
キルピネン Kilpinen
キルヒハイマー
Kirchheimer
キルヒバッハ
Kirchbach
キルヒヘル Kirchherr
キルヒベルガー
Kirchberger
キルヒホッフ
Kirchhoff*
キルヒホーフ Kirchhof
キルヒホフ
Kirchhoff**
キルヒマー Kirchmer*
キルヒマン
Kirchmann
キルヒャー
Kilcher
Kircher*
Kirchherr
ギルヒャー Gilcher
キルヒョン Gil-hyun
キルヒリンク
Kilchling
ギルビン Gilpin
ギルピン Gilpin***
キルブ Ghil-boo
キルプ Kirpu
ギルブ Gilb
キルファ Killeffer
キルファー
Killefer
Killeffer
ギルファム Guilherm
キルファン Kil-hwan
ギルフィ Gylfi
ギルフィラン Gilfillan
キルフェル Kirfel
ギルフォイル
Guilfoile*
Guilfoyle
ギルフォード
Gilford*
Guildford
Guilford**
キルブライド Kilbride
キルブリュー
Killebrew**
キルブルー Killebrew
ギルブレス
Gilbreth**
キルペ Kulpe
キルヘア Kircher
キルベイン Kilbane
キルベスニエミ
Kirvesniemi*
ギルベリー Gilberry
キルペリクス
Chilpericus
ギルベール
Gilbert*
Guilbert*
キールベルク Kihlberg
ギルベルト
Gilbert
Gilberto
ギルベルトゥス
Gilbert
Gilbertus
ギルヘルメ Guilherme
キルヘン Kirchen
キルペンシュタイン
Kirpensteijn
ギルボー
Guibaud
Guilbaud*
Guilbeaux
Guillebaud
ギルボア Gilboa*
ギルボーイ Gilboy
キルポーチン Kirpotin
ギルホード
Geelhoed
Guilford
ギルボード
Guillebaud
キールホフナー
Kielhofner
キールホルン Kielhorn
キルボルン Kilborne
キルボーン

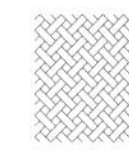

キ

Kilborn
Kilborne
Kilbourne*
ギルボーン Gillborn
キルマー Kilmer**
ギルマ Girma***
ギルマー
Gillmer*
Gilmer*
Gilmour
キールマイア
Kielmeyer
キールマイアー
Kielmeyer
ギルマイスター
Gillmeistar
Gillmeister
キールマイヤー
Kiermayer
ギルマジオン
Ghirmazion
キルマーチン
Kilmartin
ギルマーチン
Gilmartin
ギルマーティン
Gilmartin*
ギルマード
Guillemard
キルマーニー Kirmānī
ギルマリ Gilmary
ギルマール
Guillemard
キルマン Kilman
ギルマーン Gilman
ギルマン
Gillman*
Gillmann
Gilman***
Guillemain
Guillemin*
Guilmant
キルマーンシャーヒー
Kirmānshāhī
キルマント Kirmanto
キルミスター
Kilmister*
キルミテ Kilmite
ギルミン Guillemin
ギルム Gilm
キルムニ Kilmeny
ギルメイ Ghirmay
ギルメット
Guilmette*
キルメニー Kilmeny
キルメン Kirmen**
ギルモ Guillemot
キルモア Kilmore
ギルモア
Gillmor*
Gillmore
Gilmore***
Gilmour***
ギルラ Guillerat
ギルラス Gilruth*
ギルランダ Ghirlanda
ギルランダイオ
Ghirlandaio
Ghirlandajo
ギルランダイヨ
Ghirlandajo
ギルランダーヨ
Ghirlandajo
ギルランダヨ
Ghirlandajo
キルリーヴィ Killeavy
キルリス Killis
キルリャ Kyrlya
ギルレー
Gillray
Guillerey
ギルレイ Gillray
ギルレス Gilles
ギルレット Gillet
ギルロー Gillow
キルロイ Kilroy*
ギルロイ Gilroy***
キルワ Kirwa
キルワース
Kilworth**
キルワリゼ Kirvalidze
キルワン Kirwan
キルン
Killen
Kirn*
キルンガ Kilunga
キルンダ Kirunda
キルンバウァー
Kirnbauer
キルンベルガー
Kirnberger*
キーレ Kyireh
キレ Kile
ギレイ Girej
キレーエフスキー
Kireevskii
キレエフスキー
Kireevskii
キレーエフスキィ
Kireevskii
キレーエフスキイ
Kireevskii
キレエフスキイ
Kireevskii
キレス
Quiles
Quilès*
ギレス
Giles
Gilles*
キレスピー Gillespie
ギレスピー Gillespie
ギレスピ Gillespie
ギレスピー
Gillespie**
キレゾッティ
Chilesotti
ギレック Guirec
キレッチ Kireççi
ギレッティ Ghiretti
ギレット
Gillete
Gillett*
ギレーヌ
Ghislaine
Ghyslaine*
Guilaine
ギレボー Guillebeau
キレミジアン
Kiremidjian
ギレム
Guilhem
Guillem
ギレメッテ
Guillemette*
ギレリス Gilels*
ギーレルト
Gillert
Girelt
ギレルマン
Gillerman*
ギレルミ Guilherme
ギレルミナ
Guilhermina
ギレルミーヌ
Guillemine
ギレルム Guillerm
ギレルメ Guilherme
ギレルモ Guillermo**
キーレン
Kierein
Kieren*
Killen
キレーン Killeen
キレン Killen*
ギーレン
Geelen
Gielen*
ギレーン Ghylaine
ギレン
Gillen**
Guillen
Guillén
ギレンコ Girenko
キレンズ Killens
キレンスキー
Kirenskii
ギレンブルク
Gyllembourg
ギレンボリー
Gyllenborg
ギレンホール
Gyllenhaal*
キロ
Cheiro
Cilo
Kiro**
キロー Kiloh
ギロ
Ghiro
Gilo
Guiraud
ギロー
Guilloux
Guiraud*
Guiraut
キロイ
Killoy
Kilroy
ギロウ Gillow*
ギロヴィッチ
Gilovich*
キロヴィッツ
Chirovici
ギロヴェツ Gyrowetz
ギロウム Guillaume
キローガ Quiroga**
キロガ Quiroga***
キロショ Kilosho
キロス
Kyros
Kyrrhos
Quiros
Quirós
Quiroz
ギロック Gillock
キロッシュ Quiros
キロット Quirot*
ギロディアス Girodias
キロビー Kiloby
ギロビッチ Gilovich*
キーロフ Kirov*
ギロフスカ Gilowska
ギロペ Guilloppé
ギローム Guillaume
ギロラモ Girolamo
キロラン Killoran
ギロリー Guillory
キロル Chirol
キロワー Keillor
ギロワ Guillois
キーロン Kieron*
キロン
Chilōn
Khilōn
ギロン
Ghiron*
Gillon
Giron
Guillon
キロンゾ Kilonzo
キーワ Kirwa*
ギワ Giwa
キワヌーカ
Kiwanuka*
キワヌカ Kiwanuka
キワーミー Qiwāmī
キワーム Qiwāmu'd
キワームッ・ディーン
Qiwāmu'd-Dīn
キーワン Kihwan
キワン Ki-wan
キーン
Kean**
Keane***
Keen**
Keene***
Kiehn
Kien
Kihn
Kinh*
Kuehne
Kuenn
Quine
キン
Ghỳn
Khin**
Khing*
Kin
King**
Kinh
Kính
Kinn
Kinne*
Qin
Qing
Quin
ギン
Geen
Ginn
Guinn
Ngin
キンウン Kinwun
キンウンミンジー
Kinwun Mingyi
キンカ Kinka
キンガ Kinga*
キンガー Kinger
ギンカ Ginka
ギンガ Ginga
キンガム Kingham
キンガリー Kingery
ギンガーリッチ
Gingerich
ギンガリッチ
Gingerich*
キンキ Kinkiey
キンキー Kinky**
キンギ Kingi
キンキウス Cincius
キンキエイ Kinkiey
キンキエイムルンバ
Kin-kiey Mulumba
キンキード Kinkead
キンキナツス
Cincinnatus
キンキナトゥス
Cincinnatus
キンキントゥー
Khin Khin Htoo*
キンキンナトゥス
Cincinnatus
キンキンレー
Khin Khin Lay
キンク Kinck
キング
Kheng
King***
Kynge
キングアケレレ
King-akerele
キングウェル Kingwell
キングキツァラット
King Kitsarath
キングコング
King Kong
キングシアーズ
King-Sears
キングストン
Kingston***
Kingstone
キングスノース
Kingsnorth
キングズノース
Kingsnorth
キングズバーグ
Kingsberg
キングスバリー
Kingsbury

キングズバリ
Kingsbury**
キングズバリー
Kingsbury
キングスフォード
Kingsford
キングズフォード
Kingsford*
キングズベリ
Kingsbury
キングズベリー
Kingsbury**
キングスマン
Kingsman
キングズミル
Kingsmill
キングスランド
Kingsland
キングスリー
Kingsley**
キングズリ Kingsley*
キングズリー
Kingsley***
キングスリイ Kingsley
キングズリィ Kingsley
キングスリーン
Kingslien
キングスレ Kingsley
キングスレー
Kingsley***
キングズレー
Kingsley*
キングスレイ
Kingsley**
キングズレイ
Kingsley*
キングズレイク
Kingslake
キングズレーク
Kingslake*
キングソルヴァー
Kingsolver*
キングソルバー
Kingsolver*
キングダム Kingdom*
キングダン Kingdon
キンクチウス
Quinctius
キングドウ Kingdon
キングドン
Kingdon**
キングビッチ
Kingpetch
キングピッチ
Kingpetch
キングピン Kingpin*
キングフィッシャー
Kingfisher*
キングホール
King-Hall
キングホーン
Kinghorn
キングマ Kingma*
キングマタム
Kingue Matam
キングマン
Kingman**
ギングラス Gingras
キンクラーゼ
Kinkladze
キングリア Kingrea
ギングリッチ
Gingrich**
キングレーク Kinglake
キングレーン
Kingreen
キンゲ Kinge
キンケイド
Kincade
Kincaid***
Kinkade*
キンケード
Kincaid*
Kinkade*
キンケーラ Quinquela
ギンゲリヒ Gingerich
キンケル Kinkel***
ギンゲル Gingell
キンケルディー
Kinkeldey
キンケレ Kinkele
キンゴ Kingo
ギンゴ Gingo
キンコック King-Kok
ギンゴナ Guingona**
キンコフ
Kinkopf
Kinkoph*
ギンゴールド Gingold
キンザ Kinza*
キンザー Kinzer
ギンサー
Gencer
Ginther
キンサーダル
Kinserdal
キンザン Kinzang
キンシー Kinsey
キンジー
Kinsey*
Kinzie
キンジェルスカ
Kindzerska
キンジェルスキ
Kindzierski
キンシェルフ
Kinscherf
キンジキティレ
Kinjikitile
キンジャ Kinja
キンジーワーノック
Kinsey-Warnock
キンシンガー
Kinsinger
キーンス Kearns
キーンズ Keens
ギンス Gins
ギンズ
Gins***
Ginz
キンズィ Kinsey
キンスゥエウー
Khin Swe Oo
キンスエーウー
Khin Swe Oo
キンスキ Kinski
キンスキー
Kinskey
Kinski**
Kinsky*
ギンスター Ginster
キンステッド
Kindstedt
ギンスバーク
Ginsberg
ギンスバーグ
Ginsberg*
Ginsburg*
Ginzberg
ギンズバーク
Ginsberg
Ginzberg
ギンズバーグ
Gimsberg
Gimsburgh
Ginsberg**
Ginsbourg
Ginsburg**
Ginsburgh
Ginzberg
Ginzburg*
ギンスバッハ
Ginsbach*
キンズブルグ
Ginzburg
ギンスブルク
Ginsburg
ギンスブルグ
Ginzburg
ギンズブルク
Ginsburg
Ginzburg
ギンズブルグ
Ginzburg***
ギンズベルク
Ginzberg
キンスホーファー
Kinshofer
キンスボーン
Kinsbourne
キンスマン Kinsman
キンズマン Kinsman*
キンズラー Kinsler
キンズレー Kinsley
キンスロー Kinslow
キンズロー Kinslow
キンゼー Kinsey
キンゼイ
Kinsey*
Quinsey
キンセイル Kinsale
キンセラ Kinsella***
キンセル Kyncl
キンゼル Kinzel
ギンソック
Kyoung-suk
キンソルヴィング
Kinsolving*
キンタ Kinta
キンダ Kinda
キンダー Kinder**
ギンター Ginter*
ギンダー Ginder
ギンタウタス
Gintautas
ギンタス Gintis*
キンダスヴィント
Chindaswinth
キンダースリー
Kindersley
キンダスリー
Kindersley
キンタップ Kintup
キンターナ Quintana*
キンタナ Quintana**
キンタナル Quintanal
キンタニジャ
Quintanilla
キーンターニーリャ
Quintanilla
キンダーマン
Kindermann**
Kindermans
キンダマン
Kindermann
Kindermans
ギンタラス Gintaras
キンダール Kindahl
ギンタレ Gintare
キンタン Quintão
キンチ Kinch*
キンチー Khin Kyi
キンチェガシヴィリ
Khinchegashvili
キンチェガシビリ
Khinchegashvili*
キンチェシ Kincses
キンチッヒ Kinzig
キンチャー Kincher
キーンツ Kientz
キンツ
Kintu
Kinz*
キンツィンガー
Kintzinger
キーンツェル Kienzl
キンツェル Kintzel
ギンツェル Ginzel
キンツェルバッハ
Kinzelbach
ギンツカイ Ginzkey
ギンツトン Ginzton
ギンツバーグ
Ginzburg
ギンツブルク
Ginzburg
ギンツブルグ
Ginzburg*
ギンツベルグ
Ginzberg
キンツラー Kintzler
ギンツラー Gintzler
キーンツル
Kientzle
Kienzl
キーンツレ Kienzle
キンディ
Kindi
Kindī
キンディー Kindī
ギンティ Ginty
ギンディ Guindi
キンディア Kyndiah
ギンディキン
Gindekin
Gindikin*
キンティラ Chintila
キンティリアヌス
Quintiliānus
ギンディン Gindin**
キンディング Kinding
キンテラ Quintella
キンデラン Kindelan*
ギンデリー Gindely
キンデリス Kinderis
キンデル
Kindell
Kinder
ギンデルタール
Gindertael
キンデルマン
Kindermann*
キンデレン Kinderen
キンテーロ Quintero
キンテロ Quintero*
キンテーロス
Quinteros
キンテロス Quinteros
キント
Kind
Quint
キントー Kinto
ギンド Guindo
キンドゥルバーガー
Kindleberger
キントナー Kintner**
キントラー Kindler
キンドラ Kindra
キンドラー Kindler*
キンドラテンコ
Kindratenko
キントール Quintal
キンドル
Kinder
Kindle*
キンドルバーガー
Kindelberger
Kindleberger**
キンドレッド
Kendred
Kindred
ギンドローツ Gindroz
キンドロン Kindlon*
キンナ
Cinna
Kinna
キンナマン Kinnaman
キンナモス Kinnamos

キ

キンナン Kinnan
キンニア Kinnear*
キンニュン
Khan' Nnvan''
Khin Nyunt
キンニール Kinnear
キンヌネン
Kinnunen**
キンネール Kinnear
キンバー Kinber
キンバーグ Kimberg
ギンバタス Gimbutas
キンバーリー
Kimberly
キンバリ
Kimberley
Kimberly
キンバリー
Kimbely
Kimberlee
Kimberley*
Kimberly**
Kimbery
ギンバリソン
Gimbergsson
キンバーリン
Kimberlin
キンバル Kimball
キンバロー Kimbarow
キンバング Kimbangu
キンビグ Kinvig
キンピマキ
Kimpimäki
キンビラ Kimbila
ギンブタス
Gimbutas*
キンブトン Kimpton
キンフニィンユー
Khin Hnin Yu
キンプフラー Kimpfler
キンブラ Kimbra
キンブル
Kimball*
Kimble
ギンブレット
Gimblett
キンブレル
Kimbrel*
Kimbrell
キンブロ Kimbro
キンブロー
Kimbrough
キンベル
Kimbel
Kimbell
キンペル Kimpel
ギンベル Gimbel*
ギンペル Gimpel*
ギンベルク Gimberg
ギンベルトゥ
Guimberteau
ギンベルナート
Gimbernat
キンベンベ
Kimbembe
キンペンベ
Kimpembe
キンボー Kimbo*
キンボウ
Kimbo
Kinbo*
キンポミ Kimpomi
キンボール Kimball**
キンボル Kimball
キーンホルツ
Kienholz*
キンミンス Kimmins
キンメル Kimmel*
ギンメル Gimmer
キンメーレ Kimmerle
キンモ Kimmo
キンモンス
Kinmonth*
キンモント Kinmont
キンラン Quinlan
キンリー Kinley
キーンリーサイド
Keenlyside*
キーンリサイド
Keenlyside
キンリーサイド
Keenleyside
キンリス Kinrys
ギンリック Gingrich
キーンレ Kienle
キンレアンドロ
Quinn-leandro
キンレイ Kinley
キーンレイサイド
Keenleyside
キンロー Kinlaw
キンロス Kinross
キンロック Kinloch

【ク】

ク
Cu
Gu
Khu
Koo**
Ku**
クー
Coe
Coux
Cú
Cù'
Gu*
Ke*
Khoo**
Khoon
Ko*
Koo**
Kooy
Ku
Kuh
Qū
Que
グ
Gu
Koo*
Ngu
グー
Ge
Goo
Gout
Goux*
Gu*
Gueu
Guu
Ku
Ngũ
クーア
Cour
Kaur
クァ Cau
クア
Cua
Koua
Kua
グーア
Goor
Gouré
グァ Nga
グア Gua
グアー Guare
クアイ Quay
グァイ Guy
グアイ Guay*
グアイザー Gwyther
クアイソン Quaison
グアイータ Guaita
グアイタ Guaita
クアイック Quach
クアイティ Quaiti
グアイド Guaidó
グアイラ Guaila
クアウテモク
Cuauhtemoc
Cuauhtémoc
クァウテモック
Cuauhtemoc
クアウテモック
Cuauhtemoc*
Cuauhtémoc*
クアウトラトアツィン
Cuauhtlatoatzin
クァク
Kwak*
Quang
クアク Kouakou
クアグ Kouagou
クァグリエッティ
Quaglietti
クァケルナック
Quackernack
クアケルナック
Quackernack
クアシ
Kouassi
Kuassi
クアシガ Quashigah
クァジーモド
Quasimodo**
クアジーモド
Quasimodo
クアジモド
Quasimodo
グァス Guas
グアーズ Geurs
グアス Guas
グアスキ Gurski
クアスシ Kouassi
クアスト Quast
クアストホフ
Quasthoff
グアゼ
Gouaze
Gouazé
グアソン Guazon
グアーダッド
Guardado
グァダーニ Guadagni
グァダニーニ
Guadagnini
グァダーニョ
Guadagno
グアダーニョ
Guadagno
グアダルカナル
Guadalcanal
グアダルーピ
Guadalupi*
グァダルーペ
Guadalupe
グアダルーペ
Guadalupe*
グアダルペ
Guadalupe
クアツ Kurz
グァツォーニ
Guazzoni
クァック Quach
クァックス Quax
クアッケルナック
Quackernack
クァッケンブッシュ
Quackenbush
クアッケンブッシュ
Quackenbush
クァッケンボス
Quackenbos
グアッターニ
Guattani
グアッツォ Guazzo
グァッツォーニ
Guazzoni
グアッツォーニ
Guazzoni
グァッツォーネ
Guazzone
クァッティーブ
Khattib
クァット Quat
クアット Quat
グアット Guat
グアットイム
Guat Imm
クァーティ Quartey
クアーティー Quartey
クアディオ Kouadio
グァテッリ Guatelli
クアデラー Quaderer
クアート Kurth
クアト Kurt
クアトフリーク
Quadflieg
クアドラ Cuadra
クアドラード
Cuadrado
クァドラトゥス
Quadratus
クアドラートゥス
Quadratus
クアドラトゥス
Quadratus
クアトラロ Quatraro
クアトリ Kouatli
クアドリ Quadri
クァドリオ Quadrio
クアドリオ Quadrio
クァドリガリウス
Quadrigarius
クアドリガリウス
Quadrigarius
クアトリーリオ
Quatriglio**
クァドルパーニ
Quadrupani
クァトロ Quatro
クアトロ Quatro*
クアドロス Quadros*
クアトロッチ
Quattrocchi
クアトロニー
Quatrani
クアドローネ
Quadrone
クアトロム
Quatromme
クアトーン Cruetong
グアーナ Guana
グアネラ Guanella
グアバ Guaba
グアハルド Guajardo
クアマ Koma
グァマン Guamán
クアミ Kuami
グアーミ Guami
クアメ Kouame
グーアメヌ Gouamene
クアメン Quammen
グァラ Guala
グアーラ Guala
グアラ Guara
グアラッツィ Gualazzi
グアラーナ Guarana
クアランタ Quaranta
クァラントッティ
Quarantotti
クァラントット
Quarantotto
グアランドリ
Gualandri
クアリー Cleary
グアリー Gourley
クァリアーティ
Quagliati
クァリエリ Quaglieri
グァリエント
Guariento

グアリエント Guariento
クアーリオ Quaglio
クアリオッティ Quagliotti
クアリーニ Quarini
クァリーニ Quarini
グァリーニ Guarini
グァリニ Guarini
グアリーニ Guarini
グァリーノ Guarino
グアリーノ Guarino
グアリノー Guarino
クアリャーティ Quagliati
クアリャレッラ Quagliarella
クアーリョ Quaglio
グアール Gual
グアル Gual*
グァルター Gwalther
グァルダ Gualda
クアルタス Cuartas*
グアルダード Guardado
グアルダド Guardado
クアルタラーロ Quartararo
グアルダルベン Guardalben
クアルテイ Kuartei
グァルディ Guardi
グアルディ Guardi
グァルディア Guardia
グアルディア Guardia
グアルディアグレーレ Guardiagrele
グァルティエーリ Gualtieri
グアルティエーリ Gualtieri
グアルティエリ Gualtieri
グァルティエーロ Gualtiero
グァルティエロ Gualtiero
グアルティエーロ Gualtiero
グアルティエロ Gualtiero**
グァルディオラ Guardiola
グアルティオラ Guardiola
グアルディオーラ Guardiola
グアルディオラ Guardiola** Guardiora
グァルディーニ Guardini*
グァルディニ Guardini
グアルディーニ Guardini
グアルディニ Guardini
グアルディーノ Guardino
グアルテルス Gualterus
クアルテローニ Quarteroni
グアルド Gualdo
グアルドゥッチ Guarducci
クァールトン Quarton
グァルナッシア Guarnaccia
グアルナッチ Guarnacci
グアルナッチャ Guarnaccia
グアルニエリ Guarnieri
グアルニエーリ Guarnieri*
グアルニエリ Guarneri Guarnieri
グァルネーリ Guarneri
グァルネリ Guarneri
グアルネーリ Guarneri
グアルネリ Guarneri
グアルネリウス Guarnerius
グァルベルト Gualberto Gualbertus
グアルベルト Gualberto Guarbert
グアルベルトゥス Gualbertus
クアーレス Quarles Quarless
クアレズ Quoirez
グァレスキ Guareschi
グアレスキ Guareschi
クアレスマ Quaresma*
クアレズマ Quaresma
クァレスミ Quaresmi
クァレスミオ Quaresmio
クアレック Kurelek
クアレルズ Quarles
クァレンギ Quarenghi
クアレンギ Quarenghi
クァーロップ Krarup
クアロン Cuarón
クァン Gwang Kwan* Quan* Quang
クアン Cuan Keun Kuan Kuang Kwan Quan Quang***
グーアン Gouin
グァン Guan Ngan
グアン Gouin Guan Gwan Quang
クアンアン Qianang
クァンイル Kwang-il
クァンイン Kwang-in
グァンウ Kuan-wu
グアンウー Guan-wu
クァンウォン Kwan-won
クァンウン Kwang-won Kwang-woong
グァンウン Kwang-ung
クァンオク Kwang-ok
グァンオク Guwan-ok Kwang-ok*
クァンオン Kwang-on
クァンキュ Kwang-kyu*
クァンギュ Kwang-kyu
クァンギル Kwang-gil
クァング Kwang-koo Kwangkoo
グアングワ Gwangwa
グァングン Kwang-gun
グァンゴン Kwang-gon
クァンサム Kwang-sam
グアンジカ Gouandjika
クァンシク Kwang-shick Kwang-sic Kwang-sik
グァンシク Kuwang-sik Kwang-shik
グアンジャ Gouandja
クァンジュ Kwang-ju
クァンジュン Kwang-joon
クァンジョン Kwan-chong
クァンジン Gwang-jin
グァンシン Guangxin
グァンジン Kwang-jin Kwan-jin*
クァンス Gwang-soo Kwang-soo*
グァンス Kwang-soo Kwang Su Kwang-su
グァンスン Kwang Sun Kwang-sun
グアンズン Guan-zheng
クァンセ Kwang-sae
クァンソ Kwan-soh
クァンソク Kwang-suk
クァンソプ Gwang-sop Kwang-sup
グアンゾン Guan-zhong
クァンタン Quentin
クアンチ Quach
クアンチェン Kuangzheng
グアンチャン Guangchang
グアンチュ Guan-qiu
グァンチョル Kwang-chol
クアンツ Quantz
グァンテク Kwan-taek
クアンテラス Quanterus
クアント Quant
クァンドゥ Kuwang-doo
クアンドレ Quandre
クァントレル Quantrill
クァンナム Kwang-nam
グァンナム Kwang-nam
クァンヒ Kwang-hui
グァンヒ Kwang Kwang Hee
グァンピョ Gwan-pyo
クァンヒョン Kwang-hyun
グァンヒョン Kwang-hyun*
クァンベ Kwang-bae
クァンホ Kwang-ho Kwan-ho
グァンホ Kwang-ho Kwan-ho
クァンボク Kwang-bok
クァンミョン Kwang-myung
クァンミン Kwang-min
クァンモ Kwang-mo
グァンモ Kwang-mo
クアンユー Kuan Yew**
クァンヨン Kwang-young* Kwan-yong* Kwan-young
グァンヨン Kwang-yong
クァンリム Kwang-rim*
クァンリョル Kwang-ryul
グァンリン Kwang-rin
グァンレ Kwang-rae
クーイ Coie Kooi
クィ Quy
クイ Khui Kui Qui Quy*
クイー Quy
グーイ Gui
グィ Guy
グィー Gui
グイ Gouy Guey* Gui* Guy Nguy
グイー Guy
クイアコスキー Kwiatkoski
グイアルドゥス Guiardus
クィウォンパ Quiwonkpa
グーイエ Gouhier
グイエ Gouhier**
クィエトゥス Quietus
グイエルモ Guglielmo
クイギン Quiggin
クィグリー Quigley*
クイグリー Quigley*
クイケン Kuijken** Kuyken
グイゴ Guigo* Guigu Guigues
クィゴン Guy-kon
グイーサル Guízar
グイジェルモ Guillermo
グィジャ Gwi-ja*
グイシャンドゥット Guichandut
グイシュー Gouichoux
クイシン Quincey
クイース Quiesse
グィスカルド Guiscard

ク

グイスカルド
Guiscard
Guiscardo
クイスト Quist**
グイゼッペ Giuseppe
クイセン Knuysen
クィーセンベリー
Qusenberry
クィゼンベリー
Quisenberry
クイゼンベリー
Quisenberry
クイタ Kuita
グィーダ Guida
グイーダ Guida
グイダ Guida
グィダッチ Guidacci
グイダリーノ
Guidarino
グイダントニオ
Guidantonio
グィチャルディーニ
Guicciardini
クィック Quick
クイック
Crick
Quick***
Quik
グイック Gouic
クィッグリー Quigley
クイッグレー Quigley
クイッグレイ Quigley
クイッケンボルネ
Quickenborne
グィッチアルディーニ
Guicciardini
グィッチアルディーニ
Guicciardini
グィッチアルディニー
Guicciardini
グィッチアルディーニ
Guicciardini*
グイッチアルディーニ
Guicciardini
グィッチャルディ
Guicciardi
グィッチャルディーニ
Guicciardini*
グィッチャルディニ
Guicciardini
グイッチャルディーニ
Guicciardini
グイッチョーリ
Guiccioli
クイッツ Kwitz
クイッデ Quidde
クイットナー Quittner
クイットニー
Kwitney*
グィットーネ
Guittone
グイットーネ
Guittone
グイップ Guip
グイッレルムス
Guillelmus
グィーディ Guidi
グイーディ
Guide
Guidi
グイディ Guidi**
クイティム Kujtim
グイデッティ Guidetti
グイデット Guidetto
クイート Cuito
クイト Kuyt
グィード Guido**
グィド Guido
グイード Guido**
グイド Guido***
グイドゥッチ
Guiducci
クイトゥネン
Kuitunen*
グイドゥバルド
Guidubaldo
グイドッチョ
Guidoccio
グイドーニ Guidoni
グイドボーノ
Guidobono
グイトムンドゥス
Guitmundus
クイトラワック
Cuitlahuac
グイドリン Guidolin
グイドロッティ
Guidolotti
クィーナ Queena
クイナ Quina
クィーニー Queenie
クイーニー Queenie*
グイニア Guinier
クイニシェット
Quinichette
グイニチェリ
Guinizelli
グィニツェッリ
Guinizelli
グイニツェッリ
Guinizelli
グィニツェリ
Guinizelli
グイニツェリ
Guinizelli
グイニツェルリ
Guinizelli
グイニフォルテ
Guiniforte
クィニョン Kwi-nyeon
グィネヴィア
Guinivere
グイネス
Gwyneseth
Gwyneth
クィネッセン
Quennessen
クイネット Quinnett*
クィネル Quinnell***
グイネル Gwinnell*
クイノー Couinaud
クイパー Kuiper
クイビダ
Kuĭbida
Kuybida
クィヒョン Kwi-hyun
クィプ Cuyp
クーイブイシェフ
Kuibyshev
クィブィシェフ
Kuibyshev
クイブイシェフ
Kuibyshev
グイベルトゥス
Guibertus
クィム Quim
クイーム Caimh
グィヤール Guyard
グイヤール
Gouillart
Guyard
クイーユ Queuille
クイユ Queuille
クィヨニ Guiyeoni*
クィラ Quiller
クィラー Quiller
クイラ Quiller
クイラー Quiller*
グイラルデス
Güiraldes
クイリー Quilley
グィリー
Guiley
Guilly
グイリエルムス
Guilielmus
グィリオ Giulio
グイリオ Giulio
クイリコ Quilico
クイリスヌ Quirinus
クィリチ Quilici
クイーリチ Quilici
クイリチ
Kuilichi
Quilici*
クィリニウス
Quirinius
クイリニウス
Quirinius
クイリヌス Quirinus
クィリーノ Quirino
クイリーノ Quirino
グイリム Gwilym
クィリン Quillin
クイリン Quillin*
クィル Quill
クィルター Quilter*
クイルター Quilter
クィルチ Quelch
クイルマンベク
Kyrmanbek
グイレム Guillem
グイレルムス
Guilelmus
クィレン Quillen*
クイロース Quiros
グイロチ Guilloti
クィーン Queen
クィン
Quin
Quinn**
Quynh
クイーン
Queen***
Quinn
クイン
Kuin
Queen
Quin**
Quine
Quinn***
Quint
Quynh
グィン
Guin*
Guinn
Gwynne
グイン
Guin
Guinn*
Gwinn
Gwyn
Gwynn
Gwynne
クインクティアヌス
Quinctianus
クインクティウス
Quinctius
クインケ Quincke
クィンシ
Quincey
Quincy
クィンシー
Quincey
Quincy
クィンジー Quincy
クインシ
Quincey
Quincy
クインシー
Quincey*
Quincy**
クィンシイ Quincey
クインジィ Quincy
クィンジオ Quinzio
クィンシャッド
Quinshad
クィーンズベリ
Queensberry
クイーンズベリー
Queensberry
グインター Guenter*
クインタヴァレ
Quintavalle*
クィンタナ Quintana
クィンタニラ
Quintanilla
クインタバレ
Quintavalle
クインチリアヌス
Quintiliānus
クインチルス
Quintillus
クインツス Quintus
グインディ Guindi
クインティエール
Quintiere
クインティリアス
Quintiliānus
クィンティリアヌス
Quintiliānus
クインティリアーヌス
Quintilianus
クインティリアヌス
Kointilianos
Quintilianus*
Quintiliānus
クインティリウス
Quinctilius
クィンティルス
Quintillus
クインティルス
Quintillus
クィンティン Quintin
クインティン
Quintin*
クインテロ Quintero*
クインテン Quinten
クィント Quint
クイント Quinto
グインド Guindo
クィントゥス Quintus
クイントゥス
Quintus*
クイントス Quintus
クィンドレン
Quindlen**
クィントン Quinton**
クイントン Quinton**
グィンネット Gwinett
グインネット
Gwinnett
クインビー
Quimby*
Quinby
クインビル
Quenneville*
クィンラン Quinlan*
クインラン Quinlan**
クーヴ Couve*
クウ
Cuu
Kuh
Kuo
クウー Queux
クーヴァー Coover*
クヴァイス Queiß
クウァウテモク
Cuauhtemoc
クヴァシニン
Kvashnin
クヴァシル Kvasir
クヴァジル Kvasir
クーヴァス Cuevas
クヴァステン Quasten
クヴァスト Kwast
クヴァストホフ
Quasthoff

クヴァスナースキー
Kvasnosky*
クヴァチャラ Kvačala
クヴァーツ Quaatz
クゥアドリガリウス
Quadrigarius
クヴァーニス Kvarnes
グヴァヌア
Gouverneur
クヴァピル Kvapil
クヴァーミー
Kvamme
グヴァラ Guwara
クヴァラヤーナンダ
Kuvalayananda*
クヴァーラン Kvaran
クヴァラン Kvaran
クヴァーリチュ
Quaritsch*
クヴァール Kvale
クヴァル Kvale*
グヴァルター
Gwalther
クヴァルティンガー
Qualtinger
クヴァルテロ
Quartero
クヴァルト Kvart
クヴァルトゥッスィ
Quartucci
クヴァルバイン
Kvalbein
クゥアレーロ Quarello
クゥアレン Qualen
クーヴァン Couvin
クヴァンダー Quander
クヴァンツ Quantz*
クヴァンテ Quante*
クヴァント Quandt
グーヴィ Gouvy
グゥイ Guy
クウィアト Kwiat
クウィアトコフスキ
Kwiatkowski
クウィイン Queen
グウィヴナ Dhuibhne
クヴィエタ
Kveta*
Květa*
クヴィエチェン
Kwiechen*
クヴィエチンスカー
Kviečinska
クヴィエトスラフ
Kvetoslav
クゥイグレー Quigley
グヴィシアニ
Gvishiani*
クゥィシュトゥィーモフ
Kyshtymov
クヴィステク
Chwistek
クヴィスト Qvist
クヴィストルプ
Quistorp
クヴィスリング
Quisling
クウィタック Quitak
クヴィツィンスキー
Kvitsinskii*
クウィック
Kwiek
Kwik**
Quick
クウィッグレイ
Quigley
クウィッデ Quidde
クヴィッデ Quidde
クヴィットシュライバー
Quitschreiber
クウィットナー
Quittner
クヴィデ Quidde
クヴィーデラン
Kvideland*
クヴィトヴァ
Kvitova
Kvitová
クヴィトカ Kvitka
クヴィトコ Kvitko
クヴィトコオ Kvitko
クウィートニオスキー
Kwietniowski
クヴィトヌ Kvitne
グヴィナー Gwinner
グウィナット
Gwinnutt
クゥイーニー Queenie
クウィーニー Queenie
グウィニア Gwinear
グウィニス
Gwyneth
Gwynyth
グウィネス
Gwyneth**
グウィネズ Gwynedd
グゥイネット
Gwinnett
グヴィネット
Gwinnett
クウィラ Quiller
クウィラー Quiller
クウィラン Quillan
グヴィリ Gwili
クヴィリーヌス
Quirinus
グウィリム
Gwillim*
Gwilym
クーヴィリャン
Covilhão
クヴィリャン Covilhão
クウィリン Quirin
クヴィリーン Quirin
クヴィリン Quirin
クヴィリング
Quiringh
クウィルター Quilter
クゥイレン Quillen
クゥイン Quinn
クウィーン
Queen
Quin
グゥイン Gwyn
グウィン
Guin**
Gwinn*
Gwyn***
Gwynn***
Gwynne**
Queen
グウイン Gwynn
クゥインクティウス
Quinctius
クヴィンケ Quincke
クウィンシ Quincey
クウィンシー
Quincey
Quincy
クヴィンシー Quincy
クゥインシイ Quincey
クウィンタード
Quintard
クゥインティリアーヌス
Quintiliānus
クゥインティリアヌス
Quintiliānus
クヴィンテン Quentin
クヴィント Quint**
クゥイーントゥス
Quintus
クゥイントゥス
Quintus
Quīntus
クウィントゥス
Quintus
クゥイントン Quinton
グヴィンナー Gwinner
クウィンビ Quimby
クウェ Kwee
クウエー Kwee
グウェア Guare
グヴェア
Gouvea
Govea
クヴェーアフルト
Querfurt
クウェイ
Kwei**
Quay
クウェイヴ Quave
クウエィデン
Koeweiden
クウェイド Quaid
クゥエイル Quayle
クウェイル Quayle
クヴェヴェード
Quevedo
クウェギール Kwegier
クウェク Kwaku
クゥエシ Kwesi
クウェシ Kwesi*
クウェシー Kwesi
クウェスキン Kweskin
クウェステル Questel
クウェスト Quest
クウェセイ Kwesei
グウェダラ Guedalla
クウェック Quek
クウェティ Kwetey
グウェニゲイル
Gwenigale
クヴェーネラン
Kverneland
クヴェービッカー
Quäbicker
グウェブドラミニ
Gwebu-dlamini
クウェラゴベ
Kwelagobe
クヴェラゼ Kveladze
クウェラホベ
Kwelagobe
クウェリ Kweli
グウェリクス
Guerricus
クーヴェリス Coovelis
クヴェーリード
Querido
クヴェリング Kvering
グウェル Ghwell*
クウェルチ Quelch*
クウェルフルト
Querfurt
クウェレ Cwele
クウェロンダ
Kweronda
グウェン
Gwen***
Gwenn
グウエン Gwen
クヴェンシュテット
Quenstedt
クヴェンセル Quensel
グゥエンダ Gwenda
クウェンタス Kwentus
グウェンダル
Gwendal*
クウェンティン
Quentin*
Quentine
グウェンド Gwend
グウェンドリン
Gwendoline
Gwendolyn**
グヴェンドリン
Gwendolyn
グウェンドーレン
Gwendolen
クウェンネッセン
Quennessen
グウェンリアン
Gwenllian
クーヴォ Cuvo
クウォ
Kwo
Kwok
グヴォー Govou
クヴォアニン
Kvorning
クウォーク Kwouk
クウォク Kwok
クウォシュカ
Kwochka
グヴォズデン Gvozden
クウォータマン
Quarterman
クヴォチャク Kvochak
クウォーツ Quartz
クウォック Kwok
グヴォツデノヴィック
Gvozdenovic
クウォドウルトデウス
Quodvultdeus
グウォートキン
Gwatkin
クウォナ Quanah
グウォバツキ
Głowacki
クウォリー Quarrie
クウォリア Quarrier
クウォールズ Qualls
グウォルトニー
Gwaltney
クヴォルニング
Kvorning
クウォン
Khuang
Kwon
クウォンティン
Quentin
クウォント Quandt
クウシスト Kuusisto
グヴズブランドゥル
Guðbrandur
クウスラ Kuusla
クウゼウスキー
Czyzewski
クウチ Couch
クウツ Coutts
グゥッセ Gousse
クゥートゥー Coutu
グウネス Gwyneth
クゥネムマレー
Khnemmare
クウパア Cooper
クウプリン Kuprin
クヴャトコフスキー
Kviatkovskii
グヴュズムンソン
Gudmundsson
グヴュズムンドル
Guðmundur
グゥラート Goullart
クウランジュ
Coulanges
クウリエ Courier
クウリッジ Coolidge
クウルター Coulter
クゥルツィウス
Curtius
クウルティ Courtilz
クゥルティウス
Curtius
クウルテイヨン
Courthion

ク

ク

クウルティルス
Courtils
グウルド Gould
クウルトリィヌ
Courteline
クウルトリイヌ
Courteline
グウルドン Gourdon
クゥルマ Kourouma
グゥルモン Gourmont
グウルモン Gourmont
クーヴルール
Couvreur
クヴルール Couvreur
クーヴレー Couvray
クーエ Coué*
クエ
Coué
Kek
Khue
Kuye
Kwee
Que
グーエ Guhe*
グエ Ngwe
クェイ
Quay
Quaye*
クエイ
Kuei
Kwei
Quay*
クエイケン Kuijken
グエイダ Gueida
クェイド
Quade
Quaid
クエイト Cueto
クエイド Quaid*
クエイヤー Cuellar
クエイル Quayle
クエイローロ Queirolo
クエヴァス Cuevas
グエカゥド Guécadou
クエク Kweku
クエシ Kwesi
クエジャル
Cuellar
Cuéllar
クエスタ Cuesta
クエスト Quest
クエストラヴ
Questluv
クエチェン Kuechen
クェック Kwek*
クエック
Kuek
Quek
クェッケンブッシュ
Quackenbush
クェッケンボス
Quackenbos
クェット Quett**
グェット Nguyet
グエット Nguyet
グェッラ Guerra
グエッラ Guerra**
グエッラッツィ
Guerrazzi
グエッリトーレ
Guerritore
グエッリーノ
Guerrino
グエデス Guedes
クェード Quade
クエト Quet
グエトフロイント
Guetfreund
グエナエル Gwénaël
グェネス Gweneth
クェネル Quennell
グエノ Guenno
クエーバ Cueva
クエバ Cueva
クエバス Cuevas*
クエビ Kuevi
クエフ Cueff
クエヤル Cuéllar
グエーラ Guerra
グエラ Guerra
グエラッチ Guerrazzi
グェラッツィ
Guerrazzi
グエラッツィ
Guerrazzi
グエラロドリゲス
Guerra Rodriguez
グェラン Guérin
グエリクス Guerricus
クェリシア Quercia
クェリド
Querido
Quérido
グェリーナ Guerrina
クエリナド Kuelinad
グエリーニ Guerrini
グエリーニ Guerrini
クェリヌス Quellinus
クエリヌス Quellinus
グエリーノ Guerino
クエリュ Coelho
クエリョ Coelho
グェリン Guerin
クエール
Claire
Quayle**
グエル
Guell
Güell*
クエルク
Clercq
Quercu
クエルシア Quércia
グエルシーオ Guercio
クエルチ Querci
クェルチア Quercia
クエルチア Quercia
グェルチーノ
Guercino
グエルチーノ
Guercino
クェルチャ Quercia
クエルチャ Quercia
グェルチョ Guercio
クエルテン Kuerten*
グエルデンプフェニッヒ
Güldenpfennig
クェルネ Quernec
グエルフィ Guelfi
クエルボ Cuervo
クェルマルツ
Quellmalz
クエルマルツ
Quellmalz**
グェルラ Guerra
グエルラッツィ
Guerrazzi
クェルレ Köhle
クエレーナ Querena
クエレネイア
Cuereneia
グェレロ Guerrero
クェレン Quellen
クーエン
Khuen
Kuen
クェーン Quain
クェン
Khuyen
Quyen
クエーン
Kuehn
Kuhn
Quain
クエン
Khuen
Quyen*
グェン
Nguyen***
Nguyên
グエン
Gguen
Gwen***
Nguyen***
Nguyén
Nguyên***
Nguyễn
Nguyễn*
クエンカ Cuenca
クエンク Quenk
グェングリッチ
Guengerich
グエンサー Guenther
クエンシイ Quincey
クエンタス Cuentas
グェンダル Gwendal
クェンチン Quentin
クエンツレル
Kuenzler
クェンティン
K'uei-yuan
Quentin***
クエンティン
Quentin***
グェンドリン
Gwendoline
Gwendolyn*
グエンドリン
Gwendolen
Gwendolyn
クエントン Quenton
クエンベ Kuyembeh
クオ
Guo
Ke
Kwok
クォー
Kwoh
Quow
クオ
Gou
Guo
Kuo*
グォ
Guo
Ngo
グオ
Gou
Guo**
Kuo
クオーギ Cuoghi
クォク
Kwok
Quoc
クオク
Kuok
Quoc*
クオククオン
Quoc Cuong
クオクシン
Kwok-shing
グオグワン
Guo-guang
クォーコ Cuoco
クオーコ Cuoco
クオコ Cuoco
クオジンスキ
Kłodziński
クォスト Quoist
クオスマネン
Kuosmanen
クォーターマン
Quarterman*
クォータマン
Quarterman
クォーターメイン
Quartermaine
グォチャン Guo-qiang
グオチャン Guo-qiang
クォック
Kwok*
Quoc
クオック
Kwok
Quoc*
Quốc
グォック Ngoc
クォーティ Quartey
グオディン Kuo-ting
クォーデン Quaden
クォート Quart
クォドウルトデウス
Quodvultdeus
クオドウルトデウス
Quodvultdeus
グオートキン Gwatkin
クォートン Quarton**
クォヌ Kweon Woo
グオハオ Guo-hao
グオフォン Guo-feng
グオホワ Kuo-hua
クオメニ Koumegni
クォメン Quammen*
クオーモ Cuomo
クオモ Cuomo**
クオラティエロ
Quaratiello
クォーリー
Quarrie
Quarry
クオリア Quaglia
クォリイ Quarry
クォーリーカー
Kulikar
クォーリッチュ
Quaritch
クォリントン
Quarrington
クォール Quaal
クオル Kuol
グオル Guol
グオールギー Geórgii
クォールズ
Qualls*
Quarles*
クオールズ Quarles
クオルズ Qualls
クォルマン Qualman
クオレク Kwolek
クォレス Quarless
クォロバ Kgoroba
クォン
Cuong*
Kwon***
Kwong**
Kwun
クオン
Cuong*
Khuon
Khuong
Kuong
Kwok
グォン
Kwon
Ngon
クォンチン
Kwong-ching
クォンテク Kwon-taik
グォンテク
Kwon-taek*
クォント Quandt
クォントリル
Quantrill
クオントリル
Quantrill
グォンヒョン
Gwonghyong
クォンピン
Kwon-ping*
クォンホ Kwon-ho

クーカー Cukor*
クーガー
Cougar*
Cugat
Krueger
クカ Caca
クガー Koger
グーカー Gouker
グーガ Guga
グーガー
Gougar
Gouker
グカ Guka
クーカイト Coucquyt
クカサス Kukathas
グカシャン
Ghukasian
Ghukassian
クーカーズ Kukors*
クカーツ Kuckartz
クガート Cugat*
グガニック Gugganig
クカーリ Cucari*
クカールキン
Kukarkin
グガロフ Gougaloff
クーガン
Coogam
Coogan*
クカン Kukan**
クーキー Cookie
クキ Kuki
グギ
Ngugi**
Ngũgĩ
クキエ Cukier
クキエラ Kukiela
クキエルカ Kukielka
クキエルスキー
Kukielski
グキオカス Gkiokas
グギーノ Gugino
グギノ Gugino
グギョン
Kook-young*
グギレ Gugile
グーキン Gookin
クーク
Cook
Cooke
Kwouk
クク
Cucu
Köke
Kuk
Kuku
グーク Gouk
ククシ Kuksi
ククシキン
Kukushkin
グーグーシュ
Googoosh
ククゼラ Cucuzzella
ククセンコフ
Kuksenkov
ククチカ Kukuczka
ククチーン Kukučín
ククック Kuckuck
グクテ Guk-tae*
グクナ Gukuna
ググーニ Goukouni*
ククヒャン
Kuk-hyang
Kukhyang
ククヒョン Kuk Hyon
グクヒョン
Kook-hyun*
グクファン
Kook-hwan
クークラ Kukla
クーグラー
Coogler*
Kugler**
ククラ Kukura
ググラー Kugler**
ゲクラン Guesclin
ググリアータ
Gugliotta
ググリアッタ
Gugliotta
ググリエルムス
Guglielmus
ググリエルモ
Guglielmo
ククリック Kuklick
クークリッジ
Cookridge
ククーリッチ Cuculich
クークリット Kukrit
ククリット Kukrit*
グクリョル Guk-ryol
クークリン Kuklin
ククリンスキ
Kuklinski*
ククリンスキー
Kuklinski
クーグル Koogle*
ククル Cucullu
グーグル Gugl
ククルィニークシー
Kukryniksy
クーグレル Kugler
ククレワ Koukleva*
クーケ Cook
クーケバッケル
Coeckebacker
グーゲリック Gugelyk
クーゲル Kouguell
クーケルバーク
Coeckelbergh
クーゲルマン
Kugelman
Kugelmann
グゲレフ Gugelev
グーゲンヴィル
Guggenbühl
グゲンハイム
Guggenheim
クコ Cuco
グーゴー Gougaud
グゴー Gougaud*
グコーヴァ Gukova
クーコッチ
KuKoc*
Kukoc
クコッチ
Kucoc
KuKoc
グコーバ Gukova
グコボ Ngcobo
クコリ Kukolj
クーコリニク
Kukol'nik
クーコリニック
Kukol'nik
グゴルツ Gugolz
クコレフスキー
Kukolevskii
グコーワ Gukova
クーゴンゲルワアマディラ
Kuugongelwa-amadhila
クーサ
Kousa
Koussa*
クーザ
Chouzâs
Couza
Cuza
クーザー Kooser**
クサ Cusa
クザ
Chouzâs
Cuza
クサイ Qusay*
クサイイ Quṣayy
クサイイル Kuthayyir
グザイエ Xhayet
クサイノフ Kusainov
クサイビ Khusaibi
クサーヴァ Xaver
クサーヴァー Xaver
クサヴァー Xaver
クサヴィエ Xavier*
グザヴィエ Xavier
グサヴィエ Xavier*
グザヴィエ Xavier***
グザヴィエール
Xavière
グザヴィエル Xavière
グザヴェエ Xavier
クサヴェラ Xavera
クサヴェリ Ksawery
クサーヴェル Xaver
クサヴェル
Ksaver
Xaver
グザヴェル Xaver
クサキュレク
Kisakürek
グサコフ Gusakov
グサコワ Gusakova
クサック Cusack
クザート Quzạt
クサーヌス Cusanus
クサヌス Cusanus
クザーヌス Cusanus*
クザヌス Cusanus
グザーノフ Guzanov
グザノフ Guzanov
クサビエ Xavier
グザビエ Xavier**
グザビエリュック
Xavier-Luc
クサーファー Xaver**
クサファー Xaver
グザファー Xaver
クサフェル Xaver
クサベラ Xavera
クサマ Kusama
クサラダンマ
Kusaladhamma
クサリリラ Kusari-lila
グサロフ Gusarov
クーザン
Cousin**
Cousins
クサン Xan
クザン Cousin*
グサン Gesang**
グザン Guzan
クサンスリス
Xanthoulis
クサンソス Xanthos
クサンダー Xander
クサンチッペ
Xanthippē
クサンチッポス
Xanthippos
クザンデ Kouzande
クサンティ Xanti
クサンティッペ
Xanthippē
クサンティッポス
Xanthippos
クサントス Xanthos
クサントプロス
Xanthópoulos
Xanthopulos
クザントンジュ
Xainetonge
グザントンジュ
Xainetonge
クサンロフ Xanrof
グザンロフ Xanrof
クーシ
Couci
Coucy
Kuusi*
クーシー
Couci
Coucy
Coury
クシ
Cusi
Kusi
Kusy
クシー Coucy
グージ
Goudge**
Gouge
グージー Gudzii
グシ Gushi
グジ Gudz
グジー Gudzy*
クシアジキェビッチ
Ksiazkiewicz
クシアノビッチ
Cussiánovich
グージィ Gudzii
クシヴィツキ
Krzywicki
クシエ Kusche
グーシェ Gusheh
グシェーヴァ Guseva
クシェヴジェンスキ
Krzenwdzieński
グジェゴシ Grzegorz
グジェゴジ Grzegorz
グジェゴシェ
Grzegorz
グシェゴシュ
Grzegorz
グジェゴーシュ
Grzegorz
グジェゴシュ
Grzegorz*
グジェゴジュ
Grzegorz
クジェシェフスキ
Krzeszewski
グジェシャク Grzesiak
クシェシンスカ
Kshessinska
クシェシンスカヤ
Kchessinska
Kshesinskaia
クーシェッツ Kusěc
クジェティル Kjetil
クシェネーク Krenek
クシェネク
Krenek
Křenek
クジェネーク Křenek
クジェネク Křenek
クシェネック Křenek
クジエフ Kuziev
クシェーミーシュヴァラ
Ksemīśvala
Kṣemīśvara
クシェーメーンドラ
Kṣemendra
クシェラ Kuschela**
クージェリ Kuzhel'
クシェルバエフ
Kusherbaev
グージェルミン
Gugelmin*
グジェロンスカ
Grzelonska
グーシェン Goschen
グジェンコ Guzhenko
クジェンダール
Kjendahl
グシオネ Guccione
クシカンキ
Cusicanqui
クシキャン Kushkyan

ク

クーシク Kuusik
グジコウスキ
Guzikowski
グシコフ Gusikow
クシジェフスキ
Krzyzewski
クシシトフ
Krzysztof***
Xrzysztof
クシシュ Kchich
クシシュトフ
Krzsztof
Krzystof
Krzysztof***
クジシュトフ
Krzsztof
Krzystof
Krzysztof
クーシス Koosis
クジズェヴスカ
Krzyzewska
クーシスト Kuusisto*
クシストフ
Krzystof
Krzysztof*
クジチェバ Kuzicheva
グシチナ Gushchina
クシチュ
Kuscu
Kuşçu
グシチン Gushchin
グシチンスキ
Gushchinskiy
クジック Cusick
クシティ Kshiti*
グシナ Gcina
クシニエヴィチ
Kuśniewicz
クシニエレウィッチ
Kusznierewicz**
グシニツァー
Gschnitzer
クシニッチ
Kucinich**
クシニル Kushnir*
クジヌ Couzinou
クージネー Cousinet
グジネビチウテ
Gudzineviciute*
クーシネル KúShner
クーシネン
Kusinen
Kuusinen*
クジノー Cousineau
クシハル Khushhal
クシフィリヌス
Xiphilinus
クシフィリノス
Xiphilinos
Xiphilînos
グジボフスカ
Grzybowska
クジマ Kuz'ma
クジマー Kuz'ma
クシマノ Cusimano*
クジミア Kuzmina
クジミシチェフ
Kuz'mishchev
クジミチ
Kuzimich
Kuzmich
クジミッチ Kuz'mich
クシーメック Grzimek
クシメーネス Ximenes
クシャ Kusha
グジャー Gudger
クシャオ Xiao
クシャクレウスキ
Krzaklewski
クシャクレフスキ
Krzaklewski*
クシャージム
Kushājim
クジャータン Kjartan
クシャノフスキ
Krzanowski
クシャビッチ
Kuchacevich
クシャリアント
Kusharyanto
クジャワ Kujawa
クーシャン Kušan
クシャン Chousa
クーシュ
Kusch
Kush
クーシュー
Couchoud*
クシュ
Cushi
Khush
Kush
グージュ Gouge
グジュ Guedj
グジュイニスキ
Gorzynski
Górzyński
グシュヴァン
Guschwan
グシュヴァント
Gschwand
グシュヴェント
Gschwend
クージューク Kūjūk
クシュシトフ
Krzysztof**
グシュタフ Gustav
クシュチ Kuşçu
クシュチェビッチ
Kuščević
クシュチャク
Kuszczak
クシュチュ
Kuscu
Kuşçu
クジュティナ
Kuziutina
グシュトゥーリー
Gushtūlī
グシュトライン
Gstrein
クシュナー
Kushner**
クシュニール
Kushnir*
クシュニル Kushnir
クシュネール
Kouchner
クシュネル
Kouchner**
グジュノー Gougenot
クジュバルト
Kuzvart
Kužvart
クシュパン
Couchepin**
クーシュマン
Couchman
クシュマン
Cushman**
グジュマン Guzmán
クシュミール Cusmir
クシュヤール Kushyār
クシュラー Küchler
クジューラ Kujūla
クジュラ Kujūla
グジュラール Gujral
グジュラル Gujral**
クシュリド Kechrid
クシュル Kuschel
グシュルバウアー
Guschlbauer*
クシュワント
Khushwant**
グシュワントナー
Gschwandtner
クジョー
Cudjo
Cudjoe
クジョン Ku-chong
グージョン Goujon
グジョン Ku-chong
クシラム Khushiram
クシルサガル
Kshirsagar
クジロフ Kuzilov
クシワント
Khushwant
クージン Kuzin
クジン
Kuzin
Kyu-jin
グーシン
Gracin
Gushchin
クーシンズ
Cousins
Kushins
クシンスキー
Kucinski
Kuschinsky
グシンスキー
Gusinskii*
グシンデ Gusinde
グジンデ Gusinde
クース Koeus
クーズ Coues
クス
Koes*
Kus
グース
Geus*
Goes
Goose
Gous
Gousse
Guth*
グーズ
Guthe
Guz
グス Guth
クスィ Coucy
グズィ Gusy
クスィアゼク Ksiazek
クズヴァルト Kuzvart
クスガック Kusugak
グースカン Gueusquin
クースクリド Cúscraid
クスケ Kuske**
クスコヴァ Kuskova
クズジャナキス
Kuzujanakis
クスシュトフ
Krzysztof
クスター Qusṭā
グスタ
Gösta
Gusta
グスター Gustav
グスタアフ Gustav
グスタアブ Gustave
グスターヴ
Gustaf
Gustav*
Gustave
Gusztáv
グスタウ Gustav
グスタヴ
Gustaf*
Gustav
Gustave
Gustaw
グスタヴァ Gustava
グスターヴァス
Gustavus
グスターヴォ
Gustavo*
グスタヴォ Gustavo*
グスタヴォヴィチ
Gustavovich
グスタヴスン
Gustafsson
グスタヴソン
Gustafsson
Gustavsson
グスターズ Gustave
グスタス Gustas
グスタッフ
Gustaf
Gustav
グースタブ Gustav
グスターフ
Gustaf
Gustav*
Gustáv
Gustave
グスターブ
Gustav*
Gustave
グスタフ
Gstav
Gustaf**
Gustau
Gustav***
Gustáv*
Gustave**
Gustavus
グスタブ
Gustav
Gustave
グスタファ Gustava
グスタファソン
Gustafsson
グスタフィ Gustavii
グスタフション
Gustafsson
グスタフスドティル
Gustafsdottir
グスタフセン
Gustavsen
グスタフソン
Gustaffson
Gustaffsson
Gustafson**
Gustafsson***
Gustavson
Gustavsson*
グスタフヤコブ
Gustav Jacob
グスターベ Gustave
グスタベ Gustave
グスターボ Gustavo**
グスタボ Gustavo***
クスタラー Kusterer
クズダーリー Quzdārī
クスタン
Coustan
Coustant
グスチン Gushchin
クスティ Kusti
グスティ Gusti*
クースティアス
Coustillas
クステイエ
Coustellier*
グステッテンバウル
Gstettenbaur
グステル
Gstöhl
Gustl
クスト Cousteau
クストー
Cousteau*
Cousteaux
クストゥ Coustou
クストゥー Coustou
クストウ Cousteau
クストゥリツァ
Kusturica
クストージエフ
Kustodiev
クストス Xūthos
グストットナー
Gstöttner
クストーディ Custodi
クストディ Custodi
クストナー Kustner
クストビッチ Custovic
クストフ Kustov
グストーフ Gustorf

ク

グストフ Gustov
クーストラップ
Koustrup
クストリッツァ
Kusturica*
グストル Gustl
グーズナー Goozner*
グズナク Guznac
グズニ
Gudni*
Guđni
グズニィ
Guđný
Guðný
クスニエキ Kuzniecky
クスニール Kusznir
クズネツォヴ
Kuznetsov
クズネツォーヴァ
Kuznetzova
クズネツォヴァ
Kuznetsova
Kuznetsowa
Kuznetzova
クズネーツォバ
Kuznetsova
クズネツォバ
Kuznetsova
クズネツォーフ
Kuznetsov*
クズネツォフ
Kuznecov
Kuznetsov***
グズネツォフ
Kuznyetsov
クズネツォーワ
Kuznetsóva
Kuznetzova
クズネツォワ
Kuznetsova*
Kuznetsowa
Kuznetzova
クズネッツ Kuznets*
クズネッツオフ
Kuznetsov
クスネット Kusnets
クスバー Cuthburh
クズバ Kuzba
クズバック Kutzbach
クスバート Cuthbert
クズハミャーロフ
Kuzhamyarov
グースピード
Goodspeed
グズビャルトゥル
Gudbjartur
グズフィンソン
Gudfinnsson
クスベルト Cuthbert
クスマ Kusuma*
クズマ
Kuzma
Kuzuma
クスマアトマジャ
Kusumaatmadja*
クスマウル
Kussmaul**
グスマオ Gusmao
クスマーグラジ
Kusumāgraj
クースマケール
Coussemaker
クースマケル
Coussemaker
クスマケール
Coussemaker
クスマケル
Coussemaker
クスマ・スマントリ
Kusumasumantri
クスマノ
Cusumano**
クズマノヴィッチ
Kuzmanovic
クスマブラータ
Kusumahbrata
クスーマブング
Coussoud-
mavoungou
クスマヤント
Kusmayanto
クーズマン Koosman
クズマーン Quzmān
グーズマン Guzman
グズマーン
Guzman
Guzmán
グスマン
Gusmán
Gusmao
Gusmão**
Guzman**
Guzmán***
Guzuman
グズマン Guzman**
クズミアック
Kuzmiak
クズミッチ Kuz'mich
グーズミット
Goudsmit
クズミナ Kuzmina**
クスミラク Kusmirak
クスミレク Kusmirek
クスミン Kousmine
クズミーン Kuzmin*
クズミン
Kuzimin
Kuzmin
クズミンス Kuzmins
クズミンスカス
Kuzminskas
クズミンスカヤ
Kuzminskaia
Kuz'minskaia
クスム Kusumu
クスムア Kussumua
クズムク Kuzmuk*
グズムンドゥル
Gudmundur
グズムンドソン
Gudmundsson
クスモ Kusumo
グスラウ Gustav
グスラク Guthlac
グスラック Guthlac
グズラック Guthlac
グースリー Guthrie
グスリー Guthrie
グズルム Guthrum
グズルーン Gudrún
グズルン
Gudrún*
Guzrun
クスレッド Cuthred
クズワヨ Kuzwayo
クズンダ Kuzunda
クーゼ
Kuhse*
Kühse
クーゼー Kühse
クゼ
Czes
Kuze**
グーゼ Guze
グセ Gousset*
グセー Gousset
グセイノフ
Guseinov**
Guseynov
クセイビ Qusseibi
グセイン Guséin
クーセヴィッキー
Koussevitzky
クーセヴィツキー
Koussevitzky*
Kussevitzky
クーゼヴィッキー
Koussevitzky
Koussevizky
クーゼヴィツキー
Koussevitzky
Kussevitzky
クーセヴィッツキー
Koussevitzky
グゼジャニ Gujejiani
クゼシンスカ
Krzesińska
クーゼス Kouzes**
クセック Kusek
クゼック Kusec
クセナキス
Xenakēs
Xenakis**
クセナルコス
Xenarchos
クセニア
Ksenia
Kseniia
Ksenija
Kseniya
Xenia
グゼニナ Guzenina
クセーニヤ Kseniia
クセニヤ
Ksenia
Kseniia
Kseniya
Xenia
クセノクラテス
Xenokratēs
クセノクリトス
Xenokritos
クセノス Xenos
クセノダモス
Xenodamos
クセノパネース
Xenophanēs
クセノパネス
Xenophanēs*
クセノファネス
Xenophanēs
クセノフォーン
Xenophon
クセノフォン
Xenophon**
Xenophōn
クセノプロス
Ksenopulos
Xenopoulos
クセノポル Xenopol
クセノポーン
Xenophon
Xenophōn
クセノポン
Xenophon
Xenophōn
クーセビツキー
Koussevitzky
クーゼビッキー
Koussevitzky
Kussevitzky
グーセフ Gusev**
グセフ Gusev
クーセラ Kuusela
クセラ
Ksera
Kucera
グゼリアン Guzelian
クゼリス Cuzelis
グゼリミアン
Guzelimian*
グセル Gsell
グゼル
Gsell*
Guzel
クセルク Kyselka
クセルクセース Xerxes
クセルクセス Xerxes
クセルゴン Csergo*
グセルマン Gsellman
クセロン Xceron
グーゼワ Guseva
クセン Xen
グーセン
Goosen*
Goossen*
グーゼン Goschen
グゼンコ Gouzenko
クゼンコワ
Kuzenkova*
グーセンス
Goosens
Goossens**
グーセンズ Goossens
グーゼンバウアー
Gusenbauer*
Guzenbauer
クーゼンベルク
Kusenberg**
クーゼンベルグ
Kusenberg
グソー Gusau
グソヴスキー Gsovski
グゾウスキ Guzowski
グゾウスキー
Guzauski
Guzowski
クソス Qussos
クソチンスキー
Kusocinski
グゾフスキー Gsovsky
クーソーラス
Kousoulas
クゾラニー Csollány
クソル Ksor
クゾン Cuzon
グーソン Goosson
クーソンス Coussons
クータ Coutaz
クーター
Cooter
Couteur
クーダー
Cooder*
Kuder
クダ Khuda
グーター Guter
グダ Guda
グダー Guder
クタイバ
Qutaiba
Qutaibah
Qutayba
クダイベルゲン
Kudaybergen
クダイベルディエフ
Kudaiberdiev
クダイベルディエワ
Kudayberdieva
クタウイ Khutawy
クタウイラー
Khutawyre
クタコ Kutako
クタコフ Kutakov
クダショワ
Kudasheva
クタス Kutas
グタス Gutas
グターソン
Guterson**
クタッチ Kutach
クタテラゼ
Kutateladze
クーダート Coudert
クダト Qudah
クターナ Kutarna
グタニ Goutagny
クターニュ Coutagne
クタバ Koutaba
クタビ Qutaybi
クターブ Qutab
クダブクス Khudabux
クタホフ Kutakhov
クダーマ Qudāma
グータム Goutam
クダラット Kudrat
クタール Coutard

ク

グーダル Godal**
グタール Goutard*
グダル Gdal
グダルジ Goudarzi
クタルムシュ
Quṭulmish
グダロー Goudareau
クタンセ Coutansais
クータント Coutant
クーチ Couch**
クチ
Kuchi
Kuçi
クヂ Kudsi
グーチ Gooch**
クチアク Kuciak
クチェ Koutche
クチエ Coetsee
グーチェ Gutsche
クーチェク Kūchek
クチェシンスカ
Kchessinska
クーチェスン
Courchesne
クーチェセン
Courchesene
クーチェフ Kutchev
クチェラ
Kuchera
Kutschera
グチエレス Gutierrez
グチェレツ Gutiérrez
クチェレンコ
Kucherenko*
クーチク Kutik*
グチコーフ Guchkov
グチコフ Guchkov
クチシュヴィリ
Khutsishvili
クチネリ Cucinelli*
クチネロ Cuccinello
クチノッタ Cucinotta
クチマ Kuchma**
クーチマン
Couchman*
クチミールチェク
Kuczmierczyk
クーチャー
Coucher
Kuchar**
グーチャー Goucher
クチャク Kuciak
クチャーラパティ
Kucherlapati
クチャルスキー
Kucharski
Kuchársky
クーチャン
Kućan*
Kučan
グチャン Guchan
クチュ Küčü
グチュコフ Guchkov
クチュヒーゼ
Kuchukhidze
クーチュラ Couturat
クーチュラー
Couturat
クーチュリエ
Cousturier
Couturier
クチューリン Kutiurin
クーチュール Couture
クチュール
Couthures
Couture
クチュルク
Kutcheruk
Kutchluk
クチル Kecil
クーチン Kutin
クチンスカス
Kuchinskas
クチンスカヤ
Kuchinskaya
クチンスキ
Kuczinsi
Kuczynski*
クチンスキー
Kuchinsky
Kuczynski**
クーツ
Cootes
Coutts***
Coutu
Kuts
クツ Cîţu
グーツ Guts
グツ
Guth
Gutu
グツー Gutsu
クツィウス Cucius
クツィウパス
Koutsioumpas
クツィエ Coetsee*
クツィシビリ
Khutsishvili
クツィンスキス
Kucinskis
クーツヴェルト
Koetsveld
クツエー Coetzee
クツェンコ Kutsenko
グツオーニ Guzzoni
クツォペトル
Koutsopetrou
クツォヘラス
Coutsocheras
クツォールベ Czolbe
クツカ Kucka
クッカスヤルヴィ
Kukkasjärvi
クッカスヤルビ
Kukkasjärvi
クッカルト Kuckart*
クッキ Cucchi*
クッキー
Cooke
Cookie
グッギー Googie
グッギィスベルク
Guggisberg
グッギスベルク
Guggisberg
グッキン Gookin**
クッキング Cooking
クック
Cock
Coecke
Coke
Cook***
Cooke***
Cuc*
Khuc
Koch
Kook*
Kuck
Kuk*
K'uk'
クッククロフト
Cockcroft
クックジン Gook-jin
クックス
Cooks
Coox*
クックスン Cookson
クックソン Cookson*
クックチョン
Keuck-chun
クックディーガン
Cook-Deegan
クックバーン
Cockburn
グックファン
Kook-hwan
クックフェ
Kook-huoe
クックヨル Guk-ryol
クックリッジ
Cookridge
クックリット Kukrit
クックリーパーダ
Kukkurīpāda
クックワージー
Cookworthy
グッゲンヴュール
Guggenbühl
グッケンハイマー
Guckenheimer
Guggenheimer
グッゲンハイム
Guggenheim
グッゲンハイム
Guggenheim**
グッゲンビヒラー
Guggenbichler*
グッゲンビュール
Guggenbühl**
グッゲンベルガー
Guggenberger
グッゲンムース
Guggenmoos
グッゲンモース
Guggenmos*
グッゲンモス
Guggenmos
グッコー Gutzkow
グツコ Gutzkow
グツコー Gutzkow
クツコヴスキー
Kuzkovski
クッサー Kusser
グッサーゴ Gussago
クッシ Kudsi
クッシァー Cushier
グッシェー Gushee
クッシマン Cushman
クッジャ Khujja
クッシュ
Khush*
Kusch*
クッシュナー
Kushner*
クッシュマン
Cushman*
クッシング Cushing**
グッズマン Guzman
グッセフ Gutsev
グッセンベルク
Gussenberg
グッゾ Guzzo*
クッゾーニ Cuzzoni
クツゾフ Kutuzov*
クッタ Kutta
クッター Kutter
グッタ Gutta
グッター Guttā
グッダヴェイジ
Goodavage
グッターグ Guttag
クツダス Kuzdas
グッダラム
Gooderham
グッダル Goodall
グッダン Guduan
クッチ Cucci
グッチ Gucci**
クッチェラ Kutschera
グッチオーニ
Guccione
グッチオーネ
Guccione
クッチャ Cuccia
クッチャー
Kutscher***
クッチュバッハ
Kutzschbach
クッチュマン
Kutschmann
グッチョ Guccio
グッチョウ
Gutschow*
グッチョーネ
Guccione**
グッチョン
Gutcheon*
クッツ
Kuc
Kuč
Kutz
グッツヴィラー
Gutzwiller
クッツェー Coetzee**
グッツォ Guzzo
クッツォーニ Cuzzoni
グッツォーニ
Guzzoni**
グッツオーニ
Guzzoni*
グッツォリーニ
Guzzolini
グッツコウ Gutzkow
グッツーゾ Guttuso
グッツビラー
Gutzwiller
クッツリ Kutzli*
クッツレル Kutzler
クッテ Couttet
クッディ Cuddy
グッディ
Goody*
Goudey
クッティクル Kuttikul
グッディソン
Goodison*
グッディナフ
Goodenough
グッディル Goodill
グッデイル Goodale*
クッティン Kuttin
グッディン Goodin
グッディング
Gooding*
グッデーカー
Goodacre
グッデス Goodes
グッデナフ
Goodenough
グッテリッジ
Gutteridge
グッデル Goodell**
グッデン
Goodden
Gooden**
Gudden
クッテンコイラー
Kuttenkeuler
グッテンバイル
Guttenbeil
グッデンバーガー
Goodenberger
グッテンバーグ
Guttenberg
グッテンベルク
Guttenberg*
クット Kurt
グッド
Good**
Goode**
Gud
グッドイア Goodyear
グッドイヴ Goodeve
グッドイナフ
Goodenough**
グッドイヤ Goodyear
グッドイヤー
Goodyear
グッドイン Goodwin
グッドウィル
Goodwill*
グッドウィン
Goodwin***

Goodwyn*
クッドゥス Quddus
グットゥーソ Guttuso
グットゥーゾ Guttuso
グッドエーカー
Goodacre
グッドガー Goodger
グッドカインド
Goodkind**
グッドキー Goodkey
グッドキント
Goodkind
グッドグラス
Goodglass
グッドゴールド
Goodgold
グッドサー Goodsir
グッドサン Goodson
グッドシップ
Goodship
グッドシュタイン
Goodstein
グッドジョンソン
Gudjonsson
グッドスタイン
Goodstein
グッドスタット
Goodstadt
グッドスティーン
Goodstein
グッドステイン
Goodstein*
グッドスピード
Goodspeed*
グッドセル Goodsell*
グッドソン
Goodson**
グッドチャイルド
Goodchild
クットナー Kuttner
グットナー Goodner
グッドナー Goodner
グッドナイト
Goodnight*
グッドナウ
Goodenow
Goodnow*
グッドノー Goodnow
グッドノウ Goodnow
グッドパスチャー
Goodpasture
グッドパスチュア
Goodpasture
グットハート
Goodhart
グッドハート
Goodhart**
Goodheart*
グッドハンド
Goodhand
グッドヒュー
Goodhew
Goodhue
グッドフィールド
Goodfield
グッドフェロー
Goodfellow*
グッドフェロウ
Goodfellow
グッドフレンド
Goodfriend
グットフロイント
Gutfreund
グッドペスチュア
Goodpasture
グッドヘッド
Goodhead
グッドボディ
Goodbody
グッドホープ
Goodhope
グットマン
Goodman
Gutman**
Guttman**
Guttmann*
グッドマン
Goddman
Goodman***
Goodwin
Gutman
グットーム Guthorm
グットモン Guttmonn
グッドラック
Goodluck*
グッドラッド
Goodlad*
グッドラード Goodlad
グッドランド
Goodland*
グッドリー Goodley
グッドリチ Goodrich
グッドリック
Goodrick
Goodricke
グッドリッジ
Goodridge**
グッドリッチ
Goodrich**
グッドリッフェ
Goodliffe
グッドリフ Goodliffe
クットリル Coutrier
グッドール Goodall*
クットルフ Kuttruff
グットルムスソン
Guttormsson*
グッドレム Goodrem*
グッドン Goodden
グッネクト Gutknecht
クッパー Kupper
グッピー Guppy
グッビィ Gooby
グッビオ Gubbio
クッピング Copping
クッファー Kupfer
クップァー Kupfer
クッファーバーグ
Kupferberg
クッファーマン
Kupferman
クッフェラート
Kufferath
クップナー Kuppner
クップフェル Kupffer
クップフェルナーゲル
Kupfernagel
クッペル Kupffer
グーツムーツ
Guts Muths
クッラ Qurra
クッラク Kullak
クッラットゥル
Qurratul
クッラトゥル
Qurrat al
クッラトゥル·アイン
Qurrat al-'Ayn
クッラトル·アイン
Qurrat al-'Ayn
グッラン Gullan
グッリ Gulli
クッレルヴォ Kullervo
クーテ Coote*
クテ
Couttet
K'te
グーテ Guthe
グーデ Gude
グデ
Gde
Goudet
クーデア Coudert
グデア Gudea
クーティ
Cootie*
Couty
クーティー Coutie
クーディ Coody
クーディー
Coudy
Goudy
クティ Kuti**
クディ Cudi
グーディー Goudie
グティ Guti*
グディ
Goodey
Goody*
Gudi
グディー Goody
グーディア Goodier
グディアー Goodier
グディアシビリ
Gudiashvili
グディアンガ
Gudianga
グーティエール
Gouthière
グティエルレス
Gutiérrez
グティエーレ Gutierre
グティエレ
Gutierre
Gutiérrez
グーティエレズ
Gutierrez
グティエーレス
Gutierrez
Gutiérrez*
グティエレス
Gutiérez
Gutierrez***
Gutiérrez***
グディオル
Gudiol
Gudioli
グディカンスト
Gudykunst*
クーティク Kutik*
クテイシャト Qteishat
グーディス Goodis*
グディス Gudis
グディソン
Goodison**
クディチーニ Cudicini
グーディッシュ
Goodish
グディーニョ Gudiño
クテイバ Kutayba
グディム Gudym
グディメル Goudimel
クーティーヤ Qūtīya
クディラ Kurdyla*
グディラ Gudila
グーテイル Gutheil
クディルカ Kudirka
クディン Kudin
グディング Gooding
グディングス
Goodings*
グーデーヴ Goodeve
クテサ Kutesa
クテーシアス Ktēsiās
クテシアス
Ktēsias
Ktēsiās
クテシビウス
Ktēsibios
クテシビオス
Ctesibius
Ktēsibios
グーデナウ
Goodenough
グーデナフ
Goodenough
クーテニコフ
Kootnikoff*
グーデフス Gudehus
グーデマン Gudeman
クデュホフ Kudukhov
クーテュラ Couturat
クーテュラー
Couturat
クテュラ Couturat
クーテュリエ
Cousturier
クテュリエ Couturier
クーテュール Couture
クテュール Couture
グデュル Gudule
クデヨワ Kudejova
グデリ Gudelj
クデーリアン
Guderian
グーデリアン
Guderian
グデーリアン
Guderian*
グデリアン Guderian
クデリスキー
Kudel'skii
クーデール Couderc
クテル Coutelle
クデール
Couderc
Coudert*
グーテル Guter
グーデル Gudele
グテル Guterl
クーデルカ
Koudelka**
クデルカ Kudelka*
クーデルク Couderc
グデルツォ Guderzo
グーデルマン
Gudermann
クデルワ Kuderwa
グテーレス Guterres*
グテレス Guterres**
クデン Köden
グデン Goodden
グーテンバーグ
Gutenberg
グーテンブルク
Gutenburg
グーテンベルガー
Guttenberger
グーテンベルク
Gutenberg**
グーテンベルグ
Gutenberg*
グーテンベルヒ
Gutenberg
クーデンホーヴェ
Coudenhove
クデンホーヴェ
Coudenhove
クーデンホーフ
Coudenhove**
クーデンホフ
Coudenhove
クーデンホーフェ
Coudenhove
クーデンホーベ
Coudenhove
グーテンマッハー
Gutenmacher
グーテンマッヘル
Gutenmacher
クート
Coot
Coote
Couto
クートー Coutaud*
クトー Coutaud
クドー Kudoh
グート
Gut**
Guth*
グード
Gödde
Goode*
Goud
Goude*

ク

Goudot
Gourd
Gouyd
グド Goudot
グドー Goudeau
クトゥ Koutou
クートゥア Couture*
グードウィン
Goodwin
クトゥク Qutuq
グドゥコフィ
Goudou Coffie
グドゥザ Guduza
クドゥシ Kudsi
クトゥジス
Koutouzis*
クトゥズ Quṭuz
クドゥス
Kuddus
Kudus
グトウスキー
Gutowsky
グトヴスキ Gutowski
クトゥゾヴ Kutuzov
クトゥーゾフ Kutuzov
クトゥゾフ Kutuzov
クトゥツ Ketut
クトゥット Ketut
クトゥッブ Quṭb
クトゥッブッディーン
Qutb al-Dīn
グドゥナファル
Gudnaphar
クドゥナリス
Koudounaris
クトゥニー Koutný
クトゥニョ Cutugno
クトゥバ Quṭba
クドゥバ Kudva
クトゥビ Qutbi
クトゥブ
Kotob
Koutoubou
Qutb
Quṭb*
クトゥブッ Quṭb al
クトゥブッディーン
Qutb al-Dīn
Quṭb al-Dīn
クトゥブッデイーン
Qutb al-Dīn
クドゥホフ
Kudukhov*
グドゥムンドゥル
Gudmundur
グドゥラ
Gudila
Gudula
クドゥラーチェク
Kudlácek
クドゥラーチェック
Kdláček
クドゥラーチュク
Kudlacek
クドゥリ Kudur
クトゥリエ Couturier
クドゥリャフツェワ
Kudryavtseva
クドゥル Kudur
クトゥルブ Quṭrub
クトゥルミシュ
Quṭulmish
クドゥルリ Kudurri
グードゥルン Gudrun
グドゥルン Gudrun
クトゥンギザ
Kutungisa
クドゥングエレ
Koudounguéré
グートキント Gutkind
グートキンド
Gutkind*
グトキンド Gutkind
グートケ Guthke
グトケ Guthke
グドコフ Gudkov
クドシ
Kudsi
Qudsi
Qudsī
グドシ Qudsī
グドジウス Gudzius
グートシュミット
Gutschmid
グートツァイト
Gutzeit
クトット Kutotto
クトナー Kuttner
グトナー Gutner
グドナソン Gudnason
グドニ Gudni
グートネクト
Gutknecht
グートハイル Gutheil
クトビイ Kutovyi
クトフ Cutov
グドーフ Gudorf
グトフスキー
Gutowski
グトブロト Gutbrod
クトベルツス
Cuthbert
グートベルレット
Gutberlet
グートベルレート
Gutberlet
グートベルレト
Gutberlet
グートマノヴィチ
Gutmanovich
グートマン
Gootman*
Gutman**
Gutmann
Guttmann
グドマン Goodman
クトムビア
Kutumbiah
グドムンドソン
Gudmundsson
グードヨンス Gudjons
グドヨンセン
Gudjohnsen
クードラー Kudler
クドラ Kudla
グトラク Guthlac
クートラス Coutelas
クドラチェク
Kudlácek
クードラン Coudrin
クドラン Coudrin
グドラン Gudrun*
クドランスキ
Kudranski
クドリー Couldry
クドリツカ
Kudlicka
Kudrycka
グードリッチ
Goodrich
クードリヒ Kudlich
クドリヤーシェフ
Kudriashev
クドリヤショフ
Kudryashov
クドリャーフツェフ
Kudriavtsev
Kudryavtsev
クドリャフツェフ
Kudriatsev
Kudriavtsev
Kudryavtsev*
クドリヤフツエフ
Kudriavtsev
クドリャフツェワ
Kudryavtseva*
クートリーン Kudlien
クドリン Kudrin**
クードル Coudres
クトル Coutre
グドール Goodall**
クトルク Khurtluk
クトルグ Qutlugh
クドルスキー Kdolsky
クドルナ Kudrna
クトルフ Qutlugh
グドルフ Guddorf
クードルーン Kudrun
グートルン Gudrun
グードルン
Gudrun***
グドルン Gudrun*
クートレー Coutret
クードレ Coudray
クドレ Coudray
クードレイ Coudray*
クドレイ Khudolei
クードレット
Couldrette
クードロー
Coudreau
Kudrow*
クトロ Coutrot
クドロー
Coudreau
Kudlow
Kudrow
クートン Couthon
クーナ Khouna**
クーナー
Kooner
Kuena
グナ Guna
グナー Gunnar**
クナイス Kneihs
グナィスト Gneist
グナイスト Gneist
クナイスル Kneissl
グナイゼナウ
Gneisenau
グナイセノー
Gneisenau
クナイゼル Kneisel
クナイプ Kneipp
クナイフェル
Kneifel**
クナイフル Kneifel
クーナウ Kuhnau
クナウ Kuhnau
クナウアー Knauer*
クーナヴァッカム
Kuunnavakkam*
クーナウィー Qūnawī
クナウス
Knaus
Knauss*
Knauth
クナウスゴール
Knausgård**
クナウゼ Krause
クナウテ Knauthe
クナウト Knauth
グナエウス Gnaeus
クナーエフ Kunaev*
グナガ Gungah
クナーク
Knaak
Knak
グナーク Gnauck
クナコフ Kunakov
クナジュコ Knažko
グナシンベ
Gnassingbé
クナズコ Knazko
クナスター Knaster
クナーゼ Kunadze**
グナセカラ
Gunasekara
グナセケラ
Goonesekere
クナゾビッキ
Knazovicky
グナダーサ Gunadāsa
グナダサ Gunadasa
クナック Knak
クナックフース
Knackfuss
クナックフス
Knackfuss
クナッケ Knacke
グナッシア Ghnassia*
クナッゼ Kunadze
クナッツ Knatz
クナッパー
Knapper
Knäpper*
クナッパーツブッシュ
Knappertsbusch
クナッパート
Knappert
クナッパーブッシュ
Knappertsbusch
クナップ Knapp*
クナッペルツブッシュ
Knappertsbusch
グナディグ Gnädig
グナーディヤ
Guṇāḍhya
グナティラカ
Goonatilake*
クナナン Cunanan
グナーナンダ
Gunānanda
グナヌーアン
Gnanhouan
クナバエフ
Kunanbaev
クナーフ Knauf
クナーブ
Knaap
Knab
グナフェーウス
Gnapheus
クナプカ Knapka
クナプコヴァ
Knapková*
クナプコバ
Knapkova
Knapková*
クナブス Knavs
グナプラバ
Guṇaprabha
クナーベ Knabe*
クナーペ Knape
クナーベンバウアー
Knabenbauer
グナマティ Guṇamati
グナヤベダラゲ
Gunayavedalage
クナーラ Kuṇāla
クーナラキス
Kounalakis*
グナラタナ
Gunaratana
グナラトゥナ
Gooneratne
グナラトナ
Gunaratne
グナリス Gounaris
グナール Gunnar
グナル Gunnar
グナワルダ
Gunawardane
グナワルダナ
Gunawardane
Gunawardene
グナワルデナ
Gunawardena
グナワン

Goenawan**
Gunawan**
クーナン Coonan
グーナン Goonan
クナンバーエフ
Kunanbaev
クナンバエフ
Kunanbaev
Qūnanbaev
クーニ Cooney
クーニー
Cooney**
Kuni
グニア Genia
クニアセフ Kniaseff
クニアフスキー
Kuniavsky
クーニイ Cooney*
クニィ Coenie
クニイ Kunii
クニーヴェル Knievel
クニェジェヴィチ
Knegević
クニオ Kuniwo*
クーニグ Koenig
クニグンデ
Kunigunde
クニグンディス
Cunigundis
Kunigunde
クニコ Kuniko
クニース
Kneese
Knies
クニーズ Knies
クニス Kunis
クニスター Knister*
クニーゼ Kneese
グニーセン Gnessen
クニーチ Knietsch
クニーツィア Knizia
クニツィア Knizia
クニツキー Kunitskii
クーニック Koenig
クニッゲ Knigge*
クーニッシュ Kunisch
クニッシュ Knysh
クーニッツ
Cunitz
Kunitz*
クニッツ Kunitz*
クニッテル Knittel
クニッテルマイアー
Knittermeyer
クニッパドリンク
Knipperdollinck
クーニッヒ König
クニッピン Knipping
クニッピング
Knipping*
クニップ Knipp
クニッペル Knipper*
グニッラ Gunilla
グニデンコ Gnidenko
クニート
Canute
Cnut
クニドス Knidios
クニトミ Kunitomi
クニーパー Knieper
クニバーグ Kniberg
クーニヒ Kunig
クニビレール
Knibiehler
クニープ Kniep
クニフキー Kniffke*
クニフク Kniffke
クニフケ Kniffke*
クニプストロ
Knibstrobius
Knipstro
Knipstrou
Knyptrof
クニプハウゼン
Knyphausen
クニーベ Kniebe
クニーベル Knievel
クニベルティ
Cuniberti
クーニベルト
Kunibert
クニベルト Kunibert
クニペルト Cunipert
クニポーヴィチ
Knipovich
クニーマイヤー
Kniemeyer
グニムベレ Gnimbere
クーニャ Cunha**
クーニヤ
Courneya
Cunha
クニャ Cunha
クニヤ Cunha
クニャジェワ
Knyazyeva
クニャジェワミネンコ
Knyazyeva-
minenko
クニャージニン
Kniazhnin
クニャジニーン
Kniazhnin
クニャジュニーン
Kniazhnin
クニャゼビッチ
Knyazevich
クニャーゼフ
Kniazev*
クニヤゼフ Kniazev
クニャル Cunhal**
クニュッファー
Knüpfer
クニュップファー
Knüpfer
クニュート Knut
クニュプファー
Knüpfer
クーニョ Cugnot
グニョン
Geun-young*
グニラ Gunilla*
クニーリーム
Knieriem
クニーリム Knierim
クニール Kneer
クニル Knill
グニルカ Gnilka*
クニルリング Knilling
クーニン
Koonin
Kunin
クニン
Cunin
Kuning
クーニング Kooning*
グニング Gunning
グニンデール
Guninder
クーヌ Koeune
クヌ
Knud
Kounou
クヌー
Cneut
Knud
グヌ Gounou
クヌーイュ Quenouille
クヌーヴ Konow
クヌウト Knut
クヌース Knuth**
クヌーズ Knud**
クヌズ Knud*
クヌストン Knutson
クヌースン Knudsen
クヌーセン
Knudsen**
クヌセン Knudsen*
クヌゾーゲ Knudåge
クヌーツセン Knudsen
クヌッセン
Knudsen
Knutsen
クヌッゼン Knudsen
クヌーツソン
Knutsson
クヌッツェン Knutzen
クヌット
Cnut
Knut*
クヌッドストープ
Knudstorp*
クヌットセン Knudsen
クヌッドセン Knudsen
クヌッドソン
Knudson*
クヌッヒェル Knuchel
クヌーテン Knudten
クヌート
Canute
Cneut*
Cnut
Knud*
Knut***
Knuth
Kunt
Kunud
クヌード
Cnut
Knud
クヌト Knut*
クヌド
Cnut
Knud
クヌドーゲ Knudaoge
クヌートセン
Knudsen
Knutsen
クヌートゼン Knudsen
クヌードセン Knudsen
クヌトセン Knudsen
クヌートソン
Knutsson
クヌードソン
Knudson
Knutsson
クヌドソン Knudson
グヌパン Gunepin
クヌーブ Konow
クヌムイブラー
Khnemibre
クヌムマアトラー
Khnemmare
グヌンジャティ
Gunungjati
クーネ Kuhne
クネ Geun-hye*
グネ Guenée
グネイ Guney
グネイズダ Gnaizda
グネイム Ghneim
クネイン Cunnane
クネオ Cuneo
グネーギ Gnägi
クネグンディ
Kunigunde
クネーザー Kneser
クネジェビッチ
Knežević
グネジェンコ
Gnedenko*
グネージチ Gnedich
グネーシナ Gnesina
グネーシン Gnesin
クネズ Knez*
クネーゼ Kneese*
グネセケラ
Gunesekera
クネッケ Könnecke
グネーディチ Gnedich
グネーディッヒ
Gnädig
クネトカ Kunetka
グネードフ Gnédov
クネーネ Kunene**
クネバ Kuneva
グネバナ Gounebana
クネヒト Knecht*
クネフ
Knef
Kneff
クネーフェルカンプ
Knefelkamp
クネフェルテム
Khunefertemre
クネプケン Knöpken
クネフト Knegt
クネプフラー Knöpfler
クネーブル Knebl
クネーベル Knebel**
クネベル Knebel
グネミ Gnemmi
クネーラー
Knorrer
Knörrer
クネラー Kneller*
クネリス Kounellis
クーネル Kühnel
グネル Gounelle*
クーネルト Kunert**
クネーレ Kneale
クーネン
Coenen
Kounen
クネン Kunen
クネンイブレー
Khnemibre
クネンシルト
Knoernschild*
クーノ
Cuno
Kuno
クーノー
Cuno
Cunow*
Kuno*
クノ Cuno*
クノー
Cuno*
Cunow*
Kuno
Queneau**
Quenot
グーノ Gounod
グーノー Gounod
グノ Keun-ho*
グノー
Gounod
Gounot
Gounou
グノイス Gneuss
クーノウ Cunow
クノウ Cunow
グノエンスキー
Gnoenskii
クノーキ Knoke*
クノーケ Knoke
グノコ Gounokou
クノス Kunnoss
クノスプ Knosp
グノスペリウス
Gnosspelius
クノッセン Cnossen
クノット Knott
クノッパース
Knoppers
クノッフ Knopf
クノップ
Knop
Knopf**
Knopp*
クノップフ

ク

Khnopff
Knopf
クノッヘ Knoche
クノッペル Knopper
クノッヘン Knochen
クノッホ Knoch
クノーテ Knote
クノテク Knotek*
クノテック Knoteck
クノート
Knauth
Knodt
Knoodt
クノーバ Cnogba
クノーピウス Knopius
クノープ Knoop
クノプケン Knopken
クノーブラウフ
Knoblauch
クノプレヒャー
Knoblecher
クノブロッホ
Knobloch
クノベリヌス
Cunobelinus
クノーベルスドルフ
Knobelsdorf
Knobelsdorff
クノラー Knoller
クノリング Knorring
クノール
Knol
Knoll*
Knorr*
クノル
Knol
Knorr
クノーロゾフ
Knorozov
クーハー Kuhar
クーバ Kuba
クーバー
Coerver
Cooper
Coover**
Kubr
クーパ
Cooper
Couper
クーパー
Cooper***
Couper*
Cowper**
Kooper*
Kuiper
Kuper**
クバ Kuba
クバー Kubbah
クパー Kupper
グーハ Guha*
グーバ Guba
グーバー
Gubar
Guber*
グーバー Gubar
グハ Guha*
グハー Guha
グバ Guba
グバー Gbur

クバイデ Kuhweide
グバイドゥーリナ
Gubaidulina
Gubaydulina
クーパイトゥン
Khoutphaythoune
クバイン
Kubein
Qubain
クーバウアー
Kuhbauer
クハウルア Kuhaulua
クパキ
Koukpaki
Koupaki
グバグ Gubag
グバグビ Gbagbi
グーバザー Gubicza
グハザリャン
Ghazarian
Ghazaryan
クバシェウスキー
Kubaschewski
クバシク Kubasik
クバシャ Kvasha
グバーシュ Ghubash
クーパーシュミット
Kupersmidt
クバス Cubas*
クハースキー
Kucharski
クーパースタイン
Cooperstein
クーパースミス
Kupersmith
グハセム Ghasem*
クバソフ Kubasov*
クバタ Kubata
クパチ Cupac
クパチャ Kpatcha
クバツキ Kubacki
クバット Kubát
クーバッハ Kubach
クバーティ Qubati
クバティ Kubati
クバード Qubād
クバートフリーク
Quadflieg
クバトベク Kubatbek
クバニチベク
Kubanychbek
クバヌイチベク
Kubanychbek
グバノヴァ Gubanova
クパーバーグ
Kupperberg
クパブレシリ
Kpabre-sylli
クーパーマン
Kupermann
グバミン Gbamin
クバラ Kubala
クパーラ Kupala*
クパラ Kupala

クーパーライダー
Cooperrider
クバーラン Kvaran
クバラン Kvaran
クハリ Quhali
クバーリチュ
Quaritsch
クバリッチ
Kubarych*
グバリョフ Gubarev
クバルキン Kubarkin
クハルスキ
Kucharski*
クハルスキイ
Kucharsky
クバルフォス Kvalfoss
グーバレス Gubarev
グーバレフ
Gubalev
Gubarev
グバレフ Gubalev
クーヒー Qūhī
クービー Kuby
クービアク Kubiak
クビアク Kubiak
クビアック Kubiak
クビアン Cubillan
クビエタ Květa
クビエチンスキ
Kwiecinski
グービオン Gouvion
クビカ Kubica**
クビサ Kubica
グビシアニ Gvishiani
クビシェッキ
Kubitschek
クビシタ Kubista
クビシュ Kubiš
クビショヴァ
Kubisova
Kubišová
クビショバー
Kubišová
クービス Kubis
クビス Kubis
クヒスターニー
Quhistānī
クビステク Chwistek
クビスリング Quisling
クビタシビリ
Kvitashvili
クビチェク Kubicek
クビチェック
Kubitschek
クビチンスキー
Kvitsinskii
クビツァ Kubica**
クビツィンスキー
Kvitsinskii
クビツェ Kubice
クビツェク Kubizek
クービック Kubik
クーピッシュ Kupisch
クピッシュ Kupisch
クビト Kvit

クピード Cupido*
クピド
Cupid
Cupido
クビトバ Kvitova
クビニ Kubinyi
クビニー Kubinyi
グビニアシビリ
Gviniashvili
クービニィ Kubinyi
クビーヌ Coubine
クビフ Kubiv
クビライ Khubilai
クビリウス Kubilius
クビリエ Cubilier
クビリカシビリ
Kvirikashvili
クピリヤノヴィッチ
Kupriianovich
クビリヤン Covilhão
クーヒル Coohill
グーピル Goupil
グピル Goupil
クービーン Kubin
クービン Kubin*
クビーン
Kubin*
Kubín
クビン Kubin
グービン Gubin
グビン Gubbin
クビント Quint
クーブ
Couve
Koob
クープ
Coop
Coup
Koop**
クフ
Khufu
Kuf
クーファー Kauffer*
クファシニェフスキ
Kwaśniewski
クファシニエフスキ
Kwaśniewski
クブアボラ
Kubuabola
クーフィ Koofi
クフィアトコフスキ
Kwiatkowski
グーフェ Gouffé
グフェラー Gfeller
クフェルナーゲル
Kupfernagel*
クーフェルマンス
Koevermans
クフォー
Kuffour*
Kuffuor
Kufuor**
クフォーリ Kfoury
クブカ
Kubka
Kupka*
クブケ Købke

クプケ Kupke
クブザンスキー
Kubzansky
クブシノブ Kuvshinov
グブジャマ Gbujama
クプシュ Kupsch
クプシュー
Coupechoux
クーブズ Kubes
クプスキー Kupsky
クフタ
Kuchta
Kukhta
グプタ Gupta**
クプタナ Kuptana
グプタラ Guptara
クフタールー Kuftārū
クプチェンコ
Kupchenko
クプチンスキー
Kupchinskii
クプツォフ Kuptsov
グプテ Gupte*
グプティカ Guptika
クブティーヤ Qubṭīya
グプティル Guptill
クフトー Coëffeteau
グプト Gupta
グープトゥ Gooptu
クフトバー Kuchtová
クフネフェルテムラー
Khunefertemre
クプファー Kupfer**
クプフェルバーグ
Kupferberg
クープマン
Koopman
Koopmans
グフマン Gufman
クープマンス
Koopmans*
クープマンズ
Koopmans
クーブラー Kubler
クフラー
Kuefler
Kuffler
クブラ Koubra
クブラー
Kubler
Kubrā
クブラー Kubrā
グフラー Gufler
クプラーゼ Kupradze
グブラノフスキー
Kublanóvskii
クープラン
Couperin*
Couplan
クプラン
Couperin
Couplan
クープランド
Coupland**
クープリ Couperie

クブリ
Kubli
Kubly
クブリー Kubly
クブリアシヴィリ
Kubriashvili
グブリアム Gubrium
クーブリック Kubrick
クプリャーノワ
Kupriianova
クープリーン Kuprin
クープリン Kuprin
クブリン Kubrin
クプリーン Kuprin*
クプリン Kuprin
クープルシュミッド
Kupersmidt
クーブルール
Couvreur
クープレ Couplet
クフレ Cufre
クプレ Couplet
クプレー Couplet
クプレナス Kuprenas
グフレーラー Gfrörer
クブロビッチ
Kubrović
クーベ
Cube*
Kube*
クーペ
Coupet
Khupe
クペ Couppe
グーベア Gouveia
クペイジック Kupesic
クベイル Qvale
クベイロ Cubeiro
グベゼラブリア
Gbezera-bria
クベゼレリ Kvezereli
クペツキ Kupezky
クーベック Kubek
クペッツ Kupets
クベッリ Cubelli
クーペラス Couperus
クペラス Couperus
クベリアシェベリ
Kveliashvili
クーベリク
Kubelik
Kubelík
クベリーク
Kubelik
Kubelík
クーベリック
Kubelik
Kubelík
グベリナ Guberina
クベリング Kvering
クーヘル Kuchel
クーベル Kubel
クーペル
Cuper
Cúper*
Kooper
クベール Kuber
クペル Coupele
グーベール Goubert*
グベール Goubert**
グベル Goubel
クーベルカ Kubelka
クベルカ Kubelka*
クーペルス
Couperus
Cuperus
Küppers
クペールス Couperus*
クーベルタン
Coubertin*
クベルタン Coubertin
クーヘルト Kufeldt
グベルト Gubert
グベルナーティス
Gubernatis
グーベルマン
Guberman
グベルマン Guberman
クベルリ Cuberli
クベーロ
Cubero
Kvello
クベロス Cubelos
クーヘン Kuchen
クーベン Kouwen
グーベン Guven
クベンカ Kubenka
グベンコ Gubenko*
クホ Kuho
グボー Goubault
クーポウィッツ
Koopowitz
グボジディク Gvozdyk
クポスキー Chposky
グボズデノビッチ
Gvozdenović
グボズデン Gvozden
クボット Kubot
クポツラ Kpotsra
クポール Kupor
クーホールン
Coehoorn
クーホルン Coehoorn
クーマー
Coomer
Koomar
Kumar
クマ
Khouma
Kuma
クマー
Kumar
Kummer
グーマ Guma**
グマ Guma
クーマイ Gemai
クマイト Kumayt
グマイナー Gmeiner*
クマイム Kumaim
クマジョ Koumadjo
クマス Kumas
クマーチ Kumach
クマチ
Kumach
Kumách
クマテ Kumate
クマーブッタ
Kumāputta
クマーラ
Kumara
Kumāra
クマラ
Chmara
Kemala
Kumara
クマラヴァディヴェル
Kumaravadivelu
クマーラグプタ
Kumāragupta
クマーラサーミ
Coomaraswamy
クマーラジーヴァ
Kumārajīva
クマラジーヴァ
Kumārajiva
Kumārajīva
クーマラスワミ
Coomaraswamy
クーマラスワミー
Coomaraswamy
クマーラスワーミ
Coomaraswamy
クマーラスワーミー
Coomaraswamy
Kumaraswami
クマラスワミ
Coomaraswamy
クマラスワミー
Kumaraswamy
クーマーラスワーミィ
Coomaraswamy
クマラセリ
Kumarasiri
クマーラダーサ
Kumāradāsa
クマーラトゥンガ
Kumaratunga
クマラトゥンガ
Kumaratunga**
クマーラナトゥンガ
Kumāraṇatunga
クマラナトゥンガ
Kumaranatunga
クマラナヤケ
Kumaranayake
クマラマンガラム
Kumaramangalam
クマーララータ
Kumāralāta
クマーラン Kumāran
クマーリ Kumari
クマリ Kumari*
クマリタシビリ
Kumaritashvili*
クマーリラ
Kumarila
Kumárila
クマリン Kumarin
クマール
Akumār
Kmar
Kum-ar
Kumar***
クマル Kumar*
クマルシン
Kumarsingh
クマーレ Koumare
クマレ Koumaré
クマロ Khumalo**
クーマン Koeman**
クマン
Kemen
Kuman
グミ Gumi
クミーク Kmiec
クミュー Kumut
グミュール Gmür
グミュンダー
Gmuender
グミラ Gumira*
グミリョーフ
Gumilev
Gumilyov
グミリョフ
Gumilev
Gumilyov
グミリヨフスキイ
Gumilevskii
グミレーフスキイ
Gumilevskii
クーミン Kumin***
クミン
Cumine
Kumin*
クーム
Combe*
Coombe
クム
Kem*
Khum
Kim
Kum
Kumm
グム Ngum
グムエ
Kum-ae*
Kumae
クームサップ
Koomsup
クムサップ Khumsap
クムシク Kum-sik
クムシシビリ
Kumsishvili
クムジョン
Keum-jong
グムシル Kum-sil*
グムジン Geum Jin
クームス
Coombes
Coombs*
クームズ
Coambs
Combs
Coombes
Coombs*
Cooms*
クムス Kums
クムスク Kum Sook
グムタウ Gumtau
グムチジャン
Gumuchdjian
クムチャヤ
Khumchaya
グムチョル
Kum Chol
Kum-chol
クムド Kumud
グームネロヴァ
Goumnerova
クームノス Choúmnos
クムパルメ
Kumpalume
クムバロ Kumbaro
グムヒ Kum-Hui
グムプロウィッツ
Gumplowicz
クームベス Coombes
グムペルト Gumpert
クムボム Kum-bom
クムヨン Keum-yong
クムラル Kumral
グムラール Gumelar
クムリク Chmelik
クムリーン Kumlin
クムリン Kumlin
グムールマン
Gmurman
グムレ Kum-lae
クメアロ Kouméalo
グメソン Gummesson
クメッシュ Kmetsch
クメラ Chmela
グメーリーン Gmelin
グメーリン Gmelin
グメリン Gmelin**
グメリング Gmehling
クメール
Coumert
Kümel
グメル Gumer
グメルク Gmelch
グメルス Gummels
クメルニッキー
Chmelnitzki
クメロウ Kummerow
クーメン Koomen
クメント
Kment
Kmentt*
グモ Gumo
クモール Kumor
クモロ Kumolo
クヤ Cuya
グーヤー Guyer
クーヤキウス Cujacius
クヤキウス Cujacius
グヤーシュ Gulyás
グヤット Guyatt
クヤテ Kouyate*
クヤラ Kujala
クヤリス Kouyialis
グヤン Gyan

ク

クユー Queux
グュエン Nguyen
グユク Güyük
クユコフ Kuyukov
グユーシ Geyoushi
クユムジャン
Kuyumjian
クュルシャイド
Klushaid
クユンジッチ
Kujundžić
グュンナー Gunnar
グヨ Guyot
クヨクェル Khuyoqer
グョトルム Guttorm
クーラ
Cura*
Koura
Kuula
クーラー
Kohler*
Köhler
クラ
Kra
Kula
Kuḷa
Qurra
クラー
Klahr
Kraar*
グーラ
Gula
Gura
グラ
Grad
Gras
Gura
Ngurah
グラー Grah
クラアク Clark
クラアチ Klaatsch
グラアフ Graf
クラアマー Kramer
グラァム Graeme
クラアレンス Clarence
クラアンビュル
Krahenbühl
クライ
Clyde
Klaï
Klaj
Kley
Kraj
Kray
Krey
グライ Glei
クライア Cryar
クライアー
Cleyer
Cryer
Kleier*
グライアイ Graiai
クライアン Cryan
クライヴ
Clive*
Klyve
クライウィチエン
Kraiwichien
クライエ
Courayer
Kreye*
クライエウスキー
Krajewski
クライェスキー
Krajeski
クライエル
Cleyer
Crayer
Kraaier
クライカ Krajca
クライガー Kryger
クライガーシュタイン
Kriegerstein
クライグ Craig
グライクスナー
Gleixner
クライグヘッド
Craighead
クライゲ Kraige
クライゲル
Kraigher*
Krajger
Kryger
グライコフスキ
Grajkowski
クライザー Klieser
グライサー Gleiser
グライザー Greiser
クライシ
Quraishi
Qurashi
クライシッヒ Kreißig
クライシュ
Quraish
Quraysh
クライシュテルス
Clijsters**
クライシュニク
Krajisnik
Krajišnik
グライシンガー
Greisinger
クライス
Kleis
Klise*
Krais
Kreis*
Kreiss
Krythe
グライス
Greis**
Grice**
クライスキー Kreisky*
クライスターリー
Kleisterlee*
クライスティア
Chrystia
グライスティーン
Gleysteen
クライステル Kreizter
クライスト
Christ
Christe
Kleist**
グライスト Greist
グライスナー
Gleissner
クライスバーグ
Krajcberg
グライスパツハ
Greispach
グライスパハ
Gleispach
クライスベルク
Kreisberg
クライスベルグ
Krejberg
クライスマン
Kraithman
Kreisman*
クライスラー
Chrysler**
Crisler
Kleissler
Kreisler**
Kriesler*
クライスル Krysl
クライゼナハ
Creizenach
クライセル Kreisel
クライゼル Kreisel
クライゼン Claisen
クライソン Kraisorn*
クライター Kreiter
クライダ Klajda
クライダー
Crider*
Kreider
Krider
Kryder
グライター
Greiter
Greither
Greitter
Greuter
Gryter
グライダー Greider*
クライダラス Clidaras
クライチェク
Krajicek*
クライチック
Kraitchik
クライツ
Crites
Critz
クライツァー
Critser*
Kreitzer
クライツィグ Kreyszig
クライツェル Krajcer
クライットマイアー
Kreittmayr
グライッヒ Glajch
クライツベルグ
Kreizberg
クライツマン
Kreitzman
グライツマン
Gleitzman**
クライデ Clyde
クライデデール
Clydesdale
クライデル Kridel
クライト Kreit
クライド Clyde***
グライド Glied
クライトナー Kreitner
クライトマン
Kleitman
Kreitman
クライトル Kraitor
クライドルフ
Kreidolf*
クライドルファー
Kleindorfer
クライトン
Claiton*
Creighton*
Crichton***
クライドン Kleidon
クライナー
Criner
Kleiner
Kreiner**
グライナ Gryna
グライナー
Greiner**
Griner
クライナート Kleinert
クライニー Kulainī
クライニク
Crainic
Krainik
クライニッツ Kleinitz
クライニッヒ Kleining
クライニナ Krainina
クライニン Krainin
クライネ Kleine*
クライネドラー
Kleinedler
クライネフ Krainev
クライネルト
Kleinert*
グライネルト Greinert
クライネルメルン
Kleinelümern
クライネンバーグ
Klinenberg
クライノフ Krainov
クライバー
Klaiber
Kleiber**
グライバー Greiber
クライバウム
Kreibaum
クライバート Klyvert
クライバーン
Cliburn**
Clyburn*
クライバン Cliburn
クライハンス
Kleinhans
クライビー Cliby
グライヒ Gleich*
クライヒェルト
Kreichelt
グライヒェン Gleichen
クライビヒ Kreibig
クライフ
Clive
Cruyff**
Kruif
クライブ Clive***
グライフ Greif**
グライブ Glaib
クライファート
Kluivert*
クライフェルズ
Kreifels
クライフェルト
Kluivert
グライフェンドルフ
Greifendorff
グライフェンベルク
Greiffenberg
クライブリンク
Kleibrink**
クライブル Kleibl
グライベ Greiwe
クライベル Kleiber
グライヘン Gleichen
クライボーケル
Kleibeuker
クライマー
Clymer**
Kramer
クライマイアー
Kreimeier
クライマン Klaiman
グライム
Gleim
Greim
クライムシュタイン
Kloimstein
クライムズ Chrimes
グライムス Grimes**
グライムズ
Grimes***
Grymes
クライモ Climo
クライヤー
Cleyer
Cryer*
Kleyer
グライユ Graille*
グライリッヒ Greilich
クライリング Kreilng
グライリング Greiling
クライル
Crile**
Kreil
クライルガート
Kreilgaard
クライルーク
Krairiksh
グライルシャー
Gleirscher
クライレー Criley
クライーン Klein
クライン
Clayne
Cleyn
Cline***
Clyne
Crain
Klein***
Klin
Kline**
Krein
Kryn
Kurrein
グライン
Gline

Glyn
Grein*
クラインヴェヒター
Kleinwächter
クラインク Kleinke
クラインクネヒト
Kleinknecht
クラインザーラー
Kleinzahler
クラインシュミット
Kleinschmidt**
Kleinschmit
クラインズ
Clines
Clynes*
グラインズ Glines*
クラインスキ Kraiński
クラインゾルゲ
Kleinsorge
クラインツ
Krainz
Krajnc
クラインディーンスト
Kleindienst
クラインテル
Cli-N-Tel
クライント Kleint
クラインドル Kreindl
グラインドル
Greindl
Greindle
クラインネヒト
Kleinknecht
クラインハイスラー
Kleinheisler
クラインハイヤー
Kleinheyer
クラインハインツ
Kleinheinz
クラインバウム
Kleinbaum*
クラインバーグ
Kleinberg
Klineberg*
クラインバッハ
Kleinbach
クラインヒーダー
Kreinheder
クラインフィールド
Kleinfield
クラインフェルト
Kleinfeld*
クラインフォーゲルバッハ
Klein-Vogelbach
クラインベル
Clinebell
クラインベルク
Kleinberg
クラインヘンツ
Kleinhenz
クラインマン
Kleinman**
Kleinmann
Klineman
クラインラアム
Kleinrahm
クラインローゲル
Kleinlogel
クラインロック
Kleinrock*
クーラウ Kuhlau
クラーウ Clough
クラウ
Clough
Krag
Kragh
グラーヴ Grave
グラウ
Gral
Grau***
Grouw
クラウアー
Clower
Klauer
グラウアー
Grauer*
Graur
グラヴァ Glover
グラヴァー Glover*
クラヴァス Cravath
クラヴァット Cravat
グラウアト Grauert
クラヴァル
Claval
Crawar
クラヴァン Klavan*
グラヴィアーノ
Glaviano
クラーヴィウス
Clavius
クラヴィウス Clavius
グラヴィウス Gravius
クラヴィエ Clavier
グラヴィエ Gravier
クラウイェリス
Kraujelis
クラヴィエール
Clavier
Clavière
グラヴィエール
Gravière
グラヴィオ Graviou
クラヴィツィック
Krawczyk
グラヴィッチ
Guravich
クラヴィッツ Kravitz*
グラーヴィッツ
Grawitz
グラウィッツ Grawitz
グラヴィッツ
Gravitts
Gravitz
グラヴィーナ Gravina
グラヴィニチ
Glavinic**
クラウィヌス Calvinus
クラヴィホ Clavijo
クラヴィン Clavin*
グラヴィン Glavine
クラーウィンケル
Krahwinkel
グラウウェ Grauwe
クラウヴェル Klauwell
クラヴウント Klabund
クラーヴェ Clavé
クラヴェ Clavé
グラーウエ Grave
グラーヴェ Grave*
グラウエ Grauwe
グラヴェ Gravey
クラヴェイリナ
Craveirinha
クラヴェイリニャ
Craveirinha
クラヴェツ Kravets
グラヴェット
Gravett*
クラーヴェネス
Klaveness
クラウェル Claver
クラヴェル
Clavel*
Clavell
Claver
グラーヴェル Gravel
グラヴェル
Cravel
Gravel
Gravelle
グラウェルト Grauert
グラウエルト
Grauert*
グラウエルトゥ
Glauert
クラーヴェン Craven*
グラーヴェンシュタイン
Gravenstein
クラヴォー
Chaveau
Claveau
グラヴォン Gravone
グラウキア Glaucia
グラウキアス Glaukias
クラウク Klauck
グラウコ Glauco
グラウコス Glaukos*
クラウサー Crowther
クラウザー
Clauser
Crowther**
Klauser*
グラウザー Glauser*
クラウジウス
Claudius
Clausius
クラヴジエヴィチ
Klavdievich
クラウジオ
Claudio*
Cláudio*
グラウシオ Glaucio
クラヴジック
Krawczyk*
クラウジノ Claudino*
クラウジミール
Claudemir
クラウシャー
Kraushaar
グラウシュコ
Groushko
クラウズ Crouse
クラウス
Claus***
Clauss*
Crouse
Klaus***
Klause
Klauss
Kraus***
Krause**
Krauss***
Krausse
Krausz*
Krauth
Krouse**
クラウズ Krausz
グラウス
Glaus*
Graus
クラウスス Clausus
グラウスタイン
Graustein
クラウスナー
Klausner
クラウズナー
Klausner
クラウスニッツァー
Clausnitzer
Klausnitzer
クラウスハール
Kraushaar**
グラウスベック
Grousbeck
クラウスベルク
Clausberg
クラウスマイヤー
Klausmeier
クラウズリー
Cloudsley*
クラウズレイ
Cloudsley
クラウセ
Krause
Krausse
Krauze*
クラウゼ
Klause
Krause***
Krausse*
Krauze**
クラウゼイッツ
Clausewitz
クラウゼーウィツ
Clausewitz
クラウゼウィツ
Clausewitz
クラウゼヴィツ
Clausewitz
クラウゼウィッツ
Clausewitz
クラウゼヴィッツ
Clausewitz*
クラウゼヴッツ
Clausewitz
クラウセッティ
Clausetti
クラウゼビッツ
Clausewitz
クラウセン
Clausen**
Claussen*
クラウゼン
Clausen*
Klausen
クラウソン Clawson
クラウター
Krauter
Krautter
クラウダ Klauda
クラウダー
Chrowder
Clouder
Crowder**
グラウダン Graudan
クラウチ Crouch***
クラウチク Krawczyk
クラウチック
Krawczyk
クラウチャー
Croucher*
クラウチャンカ
Krauchanka
グラウチョ Groucho
クラヴチンスキー
Kravchinskii
クラヴチーンスキィ
Kravchinskii
クラウデ Claude
クラウディ
Crowdy
Klaudy
クラウティア
Cloutier*
クラウディア
Claudia***
Cláudia
Klaudia
Klaudía
Klavdija
クラヴディア Klavdiia
クラウディアス
Claudius
クラウディアーヌス
Claudianus
クラウディアヌス
Claudianus
クラウディウ Claudiu
クラウディウス
Claudius**
クラーウディオ
Claudio
クラウディオ
Claudio***
Cláudio
クラウディオス
Claudius
Klaudios
Klaúdios
クラヴディヤ Klavdiia
クラウディン Claudín
クラウデオ Claudius
クラウデヤ Klaudía
クラウト
Clout*
Kraut
クラウド
Claude*
Cloud**
Crowd
グラウト Grout*
クラウトケ Klautke
クラウトハイマー
Krautheimer
クラウトハマー
Krauthammer*
クラウトワルド
Krautwald

ク

グラヴニング Gravning
クラウバー Klauber*
グラウバー Glauber**
グラウバック Glaubach
クラウフ Klaus
グラウプ Graupp*
クラウフォード Crawford
グラウプナー Graupner
グラウブレヒト Glaubrecht
グラウベ Glanbe Glaube
グラウベル Glauber*
クラウベルク Clauberg
グラウベルト Graubert
グラウベルマン Glauberman
クラウメ Kraume
グラウラー Grauer
クラウリー Crowley*
クラヴリ Claverie*
クラウリイ Crowley
クラヴリイ Claverie**
クラヴリオーヴ Kuravlyov
クラウリス Krauris
クラウル Kraul
クラヴルー Claveloux*
グラウル Graul
グラヴール Graveure
クラヴルール Clavreul
グラウルンド Graulund
クラウレ Claure
クラウレン Clauren
グラヴロ Gravelot
クラウワー Clower
クラウン Crown* Crowne Krown
グラウン Graun
クラウンオーヴァー Crownover
グラウンケ Graunke
クラウンズ Crowns
グラウンズ Grounds
グラウント Graunt
グラウンド Ground
クラーエ Krahe* Krahé*
クラエ Crahay
グラエキーナ Graecina
グラエギン Graegin
クラエス Claes
グラエッサー Graesser
クーラエフ Kulaev
グラエベニッツ Graevenitz
グラエム Graeme
グラエル Grael*
グラエンボル Groenvold
グラカ Graca
クラカウア Kracauer
クラカウアー Kracauer* Krakauer
クラカウスカス Kulakauskas
クラカワー Krakauer**
クラガン Cragun*
クラカンソープ Crakanthorpe
クラギナ Kuragina
クーラギーヌ Kouraguine
クラーキン Clarkin Clerkin Kurakin
クラーギン Kulagin
クーラクー Kourakou
クラーク Clark*** Clarke*** Clercq Clerk* Klaak Klara Klerck Klerk Kraack Kraak Krag Kullak
クラーグ Krag
クラク Kulak*
グラーグアップ Gragueb
クラークケイテルデイク Kraag-keteldijk
クラクシ Craxi*
グラクシー Gulácsi
グラクス Grax
クラークスヴィル Clarkesville
クラクストン Claxton*** Craxton
クラグストン Clugston
クラークスン Clarkson*
クラークソン Clarkeson Clarkson** Claxton
クラクソン Clarkson Claxton
クラクチェフ Kraitchev
クラークマン Kraakman
クラグマン Klugman* Klugmann
クラーケ Klaetke
クラーケヴィツ Krakevitz
クラーゲス Klages**
クラケット Clackett*
クラゲット Claggett*
クラーコ Clacow Kurako
クラコー Clacow
クラゴー Cragoe
グラゴウ Glagow
クラコヴァ Krakowa
クラコウスキー Krakowski
グラコウスキー Gradkowski
グラゴーノ Gragono
クラコフ Kulakov
クラコフスキ Krakowski
クラコフスキー Krakowski
クラコベツキー Krakovetskii
クラコーラ Krakora
グラゴリン Glagolin
グラゴーレヴァ Glagoleva
グラゴレヴァ Glagoleva*
クラコワ Kulakova
グーラゴング Goolagong
クラーサ Krasa
クラザー Crother*
グラーサー Glasser
グラーザー Glaser*** Graser
グラサ Glasa Graca* Graça
グラサー Glaser Glasser
グラザー Glaser Graser
グラサウア Glasauer*
クラサヴェージ Krasavage
クラザーズ Crothers
クラザズ Crothers
グラサス Graça*
クラーシ Clasie
クラシ Kullashi
グラシア Gracia Gratia
グラジア Grazia*
グラシアガルシア Gracia Garcia
グラシアス Gracias
グラジアニ Graziani*
グラシアーノ Grassiano
グラジアーノ Graziano
グラジアノ Graziano**
グラシアン Gracián* Graciàn Gratien
クラシヴィリ Kurashvili
グラシウス Glassius
グラシウナス Graziunas
クラジェ Kragelj
グラジエ Glazier
クラシェーカラ Kulaśekhara
クラジェスキ Krajeski
グラジエーター Gladiator
クラシェニーンニコフ Krasheninnikov
クラシェニンニコフ Krasheninnikov
グラジエフ Glaziev*
クラシェフスキ Kraszewski*
クラシェフスキー Kraszewski
グラシエラ Graciela*
グラシエリャ Graziella
グラジオーシ Graziosi
グラシオレ Gratiolet
クラシキアヌス Classicianus
グラジク Glazik
クラシクス Classicus
クラジジャノフスカヤ Krazhizhanovskaia
グラシス Gracis
グラジスニー Grazizni
クラシツキ Krasicki**
クラシツキー Krasicki
グラシック Grassic
グラシッチ Grasic
グラジナ Grazyna Graźyna
クラシーニスキ Krasiński
クラシニスキ Krasiński
クラシニスキー Krasiński
クラシビリ Kurashvili
クラシミラ Krassimira*
クラシミール Krassimir
クラシミル Krassimir
グラジミール Gradimir
グラシメニャ Gerasimenya
クラジャン Kradjan
グラシャン Gracián
グラジヤン Gulazian
クラージュ Courage
クラシュ Kulash
クラジュ Curaj
グラシュー Glasziou
クラシュウィッツ Kruschwitz
クラジュキ Krasucki*
クラシュニキ Krasniqi
クラショー Crashaw*
クラジョ Courajod
グラショー Glashaw* Glashow
グラショウ Glashaw Glashow Grashow
グラジラネック Grudzielanek
クラジラフスキー Krasilovsky*
グラシリアーノ Graciliano
グラシリアノ Graciliano*
クラシリニコフ Krasil'nikov
グラジーリン Gladilin*
グラジリン Glazyrin
グラジール Glazier
クラシルニコフ Krasilnikov
クラシロフスキー Krasilovsky**
クラーシン Krasin*
クラシン Krasin
クラシンスキ Krasiński
クラシンスキー Krasinski Krasiński
クーラス Kurath
クラース Claas Claes** Claesz Class* Klaas* Klass**
クラス Crass Klaas Klas Klass Klassou Kras Krass Kruse Kulas
グラース Glas Glass** Grace Gras Grasse

グラス
Glas*
Glass***
Glasse
Graas
Gras
Grass***
Grasse**
Grasu
グラスィア Gracia
グラスィオウ Glasziou
グラズィーナ Grazyna
グラスヴィンケル
Graswinckel
クラスウォール
Krathwohl
クラスカー Krasker
クラスカル Kruskal
グラスキン Glaskin
クラスク
Craske
Klask
グラスク Grusk
クラスケ Craske
クラスコ Krasko
グラスコー Glassco
グラスゴー Glasgow**
グラースゴウ Glasgow
グラスゴウ Glasgow
グラスコック
Glasscock*
グラズコフ Glazkov
クラスコーワ
Kraskova
グラズコワ Glazkov
グラスジオウ Glasziou
クラースゾーン
Claesz.
クラスター Cluster
クラスチケ Kruschke
クラスツ Krasts*
クラステ Craste
クラステヴァ
Krasteva
クラステフ Krastev
クラスト Crasto
クラストリン
Klastorin
クラストル Clastres*
グラスドルフ
Grasdorff*
クラストン Craston
グラストン Glasstone
グラストンベリー
Glastonbury
クラスナー Krasner
クラズナー Krasner**
グラスナー Glassner*
クラスナホルカイ
Krasznahorkai**
クラスニー Krasny*
クラスニアンスキ
Crasnianski
クラスニチ Krasniqi
クラスニッチ Klasnic
クラスニヒ Krassnig
クラスニフ Krasnykh
クラスノー Krasnow
グラスノー Glasnow
クラスノウ Krasnow
グラスノヴィッチ
Glasnović
クラスノゴルスキー
Krasnogorskii
クラスノシショーコフ
Krasnoshchyokov
クラスノシュタン
Krasnostein
クラスノセーリスカヤ
Krasnosel'skaia
クラスノセリスキー
Krasnoseliskii
クラスノセルスキー
Krasnosel'skii
グラスノビッチ
Glasnovic
Glasnović
クラスノーフ Krasnov
クラスノフ
Krasnoff
Krasnov
グラズーノフ
Glazunov
グラズノーフ
Glazunov
グラズノフ Glazunov
クラスノペロバ
Krasnoperova
クラースノホルスカー
Krásnohorská
クラスノワ Krasnova
グラスパー Glasper
グラスビー
Grasby
Grassby
グラスピ Glaspy
グラースブレンナー
Glassbrenner
グラスペル Glaspell*
グラスベルガー
Grassberger
グラスホフ Grasshoff
グラスマウンド
Grassmound
グラースマン
Grassmann
グラスマン
Glasman
Glassman
Grasmann
Grassmann
グラズマン Glazman
グラスユー Grasu
グラスラン Graslin
グラスリー
Glassley
Grasserie
Grassley*
クラーゼ Krase
クラセ Crasset
クラセー Krasae*
グラセー
Glaser
Grasset
グラゼッガー
Grasegger
グラーゼナップ
Glasenapp*
クラセベック
Krasevec
グラーゼル Glaser
クラーセン
Claassen
Klaassen
クラーゼン
Clasen
Klasen
クラセン Krasen
クラソ Crassot
クラーソヴァー
Krásová
グラゾーヴァ Glazova
クラソニツキー
Krasonický
クラソフ Kurasov
グラソブ Grassow
クラソフスカ
Krassovska
クラソフスカヤ
Krasovska
Krassovska
Krassovskaya
クラソフスキー
Krasovskii
クラゾメナイ
Clazomenae
クラーソン
Claeson*
Claesson*
クラソーン Crathorn
グラソン
Glason
Glasson
クラソンス Klasons
グラダ Gráda
グラタウス Grothaus
クラタシュク
Kratasyuk
クラダップ Crudup*
クラターバック
Clutterbuck*
クラタマ Kuratama
グラタン Grattan
クラタンダー
Cratander
グラダンテ Gradante
クラーチ Klaatsch
グラーチ Gulacsi
グラチ Grach
グラチア Grazia
グラチアーニ Graziani
グラチアヌス
Gratianus
グラチアノ
Gratiano
Graziano*
グラチアン Gracian
グラチィア Gracia
クラチウネスク
Craciunescu
クラチウン Craciun
グラチェフ Grachev
クラチェフスカヤ
Krachevskaya
グラチエラ Graziella
グラチオ Gratiot
クラチコフスキー
Krachkovskii
グラチス Gracis
グラチニー Glatigny
クラチノス Kratinos
クラチュコ Kraczko
グラチョーヴァ
Gracheva
グラチョーフ Gratev
グラチョフ Grachev**
クラチョロフ
Kracholov
グラチョーワ
Gracheva
クラーツ Kraatz
クラツ Craats
グラーツ Gratz
グラツ Gratz
グラツァー Glatzer
グラーツィア Grazia*
グラツィア Grazia
グラツィア
Gracia
Grazia***
グラツィアディーオ
Graziadio
グラツィアディオ
Graziadio
グラツィアーニ
Graziani*
グラツィアーノ
Graziano*
グラツィアノフ
Gratsianov
グラツィエッラ
Graziella
グラツィエラ
Granziela
Graţiela
Graziela
グラツィエルラ
Graziella
グラツィオージ
Graziosi
グラツィオーソ
Grazioso
グラツィオーリ
Grazioli
グラーツェル Gratzel
クラッカワー
Krakower
クラッカンソープ
Crackanthorpe
クラツキー Klatzky
グラツキー Gradsky
クラツキン Klatzkin
クラック
Clack*
Kruk
Kullak
クラッグ
Cragg*
Klug
グラック
Glattke
Gluck**
Glück
Gracq***
グラッグ Gragg
クラッグス Craggs
グラックス Gracchus
クラックストーン
Clackstone
クラックストン
Claxton
クラッグスブラン
Klagsbrun
グラックスマン
Glucksmann
クラックネル
Cracknell
クラックホーン
Kluckhohn*
クラッグマン
Klugman
Klugmann
Krugman
グラックマン
Gluckman
グラッケンズ
Glackens
クラッコー Krackow
クラッコフ Krakoff*
クラッサ Krassa
グラッサ
Graça
Grassa
グラッサー
Glaser
Glasser*
Glassér
Grasser
クラッサード Crassard
グラッシ Grassi**
グラッシー
Glassey
Glassie*
Grassi
クラッシェン
Krashen*
グラッシーニ Grassini
クラッシャー
Crasher
Crusher*
グラッジャー Grazia
クラッシュ
Clash
Crash
Krashs
Krush
クラッショー Crashaw
グラッス Grass
クラッスス Crassus
グラッスル Grassle**
クラッセ Crasset
グラッセ
Glasse
Grasset**
グラッセッリ Grasselli
グラッセバワー
Grasserbauer
クラッセラーム
Crassellame

ク

ク

グラッセリ Grasselli
クラッセリウス
Crasselius
クラッセルト Krasselt
クラッセン
Classen**
Klaassen
Klasen
Klassen**
グラッソ Grasso*
グラッソー Grasso
グラッソネッリ
Grassonelli
グラッソン Glasson
クラッター
Clutter
Kratter
グラッター Glatter
グラッタウアー
Glattauer*
クラッターバック
Clutterbuck
グラッタン Grattan**
クラッチ
Klutch
Krutch
クラッチフィールド
Crutchfield**
クラッチマー
Kratschmer
クラッチャー
Crutcher*
クラッツ
Klatz*
Kratz
グラッツ Gratz*
クラッツァー Kratzer
グラッツァ Glatzer
グラッツァー Glatzer*
グラッツァーニ
Grazzani
クラッツァム Clutsam
グラッツィア Grazia*
グラッツィーニ
Grazzini
グラッツェル Glatzer
クラッツキン Klatzkin
クラッツマン
Klatzmann
グラッテ Gullatte
クラッティ Cratty*
グラッティウス
Grattius
グラッディング
Gladding
クラッテン Klatten*
グラッデン
Gladden**
クラッテンデン
Cruttenden
クラット Klatt**
クラッド Clad
グラット
Glatt*
Glut
グラッド Grad
グラッドウィン
Gladwin*
グラッドウェル
Gladwell**
グラッドウォール
Gradwohl
グラットザー Gratzer
グラッドシュタイン
Gradshtein
Gradstein
グラッドスター
Gladstar*
グラッドスタイン
Gladstein
グラッドストーン
Gladstone*
グラッドストン
Gladstone**
グラットフェルター
Glatfelter
グラッドフェルター
Gladfelter
グラッドマン
Gladman
グラッドル Graddol
クラットワージー
Clatworthy
クラットン Clutton
グラットン Gratton**
グラッドン Graddon
クラッパー
Clapper
Klapper*
クラッパート
Klappert
クラッパートン
Clapperton
クラッパム
Clapham**
グラッビ Grabbi
クラッフ Cluff
クラッブ
Clubb
Crabbe*
Krabbe
クラップ
Clap
Clapp**
Crabb
Crapp
Klapp*
Krapp
Krupp
グラッフ Graff
グラッブ
Glubb
Grubb**
グラップ
Grappe
Grubb
Gruppe
クラッファム
Clapham
クラッフォード
Crawford
クラップシ Crapsey
クラッフス Klafs
グラッブス Grubbs*
クラップマン
Krappmann
クラッベ
Crabbe
Crabbé
Krabbe**
Krabbé
クラッペ
Krabbe*
Krappe
グラッベ Grabbe*
グラッペ Grabbe
クラッペサトル
Clapesattle
グラッペリ Grappelli*
クラッペンバッハ
Klappenbach
グラーデ Grade
クラーディ Clardi
クラディ Grady
グラテイ Gulati
グラディ
Graddy
Grady**
グラディー Grady
グラティアーヌス
Gratianus
グラティアヌス
Gratianus
グラティアン Gratien
グラーティウス
Gratius
グラディカックス
Gladicux
グラディシェワ
Gladisheva
クラティシュ Kratysh
グラティス Gladys
グラディス
Gladis
Gladys***
Gradis
Gradys
Gwladys
グラディズ Gladys
グラディッシュ
Gladdish
クラティッポス
Kratippos
クラティーノス
Kratinos
クラティノス Kratinos
クラティラカ
Kulatilaka*
Kulatilake
グラディン Gradin*
クラティンデンジム
Kratindaeng
クラテウアス
Krateuas
クラデク Chladek
クラテース Krates
クラテス
Crates
Krates
Kratēs
グラーテナウ
Gratenau
グラデニーゴ
Gradenigo
クラテュロス Kratylos
クラテラ Curatella
クラデル Cladel*
グラデル Gradel
クラテルス
Craterus
Krateros
クラテロス Krateros
グラテロル Graterol
グラテン Glatin
グラデンヴィッツ
Gradenwitz
クラート Crato
クラド Clad
グーラート
Goulart**
Goullart
グラート Graat
グラード Goullart
グラド
Gourad
Grad
Gulado
クラトウ Curato
グラトヴィチ
Gratovich
グラトウィック
Gratwicke*
グラドウィン
Gladwyn
クラトウスキ
Kuratowski
クラトウスキー
Kuratowski
クラドゥマジ
Kladoumadji
グラドゥム Grodum
グラードゥル Gradl
グラドキー Gladky
クラトクウィル
Kratochwil
グラドコヴスカ
Gladkowska
グラードコフ Gladkov
グラトコーフ Gladkov
グラトコフ Gladkov*
グラドコフ Gladkov
グラドコボロードヴァ
Gladkoborodova
グラドス Grados
クラトスカ Kratoska
クラドストラップ
Kladstrup*
グラドストーン
Gladstone
グラドストン
Gladstone
クラドック
Craddock**
Cradock***
クラードニ Chladni
クラドニ Chladni
グラドニー Gladney
グラドビチ Gladovic
クラトビル Kratochvil
クラトフヴィール
Kratochvil
クラトフヴィル
Kratochvil*
クラトフスキ
Kuratowski
クラトフスキー
Kuratowski
クラトフビール
Kratochvil
クラトフビロバ
Kratohvilova
クラトフビロワ
Kratochvilova
グラトホーフ Grathoff
グラートマン
Gradmann
グラトリ Gratry
グラトリー Gratry
グラトン Gratton
クーラナ Khurana
クラーナ Khurana
クラナ Khurana
グラナー Gruner
グラナイト Granite
グラナスティン
Granastein
Granatstein
グラナータ Granata
グラナーダ Granada
グラナダ Granada*
クラナック Crannach
グラナッシャー
Granacher
グラナッチ Granacci
グラナツティン
Granastein
クラーナッハ Cranach
クラナッハ Cranach
グラナッハ Granach
グラナード
Granade
Granado*
グラナド Granado
グラナードス
Granados
グラナドス
Granados**
クラーナハ Cranach
クラナーハ Cranach
クラナハ Cranach
クラナム Cranham
クラニー Kuranyi*
グラニー Granville
グラニア Glania
グラニウス Grānius
グラニエ Granier*
クラニェツ Kranjec
グラニエドフェール
Granier-Deferre
クラニク Kranich
クラニチャル
Kranjcar
Kranjčar*
グラニック
Gralnick
Granick
Gulanick
クラニッシュ Kranish
グラニッチ

Granić
Granič*
Granich
クラニッツ Kranitz
グラニット Granit*
クラーニッヒ Kranich
グラニート Granit
グラニト Granit
グラーニャ Gráinne
グラーニン Granin**
グラニン Granin
グラニンガー
Graninger
グラニンジャー
Guraninja
クラーネ Krane
グラーネ Granö
グラネ Granet**
グラネー Granet
クラネージ Cranage
クラネス Clunes
グラネック Granek
クラネビッテル
Kranevitter
クラネル Crannel
グラネール Graner
グラネル Granel
クラーネルト
Krahnert
クラネルト Klanert
グラネロ Granero
クラーネンドンク
Kranendonk
グラノ Grano
グラノウ Graneau
クラノウィッツ
Kranowitz
クラノヴィッツ
Kralovitz
グラノヴェター
Granovetter
グラノヴェッター
Granovetter*
グラノット Granot*
クラーノフ
Kulanov
Kuranov
クラノフ Kuranov
グラノフ Granov
グラーノフスキー
Granovskii
グラノーフスキー
Granovskii
グラノフスキー
Granovskii
Granowsky
グラノーフスキィ
Granovskii
クラノールド Kranold
グラノン Granon
グラバー
Glover**
Graber
Gruber
グラパ Glappa
グラバウ Grabau
クラバジオ Clavasio
クラパース Klapers
グラバーズ Grabarz
クラハト Kracht**
クラバードン
Clabardon
クラパトン
Clapperton
グラバニ Glavany
グラバーマン
Glaberman
クラパム Clapham*
グラハム
Graham***
Grahame
グラバム Grabham
グラハムダグラス
Grahm-douglass
グラバーリ Grabar
グラバール Grabar*
グラバルキタロヴィッチ
Grabar-Kitarović*
グラバルチク
Grabarczyk
グラバルニク
Grabarnik
グラハレス Grajales
クラパレード
Claparéde
Claparède
クラパレド Claparède
クラハン Krahn
クラバン Klavan*
クラパン Clapin
グラハン Glavan
グラバーン Graburn
グラバン
Glavan
Grabban
クラパンザーノ
Crapanzano*
グラビアス Grabias
グラビアンスキー
Grabianski
クラピーヴィン
Krapivin**
クラビウス Clavius
クラビエ Clavier
クラピエ Clapiers
クラビオット
Craviotto**
グラピオン Glapion
クラピカス Krapikas
クラピシュ Klapisch*
クラビス Kravis
グラビス Kravis
クラピソン Clapisson
クラピッシュ
Clapisch
Klapisch*
クラピッチ Krapič
グラビッチ Guravich
クラビッツ Kravitz
グラビッツ Gravitz
クラビッド Cravid
クラビッホ Clavijo
クラビド Cravid
グラビーナ Gravina
グラビナー Grabinar
クラピビナ Krapyvina
クラビヘーロ
Clavijero
クラビヘロ Clavijero
クラビーホ
Clavigo
Clavijo
クラビホ
Ciavijo
Clavijo
グラビャンスキ
Grabianski
クラビン
Clavin
Klabin
グラービン Glavin
グラビン
Glavin
Glavine*
グラビンスキ
Grabiński*
クラーフ Craag*
クラーブ
Kulaap
Kulap
クラフ
Clough**
Keraf
Klaff
Kragh
クラブ
Clubb*
Crabb*
Crabbe*
Grabbe
クラプ Krapf
グーラフ Graf
グラーフ
Graaf**
Graaff*
Graef
Graf***
Gráf
グラーブ
Grave
Grube
グラフ
Glaf
Graaf
Graef
Graf***
Graff***
Graffe
グラブ
Glab*
Glubb*
Grab
Grabb
Grubb**
Gulab
クラファム Clapham
グラファン
Grafen
Graffin
クラフィ Claffey
グラフィド Gruffydd
グラフィニー
Graffigny
グラフィーラ Grafira
グラフィン Graffin
グラーフェ Grafe*
グラフェウス
Grapheus
グラーフェサンデ
Gravesande
クラフェック
Klapheck
グラフェナウアー
Grafenauer
グラフェン Grafen
グラフェンフリード
Grafenfried
グラーフェンベルク
Grafenberg
グラフォフ Grafov*
クラフォルツ
Klapholz
クラプカ
Klapka
Krapka
クラフキ Klafki*
クラフキー Klafki
グラフコス
Glafcos*
Glafkos
グラブコフスキ
Grabkowski
クラプシー Crapsey
グラブシュ Grabsch
クラフス
Klavs
Krafth
グラブス Grubbs*
クラフスキー Klafsky
グラブスキ Grabski
グラフストレーム
Grafström
グラフストローム
Grafström
クラフター Klafter
クラプチ Klapuch
クラフチェンコ
Kravchenko*
クラフチク Krawczyk
クラプチチ Clapcich
クラフチック
Krawczyk
クラフチューク
Kravchuk
クラフチュク
Kravchuk**
クラフチーンスキー
Kravchinskii
クラフチンスキー
Kravchinskii
クラフチーンスキイ
Kravchinskii
クラフツ Crafts*
クラフツィック
Krafzig
クラフツェヴィチ
Kravtsevich
クラフツォフ
Kravtsov
クラフツライティー
Crafts-Lighty
クラブツリー Crabtree
クラフティ Crafti*
クラフディラ Klavdila
グラブテクブ
Glavtchev
クラーフト Kraft*
クラフト
Crafft
Craft**
Cruft
Krafft*
Kraft***
グラフト Graft
クラブトゥリー
Crabtree
グラプトス Graptós
クラブトリー Crabtree
クラフトン Crafton
クラプトン Clapton**
グラフトン
Grafton***
グラブナー Grabner
クラブニック Klabnik
クラプフ Krapf
クラプファー Klapfer
グラブホーン
Grabhorn
クラーブマン
Grabmann
グラーブマン
Grabmann
グラープマン
Grabmann*
グラフマン
Graffman
Grafman
クラプヤック Krapyak
クラフラ Krahula
グラフラ Grafulla
グラブラー Grabler
クラープラユーン
Khuraaprayuur
クラプラユーン
Khuraaprayuur
Kraprayun*
クラブリー Claverie
グラブリオ Glabrio
クラフリン Claflin
グラブール Graveure
クラプロート
Klaproth
クラブンデ Klabunde
クラーブント Klabund
クラブント
Klabund*
Krabunt
クラブンド Klabund
クラベ
Clavé**
Claver
Krabbé*
クラベー
Krabbe*
Krabbé
グラーベ Grabe

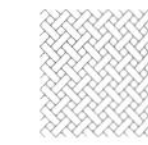
ク

ク

クラペイロン
Clapeyron
グラベセン Gravesen
クラペチンスキー
Klapezynski
クラベツ Kravets*
クラベッツ Kravets
グラベット Gravett
クラベト Crabeth
クラベリー Claverie
クラベール Claver*
クラベル
Clavel
Clavell**
Claver
グラベール Glaber
グラベル
Cravel
Glaber
クラベレン Klaveren
クラペーロン
Clapeyron
クラペロン Clapeyron
グラーベン Graben
グラベンスタイン
Grabenstein*
クラポ Crapo
グラーボ Grabow
グラボー Grabow*
グラポ Grappo
グラポウ Grapow
グラボヴィッツ
Grabowicz
グラボウスキー
Grabowski*
グラボオ Grabo
クラホネ Kurahone
クラポビッチ
Krapović
グラボフスカ
Grabowska
グラボフスキ
Grabowski*
グラボベツカヤ
Grabovetskaya
クラボン Klabon
クラポンヌ Craponne
クラーマー
Cramer*
Krahmer
Kramer*
クラマー
Clammer
Cramer***
Klamer
Klammer
Kraemer
Kramer**
グラマ Grammat*
グラマー Grammer**
グラマグリア
Gramaglia
クラマゴメドフ
Kuramagomedov
クラマーシュ
Kramář
Krommer
クラーマース Kramers
クラマース Kramers
グラマティカ
Gramatica
グラマティクス
Grammaticus*
グラマティコス
Grammatikos
Grammatikós
グラマトキー
Gramatky*
クラマラー
Koulamallah
グラマラ Ghlamallah
グーラマリ Goolamali
クラマリッチ
Kramaric
クラマールシュ
Kramář
Krommer
クラマルシュ Kramář
クラマレンコ
Kramarenko
クラーマン
Clurman*
Klarman
Klerman*
クラマン Claman
グラマン
Graman
Gramann
クラマンジュ
Clémange
グラミシヴィーリ
Guramishvili
クラミッシュ Kramish
グラミーニャ
Gramigna
クラーム Kram
クラム
Clam
Clum
Cram***
Cramm*
Crum*
Crumb**
Khurram
Khurrum
Klum*
Kram*
Krum*
Krumm*
グーラム Ghulam**
グラーム
Ghulam*
Ghulām
Ghulām
Graham
グラム
Ghoulam
Ghulam*
Ghulām
Glum
Graeme**
Graham**
Gram*
Gramm*
Gramme
Guram*
クラムコウ Kremkau
クラムゴールド
Krumgold
グラムシ Gramsci**
クラムス Krams
グラムス Grams
グラムズ Grams
クラムスコーイ
Kramskoi
クラムスコイ
Kramskoi
クラムト Klamt
クラムネ Cramne
クラムパッカー
Crumpacker*
グラムバッハ
Grumbach
クラムプ Cramp
クラムベルグ
Klumberg
グラムベルグ
Gramberg
クラムホルツ
Krumholz
グラムマテウス
Grammateus
クラムリー
Crumley***
グラムリー
Gramley
Grumley
クラムリッシュ
Crumlish
Kramrisch
グラムリッヒ
Gramlich
グラムリヒ Gramlich
クラメス Krames
グラメス Grames
グラメット Grummett
グラメーニャ
Gramegna
グラメーニヤ
Gramegna
クラーメル
Cramer
Kraemer
クラメール
Cramer*
Cramér**
Krachmer
クラメル
Cramer
Cramér
クラメン Klamen
クラモアザン
Cramoysan
グラモジス
Grammozis
グラモフ Gramov
クラーモル Clamor
クラモル Clamor
クラモレンコ
Kramorenko
クラモン Cramon
グラモン
Grammont*
Gramont
クラーモント
Clermont
クラモンド
Crammond
クラーユス Clajus
クラーラ
Clara*
Klara
Klára
クラーラー Klarer
クララ
Claire
Clara***
Klara*
グラーラ Gralla
グララ Gralla*
クララトナ Kularatne
クララムント
Claramunt
クラランス
Clarence
Clarins*
クラーリ
Clari*
Král'
クラリ
Clari
Claris
クラリー Clary**
クラーリィ Kraly
クラリィ Kralj
クラリエヴィチ
Kraljevich
クラリエビッチ
Kraljević
クラリオン Clariond
グラリカー Graliker
クラーリク Kralik
クラリク Kralik
クラリサ
Clarisa*
Clarissa*
クラリス
Clarice*
Claris
Clarisse
クラリーセ Clarice*
クラリセ Clarice
クラリタ Clarita
クラリック
Clarick
Krulik
クラリッサ Clarissa**
クラリッジ Claridge*
クラリッセ
Clarice**
Clarisse
クラリナ Clarina
グラーリニク
Gural'nik
クラリベル Claribel*
クラリュ Kralj
クラリン
Clarin
Clarín*
クラーリング Krahling
クラーリングボールド
Claringbould
クラール
Klaar*
Krahl*
Král
Král'
Krall*
クラル Krull
グーラール Goulard
グラール
Goulard
Goulart
グラル Goulart
クラルク Clarke
クラルシー Claretie
クラルス Clarus
クラルスフェルド
Klarsfeld*
クラルチイ Claretie
グラールッド Graarud
クラルティ Claretie
グラールド Graarud
グラルドン Glardon
グラルニック
Guralnick
クラルプ Krarup
クラレ Claret*
クラレー Claret
グラレアーヌス
Glareanus
グラレアヌス
Glareanus
クラレッサ Claressa*
クラレッティ Claretti
クラレット Claret
クラレト Claret
クラレーヌス Clarenus
クラレヌス Clarenus
クラレフ Kralev
クラレン Klarén
クラーレンス
Clarence*
クラレンス
Clarence***
クラレンドン
Clarendon
クラーレンバハ
Clarenbach
クラレンバルドゥス
Clarenbaldus
クラロス Claros
クラワー Krauer
クーラン Courant*
クラーン
Crean
Kraan
Krahn
クラン
Chlan
Clin*
Courant
Cran
Kelen
Khlang
Klein**
Krings
グーラン Gourhan**
グラーン
Glahn
Grahn*
グラン
Glahn

Grain
Gran**
Grand**
Grange
Grann
Grant
Grun
Guran
グランヴァル
Grandval*
Granval
グランヴィル
Glanvill
Glanville*
Grainville**
Grandville
Granville*
Grenville
グランヴィルバーカー
Granvillebarker
グランヴェラ
Granvelle
クランウェル Cranwell
グランヴェル
Granvelle
グランウォルド
Grunwald
グランガー Granger
クランク
Klumpke
Krank
クランクショー
Crankshaw
クランクショウ
Crankshaw
グラングリオット
Grandguillot
クラングル Crangle*
クランケ Krancke
クランコ Cranko
グランコフスカヤ
Grankovskaya
グランコラ Grancolas
グランゴール Gringore
グランサー Gruenther
グランサム
Grantham**
クーランジ Coulanges
クランシー
Clancey
Clancy***
グランシー Glancey*
グランジ Grange*
クーランジェ
Coulanges
クランシエ Clancier
グランジェ
Grange*
Grangé*
Granger**
グランジャー
Granger*
グランジャニー
Grandjany
クランシャン
Clinchamp
Clinchamps
グランジャン
Grandjean**
クーランジュ
Coulanges
クラーンジュ
Coulanges
クランジュ Coulanges
グランジュ
Grange*
Granju*
クランショウ
Cranshaw
グランジョージ
Grandgeorge
グランジョルジュ
Grandgeorge
グランジョン Granjon
クランス
Clance
Crans
グランズ
Glans
Grunes
クラーンスキー
Klánsky
クランスキー Klánsky
グランスタイン
Grunstein*
グランスドルフ
Glansdorff
グランストローム
Granstrom*
Granström*
クランストン
Cranston***
グランストン
Granston
クランセ Crancé
グランセリウス
Glazelius
グランセル Grunsell
グランゼル Grunsell
クランゾ Kranzo
クランソン Cranson
クーランダ Kuranda
クーランダー
Courlander
クランダー
Klander
Klunder
グランダ Granda
グランダーソン
Granderson*
グランダダム
Grandadam
グランダッジ
Grandazzi
クランダール Crandall
クランダル Crandall*
グランタル Gruntal
グランダル Grandal
クランタン
Kelantan**
グランダン Grandin
クランチ Cranch
クランチィ Clanchy
クランチャー
Klancher
グランチャロワ
Grancharova
クランツ
Cranz*
Krantz***
Kranz**
Krnac
グランツ
Glantz*
Glanz
Granz*
クランツバーグ
Kranzberg
クランツラー
Krantzler
クランテ
Clante
Klante
グランデ
Grandais
Grande**
クラーンティ Kranti
グランディ
Grandi
Grundy
クランティカ Clantica
クランディク Klandik
グランディジ
Grandage
グランディスン
Grandison
クランディニン
Clandinin
グランディーノ
Grandino
グランディン
Grandin**
グランデージ
Grandage
グランデス Grandes*
グランデラート
Granderath
クランデル Crandell
グランデル
Grandel
Grindel
クランテン Klanten
クーラント Courant*
クーランド
Kuland
Kurland*
クラント Klandt
グラント
Grand
Grant***
Graunt
Grente
Hrand*
グランド
Grand***
Grant
Grantd
グランドウォーター
Groundwater
グランドサン
Grandson
グランドジョージ
Grandgeorge
グランドスタッフ
Grandstaff
グランドストーン
Gladstone
グランドバーグ
Grundberg
グランドマア
Grandma
グランドマザー
Grandmother
グランドマスター
Grandmaster
グランドマン
Grundmann
グランドミキサー
Grandmixer
グラントランド
Grantland
グランドーリ
Grandori
クラントル Krantōr
クランドール
Crandall**
クランドル Crandall
クラントン
Clanton
Clinton
Cranton*
Kranton
グラントン Glanton
グランドン Grandon
グランナー Granner
グランネマン
Granneman
グランハーゲン
Granhagen
グランバック
Grumbach**
グランバッシ
Granbassi
クランハム Cranham
グランハム Granham
グランバム
Grunbaum
グランバル
Grandval
Granval
クランビー Clambey
グランビ Granby
グランビー Granby
グランピエール
Grandpierre
クランピット
Clampitt
グランビル
Glanville*
Grandville
Granville*
クランプ
Cramp*
Crampe
Crump**
Klump
Kramp
グランプ Grampp
グランヴィル
Granville
クランフィールド
Cranfield*
グランフィールド
Glanfield*
グラーンフェルト
Granfelt
グランフェルト
Granfelt
グランフェルド
Granfelt
Grunfeld
クランフォード
Cranford
グランフォルテ
Granforte
クランプカレンバウアー
Kramp-
Karrenbauer
クランプトン
Crampton**
クランプラー
Crumpler
グランブラ Grimblat
グランブリング
Grumbling
グランプレ
GrandPré
Grimpret
クランペ Crumpe
クランペット
Clampett
グランベリー
Granberry
グランベール
Grimbert**
Grinberg*
Grumberg
グランベル Granvelle
クランベルガー
Kramberger
グランベルグ
Gramberg
グランベルジェ
Grunberger
グランボア Grandbois
クランボルツ
Krumboltz
グランホルム
Granholm
グランボワ
Granbois
Grandbois
クランポン Crampon
クランマー
Cranmer*
Klammer
グランマ Grandma**
グランマーティカ
Grammatica
グランマティクス
Grammaticus
グランマティコス
Grammatikos
グランメーゾン
Grandmaison
グランメゾン
Grandmaison*
クランメル
Crummell
Krummel
グランモルセーオ
Grammorseo
グランモン
Grandmont*
グラーンラーソネン

ク

Grahn-laasonen
クランリカード
Clanricarde
グランルンド
Granlund
クランレー Cranley
クーリ Cooley
クーリー
Cooley**
Cowley
Khoury**
Kury
Qulī
クリ
Culi
Curry
Cury*
Kurri*
Quli
Quri
クリー
Clee
Cooley
Cree
Klee
Kulī
Qulī
グーリ
Gul'
Guli
Guri
グーリー
Ghūrī
Ghūrī
Gooley**
Gulii
Guri
Gurii*
グリ
Gouri**
Gries
Gris
Guri
グリー
Gry
Grye
クーリア
Coulier
Courier*
クリーア Kleir
クリア
Claire
Clare*
Clear*
Klir
クリアー
Clear
Crear
Kleir
Klier
グーリア Gulia
グリーア
Greer***
Grier
Guria
グリア
Greer**
Grier
Guria
Gurria*
Gurría
グリアー
Greer
Grier**
クリアウォータ
Clearwater*
クリアウォーター
Clearwater
クリアス Clias
グリアス Grierson
グリーアスン Grierson
グリァスン Grierson
グリアスン Grierson*
グリアーソン Grierson
グリアソン Grierson*
クリアド Criado
グリーアドル Gleadle
クリアーヌ Culianu
クリアネズ Culianez
クリアーノ
Couliano
Culianu
クリアフィールド
Clearfield
クリアマウンテン
Clearmountain
グリアミラー
Grier-Miller
クリアラー Crerar
クリアリ Cleary
クリアリー Cleary***
クリアリィ Cleary
クリアレーゼ
Crialese*
クリアン Courrian
グリアン
Gulian*
Gurian
クリアンサク
Kriangsak**
クリアンス Cleanth**
クリアンスキー
Kuriansky*
グーリィ Gulii
グーリーイェヴ Guliev
クリイキン Kurykin
グリイナー Greener
グリイン
Green
Greene
グリインウード
Greenwood
クリーヴ
Cleave*
Cleve*
Clive
グリーヴ
Greive*
Grieve
クリーヴァー Cleaver*
クリヴァー Cliver
グリーヴァー Greever
グリヴァス Grivas
クリヴァネック
Krivanek
クリヴァン Krivan
クリーヴィー Creevey
クリヴィツキー
Krivitsky*
クリーヴィック
Kreevich
クリヴィッチ Krivich
クリヴィーヌ Krivine*
クリヴィヌ Krivine*
クリヴィリス Clivilles
クリヴィーレ Criville*
クリヴィン Krivine
グリヴェ Grivet
クリヴェッリ Crivelli
クリヴェリ Crivelli
クリヴェリョワ
Kriveleva*
クリーヴェル Kliewer
クリヴェルリ Crivelli
クリヴォシェイン
Krivoshein
クリヴォシェエヴァ
Krivosheeva
クリヴォッシエン
Kriwoshein
クリヴォポレノヴァ
Krivopolenova
クリーヴォン Cleavon
クリウコフ Kriukov**
クリーヴス Cleeves*
クリーヴズ Cleves
クリウス Curius
グリーヴス Greaves
グリーヴズ
Greaves
Greeves
クリーヴランド
Cleveland*
クリーヴリー Cleevely
クーリエ Courier*
クリエ
Courier
Kurie
グリエ
Gourier
Grillet***
クリエイター Creator
グリエーヴィッチ
Grievitch
グリェク Grek
グリエコ Grieco
クリエジェル Kriegel
グリエーズマン
Griezmann
クリェチニコフ
Kliuchnikov
クリエック Krieck
クリエッジ Kleij
グーリエビッチ
Gurevich
クリーエフ
Kuliev
Kulíev
クリエフ Kuliev
グーリェフ Guriev
グリエフ
Guliev
Guliyev
Guryev
グリエムキン
Goremykin
グリエラ Griera
グリエリ Guerrieri
グリエリー Gurrieri
クリエル
Criel
Kriel
グリエール
Glier
Glière
グリエル
Glier
Gourriel*
Gurriel
グリエルソン
Grierson*
グリエルミ
Guglielemi
Guglielmi*
グリエルミネッティ
Guglielminetti
グリエルミンピエトロ
Guglielminpietro
グリエルムス
Guglielmus
Gulielmus
グリエルモ
Guglielmo**
Gulielmo
クーリエン Kurien
クーリオ
Coolio*
Curio
クリオ Curio
グリオッタ
Gugliotta*
グリオリ Gliori*
グリオリー Gliori
グリオリエヴィッチ
Grior'evich
グリオール Griaule*
クリオン
Gurion
Klion
グリオン Gurion
クリーガー
Creager
Cregar
Criger
Kreger
Kreiger
Krieger**
クリガー Krijger
グリーガー Grieger
グリガ Gulyga
クリーガーコブル
Krieger Coble
クリカリョフ Krikalev
グリガル Grigar
クリガルズ Kurigalzu
クリーガン
Creegan
Cregan
クリガン Cregan
クリーギー Criegee
グリギエル Grygiel
クリキット Krickitt
クリーク
Creak
Kleeck
Krieck
Kriegk
クリーグ
Kleege
Krieg
Krige
クリク
Krirk
Kulik
グリーク
Gleeck
Greek
Grieg*
グリーグ
Greig
Grieg**
グリク
Glik
Gulik
グリクス Gurics
グリグスビー Grigsby
グリクスン Gulliksen
グリグスン Grigson
グリクセン
Gullichsen*
クリクソス Crixus
グリグソン Grigson*
クリクトン Crichton
クリーグナー Kriegner
グリグノン Grignon
クリーグボウム
Krieghbaum
クリグマン Kligman
クリーグラー Kriegler
クリグラー Crigler
クリークルマイアー
Krieglmeier
クリーグルマイアー
Krieglmeier
グリグレスキー
Gryglewski
クリークレーダー
Kriegleder
クリーゲー Criegee
クリーゲスコルテ
Kriegeskorte
クリケット
Cricket*
Crickett
グリゲリオニス
Grigelionis
グリケリーヤ
Glikeriya
グリケリヤ Glikeriia
クリーゲル
Kregel*
Kriegel**
Krieger
Kriger
クリーゲンブルク
Kriegenburg*
クリコ Clicquot
グリーコ Grieco*
グリゴー Grigault
クリコーカ Krykorka
クリーゴフ Krieghoff
クリコフ
Kulikov***
Kul'kov
クリコーフスキー
Kulikovskii

ク

クリコフスキ
Kulikowski
クリコフスキー
Kulikovskii
グリゴラシ Grigoras
グリゴラシュ Grigoras
グリゴラス Grigoras
グリゴーリ
Grigorii
Grigorij
Grigory
グリゴーリー
Grigorii
Grigorĭi
グリゴリ
Grigori
Grigorii
Grigory
グリゴリー
Gregory
Grigol
Grigori
Grigorii***
Grigoriĭ
Grigoriy**
Grigory**
Grygoriy
Hryhoriy
グリゴリアディス
Grigoriadis
グリゴリアン
Grigoryan
グリゴーリイ
Gregory
Grigorii
Grigorij
Grigory
グリゴリイ
Grigorii**
Grigorij
グリゴリーヴィッチ
Grigorievich
グリゴリエヴァ
Grigorieva
グリゴーリエヴィチ
Grigor'evich
グリゴリェヴィチ
Grigor'evich
グリゴリエヴィチ
Grigor'evich*
Grigorievich
Grigoríevich
Grigórievich
グリゴーリェヴィッチ
Grigor'evich
グリゴーリエヴィッチ
Grigor'evich
グリゴリェヴィッチ
Grigorievich
グリゴリエヴィッチ
Grigorievich
グリゴーリエウナ
Grigor'evna
グリゴーリエヴナ
Grigor'evna
Grigorievna
グリゴリエヴナ
Grigórievna
グリゴーリエバ
Grigorieva
グリゴリエバ
Grigorieva
グリゴーリエビッチ
Grigor'evich
グリゴリエビッチ
Grigor'evich
グリゴーリエフ
Grigor'ev
Grigoriev
グリゴリエフ
Gigor'ev
Grigorev*
Grigor'ev
Grigoriev**
Grigoryev
グリゴーリエワ
Grigor'eva
Grigorieva
グリゴリエワ
Grigorieva*
Grigorjeva
Grigoryeva
グリゴリオス
Grigorios
グリゴリク Grigorik
グリゴリス Grigoris
グリゴリスゼ
Grigolisdze
Grigorievich
グリゴリッチ Gligorić
グリゴリャン
Grigorian
Grigoryan
グリゴリヤン
Grigor'ian
グリゴール Grigor*
グリゴル
Grigol
Grigor
グリゴレ Grigore
グリゴレスク
Grigorescu*
グリゴレッティ
Grigoletti
グリゴレフ Grigorev
グリゴレンコ
Grigorenko
グリゴーロ Grigòlo*
グリゴロイッチ
Grigorovich
グリゴローヴィチ
Grigorovich**
グリゴロヴィチ
Grigorovich
グリゴローヴィッチ
Grigorovich
グリゴロヴィッチ
Grigor'evich
グリゴロービチ
Grigorovich
グリゴロービッチ
Grigorovich
グリゴロフ
Gligorov**
Grigorov
クリコワ Krylova
クリーザー Klieser
グリーサー Griesser
グリーザー Grieser**
クリサイディス
Chryssides
クリサイン Crecine
クリサダー Krisada*
クリサート Kriszat
グリザード Grizzard
クリサファリ
Crisafulli
クリサフェス
Chrysaphes
クリサフリ Crisafulli
クリサラ Crisara
グリーザル Grisar
グリザール Grisar
グリザル Grisar
グリザレス Grisales
クリザロウ Clitherow
クリサン Crisan
クリザン Crisan
クリサンザス
Chrisanthus
クリサンセン
Christensen
クリサンダー
Chrysander
クリザンダー
Chrysander
クリサント Crisanto
クリサントゥス
Chrysanthus
クリーシー
Creasey*
Creasy
クリージ
Cleage
Krüsi
クリージー
Creasey*
Creasy
クリシ Crisi
クリシー
Chrissie*
Clichy
グリーシー
Greasy
Griesy
グリージ Grisi
グリジ Grisi
クリシイ Creasy
グリージィ Grisi
クリシエ Cliche
クリシェック Krischek
グリーシェーバー
Grieshaber
クーリシェル
Kulischer
クリシェル Kulisher
クリジェル Kriegel
クリシエン Krishen
グリシェンコ
Grishchenko*
クリシカス Chryssicas
クリシス Chrissis
グリシッチ Glisic
クリシッポス
Chrysippos
クリシナ
Klishina
Krishna
クリシナムルテ
Krishnamurti
グリジニック Grichnik
クリシバエフ
Kurishbayev
グリジバツ Grizivatz*
クリシャー Krisher
クリシヤ Krysia
グリーシャ Grisha*
グリシャ Grischa*
クリジャイ Krizaj
クリジャーク Kryszak
グリシャト Gulshat
グリジャナ Gulzhana
クリシャナラジ
Krishnaraj
クリシャニス
Krišjanis
クリジャーニチ
Križanić
クリジャニチ Križanić
クリジャニチュ
Križanič
クリジャニッチ
Križanić
クリシャヌ Krishanu
クリジャネツネ
Krizsaneczné
クリジャノビッチ
Krizanovic
Križanović*
クリジャーノフ
Kulidzhanov*
グリシャム
Grisham**
グリシャラ Gulshara
クリシャロビシュ
Kryszalowicz
クリシャン Krishan**
グーリシャン
Goolishian
クリシュ
Kuliš
Kulish
グリシュカ Grichka*
グリシュク Grishuk*
クリシュコ Kuryshko
クリシュタルカ
Krishtalka
クリシュティナ
Krystyna
クリシュト Christ
クリシュトーヴァン
Christovão
クリシュトーフ
Christopher
クリシュトフ
Christoph
Kristóf
Kryštof
Kryszstof
Krzysztof
クリシュナ
Krisha
Krishna***
Krisna
Kṛṣṇa
クリシュナー
Krishna
Kṛṣṇā
クリシュナカント
Krishnakant
クリシュナギリ
Krishnagiri
クリシュナスワーミー
Krishnaswami
クリシュナスワミ
Krishnaswami
Krishnaswamy
クリシュナズワミー
Krishnaswami
クリシュナーチャールヤ
Kṛṣṇācārya
クリシュナデーヴァ
Kṛṣṇadeva
クリシュナーデーヴァラーヤ
Kṛṣṇadevarāya
クリシュナデーヴァ・ラーヤ
Kṛṣṇadevarāya
クリシュナデーヴァラーヤ
Kṛṣṇadevarāya
クリシュナデーバラーヤ
Kṛṣṇadevarāya
クリシュナナンダ
Krishnananda
クリシュナナンダー
Krishnananda
クリシュナプラム
Krishnapuram
クリシュナミシュラ
Kṛṣṇamiśra
クリシュナムーティ
Krishnamurti
クリシュナムーティー
Krishnamurti
クリシュナムールティ
Krsnamūrti
クリシュナムルティ
Krishnamurthi
Krishnamurthy*
Krishnamurti*
Krsnamūrti
クリシュナーモシー
Krishnamoorthy
クリシュナラジュ
Krishnaraju
クリシュナン
Krishnan*
グリシュマン
Grishman
クリシュヤーニス
Krišjaņis
グリジョ Grillo
クリショフ Kulisciov
グリーシン Grishin
グリシン Grishin**
グリージンガー
Griesinger
クーリス Kurys'

ク

クリース
Chris
Cleese
Crease*
Glees
Kries*
Kriese
クリーズ
Cleese*
Crees
クリス
Chiris
Chris***
Chriss
Christian
Christine**
Christoper
Christophe
Christopher*
Cris**
Criss*
Keris**
Khris
Klise
Klys
Kris**
Kriss*
Krist
Kristine
Krys
Kurisu
Kurz
グリース
Greace
Gries*
Griess*
グリーズ Griez
グリス
Grice
Gris*
Griss
クリスィー Chrissy
クリスウェル Criswell
グリズウォウルド
Griswold
グリスウォード
Griswold
グリスウォルド
Griswald*
Griswold
グリズウォルド
Griswold**
グリスウッド
Grisewood
グリスキー Glisky
クリスクオーロ
Criscuolo**
クリスクオロ
Criscuolo
グリスケヴィシウス
Griskevicius
クリスゴー Christgau
グリスコニス
Griskonis
Griškonis
グリスコム Griscom
クリスジャン Kristjan
クリスタ
Christa***
Christer
Krista*
クリスター
Christer*
Krister
グリスタ Glista
クリスタキス
Christakis
クリスタス Cristas
クリスターソン
Christerson
Christersson*
Kristersson
クリスタナ Kristanna
クリスタニア
Christania
クリスタプス Kristaps
クリスタベル
Christabel*
クリスタラー
Christaller*
クリスタラン Cristalin
クリスタリナ
Kristalina
クリスタリン
Christalyn
クリスタル
Chrystal*
Cristal*
Crystal**
Crystalle
Kristal*
Krystal**
Krystall
クリスタルディ
Cristaldi*
クリスタン
Christan
Christin*
Kristan
クリスタンテ
Cristante
クリスタント
Kristanto
クリースチ Kristi
クリスチ
Christie
Kristi
クリスチー
Christie
Christy
Cristi
クリスチアーナ
Christiane
クリスチアナ
Christiana
Christianna*
クリスチアニ Cristiani
クリスチアーヌ
Christiane**
クリスチアヌ
Christiane*
クリスチアーネ
Christiane*
クリスチアーノ
Christiano
Cristiano
クリスチァーン
Christian
クリスチァン
Christian
クリスチアン
Christiaan
Christian***
Kristiaan
Krisztian
クリスチィ Christie
クリスチイナ
Christina
クリスチィーネ
Christine
クリスチィン Kristinn
クリスチエン Kristian
クリスチーナ
Christina*
Cristina*
Krystyna*
クリスチナ
Christina*
Cristina*
Kristina*
Kriszina
Krystyna
クリスチーヌ
Christiane
Christine***
クリスチヌ Christine
クリスチーネ
Christina
Christine
クリスチノ Cristino
クリスチャコフ
Chistyakov
クリスチャニ
Christiani
クリスチャーヌ
Christiane
クリスチヤーヌ
Christiane
クリスチャン
Chrictran
Christhian
Christiaan***
Christiam
Christian***
Christien
Christion
Christyan
Cristhian
Cristian**
Kristen
Kristian**
Kristien
Kristijan
Kristjan*
Kristján*
Krisztian
Krystian*
クリスチャンズ
Christians
クリスチャンセン
Christensen*
Christiansen*
Kristiansen*
クリスチャンソン
Christianson*
Kristiansson*
Kristjánsson
クリスチャンヌ
Christiane
クリスチヨナス
Kristijanos
クリスチーン
Christine
クリスチン
Christine
Kristin
クリステア Cristea
クリスティ
Christi
Christie***
Christopher
Christy***
Cristi
Cristie**
Cristy*
Kirsti
Kirstie
Kristi**
Kristie
Kristy
クリスティー
Christee
Christie***
Christine
Christy
Cristy
Kirstie
Kristy
Krisztina
クリスティア Chrystia
クリスティアウン
Kristján
クリスティアーナ
Christiana
Christine
クリスティアナ
Christiana**
Christianna**
クリスティアーニ
Cristiani
クリスティアニ
Cristiani**
クリスティアニーニ
Cristianini
クリスティアーヌ
Christiane**
クリスティアヌ
Christiane
クリスティアヌス
Christianus
クリスティアーネ
Christiane***
Christianne
クリスティアーノ
Cristiano***
クリスティアノス
Christianos
クリスティアーン
Christiaan
Christian*
Christiern
クリスティアン
Christen
Christiaan**
Christiam
Chris-Tian
Christian***
Christiane
Chrystian
Cristhian
Cristian***
Cristián
Kristian**
Kristijan
Krisztian
Krisztián*
Krystian
クリスティアンス
Christians*
クリスティアンセン
Christiansen*
クリスティアンゼン
Christiansen*
クリスティアンソン
Christianson
クリスティアント
Christianto
クリスティアンヌ
Chirstiane
Christiane*
クリスティイーナ
Kristiina
クリスティイナ
Christina
クリスティイリエ
Cristi-Ilie
クリスティヴァ
Kristeva
クリスティーエ
Christie
クリスティソン
Christison*
クリスティーナ
Christiana
Christina***
Chrystina
Cristiana
Cristina**
Kristiina*
Kristina**
Krisztina
Krystyna*
クリスティナ
Christiena
Christina***
Christine
Christinna
Cristina**
Kristina**
Kristyna
Kriszina*
Krisztina*
Krystyna*
クリスティナティス
Kristinatis
クリスティーヌ
Christiane
Christina*
Christine***
クリスティヌ
Christine
Kristien
クリスティーネ
Christine***
Cristine
Kristine*
クリスティネ
Christiné
クリスティヤーナ
Kristjana
クリスティヤノス
Kristijanos
クリスティヤン
Kristijan
クリスティヨーナス
Kristijanos
クリスティリアン
Christilian
クリスティーン
Christian
Christine***
Kristin
Kristine*
クリスティン
Chiristine
Christian
Christin*
Christine***
Creistine
Cristin
Cristine*

Kirsteen
Kirsten
Kristen*
Kristin**
Kristine**
Kristinn
Krsistin
クリスティンソン
Kristinsson
クリステーヴァ
Kristeva
クリステヴァ
Kristeva**
クリステション
Kristersson
クリステネス
Clistenes
Kleisthenes
クリステバ Kristeva
クリステメイエル
Christemeijer
クリステュス Christus
クリステラー
Kristeller*
クリステル
Christel**
Christelle**
Christer*
Kristel**
Krister*
クリスデル Chrisdell
クリステワ Kristeva
クリステン
Christen*
Kristen**
Kristin
クリステンスン
Christensen
クリステンセン
Chrilstensen
Christensen***
Kristensen***
Kristiansen
クリステンゼン
Christensen
クリステンソン
Christenson*
クリステンフース
Christenhusz
クリスト
Christ*
Christe
Christo**
Crist*
Cristo
Krist
Kristo
グリースト Greist
グリスト Grist*
クリストゥ
Christou
Christout
クリストウ Christou
クリストヴァン
Christovão
クリストヴォン
Cristóvão
クリストゥス Christus
クリストウスキス
Kristovskis
グリストウッド
Gristwood
クリストス Christos**
クリストッフ Christoff
クリストッフェション
Christoffersson
Kristoffersson
クリストッフェル
Christoffel
Christoffer
Christopher
クリストドウラ
Christodoula*
クリストドゥラキス
Christodoulakis
クリストドゥリディス
Christodoulidis
クリストドゥールー
Christodoulou
クリストドゥル
Christodoulou
クリストドゥロス
Chiristodoulos
Christodoulos
クリストドウロス
Khristodoulou
クリストナー
Christner
クリストーバル
Christoforo
Cristóbal
クリストバル
Christóbal
Christopher
Cristobal**
Cristóbal***
クリストバン
Cristovąo
Cristóvão
Crstovam
クリストーフ
Christoph
クリストフ
Christof***
Christoff*
Christoffel
Christope
Christopf
Christoph***
Christophe***
Christopher
Christov
Christph
Chrstophe
Cristoph*
Kristof**
Kristóf*
Kristoff*
Kristov
Krystof*
Krzysztof**
クリストファ
Christoffer
Christopher*
Kristofer
クリストファー
Chistopher
Chridtopher
Chrisopher
Christofer
Christoffer
Christoper
Christoph*
Christopher***
Christpher**
Chrystopher
Cristofer
Cristopher
Kristofer
Kristoffer*
Kristopher*
クリストファア
Christopher
クリストファーズ
Christophers
クリストファースン
Christopherson
クリストファスン
Kristofferson
クリストファーセン
Christoffersen
Christophersen**
クリストファセン
Christophersen
クリストファーソン
Christoffersen
Christopherson*
Kristofferson*
クリストファソン
Kristofferson
クリストーファノ
Christofano
Cristofano
クリストファノ
Cristofano
クリストファルス
Christopher
クリストファロ
Christoforo
Cristofaro
クリストフイロポウロウ
Christofilopoulou
クリストフィロポロ
Christofilopourou
クリストフェシェン
Kristoffersen
クリストフェリス
Christofellis
クリストフェール
Christopher
クリストフェル
Christoffel
Christoffer
Christophe
Christopher
Kristofer
クリストーフォリ
Cristofori
クリストフォリ
Cristofori
クリストフォリジ
Kristoforidhi
クリストフォルス
Christophorus
クリストフォレアヌ
Cristoforeanu
クリストーフォロ
Christoforo
Cristoforo
Cristóforo
クリストフォーロ
Cristoforo
クリストフォロ
Christoforo
Cristoforo*
クリストフォロウ
Christoforou
クリストーフォロス
Christopher
クリストフォロス
Christoforos
Christophorus
クリストフハアー
Christopher
クリストフワー
Christopher
クリストベル
Christobel
クリストポウロス
Christopoulos
クリストポロス
Christopoulos
クリストマイエル
Christemeijer
クリストマン
Christman*
クリストモ
Crisostomo
クリストヤンソン
Kristjansson
クリストリーブ
Christlieb
クリストリープ
Christlieb
Kristlieb
クリストリン
Christlyn
クリストル
Christl*
Cristol*
Kristol**
クリストロープ
Christlob
クリストワ Christova
クリストン Christon
クリスナ Christina
クリスナンディ
Chrisnandi
クリスパー Krisper
クリスパス Crispus
グリースバッハ
Griesbach
グリースバハ
Griesbach
グリースバハー
Griesbacher
クリスパン Crispin
グリスハンマー
Grisshammer
クリースビー Cleasby
クリースピ Crispi
クリスビー Crisby
クリスピ Crispi
クリスピアン
Crispian*
クリスピエン Crispien
クリスピーナ Crispina
クリスピナ Crispina
クリスピニアーヌス
Crispinianus
クリスピニアヌス
Crispinianus
クリスピーヌス
Crispinianus
クリスピヌス
Crispinianus
クリスピノ Crispino
クリスピーン Crispien
クリスピン
Clispin
Crispin***
クリスプ
Chrisp
Crisp***
Crispe

クリスプス Crispus
クリスフラ Crisfulla
グリズブルック
Grisbrooke
クリズペラ Klitzpera
クリスベルク Krisberg
クリスペンドルフ
Crispendorf
クリスポ Kríspos
クリスポルティ
Crispolti
クリスホルム
Chisholm
クリスマー Krismer
グリズマー Grismer
クリスマス
Christmas*
クリスマニッチ
Crismanich**
クリスマン
Chrisman*
Crisman
Crissman
グリースマン
Griessman*
グリーズマン
Griezmann
グリスマン
Griessman
Grisman*
クリスマンスキ
Krysmanski
クリスマンソン
Kristmundsson
クリスラー Crisler
グリズリー Grizzly
クリスリーブ
Christfried
クリズロー Clitherow
グリズロ Gryzlo
クリースロープ
Cleethrope
グリズロフ Gryzlov**
グリースン Gleason*
クリスンベリ
Christenberry
グリーゼ
Gliese
Griese*
グリセ Grisey
グリゼ Griset
グリゼー Grisey
クリセオヴァー
Kriseová
クリセット Chrisette
グリセット Griset
クリセティグ Crisetig
グリーゼバッハ
Grisebach

ク

グリゼバッハ
Grisebach
グリーセバハ
Grisebach
グリーゼバハ
Grisebach
クリーセル Kriesel
グリセール Griesser*
グリゼル
Glizer
Grizel
グリゼルダ Griselda*
クリセロウ Clitherow
グリセンディ
Grisendi*
グリソ Grisot
クリソウド Clissold
クリソゴヌス
Chrysogonus
クリソストム
Chrysostom
Chrysostome
Chrysostomos
クリゾストーム
Chrysostome
クリゾストム
Chrysostome
クリソストムス
Chrysostomos
クリソストモ
Crisóstomo
クリソストモス
Chrisostomus
Chrysostomos
Chrysóstomos
グリゾニ Grisoni
クリソホイディス
Chrysochoidis
グリソム Grissom
グリゾリア Grisolia*
クリソルド Clissold
グリゾルド Grizold
クリソログス
Chrysologus
クリソロゴス
Chrysologus
クリソロラス
Chrysoloras
クリソン Clisson
グリーソン
Gleason**
Gleeson**
Greeson
グリーゾン Gleeson
グリソン Glisson
クリーター Cleator
クリーダー Krijzer
クリダ Clidat*
グリーダー Grieder
グリタ Gryta
グリダソワ Gridasova
クリタナ Critana
クリタナガラ
Kertanagara
グリタフ Gustav
クリーチ
Creach
Creech**
クリチアス Kritias
クリチウス Critius
グリチウス Glitius
クリチェク Křížek
クリチェフスキー
Krichevskii
クリチェンコ
Kulichenko
クリチカ
Klička
Kryczka
グリチカ Grichka
クリチコ
Klichko
Klitchko**
Klitschko*
クリチコフ Kulichkov
グリチック Grichuk
クリチトウン Crichton
クリチトン Crichton
グリチナ Grishina
クリチマン Krichman
クリーチュ Klíč
クリツ Kriz
クリツァ Kriza
グリツェンコ
Gritsenko
Hrytsenko
クリッガー Criger
クーリック
Couric
Kulick
Kulik*
クリック
Click
Cliquet
Crick**
Krick
Kulick
グーリック
Gulick
Gulik
グリック
Gleick**
Glick*
Glyck
Guericke
グリッグ
Grieg
Grigg*
クリックシュタイン
Klickstein
グリックシュタイン
Glickstein
クリックス Kuritzkes
グリッグス Griggs**
グリッグズ Griggs
クリックスタイン
Klickstein
クリックステイン
Krickstein
グリックスバーグ
Glicksberg*
グリックスベルク
Glicksberg
グリックスマン
Gliksman
クリックトン Crichton
クリックボーム
Crickboom
クリッグマン Kligman
グリックマン
Glickman***
クリックメイ
Crickmay
クリックモア
Crickmore
グリッグリー Grigely
クリックロウコックバーン
Crichlowcockburen
クリッサ Chryssa
グリッザード Grizzard
クリッサナー
Kritsanaa
グリッサーニ
Gulissāni
グリッサン
Glissant***
クーリッジ
Coolidge**
クリッシー
Chrissie*
Chrissy*
Christine
Krissy
クリッジ Krige
グーリッジ Guelich*
クリッシェ Kliche
クーリッシェル
Kulischer
Kulisher
クーリッシャー
Kulischer
クリッシャー
Krisher**
グリッセル Grissell
グリッソ Grisso*
グリッソム Grissom**
クリッソン Clisson
グリッソン Glisson
グリッター Glitter
グリッチ
Glitch
Grich
Grizzuti
クリッチェル Critchell
クリッチェルズ
Krichels
グリッチカ Glitschka
クリッチフィールド
Critchfield
クリッチャー Kricher
クリッチュリー
Critchley
クリッチリー
Critchley**
クリッチロウ
Critchlow
グリッツ Gritz
クリッツァー Kritzer
クリッツィンク
Klitzing*
クリッツィング
Klitzing
グリッツティ Grizzuti
クリッツバーグ
Kritsberg
クリッツマン
Klitzman
Kritsman
Kritzman*
グリッツマン
Gritzmann
グリッティ Gritti*
クリッティヴァース
Kṛittivās
グリッデン Glidden
クリッテンデン
Crittenden
クリット Krit
グーリット Gullit
グリット
Grit
Gullit
グリットマン Glitman
グリッドリー Gridley
クリッパ Crippa
クリッパー Klipper
クリッパード Clippard
グリッパンド
Grippando*
クーリッヒ Kullig
クリッヒ Krich
クリッヒェル Krichel
クリッヒバウム
Krichbaum
クリッピン Cribbin
グリッヒン Griffin
グリッビン Gribbin
クリッピンガー
Clippinger
クリッピンジャー
Clippinger
クリッフ Cliffe
クリッブ Cribb**
グリッブ
Grib
Grip
グリッフィ Griffi
グリッフィエル
Griffier
グリッフィス Griffiths
グリッフィン Griffin
グリッフイン Griffin
クリッフォード
Clifford*
クリツフオード
Clifford
クリップス
Cripps**
Crips
Kripps
Krips
クリップスタイン
Klippstein
クリップナ Krippner
クリップナー
Krippner*
グリッフフイン Griffin
クリツペラ Klicpera
クリッペル Klippel*
クリッペン Crippen*
クリッペンスティーン
Klippensteen*
クリッペンドルフ
Krippendorff*
グリッペンベルク
Gripenberg
グリッポ Grippo
クリツマン Kritzman
グリッランディ
Grillandi*
グリッリ Grilli
グリッロ Grillo**
クリーディ
Crede*
Creedy
グリーディ Guridi
グリディ Guridi
クリティア Clytia
クリティアス
Klitias
Kritias
クリティアン
Christian
クリティオス
Critius
Kritios
クリティナ Kritina
クリティーヌ
Christine
クリテンデン
Crittenden
クリテンドン
Crittenden
クリート
Clete*
Cletis
Cliett
クリード Creed***
クリト Clito
グリート
Geert
Greet
クリトヴォロス
Kritovoulos
クリドゥル Criddle
クリトシック Kritsick
グリードヒル
Gleadhill
クリトブーロス
Kritoboulos
クリトブロス
Kritoboulos
クリトプロス
Kritopoulos
Kritópulos
クリトボロス
Kritovoulos
クリトラウス
Kritolaos
クリトラオス
Kritolaos
グリドリー Gridley
クリトル Crittle
クリドル Criddle
クリートン Cleeton
クリトン
Criton

Kritōn
グリトン
Griton
Gritton
クリトンドン
Crittendon*
クリーナ Klena
クリーナー Kriener
クリナ Crina
グーリナ Goulinat
グリーナー Greener**
グリナ Gourinat
グリーナウェー
Greenaway
グリーナウェイ
Greenaway**
クリナゴラス
Krinagoras*
クリナード Clinard
グリナート Glinert*
グリナン Grinnan
クリーニ Kleene
クリニ Clini
グリーニ Gulini
グリーニー Greaney**
グリニ
Grigny
Grini
グリニー Grigny
クリニェ Clignet
クリニエ Curinier
グリニエル Gliner
グリニオフ Grinioff
クリニオン Crinnion
グリニオン Grignon
グリニス
Glynis*
Glynnis*
クリニチ Kulinich
グリーニッジ
Greenidge
グリニッジ Greenidge
グリニッチ Greenwich
クリニッツ Krinitz
クリーニートゥス
Crinitus
クリニャク Kulynyak
グリニャーニ Grignani
グリニャール
Grignard
グリニョン Grignon*
グリニヨン Grignion
グリーニング
Greening
グリヌ Glineux
クリーネ Kleene
グリーネーカー
Greenacre
クリネクト Klinect
グリネス Grines
グリネット Grynet
グリーネバウム
Greenebaum
クリネラ Crinella
グリネル Grinnell
クリネンバーグ
Klinenberg
クリーノ Crino*
クリノ Clino
グリーノ Greeno
グリーノー
Greenough*
グリノー Greenough
グリーノウ
Greenough
クリノフ Kurynov
グリノルド Grinold
クリノワ Klinova
クリノン Crinon
クリーバー
Cleaver
Kleiber*
クリパー Klipper
グリーバー Greber
グリハ Gliha
グリバウスカイテ
Grybauskaite
Grybauskaitė*
Grybauskaitė
グリバス Grivas
グリバチョーフ
Gribachov
グリバチョフ
Gribachyov
クリバノフ Klibanoff
グリバノフ Gribanov
クリハラ Kurihara
クリパラニー
Kripalani
クリパラーニ
Kripalani
クリパラーニー
Kripalani
クリパラニ Kripalani
クーリバリ Coulibaly
クリバリ
Coulibaly
Koulibaly
クリバリー Coulibaly
グリパリ Gripari**
グリバルディ Gribaldi
グリハルバ Grijalva
クリーバン Kliban
クリバンスキー
Klibansky*
クリビ Klibi*
グリービー Greavey
グリビ Ghribi
グリヒス Griffis
クリヒトヴェーウス
Clichtovaeus
Clichtoveus
クリビヌ Krivine
クリーピーパスタ
CreepyPasta
クリビリス Clivilles
クリービン Kulibin
クリビーン Kulbin
クリビン
Cribbin
Krivine
グリビン Gribbin*
グリーピンク Griepink
クリーフ
Cleef*
Clief
Krieff
クリーブ
Cleave**
Cleve
Clive**
クリフ
Cliff***
Cliffe*
Clifford
Clifton
Klich
Krief
クリブ
Clive
Cribb
グリーフ
Greef
Greiff
グリーブ
Graeve
Greaves
Greive
Greve
Grieb
Grieve**
グリーブ Grip
グリフ Griff
グリブ
Grib*
Gurib
グリファル Griffall
グリファン Griffin
グリフィー Griffey**
グリーフィウス
Gryphius
グリフィウス
Gryphius
グリフィーズ
Gruffydd
グリフィス
Griffes
Griffis*
Griffiss
Griffith***
Griffiths***
Griffith's
Grifith
グリフィズ Gruffydd
グリフィスス Griffiths
グリフィン
Griffin***
Griffyn
Grifin
グリフィング Griffing
グリフェス Griffes
グリフェル Griffel
クリーフェルド
Kleefeld
グリフェン Griffen
グリフェンフェルト
Griffenfeld
クリフォー Clifford
グリフォ Grifo
クリーフォート
Kliefoth
クリフォード
Cliff
Clifford***
Cliford**
Clifton
Clyfford
Crawford
クリフオード Clifford
グリフォル Grifol
グリフォーン Griffon
クリプキ Kripke*
クリプケ Kripke*
クリーブス
Cleaves
Cleeves**
クリプス Krips
グリーブス
Gleaves
Greaves*
グリーブズ Greaves
グリフス
Griffes
Griffith
クリフスマン
Krijgsman
クリフチェーニャ
Krivchenya
クリフツォフ
Krivtsov*
クリーフト Kreeft
クリフト
Clift**
Clifton
クリフトフ
Christophe
クリフトファ
Christopher
クリフトン Clifton***
クリプトン Crypton
グリフュール
Griffuelhes
クリーブランド
Cleaveland
Cleveland***
グリブル Gribble
グリフレット Griflet
クリブレニャ
Kuribreña
クリーベ Clive
グリーペ Gripe**
クリベッリ Crivelli
クリベラ Crivella
クリベラロ Crivellaro
クリベリ Crivelli
クリベリョワ
Kriveleva
Krivelyova
クリベルド Kreveld
グリーペンカール
Griepenkerl
グリーペンケル
Griepenkerl
クリーベンスタイン
Kliebenstein
クリーベンステイン
Kliebenstein
グリペンベリ
Gripenberg
グリペンベルク
Gripenberg
グリボィエードフ
Griboedov
グリボイエードフ
Griboedov
グリボイエドフ
Griboedov
グリボヴ Gribov
クリホヴィアク
Krychowiak
グリボエードフ
Griboedov
グリボエドフ
Griboedov
クリボシャプカ
Krivoshapka
グリポス Grypos
クリボノソフ
Krivonosov
クリーボン Cleavon
クリボーン Clibbron
グリボン Gribbon
クリーマ
Clima
Klima
Klíma*
クリーマー
Creamer**
Cremer
クリマ
Klima**
Klíma*
グリマー Grimmer
クリーマイヤー
Kleemeier
クリーマクス
Climacus
クリマクス Climacus
クリマコス Climacus
クリマックス
Climacus
グリマーニ Grimani
グリマール Grimal
グリマル Grimal
グリマルディ
Grimaldi*
グリマルド
Grimald
Grimaldo
クリーマン Kleeman
クリマン Kliman
グリマンディ
Grimandi
クリーミ Crimi
クリミ Crimi
グリミー Grimmie
クリミナリ Criminali
グリミネッリ
Griminelli*
グリミラ Gulmira
グリミンガー
Grimminger
クリミンス
Crimmins*
クリム

Crim
Karīm
Klim*
Klimm
Kream
Krim*
グリーム
Graeme
Griem
Grimm
グリム
Glimm
Grim**
Grimm***
Grumm
グリムー Grimou
グリムーア Glymour
グリムヴァルト
Grimwald
グリムウッド
Grimwood***
クリムキン Klimkin
グリムク Grimke
クリムケ Klimke
グリムケ
Grimke
Grimké
クリムコ Klimko
グリムジー Grimsey
グリムシャー
Glimcher
グリムショー
Grimshaw**
グリムショウ
Grimshaw*
グリムス Grimes
グリムズ Grimes
クリムスキー
Krimsky
Krymsky
グリムズデール
Grimsdale
グリムストン
Grimston
Grimstone
グリムスリー
Grimsley
グリムズリ Grimsley
グリムズリー
Grimsley**
グリムズリィ
Grimsley
グリムゼル Grimsehl
グリムソープ
Grimthorpe
グリムソン
Grimson
Grimsson**
クリムト Klimt**
クリムバーグ
Klimberg
クリームヒルト
Kriemhild
クリムプシュツィンツァゼ
Klympushtsintsadze
クリムベク Krymbek
クリムボーイ
Currimbhoy
クリームラー
Kriemler*
グリムリー Grimley
クリムリス Crimlis
グリメ Grimme
クリメク Klimek
クリメッツ Krimets
グリメット
Grimmett
Grimmette
グリメル Grimmel
クリメンコ
Klimenko
Klymenko
クリメント
Climent*
Kliment
クリメントーヴァ
Klimentova
クリメントフ
Klimentov
クリモ
Climo
Klimo
グリモ Grimod*
グリモー
Grimaud**
Grimault*
Grimaux
Grimod
グリモア Grimoard
クリモヴァ Klimova
クリモウスキー
Klimowski
クリモウスキィ
Klimowski
クリーモフ Klimov
クリモフ Klimov*
クリモフスキ
Klimowski
グリモール Glymour
クリモワ Klimova
グリャエフ Gulyaev
グリヤエフ Guliaev
グリャコ Gulyako
クリャコビッチ
Kljakovic
クリャーシ Kulyash
グリャシキ
Gulyashkn*
クリャシュトルヌイ
Klyashtornui
クリャチコ Kliachko
クーリャック Kurjak
グリャック Gulyak
クリヤーナンダ
Kriyananda*
クリヤナンダ
Kriyananda
グリャモフ Gulyamov
グリャモワ
Gulyamova
クリャンガ
Creangă
Creangă
クリヤンガ Creangă
クリュー
Crew
Crewe
Kruif
グリュー Glew
クリュイタンス
Cluytens
クリュウ Crewe
クリューヴァー
Kluyver
クリュヴィエ
Cruveilhier
クリュヴェイエ
Cruveilhier
クリューエヴァ
Kliueva
クリューエフ Klyuev
クリュエフ Klyuev*
グリュオー
Gruau
Gruault*
クリューガ Krueger*
クリューガー
Crüger
Kluger*
Klüger
Krueger*
Kruger*
Krüger***
クリュカ Klyuka
クリュガー
Klüger*
Kruger
グリュカス
Glykas
Glykás
クリュギン
Kliugin*
Klyugin
クリュクルンド
Kyrklund
クリュグロフ Kruglov
クリューゲ Kluge
グリュケリウス
Glycerius
クリューゲル
Klügel
Kreuger
Krueger
Kruger
Krüger
クリュゲール Kruger
グリューゲル Grugel
クリューコヴァ
Kriukova
クリューコフ
Kriukov
Kryukov
Krýukov
クリュコフ Kryukov*
グリュコーン Glykon
グリュコン Glykon
クリュザ Crusat
クリュサフィウス
Chrysaphius
クリュザンダー
Chrysander
クリュサンティオス
Chrysanthius
クリュサントゥス
Chrysanthus
クリュサントス
Chrýsanthos
クリュージ Krüsi
クリュシー Crucy
クリュージェ Kruger
クリュシッポス
Chrysippos*
クリューシニコフ
Kliushnikov
クリュション Cruchon
グリュジンスキ
Gruzinski*
クリュース Clews
クリューズ
Clews
Cluzet
Crews*
クリュス
Kruss
Krüss**
グリューズ Greuze
クリュースキー
Krewski
クリュスティン
Clustine
クリュスナー Klüsner
クリュズレ Cluseret
クリュズレー Cluseret
クリュゼ Cluzet
クリュセイス Chrysēis
クリュゼマン
Crusemann
Crüsemann*
クリューセンシェーナ
Krusenstjerna
クリューセンシャーナ
Krusenstjerna
クリュゾー Cluseau
クリュソケファロス
Chrysokephalos
クリュソゴノス
Chrysógonos
クリュソストム
Chrysostomos
クリュソストムス
Chrysostomos
Chrysostomus
クリューソストモス
Chrysostomos
クリュソストモス
Chrysostomos*
Chrysóstomos
クリュソベルゲス
Chrysoberges
クリュソログス
Chrysologus
クリュソロラス
Chrysoloras
クリュタイムネストラ
Klytaimnestra
クリュタイメストラ
Klytaimnestra
クリューダップ
Crudup
クリュチェスフスキイ
Kliuchevskii
クリュチェーフスキー
Kliuchevskii
クリュチェフスキー
Kliuchevskii*
Klyuchevskii
クリュチェーフスキィ
Kliuchevskii
クリュチコヴ
Kryuchkov
クリュチコーフ
Kryuchkov
クリュチコフ
Kryuchkov**
クリュチナ Kruchina
クリュチュフスキー
Kliuchevskii
クリュッグ Krug*
グリュック
Gluck
Glück**
Glueck
クリュックシァンク
Cruickshank
クリュックシャンク
Cruickshank*
Cruikshank
グリュックス Glücks
グリュックスマン
Glucksmann**
Glücksmann
クリュックマン
Krukmann
グリュツケ Gurcke
グリュッケル Glückel
クリュッセルベルク
Krüsselberg
グリュッツナー
Grützner
グリュッツマハー
Grützmacher
グリュツナー
Gruetzner
Grutzner
Grützner
クリューツフェルト
Kreutzfeldt
クリュッペ Kruche
グリュデ Grudet*
クリューデナー
Krüdener
クリューデネル
Krüdener
Kryudener
クリュト Clute
クリュードソン
Crewdson*
クリュドナー Krüdner
グリューナー
Gruener
Grüner*
グリュナー Gruner
グリュナエウス
Grynaeus
クリューニー Cluny
クリュニー
Cluni
Cluny
グリューニング
Gruening

グリュニング Grüning
グリューネ Gruhne
グリューネヴァルト
Grunewald
Grünewald**
グリュネーウス
Grynäus
Gryner
グリュネカー
Gruenecker
グリューネバウム
Grunebaum
グリュネル Grüner
グリューネワルト
Grünewald
グリューネワルド
Grünewald
グリューネンフェルダー
Grünenfelder
グリューネンベルク
Grunenberg
クリューバー
Clüver
Kluver*
Klüver
グリューバー
Gruber
Grüber
グリュビー Gruby
クリューブ Clube
クリュフ Kruijff
グリューフィウス
Gryphius*
グリュフィウス
Gryphius
グリュプス Grypos
クリュフト
Kluft*
Klüft
クリュプフェル
Klüpfel
グリューブラー
Grübler
クリュベイエ
Cruveilhier
グリューベル
Grübel*
Gruber
グリュポス Grypos
グリュミエ Grumier
グリュミオー
Grumiaux*
グリュモンス
Grummons
グリューラッチ
Greulach
クリュル
Krull
Krüll*
グリュール Grüll
グリューン
Gruen*
Grun
Grün*
グリュン
Grun
Grün
グリューンアイゼン
Grüneisen
グリュンヴァルト
Grunwald
グリュンヴァルド
Grünwald
グリューンウェーデル
Grünwedel
グリューンヴェーデル
Grünwedel
グリュンウェーデル
Grünwedel
グリュンヴェーデル
Grünwedel
グリューンシュパン
Grünspan
Grynszpan
グリュンダール
Groendahl
グリュンツパン
Grynszpan
グリュンデル Grundel
グリュント Gründ
グリューンドゲンス
Gründgens
グリュントゲンス
Gründgens
グリュンドゲンス
Gründgens
グリュントラー
Gründler
グリューンバイン
Grünbein**
クリュンパーヴェストカンプ
Klümper-Westkamp
グリューンバウム
Grünbaum
グリュンバウム
Grünbaum*
グリュンハーゲン
Grünhagen
グリューンフェルト
Grunfeld
グリュンベーデル
Grünwedel
グリューンベルク
Grünberg
グリュンベルク
Grünberg*
グリュンベルグ
Grünberg
グリュンマー
Grümmer
グリュンマルク
Gronmark
Grønmark
クリュンメル
Krummel
Krümmel
グリュンワルド
Grunwald*
Grünwald
グリヨ
Grillo
Grillot
クリョーヒン
Kuryokhin
グリヨール Griaule
クリヨン Crillon
グリョンベルグ
Grönberg
グリラ Grira
グリラック Grylack
グリラブ Gurirab
クリーランド Cleland*
クリランド Cleland*
クリーリー
Creeley***
クリリー
Crilley
Crilly
グリーリ
Greeley
Greely
Grilli
グリーリー
Greeley***
Greely
グリリ Grilli*
グリリー Grilli
グリーリィ Greeley
グリーリイ
Greeley
Greely
グリリッチュ
Grillitsch
グリリヘス Grilikhes
クリール
Creel
Kriel
クリル Krill
グリール
Greil*
Griehl
グリル Grill
クリルクベリア
Kvirkelia**
グリルス Grylls
グリルズ Grylls
クリルスキー
Kourilsky
グリルナー Grillner
グリルパルツァー
Grillparzer
グリルパルツァ
Grillparzer
グリルパルツァー
Grillparzer*
グリルパルツェル
Grillparzer
グリルマイアー
Grillmeier
グリルロ Grillo
クリーレ Kriele
クリーレイ Creeley
グリーレイ Greeley
グリロ
Grillo*
Grilo
グリロー Grillo
クリロヴ Krylov
クリロウィチ
Kurylowicz
クリロヴィチ
Kurylowicz
クリロビッツ
Kurylowicz
クリロフ
Krylov
Kuriloff
Kurilov*
クーリン Kuling
クリーン
Clean
Crean*
Klien*
クリン
Klin
Kling
グリーン
Glean
Glyn
Green***
Greenberg
Greene***
Grèene
Grene
Grien
Grin**
グリン
Glyn***
Glynn**
Glynne**
Grin*
Grine
Gryn
Gurin
クリンイェレード
Klingered
グリーンウェイ
Greenway*
グリーンウェル
Greenwell**
グリーンウォルト
Greenewalt
グリーンウォルド
Greenwald**
グリーンウッド
GreenWood
Greenwood***
グリーンエーカー
Greenacre
クリンガ Klinga
クリンガー
Klinger*
Klingner
グリーンカ Glinka
グリンカ Glinka*
グリンカー Grinker
グリンガウツ
Gringauz
グリーンガード
Greengard**
グリンキー Greinke
クーリング
Cooling*
Couling
Coulling
クリンク
Clink
Klinck
Kling
Klink*
Krink
クリング
Kling*
Kring*
Kulling
グリング Gring
クリングヴァル
Klingvall
クリングス Krings**
クリングストローム
Klingström
クリングソオル
Klingsor
クリンクゾール
Klingsöhr
クリングソール
Klingsor*
クリングソル Klingsor
クリングゾール
Klingsor
クリングゾル Klingsor
クリングナー Klingner
クリングナウ
Klingnau
クリングバイル
Klingbeil
クリングバーグ
Klingberg
クリングバル
Klingvall
クリンクハルト
Klinghardt
クリングハルト
Klinghardt
クリングベルク
Klingberg
クリングマン
Clingman
クリンクラー Klingler
クリングラー Klingler
グリーングラス
Greenglass
Greengrass*
グリーングロス
Greengross*
クリンケ
Klinge*
Klinke
クリンゲ
Klinge*
Kringe
クリンケサスメリェ
Krinke-susmelj
クリンゲナウ
Klingenau
クリンゲマン
Klingemann*
グリンゲリ Gringeri
クリンゲル
Klingel
Klinger
クリンケルト Klinkert
クリンゲルホッファー
Klingelhofer
クリンケン Klinken*
クリンゲンシュタイン
Klingenstein
クリンゲンスティエルナ
Klingenstierna
クリンゲンスティルナ
Klingenstierna
クリンゲンスミス
Klingensmith

クリンゲンバーグ Klingenberg
クリンゲンベルガー Klingenberger
クリンゲンベルク Klingenberg*
クリンケンボルグ Klinkenborg*
グリンコ Grin'ko
グリンコフ Grinkov
グリンゴルツ Gringolts*
グリーンサル Greenthal
クリンジェン Clingen
クリンジェンダー Klingender
クリンジマン Klingeman
グリーンシュタイン Greenstein*
グリンシュパン Grynszpan
クリンジリー Cringely*
クーリンズ Kurins
グリーンスカヤ Glinskaya
グリンスカヤ Glinskaia
グリンスキ Gliński
グリンスキー Glinski
グリーンスタイン Greenstein
グリーンステイン Greenstein
グリーンストリート Greenstreet*
グリーンスパン Greenspan**
グリンスプーン Grinspoon
クリンスマン Klinsmann**
グリンスマン Glinsmann
グリーンスミス Greensmith
グリンセル Grinsell*
グリーンソン Greenson*
クリンタ Klinter
グリンタ Glinta
グリンダ
Grindea
Gurinder
グリンダー Grinder
グリンダル
Grindal
Gurinder
クリンチ Clinch**
グリンチェンコ Grinchenko
グリンツ Glinz*
グリンツァー Glintzer
グリンデ Grinde
グリンデアーヌ Grindeanu*
クリンティング Klinting*
グリンデュア Glyndwr
クリント
Clint***
Klimt
Klint*
グリント
Glint
Grint*
クリントヴォルト Klindworth
グリンドゥール Glyndŵr
グリンドゥル Glyndŵr
クリントマルム Klintmalm
クリンドラニ Kuridrani
グリンドリー Grindley**
グリンドル Grindle
グリンドレー Grindley
グリンドレイ Grindley
クリントン Clinton***
グリーンナウェー Greenaway
グリーンナウェイ Greenaway**
グリンネル Grinnell*
グリーンハウ
Greenhough
Greenhow
グリーンハウシュ Greenhalgh
グリーンハウス Greenhouse*
グリーンバウム Greenbaum*
グリーンバーガー
Greenberger*
Greenburger
Gruenberger
クリーンバーグ Greenburg
グリーンバーク Greenberg
グリーンバーグ
Greenberg**
Greenburg**
グリンバーグ
Glinberg
Greenberg
Greenburg
Grinberg*
クリンバス Krimbas
グリーンハット Greenhut
グリーンハーフ Greenhalgh
グリーンハフ
Greenhaff
Greenhalgh
グリンハム Grinham
クリーンバリ Cronberg
グリーンハル Greenhalgh
グリーンハルシュ Greenhalgh
グリーンハルジュ Greenhalgh
グリンバルド Grimbald
グリーンビー Greenbie
グリンビー Grimby
グリーンヒル Greenhill
グリンヒル Greenhill
クリンプ Crimp*
グリーンフィールド Greenfield**
グリーンフイルド Greenfield
グリンフィールド
Greenfield
Grinfield
グリンフィン Griffin
グリーンフェルド Greenfeld**
グリンフェルド Greenfeld*
クリンフォファー Klinghoffer
グリーンブラット
Greenblat*
Greenblatt**
グリーンブラッド Greenblat
グリンブラット Grinblatt
クリンプラトゥム Klinpratoom
グリンブル Grimble
グリンペック Grimpeck
クリーンヘッド Cleanhead
クリンベル Clinebell
グリンベルガ Grinberga
グリーンベルク
Greenberg
Grinberg
グリーンベルグ Greenberg*
グリンベルグ
Greenberg
Grinberg
クリンペン Krimpen
グリーンペンベリ Gripenberg
グリーンボーグ Grønborg
グリーンボーム Greenbaum
グリーンマン Greenman*
グリンム Grimm
グリンメル Grimmer
グリンメルスハウゼン Grimmelshausen
グリンメルスハオゼン Grimmelshausen
グリーンラー Greenler*
グリーンランド Greenland*
グリーンリ Greely
グリーンリー Greenlee
グリンリー Greenlee
グリーンリーフ Greenleaf***
グリンリーフ Greenleaf
グリンリン Grinling
グリンリング Grinling
グリーンロー Greenlaw
グリーンロウ Greenlaw
グリーンワールド Greenwald
グリーンワルド Greenwald*
グリンワルド Greenwald*
クール
Coeur
Cœur
Cool*
Coole*
Coull
Cour*
Court
Curt
Kool
Koole
Kuhel
Kuhl*
Kurr
クル
Kull
Kulu
クルー
Clu
Clue
Crew
Crewe*
Croux
Khru
グール
Ghoul
Gool
Gourd
Gouré
Gul'
Gur*
Gurr
グールー
Gourou*
Guru
グル
Gul
Gull*
Gur
Guru*
Guruh
Guruprasad
グルー
Gourou
Grew**
Grou
Groult***
Grout*
Groux*
Guruh
グルーア Grua
クルアイトーン Kruaithong
クルアイトン Kruaithong
クルアガーム Krua-Ngam
グルアモンテ Gruamonte
クルーアール Clouard
グルアンダーム
Gul-Andām
Gulandām
クルーイ Crouhy*
クルイヴァー Kluyver
クルイヴェル Kluyver
クルィウォーヴィチ Kurylowicz
クルイエル
Krøyer
Kryøer
クルイクシャンク Cruikshank
クルイクン Krykun
クルイジャノウスカヤ Kryjanovskaja
クルイジャノウスキー Krzhizhanovskii
クルイス Kruis
グルイチェバ Gruycheva
グルイッチ Grujic
クルイフ Kruijff
クルイムスキー Krymskii
クルイーモフ Krymov
クルイモフ Krymov
グルイヤール Grouillard
クルィレンコ Krylenko
クルイレーンコ Krylenko
クルイレンコ Krylenko
クルィローフ Krylov
クルィロフ Krylov
クルイローフ Krylov*
クルイロフ Krylov*
クルイロワ Krylova
クルーヴァー
Kluver
Klüver*
クルヴァ Kuluva
グルヴァン Goulven
クルウィウス Cluvius
グールヴィチ Gurvich
グールヴィッチ
Gurvich
Gurwitsch*
グルヴィッチ Gurvitch
クルヴィラ Kuruvilla
クールヴィル Courville
クルヴェリウス Clüver

クルヴェル Crevel*
グルーウェル Gruwell
クールヴォワジエ
Courvoisier
クルウゼンシュテルン
Kruzenshtern
クルウフェル Kleuver
クルーエ Clouet
クルーエー Clouet
クルエ
Clouet
Cluett
グルーエ Grue
グルエ Gruet
グルーエフ Groueff
グルエフ Gruev
グルエフスキ
Gruevski*
グルーエル Gruelle*
グルエル Gruelle
グルーエン Gruen**
グルーエンスタイン
Gruenstein
グルエンスタイン
Gruenstein
クルエンチウス
Cluentius
グルエンナー Gruener
グルエンバウム
Gruenbaum
グルーエンバーガー
Gruenberger
グルーエンバーク
Gruenberg
グルーエンバーグ
Gruenberg
グルーエンバーム
Gruenbaum
グルーエンフェルド
Gruenfeld*
グルエンフェルド
Gruenfeld
グルエンベルグ
Gruenberg
グルオク Gruoch
クルーガー
Kluger*
Krodger
Kroeger**
Kroger
Krueger***
Kruger**
Krüger
クルカ
Kulka**
Kurka
クルーカス Clucas
クルカス Kurucs
グルーカット
Groucutt
クルガップキナ
Kurgapkina
クルカーニ Kulkarni
グルガーニー
Gurgani
Gurgānī
クールガノフ
Kourganoff
クルガノフ Kruganov
グルガラエフ
Gulgarayev
クルカルニ
Kulkarni**
クルガン Kurgan
クルーギ Kluge
クルキ Kurki
グルキ Ghurki
グルギーア Grugier
クルキアーヌス
Culcianus
クルキック Krkić
クルキッチ Krkić
グルギッチ Grgic
クルキナ Kurkina
グルキュフ Gourcuff*
クールクー Courcoult
クルーク
Crook
Crooke
Klug
Krug
Kruk*
Kruuk*
クルーグ
Klug***
Krug*
クルグ Klug
グルーク Gluck
グルグ
Görög
Gourgues
クルクサール Kulcsar
クルクシェンク
Cruickshank
クルークシャンク
Cruickshank
Cruikshank
クルクシャンク
Cruikshank*
クルークス Crookes
グルクフ Gourcuff
クルーグマン
Krugman**
クルグマン
Klugman
Krugman
クルクライ Krirkkrai
クルグラーク Kruglak
クルグランスキー
Kruglanski
グルグリス
Gourgouris
グルグリナ Grgurina
グルグリーノ
Gurgulino
クルグリンスキー
Kruglinski
クルグロフ Kruglov
クルーゲ Kluge**
クルゲ Kluge
クルーゲヴィッツ
Klugewicz
クルケル Kunkle
グルーゲル Grugel
グルゲーン Gurgēn
グルゲン Gurgen
グールコ Gurko
グールゴー Gourgaud
グルコ Gurko
クルーコウ Krukow
クルコウェル
Krukower
グルーコック
Groocock
クルコバビッチ
Krkobabić
グルゴビッチ Grgovic
クルコフ Kurkov**
クルコフスキー
Krukovsky
グルゴーリイ Grigory
クルーサ Kurusa
クルーザ Crousaz
クルーザー Crouser*
グールサ Goursat
グールサー Goursat
グールザ Goursat
グルサ Goursat
グルサー Goursat
クルサヴィー Qūrsāwī
クルサーク Klusák
グルサク Grusac
グルーサック
Groussac
グルザデ Guluzade
クルサート Coulthart
クルサード
Coulthard**
クルザニッチ
Krzanich*
クルサーノフ
Krusanova
グルザマガギ
Gourouza Magagi
グルーサール
Groussard
グルサール Groussard
クルザワ Kurzama
クルージ Kluge*
クルージー Crusie**
クルシー Courcy
グルーシ Grouchy
グルーシー Grouchy
グルシ Grouchy
グルジー Guruji
クルーシアス Crusius
クルシアーニ Cruciani
クルジァンスキー
Kurzhanskii
クルージウス
Clusius
Crusius
クルシウス Curtius
クルジウス Crusius
クルーシェ
Croucier
Krusche
クルジェ Kluger
グルジェヴィチ
Gurjewitsch
クールシェッド
Coulshed
クルシェニスキー
Krusceniski
クルシェーネク
Křenek
クルシェネク
Krenek
Křenek*
クルジェネック
Křenek
グールジェフ
Gurdjieff
グルジーエフ
Gurdjieff
グルジェフ Gurdjieff*
クルシェフスキ
Kruszewski
クルシェフスキー
Kruszewski
グルシェーフスキー
Grushevskii
グルシェフスキー
Grushevsky*
クルシェリニツカヤ
Krushel'nitskaia
クルシェルニツカ
Krushel'nitskaia
グルジェン Grudzien
グルシェンコ
Glushenko
クルシェンシェルナ
Krusenstjerna
グルジオンジ
Grudziłdz
グルシキン Grushkin
グルジグ Gourdigou
クルジクロストコフスカ
Kluzikrostkowska
グルシコ Glushko
グルシコフ Glushkov*
クルジジァノフスキイ
Krzhizhanovskii
クルジジャーノフスキー
Krzhizhanovskii
クルジジャノーフスキー
Krzhizhanovskii
クルジジャノフスキー
Krzhizhanovskii
クルジジャノーフスキィ
Krzhizhanovskii
クルジジャノフスキイ
Krzhizhanovskiĭ
クルーシーシュコフス
キー
Křížkovský
クルシーシュコフスキー
Křížkovský
クルジスコイヤク
Krzyszkowiak
クルジストフ
Krzysztof*
グルシチェンコ
Glushchenko
グルシチニスキ
Gruszczyński
グルジッチ Grujic
グルジット Guljit
クルジティーテル
Křtitel
クルシード
Khursheed
Khurshid
クルシド Khurshid
グルシナ Grushina
グルジナ Grdina
クルジノベク
Krzynowek
グルジマーイロ
Grzhimailo
グルジマイロ
Grzhimailo*
グルーシャコフ
Glushakov
クルジャノフスキー
Krzhizhanovskii
クルシャミ
Kurshami
Kurshumi
グルジャルスキー
Gruzalski
クルシュ Croix
グルシュカ Gruszka
グルシュコフスキー
Glushkovsky
クルジュティテル
Křtitel
クルーシュテン
Kruchten
グルシュビツキー
Grushvitskii
クルシュマン
Curschmann
クルジュモフ
Kurdiumov
クルショア Croushore
クールジョン
Courgeon
クルジョン Courgeon
グルジョン Grullón
グルジラネック
Grudzielanek*
クルジン Kurdin*
グルーシン Grusin*
クルシンスキー
Kruszynski
グルシンスキー
Grushinskii
グルジンスキ
Grudzinski
Grudziński
クールス Cools
クールズ
Cools
Cruz
Keuls*
Kools
クルース
Crews
Croes
Cruz**
Krooss
Krooth*
Kruis
Kruth
クルーズ

ク

Clewes
Cloos
Crews**
Crouse
Cruess
Cruise***
Cruse
Cruz***
Cruze
Kreuz
Kruse**
Krutz
クルス
Cruz***
Kluth
Kroes
Krzus
Kurth
Kurths
クルズ Cruz
グルース
Groos
Gruss*
グルーズ Greuze
グルス Grus
グルズィンスカス
Grudzinskas
クルースヴァル
Kruusval
クルズヴィエガス
Cruzvillegas
グルスカ Gruska*
グルスカー Glusker
クルスカル Kruskal*
クールスキー Kurski
グルスキー Gursky*
グルースキナ
Gluskina*
グルスキャップ
Gluskap
グルスキン Gruskin
クルスコケ Cruz-coke
グルーズジェフ
Gruzdev
クルーズースキー
Kruszewski
クルズースキー
Kluszewski
クルースター Klooster
クルスタジッチ
Krstajic
クルースターマン
Kloosterman
グルスチェビッチ
Gluscevic
クルスチェン
Kruschen
クルスティチ Krstić
クルスティチェビッチ
Krstičević
クルスティチッチ
Krsticic
クルスティッチ
Krstic
Krstić*
クルステフスキ
Krstevski
グルストランド
Gullstrand*
クルストロビッチ
Krstulovic
Krstulovic'
クルストン Coulston
グールストン
Goulston
グールスビー
Goolsbee
グールズビー
Goolsbee
グルースベーク
Groesbeek
グルーズマン
Guluzman
クルスーム Kulthūm
クルーセ Kruuse
クルーゼ
Clouzet
Kruse**
Krusé
Kruuse
クルセ
Crucet
Kruse
グルセ Grousset
グルセヴィッチ
Grcevich
クルセヴェク
Kulcevsek
クルゼウスキー
Kluszewski
クールセエル
Courcelle
クルセベク Kulcevsek
グルーセム Gruissem
クルセラエウス
Curcellaeus
グルゼラネック
Grudzielanek
クールセル
Courcel
Courcelle
クルセル
Courcelle
Crusell
グルセル Gürsel
クルーセンシェルナ
Krusenstjerna
クルゼンシチェールン
Kruzenshtern
クルーゼンシテルン
Kruzenshtern
クルゼンシテルン
Kruzenshtern
クルーセンシャーナ
Krusenstjerna
クルーゼンシュテルン
Kruzenshtern
クルゼンシュテルン
Kruzenshtern
グルーセンベルク
Grusenberg
グルゼンベルグ
Grusenberg
Gruzenberg
クールソ Kuhlthau
クルーソー Crusoe
クルーゾ Clouzot*
クルーゾー Clouzot
クルソー Cluseau
グルゾー Gurzo
クルーソス Chrousos
グルソープ
Goulthorpe
クルソル Cursor
クールソン Coulson*
クルーソン
Coulson
Crewson
クルソン
Coulson
Culson
グールソン Goulson
グルーゾン Gruson
グルソン Gruson
クールター Coulter
クルータ Kruta
クルーター Crouter
クルタ Kulta
クルター Coulter
グルダ Gulda**
クルターク
Kurtag
Kurtág
クルターグ Kurtág
グルダース Gurdās
クールタード
Coulthard
Courtade
クルタナガラ
Kertanagara
クルタニゼ
Kurtanidze
グルダバラム
Gundavaram
クルターマン
Kultermann*
クールタン Courtin
クルタン
Courtin*
Cretin
クルーチ Krutch
クルチ
Curci*
Curti
Kilic
Kiliç
Kurti
Qilij
グルーチー Gruchy
クルチウス Curtius*
クルーチェ
Cloutier
Cruce
グルチェシャク
Grzesiak
クルチェツキ
Kulczycki*
クルチェツキー
Krutetskii
クルチェト
Curuchet**
グルチェンコ
Gurchenko*
クルチオ Curzio
グルチコフ Glouchkov
クルチコフスキ
Kruczkowski*
クルチコフスキー
Kruczkowski
グルチッチ Grčić
クルチナ
Klučina
Kruchina
グルチメク Grzimek
クルチモウスキ
Krzymowski
クルチモウスキー
Krzymowski*
クルチャガ Cruchaga
クルチャートフ
Kurchatov
グルチャラン
Gurcharan
クルチャール Kulcsár
クールチーユ
Courteille
クルチュウス Curtius
クルチュク Kurczuk
クルチュコフスキ
Kruczkowski
クルチュマーシュ
Krcmar
グルーチョ
Groucho**
クルチョーヌイフ
Kruchenyh
クールチル Courtilz
クルーツ
Cluts
Kreutz*
クルツ
Courths
Cruz**
Kulz
Kurtz**
Kürtz
Kurucz
Kurusz
Kurz**
クルツァー Kurzer*
クルツィ Curzi
クルツィア Curzia
クルツィウス Curtius*
クルツィオ Curzio**
クルーツィガー
Cruciger
クルツィス Klutsis
クルツヴァイル
Kurzweil
グルツェジンスキイ
Grzesinski
クルツェスク
Krutzsch
クルック
Crook*
Crooke
Kluck
Kruk*
クルッグ Krug
グルック Gluck*
クルックシャンク
Cruickshank
Cruikshank**
クルックス
Crookes*
Crooks*
グルックスターン
Gluckstern
グルックスマン
Glucksmann
クルックド Crooked
クルックホーン
Kluckhohn
グルックマン
Gruchman
グルックリッチ
Glucklich
グルッケル Glückel
クルッケンバーグ
Kruckenberg
クルツコフスキー
Kruczkowski
グルッサ Gulussa
クルッシ Crussi*
グルッセ Grousset*
クルッツェ Kloutsé
クルッツェン
Crutzen**
クルット Curt
クルツナリック
Krznaric*
クルツバハ Kurtzbach
クルツバン Kurzban
グルッピ Gruppi
グルッピオーニ
Gruppioni
クルップ
Krupp**
Kurup
グルッブ Grubb
グルッペ Gruppe
クルツマン
Kurtzman*
クルツレル Krutzler
クールテ Courtet
クルーテ Cloete*
クルテ Courtet
グルデ Gulde
クルーティ Cloete
クルーディ Krúdy
クルティ
Curti*
Kurti
クルディ
Courdy
Kurdi*
グルディ Guldi
クルディアティ
Couldiaty
グルディアン Gurdián
クルティウス
Curtius**
クールティヴロン
Courtivron
クルーティエ
Cloutier
Croutier*
クルティエ Croutier
クルティエル Cloutier
クルティオ Curzio
クールティオン
Courthion
クルティシェフ
Kultishev
クルティーズ Kurtiz

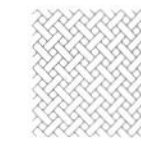

クルティス Curtis*
クルティッチ Kurtic
クルディップ Kuldip
グルディーナ Grudina
グルディナ Grudina
クールティーヌ
Courtine
クルティーヌ
Courtine*
クルテイユ Courteille
クールティヨン
Courthion*
グルディン Grudin
クルーティンク
Klueting
グールディング
Goulding**
グルーティング
Glutting
グルテキン Gultekin
クルーテーブ Khru
グルデブ Gurdev*
グルーデム Grudem
クルテーユ Courteille
クルデリ Crudelli
クルーデリング
Kruidering
クルデル Kuldell
グルテル Grütter
クルーデン Cruden
クルテン Kurtén
クルデン Cruden
グルーデン Gruden*
グルデン
Gourdain
Gulden
クールト
Koert
Kourths
Kurt
クルート
Clute*
Crute
Kluth
Kurt
クルト
Curd
Curt**
Curto
Koert
Kurd*
Kurt***
Kurth**
クルド Kurd*
グールド
Goold*
Gould***
Gourdault
グルート
Glut*
Groot
Grout
Grut
グルード
Gould
Grudo
グルト Kurt
グルド
Gould
Guled

クールトア Courtois
クールドイアン
Khourdoïan
クルトゥ Kurt
クルトゥア Courtois
グルトヴォイ
Gurtovoy
グルートゥス
Groothues
クールトゥネー
Courtenay
クルトゥビー Qurṭubī
クルトゥルムシュ
Kurtulmus*
クルトゥワ Courtois
クルトゴーロフ
Krutogorov*
グルートシュライベル
Gutschreiber
グールドストーン
Gouldstone
グールドソープ
Gouldthorpe
クルードソン
Crewdson*
クールトート Courtot
グールドナー
Gouldner*
クルトネ
Courtenay
Courtney
クルトネー Courtenay
クルトネゴロ
Kertonegoro*
クルトバルブ
Courtebarbe
クルトビッチ Kurtović
クルドーフ Kurdov
クルドフ Kurdov
クルートヘイムル
Crouthamel
グルトベリー
Guldberg
グルドベリー
Guldberg
グールドマン
Gouldman
グルトマン Gurtman
グールドモンターニュ
Gourdault-
Montagne*
クールドリック
Couldrick
クールトリーヌ
Courteline*
クルトリーヌ
Courteline
クルトレ Courtrai
グルートロイ
Gruitrooy
クールトワ Courtois
クルトーワ Krutova
クルトワ Courtois**
クールトワス Courtois
クールトン Coulton
クルートン Créton

グールドン Gourdon
クールトンヌ
Courtonne
クルトンヌ Courtonne
グルーナー
Gruener
Gruner*
グルナ Gurnah
クルナコーフ
Kurnakov
クルナコフ Kurnakov
グルナザコ
Gourna Zacko
クルナス Clunas
クルナトフスキー
Kurnatovskii
クルナトーフスキィ
Kurnatovskii
グルナラ Gulnara*
グルナール Grenard
グルナル Gunnar
クルナレトネ
Karunaratne
クールナン
Cournand*
クルーナン Cloonan
クルナン Cournand
クルーニー Clooney**
クルニアワン
Kurniawan*
グルニエ
Grenier***
Guernier
クルーニカン
Crunican
グルーニゲン
Gruenigen
クルニコワ
Kournikova*
クルニッチ Krunic*
グルーニッヒ Grünig
グルーニング
Greuning*
グルニンク Groenink
グルヌラン Grenerin
グールネー Gournay
グルーネ Grune
グルネ Grenet*
グルネー Gournay*
グールネイ Gournay
グルーネウェーゲン
Groenewegen
グルーネウド
Groenewoud
グルーネバウム
Grunebaum*
クルネリ Kuruneri
グルネリウス
Grunelius
グルーネンベルク
Grunenberg
クールノ Cournot
クールノー Cournot*
クルノー Cournot
グルーノー Grunow
グルノー Gruneau*

クルノウ Curnow
クルノゴラッチ
Crnogorac
グルノザ Gulnoza
クルノスラフ
Krunoslav
クルノワイエ
Cournoyer
グルノン Grenon
クルーパ Krupa
クルーバー
Cruver*
Khruba
Kluber
クルーパ Krupa
クルパ
Krupa
Qulpa
グルーバ Gruber
グルーバー
Groover*
Gruber***
Grueber
Gruver
グルバー Gruber
グルーハイス
Groothuis*
クルハヴィ Kulhavý
グルーバウエル
Grubauer
クールハウス
Koolhaas
クールバウム
Kurlbaum
グルーバーガー
Gruberger*
グルーバーグ Gruberg
グルバクシ
Gurubakhsh
グルバクシュ Gurbaxś
クルバージュ
Courbage
クールハース
Koolhaas*
クルバストロ
Curbastro
グルバダム Gulbadam
グルバーチ Glváč
グルバチュ Grubač
クールバック Koulbak
クルパット Krupat
クールハート
Coolhart
クルバトバ Kurbatova
クルバトーワ
Kurbatova
クルバノフ Kurbanov
グルバノフ Gurbanov
グルバハール
Gulbahar
クルハビ Kulhavý*
クルハビー Kulhavy
グルバフチッチ
Grbavčič
グルハラ Gruchala
グルバール Jurbār
グルパル Gurpal

グルバルチク
Gróbarczyk
クルパレク
Krpalek
Krpálek
クールバーン
Coulbourn
クールバン Kurban
クルバン Kurban
グールバーン
Goulburn
グルバン
Gréban
Gurban
クルバンガリー
Qorbanghäli
グルバングリ
Gurbanguly*
グルバングルイ
Gurbanguly
グルバンゲリドイ
Gurbangeldy
グルバンゲルディ
Gurbangeldy
グルバンソルタン
Gurbansoltan
グルバンドルディエフ
Gurbandurdyev
グルバンナザロフ
Gurbannazarov
グルバンマメドフ
Gurbanmammedov
グルバンマンメト
Gurbanmammet
グルバンムイラト
Gurbanmyrat
クルバンムラド
Kurbanmurad
グルバンムラト
Gurbanmurat
グルバンムラドフ
Gurbanmuradov
クルーピ Crupi
クルピ Culpi*
クルピエフスキー
Kurpiewski
グルビス Gulbis*
グールビチ Gurvich
グルビチー Grubicy
グルビッチ Gurvitch
クルピニスキ
Kurpiński
クルピヤンコ
Krupianko
クールビル Colville
クルヒン Krhin
グルービン Grubin
クルピンスキ
Krupinski*
クルピンスキー
Krupinski
クルーフ Kruif
クルーブ Krupp
クルフ Clough
クルブ Courbes
クルプ Culp

ク

グルーブ
Grove
Grub
グルフ Groff
グルブイェシッチ
Grubješić
クルプコ Krupko
クループスカヤ
Krupskaia*
Krupskaya
クルプスカーヤ
Krupskaia
クルプスカヤ
Krupskaia*
Krupskaya
クループスキー
Kurbskii
クルブスキー Kurbskii
クルプスキー Kurbskii
クールブスキィ
Kurbskii
グルブディン
Gulbuddin*
クルフト
Klugt
Kruft
クルプニ Krupni
クルプニコビッチ
Krupnikovic
クルプフル Klüpfel
グループマン
Groopman*
グルプラサッド
Guruprasad
グル・プラサード
Guruprasād
グルプラサード
Guruprasad
グルブランソン
Gulbranson
クルブリヴ
Courberive
クールブリス
Coolbrith
クルブリス
Kouroumplis
クールベ Courbet*
クールベー Courbet
クルーベ Courbet
クルベー Courbet
グルーベ Grube*
グルーペ Grupe*
グルベア Guldberg
クルベイ Crubéy
クルペクカイテ
Krupeckaite
グルベシック
Grubesic
グルベシャ Grubeša
グルベック Grubek
グルペッロ Grupello
クルペーニコフ
Krupenikov
クルペーニナ
Krupenina
グールベネック
Gourvennec
クルベリ
Cullberg
Kullberg*
クルベリー Cullberg
グールベリ Guldberg
グルベリ
Guldberg
Gullberg
グルベリィ Gullberg
クルベル
Clouvel
Crevel
グルーベル
Greubel
Grubel*
Gruebele
Grueber*
グルベール Gruber
グルベル Guldberg
グルベルグ Guldberg
クルベルトン
Culberton
グルベローヴァ
Gruberova
Gruberová*
グルベロヴァー
Gruberová
グルベローバ
Gruberova
クルーヘン Cloughen
グルーペン Grupen
グルベンキアン
Gulbenkian
クルペンスキー
Krupenskii
Krupensky
グルーベンマン
Grubenmann
クールボー
Coolbaugh**
グルーポ Grupo
グルボー Gourbault*
クルボアジェ
Crevoisier*
クールボアン
Courboin
クールボイジア
Courvoisier
グルボコーフスキイ
Glubokovskii
クルボック Clubok
クルボニヨン
Qurboniyon
クルボノフ
Kurbonov
Qurbonov
クルボノワ
Kurbonova
グルホフ Glukhov
グルホフスキー
Glukhovskiĭ
Glukhovsky*
クールボワ Courbois
クールボン Coulborn
クルマ Kourouma**
クルマイヒ Krumeich
クールマイヤー
Kuhlemeier
クルマス Coulmas*
クルマッハー
Krummacher*
クルーマハー
Krummacher
グルマルディ
Grimaldi
クールマン
Culmann*
Koelman
Koolman
Kuhlmann**
クルーマン Kruman
クルマン
Cullmann**
Kullman
Kullmann**
Kurmann
グールマン Gurman
グルマン Gruman*
クルマンガズ
Qŭrmanghazï
クルマンジャン
Kurmanjan
クルマンベク
Kurmanbek**
クルミー Crumey**
クルーミニャ
Krumina
クルミニャ Kruminya
クルミンシ Kruminš
クルーム
Croome
Crume*
クルム
Klum
Krum
Krumm**
グルーム
Groom***
Groome
グルム Grum
グルムイラト
Gulmyrad
グルムケ Grimke
クルムケル Klumker
グルムコウ
Grumbkow
クルームゴールド
Krumgold
クルムス Kulmus*
クルムパー
Krumper
Krumpter
クルムバッハ
Krumbach
Kulmbach
クルムバハ Kulmbach
クルムバハー
Krumbacher
グルムバハ Grumbach
クルムハメド
Kul-mukhammed
クルムフォルツ
Krumpholtz
クルムホルツ
Krumpholtz
クルムマッハー
Krummacher
クルムマッヘル
Krummacher
クルムマハー
Krummacher
グルムラン Gourmelin
クルムリー Crumley
クルメ Krumme
グルメク Grmek*
グルメツァ Grumeza
クルメール Crémer
クルメル Culmell
グールモン
Gourmont*
グルモン Gourmont
グルヤール Gurjar
クルユ Kulju
クルュベ Kruche
グルユーンベルヒ
Gruenberg
グルラグチャー
Gurragchaa
クルーラス Cloulas*
クルーリ Clery
クルリ Koulouri
グルーリー
Gruley*
Grury
クルリアス Kouloulias
クルーリアム
Khruuliam
クルリアンツカヤ
Kurliandskaia
グルリオー Gruliow
クルーリック Krulik
クルリック Krulik
グールリック Goolrick
グルリット Gurlitt**
クルール Krul
クルル
Krul
Krull*
グルール Gruhl
クルルイニクシイ
Kykruiniksui
グルルゴーミ
Guruḷugōmi
クルールス Cruls
クルルバウム
Kurlbaum
グルーレ Gruhle*
グルレ Grellet*
グルレー Grellet
クルレジャ
Krleza*
Krleža
クルレンツィス
Currentzis
クルーロー Clewlow*
グルロ Grelot
クルロヴィッチ
Kourlovitch
Kurlovich
グルロッティ Grelotti
クルロビッチ
Kourlovitch
Kurlovich
グルローラ Gurrola
クルーン
Clune
Klune
Kluun
Krohn**
Kroon*
グルーン Gruhn
グルン
Glen
Groen
Gurung*
グルーンインク
Groenink
グルンヴァル
Grunwald
グルンヴァルト
Grunwald
グルンウォールド
Grunwald
クルンカー
Kluncker
Klunker
グルンケ Grünke
クルンゴルカス
Krungolcas
クルーンズ Clunes
クルンズ
Krunz
Kurunz
グールンス Goerens
グルンスキー Grunsky
グルンスタイン
Grunstein
クルーンステッド
Cronstedt
クルンステット
Cronstedt
グルンステン
Groensteen
クルンター Klunter
グルンダール
Groendahl
グルンツ
Gruntz
Grunze
グルンツェ Grunze
グルンディッヒ
Grundig
グルンディヒ Grundig
グルンデマン
Grundemann
グルンデン Grunden
グルンテンコ
Gruntenko
グルント Grund*
グルンド Grund
クルンドゥ Kulundu
グルントヴァルト
Grumdwald
グルントウィー
Grundtvig
グルントヴィ
Grundtvig
グルントヴィグ
Grundtvig

グルンドヴィグ
Grundtvig
グルントヴィヒ
Grundtvig
グルンドゥフ Glúndub
グルントビ Grundtvig
グルントビー
Grundtvig
グルントビグ
Grundtvig
グルントフェスト
Grundfest
グルントヘーバー
Grundheber
グルンドマイア
Grundmeier
グルントマン
Grundmann
グルンドマン
Grundmann
クルンパー Krumper
グルーンバーグ
Gruenberg
グルンバーグ
Gruenberg
クルンバッハー
Krumbacher
グルンバッハ
Grumbach
クルーンバル Kronvall
クルンビーズ
Klumbies
クルンプ
Klumpf
Krump
Krunp
グルーンフェルド
Gruenfeld
グルンフェルド
Grunfeld
クルンプケ Klumpke
クルンフレ Qurunfleh
グルンベルガー
Grunberger
グルンベルグ
Grunberg
クルンボルツ
Krumboltz
グルンルース
Grönroos
グルンワルド
Grunwald
クーレ
Coullet
Kulle
Kurle
クーレー
Cooley*
Coullet
クレ Clet*
クレー
Clay**
Clays
Klee***
Kraeh
Krey
グーレ Goulet*
グレ
Grée
Grés
グレー
Goulet
Grais
Gray***
Grée
Grey*
クレーア Claire*
クレア
Chrea
Clair**
Claire***
Clare***
Clea
Cléa*
Clear
Clere
Crea
Cryer*
Klare*
Klehr
クレアー
Clair
Claire**
Clare
グレア
Greer
Gurrea
グレアー Glar
グレアソン Gleason
クレアノル Creanor
グレーアム
Graham*
Grahame*
グレアム
Graeme**
Graham***
Grahame***
クレアモント
Clairemont
Claremont*
クレアラ Clara
クレアランス Clarence
クレアリー
Clary
Crary*
グレアリー Grealy
グレアール Gréard
クレアルコス
Klearchos
Klearkhos
クレアレンス
Clarence*
クレアン Khleang
クレアンテス
Kleanthēs
クレアンデル
Cleander
クレアンドロス
Cleander
クーレイ
Cooley
Cooray
クレイ
Claiborne
Clay***
Claye
Clayton
Cooray
Craig
Cray**
Creagh
Klay**
Kley*
Kulej
Qrei
Quray*
グーレイ Gourlay
グレイ
Cray
Gray***
Grey***
Greye
クレイア Claire
クレイアー Claire
グレイアム
Graham*
Grahame
クレイヴ Craig
クレイヴァー Craver
グレイヴァー Graver
クレイヴァーハウス
Claverhouse
クレイヴァハウス
Claverhouse
クレイヴァン
Craven
Klavan
クレイヴェン Craven
グレィヴズ Graves
グレイヴズ Graves*
グレイヴズ Graves*
クレイヴン Craven*
クレイヴンス Cravens
クレイエ Courrayer
グレイエム Graeme
クレイエル Krøyer
グレイカス Greicus
クレイガン
Cragun
Kragen
クレィギー Craigie
クレイギ Craigie*
クレイギー Craigie**
クレイク Craik*
クレイグ
Craig***
Graig*
Kraig*
Kreig
グレイク Gleick
グレイグ
Craig
Graig
Greig*
クレイグヒル Craighill
クレイグヘッド
Craighead***
クレイグマイル
Craigmyle
クレイクラフト
Cracraft*
グレイケン Grayken
クレイサ Krejsa*
グレィザー Glaser
グレイサー
Glaser*
Glasser
Greyser
グレイザー
Glaeser
Glaser*
Glazer
Gleazer
Grazer**
グレイザーマン
Greyserman
クレイシ Kureishi**
クレイジ Kraige
クレイジー
Crazy
Krayzie
グレイシ Gleisi
グレイシー
Gracey
Gracie**
グレイシア Greysia
グレイジアー Grazier
グレイシカルンス
Greiskalns
クレイジス Klages
グレイシック Gracyk
グレイシャー Glaisher
グレイジャー Glazier
クレイジャズ Klages
クレイショーズ
Krashos
グレイション
Grayshon
クレイス
Crace***
Crais**
Kreith
クレイズ
Claeys
Craze*
グレイス Grace**
グレイズ Glaze
グレイスィー Gracie
グレイスター Glaister
グレイスティーン
Gleysteen**
クレイステネス
Kleisthenes
グレイスト Greist
グレイズブルック
Glazebrook*
グレイスミス
Graysmith*
グレイスラー Greisler
クレイスン Clason**
クレイセイ Creisseils
グレイゼル Gleizer*
グレイセング Grasing
クレイソン
Clason
Clayson**
Creason
グレイソン
Grayson**
Greyson*
クレイダー Kreider*
グレイター Gruyter
グレイダー Greider
クレイダーマン
Clayderman*
クレイタルコス
Kleitarchos
クレイチー Krejci
クレイチアス Kleitias
クレイチコヴァ
Krejčíková
クレイチリック
Kraycirik
グレイツァー
Glatzer
Greitzer
クレイッグ Craig
クレイディー Clady
グレイディ Grady*
グレイディー Grady
クレイティアース
Kleitias
クレイティアス
Kleitias
クレイデス Claydes
クレイデン Clayden
グレイデン Gladen
クレイト Kruyt
グレイト Gleit
クレイトゥス Kleitos
クレイトス Kleitos
グレイトハウス
Greathouse*
グレイトヘッド
Greathead
クレイトマコス
Kleitomachos
クレイトマン
Kleitman
クレイドマン
Kreidman*
クレイトモア
Creightmore
クレイドラー
Kreidler*
グレイトレックス
Greatorex
クレイトン
Clayton***
Cleiton
Crayton
Creighton**
グレイドン
Graydon*
Greydon
クレイトンリー
Clayton-Lea*
クレイナー
Crainer*
Kleiner
Kreiner**
グレイナー Greiner
クレイナウ Kleinow
クレイナク Kraynak
クレイナック Kraynak
クレイナーマンス
Kleinermanns
グレイニー Graney
グレイニェク Grejniec
グレイニエツ
Grejniec*
グレイニング
Graining*
クレイネイゼル
Kleineisel
クレイネス Kraines

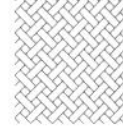
ク

クレイノヴァ Kleinová
クレイノヴィチ
Kreinovich
クレイノフスカクルジワニスカ
Klejnowska-krzywanska
クレイバー Klaver
グレイバ Grava
グレイバー
Gleyber
Graber
クレイバーグ
Clayburgh**
クレイパス Kleypas
グレイバーズ
Grevers**
グレイバス Glebas
グレイハム Graham
クレイバラー
Clayborough
クレイビー Cravy
クレイビース Kreivys
グレイビス Greivis
グレイビッチ
Gurevich
クレイビール Krehbiel
クレイビル Kraybill*
グレイビル Graybill
グレイフ Graef*
グレイブ
Glave
Grape
Grave
Greive
グレイプ Grape
クレイフィ Khleifi
グレイフォード
Greyford
クレイプサトル
Clapesattle
グレイブス Graves
グレイブズ Graves
グレイブマン
Graveman
クレイプール
Claypool
Claypoole
グレイブル Grable
クレイブルック
Claybrook
クレイブン Craven**
グレイブンガンプ
Greivenkamp
クレイブンス
Cravens*
クレイペルズ
Krapels*
クレイベルネ Kleiber
クレイベンズ Cravens
グレイボー Grabau
グレイボウ Grabau
クレイボーン
Claiborne***
Clayborn
Clayborne
Claybourne
Craiborne
クレイボン Cleyon
クレイマー
Cramer*
Kraemer
Kramer*
Kremer
クレイマン
Kleiman*
Kleinman
グレイマン
Glayman
Greiman*
グレイム Graeme*
クレイムズ Krames*
クレイメルマン
Kreimerman
クレイメント Clement
クレイモンド
Claymond
クレイヤンクール
Crayencour
グレイラー Greiller
クレイリー Crary
グレイリング
Grayling
Greyling
クレイル
Claire
Crail
Kreil
クレイルスハイマー
Krailsheimer
グレイルムス
Guillaume
クレイロー Clairaut
グレイワル Grewal
クレイン
Crain*
Craine
Crane**
Crayne
Klain
Klane
Klein**
Krein*
グレイン
Glenn
Graínne
Gráinne
グレインキー
Greinke*
グレインジ Grange
グレインジャー
Grainger***
Granger
クレインス Cryns
クレインスミス
Kleinsmith
クレインバウム
Kleinbaum
クレインフィールド
Kleinfield
クレインプール
Kranepool
クレインベルジェ
Kleinberger*
クレインマン
Kleinman
クレインロック
Kleinrock
クレーヴ Cleve
グレーヴ Graeve
クレヴァ Cleva
クレヴァー Klever
クレヴァース Clevers
クレヴァードン
Cleverdon
クレーヴァーハウス
Claverhouse
クレヴァリー
Cleverley
グレヴァン Grévin
グレヴィ Grévy
グレヴィー Grévy
クレヴィアジック
Kreviazuk
グレーヴィウス
Grävius
グレヴィウス Grävius
グーレヴィチ
Gurevich
グーレヴィチ
Gurevich
グレーヴィチ
Gurevich**
グレーウィッチ
Gurevic
Gurevich
グレーヴィッチ
Gurevich
グレウィッチ
Gurewich
グレヴィッチ
Gurevich
Gurevitch
グレヴィーユ
Gréville
Grèville
グレヴィリウス
Grevillius
グレヴィル
Greville*
Gréville
クレーヴィング
Clewing
クレヴィング Clewing
グレーヴィング
Greving
クレーヴェ
Cleve
Clève
グレーヴェ
Gräwe
Greve*
Grewe
クレヴェア Crevea
クレヴェケール
Crèvecoeur
グレーヴェニッツ
Graevenitz
クレヴェール Clever
クレヴェルト Creveld
クレヴェン Kleven*
グレヴェン Greven
クレヴェンジャー
Clevenger*
クレヴォリック
Klevorick
グレウォール Grewal
クレーヴクール
Crèvecoeur
クレヴクール
Crèvecoeur
クレウサ
Creusa
Kreūsa
クレーウス
Curaeus
Curäus
Klaus
クレウス Creus
グレーウス Graves
グレーヴス Graves*
グレーヴズ Graves*
グレーヴリー Gravlee
クレーヴン Craven*
クレエ Klee
グレーエ Gröhe
グレエ Grey*
グレエグ Gregh
グレエザー Glaeser
クレエッタア Cloetta
クレエト Cretet
クレエビイル Krehbiel
グレーェフ Gurev
グレエフ Gureyev
グレエフエ Grafe
クレエプス Krebs
クレエベル Klaber
クレエル Clair
グレエンベリー
Grönberg
クレオ
Cleo*
Creo
Culleo
クレオサ Cleotha
クレオナ Cleona
クレオニュモス
Kleōnumos
クレオパ
Cleopa
Cleopas
Kleopâs
クレオパス Kleopâs
クレオパトラ
Cleopatra*
Kleopatora
Kleopatra
クレオビス Kleobis
クレオファス Kleofas
クレオフォン
Kleophon
クレオフォンテ
Cleofonte
クレオフラデス
Kleophrades
クレオブリネ
Kleoboulinē
クレオブロス
Kleobouls
クレオベリー
Cleobury
クレオメデス
Cleomēdēs
Kleomedēs
クレオメネース
Kleomenes
クレオメネス
Kleomenes
クレオン
Cleon*
Culén
Kleon
Kleōn
Kreon
Kreōn
クレオンブロトス
Cleombrotus
Kleombrotos
クレーカー
Kräker
Kröker
クレーガー
Kleiger
Kroeger*
Kroger
Kröger
グレーカ Greca
グレーガー
Gregor
Groger
グレガー
Greger
Gregor*
クレーガヴォン
Craigavon
グレガーセン
Gregersen*
グレガーソン
Gregerson
クレガーマン
Klegerman
グレガリー Gregary
グレーガン Gregan*
クレーギ Craigie
クレーギー Craigie*
グレギー Gregie**
クレキッチ Krekić
グレギーナ
Guleghina*
Gulegina
クレキヨン
Crecquillon
クレギーン Cregeen
グレキン Grekin
クレーク
Craik
Kreek
クレーグ Craig*
クレク Kurek*
クレグ Clegg
グレーク Grek
グレーグ Gregh*
グレク
Grecu
Grek
Greku
グレグ
Greg**
Gregg*
グレグス Gregus
グレグソン Gregson*
グレーグッセン
Gregussen

クレーグヘッド Craighead
クレグホーン Cleghorn
クレーグマン Kleegman
グレグリオル Gregriore
クレーグル Kraegel
グレーグル Grégr
グレグル
Gregr
Grégr
クレケエフ Kulekeyev
クレゲナウ Kregenow
クレケラー Krekeler
クレーゲル Kregel*
グレゲルス Gregers
クレケレル Krekeler
グレーコ Greco*
グレーゴ Grego
グレコ
Greco***
Gréco**
グレゴ Gregor
グレゴー Gregor
グレゴーア Gregor
グレゴア Gregor*
グレゴアール
Gregoire
Grégoire*
グレゴイール Grégoire
グレゴッティ Gregotti
グレーコフ Grekov
グレコフ Grekov
グレーゴラス Gregoras
グレゴラス Gregoras
グレーゴリー Gregory
グレコリー Gregory
グレゴーリ Gregori
グレゴリ
Gregor
Gregori
Gregory**
グレゴリー
Greggory
Gréggory
Gregor
Gregori
Gregorii
Gregory***
Grégory*
Grigori*
Grigorii
Grigoriy
Grigory
グレゴリア Gregoria
グレゴリアス Gregorius
グレゴリアン
Gregorian*
Grigorian
グレゴーリイ
Grigorii
Grigory
グレゴリイ Gregory**
グレゴリウス Gregorius*
グレゴリエッティ Gregorietti
グレゴーリオ Gregorio
グレゴリオ
Gregorio***
Gregório
Gregory
グレーゴリオス
Grēgorios
Gregorius
グレゴリオス
Gregorios*
Grēgorios
Grēgórios
Gregorius
Gregory
グレゴリチュ Gregoritsch
グレゴリッチ Gregorich*
グレゴリーニ Gregorini
グレゴリヨ Gregorio
グレゴリン Gregorin
グレーゴル Gregor*
グレゴール
Gregor***
Grzegorz
グレゴル Gregor*
グレゴルチチ Gregorčič
グレゴレッツ Grzegorz
グレゴレッティ Gregoretti
グレゴローヴィウス Gregorovius
グレゴロヴィウス Gregorovius
グレゴロスキー Gregorowski
グレゴロビウス Gregorovius
グレゴロビッチ Grigorovich
グレーコワ Grekova**
グレコワ Grekova
グレゴワール
Gregoire**
Grégoire***
Grégorie
クレサー Creser
グレーサー Glaesser
グレーザ Glaeser
グレーザー
Glaeser*
Glaser**
Gläser
Glazer**
Graeser
Gräser
Grether
グレサー Grether
グレーザーズフェルド Glasersfeld
クレサル Kresal
クレサン
Cressant
Cressent
クレザンジェ Clésinger
クレサンジュ Cresanges
クレーシー Creasy
クレージー Crazy*
クレシ Qureshi**
クレシー Crécy*
グレーシー Gracie*
グレージア
Glasier
Grazia
グレシアン Grecian*
グレシェル Groschel
クレシェンツィ Crescenzi
クレシェンツォ
Crescenzo*
Creschenzo*
クレシェンティーニ Crescentini
クレジオ
Clezio
Clézio**
グレシオ Glécio
クレシーダ Cressida
クレシダ Cressida
クレシチェフ Kleshchev
クレシック Krässig
クレジック Creswicke
クレシッダ
Cresida*
Cressida
グレシット Gressitt
クレシミール
Kresimir
Krešimir**
Kreššimir
クレシミル Krešimir
クレシャ Kulesha
クレジャ Krleža
グレーシャ Glaisher
グレーシャー Glaisher
グレシャト Greschat
グレジャーマン Gregerman
グレシャム Gresham*
クレージュ
Courreges
Courréges
Courrèges*
クレシュ Kresh*
グレーシュ Greisch*
グレシュ Gresh*
グレシュキービッチ Greszkiewicz
グレシュコ Greshko
グレシュコヴィッチ Greskovits
クレシュチ Kleszcz
グレシュベック Gresbeck
クレショーフ Kuleshov
クレショフ Kuleshov
クレーシラース Kresilas
クレシラス Kresilas
グレシンガー Glesinger
グレーシング
Grössing
Groszing
グレシンジャー Grössinger
クレシンベーニ Crescimbeni
クレース
Claes
Klees*
クレス
Claes**
Cles
Cless
Cress*
Kress**
Kresz
Kūrēs
グレース
Grace***
Grahs
グレーズ
Gleize
Gleizes*
Graese
グレス
Gless
Grace
Grès
Gress
クレスウィク Creswicke
クレスウェル
Cresswell**
Creswell*
クレスカス Crescas
クレスギ Kresge
クレズギ Kresge
クレスゲ Kresge
クレスケンス Crescens
クレスコ Klesko*
グレスコー Grescoe
クレスターニ Crestani
クレスタン
Célestin
Crestin
Krestan
クレスチャン
Chrestian
Christian
クレスチャンスン Christensen
クレスチンスキー Krestschinski
クレステ
Creste
Cresté
グレステ Greste
クレスティ Cresti
クレスティル Klestil**
クレスティン Krestin
クレステン Kresten
クレスト Crest
グレスト Gröst
クレストス Krestos
クレストフスキー Krestovskii
クレストフニコフ Krestovnikov
クレストマン Chrestman
クレストン Creston*
クレズドン Crezdon
クレスナー Krößner
グレースナー Glaessner*
グレスナー Glessner
クレスニク Kresnik
クレスニック Krsnich
グレスニック Gresnick
クレスパン Crespin**
クレスピ
Crespi*
Crespy*
クレスピー Crespi
クレスピニイ Crespigny
クレスペル
Crespel
Crespelle
クレスポ Crespo**
クレスマン
Klessmann*
Kleßmann
Kressmann*
グレスマン Gressmann
クレスラー
Koessler
Kressler
クレスリー Kresley*
グレズリー Gresley
グレスリン
Grasslin
Grässlin
クレースル Khlesl
グレーゼ Grese
クレゼール Kreutzer
グレーゼル Glezer
クレーゼルバーグ Krayzelburg*
グレーゼルマン Glezerman
グレゼルマン Glezerman
クレセン Klessen
クレセンシオ Crescencio
クレーセンス Claessens
クレセンテ Crescente
クレセンティア Crescentia
クレセント Crescent
クレソ Kreso
クレーソン Clason
クレソン Cresson*
クレーター Crater
クレーダー Krader
クレタ

Creta
Krētē
クレダ Clédat
グレーダー
Glader
Greder
Greider
グレタ
Greta**
Grete**
クレダロ Credaro
クレチ Krech
グレーチ Grech
グレチアニ Greciani
クレチアン
Chretien
Chrétien
クレチェフスキー
Krechevsky
クレチェン Chrétien
グレチェン Gretchen
グレチコ Grechko
グレチヒナ
Grechykhina
クレチマル
Krechmar*
グレチャーニノフ
Grechaninov
グレチャニーノフ
Grechaninov
グレチャニノフ
Grechaninov
グレチャヌイ
Greceanii
クレチヤン Chrétien
グレチン Grechin
クレチンスキ
Kleczyński
グレーツ
Graetz
Grätz
グレーツァー Glaetzer
グレーツィンガー
Grözinger*
グレツィンゲル
Gretzyngier*
Grozinger
Grözinger
クレツエンスキイ
Kleczynski
クレッカー
Klocker
Klöcker*
Krecker
グレッカー Grötker
クレッキー Klecki
クレツキ Kletzki
グレツキ
Gorecki
Górecki**
グレツキー Gretzky*
クレック Kreck
クレッグ
Clegg**
Craig**
Creg
グレック
Glegg
Grech
グレッグ
Greg***
Gregg***
Greggory
Gregory*
Greig
Grek
グレッグキング
Gregg King
グレッグストン
Gregston
グレッグソン
Gregson*
クレックナー Kleckner
グレックナー
Glöckner
クレッグホーン
Cleghorn
グレックマン
Gleckman
グレックラー Glöckler
クレックレー Cleckley
クレッケ Krecke
クレッサー Kresser
グレッサー
Gresser*
Gressor
クレッサン Cressent
クレッシ Cressey
クレッシー Cressey*
グレッジ Gulledge
クレッシイ
Cressey
Cressy
クレッシェル
Kroeschell*
グレッジオ Greggio
グレッシュ Gresh
クレッショフ
Kuleshov
クレッシング Kressing
クレッシンベーニ
Crescimbeni
クレッス Kress
グレッス Gresse
クレッスマン
Klessmann
クレッセ
Klesse
Kresse
グレッセ
Gresset
Grösse
クレッセル Kressel
グレッセル Grässel
クレッソワ Cressoy
クレッソン
Claeson
Cresson**
クレッター Kletter
グレッタ Gretta
クレッチ Krech
グレッチ
Grech
Gretch
グレッチェン
Gretchen**
クレッチマー
Krätschmer
Kretchmer
Kretschmer***
Kretzschmar
クレッチマア
Kretschmer
クレッチマン
Kretschmann
Kretzschmann
クレッチメル
Kretschmer
Kretzchmer
グレッチュ Gretsch
クレッチューマ
Kretschmer
クレッチュマー
Cretzschmar
Kretschmer*
Kretzschmar
クレッチュマン
Kretschmann*
クレッチュメル
Kretschmer
グレッチンガー
Gretzinger
クレッツ
Kletz*
Kroetz**
グレッツ
Graetz
Gretz
クレッツァー
Klötzer
Kretser
Kretzer
グレッツァー
Gretser
Gretzer
クレッツェル Kretzer
クレッツェンバッハー
Kretzenbacher
クレッツマイヤー
Cretzmeyer
クレッツマン
Kretzmann
クレッツメル
Kretzmer
グレッテ Grette
グレッティンガー
Graettinger
クレッテンベルク
Klettenberg
クレット Klett*
グーレット Goulet
グレット Gredt
グレッドヒル Gledhill
クレットマン
Kreitmann
グレットン Gretton
クレッパ Kleppa
クレッパー Klepper*
グレッヒェニング
Gröchening
クレッヒエル Krechel*
グレッブ Gleb
グレッフェ
Gräffe
Greffet
クレッフェンス
Kleffens
クレッブス Krebs
クレップスター
Klepser
クレップナー
Kleppner
Kreppner
クレップマン
Kleppmann
クレッペ Kleppe*
クレッペリエン
Kröppelien
クレッペリン
Kraepelin
クレッペル Klopper
グレッベル Grebber
グレッペルー
Grepperud
クレツリ Kloetzli*
クレツレスコ
Kretzulesco
クレーデ
Crede
Credé
クレデ Credé
クレデー Crede
グレーテ
Grete**
Grethe*
グレテ Grete*
クレーティ Creti
クレーディ Credi
クレディ
Cready*
Credi
グレーディ Grady**
クレティアン
Chretien*
Chrétien*
クレティエ Cretier*
クレティエン
Chrétien**
クレティクス Creticus
クレティス Cletis
クレティッチ Kuretich
グレディッチ
Gleditsch
グレディッチュ
Gleditsch*
グレティーヤ Grétillat
グレーテリース
Gretelise**
グレーテル
Gretel
Grethel
グレーデル Graedel*
グレテル Gretel**
クレーデン
Kleden
Klöden
クレデン Kleden
グレテン Grethen
クレテンシス
Cretensis
クレト
Cleto
Kuret
グレート Great
グレード Grade
グレト Gret
グレド
Gouled**
Guled
グレトゥイゼン
Groethuysen*
Grœthysen
クレトヴィッチ
Kretovich
クレトゥス Cletus
クレドナー Credner
グレドヒル Gledhill
グレドラー Gredler
グレトリ Grétry
グレトリー Grétry
グレートレ Gletle
グレートレックス
Greatrex
クレートン
Clayton
Creighton*
クレトン Créton
グレドン Glendon
クレーナー Kröner
クレナー Klenner
グレーナ Groener
グレーナー
Cröner
Graener
Groener
クレーナウ Klenau
グレナスター
Glennerster
クレナッキ Krenak
グレナールスン
Grenersen
グレナレン Glenallen*
グレナン Glennan
グレナンデル
Grenander
グレニー
Glennie**
Glenny
Grenny*
グレニーアス
Greanias*
グレーニィエツ
Grejniec*
クレニオ
Kyrínios
Quirinius
グレニス
Glennys*
Glenys*
クレーニッヒ Krönig
クレニナ Krenina*
クレーニヒ Krönig
クレニュー Creignou
グレニヨン Grignon
グレニンガー
Greninger
Gröninger
グレーニング
Groening
Gröening
Gröning
グレニング Grenning

グレーネヴァルト
Groenewald
クレーネク Křenek
クレネック Křenek
クレネット Clennett
グレーネマイアー
Grönemeyer
グレネルグ Glenelg
グレネンガー
Grenenger
クレノー Clenow
グレノ Greno
グレノット Grenot
クレノフ Krenov
クレノフスキー
Klenovskii
Klenovský
クレノン Clennon
グレノン Glennon**
クレーバー
Klaber
Kleber
Kröber
Kroeber*
クレバー
Clever*
Creber
Kleber*
Klever
Klewer
グレーバー
Graber**
Gräber
Graeber*
Greber
Gröber
グレーパー Graper
グレバー Grever
クレパクス Crepax
クレバコーレ
Crevacole
クレバース
Clevers
Krebbers
クレパツカ Klepacka
クレパックス Crepax*
クレバノフ
Klebanov**
グレーハム Graham
グレハム Graham
クレパルディ Crepaldi
クレーバーン
Claiborne
クレハン Crehan
クレパン Crépin
グレバン
Gréban**
Grévin
クレービ Creevy
グレーヒ Glahe
グレビ Grévy
クレビアジック
Kreviazuk*
クレービイル Krehbiel
グレビーク Glebbeek
クレピコヴァ
Klepikova
クレピコフ Klepikov
クレピコワ Klepikova
グレービチ Gurevich
クレピッチ Kleppich
グレビッチ Gurewich
クレピネヴィッチ
Krepinevich
クレピヒ Kleppich
クレビーヨン
Crébillon
クレビョン Crébillon
クレビヨン Crébillon
グレビリウス
Grevillius
クレービール
Krehbiel*
クレビール Krehbiel
グレビル Greville**
クレビン Crebbin
クレビング Clewing
クレビンジャー
Clevinger
クレーフ Cleve
クレフ Cleph
グレーフ
Graef
Graefe
Graeff
Gräf
Gräff
Greef
Greeff
グレーブ
Gleb
Greb
Grebe
グレープ
Gleb
Grape
グレフ
Graef
Gräff
Gref*
Greffe
グレブ
Gleb*
Greb
Grebb
グレブ Gleb*
クレーファー Klever
クレファス Cleofas
グレーフィン Gräfin
グレフィン Gräfin
クレーフェ Cleve
グレーフェ
Graefe*
Gräfe
グレフェ Graefe
グレフェル Grevel
クレフェルト
Creveld
Krefeld
クレプキナ Krepkina
クレーブクール
Crèvecoeur
クレブクール
Crèvecoeur
クレフシェニア
Klevchenya
Klevshenya*
クレーブシュ Clebsch
クレブシュ Clebsch
クレーブズ Krebs
クレーブス
Klebs
Krebs*
クレブス Krebs***
クレブズ Krebs
クレプス
Klebs
Krebs*
Kreps**
グレーブス Graves**
グレーブズ Graves**
グレープス Grapes
クレプスカヤ
Krupskaia
グレブスト Grebst
クレフスン Krevsun
クレフト Kreft
グレーブナー
Grabner
Gräbner
Graebner
グレープナー
Gräbner
Graebner
クレプファー
Kloepfer
Klöpfer
クレフマン Kleffmann
グレブラー Grebler
グレーブル Grable
グレブル Gröbl
クレーブン Craven**
クレーベ
Cleve
Klebe
グレーベ
Graebe
Grebe
グレベ Grebe
クレベア Crevéa
クレペア Crevéa
クレペリン
Kraepelin*
クレーベル
Cleber
Cléber
Kleber
Kléber
クレベール
Clebert
Clébert*
Kléber
Kraeber
クレベル Crebell
グレーベル
Grebel
Grober
グレベル Grebel
クレーベルガー
Kleberger
クレーベルク
Kleeberg*
クレベルスベルク
Klebelsberg*
グレベルゾン
Gleberzon
クレベン Kleven
グレーベン Greven
グレベンカ Grebenka
グレベンシチコフ
Grebenshchikov
クレベンジャー
Clevenger*
グレベンニク
Grebennik
クレヘンビュール
Krähenbühl*
クレボ
Klaebo
Klæbo
クレボー Crevaux
グレーボー Grabau
グレポ Greppo
グレボヴ Glebov
クレボウスキー
Chlebowski
グレボージ Grebogi
グレーボーフ Glebov
グレーボフ
Glebov
Grebov
グレボフ Glebov
クレボルド Klebold
クレホーン Cleghorn
クレボーン Claiborne
クレボン Cre'von
クレポン Crépon*
クレーマ
Crema
Klama
Kramer
クレーマー
Clemmer
Craemer*
Cramer*
Cremer*
Kraemer**
Kramer**
Krämer**
Krammer
Kremer*
Kroemer**
クレマ Crema
クレマー
Clemmer*
Kraehmer
Kramer
Kremer***
Kremmer
クレマインド Cremind
クレマジ Crémazie
クレマジー Crémazie
グレマス Greimas*
クレマタ Cremata
クレーマン
Kleemann
Kleiman
クレマン
Clemens
Clement*
Clément***
クレマンシック
Clemencic
クレマンス
Clemence
Clémence
Cremins
クレマンセ Clémencet
クレマンセー
Clémencet
クレマンソー
Clemenceau
Clémenceau**
クレマンソウ
Clémenceau
クレマンティ
Clementi
クレマンティーヌ
Clémentine
グレミー Gremy
クレミゥー Crémieux
クレミウ Crémieux
クレミュ Crémieux
クレミュー
Cremieux
Crémieux
グレミヨン
Grémillon*
グレミリオン
Gremillion*
クレミン Cremin*
クレミングス
Clemmings
クレミンズ Cremins
クレミンソン
Cleminson
クレーム
Creme**
Klemm
クレム
Clem***
Clement
Klem*
Klemm*
グレーム
Graeme***
Graham
Grame
Greame
グレム Graeme*
クレムケ Klemke*
クレムシェーフスカヤ
Kremshevskaia
クレムチウス
Cremutius
クレムティウス
Cremūtius
クレムニッツ
Kremnitz
グレムニッツ
Glemnitz
クレムネフ Kremnev
クレムビーゲル
Krumbiegel
クレムペラー
Klemperer
クレムペル Klemperer
クレムペレル
Klemperer
クレムル Kreml
グレーメ Graeme
クレメッティ Klemetti
クレメット Clemet
クレメトセン
Klemetsen*

ク

ク

クレメニュク
Kremenyuk*
クレーメル Kremer**
クレメール
Crémer*
Kremer*
クレメル
Crémer
Kremer
グレメルス Gremmels
クレメーレ Klemelä
クレメロヴァー
Kraemerova
クレーメン Clemen
クレメン
Cremin
Klemen
Kremen
クレメンシオ
Cremencio
クレーメンス
Clemens**
Klemens
クレメンス
Clemence**
Clemens***
Clement
Klemens
Klēmēs
クレメンズ Clemens*
クレメンタイン
Clementine
クレメンチ Clementi
クレメンチェフ
Klementjew
クレメンチッチ
Klemenčič
クレメンツ
Clement
Clements***
Klements
Krementz
クレメンテ
Clemente**
クレメンテア
Clementina
クレメンティ
Clementi**
クレメンティエフ
Klementyev
クレメンティス
Clementis
クレメンティーナ
Clementina*
クレメンティナ
Clementina
クレメンティーネ
Clementine
クレメント
Clement***
Clément
Klement
クレモ Cremo
クレモー
Clemeau
Clemo
Cremoux
グレモー Gremaud
クレモーナ Cremona
クレモナ Cremona
クレモニデス
Chrēmōnidēs
Khremōnidēs
クレモニーニ
Cremonini
クレモネージ
Cremonesi*
クレモン
Clément
Cremone
クレモンス
Clemmons
Clemons*
クレモンズ
Clemons**
クレモンティーヌ
Clementine
Clémentine*
クレモンティン
Clementine
クレモンド Klemond
クレーラ Kroehler
クレーラー Crerar
クレラ Kurella
クレラー
Crerar
Kröller
グレーラー
Graeler
Grealer
Groehler
グレラ Grella
グレラム Glerum
クレラン Clellan
クレランス Clarence
クレランド
Cleland*
Clelland
クレランボー
Clerambault
Clérambault
クレーリ Crary
クレーリー Crary*
クレリ Cleri
クレリー
Clery
Cléry
クレリア Clelia
クレーリィ Kräly
クレリイ Kraly
クレリウス Crellius
クレリクス Clericus
クレリシ Clerici
クレリスメ Clerisme
クレリソー Clérisseau
クレーリチ Clerici
クレリチ Clerici
グレーリッシュ
Grealish
クレリッソー
Clérisseau
クレリッチ Clerici
クレリデス Clerides**
クレリヒュー
Clerihew*
クレーリング Klering
クレリング Kraeling
グレーリング
Grayling
Greyling
クレリンステン
Crelinsten
クレール
Clair***
Claire***
Clara
Clare*
Clerc***
Clercq*
Clère
Creel
Klaern
Krehl*
Kreyer
クレル
Cler
Crell
Kérel
Krell*
グレール Gleyre
グレル Grell
クレルヴォー
Clairvaux
Claravallensis
クレルク
Clerc
Klerk
クレルグ Clergue*
クレルクス Clercx
クレルケル Klercker
グレルシェン
Gloeersen
クレルジョウ
Clergeaud
クレルスリエ
Clerselier
クレルベール
Clairbert
クレールマリ
Clairemarie*
クレルマン
Krellmann*
クレールモン
Clermont
クレルモン Clermont*
クレルル Clérel
クレルン Klaern
クレレ Crelle
クレレル Clérel
クレレンド Crerend
クレーロー Clairaut
クレロ Klero
クレロー
Clairaut
Clereau
クレロン
Clairon
Clellon
グレロン Greslon
グレワル Grewal
クーレン
Cullen
Keulen*
クレーン
Crane**
Crayne
Krane
クレン
Crenn
Cullen
Krenn
グレーン
Gráinne
Gröne
グレン
Glen***
Glenn***
Glenne
Grain
Nguyen
グレンヴィル
Glenville
Grenville*
グレンウェイ Glenway
グレンウォール
Grönwall
クーレンカンプ
Kulenkampff
クーレンカンプフ
Kulenkampff
クレンク Klenk
クレンクス Klencs
クレンケ
Klencke
Kröncke
クレンケル Krenkel
クレンゲル Klengel**
クレンコ Kurenko
グレンコ Gurenko
グレンコー Glencoe
グレンコナー
Glenconner
グレンサイド Grenside
グレーンジ Grange*
グレーンジャー
Grainger*
グレンジャー
Grainger*
Granger***
クレンシャウ
Crenshaw
クレンショー
Crenshaw**
クレンショウ
Clenshaw
Crenshaw
クレンズ Krens*
クレンスキー Krensky
グレンステッド
Grensted
グレンダ
Glenda***
Glennda
グレンダウアー
Glendower
グレンダール
Grondahl
Gröndahl
Grøndahl
グレンダル Gröndal
グレンチ Grench
クレンチン Klenchin
クレンツ
Krantz
Krents
Krentz
Krenz**
グレンツ
Grenz
Gurrentz
クレンツァー
Krenzer**
クレンツェ Klenze
クレンツエ Klenze
グレンツエル Gruntzel
クレンツォフ
Kurentsov
グレンツマン
Grenzmann
クレンツレーン
Kraenzlein
グレンディ Glenday
グレンディニング
Glendinning*
クレンデニン
Clendennin
クレンデニング
Clendenning
グレンデニング
Glendening
Glendenning
クレンデノン
Clendenon*
グレンデマン
Gruendemann
グレンデル Grendell
グレントゥルプ
Grentrup
グレントレガロ
Green Tregaro
グレンドン
Glendon**
クレンナ Crenna*
グレンナ Glenna
グレンニー Glenney
クレンニエミ
Kurenniemi*
クレンネル Crennel
グレーンハウ
Greenhow
グレンバーガー
Gruenberger
クレンパーン
Klempahn
グレンビル
Glenville
Grenville**
グレンプ Glemp*
グレンフェル
Grenfell**
グレンフォード
Glenford
クレンプナー
Klempner
グレーンベック
Grønbech
グレンベック
Grönbech
Grønbech
クレンペラー
Klemperer**
クレンペル Krempel
グレンベルイ
Grönberg
クレンペレル
Klemperer
グレンボル Grønvold

グレンマー Grebmer
グレンマレン
Glenmullen
クレンメ Klemme
グレンメイ GlenMaye
グレンライト
Glenwright*
グレーンランド
Grönland
クーロ Curro
クーロー Kuhlo
クロ
Clos
Cros*
Queloz
クロー
Chloe
Cloe
Cloo*
Clot*
Clow
Courau
Couraud
Croo
Crow*
Crowe**
Klôh
Krog
Krogh*
Kroh
Krow
グロ
Gro**
Gros**
グロー
Glo
Grau**
Gro**
Groh*
Gros
Guro
クロア Croix
グローア Gloor
グロアー Groah
クロアザ Croiza
クロアサン Croissant
クロアシー Croissy
クロアゼ Croiset
クロアゾー Cloizeaux
グロアート Glauert
クロアトル Cloitre
クロアビエ Croibier
クロアレク Cloarec
グローアン Groër
クローアンズ
Klawans*
クロイ
Chloe
Croy
Kroy
グロイ
Gloy
Groy
クロイアー Krøyer
グロイアー Grauer
グロイエル Greuel
クロイガー Kreuger*
クロイサー Kreusser
クロイシンガ
Kruisinga
クロイシンハ
Kruisinga
クロイス Crois
グロイス
Grois
Groïs
Groys*
グロイスバーグ
Groysberg
グロイスマン
Groysman
クロイセット Croiset
クロイソス
Croisos
Kroisos
クロイター
Croiter
Kreuter
クロイダー Kreuder*
グロイター
Greuter
Gruyter
クロイツ
Creutz
Kreutz
Kreuz
クロイツァー
Creuzer
Croizier
Kreutzer**
Kreuzer**
クロイツァート
Croizat
クロイツィガー
Kreuziger
クロイツィヒ Creutzig
クロイツヴァルト
Kreutzwald
クロイツェル
Kreutzer*
グロイツキ Groicki
クロイックス Croix
クロイッツァー
Kreutzer
クロイツベルガー
Kreutzberger
クロイツベルク
Kreutzberg
クロイツワルト
Kreutzwald
グロイテル Greuter*
クロイト
Kroyt
Kruyt
クロイトゲン
Kleutgen
クロイトル Croitoru
クロイハ Kryger
クロイバー Kloiber
グロイブ Graeub
クロイヤー
Kroijer
Kroyer
Krøyer
グロイル Greul
クーロウ Kwok
クローウ Krogh
クロウ
Clough*
Clow*
Crough
Crow***
Crowe***
グローヴ Grove**
グロウ
Grau
Groe
Grow
Gruau
クローヴァー
Clover
Glover
グローヴァ Grover
グローヴァー
Glover*
Grover*
グロウアー Grauer
グロヴァ Grover
グロヴァッツ Glowacz
クロウイ Chloe
クロヴィ Clovis*
クローヴィオ Clovio
クロヴィオ Clovio
クローヴィス
Chlodovech
Clovis
Clóvis
クロヴィス
Clovis*
Clóvis*
クロウィッキィ
Krowicki
グロウィック Growick
クローウィッツ
Krawitz
グロウィンスキー
Glowinski
グロヴィンスキ
Glovinsky
グロゥヴ Grove
グロウヴ Grove
グロウヴァー Grover
グロウヴズ Groves
クローウェ Crowe*
グローヴェ Grove
クローウェル
Craughwell
Crowell*
クロゥエル Crouwel*
クロウェル
Crouwel
Crowell*
クロウエル Crouwel
クロウゥク Croake
クロウク Croke
クロウクィル
Crowquill
グロウクス Groux
クロウクロフト
Crowcroft
クロウコス Kloukos
クロウサー Crowther*
クロウザー
Crowther
Klauser
クロウジャー Croshere
グロウシン Grocyn
クローヴス Kloves
クロウス
Claes
Claus
Close
Kloos*
Krous
Krouse
クロウズ
Close
Clowes*
Klose
グローヴス Groves*
グローヴズ Groves*
クロウスキー
Krousky
Kurowski
Kurowsky
クロヴスキー
Kurowski
グロウスマン
Glousman
グロウスミス
Grossmith
クロウゼ Krause
クロウソン
Clawson*
Crowson
クロウダー Crowder
クロウチ
Croce
Crouch
Kroetsch*
クロウチェック
Krawcheck*
グロウチェビッチ
Glouchevitch
クロウト Kroto
クロウトヴォル
Kroutvor
グロヴーナ Glowna
クロウニー Clowney
クロウネンバーグ
Croonenburg
クロウバー Kroeber
クロウバリー
Cleobury
クロウビ Crowby
クロウファ Crawford
クロウフォード
Crawford*
グロウブズ Groves
クロウフット
Crowfoot
グロウブナー
Grosvenor
クロウマン Cloman
クロウリ Crowley
クロウリー
Clowley
Crawley
Crowley***
クロウレー Clowley
グロヴレ Grovlez
クロウンフェルド
Kronfeld
クロエ
Chloe**
Chloé*
Chloë*
Chlóē
Cloe
Cloé
Cloez
Crowe
クロエス
Kroes*
Kroese
グロエスト Groest
クロエソス Kroisos
グロエッチュ
Groetsch
グローエネヴェーゲン
Groenewegen
Groenewgen
クロエリア Cloelia
クロエンケ Kroenke
クロオ Cros
クロォチェ Croce
クロオデル Claudel
クロオド
Claude
Claudé
クローカー
Croker*
Kroker*
クローガー Kroeger
クロカー Croker
クロガー Kroger
グロガー Grogger
グローガウ Grogau
グローガン Grogan**
クローキー Clokey
クロキ Kuroki
クローク
Cloake
Cloke
Croke*
Crook
クローグ
Krog*
Krogh**
Krohg
クログ
Krog
Krogh*
Krohg
クロクス Crocus
クログスガード
Krogsgaard*
クロクマル Krochmal
クローグマン
Kliegman
クロケ Cloquet*
グロケイオ Grocheo
グロケオ Grocheo
クロケット
Crocket*
Crockett***
クロゲラス Krogerus
クロコウ Krockow*
クロコスキー
Krokosky
グロコット Grocott
クロコップ
Cro Cop
CroCop*
グロゴノ Grogono
クロコフ

Klokov*
Krockow
クローサー
Croser
Crowther*
クローザー
Crowther**
クロザ
Crausaz
Crozat*
グローサー
Glocer*
Groser
グローザ Groza
グロザ Groza
グロサヴェスク
Grozavescu
クロザウスカ
Krosoczka
クローザース
Crothers*
クローザーズ Crothers
クローザス Crothers
クロサーズ Crothers*
クロザース Crothers
クロザーズ Crothers*
クロザック Krozak*
クロザート Crosato
グローサン Grosan
クロージー Clohosy
クロシ Klosi
クロージア Clothier
クロジア Crozier
クロシェ
Cloche
Crochet
クロジェ
Clozier
Crozier
クロジエ Crozier*
グローシェ Grosche
グロシェ Grosche
クローシェイ
Crawshay**
グロジェバ
Grozdeva**
グローシェフ Groshev
クローシェル Kroschel
クロシエール
Crochiere
グローシェル
Groeschel
グロジェンスカ
Grodzieńska
グロジェンスキー
Grodzenskii
クロジク Krosigk
グロシチ Grosics
クロシック Crossick*
クロジック Crossick
グロジッチ Grozdic
クロージャー
Crozier**
Kroeger
クロジャー Crozier
グロシャイド
Grosheide

グロージャン
Grosjean*
Grotjahn
グロジャン
Grosjean**
クーロシュ Kuros
クローシュ Kurosh
グロシュ Glocheux
グロシュー Glocheux*
クロシュヴィッツ
Kroschwitz
クローショー
Crawshaw*
グロシン Grocyn
クロシンガム
Crossingham
クロージング
Clausing**
クロシンスキー
Klosinski
グロジンスキー
Grodzinsky
クーロス
Couros
Kouros**
クロース
Claus
Cloos
Close**
Clowes
Croce
Klauss
Kloos*
Kloss
Krauss
Krauth
Kroos
クローズ
Close**
Clouse*
Clowes
Crouse
Krouse
クロス
Clos*
Closs
Cressoy
Cros*
Cross***
Crosse
Curros
Klos
Kloss*
Kros
Kross***
Kūruš
グロース
Glaus*
Gloss
Groce*
Groos
Grose*
Gross**
Groß
Grosse
Grosz**
Grósz
Groth
Grothe
グロス
Glaus
Glos
Gros
Grose
Gross***
Groß

Grosse
Grosz*
Groth**
グロスヴァッサー
Groswasser
クロスウェル
Crosswell
Croswell
グロスヴェルト
Grosveld
クロスカ Kroska
クロースキー
Kurowsky
グロスギュラン
Grosgurin
グロスキン Groskin*
グロスクラウス
Grossklaus
グロースゲバウアー
Großgebauer
クロスケリー
Croskerry
クロスコ Klosko
クロスコウスキー
Kloskowski
クロースコップ
Krouskop
グロスコフ Grosskopf
グロスコプフ
Grosskopf
グロスジャン
Grosjean
クロスター Kloster
グロースター
Gloucester
グロスター
Gloster
Gloucester**
グロズダノヴィック
Grozdanovic
クロースタマン
Klostermann
クロスターマン
Klosterman
Klostermann
グローステスト
Grosseteste
グロステスト
Grosseteste*
グロステート
Grosseteste
グロズデフ Grozdev
クローステルマン
Kloosterman
クロステルマン
Closterman
Clostermann
Klostermann
クロストーフォロ
Cristoforo
クロースナー
Klausner
クロスナー Klausner
グロスナー Glossner
クロスニー Krosney
グロスニクル
Grossnickle
クロスニック Krosnick

グロズニック
Grosenick
クロスバイ Crosby
クロスハウグ
Krosshaug
グロスバーグ
Grosberg
Grossberg*
グロスバック
Grossbach*
グロスバード
Grosbard*
Grossbard
クロースビー Crosby
クロスビ Crosby
クロスビー
Crosbie**
Crosby***
クロズビ Crosby
クロズビー Crosby***
クロスビィ Crosby
クロスビイ Crosbie
グロスピロン
Grospiron
クロスフィールド
Crosfield
Crossfield
グロスフィールド
Grossfield
グロスフェルト
Grossfeld*
グロスフォルト
Grosvold
グロスブラット
Grossblatt
グロスブレナー
Glossbrenner
グロスペリエ
Grospellier
グロスベルク
Grossberg
グロズベーン
Grosbayne
クロスマン
Crosman
Crossman*
グロースマン
Grossman
Grossmann*
Großmann
グロスマン
Grosman
Grossman**
Grossmann**
グロースミス
Grossmith
グロスミス Grossmith
クロスランド
Crosland*
Crossland*
クロスリ Crossley
クロスリー Crossley**
クロスリイ Crossley
グロスリエ Groslier
クロスレー Crossley**
クロスレイ Crossley
グロスロー Gross-Loh
クロースン Clawson*

クローゼ
Crozes
Klose*
クロゼ Closets
クロゼー Crozet
グローセ
Groos
Grosse*
グロセイエ
Groseilliers
クロセッティ
Crocetti*
Crosetti
クロゼッティ Crosetti
クローセット Closset
グロゼニック
Grosenick
クローゼル
Clausel
Clausell
グロセール Grosser*
クローセン Clausen**
クローゼン Clausen
クロソウスカ
Klossowska*
クロソウスキ
Klossowski
クロソウスキー
Klossowski***
クロソヴスキー
Klossowski
グロソップ Glossop
クロソフスキ
Klossowski
クロソフスキー
Klossowski*
クローソン Clawson*
クローゾン Clauson
クロゾン Crozon
グロゾン Grozon
クローダ Clodagh
クローダー
Chrowder
Crowder
グローダヴァ
Gulordava
グロタウス Grothaus
グロータース
Grootaers*
Grooters
グロータス Grootaers
グロダス Grodas
クロタール Chlothar
クロダン Claudin
グロタン Grothen
グロタンディェク
Grothendieck
グロタンディエク
Grothendieck
Grothendiek*
グロタンディエック
Grothendieck
グロタンディーク
Grothendieck*
Grothendiek
クローチ
Croce
Croci
Crouch

クロチーア Clothier
グローチウス Grotius
グロチウス Grotius
クローチェ Croce*
クローチェク
Krawczyk
グローチェスター
Gloucester
クロチェッティ
Crocetti**
クロチェット
Crocetto*
クロチェンワ
Klochneva*
クーロチキン
Kurochkin
クローチキン
Kurochkin
クロチキン Kurochkin
クロチコ Kloczko
クロチコワ
Klochkova*
クロチック Krochik
クロチフィッサ
Crocifissa
クロチフィッシ
Crocifissi
クローチャー
Klocher
Kröcher
グロチャン Grotjahn
グローチュ Grötzsch
クロチルダ Chlothilde
クロチルド Clotilde*
クローツ
Cloots
Klotz
クローツィウス
Crocius
グロツェル Glotser
クロツォバ Klocova
クロッカー
Crocker***
グロッガー Grogger*
クロッカリス
Klokkaris
クロツキ Krocki
グロッギンズ
Groggins
クロック
Kroc**
Krock
クロッグ Clogg*
グロック
Glock**
Grock
Grocke
クロックス Crox
クロックストン
Croxton
グロックスバー
Glockshuber
グロックナー
Glockner
クロックフォード
Crockford*
クロックボルド
Klokkevold
クロックマル
Krochmal
クロッグマン
Krogman*
Krogmann
クロッコフ Krockow
クロッサー Crosser
グロッサー
Grosser*
Großer
グロッサルト
Grossarth
クロッサン Crossan*
グロッシ Grossi**
クロッシェ
Cloché
Crochet
グロッシェ Grosche
グロッシュ Grosch
グロッショルツ
Grosholz*
グロッジン Grodzin
グロッシンガー
Grossinger
グロッジンス
Grodzins
クローツス Crotus
クロッス
Cross
Gross
Kloss
グロッス
Gross
Grostz
Grosz*
グロッズィンスキー
Grodzinsky
グロッステスト
Grosseteste
クロッスマン
Crossman
グロッスマン
Grossman
Grossmann
クロッセ
Crosse
Klosse
グロッセ Grosse*
グロッセール Grosser
グロッセン Grossen
グロッソ Grosso**
グロッソップ Glossop
クロッソン
Closson
Crosson
グロッソン Grosson
グロッタ
Grotta
Gulotta
グロッタムスブラーテン
Grøttumsbraaten
クロッチ
Crotch
Klotch
クロッチェ Croce
クロッツ
Klotz***
Kloz
グロッツ Glotz***
クロッティ
Crotti
Crotty
クロッテイー Crotty
クーロット Kulot**
クロット
Clot
Clottes*
Klodt
Krott
クロッド Clodd
グロット
Grot
Grott
Grotte
グロットゥス
Grothuss
クローットゥンガ
Kulōttunga
グロットガー Grottger
グロットゲル Grottger
クロッバー Klopfer
クロッパー
Clopper*
Cropper*
Klopfer
Klopper
グロッパー Gropper*
グロッパーリ
Groppari
グロッパリ Groppali
グロッピ Groppi
クロップ
Cropp*
Klopp**
グロップ Gropp
クロッファ Klopfer
クロッファー Klopfer
クロッフォード
Crawford
Crofford
クロップシュトク
Klopstock
クロップシュトック
Klopstock*
クロップス Klops
グロップマン
Gropman
Groppman
クロップリー Cropley
グロツベッカー
Glotzbecker
グロッペル Groppel
クロッペンバーグ
Kloppenberg
クロッペンビュルフ
Cloppenburg
クロッペンボルグ
Kloppenborg*
クロッホ Krog
クロッホマール
Krochmal
グロッホラ Grochla
クローテ Cloete
グローテ
Groote
Grote*
Grothe
グローテア Grotheer
グロテア Grotheer
クローディ Claudie*
クロティ Crotty
クロディー Croddy*
グローティ Grote
クローディア
Claudia**
Cloudia
クロディア Clodia
クローディアス
Claudius
クロディアナ
Klodiana
クロディウス Clodius
グローティウス
Grotius
グロティウス Grotius*
クローディオン
Claudion
クロディオン
Claudion
クロディス Clodius
クローディナ
Claudina
クローディーヌ
Claudine***
クローディヌ
Claudine
クロディーヌ
Claudine**
クロディヌ Claudine
クロディヨン
Claudion
クロティルダ Clotilde
クロティルデ Clotilde
クロティルディス
Clotilde
クロティルド
Clotilde*
クローディーン
Claudine
クローディン
Claudine
クロディン Claudine
グローディン Grodin
グロディーン Glodean
グロディン Grodin
グローディンズ
Grodins
グローテウォール
Grotewohl
グローテヴォール
Grotewohl
グロテウォール
Grotewohl
グロテヴォール
Grotewohl
クローデガング
Chrodegang
クローデガング
Chrodegang
クロデガング
Chrodegang
グロデコフ Grodekov
グロデッキ Grodecki
グロデツキ Grodecki
グロデック
Groddeck*
クローデット
Claudette**
グローテフェント
Grotefend
グローテボール
Grotewohl
グロテボール
Grotewohl
クロデュアルド
Clodualdo
グロテリューシェン
Groteluschen
クローデル
Claudel***
Claudell*
クロテール Clotaire
グローテル Grotell
グローデル Glodell*
グローデン Gloeden
グローテンフェルト
Grotenfelt
クーロド Claude
クロート
Cloete
Clote
Kroth*
Kroto*
Kulot
クロード
Chaude
Clande
Claud*
Claude***
Claudé
Cloud
Cloude
クロトー
Cloteaux
Kroto**
クロド Claude
グロート
Groat**
Groht
Groot*
Grote
Groth**
グロード
Glaudes*
Gourraud
Gourraund*
クロードヴァルド
Chlodovald
クロードヴィヒ
Chlodwig
クロドヴェヒ
Chlodovech
クロトウェル Crotweel
クロートゥス Crotus
クロトゥス Crotus
グロートゥス
Grothuss
グロトゥス Grothuss
クロドゥマー
Clodumar
クロドゥマール
Clodumar*
グロードウン Groden
グロートカー Grötker
グロドゲル Grottger

ク

クロトコフ Krotkov
グロートシェール Graatkjaer
グロドッキ Grodotzki
クロドビス Clodovis
クロトフ Krotov
グロートフ Groothoff*
グロトフェルティ Glotfelty
グロトフスキ Grotowski*
グロトフスキー Grotowski
グロートホイゼン Groethuysen
グロートホッフ Groothoff
クロドミロ Clodomiro
グロドミロ Glodomiro
クロドメル Chlodomer
グロトヤーン Grotjahn
クロトワシー Clotworthy
クロトン Croton
クローナー Croner Kroner*
グローナー Groner
グロナー Groner Gronner
グローナウ Gronau
グロナウ Gronau
クローナカ Cronaca
クロナーカ Cronaca
クロナカ Cronaca
クロナス Klonas
クローナッハー Kronacher
クローニー Cloney
クロニェ Cronje
クロニコワ Kournikova
クロニス Chronis Clonis
クロニスター Chronister
グロニツキ Gronicki
クローニック Krolnik
クローニッシュ Kronish
クローニン Cronin*** Cronyn**
クロニン Cronin
クロニンガー Cloninger
グローニング Gronning
グロニンゲン Grønningen
クロヌス Kronos
クローネ Krohne Krone*
クローネカー Kronecker
クローネッカー Kronecker
クロネッカー Kronecker
クローネック Cronegk
グローネフェルト Gronefeld
グロネマイアー Gronemeyer
グローネマイヤー Gronemeyer*
クローネル Croner
クロネル Croner Kroner
グローネル Grownel
クローネン Croenen Krohnen
クロネンウエッター Kronenwetter
クローネンヴェット Cronenwett
クローネンバーガー Kronenberger
クローネンバーグ Cronenberg*
クロネンバーグ Cronenberg Kronenburg
クローネンベルク Kronenberg
グロノヴィウス Gronov
グロノヴィッツ Gronowicz
クロノウスキー Klonowski
クロノス Cronos Kronos
グロノビウス Gronov
グロノビチ Gronowicz
グロノビッツ Gronowicz
グロノフ Gronov
クロノフスカ Klonowska
クロノルド Kronold
クロノン Cronon*
クローバー Clover Klauber Kroeber**
クロパ Klōpâs
グローハー Groher
グローバ Glover
グローバー Glover*** Grover***
グローパ Groapa
グロバー Glover*
グローバク Graabak*
グロバーグ Groberg*
グロバク Glovak
クロパス Klōpâs
クロパチェフ Kropachev
クロパチオーヴ Kropachyov
クロパチョーヴァ Kropachova
クロバツェク Chrobatzek
クロハティ Cloherty
グローバード Graubard
クロパートキン Kuropatkin
クロパトキン Kuropatkin*
クローハートマン Kroah-Hartman
グローバーマン Glouberman*
クロバリ Koulobaly
クロハリョフ Krokhalev
グローバン Groban*
クロパンザーノ Cropanzano
クロバンド Kroband*
グロービー Grobbee
グロピウス Gropius*
クロビオ Clovio
クロービス Clovis
クロビス Clovis
クロピツキ Chlopicki
グロビッツ Gurovits
クロピネル Clopinel
クロピブニツキ Kropiwnicki
クロープ Clope
クロフ Clough Kropf Kulov*
グローブ Grauwe Grob Grobe* Groeve Grove***
グロープ Grob
グロフ Grof* Groff* Gulov
グロブ Glob Grob
クローファード Craufurd Crawfurd
クロファード Crawfurd
グロフィレー Grosfilley
グローフェ Grofé
グロフェ Grofé
クロプエルド Kropveld
クローフォード Crauford Crawford** Crawfurd
クローフォド Crawford*
クロフォード Crafford Crawford***
グロプケ Globke
クロブコフスカ Klobukowska
クロプシー Cropsey
クロブシャー Klobuchar
クロプシュトク Klopstock
クロプシュトック Klopstock
クローブス Kloves
グローブス Groves**
グローブズ Groves*
グロブス Globus
グロフスキー Górowski
グロブスタイン Grobstein
クロフタ Krofta
グロブダル Grovdal
クローブダンツ Klobedanz
クロフツ Crofts***
クロフト Croft*** Kroft
クロフトン Crofton*
クロプトン Clopton
グローブナー Grosvenor
グロブナー Grosvenor
クロプフガンス Klopfgans
クロフマル Krochmal
グローブマン Glaubman*
グロブマン Grobman
グロブラー Grobler
クロプリス Clopreis Cloprys Klopriß
グローブロット Gravelotte
クロベット Crovetto
クロベール Clobert
グローベル Grobel
グロベル Gråbøl
グロベルト Grobert
クローホ Krogh
クロボー Kloborg*
グロホヴィヤク Grochowiak
グロホヴャク Grochowiak
グロボーカル Globokar
グロボカール Globokar*
グロボカル Globokar
クロボット Chrobot
グロボツニク Globocnik
クロポートキン Kropotkin
クロポトキン Kropotkin*
クロボフロスコフ Krovopuskov
クロホマル Krochmal
グロホラ Grochla*
クローマー Cromer* Kroemer
クロマー Cromer
クローマイアー Kromayer
クロマーティー Cromartie
クロマーテイ Cromarty
クロマティ Cromartie** Cromatie
クロマティー Cromartie
クロマティウス Chromatius
クロマディット Kromadit*
グロマラ Gromala
クローマランク Crommelynck
クローマン Kroman
グローマン Gloman Grauman Grohman Grohmann* Groman
クローミー Cromey Cromie
グロミシュ Gromisch
グロミス Gromis
クロミャック Chromiak
クローム Crome Krom
クロム Crom Krom* Krommun
グローム Glaum
グロム Grom
グロムイコ Gromyko*
クロムウェル Cromwell**
クロムウエル Cromwell
クロムカンプ Kromkamp
グロムコフスカヤ Gromkovskaia
グロムジョン

Gulomdzhon
Gulomjon
クロムス Krommes*
クロムトン Crompton
クロムハウト
Kromhout**
クロムビー Crombie
クロムメリン
Crommelin
クロムランク
Crommelynck*
クロムリンク
Crommelynck
グロメック Gromek*
クロメリンク
Crommelynck
クローメル Cromer
クロメル Kromer
グロメール Gromaire
グローモヴァ
Gromova
クロモスト
Kromosoeto
クロモビジョヨ
Kromowidjojo**
グローモフ Gromov
グロモフ
Gromov**
Gulomov
グロモル Gromoll
グロモワ Gromova*
クローラー Kröller
グロラ Gurrola
グロラー Groller
グロランベール
Groslambert
クローリ
Croly
Crowley
クローリー
Crawley
Croly
Crowley**
Crowly
グローリ Glori
グローリー Glory*
グローリア Gloria**
グロリア
Gloria***
Gória
グローリアーナ
Gloriana
クローリィ
Croly
Crowley
クロリヴィエール
Clorivière
グロリエ
Grolier
Groslier*
グロリエー Grolier
グロリオーソ Glorioso
クロリキエビチ
Królikiewicz
クローリス Krollis
クロリス Cloris*
グロリュー Glorieux
クロリンダ Clorinda
クロール
Croall
Croll*
Crowl
Crowle
Krall
Krol*
Kroll**
Kruchten
Krull
クロル
Krol
Kroll**
グロール
Grohl*
Groll
グロル
Grol**
Groll
クロールス Chlorus
クロルス
Chlorus
Clorus
クロルズ Crols
クロルドルップ
Kroldrup
グロールニック
Grolnick
グロールマン
Grollman
Grolman
グロルマン Grollman*
グロールマンド
Grolemund
グロルラー Groller
クローレー Crawley
グロレ
Grolee
Grollé
クローレイ Crowley
クロレフスキー
Krolewski
クローロ Krolow**
クロロー Krolow
グロロー Grolleau
クローロウ Krolow
クロロウ Krolow
クロロフ Krolow
クロワ Croix**
グロワ Gurova*
クロワザ Croiza
クロワジール Croisille
クロワゼ Croiset
クロワゼット
Croizette
クロワゾー Cloizeaux
クロワッサン
Croissant
クロワッセ Croisset**
グロワート Glauert
クロワトル Cloitre
クロワビエ Croibier
クーロン
Coulomb*
Coulombe
Coulon
Kuron
Kuroń*
クローン
Cloan
Coulomb
Crohn
Crone*
Krohn**
Kron
Krone
Kroon
クロン
Coulomb
Coulon*
Cron*
Klaung
Kron
グロン Gron
クロンイェ Cronje
クロンウェル
Cromwell
クロンカイト
Cronkhite*
Cronkite**
クロンキ Kroenke
グロンキ Gronchi
グロンキア Gronkjaer
クロンキスト
Cronquist
クロンク Cronk
クロンクヴィスト
Cronqvist
グロンコウスキー
Gronkowski
クーロンジュ
Coulonges*
クローンズ Krones
クロンス Cronce
グロンスキー Gronski
クロンスタム
Kronstam
クローンステット
Cronstedt
クロンステット
Cronstedt
グロンセス Gronseth
クロンゼーダー
Kronseder
クロンゼック
Kronzek*
クロンゾン Kronzon
グロンダール
Grondahl*
Gröndahl
Grøndahl
グロンダン Grondin
クロンツ
Clontz
Klontz
クロンティリス
Krontiris
グロンディン
Grondine
グロンドー Grondeau
グロンドヴィ
Grundtvig
グロンドーナ
Grondona
クロントハラー
Kronthaler
クーロンドル
Coulondre
クロンドル Krondl
クロンナウア
Cronauer
クロンハウゼン
Kronhausen
クロンバック
Crombac
Cronbach
グロンバック
Grombach
クロンバッハ
Krombach*
クロンビー
Crombie**
クロンブ Coulombe
クロンフェルト
Kronfeld
クロンフェルド
Kronfeld
クロンプトン
Crompton*
クロンブホルツ
Krombholc
クロンブルホーム
Crombleholme
クロンベ Crombé
クロンペ Klompe
クロンベルガー
Kronberger*
クローンベルク
Kronberg
グロンホルツ
Grønholdt
グロンホルム
Grönholm*
クロンマー Krommer
グロンマン Grönman
クロンメ Cromme
クロンメリン
Crommelin
クロンライト
Cronwright
クロンランク
Crommelynck
グロンルース
Grönroos
グロンルンド
Gronlund
クヮイアット Kwiat
クヮーク Quirk
クヮケンボス
Quackenbos
クヮベナ Kwabena*
グヮルチェリ
Gualtieri
クヮン Kwun
グヮンウン
Kwang-woong
クヮント Quant*
クワ Kwa
クワイ
Kwai
Kwei
クーワイデ Kuhweide
クワイトリー Quitely
クワイニー Quiney*
クワイン Quine**
クワウ Kwawu
クワウテモク
Cuauhtemoc
クワオ
Kwao
Kwaw
クワーク
Quirk**
Quirke
クワク
Kuwaku
Kwaku
クワコウ Coicaud*
クワジェ Kwaje
クワシニェフスキ
Kwaśniewski
クワシニエフスキ
Kwaśniewski**
クワシネフスキ
Kwaśniewski
クワジーモド
Quasimodo
クワシャ Kvasha
クワシュニン
Kavashnin
クワジョ Kwadjo
クワスト
Chwast*
Quast
クワスニウスカ
Kwasniewska
グワスメイ
Gwathmey
グワダーニ Guadagni
グワダベ Gwadabe
クワチー Kwakye
グワチャム Gwacham
クワック Kwak*
クワッグ Kwak
クワッケンブス
Quackenbos
クワッケンブッシュ
Quackenbush
クワッケンボス
Quackenbos
グワーツマン
Gwartzman
クワド Kwadwo
クワドゥオ Kwadwo
クワドォー Kwadwo
グワトニー Gwatney
クワートフリーク
Quadflieg
クワードブリット
Quaadvliet
クワドラトゥス
Quadratus
クーワトリー
Quwwatlī
クワトリ Quwwatlī
クワトリー Quwwatlī
クワドリ Quadri
クワニ Kwane
クワヌ Kwan
クワピル Kvapil
クワベナ Kwabena

ク

クワベンジャネ
Quvenzhane*
クワーミ Kwame
クワミ Kwame**
グワミレ Gwamile
クワメ
Kouamé
Kwame**
Kwamé
クワメナ
Kuwamena
Kwamena
クワユレ Kwahulé*
グワラミア Gvaramia
クワランタ Quaranta
クワーリ Kuwari
クワリ Kuwari
クワリー Quarrie
クワリエロ Quagliero
クワリズミ
Khwārizmī
グワリーニ Guarini
クワル Kuwal
クワールズ Quarles
グワルダゾーニ
Guardasoni
グワルチェリ
Gualtieri
グワルティエリ
Gualtieri
グワルトニー
Gwaltney
クワルトロー
Qualtrough
クワルワッサー
Kwalwasser
クワワ Kwawa
クワン
Khuang
Kuan
Kwan**
K'wan*
K'waun
Kwon
Kwong
Quan**
Quann*
グワン
Gouin
Guang
グワングワ Gwangwa
クワンクワソ
Kwankwaso
クワンジュン
Kwang-joon
クワンダー Quander
クワンチー
Kwang-chih
クワンツ Quantz
グワンツラーゼ
Gvanteladze
クワント
Kwant
Quant**
クワントリル
Quantrill
グワンニエン
Guang-nian
グワンメイ
Guang-mei
グワンヤー Guang-ya
グワンユー Kuan Yew
グワンユアン
Guang-yuan
クーン
Chun
Coen*
Coon*
Khoon
Khuen
Koen**
Koon
Kuehn
Kuehne
Kuhn***
Kühn
Kun
Kune
クン
Cung
Khin
Khun**
Kin
Koen**
Kun**
Kung*
グーン
Goon
Gun
グン
Gun**
Gung
Gunn**
Ngung
グンアージャビン
Gunaazhavyn
クンアビシケ
Koung Bissike
クンウー Kun-woo*
クンヴァルト
Kunwald
グンヴァルト Gunvald
グンヴォル Gunvor*
グンウク Keun Wook
グンウサアー Gunther
クンガ
Kun dga'
Kung dga'
Kurca
クンガー Kunga
クンガーゲルツェン
Kun dga' rgyal mtshan
クンガーサンポ
Kun dga' bzang po
グンガードルジ
Gungaadorj*
クンガードルジェ
Kunga Dorje
クンガーニンポ
Kun dga' snying po
クンキティ Khunkitti
クング Koungou
クンクタトル
Cunctator
グングニャーネ
Gungunyane
グングヌム
Gungunum
クンクーユ Kunkuyu
クングラー Kungler
クンクル
Kuncl
Kunkle
グングル Gungl
クンケ Kuhnke
クンケイロ
Cunqueiro*
クンケル
Kunckel
Kunkel*
グンケル Gunkel*
クンケン
Kun mkhyen
クンコエム
Kunkhoem
クンコロ Kuncoro
グンサー
Guenther
Gunther
グンサム Koon-sam
クンサン
Kun-bzan
Kunzang
グンサンノルブ
Güngsangnorbu
グンジ Gunzi
クンシク Kun-sik
クンジグ Kunzig
グンシク
Geun-shik
Keun-sik
グンジャ Kun-ja
クンシャク Kunschak
クンジャラニ
Kunjarani
クンジュー Koonjoo
クンジュク Könchek
クーンジョー Koonjoo
クンジン Kun-jin
クーンス Koonce
クーンズ
Coons
Koons**
Koonz
Kunes
クンス Keun-soo
クンスケン Künsken
クンスト Kunst*
クンストラー Kunstler
クンスラー Kunstler
クンスル Keun-sool
クンズル Kunzru**
クンスレール Kunstler
クンスワン
Koon Swan
クンゼ Kunze*
クンゼル Kuntzel
グンソク Keun-suk*
クンダ
Kunda*
Kundah
グンタ Gunta
グンター
Gunter**
Günter*
Gunther**
Günther
グンダ Gunda*
グンダー Gunder**
クンダクンダ
Kundakunda
グンダーセン
Gundersen*
クンダダーナ
Kundadhāna
グンタード
Gunthard
Günthard
グンダナ Gundana
クンダニカ
Kundanika*
グンダハール
Gundahar
グンダハル Gundahar
グンダファル
Gundaphar
グンダフォルス
Gundaphorus
クンダプール
Kundapur*
グンタムント
Gunthamund
クンダラ Kundra
グンダライ Gundalai
クンタラフ Kuntaraf
クンダーリク
Cunderlik
グンタルス Guntars*
グンダルス Gundars
クンタルソ
Koentarso*
グンダルツェフ
Gundartsev
クンチェ Kountché*
クンチク Kuntschik
クンチャラニングラット
Koentjaraningrat
Koentjåråningrat
クーンチョイ
Khoon Choy
クンチョイ
Khoon Choy
クンチョック
Kunchok*
グンチョル Geun-chol
クンチョロニングラット
Koentjåråningrat
クンチョロヤクティ
Kuntjoro-Jakti*
クーンツ
Coonts**
Coontz**
Koontz**
Kuntz
クンツ
Kunc
Kundtz*
Kuntz*
Kunz**
グンツ Göncz
クンツェ Kunze***
クンツェー Kunze
クンツエ Kunze
クンツェーヴィチ
Kuncevič
クンツェヴィチ
Kuntsevich
クンツェヴィチョヴァ
Kuncewiczowa
クンツェヴィツ
Kuncewiczowa
クンツェン
Kuntzen
Kunzen
クンツマン
Kuntzman
Kunzmann
クンツラー Kunzler
クンツリ Künzli
クンツルー Kunzrū
クンテ
Geun-tae**
Gun-tae
クンデ Kunde*
クンティー Kuntī
クンディ
Kundi
Kundy
グンディ
Gundi
Gundy
グンディサリーヌス
Gundissalinus
グンディサリヌス
Gundissalinus*
グンディサルボ
Gundissalinus
グンティス Guntis**
グンディッサリヌス
Gundissalinus
グンディル Gundill
グンティルディス
Gunthildis
クンテク Keun-taik
グンデクマー
Gundegmaa
グンデマル Gundemar
クンデラ Kundera***
グンテル Gunther
グンデル Gundel
クーンデルス
Koenders
グンテルス Guntherus
グンデルセン
Gundersen
グンデルト Gundert
クンデン Kun ldan
クーンテンス Cloetens
クント
Knut
Kundt
Kunth
クンド Keum-do
クンドゥ Kundu
クントウィジョヨ
Kuntowijoyo
クンドゥズィー
Qunduzī

グンドゥラ
Gundula**
クンドゥリオティス
Koundouriotis
グンドゥリーチ
Gundulic
グンドゥリチ
Gundulic
グンドゥリッチ
Gundulic
グンドグディエフ
Gundogdyev
クンドナニ Kundnani
グンドバッド
Gundobad
グンドバード
Gundobad
グンドバト Gundobad
グンドバド Gundobad
グンドバル Gundobar
グンドベック
Gundovech
クントラ Kuntola
クンドラ Kountoura
クンドラック Kundlák
グントラハ Gundlach
グントラム Guntram
グンドルフ Gundolf**
クンドロタス
Kundrotas
クントン Khoontong
グンナ Gunna
グンナー
Gunnar**
Gunner
グンナション
Gunnarsson
クンナス Kunnas**
グンナーソン
Gunnarsson*
グンナール Gunnar
グンナル Gunnar**
グンナルスソン
Gunnarsson
グンナルスドッティ
Gunnarsdóttir
グンナルスドッティル
Gunnarsdottir
グンナルソン
Gunnarson
Gunnarsson*
グンナルッソン
Gunnarsson
グンニング Gunning
グンヌレイグスドウッチール
Gunnlaugsdóttir
グンネ Gunne
グンネリウソン
Gunnerriusson
グンネル Gunnel**
グンノ Gunno
クーンバー Coomber
クンバ
Coumba
Cumba**
Koumba
Kumba**
グンバ
Goumba
Gunba
クーンハイエ
Counhaye
クーンハイム
Kuenheim
クンバコル Kumbakor
クンハート Kunhardt
クンパニス Companys
クンバーヌス
Kumbernuss*
クンバラジュ
Humbaraci
クンパン Kun spangs
クンヒ
Keun-hee
Keun-whan
クンビョン
Keun-byung
グンヒル Gunhild
グンヒルド Gunhild
クンブアンボラ
Kubuabola
クンフジュ Kunfuju
クンプルーム
Kunplome
グンブレヒト
Gumbrecht
グンプロヴィチ
Gumplowicz
グンプロヴィツ
Gumplowicz
グンプロヴィッチ
Gumplowicz
グンプロヴィッチ
Gumplowicz
グンプロヴィッツ
Gumplowicz
グンプロビチ
Gumplowicz
グンプロビッチ
Gumplowicz
クンブロム
Khoun Bourom
クンヘ Geun-hye
クンベ Keun-Bae
クンペアーヌ
Cîmpeanu
クンペアヌ Câmpeanu
グンベル Gumbel
グンペルツハイマー
Gumpelzhaimer
グンペルト Gumpert*
クンホ
Keun-ho
Kung-ho
クンボ Khumbo
クンボー Kunbuor
グンボ Gumbo
クンボク Keun-bok
グンホン Geun-hong*
クンマー Kummer**
クンミー Qummī
クンメル Kummel
グンメル Gummel
グンメールス
Gummerus
グンメルス
Gummerus
グンメルスバハ
Gummersbach
クンモ Geun-mo
グンモ Kun-mo
グンラウグル
Gunnlaugr
グンラーグション
Gunnlaugsson
クーンラット
Coonradt
クーンラート
Coenraad
グンリタ Gunn-Rita
クンリューサー
Kunreuther
グンルイゲル
Gunnlaugr
クンルーサー
Kunreuther
クンルーザー
Kunreuther
クーンレ Kuhnle
クンレ Kunle*
グンレイグル
Gunnlaugr
クンロー Khoun Lo
グンロイグソン
Gunnlaugsson*
クンロイター
Kunreuther
クーンロッド Coonrod

【ケ】

ケ
Caix
Ke*
Kê
Keo
Ket
ケー
Ceh*
Kay
Kaye
Ke*
Kee
Key*
Kye**
ゲ
Gay*
Guay*
Gué
Guez
Nghe
ゲー
Gay*
Ge
Gé
Goe
Guez
ケーア
Kehr*
Keir
Kerr
ケア
Care
Keir*
Ker*
Kerr
Kjaer
ケアー
Ker
Kerr
Kiaer
Kjær
ゲーア Goehr*
ゲア
Gair
Geir
ケアウィー Carewe
ケアガクワ Keagakwa
ゲアゲリー Gergely
ケアゴー Kjergard
ゲアスコウ Gjerskov
ケアスティング
Kersting*
ケアステッド
Keirstead
ケアダ Chad
ケアディアン
Kherdian*
ケーアド Caird
ケアード Caird**
ケアド Caird
ゲアドナー Gairdner*
ケアナー Koerner
ケアニー
Cairney*
Kearny
ゲァハート Gerhard
ゲアハート
Gerhard
Gerhart
ゲアハード Gerhard*
ゲーアハルト
Gerhard**
Gerhardt
Gerhart
ゲァハルト Gerhart
ゲアハルト
Gerhard***
Gerhardt**
Gerhart**
ケアベツェ Keabetse
ケアホルム Kjærholm
ゲーアマン
Gehrmann*
ゲアマン Gehrman
ケアヤン Kéhayan
ケアラス Carus
ゲアラッハ Gerlach*
ケアリ
Carew
Carey*
Cary
ケアリー
Carew
Carey***
Cari*
Carry
Cary**
Kari
Karie
Kealy
Kerley*
ゲァリー Gary
ゲアリ Gary
ゲアリー
Gary**
Geary
ケアリイ
Kealii*
Keali'i
ゲアリィ Gary
ケアリキ Keariki
ケアリズ Kairys
ゲアリング Gärling
ケアルー
Carew
Carewe
ケアルス Carelse
ケアレ Keale
ケアレス Careless
ゲアレス Görres
ゲァレスキ Guareschi
ケアレン Karen
ケアロハ Kealoha*
ケアロハラニ
Kealohalani
ケアン Kern
ケアンクロス
Cairncross**
ケアーンズ
Cairns
Kearns
ケアンズ
Cairnes*
Cairns**
ケアンネス Cairnes
ケイ
Cay
Kae
Kai
Kay***
Kaye***
Keay
Keh
Kei*
Key**
Keye*
Kye*
Quay
ゲイ
Gae
Gay***
Gaye**
Guay*
Guei**
Gueye
Guèye
ケイア Keir
ゲイアー Gair
ゲイアン
Gahan*
Gailan
ケイウ Keil
ケイヴ Cave*
ゲイヴァー Gaver
ケイヴァーズ Cavers
ゲイヴァン Gavan
ゲイヴィン Gavin*
ゲイヴィンス Gavins
ケイヴェ Kaveh
ケイヴェンス Cavens
ケイヴズ Caves

ケ

ケ

ケイウッド
Cawood
Caywood
ゲイウッド Gaywood
ケイヴン Caven
ゲイェ Gueye
ケイエス Keyes
ゲィエル Geyer
ゲイエル Geyer
ケイエワ Keyewa
ケイオー Kao*
ゲイオーガス Georges
ケイガル Koegel
ケイガン
Cagan
Kagan*
ゲイガン
Gaghan
Geoghegan
ゲイキ Geikie
ゲイキー Geikie
ケイギル Caygill*
ゲイグ Geig
ケイグル Cagle
ケイコ Keiko*
ケイサー
Cassar
Kacer
Kaser
Kayser
Keiser
ケイザー
Kaser
Keyzer
ゲイサー Gaither
ケイサム Kasem
ケイザン Kazin
ケイザンヌ
Queysanne
ケイシー
Casey**
Cassey
Cayce*
Kacey
Kaci
Kasey*
K-Ci
ケイジ
Cage*
Kage*
Keiji
ゲイシー Gacy
ゲイジ Gage*
ケイシィ Casey
ゲイジズ Gazes
ゲイジャー Gager
ゲイシャイトー
Gershator*
ケイジャスト Cajuste
ケイシャフ Kayshav*
ケイショーン
Quayshaun
ケイジン Kazin*
ケイス
Case*
Keith*
ケイズ Kayes
ゲイズ
Gaes*
Gates
Gaze
Geis
ゲイスウエイト
Gaythwaite
ケイストゥティス
Kestutis
ケイスネス Caithness
ケイスパー Keijsper
ゲイスハウザー
Geishauser
ゲイスフォード
Gaisford
Gaysford
ゲイズフォード
Gaisford
ケイスメント
Casement
ゲイズラー Geisler
ケイスリー
Caseley
Casely
ケイズル Keijser
ケイスレイ Kayslay
ケイスロッティ
Caselotti
ゲイセック
Gueye Seck
ケイゼビアー Käsebier
ゲイセリクス
Geiseric
Geisericus
ゲイセリック Geiseric
ケイセル Keyser
ケイゼル Keyser
ゲイゼル Geisel
ケイゼルリング
Keyserling
ケイセン
Kasen
Kaysen**
ケイゼン Kaysen
ゲイソッチ Gacioch
ゲイソン Gayson
ケイタ
Keita**
Keïta*
Kéita
Queita
ケイター
Cater
Cator
Kater*
ケイダ Kejda
ゲイター
Gaeta
Gaiter
Gater
ゲイダ Gheida
ゲイダー Geidar
ケイタニー Keitany
ゲイダル Geidar
ケイタン Katan
ケイツ
Cates*
Kates*
ケイツー K2
ゲイツ Gates***
ゲイツキル
Gaitskill**
ゲイツケル Gaitskell
ゲイツケル Gaitskell
ケイツビ Catesby
ケイツビー Catesby*
ケイティ
Katey
Katharine
Katherine
Katie***
Katíe
Katy**
ケイティー Katie*
ケイディ
Cady*
Kady*
ケイディー Cady
ゲィティエ Guaydier
ケイディーズ
Cadiz
Kades
ケイディス Kades
ゲイティス Gatiss
ケイティン Katin
ケイディン Caidin***
ゲイティンズ Gatins
ケイデッシュ Kadesch
ケイテル Keitel
ケイト
Cait*
Cate**
Cato
Kate***
Katherine
Kayte
Keit
Keith
ケイトー Cato
ケイド Cade***
ケイドー Kador
ゲイト Gait
ケイトウ Cato*
ゲイトウッド
Gatewood
ケイドゥブ
Mkhas-grub
ゲイドス Gaydos
ゲイトソン Gateson
ケイドベイ Kaidbey
ゲイトマウス
Gatemouth
ケイトマン Kateman
ゲイドマン Geidman
ケイトリー Keightley
ゲイトリー Gately
ケイトリン
Caitlin*
Caitlín*
Caitrin
Kaitlyn*
ケイトン
Caton**
Cayton
Katon
Kayton
ゲイトン Gayton
ケイナー
Cainer*
Kainer
Kaner
ゲイナ Gaynor
ゲイナー Gaynor**
ケイナック Kaynak
ケイナネン Keinänen
ケイナーン K'naan*
ケイナン Keynan
ケイニー Kahney
ゲイニー Ganey
ケイニーグ Koenig
ケイニグズ Koenigs
ケイニン
Canin*
Khaynin
ケイネア Kanare
ゲイネム Ganem
ケイネン Kainen
ケイノ Keino*
ケイノール Quaynor
ケイパー
Caper
Capers
Kaper
Kapor
Keiper
ゲイバー
Gaber
Gabor
Gever
ケイパーズ Capers
ゲイバーソン
Gaberson
ゲイハート Gayheart
ケイバラー KeiVarae
ゲイハン Gailan
ゲイビー Gaby*
ケイビス Caves
ケイヒル Cahill*
ケイヒレイン
Cahillane
ケイフ Kaffe*
ケイブ Cave
ケイプ Cape
ゲイブ
Gabe*
Gabriel
ゲイフォード Gayford
ケイブス Caves
ケイブズ Caves
ケイプス Capes*
ケイブニー Caveney
ゲイブラー Gabler**
ゲイブリエラ
Gabriella
ゲイブリエル
Gabriel***
Gabriele
Gabrielle
Gavriel
ゲイブリルセン
Gabrielson
ケイプリング
Capeling*
ケイブル Cable**
ケイプル Caple
ゲイブル
Gabel
Gable
Goebel
ケイプルス Caples
ゲイフロー Gayflor
ケイプロン Capron
ケイベル Kavell
ケイペル Capell
ケイポ Queipo
ケイボン
Kavon
Kayvon
ケイポン Capon
ケイマン Camann
ゲイマン
Gaiman**
Gaman
Geiman
ケイミ Ka'imi
ケイミー Cammie
ケイミューレン
Keymeulen
ケイミン
Huimin
Kamin
ケイム
Kame
Keim*
Keime
ゲイムウェル
Gamewell
ケイムズ Kames
ゲイムス Games
ゲイムズ Games
ケイメン Kamen*
ゲイヤー Gayer
ゲイヤール Gaillard
ケイヤン Keyan
ケイラ
Kayla*
Keila
Keira
ケイラー Kaler
ゲイラー Gayler
ケイライン Kaline
ケイラス
Carus
Kalus
ゲイラード
Gaillard
Gaylard
ゲイラーニー Gailani
ケイラブ Caleb
ケイラン Kalan
ゲイラン Galen*
ケイランス Keirans
ケイランヌ
Queyranne
ケイリ Cayley
ケイリー
Carey
Cary*

Cayley*
Kaley
Kallie
Kaylie*
Keilly
ゲィリー Gary
ゲイリ Geri
ゲイリー
Gailey**
Gailly
Garry*
Gary**
ケイリシュ Kalisz*
ケイリス Kailis
ケイリュス Caylus
ケイリーン Kayleen
ケイリン
Cailin
KaeLyn
Kalin
Kaylin
Keilin
ゲイリン
Gaelyn
Gaylen
Gaylin**
Gaylyn
Geyelin
ケイリンクス
Keirinckx
ケイル
Cail
Cale
Kael*
Kail
Kale
Keil
Keill
ゲィール Gaier
ゲイール Geyre
ゲイル
Gael
Gail***
Gale**
Gayl
Gayle***
Geal
Geil
Geir**
ゲイルス Gales
ゲイルズ Gales
ゲイルハウス
Galehouse
ケイルホフナー
Keilhofner
ケイレヴ Caleb
ケイレブ
Caeleb
Caleb*
Cayleb
Kaleb
ゲイレル Gueiler
ゲイレン Galen
ゲイロー Gayraud
ケイロシ Queiroz
ケイロシュ Queiroz
ケイロース
Queiros
Queirós*
Queiroz***
ケイロス
Queirós*
Queiroz***
ケイロスドスサントス
Queiroz Dos Santos
ゲイロート Gaylord
ゲイロード
Gayelord
Gaylord**
ケィロール Cayrol
ケイロル Keylor
ゲイロン Gaylon*
ゲイワルド Geiwald
ケイーン Kaiine
ケイン
Cain***
Caine***
Cane
Kain*
Kane***
Ka'ne
Kang
Keyne
ゲイン
Gaine
Gaines
Gane
Gayn**
Gein
ケィンケルカンプ
Dinkelkamp
ゲインゴブ Geingob
ケインズ
Caines
Cains
Cairns
Kains
Keynes**
ゲインズ
Gaines***
Gains
ゲインズバラ
Gainsborough*
ゲインズボロ
Gainsborough
ゲインズボロー
Gainsborough
ケインメーカー
Canemaker
ケインリー Kahnle
ゲインレス Ganeles
ケーウ Kaeo
ケウ Kew
ゲーヴァー Giaever
ゲヴァ Geva
ゲーヴァニッツ
Gaevernitz
ゲヴァーニッツ
Gävernitz
ケヴァル Queval
ゲウィッツ Gewitz
ケヴィン
Kevin***
Kevyn
ゲーヴィン Gavin
ゲヴィン Gavin
ゲヴィンソン
Gevinson
ケウェイ Khe Wei
ゲウエク Geweke
ケヴェール Kövér
ゲヴェルス Gevers
ゲヴェルニッツ
Gävernitz
ケーヴェンヒュラー
Khevenhüller
ゲウォル Gye-wol
ゲウォルギャン
Gevorgian
Gevorgyan
ゲヴォルキャン
Geworkjan
ゲウォルク Gevork
ゲヴォルクヤン
Gevorkian
ケウォン Ke-won
ケウラー Kehler
ケウライ Kewullay
ケウリー Keury
ケヴルズ Kevles
ゲヴルモン
Guèvremont
ケヴレス Kevles
ケウン Keung
ケヴン Kevin
ゲェアリー Gary
ゲェク Gek
ゲェザ Géza
ケェップ Käpp
ケエテ Käthe
ゲェーテ Goethe
ゲェテ Goethe
ケエニッヒ Konig
ゲエノ Guéhenno
ゲェーマン Gehman
ケェーム Kaim
ケエヤム Khayyám
ケェーラー Köhler
ケェラー Köhler
ゲエラン Guérin
ゲエリング Goering
ケエロール Cayrol
ケエン Caine
ケエンジャ Keenja
ケーオ Kaeo
ケオ
Keo
Quéau
ケオー Quéau
ゲーオ Kaeo
ゲオ Geo
ゲオー George
ゲーオア Georg
ゲオア Georg
ゲーオウ Georg
ゲオウ Georg
ケオウン Keown
ケオカク Keokuk
ゲオクレノバ
Geoklenova
ケオトン Kaeothong
ケオーネ Keone
ケオパラダイ
Kaewparadai
ケオプス Cheops
ケオブラパ
Keoboualapha
ケオブンパン
Keobounphan**
Keobounphanh
ケオミサイ Keomixay
ケオラ Keola
ゲオール Georg
ゲオルガコプロス
Georgakopoulos
ゲオルガトス
Georgatos
ゲオルガリス Geogaris
ゲオールギー
George
Georgi
Georgii
Geórgii
Georgiy
ゲオルギ
Georgi***
Georgii
Georgy
Gjorge*
ゲオルギー
George***
Georges
Georgi*
Georgii***
Georgij
Georgiy
Georgy*
Heorhy
ゲオルギアス Georgios
ゲオルギアーデス
Georgiades
ゲオルギアデス
Georgiades
Georgiadis
ゲオールギイ Georgii
ゲオルギィ Gueorgui
ゲオルギイ
Georgi
Georgii
Georgiĭ
ゲオルギゥ Gheorghiu
ゲオルギウ
Georghiu
Gheorghiu***
ゲオルギーヴィッチ
Georgievich
ゲォルギウス Georgius
ゲオルギウス
Georgios
Georgius
ゲオルギエヴァ
Georgieva
Gueorguieva
ゲオールギエヴィチ
Georgievich
ゲオルギエヴィチ
Geolgievich
Georgievich*
Geórgievich
ゲオールギエヴナ
Georgievna
ゲオルギエバ
Georgieva
Gueorguieva
ゲオルギェビッチ
Georgievich
ゲオルギーエフ
Georgiev*
ゲオルギエフ
Georgiev*
Gergov
ゲオルギエフスキ
Georgievski**
ゲオールギオス
Georgios
Geōrgios
Gorgios
ゲオルギオス
Georgios***
Geōrgios
Georgius
ゲオルギス Georgios
ゲオルギツィス
Georgitsis
ゲオルギナ Georgina
ゲオルギュ Gheorghiu
ゲオルギュー
Gheorghiu
ケオルク Georg
ゲーオルク Georg
ゲォルグ
Georg
György
ゲオルク
Georg***
George**
Geork
Gheorghe
György
ゲオルグ
Georg***
George**
Georghe
Georgii
Georgije
ゲオルグシェリング
Georgschelling
ゲオルゲ
George***
Georghe*
Gheorghe**
György
ゲオルゲー George
ゲオルゲヴィチ
Georgiyevich
ゲオルゲヴィッチ
Georgevic
ゲオルゲス Georges**
ゲオルゲタ Georgeta*
ゲオルジ Georg
ゲオルダンカス
Georgantas
ゲオルヒ Georg
ケオン
Keon
Keong
ゲオン Ghéon**
ケオンジャン
Keonjian
ケカウメノス
Kekaumenos

ケ

ゲガム Gegam*
ケーガン
Cagan
Kagan**
ゲーガン Geoghegan*
ゲガーン Guéguen
ゲガン Guégan
ケーギ Kaegi*
ケキ
Chechi*
Keki
ケギー Keaggy*
ゲーキ Geikie
ゲーキー Geikie
ケキア Kekia
ゲキエ Ghéquier
ゲキエア Gekiere
ゲキチ Gekić*
ケキッチ Kekich
ケキリア Cecilia
ケーク
Guek
Kek
ケク
Kek
Quek
ゲグァン Kye-gwan*
ケクニ Kekuni
ケークラー Kögler
ケーグラー
Koegler
Kögler
ケグラー
Kegler
Koegler
ゲクラー Gekler
ケクラン Koechlin*
ゲクラン Guesclin
ケーグル
Cagle*
Kagle
ゲーグル Goergl**
ケークレ
Kekule
Kekulé
ケクレ Kekulé
ケクレー Kekulé
ケグロヴィッツ
Keglovitz
ケクロプス Kekrops
ケケ Keke*
ゲーゲ Gege
ケケィト Checchetto
ケーケシ Kékesy
ゲゲシゼ Gegeshidze
ケケツォ Keketso
ケケーニ Kökény*
ケケニ Kökény
ゲケラー Gekeler*
ケーゲル
Kaergel
Kegel**
Koegel
Kögel
ゲゲン Gegen
ゲーゲンバウアー
Gegenbauer
Gegenbaur
ゲーゲンバウエル
Gegenbaur
ゲーゲンバウル
Gegenbaur
ケコ Keko
ゲコスキー Gekoski
ケーザー
Kaeser
Kaser*
ゲーザ
Geza*
Géza***
ゲザ
Geza**
Géza*
ケサーイー Kesā'ī
ケサイ Kessai*
ケサヴァン Kesavan*
ケーサカンバリン
Kesakambalin
ゲザース Gethers
ゲザーズ Gethers**
ケサーダ Quesada*
ケサダ
Quesada***
Quezada*
ケザダ Quezada
ケサド Quezado
ゲザハン Gezenge*
ゲザヘンゲ Gezenge
ケーサム Kasem*
ケサヤ Kesaya
ゲサリック Gesalic
ケーザル
Caesar
Caezar
ケサール Köther
ケサル
Ge sar
Gesar
Ke-sar
Khesar*
ゲザル Ghezzal
ゲーサルス Goethals
ケーサン Kesan
ケサン
Kelsang
Kesang
Koesun
Skal bzan
Skal-bzaṅ
Skalbzan
SKal bzang
Skal-bzang
ゲサン Gesang
ケサンツェリン
Kelsang Tsering
ケーシ Casey
ケーシー
Casey***
Cayce
Kacy
Kasey*
Kathy
ケージ
Cage**
Casey
ケージー Casey
ケシ
Keshi
Keszi
ケシー Kessy
ケジ Casey
ケジー Casey
ゲーシ Götschi
ゲージ
Gage**
Guedj
ゲジ
Gezi
Guedj*
ケーシア Quercia
ケーシイ Casey
ゲージウス Gesius
ゲジウス Gesius
ケシェ Kessie
ゲシェ Geshe
ゲシェー
Geshe*
Geshé
ケシェット Keshet
ゲシェバ Gesheva
ケジェリス Kegeris
ゲシェル Göschel
ゲージェン Gaetjen
ケジオール Kędzior
ゲシキ Geschke
ケシク Kye-sik
ケシシュ Kechiche*
ゲジス Guedes
ケジチ Kezich
ケーシック Kasich*
ケシト Kesito
ゲジーネ Gesine
ゲジミーン Gediminas
ゲジム Gezim
ゲシャイダー
Gescheider
ケシャヴァーズ
Keshavarz
ケーシャヴァミシュラ
Keśavamiśra
ケシャヴァン
Keshavan*
ケシャヴジー
Keshavjee
ケーシャヴスト
Keśavsut
ケーシャヴダース
Keśavdās
ケシャヴラーオ
Keshavrao
ケシャバーズ
Keshavarz
ケーシャバミシュラ
Keśavamiśra
ケシャバン Keshavan
ケーシャブ
Keshab
Keshav
ケシャブ
Keshab
Keshav
ケジュ Ke-juo
ゲージュ Guedj**
ゲシュ Guesch
ゲシュイゼン
Gesthuizen
ゲシュヴィント
Geschwind*
ゲシュヴィンド
Geschwind
ゲシュケ Geschke**
ケシュトマンド
Keshtmand
ゲシュベルト Gesbert
ケジョ Kejjo
ゲショフ Gešov
ケショーン
Keshawn
Keshorn*
ゲションネック
Geschonneck
ケジラハビ Kezilahabi
ケジリワル Kejriwal*
ケシル Kessile
ケジルスカ
Kedzierska
ケージン Kazin
ゲシン Gethin*
ケース
Case***
Cees**
Kees*
Keisse
Keit
ケーズ Caius
ケス
Kees
Kes**
Koes
ゲース
Gase
Gees*
Goes**
ゲーズ Guez*
ゲス
Gess
Geuss
Goes
ゲズ
Ghez*
Guez
ケスィ Keszi
ケスィー Kathy
ケズィール Kezele
ゲスヴァイン
Gesswein
ケズウィック
Keswick*
ゲスキエール
Ghesquiere
ケスキネン Keskinen*
ケスス Kessous
ケスター
Coester
Kester**
Koester
Koster
Köster
ゲスタ
Goesta
Gosta
Gösta
ゲスタコフスキ
Gestakovski
ゲスターフ Gustav
ゲスチ Geszti
ケスチウス Cestius
ケステ Köste
ゲーステ Geeste
ゲスティ Geszty
ケスティウス Cestius
ケスティオー
Questiaux
ケスティン Kestin
ケスティング Kesting*
ゲステトナー
Gestetner
ゲステフェルト
Gestefeld
ケステフェン
Kesteven
ケステリッチ
Koesterich
ゲステル Ghester
ケステルス Koesters
ケステルマン
Kestelman
ケステン Kesten*
ケステンバウム
Koestenbaum
ケステンバーグ
Kestenberg
ケステンベルグ
Kestenberg
ケステンホルツ
Kestenholz
ケステンマン
Kestenman
ゲスト
Gest
Geste
Gheast
Guest***
ケストゥティス
Kestutis
ケストナー
Kaestner*
Kastner*
Kästner**
Kestner*
Kostner
ゲストナー Gerstner
ケストナァ Kästner
ケストネル
Kästner
Kestner
ケストラー
Kestler
Koestler**
Köstler
ケストリーン Köstlin
ケストリン
Koestlin
Köstlin*
ケストリンガー
Köstlinger
ゲストリング Gestring
ケストレル Kestrel
ゲストン Geston

ケストンバウム
Kestnbaum
ケスナー Kesner
ゲスナー
Gesner
Gessner*
ケスニオー Quesniaux
ケスヌ Quesne
ケスネイ Quesney
ゲスネリ Guesnerie
ケスネル
Quesnel
Quesnell
ゲスネル Gesner
ケスネロヴァ
Kesnerová
ケスパー Kesper*
ゲーズフォード
Gaisford
ケースマイケル
Keersmaeker*
ケースマン Kässmann
ケズマン
Kezman*
Kežman
ゲスマンキット
Gesmankit
ケースメン Casement
ケースメント
Casement**
ケスラ Kessler
ケスラー
Käsler
Kesseler
Kessler***
Keßler
Koestler
ゲスラー
Gaessler
Gessler**
ケスラウス Ceslaus
ケースリ Casely
ケースリー Casely
ケスリ Kesri**
ケスリー
Kethley
Kéthly
ケースリン Kaslin
ケスル Kye-sool
ケスレ Kessle
ケスレル Kessler*
ケースワニ Keswani
ゲスン Guesne
ゲーゼ Gade
ゲセッリウス Gesellius
ケセテベルハン
Kesete Berhan
ケセド Quecedo
ゲゼーニウス Gesenius
ゲゼニウス Gesenius
ケセニッチ Kessenich
ゲゼネック
Guézennec
ケーゼベルク
Keseberg
ケゼマ Kezema
ケーゼマン
Käsemann*
ケゼラシビリ
Kezerashvili
ケセル
Kesel*
Kessel
ケゼール Kayser
ゲーセル Gössel
ゲゼル Gesell**
ケセルヴァニ
Keservani
ケセルニク Kacelnik
ゲーゼルブラハト
Geselbracht
ケセルマン
Keselman
Kesselman*
ケセルリング
Kesselring
ゲゼレ Gezelle
ゲゼンゲ Gezenge
ケセンベリー
Quesenberry
ゲソー Gayssot
ゲゾ
Géza
Gezo
ケーソム Keesom
ケーソン Cason
ケソン
Kesson
Quezon
ケゾン Quaison
ケータ Keita
ケーター
Cater
Cator
Kater
Keter
ケダー Kedar
ゲータ Göta
ゲタ Geta
ゲダ Geda
ケタイ Ketai
ゲタキ Qetaki
ケダシェ Kedache
ゲータース Goeters
ゲタチョウ Getachew
ゲダート Geddert
ケターヌ Caietaine
ゲタフン Getahun
ケダマイスター
Kedermyster
ゲダラ Guedalla
ゲタリー Guetary
ゲダリー Gedaly
ゲダリア Gedaliah
ゲダリアー Gedaliah
ゲダリヤ Gedaliah
ケタリンガム
Ketteringham
ケタリング Kettering
ケダール Kedar*
ゲタール Guettard
ゲータルス Goethals
ゲタールディ Ghetaldi
ゲタルディ Ghetaldi
ゲダルヤ Gedaliah
ケターレ Ketterle*
ゲターロワ Getalova
ケータワラナ
Keetavaranat
ケダン Kedan
ゲータン Gaetan
ゲタン Gaetan
ケタンジ Ketanji
ゲーチ Géczy
ケチィン Keqin
ゲチエ Guettier
ケチェジザーデ
Kececizâde
ケチェワヨ
Ketshewayo
ケチチアン
Kechichián
ケチャム Ketcham
ゲチュ Goetsch
ケチュケ Kötzschke
ケチュワヨ
Ketshewayo
ケチュン Gye-chung
ゲーチル
Goetschil*
Götschl*
ケーツ Kates
ゲーツ
Gates***
Goetz*
Götz
ケツァルコアトル
Quetzalcóatl
ゲーツィ Géczy
ケツゥン
MKhas btsun
ゲーツェ
Goeze
Götze
ゲツェヴィチ
Getsevich
Gùetzévitch
ゲツェビチ
Gùetzévitch
ゲーツェル Goertzel
ケツォ Ketso
ゲツォーヴ Getsov
ゲツォフ Getzov
ケッカマン
Keckermann
ケッギ Keggi
ケック
Keck*
Kek
Köck
ゲック Geck*
ゲッグ Goegg
ケックラン
Koechlin
Koecklin
ケックリー Keckley
ゲーッケ Götzke
ゲッケ Götzke
ゲツケ Götzke
ケッケソン Ketkesone
ゲーツケル Gaitskell
ケッコ Checco
ケッコネン
Kekkonen*
ケッコリ Checcoli
ケッサ Chessa
ケッサー Kesser
ケッサーリング
Kesselring
ゲッシ Ghezzi
ゲッジ Guedj*
ゲッシェル Göschel
ゲッシェン Göschen
ゲッシン Gethin
ケッシンジャー
Kessinger
ゲッズ Ghez
ゲッスナー Gessner
ケッスベルク
Kaessberg
ケッスレル Kessler
ゲッセイ Gecsei
ケッセラー Kesseler
ケッセル
Chessell
Kessel***
ゲッセル
Geossel
Gessel
Getchell
Gössel
ケッセルシュレーガー
Kesselschlager
ケッセルス Kessels
ケッセルスクライマー
Kesselskramer
ケッセルマン
Kesselman*
ケッセルリンク
Kesselring
ケッセルリング
Kesselring
ケッセン Kessen
ゲッセン Gessen
ケッソン Kesson
ケッター Kötter
ケッダ Cedda
ゲッタ Guetta
ゲッター
Getter
Goetter
ゲッダ Gedda
ゲッタリー Guetary
ケッタリング
Kettering
ゲッタール Guettard
ケッタレ Ketterle
ケッチ Ketch
ゲッチ Ghezzi
ゲッチー Goetschy
ゲッチィ Goetschy
ケッチェル Ketchel
ゲッチェル
Getchell
Goetschel
ケッチャム
Ketcham**
Ketchum***
ゲッチン Gethin
ゲッチング
Gething
Getting
Gotting
ケッツ
Kets*
Ketz
Kotz
Kötz
ゲッツ
Getz**
Goetz**
Goetze
Gotz
Götz***
ゲッツィ
Géczy
Ghezzi
ゲッツイ Géczy
ゲッツェ
Goetze
Goeze
Gotze
Götze**
ゲッツェル Goetzel*
ゲッツェルズ Getzels
ゲッツェン Getzien
ゲッツマン Goetzman
ゲッテ Goette
ゲッデ Gödde
ケッティ Ketty
ゲッティ Getty*
ゲッティー Getty
ゲッテイ Getty
ゲッティエール
Guettier*
ゲッディーズ Geddes
ゲッディス
Geddes
Geddis
ゲッディズ Geddes
ケッティング Ketting
ゲッデス Geddes**
ゲッデズ Geddes*
ケッテマン Ketteman
ケッテラー
Ketteler
Ketterer
ケッテラー Ketteler
ケッテリング
Kettering
ゲッテル
Gettel
Guettel
ゲッテルマン
Gettelman
ケッテレル Ketterle
ゲッテンス Gettens*
ケッテンバハ
Kettenbach
ケッテンマン
Kettenmann
ケット

ケ

Ket
Kett
ケッド Cedd
ゲット Gett
ケットナー
Ketner
Kettner
ケットネン Kettunen
ケットマン Ketteman
ケットラー
Ketteler
Ketterer
Kettler
ゲットラー Göttler
ゲットランド
Gehtland
ケットル Kettle
ケットルウェル
Kettlewell
ゲッパート
Gebhardt
Gephardt*
Goepppert
Göppert
ケッピー Keppie
ケッヒャー Koecher
ケッブ Kebbe
ケップ Koepp
ケッファー Keffer
ゲッフェン Geffen
ゲッフェンブラード
Geffenblad
ゲッフケン Geffcken
ケップフ Köpf**
ケップラー Keppler
ケッペラー Keppeler
ケッペーリ Kappeli
ケッヘル Köchel
ケッペル
Keppel**
Koppel
Köppel
ゲッペル Göpel
ゲッベルス
Goebbeles
Goebbels**
ゲッペルス Goebbels
ゲッペールト
Goeppert
ゲッペルト
Geppert*
Goeppert
ケッペン
Koeppen**
Köppen*
ケツホヴェーリ
Ketskhoveli
ゲッラ Guerra
ゲツラー Getzler
ケッラアマン
Kellermann
ゲッラート Gellert
ケッリ
Chelli
Kelli
ゲッリウス Gellius
ケッレーリ Chelleri
ゲッレロ Guerrero
ケツン Khetsun*
ケーテ
Kaethe
Käte*
Kathe
Käthe***
Köthe
ケテ Kete
ゲーテ
Goede
Goethe*
ゲーデ
Gade
Gaede*
Goede
ゲテ Gete*
ゲデ
Guede
Guédé
Guédez
ケーティ Katie
ケーディ Cady
ケティ
Käthi
Katie
Katy*
Ketty
Kety
ケティー Kety
ケディ
Cady
Kedi
ケディー Keady
ゲティ
Getty*
Goette
ゲティー Getty*
ゲディ
Gedde
Geddie
Geddy
Gedi
ゲディー Geddy
ゲティア Gettier
ゲーティアス
Goetschius
ゲディウラ Guedioura
ゲティエ Guettier
ゲディギアン
Guédiguian*
ゲディギャン
Guédiguian
ケディキルウェ
Kedikilwe
ゲディク Gedik
ゲディケ
Gedicke
Goedicke
ケーディス Kades*
ゲティス Gettis
ゲディス
Geddes*
Gedis
ゲディッケ Gedicke
ゲディーナ Ghedina*
ゲディーニ Ghedini
ケティーフ Quétif
ケティフ Quétif
ゲディマン Gediman
ゲディミナス
Gediminas**
ケディラ Khedira
ゲディラ Ghedira
ケディル Kedir
ケーティン Katin
ケーディン Caidin
ケティン Ketín
ケティング Ketting
ゲティング Getting
ゲティングス Gettings
ゲティングズ Gettings
ケテヴィナ Ketevina
ケテグス
Cethegus
Cethēgus
ゲーデケ
Gadeke
Goedeke*
ケーデス Kades
ゲデス Geddes**
ゲデズ Geddes
ゲデック Gedeck
ゲーデフェルト
Goeudevert
ケテラー
Ketelaar
Ketelaer
Ketteler
ケデラ Kedellah
ゲーデラー Goerdeler
ケテラール Ketelaar*
ケーテル Ketel
ケーデル Koedel
ケテル
Ketel
Keter*
Kettel
Quétel
ゲーテル Goethel
ゲーデル
Godel
Gödel*
ケテルス Ketels
ケテルビー Ketelbey
ケテルビィ Ketelbey
ケテワン Ketevan
ケート
Cate**
Kate***
Keith
Köth*
ケートー Cato
ケード Cade*
ケド Kedd
ゲート
Gate
Gert
ゲード
Gade
Guesde*
ゲド
Gaidoz
Guedon
Guesde
ゲドゥエフ Geduev
ケトゥート Ketut
ケードゥプ
Mkhas grub
ケドゥプジェ
Mkhas grub rje
ケトゥミレ
Ketumile**
ケトゥーラ Keturah
ケドゥーリー
Kedourie*
ケドゥリー Kedourie
ゲドゥン DGe 'dun
ケトエフ Ketoev
ゲードナー Gerdner
ケトネン Ketonen
ゲドバリ Gedovari
ケトビ Ketbi
ゲートマン
Gethmann*
Gethmmann
ゲドマン Gedman
ケート・ミアリア
Ketumealea
ケドモン Caedmon
ケドヤロフ Kedyarov
ケトラ
Ketola*
Keturah
ケトラー
Ketteler
Kettler
ケトリ Khatri
ケトリー Ketley*
ゲートリー Gately
ケドリック
Kedric
Kedrick
ゲドリック Gedrick
ゲドリッヒ Goedrich
ケートリン Kaitlin*
ゲトリン Gettlin
ケトリング Ketring
ケトリンスカヤ
Ketliskaya
ケトル
Kettl*
Kettle**
ケトルウェル
Kettlewell*
ケードルエ Queudrue
ゲトルート Gertrud
ケトルハト Kettelhut
ケトレ
Ketterle
Quetelet
ケトレー Quetelet
ゲドローイツ Gedroits
ゲトロイヤ Getreuer
ケドローヴァ Kedrova
ケドロヴァ Kedrova*
ケドロバ Kedrova
ケードロフ Kedrov
ケドロフ Kedrov**
ケドロワ Kedrova
ゲドロン Guédron
ケドワード Kedward
ケドワラ Caedwalla
ケトワルー Ketwaroo
ゲトン Nghệ Tông
ケーナー
Kaner*
Koerner*
ケナ
Kena
Kenna
ケナー
Kenah
Kenner**
ゲーナ
Gehna
Ghena
ゲーナー
Gerner
Göhner
ゲナイジア Guenaizia
ケナウェイ
Kennaway*
ケナキン Kenakin
ケナタッチ Cannataci
ゲナツィーノ
Genazino
ゲナディ Gennady*
ゲナディオス
Gennádios
Georgios
ケナード
Kenard
Kenn
Kennard*
ケナナ Kenana
ケナム Kwe-nam
ゲナム Kye-nam
ケナーリー Kennerley
ケナリー
Kennally
Kennerley
Kennerly
ゲナリ Gennari
ケナール Kenar
ゲナール
Genahr
Guénard
ゲナロ Genaro
ケナーン Ken'ān
ケナン
Kenan**
Kennan***
Quênum
ゲナン Guénin
ケニー
Cheney
Kenneth
Kenney**
Kenny***
ゲーニー Ganey
ゲニー Ngenyi
ゲニア Genia
ケニィ Kenny
ケーニェ Caignet
ゲニエヴァ Genieva
ケニオン Kenyon*
ケーニガー Koeniger
ケーニグ Koenig*
ケニーグ Koenig

ケ

ケニコット Kennicott
ケーニス Kenneth
ケニース
Kenneth
Kennys
ケニス
Canice
Kenneth***
ゲニス
Genis*
Gennis
ケニストン
Keniston
Kiniston
ケニスバーグ
Koenigsberg
ケニスベルゲル
Koeningsberger
ケニーゼ Kenizé*
ケニソン
Kenison*
Kennison
ケーニック Koenig*
ケーニッグ Koenig
ケーニッヒ
Koenig*
Konig
König**
Koning
ケーニッヒスベルク
Königsberg
ケニーナ Canina
ケーニヒ
Koenig**
Konig
König**
Körnig
ケーニヒスヴァルト
Koenigswald
Koenigswalt
ケーニヒスドルフ
Königsdorf
ケーニヒスベルガー
Koenigsberger
Königsberger
ケーニヒスペルガー
Königsperger
ケーニヒスベルゲル
Koenigsberger
Königsberger
ケーニヒスマルク
Koenigsmarck
Königsmark
ケーニヒスワルト
Koenigswald
Königswald
ケーニヒゼーダー
Königseder
ゲニフェー Gueniffer
ゲニフェイ Gueniffey
ケーニヤ Keṇiya
ゲニャツ Genjac
ケニヤッタ
Kenyatta**
ゲニューシャス
Geniušas
ケニョン Kenyon*
ケニヨン Kenyon***
ケニーリー
Keneally
Kennealy**
ケニロレア
Kenilorea**
ケーニン
Canin*
Kanin
ケニン Kanin*
ゲヌキウス Genucius
ケネ
Kene
Quesnay
ケネー
Kenney
Quesnay*
ゲネー Guénée
ケーネカンプ
Könekamp
ケネクオ Kénékouo
ゲネサー Geneser
ケネサル Kenesarï
ゲネシウス Genesius
ケネシベク
Keneshbek
ケネス
Keness*
Keneth
Kenneth***
ゲネス Gennes
ゲネセレス
Genesereth
ケネソー Kenesaw
ケネソン Kenneson*
ケネッグ Keineg
ケネツケ Könnecke
ケネッシュ Kenneth
ケネット
Kennet
Kenneth
Kennett*
ゲネット
Guenette
Gwenett
ゲネップ Gennep
ケネデー Kennedy
ケネディ
Kenedy
Kennedy***
ケネディー Kennedy*
ケネデイ Kennedy
ゲネト Genet
ケネードラー
Knoedler
ケネニサ Kenenisa*
ケネバン Kenevan
ケネファール Konefal
ケネフィック
Kennefick
ゲネフケ Genefke
ケネモア Kennemore
ケネラー Kneller
ゲネラリッチ
Generalić
ケネランド Kneeland
ケネーリー Kenealy
ケネリ
Kenealy
Kennelly
ケネリー
Keneally
Kennealy
Kennelly*
ケネル
Kennell
Quénelle
Quennell*
Quesnel
ゲネール
Genahr
Genähr
ゲネル Gwenell
ケネルスキー Kenelski
ケネルム Kenelm
ゲネルリ Genelli
ケーネン Koenen*
ケネン
Kenen*
Kennen*
ゲネンゲル Genenger
ゲーネンツ Genenz
ケーネンベルク
Coenenberg
ゲーノ
Geno**
Guéhenno**
ゲーノー Guéhenno
ゲノ
Geno
Guéno
Guenot**
ゲノー Geneau
ゲノヴ Genov
ケノヴィッチ Kenovic
ゲノヴェーヴァ
Genoveva
ケノス Chennos
ケノビッチ Kenovic
ケノワ Quesnoy
ケノン Kennon
ゲノン Guénon
ケーパー
Kaper*
Kēphā
ケバ
Keba
Kebba
ケパ
Kepa
Kephas
Kēphas
ゲーバー
Gaber
Geber
ゲーパー Goepper
ゲバ Geva
ゲーバァニッツ
Gaevernitz
ケハイア Kehajia
ゲバウアー Gebauer
ゲバウェル Gebauer
ゲバウエル Gebauer
ケバゴ Kovago
ゲハジ Gehazi
ケーパース Capers*
ケーパーズ Capers
ゲバス Gebas
ケハト Kaath
ケパート Kephart
ケパード Keppard
ゲーハート Gerhart
ゲハード Gerhard
ゲバート
Gebert
Gebhard
Gebhardt
ゲバード Gebhard
ゲパート Goeppert
ゲハーニ Gehani
ゲハニ Gehani*
ゲバーラ Guevara
ゲバラ Guevara**
ケハリア Kehajia
ケバール Keberle
ゲーバルト Gebhardt
ゲハルト Gerhard
ゲハルド Gerhard
ゲバールト Gevaert
ケーバレ Köberle
ケーバン Kavan
ケバン
Kevan*
Kevin
ケビ Käbi
ゲービー Gaby
ゲビア Gebbia
ケビサス Kevisas
ケビスパエフ
Kebispayev
ケピソドロス
Kēphisodōros
ケビチ Kebich
ゲビッキ Gebicki
ケビッチ Kebich*
ゲヒト Gecht
ゲヒハウゼン
Göchhausen
ケヒュー Kehew
ゲビューア Gebühr
ゲビュール Gebühr
ケーヒョン
Kye-hyung*
ケヒリー Kehily
ケヒリヤ Keheliya
ケーヒル Cahill*
ケービル Keevill
ケピロ Képíró
ケビン
Keven
Kevin***
ケピング Koepping
ケーブ Cave
ケープ Cape*
ケフ
Kefu
Quej
ケブ Keb
ケプ Kepu
ゲーブ Gabe*
ケーファー Käfer
ケファ
Kepha
Kēphas
ケファー Keffer
ケファエン Kefhaeng
ケファス Kephas
ケファート Kephart
ゲーファーニッツ
Gaevernitz
ゲーファニッツ
Gaevernitz
ゲファーニッツ
Gävernitz
ケファラス Kephalas
ケファルト Kephart
ゲブアルト Gebhardt
ケファロス Kephalos
ケファロヤニ
Kefalogianni
ケファロヤニス
Kefaloyannis
ケフィ
Kefi
Kye-hwi
ケーフィーソドトス
Kephisodotos
ケフィソドトス
Cephisodotos
Kephisodotos
ゲフィン
Geffen
Geffin
ケフェウス Kēpheus
ゲフェナス Gefenas
ケフェレック
Queffélec*
ゲフェン Geffen
ケフォード Kefford
ケプカ Koepka
ケプケ
Købke
Koepke*
Köpke
ゲフケン Geffcken
ゲフゲン Gafgen
ゲブーザ Guebuza
ゲブザ Guebuza*
ゲーブザッテル
Gebsattel*
ケブザボ Kebzabo
ケーブズ Caves
ケプセル Koepsell*
ゲフテル Gefter*
ケブナー Kobner
ケプナー Kepner*
ケプネス Kepnes*
ゲーブハート
Gebhard
Gebhardt
ゲブハード Gebhard
ゲプハルディ
Gebhardi
ゲープハルト
Gabhardt

Gebharat
Gebhard
Gebhardt
ゲブハルト Gebhardt
ゲブハルト
Gebhard**
Gebhardt
ケブヒシビリ
Kevkhishvili
ケプフ Koepf
ケブモ Keb'Mo'
ケプラー
Kaeppler
Kepler*
Keppler
ゲーブラー Gaebler
ゲブラー
Gäbler
Gébler
ケプラン Keplan
ケブリ Khebri
ゲブリアン Guébriant
ゲーブリエル Gabriel
ゲブリエル Gabriel
ケブリッチ Kevric
ケプリュリュ Köprülü
ケブリン Kevlin
ケーブル Cable*
ケープル
Capel
Caple
ケプル Koeppl
ゲーブル
Gable*
Göbl
Goebel
ケーブルス Caples
ケーブルズ Caples
ケブルス Kevles
ケブルズ Kevles
ゲブルヒウェト
Gebrhiwet
ゲブレ
Gebre
Ghebre
ゲブレアブ Gebreab
ケフレジギ Keflezighi
ゲブレシラシエ
Gebrselassie**
ゲブレスラシエ
Ghebreslassie
ゲブレセラシェ
Gebrselassie
ゲブレセラシエ
Gebreselassie
Gebrselassie
ゲブレヒウェト
Gabrehiwet
ゲブレマリアム
Gebremariam
ゲブレミカエル
Gebremichael
ゲブレメスケル
Gebremeskel
ゲブレメディン
Gebremedhin
ケプレル Kepler
ケプレル Kepler*
ケフレン Khafra
ケープロン Capron
ケプロン Capron
ケーベ Koebe
ケベ Kébé
ゲベイウ Gebeyehu
ゲヘーガン
Geoghegan
ケベク Kebek
ケペシュ Kepes
ケベス Kebēs
ケペス
Kepes
Képès
ケペッシュ Kepes
ケベデ Kebede**
ケベード Quevedo*
ケベド Quevedo*
ゲベニガー Geweniger
ゲヘーブ Geheeb*
ケベヤ Kebeya
ゲベラー Göbbeler
ゲーベライン
Gaebelein
ケペリ Kaeppeli
ケーベル
Kerbel
Köbel
Koeber*
ケヘル Koecher
ケベール Kebers
ケベル Keber
ケペル Kepel**
ゲーベル
Gebel
Geber
Gobel
Göbel
Goebel*
ゲーペル
Goepel
Göpel
ゲベル
Gebel
Geber
ケペルカーラー
Kheperkare
ケペルケペルウラー
Kheperkheprure
ゲーベルス
Geubels
Goebels
ゲーベルト Gebert
ケペルマアトラー
Khepermare
ケーベルレ Köberle
ケベルレ Köberle
ゲーベン Goeben
ケペンス Keppens
ケホー Kehoe
ケボ Kebo
ケーポア Kapor
ケホエ Kehoe
ケボーキアン
Kevorkian*
ケボナン Kebonang
ケポネン Keponen
ケボルギャン
Gevorgyan
ゲボルギャン
Gevorgyan
ゲボルク Gevorg
ケボン Kevon
ケーマー Khemā
ケマ Kema
ケマー Kemmer*
ゲマインダー
Gemeinder
ケーマウ Qemau
ケーマカ Khemaka
ケマケザ Kemakeza*
ケマフォ Kemafo
ゲーマーマン
Gamerman
ケマラー Kemmerer
ケマリ Qemali
ケマール Quémar
ケマル Kemal***
ゲマール Gaymard
ケマルパシャザーデ
Kemalpaşazâde
Kemal Pasha-zâde
ケマレディン
Kemaleddin
ゲマワット
Ghemawat*
ケマン Quement*
ゲーマン Gehman
ケミ Kemi
ケミシ Gemici
ゲミストス Gemistos
ゲミティ Gemiti
ゲミヌス Gemīnos
ゲミノス Gemīnos
ゲミュンデン
Gemünden
ケミリ Kémeri
ケミール
Khemir
Khémir
ケミル Khémir
ゲミル Gemmill
ケミンク Kemink
ケーム Kehm*
ケム Kem**
ケムカ Kempka
ケムケルス Kemkers
ゲムコー Gemkow
ケームズ Kames
ゲムス Guemessou
ケムズリ Kemsley
ケムズリー Kemsley
ケムズレー Kemsley
ケムナー Kemna
ケムニツ Chemnitz
ケムニッツ Chemnitz
ケムピス Kempis
ケムピス Kempis
ケムプ
Kaempf
Kemp
ケムフェル Kaempfer
ケムプナー Kempner
ケムプヘル Kaempfer
ケムブリジ
Cambridge
ゲムベシュ
Gombos
Gömbös
ケムペース Kempers
ケムボ Khembo
ケムマーリング
Kemmerling
ケムメラー Kemmerer
ケムラジ Khemraj
ゲムル Gemmell
ゲーメシュ Gémes
ゲメダ Gemeda
ケメテー Kemmeter
ケメテール Kemmeter
ゲメド Gemedo
ケメナー Kemener
ケメニー
Kemeny**
Kemény
ケメニィ Kemeny
ケメーニュ
Kemeny
Kemény*
ケメラー
Caemmerer
Kemmerer*
ケメル Kiemel
ゲメル Gemmell
ケーメルマン
Kemelman
ケメルマン
Kemelman**
ケーメン Kamen**
ケモ
Kemo
Kemoh
ケモー Kemoh
ケモイ Kwemoi
ケモコ Kémoko
ケモンズ Kemmons
ケヤ Kjer
ゲヤー Geyer
ゲヤス Gaius
ケヤステッド
Keirstead
ケヤード Caird
ゲヤハルト Gerhard
ケユラパン
Keyuraphan
ゲヨエテ Goethe
ゲヨエリンク Goering
ケヨルナー Körner
ケーラ
Khera
Köhler
ケーラー
Kaehler
Kahler*
Kähler
Kaler
Kehler*
Kehrer*
Keiler
Keller
Koehler*
Kohler
Köhler***
Köler
Koöhler
ケラ
Kela
Kéler
Quella
ケラー
Kellar
Keller**
Kellor
Koehler
Köhler
Queler
ゲーラ Guerra**
ゲーラー
Gehler
Gehrer
Göhler
ゲラ
Gela
Gera
Guerra**
ゲラー
Galler
Gellar*
Geller**
ケーライン Kaline
ケライン Kellein
ゲライント Geraint*
ゲラウ Guerau
ケラヴァ Kelava
ケラウェイ Kellaway*
ケラウエイ Kellaway
ケラヴオリ Keravuori
ケラウノス Keraunos
ゲラエイ Geraei
ゲラゴス Geragos*
ゲラーシウス Gelasius
ゲラシウス Gelasius
ゲラシオス
Gelasios
Gelásios
ゲラシチェンコ
Gerashchenko*
Herashchenko
ゲラシム Gerasim
ゲラシムス Gerásimos
ゲラシムチューク
Gerasshimchuk
ゲラシメノフ
Gerasimenok
ゲラシメンコ
Gerasimenko
ゲラシモヴ Gerasimov
ゲラシモヴィチ
Gerasimovich
ゲラシモヴィッチ
Gerasimovich
ゲラシモス
Gerasimos**
Gerásimos
ゲラーシモフ
Gerasimov

ゲラシーモフ
Gerasimov
ゲラシモフ
Gerasimov*
ゲラシモワ Gerasimov
ケーラス Carus*
ケラス
Callus
Carus
Caylus
Kellas*
Queyras*
ケラスコエット
Kerascoët
ゲラスコフ Geraskov
ゲラセヴァ Gueraseva
ケラソテ Kerasote
ゲラーチェ Gerace
ゲーラック Guerlac
ゲラッズ Gerads
ゲラット Gelatt
ケラティ Kelati
ゲラーティ Geraghty
ケラート Kellert
ケラード Kellard
ゲラート Gellert*
ゲラード
Gerard*
Gerhard
ゲラトゥリ Gellatly*
ケラドマンド
Kheradmand
ゲラドレル Galadriel
ゲラナ Gelana**
ケラハー
Kellaher
Kelleher**
ゲラブ Ghellab
ケラブオリ Keravuori
ケラブノス Keravnos
ケラペス Kelepecz*
ゲラベルファブレガ
Gelabert Fàbrega
ケラーマン
Kellerman**
Kellermann**
ゲラーマン
Gellerman
Kellermann
ゲラマン Gellerman*
ケーラム Kellam
ケラム Kellam
ゲラリン Geralyn
ケラール Guérard
ゲラール
Gayrard
Guerard
Guérard
ゲラルダ Gerarda
ゲラールツ
Gheeraerts
ゲラルディ Gherardi
ゲラルディーニ
Gherardini
ゲーラルディネ
Geraldine
ゲラルディーネ
Geraldine
ゲラルディン
Geraldine
ゲラルデスカ
Gherardesca
ゲラルデッロ
Gherardello
ケラルト Queralt
ゲーラルト Gerald
ゲラルト
Gerald**
Gerard*
ゲラルド
Gerald
Gerard*
Gérard
Gerardus
Gerhard*
Gerrard*
Gherardo***
ゲラルドゥス
Gerald
Geraldus
Gerardo
Gerardus
Gerhardus
Gherardo
ゲーラロップ
Gjellerup
ケラワック Kerouac
ケラワン Kellawan
ケラン
Kellan
Kielan
ゲラン
Gairin
Gérin
Goran
Göran
Guérin**
Guerlain**
Guerrand**
ゲランジェ Guéranger
ゲランター Gelernter
ケランド Kelland
ゲラント Gelant
ケーリ
Cary***
Cayley
ケーリー
Carey**
Cary*
Cayley
Kaillie*
Kairi
Kaylee
Kealy
Kelly
ケリ
Ceri
Kelley
Kelly*
Keri**
Kerri**
ケリー
Carey*
Cary**
Cerrie*
Keli*
Kelle
Kelley***
Kelli*
Kellie*
Kelly***
Keri*
Kerrey
Kerri**
Kerrie*
Kerry***
Kery
Kéry
Kiely
Queally*
ゲーリ Gehri
ゲーリー
Gaely
Gairy
Garri**
Garry**
Gary***
Geary
Gehry*
Gerry*
Guerry
ゲリ
Garri
Gary
Geri
ゲリー
Garri
Garry*
Gary**
Geary
Gelly
Gerrie
Gerry***
Guerry*
Guery
ケリア Kellier
ケリアリス Cerialis
ケリアレス Cerealis
ケリーアン Kelly-Ann
ケリアン
Kellyann
Keri-Anne*
Kerri-Ann
ケリィ Kelly
ケリイ Kelley
ゲーリィ Gary
ゲリウス Gellius
ゲリエ
Gere
Guerrier
ゲリエー Guerrier
ケリーエブスキー
Kerievsky
ケリエフスキー
Kerievsky
ケリオ Querio
ゲリオス Gelios
ゲリオット Geliot
ゲリオン Gerion
ケリカー Kölliker
ケリガン Kerrigan**
ゲーリケ
Gericke
Guericke
ケーリケル Kölliker
ケリス
Cerith
Chelis
Keilis
Kelis
ゲリス
Gareth*
Gelis
ケリスク Kerrisk
ケリゼル Kérisel
ケリソン Kellison
ケリタ Kelita
ゲリツァー Geritzer
ゲリツェル Gel'tser
ケーリッカー Kölliker
ゲーリック Gehrig
ゲーリッグ Gehrig**
ゲーリッケ
Gericke*
Guericke
ケーリッジ Kerridge
ケリッジ Kerridge
ゲーリッシュ Gerisch
ゲリッシュ Gerrish
ゲリッセ Gelisse
ゲリッセン Gelissen
ゲーリッツ
Gerrit
Goerlitz
ゲリッツ
Gerrits
Goeritz
ゲリッツェン
Gerritsen
ゲリット
Geritt
Gerrit**
ゲリットソン
Gerritsen
ゲーリッヒ
Gerich
Gierlich*
ケリードー Querido*
ケリナド Kuelinad
ケリーノ Kellino
ケリノダー Kelinöder
ケリハー Kelliher
ケリブ Qərib
ゲリフ Guérif
ゲリファント
Gel'fand
Gel'fond
ゲリファンド Gel'fand
ゲリフェル Gel'fer
ゲリブランド
Gellibrand
ゲリペリン Gel'perin
ケリマ Kerima
ゲリマ Gerima
ゲーリマン Galman*
ゲリマン
Geliman
Gel'man
ケリム Kerim**
ケリムクロフ
Kerimkulov
ケリムスキ Chelimsky
ケリムバエフ
Kerimbaev
ケリムベトフ
Kelimbetov
Kelīmbetov
ゲリメル Gelimer
ケリモギュ Kerimoglu
ケリモフ Kerimov
ゲリャ Gherea
ゲーリュサック
Gay-Lussac
ケリュス Caylus
ケリリン Kerrelyn
ケリル Khelil
ケーリン
Kaelin
Kalin*
Kälin
Keilin
Kerrin
Koerin
ケリン
Cailin
Kelin
Kellin
Kerin
Köllin
ゲーリン
Galen
Guerin
ゲリン
Geling
Guerin
Guerín*
ケリンガー Kerlinger
ゲリンガス Geringas*
ケーリング
Koelling
Köring
ケリング Kelling*
ゲーリンク Gehring
ゲーリング
Gehring**
Goering
Goring
Göring*
ゲリング
Gelling
Gerring
ゲーリンクス
Geulincx
ゲーリンジャー
Gehringer
ゲリンジャー
Gehringer*
Geringer*
ケリンズ Kerins
ケーリントス
Kerinthos
ケリントス
Kerinthos
Kērinthos
ケール
Cáel
Cale*
Kael**
Kahle
Kale
Keel*
Kehl**
Kehr*
Keill
Ker
Kerl
Kher
Kjel
ケル
Kel
Kell*
Ker
Kerr*
Kjeld*

ケ

ケルー
Caillou
Carew
ゲール
Gael*
Gaël
Gail*
Gale***
Garr
Gehl*
Geir
Gell
Gere
Göhr
Guell
Güell
Guelle
Gueree
Guerre
Guers
ゲル
Gell**
Gher
Güell
ゲルー
Gerou
Gueroult
Guéroult*
ゲルア Gherea
ケルーアシュ Kerruish
ケルーアック Kerouac
ケルアック
Kerouac**
Keruak
ケルアッハ Cellach
ケルーアル Kéroualle
ケルアル Kéroualle
ゲルアルト Gerhardt
ゲルヴァーシウス
Gervasius
ゲルウァシウス
Gervasii
ゲルヴァシウス
Gervase
Gervasius
ゲルヴァーズィ
Gerwazy
ゲルヴァツィ Gerwazy
ゲルヴァルト
Gerwarth
ケルウィ Kelway
ゲルヴィエン Gerwien
ゲルウィック Gelwick
ゲルヴィック Gerwig
ゲルヴィーヌス
Gervinus
ゲルヴィヌス
Gervinus
ゲルヴィヒ Gerwig
ケルヴィン
Kelvin*
Kervyn
ゲルヴィーン Gerwien
ゲルウィン Gerwin
ケルヴェア Kervaire
ケルヴェラ Kervella
ケルヴェル
Koelwel
Kölwel
ケルヴェルヌ Kervern
ゲルヴェン Gelven*
ケルヴラン Kervran
ケルカー Kelker
ゲルガー Görger
ケルガード Kjelgaard
ゲルガナ Gergana
ケルカル Kerkar
ゲルカン Gerkan
ゲルギエフ
Gergiev*
Gergijev
ゲルギエワ Gergieva
ケルキダース
Kerkidas
ケルキダス Kerkidas
ケルク Kelk
ゲルク Gerg*
ゲルグエルチーヴァ
Guergueltcheva
ケルクストラ Kerkstra
ケルクホーヴェン
Kerckhoven
ケルクホフ Kerkhof
ケルクホーフェン
Kerckhoven
ゲールケ
Gehrcke
Gehrke
Gerke
Gerkey
Goerke
ゲルケ Gercke
ゲルゲイ
Gergely*
Görgey
ゲルゲス Görges
ケルゲラン Kerguélen
ケルケル Kelkel
ゲルゲル Gherghel
ケルゲレン Kerguélen
ゲルゴーヴァ Gergova
ゲルゴヴァ Gergova
ケルコフ
Kerckhove
Kerkhof
ケルコプス Kerkōps
ゲルサー Gelcer
ゲルサッカー
Gerstäcker
ケルサル Kelsall
ケルサレ Kersale*
ケルサン Kelsang
ゲルサンライター
Gelsanliter*
ケルシー
Kelcie
Kelcy
Kelsey***
Kelsie
ケルジー Kelsey
ゲルージ Guerrouj
ゲルシー Gelsey
ゲルシェーヴィッチ
Gershevitch
ケルシェンシュタイナー
Kerschensteiner*
ケルシェンシュタイネル
Kerschensteiner
ゲルシェンゾーン
Gershenzon
ゲルシェンゾン
Gershenzon
ケルジェンツェフ
Kerzhentsev
ゲルシコヴィチ
Gershkovich
ゲルシコビチ
Gershkovich
ゲルシコビッチ
Gershkovich
ゲルシゴルン
Gershgorn
ケルシズ Quercize*
ケルシフロン
Chersiphron
Chersiphrōn
ケルーシュ Kerruish*
ケルシュ
Kersch
Koelsch
ゲルシュコヴィチ
Gershkovitch
ゲルシュコビチ
Gershkovitch
ゲルシュタイン
Gerstein
ゲルシュテッカー
Gerstäcker
ゲルシュテル Gerster
ケルシュテン
Kersten*
ゲルシュテンマイアー
Gerstenmaier
ゲルシューニ
Gershuni
ゲルシュニ Gershuni
ゲルシュニー
Gershuni
ケルシュバウマー
Kerschbaumer
ゲルシュビラー
Gerschwiler
ケルショー Kershaw
ケルショウ Kershaw
ゲルショム
Gerhard
Gershom**
Gershon
ゲルション Gershon*
ゲルシンガー
Gelsinger*
ケルス
Kelce
Kells
ケルズ Kells*
ゲールス Geers
ゲールズ Gales
ゲルス Gelles
ケルスショット
Kersschot
ケルスス Celsus
ゲルスター Gerster**
ケルスティ Kersti**
ケルスティン
Kerstin**
ケルスティング
Kersting
ゲルステズ Gelsted
ゲルステッカー
Gerstäcker
ゲルステル Gerstel
ケルステン Kersten*
ゲルステン Gersten
ゲルステンビュッテル
Gerstenbüttel
ゲルステンベルガー
Gerstenberger
ゲルステンベルク
Gerstenberg
ゲルステンマイアー
Gerstenmaier
ケルスト Kerst
ゲルストエッカー
Gerstäcker
ゲルストナー
Gerstner**
ゲルストラウナー
Gerstlauer*
ゲルストル Gerstl
ゲルスドルフ
Gersdorff
ゲルズマヴァ
Gerzmawa
ゲルズマバ Gerzmawa
ゲルズマーワ
Gerzmava*
ゲルズマワ Gerzmawa
ケルセイ Kelsey
ケルゼイ Kelsey
ゲルセック Gerçek
ケルゼル Kérisel
ケルゼン Kelsen*
ケルセンバウム
Kersenbaum
ケルソ Kelso
ケルソー Kelso
ケルソウ Kelso
ケルソス
Celsus
Kelsos
Kélsos
ゲルソニデス
Gersonides
ケルソブレプテス
Kersobleptēs
ケルソロン Kersolon
ゲルソン
Gerson*
Gersonides
ゲルゾン Gerson
ケルダー Kelder
ゲルダ
Garde
Gerda***
Guerdat**
ゲルダー Gelder*
ゲルタイス Gerteis
ケルダーウッド
Calderwood
ゲルダート Geldart*
ケルダール Kjeldahl
ケルダル Kjeldahl
ゲルダーレン
Gelderen
ゲルタン Guertin*
ゲルダン Guerdan
ケルタンギ Kertanguy
ケルチェイ Kölcsey
ケルチェターニ
Quercetani
ケルチエンツエフ
Kerzhentsev
ゲルチーノ Guercino
ゲルチャク Gerchak
ケルチュド Kertudo
ゲルチュノフ
Gerchunoff
ケルツ Kelts
ゲールツ
Geerds
Geerdts
Geerts
Geertz
Gehrts
ゲルツ
Gerz
Goertz*
Goerz
ゲルツァー
Geltzer
Gelzer*
ゲルツァーラー
Geldzahler*
ゲルツェフ Gertsev
ゲールツェン Gertsen
ゲルツェン
Gertsen*
Herzen
Rgyal mtshan
Rgyal-mtshan
ゲルツェンゾン
Gertsenzon
ケルツナー Kerzner
ケルツマン Kerzman
ケルテ Körte
ケルテー Keltie
ゲルーデ Geroudet
ケルティ
Keltie
Kelty
ケルティー Keltie
ゲルティ
Gerti
Gerty
ゲルディ
Geldi
Göldi
ゲルディー Göldi
ケルディアン
Kherdian
ゲルディオ Gueludio
ケールディシ Keldysh
ケルディシュ Keldysh
ゲルディムイラドフ
Geldimyradov
ゲルディムハメド
Geldymukhamed
ケルテシュ Kertész
ケルテース
Kerteśz
Kertész***

ケルテス
Kertesz
Kerteśz
Kertész**
ゲルデス Gerdes*
ゲルテマイヤー
Geltemeyer
ゲルテマーカー
Görtemaker
ゲルデラー Goerdeler
ケルデラン Kerdellant
ゲルテル Gerdtell
ゲルデル Goeldel
ケルデルマンス
Keldermans
ケルテルムス
Quertermous
ゲルデルン Geldern
ゲルデロード
Ghelderode
ケルデン SKal ldan
ゲルデンハウス
Geldenhuys
ゲルテンバック
Gertenbach
ゲルデンヒューズ
Geldenhuys
ゲルデンフイス
Geldenhuys
ゲルテンボス
Göltenboth
ケルド Cerdo
ゲールト
Geert*
Gerd
ゲルト
Geld
Gerd***
Gerdt
Gert**
ゲルド Gerd**
ゲルトイット Gerrit
ケルトゥヤーラ
Keltuiala
ケルトゥラ Kerttula
ゲールトゲン
Geertgen
ケルドセン Kjeldsen
ゲルトセンステン
Gertsenstein
ケルトナー
Keltner
Körtner
ゲルトナー
Gartner
Gärtner*
Geldner
Geltner
ゲルトネル Gartner
ゲールトヒエン
Geertgen
ゲルドフ Geldof*
ゲルトマン Geltman
ゲルドム Gerdom*
ゲルトライヒ
Geldreich
ゲルトラウト
Gertraud
ゲルトリンゲン
Gaertringen
ゲルトルーデ
Gertrud
Gertrude*
ゲルトルーディス
Gertrudis
ゲルトルディス
Gertrudis
ゲルトルート
Gertrub
Gertrud***
Gertrude
ゲルトルード
Gertrud*
Gertrude*
Gertrudis
ケルドルファー
Keldorfer
ゲルトレル Gertler
ゲルドロード
Ghelderode*
Gheldrohde
ケルトン Kelton*
ケルドン
Kerdon
Kerdōn
ゲルトン Guelton
ケルナー
Kellner**
Kelner
Kerner**
Koerner
Korner
Körner***
ゲルナー
Gellner**
Gerner
Görner
ゲルーナス Gelūnas
ケルナハ Cernach
ケルニー Kerny
ゲルニ Guerni
ケルニェイ Koernyei
ケルニオン Kernion
ゲルネ
Goerne*
Görne
ケルネイ Kerney
ケルネッガー
Kernegger
ケルネッキー
Chernecky
ゲルネート
Gernet
Gerneth
ゲルネト Gernet
ケルネル
Kellner*
Kerner
Körner
ケルネン Kernen
ゲルノット Gernot*
ゲルノート Gernot**
ゲルノト Gernot
ケルバー
Kelvar
Kerber*
Korber
Körber
ケルパー Coerper
ゲルバ Gervais
ゲルバー
Gelber**
Gerber*
ゲルパ Guelpa
ケルバア Körber
ゲルバウム Gelbaum
ゲルハエルト
Gerhaert
ゲルバーグ Gerbarg
ケルバーケル
Kerbaker*
ゲルバシオ Gervasio*
ゲルバズ Gervase
ゲルバースハーゲン
Gerbershagen
ゲルハッセン
Gerhardsen
ケルパテンコ
Kerpatenko
ゲルハート
Gerhard
Gerhart
ゲルハード Gerhard
ゲルバート
Gelbart*
Gelbert
ケルババーエフ
Kerbabáev
ゲルバーヘス
Gerber-Hess
ゲルハーヘル
Gerhaher*
ゲールハール
Geelhaar
ゲルハルセン
Gerhardsen*
ゲルハルゼン
Gerhardsen
ゲルハルツ Gerhards
ゲルハルツェン
Gerhardsen
ゲルハルディンガー
Gerhardinger
ケルハルト Gerhardt
ゲールハルト
Gerhard***
Gerhardt*
Gerhart
ゲルハールト
Gerhaert
ゲルハルト
Gerhaert
Gerharat
Gerhard***
Gerhardt**
Gerhart***
Gershom
Gorhard
ゲルハルド Gerhard
ゲルハルドゥス
Gerhards
Gerhardus
ゲルハルトセン
Gerhardsen
ゲルハルム Gerhard
ケルバン Kelban
ゲルハント Gorhard
ケルビー
Kelby*
Kelvy
ゲルビエ Gelbier
ケルビク Kjervik
ケルビーニ Cherubini
ゲルビーヌス
Gervinus
ゲルビヌス Gervinus
ケルビーノ Cherubino
ゲルビノ Gerbino
ゲルビヒ Gerwig
ケルビム Kelvim
ケルビン
Calvin*
Kelvin**
ケルピン
Chelpin*
Kölpin
ゲルビン Gervin
ケルビング Kölbing
ケールブ Calve
ゲルブ Gelb**
ゲルファート Gelfert
ケルファラ Kerfalla
ゲルファント
Gelfand**
Gel'fand
Gelfant*
ゲルファンド Gelfand
ゲルフィ Ghelfi*
ケルフェイン Kervyn
ゲルフォント
Gel'fand
Gelifond
ゲルブケ Gelbke
ゲールブラン
Gheerbrant*
ゲルブランド
Gerbrand
ケールブリング
Koerbling
ケルブレ Kaelble*
ケルブロック
Kerrebrock
ゲルベ Görbe
ケルベチェバ
Kelbecheva
ケルベル
Kölbel
Kölwel
Körber
ゲルベルト Gerbert*
ゲルベルトゥス
Gerbert
ケルベルヌ Kervern
ゲルベロン Gerberon
ゲルベン Gelven
ゲルベンス Guelbenzu
ゲルホー Gerhoh
ゲルボート Gerboth
ゲルホーン
Gelhorn
Gellhorn**
ゲルホン Gellhorn
ケルマー
Kellmer
Kermer
ケールマイアー
Kohlmeier
Köhlmeier
ケルマーニー Kermānī
ゲルマニ Germani
ゲルマニカ
Germanika
ゲルマニカス
Germanicus
ゲルマーニクス
Germanicus
ゲルマニクス
Germanicus
ゲルマーヌス
Germanus
ゲルマヌス Germanus
ゲルマネスク
Ghermanescu
ゲルマノ Germano
ゲルマノヴィチ
Germanovich*
ゲルマノス
Germanos
Germanós
ゲルマノビッチ
Germanovich
ゲルマール Germar
ゲルマル Germar
ケールマン
Kehlmann**
ケルマン
Kehrmann
Kellman
Kelman**
ゲールマン Guerman
ゲルマン
Gellman*
Gell-Mann*
Gelman*
German**
Germán
Germann
Gherman*
Guillemin
ケルマーンシャーヒー
Kermānshāhī
ケルマンシャヒ
Kermanshahi
ケルム Kelm
ゲルム Gerum
ケルメル Kölmel
ケルメンディ
Kelmendi**
ゲルモ Gelmo
ケルモアル Kermoar
ゲルモゲーン
Germogen
ゲルモン Gelmon
ゲルモント Gelmont
ケルヨ Keljo
ケルラー
Keller
Kerler
ゲルラ Ghella
ゲルラク Guerlac
ゲルラッハ
Gerlach**
Görlach
ゲルラノス
Geroulanos
ゲルラハ Gerlach*

ケ

ケ

ケルラリウス
Caerularius
ケルラリオス
Kēroullários
Kērūlarios
ケルラン
Kerlan*
Querlin
ゲルラン Guerlain
ゲルラント Görland
ゲルランド Gerland
ゲルリ Gerli
ゲルリウス Gellius
ゲルリッツ
Gorlitz
Görlitz
ゲルリッヒ
Gellrich
Görlich
ゲルリヒ
Gerlich
Görlich
ゲルリンツォーニ
Gherlinzoni
ゲルリンデ Gerlinde
ケルル
Kerl
Kerll
Kerrl
ケルルフ Kjerulf
ケルルルー Kerleroux
ケルレ
Kelle
Kerle
ゲルレ
Gerle
Guerlais
ケールレッド Kaelred
ケールレル Keller
ケルレル Keller
ケルレルマン
Kohlermann
ゲルレーロ Guerrero
ケールロイター
Koellreutter
Koelreuter
ケルロイター
Koellreutter
Koelreuter
ケールロイタア
Koellreutter
ケルロック
Kellogg
Kerloc'h*
ケルロッグ Kellogg
ケルロッテル
Koellreutter
ゲルロフ Gerloff
ゲルワイジュンネー
Rgyal ba'i 'byung gnas
ケールン Keirn
ケルン
Cölln
Kern***
Kernm
Keryn
Koeln
Köln
ゲルンシャイム
Gernsheim
ゲルンスハイム
Gernsheim**
ゲールンソン
Galenson
ケルンテン Kärnten
ゲルント Gerndt
ケルンバウアー
Kernbauer
ゲルンハート
Gernhardt*
ゲルンハルト
Gernhardt
ゲルンラー Gernler
ケーレ Quéré
ケーレー
Carey
Cayley
ケレ
Cayré
Kelle
Kéré
Quéré
ケレー Kelly
ゲーレ
Gehre
Göhre
Guel
ゲレ
Gelle
Gere
Gerö*
Guelleh**
Guerer
Gueret
ゲレー
Gerő
Guéret
ゲレア Gherea
ゲレアム Graham
ケレアリス Cerealis
ケレイブ Kaleb
ゲレイロ Guerreiro**
ゲレイント Geraint
ケレオス Keleos
ゲレオン Gereon*
ケレキ Kereki
ケレキャルト
Kerékjártó
ケレク
Kerekou*
Kérékou*
ゲーレク Dge legs
ゲレク Gerek
ゲレクバルサン
Gelegbalsang
ゲレクペルサンポ
Dge legs dpal bzang po
ケレケス Kerekes
ケーレシ Kőrösi
ケレシドゥ Kelesidou
ケレス Kerres
ゲレス
Cörres
Gelles*
Gorres
Görres*
ケレスチヌス
Coelestinus
ケレスツーリ
Keresztúri
ケレスティーヌス
Coelestinus
ケレスティヌス
Celestinus
Coelestinus
ケレスティーン
Cölestin
ケレスティン Kerstin
ケレステス Keresztes
ケレゾフ Keresov
ケレダ Quereda
ゲレーター Gelehrter
ケレチ Kelechi
ケレチー Keleti
ケレツ Kerez
ゲレツ Gerez*
ゲレーツェッガー
Geretsegger
ゲレツガイアー
Gerezgiher
ケレック
Keleck
Querrec
ゲレック
Gerek
Guelec
Guérech
ゲレッティ Gerety
ケーレット Kehlet
ケレット
Kehret
Kellett
Keret*
Kerrett
ゲレット Gelett
ケレツリー Keresztúri
ゲレテ Gelete
ゲレド Gehred
ゲレトシュレーガー
Geretschlager
Geretschläger*
ゲレーナ Gelena
ケレーニ Kerényi
ケレーニー Kerényi
ケレーニィ Kerényi
ケレーニイ
Kerenyi
Kerényi*
ケレニウス Källenius
ケレハー
Kellehear
Kelleher*
ゲレビッチ Gerevich
ケーレブ Caleb**
ケレボネ Kelebone
ケレム Kerem
ケレムチャンド
Kermechend
ゲレメク Geremek***
ケレメティー
Kelemete
ケレメン Kelemen*
ゲレヤ Gherea
ケレリヌス Celerinus
ゲレリヒ Göllerich
ケーレル
Kéler
Köhler
ケレール Keller
ケレル
Celer
Keler
Kerer
ゲレル Gerrell
ゲーレルス Geherels
ゲレールト Gellért
ゲレルト Gellert
ゲレルマ Gerelmaa
ケレルマン
Kellermann
ゲレルンタ Gelernter
ゲレーロ
Gerrero
Guerrero*
ゲレロ
Geurrero
Guerrero***
ゲレロプ Gjellerup
ケーレン
Ceulen
Kehren
ケレン
Kelen
Kellen
Keren*
ゲーレン
Geelen*
Gehlen*
ゲレン Geren*
ケレンガ Kerenga
ケレンガサー
Querengasser
ケレンザ Kerenza
ケレンスキー
Kerenskii*
Kerensky
ケーレンスキィ
Kerenskii
ゲレーンター
Gelernter
ケレンツァ Kerenza
ケレンデルストラ
Keulen-Deelstra
ケレンバーガー
Kellenberger**
ゲレンベ Gelenbe*
ケレンベンツ
Kellenbenz
ケーロ Chelo*
ケロ Kello
ケロー Queloz
ゲーロ Gero
ゲロ
Gayraud
Gero*
Guerreau
ゲロー
Gero*
Guerreau
ケロアック Kerouac
ケロウ Kellow
ゲーロク Gerok
ゲローク Gerok
ケログル Keloglu
ゲロサ Gerosa
ケロッグ
Kellog**
Kellogg***
ゲーロック Gerok
ゲロック
Gellock
Geroch
ケロッド Kerrod
ケロップ Keropp
ゲロート Gehlot
ゲロニエール
Gueronniere
ケロフ Kelov
ゲーロフ Gerov
ゲロフスキー Gerovski
ケーロール Cayrol
ケロール Cayrol***
ケロル Querol
ゲロール Gaylor
ゲーロルト Gerold
ゲーロルド Gerold
ゲロールド Gerould
ゲロルト Gerold
ゲロルド Gerold*
ゲロルフ Gerolf
ケロワック Kerouac
ケロン
Kellon
Kerron
ゲロン
Gelon
Gerron
Guéron
ゲロンティオス
Gerontios
Geróntios
ゲワ
DGe ba
DGe-ba
ゲワース Gewirth
ゲワーツ Gewertz
ゲワリ Gyawali
ゲワルトウスキー
Gewartowski
ケーン
Cain
Caine
Cane
Kahane
Kane**
Keane
Kehn*
Keng
Kheng
Koehn*
Kohn
Köhn
ケン
Ken***
Keng*
Kenn*
Kenneth*
Kent
Kenton
Kheng*
ゲン
Geng
Genn
ケンウェル Kennewell

ケンウッド Kenwood
ケンウルフ Cenwulf
ゲンカルプ Gencalp
ケンキム Kheng Kim
ゲンキン Genkin
ゲング
Gäng
Geng
ケーンクロス
Cairncross
ケンクワン
Keng Kwang
ゲンゲ Genge
ケンケット Kien Keat
ゲンゲリッチ
Guengerich
ケンケル Kenkel
ゲンゲンバハ
Gengenbach
ケンゴ Kengo*
ゲンコ Genco
ゲンサー Guenther
ケンザル Kensall
ケンジ Kenji
ゲンジ Genge*
ケンジェハヌリー
Kenzhekhanuly
ケンジェル Khendjer
ケンジサリエフ
Kenzhisariev
ゲンシツカ Gesicka
ケンシット Kensit
ケンジット Kensit*
ゲンジヘン Gensichen
ケンジャ Kennja
ゲンシャー
Genscher**
ゲンジャン Goenjian
ゲンジョ Genco
ケンジョジーナ
Kedziorzyna
ゲンショレク
Genschorek
ケンジョン Kenjon
ケンジントン
Kensington
ケーンズ
Cairns
Keynes*
ケンズ Kens
ゲーンズ Gaines
ゲンス Gens
ゲンズ
Gens
Goens
ケンスイ Keng Swee*
ゲンズィッケ Gensicke
ケンスィット Kensit
ケンスウィー
Keng Swee
ケンスキー Kensky
ゲーンズバラ
Gainsborough
ゲーンズバロ
Gainsborough
ゲンスフライシュ
Gensfleisch
ゲーンズブール
Gainsbourg
ゲンスブール
Gainsbourg*
ゲンズブール
Gainsbourg**
ゲンズブルグ
Gainsbourg
Ginsburg
ゲーンズボラ
Gainsborough
ゲーンズボロ
Gainsborough
ゲーンズボロー
Gainsborough
ゲーンズボロー
Gainsborough
ケンスラー Kensler
ゲンスラー
Gaensler
Gensler*
ケンスリー Kensely
ケンセット Kensett
ゲンゼベ Genzebe
ゲンゼル Genzel
ケンセン Keng-sen*
ケンソウ Kenso
ケンソリヌス
Censorinus
ゲンタ Gerta
ゲンター Guenter
ケンタール Quental
ケンタル Quental
ケンダール
Kendal
Kendall*
ケンダル
Kendal*
Kendall***
ケンタレ Kenatale
ケンチ Kench
ケンチャン Kencan
ゲンチリス Gentilis
ゲンツ
Gentz
Genz
Göncz**
ケンツァー Kentzer
ケンツェ Khyentse*
ゲンツェル
Gentzel
Genzel*
ケンツェワンポ
Mkhyen brtse
dbang po
ゲンツェン
Gentzen
Rgyal-mtshan
ゲンツケン Genzken
ゲンツマー Genzmer
ゲンツメル Genzmer
ケンツレン Kuenzlen
ケンディ
Chendi*
Kendi
ゲンディ Genndy
ゲンティアーヌス
Gentianus
ケンティガーン
Kentigern
ケンティガン
Kentigern
ケンティゲルン
Kentigern
ケンディッグ
Kendig
Kending
ケンテイビアス
Kentavious
ゲンティリス Gentilis
ケンデク Kendeck
ゲンデュン Dge-'dun
ケンデリス Kenteris*
ケンデリンク
Koenderink
ケンデル Kendel
ケンデレシ Kenderesi
ケント
Canto
Kent***
Kenton
ケンドー Kendor
ゲント
Gendt
Gent
Genth
Ghent*
ゲンドゥン
Dge-dun
Dge-'dun
Gedün
ゲンドゥンドゥブ
Dge-gdun grub
ケントナー Kentner
ゲントナー Gentner
ケンドラ Kendra*
ケンドラー Kändler
ケンドラック
Kendrach
ケントリー Kentley
ケンドリー Kendry
ケンドリクス
Kendricks
ケンドリス Kendrys
ケンドリック
Kendrick***
Kndrick
ケンドリックス
Kendricks
ケントリッジ
Kentridge*
ケンドリュー
Kendrew
ゲンドリン Gendlin
ケンドール
Kendall***
Kendell
ケンドル
Kendal
Kendall
Kendle
ケンドルー
Kendrew**
ケントレル Kentrell
ゲンドロン Gendron
ケントン Kenton**
ケンナ Kenna*
ケンナアード Kennard
ゲンナージ Gennadii
ゲンナージー
Gennadii
Gennadij
Gennady
ゲンナジ
Gennadii
Georgi
ゲンナジー
Gennadi
Gennadii***
Gennadiĭ
Gennadiy
Gennady**
Gennajii
Gennardii
ゲンナージイ
Gennadij
ゲンナジイ Gennadii*
ゲンナジエヴィチ
Gennadievich
ゲンナーディ
Gennardy
ゲンナディ
Gennadi
Gennady
ゲンナディー
Gennadii
ゲンナーディウス
Gennadius
ゲンナディウス
Gennadius
ゲンナディオス
Gennadios
Gennádios
ゲンニマタス
Gennimatas
ケンヌ Caisne
ゲンヌ Guène**
ケンネ Kenne*
ケンネス Kenneth
ケンネル
Kennel*
Kenner
ゲンネワイン
Gennenwein
ゲンネンヴァイン
Gennenwein
Gönnenwein
ケンノス Chennos
ゲーンノラシン
Kaennorsing
ケンノン Kennon
ケンバ Kemba
ケンバー Kember
ケンパ
Kempa
Mkhyen pa
ケンパー Kemper**
ケンパイネン
Kemppainen

ゲンバーグ
Genberg**
ケンパーマン
Kemperman
Kempermann
ケンバル Kemball
ケンピス Kempis*
ケンピスティ
Kempisty
ケンピンスキー
Kempinski
ケンフ Kempf
ケンプ
Kemp***
Kempe**
Kempf**
Kempff*
Kemph
ケンプェル
Kaempfer
Kämpfer
ケンフェルド
Cennfáelad
ケンプケン Kämpken
ケンプス Kempis
ケンプスター
Kempster
ケンプソーン
Kempthorne**
ケンプソン
Kempson*
Kempthorne
ゲンプト Gempt
ケンプトン
Kempton**
ケンプナー
Kempner**
ケンプニー Kempny*
ケンプフ
Kempf*
Kempff
ケンプファー
Kaempfer
Kämpfer
Kempfer
ケンプフェル Kämpfer
ケンプフェルト
Kaempfert*
ケンプヘル Kaempfer
ゲンブリス Gembris
ケンブリッジ
Cambridge
ケンブリュー
Kembrew
ケンブル Kemble*
ケンプレコス
Kemprecos*
ケンブレル Kenbrell
ケンプレン Kempelen
ケンペ Kempe*
ゲンベシュ Gömbös
ケンペス Kempes*
ケンペネール
Kempeneer
ケンペネル Kempener
ケンペラー Klemperer

ケ

ケンペル Kämpfer
ケンペル
Kaempfer
Kämpfer
ケンペン Kempen*
ケンペンフェルト
Kempenfelt
ケンボ Kembo
ケンボイ Kemboi**
ケンボウスキ
Kempowski
ケンボウスキー
Kempowsky
ケンボール Kemball
ゲンマ Gemma
ケンマギル
Connmagair
ケンマニ Khemmani
ケンマリ Kemmerly
ケンマルティ
Ken-Marti
ケンメラー Kemmerer
ゲンメル Gemmel
ケンヤク Keng Yaik
ケンヤン Kenyan
ケンヨン
Keng-yong*
Kenyon
ケンラード Coenraad
ケンリー
Kenley
Kenly
ゲンリエッタ
Genrietta*
ケンリク Kenrick
ケンリック Kenrick**
ゲンリック Genrikh
ゲンリッヒ Genrikh
ゲンリッフ Genrikh
ゲンリヒ
Genrich
Heinrich
ゲンリホヴィチ
Genrihovich
Genrikhovich
Génrikhovich
ゲンリホーヴィッチ
Genrihovitch
ゲンリホーヴナ
Genrikhovna
ゲンリホヴナ
Genrikhovna
ケンレッド Kenred
ケーンレヒナー
Köhnlechner
ケンワーシー
Kenworthy
ケンワージー
Kenworthy**
ケンワード Kenward

【コ】

コ
Co**
Go*
Kho
Ko**
Koh
コー
Cau*
Caus
Caux
Co
Coe***
Cole
Cor
Corr*
Cot
Kaur
Ke
Keo
Khaw
Kho
Khor
Ko**
Kob
Koch
Koh**
Kohe
ゴ
Go
Gow
Ngo*
Ngô
ゴー
Gau
Gaud
Gault*
Gaw
Ge
Gho
Go*
Goh***
Gokongwei
Gore
Got
Gough
Gove
Ng
Ngo*
Ngô*
コーア
Coerr
Core
コア
Coat
Coerr**
Cohat*
Khoa
Koa
コアー
Corr*
Kohr
ゴーア
Goehr
Gore*
ゴア Gore***
ゴアー Gorer
コアイ Khoai
ゴアイエ Goyet
ゴアジウ Goaziou
ゴアシリューター
Gorschluter
Gorschlüter
コアス Corse
ゴアーズ Gores
ゴアス Gores
ゴアズ
Goaz
Gores***
ゴアズィウ Goaziou
コアズヴォ Coysevox
コアズボ Coysevox
コアダ Coada
コアック Khoach
コアット
Khoat
Quat
コアディク Coadic
コアテゴー
Kortegaard
コアテス Coates
コアトムール
Coatmeur*
コアニー Coignet
ゴアハン Goarin
コアペル Coypel
コアラ Koala
ゴアラン Goarin*
コアリー Corey
ゴアリク Gorelick
ゴアリング Goring
ゴアール Goar
ゴアル
Goalet
Goar
コアレ
Koyré
Quoirez
コーアン
Cohan
Cohen*
Cowan
コアン
Cohen*
Khoan**
Khoang
ゴアン Goan
コアンシ Coincy
コアンジオ Kouandjio
コアンデー Coindet
コアント Cointot*
コーイ Kooij*
コイ
Coy
Coye
Khoi*
Khôi*
Khoy
Koi
Nkoy
コイー Coye
ゴーイ Goei
ゴーイー Goewey
ゴイ Ngoy
ゴイアーノ Goiano
コイヴ Koivu*
ゴイヴァーツ
Goyvaerts
コイヴィスト
Koivisto**
コイヴマー Koivumaa
コイエ Coye
コイエット
Coyet
Coyett
ゴイェット Goyette
ゴーイェン Goyen
ゴイエン Goyen
コイオート Coyote
ゴイク Goich
ゴイケ Goyke
コーイケル Kooiker
ゴイコ Gojko*
ゴイコヴィッチ
Gojkovic
ゴイコエチェア
Goikoetxea
ゴイコビッチ
Goikovich
Gojkovic
ゴイザー Geuser
コイシ Koyš
コイシェ Coixet*
コイジャイガノフ
Koizhaiganov
ゴイシュ Góis
コイス Cois
ゴイス
Geuss
Góis
ゴイズエタ Goizueta
コイスラー Keussler
ゴイスラフ Gojislav
コイセン
Keussen
Keuthen
コイタ
Koita
Koïta
コイター Coiter
ゴイタ
Goita
Goïta
ゴイダー Goyder
ゴイタン Goytan
ゴイツ Goitz
コイツァー Keutzer
コイック Kojc
ゴイティア Goitia*
ゴイティソーロ
Goytisolo*
ゴイティソロ
Goytisolo***
ゴイテイン Goitein
コイテル Koyter
コイト
Coit
Koyt
コイトゥラ Koidula
コイドゥラ Koidula
ゴイトケ Goydke
コイトゲン Keutgen
コイトナー Käutner
コイドノヴェル
Kaidanover
Koidonover
コイトランド Kirtland
コイナー Coyner
コイパー Kuyper
コイバシュ Koybasi
コイビスト Koivisto**
コイプ
Cuyp
Keup
コイファー Käufer
コイブラ Koivula
コイブランタ
Koivuranta
コイベル Kuyper
コイペル Kuyper
コイペルス Cuypers
コーイマン Kooiman
コイムドドフ
Koimdodov
コイヤー Kuijer**
ゴイヤー Goyer
コイヤード Collado
コイララ Koirala**
コイリー Coiley
ゴイリ Goiri
コイリロス
Choirilos
Khoirilos
コイル
Coil
Coyle**
Koyré
コイレ
Koyre
Koyré*
コイレル Kuiler
ゴイレン Geulen
コイロボスコス
Choiroboskos
コイン
Coyne**
Keun
Kur-in
コーイング Coing**
ゴーイング Going
ゴインズ
Goines*
Goins
コイントス Kointos
コインブラ Coimbra
コウ
Coe**
Cou
Ko**
Koh*
Kou
コヴ Kove
ゴウ
Go
Gouw
ゴヴ Govou*
コーヴァー Cover
コウアー Cauer
コヴァ
Cova
Kowa
ゴーヴァー Gover
コヴァーク Kovak
コヴァジョヴィツ
Kovařovic
ゴウアーズ Goers
コヴァセヴィチ
Kovacevich
Kovasevich
コヴァーチ

Kováč
Kovacs
Kovács*
コヴァチ
Kovac
Kováč**
Kovacs
コヴァチェヴィク
Kovacevic
コヴァチェヴィッチ
Kovacevic*
コヴァチェフスキ
Kovačevski
コヴァチッチ Kovacic
コヴァーチュ Kovács*
コヴァチュ Kovač
コヴァック
Kovac
Kovač
Kovach
Kovack
コヴァックス
Kovacs*
Kovács
コヴァッチ Kovach
コヴァート Covert
コヴァライネン
Kovalainen**
コヴァーリ
Koval'
Kovály
Kovari
コヴァリ
Koval'
Kovári
コヴァリウ Covaliu
コヴァーリーク
Kovárík
コヴァーリスカヤ
Koval'skaya
コヴァリスカヤ
Koval'skaya
コヴァリョーヴァ
Kovaleva
コヴァリョフ
Kovalev
Kovalëv
Kovalyov
コーヴァル Koval
コヴァル Koval*
コヴァルジョヴィツ
Kovařovic
コヴァルスカ
Kowalska
コヴァルスキ
Kowalski
コヴァルスキー
Kowalski**
ゴーヴァルダナ
Govardhana
ゴヴァルダン
Govardhan
ゴーヴァルダンラーム
Govardhanrām
コヴァルチク
Kowalczyk
コヴァルツ Kowarz
コヴァルティーク
Kowarzik
ゴヴァルーン Govorun
コヴァレーフ Kovalev
コヴァレーフスカヤ
Kovalevskaia
コヴァレフスカヤ
Kovalevskaia
コヴァレーフスキー
Kovalevskii
コヴァレフスキー
Kovalevskii
コヴァレーフスキィ
Kovalevskii
コヴァレーフスキイ
Kovalevskii
コヴァレンコ
Kovalenko
コヴァロフ Kovalov
コーヴァン
Cauvain
Cauvin**
コヴァン Kovan
ゴヴァン Govan
コヴァンコ Kovanko
コヴァントン
Coventon
Covernton
コーウィ Kowey
コーヴィー Covey
コウイー Cowie
コヴィー Covey
ゴヴィア Govia
ゴヴィエ Govier*
コヴィエロ Coviello
コウイチ Kouich
コヴィック Kovic
コヴィッチ Kovič
コウィッツ Kowitz
ゴーウィッツ
Goorwitz
コヴィラージュ
Covillage
コヴィリーン Kobylin
コーヴィル Coville
コーウィン
Corin
Corwin**
ゴーウィン Gowin
ゴウィン Gowin
ゴウイング Gowing
コヴィングトン
Covington
ゴーヴィンダ Govinda
ゴヴィンダ
Govind
Govinda*
ゴーヴィンダーグラジ
Govindāgraj
ゴヴィンダス
Govindas
ゴーヴィンダーナンダ
Govindānanda
ゴーヴィンダン
Govindan
ゴーヴィンド Govind
ゴヴィンドラジャン
Govindrajan
コヴィントン
Covington
コウヴィル Coville
ゴウヴェイア Gouveia
コウヴェル Covel
コーヴェ Kove
コウエ Cauet
ゴヴェア
Gouvêa
Govea
コヴェイ Covay
ゴヴェダリカ
Govedarica
コーウェル
Covello
Cowell***
コーヴェル Covelle
コヴェル
Covell
Kovel
コヴェルスキー
Coveleski
ゴウェロ Gowelo
コーウェン
Cohen
Cowan
Cowen*
Cowens
Keohane*
コーヴェン Koven
コウエン
Cohen
Cowen*
ゴーウェン Gawain
コーウェンス Cowens*
ゴヴェンダー
Govender
コヴェンチューク
Kovenchuk
コヴェントリ
Coventry
コヴェントリー
Coventry
コウォジェイ
Kołodziej
コウォトコ
Kolodko
Kołodko
ゴヴォーニ Govoni*
コウォール Kowall
ゴヴォロフ Govorov
ゴウォン Gowon*
コウォンタイ Kołłataj
ゴウォンベク Gołabek
コゥカ Coker
コウカ Coca*
コウカル Koukal
コウカン Kocan
コウギル Cowgill
コウク
Coke
Koke
コウジ Kohji
ゴウス
Ghose*
Ghosh
ゴウスコス Gouskos
コウスリー Causley
ゴウダ Gowda*
コウチ Couch
コウチーニョ
Coutinho*
コウチニョ Coutinho*
コウツ Coates
コウツワス
Coatsworth
コウディ Coady
コウティーノ
Coutinho*
ゴウディン Godin*
コウデリー Cowdery
コウト
Couto**
Kout*
コウドー Kodaw
コウトゥジス
Koutouzis
コゥドォ Kodaw
コウドーマイン
Kodaw Hmaing
コウドリー
Cowdery
Cowdry
コウドレイ Cowdery
コウナー Koner
コヴナー Kovner
コウナント Conant
コーヴニー Coveney
コヴニー Coveney
コウニング Koning
コヴネイ Coveney
コウパーク Kovpak
コヴパーク Kovpak
コウバーン Cockburn
コウビ Koubi
ゴウヒーン Goheen
コウプ Cope
コウフォス Koufos
コウプランド
Copeland
ゴウブル Goble
ゴウベイア Gouveia
コウベル Koeber
ゴウマータ Gaumata
コウム Koum
コウムズ Combs
ゴウラー Gawler*
コウライシ Kouraiti
コーヴラール
Cauwelaert*
Couwelaert*
コヴラルト
Cauwelaert
ゴウランエンリケ
Goulao-henrique
ゴウランガ Gouranga
コウリ Kouri
コウリー
Cawley
Corey*
Cowley
ゴウリ Gauri*
ゴウリー Gowrie
コウリヤー Colyer
コウリャード
Couillard
ゴヴリン Govrin
コウル
Cole*
Cowl
Kaur
コヴル
Covel
Covell
Cowl
コウルコウロス
Kourkouulos
コウルズ Coles
ゴウルストン
Goulston
ゴウルズミッド
Goldsmid
ゴウルズワアージイ
Galsworthy
ゴウルスン Gholson
ゴウルソン Gholson
コウルター
Coalter
Coulter
ゴウルダー Goulder
コウルディ Kourdi
ゴウルディング
Goulding
ゴウルド
Gold
Gould*
ゴウルドスミス
Goldsmith
コウルトマン Coltman
コウルトン Coulton
ゴウルナー Gollner
コウルボーン
Colborne
コウルマン
Coleman*
Colman
コウルリジ Coleridge
コゥルリッジ
Coleridge
コウルリッジ
Coleridge*
コウレイ Cowley
コウレス Cowles*
ゴウレット Goullet
コウレン Colen
ゴヴロー Gauvreau
コウロス Couros
コウロスキー
Kowroski*
ゴゥワ Gower
ゴウワンズ Gowans
コウン Keown
コエ Cauet
ゴーエシュ Goes
ゴエス Goes
コエチ Koech
ゴェツァンパ
RGod tshang pa
ゴエッティ Goyette
コエッリョ Coello
ゴエデック Goëdec

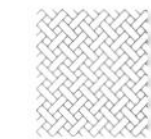

コ

ゴェドゥブ Dgos grub
コエナリエフ
Koyenaliyev
ゴエブ Goëb
コェプケ Koepke
コエフトー Coëffeteau
コェーベル Koeber
ゴエミンヌ Goeminne
コエリゥ Coelho
コエリウス Coelius
コェリョ Coelho
コエーリョ
Coelho***
Coello
Colho
コエリョ
Coelho**
Coello
コエリヨ Coelho
コーエル Cowell
コエル Koelle
ゴエール Gauer
ゴエル Goel
ゴェルグ Goerg
ゴエルグ Goerg
コエルン Coelln
コエレスティヌス
Coelestinus
コエロ Coelho
コエロー Coelho
ゴエロフスキー
Kozlovskii
コーエン
Coen**
Cohan*
Cohen***
Cowen*
Koehn
Koen*
Kohen
コエン
Coen
Cohen*
Koen
コーエンス Cowens
コーエンタヌジ
Cohen-Tannoudji*
コーエンタノージュ
Cohen-Tannoudji
コエントラン
Coentrao
Coentrão*
ゴエンビオフスキー
Golebiowski
コォ
Co
Ke
コオー Koo
ゴオー Gohau*
ゴォガルテン
Gogarten
ゴオガン Gauguin
ゴォゴリ Gogol'
コオソ Corso
ゴォチエ Gautier
ゴオティエ Gautier
ゴオティエー Gautier
ゴオドゥン Gordon
コオナン Conan
ゴォホ Gogh
ゴオマン Gorman
ゴオリ Gohorry
ゴォリキイ Gor'kii
コオリッジ Coleridge
コオル Cole
ゴオル Goll
ゴオルキー Gor'kii
ゴオルキイ Gor'kii
ゴオルスワアジー
Galsworthy
ゴオルズワアジ
Galsworthy
ゴオルズワージー
Galsworthy
ゴオルドマン
Goldman
コオン Kohn
コーカ
Coca
Kóka
コーカー
Coker**
Corker
コーガー Coger
コカ
Coca
Khoka
Koka
コカー Coker
ゴガ Goga
コーカアン Cochrane
コーカイン Corkine
コカウリ Kokauri
コガエフ Kogaev
コカス Kokas
ゴーガス Gorgas
ゴーガティ Gogarty*
ゴガーティ Gogarty
コカヌア Cocannouer
コカネリアーノ
Conegliano
コーカム Corkum
コカラ Kokalla
コカラニス
Kokkalanis
コカラル Cockerell
コカラン Cocharane
コーカリ Corkery
コーカリー Corkery*
コーカリィ Corkery
コーカーリカ Kokālika
コカリコ Cocarico
コカール
Coquard
Coquart
コカル Coquard
ゴーガルテン
Gogarten*
ゴガルテン Gogarten
コガルニチャーヌ
Kogălniceanu
コガルニチャヌ
Kogălniceanu
ゴーカーレ Gokhale
ゴーカレ Gokhale
ゴーカレー Gokhale
ゴカーレ Gokhale
コカレル Cockerell
コガワ Kogawa
コーガン
Cogan**
Coggan
Corgan*
Kogan**
Kogen
コカン Coquin
コガン
Coggan**
Kogan
ゴーガン
Gaughan
Gauguin*
ゴガン Gauguin
コカンケ Kochanke
コーキー
Corki
Corky
Korky
コーギー Kogge
ゴーキー Gorky*
ゴーギー Gorgui
コーキィ Korky
ゴキエ Gaucquier
コキオ Coquiot
コギシャル
Coggeshall
ゴーキース Gorkys
コキック Kokich
コキッチ Kokich
コギドゥブヌス
Cogidubnus
ゴギナシュヴィリ
Goginashvili
コギヌドゥロ
Kogui N'douro
ゴギベリゼ
Gogiberidze
コキヤール Coquillart
ゴーギャン Gauguin*
コギル Coghill
コーキン
Corkin
Corkine
コギン Coggin
コーキンス Cokins*
コギンス Coggins
コギンズ Coggins
ゴギンズ Goggins
コーク
Coke
Cooke*
Cork*
Corke
Koch***
Kock
Koke*
Kolk
コク
Kok
Kokou
Quoc
コクー
Cocu*
Coque
Kokou**
ゴーク
Goeke*
Goerke
ゴーグ Gaugh*
ゴク
Ngoc***
RNgog
ゴグ
Gog
Hof
コグアシビリ
Koguashvili
コクゥ Kokou
コークコーカ Kokkoka
コクシー
Coxey
Coxie
コクジ Koczi
コクシェノーヴ
Kkkshenov
ゴグシェリゼ
Gogshelidze
コークス Coakes
コクス Coques
コクスウェル Coxwell
コグスウェル Cogswell
コグズウェル
Cogswel
Cogswell**
コークスター Coxeter
コクスヘッド Coxhead
コクスマ Koksma
コクセター Coxeter*
コグゼター Coxeter
コクセル Köksel
コクセン Kok Seng
コクソン Coxon*
コクターネク
Koktanek
ゴクチェナー
Gökçenur
コクツェーイ Cocceji
コクツェーユイ
Cocceji
コクツェーユス
Cocceius
コクツェユス Cocceius
コグット Kogut
コグデル Cogdell
コクトー Cocteau**
コグート Kogut*
コクトォ Cocteau
ゴクトン RNgog ston
コグニズバーグ
Konigsberg
コグネツティ Cognetti
コクバ Cochba
コクバーン Cockburn
コクビ Kokuvi
コークヒル Corkhill
コグヒル Coghill
コークホーン
Colquhoun
コクマイヤー
Kokmeijer
コクラー Kofler
コクラム Cockram
コークラン Corkran
コクラン
Cochran***
Cochrane***
Coquelin*
Koechlin*
コグラン
Coghlan**
Coughlan*
コークリー Coakley
コクリ Coquery
コグリアニーズ
Coglianese
コクリコ Coclico
コークリス Cokeliss
コーグリン
Coughlin**
コクリン Coughlin
コグリン
Coghlin
Coughlin**
コーグル Kogl
コグル Coggle
ゴクール Gokhool
ゴグル Gógl
コークレー Coakley
コグレー Cogley
コークレイ Coakley
コクレイン Cochrane
コクレウス Cochläus
コクレス Cocles
ゴクレニウス
Goclenius
コクレル Coquerel
ゴクレール Gauckler
コクレーン Cochrane
コクレン Cochrane*
コグレンボ
Kogréngbo
コクロー Coquereau
コクロモン
Coquereaumont
コケ
Coke
Coquet
Koke*
Köke
コケイウス Cocceius
コゲッティ Coghetti
コケット
Choquette
Cockett
ゴーゲリ Gogeri
コケリン Coquelin
コーゲル Kogel
コケル Cockell

ゴーゲル Gogel
ゴケル Gokel
ゴゲル Goguel
ゴゲールト Gogaert
コケーン Cockayne
ゴーゲン Goguen
ココ
Coco**
Köke
Koko
Kökö
ココ
Cogo
Kogo
ゴゴ Gogó
ココアチビリ
Koguashvili
ココーヴツォフ
Kokovtsov
ココヴツォフ
Kokovtsov
ココーシュカ
Kokoschka
ココシュカ
Kokoschka**
ココーシン Kokoshin
ココシン Kokoshin
コーコス Corcos*
ココス Cocos
ゴゴス Gogos
ココスコフ Kokoskov
ココツォフ Kokovtsov
ココッツァ Cocozza
ココット
Kockott
Kocot
ココディス Kokkodis
ココーニン Kokonin
ココーフツォフ
Kokovtsov
ココフツォフ
Kokovtsov
ココマ Kogoma
ゴコマ Gcokoma
ココム Cocom
ゴゴラゼ Gogoladze
コーコラン
Corcoran**
ゴーゴリ
Gogol
Gogol'
Gogoli
ゴーゴリー
Gogol
Gogol'
ココルウェ Kokorwe
ゴゴルツァ Gogorza
コゴルノ Cogolno
ゴーゴレヴァ
Gogoleva
コーコレフ Kokorev
ココレフ Kokorev*
コーゴン Kogon
ゴコンウェイ
Gocongwei
Gokongwei*
ココンヤンギ
Kokonyangi
コーサ Kosa
コーサー Kosar
コーザ
Khoza
Koza
コーザー
Coser*
Koser*
Kozar
コサ Cosa
コサー Cossar
コザー Kosar
ゴーサ Gotha
ゴザー Gother
ゴサイビ Gosaibi
コーザイン Corzine**
コザキエヴィッチ
Kozakiewicz
コザキェビッチ
Kozakiewicz
コザキエビッチ
Kozakiewicz
コサク Kossak
コザーク Kozák
コザク Kozak
コザクー Kozakou
コザクーマルクリ
Kozakou
Markoullis
コサス Kossuth
コザチェンコ
Kozachenko
コサチュク Kozaczuk
コーザック Kozak
コサック
Cosack
Kossack
コザック
Cosack
Kozak**
Kozák**
Kulczak
コーサード Caussade
コサード Caussade
コザート
Cosart
Cozart
コザド Cozad
ゴサード Gothard
コーサナンダ
Ghosananda*
ゴサナンダ
Ghosananda
コーサラ Kosala
コサラ Kosara
コザラ Kozara
ゴーサーラ Gosāla
ゴーサラ Gosāla
コーサラヴィハーリー
Kosalavihārī
ゴザーリー Ghozali
ゴザリ Ghozali*
コサリンスキイ
Cozarinsky
コサール
Cossard
Cossart
ゴーサール Goossaert
ゴーサル Ghosal
ゴザール Gossart
ゴーサルズ Goethals
コザルスキー
Kozarsky
コサルチウク
Cosarciuc
コーサレフ Kosarev
ゴザロ Gozalo
コーサン
Caussin
Korsan
コサン Caussin
ゴサン
Gaussen
Gaussin
ゴザン Gozan
ゴーサンス Goossens*
コザンデ Cosandey
コーサンド Cosand
コサンド Cosand*
コーサンビー
Kosambi
Kosambī
コーシ
Cauchie
Cauchy
コーシー
Cauchy*
Courcy
Koshy
コージ Coage
コージー
Causey*
Cosey*
Cozy
コシ
Cossi
Kossi
コジー Cozzi
ゴーシー Gorcey
ゴージ Gauzit
ゴジー Godsey
コジアコフ Kossiakoff
コジアス Kotzias
コジアヌ Cogianu
コシアン Kocian
コシイク Kosyk
コシウシコワ
Kosciuszkowa
コシウスコモリゼ
Kosciuskomorizet
コーシェ Coche
コシェ Cochet
ゴーシェ
Gaucher
Gauchet**
Gausche
ゴージェ
Gauthier
Goger
ゴシェ Gaucher
コジェアヌ Cogeanu
ゴジェアン Gogean
コジェーヴ
Kojeve
Kojève
Kojève*
コジェーヴニコフ
Kozhévnikov
コジェヴニコフ
Kozhevnikov*
コジェーヴニコワ
Kozhevnikova
コジェウーロフ
Kozheurov
ゴジェク Gozgec
コシェジ Köszegi
コージェシニク
Kozesnik
コシェツ Koshetz
コシェッツ Koshetz
コジェナー Kožená*
ゴジェナガ Goyenaga
コシエニウスキー
Kocieniewski
コジェニョフスキ
Korzeniowski*
ゴジェネチェ
Goyeneche
ゴシェハ Ghosheh
コシェバヤ Koshevaya
コジェーブ Kojève
ゴシェフ Gošev
ゴシエフスキ
Gosiewski
コジェーブニコフ
Kodzevnikov
Kozhevnikov
コジェフニコフ
Kozhevnikov
コジェブニコフ
Kozhevnikov
コジェフニコワ
Kozhevnikova
コシェルニー
Koscielny
コジェルフ Koželuch
コシェレワ
Kosheleva*
ゴーシェン
Goschem
Goschen
コジェンコワ
Kozhenkova
コジェンスキー
Korensky
Kořenský
コシエンダ Kocienda
コシオ
Cosío
Cossio
ゴシオス Gousios
コジオール Kosiol
コジオル Koziol
コシガ Cossiga**
コジギート Kocyigit
コーシキン Koshkin
コシキン Koshkin
コシーク
Kosik
Kosík
コシク Kosik
コジク Kozik
ゴシケーヴィチ
Goskevich
ゴシケヴィッチ
Goskevich
ゴシケビッチ
Goskevich
コシコウスキー
Kosikowski
コジーシェック
Kozisek
コシス Koshis
ゴージズ Gorges
コシチ Kosykh
コジチ Kozich
コシチキン Kosichkin
ゴシチッキー
Goshitskii
コシチューシェコ
Kosciuszko
コシチューシコ
Kościuszko
コシチューシュコ
Kościuszko
コジツキ Kozicki
コーシック
Kaushik
Koushik
コシック Koschik
コジック Kozik
ゴシック Gossick
コシッチ Cosic
コシット Kosit
コシナ Koscina*
コーシーニ Corsini
コジーニ Cosini
ゴシニ Goscinny*
ゴシニー Goscinny
コシニアクカミシュ
Kosiniak-kamysz
コージニーツ
Korzynietz
コジネク Kosinec
コシネツ Kosinets
コジネッツ Kozinets
コージノフ Kózhinov
コシバ
Cochba
Koshiba
コシビ Kossivi
コージブスキー
Korzybski
コージプスキー
Korzybski
コシベラ Kossi-bella
コージマ Cosima
コジマ
Cosima*
Kojima
コジマー Kozima
コシマノ Cosimano
コシム
Kosim
Qosim
コジム Kozim
コージモ Cosimo

コシモ Cosimo
コジモ Cosimo*
コシモフ Kosimov
コーシャ
Kosa
Kósa*
Kosiur*
コーシヤ Kosiya
コージャ Koja*
コジャ
Koca
Qoja
ゴーシャ Gosia
コーシャカー
Koschaker
コシャーカー
Koschaker
ゴーシャカ
Ghoṣaka
Goṣaka
ゴジャシビリ
Gogiashvili
ゴージャス Gorgeous
コジャソ Collazo
コジャタエフ
Kozhatayev
コシャツキー
Koschatzky
コージャック Kojac
コジャック Kojak
コジャナ Kodiyana
コシャバ Khoshaba
コシャフィアン
Khoshafian
ゴーシャミ Goswami
コジャラ Kozhara
コシャラシュ Kosaras
コーシャル Kaushal
ゴーシャル Goshal
ゴシャール Ghoshal
コシャルスキ
Koczalski
コシャルスキー
Koczalski
コシャレック
Koshalek
コーシャン Korschun
コシャン Cochin
コジャン
Cogent
Cojean
ゴージャン Gogean*
コーシュ
Koch
Kós
コシュ Cochet
ゴーシュ
Ghoṣ
Ghose
Ghosh***
Gosche
Gosh
ゴシュ Goesch
コジュヴァル
Cogeval**
コジュキン
Kozhukhin
ゴシュケ Goschke
ゴシュケーヴィチ
Goskevich
ゴシュコ Goshko
コシューシコ
Kościuszko
コシュタ Costa
ゴシュタースプ
Goshtāsp
コシューツカ
Koszutska
コシュート Kossuth
コシュトゥニツァ
Kostunica
コシュトゥニッツァ
Kostunica
ゴシュトニ Gosztonyi
ゴシュトニー
Gosztony*
コシュトニツァ
Kostunica*
Koštunica*
コシュニック
Koschnick
Koshnick
コジュバル Cogeval
コシュビンスキー
Kotziubinskii
コシュブーク Cosbuc
コシュブク
Cosbuc
Coșbuc
ゴジュブク Cosbuc
コジューホヴァ
Kozhukhova
コシュマン
Koschmann**
コシュラー Košler*
コージュリー Corddry
コシュリ Cochery
コシュロー
Cochereau*
ゴーシュロン
Gaucheron
コージョ Kojo
コジョ
Codjo
Kodjo**
コショーヴァ Koshova
コジョカル Cojocaru*
コジョシェフ
Kozhoshev
コーショード
Caushaud
コショルケ Koschorke
コーション Cauchon*
コション Cauchon*
ゴーション Gauchon
コージョーンズ
Coe-Jones
コシリャコーフ
Koshlyakov
コシリヤコフ
Koshliakov
コシール Kosir*
コシル Košir
コジール Kozyr
コシールニアック
Koscielniak
コジレフ Kozyreff
コジレフスキー
Kozyrevskii
コジロフ Kodirov
コーシン
Cushing
Koshin
コージン
Corzine
Couzyn
Kozhin
ゴーシン Gorshin*
コージング Kosing
ゴージング Kosing
コシングトン
Cossington
コシンズ Cossins
コシンスキ Kosinski
コシンスキー
Kocinski*
Kosinski*
Kosinsky
Kosynskyy
コジンスキー
Kosinski**
Kosinsky
ゴジンスキー
Godinski
コシーンスキィ
Kosinskii
コシンスキィ
Kosinskii
コージンツェフ
Kozintsev
コージンニール
Cauzinille
コース
Causse*
Coase**
Corse
Kåss
Koos**
Kors*
Korth
Kos
コーズ
Coase
Cordes
Cose
Kohs
Kose
コス
Cos
Cosse
Kos
Koss**
Koz
ゴース
Gause
Ghose*
Goerss
ゴーズ
Gause*
Ghose
Goaz
Godes
Goes*
Gose
ゴス
Gos
Goss**
Gosse*
Goth*
コーズィー Causey
ゴズィー Gauzy
コズィアキン
Koziakin
コスイギン Kosygin*
コーズィブスキー
Korzybski
コズィラ Kozyra
コーズィレフ Kozyrev
コズイレフ Kozyrev*
コズィレーフスキー
Kozyrevskii
コズイレーフスキー
Kozyrevskii
コズイレフスキー
Kozyrevskii
コズィン Kozinn*
ゴスヴァイラー
Gossweiler
ゴーズウィッシュ
Gosewisch
コズウェー Cosway
コスウェイ Cosway
コズウェイ Cosway
コスヴェン Kosven
コズウォフス
Kozłowska
コースガード
Korsgaard
ゴスカルク Goscalch
コスガレア Cosgarea
コスカレリー
Coscarelli*
コスカン Coskun
コスキ Koski
コスキー
Koski
Koskie*
ゴースキ Gorski
ゴースキー Gorski
コスキネン
Koskine
Koskinen
コスキパー Koskipää
コスク Kosk
コスグリフ Cosgriff
コズグレイヴ
Cosgrave
コズグレイブ
Cosgrave
コスグレーヴ
Cosgrave
コズグレーヴ
Cosgrave
コスグレーブ
Cosgrave**
コスグロー Kosglow
コスグローヴ
Cosgrove
コスグロウ Cosgrow
コスグローブ
Cosgrov
Cosgrove**
コズグローブ
Cosgrove*
コスクンピナー
Coskunpinar
コスケイ Koskei*
コスゲイ
Kosgei*
Kosgey
ゴスケヴィチ
Goskevich
コスケラ Koskela
ゴスケリーヌス
Goscelinus
コスケロ Koskelo
コスケンニエミ
Koskenniemi
コースゴー Korsgaard
コスコ Kosko*
コズコ Chodźko
ゴスコウスキー
Gostkowski
コースゴール
Korsgaard
ゴスシェン Goschen
コースジェンス
Corstjens
コスース Kosuth**
コスス Kosuth
コースター Coster
コスタ
Coata
Costa***
Cósta
Còsta
Kosta*
Kostá
コスター
Coster**
Koster**
Köster
ゴスダー Gosder
ゴスタウト Gostout
コスタクルタ
Costacurta*
コスタコス Kostakos
コスタース Kosters
コスタス
Costas*
Kostas**
Kōstas
コスタッツァ
Costazza
コスタディノヴァ
Kostadinova
コスタディノフ
Kostadinov
コスタディノワ
Kostadinova*
コスタデカルバリョ
Costa De Carvalho
コスタデボアエスペランサ
Costa De Boa Esperanca
コスタートン
Costerton
コスタニエセク
Kostanjsek

コスタネッキ
Kostanecki
コスタネッキー
Kostanecki
コスタビ Kostabi*
コスタフレダ
Costafreda
コスタマン
Kosterman
コズダーリー Qozdārī
コスタリノ Costarino
コスタレス Costales
コスタワ Kostava
コスタンザ Costanza
コスタンゾ Costanzo
コスタンゾー
Costanzo
コスタンツァ
Costanza
コスタンツォ
Costanzo*
コスタンテ Costante
コスタンディ
Costandi
コスタンディア
Costandia
コスタンティーニ
Costantini**
コスタンティニデス
Costantinides
コスタンティーノ
Costantino*
コスタント Kostannt
コスタンドフ
Kostandov
コスチー Costie
コスチアンスカ
Kościańska
コスチェリーナ
Kosterina
コスチェンコ
Kostenko
コスチコフ Kostikov*
コスチス Costis
コスチナ Kostina
ゴスチャ Goscha
コスチャショーフ
Kostiashov
コスチャンティン
Kostyantyn
コスチューク Kostiuk
コスチュク Kostyuk
コスチュコーヴィチ
Kostyukovich
コスチューコフスカヤ
Kostiukovskaia
コスチュチェンコ
Kostyuchenko
コスチン Kostin**
コステ Coste
コステア Costea*
コスティ Kosti*
コスティア Kostja
コスティアン Costian
コスティウチャク
Kostiuczyk
コスティガン Costigan
コスティキアン
Costikyan*
コスティゲン Kostigen
コスティジェン
Kostigen
コスティージャ
Costilla
コスティジャ Costilla
コスティス
Costis
Kostes
Kostis*
コスティチ Kostić
コスティチェフ
Kostychev
コスティック Kostic
ゴスティック Gostick
コスティッチ Kostic
コスティナ Kostina
コスティリャ Costilla
コスティル Costill*
コスティン
Costain
Costin*
コステイン Costain
コスディーン Cosidine
ゴスティン Gostin
コステキ Kostecki
コステスク Costescu
コステツキー
Kostecký
コステッロ Costello
コステドア Costedoat
コステネーヴィッチ
Kostenevich
コステビッチ
Kostevych**
ゴステフ Gostev
コステュック Kostyuk
コステラック Kostelac
コステラネッツ
Kostelanetz*
コステリッツ
Kostelic*
Kostelić*
Kosterlitz
コステリナ Kosterina
コステール
Coster
Costère
コステル
Costel
Coster*
コステルカ Kostelka
コステールス
Costales*
コステレツキー
Kostelecky**
Kostelecký
コステーロ Costello
コステロ
Costello**
Costelloe
コーステン Corsten
コステン Kosten
ゴースデン Gausden
ゴスデン Gosden*
ゴズデン Gosden
コステンコ Kostenko
コーステンス Corstens
コースト Korst
コスト
Coste**
Costes
Kost
ゴースト Gorst*
コストヴァ Kostova**
コストヴスキー
Kostovsky
コストウーソフ
Kostousov
コストゥマル
Costemalle
コストカ
Kostka*
Kosztka
コストグロド
Kostoglod
コストシェフスキ
Kostrzewski
コストシェフスキー
Kostrzewski
コストナー
Costner
Kostner**
コストフ
Kostof
Kostov**
ゴーストフェイス
Ghostface
コストポウロス
Kostopoulos
コストマーロフ
Kostomarov
コストマロフ
Kostomarov**
コストマン Kostman
コストラーニ
Kosztolanyi
Kosztolányi**
コストラニイ
Kostolany
コストリー Costley
コストリキン
Kostrikin
コストリッヒ
Kostolich
コストリニ Costrini
コストリーホワイト
Costley-white
コストルバラ
Kostrubala
コストレ Costeley
ゴーストレイ
Ghostley
コストロ Costolo*
ゴストロウ Gostelow
コストロヴィツキ
Kostrowitsky
コストローフ Kostrov
コストロフ Kostrov
コストワ Kostova
コーストン Cawston
コスナー
Costner*
Kostner
ゴスナー Gossner
ゴズニー Gosney
コスニオフスキ
Kosniowski
コズニック Kosnik
ゴズネル Gosnell
コスノー Cosneau
ゴスノールド Gosnold
コスパー Cosper*
ゴスパー Gosper*
コスバエフ
Kosubayev
コスビー Cosby**
コズビ Cozbi
コズビー Cosby
コズビル Cogsville
コズベック Kozubek
ゴスポダロウィッツ
Gospodorowicz
ゴスポダロヴィッツ
Gospodarowicz
コスマ Kosma
コズマ
Cosma
Cozma
Kozma*
コースマイヤー
Korsmeyer
コスマス
Cosmas*
Kosmas
コズマトカ Kosmatka
コスマトス Cosmatos
コスマン Kossman*
コズマン
Cosman*
Kozman
Kozmann
ゴースマン Gausman
ゴズマン
Gosman*
Gossmann
Gössmann*
コズミ Cosmi
ゴズミット
Goudsmit*
コスミナ Cosmina
コスミン Cosmin*
コズミン Cosmin
コスミンスキー
Cosminsky
Kosminskii
コズミンスキ
Kozminski
コズミンスキー
Kosminsky
コスミーンスキィ
Kosminskii
コスム Cosme
コスムー Kosmo
コズムス Kozmus**
コズムンカ Cozmâncă
コスメ Cosme
コズメ
Cosimo
Cosmè
コースモ Korsmo
コスモ Cosmo
コズモ Cosmo
コズモウ Cosmo
コスモスキー
Kosmoski
コスモデミヤンスカヤ
Kosmodem'ianskaia
Kosmodemiyanskaya
コスモフスキ
Kosmowski
コスモプロス
Cosmopulos
コースラ
Cawthra
Khosla*
コスラ Khosla
コズラ Khosla
ゴスラー
Goslar
Gossler
ゴースライン Gorsline
コズラウスキー
Kozlowski
ゴスラン Gosselin
ゴズラン
Ghozland
Gozlan
コーズリ Causley
コーズリー Causley**
コスリー Cossery**
コズリコバ Kozlikova
コスリナ Kosulina
コズリナ Kozulina
コスリン Kosslyn
ゴーズリン Gorsline
ゴスリン
Goslin
Gosling*
Gosselin
ゴスリング Gosling
ゴズリング Gosling**
コズリーンスキイ
Kozlinskii
コズルフ Kozlov
コースレイ Cawthray
コズレク Kosleck
コズレスキ Kozleski
コスレック Kosleck
ゴズレット Goslett
ゴスレル Gossler
コズレーワ Kozyreva
コスロ Koslo
コスロー
Coslow
Khusrō
コズロウスキー
Kozlowski
コズロヴスキー
Kozlovskii
コズロウスキス
Kozlovskis
コスロカヴァール
Khosrokhavar

コ

コスロシャヒ
Khosrowshahi
コズロバ Kozlova
コスロフ Kosloff
コズローフ Kozlov
コズロフ
Kozloff
Kozlov***
コスロフスキ
Koslowski
コスロフスキー
Koslowski*
コズローフスキー
Kozlovskii
Kozlovsky
コズロフスキー
Kozlovskii
Kozlovsky
コズロワ Kozlova
コースロン Corthron
コスロン Cosseron
ゴーズワース
Gawesworth
Gawsworth
ゴスワミ Goswami*
コズン Kozun
ゴスン Ghosn
コズンズ Cozzens
コセ
Causse
Coce*
Cosset
ゴーセ
Ghose
Ghosh
ゴゼ
Godse
Gosé
Gosset
ゴーゼヴィンケル
Gosewinkel
コーゼガルテン
Kosegarten
ゴセク Gossec
ゴセージ Gossage*
コーゼズ Kouzes
コセック Kossek
ゴセック Gossec
コゼッタ Cosetta
コーゼット Cozad
コセット Cossett
コゼット Cozette*
ゴーセット Gosset
ゴセット
Gosset*
Gossett
ゴゼット Gosset
コセドウスキー
Kosedowski
コセバ Kocheba
ゴーゼパート
Gosepath
コセフ Kosseff
コセラ Cosserat
ゴーゼラニー
Gorzelanny
コセリウ Coseriu*

コーセル Cosell
コーゼル Kozer
コセル Kozer
コゼル
Cosell
Kozel
ゴーセール Goossaert
コゼルスカフェンクロバ
Kozelska Fenclova
ゴーセルフ Gothelf
ゴーセルム Gaucelm
コゼレック Koselleck
ゴゼロ Gozelo
コゼロフスキー
Kozelowski
コーゼン Cauthen
ゴーセン
Goossens
Goschen
コセンコ Kosenko
コセンコフ Kosenkov
コセンサ Cosenza
コーゼンス Cozens
コーゼンズ Cozens
ゴーセンス Goossens*
コセンチニ Cosentini
コセンティーノ
Cosentino
コゼンティーノ
Cosentino
コーソ Corso**
コーソー Corso*
コソーイ Kosoj
コソウスキー
Kosowsky
コーゾック Kosog
コソット Cossotto
コソッフ Kossoff
コソノゴフ
Kossonogov
コソフ Kossoff
コゾフ Kossoff
コソフスキー
Kosofsky
Kossovsky
コゾフスキー
Kosofsky*
コソラーポフ
Kosolapov
コソラポフ Kosolapov
ゴゾリーニ
Gossolini
Gozzolini
Guzzolini
コゾリーノ Cozolino
コーソル Kosor
コーゾル Kozol
コソル Kosor*
コゾール Kozol
コゾル Kozol*
コソルコフ
Kossoroukov
コゾルポフ Kozolupov
コゾロフスキー
Koslowski

コソワー Kosower
コーソン
Cawson
Corson**
Koson
コソン
Coson
Cosson
Ko-seong
Kosol
ゴーソン Kosol
ゴーゾン Gývon
ゴソン
Gosson
Gozun
コーター
Koetter
Korter
コーダ
Coda
Koda
Korda
コーダー
Coder
Corder**
コタ Cota
コダ Koda*
ゴータ Gotha
ゴーター Goater
ゴーダ Gowda
ゴター Goter
ゴダ Goda
コダーイ
Kodaly*
Kodály
コダイ Kodály
ゴダイヴァ Godiva
コタイエ Kotaye
ゴータイン Gothein*
コタヴォ Cottavoz*
ゴーダガマヤ
Godagama
コータガル Kotagal
コダス Codax
ゴタス Gotaas
コタゾ Kotazo
コタック
Kotak
Kottak
ゴーダッタ Godatta
コータッチ Cortazzi
コダッチ Codazzi
コダッツ Codazzi
コータッツィ
Cortazzi*
コダッツィ Codazzi
コータッド Courtad
ゴータット Gortat
ゴダッド Goddard*
コータップ Courthope
ゴダート
Goddard
Goddart*
ゴダード Goddard***
ゴダナ Godana
ゴタニ Gotani
コタニスキ Kotański

コダバクシ
Khodabakhshi
ゴタバヤ Gotabhaya
コータプ Courthope
コタベ Kotabe
コタボ Cottavoz
ゴータマ
Gautama
Gotama
Gotham*
コタマニドゥ
Kotamanidou
コタマニドゥー
Kotamanidou
ゴータミー Gotamī
コタム Cottam
ゴータム
Gautam*
Goutam*
ゴダラ Godara
コーターリー Kothari
コターリー Kothari
コタリ Kothari
コダーリ Kodály
コダリ Kodali
コダリル Codaryl
コタール
Cottard
Cottart
コタル Kotaru
コダール Kodar
ゴーダル Goodall
ゴタール Gothar
ゴダール
Godard***
Godart
Goddar*
Goddard
Gothar
ゴータルス Goethals
ゴータルゼース
Gotarzes
ゴタルゼス Gotarzes
コタルディエール
Cotardière
コタルビニスキー
Kotarbinski
コタルビンスキ
Kotarbiński
コタルビンスキー
Kotarbiński
コーダーレリ
Cordarrelle
コーダロ Cordaro
ゴーダーワリー
Godawari
コターン Cotán
コタン
Cotan
Cotán
Cottin
Kothen
ゴーダン
Gaudin**
Godin
Gordhan
ゴダン Godin**
コタンシュ Cotanch

コタンスキ
Kotański**
コーチ
Couch**
Koech
コーチー Kocí
コチ
Koc
Koç
Koci*
Kocí
Koçi
コチー
Koci
Kocí
ゴーチ
Gauch
Gautschi
コーチアン Ke-qiang
ゴーチェ
Gauthier
Gautier**
Goutier
ゴーチエ
Gaultier
Gauthier*
Gautier*
ゴチェ Goche
ゴチエ Gauthier
コチェヴィッツ
Chotjewitz
コチェツコヴァ
Kochetkova
コーチェトフ
Kochetov
コチェトフ Kochetov
コチェフ Kochev
ゴチエフ Gochyev
ゴチェフスキ
Gottschewski
コチェラ
Cochelea
Kotěra
コチェリル Kocheril**
ゴーチェル Gorchels
コチェルカ Kocerka
コチェルギン
Kochergin
コチェンコ Kotenko
コチカリョフ
Kochkarev
コチクロフ
Kochkurov
コチシュ Kocsis**
コーチーズ Cochise
コチッチ Kočić
コーチナ Kochina
コチネフ Kochnev
コーチマー Korchmar
コチマー Kochmer
コーチマン Coachman
コチャクチンスキー
Kozaczynski
コチャグネ Cochagne
ゴチャシビリ
Gochashvili
コチャード Cochard
コチャノヴィッチ

Koczanowicz
コチャノワ
Kochanova
コーチヤマ
Kochiyama
コチヤマ Kochiyama
コチャリアン
Kocharian
コチャリャン
Kocharian*
Kocharyan
コチャール
Kochhar
Kocsár*
ゴチャール Gočár
コーチャン
Ke-qiang
Kochan*
Kotchian*
ゴーチャン Gauchan
コチャンド Cochand
コチュ Koç
ゴチュイエフ Gochyev
コチュガ Kotyuga
コチュビンスキー
Kotsyubinskii
Kotziubinskii
コチュベーイ
Kochubei
コチュラク Kotulak
コチュラック
Kotulak*
コチョ
Kocho
Koco
Kotjo
コーチン
Kochin
Korchin
コーツ
Coates***
Coats**
Cordts
Cordtz
Cotes*
Koets
Korts
ゴーツ Goertz
コツァク Kozak
コツァーン Kóczán
コーツィ Coetzee
コーツィー Coetzee*
コツィアーン Kocián
コツィアン
Koczian
Kotzian
コツィオル Koziol
コツィック Kozik
ゴツィック Godzik
コツウィンクル
Kotzwinkle**
コーツェ Coetzee
コツェク Kozek
コツェブー Kotzebue*
コツォ Khotso
コツォウレク
Kocourek
コッカ Kocka**
コッカー Cocker*
コッカート Kochert
コッカートン
Cockerton
コッカパーニ
Coccapani
コッカリル Cockerill
コッカール Coquard
コッカレル Cockerell*
コッキ Cocchi
コッキアーラ
Cocchiara
コッキナキ Kokkinaki
コッキナキス
Kokkinakis
コッキーネン
Kokkinen
コッキノス
Kokkinos
Kókkinos
コッキン Cockin
コッキング Cocking*
コック
Cock**
Cocke
Cocq
Cok
Coke
Cook*
Cooke
Coq*
Coques
Koc
Koch*
Kock*
Kok***
Quoc
コッグ Kogge
ゴック
Gocke
Ngoc**
Ngọc*
コッククロフト
Cockcroft*
ゴックシク Gocsik
コックシャット
Cockshutt
コックス
Cocks*
Cox***
Coxe*
Kox
コックスウェル
Coxwell
コックバーン
Cockburn*
コッグヒル Coghill*
コックラウト
Cockcroft
コックラル Cockrall
コックラン
Cochrane
Cockran
コックリル Cockrill
コックル Cockle
コックレル
Cockerell
Cockrell
コックレン Cochrane
コックロフト
Cockcroft*
コッケイアーヌス
Cocceianus
コッケイアノス
Cocceianus
コッケイウス Cocceius
コッケイン Cockayne
コッケーユス Cocceius
コッケル
Cockell
Kockel
ゴッケル Gockel
コッケルハム
Cockerham
コッコ
Cocco
Kokko*
コーッコーカ Kokkoka
コッコネン
Kokkonen*
コッサ Cossa*
コッサク Kocak
コッサート Cossato
コッサード Caussade
コッシ Kossi
コッシー Cossy
コッジ Coggi
ゴッジ Goggi
コッシェ Koscher
ゴッシェ Gaucher
コッジェル Cogdell
ゴッシェン Goschen
コッシナ Kossinna
ゴッシフ Godsiff
ゴッジャ Goggia
コッシュ
Khosh
Koch
ゴッシュ
Ghosh
Gosch
Gōsh
コッシュート Kossuth
コッシュト Kossuth
コッシントン
Cossington
コッス Cossu
ゴッス
Goss
Gosse*
ゴツス Gosse
ゴッズィ Gozzi
コッスス Cossus
コッスッタ Cossutta
ゴッズデイ Godsday
コッスティウス
Cossutius
コッスティオス
Kossoutios
ゴッズン Godden
コッセ
Cosse
Kosse
ゴッセ Gossé
コッセイ Cossey
ゴッセージ Gossage
ゴッセラー Gosselaar
コッセル Kossel*
ゴッセン Gossen*
コッセンス Kossens
ゴッセンス
Goossens
Gossens
コッソット Cossotto*
コッソフ Kossoff
コッソフスキ
Kossowski
コッソン
Cossons
Kosson
ゴッソン Gosson
コッタ Cotta**
コッター
Cotter**
Koetter
Kotter**
ゴッタ Gotta*
ゴッター Gotter
コッタス Kottas
ゴッダード Goddard*
コッタファーヴィ
Cottafavi
ゴッダームス
Goddamus
コッタラッカーラ
Kottarakkara
コッタリル Cotterill**
ゴッタル Gothard
ゴッタルディ Gottardi
ゴッタルド Gottardo
コッタンソー
Cottenceau
コッチ
Koch***
Kocí
ゴッチ
Ghoch
Gotch**
ゴッチェ Gottsche
コッチェブー
Kotzebue
コッチャ Coccia
コッチャー Kotcher
ゴッチャーク
Gottschalk
ゴッチャルト
Gottschaldt
ゴッチョーク
Gottschalk
コッツ
Cotts
Cotz
Kots
Kotz*
Tkocz
ゴッツ Götz*
コッツァ
Cotza
Cozza
コッツァー Kotsur
ゴッツァディーニ
Gozzadini
ゴッツァーノ
Gozzano*
コッツァレッリ
Cozzarelli
コッツィ Cozzi
ゴッツィ Gozzi**
コッツウィンクル
Kotzwinkle*
コッツェ
Kotze
Kotzé
ゴッツェ Gotze
コッツェイ
Cocceji
Kotsay*
コッツェブ Kotzebue
コッツェブー
Kotzebue
コッツェーユス
Cocceius
ゴッツェン Gotzen
コッツェンバーグ
Kotsenburg*
ゴッツォーリ Gozzoli
ゴッツォリ Gozzoli*
ゴッツォリーニ
Gozzolini
Guzzolini
コッツォリーノ
Cozzolino*
コッツブ Kozub
ゴッツフレッセン
Godtfredsen
コッテ Cottet
コッデ
Codde
Kodde
コッティ
Cotti**
Kotti
ゴッティ Gotti*
ゴッディアリス
Goddeeris
コッティエール
Cottier
コッティカ Cottica
コッティガ Khottiga
ゴッディン Goggin
コッティンガム
Cottingham
コッティングウール
Kotting-Uhl
コッディングトン
Coddington
コッティントン
Cottington
ゴッテスディーナー
Gottesdiener
ゴッテスディナー
Gottesdiener
ゴッテスフェルド
Gottesfeld
ゴッテスマン
Gottesman**
コッテリル Cotterill
コッテル Cotterell*
ゴッデル Goeddel
コッテン Cotten
ゴッデン
Godden**
Gooden
コット
Cot

コ

Cott**
Cotte*
Cotto*
Kot
Kott**
コットー
Cotto
Kotto
コッド Codd**
ゴット
Got**
Gott**
ゴッド
God
Godoy
ゴットヴァルト
Gottwald
コットヴィツ
Kottwitz
コットヴィッツ
Kottwitz
ゴッドウィン
Godwin*
ゴットヴート Gottowt
コットグリーヴ
Cotgreave
コットグローヴ
Cotgrove
ゴットシェット
Gottsched
ゴットシェート
Gottsched
ゴットシェト
Gottsched
ゴットシス Gotsis
ゴットシック
Gottschick
ゴットシャル
Gottschall*
ゴットシャールク
Gottschalk
ゴットシャルク
Gottschalk*
ゴットシャルヒ
Gottschalch
ゴットショーク
Gottschalk
ゴットスカルクソン
Gottskalksson
ゴッドセイ Godsey
ゴッドセル Godsell
ゴッドソン Godson
ゴッドバー Godber*
ゴッドバーセン
Godbersen*
ゴットハート
Gotthard
ゴットハルト
Gothard
Gottfried
Gotthard
ゴットバルト
Gottwald*
ゴッドバルト
Gottwald
ゴットヒルフ Gotthilf
ゴッドファーザー
Godfather
ゴットフライド
Gottfried
ゴッドフリ Godfrey
ゴッドフリー
Godfré
Godfree
Godfrey***
ゴッドフリィ Godfrey
ゴットフリーズ
Gottfries
ゴットフリート
Godefridus
Godefroy
Gottfried***
ゴットフリード
Gottfried***
ゴッドフレー
Godfray
Godfrey
Godfrljy
ゴッドフレイ
Godfrey*
ゴッドフレッド
Godfred
Gottfried
ゴットフレッドスン
Gottfredson
ゴットフレッドセン
Godtfredsen
ゴットフレッドソン
Gottfredson
ゴッドフロワ Godfroy
ゴットヘルフ
Gotthelf**
Gotthil
ゴッドヘルフ Gotthelf
ゴットホールド
Gotthold
ゴットホルト
Gotthold*
ゴットホルド
Gotthold
ゴッドマニス
Godmanis
コットマン
Cotman
Kottman
Kottmann
コッドマン Codman
ゴットマン
Gottman*
Gottmann*
ゴッドマン Godman
ゴッドミロー
Godmilow
コットム Cottom
ゴットメラー
Gottmoeller
ゴッドライン Gottlein
コットラウ Cottorau
コットラン Cotran
ゴットリー Gottry*
ゴッドリー Godley
ゴッドリク Godric
ゴットリーブ
Gotlieb*
Gottlieb***
Gottrieb
ゴットリープ
Gottlieb*
Gottlob
ゴッドリーブ
Gottlieb*
コットリル
Cotterill
Cottrill
コットル Gottl
ゴットル Gottl*
コットレ Cottret
ゴッドレー Codley
ゴッドレスキー
Godleski
コットレル
Cotterell
Cottrell**
Cottrer**
コットレンゴ
Cottolengo
Gottolengo
ゴットロイ Gottreu
ゴットローバー
Gottlober
ゴッドロビッチ
Godlovitch
ゴットローブ Gottlob
ゴットロープ
Gottlieb
Gottlob***
ゴットロブ Gottlob
ゴットロプ Gottlob
ゴットワルト
Gottwald**
ゴットワルド
Gottwald
コットン
Cotten*
Cotton**
Cottone
ゴッドン Goddon
コットンウッド
Cottonwood*
コッハー Kocher*
コッパ Coppa
コッパー
Copper*
Kopper*
コッパース Koppers
コッパード Coppard*
コッパーフィールド
Copperfield
コッパーマン
Copperman*
コッピ Coppi
ゴッビ Gobbi**
コッヒェルト Kochert
コッヒャー Kocher
コッヒル Coghill
コッピンガー
Coppinger
コッピング Copping*
コッピンジャー
Coppinger
コッブ
Cobb***
Cobbe
コップ
Cobb
Cop
Cope
Copp
Coppe
Kopf
Kopp**
ゴッフ Goff*
コッフィ Coffey
コッフィネ Coffinet
コッフィン Coffin
コッフェル Kocher
ゴッフェン Goffen
コップカット Copcutt
コッブス Cobbs
コッブズ Cobbs
コップス
Copps**
Kobs*
Kops
コップマイヤー
Kopmeyer
コッフマン Kaufmann
ゴッフマン Goffman*
コップランド
Copeland
コップリッチ Coprich
コップル
Copple
Koople
ゴッフレード
Goffredo**
コッペ
Coppee
Coppée
Coppeèe
Koppe
コッペー Cope
コッヘスペルガー
Kochesperger
ゴッベッティ
Gobbetti
コッペデ Coppedè
コッペリア Coppélia
コッヘル Kocher*
コッペル
Coppel*
Coppell
Koeppel
Koppel*
ゴッベル
Gobbel
Gobbell
コッペルカム
Koppelkamm
コッペルス Koppers
コッペルベルク
Koppelberg
コッペルマン
Koppelman*
Koppelmann
コッペン
Köppen
Koppens
コッペンシュタイナー
Koppensteiner
コッヘンダーファー
Kochenderfer
コッペンヘーファー
Koppenhoefer
コッホ
Koch***
Kock
コッポ Coppo*
ゴッホ Gogh**
ゴッボ Ngcobo***
コッホウェザー
Kochweser
コッボウルド Cobbold
コッホナー Kochner
コッポラ
Coppola**
Coppora*
コッポリーノ
Coppolino
コッポリルロ
Coppolillo
ゴッポルド Goppold
コッホレーウス
Cochläus
コッホレウス
Cochläus
コツマン Kocman
コツュビーンスキー
Kotziubinskii
コツュビンスキー
Kotsyubinskii
Kotziubinskii
コッラ Colla*
コッラーディ Corradi
コッラディーニ
Corradini
コッラード Corrado**
コッラド Corrado
コツラード Corrado
コッラトル Qurrat al
コッラトル·エイン
Qurrat al-'Ayn
コッリ
Colli
Corri
コッリーナ Collina*
コッリーノ Collino
コッルトス Kolluthos
コッレ
Colle
Kolle**
コッレアーレ Correale
ゴッレーシオ Gorresio
コッレッジョ
Correggio
コッレヌッチョ
Collenuccio
コッレール Corrario
コッレンティ Correnti
コッロ Collo
コッローディ Collodi*
コッローディー
Collodi
コッロディ Collodi
コッロディー Collodi
コーツワース
Coatsworth*
Cotesworth
コーツワス
Coatsworth
コーテ
Cote

Kote
Kothe*
コーデ Kohde
コテ
Côté
Kote
コテー Kauter
コデ Codet*
ゴーテ
Gaute
Gothe
ゴーデー
Gaudet
Godet
ゴデ
Gaude*
Gaudé
Godet
ゴデー Godet
コーティ Koethi*
コーディ
Coady*
Cody***
Corday
Cordy**
コーディー
Caudy
Codie
Cody**
Cordie
Cordy
コーデイ Corday
コティ
Coty*
Koty
コティー
Cottie*
Coty*
コディ Cody***
コディー Cody
ゴーティ
Gauthier
Gauty
Gorty
ゴーディ
Godey*
Gordie
Gordy*
ゴーディー
Godey
Gordie
Gordy*
ゴティ Gothia
ゴディ Gordy*
コーティア Courtier*
コーディア Cordier*
ゴティア Gothia
ゴーディアン Gordian
ゴディヴァ Godiva
ゴディヴィエ Godivier
ゴーティエ
Gaultier
Gauthier*
Gautier**
ゴーティエー Gautier*
ゴーディエ Gautier
ゴティエ
Gaultier
Gauthier*
Gautier
Gotye*
Gouthier
ゴディエ Gaudier
ゴーティエル Gautier
ゴーディエン Gordien
ゴーティオ Gauthiot
ゴディオ Goddio*
ゴーディカ Godhika
コーティカンナ
Koṭikaṇṇa
ゴディギセル
Godigisel
ゴティクス Gothicus
ゴディシ Ghodsi
コーティス Cortis
コーティズ Cortez
コーディス Kodis
コティーズ Koteas
ゴーディス Gordis
コディセック Kodicek
コティッシュ
Kottysch
ゴディッシュ Godish
コーティット Kourtit
コーディナ Cordina
コーディナー Cordiner
コティナ Kotina
コディナ Codina
ゴーディナ Godina*
ゴディナ Godina
コーティーニョ
Coutinho
ゴディーニョ Godinho
ゴディノー Godineau
ゴディビエ Godivier
コーディマー
Gordimer
ゴーディマ
Gordimer***
ゴーディマー
Gordimer
コティヤール
Cotillard*
コーディリア
Cordelia*
コーディル Caudill**
コティワニ Kotiwani
コーティーン
Courteen
コティン Cottin
ゴーディン
Gaudin
Godin*
Gordin
Gourdin
ゴディン Godin
コーディング Cording
ゴーディング Gauding
コーディングリ
Cordingly*
コーディントン
Coddington
コディントン
Coddington**
ゴデク Godek
ゴデショ Godechot
コーテス
Coates
Cortez
コーデス
Cordes
Cordess
ゴデスカルク
Godescalc
ゴデスカールクス
Godescalcus
ゴテスダイナー
Gottesdiener
コーデスタニ
Kordestani*
コーデスマン
Cordesman
ゴデツ Godec
コデット Kodet
ゴーデット
Gaudet
Gaudette
コーテナール
Kortenaar
コテネフ Kotenev
ゴデハード Godehard
ゴーデハルト
Godehard
ゴデフリドゥス
Godefridus
ゴデフロイ Godefroy
ゴーデフロイド
Godefroid
ゴーデフロート
Godefroot
ゴデベルタ Godeberta
ゴデペルト Godepert
コテュス Kotus
コーデュロイ
Corderoy
コーデラス Cordellos*
コテラワラ
Kotelawala*
コーデリー Cowdery
コデリ Kodheli
コーデリア Cordelia*
コテリエ Cotelier
ゴデリス Goddeeris
コテリニコフ
Kotelinikov
コーデル
Caudell
Cordel
Cordell**
Kordel
Kordell
コデール Coderre
コデル Codell
ゴーテル Gotell
ゴーデル Gaudel
ゴテル Gotell
ゴデール Godel**
ゴデルヴァ Godelive
コデルク Coderch
ゴデルジ Goderdzi
コテルチャック
Kotelchuck
コテルニク Kotelnyk
コデルロス Choderlos
コーテレン Cauteren
コーデロ Cordero
ゴーデロック
Goudelock
コーテン Korten*
コーデン Corden
コデン Köden
ゴーデン Gorden
ゴーデンカー
Gordenker
ゴーデンシア
Gaudentia
ゴーデンス Gaudens
ゴーデンズ Gaudens
コート
Caute
Coat
Coats
Coert
Coote
Cort***
Cortes
Cote**
Coté
Côte
Côté
Court**
Couto*
Koht*
コード
Coad
Code*
Cord**
Kord
コードー Kodaw
コト
Coto
Koto
コトー
Cotteau
Cotto
コドー Chodo
ゴート
Gaut
Gaute
Gort
Goth
Gotho
ゴード
Goad
Gord*
ゴト Gotto
ゴド Godo
ゴドー
Godeau*
Godeaux*
ゴドア Godoy
コドイ Godoy
ゴドイ Godoy**
ゴドイフィリョ
Godoy Filho*
コトゥ Kotu
コードヴァ Cordova
ゴトヴァツ Gotovac
ゴトヴァッツ Gotovac
コトヴァル Kotval
コドウィエツキー
Chodowiecki
コトヴィチ
Kotovich
Kotowicz
Kotwicz
コトヴィツ Kotowicz
コドヴィッキ
Chodowiecki
コトヴィッチ
Kotowicz
Kotwicz
ゴドゥイユ
Gaudeuille
ゴドウィン
Godwin***
Goodwin
ゴドヴィン Godwin
コードウェイナー
Cordwainer*
コードウェル
Caldwell*
Caudwell**
ゴドウスキー
Godowski
ゴドヴスキー
Godowsky
コドゥッシ Coducci
コドゥッチ Coducci
コトゥーニョ Cotugno
ゴドゥノヴ Godunov
ゴドゥノヴァ
Godunova
ゴトゥノーフ
Godunov
ゴドゥノーフ
Godunov
ゴドゥノフ Godunov*
ゴドゥブ DNgos grub
コトゥラー Kotler
コードゥライ
Courdray
ゴードゥロー
Gaudreau
Gaudreaux
ゴドゥンコ Godunko
コトカス Kotkas
コトキン Kotkin*
ゴドキン Godkin
ゴトク Ghatak
コトグレーヴ
Cotgrave
ゴトコフスキー
Gotkovsky
コードーザ Cordoza
コトサノス Kotsanos
ゴドシー Ghodsee
コトシーヒン
Kotoshikhin*
ゴドシャルル
Godecharle
コートショー
Kotrschal
コートスキー Koutsky
ゴードスミス
Goldsmith
コトソニス Kotsonis
コトチュウォー
Kotschwar
コードック Cordock
コドック Kodock
コートナー Cortner

コ

コトナー Cotoner
コドナー Kodner
ゴートナー Gortner
コドナリス
Koudounaris
コートナル Courtnall
コートニー
Coatanea
Courtenay**
Courteney
Courtnay
Courtney***
Couternay
コトーニ Cotogni
コトニー Kothny
ゴートニー Gwartney
コートニジ
Courtneidge
コートニース Kotnis
コートニス Kotnis
コトニスキ Kotoński
コートニッジ
Courtneidge
コートネー Courtney
コトネー Courtenay
コートネイ
Courtenay*
Courtnay
Courtney*
Kourtnei
コートネイッジ
Courtneidge
ゴドーノ Godono
ゴドノフ Godunov
コードバ
Cordoba
Cordova*
ゴートハイン Gothein
コートバウアー
Kothbauer
ゴトバツ Gotovac
ゴードハマー
Gordhamer
ゴートハルト Gothart
ゴドバン Ghodbane
コトビー Kotby
ゴトビ Ghotbi**
コトビッチ Kotwicz
コトビッツ Kotowicz
ゴドビヨン Godbillon
コートープ Courthope
コトフ Kotov
ゴドブー Godbout**
ゴトブザデ
Gotbsadeh
コトーフスキー
Kotovskii
ゴドフスキ Godowski
ゴドフスキー
Godowski
コトーフスキィ
Kotovskii
ゴトフツェヴァ
Gotovtseva
コードーフマィン
Kodaw Hmaing
コードーフマイン
Kodaw Hmaing
ゴドフリ Godfrey*
ゴドフリー
Godfree
Godfrey***
ゴドフリート
Godfrey
Gotfrid
Gottfried
ゴドフリート Godfrey
ゴドフレー Godfrey*
ゴドフレイ Godfrey
ゴドフレド Godfred
ゴトフレドゥス
Gothofredus
ゴトフレドソン
Gotfredsen
ゴドフロア Godefroy
ゴドフロア
Gaudefroy
Geoffroy
Godeffroy
Godefroid
Godefroy
Godfrey
ゴドフロイ Godefroy
ゴドフロワ
Godefroid
Godefroy
ゴドフロワ
Godeffroy
Godefridus
Godefroid**
Godefroy
Godfrey
ゴードベルゼン
Godbersen
ゴドマニス
Godmanis**
ゴドマール Godomar
コートマン
Coatman
Courtman
Kortman
コトマン Cotman
ゴドマン Godement
コトム Cottom
コトメル Kotmel
ゴドュノフ Godunov
コトラー
Cotler
Kotler**
Kottler*
ゴードラ Gaudrat
ゴドラ Gaudrat*
コートライト
Courtwright*
Kortright
コトラージョヴァー
Kotlarova
コトラゾラ
Cotruzzola
コドラートス
Quadratus
コドラーニ Kodolányi
ゴートラン Gautrand
コートラント
Courtlandt
コートランド
Cortland
Courtland
Courtlandt
コートリー Courtleigh
コードリー Corddry
ゴードリ Godoli*
ゴードリー Gaudry
ゴドーリ Godoli
ゴドリ Godlee
ゴドリー Godley
コトリエ Cotelier
ゴドリェ Godelier
ゴドリエ
Godelier**
Godolier
コトリコフ Kotlikoff*
ゴドリック Godric
ゴドリッジ Goderich
ゴードリッチ
Goderich
ゴドリーブ Godelieve
コトリャホーフ
Kotriakhov
コトリャール Kotlyar
コトリャレーフスキー
Kotliarevskii
コトリャレフスキー
Kotliarevskii
Kotlyarevsky
コトリル Cottrill
コトリン Cotrim
ゴトリン Gotlin
コドリング Codling
コドリングトン
Codrington
コドリントン
Codrington
コートル Kotre
コードル
Caudill
Caudle
Cordle
コトル
Cottle
Kotre
コドル Codol
コトルヴァイ Kotluvai
コドルツ Codruţ
コートールド
Courtauld*
コトルバ Kotrba
コトルバシュ
Cotrubas
コトルバス Cotrubas*
ゴドルフィン
Godolphin*
コトルリ Cotrugli
コートレ Costeley
コトレ Costeley
コドレアーヌ
Codreanu
コドレアヌ Codreanu
コードレイ
Cordray
Cordrey
ゴドレジ Godrej*
ゴドレーシュ
Godrèche*
ゴドレージュ Godrej
コドレスク Codrescu*
コトレル
Cotterell
Cottrell
コドロ Kodro
ゴードロー
Gaudreau
Gaudreaux
ゴドロ Gaudreault
コドロス
Codrus
Kodros
コトロネーオ
Cotroneo*
ゴトロブ Gottlob
コトロフツェフ
Kotlovtsev
コートローマニディス
Koutroumanidis
コトロマノビッチ
Kotromanović
コドロン Codron
コトワ Kotova
コトワル Kotwal
コートン Coton
コードン
Coron
Kordon
コトン
Coton
Cotton
コドン Keo-don
ゴートン
Galton
Goh Tong
Goh-tong
Gordon*
Gorton***
ゴードン
Gauden
Godon
Goldon
Gorden*
Gordon***
ゴドン Godon*
ゴードンズ Gaudens
コトンスキ Kotoński
コーナ Kōna
コーナー
Connor
Corner**
Koerner
Kohner
Korner
Körner
コナー
Connah
Conner**
Connor***
Conor***
Konar
Konner
ゴーナー Gorner
コーナイ Konai
コナイン Conine
コナウェイ Conaway*
コナエフ Qonaev
コナクバエフ
Konakbayev
コナーコ Konerko
コナシェーヴィチ
Konashevich
コナシェヴィチ
Konashevich
コナシェヴィッチ
Konashevich
コナジン Conagin
コナーズ
Conners
Connors**
コナースマン
Konersmann
ゴナタス Gonatas
コーナッグ Cornog
コーナッツ Cornaz
コナップ Connop
コナテ
Konate
Konaté
コナーティ Conati
コナティ Conaty*
コナティウス
Conatius
コナデュ Konadu
コナード Conard
コナトン Connerton
コナハン
Conaghan
Conahan
コーナビー Cornaby
コナフトン
Connaughton*
コナブル Conable**
コーナム Cornum
ゴーナム Ghoneum
コナリー
Connally**
Connelly**
Connery
Connolly**
Conolly
コナリィ Connolly
コーナル Cornall
コナル
Conall*
Conan
ゴーナル Dhomhnaill
ゴナール Gonnard
コナルスキ Konarski
コナレ Konaré**
ゴナレス Gonalez
コナレン Conallen*
ゴナロン Gonalons
コーナン Conan
コナン
Conan**
Conán
Conant*
Connan
Konan**
ゴナン Gonin
コーナンタキアット
Kohnanthakiat
コーナント Conant

コーナンド Cournand
コナント Conant**
コナンナ Konamna
コーニ Koni
コーニー
Coney
Connie
Kōnī
コニ Koni
コニー
Coenie
Cogny
Conee
Coni
Connee
Connie***
Conny*
Cony
Konie
Kony
ゴーニー Gorney
ゴニ Goñi
コーニア Cornier*
コニア Cogniat
コニアエワ
Konyayeva
コーニアテース
Chōniātēs
コニアテース
Choniates
コニアテス
Choniates
Chōniatēs
Khoniates
コニアリス Coniaris
コーニイ Coney**
コニイ Coney
ゴーニィ
Gorney
Gorny
コニヴァー Koniver
コーニウィッツ
Korniewicz
コニェ
Cognet
Cognets
コニェグラチエ
Konyegwachie
コニエチュナ
Konieczna
コニェッティ Cognetti
コニェツニー
Konieczny
コニエツポルスキ
Koniecpolski
コニェビッチ Konjević
コニオ Cogniot
コニオルドゥ
Koniordou
コーニク Koenig
コーニグ Koenig
コーニグズウォーター
Koenigswarter
ゴニクベルグ
Gonikberg
コニグリアロ
Conigliaro*
コニーゴ Conigo
コニコヴァ Konnikova
コニシ
Konishi
Konisi
コーニシン Kon'shin
コーニス Cornis
コニス Conyth
コニツァー Konizer*
コーニツキ Kornicki
コーニツキー
Kornicki*
コニツキ Konicki
コニツキイ Konitzky
コーニック
Cornick*
Koenig
Koninck
Korenich
コニック
Connick*
Konik*
ゴーニック
Gonich
Gonick
Gonik
Gornic
ゴニック Gonick*
ゴニックマン
Gonikman
コーニッシュ
Cornish*
Cornysh
コーニッツ Caunitz*
コニッツ Konitz**
ゴニーナ Gonina
コニビア Conybeare
コニフ Conniff**
コニーベア Conybeare
コニベア Conybeare
コーニャ Kónya
コニャ Cogniat
ゴーニャ Gogna
コニャーズ Conyers
コニャック Cognacq
コニャノフスキ
Konjanovski
コニュ Konjuh
コニュス Konyus
コニヨ Cogniot
コニョレ Konjore
コニョーンコフ
Konenkov
コニョンコフ
Konenkov
コニリー Connirae*
コーニーリア Cornelia
コーニーリアス
Cornelius
コーニリアス
Cornelius
ゴニル Geon-il
ゴーニロ Gaunilo
コーニン Conyne
コニン
Coninx
Konin
コーニンガム
Coningham
コーニンク Koninck
コーニング
Coningh
Corning
Koning
Kooning
コニンク
Coninck
Koninck
コニング
Conning
Koning
コニンクス Coninx
コニングズバーガー
Koningsberger
コニングスベルガー
Koningsberger
コーニンクスロー
Coninxloo
コニンクスロー
Coninxloo
コニングトン
Connington
コニングハム
Cunningham
コニントン
Conington
Connington*
コニンバ Konimba
コーヌ
Caune
Caunes
コヌ Kone
コーヌエル Cornuelle
コヌノーヴァ
Conunova
コネ
Kone
Koné
コネー Konneh
ゴネ Gonet
コーネイ Cooney
ゴネイム
Ghoneim
Ghunaim
コネサ Conesa
ゴネシウス Gonesius
コネス Kones
コネスキ Koneski*
コネスキー Koneski
コネスタービレ
Conestabile
コーネツキー
Kornetsky*
コネツキー Konetskii
コネツケ Konetzke
コネッチー Konetchy
コーネット Cornett*
コネット Connett
ゴネット Gonnet
コネツニ Konetzni
コーネフ Konev
コネフスカトライコフスカ
Konevska-trajkovska
コネフスコーイ
Konevskoi
コネラン Connellan*
コネリ
Conelly
Connelly
コネリー
Conneeley
Connelly***
Connery**
Konnelly
コーネリア
Cornelia*
Corneria
コーネリアス
Cornelius***
Konelios
コネリアーノ
Conegliano
コネリアノ
Conegliano
コーネリウス
Cornelius*
Kornelius
コーネリス
Cornelis
Cornelys
コーネリセン
Cornelissen
コーネリソン
Cornelison
コーネリヤ Cornelia
コネリャーノ
Conegliano
コーネル
Carnell
Conel
Connell*
Cornel**
Corneliu
Cornell***
Kowner
コネル Connell**
ゴーネル Goennel*
コーネルセン
Kornelsen
コーネルツ Konertz
コーネン
Cohnen
Koonen
ゴネン Gonen
コネンコフ Konenkov
コーノ Kono
コノー
Connor
Konow
ゴノ Keunho
コノア Connor
コノウ Konow
コノーヴァー Conover
コノヴァー Conover
コノヴァロヴ
Konovalov
コノヴァーロフ
Konovalov
コノウィッツ
Konowitz
コノーズ Connors
コノート Connaught
コノートン
Connaughton*
コノネン Könönen
コノノヴ Kononov
コーノノフ Kononov
コノノフ Knonov
コノノワ Kononova
コノーバー Conover
コノバー Conover*
コノパスカ
Konopacka
コノパセク
Konopasek*
コノプカ Konopka
コノプニスカ
Konopnicka
コノプニチカ
Konopnicka
コノプニッカ
Konopnicka
コノプニツカ
Konopnicka
コノプリャンカ
Konoplyanka
ゴノボリン Gonobolin
コノマニ Konomanyi
コノラ Konola
コーノラジ
Khounnoraj
コノリ Connolly*
コノリー
Connelly
Connolly***
Conolly
コノール Conort
ゴーノル
Dhomhnaill**
コーノルト Konold*
コノワーロフ
Konovalov
コノワロフ Konovalov
コノワロワ
Konovalova
コノン
Connon
Conon
Conōn
Konon
ゴノン Gonon
コーハ Khokha
コーバー
Kober**
Korver
コハ Koha
コハー Kocher
コバ
Coba
Cova
Koba
コバー Kober
コパ
Copa
Kopa
コパー Copper***
ゴーバー
Gober
Govar

コ

ゴーパ Gopa
ゴバ Gobat
ゴバー Gobat
ゴパ Gopa
コーパイ Copei
コーパイブーン
Kohpaiboon
コーバイン Corbijn
コハヴィ Kohavi
コパオル Kopaol
コーバーガー
Kohberger
コバーガー Coberger
ゴーパカ Gopaka
コーバーグ Coburg
コハーク Kohák
コバーグ Koberg
コバクス Kovacs
コパケン Copaken
コバコ
Covaco
Kobako
コバゴ Kovago
コバサ Kobasa
コーハシ Kokhas
コバシェビッチ
Kovašević
コバーシック Kovacic
コバシッチ Kovacich*
コバス Cobas
コパス
Copass
Kopasz
コバスト Cobast
コーパースミス
Coopersmith
ゴバゼ Gobaze
コバセク Kovacec
コバセビッチ
Kovacevic
コバーチ
Kováč*
Kovács
コバチ
Kovač
Kovacs*
Kovács*
コパチ
Kopač
Kopácsi
Kopacz**
コバチェバ
Kovatcheva
コバチェビッチ
Kovacevic
Kovačević
コバチェフ Kovachev
コバチッチ Kovačić
コバーチュ Kovács
コバチュ Kovač
コパチンスカヤ
Kopatchinskaja*
コパツ Kopac
コーバック Kovach
コバック
Kobak
Kovach*
コバックス Kovacs*
コバッチ Kovac
コパッチ Kopač
ゴバッティ Gobatti
ゴパッラワ Gopallawa
コハテ Kaath
ゴーバティ Gorbaty
ゴバディ Ghobadi*
コバート
Cobert
Covert*
Kobart
コパート Coppard
コパード Coppard
ゴーバート Goubert
コバニス Covanis
コハニスキ
Kochański
Kochánski
コハネ Kohane
コハネク Kochanek
コバネン Kovanen
コハノフスキ
Kochanowski
コハノフスキー
Kochanowski
コバヒゼ Kobakhidze
コバブール
Kaaberbol
Kaaberbøl
コバーベ Kobabe
コーバベル
Kaaberbol*
Kaaberbøl
コバム Cobham
ゴーハム Gorham*
コバヤシ Kobayashi
コバラ Kobara
ゴーハラ Gohara
ゴーパーラ Gopāla
ゴハラ Gohara
ゴーパーラクリシュナン
Gopalakrishnan
ゴパラクリシュナン
Gopalakrishnan*
Gopalkrishnan
ゴーパーラメーナン
Gopalamenon
ゴパラワ Gopallawa*
ゴパラン Gopalan**
コバリー Coberly
ゴハリ Gohary
ゴハリー Gohary
コバリア Kobalia
コバリウ Covaliu**
コバリエル Kåberger*
コバリオ Kovalio
コーバリス Corballis
コバリョフ
Covaliov
Kovalev
コバル
Cóbar
Kobal
Koval
Kowal
Yuval
コパール Kopal
ゴーパール Gopal
ゴーパル Gopal*
ゴパール Gopal*
ゴパル Gopal*
コバルス Kovals
コバルスキ Kowalski
コパルスキー
Copulsky
コバルチク Kowalczyk
コバルチュク
Kovalchuk
コバルビアス
Covarrubias*
Covarrubías
Covarruvias
ゴーパール・プラサード
Gopālprasād
コバレフ Kobalev
コバレフスカヤ
Kovalevskaya
コバレフスキー
Kovalevskii
コバレブスキー
Kowalewski
コバレンコ Kovalenko
コーハン
Cohan*
Cohen
コーバーン
Coburn
Cockburn*
コーバン
Cauvin
Koban
Kobán
Kőbán
コハン Cohan
コバーン
Cobain*
Coburn***
Cockburn**
コバン Cobban
コパン
Copin
Coppens*
Coppin
Kopans
ゴバーン Gauvin
ゴバン
Govan*
Govin
コバンコ Kovanko
コパンス Coppens
コハンスキ
Kochanski
Kochánski
コハンスキー
Kochański
コバントン Coverntton
コーヒー Coffee
コービ Kobe
コービー
Coby
Corby**
Covey
Kobe***
コビ
Cobi
Kobi
コビー
Cobbi*
Coby*
Covey**
Kobe
Koby
ゴービ Gopi
ゴーピー
Gopi
Gopī
ゴビ
Gobi
Goby
ゴピ Gopi
コービア Cobia
コビアシビリ
Kobiashvili
ゴビアン Gobien
コービィ Corby
コヒィ Kohi
コビエジャ Cobiella
コピエテルス
Coppieters*
ゴーピカー Gopī
コビシ Cobisi
コビシー Covici
コピシュ Kopizch
コービシリ Corbishley
ゴピーシン
Gopeesingh
ゴピスクーン
Gopee-scoon
コピステンスキー
Kopystenskii
コピタル Kopitar
コビック Kovic*
コーピッシュ
Kopisch*
コビッチ Kovič
コーピット Kopit
コピット Kopit**
コピトフ Kopytoff
ゴピナス Gopinath
コビニッチ Kovinic
ゴビノー Gobineau
コビャコフ Kobyakov
ゴビヤン Gobien
コビランスキ
Kobylanski
コビリヤン Covilhão
コビリン Kobylin
コービル Coville**
コヒル
Cohill
Qohir
ゴービル Gaubil
ゴビル Gaubil
コビルカ Kobilka*
コビルスキ Kobiljski
コビレキー Kobylecki
コピーロフ Kopylov
コービン
Cobean
Corbijn
Corbin***
Corbyn*
Corvbin
Korbin
コピン Coppin
ゴービン Gobind
ゴヒーン Goheen
コビング Cobbing*
ゴービンダ Govinda
ゴビンダ
Govind
Govinda
ゴビンダラジャン
Govindarajan
コビンド Kovind*
ゴービンド Govind
ゴビンド Gobind
ゴビンドラージ
Govindaraji
コビントン Covington
コーフ Korff
コーブ
Colb
Cove
コープ
Cope**
Coppe
Koepp
Koop
コフ Keough
コブ
Cobb***
Cobbe
Kob
コプ
Kopp
Kopu
ゴーフ Gough
ゴーブ Gove
ゴフ
Goff**
Goffe
Gogh
Gough**
ゴブ Govou
コーファー
Cofer
Kauffer
コファクス Koufax
コーファックス
Koufax*
コファレンコフ
Kovalenkov
コファロ Coffaro
コファン Coffin
ゴファン Goffin
コファンコ
Cojuangco**
コーフィ Coffey
コーフィー Coffey
コフィ
Coffey
Coffi
Coffie
Cofie
Koffi**
Kofi***

コフィー
Coffey*
Kofi
ゴーフィー Goffee
ゴフィ Goffee
ゴフィー
Goffee
Goffey
Goffi
ゴーフィエ Gauffier
コフィゴ Koffigoh*
コフィゴー Koffigoh
ゴフィック Goffic*
コープィット Kopit
ゴフィネ
Goffine
Goffiné
ゴフィネー Goffiné
コフィファ
Khofifah
Kofifah
コブィリャンスカヤ
Kobylianskaia
コブイリン Kobylin
コーフィールド
Caufield*
Cockfield*
Corfield
コフィールド Cofield
コフィン
Coffin**
Coffyn
ゴーフィン Goffin*
ゴフィン Goffin*
コフィンク Kofink
コーフェージ
Korfhage
ゴフェット Goffette
コーフェノン
Caufeynon
コフェルマン
Copfermann
コフォイド Kofoid
ゴーフォース Goforth
ゴフォース
Gofforth
Goforth
コフォード Koford
コフカ Koffka*
コーブカン Kobkarn
コフク Kofke
コブサック Korbsak
コフザン Kowzan
コーフシ Kaufusi
コプシヴァ Kopřiva
コプシヴニツァ
Koprzywnicy
コブシュ Kobusch
コプシュ Kopsch
コフショフ Kovshov
コープス
Coops
Corps
Corpuz
コブス Cobbs
コフスタ Kofstad
ゴフスタイン
Goffstein*
コーフセ Corfese
コプソン Copson
コフチェ Kovsh
コプチェク Copjec
コーブチッティ
Kobjitti**
Kopchitti
コプチュク
Kopczuk
Koptyug
コプツィク Koptsik
コプティ Copti
コブデン Cobden*
コフート Kohut**
ゴフトン Gofton
コーブナー Kovner
コフナー Kovnar
コブナー Kovner
コブナッカ Kownacka
コブナツカ Kownacka
コブニー Coveney
ゴプニク Gopnik*
ゴプニック Gopnik
コプニン Kopnin
コープニング
Chorpenning
Corpening
Corpenning
コブネイ Coveney*
ゴプネル Gopner*
コフノ Kochno
コフパク Kovpak
コブハム Cobham
コフパン Kovpan
コプフ
Kopf
Köpf
Kopff
コフフト Kovkhuto
コーフマン
Corfman
Kauffman
Kaufman*
Kaufmann
Kofman
Koufman
コープマン
Koopman**
Koopmann
Koopmans
コフマン
Coffman*
Cofman
Kauffman
Kauffmann
Kaufman
Kaufmann*
Koffman
Kofman*
ゴフマン
Goffman**
Gofman**
コープマンス
Koopmans*
コブヨル Kobjoll
コフラー
Koffler
Kofler**
コブラ Kobra
コブラー
Cobbler
Kobler
Koebler
コプラッシュ
Kopprasch*
コーブラール
Couwelaert
コフラン
Coghlan
Coughlan
コプラン Coplan
ゴブラン Gobelin
コプランス Coplans
コプランズ Coplans*
コープランド
Copeland***
Copland*
コプランド Copland
コープリー Copley*
コブリー Cobley*
コプリ Copley
コプリー Copley*
コプリアコフ
Koplyakov
コブリアシビリ
Kobliashvili
コープリィ Copley
コプリウニカル
Koprivnikar
コプリエン Coplien
コブリック
Koblick*
Kobrick
コプリック Koplik
コブリッシュ Koblish
コブリッツ Koblitz*
ゴフリドゥス
Goffridus
コブリナー Kobliner
ゴブリヌス Goblinus
コフリン Coughlin***
コブリン
Koblin
Kobrin*
コプリン
Coplien*
Coplin
コブリンスキー
Kobrinskii
コーブル
Coble
Kobell
コブル Kobr
ゴーブル Goble*
ゴブル Goble*
コプルズ Coples
コプルストン
Copleston
Copplestone
ゴブルドゥン
Goburdhun
コプルトン Copelton
コプルル Köprülü
コプレー Copley
ゴブレ
Gobelet
Goble
Goblet
コプレウィッツ
Koplewicz
コブレエル Kobrehel
ゴブレクト Gobrecht
ゴフレス Goffres
コブレンツ Coblentz
コブロ Kobro
ゴーブロー Gauvreau
ゴブロ Goblot
コプロスキ Koprowski
コプロニュムス
Copronymus
コブロワゾロボワ
Koblova
Zholobova
コフロン Coffron
コプロン Coplon
コーブン Koven
コフーン
Colquhoun**
コベー Cobet
コペ
Copé
Coppée*
Coppeèe
コペー
Coppée*
Coppeèe
ゴーベ Gobé*
ゴベ Gobe
コヘーア
Correa
Corrêa
コーベイ Kobbé
コベイ Covay
コーヘイン Keohane*
コヘイン Keohane*
コベイン Cobain
コペエ
Coppée
Coppeèe
コペエフ Kopeyev
ゴベジシビリ
Gobedishvili
コベス Kobès
コーペック Kopech
コベック Kobek
コペック
Kopec
Kubek
コペッコヴァ
Kopečková
ゴベッチ Gobetti
ゴベッティ Gobetti
コーベット
Cobbet
Corbett***
コベット
Cobbet
Cobbett
Cobet
コペット Coppet
ゴベット Gobet
コベナン Kobenan
コベニー Coveney
コーペニング
Chorpenning
ゴベービル Goberville
コベベ Kobebe
コベラップ Kobberup
コペラーリオ
Coperario
コペラリオ
Coperario
Coprario
コベリ Coveri
コーベリウス Kobelius
コペリャンスカヤ
Kopelianskaia
コペリョ Copello
コーベール Caubère
コーベル
Korbel*
Kovel
コベール Kober
コベル
Covel
Covell
Kobel
Kobell
Kober
コペル
Copel
Koppel*
ゴーベール Gaubert*
ゴーベル Gobel*
ゴベール
Gaubert*
Gobert*
ゴベル Gobel
コーベルガー
Koberger
コベルゲール
Cobergher
コペルスキ Koperski
コペルソン Kopelson*
コペルティーノ
Copertino
コーベルト Kobert
ゴベルト Gobert
ゴベルトゥス
Gobertus
コペルニク Kopernik
コペルニクス
Copernicus*
コペルニツキー
Kopelnitsky
ゴベルビユ Goberville
コペルマン Kopelman
コベルリ Cobelli
コーペレフ Kópelev
コペロ Copello
コーヘン
Cohen***
Kohen
コーベン
Coben**
Corben

コーペン
Copen*
Koopen
Kopen
コヘーン Keohane
コヘン Cohen*
コベーン Cockbain
コペンズ Coppens
ゴベンス Gobbens
コベンツル Cobenzl
コベントリ Coventry
コベントリー
Coventry**
コペンフェルス
Koppenfels
コーペンヘイヴァー
Copenhaver
コーペンヘイバー
Copenhaver
コーボ Cobo
コボ
Cobo*
Cobos
コボー Kobborg
コポ Ko-po
コポー Copeau*
ゴーホ Gogh
ゴポ Gopo
コーボイ Korboi
コホウト Kohout**
コホウトコヴァ
Kohoutkova
Kohoutková
コポオ Copeau
コボシュ Kabos
コボス Cobos**
コポス Copos
ゴーボダック
Gorboduc
コポック Coppock
ゴボーニ Govoni
コホネン Kohonen
コホバ
Cochba
Kokhba
ゴポバ Gopova
コポマー Kopomaa
コホラン Cochrane
コボリ Kobory
ゴポール Gopaul
コーボールド
Corbould
コボルド Cobbold*
コホロバ Kohlova
ゴボロフ Govorov
コーホン
Cohon*
Kohon
コホン Kohon
コボーン Coborn
コーマー
Colmer
Comer
Komar
コマ
Colmar
Koma*
コマー
Comer*
Commer
Komar
ゴマ Goma*
ゴマー Gomaa
コマイコ Komaiko*
コマイユ Commaille*
コーマク Cormac
コマジャー
Commager
コマス Comas*
ゴマス Gomis
コマストリ Comastri
ゴマソール
Gomersall**
コーマック
Comac
Cormac***
Cormack**
コマッツィ Comazzi
コマドール Comadore
コマーニキ
Komarnicki
コマネスク
Comănescu
コマネチ
Comaneci**
Comăneci*
コマーフォード
Commerford*
コマフォード
Comaford
コマラ Komara
ゴマラ Gómara
コマリンスキ
Komarinski
コマール Komar
コマル Komal*
ゴマール Gomard
ゴマールス Gomarus
ゴマルス Gomarus
コマルモン
Comarmond
コマレフスキー
Komarewsky
コマロヴ Komarov
コマーロヴァ
Komarova
コマローヴィチ
Komarovich
コマローフ Komarov
コマロフ Komarov*
コマロフスキー
Komarovskii**
Komarovsky
コマロミ Komáromi
コマロワ Komarova**
コーマン
Coman
Corman**
Khoman**
Koman*
Korman**
コマーン Comment
コマン
Coman
Comment
Koman
ゴーマン
Goman
Gorman***
Gourman*
コマンヴィル
Commanville
コマンス Comans
コマンスキー
Komansky
コマンダー
Comander
Commandeur
Komander
コマンダン
Commandant
コマンディーニ
Comandini
コマンディーノ
Commandino
コマンヤーカ
Komunyakaa
コーミ Comi
コミ
Gummy
Komi
コミー Comey*
コーミア Cormier***
コーミアー Cormier
コミアー Cormier
コーミエ Cormier
コミクス Kōmīkos
コーミケン Cormican
コミサー Komisar
コミサリュック
Komisaruk
コミサリョフスキー
Komisarjevsky
コミサルジェーフスカヤ
Komissarzhevskaia
コミサルジェフスカヤ
Komissarzhevskaia
コミサルジェーフスキー
Komisarjevsky
コミサルジェフスキー
Komisarjevsky
Komissarzhevski
コミサロフ
Komissarov
コミシオーナ
Comssiona
ゴミス Gomis
ゴミズ Gomis
コミスキー
Comiskey**
コミセッティ
Comisetti
コミソワ Komisova
コミチ Comici
コミッサールジェフスカヤ
Komissarzhevskaia
コミッソ Comisso
ゴーミット Gurmit
コミト Comito
コミーニ Comini
コミーヌ
Comines
Commines
コミピン Komikpime
コミベズ Komives
コーミラー Komilla
コーミン Ke-ming
コミン Comín
コミンズ
Comins
Commins
Comyns
コーム
Colm
Combe
Côme
コム
Come
Côme
Ĉome
Comm
Cosme
Kom
Komu
ゴーム Gaume
ゴム
Gaume
Gomm**
ゴムウカ
Gomólka
Gomulka
Gomułka
コムガル Comgall
コムザーク Komzák
コムサン Komsan
コムシッチ Komšić*
コームス
Combs
Coombs
コームズ Combs
コムズ Combs
ゴームズ Gomes
コムストック
Comstock*
コムストン Compston
コムチェフ Komchev
ゴムチュン
Sgom chung
コムテベッド
Komtebedde
コムトア Comtois
コムニニ
Comnena
Komnini
コムネーナ Comnena
コムネナ Comnena
コムネヌス
Commenus
Comnenus
コムネネ Comnena
コムネーノス
Commenus
Comnenus
コムネノス
Commenus
ゴムパ Sgom pa
ゴムバーグ Gomberg
コムパーニ Compagni
ゴムブラー Gombler
ゴムブリッチ
Gombrich
ゴムブロヴィッツ
Gombrowicz
コムペイレ Compayré
ゴムベルグ Gomberg
コムペーレ Compayre
ゴムボジャビーン
Gombojavyn
ゴムボジャビン
Gombojavyn
ゴムボスレンギン
Gombosurengiin
ゴムボッチ Gomboc
ゴムボッツ Gombocz
コムマダム
Kommadam
コムモンズ Commons
コムヤコフ
Khomiakov
コムヤース Komjáth
コムヤーティ
Kom Játhy
コムラッド Conrad
コムラード Comelade
コムラン Komlan
コムランガン
Komlangan
コームリー
Caumery
Combley
コムリ Khomri
コムリー
Comly
Comrey
Comrie*
ゴームリー
Gormley**
Gormly
ゴムリ Gomery
ゴムリンガー
Gomringer*
ゴムルカ
Gomulka
Gomułka
ゴームレイ Gormley
コムロー Comroe
コムロウ Comroe
コムロフ Komroff
コムロンショフ
Komronshokh
ゴーメ Gorme*
コメイ
Comay
Comet
コメイルネマト
Komeil Nemat
コーメガ Cormega
ゴメサンダ
Gomezanda
コメジス Comegys
ゴメシュ Gomes
コメス Comes
ゴーメス Gomes
ゴメス
Gomes***
Gómes

Gomez***
Gómez***
ゴメズ Gomez
コメストル Comestor
ゴメスペレイラ
Gomes Pereira
ゴメスマトス
Gomez Matos
ゴメスモント
Gómezmont
ゴメスロボ
Gómez-lobo
コメダ Komeda
コメタン Comettant
ゴーメッズ Gomez
ゴーメッツ Gomez
コメッティ Cometti*
コメット Commette
コメッリ Comelli
コーメニー Cormany
コーメニイ Cormany
コメニウス
Comenius*
コメニュウス
Comenius
ゴメラ Gomella
コメリ Comelli
コメリーニ Comellini
コメール
Comhaire
Commère**
ゴメル
Gomel
Gomer
ゴメルス Gommers
ゴメルスキー
Gomelsky
コメルリ Comelli
コメレル Kommerell*
コメンスキー
Komenský
コメンソーリ
Comensoli
ゴメンソーロ
Gomensoro
コメンチーニ
Comencini*
コメンドーネ
Commendone
コーモ Como
コーモー Komoo
コモ
Comeau
Como**
コモー Comeaux
コモウォフスキ
Komołowski
コモエ Komoé
コモグリオ Comoglio
コーモス Kormos
コモタ Komota
コモット Comotto
コモッリ Comolli
コモディアーヌス
Commodianus
コモナー
Commoner**
コモネン Komonen
コモリ Comolli
ゴモリ Gomory
ゴモリー Gomory
コモル Komor
コモロヴスカ
Komorowska
コモロフスカ
Komorowska
コモロフスキ
Komorowski*
コモワ Komova**
コーモーン Komon
コモン
Common**
Comont
ゴーモン Gaumont
ゴモン
Gomon
Gomont
コモンズ Commons**
コモンフォルト
Comonfort
コヤ Koya
ゴヤ Goya*
コヤサンビア
Koyassambia
ゴヤスレイ Goyathlay
コヤック Koyack
コヤディノビッチ
Kojadinović
コヤマ Koyama*
コヤメネ Koyamene
コヤモリ Koyamori
コヤラ Koyara
ゴヤール Goyal
ゴヤル Goyal
ゴヤン Gojan
コヤンブヌ
Koyambonou
コーユ Kooij
ゴヨー Goyau
コヨイ Coyoy
ゴヨヴィ Gojowy
コヨス Kouyos
コヨーテ Coyote
コーラ
Cola
Cora***
Koehler
Kola*
コーラー
Cohler
Koehler
Kohler**
Köhler
Kohlert
Kolar
Korah
コラ
Cola
Colas
Colla
Cora**
Corra
Kola
Kora
Korah
Kore
Qurra
コラー
Kolar*
Koller***
ゴーラ
Gola
Gora
Gorer
ゴーラー
Gorer
Gowler
ゴラ
Gola
Gora
ゴラー
Golah
Goller*
コライ Koray
ゴライエブ Ghorayeb
コライオス Kōlaios
コライス Korais
ゴライノフ Goraïnoff
コライン Colijn
コラヴィト Colavito
コラウォレ Kolawole
コラウッティ Colautti
ゴラエフ Goryayev
コラオ Chorao
コラカキ Korakaki*
コラカーチオ
Colacurcio
コラギサン
Coraghessan
コラク
Čorak
Kolak*
コラクス Korax
ゴーラクナート
Gorakhnāth
コラゲッサン
Coraghessan**
コラコ Colaco
ゴラコチ Golakoti
コラコット Collacott
コラコフスキー
Kolakowski
Kolokowski
Kotakowski
コラーサ Kolasa
コラサオ Corazao
コラザキ Kora Zaki
コラサント Colasanto
コラーシ
Kolai
Kolár
Kolář
ゴラジ Gorage
コラジオ Coraggio
コラジーク Korajczyk
コラシナチ Kolasinac
コラシナツ Kolasinac
コラシニコバ
Kolashnikova
コラーシュ Kolář
コラシュ Kolasch
コーラス
Kolas
Kollath
コラーズ
Kolarz
Kollars
コラス
Colas*
Colasse*
Collasse**
Kolas
ゴラス Golas
コラスオノ
Colasuonno
コラスオンノ
Colasuonno
ゴラズド Gorazd
コラーソ Collazo
コラソ Collazo
ゴラゾウスキ
Gorazdowski
コラソン
Corazon*
Corazón*
コラータ Kolata*
コラチ Korać
コラチェ Colacce
コラチェク Kolaczek
コラツォラ Corazolla
コラッサ Kolassa*
コラッジオ Coraggio*
コラッシュ Collache
コーラッチ Korac
コラッチ Korac
コラッチーニ
Corazzini
コーラッツ Kollatz
コラッツ Collatz
コラッツァ Corazza
コラッツィーニ
Corazzini
コーラップ Korab
コーラッブ Korab
コラティ Colati
コラディーニ
Corradini*
コラデッティ
Corradetti
コラデニ Corradini
コラード
Collard*
Corado
Corrad
Corrado*
コラド Corrado
ゴラード Gorard
コラドン Colladon
コラーナ Khorana
コラナ Khorana**
コラナド Kolanad*
ゴラナンパ
Sgo-ra-naṅ-pa
コラーニ Colani
コラニ
Colani
Kolani
ゴラニィ Golany
ゴラノ Goranov
ゴラノヴァ Goranova
コラノヴィッチ
Kolanovic
Kolanović
Kolanovič
ゴラノビッチ
Goranović
ゴラノフ Goranov
コーラビ Kourabi
コラピント
Colapinto**
コラブ Korab
ゴーラブ Golub*
ゴラブ
Golab
Gollub
Golub*
Gulab
コラファス Chorafas
コラフェース
Corraface
コラプシオグル
Corapcioglu
コラプト Kurupt
コラブレフ Korablev
コラベロ Colabello
コラポット Korapote
コラマルコ Colamarco
コーラム
Callum
Coram
コラーム Khorram
コラム
Collum
Colum**
Cullum
ゴーラム
Goram
Gorham
ゴラーム Gholām
ゴラム Golam
ゴラムアリ
Gholam-Ali
コラムナ Columna
コラムパ Go ram pa
ゴラムホセイン
Gholamhossein*
ゴラムレザ
Gholamreza**
Qolamreza
コラーリ Coralli
コラリ
Coralie
Coralli
コラリー
Collery
Coralie
コラリィ Coralie
コラリーツィ Colarizi
コーラル
Chorale
Coral*
コラール
Callard
Collard**
Collart
Coralle
Corral*
Kolar
Kollar

Kollár
コラル
Coral*
Corral
Kolar
ゴラール Goulart
コラールシュ
Kolar
Kolár
コラルスカボビンスカ
Kolarska-bobińska
コラルーチ Colalucci
コラルツ Kolarz
コラルッチ Colalucci
コラルバロン
Corral Barron
コラルリ Coralli
コラーレス Corrales*
コラレス Corrales*
コラロフ Kolarov
コーラン
Callan
Colan
Corran
コラーン Collns
コラン
Colin**
Collin*
Colling
Coran
ゴーラン
Golan*
Goran*
ゴラン
Golan
Gollan
Goran**
コランキーウィッツ
Kolankiewicz
コランクール
Caulaincourt
ゴランコ Goranko
コランジェロ
Colangelo
コランジュ Collange
コランダー Colander
コランタン
Corentin**
ゴランツ Gollancz
コラント Chourraut*
ゴーラント Gowland
ゴーランド
Golland
Gowland*
ゴラント Golant
コラントーニオ
Colantonio
コーランニー Koranyi
コランヌ Corinne
コランボ Columbo
コーリ
Coley
Coli
Corey
Cori*
Cory
Kohli
Kohri
コーリー
Cauley
Cauly
Cawley
Chorley
Chory
Cochrane
Coley
Colie
Collee
Corey***
Corie
Corley*
Correy
Corrie**
Corry
Cory*
Cowley
Khoury
Korey*
Kory
コリ
Colli*
Cori**
Corri
Koli
Koly
Kori
コリー
Coley
Colie
Colin
Collee
Colley*
Colli
Collie*
Coly
Corey***
Corrie
Corry
Cory**
Kolley
Korey
Kory
ゴーリ
Gauri
Ghori
Gori
ゴーリー
Ghūrī
G̱hūrī
Gorey**
Gorry*
Gourley*
ゴリ
Goli
Gor
Gori
ゴリー
Gholī
Goli
コーリア Collier
コリア
Collier***
Corea**
Coria*
Coriat**
Kolja*
コリアー
Colleer
Collier***
Collyer
Coriat
ゴリア Goria*
コリアス
Kolias
Kollias
コーリアット Coriat
コリアット Coryate
ゴリアテ Goliath
ゴリアティ Goriely
コリアト Coriat*
ゴリアト Goliath
ゴリァホフスキー
Golyakhovsky
Golykhovsky
ゴリアラン
Gorriaran
Gorriarán
コリアリー Colleary
コリアール Colliard
コリアル Collier
ゴリアン Gorrian
コーリィ
Coley
Corey*
Corley
Cory
コーリイ
Coley
Corey
Cory
コリイ Cory*
ゴリヴァー Golliver
コーリヴィーサ
Koḷivīsa
ゴリウス Golius
コリエ
Collier
Kolie
コリエネック
Korienek*
ゴリエネフスキー
Golienewski
コリエル Coryell*
ゴリオ Golliot
コリオーノフ
Korionov
コリオラヌス
Coriolanus
コリオリ Coriolis
ゴリオルグラン
Golliot-legrand
ゴリオン
Gorion
Gorionides
コーリガン Corrigan*
コリガン
Colligan*
Corrigan**
ゴリカン Gallichan
ゴーリキ Gor'kii*
ゴーリキー
Gorikii*
Gorkii
Gor'kii**
Gorky
ゴリキー Gor'kii
ゴーリキィ
Gorkii
Gor'kii*
ゴーリキイ
Gorikii
Gor'kii*
ゴリキイ Gor'kii
コリグノン Collignon
コリグリアーノ
Corigliano
コリコス Colicos
ゴーリコフ Golikov
ゴリコフ
Golikov
Gor'kov
ゴリコワ Golikova
コーリーザー
Kohlrieser
ゴリザデ Gholizadeh
ゴリサーノ Golisano
コリシ Kolisi
コリシェフスキ
Kolisevski
ゴリジョフ Golijov
コーリス Corliss*
コリース Corrice
コリス
Colles
Collis**
Colliss
Corris
ゴリス
Goris
Gorris
コリスコ Kolisko
コリスタ Colista
コリソン Collison
コリータ Koryta**
コリタ Koryta
コリダン Corridan
ゴリチ Gorriti
ゴリチェク Goliszek
ゴリチェワ Goricheva
ゴーリツ Goljts
ゴリーツィン Golitsyn
ゴリーツイン Golitsyn
ゴリツィン Golitsyn*
コリツエ Koridze
ゴリツェン Golitzen
コリツォーフ
Koliov
Kolitsov
Koltsov
Kol'tsov*
コリツォフ
Kolitsov
Koltsov
コリーツキー Koritskii
ゴリツキ Goritzki
コーリック Couric*
コリック
Colick
Collick**
ゴーリック Gawlick
コーリッジ Coleridge
コリッジ Colledge
コーリッシュ Kolisch
コリッシュ Kolisch
コリッソン Collisson
コリッツ Collitz
ゴリッツ Goritz
コリップ Collip
コリップス Corippus
ゴリーティ Gorriti
ゴリデンヴェイゼル
Gol'denveĭzer
Goldenweiser
コリトン Coryton
コリドン
Coridon
Corydon
コリーナ
Colina*
Collina
Corina*
Corinna
Corjena
Corrina
コリナ Corina
コリナー Köllner
コリーニ
Colini
Collini**
Corini
コリニ Coligny
コリニー Coligny
ゴリーニ Gorini
ゴリニ Gorini
コリニョン Collignon*
コリーヌ
Coline**
Colline
Corine*
Corinne**
Koline
コリーネ Corine
コリネ
Colinet
Collinet*
Colllinet
コリネーツ Korinets
コリネツ
Korinets
Korinetz
コリネリ Collinelli*
コリーノ
Colino
Corino
コリノ
Colino
Collino
ゴリノ Golino
ゴリホフ Golijov
コリーモア Collymore
コリモア Collymore*
コリモン Colimon
コーリャ Kolja
コリヤ Colyer
コリヤー
Collier
Collyer
Colyer
コリャーキン Koriakin
コリャーギン Koliagin
ゴリャコフ
Goliakov
Golyakov
コリャコフスキー
Koriakovskii
ゴリャーチキン
Goryachkin
コリャティ Cogliati
コリャード Collado
コリャド Collado
コリャンテス
Collantes

コリャンデル
Colliander
コリュ Coll
コーリュシェヴァ
Koljusheva
コリューシュ Coluche
コーリュス Coolus
コリュス Korjus
ゴリュノヴ Goryunov
ゴリューノフ
Goriunov
コリョリ Coriolis
コリリアーノ
Corigliano
コリリャーノ
Corigliano
コリリン Kolirin*
コリリンテターケ
Koririntetaake
コリル Korir**
コーリン
Chorin
Colin***
Colleen
Collin
Corinne
Corrinne
Coughlin
Kolïn
コリーン
Coleen*
Colijn
Colin
Colleen***
Collin
Corinne
Corrine
コリン
Colen
Colin***
Colleen
Collen**
Collin**
Corin*
Corine
Corinne**
Corrin*
Kolïn
Korine**
ゴーリン Golin
ゴリン
Golin
Gorin
Gorion
コリンヴォー
Colinvaux
コリンウッド
Collingwood
コリンガー Kolinger
コリンガム
Collingham
コーリング
Colling
Cowling*
ゴーリング Goring*
コーリングウッド
Collingwood
コリングウッド
Collingwood**
Corringwood
コリングス Collings*
コリングズ Collings*
ゴリンコフ Golinkoff
コリンジ Collinge*
コリンジャー
Collinger
コーリンス Collins
コリンス
Collins*
Kollins
コリンズ
Colins*
Collings
Collins***
Collyns
Kolins
コリンスキー Kolinsky
ゴリンスキ Golinski
コリンズワース
Collinsworth
コリンソン
Collinson**
コリンダ Kolinda*
コリンダー Collinder
コリンデル Collinder
コリント Corinth*
コリンドレス
Colindres
コリントン
Collington**
Corrington
コリンナ
Corrinna
Korinna
コリンヌ
Corinne***
Corrinne
コリンバ Kolingba**
コール
Call*
Calle
Caulle
Coar*
Cohl
Cole***
Colé
Coll**
Cool
Cor
Corl
Corr
Corre*
Kaul
Kaur
Kohl***
Kohr*
Kol
Kole
Koll
Kool
Kor
Korr
コル
Col
Coll**
Colle
Cor
Kol*
Kold*
Koll
ゴール
Gall*
Gaul
Gaule
Gaulle**
Gorr*
ゴル Goll**
コルイアー Colyer
コルヴァイ Corvey
コルヴァール Korvald
コルヴァン
Colvin
Corvin
ゴルヴァン Golvin
コルヴィ Corvi
コルヴィサール
Corvisart
コルヴィツ Kollwitz
ゴルヴィツァー
Gollwitzer
コルヴィッグ Colvig
ゴルヴィッチ
Gourevitch
コールヴィッツ
Kollwitz
コルウィッツ Kollwitz
コルヴィッツ
Kollwitz**
ゴールヴィッツァー
Gollwitzer
ゴルヴィッツァー
Gollwitzer
コルウィヌス
Corvinus
コルヴィーヌス
Corvinus
コルヴィヌス
Corvinus
コルヴィーノ Corvino
コルヴィノ Corvino
コルヴィル Colville
コールウィン Colwyn
コルウィン
Colwin*
Colwyn
コルヴィン
Colvin*
Korvin
Kórvin
ゴールウェイ
Gallway
Galway***
コルヴェジエ
Corvaisier
コールウェス Kohlwes
コールウェル
Calwell
Colwell**
コルウェル
Colwell**
Colwill
コルウエル Colwell
コルヴェローニ
Corveloni
コルウェン Curwen
コルヴェンバハ
Kolvenbach
コルヴォ Corvo
コルウス Corvus
コルエル Coryell
コールカー Colker
コルカ Korka
コルカー
Colker
Kolker
ゴルカ Gorka
ゴルガー Golger
ゴルガス Gorgas
コルカット Collcutt**
ゴルガーニー Gorgānī
コルガーノフ
Kolganov
コルガノフ
Kolganov
Korganoff*
Korganov
コルカバ Kolcaba
コルガン Colgan**
ゴールキー Gor'kii
ゴルキー
Gor'kii*
Gorky
ゴルギ Gorgi
ゴルギアース Gorgias
ゴルギアス Gorgias
ゴールキィ Gaulke
ゴルキイ Gor'kii
ゴルギオス Gorgios
ゴルギダス Gorgidas
ゴルキック Gorkic
コルキット Colquitt
ゴルギトアイア
Gheorghitoaia
コルキナ Korkina
コルキュフ Corcuff
コールキン Korkin
ゴルキン Gorkin
コールキンス Caulkins
コールキンズ
Calkins
Caulkins
コルク
Cork
Kolk***
コルクト Korkut*
コルクーノフ
Korkunov
コルクノーフ
Korkunov
コルクノフ Korkunov
コルクホーン
Colquhoun
コルクマン Kolkman
コルクルム Corculum
コルグレイヴ
Colegrave
コルグレイザー
Colglazier
コールグローヴ
Colegrove
コールグローブ
Colegrove
コルグローブ Colgrove
ゴルグロフ Gorgulov
ゴールケ Gohlke
ゴルケ Gorke
コルケアオヤ
Korkeaoja
ゴルゲイジ Gorgeij
コールゲイト Colegate
コルケット Colkett
コルゲート Colgate
コルゲル Corgel
コールゲン Jürgen
コルコ Kolko**
コルコーシコ
Korkoshko
コルコシュコ
Korkoshko
コルコス Corcos
ゴルゴゼ Gorgodze
コールコット Callcott
コルコット Callcott
コルコード Colcord
ゴルゴニア Gorgonía
ゴルゴニウス
Gorgonius
ゴルゴニオス
Gorgonios
Gorgónios
ゴルゴーネ Gorgone
ゴルゴン Gorgon
ゴルサ Gorsa
コルサコヴァ
Korsakova
コールサコフ
Korsakov
コルサコフ Korsakov*
コルザーズ
Corruthers
コールサースト
Coulthurst
コルサック Korsak
コールサート
Coolsaet*
コールサード
Coulthard
コルサールツ
Colsaerts
コルサンディ
Khorsandi
コルシ Corsi**
ゴールジ Golgi
ゴルジ Golgi*
コルシア Korcia*
コルジア Corgiat
コルシアート
Coltheart
コルシアン Kortian
ゴールシィ Gourlcy
コルジェ Kordjé
コルジエ Corgier
ゴルジエ Gorgier
コルシェッド Khorsed
ゴルジエフスキー
Gordievsky
ゴルジェル Gourgel
コルシェルト
Korschelt*
ゴルジェンコ
Gordienko
コールジーグ
Kolzig

Kölzig
ゴルシコ Golushko*
コルシコフ Korshikov
ゴルシコーフ
Gorshkov
ゴルシコフ
Gorshcov
Gorshkov**
ゴルシコボゾフ
Gorshkovozov
Horshkovozov
コルジツ Korzits
コルシーニ Corsini*
コルシニ Corsini
ゴルシフテ
Golshifteh*
コルジャーヴィン
Korzhávin
コルシャク Korshak
コルジャコフ
Korzhakov*
コルシュ Korsch*
ゴルジュ
Gorgé
Gorges
ゴルシュコ Golushko
コルシュノウ
Korschunow
コルシュノフ
Korschunow*
Korshunow**
コルシュノワ
Korshunova*
ゴルシュマン
Golschmann
ゴルジュマン
Golschmann
コールシュミット
Kohlschmidt
ゴルシュミット
Goldschmidt
コールシュライバー
Kohlschreiber
ゴルジュラン Gorgelin
コルジョワ Korzhoya
ゴルシーリー Golshīrī
ゴルージン Goluzin
コルジンスキー
Korzhinskii
ゴルジンスキー
Gorzynski
コールス
Coles
Kohls
コールズ
Coales
Coles**
ゴルス
Gorce*
Gorsse
ゴルスウァージー
Galsworthy
ゴールスウオージー
Galsworthy
ゴルスウオーシイ
Galsworthy
ゴルスウオシイ
Galsworthy
コルスキー Kolsky
ゴールスキー Gorskii
ゴルスキ Gorski
ゴルスキー
Gorski
Gorskii
Gorskiĭ
Gorsky
コルスタ Kolstad
コルスター Kolster
コルスタッド
Kolstad*
ゴルスツンスキー
Golstunskii
コルスト Kolste
ゴルストゥンスキー
Golstunskii
コールストン Colston
コルストン Colston*
ゴールストン
Galston
Gholston
Goulston
ゴルストン Golston
ゴールズバラ
Goldsboro
ゴールズバリー
Goldsbury
ゴールズブロ
Goldsbrough
ゴールズブロー
Goldsbrough
コールズベリー
Colesberry
ゴールズベリイ
Goldsberry
ゴールズボロ
Goldsboro
Goldsborough
ゴールズボロー
Goldsborough
ゴールズボロウ
Goldsborough
ゴールズマン
Goldsman**
ゴルスメット
Goldschmidt
コルスモ Korsmo
ゴールスワアジイ
Galsworthy
ゴールズワアジイ
Galsworthy
ゴールスワージー
Galsworthy
ゴールズワーシー
Goldsworthy*
ゴールズワージ
Galsworthy*
ゴールズワージー
Galsworthy**
Goldsworthy**
ゴルスワージー
Galsworthy
ゴルズワージ
Galsworthy
ゴルズワージー
Galsworthy
ゴールズワージィ
Galsworthy
ゴルスワシイ
Galsworthy
ゴルズワージィ
Galsworthy
コルズン Korzun
ゴールスン Gholson
コルスンスカヤ
Korsunskaia
コルセッティ Corsetti
コルセッリ Corselli
ゴルセナウ Gollsenau
コルゼニオフスキ
Korzeniowski
コルセルト Korschelt
コールセン Callesen
コルセン Corssen
ゴールセン Golzen
コルゼンパ
Chorzempa*
コルソ Corso*
コルソー Corsaut
ゴルゾウスキー
Goleszowski
コルソス Kóllouthos
コールソン Coalson
コルソン Colson**
ゴールソン Gholson
ゴルソン
Gholson
Golson
コールター
Colter*
Coulter**
コールダー
Calder**
Caulder
Corder
コルタ
Colta
Kolta
コルター
Colter**
Coulter
Kolter
コルダ
Cordan
Korda**
コルダー Calder*
ゴールター Goulter
ゴールダー
Golder*
Goldhor
ゴルダ Golda**
ゴルダー Golder
コルタイ Koltai
コールダウッド
Calderwood
コルターサル
Cortázar*
コルタサル
Coltázar
Cortázar**
コルダスコ Cordasco
ゴルダスト Goldast
コルダツ Cordaz
コルタッサ Cortassa
ゴルタット Gortat
コルタート Coltart*
コルダートゥス
Cordatus
コルダドバ
Khurdādhbeh
コルダードベー
Khordâdbeh
ゴルダナ Gordana
ゴルダニーガ
Goldaniga
コルタノフスキー
Koltanovskii
コールダーバンク
Calderbank
コルダヒ Kordahi
コルターマン
Koltermann
ゴルターマン
Goltermann
コルタムベール
Cortambert
ゴルタリ Gortari
コルタレロ Cortarelo
コルタロロ
Quartarolo
コールタン Coulton
コルタン Cortin
コルダン Kordan
ゴルダン
Goldan
Gordan*
Gordin*
コルダンス Cordans
ゴルダンスキー
Gol'danskii
ゴルダンバイ
Gordhanbhai*
コルタンブル
Cortambert
コルチ Corti
ゴルチェ Goltzsche
ゴルチエ Gaultier*
ゴルチェヴ Gorchev
ゴルチェル Gólcher
ゴルチェン Ngor chen
コルチス Curtis
ゴルチツキ Gorczycki
コルチナ Kolchina
コルチノイ Korchnoi
コルチャーガ
Corruchaga
コルチャーギナ
Korchagina
コルチャーク
Kolchak*
Korčak
コルチャク
Kolchak
Korchak
Korczak*
ゴルチャコヴァ
Gorchakova
ゴルチャーコフ
Gorchakov
ゴルチャコーフ
Gorčakov
Gorchakov*
ゴルチャコフ
Gorchakov*
ゴルチャコーワ
Gorchakova
ゴルチャコワ
Gorchakova
コルチャック
Kolchak
Korczak**
コルチャノフ
Kolchanov*
コルチャノワ
Kolchanova
コルチュ Korzh
コルチュノワ
Koltunova
コルチュルク
Koruturk
Korutürk
コルチン
Curtin
Kolchin
コルチンスカ
Korchinska
コルチンスキー
Kolchinsky
コルツ
Goltz
Kolts
Koltz
ゴールツ Goltz
ゴルツ
Golts
Goltz*
Golz
Gölz
Gorz***
コルツァーニ Colzani
ゴルツィアー
Goldziher
ゴルツィウス Goltzius
ゴルツィス Gortzis
コルツォー Kortzau
コルツォナイ
Kolczonay
コルッチ Colucci*
コルッチョ Coluccio
コルツノワ Koltunova
コールテ Coorte
コルテ
Colletet
Corte*
Côrte
Korte*
コルデ
Corday
Kolde
コルデー Corday
ゴルデー Gordey
コルティ Corti*
コルディ Cordy
コルデイ Corday
ゴールディ Goldie**
ゴールディー Goldie**
ゴルディ
Golde
Goldie
ゴルディー Goldie*
ゴルディアス Gordias
ゴルディアヌス
Gordianus

ゴルディアーヌス
Gordianus
ゴルディアヌス
Gordianus
コルディアール
Cordiale
ゴルディアン
Gordian*
コルディエ
Cordié
Cordier*
ゴルティエ Gaultier
ゴルディエフスキー
Gordievsky
コルディエムスキー
Kordemskii
ゴルディオス Gordios
コルディコット
Caldecott
Caldicott
ゴルディジャーニ
Gordigiani
コルティス
Corthis
Cortis
ゴルディス Gordis*
コルティソ Cortizo
ゴルディチューク
Gordiychuk*
コルディッツ
Colditz
Kolditz
ゴールディナー
Goldiner
コルティナラセラ
Cortina Lacerra
コルティーニャス
Cortiñas
コルティネス
Cortines
Cortínez
コルディフェッロ
Cordiferro
ゴルディマー
Gordimer
コルディムスキー
Kordemskii
コルデイロ Cordeiro*
コールディロン
Coldiron
コルティン Koltyn
コルディン Colding
ゴールディン
Goldin**
Gourdine
ゴルディン Gordin
コルティング
Colting
Korting
ゴールディング
Golding***
Goulding*
ゴルディング
Garding
Golding
Gording
ゴールディンゲイ
Goldingay
コルデヴァイ
Koldewey
コルテヴェーク
Korteweg
ゴルデーエフ
Gordeev
Gordeyev*
ゴルデエフ Gordeyev
コルテカンガス
Kortekangas
コールデコット
Caldecott*
コルデコット
Caldecott
コルテザウン Cortesão
コルテザン Cortesão
コルテシ Cortesi
コルテジアーニ
Corteggiani
コルテーズ Cortez
コルテス
Cortes*
Cortés**
Cortese
Cortez*
Koltes*
Koltès
コルデス Cordes**
コルテーゼ Cortese
コルテセ Cortese
コルデツキ Kordecki
コルデッシュ
Kordesch
コルテッチャ
Corteccia
コルデッラ Cordella
コルテッリーニ
Coltellini
ゴルデーヌ Goldaine
コルデホッフ
Kolldehoff
コルデムスキー
Kordemskii
コルデーユ Cordeilles
コルデュラ Cordula
コルデリア Cordelia*
コルテリアル
Corte-real
コルデリウス
Corderius
コルテリーニ
Cortellini
ゴルテル Gorter
ゴルデル Gaarder**
ゴルテルマン
Goltermann
コルデロ Cordero***
ゴルデーワ
Gordeeva**
コールデン Colden
コルテン Kolten
コルデン Colden
ゴールデン
Gaulden*
Golden**
Goulden
ゴールデンヴァイザー
Goldenweiser
コルテンカンプ
Kortenkamp
ゴールデンサール
Goldenthal
コルテンス Cortens
ゴールデンソーン
Goldensohn
ゴールデンソン
Goldenson
ゴールデンバーグ
Goldemberg
Goldenberg**
ゴールデンベルグ
Goldenberg*
ゴルデンベルグ
Goldenberg
ゴールデンワイザー
Goldenweiser*
コールト Korth
コールド
Cold
Kolde
コルト
Colt*
Cord*
Cort
Corte
Côrte
Kolt
Korte
Korth
Korto
コルトー Cortot**
コルド Kord
コルドー
Cordeau
Cordeo
ゴールト
Galt*
Gault*
Gold
Gould
ゴールド
Gauld*
Gold***
Goold
Gould
ゴルード Gold
ゴルト
Galt
Gold
ゴルド Gort
ゴルドー Gordeau
ゴルトアンマー
Goldammer
コルドヴァ
Cordova
Córdova*
ゴールドヴァッサー
Goldwasser
ゴールドウィン
Goldwyn***
コルドウェイ
Coldewey
コルドヴェス
Córdoves
コールドウェル
Caldwell***
Coldwell*
Colwell
コールドウエル
Caldwell
コルドウェル
Caldwell*
Coldwell
コルドヴェロ
Cordovero
ゴールドウォーター
Goldwatar
Goldwater*
ゴールドゥシャイダー
Goldscheider
コルドゥス Cordus
ゴルドゥーズィヤーン
Goldouzian
ゴルドゥズィヤン
Goldouzian
コルトゥノフ
Kortunov
コルトウノワ
Koltunova
コルトゥム Kortum
コルドゥラ
Cordula*
Cordura*
ゴールドエイカー
Goldacre
コルトオ Cortot
ゴールドケット
Goldkette
ゴールドコイン
Goldc01n
コールドコット
Caldecott
ゴールドサック
Goldsack
ゴールドシャー
Goldsher
ゴールドシャイダー
Goldscheider
ゴールトシャイト
Goldscheid
ゴルトシャイト
Goldscheid
ゴールドシュタイン
Goldstein***
ゴルトシュタイン
Goldstein*
ゴルドシュタイン
Goldshtein
Goldstein
ゴールドシュティン
Goldstein
ゴールドシュテイン
Gol'dshtein
ゴルトシュテュッカー
Goldstücker
ゴルトシュトゥッカー
Goldstucker
Goldstücker
ゴールドシュナイダー
Goldschneider*
ゴールトシュミット
Goldschmidt
ゴールドシュミット
Goldschmidt***
Goldsmid
ゴルトシュミット
Goldschmidt**
Goldschmit
ゴルドシュミット
Goldschmidt*
ゴールドシュレイガー
Goldschlager
ゴールドシュレーガー
Goldschlager
コルートス Colluthus
コルトス
Kóllouthos
Kolluthos
ゴールドスウェイト
Goldswaite
Goldthwait*
ゴールドスタイン
Goldstein**
Goldstine
ゴールドスチン
Goldstein
ゴールドスティーン
Goldstein*
ゴールドスティン
Goldstein
Goldstyn
ゴールドステイン
Goldstein*
ゴールドステーン
Goldstein
ゴールドステン
Goldstein
ゴールドストーン
Goldston
Goldstone*
ゴールドストン
Goldston
ゴールド・スミス
Goldsmith
ゴールドスミス
Goldsmith***
ゴールドスミッス
Goldsmith
ゴールドスミット
Goldsmid
ゴールドスミッド
Goldsmid
ゴールドセン Goldsen
ゴールドソープ
Goldthorpe
ゴールドソン Goldson
ゴールドツィーアー
Goldziher
ゴルトツィーアー
Goldziher
ゴルトツィーハー
Goldziher
ゴルドツィーハー
Goldziher
ゴルトツィーヘル
Goldziher
コルトッフ Kolthoff
コルトーナ Cortona
コルトナ Cortona
コルトナー
Cortona
Kortner
Kortoner
ゴールドナー
Goldner
Gouldner
ゴルドーニ Goldoni*
コルドーネ Cordone
コルトバ Cordova
コルドバ
Cordoba*
Córdoba*
Cordova***
Cor̗dova

コ

Córdova**
コルトバウィ
Qortbawi
ゴールドバウム
Goldbaum
ゴールドバーガー
Goldberger**
ゴールドバーク
Goldberg
ゴールドバーグ
Goldberg**
ゴールドハーゲン
Goldhagen*
ゴールドバッカー
Goldbacher
ゴールドバッシュ
Goldbach
コルドバッチェ
Kordbacheh
ゴールドバッハ
Goldbach
ゴルトバッハ
Goldbach
ゴルドバッハ
Goldbach
コールトハード
Coulthard
ゴールドハーバー
Goldhaber
コルトハーヘン
Korthagen
ゴールドハマー
Goldhammer
ゴルトハマー
Goldhammer*
コルトハルス Korthals
コルドビカ Koldobika
コルトビッチ
Koltovich
ゴルドビナ Goldobina
コルトフ Kolthoff
ゴルドファイン
Gol'dfain
ゴールドファーデン
Goldfaden
ゴルドファーデン
Goldfaden
ゴールドファーブ
Goldfarb*
ゴールドファルブ
Goldfarb
ゴールドフィッシャー
Goldfischer
ゴールドフィッシュ
Goldfish
ゴールドフィールド
Goldfield
ゴールドフェダー
Goldfedder*
Goldfeder
ゴールドフェドン
Goldfaden
ゴルドフスキー
Goldovskii
ゴールドフラス
Goldfluss
ゴールドブラット
Goldblat
Goldblatt*
ゴールドブラム
Goldblum*
ゴールドフリード
Goldfried
ゴールドブルム
Goldblum
ゴールドヘイバー
Goldhaber
コルドベス
Cordobés
Córdoves*
ゴールドベック
Goldbeck
ゴールドベリ
Goldberg
ゴールドベルガー
Goldberger
ゴルトベルガー
Goldberger*
ゴルドベルガー
Goldberger
ゴールドベルク
Goldberg*
Gomberg
ゴールドベルグ
Goldberg**
ゴルトベルク
Goldberg
ゴルドベルク
Goldberg
ゴルドベルグ
Goldberg
コルドベロ Cordovero
ゴールドホーク
Goldhawk
コルトホルト Kortholt
ゴールドマーク
Goldmark
ゴルトマルク
Goldmark
ゴルドマルク
Goldmark
コルトマン Coltman
ゴールトマン
Goldmann
ゴールドマン
Goldman***
Goldmann*
ゴルトマン Goldman
ゴルドマン
Goldman*
Goldmann*
コルドモア Cordemoy
コルドモワ Cordemoy
ゴールトライヒ
Goldreich
ゴールドラット
Goldratt*
コルトラリ Cortellari
コルトラント
Cortlandt
Kortlandt
コールドリー Coldrey
コールドリィ Coldrey
コルドリエ Cordelier
ゴールドリック
Goldrick
ゴールドリング
Goldring
ゴルドリング Goldring
ゴルドール Goldhor
コルトルティ Coltorti
コールドレイク
Coldrake
コルトレイン Coltrane
コルトレツィス
Cortolezis
ゴルドレーフスキー
Gordlevskii
ゴルドレフスキー
Gordlevsky
コルドレル Cordier
コルトレーン
Coltraine
Coltrane**
コルドレン Coldren
コルドロッフ
Corderoc'h
コールドロン
Calderon
ゴールドワグ Goldwag
ゴールドワッサー
Goldwasser*
コールトン
Caulton
Colton
Coulton
コルトン Colton**
コルドン
Cordon
Kordon**
ゴールトン Galton*
ゴールドン
Golden
Goldon
Gordon
ゴルトン Galton
ゴルドン
Gordon***
Gordón
コルーナ Koruna
コルナー Corner
ゴルナー Goellner
コルナイ Kornai**
コルナイユ Cornaille
コルナウト Kornauth
コルナジア Cornaggia
コルナッキーニ
Cornacchini
コルナッリャ
Cornaglia
コルナバス Cornabas
コルナーロ Cornaro
コルナロ Cornaro*
コルナロス Kornaros
コルニ
Corni
Corny
コルニー Corny*
コルニアク Kolniak
コルニエ Cornier
コルニエンコ
Kornienko
コルニエンティ
Cornienti
コルニース Cornies
ゴルニック Gaulunic
ゴルニッシュ Gollnish
コルニッツア
Kornitzer
コルニーニ Cornini
コルニフィキウス
Cornificius
コルニュ Cornu
コルニュエル
Cornnel
Cornuel*
コルニラエフ
Kornilaev
コルニル Cornill
コルニーロフ Kornilov
コルニロフ Kornilov
コルヌヴァン
Cornevin
コルヌゲイ Kornegay
コルヌコフ
Kornukov*
コルヌツス Cornutus
コルヌトゥス
Cornutus
コルヌバン Cornevin
コールネー Koloniar
コルネ Cornet*
コルネイ
Kornei*
Korneĭ
コルネイチューク
Korneichuk
コルネイユ Corneille
コルネイユ
Corneille**
コルネーヴィチ
Kornéevich
コルネーヴナ
Korneevna
コルネエフ
Korneev
Korneyev
コルネオ Corneo
コルネク Cornec
コルネーダー
Kolneder
コルネット
Collenette
Cornet*
Cornett
コルネト Cornet
コルネーホ Cornejo
コルネホ Cornejo
コルネマン
Kornemann
コルネーユ Corneille
コルネーリ Cornely
コルネーリー Kornélii
コルネリ Cornely
コルネリー Cornélie
コルネーリア
Cornelia**
コルネリア Cornelia**
コルネリアド
Corneliade
コルネリウ
Corneliu**
コルネーリウス
Cornelius
コルネリゥス
Cornelius
コルネリウス
Cornelis
Cornelius***
Cornēlius
Koreēlios
Kornelius
コルネーリオ Cornelio
コルネリオ
Cornelio*
Koreēlios
Kornēlios
コルネーリス
Cornelis
Cornelisz
コルネリス
Cornelis**
Cornelisz
Corneliszoon
Cornelius
コルネリスゾーン
Cornelisz.
コルネリーセ
Cornelisse
コルネリセン
Cornelissen
コルネリッス
Cornelisz
コルネリュウス
Cornelius*
コルネーリーユス
Cornelis
Cornelius
コルネリュス Cornelus
コルネール Kornél
コルネル
Cornel
Cornell
Corner
Kornel*
コルネルス Cornelis
コルノ Corno
コルノー Corneau**
ゴルノ Gorno
ゴルノスターエヴァ
Gornostaeva*
ゴルノスターエバ
Gornostaeva
コルノフ Kornev
コルノルディ Cornoldi
ゴルパーイガーニー
Golpāygānī
コールハウゼン
Kohlhaussen*
コールバーグ
Kalberg
Kohlberg*
コルバーグ Colberg*
コルパコワ
Kolpakova*
コールハース
Coolhaes
Koolhaas*
コルパス Kolpas

コールハーゼ
Kohlhaase
Kohlhase
ゴルバーチ Gorbach
コルバチョ Corbacho
ゴルバチョーヴァ
Gorbacheva*
ゴルバチョフ
Gorbachev***
コルバッソン
Corbasson
コルバット Corbat*
ゴルバッハ Gorbach
コルバート
Colbert***
Kolbert
コルバード Colbert
コルバト Corbató
コルハトカー
Kolhatkar
ゴルバートフ
Gorbatov
Gorvatov
ゴルバーニ Ghorbani
ゴルバネーフスカヤ
Gorbanévskaya
ゴルバハ Gorbach
コルハブリュー
Colfavru
ゴルハム Gorham
コルバラン
Corbalán
Corvalan
Corvalán
ゴルパリアン
Golparian
コルバルト Korvald**
ゴルバルネジャド
Golbarnezhad
コルバーン Colburn
コルバン
Corbin**
Korban
コールビー Coleby
コルビ
Corby
Korbi
コルビー
Colbie*
Colby**
Corby
Kolbe
Kolby
コルピ
Colpi*
Korpi**
ゴールビー Goalby
コルビィ Colby
コルビイ Colby
コルビェエル Corbière
コルビーエル
Corbeiller
コルビエール
Corbiere
Corbière*
コルビエル Corbière
コルビオ Corbiau**
コルビザール
Corvisart
コルビジェ Corbusier
コルビシエル
Corvisier
コルビジュ Corbusier
コルビシュレー
Corbishley
ゴルビツキー
Golubitsky
ゴルビツスキ
Golubytskyi
コルビッツ Kollwitz
コルピッツ Colpitts
コルビドション
Kolvidsson
コルビニアーヌス
Corbinianus
コルビニアヌス
Corbinianus
コルビニエル
Corbiniere
コルビーノ
Corbino
Corvino
コルビノ Corvino
コルビノー Corbineau
コルビュジェ
Corbusier*
コルビュジエ
Corbusier*
コールビョルン
Kolbjørn
コルビル Colville*
コルビン
Colbin
Colvin*
Kolbin
コルピング Kolping
ゴルビーンスキイ
Golubinskii
コルフ
Khorf
Kolff*
Korf
Korff
コルブ
Kolb**
Kolbe
Korb
コルプ
Kolb*
Kolp
Korb
ゴルーブ Golub
ゴルブ
Golb
Golub**
コルファー Colfer**
コルファヴリュ
Colfavru
コルファクス Colfax
コルファックス Colfax
ゴルファン Golfin
コールフィールド
Caulfield**
コルフェライ
Colferai*
ゴルブキーナ
Golubkina
ゴルブキナ Golubkina
コルプス Corpuz
ゴルブチコワ
Golubchikova
コルブッチ Corbucci
コルブト Korbut*
コルブド Korbut
コルプト Coorput
ゴルブニチー
Golubnichy
ゴルブニチャヤ
Golubnichaya
ゴルブニッチ
Golubnichy
ゴルブノーフ
Gorbunov
ゴルブノフ
Gorbunovs*
ゴルブノフス
Gorbunovs
コルフマン Korfmann
コルブラン
Colbran
Colbrunn
Collbran
コールブラント
Kolbrand
コールブリュッゲ
Kohlbrügge
コールブリュッヘ
Kohlbrügge
コルブリンガー
Kolblinger
コールブルック
Colebrook
Colebrooke
コールブルン Kolbrún
コルブルン Kolbrun
コルブロ Corbulo
コルベ
Colbe
Corbet
Corbét
Kolbe**
コルペ Corpet*
コルベイユ Corbeil*
ゴルベク Goldbaek
コルベジェ Corvaisier
コルベック Colbeck
コルベッタ Corbetta
コルベット
Corbet*
Corbett**
コルベッラ Corbella*
ゴールベフ Goloubew
ゴルベフ Golubev**
コルベラ Corbella
ゴルベリー Golbery
コルベリイ Kollberg
ゴルベリーエ Golbery
コルベリーニ
Corbellini
コルベーリャ Corbella
コルベール
Colbert***
Corbeil
コルベル
Corbel
Kolber
Korbel
コルベルク Kolberg
コルベルト Kolbert
コルベロ Corberó
コルベンシュラーグ
Kolbenschlag
コルベンハイアー
Kolbenheyer
コルベンハイヤー
Kolbenheyer*
コールポー Colepaugh
コルボ Corboz**
コルボー Corbaux
コールボーイ Corboy
コルポイズ Colpoys
ゴルボヴィッチ
Golubovich
Golubovici
コルホネン
Korhonen*
コールホフ
Kohlhoff
Koolhof
ゴルボフスキー
Gorbovskii*
コルポラ Corpora
ゴルボールド Gorbold
ゴルボルネ Golborne
コルボーン Colborn**
コルボン Corbon
コールマー Kollmar
コルマー
Colmar
Kollmer
Kolmar*
コールマイ Kohlmey
コルマウクル
Kormákur
コルマーク Kormákr
コルマゾフ Kormazov
コルマック Cormac
コルマトヴァ
Kholmatova
コルマニク Kormanik
コールマネセット
ColemaNesst
コルマリー Colmery
コルマール Kolmar
コルマル
Colmar
Kolmar
コールマン
Calleman
Calman*
Coleman***
Collman
Colman**
Colmont
Cormann
Coulman
Kohlmann
Koleman
Kollmann
Kol'man
Koloman
Koolman
Korman
コルマーン Colmán*
コルマン
Colman*
Corman
Cormann
Kollman
Kollmann
Korman
Kormann
ゴールマン
Gallman
Goleman*
コールマンズ Colmans
コルミエ Cormier*
コルミソシュ
Kormisoš
コールム Korum
コルム
Colm**
Kolm*
Korum
ゴルム Gorm*
コルムステッター
Kolmstetter
コルムニン Kormunin
コルムバヌス
Columbanus
コルムブス Columbus
コルムペレ Kolmpere
コルメ Colmet
コルメッラ Columella
コルメナレス
Colmenares
コルメラ Columella
コルメン Cormen
コールメンター
Collmenter
ゴルモ Gorm
コルモゴルフ
Kolmogorov
コルモゴロフ
Kolmogorov**
ゴルモハンマディ
Golmohammadi
コルモン
Colmont
Cormont
コルヤ Kolja
ゴルヤノヴィチ
Gorjanović
コルラ Qorra
ゴルラ Gorla
コールラウシュ
Kohlrausch*
コルラツェアン
Corlatean
ゴルラッチ Gorlatch*
コルラード Corrado
コールリ Caullery
コールリー
Caullery
Corley
コルリーヴィ
Colreavy
ゴルリエ Gorlier
コルリエリ Corrieri
コールリジ Coleridge
コルリス Corliss
コールリッジ
Coleridge**

コ

コルリール Collier
コルル Kolluru
コルレ
Colle
Corre
ゴルレ Gorrée
コルレオーネ Corleone
コルレス Corless
コルレッジョ
Correggio
コルレッタ Colletta
コルレット Collett
コルロー Colleau
コルロッディ Collodi
コルローディ Collodi*
コルン Korn*
ゴルーン Goren
コルンカニウス
Coruncanius
コルンゴールト
Korngold
コルンゴルト
Korngold
ゴルンシュタイン
Gornshtein
コルンズ Cornes
コルンバ Columba
コルンハウザー
Kornhauser
コルンバーヌス
Columbanus
コルンバヌス
Columbanus
コルンバノ
Columbano
コルンビス
Couloumbis*
ゴルンフェリド
Gornfelid
Górnfelid
コルンフェルト
Kornfeld
コルンフーバー
Kornhuber*
コルンブリユム
Kornblium
コールンヘールト
Coornhert
コールンヘルト
Coornhert
コーレ
Kaare*
Kåre
Koll
Koole
Koolen
コーレー
Cawley
Coley
Corey
コレ
Colet
Collé
Collet*
Kole*
Kolle**
Kölle
コレー Coray
ゴーレー Goreh
ゴレ Gore
ゴレー Goreh
コレーア Correa
コレア
Corea
Correa***
ゴレア Goléa
コレアス Correas
コレアーノ Colleano
コレアバエアウ
Correa Bayeaux
コーレイ
Colley
Cooley
Corey*
Corley
Korey
コレイ Collay
コレイア Correia**
コレイアイシルバ
Correia E Silva
ゴーレイヴィッチ
Gourevitch*
ゴレイゾフスキー
Goleizovsky
コレイマイネン
Kolehmainen
コレイラ
Correia
Correira
コレイロプレカ
Coleiro Preca
コレイン
Colijn*
Korein
コレヴ Kolev
コレヴァ Koleva
コレヴァール
Korevaar
コレオーニ Coleoni
コレク Kollek**
ゴレク Gollek
コレクティボ
Colectivo
ゴレグリャード
Goregliad
Goreglyad
コレサル Kowlessar
コレシチェンコ
Koreshchenko
コレシニ Corsini
コレシュ Koresh
コレス Koreth
ゴレスターネ
Golestaneh
ゴレスターン Golestān
ゴレスタン Golestan
コレスニコフ
Kolesnikov*
コレスニコワ
Kolesnikova*
コレスニチェンコ
Kolesnichenko
コレソフ Kolesov
コレチキー Kolecki
コレチャ Corretja*
ゴレツカ Goretzka
コレッキー Collecchi
ゴレツキ Goretzki
コーレック Kollek
コレック Kollek
ゴーレック Goreck
ゴレッジ Golledge
コレッジオ Correggio
ゴレッジオ Gorresio
コレッシオス
Coressios
コレッジョ
Correggio*
コレッタ
Coletta
Colette
Coretta*
ゴレッタ Goretta
コレッティ
Coletti
Colletti
Coretti
ゴレッティ
Goletti
Goretti
ゴレッティアレハンドラ
Goretti Alejandra
コレッティス
Kolettis
Koléttis
コーレット
Corlet
Corlett**
コレット
Colet
Colette***
Collet*
Collett**
Collette**
Corrette
Koreff
Korett
ゴーレット Goulet
コレッリ Corelli**
コレティ Coleite
コレティス
Kolettis
Koléttis
コレート Coreth
コレト Coreth
ゴレト Goreth
ゴレトニジガマ
Gorethnizigama
コレドール Corredor
コレーナ Corena
コレナ Corena
ゴレナック Gorenak
ゴレニーシチェフ
Golenishchev
ゴレニシチエフ
Golenishchev
コレーヌ Korène
コレノ Coleno
コーレバ Koleva
コレフ
Kolev
Kollef
ゴーレフ Gorev
ゴレフ Gorev
コレブネフ Kolobnev
コーレマイネン
Kolehmainen
コレマイネン
Kolehmainen*
コレマツ Korematsu
コーレマン Coleman
コレマンズ Coremans
ゴレミス Golemis
ゴレミノフ
Goleminov
ゴレムィキン
Goremykin
ゴレムイキン
Goremykin
ゴレムビオフスキー
Golembiovskii
ゴレムベ Golembe
ゴレモス Goulimis
コレーラ
Corella*
Corera
コレラ
Colella
Kolelas
Kolélas
コレラン Colleran*
コーレリ Korrel'
コレリ Corelli*
コレリー
Corelli
Correlli
コレリィア Corella
ゴレリク Gorelik
ゴレリック Gorelik
コレリッジ Coleridge
コレリッチュ
Kolleritsch
コレリッツ Korelitz*
コーレル
Correll
Kohler
コレール
Collaer
Coriell*
コレル
Correll*
Koller
Korell
コレルシヴィリ
Kolelishvili
コレルス Colerus
コレルリ Corelli
コレロワ Korelova
コーレン
Colen
Coolen
Coren*
Kolen
Koolen
Koren**
コレン
Colen
Collen
Coren**
Koren**
Korren
ゴーレン Goren*
コレンク Koreng
コレンクール
Caulaincourt
コレンコ Kolenko*
ゴレンコ Gorenko
ゴレンシュタイン
Gorenstein
コレンス
Correns
Kolence
ゴレンスティン
Gorenstein
コレンソ Colenso
コレンゾー Colenso
コレンゾウ Colenso
コレンダ Kolenda
コレンダベルー
Collendavelloo
コレンツィオ Corenzio
コレンティン Corentin
コーレンバーグ
Kahlenberg
Kohlenberg
ゴレンバーグ
Gollenberg
ゴレンビオフスキー
Golembiovskii*
コレンブシュ
Collenbusch
コーレンブランデル
Colenbrander
コーレンベルク
Korenberg
コレンマン Korenman
コロ
Collot
Colo
Colony
Corot
Kollo**
コロー
Collot
Corot*
Kollo
ゴーロ
Golo*
Goro
コロア Caurroy
コロアネ Koloane
コロアマ Coroama
コロイタマナ
Koroitamana
コロイボス Koroibos
コロイラベソウ
Koroilavesau
コロヴァ Collovà
ゴロヴァチョーヴァ
Gorovachova
ゴロヴァノフ
Golovanov
ゴローヴァン Golovin
コロウィ Korowi
コロヴィク Colovic
ゴロウィッチ
Golowich
コローヴィン
Korovin*
ゴローヴィン
Golovin
Gorovin
ゴロウィン Golowin
ゴロウイン Golovin
ゴロヴィーン Golovin
ゴロヴィン

Golovin
Golovine
Golowin*
コロウェイ Kolloway
ゴロヴェイコ
Goloveiko
ゴロヴキン Golovkin
ゴローヴニン
Golovnin*
ゴロウニン Golovnin
ゴロヴニーン
Golovnin
ゴロヴニン
Golovnin**
ゴロウビツキ
Golubitsky
コロヴラート
Kolowrat
ゴロヴリョフ Golovlev
ゴロオー Golo
ゴログ Gorog
コロコトローニス
Kolokotronis
コロコトロニス
Kolokotronis
コロコバ Kolocova
コロコラン Corocoran
コロコリツェフ
Kolokoltsev
ゴロゴルスキー
Gologorsky
コロコルツェフ
Kolokoltsev
コロコルツェワ
Kolokoltseva
コロサー Kollhosser
コロサーズ
Corrothers
コロジェチャク
Kolodziejczak
ゴロジェーツキー
Gorodetskii
コロシェッツ
Korosec
Koroshetz
ゴロシェンコ
Goroshchenko
コロシオ Colosio
ゴロシチョーキン
Goloshchekin
ゴロシート Gorosito
コロージモ Kolosimo*
コロシーモ Colosimo
コロシモ
Colosimo
Kolosimo
コロシュ Kolos
コロジュヴァーリ
Kolozsvári
ゴローシュン
Gorroochurn
ゴロショーキン
Goloschekin
コロシンスカ
Kolosinska
コロジンスキ
Kolodzinski
コーロス Couros
コロス Kalos
コロスキー Kolosky
コロスコフ Koloskov
ゴロスティアガ
Gorostiaga
ゴロスティサ
Gorostiza
コロスティロフ
Korostylov
ゴロステギ
Gorostegui
コロスト Chorost
コロストヴィェッツ
Korostovets
コロストヴェツ
Korostovets
コロストウェッツ
Korostovets
コロストヴェッツ
Korostvets
コロゼ Corrozet
コロソヴァ Kolosova
ゴーロソフ Golosov
ゴロソフ Golosov
ゴロソフケル
Golosovker
ゴロソフスキー
Golosovskii
コロソワ Kolosova
ゴロソワ Golosova
ゴロタ Golota*
コロチシュキン
Korotyshkin
コローチチ Korotich
コローチッチ Korotich
ゴロチュツコフ
Golotsutskov**
ゴロツォフ Gorodtsov
コロック Corrock
ゴロッツォーフ
Gorodtsov
コロッディ Collodi*
コロット Colot
コーローディ Kóródi
コローディ
Collodi*
Corrodi
コロディ Collodi*
コロディー Collodi
コロディエチュック
Kolodiejchuk
コローティチ Korotich
ゴロディッシャー
Gorodischer
コロティッチ Korotich
コロディン Kolodin
コロディンスキー
Kolodinsky
コロテエワ
Koroteyeva
コーローテース
Kolotes
コロテス Kolotes
ゴロデス Gorodess
ゴロデツ Golodets
ゴロデーツキー
Gorodetskii
ゴロデツキー
Gorodetskii
ゴロデンコ
Gorodenco
ゴロド Golod
コロドキン Kolodkin
コロドコ Kolodko
コロトコフ Korotkov
コロドナー Kolodner
コロドニ Kolodny
コロドニー
Colodny
Kolodny
コロドニィ Kolodny
ゴロードヌイ
Golodnyi
コロトフ Korotov
コロトン Colloton
コローナ Corona
コロナ
Colonna*
Corona*
コロナード Coronado
コロナド Coronado
コローニ
Cologni*
Colorni
コローニア Colonia
コロニア Colonia
ゴロニアシ Qoriniasi
コロニチ Kolonics**
コロニャ Cologna**
ゴローニン Golovnin
コロネ
Kolone*
Korone
Koroné
コロネッリ Coronelli
コロネリ Coronelli
コロネル
Colonel
Cornell
Coronel
コロノヴィッツ
Kolonovits
コロノビッツ
Kolonovits
コロバ Kgoroba
ゴロバノフ Golovanov
コロピー Collopy
コロビク Colovic**
ゴロビチュ Golobič
コロビツィン
Korobitsin
ゴロビナ Golovina
コロービン Korovin
ゴロービン Golovin
ゴロビン Golovin
コロフ Koloff
ゴロブ Golob
コロファイ Kolo'ofai
コロブカ Korobka
ゴローフキン
Golovkin
ゴロフキン
Golovkin**
ゴロフコ Golovko
コローブコフ
Korovkov
コロブコフ
Kolobkov*
Korobkov
コロプコフ Kolobkov
ゴロフシチコフ
Golovshchikov
ゴロフチェンコ
Golovchenko
コロフチンスキー
Korobchinskii
コロブチンスキー
Korobchinskii
Korobchinsky
ゴローブニン
Golovnin
ゴロブニーン
Golovnin
ゴロブニン Golovnin
コーロブラト
Kolowrat
コロブラーノ
Colobrano
ゴロブレーバ
Golovleva
コロブンラブラ
Korovulavula
コロボス Kolobos
コロボフ
Kolobov
Korobov
ゴロホフスカヤ
Gorokhovskaya
コロボワ
Kolobova
Korobova*
ゴロボワ Gorokhova
コローマ Coloma
コロマ
Coloma
Koroma*
コロマニコラス
Coloma Nicolas
コロマン
Coloman
Koloman
コロマンスキー
Kołomański
コロミーエツ
Kolomiets*
コロミエツ Kolomiec
コロミーナ Colomina*
コロミナス
Corominas
コローム Coulombe
コロム Colomb
ゴロム
Gollomb
Golom
Golomb
ゴロムシトク
Golomshtok
コロムビ Colombi
コロムブ Colombe
コロメ
Colome
Colomé
コロリス Coulouris
コロリューク
Korolyuk
コロリョーフ
Korolev
Korolyov
コロリョフ Korolyov
コロル
Collor*
Korol
コロルコフ Korolkov
コロルコワス
Korolkovas
コロルチク
Karolchik*
コロレヴィチ
Korolewicz
コロレツ Korolec
コロレード Colloredo
コロレフ Korolev
コロレフスカ
Korolevska
コロレーンコ
Korolenko
コロレンコ
Korolenko*
コロローソ Coloroso*
コーロワ Caurroy
コロワ Caurroy
コロワシュコフ
Korovashkov
ゴロワノフ
Golovanov*
コーロン Choron
コローン
Collawn
Colon**
Colón*
コロン
Choron
Collomb
Collon
Colom**
Colombo
Colon**
Colón*
Kolong
ゴロン Golon***
コロンターイ
Kollontai
コロンタイ
Kollontai**
コロンディ Korondi
コロンナ Colonna
コロンヌ Colonne
コロンネ Colonne*
コロンネーゼ
Colonnese
コロンネッロ
Colonnello
コロンバス
Columbus*
コロンバニ
Colombani**
コロンバーラ
Colombara
コロンバン Collombin
コロンビー Colomby
コロンビエ Colombier

コ

コロンビエール
Colombière
コロンビーニ
Colombini
コロンビル Collonville
コロンブ
Colomb*
Colombe*
ゴロンブ Golomb*
コロンフェルド
Kronfeld
コロンブス
Colombo
Columbus*
コロンベ Cólombet
コロンボ Colombo***
ゴロンボク Golombok
コワ
Khoi
Koua
ゴワ
Gois
Goy
ゴワー Gower
コワイ Kuai
コワイエ Coyer
コワコシー Kovacocy
コワコフスキ
Kolakowski
Kołakowski**
ゴワシェル Goitschel
ゴワーズ Gowers
コワズヴォ Coysevox
コワズヴォクス
Coysevox
コワズヴォックス
Coysevox
コワズボックス
Coysevox
コワセヴィチ
Kovacevich
コワセビチ
Kovacevich*
コワッチ Kowatch
コワート Cowart
コワード Coward
コワニー Coignet
コワニェ Coignet
コワニエ Coignet
コワニャール
Coignard
コワノー Coineau
コワフマン Coifman
コワペル
Coipel
Coypel
コワポー Coypeau
コワヤール Coillard
ゴワラン Goiran
コワリ Koval
コワリク Kowalik
コワーリズミー
Khwārizmī
コワリゾン Koval'zon
コワリック Kowalik
コワリョーノク
Kovalyonok
コワリョフ
Kovalev**
Kovalyov*
コワル Kowal**
コワルコウスキー
Kowalkowski
コワルシック
Kowarschik
コワルジック
Kowalczyk
コワルスキ
Kowalski**
コワルスキー
Kowalski**
Kowalsky
コワルチク
Kowalczyk**
コワルチコワ
Kowalczykowa
コワルツ Kowarz
コワレ Koyré
コワレーニン
Kovalenin*
コワレーフ Kovalev
コワレフ Kovalev
コワレフスカヤ
Kovalevskaia
コワレフスキー
Kovalevskii
Kowalewski*
コワレンコ
Kovalenko**
コワロー Coirault
コーワン Cowan**
コワン Cowan
ゴーワン Gowan
ゴワン
Goins
Gowan
コワンケン Guan-gen
コワンシ Coincy
コワンシー Coincy
ゴワンス Gowans*
コワンチョン
Koon-chung
コワンヤー Guang-ya
コーン
Chon
Chown
Cohen
Cohn***
Colrn
Cone**
Conn
Corn*
Corne*
Cornes*
Coyne
Kan
Koehn*
Kohn**
Kone
Korn**
コン
Con**
Cong***
Công*
Conh
Conn**
Geng
Gong*
Kern
Khon
Khong
Khoun
Kon
Kong**
Kum
ゴーン
Gaughan
Gaunt
Ghosn**
Gong*
Gorn
Kon
Korn
ゴン
Gon*
Gong**
Gonne
Kon
Kuhn
Kun
コンイッチ Konjic
コンイル Kun-il
コンヴァース
Convers*
Converse*
コンヴィ Convy
コンヴィチュニー
Konwitschny*
コンヴィッキ
Konwicki
コンヴィツキ
Konwicki**
コンヴィッツ Konvitz
コンヴィル Conville
コンウィンスキ
Konwinski
コンウェー Conway**
コーンウェイ Conway
コンウェイ
Comway
Conway***
コンウエイ Conway
コンヴェリー Convery
コーンウェル
Cornwell**
コンウェル Conwell*
コンヴェルシ Conversi
コンヴェルト Convert
コンウエンツ
Conwentz
コンヴェンツ
Conwentz
コーンウォーリス
Cornwallis
コーンウォリス
Cornwallis
コーンウォール
Cornwall**
コーンウォル
Cornwall
コーンウォルリー
Cornwall-Legh
コンウドム
Khongudom
コンエツニー
Konjetzny
コンエル Conwell
コンカ
Conca
Konkka
コンガ Konga
コンガー Conger**
ゴンガー Gongar
コンカイ Khonkhai
コンガイカ Kongaika
コンカート Concato*
コンカノン
Concannon
ゴンガラ Gongarad
コンガール Congar**
コンガル Congal
ゴンカルブズ
Goncalves
ゴンカロ Gonçalo
コンガンチエフ
Kongantiyev
コンキー Conkie
コンギース Comegys
コンキャノン
Concannon
コング
Congue
Kong*
Koungou
ゴング Gong
コングヴェーリル
Koṅkuvēḷir
ゴンクウル Goncourt
コンクェスト
Conquest
コンクエスト
Conquest***
ゴンクシア Gongxia
コングスガード
Kongsgaard
コングスハウグ
Kongshaug
コングスバック
Kongsbak
コングドン Congdon
コングリーヴ
Congreve*
コングリデイスクサコーン
Kongridhisuksakorn
ゴンクリバリ
Gon-coulibaly
コングリーブ
Congreve
コンクリン
Conklin**
Conkling
コンクリング
Conkling*
コンクル Conkle
ゴンクール Goncourt*
コングルトン
Congleton
コングレーヴ
Congreve
コングレス Congress
コングレトン
Congleton
コングロハ Congalach
コンケ Kohnke
コーンケン Köehnken
コンコ Konko
コンゴ Congo
コンコヴィッチ
Comcowich
コンゴウズ Kongos
コンゴドゥドゥ
Kongo Doudou
コンコーニ Conconi
コンコーネ Concone
ゴンゴパッダエ
Gaṅgopādhyāy
ゴンゴーラ
Gongora
Góngora
ゴンゴラ
Gongora
Góngora*
コンゴリ Kongoli
コンコルディヤ
Konkordiia
コンゴロ Kongolo
ゴンゴロ Kongolo
ゴンザ
Gonxha
Gonza
ゴンザーガ Gonzaga
ゴンザカ Gonzaga
ゴンザギュー
Gonzague
ゴンザグ Gonzague
コンサグラ Consagra
ゴンザッグ Gonzague
コンザリク Konsalik*
ゴンザルヴ Gonzalve
コンサルヴィ Consalvi
ゴンサルヴィス
Gonçalves
ゴンサルヴェス
Goncalves
Gonçalves*
Gonçálves
Gonsalves*
ゴンサルヴス
Gonsalvus
コンサルビ Consalvi
ゴンサルベス
Goncalves
Gonçalves*
Gonçálves
Gonsalves*
ゴンザルベス
Gonsalves*
ゴンサルボ Gonzalo
ゴンサーレス
Gonzalez
González*
ゴンサレス
Gonçález
Gonsalez
Gonzales*
Gonzáles**
Gonzalez***

González***
ゴンザーレス
Gonzalez
González
ゴンザーレズ
Gonzàlez
ゴンザレス
Gonzales***
Gonzalès
Gonzáles
Gonzalez***
González***
ゴンザレズ Gonzalez
ゴンサレスシンデ
González-sinde
ゴンサレスセプルベダ
Gonzalez Sepulveda
ゴンサレスペレス
Gonzalez Perez
ゴンサレスボニリャ
González Bonilla*
ゴンサーロ Gonzalo
ゴンサロ
Goncalo
Gonçalo
Gonçalves
Gonsalo
Gonzalo***
Gonzálo*
ゴンザーロ Gonzalo*
ゴンザロ Gonzalo*
コンサン Kun-Tsan
コンシ Conches
コンジ
Condji
Khondji
ゴンジ Gonzi
コンシアンス
Conscience
ゴンシェチェン
Mngon śes can
コンシェンス
Conscience
コンシエンス
Conscience
ゴンシオア Gonschior
ゴンシク Keow-sik
コンシグリオ
Consiglio
コンシダイン
Considine*
コンシデラン
Considérant
コンシャ Concha
コンジャ Congia
コンジャック
Condillac
コンシャーボク
Cohn-Sherbok
コンシャーンス
Conscience
コンシヤンス
Conscience
コーンシュ Conches
コンシュ Conches
ゴンジュウ Gondjout
ゴンジュン Kun-jung
ゴンショロフスキ
Gasiorowski
コンション
Conchon**
コンシーリ Consigli
コンシリ Concilie
コンシーリオ
Consiglio
コーンズ
Conze
Cornes*
コンス
Gun-soo
Kons
コンズ Cons
ゴンス Gons
コンスィダイン
Considine
コンズィリス
Kondylis
コーンスウェイト
Cornthwaite*
コーンスウエイト
Cornthwaite
コンスエグラ
Consuegra*
コンスエロ
Consuelo**
Consuero
コンスタディノス
Konstadinos
コンスターブル
Constable
コンスタブル
Constable**
コーンスタム
Kohnstamm
コンスタム Konstam
ゴンスターラ
Gonstalla
コンスタン
Constans*
Constant**
Konstan
コンスタンサ
Constanca
Constança
コンスタンシア
Constancia
コンスタンシオ
Constâncio
Constãncio
コンスタンス
Constance***
Constans
コンスタンタ
Constanta
コンスタンタイン
Constantine
コンスタンタン
Constant
Constantin**
コンスタンチィン
Constantin
コンスタンチウス
Constantius
コンスタンチナス
Konstantinas
コンスタンチニディス
Konstantinidis
コンスタンチーヌ
Constantine
コンスタンチヌス
Constantinus
コンスタンチネスキュ
Constantinescu
コンスタンチネスク
Constantinescu**
コンスタンチノ
Constantino*
コンスタンチーノヴィチ
Konstantinovič
Konstantinovich
コンスタンチノヴィチ
Konstantinovich*
Konstantínovich
コンスタンチノヴィッチ
Konstantinovich
コンスタンチーノヴナ
Konstantinovna
コンスタンチノウナ
Konstantinovna
コンスタンチノヴナ
Konstantinovna
コンスタンチノス
Constantinos**
Constantinus
Konstantinos
Kōnstantinos
コンスタンチーノフ
Konstantinov
コンスタンチノフ
Konstantinov
コンスタンチノフナ
Konstantinovna
コンスタンチノブナ
Konstantinovna*
コンスタンチノワ
Konstantinova
コンスタンチーン
Konstantin
コンスタンチン
Constantin***
Constantine*
Konstahtin
Konstanntín
Konstantin***
Konstantín
Ķonstantine
Konstantinos
コンスタンツ
Constance
Constantia
Konstanz
コンスタンツァ
Constanza
コンスタンツィ
Constanzi
コンスタンツィア
Constantia
コンスタンツェ
Constanze*
コンスタンツォ
Constanzo
コンスタンティ
Konstanty**
コンスタンティア
Constantia
コンスタンティウス
Constantius
コンスタンティーナ
Konstantina
コンスタンティナ
Constantina**
コンスタンティナス
Konstantinas
コンスタンティーニ
Constantini
コンスタンティニデス
Constantinides
Konstantinides
コンスタンティーヌ
Constantine**
コーンスタンティーヌス
Constantinus
コンスタンティーヌス
Constantinus
コンスタンティヌス
Constantine
Constantinus
Kōnstantinos
Konstantinus
コンスタンティネ
Konstantine
コンスタンティネスク
Constantinescu
コンスタンティーノ
Constantino**
コンスタンティノ
Constantino**
コンスタンティノー
Constantinou
コンスタンティノヴィチ
Konstantinovich
コンスタンティノーヴィッチ
Konstantinovich
コンスタンティノヴィッチ
Konstantinovich
コンスタンティノヴナ
Konstantinovna
コンスタンティーノス
Constantinus
Kōnstantînos
コンスタンティノス
Constantinos**
Constantinus
Konstantinos***
Kōnstantinos
Kōnstantînos
コンスタンディノス
Constantinos
Konstandinos
Konstantinos**
Kostantinos
コンスタンティノフ
Konstantinov*
コンスタンティノフスキー
Konstantinovsky
コンスタンティーン
Constantine
Konstantin
コンスタンティン
Constantin***
Constantine**
Konstantin**
Konstantine
コンスタンテイン
Constantijn
コンスタンデュロス
Constanduros
コンスタント
Constant*
コンスタントニス
Konstantonis
コンスタントプーロス
Konstantopoulos
コンスチン Constine
コンステーブル
Constable
コンスブルック
Consbruch
コンスーマ Consuma
コンズームクンスト
Konsumkunst
コンゼ Conze
コンセイカオ
Conceicao
コンセイサオン
Conceição
コンセイサン
Conceicao
Conceição
コンセイソン
Conceicao
Conceicão
Conceição**
コンセイユ Conseil*
コンセスラス
Conseslus
コンセダイン
Consedine
コンセッタ Concetta
コンセディーン
Consedine*
ゴンセト Gonseth
コンセプシオン
Concepcion**
Concepción
コンセホ Concejo
コンセーユ Conseil
コンセリック
Koncelik*
コンゼン Konzen
コンゼンツィウス
Consentius
コンセンティーニ
Consentini
コンセンティニ
Consentini
コンソク
Ken-suk
Kon-seok
コンソムポン
Khongsomphong
Kongsompong
コンソリ Consoli
コンソリーニ
Consolini
コンソール Consol
コンソルティ Consorti
コンソロ Consolo
コンタ
Contat
Konta
コンダー
Conder*
Condor
ゴンタ Gonta*
ゴンダ Gonda**
ゴンダー Gonder
コンダウーロワ
Kondaurova*
コンダコーフ
Kondakov

コ

コンダコフ Kondakov*
コンダコワ Kondakova*
コンタサル Cortázar
コンタドール Contador*
コンタバリ Contavalli
ゴンダフォロス Gondaphoros
コンタマン Contamin
コンタミーヌ Contamine
コンダミーヌ Condamine
コンダミン Condamine
コンタリーニ Contarini
ゴンタール Gontard
ゴンダル Gondal
コンタルスキー Kontarsky
コンタルテセ Contartese
コンタルド Contardo*
ゴンタルト Gontard
コンタレス Kontarēs
コンタン
Contant
Contante
コンダン Kongdan*
コンタンソン Contenson
コンタンタン Cotentin
コンタンツォ Costanzo
コンチ Conti
コンチー Conchie
コンチアス Kontzias
コンチウコフ Konchukov
ゴンチエ Gontier
コンチェコバー Konceková
コンチェスキー Konchesky
コンチェッタ Concetta
コンチェッティ Concetti
コンチェラ Konchelah
コンチェン Kong Chian
ゴンチクドルジ Gonchigdorj
ゴンチグドルジ Gonchigdorj*
コンチータ Conchita
コンチタ Conchita*
ゴンチックドルジ Gonchigdorj
コンチーナ Concina
コンチナ Concina
コンチーニ Concini
コンチャ Concha**
コンチャータ Conchata
コンチャッタ Conchata
ゴンチャール
Gonchar*
Gontchar
ゴンチャレンコ Goncharenko*
ゴンチャローヴァ Goncharova
ゴンチャロヴァ
Goncharova
Gontcharova
コンチャロヴスキー Konchalovsky
ゴンチャロバ Gontcharova
ゴンチャローフ Goncharov*
ゴンチャロフ
Goncharov***
Goncharova
コンチャローフスキー Konchalovskii
コンチャロフスキー
Koncalovskij
Konchalovskii*
コンチャローフスキィ Konchalovskii
ゴンチャロワ
Goncharov
Goncharova
Gontcharova
ゴンチャン Gongchan*
コンチュ Kontchou
ゴンチュン Gun-chun
コンチョイ Kong Choy
コンチョク
DKon cog
DKon mchog
コンツ
Conz
Koncz
ゴンツァーガ Gonzaga
コンツァク Konzag
ゴンツィ Gonci
コンツェ Conze*
コンツェヴィッチ Kontsevich
コンツェク Kontsek
コンツェット Konzett
コンツェビッチ Kontsevich
コンツェルマン
Conzelman*
Conzelmann*
コンツォシュ Koncoš
コンツキ Katski
コンテ
Conte***
Conté**
Conteh
コンテー Conteh
コンデ
Conde**
Condé***
Konde
コンデー Condé
コンティ
Conte
Conti**
コンディ
Condie**
Kondi
ゴンディ Gondi
コンディーヴィ Condivi
コンディヴィ Condivi
ゴンティエ
Gonthier
Gontier*
コンティオ Kontio
ゴンディグ Gomdigue
コンティグリア Contiguglia
コンティチェッロ Conticello
コンティッキオ Conticchio
コンティッチ Kontić*
コンディット Condit*
コンティデス Kontides
コンティーニ Contini**
ゴンディネ Gondinet
コンティーノ Contino
コンティーヘルム Conte-Helm
コンティヘルム
Conte Helm
Conte-Helm
コンディヤク Condillac
コンディヤック Condillac*
コンディレス Kondyles
ゴンディワ Gondiwa
コンティン Contin
ゴンディン Gondín
コンデヴ Kondev
コンテッサ Contessa
コンデプディ Kondepudi
ゴンテュク Gontiuk
コンデュリー Kondury
ゴンテーリ Gonteri
ゴンテリ Gontery
コンテリアス Kontelias
コンテリース Conteris
コンデル Condell
コンテルノ Conterno
コンテント Contento
コーント Comte
コント
Comte***
Cont
Conte*
コンドー
Condo
Condor
Kondo
ゴーント Gaunt*
ゴント Gontaut
ゴンド Gondot
コントヴァ Kontova
ゴンドゥアン Gondoin
ゴンドウェ Gondwe
コンドゥト Conduto
コントゥラ Kontula
コントゥリー Kontuly
コントゥル
Kong sprul
Kongtrul
コントゥルシ Contursi
コンドゥングア Condungua
コントギアニス Kontogiannis
ゴンドクスモ Gondokoesoemo
コンドグビア Kondogbia
コントグル Kontoglou
コントス Kontos
ゴントナー Gauntner*
コンドニス Kontonis
コントノー Contenau
ゴンドファルネス Gondopharnes
コンドミナス Condominas*
コントラ Contra*
コンドラ Kondra
コントラクター Contractor
コントラクトゥス Contractus
コンドラーシン Kondrashin
コンドラシン Kondrashin
コントラダ Contrada
コンドラーチー Kondratii
コンドラチー Kondratii
コンドラーチェフ Kondrat'ev
コンドラーチエフ Kondrat'ev
コンドラチェフ Kondrat'ev
コンドラチエフ
Kondrat'ev
Kondratiev
コンドラチェンコ Kondratenko
コンドラッキ Kondracki
コンドラッツ Kondrats
コンドラテワ Kondratyeva
コンドラーテンコ Kondratenko
コンドラテンコ Kondratenko
コンドラートフ Kondratov
コンドラトフ Kondratov
コントラレス Contreras
コンドラン
Condoren
Condren
ゴントラン Gontran*
コントリー Contrie
コンドリ Condori
コンドリー Condry*
ゴンドリー Gondry**
コンドリーザ Condoleezza**
ゴンドリーザ Condoleezza
コンドリフ
Condliff
Condliffe
コンドル
Conder**
Condor
Kondor
ゴンドール Gondor
コンドルカンキ Condorcanqui
コンドルセ Condorcet*
コンドルセー Condorcet
コントルディ Contredit
ゴンドルフ Gondorf
ゴンドレー Gondre
コントレイラース Contreras
コントレイラス Contreiras
コンドレーザ Condoleezza
ゴーントレット Gauntlett
コントレーラス Contreras*
コントレラス Contreras***
コンドレリ Condorelli
コンドロコウキス Chondrokoukis
コントロマニチ Kotromanić
コンドロン Condron
コントワ Comtois
コンドワニ Kondwani
コンドン
Condon**
Congdon
コンナー
Conner
Connor
コンヌ Connes**
ゴンネッラ Gonnella
コンネリー Connelly
コンネル Connell*
コンノ Konno
コンノート Connaught

コンバ
Comba
Combat
コンバー Comber
コンパー
Comper
Compper
ゴンバ Gomba
ゴンバー Gomberg
コンパイ Compay*
コーンハイム
Cohnheim
コーンハウザー
Kornhauser*
コンパオレ
Compaore
Compaoré*
コーンバーグ
Kornberg**
ゴンバーグ
Gomberg**
コンパグノン
Compagnone
コンバース
Convers
Converse
コンバス Combaz
コンバズ Combaz
ゴンパース Gompers*
ゴンパーズ Gompers*
ゴンパーツ Gomperts
コーンバック
Kornbakk
コンバニ Kombani
コンパーニ Compagni
コンパニ
Company
Kompany
コンパニェット
Compagnetto
コンパニス Companys
コンパニュ Company*
コンパニョーニ
Compagnoni*
コンパニョン
Compagnon**
Compañon
コンパネーズ
Companeez
Companéez
コーンハバー
Kornhaber
ゴンパパ DGon pa ba
コンバーバッハ
Comberbach
ゴンバラ Gonbala
コンバリア Combalía
コンバリゥ
Combarieu
コンバリュー
Combarieu
コンバルジェ
Combaluzier
コンパレッティ
Comparetti
コンパン Compan
コンビ
Combi
Comby*
ゴンヒ Kun-hee*
コンピエーニュ
Compendiensis
コンビエヌ
Kombienou
コーンビス Coombes
コンビチュニー
Konwitschny
コンビツキ Konwicki
コンビッツ Konvitz
ゴンビョン Gon-byun
コンビラ Kombila
ゴンビル Gonville
コンブ Combes*
ゴンプ Gompf
コンファー Confer
コンファレネイロ
Confaleneiro
コンファロニエーリ
Confalonieri
コンファロニエリ
Confalonieri
コンフィアン
Confiant**
コーンフィールド
Kornfield
コンフェッソル
Confessor
コーンフェルト
Cornfeld
Kornfeldt
コーンフェルド
Kornfeld
コンフェンテ
Confente
コーンフォース
Cornforth**
コンフォース
Cornforth*
コンフォーティ
Conforti
コーンフォード
Cornford**
コンフォート
Comfort***
Conforto*
コンフォード
Conford**
Cornford
コンフォバール
Conchobar
コンフォルテ Conforte
コンフォルティ
Conforti
コンフォルト
Comfort
Conforto
コンプソン Compson
コンプトン
Compton***
コンブフィ Combefis
コンブフィス
Combefis
コンフリー Conefrey
コンプリ Compri*
コーンブリス
Kornblith
コンプリックス
Comprix
コンブリッチ
Gombrich
ゴンブリッチ
Gombrich**
コーンブリート
Cornbleet
コンブリン Comblin
コンプル Compere
コーンブルース
Kornbluth
コンブルース
Comberousse
コーンブルム
Kornblum
コンプレクトフ
Komplektov
コンプレックス
Complex
ゴンブローウィチ
Gombrowicz
ゴンブローヴィチ
Gombrowicz**
ゴンブロヴィチ
Gombrowicz
ゴンブローヴィッチ
Gombrowicz
ゴンブロウィッチ
Gombrowicz
ゴンブロヴィッチ
Gombrowicz
ゴンブロビチ
Gombrowicz
ゴンブロビッチ
Gombrowicz
コンベ Combet
ゴンベ Gompe
コーンヘイバー
Kornhaber
コンベット Combet
コンペニウス
Compenius
コンペール
Compayre
Compere
Compère*
ゴンベール Gombert
ゴンベル Gombell
ゴンベルヴィル
Gomberville
ゴンベルク Gomberg
ゴンベルグ Gomberg*
ゴンペルツ Gomperz
コンペルト Kompert
ゴンベルト Gombert
ゴンベルビル
Gomberville
コンペーレ
Compayre
Compayré
Conpayre
コンペレ Compayré
コンペレー Compayré
コンペンハンス
Kompenhans*
コンボ
Combot
Kombo
コンボー Combeau
コンポ Kong Po
ゴンボー
Gombaud
Gombauld
ゴンポ
Gompo
Mgon po
コンホアン
Công Hoan
コンホヴァル
Conchobar
ゴンボーエフ
Gomboev
ゴンボシ Gombosi
ゴンボジャビン
Gombojavyn
コンポステーラ
Compostela
ゴンボツ Gombocz
ゴンボツェレン
Gombotseren
コンポート Comport
コンボーニ Comboni
コンボニ Comboni
ゴンボリ Gomboli**
コンポワン Compoint
コンマー Commer
コンマシット
Khommasith
コーンマン
Cornman
Kornman
コンミー Qommī
コンミウス Commius
ゴンムク Kong-mook
コンメレル
Kommerell
コンメンツ
Commentz
コンモス Commos
コンモディアーヌス
Commodianus
コンモディアヌス
Commodianus
コンモドゥス
Commodus
コンモンス Commons
コーンヤ Kónya
コンヤ Kónya
コンヤーズ Conyers
コンヨン
Conyon
Gun-young
コンラ Conrad
コンラアド Coenraad
コーンライヒ
Kornreich
コンラーズ Coenraads
コンラス Konrath*
コンラーツ Conrads
コンラッズ Konrads
コンラッダウド
Conrad-Daóud
コンラット
Conrad
Konrad
コンラッド
Conrad***
Conrado
Konrad***
Konrád
Korad
コンラーディ
Conradi*
Conrady*
コンラディ
Conradi*
Conrady
コンラディー
Conradie
コンラーディン
Conradin
コンラディーン
Conradin
コンラディン
Conradin
コーンラド Konrad
コンラート
Conrad***
Conrat
Konrad**
コンラード
Conrad
Conrado
Konrad*
Konrád**
コンラド
Conrad
Conrado
Konrad**
コンラードゥス
Conradus
Konradus
コンラドゥス
Conradus
コンラール Conrart
コンラン
Conlan*
Conran***
コンラント Konrad
コンランド Konlande
コンリー
Conlee
Conley**
Conly*
コンリック Conrick*
コンリート Conried
コンリン
Conlin
Conlyn
コーンリング Conring
コンリング Conring
コンル Connell
コンレー
Conley
Kong Le
コンレイデス
Conrades
コンロイ Conroy***
コンロウ Conrow
コンロテ Konrote*
コンロン Conlon**
コンワタナクン
Kongvattanakul

サ

【サ】

サ
Sa***
Sá*
Să
Sza
Xa
サー
Sa*
Saa
Saar
Sah
Saha
Sahr
Ser
Sir*
Suhr*
ザ
Da
De
Gia
Za*
Zsa**
ザー
Dda
Gia*
サーア Saa
サア
Saa
Saá
Saah
サアイード Sa‘īd
ザアカイ Zacchaeus
サアカシュヴィリ
Saakashvili
サアカシュビリ
Saakashvili
サアカーゼ Saakadze
サアキャン Sahakian*
ザアグ Zaag
サアグーン Sahagún
サアグン Sahagún
サアシーア Sasia
ザアズーア Zaazou
サアーダ Sa‘ādah
サアダ Saadah
サアダーウィー
Sadāwī
Sa‘dāwī
サアーダット
Saadat
Sa‘ādat
サアット Sa’at**
サアデ Sa‘d-i
サーアーティー Sā‘ātī
サアティー Saaty
サアディ
Saadi*
Sa’adi
サアディー
Sa‘dī
Sa’di
Sadí
サアディア Saadia
サアデッディン
Sadeddin
サァド Sade
サアード Saad
サアド
Saad***
Sa’ad
Saâd
Sa‘d
Sa’d
サアドゥッ·ディーン
Sa‘du’d-Dīn
サアドゥッディーン
Sa‘d al-Dīn
サアドゥン
Saadoun
Sadoon
サアドッディーン
Sa‘d al-Dīn
サアドン
Saadoun
Sa’adoun*
Sadoon
ザアバ Za’ba
サアベドゥラ
Saavedra
サアベドラ Saavedra*
サアメン Siamun
サアラブ T̲h̲a‘lab
サアーリビー
Tha‘ālibī
サアン Saint
ザーアン Zahan
ザァングウィル
Zangwill
サーイ Say
サーイー Sāī
サイ
Cy***
PSY
Sai**
Saj
Say*
Si*
Silas
Sy**
Tsai
サイー Zaid
ザイ Giai
サイア
Hsiao
Saia
サイアー
Syre
Thayer
ザイア
Zahia
Zaia
ザイアー Zaire
サイアース Syers
サイアーズ Syers
サイアート Cyert
ザイアーレン Seyerlen
サイアン
Saien
Sian*
Siân
ザイアンス Zajonc
ザイアンツ Zajonc
サイイダ
Sayyda
Syeda
サイイッド Sayyid*
サイィド Sayyid
サイイド
Sayed*
Sayeed
Sayyd
Sayyid*
Seyyed
サイイドナー Seyidna
サイヴァーソン
Syverson
ザイヴァート Seiwert*
ザイヴェルト Seiwert
サイェ Sayeh
ザイエット Syed
サイエディ Saiedi
サイエド
Sayed*
Syed*
サイエドゥル Sayedul
サイエドホセン
Sayed-hossen
サイエム Sayem*
ザイエン Zeien
ザイエンガ Zaayenga
サイェンコ Saienko
ザイエンス Zajonc
サイオッフィ Cioffi
ザイオン Zion**
サイオンウェー
Sayongve
ザイオンチコーフスキー
Zaionchkovskii
サイカー Siker
ザイガー Zeiger
サイカス Sykas
サイガル Saigal
サイキ Saiki
サイキア Saikia
サーイグ Sayegh
サイク
Saich
Syke
Zajc
ザイク
Seick
Zeig
ザイグ Zeig*
サイクサス Seixas
サイクス
Sikes
Sykes**
ザイクス Seix
サイクロン Cyclone
サイゲルマン
Sigelman
ザイゲン Zeigen
サイコギオス
Psychogios
サイコス Psychos
ザイコフ Zaikov*
ザイコルマン
Zycherman
サイゴン Sang-gon
サイザー Sizer
ザイザイ Zayzay
サイシー Xaysi
サイシサムート
Saisisamout
サイジャド Sajjad
サイス
Saeijs
Sais
Saiz
Sáiz
Theis
Thijs
サイズ
Seitz
Sides*
Size
ザイス
Sayss
Seyss
Seyß
Zaïs
ザイスト Zaist
サイスナリン
Saisnarine
ザイスバーガー
Zeisberger
ザイスマン Zysman*
サイズモア
Sisemore
Sizemore***
ザイスラー Zeisler
サイセ Zeise
ザイセル Zeisel
ザイゼル
Zeisel
Zeizel
ザイゼンバッハ
Seisenbacher
サイセンリー
Saysengly
Xaysenglee
サイソムペーン
Xaysompheng
サイーダ
Sayeeda
Siedah
サイター Seiter
サイダ
Saida
Syda
Syeda
サイダー
Seider
Sider*
Sydor
ザイダー Seider
サイダウ Saidau
サイダコワ
Saidakova*
サイダース Siders
ザイタース Seiters
サイダック Sidak
サイダーハウド
Suyderhoud
サイダバディ
Saidabadi
サイダフマド
Saidakhmad
サイダフロル
Saidakhror
サイダーマン
Seiderman
サイダミール
Saidamir
サイダム Saydam
ザイタムル Zeithaml*
サイダーン Zaidān
ザイタン Zeituni*
ザイダーン
Zaidan
Zaidān
Ziedan*
ザイダン
Zaidan
Zeidan
サイチ Saich
サイチェフ Saitiev*
ザイチェンコ
Zaichenko
ザイチコヴ Zajchikov
ザイチコフ Zaichikov
ザイチック Saitshick
ザイチネフスキー
Zaichnevskii
ザイチネーフスキィ
Zaichnevskii
サイチュンガ
Sai-čung-ga
サイチョン Sichone
サイチンガ Saichingaa
サイツ
Seitz*
Sites*
ザィツ Zaits
ザイツ
Seitz***
Seiz
Zajc*
Zeitz
サイツァー
Seitzer
Seizer
サイツィンガー
Seizinger*
ザイツェヴァ Zaitseva
ザイツェバ Zaitseva
ザーイツェフ Zaĭtsev
ザイツェフ
Zaitsev**
Zaytsev
ザイツェワ Zaitseva**
サイッド Sayyid
サイデ Zaide
ザイデ
Seide
Zaide
サーイディ Saaidi
サイーディ
Saeedi
Saidi
サイティ Saiti
サイディ
Said-i
Saidi
Saïdi
Saidy
Sidey
ザイディ Zaidi
サイティエフ

Saitiev*
Saytiev
サイーディキア
Saeedikia
サイディス Sidis*
サイディマン
Sayidiman
サイデガルト
Seydegart
サイデマン
Sayidiman*
サイテル Seitel*
サイデル
Saidel
Seidel**
Seidell
Sidel
Siedell
Sydelle*
ザイデル
Seidel*
Seydel
Zaidel
ザィデルフェルト
Zijderveld
ザィデルフェルド
Zijderveld
ザイデルフェルト
Zijderveld
ザイテルベルガー
Seitelberger*
ザイデルヘルム
Seyderhelm
ザイデルホーファー
Seidlhofer
サイデンスティッカー
Seidensticker*
サイデンステッカー
Seidensticker**
サイデンストリッカー
Sydenstricker
ザイデンバーグ
Zaidenberg
ザイデンベルク
Seidenberg
サイード
Saaeed*
Saed
Saeed**
Sa'eed
Saéed
Saeid
Said***
Sa'īd*
Saïd
Saido
Saied
Sait
Sayed
Sayeed
Sayyid*
Seid
Sid
Syed
サイト
Saîd
Sait**
Sayit
Sites
サイド
Saeed*
Said***
Sa'īd*
Saïd
Saido
Sait
Sayd
Sayed
Sayid
Sayyid*
Sid
Syed**
ザーイド
Zayed
Zāyid
ザイード
Said
Zaid
ザイド
Zaid***
Zayd
Zayed**
サイドアミル
Saidamir
サイドイブラヒム
Said Ibrahim
サイトウ Saito
サイドゥ
Saidou
Saidu
サイドウ Sydow
サイトウィック
Cytowic
サイードゥッディーン
Sa'īd al-Dīn
ザイトゥナ Zaituna
ザイドゥーン Zaidūn
サイドゲルニ
Said Guerni
サイドシラジュディン
Syed Sirajuddin*
サイトチ Saitoti
サイトティ Saitoti**
サイドバカル
Said Bakar
サイードハッサン
Said Hassane
サイドハミド
Syed Hamid
サイードパンギンジ
Said-panguindji
サイトフ Saitov*
サイドフ
Saidoff
Saidov*
サイドプトラ
Syed Putra*
サイドボサム
Sidebotham
サイドボトム
Sidebottom
サイドマン Seidman*
サイドモハマド
Sayed Mohammad
サイドラー Seidler*
ザイトラー Zeitler
ザイドラー Seidler*
ザイトリツ
Seidlitz
Seydlitz
ザイトリッツ Seydlitz
ザイドリッツ
Seidlitz*
Seydlitz
サイトリン Cytryn
ザイトリン Zeitlin*
サイドル Seidel
サイドルー Saeed Lou
ザイトル Seidl
ザイドル Seidl*
ザイドルホーファー
Seidlhofer
ザイドルマイヤー
Seidlmeier
ザイドレル Zeidler
サイドワ Saidova
サイナ
Cyna
Saina
サイナー Siner
サイナイ Sinai*
サイナート Sainath
ザイナード Zeinert
サイナブ Saynab
ザイナブ
Zainab
Zayinabu
Zaynab
Zeinabou
ザイナブ Zaynab
ザイナール Zainal
ザイナル Zainal*
サイナン Sinan
サイニ Saini*
サイニー Saini
ザイニ Zaini
ザイニー Zaini
サイニムヌアン
Sainimnuam
Sainimnuan
サイニャーソン
Sayasone
サイニャソーン
Sayasone*
サイニャラート
Xayalath
ザイヌッディーン
Zayn al-Din
Zayn al-Dīn
ザイヌッラー Zäynulla
ザイヌディン
Zainuddin**
Zainudoin
ザイヌル
Zain al
Zainul*
Zainu'l
ザイネ Zane
サイネス
Saynez
Synez
ザイネマイア
Seinemeyer
サイハス Psihas
サイバート
Seibert*
Sibert
サイパート Cypert*
ザイバード Seibert
サイバートソン
Sivertson
サイバネン Syvanen
サイババ Sai Baba*
サイハンビレグ
Saikhanbileg*
ザイヒト Seicht*
サイピン Saipin
サーイブ
Sā'ib
Ṣā'Ib
サイフ
Saif**
Sa'igh
Sayf
サイブ
Saib
Saibou**
Saïbou
サイプ
Seip
Sipe
ザイーフ Zaeef
ザイフ Seiff
ザイプ
Seip
Seipp*
サイファー
Cypher
Sypher
ザイファー Seyfer
サイファース Cyphers
サイファーズ Cyphers
サイファディーン
Saifedean
サイファート Seifert
サイファト Seifert
ザイファート
Seiferth
Ziefert
ザイファルト
Seyffarth
サイフィ
Saifi
Saïfi
サイフィー Sayfi
サイフィディン
Sayfiddin
サイフェ Seife*
サイフェルト
Seifelt
Seifert**
ザイフェルト
Seifert**
Seiffert**
Seyfert*
ザイフォルト Seiford
サイフガー Seifger
サイフジン
Saifuding
Seypidin
ザイプス Zipes*
サイフッディン
Saifuddin
サイフディン
Saifuddin*
Saifudin
Saifuding*
サイプディン Säypidin
ザイブト Seibt
ザイプト Seibt
ザイフマン Zeifman
ザイフュルト Seifert
サイフラ
Saifullah
Syaifullah
サイフラー Saifullah
サイプリアン Cyprian
サイフリツ Seifriz
サイフリッツ Seifriz
ザイフリート
Seifried*
Seyfried
サイプリーン Cyprien
サイフル Saifur
サイブル Siple
サイプル Siple
サイフルリン Saifullin
サイフレス Scifres
サイフワンダ
Sayifwanda
サイベル
Seibel
Seiber
サイペル Cypel
ザイペル
Seipel
Seippel
ザイベルト
Seibert
Seiwert
サイボルト Seibold*
ザイボルト
Seibold
Seybold
ザイポルト Seipolt
サイマー Theimer
サイマン Siman*
ザイマン Ziman**
サイマンス Symons
サイマンスキー
Symanski
サイミス Simis
ザイミス Zaimis
サイミル Saimir
サィミーン Simeen
サイミントン
Symington*
サイム
Saim
Sime
Syme**
ザイーム
Zaeem
Za'īm
ザイム
Zaim
Zijm
サイムス Symes
サイムズ
Simes
Symes
サイムンド Saemundr

サ

サ

サイムンドゥル
Sæmundur
サイムンドル
Sæmundr
サイメス Symes
サイメル Simel
サイモ
Saimo
Simo
サイモア Seymour
サイモニー Simonyi
サイモン
Saimon
Shimon
Siemon
Siimon*
Simom
Simon***
Simone
Simont
Symons
ザイモン Szymon
サイモンオン Simonon
サイモンス Symons
サイモンズ
Simonds
Simons**
Symonds*
Symons*
サイモンスン
Simonson
サイモンソン
Simonson
サイモンタッチ
Simontacchi
サイモント Simont*
サイモントン
Simonton*
サイヤー Thayer
サイヤーズ Syers
サイヤド
Saiyad
Sayed
Syed**
ザイヤーニ Zayani
サイヤーブ Sayyāb
サイヤール Saillard
サイヤン Saillant
サイヨンマー
Saijonmaa*
サイラー
Seiler*
Siler**
ザイラー Seyler
ザイラ
Thyra
Zilah
ザイラー
Sailer***
Seiler**
Seyler
サイラグル Sayragul
サイラス
Cyrus***
Sailas
Silas*
ザイラス Zyrus
サイラッド Syrad
ザイラッハー
Seilacher*
サイラフィザデー
Sayrafiezadeh
サイラーミー Sayrāmī
サイリ Sayri
ザイリ Zairi
サイリアス Thylias
ザイリアン Zaillian*
サイリャックス Cyriax
サイリール Cyril
サイリル Cyril
サイル
Sail
Sayer
Syle
ザイル
Seire
Zail*
Zijl
Zile
サイルスタッド
Seielstad*
ザイルストラ Zijlstra
ザイルバーガー
Zeilberger
サイレス Cyrus
サイレレ Sailele*
サイレン Silen
サイレンバーグ
Cuylenburg
ザイロフ Zairov
サイロム Saylom
サイロン Syron*
サイン
Signe
Singh
ザィン Danh
ザイン
Danh
Seim
Zain
Zane
Zayn
ザインヴィル Zainwil
サーインシオン
Cirincione
サインジャルガル
Sainjargal
サインス Sainz**
サインズ Signs
サインチョクト
Sainchogt
Sayinčortu
サインツ Sainz*
サインティーサイン
Saing Htee Saing
サインフェルド
Seinfeld*
ザインフェルト
Seinfeld
サインホ Sainkho
サインボヤンギーン
Sainbuyangiin
サインマロ
Saint Malo
サーヴ Cerv
サウ
Sao
Sau*
ザウ
Dzau
Giau**
Zaü
サーヴァ Cerva
サウア Saur
サウアー Sauer**
サヴァ
Sava
Save
Savva
ザウアー Sauer
ザウアー Sauer**
サーヴァイ
Szavai
Szavái
サヴァイデ Savvides
サーヴァジー Sāwajī
サウアーズ Sauers
サヴァス Savas
サヴァソルダ
Savasorda
サヴァダ Savada
サヴァチエ Savatier
ザヴァッキー
Zavadskii
ザヴァツキ Zawadzki
ザヴァツキー
Zavadskii
Zavadszky
Zavatsky
Zawadzki
ザヴァッターリ
Zavattari
サヴァッティーニ
Zavattini
ザヴァッティーニ
Zavattini
サーヴァディー
Sarvadi
サヴァティエ Savatier
サヴァテーリ Zavateri
サウアト Sauat
ザヴァドフスキー
Zavadovskii
サヴァニーヤ Savanīya
サヴァネ Savané
ザウアービエ
Sauerbier
ザウアーブルフ
Sauerbruch
サヴァラス Savalas
サヴァラン Savarin*
サヴァリ Savary
サヴァリー
Savart
Savary*
サヴァリーズ Savarese
サヴァリッシュ
Sawallisch**
ザヴァリッシュ
Sawallisch
ザヴァリッシュ
Sawallisch
サヴァリン Savarin
サヴァール
Savard*
Savart
サヴァル Saval
サーヴァルカル
Savarkar
サヴァルカル Savarkar
サヴァレーゼ
Savarese*
ザウアーレンダー
Sauerländer
ザヴァロ Zavaro
サウァン Savang
サヴァン
Savan
Savin
サヴァンヴァッサナ
Savangvatthana
サーヴァンテス
Cervantes
サヴァント Savant
サーヴィ Savi
ザウイ Zaoui
サヴィア Xavier
ザヴィア Xavier
ザヴィアチッチ
Zaviačič
サヴィアーノ
Saviano**
ザヴィエ Xavier
サヴィエル Xavier*
ザヴィエル Xavier
サヴィオ Savio*
サヴィオーニ Savioni
サヴィオラ Saviola
サヴィオーリ Savioli
サヴィオロ Saviolo
サヴィオン Savion
サヴィサ Savitha
サヴィサール
Savisaar*
サヴィジ Savage*
サーヴィス Service*
ザヴィストースキー
Zawistowski
サーヴィチ Savvich
サヴィチ Savvich
サヴィチェヴィッチ
Savicevic
Savićević*
サウィツキ Sawicki
サヴィッキー Savitskii
サヴィツキ Sawicki
サヴィツキー
Savitsky
Savitzky
サヴィツキイ Savitskii
サーウィック
Czerwiec
サヴィッジ Savage*
サヴィッチ
Savic*
Savić
Savici
Savitch
サヴィッツ Savitz
サヴィデス Savvides
サウィト Sawito
サーヴィトリー Sāvitrī
サウィトリ
Savitri
Sawitri
サヴィトリ Savitri*
サーヴィナ
Savina
Savvina*
サヴィーナ Savvina
サヴィーニ Savini
サヴィニ Savigny
サヴィニー
Savigny*
Sevigny
ザヴィニー Savigny
サヴィニアン Savinien
ザヴィニイ Savigny
サヴィーニオ Savinio
サヴィニオ Savinio
サヴィニャック
Savignac**
サヴィニャーノ
Savignano
サヴィニヤン Savinien
サヴィニョン
Savignon
サヴィーヌ Sabine
ザヴィヌル Zawinul
サヴィノワ Savinova
サヴィヨン Savyon
サヴィリャーノ
Savigliano
サヴィル
Savile
Savill
Saville*
サウィン Sawin
サヴィン
Sabin
Savin
Savvin
サーヴィンコフ
Savinkov
サヴィンコーフ
Savinkov
サヴィンコフ
Savinkov**
ザウインスキー
Czerwinski
サヴィンビ Savimbi
サウヴォ Sauvo
サヴェア Savea
サーウェイ Serway
サヴェイジ Savage
サヴェージ Savage*
サヴェジ Savage*
サウェシラ
Savetsila
Sawetsila
サウェタブット
Sawettabut
サヴェッジ Savage*
サウェッツィラ
Savetsila*
Sawetsila
サヴェッリ Savelli
サウェートシラー

Savetsila
Sawetsila
サーヴェドラ
Saavedra*
サヴェリー Savery*
サヴェーリエヴァ
Savel'eva*
Savelyeva
サヴェリエーヴァ
Savelyeva
サヴェリエヴィチ
Savelivich
サヴェリエフ
Saveliev*
Savelyev
サヴェーリエワ
Savelyeva
サウェリオ Saverio
サヴェーリオ Saverio
サヴェリオ
Saverio
Xaveria
ザヴェリューハ
Zaveryukha*
サウエル Sowell
ザヴェル Xaver
サウエルバイン
Sauerwein
ザウエルブライ
Sauerbreij**
ザウエルブルッフ
Sauerbruch
ザウエルブルフ
Sauerbruch
サウエルボーン
Sauerborn
ザウエルラント
Sauerland
サヴォア Savoie
サヴォイ
Savory
Savoy*
サヴォイア Savoia*
ザヴォーイスキィ
Zavoiskii
ザヴォス Zavos
ザヴォドニー
Zawodny
サヴォーナ Savona
サヴォナーリ Savonari
サヴォナローラ
Savonarola*
サヴォナロラ
Savonarola
ザヴォニー Zavodny
サヴォライネン
Savolainen
Savolinen
サヴォーリ Savory
サヴォリ Savory
ザヴォリ Savory
サヴォルド
Savold
Savoldo
Sovold
サヴォルニャン
Savorgnan
ザヴォロトニク
Zawrotniak
ザヴォロンコ
Zaworonko
ザヴォロンコフ
Zhavoronkov
サヴォワ Savoyen
サヴォワール Savoir
サウガト Saugato
ザウケル Sauckel
サウザー Souther
ザウザー Sauser**
ザウザウ Caucau
サウザーデン
Southerden
サウザートン
Southerton
サウザム Southam
サウサン Sawsan
サウザーン Southern
サウサンプトン
Southampton
サウジ Southey
サウジー Southey*
ザヴジェル
Zavrel
Zavřel
サウシキン Saushkin
サウジャニ Saujani
サウス South**
サウスアード
Southard
サウスウァード
Southward
サウスウィック
Southwick*
サウスウイック
Southwick*
サウスウェル
Southwell*
サウスウッド
Southwood*
サウスオール
Southall**
サウスゲイト
Southgate
サウスゲート
Southgate**
サウスコット
Southcott
サウスサイド
Southside
サウスター Souster
サウスメイド
Southmayd
サウスワース
Southworth**
サウスワート
Southwart
サウスワード
Southward
サウセ Sauce
サウセイ Southey
サヴセク Savšek
サウセスク Southesk
サウセダ Sauceda
ザヴゼル
Zavrel
Zavřel
ザウゼン Sausen
サウソール
Southall*
Southhall
サウダー Saudā
ザウタ Zawta
ザウター Sauter
サウダーイー Saudā'ī
サウダーズ Souders
サウダーティ Saudati
サウダトゥー
Saoudatou
サウダバエフ
Saudabayev
ザウダラー Zauderer
サウダルガス
Saudargas*
ザウチェク Sawczuk
サヴチェンコ
Savchenko
ザウチャ Zaucha
ザウツ Sauts*
ザウディツ Zauditu
ザウディトゥ Zauditu
ザウディトゥー
Zauditu
サウティン Sautin**
ザウデトゥー Zauditu
サウデン Sowden*
サウテンデイク
Soutendijk
サウード
Saoud
Sa'ūd
Saūd
サウド
Saud**
Sa'ūd
Soud
ザウドニ Zawodny
サウトバイ Sauytbay
ザウトベク Zautbek
ザウナー Zauner
サウナワーラ
Saunavaara
サウバー Sauber
サウファツ Saufatu**
ザウペ Saupe*
ザウベルト Saubert
サウマ
Saouma*
Sauma
Saumā
サウマー
Sauma
Saumā
Sawma
サウマトゥア
Saumatua
サウミナデン
Sawmynaden
ザウム Saum*
サウラ Saura**
サヴラーソフ Savrasov
サウララ Saulala
サウリ
Sauli**
Sauri
サウリー Thawrī
ザウリ
Zauli
Zauri
サウリウス Saulius
サヴリス Thavrith
ザウリチニ Zaulichnyi
サウリュス Saulius
サウール
Saul
Saur
サウル
Saoul
Saul**
Saúl**
Sául
Ša'ûl
ザウル Saul
ザヴル Zavur
ザウルベク Zaurbek
ザウレ Saure
サウレス Thouless
サウロ Saulo
ザウロー Sauer
サウロス Saulos
ザウロッキ Zawlocki
ザウワー Sauer
ザウワァ Sauer
サウワーブラム
Sauerbrun
サウワポン
Saowaphong*
Sauvapong
Sauwaphong
サウンダー Soundar
サウンダアス
Saunders
サウンダース
Saunders*
サウンダーズ
Sanders
Saunders
サエイ Saei**
サエス Sáez
サエズ Saez
ザエツ Zayets
サエッティ Saetti
サーエディー Sā'edī
サエード Saeed
サエド Sayed
サーエブ
Saeb
Sā'eb
Sā'ib
サエブ
Saeb
Saib
ザエフ
Zaev*
Zayev
ザエマ Zaemah
サエール Saer
サエンコ Saenko
サエンス
Saenz
Saénz
Sáenz*
サエンスデサンタマリア
Sáenz De
Santamaría
サオ
Sao
Shao
Xao
ザオ
Giao
Giau
Zao**
Zhao**
サオウェン Shao-wen
ザオグオ Zhao-guo
ザオグワン
Zhao-guang
ザオシン Zhao-xing
ザオタン Chao-tang
サオチュー Shao-tsu
サオテルス Saoterus
ザオバー Sauber
サオビソア Sahobisoa
ザオホワ Zhao-hua
サオム Som
サオラ Ysaora
ザオラー Saurer
ザオラーレク Zaorálek
サオワパー Saowapha
サオワポン
Saowaphong
Sauvapong
サオワルジ Saowaruj
サーカー
Sarkar
Sarker
サカ
Saca*
Saka
サガー Sager
ザーカー Zercher
ザーガー Sager
ザカー Ḏhakā
サカイ
Sakai
Sakay
Sakhai
ザカイ
Zacchaeus
Zakkai
サカイオ Sakaio
サカイダ Sakaida
サカーウ Saqaw
ザカウスキー
Zukowsky
ザカエフ Zakayev*
ザガエフ Tsagaev
サカガウィーヤ
Sacagawea
サカサ Sacasa
サーカシヴィリ
Saakashvili*
サガジエフ Sagadiyev
サーカシビリ
Saakashvili
サカジャウィーア

サ

Sacagawea
サカジャエア
Sacagawea
サガス Sagaz
ザカス Zakas
サガスタ Sagasta
サガスティ Sagasti
サガストゥメ
Sagastume
サカゾフ Sakâzov
サーガタ Sāgata
サカタ Sakata*
サカダス Sakadas
サカッチ Sakač
サガット
Sangad
Sangat
ザガット Zagat*
サガード Thagard
サガナ Sagana
ザーガナ Zargana
ザガナー Zarganar
ザーカーニ Zākānī
ザーカーニー Zākānī
サカニイ Sakanyi
サガニック Saganich*
ザガネッリ Zaganelli
サカフ Sakaf
サカフィ Sakafi
サカフィー Thaqafī
サガプリヤ
Sagapriya
Sagarpriya
ザガプリヤ Sagapriya
ザガミ Zagami
サカモト Sakamoto*
サガラ
Sagala
Sagara
ザカライアス
Zacharias*
ザカラキス
Zacharakis
ザカラス Zachras
サガラゼ Sagaradze
サカーラーム
Sakhārām
サカリ Sakari**
ザカリ
Zacharie
Zachary
Zakari
ザカリー
Zachary***
Zack
サカリア Sakaria
ザカリア
Diakaria
Zachariah
Zakalia
Zakaria**
サカリーアス Zacarías
サカリアス
Sakari
Zacharias
ザカリーアス
Zacharias
ザカリアス
Sakari
Zacarias
Zacharias**
Zacharías
Zachris
Zakariás
ザカリイ Zachary
ザカリエ Zacharie
サガリオ Sagario
サガリス Ságaris
サカリーディス
Tsakalidis
ザカリーヤー
Zakaria
Zakariya
Zakarīyā'
ザカリヤ
Zachariah
Zacharias
Zakaria
Zakariya
Zakariyā*
ザカリヤー Zakariyā'
サカリャンスキー
Sokolianskii
サカリン Sacharin
サーカール Sakar
サーカル Sakar
サーガル Sahgal*
サカル Sakall
ザカルスキー
Zacharski
ザカレイシビリ
Zakareishvili
ザガレンスキー
Zagarenski
ザガロ Zagallo*
サカロフ Sakharov
サカロプロ
Psacharopulo
サガワ Sagawa
サカン Sacquin
サガン
Sagan**
Saγang
Saghan
Ssanang
ザーガン Sagan
ザガン Sagan
サーガント Sargant
サーキ Sarchie*
サキ Saki**
サギ Sagi
ザーキー Zurke
ザキ Zaki**
ザキー Zakī
ザキア
Zakhia
Zakia
ザキアトゥ Zakyatou
ザギエ Zagier
サキエステワ
Sakiestewa
ザキオス Zackios
サーキシアン
Sarkissian
サーキス
Sarkis*
Serkis*
サキス Sukys
サキズ Sakiz
ザギタリウス
Sagittarius
サキッキエーネ
Šakickienė
サキック Sakic**
サキット Saquitte
サギド Saghid*
ザギトワ Zagitova
サーキナ Surkina
サキナト Sakinatou
サキナトゥ Sakinatou
サキネ Sakine
ザギパ Zagipa
サキム Sakim
サキャ
Sakya
Sa skya
Sa-skya
ザギヤー Zagier
サキャパンディタ
Sa skya paṇḍita
サキヤマ Sakiyama
サキョン Sakyong
ザキラス Zackhras
サギリ Saghiri
サギル
Saghir
Sagir*
ザーキル Zakir
ザキール Zakir
ザキル Zakir
ザキルジョン
Zakirzhon
ザキロフ Zakirov
サーキン
Serkin
Sirkin
ザキン Zakin
サギンタエフ
Sagintayev
サギンバエワ
Sagymbaeva
サーク
Saq
Sirc
Sirk**
Zak*
サーグ
Saag
Sarg
サク Saku**
サグ
Sag*
Sugg
Thug
ザク
Zach
Zak
Zaku
ザクァワ Zakhour
サグィムバイ
Sagymbai
サクヴァン Sacvan*
サクヴィル Sackville*
ザグギシ Zagesi
ザクーク Zakok
ザクゴ Zachgo
ザクサー Saxer
サクシ Sakshi
サグジェーエフ
Sagdeev
ザクシェフスカ
Zakrzewska
ザクジェフスカ
Zakrzewska
ザクシェフスキ
Zakrzewski*
サクス
Sachs
Saks
Sax
Saxe*
ザークス Sachs
ザクス
Sachs
Sax
ザクズーク Zaqzouk
サクスコブルク
Saxe-Coburg
サクスコブルクゴツキ
Saxcoburggotski
Saxe-coburg
Gotha
サクスター Thaxter
サグスタッド Sagstad
サクストン
Saxton**
Thaxton
サクスビー Saxby
サクスビィ Saxby
ザクスル Saxl*
サクスン Saxon
サクゼ Sachse
ザクセ Sachse
サクセス Success
ザクゼック Zaczek
サクセナ Saxena
サクセニアン
Saxenian*
ザクセン
Sachsen
Saxonia
サクソ Saxo
サクソノフ Saksonov
サクソン
Sackson
Saxon*
Sexon
ザクチェフ Zaczek*
サクチャイ Sakdichai
サーグッド
Thurgood*
サークップ Sakip
サクップ Sakip
サグデーエフ Sagdeev
サグデン Sugden*
ザクート Zacuto
サグドゥラ Sagdulla
サグナー Sagner
ザークナー Sagner
ザグニス Zagunis**
サグノ Sagno
サグマイスター
Sagmeister*
ザグマイスター
Sagmeister
サグマン Sagman*
ザークマン Sakmann
ザクマン Sakmann*
ザグムニ Zagumny*
サークーラ Sākūra
サクラー Sakulā
サグラ Sagra
ザグラ Zagula
サクライダ Sakraida
ザクラジン Zaglagin
ザグラジン Zaglagin
ザクラス Zackhras
ザグラダ Zaglada
サクラーティ Sacrati
サクラニー Sacranie
サクラメンタド
Sacramentado
サクラメント
Sacramento
サグラモール
Sagramore
サクラモーン
Sacramone*
サグララ Sagrara
サクリー
Sakry
Thackrey
ザクリー Zachry
サグリオ Saglio*
ザクリス Sakari
ザクリスキ Zakriski
サクリスタン
Sacristan
サクリソン Zachrisson
ザクリソン Zachrisson
サクリーナ Sakulina
サクリナ Sakulina
サクーリン Sakulin
サクリング Suckling
ザクリンスキー
Zaklinsky
サークル Thirkell
サクル
Saqr
Ṣaqr
サグルー Sugrue*
ザークル Zirkle
ザクルス Saxl
ザグルスキ Zagórski
ザクルゼヴスキー
Zakrzewski
ザクルートキン
Zakrvtkin
ザグルール

Zaghloul
Zaghlūl
ザグルル Zaghlūl
サクレ
Sacre
Sacré*
サグレード Sagredo
ザクレーピナ
Zakrepina
サグレーラ Sagrara
サグレラス Sagrara
ザグロウ Zaghloul
ザグロドニク
Zagrodnik
サクロフスキー
Saklofske
サクロフスク
Saklofske
サクロボスコ
Sacrobosco
サクワ Sakwa
サクワン SaQwan
サクン Sakul*
サグン Sagun
サーゲイ
Sergey*
Sirgay
サゲイト Suggate
ザケス Zakes
サゲッダーオ
Sakeddaw
サケッティ Sacchetti*
サケット Sackett**
サゲット Saget
サケニ Sakeni
サケラロプル
Sakellaropoulou
ザケリ Zakelj
サーケル Thirkell
ザケル Zarqālī
ザゲルバウム
Zagelbaum
サケン Saken
ザーゲン Sagen
ザゲンティ Sargenti
サゲンドルフ
Sagendorf
サーケンフェルド
Sakenfeld
サコ
Sakho
Sako
サコー
Sakho
Suckow
ザーコ Zurko
ザーゴ Zago
ザコ Zako
ザコーアー Zakour*
サコウ Suckow
サーコヴィチ
Saakovich
サコウスカ Sakowska
ザコウスキ Zakowski
ザコウスキー
Sakowski
ザゴエフ Dzagoev
サーコーシュ
Sarkhosh
ザゴースキン
Zagoskin
ザゴスキン Zagoskin*
サコダ Sakoda
サコップ Succop
サコナー Sakona
サゴナ Sagona
ザゴラキス Zagorakis
サコラファ Sakorafa
ザゴリア Zagoria
サコール Thakor
ザコール Sakall
ザコル Zakour
ザゴルスカ Zagorska
サコロウ Sokolow
ザゴロドニューク
Zagorodoniuk*
ザゴロドニュク
Zagorodoniuk
サーコーン Sarcone
サコン
Saconi
Sakhon
Sakong
サゴン
Sagon
Sakong
サコンサタヤトーン
Sakolsatayadorn
ザコンバウ Cakobau
サコンビ Sakombi
ササ Sasa**
ササー Susser
サザー Suther
ザザ
Thatha
Zaza
ササキ Sasaki
サーサス Psathas
サザード Southard
サザートン Sotherton
サーサナティヤン
Sartsanatieng*
サザナベト
Sazanavets
サザノビッチ
Sazanovich
サザビー Sotheby
サザーランド
Southerland
Sutherland***
サザランド
Southerland
Sutherland**
ササール Sassard
ササール Sasser
ササルマン Săsărman
サザーン
Sothern*
Southern*
Southerne
サザン
Sothern
Southern**
Southerne
Southon*
サーシー
Sacy
Searcy
サージ
Sage
Sāj
Sarge*
Sazie
Serge**
Sergei
Sergio
サージー Sirgy
サシ
Saci
Sacy
Sasi
Sassi
サシー
Sachy
Sacy
サジ
Sadi
Sagi
Sazie
サシアイン Sasiain
サージイー Sergei
サジイ Sazie
サージェ Sirje
ザジェ Zagier
サシェヴァレル
Sacheverell
サシェヴェレル
Sacheverell
サシェコ Sacshko
サジェス
Saggese
Salles
サジェダ Sajeda
サジェット Suggett
サジェール Sajer
サージェント
Sargeant*
Sargent***
Seargeant
Sergeant**
Sergent
サージソン
Sargeson**
サジタリウス
Sagittarius
ザシダワ Zhaxidawa
ザジック Zaczyk
サジット
Sajith
Sujit
サジデュコフ
Sagindykov
サジド Sajid
サジドフ Sazhidov
サシーニ Sasieni
サシニェク Sasinek
サーシャ
Sacha*
Sasa*
Saša*
Sascha*
Sasha***
Sásha
サージャ Czaja
サシャ
Sacha**
Saša
Sascha**
Sasha*
サジャ
Sadja
Saja
ザーシャ Sascha
ザシャ Sascha
サジャド
Sajad
Sajjad*
サジャナー Sojourner
サジャマ Sajama
サージャマキ
Sirjamaki
サジャヤ Sajaya
ザシャリ Zacharie
サージャン Sajjan
サージャント Sargent
サーシュ Sars
サージュ
Sage**
Sāj
Sāju
Serge
サジュ Saj
サジュエス Saguse
サジュワーニ Sajwani
サージョ Sarjo
サージョス Sergios*
サージン Sajn
サシングブ Sahinguvu
サース
Saß
Szasz
サス
Sass*
Sassou**
Saz
Sus
Szasz
Szász
サスー Sassou
サズ Szasz
ザース
Sass
Saß
ザーズ ZAZ
ザス
Sass
Zasu
サスイ Sacy
ザスカ Sascha
サスカインド
Susskind*
サースガード
Sarsgaard
サスキー Suskie
サスキア Saskia**
サスキン Suskin
サスキント Susskind
サスキンド
Suskind*
Susskind*
サースク Thirsk*
サスケウィッツ
Suskewicz
サスター Suster
サーステット Sarstedt
サーステッド Sarstedt
サステレン Susteren
ザストッキー
Zastocki*
ザストリズニー
Zastryzny
サストル Sastre
サストレ Sastre**
サストロアミジョヨ
Sastroamidjojo
サストロサトモ
Sastrosatomo
サストロスナルト
Sastrosoenarto
サストロレジョ
Sastroredjo
サストロワルドヨ
Sastrowardoyo
サーストン
Thurston***
Thurstone
サスネット Sasnett
サースビー Thursby
サスビ Sassouvi
サースフィールド
Sarsfield
サスポルテス
Sasportes
サスマン
Susman
Sussman***
サズマン Suzman
ザスマン Zusman
サスマンスハウス
Sassmannshaus
ザスマンスハウゼン
Sassmannshausen
サスモア Sasmor
ザスラー Zasler
ザスラウ Zaslaw*
ザスラーフスカヤ
Zaslavskaya
ザスラフスカヤ
Zaslavskaya**
サスラフスキー
Saslavsky
ザスラフスキー
Zaslavskii
Zaslavskiy
Zaslavsky*
Zaslawski
ザスリー Zasuly
ザスーリチ
Sassulitsch
Zasulich
サスリック Suslick
ザスリッチ
Sassoulitsch
Zasulich
サズル Southwell
サズレン
Southren

サ

Suthren
ザスロー
Zaslaw
Zaslow
ザスロフ Zasloff
サースン Sarson*
サスーン Sassoon***
サスン Sasson*
サセック Sasek
サゼック Sadzeck
サセックス Sussex*
サセッタ Sasetta
サゼット Suzette
サーゼント
Sargent
Sergeant
サーソー Thurso
サーゾ Sarzo*
サソ Saso
ザゾ Zazzo*
ザゾヴ Zazove
サゾーノフ Sazonov*
サゾノフ Sazonov*
ザゾブ Zazove
ザソホフ Dzasokhov
サソムサップ
Sasomsab
サーソン Sarson
サソン Sasson
サゾーン Southorn
サゾン Sazon*
サーダ
Cerda
Saada
サーダー Sardar*
サタ Sata**
サター
Sator
Sutter*
サダ
Sada
Sad'aa
サダヴァ Sadava
サーダウィ
Saadawi**
Sadawi
Sa'dāwī
サーダウィー Sa'dāwī
サーダウイ Saadaoui
サダウォイ Sadavoy
サタウット Satavut
サダカバツ
Sadakabatu
サータカルニ
Sātakarṇi
サダコフ Sadakov
サダーシヴァ Sadāśiva
サタジット Satyajit*
サータス Satas
サダース
Suddarth
Sudderth*
サタスウェイト
Satterthwait**
サーダット Sa'adat
サダット Sadat
サダーティッサ
Saddhatissa*
サタデオ Satyadeow
サーダート
Saadat
Sādāt
サダト
Sadat*
Sādāt*
サダド Sadat
サターナ Satana
サータナール Sāttanār
サダーナンタ
Sadānanda
サダーナンダ
Sadānanda
サダナンダ
Sadananda
サタニチ Sztanity
サダビー Suddaby
サターフィールド
Satterfield
サターホワイト
Satterwhite
サダム
Saddam**
Ṣaddām
サタヤ
Sattaya
Satya
サダラ Sádallah
サダラージ Sadalage
サダラング Sadarang
サタリー Satterly
ザダリアス Za'Darius
サタリアノ Satariano
サタリーノ Satalino
サタリファル
Satari-Far
サタリン Sutterlin*
ザダルスキ Zadarski
サダルディン
Sadaruddin
サタルハノフ
Sattarkhanov*
サタロフ Sataloff*
サタン Satang
サダン Sadang
サ・チ SzaKcsi
サーチ
Saatchi
Search
サチ
Sachi*
Saci*
Thaçi*
ザーチィ Zarchy
サチヴレル
Sacheverell
サチェット Suchet
サチェル Satchel*
サチェン Sa chen
サチェンコ Sachenko
サチエンドラ
Satyendra
ザチオルスキー
Zatsiorskii
Zatsiorsky
サチダナンダン
Satchidanandan
サチャ Sacha
ザチャトウ Zakyatou
ザチャリー Zachary
サチュルナン Saturnin
サチン Sachin*
サーツ Sats*
サツ Satu
サッヴァ Sávva
サッヴィチ Savvich
サッカ
Sacca
Saccà
Sadka
Saqqa
サッカー
Sachar**
Thacker**
ザッカー
Zachar
Zacker*
Zucker*
ザッカイ
Zackai
Zakkai
サッカウ Suckow
サッカーキー Sakkaki
サッカース Sakkas
サッカス Sakkas
サッカート Suckert
サッカーニ Saccani
ザッカーニ Zaccagni
ザッカニーニ
Zaccagnini*
ザッカーバーグ
Zuckerberg*
ザッカーマン
Zuckerman*
サッカラ Thackara
サッカリ Thackeray
サッカリー
Thackeray*
ザッカリー Zachary*
ザッカリーア Zaccaria
ザッカリア Zaccaria
ザッカリーニ
Zaccarini
サッカリン Sakkarin
ザッカルド Zaccardo
サッカレ Thackeray
サッカレー
Thackaray
Thackeray*
Thackray
サッカレイ Thackeray
サッカレエ Thackeray
サッカロ Saccaro
サッキ Sacchi***
サッキー
Sackey
Sacky
ザッキ Zacchi
ザッキー
Szaky
Zakee
サッキーニ Sacchini
ザッキン Zadkine
ザツキン Zadkine
サック
Sach
Sack**
Sak
Suck*
Xac
サッグ Sugg
ザック
Giac
Sack*
Zac**
Zach**
Zack**
Zak
サックウィーラクン
Sakveerakul*
サックヴィル
Sachville
Sackville*
サックシュタイン
Sackstein
サックシリ Saksiri
サックス
Sachs***
Sachse
Sacks**
Saks**
Sax***
Saxe*
サッグス Suggs*
ザックス
Sachs***
Sacks
Sax*
Saxe
Zacks*
Zaks
サックスビー Saxby
ザックセ Sachse
サックダー Sakkuda
サックナー Sackner
ザックナー Zechner
サックハイム
Sackheim
ザックハイム
Sackheim
サックビル Sackville*
ザックマン
Sackman
Sackmann
ザックリー Zachary
サックリソン
Zachrisson
サックリング
Suckling*
サックレー
Thackwray
サックレイ Thackray
ザックレイ Thackray
サッケッティ
Sacchetti*
サッケーリ Saccheri*
サッケリ Saccheri
ザッケローニ
Zaccheroni**
サッコ Sacco*
サッコー Suckow
サッコウ Suckow
サッコーニ
Sacchoni
Sacconi
サッコニ Sacconi
ザッコーニ Zacconi*
サッサ Sassa
サッサー
Sasser*
Susser
サッサネッリ
Sassanelli
サッシェヴァレル
Sacheverell
サッシャ
Sacha**
Sascha*
Sasha
サッジャード Sajjad
サッシュ Sachs
サッスーン Sassoon
ザッセ Sasse*
サッセッタ Sasetta
サッセッティ Sassetti
ザッセラート
Sasserath
サッセン Sassen*
ザッセンハウス
Zassenhaus
サッソ Sasso
サッソー Sasso
サッソーネ Sassone
サッソフェッラート
Sassoferrato
サッソフェラート
Sassoferrato
サッソフェルラート
Sassoferrato
サッソーリ Sassòli
サッソリ Sassoli
サッソン Sasson
サッタ Satta
サッター
Suter
Sutter**
ザッタ Zatta
ザッター Satter
ザッタウアー Sattaur
ザッタエスキー
Zatsiorsky
サッターズ Suters
サッタースウェイト
Satterthwaite
サッターステン
Sattersten
サーッタナール
Cāttaṉār
Sāttanār
サッダーム Ṣaddām
サッタリ Sattari
サッタール Sattār
サッタル Sattar**
サッチ
Sach
Satch
Such*

サ

Sutch
Thach
サッチァ Zetche
サッチェル
Satchel
Satchell*
サッチェン Sachtjen
サッチダーナンダ
Satchidananda*
サッチダーナンド
Sachchidānand*
ザッチーノ Zacchino
サッチマン Suchman*
サッチモ Satchmo
サッチャ Zetsche
サッチャー
Sachar*
Sucher
Thacher**
Thacther
Thatcher***
ザッチャー Thatcher
サッチャカ Saccaka
サッツ Sats
サッティヤジット
Satyajit
サット
Sat
Sut
サッド
Sadd
Thad
ザット
Dat
Zatyai
サットガスト Sattgast
ザッドキン
Zadkin
Zadkine
サットクリフ Sutcliffe
サッドフェルド
Sudfeld
サットフェン Sutphen
サットマーリ
Szatmáry
サットマリ Szatmari
サットラー Sattler
サッドラー Sadler
ザットラー Sattler
サットン Sutton***
サッバ Sabba
サッバー Sabbāh
サッパー Sapper
ザッハ Zach
ザッハー Sacher**
ザッパ Zappa**
ザッパー Sapper*
ザッハァ Sacher
ザッハウ Sachau
サッバカ Sabbaka
サッバカーマ
Sabbakāma
サッバカーミ
Sabbakāmi
ザッパコスタ
Zappacosta
ザッハシュナイダー
Schachtschneider
サッパダーサ
Sappadāsa
サッバティーニ
Sabbatini**
Sabbattini
サッバティーノ
Sabbathino
ザッパテッラ
Zappaterra
サッバーフ Sabbāh
サッバーフ Sabbāh
サッハーフバーシー
Ṣaḥḥāfbāshī
ザッハマン
Zachamann
Zachmann
サッバミッタ
Sabbamitta
ザッビー Ḍabbī
ザッピー Zappy
ザッピア Zappia
サッビオ Sabbiō
ザッヒャー Sacher
サッピラ Sappheira
サッヒリオ Saffirio
サップ
Sapp*
Sup
ザップ
Giap***
Giáp
Zapf*
Zapp
サッファー Saffer
サッファーフ Saffāḥ
サッフィ Saffi
ザッフェラーニ
Zafferani
ザッフェルマイル
Staffelmayr
サッフォ
Saffo
Sapphó
Sapphō
サッフォー
Sapho
Sappho
Sapphó
Sapphō
ザッブマン Zapman
サップル Supple
ザッペッラ Zappella
ザッペーリ Zapperi
ザッペリ
Zappelli
Zapperi*
サッペル Sapper
ザッヘル Sacher*
ザッヘンバッハー
Sachenbacher**
サッポ Sapo*
サッポー
Sappho
Sapphó
Sapphō
サッポオ Sapphó
ザッミット Zammit
サッヤード Sayyad
サッラ Salla
サッラーフ Sarraf
サッラーム Sallām
サッリ Sarri
サッリネン Sallinen
サツル Satur
ザッル Dharr
サッルスティウス
Sallustius
サツルニヌス
Saturninus
サッルーフ Ṣarrūf
ザツレンスカ
Zaturenska
サツーロ Satullo
サッロッキ Sarrocchi
ザツロフスカヤ
Zatulovskaya
サーデ Saade
サデー
Sadée
Sadeh*
ザーデ
Zade
Zâde
Zāde*
Zadeh
Zādeh
ザデ
Zade
Zadé
Zâde
Zadeh
ザデー Zadeh**
サデアス Thaddeus
サーティ
Saaty
Sāti
サーティー
Saaty
Sāṭi'
サーディ
Saadi
Sa'adi
Saddi
Sa'dī
Sa'di
サーディー Sa'dī
サティ
Sati
Satie**
Suttie
サティー Satie
サディ
Saddy
Sadi*
Sa'di
Sady
サディー
Sadie
Sudie
ザディ Zadi
ザディー Zadeh
サティア
Sathya*
Satir*
Satya
サティアー Satir
サディア
Saadia
Sudheer
サティアサイババ
Sathya Sai Baba
サティアジット
Satyajit
サディアス
Thaddeus**
サティアースラヤ
Satyāśraya
サティアプラカシュ
Satyaprakash
サティアン Sathyan
サティアンタイ
Sathianthai
サーティウ Sāti'
サティヴァ Sativa
サディウス Thaddeus
サティエン Sathian
サティエンドラ
Satyendra
サティエンドラナス
Sathyendranath
サディオ Sadio
サーディキー
Sadiq
Ṣādiqī
サディキン Sadikin*
サーディク
Sadek
Sadiq
Ṣādiq
サディーク Ṣadīq
サディク
Saddique
Sadig
Sadik*
Sadiq**
Sadil
Sodik
サディグ Sadig
ザディク Zaddik
ザディコ Zydeco
サディコフ Sadykov*
サティーシュ Satish
サティシュ Satish*
サーティース Surtees
サーティーズ
Surtees**
サディス Sadissou
サティック Sutich
サディック
Sadik**
Sadiq
Sadique
サティッシュ Satish
サーディナス Sardinas
サティニ Satini
サティバエフ
Sattibayev
サティバルザネス
Satibarzanēs
サティバルディエフ
Satybaldiev
サディブ Sadibou
サーティマッティヤ
Sāṭimattiya
サーディヤ Saadia
サティヤ
Sathya
Shatya
サティヤサイババ
Sathya Sai Baba
サティヤナンド
Satyanand
サティヤルティ
Satyarthi*
サティヤンタイ
Sathirathai*
サティラロ Sattilaro
サディリン Sadirin
サディル
Sadil
Sadyr
ザーディール Sadil
サティルス Satyrus
サーティン
Sartain
Sartin
サティン Sutin
サティンオーヴァー
Satinover
サーデク
Sâdea
Sadegh
Sâdegh
Sadeq
Sādeq*
サーデグ
Saadegh
Sādeg
Sadegh
Sâdegh*
サデク
Sadeg
Sadek
Sadeq*
Sadeque
サデグ Sadegh
サデクボナブ
Sadeqbonab
サーデシュパンデ
Sirdeshpande
サデッキー Sadecki*
サデツキ Sadecki
ザデック Zadek
サーデッティン
Sadeddin
サーデッディン
Sadeddin
サデッティン Sadettin
サーデッロ Sardello
サテニィク Saténik
サテム Satem
サデュアッテス
Sadyattes
サテュエンドラ
Satyendra
サテュルス Satyrus
サテュルナン Saturnin
サテュロス Satyros
サデューン
Saadoun
Sadoon
サテラ Sater
サテリ Sateri

サ

サテル
Satel
Satell
サデル Sader
サデレー Sadelher
サーデレル Sadeler
サデーロ Sadero
サーテン Certain
サテン Satin*
サート Saad
サード
Saad***
Sa'ad
Sad
Sa'd
Sa'd
Sard
Third
サト Sat
サトー
Sato
Satow*
サド
Sade*
Sado
Thad**
サドイコフ Sadykov
サトイバルディ
Satybaldy
サトゥ Satu**
サトウ
Sato*
Satow*
サドゥ Sadou
サドヴァヌ Sadoveanu
サドウィ
Sadovyi
Sadvyi
ザトゥイルケヴィチ
Zatyrkevich
サドヴェアーヌ
Sadoveanu
サドヴェアヌ
Sadoveanu
サートウェル Sartwell
ザトヴォールニク
Zatvornik
サドゥカ Saduqa
サトゥカム Satkam
サドゥギ Sadouqi
サトゥク Satuq
サトウク Satuq
サドゥクァ Saduqa
サドウスキー
Sadowski*
Sadowsky
サトゥッフ Sattouf
サードゥナ Saadna
ザドウナァイスカ
Zadunałska
サドーヴニチ
Sadovnichy
サドーヴニチィ
Sadovnichy**
サトゥフ Sattouf
サドヴァーヌ
Sadoveanu
サドヴャヌ
Sadoveanu*
サドゥラ Sadula
サドゥラエフ
Sadulaev
Sadulayev
サドゥラエワ
Sadulayeva
サドゥリ Sadri
ザドゥリアン
Zadoorian
サトゥリス Sahtouris
サドゥール
Sadoul**
Sadur
サドゥルスカ
Sadurska
サドゥルスキス
Šadurskis
サトゥルニナ
Saturnina
サートゥルニーヌス
Saturninus
サートゥルニヌス
Saturninus
サトゥルニヌス
Saturninus
サトゥルニーノ
Saturnino
サートゥルニーロス
Saturninus
ザトゥレンスカ
Zaturenska
ザトゥロフスカヤ
Zatulovskaia
ザトゥロフスキー
Zatulovskii
サドゥーン Sa'doun
サドゥン
Sadoun
Sadun
サドカー Sadker
ザドキール Zadkiel
サトク Satuq
サドク
Sadok
Sa-dug
ザードーク Sādôk
ザドーク Zadok
ザドク
Sādôk
Zadoc
サトクリッフ Sutcliffe
サトクリフ
Sutcliff**
Sutcliffe**
Sutcriff
サドグル Sadhguru
ザトコウスキ
Satkowski
サトシ Satoshi
サドック
Sadoc
Sadock*
ザドック
Zadok
Zadoks
サドディン Sadoddin
サドト Sadoth
サードナ Sahdona
サドナウ Sudnow
ザドネプロフスキス
Zadneprovskis
サトパーエフ Satpaev
サトパティ Satopaty
サドビッチ Sadović
サドービニチ
Sadovnichy
サドビャヌ Sadoveanu
サトフェン Sutphen
サドフスカヤ
Sadovskaia
Sadovskaya
サドフスキ Sadowski
サドフスキー
Sadovsky
サドフスキシノット
Sadowski Synnott
サドフニコフ
Sadovnikov
ザドーフニコフ
Sadovnikov
サドフニチャ
Sadovnycha
サドベアヌ Sadoveanu
ザートペク Zátopek
ザトペコーワ
Zatopkova
Zátopková
ザートペック Zatopek
ザトペック
Zatopek
Zátopek*
サドベヤヌ Sadoveanu
サドベリ Sudbury
サドベリー
Sudbery
Sudbury
サートホフ Saathoff
サドホフ Sudhoff
サドボーロー
Sudborough
サトマーリ
Szathmary
Szathmáry
サトマリ Szatmari
ザートマン Zartman
サトヤ Satya*
ザドヤン
Zadoian
Zadoyan
サトーラ Satorra
サトラー
Sattler
Sitre
サドラ
Ṣadrā
Sadullah
Sudler
サドラー
Saddler**
Sadleir
Sadler**
Sadra
Ṣadrā
Sudler
ザドラ
Zadora
Zadra
サドラースミス
Sadler-Smith
サトラーニョ
Satragno
サトラピ Satrapi**
サトラピー Satrapi
サドラフ Sadrach
サトラム Satrom
サトラン Satran
サトランスキー
Satoransky
サトリー Sattley
サドリ
Sadli
Sadri
サドリー Sudeley
サドリア Sadria*
サドリアー Sadlier
サトリアーニ Satriani
サトリアーノ Satriano
サドリウ Sadriu
サートリス Sartoris
サドリーディン
Sadriddin
サドリディン
Sadriddin
サドリドジン
Sadriddin
サトリン Satlin
サートル Satre
サトル Satur
サドル
Sadr*
Ṣadr
ザードル Zador
ザドル Zador
サトルイク Satlyk
サトルイコフ
Satlykov
Satylykov
サトルズ Suttles
サトルステギ
Satrustegi
サドルッディーン
Ṣadr al-Dīn
サドルディン
Sadruddin*
サートルニーノス
Saturninus
サトルニロス
Satornilos
ザドールノフ
Zadórnov
ザドルノフ
Zadornov**
サトレ Sætre
サートレィ Sartore
サートレイ Sartore
サドレート Sadoleto
サドレト Sadoleto
ザトレルス Zatlers*
サードロ Sádlo
ザードロ Sadlo
ザドロ Sadlo
ザドロズナヤ
Zadorozhnaya
ザトーロフ Zatouroff
ザトロフスキー
Zatulovskii
サドワ
Sadova
Sadva*
サトワント
Satwant
Satwart
サートン Sarton**
サトン Sutton
ザドンスキー
Zadonskii
サーナ Sanaa
サナ
Sana*
Sanna
サナー Sanner
ザーナ
Saner
Zana
ザーナー Saner
サナア Sanaa
サナーイー Sanā'ī
サーナイテ Surnaite
サーナウ Surnow
サナウェーヴ Sanayev
サナウバリー
Ṣanawbarī
サナカ Sanaka
サナクト Sanakht
サナゴ Sanago
サナコエフ Sanakoev
サナサード Sanasardo
ザナシー Zanasi
サナーズ Sunners
サナータナ Sanātann
サナタナ Sanatana
サナタン Sanatan
ザナック Zanuck**
サーナット Sarnat
サナディ Sanady
サナーデル Sanader
サナデル Sanader*
サナト Sanat*
サナトカラン
Sanatkaran
サナトルケス
Sanatruces
サナニコーン
Sananikone*
サナバ Sanaba
サナビー Suneby
サナブリア Sanabria*
サナーヘーエ
Sanderhage
サナリア Zanariah
ザナリーニ Zanarini
サナール Sanā'l
サナルディ Zanardi
ザナルディ Zanardi*

ザナルディーニ
Zanardini
ザナルデッリ
Zanardelli
ザナルデリ Zanardelli
サナルトゥ Zañartu
サナールムルク
Sanā' al-Mulk
サーナン Cernan**
サナン
Saghan
Sanan
サナング Ssanang
サナンダ
Sananda*
Sunanda
サナンダナ
Sanandana
サナンパニッチ
Sananpanich
サーニ
Saarni
Sahni
Sani
Thani*
サーニー
Cerney
Cerny*
Sahni
Thani
サニ Sani**
サニー
Sonny*
Sunni
Sunny**
Thuney
ザーニ Zani*
ザニ Zani
ザニー Zanny
サニア Sania**
ザーニアル Zernial*
サニイ Saniee**
サニエ
Sagnier*
Sannie
ザニエール
Zanier
Zannier
ザニエロ Zaniello
サニキゼ Sanikidze
ザニケッリ Zanichelli
ザニコヴェツカヤ
Zan'kovetskaia
ザニス
Dzanis
Tzannis
サニタ Sanita
ザニータ Sannita
ザニッキ Zanicchi
サニッスダー
Sanitsuda
Santisuda
サニットゥオン
Sanituog
サニトウォン
Sanitwong
ザニーニ Zanini
ザニーノ Zanino
ザニノビチ Zaninovic
ザニノビッチ
Zaninovic
ザニベク Zhanibek
ザニマッキア
Zanimacchia
サーニャ
Sanha
Sanja
Sanya*
サニャ
Sagna
Sagnia
Sanha
サニャク Sagnac
サニヤル Sanyal
サニャング Sanyang
サニョ Sagno
サニョル Sagnol
サニン Sanin*
ザニン Zanin
サーヌ Sānu
サヌ
Sane
Sanou*
Thanou
サヌー
Sannu'
Sanou
Sanu
サヌアーニー Ṣan'ānī
サヌイエ Sanouillet
サヌゥー Sanou
サヌーシ Sanousi
サヌーシー Sanusi
サヌシ
Sanoussi
Sanoussy
Sanusi*
ザヌーシ Zanussi*
サヌースィー Sanusi
ザヌッシ Zanussi
サヌード Sanudo
ザヌネ Zannouneh
サーヌン Sahnoun
ザヌン Za'anoon
サネ
Sane
Sané**
Saneh
Sanei
Sanne
Sanneh
サネー Sanneh
ザネ Sane
サネイエフ Saneyev
サネーエフ Saneev
ザネーギン Zanegin
ザネケト Sanakht
サネス Sannes
ザネタ Zaneta
ザネタキス
Tzannetakis
ザーネッキ
Czernecki
Zarnecki
サネッティ Zanetti**
ザネッティ Zanetti***
サーネット Sernett
サネット
Sunette
Thanet
ザネット Zanetto
ザネッラ Zanella
ザネッリ Zanelli
サネッロ Sanello
ザネッロ Zanello
ザネトス Zannetos
サネヤ Sanaya
サネラ Sannella
ザネラ Zanella
ザネル Zhanel
ザネルラ Zanella
ザネルリ Zanelli
サネロ Sanello*
ザーネン Zanen
サーノ
Sano
Sarno*
サノ
Sano
Sanoh
サノー
Sannoh
Sano
ザノイア Zanoia
サノコ Sanoko
サノゴ Sanogo
サノス Thanos
サノツキー Sanotskii
ザノッティ Zanotti*
ザノーニ Zannoni
ザノービ Zanobi
ザノービオ Zanobio
サーノフ Sarnoff**
サノフ Sanoff*
ザノヤン Zanoyan
ザノリーニ Zanolini
サノン Sanon
ザノン Zanon
サーバ Saba*
サーバー
Sarver
Surber
Thurber**
サハ Saha*
サバ
Saba**
Saba'
Sabah
Sabbah*
Sava
Savva
サバー
Saba'
Sabā'
Ṣabā
Sabbagh
Sabbah
Sabor
Thurber
サパー Saper
ザハ Zaha**
サバア Sabaa*
サーパイ Sarpei
サハイ
Sahai
Sahay
サバイ Sabaï
サパイア Sapire
サーバイス Servais
ザバイス Sabais
サバイテ Sabaitė
サーバイティス
Sirvaitis
サパイラ Sapira
サバイン Sabin
ザハウ Sachau
ザハーヴァ Zakhava
サハーウィー Sakhāwī
ザハーヴィ Zahavi
ザハウィ Zahawi
ザハヴィ Zahavi*
ザハヴィット Zahavit
サハーエ Sahāy
サバエ Sabba'e
サハキ
Saakovich
Sahaki
サハキアン Sahakian
サーバーグ Surburg
サハク Sahak
サハグ Sahag
サバーグ Sabbagh
サバグノ Zavagno
サーバジー Sāwajī
サバシア Sabathia**
ザハジェール
Zakhoder
サパシバリ Szepesvári
サハジャヴァジュラ
Sahajavajra
サハジャーナンド
Sahajānand
Sahajananda
サバス
Sabas
Sábas
Sabath
Savas*
Savvas
Subhas
ザバズキ Zawadzki*
サパースタイン
Saperstein
サバスティア Sebastià
サパースティーン
Saperstein
サバソルダ Savasorda
サーバタ Sabata
サバータ Sabata
サバタ
Sabata
Zapata
サバダ
Sabada
Savada
サパータ Zapata
サパタ Zapata*
ザパタ Zapata
サバタイ Sabbatai
サバチィーニ Sabatini
サバチェ Sabatier
サバチェー Sabatier
サバチエ
Sabatier*
Savatier
サバチーニ Sabatini*
サバチニ Sabatini*
ザバツキー Zavadszky
サバック Savak
サーバッジュー
Sarvatjoo*
サバッシュ Subhash
ザバッティーニ
Zavattini
サハット Sahat
サバテ Sabaté
サバディ Szabadi
サバティア Sabathia
サバティウス
Sabbatius
サバティエ
Sabatier***
Savatier
サバティエー
Sabatier*
サバティーニ
Sabatini*
Sabbatini
サバティニ Sabatini
サバティーノ Sabatino
サバティノ Sabbatino
サバディーノ
Sabadino
サバティーン Sabatine
サバティン Sabatine
サパディン Sapadin*
サハデオ Sahadeo
サバテッリ Sabatelli
サバテール Savater*
サバテル Savater
サバテロ Zapatero
サバテーロ Zapatero
サパテロ Zapatero*
サバード Savard
サバト
Sabato*
Sabàto
Sábato***
サバトー Sabàto
サバトゥッチ
Sabatucci
サバドゴ Savadogo
サバドバリー
Szabadváry
ザバドフスキー
Zavadovskii
サハトホル Sihathor
サパートン Saperton
サバナ Sabana
サハナイ Sahanaye
サハニ Sakhan
サバニエフ Sabaneev
サバニス Sabanis
ザバヌー Zerbanoo

サ

サハヌーン Saḥnūn
サバネ Savane
サバーネエフ
Sabaneev
サバネーエフ
Sabaneev*
ザハネン Sachanen
サバーハ
Sabah
Ṣabāḥ
サバハ
Sabah**
Sabeh
ザハーバ Zakhava
ザババ Zababa
サバハッティン
Sabahattin*
サバーパティ
Sabhapathi
サハービー Saḥābī
サハビ Sahabi*
サバーヒー Ṣabāḥī
サバヒ Sabah
ザハービ Zahavi
ザハビ Zahabi
ザハビー Dhahabī
サハーブ Saḥāb
サハフ Sahhaf**
サバーフ Ṣabāḥ
サバフ Sabbagh
ザハフ Zahaf
ザハーブァ Zakhava
サハブサダ
Sahabzada*
ザバフスカ Zabawska
サハミ Sahami
ザバヤ Zabaya
サハラ Shahara
サバーラ Zavala
サバラ
Sabara
Zabala
Zavala
ザハラ
Zachara
Zahra
ザバラ
Zabala
Zavala**
サハラウィ Sahrawi
ザバラウィ Zábalawi
サバラス Savalas*
サバラン Savarin
サハリ Sakhri
サバリ
Sabari
Savary**
Szabadi
ザハリ Zakhari
ザハリー Zachry
サバリア Sabariah
ザハリア Zaharia**
ザハリアス Zaharias
ザハリアズィス
Zachariadis
ザハリエヴィッチ
Zakharievich
ザハリエバ Zaharieva
ザハリエフ Zakhariev
サバリッシュ
Sawallisch
ザバリッシュ
Sawallisch
サバリーナ Saparina
ザハリャン
Zakharian
Zakharyan
サバリン Savarin*
ザハーリン Zakhariin
サハール Sahall
サハル
Sahar*
Sahl
Sahr
サバール
Savall*
Savart
サバル Saball
ザハール
Zachar*
Zahar
Zakhar
ザハル
Sachar
Sacher
Zahar
ザバル Zabar
サーバルカル Savarkar
ザバルカンスキー
Zabalkanskii
ザバルカーンスキィ
Zabalkanskii
ザハルク Zakharuk
サバルサ Zabalza
サバルサハライ
Sabalsajaray
ザハールチェンコ
Zakharchenko
ザハルチェンコ
Zakharchenko**
サバルテ Sabartes
サパルディ Sapardi**
サパルドゥルディ
Sapardurdy
サパルドゥルドィエフ
Sapardurdyyev
サバルノ Sabarno
サパルバエフ
Saparbayev
サバルビースコア
Zabalbeascoa
サパルムイラト
Saparmyrat
サパルムラト
Saparmurat*
サパルムラド
Saparmurad*
サパルルイエフ
Saparliyev
Saparlyyev
サバレーゼ
Sabbarese
Savarese*
サバレータ Zabaleta
サバレタ Zabaleta*
サバレッラ Zabarella
ザバレッラ Zabarella
ザハレビッチ
Zakharevich
ザバレラ Zabarella
ザバロ Zavaro
ザハーロヴィチ
Zaharovich
Zakharovych
ザーハロヴィッチ
Zakharovich
サバローチ Sabaroche
ザハロビッチ
Zakharovich
サハロフ
Sacharow
Sakharoff
Sakharov**
サパロフ Saparov
ザハーロフ
Zaharoff
Zakharov
ザハロフ
Zaharoff*
Zakharov**
サハロワ Sakharovoi
ザハーロワ
Zakharova*
ザハロワ Zakharova
サハロン Saharon
サバーワス Sabhavasu
サーハン Sirhan
サーバン Sarban*
サバン
Sabban
Sabin
Savan
Savang
サパン Sapin**
サバンジ Sabanci
サバンジャン
Sabounjian
サバンジュ
Sabanci
Sabancı
サバント Savant
サパントン
Saphangthong
サバンナ Savannah
サーヒ Sahi
サービー
Sābī
Sarby
サヒ Sahi
サビ
Sabi*
Savi
サビー Savy
ザービ Zerbe
ザヒ
Zachi
Zahi*
サヒア Sahia
サピーア Sapir
サピア Sapir**
サピアー Sapir
ザヒア
Zahia
Zahir
ザビア Xavier***
ザービアック
Szczerbiak*
ザビアロフ Zavyalov
サビアロワ Savialova
サービイー Sābi'ī
サビウ Sabiou
サビウム Sabium
サビエ Soebye
ザビエ
Saviye
Xavier
サピエーハー Sapieha
サピエフ Sapiyev**
ザビエヤ Zawieja
ザヒエラ Zahiera
サヒエル Sacher
サビエル Xavier*
ザビエル
Xavier**
Xaviere
ザビエン Xavien
サピエンス Sapiens
サビオ
Sabio
Savio*
サビオラ Saviola**
サビオン Savion
サビーカス Sabicas
サビカス
Sabicas
Savickas
Savikas
サビサール Savisaar
ザービジ Savage
サビジャー Savigear
サービス
Service*
Serviss
サビストン Sabiston
ザビターエフ Zavitaev
サビチェビッチ
Savicevic
サビツァー Sabitzer
サビツカヤ Savitskaya
サビッキー Savitskii
サビツキ Sawicki
サビッジ Savage
サビッチ
Savitch
Savvich
サビッツ Savitz
ザビッツ Zavitz
サービット Thābit
サビット
Savitt
Thabit
サビットリ Savitri
サビデス Savvides
サービト
Sâbit
Thabit
Thābit
サヒト Sahit
サビド Savid
ザーヒド Zahid
ザヒド
Zahed
Zahid
サピドゥス Sapidus
サビトフ Sabitov
ザヒドフ Zakhidov
サビトリ Savitri
サビーナ
Sabina*
Savina
サビナ Sabina**
ザビナス Zabinas
サビニー
Savigny
Sevigny
Suvigny
サビニー Savigny
サビーニアーヌス
Sabinianus
サビニアヌス
Sabinianus
サビニアン Savinien
サビニャック Savignac
サビニン Sabinin
サビーヌ Sabine**
サビヌ
Savigne*
Savine
ザビーヌ Sabine
サビーヌス Sabinus
サビヌス Sabinus
ザビヌル Zawinul*
サビーネ Sabine
サビネ Savigne
サピーネ Sabine
ザビーネ Sabine**
ザビネ Sabine**
サビネス Sabines*
サビーノ
Sabino
Savino
サビノ
Sabino
Savino*
サビノー Savinaud
サビノワ Savinova*
サヒーヒ Sahihi
ザビヒ Zabihi
サーヒブ
Sahib
Sāhib
Ṣāḥib
サヒブ Sahib
サビーフ Subaih
サヒム Sahim
サビヤ Sabhiya
ザーヒヤ Zaahiya
サヒリ Sahili
ザーヒリー Ẓāhirī
サヒリアン Sahelian
サービル Sāber
サビール Saville
サビル
Sabile

Savile*
Saville*
サピール Sapir*
ザーヒル
Ḏhāhir
Zahir
Zāhir
Zāhir
Ẓāhir
ザヒール
Zaheer
Zahir
Ẓahīr
ザヒル
Zahir**
Zāhir
ザビル Zahir
サピルステイン
Sapirstein
ザヒールッディーン
Ẓahīr al-Dīn
ザヒールディン
Zaheeruddin
ザヒルディン
Zahiruddin
ザヒルワル Zakhilwal
ザヒーレ Ḏhāhir
サピーロ Shapiro
サピロ Sapiro
サビロフ Sabirov
サーピロム Xaphilom
サビロワ Sabirova
ザビロワ Zabirova*
サービン
Sabin*
Sarbin
サヒン Sahin
サビーン Sabine
サビン
Sabin*
Sabine*
Savin
サビンコフ Savinkov
サピントン
Sappington
サビンビ Savimbi**
サーフ
Cerf**
Saaf*
サーブ Tharp
サープ
Tharp**
Tharpe*
サフ Sahu
サブ Sab
サブー
Sabu
Zabou
ザーブ
Zarb**
Zerbe
ザフ Zach
ザブ Zub
ザブー Zabou
サファ Safa
サファー
Safaa
Safar
Saffar
Saffer
サファアディン
Safa al-din
サファイア
Safie
Safire*
Sapphire**
サファエフ Safayev
サーヴァージュ
Sauvage
サファーシュタイン
Saferstein
ザファーズ Zaferes
サファーストーン
Safferstone
サーファティ Sarfati
サーファティー
Serfaty
サファディ Safadi*
サファラリ Safarali
サファリ Saffary
サファリャン Safaryan
ザファリン Zafarin
サファル
Safar*
Ṣafar
ザファール Zafar
ザファル
Zafar
Ẓafar
サファルハランディ
Saffar Harandi
ザファルラ
Zafarullah**
サファロバ
Safarova
Šafářová
サファーロフ
Safarov
Sakharov
サファロフ Safarov
ザファロン Zaffalon
サーファン
Saafan
Safouan
サフィ
Safi**
Ṣafī
Sufi
サフィー
Ṣafī
Ṣafī
ザフィ Zafy**
ザフィー Zafy
サーフィアー Saafire
サフィーア Saphir
サフィア Safia*
ザフィア Safier**
サフィアトゥ Safiatou
サフィアン Safian
サフィウ Safiou
サフィエ Safiye
サフィエトゥ Safiétou
サフィトリ Safitri
サフィナ Safina**
サフィーユッディーン
Safī al-Dīn
サフィラ Sappheira
ザフィライ Zafilahy
ザフィラザ Zafilaza
サフィリオス Safilios
サフィール Saphir
サフィル
Safir
Saphir
Saphire
サブイル Sabyr
ザフィール Zafir
ザフィル Zafir
サプイレ Sapuile
サフィン Safin**
サブイーン Sab'īn
ザフヴァトヴィーチ
Zachwatowicz
サフェット Safvet
サフェト Safet*
サフェーブル Saifpour
サーフェリー Savery
サフェリー Savery
ザフェル Zafer
サフェルクルス
Savelkouls
ザフェルコウルス
Savelkouls
ザフエルコウルス
Savelkouls
サフェルスバーグ
Savelsbergh
サフェレイ Savery
サフォ
Saffo
Sapphō
サフォー Saffo
サフォーク Suffolk
サフォシュキン
Safoshkin
サフォード
Saffold
Safford*
サフォノヴ Safonov
サフォーノヴァ
Safonova
サフォノーヴァ
Safonova
サフォノバ Safonova
サフォーノフ Safonov
サフォノフ Safonov
サフォルド Saffold
サフォン Zafón**
サフォンダ Safanda
サフカ Sawka*
サブクティギーン
Subuktigin
サブクテギーン
Subuktigin
サーフコ Safko
サブコ Sabuco
サプコタ Sapkota
サブコフ Sabkoff
サプコフスキ
Sapkowski*
サブザヴァーリー
Sabzavārī
サブザワーリー
Sabzawārī
サプサンヤーゴーン
Sapsanyakorn
ザブジェル
Zavrel*
Zavřel
サプシリー Sapsiree
サブス Sabsu
サブス Sabsu
サブセイ Sabsay
サブセク Savsek
サブダ Sabuda*
サプタハ Siptah
サブダラト Sabdarat
サフダル Safdar
サフチェンコ
Savchenko**
Savxhwnko
サブチェンコ
Savchenko
サブチャーク Sobchak
サプチャク Sobchak*
サフチュク Savchuk
ザブック Deboeck
サフディ Safdie
サブティ Sabti
サブティー Sabti*
ザブディエル Zabdiel
サフトラス Saftlas
サブナー Savner
ザブナー Dzubnar
サフナウィ Sehnawi
サブナニ Sabnani
サブニ
Sabbouni
Sabuni
サブニス Sabnis
ザプニッキ Rzepnicki
サフヌーン Saḥnūn
サフネイツウガ
Safuneituuga
サフノフスキー
Sakhnovski
サブハシ Subhashis
サブハン Sabhan
ザフファトビッチ
Zachwatowicz
サプポー Sapphó
サーブム Sabium
サフラ
Safra*
Sahra
サフラー Sahure
サブラ Sabra**
ザフラ
Zafra
Zahra
サフライ Safrai*
ザフラーウィー
Zahrāwī
ザフラドニク
Zahradník
サプラナ Zaplana
ザプラナ Zaplana
サブラマニアム
Subramaniam
サブラマニャム
Subrahmanyam*
サブラル Sabral
サフラン Safran**
サブーラン Sabourin
サブラン Sabran
ザーブランスキー
Zabransky
ザフランスキー
Safranski*
サフリ Safri
サブーリー Saburi
サブリ
Sabri*
Sabrī*
Sabry
サブリー
Sabrī
Ṣabrī
Sabry
サプリー
Suplee
Supree
ザフーリ Zaafouri
ザプリアノフ
Zaprianov
Zapryanov
サブリエ Sabriye*
サブリエール Sablière
サブリコヴァ
Sablikova
Sáblíkova
Sáblíková*
サブリコバ Sáblíková
サプリチ Sapurić
サブリツキー
Subritzky
サフリット Safrit
サブリーナ Sabrina
サブリナ
Sablina
Sabrina**
サブリノビッチ
Sawrymowicz
サフリュー Safrew
サフル
Sahl
Sakhr
サブール Sabūr
サプル Sapru
サプルー Saprū
ザフール Zaḥur
サプルイキン
Saprykin
ザブルディナ
Zabludina
ザブルドフスキー
Zabludovsky
ザフルラ Zafrullah*
サブレ
Sable

サ

Sablé
Sabouret**
Sabre
ザプレタル Zapletal
ザブレッキー
Zabrecky
サブレット Sublette
ザフレード Zafred
ザブレル Zavřel
サフレン Safren
サブロー
Sabouraud*
Sabraw
サブロウ Sabraw
サブローサ Sabrosa*
サブローザ Sabrosa*
ザブロッキ Zablocki
ザブロッキー Zablocki
ザブロツキー
Zablotsky
ザブロドツキー
Zabolotskii
サプロネンコ
Sapronenko
Sapronenko
サフロノフ Safronov
サブーロフ Saburov*
サブロフ Sabloff*
ザフロブスカ
Záhrobská
サフロン Saffron
サブロン
Sablon*
Thubron**
ザフロン Zaffron
サフワト Safwat
ザフワトビッチ
Zachwatowicz
サフワヌッラー
Safwanullah
サフワン Safwan
サプーン Sapoen
サブンデ Sabunde
サーベ Sabeh
サペ Sappey
サーペイ Sapey
サベイジ Savage
サベエフ Sabejew
サペギン Sapegin
サベージ
Savage***
Savege
サベジ Savage
ザペツキ Zapedzki
サベッジ Savage**
サベッツ Savetz
サベッティ Sabetti
ザヘッド Zahed
サベッラ Sabella
サベッリ Sabelli*
ザペッリ Zapelli
サベッリウス
Sabellius
ザーヘディ Zahedi*
ザーヘディー
Zahedi
Zāhedi
ザヘディ Zahedi
ザヘド Zahed
サーベドラ Saavedra*
サベナザ Savenaca
サーヘニー
Sahni***
Sāhnī
サペーニョ Sapegno*
サーヘブ Sāhib
サベーラ
Sabella*
Sabera
ザベラ Zabela
サベラバスケス
Zavala Vazquez
サベリ Saberi*
サペリ Sapelli
サヘリアン Sahelian
サベリウス Sabellius
サベリエフ
Saveljev
Savelyev
サベリエワ Savelyeva
サベリッチ Saveljic
ザベリューハ
Zaveryukha
ザベリヨ Xavier
サベリン Saverin
ザベーリン Zabelin
ザベリン Zabelin
ザベリンスカヤ
Zabelinskaya
サーベル Sāber
サーペル Serpell
サヘル Sahel
サベール Saber
サベル
Saber
Serber
Zabell*
サペール Saper
ザーヘル Zāhir
ザーベル Zurbel
ザヘル Thaher
ザベル Zabel*
サペルニコフ
Sapelnikov
サベルリ Savelli
サヘレウォルク
Sahle-Work
サーベロ Cervero
ザベン Zaven
サーベンカ Cervenka
サーベーンズ
Sarbanes
サーベンズ Sarbanes*
サーボ Szabo*
サーボー Sarbaugh
サホ Sakho
サボ
Sabo
Sabot
Savo
Szabo
サボー
Szabo**
Szabó***
Szabô
ザボ Szabó*
ザボー Szabo
サボア Savoie
サボイ
Savoie
Savoy
ザボイシチ Zabojszcz
サホイヤス Psihoyos
ザホヴィッチ
Zahovic*
サボガル Sabogal
サボジ Saboji
サーボス Servos
ザーボス Zervos
ザボス Zavos*
サポスニック
Saposnik
ザボーチン Zabotin
サボック Sabock
サボティン Subbotin
ザホデール Zakhoder
サボト Saboto
サポート Saport
ザーポトツキー
Zápotocký
ザポトツキー
Zápotocký
サボトニック
Subotnick
サボナディエル
Sabonnadière
サポナーラ Saponara
サボナローラ
Savonarola
ザホニー Zahonyi
サボーニアス Savonius
サボニス Sabonis
ザホビッチ Zahovic
サーホフ Surhoff
サボフチク Sabovcik
サーポヤイ Szapolyai
サポヤイ Szapolyai
サボヤスンエ
Saboya Sunyé
サボライネン
Savolainen
サボリ
Saboly
Savory
サポリ Sapori*
サボリオ Saborío
ザボリツキー
Zabolitzky
サボリト Saborit
サボリド Saborido
ザーポリャ Szapolyai
サボール Sabol
ザポルスカ Zapolska
サポルスキー
Sapolsky*
サボルチ Szabolcs
サボルッチ Szabolcsi
サーボルド Saupold
サボルド
Savoldo
Sovold
サボロ Sabolo
ザポロージェツ
Zaporozhets
ザボロツキー
Zabolotskii
Zabolotsky
ザボロトナヤ
Zabolotnaya
ザボロートヌイ
Zabolotnyi
ザボーロフ Zaborov
ザボロフ Zaborov
サボン
Savoeun
Savon*
Savón
サポーン Sapone
ザポン Zappone
サーマー Sāmā
サマ
Sama
Samat*
サマー
Samer
Sammer*
Sommer
Summer**
Summers
ザマ Zama
ザマー Sammer*
サマァヴィル
Somerville
サマーイ Samaai
サーマーヴァティー
Sāmāvatī
サマウアル Samaw'al
サマーヴィル
Somerville
Summerville
サマヴィル
Somervill
Somerville*
サマヴェル Somervell
サマエル Samaël
サマーオール
Summerall
サマガルスキ
Samagalski
サマキ Samaki
サーマク Cermak
サマーグラット
Summergrad
サマケ Samaké
サマコイス Zamacois*
ザマコイス Zamacoïs
サマコワ Samakova
サマージャ
Samardzija
サマーズ
Somers*
Sommers
Summers***
サマズイル
Samazeuilh
ザマスキノス
Damaskinos
サマースキル
Summerskill
サマースケイル
Summerscale*
サマーズビー
Summersby
サマーセット
Somerset*
サマセット
Samerset
Somerset**
サマーソン
Somerson
Summerson*
サマター Samatar**
サマタール Samatar
サマタル Samatar
サマツ Samadkr
サマッキーニ
Samacchini
サマック Samak**
サマッド Samad**
サマド Samad**
サマドゥ Samadou
サマドフ Samadov*
サ・マーニー Sāmānī
サーマーニー Sāmānī
サマーニ Samaani
サマニ Sammani
サマニエゴ Samaniego
ザマノフ Zamanov
サマービル
Somervile
Somerville
Sommerville*
サマビル Somerville*
サマーフィールド
Sommerfield
Summerfield
サマフィールド
Summerfield
ザマフシェリー
Zamakhsharī
ザマフシャリー
Zamakhsharī
サマーヘイズ
Summerhayes
サマーベル
Summerbell
ザマホフスキ
Zamadowski
ザマホフスキー
Zamachowski
サマラ Samara
サマライ
Samarray
Sammarai
サマラウィクラマ
Samarawickrama
サマラウィーラ
Samaravīra
Samaraweera
サマラーキス
Samarakês**
サマラキス

Samarakês
Samarhakēs
サマラシンハ
Samarasinghe
サマラス Samaras**
サマラッテ
Sommerlatte*
サマランチ
Samaranch**
サマリ Samary*
サマリス Samaris
サマリターニ
Samaritani
サマリョア Zamalloa
サマーリン
Samarin*
Summerlin*
サマリン
Samalin*
Samarin
サマリング Sumerling
サマル Samar**
サマルカンディー
Samarqandī
サマルサ Samartha
サマルジッチ
Samardzic
Samardzici
サマルジッチマルコビッチ
Samardžić-marković
サマールスキー
Samarskii
サマルタ Samartha
サマルティーニ
Sammartini
サマーレイン
Summer Rain
サマーロフ Samaroff
サマローフ Samarow
サマロフ Samaroff
サマロール Summerall
サマワル Samawaal
サーマーン Sāmān
サーマン
Sahrmann
Surman
Thurman***
サマーン Samaan
サマン
Samain*
Saman
Samane
ザーマン
Zaman
Zerman
ザマーン Zamān
ザマン
Zaman*
Zamān
サマンサ
Samantha**
Samanthe
Sumantha
サーマンス Sirmans
サマンス Sumanth
ザマンスキー
Zamancky
Zamansky
サーマンソン
Salmansohn
サマンソン
Salmansohn
サマンタ Samanta*
ザマンドゥリディス
Zamanduridis
サーマンニャカーニ
Sāmaññakāni
サマンフディ
Samanhudi
サーミー
Sami
Sāmī
Samy
サミ
SAMi
Sami**
Sammi
Samy
サミー
Sami
Samiel
Sammi
Sammie
Sammy**
Samuel
Samy**
Summey
サミア
Samia*
Samir
サミイ Samii
サミウ Samiu
ザミウカ Zamylka
サミウム Samium
サミウラ Samioullah
サミウル Sami-ul
サミェル Samuel
サミエル
Samir
Samuel*
サミサ Samitha
サミス Sammis
サミソニ Samisoni
サーミダッタ
Sāmidatta
サミッディ Samiddhi
サミット
Summit*
Summitt
サミッド Samid
ザミット Zammit
サミティグッタ
Samitigutta
サミート Sameet
サミトワ Samitova
サミトワガルキナ
Samitova-Galkina
サミナ Samina
サーミナラ
Cerminara
Serminara
サミーハ
Sameeh
Samiha
サミーフ Samīḥ
サミフ Samih
サミヤ
Samiya
Samiyah
ザミャーチン
Zamiatin
Zamyatin*
ザミャトニン
Zamiatnin
サミュイル Samuil
サミュエラ Samuela
サミュエリ Szamuely
サーミュエル Samuel
サミュエル
Sameer
Samnel
Samuel***
Samuell
Samuels
Samuelu
サミユエル Samuel
サミュエルス Samuels
サミュエルズ
Samuels**
サミュエルソン
Samuelson**
Samuelsson**
サミュール Samuel
サミーラ
Sameera
Samira
サミラ Samira*
ザミラ Zamir
サミラン Samiran
ザミリ Zamili
サーミル Thamir
サミール
Samir**
Samīr
サミル
Samil
Samir**
ザミール
Zameer
Zamir**
ザミル
Zamil
Zamir
サミルトン Samilson
ザミルベク Zamirbek
サミーン Sameen
サミン Samin
ザミーンザド
Zameenzad*
サミンスキー
Saminsky
サーム
Saam
Sahm
Sam*
Sām
Serm
Thurm*
サム
Sam***
Samb
Samm
Samu
Samuel*
Shum
Sum*
Thamm
Thum
ザーム
Sahm
Sam
Zahm*
ザム Xam
サムアーニー Samʿānī
サムアニー Samʿānī
サムアン
Sam An
Sam-Ang
サムイール Samuil
サムイル
Samuel
Samuil***
サムイロヴィチ
Samuílovich
サムイロヴィッチ
Samuilovich
ザムウォルト Zumwalt
サムエラ Samuela
サームエル Samuel
サムエル
Sammel
Sammuel
Samuel***
Samuele*
Samuil
ザームエール Samuel
ザームエル Samuel*
ザムエール Samuel
ザムエル Samuel*
サムエルス Samuels
サムエルズ Samuels
サムエルスン
Samuelson
サムエルソン
Samuelson
Samuelsson*
サムエルヘ Samuel he
サムエレ Samuele
サムオン Sam Onn
サムカイ Samukai
サムガーバドラ
Saṃghabhadra
サムキー Sumkei
サムグ Sam-koo*
サムコ Samko*
サムコヴァ Samková*
ザムコヴァ Zamkova
サムコバ Samkova
ザムコボイ Zamkovoy
サムジェ Sam-jae
サムション Sumsion
サームズ Thermes
サムス
Sams**
Samsu
サムズ
Sams*
Somes
ザムスキー Zamskii
サムスタッグ Samstag
サムスマナ
Sam-sumana
サムスル Shamusul
サムスン Samson*
サムゼ Samse
サムセット Samset
サムセビッチ
Samusevich
サームセーン Samsen
サムセン Samsen
サムセンタイ
Samsenthay
サムソエ Samsøe
サムソーノフ
Samsonov
サムソノフ
Samsonov*
サムソノワ
Samsonova
サムソワ Samsova
サムソーン Samosorn
サムソン Samson***
ザムソン Samson
ザムゾン Samson
サムター
Samter
Sumter
サムダ Samuda
ザムター Samter
ザムタラーゼ
Zamtaradze
サムッダ Samudda
サムッタワニット
Samutthawanit
サムデレリ
Samdereli*
サムドラグプタ
Samudragupta
サムトン Samton
サムドン Samdhong*
サムナー
Samner
Sumner***
ザムナー Sumner
サムナイ Sammnai
サムナーズ Sumners
サムニー Samnee
サムバ Samba
サムパイオ Sampaio
サムバーグ Samberg
サムパット Sampat
サムピー Sampey
サムファン
Samphan**
サームファンケーン
Samfangkaen
ザムフィール Zamfir
サムブーギン
Sambuugiin
サムプソン Sampson
サムブチーニ
Sambucini
サムプラティ
Samprati
サムブルック
Sambrook
サムベル Samvel
サムペル Samper
サムヘン Sam Heng
サムポ Bzang po

サ

サムボッデン
Sam-Bodden
ザムポリ Zampori
サムボルスキー
Samborsky
サムマルコ Sammarco
サムヨル Sam-yeol
サムヨン Sam-yong
サムラ
Samila
Samura
サムラー Samler
ザムラー Samler
ザムラク Zamrak
サムラマト
Sammu-ramat
サムラル Sumrall
サムリ
Samli
Samuli
サムリエ Samrieh
サムリット Samrit
サムリン Samrin**
サムール Samour
サムルガチェフ
Samourgachev*
Samurgashev
ザムロヴィッチ
Zamurovic
Zamurović
サムーン Samoon
サーメ Same
サメサ Zameza
サメック Samek*
サメッツ Sametz
サメートン Samet
サーメハ Sameh*
サメハ Sameh
サーメリアン
Surmelian
サメル Thamer
ザメル
Samel
Zamel
サメルソン Samelson
サメレ
Samere
Samereh
ザメロフ Sameroff
ザメンホフ
Zamenhof**
サモ
Sammo
Samo**
ザモイスキ Zamoyski*
ザモイスキー
Zamoyski
ザモーイスキイ
Zamoiskii
サモイロヴァ
Samoilova
Samoirova
サモイロヴィッチ
Samoilovich
Samoilovitch
サモイロヴナ
Samóilovna
サモイロビッチ
Samoilovich
サモーイロフ
Samoilov
サモイロフ
Samoilov
Samóilov
サモイロフス
Samoilovs
サモイロワ Samoilova
サモイロワツベタノワ
Samoilovacvetanova
サモウラ Zamora
サモウラガシェフ
Samurgashev
サモコヴリヤ
Samokovlija
サモーコフ Samoukov
サモシ Szamosi*
サモジーノ Samozino
サモス Samos*
サモスート Samosud
サモスード Samosud
サモセギ Szamosszegi
サモセット Samoset
サモソーン Samosorn
ザモタイロワ
Zamotaylova
ザモチン Zamotin
サモット Samouth
サモツベトフ
Samotsvetov
ザモート Zamort
ザモトリンスキー
Zamotrinsky
サモーバー Samovar
サモヒル Samohyl
ザモヒル Samohyl
サモフバロフ
Samokhvalov
サモーラ Zamora
サモラ
Samora*
Zamora**
ザモーラ Zamora
ザモラ Zamora
サモラゴルディリョ
Zamora Gordillo
サモラーノ Zamorano
サモラノ Zamorano*
ザモラノ Zamorano*
サモリ Samory
ザモール Zamore
サモレンコ Samolenko
ザモロドチコワ
Zamolodchikova*
Zamolodtchikova
サーモン
Salmon**
Sermon
サモン
Salmon*
Sammon*
サモンズ Sammons*
サーモンスン
Salmonson
サーモンド
Salmond
Thurmond***
サモンド Salmond**
サヤ Saya
サヤー
Saillard
Saya
ザヤ Jaya
サヤウ Sayao
ザヤーエフ Jayayed
サヤグ Sayag
サヤジャン Sayadyan
サヤス Zayas*
ザヤス Zayas
サヤーダ Sayahda
ザヤチュコヴスカ
Zajaczkowska
ザヤツ
Zajac
Zayats
ザヤット Zayat
サヤード Sayad
サヤト Sayat‘
サヤドー
Sayadaw
Sayādaw
ザヤト Zaiyat
サーヤナ Sāyana
サヤニ Sayani
サヤペット Sayaphet
サヤマナン
Syamananda
サヤーマーノン
Sayamanon
サヤン
Sayan
Sayao
ザヤン Zayan
サヤンタニ Sayantani
ザヤンチコフスキー
Zaianchkovskii
サユル Saul
サユン Sayin
サヨ Sayo
サヨプ Sa-yeup
ザヨンツ
Zajac
Zając
サーラ
Saaler
Sala
Sara***
Sarah*
Sarra
Thurer
サーラー Thaler*
サラ
Saalah
Saara
Sala**
Salah*
Salāh
Saleh
Salla**
Sallah*
Sara***
Sarah***
Saroh
Sarra
Surla
Thara
Zarah
サラー
Salah
Salāh
Ṣalāḥ
Sallah
Sarah
Thaler
ザーラ
Sarah***
Zahra
Zara*
ザーラー Zahler
ザラ
Sala
Sarah
Zala*
Zara*
Zar'a
Zare
ザラー
Salah*
Sarah
Zahler
サラーイー Sarayi
サライ
Salai
Sallai
Sallay
Sarai
Saray*
Szalai
Szalay
ザライ Zaraï*
サライーヴァ Saraiva
サライバ Saraiva*
サライユ Sarrail
サラヴァリエタ
Salavarrieta
サラヴァン Sullavan
サラーウィー Salāwī
サラヴィザ Salaviza
サラヴィッツ
Szalavitz
サラウディ Saraudi
サラオ Salao
サラオー Sarao
サラオラビアブデルガウワド
Salah Orabi
Abdelgawwad
サラガット Saragat*
サーラガト Saragat
サラガート Saragat
サラカン Tharakan*
サラギ Saragih
サラキューズ
Salacuse*
サラグ Sarrag
サラグッド
Thorogood
サラクルー
Salacrou**
サラケヌス
Sarracenus
サラコ Salako
ザラコヴィッツ
Zarachowicz*
サラゴーサ Zaragoza*
サラゴサ
Saragossa
Zaragosa*
Zaragoza**
サラゴス Saragosse*
サラゴッサ Saragossa
サラザー Salazar*
サラサス Sarasas
サラサーテ Sarasate*
サラサール
Salazar**
Zalazar
サラサル Salazar**
サラザール Salazar**
サラザル Salazar
サラザン
Sarasin
Sarazin*
Sarrazin*
サーラシ Szálasi
ザラシーヴィッチ
Zalasiewicz
サラジエタ Zalayeta
サラジェフ Saradzhev
サラシャ Salachas
サラジョウル
Saraçoglu
サーラシン
Saarasin
Sarasin
サラシン Sarasin***
ザラジン Sarasin
サーラシンサワーミパック
Sarasinsawamiphak
サーラス
Saarlas
Sahlas
サラス
Salas**
Saras
サラズィン Sarrazin
サラスヴァティ
Sarasvati
Sarasvatī
サラスヴァティー
Sarasvatī
ザラスカ Zaraska
サラスキナ Saraskina
サラステ Saraste*
サラスバシー
Sarasvathy
サラスバティー
Sarasvatī
サラスペレス
Salas Perez
サラスロット
Sara Slott
サラスワティ
Saraswati
サラスワティー
Sarasvati
Sarasvatī
Saraswati
サラセヴィック
Saracevic

サラセン Sarazin
サラゼン Sarazen**
ザラソフ Dzarasov
サラソーン Sarasohn
サラソン Sarasohn
サーラダー Sarada
サラーダーナンダ
Saradananda
サラダーナンダ
Saradananda
サラダン Saladin*
ザラダン Zēr-iddina
サラチェーニ Saraceni
サラチェーノ
Saraceno
サラチーニ Saracini
サラチニ Saraqini
サラチーノ Saracino
サラチョ Saracho
サラチョウル
Saraçoglu
サラツィン Sarrazin
サラックペット
Slukpetch
ザラツシュトラ
Zoroaster
サラッチ Saracci
サラッチャンドラ
Sarachchandra*
サーラット Surratt
サラット
Sarat
Sarratt*
Surratt
Tharratt
ザラット Zarate
サラテ
Zarate
Zárate
サーラティ Zarate
サラーティ Zarate*
ザラティアン Zaratian
サラディーヌ
Salahedine
サラディーノ Saladino
サラディノ
Saladino**
サラティン Salatin
サラディン
Saladin
Salāh al-Dīn
サラテッリ Saratelli
ザラデル Zarader*
サラト Sarath
サラド
Salaad
Salad**
ザラート Zarate*
ザラト Salat
サラドゥハ
Saladuha*
Saladukha
サラニエ
Salanie
Salanié
サラーヌ Sarane
サラーノ Salerno
サラノバ Salanova
サラーハ Salah*
サラハ
Salah
Saraha
サラバイ
Sarabbai
Sarabhai*
サラバジャヤ
Sarabajaya
サラハディン
Salahddin
Salah-eddin
サラバナムットー
Saravanamuttoo
サラバリエータ
Salavarrieta
サラハン Sarhan
サラバンガ
Sarabhaṅga
サラビ Sarabi*
サラビア
Sarabia
Saravia
サラーフ
Sala
Salāh*
Ṣalāḥ
Salih
サラフ Salah
サラファーノフ
Sarafanov*
サラフィアノス
Sarafianos
サラフィアン
Sarafian*
ザラフィアンツ
Zarafiants
サラフィン Sarafin
サラーフッ·ディーン
Salāh al-Dīn
サラーフッディーン
Salahudeen
サラフディーン
Salahuddin
サラフディン
Salaheddine
Salahuddin
サラベッサ Salavessa
サラヘディン
Salaheddin
サラベリア
Salaverria
Salaverría
サラベルガ Salaberga
サラベルデ Salaverde
サラホフ Salakhov
サラーマ
Salama*
Salāma*
サラマ
Salama*
Salamah
サラマーゴ
Saramago***
サラマシック
Salamasick
サラマタ Salamata
サラーマット Salāmat
サラマット Salamat*
サーラマティ
Sāramati
サラマディ Saramady
サラマト Salamat*
サラマトゥ Salamatou
サラマトフ Salamatov
サラマネス Salamanes
サラマン Salaman*
サラマンカ Salamanca
サラマンダ
Salamanda
サラマンドラ
Salamandra
サラミ
Salami
Sallami
サラミー Salamy
サラーミシュ
Salāmish
サラミン Salamín
サーラム Sarum
サラーム
Salaam
Salam**
Salām
サラム
Salam**
Salām
Sallam
Saram
Sullam
ザラムン Salamun
サラメ Salameh
サラメハ Salameh
サラモニー Salamony
サラモーネ Salamone
サラモン
Salamon*
Sarramon
Solomon
サラリー Saralee
サラリマ Salalima
サラル Sallal*
ザラル
Zalar
Zarar
サラレギ Saralegui
サラーン
Sarane
Saranne
サラン
Salan*
Salin
Salins
Sallan
Saran
Saranne
Sarant
ザーラン Saran
サラング Sarang
サランジ Sarandji
ザランス Zalans
サーランスキー
Suransky
サランスキ Salanskis
サランディ Salandy*
サラント Salant
サランドス Sarandos
サラントニオ
Sarrantonio
サランドラ Salandra
サランドン
Sarandon**
サランビエ
Salembier
Sallembier
ザランボ Zarambo
ザランボウカ
Zarambouka
サランユー Sarunyu*
サーリ Saari
サリ
Sali**
Saly
Sari**
Sary**
Ssali
Sully
Surrey
サリー
Salih*
Salii
Salle
Sallee
Salley**
Salli*
Sallie**
Sally***
Saly*
Sari*
Sarry
Selee
Sully**
Surrey*
Thalley
ザーリ Sahli
ザーリー Zali
サリア
Sarria
Thalia*
サリアニディ
Sarianidi
サーリアホ Saariaho
サリアン Sallyanne
サリィ Sally
サリウ Saliou
サリヴァン
Sulliran
Sullivan**
サリエ Salier
サリエフ Sariev
サリエーリ Salieri
サリエリ Salieri
サリエワ Sarieva
サリオ Sario
サリオーニ Salioni
サリオラ Sariola*
サリカ Salica
サリガンヤ Sarikulya
サリク
Salikou
Saric
Sulik
サリグ Sarig*
サリクン Salikun
ザリコヴ Zharikov
サーリコスキ
Saarikoski
サリサン Salissan
サリジ Surridge
サリス
Salissou
Sallis**
Saris
Sarris*
Surris
ザーリス Salis
ザリスキ Zariski*
ザリスキー Zariski
サーリスト Saaristo
サリスバリー
Salisbary
Salisbury
サリスベリ Salisbury
サリズベリ Salisbury
サリセタス Saliceto
サリセティ
Saliceti
Salicetti
サリタ Sarita
ザリダ Zarida
サリダト Salidat
ザリツキー Zaritsky
サリック Saric
ザーリッシュ Salisch*
サリッチ Saric
サリット
Salit
Sarit
サリップ Sarip
サリテ Tiarite
ザリテ Zalite
サリトフ Saritov
サリドフ Sayidov
サリーナ
Salina
Sarnia*
サリナ
Salena*
Salina**
Sarina
ザリーナ Zalina
ザリナ Sarina
サリーナス Salinas*
サリナス Salinas***
サリナトル Salinator
サリナナ Sarinana
サリーニ Salini
ザリニシュ Zariņš
サリニャック
Salignac*
サーリネン
Saarinen**
Saarinin
サリネン
Saarinen
Sallinen
サリノグ Salinog
サリーバ Saliba
サリハ Salih
サリバ Saliba
サリハノフ Saryhanov
ザリバファン
Zaribafan

サ

サリハミジッチ
Salihamidzic*
サリバン
Sulivan
Sullivan***
サーリヒー Salih
サリーヒ Salih
サリービー Saleeby
サリビ Salibi
ザーリヒ Salig
ザリーヒ Ḏarīḥ
サリヒン Salihin
サーリーフ Sirleaf*
サーリフ
Salih
Sālih*
Ṣālih
Ṣāliḥ
サリフ
Salif*
Salifou
Salih
Salihu
Sarif
サリブ Salibou
ザリーフ Dharīḥ
ザリフ
Zarif
Zarifou
ザリフィ Zarifi
サリフォ Salifou
サーリプッタ
Sāriputta
サリフル Salifur
ザリポヴァ Zaripova
ザリポフ Zaripov
ザリポワ Zaripova**
サリマタ Salimata
サリマヌ Salimane
サリーマン Sulleyman
サリミ Salimi
サリミコルダシアビ
Salimi Kordasiabi
Salimikordasiabi*
サーリム
Sālim
Sālìm*
サリーム
Saleem
Salim
Salīm
サリム
Salem
Salim***
Salime
Slim
サリムゾダ Salimzoda
サリムベネ Salimbene
サリモフ Salimov
サリーモワ Salimova
サリャン Sa-ryang
サリヤン Sariyan
ザリュスキ Zalewski
サリュスト Salluste
サリュマエ Salumae
サーリョ Säljö
ザリラ Zarilla
サリーラッタウィバク
Salirathavibhaga
ザリーリー
Dhalīlī
Zalili
サリル Salil*
ザリール Zareer
サーリン
Sahlin
Salin
Serlin*
サリーン
Sahlin
Sareen
サリン
Salyn
Sulin
ザーリン
Salin
Zirlin
ザリーン Salin*
ザリン Zarin
サリンガー Salinger
ザーリンガー
Zähringer
ザリンガー Zallinger
サーリング Serling*
サリンジポフ
Sarinzhipov
サリンジャー
Salenger
Salinger***
Sullinger
Tharinger
ザリンジャー Zallinger
サーリンズ Sahlins**
サリンズ Sullins*
ザリンス Zarins
サリンスキー Salinsky
サリンダ Salinda
サリンベーニ
Salimbeni
サリンベーネ
Salimbene
サリンベネ Salimbene
サール
Saar
Sa'ar
Sahl
Sal
Sales
Sall
Salle*
Salles
Sar*
Sarles
Sarr*
Sart
Searl
Searle***
Sirr
Thal*
Thurl*
サル
Sal***
Sales*
Sall**
Salle
Salou*
Salvatore
Sar*
Sari
Sarr
Sull
サルー
Salou
Saroo
ザール
Saar*
Sahl
Salle
Zal
Zarl
Zarr*
Zhar
ザル Zal
サルア Saloua
ザルアダン Zēr-iddina
サルアルプ Sarialp
サルイ Sarroi
サルイエフ Saryyev
ザルイギン
Zaligin
Zalygin**
ザルイルベク
Zarylbek
サルインスキー
Salýnskii
サルウ Salou
サールヴァ
Sāluva
Sāḷuva
サルヴァ Salva*
サルヴァシュ Szarvas
サルヴァーティ Salvati
サルヴァティーニ
Salvatini
サルヴァート Salvato
サルヴァトア
Salvatore
サルヴァトーリ
Salvatori*
サルヴァドーリ
Salvadori*
サルヴァドリ
Salvadori
サルヴァトール
Salvator*
サルヴァドール
Salvador**
Salvadore
サルヴァドル Salvador
サルヴァートレ
Salvatore
サルヴァトーレ
Salvatore***
サルヴァトーレス
Salvatores
サルヴァトレス
Salvatores
サルヴァトレリ
Salvatorelli
サルヴァネスキ
Salvaneschi
サルヴァレッツァ
Salvarezza
サルヴァン Salvan
サルヴァンディ
Salvandy
サルヴィ Salvi*
サルヴィアーティ
Salviati
サルウィアーヌス
Salvianus
サルウィアヌス
Salvianus
サルヴィアヌス
Salvianus
サルウィウス Salvius
サルヴィウス Salvius
サルヴィエッティ
Salvietti
サルヴィオーリ
Salvioli
サルヴィオリ Salvioli
ザルヴィスベルク
Salvisberg
サルウィッチ Salewicz
サルウィディエヌス
Salvidienus
サルヴィーニ Salvini
サルヴィニ Salvini
サルウェ Sarwe
サルウェー Salway
サルウェイ Salway
サルヴェセン Salvesen
サルヴェッティ
Salvetti
サルヴェパリー
Sarvepalli
Sarvepallī
サルヴェパルリ
Sarvepalli
サルヴェーミニ
Salvemini*
サルヴェミーニ
Salvemini
サルヴェミニ
Salvemini
サールウェル
Thirlwell
サルヴォ Salvo
サルウォノ Sarwono
サールウォール
Thirlwall**
ザルヴュルク Sallwürk
サルヴァトール
Salvatore
サルカ
Salka*
Sarka
サルカー Sarcar
ザルカ
Zarca
Zarka
ザルカー Zarqā'
ザルカウィ Zarqawi
ザルカシ Zarkasih
ザルカダキス
Zarkadakēs
サルガード
Salgado
Salgādo
サルガードー Salgado
サルガド
Salgada
Salgado**
サルガニク Salganik
サルガニック Salganik
サルカム Sarkam
ザルカーラ Zarqāla
サルガーリ Salgari
ザルカーリー Zarqālī
ザルカリ Zarqālī
サルカール Sarkar*
サルカル Sarkar
ザルカール Zarqālī
ザルガル Zargar
サルガン Salgán
サルカンデル
Sarkander
サルキ
Saarki
Sarki
サルキシアン
Sarkisian
Sarkisyan
サルキシャン
Sargsyan*
Sarkisian
Sarkisyan*
サルギジャン
Sargidzhan
サルキス Sarkis*
サルキソフ Sarkisov*
サルキン
Salkind
Sulkin
サルキンド Salkind
サルーク
Saruk
Saruq
ザルーク
Zarouq
Zarrouk
Zarug
サルクシャン
Sargsyan
サルクワゼ
Saloukvadze*
Salukvadze**
サルゲイロ Salgueiro
サルケリウス
Sarcerius
サルケルド Salkeld
サルコウ
Salchow*
Salkow
サルコウスキー
Salkowski
ザルコウスキ
Zarkowski
ザルコヴスキー
Salkowski
ザルコウワー
Zarkower*
サルコジ Sarkozy*
サルゴット Salgot
サルコーネ Sarcone
サルコビッチ
Sulkowicz
サルコフスキス
Salkovskis
サルコマー Sarkomaa
サルコーリ Sarcoli
サルコリ Sarcoli

サルゴン
Sargon*
Sāriputta
ザルコンヌ Zarcone
サルサ Sarsa
サルザー Salzer
サルザーアザロフ
Sulzer-Azaroff
サルサム Sarsam
ザルザル
Zalzal
Zarzar
サルシージ Sarsij
サルシセイ
Sarr-ceesay
サルジバル Zaldivar
サルジャエフ
Sarzhayev
サルシャール Sarshār
サルジュ Sardjoe
サルジョノ
Sardjono
Sarjono
ザルジンカ Jarzynka
サールズ
Searles**
Searls**
サルス
Salus
Sarrus
Sars
サルズ Salz*
サルスキー Sarusky
ザルスキ Zarsky
サルスゲベール
Salzgeber
サルスコフ Salskov
サルスチアーノ
Salustiano
サルスチウス
Sallustius
ザルスチウス
Sallustius
サルスティウス
Sallustius*
サルスティオ Salustio
サルストリ Salustri
サルストン Sulston**
サルズバーガー
Sulzberger
サルスバーグ Salsberg
サルスマン Salsmans
サルズマン Salzman*
サルセー Sarcey
サルセクバエフ
Sarsekbayev**
サルセダ Sarceda
サルゼタキス
Sartzetakis*
サルセード
Salcedo*
Salceds
Salzédo
サルセド
Salcedo**
Salzédo
サルゼード Salzédo
サルゼド Salzedo
サルゼント Sargent
サルセンバエフ
Sarsenbayev
サルソ Zarzo
サルゾッティ Sarzotti
サルター Salter*
サルダ
Sarda**
Sardà
サルダー Sardar*
サルダウ Sardou
サルタウィ Sartawi
サルタク Sartaq
サルタジ Sartaj**
サルターティ Salutati
サルダナ
Saldana
Saldanha
サルダナパッロス
Sardanapallos
サルダナパルス
Sardanapallos
サルダナパロス
Sardanapallos
Sardanapalos
サルダーニャ
Saldaña
Saldanha*
サルダニャ Saldanha
サルダビー Sardaby
サルタラマッキア
Saltalamacchia
サルダーリ Saldari
ザルダリ Zardari*
サルタリン Saltarin
サルダール
Sardar
Sarder
サルダル Sardar
サルタレス Saltares
サルタレロ Saltarello
サルタン
Sartin
Sultan**
ザルダーン Saldern
ザルチア Salcia*
サルチャム Sarıçam
サルツ Saltz
ザルツ Salz
サルツァ Salza
ザルツァ Salza
サルツァート Salzert
サルツァーノ Salzano
サルツァノ Salzano
サルツェタキス
Sartzetakis
ザルツキー Zarutskii
ザルーツキィ
Zarutskii
ザルツゲベー
Salzgeber
サルツバーガー
Sulzberger**
ザルツバーガー
Salzberger
Sulzberger
サルツバーグ Salzberg
サルツブルグ Salsburg
ザルツブルク Salzburg
ザルツベルク Salzberg
サルツマン
Saltzman*
Saltzmann
Salzman**
Salzmann
ザルツマン
Salzman*
Salzmann
サルデ Sardet
サルティ Sarti
サルディ Sardi*
ザルディ Zaldy
サルティウス Salutius
サルティカ Sartika
サルティコーフ
Saltykov
サルティコフ Saltykov
サルティス Psaltis
サルティテ Saltyte
ザルディーニ Zardini
サルディーニャ
Sardinha
サルディバー Saldivar
サルディバル
Zaldivar
Zaldí-var
Zaldívar
サルティラーナ
Sartirana
サルティン Sartain
サルテゥ Sarthou
サールデサイ Sārdesai
ザルデット Zardetto
サルデッリ Sardelli
サルデーニャ
Sardegna
サルデーヌス Saldenus
ザルテル Sarter
ザルデルン Saldern
サルテン Salten*
ザルテン Salten**
サルデンベルグ
Sardenberg
サルート Sarout
サルト
Salt
Sarto**
サルド
Sarde**
Sardo
サルドー Saldou
サルトゥ Sarthou
サルトゥー Sarthou
サルドゥ
Sardou**
Sardou'
サルドゥー Sardou*
サルドゥア Zaldua
サルドゥイ Sarduy**
サルトゥイコーフ
Saltykov
サルトゥイコフ
Saltykov*
サルトゥク Saltuk
サルドゥリス Sarduris
サルドゥル Sarduris
ザルードナヤ
Zarudnaia
サルドーニ Saldoni
サルドニウス
Sardonius
サルトノ Sartono
サルトフ Sartov
サールトマン
Zahrtmann
サルトマン Saltman
サルドマン Saldmann
ザルトマン Zaltman
サルトーリ Sartori*
サルトリ Sartori*
ザルトーリ Sartori
サルトリウス
Sartorius
ザルトーリウス
Sartorius*
ザルトリウス
Sartorius
サルトーリオ Sartorio
サルトル
Sartor
Sartore
Sartre**
ザルトル Sartor
サルドルベク
Sardorbek
サルトン Salton
サルナ Sarna
サルナーヴ
Sallenave**
サルナツキ Sarnacki
サルナック Sarnak
サルーニ Thani
サルニコフ Salnikov
ザルヌージー Zarnūjī
サルネイ Sarney**
サルノ Sarno
サルノヴ Sarnow
サルバ
Salva**
Saruva
ザールバ Záruba
ザルバ Záruba
ザルバー Salber
サルバエフ Sarbayev
サールバーグ Saalburg
サルバーグ Thalberg
サルバシェフ
Sarpashev
サルバチ Salvatti
サルバット Salvat
サルバーティ Salvati
サルバティエラ
Salvatierra*
サルバティーニ
Salvatini
サルバート Salvato
サルバド Salvado
サルバトア Salvatore
サルバトーリ
Salvatori
サルバドーリ
Salvadori
サルバドリ Salvadori
サルバドリー
Salvadori
サルバトール
Salvator
Salvatore
サルバトル Salvator
サルバドール
Salvador***
サルバドル
Salvador***
サルバドルドスラモス
Salvador
Dosramos
サルバトーレ
Salvatore***
サルバトレ
Salvatore
Saolvatore
サルバトレリ
Salvatorelli
サルバナンダ
Sarbananda
サルパネヴァ
Sarpaneva**
サルパネバ Sarpaneva
サールバラ Saarvala
サルハン Sarhan
サルバンディ
Salvendy
サールビ Thirlby
サルヒー Salhi
サルビ Salvi
サルピ Sarpi
ザルヒ Zarkhi
サルビアーティ
Salviati
サルビェフスキ
Sarbiewski
サルビエフスキ
Sarbiewski
サルビエフスキー
Sarbiewski
サルビオ Salvio
サルビオリ Salvioli
ザルビスベルク
Salvisberg
サルピチオ Sulpizio
サルビーニ Salvini
サルヒョウ Salchow
ザルービン Zarubin*
ザルヒン Zarkhin
サルーフ Salloukh
ザルフ Zalev
ザルブ Sirbu
サルファッティ
Sarfatti
サルフィ Salfi
ザールフェルト
Saalfeld
ザルフェルト Salfeld

サ

ザルフェルナー
Salfellnera
サルフラズ Sarfraz
サルブロー Salbreux
サルベッジ Salvage
サルベッティ Salvetti
サルペドン Sarpedon
サルベーパリー
Sarvepalli
サルベーミニ
Salvemini
サルベミーニ
Salvemini
サルベミニ Salvemini
ザルベルグ Salberg
サルベン Thalben
ザルベン Zalben
サルボ Salvo
サルボー Saulpaugh
サルマ
Salma**
Sarma
Sarouma
Selma
ザルマイ Zalmai
サルマーウィ
Salmawy*
サルマシー Salmassi
サルマシウス
Salmasius
ザルマシウス
Salmasius
サルマス Thalmus
サールマセン
Sahl-madsen
サルマナザー
Psalmanazar
サルマナザール
Psalmanazar
サルマーネ Salmān
サルマワイフ
Salmawayh
サールマン Saalman
サルマーン
Salmān
Salmān-i
サルマン
Saalman
Sallmann*
Salman***
Salmane
Sarment
ザルマン
Salman
Sarment
Zalman**
Zelman
サルマンズ Salmans*
サルマンソン
Salmansohn
サルミ
Salme
Salmi*
Sarumi
サルミエリ Salmieri
サルミエント
Sarmiento***
サルミエントス
Sarmientos**
サルミーテ Sarmīte
サルミーネン
Salminen
サルミネン
Salminen**
サルミャーエ
Saloumiae
サルーム
Salloum
Sallum
サルム Salum
ザルーム Zaloom
ザルム
Salm
Zalm**
サルムサイ
Saleumxay
ザルムーフ Zarmuh
ザルムホーファー
Salmhofer
ザルムンナ Zalmunna
ザルメイ Zalmay*
サールメイヤー
Suurmeijer
サルメラ Salmela
サルメロン Salmerón
ザルメン Salmen*
サルメント Sarmento*
サルモ Salmon
サルモネウス
Salmōneus
サルモノヴァ
Salmonova
サルモノバ Salmonova
サルモン
Salmon*
Salmón
ザルモン Salmon
サルモンソン
Salmonson
ザルモンド Salmond
サルーヤ Saluja
サルヤネン Sarjanen
サルラケヌス
Sarracenus
サルリ Sarli
ザルリーノ Zarlino
サルリバン Sullivan
サルール Salulu
サルル Salulu
サルロ Sarlo
サルロー
Darlo
Sarlo
サルロン Sarron
サルワ
Salwa*
Salwá
サルワイ Salwai*
サルワット Sarwat*
サルワト
Sarwat
Tharwat
サルワル Sarwar
サルン Sarun
サルンガ Salunga
サールンガデーヴァ
Sārngadeva
サールンガデーバ
Sārngadeva
サルンギ Sarungi
サーレ
Saleh
Salle*
Zahle
サレ
Salais
Sale
Salé
Saleh*
Salet
Sallé
Salleh
Sare
サレー
Sale*
Salé
Saleh*
Sallé
Salleh*
Sully
ザーレ Zahle
ザレ Sarre
サーレイ Szalay
サレイ Saley
ザーレイ Zarley
サレイユ Saleilles
サレウィッチ Salewicz
ザレウコス Zaleukos
サレザ Saléza
サレジオ Sales*
サレシュ Suresh
サレシュキ Saleški
サーレス
Sales*
Sāles
Ṣāleṣ
Salles
Suarès
サレス
Sales*
Salles*
ザレスカヤ Zalesskaya
サレスキー Saleski
ザレスキ Zaleski*
ザレスキー Zaleski
ザレズニク Zaleznik
ザレスン Zalesne
ザレツキー Zaretsky*
ザレツキィ Zaretsky
ザレツスキ Zaretskii
サレッツキー
Saretsky*
サレット
Sarrette
Surrette
ザレット Zaret*
サレトゥ Saletu
サーレハ Ṣāliḥ
サレハ
Saleh**
Salih*
ザレバ Zareba
サレバン Saleban
サレヒ Salehi*
サレビー Saleeby
サレヒアミリ
Shlehi Amiri
サーレフ Salah
サレフ Saleh
ザレフスカ Zalewska
ザレフスキー Zalewski
サレホフ Salekhov
サレマ Salema
ザレマ Zarema
ザーレマン Zaleman
サーレム Salem*
サレーム Saleem*
サレム Salem***
ザレムスキー
Zarembski
ザレムバ Zaremba
サレーユ Saleilles
サーレラ Saarela
サレリ Saleri
サーレル Surrell*
サレル
Salel
Sarel
サーレルズ Sirles
サレルニターノ
Salernitano
サレルノ
Salelno
Salerno**
サレーン Thalen
サレン Salen
サレンコ Salenko
サレンジャー
Salenger
Sullenger
サレンティーン
Salentijn
ザレンバ Zaremba*
サレンバーガー
Sullenberger*
ザレンビーナ
Zarembina*
サーロ
Saro
Thurlo
サーロー
Thurloe
Thurlow*
サロ
Salo*
Salò
Saro*
サロー
Sarraut*
Solow
Thurow**
ザロ Zaro
サローア Saloor*
サロイアン Saroyan
サロイヤン Saroyan*
サロウ Thurow
サロウィワ
Saro-Wiwa
ザロウキアン
Zaroukian
サロウジニ Sarojini
ザロカー Salloker
ザロガ Zaloga*
サロコルピ Salokorpi
サロシー Sarosy
サロージニー
Sarojini
Sarojinī
サロジーニー Sarojini
サロジニ Sarojini*
サロス Salos
サロチィ Salotti
サロッティ
Salotti
Sarotte
サロット Thurrott
サーロテ Sālote
サローテ Sālote
サロテ Sālote
サロート Sarraute**
サロト Saloth
ザロードフ Zarodov
ザロドフ Zarodov
サローナー Saloner*
サロナー Saloner
サロニウス Salonius
サロニナ Salonina
サロニヌス Saloninus
サローネン Salonen
サロネン Salonen*
サロビータ Saloviita
サローフスキー
Sarovskii
サロベイ Salovey*
サローマ Salomaa
サロマー Salomaa*
サロマキ Salomäki
サロマン
Salomao
Salomão
サロミン Salomine
サロメ
Salome*
Salomé**
ザロメ Salomé**
サロメア
Salomea
Solomeia
サロメーヤ Saloméja
サロメヤ Salomeya
サロモ Salomo
サロモー Suleiman
ザーロモ Salomo*
ザロモ Salomo
サロモーネ Salomone
サロモン
Salmon
Salomon*
Salomón
ザーロモン Salomon
ザロモン Salomon*
サロモンズ Salomons*
サローヤン
Saloyan
Saroyan**
サロヤン Saroyan

サローリ Saroli
サロリ Saroli
サロリー Sarolea
サロルド Tharold
サロワ Sallois*
ザーロン Gia Long
サロンガ Salonga*
サワ Sawa
サワー
Sauer
Souwer
ザワ Zawa
サーワジー Sāwajī
サワーズ Sawers
ザワズキー Zawadzki
ザワダ Zawada*
ザワッキ Zawacki
ザワツキー Zavadskii
サワッシー
Sawadsiri**
サワット
Savas
Sawat
サワディポン
Sawasdipol*
サワード Seward
サワド Sawad
サワードカー
Sawardekar
サワドゴ Sawadogo
サワドゴタプソバ
Sawadogotapsoba
ザワナ Zawana
サワナヨン
Savanayana
サワーハフト
Sauerhaft*
サワビ Sowerby
サワビー
Sawaby
Sowerby
ザワヒリ Zawahiri**
サワフ Sawaf
ザワブリ Zawabri
サワラ Sawalha
ザワーリー Zawārī
ザワリッキー
Zavaritskii
サワリッシュ
Sawallisch
ザワルジナ Zavarzina
サワルスキ Sawalski
サワンスカヤ
Savanskaya*
サーン Sarne*
サン
Bzaṅ
Cinq
Hsan
Saint***
Sainte
San***
Sand
Sang**
Sáng
Sann***
Sans
Sant
Sanz
Shan
Son
St
St.
Sun***
Xang*
ザーン
Sahn
Sarne
Zahn**
Zane*
Zern
ザン
Chang
Gian
Giang*
Xan
Zan*
Zang
Zhang**
サンウ Sang-woo*
サンヴァルト
Sannwald
サンヴィターレ
Sanvitale
サンウィッチ
Sandwich
サンヴィトレス
Sanvitores
サンヴィン Sandvin
サンヴェッド Sandved
サンヴォルト
Sandvold
サンヴォワザン
Sanvoisin
サンウォン Sang-won
サンウク
Sang-uk*
Sang-wook
サンウン
Sang-eun*
Sang-eung
サンオク
Sang-ok
Sang-okk*
サンカ Sanca
サンカー Sankar
サンガ
Sanga*
Sangha
サンガー
Sanger***
Saṅghā
ザンカー Zanker
ザンガコリンバ
Zanga-kolingba
サンガジ Sangadji
サンガジャビン
Sangajavyn
サンガジャブ
Sangajav
サンガセーナ
Sanghasena
サンガダーサ
Saṃghadāsa
サンガッリ Sangalli
サンガッロ Sangallo
ザンガド Zangad
ザンガナ Zanganah
ザンカナーロ
Zancanaro
サンガーニ Sanghani*
ザンガネ Zanganeh
サンガバドラ
Saṃghabhadra
サンガフォワ
Sangafowa
サンガマニー
Thangamani
サンガミッター
Saṅghamittā
サンカラ
Sankara*
Sankhala
サンガラ
Sangala
Sangara
ザンガラ Zangara
サンガーラヴァ
Saṅgārava
サンガラクシタ
Sangharakshita
サンガラッキタ
Saṅgharakkhita
サンガラトナ
Sangharatna
サンカラナラヤナン
Sankaranarayanan
サンガリ Sangalli*
ザンガリーニ
Zangarini
サンカール Sankar
サンガール Seingalt
ザンガール Zangerle
サンガルロ Sangallo
サンガレ
Sangare
Sangaré
サンカレイリンガム
Sankaralingam
サンガロ Sangallo
サンカン Sankan
サンキ
Sankey
Sankie
サンキー Sankey*
サンギ
Sangi*
Sang-kee
サンギー Sangeet
ザンキ
Zanchi
Zanchius
ザンギー Zangī
ザンキウス Zanchius
サンギェ
Sangey
Sangs rgyas
Saṅs-rgyas
サンギエ Saṅs-rgyas
サンギーエン
Sanguillen
サンキスト Sundquist
サンキッチャ Saṅkicca
サンギート Sangeet
サンキーニ Sanchini
サンギネッチ
Sanguinetti
サンギネッティ
Sanguinetti**
サンギネーティ
Sanguineti
サンギネティ
Sanguinetti
サンキブレー
Sankhibre
ザンギャネ Zangeneh
ザンギャネー
Zanganeh
サンギュ
Sang-gyu
Sang-kyu
サンキョン
Sang-Kyong
サンギョン
Sang-kyung*
サンギル Sang-kil
サンキン Sonkin
サンギン Sangin
サンク Sanku
サング Sang*
ザンク Zink
ザング
Zang
Zhang
サンクアンウォン
Sanguanwong
サンクイスト Sunquist
サングィネーティ
Sanguineti**
サングイネーティ
Sanguineti
サンクィリコ
Sanquirico
サンクイーリコ
Sanquirico
ザングイル Zangwill
サングィン Sangwin
ザングウィル
Zangwill*
ザングヴィル Zangwill
サングカワン
Sungkawan
サングスタ Sangster
サングスター
Sangster***
ザンクタ Santa
サングディー Sangdee
サンクティス Sanctis*
サンクテス
Sanctes
Xantes
サンクト Sancto*
サンクトゥ Sunkutu
サンクトゥス Sanctus
サンクトリウス
Sanctorius
Santorio
サンクトン Sancton*
サンクニアトン
Sanchūniathōn
サングビ Shanghvi
サンクビスト
Sundqvist
サングマ Sangma
サングラ Sangra
サングラーマヴィジャヨートゥンガヴァルマン
Sanggrāmavijayottunggavarman
ザングランディ
Zangrandi
サーンクリッティヤーヤン
Sāṅkṛtyāyan
サーンクリットヤーヤナ
Sānkrtyāyān
サーンクリティヤーヤン
Sānkrtyāyān
ザングル Zangle
ザングレイ Zangley
サングレラ Sanglerat
サンクレール Sinclair*
サングロ Sangro
サンクロフト Sancroft
サンクロワ
St-Croix
Ste-Croix*
サンクン Senkoun
サングン Sang-keun
サンケー Sankey
サンゲ
Sangay
Sangs rgya
Sangs rgyas
サンゲー Saṅs-rgyas
サンゲイ Sangay
サンゲギャムツォ
Sangs rgyas rgya mtsho
ザンケッタ Zanchetta
サンゲペル
Sangs rgyas dpal
サンゲーラー
Sanghera
サンゲリ Sangeli*
ザンケル Zankel
サンゲレ St-Gelais
サンケンラー
Sankhenre
サンコ Sinko
サンコー Sankoh*
サンゴ Sango
ザンコ Zanco
ザンゴ Zango
サンコウスカ
Senkowska
サンコフ Samkoff
ザンコフ Zankov
サンコフスカヤ
Sankovskaya
サンゴリンチン
Senggerinchin

サ

サ

サンゴール
Senghor***
Senghore
サンコン Sankhon
サンサ Santha
サンザ Sanza
サンサニー Sansanee
ザンザラ Zanzara
サンサール Sansal
サンサル Sansal*
サンサン Sansan
サンサーンス
Saint-Saëns
サンサンヌウェ
San San Nwe
サンジ
Sandji
Sanj
サンシア Sancia
サンジーヴ Sanjeev
サンジヴ Sanjiv*
サンシェー Sanchez
サンジェ
Senger
Sengers
Singer
サンジエ
Seingier
Singier
サンジェイ Sanjay*
サンジェーヴ Sanjeev*
サンシェス
Sanches
Sanchez
サンジェール Singer
サンジェルマン
Saint-Germain
サンジェレ St-Gelais
サンシク Sang-sik
サンジク Sang-jick
サンジット Sanjit
サンジート Sangeet
サンジバ Sanjiva*
サンジーブ Sanjeev
サンジブ Sanjiv*
サンジベグジーン
Sanjbegziin*
サンジマ
Sandjima
Sanjima
サンジミャタブ
Sanjmyatav
サンシモン
Saint-Simon
サンジャ Sandhya
サンジャー Sanger
サンジャイ Sanjay**
サンシャイン
Sunshine*
サンジャーギーン
Sanjaagiin*
サンジャースレン
Sanjaasuren
サンジャースレンギィーン
Sanjaasurengiin
サンジャースレンギン
Sanjaasurengiin*
サンジャビ Sanjabi*
サンジャビー Sanjabi
サンジャヤ
Sandjaja
Sanjaya**
Sañjaya
サンジャール Sanjar
サンジャル
Sancar*
Sanjar
サンシュ Sancho
サンジュ Sang-joo
サンジュアン Sanjuan
サンジュスト
Saint-Just
Sanjust
サンジュン Sang-jun
サンショ Sancho
サンジョセフ
Saint-Joseph
サンジョヨ Sandjoyo
サンジョルジ
Sangiorgi
サンジョルジュ
Saint-Georges
サンジョルジョ
Sangiorgio
サンジョン
Saint-John
St.John*
サンジョンペルス
Saint-John Perse
サンシール
Saint-Cyr
St.Cyr
サンジン
San-jin
Sanjin
Sengin
サーンス Saëns*
サーンズ Saëns
サンス
Sang-soo*
Sang-su*
Sans
Sanz**
Sens
サンズ
Sands***
Sandys**
Sans
Sanz*
Sons
ザンス Zinsou
ザンズ
Zanes
Zunz
サンスィエ Sensier
サンスイート
Sansweet*
サンスーシ San Souci
サンスタイン Sunstein
サンスティーン
Sunstein*
サンスティン
Sunstein*
サンステッド
Sundsted
ザンストラ
Zandstra
Zanstra
サーンストロム
Thernstrom
サンスベリー
Sansbury
サンスン Sang-soon
サンセヴェリーノ
Sanseverino
サンセグンド
San Segundo
サンセドーニ
Sansedoni
サンセリ Sunseri
サンソ
Sanso
Sansot
サンソヴィーノ
Sansovino
ザンゾット Zanzotto*
サンゾーニョ
Sanzogno
サンソーネ Sansone
サンソネ Sansone
サンソビーノ
Sansovino
サンソプ
Sang-sop
Sang-sup
ザンソポロウ
Xanthopolou
サンソム
Sansnom
Sansom**
サンソムサック
Sangsomsak
サンソン
Samson**
Sang-song
Sansom
Sanson*
San-sung
サンタ
Sancta
Santa**
Santha
Sta.
サンダ
Sanda**
Sander
Sanders
サンダー
Sandâ
Sandar
Sander**
Sanders
Sandor*
Sándor
Sundar*
Sunder*
Thunder
Zander
ザンタ Santa
ザンダー
Sander***
Xander
Zander**
サンダア Sanders
サンタヴィ Saint-Avit
サンタウラリア
Santaularia
サンタオラヤ
Santaolalla
サンタカタリナ
Santa Catalina
サンタガティ
Santagati
サンタカナ Santacana
サンタキアラ
Santachiara
サンダーキャット
Thundercat
サンダギン Sandagiin
サンターグ Sontag
サンダク Sangdagh
サンダグドルジ
Sandagdorj
サンタクルス
Santacruz
サンタクローチェ
Santacroce
サンダコフ Sandakov
サンタジャ Santalla
サーンダース
Saunders
サーンダーズ
Saunders
サーンダズ Sanders
サンタース Sandars
サンダース
Sandars
Sandders
Sander
Sanders***
Saunders**
Sunders
Thunders*
サンダーズ
Sander
Sanders**
Saunders*
サンダス Sandas
ザンダース Sanders
ザンダーズ Sander
サンダスキ Sanduski
サンダースン
Sanderson*
サンダスン Sanderson
サーンダソン
Saunderson
サンダーソン
Sanderson***
Saunderson
サンダソン Sanderson
サンタット Santat
サンターナ Santana**
サンタナ Santana***
サンタナロペス
Santana Lopes
サンタマリーア
Santamaria
サンタマリア
Santamaria*
Santamaría
Santamarina
サン・タマン
Saint Amand
Saint-Amant
サンタマン
Saint-Amant
サンダーマン
Sanderman
Sandermann
Sunderman
サンダム Sandham
サン・タムール
Saint-Amour
サンタヤーナ
Santayana*
サンタヤナ
Santayana**
サンタラム Santaram
サンダラム Sundaram
サンダーランド
Sunderland**
サンダランド
Sunderland
サンダリ Sandalj
ザンタリウス
Santarius
サンターリャ Santalla
サンダール
Sandahl**
Sundar*
サンダル
Sandall
Sanders
サンダルイ Sandalj
サンダルサン
Sundaresan
サンダルスキ
Sandurski
サンダルソラ
Sunndalsøra
サンタルチア
Santalucia
サンダレスク
Sandulescu*
サンタロー Santaló
サンタローザ
Santarosa
ザンタン
Zanten
Zhan-tang
サンタンジェロ
Santangelo*
Sant'Angelo
ザンダンシャタル
Zandanshatar
サンタンジュ
Saint-Ange
St.Ange
サンダンス Sundance
サンタンデール
Santander
サンタンデル
Santander
サンタンドレ
Saint Andre
Saint-André
サンタンナ Sant'Anna
サンチ Santschi*
サンチア Sanchia*
サンチァゴ Santiago
サンチアゴ Santiago*
サンチアノ Santiano
サンチェゴ Santiago

サンチェシュ Sánchez
サンチェーズ Sanchez
サンチェス
Sanches
Sanchez***
Sanchéz
Sánchez***
サンチェズ
Sanchez*
Sánchez
サンチェスデ
Sánches De
サンチェスブラスケス
Sanchez-Blazquez
サンチェスベロン
Sanchez Beron
サンチェスリベロ
Sanchez Rivero
サンチェスロペス
Sanchez Lopez
サンチス
Sanchis
Sanchís
サンチャゴ
Santiago**
サンチュレル Senturel
サンチュン
San Choon
サンチョ Sancho**
サンチョル
Sang-cheol
Sang-chol
Sang-chul*
サンチョン
Sang-chon*
サンチレール
Saint-Hilaire
サンツィオ
Santi
Sanzio
サンツォ Sanzo
サンツランツ
Sanz Lanz
サンテ
Sante**
Sunte
サンデ Sande**
サンデー
Sanday
Sandé*
Sunday
ザンデ Sande
サンティ
Cinti
Santee
Santi***
Santy
サンティー Santee*
サンディ
Sandi**
Sandie*
Sandra
Sandy***
Santos
Sunday*
サンディー
Sandi
Sandie*
Sandy*
Santos
サンデイ
Sanday*
Sunday
ザンティ Xanthe
ザンディ Zandi
サンティア Santhià
サンティアーゴ
Santiago***
サンティアゴ
Santiago***
サンディアータ
Sundiata*
サンティーヴ
Saintyves
サンティス Santis**
サンディス Sandis
サンティステバン
Santisteban
サンディソン
Sandison
サンディタ Sandita
サンティッチ Santich
サンディップ Sandip
サンティッリ Santilli
サンティナ Santina
サンティーニ
Santini**
サンティニ
Saintine
Santini
サンティニャス
Saint-Ignace
サンティーノ Santino
サンディーノ Sandino
サンディノ Sandino
サンティバネス
Santivanez
サンディープ Sandeep
サンディファー
Sandifer
サンティフェラー
Santifaller
サンディフォート
Sandiford
サンディフォード
Sandiford*
サンティボン
Santivong
サンディヤ Sandhya
サンティヤゴ Santiago
サンティリャーナ
Santillana
サンティリャナ
Santillana
サン・ティレール
Saint-Hilaire
St.Hilaire
サンティレール
Saint-Hilaire
サンディーン Sundeen
サンディン
Sundin*
Zandin
ザンティーン Santin
サンティング Santing
ザンティング Zantinge
サン・テヴルモン
Saint-Évremond
サンデキ Ṣandiki
サンテク Sang-taik
サン・テクジュペリ
Saint-Exupéry
サン・テグジュペリ
Saint-Exupery
Saint-Exupéry*
サン・デグジュペリ
Saint-Exupéry
サンテクジュペリ
Saint-Exupéry
サンテグジュペリ
Saint-Exupéry**
サンテグジュペリー
Saint-Exupery
Saint-Exupéry
サンデージ Sandage**
サンテス
Santes
Sintès
サンデス Sandes
サン・テチエンヌ
Saint-Etienne
サンテッスン
Santesson*
サンテッリ Santelli
サンデノ Sandeno**
サンデファー
Sandefur
サン・テブルモン
Saint-Évremond
サンデマン Sandeman
サンデム Sundem*
サンデムーセ
Sandemose
サンデモーセ
Sandemose*
サンデュ
Sandhu
Sandøe
Sandu
サンテラ Santella
サンテリ
Saint-Elie
Santelli
サンテリア
Sant' Elia
Sant'Elia
Santélia
サンデリアス
Sundelius
サンデリック
Sunderic*
サンテール
Santer**
Santerre
サンテル
Santel
Santell
Suntele
サンデール Sanders
サンデル
Sandel**
Sandell
Sander
Sanders
Zander*
ザーンデル Zander
ザンデル
Zander
Zendel*
サンデルス
Sandels
Sanders
ザンデルス Sanders
ザンデルリンク
Sanderling*
ザンデルリング
Sanderling*
サンデロウスキー
Sandelowski
サンテン Santen
サンデン
Sundén
Sundin
ザンテン Zanten
ザンデン Sanden
サーントー Szántó
サント
Saint
Sainte*
Sainto
Sant**
Sante
Santo**
Santos
Szanto
サンド
Sainte
Sand***
Sande
Sando*
Sandoz
Sund
サンドー
Sandeau
Sando
ザント
Sand
Zandt**
Zant
ザンド Sand
ザンドア Sándor
サントアンジェロ
Sant'Angelo
サンドイッチ
Sandwich
サーントウ Santo
サントウ Santow
サンドゥ
Sandhu
Sandu
Sindeu
サンドウ Sandoe
サンドヴァル
Sandoval
サンドウィッチ
Sandwich
サンドヴィン Sandvin
サンドウェル
Sandewall
サントゥッチ Santucci
サントゥニオーネ
Santunione
サン・トゥール
Saint-Ours
サンドゥル Sandeul*
サンドガード
Sundgaard*
サン・トガン
Saint-Ogan
サントガン
Saint-Ogan
サントキ Santokhi
サンドキスト
Sundquist
ザントキューラー
Sandkühler
サンドーク Sandok
サンドク Sang-deuk*
サンドクィスト
Sundquist
サンドクイスト
Sundquist*
サントシャペール
Sainte-Chapelle
サントシュ
Santosh
Sontosh
サンドシュトレーム
Sandström
サントージョ Sutojo
サントス
Santis
Santos***
サンドス Sandoz*
サンドズ Sandys
サンドスキ Sandoski
サントスシルバ
Santos Silva
サンドステッド
Sandstedt
サンドストーム
Sandstrom
サンドストレーム
Sandström
サンドストローム
Sundstrom
Sundström
サントスペレイラ
Santos Pereira
サントスレイエス
Santos Reyes
サントスレリス
Santos Lélis
サントソ Santoso
サントソリーヌ
Sainte Soline
サンドソン Sandson
サントップ Santop
サントトマス
Santo Tomas
ザントナー Santner
ザンドナーイ
Zandonai
サントーニ Santoni*
サントニ Santoni*
サントニオ Santonio*
サントニーノ
Santonino
サンドバーク
Sandburg
サンドバーグ
Sandberg**
Sandburg**
Sundberg
サンドバック
Sandbach*

サ

サ

サンドバール
Sandoval
サンドバル
Sandoval**
Sandval
サン・トーバン
Saint-Aubin
サントーバン
Saint-Aubin
サンドビ Sandby
サンドビー Sandby
サントピエトロ
Santopietro
サンドフ Sundov
サントブーヴ
Sainte-Beuve
サントブウヴ
Sainte-Beuve
サンドフォート
Sandfort
サンドフォード
Sandford***
サントフォールト
Santvoort
サントブーブ
Sainte-Beuve
サンドブルック
Sandbrook
サンドベック
Sandbeck
サンドベリ Sandberg*
サンドベルイ
Sandberg
ザントベルガー
Sandberger
サントベルク
Sandberg
サンドベルク
Sandberg
サンドベルグ
Sandberg
サンドボーン
Sandborn
サンドマン
Sandeman
Sandman**
Sandmann
Sundman
ザントマン Sandmann
サンドム Sandom*
サンドメーネギ
Zandomeneghi
サンドメル Sandmel*
サントヨ Santoyo
サントーラ Santora**
サントラ
Santora
Santra
サンドラ
Sandra***
Sandras
Sondra
Sundara
サンドラー Sandler**
ザンドラ
Sandra
Zandra
サンドライユ Sendrail
サントラウコ
Santolouco
サンドラコットス
Chandragupta
Sandrakottos
サンドラス Sandras*
サントラム
Santorum**
サンドラム
Sundaram
Sundram*
サンドラール
Cendrars*
サンドラル Cendrars
サンドラルス
Cendrars
サンドラルト Sandrart
ザントラルト Sandrart
ザンドラールト
Sandrart
ザンドラルト Sandrart
サンドラン
Sandrin
Senderens
サンドランス
Senderens
サンドランド
Sandland
サントリ
Santori
Santry*
サントリー Santley
サンドリ Sandri
ザンドリ Zandri*
サンドリエ Sandlie
サントーリオ Santorio
サントリオ Santorio
サントリクィード
Santoliquido
サントリクイード
Santoliquido
サンドリシャン
Sainderichin
サンドリーナ
Sandrina
サントリーニ
Santorini
サンドリーヌ
Cendrine
Sandrine**
サンドリマン
Sandriman
サントーリョ Santorio
サントリョ Santorio
サンドリン Sandrine
サンドリング Sundling
サンドール
Sandall
Sandol
Sándor
サンドル
Sandall
Sandol
Sandor
Sándor
Sandre
サンドルス Sanders
サントルソラ
Santorsola
サンドルフィ
Sandorfy
サントレ Saintré
サンドレイ Sendrey
サンドレッド Sandred
サンドレッリ
Sandrelli*
サンドレル Sandrel
サントロ Santoro*
サンドロ Sandro***
ザンドロ Sandro
サントロウ Santlow
サントロック
Sandrock
Santrock
ザンドロック
Sandrock**
サンドローネ
Sandrone
サントロファー
Santlofer**
サンドロリーニ
Sandrolini
サンドロン Cendron
サンドワイス
Sandweiss
サンドワル Sandwall*
サントン
Sainton
Santon
サンドン
San-dong
Sundon
サンナ Sanna*
サンナー Sander
サンナザーロ
Sannazaro
サンナッザーロ
Sannazaro
サンナッズァーロ
Sannazaro
サンナッツァーロ
Sannazaro
サンニ Sanni
サンニー Sanneh
ザンニ Zanni
サンニア Sannia
サンニエ Sangnier
ザンニーノ Zannino
サンヌ Sanne
サンヌーア
Sannū'
Sanua
サンネ Sanne
サンネモーセ
Sandemose
サンネル
Sanner
Thummel
サンノム Sannom
サンハ
Sang-ha
Sanha
Sanhá**
サンバ
Samba
Sembat
サンバー Sanbar*
サンパ
Sampa
Samppa*
ザンバ Zambyn
ザンパ Zampa*
サンバア Sembat
サンパイオ
Sampaio**
サンパオリ Sampaoli
サンバーグ
Sundberg
Thornburg
サンバージー
Sambhājī
サンパース Sampath
ザンパーノ Zampano
サンババンザ
Samba-Panza*
サーンハム Thurnham
サンバムルティ
Sambamurthy
サンバラテ Sin-uballiṭ
サンバラト
Sanballat
Sin-uballiṭ
サンバリ Sambari
ザンパリーニ
Zamparini
サンパール Sampar
ザンバルビエーリ
Zambarbieri
サンバン Sambin*
サンパン Samphan
サンパンダル
Campantar
サンバンタン
Sambanthan
サンヒ
Sang Hee
Sang-hee**
サンビ Sambi*
サンビー Sambhi
サンビア Sambia
サンビアージ
Sambiasi
サンビアーソ
Sambiaso
サンビアーゾ
Sambiaso
サンビアソ Sambiaso
サンビアゾ Sambiaso
サンピエエル
Saint-Pierre
サンピエトロ
San Pietro
ザンピエーリ
Zampieri
サンピエール
Saint-Pierre
St.Pierre
サンピエロ Sampiero
ザンピーギ Zampighi
ザンビッチ Zembic
サンヒネス
Sanjines
Sanjinés*
ザンビヤ Zambiya
サンヒョプ Sang-hyup
サンヒョン
Sang-hyeon*
Sang-hyon
サンビリ Sambili
サンピリージ
Sampirisi
サンピル Sampil
ザンビル Zanvil
サンピルドンドブ
Sampildondov
サンピン Sanping
サンブ
Sambou
Sambu
サンプ Sampu
サンファ Sang-hwa*
サンファール
Saint Phalle
Saint-Phalle*
サンファル
Saint Phalle
Saint-Phalle
サンファン
Samphan
Sang-hwan
サンフィリッポ
Sanfilippo
サンフィリポ
Sanfilippo
ザンフィル Zamfir
サンフィールド
Sanfield
ザンフィレスク
Zamfirescu
サンブーヴァルマン
Sambhuvarman
サンフェリーチェ
Sanfelice
サンフェリッポ
Sanfelippo
サンフェリポ
Sanfelippo
サンフェルト Sandfeld
サンフォード
Sandford
Sanford***
サンフォリアン
Symphorien
サンフォリヤン
Symphorien
サンプスン Sampson
サンプセル Sampselle
サンプソン
Sampson***
サンブータ Sambhūta
サンプター
Sampter
Sumpter
サンブチーノ
Sambuchino
サンブラ
Sambula
Zambra**
サンプラス Sampras*

サンフラテロ
Sanfratello
サンブラーナ
Zambrana
サンブラーノ
Zambrano*
サンブラノ Zambrano
ザンブラーノ
Zambrano*
ザンブランネン
Zumbrunnen
サンフーリー Sanhūrī
サンプリー Saint-Prix
サンプリス Simplice
サンプリナー
Sampliner
サンプル Sample***
サンプルークラーン
Saint-Preux Craan
サンプルサン
St.Pourçain
サンプルズ Samples
ザンブルスキー
Sambursky
サンプルナ
Sampoerna
ザンブルーノ
Zambruno
サンフルホ Sanjurjo*
サンブレイロ
Sambrailo
ザンブレノ Zambreno
サンブレル Sambrell
ザンブロ Zumbro
ザンブロッタ
Zambrotta**
サンフン Sang-hoon
サンフンヤトン
Sanchunjaton
サンベ Sang-bae
サンペ Sempé**
サンベア Sandberg
サンベーク Sambeek
サンベク Sandbech
ザンペース Zampese
ザンベッリ Zambelli*
サンペドロ
Sampedro**
サンベーヌ Sembène
サンヘラ Sanghera
サンベラク Sumberac
サンペリ Samperi*
ザンベリ Zambelli
サンペリオ Samperio
ザンペリーニ
Zamperini
サンベル Sambel
サンペール
Samper*
Sempere
Simpère*
サンペル Samper**
サンベルグ Sandberg
ザンベルナルディ
Zembernardi
ザンベルリ Zambelli
サンペレ Sampere
サンホ
Sang-ho
San-ho
サンボ
Bzang po
Bzangs po
Sambo
サンポ
Bzang bo
Bzang po
Bzangs po
Sangpo*
サンボータ
Sam-bho-ṭa
Sambhoṭa
サンボッティ
Zambotti
ザンボーニ Zamboni*
ザンボニ Zamboni*
ザンボニーニ
Zambonini
ザンボニン Zambonin
サンボラ Sambora*
サンボルスキー
Samborski
サンボルト Sandvold
サンポワン
Saint-Point
サンホン
Sang-heon
Sang-hong
サンボーン
Sanborn***
ザンボン Zambon
サンボンマツ
Sanbonmatsu
サンマース Summers
サンマルク
Saint-Marcoux
サンマルコ
Sammarco*
サンマルタン
Saint-Martin
サンマルチノ
Sammartino*
サンマルチン
San Martín
サンマルティーニ
Sammartini
サンマルティーノ
Sammartino
サンマルティン
San Martín
サンマーン Samman
サンマン Sang-man*
サンミ Sang-mi
サンミー Sangmee
サンミケーリ
San Micheli
サンミゲル
San Miguel
Sanmiguel
サンミケーレ
San Micheli
サンミョン
Sang-myoung
サンム Sang-mu
サンムガダス
Sanmugadas
サンムン Sang-moon*
サンモ Sang-mo
サンヤ Sanya**
サンヤー Sanya
サンヤン Sanyang
サンユェ Shan-yue
サンユン Sang-yoon
サンヨン
Sag-young
Sahng-yeon
Sang-yong*
Sang-young*
Sun Young
サンラヴィル
Sanlaville
サンリ Sanli
サンリス Senlis
サンリョン Sang-ryon
サンルー Saint-Loup
サンルーカル Sanlúcar
サンルーシュ
Senleches
サンルシュ Senleches
サンレイモン
Saint Raymond
サンレオン
Saint-Léon
サーンレダム
Saenredam
サンロ Saint-Lot
ザンロフ Xanrof
サンローラン
Saint Laurent
Saint-Laurent

【シ】

シ
Hsi
Shi
Si**
Sim
Sy
Thi
Xi
シー
Ce
Cee
Cid
Schie
Sea
See**
Sée
Shea*
Shee
Shi**
Shih***
Shin
Si**
Sii
Sy**
Sze
Thi
Thie
Xi*
ジ
Chi
De**
Di
Du
Gi
Jee
Ji
Zi
ジー
Chih
De
Di
Dy
Gee***
Gyi**
Ji*
Jie
Sze
Zee*
Zeeh
シーア
Scheer
Seah**
Shea*
Sia
Sier
Thea*
Theo
シァ Xia
シア
Cia
Seare
Shea*
Thea*
シアー
Nsiah
Scheer
Schier
Shāh
Shea
Shear
Sheer
Sherer*
Shier
ジーア Zeer*
ジア
Ji-a*
Jia
Xia
Zia**
シーアイ Ziai
シアウウェッカー
Schauwecker
ジアウッディン
Ziauddin
ジアウル
Zia-ul
Ziaul
Ziaur*
ジアエラス Ziaelas
シアオ
Siao
Xiao
シアオシ Siaosi*
シアオジュン Xiaojun
シアオニ Xiaoni
シアオボー Xiao-bo
シァオミヌ Xiaomin
シァオミン Xiaoming
シアカ Siaka*
シアガ
Seaga
Seage*
シアカム Siakam
シァガラジャン
Thiagarajan
シアガル Chagall
ジアギー Jiagge
ジアーギレフ
Diaghilev
ジアギレフ Diaghilev
シアグリウス Syagrius
シアケー Csáky
ジアコーザ Giacosa
ジアコザ Giacosa
ジアコビーニ
Giacobini
ジアコミニ Giacomini
ジァーコモ Giacomo
ジアコモ Giacomo*
シーアシー Searcy
シアージェファーソン
Nsiah-Jefferson
ジアジチドー
Giazitzidou
シアーシャ Saoirse*
シーアーズ Sears
シアーズ
Seares
Sears***
Shears
Therese
シアス Theus
シアズ
Sears
Sheares*
ジアス
Dias
Zias
ジァゾット Giazotto
シアソン Siazon
シアゾン Siazon**
シアダ Syda
ジアダ Ziada
ジアダト Ziadat
ジアチント Giacinto
シアッカ Sciacca
ジアッキノ Giacchino
ジァック Jacques
ジァッコーニ Giacconi
ジアッド Ziad
シアットユーン
Siat Yoon
ジアデ Ziadé
ジァーディン
Ziauddin
シアード Sheard*
シアド Siad*
シアドー Theodore
ジアド
Ziad
Zied
シアドア Theodore
シアトル Seattle
ジアドング Xiao-dong
ジアナ Gianna
シアーニ Siani
ジアーニ Ziani
ジアニス Dzianis
ジアニーニ Giannini*
シアヌーク
Sihanouk**

シ

シ

ジアネッティ
Giannetti*
ジアノッティ Gianotti
シアパ Schiappa
シアハナー Schachner
シァバーン Shoven*
シアビ Siabi
シアファウサ Siafausa
ジァフェ Jaffe
シァフマトフ
Shakhmatov
シアホルツ Shierholz
シーアボルド
Theobald
シアボンガ Siyabonga
シアマ Sciama
シアマー Shearmur
ジアマッチ
Giammatti
ジアマッティ
Giamatti*
Giammatti*
ジアマッテオ
Giammatteo
シアマン Shearman
シアマンド Siamand
シアミオナウ
Siamionau
シアム
Siam*
Thiam
シアムネ Siamune
ジァム・バッティスタ
Giambattista
ジァムマリア
Giammaria
シアムワラ Siamwalla
シアメン Siamun
シアモン Siamun
ジァヤカル Jayakar
シアラ
Ciara*
Cioara
Sciarra
シアラー
Schaerer
Shearer***
ジアラ
Diarra
Giarra
シアラス Tsiaras*
シアラッロ Ciarallo
ジアラワノン
Chearavanont
シアラン Ciaran*
シァーリー Shirley
シアーリ Scialli
シアリ Shearly
シアリー Shirley
ジアリ Ziari
ジアリーニ Giarini
シアリング
Shearing**
ジアール
Djiar
Giard*
ジァルウ Jaloux
シアルディ Ciardi
シアルリス Siarlis
シァルル Charles
シーアルン Sri-aroon
シアレ Siale
シアレイ Siarhei
ジァレット Jarrett
シアロー Shearlaw
シーアン
Sai-on
Schian
Sheean
Sheehan*
シアン
Chien
Cian*
Seán
Sian*
Siân
Sianne
Siyan
Xiang
ジァン
Jahng
Jean
ジアン
Gian*
Jian
Jiang
ジァンヴィール
Janvier
ジアンカーナ
Giancana*
ジアンコラ Giancola
シアンシオ Ciancio*
シアンチー
Shiang-chyi
シアンチエン
Xiang-jian
シアンドゥ Siandou
シアントン
Xiangdong
ジアンナ Gianna
シアンナヌ Xiangnan
ジアンニ Gianni*
ジアンヌ Jeanne
ジァンノーネ
Giannone
シアンピ Ciampi
ジアンビ Giambi
ジアンビー Giambi**
ジアンピエロ
Giampiero
ジァンフォルテ
Gianforte
ジァンフランコ
Gianfranco
シアンフランス
Cianfrance*
ジアンボールボ
Jiambalvo
シアンリー Xiang-li
シィ
Chi
Cy
シイ
Shi
Si
Sy
シイー Shi'ī
ジィ
Ji*
Zhi
ジィー Sze*
ジイ Gyi
シィア Shea
ジィァン Chiang
シィエス Sieyès
ジィオン Zion
ジィークフリート
Siegfried
ジィジェーク Zizek
シィシュコフ Shishkov
シイスムンド
Sigismund
ジイセン Gijsen
シィック Schück
ジィップ Gyp
シィティ Siti
ジィーディチ Zidić
シィート Seat
ジィド Gide
ジイト Gide
ジイド Gide*
ジィナー Zinner
シィニオア Senior
ジイプ
Gyp
Zijp
シィファード Sipherd
ジィファート Ziefert
ジィフィン Giffin
ジィーフェルト Ziefert
ジィフロフスキー
Sichrovsky
ジィベリィ Gyberg
シイボルト Siebold
シィマン Seaman
シイラ
Sheila
Silla
シィライヒ Schleich
シイリ Sayri
シイリー Seelye
シイリタ Shyretta
シイリング Schilling
ジイル Ji-il
シィルニーク Sirnik
シィン Shin
ジィーン Jean*
ジィンジュー Jin-joo
ジィンドゥル Zyndul
シーヴ
Scheve
Seve
シウ
Shiu
Siu
シヴ
Shiv
Siv*
ジーヴ
Geve*
Zieve
ジウ
Gil*
Ji-u*
Ji-woo*
シーヴァ Shiva
シーヴァー
Seaver*
Shiva
Siever*
シヴァ
Shiva**
Siva
シヴァー Siwer
ジーヴァカ Jīvaka
シヴァサンカラ
Swasankara
シヴァージ Sivaji*
シヴァージー Shivājī
シヴァシャンカラ
Swasankara
シーヴァース Sievers
シーヴァス Shivas
シヴァース Sivers
シヴァーズ
Chivers
Shivers
ジーヴァース Sievers
シーヴァダール
Shivadhar
シヴァーディ Civardi
シヴァーディティヤ
Śivāditya
シーヴァート Sievert
シヴァートン
Chiverton
シヴァーナンダ
Sivananda
シヴァーニー
Sivani
Śivānī
シヴァニャン
Civanyan
シヴァネン Sievänen
ジヴァノヴィッツ
Siwanowicz
シヴァプラサード
Sivaprasad
シヴァム Shivam
シーヴァリ Sīvali
シヴァリー Shively
シヴァリョフ Shvalev
シーヴァル Sivar
シヴァールツ Shvarts
シヴァルツ
Schwartz
Shvarts
シヴァルツヴァルト
Schwartzwald
シヴァルツハウプト
Schwartzhaupt
シヴァルディ Civardi
シヴァン Sivan*
ジヴァンシー
Givenchi
Givenchy
Givency
シヴァントネル
Švantner*
シーウィ Schiwy
シヴィ Sivi
シヴィー Schiwy
シヴィア Sivia
ジヴィアーニ Ziviani
ジヴィエツ Żywca
シヴィサイ Sivisay
シーウィーサンワー
チャー
Siwisanwaca
シーウィチャイ
Siwichai
シヴィック Shivik
シヴィッターロ
Sivittaro
シゥイテマン
Sluyterman
シヴィーリア Siviglia
シヴィル Civil
シヴィンマー
Schwimmer
シウヴァ Silva
ジウヴネル Jouvnel
シーヴェ Schewe
シーウェイ Shewey
ジーヴェキング
Sieveking
Siveking
シヴェシンド Sivesind
シヴェター Siveter
シヴェツォーフ
Shvetsov
シヴェック Chizeck
シヴェネン Syvänen
シーウェル
Seawell
Seiwell
Sewell
シウェル Sewell
シヴェル Sivell
シーウェルツ Siwertz
シーヴェルツ Siwertz
ジーウェルト Siewert
ジーヴェルト
Siewert
Siewerth
シヴェールニク
Shvernik
シヴェルニーク
Shvernik
シヴェルニク Shvernik
シヴェルブシュ
Schivelbusch**
シヴェルミュラ
Sivell-Muller
シーウェン Shi-wen
ジヴォイノヴィッチ
Zivojinovici
ジヴォタ Zivota
シヴォッター Sivutha
シーヴォネン
Sihvonen
シーウォフ Siwoff
シーウォール Sewall

シウォール Sywor*
シーヴォワ Seavoy
シウォン
Si-won*
Siwon
シヴォーン
Siobhain
Siobhan*
Siobhán
ジウォン Ji-won*
ジヴォン Zevon
シウキオン
Siew Keong
シウケイ Shau-kee
ジヴコヴィッチ
Zivkovic
Živković
シウコサーリ
Siukosaari
シウサグル
Seewoosagur
ジウジアーロ Giugiaro
ジウスト Giusto
ジゥゼッペ Giuseppe*
ジウセッペ Giuseppe
ジウゼッペ Giuseppe
ジウチャロエミット
Jiewchaloemmit
ジゥディッタ Giuditta
シウトン Siu-tung*
ジウトン Gilton
ジヴヌィ Żywny
シウネ Siune
シウーバ Sciubba
シウバ Silva**
ジウバーダオ
Jiubadao
ジウフ Diouf
シウファス Sioufas
ジウフラ Giuffra
シヴプラサード
Sivprasad
Śivprasād
ジウベルト Gilberto*
シウペンハウエル
Schopenhauer
シウポ Siupo
シウマロ Seumalo
シウミットボン
Schmidtbonn
シウラ Ciulla
シヴリ Givry
ジヴリ Givry
ジゥリア Giulia
ジウリアーノ Giuliano
シウリェン Hsiu-lien
ジヴリスキー Divulsky
ジウール Gieure
ジウールダン Jourdan
ジウルダン Jourdan
シウロ Ciullo
ジウン
Jee-Woon
Ji Eun
Ji-woon*
ジウンタ Giunta
シェ
Hsieh*
She
Shieh
Xie*
Xue
シェー
Shea
Shieh
シエ
Sie
Sieh
ジーエ Siehe
ジェ
Jae*
Je
Jie
ジェー
Jae
Jay*
Zye
ジエ
Jie*
Ji-yai*
シェーア
Schär
Scheer**
シェア
Schar
Schär
Scher*
Share
Shea*
Shear
Sher
Shere**
シェアー
Schär
Scheer*
Share*
Shear
Shere
ジェア
Jea
Jere
シェアツ Scherz
シェアーデ Schéhadé
シェアデ Schéhadé
シェアード Sheard**
シェアド Sheard
シェーアバルト
Scheerbart*
シェアフィ Scherfig
シェアベ Scherbe
シェアマー Shearmur
シェアマン
Schermann
Shearman
Sherman
シェアラー
Schärer
Scherer
Shearer*
シェアリング
Scheuring
シェアン Sheehan
ジェアン Jean
ジェアンタ Geanta
シェイ
Hsieh
Hszieh
Shae
Shay**
Shea***
Shuey
Xu
ジェィ Jay
ジェイ
Chaelee
Jae
Jai
James
Jason
Jay***
Jay!
Jaye
Jeh
ジェイー Jay
シェイアー Scheuer
シェイアン Shayan
シェイヴァー Shaver*
ジェイヴァー
Giaever
Javor
ジェイヴァーズ Javers
ジェイヴァリー Javery
シェイヴィチ Shavitch
シェイウィッツ
Shaywitz
シェイヴィッツ
Shaevitz
ジェイヴォアス Javors
シェイウート Shaute
シェイヴルスン
Shavelson
ジェイウワン Ja'Wuan
シェイエ
Scheie
Shaye
Skeie*
シェイェス Sieyès
シェイエース Sieyès
シェイエス Sieyès
シエーイェス Sieyès
シエイェース
Sieyes
Sieyès
シエイェス Sieyès
シエイエス
Sieyes
Sieyès*
シェイエンヌ
Cheyenne
シェイカ Sheikha
シェイカー
Shakar*
Shakir
ジェイガー
Jaeger
Jager*
ジェイキー Jakie
ジェイギ Jaeggi
ジェイキーズ Jacques
シェイキン
Chaikin
Shakin'
Sheinkin
シェイク
Cheick
Cheik*
Cheikh*
Schaick
Shaik
Shaikh*
Sheik*
Sheikh***
シエイク Cheick
ジェイク
Jacob*
Jaech
Jake***
Jaku
シェイクアキラフ
Cheikhachiraf
ジェイクィーズ
Jacques
シェイクサラ
Cheick Sallah
ジェイクス
Jacques***
Jakes*
Jaques*
シェィクスピア
Shakespeare
シェイクスピア
Shakespeare**
シェイクスピヤ
Shakespeare
シェイクスペース
ShakeSpace
シェイクナ Cheickna
ジェイクマン
Jakeman*
シェイクリー
Shakely*
シェイケル Shekelle
ジェイケンドロップ
Jeukendrup
シェイコ Cheik̲h̲o
ジェイコ Jaco
ジェイゴ Jago
ジェイコック Jeacocke
ジェイコックス
Jacocks
Jacox
Jaycox
ジェイコップス Jacobs
ジェイコビ Jacobi
ジェイコフ Jacob
ジェイコブ
Jacob***
Jacobs
Jakob*
Jaycob
ジェイコブス
Jacobs***
ジェイコブズ
Jacobs***
ジェイコブスン
Jacobson**
ジェイコブセン
Jacobsen*
Jakobsen
ジェイコブソン
Jacobson**
Jakobson
ジェイコボ Jacobo
シェイザー Shazer*
ジェイシー
Jaci*
Jacy
Jaycee*
ジェイジェイ
Jay Jay
Jayjay
シェイス Chijs*
シェイズ Shays
ジェイス Jace*
ジェイズ Jeayes
ジェイストン Jayston
ジェイスン Jason**
ジェイセン Jacen
ジェイソ Jaso
シェイソン
Cheysson**
ジェイソン
Jaison
Jason***
Jayson**
Jeison
シェイダ Sheyda
シェイダー Shader
ジェイダ Jada
ジェイダキッス
Jadakiss
ジェイタビス Jatavis
ジェイチョウ Jey-cho
ジェイ・ディー J.D.
ジェイディー Jaydee
ジェイデビオン
Jadeveon
ジェイデン
Jaden*
J'den
シェイト Scheidt
シェイド
Schade
Scheidt**
Shade
ジェイド Jade**
ジェイドナビ
JadeNabi
シェイドリン Sheidlin
ジェイドン Jaydon
シェイナ
Šejna
Shana
シェイナー Shaner
ジェイナ
Jana*
Jena
シェイナーマン
Scheinerman
ジェイナル Janal*
ジェイニー
Jani*
Janie*
シェイニン Sheĩnin
ジェイニーン Jayneen
シェイネイル Shaneil
ジェイノー Janow
ジェイノス Janos
シェイハ
Shaykha
Sheikha*
シェイバー Shavor*
ジェイバー
Jabar
Jaber

シ

Javor
シェイバーグ
Schaberg
シェイハム Sheiham
シェイバール Sheybal
シェイバル Sheybal
ジェイバール Jabaal
シェイヒー Şeyhî
シェイビチ Shavitch
シェイピン Shapin**
シェイフ
Asshaikh
Cheikh**
Cheikhou
Schaef*
Seyh
Şeyh
Sheikh*
Sheikh
シェイプ Sharpe
ジェイプ
Giep*
Jaap
シェイファ
Schafer
Shaffer
シェイファー
Schaefer
Schaeffer*
Schafer*
Schäfer
Schaffer*
Shafer
Shaffer*
ジェイブズ Jabez
シェイフリー Shaffrey
シェイプリー Shapely
シェイフルーフー
Cheïkhrouhou
ジェイフレー Jaffray
ジェイベズ Jabez
シェイベル Seiber
シェイベルソン
Shavelson
シェイホルエスラミ
Sheikholeslami
シェイボン Chabon*
シェイマ Seyma*
ジェイマー Jeimer
ジェイマイス Jameis
シェイマス
Schamus*
Seamus***
Seumas
Shamus
ジェイマール Jamaal
シェイマルコ
Shamarko
ジェイミ Jamie
ジェイミー
Jaime*
Jamey*
Jami*
Jamie***
Jamy
Jayme
Jemie
ジェイミズ James
ジェイミスン
Jameson
Jamieson
ジェイミーソン
Jamieson
ジェイミソン
Jamieson**
Jamison*
Jemison
ジェイミーリン
Jamie Lynn*
ジェイム
Jaime
James
ジエイム Jayme
シェイムズ Shames**
ジェィムズ James
ジェイムス
Jaimes
James**
ジェイムズ
James***
Janes
ジェイムスン
Jameson*
ジェイムソン
Jameson**
ジェイメイル Jameill
ジェイメール
Geimaert
ジェイモナート
Geymonat
シェイモフ Sheymov
ジェイモン Jamon
ジェイヨ Jayo
シェイラ
Scheila
Shailer
Sheila**
Sheilah
Sheilla*
シェイラー Shailer
ジェイラ Jara
ジェイラス Jairus
シェイラバイ
Sheilabai
ジェイラン
Ceylan
Jarran
Jeilan*
ジェイリン Jaelyn
シェイル
Cheyrou
Scheil*
Shayle
ジェイル
Jael
Jai-il
シェイレブ Shalev
ジェイレン
Jaelen
Jalen
Jaylen
ジェイロン
Jaylon
Jayron
シェイン
Cheyne
Schain
Schane
Schein
Shain
Shaine
Shane**
Shayne*
Shein
ジェイン
Jae-in*
Jain**
Jane***
Jayne**
Jean
Jeanne
Zane
ジェインウェイ
Janeway*
シェインウルフ
Schoenewolf*
シェインコフ
Scheinkopf*
シェインズ Shanes
ジェインズ
Janes*
Jaynes
シェインドリン
Scheindlin*
シェインバーグ
Shainberg
シェインブラム
Scheinblum
シェインマン
Sheinmann
シェインリー Shanley
シェインレック
Shanelec
シェインワイズ
Shanewise
シェウ
Shew
Sieu
シエウ Sieu
ジェウ Dieu
ジエウ Dieu
ジェーヴァ Geva
ジエーヴァー Giaever
シェヴァリア
Chevalier
シェヴァリエ
Chevalier
Chevallier
シェヴァルツェンベルク
Schwarzenberg
シェヴァルドナゼ
Shevardnadze
シェヴァルナゼ
Shevardnadze
シェヴィ Chauvy
シェヴィー Chevy*
ジェヴィエツキ
Drzewiecki
シェヴィリョーフ
Shevyryov
シェヴイリョーフ
Shevyryov
シェヴィル Schevill
ジェウィルス Gewirtz
ジェヴィン Jevin
シェヴィンスカ
Szewinska
Szewínska
シェーヴェ
Scheve
Schewe
ジェウェット Jewett
シェヴェレヴァ
Sheveleva
シェーヴェン
Schaewen
ジェウォン
Chae-won
Jae-won*
ジェヴォンス Jevons
ジェヴォンズ Jevons
ジエヴォンス Jevons
ジェウク
Jaeook
Jae-wook
Jea-wook
Je-uk
シェウケット Shevket
シェヴケト
Şevket
Shevket
ジェヴースキー
Rzewuski
ジェヴスキ Rzewuski
シェーウッド
Sherwood
ジェヴティック Jevtic
ジェウデット Jevdet
ジェウデト Jevdet
ジェウデド Jevdet
ジェヴデト
Cevdet
Jevdet
ジェウヌシャン
Jeunechamps
シェヴリエ Chevrier
シェウリング
Shewring
シェヴルーズ
Chevreuse
シェヴルール
Chevreul
シェヴロレー
Chevrolet
シェヴロン Chevron
シェウン Seun*
ジェウン
Jae-eun
Jaeeun
Jae-ung
シェエキスピア
Shakespeare
シエェクスピア
Shakespeare
シエエクスピイア
Shakespeare
シエーエス Sieyès
シエエヌヴエル
Chennevière
ジエエフ Ziyeyev
ジェエムス James
シエーエン Schoyen
ジェエンベコフ
Jeenbekov*
ジェーオ Geo
ジェオ
Geo*
Géo
Jae-oh
ジェオク Jai-ok*
ジェオプ Jae Eup
ジェオフリー
Geoffery
Geoffrey
ジェオフリイ Geoffrey
ジェオルジ George
ジェオルジェスク
Georgescu
ジェオルジェタ
Georgeta
ジェーガー Jaeger
シェカウ Shekau
シエカージアン
Shekerjian
ジェカット Jekat
ジェガプ Je-gap
シェカラウ Shekarau
シェカラビ Shekarabi
シェーカリー
Shakerley
シェカリッチ Sekaric
シェーカル Shekahar
シェカール Shekhar**
ジェガールキン
Zhegalkin
シェガレー Chegaray
ジェーガン Jagan**
ジエギス Diegues*
シェーキスピア
Shakespeare
シェキスピアー
Shakespeare
シエーキスピアー
Shakespeare
シエキスピア
Shakespeare
シェキスピーヤ
Shakespeare
シェキスピヤー
Shakespeare
シエーキスヒーヤ
Shakespeare
シエキスピャ
Shakespeare
ジェキスピャー
Shakespeare
ジェキャン Gecan
ジェギュ
Chae-gyu
Jae-gyu*
Jae-kyu*
Je-gyu*
Je-kyu
ジェギュン
Jae-gyun
Je-kyun*
ジェキル Jekyll
シェーク Sheikh
シェク
Cheik
Sjech
Syekh
シェグ Schegg
シエク Seak
ジェーク Jake*

シ

ジェグァン Jae-kwang
シェクウ Shekou
ジェグォン
Jaegwon
Jae-kwon
ジェグク Je-kuk
ジェクシェンクロフ
Dzhekshenkulov
シェクス Chaix*
ジェークス
Jakes*
Jaques
ジェクス Jex*
シェクスナイダー
Schexnayder
シェークスピーア
Shakespeare
シェークスピア
Shakespeare**
シェクスピア
Shakespeare
シエクスピーア
Shakespeare
シエクスピア
Shakespeare
シエクスピアー
Shakespeare
シエクスピイア
Shakespeare
シェークスピャ
Shakespeare
シェクスピヤ
Shakespeare
シェクター
Schechter*
Scheckter
Schecter*
Shechter*
Shecter
ジェクター Juechter
シェクナ Cheikhna
シェクナー
Schechner*
シェクパ Gśegs pa
シェクマン
Schekman*
シェクリー
Sheckley**
シェクリィ Sheckley
シェクリイ Sheckley
シェグルト Šegrt
ジェグレ Jaeglé
シェクレイ Sheckley
シェーグレン Sjögren
シェグローフ
Shcheglov
シェグロフ
Schegloff
Shegolff
ジェグン
Chae-koon
Jea-gun
シェケイ Siekei
シェケシー Szekessy
シェケリンスカ
Šekerinska
シェケル Schökel
ジェーゲル Jagel
シェケルベコワ
Shekerbekova
ジェーケンドループ
Jeukendrup
シェゴ Šego
ジェコ Džeko*
ジエゴ Diego*
ジェーコックス Jaycox
ジェーコブ
Jacob***
Jakob
ジェコブ Jacob
ジェゴーフ Gegauff
ジェゴフ Gegauff
ジェーコブス Jacobs
ジェーコブズ
Jacobs**
ジェコブス
Jacobs
Jacobus
ジェーコブスティーブン
Jacob Stephen*
ジェコブセン
Jacobsen
ジェーコブソン
Jacobson**
シェーザー
Scherzer
Shazer
シエサ Cieza*
ジェサー Jesser
ジェザー Jezer*
ジェザーチ Řezáč
ジェサップ
Jessup**
Jesup
ジェサミン Jessamyn
ジェサヤ Jesaya
ジェサン Jae-sung
シェシ Sheshi
シェジー Chézy
ジェシ
Jesse**
Jessey
Jessi
Yesid
ジェシー
Jasey*
Jesse***
Jessee
Jessie***
Jessy
Jessye**
Jesy*
ジェジー Jessye
シエシア Xie-xia
ジェジェ
Djedje
Jeje
ジェジェック Dzierzek
ジェジェラワ Jejelava
シェシェリ Šešelj*
シエジエル Siegel
シエシエルスキ
Ciechelski
ジェジエルスキー
Jezierski
シェシェンク
Shoshenq
ジェシカ
Jessica***
Jessicah*
Jessika
Jessixa
ジェシカブリセイダ
Jessica Brizeida
ジェシク Jae-shik
ジェシージェイ
Jasey-Jay
ジェジック Dziedzic
シェシャール
Cheyssial
シェシュカ Scieszka
シェシュティン
Kerstin
シェシュバツァル
Sasabasar
Sheshbazzar
ジェジュン
Je-jun
Jejung*
ジェショップ Jessop
ジェショッペ Jesshope
ジェジョマル
Jejomar*
ジェジョン
Jae-jeong*
Jae-joung*
Jeo-Jeon
シェションク
Sheshonk
Shoshenq
Ššnķ
ジェジン Jae-jin*
シーエス Sieyès
シェーズ
Chaise
Shays
シェス Sheth
シエース Sieyès
ジェース Zeis
ジェーズ Jèze
ジェス
Jae-soo
Jes
Jess***
Jesse***
ジェズ
Jésus
Jez*
ジエス Giès*
ジェズアルダ
Gesualda
Jesualda
ジェスアルド
Gesualdo
ジェズアルド
Gesualdo**
ジェスィ Jesse
シェスカ
Scieszka*
Sciezka
ジェスキエール
Ghesquière
ジェスク
Geske
Jae-sook
ジェズシュ Jesus
ジェスス Jesus
ジェズース Jesus
ジェズス
Jesus*
Jesús*
ジェズズ Jesus
ジェスター Jester
シェスターク Seszták
シェスタク Sestak
シェスタコーヴァ
Shestakova
シェスタコヴァ
Šesáková
シェスタコーバ
Shestakova
シェスタコフ
Shestakov*
シェスタコーワ
Shestakova
シェスタコワ
Shestakova*
ジェスダーソン
Jesudason*
ジェスチェフ Zhestev
ジェステ Jeste
ジェスティ Jesty
ジェスティス
Jestice
Jsetice
シェステリン
Shesterin
シェストー Shesto
ジェスト Gest
シェストパール
Shestopal
シェストーフ Shestov
シェストフ Shestov**
シェーストランド
Sjöstrand*
シェーストレーム
Sjöström
シェーストレム
Sjöström
シェスートレーム
Sjöström
シェストレーム
Sjöström
シェストレム
Sjöström
ジェスナー Gessner
シェスネ Chesnais
ジェスパー Jesper**
ジェスパーセン
Jespersen*
ジェスパータス
Gijsbertus
ジェズマー Jesmer*
ジェスミン Jesmyn*
ジェズュ Jésus
ジェズラ Jezra
ジェスラン Geslin
ジェスリン Jesslyn
シェスレヴィッチ
Cieslewicz
Cieślewicz
シェスレビッチ
Cieslewicz
ジェスロ Jethro
ジェスロー Jethroe
ジェスロ・タル
Jethrotull
ジェズワルド
Jeswald*
ジェスン Jae-sun
シェーゼ Schade
シエセ Chessex
ジェセー Jece
シエゼイ Chézy
ジェゼウスキー
Jezewski
ジェゼケル
Jezequel
Jézéquel*
シエセックス
Chessex**
ジェゼフ Joseph*
ジェゼフィーン
Josephine
ジェセル
Djoser
Ḏśr
Jessel*
Zoser
ジェセルカーラー
Djeserkare
ジェセルケプルウラー
Djeserkheprure
ジェセンスカ Jesenská
シエゾー Cheseaux
ジェソク Jai-suk
ジェソップ Jessop*
ジェソプ Jae-sup*
ジェーソン Jason***
ジェソン
Jae-song
Jai-son
Je-son
ジェゾン Djezon
シェーダー
Schaeder
Scheeder
Shader
シェダー Scheder
ジェーダ Geda
ジェタ Jethá
シエタス Sietas
シェダード Sheddad
シェタハ Shetah
シェタリー Shetterly
ジェダルジュ Gédalge
シェダン Sheddan
ジェチャン
Jae-chang
Jea-chang
ジェチョル
Jae-Cheol
Jae-chul
ジェチョン
Jae-chun*
Jea-chun

シ

Jie-qiong
ジェーツ Jetu
ジェッカ Jekka
ジェッカー Jecker
シェッカード
Sheckard
シェツキー Schetky
シエッキネン
Siekkinen
シェック
Scheck
Schoeck
ジェック Jeck
ジェックス Jex
シェックリー Sheckley
シェッケル Scheckel
ジェッケル Jaeckel*
ジェッシ
Gessi
Jesse
ジェッシー Jesse
ジェッセ Jesse
ジェッセー Jesse
ジェッセル
Jessel*
Jessell
ジェッセン Jessen
シェッソウ Schössow
シェッター Schejter
ジェッター Jetter
シェッツ
Schiøtz
Schötz
シェッツァー Shetzer
シェッツィング
Schätzing**
ジェッツェン Gietzen*
シェッツフェル
Scheffel
シェッド
Shed*
Shedd*
ジェット
Getto
Jeet*
Jet**
Jett**
Jette
ジェッド Jed
ジェットゥ Jettou
シェットラー
Schettler
Schottler
Schöttler
シェッハード
Shepherd
シェッヒ Schöch
シェッピング
Shepping
シェップ
Schepp*
Schöpf
Shep
Shepp*
ジェッブ Jebb*
ジェップ
Jebb
Jepp
シェッファー
Schaeffer
Schaffer
Schöffer
Sheffer
シェッファース
Scheffers
シェッフェ Scheffé
シェッフェル
Schaeffer
Scheffel*
Scheffer
Schöffel
シェップス Schoeps
シェッフラー Scheffler
シェップラー
Scheppler
ジェッフリ Geoffrey
ジェッフリー Geoffrey
ジェッフリイズ
Jefferies
シェッフレ Schäffle
ジェッフレー Geoffrey
シエツマ Sietsema
シェーツラー Schäzler
シェツラー Schäzler
ジェッリ Gelli
シェツレ Schatzle
シェッレア Schøller
ジェッロ Jello
ジェツン Jetsun*
シェーデ
Schaede*
Schede
シェデ Śes sde
ジェデ
Gedde
Jae-tae
シェティ Shetty**
ジェディ Jeddie
ジェディー Jeddy
ジェディキ Jaedicke
ジェディス Judith
ジェディダイア
Jededlah
ジェディディア
Jedidiah
シェディド Chedid
シェティマ Shettima
シェディン Scheddin
シェーディング
Sherding
ジェデオン Gédéon*
ジェデダイア
Jedediah*
ジェデフレー Djedefre
シェデリウス
Sjödelius
シエテリッヒ
Schetelich
シェーデル
Schädel
Schaeder
Schedel
Schodel
シェテール Sötér
ジェデル Geddel
シェテレ Stehle*
シェデン Shedden
シェーテンザック
Schoetensack
シェード
Scheid
Shade*
シェド
Shed
Syed
ジェード
Jade*
Jared
ジェド
Gedó
Jed**
Jedd
Lledo
ジェドアンクラー
Djedankhre
ジェトゥ Djetou
ジェトゥー Jettou*
シェドヴィユ
Chédeville
シェドヴィル
Chédeville
ジェドゥネフェルラー
Djedneferre
ジェトゥリオ Getúlio
ジェドエフラー
Djedefre
ジェドカーウラー
Djedkaure
ジェドカーラー
Djedkare
シェトキー Schetky
ジェドク
Jae-dok
Je-deok
シェートコヌング
Skötkonung
ジェドコンセファンク
Djedkhonsefankh
シェードザック
Schoedsack
ジェドス Gedoz
シェドタウイ
Shedtawy
ジェドヘテプラー
Djedhetepre
ジェドホル Djedhor
シェトラー
Schädler
Schettler
Shetler
シェドラー Schädler
シエドラー Cheydleur
シェトラースブルク
Strassburg
シェドリ Chedli*
シェートリヒ
Schädlich
シエドル Theodore
シェトルズ Shettles*
シェトレ Schöttle*
ジェトロウ Jewtraw
シェドロック
Shedlock
シェドロフ Shedroff
シェドン Sheddon
ジェドン Jae-tong
シェーナ Siena
シェーナー
Schöner
Shaner
シェナー Shenar
シエーナ
Schena
Siena
シエナ
Siena
Sienna*
Sihne
ジェーナー Jerner
ジェナ
Janna
Jena
Jenna*
シェナジ Szenasi
ジェナジーノ
Genagino
ジェナス Jenas
ジェナディヤ
Genady Ya
ジェナミゾ Jenamiso
ジェナリッチ
Jennerich
ジェナーロ Gennaro
シェナン Shennan
ジェナン
Genin
Juénin
ジェーニ Geni
ジェニ
Geny
Gény
Jeni*
Jenney
Jenni
ジェニー
Genee
Genée
Genie
Genis
Genny
Gény
Janie
Jeanie
Jeanne**
Jeannie*
Jeni
Jenney*
Jenni*
Jennie***
Jennifer
Jenny***
ジェニイ Jenny*
シェニウー
Chenieux
Chénieux*
シェニエ Chénier
シエニエ
Chenier
Chénier*
ジェニエ Geniet
ジェニオ Geneo
ジェニカ Genica
ジェーニガン Jernigan
ジェニキー Jaenicke
ジェニク Jenike
ジェニコ
Genicot
Génicot
ジェニコット Génicot
ジェニシ Zhenish
ジェニシー Genesee
シェニス Cheiniss
ジェニス
Dzenis
Geniesse*
Genís
Jenice
Jenyth
Zhenis
ジェニスタ
Genista
Jenista
ジェニセック Jenicek
ジェニソン Jennison
ジェニチェンカ
Dzeinichenka
シエニチキン
Sienichkin
シェーニツ Schönitz
シエニッキー Sienicki
ジェニック Gennick
ジェニーナ
Genina
Janina
ジェニナ Genina
ジェニファ
Gennifer*
Jennifer
Jennifur
ジェニファー
Gennifer*
Jannifer*
Jenefer**
Jenifer*
Jeniffer
Jennifer***
Jennifur
ジェニフェール
Jennifer
ジェニフェル Jennifer
シェーニュ Chaigne
シェニュ Chaigne
ジェニュイン
Jennewein
ジェニュワイン
Jenuwein
シェニョー
Chaigneau*
シェーニン Shenin*
ジェニーン
Geneen**
Jeanine
Jeannine
ジェニン
Janine
Jeanine
Jenin
シェーニング
Schöningh
シェニング Schenning
ジェニング Jennings
ジェニングス
Jennings***
Jennnings
ジェニングズ
Jennings***

ジェニンズ Jenyns
シェーヌ
Chene
Chêne*
シェヌ Shen
ジェーヌ Gene
ジェヌ Jen
ジェヌイヤック
Genouillac
ジェヌイン Genuin
ジェヌヴィエーヴ
Geneviève
シェヌヴィエール
Chennevière
シェヌーダ Shenouda
シェヌーテ
Schenute
Shenoute
Shenude
シェヌーディ
Schenoudi
シェーヌドレ
Chênedollé
ジェヌビエーブ
Genevieve
Geneviève
ジェヌワイン
Jennewein
シェーネ
Schoene
Schone
Schöne*
シェネ
Chéné
Cheshay
Chesnais
ジェネ Djene
ジェネー
Genee
Genée
ジェネヴァ Geneva
ジェネヴィーヴ
Genevieve
ジェネヴィエーブ
Genevieve
シェネヴィクス
Chenevix
ジェネヴィーブ
Genevieve
シェネエフィールド
Shenefield
ジェネシェイ Gyenesei
ジェネシオ Genesio
ジェーネシキナ
Denezhkina*
ジェネシス Genesis
ジェネス
Janeth*
Jeneth
Jenness*
ジェネスト Genest
ジェネット
Genett*
Gennett
ジェネップ Gennep*
ジェネトスキー
Genetski
ジェネバ Geneva
シェネバート
Chenevert
ジェネバラ Genevra
ジェネビー Genevie
ジェネビエブ
Geneviève
ジェネビーブ
Genevieve
ジェネプ Gennep
ジェネブラール
Génébrard
シェーネマン
Schönemann
Schunemann
シェーネラー
Schönerer
ジェネラーリ Generali
ジェネラル General
ジェネリ Genelli
ジェネリック Jellinek
ジェネリッチ
Jennerich
ジェネリン Genelin*
シェネル
Chenel
Chénel
Che'nelle*
Sener
Şener
ジェーネル Jeener
ジェネル Genell
ジェネロウス
Genereux
ジェネローズ
Generose
ジェネローゾ
Generoso
ジェネロソ Generoso
シェーネンヴァルド
Schoenenwald
ジェネンダ
Geneder
Genender
シェーネンベルガー
Schonenberger
シェノー
Chesneau*
Chesneaux
ジェーノー Janow
シェノーア Šenoa
シェノア Šenoa
シェノイ Shenoy
ジェーノヴァ Genova
ジェノヴァ
Genova
Goneva
ジェノヴィーズ
Genovese
ジェノウェイズ
Genoways
ジェノヴェーシ
Genovesi
ジェノヴェージ
Genovesi
ジェノヴェジ
Genovesi
ジェノヴェーズ
Genovese
ジェノヴェーゼ
Genovese
ジェノスコ Genosko
ジェノフ Janoff
ジェノベージ
Genovesi
ジェノベバ Genoveva
シェノール Chennault
シェノル Senol
シェノールト
Chennault
シェノワ Chesnoy
シェノン
Chenon
Chénon
ジェノンタンアゴス
Djenontin-agossou
シェーバー
Schaber
Shaver
シェーパ Bzhad pa
シェーパー Scheper
シェバ
Saba
Sabee
Sheba
Shebâ
シェパ Bshad pa
シェパー
Schaper
Schepper
ジェーバー
Giaever
Javor
ジェバ Zieba
ジエーバー Giaever
シェパアド Shepherd
シェハイブ Shehayeb
シェバウスキ
Szczerbowski
ジェハーク Rehak
ジェバク Jae-bak
シェーパース
Schapers
Schäpers
Schepers
シェパース Schepers
シェパーズ
Schepers
Scheppers
シェハック Chehak*
シェハデ Shehadeh
シェバート Šebart
シェパード
Shepard***
Sheperd
Shephard**
Shepheard
Shepheerd
Shepherd***
Sheppard***
Shepperd
ジェバート Gebert
シェバートン
Cheverton
シェバノワ
Shebanova*
シェハーブ
Chehab
Shehāb
Shihāb
シェバーリ Schaeberle
ジェバリ Jebali*
シェバリエ Chevalier
シェバリーン Shebalin
シェバリン Shebalin
シェバール Scheaberle
ジェバール
Djebar**
Djebbar
シェバルシン
Shebarshin*
ジェハン Jae-han*
ジェハンギル Jehangir
シェパンスカ
Szczepanska
シェパンスキー
Szczepanski
シェビ Chebbi
シェビー Chevy*
シェピ Shepey
シエーピ Siepi
シエピ Siepi*
ジェヒ Jae-hee
ジェビイ Jebii
ジェビエツキ
Drzewiecki
シェヒター
Schechiter
Schechter*
ジェビーチェク
Rebícek
シェピチコ Shepit'ko
シェビッツ Schebitz
シェビトゥク
Shebitku
シェヒトマン
Schechtman
Shechtman
Shechtmann
シェヒビ Chehibi
ジェーヒュー Jehu
ジェヒュー
Jehu
Jehue*
ジェヒューディ Jehudi
ジェヒョク
Jae-hyouk*
ジェヒョン
Chai-hyung
Jaehyun
Jae-hyung
Jea-hyun*
ジェピル Jae-pil
シェピーロフ Shepilov
シェービン Shubin
ジェービン Zhebin
ジェピン Jie-ping
シェーフ
Schaef
Shehu*
シェーブ Scheve
シェフ
Cheiffou*
Jef
Schaef
Scheff*
Sheff*
Shehu*
Sjef
シェブ
Chaibou
Chaïbou
Sheb*
シエフ Sief
ジェフ
Geof
Geoff***
Geoffey
Geoffrey*
Geofrey
Jef**
Jeff***
Jeffery**
Jeffrey*
Jeph
ジェブ
Jeb**
Jebb*
シェーファー
Schaefer***
Schaeffer**
Schafer***
Schäfer***
Schaffer
Schäffer
Schefer
Shaefer*
Shaeffer
Shafer*
Shaffer***
Sheffer
シェファー
Schaeefer
Schaefer*
Schaeffer
Schafer
Schaffer
Schefer
Scheffer*
Schöffer
Shaffer*
Sheffer
Shepher
ジェファア Jeffah
シェーファース
Schaeffers
ジェファース Jeffers
ジェファーズ
Jefferds
Jeffers**
ジェファズ Jeffers
ジェファスン
Jefferson
Jeffesrson
ジェファーソン
Jefarson
Jefeerson
Jefferson***
ジェファソン
Jefferson*
シェファード
Shephard
Shepherd*
シェファリ Shefali
ジェファリ Jeffery
ジェファリス Jefferis
ジェファルソン
Jefferson
ジェファロヴィチ
Žefarović
ジェファン
Jae-hwan*
Jae-wan
シェフィー Sheffi
ジェフィ Jaffe**

シ

シェーフィッシュ
Schöfisch
シェフィールド
Sheffield***
ジェフウティ Djehuti
ジェフェリ Jeffery
ジェフェリー
Geoffrey
Jefferey
Jeffery*
Jeffrey*
ジェフェリーズ
Jeffreys
ジェフェリズ Jefferies
シェーフェル
Schafer
Scheffer
シェフェール
Schaeffer*
Schefer*
Scheffer
Schöffer*
シェフェル
Schefer*
Scheffel
Scheffer
ジェフェルソン
Jefferson*
シェフェルバイン
Schiefelbein
ジェフォーズ
Jeffords*
ジェフォード Jefford*
シェーフォルト
Schefold
シェフォールト
Schefold*
シェフォールド
Schefold
ジェフオンス Jevons
シェフォンテーヌ
Cheffontaines
シェプカー Shepker
ジェプカ Rzepka
シェープキン
Shchepkin
シェフキン Shevkin
シェプキン
Schepkin*
Shchepkin
ジェフキンス Jefkins
シェフケ Schäfke
シェフケト Shevket
ジェプケモイ
Jepkemoi
ジェプコ Rzepko
ジェプコエチ
Jepkoech*
シェプコスゲイ
Jepkosgei
ジェプコスゲイ
Jepkosgei*
ジェフコット Jeffcott
ジェフコート Jeffcoat
シェフコムード
Shevkomud
ジェプコリル Jepkorir
シェプシェスレー
Shepsesre
シェプシカレー
Shepsikare
シェープス Schoeps
シェプス
Schoeps*
Sheps
ジェーブズ James
ジェフス
Jeffes*
Jeffs
ジェフスキ Rzewski*
ジェフスキー Rzewski
シェフストフ
Shevtsov
シェプストン
Shepstone
ジェプスン Jepson
シェプセスカフ
Shepseskaf
シェプセスカラー
Shepsikare
シェプセスラー
Shepsesre
ジェプセン Jepsen**
ジェプソン
Jeppson
Jepson*
シェフター
Schefter*
Shefter
シェフチェーンコ
Shevchenko
シェフチェンコ
Shavchenko
Shevchenko***
Szewczenko
シェフチーク Ševčik
シェフチク
Scheffczyk
Ševčik
Shefchik
シェフチック Ševčik
ジェフチャルク
Dziechciaruk
シェフチュク
Shevchuk
ジェプチルチル
Jepchirchir
シェフツォヴァ
Shevtsova
シェフツォバ
Shevtsova
シェフツォワ
Shevtsova
ジェブツン Rje-btsun
ジェブツンダンバ
Jebzundamba
ジェブツンダンパ
Jübzhendamba
ジェフティーチ Jevtic
シェプティツィキイ
Šeptyc'kyj
シェプティツキー
Sheptitskii
ジェフデット
Dzhevdet
ジェブデト
Cevdet
Dzevdet
シェフテリ Shekhtel
シェフテル Cheftel
ジェーブド Javed
ジェプトゥー Jeptoo
シェフトリス
Cheptoris
シェブナ Shebna
ジェブニス Jabenis
シェフネール
Schaeffner
シェフネル
Schaeffner
Sechnaill
シェプフ
Schopf
Schöpf*
シェフーフォルト
Schefold
ジェフユン Zeph Yun
シェフラー
Schaeffler**
Schaffler
Scheffler***
Schoeffler
Schöffler
Sheffler
Shefler
シェブラー Schebler
シェプラフスキ
Sieprawski
ジェフラール Geffrard
シェフラン Scheffran
シェブリ Shebli
シェプリー Shepley
ジェフリ
Geofferey
Geoffery
Geoffrey*
Jeffre*
Jeffrey
ジェフリー
Geffrey
Geoffrey***
Georffrey
Goeffrey
Jefery
Jefferey
Jeffery***
Jeffrey***
Jeffry
Jefry
Jeoffrey
ジェフリィ
Geoffrey
Jeffery
ジェフリイ
Geoffrey*
Jeffrey
ジェフリオン
Geoffrion
ジェフリズ Jefferies
ジェフリース
Jeffreys
Jeffries
ジェフリーズ
Jefferies*
Jefferis
Jefferys
Jeffreys**
Jeffries***
ジェフリズ
Jefferies
Jeffreys
Jeffries
シェブリュス
Cheverus
シェフリン
Sheffrin
Shefrin
シェブリン Shevlin
シェプリン Schöpflin
シェーブル Schöbl
シェブルール
Chevreul
シェブルレ
Sebrle*
Sebr̆le*
シェフレ Schäffle
シェブレ Chebret
シェプレー Shepley
ジェフレー Geoffrey
ジェフレイ
Geoffrey
Jeffrey
ジェフレイズ Jeffereys
ジェフレス Jeffress
シェブレル Chevrel
シェフレン
Scheflen*
Schefren
シェプロ Shepro
ジェフロア
Geffroy
Geoffroy
ジェブロフスキ
Żebrowski
シェーブロム Sjöblom
ジェフロワ
Geffroy*
Geoffroy*
シェブロン Cheuvront
シェーベ Sebe
ジェベ Ĵebe
ジエベ Ĵebe
シェベク Sebok
シェベシュチェン
Sebestyen
シェベスタ Schebesta
シェベスチェーン
Sebestyen
ジェベソイ Cebesoy
シェーベック Seeböck
シェベック Sebök
ジェベット Jebet*
ジェベト Jebet*
シェベラ Schebera
シェヘラザード
Shahrazād
シェーベリ Sjöberg
シェベーリ Szebehely
ジェベリョーフ
Zhebelyov
シェーベル Schoeberl
シェベル Chebel
シェペル Shepel
ジエベル Giébel
シェーベルイ
Sjoberg
Sjöberg*
シェーペルス
Scheepers
ジェベレアヌ
Jebeleanu
シェーベン Scheeben
シェベンダーク
Schebendach
ジェホ
Chai-ho
Jaeho
ジェボー Gebow
シェポヴァリニコフ
Shepoval'nikov
ジェボム Jae-bum*
シェボル Šebor
シェーボン Chabon**
ジェホン
Jae-hong*
Jae-Houn
Jai-hong*
ジェボン
Jai-bong
Jaybee
Jevons
ジェボンス Jevons
ジェボンズ Jevons**
ジェマ
Gemma**
Jemma
ジェマイエル
Gemayel**
ジェマイテ Zhemaite
ジェマイマ Jemima*
シエマイヤー
Schiermeyer
ジェマイリ Dzemaili
ジェマイル
Jemile
Xemail
ジェマエワ Jemayeva
シェーマーケルス
Scheemakers
シェマシュコ
Siemaszko
シェーマス
Seamus
Séamus**
シェマノーフスキー
Shemanovsky
シェママ Chemama
シェマヤ Samaías
ジェマリ Dzemali
ジェマル
Dzemal
Jemal*
シェマロフ Shemarov
シェーマン
Schoeman
Sjöman*
シェマンスキー
Schemansky
ジェーミー Jamie*
ジェミー
Jami*
Jamie*

ジェミエ Gémier
シェミエニスキー
Siemieński
シェミェンスキ
Siemieński
ジェミオラ Jemiola
シェミオン Siemion
ジェミシン Jemisin*
ジェミスン Jamieson
ジェーミソン
Jamieson*
ジェミソン
Jamison
Jemison*
ジェーミト Gemito
ジェミニ Gemini
ジェミニアーニ
Geminiani
ジェミニアノ
Geminiano
ジェミベウォン
Jemibewon
ジェミマ Jemima*
シェミャーカ
Shemyaka
シェミャキナ
Shemyakina**
シェミャーキン
Shemiakin
Shemyakin
ジェミュシューズ
Gemuseus
ジェミョン
Jae-myung
シェミラツキ
Siemiradzki
ジェミリ Gemili
ジェミル Cemil*
シェミルト Shemilt
ジェミレフ
Dzhemilev*
シェミン Shemin
ジエミン Jie-Min
シェミングス
Shemmings
シェミンスカ
Szeminska
ジエミンスキ
Zieminski
シェーム
Schoem
Shem
シェム
Jayme
Schem
Šem
Shem***
ジェーム
Geme
Jaime
Jame
ジェム
Cem**
Diem
Gemme
Zizim
ジエム Diem
シェムイエーン
Semjén

シェームズ Shames
ジェームス James***
ジェームズ
Jaimz
James***
ジェムス James*
ジェムズ
Gems
James
ジェームズアンドルー
James-Andrew
シェムセッティン
Shemse'd-din
シェムセッディン
Shemse'd-din
ジェムセール Gemser
ジェームソン
Jameson**
Jamesone
ジェムチューゴヴァ
Zhemchugova
ジェムチュージニコフ
Zhemchuzhnikov
Zhemchúzhnikov
シェムニスキー
Przemieniecki
シェムニッツ
Schemnitz
シェムラ Schemla
シエメ Sieme
シェメキア Shemekia
ジェメジ Djemesi
シェメシュ Shemesh
シェメタ Šemeta
ジェメッリー Gemelli
シェメトフ Chemetoff
ジェメリ Gemelli
シェメル
Schemmel
Shemel*
Shemer*
シェメルス Schemers
ジェメルソン
Jemerson
シェーモス Shamos
シェモニアク
Siemoniak
ジェモーラ Gemora
ジェモン Geymond
シェヤー Schär
ジェヤシン Jeyasingh
ジェヤパラン
Jeyapalan
シェヤフ Cheyakh
ジェヤラジ Jeyaraj
ジェヤラトナム
Jeyaretnam
ジェヤラニー
Jeyaraney
シェーユ Chaillu
ジェユン Jae-yoon
ジェヨン
Jae-Yeon
Jae-yong*
Jae-young*
Jay-yong
J-yong

シェーラ Sheela
シェーラー
Schärer*
Scheerer
Scheler**
Schere
Scherer*
Schöler
Sehärer
Shaler
Shearer
シェラ
Shelagh
Shera*
Sierra
シェラー
Scheler*
Scheller*
Scherer*
Schérer
Scherrer
Schioler
Schoeller
Schöller
Schueller
Schuller
Schüller
Shaler
Sheller
Sherer
シエーラ Sierra
シエラ
Sheila
Sierra***
シエラー
Scheller
Schioler
シェーラア Shailer
シエラアド Sherard
ジェラアル
Gerald
Gérard
シェライ Shellei
ジェラヴィチ Jelavich
ジェラヴィッチ
Jelavich
ジェラウド Geraldo
シェラガ Scheraga
シェラコフスキ
Sierakowski
ジェラーシ Geraci
ジェラシー Djerassi
ジェラシオ Gelasio
ジェラス
Geras
Jealous
Jerath
Lleras*
Lléras*
シェラダム
Chéradame
シェラツキ Sieradzki
ジェラッシ Djerassi**
ジェラッズ Gerads
ジェラッセム
Djerassem
ジェラッツ Geradts
シェラット Sherratt
ジェラット Gelatt
ジェラッド Gerard
ジェラーティ
Geraghty

ジェラティ Geraghty
ジェラティー
Geraghty*
ジェラテリー
Gellately
シェラード
Shellard*
Sherard*
Sherrard
シエラド Sherard
ジェラート Gerhart
ジェラード
Gerald
Gerard***
Gérard
Gerardo
Gerhard*
Gerrard**
Jerad
Jerrard
ジェラトリー
Gellately
シェラトン Sheraton
シェラドン Sheradon
ジェラニ Jelani
シェラハ Shelah
シエラバーガー
Shellabarger
シェラハター
Schlachter
ジェラビッチ Jelavich
シェラーフ Shelagh
シェラブ Śes rab
シェラブ
'Ses rab
Śes rab
Shes rab
ジェラブ Djellab
シェラベア Shellabear
ジェラミ Jerami
ジェラミー
Jeramie
Jeremy*
ジェラーム Jeram
ジェラム Jerram
シェラリ Sherali
シェラリエーヴァ
Sheralieva
ジェラリン Geralyn*
シェラール Sherard
ジェラール
Celâl
Gaillard
Géard
Gerald*
Gérald**
Gerard***
Gérard***
Gerardo
Gérart
Gerhards
Gerhardt
Jalāl
ジェラル
Celâl
Wjelal
Xhelal
ジェラールザーデ
Celâl-zade

ジェラルダイン
Geraldine
ジェラルダン
Gerardin
Gérardin
ジェラルディ
Gelardi
Géraldy*
Gerardi
Gérardy
Gherardi
ジェラルディイ
Géraldy
ジェラルディーニ
Geraldini
ジェラルディーヌ
Géraldine
ジェラルディヌ
Géraldine
ジェラルディーン
Geraldine*
ジェラルディン
Geraldin
Geraldine***
Gerardine*
ジェラルディンヌ
Géraldine
ジェラルド
Gelard
Genald
Gerald***
Gérald*
Geraldo*
Gerard***
Gérard
Gerardo**
Gerarld
Gerhard
Gerold
Gerould
Gerrald
Gerrard
Gerrold
Gherardo
Jerald
Jerauld
Jerrold*
ジェラルドゥス
Gerardus
シェラールプ
Schellerup
ジェラレアン Jeralean
ジェラレッディン
Celâleddin
シェラン
Kielland
Sheran
ジェラン
Gélin*
Gerin
Gjelland*
Göran
Jerent
ジェランド Gerrand
ジェランドー Gérando
シェランドル
Schelandre
シェリ
Cheri
Schary
Shari
Shelley
Shelli
Sheri*
Sherri**
シェリー

シ

Cheri
Cherie**
Chérie*
Cherri
Cherrie
Cherry
Scerri
Shelle
Shellee
Shelley***
Shelly**
Shellye
Sheree**
Sheri
Sherri
Sherrie**
Sherrod
Sherry**
Sherwood
Shirley
ジェリ
Gelli
Geri**
Gerri*
Jeri*
Jerri*
ジェリー
Gerald*
Geri
Gerri
Gerry***
Jelley
Jelly*
Jeremiah
Jeri
Jerome*
Jeron
Jerry***
Jeryl
Jili
Jiri
Julie
シェリア Shelia
ジェリア Julia
ジェリアス Julius
シェリーアン
Shelly-Ann
ジェリアン
Jerian
Julian
シェリィ
Shelley
Shelli
シェリイ Shelly*
ジェリィ
Jere*
Jerry
ジェリィー Jerry
ジェリイ
Jelly
Jerry*
ジェーリヴィグ
Del'vig
シェリエ Cherrier
シェリカ Shericka
ジェリカ Željka
ジェリクソン
Jurickson
ジェリコ
Géricault
Jellicoe
Jericho
Zeliko*
Željko
Zeljko*
Željko**
ジェリコー
Gericault
Géricault
Jellicoe***
シェリコフ Serikov
ジェリージェフ
Jerry Jeff
ジェリシオ Gelisio
ジェリス
Gelis
Geris
Jiryis
シェリスキ Szeliski
ジェリソン Jerison
シェリダン
Sheridan**
ジェリチェコワ
Duričková
シェリック
Scherick
Sherrick
ジェリック Jerick
ジェリッシュ Gerrish
ジェリッチ Djelić
ジェリッツェン
Gerritsen**
ジェリット Gerrit
ジェリッド Jerryd
ジェリード Jared
ジェリナス Gélinas
ジェリーニ Gerini
ジェリニエ Gelinier
ジェリーニスキ
Zielinski
ジェリニスキ Zieliński
ジェリーニスキー
Zieliński
ジェリネ Gélinet
ジェリネク Jelnek
ジェリネック Jellinek
ジェリノー Gelineau
ジェリビ Jeribi
シェリーフ
Serych
Sharif
シェリフ
Cherif**
Chérif
Scheriff
Sherif**
Sheriff*
Sherriff*
シェリフアッバス
Cherif-abbas
シェリフォ Sherifo
ジェリブスカー
Zelibská
ジェリフスキー
Želivský
シェリベリ Kärrberg*
シェリホフ Shelekhov
シェリポフ Sheripov
ジェリホフスキ
Zelichowski
Żelichowski
ジェリモ Jelimo**
ジェリヤウ Žerjav
ジェリャーボフ
Zhelyabov
ジェリュ Zhelyu**
シェリュエル Chéruel
ジェリヨット Jélyotte
ジェリヨット Jélyotte
ジェリョン Jae-ryong
シェリラ Sherira
シェリリン
Cherilyn
Sherilyn
Sherrilyn*
ジェリリン
Jerilyn
Jerrilyn**
シェリール Cheryl
シェリル
Cheryl**
Cheryle
Cheryll
Kjell
Sheril
Sherril
Sherrill**
Sherryl*
Sheryl**
Sheryle
ジェリル Jelil
シェリレ Cheryle
シェリロ Cheryl
シェリーン Cheleen
シェリン
Kjellin
Serrin
Sherin
シェリンガム
Sheringham
シェーリング
Schering*
Schuring
シェリンク Schering
シェリング
Schelling***
Schering
Sherring
Szeryng*
シエリング Schelling
シェリングトン
Sherrington
ジェリンスカ Zielińska
シェリンスキー
Shelinskii
ジェリンスキ
Zielinski
Zieliński
ジエリンスキ
Zielinski
Zieliński**
ジェリンド Gelindo
シェリントン
Sherington
Sherrington*
シェール
Cheikh
Cher**
Cherr
Kjell**
Scheel**
Scheer**
Scherr
Shale
Sher***
Sherr
シェル
Chelles
Cherr
Kejell
Kjell*
Schell***
Scherr
Shel**
Shell**
Shelly
Sher
シェルー Chéroux
シエール
Sieru
Thiele
シエル Sier
ジェール
Geer
Joel
ジェル
Djer
Jel
Jell
Jelle
ジェルー
Jeroo
Jeru
ジェルヴァシオ
Gervasio
ジェルヴァーズ
Gervase
ジェルヴァーゾ
Gervaso
ジェルヴァル Gerval*
シェルヴァン Schelvan
シェルヴァンカー
Shelvankar
シェルヴィーア
Schervier
ジェルヴィーニョ
Gervinho*
シェルヴィヒ Schelwig
ジェルヴィユ Gerville
ジェルヴィル Gerville
シェルヴッド
Sherwood
ジェルヴェ Gervais*
ジェルヴェー Gervais
ジェルヴェーズ
Gervaise
シェルヴェン
Schjerven
ジェルヴォー
Gerbeaux
シェルウッド
Sherwood
シェルカウィ
Cherkaoui
シェルカウイ
Cherkaoui*
ジェルキル Djelkhir
シェルク
Scherk
Shelke
シェルクノフ
Schelkunoff
シェルグノーフ
Shelgunov
シェルグノフ
Shelgunov
シェルクレ Schelkle
シェルグレーン
Kellgren
シェルグレン Kellgren
ジェルクン Szczelkun
シェルゲン Schöllgen
ジェルゲン Görgens
シェルコ Chercot*
シェルコプ
Schoellkopf
Shoellkopf
ジェルゴンヌ
Gergonne
シェルザー Scherzer
シェルシ Scelsi
シェルジ Scelsi
ジェルシー Gelsey
ジェルジ
George
Gjergj*
Gyögy
György***
Györgyi*
ジェルジー
Györgyi
Jerzy*
ジェルジィ Jerzy
ジェルジイ Györgyi
ジェルジェ György
シェルシェーヴ
Cherchève
シェルシェウスキー
Scherschewsky
シェルシェネーヴィチ
Shershenevich
シェルシェネヴィチ
Shershenevich
シェルシェネビチ
Shershenevich
シェルシェーブ
Cherchève
シェルシェフスキー
Scherschewsky
シェルシェル
Schoelcher
ジェルジャーヴィン
Derzhavin
ジェルジャフスカ
Dzierzawska
シェルシャン
Shershan
ジェルジュ
Georges
Gyorgy
György***
ジェルジョーネ
Giorgione
ジェルジンスカヤ
Zherzhinskaia
ジェルジンスキー
Dzerzhinskii
Dzierzhnskii
ジェルジーンスキィ
Dzierzhnskii
ジェルズ Gells
シェルスキー
Schelsky*
Shelsky

シェルスティン
Kerstin
ジェルスビック
Gjelsvik
シェルセン Kjelsen
ジェルソー Gelso
シェルゾッド Sherzod
ジェールソン Joelson
ジェルソン
Gelson
Gerson*
シェルダ Shelda*
ジェルダード
Geldard*
シェルダール
Schjeldahl
シェルダル Skjeldal*
シェルダン
Shelden*
Sheldon***
Sherdhan
ジェルダン
Sheldon
Xherdan*
シェルチャン
Śercan
Sherchan
シェルツ
Schertz
Sheltz*
シェルツァー
Scherzer*
シェルツア Scherzer
ジェルディル Gerdil
シェルティング
Schelting
ジェルデット Gjerdet
ジェルデフ Zheludev
シェルテマ Scheltema
シェルデリュプ
Schjelderup
シェルテル Schertel
シェルデルップ
Schjelderup
シェルデルプ
Schjelderup
シェルデン Shelden
シエルト Sierd
ジェルト Gerdt
シェルトーク Chertok
シェルドコ Scheludko
シェルドヌ Sheldon
シェルドバーグ
Sköldberg
ジェルドフ Geldof
シェルドリック
Sheldrick**
ジェルトルーデ
Gertrude
ジェルトルード
Gertrude
シェルドレイク
Sheldrake
シェルドレーク
Sheldrake
ジェルドロード
Ghelderode

シェルトン Shelton**
シェルドン
Shelden
Sheldon***
シェルナー Schoerner
ジェルネ Gernet**
ジェルネール Gerner
シェルバ Scelba*
シェルパ Sherpa*
シエルバ Cierva
ジェルバ Gerba
シェルバウム
Scherbaum
シェルパオ Sherpao
シェルハーク
Scherhag
シェルバコワ
Shcherbakova
ジェルバジオ Gervasio
シェルハース
Schellhase
シェルハス Schellhas
ジェルバーゾ Gervaso
シェルバッハ
Schlabach
ジェルハード Gerhard
シェルバネスク
Şerbănescu
シェルバネンコ
Scerbanenco
ジェルバブエナ
Yerbabuena
シェールバルト
Scheerbart
シェルバーン
Shelburne
シェルバン Şerban
シェルビ Chelbi
シェルビー Shelby**
ジェルビ Gerbi
ジェルピ Gelpi
シェルビィ Shelby
シェルビウス
Scherbius
シェルヒエン
Scherchen*
Schöllchen
シェルビッシュ
Schervish
シエルピナ Sierpina
シェルビーニ Sherbini
ジェルビユ Gerville
シェルビュリエ
Cherbuliez
ジェルビヨン
Gerbillon
シェルビン Shelvin
シェルピンスキ
Sierpinski
シェルピンスキー
Serpinskii
Sierpinski
シェルフ
Cherif
Scherf
シェルプ Shelp

ジェルフ Jelf
シェルファー Scherffer
シェルフィー Sherfy
シェルフィアー
Schervier
シェルフィグ Scherfig
シェルフォード
Shelford*
シェルプナー
Scherpner
シェルフベック
Schjerfbeck
シェルブルク Szelburg
シェルブルグ
Szelburg*
シェルブレ Schelble
シェルブレイ
Skjelbreid
シェルブレット
Skjelbred
シェルブレード
Schelbred
ジェルブロン
Gerberon
ジェルベ
Gerbet
Gervais*
ジェルベー
Gerbet
Gervais
シエルベニンク
Scherbening
シェルベリ Kjellberg
ジェルベール Gerbert
ジェルベル Gerbelle
シェールヘン
Scherchen
シェルヘン Scherchen
シェルボ
Scherbo
Shcherba
Sherbo*
ジェルボ Gerbod
ジェルボオ Gerbeau
シェルボク Sherbok
シェルボノー
Cherbonneau
シェルホルン
Schellhorn
Scherhorn
シェルボーン
Sherborne
シェルマイア Shelmire
ジェルマイアー
Jermier
ジェル・マコイ
Djermakoye
シェルマト Shermat
ジェルマーナ
Germana
ジェルマーニ Germani
ジェルマーノ
Germano
ジェルマノ Germano
シェルマルケ
Sharmarke
シェルマン
Chellman
Schellmann*
Schermann
Shelman
Sherman
ジェルマン
Germain***
German
シェルマンコワ
Shkermankova
ジェルマントマ
Germain-Thomas
ジェルミ
Germi
Jeremy*
ジェルミー Jeremy
ジェルミア Jermia
ジェルミイノ Germino
ジェルミナル
Germinal
ジェルミニ Gelmini
ジェルミネ Germinet
ジェルメ Germain
ジェルメッティ
Gelmetti**
ジェルメニ Gjermeni
ジェルメーヌ
Germaine***
ジェルメーン Germain
ジェルメン
Dzhermen
Germaine
Jermen*
ジェルモー Germot
ジェルモン Germon
シエルラ Sierra
ジェルラシュ Gerlache
ジェルラターナ
Gerratana
ジェルラッターナ
Gerratana
ジェルラン Gerlin
シェルリ Schärli
ジェルリ Gerli
ジェルリエ Gerlier
シェルリース
Scherliess
ジェルリン
Gerlin
Zherlin
ジェルル Jelloul
シェルルヴ Kjeruf
シェルルッフ Kjaerulff
ジェルールド Gerould
シェルルフ Kjeruf
シェルレ Scherle
ジェルレヴ Gelrev
シェルレンドルフ
Schellendorff
ジェルーン Jelloun**
シェルンイェルム
Stiernhielm
シェルンフーバー
Schellnhuber
シェルンベルガー
Schelnberger
シェルンベルク
Schellenberg

シェーレ Scheele
シェレ
Chéret*
Jules
Schelle
シェレー
Sheller
Shelley
シエレ
Schiele
Siele
ジェーレ Gehret
ジェレ
Géré*
Gerét
Jere*
ジェレア Gerea
ジェレイ Geray
ジェレイベール
Chaillé-Beyle
ジェレイント
Geraint**
ジェレヴィーニ
Gerevini**
シェレェ Shelley
シェレギ Seregi
シェレシェウスキー
Schereschewsky
シェレシェフスキー
Scherschewsky
シェレシュ Şereş
シェレズ Sherez*
シェレスタ Shrestha
シェレスタル
Cherestal*
シェレスチュク
Shelestyuk
シェレスト Shelest
ジェレズニー Zelezny
ジェレーズニコフ
Dzeleznikov
Zheleznikov*
ジェレズニコフ
Zheleznikov
ジェレズニャク
Zhelezniak
ジェレゾフスキー
Zhalyazoiski
ジェレット
Gelett
Gellert
Jerrett
ジェレッド Jered*
ジェレド Gered
シェレドレイク
Sheldrake
ジェレニエツ
Zieleniec*
ジェレニスキ Żeleński
ジェレニスキー
Zeleński
シェレーピン
Shelepin*
シェレフ Şeref
シェレブ Shalev
ジェレフ Zhelev**
ジェレブコ Jerebko
シェレホフ Shelekhov

ジェレホフスキ
Żelechowski
ジェレマイア
Jeremiah***
ジェレマイアー
Jeremiah
ジェレミ
Geremi*
Geremy*
Jérémi
Jeremiah
Jeremie
Jérémie*
Jeremy*
Jérémy
ジェレミー
Geremi**
Geremie
Geremy
Jaremy
Jeramie
Jeremey
Jeremiah
Jeremie*
Jérémie
Jeremy***
Jérémy*
Jermey
Jermy
ジェレミーア Geremia
ジェレミア
Jeremiah**
ジェレミアー
Jeremiah
ジェレミィ Jeremy
ジェレミエ Jeremie
ジェレミス Jeremaes
ジェレミヤ Jeremiah
シェレメイ Shelemay
シェレメーチェフ
Sheremetev
シェレメーテフ
Sheremetev
シェレール
Scherer
Schérer**
シェレル
Cheirel
Chérel
Schérer
Scherrer*
ジェーレル Jhurrell
ジェレル
Jerel
Jerell
Jerrell
シェレルズ Sherels
シェレルプ
Schjelderup
Schjellerup
シェーレン Schären
シェレン Cheren
ジェレンスキ
Jelenski
Zeleński
Zelénski
Żeleński
ジェレンスキー
Żeleński
シェレンドルフ
Schellendorf
シェレンバウム
Schellenbaum*
シェレンバーガー
Schellenberger*
Shellenbarger
Shellenberger
シェレンバーグ
Schellenberg
シェレンベルガー
Schellenberger*
シェレンベルク
Schellenberg*
シェレンベルグ
Schellenberg
シェロー
Chérau
Chéreau**
ジェロ
Gero
Géro
Jaro
Jello
Jero
ジェロー
Géraud*
Gerow*
Jerome
ジェロウ Gerow
ジェロウム Jerome*
ジェロウル Jelloul
ジェローク Cölok
シエロシエヴスキ
Sieroszewski
シェロシェーフスキ
Sieroszewski
シェロシェフスキ
Sieroszewski
シェロシェフスキー
Sieroszewski
シエロシエフスキ
Sieroszewski
シエロツエウスキ
Sieroszewski
ジェロット Gelotte*
シェロッド Sherrod
ジェロッド
Jerod
Jerrod
シェロート Schroth
ジェロード
Jarrod
Jerraud
ジェロド Jerod
ジェローニモ
Geronimo
Jeronimo
ジェロニモ
Geronimo***
Girolamo
Jeronimo
Jeronymo
ジェロビ Yerovi
ジェロビック Jelovic
シエロフィリョ
Cielo Filho**
ジェロミー
Jeremy
Jeromy*
ジェロミーヌ
Jéromine
ジェロミン Jeromin
ジェーローム Jerome*
ジェーロム Jerome
ジェローム
Gerome
Gérome
Jérôm
Jerome***
Jerôme
Jérome*
Jérôme***
Jerrom
ジェロム Jerome**
ジェロームス Jerome*
ジェロームスキー
Zeromski
ジェロムスキ
Zeromski
Żeromski
ジェロムスキー
Zeromski
ジェローメ Jerome*
シェローモー Solomon
シェロモ
Šelōmōh
Solomon
ジェローラ Gerola
ジェロラミ Gérolami
ジェローラモ
Gerolamo*
Girolamo
ジェロラモ
Gerolamo
Girolamo
ジェロール Gérold
ジェロル Jerrol
ジェロルド
Gerold
Gerrold**
Jerold*
Jerrold**
シェロン
Cheron
Chéron
Sherron*
ジェローン Jeroen
ジェロン
Geron
Jeron
Je'Ron
シェロング Schellong
ジェロンドー
Gérondeau
シェワルジン
Shevardin
シェワルドナゼ
Shevardnadze
シェワルナゼ
Shevardnadze**
シェワン Shewan
ジェワン Jae-wan
シーエン Sheean
シェーン
Jane
Scheen*
Schoen
Schön
Sean
Shân
Shane***
Shayne
Shen*
シェン
Chene*
Hsi-en
Hsien
Sen
Shen*
Shien
Shin
シエン Siene
ジェーン
Gene
Jain*
Jane***
Jayne**
Jean**
Jeane
Jeanne**
Jhane
Joan
ジェン
Chien
Dien
Diène
Dieng
Genn
Jane
Jen**
Jenn*
Jennifer
Jens
Jian*
Zheng
ジエン Jian
ジェーンアン
JaneAnn
シェーンイェルム
Stiernhielm
シェーンヴァルト
Schoenwald
シェーンヴァルド
Schonwald
シェーンヴァント
Schonwandt
シェンヴァント
Schonwandt
ジェーンウェー
Janeway*
シェンウェイ
Xiang Wei
ジェーンウェイ
Janeway
ジェンウェイ Janeway
シェーンヴェルダー
Schönwälder
シェーンウォルフ
Schoenwolf
シェーンウルフ
Schoenewolf
シェンカー
Schenker**
Shenkar
Shenkir*
ジェンガ
Genga
Genge
Njenga*
シェンキィウィッチ
Sienkiewicz
シェンキィヴィッチ
Sienkiewicz
シェンキイウィッチ
Sienkiewicz
シェンキーウィツ
Sienkiewicz
シェンキーウイッチ
Sienkiewicz
シェンキーヴィッチ
Sienkiewicz
シェンキウィッチ
Sienkiewicz
シェンキヴィッチ
Sienkiewicz
シェンキーウィッツ
Sienkiewicz
シェンキウィッツ
Sienkiewicz
シェンキウィッテ
Sienkiewicz
シェンキェーウィチ
Sienkiewicz
シェンキェーヴィチ
Sienkiewicz*
シェンキェヴィチ
Sienkiewicz**
シェンキエヴィチ
Sienkiewicz
シェンキェーヴィッチ
Sienkiewicz
シェンキェウィッチ
Sienkiewicz
シェンキェヴィッチ
Sienkiewicz*
シェンキエヴィッチ
Sienkiewicz*
ジェンキェヴィッチ
Zienkiewicz
シェンキェビィッチ
Sienkiewicz
シェンキェビチ
Sienkiewicz*
シェンキエビチ
Sienkiewicz
シエンキェビチ
Sienkiewicz
シェンキェビッチ
Sienkiewicz
ジェンキス Jenkis
ジェンギズ Cengiz
シェンキュイッチ
Sienkiewicz
ジェンキン Jenkin**
ジェンキンス
Jekins
Jenkins***
ジェンキンズ
Jenkins***
Jenkyns
ジェンキンスン
Jenkinson
ジェンキンソン
Jenkinson**
シェンク
Schenck**
Schenk***
Schwenk
Shenk*
シェング Sjeng
ジェンク
Cenk
Jenke
シェーンクヴィスト
Stjernqvist
ジェンクス
Jencks**
Jenks**
シェンクマン
Schenkman

Shenkman
シェンケ Schenke
シェンケイン
Schenkein
シェンケーヴィチ
Sienkiewicz
シェンケヴィチ
Sienkiewicz
シェンケーウイッチ
Sienkiewicz
シェンケヴィッチ
Sienkiewicz
シェンケービッチ
Sienkiewicz
シェンゲラーヤ
Shengelaya
Shengeraya*
シェンゲラヤ
Shengelaia
ジェンゲリ Jengeli
シェンケル
Schenkel**
シェンケンドルフ
Schenckendorff
Schenkendorf
シェンコ Sienko
シエンコ Sienko
シェンゴールド
Shengold
ジェンザー Gennser
ジェンサバーイ
Yensabai*
ジェンシー Janse
ジェンジェシ
Gyöngyösi
ジェンシェル Jenshel
ジェンシュ Jaensch
ジェーンシュッツ
Jameshutz
Janeshutz
ジェンジュン Jianjun
シェンジーリ
Schengili
シェンシン Ciencin
シエンシン Ciencin
ジェンシン Jian-xing
シェーンズ Shanes*
ジェーンス Jeans
ジェーンズ
Janes***
Joens
ジェンス
Jenns
Jens**
ジェンズ
Jens*
Jenz
シェンスゥン
Xian-shun
ジェンスチ Jaensch
シェンストーン
Shenstone
シェンストン
Shenstone*
ジェンスボード
Jensvold
ジェンスン Jensen
ジェンセン
Jensen***
Jenssen*
シェンソン Shenson
ジェンソン Jenson**
ジェーンタ Jenta
ジェンタ Genta
ジェンター Genter
ジェンタイル Gentile
シェンターク
Schentag
シェンチー Xian-qi
ジェンチイ Jian-qi*
ジェンチェル Gencer
ジェンチョン
Jianzhong
ジェンチーレ Gentile
シェンチン Sian Chin
シェンチンガー
Schenzinger
シェンチンガア
Schenzinger
ジェンツ Genc
ジェンツィ Gönczy
シェンツィンガー
Schenzinger
シェンツェラー
Schönzeler
ジェーンティー Jentī
ジェンティ Jenty
ジェンディ Gendi
ジェンティーリ
Gentili
Gentilis
ジェンティリーニ
Gentilini
ジェンティール
Gentile
ジェンティーレ
Gentile***
ジェンティレ Gentile
ジェンティレスキ
Gentileschi
ジェンティローニ
Gentiloni**
ジェンティローモ
Gentilomo
シェーンディーンスト
Schoendienst*
シェンデル Schendel*
シェンデルフェール
Schoendoerffer
シェンデルフェル
Schondoeffer
シェンデローヴィチ
Shenderovich
ジェント Gent
ジェントゥル Gentl
シェンドラー
Schendler
ジェンドラー Gendler
ジェントリー
Gentry**
ジェントリィ Gentry
シェンドリコーヴァ
Shendrikova
シェンドリコワ
Shendrikova
ジェンドリージク
Jendrzejczyk
ジェンドリック
Jendrick*
ジェンドリン
Gendlin*
シェントール Shentall
ジェントル Gentle
ジェンドル Gendle
シェーンドルフ
Schoendorff
ジェントルマン
Gentleman*
ジェンドレル Gendrel
ジェンドロック
Jendrock
シェントン Shenton
ジェントン Genton
シェンナ Shenna
シェンナー Shennan
ジェンナ
Genna*
Jenna*
ジェンナー Jenner**
ジェンナイオーリ
Gennaioli
シェンナッハ
Schennach
ジェンナディエ
Gennadie
ジェンナーリ Gennari
ジェンナーロ
Gennaro***
ジェンナロ Gennaro
ジェンニイ Jenney
シェンニコフ
Schennikov
シェンニュイ Sin-nui
ジェンニングス
Jennings
ジェンヌ Gennes*
シェンネエン Shennen
シェーンノート
Chennault
シェンノート
Chennault*
シェーンノールト
Chennault
シェーンハイマー
Schoenheimer
シェーンバイン
Schönbein
シェンバイン
Schönbein
シェンハヴ Shenhav
シェーンバウム
Schoenbaum
シェンハオ Sheng-hao
シェンバーガー
Schoenberger
シェーンバーグ
Schoenberg
Shoenberg
シェンバーグ
Szenberg
ジェーンバーグ
Jernberg
シェーンハルス
Schoenhals*
シェーンバント
Schonwandt
シエンビオー
Shien Biau
ジェンピン Jianping
シェンプ
Schempp
Shemp
シェンフィル Shenfil'
シェーンフィールド
Scheinfeld
Shoenfield
シェンフィールド
Shenfield
ジェンフェイ
Zheng-fei
シエンフエゴス
Cienfuegos
シェーンフェルダー
Schoenfelder*
シェンフェルダー
Schonfelder
シェーンフェルト
Schoenfeld
Schonfeld
Schönfeld
シェーンフォルダー
Schoenfelder
シェーンブッハー
Schönbucher
シェーンフーバー
Schönhuber
シェンブリー
Schnebly
シェーンフリース
Schoenflies
Schönflies
シェーンブルク
Schönburg
シェーンプルーク
Schönpflug
シェーンブルン
Schönbrunn
シェンベ Shembe
ジエンベコフ
Dzhienbekov
シェーンベック
Schönböck
シェンベック
Schoenbeck
シェーンベヒラー
Schoenbaechler
シェーンベリヒ
Schonberg
シェーンヘル
Schönherr*
シェーンベルガー
Schoenberger
Schönberger
シェーンベルク
Schoenberg**
Schönberg**
シェーンベルグ
Schoenberg
Schönberg
シェーンベルナー
Schoenberner*
シェーンベルヒ
Schonberg
シェンベルヒ
Schönberg
シェーンホウファー
Schoenhofer
シェーンボウム
Schoenbaum
シェーンボーム
Schoenbaum*
ジェンホワ Jian-hua
シェーンボーン
Schönborn

シェンマー Schemmer
ジェンマ
Gemma***
Jemma
ジェーンマリー
Jane Marie
ジェンミン Jian-min
ジエンミン Jian-ming
シェーンメッツァー
Schönemetzer
シェンヤン
Hsien Yang
Shen-yang
シエンヨン Xian-yong
シェーンライン
Schönlein
シェンラブミオ
Shen rab mi bo
ジェンリェン Jianlian
シェーンリッヒ
Schönrich
シェーンリヒ
Schönrich
シェンリン Xian-lin
シェンルン
Hsien Loong
ジェンレット
Jenrette*
ジェンロ Genro
シェーンロック
Schönrock
シェンロン
Hsien Loong*
ジェンロン
Zheng-rong
シオ
Sio
Theo
ジオ
Gio**
Giò
G.O
ジオアッキーノ
Gioacchino
ジオアッキノ
Gioacchino
シオアン Siohan
ジオイス Joyce
シオヴァロ Chiovaro
ジオヴァンニ
Giovanni
ジオヴァンニ
Giovanni
ジオウィット Jowitt
シオウイン Hsiu-Ying

シ

シ

ジオヴェッティ
Giovetti
シオウタス Sioutas
ジオウラ Gioura
シオカ Sioka
ショーキン Shokin
シオク Cioc
ジオーク Giauque*
ジオゴ Diogo
ジォゴラ Giurgola
シオサイア Siosaia
ジォージ George
ジオジ Jioji*
シオシウア Siosiua
ジオージオ Giorgio
シーオス Theos
ジオゼッフォ Gioseffo
シオタ Shiota
シオダー Theodore
ジオダノ Giordano
ジオック Ziock
ジォットー Giotto
ジオット Giotto
ジオップ Diop
シオードー Theodore
シオドー
Theodor
Theodore**
シーオドア
Theodor
Theodore
シオトア Theodore
シオドア
Theodor*
Theodore***
シオドマク Siodmak
ジオドマク Siodmak
シオドマック Siodmak
シオドーラ
Theodora**
シオドラ Theodora*
ジオドーラ Theodora
シーオドール Theodor
シオドール Theodore
ジォナータ Gionata
ジオニーシイ Dionisij
ジオニシオス
Dionysios
シオニタ Sionita
シオニール Sionil*
シオーネ Sione
シオネ
Sione
Sionnet
ジオネット Giotto
ジォノ Giono
ジオノ Giono**
ジオーパエス Siorpaes
ジオバニ
Giovani*
Giovanni*
ジオバニー
Geovany
Giovanny
ショーバン Siobhan
シオバーン Siobhan
シオバン
Sioban
Siobhan
ジオバンニ
Giovanni**
シオフ Ciofu
ジオファンタス
Diophantos
ジオファントス
Diophantos
ショーフィエ
Chauffier
シオフィラス
Theophilus
ジョーフリー Geoffrey
ジオフリー Geoffrey
ジオフレイ Geoff
ジオフレット Giaufret
ジオフロワ Geoffroy
ジオベッティ Giovetti
ジォベルティ Gioberti
ジオベルティ Gioberti
ジオボテラ Giavotella
シーオボールド
Theobald
シオボールド
Theobald
シオボルド Theobald
シオマラ Xiomara
ジォヤ Gioja
シオユエ Siow Yue
シオラ Sciorra
シオラー Schiøler
ジオラ Giora
シオラン Cioran**
シオリ Scioli
ジォリッティ Giolitti
ジオリト Giolito
ジオリンド Deolindo
ジオルコフスキ
Ziolkowski*
ジォルジ George
ジオルジ Giorgi
ジォルジェリ Giorgieri
ジォルジォ Giorgio
ジォルジォーネ
Giorgione
ジォルジュ Georges
ジオルダーニ Giordani
ジオルダン Giordan*
シオルディア Siordia
シオルティーノ
Sciortino
ジオルニ Gurney
シオワッタナ
Shiowattana
シーオーン Sri-on
シオン
Chion*
Cyon
Sion*
Sión
Sione
Xiong
ジォン John
ジオン Zion*
シオンキ Siong Kie
シオンゴ Thiong'o
ジオンゴ Thiong'o**
ジォーンズ Jones
ジォンセン
Jeong-saeng
ジォンソン Johnson
ジォンチョル
Chong-chol
Chong-chul
ジオンビ Giambi
ジオンビー Giambi*
ジオンフリッド
Gionfriddo
ジォンミ Giommi
シーカ
Seka
Sica*
シーカー
Secor
Siecker
Theaker
シーガ Seage
シーガー
Seager**
Seeger**
Seger**
Segur
Sieger
シカ
Cica
Sika
シガー
Chigier
Seger*
ジーカ Ji-ke
ジーカー Zircher
ジーガー
Gieger
Seeger
Zeiger
ジガ
Dziga
Žiga
シガアスン Sigerson
シカウ Sigcau
ジガウ Jigau
シカゴ Chicago**
シカショウ Shikasho
シガースン Sigerson
シガーソン Sigerson
シカタナ Sikatana
シカタニ Shikatani*
シーカット Sikat*
シカティック
Cikatic*
Cikatić
ジガデノス Zigádenos
シーガート Siegert
シガート Sieghart*
ジーガード Siegert
ジガード Zigurd
シカナ Sikana
シガーニー
Sigourney**
シガニー Sigourney*
シーカニエミ
Siikaniemi
シカニソ Sikhanyiso
シカネーダー
Schikaneder*
シガノス Siganos
ジガノフ Zhiganov*
シガフース Sigafoose
シガフーズ Sigafoos
シカプワシャ
Shikapwasha
ジガベノス Zigábenos
ジカマイ Dzikamai
ジカーマン
Zichermann
ジガーミ Zigarmi
シーカム Secombe
シガーヨン Sigurjon
シガヨーン Sigurjon
シガーラ Cigala
シガーラー Segaller
シカラターン
Shkaratan
シガリット Sigalit*
シーガル
Seagal
Seager
Seagull
Seegal
Segal***
Segall
Siegal*
Siegel
Sigal
Sigar
シカール
Cicart
Sicard
Sicart
シガール Segal
シガル
Siegel
Sigal
シカルディ
Sicardi
Siccardi
シカルド
Schickard
Sicardo
シカルドゥス Sicardus
シガレヴィッチ
Sigalevitch
シガロン Sigalon
シガン Cygan
シカンダー Sikander
シガンダ Ciganda
シカンダール
Sikandar
Sikander**
シカンダル Sikandar
ジガンテ Gigante*
シーギ Shiigi
シキ
Siki
Síki
シギ Šigi
ジギ Sigi
ジギー Ziggy*
シギア Siggia
シキオ Siquio
シギスヴァルト
Sigiswald
ジギスヴァルト
Sigiswald*
ジキストラ Dijkstra
ジギスベルト Sigisbert
シギスムント
Sigismund
シギズムンド
Sigizmund
ジーキスムント
Sigismund
ジーギスムント
Sigismond
Sigismund
ジギスムント
Sigismond
Sigismund
Zsigmond
Zygmund
Zygmunt
ジギスムンド
Sigismund*
ジーギスモント
Sigismond
ジギスモント
Sigismond
ジギスモンド
Sigismondo
シギタス Sigitas
シキチェンコ
Shkidchenko
シキッチ Šikić
シキノー Chiquinho
ジギベルト Sigebert
ジギマンタス
Sigismund
シギュルドソン
Sigurdsson
シギュルヨウンソン
Sigurjónsson
シギュン Si-gyun
シキリャトフ
Shkiryatov
ジーキル Jekyll*
ジギンズ Jiggins
シーク
Cheikh
Sheik
Sheikh
Sík
Szyk
シーグ Sieg*
シク
Shik
Sik*
Šik
Sike
シクー Shikūh
シグ Sig**
ジーク

Geke
Sieg*
Sig
Zeke*
ジーグ Sieg
ジク Zych
ジグ
Gigou
Zig**
ジグー
Gigout
Gigoux
シクア Sikua
シグアン Siguán
シグヴァトソン
Sighvatsson
ジークヴァルト
Sigwart
ジクヴァルト Sigwart
ジグヴァルト Sigwart
シグエンサ Sigüenza
ジグエンサ Sigüenza
シグゴナ Sigona
シクジェレウスキ
Skrzydlewski
ジグジット Jigjidym
ジグジッド Jigjid*
ジグジド Jigjid*
ジクーシン Dikushin
シクス
Sics
Šics
Six
シクスー Cixous**
シクスウ Cixous
シクスス Cixous*
シクスタス Sixtus
シクスツス Sixtus
シクスティヌス
Sixtinus
シグステッド Sigstedt
シクステン Sixten*
シクスト Sixto**
ジクスト Sixt
シクストゥス Sixtus
ジクストゥス Sixtus
シグスワース
Sigsworth
シグセン Thygesen
ジクソン Dixon
ジクゾン Dixon
ジグソン Dixon
シグッラ Schygulla
シグテ
Shigute
Sigute
ジクテン 'Jig rten
ジクテンゴンポ
'Jig rten mgon po
シグナ Signe
ジークナー Siegner
ジーグナー Ziegner
シグニ Signe*
シグニー Signe
ジグニー Signe
シグニウス Signius
シグニット Segnit
シグニュ Signy
ジクヌ Dzikunu
シグネ Signe*
ジグネシュ Jignesh
シグネマリエ
Signe Marie
シグネル Signell
シグノー Cigno
シーグバト Sigvatr
シグバード Sigvard
ジークハルト
Sieghard
Sieghart**
Sighard*
ジクバルト Sigwart
ジグバルド Sigvard*
シーグバーン
Siegbahn*
ジークバーン
Siegbahn
ジーグバーン
Siegbahn
シーグビョルン
Sigbjørn
シグビョルン Sigbjørn
シグビヨールン
Sigbjørn
シグビョーン Sigbjørn
ジークフェルト
Siegfeld
ジーグフェルド
Ziegfeld*
ジグフェルド Ziegfeld
シグフースソン
Sigfússon
シグフスソン
Sigfusson
シークフソン
Sigfússon
シグフソン Sigfusson
シーグフリー Siegfried
シクフリッド Siegfried
シグブリット Sigbrit
シークフリート
Siegfried
シークフリード
Siegfried*
シーグフリード
Siegfried***
Siegried
Sigfrid
シグフリード
Siegfried*
シグフリト Sigfrid
シグフリド Sigfrido
ジークフリート
Siegfried***
Sigefrid
Sigfrid
Sigfried*
ジークフリード
Siegfried**
Sigfrid
Sigfried
ジークフリト Siegfried
ジーグフリート
Siegfried
ジーグフリード
Siegfried*
ジクフリート Sigfried
ジグフリード Siegfried
シーグフレイド
Siegfreid
シグペン Thigpen**
ジグペン Thigpen
シグマー Sigmar
ジグマー Sigmar*
シーグマイスター
Siegmeister
ジグマール Sigmar
ジグマル Sigmar
シーグマン Siegman
シグマン
Cigman
Sigman
ジグマンタス
Zigmantas
シーグマンド
Siegmund
シグマンド
Sigmund**
ジグマント Zygmunt*
ジグマンド Sigmund
ジグミ Jigmi
ジークムン Siegmund
シグムント
Siegemund
Sigmund
Sygmunt
シグムンド Sigmund
ジークムント
Siegmund**
Sigmund*
Zygmunt
ジーグムーント
Zygmunt
ジーグムント
Zygmunt
ジーグムンド
Siegmund
ジクムント
Sigmund*
Zikmund*
ジグムント
Sigismund
Sigmund**
Zygmund*
Zygmunt***
ジグムンド Sigmund
ジグムントヴィツ
Zygmuntowicz
シグムンドゥル
Sigmundur*
ジクメ
Jigme
Jigs-med
'Jigs med
ジグメ
Jigme**
Jigs-med
'Jigs med
ジクメリンパ
'Jigs med gling pa
シグモンディ
Zsigmondy
シグモンディー
Zsigmondy
ジーグモンディー
Zsigmondy
ジクモンディ
Zsigmondy
ジグモンディ
Zsigmondy
ジグモンディー
Zsigmondy
シグモンド Zsigmond
ジクモント Zsigmond
ジグモント
Gigmont
Sigmund
ジグモンド
Sigismund
Sigmund
Zigmond
Zsigmond***
シーグラー Siegler**
シクラ
Šikula
Sychra
シグラ Schygulla
シグラー
Sigler**
Zigler
ジーグラー
Siegler*
Singler
Zeigler
Ziegler**
Ziégler
Zigler
ジクラー Zigler
ジグラー
Ziglar**
Zigler*
ジグラス Zigurs
シーグラム Seagram*
ジグラルスキ Ziglarski
シークランド
Siqueland
シーグリ Sigrid
シグリ Sigrid
ジグリ Zygouri
ジグリー Zicree
シクリエ Siclier
ジグリオッティ
Gigliotti
シグリゲティ
Szigligeti
シーグリズ Sigrid
シークリスト
Seachrist
シーグリスト Siegrist
ジークリスト
Siegrist
Sigrist
ジーグリスト Siegrist
シークリット Sigrid*
シークリッド Sigrid
シーグリッド Sigrid
シグリット Sigrid**
シグリッド Sigrid*
ジークリット Sigrid*
ジークリッド Sigrid
ジーグリット Sigrid**
ジクリット Sigrid
ジグリット Sigrid
ジグリッド Sigrid
シーグリド Sigrid
シグリド Sigrid
ジークリート Sigrid*
ジークリト
Siegrid
Sigrid
ジーグリト Sigrid
ジクリト Sigrid*
シグリードゥル
Sigríđur
シクリャル Shkliar
シクリャローフ
Shklyarov*
ジークリング Siegling
ジークリンデ
Sieglinde
シーグル
Schiegl
Seagle
Siegle
Sigurd*
シクル Sickle
シグール Sigur
ジーグル Siegl
シグルヴェイグ
Sigurveig
シーグルザルドッティル
Sigurdardóttir
シグルザルドッティル
Sigurdardottir
Sigurdardóttir*
Sigurđardóttir
Sigurðardóttir
シクルス Siculus
シクルズ Sickles
シグルズ Sigurðr
シーグルズソン
Sigurdsson
シグルスソン
Sigurdsson
シグルズソン
Sigurdsson
シグルスタイン
Segelstein
シーグルズル
Sigurdur
Sigurður
Sigursurörm
シグルズル Sigurður
シーグルソン
Sigurdsson
シグルソン
Sigurdsson

シ

シ

シーグルツソン
Sigurdsson
シグルッソン
Sigurdsson
ジーグルト Sigurd
シグルドソン
Sigurdsson
シクルーナ Scicluna
シクルナ Scicluna
シーグルマン
Siegelman
シグルヨウンソン
Sigurjónsson
シグルヨーン Sigurjón
シーグルン Sigrun
シグルン
Sigrun
Sigrún
ジーグルン Sigrun
シクレ Schickler
シーグレイヴ Seagrave
シーグレイブ Seagrave
シグレイン Siglain
シーグレーヴ Seagrave
ジグレクス Gigleux
シークレスト
Seacrest*
Secrest
シーグレーブ
Seagrave**
シーグレル Ziegler*
シクーレル Cicourel
シクレル Cicourel
ジーグレール
Ziegler
Ziégler
ジーグレル
Ziegler*
Ziégler
ジグレール
Ziegler
Ziégler
シーグレン Seagren
シーグローヴ Seagrove
シグロウ Siggelkow
シグロウル Sigurđur
シクロス Siculus
シクロフスキー
Shklovskii*
シクローフスキィ
Shklovskii
シクロフスキィ
Shklovskii
シグワース Sigworth
シーグワルト Siegwart
ジグワルト Sigwart
シーケ Sique
シケ
Chiquet
Shike
Sike
ジーゲ Siege*
ジケ Zykë
ジゲ Jiguet
シゲアキ Sigeaki
シケイラ Siqueira**
シケイロース
Siqueiros
シケイロス Siqueiros*
シーケヴィッツ
Siekevitz
シゲオ Singeo
ジーゲザー Ziegesar**
シゲタ Shigeta
シケット Chiquet*
シゲティ Szigeti*
シゲベルト Sigeberht
ジゲベルト Sigebert
シゲベルトゥス
Sigebertus
シゲマツ Shigematsu
シケム Shechem
ジゲムデ Djiguemde
ジーゲリ Zigel'
シケリアノス
Sikelianos
シゲリスト Sigerist*
ジーゲリスト Sigerist
ジゲリスト Sigerist*
シゲリック Sigeric
シーゲル
Seagle
Segel*
Segell
Seigel*
Siegel***
Sigel*
Sighel
ジーゲル Siegel**
ジケル Giquel*
ジゲール Giguère
シゲルス
Siger
Sigerus
ジーゲルト Siegert
シーゲルバウム
Siegelbaum
シーゲルマン
Siegelman
Sigelman
ジーゲルミューラー
Ziegelmueller
シケレ Skele*
シゲーレ Sighele
シゲレ Sighele
ジーゲレ Siegele
ジゲレ Ziguele
シゲレッド Sigered
シケロス Siculus
ジーゲン Siegen
シーゲンターラー
Siegenthaler
ジーゲンターラー
Siegenthaler
ジーゲンマイヤー
Ziegenmeyer
シーコ Chico
シーゴー Seago
シコ
Chico**
Cicot
シコー Shikūh
シゴー
Sigaux
Sigot
ジーコ Zico**
ジコ
Dicko
Zico
ジゴー Gigault
シコウスク Schykowsk
シコウリ Sicouri
シコースキー
Sikorski*
シーコソン Sy-Coson
シコッティ Ciccotti
シコット Cicotte
シコティ Chicoti
シーコード Seacord
シコード Secord*
シゴト Sigoto
シゴーニー Sigourney
シゴーニオ Sigonio
シゴニス Sigonis
シゴーニョ Sigonio
シーコフ Sekoff*
シコフ
Shicoff
Shikoff
ジコポウラス
Zikopoulos
ジコポウロス
Zikopoulos
シーコム Secombe
シコラ
Sikora*
Sykora*
ジーゴラ Gigola
シコリナ Shkolina
シコリニク Shkolnik
シーコール Seacole
シコル Sichol
シゴール Segall
シコルスキ Sikorski
シコルスキー
Sikorsky*
Skulski
シゴレーヌ Sigolène
シコレル Cicourel
シコレンコ Shikolenko
シコローネ Scicolone
シコロバ Sykorova
シコロワ Sikolova
ジゴン Gigon
シーサ Caesar
シーサー Schiesser
シーザ Siza*
シーザー
Caesar*
Caeser*
Ceaser
Cesar**
César
Szczur
シザ
Ciza
Siza*
シザー Sither*
ジザ Gza
シーサアン Srisa-arn
シザーヴィンスキー
Czerwinskyj
シサキャン Sisakian
シサクーリ Sissaouri
シサコ Sissako
ジーザス Jesus**
シサスク Sisask
シーサック
Sisak
Srisakra
シサット Cysat
シサノ Chissano**
シサバネ Sy Savané
シーサベイ Sisaveuy
シサモット Sisamouth
シーサラー Seethaler
シザラマン
Sitharaman
シザラン Sizeranne
シサワット
Sisavat**
Sisavath
シー・サワン・ウォン
Sisavangvong
シーサワンウォン
Sisavangvong
ジザン Gisin
シーシ Sisi
シーシー
CeCe
Xixi
シシ
Sici
Sisi*
シシー
Cissie
Sischy
Sissy*
シジ Cid
ジシ Jesse
ジジ
Didi*
Gigi**
Zizi**
シジア Cizia
ジジアルスキー
Zdziarski
ジーシアン
Chih-hsiang*
シシィ Sischy
シジウィク Sidgwick
シジウィック
Sidgwick*
シジウィツク Sidgwick
シジウイック
Sidgwick*
シーシエ Chiche*
シージエ Sijie
シージエ Sijie**
シジエ Siger
ジジェク
Zizek
Zižek*
Žižek*
シーシェック Cishek
シーシェル Jirschele
ジーシェルト
Siechert*
シシェン Kirsten
ジジェンティ Girgenti
ジジオノヴ
Zhzhyonov
ジシカ Žižka
シシギナ Shishigina*
シーシキン
Shishkin**
シジクレイ Sidiclei*
シシコーフ Shishkov
シシコフ
Shishkoff
Shishkov
シシコワ Shiskova
シジコワ Syzdykova
ジシス Zisis
シジスベール Sigisbert
シジスモン Sigismond
シジスモンド
Sigismondo
シジズモンド
Sigismondo
シジダ Sigida
ジジッチ Žižić**
シシップ SyCip
ジジド Jigjid*
シシニウス Sisinnius
シシニオス Sisínnios
ジージーブホイ
Jeejeebhoy
シシマノフ
Shishmanov
シシマン Šišman
シシャ
Chicha
Shishir
シジャ Sidya
ジージャー Jija*
シシャク
Šīšaq
Ššnq
シーシャクリー
Shīshaklī
シシャクリ
Shishakli
Shishaklī
シシャクリー
Shīshaklī
シジャコフ Sidjakov
シジャツキー
Schijatschky
シシャドリ Seshadri*
シシャン Chichin
ジーシャング
Zieschang
シジャンスキ
Sidjanski

シジャンスキー
Sidjanski
ジシュカ Žižka
ジジュカ Žižka
シシュガンビス
Sisygambis
シシュキナ
Shishkina*
シシュキン Shishikin
シシュコ Szyszko
シシュコフ Shishkov
シシューセフ
Shchusev
シシュタインクラウス
Steinkraus
シシュフォス Sisyphos
シシュマノヴァ
Shishmanova
シシュマノール
Sismanoglu
シシュマン Šišman
シジュン Shi-joong
ジシュン Jixun
ジジュン Zi-jun
シーショア Seashore*
シショフ Shishov
シーショワ Shishova
シシリ Cicely
シシリー
Cicely**
Sicily
シシリア Sicilia
シシル
Siciles
Sicille
シジン
Shiyin
Sising
シジンスキー
Csizinszky
シシンニウス Sisinnius
シシンニオス Sisinnios
シース
Sheth*
Shīṣ
Sies*
シーズ
Scheese
Sease
Seeds
シス
Sis**
Sís
ジース Gys
ジス
Gyss*
JISOO
Ji-soo
Thiss*
ジズ Jisoo
ジズー Zizou*
シスウォノ Siswono
シスオー Sithoar*
シスカ Siska
シスガル
Schisgal**
Schisgall
ジスカール Giscard**
ジスカールデスタン
Giscard d'Estaing
シスキン
Siskin
Siskind
ジスキン Ziskin*
ジスキント Siskind
ジスキンド Siskind*
ジスキンド Ziskind
シスーク Sisouk*
シスク Sisk*
ジスーク Zisook
ジスク
Zisk
Zysk
ジスクート Jiskoot
シスケル Siskel
シスコ
Cisco
Sisco**
Sisqo*
シスコウスキ
Ciskowski
シスコビッツ
Szyszkowicz
シースゴール
Sigsgaard
シスサマーチャイ
Sithsamerchai*
ジスシア Gischia
ジズス Jesus
シスター Sister**
シスターニ Sistani*
ジスダレビッチ
Dizdarevic
ジズダン Jizdan
システィ Sisti
システヤフーダ
Cistejahuda
ジステル Zistel*
システルニ Cisternay
システレ Sistere
シスト Sisto
ジスト Gist
シストゥーリ Cistulli
シーストランク
Seastrunk
シストロム Systrom
シスナ Cissna
シズナウスカス
Cizinauskas
シスナロス Cisneros
シズニー Cisney
シズネロ Cisneros
シスネーロス Cisneros
シスネロス
Cisneros***
シースパチャーラー
Sīsupacālā
シースビー Sheasby
ジーズベール Giesbert
ジスベール
Giesbert*
Zysberg
ジズベール Giesbert
ジズベルト Gisbert**
シスマ Cissouma
シズマー Cizmar
シスマン Sisman***
シズマン Sisman
ジーズマン Ziessman
ジスモンチ Gismonti
シスモンディ
Sismondi
ジスモンド
Gísmonde
Gismondo
ジズモンド Jesmond
シスラー
Schisler
Sisler*
シズラ Sizzla
シズラー Cisler
ジースラー Ziesler
シスラク Cislak
シスラック Shisslak
シースラート
Sisoulath
ジスラン Ghislain*
シズランヌ Sizeranne*
シスリー Cicely
シズリ Sisley
シスリット Sisoulith*
シスル
Sissle
Sisulu**
ジスル Jisr*
シスルウッド
Thistlewood*
シスルスウェイト
Thistlethwaite
シスレ Sisley
シスレー Sisley*
ジスレイリ Disraeli
ジスレーヌ Ghyslaine
ジスレリー Disraeli
ジスロー Zdzislaw
ジースロフト Zeisloft
シスワディ Siswadi
シスワト Siswoto
シーズン Season
ジスン
Ji-seung
Ji-soon
Jisun
シーセ Syse*
シセ
Cisse*
Cissé**
シセイ Ceesay
シセカ Shiceka
ジセッフ Joseph
シセナンド Sisenand
シセバコンゴ
Cisse Bacongo
シセブト Sisebut
シセラ
Sisara
Sissela*
ジセラ Gisella
ジゼラ Gisela
シセリ
Ceceri
Ciceri
Ciseri
シセリー Cicely*
シセリス Cicellis
シーセル Cecil**
シセル Sissel*
ジーセル Geisel*
ジセル Giselle
ジゼール
Giséle
Gisèle
ジゼル
Gisél
Gisele**
Giséle
Gisèle*
Giselle**
Jisselle
シーセロ Cícero
シセロ
Cicero
Sicelo
シゼロン Cizeron
シーセン Thiessen
シセンナ Sīsenna
シソ Siso
シゾーヴァ Sizova
シーソエフ Sysoev
シソーエフ Sysoev**
シソエフ Sysoev
ジソク Ji-seok
シソコ
Cissokho
Cissoko
Sissoco
Sissoko**
シソーディア Sisodia*
シソディア Sisodia
ジソブ Ji-sub*
ジソプ Ji-sub
シーソムポーン
Sisomphon
Sisomphone
ジゾール Gisors
シゾーワ Sizova*
シソワット
Sisovath
Sisowath*
シソン
Sison**
Sisson*
ジソン Ji-sun
シソンズ Sissons
シータ
Sheila
Sītā
シーター
Sita
Sītā
シーダ
Cedar
Seedat
Theda*
シーダー
Cedar*
Schieder*
Sedar
シタ Sita
シダー Cedar
ジータ
Geeta
Jeetah
Sita
Sitha
Zita*
ジーター Jeter***
ジーダ Dida
ジーダー Sieder*
ジタ
Sita*
Zita*
ジダ
Dida
Djida
Zida
シタイケコ Sixakeko
シダウィ Sidawy
シタウブリンゲル
Staubringer
シタウラ Sitaula
シーダーオルアン
Sīdāoruang
Siidawrwang
Sridaaurwang
シーダオルアン
Siidawrwang
シーダオルワン
Siidawrwang
シダコッフ Sydacoff
シダコフ Sidakov
シダース Cyders
ジータス Sietas
シタデビ Sitadev
シータナ Seetanah
シダネ Sidaner
シダネル Sidaner
シタネン Sithanen
ジダーノフ Zhdanov*
シーダバーグ
Sederberg
シーダバッグ
Sederberg
シダハメド Sidahmed
シタブ Titabu
シタヘン Sitaheng
シーダーマイヤー
Schiedermair
シターマン Siterman
シダヤオ Sedayao
シータラーマン
Seetharaman
シタラマン
Sitharaman
シータラム Seetaram
シタラム Sitaram**
ジターリ Jitāri
シダリア
Cidalia
Cidália
シタリャン Sitaryan
シタル
Sitar

シ

Sithar
シダール Siddall
ジタール Gittard
ジダル Gidal*
シタルケス Sitalkēs
シダルタ Sidharta
シタルディン Sitaldin
ジダーン Zedan
ジダン
Zhdan
Zidan
Židan
Zidane**
シタンダ Shitanda
シタンリー Stanley
シーチー Shi-zhi
シチ
Siddhi*
Sycz*
ジーチ Zichi
ジチ Giczi
ジチー Zichy
シチェグロヴィートフ
Shcheglovitov
シチェグロヴィトフ
Shcheglovitov
シチェグローフ
Shcheglóv
シチェグロフ
Shcheglov
シチェスニアク
Szczesniak
シチェッティ
Cicchetti
シチェトキナ
Shchetkina
シチェードリン
Shchedrin
シチェドリーン
Shchedrin
シチェドリン
Shchedrin***
シチェネッツ
Schiegnitz
シチェフ Sychev
シチェファーニク
Štefánik
シチェファン Štefan
シチェープキン
Shchepkin
シチェプキン
Shchepkin
シチェル Sichel
シチェルカノワ
Shchelkanova
シチェルバ
Ščerba
Shcherba*
Shchérba
シチェルバーク
Shcherbak
シチェルバク
Shcherbak**
シチェルバーコフ
Shcherbakov
シチェルバコフ
Shcherbakov
シチェルバッコーイ
Stcherbatskoi
シチェルバツコーイ
Shcherbatskoi
シチェルバツコイ
Shcherbatskoi
シチェルバトスコイ
Shcherbatskoi
シチェルバートフ
Shcherbatov*
シチェルビツキー
Shcherbitskii
シチェルビーナ
Shcherbina*
シチェルビナ
Shcherbina
シチェルボ
Shcherba
Shcherbo
シチェンコ Shichenko
シチェンスニ Szczesny
シチェンニコフ
Shchennikov
シチコフ Shitikov
シチゴフスキ
Strzygowski
シチーニオ Sicinio
シチパチョーフ
Shchipachov
シチパチョフ
Shchipachov
Shchipachyov
シチピョルスキ
Szczypiorski
シチャヴィニスキ
Szczawiński
シチャポフ Shchapov
シチャルウェ Sichalwe
シーチャン Sican
ジーチャン Zhiqiang
シチューキン
Shchukin*
シチューツカ Szczucka
シチュールメル
Shtyurmer
シチュルメル
Shtyurmer
シチョー Schicho
シチョランテ
Siciolante
シチョールキン
Shchelkin
シチョールス Shchors
シチョルス Shchors
シチョロコフ
Shchelokov
シチリアーノ Siciliano
シチル Shtyl
シチンガ Shicinga
シーツ
Sheets*
Sheetz*
ジツ Jitu
ジーツアイ Ji-cai*
シツエ Sytze
ジッカー Zicker
シッカーディ Siccardi
シッカート Sickert
シッカルト Schickard
ジッキ Gick
ジッキンガー
Sickinger
シッキング Sikking
ジッキンゲン
Sickingen
シック
Chic*
Csik
Schic
Schich
Schick**
Shick
Sick*
Szyk
Thicke*
シッグ Sigg
ジック Zick
シックス
Siks
Six
Sixx
シックスキラー
Sixkiller
シックススミス
Sixsmith
シックネス
Thicknesse
シックハルト
Schickhart
シックマン Sickman
ジッグマン Zigman*
シックラー Schickler*
シックル Sickle
シックルズ Sickles
シッゲ Sigge
シッケヴェル
Sutzkever
シッケル Schickel**
ジッケル Sickel
ジッケルズ Jickells
ジッケルト Schickert
シッケレ Schickele
シッコ
Chico*
Schicho
Sicco*
ジッコ Zico
シツコワ Shitskova
シッサウリ Sissaouri
シッシ Sissi
シッシー Sissy
シツシキン Sisikin
シッジモア Sidgmore*
シッシュ Chiche
シッセ
Cisse
Cissé
シッソン Sisson*
シッタ Sitta
シッター Sitter*
シッダ Sydda
ジッタ Gitta
ジッター Sitter
シッタラコーン
Sitlakone
シッダラージ Siddaraj
シッダール Siddall
シッダルシ Siddharṣi
シッタルタ
Siddhārtha
シッダールタ
Siddartha
Siddharth
Siddhartha*
ジッタルト Sittard
シッチ Sitch
シッチー Cichy
ジッチ
Zich
Zichy
シッチン Sitchin**
シッツァ Sitzer
シッツァー Sittser
シッツァーニ Sitzani
ジッツィ Gizzi
ジッツェッロ Gizziello
シッツサ Sytse
シッツマン
Sitzman
Sitzmann
ジッテ Sitte*
シッディ Siddhi
ジッティレイン
JittiRain
シッティング Sitting
シッテル Sitter
ジッテール Zitter
ジッテル Zittel
シッテルス Citters
ジッテルソン
Gittelson
シッテンヘルム
Schittenhelm
シット
Cid
Sit
Sitt
シッド
Cid*
Sid*
Sidney
ジット
Chit
Gide
Jit
ジッド Gide*
シットイサク
Sitthisak
シットウ Sittow
ジッドゥ Jiddu*
シットウェル
Sitwell**
シッドコン Sidkeong
ジッドコンスエフアンク
Djedkhonsefankh
ジットナー Sittner
シッドモア Scidmore
シッドル Siddall
ジットレイン Zittrain
シットン Sitton
シッバー Cibber
シッパー
Schipper**
Shipper
ジッバー Zipper
ジッパー Zipper
シッパーゲス
Schipperges
シッパーズ Schippers
シッパラ Sippala
シッピー
Shippey
Sippie
ジッヒャー Sicher*
ジッピン Zippin
シッフ
Schiff*
Shif
シップ
Ship
Shipp
Sip
Sipp
ジッブ Ziv
ジップ
Gyp
Zipp
シッファー Schiffer
シップウェイ Shipway
シッフェル Schiffer
シッフェルス
Schiffels*
シップサイド Shipside
シッブズ
Sibbes
Sibbs
Sibs
ジップス Zipes
シップストン
Shipstone
シッフーソン
Sigfusson
ジッブソン Gibson
シップトン Shipton**
ジップフ Zipf
シップマン
Shipman**
シップリー Shipley**
シップル Sippl
シップレイ Shipley
シップロック
Schipplock
シッペル Schipper
ジッペル Sippel
シッペルゲス
Schipperges
ジッヘルバルト
Sichelbart
シッペルレン
Sippelren
ジッベルン Sibbern
シッペン Shippen
シッポ Chippo
シッラ
Cecilia
Scilla

Sylla
シッラーニ Sillani
シッランパー
Sillanpää*
シッランパア
Sillanpää
シッランパァ
Sillanpää
シッランペー
Sillanpää
ジッリ
Gigli
Gilli
ジッロ Gillo*
シーデー Xi-de
シデ Shide
ジーデ Zide
ジテ
Gee-tae
Ji-tae*
シーディ Sheedy*
シーディー Sid'El
シティ
City
Siddhi
Siti***
シディ
Sidi**
Sidy
ジディ Zidi
シディアク Sidyak
シディアフメド
Sid'Ahmed
シディカ Sediqa
シディキ
Siddiqi
Siddique
Siddiqui*
Sideiki
Sidikhi
Sidiki
シディギ Siddiqui
シディキエ Sidikie
シディク
Sidig
Sidikou
シティザハラ
Siti Zaharah
シティスマンダリ
Sitisoemandari
シティチャイ
Sitthichai
シディッキ
Siddigi
Siddiqui
シディック
Sidick
Sidik
シディナ Sidina
シティパン Sittipunt
シディベ
Sidibe*
Sidibé
シティベニ Sitiveni*
シテイマン Shteiman
シディメ Sidime
シディモロ Sidi Moro
シディヤ
Sidiya
Sidya
シティラック Sittirak
シテイン Shtein
シディングハム
Sydengham
ジーディンス Ziedins
シテインフェルド
Steinfeldt
シテインベルク
Steinberg
シテインベルグ
Shteinberg
シテーガ Steger*
シデク Sidek
ジーテク Zitek
ジデク Zidek
シテクリ Shtekli
シテークル Stokl
シデック
Sidek
Sidik
ジデック Zidek
シデーテース
Sidetes
Sidētēs
シデテス Sidetes*
シデナス Cidenas
シデナム Sydenham
シテフアン Stefan
シデュ Sidhu
シテュルメル
Shtyurmer
シデラー Shideler
シデリ Sideri
ジテリ Zitelli
シデリス Sideris
シーデリング
Cedering
シーデル
Seidel
Seidell
シテール Stähr
シデル
Sidel
Sid'El
シーデルマン
Seidelman
シデルマン Siderman
シテルン Shtern
シテルンフェルド
Shternfel'd
シテールンベルク
Sternberg
シテルンベルグ
Shternberg
シデーン Sidén
シーデントップ
Sidentop
Siedentop
ジーデントップ
Siedentopf
ジテンドラ Jitendra
シテンビソ
Sithembiso
ジデンベルグ
Zidenberg
シート
Scheet
Sito
シード
Cid
Schied
Seed*
Shead
Sheed**
Siid
Syed*
Thiede
シト
Cito
Šito
Tito*
シトー Sitoe
シド
Cid**
Cyd**
Essid*
Sayyid
Sid***
Siddo
Sidhu
Sidney
Syd**
Sydney
シドー Sydow**
ジート
Gide
Jeet
Zito*
ジード
Gide**
Sydow
ジトー
Giteau
Zhito
ジドー Sydow
シードア Seedor
シートゥー Seetoo
シトゥ
Shittu
Si tu
シトウ Sittow
シドゥ Sidhu*
シドウ Sydow*
シドヴ Sydow
ジドゥ Jiddu
シトゥイコフ Shtykov
シトーウィック
Cytowic*
ジトウィッツ Zitowitz
シドゥウォ Szydło*
シトウエル Sitwell
シドウエル Sidwell
シドウエルズ Sidwells
シドウォ Sidło
ジトゥニ Zitouni
シトゥムベコ
Situmbeko
シドゥメオ Sidemeho
シトゥモラン
Situmorang**
シトゥール Štúr
シトウールマン
Sitaulmann
ジトゥン Zittoun
ジトカラ Zitkala
シトカーロ Shtokalo
シドキ
Sedki
Sidki
シドキー Sedki
シトケイ Sitkei
ジトケエフ Zhitkeyev
シドコ Sidko
ジトコ Zitko
シトコヴェツキー
Sitkovetskii*
Sitkovetsky
ジトコフ Zhitkov
シトコフスキー
Sitkovsky
シトコベツキー
Sitkovetskii
シドソン Sidison
シトーダ Shtoda
シドッチ Sidotti
シドッティ Sidotti
シドーティ Sidoti
シトニー
Citony
Sitney
シドニ
Sidney
Sidonie
Sydney
シドニー
Sideney
Sidney***
Sidnie*
Sidny*
Sidonie**
Sydne
Sydney***
シドニア Sidonia*
シドニィ Sidney*
シドニィー Sidney
シドニイ
Sidnney
Sidonie
Sydney
シードニウス Sidonius
シドニウス Sidonius
シドニオ Sidónio
シドニャ Sidonia
ジトニャンスカ
Žitňanská
シトニン Sitnin
シドネー Sidney
シドネイ Sidnei
シートネン Siitonen*
シードバーグ
Siedeberg
シドハース Siddharth
シドハワ Sidhwa
シドファル Shidfar
シトフスキー
Scitovsky
シドフスキー
Sirdofsky
シトボン Sitbon
シトマー Sitomer
シドマス Sidmouth
シードマン
Seidman**
シドマン Sidman
シドモア
Scidmore*
Scidomore
シドヤーク Shidyāq
シードラー Seidler
シドラ Sidra
シドラー Sidler
ジドラ Sidla
シトラクス Shtraks
ジードラゴン
G-DRAGON
シトラックス Shtraks
シドラン Sidran*
シードリー Sheidley
シトリ Sitri
シドリ Sidoli
シトリクソン Sitricson
シトリート Sheetrit
ジドリューナス
Zydrunas
シドリル Cyrille
シトリーン Citrine*
シトリン
Citrin*
Citrine
シードル Sidor
シトル Sitor**
シドル Siddle
ジドル Zidrou*
ジドルー Zidrou
シドルスキー
Sidorsky*
シドルチュク
Sydorchuk
シードルフ Seedorf
シトルフ Shtorkh
シトルム Storm
シトレ Sithole*
シトレー Sitre
シドレンコ
Sidorenko
Sydorenko*
シドロー Sidlow
ジドロウ Gidlow
シドロヴァ Sidorova
シドロウィッチ
Schidrowitz
シドロウィッツ
Schidrowitz
ジトロウスキー
Zhitlowsky
シトロエン
Citroen
Citroën*
シドロスキー
Sidrauski
シトローハイム
Stroheim
シドロフ Schidlof
シドロフスカ
Szydlowska

シ

シドロフスキー
Shidlovskii
ジトロフスキー
Zhitlowsky
ジトローム
Czitorom
Czitrom
シドローワ Sidorova
シドロワ Sidorova
シートロン Cetron
シトロン Citron*
ジトロン
Zitron
Zitrone
シートン
Seaton*
Seton***
シトン Sithong
シドン
Sidon
Szidon
ジードン
Sidon
Zhidong
ジトンゴ Zitongo
シドンズ Siddons**
シーナ
Seana
Seanna
Sena
Sheena**
Sheenagh
Shena*
Sienna
Sīnā
シーナー
Schiner
Sina
Sīnā
シナ
Cina
Sina
Sīnā
シナー Cinar
ジーナ
Dina
Geena*
Gena**
Gina**
Gine
Ginna*
Jeana
Jeanna
Jena
Zena
Zhena
Zina*
ジーナー Zeanah
ジナ
Djina
Gina**
Ji-na*
Jina
Jin-ah*
Zina*
ジナー
Zinnah
Zinner
シナイ Sinai*
ジーナイ Ji-nai
シナイスキー Sinaisky
シナイダー Schneider
ジナイーダ Zinaida**
ジナイダ Zinaida
シナイダーマン
Schneiderman
シナイテース Sinaítēs
シナイデル Schneider
ジナウイ Jhinaoui
シーナカリン
Sinakharinthra
シナグブ Sinagub
シナグラ Sinagra
シナサンビー
Sinnathamby
シナーシ Sinasi
シナーシー Sinasi
シナジ Schinazi
シナースィ Sinasi
シナースィー Şinâsî
シナソン Sinason
シナタンブー
Sinatambou
シナトラ Sinatra***
シナトルケス
Sinatruces
シナニス Sinanis
シナノール Sinanoğlu
シナピ Sinapi
シナメニエ Sinamenye
シナモン Sinnamon
シナーヤー Shināyā
シナヤ Šînayyâ
シナリ Sinali
シナリエフ
Shynaliyev
シナール Chinard
シナル Cinar
シナワ Siniawer
シナワット
Shinawatra**
Sinawatra
シナーン Sinan
シナン
Cynan
Sinan***
Sinān
シナンクワ Sinankwa
シーニ
Cirni*
Sini
シーニー Seeney
シニ
Shinee
Sini*
シニー Shinnie
ジーニ
Gini*
Zini
ジーニー
Jeanie*
Jeannie*
Jeannine
ジニ
Gini*
Ginni
Jin-hee*
Jinhee
ジニー
Genie
Gini*
Ginni
Ginnie
Ginny*
Jeanie
Jeanne
Jeannie
Jinny*
シーニア Senior
シーニアー Senior
シニア
Senior
Sr
Sr.
シニアコヴァ
Siniaková
シニアック Siniac*
シニァデツキ
Sniadecki
Śniadecki
シニアン Tinian
ジニイ Jinny
シニウルフ Cynewulf
シニェイ Szinyei
シニオア Senior
シニオス Sinios
シニオラ Siniora**
シニガーリア
Sinigaglia
シニガリア Sinigaglia
シニガーリャ
Sinigaglia
シニキー Chiniquy
シニキウス Sinnichius
シニクロープ
Sinicrope
シニサ Sinisa
シニサロ Sinisalo**
シニシャ
Sinisa*
Siniša
シニシン
Sinishin
Synyshyn
シニーズ Sinise*
シニス Sinis
ジニス Diniz
シニズガッリ
Sinisgalli*
シニスカルコ
Siniscalco
ジニスティ Ginisty
シニストラリ
Sinistrari
シニータ Sinitta
シニッカ Sinikka
シニック Shinick
シニット Sinith
シニード
Sinead
Sinéad
シニートケ
Schnittke
Shnitke
Shnitkje
シニトニコフ
Shinitnikov
シニバルディ Sinibaldi
シニバルド Sinibaldo
ジニービチ Giniewicz
シーニャ Cigna
シニャク Signac
シニャック Signac*
シニャデーツキ
Śniadecki
ジニャーネーシヴァラ
Jñāneśvara
ジニャーネシヴァラ
Jñāneśvara
ジニャーネーシバラ
Jñāneśvara
シニャフスキー
Siniavskii
Sinjavskij
Sinyavskii*
シニャーフスキイ
Siniavskii
シニャン Shin-yang*
シーニュ Signe
ジニュー
Gignous
Gignoux
シニュングルザ
Sinunguruza
ジーニョ Zinho
ジニョク Jin-hyuk*
シニョット Synnott
シニョーリ Signori*
シニョリ Signoli
シニョリーニ
Signorini*
シニョリノ Signorino
シニョリブス
Signoribus
シニョリーレ Signorile
シニョリレ Signorile*
シニョール Signoles
シニョーレ
Signore
Signoret
シニョレ Signoret**
シニョレッティ
Signoretti
シニョレッリ
Signorelli
シニョレリ Signorelli
シニョレルリ
Signorelli
ジニョン
Jin-yeong
Jin-young*
Jinyoung*
ジーニン Zinin
ジニーン Jeanine*
ジニン Zinin
シニング Sinning
シニンベルギ
Sinimberghi
シーヌ Chine
シヌー Sinouh
ジーヌ Gine
ジヌ
Jin
Jin-woo
ジヌイアック
Ginoulhiac
シヌゥ Cnu*
シヌエ
Sinoue
Sinoué
シヌシ Sinoussi*
ジーヌディン Zinedine
シヌーヌ Chenoune
ジヌン Jin-woon
シヌングルザ
Sinunguruza
シーネ
Signe
Syne
シネ
Siene
Siné*
シネイド Sinead
シネク Synek
シネジルス Cynegils
シネス Thinnes
ジネス Zinnes
ジネステ Ginestet
ジネスト Gineste*
シネター Sinetar*
シネック Sinek
ジネッティ Zinetti
ジーネット Jeanette
ジネット
Ginette*
Jeannette
ジネディーヌ
Zinedine**
ジネディヌ
Zine Eddine
シネドゥム Chinedum
ジネナニ Zinenani
シネラア Schinnerer
ジネリ Ginelli
シネリニコヴァ
Sinelnikova
シネルニコフ
Sinel'nikov
シネルバッハー
Schnellbacher
シネンシオ Sinencio
シノー Sineau
ジーノ
Geno
Gino***
Zeno*
ジノ
Gino**
Jin-ho*
Xeno
Zino*
ジノー Ginott
シノーアー Schnore
シノア Schnore
シノアール Sinoir
ジノヴァツ Sinowatz
ジノヴァッツ
Sinowatz
ジノヴィエヴィチ
Zinóvievich

シ

シノヴィエフ Zinov'ev
ジノーウィエフ
Zinov'ev
ジノーヴィエフ
Zinoviev
Zino'viev
ジノヴィエフ
Zinov'ev
Zinoviev**
Zinóviev
ジノヴィエワ
Zinovieva
シノウェイ Sinoway
シノダ Shinoda*
シノッティ Cinotti
シノット
Sinnott
Sinnotte
Synnot
Synnott*
ジノット Ginott
ジノティウェイ
Dzinotyiwei
シノディノス
Sinodinos
ジノビエフ
Zinov'ev
Zinoviev
ジノビリ Ginobili*
シノフスキー Sinofsky
ジノフスキー
Zinovsky
シノーポリ Sinopoli**
シノポリ Sinopoli
ジノマン Zinoman
ジノラ Ginola*
シノリッカ Sinolicka
シノール Shnol'
シノワ Sirois
ジノワツ Sinowatz**
ジノワッツ Sinowatz
シノン
Shenon*
Sinon
シーハ Sīha
シーハー Sīhā
シーバ
Seba
Shiva*
シーバー
Schieber
Seaver**
Shever
Sieber*
Siever
シバ
Chiba
Saba
Sabee
Sheba
Shebâ
Shiva
Siba
シバー
Cibber
Siwer
ジーハ
Jeeha
Riha
Říha
ジーハー Říha
ジーバー Sieber
ジハ
Giha
Ji-ha**
シーハイ Sheehy
シバーイー Sibā'ī
シバイ Sibai
シパイ Sipahi
シーハイス Sierhuis
シハウ Schichau
シバエフ Shibaev
ジーバカ Jīvaka
シーバーグ Seaberg
シパク Shipak
シパケリ Sipakeli
ジバゴ
Zhibago
Zivago
シパコヴァトゥィー
Shpakovatyĭ
シハサック Sihasak*
シーパサードベイチャン
Seepersad-bachan
シバサンカリ
Civacankari
シバージー Shivājī
ジバシエ Gibassier
シーバース Siebers
シーバーズ Sievers
シーバス
Cibas
Seebass
Shivas*
シバーズ
Chivers
Sievers
シパーズ Schippers
シパスート Sipaseuth
シバスブラマニアン
Sivasubramanian
ジーバーツ Sieverts
シーバッグ Sebag
シハデ Shihadeh
シバーディ Civardi
ジハーディ Jihadi
シーバート
Sebert
Siebert*
シーバト Sibert
ジハード Jihad
ジハド Jihad
シハトル Sihathor
シバナンダ
Sivananda*
ジバナンダ Jibananda
ジーバニッヒ
Sievernich
シバニーヤ
Shibaniyah
シハヌーク Sihanouk
シハヌック Sihanouk
シハビ
Shehabi
Shihabi
シーハブ Shihab*
シハーブ
Shihab
Shihāb
シハブ
Chiheb
Shehab
Shihab**
シハーブッ·ディーン
Shihābu'd-Dīn
シハーブッディーン
Shihāb al-Dīn
Shihābu'd-Dīn
シハブッディン
Shihabuddin
ジーバーベルク
Syberberg*
ジバーベルク
Syberberg
シハボン Sihavong
シーハム Shidham
シハム
Shiham
Siham
シハモニ Sihamoni*
シハモニー Sihamoni
ジバラ Gibara*
シバラジ Shivaraj
シバラム Sivaram
シハラルシュ
Czyhlarcz
シーバリ Seabury
シーバリー Seabury
ジバリ Zibari
シーバリイ Seabury
シハリザダ
Shikhalizada
ジバリチ Zwarycz
シバリンガム
Sivalingam
シバル Sibal*
シパル Sipal
シバルチーク Svorcík
シバルツ Shvarts
ジバルディ Gibaldi
シバルド Sibbald
シハルリジェ
Sikharulidze*
シハルリゼ
Shikharulidze
Sikharulidze
シハルリドゼ
Sikharulidze
シーバワイヒ
Sībawaihi
シバワイヒ Sībawaihi
シーバワイフ
Sībawaihi
シーハン Sheehan**
シーバーン Siebern
シーバン
Seebun
Sheban
シバーン Sibbern
シバン Sivan
ジハーン
Jehane
Jihān
ジハン
Jehan
Ji-han
ジバーン Sibbern
ジバン
Jeevan
Zevan
Zivin
ジハーンギール
Jihāngīr
ジバンシー Givency*
ジバンシィ Givency
シバンゼ Sibandze
シバンダ Sibanda
シーパンドーン
Siphandone
シーパンドン
Siphandone
シパンドン
Siphamdone
Siphandon
Siphandone**
シーヒー Sheehy***
シヒ Shihi
シビ
Shibi
Siby
シビー Sibby
シピ Sipi
ジヒ Ji-hee
シビア
Severe*
Sivia
ジビア Zibia
シーヒィ Sheehy
シビイ Siby
シピエ Chipiez
シビエルスキ Sibierski
ジーヒェルト Siechert
シーピオ Scipio
シピオ Scipione
シービオク Sebeok
シビオク Sebeok
シピオーネ Scipione
シピオーラ Sipiora
シピカウスキ
Sypytkowski*
ジビグニュー
Zbigniew
ジビコフスキ
Zbikowski
シビック Sibbick
シビッターロ Sivittaro
ジービッチ
Dibich
Diebitsch
シビット Sibbit
シビッラ Sibilla
シーヒテル Schiechtl
シヒテル Schiechtl
シヒト Schicht
ジビナ Zybina
シヒネ Sihine
シービネン Sievinen
シビブ Shabib
シヒャウ Schichau
シビーユ Sibyl
ジヒューダイ Jehudi
シビュート Thibeault
ジビューフ Gibieuf
シビュラ
Sibylla
Síbylla
ジビュレ Sibylle*
ジヒョク Ji-hyuk
シヒョン Shin-hyun
ジヒョン
Jie-hyun
Ji-hyeon
Ji-hyun*
Jihyun*
シビラ
Sibylla*
Sybilla
シピラ Sipilä***
シビリアーク
Sibiriak*
Sibiryak
シピリアーノ Cipriano
ジビリスコ Gibilisco
シビリャーク
Sibiriak*
Sibiryak
シビリャコフ
Sibirjakow
シピーリレイン
Shpilrein
シビル
Cybill
Sibille
Sibyl*
Sibylle**
Subir*
Sybil***
Sybill
Sybille
Sybyl
ジビル Sybil
シビルスカイア
Sibirskaia
シピレ Cipere
ジビーレ Sybille
ジビレ
Sibylle
Sybille*
シビン Sevene
シピン Sipin*
シービンガー
Schiebinger**
シーフ
Seeff
Sheaf
Sheef
Sieff**
シーフー Cifu
シーブ
Sieb
Siev
Siv
シープ Sheep
シフ
Schiff***
Shiff
Sif
Siff

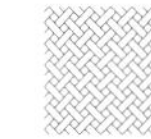
シ

シブ
Shibu
Shiv
Sieb
Siv
ジーフ
Zhiv
Zieff
ジーブ
Geve
Gieve
ジーブ
Gyp
Siep*
ジフ
Ji-hoo*
Ziff
Ziv
ジブ
Gib
Ziv*
シーファ
Sifa
Xihe
シーファー
Schieffer*
Seiffer
Seiffert*
Sifa**
Siffir
Siifaa
シファ
Shifa
Shiva
シファー Schiffer*
ジファ Dzifa
シファーイー Shifā'ī
シファキス Sifakis*
シファクス Syphax
シーファス Cephus
ジーファース Sievers
ジファースティン
Ziferstein
シーファート
Seifert
Seiffert
Siefert
ジーファート Ziefert*
ジファード Giffard
ジファド Giffard
シファノ Schifano
シーファリング
Seiferling
ジファール Giffard
シファン Sifan
ジファン Ji-hwan*
シーファンフン
Srifungfung
シフィウェ Siphiwe*
シフィウォ Siphiwo*
シフィエジー Swierzy
シフィエルチェフスキ
Świerczewski
シフィエントホフスキ
Swietchowski
シフィオンテク
Światek
ジフィス Gifis
シブイトコイ
Shvydkoi
シフィラダ Svorad
シフィレ Cifire
ジーフェキング
Sieveking
シフェタ Shifeta
シフェラー Schifferer
シフェラウ Shiferaw
シフェール
Sieffert**
Siffert
ジフェル Zipfel
ジーフェルス Sievers*
シーフェルダー
Seefelder
ジーフェルツ Sieverts
シーフェルデッカー
Schieferdecker
ジーフェルト
Siefelt
Siefert*
Sieffert
Ziefert
シフェルブラット
Schiferblatt
シフエント Cifuentes
ジーフェンベーカー
Diefenbaker
シーフォ Scifo*
シフォード Sifford*
ジフォード Gifford*
シフォニス Sifonis
シブガトラ
Sibghatulla**
シブクマール
Shivkumar
シプケ
Schipke
Sipke
シーフケス Siefkes
シフーコ Syjuco**
シフコ Sivko
ジフコ
Zhivko
Zivko*
ジブコ
Zivko
Źivko
ジフコヴァ Zhivkova
ジフコヴィッチ
Živković
ジブコヴィッチ
Zivkovic
Živković*
シプコヴェンスキー
Shipkovenski
ジブコビッチ
Zivkovic*
ジフコフ
Zhivkov*
Živkov
シプサ Sipser
シプサー Sipser
ジプサー Zipser
ジプシー Gypsy
ジプシー Gypsy*
シブシソ Sibusiso**
シープシャンクス
Sheepshanks
ジーブス Jeeves
ジーブス Siebs
シプステッド
Shipstead
シブソン Sibson
ジプソン Gipson
シフター Schifter
シブダサニ
Shivdasani
シブタニ Shibutani
シプタハ Siptah
シフチェンコ
Shevchenko
ジプチョ Jipcho
シフツェフ Sivtsev
シプティ Siptey
シフトン Sifton
シプトン Shipton*
シーフナー Schiefner
シフナキス Sifounakis
シフニオス Sifneos
シフネオス Sifneos
シブネフ Shibnev
シーフネル Schiefner
シープバウアー
Scheepbouwer
シフフソン Sigfússon
シフマートフ
Shikhmatov
シーフマン Seifman
シープマン Siepmann
シフマン
Schiffman**
Schiffmann
Shiffman
Shifman
シーブラ Seabra
シーブラー Schiebler
シフラ
Cziffra*
Sychra
シブラー Schibler
シプラ
Sipra
Sypula
シプラー Shipler**
ジブラ Gibrat
シーブライト
Seabright
ジブライリスゼ
Jibrailis dze
シブラジ Shivraj
ジブラット Ziblatt
シープラート
Si Prat
Sripprat
シーブーラパー
Siburapha
Sii Buuraphaa
Sriburapa
Sribuuraphaa
シーブラパー
Sii Buuraphaa
ジブラム Gibram
シブラル Shibulal*
シフラン Siffrein
ジブラーン
Gibran
Jibrān
ジブラン
Gebran
Gibelin
Gibran
シブランディ Sibrandi
シブランドゥス
Sibrandus
シーブリー Sibley
シフリー Sifry
シブリ Sivri
シブリー
Cibrie
Shiblī
Sibley*
シプリ Cipri
シプリー Shipley**
ジブリ Jibory
シプリアニ Cipriani
シプリアーノ
Cipriano*
シプリアノ Cipriano
シプリアン
Cipriani
Cyprian**
Cyprien*
ジブリズ Gevrise*
ジブリヌ Djibrine
シプリヤン Cyprien
ジブリール Jibrīl
ジブリル
Djibril**
Jibril**
シフリン
Schiffrin
Schiflin
Schifrin*
Shiffrin**
Shifrin
シブリン Siblin
シプリン Shipulin*
シーブル Seible
シフル Schifres
シブール Ciboul
シブル Ciboul
シブルー Shibley
ジーブルク Sieburg
ジーブルグ Zieburg
ジプルスキー Zipursky
シーブルック
Seabrook**
シフレ Chiflet
シブレー Sibley*
シブレイ Sibley*
シフレット
Shifflet
Shiflett
シフレッド Siffred
シプレリ Ciprelli*
シーブレン Sijbren
シフレン Schiffrin**
ジプロト Zipprodt
ジフン
Ji-hoon*
Joo-sung
シーブンルアン
Sibunruang
シブンルアン
Sibunruang
シーペ Cipe*
シベ Shive
ジーベ Gibez
ジベ Zibe
シーベア Seeberg
シベク Si-bak*
ジーベク Siebeck
シベケール Siebecker
シペス Csipes
シベスマ Sybesma
シベツォーフ Shvetsov
ジーベック Siebeck*
シベット
Sibbet*
Sibbett
シペート Shpet*
シヘブ Chiheb
シヘム Sihem
シーベラー Schiebeler
シベラ Sibella*
シーベリ Seabury
シーベリー Seabury**
シヘリ Shikhli
シベリー Siberry
シペリ Sipeli
シーベリィ Seabury*
シベーリウス Sibelius
シベリウス Sibelius**
シベリス Sibelis*
シーベル
Schiebel
Seibel
Shibel
Siebel
シベール
Cibert
Cybèle
Cybelle
Sibelle*
Sibert
シペール Schipper
シペル Cypel
ジーベール Sieber
ジーベル
Sibel
Siebel
Sybel
Zeybel*
Zibbell
Ziber
Zirbel
ジベール
Djibert
Gibert**
ジベル
Djiber
Givel
ジベルギ Djibergui
シベルタン Sibertin*
シベルツ Siwertz

シベルツェン
Sivertzen
ジベルティ Giberti
シーベルト
Siebert
Sievert
ジーベルト
Siebert*
Siewert
ジベルトゥス Sibertus
シーベルトセン
Sivertsen*
ジベルナウ Gibernau
シベールニク Shvernik
ジペルノフスキ
Zipernowsky
ジペルノフスキー
Zipernovsky
シベルブシュ
Schivelbusch
ジベルマン Gibelman
シベレ Cybéle
シベレヒツ Siberechts
ジーベン Sieben**
ジーベンタール
Siebenthal
シーヘンベーク
Siegenbeek
ジーベンロック
Siebenrock
シボ
Chigbo
Sipho
シボー
Cibot
Thiboldeaux
シポー Sipho
ジホ Ji-ho*
ジボ
Djibo*
Jibo
シーホイ Shihui
ジポエテス Zipoites
シーボーグ Seaborg*
シボーグ Seborg*
ジボツキ Zsivoczky
ジボツキファルカシュ
Zsivoczky-farkas
シーボッグ Seaborg
シボドー Thibodeau
シボナイル Sibonile
ジボナノンド
Jibanananda
Jībanānanda
シボニー Sibony
シーポフ Shipov
シポーフ Shipov
シポフスツィ
Szypowscy
シーボーム Seebohm*
シーボム
Seebohm**
Thebom
シホヨス Psihoyos
シボラ Sihvola
シボリ Sivori*
シポリ Zipoli
シーボル Seabol
シーボルグ Seaborg
ジーボルツ Ziebolz
シーボールド Seybold
シーボルト
Sebald*
Sebold*
Seibold*
Seybold**
Siebold**
シーボルド
Sebald
Sebold**
Seibold
Seybold*
Siebold
シボールド Sebald
ジーボルト Siebold*
シホワ Shikhova
シーホーン Seahorn
シホン Sihon
シボーン
Siobhan*
Siobhaun
シボン
Sibon
Siobhan
ジホン Zhihong
ジボン Zevon
シボンギレ Sibongile
シーマ
Cima
Cyma
Seema
Sima
シーマー
Schiemer
Seymour
Siemer
シマ
Shima
Sima**
シマー
Shimmer
Simard*
ジーマ Sima
ジマ
Dzhyma*
Zima
ジマー
Jimmer
Ziemer
Zimmer***
シマイ Simai
シマイカ Simaika
ジマイマ Jemima
ジマイロフ Zhmaylov
シマーヴィー Simavî
ジマーカス J'Marcus
シマギナ Simagina
ジーマク Simak
シマコヴァ Chmakova
シマザキ Shimazaki
シマーシュス Šimašius
シマショフ Simashev
シーマス Seamus
シマーズ Symers
ジマーズ Zimmers
シーマズコ Siemaszko
シマセット Somerset
ジマーソン Jimerson
シマック
Schimack
Simak**
ジマック Zemach
シマート Semat
シマトゥパン
Simatupang***
シマトカ Shmatko
シマトコ Shmatko
シマニスキ Szymanski
シマネク Simanek
シマノウィッチ
Simanovich
シマノヴィッツ
Simanowitz
シマノウスカ
Szymanowska
シマノスフキ
Szymanowski
シマノフスカ
Szymanowska
シマノフスキ
Szymanowski
シマノフスキー
Szymanowski
シマブクロ
Shimabukuro
ジマーマン
Zimmerman**
Zimmermann*
ジマーム Zemam
ジマム Zimam
シマヤ Samaías
シーマリ Simari
シマリ Shemali
シマリガーウゼン
Shmalgauzen
シマリヤ Shemarya
シマール Simard
シマル
Simal
Simart
シマールガウゼン
Shmalgauzen
シマルツ Schmaltz
シーマン
Schiemann
Seaman**
Seeman*
Seemann
Siimann*
Thieman
シマン
Ciment*
Simao
Simão
ジーマン
Ríman
Zeeman**
Zeman
Ziemann
Ziemian
Zyman**
ジマン
Ji-Man
Simmen*
Zyman
シマンガ Simanga
シマンク Schimank*
シマンゴ Simango
シマンズ Symons
シマンスキ Simanski*
シマンスキー
Shimansky
Szymanski*
シマーンスキィ
Shimanskii
シマンセク Simancek
シマンディ Simándy
シマント Simont
シマンドル Simandle
シミ Simi
シミー
Simmy
Simy
ジミ
Djimi
Jimi**
ジミー
Gimy
James
Jimi*
Jimmie***
Jimmy***
シーミアース Simias
シミアス Simmias
シーミアン Siemian
シミアン Simiand
ジーミアン Ziemian
シミエン Simien
シミオナート
Simionato**
シミオネ Simione
シミオノフ Simionov
シミオン
Simeon
Simion
シミグヴィ
Smigly
Śmigły
シミズ Shimizu
ジミスケス Zimisces
シミタブ Simitab
シミチコー Simicskó
シミーツ Simic
シミック Simic**
シミックラス
Schmickrath
シミッチ
Simic
Simici
シミッツ Chimits
シミット Shmidt
シミティ Simiti
シミティス Simitis**
シミドケ Schmidtke
ジミートリー Dmitrii
ジミトリー Dmitrii
ジミトリイ Dmitrii
ジミートリエヴィチ
Dimitrievič
ジミトロフ Dimitrov
ジミニャーノ
Gimignano
シミネラ Ciminera
シミノヴィッチ
Siminovich
Siminovitch
ジミホフスカ
Żmichowska
ジミヤトフ Zimyatov
ジミャーニン
Zimyanin*
シミヨン Symeon
ジミルス Zimiles
シミレ Sumilä
シーミン
Shiming
Xi-ming
シミン
Shimin
Shi-ming
Shimmin
Si-min
ジーミン Zimin
ジミーン Zimin
ジミン Zimin
シミントン
Symington*
シーム
Shim
Siem
Siim*
Sime
Tiim
シム
Cim
Schim**
Shim**
Sim***
Sime
Simm
Simu*
Symm
ジーム Thiem
ジム
Dzhim
James**
Jim***
Jimm*
Sym
Yim
Zim
ジムー Jim
シームア Seymour
シームアン Srimuang
シムイ
Semeí
Shimei
ジムィホフ Zhmykhov
シムカス Shimkus*
シムカンゴンマ
Gzims khang gong ma
ジームキー Ziemke
シムキン
Shimkin
Simkin**
シムキンズ Simkins
シムクーテ Šimkutė
シムケ Schimke
シムコ
Shimko

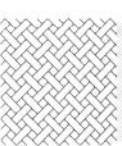
シ

Simko
Šimko
シムコー Simcoe
シムコヴッチ
Simkhovitch
シムコクス Simcox
シムコックス Simcox
シムコビアク
Szymkowiak
シムコビッチ
Simkhovitch
シムサ Simsa
シムシ Shimshi
ジムシー Jimsy
シムシェキ Şimşek
シムシェレビツ
Shimshelevitz
シムシオン Simsion*
シムジク Szymczyk
シムシック Simsic
シムション Shimshon
シームス Seamus
シームズ Siems
シムス
Simms
Sims*
Symes
Symmes
Syms
シムズ
Simms**
Sims***
Syms*
ジームス
James
Siems
ジームズ James
シームスター
Seamster
シムセク Simsek
ジームセン Siemssen
シムソン
Simpson
Simson**
ジムソン
Jimson
Simson
ジムゾン Simson
シムチェンコ
Simchenko
シムッカ Simukka**
ジムナイ Djimnaye
シムナウアー
Simenauer
ジムニ Zimny
ジムニー Zimny
シムニック Simunich
シムニッチ Simunic
ジムニャ Zimunya
ジムヌィ Zimny
シムネル Simnel
シムノン Simenon**
シムハ Simha
シムバ Simba
シムバル Simbar
シームバルマル
Siim-Valmar
ジムフェレール
Gimferrer
ジムフェレル
Gimferrer
シムプソン Simpson
シムプリキオス
Simplikios
シムホヴィチ
Simkhovitch
シムボルスカ
Szymborska
シムホン Simhon
ジムメル Simmel
シムラー
Schimler
Simler
ジムラー
Simler
Zimler*
シムラン Simran
ジムランガー
Djimrangar
ジムリ
Zambri
Zimri
Zimrī
ジムリリム Zimlilim
シムリン Simryn
シムール Seymour
ジムルンスキー
Zhirmunski
シムレール Simler
ジムロク Simrock
ジムロス Zimroth
ジムロック Simrock
シムン Šimun
シームンガル
Seemungal
シムーンズ Simoons*
シメ
Sime
Šime
ジメ Djimet
シメイ Semeí
ジメイ Jimmay
シメオナ Simeona
シメオーニ Simeoni
シメオニ
Simeon
Simeoni
シメオニデス
Symeonides*
シメオネ Simeone**
シメオノフ Simeonov*
シメオーン
Simeon
Simeón
シメオン
Saxcoburggotski
Simeon***
Simeón
Siméon*
Symeon
Timeon
シメオンソン
Simeonsson
シメク Šimek
ジメク Ziemek
シーメス Siimes
シメス Cymes
ジーメス Siemes
シメチコ Shymechko
シメック Simek
ジメトバウム
Zimetbaum
シメナ Ximena
シメネス Ximenes*
ジメネス
Gimenez
Ximenez
ジメネッツ Jimenez
ジメノセゴビア
Gimeno-Segovia
シメノン Simenon
シメラー Schmeler
シメラネ Simelane
シメラメ Simelane
ジーメリス Ziemelis
シメリョーフ
Shmelëv
Shmelyov
シメリョフ
Shmelev
Shmelëv
Shmelyov*
シメール
Schimmel**
Schimmer
シメル
Schiemel
Schimel
Schimmel*
Shemel
ジーメル Zemel
ジメール Zimmer*
シメルム Simelum
シメルリング
Simmerling
シーメン Simon*
シメン
Simen
Simmen
ジーメン Simmen
シーメンス Siemens
シーメンズ Siemens
ジーメンス Siemens**
シメント Ciment
シーモー Seymour
シモ
Simo*
Simó
Ximo
ジーモ Gimmo*
ジモ Symo
シーモーア Seymour
シーモア
Seymore*
Seymour***
シモア Symour
シモアー Seymour
シモエス
Simoes
Simões
シモエンス
Simoes
Simões
シモオヌ Simone
シモカッテス
Simocattes
Simokattēs
シモカット
Simocattes
シモカテース
Simocattes
シモコッタ
Simocattes
シモスコ Simosko
シモーセ Shimose
シモーナ Simona**
シモナ
Simona**
Symona
シモナイズ Simonise
ジモナイト Simoneit
シモナス Simonas
シモナン Simonin
シモーニ
Simoni**
Simonyi
シモニ
Shimoni
Shimony*
Simoni
Simonyi
シモニス Simonis
ジモーニス Simonis*
ジモニス Simonis*
シモニスゼ
Simonis dze
シモニッチ Simonić
ジモニッチ Zimonjic*
シモニテ Šimonytė
シモニティ Simoniti
シモーニデース
Simónidés
Simōnidēs
シモニーデース
Simónidés
シモニデス
Simónidés
Simōnidēs
Symonides
シモニーニ Simonini
シモーヌ
Simone***
Simonne
シモーネ
Scimone*
Simon
Simone***
シモネ
Simonet
Simonnet*
シモネー Simonet
ジモーネ Simone*
シモネッタ
Simonetta**
シモネッティ
Simonetti**
シモネット
Simonett
Simonette
Simonetto
Symonette
シモネッラ Simonella
シモネルニ Simonelli
シモネンコ
Simonenko*
シモーノ Simoneau
シモノ Simonnot
シモノー Simoneau*
シモノーヴィチ
Szymonowicz
シモノヴィツ
Szymonowic
シモノビッチ
Šimonović
シーモノフ
Simonov**
シモーノフ Simonov
シモノフ
Simonoff*
Simonov
シモノフスキー
Šimonovský
シモハメド
Si Mohamed
シモビッチ Simović
シモフ
Shimoff*
Shimov
シモリ Cimoli
シモル Simor
シーモン
Semon
Simon**
Simone
シモーン
Shimon
Simon
Simone**
Simonne
シモン
Shimon***
Simaõ
Simão**
Simeon
Simion
Simmen
Simmons
Simon***
Simón**
Simōn
Šimon
Simone***
Simons
Symon
Szymon**
ジーモン Simon***
ジモン
Gimond
Simon**
Zimon
シモンイス Simões
シモンエス Simões*
シーモンス Simons
シーモンズ Seamands
シモーンズ Simoens
シモンス Simons
シモンズ
Simens
Simmonds**
Simmons***
Simonds*
Simons**
Symmonds
Symmons*

Symonds**
Symons***
ジーモンス Simons
ジモンス Simons
シモンスゾーン
Simonsz.
シモンセン Simonsen
シモンソン
Simonson*
シモンチェリ
Simoncelli**
シモンチッチ
Simoncic
シモンチーニ
Simoncini
シーモント Simont**
シモント Simont
シモンド Simond
シモントス Simmonds
シモントン Simonton
シモンドン
Simondon**
シモンヌ Simonne*
シーヤ Shya
シャ
Cha
Jae
Ša
Sha
Shar
Xia
シャー
Char
Hsia
Jāh
Jalāl
Śāh
Ṣah
Ṣāh
Śāha
Scher*
Scherr
Schur
Sha
Sháá
Shaar
Shah***
Shāh*
Shea
Shear
Sheer
Sher**
Syah
Xia
シヤ
Siya
Ziya
ジーヤ
Zeeya
Ziya
ジャ
Dja
Djá
Ja*
Jha*
Jia*
Ziya
Zsa
ジャー
Ger
Gia
Jaa*
Jaar
Jah
Jāh
Jer
Jha
Jia
ジヤ Ziya
ジヤー Ziya
シャア
Shah
Xia
シャアバーン Shaaban
シャアバン Shaaban
シャアビー
Sha‘abī
Sha‘bī
ジャアファリー Jafari
ジャアファル
Ja'afar*
Ja‘far
Ja'far
シャアラーウィー
Sha‘rāwī
Sh'arawi
シャアラーニー
Sha‘rānī
シャアール Sha'ar
シャアル Charles
シャイ
Schey
Shai*
Shi
Shy
シャイー Chailly*
ジャイ
Diay
Jae
Jai*
Jay*
シャイア
Shia*
Shire**
シャイアー
Scheier*
Shire
シャイアース Shires
シャイアズ Shiers
ジャイアニ Djaiani
ジャイアネリー
Gianelly
シャイアマン
Scheirman
ジャイアレリス
Giallelis
シャイアン
Cheyenne*
ジャイアン Gian
ジャイアント Giant**
シャイイ Chailly
シャーイイスタ
Shaista
シャイヴ Shive
シャイヴリ Shively
シャイヴリー Shively
シャイエ
Chaillé
Chaillet
Chailley**
Challié
Schaie
Shaye
ジャイエ Jayer
シャイエイ Chailley
ジャイエシュウール
Jayeshwur
シャイオ Shapio
シャイカ Chaica
シャイク
Shaik
Shaikh
Shaykh
Sheick
シャイゴ Shigo
シャイザウアー
Scheithauer
ジャーイシー
Jāyasī
Jāysī
シャイジアー Shazier
ジャイシャンカル
Jaishankar
ジャイシュ Jaysh
シャイーズ Schayes
シャイス Chijs
シャーイスタ Shaista
シャイスタ Shaista
シャイスト Sheist
シャイスマトフ
Shaismatov
ジャイスワル Jaiswal
シャイダ Skeide
シャイダー
Scheider
Schider
ジャイチャンド
Jaychand
シャイデ Scheidt
ジャイテ Jaiteh
ジャイディ Jaidee
ジャイディープ
Jaideep
シャイデッガー
Scheidagger
シャイデマン
Scheidemann*
シャイデマンタル
Scheidemantal
シャイデマンテル
Scheidemantal
Scheidemantel
シャイデル Scheidel*
シャイト
Scheidt*
Scheit
シャイド
Scheid*
Scheidt
シャイトベルガー
Schaitberger
ジャイトリー
Jaitley**
シャイドリンガー
Scheidlinger
シャイドル
Scheidl**
Sheidl
シャイナ Szajna**
シャイナー
Scheiner*
Sheiner
Shinar
Shiner**
Shinnar
ジャイナ Zhaina
シャイニー Shainee
シャイーヌ Chahine
シャイネル Scheiner
ジャイネンド Jainend
ジャイネーンドル
Jainendr
Jainēndr
シャイノヴィチ
Sajnovics
シャイノワ Shainova
シャイハ Shaikh
シャイバー
Scheiber
Seiber
シャイバーニ Shaibānī
シャイバーニー
Shaibānī
Shaybānī
シャイバニ Shaibani
ジャイパル Jaipal
シャイバーン Shaybān
シャイビ Shaibi
シャイヒェト
Schaichet
シャイヒーム Shyheim
シャイヒャー
Scheicher*
シャイフ
Chaifou
Schaiff
Shaif
Shaikh
Shaikh
Shaykh*
Sheikh
Syaikh
シャイブ
Chaibou
Scheib*
シャイフェレ
Scheiffele
シャイプナー
Scheibner*
シャイフラー Scheifler
シャイブラー
Scheibler
シャイブリー Shively
シャイブリッヒ
Scheiblich
シャイプル Scheipl
ジャイプロン
Giai Pron
ジャイフーン Jaihūn
シャイベ Scheibe*
シャイベリー Shively
シャイベル
Scheibel
Seiber
シャイベルト
Scheibert
シャイベルライター
Scheibelreiter
シャイホ Cheikho
シャイホー Cheikho
ジャイボ Jaybo
シャイホフ Shaikhov
シャイマ Shaimaa
シャイマー Shimer*
シャイマン Shiman
ジャイミ Jaime
ジャイミー Jaimy
シャイミエフ
Shaimiyev
Shäymiev
ジャイミニ Jaimini
シャイム
Chaim
Chaïm
Schaim
ジャーイメ Giaime
ジャイメ
Gama
Jaime
シャイモ Sheimo
シャイモフ Shimoff*
ジャイモン Djimon
シャイヤステ
Shayesteh
シャイヤブ Sheyab
シャイヤン Chaillan
シャイユ Chaillu
シャイヨン Shyon
シャーイラ Shā‘ira
シャイラ
Shaila
Shayla
シャイラー
Schuyler
Shirer*
ジャイラウオフ
Zhailauov
ジャイラニ Jailani
ジャイラム Jairam
シャイリ Shirey
シャイリー Shiley
シャーイル Shaer
ジャイル Jair
ジャイルス Giles*
ジャイルズ
Giles***
Gyles
シャイレンドラ
Shailendra
シャイロ Shiro
シャイロー Shiloh
ジャイロ
Jairo
Jayro
シャイロオベク
Shailoobek
シャーイン Shain
シャイン
Chahine
Schein**
Shein
Shine**
Shyne
ジャーイン Jiayin
ジャイン
Jain*
Jaina
シャインクマン

シ

Schenkman
Sheinkman
シャインゴールド
Sheingold
シャインスキー
Shainsky
シャインバーグ
Shainberg
シャインハート
Scheinhardt
シャインフェルド
Scheinfeld
シャインプフルーク
Scheinpflug
シャインプルゴヴァー
Scheinpflugová
シャインブルーム
Scheinblum
シャインヘッド
Shinehead
シャインベルガー
Scheinberger
シャインホルツ
Scheinholtz
シャインボーン
Shinebourne
シャインマン
Scheinman
シャウ
Shaw*
Shiau
Show
ジャウ Jau
シャウア Schaur
シャウアー Schauer
シャヴァー Shavar
ジャヴァヴ Javavu
シャヴァス Chavasse
ジャーヴァス Gervase
ジャヴァーズ Javers
ジャウアド Jaouad**
ジャヴァード Javad
シャヴァニャク
Chavagnac
シャヴァニュー
Chavagneux
シャヴァーノホ
Schawanoch
ジャヴァヒシヴィリ
Javakhishvili
Zhavakhishvili
シャヴァル
Chaval
Chavel
ジャウアル Yahuar
ジャヴァン Djavann*
シャヴァンス
Chavance
シャヴァンヌ
Chavanne
Chavannes*
ジャヴァンヌ
Chavanne
シャーウィ Shawi
ジャウイ Jaoui**
シャヴィエル Xavier*
ジャーウィス Jervis
ジャーヴィス
Jarvis*
Jervis*
ジャヴィダン Javidan
ジャーヴィック Jarvik
シャヴィット Shavit
ジャウイット Jowett*
シャーヴィト Sharvit
シャヴィト
Cavit
Shavit
ジャウィド Jawid
シャヴィロ Shaviro*
シャーウィン
Sherwin**
シャーウイン Sherwin
シャウイン Sherwin
ジャーヴィン Jaivin
ジャヴィーン Javine
シャヴィンスキー
Schawinsky
シャーヴィントン
Shirvington*
シャヴエ Chavouet
ジャヴエ Javouhey
ジャヴエー Javouhey
ジャウェイ Jiawei
ジャーヴェイス
Gervais
シャウエシュ
Chaouech
ジャウェーシュ
Jaweesh
シャウェス Shaweys
ジャウェツ Jawetz
ジャウエット Jowett*
ジャヴェラ Tzavella
ジャヴェリ Jhaverī
ジャーヴェリン
Järvelin
シャヴェル
Shavell
Shavelle
Shovell
ジャヴェル
Javell
Javelle*
ジャウエン Jaouen*
シャウエンブルク
Schauenburg
ジャヴォ Javeau
ジャヴォー Javaux
シャヴォアン Chavoin
ジャヴォイ Javoy
シャーヴォシュ
Siyāvosh
ジャウォースキー
Jaworski
ジャウォスキ Jaworski
ジャウォール Jawole
ジャウォルスキー
Jaworski
ジャウォン Cha-won
シャウカット
Shaukat**
シャウカト
Shaukat
Shawkat**
シャウカーニー
Shawkānī
シャウカル Schaukal*
シャウキ Shawqi
シャウキー
Chaouky
Shau Kee
Shauqi
シャウーケ Chaúque
ジャウコフスキ
Dzialkowski
シャウジー Shaugee
シャウシュ Chaouch
シャウス
Schauss*
Shouse*
ジャウズィー Jawzī
ジャウズィーヤ
Jawziyah
シャウタ Schauta
シャウダー Schauder
シャウタア Schauta
シャウツ Schautz
シャーウッド
Sherwood***
Shirwood
シャウッド Sherwood
シャーウッドスミス
Sharwood Smith
Sharwoodsmith
シャウディン
Schaudinn
ジャウディン
Ziauddin*
ジャウデウ Jardel
ジャウデル Jowder
シャウナ
Shauna
Shawna
シャウネシー
Shaughnessy
ジャウハリ Jauhari
ジャウハリー
Jauharī
Jawharī
ジャウハル Jauhar
シャウピブーンキット
Siawpiboonkit*
シャウブ
Schaub
Shoup**
ジャウフィ Jawfi
シャウフェリ
Schaufeli
シャウフェレ
Schauffele
Scheufele
シャウフス Schaufuss
シャウフラー
Schauffler
Schaufler
ジャウフレ Jaufré
シャウベ Schaube
ジャウマ Jaume
シャウマン
Schaumanm
Schaumann*
ジャウミーニャ
Djalminha
シャウミャーン
Shaumyan
シャウミャン
Shaumian
シャウメ Jaume
ジャウメ
Jaime
James
Jaume*
ジャウラ Jaura
シャウラハマー
Schauerhammer
シャウル
Chaoul
Saoul
Saul
Shaul*
ジャーウル Zia-ul
ジヤーウル Zia-ul
ジャヴレル Zavřel
シャウロー
Schawlaw
Shawrow
シャウロウ Schawlaw
ジャーエシー Jāyasī
ジャエシャンカル
Jayśankar
ジャーエスィー Jāyasī
ジャエック Jaeck
シャエブ Shayeb
シャエル Shaer
ジャエル Jael
シャオ
Hsiao*
Shao*
Siao
Xiao**
ジーヤオ Zhiyao
ジャオ
Diaw
Jao*
Jiao
Zhao*
シャオアン Shaoang
シャオイー Hsiao-i
シャオウェン Xiaowen
シャオガン
Xiao-gang*
ジャオク Ja-ok
シャオシー Xiao Xi
シャオシア Xiao-xia
シャオシェン
Hsiao-hsien
シャオシュアイ
Xiao-shuai
シャオセン
Xiao-sheng
シャオチン Xiao-qing
シャオトン Xiao-tong
シャオニ Shaoni
ジャオニナ Jaonina
シャオパン Xiao-peng
シャオピン Xiao-ping
シャオフィ Xiao-hui
シャオフェイ Shaofei
シャオボー Xiao-bo
シャオホア Shao-hua
シャオマン
Schaumann
シャオミン
Xiao-ming*
シャオメイ
Xiao-mei
Xiaomei
シャオリェン
Xiao-lian
シャオルー
Xiao-lu*
Xiaolu*
Xiao Ru
シャオレン Xiao-lian
シャオロン Xiaolong
シャカ
Čaka
Śákyamuni
Shaka
ジャーカー Jerker
ジャーガ Jurga
ジャカ Xhaka
ジャガー
Jager
Jaggar
Jagger**
シャガイダ Shagaida
ジャカイティエーネ
Žakaitienė
シャガス Chagas
シャーカット Shaukat
ジャガット
Jagat
Jagath
シャカッパ Shakabpa
ジャガディーシュ
Jagadish
ジャガディス Jagadish
ジャガデカマルラ
Jagadekamalla
ジャカード Jacquard
ジャガード Jaggard
ジャガト Jagat
シャーカフスキー
Szarkowski*
シャカム Shuqum
ジャカヤ Jakaya**
ジャカラ Jakara
シャガラクティ
Shagarakti
シャガリ Shagari**
シャカリム Shäkärím
シャガール Chagall**
ジャカール
Jaccard*
Jacquard**
Jacquart
JaKarr
ジャガール Chagall
シャカルガンジュ
Śakarganj
シャカルチ Shakarchi
シャガン Shagan*
ジャーガン

Jagan
Jürgen
ジャカン
Jacquin*
Jaeckin
ジャガン Jagan
シャーカンスキー
Sharkansky
ジャーガンセン
Jurgensen
ジャガンナート
Jagannātha
ジャガンナートダース
Jagannāthdās
シャーキー
Sharkey**
Sharky
Shirky
シャギー Shaggy*
ジャーキ Jacques
ジャキ Jacqui
ジャギー Jaggy
ジャキィ Jaqui
ジャキエ Jaquier
シャキエフ Shakiyev
ジャギエルカ Jagielka
ジャキシュ Jacques
ジャキスキー Jaquiski
シャキッブ Chakib
ジャキテ Diakite
ジャキナ Jacyna
シャギニアン
Shaginyan
シャギニャーン
Shaginyan
シャギニャン
Shaginian
Shaginyan*
シャギニヤン
Shaginyan
ジャキノ Jacquinot
ジャキノー Jacquinot
シャキーブ Shakīb
シャキブ
Chakib
Shakib
ジャキポフ Zhakypov
シャギマラトーワ
Shagimuratova
シャキム Shakim
シャキモワ
Shakimova
シャーキャ
Śākya
Shakya
シャキャ
Śakya
Śākya
Śākya ye
Shakya
シャキヤ Shakya
シャーキャシュリーバドラ
Śākyaśrībhadra
シャーキャブッディ
Śākyabuddhi
シャーキャミトラ
Śākyamitra
ジャキュース Jaques
ジャギョン Ja-gyong
シャキーラ
Shakeela
Shakira*
シャキリ Shaqiri*
シャーギル Shergill
シャキール
Shakeel
Shakiel
Shakir
Shaquille**
シャキル
Shaker
Shakir
ジャキール
Cakir
Çakir*
ジャーギレフ
Diaghilev
Dýagilev
シャキロワ Shikarova
シャーキン Shurkin*
シャキン Shakin
ジャキン Jacquin
ジャーキンス Jerkins*
ジャキント Giaquinto
シャーク
Jacques
Schack
Schaech
Sherk
Shirk
Sjaak
シャク Schug
シャグ Shug
ジャーク
Jaak
Jacques**
Jaque
Jarke
Jerke
ジャーグ Jurg
ジャク
JAC
Jacques
Jak
Jaque
Jaques
ジャグ Jagdish
ジャクイス Jaquith*
ジャクイプ Zhakyp
シャクイル Shaquil
ジャクイント
Giaquinto
ジャクエス Jaques
ジャクエリン
Jacquelyn
ジャクエル Jaquel
ジャクキース Jacques
ジャグジーヴァン
Jagjivan
ジャグジーヴァンダース
Jagjī Vandā
ジャグジーバン
Jagjīvan
ジャグジバン
Jagjivan*
ジャクスイベク
Zhaksybek
ジャクスイベコフ
Dzhaksybekov
ジャクスイルイク
Zhakcylyk
シャクストン Shaxton
ジャクスン
Jackson*
Juxon
シャクソドベク
Shakhzodbek
シャクソン Shaxson
ジャクソン
Jackson***
Jacksone
Jacquesson
Jaxon
Juxon
シャクタ Shakta
シャクター
Schachter**
Schacter*
Shaechter
シャグダイン
Shagdain
シャグダリン
Shagdaryn*
シャグダルシャブィン
Shagdarzhavym
シャグダルジャブィン
Shagdarzhavyn
シャクティ Shakti*
シャクティー Shakti*
ジャクティ Shakti
ジャグティアニ
Jagtiani
ジャグディシュ
Jagdish**
シャクティダラン
Shakthidharan
ジャグディッシュ
Jagdish
ジャグデオ Jagdeo**
ジャグデシュ Jagdish*
シャクト
Schacht*
Schachte
シャクド Shakudo
シャクトマン
Shachtman
シャクーナ Shakna
シャクナー Schachner
シャグナ Șaguna
ジャグナット
Jugnauth*
ジャグノウ Jagnow
ジャクパ Jakupa
シャクハシーリ
Shakhashiri
ジャクベック Jakubec
ジャクボウスキー
Jakubowski*
ジャクボヴスキー
Jakubowski
ジャクボブスキー
Jakubowski
ジャクマク Jaqmaq
ジャクマール
Jacquemard
ジャグミーニー
Jaghmīnī
ジャクミノー
Jacqueminot
ジャグモハン
Jagmohan*
ジャクモン
Jacquemont
シャークヤシュリーバドラ
Śākyaśrībhadra
シャークヤミトラ
Śākyamitra
シャクラ Shaqra*
ジャグラ Cagla
ジャクライン
Jacqueline
シャクラーディトヤ
Śakrāditya
ジャクラニ Jakhrani
シャグラノワ
Shaglanova
ジャクラン Jacquelin
シャクリー
Shackley
Shakely
Shaklee
シャグリウス Syagrius
ジャクリク Jacklick
ジャクリーヌ
Jacqueline***
Jaqueline*
ジャクリーネ
Jacqueline
シャークリフ
Shircliffe
Shurcliff
シャグリン Schagrin
ジャクリーン
Jaclene
Jaclyn
Jacqeline
Jacquelin
Jacqueline***
Jacquelyn**
Jacquelyne
Jaqueline
ジャクリン
Jackeline
Jacklyn
Jaclyn**
Jacquelin
Jacqueline*
Jacquelyn
Jacqui
シャクール
Shakoor
Shakooru
Shakur*
Shakūr
シャクル
Shackel
Shackle
Shakur
シャグルイエフ
Shaguliyev
シャクルトン
Shackleton**
Shakleton
ジャクレー Jacoulet*
シャクレット
Shacklett
ジャグレンカ Jaglenka
ジャクロー
Jacquelot
Jaquelot
シャクロック
Shacklock
ジャグロム Jaglom
シャクンタラ
Shakuntala
Shakuntara*
シャクンタラー
Sakuntala
シャーケ Schaake*
シャケ Shakeh
シャゲ Shagui
ジャーケ Jacquet
ジャケ
Jacques
Jacquet**
Jaquet*
ジャケー Jacquet*
ジャーゲズ Jurges
ジャケス Jaques
ジャケッタ Jacquetta
ジャケッティ
Giachetti
シャケット Shachat*
ジャケット
Jacket*
Jacquette
シャケド Shaked
ジャケリン Jakeline
シャーケル Shākir
シャケル
Chaker
Shaker**
ジャゲル Jager
シャケルフォード
Shackelford
ジャーゲン
Jurgen*
Jürgen
ジャーゲンス
Jergens*
Jurgens
ジャーゲンズ
Jergens
Jurgens
ジャーゲンセン
Jurgensen
シャコー Shakow
ジャコ
Jaco**
Jacquot*
ジャコー Jacquot
シャコウ Shakow
ジャーコウ Jarchow
ジャコヴ Zhakov

シ

ジャコヴァ Gjakova
ジャゴエフ Dzagoev*
シャコキス Shacochis
ジャコーサ Giacosa
ジャコーザ Giacosa*
ジャコサ Giacosa
ジャコタン Jacotin
シャコーチス
Shacochis
ジャコックス Jacox
ジャコッテ Jaccottet
ジャコッビ Giacobbi
ジャコッベ Giacobbe
ジャコッメッティ
Giacometti
ジャコテ Jaccottet**
ジャコト Jacotot*
ジャコトー Jacotot
ジャコーニ Giacconi*
ジャコーバス Jacobus
ジャコバス Jacobus*
ジャコバッツィ
Giacobazzi
ジャコービ Jacobi
ジャコビ
Jacobi**
Jacoby
Jakoby
ジャコビー
Jacobi
JaCoby
Jacoby**
Jakoby
ジャコービィ Jacoby
シャコビッチ
Šijaković
ジャコビッツ Jacobitz
ジャコビン Jacoby
ジャコフ Jacob
ジャコブ
Jacob***
Jacobs
Yacob
ジャコブス Jacobs**
ジャコブズ Jacobs
ジャコブスン
Jacobson
ジャコブセン
Jacobsen
ジャコブソン
Jacobson
Jacobsson
ジャコベ Jacober
ジャコベッティ
Giacobetti
ジャコベッロ
Jacobello
ジャコベリス
Jacobellis**
ジャーコポ Jacopo
ジャコボ Jacobo
ジャコポ Jacopo
ジャコボヴィッツ
Jakobovitz
ジャコボビッツ
Jakobovits

ジャコマッツィ
Giacomazzi
ジャコミーニ
Giacomini
ジャコミーノ
Giacomino
ジャコムッシ
Yacomuzzi
ジャコムッツォ
Giacomuzzo
ジャコメッティ
Giacometti**
ジャコメッリ
Giacomelli
Jacomelli
ジャコメリ
Giacomelli*
ジャーコモ
Giacomo*
Jacopo
Jacques
ジャコーモ Giacomo
ジャコモ
Giacomo***
Jacopo
ジャコラ Giancola
ジャコリー JaCorey
ジャコリヨ Jacolliot
シャコン
Chacon
Chacón
シャコンボ Shakombo
シャーサー Shertzer
シャーザー Scherzer*
シャサー Sasser
ジャザイアリ Jazairy
ジャザーイリー
Jazairi
Jazā'irī
ジャザイリ Jazairee
ジャザエリ
Jazaeri
Jazayeri
ジャサクトゥ Jasagtu
シャーザダ Shahzada
シャザド Shirzad
シャサーニュ
Chassagne
ジャサノフ Jasanoff
シャザール Shazar
シャザル
Chazal
Šarra-uṣur
ジャサール Jassar
ジャザル Ghazal
シャーシー Shashi
シャシ Shashi
シャシー Shashi
ジャージ
Jazi
Jerzy*
ジャージー
Jersey
Jerzy
ジャシ Gyasi*
ジャシー
Jassy
Jia-xi

ジャジ
Jazi
Jazy
ジャジー
Jazze
Jazzy
シャジア Shahzia
ジャシア Jasia
シャジィ Chazy
シャジェット
Chagette
シャシェフスキー
Krzyzewski*
シャシキン Shashkin
ジャジソン Judson
ジャジット Jagjit
シャーシッヒ Scharsig
シャシティン Kerstin
ジャシマディン
Jasimuddin
シャジマン Shaziman
ジャシム Jasim
ジャシム
Jashim
Jasim
Jassim*
シャーシャ Sciascia**
シャシャ Shasha*
シャージャハン
Shajahan
シャシャム Shacham
シャジャリアン
Shajarian
シャジャル Shajar
シャジャルッドゥッル
Shajar al-Durr
ジャージャルミー
Jājarmī
シャージャン Shijian
シャシャンク
Shashank
シャシュ Sass*
ジャジュ Jaju
シャシュア Shashua
ジャシュアン Jia-xuan
ジャジュイ Jia-ju
シャシュケヴィチ
Šaškevyč
シャジュス Šadžius
シャシュティン
Kerstin**
シャーシュミット
Scharschmidt
ジャシュワント
Jashwant
ジャシュン Ja-hyun
ジャジュン Ja-jung
ジャジラ
Djazila
Zhazira
シャージリー Shādhilī
ジャジリ Jaziri
ジャシール Jacir
ジャーシルド
Jershild

Jersild
ジャシン
Jacinto
Jasin
ジャジンカ Jazynka
ジャシンス Jacynth
ジャシンズ Jacinthe
シャジンスキ
Szarzyński
ジャシンタ Jacintha
ジャシンダ Jacinda*
ジャシント
Giacinto**
Jacint*
Jacinto**
シャース
Shaath
Shaáth*
ジャス
Jas
Jass
ジャズ
Jaz
Jazz
シャスィニェ
Chassignet
シャスイユ Chasseuil
シャーズィリー
Shādhilī
シャスヴァン
Chassevant
ジャスウィンダー
Jaswinder
ジャスウォン Jaswon
ジャスカ
Jascha
Juska
ジャスキール Jaskiel
ジャスコ Jasko
シャスコリスカヤ
Shaskol'skaia
ジャスコルスキ
Jaskolski
ジャスザコフ
Zhasuzakov
シャスター
Schuster
Shuster*
Suhuster
ジャスター Juster**
ジャスタス Justus
シャスタニエ
Chastanie
シャスターマン
Shusterman**
シャスタマン
Shusterman
シャスタン Chastan
ジャスチン Justin
シャースティ Kjersti
シャスティ Kjersti*
ジャスティ Giusti
ジャスティス
Justice***
Justis
Justise
Justiss*
ジャスティーナ
Justina
ジャスティナ Justina*

シャスティヨン
Chastillon
シャスティーン
Kerstin
シャスティン
Kerstin**
Kestin
Sastin
ジャスティーン
Justine**
ジャスティン
Giustini
Justin***
Justine**
Jutin
シャステル Chastel**
ジャーステル Gerstell
ジャスト
Just**
Juste
ジャストセン Justsen
シャストネ Chastenet
ジャーストマン
Gerstman*
シャーストリ
Śāstri
Shāstrī
シャーストリー
Śāstri
Shāstrī
シャストリ Shāstrī
シャストリー Shastry
ジャストレムスキー
Jastremski
ジャストロー Jastrow
ジャストロウ Jastrow
ジャストン Juston
ジャスナ Yasna
シャスネ Chastanet
ジャスパー Jasper***
ジャスパソン
Jaspershon
Jaspersohn
ジャスパール Jaspar
ジャスバーン
Jassburn
ジャスビンダル
Jasvinder
シャスブフ
Chasseboeuf
ジャスポン Jasspon
ジャースマン
Hjersman
ジャスマン Jasmin
ジャスミーナ Jasmina
ジャスミン
Jasmin*
Jasmine**
ジャズミン Jazmin
ジャスムヒーン
Jasmuheen
シャスラー Schasler
ジャズラ Jazlah
ジャスライ Jasrai**
シャスラン Chaslin
シャズラン Chazerand
シャズリ Shazli
ジャスリン Jocelyn

シャスレル Schasler
ジャスワント
Jasvant
Jaswant**
ジャスン Ja-soon
ジャズン Jia-zheng
シャセイ Chassey
ジャセック Jacek
シャセット Shusett
ジャセフ Joseph
ジャセム Jassem
シャセリオ
Chassériau
シャセリオー
Chassériau
シャーゼル Shazel
シャゼル
Chazel
Chazelle
ジャーセル Jasser
ジャーゼルバーガー
Haselberger
シャゾー Chazaud
ジャーソン Gerson
ジャゾンク Zajonc
シャータ Schata
シャーター Shurter
シャタ
Chatat
Shata
Tchatat
ジャタ
Diatta
Jatta
ジャーダ Ziyada
ジャーダイン Jardine
シャータカルニ
Sātakarni
シャタギン Shatagin
シャタダンダヌス
Śatadhanvan
シャタック
Shattuck**
ジャダド Jadad
ジャタニア Jatania
シャタハ Shatah
ジャダフ Jhadav
ジャダラ Djadallah
シャターリン
Shatalin*
ジャタール Jathar
ジャダン Jadin
シャチェエ Syacheye
ジャーチェク Zácek*
ジヤチェンコ
D'iachenko
Diyachenko
Dyachenko
ジャチコフ
Diachkov
D'iachkov
ジャチーニ Jacini
ジャチョル Ja-cheol*
ジャチンタ Giacinta
ジャチント
Giacinto*
Hyacinth
シャーツ Sharts
シャツ Shirts
シャーツァー Shertzer
シャツアル Šarra-uṣur
シャーツィンガー
Schertzinger
ジャツウスキ
Jazdzewski
シャツェンバッハ
Szancenbacch
シャッカー
Schacker
Schatzker
シャツカー Schatzker
ジャッカ Jacka
ジャッガー Jagger
ジャッカード Jaccard
シャーツカヤ
Shatskaia
シャツカヤ Shatskaia
ジャッカール
Jaccard
Jacquard
ジャッカル Jacquart
シャツキー Shatskii
ジャッキ
Jacki
Jacqui
ジャッキー
Jack
Jacki*
Jackie***
Jackkie
Jacky**
Jacque
Jacques
Jacqui*
Jacquie
Jacquis
Jacquit
Jaki*
Jaquie
ジャッギー Jaggi
シャーツキィ Shatskii
ジャッキーズ
Jacquies
Jacquizz
ジャッキーニ
Giacchino
Jacchini
ジャッキノー
Jacquinot
シャッキフ Shatskikh
シャック
Chack
Jacques
Schack
Shaq
Shuck
ジャック
Giacomo
Jaak
Jac*
Jack***
Jackou
Jacq**
Jacque**
Jacquecs
Jacques***
Jacqùes
Jacqui
Jaffe
Jak
Jaque*
Jaques**
Juch
Zack
ジャックエドゥアール
Jacques-Edouard
シャックス Shax
ジャックス
Jackes
Jacks*
Jacques*
Jaques
Jax
ジャックソン Jackson
シャックフォード
Shackford
ジャックマール
Jacqmard
Jacquemard*
Jacquemart
シャックマン
Schucman
Shackman
ジャックマン
Jackman*
Jacquemin*
Jaequemyns
ジャックミノー
Jacqueminot
シャックリー Shackley
ジャックリト Jakkrit
ジャックリーヌ
Jacqueline*
ジャックリヌ
Jacqueline
ジャックリーン
Jaclyn
Jacquelin
Jacqueline**
ジャックリン
Jaclyn
Jacqueline*
シャックル Shackle
シャックルトン
Shackleton*
Shacklton
シャックルフォード
Shackleford
ジャッケ
Jacquet*
Jakke
ジャッケイ Jaquays
ジャッケス Giaches
ジャッケッティ
Giacchetti
ジャッケリーニ
Giaccherini
シャッケル Shackell
ジャッケル Jaeckel
ジャッケンドフ
Jackendoff*
ジャッコ
Giacco
Jacko
ジャッコウ Jacko
ジャッコウシュカ
Jatkowska
ジャッコーニ
Giacconi*
ジャッコモ Giacomo
ジャッザール Jazzār
シャッシ Sciasi
ジャッシー Jassi
ジャッジ Judge***
シャッシャ Sciascia
ジャッシュ Giaches
ジャツスリピタク
Jatusripitak
シャッセ Chassé
ジャッセ Jasset
シャッセリオ
Chassériau
シャッセリオー
Chassériau
シャッター Shatter
ジャッタ Jatta
シャッダード Shaddād
シャッタン Cattanar
シャッツ
Schatz*
Shatz*
シャッツィ Shiatzy*
ジャッツォン Giazzon
シャッツガイアー
Schatzgeyer
シャッツダー
Schatzeder
シャッツバーグ
Schatzberg
シャッツマン
Schatzman*
シャッティ Shatti
ジャッティ Giatti
シャッティワッザ
Šattiwazza
シャッテン Schatten
シャッデン Shadden
シャット
Schat
Schatt
Schutt
Shutt
シャッド
Shad**
Shadd
ジャット Judt*
ジャッド Judd***
ジャットゥー Jattoo
シャッドウェル
Shadwell
シャットキン Shatkin
シャットシュナイダー
Schattschneider*
ジャッドソン Judson
シャットナー Shatner
シャットマン
Shachtman
シャットリアン
Chateaubriand
シャットルワース
Shuttleworth
シャツバーグ
Schatzberg
シャッパーロ
Chapparo
シャッフ Schaff
シャップ
Chappe
Schapp
Schupp
ジャッフ Jaffe
ジャップ
Japp**
Jupp
シャッファー
Schaffer
Shaffer
ジャッファ Jaffa
ジャッフィ Jaffe
ジャッフェ
Jaffe*
Jaffé*
Jaffee
シャッフツベリー
Shaftesbery
Shaftesbury
シャッフナー
Schaffner*
シャップマン
Chapman
シャッペ Schappe
シャッペラー
Schappeler
シャッペル Schappell
ジャッボリ Jabbori
シャツマン
Schatzman*
Shatzman
ジャッラーハ Jarrah
ジャッラーフ Jarrāḥ
ジャッラーヤ Jarraya
シャッラン Sharran
ジャッリーニ Giallini
シャツレ Schaetzle
シャーデ
Schade**
Shade
シャーデー Sade*
シャテー Shatté
シャーディー Shādī
シャティ Shatti
ジャーティ Gerty
ジャーディ Jerde*
ジャーディー Jerde
ジャティ Jati
シャディエフ
Shadiyev
シャティガドゥド
Shatigadud
シャディク Shadick
シャティグドゥド
Shatigudud
シャディックス Shadix
ジャディッシュ
Jagdish
ジャディディ Jadidi
シャディド Shadid*
ジャディード Jadīd
シャーティビー
Shāṭibī
ジャーディム Jardim
ジャティヤ Jatiya

シ

シャティヨン
Châtillon
ジャディラ Yadira
ジャティラカ Jatilaka
シャティリエーズ
Chatiliez
シャーティル Shāṭir
シャティロフ Shatilov
ジャーディン
Jardin
Jardine**
Jerdine
ジャティン Jatin
ジャディン Jardin
ジヤディン Ziyadin
シャーディング
Sherding
シャーディンスタ
Skjerdingstad
シャーデヴァルト
Schadewaldt
シャデラク
Shudur-Aku
シャテラン Chatelain
シャーデル Sherdel
シャテル
Chatel
Châtel
シャーデン Sherden*
ジャーデン
Jarden
Jardin
シャート
Schaadt
Schad**
Schart*
シャード Shād
シャードー Schadow
シャトー
Chaitow
Château
シャド
Chad
Schad
Shad**
Shād
Sheard
シャドー
Schadow
Shadow
ジャード
Gerd
Jard
Jared
Jerde
Ziyād
ジャト Jato
ジャド
Jade*
Jud**
Judd**
Judson
ジヤード Ziyād
ジヤド
Zeyad
Ziad
Ziyad
ジャドアーン Jada'an
ジャトイ Jatoi**
シャドウ
Schadow
Shadow*
シャドウィック
Shadwick
シャドウェル
Shadwell
ジャトゥカンニン
Jatukaṇṇin
シャドゥーニ Shaduni
シャドゥニ Shaduni
シャトゥノーフスキー
Shatunovskii
シャトゥノフスキー
Shatunovskii
シャトウブリアン
Chateaubriand
シャトウブリヤン
Chateaubriand
シャトゥラール
Chatellard
ジャドゥール Jadoul
シャドゥルヌ
Chadourne
ジャトゥン Jia-tun
ジャドゥーン Jadoon
シャトオブリアン
Chateaubriand
ジャドキンス
Judkins*
ジャドキンズ Judkins
シャードスト
Shahdost
ジャドスン Judson*
ジャドソン Judson**
シャトック Shattock
シャトナー Shatner**
ジャドービン
Zhadobin
シャトー・ブリアン
Chateaubriand
シャトーブリアン
Chateaubriand*
Chateaubriant
シャトブリアン
Chateaubriand
シャトーブリヤン
Chateaubriand
Chateaubriant
シャトブリヤン
Chateaubriand
シャドボルト
Shadbolt***
シャドヤック Shadyac
シャドラ Shadra
シャドラー Schadler
シャドラク
Shadrach
Shudur-Aku
シャトラン
Chastellain
Chatelain**
Châtelain
Chatelin
シャトリー Shatley
シャドリ Chadli**
シャトリアン
Chatrian*
シャトリエ Chatelier*
ジャトリエ Chatelier
シャトリット Chetrit
シャトリヤン
Chatrian*
シャトリュス Chatelus
シャドリン Shadrin*
シャートル Schertle
シャトールー
Châteauroux
シャトル Shuttle
シャトルガン
Shatrughan
シャードルト
Chahdortt*
シャトルワース
Shuttleworth*
シャトレ
Chatelet
Châtelet***
Châtlet
シャトレー Châtelet
シャトーレイノ
Chatauraynaud
シャトーロー
Châteauroux
シャードロウ
Shardlow
シャドログ Shadlog
シャトローフ
Shatrov
Shatróv**
シャトロフ
Shatrov
Shatróv
シャトロン Chatron
シャドワース
Shadworth
シャーナ Shana*
シャーナー Shaner
シャナ
Shana
Shanna
Shawna
ジャーナ Giana*
ジャナ
Gjana
Jana*
Jane
ジャナー Jana
シャナイア Shania
ジャナイン Janine*
ジャーナウ Jarnow
シャナエワ Shanaeva
ジャナカ Janaka
シャナサ Shanasa
ジャナシー Gianassi
シャナーズ Shahuaz
ジャナセック Janacek
ジャナット Janat
シャナート Schannat
ジャナート Janert
シャナナ Xanana**
シャーナバズ
Shahnavaz
シャナバゾフ
Shanavazov
ジャナパダカルヤーニー
Janapadakalyāṇī
シャナハン
Shanahan**
ジャナビ Janabi
シャナマン Shanaman
ジャナム Janam
ジャナール Zhanar
ジャナル Zhanar
ジャナルダン
Janardan
シャナワズ
Shahnawaz
シャーナン Shernan
シャナン Shannen
ジャーナーン Jānān
ジャナン
Janan
Janin
ジャナンドレーア
Gianandrea
ジャナンドレア
Gianandrea*
シャーニ Shani
シャニ Shani
シャニー Shani*
ジャーニ
Giani
Jany*
ジャーニー
Jānī
Jurney
ジャニ
Jani
Janni**
Jany*
Rzany
Xhani
Yani
ジャニー
Janie*
Janney
Jannie
Janny
Jany*
Jeanie
Jeannie*
シャニアック
Cherniack
シャニアル Channial
ジャニィ Janni
ジャニェス Yanez
ジャニエトフ Janjetov
ジャニオ
Jânio*
Janniot
Jeanniot*
ジャニガー Janiger
ジャニカク Janicak
ジャーニガン
Jernigan*
ジャニギアン
Gianighian
シャーニク Sharnik*
ジャニク
Janik*
Janyk
ジャニクリ Canikli
ジャニコー Janicaud
ジャニコウスキー
Janikowski
シャニース Shanice*
ジャニース Janice*
ジャニス
Giannis
Janice**
Janis***
Junis
シャニーゼ Shanidze
ジャニータ
Janita
Juanita*
ジャニタ Juanita
ジャニッキ Janicki
ジャニック
Janick
Janik
Janjic
Jannic
ジャニッセ Janisse
ジャニッチ
Janich
Janitch
シャーニナ Shanina
ジャニーナ Janina
ジャニナ Janina
ジャニーニ Giannini
シャニーヌ Janine
ジャニーヌ
Janine**
Jeanine
Jeannine*
Jenean
ジャニネ Janine
シャニノ Shanino
ジャニーブ Janieve
ジャニファー Janifer
シャニュー Chagnoux
ジャニュ Jagne
ジャニュアリ January
ジャニュス Janus
シャニュート Chanute
シャニュト Chanute
シャニョロー
Chagnollaud
ジャニラ Janira
ジャニーン
Janeane*
Janeen
Janene
Janine
Jeanine
Jeannine*
ジャニン
Janine*
Jeanine
ジャニング Janning
シャニングワ
Shaningwa
ジャニンヌ Janine
シャヌ Chanut
ジャーヌ Jane***
ジャヌ Jane
ジャヌアリア Januaria
ジャヌアーリオ
Januário
ジャヌイシ Dzhanysh
ジャヌカン Janequin
ジャーヌッソーニン
Jānussoṇin
ジャヌッツイ Januzzi

シャヌート Chanute
ジャヌネ Jeanneney
ジャヌネー Jeanneney
ジャヌラン Janerand
ジャヌレ Jeanneret
シャネ Shanne
ジャーネ Jān-e
ジャネ
Janet*
Janneh
Jeannet
ジャネー
Janet*
Jean
ジャネイ Janney*
ジャネイラ Janeira
ジャネヴスキー
Janevski
ジャーネェジョー
Janne Kyaw
Journalgyaw
ジャネク Janek
ジャーネージョー
Journalgyaw**
シャネーズ Shanaze*
ジャネス
Janes
Janés
Yaneth
ジャネタ Žaneta
ジャネタシオ
Giannetasio
ジャネッキーニ
Giannecchini
ジャネッサ Janessa
ジャネッタ
Janetta
Jannetta
ジャネッテ
Gianette
Jeannette
ジャネッティ
Gianetti*
ジャネッティーニ
Gianettini
Giannettini
Zanettini
ジャネット
Janet***
Janett
Janette**
Jannet*
Jannette
Jeanette***
Jeannet
Jeannette**
Jenette
Zsanett
ジャネト Janet
シャネマン Shaneman
ジャネリ
Gianelli
Giannelli
Janelli
ジャネリゼ Janelidze
シャネル
Chanel**
Chanelle
Che'nelle
Shanel
ジャーネル Jarnell
ジャネール Janelle*
ジャネル
Caner
Janell*
Janelle*
シャネレ Chanelet
シャノ Shano
シャノー Schano
ジャノ
Janot*
Jeannot
Jehannot
Llano
シャノアーヌ
Chanoine
シャノアーユ
Chanoine
ジャノウ Janow
ジャノウィツ
Janowitz
ジャノーウィッツ
Janowitz
ジャノウィッツ
Janowitz**
ジャノヴィッツ
Janowitz
ジャノーゼク
Janousek
ジャノッティ
Gianotti*
ジャノネ Giannone
ジャノビッツ
Janovitz
Janowitz
ジャノフ Janoff
ジャノーリ Gianoli
ジャノリ
Giannoli*
Gianoli
ジャノリス Janoris
シャノワ Chanois
シャノワーヌ
Chanoine
シーヤーノン Siyanon
シャーノン
Shahnon**
シャノン
Channon
Shannon***
Shanon
ジャノン Gianon
ジャノンチェッリ
Gianoncelli
シャーハー Shāhā
シャーバ Sherba
シャーバー Schaber
シャーパー Schaper*
シャハ
Saha
Śāha
Shah*
シャハー Shahar
シャバ
Chabas
Csaba
Shabba*
Xaba
シャパ Chappaz
シャパー Shapar
ジャーバー Jaaber
ジャハ Jaha
ジャバ
Dzeba
Jaba
Java
Joba
ジャバー
Jabbar*
Jaber*
Jabeur
ジャバアービン
Javaherbin
ジャハイディ Jahidi
ジャバイリー Jhaveri
シャパイロ Shapiro*
ジャバーエフ
Dzhabaev
ジャバオ Jia-bao
シャバカ
Šbḳ
Shabaka
Shabako
シャハク Shahak
ジャーバーグ Gerberg
ジャハク Cha-hak
シャバコ Shabako
シャハサバリ
Shahsavari
シャーバジアン
Shahbazian
ジャハシヤーリー
Jahshiyārī
シャバス Schabas
シャバズ
Shabazz
Shehbaz
ジャーバス
Gervase
Jervas
ジャバーズ Javers*
シャーパーソン
Sharperson
シャハーダ Shahāda
シャハタ Shehata
シャハター Schachter
シャハダ Shehada
シャバタカ Shebitku
シャハダット
Shahadut
ジャバツマ
Jayavarman
ジャバテ
Diabate*
Diabaté
ジャーハーディ
Gerhardie
ジャバディ Javadi
ジャバデカル
Javadekar
シャハテベック
Schachtebeck
シャハテル Schachtel
シャハト Schacht**
シャバート Shabert
シャパード Shapard
ジャーハート Gerhart
ジャバド Javad
シャハトシャーベル
Schachtschabel
ジャバドポウル
Javadipour
シャハトマン
Schachtman
シャハナ Sahana**
シャハナー Schachner
シャバーナー Shabana
シャバナ Shabana
シャハナヴァス
Shahnavaz
シャハニ Shahani*
シャバニ
Chabani
Shabani
ジャハニ Jahani
シャバニス Chabanis
シャバーヌ Chavane
シャバヌ Chabanne
シャハネ Shakhane
シャバネル Chabanel
シャバノー
Chabaneau
シャバーノヴァ
Shabanova
シャバノヴァ
Shabanova
シャバノン Chabanon
ジャバノン Chabanon
シャハフ Shahaf
シャーハブッディーン
Shahabuddin
シャハブディーン
Shahabuddin
シャハブディン
Shahabuddin
シャハブデン
Shahabuddin**
シャハブプール
Shahabpour
シャハム Shaham*
ジャハム Jahm
ジャバラ Jaballah
シャハラザード
Shahrazād
シャバラスヴァーミン
Śabarasvāmin
シャハラスターニー
Shahrastānī
シャバラスバーミン
Śabarasvāmin
ジャハラナ Jaharana
シャハラニ Shahrani
シャハラーム
Shahram
シャハラム Shahram
シャバララ
Shabalala*
Tshabalala
シャーバリ Sjöberg
シャハリ Chakhari
ジャバーリ Jabari
ジャバリ
Jabali
Jabari
Jabbari
ジャバリー Jabalī
シャハリアリ
Shahriari*
シャハリスタニ
Shahristani
ジャパリーゼ
Dzhaparidze
ジャバリニ Giavarini
シャバリパー Śabaripā
シャハリヤール
Šahriyār
シャハリン Shakhlin*
シャバリン
Shabalin**
シャハル
Shahar**
Shahr
シャバル
Chabal*
Chaval
ジャバール Jabar
ジャバル
Jabar
Jabbar
ジャパルクル
Zhapparkul
ジャバルティー
Jabarti
Jabartī
ジャバレイ Jabaley
シャハレビッチ
Shafarevich
シャパレンコ
Shaparenko
ジャバロフ Jabbarov
ジャパロフ
Dzhaparov
Japarov
Zhaparov
シャーハン Shahan
シャーバーン
Sha'bān
Sha'ban
Sherburne
シャーバン
Chaabane
Shaaban*
Sha'ban
シャハン Sahan
シャバン
Chaban
Schavan
Shaban
シャパン Saphphan
ジャハーン
Jahan
Jahān
Jehan
ジャハン Jahan*
ジャバン Javan
ジャハンギリ
Jahangiri
ジャハーンギール
Jahāngīr
ジャハーンギル
Jahāngīr
ジャハンギール
Jahangir
Jahāngīr
Jehangir

シ

ジャハンギル
Jahangir
Jahāngīr
Jehangir
シャバング Shabangu
シャーハーン・シャー
Shāhānshāh
シャバンス Chavance
シャバンソー
Chabanceau
ジャハーンダール
Jahāndār
シャバンティ
Shavanti*
シャバンデルマス
Chaban-Delmas*
シャバンヌ
Chabanne
Chavanne
Chavannes
シャバンバイ
Shabanbay
ジャハーン・フォルーズ
Jahanforuz
シャハンベ
Shakhanbeh
ジャハンベグロー
Jahanbegloo
シャーヒー
Shahi
Shāhī
シャービ Sha'abī
シャービー Sha'abī*
シャーピ Sharpey
シャーピー
Charpie
Sharpey
シャヒ Shahi
シャビ
Chabi
Xabi*
Xavi**
シャビー Chebbi
ジャビ Jabi
シャーピィー Sharpey
シャビエ Xavier
シャビエー Xavier
ジャビエ Xavier
シャビエル
Xabier
Xavier***
ジャビエン Javien
シャーピク Shapik
シャピク Shapik
ジャーヒズ Jāhiz
ジャービス Jarvis***
ジャビス Jarvis
ジャピス Jaapies
シャビスタリー
Shabistarī
シャヒーダ Shahida
ジャビダン Djavidan
シャービッシュ
Schervish
シャビッチ Šabić
ジャビッツ Javits*
シャヒッド Shahid*
ジャヒット Gahit
ジャビット Xhavit
シャヒデ Shahidi
シャヒディ Shahidi
ジャビディ Javidi
シャヒード
Shaheed
Shahīd
シャヒド
Shaheed
Shahid**
Syed
ジャーヒド Jahid
ジャービト Câvit
ジャヒト
Cahit
Gahit
ジャビド Javid
シャビビ Shabibi
シャビーブ Shbeeb
シャビブ
Shabib
Shebib
シャヒーム Shaheem
ジャヒヤ Jahja
シャピュ
Chapu
Chapus
シャピュー Chapu
シャピュイ
Chappuis
Chapuis**
シャピュウ Chaput
シャピュゾー
Shappuzeau
シャーヒヨウ
Shaahiyow
ジャヒョン Ja-hyun
シャピーラ Shapira
シャピラ
Schapira
Shapira*
ジャービリー Jābirī
シャービル Sharvill
ジャービル
Jabir**
Jābir
ジャビル
Jaber
Jabir**
シャピーロ
Schapiro
Shapiro*
シャピロ
Schapiro**
Shapiro***
シャピロー Shapiro
シャーヒーン Shaheen
シャーピン Charpin
シャヒーン
Chahine**
Shaheen**
Shahine
シャヒン
Sahin**
Şahin
Şahin
Shahin*
ジャービン Jaivin
シャーピング
Scharping**
ジャビンズ Javins
シャヒンドフト
Shahindokht
シャーピントン
Shirvington
シャーフ
Schaaf**
Schaff
Scharf*
Scharff
Scherf
Scherff
Shāhū
シャーフー Shāhū
シャーブ Schab
シャープ
Schaap
Scherp
Sharp***
Sharpe***
シャフ
Schaff**
Shaff*
Syaf
シャブ Shub
シヤブ Shiyab
ジャープ Jaap*
ジャフ Jaffe
シャーファー
Schaefer
Schafer
シャファー
Schafer
Schaffer*
Shaffer*
ジャーファー Jaafar
ジャファ
Jafa*
Xhafa
ジャファー
Jafa
Jaffer
ジャファイティ Gafaïti
シャファク Shafak*
シャファジーク
Šáfařík
シャファート Schaffert
ジャファリ
Jaafari*
Jafali
Jafari
Jaffali
ジャファリー Jaffary
シャファーリク
Šáfařík
ジャーファル
Jaafar
Jafar
Ja'far
Ja'far
Jaffar
ジャファール
Djaffar
Jaafar*
Ja'afar
Jafar*
ジャファル
Djaffar
Jafar*
Jaffar*
シャファレーヴィチ
Shafarevich*
シャファレヴィチ
Shafarevich
シャファレヴィッチ
Shafarevich
シャファレービチ
Shafarevich
シャファン
Saphphan
Shaphan
シャーフィー
Scharfe
Scherfig
シャフィ
Shafi*
Shafie**
Syafii
シャフィー Shafie
シャプイ
Chappuis**
Chapuis
ジャフィ Jaffe**
ジャフィー
Jaffe
Jaffee*
シャフィーア Shafeea
シャーフィイー Shāfiʻī
シャフィーウ Shafeeu
シャフィーク
Shafeek
Shafiq
Shafīq
シャフィク
Chafiq
Schafik*
Shafig
Shafik*
Shafiq
Shafīq
ジャーフィス Gyarfas
シャフィック
Shafig
Shafique
シャフィーユ Shafeeu
ジャブィーユ
Jabouille
ジャブイーユ
Jabouille
シャフィール Shafir
ジャフィン Jaffin
ジャーブヴァーラー
Jhābvālā
ジャブヴァーラ
Jhabvala**
シャブウォフスキ
Szabłowski
シャフェ Schaffer
ジャフェ
Jaffe*
Jaffé
Jaffee
シャフェイ Shafii
ジャフェット
Jafeth
Japhet
ジャフェリ
Dzaferi
Xhaferri
ジャフェロヴィッチ
Džaferović
ジャフェロール
Caferoglu
シャーフェンバーガー
Scharffenberger
ジャフォード Jaffard
シャフォールド
Schefold
シャブガ Savga
シャフカト Shavkat*
シャフカトー Shafqat
シャブカト Shavkat
シャフカトベク
Shavkatbek
シャプカレフ
Shapkarev
シャプコット
Shapcott*
シャプサル Chapsal**
シャプシャック
Shapshak
ジャフシャーリー
Jahshiyārī
ジャフシヤーリー
Jahshiyārī
ジャフシヤリー
Jahshiyārī
シャフシュタイン
Schaffstein
シャフシール
Shakhshir
シャブスー
Chaboussou
シャープスティーン
Sharpsteen
シャフスベルリ
Shakhsuvarly
シャブタイ
Shabbetai
Shabbetay
Shabtai*
シャブダイ Shabbetai
シャブダトゥアシヴィリ
Shavdatuashvili
シャフダトゥアシビリ
Shavdatuashvili
シャブダトゥアシビリ
Shavdatuashvili*
シャフタミ Chaktami
シャプタル Chaptal
シャフタン Shaftan
シャーフツベリ
Shaftesbury
シャフツベリ
Shaftesbury
シャフツベリー
Shaftesbury
シャブテ Chabouté
シャブティニ Shabtini
シャフテル Shaftel
シャフト Schaft
シャプート
Shapout
Shaprut
シャブドゥラスーロフ
Shabdurasulov
シャブドゥン

Shabdrung
Shabs drun
シャブドゥン
Zhabs drung
シャプドレーヌ
Chapdelaine
シャフトン Shafton
シャプートン
Chapouton**
シャフナー
Schaffner**
Shaffner*
シャブナー Chabner
シャフナザーロフ
Shakhnazarov**
シャフナザロフ
Shakhnazarov
シャフナザロワ
Shakhnazarova
シャーフハイトリン
Schafheitlin
シャーフハウゼン
Schaaffhausen
シャフバズ Shahbaz**
シャフバンダル
Shahbandar
ジャーブーブ
Djaaboub
シャープフェルト
Schaapveld
シャフブート
Shakhbūṭ
シャーフマトフ
Shakhmatov
シャーフマン
Scharfman
ジャフム Jahm
シャプュ Chapu
シャフラー Schauffler
ジャブラー Jabrā
シャフライ Shakhrai*
ジャブライル Jabrayil
シャフラカーゼ
Shavlakadze
シャフラスターニー
Shahrastānī
シャフラート
Schaffrath
ジャブラニ Jabulani
シャフラム Shakhram
シャフラン
Shaffran
Shafran*
シャブラン Chabrun
シャプラン
Chapelain*
Chaplain
Chaplin
ジャブラーン Jabrān
シャプランド
Shapland
ジャブランヌ Jabrane
シャープリー Sharpley
シャフリー Shuffrey
シャプリ Shapley
シャプリー Shapley*
ジャフリ Jafri
ジャフリー
Jaffray
Jaffrey
Jafri
ジャブリ
Jabburi
Jabri
ジャブリー Jabrii
シャブリア Chabriat
シャブリアシビリ
Shavliashvili
シャブリエ
Chabrier**
シャプリエ Chapelier
ジャブリエル Jabriel
シャブリス Chabris
ジャプリゾ
Japrisot***
シャフリッツ
Shafritz*
シャフリヤール
Šahriyār
Shahriyâr
シャフリール Shahrir
シャフリル Sjahrir
ジャブリレ Jabulile
シャプリン Shaplin
ジャーブリンク
Järbrink
シャープール Shāpūr
シャーブル Shāpūr
シャフル
Shahr
Shahul
Szufel
シャプール
Shahpour*
Shāpūr
シャプル Shāpūr
ジャブール Jabbour
ジャブル Jabral
シャプルジ Shapurji
シャーブルック
Sherbrooke
シャフルディン
Syafruddin
シャプルト Shaprut
シャフルボラーズ
Shahrbarāz
シャプレ Chaplet**
シャプレー Shapley
シャープレイ Shapley
シャプレイ Shapley
ジャフレイ Jaffrey
シャープレス
Sharples
Sharpless*
シャプレン Shaplen*
シャプロ
Chapelot
Shapiro
ジャブロ Njabulo
ジャブロー Jablow
ジャブロウ Jablow
ジャフロミ Jahromi
シャブロル Chabrol**
シャプロン
Chaperon
Chapron
ジャブロンカ
Jablonka
ジャブロンスキ
Jablonsky
ジャブロンスキー
Jablonski
Jablonsky
ジャフンパ Jahumpa
シャーペー Sharpey
シャヘ Schache
シャペー Chapais
ジャベ Llave
シャーベイ Charvet
シャベコフ Shabecoff*
シャヘシュヘ
Chahechouhe
シャベス
Chaves**
Chavez
ジャーベス Jabès
ジャベース Jabès
ジャベス
Jabes
Jabès**
シャベスタリー
Shabistarī
シャベタイ Shabbetai
シャベツ Chavez
シャーベッティン
Şahabeddin
シャーベット
Charvet
Scharbet
ジャーベットソン
Jurvetson
シャヘド
Chahed*
Shahed
シャベト Thabet
ジャベド Javed
シャペラ Schapera
シャヘラニ Shahrani
シャベリー Shabery
シャベリア
Chaveyriat
シャベール
Chabbert
Chabert
シャベル
Chabert
Shavell
シャペール Chapelle
シャペル
Chapel*
Chapelle*
ジャベール JaVale
ジャベル Jaber*
シャベルスキ
Szabelski
シャベルソン
Shavelson
シャーベルト Schabert
シャペレ Chappelet
シャベレフスキー
Shabelevsky
シャペロ Chiapello
シャペロン Chapelon
シャボ Chabot*
シャボー
Chabod*
Chabot*
Szabó
シャポ Chapot
ジャボ Jabbo
シャボイヤー
Chaboyer
シャポヴァーロフ
Shapovalov
シャポーヴィル
Chapeauville
シャボウスキー
Schabowski
シャポヴロフ
Shapovalov
シャポウン Chapone
シャーボク Sherbok
ジャボク Ja-Bok
シャポシニク
Shaposhnyk
シャーポシニコフ
Shaposhnikov
シャポシニコフ
Shaposhnikov
シャポシニコワ
Shaposhnikova
シャポシュニコヴァ
Shaposhnikova
シャポシュニコバ
Shaposhnikova
シャポーシュニコフ
Shaposhnikov
シャポシュニコワ
Shaposhnikova
シャボズ Shabazz
シャポタン Chappotin
シャポチニコフ
Szapocznikow
ジャボチンスキー
Jabotinsky
Zhabotinskii*
Zhabotinsky*
シャボット Chabot*
シャーボティー
Sherbotie
シャボティ Chabauty
ジャボティンスキー
Jabotinsky
Zhabotinskii
シャポトゥーレ
Shapo Toure
シャーボネ
Charbonnet
シャポーネ Chapone
シャーボノー
Charboneau
Charbonneau
シャポバリヤンツ
Shapovaliyants
Shapovalyants
シャホビディン
Shakhobiddin
Shakhobidin
シャボフスキー
Schabowski
シャホフスコーイ
Shakhovskoi
ジャボリアス Javorius
シャポーリン
Shaporin
ジャホールド Gerhold
シャポロヴスカ
Szapolowska
シャボロトフ
Shabolotov
シャポワリアンツ
Shapovaliyants
Shapovalyants
シャポワリヤンツ
Shapovaliyants
Shapovalyants*
シャポワロフ
Shapovalov
シャーボーン
Sherborne
シャポーン Chapone
シャポン Chapon
ジャホン Ja-hong
ジャボン Javon
シヤボンガ Siyabonga
ジャボンティー
Javontee
シャーマ
Schama*
Shama
Shāma
Sharma*
シャーマー
Scharmer
Schermer
Shermer*
シャマー Shamar
ジャーマ Jarma
ジャーマー Germer
ジャマ
Djama
Jama
ジャマー Jamar
ジャマーア Jamā'a
ジャマイカ Jamaica
ジャマイカル
JaMychal
ジャマイズ Jamize
ジャマイル Jamail
シャマイン
Charmaine
ジャーマイン
Jermaine
ジャーマウリア
Jermauria
ジャマーカ Jamarca
ジャマーク Jamake*
シャマシ Shamshi
シャマシュ
Šamaš
Shamash
シャーマス
Shammas*
シャーマズ Charmaz
シャマス

シ

Shamas
Shammas
ジャマス Llamas
シャマスク Shamask
ジャーマースプ
Zāmāsp
シャマタデーヴァ
Śamathadeva
シャーマット
Sharmat***
ジャマテイ
Giammattei
シャマト Shammat
ジャーマニー
Germany*
ジャマーノ Germano*
シャマヒー Shamahi
ジャマヒール Jamahir
シャーマホーン
Schermerhorn
シャマユー Chamayou
ジャマラディーン
Jamaaladeen
ジャマラディン
Jamaladdin
シャマラン
Shyamalan**
ジャマーリ Jamali
ジャマリ
Jamali**
Jamari
Jammali
シャーマル Chamard
ジャーマル
Jamaal
Jamāl
ジャマール
Jamaal
Jamahl
Jamal***
Jamāl**
Jamall
Jamālo
Jamar
ジャマル
Djamal
Dzhamal*
Gamal
Jamal**
Jamāl
Jemal
ジャマルウル Jamal ul
ジャマールザーデ
Jamāl-zade
ジャマルスキー
Jamalski
シャーマルダーン
Shāhmardān
ジャマールッ
Jamal al
Jamāl al
ジャマールッ・ディーン
Jamal al-Din
Jamāl al-Dīn
ジャマールッディーン
Jamāl al-Dīn
Jamālo d-Dīn
ジャマルディノフ
Zhamaldinov
ジャマルディン
Jamaluddin
ジャマルトジノフ
Djamaloudinov
シャマルパ
Shamarpa
Zhwa dmar ba
ジャマルライル
Jamalullail**
ジャマルル Jamalul
ジャマーロッディーン
Jamāl al-Dīn
ジャマーロッディン
Jamāl al-Dīn
シャマロフ Shamalov
ジャマロフ Jamalov
シャーマン
Chermann
Scherman
Schurman
Schuurman
Sharman**
Shearman
Sherman***
Shireman*
シャマン Shaman
ジャーマン
Germain
German**
Germán
Germann
Jamin
Jarman**
ジャマン
Jamin*
Jamyn
シャーミ Shami
シャーミー
Shaami
Shāmī
シャミ
Chami
Šami
Schami**
Shami**
シャミー Chamie
ジャーミ Jami
ジャーミー
Jāmī
Jeremy
Jermy
ジャミ
James
Jami
Jamis*
ジャミー
Jami
Jamīʻ
Jamie*
シャミア Shamir
ジャミーア Jameer*
シャーミアン
Charmian*
ジャミイソン
Jamieson
シャミエ Chamier
シャミエル Shamiel
ジャミオロスキー
Jamiolkowski
ジャミシェフ
Zhamishev
ジャミスン Jamison
シャミソー Chamisso
シャミソオ Chamisso
ジャーミソン
Jamieson
ジャミーソン
Jamieson
ジャミソン
Jamieson*
Jamison**
シャミッソー
Chamisso*
シャミッソウ
Chamisso
シャミッソォ
Chamisso
シャミナード
Chaminade
シャミナド
Chaminade
ジャミーニ Jaimini
ジャミニ Jamini
シャミネー Schaminée
シャミフ Shamekh
シャミーム Shamim
ジャミヤン Zhamiyan
ジャミヤンギン
Jamiyangiin
ジャミヤンスレンギン
Jamiyansurengiin
シャーミラ Sharmila
ジャミーラ Jamīla
ジャミラ
Damila
Djamila
Jamila
シャミーリ
Shamil
Shamiri
シャミリ Shamil
ジャミーリャ
Dzhamilia
シャーミル Shamil
シャミール
Shamil
Shamir*
シャミル
Shamil*
Shamir**
ジャミール
Jameel**
Jamil
Jamīl
Jaromir
ジャミル Jamil***
シャミン Shamin
ジャミン Jamin
シャーム
Charms
Schalm
Sherman
Shyam*
シャム
Schum
Schumm
Sham**
Shams
Shamu
Shum*
Shyam*
Syam
シャムー
Chamoux
Shamoo*
シヤム
Shyam
Siyam
ジャーム Jammes
ジャム
Jam
James
Jammes**
シャムイラドフ
Shamyradov
シャムウェイ
Shumway**
シャムウエイ
Shumway
シャムウーン Shamʻūn
シャームエル Samuel
ジャムカ
Djamkha
Jamukha
シャムカユンブ
Syamkayumbu
シャムガル Samegar
シャムグーニ
Shamuguni
シャムコ Shamko
シャムコヴィッチ
Shamkovich
ジャムゴン
'Jam mgon
シャムサ Shamsa
ジャムサ Jamsa*
シャムザイ Shamzai**
シャムサン Shamsan
シャムシ
Shamshi
Shamsi
シャムジー Shamsie
シャムシアー
Shamsiah
シヤムシウェ
Siyam Siewe
ジャムシェド Jamshed
シャムシェル
Śamśer
Shumshere
シャムシェールバハードゥル
Śamśerbahādur
シャムシッジン
Shamsiddin
ジャムシーディー
Jamshidi
シャムシディン
Chamsidine
ジャムシード
Jamseed
Jamshid*
Jamshīd
ジャムシド Jamshid
ジャムシトベク
Zhamshitbek
シャムシャ Shamsha
シャムジャエ
Syamujaye
ジャムジューム
Jamjoom
シャムシュル
Śāmsur
Shamsur*
ジャムジューン
Jamjoom
シャームス Shames
シャムス
Shams*
Shamus
シャムス・ウッ・ディーン
Shamsu'd-Dīn
シャムス・ウッディーン
Shamsoddīn
シャムスカ
Chamusca*
シャムスッ Shamsu'd
シャムスッ・ディーン
Shamsu'd-Dīn
シャムスッディーン
Shams al-Din
Shams al-Dīn
シャムスディーン
Samsudeen
シャムスディン
Shamsuddin*
Syamsuddin
シャムスル
Shamsul
Shamsur*
シャムセ Shams-i
シャムソッディーン
Shams al-Dīn
Shamsoddīn
シャムダサーニ
Shamdasani
ジャムツァラーノ
Jamtsarano
Zhamsrano
ジャームッシュ
Jarmusch**
シャムナッド
Shamnad
シャムバ Shamba
ジャムハ Jamukha
ジャムパー Jumper
シャムハニ
Shamkhani
シャムハメト
Samuhammed
ジャムバルヴォ
Jiambalvo
シャムヒード
Shamheed
ジャムビン Jambyn*
シャムファ Shamfa
シャムブージー
Shambhūjī
シャムブラン
Chambrun
シャムブル Chambre
シャムベルガー
Schamberger
シャムボー
Shambaugh
シャムボン Chambon
ジャムマスター
Jam Master
ジャムヤン
'Jam dbyangs
Jamyang**

シャームラード
Shāh Murād
シャムラン Shamlan
シャムーリン
Shamurin
シャムリン Shamlin
ジャムリン Jamling*
シャームルー Shāmlū
ジャムール Jarmul
シャムレイ Shamlaye
ジャムレク Jamleck
シャムロ Schamroth
シャムロイ Shamroy
シャムロック
Shamrock*
ジャムロン Chamlong
シャムーン
Chamoun*
ジャメ
Jamet
Jammeh**
ジャーメイ Jarmey
ジャメイ Jamei
ジャメイカ Jamaica**
シャメイト Chamate
シャーメイン
Charmaine
シャメイン
Charmaine
ジャーメイン
Germain*
Germaine**
Germane
Jermain**
Jermaine**
ジャメイン Germain
ジャーメスハウゼン
Germeshausen
ジャメセタ Jamesetta
シャメフ Shamekh
ジャメーリ Jamelli
ジャメリー Jermelle
ジャメル
Djamel*
Jamel
Jamell
ジャメレッディン
Jameleddine
ジャーメン Germaine
シャメンダ Shamenda
シャモ Chamo
シャモタ Shamota
ジャモドゥ Jamodu
シャモニ Schamoni
シャモニー
Schamoni
Schomoni
ジャモニエール
Jammonieres
シャモフ Chamove
ジャモール Jamol
シャモワゾー
Chamoiseau**
ジャーモン
Germon
Jermon
シャモンド
Shammond

ジャーヤ Jaya
ジャヤ
Djaya
Jaya*
ジャヤヴァルマン
Jayavarman
ジャヤウィクラマ
Jayawickrema
ジャヤヴィーラヴァルマン
Jayavīravarman
ジャヤカトアン
Jayakatwan
ジャヤガトゥ
Jayagatu
ジャヤカトワン
Jayakatwan
ジャヤカール Jayakar
ジャヤカーンタン
Jayakanthan
ジャヤクマール
Jayakumar
ジャヤクマル
Jayakumar
ジャヤクリシュナ
Jaya Krishna
ジャヤシマ Jayasiṃha
ジャヤシンゲ
Jayasinghe**
ジャーヤスィー Jāyasī
ジャヤスヴァスティ
Jayasvasti
ジャヤスーリヤ
Jayasuriya
ジャヤスリヤ
Jayasuriya
ジャヤスンダラ
Jayasundara
ジャヤセカラ
Jayasekara
ジャヤセケラ
Jayasekera
ジャヤセナ Jayasena
ジャヤソーリア
Jayasooria
ジャヤディニングラット
Djajadiningrat
Jayadiningrat
ジャヤティラカ
Jayatilleke
ジャヤデ・ヴァ
Jayadeva
ジャヤデーヴァ
Jayadeva*
ジャヤデヴィー
Jayadevī
ジャヤデーバ
Jayadeva
ジャヤデーブ Jayadev
ジャヤナガラ
Jayanagara
ジャヤナーシャ
Jayanāśa
ジャヤーナンダ
Jayānanda

ジャヤバヤ Djajabaja
ジャヤバラン
Jayabalan
Jeyabalan
ジャヤパール Jayapal
ジャヤパル Jayapal
ジャヤバルマン
Jayavarman
ジャヤベル Jayavel
ジャヤラオ Jayarao
ジャヤラトナ
Jayaratne
ジャヤラトナム
Jeyaretnam**
ジャヤラマ Jayarama
ジャヤラマン
Jayaraman
ジャヤラム
Jayaram**
ジャヤラリタ
Jayalalitha**
ジャヤワルダナ
Jayawardene
Jayawardhana
ジャヤワルダネ
Jayawardena
ジャヤワルデネ
Jayawardene*
ジャヤンサ Jayantha*
ジャーヤーンタ
Jayanta
ジャーヤンタ Jayanta
ジャヤンタ Jayanta**
ジャヤンティ Jayanthi
ジャヤンティラル
Jayantilal
ジャヤント
Jayant*
Tjahjanto*
ジャヨン Ja-yeon
シャーラ Shaara**
シャーラー
Schaller
Scharrer*
Scherer
Sharer
Sheerer
Sherar
Sherer
Shirer
シャラ
Charrat
Schala
Shala
Shara**
シャラー
Charrat
Schaller**
Scharler
Scharrer
Scherer
Shaller
Sharer
Shearer
シヤラ Siala
ジャラ
Diarra
Jallah
Jhala*

シャライデ Sharideh
シャーラウ Scharlau
シャーラーウィー
Sh'arawi
シャーラウィ
Shaarawy*
シャラウィ
Shaarawi
Sh'arawi
シャラウィー Sharawy
ジャラウド Jarraud
シャーラーエフ
Shalaev*
ジャラギエ Jalaguier
ジャラキーカル
Jhalakīkar
ジャラキャヴィチュス
Zhalakyavichyus
シャラコワ Sharakova
シャラシェビチュウテ
Šalaševičiūtė
シャーラーダー
Sharada
ジャラツ Žalac
シャラッチャンドラ
Śaratcandra
シャラット Sharratt**
ジャラット Jarratt
シャラットチャンドラ
Śaratcandra
Sharatchandra
ジャラッラ
Jarallah
Jarrallah
ジャラッラー Jarallah
シャラート
Schallert
Sharad
シャラト
Sharat
Sharath
シャラド Sharad**
ジャラード Jallade
ジャラド Jared
シャラトチャンドラ
Śaratcandra
Sharatchandra
ジャラートリ Jaraatli
ジャラトリ Jaratli
ジャラハ Jarrah
シャラビ Shallabi
シャラビン Sharavyn*
シャラフ
Sharaf***
Sharaff*
Sharof
シャラブ Sharav
シャラフッ Sharaf al
シャラフッ・ディーン
Sharafu'd-Dīn
シャラフッディーン
Sharaf al-Dīn
シャラブドルジ
Sharavdorj
ジャラフマ Jalahma
ジャラベール
Jalabert*

シャラポワ
Sharapova**
ジャラマズ Jaramaz
シャラーム Sharam
シャラメ Chalamet
シャラメル Challamel
シャラモウン
Šalamoun
ジャラモギ Jaramogi
シャラーモフ
Shalamov*
Shalámov
シャラモフ Shalamov
シャラモン
Salamon
Sharamon
ジャラヤー Jalayer
シャラリ Sharari
ジャラリ Jalali
シャラル
Salaru
Shala
Sharar
ジャラール
Jalal**
Jalāl*
ジャラル Jalal**
ジャラールッ Jalāl-ud
ジャラールッディーン
Jalāl al-Dīn
Jalāl-ud-Din
Jalāl-ud-Dīn
ジャラルディン
Jalaluddin
ジャラルル Jalalul
ジャラーロッディーン
Jalal-ud-din
ジャラロディン
Jalaloddin
シャラン
Shaalan
Sharan
ジャランガ Jalangga
シャランスキ
Sharanski
シャランスキー
Schalansky
Shalansky
Sharansky**
ジャーランダラパーダ
Jālandharapāda
ジャーランド Garland
シャランドン
Chalandon
シャーリ
Shaali
Shari
Sharli
Sharri
Shirley
Shirly
シャーリー
Charrie*
Schally
Schary
Shari*
Sharlee
Sherley
Shirlee
Shirley***
Shirly

シ

シ

シャリ
Scerri
Schally
Shari**
Shary
シャリー
Chary
Schally*
Schary
Shari
Sharry
Shirley
ジャーリ Jahri
ジャーリー Shirley
ジャリ
Jarrie*
Jarry*
ジャリー
Jarry
Jhally
シャリア Shariia
ジャリアス Jarius
シャリーアティー
Shariati
Sharīatī
Sharī'atī
シャリアティ Shariati
シャリアート Shariat
シャリアト Shariat
シャリーアトマダーリー
Sharīat Madārī
シャリアトマダリ
Shariatmadari*
シャリアピン
Chaliapin
Shaliapin*
Shalyapin
シャーリィ Shirley
シャーリイ Shirley
シャーリエ
Charlier
Shaaerie
シャリエ
Chalier*
Challier
Charlier
Charrier
ジャリエ Jallier
シャリエール
Charrière*
シャリオール Charriol
ジャリオン
Jarion
Jarrion
シャリカシュビリ
Shalikashvili*
シャリカゼ
Sharikadze
シャリギナ Shalygina
シャリク
Shalik
Sharekh
ジャリコ Jaricot
シャーリコフ Shalikov
シャリコフ
Charikov
Sharikov
シャーリザ Shahriza
シャリザット
Shahrizat
ジャリージュ Jarrige
シャーリシューカ
Śāliśuka
シャーリーズ
Charlize*
シャーリズ Charlize
シャリース
Charice*
Charise
Charisse
Shareece
シャリーズ Charlize
シャリス
Charis
Shallis*
Sharis
シャリタ Shalita*
シャリダ Sharida
シャリッチ Saric
シャリッツ Sharits
シャリット
Shalit*
Shallit
Sharit
シャーリップ Charlip
シャリート Shalit
ジャーリニー Jālinī
シャリニ Giarini
シャリニョン
Charignon
シャーリーヌ
Charlene
シャリネフ Shal'nev
シャリーノ Sciarrino
シャーリーブ
Scharlieb
シャーリフ
Sharekh
Sharrif
シャリーフ
Chalif*
Shareef
Sharieff
Sharif
Sharīf
Sharrieff
Sherif
シャリフ
Charif
Sharif**
Shariff
Sherif
ジャリプ Ja-rip
シャリファ Sharifa
シャリフィ Sharifi
シャリフォ Sharifo
シャリフォフ
Sharifov*
シャリフザデガン
Sharifzadegan
シャリフディン
Sjarifuddin
シャーリプトラ
Sāriputta
シャリホフ Sharifov
シャリポフ Sharipov*
シャリム Shalim
ジャリム Djalim
ジャーリヤ Jāliya
シャリャーピン
Shaliapin
Shalyapin
シャリャピン
Shaliapin
シャリヤピン
Chaliapin
シャリャン Xia Lian
シャリュ Char
ジャリュ Jalu
シャリュック
Schallück*
シャリュモー
Chalumeau
シャリラ Shalila
ジャリーリ Dzhalil'
ジャリリ
Djalili
Jalili*
シャリル Sjahrir
ジャーリール Jahleel
ジャリール
Dzhalil
Dzhalil'
Dzhalíl
Jaleel
Jarīr
ジャリル
Djalil
Dzhalíl
Jahlil
Jalil
ジャリーロ Jarillo
シャーリーン
Charlene**
Shareen
Sharlene
シャーリン
Charlene**
Sharyn**
シャリーン
Chaline
Charlene
Sharyn
Shereen
シャリン
Shalin
Sharryn*
Sharyn
ジャリン Jalin
シャリンガー
Scharinger
シャーリング Scharing
シャリング Schalling
シャール
Challe
Challes
Char**
Charles**
Chasles
Schaal
Schall*
Shaar
Shirl
シャル
Challe
Challes
Charles
Šar
Schall
Schull
Shall
Shar
Shull**
シャルー
Challeux
Charroux
Charu
ジャール
Jarle
Jarre**
Jars
Jearl*
ジャル Žal
ジャルー Jaloux*
ジャルウ Jaloux
シャルヴァ Shalva
ジャルヴァース
Gervase
シャルヴィス Shalvis
ジャルヴィス Jarvis*
ジャルヴィン Jalvingh
シャルヴェ
Chalvet
Charvet
Charvey
シャールヴェンカ
Scharwenka
シャルヴェンカ
Scharwenka
シャルヴォヴィチ
Shalvovich
シャルエル Charuel
シャルカーウィ
Sharqawi
シャルカーウィー
Sarqāwī
Sharqawi
Sharqāwī
シャルカウィ
Sharkawy
シャルカウイ
Sharqawi
シャルカディ Sarkadi*
シャルガフ
Chargaff**
シャルガム
Chelghoum
Shalgam
ジャルガルサイハン
Jargalsaihan
Jargalsaikhan
Jargalsaikhany
ジャルガルトラギン
Jargaltulgyin*
シャールキョジ
Sárközy
シャルク
Schalck
Schalk*
Sharq*
ジャルク Zharku
シャルクウィク
Schalkwyk
シャルグラン Chalgrin
シャルクロス
Shallcross
シャールケジ Sarkozi
シャルコ Charcot
シャルコー Charcot
ジャルコ
Zarko
Žarko
Zharko
ジャルコビッチ
Zarković
シャルコフスキー
Sharkovskii
ジャルジー Jargy
シャルシェケエワ
Sharshekeeva
シャール・シェミット
Schaarschmidt
ジャルジス Jarjis
シャールシッヒ
Scharsig
シャルジュ Salci
ジャルジュ Jarju
シャールシュミット
Schaarschmidt*
ジャルジン Jardim
シャールズ Charles
シャルス Charce
ジャールズ Giles
ジャルスキー
Jaroussky*
ジャルストン Jalston
ジャルソ Jarso
ジャルソムバット
Charusombat
Jarusombat
シャルダ Šalda
シャルダイン
Schardein
ジャルダイン Jardine
シャルタウ Schartau
シャルダヴォワーヌ
Chardavoine
シャルダコフ
Shardakov
シャルダース Shalders
シャルダン Chardin**
ジャルダン
Jardin***
Jardins
シャルチェ Chartier
シャルチエ Chartier*
シャルチェビッチ
Šarčević
ジャルティ Dzharty
ジャルディ Jardí
シャルティェ Chartier
シャルティエ
Chartier***
シャルティエル
Shaltiel
ジャルディーニ
Giardini
ジャルディネッリ
Giardinelli
ジャルディーノ
Giardino
ジャルディム Jardim
ジャルディン Jardim
ジャルデウ Jardel*
シャルテガー
Schaltegger
シャルデロー
Shardelow
シャルテン Scharten

シーヤールトー
Szijjártó
シャルト
Schardt
Sharlto*
ジャルード Jalloud
ジャルド Jalloud*
シャルトーヴ
Chartove
ジャルトゥー Jartoux
シャルトゥート
Shaltūt
シャルドーネ
Chardonnet
シャルドネ
Chardonnet
シャルトーブ
Chartove
シャルトラン
Chartrand*
シャルトル Chartres
シャルドロー
Shardlow
シャールトン
Charreton
シャルトン Charton
シャルドン
Chardon
Sheldon
シャルドンヌ
Chardonne*
シャルドンネ
Chardonnet
ジャルナ Jalna
シャルナーゲル
Scharnager
シャルーナス Šarūnas
シャルナセ Charnassé
ジャルナット Jarnatt
シャルニ
Charni
Cherni
シャルニゼー
Charnisay
ジャルニッチ Žarnić
シャルネー Charnay
シャルネイ Charnay
ジャルノヴィク
Jarnowick
ジャルバウィ Jarbawi
シャルパク Charpak
シャルパック
Charpak**
シャルハン Sharhan
シャルバン
Charbin
Charvin
シャルパン Charpin
シャルパンチェ
Charpentier
シャルパンチエ
Charpentier
シャルパンティエ
Charpentier**
シャルパントラ
Charpentrat
シャルパントロー
Charpentreau
シャルピ Charpit
シャルピー Charpy
シャルビス Shalvis
ジャルビス Jarvis
シャルーブ Shalhoub
シャルフ
Scharf
Scharff*
シャルブ
Charb
Charbe
シャルフィ Charfi
シャルフェッター
Scharffetter
シャルフェンベルク
Scharpfenberg
シャルフベック
Schjerfbeck
シャルベ Charvet
シャルベイ Shalvey
シャルベル Charbel
シャールベルト
Scharbert
シャルペレッティ
Sciarpelletti
シャルペンベルク
Scharpenberg
ジャルボー Jalbout
シャルボニエ
Charbonier
Charbonnier*
シャルボニエー
Charbonnier
シャルボノー
Charbonneau*
Charbonneaux
シャルホルン
Schallhorn
ジャルポン Jarupong
シャルボンニエー
Charbonnier
シャルマ
Sarma
Śarmā
Sharma***
シャルマー
Chalmer
Sharma
シャルマイアー
Schallmayer
シャルマイヤー
Schallmayer
シャルマース
Chalmers
シャルマソン
Charmasson
シャルマダッタ
Śarmadatta
シャルマッハー
Scharmacher
ジャルマティ
Gyarmathi
シャルマナサル
Shalmaneser
Šulmān-ašarēd
ジャルマニ Jarmanī
シャルマーニュ
Charlemagne
シャルマネセール
Shalmaneser
シャルマネセル
Shalmaneser
Šulmān-ašarēd
シャルマルタン
Chammartin
シャルマン
Chalmin
Sherman
Shulman**
ジャルミー Jarmī
シャルミーラ Sarmila
シャルミラ Sharmila*
シャルミラー Sarmila
シャルミーン
Sharmeen*
シャルム
Charme
Charmes
Selloúm
シャルメッツ
Charmatz
シャルメル Challemel
シャルモイ Charmoy
シャルモン Charmont
シャルモンヌ
Charmonne
シャルヤ Sharya
シャルラー Scharrer
シャルラウ Scharlau
ジャルラン
Jarlan
Jarlin
シャルリ Šarrī
シャルリー
Charlie
Charly*
シャルリア Charlia
シャルリエ Charlier*
シャルリエー Charlier
シャルリーヌ Charline
シャルリヌ Charline
シャルリーノ
Sciarrino
シャルリング
Scharling
シャルル
Carel
Carl
Carlo
Chareles
Charle*
Charles***
シャルル Charles
ジャルール Jalloul
ジャルル Charles
シャルルヴォア
Charlevoix
シャルルヴォワ
Charlevoix
シャルルボア
Charlevoix
シャルル・マーニュ
Charlemagne
シャルルマーニュ
Charlemagne
シャルレ
Charles
Charlet
シャルレー Charley
シャルレス Charles
シャルレティ Charléty
シャルレーン
Charlene*
Sharlene
シャルロ Charlot*
シャルロー Charlot
ジャルロ Jarlot
シャルロッテ
Charlott
Charlotte**
シャルロット
Charlot*
Charlott*
Charlotte***
シャルワパ Śar ba pa
シャルーン Scharoun
シャールンガデーヴァ
Sārngadeva
シャルンシュラーガー
Scharnschlager
シャルンベルフ
Scharrenberg*
シャルンホルスト
Scharnhorst
ジャルーンポン
Charoemphol
シャーレ
Chale
Scharre
シャーレー Shirley
シャレ
Chalet
Charest
シャレー Challaye
ジャーレ
Jale
Jarlais
Zale
Zhāle
ジャレ
Jalée
Jalet
Jallais*
Jallet
シャーレイ Shirey
シャレイ Challaye
シャレイダー
Sharader
シャレイラ Shalala
シャーレイン
Charlaine**
シャレヴ Shalev*
ジャレオンセッタシン
Jareonsettasin
シャレク Shalik
シャーレス Charles
シャレツ Šarec
シャレック Shalleck
ジャレッテ Jarette
シャーレット Charrett
シャーレッド Charlot
シャレット
Charette
Sharett
ジャレット
Jared
Jaret*
Jarett
Jarret
Jarrett**
Jarrette
Jeret**
ジャレッド
Jared***
Jarred
Jered
ジャレットカー
Jarrett-Kerr
シャーレッフス
Shirreffs
シャレド Jared
ジャレド Jared**
シャレドア
Charles-Edouard
シャレーナー
Chalenor
シャレーフ Shareef
シャレフ Chaleff
シャレブ Shalev
シャレフキン
Sharefkin
シャレーラ Shalala**
ジャレリ Jalleli
シャーレル Charles
シャレール Schaller
シャレル
Charell
Sharelle*
Sjarel
ジャーレル Jurrell
ジャレル
Jarell
Jarrel
Jarrell**
Jharel
シャレルマン
Scharrelmann
シャレーン Shalane
シャレン Charlene
ジャレン Jalen
シャレンダー
Chalendar
シャーレンベルク
Scharenberg
シャーロー
Chorao
Sherrow
シャロー
Chaillot
Charlot**
ジャロ
Diallo*
Dialó
Djalo
Djaló
Jalloh
ジャロー
Jarreau
Jarrow
シャロア Scialoja
ジャロア Jollois
ジャロウ
Jallow
Jarreau**
Jarrow

シ

ジャロヴィエク
Jalowiec
シャロウェイ
Shalloway
シャロウン Scharoun*
ジャロエン Jeroen
ジャロエンラタナタラコン
Jaroenrattanatarakoon**
シャーロク Sherlock
シャーロシ Sárosi
ジャロシンスキー
Daialoshinskii
ジャロス Jaros
シャロータ Sarolta
シャーロック
Sharrock
Sherlock*
シャロック
Schalock
Sharrock
Sherock
シャーロッタ
Charlotta
シャロッタ Charlotta
シャーロッテ
Charlotte***
シャロッテ
Chalotais
Charlotte*
シャロッテー
Chalotais
シャーロット
Carlotte
Charloti
Charlott
Charlotte***
Sharot
シャーロットー
Charlotte
シャーロッド
Sharrod
Sherrod
シャロット
Charlott
Charlotte
ジャーロッド Jarrod
ジャロット
Djarot*
Jarrott*
ジャロッド Jarrod
シャロテ Chalotais
ジャローテ Jalote
シャーロード Scharold
ジャロート Jalote
シャロナー
Challoner
Chaloner
シャロネク Szalonek
シャロビッチ
Sarović*
Šarović
シャーロフ
Shāhrukh
Sharov
シャローブ Shalhoub
シャロフ Shalof
ジャーロフ
Jaroff
Sharett
Zharov*
シャロポワ Sharopova
ジャロミー Jaromir
ジャロミア Jaromir
シャーロム Shalom
シャローム
Schalom
Shalom**
Sharom
Sholem
シャロム
Shalom
Sholom
ジャローム Jarome*
シャロモ Shalom
シャローヤ Scialoia
シャロヤン Sharoyan
ジャローリ Giaroli
シャロル Sharol
シャロルタ Sarolta
ジャロルド Jarrold
ジャロレット
Gialloreto*
ジャロロフ
Dzhalolov
Jalolov
シャロワ Charoy
シャーロン
Shaaron
Sharon
Xiaolong**
シャローン
Scharoun
Shallon*
シャロン
Chalon**
Chaloner
Charhon
Charon**
Charone
Charron*
Choron
Shallon
Sharon***
Sharron*
Sherry
Sholem
ジャロン
Jallon
Jaron**
Jarron
シャロントン
Charonton
シャワ Shawa
シャワーズ Showers*
ジャワード Jawad
ジャワド Jawad
ジャワハララール
Jawāharlāl
ジャワハラル
Jawāharlāl
ジャワーハルラール
Jawaharlal
Jawāharlāl*
ジャワハルラール
Jawāharlāl
ジャワハルラル
Jawāharlāl
ジャワヒシヴィリ
Dzhavakhishvili
ジャワヒシビリ
Javakhishvili
ジャワーヒリー
Jawāhirī
シャワマハ
Szałamacha
ジャワラ
Diawara
Jawara**
Jawharah
シャワルビ Shawarbi
ジャーワン Jahwan
ジャワーン Jawa'an
シャーン
Shahn*
Shan
Shean
Sian
Siân
シャン
Chang
Shan**
Shang
Shann
Xiang
Xuan
ジャーン
Jahn
Jan
Jān
Jean
ジャン
Can
Chang*
Chiang
Djang*
Djian*
Gennes
Gian***
Giang
Jaan
Jahn
Jan***
Jane*
Jang**
Janice
Jann*
Jeam
Jean***
Jehan*
Jian*
Jiang**
Johann
Johannes
John**
Jrean
Zhan**
Zhang**
ジャンイー Jianyi
シャーンイェルム
Stiernhielm
シャーンイエルム
Stiernhielm
ジャンイブ Jean-Yves
ジャンヴィア Janvier
ジャンヴィアー
Janvier
ジャンウェン Jianwen
シャンカー
Schanker*
Shankar
Shanker
ジャンカ
Djanka
Janca
ジャンガー Janger
ジャンカス
Jankus
Junkus*
ジャンガバエフ
Djangabaev
ジャンガバハドゥル
Jaṅga-bahādur
シャンカラ
Sankara
Śankara
Śaṅkara
シャンガラ Shanghala
シャンカラスヴァーミン
Śaṅkarasvāmin
シャンカラチャルヤ
Shankaracharya
シャンカラデーヴ
Śaṅkaradeva
シャンカラデーヴァ
Śaṅkaradeva
シャンカラナンダナ
Śaṅkaranandana
シャンカラミシュラ
Śaṅkaramiśra
シャンカリ Shankari
ジャンガリ Jangali
シャンカール
Shankar***
シャンカル
Śaṅkar
Shankar***
シャンカルシン
Shankersinh
シャンガルニエ
Changarnier
ジャンカルロ
Giancalro
Giancarlo**
ジャンガレアッツォ
Giangaleazzo
ジャンカーロ
Giancarlo
ジャンギ Jean-Guy
シャンキン Sheinkin
ジャンキンス Junkins
ジャンキンズ Junkins
シャンク
Schank*
Schunk
Shank
シャング
Schang
Shang*
ジャンクー Zhang-ke*
ジャング
Jang
Jung
ジャングー Gengou
ジャングウォード
Jangeward
ジャングォン
Jang-gwon
シャンクス Shanks*
ジャングット Janggut
ジャングネ Ginguené
ジャングバハドーシング
Jangbahadoorsing
シャンクマン
Shankman*
Shenkman
シャンクラン Shanklin
シャンクランド
Shankland
ジャンクリストーフォロ
Giancristoforo
ジャンクリソストム
Jean-Chrisostome
シャンクル Shankle*
ジャンクルジャク
Janculjak
シャンクールトア
Chancourtois
シャンクルトア
Chancourtois
シャンクールトワ
Chancourtois
ジャンクレイス
Jonquières
ジャングレコ
Giangreco
ジャンクロー
Janklow*
ジャンクロード
Jean Claude
Jean-Claude*
ジャングン Jang-gun
シャンゲ
Change
Shange**
ジャンケリオヴィッチ
Jankeliowitch
ジャンケル Jankel
ジャンケルソン
Jankelson
ジャンケレヴィチ
Jankelevich
ジャンケレヴィッチ
Jankelevich
Jankélévich
Jankélévitch*
ジャンケレビチ
Jankelevich
Jankélévich
ジャンケレビッチ
Jankelevich
シャンゴ Shango
ジャンコ Janko
ジャンゴ Django*
ジャンコヴィック
Jancovich
Jankovic
ジャンコウスキー
Jankowski
ジャンコビー Jacoby
ジャンコフ Djankov
ジャンコフスキー
Jankowski
ジャンコラ Jeancolas
シャンゴールド
Shangold
ジャンサー Gencer
ジャンザー Janzer
ジャンサイ Zhansay
シャンサン
Xiang-shan

ジャンサン
Janssen
Janssens
ジャンサンティ
Giansanti
シャンシー Chancy
ジャンシー Jancee
ジャンジェ Jenger
ジャンシス Jancis*
ジャンシック Jancik*
ジャンジプ Jang-jip
シャンジミャタビーン
Šanǰimitub-yin
ジャンジャ
Janggiya
Janja
ジャンジャー Jungers
ジャンジャーコモ
Giangiacomo
ジャンジャコモ
Giangiacomo
ジャンジャック
Jean-Jack
Jean Jacques
Jean-Jacques
ジャンシャルル
Jean-Charles
シャンシャン
Shan-shan*
Shanshan
ジャンジャン Jeanjean
ジャンジャンバック
Gengenbach
シャンジュー
Changeux*
ジャンジュリアン
Jean-Julien
ジャンジュリエン
Jean-Julien
ジャンジョルジュ
Jean-Georges
ジャンジョルジョ
Giangiorgio
シャンション
Hsiang-hsiung
ジャンス
Gens
Jance*
Jans
Jansz
ジャンズ Jans
シャンスキー
Shyanskii
ジャンスキー Jansky
シャーンスキィ
Shyanskii
シャンスキイ Shanskii
ジャンスース Gensous
ジャンスズ Cansiz
ジャンストーム
Jernstrom
ジャンスラン
Genzling*
シャンスリエ
Chancelier
シャンズリン
Schanzlin
シャンスール
Chanserle
ジャンスン
Jang-soon
Jang-sun*
ジャンゼ Janzé
ジャンセイト Zhanseit
ジャンセヴェル
Cansever
ジャンセム Jansem
シャンセル Chancel*
ジャンセン
Jansem
Jansen**
Janson
Janssen**
Janzen**
Jensen*
ジャンゼン Janzen*
ジャンセンス Janssens
ジャンセンズ Janssens
ジャンソク Jang-seok
ジャンソネ Gensonné
シャンソール
Champsaur*
シャンソン
Chamson**
Chanson
ジャンソン
Jang-sung
Janson**
Jansson
Jeanson*
Jenson
シャーンタ
Santa
Sánta**
シャンタ
Shanta*
Shantha
シャンダー Shander
ジャンダ Janda
ジャンダー Jander*
ジャンタイル Gentile
シャーンタウィマラ
Shanthawimala
シャンタヴォアーヌ
Chantavoine
シャンタヴォワーヌ
Chantavoine
シャンタヌ Shantanu*
シャーンタラクシタ
Śāntarakṣita
Śāntirakšita
シャーンターラーム
Shantaram
シャンタール
Chantal*
シャンタル
Chantal***
シャンタンプレー
Chantimpré
シャンチア
Shang-Chia
シャンチェン
Xiang-qian
シャンチュン
Shangjun
シャンツ
Schanz*
Shantz
ジャンツ Jantz*
ジャンツァン
Jantsan*
ジャンツァンノロブ
Jantsannorov
シャンツェ Schanze
シャンテ
Chante
Shante
シャンデ Chande*
ジャンテ
Genté
Jeantet*
シャンティ
Shanthi
Shanti*
ジャンティ
Gentil*
Genty*
Jeanty
ジャンディ Jandy*
ジャンディー Jandī
ジャンディアル
Jandial
シャンティクマー
Shanthikumar
シャンティチ Šantić
シャーンティデーヴ
Santideva
シャーンティデーヴァ
Santideva
Śāntideva
シャーンティデーバ
Śāntideva
ジャンティマトーン
Janthimathon
ジャンディラ Jandira*
シャーンティラクシタ
Śāntirakšita
シャーンディルヤ
Śāṇḍilya
ジャンティレスキ
Gentileschi
シャンデス Chandès*
シャンテ・デーヴァ
Santideva
シャンデミル
Candemir
シャンデュー
Chandieu
シャンテル
Chantelle**
ジャンデル Jandel
シャンデルナゴール
Chandernagor**
シャントー Shanteau*
シャンド
Chand
Shand***
ジャント Jandt
シャンドア Sándor
ジャンドゥ Jean de
ジャンドゥビ
Jendoubi
ジャントゥルコ
Gianturco
シャントグルレ
Chantegrelet
ジャンドソフ
Zhandosov
シャントピ Chantepie
シャントピー
Chantepie*
シャンドーフ
Schandorph
ジャンドミニク
Jean-Dominique
シャントーム
Chantôme
ジャンドメーニコ
Giandomenico
ジャンドメニコ
Giandomenico*
シャンドラ
Chandra
Shandra
シャンドラー
Schandler
Shandler*
シャーンドリ Sciandri
シャーンドル
Sandor*
SánDor
Sándor***
シャントルー
Chanteloup
シャンドール Sándor*
シャンドル Sandor
ジャンドル Gendre*
シャンドルフ
Schandorff
Schandorph
ジャントロ Zhantoro
ジャンドロ Gendrop
ジャンドロン
Gendron**
Gindron
シャントン
Śangs ston
Xiang-ong
シャンドン
Chandon
Shandon*
ジャントン Jantong
シャンナ
Jeanna
Shanna*
ジャンナ
Dzanna
Gianna**
Janna*
Jeanna
Zhanna
Zhanneta
ジャンナー Janner
ジャンナダス
Jamnadas
ジャンナティ Jannati
シャンナバン
Shannaban
ジャンナン Jeannin
ジャンニ
Gianni***
Jenni
ジャンニケッダ
Giannichedda
ジャンニコーラ
Giannicola
ジャンニーナ
Giannina
ジャンニーニ
Giannini**
Jannini
ジャンニーヌ
Jeannine*
ジャンヌ
Gennes**
Giovanna
Jean
Jeane
Jeanne***
Jehanne
Joan
ジャンヌダルク
Jeanne d'Arc
Jeanned'Arc
ジャンヌネー
Jeanneney*
ジャンヌマリー
Jeannemarie
ジャンヌロー
Jeannerod
シャンネ Schanne
ジャンネッティ
Giannetti
ジャンネット
Jeannette
ジャンネッラ
Giannella
ジャンノエル
Jean-Noel
ジャンノッツォ
Gianozzo
ジャンノッティ
Giannotti*
Gianotti
ジャンノーネ
Giannone
シャンパ Jampa
ジャンパ Jhampa
シャンパイン
Champine
ジャンパオロ
Giampaolo*
Gianpaolo*
ジャンバキエフ
Zhambakiyev
シャンバーグ
Schanberg*
Shamberg
ジャンパグリア
Giampaglia
ジャンパシフィック
Jean-Pacifique
シャンバダル
Chambadal
ジャンバチスタ
Giambattista
ジャンバッチスタ
Giambattista
ジャンバッティスタ
Giambattista*
Gianbattista
Giovanni Battista
ジャンバティスタ
Giambattista*
ジャンバティスト

シ

Jean-Baptiste
シャンパート
Shumpert
シャンパーニャ
Champagnat
シャンパニャ
Champagnat
シャンパーニュ
Champagne*
Champaigne
ジャンバプチスト
Jean-Baptiste
ジャンバプティスト
Jean Baptiste
Jean-Baptiste
ジャーンバーラ
Jāmbāla
ジャーンバラート
Jānbalāt
シヤンバラピティヤ
Siyambalapitya
シャンバラン
Chamberland
ジャンバリ Giambagli
ジャンバルヴォ
Giambalvo
ジャンバルドルジ
Zhambaldorzh
ジャンバルボ
Jiambalvo
シャンパン
Champagne
Champein
ジャンバンコ
Giambanco*
シャンピ Ciampi*
シャンピエ Champier
ジャンピエトリ
Giampietri*
ジャンピエトリーノ
Giampietrino
ジャンピエートロ
Giampietro
ジャンピエトロ
Giampietro
ジャンビエール
Janviére
ジャンピエール
Jean Pierre
Jean-Pierre*
ジャンピエロ
Giampiero
シャンピオネ
Championnet
シャンピオン
Champion**
シャンピオンニエール
Championniere
シャンビージュ
Chambiges
シャンピーター
Champetier
シャンピニィ
Champigny
シャンピニュール
Champigneulle
シャンピニュル
Champigneulle

ジャンピノ
Giampino*
ジャンビュメルラン
Jambu Merlin
シャンピヨン
Champion*
ジャンヒョン
Chang-hyun
シャンビン
Xuan Vinh
Xuân Vinh
ジャンビーン
Jambaa iin
Jambyn*
ジャンビン Jambyn
ジャンピン Jumpin'
ジャンブ Jambe
ジャンプ
Jambe
Jump*
シャンファラー
Shanfarā
ジャンファル Djanfar
ジャンフィリッポ
Gianfilippo
ジャンフェラーリ
Gianferrari
シャンフォー
Chamfort
シャンフォール
Chamfort
ジャンブカ Jambuka
ジャンブガーミカプッタ
Jambugāmikaputta
シャンプサビン
Champsavin
シャンブージー
Shambhūjī
シャンプチェ
Champetier
シャンプティエ
Champetier
シャンプノワ
Champenois
シャンブラット
Shanblatt
ジャンブラトオウル
Canbulatoğlu
シャンブラン
Chamblain
シャンプラン
Champlain
シヤンブラン
Chamblain
ジャンフランコ
Gianfranco***
ジャンフランシスコ
Jeanfrancisco
ジャンフランソワ
Jean-Francois
Jean-François
ジャンフランチェスコ
Gianfrancesco
シャンプリット
Champlitte
シャンブリン
Shamblin
シャンブル Shambul

ジャンブール
Dzhambul
ジャンブル Dzhambul
シャンブルキン
Shamburkin
シャンフルーリ
Champfleury
シャンフルリー
Champfleury
シャンブレット
Chambrette
シャンフレリ
Chamfleury
シャンプレーン
Champlain
シャンブロット
Shamblott
シャンペイン
Champagne
ジャンペーター
Jumpeter
ジャンベック
Jambeck
Jambek
ジャンベッティーノ
Giambettino
ジャンベッペ
GianBeppe
シャンペーニュ
Champaigne
シャンベラン
Chamberland
ジャンペル
Gimpel
Ḥjam-dpal
ジャンベルトーネ
Giambertone
ジャンベルナール
Jean-Bernard
シャンペーン
Champagne
ジャンベン Jianbian
シャンホー Sham-Ho
シャンボー
Shambaugh*
シャンポー
Champeau
Champeaux
ジャンホ
Jang-ho
Jung Ho
ジャンボ Jumbo*
ジャーンボキ
Zsámboki
シャンボス Shambos
ジャンボゾルグ
Jambozorg
シャンボニエール
Chambonnières
ジャンボニファス
Jean-Boniface
ジャンボーノ
Giambono
シャンポリオン
Champollion
シャンポリヨン
Champollion

シャンボール
Chambord
ジャンポール
Jean Paul
Jean-Paul
ジャンポルスキー
Jampolsky*
シャンボルドン
Chamboredon
ジャンボローニャ
Giambologna
シャンボン
Chambom
Chambon**
ジャンホン
Jiang Hong
Jianghong
ジャンボン Chambon
シャンマ
Shamma
Shammas
ジャンマー Jeanmar
シャンマイ Shammai
ジャンマックス
Jean-Max
シャンマリ Shammari
ジャンマリ
Jean-Marie
ジャンマリー
Jean-Marie*
ジャンマリア
Giammaria
ジャンマール
Jeanmart
ジャンマルク
Jean Marc
Jean-Marc*
ジャンマルコ
Giammarco
Gianmarco
ジャンマルタン
Jean-Martin
ジャンミ Jang-mi*
ジャンミシェル
Jean-Michel
ジャンミッシェル
Jean-Michel
シャンムガム
Shanmugam
シャンムガラトナム
Shanmugaratnam
ジャンムージャン
Jeanmougin
ジャンメジャヤ
Janmejaya
ジャンメール
Jeanmaire**
シャンメレ
Champmeslé
シャンメレイ
Champmeslé
シャンユイ Xiang-yu
ジャンヨプ
Jang-yop**
ジャンヨン Janyong
ジャンラブ Janlav**
シャンリー Shanley**
シャンリィ Shanley*

ジャンリーコ
Gianrico**
ジャンリース Genlis
ジャンリス Genlis
ジャンリュク
Jean-Luc
ジャンリュック
Jean-Luc*
ジャンリン Jian-lin
ジャンルー Jeanloup*
ジャンルイ
Jean Louis
Jean-Louis
ジャンルイージ
Gianluigi**
ジャンルイジ
Gianluigi***
ジャンルーカ
Gianluca*
ジャンルカ
GianLuca
Gianluca***
ジャンルシアン
Jean-Lucien
ジャンルネ
Jean-René*
ジャンレミ
Jean-Rémy
ジャンロー Jeanloz
ジャンロア Jeanroy
ジャンロウ Jian-rou
ジャンロベール
Jean-Robert
ジャンロベルト
Gianroberto*
シャンロン
Chamrond
Xiang-long
Xiang-rong
ジャンロン Jeanron
シーユー Shi-yu
シュ
Hsu
Shu
Xi-yu
Xu
Zhu
シュー
Chew*
Choo
Choux
Chu
Hsu**
Hsü**
Scheu
Schu*
Schuh*
Shew
Shoo*
Shu*
Shue*
Shyu
Su
Sue**
Suhr
Thue
Xu*
シユ Xu
ジュ
Choo
Chun
Du
Joo

Ju*
Zhu
ジュー
Dieu
Juu
Zhu
ジユ Gilles*
シューア
Schur
Schurr
Schuur*
シュア
Schur
Suhr
Sure
シュアー
Schur
Shouaa*
Shure*
ジュア Juah
シュアイビ Shuaibi
シュアイブ
Chouaib
Shu'ayb
ジュアオン Joao
ジュアサール
Jouassard
シューアツ Sjoerds
ジュアット Jouatte
シュアティル Shatil
シューアード Seward
シューアド Seward
シュアード
Seward
Shuard
ジュアナ Djuana
ジュアニゴ
Jouannigot*
ジュアニータ Juanita
ジュアノ Jouanno
ジュアノット Joanot
シュアホフ Schürhoff
シュアーマン
Schuerman
シュアマン
Schurman
Schürmann
シュアミ Suhamy
ジュアメル Duhamel
ジユアメル Duhamel
シュアラ Shuala
ジュアリ Jury
シューアル Sewall*
シュアール
Chouard
Schoor
Suhard
シュアレ Suarès
シュアレス Suarès*
ジュアレス Juarez
ジュァロー Gjerlow
シュアン
Shuang
Xuan*
Xuân
ジュアン
Jan
Jean
Jehan
Jehin
Joan
João
Juan**
Juanne
Juin
ジュアンドー
Jouhandeau*
ジュアンヌ
Jehanne*
Johannes
シュイ
Hsu
Hui
Shuy
Xu*
ジーユイ Ji-yu
ジュイ Jouy
シュイアバ Schyrba
ジュイエ Juillet
シュイエール Schiel
シュイェルフベック
Schjerfbeck
ジュイジェ Ju-jie
ジュイス
Jewess
Lluis
シューイスキー
Shuiskii
シュイスキー Shuiskii
シューイスキイ
Shuiskii
ジュイスン Jewison
ジュイソン Jewison*
シュイーツ Scheetz
シュイッテマ
Schuitema
ジューイット
Jewett
Jewitt
ジューイト Jouett
シュイナード
Chouinard**
ジュイニ Jouini
シュイビエン
Shui-bian
シュイファイ Shui-Fai
シュイボ Shuibo
ジュイメン Jui Meng
シュイモン Simon
ジュイヤール Juillard
シュイヨ Chuillot
シュイーラー
Schuierer*
シュイラー Schuyler
ジュイラン Ju-lan
シュインガー
Schwinger
ジュインセン
Jun-sheng
シュイントツィーロツ
Schindzielorz
シューヴ Shub
シュウ
Choux
Hiu
Hsu
Schuh
Shu*
Siu
Sue
Xu
ジューヴ Jouve**
ジュウ
Dieu*
Jeu
Jiu
Ju
シュヴァイガー
Schwaiger
Schweiger*
Schweigger
シュヴァイカルト
Schweikard
Schweikart
シュヴァイゲル
Schweiger*
シュヴァイケルト
Schweikert*
シュヴァイスグート
Schweisgut*
シュウァイツァー
Schweitzer
シュヴァィツァー
Schweitzer
シュヴァイツァー
Schweitzer**
Schweizer*
ジュヴァイツァー
Schweitzer
シュヴァィツェル
Schweitzer
シュヴァイツェル
Schweizer
シュヴァイド Schweid
シュヴァイドラー
Schweidler
ジュヴァイニー
Juwaynī
シュヴァイベーラー
Schweiberer
シュヴァインシュタイガー
Schweinsteiger
シュヴァインハイム
Sweynheym
シュヴァインフルト
Schweinfurth
シュヴァシュス
Chevassus
シュウァーツ Schwarz
シュヴァッパハ
Schwappach
シュヴァニツ
Schwanitz
シュヴァーネ Schwane
シュヴァーバッハ
Schwabach
シュヴァーブ Schwab
シュヴァーブ
Schwaab
Schwab*
シュヴァーベ
Schwabe*
シュヴァーベディッセン
Schwabedissen
シュヴァラ
Chevallaz*
シュヴァリェ
Chevalier
シュヴァリエ
Chevalier***
Chevallier*
シューヴァル
Sjöwall***
シュヴァール Suvar
シュヴァル Sjöwall
ジュヴァール Gevaert
ジュヴァル Juval
シュヴァルゼンヴァーガー
Schwarzenberger
シュヴァルタウ
Schwartau*
シュヴァルツ
Schwartz
シュヴァルツ
Schvartz
Schwaltz
Schwartz***
Schwarz***
Swartz*
Szwarc
シュヴァルツァー
Schwarzer
シュヴァルツヴェラー
Schwarzwäller
シュヴァルツェ
Schwarze
シュヴァルツェンバッハ
Schwarzenbach
シュヴァルツェンベルク
Schwartzenberg
Schwarzenberg
シュヴァルツキルト
Schwarzschild
シュヴァルツコップ
Schwarzkopf
シュヴァルツコップフ
Schwarzkopf
シュヴァルツコプ
Schwarzkopf
シュヴァルツコプフ
Schwarzkopf
シュヴァルツシルト
Schwarzschild
シュヴァルツバーグ
Schwartzberg
シュヴァルツバッハ
Schwarzbach
シュヴァルツローゼ
Schwarzlose
シュヴァルディエール
Chevardière
シュヴァルトレンダー
Schwartländer
シュヴァルベ
Schwalbe
Schwalbé
シュヴァルベルク
Schwarberg
シュヴァルボヴァー
Svarbova
シュヴァルリー
Chevalerie
シュヴァレー
Chevalley**
シュヴァレイ
Chevalley
シュヴァーロフ
Shuvalov
シュヴァロフ
Shuvalov
シュヴァン
Schwan*
Schwann
ジュヴァン
Jouvent
Jouvin
シュヴァンガウ
Schwangau
シュヴァンク Schwank
シュヴァンクマイエル
Svankmajer*
Švankmajer*
Svankmajerová
シュヴァンクマイエロヴァー
Svankmajerova
Svankmajerová
シュヴァンターラー
Schwanthaler
ジュヴァンタン
Jouventin
シュヴァンテス
Schwantes
シュヴァンドネル
Schwandner
シュヴァンネケ
Schwanneke
シュヴィアー Schwier
シュヴィエジ
Swierzy*
シュヴィエール
Chevieres
シュヴィーゲル
Schwegel*
シュヴィーゲル
Schwegel*
シューウィセン
Thewissen
シュウィタウ Shvittau
シュヴィーツァー
Schwyzer
シュヴイツェル
Schweitzer
シュヴィッカース
Schwickerath
シュウィック Chouikh
シュヴィツゲベル
Schwizgebel
シュヴィッケラート
Schwickerath
シュウィッタース
Schwitters
シュヴィッタース
Schwitters*
シュウィッチェンバーグ
Schwichtenberg
シュヴィッツァー
Schwyzer
シュヴィデフスキー
Schwidefsky
シュヴィドコー
Shvuidko
シュヴィトリガイラ
Švitrigaila

シ

ジュヴィナイル
Juvenile
シュウィーバート
Schwiebert
シュヴィヒテンバーグ
Schwichtenberg
シュヴィーフェルト
Schwiefert
シュヴィヤール
Chevillard
ジュヴィラー Juviler
シュウィル Schevill
シュヴィルス
Schuwirth
シューヴィン Shubin
シュウィーン Schwean
シュウィンガー
Schwinger**
シュウインガー
Schwinger
シュヴィンガー
Schwinger
シュウィング Schwing
シュヴィンク Schwink
シュヴィング
Schwing*
シュヴィンクハマー
Schwinghammer
シュウィングル
Schwingl
シュヴィンゲ
Schwinge
シュウィント Schwind
シュヴィント Schwind
シュヴィンニング
Schwinning
シュヴィンマー
Schwimmer
シュヴィンメル
Schwimmer
ジューヴェ Jouvet*
ジュヴェ
Jouvet**
Juvet
ジュヴェー Juvet
シュウェイ Shway
シュヴェイアウゼール
Schweighaeuser
シュウェイカ
Shweikeh
シュヴェイダ Švejda
シュヴェイツェル
Shveitser
シュウェーグラー
Schwegler
シュヴェーグラー
Schwegler*
シュヴェクラー
Schwegler
シュヴェーグレル
Schwegler
シュウェーズィヒ
Schwesig
シュウェゾフ
Schwezoff
シュヴェーダー
Schweder
シュヴェチコフ
Shvedchikov
シュヴェツ Schwetz
シュヴェツォフ
Schwezoff
シュヴェツケンディーク
Schweckendiek
シュヴェツソフ
Shvetsov
シュヴェッツ Shvets
シュウェッツァー
Schweatzer
シュウェット Schwedt
ジュウェット Jewett*
シュヴェッペ
Schweppe
シュヴェッペンホイザー
Schweppnhäuser
シュヴェーデス
Schwedes
シュヴェート Schwedt
シュヴェドヴァ
Shvedova
シュヴェドフ Shvedov
シュヴェードラー
Schwedler
シュヴェトラー
Schwedler
シュウェドワ
Shvedova
シュウェニング
Schwenning
シュヴェーヌマン
Chevénement
シュヴェヌマン
Chevénement
Chevènement
シュウェーバー
Schweber
シュヴェヒラ Švehla
シュヴェフラ Švehla
シュヴェプラー
Schwebler
シュウェブリン
Schweblin*
シュウェーベル
Schwebel
Schwoebel
シュヴェーベル
Schwebel
Schwöbel
シュウェマー
Schwemer
シュヴェリーン
Schwerin
シュヴェリン
Schwerin
シューウェル Sewell
シュウェール Schevill
シュウェル
Schevill
Sewell
シュウエル Sewell
ジュウェル
Jewel
Jewell*
シュウェルケ
Schwerké
シュヴェルツ Schwerz
シュウェルツマン
Schwerzmann
シュヴェルマー
Schwermer*
シュウェン Schwen
シュウエン Schwen
シュヴェン Sven
シュウェンク
Schwenck*
Schwenk
Schwenke
シュウエンク
Schwenck
シュヴェンク Schwenk
シュウェンクフェルト
Schwenckfeld
シュヴェンクフェルト
Schwenckfeld
シュヴェンクメッツガー
Schwenkmezger*
シュウェンゲル
Schwengel
シュウェンツェル
Schwentzel
シュヴェンディ
Schwendi
シュウェンディマン
Schwendiman
シュヴェンデナー
Schwendener
シュヴェントカー
Schwentker
シュヴェンマー
Schwemmer
シューウォーツ
Schwartz
シュウォーツ
Schwarcz
Schwartz***
Schwarz*
Shwartz*
シュウォーツァー
Schwarzer
シュウォッブ Schwob
シュウォップ Schwob
シュウォーツマン
Schwartzman
シュヴォテ Chevotet
シュウォトカ
Schwatka
ジュウォノ Juwono
シュウォバッチャー
Schwabacher
シュウォブ Schwob*
シューウォル Sewall
シュウォール Schwall
シュウォルツ
Schwartz*
シュウォルム Schwalm
シュヴォロウ
Schwolow
ジュウォン Joo-won
ジュヴォンス Jevons
シュヴーガー
Schwuger
ジュウキェフスカ
Zołkiewska
ジュウグレ Jouglet
シュウシン Siew Sin
ジュウス Suss
シュウストロヴィッチ
Shustorovich
シュウセ Syse
ジュウゼッペ
Giuseppe
ジューヴネ Jouvenet
ジュヴネー Jouvenet
ジュヴネール Jouvenel
ジュヴネル Jouvenel
シュウプ Shupe
ジュウベエル Joubert
シュウマン
Schaumann
Schumann
シュウモン Shewmon
シュウヤン Siu Yan
シュヴリエ Chevrier
ジュウリオ Giulio
シュウリス Thewlis
シュウリッヒ Schurig
シュヴリュ Cheverus
シュウール Sueur
ジュウル Jules
ジュウールス Jules
シュヴルール
Chevreul
シュウレ Schule
ジュヴレー Gervrey
シュウレル Schürer
シュヴレル Chevrel
シュヴロー Chevreau*
シュエ
Hsueh
Shwe**
Swe
Xue*
シュエイバー
Schwaber*
シュエイン Xue-ying
シュエウダアゥン
Shwe U Daung
シュエーグラー
Schwegler
シュエズー Xue-zhi
シュエセン Xue-sen
シュエゾン Xue-zhong
シュエータイッ
Shwe Thaike
シュエチェン
Xue-qian
シュエチャン
Xue-chang*
シュエツェ Schütze
シュエッカー
Schuëcker
シュエット
Schuett
Schuette
シュエッド
Schwed
Shwed
ジューエット
Jewett*
Jouett
ジュエット
Jewett**
Jouette
シュエッブ Schwab
シュエトン Xue-tong
シュエブカ Schwebke
シュエフン Xue-fen
シュエーラー
Schuëller
シュエリー Suely
シュエリャン
Hsueh-liang
シューエル Sewell*
シュエール
Schienle
Sueur
Süher
シュエル
Sewell
Shuell
ジューエル
Jewel
Jewell*
ジュエル
Jewel*
Jewell**
Jual
Juel*
ジュエルゲン Juergen
ジュエレ Juelle
シュエレブ Xuereb*
シュエン Shuen
ジュエンジュエン
Juan-juan
シュエンツェル
Schwentzel
ジュエンヌ Jouenne*
ジューオー Jouhaux
ジュオ
Jouhaux
Ju-o
Zhuo
ジュオー
Jouhaud
Jouhaux
シュオーツ Swartz*
シュオッブ Schwob*
シュオップ Schwob
シュオドー Suaudeau
シュオバー Schober
シュオブ Schwob*
シュオーリー Schooley
シュオルグ Schwalbe
ジュオルジュ Georges
シュオルツ Schwartz
シュオン Schuon
ジュオン Joüon
シューカー Shuker
シューガー Schuger
シュカー Shuker
シュガー
Shugar
Suga
Sugar**
Suger
ジュカ Juca

ジュガ Jugah
シューカイ Czukay
シュカイオス Sychaios
ジュガシヴィリ
Dzhugashvili
ジュガシュヴィリ
Dzhugashvili
シュガース Shugars
シュガート Shughart
ジュガード Sjuggerud
ジュカトバ Dukatova
ジュカノヴィチ
Djukanović
ジュカノヴィッチ
Djukanović*
Dukanović
ジュカノビッチ
Djukanović*
ジュガーノフ
Ziuganov
Zyuganov**
ジュガノフ Zyuganov
シュガーマン
Sugarman
Sugerman*
ジュガム Jegham
シュカムナ
Shuqamuna
シュカラ Szukala
シュガール Sugar
シュカルチム
Shkëlqim
シュガルト Shughart
シュカレオジュボルト
Škare Ožbolt
ジュガン Jugan
シュガンダベーサ
Sugandhavesa
シュカンタール
Škantár
シュカンパ Škampa
ジュギー Jugie
シュキイス Šukys
ジュキッチ
Djukic
Jukic
ジュギッチ Žugić
シュキュール Sükür
シュキュル Sükür*
シューク
Chouk
Shook
シュク Choukou
シュグ
Schug
Suge*
ジューク Jurk
ジュク
Jek
Zhuk
シュークィン Shuqing
シュークヴィスト
Sjöqvist
シュクヴォレツキー
Skvorecký
Škvorecký**
シュクシーナ
Shukshina
シュクシーン
Shukshin*
シュクシン Shukshin
ジュークス
Jewkes
Jukes*
シュクティナ Skutina
ジュグデルデミディーン
Jugderdemidiin
ジュグノース
Jugnauth
ジュグノート
Jugnauth*
Jungnauth
シュクプトフ
Shukputov
シュクボレツキー
Skvorecký
Škvorecký
シュクママトフ
Shykmamatov
シュクマル Sukumār
シュクム Shuqum
シュクラ Shukla
シュクラー Shklar
ジュクラ Yucra
ジュグラー Juglar
シュクラバーネク
Skrabanek
シュクラバロ
Skrabalo*
ジュグラリス
Giuglaris*
シュクラール Shklar
ジュグラール Juglar
シュクリ
Shoukry*
Shukri**
Shukuri
シュクリー
Shukrī
Shukry
Šukrī
シュクリア Sukrija
シュクリニアル
Skriniar
シュクリュ Şükrü
シュクリン Shuklin
ジューグリン Zengin
シュクール
Shukur
Shukūr
Sukur
シュクル
Shukuru
Sukur
Sükür
シュクルジョン
Shukurjon
シュクルテル Skrtel
ジューグレ Jouglet
シュクレティッチ
Škuletić
シュクレドフ
Shkredov
シュクロウプ Skroup
ジュクロフスキ
Zukrowski**
Żukrowski
シュクロフスキイ
Shklovskii
シュクロマハ
Škromach
ジュクン Chu-Kuen
シュクンドリッチ
Škundrić
シューケ Chuquet
シューケー Chuquet
シュケ Chuquet
シュケー Chuquet
ジュゲ
Jouguet
Juguet
ジュケイデル
Djekeidel
シュケエフ Shukeev
シュケット Chouket
シューゲル Schugel
シュケル
Suker*
Šuker
シュコー Shikūh
ジュゴー Jugeau
ジューコヴァ Zhukova
ジュコウスキー
Zhukouski
シュコダ
Skoda
Škoda
シュコドラン
Shkodran
ジューコフ
Jukov
Zhukov**
Zyukov
ジュコーフ Zhukov
ジュコフ Zhukov
ジュコーフスカヤ
Zhukovskaia
ジュコフスカヤ
Zhukovskaia
ジューコフスキー
Zhukovskii
ジュコーフスキー
Zhukovskii
ジュコフスキ
Ziolkowski
ジュコフスキー
Zhukovskii
ジュコーフスキィ
Zhukovskii
シュコリナ Shkolina*
シュコーリニク
Shkolnik
シュコールズ Shcoles
シュコロウスキー
Shklovskii
ジューコワ Zhukova
ジュコワ Zhukova
シューザ Xuxa
ジュザイイ Djezy
シュザッター Szutter
ジュサブ Djoussab
シュザン Suzan
ジューサン Joussain
ジュサン Gessain
シュザンナ
Susanna
Syuzanna
シュザンヌ
Susanne
Suzanne***
シュザンネ Susanne
シュジ Suzy
シュジー
Susie
Suzy
ジューシー Juicy
ジュジ Giusy
シュジア Shujā'
ジュジアーノ
Giusiano*
ジュジアーロ Giugiaro
シュシィルポン
Chuasiriporn
シュシエ Suchet
シュジエ
Suger
Xue-juan
シュジェール Suger*
シュジエル Suger
ジュシエン Geussen
シュシケヴィッチ
Shushkevich*
Shushkewich
シュシケビッチ
Shushkevich
ジュジップ Josep
シュシャ Shusha
シュジャー
Shujā
Shujā'
ジュジャ Zsuzsa
シュシャク Susak
シュシャコフ
Shushakov
シュジャート
Shujaat
Shujat
ジュシャトレー
Duchatelet
シュシャーニ Sûšānî
ジュジャルディン
Dujardin*
シューシャン Shu-xian
シュシャン
Chouchan*
ジュジャンナ
Zsusanna
Zsuzsanna
ジュシュー Jussieu
シュシュケビッチ
Shushkevich
シュシュコフ
Chushcoff
シュシュタリ
Shoushtari
シュシュテルシッチ
Šušteršič
シューシュニク
Schuschnigg
シュシュニク
Schuschnigg
シュシュニック
Schuschnigg
シュシュノワ
Shoushounova
Shushunova
シュシュマン
Schuchman
シュジュール Suger
ジュジュル
Jujur
Žužul
ジュジョー Jugeau
シュシーラ Shushila
シューシン Siewsin
シュジンスキー
Chudzinski
シューズ Shoes
シュス
Shuss
Sos
Suss
ジュース
Gius
Joos
Juice
Suess
Suss
Süss
Süß
ジュス
Choo-soo
Jousse
Suess
ジュースキント
Suskind
Süskind
Süsskind
ジュスキント
Suesskind
Susskind
シュースター
Schuster*
Sehuster
シュスター
Schuster**
Schyster
Shuster
ジュスタス Justus
シュスターマン
Schusterman
Shusterman
シュスタリー Shustarī
シュスタル Šustar
ジュスタン Justin*
ジュスチーノ Justino
ジュスチノ Justino
ジュースティ Giusti
ジュスティ Giusti
ジュスティナ Justina
ジュスティーニ
Giustini
ジュスティニアーニ
Giustiniani
ジュスティニアーノ
Giustiniano
Justiniano
ジュスティニアン

Giustinian
ジュスティーヌ
Justine**
ジュスティーノ
Giustino
Gustano
Justinus
ジュスティノ Justino
シュステル
Schuster**
シュステルマンス
Sustermans
ジューステン Joosten*
ジュースト Joost
ジュスト
Giusto
Just***
Juste
Justo
Justus
ジュストゥス Justus
シュストフ Shestov
シュストラック
Sustrac
シュストリス Sustris
シュストロヴィッチ
Shustorovich
ジュースバリー
Jewsbury
シューズベリー
Shrewsbury
ジューズベリー
Jewsbury
ジュスポフ Zhussupov
ジュースマイアー
Sussmayr
ジュスマイヤー
Sussmyer
ジュースマイヤー
Sussmayr
ジュースミル
Süssmilch
ジュースミルヒ
Süssmilch
ジュスミルヒ
Süssmilch
ジュースムート
Süssmuth
ジュスムート
Süssmuth*
シュースラー
Schüssler
シュスラー
Schuessler
Schussler*
Schüssler*
Schüßler
ジュスラン
Jouslain
Jusserand
ジュスリン Juslin
シュゼット Susette
ジュゼッパ Giuseppa
ジュゼッピ Giuseppi
ジュゼッピーナ
Giuseppina*
ジュゼッピナ
Giuseppina
ジュゼップ
Giuseppe
Josep*
ジューゼッペ
Giuseppe
ジュセッペ
Giuseppe**
Joseph
ジュゼッペ Giuseppe
ジュゼッペ
Giseppe
Giuseppe***
Giussepe
Guiseppe
Joseph
ジュセーペ José
ジュセリーノ
Jucelino*
Juscelino
ジュセリノ Juscelyno
シュセルカ Schuselka
シューセン Shu-sheng
ジュセン Geussen
ジュソ Jousso
ジュソー Jusoh
ジュソプ Ju-sop
ジュソーム
Jousseaume
Jussaume*
ジュソン Ju-son
シューター
Shooter
Shuter
Suter
シューダー
Schuder
Shuder
シュター Sutter
ジューダ Judah***
ジューダー Judah
ジュダ
Joudeh
Juda
Judah**
ジュダー Judah
シュタァドラー
Stadler
シュタイア Shteir
シュタイアー Staier*
シュタイエ Shtayyeh
シュタイエル Steyerl
シュタイガー
Staiger**
Steiger**
シュタイクレスク
Staiculescu
シュタイクレーダー
Steigleder
シュタイシェン
Steichen*
シュタイツ Steitz
シュタイナー
Stainer
Steinar
Steiner***
Steinherr
シュタイナッハ
Steinach
シュタイナッハー
Steinacher*
シュタイナート
Steinert
シュタイナハ Steinach
シュタイニッツ
Steinitz*
シュタイニッツァー
Steinitzer
シュタイネケ
Steineke*
シュタイネック
Steineg
シュタイネッケ
Steinecke
シュタイネール
Steinert
シュタイネン Steinen
シュタイヒェン
Steichen
シュタイフ Steiff
シュタイベルト
Steibelt
シュタイヘン Steichen
シュタイムル Steimle
シュタイン
Stein***
Steyn
シュタインアッカー
Steinacker
シュタインヴェーグ
Steinweg
シュタインヴェンダー
Steinwender
シュタインガス
Steingass
シュタインガート
Shteyngart**
シュタインガルト
Steingart
シュタインカンプ
Steinkamp
シュタイングルーバー
Steingruber
シュタイングレス
Steingress
シュタイングレーバー
Steingräber*
シュタインケ Steinke
シュタインコップフ
Steinkopf
シュタインサピアー
Steinsapir
シュタインザルツ
Steinsaltz*
Steinszltz
シュタインシェン
Steichen
シュタインシュナイダー
Steinschneider
シュタインタール
Steinthal
シュタインドル
Steindl**
シュタインドルフ
Steindorf*
Steindorff
シュタインハイム
Steinheim
シュタインハイル
Steinheil
シュタインハウス
Steinhaus
シュタインハウゼン
Steinhausen
シュタインバーガー
Steinberger
シュタインバッハ
Steinbach*
シュタインバッハー
Steinbacher*
シュタインバルト
Steinbart
シュタインビューヒェル
Steinbüchel
シュタインビュヒェル
Steinbüchel
シュタインビューヘル
Steinbüchel
シュタインフーバー
Steinhuber
シュタインブーフ
Steinbuch
シュタインブリュック
Steinbrück*
シュタインブリンク
Steinbring
シュタインベーク
Steinway
シュタインヘーフェル
Steinhöfel**
シュタインベルガー
Steinberger
シュタインベルク
Steinberg**
シュタインベルグ
Steinberg
シュタインホイザー
Steinhäuser
シュタインホフ
Steinhoff
シュタインホーファー
Steinhofer
シュタインホーフル
Steinhöfel
シュタインマイアー
Steinmeyer
シュタインマイヤー
Steinmeier*
シュタインマル
Steinmar
シュタインマン
Steinmann*
シュタインミューラー
Steinmüller
シュタインミュラー
Steinmüller
シュタインメツ
Steinmetz
シュタインメッツ
Steinmetz*
シュタインメツラー
Steinmetzler
シュタインライン
Steinlein
シュタインリュック
Steinrück
シュタインレ Steinle
シュタウアー Staier
シュタヴィンスキー
Stawinski
シュタウヴ Staub
シュタウジンガー
Staudinger*
シュタウダー Stauder
シュタウダハー
Staudacher
シュタウテ Staudte
ジュタウテ Žutautė
シュタウディグル
Staudigl
シュタゥディンガー
Staudinger
シュタウディンガー
Staudinger*
シュタウディンガア
Staudinger
シュタウディンゲル
Staudinger
シュタウデンマイア
Staudenmeir
シュタウデンマイアー
Staudenmaier
シュタウト Staudt
シュタウニング
Stauning
シュタウピツ Staupitz
シュタウピッツ
Staupitz*
シュタウビンガー
Staubinger
シュタウプ Staub
シュタウファー
Staufer
Stauffer*
シュタウフェンベルク
Stauffenberg*
シュタウベザント
Staubesand
シュタウンディンガー
Staudinger
シュターク
Starck
Stark*
シュタグーン Staguhn
シューターケ Starke
シュターゲル Stagel
シュターダー Stader
シューターツ Staats
シュタッケブラント
Stackebrandt
シュタッケルベルク
Stackelberg
シュタッケルベルグ
Stackelberg
シュタッケンベルグ
Stackelberg
シュタッス Stuss
シュタットフェルト
Stadtfeld*
シュタットミュラー
Stadtmüller
シュタットラー
Stadler*
Stadtler
Städtler

Stattler
シュタットルバウアー
Stadlbauer
シュタッハ Stach
シュタッヘルハウス
Stachelhaus*
シュターデ Stade*
シュターディオン
Stadion
シュタディオン
Stadion
シュターデルマン
Stadelman
Stadelmann
シュターデン Staden
シュタードラー
Stadler*
シュタトラー Stadler
シュタドラー Stadler*
シュタードルマイヤー
Stadlmayr
シュターニスラウス
Stanislaus
シュタニスラブスキー
Stanislawski
ジュタヌガーン
Jutanugarn
ジュダーノヴ Zhdanov
シュタノバツ
Šutanovac
ジュダノビッチ
Zhdanovich
シュダノフ Shdanoff
ジュダノフ Zhdanov
シュタハ Stach
シュタパン Stěpán
シュタープ Staab
シュタフ Staff
シュタフィルス
Staphylus
シュターフェンハーゲン
Stavenhagen
シュタフェンハーゲン
Stavenhagen
シュタヘリ Staeheli
シュターペルフェルド
Stapelfeld
シュターベンフェルト
Stabenfeldt
シュターマー
Stahmer*
シュタマー Stammer
シュターミツ Stamitz
シュターミッツ
Stamitz
シュタミッツ Stamitz
シュタム
Stam
Stamm*
シュタムハンマー
Stammhammer
シュタムラー
Stammler*
ジュタムリア
Jutamulia
シュターリッツ Staritz
シュダリンガイアー
Siddalingaiah
シュタール
Staal
Stahl**
Ståhl
Stahr
Star
シュタルク
Starck*
Stark**
シュタルケ
Starcke
Starke*
シュタルケル
Starker**
シュタルシャク
Starshak
シュタルツァー
Starzer
シュタルフ Stalph
シュタールベルク
Stahlberg*
シュターレンベルク
Starhemberg
シュターン Stern
ジュタン Jetin
シュタンガシンガー
Stangassinger*
シュタンガッシンガー
Stangassinger
シュタングネト
Stangneth
シュタンクル Stangl
シュタングル Stangl
シュタンクレスク
Stănculescu
シュタンゲ Stange**
シュタンコヴスキ
Stankowski
シュタンツェライト
Stanzeleit
シュタンツェル
Stanzel*
シュタンツロヴァー
Štanclová
シュタンデン Standen
シューターンバーク
Sternberg
シュタンブク
Stambuk*
シュタンマー
Stammer
シュタンムラー
Stammler
シュチー Xuqi
ジュチ Juchi
シュチェスニー
Szczesny
シュチェパーノヴァー
Štěpánová
シュチェパノヴィチ
Šćepanović
シュチェパノヴィッチ
Scepanovic
シュチェパーノバー
Štěpánová
シュチェパノビッチ
Scepanovic
シュチェパーン
Stepán
Stěpán
Štěpán
シュチェパン
Stepan
Stěpán
シュチェパンスキ
Szczepanski
シュチェファーニク
Štefánik
シュチェファン Štefan
シュチェルバコウ
Shcherbakov
シュチェルバツェビッチ
Shcherbatsevich
シューチェン
Shu-chen
シュチェンスニ
Szczęsny
シュチグウォ Szczygło
シュチフター Stifter
シュチャット
Shuchat
Shultz
シュチャルバチェニナ
Shcharbachenia
ジュチャン Ju-chan
シュチュアーマン
Stuerman
シュチュツカ Szczucka
シュチュルバツコーイ
Shcherbatskoi
シュチュールプナゲル
Stuelpnagel
シュチュルム Sturm
シュチュレク Szczurek
シュチュレンコ
Schurenko
シュチュロフスキ
Szczurowski
ジュチョン Ju-chon
シュチン Shu-qing
シューチング Süchting
シューツ
Schutz
Shutes
シュツェルバ Szczerba
シュツェンベルガー
Schützenberger
シュッカー Shuker
ジュッカ Giucca
シュッカート
Schuckert
シュッキング
Schücking
シュック
Shook*
Shuck
ジュック Juuk
シュックスミス
Shucksmith
シュックマン
Shukman
シュックル Šukl
シュッケルト
Schuckert
シュッケン Schukken
シュッサー Schusser
ジュッサーニ Giussani
ジュッシュー Jussieu
ジュッス Suess
シュッセル
Schussel*
Schüssel**
ジュッダハ Juddha
シュッチェンベルジュ
Schutzenberger
シュッツ
Schutz**
Schütz***
Schutze
Sehütz
Szucs
シュッツェ Schütze
シュッツェンドルフ
Schützendorf
シュッツェンベルジェ
Schutzenberger
シュッツッケルベルガー
Stückelberger
シュッツマン
Schutzman
シュッテ
Schutte*
Schütte*
Schytte
ジュッテ Jytte
シュッティ Sciutti
シュッティング
Schutting
シュッデコプフ
Schuddekopf
Schüddekopf
シュッテル Shuttle
シュット
Schut
Schutt
Schütt
Sciutto
シュットゥ Sueddu
シュッドソン
Schudson
ジュッドソン Judson
シュットペルツ
Schüttpelz
ジュットマン
Jouttemann
シュットラー
Schuttler
Schüttler
ジュッバーイー
Jubbā'ī
シュツバーガー
Sitzberger
シュッハルト
Schuchardt
シュッピウス
Schuppius
シュッヒリン
Schüchlin
シュッピルリウマ
Šuppiluliumaš
シュッピルリウマシュ
Šuppiluliumaš
シュッフ Schuch
シュップ
Schupp
Schuppius
ジュップ Jupp
ジュッファ Zsuffa
シュッフェンハウエル
Schuffenhauer
ジュップリエ Dupriez
ジュッフレ Giuffrè
シュッペ Schuppe
ジュッペ Juppé
シュッペン Schuppen
ジュッポーニ
Giupponi
シュテー Sütő
ジュデ
Gyude
Jude
Judeh
ジュデー Juday
シュテーア Stehr
シュテア Stoehr
シュテアツェンホフェッカー
Storzenhofecker
シュディ
Sudy
Sudy
Südy
ジューディ Judy
ジュディ
Djoudi
Jeudy*
Judi***
Judie
Judith
Judy***
ジュディー Judy**
ジュデイ Juday
ジューディ Zeyoudi
シュティーア Stier
シュティア Stier
ジューディア Judea
シュティーヴェ Stieve
シュティーガー Stieger
シュティカ Štika
シュティガー Styger
ジュディカ Judika
シュティグ Stig
シュティーグラー
Stiegler
シュティーケル
Stiekel*
シュティーゲル Stigel
ジューディージェイ
Giudice
ジューディス Judith*
ジュディース
Giudice
Judith
ジュディス
Judice
Judis
Judith***
Judy*
Judyth

シ

ジュデイス Judith
シュティーダ Stieda
ジュディタ Judita
ジュディチ Giudici
ジューディチェ
Giudice
ジュディーチェ
Giudice
ジュディチェ Giudice
シュティッカー Sticker
シュティックロート
Stickroth
シュティッケルベルガー
Stickelberger*
ジュディッタ Giuditta
ジュディット
Judit
Judith**
シュティッヒ Stich***
シュティッヒヴェー
Stichweh
シュティッヒベー
Stichweh
シュティートニー
Štítný
シュティードリ
Stiedry
シュティネス Stinnes
シュティーバー
Stieber
シュティバル Stybar
シュティヒ
Stich*
Štich
シュティヒテノス
Stichtenoth
シュティフ Stiff
シュティプ Stip
シュデイファト
Shdeifat
シュティーフェル
Stiefel
Stifel
シュティフェル Stifel
シュティフター
Stifter*
シュテイフター Stifter
シュティフタア Stifter
シュティフテル Stifter
シュティメツ Stimec*
シュティーメルト
Stiemert*
シュティーラー
Stiehler
Stieler
シュティラー Stiller
シュティリッヒ Stillich
シュティリング
Stilling
シュティール
Stiehl
Stiel
Stihl
ジュディル Judelle
シュティルスキー
Štyrský
シュティルナー
Stirner*
シュティルネマン
Stirnemann
シュティルネル Stirner
シュティルラー Stiller
シュティールリン
Stierlin
シュティレ Stille
シュティーン Steen
シュティン Stine
シュテイン Stein
シュティンドル Stindl
シュディンドロナト
Sudhīndranāth
シュティンネス
Stinnes
シュティンマー
Stimmer
シュテインマン
Shteinman
シュティンミング
Stimming
シュテーヴァー Stover
シュテーヴェル
Stoewer
シュテゥルミンガア
Sturminger
シュテーエン Stehen
ジュデオン
Gedeon
Gédéon
シュテーガー
Steeger
Steger**
Stoger
Stöger
シュテーガーヴァルト
Stegerwald
シュテーク Steg*
シュデク Siudek
シュテークマン
Steegmann
Stegmann*
シューテークミュラー
Stegmüller
シュテークミュラー
Stegmüller
シュテークリヒ
Steglich
シュテーゲマン
Staegemann
Stegemann*
シュテーケル Stekel
シュテケル Stekel
シュテーゲン Stegen
シュテッカー
Stecoker
Stocker
Stöcker**
Stoecker*
シュテック
Steck
Stöck
シュテックハルト
Stockhardt
Stöckhardt
Stoeckhert
シュテックライン
Stöcklein
シュテックリン
Stoecklin
シュテックル Stöckl
シュテッケル
Stäckel
Stöckel
Stoeckel
シュテッケルベルグ
Steckelberg
シュテッセル Stössel
シュテッター Stetter*
シュテッテン Statten
シュテットハイマー
Stetheimer
シュテットバッハー
Stettbacher*
シュテットフェルト
Stedtfeld
シュテットラー
Stettler
シュテッフ Steff
シュテッフェン
Steffen*
シュテッフェンス
Steffens
シュテッフェンゼン
Steffensen
シュテッフゲン
Steffgen*
シュテートハイマー
Stethaimer
シュテトハイマー
Stetheimer
シュテナー Stenner
シュデーニウス
Chydenius
シュテーバー Stover
シュテパネク
Stepanek
シュテパン
Stepan
Stěpán
シュテヒャー Stecher*
シュテファニ
Stefani
Stephani
シュテファニー
Stefan
Stefanie**
Stephanie**
シュテファーニク
Štefánik
シュテファニッツ
Stephanitz
シュテファン
Stefan***
Štefan
Steffahn*
Steffen*
Stephan***
Stephane
Stéphane
Stephen*
Steven
シュテフィ
Steffi**
Stefi
シュテフィー Steffie
シュテフェス Steffes
シュテフェチェコバ
Stefecekova
シュテフェック Steffek
シュテフェリング
Steveling
シュテーフェル Steefel
シュテフェン
Steffen***
Stephen
シュテフェンス
Steffens
Stevens
シュテフェンブルク
Steffenburg
シュテーブナー
Stewner*
シュテフニー Steffny
シュテープラー
Staebler
シュテブラー Staebler
シュテプラー Stabler
シュテプーン Stepun
シュテヘル Stecher
シュデマ Shdema
シュテメンコ
Shtemyenko
シュテューヴェ Stüwe
シュテュックゴールト
Stuckgold
シュテュックゴルト
Stuckgold
シュテュッケルベルク
Stueckelberg
シュテュッベン
Stübben
シュテューバー Stüber
シュテューフェ Stüve
シュテューラー Stüler
シュテュルク Stürgkh
シュテュルナー
Stürner*
シュテュルマー
Stuermer
Stürmer
シュテュンツ Stünzi
シュテュンツナー
Stünzner
シュテュンプケ
Stumpke
Stümpke
シュテラー Steller
シュテラン Stellan
シュテーリ Staehli
シュテーリク Stehlik
シュテーリヒ Störig
シュテーリン
Stähelin
Stählin
シュテリンガ
Stoelinga
シュテーリング
Störring
シュテリング
Storring
Störring
シュテール
Stehr*
Stier
Stöhr*
ジュデール Judelle
シュテルヴァーク
Stellwag
シュテルク Sterk
シュテルケル Sterkel
シュテルツァー Stelzer
シュテルツィク Sterzik
シュテルツィンガー
Sterzinger
シュテルツェル
Stöltzel
Stölzel
Stölzl
シュテルツナー
Stelzner
シュテルツル Stölzl
シュテルネック
Sternegg
シュテルネッグ
Sternegg
シュテルバ Sterba
シューデルベルィ
Söderberg
シュテルマー
Stormer
Störmer**
シュテルマッハ
Stellmach
シュテルマッハー
Stellmach
シュテルル Störl
シュテルレヒト
Stellrecht
シュテルン
Shtern
Stern***
シュテルンハイム
Sternheim*
シュテルンバウム
Sternbaum
シュテルンフェルト
Shternfel'd
シュテルンベルガー
Sternberger
シュテルンベルク
Sternberg*
シュテルンベルグ
Shternberg
Sternberg
シュテルンベルヒ
Sternberg
シュテーレ
Staehle
Stähle
Stehle*
シュテレンベルク
Shterenberg
シュテン Sten**
シュテンガー Stenger*
シュテンクリフト
Stenklyft
シュテングル Stengl
シュテンゲルホッフェン
Stengelhofen
シュテンシュトレム
Stenström

シュテンスベック Stensbeck
シュテンツェル Stenzel
シュテンツラー Stenzler
シュテンツル Stenzl
シュテンデラ Stendera
シュテントループ Stentrup
シュテンハイム Sternheim
シュテンハマー Stenhammer
シュテンベルガー Stemberger
シュテンマー Stömmer
シュート Sciuto Sciutto* Shute***
シュト Schut*
ジュート Jute
ジュード Jude** Judes
ジュド Jud Judde Jude*
シュトイ Stoy
シュトイー Stoye
シュトイアー Steuer
シュトイアナーゲル Steuernagel*
シュトイアーマン Steuermann
シュトイアライン Steuerlein
シュトイエ Stoye
シュトイケンス Teunckens
シュトイデ Steude*
シュトイデル Steudel
シュトイトリン Stäudlin
シュトイドリーン Stäudlin
シュトイバー Steuber Stoiber*
シュトイベン Steuben
シュトイヤー Steuer
シュトイラー Steurer
ジュドゥ Jude
シュトゥアマ Sturma
シュトゥーアマン Stuhrmann*
シュトゥーダー Studer*
シュトウツ Stoutz*
シュトゥッカート Stuckart
シュトゥッキ Stucki
シュトゥック Stuck
シュトゥッケン Stucken
シュトゥッケンシュミット Stuckenschmidt*
シュトゥッツ Stutz*
シュトゥッツァー Stutzer*
シュトゥッツマン Stutzmann*
シュトゥットゲン Stüttgen
シュトゥッピー Stuppy
シュトゥッペリヒ Stupperich
シュトゥーディ Study
シュトゥデント Student
シュトゥブニック Stubnick
シュトゥーベンフォル Stubenvoll*
シュトゥム Stumm
シュトゥムペ Stumpe
シュトゥラドゥヴィク Strudwick
シュトゥラノビッチ Štranović
シュトゥール Štúr
シュドゥルウル Shu-Turul
シュトゥルツィナ Struzyna
シュトゥルティウス Sturtius
シュトゥールート Struth
シュトゥルート Struth
シュトゥルーベ Strube*
シュトゥルマ Sturma
シュトゥールマッハー Stuhlmacher
シュトゥルミ Sturmi
シュトゥルム Storm Sturm* Šturm
シュトゥルムタール Sturmthal
シュトゥルメック Sturmeck
シュトゥルンク Strunk
シュトゥンフ Stumpf
シュトゥンプ Stumpf**
シュトゥンプフ Stumpf
シュトゥンプフェ Stumpfe
シュトゥンプフォヴァー Štumpfová
シュトカロフ Shtokalov
シュトケリ Stukeli
シュトケンベルクス Štokenbergs
シュトコフ Shutkov
シュトザース Stothers
シュードザック Schoedsack
シュトース Stoss
シュトス Stoss
シュドセーテル Sydsaeter*
シュドソン Schudson*
シュトーダッシャー Staudacher*
シュトッカー Stocker
シュトック Stock
シュトックシュトルム Stockstrom
シュトックハウゼン Stockhausen***
シュトックヘム Stockhem
シュトックマイアー Stockmayer
シュトックマイヤー Stockmair
シュトックマン Stöckmann
シュトッシュ Stosch
シュトット Stodt
シュトッドダルト Stoddart
シュトッヒャー Stocher
シュトッベ Stobbe
シュドネス Sydnes
シュトーフ Stoph
シュトフ Stoph*
シュトブラーヴァ Stobrawa
シュトベーウス Stobaeus Stobeus Stoboeus
シュトベウス Stobaeus Stobeus Stoboeus
シュトユッケン Stucken
シュトーラー Storer
ジュトラ Jutla
シュトライザント Streisand
シュトライス Stolleis
シュトライツ Streitz
シュトライト Streit*
シュトライトベルク Streitberg
シュトライヒ Streich*
シュトライヒャー Streicher*
シュトライファー Streiffeler
シュトライヘル Streicher
シュトラインツ Streinz
シュトラウス Straus Strauss*** Strauß*
シュトラウヒ Strauchs
シュトラウビンガー Straubinger
シュトラウブ Straub*
シュトラウプ Straub**
シュトラウベ Straube
シュトラウマー Straumer*
シュトラウマン Straumann
シュードラカ Śūdraka
シュトラーケ Strarke
シュトラーサー Strasser
シュトラス Strauss
シュトラスナー Strassner Straszner
シュトラースブルガー Strasburger
シュトラスブルガー Strasburger
シュトラースブルク Strassburg Straßburg
シュトラスブルク Straßburg
シュトラスマイアー Strassmaier
シュトラスマン Strassmann
シュトラック Strack
シュトラッサー Strasser**
シュトラッシ Stratz
シュトラッセル Strasser
シュトラッセン Strassen
シュトラッツ Stratz
シュトラットナー Strattner
シュトラートナー Stradner
シュトラドニッツ Stradonitz
シュトラニツキー Stranitzky
シュトラノヴィッチ Šturanović**
シュトラノビッチ Šturanović
シュトラハヴィッツ Strachwitz
シュトラム Stramm*
シュトラール Zdral
シュトラン Suthren*
ジュドラン Judrin
シュトランツル Stranzl
シュトランム Stramm
シュードリー Sudeley
シュトリーグラー Striegler
シュトリーゲル Striegel Strigel
シュトリゲル Striegel
シュトリーダー Strieder**
シュトリッカー Stricker
シュトリッツィウス Striccius
シュトリット Stritt
シュトリットマター Strittmater Strittmatter*
シュトリットマッター Strittmatter
シュトリッヒ Strich
シュトリーディンガー Striedinger
シュトリヒ Strich
シュトリベック Stribeck
シュトリメジウス Strimesius
シュトリューベ Struve
シュトリュムペル Strumpell Strümpell
シュトリュンペル Strümpell
シュトール Stoll Storl**
シュトル Stoll* Storr
シュトルーヴェ Struve*
シュトルーエンゼー Struensee
シュトルエンゼー Struensee
シュトルク Storck Stork
シュトルジック Struzik
シュトルスフェ Storsve
シュトルツ Stolc Stoltz Stolz** Stolze Storcz Storz Strutz
シュトルツァー Stoltzer
シュトルツェ Stolze
シュトルツェンベルク Stolzenberg
シュトルック Struck
シュトルックマン Struckman
シュトルッツ Strutz
シュトルップ Strupp Stürup
シュトルテ Stolte*
シュトルーデル Strudel Strudl
シュトルテンベルク

シ

Stoltenberg**
シュトルテンベルグ Stoltenberg
シュトルート Struth
シュトルナート Strnad*
シュトルニシュコ Strnisko
シュトルパー Stolper
シュトルヒ Storch
シュトルヒェナウ Storchenau
シュトルーブ Strub*
シュトルフ Storch
シュトルーフェ Struve
シュトルーベ Strube Struve
シュトルペ Stolpe*
シュトルベック Storbeck
シュトルベルク Stolberg
シュトルム Storm* Sturm***
シュトルル Storl
シュトルンク Strunck Strungk
シュトレ Stolle
シュトレイス Stolleis
シュトレーカー Ströker
シュトレーク Streeck
シュトレーザウ Stresau
シュトレーゼマン Stresemann*
シュトレーター Ströter
シュトレッカー Strecker
シュトレッケル Strecker
シュトレーテン Straeten
シュトレビンガー Strobinger Ströbinger*
シュトレーブ Straeb Streb
シュトレーベ Stroebe
シュトレムベルク Stromberg
シュトレーメル Strehmel
シュトレール Strehl
シュドレル Schoedler
シュトレールヴィッツ Streeruwitz*
シュトレルケ Strehlke
シュトレーロフ Strehlow
シュトレンガー Strenger*
シュードロー Sudreau

シ

シュトロー Stroh
シュトロイレ Streule
シュトロウガル Strougal* Štrougal
シュトロオブル Strobl
シュトロシェンルーサー Strössenreuther
シュトロスマイェル Štrosmajer
シュトロスマイエル Štrosmajer
シュトロッカ Strocka
シュトローハイム Stroheim
シュトロハイム Storoheim Stroheim**
シュトロバッハ Strobach
シュトローフ Stroof
シュトロープ Stroop
シュトローブル Strobl*
シュトロブル Strobl**
シュトローベル Stedtfeld Strobel*
シュトローマイアー Stromeyer
シュトローマイヤー Strohmeyer Stromeyer
シュトロマイヤー Stromeyer
シュトローム Strohm
シュトロームベック Strombeck
シュトロルツ Strolz
シュトワ Shutova
シュートン Xudong
ジュードン Judon
シュトンプフ Stumpf
シュトンポア Stompor
シュナー Schnur
ジューナ Djuna
ジュナ Djuna
ジュナー Junor*
シュナイアー Schneier*
シュナイアソン Shnayerson*
シュナイウィンド Schneewind
シュナイダー Schneider*** Schnyder* Snyder Svhneider
シュナイダーアマン Schneider-Ammann*
シュナイダース Schneiders
シュナイダーハインツェ Schneiderheinze**
シュナイダーバウヤー Schneiderbauer
シュナイダーハーン Schneiderhan
シュナイダーハン Schneiderhan**
シュナイダーマン Schnaeiderman Schneiderman* Shneiderman
シュナイダマン Schneiderman
シュナイダーワイン Snyderwine
シュナイッケルト Schneickert
シュナイデヴィン Schneidewin
シュナイデル Schneider
シュナイデルス Schneiders
シュナイデルラン Schneiderlin
シュナイト Schneid Schneidt*
ジュナイト Jüneyit
ジュナイド Jonaid Junaid Junayd
シュナイドマン Schneidman Shneidman**
シュナイユ Chenaille*
シュナイルラ Schneirla
シュナヴァール Chenavard
シュナウト Schnaut
シュナウベルト Schnaubelt
ジュナエディ Djunaedi
シュナース Schnaars
シュナーズ Schnaars*
ジュナス Duenas
シュナーゼ Schnaase
シュナーチ Schnarch*
シュナック Schnack*
シュナッケンブルク Schnackenburg**
シュナッケンブルグ Schnackenburg
シュナッツ Schnatz
シュナッパー Schnapper
シュナッペル Schnapper
ジュナビ Jenabe*
シュナブル Schnabl*
シュナーベル Schnabel***
シュナペール Schnapper
ジュナヤーナガルバ Jñānagarbha
シュナール Chenal
シュナル Chenal* Schnall
ジューナル Donal
ジュナル Jenar
ジュナン Dunant
シュニー Schnee
ジュニ Ju-ne Juni*
ジュニー Geuis Junee* Junie Schnee
シュニーア Schneer
ジュニア Jr.** Junior**
ジューニアス Junius
ジュニアス Junius**
ジュニアント Junianto
ジュニーヴァ Geneva
シュニーウィント Schniewind
シュニーウィンド Schneewind
シュニーヴィント Schniewind
ジュニオール Junior** Júnior
ジュニオル Junior Júnior
シュニーガン Schneegans
ジュニク Jun-ik*
シュニーケ Schnieke
シュニーダー Schnyder
ジュニダル Žnidar
ジュニッカ Junikka
ジュニッチ Zunic
シュニッツァー Schnitzer
シュニッツァーリング Schnitzerling
シュニッツェル Schnitzer
シュニッツラ Schnitzler
シュニッツラー Schnitzer Schnitzler**
シュニッツラア Schnitzler
シュニッツライン Schnitzlein
シュニッツレル Schnitzler*
シュニットカー Schnittker
シュニットガー Schnitger
シュニッペンケッター Schnippenkoetter
シュニッラー Schnitzler
シュニツラー Schnitzler*
シュニッレル Schnitzler
シュニーデ Schneede
シュニトケ Schnittke Shnitke Shnitkje
ジュニーニョ Juninho**
ジュニパー Juniper
シュニーマン Schneeman Schneemann
ジュニャーナ Jñāna
ジュニャーナガルバ Jñānagarbha
ジュニャーナ·クマーラ Jñānakumāra
ジュニャーナシュリーミトラ Jñānaśrīmitra
ジュニャーナパーダ Jñānapāda
ジュニャーナミトラ Jñānamitra
ジュニャーネーシャワル Jnanesvar
ジュニャーネーシュヴァル Jnanesvar
ジュニャーネーシュワル Jnanesvar* Jñāneśvara
シュニュ Chenu
ジュニュイ Genuit
シュニューラー Schnürer
シュニュラー Schnürer
ジュニョ Jugnot
ジュニョー Jugunot
シュニヨール Schunior
ジュニョン Junyoung*
シュニール Schnyer
シュニル Sunīl
シュニレルマン Shnireliman
ジュニングス Jennings
ジューヌ Jeune
ジュヌ Jeune
ジュヌー Genoud
シュヌア Schnurr
シュヌーアバイン Schnurbein
ジュヌヴィ Genevie
ジュヌヴィーヴ Genevieve
ジュヌヴィェーヴ Genevieve
ジュヌヴィエーヴ Genevieve** Geneviéve Geneviève*** Genèvieve
ジュヌヴィエーブ Genevieve

Geneviève
Genèvieve
シュヌヴィエール
Chenevière
Chennevières
ジュヌヴォア
Genevois
ジュヌヴォワ
Genevoix
シュヌーゼンベルク
Schnusenberg
ジュヌソフ
Junusov
Zhunusov
ジュヌビ Genevie
ジュヌビエーブ
Genevieve*
Geneviève**
シュヌビエール
Chenevière
ジュヌフォール
Genefort
ジュヌボア Genevoix
シュヌール Schnur*
シュヌールバイン
Schnurbein
シュヌレ Schnurre**
シュネ Chenez
シュネー Schnee*
ジュネ
Gene
Genee
Genée
Genest*
Genet*
Genêt*
Jeunet**
ジュネー Genêt
シュネイダー
Schneder
Schneider
シュネイデル
Schneider
シュネイバーグ
Schnaiberg
シュネーヴァイス
Schneeweiss
ジュネヴィエーヴ
Genevieve
シュネシオス Synesios
ジュネジョ Junejo*
ジュネステ Geneste
シュネゾフェール
Schneitzhoeffer
シュネーダー
Schneder*
シュネーダマン
Schnedermann
シュネック Schneck*
シュネッケンブルガー
Schneckenburger
ジュネット
Genette**
Jennett
ジュネップ Gennep*
ジュネディン Junedin
シュネーデル
Schneider
シュネデール
Schneider**
シュネデル Schneider
シュネーデルバッハ
Schnadelbach
Schnädelbach**
シュネーデルマン
Schneidermann
シュネバーグ
Schneeberg
シュネーヒ Schnech
シュネビッチ
Shunevich
シュネブ Shanab
シュネーフォイクト
Schnéevoigt
シュネーフース
Schneefuss
シュネーベル
Schnebel*
シュネーベルガー
Schneeberger*
シュネーベレン
Schnoebelen
シューネマン
Schünemann
シュネーマン
Schneemarn
シュネーメルヒャー
Schneemelcher
ジュネユス Geneus
シュネーラ Schneirla
シュネラー Schneller
シュネール Schnell
シュネル Schnell**
ジューネル Jounel
ジュネル Jounel
シュネールソン
Schneersohn
シュネルドルファー
Schnelldorfer
シュネルバッハー
Schnellbacher
シュネルブ Schnerb
シュネルマン
Schnellmann
シュノ Chenot
ジューノ Junor
ジュノ
Genot
Joon-ho*
Jun-ho*
Junho
Juno**
Junot**
ジュノー
Genaux
Juneau
Junnor
Juno
Junod**
Junor
Junot
シュノーア Schnorr
ジュノア Junor
シュノイヤー
Schneur
Shneour
Shneur
シューノーヴァー
Schoonover
シュノーバー
Schoonover
シュノール
Schnoor
Schnorr
シュノル Schnorr
シュノールト
Chenault
シュノルハリ Šnorhali
シューバ Schuba
シューバー Scheuber
シュバ
Chebat
Sciubba
ジューハ
Jokha
Juha
ジュハー Juḥā
シュパイアー Speier*
ジュバイエアバゼヌ
Djoubaye Abazène
シュハイエブ
Shuhayeb
シュバイガー
Schwaiger
Schweiger
シュバイガーリング
Schwiegerling
シュバイケルト
Schweickert
シュバイザー Speiser
シュパイザー Speiser
シュハイゼ Chkhaidze
シュバイツァー
Schweitzer*
Schweizer
シュバイツェル
Schweitzer
シュパイデル Speidel*
シュハイド Šuhayd
シュパイヒ Speich
シュパイヒャー
Spycher
ジュハイミ Juhaimi
シュパイヤ Spire
シュパイル Speyr
ジュバイル Jubayr*
シュバインシュタイガー
Schweinsteiger*
シュバインフルト
Schweinfurth
シュバカラシンハ
Śubhakarasiṃha
シュパク Shupak
シュバグプタ
Śubhagupta
シュバシシュ
Shubhashish
シュバシッチ Šubašić
シュバシュ Subhash
シュパーシュー
Sparschuh*
ジュハス Juhasz
シュバダ Shubhada
シュバーツ Schwarz
シュバーツァー
Schwazer**
シューバック Shuback
シューハート
Schuchardt
Shewhart
シューバート
Schubert
Shubert*
シューバト Shubert
シュハート Shuhart
シュハード Schuchard
シュバート Schubert
シュパート Shupert
シュパード Shepherd
ジュバニッチ
Zbanic*
Žuvanić
シュパヌート Spanuth
ジューバーベルク
Syberberg
シュパーマー Spamer
シュパーラー Sparrer
シュパラー Sparre
ジュバラ
Jbara
Jubarah
シュパーラティーン
Spalatin
シュパラーティン
Spalatin
シュパラティーン
Spalatin
シュパラティン
Spalatin
シュパラート Spallar
シュバリエ
Chevalier***
Chevallier*
ジュバリッチ Zuparic
シュバリニ Chevalier
シューバル Sjöwall
シュバール Suvar
シュバル
Cheval
Shubal
ジューバル Jubal
ジュハル Djuhar*
シュハルジン
Shukhardin
シュバルタウ
Schwartau
シュバルツ
Schwartz
Schwarz
シュバルツァンベルグ
Schwartzenberg
シュバルツェンバーガー
Schwarczenberger
シュバルツシルト
Schwarzschild
シュバルツバード
Schwarzbard
シュバルツマン
Shvartsman
シュパルディング
Spalding
シュパルテホルツ
Spalteholz
シューハルト
Schuchardt
Schuchart
Schuchhardt
シューバルト
Schubart*
シュハルト
Schuchardt
Schuchart
シュパルバッサー
Sparwasser
シュパルン Sparn
シュバレー Chevalley
シュバロフ Shuvalov
シュパン
Spang
Spann*
ジュバン Joubin
ジュパン
Zupan
Župan
ジュバンヴィル
Jubainville
シューハンカー
Shubhankar
シュパンク Spank
シュパング Spang
シュバンクマイェル
Švankmajer
シュパングラー
Spangler
シュパンゲンベルク
Spangenberg
シュパンゲンベルク
Spangenberg*
ジュバンタン
Jouventin
ジュパンチッチ
Zupancic
Župančić
シュパンツィヒ
Schuppanzigh
シュバンテス
Schwantes
シュパンハイム
Spanheim
シュパンバウアー
Spannbauer
シュパンベルグ
Spanberg
Spångberg
シュヒー Shuhi
ジュピエワ Zhupiyeva
シュピオ Supiot
シュービガー
Schubiger***
シュービク Shubik
シュピーグラー
Spiegler
シュービゲル
Schubiger
Suhubiger
シュピーゲル Spiegel*
シュピーゲルハルター
Spiegelhalter

シ

シュピーゲルブルク Spiegelburg
シュピーゲルベルグ Spiegelberg
シュピーケルマン Spiekermann
シュピーゲルマン Spiegelman
シューピース Spiess
シュピース
Spies*
Spiess**
Spieß
シュピースル Spiessl
シュヒター Schüchter
ジュピター Jupiter
シュピターレル Spitaler
シュピッアー Schweitzer
シュピック Špik
シュピッタ Spitta*
シュピッタース Schwitters*
シュピッツ Spitz**
シュピッツァー Spitzer*
シュピッツウェーク Spitzweg
シュピッツヴェーク Spitzweg
シュピッツバート Spitzbart
シュピッツレー Spitzley
シュピッテラー Spitteler*
シュピッテルマイアー Spittelmayer
シュピットラー Spittler
シュピテラー Spitteler
シュピート Spieth
シュビドコー Shvuidko
シュビトコイ Shvydkoi
シュピートホフ Spiethoff*
シュピートホワ Spiethoff
シュピドラ
Spidla**
Špidla
シュビナ Shubina
シュピナー Spinner
ジュピナ Zhupina
シュピネン Spinnen
シュピヒティク Spichtig
ジュヒョク Joo-hyuk
ジュヒョン Joo-hyon
シュピーラ Spira
シュピラ Spira
シュピラー Spiller
ジュビラ Sybilla
ジュビラー Juviler
シュピーリ Spyri*
シュピリ Spyri*
ジュヒリ Jughli
ジュビリ Yuvirí
シュピリッチ Špirić
シュピリャク Spiljak*
シュピリヤック Spiljak
シュヒリン Schüchlin
シュピール
Spiel*
Spire
シュピルト Shpirt
シュピルナー Spillner*
シュピールハーゲン Spielhagen
シュピールベルガー Spielberger
シュピールベルク Spielberg**
シュピールマイアー Spielmeyer
シュピールマン Spielmann
シュピルマン
Spillmann
Szpilman*
シュピールライン Shpilrein
シュビレ Sybille*
シュピーレ Sprehe
ジュビレ Sybille
シュピレケ Spilleke
シュピーレンベルグ Spielenberg
シュピーロ Spiro
シュービン Shubin**
シュビン
Schubin
Shubin
ジュビン Jubin
シュピンデルエッガー Spindelegger
シュピント Schwind
シュピンドラー Spindler**
シュピンナー Spinner*
シュビンバハー Schwienbacher
シューフ
Schoof
Schuch
シューブ Shub
シューブ
Schoop
Schupp
Shub
Shupe
シュフ
Schuch
Shuff
ジューブ
Dziub*
Dzyub
Jouve
ジュフ Diouf
ジュブ
Jouve
Jub
Jubb
ジュファ Jouffa
シュファクス Syphax
シュブアド Shubad
ジュファン
Gefen
Ju-fan
Ju-hwan*
シューフェル Schüffel
シュフェール Suffert*
シューフェルト
Shewfelt*
Shufeldt
ジュフェルン Süvern
シューフェン Shu-Fen
シュフタン Shüfftan
シュプチク Supcik
ジュプツェン Rje-btsun
ジュブツェンダンバ Jübzhendamba
シュブツォーワ Shevtsova
シューブニコフ Shubnikov
ジュブネ Jouvenet
シュフネッケル Schuffenecker
シューフハルト Schuchhardt
ジュフュレ Zufferey*
シュプーラー Spuhler
シュプライス Spleiß
シュフラト Shukhrat
ジュフラール Geffrard
シュフラン Suffren
ジュブラーン Jibrān
シュプランカー Spranger
シュプランガー Spranger*
ジュフリー
Giuffre*
Jeffrey
ジュブリ Jubouri
ジュフリダ Giuffrida
ジュフリッダ Giuffrida
シュフリッチ Shufrych
シュフーリン Shukheriin*
シュプリンガー Springer**
シュプリンギンクレー Springinklee
シューブリング Shubring
シュープリング Schubring
シュプリングマン Springmann
シュプリングリ Sprüngli
シュプリンゴールム Springorum
シュプリンゴルム Springorum
シュブルー Chebroux
シュプルギ
Spirge
Spirgi
シュブルーズ Chevreuse
シュプルツハイム Spurzheim
シュプルート Spruth
シュプルリェ Šprlje
シュブルール Chevreul
シュプルング Sprung*
シュブレ Sublet
シュプレー Sprehe
ジュフレ Giuffre*
シュブレイラス Subleyras
シュプレツォフ Shupletsov
シュプレッヒャー Sprecher
シュフレボータム Shufflebotham
シュブレーラス Subleyras
シュフレーン Suffren
シュプレンガー Sprenger*
シュプレンガルト Sprengard*
シュプレンゲル Sprengel
ジュフロア Jouffroy
ジュプロヴィッツ Szuprowicz
ジュフロタン Geffrotin
シュプロット Sprott
ジュフロワ Jouffroy**
シュプロン Supron
シュペー Spee*
ジューベ Jouvet
ジュベ
Jouvet
Jubé
ジュペ Juppé**
シュベアー Schwehr
シュペーア Speer*
シュペアー Speer*
ジュベア Joubert
シュペアフォーゲル Spervogel
ジュベイル Jubeir
シュペクター Speckter
シュペクトロフ Spektorov
シュベーグラー Schwegler
シュペック Speck
シュペックバッハー Speckbacher
シュペッシャ Spescha
ジュベット Llobet
シュベッペンホイザー
Schweppenhauser
Schweppenhäuser
シュヘデ Suhede
シュペーテ Späte
シュペート
Shpet
Spaeth
Späth*
Speeth
Speth
シュベドフ Shvedov
シュペートマン Spethmann
シュペーナー Spener
シュペナー Spener
ジュベナール Juvénal*
ジュベナル Juvenal
シュベーヌマン
Chevèenement
Chevénement**
Chevennement
シュベヌマン
Chevèenement
Chevénement
Chevennement
シュペネマン Spennemann
シュペヒト Specht*
ジュベフラ Švehla
シューペマン Spemann
シュペーマン
Spaemann*
Spemann
シュペーラー Spoerer
シュペラートゥス Speratus
シュペラーベルク Spellenberg
シュペリ
Spoerri
Spörri
ジュベリ Xhuveli
シュベル Chebel
シュペール
Speer
Spoerl
シュペル Sperr
シュペルー Sperr
ジューベール Joubert
ジューベル Joubert
ジュヘル Süher
ジュベール
Gevers
Joubert**
ジュベル Joubert
シューベルイ Sjoberg
シュベルヴィエル

Supervielle
シュペルヴィエール
Supervielle
シュペルヴィエル
Supervielle**
ジュペルヴィエル
Supervielle
シュペルガー Sperger
シュベールカソー
Subercaseaux
シュペルツ Speltz
シュペルティ Spälti
シューベルト
Schobert
Schubert***
Schuberth*
Shubert
シュベルト Schubert
シュベルトナー
Schwerdtner
シュペルナー Sperner
シュベルニク Shvernik
シュペルバー
Sperber**
シュペルビエル
Supervielle
シュペールフォーゲル
Spervogel
シュペルフォーゲル
Spervogel
シュペールマンス
Speelmans
シュヘルメルス
Schermers
シュペルリ Spoerli
シュペルレ Sperrle
シュベン Sven
シュベンク Schwenk
シュペングラー
Spengler**
シュペングラア
Spengler
シュペンケ Spenke
シュベンゲラー
Schwengeler
シュペンスト Spenst
シュベントカー
Schwentker*
シューベンドルフ
Stubbendorf
ジュホ Ju-ho
シュポーア Spohr
シュポア Spohr
ジュボエ Gebauer
ジュボガール Žbogar
ジュボス Dubos
シュポタコヴァ
Spotakova*
Špotáková
シュポタコバ
Spotakova
ジューホビツキー
Zhukhovitskii
シューホフ Shukhov
シュポラル Sporar
シュボール Subor
シュポール Spohr
シュポルスキー
Shpol'skii
シュボーン Siobhan
シュポーン Spohn
ジュボン
Joo-bong*
Juvaun
シュポンホルツ
Sponholz
シューマー
Schumer**
シュマ
Shuma
Šum
シュマー Schummer
ジュマ
Dumas
Dzhuma
Juma**
ジュマー Jumaa
ジュマイ Jummai
シュマイイル
Shumayyil
シュマイケル
Schmeichel*
シュマイサー
Schmeisser*
シュマイジンスキ
Szmajdzinski
Szmajdziński
シュマイスナー
Schmeissner
シュマイツェル
Schmeitzel
シュマイデル
Schmeidel
シュマイドラー
Schmeidler
ジュマイリ
Jumaili
Jumayli
シュマイル
Schmeil
Shumail
Shumayl
シュマウス Schmaus
ジュマウツ Žmavc
シューマカー
Schumacher
ジュマガリエフ
Zhumagaliev
シュマギ Shmagi
シュマグ Schmugge
ジュマーク
Jamake
Jumake
ジュマグルイエフ
Jumaguliev
ジュマグロフ
Zhumagulov
シュマケル
Schoumaker
ジュマゲルディ
Dzhumageldi
シュマコフ Shumakov
シュマゴールド
Schmagold
シュマーツ Schmertz
シューマッカー
Schumacher*
シュマッカー
Schmucker
Schumacher
シュマッケル
Schmacker
Schmucker
シュマッチャー
Schumacher*
ジュマット Jumat
シューマッハ
Schmacher
Schumacher*
シューマッハー
Schmacher*
Schumacher***
シュマッハー
Schumacher
シューマッヒャー
Schumacher
Schurmacher
シュマッヘル
Schumacher
ジュマディロフ
Dzumadilov
ジュマトゥルドゥ
Jumatuerdi
シューマトフ
Shoumatoff
シューマハー
Schumacher
ジュマバエフ
Jŭmabaev
ジュマベク
Zhumabek*
ジュマベコフ
Zhumabekov
シューマーマン
Schmahmann
ジュマモハマド
Juma Mohammad
シュマラツ Šumarac
シュマリアフ
Shmaryahu
ジュマリエフ
Zhumaliev
Zhumaliyev
シュマーリノフ
Shmarinov
シュマーリング
Schmerling
シュマール Schmal
シュマル Schmall
ジュマル
Cumalı
Dzemal
Jumal
シュマールオア
Schmalohr
シュマルシュティヒ
Schmalstich
シュマルスティーグ
Schmalstieg
シュマルスティッヒ
Schmalstich
シュマルソー
Schmarsow
シュマルゾー
Schmarsow*
シュマルゾウ
Schmarsow
シュマルツ
Schmaltz
Schmalz*
Schmulz
シュマルツグリューバー
Schmalzgrueber
シュマルツグルーバー
Schmalzgrueber
シュマルツリート
Schmalzried
シュマルハウゼン
Schmalhausen
シュマルフス
Schmalfuss
シュマルレン
Schmalen
シュマレンシー
Schmalensee
シュマレンジー
Schmalensee
シュマーレンバッハ
Schmalenbach*
シュマレンバッハ
Schmalenbach
シュマーレンバハ
Schmalenbach*
シューマン
Schouman*
Schuhmann
Schuman**
Schumann***
Schümann
Shooman
Shuman**
Szuchman
シュマン
Chemin*
Schumann*
Sjuman
ジュマン Geman
シュマント Schmandt
ジュマンネ Jumanne
シュミ Shumi
ジュミ Jumi*
シュミアキン
Chemiakin*
シュミーク Schmieg
シュミーゲロー
Schmiegelow*
シュミーゲロウ
Schmiegelow
シュミーシング
Schmiesing
シュミーダー
Schmieder
シュミーチェク
Smieszek
シュミツ
Schmidt
Schmitz
シュミツェル
Schmitzer
シュミッケ Schmidtke
シュミッター
Schmitter
シュミッタライン
Schmittlein
シュミッツ
Schmitz***
Schmiz
シュミッテナー
Schmitthener
シュミッテン
Smitten*
シュミット
Schaudt
Schimitt
Schmid***
Schmidt***
Schmied
Schmit*
Schmitt***
Schmitz
Sclmitt
Shmidt*
Smidt
Smit*
Smith
シュミッド
Schmid*
Schumid
シユミット Schmidt
シュミットエラー
Schmidt-Eller
シュミットクンツ
Schmidkunz
シュミットニールセン
Schmidt-Nielsen
シュミットハイニー
Schmidheiny*
シュミットバウアー
Schmidbauer
シュミットハウザー
Schmidhauser
シュミットハルス
Schmithals
シュミットヒューゼン
Schmithusen
Schmithüsen
シュミットヒューバー
Schmidhuber
シュミットフーバー
Schmidhuber
シュミットヘナー
Schmidthenner
Schmitthenner
シュミットヘンナー
Schmitthenner
シュミット・ボン
Schmidtbonn
シュミットボン
Schmidtbonn**
シュミットマー
Schmidtmer
シュミットレンガー
Schmidt-Wrenger
シュミーディング
Schmieding
シュミーデベルク
Schmiedeberg
シュミーデル
Schmidl
Schmiedel*
シュミート
Schmid*
Schmied
シュミード Schmidt
シュミド Schmid

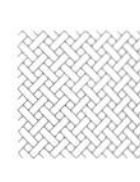
シ

シュミトケ Schmidtke
シュミドバ Smidova
シュミドハイニー
Schmidheiny
シュミートリーン
Schmidlin
シュミードリン
Schmidlin*
シュミードル
Schmidl*
シュミハリ Shmyhal
ジュミヤック
Jumilhac
シュミュエル Shmuel
シュミーラー
Schmirler*
シュミラス Szumilas
シュミール Schmirl
シュミル Smil*
シュミーレ Schmiele
シュミーレビッチ
Chmielewicz
シュミンケ Schmincke
シューム Schumm
シュム
Schumm
Shumu
Šum
ジュムア Jumʻa
シュムイル Samuil
シュームウキーン
Šum-ukīn
シュムエール Shmuel
シュムエル
Sammel
Samuel
Schmuel
Shemuel
Shmuel**
シュムクーテ Šimkutė
シュムークラー
Schmookler
ジュムサイ Jumsai
シュムシャー
Shumsher
シュムション Samson
シュムスキー
Shumsky*
シュムック Schmuck
シュムッテルマイア
Schumuttermayer
ジュムフル Cumfur
シュムペーター
Schumpeter*
シュムペンター
Schumpeter
シュムラー
Schmuller*
ジュムラ Jumla
シュムリー
Shmuel
Shmuley
シュムル Shmull
ジュムール Dzumhur
シュムレル Schmuller
シュムント Schmundt
シュメー Chemet
ジュメ Jumes
シュメアリング
Schmerling
シューメイカー
Schoenmaker
Shoemaker*
Shumaker
シュメイカー
Schumaker*
シュメイコ
Shumeiko*
シュメイユ Schemeil
ジュメイン
Jermaine
Jumaine
シュメーエ Schmöhe
シュメオーン Simeon
シュメオン
Simeon
Symeon
シューメーカー
Schoemaker
Schumaker
Shoemaker**
Shumaker
シューメーク
Shewmake
シュメーグナー
Schmögner
シュメグナー
Schmogner
Schmögner
シュメクネロバ
Schmögnerová
シュメーケル
Schmoeckel
シュメジカル Smejkal
シュメック Schmeck
シュメッテラー
Schmetterer
シュメット Smet
シュメディンシュ
Šmēdiņš
シュメーデス
Schmedes
シュメデス Schmedes
ジュメーヌ Gemenne
シュメノフ
Shumenov*
シュメーマン
Schmemann
Shmeman
シュメラー
Schmoeller
シュメラル Šmeral
シューメリング
Schmerling
シュメーリング
Schmähling
シュメリンク
Schmeling
シュメリング
Schmeling
シュメール
Schmähl
Schumer
シュメル
Schemmel
Shemel
Sumer
ジュメル
Jumel
Žumer
シュメルシュア
Schmolcher
シュメルダース
Schmölders
シュメルツ
Schmeltz
Schmelz
Schmertz
シュメルツァー
Schmelzer*
Schmolzer
Schmölzer*
シュメルツァイゼン
Schmelzeisen
シュメルツェル
Schmeltzer
シュメルツル
Schmeltzl
シュメルリング
Schmerling
シュメレワ Shmeleva
シューメン Shoemyen
シュモー Schmoe*
ジュモ Jumeau
ジュモー Jumeau
シュモイシュ Shmoys
シュモウスカ
Szumowska
シュモーク Schmoke
シュモーケル
Schmökel
シュモック Schmok
シュモーラ Schmoller
シュモラー
Schmoller*
シュモリンスキー
Schmolinsky
シュモール Shmuel**
シュモル Schmoll
シュモルク Schmolck
シュモルケ Schmolke
シュモルト Schmoldt
シュモルラー
Schmoller
シュモレル Schmoller
シュヤマラ Shyamala
ジューユアール
Juillard
ジュヨン
Chu-yung
Juyeon
Ju-yong*
JuYoung
シューラ
Schuler
Schura
Shula
Shura*
シューラー
Schueler
Schueller
Schuerer
Schuler*
Schüler**
Schuller
Schüller
Schürer*
Schuyler
Shuler
シュラ Shula*
シュラー
Schlar
Schuler
Schüler
Schuller**
Schüller
Shuler*
Suhuller
ジュラ Gyula***
シュラアフ Schlaf
シュライ
Schley
Schrey
Shlay
ジュライ
Gyulai*
Gyulay
July**
Zhlai
シュライアー
Schleyer
Schreier*
Schreyer*
Schrier
シュライアーマッハー
Schleiermacher
シュライアーマハー
Schleiermacher
シュライアマハー
Schleiermacher
シュライヴァー
Schrijvers*
Shriver**
シュライエク
Schreyögg
シュライエック
Schreijäck
シュライエル Schreier
シュライエルマッハ
Schleiermacher
シュライエルマッハー
Schleiermacher*
シュライエルマッハァ
Schleiermacher
シュライエルマッヒェル
Schleiermacher
シュライエルマッヒャー
Schleiermacher
シュライエルマッヘル
Schleiermacher
シュライエルマハー
Schleiermacher
シュライエルマヘル
Schleiermacher
シュライエン Schleien
シュライオック
Shryock
シュライコーン
Schleichkorn
ジュライチス
Zhuraitis
ジュライティス
Zhuraitis
シュライデン
Schleiden
シュライト Schleidt
シュライナー
Schreiner***
Schriner
Shreiner
シュライネマーカース
Schreinemakers
シュライネル
Schreiner*
シュライハー
Schleicher
シュライバー
Schreiber***
Schriver
Schryvers
Shreiber
Shriver**
Slijper
Szraiber
シュライバー Slijper
シュライヒ
Schlaich
Schleich
シュライビ Chraïbi
シュライヒャー
Schleicher**
シュライプ Schleip
シュライファー
Shleifer*
シュライフォーゲル
Schraivogel
Schreyvogel
シュライフシュタイン
Schleifstein
シュライブナー
Scrivener
シュライブマン
Schreibman
シュライヘア
Schleicher
シュライベル
Schreiber*
シュライヘルマッヘル
Schleiermacher
シュライマー
Schleimer
シュライム
Shlaim
Shuraim
シュライヤー
Schreier**
Schreyer**
シュライン
Schlein
Schulein
シュラウザー
Schrauzer
シュラウデバシュウ
Schluderpacheru
シュラウテンバハ
Schrautenbach
シュラウト Schraut
シュラウベ Schraube
ジュラヴリョーフ
Zhuravlyov
ジュラヴリョフ
Zhuravlev*
ジュラヴリョーワ
Zhuravleva
シュラウン Schlaun
ジュラエフ
Djuraev
Dzhurayev
Juraev
Jurayev

シュラカ Sraka
シュラガー Schluger
シュラーキー
Chouraqui
シュラキ Chouraqui*
シュラーギントヴァイト
Schlagintweit
シュラギントヴァイト
Schlagintweit
シュラーギントバイト
Schlagintweit
シュラーク
Schlaak
Schlag
シュラーゲ Schrage
シュラゲーター
Schlageter
シュラーゲンハイム
Schragenheim*
シュラージ Schrage
ジュラシー Juracy
シュラーズ Schreurs
シュラーダー
Schrader*
シュラター Schlattre
シュラック
Schlack
Shulack
シュラッグ Schrag
シュラッセルトベルト
Schrassertbert
シュラッター
Schlatter*
シュラッダーナンド
Shraddhānand
シュラッツ Schratz
シュラットー
Suratteau
シュラッファー
Schlaffer*
シュラーデ Schrade
ジュラード Jourard
ジュラド Jurado
シュラノヴァ
Shuranova
ジュラノヴィッチ
Djuranović*
ジュラノビッチ
Djuranović
シュラーノワ
Shuranova
シュラノワ Shuranova
シュラハ Shlah
シュラーフ Schlaf*
ジュラフコフ
Zhuravkov
ジュラフスキー
Jurafsky
シュラプネル Shrapnel
シュラフリー Schlafly
ジュラブリョーワ
Zhuravleva
ジュラブレフ
Zhuravlev
シュラーペ Schrape*
ジュラベク
Dzhurabek
シュラボベルスキー
Schlapobersky
シューラマイト
Shulamit
シュラマイト
Shulamit**
シュラミアク
Szramiak
シュラミス Shulamith
シュラミット
Shulamit*
シューラム Schramm
シュラム
Schlamme
Schram**
Schramm**
Shrum
Shulam
シュラムル Schraml
シュラーメク
Sramek
Srámek
Šrámek
シュラーメック
Šrámek
ジュラール Gérard
シュラン Surin
ジュラン
Durand
Gelin
Jelen
Jeuland
Juran
ジュランヴィル
Juranville
シュランガー
Schlanger**
シュランク
Schlank
Schlunke
Schrank
ジューランクス
Geulincx
シュラングセンピ
Hlangusemphi
シュランゲ Schlange
シュランツ Schranz*
シュラント Schlant
シュランドル
Schelandre
ジュランナ Giuranna
シュランニー Suranyi
シュランベルジェ
Schlumberger*
シュランベルジュ
Schlumberger
シュランメ Schramme
シュランメル
Schrammel
シューリ Sciulli
シューリー
Schühly
Shu-lea
Shu-li
シュリ
Chouly
Schley
Shree
Shri
Shrii
Sri**
Srī
Sully***
シュリー
Schlee
Schley
Schlie*
Shelley
Shrī
Sri
Srī
Śrī
Sully*
ジューリ Julie
ジューリー Julie*
ジュリ
Jeury**
Juli**
Julie**
July*
Yuri
ジュリー
Duruy
Gerry
Giuly
Jerry
Julee
Juli
Julie***
Jullie
Jury
シュリーア Schlier
シュリアー Schlier
ジューリア
Giulia
Julia*
ジュリア
Giulia**
Julia***
Júlia
Julian
Juria
Yulia
シュリアシュ Shuriash
ジューリアス Julius*
ジュリアス
Julious
Julius***
Jullius
Jurius
ジュリアッチ Giuliacci
ジュリアード Juilliard
ジュリアーナ
Giuliana*
Juliana
ジュリアナ
Giuliana*
Juliana*
Julianna**
ジュリアーニ
Giuliani***
Juliani
ジュリアニ Giuliani
ジュリアーノ
Giuliano***
Guiliano
Juliano
ジュリアノ
Giuliano
Juliano*
シュリアノス Syrianos
シューリアン Schurian
ジューリアン
Julian
Juliana
ジュリアン
Gillian
Julean
Juliaan
Julian***
Julián
Juliana
Juliane
Juliann
Julianne**
Juliao
Julien***
Jullian*
Julliand
Jullien**
Julyan
Jurien
Jurriëns
ジュリアンタラ
Juliantara*
ジュリアンナ
Julianna*
ジュリアンヌ
Julianne
Julienne
ジュリアンネ Julianne
シュリイ Sully
シュリーヴ
Shreeve
Shreve*
ジュリウー Jurieu
シュリーヴァー
Schriewer
シュリーヴァスタヴァ
Srivastava*
シュリヴァン
Sullivan*
シュリーヴィジャヤ
Śrīvijaya
シュリーヴェルス
Schryvers
ジュリウス Julius**
ジュリエ Juliet*
ジュリエッタ
Giulietta**
Julieta
ジュリエッティ
Jurietti
ジュリエット
Giulietto
Juliet***
Juliette***
Julitte
シュリエデ Shriedeh
シュリエル Schlier
シュリエン Xiu-lian
ジュリエン Julien
ジュリエンヌ Julienne
ジューリオ Giulio*
ジュリオ
Girulio*
Giulio***
Julio**
Júlio*
Julliot
ジュリオス Julius
シュリオック Shryock
ジュリオーニ Giulioni
シュリカ Shulika
シュリガ Shuliga
シュリーカンタ
Śrīkaṇtha
シュリーカンタン
Sreekantan*
シュリギナ Shul'gina
シューリギン Shul'gin
シュリクティング
Schlichting
シュリーグプタ
Śrīgupta
シュリグリー Shrigley
シュリーケ Schrieke
シュリーケルマン
Schliekelmann
ジュリコビッチ
Djurickovic
シュリジェンコ
Shridenko
ジュリジオ Gelisio
シューリス Thewlis
ジュリース
Jules
Julius
ジュリス
Gyuris
Jouriles
Juris*
ジュリタ Julita
シュリダス Shridath*
シュリーダラ Śrīdhara
シュリダール Sridhar
ジュリチッチ Djuricic
シュリッカー
Schricker
シュリック
Schlich
Schlick*
シュリッケンリーダー
Schlickenrieder
シュリッター
Schlittler
Schlütter
ジューリッチ
Djurić
Duric
ジュリッチ
Djuric
Julich
ジュリッチマルコビッチ
Dulić-marković
シュリッツ Schlitz
シュリッツェル
Sulitzer*
シューリッヒ Schurig
シュリッヒ Schlich
シュリップ Schlipf
シュリテ Shul'te
シュリデ Schridde
シュリーデーヴィ
Sridevi
シュリデヴィ Sridevi*
ジュリーナ Gerina
シュリナース Srinath
ジュリナス Gelinas
シュリーナータ
Śrīnātha
シュリニ Srinivas

ジュリーニ Giulini**
シュリーニヴァーサ
Srinivasa
シュリニヴァーサ
Srinivasa
シュリニヴァサン
Srinivasan
シュリーニヴァース
Srinivas
シュリーニヴァス
Srinivas
シュリーニバス
Srinivas*
シュリニバス Srinivas
シュリーバー
Schriewer*
Shriever
シュリパイリ Shrepaili
シュリバスタバ
Shrivastava
シュリーパティ Śrīpati
シュリパド Shripad
シュリー・ハルシャ
Śrīharsa
シュリーハルシャ
Śrīharsa
シューリヒ Schurig*
シュリヒター
Schlichter
シュリヒテグロル
Schlichtegroll
シューリヒト
Schuricht
シュリーフ Schlierf
シュリーブ
Shreeve*
Shreve***
シュリープ Schliep
シュリーファー
Schrieffer**
Schrijver
シュリーフェン
Schlieffen
シュリープス Schliebs
シュリフトギーサー
Schriftgiesser
シュリプラカッシュ
Shriprakash
シュリーベル
Schrieber
シュリーベン
Schlieben*
ジュリボイ Juliboy
シュリーマ Shrima
ジュリマート
Chureemas
シュリーマーラー
Śrīmālā
シュリーマン
Schliemann*
シュリマン Shriman
シュリメ Schlime*
シュリヤ
Shriya
Surya*
シュリヤーク Shuliak
シュリャフティツキ
Sleahtitchi
ジュリヤン
Julian
Julien*
シュリュ Surieu
ジュリュー Jurieu
ジュリュイ Duruy
シュリュグ Surugue
ジュリュス Julius
シュリューター
Schlüter**
シュリュッセルブルク
Schlüsselburg
ジュリョ Giulio
ジュリヨ Giulio
シュリーラータ Śrīlāta
シュリーラム
Shreeram
シュリラム
Sriram
Śrīrāma
シュリーラール Śrīlāl
シュリーランガ
Śrīranga
シュリーレンツァウアー
Schlierenzauer**
シュリン Schirin
ジューリン Zulin
ジュリーン Julene
シュリンガ Schuringa
シュリンガー
Schlinger
シュリンク Schlink**
シュリング Schling
ジューリング Süring
シュリンゲンジーフ
Schlingensief
シュリンゲンズィーフ
Schlingensief*
ジュリンスキー
Zhulinsky
ジュリンダ Daurinda
シュリンプ Schrimpf
シュリンプトン
Shrimpton
シュール
Chyr
Cyr
Jules**
Schuell
Schuhl
Schul*
Schüll
Schur*
Shur
Sieur
Sueur
シュル
Jules
Schuhl**
Šul
ジュール
Joule*
Jour
Juhl
Jule**
Jules***
Jure
Juul
Zuur
ジュールー Jules
ジュル
Jules*
Jull
ジュルー
Djourou
Jules
シュルアーズ Schruers
ジュルアト Jurat
シュールイ Xue-rui
シュルイツァー Sluizer
シュルヴァージュ
Survage
シュルヴァン Sylvain
シュルヴィッツ
Shulevitz*
シュルヴィル Surville
ジュルヴィル
Julleville
シュルーカ Chrougha
シュルーガ Schluga
シュルガチ Surgaci*
ジュルカネアヌ
Giurcaneanu
シュルガン Shulgan
ジュルガン Gurgand
シュルギ Šulgi
シュルキン
Schulkin
Shulkin
シュルギン
Shukhardin
Shul'gin
シュルキンド
Schulkind
ジュールーグ Julugh
ジュルグ Jurg
シュルクルンド
Kyrklund
ジュルゲンゼン
Jurgensen
ジュルコー Gyurkó
シュルコフスキー
Schilkowski
シュルゴールド
Shulgold
シュルザノスキー
Chrzanowski
シュルジー Schulze*
ジュルジ György*
ジュルジー Jirjī
ジュルシェ Zurcher
ジュルジェヴィッチ
Djurdjevic
シュルシェール
Schoelcher
シュルジェンコ
Shul'zhenko
ジュルジース Jirijīs
ジュルジズ Zhuldyz
ジュルジッツァ
Djurdjica
ジュルジャ Djurda
ジュルジャーニー
Jurjānī
ジュルジャンソン
Jurgenson
ジュルジュ Georges
ジュルジュル Juljul
シュルシン Shurshin
シュルス Syrus
ジュールス Jules**
ジュールズ
Jools
Joolz*
Joules
Jules**
Julius
ジュルズ Jules
シュールストロム
Schullstrom
Shullstrom
シュルスヌス
Schlusnus
シュルーズベリ
Shrewsbury
シュルーズベリー
Shrewsberry
Shrewsbury*
シュルスワスキー
Szulczewski
シュルーター Schluter
シュルーダー
Schreuder
Schroeder**
シュルター
Schluter
Schlüter*
Schurter**
ジュルタ Gyurta**
シュルタイス
Schultheis
Schultheiß
ジュールダン
Jourdain
Jourdan*
ジュルダン
Jourdan
Jourdin
シュールチェ Schulze
シュルチェ
Schultze
Schulze
ジュルチャーニ
Gyurcsány*
シュルツ
Scholz
Schulte
Schults
Schultz**
Schultze*
Schulz***
Schulź
Schulze*
Schurtz
Schurz
Schütze
Shiltz
Shoultz
Shults
Shultz**
Shultze
Surz
Szulc*
ジュルツ Geurts
ジュルツァー Sülzer
シュルツェ
Schultze*
Schulze***
Schülze
シュルツェンスタイン
Schultzenstein
シュルック Schleck
シュルッツアー
Schletzer
シュルット Šrut
シュルップ Schlupp
シュルツヘンケ
Schultz-Hencke
シュルテ
Schulte**
Shulte
ジュルディ Jourdy
シュルティス Shultis
シュルティング
Schulting
シュルテース
Schulthess
シュルテス
Schultes**
Schulthess*
Schultheß
シュルテン Schulten
ジュールデン Jourdain
シュルテンス
Schultens
シュールト Sjoerd
シュルト
Schildt
Schilt*
Schuld
Schult*
Schulte
ジュールド Jourde
ジュルトチェンコ
Dzhurtchenko
シュルトハイス
Schultheis
ジュルヌ Journe*
ジュルヌー Journoud
ジュールネ Journet
ジュルネ Journet*
ジュルネー Journet
シュルネッガー
Schlunegger
ジュルノー Journod*
シュールバーグ
Schulberg*
シュルバーク
Schulberg
シュルバーグ
Schulberg
シュルパヌ Shurpanu
シュールハマー
Schurhammer
シュールハンマー
Schurhammer*
シュルヒ Schürch
シュルビーク Srbik
シュルビク Srbik
シュルビッツ
Shulevitz
シュルビル Surville
シュルプ
Schlumpf
Schulp

ジルファラキャン
Julfalakyan
ジルフィ Györffy
ジルフェガル
Zulfugar
シュルフター
Schluchter*
ジルブヌ Jelvoune
シュールブリード
Shulbrede
シュールベリ
Churberg
ジュールベルナール
Jules Bernard
シュルペン Schulpen
ジュルベンコ
Zhurubenko
シュールホフ
Schulhof
Schulhoff
Šulhov
シュルホフ
Schulhof
Schulhoff
シュルマイスター
Schulmeister
シュールマイヤー
Schulmeyer
シュールマカー
Schurmacher
シュールマン
Schulman*
Schurmann
Schürmann*
Schuurman
Shulman
シュルマン
Schulman***
Schulmann
Schurman
Shulman*
ジュルマン Zurman
シュルムベルガー
Schlumberger
ジュルメーヌ
Germaine
ジュルリン Sirlin
シュルール Schrurs
シュールレ Schurrle
シュルロ Sullerot*
シュルンク
Schlunck
Schlunk
シューレ
Schule
Schüle
シュレ
Schuré
Suret
シュレー
Schleh
Schure
Schuré
ジュレ
Gelais
Gelée
Gellée
Syré
シュレーア
Schlör
Schröer
シュレアー Schlehr
シュレーアス Schrörs
シュレイ Schleh
シュレイアー Shlaer
シュレイアン
Shuraiaan
シュレイガー Schrager
シュレイキ Shureiqi
シュレイキン
Shuleikin
シュレイク Shrake
ジュレイサティ
Jreisati
シュレイダー
Schrader
Schraeder
Schroeder*
Shrader
シュレイデ Shreideh
シュレイバー
Schreiber*
Šrejber
シュレイフ Schleif
シュレイファー
Schlaifer
Shleifer
シュレイヘル
Shleikher
シュレイベール
Schreiber*
シュレイマーン
Süleyman
シュレイン Shlain
シュレウスナー
Schleusner
シュレウニンク
Schleuning
シュレーカー Schreker
シュレーガー
Schrager
Schröger
Shrager
シューレク Šulek
シュレーグ Schrage*
ジュレク Jurek
シュレクティー
Schlechty
シュレーゲル
Schlegel*
Shlegel
シュレゲル Schlegel
シュレーゲルベルゲル
Schlegelberger
シュレゲルミルヒ
Schlegelmilch
シュレージ Schrage
シュレシェヴスキー
Scherschewsky
シュレジャビチュス
Slezevicius
シュレージンガー
Schlesinger*
Schrödinger
シュレシンガー
Schlesinger
シュレジンガー
Schlesinger**
シュレシンジャー
Schlesinger***
Schlessinger
シュレジンジャー
Schlesinger*
シュレーズ Shlaes
シュレス Schless
ジュレス
Giurescu
Jules*
ジュレスク Giurescu
シュレスタ
Shrestha*
Shurestha
Śreshtha
シュレゼール
Schloezer
Schlœzer
シュレーター
Schröder
Schroeter**
Schroter
Schröter**
Shröter
シュレーダ Schroeder
シュレーダー
Schrader**
Schreuder
Schroder
Schröder***
Schroeder***
Shrader
シュレター Schroter
シュレダー Schroder
シュレダーマン
Schledermann
シュレーツァー
Schlözer
シュレッカー
Schrecker
シュレック
Schleck
Schreck*
Schröckh
Schroeckh
ジュレック Jurek
シュレッゲル Schleger
シュレッケンベルク
Schreckenberg
シュレッシンガー
Schlessinger*
シュレッセルス Šlesers
シュレッセルマン
Schlesselman
シュレッター
Schroetter
Schrotter
Schrötter
シュレッテ Schlette
シュレッティンガー
Schrettinger
シュレット Charrette
シュレットアウネ
Sletaune*
シュレットウ
Schlettow
シュレットウエイン
Schlettwein
シュレットワイン
Schlettwein
シュレッペグレル
Schleppegrell
シュレーディンガー
Schrodinger
Schrödinger*
シュレディンガー
Schrödinger
シュレーデル
Schreuder
Schroder
Schroeder
シュレデール
Schreider
シュレテルブルク
Schlötelburg
シュレトウ Schlettow
シュレーバー
Schreber*
シュレヒター
Schlechter
シュレビッツ
Shulevitz
シュレヒト Schlecht*
シュレヒトリーム
Schlechtriem
シュレーフ Schleef*
シュレーブ Shreve
シュレーファー
Schrefer
シュレファー
Schrepfer
シュレフトバー
Šlechtová
シュレーフリ Schläfli
シュレーベル
Schreiber
シュレベール
Schreiber**
シュレポフ Shulepov
シュレマー
Schlemmer
シュレーマン
Schloemann
ジュレミー Jeremy
シュレミール
Schlemihl
シュレミルヒ
Schlomilch
Schlömilch
シューレム Szolem
シュレム Schlemm
シュレムス Schrems
シュレムマー
Schlemmer
シュレーヤ Schroer
シュレーラ Schlereth
シュレリー Schullery
シューレル Schüler
シュレル
Scheurer
Sherrel
シュレールス
Schrörs
Schullerus
シュレワ Shouleva
ジュレン Julen
シュレンカー
Schlenker
シュレンク
Schrenck
Schrenk*
Shrenk
シュレング Schrenck
シュレンコファー
Schleinkofer
シュレンジャー
Schlenger*
シュレンター
Schlenther
シュレンダー
Schlender
シュレンツ Schlenz*
シュレーンドルフ
Schlöndorff
シュレンドルフ
Schellendorff
Schlöndorff*
シュレンパー
Schlemper
シューレンバーグ
Schulenberg*
シュレンプ
Schrempf
Schrempp*
シュレンブゲンス
Schrömbgens
シュレンプフ
Schrempf
シューレンブルク
Schulenburg
シューレンベルク
Schürenberg
シュレンベルク
Schulenburg
シュレンマー
Schlemmer*
シューロー Choureau
シュロー
Seureau
Shoureau
Sureau**
ジューロ Djuro
シュロアエ Hloaele
シュロイ Schleu
シュロイスナー
Schleusner
シュロイター
Schlueter
シュロイダー
Schreuder
シュロイデル
Schroeder
ジュロヴァ Djourova
シュロゥダー Schroder
シュロウダー
Schroeder
シュロェーデル
Schroeder
シュロエデル
Schroeder
シュローサー
Schlosser**
シュローズ Shrodes
シュロス
Schloss
Schroth*
シュロススタイン
Schlossstein

シ

シユロスタイン
Schlossstein*
シユロスバーク
Schlessberg
シユロスバーグ
Schlosberg
Schlossberg*
Schlossberg
シユローズベリー
Shrewsbury
シユロースマッハー
Schlossmacher
シユロスマン
Schlossman
シユローダー
Schroder**
Schröder
Schroeder**
Shroder
シユローダーズ
Schreuders
シユロチキナ
Shurochkina
シユロック Schrock*
シユロッサー
Schlosser*
シユロッス Schloss*
シユロッスマン
Schlossman
シユロット Schrott**
シユロットマン
Schlottmann
シユローテ Schlote
シユローデト
Schloredt
シユロバール Šrobár
シユロピー
Schloppy
Schlopy
シユロピシレ Hlobsile
ジューロビッチ
Djurovic
ジユロビッチ
Djurović
Djurovich
シユローブ Shrobe
シユロフ
Schloff
Schroff
ジユロフスキ
Żurowski
シユローマン
Schromann
シユロム Shlom
シユロムチク
Shlomchik
シユローモー Solomon
シユロモ
Schlomo
Shelomo
Shlomo***
シユロモー
Salomon
Šelomōh
Shlomo*
Solomon
シユローモーダ
Schramade
シユロール Schroll
シユローレト
Schloredt
ジユロワ Zhurova**
シューロン Su-jung
ジユロン
Geron
Géron
Jiu-long
シユロンスカ Slonska
シユロンスキー
Shlonsky
シユロンツ Shrontz
シユワ Schwa
ジユワー Dewar
シユワァイツェル
Schweitzer
シユワァルツ
Schwartz
シユワイカー
Schweiker*
シユワイガー
Schweiger
Schweigger
シユワイカート
Schweickart
Sweikert
シユワイゲラー
Schwaigerer
シユワイシユ
Shuwaish
シユワイスグート
Schweithguth
シユワイダ Schweyda
シユワイチエル
Schweitzer
シユワイツァー
Schweitzer*
Schweizer
シユワイツアー
Schweitzer
シユワイツェル
Schweitzer
シユワイド Schweid
ジユワイニー
Juwainī
Juwaynī
シユワイマー
Schwimmer
シユワイム Swaim
シユワイル Shuwail
シユワイルデン
Schwilden
シユワイン
Shuwain
Shuwayn
シユワーズ Schwarz
シユワス Schwass
シユワーツ
Schwartz
Schwarz
Swartz
シユワツァー
Schwarzer
シユワーツェル
Schwartzel*
シユワッガー
Schwager*
シユワーツコフ
Schwarzkopf
シユワッブ Schwab
シユワーツマン
Schwartzman
シユーワード Seward
シユワード
Schwerd
Seward*
シユワドラー
Schwaderer
シユワニツ Schwanitz
シユワニック
Schwennicke
シユワーバー
Schwarber
シユワバハー
Schwabacher
シユワビッシユ
Schwabish
シユワーブ
Schwab
Schwabe
Schwarb
Shwalb
シユワーブ Schwab
シユワブ Schwab**
シユワブ Schwab
ジユワフスキ Żuławski
シユワーブストーン
Schwab-Stone
シユワーベ Schwabe*
シユワーベン
Schwaben
ジユワラ Jwala
シユワーリン
Schwerin
シユーワル Sewall
シユワル Schwall
ジユワル Djual
シユワルタウ
Schwartau
シユワールツ
Schwartz
シユワルツ
Schwarcz*
Schwarts
Schwartz***
Schwarz**
Shvarts*
Shwartz
Swartz*
Szwarc*
シユワルツァー
Schwartzer
Schwarzer
シユワルツヴェラー
Schwarzwäller*
シユワルツェ
Schwarze
シユワルツェネガー
Schwarzenegger
シユワルツェネッガー
Schwarzenegger**
シユワルツェンベルク
Schwarzenberg**
シユワルツコップ
Schwarzkopf**
シユワルツコフ
Schwarzkopf**
シユワルツコプ
Schwarzkopf
シユワルツコプフ
Schwarzkopf
シユワルツシルト
Schwarzschild*
シユワルツシルド
Schwarzschild
シユワールツネッガー
Schwarzenegger
シユワルツバート
Schwartz-Bart
シユワルツマン
Schwarzman*
Schwarzmann
Shvartsman*
シユワルツローゼ
Schwarzlose
シユワルト Schwardt
シユワルトホフ
Schwarthoff
シユワルナゼ
Shevardnadze
シユワルビ Schwalbe
シユワルブ
Schwalb
Schwalbe
シユワルベ Schwalbe*
シユワルム Schwarm
シユワロフ
Shuvalov**
シユワン
Schwamm
Schwan
Schwann
ジユワン
Juin
Juwan
シユワンクマイエル
Svankmajer
シユワンケ Schwanke
シユワンターラー
Schwanthaler
シユワンツ Schwantz
シユワンテス
Schwantes
シユワント Schwandt
シユン
Jun
Shun
Xun*
シユン Si-yoon
ジューン
Juhn
June***
ジユン
Jeon*
Joon*
Jun**
June**
Jüne
Jung
ジユン Ji-yoon
ジユンイ Junyi
ジユンイク Jun-ik
ジユンイチ Juniti
ジユンイル Joong-il*
ジユンガー Jungr
ジユンギ
Joong-ki*
Jun-gi*
Jun-ki*
ジユンギユ
Joon-gyu*
Jyun-kyu*
ジユンギヨン
Joong-kyung
ジユンギル June-gill
シユンク Schunk
シユング Shung
ジユング Jung*
ジユングオン
Chung-kwon
ジユンクック
Joon-guk
ジユンクビスト
Ljungqvist
ジユングマン
Jungmann
シユンケ
Schunke*
Schünke
ジユンケイラ
Junqueira*
ジユンケイロ
Junqueiro
シユンゲラー
Schüngeler
シユンケロス
Synkellos
ジユンコ Junko
ジユンゴン Jung-gon
ジユンサン Joon-sang
シユンジエ Shun Xie
ジユンジエ Jun-jae
ジユンシク Joon-sik
ジユンジユンワラ
Jhunjhunwala*
ジユンシヨン
Chun-hsiung*
ジユンシン
Joong-shin
シユンズ Shunza
ジユンス Junsu*
ジユンソ
Joong-suh
Joon-seo
ジユンソク
Joong-suk
Jun-seok
Jun-sok
Jun-soku
ジユンソン
Jung Sum
Jun-sung
ジユンタ Giunta
ジユンダル Joong-dal
ジユンチヨル
Joong-chul
シユンツェル Schünzel
ジユンティ Giunti
シユンドラー
Schündler
シユンニヨ Shunyo
シユンバ Shumba
ジユンパ Jhumpa**
ジユンヒ Jun-Hee
ジユンピヨ Jun-pyo*

ジュンヒョク
Joon-hyuk
Jung-hyuk*
Jun-hyuk
ジュンヒョン
Jeung-hyun*
Jun-hyong
Jun-hyung
ジュンビョン
Jun-byung
ジュンファン
Zoon-hwan
ジュンフィ Joon-whi
シュンフォシウス
Symphosius
シュンフォロサ
Symphorosa
ジュンブラット
Jumblatt
ジュンブラート
Junblāt
ジュンフーン
Jun Hoong
ジュンフン
Choong-hoon
Jun Hoong
ジュンベ Jumbe
シュンペーター
Schumpeter*
シューンヘル
Schönherr
ジュンホ
Joon Ho
Joon-ho
シュンポシウス
Symphosius
シューンホーフェン
Schoonhoven
ジュンホン
Jun Hoong
ジュンポン
Jumpol
Jumpon
シュンマクス
Symmachus
シュンマコス
Sýmmachos
シューンメーカー
Schoonmaker
ジュンヤン
Joon-yang*
ジュンユン Jung-youn
ジュンヨプ Chun-yop
ジュンヨン
Jun Young
ジュンラパン
Janlaphan*
シュンリー Shun-li
ジュンリン Jung-rin*
ショ
Chaud*
Jo
ショー
Chau
Chaud
Chhor
Schoo
Schou
Shaw***
Shawe
Shore
Shorr
Show**
ジョ
Cho
Chou*
Jo*
ジョー
Gyaw*
Jae
Jaud*
Jeu
Jho
Jo***
Jô
Joanna
Joanne
João
Joe***
Joë*
Joel
Joh*
Joho
Joo
Joos
Joseph*
Josephine
Qiu**
Zhou
ショア
Schor
Schore
Schorr*
Shor
Shore***
Shorr
ショアー
Schor*
Schore
Shore*
Shores*
ジョア
Joao
Jorre*
ジョアイウー Joyeux
ショアイブ Shoaib
ジョアイヤン Joyant
ジョアウン Joao
ジョアオ
Joao*
João*
ジョアキーノ
Gioacchino*
ジョアキム
Joachim
Joakim*
Joaquim**
ジョアキン
Joaquim***
ジョアサン Joachim
ショアジ Choisy
ショアジー Choisy
ジョアジーニョ
Joazinho
ジョアシム Joachim
ジョアシャン
Joachim*
Joachin
ジョアジル Joazil
ショアーズ Shores
ショアズール Choiseul
ジョアチム Joachim
ジョアッキーニ
Gioacchini
ジョアッキーノ
Gioacchino*
Joachim
ジョアナ
Geoana*
Geoană
Joana*
Joanas
JoAnna
Joanna***
Johana
Johanna*
ジョアナジー Joanasie
ジョアニ Joanie
ジョアニー Joannie*
ジョアニク Jouanique
ジョアニータ Juanita
ジョアネ Johannet
ジョアーノ Joàn
ジョアノ Johannot
ジョアノー Joanot
ショアン Siohan
ジョー・アン JoAnn
ジョーアン JoAnn
ジョアン
Jean
Joan***
Joañ
Joãn*
Joang
Jo Ann
Jo-Ann
JoAnn
Joann*
Joanna
JoAnne
Joanne**
Joao**
Joaõ
Joâo
João***
Joaquim
Johan*
Johann
John
Juan
ジョアンヴィル
Joinville
ジョアンジーニョ
Joãozinho
ショアンドェルフェル
Schoendoerffer
ジョアンナ
JoAnna*
Joanna**
Joannah
Joanne*
Joannna**
Johanna**
ジョアンナール
Johannard
ジョアンヌ
Jo-Anne
JoAnne
Joanne*
Johanne
Johannes
ジョアンネ Joannes
ジョアンノ Johonnot
ジョアンビル Joinville
ショアンベール
Schauenberg
ジョアンマリア
Joao Maria
ジョーイ
Joey***
Joie
Jose
Joseph
Joy
ジョイ
Joey*
Joi
Joie
Joy***
Joye
ショイアー
Scheuer*
Schoyer
ジョイア Gioia*
ショイアーブフルク
Scheuerpflug
ショイアーマイヤー
Scheuermeir
ショイアマン
Scheuerman
ショイアール
Scheuerl*
ショイイング
Scheuing*
ショイエル Scheuer
ジョイオ Joio
ショイグ Shoigu**
ジョイシーン Joyceen
ジョイス
Joice**
Jois
Joyce***
Joyes
ジョイスト Joist
ジョイスリ Jaysri
ジョイデブ Joydeb
ジョイト Joite
ショイナー Scheuner
ジョイナー
Joiner*
Joyner***
ショイネマン
Scheunemann
ジョイネル Joyner
ショイヒ Scheuch
ショイヒャー
Scheucher
ショイフェライン
Schäufelein
ショイフェレ
Schäuffele
ショイブレ
Schäuble**
Scheuble
ショイベ Scheube*
ショイマン
Scheumann
ショイモシ Solymosi
ショイモシュ Solymos
ショイヤー
Scheuer
Schoyer
ジョイユ Johil
ショイヨド Syed
ショイル Scheurl
ショイルマン
Scheurmann
ショインカ Soyinka**
ジョインズ Joines
ジョインソン
Joinson*
Joynson
ジョイント Joynt
ショーヴ Shove
ショウ
Chow
Schow
Shaw**
Shou
Show
Siauw
ジョウ
Chou
Jo**
Joe
Jow
Zhou*
ショーヴァー Shover
ジョヴァッキーノ
Giovacchino
ジョウアナ Joanna
ジョーヴァネ Giovane
ジョヴァーネ Giovane
ジョヴァネ Giovane
ジョヴァネッティ
Giovannetti
ジョヴァネッリ
Giovannelli
ジョヴァネルリ
Giovanelli
ジョヴァノヴィック
Jovanovic
ジョヴァノヴィッチ
Jovanovic
ジョヴァノッティ
Jovanotti
ショヴァール Sjovall
ショウアルター
Showalter
ショーヴァン
Chauvin**
ショヴァン
Chauvin
Chovin
ジョウアン
Joanne
Joāo
ジョヴァン
Gian
Giovan
Giovanni
ジョヴァンカ
Giovanca*
ショヴァンコヴァ
Chovancova
ジョヴァントーニオ
Giovantonio
ジョウアンナ Joanna
ジョヴァンナ
Giovanna**
Govanna*
ジョヴァンニ
Gian
Giovanni***
Giovannia
Giovenni
ジョヴァンニーノ
Giovannino*
ジョヴァンネッティ

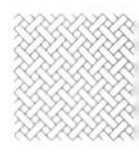
シ

Giovannetti
ジョヴァンネッリ
Giovannelli
ジョヴァンノーニ
Giovannoni
ジョヴァンバッティスタ
Giovambattista
Giovanbattista
ジョヴァンリ Giovanli
ジョウイ Joey
ジョヴィ Jovi*
ショヴィエ Chauvier
ジョーヴィオ Giovio
ジョヴィータ Giovita
ジョウィット Jowitt
ジョヴィナッゾ
Giovinazzo
ショーヴィノー
Chauvineau
ジョーウィルフリード
Jo-Wilfried*
ショーヴィーレ
Chauviré
ショヴィレ
Chauviré**
ショウヴ Shove
ジョウウェット Jowett
ショウヴホウ
Chauveau
ショウヴン Shoven
ショーヴェ Chauvet
ジョヴェッティ
Giovetti*
ジョウェット Jowett
ジョウエット Jowett
ジョヴェナーレ
Giovènale
ジョヴェノーネ
Giovenone
ショーウェル Showell
ショーヴェル Chauvel
ジョウェル Jowell
ジョウエル Joel
ショーヴォー
Chauveau
ショヴォ Chauveau
ショヴォー
Chauveau*
ジョヴォヴィッチ
Jovovich*
ショーウォーター
Schowalter
Showalter*
ショウォーター
Showalter*
ジョウォルスキー
Jaworski*
ショーウォルター
Showalter*
ショウォールター
Showalter*
ショウォルター
Showalter*
ショヴォン Chauvon
ショウガー Shauger
ショウカイ Shaohai
ショウカット Shaukat
ショウキー Shawkey
ショウクロス
Shawcross
ショウケット
Choquette
ジョウコウ Joko
ショウコフ Shoukov
ジョウサイア Josiah
ジョウシ Joshi
ジョウジ
George
Joji
ジョウジー Josie
ジョウジフ Joseph
ショウスタック
Showstack
ジョウセフ Joseph
ジョウゼフ
Joseph*
Josephe
ジョウゼフィーン
Josephine
ジョウダ Jowda
ジョウダル Jowdar
ジョウデル Jowder
ショウドリー
Choudhry
ジョウナ Jonah**
ジョウナス Jonas
ショウナワー
Schoenauer
ショーヴネ Chauvenet
ショヴネー Chauvenet
ショウバー Shawver*
ショウバーグ Sjoberg
ショウファー
Chauffour
ジョウフラス Jouflas
ジョウベス Jobeth
ショウペンハウアー
Schopenhauer
ショウペンハウエル
Schopenhauer
ショウボー Chauveau
ショウマロフ
Shoumarov
ショウミエール
Chaumiere
ショウミットロ
Soumitra
ショウリ Shorey
ショウリー Shourie
ジョウリー Joely
ジョウリン Joulin
ショウル Shaul
ジョウル Joel
ショウレック Sourek
ショウレム Sholem
ショヴロン Chovelon
ショウン Shawn
ジョウン
Joan
Joanne
John
ジョウンズ Jones*
ジョウンソン Jónsson
ジョヴンニ Giovanni
ショウンバーグ
Schaumburg
ショーエ Choay
ショエ Choay
ジョエ
Joe
Joë
Joy
ジョエイ Joey
ショエット Shohet
ジョーエット Jowett
ジョエット Jowett
ジヨエフ Ziyoyev*
ジョエリ Joéli
ジョエリー Joely
ショーエル Schoel
ショエル Choeël
ジョーエル Joel*
ジョェル Joel
ジョエル
Jo-El
Joel***
Joél
Joël***
Jöel
Joelle
Joëlle*
Yoel
ジョエルズ Joels
ジョエルソン Joelson
ジョーエレン
Jo-Ellan*
JoEllen
ショーエン Shaowen
ショーエンパーレン
Schoemperlen
ショーエンヘール
Schoenherr**
ショエンベルヒ
Schonberg
ショーエンワイス
Schoeneweis
ショオ Shaw
ジョォジ George
ジョオジ
George
Georges
ジョオゼフ Joseph
ジョオド Joad
ショォペンハウエル
Schopenhauer
ジョオマルト Joomalt
ジョオルジ Georges
ジヨオルジ Georges
ジョオン
Joan
John
ショーカー Sarkar
ショーカッタリー
Showkutally
ショーカトゥラー
Shaukatullah
ショカヤ Sokaya
ショカリスキー
Shokaliskii
ショカーリスキィ
Shokaliskii
ジョカル Jokar
ジョーガン
Georgann
Jogan
Júrgen
ジョカンテ Giocante*
ジョキム Jochim
ジョーギャリス
Georgaris
ショキルジョン
Shakirdzhan
ショキロフ Shokirov
ショキン Shokin
ジョギンダー
Joginder*
ジョギンドロナト
Yogīndranāth
ショーク Schalk
ジョーク Joque
ジョーグ Jogues
ジョク
Joc
Jock
ショークヴィスト
Sjoqvist
Sjøqvist
ジョクウエン Jocwen
ジョークス Jorks
ジョクス Joxe*
ジョクスタッド
Jokstad
ショークタリ
Showkutally
ショクティ Shakti
ジョクテング
Yockteng*
ショクト Schogt
ショクネヒト
Schoknecht
ジョクノ Diokno
ショークビスト
Sjöqvist
ショクーフェ
Shokoofeh
ジョグラフ Djoghlaf
ショクリ
Chokri**
Shockley
ショクリー
Shockley
Shukry
ジョークール Jaucourt
ジョクール Jaucourt
ショクレー Shockley
ショーグレン
Shogren
Sjögren
ショグレン Shogren
ショークロス
Shawcross
ショケ Choquet*
ショケー Choquet
ジョケイト Jokeit
ショーケット
Choquette*
ショケット Choquette
ショーケファルヴィ
Szőkefalvi
ショゲル Choguel
ジョーケル Joeckel
ジョーゲンスン
Jorgensson
ジョーゲンセン
Jorgensen**
ジョーゲンソン
Jorgenson
ジョーコ Gyorko
ジョコ
Djoko**
Jaka
Joko**
ジョコヴィッチ
Djokovic*
ジョコックス Jocox
ショコバ Šochová
ジョコビッチ
Djokovic
Dokovic
ショコレー Szokolay
ショゴレフ
Shchegolev
ショコワン Chauchoin
ジョコンダ Gioconda
ジョコンド Giocondo
ショーザー Schoser
ジョサ Llosa
ジョサイア
Jesiah
Josia*
Josiah**
ジョサイアス Josias
ジョサイヤ Josiah
ジョサテキ Josateki
ジョサム Jotham
ジョーサン Josann
ジョサン Josann
ショーシ George
ショージ George
ショジ Shodi
ジョーシ
George
Joshi*
ジョーシー
Joshi
Joshī
Jōshī
ジョージ
Geoge
Georg**
George***
Georges**
Georgie*
Gerge*
Gerges*
Geroge
Giōrgos
Goerge
Gorge*
Gyorgy
György*
Joerg*
Joji*
Jörg

Jorge**
Zyôzi
ジョージー
George
Georgie*
Josey*
Josie
Jowsey
ジョシ
Jahsh
Joshi
ジョシー
Joose
Joosse
Joshi*
Josie**
ジョジー
Josie*
Jozy**
ジョージァ Georgia
ジョージア
Georgia***
Josiah
ジョシア Josiah*
ジョージァイ Georgi
ジョージアディス
Georgiadis
ジョージアナ
Georgeanna
Georgiana
Georgianna
ジョジアーヌ
Josiane*
Josyane*
ジョージアン
Georgeanne
Georgian*
ジョージアンヌ
Georgeanne
ジョジアンヌ Josiane
ジョージィ Georgie*
ジョージィフ Joseph
ジョシエ Chaussier
ジョージェ George
ジョージェイド
Georgiade
ジョージェスク
Georgescu**
ジョージェット
Georgette**
ジョージエフ
Georgieff
ジョシエン Jochen
ジョージオ Ciorgio
ジョージス
Georges*
Georgess
ジョージズ Georges
ジョージスン
Georgeson
ジョシップ
Joseph
Josip
ジョージーナ
Georgina*
ジョージナ
Georgina***
ショシナン
Chaussinand
ジョシネ Jossinet**
ジョージフ Joseph
ジョーシーファ
Josepha
ジョジーファ Josepha
ジョジフィーン
Josephine
ジョシポーヴィッチ
Josipovici
ジョシポヴィッチ
Josipovici
ジョシポービッチ
Josipovici
ショーシャ
Chauchard
ジョージャ Jorja
ジョシャ Gjosha
ジョシヤ Josiah
ショジャイイ
Shojaee*
ジョージャイン
Georgine
ショシャーナ
Shoshana
Shoshanna
ショシャナ
Shoshana**
Shoshanah
ショシャニ Shohsani
ショジャニア Shojania
ショシャール
Chauchard
ジョシャン Jochen
ジョーシュ Jōsh
ジョシュ
Josh***
Joshua*
Yoss
ジョシュア
Joshua***
Joshura
Josuha
ジョジュエ Josué
ジョジョ
JoJo
Jojo**
ショショール
Chocholle
ジョージーン
Georgene
Georgien**
ジョース
Joós
Jooss
ジョーズ Jose
ジョス
Djossou
Joos*
Jos**
Joseph
Josh
Joss**
Josse*
ジョスア Josua
ジョスィアーヌ
Josiane
ジョスィーリン
Jocelyn
Jocelyne
ジョスウ Djossou
ジョースゥアー
Jorsear
ジョーズェ Josué
ジョスエ Josué
ジョズエ
Giosuè*
Josué
ジョズエー Giosuè*
ジョスカン Josquin
ショースキー Schorske
ジョスクン Coşkun
ジョスコー Joskow
ジョスコヴィッツ
Joskowicz
ショスタク Szostak*
ショスタコーヴィチ
Shostakovich**
ショスタコヴィチ
Shostakovich
ショスターコーヴィッチ
Shostakovich
ショスタコーヴィッチ
Shostakovich
ショスタコヴィッチ
Shostakovich
ショスタコービチ
Shostakovich
ショスタコービッチ
Shostakovich
ショスタコビッチ
Shostakovich
ショスタコフスキー
Shostakovskii
ショースタック
Showstack*
ショスタック
Shostak
Szostak
ジョーステ Jooste
ジョスティス Josuttis
ショステッド Sjöstedt
ジョスト Jost**
ショーストレーム
Sjöström
ショーストレム
Sjöström*
ショーストロム
Sjostrom
ショストロム
Shostrom
ジョスパン
Jospin**
Juspin
ジョズフ Joseph
ジョス・ファン Josvan
ジョスファン Jos van
ジョスラン
Jausserand
Jocelin
Jocelyn*
Joscelin
Josselin
ジョーズリット Joselit
ジョスリーヌ Josseline
ジョスリン
Jocelin
Jocelyn**
Jocelyne*
Joscelyn*
Joselin*
Joselyn
Joslin**
Josling
Joslyn
Josseline
ジョスリング Josling
ジョスレルム
Jocelerme
ショーセ Chaussée
ショセ Chaussée
ジョセ Josse*
ジョゼ
Jose***
José***
Josè*
Josee
Josée*
Josepf
Joseph
Joset
ジョゼー
Jose
José*
ジョセス Joses
ジョゼス Joses
ジョゼッテ Josette
ジョセッティ Josette
ジョセット Josette
ジョゼット
Josette**
Jousette
Jousset
ジョセッピ Giuseppe
ジョセップ
Josep*
Joseph
ジョゼップ Josep**
ジョセッフィ Gioseffi*
ジョゼッフォ Gioseffo
ジョセッペ Giuseppe
ジョゼッペ
Gioseppe
Giuseppe*
ジョーセフ
Josef
Joseph
ジョーゼフ
Josef
Joseph***
Jözef
ジョセーフ Joseph
ジョセフ
Jeseph
Joosep
Josaph
Josef***
Josep
Joseph***
Joséph
Josephs
Józef
Jpseph
Yosif
ジョゼフ
Jeseph
Josef**
Joseph***
Joséph*
Josephe
Josèphe
Jozef*
Józef*
ジョゼプ Josep
ジョセファ
Josefa**
Josepha
ジョゼファ Josepha
ジョセファット
Josephat
ジョセファト Josphat
ジョゼファン
Josephin
Joséphin*
ジョーゼフィ Gioseffi*
ジョセフィ Joseffy
ジョセフィーナ
Josefina
Josephina
ジョセフィナ
Giuseppina
Zhosefina
ジョセフィーヌ
Josephin
Josephine*
Joséphine
ジョゼフィーヌ
Josephine*
Joséphine*
ジョゼフィヌ
Josephine
Joséphine
ジョーゼフィーン
Josephine
ジョーゼフィン
Josephina
Josephine
ジョセフィーン
Josephine*
ジョセフィン
Joséphin
Josephina
Josephine***
ジョゼフィーン
Josephine**
ジョゼフィン
Josephine***
Joséphine
ジョセフォヴィツ
Josefowicz
ジョセフォウィッツ
Josefowicz*
ジョゼフコヴィッチ
Jozefkowicz
ジョセフス Josephus
ジョセフスン
Josephson
ジョセフソン
Josephson**
Josephsson
ジョゼフソン
Josephson
Josephsson
ジョセラン Josserand
ジョセリト Joselito
ジョセリン
Jocelyn
Joscelyn
ジョセル
Djoser
Zoser

ジョセンバーグ Shosenberg
ジヨゾ Gyozo
ショーソン Chausson
ショソン Chausson**
ジョーソン Johoson
ショータ Shota*
ショーター Shorter**
ショーダー Schoder
ショタ Shota
ショダー Schoder
ショーダイク Shordike
ショータウス Shorthouse
ジョダード Jodard
ジョーダノーヴァ Jordanova
ジョーダノヴァ Jordanova*
ジョーダノバ Jordanova
ショーダーベック Schoderbek
ショーダベック Schoderbek
ショダーベック Schoderbek
ショータール Chautard
ショータル Chautard
ショタール Chautard
ジョダール Jodard
ショータン Chautemps
ジョーダン Jordan*** Jorden Jordon Jourdan*
ジョダン Jordan
ショダンソン Chaudenson
ジョチ Joči Ǐoči
ショーツ Shorts
ショツィノフ Chotzinoff
ショッカー Shocker
ジョッカーズ Jockers
ジョッキー Jockey
ショック Schoch* Schock** Shock Shok
ジョック Jock** Jok
ジョックス Joxe*
ショックト Shocked
ショックニー Shockney
ショックリー Shockley
ショックレー Shockley*
ショックレイ Shckley Shockley
ジョッケ Jocqué
ショッケメーレ Schockemöhle
ショッケン Schocken*
ジョッコ Jocko*
ジョッシ Joshi
ジョッシュ Josh**
ショッセ Chaussée
ショッター Schotter
ジョッタ Jota
ショッツ Schiøtz Shots
ジョッティーノ Giottino
ショッテーリウス Schottelius
ショッテル Schottel
ショッテン Shotten
ショッテンドロナト Satyendranāth
ショッテンローア Schottenloher
ショット Schiødt Schodt** Schot Schott*** Szot
ジョット Giotto*
ジョットー Giotto
ジヨットー Giotto
ショットウェル Shotwell
ショットキー Schottky
ショットジット Satyajit
ショットジト Satyajit
ショットペーダシェン Schjøtt-pedersen
ショットランド Schottland
ショットレンダー Schottlaender
ショットロフ Schottroff
ショットン Shotton
ショッパ Schoppa*
ジョッピー Joppy*
ショップ Schop Schopf* Schopp Shope
ジョップ Diop*
ショッフィエ Chauffier
ショップス Schops
ショップファー Schopfer
ショップベエンハウエル Schopenhauer
ジョッフリ Geoffrey
ジョッフリー Geoffrey
ジョップリン Joplin
ジョッフル Joffre
ジョッフレード Gioffredo
ジョッフロワ Joffroy
ショッペル Schoppel
ショッホ Schoch**
ジョッホ Joffo*
ショーデ Chaudet
ジョーデ Jode
ショーティ Shorty*
ショーティー Shorty
ジョーディ Geordie Jodi Jody Johdi Jordie Jordy
ジョーディー Geordie Jordi Jordie Jordy
ジョティ Jyoti*
ジョディ Jodee* Jodi** Jodie** Jody*** Jordi
ジョディー Jodie* Jody*
ジョーティカ Jotika*
ジョティサリコーン Jotisalikorn
ジョティシュキー Jotischky
ジョーディソン Jordison
ジョーティダーサ Jotidāsa
ジョディディオ Jodidio*
ジョーティルマヤナンダ Jyotirmayananda
ジョーディン Jordyn*
ジョーデイン Jordain
ジョティンドラ Jotindra Jyotindra
ジョテフ Zhotev
ショテーリウス Schottel
ショーテル Shortell
ジョーテル Joutel
ジョデル Jaudel* Jodelle
ショデルロ Choderlos*
ジョーデン Jorden*
ジョーデンス Jordens
ショート Schoot Short*** Shorto* Shortt* Shot
ジョード Joad Jode
ジョドー Jaudeau*
ジョドアン Jodoin
ショトウィル Shotwell
ショトウェル Shotwell
ジョトゥディ Jaotody
ジョトゥニ Jotuni
ショトキー Schottky
ジョドーコ Jodoco
ショードサック Schoedsack
ジョトディア Djotodia*
ジョートナー Jortner
ショートニ Sotonyi
ショートハウス Shorthouse
ショドフ Chodoff
ショートベール Soetbeer
ショートマー Schoettmer
ショートランズ Shortlands
ショートランド Shortland
ショートリッジ Shortridge
ショートリッフェ Shortliffe
ショートール Shortall
ジョドレ Jodelet
ショトレフ Shurtleff
ジョドロブスキー Jodorowsky
ショードロン Chaudron*
ショートン Scholten Shorten
ジョードン Jaudon Jordon
ショーナ Shawna Shona
ジョーナ Jonah*
ジョナ Djona Johnna Jona Jonah***
ジョナー Jonah
ジョナア Jonah
ジョナイド Djoenaid
ショーナウアー Schonauer
ジョナサン Jhonasan Jhonattan Johnathan Johnathon Jonathan*** Jonathon** Jonothan Jonotthan
ジョナザン Jonathan
ジョナシュ Jonash*
ジョーナス Jonas*
ジョナス Jonas*** Jonath
ジョナセン Jonassen
ジョナソン Jonasson Jonathon*
ジョナタン Jonatan Jonatão Jonathan**
ジョナード Jonard
ショナリ Shonali*
ジョナール Jonnart
ジョナルノ JonArno
ジョナン Jonan
ショーニー Shaunae
ジョーニー Joanie* Johnny
ジョニ Djoni Dzoni Gjoni Joni***
ジョニー Janea Jhonny* Joanie John Johnnie*** Johnny*** Johny** Joni* Jonnie Jonny***
ジョニイ Johnnie
ジョニウソン Junilson
ジョニエ Jonnier
ジョニエル Johnnier
ショニバー Shoniber
ショニバレ Shonibare
ショーニュ Chaunu
ショーニュー Chaunu*
ショニール Sionil
ショーニン Seanan*
ジョニン Jin Young
ジョーヌ Djhone
ショーネ Schoene
ショーネー Schone
ジョネ Jaunet Jone
ショネカン Shonekan*
ショーネシ Shaughnessy
ショーネシー Shaughnessy Shawnacy
ショネシー Shaughnessy
ショーネッシー Shaughnessy
ジョネッタ Johnnetta
ジョネット Johnette*

Jonette
ショーネボルン
Schoneborn**
ジョネル
Jonel
Jonell
Jonelle
ジョノ
Giono
Jono
ジョノー Jeauneau
ジヨノ Giono
ジョノヴィック
Jonovic
ジョノジドゥアアボ
Djonodjidou-ahabo
ジョーノポーラス
Joannopoulos
ショーバー
Schober
Schover
Shover
ショバ
Shobha
Sova
ジョバ Joba
ショバキ Shobaki
ショーバーグ Sioberg
ショーバック Shoback
ジョーバック Jöback
ショハット
Shochat
Shohat
ショーバナ Shobhana
ショバナ
Shobana
Shobhana
ジョハナ
Johana
Johanna**
ジョバナルディ
Giovanardi
ジョバニー Geovany*
ジョハニタ Johanita
ジョバネ Giovane
ジョハネス Johannes
ジョバネッティ
Giovanetti
Giovannetti
ジョバノッティ
Jovanotti
ジョバノビッチ
Jovanovic
ショハミー Shohamy
ショーハム Shoham
ショバーリ Sjoberg
ジョハーリ Johari
ジョハリ Johari
ショバル Sjövall
ジョハル
Djohar**
Dzakhar*
Zhokhar
ジョバルテ Jobarteh
ショーハン Siobhan
ショーバン
Chauvin
Siobhan
ショパン
Chopin*
Choppin
ジョハン Johann
ジョバン
Giovane*
Jobin*
Jovan*
ジョハンズ Johanns*
ジョハンスン
Johanson
ジョハンセン
Johansen**
ジョハンソン
Johanson**
Johansson
ジョハンナ
Johanna**
ジョバンナ
Giovanna**
Jovanna
ジョバンニ
Geovanni
Gianni
Giovani*
Giovanni***
Giovannini
Jean
Jovanni
ジョバンニーニ
Giovannini
ジョバンノーリ
Giovannoli
ショービー Shobe
ジョービー Jobi
ジョビ Jovi
ジョビー
Giobbi**
Joby*
ジョビオ Giovio
ショヒド Shahid
ジョビナ Jobyna
ジョビナッツォ
Giovinazzo
ショビネ Chauvenet
ショピネ Chauvenet
ショピネル Chopinel
ショーヒヨウ
Shaahiyow
ショビレ Chauviré
ショーヒン Shokhin**
ショービン Shobin*
ショピン Chopin
ジョヒン Johin
ジョビン Jobim**
ジョビンコ Giovinco
ショーブ Schaub
ショープ
Schoop
Shope
ショフ Schoff
ショブ Schaub
ジョーブ
Jobb
Jobe**
ジョープ Joep*
ジョフ
Geoff**
Geoffrey
ジョブ Job**
ショファー Shofer
ジョブァネッリ
Giovanelli
ジョフィ
Joffe***
Joffé
ショーフィエ
Chauffier
ショフィエ Chauffier
ショフィールド
Schofield
Shofield
ジョフェ Joffé
ショフェル Schoeffel
ショフォラ Sofola
ショプキン Shopkin
ショフコフスキー
Shovkovskiy
ショプシッツ Sopsits
ショブス Shoobs
ショプス Schöps
ジョーブス Jobes
ジョブス Jobs
ジョブズ
Jobes
Jobs**
ジョブソン Jobson*
ショーブナ Shobhna
ショフニール
Schoffeniels
ショーブネ Chauvenet
ショブネー Chauvenet
ショフネシー
Shaughnessy*
ジョブネル Jovenel**
ショブホワ
Shobukhova*
ショフマン
Schoffmann
Shofman
ショフムロド
Shohmurod
ショーフラー
Schoeffler*
ショプラー
Schopler*
Shopler
ジョフラ Jouffroy
ジョフラン
Geoffrin
Joffrin**
ショーフリ Chaudhuri
ジョフリ Geoffrey
ジョフリー
Geoffray
Geoffrey***
Joffre
Joffrey*
Jophery
ジョフリィ Geoffrey
ジョフリン Joflin
ジョプリン
Joplin**
Jopling
ジョブリング Jobling
ショフール Chauffour
ジョフル Joffre
ジョフレ
Jaufré
Jofre**
ジョフレー Geoffrey
ジョフレイ
Geoffrey*
Goeffrey
ジョフレェイ Geoffrey
ジョフレダ Yoffreda
ショーフロ Schoffro
ジョブロ Ziobro
ジョプロ Joplo
ジョフロア
Geoffroi
Geoffroy*
ジョフロワ
Geoffrey
Geoffroi*
Geoffroy*
ジョフロン Geoffron
ジョフン Jo-heung
ショーベ Shobe
ジョベ
Jobbé
Jobe
ジョベコマス
Jover Comas
ジョベス Jobeth
ジョベッティ Giovetti
ジョベヌ Djogbenou
ジョベヌジャイ
Jobe-njie
ショーベリ
Sjoberg
Sjöberg
Sjoeberg*
ショーベリー Sjöberg
ショーベル
Chauvel
Schawbel
Schoebel
ショベル Shovell
ジョーベール Jaubert
ジョベール
Jaubert**
Jobert**
ジョベルチ Gioberti
ジョベルティ Gioberti
ショーベルト Schobert
ショーベン Shoben
ショーペン
Schopen*
Shoben
ショペン Schopen*
ショーペンハウアー
Schopenhauer*
ショーペンハウエル
Schopenhauer
ショーペンハウェル
Schopenhauer
ショーペンハウエル
Schopenhauer*
ショペンハウェル
Schopenhauer
ショーペンハワー
Schopenhauer
ジョーホイ Joohūi
ショホウド Shohoud
ショボクシ
Shobokshi
Shoboksi
ショボクシィ
Shoboksi
ジョボドワナ
Jobodwana
ジョホノット
Johonnot*
ジョボビッチ Jovovich
ショポフ Shopov
ショホーン Ciochon
ショボーンマリー
Siobhan-Marie
ショーマー Shomer
ジョマ Yoma
ジョマア Jomaa*
ショマーズ Chaumaz*
ジョーマットピターソン
Joematpettersson
ショーマッハー
Schomacher
ジョマナ Joumana
ジョマール Jomard
ジョマル Jomar
ジョマルト Jomart
ショーマン
Schomann
Shoman
ジョミ Jomy**
ジョミエ Jomier
ショーミナ Syomina
ショミーナ Syomina
ジョミニ Jomini*
ジョミニー Jomini
ショーミン
Semin
Syomin
ショミン Shomin
ジョーミン
Demin
Dëmin
ショーム
Chaumes
Schaum*
ジョーム
Jaume
Jorm
ショームシキン
Shomushkin
Syomushkin
ジョムソン Jom-son
ショムファイ Somfai
ショムボドン
Shombodon
ショムライ Somlay
ショームリー
Chaumely
ショムロン Shomron*
ショーメ Chaumet
ショメ Chomet*
ショメイル Chomel
ショーメーカー
Schoemaker*

シ

ショーメット
Chaumette
ショメット Chomette
ショメラ Chomera
ショメール Chomel
ショメル Chomel
ショーメルス
Schomerus
ジョモ Jomo**
ショモジ Somogyi
ジョモジャロ
Jomo-jalloh
ショーモン Chaumont
ジョーヤ Gioia
ジョヤ
Joya**
Njoya
ショヤマン
Scheuermann
ジョヨハディクスモ
Joyohadikusumo*
ジョヨプスピト
Djojopuspito
ショーヨム Sólyom*
ジョヨル Jo-yeol
ショーラー
Schorer
Showler
ショラ Shola
ショラー
Chollat
Schollar
Szollar
ジョーラ
Jeaurat
Jora
ショラキ Chouraqui
ジョラス Jolas
ジョラセウヌンドゥン
Joellasewnundun
ショーラック Cholak
ジョラニ Yolany
ショラファス
Chorafas
ジョラム Joram
ショラル Saral
ショーラン Chaurand
ショラン Cioran
ジョーラン Göran
ジョラン Jaulin
ショランダー
Schollander*
ショーランデル
Sjölander
ショーリー
Choury
Shorey
ジョーリ Gioli
ジョーリー
Joely
Jolly
ジョリ
Jolis
Joly**
Joris*
Jory
ジョリー
Jolie**
Jolley**
Jollie
Jolly**
Joly**
Jorie*
Jory
ショーリアク Chauliac
ショリアク Chauliac
ショーリアック
Chauliac
ショリアック Chauliac
ジョリアン Jollien
ジョリィ Jolly
ジョリイ Joly
ジョリヴェ
Jolivet**
Jollivet
ジョリヴェー Jolivet
ジョリエ
Joliet
Jolliet
ジョリオ
Joliot**
Jolyot
ジョリオン
Jolyon
Jorion*
ショリシ Szöllösi
ジョリジュ Georges
ショーリス Choulis
ジョリス
Joris***
Tziolis
ショリッ Sholits
ジョリッシュ Jorisch
ショーリッチ Scholich
ジョリッティ Giolitti
ジョリッフ
Joliffe
Jolliffe
ショリナ Shorina*
ジョリフ Jolliffe
ジョリベ Jolivet
ショーリャック
Chauliac
ショーリヤック
Chauliac
ショーリュー
Chaulieu
ジョリヨ Jolyot
ショーリン
Shorin
Sjölin
ショリン
Schollin
Sjölin
Sorin
ジョリーン
Joleen
Jolene
ジョリンク Jolink
ショリンスキー
Scholinski
ショール
Schaal
Schohl
Scholl*
Schorr
Shaull
Shawl
Sholl
ショル
Scholl**
Schorr
ジョール
Joel**
Jol
Jole*
ジョル Joll*
ショルイギン
Shorygin
ジョルカ Llorca
ジョルカエフ
Djorkaeff*
ジョルガノ
Georgano*
ショルカル
Sarkar
Sarkār
ジョルゲッティ
Giorgetti
ジョルゲット
Giorgetto
ジョルゲンセン
Jørgensen
ジョルゲンソン
Jorgenson*
ジョルコヴスキー
Jolkovsky
ジョールジ George
ジョルジ
George
Georges*
Giorgi*
Gyorgy*
György**
Györgyi
Jorge**
ジョルジー Georgy
ジョルジア Giorgia*
ジョルジアドー
Georgiadou
ジョルジアーナ
Giorgiana
ジョルジアン
Georgianne
ジョルジアンニ
Giorgianni
ジョルジェ
Djordje
Dorde
George*
Georger
Georges
Georget*
Jordje
Jorge***
ジョルジェヴィチ
Dordevic
ジョルジェヴィッチ
Djordjevic
ジョルジェスク
Georgescu
ジョルジェット
Georgette*
Giorgetto
ジョルジエット
Giorgetto
ジョルジェッリ
Giorgelli
ジョルジェビッチ
Djordjevic
Djordjević
ジョルジェフスカ
Djordjevska
ジョルジェル Georgel*
ジョルジォ Giorgio*
ジョルジオ
Georgios**
Giorgio***
ジョルジオーネ
Giorgione
ジョルジース Jerjes
ジョルジス Georges
ジョールジソン
Georgeson
ジョルジッチ Djordjic
ジョルジナ Georgina
ジョルジーニ Giorgini
ジョルジニオ
Georginio
ジョルジーニョ
Jorginho*
ジョルジャ
Giorgia*
Jorja
ジョルジャクシノーヴ
Zholzhaksynov
ジョルジャーゼ
Djordjadze
ジョルジャーニー
Jurjānī
ジョルジャン Georgen
ショルジュ Georges
ジョールジュ Georges
ジョルジュ
George***
Georges***
Georgès
Georget
Gheorghe
Giorgio*
Gyorgy**
György**
Jorge**
Zhorzh
ジョルジュアンドル
Georges-Andre*
ジョルジュウ Georgiu
ジョルジュエット
Georgette
ジョルジーヨ Giorgio
ジョルジョ
Georges
Giorgio***
Ġorġ
György*
ジョルジョーネ
Giorgione
ジョルジョリアニ
Zhorzholiani
ショルショロフ
Shorshorov
ショールズ
Scholes**
Shaules
Sholes
ジョールス Jolles
ジョルスン Jolson
ジョルソン Jolson**
ショールダー Scholder
ショルダー Scholder
ショールダイス
Shouldice
ショルダガー
Schjoldager
ジョルダーナ
Giordana*
Jordana
ジョルダーニ
Giordani**
ジョルダニ Giordani
ジョルダーニア
Jordania
ジョルダニア
Zhordaniya
ジョルダヌス
Jordanus
ジョルダーノ
Giordano***
ジョルダノ Giordano*
ジョルダノフ
Jordanoff
ジョルダール
Giordano
ジョルダン
Jordan***
Jordao
ジョルチャク Jorczak
ショルツ
Scholtz*
Scholz***
Sholz
ジョルツ Zsolt
ショルツェ Scholtze
ショルティ Solti**
ジョルディ
Jorde*
Jordi**
Jordy
Yordi
ジョルディー Jordy
ジョルディエ Joredie
ショールティス Soltesz
ショルティス Soltis
ショルテス Soltész
ショルテンス
Scholtens
ショルト Sholto
ショルド Szold
ジョルト Zsolt
ジョルトフスキー
Zholtovsky
ジョルドン
Jordan
Jordão
ジョルニ Giorni
ジョルニル
Zolnir
Žolnir*
ジョルネ Jornet
ジョルノヴィーキ
Giornovichi

ショールハマー
Schollhammer
ショルハマー
Schollhammer
ジョルフィ
Gyorffy
Györffy
ジョルフィーノ
Giolfino
ショルベ Czolbe
ジョルベク Diyorbek
ジョルベナゼ
Jorbenadze
ショルマー Scholmer
ショールレマー
Schorlemmer
ショルレンマー
Schorlemmer
ショルン Schorn
ショルンバウム
Schornbaum
ショルンベルク
Schornberg
ショーレ Shohreh*
ショレ Chollet*
ショレー
Chollet
Cholley*
ジョーレ Jaures
ジョーレー Jolley
ショーレイ Chauray
ショレイ Scholey
ショレゲン Schöllgen
ショーレシンガー
Schlossinger
ジョーレス
Jaurés
Jaurès
ジョレス
Jaurés
Jaurès*
Joerres*
Zhores**
ショレスキ Cholesky
ジョレダ Lloreda
ショレツ Shorets
ショーレット
Chaurette
ショレット Shorett
ショーレマー
Schorlemmer
ショーレム
Scholem**
Sholem**
ショレム
Scholem
Shalem
Shalom
Sholem*
ショーレン
Scholen
Sjögren
ジョレンス Llorens
ジョレンテ Llorente
ジョレンティ Llorenti
ショーロー
Schawlaw
Schawlow
ショロ Chollot
ショロー Chollot
ショーロウ Schawlow
ショロトチョンドロ
Śaratcandra
ショーロホフ
Sholokhov**
ショーロホワ
Shorokhov
ジョロボワ Zholobova
ショーロム
Sholem
Sholom
ショロム Sholem
ショロモ Shlomo
ショロン Choron
ショワー Scheuer
ジョワ
Joy
Joye
ジョワイオ Joyaux
ジョワイヤン Joyant
ジョワイユ Joyeux
ジョワイユー Joyeux*
ジョワイヨ Joyaux
ジョワイヨン Joyon*
ジョワウー Joyeux
ショワジ
Choisy
Clouzet
ショワジー Choisy
ショワジイ
Choisy
Clouzet
ジョワシェン Joachim
ジョワシャン
Joachim*
ジョワーズ Joyeuse
ショワズール Choiseul
ショワズル Choiseul
ジョワネット Joanette
ショワーブ Sehwab
ジョワユーズ Joyeuse
ジョワンヴィル
Joinville*
ショワンデ Sowande
ジョワンヌ Joanne
ジョワンベネイ
JonBenet
ショーン
Cyon
Schoen*
Schon**
Schön**
Schone*
Schorn
Sean***
Seán*
Shaun**
Shawn**
Shawne*
Shawon
Shjon
Shon
Shone
ション
Sheng
Sheong
Shiung
Shon
Xiong
シヨン
Sillon
Siyoung
Sriyong*
ジーヨン Zhi-yong
ジョーン
Jawn
Jean
Joan***
Joanne*
Johan
John**
Johne
Jone
ジョン
Chon*
Chong
Chun
Chung*
Gjon
Jean**
Jeon*
Jeong*
Jhon*
Joan*
Joào
João
Johan
Johannes
John***
Johnathan
Johnw
Jon***
Jonathan*
Jong*
Joni
Jonn
Joun
Jun
Jung
Jyon
Zheng
Zong
ジヨン
Ji-yeon*
Jiyeon
Ji-yeong
Ji-yong
Ji Young
Ji-young*
John
ジョンア Jung-a
ジョンアプ Jong-up*
ジョンイク Jong-ik
ジョンイル
Jeong-il*
Jong-il**
Jong-yil*
Joung-il
Jung-il
ジョンイン
Chung-in*
Jeong-in
Jong-in
ジョンウ
Jong-u
Jong-woo
Joung-woo
Jung-woo*
ジョンウィ Jon Wi
ジョンヴェル
Jonvelle*
ジョンウォン
Chong-won
Johng-won
ジョンウク
Jong-uk
Jong-wook**
Jung-uck
Jung-wook*
ジョンウン
Jeong-woon
Jong-un*
Jong-woon
Jung-eun**
Jung-ung*
ジョンエ
Chong-ai
Jong Ae
Jongae
ジョンオ
Chong-oh
Jong-o
Jong-oh*
Jung-oh
ジョンオク Jhong-ok
ジョンカー Jonker
ショーンガウアー
Schongauer
ショーンガヴァー
Schongauer
ションガウアー
Schongauer
ジョンガク
Jong-gak*
Jong-kak
ジョンガプ
Choung-kap
ジョンギ Jong-gy
ジョンキエール
Jonquières
ジョンギュ Jong-gyu
ジョンギル
Chung-kil*
Jong-gil
Jong-kil
Jung-kil
ジョンキン Johnkin
ジョンク Jonke
ジョング
Jong***
Jonge
Jong-ku
Jung-koo
ジョングァン
Jong-gwan
ショングウェ Shongwe
ジョングウォード
Jongeward
ジョングク
Chong-gug*
Jong-guk
ジョングッ Jong Kuk
ジョングラン
Jonggrang
ジョンクール Joncour
ジョングン Jong-kun
ジョングング
J'ongungu
ジョンケ Jonquet**
ションゲイ Shange
ジョンゲン Jongen
ションコ
Sankha
Śaṅkha
ションコル Shankar
ジョンゴン
Jeong-kon
Jong-gon
ジョンサン
Johnthan
Jung-sang
ジョンジー
Jonesy
Jon Thor*
ジョンジェ Jung-jae*
ジョンシエール
Joncières
ジョンシク
Jong-sik
Joun-sik
ジョンジグヨン
Janjigian
ジョンシム
Jong-sim*
Jongsim
ジョンシャー Jonscher
ジョンジャ
Chung-cha*
ジョンジュ
Chong-ju*
Jonge
Jung-ju
ジョンジュン
Jong-jun
Jong-jung
ジョンジョー Johnjoe
ジョンジョーホー
Jongjohor
ジョンジョホール
Jongjohor*
ジョンシル Jong-sil
ジョーンス Jones*
ジョーンズ
Joans
Johnes
Johns**
Jones***
Jonze**
ジョンス
Jeung-soo
Johns*
Jones
Jong-soo**
Jong Su
Jong-su
Jongsu
Jung-soo*
Jung-su*
ジョンズ
Johns*
Jones**
Jons
ジヨーンズ Jones
ジョンスク
Choeng-sook
Chong-sook
Jong-suk
ジョンスタッド
Johnstad
ジョーンスツロム
Bjonstrom
ジョンストウン
Johnston
ジョンストーン
Johnstone
ジョンストン

シ

Johnston***
Johnstone**
Johonstone
Jonstone
ジョーンズモーガン
Jones-morgan
ショーンスレーダー
Schonsleder
ジョーンスン Johnson
ジョンスン
Jhonson
Johnson*
Jonson
ジョンセン
Johnsen
Jonsen
ジョンソ
Jeong-so
Jhong-suh
ジョンソク
Jeong-seok
Jong-seok*
Jong-sok
Jong-suk*
ジョンソプ
Jong-sop
Jong-sup
ジョンソン
Johnson***
Johonson
Jong-Sun
Jonson**
Jónsonn
Jonsson
ジョンソンスミス
Johnson-smith
ジョンソントンプソン
Johnson-thompson
ジョンソンモリス
Johnsonmorris
ジョンソンモンタノ
Johnson Montano
ションダ Shonda
ジョンダオ Tsung-dao
ショーンタビアス
Seantavius
ジョンダル Jung-dal
ションタワッ
Chomtawat
ジョンチ Jung-chee
ジョンチャン
Jong-chan
ジョンチョル
Jeong-Chul
Jong-cheol
Jong-chul*
Jung-chul
ジョンチョン
Jong-chon
ジョンツァイ
Zheng-cai
ジョンテ Jong-tae
ジョンデ Jeong-dae
ションティ Scionti
ションディ Szondi
ションディー Szondi
ションデル Shondell
ジョンテル Jontel
ショント Schont
ジョンドク
Jong-deok
Jong-duck
ションドフェール
Schondoeffer
ションドレイ
Shondrae
ジョンナ Johnna
ジョンナム
Chong-nam
Jong-nam**
ションヌオェ
Gshon nu 'od
ションヌドゥプ
Gshon nu grub
ションヌペ
Gzhon nu dpal
ションヌペー
Gshon-nu dpal
ションヌペル
Gshon-nu dpal
ジョンネ
Jonnes
Jung Rae
Jung-rae
ジョンネー Janet
ジョンハ
Chong-ha*
Chungha
ショーンバーガー
Schoenberger
Schonberger
ションバーガー
Schonberger
ショーンバーグ
Schoenberg
Schomberg
Schonberg**
ションバーク
Schomburgk
ションバーグ
Schomberg
Schonberg
ジョンハク
Jeong-hak*
ジョンバニ Giovanni
ションバール
Chombart
ジョンハン
Jong-han
Jung-han
ジョンヒ
Jeong-hee
Jeonghee
Jeong-hui
Jong-hee
Jung-hee
ジョンヒャン
Jung-hyang*
ジョンヒョ Jung-hyo
ジョンピョ Jung-pyo
ジョンヒョン
Chung-hyun
Jong-hyon
Jonghyun*
Jung-hyun*
ジョンピル Jong-pil**
ジョンビン
Joung-binn*
ジョンファ
Jeong-hwa
Jong-hwa
ジョンファン
Jong-hwan*
Jung-hwahn*
ショーンフィールド
Schoenfeld
Schoenfield
Shonfield
ションフィールド
Shonfield
ショーンフェルド
Schoenfeld
Schonfeld
ションフェルド
Schoenfeld
ショーンブルク
Schomburgk
ションブルク
Schomburgk
ションブルグ
Schomburgk
ジョンフン
Jeong-hoon
John-hoon*
Jong-hoon*
Jonghoon
Jong-hun
Jung-hoon
ジョンベネ JonBenet
ジョンベネイ
JonBenet
ショーンベルガー
Schönberger
ショーンベルク
Schomberg
ションベルク
Schomberg
ションベルグ
Schonberg
ジョンホ
Jeongho
Jong-ho
Jung-ho
ジョンボ Djombo
ジョンボク Jeong-bok
ジョンボム
Jeong-beom*
Jong-beom*
Jung-bum*
ジョンボル Zsombor
ジョンポール
John Paul
ショーンボーン
Schonborn
Schönborn*
ジョンマーク
Jean-Marc
ジョンミョン
Jeong-myoung*
Jong Myong
Jung-myung*
ジョンミン
Chong-min
Jongmin
Jung-min*
ジョンム
Jong-moo
Jong-mu
Jung-moo*
ジョンモ Jung-mo*
ジョンヨム
Chung-yum
ジョンヨル Chong-yol
ジョンヨン
Jeong-Yeo
Jong-yong
Jung-yoo
ションラウ Schonlau
ジョンレ Jong-rae
ショーンワイス
Schoenweis
ジョンワン
Joung-wan*
シーラ
Scilla
Scla
Shaila
Sheela
Sheelah
Sheeler
Sheera
Sheila***
Sheilagh
Sheilah
Shelagh**
Shira*
Sierra
Sila
Sylla
シーラー Sheeler
シラ
Chila
Cilla
Csilla
Shila
Sila
Silla
Sira
Sylla
シラー
Schiller**
Schirra
Shelagh
Shiller**
Shirar
Sila
Sillah
Siller
Sirah
ジーラー Zillah
ジラ
Gira
Zila
Zillah
Zirra
ジラー
Jiler
Ziller
シラア Schiller
ジラア Jiler
シーライ Xi-lai
シライ
Shirai
Silai
シライジッチ
Silajdžić**
シーライト Searight
シライナ Selina
シライナー Schreiner
シライバー Schreiber
シラウ Xirau
ジラウ Giraud
シーラヴァット Sīlavat
ジラウスカ Zylowska
ジラーウド Giraud
ジラウド
Giraud
Giroud
シラーエフ Silaev*
シラエフ Silaev
シラオロ Ciraolo
ジラカシヴィリ
Zirakashvili
シラカツィ Shirakatsi
シラーギ Szilágyi*
シラギ
Silaghi
Szilagyi*
シーラク Szilak
シラク
Chirac***
Sirak
シラグーサ Siragusa
シラグーザ Siragusa*
シラグサ Siragusa
シラコフ Sirakov
シーラージー Shīrāzī
シラージ
Siraj
Szilaqyi
シラジ
Shirazi*
Siraj
シラジー
Shirazy
Szilagyi*
シーラージ・ウッダウラー
Sirāju'd-Daulah
シラージ・ウッダウラー
Sirāju'd-Daulah
シラシエ Selassie
シラジディーノフ
Sirazhdinov
シラージュ Sarraj
シラージュ・ウッダウラ
Sirāju'd-Daulah
シラジュドウラ
Sirāju'd-Daulah
シーラス Silas*
シラス
Shiras
Silas
ジラス
Dilas
Djilas*
Đjilas
シーラーズィー
Shirazi
Shīrazī
Shīrāzī*
シラスマ Siilasmaa
シラーダー Schräder
シーラッハ Schirach**
シラーディ Szilágyi
ジラーディ Girardi
シーラーディティヤ
Sīlāditya
シラード
Silard

Sziard
Szilard
シラト Sirat
ジラード
Gerard*
Gilleard
Girard**
Girardet*
Szilard
シラトール Silatolu
シラーニ Sirani
ジーラーニー Jīlānī
ジラニ Jilani
シーラーニオーン
Silaniōn
シラニオン Silaniōn
シラニディス
Siranidis*
シラヌス Silanus
シラネ Shirane
シラノ Cyrano*
シーラハ Schirach
シラパアチャ
Silpa Archa
シラパク Shlapak
シーラバドラ
Sīlabhadra
ジラヒ Zilahy*
シラボン Silavong
シラミー Sillamy
ジラユ Jirayu
シーララ Siirala*
シララヒ
Shilalahi
Silalahi
シラリ Sillari
シラリエフ Shiraliyev
シラール Sjraar
ジラール
Gérard
Girard***
Girart
ジラルダス Giraldus
ジラルダン Girardin
ジラルデ Girardet
シラルディ Schiraldi
ジラルディ
Gilardi
Giraldi*
Girardi**
ジラルディーノ
Gilardino**
ジラルディン Girardin
ジラルデット Girardet
ジラルデリ
Girardelli*
ジラルデン Girardin
ジーラールド Szilard
ジラルト Giralt
ジラルド
Girard
Girardot**
Ziraldo
ジラルドゥス Giraldus
ジラルドーニ
Giraldoni
ジラルドン Girardon
シーラン Sheeran*
シラン
Cyran
Silang
ジラン
Gillain**
Gillam
Gillan
Giram
シラング Silang
シランスキ Shelanski
シランティエフ
Sylant'yev
シーランド Seland
ジランド
Gilland
Jylland
シランパー Sillanpää
シランペー Sillanpää
シーリ
Seeley
Seely
Seelye
Siiri
Siri
Thile
シーリー
Sceery
Scheele*
Schele
Sealy**
Seeley**
Seely**
Seelye
Sele
Selee
Shealy*
Sheely*
Sheree
Shiely*
Shirley
シリ
Shiri
Siri**
Sirri
Thilly
シリー
Cilley
Schily**
Schlee
Seely
Shiri
Silly
Sirri
ジーリ Gigli
ジリ
Djiri
Gigli*
Gili
Gilli
Gilly
Giry
Jiri*
Jiři
ジリー
Gilij
Gilly**
Giry
Jilly*
シーリア
Celia***
Sheila
シリア
Celia**
Silja
Syrie
ジーリア Silja
ジリアカス Zilliacus
シリアクス
Ciriacus
Zilliacus
シリアコ Siriako
シリアシイー Ciriacy
シーリアス Caelius
シリアス Sirius
シリアズコ Shliazhko
シリアック Cyriaque
ジリアット Gilliatt
シリアニ Ciriani*
ジリアーニ Ziliani
ジリアン
Gillian**
Gilliann*
Jilian
Jillian**
Jilliane**
ジリアンアリス
Jillian Alice
ジリアンゲ Tjiriange
シリアンシイ Ciriacy
シーリィ
Scheele
Sealy
Seely
シリヴァス Shilivas
シリヴァッダ
Sirivaḍḍha
シリヴァーノ Silvano
シリヴァーンスキー
Silvanskii
シリヴァンスキー
Silvanskii
シリヴァーンスキィ
Silvanskii
シリヴィヤク Sliwiak
シリヴェーストル
Sil'vestr
シリヴェストル
Silvestr
Sil'vestr
シリヴェストロフ
Sil'vestrov
シーリウス Silius
シリウス Silius
シリウッド Sirivudh
ジリウテ Ziliute
シリヴリャ Sirivlya
シリエ Sirieix
ジリエ Gillier
シリエル Cyriel
ジリエロン Gilliéron
シリオ Sciglio
ジーリオ Gilio
シリオッティ Siliotti*
ジリオーラ Gigliola
ジリオラ Gigliola*
シリカ
Sirica
Sirika
シリガ
Ciliga
Siliga
シリギ Shirigi
シリキウス Siricius
シリキオティス
Silikiotis
シリキット Sirikit
シーリグ Seelig*
シリク Sirik
シリクー Shilique
シリグ Sirigu
ジーリクセー
Zierikzee
シリクティ Shirikti
シリクマタク
Sirik Matak
シリクリシュナ
Shrikrishna*
シリクン Sirikul
シリクンショト
Sirikunchoat
シリケーヴィッチ
Schrikevich
シリケーオ Sirikaew
シリコ Sirico
シリシュ Sirish
シリシング Sirisingha
シリーズ Series
ジリース Gillies
ジリスリー Gillislee
シリセーナ Sirisēna
シリセナ Sirisena*
シリチャイ Sirichai
シーリッグ Selig
シリック Sillick
シリッジ Sirridge
ジリッチ Zilic
シリット Schilit*
シリットー Sillitoe
シリティス Tsichritzis
ジーリテ Zhilite
シリトー Sillitoe***
ジーリナ Zhilina
シリニャ Silina
シリネッリ Sirinelli
シリノ Cirino
シリノフ Shirinov
ジリノフスキー
Zhirinovskii**
シリバシュ
Shilivas
Silivas
シリバス Shilivas
シリパラ Siripala
シリビーア Shillibeer
シリビーダイテ
Širvydaitė
シリビモン Sirivimon
シリビヤク Sliwiak
シリファント
Silliphant*
シリフォ Sirifo
シリブット
Sereyvuth
Sirivudh*
シリフテル Shlikhter
シリブンニャサーン
Siribounnyasan
シリベストル Sil'vestr
ジリベール Gilibert
シリベルティ Ciliberti
ジリボッティ Zilibotti
シリポン Siriporn
ジリボン Giribone
シリマウォ Sirimavo
シリマヴォ Sirimavo
シリマット Sirimat
シリマボ Sirimavo**
シリマラ Sirimala*
シリマン Silliman*
シリマンダ Sirimaṇḍa
シリマンナ
Sirimanna
Sirimannna
シリミッタ Sirimitta
シリモンコン
Sirimongkol*
シリモンコンカセム
Sirimongkolkasem
シリヤ
Siliya
Silja
ジリヤ Silja
シリャーエフ Chiriaeff
シリヤゴーン
Siriyakorn
シリャーホフ
Shlyakhov
ジリヤール Gilliard
ジリヤル Gilliard
シリュサルチク
Slosarczyk
シリュービネ
Šliupienė
シリュルニク Cyrulnik
シリュルニック
Cyrulnik*
ジリョーリ Giglioli
シリラ Shirilla
シリラット Serirath
ジリランド Gilliland
シリリット Shillito
シリール Cyriel
シリル
Ciril
Cyril***
Cyrille*
Syrell
Syril
シリーロ
Cirillo
Crillo
シリロ
Cirillo
Cirilo
シリワタナパクディ
Sirivadhanabhakdi
シリワッタナパクディー
Siriwatthanaphakdi
シリワッタナパック
ディー
Sirivathanaphakdee

シ

シリワット Siriwat*
シリワンスカヤ
Silivanskaya
シーリーン
Shirin
Shīrīn
シーリン Sirin
シリン
Shirin**
Shīrīn
Silin
Silyn
Sirin*
Zhylin
シーリーンガ Silinga
シーリンガー
Seelinger
シーリング
Schilling*
Thiering*
シリング
Schilling***
Schlling
Shilling
ジーリング Ziering
シリングス Schillings
ジリングス Jillings
シリングスバーグ
Shillingsburg
シリングスフュルスト
Schillingsfürst
シリングバーグ
Shillingburg
シリングフォード
Shillingford*
シリングロー
Shillinglaw
シリングロウ
Schillinglow
Shillinglaw
シリンシォーネ
Cirincione*
シリンシオーネ
Cirincione
シリンジャー
Schillinger
シリンス Silins*
シリンスキー
Schilinski
Shirinskii
ジリンスキ Zsilinszky
ジリンスキー
Zhilinskii
シリンダ Cyrinda
シリントン
Sirindhorn*
シリンバーグ
Shillingburg
シリンビンビ
Xirimbimbi
シリンベル
Pschyrembel
シール
Ceil*
Cyr*
Seal*
Seale*
Seele
Sele
Seles
Sheer
Shiel*
Shiell
Shīr
Siadhail**
Sir*
Sire
Thiel
Thiele
シル
Schill
Shill
Shille
Sijll
Sil
Sile
Sill*
Sir
Syl
Sylvester
ジール
Geer
Giele
Zeile
Ziehr
Zihl
ジル
Ḏhi'l
Gil***
Gile
Giles
Gill***
Gille*
Gilles***
Gillian
Gills
Gilou
Gyr
Jil*
Jill***
Jim
Jyl*
Sil
ジルー
Giroud**
Giroust
Giroux**
シールア Sileua
ジルアード Girouard*
シルアノフ Siluanov
シールイチ Silych
シルイチ Silych
シルイッチ Silych
シルヴァ
Silva***
Silver
Sylva*
シルヴァー Silver**
シルヴァイン
Sylvain**
シルヴァーサイズ
Silversides
シルヴァース Silvers
シルヴァーズ
Chilvers
Silvers
シルヴァースタイン
Silverstein*
シルヴァスタイン
Silverstein
シルヴァーステイ
Silverstein
シルヴァーストウン
Silverstone
シルヴァーストーン
Silverstone
シルヴァートン
Silverton
シルヴァーナ
Silvana**
シルヴァナ
Silvana
Sylvana
シルヴァーナス
Sylvanus
シルヴァナス Sylvanus
シルヴァーニ Silvani
シルヴァーニー
Shirvānī
シルヴァニ Shirvani*
シルウァーヌス
Silvanus
シルウァヌス Silvanus
シルヴァーノ
Silvano*
Sylvano*
シルヴァノ Silvano*
シルヴァーバーグ
Silverberg*
シルヴァバーグ
Silverberg
シルヴァベルグ
Silverberg
シルヴァーマン
Silverman*
シルヴァマン
Silverman*
シルヴァーロック
Silverlock
シルヴァン
Silvain
Silvan*
Silván
Sirven*
Sylvain***
Sylvan
ジルヴァン
Silvan
Sylvan
シルヴァンデール
Sylvander
シルヴィ
Silvie
Sylvi
Sylvie**
シルヴィー
Silvy
Sylvie**
シルウィア Silvia
シルヴィア
Silvia**
Sylvia***
ジルヴィア
Silvia
Sylvia
シルヴィアーヌ
Sylviane
シルヴィアン
Sylvian*
Sylviane
シルヴィアンヌ
Sylviane*
Sylvianne
シルヴィウ Silviu*
シルウィウス Sylvius
シルヴィウス Sylvius*
ジルヴィウス
Silvius
Sylvius
シルヴィエ Sylvie
シルヴィオ
Silvio***
Sylvio
シルヴィス Sylvis
シルヴィーニョ
Silvinho
シルウィヌス Silvinus
シルウィンド
Schirvindt
シルヴィント Shirvint
シルヴェ Silver
シルヴェイナス
Sylvanus
シルヴェイラ Silveira*
シルヴェイン Sylvain
シルヴェスタ Silvester
シルヴェスター
Silvester*
Sylverster
Sylvester**
ジルヴェスター
Sylvester
シルヴェスティ
Silvesti
シルヴェスティン
Silverstein
シルウェステル
Silvester
Sylvester
シルヴェステル
Silvester
Sylvester
Sylwester
シルヴェストゥリン
Silvestrin
シルヴェストリ
Silvestri*
Sylvestri
シルウェストリス
Silvestris
シルヴェストリス
Silvestris
シルヴェストリーニ
Silvestrini
シルヴェストル
Silvestr
Silvestre**
Sylvestre*
シルヴェストレ
Silvestre
Sylvestre
シルヴェストロ
Silvestro
Sylvestro
シルヴェストロフ
Silvestrov
シルヴェット
Sylvette*
シルヴェーヌ Sylvaine
ジルヴェーヌ Sylvaine
シルウェリウス
Silverius
シルヴェリウス
Silverius
シルヴェリオ
Silverio**
Silvério
シルヴェール
Sylvere*
Sylvère
シルヴォ Silvo
シルヴュ Silviu
シルヴン Sylvain
シルエ Silje
シルエット Silhouette
シルカ
Silke
Sirkka
ジルガラン Jirgalang
シルギー Silguy
シルキア Sirchia
シルキウス Syrkius
ジルキーソン Gilkyson
シルギューイ Silguy
シルギュイ Silguy*
シルキン
Schilken
Silkin**
Syrkin
シルク
Silk**
Silkk
ジールク
Sierck
Zielke
ジルク Dilke
ジルグ Zilg
シルクウッド
Silkwood
ジルクリスト
Gil Christ
Gilchrist
シルクレット Shilkret
シルケ
Silke**
Sirke
ジルケ
Silke*
Sylke*
シルケヴィチ
Shirkevich
シルケナート Silkenat
シルコー Silko*
シルコウ Silko**
ジルコヴァ Zhivkova
シルコックス
Silcocks
Silcox*
シルコフ
Shilkov
Shirkov
ジルコフ
Zhirkov
Zirkoff
シルコフスキー
Shilkofski
シルザ Thyrza
シールザード Shīrzād

シルジ Silge
ジルジー Jirjī
シルジェン Schildgen
ジルジェンティ
Girgenti
ジルジース Jirijīs
シルジブール Silzibul
ジルシャー Zircher
シルシャブ Shirshab
シルジュ Schildge
ジルショジョン
Dilshodjon
ジルショド Dilshod
シルショフ Shirshov
シールス
Cyrus
Shiers
シールズ
Seales
Seals
Sheilds
Sheils*
Shields***
Shiels
Thiels
シルス
Cyrus
Shils
Sills
Sirus
Syrus
シルズ
Shils
Sills**
ジールス Jules
ジルス Gilles*
シルステン Kirsten
ジルースト Giroust
ジールストーフ
Zielstorff
ジルストラ Zijlstra
ジルストレ Gerstlé
ジルスピー Gillespie
シールスフィールド
Sealsfield
シールズフィールド
Sealsfield
ジルセウ Dirceu
シルセング Sillseng
ジルソン
Dilson
Gilson**
Jillson*
シルダー Schilder
ジルダ
Gilda**
Gildas*
Zilda*
ジルダースリーヴ
Gildersleeve
シルタラ Siltala
シルダル Syrdal
ジルチ Jirsch
シルツ
Schildt*
Schiltz
Shilts*
シルツァ Širca
シルツォフ Syrtsov
シルッカリーサ
Sirkka-Liisa
Sirkkaliisa
ジールップ Syrup
シルデ Schilde
ジルディス Zhyldyz
シルテス Szirtes
ジルデュアン Gilduin
シルデリク Childéric
シルデリック
Childéric
シールド
Schield
Shield**
Shields
シルト
Schild**
Schildt**
Syrt
シルド Schild
シルドクラウト
Schildkraut
シルトバッハ
Schildbach
シルトベルガー
Schiltberger
シルドベルク
Schildberg
シルトン Shilton
シルドン Shirdon
シルノフ Silnov**
シールバー
Sealver
Thielbar
シルハ
Silva
Sirch
シルバ
Silva***
Sylva**
シルバー
Silber
Silver**
Sylva
シルパ
Shilpa
Silupa
Sirpa
ジルハー Silcher
ジルバー
Silber
Zilber
ジルパ Zilphah
ジルパー Zilpah
シルパーアーチャー
Silpaarchaa
シルバイン Sylvain
シルバーウッド
Silverwood
シルバーガー
Silberger
シルバーグ Silberg
シルバーシ Szilvásy
シルバシ Szilvásy
シルバーシャッツ
Silberschatz
シルバーシュタイン
Silberstein
Silverstein
シルバースタイン
Silberstein
Silverstein*
シルバスタイン
Silberstein
Silverstein*
シルバースティン
Silverstein
シルバーストーン
Silberston
Silverstone**
シルバーストン
Silberston
Silverstone
シルバースミス
Silversmith
シルバーソーン
Silverthorne
シルバータウン
Silvertown*
シルバーツヴァイク
Silberzweig
シルバッハ Schilbach
シルバート
Sibert
Sylbert*
シルバートゥース
Silvertooth
シルバートン
Silverton
シルバーナ
Silvana*
Sylvana
シルバーナグル
Silbernagl
シルバナス Sylvanus
シルバヌス Sylvanus
シルバーノ Silvano*
シルバノス Silbanos
シルバーバーグ
Silberberg
Silverberg**
シルババーグ
Silverberg*
ジルバーブッシュ
Silberbusch
シルバーブラット
Silverblatt*
シルバーホルズ
Silberholz
シルバーマン
Silberman**
Silbermann
Silverman**
ジルバーマン
Silbermann*
ジルバマン
Silbermann
シルバーリング
Silberling
ジルバル Dilbar
ジルバルディ Gilbaldi
シルバン
Silvain
Silvan
Sirven
Sylvain*
Sylvan**
ジルバン Gilvan
シルバンスキー
Silvanskii
シルビ
Sylvi
Sylvie
シルビー Sylvie**
ジルヒ Sirch
シルビア
Silvia*
Sílvia*
Sylvia***
Sylwia
ジルビア
Silvia
Sylvia*
シルビアン Sylvian*
シルビアンヌ Sylviane
シルビウ Silviu
シルビウス Sylvius
ジルビウス Silvius
シルビエ Sylvie
シルビオ
Silvio**
Sylvio*
ジルビク Srbik
シルビジャー Silbiger*
ジルビッヒ Girbig
シルヒトマン
Schlichtmann
シルビーナ Silvina
シルビナ Silvina
ジルビナス Žilvinas
シルビーノ Silvino
シルビノ Silvino
ジルヒャー Silcher
シルビュ Silviu
シルビールナグル
Silbernagl
ジルピン Gilpin
シルピンスキー
Sierpinski
シルヒンディー
Sirhindī
シルフ Silf
シルブ Sirbu*
ジールプ
Sierp
Syrup
ジルプ Syrup
ジルファ Zilpha*
ジルファー Zilpha
シルファート Schilfert
ジルファルコ Gilifalco
シルフィ Sirfi
シルフレード Siffred
シルベイラ Silveira*
シルベイロ Silveiro
シルベスタ
Silvester
Sylvester
シルベスター
Silvester**
Silvestre
Sylvester***
Sylvestre
シルベステル
Silvester
Szilveszter*
シルベストゥル
Sylvestre*
シルベストリ Silvestri
シルベストル
Silvestre
Sylvestre
シルベストレ Silvestre
ジルベストレ Silvestre
シルベット Sylvette
シルベーヌ Sylvaine
ジルベーヌ
Sylbaine
Sylvaine
シルヘル
Schilcher
Silcher
シルベール Silvère
ジルベール
Gilbert***
Guilbert
ジルベル
Gilbert
Girbert
ジルベルシュタイン
Zilberstein*
Zylberstein
ジルベルシュテイン
Zilberstein
ジルベルスタン
Zylberstein
ジルベルタ Gilbertas
ジルベルト
Gilbert*
Gilberto***
シルベルマン
Silberman
Silbermann
ジルベルマン
Silberman
Silbermann
Zilberman
Zilbermann
ジルボー Girbaud
ジルボーグ Zilboorg
ジルポリテ Zilporite
シルマ
Shirma
Sirma
シルマー Schirmer**
ジルマ Dilma*
ジルマー Zilme
シルマイ
Szirmai
Szirmay
シルマッハー
Schirrmacher
ジルマール
Gilmar*
Gylmar
シルマン
Schirrmann
Shillman
ジールマン Sielmann
ジルマン Gilman

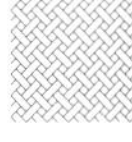
シ

シールマンス
Thielemans**
シルムーバー
Shilmover*
ジルムンスキー
Zhirmunskii
シルメラー
Schillmöller
シルメン Syrmen
シルモイ Szirmai
シルモン Sirmond
ジルヤーブ Ziryāb
シルヤンデル
Siljander
シルラア Schiller
シルランペー
Sillanpää
シルランペエ
Sillanpää
シルリ
Shirli
Silli
ジルリン Sirlin
シルリング Schilling
シルール
Shirur
Sirle
ジルール Zillur
ジルル Zillur**
ジルレスピー Gillespie
シルレト Sirleto
シルレル
Schiller*
Shiller
ジルレル Shiller
シルワ
Shirwa
Silva
シルワノ Silas
シルワン
Shirwan
Silouane
シルワンバ Silwamba
シーレ
Schiele**
Schiere
Shearer
Shire
シーレー
Seeley
Seelye
シレ
Schilles
Shire
Sille
Siret
ジーレー Jíří
ジレ
Gilet
Gille**
Gilles
Gillet*
Gillett
Zīle
ジレー Gillet
シーレイ Sealey*
シレイ
Silei
Sileye
ジレイ
Gilley
Jiley
シーレイジ Searage
ジレイジ Jreij
シレーヴス Shreves
シレオニ Sileoni
シレガル Siregar
シーレギーン
Shiilegiin
シーレグダンバ
Shiilegdamba
シレーゲル Schlegel
シレシ
Shileshi
Sileshi
シレージウス Silesius
シレシウス Silesius
シレジウス Silesius
ジレージウス Silesius*
ジレジウス Silesius
シレジェヴィチウス
Slezevicius*
シレジェビチウス
Slezevicius
シレジンスキ
Śledzinski
シレス Siles*
ジレス Giresse
ジレスピ Gillespie
ジレスピー Gillespie*
シレーター Schröter
シレーダー
Schröder
Schroeder
ジレッギス Silex
シレック Sileck
ジレック Jilek*
ジレックス Silex
シレッサー Sirerusa
シレッセン Cillessen
シレット
Sirett
Syrett
ジレット
Gillet*
Gillett*
Gillette**
Jillette
シレト Shurete
シレドゥンブヤ
Siredoumbouya
シレーナ
Cirena
Syrena
シレナ
Cirena
Cyrena
Syrena
シレフ Shirreff
シレフス Shirreffs
シレム Chilemme
シレムン Shiremün
シレル Schiller
ジレール Girerd
ジレル Girel
ジレルソン Zirelson
シーレン
Thelen
Thielen*
シレーン
Sillén
Sirén**
シレン
Siren*
Sirén
ジレン Gerin
シレンク Shrenk
ジーレンジガー
Zielenziger
ジーレンス Gielens
シレンティアーリウス
Silentiarius
シレンティアリウス
Silentiarius
シレンティアリオス
Silentiarius
シレンデブ
Shirendev
Shirendyb
シレント Cilento*
ジレンド Gerend
ジレンハマー
Gyllenhammar*
シーロー Cee Lo
シロ
Ciro**
Shilo
Silo
Sireau
Sirop
シロー
Shiloh
Shiro
Sylow
ジロ
Gillot*
Gilot*
Giro
Girod**
ジロー
Gillot*
Gilot**
Girard
Giraud***
Girault*
Giraut
Giroux**
Jiro
シロアー Shiloah
シロアフ Shiloah
ジロイエビッチ
Zirojević
シロイテル Schroeder
ジロイド Jlloyd
シロウ Sylow
シロヴィー Syrový
シロウィッツ Sirowitz
ジーロヴェツ
Gyrowetz
ジロゥム Jerome
シーロエ Shīroe
シロエ Siloé
ジロオドゥー
Giraudoux
ジロオドウ Giraudoux
シロカ Siroka
シロカー Siroker
シロカプーラ
Shiroka-pula
シロキー
Siroky
Široký
シロコゴルフ
Shirokogorov
シロコゴーロフ
Shirokogorov
シロコゴロフ
Shirokogorov*
シロコフ Shirokov
シロジジン Sirojidin
シロス Sylos
ジロス Zieroth
シロタ
Shirota
Sirota**
ジローチ Ziloti
シロチェンスカヤ
Shirochenskaia
シロッコ Cirocco
ジロッティ Girotti
ジロット Gillott
シロップ Syrop
ジロデ Girodet
シローティ Ziloti
シロティ Ziloti
ジローティ Ziloti
ジローディ Giraudy
ジロディ Giraudy
ジロディアス Girodias
ジロード Giraud
ジロードー Giraudeau
ジロトー Gilotaux
ジロドー
Giraudeau**
Giraudoux
ジロードゥー
Giraudoux
ジロドゥ
Giraudeau
Giraudoux*
ジロドゥー
Giraudoux**
ジロドオ Giraudoux
シロトカ Sirotka
シロトニック
Sirotnik*
シローニ Sironi*
シロニー Shillony**
シロニイ Shillony
シロニス Silonis
ジロニム Jeronimo
シローネ Silone*
シロネ Silone
シロバツカ Syrovátka
シーロフ
Jirov
Shilov*
Sieloff
Thierauf
Zhirov
シロフ Shilov
ジーロフ Jirov
ジロフ Zhirov
ジロボジ Djilobodji
シロマ Ciroma
シロマニー Shiromany
ジロミ Jiromi
シーロム Shirom
ジローム Jerome
ジロメッティ
Girometti
ジロメン Gilomen
ジローラミ Girolami
ジロラーミ Girolami*
ジロラミ Girolami
ジロラミー Girolami
ジローラモ Girolamo*
ジロラーモ Girolamo
ジロラモ Girolamo*
ジーロルド Zierold*
ジロルド Giroldo
ジロロモーニ
Girolomoni
シロワー Sirower
シーロン
Theron
Xi-long
シローン Cirone
ジロン Dillon
ジロンゴ Jirongo
シロンディニ
Cirendini
ジーワー Jeewah
シワク Sivak
シワコフ Sivakov
シーワタナプラパー
Srivaddhanaprabha
ジーワックス Geewax
シーワード Seward
シーワド Seward
ジワトラム Jiwatram
ジワニア Zhvania*
ジワニードワ
Divanidova
ジワニヤ Zhvaniya
ジワネフスカヤ
Zhivanevskaya**
シーワラー Siwara
シワラック Sivaraksa*
シワルツェンベルク
Schwarzenberg
シワルツマン
Shvartsman
シワン Siwan
ジーワン Jeewan
ジワンミトラ
Jiwanmitra
シーン
Scheen
Schine*
Sean**
Seang
Sheean
Sheehan*
Sheen***
Sheene

シン
Cin
Hsin
Shin***
Shing*
Shingh
Shinn***
Sim*
Sin***
Sîn
Sing*
Singh***
Sinh*
Sinn
Sint
Suen
Suena
Xin*
Xing*
ジーン
Gene***
Jane
Jean***
Jeane**
Jeanna
Jeanne**
Zane*
ジン
Chin
Dinh
Gene
Gin
Ginn**
Jin**
Jing
Jinn
Zayn
Zin
Zine*
Zinn**
シンイ Singhi
ジンイ Jing Yi
シンイル Shin-il
シンウ Shin-woo
ジンウ
Jin-u
Jin-woo*
シンウェル Shinwell*
シンウェン Xing-wen
シンウク Shin-wook
シンウン Shin-woong
ジンウン Jin-woong
ジンオ Chin-o
ジンオーブエフ
Zinovieff
シンオン Shin-eun
シンガ
Singh
Tinga
シンガー Singer***
ジンカ Zinka*
ジンガー
Singer*
Zinger
シンカイ
Sincai
Șincai
ジンガイ Dzingai
ジンガス Zingas
シンガーテ Singhateh
シンガテ Singhatey
シンガニア Singhania
シンカマテオス
Cinca Mateos
シンカマナン
Singkhamanan*
シンガーマン
Singerman
シンガマンガラジャ
Singamangaraja
シンガーラカ
Singālaka
ジンガラシュ
Gingăraş
シンガーラピター
Siṅgālapitar
シンガラーリヤ
Singarārya
シンカリョフ
Shinkarev
シンガル Singhal
ジンガレス Zingales
ジンガレッリ
Zingarelli
ジンガレッロ
Zingarello
ジンガレリ Zingarelli
ジンガロ Zingaro*
ジンキ Zinke
ジンギ Gin-ki
ジンギス Chinggis
ジンギナ Zingila
ジンキュ Jin-kyu*
ジンギュ
Jin-gyu
Jin-kyu**
シンギュラー Singular
ジンギョン
Jin-kyung*
ジンギラ Zingila
シンク
Cink**
Kinck
Sink
シング
Simh
Sing*
Singh*
Synge***
シングー
Singh
Singu
ジンク
Zenk
Zinc
Zinck
ジング
Jin-ku
Zingg
シングオ Xing-Guo
シングォン Shin-kwon
シンクシ Changshi
ジンクス
Jinks
Jinx
シンクフィールド
Sinkfield
シンクフラーフェン
Sinkgraven
シングマスター
Singmaster
シンクラー Sinckler
シングラー
Shingler
Singler
ジンクラー Zinkler
ジングラス Gingras
シングラニ Cingrani
ジングラフ Zingraff
シングル Singul
ジングル Jingle*
シングルトン
Singleton***
シンクレーア Sinclair
シンクレア
Sinclair***
Sinclaire
Sinclare
シンクレアー Sinclair
シンクレアン
Sincraian
シンクレェア Sinclair
シンクレヤ Sinclair
ジングローン Zingrone
シングワナ Xingwana
ジングワナ Xingwana
シンゲ Singye**
シンゲイ Singay
シンケーウィッチ
Sienkiewicz
シンケビチュス
Sinkevičius
シンケビッチ
Sienkiewicz
シンケル Schinkel
シンゲル Singer
ジンケル Sinkel
ジンゲル
Singer
Zinger
シンケルロス
Synkellos
シンケン Zinken
シンコ
Cinco
Sinko
シンコヴィチュ
Sinkovits
シンコーヴィッチ
Simkhovitch
シンコヴィッチ
Simkhovitch
Sinković
シンコッタ Cincotta
シンコビッチ
Sinkovic
Sinković
ジンゴールド Gingold
シンゴン Shin-kon
ジンゴン Jin-gon
ジンサー Zinsser*
シンジ
Shindi
Synge
ジンジ Djinji
シンシア
Cincia
Cinthia
Cyinthia
Cynthea
Cynthia***
Cyntia
Synthia
シンジア Cinzia
ジンジェム
Dinh Diem
ジンジェル Gingell
シンシェン
Shiing-Shen
シンジェン Xing-jian*
ジンシク Jin-sik
ジンジッチ
Dindjić
Djindjić*
シンシナトゥス
Cincinnatus
ジンジャー Ginger***
シンシャク
Zhing shag
ジンジャラス Gingeras
ジンジャーリッチ
Gingerich
シンジャル Sincar
シンジョ Shin-jo
シンシリッピニ
Cinciripini
ジンシル Jin-sil*
ジンジン
Chin-ching
Jing-jing
シンジンガー
Schinzinger*
シンス Shin-soo*
シンズ Sins
ジーンス
Janes
Jeans
ジーンズ Jeans*
ジンス Jin-Su
ジンズ Zins
シンスキー
Shinskey
Sinskey
ジンスク Jin-sook
ジンスバーク
Ginsberg
ジンズブルグ
Ginzburg
ジンスモア Dinsmore
ジンスン Jinsun
シンセキ Shinseki*
シンセロ Sincero
ジンセン Jing-sheng
ジンソク
Jinseok*
Jin-suk
シンソーブ Shinsawbu
シンソン
Shin-sung
Singson
ジーンソン
Jeansonne*
ジンソン
Chin-sung
Jin-sun
Jin-sung
シンタ Cinta
シンダー Shinder*
ジンター Zinter*
シンタウォン
Sinthavong
ジンタオ Jin-tao
シンダーガード
Syndergaard
シンタク Shin-tak
シンダーズ Cinders
シンダビゼラ
Sindabizera
シンダーマン
Sindermann*
ジンダーマン
Sindermann*
ジンダル Jindal*
ジンタルス Dzintars
シンタワナロン
Sintavanarong
シンチ Sinchi
シンチー Sing-chi*
ジンチェク Jin-chaek
シンチェン
Shin Cheng
ジンチェンコ
Zinchenko
Zinczenko
ジンチュー Jing-chu*
ジンチュエン
Chin-Chuan
Jinquan
シンチンガー
Schinzinger
シンチンゲル
Schinzinger*
ジンツ Sinz
ジンツィヒ Sinzig
シンツィンガー
Schinzinger
シンツォーフ Sintsov
ジンツハイマー
Sinzheimer*
ジンツハイム
Sinzheim
シンデ Shinde
シンデー Shinde*
ジンテ Jin-tae
シンディ
Cindi
Cindie
Cindy**
Cyndi**
Cyndie
Cyndy
シンディー
Cindy*
Cyndi
ジンティ Ginty
ジンディー Jindy
シンティア Cynthia*
シンディア
Scindia

シ

Sindhia
シンディウェ
Sindiwe**
シンティオ Cintio*
シンディクス
Syndikus
シンティケ Syntýchē
シンディムオ
Sindimwo
シンディラン
Cynddylan
ジンティリディス
Zintiridis
シンディング Sinding
シンデウォルフ
Schindewolf
シンデヴォルフ
Schindewolf
シンデーエット
Schindehette
シンテク Shin-taek
シンデス Sindes
シンテック Sintek
シンテニス Sintenis
ジンテニス Sintenis
シンデボルフ
Schindewolf
シンデラー Sindelar
シンデリン Cindelyn
シンデル
Schindel
Sindell
ジンデル
Zindel**
Zindell*
シンデルマン
Schindelman
シンデレラ Cinderella
シンデン Sinden*
ジンテンポ Gentempo
シント Sint
シントー Singto
シントウ
Schinto*
Sintow*
シンドゥ Sindhu
ジンドゥ Jin-du
シントゥーラ Cintura
シントゥロン Cintron
シントゥン
Shing-tung*
シンドック Sindok
シンドーナ Sindona
シントラ Cintra
シントラー Schindler*
シンドラ Schindler
シンドラー
Schindler***
Shindler
Sindler
ジンドラ Jindra
ジンドラー Zindler
シントラア Schindler
ジンドリッチ Jindrich
シンドル Shindle
シントレジ Cintolesi
シーントレル Seantrel
シントロン Cintron
シントン Sinton
シンドン
Shin Dong
Shindong
ジンドン Jindong
シンナ Sinna
ジンナー
Ginner
Jinnah*
シンナイーヴ Sinnaeve
ジーンナイン Jeannine
シンナーズ Shinners
シンナタムビ
Sinnatamby
シンナムス Cinnamus
シンナワット
Shinawatra
シンニ Thinni*
ジーンニー Jeannie
ジンニー Jinnī
シンニェイ Szinnyei
シンニード
Sinead
Sinéad*
シンネマキ Sinnemäki
ジンネマン
Zinnemann*
シンハ
Shinho
Simcha
Singh
Sinha**
シンハー Sinha
シンバ Simba
シンパー Schimper
ジーンバ Ziemba
ジンバ
Djimba
Zimba
ジンパ Jinpa
シンバオ Simbao
ジンハオ Jinhao
シンバーグ Shimberg
ジンバーグ Zinbarg
シンバス Symbas
シンバチャウェネ
Simbachawene
シンハニア Singhania
シンハマット
Singhamat
シンバラ Cymbala
シンハライ Sinharay
シンバラシェ
Simbarashe
ジンバリスト
Zimbalist***
シンハル Singhal
シンバル Cymbal
ジンバルド Zimbardo
ジンバルドー
Zimbardo*
ジンバロ Zimbalo
シンハン Sin Hang
ジンヒ Jin-heui
ジーンピエール
Jeanpierre
シンビネ Simbine
シンビューシン
Hsinbyushin
ジンピョ
Gin-pyo
Jin-pyo*
ジンヒョク Jin-hyek*
ジンヒョン
Jin-hyeon*
シンフ Schimpf
シンブ Simbu
シンプ Schimpff
シンファ Shin-hwa
ジンファ Jinghwa*
シンフィヨトリ
Sinfjötli
シンフィールド
Sinfield*
シンフェイチェウ
Sinfeitcheou
シンフォーシウス
Symphosius
シンフォリアーヌス
Symphorianus
シンフォリアヌス
Symphorianus
シンフォリアーノ
Sinforiano
シンフォローサ
Symphorosa
シンフォン Shin-feng
シンプキンス
Simpkins
シンプキンズ
Simpkins
シンプケ Schimpke
シンプスン Simpson*
シンプソン
Simpsom
Simpson***
Simson
Sympson
シンブヤクラ
Simbyakula
シンブラン
Simbulan
Simburan
シンプリキアーヌス
Simplicianus
シンプリキアヌス
Simplicianus
シンプリキウス
Simplicius
シンプリキオス
Simplikios
シンブレット Simblet
シンプロット
Simplot*
ジンベ Jin-bae
シンペット Sinphet
ジンペーラ Gimpera
シンベリ Simberg
シンベリン Cymbeline
ジンベル Gimbel
ジンペル Gimpel*
シンホ Shin-ho*
ジンポー Ching Po
シンホア Xinhua
シンボーグ Simborg
シンボルスカ
Szymborska***
シンボルスカ
Szymborska
ジンホワ Jin-hua
シンマ Simma
シンマー Symmer
ジンマー Zimmer*
シンマクス
Symmachus
ジンマーマン
Zimmermam
Zimmerman**
Zimmermann*
ジンマルド Ginmardo
ジンマン Zinman*
シンミアス Simmias
ジンミイ Jimmy
シンミョン
Shin-myung
ジンミョン
Jin-myung*
Jinmyung
ジンミン Jing-ming
ジンムハメド
Dinmukhamed*
シンメル Schimmel**
ジンメル
Simmel***
Zimmer
ジンメルト Simmert
シンメルプフェニヒ
Schimmelpfennig**
シンメルペニッヒ
Schimmelpfennig
ジンメルペニンク
Simmelpenninck
シンメルペニング
Schimmelpenning
シンメルペンニンク
Schimmelpenninck
ジンメルマウン
Zimmermamn
シンメルマン
Schimmelmann
ジンメルマン
Zimmerman
Zimmermann
ジンメルリンク
Simmelink
ジンメルン Zimmern
ジンモ Jin-mo*
シンモンド Simmonds
シンヤ Shinya
シンヤフスキー
Sinyavsky
ジンユー Jing-Yu
シンユイ Xin-yu
ジンヨプ Chin-youb
シンヨン
Shin-yong
Shin-young
ジンヨン Jin-young
シンラウォン
Sinlavong
シンラパアーチャ
Silpa-archa
Silpaarcha**
シンラン Xinran
ジンラン Jhingran
ジンランガーダドナジ
Djimrangar
Dadnadji
シンリグ Cynrig
シンリック Cynric
ジンルン Jingrun
シンレイ Sinnreich
ジンレイ Jing-lei
シンレイチ Sinnreich
ジンレン Jing-ren
シンワリ Shinwari
シンワンチャー
Singmanassuk*
Singwancha*

【ス】

ス
Soo*
Su*
Suh
Suu
Xu
スー
Hsu**
Seau
Shi
Shih
Shu*
Sioux
Soe
Soo*
Sou
Su*
Sū
Sue***
Süe
Suh*
Susan
Suu**
Thu
ズ
Du
Zu
ズー
Dhū
Du
Zhu
Zu
スーア Su'a
スア Sua
ズアイタル Zeaiter
ズァイツェフ Zaitsev
ズアイテル
Zoayter
Zouaiter
ズアイブ
Ḏhu'aib

Dhu'ayb
スアーヴィー Suavi
ズーアカンプ
Suhrkamp
スアクリ Souakri
スアゲル Suagher
スアソ Suazo**
スアダ Suada
ズァーチャー Zurcher
ズァッカリーア
Zaccaria
スアット Suat
ズァット Duat
スーアード Seward
スーアド Seward
スアード
Saud
Seward*
Su'ad
スアト Suat
スアド
Souad*
Suad
スアナ Suana
スアミ Swami*
スアラウビ Sualauvi*
ズーアリ Zouari
ズアリ Zouari
スアリキ Sualiki
スアール Suard
ズァルリーノ Zarlino
スアレ Souare
ズアーレイン Zuerlein
スアーレス Suárez
スアレース Suarez*
スアレス
Suarès
Suarez**
Suárez***
スアレズ Suarez
ズアレース Suárez
スアレスナバロ
Suarez Navarro
スアレム Sualem
スァン Xuan
スアン
Xaun*
Xuan***
Xuân
ズアン
Duan*
Duân
Xuan*
スアンクイブラー
Sankhibre
スアンクカラー
Sankhkare
スアンクタウイ
Sankhtawy
スーイ Sui
スイ Sy
スィー
Cihi
Seay
Swee
スイ
Soei
Sui**
Suy
Swee
スイー
Coe
Suyi
ズーイー Zooey
ズィー
Dhī
Zea
Zee*
Zoe
ズイ Duy***
スィアーズ Sears
スィアラン Ciarán
スィアーン Sian
スィアン Sian
ズィアン Zian
スィアンヘロッティ
Ciangherotti
ズィヴァリン Severin
ズィヴィ Zivi
スィヴィエルジュ
Thivierge
スィウェリン
Llywelyn
ズィーヴェルス Sievers
スィーウォード
Seaward
ズィヴルスカ
Zywulska
スィーオドア
Theodore
スイオドア Theodore
スィーカー Siecker
スィーガー Seegar
ズィガー Dzigar
スィーガル
Seagal
Segal
スィカンダル Sikandar
スイキ Swie Kie
ズィギー Ziggy*
ズィギェル Zygier
ズイキナ Zykina*
スイキャット
Swee Keat
スィキル Sikiru
スィギンズ Siggins
スィーク Seek
スィグジャナ Sigujana
ズィークムント
Siegmund
ズィークムンド
Siegmund
ズィグムント
Zygmund
Zygmunt
ズィグムントフスキ
Zygmuntowski
スィグモンド
Zsigmond
ズィクリ Zikri
スィグリゲティ
Szigligeti
ズィークリト Sigrid
ズィーグルト Sigurd
スィーグローヴ
Seagrove
スィコ Chicot
スィーコウム
Seacombe
ズィゴン Zigon
スィサヴァンヴォン
Sisavangvong
スィージー Swezey*
スィージィー Swezey
スィシェル Sichère
スィジスターニー
Sijistānī
スィージャー Seager
スイス Swiss*
ズィズィム Zizim
スィスエフ Sysuev
スイスエフ Sysuev
スイスグッド
Swicegood
スィースターニー
Sistani
Sītānī
スィーズン Season
スイスン Swithun
スイセイ Swee Say
スィセリー Cicely
スイセン Sui Sen
スィーター Sītā
ズィタ Zyta
スイダス Suidas
スイダム Suydam
スィーターラマイヤー
Sītāramayyā
ズィーダーン Zaidān
ズイタン Duy Tân
スイチン Sytin*
スイーツ Sweets
ズイーツァー Suicer
スィッキート Sikkīt
スィッキング Sikking
スィッケル Sickel
スイッシャー Swisher
スィッツァーニ Sitzani
スィッディーキー
Siddīqī
スイッディーキー
Siddiai
ズイツリ Zilli
スィーディーヤ Sīdīya
ズイデマ Zuidema
ズイデルスマ
Zuidersma
スイーテン Swieten
スィート Sweet
スイート
Sweet*
Swete
ズィトゥロウ Zietlow
ズィトカラ Zitkala
スィドキー Ṣidqī
スイトナー Suitner
スィドニイ Sidney
ズーイトベルト
Suitbert
ズイートベルト
Suidbert
ズイトベルト Suitbert
スイドライス Cidraes
スィートランド
Sweetland
スイートランド
Sweetland
ズィトリン Zitrin
スィーナ Seena
スィーナー Sīnā
ズィナ Zina
ズィナイーダ Zinaida
スイナトン
Swinnerton
スィナーン Sinān
スィナン Sinan
スィーニ Sweeney
スイニー Sweeney
ズィーバー
Sieber
Ziba*
スィバーイー
Sibai
Sibāʻī
スイーバート Siebert
スィーバワイヒ
Sībawaihi
スィーヒ Cihi
スィービー Theby
ズィヒターマン
Sichtermann
スィピヒル Sipihr
ズィビラ Sibylla
ズィビレ Sibylle
スイピン Sui-pin
スィーブ Siev
スイブ Suib
スィーフォース
Seaforth
スィーブカー Siebker
ズイブコベッツ
Zybkovets
スイフト Swift**
スイブネ Suibne
スィーベン Siven
スィーボウ Sebo
スィーボード
Thiebaud
ズィマー Zimmer
ズイマー Zimmer*
スイーマスコ
Siemaszko
ズィマラ Zimara
スィーミーン
Simin
Sīmīn*
スィム Sim
スィームアン Simuang
ズィームキー Ziemke
スィムズ Simms
スィムナーニー
Simnānī
スィムンズソン
Simundsson
ズィーメド Zmed
ズィーモン Siemon
ズィモン Simon
ズィヤ Ziya*
ズィヤー Ziya
ズィヤーイー Ziyai
ズィヤーウル Zia-ul
ズィヤーズ Zwiers
ズィヤーダ Ziyādat
ズィヤーダット
Ziyādat
スィヤート Siyāt
スィヤード Siyaad
ズィヤード Ziyād
スィヤーフ Siyāh
スィヤール Souillard
ズィヤール Ziyār
スィヤワシュ Siyavosh
スィーユ Thill
スィユタ Cieutat
スィラージ Sirāj
スィラージー Sirājī
スィーラージ・ウッ
Sirāju'd
スィーラージ・ウッダウラー
Sirāju'd-Daulah
スィラージウッ・ダウラ
Sirāju'd-Daulah
スィラージュ Sirāju
スィラージュッダウラ
Sirāj al-Dawla
スィラージュッディーン
Sirāju'd-Dīn
ズィラヒ Zilahy
スィーラーフィー
Sīrāfī
スィラーフタル
Silâhtar
スィーリー Thierry
スイリ Souyri*
スィーリア Celia
ズィリアラ Zigliara
スィリカムフー
Sirikamfu
スィーリッグ Selig
ズィリヤニス
Diliyannis
スィーリン Thelin
スィーリング Thiering
スィール
Cyr
Thiel
スィル Cyl
スイル Soo-il
スィルテス Szirtes
ズィルファ Zilpha
ズィルヤーブ Ziryāb
ズィルヤーブ Ziryāb

ス

スィーレン Thelen
ズイレン Zuylen
スィロミャートニコフ
Syromiatnikov
スイロムヤトニコフ
Suiromiatonikov
ズィーワル Zīwar
スーイン Suyin**
スィン
Sin*
Sîn
Singh
スイン
Suinn*
Suyin
ズィン
Sin
Zin
スィンガー Singer*
ズィンカ Zinka
スィンガラーリヤ
Singarārya
スィング
Singh
Singha
ズィンク Zink
スイングス Swinguce
スィンゲドー
Swyngedouw
スィン・ジ Singh
スィンズ Thinnes
スィンスィア Cynthia
ズィンデ Zinde
スィンディ
Cindy
Cyndi
スィンディア Sindhia
スィンデン Sinden
スィントラ Cintra
スーイントン Swinton
スィントン Swinton
スィンバーズ Sinbādḫ
ズィンバリスト
Zimbalist
スインバーン
Swinburne
スインバンク
Swinbank
スインバンクス
Swinbanks
スィンフ
Simh
Siṃh
Singh
Sinh
スィンボロン
Simbolon
ズィンマーマン
Zimmerman
スゥ Suh
スウ
Hsu
Siu
Sue
ズゥ Ḏu
ズウ
Du
Zhu

スヴァー Sva
ズヴァー Zwar
スヴァア Svarre
スヴァーイ Swaaij
スヴァイストロップ
Sveistrup
スヴァイストロプ
Sveistrup
ズヴァイヤー Zwier*
スヴァイン Svein
スヴァーヴァ Svava
スウアジュエンラー
Sewadjenre
スウアジュカーラー
Sewadjkare
スウアジュタウイ
Sewadjtawy
スヴァースキイ
Svirsky
スヴァーテングレン
Svartengren
スヴァドコフスキー
Svadokovskii
スヴァトス Svatos
スヴァトスラフ
Svyatoslav
スヴァトブルク
Svatopluk
スヴァトプルク
Svatopluk
スヴァートマーラーマ
Svātmarāma
スヴァフルラーメ
Svafrlami
ズヴァラ Zvara
スヴァラストガ
Svalastoga
スヴァーリ Suvari
ズヴァリーコヴァー
Zvaríková
スヴァーリン
Souvarine
スヴァルスキー
Svirsky
スヴァルダル Svardal
スヴァルツェ Swartz
スヴァルテダール
Svartedal*
スヴァルテングレン
Svartengren
スヴァルト Swart
スヴァルトヴィック
Svartvik*
スヴァレス Suárez
スヴァロフスキー
Swarowsky
スヴァン
Swan
Swann*
スヴァンセン Swensen
スヴァンテ Svante**
ズヴァンテ Svante
スヴァンベリ
Svanberg
Swanberg

スヴァンホルム
Svanholm
スヴァンメルダム
Swammerdam
スヴァンメルダム
Swammerdam
スウィ
Swee
Swie
スウィー
Swe
Swee
ズヴィ Zvi*
スウィアジンスキー
Swierczynski**
スウィアテク Swiatek
スヴィアトスラフ
Sviatoslav
ズヴィエシュホフスキ
Zwierzchowski
スヴィエトホフスキー
Swietchowski
スヴィェトラー Světlá
スヴィエトラー Světlá
スヴィエラーク
Sverak*
Svěrák*
スヴィオクラ Sviokla
スウィーガー Swiger
スウィガート Swigart
スウィーキン
Swie King
スウィキン Swie King
スヴィクリンスキー
Cwiklinski
スウィゲット Swiggett
スウィコード
Swicord*
ズヴィゴフ Zwigoff
スウィサ Suissa
スウィザン Swithun
スウィージー Sweezy
スウィージー
Sweezy**
Swezey
スウィージン Swithun
スウィジン Swithun
スウィズ Swizz
スウィスト Swist
スウィスヘルム
Swisshelm
スヴィターク Sviták
スヴィタク Svitak
スウィタラ Switala
スウィーチャウ
Swee-chiow*
スウィーツァー
Sweetser
ズウィッキー Zwicky
スウィック Swick*
ズウィック Zwick*
スウィッシャー
Swisher**
スウィッツァー
Switzer**
スウィッツア Switzer

ズヴィッツァー
Zwitzer*
ズヴィッツアー
Zwitzer
スウィッツラー
Switzler
スウィッテンバーグ
Schwichtenberg
スウィット
Suvit
Suwit
Swit
スウィツラー
Switzler*
スウイデー
Shui-te
Shui-teh
スウィティン Swithin
スウィーティング
Sweeting*
スウィーテク Switek
スウィデルスキー
Suiderski
スウィーテン
Sweeten
Swieten
スヴィーテン Swieten
スヴィデン Svidén
スウィート
Sweet**
Swete
スウィード Swede
スヴィート Suvit
スウィートウッド
Sweetwood
スウィトゥン Swithun
スウィートギャル
Sweetgall
スウィトコウスキー
Switkowski*
スヴィトザール
Svetozar*
スウィトナー
Suitner**
スヴィトナー Suitner
スウィートナム
Sweetnam
スウィートボックス
Sweetbox
スウィートマン
Sweetman*
スウィードラー
Swidler
スウィドラー Swidler*
スウィーナ Soueinae
スウィナートン
Swinnerton
スウィナトン
Swinnerton
スウイーニー Sweeney
スウィーニー
Sweeney***
Sweeny
スウィニー Sweeney
スウィーニィ Sweeney
スウィバーン
Swinburne
ズヴィヒトマン
Zwigtman

スウィフト Swift
スウィフト Swift***
スヴィベルツゾーン
Swybbertszoon
スウィム Swimme
スウィモン Simon
スヴィリドフ
Sviridov*
スヴィーリン Svirin
ズヴィリング Zwilling
スヴィロヴァ Svilova
スーヴィン Suvin
スウィン Suinn
スウィング
Swing*
Thwing
スウィングウッド
Swingewood
スウィングス Swings*
スウィングル Swingle*
ズウィングル Zwingle
スウィンケルス
Swinkels
スウィンジウッド
Swingewood
スウィンスン Swinson
スゥインソン Swinson
スウィンソン Swinson
スヴィンダル Svindal*
スウィンティラ
Swinthila
スウィンディン
Swindin
スウィンデル
Swindell
Swindells
スゥインデルズ
Swindells
スウィンデルス
Swindells
スウィンデルズ
Swindells**
スウィントコフスキー
Swiontkowski
スウィンドラー
Swindler
スウィンドリー
Swindley
スウィンドル
Swindle*
Swindoll
スゥイントン Swinton
スウィントン
Swinton**
スウィンナートン
Swynnerton
スウィンバアン
Swinburne
スウインバーン
Swinburne
スウィンバーン
Swinburne*
スウィンバンク
Swinbank
スウィンバンクス
Swinbanks

スヴィンヒュー Svinhufvud
スヴィンフヴド Svinhufvud
スウィンフォード Swinford Swynford
スヴィンフッヴド Svinhufvud
スウィンホー Swinhoe
スウィンボルン Swinburne
スウィンボーン Swinbourne*
スウヴェストウル Souvestre
スウヴェストル Souvestre
スゥヴェルビイ Souverbie
スゥエ Swe
スウェ Swe*
スウェアーズ Suarès
スウェアリンゲン Swearingen*
スウェアリンジャー Swearinger
スウェイ Su'a
スウェイガート Sweigart
スウェイガード Sweigard
スウェイジ Swayze*
スウェイジー Swazey
スウェイズ Swayze
スウェイズィ Swayze
スウェイダン Suwaydan
スウェイツ Thwaites*
スウェイツァー Sweitzer
スウェイディ Sowaidi
スウェイト Thwaite***
スウェイド Suwayd Swade
スウェイドーズ Swados
スウェイドス Swados*
スヴェイトン Sveinn
スヴェイネ Svane
スウェイム Sveum Swaim
スウェイル Suwaiyel
ズウェイル Zewail
スウェイルズ Swales
スウェイン Swain*** Swaine Swayne* Sweyn
スヴェイン Svein Sveinn Svend
スウェインスン Swainson
スウェインソン Swainson
スヴェインソン Sveinsson* Svensson
スヴェインビョルトン Sveinbjörn
スヴェーヴォ Svevo
スヴェヴォ Svevo
ズヴェーヴォ Svevo**
スウェージー Swasy
スヴェーシニコフ Sveshnikov
スヴェシニコフ Sveshnikov
スウェジュニコフ Sveshnikov
スヴェーストラフ Svetoslav
スーヴェストル Souvestre*
スヴェストル Souvestre
スウェソン Svensson
スウェダ Sveda
スウェダー Sweder*
スヴェータ Sveta Svetlana
スヴェタスラヴ Svetoslav
ズヴェタノフ Zvetanov
スウェターリッチ Sweterlitsch*
ズヴェタン Zvetan
スヴェチン Svechin
スウェツァー Sweitzer
スウェッカー Swecker
スウェッテナム Swettenham*
スウェット Suett Sweat Swett
スウェッド Szwed*
スウェットマン Sweatman
スヴェッレ Sverre
スヴェーデルボルィ Swedenborg
ズヴェーデン Zweden*
スウェーデンボリ Swedenborg*
スヴェーデンボリ Swedenborg*
スヴェーデンボリー Swedenborg
スウェーデンボルィ Swedenborg
スヴェーデンボルイ Swedenborg
スウェーデンボルグ Swedenborg*
スウェーデンボルグ Swedenborg
スウェデンボルク Swedenborg
スウェデンボルグ Swedenborg
スウェート Svet
スウェード Swade
スウェド Szwed
スヴェドゥルップ Sverdrup
スヴェトザール Svetozar Svetozár
スヴェトザル Svetozar* Svetozor*
スヴェトスラフ Svetoslav*
スウェトッォフ Svetotsov
スウェドナー Swedner
スウェトナム Swettenham
スウェートーニウス Suetonius
スヴェトフ Svetov
スヴェードベリ Svedberg
スヴェードベリー Svedberg
スヴェドベリ Svedberg
スヴェドベリー Svedberg
スヴェードボリ Swedberg
スヴェトラ Svetla
スヴェトラー Světlá
スウェトラナ Swetlana
スヴェトラーナ Svetlana** Sviatlana
スヴェトラナ Svetlana*
スヴェトラーノフ Svetlanov**
スヴェトラノフ Svetlanov
スヴェトラン Svjetlan**
スヴェードルップ Sverdrup
スヴェトルフ Svetlov
スウェドレー Swerdlow
スウェドロー Swedroe
スウェトロフ Svetlov
スヴェートロフ Svetlov
スヴェトローフ Svetlov
スヴェトロフ Svetlov*
スヴェネリック Svenerik
スウェプストン Swepston
スゥエフハード Swaefhard
ズヴェーボ Svevo
ズウェーマー Zwemer
スウェム Swaim
スヴェラーク Sverak Svěrák
ズヴェリナ Zwerina
スヴェリル Sverri
スウェーリンク Sweelinck
スウェーリング Swerling
スヴェーリンク Sweelinck
スウェリンゲン Swearingen
スウェリンジェン Swearingen
スーウェル Sewell
スゥエル Sewell
スウエル Sewell*
スヴェール Swert
ズウェル Zwell*
ズヴェルク Zvelc
スヴェルケル Sverker
スヴェルケルソン Sverkersson
スヴェールス Zweers
ズヴェールス Zweers
スウェルセイ Swersey
スウェールツ Sweerts
スヴェルトルップ Sverdrup
スヴェルドルップ Sverdrup*
スヴェルドルプ Sverdrup
スヴェルドローフ Sverdrov
スヴェルドロフ Sverdrov
ズヴェルドロフ Sverdlov
スヴェルドローワ Sverdlova
ズウェルニク Zwernik
スヴェレ Sverre
ズウェレディンガ Zweledinga
スヴェーレフ Zverev
ズヴェーレフ Zvereff
ズヴェレワ Zvereva*
スヴェロ Suvero
スウェン Sven*
スヴェン Sveen Svein Sven*** Svend* Sweyn
スヴェンショ Svensjo
スヴェーンストレム Svernström
スウェンスン Swenson
スヴェンスン Svenson
スウェンセイド Swenseid
スウェンセン Swensen
スヴェンセン Svendsen**
スウェンソン Svensson* Swenson*
スヴェンソン Svenson Svensson**
スウェンソンライト Swenson-Wright
スヴェンツィツキー Sventsitskii
スウェンデン Swenden
スヴェント Svend
スヴェンド Svend
スウェンドソン Swendson
スヴェンドリニ Suvendrini
スウェンネン Swennen*
スヴェンロベルト Svenrobert
スウォイヤー Swoyer
スウォヴァツキ Słowacki
スウォーサウト Swarthout*
スウォーザック Swarzak
スウォースアウト Swarthout
スウォーツ Swartz*
スウォーディ Swordy
スウォートウッド Swartwood
ズヴォナレワ Zvonareva*
ズヴォニミール Zvonimir**
スウォニムスキ Sfonimski Shonimski Słonimski
スウォネル Swonnell
スウォバツキ Słowacki
スウォープ Swope
スウォープ Swope*
スウォボダ Swoboda
スヴォボーダ Svoboda
スヴォボダ Svoboda** Swoboda
スヴォボドヴァー Svobodová
スウォボドニク Swobodnik
スウォミ Suomi
スウォーミンク Swormink
スヴォラト Svorad
スヴォリキン Zworykin
ズヴォーリキン Zworykin*

ス

ズウォリキン
Zworykin
スヴォーリン Suvorin
スヴォリンスキー
Svolinský
スウォール
Sewall
Swardt
ズヴォル Zwolle
ズヴォルィキン
Zvorykin
スヴォレイ Svoray*
スヴォーロフ Suvorov
スヴォローフ Suvorov
スヴォロフ Suvorov
スウォワッキ Słowacki
スウォワツキ Słowacki
スウォン
Soo-weon
Su-won
Swan
スウォンバーグ
Swanberg
スゥク Suk
スウザアス Suthers
スウージー Swoosie
スゥージィー Susie
スウセルエヌラー
Seuserenre
スウセルタウイ
Seusertawy
ズウダアマン
Sudermann
ズゥティオン Zuttion
ズゥデルマン
Sudermann
スウード Suood
スウドラ Subhadra
ズゥトラ Zutra
スウトロ Sutro
ズウビ Zu'bi
スウープ Swoope
ズウホイル Dufour
スウポウ Soupault
スウポオ Soupault
スウポオル Soupault
ズウミーラ Zulmira*
ズヴャギンツェフ
Zvyagintsev
スヴャトコフスカ
Swiatkowska
スヴャトスーラヴィチ
Svyatoslavich
スヴャトスラーヴォヴィチ
Sviatoslavovich
スヴャトスラーフ
Svyatoslav
スヴャトスラフ
Sviatoslav**
Svyatoslav*
スヴャトポルク
Svyatopolk
スウャトロフスキー
Sviatlovskii
スヴューム Sveum
スヴラン Souverain
スウリケーヴィチ
Sul'kevich
スウリン Surin
スウン Su-Eun
スゥンシン
Shung-xing
ズゥンシン Zun-xin
スェ Swe
スエ
Jooae*
Swe*
ズエ Due
スエイシ Suyeishi
ズェイド Zaid
スエイマン Swaiman
スエイユス Sueius
スエイロ Sueilo
ズーエヴァ Zueva
スエジー Swezey
スーエズ Souez
スエスエウィン
Swe Swe Win
スエット Swett
ズエット Duyet
スエティ Souhaitty
スェデンボルイ
Swedenborg
スェーデンボルグ
Swedenborg
スエデンボルク
Swedenborg
スエデンボルグ
Swedenborg
スェーデンホルスト
Sudenhorst
スエド Sued
スエドーズ Swados
スエートーニウス
Suetonius
スエートニウス
Suetonius
スエトニウス
Suetonius
スエドレル Schoedler
スエナ Suena
スエニョ Sueño
ズエビ Zouebi
ズーエフ Zuev
ズエフ Zuyev
ズエミン Ze-min
スエラ Suella
スエリ Sueli
スエリウス Suerius
スーエル Sewell
スエルバーグ Sjöberg
スエルベス Suelves
スーエレン
SueEllen
Suellen*
ズエワ
Zueva
Zuyeva*
スェン Suen*
スエーン Swain
スエン
Sin
Sîn
Suen
Sven
Xuyen
Xuyên
ズエン Duyen
スエンセン Swensen
スエンソン Suenson*
スオー Suau
ズォー Zhao
ズオ Zhuo
スオウ Suau*
スオード Swärd
スォープ Swope
スオフォード
Swofford*
スオボー Szabo
スオメラ Suomela
スオロノキ Szolnoki
スオン
Suong
Swan
Xuong
ズォン Duong
ズオン
Dung
Duong***
Du'o'ng
スオンソン Suenson
スカ
Ska
Suka
スカー
Scarr
Scarre
Scurr
Skah
ズーカー
Zucker
Zukor
ズカ Duca
スカア Schaa
スカアハ Scathach
スカアレット Scarlett
スーカイ Shih-kai
スカイ
Sky**
Skye*
Sukhai
スカイアノ Scaiano
スカイァミー Skyrme
スカイウォラ Scaevola
スカイエレーズ
Scaillíérez
スカイオーラ Scajola
スカイスト Skeist
スカイット Sqait
スカイドリテ
Skaidrite
スカイナ Sukainah
スカイノ Scaino
スカイバー Sciver
スカイフ Scaife
スカイブ Schijve
スカイラー
Schuyler***
スガイル Sghair
スカウ
Schou*
Schow**
スカーヴィック
Skarvik
スカーウィッド
Scarwid
スカーウィド Scarwid
スカヴィーニウス
Scavenius
スカヴェッリ Scavelli
スカヴェニウス
Scavenius
スカウグ Skaug
スカウクロフト
Scowcroft
ズカウスカス
Zukauskas
スカウソン Skousen
スカウト Scout
スカウビー Scourby
スカウルス Scaurus
スカウン Scown
スカエウォラ Scaevola
スカエヴォラ Scaevola
スカエッリ Scaelli
スカエボラ Scaevola
スカエル Schaer
スガオカ Sugaoka
スカーギル Scargill
スカクーン Skakoon
スカクン Skakun*
スカーゲスタード
Skagestad
スカーゴン
Skagon
Skargon
スカージ Scaasi
スカシュゴールド
Skarsgård
スカジンスキ
Skurzyinski*
スカース Scrath
スカーセラ Scarcella*
スカーダ Skarda
スカタ Skuta
スカダー Scudder*
スカーダマリア
Scardamalia
スカーダル Skaardal
スカチコ Skachko
スカチコーフ
Skachkov*
スカチョーフ
Sukachyov
スカッキ Scacchi
スカッグス Skaggs
スカッコ Scacco
スカッダー
Scudder*
Skudder
スカッチ Skutch*
スカッチャーティ
Scacciati
スカッツ Scutts*
スカッティーニ
Scattini
スカット Skat
スカッド Scud*
スカットゲンス
Scutgens
スカットマン Scatman
スカットーラ Scattola
スカットラグリームソン
Skallagrímsson
スカットリーニ
Scattolini
スカッピ Scappi
スカッラ Skarra
スカティ Sukati
スカーディナ
Scardina*
スカーディーノ
Scardino
スカデュト Scaduto
スカート Skat
スカード Skard
スカトゥス Sucatus
スカドゥート Scaduto
スカートキン Skatkin
スカトラ・グリムソン
Skallagrímsson
スカトラグリムソン
Skallagrímsson
スカナイバル
Sukanaivalu
スカナケル Skanåker
スカナピエコ
Scannapieco
スカーネル Scarnell
ズカノヴィッチ
Zukanovic
スカーパ Scarpa
スカパシ Scapaci
スカパタナ
Sukapatana
スガハラ Sugahara
スカビチェフスキー
Skabichevskii
スカビッツ Skubitz
スカピン Scapin
スカーフ
Scafe
Scarf*
スカフ Skaff
ズーカフ Zukav*
スカーファ
Scaffa
Skafa
スカファム Scupham
スカーフィー Scarfi
スカーフィオッティ
Scarfiotti
スカーフェ Scarfe
スカーフェイス
Scarface
スカープマン
Schaapman

スカブラー
Scarborough
スカプラ Scapula
スカフーロ Scafuro
スカーベク Skarbek
スカーベック
Scarbeck
スカボ Skabo
スカーボロー
Scarborough*
スカボロー
Scarborough**
スガマ Sugama
スカーマン Scarman
ズーカーマン
Zukerman*
ズカーマン
Zuckerman
スカムポン Sukumpol
スカメルセン
Skammelsen
スカモイ Sukhamoy
スカモッツィ
Scamozzi
スカヨラ Scajola
スカーラ Skare
スカラ
Scala**
Skala*
スカラー
Sccrer
Sklar
スカラヴェリ
Scaravelli
スカーラク Scharlach
スカラグリームソン
Skallagrímsson
スカラトス Skarlatos
スカラーニ Scarani
スカラピーノ
Scalapino**
スカラピノ Scalapino
スカラブライン
Scalabrine
スカラブリーニ
Scalabrini
スカラメリ Scaramelli
スガラン
Segalan
Segalen
Ségalen
スカランティノ
Scarantino
スカランピ Scarampi
スカランベール
Scaramberg
スカーリ Scurry
スカーリー
Scally
Scarry
Scully
スカリ
Scali
Skalli
Skari*
スカリー
Scarry
Sculley*
Scully**
Skelly
スカリーア Scalia
スカリア Scalia*
スカリアス Skalias
スカリアーノ Scariano
スカリオッティ
Scagliotti
スカリオン Scullion
スカーリゲル
Scaligero
スカリゲル
Scaliger
Scaligero
スカリゲロ Scaligero
スカリジェ
Scaliger
Scaligero
スカリジェール
Scaliger
スカリジェル
Scaliger
Scaligero
スカリチカ Skálička
スカーリット
Skerrit
Skerritt*
スカリーニ Scalini*
スカリン Scullin
スカール
Scarre
Schaal
Skaar
Skard*
Skarr
スカル
Scull*
Skal*
スガール Segard
ズカル Zukal
スカルヴィーニ
Scalvini
スカルガ Skarga
スカルキ Scalchi
スカルキッリ
Scarchilli
スカルク Schalk*
スカルコ Scalco*
スカルコッタス
Skalkotas
スカルジー Scalzi
スカルスガルド
Skarsgard
Skarsgård
スカルスキ Skalski
スカルスキー Skalsky
スカルスゲールド
Skarsgård*
スカルスタッド
Skarstad
スカルセッラ Scarsella
スカルソープ
Sculthorp
Sculthorpe*
スカルタッツィーニ
Scartazzini
スカルタン Skultans
ズガルダン Zgardan
スカルタンス Skultans
スカルチョーネ
Squarcione
スカルツァ Scalza
スカルツォ Scalzo
スカルツォーネ
Scalzone
スカルディ Sukardi
スカルディーナ
Skaldina
スカルディナ Skaldina
スカルディーノ
Scardino**
スカルディノ
Scardino
Skardino
スガルドリ Sgardoli*
スカルノ Sukarno**
スカルノプトラ
Sukarnoputra
スカルノプトリ
Soekarnoputri
Sukarnoputri*
スカルパ Scarpa***
スカルバッド Skarvad
スカルパーニ Scarpani
スカルパニーノ
Scarpagnino
スカルピ Scarpi
スカルビーニ Scalvini
スカルピノ Scarpino
スカルフ Scalf*
スカルファロ
Scalfaro**
スカルファロット
Scalfarotto
スカルフィ Scaruffi
スカルフィオッティ
Scarfiotti
Scarfiotty
スカルフォリオ
Scarfoglio
スカルプノルド
Skarpnord
スカルプヘイジンソン
Skarphedinsson
スカルベ Skalbe
スカルペッタ
Scarpetta**
スカルペッリ
Scarpelli*
スカルメタ
Skármeta**
スカルラッティ
Scarlatti*
スカルラッテイ
Scarlatti
スカレ Sukale
スカーレット
Scarlet*
Scarlett**
スカレフ Sukharev
スカレーラ Scalera*
スカレラ Scalera
スカーレン Skalén
スカロ Škaro
スカロウ Scarrow*
スカロヴィッチ
Sekulovich
スカーロック Scurlock
スカローニ
Scaloni
Scaroni
スーカロバ Soukalova
スカロン Scarron
スガン
Seguin*
Séguin
ズガンク Zgank
スカンショルム
Skansholm
スカンダ Skanda
スカンダー Iskender
スガンダ
Suganda
Sugandha
スカンダグプタ
Skandagvpta
スカンダリディス
Skandalidis
スカンタル
Skantar
Škantár
スカンダル
Scandar
Skandar
スガンチーニ Sganzini
スカンディアーニ
Scandiani
スカンデッロ
Scandello
スカンデル Iskender
スカンデルベウ
Skënderbeu
スカンデルベグ
Skënderbeg
スカンデロ Scandello
スカンナベッキ
Scannabecchi
スカンネッリ
Scannelli
スガンバティ
Sgambati
ズガンバーティ
Sgambati
スカンピーニ
Scampini
スカンプ Schamp
スカンヤ Sukanya
スカンラン Scanlan
スーキ Suki
スーキー Sukie
スキ
Ski
Suki**
スキー Ski
スギ
Soo-gie
Sughi
スキアー Squier
スギア Suggia
スキアヴァッツィ
Schiavazzi
スキアヴィオ Schiavio
スキアーヴォ Schiavo*
スキアヴォ Schiavo
スキァヴォーネ
Schiavone
スキアヴォーネ
Schiavone
スキアース Skeers
スキアダス Skiadas
スキアッカ Sciacca
スキアッシ Schiassi
スキアット Sciutto
スキアッフィーニ
Schiaffini
スキアッフィーノ
Schiaffino
スキアティティス
Skiathitis
スキアパレッリ
Schiaparelli
スキアパレリ
Schiaparelli*
スキアパレルリ
Schiaparelli
スキーアビ Schiavi*
スキアフィーノ
Schiaffino
スキアボ Schiavo
スキアボーネ
Schiavone*
スギアルト Sugiarto
スキアンキ Schianchi
スキエナ Skiena
スキオッパ
Schioppa**
スキオピウス
Scioppius
スキオラ Sciora*
スキオールド Skiöld
スキオルド Skiöld
スキーター Skeeter**
スキーターズ Skeeters
スキターレツ
Skitalets*
スキターレッツ
Skitalets
スキーツ Skeets
スキッキターニ
Scicchitani
スキッチ Skitch
スキット Skitt
スキッドモア
Skidmore*
スキッドモアーロス
Skidmore-Roth
スキッパー Skipper
スキッパーズ
Schippers
スキップ
Skip*
Skipp**
スキッフィーニ
Schiffini
スキップウィズ
Skipwith
スキッベ Skibbe

ス

スキッロ Schillo
スキティ Schiti
スキデルスキー
Skidelsky**
スキート
Skeat*
Skeet*
スキトラ Suchitra
スキーナ Skiena
スキナ Sukinah
スキナー Skinner***
スギナー Skinner
スキーニック Sukenick
スキーバー Schieber
スキーパ Schipa
スキバー Skibber
スキパース Schippers
スギハルト Sugiharto
スキーハン Skeehan
スキーピオー Scipio
スキピオ
Scipio*
Scipios
スキピオーネ Scipione
スキビン Skibine
スキーピング
Skeaping
スキブスビー
Schibsbye
スギブネフ Sgibnev
スキボー Skibo
スギマチ Sugimachi
スキーム Skeem
スキムフ Schimpf
スキャゲル Scagell
スキャゼロ Scazzero
スキャッグス
Scaggs**
Skaggs
スキャッグズ
Scaggs
Skaggs
スキャッデン
Scadden*
スキャットマン
Scatman*
スキャッフィーノ
Schiaffino
スキャディング
Scadding
スキャネル Scannell**
スキャパレッリ
Schiaparelli
スキャパレリ
Schiaparelli
スキャパレリ
Schiaparelli*
スキヤパレリ
Schiaparelli
スキャブランド
Skabelund
スキャベリ Schiavelli
スギヤマ Sugiyama
スキャメル
Scamell
Scammell
スキャラブ Scarub
スキャーリー Scarry*
スキャリー Scarry**
スキャリオン Scallion
スキャルシャフィキ
Squarciafichi
スキャロン Scanlon
スキャンドリック
Scandrick
スキャントリング
Scantling*
スキャンベリー
Scambray*
スキャンロン
Scanlo
Scanlon
スキューズ
Skews
Skues
スキュデリ Scudéry
スキュデリー Scudéry
スキュド Scudo
スキュムノス
Skymnos
スキュラクス
Scylax
Skulax
Skylax
スキュラーン Sculean
スキュリス Scyllis
スキュリツェス
Skylitzēs
スキュリッツェス
Skylitzēs
スキョルボー
Skjoldborg
スギョン
Su-kyong*
Su Kyung
スキラコッテ
Squillacotte
スキラーチェ
Squillace
スキラッチ Schillaci*
スキラング Skilang
スキランダ
Zuquilanda
スキリング Skilling
スキール Skeel
スギル
Su-gil*
Su-kil
スキルズ Skillz
スキルダ Skyrda*
スキルダー Schilder
スキルダム Skildum
スギルタラージャ
Sugirtharajah
スキルトン Skilton*
スキールニル Skírnir
スキルベック Skilbeck
スキルマン Skillman
スキレ Skille
スキレッピ Scileppi
スキレベークス
Schillebeeckx
スキロンズ Skilondz
スキーン
Skeen
Skehan
Skene
ズーキン Zukin
スキンナー Skinner
スキンナリ Skinnari
スーク
Sok
Sook
Suk**
スク
Sok
Suk
ズーク Zook
ズク
Duc
Dục
Thuku
スクーア Schoor
スクァイア Squire
スクアイア Squire
スクアルチアルーピ
Squarcialupi
スクァルチオーネ
Squarcione
スクアルチオーネ
Squarcione
スクアルチャルーピ
Squarcialupi
スクァルチョーネ
Squarcione
スクアルチョーネ
Squarcione
スグァン Su-kwang*
スクイテ
Skujyte
Skujytė
スクイテン Schuiten*
スクイル Sook-il
スクィレル Squirrel
スクヴァルネリス
Skvernelis
スクウィッシュ Skwish
スクウェアー Square
スクウェイヤ
Skweyiya
スクウォルツォフ
Skvortsov
スクヴォルツォーフ
Skvortsov
スクヴォルツォフ
Skvortsov
スクウォルトフ
Scvortov
スクウォルワオフ
Skvoruov
スクエヤー Square
スグオン Snguon
スクーガル Scougal
スクーグ Skoog*
スクサハ Suksaha
スクサワン
Suksawang
スクシエチ Skrzecz
スクシパシェク
Skrzypaszek
スクジャ
Sook Ja
Sook-ja
スクーズ Skues
スクーセン Skousen
スクソ Suxo
スクソエム Suksoem
スークソパ Sooksopa*
スクソーパー
Sooksopa
スクーター Scooter
スクタリ Scutari
スクタロ Scutaro
スクチャ Sukja
スクッテン Schutten
スクティーナ
Skutina*
スークデーヴ Sukhdev
スクデフ Sukhdev*
スクデブ Sukhdev
スクデーリ Scuderi
スクデリ Scudéry
スクトナップ
Skutnabb
スクートニク Szkutnik
スクドラルスキ
Skudlarski
スクドラレク
Szkudlarek
スクトリク Sctrick
スクナージ Skenazy
スクナーフ Schnarf
スグナン Sugunan
スクーノヴァ
Schoonover
スクーパ Skupa
スクパ Skupa
スクバタール
Sukhbaatar
スクバルネリス
Skvernelis
スクービー Scooby
スクピエフスキー
Skupiewski
スクビク Skubik
スクビシェフスキ
Skubiszewski**
スクビル Sukhbir
スクーピン Skupin
スクープ
Schoop
Scoop
スクフェット Scuffet
スクポーリ Scupoli
スクポリ Scupoli
スクボルツォワ
Skvortsova
スクーマン
Schoeman**
スクマンツ Skumanz*
スクーム Skum
スクヨル Sook-nyul
スクーラ
Scura
Skura
スクーラー
Schooler*
Scoular
スクラー
Sclar
Sklar**
ズクーラ Zucula
スクライヴン Scriven
スクライナー Skrinar
スクライルマヘル
Schleiermacher
スクライン Skrine
スクラヴィス Sclavis
スクラウプ Skraup
スクーラス Skouras
スクラーズ Sklarz
スクラーソヌ
Skúlason
スクラダノフスキー
Skladanowsky
スクラッグス Scruggs*
スクラッグズ Scruggs*
スクラッチ
Scratch
Scratchy
スクラーティ Scurati
スクラートフ
Skuratov
スクラトフ Skouratoff
スクラトン Scrutton
スクラネイジ
Scranage
スクラーノ Scrano
スクラビス Sclavis
スクラボス Sclavos
スクラム Skram
スクーランド
Schoolland*
スクランド Škrland
スクラントン
Scranton**
スクーリー Schooly
スクリアービン
Skriabin
スクリアビン
Scriabin
Skryabin
スクリアール Sklyar
スクリヴァー Scriver
スクリヴナー
Scrivener
Scrivenor
スクリヴネール
Scrivener
スクリギン Skurygin*
ズグリジ Zguridi
スクリセク Skricek
スクリーチ Screech**
ズグリッチ Sgrizzi
スクリップス
Scripps**
スクリデ Skride*

スクリーナー Screnar
スクリーニャ Skrinjar
スクリーバ Scriba
スクリバ Scriba
スクリパック
Skrypuch*
スクリバニ Scribani
スクリバーノ Scribano
スクリーブ Scribe
スクリーヴ Scribe
スクリフォソフスキー
Sklifosovskii
スクリフォソーフスキィ
Sklifosovskii
スクリプス Scripps
スクリプチャー
Scripture
スクリプチュア
Scripture
スクリプチュアー
Scripture
スクリプトーリス
Scriptoris
スクリブナー
Scribner**
Scrivner
スクリーブニィ
Screebny
スクリプニク
Skripnik
Skrypnik
スクリブネール
Scrivener
スクリボニア
Scribonia
スクリボニアヌス
Scribonianus
スクリボニウス
Scribonius
スクリーミン
Screamin'
スクリミン Scrimin
スクリームガー
Scrimgeour
スクリムガー
Scrimgeour
Scrimger*
スクリムショウ
Scrimshaw*
スクリャービン
Scriabin
Skriabin
Skryabin*
スクリャビン
Skriabin
Skryabin
スクリャロフ Sklyarov
スクリヤーロフ
Skliarov
スクリュー Screw
スクリュタウスカイテェ
Skljutauskajte
スクリュートン
Scruton*
スクリュプチャク
Skrzypczak
スクリレックス
Skrillex

スクリーン Skrine
スクーリング
Schooling*
スクリーング
Schooling
スクリンニク
Skrynnik
スクール Schoor
スグルー Sugrue
スクルィンニコフ
Skrynnikov
スクールクラフト
Schoolcraft**
スクルザック Skurzak
スクルジプチャク
Skrzypczak
スクールズ Scholes
スクルスキ Skursk
スクルーダー
Schreuder
スクルテートゥス
Scultetus
スクルテトゥス
Scultetus
スクルート Skloot
スクルートン Scruton
スグルノ Sugerno
スグルノー Sugeruno
スクループ Scrope*
スクルファー Sculpher
スクールフィールド
Schoolfield
スクールボーイ
Schoolboy
スクールラ Scurla
スクールランド
Schoolland
スクルレティス
Skourletis
スークレ Sucre
スクレ Sucre
スグレ Segrais
スクレア Sklare
スクレアー Sklair
スクレイア Sclare
スクレース Scrace
スクレター Sclater
スクレタン
Secretan
Secrétan
スグレッチャ Sgreccia
スクレッツ Schletz
スクレトコヴィッチ
Skretkowicz
スクレナカ Sklenicka
スクレナーシュ
Sklenář
スクレビッキー
Skrebitskii*
Skrebitskij
スクレフスルード
Skrefsrud
スクロ Szklo
スグロ Sgro
スクロヴァチェフスキ

Skrowaczewski**
スクロウダー
Schroeder
Sohroeder
スクロギー Scroggie
スクロザーティ
Scrosati
スグロス Sgouros
スクロソッピ
Scrosoppi
スクロッシュナグル
Schlossnagle
スクロドフスカ
Sklodowska
スクロープ Scrope
スクロブ Skrob
スクロブコワ
Skrbková
ズグロフスキー
Zgurovsky
スクローボニャ
Skrobonja
スクローム Skromme
スクロンクス Scronx
スクワィア Squire
スクワィアー Squire
スクワイア
Squier
SQuire
Squire***
スクワイアー Squire**
スクワイアウェル
Squirewell
スクワイアーズ
Squires
スクワイアズ
Squiers*
Squires
スクワイヤ
Squire*
Squires*
スクワイヤー Squier
スクワイヤーズ
Squyres*
ズーグワン Zhi-guang
スクワント Squanto
スグン
Soo-keon
Soo-keun
SwooGeun
スクーンズ Scoones
スクンバン
Sukhumbhand
スクンマカー
Schoenmaker
スクーンメイカー
Schoonmaker*
スクーンメーカー
Schoonmaker
スゲ Sougueh
スケア
Skaer
Skea
スケイキン Skakun*
スケイツ Scates
スケイト Skate
スケイナ Soukeyna

スケイヒル Scahill
スケィペンズ Scapens
スケイペンス Scapens
スケイルズ Scales
スケイン Skein
スケヴィハーヴェン
Schevichaven
スケヴネルス
Schevenels
スケジャ Squella
スケース
Scase
Skeath
スケスリン Skeslien
スケット
Skerrett
Skett
スケッド Sked*
スケッパー Skepper
スケート Skate**
スケドーニ Schedoni
スケニク Sukenik
スーケニック Sukenick
スケーネ Skene
スケハン Skehan
スケピシ Schepisi
スケフィントン
Skeffington
スケプシ Schepisi
スケーブランド
Skabelund
スケーブンス
Scheyvens
スケーム Schem
スケラ Skela
スケラス Skerath
スケラーン Skillern
スケラン Skellern
スケリー Skerry
ズケリ Zucchelli
スケリット
Skerrit*
Skerritt*
スケリン Skelin
スーケル Suker*
スケル
Sckell
Skel
Suker
スケルジライダス
Scerdilaidas
スケールス
Scales
Scalese
スケールズ Scales*
スケルディライダス
Skerdilaidas
スケルト Scheld
スケルトン
Skelton***
スケルドン Skeldon
スケルム Schlemm
スケルリッチ Skerlić
ズゲレ Zoguelet
スケレット Skerrett
スケレマニ Skelemani

スケロット Schelotto*
スケワ Skeuâs
スケンク Schenck
スケンデル Skender
スケンプ Skemp*
スコ
Scob
Skog
スコー
Schou
Skou**
スコア
Schorr*
Score**
スコアー Schoor
スコアズビー Scoresby
スゴイ Sugoi
スコイック Scoyck
スコーイン Scawen
スコウ
Schou
Schow
Skou
スコヴァ
Sukova
Sukowa
ズーコヴァ Sukowa
ズコヴァ Sukowa
スコーヴェル Scovel
スコヴェル
Scovel*
Scovell
スコウエン Skouen
スコヴォロダ
Skovoroda
スコヴォロダー
Skovoroda
スコウクロフト
Scowcroft**
スコウゴー Skovgaard
スコウゴール
Skovgaard
ズコウスキ Zukowski*
ズコウスキー
Zukowsky
スコウゼン Skousen
スコウテン Schouten
スコウフィールド
Scofield
スコウフス Skovhus*
スコウルズ Scholes
スコヴロネク
Skowronek
スコウロン Skowron
スコヴロン Skowron
スコウン Scown
スコーエン Schoen
スコーガン Skogan
スコギン Scoggin
スコーグ Skoog
スコグ Skog
スコグスホルム
Skogsholm
スコグランド
Skoglund

スコグルンド Skoglund*
スコーゲン Skogen
スココフ Skokov
スコーコフスキー Skokovskii
スココワ Skokova
スコサナ Skosana
スコーシア Scortia*
スコシマロ Scoccimarro
スコジラス Skozylas
スコースビー Scoresby
スコセッシ Scorsese**
スコーセン Skousen
スコーダ Skoda
スコダ Skoda***
スコツォリ Scozzoli
スコック Skok
スコッケラ Scocchera
スコッジン Scoggin
スコツス Scotus
スコッチ Scotch*
スコッチポル Skocpol*
スコッチマー Scotchmer
スコッチマルロ Scoccimarro
スコッツ Scotts
スコッティ Sccottie Scotti** Scottie* Scotty** Skottie
スコッティー Scottie
スコット Schott Scot*** Scott*** Scotti Scotto***
スコットゥス Scottus
スコットオ Skottowe
スコットコ Skotko
スコットソン Scotson
スコットニー Scotney
スコットブレアー Scott Blair
スコットライン Scottoline**
スコットランド Scotland
スコットン Scotton*
スコップ Sukopp
スコッファム Scoffham
スコッフィールド Scoffield
スコーテ Skote*
スコーデ Skote
スコティ Scotti Scotty
スコテーゼ Scotese
スコテッラーロ Scotellaro
スコデラリオ Scodelario
スコテルラーロ Scotellaro
スコーテン Schouten Scouten*
スコートゥス Scottus Scotus
スコトゥス Scot Scotus*
スコトリ Scotri Socatri
スコドール Skodol
スコドル Skodol*
スコドルスキー Sukhodolsky
スコナード Skonnard*
スコーネンベルク Schoonenberg
スコバ Sukova Suková
スコバー Schover
ズゴバ Zgoba
スコパース Skopas
スコパス Skopas
スコバーン Skoberne
スコービー Scobee Scobey
スコビー Scobie
スコビィ Scobie
スコービン Skodvin
スコーブ Schoop
スコフ Skogh
スコブ Skov
ズーコフ Zuckoff*
スコーフィールド Schofield
スコフィールド Schofield** Scofield**
スコフェニル Schoffeniels
スコープス Scopes
ズーコフスキー Zukofsky*
ズコーフスキー Zukofsky
ズコフスキー Zukofsky
スコブスモーゼ Skovsmose
スコブツェヴァ Skobtseva
スコープツェワ Skobtseva
スコブツォヴァ Skobtsova
スコフテルード Skofterud**
スコブラ Skobla
スコブリコーヴァ Skoblikova
スコブリコワ Skoblikova
スコーブル Scoble
スコブレフ Skobrev
スコブロ Skoblo
スコペトーネ Scoppettone*
スコベリツィン Skobeltsin Skobeltsyn Skobel'tsyn
スコーベル Scobell
スコベル Scobell
スコベルツィン Skobeltsin
スコーベレフ Skobelev
スコベレフ Skobelev
スコペロ Scopello*
スコーペン Skorpen
スコペンコ Skopenko
スコペンノーエル Schopenhauer
スコボロダ Skovoroda
スコボロダー Skovoroda
スコマル Skomal
スコモイ Sukhamoy
スコモローヒ Skomorokhi
スコーラ Scola**
スコラ Scola** Skora
スコラー Scholler Schorer
スコラスチカ Scholastica
スコラスチクス Scholasticus
スコラスティカ Scholastica
スコラスティーク Scholastique
スコラスティクス Scholasticus
スコラスティコス Scholasticus Scholastikos
スコラーリ Scolari**
スコラリオス Scholarios
スコーリ Scory
スコーリー Scholey**
スコーリオ Scoglio
スコリコフ Skorikov
スコーリス Skoulis
スコリーズ Schories
スコリーナ Skoryna
スコリモウスキ Skolimowski
スコリモウスキー Skolimowski
スコリモヴスキー Skolimowski
スコリモフスカ Skolimowska**
スコリモフスキ Skolimowski*
スコリモフスキー Skolimowski*
スコリャーチン Skoriatin Skoryatin
スコーリング Scholing
スコーリンズ Scollins
スコール Schoor Skole Skoll Skolle
スコル Schorr
ズコール Zukor
スコルカ Skorka
スコルサ Scorza
スコルジー Scalzi**
スコルジャ Skorza
スコールズ Scholes***
スコルス Scholes
スコルスキー Skolsky
スコールズビ Scoresby
スコルチェフ Skorchev
スコルチェルレエッチ Skorchelletti
スコルツァ Scorza
スコルツェニー Skorzeny
スコルテン Scholten
スコルド Sköld
スコルニアコフ Skorniakov
スコルニク Scolnik Skolnik
スコルニコフ Skolnikoff
スコルニッカ Skornicka
スコールニック Skolnick
スコルニック Skolnick
スコルニャコフ Skorniakov Skornyakov
スコルノー Scornaux
スコルプスキ Skorupski
スコーレー Scholey
スコレス Scholes
スコーレム Skolem
スコーレル Scorel
スコレル Scorel
スコロ Scollo* Skoro
スコロス Skolos
スコロパツキー Skoropadskii
スコロパーツキィ Skoropadskii
スコロフ Skorov
スコロボガトヴ Skorobogatov
スコロホド Skorokhod
スコロホドア Skorokhodova
スコーロン Scollon Skowron
スコロン Scollon
スコワ Sukova*
スコワティ Sukowati
スコーン Scown
スゴン Second Segond
スコーンオーヘ Schoonooghe
スゴンザック Segonzac
スコーンズ Scoones
スコンター Sukhontha Sukhonthaa Sukonthiang*
スコンダ Secondat
スゴンダ Secondat
スゴンディニェ Secondigné
スコンドゥムノン Sukkhongdumnoen
スコーンフェルド Schoenfeld
スコンペル Schomper
スコーンランド Schonland
スーサ Zsuzsa
スーザ Sousa** Souza**
スザ Souza
スザー Szur
ズーザ Susa Zsuzsa
スサイア Susaia
スサエタ Susaeta
スサストロ Soesastro
スーザック Susac
ズーサック Zusak**
スザート Susato
スーザナ Susanna
スサーナ Susana**
スサナ Susana
スザナ Susana Susannah* Suzana
ズザーナ Susana
ズザナ Zusana Zuzana**
スーザニー Sūzanī
スザニ Suzani
スザニー Suzanne
スーサニン Soussanin
スサーニン Susanin
スサヌ Susanu**

ズザーネ Susanne
スサネック Susaneck
スザーノ Suzano
スザボ Szabo
ズザボル Szabolcs
スサーラダ Susārada
スザーランド
　Sutherland
スーサリオーン
　Sousarion
スサリオン
　Sousarion
　Sūsariōn
スザルゼウスキ
　Szarzewski
スザロー Suzzallo
スーサン Susan
スーザン
　Sue
　Susan***
　Susann*
　Susanne**
　Susin
　Sussan
　Susun
　Suzan**
　Suzane
　Suzanne**
スサン
　Soo-san*
　Susan
　Suzann*
　Suzanne
スザーン
　Susanne
　Suzanne**
スザン
　Susan
　Suzanne
ズザン Susanne
スサンタ Susantha*
スザンタ Susantha
スサンティ Susanti*
スサンティカ
　Susanthika*
スサント Susanto*
スサンナ
　Sousanna
　Susanna***
スザンナ
　Sousanna
　Susanna***
　Susannah***
　Susanne
　Susannnah
　Suzanna
　Suzannah
　Suzanne*
ズザンナ
　Susanna***
　Zuzanna
スサンヌ Susann
スザンヌ
　Susanne**
　Suzanne***
　Zsuzsanna
ズザンヌ Susanne
スザンヌオウレッテ
　SuzanneOuellette
スサンネ
　Susanne*
　Suzanne
スザンネ
　Susanne***
　Suzanne*
ズサンネ Susanne
ズザンネ
　Susanne**
　Suzanne
スーシー
　Soosh
　Soucie*
スージー
　Sousy
　Southey
　Susan
　Susi
　Susie***
　Susy
　Suze
　Suzi**
　Suzie*
　Suzy***
スシ
　Sushil
　Susi**
スジ
　Suj
　Suji
　Suzi
ズージ Susi
スーシェ Suchet*
スシエ Souchier
スジェファカラー
　Sedjefakare
スジェル Suger
スシケーヴィチ
　Sushkevich
スーシコフ Sushkov
スシコフ Sushkov
ズジスワフ
　Zdzislaw
　Zdzisław
スージック Sudjic
スジック Sudjic**
スシッチ
　Susic
　Sušić
スジット Sujit
スジプル Szipl
スジボウ Szivos
スージャ Soo-ja*
ズージャ Chih-chia
スシャーイク Schaaik
スシャク Susak
スジャータ Sujata**
スジャーター Sujātā
スジャタ Sujata
スジャトモコ
　Soedjatmoko
　Soedjatomoko
スジャポン Sujapong
スシャム Susham
スジャルティ Sugiarti
スジャン
　Soo-jang
　Sujan
ズーシュ Zouche
スシュコフ Sushkov
スジュゴーフスキー
　Strzygowski*
スジュディ Sujudi
スシュマ Sushma
スシュルタ
　Susruta
　Suśruta
スジョ Sujo
スジョストランド
　Sjöstrand
スジョストローム
　Sjostrom
スショット Szot
スジョノ Sudjono
スジョホルム Sjoholm
スジョヨノ Sujoyono
スーション Souchon
スジョン
　Soo-jong
　Soo-jung*
　Soojung
　Su-jeong*
スジラルド Szilard
スシル
　Sushil**
　Susil
スジル Sghyr
スシロ
　Soesilo*
　Susilo**
スジロフスキー
　Sudzilovskii
　Sudzilovskiy
スジーワ Sujeewa*
スシワルト Suthiwart
スージン Sue-jin*
スジン Soo Jin
スース
　Seuss**
　Soos
　Souss*
スーズ
　Suse*
　Suz
スズー Susú
ズース
　Dzhus*
　Suss*
スズィー Sousi
ズズィスラヴ Zdzislaw
ススウォノ Suswono
ススエフ Soussouev
スズカ Sudzuka
スズキ Suzuki*
ズスケ Suske*
ススタコスキ
　Szustakowski
スーステル Soustelle*
スースト Soest
ズストリス Sustris
スーストロ Soustrot
ススナガ Susunaga
スースマン
　Susman
　Sussman
スーズマン Suzman
ススマン Sussman
スズマン Suzman*
ズースマン Susman
ズスマン Zusman
ススム Susumu
スズラックマン
　Szlakmann
スースリン Suslin
ススルタ Susruta
スースロフ Suslov*
スースロワ Suslova
ススローワ Suslova
ススワ Suswah
スーセ Suesse
スーゼ
　Souzay
　Souzey
　Suse
スゼー Souzay*
スゼッタ Suzetta
スゼッティ Suzette
スゼット
　Susette
　Suzette*
スセニョス Susenyos
ズーゼミール
　Susemihl
スーセン Thusen
スーゾ Suso*
スソ Suso
ズーゾー Seuse
ズゾー Seuse
ズゾ Suso
スソク Su-suk
スゾスタック Szostak
スソン
　Soo-song
　Soo-sung*
スゾンド Szond
スータ Suta
スーター
　Soutar
　Souter**
　Suiter
　Suter*
　Sutter*
スーダ
　Suida
　Suidas
スーダー Suder
スタ Sta
スター
　Star*
　Starr***
　Sturr
　Suter
スダ Seda
スダー
　Sudha
　Suta
ズーター Suter**
ズタ Zouta
ズター Suter
スタア Starr
スタアク Stark
スタアジョン
　Sturgeon
スタアリング Stirling
スタアル Staël
スタイヴァース Stivers
スタイヴァーズ Stivers
スタイエル Steuer
スタイオーラ Staiola
スタイガー
　Steiger***
　Steiguer
スタイグ Steig**
スタイグマン
　Steigman
スタイゲルワルド
　Steigerwald
スタイケン Steichen**
スタイコス
　Staikos*
　Staïkos
スタイシェン
　Steichen*
スタイツ Steitz**
スタイデル Steidel
スタイドル Steidl
スタイドルマイヤー
　Steidlmayer*
スタイナー
　Steinar
　Steiner***
　Stiner*
スタイナム Steinem*
スタイニッツ Steinitz*
スタイニンガー
　Steininger
スタイネム Steinem**
スタイネル Steiner
スタイバー
　Steiber
　Stiber
　Stiver
スタイバル Stibal
スタイヒェン Steichen
スタイプ Stipe**
スタイフェサント
　Stuyvesant
スタイフラー Stifler
スタイヘン Steichen
スタイムリー Stimely
スタイヤー Styer
スタイラ Steira
スタイラー Styler
スタイリング Styling*
スタイル Style
スタイルス
　Stiles*
　Styles
スタイルズ
　Sties
　Stiles***
　Styles**
スタイルマン Stileman
スタイロン Styron***
スタイン
　Stein***
　Stine*
　Styne*
スタインアワー
　Stinehour

スタインウェー Steinway
スタインウェイ Steinway
スタインウェーデル Steinwedel
スタインエッガー Steinegger
スタインガス Steingass
スタインガーテン Steingarten
スタインガード Steingard
スタイングミュール Steingrimur**
スタインクラウス Steinkraus
スタイングラス Steinglass
スタイングラーバー Steingraber*
スタイングレーバー Steingraber
スタインサイファー Steinseifer
スタインシュナイダー Steinschneide
スタインズ Stains Stynes
スタインドル Steindl
スタインハウアー Steinhauer**
スタインハウザー Steinhauser
スタインハウス Steinhaus
スタインバウム Steinbaum
スタインバーガー Steinberger*
スタインバーグ Steinberg** Sternberg
スタインバック Stainback Steinbach
スタインバッハ Steinbach
スタインハート Steinhardt* Steinhart
スタインハルト Steinhardt
スタインフィールド Steinfeld
スタインフェルト Steinfeldt
スタインフェルド Steinfeld*
スタインブレカー Steinbrecher
スタインブレナー Steinbrenner**
スタインヘイゲン Steinhagen
スタインベック Steinbeck**
スタインベルグ Steinberg*
スタインヘルツ Steinherz
スタインボック Steinbock
スタインホフ Steinhoff*
スタインマン Steinman** Steinmann
スタインメッツ Steinmetz**
スタインモ Steinmo
スタインリザ Stine Lise
スタインレ Steinle
スターヴ Staaff
スタヴ Stav*
スタヴァ Šťava
スタウアーズ Stowers*
ズタヴァーン Zutavern
スタヴィスキー Staviski* Staviskii Stavisky
スタヴェム Stavem
スターヴェレン Staaveren
スタヴェンハーゲン Stavenhagen
スタウガード Staugaard
スタウカル Stalker
スタウス Stauss Stauth
スタウスカス Stauskas
スタウダー Stouder
ズタウタス Zustautas
スタウディンガー Staudinger
スタウト Staut Stout***
スタウトナー Stautner
スタウドマイアー Stoudemire*
スタウドマイヤー Stoudamire
スタウニング Stauning
スタウバー Stauber
スタウブ Staub*
スタウファー Stauffer* Stouffer*
スタウファカー Stauffacher
スターウーマン Starwoman
スタヴラカキス Stavrakakis*
スタウラキウス Stauracius
スタヴリアーノス Stavrianos
スタヴリアノス Stavrianos
スタヴリディス Stavridis
スタウル Stahl*
スタヴル Stavru
スタウロウスキー Staurowsky
スタヴロス Stavros
スタウントン Staunton*
スタエル Staël
スターカー Starker
スタガー Stager
スタカート Stuckart*
スタガード Stagaard Staugaard
スダカール Sudhakar
スターキー Starkey* Starkie*
スタキウスキ Stachowski
スタキュス Stachys
スタギンズ Staggins
スターク Starc Stark*** Starke* Stirk Sturk
スタークウェザー Starkweather*
スタークウエザー Starkweather
スタークス Starks**
スタクトン Stacton
スターグネリウス Stagnelius
スタグネーリウス Stagnelius
スタグネリウス Stagnelius
スタクプール Stackpoole Stacpoole
スタークマン Starkman
スタクラ Stakula*
スタクリー Stucley
スタグレイ Stagray
スタークロフ Starkloff
スタケ Stake
スターケル Staerkel Starkell* Sterkel
スターケン Sturken
スダコフ Sudakov
スタサヴェージ Stasavage
スタサキス Stathakis
スダサットワ Suddhasattwa
スタージ Sturge
スタシアナ Staciana
スタージェス Sturges** Sturgess*
スタシェフ Stasheff*
スタジェフスキ Staźewski Stażewski
スタージェル Stargell*
スタシェロネク Staszulonek
スタージオス Stergios
スタージス Sturges** Sturgis**
スタシス Stasys**
スターシツ Staszic
スタシツ Staszic
スタシッツ Staszic
スタシニ Suthasini
スタシノス Stasinos
スタシノポウロス Stasinopoulos
スタージャー Stanger
スタシャワー Dtashower Stashower**
スタージャン Sturgeon
スタシュク Stasiuk
スタジュースキー Staszewski
スタジョブスキー Sterjovski
スタージョン Sturgeon***
スタージル Sturgill
スタジン Stijin
スタシンスキー Stashinsky
スタース Staas Stas
スターズ Sturtze
スタス Stas
スタスィア Stacia
スタズィス Stathis
スタースキ Starski
スタースキー Starsky
ズダースキー Zdarsky
スターズク Stasyuk
スタスコ Stasko
スタストニー Stastny
スタスフォース Stassforth
スターズル Starzl**
スターソヴァ Stasova
スターソフ Stasov*
スタソフ Stasov
スタソプロス Stathopoulos
スターソワ Stasova
スタータ Statuta
スタタゲン Stadthagen
スターダスト Stardust
スタダート Studdert
スターダマイヤー Stoudamire
スタダーマン Stadermann
スタダラス Studarus
スターチ Starch
スダチ Sdach
スタチウス Statius
スタチェル Stachel
スターチャー Starcher
スターツ Staats Staatz Startz Stertz* Sturz*
スタツィンスキー Statsinckij
スタッカー Stucker
スタッキー Stuckey Stucky
スタッキーニ Stacchini
スタック Staake Stack** Stuck Stucke
スタッグ Stagg*
スダック Sudak
スタッグス Staggs
スタックハウス Stackhouse**
スタックプール Stacpoole
スタックポール Stackpole*
スタッククラー Stuckler
スタッケンバーグ Stuckenberg
スタッケンブルック Stuckenbruck
スタッケンベルグ Stuckenberg
スタッサン Stassin
スタッシ Stassi
スタッズ Stasz Staz Studs***
スタッセン Stassen*
スタッソフ Stasov
スダッタ Sudatta
スタッダート Studdert
スタッダード Stoddard* Studdert
スタッターハイム Stutterheim
スタッタフォード Stuttaford*
スタッチオーリ Staccioli
スタッツ Stutz
スタッツァー Stutzer

スタッツマン
Stutzman
スタッテン Staten
スタット Stott
スタッド
Stades
Studd
Studt
スタッドウェル
Studwell*
スタットソン Stutson
スタッドフォード
Stafford
スタットマイヤー
Stoutemyer
スタットマン Statman
スタットラー Statler*
スタッドラー Stadler*
スタッドランダー
Stadtlander
スタッドン Staddon
スタッハウエル
Stachouwer
スタッビング
Stubbing
スタッフ
Staff*
Stuff
スタッブ
Stubbe
Stubbes
スタップ
Stap
Stapp*
スタッファ Staffa
スタッフィー Stuffy
スタッフィンズ
Stuffins
スタッフォード
Stafford***
スタッブス
Stubbs***
Stubs
スタッブズ Stubbs***
スタップルズ
Stupples**
スタッブルバイン
Stubblebine
スタッペン Stappen
スターツル Starzl
スターデ Stade
スターティ Stati
スターディー Sturdee
スタディ Studdy
スターディヴァント
Sturdivant
スターティウス
Statius
スタティウス Statius
スタディオン Stadion
スタティス Stathis
スタティック Static
スタディベイカ
Studebaker
スタテイラ Stateira
スタティリア Statilia
スタティリウス
Statilius
スターテヴァント
Sturtevant
スターデネル Stadener
スターデルマン
Stadelmann
スタート
Start*
Sturt*
スタートアップ
Startup
スタートヴァント
Sturtevant
スタトゥート Statuto
スタドニク
Stadnik*
Stadnyk*
スタドニチェンコ
Stadnichenko
スタドニック
Stadnik
Stadnyk
スタートバント
Sturtevant
スタトマン Statman
スタトラー Statler*
スタドラー Stadler**
スタートル Stertl
スタドレル Stadler
スタドレン Stadlen
スターナー Sterner
スタナウェイ
Stanaway*
スダナシュレーシュティダーラカ
Sudhanaśreṣṭhidāraka
スタナス Stannus
スタナップ Stanhope
スタナード
Stanard
Stannard**
スタナプ Stanhope
スタニー Stanny*
スダニ Sudani
スタニア Stanier
スタニウタ Staniouta
スタニエ Stanier
スタニオニス
Stanionis
スタニク
Stanich
Stanik
スタニコーイッチ
Staniukovich
スタニシェフ
Stanishev*
スタニシェフスキー
Staniszewski
スタニシキス
Staniszkis
スタニシチ Stanišić*
スタニショアラ
Stănişoară
スタニスウァフ
Stanisław
スタニスラウ
Stanislau
Stanislaw
Stanisław
スタニスラヴ
Stanislav
Stanislaw
スタニスラヴァ
Stanislawa
スタニスラヴォヴィチ
Stanislavovich
Stanislávovich
スタニスラウス
Stanislaus*
スタニスラオ
Stanislao
スタニズラーオ
Stanislao
スタニズラオ
Stanislao
スタニスラス
Stanialas
Stanislas***
Stanislos
スタニスラーフ
Stanislav
スタニスラフ
Stanilav
Stanislau
Stanislav***
Stanislaw
Stanisław*
スタニスラフスカヤ
Stanislavskaia
スタニスラーフスキー
Stanislavski
Stanislavskii
スタニスラフスキー
Stanislavski
Stanislavskii*
スタニスラーフスキィ
Stanislavskii
Stanislavsky
スタニスラフスキィー
Stanislavski
スタニスラフスキイ
Stanislavski
スタニスラワ
Stanislava*
スタニスロー
Stanislaw*
スタニスロウ
Stanislaw
スタニスロース
Stanislaus
スタニスワヴァ
Stanisława
スタニスワフ
Stanislaw**
Stanisław***
スタニチェフスキ
Staniczewski
スタニーツィン
Stanitsyn
スタニッチ Stanic
スタニハースト
Stanyhurst
スタニヒ Stanig
スタニフォース
Staniforth**
スタニミラ Stanimira
スタニャーラ
Stagnara
スタニュコヴィチ
Staniukovich
スタニュラ Stanjura
スターニョ Stagno
スタニョ Stagno
スタニラス Stanislas*
スターニン Sternin
スタニング Stanning*
スタヌッシュ Stanush
スタヌフ Stanuch
スタヌロフ Stanulov
スタネイジ Stanage
スタネクザイ
Stanekzai
スタネスク
Stanescu
Stănescu
スタネッキ Stanecki
スターネック Stanek
スタネック Stanek*
スターネフ Stanev
スタネフ Stanev
スタノ Stano
スタノイウ Stănoiu
スタノイロヴィッチ
Stanoylovitch
スターノウ Sternau
スタノヴィッチ
Stanovich
スタノップ Stanhope
スタパー Stupar
スターバック
Starbuck*
スタバッド Stavad
スターバード Starbird
スタハノフ Stakhanov
スタバーマン
Staverman
スタバンラート
Stabenrath*
スタビスキー
Staviski
Stavisky
スタビツキー
Stavytskyi
スタービレ
Stabile*
Stábile
スタビーレ Stabile
スタビレ Stabile
スタビレチ Stavileci
スタビンス Stubbins
スタビンスキー
Stabinsky
スターフ
Staaf
Staffe
スターブ Staaff
スタフ Staff
スタブ Stabb
スタファン Staffan**
スタフィリディス
Stafylidis
スターフィールド
Starrfield
スタフォード
Stafford***
スタブス Stubbs
スタブズ Stubbs
スタフスキー Stavskii
スタブスゴール
Stubsgaard
スータブット
Sutabutra
スタフネ Stafne
スタブフィールド
Stubblefield
スタブホルツ Stabholz
スタフーラ Stachura
スタブラー Stabler*
スタブラキス
Stavrakis
スタブリアーノス
Stavrianos
スタブリエビッチルカビナ
Stavljevićrukavina
スタブリック Stablick
スタブリディス
Stavridis
スタフーリャク
Stahuljak
スターブルック
Starbrook
スタブルティクック
Stubblety-Cook
スタブルフィールド
Stubblefield
スタブレ Stabley*
スタブレスキ
Stavreski
スタブロス Stavros**
スタベノー Stabenow
スタベノウ
Stabenow**
スターペル Stapel*
スタヘル Stahel
スタペルツ Stapert
スタベルド Stubberud
スターベンズ Sterbenz
スタベンハーゲン
Stavenhagen
スタホ Stacho
スターマー
Stahmer
Starmer*
Stermer
スダマ Sudama
ズーターマイスター
Sutermeister
スタマーズ Stammers
スタマタキス
Stamatakis
スタマッチ Stamać
スタマテアス
Stamateas
スタマティー Stamaty
スタマトフ Stamatov
スーダーマン
Sudermann
スターマン
Sterman

ス

Sturman
ズーダーマン
Sudermann*
スターミー Sturmey
スターム
Strum
Sturm*
スタム
Stam*
Stamm*
Stumm
Sutham
スダム
Sudham
Sudhom
スタムウォン
Suthamwong
スタムプ Stamp
スタムブロフ
Stambulov
スタムボリスキー
Stambolijski
スタメッツ Stamets
スタモ Stamo
スタモス Stamos
スタモーリス
Stamoulis
スターラー
Stahler*
Stähler
Starer
スタラー Staller
スターライ Sztárai
スタラク Starak
スタラーチェ Starace
スダラット Sudarat
スタラットン Stratton
スタラード Stallard*
スタラブラス
Stallabrass
スタランス Stalens
スタランズ Stalans
スターリ
Stal'
Starley
Steuerle
スターリー
Starley
Starry*
Sterry
スダリー Sudary
スターリアル
Starlanyl
スタリゲヴィッチ
Stalgevich
スターリスキー
Stalskii
スタリスキー Stalskii*
スタリツカヤ
Staritskaia
スターリッジ
Sturridge*
スタリッジ Sturridge
スタリット Starrett*
スダリヤント
Sudarijanto
スターリン
Stalin**
Starlin*
Sterling
Stirling
スターリング
Stallings*
Starling**
Stering*
Sterling***
Stiring*
Stirling***
スタリーング Stirling
スタリング Staring
スターリングス
Stallings*
スタール
Staal*
Stael
Staël**
Stahl**
Ståhl
Starr*
スタル
Stal*
Stull
スタルギス Stalgis
スタルク
Starck*
Stark***
スタルケビチュス
Starkevičius
スタルケンボルフ
Starkenborch
Starkenborgh
スタールコフ
Stahlkopf
スタルコフ Starkoff
スダルシャン
Sudarshan
スタルジョ Sutardjo
スタルス Stulce
スタルスベルグ
Stalsberg
スタルセット Staalsett
スダルソノ
Soedharsono
Sudarsono**
スタルソン Stalson
スタルダー Stalder
スダルタ Sudarta
スタルチェヴィチ
Starčević
スタルチェビッチ
Starcevic
スタルテリ Stalteri
スタルト Sutarto
スタルニーナ Starnina
スタルノーネ
Starnone
スタルバーグ Stulberg
スタルヒン
Starffin
Starhin*
スタルフ Stulz
スタールフェルト
Stalfelt
スタールブラス
Stallebrass
スダルポ Soedarpo
スタールマン
Stuhlmann
スタルマン Stalman
スダルマン
Soedarman
スダルモノ
Soedarmono
Sudharmono**
スターレイ Staley
スタレーヴィチ
Starevich
スタレヴィッチ
Starevich
スターレット
Starrett*
スターレル Staller
スターレンス
Staelens*
スタロヴィェイスキー
Starowieyski
スタロヴィエイスキ
Starowieyski
スタロヴェイスキ
Staro-wieyski
Starowieyski*
スタロヴォイトヴァ
Starovoitva
スタロヴォイトワ
Starovoitova
スタロスタ Starosta
スタロスチン
Starostin
スタロセーリスカヤ
Starosel'skaia
スタロセリスカヤ
Starosel'skaia
スタロック Sturrock
スタロドゥブツェフ
Starodubtsev
スタロドゥブツェフ
Starodubtsev
スタロドブツェフ
Starodubtsev*
スタローネ Starone
スタロバンスキー
Starobinski**
スタロビッチ Starovic
スタロビネツ
Starobinets**
スタロビン Starobin
スタロビンスキ
Starobinski
スタロビンスキー
Starobinski*
スターロフ Starov
スタローフ Starov
スタロボイトワ
Starovoitova
スタロミェイスキ
Staromieyski
スタローン Stallone**
スタロン Staron
スターワル Stawar
スタワルク Stawaruk
スータン Sutan
スーダン
Soodhun
Soudant
Sudan
スターン
Starn
Stearn**
Stein
Stern***
Sterne**
スタン
Stan***
Stan!
Stanfield
Stang
Stanley*
Stein*
Stumm
Sutan
スダーン Soudant*
スダン Soudan
スタンイェルツ
Stangertz
スタンウィック
Stanwick*
Stanwyck
スタンウェー Stanway
スタンウェイ
Stanway*
スタンウェル Stanwell
スタンウッド
Stanwood*
スタンカ
Stanca
Stanka**
スタンガー Stanger*
スタンカード
Stunkard*
スタンカーロ Stancaro
スタンキー Stanky
スタンク Stancu**
スタング Stang**
スターンクィスト
Sternquist
スタングネーリウス
Stagnelius
スタンクビー Stangby
スターングラス
Sternglass
スタングランド
Stangland
スタングル Stangl
スタンクレスク
Stănculescu*
スタンケ Stahnke
スタンケーウィチ
Stankevich
スタンケーヴィチ
Stankevich
Stankevitch
スタンケヴィチ
Stankevich
スタンケーヴィッチ
Stankevich
スタンケヴィッチ
Stankevitch
Stankiewicz
スタンケービチ
Stankevich
スタンケービッチ
Stankevich
Stankevitch
スタンケビッチ
Stankevich
スタンゲル Stanghelle
スタンコ Stanko**
スタンコヴァッツ
Stankovac
スタンコヴィチ
Stanković*
スタンコヴィッチ
Stankovic*
Stankvic
スタンゴス Stangos
スタンコバッツ
Stankovac
スタンコビッチ
Stanković
スタンコフ Stankov
スターンサル
Sternthal
スタンサル Stansal
スタンシウ Stanciu
スタンジェ Stengers*
スタンジェール
Stengers**
スタンジェル
Stengel
Stenger
スタンシャル
Stanshall
スターンズ
Stearnes
Stearns**
Sterns
スタンズ Stans
スタンスキー Stansky
スタンスキィ Stansky
スタンズゲイト
Stansgate
スタンズバイ Stansby
スタンスフィールド
Stansfield**
スタンズフィールド
Stansfield*
スタンスフェルド
Stansfeld
スタンスベリー
Stansbury
スタンズベリー
Stansberry**
スタンスリー Stansly
スタンセル Stancel
スターンソル
Sternthal
スタンダー Stander*
スダンタ Sudanta
スタンダアル Stendhal
スタンダート
Standaert
スタンダード
Standard
Stanford
スタンダール
Standal
Stendhal*
スタンダル Stendhal
スタンチウ Stanciu
スタンチェヴァ
Stantcheva
スタンチェフ
Stanchev*
スタンチク Stanczyk

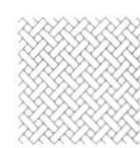

スタンチフィールド Stanchfield
スタンチャコヴァ Stańczakowa
スタンチャコバ Stańczakowa
スタンチャコワ Stańczakowa
スタンチュー Stanciu
スタンチョフ Stancioff
スタンチンスキー Stanchinskii
スタンツ Stuntz
スタンツィオーネ Stanzione
スタンデイジ Standage*
スタンディッシュ Standish*
スタンディフォード Standiford*
スターンデイル Sterndale
スタンディング Standing*
スタンデージ Standage*
スタンデス Standes
スタンデファー Standefer
スタンデール Sterndale
スタンデン Standen
スタント Soetanto Soetantu Sutanto*
スタンドホルツ Sandholtz
スタンドラ Standora
スタンドリー Standlee
スタンドレー Standley
スタントン Stanton*** Stratton
スタンニング Stanning
スタンヌィ Stanny
スタンパ Stampa
スタンパー Stamper
スターンハイム Sternheim
スタンパキヤ Stampacchia
スターンバーグ Sternberg* Sternbergh*
スタンバーグ Stamberg Sternberg**
スターンハーゲン Sternhagen
スターンバック Sternbach Sternback
スターンバッハ Starnbach Sternbach
スタンバリー Stanbury
スタンピーリャ Stampiglia
スタンフ Stumpf**
スタンプ Stamp*** Stampp Stump** Stumpf
スタンフィル Stanfill
スタンフィールド Stanfield**
スターンフェルド Sternfeld
スタンフォード Stamford* Stanford**
スタンプス Stamps
スタンプファー Stampfer
スタンプフリ Stampfli
スタンブラー Stambler
スタンブリ Stambouli Stambuli
スタンブリジ Stanbrige
スタンプル Stample
スタンプルスキー Stempleski
スタンブロフ Stambulov
スタンベリー Stanberry Stanbury
スタンボイル Stamboel*
スタンホウプ Stanhope
スターンホウルド Sternhold
スタンホープ Stanhope*
スタンボリイスキー Stambolijski
スタンボリースキ Stambolijski
スタンボリスキ Stambolijski
スタンボリッチ Stambolic Stambolić*
スタンホールド Sternhold
スタンボロフ Stambulov
スタンモア Stanmore*
スタンヨー Stunyo
スタンラン Steinlein Steinlen**
スタンリ Stanley
スタンリー Stanlee Stanley*** Stanly
スタンリイ Stanley*
スタンリス Stanlis
スタンリッジ Standridge
スターンリット Sternlicht
スタンルーム Stangroom
スタンレ Stanley
スタンレー Stanley*** Stoneley
スタンレイ Stanley**
スタンロー Stanlaw
スターンワイス Stirnweiss
スタンワース Stanworth
スーチ Szucs
スーチー Suu Kyi*
スチ Suthy
ズーチ Zouche
ズチ Zutshi
スチィーヴンスン Stevenson
スチィーヴンソン Stevenson
スチィヴンソン Stevenson
スチイブンスン Stevenson
スチーヴ Steve Steven
スチウ Suciu
スチウワート Stewart
スチーヴン Stephen Steven
スチヴン Stephen
スチーヴンス Stevens
スチーヴンスン Stephenson
スチヴンスン Stevenson
スチーヴンソン Stephenson Stevenson
スチヴンソン Stevenson
スチェパーシン Stepashin
スチェパニアク Szczepaniak
スチェパニスキ Szczepański
スチェパーノヴィチ Stepanovich
スチェパノヴィッチ Stepanovich
スチェパノビッチ Stjepanovic
スチェパーノフ Stepanov*
スチェパノフ Stepanov
スチェパン Stepun Stjepan
スチェパンスキー Szczepanski
スチェファノヴナ Stefanovna
スチェファノブナ Ctefanovna Stefanovna*
スチェファン Stefan
スチェミンスキ Strzemiński
スチェルバツキー Stcherbatski
スチェルバティス Scerbatihs
スチェロット Schelotto
スーチェン Suchen Sucheng
スチオピナ Styopina
スチーダ Stieda
スチックネ Stickney
スチット Sucit
スチード Steed
スチヌ Siqin
スチーバー Stever
スチピオ Scipio
スチーブ Steve*
スチフ Schijf
スチファン Stefan
スチーブス Stives
スチプト Soetjipto Sutjipto
スチーフリン Schiefflin
スチプロウスキ Schiprowski
スチーブン Steaven Stephen Steven*
スチーブンス Stephens Stevens*
スチーブンズ Steavens Steevens Stephens Stevens
スチブンス Stevens
スチーブンスン Stevenson
スチブンスン Stevenson
スチーブンソン Stephenson Stevenson**
スチブンソン Stephenson Stevenson
スチーベン Stephen
スチボールスキー Stiborsky
スチムソン Stimson
スーチャー Sucher
スチャイ Suchai
スチャーギナ Sutiagina Sutyagina
スチャーダー Suchada
スチャック Suchak
スチャート Suchaat Suchart*
スチャリックン Sucharitkul
スチャリット Sucharit
スチャリットクン Sucharitkul
スチャリトクル Sucharitkul
スチャン Soo-chang Su-chan Su-chang
スーチュー Suciu
スチュ Stu* Stuart
スチュー Stew
スチュア Stuer
スチューアート Stuart
スチュアート Steuart Stewart*** Stewat Stuart*** Stuwart
スチュアード Steward Stuart
スチュアト Stuart
スチュアル Stuart
スチューヴェル Stuvel
スチュウット Stuart
スチューダー Studer
スチュッツエル Stuetzle
スチューデント Student
スチュードベイカー Studebaker
スチュードベーカー Studebaker
スチュードマン Studeman
スチュパク Stchoupak
スチュービス Stubis
スチューファマン Stuvermann
スチューベル Stubel
スチュルト Sturt
スチュルム Sturm
スチューレ Sture
スチュワート Steuart Stewart*** Stuart***
スチュワード Steward** Stewart Stuart
スチュワードソン Stewardson
スチョーキー Suchocki
ズチョルド Szold
スチリコ Stilicho

スチリコビッチ
Styrikovich
スチール
Steel
Steele
Stiel
Stier
Stil
スチル Stil
スチルウェル Stilwell
スチルゲバウァー
Stilgebauer
スチルネル Stirner
スチルフリード
Stillfuried
スチールラン Stierlin
スチルン Stirn
スチールンステット
Stiernstedt
スチワート Stewart
スーチン
Siqin
Sootin
Soutine*
Sutin
スチンダ
Suchinda*
Suchindaa
スチンダー Suchindaa
スチンチング
Stintzing
スチーンロッド
Steenrod
スチンロート
Steenrod
スーツ Suits
スツエケリー Szekely
スーツォス Soutsos
スッカー Sukkā
ズッカ Zucca*
ズッカー Zucker*
ズッカート Zuccato
スッカパット
Sukhaphat*
スッカパーニット
Sukkhaphanit
ズッカーマン
Zuckerman*
Zukerman
スッカリー Sukkarī
ズッカーリ
Zuccali
Zuccaro
ズッカリ Zuccari
スツカリン Stukalin
ズッカーレ Suckale
ズッカレッリ
Zuccarelli
ズッカレリ Zuccarelli
ズッカーロ Zuccaro
ズッカロ Zuccaro
ズッキ Zucchi
スッギア Suggia
ズック
Duc
Dục
Zook*
Zuck
Zug
Zuk
スックサイ Suksai
スックスドルフ
Sucksdorff
ズックマン Zucman
スックヤーング
Sukyaang
スツケヴェル
Sutzkever*
スッケリー
Štukel
Štukelj
ズッケリ Zuccheri
ズッケリー Zucchelli
ズッケルト Suckert
スッコ Sykkö
ズッコ Zucco
スッコト Scott
スッシ Sussi
スッジア Suggia
スッジッキー
Studitskii
スッダ Sudha
ズッター
Sutter
Zuttah
Zutter
ズッダス Zuddas
スツダード Stoddard
ズッチ Succi
スツーチカ Stuchka
スッチャイ Soutchay
スツッキー Stucki
スツッデル Studders
スツットルソン
Sturluson
スッティ Suttie
スットケート Sudket
スッドーダナ
Śuddhodana
スットナー Suttner
ズットナー Suttner**
スットヒル Soothill
ズットミュルデル
Zoetmulder
スットン Sutton
スッバ Subba
ズッパー Supper
スッパチャイ
Supphachai
スッパブッダ
Suppabuddha
スッバラクシュミー
Subbulakshmi
ズッパルディ
Zuppardi
ズッパン Suppan
スッピス Suppes
ズッピヒ Suppig
スッピヤ Suppiya
スッピルリウマ
Shuppiluliuma
Šuppiluliumaš
スッピルリウマス
Šuppiluliumaš
ズッフィ Zuffi
ズッフェン Zutphen
スッブラクシュミ
Subbulakshmi
スッペ
Suppe
Suppé
ズッペ Suppé
ズッペー
Suppe
Suppé
スッペテッキ
Szpetecki
スツマン Suzman
スッラ Sulla
スッリ Sulli
スツール Stoel**
スツルソン Sturluson
スツルツェネッゲル
Sturzenegger
スツールテンベルグ
Stoltenberg
スッルドゥッル
Ṣurrdurr
スツルベ Struve
スツルム Sturm
スツーレ Steurer
スツロング Strong
スーデー Souday
ステー Stee
スデ Sde*
ステア
Stair
Stare
Stea
Stehr
Steir
ステアー Steer
ステアーズ
Stairs**
Steers
ステアマン Stearman
ステアリン Stierlin
ステアリング Sterling
ステアール Steyaert
ステアンコプフ
Sternkopf
ステアンロフ Stjernlöf
スーディ Sudie
スティ Stig
スティー
Sethy
Stig
ステイ Sutej
スディ Sudi
ズティ Zutty
スティーア Steer*
スティア
Setia*
Steer*
Steere**
スティアー
Steer
Stier
スティアシヴィリ
Sutiashvili
スティアーズ
Stears
Steers*
Stiers
スティアニンシ
Sedyaningsih
スティアブディ
Saetiabuddhi
Setiabudi*
スティアリン Stierlin
スティアール Stierle
スディアルタ
Sudiaruta
スティアワン
Setiawan
スティアン Stian
ステイイヴンスン
Stevenson
スティイェポビッチ
Stijepović
スティーヴ
Stephen*
Steve**
Steven*
スティーヴァン
Stephen
スティーヴィ Stevie*
スティーヴィー
Stevie**
スティーヴィック
Stevick
スティーヴィン Steven
スティヴィン Stevin
スティヴェッツ
Stivetts
スティーヴェル Stivell
スティーヴェンス
Stevens
スティウォン
Sutivong*
スティーヴノット
Stevenot
スティーヴランド
Steveland
スティーヴン
Steffan
Stephan*
Stephen**
Steven**
Stevens
スティヴン
Stephen*
Steven
スティーヴンス
Stephens*
Stevens**
Stevenson
スティーヴンズ
Stephens*
Stevens**
スティヴンス
Stevens
Stivens
スティヴンズ Stevens
スティーヴンスン
Stephenson*
Stevenson*
スティヴンスン
Stevenson
スティーヴンセン
Stevensen
スティーヴンソン
Steavenson
Stephenson*
Stevenson*
スティウンソン
Stevenson
スティヴンソン
Stephenson
Stevenson*
ステイエ Steyer
スティェパン Stephen
スティエパン Stjepan*
スティエプルマン
Stiepleman
スディエール Soudiere
ステイエルト Steyaert
スティエンス Stiens
スティーガー
Steger*
Sterger
ステイカー Staker
ステイガー Steiger
スティガム Stigum
スティーガル Steagall
スティガンド Stigand
スティーグ
Steeg
Stieg*
Stig**
スティグ Stig*
スティグアンドレ
Stig-Andre
スティグウッド
Stigwood*
スティクスラッド
Stixrud
スティクスルート
Stixrud
スティーグミュラー
Steegmuller
スティーグラー
Stiegler*
スティグラー Stigler**
スティクリー Stickley
スティグリアニ
Stigliani
スティーグリツ
Stieglitz
スティグリーツ Stiglic
スティーグリッツ
Stieglitz**
スティグリッツ
Steiglitz
Stiglitz**
ステイグル Steigl
スティクルズ Stickles
スティークレー
Steakley
スティグレール
Stiegler**
スティーゲ Stige
スティケティー
Steketee
スティーゲル Stiegel
ステイサム Statham*

スティシ Stacy
スティシー
Stacey*
Stacy
ステイシー
Stacey*
Staci
Stacia
Stacie
Stacy**
ステイジ Stage
ステイシア
Stacia
Stasia
スティシィ Stacey
ステイシェン
Steichen*
スティーズ Steeds
スティス Stith**
ステイス Stace**
ステイスィー Stacey
スティスキン Stiskin
ズディスラヴァ
Zdislava
ズディスワフ Zdzisław
スティチェン Styczeń
スティッカー Stikker
スティッガ Stigga
スティッキー Sticky
スティックゴールド
Stickgold
スティックス Stix*
スティックドーン
Stickdorn
スティックニー
Stickney
スティックベリー
Stichbury
スティックランド
Stickland*
スティックルス
Stickels
スティックルズ
Stickles
スティッケル Stikker
スティッケルズ
Stickels
スティッジャー
Stidger
スティッチ Stich
スティッチビュリー
Stichbury
スティッツ Stitts
スティッツァー Stizer
スティット Stitt**
スティッド Stead
スティッブ Stibbe
スティップ Stipp
スティッヘル Stigchel
スティッレル Stiller
スティティ Sthiti
ステイディエム
Stadiem
ステイテン Staten
スティーテンクロン
Stietencron
スティード
Stead*
Steed**
Steede*
スティトニ Stitny
スティトネ Stitny
スティードマン
Steadman
Steedman*
スティードリー
Stiedry
ステイドル Steidl
ステイトン Staton*
スティーナ Stina*
スティナ Stina*
ステイナー
Stainer
Steiner
スティナン Sutinen
ステイニー Steiny
ステイニアー Stanier
ズディニェク Zdenek
スティニャーニ
Stignani
スーティーヌ Soutine
スティヌス Stinus
ステイヌン Steinunn
スティーネ Stine
スティーネッシュ
Stenesh
スティネット
Stinnett**
ステイネル Steinel
ステイネン Stienen
スティーバー
Steber**
Stever
Stieber
スティーバーソン
Steverson
スティバーソン
Stiverson
スティバノビッチ
Stipanovic
スティーバン Stevan
スティバーン Stibane
スティバンヌ Stibane
スティービー Stevie**
スティービック
Stevick
スティビッツ
Stibic
Stibitz
スティーブ
Steeve*
Stephen*
Steve***
Steven*
Stevens
Stieb*
スティブ Steve
ステイブ Stave
ステイブ Stape
スティファニー Stefani
スティーファン
Stephen
スティファン Stifan
スティーフェル
Stiefel*
スティフェルマン
Stiffelman
スティーフェン
Stephen
スティフコ Styfco
スティーブス
Steeves
Steves
スティーブズ Stevens
スティーブソン
Steveson
スティーフベーター
Stiefvater*
スディブヨ Sudibyo
ステイブラー Stabler
スティーブリング
Stiebling
スティーブル Stiepl
ステイブル Staples
スティブルズ Staples
ステイブルズ Stables
ステイプルズ Staples*
スティプルドン
Stapledon
ステイプルトン
Stapleton**
ステイプルドン
Stapeldon
Stapledon
スティブルフォード
Stableford
ステイブルフォート
Stableford
ステイブルフォード
Stableford**
スティーフン Stephen
スティーブン
Stephan
Stephen***
Stephens
Steven***
スティフン Stephen
スティブン
Stephen
Steven
スティーブンジェラード
Steven Gerard
スティーブンス
Stephens***
Stevens***
スティーブンズ
Stephens*
Stevens**
スティブンス
Stephens
Stevens
Stivens
スティーブンズイアティカ
Steavens Iatika
スティーブンスン
Stephenson
Stevenson*
スティブンスン
Stevenson
スティーフンソン
Stephenson
スティーブンソン
Stephenson***
Stevenson***
スティブンソン
Stephenson
Stevenson
スティペ Stipe*
スティペック Stipek
スティベル Stibel
スティマッチ Stimaci
ステイミー Stamey
スティームズマ
Stiemsma
スティムスン Stimson
スティムソン
Stimson*
スティムラー Stimler
ステイモス Stamos
スティーヤ Steere
スティヤ Sutiya
ステイヤー Styer
スティヤエルト
Steyaert
スティヤデオ
Sutyadeo
スティヤパン Stjepan
スティラー Stiller*
ステイラ Steira*
スティラマティ
Sthiramati
スティラーマン
Stillerman
スティリ Staley
ステイリー Staley**
スティリアーニ
Stigliani
スティリアニ Stigliani
スティリアニディス
Stilianidis
スティリアーノ
Stigliano
スティリアノス
Stylianos
スティリアン
Stilian
Stylian
スティリコ Stilicho
スティーリング
Stehling
スティリング Stilig
スティリングス
Stillings
スティリングフリート
Stillingfleet
スティリントン
Stillington
スーティル Sutil*
スティール
Steel***
Steele***
Steer
Stehr
Steil*
Stiel
Stil*
スティル
Still**
Stille
ステイル
Steil
Still
スディール Sudhir
スティルウェル
Stillwell
Stilwell**
スティルウォルト
Stierwalt
スティルガー Stilger
スディルジャ
Soedirdja
スティルス Stills*
スティルズ Stills
スティルソン
Stelson
Stilson
スティールチェス
Stieltjes
スティルチェス
Stieltjes
スティルト Stilt
スティルトン Stilton
スティルネル Stirner
スティルビツ Stirbitz
スティルベイ
Stirbei
Stirbey
スティルポン Stilpōn
スティールマン
Steelman
スティルマン
Stillman**
スディルマン
Sudirman
スティルム Stirum
スティールラン
Stierlin
スティルラン Stierlin
スティルリング
Stirling
スティルレル Stiller
スティルン Stirn
スティレ Stille
ステイレイ Staley
スティレット Sterrett
スティレットー
Stiletto
スティレル Stiller
スティロ Stilo
スティロー Stielow
スティワート Stewart
スティワード Steward
スーティン
Soutine
Sutin
スティーン
Soutine
Steen**
スティン
Stein*
Stijn
ステイン
Staines
Stein*
Steins
Steyn**
Stijn*

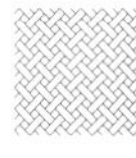

ス

スティーンウィク Steenwyk
スティンヴィック Steenwick
スティーンカンプ Steenkamp
スティング Sting**
スティングリムッソン Steingrimsson
スティングリームル Steingrimur
スティングル Stingl
スティンジリー Stingily
スティンズ Styns
スティンズ Staines* Stains
スティンスン Stinson
スティーンセン Steensen
スティーンソン Steenson
スティンソン Stinson*
スティンチカム Stinchecum
スティンチクーム Stinchcombe
スティンチクム Stinchecum
スディンドラ Sudhindra
スティントン Stainton Stinton
ステイントン Stainton*
スディンナ Sudinna
ステインナート Steinert
ステインハウス Steinhaus Steinkaus
スティーンバーガー Steenbarger
スティンバーガー Steenbarger
スティーンバーグ Steenbergh
スティンバーグ Sternberg
ステインバーグ Steinberg
スティーンバーゲン Steenburgen
スティーンバージェン Steenburgen
ステインハート Steinhart
スティンプスン Stimpson
ステインブルナー Stainbruner
ステインブレシェル Steinbrecher*
ステインベルグ Steenberg
スティーンマン Steenman
ステインマン Steinmann
ステインメイヤー Steinmeyer
ステインメッツ Steinmetz
ステインメル Stimmel
スティーンロッド Steenrod
ステーヴ Steve Stéve Stève
ステウアート Stewart
ステウァルト Stewart
ステヴァーン Stevan*
ステヴァン Stefan Stevan Steven Stevens
ステヴァンス Stevens*
ステヴィ Stevie
ステヴィック Stevick
ステヴィーン Stevin
ステヴィン Stevin
ステヴォ Stevo
ステウクス Steuchus
ステウコ Steuco
ステーヴナン Stévenin
ステーヴリ Stavely
ステヴンソン Stevenson
ステェインズ Staines
ステェーク Steuck
ステエシ Stacy
ステーエフ Suteev Suteyev
ステエフアン Stefan
ステエン Sten
ステガル Steggall
スーデク Szudek
ステーグ Steeg
ステク Soo-taek
スデク Sudek
ステグナー Stegner*
ステグマン Stegman
ステークロフ Steklov
ステクローフ Steklov
ステクロフ Steklov
ステーゲマン Stegeman
ステケリス Stekelis
ステーケル Stekel
ステケレンブルフ Stekelenburg
ステゴール Steggall
ステーシー Stacey* Stacie Stacy**
ステージ Stage
ステシエン Steichen
ステーシコロス Stēsichoros
ステシコロス Stēsichoros
ステージャ Stager
ステージャー Stager
ステシンジャー Stoessinger
ステシンブロトス Stēsimbrotos
ズデスラフ Zdeslav
ステースル Stoessel
ステーセム Statham
ステゼル Stoetzel*
ステタトス Stethâtos
ステーチキン Stechkin
ステチキン Stechkin
ステチック Stecyk
ステチニアス Stettinius
ステツ Stets
ステッカ Stecca
ステッカー Stecker
ステック Steck
ステッグマイヤー Stegmayer
ステッグマン Stegman
ステックリング Steckling
ステッケッティ Stecchetti
ステッケル Steckel Stoeckel
ステッケンライダー Steckenrider
ステッコ Stecco
ステッシャー Stecher
スーデッシュ Soodesh
ステッスン Stetson
ステーッセリ Stessel
ステッセリ Stessel
ステッセル Stessel Stoessel
ステッソン Stetson
ステッター Stetter
ステッチ Stech
ステッチマン Stechmann
ステッチャー Stecher
ステッツ Stets
ステッツオン Stetson
ステッツン Stetson
ステッティニアス Stettinius
ステット Stead Stitt
ステッド Stead***
ステッドオール Stedall
ステットスン Stetson
ステットソン Stetson*
ステットナー Stettner*
ステットハイマー Stettheimer
ステッドマン Steadman** Stedman**
ステッドワード Steadward
ステッピング Stebbing
ステッビンス Stebbings
ステッフ Steffe
ステッファーニ Steffani
ステッファニ Steffani
ステッファーノ Steffano
ステッフィ Steffi Steffy
ステッフィー Steffie Steffy*
ステッフェス Steffes
ステッフェノーニ Steffenoni
ステッフェル Steffel
ステッフェン Steffen Stephen
ステッフェンス Steffens
ステッフェンズ Steffens
ステッフェンド Steffend
ステップトウ Steptoe
ステップニャック Stepniak
ステップファン Stephan
ステッラ Stella*
ステッレン Sterren
ステディ Steady
ステーディエム Stadiem
ステティニアス Stettinius
ステーディル Stadil
ステーテン Staten
ステード Stead Steed
ステドール Stedall
ステドロイ Steadroy
ステートン Staten
ステーナー Stainer Steiner
ステナー Stener
ステナケル Steenackers
ステナック Stenack*
ステニー Steny*
ステニアー Stanier
ズデニエク Zdenek* Zdeněk*** Zdĕnek
ズデニェック Zdenek* Zdeněk* Zdenněk
ステーニス Steenis
ステニス Stennis
ステニナ Stenina
ステニヤー Stanier
ズデニャック Zdenek
ステニュイ Sténuit
ズデニュカ Zdenka
ズデニュク Zdĕnek
ステニン Stenin
ステニング Stenning
ステーヌー Steenhout
ステーヌ Sedaine
ズデネク Zdenek**
ステーネシェン Stenersen
ステネック Steneck
ズデネック Zdenek** Zdenék Zdenĕk
ステネット Stennet Stennett
ステネボイア Stheneboia
ステーネル Steiner Stener
ステネール Steiner
ステーネルセン Stenersen
ステネルセン Stenersen*
ステネン Stenen
ステーノ Steno
ステノ Steno*
ステノーニス Steno
ステーバー Stäber
ステバー Steber
ステパシキン Stepashkin
ステパーシン Stepashin**
ステパシン Stepashin
ステーバス Stevas
ステパッチャー Steppacher
ステパナ Stephanâs
ステパニュク Stepaniuc
ステパネク Stepanek* Štěpánek
ステパネンコ Stepanenko
ステパネンコ Stepanenko*
ステパノ Stefano Stephanos Stephen

ステパーノヴァ
Stepanova
ステパーノヴァ
Stepanova
ステパノヴァ
Stepanova
ステパーノヴィチ
Stepanovič
Stepanovich
ステパノヴィチ
Stepanovich*
ステパノーヴィッチ
Stepanovich
ステパノヴィッチ
Stepanovich
ステパノス Stephanos
ステパノビッチ
Stepanovich
ステパーノフ
Stepanoff
Stepanov*
Stepańov
ステパノフ
Stepanoff
Stépanoff
Stepanov***
ステパノブス
Stepanovs
ステパノプロス
Stephanopoulos
ステパノワ Stepanova
ステパロフ Stepulov
ステパーン Stevan
ステパン Stevan
ステパン
Stenka
Stepan***
Stěpán
Stephen
ステパンカ Stepanka*
ステパンス Stevens
ステパンスカ
Stepanka
ステビー Stevie
ズーテビエル
Zoetebier
ステピエン
Stepien
Stepién
ステビッチ Stevic
ステピナーツ Stepinac
ステピナツ Stepinac
ステビーン Stevin
ステビン Stevin
ステピン Stepin
ステビング Stebbing
ステビングス
Stebbings
ステビンス Stebbins*
ステビンズ Stebbins
ステーブ Steve
ステープ Suthep
ステフ
Stef*
Steph*

ステファアヌ
Stéphane
ステファナ
Stephanas
Stephanâs
ステファナー Stefaner
ステファナッジ
Stefanaggi
ステファナッチ
Stefanacci
ステーファニ Stefani
ステファーニ
Stefani
Steffani
ステファニ
Stefani**
Stephanie
Stéphanie*
ステファニー
Stefani*
Stefanie**
Stefany
Steffanie
Stephane
Stephani
Stephanie***
Stéphanie*
Stephany
Stephenie**
ステファーニア
Stefania*
ステファニア
Stefania**
Stefaniia
ステファニエ Stefanie
ステファニス Stefanis
ステファニスカ
Stefańska
ステファニック
Stefanic
ステファニディ
Stefanidi*
ステファニデス
Stephanides
ステファニーニ
Stefanini
ステファーニャ
Stepania
ステファーヌ
Stephane
Stéphane**
Stephen
Stepphane
ステファヌ
Stephane*
Stephane
Stéphane**
ステファヌス
Stephano
Stephanus
ステファネク
Stefanek
Štefanek
ステファネス
Stephanes
ステファネスキ
Stefaneschi
ステファネリ
Stefanelli
ステファネル Stefanel
ステーファノ
Stefano**

ステファーノ
Stefano**
Stephano
ステファノ
Stefano***
Stéfano
Stephanos
Stephen
ステファノヴァ
Stefanova
ステファノヴィチ
Stefanović
ステファノヴナ
Stefanovna
ステファーノス
Stephanos
ステファノス
Stefanos*
Stephanos*
ステファノーニ
Stephanoni
ステファノバ
Stefanova**
ステファノビツ
Stefanowicz
ステファノビッチ
Stefanovic
Stefanović
ステファノフ Stefanov
ステファノフスキ
Stefanovski
ステファノプーロス
Stephanopoulos
ステファノプロス
Stephanopoulos**
ステファノポーラス
Stephanopoulos*
ステファノポロス
Stephanopoulos
ステファーン
Stefaan
Stefan
ステファン
Stefaan
Stefan***
Stéfan
Steffan
Steffen*
Stepahane
Stěpán
Stepfan
Stephan***
Stéphan
Stephane**
Stéphane***
Stephanie
Stephen***
Stéphen*
Stephens*
Stéphne
Stephon
Stevan
Steve
Steven*
Stjepan*
ステファンス
Stephens
ステファンズ
Stephens
ステファンスカ
Stefanska*
Stefańska
ステファンスキー
Stefanski
ステファンセン
Stephensen
ステファンソン
Stefanson
Stefansson*
Stefánsson
Stephansson*
Stephenson*
ステファンヌ
Stéphane
ステフィ Steffie
ステフィー Steffie
ステフィック Stefik
ステフィニーアン
Stephenie Ann
ステーフィン Stevin
ステフィン
Steffen
Stephen*
Stevin
ステフェツェコヴァ
Štefečeková
ステーフェン Stephan
ステフェン
Stefen
Steffen
Stephen**
Stephens
Steven
ステフェンス
Steffens
Stephens*
Stevens
ステフェンズ
Steffens*
ステフェンソン
Stephenson
ステフォフ Stefoff
ステフォン
Stefon
Stephen*
Stephon*
Stephone
ステフカ Stefka*
ステプカ Stepka
ステプキン Stepkine
ステプコ Stepko
ステフチェ Stevče
ステプトー
Stepto
Steptoe*
ステプトウ Steptoe
ステプニー Stepney
ステプニアク Stepniak
ステプニッコヴァー
Stepnicková
ステプニャーク
Stepnyak
ステプニャク
Stepnyak
ステプニヤク Stepniak
ステプニヤック
Stepniak
ステーブリ Stavely
ステフリーコバー
Stehlíková
ステフリック Steflik*

ステブリヤンコ
Steblyanko
ステブリン Steblin*
ステーブルズ Staples*
ステーブルドン
Stapledon
ステープルトン
Stapleton**
ステープルドン
Stapledon**
ステーブン
Stephen
Steven
ステフン Steffen
ステプーン Stepun
ステーブンソン
Stevenson
ステヘリ Stäheli
ステベン
Stebben*
Steven
ステベンソン
Stevenson*
ステポナーヴィチュス
Steponavichjus
ステポナビチュス
Steponavičius
ステポネイティス
Steponaitis
ズデボルスキー
Zdeborsky
ステーマン
Steeman*
Steemann*
ステマン Stemman
ステーム Steem
ステム
Stemm
Sten
ステムプ Stempf
ステュ Stu
ステューアート
Stewart
Stuart
ステューアト
Stewart
Stuart
ステュアート
Steuart*
Stewart**
Stuart**
ステュアード Steward
ステューヴェル Stuvel
ステュウット Stuart
ステュエン Stuen
ステューク Steuck
ステュークリ Stukeley
ステューダー
Studer**
ステューダラス
Studarus
ステューディ Studi
ステューデント
Student
ステュートヴィル
Stuteville
ステューピカ Stupica
ステューベル Stübel

ス

ステュリアノス
Stylianós
ステュリテス Stylites
ステュルジャン
Sturgeon
ステュールミラー
Stuhlmiller
ステュルム Sturm
ステュルメル
Shtyurmer
Stürmer
ステュルレル Sturler
ステューレ Sture
ステュワーカ Stwertka
ステュワート
Stewart**
Stuart
ステュワード
Steward*
ステーラ Stella
ステラ
Souteyrat
Stella***
Stellar
ステラー
Stellar
Steller
Sterer
ステラーク Stelarc
ステラップ Sterup
ズデラート Zderad
ステラン
Stéhelin
Stellan*
ステリ Sterry
ステリアン Stelian
ステーリイ Staley
ステリオ Stellio
ステリオス Stelios
ステリゴ Steligo
ステーリック Stehlík
ステリット Sterrett
ステリマク Stel'makh
ステリマフ Stel'mah
ステリヤ Sterija
ステーリン
Staehlin
Stéhelin
ステリング Stelling
ステール
Stehr**
Sutter
ステル
Stel*
Stela
ズーテル Sutel
ステルギオス Stergios
ステルクス Sterckx*
ステルケンブルフ
Sterkenburg
スーデルシャン
Sudershan
ステルズリ Stelzle
ステールセト Størseth
ステルター Stelter
ステルツァー
Steltzer*
Stelzer*
ステルディニアック
Sterdyniak
ステルティング
Stelting
ステールニク Sternik
ステルニツキ Stelnicki
ステルネク Sternegg
ステルネック Sternegg
ステルビーニ
Sterbini*
ステルブ Sterb
ステルベト Sterbet
ステルペローネ
Sterpellone
ステルマー Störmer
ステルマック
Stelmach*
ステルマン Stellman
ズーデルマン
Sudermann*
ステルメル Störmer
ステルラン Sterling
ステルレルニー
Sterelny
ステルワゴン
Stellwagon
ステルン Stern***
ステルンハイム
Sternheim
ステルンバーグ
Sternberg
ステルンベール
Sternberg
ステルンベル
Sternberg
ステルンベルク
Shternberg
Sternberg
ステルンベルグ
Sternberg
ステルンベルヒ
Sternberg
ステーレ Staley
ステーレー Staley
ステレ Stere
ステーレイ Staley
ステレヴンス Strevens
ステレット Sterrett
ステレフ Chterev
ステレルニー Sterelny
ステロウ Stelow
ステロフ Steloff
ステワート Stewart
ステワード Stewart
スーデン Souden
ステーン
Steen**
Sten
Steyn
Sthen
ステン
Steen*
Sten***
Stén
Stenn
ステーンウィンケル
Steenwinkel
ステーンウェイク
Steenwijck
Steenwijk
Steenwyck
ステンカ Stenka
ステンガー Stenger
ズデンカ Zdenka
ステンキル Stenkil
ステンクビスト
Stenqvist
ステンゲル Stengel**
ズデンコ
Zdĕnek
Zdenk*
Zdenko***
ステンシェフスキ
Stęszewski
ステンシェメ
Stenshjemmet
ステンジャー Stanger*
ステンシルス Stensils
ステンスタッド
Stenstad
ステーンストルップ
Steenstrup
ステーンストルプ
Steenstrup
ステーンストロプ
Steenstrup
ステーンスネス
Steens-Naes
Steensnaes
ステンスベック
Stensbeck
ステンセル Stensel
ステンゼル Stenzel
ステーンセン Steensen
ステンセン Stensen
ステーンソン Steensen
ステンソン Stenson**
ステンダルド
Stendardo
ステンチコフ
Stenchikov
ステンツ Stentz
ステンツェル Stenzel
ステンツラー Stenzler
ステント Stent**
ステントル Stentōr
ステンドル Steindl
ズデンドルフ
Suddendorf
ステントン Stenton
ステンハウス
Stenhouse
ステンパンスカヤ
Stepanskaya
ステンハンマー
Stenhammer
ステーンハンマル
Stenhammer
ステンハンマル
Stenhammar
Stenhammer
ステーンハンメル
Stenhammer
ステンプ Stemp
ステーンフェルト
Steenveldt
ステンフェルト
Stenvert
ステンプル Stemple
ステーンベア
Steenberg
ステンベッケン
Stenbäcken
ステンベリ Stenberg*
ステンベール
Sternberg**
ステンペル Stempel*
ステーンベルク
Steenberg
ステンベルク Stenberg
ステーンベルゲ
Steenberghe
ステンベルゲン
Steenberghen
ステーンベルヘ
Steenberghe
ステーンベルヘン
Steenbergen
Steenberghen
ステンボー Stenvaag
ステンボック
Stenbock
ステンマルク
Stenmark*
ステンマン
Steinmann
Stenman*
ステンメ Stemme*
ステンメッツ
Steinmetz*
ステンリー Stanley
ステンレイク Stenlake
ステンレン Steinlen
ステンロース Stenroos
スート Sehoueto
スード
Sood
Suid
ストー
Storr***
Stow
Stowe*
ズート
Zoet
Zoot*
ストーア Storr
ストア Store
ストアー
Stoehr
Storer
ストアーズ Stowers**
ストアラー Storer*
ストイアン Stoian
ストイヴェサント
Stuyvesant
ストイェヴィチ
Stojević
ストイェパン Stjepan
ストイカ
Stoika
Stojka
ストイガー Stoeger
ストイカジェリャスコバ
Stoyka
Zhelyazkova
ストイキツァ
Stoichita
Stoichită
Stoichiţă
ストイクレン
Stuecklen
ストイコ
Stoicho
Stojko*
ストイコヴィチ
Stojkovic
Stojković
ストイコヴィッチ
Stojkovic*
Stojkovici
ストイコビッチ
Stojkovic**
Stojković
ストイコフ Stoykov
ストイチェスク
Stoicescu*
ストイチェフ
Stoitchev
Stoychev
ストイチコフ
Stoichkov**
ストイツォフ Stoitsov
ストイッチュ Stojic*
ストイフ Stuyf
ストイフェサント
Stuyvesant
ストイベア Støjberg
ストイヤー Steuer
ストイヤン Stoian
ストイリュコビッチ
Stojiljkovic
ストイル Stohr
ストイロフ
Stoilov
Stöilow
ストイン Stoin
スートゥー Szeto
ストウ
Stow***
Stowe**
ストーヴァー Stover*
ストゥアーニ Stuani
ストーヴァル Stovall
ストゥアルティ
Stuarti
ストーヴィー Stovey
スドウィカトモノ
Sudwikatmono*
ストヴィーニ Stovini
ストヴィン Stovin
ストウヴァー Stover
ストーウェル
Stowell**
ストウエル Stowell*
ストウォ Sutowo**
ストヴォール Stovall

ストウカァ Stalker
ストゥカラワ
Stukalava
ストゥカーリン
Stukalin
ストゥカロフ Stukalov
ストゥーキー
Stookey*
ストゥーク Stueck
ストウク Sitki
ストウクス Stokes
ストウクスベリ
Stuxberg
ストゥケリ Stukeli
ストゥコルキン
Stukolkin
ストウジ Sturge
ストゥシュゴフスキー
Strzygowski
ストウシンガー
Stoessinger
ストゥーダー Studer
ストウダマイヤー
Stoudamire*
ストゥチェフスキー
Stutschewsky
ストゥーチカ Stuchka
ストゥチカ Stuchka
ストウチュカ Stuchka
ストゥッキ Stucki
ストゥッケン Stucken
ストゥッケンベア
Stuckenberg
ストゥットルソン
Sturluson
ストゥーディ Studi
ストゥディオス
Stoúdios
ストゥディテス
Sroúdios
Stoudítēs
Studites
ストウデミア
Stoudemire
ストゥデムント
Studenmund
ストウニア Stonier
ストゥニカ Stunica
ストゥパク Stupak
ストウバート Stobart
ストゥーパリチ
Stuparich
ストゥパリヒ
Stuparich
ストゥーピツァ
Stupica
ストゥープ Stoop
ストウブ Stubb*
ストウファー Stouffer
ストゥプカ Stupka
ストウプス Stopes*
ストゥーブハウグ
Stubhaug**
ストゥーベン Steuben
ストゥベン Steuben
ストゥーボ Stubo
ストゥムブラス
Stumbras
ストゥラーロ Sturaro
ストゥリドンク
Strydonck
ストゥリーニ Strini
ストゥリュオウル
Sutluoglu
ストゥリン Sturing
ストゥルヴァルク
Sztulwark
ストゥルヴェ Struve
ストゥルザ Sturdza
ストゥルーザン
Struzan*
ストゥルソン
Sturluson
ストゥルツォ Sturzo
ストゥルデ Sturdy
ストゥルトルソン
Sturluson
ストゥルナラス
Stournaras
ストゥルベ Struve
ストゥルベルス
Streuvels
ストゥルミウス Sturmi
ストゥルム Sturm*
ストゥルラ Sturla
ストゥルルソン
Sturluson
ストゥルレル Sturler
ストゥーレ Sture**
ストウレイ Storey
ストゥレジンスカ
Streżyńska
ストゥロフ Stulov
ストウン Stone
ストゥン Soodhun
ストーエ Stoye
ストエネスク
Stoenescu
ストエフ Stoev*
ストエレ
Store
Støre*
ストエーワ Stoeva
ストオ Sutowo
ストーカー
Stalker**
Stoecker
Stoker**
ストーガー Stoeger
ストーカイズ
Stoukides
ストーキー Stokey
スートキン Soetkine
ストーク
Stalk*
Stoeke**
Stoke
Stokes
Storch
Storck
Stork***
ストークス
Stoakes
Stokes***
ストクスタッド
Stokstad
ストクデック Stokdyk
ストクトン Stockton
ストグバウワー
Stögbauer
ストクビス Stokvis
ストークマン
Stockmann
Stokman
ストークランド
Stokland
ストークリー Stokely*
ストークレー Stokley
ストケット Stockett*
ストーケン Stoken
ストコー Stokoe
ストコウスキー
Stokowski
ストコフ Stogov
ストコフスキ
Stokowski
ストコフスキー
Stokowski*
ストーサー Stosur*
ストザード Stothard
ストーシ Stoss
ストジュゴーフスキー
Strzygowski
ストース Storrs
ストーズ Storrs*
ストスコップフ
Stosskopff
ストーセル Stoessel
ストタド Stoddard
ストダート
Stoddart
Stoddert
ストダード Stoddard*
ストダド Stoddard
ストーダーマイアー
Stoudermire
ストダルト Stoddart
ストーチ Storch
ストーチカ Stuchka
ストッカ Stokka
ストッカー
Stocker**
Stoecker
Stoker
ストッカード
Stockard*
ストッカム Stockum
ストッキー Stockey
ストック
Stock***
Stok
Stucke
ストックウィン
Stockwin**
ストックウェル
Stockwell**
ストックス Stocks*
ストックダール
Stockdale
ストックデール
Stockdale*
ストックトン
Stockton***
ストックネス Stoknes
ストックハウゼン
Stockhausen
ストックフェルド
Stockfeld
ストックブリッジ
Stockbridge
ストックフレト
Stockfleth
ストックホフ Stokhof
ストックホルム
Stockholm
ストックマン
Stockman**
ストックム Stockum
ストックラーサ
Stocklassa
ストックリ
Stöckli
Stoeckli
ストックリー Stockley
ストックル Stoeckle*
ストックルマイヤー
Stocklmayer
ストックレー Stokley
ストックロッサ
Stoklossa
ストッケ Stokke*
ストッケル Stoeckel**
ストッケン
Stokken
Støkken
ストッケンストレーム
Stockenström
ストッケンバーグ
Stockenberg
ストッス Stoss
ストッセル Stossel
ストッダァド
Stoddard
ストッダート
Stoddart**
Stoddert
ストッダード
Stoddard**
ストッツ Stotts
ストット Stott***
ストットラー Stotlar
ストッドリー Stoodley
ストットル Stuttle
ストットルマイア
Stottlemyre*
ストットルマイアー
Stottlemyre
ストットルマイヤー
Stottlemyre
ストッパ Stoppa*
ストッパー Stupar
ストッバート Stobbart
ストッパート
Stoppato
ストッパード
Stoppard**
ストッパーニ
Stoppani*
ストッパニ Stoppani
ストッフ Stoch
ストップ Stop
ストッフェル Stoffel
ストッフェルス
Stoffels
ストップケウィッチ
Stopkewich
ストッブス Stobbs
ストッブズ Stobbs
ストップフォオド
Stopford
ストップフォード
Stopford*
ストップフォド
Stopford
ストップラー Stopler
ストッフル Stoffel
ストップルマン
Stoppleman
ストッポード
Stopford*
ストテイン Stotijn
ストーデンメイヤー
Staudenmayer
ストドラ Stodola
ストートン Staughton
ストーナー
Stohner
Stoner**
ストナー
Stoner
Sutnar
ズトナー Sutnar
ストナム Stonham
ストーニ
Stoney
Storni
ストーニー
Stoney*
Stony
ストーニィ Stoney
ズドニェク Zdenek
ストニス Stonis
ストニック Stonich
ストニヒ Stonich
ストーニャー Stonier
ストニングトン
Stonnington
ストーネクス Stonex
スドノ
Soedono
Sudono*
ストノロフ Stonorov
ストーバー
Stauber*
Stover*
スドバ Sudova
ストバイオス Stobaios
ズートハウス Suthaus
ストーバス Staubus
ストバート Stobart
ストパード Stoppard

ス

ストーバル Stovall
ストバルト Stobart
スードフ Südhof*
ストーブ Staub*
ストーブ Stoop
ストフ Stoch*
ストーファー Stauffer
ストーファッチャー
Stauffacher
ストフィーレ Stofile
ストーフェール
Stauffer
ストフェール Stauffer
ストープス Stopes*
スドプラトフ
Sudoplatov
ストベウス Stobaios
ストーベル Stovel
ストーボ Stobaugh
ストボイ Stoboy
ズートホフ Sudhoff*
ストーマー Stormer
ストマン Stomann
ストーミー Stormie
ストーム
Storm**
Strom
ストム Stom
ストームス Storms
ストムビー Stormby
ズートムルダー
Zoetmulder
ストーメア Stormare
ストーメル Stomer
ストモ Sutomo
スドモ Soedomo*
ストーモント
Stormont
ストヤコヴィッチ
Stojaković
ストヤコビッチ
Stojakovic*
Stojaković
ストヤディノヴィチ
Stojadinović
ストヤディノビチ
Stojadinović
ストヤディノビッチ
Stojadinović
ストヤノヴァ
Stoyanova*
ストヤノヴィッチ
Stojanović
ストヤノバ Stoyanova
ストヤノビッチ
Stojanovic
Stojanović
ストヤノフ
Stoianov
Stojanov
Stoyanov**
ストヤノフスキ
Stojanovski
ストヤン
Stoian*
Stojan*
Stoyan***
ストュテルヘイム
Stutterheim
ストヨフスキ
Stojowski
ストヨフスキー
Stojowski
ストヨール Stohr
ストーラー
Stohler
Stolar
Stoler
Stoller*
Storrer
ストラ Stora
ストラー
Stoller
Storer
ストライカー
Striker*
Stryker
ストライク
Strike*
Struyk
ストライサンド
Streisand*
ストライザンド
Streisand
Stresand
ストライスグス
Streissguth
ストライスラー
Streissler
ストライッケン
Struycken
ストライト
Streidt
Streit
ストライトウィーザー
Streitwieser
ストライトフェルド
Streitfeld*
ストライナー Streiner
ストライブ Streib
ストライプ
Streib
Strype
ストライヤー
Strayer
Stryer
ストライリーン
Streilein
ストラヴィウス
Stravius*
ストラヴィンスキー
Stravinskii*
Stravinsky
ストラヴィーンスキィ
Stravinskii
ストラヴィーンスキイ
Stravinsky
ストラヴィンスキイ
Stravinskii
ズドラウコ Zdravko
ズドラヴコ Zdravko*
ストラウス
Straus**
Strause
Strauss**
Strouse
ストラウズ Strouse
ストラウストラップ
Stroustrup**
ストラウト Strout**
ストラウド Stroud**
ストラウブ Straub***
ストラウユマ
Straujuma
ストラカン Strachan
ストラク Stollak
ストラグ Strug*
ストラグネル
Strugnell
ストラコシャ
Strakosha
ストラコフ Strakhov
ストラザース
Struthers
ストラザーズ
Struthers*
ストラサーン
Strathairn
Strathearn
Strathern
ストラザーン
Strathairn
Strathern*
ストラシェヴィチ
Straszewicz
ストラシェウィック
Straszewicz
ストラジェフ Strazhev
ストラシェフスキ
Straszewski
ストラシェフスキー
Straszewski
ストラシミーロフ
Strasimirov
ストラシミロフ
Strasimirov
ストラージャイ
Strážay
スドラジャット
Sudradjat*
スドラジャト
Sudradjat
ズドラジラ Zdrazila
ストラジンスキー
Straczynski*
ストーラス Storace
ストラス Strauss
ストラスキ Stolarski
ストラスキー Strasky*
ストラスクライド
Strathclyde
ストラスコーナ
Strathcona
ストラスディー
Strathdee
ストラスナー
Strassner
ストラズニッキー
Straznicky
ストラスバーグ
Strasberg**
Strasburg*
Strassberf
ストラスブルガー
Strasburger*
ストラスベルク
Strasberg
ストラスベルゲル
Strassberger
ストラースマン
Strassmann*
ストラスマン
Strasman
Strassman
Strassmann
ストラセンブルグ
Straßenburg
ストラーダ Strada*
ストラダ Strada
ストラタコス
Stratakos
ストラータス Stratas
ストラダル Stradal
ストラタン Stratan
ストラチー Strachey
ストーラチア Storace
ストラーチェ Strace
ストラチェフ Stratiev
ストラチエフ Stratiev
ストラチャー Stracher
ストラチャン
Strachan
ストラツィミル
Sratsimir
ストラック Strack
ストラッグ Strug
ストラックマン
Strachman
Struckman
ストラッサー
Strasser***
ストラッザー Struther
ストラッスマン
Strassman
ストラッセル Strasser
ストラッチェン
Strachan
ストラッチャーリ
Stracciari
ストラッチャン
Strachan*
ストラッティス
Strattis
ストラッテン Stratten
ストラット Strutt*
ストラットフォード
Stratford*
ストラットヘアン
Strathairn
ストラットン
Stratton***
ストラップ Strupp
ストラッフォード
Strafford
ストラティー Strathie
ストラディ Strady
ストラディヴァーリ
Stradivari
ストラディヴァリ
Stradivari
ストラティオティクス
Stratioticus
ストラティガコス
Stratigakos
ストラーティス
Strates
ストラティス
Stratis
Strhatēs
ストラディバリ
Stradivari
ストラティラ Stratila
ストラディンズ
Strazdins
ストラテギウス
Strategius
ストラデッラ
Stradella
ストラテマイヤー
Stratemeyer
ストラデラ Stradella
ストラデルラ
Stradella
ストラーテン
Straaten*
Straeten
Straten*
ストラート Straet
ストラード Stollard
ストラトクレス
Stratoklēs
ストラトス Stratos
ストラトニケ
Stratonikē
ストラトフォード
Strafford
Strartford
Stratford*
ストラトフオード
Stratford
ストラトマイアー
Stratemeyer
ストラトマイヤー
Stratmeyer
ストラトマン
Stratmann
ストラドリー Stradley
ストラドリング
Stradling
ストラドレー Stradley
ストラトーン Straton
ストラトン
Straton
Stratōn
Stratton*
ストラナハン
Stranahan
ストラニ Storani
ストラニツキー
Stranitzky
ストラネオ Straneo
ストラパローラ
Straparola*
ストラハン
Strachan
Strahan*
ストラビンスキー
Stravinsky*
ストラブ Strub

ストラフォード
Strafford
ズドラブコ Zdravko
ストラブル Struble
ストラーベ Straube
ストラーボ Strabo
ストラボ Strabo
ストラボー Strabo
ストラーホフ
Strakhov
ストラホフスキー
Strakhovsky
ストラボーン Strabōn
ストラボン
Storabon
Strabo
Strabōn
ストラマー
Strummer**
ストラミジョーリ
Stramigioli
ストラミジョリ
Stramigioli
ストラーム Strahm
ストラム
Stram
Strum*
ストララム Straram
ストラーリ Storari
ストラリノ Straulino
ストラール Strahl
ストラル
Struhl
Strull
ストラルザー Stralser
ストラルストウ
Straltsou
ストラレー Straley
ズドラレク Sdralek
ストラーレン Straelen
ストラレンベルグ
Strahlenberg
ストラーロ
Storaro*
Straro
ストラーン Strahan
ストランカー Štrancar
ストランク Strunk
ストラング
Strang*
Strunge
ストランゲル
Stranger*
ストランスキー
Stransky
ストランツ Stranz
ストランド
Storandt
Strand***
ストラントニールセン
Strand Nilsen
ストランドネス
Strandness
ストランドバーグ
Strandberg
ストランドベリ
Strandberg*
ストランドヘル
Strandhäll
ストランドリ Strandli
ストランビ Strambi
ストランフ Strumpf
ストランベリ
Strandberg
ストランペル
Strumpel
ストーリ
Storey
Story
ストーリー
Storey***
Storie
Storlie
Storry*
Story**
ストリー Story
ストリアウカス
Striaukas
ストリアーレ Sturiale
ストリアロヴ
Stolyarov
ストーリィ
Storry
Story
ストリイェク Stryjek
ストリィタア Streeter
ストリエン Strien
ストリカーズ
Stricherz*
ストリカルスキー
Strychalski
ストリーク Streeck*
ストリクランド
Strickland
ストリグル Strigl
ストリーゲル Striegel
ストリゲル Strige
ストリコウスキ
Stryjkowski
ストリコバ
Strycova
Strýcová
ストリコフ Stricoff
ストリコフスキ
Stryjkowski
ストリジェフスキー
Stridzevskij
Strizhevskii
ストリジーニ Strigini
ストリージャン
Strejan
ストリスノ Sutrisno*
ストリズマン
Stridsman*
ストリータ Streeter
ストリーター
Streater
Streeter**
ストリーチャー
Streicher
ストリッカー
Stricker**
Strycker
ストリッカーズ
Stricherz
ストリック Strick*
ストリックランド
Strickland**
ストリッジオ Striggio
ストリッジョ Striggio
ストリッチ Stritch*
ストリッチャーツ
Strichartz
ストリッド Strid
ストリットメイター
Strittmater
ストリップ Stripp
ストリッフラー
Striffler
ストリップリング
Stripling
ストリート
Street***
Streete
Streett
Strete
ストリード Stridh*
ストリートフィールド
Streatfield
ストリートフィルド
Streatfield
ストリートマン
Streetman*
ストリートン
Streeten
Streeton
ストリナザッキ
Strinasacchi
ストリナチ Strinati
ストリナーティ
Strinati
ストリニッチ Strinic
ストリノ Storino
ストリーバー
Strieber**
ストリーバー Strieber
ストリーピン Stolypin
ストリピン Stolypin
ストリーフ Strief
ストリープ Streep**
ストーリブラス
Stallybrass
ストリブラス
Stallybrass
ストリブリング
Stribling**
ストリブリング
Stribling
ストリーブンズ
Strevens
ストリーボッグ
Streabbog
ストリャール Stoliar
ストリャルスキー
Stolyarsky
ストリャーロフ
Stoliarov
ストリャロフ
Stoliarov
Stoljarow
Stolyarov*
ストリャロワ
Stolyarova
ストリューヴ Struve*
ストリューヴェ Struve
ストリューザン
Struzan
ストリューフェルス
Streuvels
ストリューベル
Strubel
ストリュムペル
Strumpell
ストリュロウ
Stolurow
ズドリリッチ Zdrilic
ストリル Stril
ストリーロ Strehlow
ストリーン Strean*
ストリンガー
Stringer***
ストーリング Stalling
ストーリングス
Stallings*
ストーリングズ
Stallings
ストリングフィールド
Stringfield*
ストリングフェロー
Stringfellow
ストリンジャー
Stringer
ストリントベリ
Strindberg
ストリンドベーリ
Strindberg
ストリンドベリ
Strindberg*
ストリンドベリー
Strindberg
ストリンドベリィ
Strindberg
ストリンドベルィ
Strindberg
ストリンドベルイ
Strindberg
ストリント・ベルク
Strindberg
ストリントベルク
Strindberg
ストリントベルグ
Strindberg
ストリンドベルク
Strindberg
ストリンドベルグ
Strindberg
ストリントベルヒ
Strindberg
ストリンドベルヒ
Strindberg
ストリンベリー
Strindberg
ストリンペル Strimpel
ストール
Stahl*
Stall*
Stohl*
Stöhr
Stole
Stoll**
Stor
Storr
ストル Stoll
ストルー Stroo
スドル Sudol
ズートル Zutra
ストルイク Struik
ストルィコフスキ
Stryjkowski*
ストルィピン Stolypin
ストルイーピン
Stolypin
ストルイピン
Stolypin*
ストールヴィ Stalvey
ストールヴィーク
Storvik
ストルヴィッチ
Stolovitch
ストルーウェ Struve
ストルーヴェ
Struve*
Strúve
ストルーエンセ
Struensee
ストルエンゼー
Struensee
ストルガッキー
Strugatskii
ストルガツキー
Strugatskii**
ストルガーツキイ
Strugatskii
ストルガツキイ
Strugatskii
ストルガル Strugar
ストルキオ Storchio
ストルーク Strug
ストルーグ Strug
ストルク
Stolk
Storch
Storck
Strug
ストルグホルト
Strughold
ストルコウスキー
Stolkowski
ストルゴーズ
Storgårds
ストルコフ Strukov
ストルコフスキー
Stolkowski
ストルーザー Struther
ストルサ Štursa
ストルーザーズ
Struthers
ストルーザン Struzan
ストルジー Stolzy
ストルジェリチク
Strzhelichik
ストルジェルチク
Strzhelichik
ストールズ Stolz**
ストルスコバ
Struskova

ス

Strusková
ストルスティン
Storstein
ストルーストラップ
Stroustrup
ストルセルス Stolcers
ストルチコーワ
Struchkova
ストルチコワ
Struchkova
ストルチャエワ
Struchayeva
ストルツ
Stoltz**
Stolz*
ストルツフス Stoltzfus
ストルツマン
Stoltzman*
ストールティ Stoeltie
ストールティング
Stoelting
ストルーデン Strüder
ストルテンバーグ
Stoltenberg*
ストルテンベルグ
Stoltenberg***
ストルト Stolt
ストルド Stoldo
ストルニ Storni
ストールネクト
Stallknecht
ストルパー Stolper
ストールバリ
Ståhlberg
ストルパル Strupar
ストルーバント
Stroobant
ストールビ Stalvey
ストルヒ Storch
ストループ Stroup
ストルーフェ Stroeve
ストールフェルト
Stålfelt
ストルーベ Struve*
ストルベ Struve
ストルヘイム Stalheim
ストルベク Styrbæk
ストールベリ
Ståhlberg
Stålberg
ストールベルイ
Ståhlberg
ストルベルグ Stolberg
ストールベルゲ
Storberget
ストルーベン
Stroobant
ストルホルト Storholt
ストルボワ Stolbova
ストルマーレ
Stormare
ストールマン
Stallman**
ストルミーリン
Strumilin
ストルミリン
Strumilin*
ストルム
Storm*
Strum
ストルムエーリックセン
Strøm-erichsen
ストルムステット
Stromstedt
Strömstedt
ストルレッキー
Strelecky
ストールワージー
Stallworthy
ストールワース
Stallworth
ストルンブリンク
Stornebrink
ストーレイ
Stolley
Storey
ストレイ
Storey
Stray**
ストレイカー Straker
ストレイザン
Strathern
ストレィチー Strachey
ストレイチ Strachey*
ストレイチー
Strachey**
ストレイチィ Strachey
ストレイト
Straight*
Strait
Streit*
ストレイド Strayed*
ストレイトベルガー
Streitberger
ストレイトン Straten
ストレイナ Streona
ストレイナー Streiner
ストレイハン
Strahan*
ストレイブロヴァ
Streiblová
ストレイホーン
Strayhorn*
ストレイヤー Strayer
ストレイリー Straily
ストレイン Strain
ストレインジ Strange
ストレヴァンス
Strevens
ストレーヴェルス
Streuvels
ストレゥフェルス
Streuvels
ストレウフェルス
Streuvels
ストレウラー Strewler
ストレヴンズ Strevens
ストレェイチイ
Strachey
ストレーカー Straker
ストレカロフ
Strekalov
ストレケンバッハ
Streckenbach
ストレージャン
Strejan
ストレシンスキー
Streshinsky
ストレーゼマン
Stresemann
ストレータ Stroeter
ストレーチ Strachey
ストレーチー
Strachey*
ストレチー Strachey
ストレーチイ Strachey
ストレチィ Strachey
ストレックスファス
Streckfus
ストレッサー Strasser
ストレッジ Strege
ストレッチ Stretch
ストレッチャー
Strecher
ストレットフィールド
Streatfeild
Streatfield
ストレットン
Stretton*
ストレッファー
Streffer
ストレッポーニ
Strepponi
ストレート
Straight**
Streit
Strete*
ストレトビッチ
Stretovich
ストレトフィールド
Streatfeild
Streatfield
ストレトン Stretton
ストレノプーロス
Strenópoulos
ストレバンス Strevens
ストレーブ Strebe
ストレフ Streff
ストレブ
Streb
Strebe
ストレーフェルス
Streuvels
ストレブラー Strebler
ストレブンズ Strevens
ストレーペトヴァ
Strepetova
ストレーベル
Strobel
Stroebel*
ストレベル Strebel
ストレーベルス
Streuvels
ストレーベンス
Strevens
ストレーマー Strömer
ストレマーシュテッド
Strömmerstedt
ストレム Ström
ストレムグレーン
Strömgren
ストレムグレン
Strömgren
ストレムビツキー
Strembitsky
ストレムベリ
Strömberg
ストーレリ Storelid
ストレリツォフ
Streltsov
Strel'tsov
ストレーリニコフ
Strel'nikov
ストレリュ Stoleru
ストレール Strehle
ストレルー Stoleru
ストレルキー
Strelecky
ストレルコヴァ
Strelkova
ストレルコースカス
Strelkauskas
ストレルツォーバス
Strelcovas
ストレーレ Strehle*
ストレーレル
Strehler**
ストレロフ Strelov
ストーレン Storen
ストレン
Stren
Strenn
ストレンガ Strenga
ストレング Streng
ストレングスフィールド
Strengthfeild
ストレングホルト
Strengholt
ストレーンジ Strange
ストレンジ
Strange***
ストレンジズ Stranges
ストレンジャー
Stranger
ストーレンハーグ
Stålenhag
スートロ Sutro
ストロ Stolo
ストロー
Storø
Storrow
Straub
Straw**
Stroh*
ズドロイェフスキ
Zdrojewski
ストロイベルグ
Stroyberg
ストロイヤー Stroyer
ストロウ
Storrow
Stroh
ストロヴィッチ
Stolovitch
ストロウジュペ
Strausz-Hupé
ストロウスキ Strowski
ストロウスキー
Strowski*
ストロウスキイ
Strowski
ストロウナク
Stronach
ストロウハル Strouhal
ストロエスネル
Stroessner**
ストロエット Stroet
ストローエフ Stroev
ストロエフ Stroev**
ストロガッツ
Strogatz*
ストローガノヴァ
Stroganova
ストロガノフ
Stroganov
ストローク Strok
ストロークスネス
Strøksnes
ストロゴーヴィチ
Strogovich
ストロコッシュ
Strokosch
ストローサー Strother
ストローザー
Strother
Strozer
ストロサー Strother
ストロザー Strother
ストローサル Strosahl
ストロジア Strozier
ストロジャー Strozier
ストロジャン
Stolojan*
ストロース
Straus
Strauss**
ストローズ
Strauss
Strausz
ストロス
Strauss
Stross**
ストロスカーン
Strauss-Kahn*
ストローズフーペ
Strausz-Hupe
ストロースボー
Strausbaugh
ストローゼンバーグ
Strauzenberg
ストローソン
Strawson**
ストローダーマン
Strawderman
ストローチ Strauch*
ストロック Strock
ストロッズ Strods
ストロッセン Strossen
ストロッツィ Strozzi
ストロッフ Stoloff
ストロップ Strop
ストロード
Strode*
Stroode

ストロートマン Strootman
ストロナク Stronach
ストロナック Stronach
ストロバー Strober*
ストローハイム Stroheim
ストロハイム Stroheim
ストローハン Straughan
ストローバンデット Stroobandt
ストロビノ Strobino
ストローブ
Straub**
Strobe**
ストロープ
Strope
Stroup
ストロフ Stoloff
ストロフスキー Strowski
ストロプニツキー Stropnický
ストローブル Strobl*
ストロベリー Strawberry*
ストロベリーズ Strawberries
ストローベル Strobel**
ストロベル Strobel*
ストロボ Strobbe
ストロポール Stropahl
ストロボワ Stolbova
ストロマイヤー Strohmeyer*
ストロマイル Stromile
ストローマン Stroman*
ストロミンジャー Strominger*
ストローム
Storm
Strohm
Strom
Strome
ストロム
Storm
Strom**
ストロームクヴィスト Strömquist
ストロームスタット Strømstad
ストロムベルグ Strömberg
ストロメイヤ Strohmeyer
ストロメイヤー Strohmayer
ストロヤノフ Stoyanov
ストロヤン Stolojan
ストロール
Strahl
Strohl**
Stroll
ストロロウ Stolorow*
ストローン
Strachan
Strahan
ストロンキスト Stromquist
ストロンギュリオン Strongylion
ストロング
Strong***
Stronge
ストロングマン Strongman
ストロンバーグ
Stromberg
Strömberg
ストロンベック Strombeck
ストロンベルグス Strombergs**
ストーワー Stower
スートン
Shi-tong
Sutong
ストーン
Stern
Stone***
ストン Stone
ストング Stong*
ストーンコールド Stone Cold
ストーンズ Stones**
ストーンストリート Stonestreet
ストーントン Staunton*
ストンパー Stomper
ストーンハウス Stonehouse**
ストーンバーナー Stoneburner
ストーンヒル Stonehill
ストンヒル Stonehill
ストーンブレイカー Stonebraker
ストンポロウスキー Stomporowski*
ストーンマン Stoneman*
ストンメル Stommel*
ストンリー Stoneley
スナイエ Senaillé
スナイス Snaith
スナイダー
Sneider**
Snider***
Snieder
Snyder***
ズナイダー Znaider*
スナイダア Snyder
スナイディ Sunaidy
スナイデル Sneijder*
スナイデルス Snyders
ズナイデン Znaiden
スナイト Snite
スナイドル Snider
スナイドン Snaydon
スナイプス
Snipes
Snips*
スナイル Snaer
スナウダー Snawder
スナウラ Sunaura
スナーガ Sunāga
スナーキー Snarky
スナク Sunak
スナケトエンラー Senakhtenre
スナシャル Snashall
スナダ Sunada
スナッカッタ Sunakkhatta
スナッデン Snadden
スナッパー Snapper
スナッフ Snuff
スナッブ Snub
スナッフィー Snuffy
ズナニェッキ Znaniecki
ズナニェツキ Znaniecki
ズナニエッキ Znaniecki
ズナニエッキー Znaniecki
ズナニエツキ Znaniecki
ズナニエツキー Znaniecki
スナペア Søderberg
スナム Su-nam
ズナメンスキー Znamenskii
スナリエ Senallié
スナール
Senard
Senart
スナルティア Sunartya
スナルディアン Sunardian
スナルト Sunarto
スナルノ Soenarno
スナルプ Sunalp
スナルモ Soenarmo
スナワル Sunawar
スナン Sunan
スナンター Sunantha
スナンダ Sunanda
スーニー Sooni
スニー
Snee
Sunee
スーニア Sunyer
スニア Sunia
スニヴァル Cenival
スニヴェリー Snively
スニウラ Suniula
スニェ Sunyer
スニェーゴフ Snegov
スニェヤナ Snjezana
スニェール Sunyer
スニエル Suñer**
スニエル Sunyer
スーニガ Zúñiga
スニーガ Zuniga
スニガ
Zuniga*
Zúñiga
Zuñinga
ズーニガ Zuniga
ズニガ Zuñinga
スニーキー Sneaky*
スニケット Snicket**
スニーサ Sunisa
スニサー Sunisa
スニース Sneath
スニス Snith
スニータ Sunīta
スニダーマン Sniderman
スニダロー Snidero
スニチェンバウマー Schnitzenbaumer*
スニッカー Snitker
スニッグ Snygg
スニット Sunit
スニッフェン Sniffen
スニッペ Snippe
スニティ Sunithi
スニーデルス Snieders
スニデルス Snyders
スニート Suneet
スニード
Snead**
Sneed*
Sneyd
スニトウ Snitow*
スニトコ Snitko
ズニネド Znined
ズニーノ Zunino
スニヤエフ
Sunyaev
Sunyayev*
スニャデーツキー Śniadecki
スニャデッキー Śniadecki
スニョル
Suñol
Sunyol
スニョン
Soon-young
Soo-nyuong
スーニル Sunil
スニール Sunil*
スニル Sunil*
スニルダ Zunilda
ズニンガ Zuñinga
スニンスキー Sninsky
スヌ Sunu
スヌー Sunoo
スヌゥ Ṣun‘
スヌウイユ Seneuil
スヌーカ Snuka
スヌーキー Snooky
スヌーク
Snoecq
Snook
Snouck
Snoucq
スヌークス Snooks
スヌクストラ Snoekstra
スヌック Snoeck
スヌックス Snooks
スヌニット
Senunit
Snunit
スヌヌ Sununu
スヌビエ Senebier
スヌープ Snoop*
スーネ Sune
スネ Sune
スネー Sneh*
スネア Snair*
スネイク Snake
スネイクスキン Snakeskin
スネイス Snaith
スネイデルス
Snijders
Snyders
ズネイバート Thneibat
スネイプ Snape*
スネイル Snail
スネギリョフ
Snegirev
Snegiryov
スネグル Snegur*
スネーゴフ Snegov
スネジェムイブラー Senedjemibre
スネジャ
Sneja
Suneja
スネジャナ
Snezana*
Snežana
スネージュ Snaije
スーネス Souness
スネソン Suneson*
スネーダー Snader*
スネッデン Snedden
スネップ Snepp
スネディカー Snedeker
スネデカー
Sndecor
Snedeker*
スネデッカー Snedecor
スネデン Snedden
スネート Sunate
スネード Snade
スネドコフ Snedcof
スネトセラール Snetselaar
スネトラ Sunetra
スネドン Sneddon
スネープ Snape

スネフェル
Snefru
Śnfrw
スネフェルイブラー
Seneferibre
スネーフォート
Schnéevoigt
スネーフリート
Sneevliet
スネフル Snefru
スネフルー Snefru
スネラールト Snellaert
スネラルト Snellaert
スネリウス Snellius
スネリング Snelling*
スネル
Schnell
Snel
Snell***
スネルグ Snerg
スネルグローヴ
Snellgrove
スネルグローブ
Snellgrove*
スネルスルード
Snersrud
スネルスン Snelson
スネルソン Snelson
スネルマン Snellmann
スネルレン Snellen
スネレン Snellen
スーネンス
Suenens*
Sunens
スノー
Snoh
Snow***
Snowe*
スノイルスキー
Snoilsky
スノイルスキィ
Snoilsky
スノイーンク Snoyink
スノウ Snow**
スノウドン Snowdon*
スノウボーイ
Snowboy
スノウマン Snowman
スノウリング
Snowling
スノエレン Snoeren*
スノーク Snoek
スノーシル Snowsill**
スノッツィ Snozzi
スノッディー Snoddy
スノッドグラス
Snodgrass*
スノッドグレス
Snodgress*
スノッリ Snorri
スノディ Snoddy
スノティエ Senotier*
スノーディン
Snowden
スノーデン
Snowden**

スノードグラス
Snodgrass
スノドグラス
Snodgrass
スノードン
Snowden**
Snowdon*
スノーバー Snover
スノハラ Sunohara*
スノーハンセン
Snow-hansen
スノプコフ Snopkov
スノーフラワー
Snowflower
スノラソン Snorrason
スノーリ Snorri
スノリ Snorri
スノーリング
Snowling
スノルリ Snorri
スノレール Snollaerts
スノン Sun-won
ズーノン Zunon
スーバー Suber
スーパ Supa
スーパー Super
スハ Suha
スバ Subba
スパー
Spae
Spar*
Sparr
Spurr**
ズーバー Zuber*
ズハー Sucher
ズバイ Sbai
スパイア Speier
スパイアー Speier*
スパイアーズ
Spiers
Spires
スパイヴィ Spivey*
スパイヴィー Spivey
スパイカー Speicher
スパイカーズ Spijkers
スハイク Schayk
スパイク Spike***
スパイクス Spikes
スパイクマン
Spykman*
スパイケル Spikell
スパイサー Spicer*
スパイザー Speiser
スパイス Spice
スパイダー Spider**
ズバイダ Zubayda
スバイティ Subayti
ズバイディ
Zubaidi
Zubaydi**
ズバイディー Zubaydī
スパイデル
Speidel
Speidell

スパイト Speight
ズバイドフ Zuvaidov
スパイニ Spaini
スハイビ Suhaibi
スパイビ Spybey
スパイビー Spivey
スパイマスター
Spymaster
スハイム Suhaim
スパイヤー
Speyer
Spier
スパイヤーズ Spiers
スパイラ Spira*
スパイラー
Spiller
Spira
Spirer
ズハイラート
Thuheirat
スパイリ Spyri
ズバイリー Zubayrī
スハイル
Souhail
Suhail
Suhair
ズハイル
Zouhair
Zuhair
Zuhayr
ズバイル Zubayr
スパイロ Spiro*
スパイロー Spiro
スパイロス Spyros
スパインク Spaink
スパーヴ Sparv
スパウェンタ
Spaventa
スパヴェンタ
Spaventa
スパヴェント
Spavento
スパウォート Spowart
スパウォン Supawong
スハウテン
Schouten**
ズバエル Zubayer
スパーガレン
Spaargaren
スバーカンマーラディーター
Subhākammāradhītar
スパーキー Sparky**
スバギオ Subagio
スハク Su-hak
スパーク
Spaak
Spark***
Sparke*
スパク Spac
ズバク Zubak**
スバグジャ Subagja
スパークス
Sparkes
Sparks***

Sparxxx
スパークスマン
Sparkman
スパークマン
Sparkman*
スパークル Sparkle*
スパーゲル Spergel*
スパケンバーグ
Spangenburg
スパーゴ Spargo*
スパジアリ Spaggiari
スバージーヴァカンバニカー
Subhājīvakambanikā
スパージェン
Spurgeon*
スバシッチ Subasic
スパシブーホフ
Spasibukhov*
スパージャー Sparger
スバーシュ
Subash
Subhas
Subhash*
スバーシュタ Svarstad
スパージョン
Spurgeon*
スパジラクル
Supajirakul
スパージン Spurgin*
スハス Suhas
スバース Subhas
スバス Subhas*
スパース
Sparse
Spas
Spath
スパス Spath
スバースキ Sbarski
スパスキー Spasskij
ズーパースベルゲン
Supersbergen
スパセノスキ
Spasenoski
スパソエ
Spasoe
Spasoje
スパソフ
Spasoff
Spasov
スパソフスキ
Spasovski
スパーダ Spada
スパーダー Spaander
スパダ Spada*
スパダヴェッキア
Spadavecchia
スパダフォラ
Spadafora
スパーダフォリ
Spadafori*
スパダリーノ
Spadarino
スパタール Spătar
スパタロ Spataro

スパダーロ Spadaro
スパチコワ Špačková
スパチット Supachit
スパチャイ
Supachai**
スパーツ
Spaatz
Spartz
スパツィアニ Spaziani
スバック Subak
スパック Spach
ズバック Zubak
スバックシャープ
Subak-Sharpe
スパックス Spacks
スパックマイヤー
Spicklemire
スパックマン
Spackman
Spackmann
Spackmman
スバッダ Subhadda
スパッタ Spalla
ズーバッチ Zubac
スパッディ Spaddi
スパッド Spud
スパッドヴィラス
Spudvilas*
スパッドビラス
Spudvilas
スバットラディット
Subhadradis
スパッフォード
Spafford
スパッランツァーニ
Spallanzani
スパッレ Sparre
スパディ Spaddy
スパディス Spathis
スパーデュソ Spirduso
スハーデル Schaedel
スパーテン Spaten
スパーデンス
Spurdens
スパトゥリサノ
Spatrisano
スバトコーフスキー
Svadkovskii
ズバートフ Zubatov
ズバトフ Zubatov
スバトプルク
Svatopluk
スバードラ Subhadra
スバドラー Subhadra
スパトラ Spatola
スパドーラ Spadola
スパトラーディット
Suphatradit
スパトラディット
Subhadradis
スパドリーニ
Spadolini
スパドリニ Spadolini*

スーパーナウ Supernaw
スパナンタナーノン Supanantananont
スパーニ Spani
スパニア Spanier*
スパニアー Spanier
ズハニス Zuhanis
スパーニャ Spagna
スパニョーリ Spagnoli*
スパニョール
Spagnol
Spanogle
Spanyol*
スパニョロ Spagnolo
スパニール Spanier
スパーヌウォン Souphanouvong
スパヌウォン Souphanouvong
スパヌオーロ Spagnuolo
スパヌオン Souphanouvong
ズーハネク Suchanek
スバネリッド Svanelid
スパーノ Spano*
スパノス Spanos
スパノビッチ Spanovic
スハーノフ Sukhanov*
スハノフ Sukhanov*
スバノフ Subanov
スパーバー
Sparber*
Sperber*
スババルスドッティル Svavarsdottir
スパヒジャ Spahija
スパヒッチ Spahic
スハープ
Schaap
Schaep
スバーフ Subāhu
スバブ Svab
スパファリー Spafary
スパフォード
Spafford*
Spofford
スハープマン Schaepman
スーパーフライ Soopafly
スパペン Spapen
スパーペンス Spapens
スパベンタ Spaventa
スパーホウク Sparhawk
スパポドック Supapodok
スパーポン Suphaphong
スパマス Supamas*
ズハマック Zhamak
スーハミ Souhami
スパムピナート Spampinato
スハムブルヘル Schaemburger
スバラクシュミ Subbulakshmi
スパラコ Sparaco**
スパラック Suphalak
スパランツァーニ Spallanzani
スバリ Subari
スバリー
Sparey
Suvari
スパリ Supari
ズバリ Zubari
スパリアー Spurrier
スパリヴィン Spalvin
スハリート Charito
スパリノ Spallino
スハリョフ Sukharev
ズバリョフ Zubarev
スパーリング
Sparing
Sparling*
Sparring
Sperling**
Spurling*
Spurring
スパール
Souppart
Spall
ズハル Zuhal
スパルヴィス Spalvis
スパルウィン Spalvin
スパルヴィン Spalvin
スパールガレン Spaargaren
スハルク Schalk
スバルグリア Sbarglia
スハルケン Schalcken
スハルゴ Soehargo
スパルゴ Spargo
スパルゴー Spargo*
スハルジョ Suhardjo
スバルジョ
Soebardjo
Subardjo
スパルジョ
Soepardjo
Suparjo
スパルジョン Spurgeon
スパルスキ Sopalski
ズバルスキー Zbarski
ズバルスード Zwarthoed
スパルターク Spartak
スパルタク Spartak
スパルタクス Spartacus
スパルタス Spartas
スパルテ Sparté
スパルティアヌス Spartianus*
スパールディング Spaulding
スパルディング Spalding
スハルテン Scharten
スハルト
Schardt
Soeharto
Suharto**
スパルトン Spalton
スパルノ Suparno
ズバルバロ Sbarbaro
スパレヴォーン Sparrevohn
スパレク Spalek
スパレッティ Spalletti**
スハレフ Sukharev
ズバーレフ Zubarev
スハレロヴァー Schallerová
スパロ Spero
スパロー Sparrow
スパロウ Sparrow**
スパロウダンサー Sparrowdancer
スパーロック Spurlock*
スーパン
Supan
Suppan
スハン
Siheng
Soo-han*
スバーン Severn*
スバン
Soubanh
Svan
スパーン
Spahn*
Spirn
Suppan
スパン
Souphanh
Span
Spang
Spann*
Suppan
ズーパン
Supan*
Zupan
ズバン Zvan
ズパン
Supan
Zupan
スパング Spang**
スパンゲンバーグ Spangenberg
スパンジェンバーグ Spangenberg
スパンジャー Spanger
スパーンス Spaans
スパンタ Spanta*
スパンダリャーン Spandaryan
ズパンチッチ
Zupancic
Zupančič
スパンツォッティ Spanzotti
スバンテ Svante
スバンディー Subandhi
スバンディス Svandis
スパント Spunt
スバンドゥ Subandhu
スバンドリオ Subandrio**
スバンベコフ Subanbekov
スバンベリ Svanberg
スパンベルグ Shpanberg
スハンベルヘル Schamberger
スハンベルヘン Schambergen
スパンヤード Spanjaard*
スヒ
Soo-hee
Su-heui
スヒー Suchy
スビ Suvi
ズービ Zube*
ズビ
Zou'bi
Zubi
スピーア
Speer
Spier
スピア
Spear**
Speare*
Speer***
Spehr
Spier*
スピアー
Spear
Speer
Speir
Spier
ズビア Zwiers
スビアス Subías
スピアーズ
Spears**
Speers
Speirs
Spiers
スピアズ
Spears
Speers
スビアト Subiat
スピアート Speert
ズビアド Zviad*
スピアマン Spearman
スピアモン Spearmon
スピアリング Spiering
スピアン Suppian
スビアント Subianto*
スビアンネ Suvi-Anne
スピィア Spear
スヒィッフマッグァー Schiffmacher
スピイル Spire
スピヴァク Spivak**
スピヴァグ Spivak
スピヴァコフ Spivakov*
スピヴァコーフスカヤ Spivakovskaia
スピヴァコフスキー Spivakovsky
スピヴァック
Spivak**
Spivax
スピエーラ Spiera
ズビエルスキ Zbierski
スビエルチェブスキー Swierczewski
スビオ Suvio
スピオガーブラ Spio-garbrah
スビオクラ Sviokla
スピーカー Speaker*
スピーカーマン Spiekermann
スビガール Svigals
スピーク
Speak*
Speake
Speke
スピークス
Speakes*
Speaks*
ズビグニエヴ Zbigniew
ズビグニェフ
Zbigniev
Zbigniew***
Zbiqniew
ズビグニエフ Zbigniew**
ズビグニュー Zbigniew***
ズビグニュフ Zbigniew
ズビグネフ Zbigniew
スピークマン Speakman*
スピーグル
Speegle
Spiegl*
スピクル Spicre
スピケ Spycket
スピーゲル Spiegel**
スピーケルズ Spijkers
スピーゲルバーク Spiegelberg
スピーゲルバーグ Spiegelberg
スピーゲルマン
Spiegelman**
Spigelman
スピーゲルロー Spiegel-Lohre
スピザク Spizak
スピサック Spisak
ズビザリタ Zubizarreta

スビサレッタ
Zubizarreta*
スピージオ Speizio
スービーズ Soubise
スビーズ Soubise
スビス Svith
スピース
Speeth
Spies
Spiess
Spieth*
Spiss
スピーズ Spies**
ズビズディッチ
Zvizdić
スーピゼ Soupizet
スピタメネス
Spitamenēs
スピタルニー Spitalny
スピーチ Speech*
ズピチッチ Župičić
スピーツィン Spitsyn
スピツイン Spitsyn
スピツォフ Spitsov
スピッカー Spicker*
スピック
Spick
Spicq
スピックス Spix
スピッツ
Spits
Spitz**
スピッツァ Spitzer
スピッツァー
Spitzer**
スピッツィキーノ
Spizzichino
スピッツナー
Spitzner*
スピッツナーゲル
Spitznagel
スピッツネイゲル
Spitznagel
スピッツバーグ
Spitzberg
スピッツマン Spizman
スピットカ Spittka
スヒッペルス
Schippers
スピーディ Speedy
ズビディ Zbidi
スピティヒニェフ
Spytihněv
スピティフニェフ
Spytihněv
スピテレラ Spitelara
スピード Speed***
スピードマン
Speedman
スビトラナ Svitlana
スビトリナ Svitolina
スピーナ Spina*
スピナ
Spina
Spinna

スピナー
Spiner
Spinner
スピナッツィ Spinazzi
スピナッツォーラ
Spinazzola
スピナール Spinar
スビナロフ Svinarov
スピーニ Spini
スピニ Spini
スピニー Spinney*
ズビニェク Zbyněk*
ズビネック Zbynek*
スピネッティ Spinetti
スピネッリ
Spinelli***
スピネッロ Spinello
スピネリ Spinelli**
スピネリス Spinellis
スピネル
Spinell
Szpiner
スピネルロ Spinello
スピネーロ Spinello
スピネロ Spinello*
スピーノ Spino
スピノーサ Soinosa
スピノーザ Spinoza*
スピノザ Spinoza*
スピノジ Spinosi*
スピノッティ Spinotti
スビノニシビリ
Svinonishvili
スピノーラ Spinola*
スピノラ
Spinola**
Spínola
スピノロ Spinolo
スピバコフ Spivakov
スピバコフスキー
Spivakovsky
スピバック Spivak
スピハルスキ
Spychalski*
スビヒ Sbihi
スピファム Spifame
ズーヒャー Sucher
ズヒャー Sucher
ズビャギンツェフ
Zvyagintsev*
ズビャダウリ
Zviadauri*
スビャトスラフ
Svyatoslav
スビヤトプルク
Sviatopluk
スピューディス
Spudis*
スピュリディオン
Spyrídion
スピュレール Spuller
スヒョク Soo-hyuck
スヒョン
Soo Hyun
Soo-hyun*
Suhyeon
Su-hyun
スビラ
Subira
Subirá
スピーラー Spiller
スピラ
Spira
Zpira
スピラー Spiller**
スビラナ Subirana
スビラノビッチ
Svilanovic
Svilanović
スービラン Soubiran
スーピラン Soubiran
スビーリ Sbihli
スビリ Zubiri
スピーリ Spyri
スピーリー Spyri
スピリ Spyri*
スピリー
Spilly*
Spyri
スピリアールト
Spilliaert*
スピリウス Spillius
スピリオス Spilios
スピリオトプロス
Spiliotopoulos
スピリク Spirig**
スピリグ Spirig
スピリッチ Sprich
スピリディオヌス
Spiridionus
スピリディオン
Spyrídion
スピリト Spirito
スピリドーウィチ
Spiridovich
スピリドヴィッチ
Spiridovich
スピリドノヴ
Spiridonov
スピリドーノヴァ
Spiridonova*
スピリドノヴァ
Spiridonova
スピリドノフ
Spiridonov*
スピリドーノワ
Spiridonova
スピリドノワ
Spiridonova
スビリドフ Sviridov
スピリドン
Spiridon
Spyridon
スピリーナ Spirina
スピリナ Spirina
スピーリン Spirin*
スピリン Spirin
スヒリング Schilling
スピーリンク
Spierinck
スピーリングス
Spierings
スビルー Soubirous
スピール
Spiere
Spir
Spire*
スピル Spille
スピルカ Spilka
スピルケン Spilken
スピルジス Spirtzis
スピルスバリー
Spilsbury
スピルズベリ
Spilbury
Spilsbury
スピルズベリー
Spilsbury*
スヒルトイス
Schilthuis
スヒルトハウゼン
Schilthuizen
スヒルトラーゼ
Skhirtladze
スピルドン Spyridon*
スピルナー Spillner
スピルハウス Spilhaus
スピールバーガー
Spielberger
スピルバーガー
Spielberger
スピールバーグ
Spielberg
スピルバーグ
Spielberg**
スピールホルツ
Spielholz
スピールマン
Spealman*
Spielman*
スピルマン
Spillman*
Spillmann*
Spilman
Szpilman
スピールリア Spirlea
スピールレイン
Spielrein
スピルレイン Spillane
スヒレイヴェルス
Schrijvers
スピレイン
Spillane***
スヒレベーク
Schillebeeckx
スヒレベークス
Schillebeeckx
スビレン Svilen
スピレーン Spillane**
スピーロ Szpiro
スピロ
Spiro**
Spyro
Spyrou
Szpiro
スピロイウ Spiroiu*
スピローグ Sprague
スピーロス Spyros*
スピロス
Spiros
Spyro
Spyros**
スピワコフ Spivakov
スビン
Soo-bin
Subin*
ズービン Zubin
ズビン Zubin*
スピンガーン
Spingarn*
スピンク Spink*
スピンクス
Spinckes
Spinks**
スビンダル Svindal
スピンテル Spinther
スピンデル Spindel
スピンデン Spinden*
スピンドラー
Spindler**
スピンナー Spinner
スピンネル Spinner*
スビンヒューブド
Svinhufvud
スビンフーブド
Svinhufvud
スピンラー
Spinler
Spinnler
スピンラッド
Spinrad*
スーフ
Soeuf
Souef
スーフー Soohoo
スーブ Subes
スブー Subuh
ズーフ Doeff
ズーフー Zhi-fu
ズフ Supf
スプアー Spoor**
スファイロス Sphairos
スファキアヌ
Sfakianou
スファヌヴォン
Souphanouvong
スファヌボン
Souphanouvong*
ズファラキアン
Djulfalakian
スファール Sfar**
スファン
Sou-hwan*
Sufan
Suffan
スーフィー
Sūfī
Ṣūfī
スフィ
Soufi
Sufi

スプイ Spuy
スフィア Sufia
スフィアーヌ Soufiane
スフィアヌ Soufiane
スフィアネ Soufiane
スフィアン Sufian
スフィゴリイ Sfiligoi
スフィッリ Sfilli
スフィヤン Sufiyan
スフィリゴイ Sfiligoi
スーブウォンリー Suebwonglee
スプウッド Supuwood
スフェーズ Sfez
スフェッラッツオ Sferrazzo
スフォーザ Sforza
スフォドリアス Sphodrias
スフォリーム Sefarim
スフォリム Sefarim Sforim
スーフォール Seuphor
スフォルザ Sforza
スフォルツァ Sforza***
スフォルツア Sforza
スフォルテ Scholte
スフォルノ Sforno
スフォンドラーティ Sfondrati
スフカ Sówka
スブキー Subkī
スブクティギーン Subktigin Subuktigin Subuktigīn
ズブコ Zubcu Zubko
ズブコフ Zubkov*
ズブコーフ Zubkov
ズブコフ Zubkov*
スブシソ Sbusiso
スブシンスキー Subschinski
スブータ Subhūta
スブタイ Sübütei
スブーティ Subhūti
スブテイ Sübütei
スプーナー Spooner**
スプーニー Spoonie
スブハドラ Subhadra
スフバートリン Sükhbaataryn*
スフバートル Sukhbaatar*
スブハーン Subḥān
スブヒー Subhi
ズブビッチ Zubcic
ズブヤーニー Dhubyānī
スフヤーン Sufyān
スプラー Spuler
スプライ Spry
スプライリーゲン Spreiregen
スプライル Spruill*
スプライレゲン Spreiregen
スプラウズ Sprouse
スプラウル Spraul Sproull
スプラギュー Sprague
スプラギンズ Spragins
スプラーグ Sprague*
スブラクシュミ Subbulakshmi
ズブラシング Zublasing
スブラタ Subrata
スプラッグ Spragg*
スプラット Sprat Spratt**
スプラッドリー Spradley*
スプラッドリン Spradlin
スプラッドレイ Spradley
スプラディン Spradlin
スフラーデル Schräder
スプラトマン Supratman
スプラドリー Spradley
スプラドリン Spradlin*
スフラブ Sohrab
スブラフマニャ Subrahmanya
スブラフマニヤム Subrahmanyam
スブラマニアム Subramaniam
スブラマニアン Subrahmanyan** Subramaniam Subramanian
スブラマニヤ Subrahmanya
スブラマニヤム Subrahmanyam
スブラマニヤン Subrahmanyan
スブラマンヤ Subrahmanya
スフラワルディ Suhrawardy
スフラワルディー Suhrawardī Suhrawardy
スプランガー Spranger
スプランゲル Spranger
スプランジェ Springer
スフランツェス Phrantzes
スプランヘル Spranger
スプリー Spry
ズーブリ Zubly
ズフーリー Zuhuri Ẓuhūrī
ズフリ Zuhri
ズフリー Zuhrī
スフリアス Souflias
スプリアーノ Spriano
スプリーウェル Sprewell*
スプリウス Spurius
スブリエール Soublière*
スプリギングズ Sprigings
スプリギンス Spriggins
スプリグズ Spriggs
スプリグマン Sprigman
スプリーゲル Spriegel
スプリシ Suplicy
スプリッグ Sprigg***
ズブリック Zubrick
スプリッグス Spriggs*
ズブリッコリ Sbriccoli
スプリッター Splitter
スプリッツァー Spreizer
スプリットオフ Splittorff
スプリットーフ Splittorff
スプリューウェル Sprewell
スフリューデルス Schreuders*
スプリュート Spruyt
ズブリロワ Zubrilova
スプリーン Spreen
ズブリン Zubrin*
スプリンガー Springer***
スプリンギングス Sprigings
スプリング Spring***
スプリングスティーン Springsteen**
スプリングフィールド Springfield*
スプリングボーン Springborn
スプリングマイヤー Springmeier
スプリングマン Springman
スプリングラー Springler
スプリンクル Sprinkle
スプリンケル Sprinkel*
スプリンゴラ Springora
スプリンゴル Springall
スプリンザク Sprinzak
スプリンジュク Sprindzhuk
スプリンゼル Sprinzel
スプリンター Splinter
スプール Spool*
ズフール Zuhoor
ズフル Zuhr*
スプルーアンス Spruance
ズブルイェーヴ Zbruyev
スプルーイル Spruill
スプルージュス Sprūdžs
スプルジンシュ Spurdzinš
スプルース Spruce*
スプルッツォーラ Spruzzola
ズフールッディーン Zuhūr ud-dīn
ズフルッディーン Ẓuhūr al-Dīn
スプールツハイム Spurzheim
スフールマン Schuurman
スフルマン Schurman
スプールマン Spoolman
スプルール Spruill*
スプルン Suprun
ズブルン Zevulum*
スプルング Sprung
スプレイグ Sprague***
スプレイレーゲン Sprayregen
スプレーグ Sprague***
スプレットナク Spretnak
スプレトナク Spretnak
スープレナント Surprenant
スフレーヘル Schlegel
スプレンガー Sprenger**
スプレング Spreng
スプレンゲル Sprengel
スプレント Sprent
スーフロ Soufflot
スーフロー Soufflot
スフロ Soufflot
スフロー Soufflot
ズーブロ Zubro
ズブロ Zubro
スプロウル Sproule* Sproull
スプローエ Sprogøe
スプローグ Sprague
スプロクストン Sproxton
スプロケイ Sprokay
スプロース Sprouse
スプローズ Sprouse
スプロストン Sproston
スプロッケル Sprockel
スプロット Sprott
スブロト Subroto**
ズフロフ Zuhurov Zukhurov
スプロール Spraul Sproul* Sproull Sprowls
スプロールズ Sproles Sprowles
スプロンセン Spronsen
スプロンデル Sprondel
スフン Su-hoon*
スプーン Spoon*
スヘ Sukh
スペー Spee
スペアー Speir Spoehr
スペイ Speh
ズベイ Zubay
スヘイエン Scheijen
スペイサー Speicher
スペイシー Spacey*
スペイシク Spacek
スペイセク Spacek*
スペイダー Spader*
ズベイダ Zobaida Zubeida
スペイツ Speights
ズベイディ Zubeidi*
スペイデル Speidell
スペイト Spaight Spate Speaight Speight*
スベイヒ Subaihy
スベイフ Subeih
ズヘイル Zuheir Zuher
ズベイル Zewail** Zubeir
スベイン Svein
スペイン Spain*

ス

ス

スペインアワー
Spainhour
スペインウール
Spainhour
スペインソン
Sveinsson
スペウシッポス
Speusippos
スベエテイ Sübütei
スベエデイ Sübe'edei
スペクター
Specter**
Spector**
スペクタートル
Spectator
スペクト Specht
スペクトール Spector
スヘコ Sujeco
スペザーノ Spezzano*
スペーシー Spacey*
スペシオザ Speciosa
スペーシク Spacek
スペシッツェヴァ
Spessitseva
スペシッツェワ
Spessitseva
スペシナー Speciner
スペーシニコフ
Sveshnikov
スペシニコフ
Sveshnikov
スペーシネフ
Speshnev
スペシネフ Speshnev
スペシフツェヴァ
Spessivtseva
スペシフツェワ
Spesivtseva
Spessivtseva
スペシャル Special
スペシャレ Speciale
スペース
Spaeth
Spece
Speece
スペス Speth**
スペーゼ Speese
スペーダー Spader*
スベツ Švec
スペツァーノ
Spezzano
スペッキ Specchi
スペック
Speck*
Spekke
Supek
スペックス Specx
スペックマン
Spekman
スペックルド Speckled
スペッツィ Spezi*
スペッツイ Spezi*
スヘップ Schep
スヘッフェル Scheffer
スベッリ Sverri
スベッレ Sverri
スベディ Subedi
スヘティナ Schetyna
スペディング
Spedding**
スヘテピイブラー
Sehetepibre
スヘーデル Schedel
スペート
Spate
Speight
スペード Spade**
スベドゥルップ
Sverdrup
スペドゥン Spedden
スベトザル Svetozar
スベトスラフ
Svetoslav
スベトフ Svetov
スベードベリ
Svedberg
スベドベリ
Svedberg**
スベドベリー
Svedberg
スベトラーナ
Svetlana**
スベトラナ Svetlana*
スベトラーノフ
Svetlanov
スベトラノフ
Svetlanov
スベトリク Svetlik
スペトリーノ Spetrino
スベードルップ
Sverdrup
スベトロフ Sveltov
スペナー Spenner
スペニック Spenik
スベニルソン
Svennilson
スペーノ Spano*
スヘバートル
Sükebaghatur
Sukhbaatar
スベーフ Subeeh
スベーボ Svevo
ズベーボ Svevo*
スヘーマンタ
Suhemanta
スペラ Spela
スペーラートゥス
Speratus
スペラーニャ
Speragna
スペランザ Speranza
スペランス Sperans
スペランスキー
Speranskii
スペラーンスキィ
Speranskii
スペランツァ
Speranza
スペランディーオ
Sperandio
スペランデオ
Sperandeo
スペラントヴァ
Sperantova
スペリ Sperry*
スペリー
Spelly
Sperry**
ズベリ Zuberi
スベリアニ Subeliani
スペリグリオ Speriglio
スベリション
Sverrisson
スベーリンク
Sweelinck
スペリング
Spelling**
Spering
Sperring
スペリングス
Spellings*
スペル Spell*
ズベル Zver
スペルヴィン Spelvin
スベルケル Sverker
スヘルストラート
Scheelstrate
Schelstrate
スヘルテマ Scheltema
スベルト Sbert
スベルド Svard
ズーベルト Sbelt
スベルドラップ
Sverdrup
スベルドルップ
Sverdrup
スベルドローフ
Sverdrov
スベルドロフ Sverdrov
スペルバー Sperber
スーベルビー
Souverbie
スベルビ Subervi
スペルビア Supervia
ズベルビューラー
Zuberbuhler
スペルブス Superbus
スペルベル Sperber*
スペルベルク
Spoelberch
スヘルマン Suherman
スペールマン
Speelman
スペルマン
Spellman**
Spelman**
スベルリスドッティル
Sverrisdottir
スペルリッヒ Sperlich
スベーレ Sverre
ズベレヴァ Zvereva
スペレーゲン
Speregen
スペレットナク
Spretnak
ズベレフ Zverev
ズベレワ Zvereva*
スベロ
Subero
Zubero
スペロ
Spero**
Spéro
スペローニ Speroni
スペローネ Sperone
スペロフ Speroff
スペロンテス
Sperontes
スベン
Suben
Svein
Sven**
Svend**
スベンエリック
Sven-Erik
スペングラー Spengler
スペンサー
Spencer***
Spenser*
スペンサァ Spenser
スペンサア Spencer
スペンジマン
Spengemann*
スペンション
Svensson
スペンス Spence***
スベンスマルク
Svensmark
スペンスリー
Spencely
Spensley*
スペンセリアン
Spencer
スペンセル Spencer
スベンセン Svendsen
スベンソン
Svenson
Svensson*
Swensson
スペンダー
Spender***
スペンディアロフ
Spendiarov
スヘンデル Schendel
スベンド Svend
スベンドリニ
Suvendrini
スベンヌン Svennung
スベンヤ Svenja
スーホー Suhor
スーポー
Soupaule
Soupault**
スボー Subodh
スポアール Spoerl
スポイシッポス
Speusippos
スホイル Schuil
スーホヴ Sukhov
スーボウ Soupault
スホヴォ Sukhovo
スホヴォー Sukhovo
スーボウル Soupault
スボエ Svae
スポエリ Spoerry*
スーボオ Soupault
ズボガル
Šbogar
Zbogar
Žbogar
スボジャマイ
Spozhmai
スボズィリク Svozilik
スボータ Subota
スボタ Spota
スポータック
Sportack*
スホーチン Sukhotin
スホツカ Suchocka**
スポック Spock**
スホッツ Schots
スポッツウッド
Spotswood
Spottswood
スポッティスウッド
Spottiswood
Spottiswoode
スポッティズウッド
Spottiswoode
スポットニッツ
Spotnitz
スポットルノ
Spottorno
スポッフォード
Spofford
スポッリ Spolli
スポティスウッド
Spottiswoode*
スポディック Spodek*
スボティッチ Subotic
スポーデク Spodek
スポデック Spodek
スホーテン
Schooten
Schoten
スボート Subodh
スボド Subodh
スポート Spoto
スポード Spode
スポト Spoto
スポトー Spoto*
スボトニック
Subotnick*
スポトニッツ Spotnitz
スホドルスキー
Suchodolski
スポトルノ Spoturno
スポナー Spooner
ズボナレワ Zvonareva
スホニ Suchoň
ズボニミール
Zvonimir
ズボニミル Zvonimir
スホニュ Suchoň
スホネン Suhonen

スホフ Sukhov
ズーボフ Zubov*
ズボフ Zuboff
スポフォース
Spofforth**
スポフォード
Spofford*
スホボ Sukhovo
スホボー Sukhovo
スボボダ Svoboda**
スボボドバー
Svobodová
スホムリーノフ
Sukhomulinov
スホムリノフ
Sukhomulinov
スホムリンスキー
Sukhomlinskii
スポメンカ
Spomenka*
スポーラー
Spohrer
Sporer
スホラスティカ
Scholastica
スホラリオス
Scholarios
スポリアリッチ
Spoljaric
スポリアンスキー
Spoliansky
ズボーリキン
Zworykin
スポリッツァー
Spreitzer
スポーリン Spolin
スボール Sebord
スボルー Svolou
スポール
Spall*
Spohr
スポルヴェリーニ
Spolverini
スホルーク Sukhoruk
スホルコフ
Sukhorukov
スポルジョン
Spurgeon
スポルスキー Spolsky
スポールストラ
Spoelstra*
スホルスフ Schorsch
スホルチェンコ
Sukhoruchenkov
スポルティエッロ
Sportiello
スポールティング
Spalding
スポールディング
Spalding*
Spaulding**
スポルディング
Spalding**
Spaulding
スホルティングイス
Schortinghuis
スポルテス Sportès*
スホルテン Scholten
スポルニック Spornick
ズボルフスキー
Zubrowski
スポレティーニ
Spoletini
スホーレル Scorel
ズボレンスカ
Zvolenská
ズボロウスキー
Zborowsky
スボロノス Svoronos
スボーロフ Suvorov
スボロフ Suvorov
スポワート Spowart
スポーン Spohn**
スポンヴィル
Sponville**
スポング Spong*
ズボンコ Zvonko
スポーンズ Sporns
スポンティーニ
Spontini
スポンド Sponde
スポーンハイム
Sponheim
スホーンホフェン
Schoonhoven
スポンラー Sprengeler
スーマ Soumah
スマ
Souma
Soumah
ズマ
Zouma
Zuma**
スマアト Smart
スマイ
Smy
Sumai
ズマイ Zmaj
スマイアース Smiers
スマイエ Sumaye
スマイケイ Smykay
スマイゲル Smigel
スマイサー
Smisor
Smyser*
スマイザ Smyser
スマイザー Smyser
スマイシーズ
Smythies
スマイス
Smyth**
Smythe*
スマイズ Smythe*
スマイズソン
Smythson
スマイダ Sumaida
スマイト Smight
スマイバート Smibert
スマイヒ Smaihi
スマイラ
Smaila
Smaïla
Soumaila
Sumaira
スマイラー
Smiler*
Smilor
スマイリ Smillie
スマイリー
Smiley**
Smillie**
Smylie*
Smyly
スマイール Smail
スマイル Smail*
スマイルス Smiles
スマイルズ Smiles*
ズマイロビッチ
Zmajlović
スマイロフ Smailov
スマウト Smout
スマウン Semaun
スマオロ Soumahoro
スマガ Smaga
スマギン Smagin
スマーク
Smark**
Smeak
Smirk
Smirke
スマク Tzemach
スマグロフ
Smagulov*
スマコフ Smakov
スマザーズ Smothers
スマジャ Smadja*
スマダール Smadar
スマッカー Smucker**
スマック
Sumac
Sumack
スマックス Smax
スマッジャ Smadja**
スマッツ Smuts*
スマッティ Smutty
スマツニー Smaczny
スマディ
Smadi
Sumadi
スマティパラ
Sumathipala
スマート
Smart***
Smartt**
スマドガ Smadja
ズマトリーコバー
Zmatlikova
Zmatlíková
スマナ
Soumana
Sumana*
スマナー
Sumana
Sumanā
ズーマナ Zoumana
スマナサーラ
Sumanasara
ズマナザロフ
Dzhumanazarov
スマニ Sumani
スマーニオトポウロス
Smirniotopoulos
スマヌ Soumanou
スマヌウ Soumanou
ズマヤ Zumaya
ズマヤフロレス
Zumaya Flores
ズマラ Zoumara
スマーラガ
Zumárraga
スマラガ
Cumarraga
Zumárraga
スーマラカレギー
Zumalacárregui
スマラカレギ
Zumalacárregui
スマラグドゥス
Smaragdus
スマリアン Smullyan
スマリヤン
Smullyan**
スマール Smarr
スマル
Smal
Sumar
スマルキウス Smalcius
スマルク Smark
ズマルジャッシ
Smargiassi
スマルジャン
Soemardjan
スマールダース
Smaalders
スマルチェルツ
Smalcerz
スマルツァー Smalzer
スマルディノ
Smaldino
スマルト
Smalt
Smart
Smartt
Sumarto
ズマルドーネ
Smaldone
スマルノ Soemarno
スマレ Soumare
ズマレッリャ
Smareglia
ズマレーリャ
Smareglia
ズマロ Zoumaro
スマローコフ
Sumarokov*
スマロコフ
Sumarokov
スマーロック Smirlock
スーマン Suman
スマン Soo-man*
ズマン Sumann
スマンガラ
Sumaṅgala
スマンガラマーター
Sumaṅgalamātar
スマングル
Sumangul
Sumanguru
スマントラ Sumantra
スマントリ Sumantri
スミ Sumi*
スミー Smee
スミアー Smear
スミィ Smee
ズミエフスキ
Zmievski*
スミオン Simion
スミグノフ Smignov
スミクラスト
Sumichrast
スミグリ Smigly
スミグン
Smigun*
Šmigun
スミザー Smither*
スミザース Smithers
スミザーズ Smithers*
スミサナ Smithana
スミシー Smithee
スミーシーズ Smithies
スミシーズ
Smithies**
Smythies
スミジズ Smithies
スミシリャエフ
Smyshlyaev
スミジールスキー
Smigielski
スミース
Smeeth
Sumeeth
スミス
Smith***
Smyth**
Smythe
スミズィマン
Smithyman
スミスソン
Smithson*
Smythson
スミスダス Smithdas
スミスデービス
Smythe-davis
スミスバーグ
Smithburg
スミスバック
Smithback
スミスバトル
Smith Battle
スミスリーン
Smithline
スミタ Smita
スミター Smita
スミチ Simchi*
スミチェル Smicer*
ズミチョウスカ
Zmichowska
スミック Smick*
スミッス Smith
スミッセル Smithells
スミッソン
Smissen
Smithson*

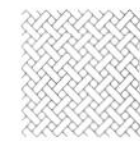
ス

スミッツ
Smits**
Smitz
スミッテン Smitten*
スミット
Schmidt
Smit**
Smith
Sumit
Sumitr
スミットラーナンダン
Sumitrānandan
スミーディングホフ
Smedinghoff
スミト Schmidt
スミド Smidt
スミドヴィチ
Smidvich
スミドビチ Smidovich
スミトラ
Soumitra
Sumitra
スミトラーナンダン
Sumitrānandan
スミトロ
Soemitro
Sumitro*
スミートン
Smeaton
Smeeton
スミヤ
Sumiya
Sumiyaa
スミヤバザル
Sumiyabazar
スミュルナ Smyrna
スミュルナイオス
Smyrnaeus
スミュルナエウス
Smyrnaeus
スミヨン Soumillon*
スミランスキー
Smilansky*
スミリャン Smiljan
スミーリン Smirin
スミル Smil
スミルガ Smilga
スミルゲル Smirgel
スミルゴフ Smilgoff
スミルデ Smilde
スミルデュット
Soomilduth
スミルネンスキ
Smirnenski
スミルネンスキー
Smirnenski
スミルノヴ Smirnov
スミルノーヴァ
Smirnova
スミルノヴァ
Smirnova*
スミルノーフ
Smirnov*
Smirnóv
スミルノフ
Smirnoff*
Smirnov***
スミルノワ Smirnova*
スミレツ Smilets
スミレル Smyrell
スーミン
Shi-ming
Si-min
スミン Soo-min
ズーミン Zi-ming
スミンキー Sminkey
スミンク
Smienk
Sminck
ズミンダ Zminda
スム
Sim
Sumu
スムアブム
Sumu-abum
スムイン Smuin*
ズムウォルト
Zumwalt*
スムクラー Szmukler
スムーゲン Smoogen
スムゴング Sumgong*
スムース Smooth
ズムダ Zmuda*
ズムッラド Zumurrad
スムート Smoot**
ズムトール Zumthor
スムパケンポ
Sum pa mkhan po
スムバーチャ Smbatja
スムバト Smbat
スムバナ Sumbana
スムラ Smura
スムラー Smoular
スムライル
Sumu-la-ilu
スムラエル
Sumu-la-ilu
スムリッティ Smriti
スムリティ Smriti
スムリティジュニャーナキールティ
Smṛtijñānakīrti
スムール Smuul
スムルコフスキー
Smrkovsky
Smrkovský
スムルデルス
Smulders
スムレーヴィッチ
Smulevich
スムレーニュ
Semelaigne
スムロイ Sumuroy
スムロウ Smulow
ズムワルト Zumwalt
スーメ Soumet*
スメ Smet
スーメイ Su-mei*
スメイシム Sumaysim
スメイス Smythe
スメイスタース
Smeijsters
スメイヤ Sumaieh
スメイヤー Smeyers
スメイヤーズ Smeijers
スメイル
Smail
Smaill
Smale*
Soumeylou
スメイン Smaine
スメーカル Smekal
スメギ Sumegi
スメクティムヌース
Smectymnuus
スメーケンス
Smeekens
スメサースト
Smethurst
ズメスカル
Zmeskal
Zmeskall
スメーダー Sumedhā
スメダ Sumedha
スメタク Smetak
スメターチェク
Smetaček
Smetáček
スメータナ Smetana
スメターナ Smetana
スメタナ Smetana*
スメタニナ Smetanina
スメターニン
Smetanin
スメタニン Smetanin
スメーツ Smeets
スメット
Smedt
Smet*
Sumet
ズメッド Zmed
スメッドレイ Smedley
スメディンス Smedins
スメテルリン
Smeterlin
スメート Sumet
スメト
Smedt
Sumet
スメド Smed
スメドゥヴィク
Smedvig
スメートナ Smetona
スメトフ Smetov
スメードベルイ
Smedberg*
スメドリ Smedley
スメドリー Smedley*
スメドレー Smedley*
スメドレイ Smedley
スメラク Sumerak
スメラック
Sumeracki
Sumerak
ズメラルダ Smeralda
スメリ Smellie
スメリー Smellie
スメリク Smelik
ズメリク Zmelík
スメリャコーフ
Smelyakov
スメリャンスキー
Smelianskiĭ
スメール
Smail
Smale**
スメル Zumel
ズメル Zumel
スメルコル Smerkolj
スメルサー Smelser**
スメルター Smelter
スメルチェック
Smercek*
スメルチン Smertin
スメルチンスキー
Smelczynski
スメルツァー Smeltzer
スメルディス Smerdis
スメレンバーグ
Smellenburg
スメンエンラー
Semenenre
スメンクカーラー
Semenkhkare
スメンジャンカ
Smendzianka*
スメンタウイ
Sementawy
スメンツェフ
Sementzeff
スメント Smend*
スメンド Smend
スモーカー Smoker*
スモーキー
Smokey*
Smokie
Smoky
スモキル Soumokil
スモキン Smochin
スモーク
Smoak
Smok
スモクトゥノヴスキー
Smoktunovski
スモクトゥノフスキー
Smoktunovski
Smoktunovskii
スモクトウノフスキー
Smoktunovski
スモクトノフスキー
Smoktunovskii
スモゴレニスキ
Smogolenski
スモゴレンスキー
Smogolenski
スモテク Smotek
スモテル Smoter
スモトリツキー
Smotrickij
スモトリーツキイ
Smotrickij
スモラー Smoller
スモラレク Smolarek
スモーラン Smolan
スモーリー
Smalley***
スモリガ Smoliga
スモリーク Smolík
スモリック Smolik
スモリャコフ
Smolyakov
スモリャチッチ
Smolyatich
スモリヤニノフ
Smolyaninov
スモリャンスキー
Smolyanskiy
スモーリン
Smallin*
Smolin*
スモリン Smolin
スモーリング Smalling
スモリンスキー
Smolinski
Smoryński
スモール
Small**
Smoll
スモールウッド
Smallwood**
スモルカ Smolka
スモルコフスキ
Smoluchowski
スモルコフスキー
Smoluchowski
スモールズ Smalls
スモルズイレブ
Smoldyrev
スモルーチャ
Smolucha
スモルツ Smoltz**
スモルドーニ
Smordoni
スモルニコフ
Smolnikov
スモールボーン
Smallbone
スモールボン
Smallbone
スモールマン
Smallman
スモーレ Somle
スモーレット Smollett
スモレット Smollett*
スモレフスキー
Smolevskii
スモーレン
Smolen*
Smolén
スモレン Smolen
スモーレンス Smallens
スモーレンズ Smallens
スモレンスカ
Smoleńska
スモーレンスカイア
Smolenskaja
スモレンスキー
Smolenski
Smolenskii*
Smolensky*
スモレンスキン
Smolenskin
スモレンツェフ
Sumolentsev

スモワ Soumois*
スヤディ Suyadi
スヤーマナ Suyāmana
スーヤン Suyoen
スヤン Sujan
ズーヤン Zi-yang
スヤント Suyanto
スーユアン Si-yuan
ズュース
Süß
Süsz
ズュースキント
Süskind**
Süßkind
ズュースミルヒ
Süssmilch
ズューズミルヒ
Süssmilch
スュチアト Stuart
ズュッセングート
Sussenguth
スュッチ Szücs*
スユーティー Suyūtī
スュトゥンツィ Stunzi
スュトラッツ Stratz
スュードル Sudre
スュフェール Suffel
スュブリニ Subligny
ズュベール Zuber*
スュミット Schmidt
スューム Summe
スュラン Surin
スュール Sueur
スュルピス Sulpice
スュルロ Sullerot
スュレイマン
Suleiman
Süleyman
スユン・ビケ Söembikä
スュンビュルザーデ
Sünbülzâde
スヨイ Suyoi
スヨストローム
Sjöström
スヨノ Suyono
スヨリュンド Sjolund
スヨルジュ Suyolcu
スーヨン Shi-yong
スヨン
Soo-yeon*
Soo-yong
Soo-young
Su-yong*
Su-youn
Su-young*
スーラ
Seurat*
Sula
Sura
スーラー Seurat
スラ
Seula
Sulla
Sura
スライ
Sly*
Slye
Soalahy
Zulay
スライウォツキー
Slywotzky*
スライウム Slaium
スライキン Suraikin
スライク Slyke*
スライクハイス
Slijkhuis
スライジュ
Suraij
Surayj
スライセリ Suraiseri
スライター Sluyter
ズライダー Zuraidah
スライダーヌス
Sleidanus
スライダヌス
Sleidanus
スライティ Sulaiti
スライデル Slidell
スライド Slide
スライトホルム
Sleightholme
スライネン Threinen
スライファー Slipher*
スライマノフ
Sulaymanov
Suraimanov
スライマーン
Sulaimān
Sulaymān
スライマン
Sulaiman
Sulaimán
Sulayman
スライマンクロフ
Sulaimankulov
スライミ Sulaimi
スライメン Slymen
スライモン Sulaimon
スライラジャー
Thurairajah
スライワ Sulaywah
ズラヴ Zurab
スラヴァ Slava*
スラヴァジャラ
Suravajhala
スラウィ Slaoui
スラーウィーク Slawik
スラーヴィーク Slawik
スラヴィーク Slawik
スラヴィク
Slavík
Slawik
スラヴィクシェク
Slavicsek
スラヴィセク
Slavicsek
スラヴィセック
Slavicsek
スラヴィチ Slavici
スラヴィーチェク
Slaviček
スラヴィチェック
Slaviček
スラヴィッド Slavitt
スラヴィーナ Slavina
スラヴィナ Slavina
スラヴィネーツキイ
Slavineckij
スラーヴィン Slávin
スラヴィン Slavin*
スラヴィンスキー
Slavinskii*
Slavinsky
スラヴェイコフ
Slavejkov
Slaveykov
スラヴェク Slawik
スラヴェスキ Slaveski
スラウエルホフ
Slauerhoff
スラヴェン Slaven
スラヴェンカ
Slavenka**
スラヴェンスカ
Slavenska
スラウェンスキー
Slawenski*
スラヴェンスキ
Slavenski
スラヴォイ Slavoj*
スラヴォヴァ Slavova
スラウォミール
Slawomir
スラヴォミール
Slavomir
Sławomir
スラーヴカ Slávka
スラウコ Slavko
スラヴコ Slavko*
スラウスキー Slawski
ズラウスキ
Zulawski
Zulawsky
ズラウスキー
Zulawski
Żuławski
ズラヴスキー Żuławski
スラヴティン Slavutin
スラヴニー Slavney
スラヴニコワ
Slavnikova
ズラウフ Zulauf
スラーカー Sulāqā
スラカイ Surakrai
スラカウリ Sulakauri
スラキアット
Surakiart*
Surakiat
スラキアト Surakiat
スラグス・ヴォールド
Slagsvold
スラグスヴォールド
Slagsvold
スラクテリス Slakteris
スラザーコフ
Surazakov*
スラサック Surasak
スラサックモントリー
Surasakmontri
スラサワディ
Suraswadi
スーラジプラサド
Surajprasad**
スラジプラサト
Surajprasad
スラジプラサド
Surajprasad
スラジャヤ Surajaya
スーラージュ
Soulages**
スラース Thrasou
スラス Thuras
スラスボー
Strausbaugh
スラーダ Surādha
ズラータ Zlata*
ズラタ Zlata
スラタナカウィクーン
Suratanakawikul
ズラータペル Slataper
ズラタペル Slataper
スラターラ Slatalla
スラタリー Slattery*
ズラタルスキ
Zlatarski
ズラタルスキー
Zlatarski
ズラタルビオリッチ
Zlatar Violić
スラタン Slatan
スラダン Sladan
ズラタン Zlatan**
スラチャイ Surachai
スラッキン Sluckin
スーラック Surak
スラック
Slack**
Sulak*
ズーラック Zurack
スラッグスボルド
Slagsvold
スラッグマルダー
Slagmulder*
スラッシャー
Slusher
Thrasher*
スラッシュ
Slash*
Thrash
Thrush
スラッター
Slater
Slatter*
スラッタリー Slattery
スラッツァー Slatzer
スラット
Slat
Surat
Surrat
スラットキン Slatkin*
スラットヤー Slatyer
スラットレー
Slattery*
スラットン
Slaton
Stratton
スラッフ Slaff
スラッファ Sraffa**
スラッペンデル
Slappendel
ズラディ Zurabi
スラティスワフ
Stanislaw
スラディチェック
Sládeček*
ズラティッチ Zlatic
ズラティボル Zlatibor
スラーティン Slatin
スラティン Slatin
ズラーティン Zlatin
ズラテヴァ Zlateva*
スラーデック Sládek
スラデック Sladek**
ズラテバ Zlateva
ズラテフ Zlatev
ズラトヴラッキー
Zlatovratskii
ズラトヴラツキー
Zlatovratskii
ズラトヴラーツキイ
Zlatovratskii
ズラトヴラートスキー
Zlatovratskii
スラトキン Slatkin*
スラドケビシウス
Sladkevičius
スラトコ Slatko
ズラトコ Zlatko**
スラートコヴィチ
Sládkovič
ズラトコヴィチ
Zlatkovich
スラトコフ Sladkov**
スラドコフ Sladkov
スラトコフスキー
Sladkovskii
スラトビック Slåttvik
ズラトブラツキー
Zlatovratskii
スラドヤン Sladjan
スーラナ
Sūrana
Sūraṇa
スラーナ Surana
スラナーリー Suranari
スーラニ Sourani
スラニー Slaney
スラニア Slania
スラーニイー Surányi
スラノワ Šuranová
スラノン Sranon
スラバ Slava
スラパック Slapak
スーラパティ Surapati
スラパティ Surapati
スラヒ Slahi
スラビー Slaby
ズラビ Zurabi
スラビカ Slavica
スラピキウス
Sulpicius
スラビク Slawik

ス

ズーラビクヴィリ
Zourabichvili
スラビシャ Slavisa
ズラビシュヴィリ
Zurabishvili*
スラビチ Slavici
スラビック Slawik
スラビンスキ
Slavinski
スラビンスキー
Slavinsky
ズラブ Zurab**
ズラブ Zurab
スラブキン Slavkin
スラブコ Slavko
ズラフスキー Żuławski
スラブソン Slavson
スラフチョ Slavcho
スラフノフ Slavnov
スラベイコフ
Slavejkov
Slaveykov
スラベスキ Slaveski
スラヘディン
Slaheddine
スラベン Slaven
スラベンカ Slavenka
スラベンスキ
Slavenski
スラボ Slavo
スラボイ Slavoj
ズラボフ Zurabov
スラボミル Slavomir
スラボリュブ
Slavoljub
スラポン Surapong
スラマ
Selama
Slama
Slame
Soulama
スラマリット
Suramarit
スラミー Sulamī
スラミス Sulamith
スラミフィ Sulamith
スラム
Silamu
Slam*
スラムット Slamet
スラムルット
Suramarit
スラメック Sramek
スラメット
Serametto
Slamet
スラヤ Suraya
スラユット Surayud*
スーラリ Soulary
スーラリー Soulary
スラリー Srully
ズラーリー Zulālī
スラール Thrall
スラワ Slava
スラワルジ
Suhrawardy
スラワルディ
Suhrawardy
スーラン Suran
スラン
Sourang
Thrun*
スラーンカナーン
Surangkhanang
スラング Slung*
スランゲル Surangel
スランジット Suranjit
スラーンスキー
Slánský
スランスキー
Szulanski
スーランデル Solander
スーラーンナ Sūrana
スランヌディル
Sourang Ndir
スランバー Slumber
スーリ Suri
スーリー
Sooley
Suri**
Sūrī
スリ
Seli
Seri
Souli
Sri***
Suri*
スリー
Slee
Sree
Sri
Srī
ズーリ
Zouri
Zuri
ズーリー Zhi-li
スリア Zulia*
スリアナ Suryana
スリアーノ Suriano
ズリアン Zulian
スーリィ Soury
スリイラム Sriram
スリーヴァ Sliwa
スリヴァスタヴァ
Srivastava
スリヴィンスキー
Slivinskii
スリウォン Soulivong
スーリウス Surius
スリウス Surius
スーリエ Soulié
スリエマン Sulieman
スリエンツ Srienz
スーリオ Souriau*
スーリオー Souriau*
スリオ Souriau
スリオティス Suliotis
スリカンス Srikanth*
スリカンタ
Sri Kantha
スリカンタイアー
Srikantaiah
スリカント Srikant
スリーク Schrieck
スリークス Sleecks
スリクター Slichter*
スリクマー Srikumar
スリグレイ Srygley
スーリコフ Surikov
スリコフ Surikov*
スリサワラック
Srisawaluck
スリサン Srisang
スリジエ Cerisier
スリジェフスキー
Slizhevsky
スリスティアニンシ
Sulistyaningsih
スリスラット
Srisurat*
スリーター Sleator
スリター Sletor
スリダー Sridhar
ズリータ Zulita
スリダーラーン
Sridharan
スリダラン
Sreedharan
スリチャイ Surichai
スリック
Slick
Slyck
Sulic*
Suric
スリッター Slichter
スーリッチ Sulic
スーリッツ Souritz
スリッパー Slipper
スリッヘル Slicher
スリティ
Sliti
Sriti
ズリティニ
Zlitini
Zlitni
スリティラット
Srithirath
スリデーヴィ Sridevi
スリート Threatt
スリドハルン
Sridharan*
ズリナー Zurinah*
スリナック Surinach
スリナッチ Surinach
スリニ Srinivasan
ズリーニ Zrinyi
スリニヴァーサ
Srinivasa
スリニヴァサ
Srinivasa
スリニヴァサン
Srinivasan
スリニジャ Srinija
スリニバーサ
Srinivasa*
スリニバサン
Srinivasan*
スリニャヴォンサー
Soulinyavongsa
Sourinyavongsa
スリニャック Surinach
スリーニュ Serigne
スリーパー Sleeper
スリバス Sorribas
スリバン
Sullibvan
Sullivan
スリピー Slipyj
ズリービー Zribi
スリビンスキー
Slivinskyy
スリープ Sleep
スリフト Thrift
スリプト Suripto
スリプラカシュ
Sriprakash
スリベエレス
Schryvers
スリベツ Slivets
スリベンコ Slivenko
スリペンチュック
Slipenchuk*
スーリマ Soulima
スリマニ Slimani**
スリーマン Sleeman
スリマン
Slimane
Souleymane
Suliman
Sulliman
スリマンクロフ
Sulimankulov
スリム
Slim**
Slimm
Slym*
Su-lim
スリムアン Srimuang*
スーリヤ Surya**
スリヤ
Suriya
Surya
スリヤー Suriyā
スーリヤヴァルマン
Sûryavarman
Sūryavarman
スリヤヴォン
Suriyavong
スリヤディナタ
Suryadinata
スリヤニングラット
Surjaningrat
スーリヤバルマン
Sūryavarman
スリヤマン Suryaman
スリュ Sluys
スリュサレーヴァ
Sliusareva
スリュサレヴァ
Sliusareva
スリューズ Sluijs
スリュス Sluse
スリューター
Sluter
Slüter
スリューテル Sluter
スリュニコフ
Slyunikov
スリュニャエフ
Slunyayev
スリヨ Souriau
スリヨータイ
Suriyothai
スリヨハディプロジョ
Suryohadiprojo*
スリヨメンゴロ
Suryomenggolo
スリラー Thriller
ズリラ D'zurilla
スリーラム Sreeram
スリラム Sriram
スリランガン
Srirangan
スリリ Sulili
スーリール Sourire
スリワーユニ
Sri Wahyuni
スリーン Celine
スリン
Sou-linne
Surin***
ズーリン
Zhulin
Zulin
スリンガー Slinger
ズリンカ Zrinka
スリンカチュ
Slinkachu
スリンガーランド
Slingerland
スリング
Sulling
Thring
スリングスタッド
Slyngstad
スリングスビー
Slingsby*
スリンゲナイヤー
Slingeneyer
ズーリンスキ
Dzielinski
ズリンダ Dzurinda*
スール
Soeur
Soult
Sueur
Suhl*
Sull
Sūr
スールー Sulu
スル
Soule
Sulu
ズール Dzúr*
ズールー Zulu
ズル
Dhū
Dhu'l
Zull
スールアイデ Søreide
スルアガ Zuluaga
ズルイアアブゼッタ
Zoulehia Abzetta
スルイス Sourrouille

スルイター Sluiter*
スルイユス Sluijs
ズルエタ Zulueta
ズルカルナイン
Zulkarnain
ズルカールナーエン
Zulkarnaen
ズルカルニナ
Zulkarnina
ズルガント Surgant
ズールカンプ
Suhrkamp
スルギ Seul-Gi
スルギア Sourghia
ズルキフリ Zulkifli*
スルギャン Srgjan
スルーキン Sluckin
スールーク Soulouque
スルグーチェフ
Suruguchev
スルクネン Sulkunen
スルグラーゼ
Surguladze*
スルグラゼ
Surguladze
スルコバ Slukova
スルコーフ Surkov
スルコフ Surkov**
スルコルキン
Stukolkin
スルサルスキー
Slusarski
スルサレワ
Slyusareva**
スルージ Sluijs
スールシャール
Solskjaer
Solskjar
スルジャン
Srđan
Srdjan
Srgjan*
スールシュ
Szürös*
Szűrős
スルジュ Surugiu
スルジュキッチ Sljukic
スールージュラタン
Surujrattan
スルス Suls
スルゼンチッチ
Srzentić
スールダース Sūrdās
スルターニー Sulṭānī
スルタネー Sultaneh
スルタノフ
Slutanov
Sultanov*
スルターン
Sultan*
Sultân
Sultān*
Sulṭān
スルタン
Soultan
Sultan***
Sultān
Sulṭān
Sultant
ズルタン Sultan
スルタン・ガリエフ
Sultangaliev
スルタンガリエフ
Sultan-Galiev
Sultangaliev*
スルタンザーデ
Solṭānzāde
スルターンシャー
Sulṭānshāh
スルタンベコワ
Sultanbekova
スルチェフスキー
CluChevskiy
Sluchevskiy
スルチュン Zur chung
スルツ Sueltz
ズルツァー Sulzer
ズルツアー Sulzer
ズルツェ Sulze
スルツェンバッハー
Sulzenbacher
ズルツェンバッハー
Sulzenbacher*
スルツカヤ
Slutskaia
Slutskaya**
スルーツキー Slutskii
スルツキー
Slutski
Slutskii*
Slutskiy*
Slutsky
スルーツキイ Slutskii
スルティ Surty
ズルーディ Zouroudi*
スルディク Surdyk
スールト Soult
スルト Soult
スルトゥサ Zurutuza
スルドッチ Srdoci
ズルナー Zürner
スールニア Sournia*
スルニチェク Srnicek*
スルネック Srnicek
スルネッツ Srnec
スルバ Srba
ズルバ Žulpa
ズルハスナン
Zulhasnan
スルバラン
Zurbaran
Zurbarán
ズルバラン Zurbaran
スルバール Srubar
ズルバレフ Zurbalev
スルピアネク
Slupianek
スルビカ Sulubika
スルピキア Sulpicia
スルピキアヌス
Sulpicianus
スルピキウス
Sulcipius
Sulpicius*
スルビク Srbik
スルピス Sulpice
ズルピッツ Sulpiz
スルーフ Sroufe
スループ
Sloop
Swarup
スルフ
Solh
Suluhu
スルブ Sârbu
スルブ Srb
ズルフ Zulf
ズルファ Zulfa
ズルファカル Zulfacar
ズルフィカー Zulfikar
ズルフィカール
Zulfikar
Zulfikār
ズルフィカルパシッチ
Zulfikarpasic*
スルフィナ Sulfina
ズルフィヤ Zulfiya*
スルブヒ Srbuhi
スルプリツィオ
Sulprizio
スルブレー Surbled
スルペツキ
Slupetzky*
スールベルグ Solberg
スルホフスキイ
Slukhovskii
スルマ
Sirma
Suruma
Zulma
スールマン Suleman
スルーマン Sluman*
スルマーン Sulmān
スルマン Sulman*
ズルマン Szulman*
スルメネリ Sürmeneli
スールモンド
Suurmond
スールヤ Surya
スルヤ Surya*
スールヤヴァルマン
Sûryavarman
Sūryavarman
スルヤヴァンシ
Suryavanshi
スルヤジャヤ
Soeryadjaya
Soerydjaya*
スルヤダルマ
Suryadharma
スルヤディ Surjadi
スルヤディムリア
Suryadimulya
スルヤニングラット
Surjaningrat
スールヤバルマン
Sūryavarman
スルヤント Surjanto
スルヨディニングラット
Suryodiningrat
スルヨプラノト
Soerjopranoto
Suryopranoto
スルラ Sulla
スルリー Zully
ズルリーニ Zurlini*
スルール
Sorour
Surūr
スルルドゥルル
Ṣurrdurr
スルロ Zurro
スールン Solrum
スルン Srun
スルンテ Sulunteh
スーレ
Soule
Soulé
スレ
Ceray
Sule
ズーレ Sule
スーレイ Souleye
スレイ
Slay*
Sleigh*
Souley
Srei
スレイア Sreih
スレイヴィン Slavin
スレイヴス Thraves
スレイヴン Slavin
スレイヴンス Slavens
スレイグル Slagle*
スレイター Slater*
スレイダヌス
Sleidanus
スレイターラ Slatalla
スレイツァー Slatzer
スレイト
Slate
Sleit
スレイド Slade*
スレイトン
Slaton
Slayton*
スレイドン Sladen
スレイビー Slaby
スレイビッド Slavid
スレイブズ Thraves
スレイマニ Sulejmani
スレイマヌ
Souleymane
スレイマノグル
Suleymanoglu*
Süleymanoglu
スレイマノフ
Suleimanov
スレイマーン
Sulaymān
Süleyman
スレイマン
Slaiman
Sleiman*
Souleiman
Souleimane
Souleymane*
Sulaiman*
Sulaimān
Sulayman
Suleiman***
Suleimane
Sulejman*
Suleyman
Süley-man
Süleyman***
Suleymane
スレイマンディオプ
Souleymane Diop
スレイメーノフ
Suleiménov
スレイメノフ
Suleimenov
Süleymenov
スレイヤー Süreyya
スレイル Thrale
スレーカ Surekha
スレーク Sløk
スレーサー Slesar
スレサー
Slesar
Slessor
スレザー Slesar
スレザーク
Slezak*
Szlezak
スレザク Slezak
スレザック Slezak
スレサレンコ
Slesarenko*
スレジエフスキ
Sledziewski
スレシュ Suresh
スレーシュバラ
Sureśvara
スレシン Slesin
スレシンジャー
Schlesinger
Slesinger
スレズネーフスキー
Sreznevskij
スレズネフスキー
Sreznevskij
スレズネーフスキィ
Sreznevskij
スレーター
Slater***
Slaughtor
ズレータ Zuleta
スレチェンスキー
Sretenskii
スレチコ Srečko
スレチュコビッチ
Srećković
スレーツァー Slatzer
スレッキ Srecki
スレッサー
Slesar***
Slesser*
Slessor**
スレッジ Sledge**
スーレッシュ Suresh
スレッシュ Suresh
スレッシンジャー
Schlesinger
スレッセンジャー

ス

Schlesinger
スレッテン Sletten
スーレット Suelette
スレッド
Sledd
Thread
スレッドゴール
Threadgall
スレットン Thretton
スレーデン Sladen
スレテン Sreten
スレート Slate
スレード Slade**
スレト Suret*
スレドイェ Sredoje
スレートン Slayton
スレーナラシマイア
Sreenarasimhaiah
スレーニー Slaney*
スレニー Slaney
スレバーニ Sreberny
スレーフォークト
Slevogt
スレフォークト
Slevogt
スレプッオフ Sleptsov
スレプツォーフ
Sleptzov
スレプツォフ Sleptzov
スレプツォワ
Sleptsova*
スレブロ Srebro
スレブロドリスキー
Srebrodol'skii
スレーヘルス Slegers
スレベンス Slavens
スレポーヴィチ
Slepovich
スレーマ Slama
スレマツ Sremac
スレマナ Sulemana
スレーマン Suleiman
スレヤ Sureyya
スレーリ Suleri*
スレルフォール
Threlfall*
スレーワーゲン
Sleeuwagen
スーレン Souren
スレーン
Cyrén
Sleen
Sreng
スレン Suren
スレンク Srenk
ズレンコ Zlenko**
ズレンシック
Zduriencik*
スレンジャブ Surenjav
スレンチェンスカ
Slenczynska
スレンツカ Slenczka
スレンドラ Surendra*
スレーンドラナート
Surendranath*
スレンドラナート
Surendranath
スーロ Sulo
スーロー Souleau
スロ
Sgrò
Su-ro*
Suro
スロー
Slow
Srour
ズーロ Zullo
ズロ Zullo
スロアーガ Zuloaga
スロアガ Zuloaga
スローアン Sloan
スロイェギン
Surojegin
スロイス Slüys*
スロイヤー Shroyer
スロウ
Slowe
Srowe
Thurow
スローヴァ Sloover
スロヴァーク Slovák
スロヴァッキー
Słowacki
スロヴァツキー
Słowacki
スロヴィエッキ
Surowiecki
スロヴィキン
Surovikin
スロヴィス Slovis
スロウィッキー
Surowiecki
スロヴィック Slovic
スロウイン Thráinn
スロヴィンスキー
Slowingsky
スロヴェック Surovec
スロヴェンスキー
Slovensky
スローヴォ Slovo
スロヴォ Slovo
スロウカ Slouka
ズロウザウワー
Zlozower
スロヴツェーヴァ
Surovtseva
スロウフェ Shroufe
スロウボディ Slobody
ズロウリ Zrouri
スロウル Srour
スローヴン Sloven
スロウン
Sloan
Sloane*
スローカー Slokar
スローカム
Slocombe
Slocum**
スロカム Slocumb
スロコム Slocombe
スロコンブ Slocombe
スロジェット Sloggett
スーロシュ Szürös
スロス
Sloss*
Sloth*
スロスビー Throsby*
スロースン Slawson
スロソル Throssell
スローソン
Slauson
Slawson
スロータ Slaughter
スローター
Slaughter***
スロータ―ダイク
Sloterdijk**
ズロチェフスキー
Zlochevskiy
スロックアウアー
Slochower
スロックモートン
Throckmorton*
スロッサー Slosser
スロッセル Throssell
スロッソン Slosson
スロッツ
Slodtz
Slots
スロット
Slot*
Slott
スローデス Srodes
スローテマーケル
Slotemaker
スロート
Slaught
Sloat
Slote
スロト Soeroto
ズロトウ Zlotlow
スロードノフ Sludnov
スローニア Sláine
スロニガー Sloniger
スローニム Slonim*
スロニームスキー
Slonimskii
スロニムスキー
Slonimskii
Slonimsky
スロノ Surono
スローパー Sloper
スロバツキー Słowacki
スロパティ
Soerapati
Suropati
スロビック Slovic*
スロービン Slobin
ズロービン Zlobin
ズーロフ Durov
ズロフ Zuroff
スロプロノト
Suropronoto
スロベ Slobbe
スロボ Slovo*
スロボジャニク
Slobodianik
スローボーダ Sloboda
スロボダ Sloboda*
スロボダン
Slobodan***
スロボドキーナ
Slobodkina*
スロボドキナ
Slobodkina
スロボトキン
Slobodkin*
スロボドキン
Slobodkin*
スロボドスカヤ
Slobodskaya
スローマ Sloma
スローマン Sloman*
スロミンスキ
Slominski
スローム Throm
スロムシェク Slomšek
スローヤン Sloyan*
スローワー Thrower
スロワー Thrower
スローン
Sloan***
Sloane*
Slone
スロン
Seron
Seu-long*
Sron
Sroń
Thron
ズロンカー Czlonka
スロンチェフスキ
Slonczewski
スロントヴァイト
Throntveit
スワイガー Sweiger
スワイカファー
Swycaffer
スワイス Swythe
スワイダスキー
Swiderski
スワイツァー
Sweitzer*
スワイド
Suwayd
Sweid
スワイニ
Thuwaini
Thuwainy
スワイハート Swihart
スワイヒリ Suwayhilī
スワイヤ Swire
スワイヤーズ Swyers
スワイラー Swyler
ズワイル Zewail
スウィレリン Svirelin
スワイン
Swain
Swaine
Swayne
スウィンスコウ
Swinscow
スワインズヘッド
Swineshead
スワヴァ Sława
スワウォミル
Sławomir
スワヴォーミル
Slawomir
Sławomir*
スワヴォミール
Sławomir
スワヴォミル
Slawomir
Sławomir***
ズワオ Zhuwao
スワガティー
Swagerty
スワーサウト
Swarthout
スワジュラー
Sewadjre
スワジンスキ
Swierczynski*
スワースアウト
Swarthout
スワーズアウト
Swarthout
スワースキー Swirsky
スワスティー Swasti
スワーツ Swartz*
スワッシュ Swash
スワット Suwat*
スワップ Swap
スワティ Swati
スワディ Swadi
スワデシュ
Swadesh
Swadish
スワート Swart*
スワード
Seward**
Suad
スワトコフスキー
Svatkovskii*
Svatkovsky
スワドコフスキー
Svadokovskii
スワドリング
Swaddling
スワドル Swaddle
スワートロー
Swertlow
スワードロー
Swerdlow
スワードロウ Serdlow
スワドロン Swadron
スワトン Swatoń
スワーナー Swarner
スワナキット
Suwannakit
スワナクン
Suwannakul
スワナリエフ
Suvanaliyev
スワニーゼ Svanidze
スワニック Swanwick
ズワネ Zwane
スワーネンビュルフ
Swanenburgh
スワパン Suwapan
スワビー Swaby

スワーフ Swaef
スワファー Swaffer
スワフエンラー
Sewahenre
スワプナ Swapna
スワボミル Sławomir
スワーミ Swami
スワーミー
Svāmī
Swami
スワミ
Sarawati
Swami**
スワミー Swamy
スワミダス
Swamidass
スワミナサン
Swaminathan*
Swamynathan
スワミナタン
Swaminathan**
ズワム Zuwam
スワラジ Swaraj
スワラットシン
Swaratsingh
スワラップ Swarup**
スワラン Swaran*
スワリー Swarray
ズワリチ Zvarich
スワリム Sualim
スワーリング
Swerlimg
Swerling*
スワル Siwar
スワルシ Suwarsih
スワルスキー Swirsky
スワルツ Swartz*
スワルディ Suwardi
スワルト
Swart
Swarth
Swarts
ズワルト Zwart*
スワループ Swarup*
スワルプ Swarup
スワレス Suarès
スワレツ Svarez
ズワレツ Svarez
スワレフ Swaleh
ズワレン Zwahlen
スワロー Swallow*
スワロウ Swallow
スワロフスキー
Svárovský*
Swarovski
Swarowsky
スワーン
Swaan
Swahn
スワン
Suwan
Swahn
Swan***
Swann**
スワンウィック
Swanwick***
スワンガー Swanger
スワンキリ Suwankiri
スワンク Swank**
スワンストン
Swanston
ズワーンスバイク
Zwaanswijk
スワンスン Swanson
スワンソン
Swanson***
スワンダ Suwanda
スワンチャウィー
Suwunchwee
スワンティ Suwanti
スワンディ Soewandi
スワントーン
Souvanthone
スワンナ Swanna
スワンナキリ
Suwannakhiri
スワンナクーン
Suwannakul
スワンナタット
Suwanatat
スワンニー
Suwannee*
Suwanni
Suwannii
スワンネル Swannell
スワーンベリ
Svanberg
スワンポキン
Suwannapokin*
スワンボロウ
Swanborough
スワンメルダム
Swammerdam
スーン Soon*
スン
Seung
Sng
Soon
Sun***
S'un
Sung
Xung
ズーン
Dhū
Sone
Zone*
Zoon
ズン
Chun
Dung***
Tzoun
Zeng*
Zhen
Zheng
スンウ
Seung
Seung-u*
Seung-woo*
スンウォン
Seoung-won
Seung-won*
Sung-won*
Sun-won
スンオク
Sung-ok
Sun-ok
ズンカー Zunker*
スンガク Seung-gak*
スンガロ Soungalo
ズンガン Zheng-gang
ズンカンカッセル
Duncan-cassell
スンキ
Gzungs kyi
Soonkki
Sunki
スンギ
Seung-gi*
Soon-ki
Sung-gi
スンギュ Seung-kew
スンギョン
Sung-kyung
Sun-gyong
Sun-kyong
スング Soon-ku
ズンク Sönke
スンクカラー
Sankhkare
スングク Seung-kook
スンクック
Seung-kook
スングマ Sunguma
スンクル Sunqur
スンゴン Seung-kon
ズンザ Dzundza
スンジェ Sung-jea
スンジャータ
Sundiata
スンジュ Sung-joo*
スンジュアン
Soon Juan
スンジュン Seung-jun
スンジョン
Soong-jong
スンシリ Soonsiri*
スンシン Sun-shine*
スンジン Seung-jin*
スーンズ Sounes*
スンス Seung-soo*
スンスネギ
Zunzunegui
スンソク Sun-sok
スンソプ
Soon Sup
Sun-Sup
スンソン Soon-suon
スンタイエフ
Sntayehu
ズンダオ Tsung-dao
スンタク Seung Tak
スンダーゲ
Sundhage*
ズンダーマイヤー
Sundermeier*
スンダーマン
Sundermann
ズンダーマン
Sundermann
スンダーラー Sundara
スンダラ Sundara
スンタラウエット
Sundaravej
スンタラウェート
Sundaravej**
スンダラル Cuntarar
スンダリ Sundari*
スンダリー Sundarī
スンダリカ Sundarika
スンダル Sundar
ズンダール Zumdahl
スンチャン Soon-chan
スンチョル
Seung-chul*
Soon-chul
スンデ
Soon-dae
Sunde
スンディアタ
Sundiata
スンディタ Sundiata
スンディヤッタ
Sunndiata
スンディン Sundin
スンテク
Sung Teack
Suntag
スンデル Sunder
ズンデル Zundel*
スンデン Sundén
スンド
Sund**
Sundh**
ズント Zunt
ズントー Zumthor*
スンドイーン Sunduin
スンドゥ
Seoung-doo
Sung-du
スンドヴァル Sundvall
ズントゥム Suntum
スンドク Soon-Duk
スンドクヴィスト
Sundquist
スントケ Syntýchē
スンドシュトレム
Sundström
スンドストレム
Sundström
スンドストローム
Sundstrom
スンドストロム
Sundström
スンドビー Sundby**
ズンドビー Sundby
スントフト Sundtoft
スンドベリ Sundberg*
スンドベルイ
Sundberg
スントホルム
Sundholm
スンドマン Sundman
スントーラウェート
Sunthorawet
スンドララジャン
Sundararajan*
スンドリング Sundling
スントーン
Sunthon
Sunthorn
スントン
Sounton
Sunthon
Sunthorn
スントーンサナーン
Sunthonsanan
スントンシー
Sunthornsy*
スントーンプー
Sunthon Phu
スンナノー Sunnaná
スンニ Sunni
スンニベ Sunniva
スンニョギイ
Szunyoghy
ズンヌーン Dhū Nūn
ズンネガルド
Sunnegårdh*
スンハジ Sounhadji
スンバーズ Sunbādh
スンバド Zumbado
スンバートフ
Sumbatov
スンバナ Sumbana
スンハルヨ
Soenharjo*
スンヒ
Seung-hee
Seung-hi*
Sun-hi**
Sunhui
スンビ Sundby*
スーンピート
Soentpiet
スンヒョン
Seung-hyun*
Soon-hyung
Sung-hyon
Sun-hyon*
スンビリン Sembiring
スンピル Sungpil
スンビルート
Sounvileuth
ズンヒルト Sunnhild
ズンフー Chen-fu
スンファン
Seoung-hwan
Seung Hwan
Seung-hwan*
スンフム Soong-hoom
スンプラディット
Sumpradit
スンフン
Seung-hoon*
Seung-hun*
Sung-hun
Sun-hoon
スンホ
Seung Ho
Seung-ho
Sung-ho*
スンボク
Soon-bok
Sunbok
スンボム
Seun-bun
Seung-bum*
スンホン
Seung-heon*
Seung-hun*
Sung-hong
スンボン Soon-Bong

ス

スンマ Summa
スンミン
Seung-min*
Seungmin
スンモ Seung-mo
スンユン
Seung-yoon*
Seung-yun*
Sungyun
スンヨップ Sung-yop*
スンヨプ
Seung-yeop
Seung-yuop*
スンヨル
Seung-ryeol
Seung-yul*
スンヨン
Seung-yeon*
Seung-yong
Seung-youg*
Seung-youn*
Soon-young*
Soon-yung
ズンリャン Zhen-liang
スンリョル
Seung-ryul
スンレ Seung-lei
ズンロン Chen-jung
スーンワー Seunghwa
スンワン Seung-wan*

【セ】

セ
Ces
Saix
Seh
セー
Say
Saye
Sée*
ゼ
Ze**
Zé
ゼー
Sze
Zee
Zeeh
Zeh
セーア Sahre
セア
Sare
Sayre
Séat
Thayer
Thea
Zea*
セアー Thayer**
ゼーア Zehr
ゼア
Zare
Zehr*
セアイユ Séailles
セアウ Seau**
セアガ Seage
セアゲイ Sergay
セアコシン
Seakgosing
セアーズ Sayers
ゼアック Jacques
セアド Sead
セアドー Theodore
セアドア Theodore
セアネス Seanez
ゼアビ Zerbe
セアフォス Searfoss
セアブラ Seabra
セアラ
Sara**
Sarah**
Seara
セアール
Céard
Searle
セーアン
Sören
Søren
セアン
Ceán
Sean
セーアンセン
Sorensen
Sørensen*
セイ
Cey
Say**
Saye
Sée
Sey
Seyi
Sheyi
ゼイ
Zay
Zei
セイア Sayer
セイアー Thayer*
セイアーズ Sayers
セイアズ Sayers
セイアヌス Seianus
ゼイアンツ Zajonc
セイイェド Seyed*
セイイク Sung-wook
セイイド Seyyid
セイイトクルイエフ
Seyitkulyev
セイイトマンメト
Seyitmammet
セイイトムイラト
Seyitmyrat
セイヴ Zeév
セイヴァリー
Savery
Savory
セイヴィア Saviour
ゼイヴィア Xavier
ゼイヴィアー Xavier
セイヴィオン Savion
セイウェル Saywell
セイヴォス Seyvos
セイヴォリー Savory
セイヴライト
Seivewright
セイエ
Ceillier
Seye
セイエド
Sayed
Seyed*
Seyyed*
セイエドシャムセディン
Seyed Shamsedin
セイエドモルテザ
Seyed Morteza
セイエール Seillière
ゼイエル Zeyer
セイエルスタッド
Seierstad*
セイエルステ
Sejersted
セイカー
Saker*
Thakor*
セイガー
Sagar
Sager
ゼイガー Zagar
セイカイ Sekai
セイカリー Saykally
セイガリン Sagalyn
セイガル Sagal
セイガン Sagan
セイキー Sakey**
セイク Se-ik
ゼイク Zeig
セイクウ Sekou
セイクス
Saeks
Saxe
ゼイクス Zakes
セイクンフェルド
Sakenfeld
セイケ Seike
セイケイ Székely
ゼィーゲンターラ
Siegenthaler*
セイコー Seikou
セイゴ Seigo
セイコウ Seiko
セイザー Sazer
ゼイザ Zeiza
セイザス Seixas
セイジ
Sage**
Seiji
Sejdi
セイジャー Sager
セイシャシュ Seixas
セイシャス Seixas
セイジャス Seijas
ゼイジャック Zajac*
セイシヨ Zhengshu
セイス
Saith
Sayce*
Seyss
セイズ Sayes
セイセイ Seisay
ゼイゼル Zeisel
セイタ Ceita
セイター Seiter
セイダック Sadock
セイダバシ
Seyed-Abbassi
セイタバチスタ
Ceita Batista
ゼイダン
Zeidan*
Zeidane
セイチェフ Zaitsev
ゼイツ Zeits
セイックラ Seikkula
セイデ Seide
セイディ
Sadie*
Seidi
Seydi
Seyyid-i*
セイディー
Sadie*
Seydî
セイデイ Sadie
ゼイディー Zadie**
セイディウ Sejdiu*
セイデウィツ
Seydewitz
セイデリン Seidelin
ゼイデルフェルト
Zijderveld
セイデルマン
Seidelman
セイデン Seiden*
セイデンスティッカー
Seidensticker
セイデンベルグ
Seidenberg
セイト Seth
セイド
Sayed
Sayyid
Seid
Seide*
ゼイド Zeid
セイドゥ
Sade
Saïdou
Seïdou
Seidu
Seydou**
セイドゥル Seydl
セイトバイ Seitbay
セイドフ Seidov
ゼイドマン Zeidman
セイドラー Seidler*
セイトル Seytre
セイドレー Seidler
セィトン Seton
ゼイナ Zeina
ゼイナー
Zaehner
Zaner
ゼイナップ Zeynep
セイナブ Seynabou
ゼイナブ
Zainab
Zeinab
Zeinabou
セイニ
Seini
Seyni*
ゼイニ Zeini
セイニオ Sainio
セイニョボス
Seignobos
ゼイヌラ Zeinulla
ゼイネ Zane
ゼイネップ Zeynep
ゼイノ Zeino
ゼイノッディーン
Zeynoddīn
セイノフスキー
Sejnowski
ゼイノル
Zeino l
Zeyn
Zeyn al
ゼイノル·アーベディーン
Zeino l-Ābedīn
ゼイノルアーベディーン
Zeyn al-'Ābedīn
セイバー Sabre
セイバイン Sabine*
セイバス Savas
セイパースタイン
Saperstein
セイバート Seibert
セイバーハーゲン
Saberhagen
セイバーヘイゲン
Saberhagen
セイバーヘーゲン
Saberhagen
セイバルト Seiwert
ゼイハン Zeihan
セイビア Saviour
セイビアー Sevior
ゼイビア Xavier
ゼイビアー Zaviar
セイビアン Sabean
セイビオン Savion
セイビヤー Xavier*
セイビン
Sabin*
Sabine
セイフ
Saif**
Seif**
セイブ Seibu
セイファー Safer*
セイファース
Seyfarth
Seyffarth
セイファート Seyfert
セイフェッティン
Seyfettin
セイフエルナスル
Seif El Nasr
セイフター Seifter*
セイフディン Seifdin
セイフーリナ
Seifullina
セイフリナ Seifullina
セイブル Sable
ゼイブル Zable

ゼイベク Zeybek
ゼイベクジ Zeybekci
セイベル
Ceiber
Seibel
セイペル Seyppel
セイボー Sabo
セイボム Sabom
セイボリー Savory
セイマー Seymour
ゼイマリ Zeimal'
ゼイミア Zamir
セイム Seim
セイムーア Seymour
セイムア Seymour
セイムアー Seymour*
ゼィームス James
ゼイムス James
セイムナウ Samenow*
セイムンド Saemundr
セイメック Samek
セイモー Seymour
セイモア
Samour
Saymour
Seymore
Seymour**
Siymoor
セイモアー Seymour*
セイモン Seymon
セイヤー
Sayer***
Sayour
Sayre*
Syer
Thayer**
ゼイヤー Zayar
セイヤース Sayers
セイヤーズ
Sayers**
Sayrs
セイヤック Sayuk
セイヤード Theyard
セイヤル Seyal
セイヨム
Seyaum
Seyoum**
セイラ
Sara
Sarah*
Seyla*
セイラー
Sailor*
Saylor
Seiler*
Seyler
Thaler
Theiler
セイライン Saline
ゼイラート Zijlaard*
セイラニャン
Seiranyan
セイラム Salem
セイラン Seyran
セイラント Salant
セイリエ Ceillier
セイリグ
Saelig
Sealig
Seyrig
ゼィリゲル Zeiliger
セイリング Saling
セイル
Sail
Sale**
Sayle
Se-il
セイルー Salew
ゼイル Zijl
セイルヴィッチ
Salewicz
セイルス Sailes
セイルズ
Sales
Sayles**
ゼィルズニク Zaleznik
セイレ Seile
ゼイレツニック
Zaleznik
セイレン Theiren
セィン Sein
セイン
Sain
Sein**
Thain*
Thane*
Thayne*
ゼイン
Zane**
Zayn*
Zein
Zeine
Zine
セインコウ Sein Ko
ゼインストラ Zeinstra
セインズブリー
Sainsbury*
セインズベリ
Sainsbury*
セインズベリー
Sainsbury**
ゼインツ Zaentz**
セインツベリ
Saintsbury
セインツベリー
Saintsbury*
セイント
Sainnt
Saint**
St*
St.**
ゼイント Zeind
セインベーダー
Sein Bay Dar
セーヴ
Sayve
Scève*
Séve
ゼヴ Z'ev
セーヴァ Seva*
ゼヴァコ Zévaco
ゼヴァス Zervas
セヴァースキー
Sebaski
セヴァースキー
Seversky
セヴァスキー
Sebaski
Seversky
セヴァスチャノフ
Sevastiyanov
セヴァストプロス
Sevastopoulos
セヴァーソン Severson
セヴァニアン
Sevanian
セウアラ Seuala
セーヴァリ Savery
セヴァリー Savery
セヴァリン Severin
セヴァール Sevar
ゼーヴァルト
Seewald
Sewald
セヴァーン Severn*
セヴァン Severn
ゼーヴィ Zevi
ゼヴィ Zevi
セーヴィア Savier
セヴィアン Savion
ゼーヴィオ Zevio
ゼヴィオ Zevio
セヴィシック Sevcik
セヴィツキー Sevitzky
セヴィッツキー
Sevitzky
セーヴィット Savit
セヴィニー Sevigny*
セヴィニェ
Sevigne
Sévigné*
セヴィリア Sévillia
セヴィル
Sevil
Seville
ゼーヴィン Zevin
ゼヴィン Zevin**
セヴィンサー Sevincer
セヴェットソン
Sevetson
セウエト Sehoueto
セヴェナウ Thevenow
セウェラ Severa
セヴェラン Sévérin
セヴェランス
Severance
セーヴェリ Savery
セヴェーリ Severi*
セヴェリ Severi
セウェーリアーヌス
Severianus
セウェリアノス
Severianos
セヴェリウス
Severinus
セヴェリード Severeid
セヴェリーニ Severini
セヴェリーヌ
Séverine
Sévérine
セウェーリーヌス
Severinus
セウェーリヌス
Severinus
セウェリヌス
Severinus
セヴェーリヌス
Severinus
セヴェリーヌス
Severinus
セヴェリヌス
Severinus
セヴェリーノ
Severino**
セヴェリーノヴィチ
Severinovich
セヴェリノヴィチ
Severinovich
ゼヴェリノヴィチ
Severinovich
セヴェリノヴィッチ
Severinovich
セヴェリャーニン
Severyanin
セウェリン Sewerin
セヴェリン Severin***
ゼヴェリーン Severin
ゼヴェリン Severin*
セヴェリング Severing
ゼーヴェリング
Severing
ゼヴェリング Severing
ゼーウェリンゲン
Sevelingen
ゼーヴェリンゲン
Sevelingen
セウェリンスキ
Seweryński
セーウェル Saywell
セーヴェル Sever
セーヴェルー
Saeverud
セウェール Sewell
セウェル Sewell
セヴェール Cevert
セヴェルギーン
Severgin
セヴェルギン Severgin
セウェールス
Severus
Sevērus
セウェルス
Severus*
Sevērus
セヴェールス Severus
セヴェルス Severus
セーヴェルツォフ
Severtsov
セヴェルツォーフ
Severtsov
セヴェレイド Severeid
セーヴェレン Severen
セヴェーロ Severo
セヴェロ Severo
セウェーロス
Seuêros
Seurōs
セウェロス
Sebêros
Seuêros
セヴォス
Sevoz
Thevos
セヴォル Scévole
ゼヴォン
Jevons
Zevon
ゼヴォンス Jevons
ゼウクシス Zeuxis
セヴケット Sevket
セヴシック Ševčík
ゼウシュナー
Zeuschner
ゼウス Zeus
セーヴストレム
Sefström
セヴストレーム
Sefström
セーヴストロム
Säfström
セウセルエンラー
Seuserenre
セウセルエンレー
Seuserenre
セウソ Celso**
ゼウデ Zewde
ゼウディ Zewdie
セウテス Seuthēs
セウベ Seube
セウマヌ Seumanu
セヴラック Séverac
セヴラユー Sevrau
セヴラン
Séverin
Séverine
ゼウリ Zeuli
セヴリーヌ
Severine
Séverine
Sevrine
セヴリヌ Sévérine
セウリン Ceawlin
セヴリン Severine
セウン
Sae-Eun
Se-eun
Se-ung
セヴン Seven
セウントイェンス
Seuntjens
セヴンリン Severin
セエイソ Seeiso
ゼェデルブローム
Soderblom
ゼエビ
Zeevi**
Ze'evi
ゼエブ
Zeeb
Zeev
Ze'ev
ゼエムス James
セエラー Shailer
セエール Cere
セエル Céelle
ゼェレン Søren
ゼーエン Zeien

セ

セオ
Seo
Theo**
セオヴィク Seović
セオク Se-ok
セオクリトス
Theoklitos
セオゾラキス
Theodorakis
セオダー Theodore
セオダシアス
Theodosius
セオダテ Theodate
セオデリック
Theoderic
セオドー Theodore
セオドーア
Theodor
Theodore*
セオドァ Theodore
セオドァー Theodor
セオドア
Theadora*
Theodor***
Theodore***
Théodore*
Theodre
セオドアー Theodore
セオトカス
Theotokas*
セオトキ Theotoki
セオドサキス
Theodosakis
セオドシア Theodosia
セオドシアス
Theodosious
Theodosius
セオドラ Theodora*
セオドラキス
Theodorakis
セオドラス Theodorus
セオドール
Theodor*
Theodore*
セオドル
Theodor
Theodore*
Thodore
セオドロウ
Theodorou
セオドロス
Theodoros
Theodros
セオドロプールー
Theodoropoulou
セオニ Theoni*
セオバルト Theobald
セーオフィラス
Theophilus
セオフィラス
Theophilus
セオフィリウス
Theophilius
セオフィル
Theophil
Théophile
セオフィルス
Theophilus
セオフラストス
Theophrastos
セオボールト
Theobald
セオボールド
Theobald
セオボルド Theobald
セオリン Theolyn
セオル Ceol
セオルウルフ Ceolwulf
セオルフリト
Ceolfrith
セオルレッド Ceolred
セオン Seong
セーガ Zoëga
セーガー Sager
セカ
Seca
Seka
セガー Sager
ゼーガー
Seeger
Seger
セカイ Sekai
セカエンレー
Sekhaenre
ゼーガース Seghers**
ゼーガーズ Seghers
ゼーガス Seghers
ゼガース Seghers
セガストローム
Segerstrom
セカダ Secada
セガーダ Zegada
セガダーリ Sgadari
セーカーチ Szekacs
セカチョワ Sekachova
セカデス Secades
セガト Segato
ゼガート Zegart
セカトレ Sekatle
セガフ Segaf
セカマネ Sekhamane
セーカラ Sēkara
セガーラ Segala
ゼガラッチ Zegaraci
セガラン Segaran
ゼカーリア Zecharia
ゼカリア
Zecharia**
Zechariah
ゼカリアス
Zacharias
Zecharias
セカリッチ Sekaric*
ゼカリヤ Zacharias
セーガリン Sagalyn
セーカル Shekhal*
セーガル
Seagal
Segal
Sehgal
セカール
Sekal*
Sekar
Séquard
セカル Sekhar
セガール
Seagal*
Segal*
Ségal
Segale
Segall
Sehgal
セガル
Segal*
Segall
ゼーガル
Segal*
Segall
セカルディ Ceccaldi
ゼカルヤ Zacharias
セカレアーヌ
Secareanu
セガレーヌ Segalen
セガレン
Segalen**
Ségalen
セガロフ Segaloff
セーガン Sagan**
セガン
Seguin
Séguin***
ゼーガン Zeagan
セカンダ
Secunda**
Sekunda
セガンチーニ
Segantini
セカンディ Ssekandi
セガンティーニ
Segantini
セギ
Seghi
Se-gi
Seguí
Seguy
Séguy
セギー Segui
ゼキ Zeki*
セギエ Ségier
ゼギエ Ségier
セキストン Sexton
セギズバエフ
Segizbaev
セーキスピーア
Shakespeare
セキスピア
Shakespeare
セキスピアー
Shakespeare
セキスピヤ
Shakespeare
セキネル Cecchinel
セキノ Sekino
セギノール Seguignol
セキボ Sekibo
セキマ Shik-mo
セギュール
Segur
Ségur*
セギュン Sye-kyun*
セキョン Se-kyung
セキーラ Sekyra
セギル Seghir
セギン Seguin
セク
Cech
Seck
Sekou
Sékou
セクー
Sekou*
Sékou
セグ Segú
ゼーク Seeck
セグア Segua
ゼグア Zegoua
セグァン
Se Gwang
Segwang
セグアン Seguin
セグイ Seguí
セクイン Séquin
セクエイラ Sequeira
セクオイア Sequoyah
セグォン Sae-kwon
セグーシオ Segusio
セグジオ Segusio
セクシック Secic
セクスチウス Sextius
セクスツス Sextus
セクスティウス
Sextius
セクスティユス
Sextius
セクストゥス
Sextos
Sextus
セクストス
Sextos
Séxtos
Sextus
セクストン Sexton***
ゼクストン Sexton*
セクスバーガ
Sexburga
セクスビー Sexby
セクスブルガ
Sexburga
セクスミス
Sexsmith**
ゼクスル Sexl
セクセル Seksel
セグソ Seguso
セクソン Sexson*
セクター Secter
セクティウイ Sektioui
ゼークト Seeckt*
ゼグナー Segner
セグニット Segnit
セグニーニ Segnini
セクバ Sekouba
セクヒー Nsekhe
ゼクフェルト Zegveld
セクフー Szekfu
セグベノン Ségbégnon
セグベフィア Segbefia
セクヘムラー
Sekhemre
ゼグベルム
Zegbelemou
セグペン Thigpen
セグマン Segman
ゼークミュラー
Sägmüller
ゼーグミュラー
Sägmüller
セクムレー Sekhemre
セクモカス Sekmokas
セクーラ Sekula
セクラ Sekula
セクラー
Seckler
Sekuler
セグーラ Segura
セグラ
Segura**
Ségura
セグラー Segler
ゼクラ Thekra
セグラス Séglas
セグラール Séglard
セークランド
Sökeland
セクリ
Sekkouri
Sekli
セクリスト Sechrist*
セクリッチ
Sekulić
Sekulič
セグリフ Segriff
セクリン Seculin
セグリン
Seglin*
Segrin
セグリンシュ Seglinš
セクル Sexl
セクルツィヤン
Seklucjan
セーグレ Segre
セグレ
Seger
Segre**
Segré
Segrè**
セグレー
Segre
Segrè
セグレイヴ Segrave
ゼクレス Sekles*
セグレスト Segrest
セクレタ Sekreta
セグレータ Segrera
セクレタン
Secretan
Secrétan
セグロウ Seglow
セグローラ Segurola
セクワレ Sexwale
セグン Segun
セクンダ Secunda
ゼクンダ Secunda

セクンダス Secundus
セグンド Segundo*
セクンドゥス
Secundus
セゲ Sege
セゲー Szegő
セーケイ
Sacay
Székely*
セーケイヒディー
Székelyhidy
セケイラ Sequeira
セゲヴ Segev
ゼーゲサ Segesser
セゲディ Szegedi*
セゲディン Segedin
セケネンラー
Seqenenre
セゲフ Segev*
ゼーゲブレヒト
Sägebrecht*
セケヘムラー
Sekhemre
セケミブイブ
Sekhemib
セケムイ Sekhemwy
セケムイブ Sekhemib
セケムカーラー
Sekhemkare
セケムケト
Sekhemkhet
セケムケペルラー
Sekhemkheperre
セケムラー Sekhemre
セゲラ Séguéla
セケラマイ
Sekeramayi
セーケリ Székely
セケリ Sekelj**
セケリー Szekely
ゼケリヤフ Zekerijah
ゼーゲル
Seeger
Seger
ゼゲル Seger
セゲールス Seghers
セゲルス Seghers*
ゼーゲルス Seghers
ゼゲルス Zegers
セーゲルスタード
Segerstad
セーゲルスタム
Segerstam*
セゲルスタム
Segerstam
セーゲルストレーム
Segelström
セゲルストロム
Segerstrom
セーゲルストローレ
Segerstråle
セケルバエワ
Sekerbayeva
セケレー Sekerê
セケレシュ Szekeres
ゼケレス Szekeres
ゼーゲン Zeegen
ゼーケンツ Sequentz
セコ Seko**
セコイア Sequoyah
セゴヴィア Segovia*
セコスキ Secoske
セコード Secord
セゴビア Segovia***
セゴビヤ Segovia
セコペ Sekope
セコポ Sekgopo
セコラ Sekora
セコリ Ceccoli
セゴレーヌ
Segolene
Ségolène**
セコンド
Secondino
Secondo*
セコンドット
Secondotto
セコンベ Secombe
セザ Seza
セザー
Cesar
César
Saether
セーサイ Ceesay
セサイ Sesay
セサティ Cesati*
セサムズ Sessoms
セザリ Cesari
セザリア
Cesaria
Cesária*
セザリオ Cesário
セザリス
Cesaris
Césaris
セーサル César
セーザル
Caezar
Cesar
César
セサール
Cesar**
César
Cezar*
セサル
Cesar*
César***
セザール
Caesar
Cæsar
Cesar**
César***
Cezar
Cézar
セザル
Cesar
César
Cesare
セサーレ Cesare
セザレ Cesare
セサレオ
Cesareo*
Cesáreo
セザンナ Susanna
セザンヌ
Cezanne
Cézanne*
セージ
Sage*
Sageder
セシ
Ceci*
Sethi
セシア Sesia
セシァドリ Seshadri
セシィ Sethi*
セジイク Sedgwick
セジウィク Sedgwick
セジウィック
Sedgewick
Sedgwick**
セジウイック
Sedgwick
セシェ Séché
セジェファカーラー
Sedjefakare
セーシェル Séchelles
セシェル Séchelles
セジェール Segelle
ゼシカ Jessica
セジク
Sae-jik**
Sejic
セシジャー Thesiger*
ゼジック Zezic
セシナ Sessina
セジノウスキー
Sejnowski
セシバザル Sasabasar
セジベラ Sezibera
セジャ Sedja
セジャウィック
Sedgewick
セシャギリ Seshagiri
セジャケ Sejake
セシャドリ
Seshadri
Sheshadri
セジャニ Sejani
セシャン Seshan
セジャン Sejaan
セシーユ Cécille
セジュウィック
Sedgwick
セシュエ Sechehaye
セシュエー Sechehaye
セジュード Cejudo**
セシュマ Seshamma
セジョ Sejo
セジョー Sedjo
セジョン Sejong
セシーリ Sesil'
セシリ
Ceseli
Cicilie
Sesili
セシリー Cecily**
セシリア
Cecelia**
Cecilia**
セシリアーニ Ceciliani
セシリエ Cecilie
セシリオ Cecilio
セシール
Cecile*
Cécile*
Cécille
セシル
Cecil***
Cécil
Cecile**
Cécile***
Cecilius
Cecily
Seshil
Sesil
Sesyle**
セジン
Se-jin*
Sezin
セース
Cees
Sayce*
セス
Cees
Saisse
Seth***
Søs
セスィリオ Cecilio
セスキス Seskis
セスキン Seskin
セスク Cesc**
ゼズス Jesus
セスタ Cesta
セスター Cester
セスティウス Sestius
セスティエ Cestié
セスティト Sestito
セスティーニ Sestini
セステル Sester
セスト Sesto**
ゼストス Zestos
セストーラ Sestola
セスナ Cessna
セスニアック Sesniak
セズネック Seznec
ゼズネック Seznec
セズノ Sesno
セスブーエ Sesboüé
セスブロン Cesbron*
セスペーデス
Céspedes
セスペデス
Cespedes*
Céspedes
セスマ Sessouma
セスラー Sessler
セスラン Cesselin
セズリン Sieglien
セスル Cecil
セーズレ Seizelet
セスン Thesen
セセ
Cece
Saisset
Sese**
ゼゼ Zeze
セセイ Sesay
ゼセーソン Zeserson
セセヌ Sessenou
セーセル Seyssel
セゼール
Cesaire
Césaire***
セゼル Sezer**
ゼセル Zoser
セゼン Sezen*
セソストリス Sesostris
セソール Cessole*
セソル Cessole
セータ
Seeta
Seta*
セーダー Soeder
セタ Zeta
セター Srettha
セダ
Seda
Theda
セダー
Ceder
Seder
ゼーダー Soeder
ゼタ Zeta*
セダカ Sedaka*
ゼーダーグラン
Södergran
セダーシュトランド
Cederstrand
ゼーダーシュトレーム
Söderström
ゼダーステン
Södersten
セーターティラート
Sethathirat
セタティラート
Setthathirat
セダト Sedat
ゼターバーク
Zetterberg
セダーホルム
Cederholm
ゼーダーマン
Söderman
セダミヌ Sedaminou
セタラ Setälä
ゼーターラー
Seethaler*
セダーリス Sedaris
セダリス Sedaris**
セタリン Setharin
セタリング Zetterling
セダール
Sédar***
Tsedal
セダル Sédar
ゼタールンド
Zetterlund
セダン
Seddon
Seden
セチ

セ

Ceci*
Sethi
セチェイ Szecsei*
セーチェーニ
Széchenyi
セーチェーニー
Széchenyi
セーチェニ Széchenyi
セーチエニ Széchenyi
セーチェニイ
Széchenyi
セーチェノフ
Sechenov
セチェノフ Sechenov
セチェン
Sečen
Sechen
ゼチェン Zhicheng
セチャン
Se-chang
Sechang
ゼチュ Zeč
セチュノフ Sechenov
セチリア Cecilia
セチン Sechin*
セツ
Šēt
Setz
ゼーツェン Sze-Tsen
セッカー Secker
ゼッカ
Zeca
Zecca
ゼッカー
Säcker*
Secker
セッカーズ Szekeres
ゼッカーズ Szekeres
セッキ Secchi
ゼッキ Zecchi*
セーッキラール
Cēkkilār
ゼッキン Zecchin
セック Seck
ゼック Zeck
セックストン Sexton
ゼックスル Sexl
ゼックナー Zechner
ゼックハウザー
Zeckhauser
ゼックバッヒャー
Seckbacher
セックブーフ
Seaxburh
ゼックミスタ
Zechmeister
セックリー Székely
ゼックワー Zeckwer
セッケリー Szekely
セッケル Seckel
ゼッケル Seckel*
ゼッケンドルフ
Seckendorff
Zeckendorf
セッコ Secco
セツコ Setsuko*

セッサ
Cessa
Sessa
セッサー Sesser
ゼッシー Jesse
セッジウィック
Sedgwick
セッジズ Sedges
セッジマン Sedgman
セッションズ
Sessions***
セッシル Sessle
セッスル Sessle
セッセ
Saisset
Sesse*
セッセール Sesseir
ゼッセルマン
Sesselmann
ゼッソ Zesso
セッター
Setter
Stetter
ゼッター Zetter
ゼッダ Zedda*
セッターウォール
Setterwall
ゼッタクイスト
Zetterquist
セッターグレン
Settergren
ゼッターバーグ
Zetterberg*
セッターフィールド
Setterfield**
ゼッターランド
Zetterland
セッタリング
Zetterling
ゼッターリング
Zetterling
セッチ
Secci
Setch
セッチェル Setchel
セッチニャーノ
Settignano
セッチフィールド
Setchfield
ゼッチャー Zetcher
ゼッツ Setz
セッツァー Setzer*
ゼッツェ Zetsche
セッテ Sette*
セッティ Setti
セッティア Settia
セッティス Settis*
セッティニャーノ
Settignano
セッティミア Settimia
ゼッテガスト
Settegast
ゼッテコルン
Settekorn*
セッテベリ Zetterberg

セッテホルム
Zetterholm
セッテリンド
Setterlind
ゼッテル Zettel**
セッテルベリ
Zetterberg*
セッテルリング
Zetterling
セッテンブリーニ
Settembrini*
セット
Cetto
Set
Seth*
ゼッド Zedd
セットゥ Seth
セットガスト
Settegast
セットフォード
Setford
Thetford
セットライト Setright
セットロウ Setlowe
セットン Seton*
セッパ Sceppa*
セッパラ
Seppala
Seppälä
セッハルト Shepherd
セッパルト Shepherd
セッピ Seppi
セッピク Seppik
セップ
Sepp**
Seppe*
ゼップ
Sepp**
Szep*
Zep
Zepp
ゼッフィレッリ
Zeffirelli**
ゼッフィレリ Zeffirelli
セッペ Seppe
ゼッペルト Seppelt
セッポ Seppo
ゼッポ Zeppo*
セッラ
Sella
Serra*
セツラー Setzler
セッライオ Sellaio
セッラーノ Serrano
セッラーリ Serragli
セテ Csete
ゼーテ Sethe
セーディ Sadie**
セティ
Sethi*
Seti
ゼティ Zeti*
セティア Sethia
セディア Sedia
セティアディ Setiadi

セディアワット
Sedyawati
セティアワン
Setiawan**
セディヴィ Sedivy
セティエン Setien
セディキ
Seddiki
Seddiqi
Sediki
セディギトゥス
Sēdigitus
セディク
Seddik
Sediq
Siddiq
セディージョ Zedillo
セディジョ Zedillo**
ゼティス Thetis
セディッキ Seddiqui
セティーナ Cetina
セティパ Setipa
セディフ Sedykh*
セディヨ
Sedillot
Sédillot
セディヨー Sédillot
セディーン Sedeen
セディン Sedin*
ゼデキア Zedekiah
ゼデキヤ Sedekias
セテク Se-taek
セデゴ Sedego
セーデシュトレム
Söderström
セーデス Coedès
セデス
Coedes
Coedès*
ゼテス Zētēs
セデニオ Cedenio
セデーニョ Cedeno
セデニョ
Cedeno*
Cedeño
セデバカ C'de Baca
ゼーテフライシュ
Soetefleisch
セテラ
Cetera
Seethala
セーデリング
Cedering
セーデル
Seeder
Söder
セテル
Setel
Seter
セデルキスト
Söderqvist
セーデルクビスト
Cederqvist
セーデルグラーン
Södergran
セーデルグラン
Södergran

セデルグレン
Södergren*
Soedergren*
セーデルシュトレーム
Söderström*
セーデルストレーム
Söderström
セデルストレーム
Söderström
セーデルバウム
Söderbaum*
セーデルブルーム
Söderblom
セーデルブルム
Söderblom
セーデルブロム
Söderblom
ゼーデルブロム
Söderblom
セーデルベリ
Soderberg
Söderberg**
ゼーデルベリ
Söderberg
セーデルベリィ
Söderberg*
セーデルボリ
Cederborg
セーデルホルム
Sederholm
ゼーデルホルム
Sederholm
ゼーデルマイア
Sedlmayr
セーデルマイヤ
Sedlmayr
ゼーデルマイヤ
Sedlmayr
ゼーデルマイヤー
Sedlmayr
セーデルマン
Söderman
セテルリング
Zetterling
ゼーデルワル
Söderwall
セテレ Setälä
セテワヨ Ketshewayo
セート Seth
セト
Šēt
Seth*
Seto
ゼトー Szeto
ゼド Gedo
セドイ Sedoy
セートゥ Seetoo
セドゥ
Saidou
Seydoux*
セドゥー Seydoux
セドゥーギン Cedugin
ゼートゥス Sethus
ゼトゥス Sethus
セートゥッチャ
Setuccha
セトゥバル Setubal

セドゥリウス Sedulius
セトゥール Cettour
ゼトゥン Zeitoun
セト・カセケムイ
SethKhasekhemwy
セドキ Sedki**
ゼドケア Zedkaia**
セドゴ Sédogo
ゼトス Zethos
ゼドック Zadok
セトナ Sethna*
セドナウイ Sednaoui
セトナクト Setnakht
セドニエフ Sedniev
セトニカル Setnikar
セドーフ Sedov
セドフ Sedov*
ゼートベーア Soetbeer
ゼートベール Soetbeer
セドラー Sederer
ゼドラ Zadra
セトライト Setright
ゼードラク Sedlak
セドラチェク
Sedláček*
ゼトラチェック
Sedlaczek
ゼドラチェック
Sedlaczek
セドラック Sedlak
セドリ Sedley
セドリー Sedley
セドリク Cédric
セドリス Scdoris*
セドリック
Cedric**
Cédric**
Cedrick
Chedric
Sedric
ゼドリック Zedric*
セトル
Seitre
Settle*
セドール Sedor
セドル Se-dol
ゼトル Zettl
セトルズ Settles
ゼードルニツキ
Sedlnitzki
Sedlnitzky
セードルフ Seedorf*
ゼードルマイア
Sedlmayr
ゼードルマイアー
Sedlmayr
ゼドルマイア
Sedlmayr
ゼードルマイヤー
Sedlmayr*
ゼードルマイル
Sedlmayr
セドレー Sedley
セドレイ Sedley
セトロウィジョジョ
Setrowidjojo
セトロン Cetron
セドワ Sedova
セトン Seton
セドン
Seddon**
Se-dong
セーナ Sena*
セナ
Sena*
Sénat
Senna**
ゼーナ Zena
ゼーナー Zaehner
ゼナ
Zena
Zenna*
セナアイブ Senaaib
ゼナイディ Zenaidi
セナイト Senait
ゼナウィ Zenawi**
セナウィラトナ
Senaviratne
セーナカ Senaka
ゼナギ Zenagui
セナクトエンレー
Senakhtenre
セナケリブ
Sennacherib
Sennachērim
ゼナス
Zenas
Zēnâs
セナチルブ
Sennacherib
ゼナッキー
Czarnecki*
セナック
Cenac
Sénac
ゼナッティ Zenatti
ゼナテッロ Zenatello
ゼナテルロ Zenatello
セナド Senad
セナトーレ Senatore
セナトロフ Senatorov
セーナーナーヤカ
Senanayake
セナナヤカ
Senanayake
セナーナヤケ
Senanayake
セナナヤケ
Senanayake*
セーナーパティ
Senāpati
セーナパティ Senapati
セナーパティ Senāpati
セナパティ
Senapathy
Senapati*
セナービー Sennerby
ゼナブ Zeinabou
セナラトネ Senaratne
セナール Senart
ゼナーレ Zenale
セナン Senan
セナンクール
Sénancour
セーニ
Segni
Szönyi
セーニー
Seenii
Seni**
セニ
Ceni*
Segni*
Seni
ゼニー Zeny
セニア Senia
セニアー Senior
ゼニア Zegna*
セニェ
Seigner
Sene
セニエ
Seigner*
Seignier
セニェーリ Segneri
セニェリ Segneri
セニェール Seigner
セニオ Senio
ゼニオス Zenios
セニオール Senior
ゼニコフスキー
Zen'Kovskij
ゼニーシャ Zenysha
ゼニス Zenith
セニタゴヤ
Cenitagoya
セニチェフ Senichev
セニック Cennick
ゼーニナ Zenina
ゼニムラ Zenimura
セーニャ Segna
セニュール Seigneur
セーニョーボー
Seignobos
セニョーボ
Seignobosc
セニョボー Seignobos
セーニョーボス
Seignobos
セーニョボス
Seignobos*
セニョボス
Seignobos*
Seignobose
セニョーラ Siniora
セニョール
Seignolle
Senghor
Senior
セニョレ Seignoret**
セニランガカリ
Senilagakali
セニロイ Seniloli
セヌイユ Seneuil
セーヌファーダ
Saine-firdaus
ゼヌン Zenun
セネ
Czene
Senet
ゼネ Zene
セネア Senear
ゼネーヴィチ Zenevich
セネウィラトナ
Senevirathna
Seneviratne
Senewiratne
セネカ Seneca*
セネガ Senegas
セネカル Sénécal*
セネキオ Senecio
セネキス Senex
ゼネク Zdenek
セネシ Senentz
セネシーノ Senesino
セネジーノ Senesino
セネシャル
Senechal
Sénéchal
セネシュ
Senesh
Szenes
ゼネストライ
Senestrey
ゼネストリ Senestréy
セネツ Senentz
セネッシュ Szenes
セネット Sennett***
ゼーネット Janet
セネド Sened
セネビエ Senebier
ゼネビッチ Zenevitch
セネビラトネ
Seneviratne
ゼネブ Zenebu
セネフェリブレー
Seneferibre
セネフェルカ
Seneferka
ゼーネフェルダー
Senefelder
ゼネフェルダ
Senefelder
ゼネフェルダー
Senefelder
ゼネフェルデル
Senefelder
セネフェルラー
Seneferre
セネブミイウ
Senebmiu
ゼネラゼ Dzeneladze
セネル Senel*
ゼネルト Sennert
セネン Senen
セネンツ Senetz
セーノ Seno
セノ
Seno*
Séno
ゼーノ Zeno
ゼーノー
Zeno
Zēnōn
ゼノ
Xeno*
Zebrowski
Zeno*
Zenon
ゼノヴィッチ
Zenovich
セノク Senoch
ゼノス Zenos
セノドトス Zenodotos
ゼノドトス Zenodotos
ゼーノドーロス
Zenodoros
ゼノドロス Zenodoros
ゼノーニ Zenoni*
セノパティ Senopati
ゼノービ Zenobi
ゼノビー Zénobie
ゼーノビア Zenobia
ゼノビア Zenobia*
ゼノビウス Zenobius
ゼノビオ Zanobio
ゼノビオス Zēnobios
セノフ
Sennov
Tzenov
ゼーノフ Zenoff
ゼノブ Zénobe
ゼノフォン Xenophon
ゼノフカ Zenovka
セノライズ Senorise
セノール Senor
セノル Senol
ゼーノーン
Zenon
Zēnōn
ゼノン
Zenon**
Zénon
Zēnōn
セバ
Seba
Sebba
セバー
Sebbah*
Sebbar
ゼーバー Seeber
ゼバー Zebah
セハーヴェ Chave
セバウン Sebaoun
セバーク
Sebag
Seberg
セバーグ
Sebag
Seberg
セバザ Cébazat
セバシュティアウ
Sebastião
セバージョス Ceballos
セバジョス Cevallos
セバージョスフエンテス
Ceballos Fuentes
セハス Cejas
セバースキー Seversky
セバスタ Sebastatzi
セーパースタイン

Saperstein
セバスチアヌス
Sebastianus
セバスチアーノ
Sebastiano
セバスチアン
Sebastian*
セバスチアーン
Sebastiaan
セバスチアン
Sebastian**
Sebastián
Sebastião
Sebastien
Sébastien*
ゼバスチアン
Sebastian
セバスチオン
Sebastião
セバスチャオ
Sebastião
セバスチャノ
Sebastiano
セバスチャノフ
Sevast'ianov
セバスチャン
Sebastian***
Sebastián*
Sebástian
Sebastiano
Sebastianus
Sebastião**
Sebastien**
Sébastien***
Sebastion
Sebastjan
Sebestyen
セバスチヤン
Sebastianus
Sébastien
ゼバスチャン
Sebastian
セバスチョン
Sebastion
セバスティアーニ
Sebastiani
セバスティアニ
Sébastiani
ゼバスティアーニ
Sebastiani
セバスティアーヌス
Sebastianus
セバスティアヌス
Sebastianus
セバスティアーノ
Seba-stiano
Sebastiano**
セバスティァン
Sebastian
セバスティアン
Sebastiaan
Sebastian***
Sebastián**
Sebastiàn
Sebastiano
Sebastiao
Sebastião
Sebastien**
Sébastien*
ゼバスティアン
Sebastian*
セバスティヤン
Sebastian
セバスティン
Sebastien
Sébastien
セバストス Sebastos
セバーソン Severson
セバッグ Sebbag
ゼーバッハ Seebach*
セバップ Serup
セバート Sebaht
セハナウィ Sehnawi
ゼバニヤ
Sophonias
Zephaniah
ゼーバハ Seebach
セパバーン Sepahban
セパバンド
Sepahvandi
セパーヒ Sepaahi
セーバーヘーゲン
Saberhagen*
セハム Seham
セパムラ Sepamla
セパラ Seppala
セバライド Sevareid
セーバリ Savery
セーバリー Savery
セバリー Savery
ゼハリ Zehri
セバーリョス
Ceballos
Zevallos
セバリョス Ceballos
セバリングハウス
Severinghaus
セバルト Sebald
ゼーバルト Sebald**
ゼバルト Sebald
セバルドゥス Sebaldus
ゼバルドゥス Sebald
セバレンジ Sebarenzi
セバン
Seban
Severn*
セヒ Se-hui
セビ
Cebi*
Zebi
ゼービ Zevi*
ゼヒ
Jae-hee
Zéhi
ゼビ Zevi
セービア Savier
セビア Sevier
セビアー Sevier
セビアン Savion*
セビエ Sébillet
セーヒェルス Seghers
ゼビガー Sebiger
セビージャ Sevilla
セビジャ Sevilla
ゼービス Seewis
セビスコス Ceviscos
ゼヒター Sechter
セビツキー Sevitzky
セビッシュ Zebisch
ゼビディ Zebidi
ゼビーナ Zebina*
ゼビナ Zebina
セビナテ Sevinate
セビニ Sevigny
セビニー Sevigny*
セビニェ Sévigné
セービュ Saebø
セヒュク Se-hyuk*
セビュクテギン
Sebüktigīn
ゼビュロン Zebulon
セビヨ Sébillot
セヒョン
Se-hyun*
Se-hyung**
Sei-hyon
セビリア Sevilla
セビーリャ Sevilla
セビリャ Sevilla
セビル Seville
セービン
Sabin**
Sabine
セビン
Sevin
Sivin
ゼビン Zevin*
セーフ Seif
セーブ Scève
セーブ Szép
セフ
Sef
Seff
Sev
セブ
Sebastien
Seibu
セブー Sebouh
ゼーブ Ze'ev
ゼーブ Zeeb
ゼフ
Zef
Zeff*
Zeph
ゼブ
Zeb
Zev
Z'ev
セファ
Sai-hwa
Sefa*
ゼファーソン Jefferson
ゼファナイア
Zephaniah
ゼファニア
Zephania
Zephaniah**
ゼファニヤ Zephaniah
セファーリンド
Segerlind
セプアルト Shephard
ゼフィー Zéphir
セフィク Šefik
ゼフィラン Zephirin
セフィリ Sephiri
ゼフィリヌス
Zephyrinus
ゼフィリン Zephyrin
ゼフィレッリ Zeffirelli
ゼフィレリ Zeffirelli
セフェリ Seferi
セフェリアデス
Seferiades
Seferis
セフェリアン Seferian
セフエリアン Seferian
セフェリス
Seferis*
Seféris
Sferis
セフェリーノ Ceferino
ゼフェリーノ Zeferino
セーフェル Schafer
ゼーフェルト
Seefeldt**
ゼーフェルナー
Seefehlner
セフェロヴィッチ
Seferovic
セフェンジャー
Seffinger
セフォー
Sefo*
Sefor
セフォリム Sforim
セフォローシャ
Sefolosha
セフォン Sefon
セブク・テギン
Subuktigin
セプコ Cepko
セプコスキー Sepkoski
ゼフストリョーム
Sefström
ゼフストレーム
Sefström
セフタリ Seftali
セブダンディ
Sebudandi
ゼプチンスキー
Rzepczynski
セプティマス
Septimus
セプティミア Septimia
セプティミウス
Septimius
セプティムス
Septimus
セフディモフ
Sevdimov
セフテル Seftel
セフード Cejudo
セフトン Sefton*
セフヌサッハ
Sechnussach
セブーハ Sebouh
セブハト Sebhat
ゼフュリーヌス
Zephyrinus
ゼフラ Zahra
セブラック Séverac
セブラン
Severin
Séverin
Sevrin
ゼブラン
Severin
Zeveren
セブリアン Cebrián*
ゼーフリート
Seefried*
セブリーヌ Severine*
セブリュギン
Sevryugin
セフリン Seffrin
セーブル Sabel*
セブルスキー Cebulski
ゼーブルッヘ
Zeebrugge
セプールベダ
Sepúlveda*
セプルベダ
Sepulveda**
Sepúlveda*
セフルミ Sekh'ulumi
ゼブルン
Zaboulōn
Zebulun
Zevulum
セブレル Sebrell
ゼフレン Zeffren
ゼブロウィッツ
Zebrowitz
ゼブロウスキー
Zebrowski*
ゼブロスキー
Zebrowski
セプロチャ Seplocha
ゼブロフスキ
Zebrowski
ゼブロフスキー
Zebrowski
ゼブロフスキィ
Zebroski
セブロン Cesbron*
セフン
Se-hoon*
Sei-hoon
セブン
SE7EN
Seven**
セベ Seve**
セペ Sepe
セーベア Seeberg
ゼーベク Seebeck
セベクエムサフ
Sebekemsaf
セベクカーラー
Sebekkare
セベクネフェルウ
Śbk-nfru
セベクネフル
Sebeknefru
セベクヘテプ
Sebekhotep
セベクホテプ
Sebekhotep
セペシュ Szepes
セベスキー Sebesky

セベスセン Sebescen
セベスチェン
Sebestyen*
Sebestyén
セベスティアン
Sebestyen
セヘステッド
Sehested*
セベスバリ Sebesvari
セペダ
Cepeda*
Zepeda
ゼペダ Zepeda
ゼベダイ
Zebedaios
Zebedee
ゼーベック
Seebeck
Zeebroeck
ゼベディ Zebedy
セペティス Sepetys*
ゼベデオ Zebedaios
セヘテピブラー
Sehetepibre
セヘテプカラー
Sehetepkare
セペデロイグ
Cepede Royg
セペード Ceppède
セベトレラ Sebetlela
セベニウス Sebenius
セベネ Sevene
セペフリー Sepehrī
セペフル Sepehr
ゼーヘラール
Zeegelaar
セベラン Severin
セーベリ Savery
セベーリ Severi
セベリ
Cervelli
Severi
セベリー Sevelee
セベリアーノ
Severiano
セベリアノ Severiano
セベリウス Sebelius
セベリーニ Severini
セベリヌス Severinus
セベリーノ Severino*
セベリノ
Severiano
Severino**
セベリャーニン
Severyanin
セベリン
Severim
Severin***
Seweryn
セベリンセン
Severinsen
セーベル Seybel
セヘル Sehar
セベール Cevert
ゼーヘル Zeger

セヘルウタウイ
Sehertawy
ゼーベルク Seeberg*
ゼーベルグ Seeberg
セーヘルス
Segers
Seghers
セヘルス
Segers
Seghers
セベルス Severus
ゼーヘルス Seghers
セベルツォフ
Severtsov
セベレ Sevele
セベーロ Severo
セベロ Severo**
セベロス Seberos
セベロバン Severovan
セペング Sepeng
セポ Seppo
ゼホ Jae-ho
ゼボ Zebo
セボス Sevoz
セボタレフ Cebotarev
ゼーホーファー
Seehofer**
セーボーフト Sēbōkht
ゼーボーム Seebohm
セホーン Sehorn
セホン Sehong
セボン
Cebon
Se-bong
ゼボン Jevons
セーマー Seymer
セマ Sema
セマウン Semaun
セマジ Semaj
セマーシコ Semashko
セマシコ Semashko
ゼーマック Zemach
セマニック Semanick
セマノ Semano
セマーノヴァ
Semanova
セマリ Semari
ゼマリオ Ze Mario
ゼマルコス Zemarchos
ゼマルヤライ
Zemaryalai*
セーマン Seman
ゼーマン
Szeemann
Zeeman*
Zeman***
ゼマン Zeman***
ゼマーンコヴァー
Zemánková
ゼマンスキー
Zemansky
セマンダール
Semandar
セミ Semi

セミィ Semuela
セミイ Semilli
セミエン Semien
セミオノヴナ
Semyonovna
セミオノワ
Semionova*
セミオーリ Semioli
ゼミギロ Zemigiro
セミシ Semisi
セミシュ Semisch
セミチャストヌイ
Semichastny**
セミチャスヌイ
Semichastny
セミック Semick
セミデイ Semidei
セミテーコロ
Semitecolo
セミナラ Seminara*
セミニック
Semenick
Seminick
セミネッツ Semenets
セミーノ Semino
セミノジェンコ
Semynozhenko
セミノビッチ
Semenovich
セミハ Semiha
セミフ Semih
セミョーノヴァ
Semenova*
Semyonova
セミョーノウィチ
Semenovich
セミョーノヴィチ
Semenovič
Semenovich**
Semënovich
Semyonovich*
セミョノヴィチ
Semenovich
Semyonovich
セミョーノヴィッチ
Semenovich
Semyonovich
セミョノーヴィッチ
Semiyonovitch
セミョノヴィッチ
Semyonovich
セミョーノヴナ
Semënovna
Semyonovna
セミョーノバ
Semenova
セミョーノビッチ
Semenovich
セミョーノフ
Semenoff
Semenov**
Semjonov
Semyonov*
セミョノフ Semenov
セミョーノワ
Semenova
Semionova
Semyonova**

セミョーン
Semen**
Semën
Semyen
Semyon**
Simeon
セミョン
Semen
Semion
Semyon
セミヨーン Semyon
セミヨン
Semiyon
Semyon*
セミラミス Semiramis
セミール Semir
セミル
Cemil
Sémir
ゼミール Zamir
ゼミン Zeming
セーム Semmy*
セム
Cem
Sem*
Šēm
ゼム
Sem
Zem
セムィーキナ
Semykina
セムコフ Semkov*
セムコフスキー
Semkovskii
セムコフスキィ
Semkovskii
セムズ Semmes
ゼームス
James
Zemusu
Zêmusu
ゼームズ James
ゼムスキー Zemski
ゼムスコフ Zemskov
セームスドルフ
Sehmsdorf*
ゼムノヴィッチ
Zemunovic
ゼムノビッチ
Zemunovic
Zemunović
セムバ Themba*
ゼムパー Semper
セムビ Sehmbi
ゼムフィラ Zemfira*
セムプル Semple
センプルン Semprun
ゼムマー Semmer
セムラー Semler*
ゼムラ Zemla
ゼムラー
Semler
Semmler
セムラデック
Semradek
セムラン Semelin
セムリ Semri
ゼムリャク Zemlyak

ゼムリャーチカ
Zemliachka
ゼムリン Zemlin
ゼムール Zemmour*
ゼムレル Semler
セームロフ Sameroff
セームンド Saemundr
セメ Seme
セメイクカレー
Semenkhkare
セメイスム Semeysum
セメガ Semega
ゼメカ Zé Meka
ゼメキス Zemeckis**
セメギーニ Semeghini
セメグン Semegn
セーメス Szémes
セメディ Szemerédi
セメード
Semedo
Semmedo
セメド Semedo
セメニーク Semenuik
セメニャーカ
Semenyaka
セメニヤカ
Semenyaka*
セメネンコ
Semenenko
Semenennko
セメーノヴィチ
Semenovych
セメノヴィチ
Semenovich
セメノヴィッチ
Semenovich
セメノビッチ
Semenovichi
セメノフ
Semenoff
Semenov
セメノワ Semenova
セメフスキー
Semevskii
Semevsky
セメョーノフ Semenov
セメヨノフ Semenov
セメラク Semerak
セメル Semel**
ゼメル Zemel
ゼメルヴァイス
Semmelweis
セメルケト Semerkhet
セメルジエフ
Semerdjiev
セメルディエフ
Semerdjiev
セメルロース
Semmelroth
セメレ
Semele
Semere
Szemere
セメレー Semele
セメレコフ Semerikov
セメレディ Semeredi

セ

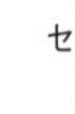

セ

セメレーニ
Szemerényi
セメレンコ
Semerenko*
セメン
Semen
Semyon
セメンコ Seménko
セメンザ Semenza
セメンジャーエフ
Semendiaev
セメンズ Simmons
セメンヤ Semenya**
セーモ Semo
セモウ Semou
ゼモゴ Zemogo
セモジ Semodji
セーモーニデース
Sēmōnidēs
セモニデス Sēmōnidēs
セモヨノーヴァ
Semionova
Semyonova
セモリ Semoso
セモン Semon
ゼーモン
Semon*
Zemon*
ゼモン Zemon
セーヤー Thayer
ゼーヤー Zayar
セーヤーズ Sayers
ゼヤド Zeyad
セヤーヌス Seianus
セヤヌス Seianus
セユム Seyoum
セヨウム Seyoum
セヨル Se-yeul
セヨン
Seyon
Se-yong*
Se-Yung
ゼヨン John
セーラ
Cela
Sara**
Sarab
Sarah**
Sela
Serra
セーラー
Selā
Thaler
Theiler*
セラ
Cela***
Sara*
Sarah*
Sela*
Selah
Sella*
Sera
Serra**
Serrat
セラー
Sela*
Sellar*
Sellers
Serrat
ゼーラ Zara
ゼーラー
Seeler
Seler
ゼラ Zella
ゼラー
Zeller
Zoeller*
ゼライザー Zelizer
セライナ Selina
セラヴェッツァ
Serravezza
セラーオ Serao*
セラオ Serao
セラゲディン
Serageddin
ゼラコ Zeljko
セラコビッチ
Selaković
セラシェ Selassie
セラシエ Selassie*
セラシーニ Cerasini
セラシニ Cerasini*
セーラーズ Sellars
セラーズ
Sellars**
Sellers**
Sellors
ゼラズニー Zelazny**
セラズニィ Zelazny
ゼラズニィ Zelazny
ゼラズニイ Zelazny*
ゼラセ Dzerasse
ゼラゾ Zelazo
セラソリ Cerasoli
ゼラツキー Zeratsky
セラッチ Ceratti
セラーティ Serrati
セラティ Cerutty
セラデュライ
Selladurai
セラート
Selart
Serato
Serrato*
セラト
Cerato
Cerrat
Cerrato
ゼラード Gerard
セラドゥール
Seradour
セラドウール
Seradour
ゼラーナ Zelana
セラーニ Selanne
セラニ
Selanne*
Selänne*
セラーニキー Selânikî
セラニート Serranito
セラーノ Serrano**
セラノ Serrano***
ゼラノフ Zhelanov
セラハッティン
Selahattin
セラハティン
Selahattin
セラピオ Serapio
セラピオーン Serapion
セラピオン Serapion
セラピナイテ
Serapinaite
ゼラフ Seraph
セラファン
Seraphin
Séraphin
セラフィ Selafi
セラフィーニ Serafini
セラフィニ Serafini
セラフィーヌ
Séraphine
セラフィーノ Serafino
セラフィノ Serafino
セラフィーマ
Serafima
Seraphine
セラフィマ Serafima
セラフィーム Serafim
セラフィム
Serafim
Seraphim
セラフイモーイッチ
Serafimovich
セラフィーモヴィチ
Serafimovich
セラフィモーヴィチ
Serafimovich**
セラフィモヴィチ
Serafimovich
セラフィモーウィッチ
Serafimovich
セラフィモーヴィッチ
Serafimovich
セラフィモヴィッチ
Serafimovich
セラフィモービチ
Serafimovich
セラフィモビチ
Serafimovich
セラフィモービッチ
Serafimovich
セラフィモビッチ
Serafimovich
セラフィン
Serafin**
Serafín
Seraphine
Séraphine
セラミ Cerami*
セーラム Salem
セラム Celum
セラーヤ
Celaya*
Zelaya
セラヤ
Celaya
Saraias
Zelaya**
セラヤンディア
Zelayandia
Zelayandía
セラリーニ Séralini
セラル
Celal
Celâl
Sellal*
ゼラール Gerard
セラロン Selarón*
セラン
Se-rang*
Serang
Serran*
Serrán*
Serrão
Serryn
Theron
ゼラン Zelan
セランジェリ
Serangeli
セランテス Serantes
セランデル Selander
セラント Serrant
ゼーラント Zeeland
ゼランド Zeland
セランドレイ
Serandrei
セーリー Selley
セリ
Ceri
Seli
Se-ri*
Sery
Séry
Seyrig
Therry
セリー
Celly
Selley
Serry
Sery*
Séry
ゼーリ Zeri*
ゼリ Zeri
ゼリー Zélie
セリア
Celia***
Célia
Silje
セリアー
Cellier
Sellier
ゼーリア Zélia
ゼリア Zelia
セリヴィンスキー
Sel'vinskii
セリヴェロワ
Sel'verova
セリウス Coelius
セリエ
Ceillier
Celiers
Cellier**
Celliers
Scellier
Sellier
Selye**
セリェスコグ
Seljeskog
セリエール
Seilliére
Seillière*
ゼリエン Sellien
セリエント Serient
セリオ
Celio
Serio
セリオニ Cerioni
セリオールト
Theriault*
セーリガー Seeliger
セリガー Seliger
ゼーリガー Seeliger
セリギー Sergie
セリギイ Sergie
セーリグ Seyrig*
セリーク Selig
セリク Serik*
セリグ Selig**
セリグスバーグ
Seligsberg
セリグソン Seligson*
セーリグマン
Seligman
セリグマン
Seligman**
Seligmann*
ゼーリグマン
Seligman
ゼリグマン Seligman
セリクール Séricourt
セリーケマル
Serry-kemal
ゼリコ Zeljko*
ゼリコウ Zelikow*
セリコウィッツ
Selikowitz
セリシェフ Serišev
セーリス Saris*
セリーズ Therese
セリス Celis
ゼリーズ Zerries*
セリーゼ Seriese
セリソラ Cerisola
セリチェ Seriche
セリツキー Selitsky
セリック
Selic
Selick*
セリッグ Selig
ゼーリック
Serick
Zoellick**
ゼリック Zoellick
セリッチ Seric
ゼーリッチ Zelitch
ゼーリッヒ
Seelig
Selig
ゼーリッヒマン
Seligmann
セリート Cerrito
ゼリドーウィチ
Zel'dovich
ゼリドーヴィチ
Zeldovich
ゼリドヴィチ
Zel'dovich
ゼリドヴィッチ
Zeldovich

ゼリドビッチ
Zeldovich
セリーナ
Selina**
Serena**
セリナ
Celina
Selina*
ゼリーナ Selina*
セリーニ Cellini
セリニ Celiny
セリニー Serrigny
セリニェ Sairigné
セリーニュ Serigne
セリーヌ
Celine**
Céline***
Cèline
セリヌ Céline
セリヌス Selinus
ゼリノバー Zelinová
セリバーノフ
Selivanov
セリバノフ Selivanov
セリパンド Seripando
ゼーリヒ
Seelig
Selich
セリビンスキー
Sel'vinskii
セリフ Serif
セリフォ Serifo*
セリフォヴィック
Šerifović
セリブリャコワ
Serebriakova
セリベール Serber
セリマ
Celima
Selima
セリマン Seligmann
セリミ Sellimi
セリム
Selim**
Sélim
ゼリムカン
Zelimkhan**
ゼリムハン Zelimkhan
セリモヴィチ
Selimović
セリモヴィッチ
Selimović
セリモフ Selimov
セーリヤーズ Saliers
セリュー
Sellew
Sérieux
セリュジェ Sérusier
セリュジエ Sérusier
セリュード Serrudo
セリューラ Cellura*
セリュラス Sérullaz
セリュリエ Serrurier
セーリーランサン
Serirangsan
ゼリリ Tzelili
セーリン Sehlin
セリーン Celine
セリン
Selin
Sellin
Serrin*
ゼリーン Sellin
ゼリン Sellin
セリンカー Selinker
ゼーリンガー Selinger
ゼリンカ Zelinka
セリング Selling*
ゼーリング
Sehling
Sering
Soehring
Söhring
ゼリンク Sellink
セリングス Sellings
セリンコ Selinko
セリンゴ Selingo
セリンコート
Selincourt
Sélincourt
セリンジャー
Selinger*
Sellinger**
ゼリンスキー
Zelinski*
Zelinskii
Zelínskii
Zelinsky**
ゼリーンスキィ
Zelinskii
セリンダ Celinda
セール
Cere
Cerf
Sale**
Sales
Scheel
Sehrou
Sele
Sère
Serre**
Serres***
Sers
Seur
Szell
セル
Cel
Celles
Cellou
Cerf
Säll
Scelle
Schell
Sell**
Ser
Serr
Serre
Szell
セルー Theroux**
ゼール
Seel*
Söhl
Zeri
Zerr
ゼル
Szell
Zell**
Zer
ゼルーアリ Zerouali
ゼルーアル Zeroual*
ゼルアール Zeroual
ゼルアル Zeroual
セルイラトゥ
Seruiratu
セルヴァ Selva*
セルウァシウス
Servasius
ゼルヴァス Zervas
ゼルヴァツィウス
Servatius
セルヴァティ Serbati
セルヴァデイ Servadei
セルウァティウス
Servatius
セルヴァディオ
Servadio
セルヴァーティコ
Selvatico
セルヴァートゥス
Servatus
セルヴァン
Servan**
Servant
セルヴァンシュレベール
Servan-Schreiber
セルヴァンスキー
Szervánszky*
セルヴァンチス
Cervantes
セルヴァンテス
Cervantes
セルヴァンデース
Cervantes
セルヴァンドーニ
Servandoni
セルヴィ Servi
セルウィアヌス
Servianus
セルウィウス Servius
セルヴィウス Servius
セルヴィエ Servier
セルヴィエール
Servieres
ゼルウィガー
Zellweger*
セールウィクズ
Salewicz
セルヴィッジ Cervizzi
セルヴィッロ Servillo
セルヴィーニュ
Servigne
セルウィリア Servilia
セルウィリウス
Servilius
セルウィン Selwyn*
セルヴィン Selvin*
セルヴェ Servais**
セルウェイ Selway**
ゼルウェガー
Zellweger
セルウェス Servais
セルヴェッロ Servello
セルウェト Servet*
セルウェトゥス
Servetus
セルヴェトゥス
Servetus
セルヴェリス Cerveris
セルウェル Thelwell
セルヴェル Cerver
セルヴェンティ
Serventi*
セルヴォ Cerveau
セルヴォア Servois
ゼルヴォス Zervos
セルヴォラン Servolin
セルウォール Thelwall
セルヴォーン Selvon
セルヴォン Selvon
ゼルヴダキ Zervadaki
セルウッド Sellwood
セルウルス Servulus
セルヴンテス
Cervantes
セールェストリョーム
Siljeström
セルカ Seluka
ゼルカ
Selka
Zerka
セルカーク Selkirk*
セルカス Cercas**
セルガス Sergas
セルカモン Cercamon
セルカン Sercan
セルカンビ Sercambi
セルギー
Sergie*
Sergii
Sergiy
Sergy
Serhiy
セールギィ Sergii
セールギイ
Sergii
Sergij
セルギイ
Sergie
Sergii
セルギウス
Sergii
Sergios
Sergius
セールギエフ Sergiev
セルギエフ Sergiev
セルギエンコ
Sergienko
セルギオ
Sergio
Sérgios
セルギオス
Sergios
Sergius
セルキラハティ
Särkilahti
セルキリーニ
Cerquiglini
セルキン Salekin
ゼルキン Serkin**
セルク
Selk
Sercu
ゼルク
Selg
Zelk
セルクク Selcuk*
セルゲ
Serge
Sergei
セルゲー Sergei
ゼルケ
Selke
Serke*
セルゲーイ
Serge
Sergei
Sergej
Sergey
セルゲィ Sergei*
セルゲイ
Sergay
Serge
Sergei***
Sergeĭ
Sergeĭ
Sergéi
Sergej**
Sergey***
Serghei
Sergi
Sergiĭ
Sergiy
Serguei
Sergueï
Serguey**
Serhiy
セルゲイヴィチ
Sergeevich*
セルゲイヴィッチ
Sergeevich
セルゲイエヴ Sergeyev
セルゲイエヴィチ
Sergeievitch
Sergeyevich
セルゲイエフ Sergeev
セルゲイェンコ
Sergeenko
Sergeyenko
セルケイラ
Cerqueira*
セルゲーヴィチ
Sergeevich**
Sergéevich
セルゲーヴィッチ
Sergeevich
セルゲヴィッチ
Serguevich
セルゲーヴナ
Sergeevna
セルゲーエヴィチ
Sergeevič
Sergeevich*
Sergeyevich
セルゲェヴィチ
Sergeevich
セルゲエヴィチ
Sergeevich
ゼルゲーエヴィチ
Sergeevich
セルゲーエヴィッチ
Sergeevich
セルゲーエヴナ
Sergeyevna
セルゲエヴナ
Sergeevna
セルゲーエビッチ
Sergeevich
セルゲーエフ

セ

Sergeev***
Sergeyev
セルゲエフ
Sergeev
Sergeyev
Sergueev
セルゲエワ Sergeyeva
セルゲービチ
Sergeevich
セルゲービッチ
Sergeevich*
セルゲル Sergel
ゼルゲル
Sergel
Sörgel*
セルゲレン Sergelen
セルコ Celko
セルコー Selkoe
セルゴ
Csergo
Sergo
Serugo
ゼルコ Zelko
セルコウィッツ
Selkowitz
セルコフ Selkov
セルコワ Selkow
セルサー Selcer
セルサス Celsus
ゼルザビ Zerzavy
セルサム Selsam
セルーシ Seroussi
セルージ Ceruzzi
セルジ
Sergi**
Serzh*
セルジー Serhiy
セルジウ Sergiu
セルシウス Celsius
セルジウス Sergius
セルジェ Serge
セルジエ Sérusier
セルジェスク Sergescu
セルシェル Söllscher*
セルジォ Sergio
セルジオ
Cergio
Sergio***
Sérgio**
セルジオス Sergios
セルジーニョ Serginho
セルジノフ Serdinov
セルシフロン
Cersifrón
セルジャ Selja
セルジャン Sergent
セルジュ
Serge***
Sergei
Serges
Sergiu**
セルジューク Seljūq
セルジュコフ
Serdyukov*
セルシュトローム
Sällström
セルジュリ Sergerie
セルジョ
Serge
Sergio***
Sergo
セルジール Sergyl
ゼルジンスキー
Dzerzhinskii
Dzierzhnskii
セールズ
Sales**
Salles
セルース Selous
セルス
Cels*
Sells
セルズ Sells*
セルスキー
Celski
Selsky
セルスティーヌ
Célestine
セルズニク Selznick
セルズニック
Selznick*
セルセ Serse
ゼルセナイ Zersenay*
セルソ Celso***
セルソー
Celso
Cerceau*
セルソシーモ
Cersosimo
ゼールソン Gerson
セルダ
Cerda*
Cerdá
Cerdà
ゼルター Zelter
ゼルダ
Selda
Zelda**
セルダーニュ
Cerdagne
セルダーハウス
Selderhuis
セルタブ Sertab
セルダーヘイス
Selderhuis
セルダル Serdar*
セルダロフ Serdarov
セルダン
Cerdan
Selden
Seldin
セルチャン Seeruttun
セルチュク
Selcuk*
Selçuk
ゼルチュルナー
Sertürner
セルツ
Seltz
Selz
ゼルツ Selz
セルツァ Seltzer
セルツァー
Seltzer*
Selzer*
セルツキー Selucky
セルッティ
Cerruti*
Cerutti*
Cerutty
ゼルツレ Sälzle
ゼルテ Seldte
ゼルデ
Seldte
Soelde
Sölde
セルーティ Cerutti
セルティ Cerutti
セルディス Seldes*
ゼルディス Zeldis**
セルディック Cerdic
セルティッチ Sertić
セルティヤーンジュ
Sertillanges
セルティヤンジュ
Sertillanges
セルティランジュ
Sertillanges
セルディン Seldin
セルデイン Serudin
ゼルディン Zeldin**
セルデス Seldes*
ゼルテュルナー
Sertürner
セルデン Selden***
ゼルテン Selten**
セルデンワーグナー
Söldenwagner
セールト Sert
セルート Cerruto*
セルト Sert*
セルトー Certeau*
セルトフト Søltoft
セルトマン Seltman
セルドマン Seldman*
ゼルトマン Seltmann
ゼルドマン Zeldman
セルドラン
Celdran
Celdrán
セルトリウス
Sertorius
セルトン Certon
セルドン
Seldon
Sheldon
セルナ
Serna*
Sernas
ゼルナー
Sellner*
Serner*
Söllner
Zellner
セルナス Sernas
セルナン Sernin
セルニー Cerny
ゼルーニ Zerhouni*
ゼルニイ Zerhouni
ゼルニオ Zelnio
ゼルニーク Zelnik
ゼルニケ
Zarneke
Zernike*
ゼルニック Zelnick*
ゼルニッツ Zernitz
セルヌーダ Cernuda*
セルヌダ Cernuda*
セルネ Sernet
セルネージ Sernesi
ゼルネッカー
Selnecker
セルネル Serner
セールノ Serno
セルノ Serno
セルノヴィッツ
Sernovitz
ゼルノーフ Zernov*
セルバ Selva
セルバー Selver
セルパ Cerpa
ゼルハイム
Sellheim
Söllheim
セルバーグ Selberg**
ゼルバジオ Gervásio
セルバーチ Serbati
セルバック Selbach
セルバーティ Serbati
セルバート Selbert
ゼルバベル
Zēr-bābili
Zerubavel
Zerubbabel
セルバラトナム
Selvaratnam
ゼルハルト Gerhardt
ゼルバルト Gerhardt
セルハン Serhan
セルバーン Selbourne
セルバン
Serban
Servan
セルバンシュレベール
Servan-Schreiber
セルバンスキー
Szervánszky
セルバンテス
Cervantes*
Cerventes
セルバンデス
Cervantes
セルバント Cervantes
セルバンド Servando
セルバンドーニ
Servandoni
セールビー Saleeby
セルヒー
Serhii
Serhiĭ
Serhiy
セルビ
Cervi
Selby
セルビー Selby***
セルヒオ
Cergio**
Segio
Sergio***
セルヒオルイス
Sergio Luis
セルピキウス Servius
セルピーターセン
Sell-Petersen
ゼルビーニ Zerbini
セルビノ Zerbino
セルビン Slevin
セルフ
Self**
Selfe*
セルブ
Selb
Szerb
セルプ
Serup
Szerb
ゼルファーエス
Servaes
セルフェルト Selfelt
セルフォー Cerfaux
セルフォン Cerfon
セルブスト Selbst
セルプスト Selbst
ゼルフーニ Zerhouni
セルフーブ Selhub
ゼルフュス Zehrfuss
セルフリ Serufuli
セルフリッジ
Selfridge*
セルブロ Servulo
セルヘ Serge
セルベ Servais
ゼルベ Zerbe*
セルベジーヤ
Serbedzija
セルベツス Servetus
セルベッティ Selvetti
セルベート Servetus
セルベト
Serveto
Servetus
セルベトゥス Servetus
セルベヨ Cervelló
セルベヨン Cervellón
セルベラ Cervera
セールベリ Sehlberg*
セルベリ Cerveri
セルベール Cerver
セルペル Serper
セルベンカ Cservenka
ゼルボ Zerbo
セルポッタ Serpotta
ゼルボルト Zerbolt
セルボーン Selborne
セルボンスキー
Servonsky
セルマ
Selma**
Selman
Thelma**
セルマー Celmer
ゼルマ
Selma*
Zelma

ゼルマー
Selmar
Selmer
Zellmer
セルマイアー Selmaier
ゼルマイヤー Sellmair
セルマック Cermak
セルマーニ
Selmani
Zelmani
セルマニ Selmani
セルマール Selmar
セルマン
Selman**
Selmane
ゼルマン Zelman
セルミ Selmi
ゼルミー Jeremy
セルミシ Sermisy
セルミジ Sermisy
セルミンス Celmins
セルム Sørum
セルムス Selms*
セルメット Sermet
セルメト Sermet
セルメニョ
Cermeno
Cermeño*
セルモ Selmo
セルモン Selmon
セルーヤ Sérouya
ゼルヤ Tseruyah*
セールュイ Serruys
セルラ Serra
セルライオ Sellaio
セルラース Sellers
セルリェ Cellerier
セルリエ Serrurier
セルリオ Serlio
セルリョ Serlio
セルルーピ Serlupi
セルレンドルフ
Schellendorff
セルロ Serlo
セルワ Serwa*
セルーン Seroen
セルンカ Sernka
セーレ Zahle
セーレー Seeley
セレ
Céré
Seller
Séré
セレー Serret
ゼレ
Selle
Sölle**
セレアゴジ Séléagodji
セレイ
Celej
Selley
Serey
セレイウット
Sereivuth
Sereyvuth
セレイリャー
Serraillier
ゼレィンスキ Zeleński
セレヴィ Serevi
セレウカイテ
Sereikaite
セレウコス
Seleucus
Seleukos
セレク Celek
セレクマン Selekman
セレグリヤコフ
Serebriakov
セレサ Theresa
セレジー Therezie
セレシア Celesia*
セレシュ Seles**
セレシュト Seresht
セレス
Seles
Seres
Serres
Szeles
セレスコヴィッチ
Seleskovitch
セレスタン
Celestin*
Célestin*
Coelestin
セレスチ Celeste
セレステ
Celeste***
Seleste
セレスティア Celestia
セレスティーニ
Celestini
セレスティーヌ
Célestine*
セレスティーノ
Celestino**
セレスティノ
Celestino*
セレスティーン
Celestyne
セレスティン
Celestin*
Célestin
Celestine
セレスト
Célest
Celeste
Céleste
セレスナ Ceresna
ゼレズニー
Zelezny*
Železný
セレズニョフ
Seleznev*
Seleznyov
セレズネフ Seleznev
セレズネワ Selezneva
セレーソ Cerezo
セレーゾ Cerezo*
セレソ Cerezo**
セレゾ Cerezo
ゼレゾフスキー
Zhalyazoiski
Zhelezovski
Zhelezovsky
セレソリ Ceresoli
セレダ Cereda
セレツェ
Serertse
Seretse**
セレック Selleck*
ゼーレツニック
Zaleznik
セレディ Seredy*
セレデイ Seredy
セレディーナ Seredina
セレドン Zeledón
セレーナ
Selena*
Serena*
セレナ
Selena*
Serena*
セレーニ
Seregni
Sereni*
セレニ Sereni
セレニー
Sereny
Szörenyi
ゼレニー Zelený
セレーニアーヌス
Serenianus
セレニイ
Sereny
Szelényi
ゼレニツキー
Zelenitsky
セレーネ Selene
セレノ Sereno
セレノス Serenos
ゼレノック Zelenock
セレビ Selibe
セレビオウグル
Çelebioğlu
Çelebiouglu
セレブリアコフ
Serebriakoff
セレブリアンスカヤ
Serebryanskaya*
セレブリニコフ
Serebrennikov
セレブリャーコヴァ
Serebriakova
Serebryakova
セレブリャーコフ
Serebriakov
セレブリヤコフ
Serebrjakov
セレブリャコワ
Serebriakova
セレブロフ Serebrov*
セレブローフスキー
Serebrovskii
セレマイア Seremaia
セレマン Seleman
ゼレミヤ Jeremiah
ゼレメー Jeremy
セレモン Selemon
セレリ Selleri
セレリエ
Célérier
Cellerier
セーレル
Sarel
Seiler
セレル
Serrell
Zeller
ゼレル Zerler
ゼレルダ Zerelda
セレロールス Cererols
セレロルス Cererols
セーレン
Ceelen
Soren*
Sören
Søren*
Thelen
セレーン Serene
セレン
Cerén*
Selen
Sellen
Seren
Serene
Thelen
Thellen
ゼーレン
Søren
Zoelen
ゼレンカ Zelenka
セレンギア Selengia
ゼレンケビッチ
Zelenkevich
セレンザ Celenza
ゼレンスキー
Zelenskii*
Zelensky*
Zelenskyy
Zielinski*
セーレンセン
Sorensen*
Sørensen
セレンセン Serensen
セレンテ Celente*
セレンティ Celente
セーレーンドラ
Selendra
セレンドンロブ
Seringdongrub
セレンベ Serembe
セーロ Cerro
セロ
Cellot
Cerro
Cyril*
Sello
Selo
セロー
Serrault*
Serreau**
Theroux**
Théroux
ゼロ
Zelo*
Zero*
Zéró
ゼロカルカーレ
Zerocalcare
セロス Seros
セロータ Serota*
セロチンスカ
Seroczynska
セロツキ Serocki*
セロッシ Seroussi
ゼロッティ Zelotti
セローテ Serote**
セローディネ Serodine
ゼロテス Zelotes
セロニアス
Thelonious*
ゼロニイ Zelonijs
ゼロニモ Jeronimo
セーロフ Serov
セローフ Serov
セロフ Serov*
ゼロフ Seroff
セロフィッリ Serofilli*
セロム Sélom
ゼローム Jerome*
ゼロムスキ
Zeromski
Żeromski
ゼロメク Zelomek
ゼローラ Zerola
セロール Serrault
セロロン Céloron
セロワ
Serova
Serroy
セローン
Cerone
Cerrone
セロン
Ceron*
Sellon
Theron**
ゼワイル Zewail
セワジェンレー
Sewadjenre
セワジュカレー
Sewadjkare
セワード Seward
セワヘンラー
Sewahenre
セーン
Saen
Sen**
Soren
Thane*
セン
Saing*
Saint
Sen***
Sén
Sene
Seng**
Senn*
Sheng
ゼーン
Sehn
Zane*
ゼン
Senn*
Zen
Zenn
Zhen
センアポン
Sengaphon
センウイ Seng Wee
センウォスレト
Senwosret

セ

セン・ウスレト
Sen-usert
センウスレト
Sen-usert
セン・ウセルト
Sen-usert
センウセルト
Sen-usert
センウセレト
Senwosret
センウタイ
SengOuthai
センウルフ Cenwulf
センカー Senker
センガ Senga
センガー Saenger
ゼーンカー Söhnker
ゼンガー
Saenger
Zenger*
センカット Senkut
センガドゥ Sengadu
センカール Szenkar
センカル Szenkar
ゼンギー Zengī
センギィーン Sengijn*
センキウィッチ
Sienkiewicz
ゼンギフォー Zengifo
センギーン
Sengijn
Sengiyn
ゼンギン Zengin
セング Seng
ゼング Seng
センクエズ Senquez
ゼンクス Jenks
セングスタック
Sengstacke
センクネシュ
Senknesh
ゼンクハース
Senghaas*
ゼングハース
Senghaas
セングープタ
Sengoopta
セングプタ Sengupta
ゼングラー Sengler
センゲ
Sangay*
Sen ge
Senge*
Seng ge
Sengge
Singye
センゲー Sengee
ゼンケ
Sönke
Zemke*
ゼンケーヴィチ
Zenkevich
Zenkévich
ゼンケウィチ
Zenkevich
ゼンケヴィンチ
Zenkevich
ゼンゲージ Zengage
センゲバウ Sengebau
ゼンケービチ
Zenkevich
ゼンケビッチ
Zenkevich
センゲ・リンチン
Senggerinchin
センゲリンチン
Senggerinchin
センゲル Senger
ゼンゲル
Sanger
Zengel
ゼーンゲン Söhngen
ゼンゲンベルガー
Sengenberger
センコ Senko
センコー Sentko
センゴ Thengo
ゼンコ Zenko
ゼンゴティタ
Zengotita
センコーフスキー
Senkovskii
センコフスキー
Senkovskii
ゼンコフスキー
Zen'Kovskij
ゼンコーフスキイ
Zen'kovskii
センゴール Senghor
センサー Senser
センザテラ Senzatela
センサバー
Sensabaugh
センザンガコナ
Senzangakona
センシ
Cenci
Sensi
センジ Senge
ゼンシ Zenzi
ゼンシー Zencey
センシア Sensier
センシーニ Sensini
ゼンシニ Sensini**
センシブル Sensible
センジャン Saint-Jean
センシンゲーオ
Saengsingkaew
センス Jeans
センズー Shen-Zhi
ゼンス Janes
センセイ Sensei
センセイボー
Sensabaugh
センゼニ Senzeni
ゼンゼリヌス
Zenzelinus
センセンブレナー
Sensenbrenner
センソニー Censoni
センソン Senson
センタ Senta
センター
Center
Senter
センダ Senda
センダー Sender
ゼンタ
Senta*
Zenta
ゼンダー Gendre
センダウラ Sendawula
センダーク Sendak
センダク Sendak
センダションガ
Sendashonga
センダジラサ
Sendazirasa
センタース Centers*
センターズ Centers
センダース Senders
センダック Sendak***
センダル
Kendal
Kendall
センチー Sing-chi
センチェンコ
Senchenko
センチュリー
Century*
センチュレリィ
Centurelli
ゼンチーレ Gentile
センチン Senchin
ゼンツ Zenz
センツィ Szenczi
センツォフ Sentsov
センツナー Centner
セーンツバリ
Saintsbury
センツベリ
Saintsbury
センツベリー
Saintsbury
センテ Chente
ゼンテ Szente
センティーヴ
Saintyves
センティウス Sentius
センディック Sendic
センティリンガム
Senthilingam
センディル Sendhil
センテス Szentes
センデス Cendes
センテーノ Centeno
センテノ Centeno*
センデーホ Sendejo
センデリック
Sen'Derrick
センデール Sender
センデル
Sendel*
Sender**
センデロス Senderos*
センデロール
Sondral*
Søndrål
センデン Senden
ゼンデン
Senden
Zenden*
センテンス Sentance*
センデンヤフ
Sendenjav
セント
Saint
Sainte
St*
St.**
Ste.
Szent*
ゼンド Zend
センドゥ Saendou
センドゥアン
Sengdeuane
セントウィン
Centwine
セントゥンブウェ
Sentumbwe
セントオンジ St.Onge
センドカー Sendker*
ゼントカー Sendker
セントクレア
St.Clair*
St.Claire*
セントジェイムズ
St.James
セントジェームズ
St.James
セントジェルジ
Szent-Györgyi
セントジェルジー
Szent-Györgyi
セントジャイルズ
St.Giles
セントジョージ
St.George*
St.Goerge
セントジョン
St.John**
セントト Sentot
ゼントナー
Gentner
Zentner
セントバーナード
St.Bernard
セントピエール
St.Pierre
センドフ Sendov*
セントメリー
Sainte-Marie
センドラー
Sendlerowa
センドリー Sendrey
セントリーヴァー
Centlivre
セントリヴァー
Centlivre
セントリーヴル
Centlivre
セントリーブル
Centlivre
センドリューテ
Sendriute
ゼンドル Gendre
セントルイス
St.Louis*
セントルース St.luce
センドレイ Szendrei
センドレラ Zendrera
センドロ Sendolo
セントロウィッツ
Centrowitz*
セントローレント
St.Laurent
ゼンドン Zendon
セントンゴ Sentongo
ゼンナー Zenner
センナケリブ
Sennacherib
Sennachērim
センナート Sennert
ゼンナート Sennert
センナヘリブ
Sennacherib
センニ Senni*
センヌ Senne
センヌアン
Sengnouan
センネット Sennett
ゼンネルト Sennert
センバ Themba
ゼンパー Semper
センパッド Sempad
センバッハ Sembach
ゼンバッハ Sembach
ゼンバハ Sembach
センピル Sempill
センフ
Sempf
Senf*
Senff
センプ Sempf
ゼンフ Senf
センフト Senft
ゼンフト Senft
セーンプラトゥム
Saengprathum
センプリチーニ
Semplicini
センブリック
Sembrich
センブリッチ
Sembrich
センプリーニ
Semprini
ゼンブリヒ Sembrich
センプリンガム
Sempringham
センプル Semple
センプル Semple*
ゼンフル Senfl
センプルーン
Semprún
センプルン
Semprun*
Semprún**
センプロニウス
Sempronius
Semprōnius
センベット Senbet
センベーヌ

Sembene
Sembène**
センベレ Senbere
センペーレ Sempere
センペレ Sempere
センベロ Sembello
ゼンホア Zhen-hua
セーンムアンマー
Saenmuangma
センムート Senmut
ゼンメリング
Sömmering
センメル Semmel
センメルヴァイス
Semmelweis
ゼンメルヴァイス
Semmelweis
ゼンメルバイス
Semmelweis
センメルハック
Semmelhack
ゼンメルロッゲ
Semmelrogge
ゼンメルロート
Semmelroth
センメルワイス
Semmelweis
ゼンメルワイス
Semmelweis
センユルト Senyurt
センレッド Cenred
センロー Seng Raw*
センワルフ Cenwalh

【ソ】

ソ
Seo**
So**
Soh
Sook
Sot
Su
Suh**
ソー
Sar
Sau
Saur
Saux*
Saw*
Sawh
So*
Sồ
Soe*
Soh
Soo
Sor
Sow
Thau
Thaw
Thor**
ゾ Zo
ゾー
Zaw*
Zo
Zoe*
Zoë
Zöe
ソーア Thor
ゾア Zoah
ゾアイン Doanh
ソアヴィ Soavi
ソアーヴェ Soave
ソアエミアス
Soaemias
ゾアナ Zoana
ソアネ Soane
ソアラオイ Soalaoi
ソアラブライ
Soalablai
ソアレ Soares
ソアーレス Soares
ソアレス Soares***
ソアレスマルケス
Soares Marques
ソアン
Soan
Søren
ゾアン Doan
ソーイ Sawi*
ソイ
Soi
Soilihi
Soy
ゾーイ
Zaoui
Zoe**
Zoé
Zoë**
Zöe
Zoey*
ゾイ
Zoe*
Zoi
ソイア Soia
ソイアー Soyer
ゾイア Zoia*
ソイアン Soyeon
ゾイイル Zoyir
ソイェ Sauyet
ソイエ Sohier*
ソイサ Zoysa
ソイザ Zoysa
ソイシーサムット
Soysisamout
ゾイス Zois
ゾイゼ Seuse*
ソイタ Soita
ソイダン Soydan**
ソイド Zoido
ゾイナー Zeuner
ソイニ Soini
ソイニネン Soininen*
ゾーイフェルド
Zoehfeld
ゾイフェルト
Seuffert*
ゾイフェルド Zoehfeld
ゾイヘルド Seufert
ゾイベルト Seubert
ゾイメ Seume
ソイヤー
Sawyer
Soyer
ソイラ Zoila
ゾイラ Zoila
ソイリ Soili
ソイリー Soailihi
ソイリヒ Soilihi
ソイル Soylu
ソイレ Soile*
ソイレク Soi Lek
ソイロ Zoilo
ゾイロ Zoilo
ゾーイロス Zōílos
ゾイロス Zōilos
ゾイロフ Zoirov*
ソイン
Soin
Soine
ソーヴ Soave
ソウ
Saw*
So
Soe
Sow*
Tso
ゾウ Zhou
ゾウ
Zaw
Zou
ソーヴァ Sova
ソウアー Sauer
ソヴァ Sova
ゾーヴァ
Sova
Sowa*
ソヴァクール Sovacool
ソヴァジェ Sauvaget
ソヴァジェオ
Sauvageot
ソーヴァージュ
Sauvage
ソヴァージュ
Sauvage**
ソーヴァジョ
Sauvageot
ソヴァージョ
Sauvageot
ソヴァジョ Sauvageot
ソヴァット Sovath
ソヴァニャルグ
Sauvagnargues**
ソーヴァント Sauvant
ソーヴィ Sauvy
ソーヴィー Sauvy
ソヴィ Sauvy
ゾウィ
Zoe
Zoë
ゾウイ Zöe
ソウィッツラル
Sowizral
ソーヴィニー
Sauvigny*
ソヴィニー Sauvigny
ソーヴィノ Sorvino
ソーウィン
Sawin
Soe Win
ソーウィンスキー
Sowinski
ソーヴェ Sauvé
ソウエ Sowe
ゾウェットベール
Soetbeer
ソーウェル Sowell*
ソウェル Sowell
ソウェルウイン
Sowerwine
ソウォーズ Sowards
ソウォル So-wol
ソヴォール Sauveur
ゾウク
Dhauq
Zauq
ソウクプ Soukup
ソウクポヴァー
Soukpová
ソウサ Sousa*
ソウザ
Sosa
Sousa**
Souza***
ソウジャーナー
Sojourner
ソウセック Soucek
ソウター Souter
ソウダー Saudā
ソウチュコバー
Součková
ソウデック Saudek
ソウデン Sawden
ソウト Souto
ソウパー Soper
ゾウハー Zohar**
ソウバーン Thoburn*
ソウバン Thoburn
ゾウビ
Zoubi
Zubi
ソウヒル Sawhill
ソウフォー Thawfor
ソウボレ Saubolle
ソウマ
Sawma
Souma
ソウミャ Sowmya
ソウミャジト
Soumyajit
ソウヤー Sawyer***
ソウラー Sowler
ソウラブ Sohrab
ソウリ Souley
ソウリン Sorin
ソーヴール Sauveur
ソウル
Saul***
Saule
Saull
Sohl
Soul
Soule*
ソヴール Sauveur
ソウルジャー Souljah
ソウルズ Sowls
ソウルゼンバーグ
Stolzenburg
ソウルダッド Soledad
ゾウルド Szold
ソーヴレー Sauvlet
ソウレイ Sawrey
ソウン Soun
ソウンダース
Saunders*
ソウンダラジャン
Soundarajan
ソウンダール Søvndal
ソヴンダル Sovndal
ソウンディク
Soutendijk
ソウンデルパンディアン
Sounderpandian
ソウンルー
Sohounhloue
ゾェ Zoe
ゾエ
Zoe**
Zoé*
Zoë**
ソエイロ Soeiro
ゾエガ Zoëga
ソエサストロ
Soesastro
ソエスク Soescu
ゾエスト Soest
ゾェダーマン
Söderman
ソエット Soete
ソエテルス Soetaers
ゾエデルマン
Söderman
ソエト Soet
ゾエトベール Soetbeer
ソエトマン Soeteman
ソェナム Bsod-nams
ゾエフェルド Zoehfeld
ソエリオ Soerio
ソエルド Sõerd
ソエーレン Søren
ソーエン Soen
ソォ Se
ソオ Saw
ソォスタイン
Thorstein
ソオーステル Sooster
ソオレイ Sorley
ソオロウ Thoreau
ソオロンバイ
Sooronbay*
ソーカー Soker
ソカー Sokha*
ソガ Soga
ソーガーソン
Thorgerson
ソカチ Socaci
ソーガード Sørgård
ソガード Sogard
ゾカート Zochart
ゾカナシンガ
Cokanasiga
ソガバレ Sogavare*

ソ

ソカラス Socarrás
ソカリ Sokari
ソーカル Sokal*
ソカルスキー Sokalski
ソカレキス Sockalexis
ソーガンツィ Soganci
ソカンビ Sokambi
ソーキー Salkey
ソギャル Sogyal
ソギョン Sok-yong*
ソーキル Thorkil
ゾキル Zokir
ソキルスキー
Sokyrskiyy
ゾキルゾダ Zokirzoda
ソーキン
Sokin*
Sorkin
ソーク Salk**
ソク
Seok
Seuk
Sok**
Suk
ゾーグ Zogu
ゾグ Zogu*
ゾグー
Zog
Zogu
ソクア Sochua
ソークアップ Soukup
ソクウ Suk-woo
ソクウォン
Sock-won
Suk-won
ソクキュ Suk-kyu
ソクギュ Suk-kyu*
ソククン Suk-kun
ソクジュ
Seok-ju
Sokoudjou
ソクジュン
Suk-joon
Suk-jun
ソクジョン Seok-jung
ソークス Sourkes
ソクス Suk-soo*
ソクスレト Soxhlet
ゾクスレト Soxhlet
ソクゼ Seok-jai
ソクチェ Seak-chae
ソクチュ Sok-ju**
ソクチュン
Seok-jung
Sok-jung
ソクチョン
Sock-chon
Suck-cheon
ソクテ Suk-tai
ソグディアノス
Sogdianus
ソクドン Sok-dong
ソクヒ Suk-hee*
ゾグビー Zoghbi
ソクヒャン
Soku-hyong
ソクヒョ Suk-hyo
ソクヒョン
Seok-hyun*
Sok-hyong
ソークプ Soukup*
ソクファ Sochua
ソクホ Sok-ho*
ソクボク Suk-bog
ソクホン
Sok-hon
Suk-hong
ソクヨン
Seckk-yon
Sok-yong
ソクラティス Sokratis
ソークラテース
Sōkratēs
ソクラテス
Socrates*
Sócrates**
Socratis
Sōkratēs
ソグラーフィ Sografi
ソクランスキー
Socransky
ゾグリオ Zoglio
ソーグリムセン
Thorgrimsen
ソクレ Suck-rai*
ソグロ Soglo**
ソクーロフ Sokurov**
ゾクワナ Zokwana
ソクワン Suk-wan
ソーケ Szoke
ソーゲ Sauguet
ソゲ Sauguet*
ソーゲイルソン
Thorgeirsson
ソケタ Soqeta
ゾーゲマイエル
Sogemeier
ゾーケル Sokel
ソゲルニ Sauguelni
ソーコ Sawko
ソコ Soccoh
ソコイェ Sokoye
ソコイネ Sokoine*
ソコザニ Thokozani
ソコマヌ Sokomanu
ソコム Sokhom
ソコライ Szokolay
ソコリ
Sokoli
Sokollu
Szokolyi
ソコリスキー
Sokolskii
Sokol'skii
ソコリスキイ
Sokol'skii
ソコリニコフ
Sokolinikov
ソコール Sokol
ソコル
Sokol*
Sokollu
ソコルスキー Sokolsky
ソコルル Sokollu
ソコロ Socorro
ソコロウ
Soklow
Sokolow
ソコロヴァ Sokolova*
ソコロビッチ
Socolovich
ソコーロフ
Sokoloff
Sokolov
ソコローフ Sokolóv
ソコロフ
Soklow
Sokoloff
Sokolov***
Sokolóv
Sokolow
ソコロフスカ
Sokołowska
ソコロフスカヤ
Sokolovskaia
ソコローフスキー
Sokolovskii
ソコロフスキー
Sokolovskii
Sokolovskyy
Sokolowski
Sokolowsky
ソコローフスキィ
Sokolovskii
ソコロフスキイ
Sokolovskii
ソコローワ Sokolova
ソコロワ Sokolova**
ソコン Sokhonn
ソコンティアティパダイ
Saukontheathipadei
ソーサ
Sosa**
Sousa
ソーザ
Sousa**
Souza*
ソサ
Sosa*
Sossa
Sousa
ソザ
Sousa*
Souza
ソザル Sozar
ソーシー Soucy
ソシ Socie
ゾージ Zaw Gyi
ゾージー Zaw Gyi
ソーシア Scioscia**
ソシアス Socias
ソシアリー Sotheary
ソシウス Sosius
ソーシエ
Saucier
Saussier
ソシエ Saucier
ソジェフスキ
Sorzewski
ゾシエンカ Zosienka
ソージェンティ
Sorgenti
ソシゲネス Sosigenes
ソーシタイン
Thorstein
ゾーシチェンコ
Zoshchenko*
ゾシチェンコ
Zoshchenko**
ソシーノ Socino
ソシパテル Sosipater
ソシパテロ Sōsípatros
ソシパトロ Sōsípatros
ソシパネス
Sōsiphanēs
ソシビウス Sosibius
ソシビオス
Sosibios
Sōsibos
ゾシーマ Zosima
ゾーシマス Zōsimas
ゾーシムス Zosimus
ゾシムス
Zōsimos
Zosimus
ゾジモ Zózimo
ゾシモス
Zosimos
Zōsimos
ゾーシモス Zōsimos
ゾシモス
Zosimos
Zōsimos
ソジャ Soja*
ソージャーソン
Thorgerson
ソジャーナー
Sojourner
ソシューラ Sosýura
ソーシュール Saussure
ソシュール Saussure*
ソジュルネ Sojourner
ソジュン Seo-jun
ソジョマン Sjöman
ソーション
Sau Sheong
ゾジロフ Zozirov
ソジン Seo-jin*
ソシーンスキー
Sosienski
ソシンスキー Sosinsky
ソース
Sauce
Soth
ソーズ
Soz
Soẓ
Sōz
Swords
ソス
Soss
Sossou
ゾス Zossou
ソスウント
Sossouhounto
ソスキース Soskice*
ソスキス Soskice
ソスキン Soskin*
ソスコヴェツ
Soskovets*
ソスコベツ Soskovets
ソスコベッツ
Soskovets
ソスコーン Soskolne
ソースタイン
Thorstein
ソースティン
Thorstein*
ソステク Sostek
ソステネ Sōsthénēs
ソステネス Sosthenes
ソステール Soster
ソーステン Thorsten
ソステン Sosthene
ソーステンズ
Sosthenes
ゾースト Soest
ソストラトス
Sostratus
ソスネンコ Sosnenko
ソスノウスキー
Sosnowski
ソズノウスキ
Sosnowski*
ソスノフスキー
Sosnovsky
ソスノーラ Sosnóra
ソーズバーグ Salsberg
ソーズビー Soesbee
ソスペター Sospeter
ソーズマン Salzman*
ソスラン Soslan
ゾーズリヤ Zozulia
ゾズーリャ
Zozulia
Zozulíà
Zozulya
ゾズリャ
Zozula
Zozulya
ソスロカルトノ
Sosrokartono
ソスロカルドノ
Sosrokardono
ソースロット
Saucerotte
ソスンコフスキ
Sosnkowski
ソーセー Saussaye
ソーゼ
Sauzet
Sawthey
ソセ Saucet
ソセー Saussaye
ソゼー Sauzay
ソーセイ
Saussaye
Southey
ソーセダ Sanceda
ソーセック Soucek
ソセフォ Sosefo
ゾーセル Zoser

ゾーゼン Sosen
ソソ Soso
ソソク So-seok
ソソス
Sosos
Sōsos
ソゾノフ Sozonov
ソソホント
Sossouhounto
ソーゾメノス
Sōzomenos
ソゾメノス
Sōzomenos
ソソルバラム
Sosorbaram
ソソーロン Sothoron
ソーソン Thorson
ソゾントヴィチ
Sozontovich
ソゾントヴィッチ
Sozontovich
ソータ
Soota
Sota
ソーター
Sauter*
Sautter
Sorter
Soutar
ソタ Sota
ソター Satha
ソーダイアン Sodian
ソーダガラン
Saudagaran
ソーダクィスト
Soderquist
ソーダーグレン
Sodergren
ソータデース Sōtadēs
ソタデス Sōtadēs
ソダーニ Sodani
ソダーノ Sodano*
ソーダーバーグ
Soderberg
ソダーバーグ
Soderbergh*
ソダーホルム
Soderholm
ソタマー Sotamaa
ソダミン Sodamin*
ソダム So-dam
ソーチェク Soucek
ソーチック Sawchik
ソーチャー Sorcher
ソチャ Socha
ソーチャック Sawchuk
ソーチャトロン
Sowjaturong
ソチュア Sochua
ソチョン So-chun
ゾーチン Sozin
ソツィーニ Sozzini
ゾッキ Zocchi*
ソッキュ
Suk-kyu*
Suk-qyu
ソック
Sock*
Sok*
Sukh
Thoc
Thok
ゾック Zoch
ソックス
Socks
Sox
ソックスレー Soxhlet
ソックン Suk-hoon*
ゾッケッタ Zocchetta
ソッザーニ Sozzani*
ソッシィ Sossi*
ソッシィー Sossi
ソッジャ Sotgia
ゾッツ Zotz
ソッツァーニ Sozzani*
ソッツィーニ Sozzini
ソッツォ Sozzo
ソッディ Soddy
ソッティル Sottil
ソット Soth
ゾット Zotto
ソットサス
Sottosass
Sottsass**
ソットン・プライチア
Suttantaprija
ゾッピ Zoppi
ソッピース Sopwith
ゾッファニー Zoffany
ゾッフィー Zapffe
ソッフィーチ Soffici*
ソッフィチ Soffici*
ソップウィス Sopwith
ソップウィズ Sopwith
ソッフン Suk-hoon
ゾッポ Zoppo
ソッラ Solla
ゾッラ Zolla
ソッリ Sorri
ゾッリ Zolli
ソッリウス Sollius
ソッレンティーノ
Sorrentino
ソーテ
Sautai
Sautet**
ソテー Sautter
ソテアラ Sotheara
ソティー Sotir
ソディ
Soddy*
Thody
ソディー Soddy
ソーティア Sotir
ソーティオ Sotio
ソティオン Sōtiōn
ゾディカ Zodicat
ソティカクマン
Sotikakuman
ソティギ Sotigui
ソディク Sodik
ソディコフ Sodikoff
ゾディッチ Dzodic
ソティラック Sothirak
ソティリア Soteria
ソティリス Sotiris
ソーティール Sotile
ソティルーラ
Sotiroula
ゾーティン Sotin
ゾディンゴ Sodingo
ソーデック Saudek
ゾーデマン Sodeman
ソテーラ Sotela
ソデーラ Sodera
ソテリア Soteria*
ソテリス Soteris
ソーデリンド
Søderlind
ソーテール
Sautter
Soter
Sōtēr
ソーテル Sawtell
ソテール Sautter**
ソテル
Soter
Sōtēr
ソデルギット
Soderguit
ソーデルグラーン
Södergran
ソーデルグラン
Södergran
ソテルド Soteldo
ソーデルバリ
Soderberg
ソデルリング
Soderling*
ソテーロ Sotelo
ソテロ
Sotelo**
Sotero
ソーデン Soden
ゾーデン Soden
ソート
Saut
Sauth
Soth
Soto*
Souto
ソード
Sode
Sword
ソト
Sautot*
Sotho
Soto***
ソトー Soto
ゾート Soot
ソートイ Sautoy*
ソドウ Sodeau*
ゾートウェイ
Zoeteweij
ソートゥーマヨー
Sotomayor
ソトキラーヴァ
Sotkilava
ゾトケ Sodtke*
ソードズ Swords
ソードセン Thordsen
ソートニク Sotnik
ソトニコワ
Sotnikova**
ソドノム
Sodnom**
Sodonom
ソドノムゾンドイ
Sodnomzundui
ゾートフ Zotov*
ソドブジャムツ
Sodovjamts
ソードマ Sodoma
ソドマ Sodoma
ソトマイオール
Sotomaior
ソトマイヨール
Sotomayor*
ソトマイヨル
Sotomayor
ソトマヨル
Sotomayor**
ソートラス Soteras
ソトラル Sotlar
ソートリ Sawtrey
ソドリス Thodoris
ソトルニク Sotorník
ソトロー Sautreau
ソドロー Saudreau
ソードロウ Saudreau
ソトロンゴ Sotolongo
ソートン Thornton
ソードン Sawdon**
ソーナ Soṇa
ソーナー Sonā
ソナ
Sona
Son-ha*
Sun-a
Sun Hwa
ゾーナ Zona
ゾーナー
Sohner
Soner
ゾナ Zona*
ソーナイン Soe Naing
ゾーナウ Zornow
ゾーナス Zonas
ソナタネ Sonatane
ソナデイ Sonnenday
ソナベンド
Sonnabend
ゾナベンド Zonabend
ソナム
Bsod nams
Bsod-nams*
Sonam*
ソナムトプゲー
Bsod nams stobs rgyal
ソナムペンバー
Sonam Pembar
ソナムリンチェン
Bsod nams rin chen
ゾーナラース Zōnaras
ゾナラス Zōnaras
ソーナリー
Thornalley
ソナーリ Sonali
ソーニ
Sogni
Szonyi
ソーニー
Sawhney
Souney
Thorney
ソニ
Soni**
Sonny
ソニー
Sonnie*
Sonny***
Sony**
ゾニー Sonny
ソーニア
Saunier
Sonia
Sonya
ソニア
Sonia***
Sonja*
Sonnier
Sonya**
ゾニアバ Zoniaba
ソーニェ Saulnier
ソーニエ Saunier*
ソニエ
Saunier
Sonnier
ソニエール Saunière
ソニカ Sojka
ソーニークロフト
Thornycroft
ソーニクロフト
Thornicroft
Thornycroft
ソニス Sonis
ゾニス Zonis
ソーニャ
Sof'ia
Sonia*
Sonja*
Sonya**
ソニヤ
Sonja*
Sonya
ソーニン Sonin
ソニン Sonin
ソヌ
Sonu
Sun-woo
Sunwoo
ソヌー Sonu
ソヌガ Sonuga
ゾヌーズ Zonooz
ソヌロン Sauneron
ソネ Sonnet
ソネア Sonea
ソネッサ Sonnessa
ソネット Sornette*
ゾネット Sonnet

ソ

ゾネフェルト
Zonneveld
ソネマン Sonneman
ソネル Soner
ゾーネン Zoonen
ソネンシェイン
Sonenshein
ソネンシャイン
Sonnenschein
ソネンシュミット
Sonnenschmidt
ソネンタグ Sonnentag
ソネンバーグ
Sonenberg
Sonnenberg*
Sonnenburg
ソネンフェルド
Sonnenfeld**
ゾネンフェルド
Sonnenfeld
ソーネンブリック
Sonnenblick
ソノ Sono
ソノミィン Sonomyn
ソノミン Sonomyn
ソノムバルジリーン
Sonambaljir-un
ソノムピリ Sonompil
ソノワール Sonowal
ソノン Sonon
ソノンピル Sonompil
ソーバ Sova
ソーバー
Sauveur
Sober*
ソーパー Soper*
ソハ Socha
ソパ Sopa
ゾーハ Zohar
ゾーハー Zohar*
ゾーパ Szopa
ゾバイ Zawbai
ソパイネトス
Sophainetos
ソハイラ Sohaila
ソハイル Sohail
ソーハインド
Sorhaindo**
ソーパーカ Sopāka
ソパゲ Sopage
ソーバージュ Sauvage
ソバージュ Sauvage*
ソバック Sovak
ソパテロ Sōpatros
ソーバート Saubert*
ソパトロ Sōpatros
ソパトロス
Sopater
Sōpatros
ソバニャルグ
Sauvagnargues
ゾーバーマン
Zauberman
ソバラ Sobala
ソパラ Sophara
ソバレニ Sovaleni
ソーバーン Thorburn
ソバーン
Sovern**
Thoburn*
ソバン Sovan**
ソバンドラ Sobandla
ソーバンニイ
Souvanny
ソーヒ Sohi
ソービ Sauvy
ソービー Sorby
ソヒ
So Hee
So-hee*
So-hui
ソビ Søby
ソビー Sovie
ソピー Sopiee*
ゾービ
Zobi
Zoubi**
ソピア Sopia
ソビアック Sobiech
ソピアップ Sopheap
ゾビアン Zobian
ソービイ Sorby
ソビェスキ Sobieski
ソビエスキ Sobieski
ソビエスキー
Sobieski*
ソビェスラフ Soběslav
ソビエゼク Sobieszek*
ソビエツェク
Sobieszek*
ソヒエフ Sokhiev*
ソービクネス Søviknes
ソービタ Sobhita
ソピタ Sopita
ソービノ Sorvino
ソビノフ Sobinov*
ソヒマト Suheimat
ソビャニン Sobyanin*
ソヒョン
Seo-hyun
So-hyun
ソーヒル Sawhill
ソビル Sobir
ゾヒル
Zohir
Zuhair
ソビロフ Sobirov**
ソービン Sobin
ソープ
Sorp
Thorp**
Thorpe***
ソフ
Sofu
Soph
Sophearith
ソブ Subḥ
ゾーブ Zoev
ゾフ Zoff*
ソーファー
Sofaer
Sopher
ソファ
Sofa
Sofer
ソファー Soffer
ゾーファー Zohar
ソファイア Sophia
ソーファート Seufert
ゾファニー Zoffany
ソファラ Sofara
ゾファル Zophar
ソファン Sofan
ソフィ
Sofi*
Sofie
Sophie***
ソフィー
Sofie**
Sophie***
Sophy*
ゾフィ Zopfi
ゾフィー
Sofie
Sophie**
ソフィア
Sofia***
Sof'ia
Sofía
Sofie
Sofiia
Sofiya*
Sofya*
Sophia***
Zofia
ゾフィア
Sophia
Zofia*
Zsofia
ソフィアディ Sofiadi
ソフィアトゥ Sofiatou
ソフィアヌ Sofiane
ソフィアン
Sofian
Sofiane
Sofjan
Sofyan
ソフィイ Sophie
ソプイエフ Sopyyev
ソフィコ Sofiko
ソフィチ Soffici
ソフィープ Sopheap
ソーフィヤ
Sofiia
Sophia
ソフィヤ
Sofia
Sof'ia*
Sofiia
Sofiya
Sofya
Sof'ya
Sophia
ソフィヤンスキー
Sofiyanski
ソフィラス Sofilas*
ソフィールド Sofield
ソフィロス Sophilos
ソフィン Sof'in
ソプウィズ Sopwith
ソーブェフムー
Saw Bwe Hmu
ソフェル
Sofer
Soffer
ゾーフェルト Zoehfeld
ソフォクレウス
Sophocleous
ソフォクレス
Sophocles
Sophoklés
Sophoklēs
ソフォニスバ
Sofonisba
Sophonisba
ソフォニズバ
Sofonisba
ソフォマイヨール
Sotomayor
ソプコ Sopko*
ソブコウィアック
Sobkowiak
ソブコフスキー
Sobkowski
ソブーザ Sobhuza
ソブザ Sobhuza
ソフジ Sohoudji
ソプシッツ Sopsits
ソーフス Sophus
ソフス Sophus
ソフスキー Sofsky
ソブチャーク Sobchak
ソプチャク Sobchak
ソブッタ Sobotta
ソーブティー
Sobti
Sobtī
ソフトリー Softley
ソブヒ Sobhi
ソブフ Subḥ
ソブフザ Sobhuza*
ソブへ Ṣobḥ-e
ソフヤン
Sofjan
Sofyan
ソブラト Sobrato
ソプラーニ Soprani
ソプラニ Soprani
ソフラーブ Sohrāb
ソブラル Sobral
ソフラワルディー
Suhrawardī
ソブラン Sobran*
ソフリス Sophoulis
ゾブリスト Zobrist
ソブリチャ Sobritchea
ソブリーニョ
Sobrinho
ソブリーノ Sobrino*
ソブリノ Sobrino**
ソブリンホ Sobrinho
ソーブール Sauveur
ソーブル
Sobel*
Soboul
Sobre
ソブール Soboul**
ソブル Sobre
ゾブレイン Zoebelein
ソブレビエラ
Sobreviela
ソブレペニア
Sobrepenia
ソブレーロ Sobrero
ソブレロ Sobrero
ソフロニー Sofronij
ソフロニウス
Sofronius
Sophronius
ソーフロニオス
Sōphrónios
ソフロニオス
Sōphronios
ソフロニツキー
Sofronitsky
ソフロニネ Sofronie
ソフローノヴァ
Sofronova
ソフローノフ
Sofronov*
ソープローン Sōphrōn
ソフロン Sōphrōn
ソプロン Sōphrōn
ソブン Thoburn
ソーベ
Saltveit
Sauvé*
ソへ
Seo Hye
So-hae
ソペ Sope
ソヘイラ Suhaila*
ソヘイル Soheyl
ゾヘイル Zoheir
ゾベイル Zobeir
ソベック Sobek
ゾベック Zobec
ソペナ Sopena
ソペーニャ
Sopeña
Sopeña
ソペニャ Sopeña
ソベネス Sobenes
ソベプラン
Sauveplane
ソベラニス Soberanis
ソベリ Soveri
ソーベル
Sobel*
Sobell
ソベール Sobel
ソベル
Sobel*
Sobell*
Zobel
ゾーベル Zobel
ゾベル
Zobel**
Zobell
ソベルゾーン
Sodelsohn
ゾーベルノーラン

Zobel-Nolan
ソベルマン Sobelman
ゾベレム Zogbélémou
ソベロン Soberón
ソーヘンドラ
Soehendra
ソホ Sojo
ソボー Szabo
ソポ Sofo
ゾーボー Zorbaugh
ソポアンガ
Sopoaga
Sopoanga**
ソホクレス Sophoklés
ソポクレース
Sophocles
Sophoklés
Sophoklēs
ソポクレス
Sophocles
Sophokles
Sophoklés
Sophoklēs
ソボシ Sogbossi
ソボシボッコ
Sogbossi Bocco
ゾボスキー Zoboski
ソボスライ Szoboszlai
ソボタ Sobotta
ゾボタ Sobota
ソボツィク Sobotzik
ソボッカ Sobotka
ソホーツキー
Sokhotskii
ソボトカ Sobotka*
ソホラーブ Sohrab
ソーボリ Sóboli
ソボリ Sobol'
ゾーボリ Zoboli
ゾボリ Zoboli
ソボリッチ Szobolits
ソボル Sobol**
ソボールツィ
Szabolcsi
ソホルト Soholt
ソボルン Thoburn
ソボレヴァ Soboleva
ソボレヴスキー
Sobolevsky
ソボレバ Soboleva
ソーボレフ Sobolev
ソボレフ Sobolev*
ソボレワ Soboleva
ソーポン
Sophon
Sopon
ソポンパニッチ
Sophonpanich
ソーポンパニット
Soophonphanich
Sophonpanich*
ソポンパニット
Sophonpanich
ソーマ
Sauma
Sawma
Soma
Somà
Thoma
ソーマー
Sohmer*
Soma
ソマ Soma*
ソマー Sommer
ゾーマ
Soma
Zohmah
ゾーマー Soomer
ゾマー
Sommer
Zommer
ソマイア Somaia
ソマイリ Somaily
ゾマヴィラ Somavilla
ソマーヴィル
Somerville
ソマヴィル
Somerville
Sommerville
ソーマウン
Saw Maung
ゾマーカンプ
Sommerkamp
ソマー・シット
Somerset
ソマース Somers
ソマーズ
Somers***
Sommers**
ソマセット Somerset
ソマーソン
Somerson
Thomerson
ソマック Somach*
ソーマ・デーヴァ
Somadeva
ソーマデーヴァ
Somadeva*
ソーマデーヴァ・スーリ
Somadevasūri
ソーマデーヴァスーリ
Somadevasūri
ソーマデーバ
Somadeva
ソマート Sommad
ソマートン Somerton
ソーマナータ
Somanātha
Sōmanātha
ソーマーナンダ
Somananda
Somānanda
ソマノゴ Somanogo
ソマビーア Somavía
ソマビア Somavia**
ソマーフィールド
Sommerfield
ゾマホン Zomahoun*
ソーマミッタ
Somamitta
ソマヤジュル
Somayajulu*
ソマラトネ Somaratne
ソマラマ Somarama
ソマリー Somaly
ソマリバ Somarriba
ソマール Somhairle
ソマルガ
Sommaruga**
ソマレ Somare**
ソマン Somain*
ゾーマン Zorman
ソミ Somi
ソミア Somia
ソーミス Somis
ソミス Somis
ソミッツ Somizi
ゾミナ Zomina
ソミュール Sommeil
ソミン Somin
ソーム
Sohm
Thom
ソム
Som*
Somm
Thom
ゾーム
Sohm
Som
ソムアッツ
Som-Arch*
ソムオル Samal
ソムキット Somkid*
ソムキンス Somkins
ソムケオ Somkeo
ソムコット Somkot
ソムサク
Somsak
Somsakdi
ソムサック
Somsak
Somsakdi
ソムサワット
Somsavat*
ソムジー Somjee
ソムジット Somjit**
ソムシンスキー
Somcynsky
ソームズ
Soames**
Solms
ソムス Thoms
ソムズ Somes
ソムダ Somda
ソムタウィン
Somtawin
ソムダチ Samdach
ソムタット Somtat
ソムチャーイ Somchai
ソムチャイ Somchai*
ソムチーン Somchine
ソムディー Somdy
ソムトウ Somtow**
ソムトン Somthone
ソムバット Sombath*
ゾムバート Sombart
ゾムバルト Sombart
ソムフェー Somfay
ソムブーンカン
Sombounkhanh
ゾムボル Zsombor
ソムポーン
Somphone*
ソムポン Somphong
ソムマイ Sommai
ソムラック Somluck*
ソムラール
Sommerard*
ソムロウ Somlo
ソムンタク
Seomoontak
ソメ Some
ソーメク Soumekh
ソメシュ Somesh
ソメシュヴァラ
Someśvara
ソメーズ
Saumaise
Somaize
ソメスヴァラ
Someśvara
ソメーマン Somerman
ソーメル Somer
ソメル Zomer
ソメルヴォージェル
Sommervogel
ソーメルス Somers
ソメロ Somero
ゾーメン Sohmen
ソモ Sommo
ソモギ Somogyi
ソモーサ Somoza
ソモサ Somoza**
ソモザ Somoza*
ソモージャイ
Somorjai
ソモディ Somodi
ソモハルジョ
Somohardjo
ソーモフ Somov
ソモフ Somov
ソモライ Somorjai
ソモラツ Somoracz
ソモルジャイ
Somorjai*
ソモレンスカ
Smolenska
ゾモロディ Zomorodi
ソーモワ Somova*
ソモンテ Somonte
ソーヤ
Sawyer*
Soya
ソーヤー Sawyer***
ゾーヤ
Zoia
Zoja
Zoya
ゾヤ Zoyâ
ソーヤース Sawyers
ソーヤーズ Sawyers
ソユンク Soyuncu
ソヨン
So-yeon*
Soyeon
So-young*
Soyoung
So-yun*
ソーラ
Sheila
Sola
Sora
Soras
Thora**
ソーラー
Sohler
Solar
Thorer
ソラ
Saurat
Sola*
Solá
Solà
Sora
Sorra
ソラー
Solá
Solar
ゾーラ
Sola
Thora
Zohra
Zola*
ゾラ
Zohra
Zola**
Zolla
Zora**
ゾラー
Zolar
Zollar
Zoller
Zurer*
ソラアット Soraat
ゾラキン Zorraquin
ゾラク Zorach
ゾラグミス
Dragoumis
ソラコフ Solakov
ソラサック Sorasak
ソラジャ Sorajja
ソラーシュ Szollás
ソラージュ
Solage
Solages
ソーラス Sollas
ソラース Sorazu
ソラーズ
Solarz*
Sollors
ソラス Solás**
ゾラーズ Zollars
ゾラス Zoras
ソラースキ Solarski
ゾラック Zorach*
ソーラット Soraj
ゾラッハ Zorach
ソラーテ Solarte
ソラディ Szórády
ゾラディ Zoradi*
ソラティーニ Soratini
ゾーラトフ Zolotov
ソラーナ Solana
ソラナ
Solana**
Solanus

ソ

ゾラナ Zorana
ソラナス Solanas*
ソラニ Solani
ソラヌス
Soranus
Sōrānus
ソラーノ Solano**
ソラノ Solano*
ソラノス
Soranos
Soranus
ゾラハ Zorach
ソラビ Sorabi
ゾラフ Zorach*
ソラブジ Sorabji
ゾラフスキ Żorawski
ソーラポン Sorapong
ソラポン Sorapong
ソラム Soram
ソラヤ
Soraya**
Suraya
ソララ Solara
ソラーリ Solari**
ソラリ Solari**
ソラーリオ Solari
ソラリオ
Solari
Solario
ソラール Solaar
ソラル
Solal
Soral
ソラーレス Solares
ソーラン
Saurin
Søren
ソラン
Saurin
Sorin*
ゾーラン Zoran
ゾラン
Zolan
Zoran***
ソランキ Solanki**
ソランケ Solanke
ソランジュ Solange*
ソランダー Sollander
ソランタウス
Solantaus
ソランツォ Soranzo
ソラント Solanto
ソーリ
Soli
Sorley
ソーリー
Saury
Soory
Sorely
Sorley*
Sorly
ソリ
Soli
Solih
So-ri*
Sory
ソリー
Sollée
Sollie
Solly**
ソリーア Soria
ソリア
Soria**
Sorya
ソリアイ Soliai
ソリアコムア
Soriacomua
ソリアック Solliec
ソリアーニ
Sogliani
Soriani
ソリアーノ
Sogliano
Soriano***
ソリアノ Soriano*
ソリアン Sourian
ソリィ Sorry
ソリヴェン Soliven*
ソリウス Sollius
ソリエ Solier
ソリエー Solier
ソリエフ Soliyev
ゾリキン Zorkin
ゾリグ Zorig*
ゾリグト Zorigt
ソリケス Soriquez
ソリージャ Zorrilla
ソリース
Solis
Solís*
ソリス
Solis**
Solís***
Soliz
ゾーリス Solis
ゾリス Solis
ソリスティ Solisti
ソリスバリー
Salisbury
ソリータ Zorita
ソリタ
Corita
Zorita
ゾリータ Zorita
ゾリツァ Zorica
ゾーリック Zoellick
ゾリッグ Zorig
ゾリッチ
Zoric
Zorić
Zorich
Zoritch
ソリディアロ
Sorry Diallo
ソリト Solito
ソリトキ Solitoki
ソリドール Solidor
ソーリナ Solina
ソリーナ Sorina
ソリナ Solina
ソリナー Sollner
ゾーリナ Zorina
ゾリーナ Zorina
ソリナス Solinas*
ソリヌス Solinus
ソリベン Soliven*
ソーリマ Soulima
ソリマー Solymer
ソリマン Soliman*
ソリメーナ Solimena
ソリメナ Solimena
ソーリャ Soorya
ソリーヤ Zorrilla
ソリャ Sol-ya
ソリヤ Soria
ゾリヤ Zoria
ソリヨポア Soriyopor
ゾリラ Zorrilla
ソリーリャ Zorrilla*
ソリリャ Zorrilla
ソリーリョ Sorrillo
ソーリン
Solin*
Sorin
Thorin
ソリン
Sorin*
Thorin
ゾーリン
Zorin*
Zórin
ゾリン Zorin
ソーリンガー Solinger
ゾリンガー Zollinger
ゾーリンジャー
Zollinger
ゾリンジャー Zollinger
ソール
Saul***
Searle
Sochl
Sohl**
Sole
Soll
Sorre*
Soru*
Soul
Soule
Thor
ソル
Seol*
Sir
SOL
Sol***
Solh*
Solomon
Sor*
Thor
ゾール Zohl
ゾル Soll
ソルヴァイ Solveig
ソルヴァド Thorvald
ソルヴィーノ Sorvino
ソルヴィノ Sorvino
ソルヴィン Solfvin
ソールヴェー Solvay
ソルヴェ Solvay
ソルヴェー Solvay
ソールウェイ Solway
ソルヴェーイ Sorveig
ソルヴェイ
Solvay
Solveig
ソルヴェイグ Solveig
ソルヴェーグ Solveig*
ソルヴェフ Solv'ev
ソールエル Solhjell
ソルガ Solga
ゾルガー Solger
ソルカクタニ
Sorqoqtani
ゾールカヤ Zorkaia
ソールキー Salkey
ソルキー Salkey
ソルギルスソン
Thorgilsson
ソルギルソン
Þorgilsson
Thorgilsson
ソルキン Solkin
ソールク Salk
ゾルク Sorg
ソルクモ Sorkmo
ゾルゲ Sorge**
ゾルコーヴィ
Szolkowy*
ソルコクタニ
Sorqoqtani
ゾルコビー Szolkowy
ソルサ Sorsa**
ゾルザ Zorza*
ソルジ Sorj
ゾルジ
Zolzi
Zorzi*
ソルジェニーツィン
Solzhenitsin**
Solzhenitsyn*
ソルジェニーツイン
Solzhenitsyn
ソルジェニツィン
Solzhenitsyn
ソルジャー Sorger
ソルーシュ Sorūsh
ソルジュ Sol-ju*
ソールズ Soles
ソルズ Soldz
ゾールース Zors
ソルスキー Sorskii
ソルスキア Solskjaer
ソールスキイ Sorskii
ソールスタ Solstad
ソールスター
Solstad**
ソルスタ Solstad
ソルスチェアー
Solskjaer
ソルステイン
Porsteinn
ソルステン Thorsten
ソールスベリ
Salisbury
ソールスベリー
Salisbury
Salsbury
ソールズベリ
Salesbury
Salisbury*
ソールズベリー
Salisbury***
Sallsbury
ソルスベリー
Salisbury
ソールセン
Thoresen
Thorsén
ソルソ Solso
ソールター Salter
ソルター
Salter***
Solter
ソルダー Solder
ソルダアティ Soldati
ソルタウ Soltau
ソールタス Saltus
ソルターズ Salters
ソルタス Saltus
ソルダゼ Saldadze
ソルダチェンコ
Soldatenko
ソルダーティ
Soldati**
ソルダード Soldado
ゾルダート Soldat
ソルタニ Soltani*
ソルタニファル
Soltanifar
ゾルダム Soldam
ソルダル Sørsdal
ソルターン Zoltan
ソルタン Soltan
ソルダン Soldán**
ゾールタン Zóltan
ゾルターン
Zoltan*
Zoltán***
ゾルタン
Zoltan**
Zoltán*
ゾルダン
Zoltán
Zordan
ソルタンハ
Soltankhah
ソルチネリ Sorcinelli
ソルツ Soltz
ゾルツ Solz
ソルツァ Saltza
ゾルツィ Zorzi
ソールツマン
Saltzman
ソルツマン Salzman
ソルテー Sortais
ソルディ Sordi*
ソルティス Soltis
ソルディス Thordis
ソルテス Soltes
ゾルテス
Soltesz*
Soltész
ソルデッロ Sordello
ソルデビジャ
Soldevilla

ゾルデルン Soldern
ゾルデン Solden
ソールト Salt*
ゾルト
Salt*
Solt
ゾールト Zsolt
ゾールド
Szold
Zald
ゾルト Zsolt
ゾルトウ Soltau
ゾルトナー Soldner
ゾルトナース Zoltners
ゾルトナーズ Zoltners
ソールトノフ Sultonov
ソルトバーグ
Saltzberg
ソルトフト Søltoft
ソルトベト Soltvedt
ソールトマーシュ
Saltmarsh
ソルトマーシュ
Saltmarsh
ソールトンストール
Saltonstall
ゾールナー Zollner
ゾルナイ Zolnay
ソルナード Solnado
ソールニア Saulnier
ソルニエ Saulnier
ゾルニツァ Zornitsa
ソルニック Solnik*
ゾルニッツァ Zornitsa
ソルニット Solnit*
ソルノン Solnon
ソルハ Solh
ゾルバ Zorba
ソルバイ Solveig
ソールハイム Solheim
ソルハイム Solheim*
ソールバーグ
Sohlberg
Thalberg
ソルバーグ Solberg**
ソルバッケン
Solbakken
ソルバド Thorvald
ソルハビ Sorkhabi
ソルビ Sorby
ソルビー Sorby
ソルビアン Sorbjan
ソルビク Solvik
ソルビタ Solvita
ソルビーノ Sorvino*
ソルビノ Sorvino
ソルフ Sorgh
ゾルフ Solf*
ゾルフィア Zulfiya*
ゾルフォ Zolfo
ソルフォロジ Solforosi
ソルフス Sorhus
ゾルブラッド Zolbrod
ソルブリッヒ Solbrig
ゾルブロッド Zolbrod
ソルベ Solvay
ソルベー Solvay
ソルベーイ Sorveig
ソルベイグ Solveig
ソルヘイム Solheim*
ソルベーグ Solveig
ソルベス Solbes
ソルベリー Solberg
ゾルベルガー
Sollberger
ソルベルク Solberg*
ソルベルグ Solberg**
ゾルベルク Sohlberg
ソルボ Sorbo
ソルボン
Seol-bomg
Sorbon
ソルボンヌ Sorbon
ゾルマ Sorma*
ソルマーク Sormark
ソルマズ Solmaz
ソールマン Sohlman
ソルマン
Sollmann
Solman
Sorman**
ゾールマン
Sohlman
Zolman
ゾルマン
Sormann
Zollman
ソルマンソン
Salmansohn
ソルミ
Sol-mi*
Solmi
ソルミニャク
Solminihac
ゾルムス Solms
ゾルムゼン Solmsen
ソルメ Sol-may
ソルモンソン
Solmonson
ソルヤ Solja
ソルヤン Soryan**
ソルラン Sorlin
ソルリ Sulli
ソルリエ Sorlier
ゾルリルラ Zorrilla
ソルール Soroor*
ソールワルド
Thorwald
ソールン Zorn
ソルン
Thorne
Zorn
ソルンツェヴァ
Solntseva
ソルンツェフ Solntsev
ソーレ
Saurel
Sauret
Sole*
Solé
ソレ
Sole
Solé*
Sore
ソレー Soulé
ソレーア Soler
ソーレイ
Soley
Sowray
Thorley
ソレイ Solé
ソレイシィ Soresi
ソレイシイ Soresi
ソレイタ Solaita*
ソレイマニ Soleimani
ソレイマン
Soleiman
Souleiman
ソレイユ
Soleil
Sollleil
ソレギエタ
Zorreguieta
ソーレシュ Soeresh
ソーレス
Saulles
Sorrells
ソレスク Sorescu*
ソレスビ Thoresby
ソレセン Thoresen
ソレダ Soledad
ソレダー Soledad
ソレダッド Soledad
ソレダード Soledad
ソレダド Soledad
ソレッキ Solecki
ソレック Sorek
ソレッタ Soletta
ゾレッティ Zoretti
ソレット
Soreth
Sorette
ソレト Soreth
ソレナ Sorena
ソレーネ Solène
ソーレプー Saarepuu
ソレフ Soref
ソレーマニ Soleymani
ソーレマン Sollerman
ソレム Solem*
ソレーラ Solera
ソレラ Sorella
ソレリ Soleri*
ソーレル
Sorel
Sorell
Sorrell
ソレール
Soler*
Sollers
ソレル
Saurel
Soler**
Sorel**
Sorell
Sorrel
Sorrell**
Thorell
ソレルス
Sollers***
Sorrells
ソレルチンスキー
Sollertinskii
ソレルチンスキイ
Sollertinsky
ソーレン
Soren*
Søren*
ソレン
Solenn*
Soren*
ゾーレン Soren
ソレンスタム
Sorenstam**
Sörenstam
ソーレンセン
Soerensen
Sorensen
Sørensen
ソレンセン
Sorensen*
Sörensen
Sørensen*
ソーレンソン
Sorenson
ソレンソン
Sorensen*
Sorenson**
ソレンツア Solenza
ソレンティーノ
Sorrentino**
ソレンティノ
Sorrentino
ソレント Sorrento
ソレンヌ Solenne
ゾレンバーガー
Sollenberger
ソーロー Thoreau
ソロ
Solo*
Soro
Thro
ソロー
Solow**
Thoreau*
Thoroe
ゾロ Zollo*
ゾロー Zollo
ゾロアスター
Zoroaster
ソロイ Soloy
ソロイスツ Soloists
ソーロウ Thoreau
ソローヴ Solove
ソロウ Thoreau
ソロヴィアネンコ
Solovianenko
ソロヴィエーヴィチ
Solovievich
ソロヴィエヴィチ
Solovievich
ソロヴィエフ Soloviev
ソロヴィオヴ Solovyov
ソロヴィオフ Solov'ev
ソロヴィチク
Soloveitchik
ゾロウィッツ Zorowitz
ソロウィヨフ Solov'ev
ソロヴィヨーフ
Solov'ev
Soloviëv
Soloviyov
ソロヴィヨフ
Solov'ev
Soloviev*
Soloviëv
Soloviyov
Solovyov
Solov'yov
ソロウェイ
Solloway
Soloway
ソロヴェイ Solovei
ソロウーヒン
Soloukhin*
ソロウヒン Soloukhin
ソロオ Thoreau
ソローキナ Sorokina
ソロキナ Sorokina*
ソーロキン Sorokin
ソローキン Sorokin**
ソロキン Sorokin*
ソログウブ Sologub
ソログッド
Thorogood
ソログーフ Sologub
ソログーブ Sologub*
ソログーブ
Sollogub
Sologub**
Sorogub
ソログレン Sologuren
ソロサーバル
Sorozábal
ソロス Soros**
ゾロタス Zolotas**
ゾロタリョーフ
Zolotarëv
ゾロタリョフ
Zolotarev
Zolotaryov
ソロタレフ
Solotareff**
ゾロタレフ Zolotarev
ゾロタロワ Zolotarova
ソーロッドセン
Thoroddsen
ソーロディ Soroudi
ゾロティック Zolotic
ゾロティッチ Zolotić
ゾロトウ Zolotow***
ソロドカヤ Solodkaya
ソロドキン
Solodukhin
ゾロトコフ Zolatkoff
ゾロトフ
Zolotov
Zolotow
ソロドフニコフ
Solodovnikov
ソロドブニコフ
Solodovnikov
ソロナンジャサナ
Solonandrasana

ソ

ソロニーツィン
Solonitsyn
ソロニツィン
Solonitsyn
ソロニムスキイ
Slonimskii
ソローニュ Sologne*
ソロニン Solonin
ソロネヴィッチ
Solonevich
ソロビィエフ Solov'ev
ソロビエフ
Solov'ev
Soloviev
ソロヒナ Sorokina
ソロビヨーフ Soloviëv
ソロビヨフ
Solov'ev
Soloviev
Soloviëv
Soloviyov
Solovyov
ソロフ Soloff*
ソロブ Solove
ソロベイ Solovay
ソロベイチク
Soloveichik
ソロポギ Soropogui
ソロミータ Solomita
ソロミタ Solomita
ソローミン Solomin*
ソロミン Solomin
ソロム Solomou
ソロムコ Solomko
ソロメヤ Solomeia
ソロメンツェフ
Solomentsev*
ソロモス Solomos*
ソロモニヤ
Solomoniia
ソロモネ Solomone
ソロモノウ
Solomonow
ソロモノヴィチ
Solomonovich
ソロモノフ
Solomonov
ソロモノフナ
Solomonovna
ソロモン
Salomon*
Solomn
Solomon***
Solomons
ゾロモン Solomon
ソロモンズ
Solomons**
ソローヤ Sorolla
ソロリオ Solorio
ソローリャ Sorolla
ソロリャ Sorolla
ソロールサノ
Solórzano
ソロルサノ
Solorzano
Solórzano*
ソロールド Thorold
ソロルド Thorold
ゾロルド Thorold
ソローン
Sloan
Solōn
ソロン
Solon
Solōn
ソロンゴ Solongo
ソロンズ Solondz
ソロンゾンボルド
Soronzonbold
Soronzonboldyn
ソロンド Sorondo*
ソロンバイ Sooronbay
ソワ Soye
ソワイエ Soyer
ソワーズ
Souers
Sowers
ソワッソン Soissons
ソワード Seward
ソワニエ Soignies
ソワニヨン Soignon
ソワーハフト
Sauerhaft
ソーワマン
Sjouwerman*
ソワリ Soilihi
ソワルト Soewarto
ソーン
Soan
Soane
Sohn**
Sohng
Thorn**
Thorne***
Thorns
Zorn
ソン
Seon*
Seong**
Sohn**
Son***
So'n
Sone
Song***
Sonn
Sonne
Sun*
Sung**
Thon
ゾーン
Sohn*
Zaun
Zon
Zorn
ゾン
Dong
Gióng
Zhong
Zong
Zonn
ソンイ
Song I
Songi
Song-yi
ゾンイ Zhong-yi
ソンイル
Seong-ir
Song-il
ソンウ
Seon-woo
Sonu*
Sung-woo
Sun Woo
Sun-woo
ソンウェ Songwe
ゾンウェイ Zhong-wei
ソーンウェル
Thornwell
ソンウォル Song-wol
ソンウォン
Seong-won
Sung-won*
ソンウン
Song-ung
Song-woong
ソンエ Song-ae
ソンオク Song-ok*
ソンガー Songer
ゾーンカー Soehnker
ゾンカ Zonca*
ソンガス Tsongas
ソンガネ Songane
ソンカム Sonkham
ソンカヤ Sonkaya
ソンカリアチ
Sangkareach
ソンガン
Seong-kang
Sung-Gang
ソンキ Sun-ki
ソンギ
Seong-kie
Sung-kee
Sung-ki
ソンキーノ Soncino
ソンギュ
Seong-kyu
Sung-kyu
ソンギュン Sun-kyun
ソンギル
Son-gil
Sung-kil
ソンキン Sonkin*
ソンク Sonck
ソング
Song**
Sung-koo
Thong
ソンクァン
Sung-kwang
ソングァン
Sung-kwan
ソングォン Son-gwon
ソングク
Song Guk
Songguk
Sung-kook
ソングターム
Songt'am
ソングハースト
Songhurst
ソングラシン
Songkrasin
ソングラム Songgram
ソンクン Sung-kun
ソングン
Sung-geun
Sung-keun*
ソンコ Sonko
ゾンゴ Zongo
ソンゴオ Songo'o
ソンゴトゥ Songgotu
ソンゴマリ Songomali
ソンゴン Sung-gon
ソンサイ Sonexay
ゾンサル Dzongsar
ソンサン
Song-san*
Sung-san
ソンシー Songsri
ソンジェ
Sung-jae*
Sung-je
ソンジカ Sonjica
ソンジプ Seong-jip
ソンジャン Sung-jang
ソンジュ
Seon-joo
Sung-ju
Sungju
Sun-ju
ゾンシュー Zhong-shu
ソンシュターゲン
Sonsthagen
ソンジュン
Seon-joong
Sung-joon*
ゾンシュン
Zhong-xun
ソンジョ Seongjo
ソンジョン
Songeon
Sung-jong*
Sun-jung
ソンジン
Seong-jean
Seong Jin
Seong-jin
Sung-jin*
Sun-jin
ソーンズ
Sones
Sounes*
Thorns
ソンス
Song-soo
Sons
Sung-soo
Sung-su
ゾンス Sonns
ソンスィー Songsri*
ソンスイー Songsri
ソンズィニ Sonsini
ソーンスウェイト
Thornthwaite
ソーンスウェート
Thornthwaite
ソンスク
Sung Sook
Sung-sook
ソンストローン
Sonstroern
ソンゾーニョ
Sonzogno
ソンソムパン
Songsomphan
ゾンダー Sonder
ソーンダイク
Thorndike*
ソンダイク Thorndike
ソンダイマー
Sondheimer
ソンダイム Sondheim
ソンダーガード
Sondergaard
ソンターク Sontag
ソンターグ Sontag
ソンタグ
Sonntag
Sontag***
ゾンターク
Sonntag
Sontag
ゾンターグ Sontag
ゾンダグ Zondag
ソンダシ Sondashi
ソーンダース
Saunders**
ソーンダーズ
Saunders**
ソーンダス Saunders*
ソーンダズ
Saunders***
ソンダース
Saunders**
ソンダーズ Saunders
ソーンダソン
Saunderson
ソンタッグ Sontag
ソンダック Sondak
ソンタニ Sontani
ゾンダーボルグ
Sonderborg
ゾンダーマン
Sondermann
Zonderman
ソンタム Songtham
ソンタヤー Sontaya
ゾンダーランド
Zonderland**
ソンダル Sung-dal
ゾンダーレッガー
Sonderegger
ソンチー Seong Chee
ソンチャン
Sung-chan*
ゾンチュンパ
Rdzong chung pa
ソンチョル
Song-chol*
Sung-chul
ソンチン Soncin
ソーンツェヴァ
Solntseva
ソンツェン
Sroṅ-btsan
Srong btsan
ソンツェンガムポ
Sroṅ-btsan sgam-po
ソンツェンガンポ
Sroṅ-btsan sgam-po

ゾンツン
Zhong-cheng
ソンテ
Song-dae
Sung-tae
ソンデ
Song-dae
Sung Dae
Sung-dae
ソンティ
Sonthi*
Szondi
ソンディ Szondi*
ソンディー
Sondhi
Szondi
ゾンディ Szondy
ソンディック Sonduck
ソンテク
Song-taek**
Sun-taik
ゾンデーク Zondek
ゾンテル Sonter
ソントー Santhor
ゾントハイマー
Sontheimer
ソンドハイム
Sondheim**
ソンドラ Sondra**
ソーントン
Thornton***
ソントン Thornton
ソンドン Sun-dong
ゾンナ Zona
ソンナービュー
Sønderby
ゾンナベント
Sonnabend
ソンナム Song-nam**
ソンニ Sonni
ソンニクセン
Sonnichsen
ソンニネン Sonninen
ソンニーノ Sonnino*
ソンニノ Sonnino
ソンニャ Sonja
ソンニョル Suk-yeol
ソンネー Sonnet
ゾンネ Sonne
ソンネヴィ Sonnevi
ソンネック Sonneck
ゾンネマン
Sonneman*
Sonnemann
ゾンネンシャイン
Sonnenschein*
ゾンネンシュターン
Sonnenstern**
ゾンネンシュミット
Sonnenschmidt
ソンネンバーグ
Sonnenberg
ソンネンフェルス
Sonnenfels
ゾンネンフェルス
Sonnenfels
ゾンネンフェルド
Sonnenfeld
ゾンネンボルン
Sonnenborn
ソーンバー Thornber
ソンパー Somper**
ソンハイム Sonheim
ソーンバーグ
Thornburg*
Thornburgh*
ソンバット Sambath
ソンバテイ
Szombathelyi
ゾンバルト
Sombart**
ソンパワン
Somphavan
ソンハン Song-han
ソンパン Somphanh
ソンヒ
Song Hui
Songhui
Son-hui
Sung-hee
Sun-hee
ゾンビ Zombie
ソンヒョン
Sung Hyun
Sung-hyun*
Sun Hyun
Sun-hyung
ソーンヒル Thornhill*
ソンピル Song-pil
ソンビン Sung-bin
ソンフ Sung Hoo
ソンファン
Seong-hwan*
Sung-hwan*
ソンフェ Seong-hee
ソーンフェルト
Thornfeldt
ソンプソン Thompson
ソンブラン
Sombrun
Thongburan
ソンフン Song-hoon
ソンブン Somboon*
ソンプン Sun-poong
ソンペイラック
Sompayrac
ソーンベリ
Thornbury
ソーンベリー
Thornbury
ゾンベルガー
Sonnberger
ソーンホー
Thornhaugh
ソンホ
Song-ho
Soung-ho
Sun-gho
Sung-ho
ソンボ
Sombo
Sung-bo*
ゾンボ Zombo
ゾンボリ Zombori
ソンボレイ Sombolay
ソーンボロ
Thornborough
ソーンボロー
Thornborough
ソンホン
Soung-hon
Sung-hong*
Sun-hong
ソンボン Sung-bong*
ソンポン
Somphon
Sompong
ソンマ Somma*
ゾンマー Sommer**
ソンマイ Sommai*
ゾンマヴィル
Sommerville
ゾンマーシュタイン
Sommerstein
ソンマーフェルト
Sommerfelt
ゾンマー・フェルト
Sommerfeld
ゾンマーフェルト
Sommerfeld*
Sommerfelt
ゾンマーフェルド
Sommerfeld
ゾンマフェルト
Sommerfeld
ゾンマフォーゲル
Sommervogel
ソンマルーガ
Sommaruga
ソンミ Sommi
ソンミョン
Sun-myung*
ソーンミラー
Thorne-Miller
ソンミン
Seong-min*
Sung-min**
Sungmin*
ソンム Sung-mu
ソンメ Sømme
ソンメズ
Sonmez
Sönmez*
ソンメスタード
Sommestad
ゾンメール Sommer
ゾンメル Sommer
ゾンメルフェルト
Sommerfelt
ゾンメルフェルト
Sommerfeld
ゾンメルラード
Sommerlad*
ソンモ Sung-mo
ソンヤ Sonja
ソンユ Sun-yu*
ゾンユイ Zhong-yu
ソンユン Sung-yun
ソンヨップ Sun-yup
ソンヨプ Sun-yup
ソンヨル Seung-yul*
ソンヨン
Seng-yong
Seong-yowng*
Sung-yong
Sung-yueng*
ソンライトナー
Sonnleitner
ゾンライトナー
Sonnleithner*
ソーンリー Thornley
ソーンリィ Thornley
ソンレ Sung-rae
ソーンレイ Thornley

【 タ 】

タ

タ
Ta***
Tha
Thât
ター
Tả
Tah
Taha
Tarr
Tha
ダ
Da***
Đa
De**
Dei
Der
Di
Du
ダー
Da
Đa
Dah
Dar
Darr
Dax
Der**
Derr
Dhar
タア
Da*
Ta
タアー Ta‘ā
ダア Da
タアーイーシー
Ta‘ā‘īshī
ダアイン Darwin
タアーウィーズィー
Ta‘āwīdhī
タアヴィトサイネン
Taavitsainen
ダアウィン Darwin
タアゴル Tagore
タアッバタ Ta’abbaṭa
ダアナア Daanaa
ダアブソン Davson
ダアムロッシュ
Damrosch
タアライベク
Taalaibek
Taalaybek
タアリビー Tha‘ālibī
ダアルトゥーロ
D’Arturo
ダアン
Daan*
Dahan*
ターイ
Tā’i
Thái
ターイー Ṭā’ī
タイ
Dai
Tai**
Tài
Tay
Thai**
Thái
Thay
Tighe*
Trye
Ty**
Tye**
Tyrus
タイー Tye
ダイ
Dai***
Đai
Daigh
Dey
Di
Digh*
Dy
Dye***
ターイアー Tahir
タイア Tyre
タイアー Thyer
ダイア
Daia
Dia
ダイアー
Dier
Dyer***
タイアウィット
Tyrwhitt
ダイアコニス Diaconis
タイアーズ Tyers**
タイアス
Tyias
Tyus
ダイアス Dias
ダイアズ Diaz
タイアック Tyack
ダイアック Diack
タイアナ Taiana
ダイアナ
Dian
Diana***
Diane
Dianna**
ダイアニーシアス
Dionysius
ダイアハン Diahann
タイアーマン
Tyerman
ダイアマンド
Diamond
ダイアモンド
Daiamond
Diamand*
Diamond***
Dymond
ダイアリス Dyalhis
ダイアル
Dial*
Dyal
ダイアン
Dain
Dayan

D'Ayen
Diahann*
Diahnne
Dian**
Diana
Diane***
Diann*
Dianne***
Dion*
Dyan*
Dyanne
ダイアーンネ Diahnne
ダイアンハート
Dienhart
ダイィ D'Ailly
ダイイ D'Ailly
タイィーシチェフ
Tatishchev
タイイブ
Tayyb
Tayyib*
Ṭayyib
タイイプ Tayyip
タイイン Tai-ying
ダィヴァー Diver
ダイヴァース
Divers
Diverse
ダイヴァーズ Divers*
ダイヴィ Divie
タイウィア Taiwia
タイウエー Tjiuee
ダイウト D'Aiuto
タイエ Taillée
ダイエ Daillé
ダイエツ Dayez
タイエード Tailhède
タイエブ
Ettaieb
Taieb
Tayeb
タイエブニア
Tayebnia
ダイエル
Daniel
Dyer
ターイェルプール
Taherpour
タイオ Teio
ダイオ Daio
ダイオス Dyos
ダイオニシアス
Dionysius
タイオネ Taione
タイオン Taillon
ダイオン
Dion
Dionysius
タイガ Taiga
タイガー
Tiger**
Tygar
Tyger
ダイカ Dajka
ダイガク Daigaku
タイガーマン
Tigerman*
ダイカン Dai-kang

タイギ Taigi
ダイキューゼン
Dykhuizen
ダイキンク Duyckinck
タイク Teich
ダイク
Dijk**
Dike
Dyck*
Dyk
Dyke**
ダイクシュトゥラ
Diikstra
ダイクス
Daicus
Dijks
Diks
Dykes**
ダイクストラ
Dijkstra**
Dykstra*
ダイクスマ Dijksma
ダイグナン
Deignan
Duignan*
ダイクハウゼン
Dijkhuizen
タイクマン
Teichman
Teichmann
ダイクマン
Deikman
Dyckman
ダイクラーフ
Dijkgraaf
タイグル Teigl
ダイグルマイヤー
Deiglmeier
ダイクン Dyken
タイケ Teike*
タイゲ Teige
ダイケン Dyken*
タイコーヴァ Teichova
ダイゴロ Daigoro
ターイサ Thaisa
タイーザ Thaisa*
タイザック Tyzack
ダイサート
Dysart*
Dysert
ダイサム Dytham
ダイサラ
Daissala
Daïssala
タイサル Tysal
タイザン Ta-Shan
ダイサン
Daisan
Daisān
タイジ
Taigi
Tayiji
Tayiji
ダイシ Dicey
ダイシー Dicey*
ダイジ Daij
タイシッヒ Teissig

タイシャ Taisha
タイシャー Teicher*
ダイジャ Dyja*
ダイシャン Daišan
タイシュナー Teichner
タイショロツ Teicholz
タイシール Tayseer
タイース Thaïs
タイス
Thais
Thaís
Theiss
Thijs
Thys*
Tice*
Tijs
Tyce
タイスー Tai Soo
タイズ Tijs
ダイス
Daes
Deiss*
Dice
Dyce
ダイステル Duyster
ダイスネ Daisne
タイスバーグ Teisberg
タイスマン
Theissmann*
ダイスマン
Deissmann*
ダイスラー
Deisler*
Deissler
タイスン Tyson*
ダイスン Dyson*
タイゼッタワトクール
Thaisetthawatkul
タイセル Tayseer
ダイセル Deyssel
ダイセルブルーム
Dijsselbloem*
ダイセロス Deisseroth
タイセン
Theissen*
Theiszen
Tysen
タイゼン Theisen
タイセンイートン
Theisen Eaton
ダイセンナ Dhisena
ダイゼンハウス
Dyzenhaus
ダイゼンホーファー
Deisenhofer*
タイソ Taisso
タイソー Tysoe
タイソン
Tison
Tyson***
ダイソーン Dyson
ダイソン Dyson***
ダイター Dieter
ダイダク Dydak
タイタス Titus**
ダイタース Deiters
タイタル Teitel*

ダイダロス Daidalos
タイタワット
Thaitawat
ダイチ Deitch
ダイチェ Dyche
ダイチマン
Daichman
Deitchman
タイチョン Tychon
タイツ Tietz
ダイック Dyke
ダイッチ Deitch
タイップ Tayyip*
ダイデ Daydé
ダイディ Deidi
タイディマン
Tidyman
タイデマン Tidyman
タイテル Tytell
タイデル Taider
ダイテル Deitel
ダイテルス Deiters
タイテルト Tuitert**
タイテルバウム
Teitelbaum*
Titelbaum
タイテルボーム
Teitelbaum
タイト
Tait
Taito
タイド Tyde
ダイド Dido*
タイトス Titus*
タイドマーシュ
Tidmarsh
タイドマン
Tideman
Tiedemann
Tydeman
タイトラー Tytler
タイトル Title*
タイトルマン
Titelman*
Titleman
ダイトワルド
Dychtwald
タイトン Thái Tông
ダイトン Dighton*
タイナ Taina
タイナー
Theiner
Tiner
Tyner**
ダイナ
Daina**
Daína
Dina*
Dinah**
ダイナー Dinah
ダイナマイト
Dynamite
タイナン Tynan**
ダイナン Dinan*
タイニー
Tinney
Tiny*

ダイニー Diny
タイニオ Tainio
ダイニュス Dainius*
ダイニンガー
Deininger
タイネ Tyne
タイネス Tynes
ダイネーゼ Dainese
ダイネッリ Dainelli
ダイノ Daino
タイノン Tynion
タイバー
Taibah
Teyber
Tiber
ダイバー Daiber
ダイバース Divers
ダイバーズ Divers*
ダイバート Deibert
タイバルザリ
Taivalsaari
タイパレ Taipale*
ダイパンカー
Dipankar
タイービ
Taibbi
Taibi
タイヒ Teich
タイヒェルト Teichert
タイヒグレーバー
Teichgraeber
タイビス Tyvis
タイヒマン
Teichmann**
タイヒミュラー
Teichmuller
Teichmüller
ダイヒャー Deicher
タイヒラー Teichler
タイビン Tibin
タイーブ Taieb
タイブ
Taib
Tayeb
Tayib
ダイーフ Daif
ダイフ Da-fu
ダイブ Dive
タイファー Tiefer
タイブカ Tài Buqa
ダイブカート
Dajbukát
ダイプザー Deipser
ダイブラー Deibler
タイフル Tayfur
タイプル Teipel
タイベ Taybe
ダイベック Dybek**
ダイベル Deiber
タイベルト Tajbert
タイボ Taibo*
タイボー Tybout
タイポ Taipo
タイボン Tyvon

タイマー
Taimre
Theimer
ダイマ Dayma
ダイマコス
Daimachos
タイマゾフ
Taimasov
Taimazov*
Taymazov**
タイマニ Taimani
ダイマリー Dymally
タイマン Tieman
ダイマン Deimann
タイマンス
Tuymans**
ダイミ
Daimi
Daimí*
タイミーア Taimīyah
タイミナ Taimina
タイミーヤ
Taimīyah
Taymiyah
Taymīyah
タイミン Tai-ming
タイム Thym
ダイム
Daim**
Dime
タイムズ Tymes
ダイムバッグ
Dimebag*
ダイムラー
Daimler
Deimler
タイムラス Taimuraz
タイムリヤー
Taymuriyaa
ダイムリング
Deimling*
タイムール
Taimur
Taimūr
Taymūr
ダイメル Deimel
ダイメント
Diment
Dyment
タイモスー Taimsoo
タイモン
Timon**
Tymon
ダイモン Dimon**
ダイモンド
Dimond
Dymond
タイヤー Thayer
ダイヤー Dyer**
ダイヤーク Dyjak
タイヤック
Taillac
Tyack
タイヤード Tailhade
ダイヤモンド
Diamond**
ダイヤル
Dayal*
Dial
ダイヤン Dayan
タイヤンディエ
Taillandier
タイユ Taille
ダイユ Daille
タイユアン Tai-yuan
タイユヴァン
Taillevent
タイュフェール
Tailleferre
タイユフェール
Taillefer
Tailleferre*
タイユミット
Taillemite*
タイユモン
Taillemond
タイヨ Tayot
タイラ
Taila
Tyler
Tyra*
タイラー
Taylor*
Theiler
Tiler
Tyeler
Tyler***
Tylor*
Tyrer
ダイラ Dylla
タイラァ Tyler
タイラーシャーマン
Tyler-Sharman
タイラス Tyrus*
タイラビア Tialavea
ダイラミ Dailami
ダイラミー Daylamī
タイラン
Taylan**
Tyrann
Tyrunn
ダイラン Dylan
タイランディエ
Taillandier
タイリ Tyrie
タイリー
Tiley
Tylee
Tyree
ダイリ Dairi
タイリーク
Tyreek
Tyreke*
Tyrequek
ダイリス Dailis
ダイリット Dayrit
タイル
Tahirou
Taïrou
Tayir
Theil
Theile
Tile
Tyle
ダイル
Dahir
Dille
タイルス Theils*
タイルズ Tiles
タイルディズリー
Tyldesley
タイルベク Taiyrbek
タイルマン Tyerman
ダイルマン Deilmann
タイルリンク Teirlinck
タイルン Thylén
タイレ Theile
ダイレジーエフ
Dairedziev
タイレル Tyrell
ダイロ Dyro
タイロウ Tairou
タイロッド Tyrod
タイーロフ Tairov
タイロフ Tairov
タイロル Taylor
タイローン
Taijeron
Tyrone
タイロン
Tayron
Tyron
Tyrone**
Tyronne
ダイロン Dayron*
タイワン
Taijuan
Taiwan
タィン
Tan
Tanh
Thanh
Thānh
タイン
Tan
Thain
Thanh**
Thánh
Thānh
Thein
Thyne
Tine
Tyne*
ダーイン Dha'en
ダィン Dine
ダイン
Dayne*
Deyn
Dine**
Dyne
タインガポロコ
Taïnga Poloko
タインゲイト
Tynegate
タインシュ Tainsh
タインズ Tynes
ダインス Dines
ダインズ Dines
タインタイ
Thành Thái
Thānh Thái
ダインダム Duindam
ダインツァー Deinzer
タイントン
Thanh Ton
タィン・ハ Thanhha
ダインハート
Dinehart
タインハルト
Theinhardt*
ダインリー Dineley
タウ
Tau
Tou
ダウ
Dah
Dau
Daw
Dou
Douwe
Dow*
ダウー Dahou
ダヴ
Dov
Dove*
ダヴー
Davout
D'avout
タウア
Taua
Taur
タウアー Thauer
ダウアー Dauer
タヴァシ Tavaszy
タヴァストシェルナ
Tavaststjerna
タヴァストシャーナ
Tavaststjerna
ダーヴァット Der Vat
ダウアティー
Dougherty
タヴァーナー Taverner
タヴァナー
Tavenner
Taverner
ダヴァーニー
Davānī
Dawānī
タウアネイ Tauanei
ダヴァラ Davala
タヴァーリス Tavares*
ダヴァル Daval
タヴァルトキラーゼ
Tavartkiladze
タヴァーレス Tavares
タヴァレス Tavares*
ダヴァロス Dávalos
タヴァローネ
Tavarone
ダーヴァン Dervan
ダヴァン Davaine
ダヴァンゲル
Davanger
ダヴァンソン
Davenson
ダヴァンツァーティ
Davanzati
ダヴァンツォ Davanzo
ダヴァンテス
Davantès
タヴァンヌ Tavannes
ダヴァンポート
Davenport
タウィー Thawi
タヴィ Tavi
ダーウィ Dowie
ダウィ
Douwe
Dowie**
ダヴィ
Davi
David
Davis
Davy*
ダヴィー
Davie
Davy
ダヴィア Deavere
タヴィアーニ
Taviani**
ダヴィウ Davioud
ダヴィエル Daviel
ダヴィーコ Davico
ダヴィジ Davidge
ダウィシャ Dawisha
タウィシン Thavisin
ダヴィーズ Dafydd
ダヴィス
Davies
Davis
ダヴィズ Dafydd
ダヴィソン
Davison*
Davisson
ダヴィダ Davida*
ダヴィタシヴィリ
Davitashvili
ダヴィタシュヴィリ
Davitashvili
ダヴィチョ
Davićo*
Davičo
ダヴィッジ Davidge
ダヴィッチ Davich
ダーヴィッツ Davids*
ダヴィッツ Davidtz
ダヴィッディ Daviddi
タヴィッド David*
ダーヴィット David**
ダーヴィッド David*
ダウィット David
ダウィッド David
ダヴィット
David*
Davitt
ダヴィッド
David***
Davidts*
Davoud
ダヴィッドヴィチ
Davidovich
ダウィッドジアク
Dawidziak
ダヴィットセン
Davidsen
ダヴィッドソン
Davidson*
Davidsson
ダーヴィデ Davide
ダヴィデ
David
Davide*
Davidé
ダヴィデンコ

タ

Davidenko*
Davydenko*
ダーウィード David
ダーヴィート David
ダーヴィト David***
ダーヴィド
David**
Davide
ダウィト Dawit
ダウィド
David
Dawid
ダヴィード David*
ダヴィト
David
Davit
ダヴィド
Dauíd
David***
Davíd
Davido
Davit
Dawid
ダヴィドア Davidor
ダヴィドヴァ
Davydova*
ダヴィードヴィチ
Davidovich
ダヴィドヴィチ
Davidovich
ダヴィドヴィッチ
Davidovich
Davidovitch
ダヴィドウィッツ
Davidowitz
ダヴィドヴィッツ
Davidovits
ダヴィドゥス Davidus
ダヴィドヴッチ
Davidovich
ダヴィドヴナ
Davýdovna
ダーヴィドソン
Davidson
ダヴィドソン
Davidson
ダヴィドゾーン
Davidsohn
ダヴィドゾン
Davidzon
ダウィードフ Davydov
ダウィドフ Dawidoff
ダヴィードフ
Davidov
Davydov
ダヴィドフ
Davidhof
Davidoff
Davydov***
ダヴイドフ Davydov
ダヴィドフスキー
Davidovsky
ダヴィーナ Davina
ダヴィナント
Davenant
ダヴィニア Davinia
ダヴィニョン
Davignon*
ダヴィニヨン
Davignon
タウィープウォン
Thawipworn
ダーヴィラ Dervilla
ダヴィラ Davila
ダヴィリア Davilia
ターウィリガー
Terwilliger
ターウィリジャー
Terwilliger
タウィール Taweel
タウィル Tawil
ダヴィレ Daviller
ダヴィレール Daviller
タウィン Tawin
ダーウィン
Darwin**
Darwyn
Dawin
Dorwin
ダーヴィン Darwin
ダヴィン Davin
ダーウィンスキ
Derwinski
ダーウィンスキー
Derwinski*
ダヴィンチ Da Vinci
ダウウィロ Dowgwillo
タウウェル Towell
ダーウェ Dawe
ダウエ Douwe
ダヴェー Dave
ターウェイ Da-wei
ターヴェイ Turvey
ダウエス Douwes*
ターウェータ Tawita
ダヴェッケ Daweke
タヴェッラ Tavella
ダヴェナント
Davenant
ダヴェニェール
Davenier
ダヴェーヌ Davaine
タウェマ
Tawema
Tawéma
タウェラ Tawera
タヴェリッチ Tavelić
ダーウェル
Darwell
Dawel
ダーウエル Darwell
ダーヴェル Darvell
ダウェル Dowell
ダウエル
Dawel
Dowell*
タヴェルナ Taverna
タヴェルニエ
Tavernier***
タウエン Touwen
ダーウェン
Darwen
Dewen
ダーウェント
Derwent*
ダーウェントウォーター
Derwentwater
ダーヴェンポート
Davenport
ダヴェンポート
Davenport*
ダヴォー Davaux
タウォークト Terwogt
ダヴォドー Davodeau
ダヴォリ Davoli
ダヴォリン Davorin
ダーウォル Darwall
ダヴォール Davor**
ダヴォル
Davol
Davor*
ターウォーン Thawon
ターウォン Thavorn
タウォンセート
Tawornseth*
ダウキンズ Dawkins
ダウク Daouk
ダウグラス Douglas
タウケ Täuke
タウケリナ Taukelina
ダウーサ Daoussa
ダウサ Daoussa
タウシ Tausi
タウシク Tausig
タウシグ
Tausig
Taussig
タウシック Taussig
タウシッグ Taussig*
ダウシット Douthit
タウジッヒ Tausig
タウジヒ Tausig
タウシュ Tausch
タウシュナー
Tauchner
タウシンガ Tausinga
ダウジング Dowsing
タウス Towse
ダウス Dauth
ダウズ Dawes
ダウスウェイト
Douthwaite*
ダウズウェル
Dowswell
ダウズウエル
Dowdeswell
ダウズエル
Dowdeswell
タウスキ Taussky
タウスク Tausk*
タウスター Towster
タウスボールスタッド
Taus-Bolstad
ダウスン
Dawson
Dowson*
タウセッグ Taussig
タウセレト Tawosret
タウセン Tausen
ダウゼンベルヒ
Duisenberg
ダウソン
Dawson
Dowson**
ダウダ
Daouda
Dauda
Dawda**
タウタイ Tautai
ダウチ
Daudt
Douch
タウツ Tautz
ダーウッド Dawood
ダヴット Davut
ダヴッド David**
ダウデー Daughaday*
ダウティ
Doughty
Dowty
ダウティー
Doughty*
Douty
ダウディ
Daoudi
Daudi
Dowdy
ダウディン Dowding
ダウディング Dowding
ダウデルト Daudert
ダウデン Dowden*
ダウテンダイ
Dauthendey*
タウト
Taut**
Thaut
Tout*
タウトー Taut
ダーウード
Daud
Dā'ūd
Dāwūd
ダーウド Daoud*
ダーヴード Dāwūd
ダウード
Daoud
Dawood
ダウト
Daut
Davud
ダウド
Daoud
Daóud
Daud*
Dawoud**
Dawud
Dowd***
ダウドゥ Daoudou
ダウトオウル
Davutoğlu
ダウトオール
Davutoğlu*
ダウドナ Doudna
ダウドニー Doudney
ダウトン Doveton
タウナー Towner
タヴナー Tavener
ダウナー Downer**
ダヴナント Davenant
タウニー Tawny
ダウニー
Downey***
Downie
ダウニィ Downey
ダウニング
Downing**
ダウネー Downey
ダウネス Downes
ダウネズ Downes
タウネンド Townend
タウノ Tauno
タウバー
Taeuber
Tauber**
ダウハー Daucher
ダウバー Dawber
タウバス Taubes
タウバート Taubert
タウビー Taube
ダウビース Davies
タウヒーディー
Tawḥīdī
タウヒャー Taucher
ダウヒャー Daucher
タウブ
Taub
Taube**
ダウブ Daub
ターウファアーハウ
Tāufa'āhau
タウファアハウ
Taufa'ahau
タウファトフア
Taufatofua
タウーフィク Taoufik
タウフィーク
Tawfeeq
Tawfiq*
Tawfīq
Tawfīq
タウフィク
Taoufik*
Taufik*
Taufiq
Tawfiq
Toufic
タウフィック
Taufik*
Taufiq**
タウフェウルンガキ
Taufe'ulungaki
タウフェテー
Taufete'e
タウフニッツ
Tauchnitz
タウブマン
Taubman
Taubmann
タウベ Taube***
タウペ Taube
ダウベ Daube
タウベス Taubes
タウベル Tauber
タウベルト Taubert
ダウマ Douma
ダウマー Daumer
タウマツルグス
Thaumaturgus

タウマトゥルグス
Thaumaturgus
タウマトゥルゴス
Thaumaturgns
Thaumaturgus
タウマロロ Taumalolo
ダウム Daum*
タウモエフォラウ
Taumoefolau
タウモエペアウ
Taumoepeau
ダウヤー Dwyer
タウラー Tauler*
ダーヴラ Dervla
ダウラ
Daura
Dawla
ダウラー Daulah
ダウラターバーディー
Daulatābādī
ダウラット Daulat
ダウラットシャー
Daulatshāh
ダウラトシャー
Daulatshāh
Dawlat-Shāh
ダウラハ Dawlah
タウラフォ Taulafo
タヴラリス Tavoularis
ダウラルジャ
Daglarca
ダウラン Dowlan
タウラント Taulant
ダウランド Dowland
タウリ
Tauli
Towry
タウリー Towrie
ダウリー
Daurey
Dowley
ダウリア D'Auria
タウリアラ Tauriala
ダウリオ Daurio
タヴリス Tavris
ダヴリース De Vries
タウリスコス
Tauriskos
タウリーヌス Taurinus
タウリヌス Taurinus
タウリノ Taurino
ダヴリュイ Daveluy
ダウリン Dowlin
ダヴリン Davlin
ダウリング Dowling**
タウル
Taur*
Towle
ダウル Daul
タウルス Taurus
タウルズ Towles
ダウルディング
Dowlding
ダウルト Dault
タウルペ Taulupe
ダウレア D'Aulaire
ダウレエアウー
Daureeawoo
ダヴレツィーナ
Davletshina
ダウレト Daulet
タウレル
Tauler
Tourel
タウレルス Taurellus
ダウレン Dauren
タヴロヴ Thaulow
タウログ Taurog*
ダウロス Douros
ダウロフ Daurov
タウワ Tahuwa
ダウワー Dower
タウン
Thaung*
Town
Towne**
ダウン
Daun
Dawn*
Down
Downe
Downs
ダウンシー Dauncey
タウンシエンド
Townshend
タウンズ
Townes**
Towns
ダウンズ
Downes**
Downs*
タウンズエンド
Townsend
ダウンスコウ
Ravnskov
タウンズリー
Townsley*
タウンスン Townson
タウンセント
Townsend
タウンセンド
Townsend*
タウンゼント
Townsend**
Townsent
Townshend**
タウンゼンド
Townsend***
Townshend**
タウントン Taunton
ダウンハム
Downham*
ダヴンポート
Davenport
タウンリー Townley**
タウンレイ Townley
タエ Taye
タエー Taher
ダエ
Da-ye
Daye
ダエイ Daei*
タエイア Taeia
タエキス Taekiti
タエコ Taeko
タエシック Taesik
タエジャン Tae Jung
タエッジョ Taeggio
タエブ Tayyeb
タエム Them
タエラッタナチャイ
Taerattanachai
タエル Tayer
ダエル
Dael
Daele
ダエン Daeng
タオ
Tao**
Thao*
ダオ
Dao***
Đao
Đào
Đạo
タオカ Taoka
ダオダ Daouda
タオチュニク
Tautschnig
ダオディン Dao-ding
ダオハン Dao-han
タオフ Taov
タオミナ Taormina*
タオム Taom
タオラシャ Taolasha
ダオリン Dao-lin
タオン Thong
ダオン Daon
ターカ Taquah
ターガー Tager
タガー Tager
ダーカー Dierker**
ダーガ Durga
ダーガー Darger*
ダカ Daka
ダガー
Dager
Dagger
Dagher
Dugger
ターカイ Tarkay
タカイシヴィリ
Takaishvili
タカウ Takau
ダカーエキー Daqā'eqī
タカエズ Takaezu
タカキ Takaki
タカク Tkach
タカクス Takacs
タカシ Takashi
タカシマ Takashima
タカシュ Takash
ダガシュ Daggash
ダカス Dacus
ダカスコス Dacascos
ダガタ D'Agata
ダーガダス Daugirdas
タカーチ
Takacs
Takács
タカチ Takac
タガチャル Taγačar
タカーチュ
Takacs
Takács
ダーガッツ Dargatz*
ダガティ D'Agati
ターガート Taggart*
タガート Taggart
タガード Taggard
ダガーニ Dagani
ダガニ Dugani
ターカニス Turkanis
タガノフ Taganov
タカハシ Takahashi
タガビ Taghavi**
タガミ Tagami
タカムラ Takamura
タカリ
Takkari
Thakali
Thakazhi
タガリキ Tangariki
ダーガル Dagar
ダカール Dakar
ダカル Dhakal
ダガルド Dugald
タカロ Takalo
タガロア Tagaloa
タガワ Tagawa
ダーカン
Durcan*
Durkan*
ダーガン
Dargan
Derganc
ダカン Daquin
ダガン
Dagan***
Daggan
Dugan*
Duggan*
ダーカンジェロ
D'Arcangelo
タガンミラト
Taganmyrat
ターキー
Taky
Tourky
Turkey
タキ Taki**
タキー Taqī*
ダーキ D'Arcy
ダーキー
D'Arcy
Durkee*
ダーギー Doerge
ダギ
Dagi
Dagui
ダギー Dougie
ダギア D'Aguiar
タキエ Takie
タキーエッティン
Takiyeddin
タギエフ
Tağiyev
Taguieff
ダキーキー Daqīqī
タキーザーデ
Taqīzāde
タキーザーデー
Taqizade
タキス Takis*
ダギース Dagys
ダギスタンリ
Dagistanli
タキツス Tacitus
ターギット Tergit
ダギッド Duguid
タキディーン
Takiddin*
ダキテーヌ
D'Aquitaine
タキトゥス Tacitus*
タキナル Tanaquil
タギプール Taghipour
ダギャニー Dehghani
ターキーュッディーン
Taqī al-Dīn
ダキリ
D'Aquili
Dhakiri
ダギリ D'Aquili
タギル Tagir*
タギワロ Taguiwalo
タキン Thakin*
ダーキン Durkin*
ダキン Daquin
ターキングトン
Turkington*
ダーキンズ Darkins
タキンタントン
Thakin Tan Tun
ターキントン
Tarkington*
Turkington*
ターク
Tag
Tuerk
Turk**
ターグ Targ
タク
Grags
Tak*
Thac
Thach*
タグ Tug*
ダーク
Dag
D'Arc
Dark***
Darke*
Derk*
Dirk**
ダーグ
Dag**
Dāgh
Dāgh
Doug
ダク
Dac

タ

Dag
Dak
ダグ
Dag*
Doug***
Douglas*
ダグー D'Agoult*
タグーアン
Taghouane
ダクアン DaQuan
タークイ Tircuit
タクイ Takui
タグイエフ Tagyyev
ダクィーノ D'Aquino
ダクイノ D'Aquino
タグウェル Tugwell
タククワン Takhwan
ダクサ D'axa
タクサミ
Takcami
Taksami
ダークジ Darqueze
タクシス Taxis
タクシル
Taxil
Taxile
タクシレス Taxilēs
ターク・シン Taksin
タークシン Taksin
タクシン
Taksin
Thaksin**
ダークス
Dirkes
Dirks
ダクス
Dachs
Dax
タークストラ Turkstra
ダクスバリ Duxbury
ダクスベリー
Duxbury
タクズワ Takudzwa
ダークセン
Derksen
Dirksen
ダクソン Deukson
タクタキシヴィリ
Taktakishvili
タクーダール Tegüder
ダグダル
Dugdale
Dugdall
タグチ Taguchi
タクツェル Taktser
タクティー Takhti
タクディ Teguedi
タクティコス Taktikos
タクディル Takdir*
ダグデイル Dugdale
ダグデール Dugdale
タクナ Takna
ダグニ Dagny
ダグニー Dagny
ダグニーズ D'Agnese
ダグニーノ Dagnino

タ

ダグニヤ Dagnija
ダグネリエ Dagnelie
タクバ Grags pa
タクパ Grags pa
タクバコイ
Takoubakoye
タクパペル
Grags pa dpal
タクパラ Takpara
ダグバンゾンビデ
Dagban-zonvide
タクファリナス
Tacfarinas
タクファン
Tag-hwan*
ダーグフィン Dagfinn
タクブンジャ
Stag 'bum rgyal*
Stag-'bum-rgyal
Stag-vbum-rgyal
ダクペ Dakpé
タグベルカー
Tagwerker
タクポ
Dvags po
Dwags po
タクポラジェ
Dvags po lha rje
タグホルム Tagholm
タクマ Tacuma
ダグマー Dagmar*
タグマウイ
Taghmaoui
タクマキス
Tsakmakis
タグマーラ Dagmara
ダグマーラ Dagmara
ダグマラ Dagmara
ダクマール Dagmar
ダグマール Dagmar**
ダグマル Dagmar*
タクマン Tuchman
ダグマン Dagman
ダグモア Dugmore
タクラ Takla
ダグラ Dagra
ダグラサ
Da Graca
Da Graça
ダクラス Douglas*
ダグラス
Daglas
Dauglas
Dauglass
Donglas
Doug
Douglas***
Douglass***
Duglas
ダグラーテ D'Agrate
ダクリ Dacri
タグリアブー
Tagliabue
タグリアフェッリ
Tagliaferri
ダグリーシュ Dagleish

ダグリス Douglis
ダグリタブレ
Dakoury-tabley
ダグリディアバテ
Dagridiabate
タークリヒト Taglicht
タグリービルディー
Taghrībirdī
タグリャヴィーア
Tagliavia
タークル
Tagore
Thakur
Ṭhākur
Turkle**
タクール Thakur
タクル
Tagore
Thakur
Ṭhākur
ダクール Dacourt
ダグル Dagur
タクルア Takulua
ダクルス Da Cruz
タクルン STag lung
タグレ Tagle
ダクレ Dacre
ダグーレ Dagouret
ダグレイ Dougray
ダグレニアー
Dugrenier*
タグロ Tagro
ダグロン Dagron
ダークワ Darkwa
ダクワー Dakwar
ダグワドルジ
Dagvadorj*
ターゲ Tage*
ダケ Daqué
ダゲ Daguet
タケイ Takei
ターケヴィッチ
Turkewitz
タケシャ Takesha*
タゲセ Tagesse
ダゲッソー
D'Aguesseau
タゲッディン
Taggeddin
ターゲット
Target
Targett
タケット
Tackett
Tuckett*
ダケット Duckett
ダゲット Daggett
タケト Taket
ターケーニアン
Tarkanian
ダーゲフェアデ
Dageförde
タケモト Takemoto
タケモリ Takemori
タケライ Thackeray

ターケル
Terkel***
Torkel
Turkel
タケル Tukel
ダゲール Daguerre
タゲル Tagel
ダゲール Daguerre*
ダーゲルマン
Dagerman*
ダゲルマン Dagerman
タケロット Takelot
ダーケン Daarken
タゴー Tagore
ダーコ Darko
ダーゴ Dirgo*
ダコ Dako
タゴイゾダ
Taghoizoda
ダーゴヴァー Dagover
ダゴヴァー Dagover
ダーコヴィッチ
Dabcovich
ダゴヴェル Dagover
ターコウスキー
Tarkowski
タゴオル Tagore
ダゴゴ Dagogo
タコス Takhōs
ダ・コスタ DaCosta
ダコスタ
Da Coasta
Da Costa*
DaCosta*
Dacosta
ダコスタテブストレス
Da Costa Tebus
Torres
ダゴスティーノ
Dagostino
D'Agostino**
ダゴスティノ
Dagostino
D'Agostino
ダコタ Dakota**
タコナーゾ Taconazo
ダゴニエ Dagognet**
タコニス Taconis
ダゴネット Dagonet
タコビー Takoby
ターゴフ Targoff
ダゴファー Dagover
ダゴベール Dagobert
ダゴベルト
Dagobert
Dagoberto*
Dagobertus
Dogobert
ダゴホイ Dagohoy
ダゴマー Dagomar
ターコルー Turkoglu*
ターゴル Tagore
タコール Thakor
タゴール Tagore**
ダゴール Dougall

タゴーレ Tagore
ダコレ
Dakole
Dakolé
タコン
Tacon*
Tacón
ダゴン Dagon
ダコンセイサンイシルバ
Da Conceição E
Silva
ダコンセイソン
Da Conceição
ダコンタ Daconta*
ダーサ
Dasa
Dāsa
Daza
ダーザー Daser
ダサ Daza*
ダサー Dosser
ダザ
Daia
Daza
ダサアド Dasaad
ダサエフ Dasaev
ダーサカ Dāsaka
ダサナイカ
Dassanayake
ダサナンダ
Dasananda
タサニー Tasanee
タザフィ Tazafy
タサム Tatham
タサラジェン
Tassarajen
ダサリ Dassary
タサル Tasar
ダサン
Dasan
Dušan
ダザンブジヤ
Dazanbjiya
タージ
Taj*
Tāj
Targ
タシ
BKra śis
Bkra-sis
Tas
Tashi**
Tasi
タシー
Tassie
Tassy
タジ
Taj*
Tajae
ダーシ D'Arcy
ダーシー
Darcey**
Darci*
Darcie
Darcy**
D'Arcy*
ダージ Derge*
ダージー Darzi
ダシー
Dachy

Dacie
Duthie
ダジ Taj
ダジー
Dadzie*
Dazzy
ダーシア Dacia
タシアディス Tasiadis
タジアディス Tasiadis
タシアナ Taciana
ターシィ Tarsy
ダーシィ D'Arcy
ダーシイ Darcy*
タジィーマン
Tazzyman
タシウ Tassiou
ダシウス Dasius
タジウリ Tagiuri
タシエ Taché
タシェー Taché
ダシェ Dachez
ダシエ Dacier
ダシェウスキィ
Dashewski
ダジェオン Dudgeon
タシエス Tàssies
タジェッディン
Taceddin
タジェディニ
Tajeddini
タシエフ Tashiyev
タジェフ Tazieff
タジエフ Tazieff
タシェフスカ
Tashevska
ダシェフスキー
Dashefsky
タシェラ Tacchella
タシェル Taşer
ダシエル Dashiell
タシク Tkacik
タジク Tajik
ダシグリ Dassigli
ダーシコヴァ
Dashkova
ダシコーヴァ
Dashkova
ダシコヴァ Dashkova
ダーシコバ Dashkova
ダーシコフ Dashkov
ダシコフ Dashkov
ダーシコワ Dashkova
ダシコワ Dashkova
タシジアン
Taschdjian
Tashjian
ダシジャムソー
Dashijamsu
タシジャン Tashjian
ターシス Tarshis*
ダシゼベギーン
Dashzevegiin
Dashzevegiyn
ダジソン Dodgson
ダシダバ Dashdavaa
タジダーロヴァ
Tazhdarova
ダシダワー
Dashdavaa
ダシツェレン
Dashtseren
タシック Tkacik
ダーシック Derthick
タシテミル Tashtemir
ダシデンベレル
Dashidemberel
ダシドルジ Dashdorj
ダシドルジーン
Dashdorjiin
Dashdorzhiin
Dashidorjīn
ダシドルジン
Dashdorjiin
ダシドンドク
Dashdondog
Dasidongdog
ダシドンドグ
Dashdondog
Dasidongdog
タシナリ Tassinari
タシニ Tassigny
タシニー Tassigny
ダーシーニ Dharshini
タシバエフ Tashbayev
タシパエワ
Tashpayeva
ダシバルバル
Dashbalbar
ターシフィーン
Tāshifīn
ダシプルブ
Dashpurėv
タシペルデン
Bkra śis dpal ldan
タシマ Tashima
タジマ Tajima
タジママト
Tajimamat
ターシャ
Tasha***
Tatsha
ターシャー
Tasha
Tourscher
タシャ Tasha*
ダーシャ Dasha
ダージャー Dajer
タシャコリ
Tashakkori
ターシャス Tertius
ダシャラタ Daśaratha
ダーシャラティ
Dāśarathī
ダシャラティ
Dāśarathī
ターシャール Teixeira
タシャール Tachard
タージャン Tarjan
ダジャンクール
Dagincour
D'Agincour
ダジャンス Dagens*
ターシュ Tirch
タージュ Tāj
タシュ Tasi
タジュ Taj
ダーシュ
D'Ache
Das
Daś
ダージュ
Daage
D'Arge
ダシュ
D'Ache
Dash
ダーシュウィッツ
Dershwitz
ダシュカ Dashka
タシュキョプリ
Ṭashköpru
タシュキョプリザーデ
Ṭashköpru-Zādeh
タシュキョプリュ
Ṭashköpru
ダシュクス Dushkes
タシュクラン Taskiran
タジュッディン
Tadzhuddin
ダシュティ
Dashti
Dashtī
ダシュティー Dashtī*
タジュディン Tajudin
ダシュドング
Dashdondog
タシュナー Taschner
ダシュナー Dashner*
ダジュネ Dagenais
ターシュフィーン
Tāshifīn
Tāshufīn
ターシュフイーン
Tāshufīn
タシュマン Tashman
ダシュヨンドン
Dashyondon
タシュラー Taschler
タシュリン Tashlin*
タージュル Tāju'l
ダシュル Daschle**
タシュロー
Taschereau*
ダシュンデン
Dashyondon
タジョ Tadjo
ダーショウィッツ
Dershowitz**
ダーショヴィッツ
Dershowitz
タショキョプリーザーデ
Ṭashköpru-Zādeh
タージョッサルタネ
Tāj al-Salṭane
タージョン Turgeon*
タショーン Tashaun
ダーション Te-sheng*
ダショーン Dashaun
ダジョン Dudgeon*
ダシヨンドン
Dashyondon*
タシラ Tashira
タージリ Turzilli
タージル Tājir
ダシール Dashiell**
ダシル Dashiell
ダジール
D'Aguilers
D'Azyr
ダシルヴァ DeSilva*
ダシルバ
Da Silva*
DeSilva*
ダシルバフェレイラ
Da Silva Ferreira
タシーロ Tuccillo*
タージン Tashjian*
タジン Tazhin
ダーシン Dassin
ダージン Durgin
ダシン
Dashiin*
Dashiyn
タシンガム
Tushingham
タシンスキ Tuszynski
ダシンスキ Daszyński
ダシンスキー
Dashinski
ダジンスキー
Dazinski
Dudzinski
タース Turse
タス
Tass*
Tuss
ダース
Dars
Das**
Dās
Dāsa
ダス
Das**
Dās
Dash
Dass***
Dus
ダズ Daz
タスア Tassoua
ダースィ Darcy
タズウェル Tazewell
ダズウェル
Dowdeswell
タスカ
Tasca
Tasker**
タスカー Tasker*
ダスカス Düskow
ダスカレスク
Dascalescu**
ダスカロヴァ
Daskalova*
ダスカロス Daskalos
ダスカロバ Daskalova
ダスカロフ Daskalov*
タスカン Taskin
タースキー Tursky
ダスーキー Dasūqī
ダスキー Duskey
タスキウス Thascius
ダスキエ Dasquié*
タスキン Taskin
ダースキーン Daskein
ダスキン Duskin
ダスク Dusk*
タスクディス
Taskoudis
ダースグプタ
Dasgupta
ダスグプタ
DasGupta
Dasgupta**
タスコ Tasko
ダスコ Dusko*
ダスコリ D'Ascoli*
タスサリ Tassali
ダスーシ D'Aassoucy
ダスーシー D'Assoucy
ダスタエーフスキー
Dostoevskii
ダスタエーフスキイ
Dostoevskii
ダスタギール Dastgir
ダスチエ D'Astier
ダスチュール Dastur
タスチン Tustin
ダスツール Dastur
ダステ Dasté
ダスティ
D'Asti
Dusty***
ダスティー Dusty
ダスティエ D'Astier
ダスティス Dastis
タスティン Tustin*
ダスティン
Dustin***
Dustyn
ダステス Dastès
ダステュール Dastur
ダスデレン Dasdelen
タスト
Tast
Taste
ダースト
Darst
Durst
ダスト
Dasto
Doust
ダストマン Dustmann
ダストルガ D'Astorga
ダーストン Durston
ダストン
Daston
Duston
タスナジ Tasnadi
タスナーディ Tasnádi
タスナーデュ Tasnady
ダスネベス Das Neves

ダスバーグ Dasburg
タスファイエ Tesfaye
タスファウ Tasfaout
ダスホルスト
Dashorst
タスマガムベトフ
Tasmagambetov
ダスマリニャス
Dasmariñas
タスマン Tasman*
ダスマン Dasmann
タスミーン Thasmeen
タスミン Tasmin
タスムラドフ
Tasmuradov
ダスムンシ Dasmunsi
ダスラー Dassler*
タスリフ Tasrif
タスリマ Taslima
タースレフ Terslev
ダスワーニ Daswani*
ダスワント Daswanth
ダスンサウ
D'Assunção
ダスンサン
D'Assumpção
ダーゼ Daze
ダゼー D'Azay
タゼギュル
Tazegul
Tazegül*
ダセット Ducette
ダゼッリオ D'Azeglio
ターセム Tarsem*
ダゼーリオ D'Azeglio
ダゼリオ D'Azeglio
ダゼーリョ D'Azeglio
ダゼリョ D'Azeglio
ダーセル Darcel
ダセル Dassel
ダーセン Dasen
ダーセンズ Dessens
ターソー Thxa Soe
ダーソー Durso*
ダゾ Dazo
タソオブシラジ
Taasoobshirazi
タソス
Tasos
Tassos**
タソバッツ Tasovac
タソーブシラジ
Taasoobshirazi
タソポーロス
Tassopoulos
ダソル Da Sol
ターソン Terson
ダソン D'Asson
ターター
Tata
Tātā
タタ Tata**
タダ Tada
ダダ Dada*

タ

タタイ Tatai
タダイ Thaddaios
タタウ Tataw
ダダエ Dadae
タータグリア
Tartaglia
タダシ Tadashi
ダダシェフ Dadashev
ダーダス Dardas
タタースフィールド
Tattersfield
ターソル Tattersall
タタソール Tattersall
タダタダ Tadatada
タタトゥンガ
Tatatungγa
ダタトレーヤ
Dattatreya*
ダダバエフ Dadabaev
タタファ Tatafu
タータブル Tartabull*
ダタメス Datamēs
ダダモ D'Adamo*
ダダヤン Dadaian
ターターリャ
Tartaglia
タタール
Tatar*
Ṭaṭār
タタル Tatar*
タタルカ Tatarka*
タタールキェヴィチ
Tatarkiewicz
タタルキェヴィチ
Tatarkiewicz
タタルキエウィチ
Tatarkiewicz
タタルシャヌ
Tatarusanu
タタルスキー
Tatarsky
タタルチェンコ
Tatarchenko
タタルニコフ
Tatarnikov*
タタレッラ Tatarella
タタレワ Tatareva
タタロウル Tataroglu
タタン
Tatan
Tatang
ダータン Datan
ダタン Dathan
ダダン
Dadan
Dadang*
タチ
Tati**
Thaçi
タチー Tachi
ダチ Dati
タチアーナ
Tatiana
Tatiyana
Tatjana
Tatyana

タチアナ
Tatiana***
Tat'iana
Tatiyana**
Tatjana**
Tatsiana
Tatyana**
Tetyana
ダチアン Dacian
ターチェウスキー
Tarczewski
タチェバ Tatcheva
ダチェラノ Da Celano
タチェワ Tacheva
タチオス Tatios
タチシェフ Tatischeff
タチーシチェフ
Tatishchev
タチシャンハシス
Tacishanghasisu
ダチッチ Dačić*
タチベルドイ
Tachberdy
タチマメト
Tacmammet
ダーチャ Dacia**
タチャーナ
Tatiana
Tat'iana
Tatyana*
タチャナ Tatjana*
タチヤーナ
Tachiyana
Tatiana
Tat'iana*
Tatiyana
Tatjana
Tatyana*
Tat'yana
タチヤナ
Tatiana
Tat'iana
Tatiyana
Tatjana
Tatyana**
Tetyana
タチュ Thach
ターチュヌ Dachun
タチル Tachl
タチルタール
Tati Loutard
タチーレン Tachi-ren
ターチン Turchin
ターツ Turtu
タツ Tats
ターツァキアン
Tertzakian
ターツィア Tarzia
ダツィエーリ Dazieri
ダツェ Dace
ダツェンコ Dotzenko
タッカ Tacca
タッカー
Thacker
Thakkar*
Tucker***
Tuker
タッガー Tagger
ダッカー Ducker
ダッガー Duggar

タッカート Tackaert
タッカーニ Taccani
タッカーマン
Tuckerman**
タッカマン
Tuckerman
ダッガール Duggal
ダッガン Duggan
タッキ Tacchi*
タッキー Tuckey
ダッキー Ducky*
タッキナルディ
Tacchinardi*
タッキーニ Tacchini
タッキーノ Tacchino*
ダッキンフィールド
Dunkinfield
タック
Tac
Tak
Thach*
Thak*
Tuch
Tuck**
タッグ Tagg
ダック
Đac
Duck*
ダッグ
Doug
Douglas
タックウェル
Tuckwell**
タックシル Taxil
タックス Tax
ダックス Dax
ダックスフィールド
Duxfield
タックスホーン
Tuxhorn
タックニ Tuckney
ダックハム Duckham
タックフィールド
Tuckfield
タックマン
Tuchman**
Tuckman
タックユー Tuck Yew
タッグル Tuggle
ダックワース
Duckworth**
タッケ
Tacke
Tacquet
ダッケ Dacke
タッケライ
Thackeray*
タッコ Tutko
ダッコ Dacko*
タッコーニ Tacconi
タッコーネ Taccone
ダッサウ Dessau
ダッサリー Dassary
ダッサン Dessain
タッシ Tassi
タッシー Tassie*
タッジ Tudge*

ダッジ Dodge**
ダッシェ Dashe
タッシェン Taschen*
ダッシージ D'Assisi
タッシナーリ
Tassinari
タッシャー Tascher
ダッシャー Dasher
タッシュ Tasch
ダッシュ
D'Ache*
Dash**
タッシュナー
Taschner
ダッシュノー
Dashnow
ダッシュバッハー
Dachsbacher
タッシュマン
Tushman
タッシュリー Tashery
ダッシュル Daschle
ダッジョン Dudgeon
タッシロ Tassilo
ダッシン Dassin**
タッセ Tassé
ダッセ Dassé
タッセル Tassel
ダッセル Dassel
ダッセン Dassen
タッソ Tasso*
タッソー
Tassaux
Tasso*
Tussaud
ダッソー Dassault*
タッソーニ Tassoni
タッダ Tadda
ダッタ
Datt
Datta*
Dutt
Dutta
ダッダ Daddah**
タッダイオス
Thaddaios
タッターソール
Tattersall
タッターソル
Tattersall*
タッタソール
Tattersall
ダッタトリ Dattatri*
ダッタトレーヤ
Dattatreya
ダッタトレヤ
Dattatreya
ダッターニ Dattani
タッタム Tattam
ダッタロ Dattaro
タッチ
Touch
Tutte
ダッチ
Duch
Dutch*
タッチェル Tatchell

ダッチオーニー
 Duchowny
ダッチコワ Duchková
ダッチサム
 Dutch Sam
タッチストーン
 Touchstone
タッチマン Tuchmann
ダッチャー
 Dacher*
 Dutcher*
ダッチャニー
 Duchanee
ダッツ
 Datz
 Dutz
ダツック Datsyuk*
タッデ Thaddee
タッティ Tatti
タッデーイ Taddei
タッディ Taddei*
タッデイ Taddei**
ダッディ Daddi
タッディア Taddia
ダッティリオ Dattilio
タッデーオ Taddeo
タッデオ Taddeo
ダッデル Duddell
タッテン Tatten
ダッデン Dudden
タット
 Tat*
 That*
 Thất
 Tutt
 Tutte
タッド
 Tad**
 Tadd*
 Thad*
 Todd*
ダット
 Dat**
 Đat
 Datt
 Dhatt
 Dutt**
ダッド
 Dadd
 Daddo
タットウ Ta-t'ou
ダットサン Datsun
ダッドソン Dodson**
ダットナー Dattner
タットナル Tattnall
タットネイル Tattnall
タットノール Tattnall
ダットフィールド
 Dutfield
タットマン Totman
タッドマン Tadman
ダットリ Dattoli
ダッドリ
 Duddley
 Dudley
ダッドリー
 Dudley*
 Dundley
タットル Tuttle
ダッドレー
 Daddore
 Duddley
 Dudley
ダッドレイ Dudley
タットン
 Tatton
 Tutton
ダットン Dutton**
タツノ Tatsuno
タッパー
 Tapper*
 Tupper*
ダッハ Dach
ダッバ Dabba
ダッパ Dappa
ダッパー Dapper
ダッハシュタイン
 Dachstein
ダッバス Dabbas
タッパート Tappert*
タッパネル Tappeiner
タッパン
 Tapan
 Tappan
ダッハーン Dahhān
ダッビー Ḍabbī
タッヒン Tak Hing
タッピング
 Tapping
 Topping*
タッブ Tubb
タップ
 Ntap
 Tập
 Tapp
 Thap
ダッフ Duff
ダッファ Daffa'
ダッファーリン
 Dufferin
ダッフィ Duffy
ダッフィールド
 Duffield
ダッフィンガー
 Daffinger
ダッフィング Duffing
タップーニ Tappouni
タップリン Taplin
タッペ Tappe*
タッペルト Tappert
タツム Tattum
ダッラ Dalla*
タッラーウィ Tallawy
ダッラクィラ
 Dall'Aquila
ダッラクイラ
 Dall'Aquila
ダッラージ Daraji
ダッラーバコ
 Dall'Abaco
ダッラバーコ
 Dall'Abaco
ダッラバコ
 Dall'Abaco
ダッラピアッツァ
 Dallapiazza
ダッラピッコラ
 Dallapiccola
ダッラポッツァ
 Dallapozza
ダッラーラ Dallara
ダッラルパ Dall'Arpa
ダッリ Dalli
ダッリオ D'Allio
ダッリーゴ D'Arrigo
タッリャヴィーニ
 Tagliavini
タッリャブーエ
 Tagliabue
タッル Tall
ダッレ Dalle*
ダッレサンドロ
 Dallesandro
ターツロー Turturro
ダッローカ Dall'Oca
タッローネ Tallone
ダッローリョ
 Dall'Oglio
ダッロンガロ
 Dall'Ongaro
タッワー Tat-wah
タデ Tadeusz
タデー Thadée
ダーテ Date
ダデ Dade
タティ Tati
タデーイ Tadei
タディ Taddy
ダティ Dati*
ダディ
 Daddy**
 Dadi
 Dadis*
 Dudy
ダディー Daddy
タティアーナ Tatiana
タティアナ
 Tatiana**
 Tatjana
 Tatyana
タティアヌス
 Tatianos
 Tatianus
ダティアヌス
 Datianus
タティアーノス
 Tatianos
タティアノス Tatianos
タティウス Tatius
タディウス Tadeusz
タディエ
 Tadie
 Tadié*
ダディエ Dadié
タティオス Tatios
ターティス Tertis*
タティース Tatis
タティス Tatis*
ダーディス
 Dardis
 Durdis
ダティス
 Datis
 Datsis
タディチ
 Tadic
 Tadić
ダディーチャ Dadhici
タディッチ
 Tadic
 Tadić*
 Tadici
タディーニ Tadini
ターディフ
 Taidif
 Tardiff
タディヤノヴィチ
 Tadijanović
ダーディン Durdin
ダーティントン
 Dartington*
タデウ Tadeu
タデヴォスイ
 T'adevosi
タデヴォソヴィチ
 T'adevosi
タデウシ
 Tadeusz**
 Tadousz
タデウシュ
 Tadeus
 Tadeusr
 Tadeusz***
 Tedeusz
ダデウシュ Tadeusz
タデーウス Thaddäus
タデウス
 Tadeus*
 Tadeusz
 Thaddäus
 Thaddeus*
タデウッス Tadeusz
タデエ Thaddée
タデオ Tadeo
タデシュ Tadeusz
タデセ
 Tadese
 Tadesse
タデッセ
 Tadese*
 Tadesse
ダテーヌス Dathenus
ダテヌス Dathenus
ダテノ Dateno
タデボシャン
 Tadevosyan
タデマ Tadema*
ターデラ Turdera
ダデラヴァン
 Dadelavan
ダテル Dattel*
ダデル Duddell
ダデルスワル
 D'Adelswärd
ダーデルセン
 Dadelsen
タデン Thadden
ダーデン
 Darden
 Dearden
 Durden*
タデンハム
 Tuddenham
タート
 Tart*
 Tartt**
 Tat
 Tate
タト Nthato*
ダート Dart**
ダード Dard*
ダト
 Dato*
 Dato'
ダトー
 Da Thó
 Dato*
ダド
 Dado*
 Doud
タトウ Tatu
ダードゥー Dādū
ダトゥー Datoo
タトウィン
 Tatwin
 Tatwine
 Tetuwini
タドウェー Tudway
ダドゥカヴィッチ
 Dudukavich
タトゥジュ Tatçı
ダートゥゾス
 Dertouzos
ダートウゾス
 Dertouzos**
ダトゥナシヴィリ
 Datunashvili
ダトゥナシビリ
 Datunashvili
ダトゥマノン
 Datumanong
タートゥーロ Turturro
タトゥーロ Turturro*
ダトカ
 Datka
 Dutka
タドゲイ Tudgay
タトシアン Tatossian*
ダドソン Dodson
ダトディ Da Todi
ダトナウ Datnow
ダドナジ Dadnadji
ダドニー Dudney*
ダドーネ Dadone
ダートネル Dartnell
タドハンター
 Todhunter
タトヒル Tuthill
ダドファル Dadfar*
タドホープ Tudhope
タドマン Tadman
ダドマン Dadman
タドミンビャ
 Thadominbya
タトム
 Tatom
 Tatum*
タドモア Tadmor

タ

タドモール Tadmor
タトラ Tatola
ダートランド
Daatland
ダドリ Dudley*
ダドリー Dudley***
タドリーニ
Tadolini
Tadorini
タートリン Tatlin
タトリン Tatlin
ダトリン Datlin
ダドリン Dodson
タートル Turtle*
タトル Tuttle***
ダドル Duddle*
タドルース Tadrous
タドルス Tadrous
タトルセス Tatlıses
タートルダヴ
Turtledove
タートルトーブ
Turteltaub**
タートルトブ
Turteltaub
タートルビー
Tuttlebee
タトルベン Totleben
ダドレー Dudley
ダドレイ
Duddley
Dudley*
ダドレール D'Adler
タトロ Tatro
タトロー Tatlow
ダトロウ Datlow
タトワイラー
Tutweiler
Tutwiler*
タートン Turton
タトン Taton
ダートン Darton
ダトン
Datone
Dutton
ターナ
Tana
Turner
ターナー
Tanner
Tannor
Tarnner
Thurner
Tourneur*
Tunrer
Turner***
Turney
Turnour
タナ
Tana**
Tanna
タナー
Tanner**
Thanner
Turner
ダーナ
Dana
Donna
ダナ
Dana***
Danah
Danna
Dawna
Donna**
ダナー
Danah*
Danner*
タナイ Tanai
ダナイロヴァ
Danailova
ダナイロフ Danailov
ダナウェイ
Dunaway**
ダナウエイ Dunaway
タナウス Tanous
ダナエ
Danae
Danaë
ダナエー Danae
ダナエウス Danaeus
タナエフ Tanayev**
ダナオス Danaos
タナカ Tanaka
ダナガン Dunagan*
ダナキー Dunnachie
タナクィル Tanaquil
タナクイル Tanaquil
ダナゴゴ Danagogo
タナサック Tanasak
タナサン Tanasan*
タナシ Thanasi
タナシス Thanasis
ダナシュ Dunash
ダナシュタイン
Dennerstein
タナズ Tanase
タナセ Tanase
タナセスク Tănăsescu
ダナソウリ Danasouri
タナタロフ Tanatarov
ターナット Tarnat
タナット
Tannatt
Thanat**
ターナード Tunnard
タナード Tanard
タナト Tanat
タナナ Tanana
タナナリヴ
Tananarive
タナニヤアナン
Thanya-anan
ダナニール Dananir
ダナハー Danaher*
タナハシ Ta-Nehisi*
ダナバジラ
Dhanavajra*
ダナパラ Dhanapala*
ダナバラン
Dhanabalan
ダナパン Danapan
ダナヒー Donaghy
タナヒル Tannahill
タナブーン
Thanabuul
タナベ Tanabe
ダナヘイ Dunahay
タナボリブーン
Tanaboriboon
タナポーンパン
Thanaphonphan
ダナーマーク
Danermark
ダナム Dunham**
ダナラジ Dhanaraj
ターナラット
Thanarat
タナラット Thanarat
ダナリス Danalis
ダナルト Danarto
ダナロフ Danuloff
ダナーン Danaan
ダナン Dhennin
タナンガダ
Tanangada
ダナンジャ
Danandjaja
ダナンジャイ
Dhananjay
ダナンジャーヤ
Danandjaja
ダナンジャヤ
Dhanañjaya
ターニ
Taani
Tani
ターニー
Tahnee
Turney*
タニ
Tani*
Tany
Thani
タニー
Taney
Tanney
Tunney**
ダーニ
Dáni
Dhani
ダーニー
Dani
Darney
ダニ
Dani***
Danny
Dany
Dhani
ダニー
Dani*
Danie
Daniel*
Danii
Daniil
Danik
Danilo
Dannie***
Dannii
Danny***
Dany***
Donny
タニア
Tania**
Tanja
Tanya***
ダーニアー Dernier
ダニアル
Danial
Daniel
ターニイ Turney
ダニィ Dany
ダニイール Daniil
ダニイル Daniil*
ダニウェイ Duniway
ダニウス Danius
ダニエウ Daniel*
ダニエッロ Daniello
タニェドール Tañedor
ダニエーラ Daniela
ダニエラ
Daniela***
Danielá*
Daniele
Daniella*
ダニエーリ Danieli
ダニエリ Danielli*
ダニエリアン
Danielian
Danielyan
ダニエリス Danielis
ダニエリソーン
Daniel'son
ダニエリソン
Danielsen
Daniel'son
ダニエリャン
Danielyan
ダニエリヤン
Danielian
タニエル Tanier
タニエル Tanieru
ダーニエール Daniel*
ダーニエル
Daniel*
Dániel
ダニェル Daniel
ダニエール
Daniel
Daniele
Danièle
Danielle
Danièlle
ダニエル
Danial
Daniel***
Daniel'*
Daniél
Dániel**
Dāni'el
Daniele**
Daniéle
Danièle**
Daniell**
Danielle***
Danièlle**
Daniëlle
Daniélou
Daniels*
Danier
Daniil
Danijel*
Dannielle
Danyel
Donniel
Donyale
ダニエルー Daniélou*
ダニエルアラプ
Danielarap
ダニエルゥ Daniélou
ダニエルキック
Danielcik
ダニェルス Daniels
ダニエルス
Daniells
Daniels***
ダニエルズ
Daniels***
Danielz
ダニエルセン
Danielsen*
ダニエルソン
Danielson**
Daniel'son
Danielsson*
ダニエルフ Danielov
ダニエルマイヤー
Danielmeyer
ダニエーレ Daniele**
ダニエレ
Daniele***
Danielle
ダニエレフスカ
Danielewska
ダニエレブスキー
Danielewski**
ダニエロ
Daniello
D'aniello
ダニエロビッチ
Danielovitch
ダーニエン Da-nian
ダニオス Danioth
ダニオッティ Daniotti
ダニオン
Dannion
Danyon*
ダニカ Danica**
ダニカン Danican
ダニガン Dunnigan*
ダニク Danic
タニクリフ
Tunnicliffe**
ダニクリフ
Dunnicliffe
ダニコ Dan'ko
ダニサ Danica
ダニシェフスキー
Danishefsky
ダーニシュ Dānish
ダニシュ Danish
ダーニシュメンジ
Dānishmendji
タニス
Tanis
Tanith***
ダニス
Danis*
Danys
ダニーゼ Danise
ダニタ Danita
ダニチェー
Dunnichay
ダニチチ Daničič
ダニチッチ Daničić
ダニツァ Danica
ダニッシュ

タ

Danesh
Danish
ダニッツァ Danica
ダニノ
Dagnino
Danino
ダニノス Daninos**
タニーヒル Tannehill
タニム Tanimu
ターニャ
Tanja**
Tanya*
Tatiyana
タニーヤ Thaneeya
タニヤ
Tanja
Tanya*
Tat'iana
ダーニヤ Danya
ダニヤ Dhaniya
タニャーダ Tanada
ダーニヤール Dāniyāl
ダニヤール Daniyal
ダニヤル Daniyar
ダニャン Dagnan
ダニュータ Danuta
ダニュート Danute
タニヨ Tanyu*
ダーニョロ D'Agnolo
ダニーラ Danila
ダニラ Danila
ダニラム Dhaniram
ダニリシン Danilishin
ダニーリャン
Danielyan
ダニリュク Danyliuk
ダニリン Danilin**
ダーニル Durnil
ダニール
Daniel
Daniil***
ダニル Daniil
ダニールキン Danilkin
ダニルソン Danilson
ダニルチェンコ
Danylchenko
ダニレビチウス
Danilevicius
ダニレフスカヤ
Danilevskaia
ダニレーフスキー
Danilevski
Danilevskii
Danilevskij
ダニレフスキー
Danilevski
Danilevskii*
ダニレーフスキィ
Danilevski
Danilevskii
ダニレフスキイ
Danilevskii
ダニレンコ Danilenko
ダーニーロ Danilo
ダーニロ Danilo
ダニーロ
Danilo**
Donilo
ダニロ Danilo***
ダニーロヴァ Danilova
ダニロヴィチ
Danilovich
ダニーロフ Danilov
ダニロフ
Daniloff*
Danilov*
Doniloff
ダニロブ Danilov
ダニロフスキ
Danilovski
ダニロワ Danilova**
ターニン
Tanin
Thanin
タニン
Dhanin
Tanin
Thanin
タニンガヌウェ
Taninganwei
タニング
Tanning
Thaning
ダーニング
Darling
Durning**
ダニンク Danning
ダニング
Danning*
Duning
Dunning***
ダニングトン
Dunnington
タヌ Tan
ダヌ Dhanu
タヌイ Tanui*
タヌイー Danyi
タヌウィジャヤ
Tanuwijaya
ダヌエル Danuel
タヌカーブーニー
Tanukābūnī
タヌカレ Tanukale
タヌージ Tannoudji
タヌジ Tannoudji
ダヌシカ Danushka
ダヌータ Danuta
ダヌタ Danuta*
ダヌタン D'Anethan
タヌッチ Tanucci
ダヌート Danut
タヌトアメン
Tanwetamani
タヌーヒー
Tanūkhī
Tanūkhī
タヌマフィリ
Tanumafili**
タヌール Tanur
ダヌレ Danulle
ダヌロフ Danuloff
ダヌンチオ
D'Annunzio*
ダヌンチョ
D'Annunzio
ダヌンツィオ
D'Annunzio**
タネ Tanney
ダーネ Dähne
ダネ Dane
ダネー Daney*
ターネイ Tierney
ダネイ Dannay
ターネィジ Turnage
ターネイジ
Tarnage
Turnage
タネーエフ
Taneev
Taneyev
タネガ Tanega*
ダネガー Danegger
ダネク Daněk
タネコ Taneko
タネジ Turnage
ダネージ Danesi
ダネシ Danesi
タネジャ Taneja*
ダネシュアシティアニ
Danesh Ashtiani
ダーネシュヴァル
Dāneshvar*
ダネシュジャファリ
Danesh Jafari
ダネシュジュー
Daneshjoo
タネス Taneti*
ダネーゼ Danese
ダネット Dunnett*
タネバ Taneva
タネヒル Tannehill
タネフ Tanev
ダネフ Danev
ダネーラ Danella
ダネリ Donnelly
ダネリー Dannelley
ダネリア
Danelia
Daneliia
ダネリィ Donnelly
ダネーリヤ Daneliia
ターネル Turnell
タネール Tanner
タネル
Tanel
Taner*
Tunnell
ダーネル
Darnell**
Dernell
ダネル
Danel
Danell*
Danelle*
Dannell
Dannelle
Dunell
ダネレク Danelek
タネン Tannen*
ダーネン Dhaenens
ダネン Dannen
ダーネンス Dhaenens
ダーネンズ Dhaenens
ダネンス Dhanens
タネンハウス
Tanenhaus
タネンバウム
Tanenbaum*
Tannenbaum*
ダネンバーグ
Danenberg
タネンバーム
Tannenbaum*
ダネンベルク
Dannenberg
タネンボーム
Tanenbaum*
ダネンマイアー
Dannenmayer
ダネンマイヤー
Dannenmayer
タネンワルド
Tannenwald
ターノ Tano
タノ
Tano*
Tanoh
タノー Tanoh
ダーノ Dano
ダノ Dano*
ダノー Daneau
ダーノウ
D'amaud
D'arnaud
ダノーヴァ Danova
タノヴィッチ
Tanović*
ダノウスキ Danowski
ダノジェジェ
Dano Djédjé
タノージュ Tannoudji
ダーノシュ Dános
ダノス Danos
ダノゼール Danhauser
タノック Tannock
ダノック Dunnock*
ターノフ Tarnoff
ダノフ
Danov
Dŭnov
ダノフスカヤ
Danovskaia
ターノフスキー
Turnovsky
ダーノフスキー
Darnovsky*
ダノフスキ Danovschi
タノポウロス
Thanopoulos
ターノポール
Tarnopol
タノーム Thanọm
タノム
Thanom*
Thanọm
ダノリス Da'Norris
ダノワ Danois
タノン Thanong*
ダノン Danon**
ダノンコート
D'Harnoncourt
タノンチャイ
Thanonchai
ターハ
Tāhā
Ṭāhā
ターハー
Taha
Tāhā
Ṭāhā
ターバー
Tabár
Tarver
Thurber
タハ
Tah
Taha**
タバ Taba
タパ
Grva pa
Tapa
Thapa***
タパー Thapar
ダーバー
Derber
Durber
ダバ
Daba
Dabba*
Dava
ダバー Davaa*
ダバァー Davaagiin
ダバァーギーン
Davaagiin*
タバイ Tabai*
ダハイ Dahai
タバウ Tavau
ダハウ Dakhau
タハーウィー Ṭaḥāwī
ターバヴィル
Turberville
Turbeville
タバーヴィル
Tuberville
タバカ Tabaka
タバガ Tavaga
タハキ Tahaki
タバキン Tabackin
タバク Tabak*
ダハク Dahak
タバクニック
Tabachnick*
タバコヴ Tabakov
タバコーフ Tabakov
タバコフ Tabakov**
タバコリ Tavakoli**
タバサ Tabatha
ダバシ Dabashi*
ダバージャフ
Davaajav
タバシュニク
Tabachnik

タ

タバス Tebas
タバス Tapas
ダーバス Darvas*
タバタ Tabata
タバータバーイー
Tabatabaei
Tabātabā'i
Tabātabā'ī
Ṭabātabā'ī
Ṭabāṭabā'ī
ダバタビィ
Tabatabaee*
ダバーダライ
Davaadalai
タバチニク
Tabachnik
Tabachnyk
タバチニコフ
Tabachnikov
タバチニック
Tabachnick
タハツ Tapar
タバッキ Tabacchi
ターバック Taback
タバック Taback*
タバット Tabbat
ダーバット Der Vat
ダハーティー Doherty
ダハティ
Doherty
Dougherty
ダバーディ Davoudi
ダバディ
Dabadie
D'Abbadie
ダバディー
Dabadie**
D'Abbadie
タバート Tabart
ダーハート Der Hart
タバトゥラ Thapatula
タバナー
Taberner
Taverner
タハニ Tahani
タパニ Tapani*
ダパニカーレ
Da Panicale
タバヌ Tabanou
タハネ Thahane
タバネ
Tabane
Thabane**
タバネラ Tabanella
ダバーノ D'Abano
ダバノ D'Abano
ダハバ Dahaba
ダハビ Dahabi*
タパビツァ Tapavicza
ターバービル
Turberville
タバーフ Tabakh
タパブラータ
Tapabrata
タパホンソ
Tapahonso

タハマースプ
Ṭahmāsp
タハマスブ Tahmasb
ダバーマン Duberman
タハミ Tahmi
タハミーネ Tahmineh
ダーハム Durham
タハムタン Tahamtan
ダバヤティアンチュ
Dabaya Tientcheu
タバラ Tabără
タバラー Tabbarah
ダハラー Dachler
ダバラ Davala
タバラン Tabarin
ダバランシ
Dabbaransi
タバリ Ṭabarī
タバリー Ṭabarī
タパリア Taparia
タバリス Tavaris
ダバリーヨ Davalillo
ターハル Tahar
ターパル Thapar
タハール Tahar**
タハル Tahar
タバール Tabart
タパール Thapar
ダハル
Dahal*
Dahar
ダバル Tabar
タハルカ
Taharka
Taharqa
Thirhāqā
タバルジエフ
Tabaldiev
タバルスィー Ṭabarsī
タバレ Tabaré**
タバーレス Tavares
タバレス
Tabárez*
Tavares
Tavarez**
Tavarres
タバレスベイガ
Tavares Veiga
タバレツ Tavarez
タパレッリ Taparelli
タバレフ Tabarev
タパレリ Taparelli
ダハロ Dahalob
ダバロス Dávalos
タパロビッチ
Tapalovic
ターハン Turhan
ターバン
Terban
Turban
タハン Tahan*
タバン Taban**
タパン Tappan
ダーハン Dahan**

ダハン Dahan
ダバーン Davern
ダバン
D'Abbans
Dabin
ダーバンヴィル
D'Arbanville
ダバンガ Dabanga
タパンガラルア
Tapangararua
タパング Tapang
ダバンツァーティ
Davanzati
タービ Taavi
タービー Turvey
ターピー Turpie
タヒ Tahi
タビ
Tabi
Tavai
タビー
Tavee
Tubby
タピ Tapie*
ダーヒー Dahy
ダービ
Darby
Derby
ダービー
Darby***
D'arby
Davey
Derby**
ダビ
Dabi
Dabit*
Davi
David
Davy
ダビー Davy
タヒア Tahir**
タピア Tapia**
ダヒア Dahir
ダビア Deavere
タピアス Tapias
タビアーニ Taviani
タピィ Tapie
タピエ Tapié*
ダビエ Dabie
タピエス
Tapies*
Tàpies**
ダビエル Dabir*
タビオ Tabío
タピオ Tapio**
タピオヴァーラ
Tapiovaara
タピコフ Tupicoff
タビサ Tabitha**
ダビザス Dabizas
ダヒサン Dahisan
タピシエ Tapissier
ダービーシャ
Darbyshire
ダービーシャー
Darbyshire

Derbyshire**
ダービシャー
Derbyshire
ダビシャ Dabiša
ダビジャ Dabija
ダビジャン
Davidian
Davidyan
ダービス Davis
ダビス Davis
タビストック
Tavistock*
タビゼ Tabize
タビソ Thabiso
ダビソン
Davidson
Davison
Davisson
タビータ Thabita
タビタ Tabithá
ダビダ Davida
ダビタイア Davitaia
ダビタシビリ
Davitashvili
ダビチョ Davićo
ダービック Darvic
ダビッジ Davidge
ダビッソン Davisson
ダービッツ Davids
ダビッツ
Davids
Davidsz
Davitz
タービット Thābit
タビッド David
ダビット
Dabit
David*
ダビッド
David**
Davids
Davidts
Dawidh*
ダビッドソン
Davidson
ダビデ
David
Davide
Davidi
ダビディーン
Dabydeen
ダビデンコ
Davidenko
Davydenko
タービト Thābit
タビト Davit
ダービト David
ダビード David*
ダビト
David*
Davit*
Dawid
Dhabit
ダビド
Dabid
David***
Dávid
ダビドゥ Davidow
ダビドウ Davidow

タヒトゥア Tahitu'a
ダービドソン
Davidson
ダビドソン Davidson
ダビドビチ
Davidovic
Davidovich
ダビドビッチ
Davidovich*
Dawidowicz*
ダビドフ
Davidoff
Davidov
Davídov
Davydov
ダビドワ Davydova**
タヒニ Tahini
ターピニアン
Tarpinian*
ダビニッチ
Davinic
Davinić
ダビニョン Davignon
タピーノス Tapinos
タヒミク Tahimik
タヒミック Tahimik*
タヒム Thahim
ダビュー Daviau
タビュトー Tabuteau
タヒューヒュー
Te Heuheu
タビュレ Taburet
ターヒューン
Terhune*
ターヒュン Terhune*
ダビラ
Davila*
Dávila*
ダピラン Dapiran
タヒリ Tahiri
ダーヒリ
Dhaheri
Dhahiri
ダヒリ Dakhil
ターヒル
Tahir*
Tāhir
Ṭāhir
タヒール Tahir
タヒル
Taher
Tahir*
ダービル
Darvill
Darville
ダヒール Dekhil
ダヒル
Dahir
Dakhil
ダビール
Dabīr
Deville
ダビルグ Dabilougou
ダビルソン Davilson
タピワ Tapiwa
タービン Turbin
ターピン Turpin*
ダービン

Darvin
Durbin***
ダビン
Da-bin
Dubbin
タビンシュウェティ
Tabinshweti
タビンシュエティー
Tabinshweti
ダビンシュエーディー
Tapinshwehti
ダビンシュエティー
Tabinshweti
ダビンスキー
Dubinsky*
ダビンソン Davinson
ダーヒンデン
Dahinden
ターフー Da-fu
タープ Tharp*
タフ
Tough
Tuff
タブ
Tab**
Tabb**
Tabu
Tubb***
ダフ
Daf
Dahou
Dahu
Duff***
ダブ
Dab
Dabb
Dabbs
Dabu
Davout
Dov*
Dove*
タブア Tabouis
タファイ Tafaj
ダファイー Dafaee
タファゾリ Tafazoli
タファッゾリー
Tafazzoli
タファッラ Teferra
タファネル Taffanel
ダファブリアーノ
Da Fabriano
タファリ Tafari
ダファーリン Dufferin
ダファリン Dufferin
タファレウ Taffarel
タファレル Taffarel*
タファン Taffin
ターフィ Taaffe
タフィ
Taffy
Taft
Tuffy*
タフィー
Taffy
Tuffy*
ダーフィ Durphy*
ダーフィー
Durfee*
D'Urfey
ダフィ
Davy
Duffey**
Duffy***
ダフィー
Duff
Duffey
Duffie
Duffy***
ダーフィツゾーン
Davidsz.
ダーフィッツ Davidsz
ダーフィット David*
ダフィット David*
ダブイディス Davidis
ダーフィト David**
ダブイドフ
Dabydov
Davydov
ダフィニー Dauphinée
ダフィノイワ Dafinoiu
タブイルジエフ
Tabyldiyev
ダフィールド
Duffield*
ダフィン Duffin
タフィンダー
Taffinder
ダブウィド Dabwido
ダブヴィル
D'Abbeville
ターフェ Taaffe
ダフェ Daphue
タフェット Taffet
タブエナ Tabuena
ダフェリン Dufferin
タ フェル
Tafel*
Terfel*
タフェルド Tufeld
ダーフォー Durfor
ダフォー Dafoe
ダフォフスカ
Dafovska*
ダフォラ Dafora
ダフォルリ Da Forli
タフォロー Tafforeau
ダフォンセカ
Da Fonseca
タフカル Tavcar
タブキ Tabke
ダブキン Dobkin
ダプクナイテ
Dapkunaite
タプグン Tapgun
タフコ Tahko
ダブコフスキー
Dubcovsky
タブス Tubbs
ダフス Duffus
ダブス
Dabbs*
Dabus
Dobbs
ダブズ Dubs
タプスコット
Tapscott*
ダブスチェック
Dabscheck
ダブースト Davoust
タープストラ Terpstra
タプソバ Tapsoba
ダプソバ Tapsoba
タプソン Tapson
タフターウィー
Ṭahṭāwī
タフターザーニー
Taftāzānī
タフタジャン
Takhtadzhyan
Takhtajan
タブタバイ Tabtabai
ダフチャン Davtyan
ダブチャン Davtyan
タフツ Tufts*
タフツィディス
Tachtsidis
タブッキ Tabucchi***
ダーフット David
タフティ
Thfte
Tufte
ダフティ Dufty*
タプティク Taptich
タフト
Taft**
Tuft
ダフード
Dahood
Dahoud
ダフト
Daft*
Duft
ダブード Davoud
ダブドフ Davudov
タフドロプ Tafdrup
タフトン Tufton
ダフトン Dufton*
タブナ Tabuna
タブナー Tavener*
ダフナ Daphna
ダフナー Dufner*
ダブナー
Dabner
Dubner
ダブナント Davenant
ダフニ Daphne**
ダフニー Daphne**
ダブニ Dabney
ダブニー Dabney*
ダフニス Daphnis
タフヌーン Ṭaḥnūn
ダフネ
Dafna
Dafne
Daphne***
Daphnee
タフネル Tufnell
ダフノパテス
Daphnopates
タブハイン Tavhain
タフポウティキ
Tahupoutiki
ダーフホス Dagevos
タフマースブ
Ṭahmāsp
タフマースプ
Ṭahmāsp
タフマセビ Tahmasbi
タフマセブ Tahmaseb
タブマン Tubman*
ダーフムク Dahmke
ダフヤン Davtyan
タブラー
Tabler*
Tabrah
ダーフラー Derfler
ダーブラ Dearbhla
ダプラ Dapra
タブラーダ Tablada
タブラダ Tablada*
ダブラタリ Davlatali
ダブラトフ Davlatov
ダブラナ Dubrana
タブラム Tabrum
ダフララ Dakhlallah
ダブラル Du Brul**
タープラン Terplan
タブーラン Tabourin
タブラン Tablan
ダフラン Dahlan
ターフーリ Tafuri*
タフリ Tafuri**
タフリー Tafuri
タプリー
Tapley
Tapply*
ダフリ Dahuri
ダブリ Dabry
ダブリエ Davrieux
タブリージ Tabrizi
タブリーズ Tabrīz
タブリーズィー
Tabrizi
Tabrīzī
タブリズリ Tabrizli
ダブリュイ Daveluy
ダブリラ Dabrila
タプリン Taplin
ダブリン
Doblin
Dublin
Dubrin
タフル
Tafur
Teufel
タブール Tabul
ダブルデー Doubleday
ダブルディ Doubleday
ダブルデイ
Doubleday*
ダフルビル Dafreville
ダフルベック
Dahlbeck
ダブルル DuBrul
タプレー Tapray
ダーブレー D'Arblay
タープレイ Tarpley*
ダーブレイ D'Arblay
タフレイト Tafrate*
タフレイル Tafrail
ダブレオ D'abreu
タフレシ Tafreshi
タフレール Tafrail
ダブロー Dubrow
ダーブロウ Durbrow
ダブロウ Dabloub
ダブロウスキ
Dabrowski
ダブロウスキー
Dabrowski
ターフロス Terfloth
ダフロズ Daphrose
ダブロースキー
Dubrawsky*
ダブロック DuBrock
ダブロン Dablon
ダブンポート
Davenport
タベ
Tabe
Tabet
タペ Tarpeh
ダーベー Darby
ダベ Dave
タベア Tabea*
ターベイ Turvey
ダベイ Davey
ダベイガ Da Veiga
タヘツィ Tachezi
タベッキオ Tavecchio
ターベット
Tarbett
Thabet**
タベット Tabet
ダベナント Davenant
ダベニー D'Aveni
ターペニング
Terpenning
ダベーヌ Dabène
タヘラ Tahereh*
タベラ Tavera
ダベラクルス
Da Veracruz
タベラス Taveras*
タベランナン
Taberannang
ダベリー Duberry
ターヘル
Taher
Tāher
Tahir
Ṭāhir
ターベル
Tarbell*
Tervel
タヘール Taher
タヘル Taher*
タベル Tabera
ダヘル Daher
タベルニエ Tavernier

タベルネー Taberner
ダベルノン
D'Abernon
タペロ
Tappero
Thapelo
ダベンキン Tabenkin
ダベンポート
Davenport***
ターホ Tajo
ターボ Thabo**
ターボー Terborgh
タボ
Tavo
Thabo
タポ Tapo
ダーボ D'Abo*
ダボ
Dabo
D'Abo
Davot
ダポ Dapo
タボアダ Taboada
ダボウ D'Abo
ダボウスキー
Dubowski
Dubowsky
ダボウブ Daboub
タボエ Taboye
タボガ Taboga
ターボクス Tarbox
ターポゴシアン
Ter-Pogossian
ターホスト Terhorst
ターボックス Tarbox*
タボーニ Tavoni
タボーネ Tabone
タボネ Tabone**
ダボフスキー
Dubovsky
ダボーベ Dabove
ダホメス Dajomes
タポヨ Tapoyo
タボラ Tavola
タボーリ Tabori*
タボリ Tabori*
タボーリアン
Tabourian
タボリヤン Taborian
ダボリン Davorin
ダボール Davor
ダボル Davor*
タボルガ Taborga
ダボルグ Daborg
ダボルコ Davorko
タボン Tavon
ダボン Davon
ダポン Dapong
タポンツァン
Tapontsang
ダボンテ Davonte
ダボンヌ Dabonne
ターマー
Tamer
Thamer
タマ Tama**
ダーマ Dahmer
ダーマー Dahmer
ダマ Dama
ダマー
Dammer
Dummer**
タマウォン
Thammavong*
タマクロー Tamakloe
ダーマゲートス
Damagetos
ダマゲトス
Dāmagētos
タマサク
Thammasak**
タマーシ Tamási**
タマシ
Tamás
Tamash
Tamasi
Tamási
タマシアン
Thamassian
ダマシオ
Damasio
Damásio
ダマジオ
Damagio
Damasio*
Damásio
タマシット
Thammasith
ダマジャ Damaja
タマーシュ Tamás**
タマシュ
Tamas*
Tamás
ダマージュ Damaj
ダマシュケ
Damaschke
タマージョ Tamayo
タマス
Tamas*
Tamás*
Thomas*
タマズ Tamaz
ダマース Damas
ダマーズ Damase
ダマス Damas
ダマスカス Damascus
ダマスキオス
Damaskios
ダマスキノス
Damaskinos
ダマスケヌス
Damascenus
ダマスケネース
Damascenus
ダマスコス Damaskos
ダマスス
Damasus
Damasusu
ダマズス Damasus
ダマスセーン
Damascéne
タマセセ Tamasese*
タマセビ Tahmasebi
タマセブ Tamaseb
ダマソ
Damaso**
Dámaso***
Ḋamaso
ダマタ Damata
タマダオ Tamadaho
タマチョート
Dhammachoti
ダマーツ Dammertz
ダーマット Dermot*
ダーマッド Diarmuid
ダマティ Damaty
ダマディアン
Damadian*
ダマディンスレン
Damdinsuren
ダーマード Dāmād
ダマート D'Amato**
ダマト D'Amato
タマナハ Tamanaha
タマーニ Tamagni*
タマニー Tammany
ダマーニ Damani
タマニーニ Tamagnini
ターマニャ Thamanya
タマーニョ Tamagno
ダーマニン Darmanin
タマヌーン
Thamnoon
ダマノスキ
Dumanoski*
タマホリ Tamahori
タマム
Tamam
Tammam*
タマメス Tamames
タマーヨ Tamayo
タマヨ Tamayo**
タマーラ Tamara*
タマラ
Tamara***
Tummala
ダマラ Dagmara
タマラウ Tamarau
ターマリ Taamari
タマリ Tamari*
ダマリ Damari
ダマリアス
Damarious
ダマリス
Damaris
Dámaris
タマリッツ Tamariz
タマリット Tamarit
タマリテ Tamarite
タマーリナ Tamarina
タマリン Tamarin
タマール
Tamar
Thamar
タマル Tamar**
ダマル Damar
タマルキン Tamarkin
ダマルージ Damalooji
タマルティ Tumulty
タマーロ Tamaro**
タマロ Tammaro
ダマロ Damaro
タマロン Tamarón
ターマン
Terman**
Tharman
Tirman
Turman*
ダーマン
Darman**
Derman**
ダマン Daman
ターマンセン
Termansen
ダマンタン
Damantang
タミ
Tami**
Tammi
タミー
Tami**
Tamme
Tammie*
Tammy**
Tommy
ダーミ Dami
ダミ
Dami
Dhami*
ダミー
Dammy
Dummy
タミア Tamia
ダミア
Damia*
Damir*
ダミアー Damiere
ダミアオ Damiao
ダミアーニ
Damiani**
ダミアニ
Damiani*
Damianus
ダミアーヌス
Damianus
ダミアヌス Damianus
ダミアーノ
Damiano**
Damião
ダミアノ Damiano
ダミアーノス
Damianós
ダミアノス Damianos
ダミアノフ
Damianov
Damjanov
ダーミアン Damian
ダミアーン Damian
ダミアン
Damian***
Damián*
Damião
Damien***
Damiens
D'Amiens*
タミエ Tamie
ダミエル
Damiel
Dmi'el*
ダミエン Damien
ダミオン Damion*
タミカ Tamika*
ダーミク Damiq
ダミク Damiq
ダミーコ D'Amico**
ダミコ D'Amico
ダミゴス Damigos
ダミシ Damisi
タミジエ Tamisier
ダミジェルラ
Damigella
ダミータ Damita
ダミタ Damita
ダミーチ D'Amici
ダミッシュ
Damisch**
ダミット Damit
ダミトゥ Demitu
タミニ Tamini
ダミーニ Damini
ターミネーター
Terminator
タミネン Tamminen
ダミピ Dammipi
タミヘレ Tamihere
タミーム Tamīm
タミム Tamim**
ダミャーノフ
Damjanov
ダミャノフ Damyanov
ダミヤン Damjan
タミュラス Thamyris
タミュリス Thamyris
タミラ Tamyra
ダミラ Damira
タミラト Tamirat
ダミラノ Damilano
ダミーリー Damīrī
タミリス
Tamiris
Tamyris
ターミル
Tamer
Tamir
タミール Tamir
タミル
Tamir*
Thamil
ダミール Damir*
ダミル Damir
タミルセルバン
Thamilchelvan
ダミレビ Damilevil
タミロフ Tamiroff
ダミロン Damiron
タミン Tamin
ターム Ta'amu
タム
Taam
Tam***
Tamm**
Tham**

ダーム Dahm
ダム
Dam**
Đam
Damm*
Damme**
ダームガーニー
Dāmghānī
タムキビ Tamkivi
ダームク Dahmke
タムゴ Tamgho*
ダムコング
Ndamukong
タムサマニ
Tamsamani
タムサーレ
Tammsaare
タムシ Tam'si
タムジッド Tamjid
ダムジャン
Damjam
Damjan
タムシル Tamsir
タムシン
Tamsin
Tamsyn
タムジン Tamsin
ダムジン Damdin
ダムジンスレン
Damdinsuren
Damdinsüreng
タムーズ Tammuz
タムス
Tams
Thams
ダムス
Daems
Dams
ダムズ Dams*
ダムスゴー Damsgård
ダムストラ Damstra
ダムスマ Damsma
タムソン
Thompson*
Thomson*
ダムソン
Damuson
Domson
ダムダインスルン
Damdinsuren
Damdinsüreng
ダムチョ Damcho
タムディン Tamdin*
ダムディン Damdin*
ダムティンシュレン
Damdinsuren
ダムディンスレン
Damdingsürüng
Damdinsuren*
Damdinsüren
Damdinsüreng
ダムデンスレン
Damdinsuren
Damdinsüreng
タムード Tamudo*
ダムヌーンチャーンワニット
Damnoenchanwanit
タムノ Tamuno
ダムノーンチャーンワニット
Damnernchaanvanich
タムパ Dam pa
ダムバ Damba
タームハイン
Thamhain
ダムハス Damhus
ダムバドルジ
Dambadorji
ダムハヌ Damehane
タムパネ Tampane
ダムバフ Dambach
ダムバラ Dambala
ダムビジャンツァン
Dambijangčan
タムプソン Thompson
タムフム Tamfum
タムプリン Tamplin
ダムブロジア
D'Ambrosia
ダムマイアー
Dammeier
タムマサック
Thammasak
タムマティベート
Thammathibet
タムマラジャ
T'ammaraja
ダムマン Damman
ダムメルマン
Dammerman
ダムヤン Damjan*
タムラ
Tamra
Tamura
ダムラウ Damrau*
タムラカール
Tamrakar
ダムリ Damri
ダムリー Damree
タムリス Tamulis
タムリン
Tamlyn*
Thamrin
タムリンソン
Tumlinson
タムル Tammur
ダムール
Damle
Damour
D'Amour
ダムルジ Damluji
ダムレ Damle
ダムレット
Damourette
タームーレン
Termuhlen
ダムロース Damroth
ダムロッシ Damrosch
ダムロッシュ
Damrosch**
ダムロン
Damrong
Thamrong
ダムロンスク
Damrongsouk
ダムロンチャイタム
Damrongchaitham
タムロンナーワーサワット
Thamrongnawasawat
ダメ
Dame
Damè
ダメアン Damehane
タメイントー
Smim Htaw
ターメージ Talmage
ダメシン Damaisin
タメス Tamez
タメスティ Tamestit*
ダメッシナ
Da Messina
ダーメッシュ
Dharmesh
タメット Tammet
ダメット
Damett
Dummett**
タメヌ Tamenu
ダメハ Dhameja
タメラ Tamera
ターメル Terrmel
タメル Tammer
ダメルジ Damerji
ダメルバル Damerval
タメルラン Tamerlane
ダメロン Dameron*
ダーメン
Dahmen
Damen
ダメン Damen
ダーメンス Damens
ダーモイス Darmois
タモク Ta Mok
ダモクレス Damokles
タモーサ Tumosa
タモシャイティス
Tamošaitis
ダーモーダラ・グプタ
Dāmodaragupta
ダーモーダラグプタ
Damodaragupta
ダモダラン
Damodaran*
ダモダル Damodar
ダーモット
Dermot***
Dermott*
ダーモッラー Dāmullā
ダーモディ Dermody*
タモト Tamot
ダモニス Dammonis
ダモノ Damono**
ダモフォン
Damophōn
タモラ Tamora*
ダモロー Damoreau
ダモーン Damone
ダモン
Damon*
Damōn
Damone
ダーモンド Darmond
ターヤ Thaya*
タヤ Taya**
タヤー Thayaht
ダヤ
Daia
Daya
ダヤー Dayā
ダヤヴァンポート
Davenport
ダヤシュリタ
Dayasritha
ダヤシリ Dayasiri
タヤーズーク
Tayādḥūq
ダヤーナニダ
Dayānanda
ダヤーナンダ
Dayānanda
ダヤナンダ
Dayananda
ダヤーナンド
Dayānanda
タヤーニ Tajani*
ダヤニータ Dayanita
ダヤニタ Dayanita
ダヤニディ Dayanidhi
ダーヤマン
Dāyaman
Diamond
タヤラ Tayyarah
ダヤラ Dayala
ダヤラトナ Dayaratna
ダヤーラーム
Dayārām
タヤリ Tayari
ダヤリス Dayaris
ダヤル Dayal**
ターヤーワディ
Tharrawaddy
タヤン
Dayan
Tayan
ダヤーン Dayan
ダヤン
Dayan***
Dayang
Dayyan
Deyan*
ダヤンチラマ
Dayanchi blam-a
ダヤンティ Dayanti
ダーユー
Da-you
Ta-yu
タユロー Tahureau
ターヨ Tajo
ダヨ
Dayo
D'Ayot
タヨウスキー
Tajovský
タヨフスキー
Tajovský
タヨーリ Tajoli
ダヨン Da-Yon
ターラー
Tara
Thaler*
タラ
Tala
Talla
Tara**
Tarah
ダーラ
Dara*
Darla
ダーラー
Dara
Dārā
Darrah
ダラ
Dala
Dalla*
Dara***
Darra
D'Arrast
ダラー
Darragh
Darrah
Dollar**
タラアト
Talaat
Ṭal'at
タライ
Talai
Talaj
Talay
ダラーイ Dalai
ダライ
Dalai***
Dallal
ターライクル
Taalaykul
ダライラマ
Dalai Lama*
Ta la'i bla ma
タラヴァン Taravant
タラウィ Tallawi
ダラウォン Daravong
タラウネ Tarawneh**
ターラカ Taraka
タラガ Talaga
ダーラカーノン
Daarakaanon
ダラガン Daragan
タラキ Tarakki
タラク Tulloch
タラクナス Taraknath
タラクナート
Taraknath
タラグラン Talagrand
ダラクリエフ
Dalakliev
タラコウツィオ
Taracouzio
タラコジオ
Taracouzio
ダラコスタ
Dalla Costa
ダラゴーナ
D'Aragona
ダラゴン Darragon
タラザク Talazac

タ

タラザック Talazac
ダラジ Darragi
タラシオス
Tarásios
Thalássios
タラシコディッサ
Tarasicodissa
タラジッチ Talajic
タラシャイ Tarashaj
タラシュク Tarasyuk
タラショ Tarascio
タラションコル
Tarasankar
Tārāśaṅkar
Tārāśaṅkara
タラス
Talass
Talus***
Taras*
Tulus
ダラース D'Arras
ダラス
Dallas***
D'Arras
Dullas
ダラズィー Darazī
タラスキヴィ
Talaskivi
タラスキン Taruskin*
タラスク Tarasuk
タラスコ Tarasco
タラスニック Talasnik
タラセヴィッツ
Tarasewicz
タラセンコ Tarasenko
ターラゾ Terlazzo
タラーソヴァ
Tarasova
タラソヴァ Tarasova
タラーソフ Tarasov
タラソフ
Tarasov*
Tarasova
タラーソワ Tarasova
タラソワ Tarasova*
タラソン Tarazón
タラタ Thalatha
タラダッシュ
Taradash
タラチョウ Tarachow
タラチョワ Tarachow
タラッキー Taraghi
タラック
Tallach
Tallack
ダーラック Durlak
ダラック Darracq
タラッシオス
Thalassios
ダラッセナ Dalassena
タラッツィ Tarazi
タラッピル Thalappil
ダラッペ
Dallape
Dallapé
ダラディエ Daladier
ダラティスタ
Daratista
タラデリャス
Tarradellas
タラート Talat
タラト
Talat*
Talât
ダラード Dollard
ダラトリ D'alatri
タラートルキン
Taratorkin
タラトルキン
Taratorkin
タラドワール
Taladoire
ダラナ Ndalana
ターラナータ
Taranatha
Tāranātha
ダーラーニー Dārānī
ダラーニイ D'Arányi
ダラニーンドラヴァルマン
Dharaṇīndravarman
タラヌ Taranu
タラネ Taraneh
タラーネッツ
Taranetz
タラネット Talaat
タラネンコ Taranenko
タラノン Tharanon
ダラーバコ
Dall'Abaco
タラハゼ Talakhadze*
タラバニ Talabani**
ターラービー Tārābī
ダラビ Dalabih
ダラビー Darrabie
ダラピッコーラ
Dallapiccola
ダラピッコラ
Dallapiccola
タラビーニ Tarabini*
タラピン Talapin
タラファ Ṭarafa
タラフィエロ
Talafierro
タラフォリカ
Talafolika
タラブーキン
Tarabukin
Trabukin
ターラプタ Tālapuṭa
ダラフベリゼ
Darakhvelidze
タラブラ Tarabra
タラーブルスィー
Ṭarābulsī
Ṭarābulusī
ターラープルワーラー
Taraporevala
タラベラ Talavera
ダラボシュ Darabos
ダラボッツァ
Dallapozza
タラポール Tarapore
タラボレッリ
Taraborrelli*
ダラボン Darabont**
ターラマエ Taaramae
ダラミー Daramy
ダーラム
Derham
Durham***
ダラム Durham***
ダラムイン Daramyn
ダラムビール
Dharambeer
ターラモ Talamo*
タラモ Talamo
タラモン Talamon
タラモンティ
Talamonti
タララ
Tallulah
Tarara
ダラーラ Dallara*
ダララ Dallara
ダラーラス Dalaras
ダララット
Dararat
Dararatt
ダララン Dalarun
ダラーリオ Dallaglio
タラリコ
Talarico
Tallarico
タラリダ Tallarida
タラール
Talal**
Talāl
Ṭalāl
Tallard
Tarar
タラル
Talal*
Tarar**
ダラール Darar
ダラル Dalal*
ダーラルジャ
Dağlarca
タラレー Talalay
タラレレイ Talalelei
タラレンコ Taranenko
ダラロイ
Dalaloi
Dalaloy
ダーラロップ
Dahlerup
タラワディ
Tharrawaddy
タラワリ Tarawally
タラン
Talan*
Taran*
ダーラン
Dahlan*
Darlan
Darlanne
Darling
ダラン
Dalens*
Darran
Darrun
タランギ Talagi**
タランキン Talankin*
タランゲル Taranger
タランコン Tarancón
タランジュ Taranci
ターランス Terrence
ダランセ
D'Allance
D'Allancé
ダランソン
D'Alencon
D'Alençon
ダランダー Dahlander
タランチェフスキ
Taranczewski
タランディエ
Talandier
タランティーノ
Tarantino**
タランティノ
Tarantino
タラント
Taranto
Tarrant
タランド
Talland
Tarand*
ダーランド Durland
ダラント Durrant
タラントゥール
Trantoul
タラントベク
Talantbek
タラントラ Tarantola
ダランベール
D'Alembert*
Daremberg
ダランベルト
D'Alembert
ターリ Tali
ターリー Turley**
タリ
Tahri
Tal
Tali
Tari
Taris
タリー
Talley**
Tally*
Torry
Tulley
Tully***
Turri
ダーリ
Daehlie*
Dæhlie
Dal
Dali*
Darley
ダーリー
Dalee
Darley*
ダリ
Dali**
Dalí
Dalli
Dally
Daly
Darli
Dary
ダリー
Dalley
Daly**
Darry
Dary
Dullea
Dully
タリア
Talia*
Thalia
タリアー Tarrier
ダーリア
Dahlia
Daria
D'Aria
ダリア
Dahlia*
Dalia**
Daliah
Dalya
Daria**
Darya*
タリアイ Tarjei
タリアヴィーニ
Tagliavini**
ダーリアス Darrius
ダリアス
Dareus
Darius*
タリアッティ Tagliati
タリアピエトラ
Tagliapietra
タリアビーニ
Tagliavini
ダリアビーニ
Tagliavini
タリアブーエ
Tagliabue
タリアフェッリ
Tagliaferri*
タリアフェロ
Tagliaferro
Taliaferro*
タリアフェロー
Taliaferro
タリアフェロウ
Taliaferro
タリアラテーラ
Taglialatela
タリアローリ
Tagliariol**
タリアン Tallien
ダリアン
Darian**
Darien
Dorrian
ダリゥ Darrieus
ダリウーシュ Daryush
ダリウシュ
Dariush
Dariusz**
ダリウス
Dareios
Darius**
タリエ
Tarje
Terje
ダリエ
D'Agliè
Dallier
Darije

ターリェイ Tarjei*
タリエイ
Tarjei
Tarjel
タリエシン Taliesin*
タリエッティ Taglietti
タリエル Tariel
ダリエル Dariel
タリエワ Talieva
ターリェン Tallien
ダリエン Darien
ダリエンソ D'Arienzo
タリオ
Thao
Tullio
ダーリオ
Dario
Darío
ダリーオ
Dario
Darío*
ダリオ
Dalio**
Dario***
Darío**
ダリオー Dariaux
ダリオッチ Dariozzi
タリオーニ Taglioni
ダリオン
Darreon
Darrion
タリカ Taliqua
ダリガ
Daligga
Dariga
ダーリカパー
Dārikapā
タリキ Tarīkī
ターリク
Tāriq
Ṭāriq
タリーク Tariq
タリク
Tarik*
Tarïk
Tarik
Tariq***
Thoriq
タリグ Taliqu
タリクル Tariqul
ダリクワ Darikwa
タリケ Tarīkī
ダリーゴ D'Arrigo
タリコヌ Tarricone
タリーザ Teresa
タリサ Talisa
ダリサ D'Alisa
ダリージ Dalisi
タリシェーワ
Talysheva
タリース Talisse
タリーズ
Talese**
Therese
タリス
Tallis*
Taris
Tullis
ダリス
Daris
Dulles
タリスカ Talisca
ダーリスカヤ
Dal'skaia
ダリストール
Daristole
ダリストン Dalliston
タリタ
Talita
Tarita
ダリダ
Dalida*
Darida
ダリダン Daridan
タリチェアヌ
Tăriceanu*
タリチャーヌ
Tariceanu
タリック Tarik
ダリック Darick
タリッコ Taricco
ダーリッシュ Dawlish
ダリッシュ Darish
ダリッチ
Dalic
Dalić
ターリッヒ
Talich
Tálich
ダリティ Darity*
ダリドン Daridon
ダリナ Daryna
タリノー Tallineau
ダリバー Dalibor
ターリヒ
Talich
Tálich
タリヒ
Talich
Tálich
タリビ
Talibi
Taliby
ターリブ
Tālib
Ṭālib
タリフ Tálich
タリブ Talib*
ダリフ Dourif
タリフィ Tarifi
ターリブオフ
Tālebof
Ṭālibof
タリフォラウ Talifolau
ダリベル Dalibert
タリボ Taribo*
ダリボー Dalibor
ターリボフ
Tālebof
Ṭālibof
ダリボル Dalibor
ダリーマス Doremus
ダーリミー Dārimī
ダリモア Dollimore
タリャ Tarja
ダーリャ
Daria
Dariya
ダーリヤ Dar'ia
ダリャ Darja
ダリヤ
Dalia
Dar'ia
Darya
タリャコッツィ
Tagliacozzi
タリヤンネ Tarjanne
ダリュ Daru
ダリュー
Darrieu*
Darrieux
Daru
ダリユ Darrieus
ダリューゲ Daluege
ダリュス Darius
ダリユス Darius
ダリュセック
Darrieussecq**
ダリヨス
Dāraya-vahuš
Dāraya-vauš
タリョーニ Taglioni
タリラ Tarella
ダリラ
Dalila*
Dalilah
タリル Turrill
ダーリル Daryl
ダリル
Dalil
Darrell
Darryl**
Daryl***
ダリワル Dhaliwal
ターリン Tharin
タリーン
Tareen
Tarine
タリン
Tallinn
Tarin
Taring**
Tarrin*
Taryn
ダーリーン
Darleen
Darlene*
Darlyne
ダーリン
Dahlin
Dalin
Dallin
Darin*
Darling*
Darrin*
Durlin
ダリーン Dalin
ダリン
Dallin*
Darin**
Darrin*
ダーリンガー Daringer
ターリング
Tarling
Tarring
ダーリング
Darling***
ダリング Dalling
ダーリングトン
Darlington
ダリンジャー Daringer
ダリンズ Dalins
ダリンスキー
Darinskii
ターリントン
Turlington*
ダーリントン
Darlington**
ダーリンプル
Dalrymple**
ダリンブル Dalrymple
ダリンプル Dalrymple
タール
Tahar
Tahl
Tal
Tarr*
Tearle
Thal*
Tull
タル
Tal**
Tall
Talu
Tarr*
Tul
Tull
タルー Ta Lou
ダール
Daal
Dahl***
Dahr*
Dall
Dalle
Dar
Dard***
Darr*
D'Ars
D'Heur
ダル
Dal***
Dall
Dallan
Dalle**
Dhall
Dhar*
ダルー
Dalou
Darroux
Daru
タルアト Talat
ダルイェル Dalzell
タルイジン Talyzin
タルィズィナ Talyzina
ダルヴァ Dhruva
ダルヴァシュ Darvas
ダルヴァス Darvas*
ダルヴァレス
D'alvarez
ダルヴィ Darvy*
ダルヴィエラ
D'Alviella*
タルヴィオ Talvio
ダルウィーシュ
Darwish
Darwīsh***
Derouiche
ダルウィス Darwis
ダルヴィッグ Dahlvig
タルヴィティエ
Talvitie
タルウィン Talwin
タルヴィン Talvin
ダルウィン Darwin
タルヴィング Tulving
タルヴェット Talvet
タルヴェラ Talvela*
ダルヴォール
D'Arvor*
タルガ Targat
ダルガ Durga
ダルガス Dalgas
タルカット Talcott
タルガット Talgat
タルガト Talgat
ダルガード
Dalgaard
Dalgado
タールカーニ
Tárkány*
タルカニオータ
Tarcaniota
ダルガーノ Dalgarno
ダルガーヒ Dargahi
タルガマゼ
Targamadze
タルガム Talgam
ダルカモ D'Alcamo*
タルガン Tulgan
ダルカン Dulcan
ダルカンジェロ
D'Arcangelo*
ダルキー Dalkey
タルキニウス
Tarquinius
タルキーニオ
Tarquinio
ダルキン D'Alquen
タールク Tarîk
タルク
D'Arcq
Taruc**
ダルク
Darc*
D'Arc
D'Arcq
タルクィーニ Tarquini
タルクィニウス
Tarquinius
タルクイニウス
Tarquinius
タルクィーニオ
Tarquinio
タルクイニオ
Tarquinio
ダルグスト Darguste
ダルグリーシュ
Dalgliesh**
ダルグリッシュ
Dalglish*

タ

ダルクール D'Harcourt*
ダルクレ Darclée
ダルクレー Darclée
タールグレン Tallgren
タルグレーン Tallgren
タルグレン Tallgren
ダールグレン Dahlgren*
ダルグレン Dahlgren
ダルクローズ Dalcroze*
タルケ Talke
ダールケ Dahlke*
ダルケ Dalke
ダルケア Darquea
ダルゲアンズ Dalgairns
タルケッティ Tarchetti
ダルゲリ Dargel'
ダルケン
Dulcken
Dulken
タルコ Turco
ダルコ
Darco
Darko*
ダルコー Darkoh
ダルコウスキー Dalkowski
ダルコス Darcos
タルコット
Talcott**
Turcotte
タルゴット Thalgott
タルコフ Tarcov
タルコフスキ Tarkowski*
タルコフスキー
Tarkovskii**
Tarkovskiĭ
Tarkóvskii
タルコフスキイ Tarkovskii
ダルゴミュジスキー Dargomyzhski
ダルゴムィシスキー Dargomyzhski
ダルゴムイーシスキー Dargomyzhski
ダルゴムイシスキー Dargomyzhski
ダルゴムイジスキー Dargomyzhski
ダルゴムイシスキィ Dargomyzhski
ダルコール D'Arkor
ダルゴン
Dal-gon
Tal-kon
ダルコンヴィル D'Arconville
タルサー Tarsā
ダルザス D'Alsace
ダルサネ Darsane
タルサラ Tarsala
タルザン Tarzan
タルジ Tarzi*
ダルシ Darcy
ダルシー
D'Alcy
Darcy
D'Arcy
Dulcie
ダルジー
D'algy
Dargies
ダルシイ D'Arcy
タルジェ
Targé
Target
ダルジェル Dalziel
ダルジェンタ D'Argenta
ダルジェンティン D'Argentine
ダルージオ D'Aluisio
ダルシオ D'Aluisio*
タルシーキウス Tarsicius
タルシキウス Tarsicius
ダルシク Dal-shik
タルシシ Tarshish
ダルジシュタ Dardhishta
タールシス Társis
タルシス
Tarsis
Tharcisse
Tharsis
タルシチウス Tarsicius
タルシッス Tharcisse
ダルジット Daljit
ダルジーニオ D'Argenio
ダルシバ Da Silva
タルシハン Tarzijan
ダルシマー Dalsimer*
ダルジヤ Darzhiia
ダルジャギーン Darjaagiin
ダールシャーナ Dahlstierna
タルジャマン Tourjman
タルジャン Tarjan
ダルジャン D'Argens
ダルジャンス D'Argens
ダルジャンソン D'Argenson
ダルシャンボー D'Aruchimbaud*
ダルシュ Darch
ダルジュン
Dal-joong
Tal-jun
タルジョーニ Targioni*
タルシラ Tarsila
Tarsilla
ダルジール Dalziel*
ダルジル Dalziel
ダルシンボウ D'Archimbaud
タルス Tarus
ダルース Darousse
ダルーズ Da Luz
ダルス
Dal-soo
Tar-su*
ダルズ Duruz
タルズィー Ṭarzī
ダルスィ Dersi
タルスィジオ Tarcísio
タルスキ Tarski
タルスキー
Tarski*
Tulsky
ダルスキー Dulski
タルスースィー Tarsūsī
ダルストーム Dahlström
ダールストレム Dahlstrom
ダールストローム Dahlstrom
タルスマ Talsma
ダルスーム Dalsum
ダルセ Darcet
ダルセー Darcet
ダルセル Darcel
ダルゼル
Dalzell*
Dalzelle
ダルゼルジョブ Dalzel-Job
タルソ Tarso
タルソス Tarsos
ダルゾット Dal Zotto
ダルソノ
Darsono
Dharsono*
ダルソン Dalson
ダルソンヴァル Darsonval
ダールダー Daalder
ダルダイ Dardai
タルタコーバ Tartakover
タルタコフ Tartakow
タルタコフスキー Tartakovsky
タルタッリア Tartaglia
タルターニ Tartagni
ダルダノス Dardanos
ダルダリ Dardari
タルターリア Tartaglia*
タルタリア Tartaglia
タルタリーニ Tartaglini
タルターリャ Tartaglia
タルタリヤ Tartaglia
ダルターリヤ Tartaglia
タルタレトゥス Tartaretus
タルタン Tarthang*
ダルタン D'Altan
ダルダン Dardan
タルタンビーユ Tartinville
タルチシオ Tarcisio
タルチーニ Tartini
ダルチニアン Darchinyan*
ダルチャー Dalcher
ダールチーリヤ Dārucīriya
タルツ Talts
ダルツァ Dalza
タルツァーゴ Talzago
タルッフィ Taruffi
タルッフォ Taruffo
ダルテ D'altÉ
タルディ
Tardi
Tardy*
タルディエ Tardieu
タルティエヌス Tarutienus
タルディオーリ Tardioli
タルディッツ Tardits*
タルディーティ Tarditi
タルディティ Tarditi
タルティーニ Tartini
タルディニ Tardini
タルディフ
Tardif*
Tardiff
タルディユ Tardieu
タルデッリ Tardelli
タルデュ Tardieu
タルデュー
Taradieu
Tardieu***
タルデュウ Tardieu
タルデリ Tardelli
ダールデル Daalder
ダルデル Darder
ダルデロップ Dalderup
ダールデン Daerden
ダルデンヌ Dardenne**
タルド
Tarde*
Tardo
ダルト Dalto
ダルド Dard
ダルトゥ Darthou
タルドゥーエ Talduwe
タルトゥーフェリ Tartuferi
ダルトウーロ D'Arturo
タルドシュ Tardos
ダルトリー Daltrey*
ダルドリー Daldry*
ダルドロ D'Hardelot
ダルトロップ Daltrop
ダルトワ D'Arthois
タールトン
Tarleton
Tarlton
タルトン Talton
ダールトン
Dalton
Darlton**
ダルトン
Dalton**
D'Alton
ダルナ Darnat
タルナイ Tarnai
タルナート Tarnat
タルナワ Tarnawa
ダルナン Darnand
ダルニ Darnyi*
タルニエ Tarnier
ダルニュイ Darnyi
ダルニル Darnil
タルノ Tarnow
ダルノー
Darnaud
D'arnaud
タルノフ Tarnoff**
タルノブスキ Tarnovschi
ダルノフスキー Darnovsky
タルノフスキイ Tarnovskii
タルハ Ṭalḥa
ダルバ
D'Alba
D'alva
タールハイマー Thalheimer
ダールハイマー Dalheimer
ダルハイマー Dalheimer
タールハイム Thalheim
ダルハイム D'Alheim
ダルハウサー Dalhausser*
ダルハウザー Dalhausser
ダルハウジー Dalhousie
ダールハウス Dahlhaus**
ダールハウゼン Daalhuizen
タールバーグ Thalberg
タルバーグ
Tallberg
Thalberg
タルバク Talbak
ダールバーグ Dahlberg*

ダルバーグ Dalberg
ダルバース Dalberth
タールバッハ
Thalbach
タルバート
Talbert***
Talburt
タルバード Talbert
ダルバート
Dalbert
D'Albert
ダルパトラーム
Dalpatrām
タルバール Talvard
ダルバルコン
Dal Balcon
ダルバレス D'alvarez
タルハン Tarhan*
ダルハン Darkhan
ダルバン Dalban
ダルバンヴィーユ
D'Arbanville
ダルバンド Dalvand
タールビー Ta'albi
タルビ Talbi
ダールビー Dahlby
ダルビー
Dahlby
Dalby*
Dolby
ダルビィ Dalby
ダルビエッツ Dalbiez
タルビオ Talvio
ダルビシャー
Darbyshiere
ダルビッグ Dahlvig
ダルビッシュ Darwish
ダルビニャン
Darbinyan*
タルピーノ Talpino
ダルピーノ D'Arpino
ダルピュジェ
D'Alpuget**
ダルヒョウ Dalchow
ダルヒョン Dal-hyon
タルビン Talvin
タルピン Turpin
タルブ Thorpe
ダルブ D'Albe
ダルブー Darboux*
ダルファー Dulfer*
ダルファロ De Alfaro
タルフィ Taruffi
タルフォーン Tárphōn
ダルフージ Dalhousie
ダルフージー
Dalhousie
タルフーニ Talhouni
ダールフーユ Darfeuil
ダルブル Darbre
ダルブレ D'Albret
ダルブレー D'Albret
ダルブレイ Darblay
タルベー Tarbès
タルペイア Tarpeia
ダールベック
Dahlback
Dahlbeck
ダルベッコ
Dulbecco**
ダルベッコー
Dulbecco
タルベット Talvet
タルベラ Talvela
ダルベラ Dalbera
タルベリ Tallberg
ダールベリ
Dahlberg
Dahlbergh
ダルベール D'Albert
ダルベル Darbel
タールベルク
Thalberg
ダールベルク
Dahlberg
Dalberg
ダールベルグ
Dahlberg
ダルベルク Dalberg
ダルベルティス
D'albertis
ダルベルト
Dalberto*
D'Alberto
ダルベレ Darbelet
ダルボ Dal Bo
ダルボー D'Arbaud
ダルボア Darboy
タルボット
Talbot***
Talbott**
ダルボーノ Dalbono
ダルホフ Dalhoff
タールホーファー
Thalhofer
ダルボーフェン
Darboven
ダルボール D'Arvor
ダルボワ
Darbois
D'Arbois
Darboy
タルマ
Dar ma
Talma
Thalma
ダルマ
Dalma*
D'alma
Dalmat*
Darma
Darmat
Dharm
Dharma*
ダルマー Dalmar
ダールマイアー
Dahlmeier
ダルマイアー
Dallmeyer
ダルマイヤー
Dallmayr*
ダルマウ Dalmau
ダルマキールティ
Dharmakirti
Dharmakīrti
タルマク Tarmak
ダルマサクチー
Dharmasakti
タルマージ
Talmadge*
ダルマージオ
Dalmasio
ダルマシオ Dalmacio
ダルマシュリー
Dharmaśrī
タルマシリン
Tarmashirin
ダルマス Dalmas*
ダルマータ Dalmata
ダルマタ Dalmata
タルマッジ
Tallmadge
Talmadge*
ダルマディ Darmadi
ダルマティウス
Dalmatius
ダルマティクス
Dalmaticus
ダルマトラータ
Dharmatrāta
ダルマーニュ
D'Allemagne
ダルマパーラ
Dharmapala
Dharmapāla*
タルマリンチェン
Dar ma rin chen
ダルマワンシャ
Dharmawańśa
タールマン
Taalman
Thalmann*
タルマン
Tallemant
Talman
Thalmann
ダールマン
Dahlman
Dahlmann*
ダルマン
Dallman
Dalman
Darman
D'Armont
Tallemant
ダルマンヴィル
D'Armandville
タルミー Talmy*
ダールミア Dalmia
ダルミア Dalmia*
ダルミアン Darmian
タルミジ Talmage
タルミッジ Talmage
ダルミン Darmin
タルムジ Tarmugi
ダルムステッター
Darmesteter
タルムム Tarmum
ダルメ Dalmais
タルメイジ Talmage
ダルメイダ
Dalmeida
D'Almeida
D'Almeida
タルメージ Talmage
ダルメステッテル
Darmesteter
ダルメステテール
Darmesteter
ダルメストテール
Darmesteter
ダルメストテル
Darmesteter
ダルメーンドラ
Dharmendra
ダルメンドーラ
Dharmendra
ダルメンドラ
Dharmendra
タルモ Tarmo*
ダルモーッタラ
Dharmottara
ダルモッタラ
Dharmottara
タルモール Talmor
ダルモレ Dalmorès
ダルモレス Dalmorès
タルモン Talmon*
ダルモン
Dalemont
Darmon*
D'Armont
タルヤ Tarja**
タルヤト Taljat
タルーラ Tallulah*
タルラ
Tallulah
Talulah
Tarra
タルラー Tallulah
ダルラ Dalla
タルラッチ Tarlazzi
タルラップ Tarlap
ダルラン Darlan
ダルランヌ Darlanne
タルリ Talluri
ダルリー Darly
タルリーサ Taruliisa
ダルリック Dalric
ダルリュ Darlu
ダルリン Darlyn
ダルリンプル
Dalrymple**
ダルルヴィル
D'Harleville
タルルス Tallus**
タールレ Tarle
タルレ
Tarle
Tharlet**
ダルレ
Darlay
Darley
Darré
タルレガ
Tarrega
Tárrega
タルレフ Tarlev
タルーロ Tarullo
タルロト Tallroth
ダルワース Dulworth
ダルワゼ Darwazeh
タールン Thalun
タルン
Tarn
Tarun*
タルンターエワ
Taruntaeva
ターレ
Tále*
Talle
Tare
Tarle
ターレー Turlay*
ダーレ
Dahle***
Dale
ダーレー Darley
ダレ
Dale
Dallet
Darré
Darret
ダレー
Dallet
Dalley
Daret
Darre
ターレイ
Turlay
Turley
タレイ
Talay*
Talei
ダーレイ Darley
ダレイ
Dalay
Daley
ダレイア Duryea
ダーレイオス Dareios
ダレイオス
Dāraya-vahuš
Dāraya-vauš
Dareios
Darius
ダレイオスオコス
Dareios
タレイラン Talleyrand
ダレイン Dalén
ダレエ Darre
タレーエフ Tareev
ダーレオーエン
Dale Oen**
ターレガ Tarrega
タレガ Tárrega*
ダーレガ Derlega
ターレカーニー
Ṭāleqānī
ターレガーニー
Talegani
ターレク
Tarek
Tareq
タレク
Tareck
Tarek
Tareq
ダレク Dallek*
ダレサンドレ
D'Alesandre

タ

ダレサンドロ
D'Alessandro
ダレーシー D'Lacey**
ダレシュワー
Dhareshwar
ターレス Thalles
タレース Thalēs
タレス
Tales
Thalēs*
ダーレス Derleth*
ダレース D'Alès
ダレス
Dales
Dares
Dulles*
ターレスキー Terlesky
ダレスト
D'Allest
Dareste
タレータース Thaletas
タレタス Thaletas
ダレツォ D'Arezzo
ダレーツキ Daletskii
タレック
Tallec*
Tareq
ダレック Dallek*
ダレッサンドロ
Dalessandro**
D'Alessandro*
Dallesandro
ダレッシオ D'Alessio*
ダレッツォ D'Arezzo*
ダレッツオ D'Arezzo
タレット
Tallett
Taret
ダレット Derleth
ダレーヌ
Dalene
D'allaines
タレビ Talebi
ターレフ Talev
ターレブ Ṭāleb
タレフ Talev
タレブ Taleb
ダレフ Dareff
タレブラ Talebula
ターレボフ Ṭālebof
ダレーマ D'Alema**
タレマイトンガ
Talemaitoga
タレマエ Taremae
ダレマーニャ
D'Alemagna
ダーレム Dahlem
タレモ Talemo
ダレヤー Dalager
ダレーラク Dalayrac
ダレーラック
D'Alayrac
ダレラック Dalayrac
タレーラン Talleyrand
タレラン Talleyrand
タレール Thaller
タレル
Thaller
Turell
Turrell*
ダーレル
Darrell
Derrel
ダレール Dallaire
ダレル
Daler
Darel*
Darell
Darrel**
Darrell**
Darrelle*
Daryl
Durell
Durrell**
タレロ Talero
タレン
Talane*
Talen
Thalen
ダーレン
Daalen
Dahlen
Dahlén
Dalein
Dalen
Dalén
Darlene
Darren**
ダレーン
Dahlén
Dalen
Dalén
ダレン
Dalein
Dalen
Dalén*
Daren*
Darren**
Derren
ダーレンオールド
Dalenoord
ダーレンスバーグ
Darensbourg
ダレンセ Dalence
タレンタイン
Turrentine*
タレンティ Talenti
ダレンデリラー
Darendeliler
タレント
Talento
Tallent*
ダレント Darrent*
ダーレンドルフ
Dahrendorf**
ダレンヌ Darenne
ダレンバート
Dalembert
ターロ Taro
タロ Taro*
タロー
Taro
Tarrow
Tharaud**
Turow
ダーロー Darrow
ダロー
Daro
Darrow*
タロウ
Taro
Tarow
Tharaud
Tulloh
ダロウ Darrow*
ダロザ Da Rosa
ダロシャ Da Rocha
タローシュ Tálos
ダーロション
Derloshon
タロス Talōs
ダローズ Dalloz*
ダロス Dalos*
タロック
Tulloch**
Tullock**
タロッコ Tarocco
タロッチ Talocci
ダロッチオ Dallocchio
ダロッツ Daloz
タロッツィ Tarozzi**
ダーロフ
Dahlof
Dahlov
タロブル Talobre
ダ・ロルガーノ
Dal'Organo
ダロルド Darold*
タロン
Tallon
Talon**
ダーロン Duron
ダロン
D'Allonnes
Dalong
Daron**
Da'Ron
Darron
Durron
ダロンガロ
Dall'Ongaro
ダロンコ D'Aronco
タロンシェール
Taroncher
ダロンヌ D'Allonnes
タワ Tawa
タワー Tower**
ダワ
Dawa
Zla-ba
ダワー
Dawer
Dower**
タワサ Tawatha
ダワーシャック
Doerschuk
ダワージャブ
Davaajav
タワーズ Towers*
ダワチ Dawači
タワックル
Tawakel*
Tawakkol
タワッドゥド
Tawaddud
ダワード Durwood
ダワドルジ Davaadorj
ダワーニー Dawānī
ダワニ Dawani
タワブ Tawwab
ダワム Dawam
ターワラ Htarwara*
ダワラブ Dawalab
タワリー Towery
タワル Thaawar
ダワレ Dawaleh
タワン Thawan*
ダワン
Davan
Dhawan
タワンタワン
Tawantawan
ターン
Tahn
Tân
Tān
Tarn*
タン
Dang*
Taing
Tan***
Tân
Tang**
Than***
Thang**
Thanh**
Thānh
Thant*
Thaon
Tin
Tonge
Tonne
Tranh
Tun
Tunc
Tung
ダーン
Daan
Dahan
Dahn*
Dan*
Dern*
ダン
Dampt
Dan***
Đan
Dane
Dang**
Đang
Đặng
Đằng
Daniel*
Dann**
Dawn
Dean
Den
Dennis
Dens
Dhan
Dine
Don*
Donn
Donne*
Dun***
Dunn***
Dunne***
タンイエリ Tanyeli
ダンイオアン
Dan-Ioan
ダンヴァース Danvers
ダンヴァーズ
Danvers*
ダンヴァンティ
Dhanvanthi
タンヴィル Tinville
ダンヴィル
D'Ainville
D'Anville
タンウェタマニ
Tanwetamani
ダンウェル Dunwell
ダンヴェール
Danvers*
Denvers
ダンヴェル D'Ainvelle
ダンウッディ
Dunwoody
タンカ
Tanka
Tankha*
ダンカ Danka
ダンカー
Danker*
Dunker
タンガウ Tangau
ダンガーギン
Dangaagiin
タンガズ Tangaz
ダンカース Dankers
タンカズリー
Tankersley
タンカスレイ
Tankersley
タンカード Tankard*
ダンカート Danckert
タンガマン
Tangermann
タンガラ Tangara
ダンカラコヴァ
Dangalakova
ダンガラコバ
Dangalakova
ダンガラコワ
Dangalakova
タンガリキ Tangariki
タンカレー Tanqueray
ダンカン
Dancan
Dumcan
Duncan***
Duncum
Dunkan
ダンガン
Dangain
Duncan
タンギ Tangi
タンギー
Tanguy**
Tangye*
ダンキ Dankyi*
タンギエヴァ
Tangieva
ダンキス Dankis
ダンキン Dunkin
ダンキンフィールド
Dunkinfield
タンク
Tanc
Tank*
Tincq
タング
Tang

Tongue
Tung

ダンクア
Danqua
Danquah

ダンクアー Danquah

ダンクゥアー
Danquah

ダングヴィル
D'Angeville

タングェイ Tanguay

ターンクエスト
Turnquest

ダングォーレ
Danguole

ダンクザック Danczak

タンクス Tunks

ダンクス Danks**

タンクスリー
Tanksley

タンクスレイ
Tanksley

タンクズレイ
Tanksley

タングニー Tangney

タンクパジャ
Tankpadja

ダンクマー Dankmar

ダンクマイヤー
Dankmyer

タングマル Thangmar

ダンクマール
Dankmar

ダングマン Dangman

ダンクラ Dancla

ダングラ D'Anglas

ダングラース
D'Anglas

ダングラス D'Anglas

ダンクリー Dunckley

タングリエフ
Tangriev**

ダングリュール
D'Anglure

ダンクリング
Dunkling

タングル Tangl

ダンクール Dancourt

ダンクル Dunkle*

ダングール Dangour

ダングル Dangel

ダングルジャン
D'Anglejan*

ダングルベール
D'Anglebert

タンクレ Tanquerey

タンクレー Tanquerey

タンクレアウス
Tancreaus
Tancred

タングレイ Tangley

ダングレエム
D'Angoulême

タンクレッド Tancred

タンクレーディ
Tancred
Tancredi

タンクレディ
Tancredi*

タンクレディー
Tancredi

タングレディ
Tangredi

ダングレテール
D'Angleterre

タンクレート
Tankred***

タンクレード
Tancred
Tancrède

タンクレド
Tancred
Tancredo*

ダングレーム
D'Angoulême*

ダングーロフ
Dangúlov

ダンクワ Dankwa*

ダンクワー Dankwa

ダンクワース
Dankworth*

タンケ Tanke

タンゲ
Tanghe
Thangue

ダーンゲー
Dange
Dānge
Dāngē

ダンゲ Dange

タンゲイ Tanguay*

タンゲート Tungate

タンゲランギ Tagelagi

ダンゲリ D'Angeri

ダンケール Danckerts

ダンケル
Dunkel
Dunkell

ダンケルツ
Danckaerts

タンゲルド Tangerud

タンゲルマン
Tangermann

ダンケルマン
Danckelmann
Dunkelman*

ダンケン Dunckel

タンコ
Tanco
Tanko

タンゴ Tango

タンゴー
Tanggaard
Tingaud

ダンコ
Danco
Danko**

タンコアノ Tankoano

タンゴウ Tingaud

ダンコーヴァ Dankova

ダンゴウマウ
Dangoumau

ダンコース
D'Encausse**

ダンゴス D'Angosse*

タンコック Tancock*

ダンゴート Dangote

ダンコーナ D'Ancona

ダンコフスキ
Dankowski

タンサー Tancer

タンザー Tanzer

ダンサ Danza

ダンサー Dancer**

タンサマイ
Thansamay

タンサル Tansar

タンサン Tencin

ダンザン Danzan

ダンザンダリア
Danzandarjaa

ダンサンブール
D'Ansembourg

タンシ
Tansi**
Tanzi

タンジ Tanzi*

タンジー Tansey

ダンシー
Dancey
Dancy*

ダンジー Dungy*

タンジア Tangier

ダンジェ D'Angers

ダンジェル Dangel

ダンジェロ D'Angelo*

ダンジガー
Danziger**

ダンジクール
D'Angicourt

ダンシジア Dancygier

ダンシース
Dunsheath

タンシッロ Tansillo

タンジナ Tanzina

タンジーニ Tanzini

ダンジヌ Dandjinou

タンジャ
Tandia
Tandja**
Tanja

ダンジャック
D'Angeac

ダンシャン Danchin

ダンジャン Dangin

ダンジュ Danjou

ダンジュー
Danjou
D'Anjou**

ダンジュヴィル
D'Angeville

タンシュエ
Than Shwe

ダンジュマ Danjuma

タンジュン
Tandjung*
Tanjung**

ダンジョー Dangeau

ダンジョワ Denjoy

ダンジョン Danjon

タンジラ Tanzila

タンシル
Tansill
Tunsil

タンジル Tansill

タンシロ Tansillo

タンシン Tangsin

ダンシン Danthine

ダンシング
Dancing
Duensing

ダンジンドルジ
Danjindorji

タンス Tansu*

ダンス
Dance*
Dansou

ダンスア Dansua

ダンスカ Danska

タンスカヤ Tanskaya

タンスキー Tansky

ダンスキー Dansky

ダンスキン Danskin

ダンスター Dunster*

ダンスタブル
Dunstable

タンスタール Tunstall

タンスタル Tonstall

ダンスタン Dunstan*

タンスティル Tunstill

タンステッド Tunsted

ダンステーブル
Dunstable

ダンスト Dunst**

タンストール
Tonstall
Tunstall**

ダンストール Dunstall

ダンストン Dunston

ダンズビー Dansby

タンスマン Tansman*

タンズマン
Tansman
Tanzman

ダンスミュア
Dunsmuir

ダンスモア Dunsmore

ターンスリー Tansley

タンスリ Tansley

タンスリー Tansley

タンズリー Tansley**

タンスレー Tansley

タンズレー Tansley

ダンスン Danson

ダンセイ Dancey

ダンセイニ
Dansany
Dunsany**

ダンセイニイ Dunsany

ダンセエニ Dunsany

ダンセット Dansette

ダンセーニ Dunsany*

ダンセーニー Dunsany

ダンセニ Dunsany

ダンセニー Dunsany

ダンセニイ Dunsany

ダンゼベグ Dashzeveg

タンセラ Tansella

ダンセル Dansel*

ターン・セーン Tānsen

ターンセーン Tānsen

タンゼン Tanzen

ダンソ Dansou

ダンソコ Dansokho

タンソムバットウィシット
Tangsombativisit

ダンソン
Danson*
Dunson

ダンダ
Danda
D'anda
Dan Dah

タンタイ Tan Tai

タンターウィー
Ṭanṭawī

タンタウィ Tantawi**

タンタウィー Ṭanṭawī

ダンタス Dantas

ダンダス
Dundas
Dundes

タンタパニチャクン
Tanthapanichakoon

タンタム Tantam*

タンタラポン
Tantraporn

タンダール Tandart

タンタルディーニ
Tantardini

タンタロス Tantalos

タンタン Tantan

ダンタン Dantan

ダンダン Dandan*

ダンチェフ Danchev

ダーンチェンコ
Danchenko

ダンチェンコ
Danchenko*

ダンチガー Danziger

ダンチゲル Danziger

ターンチチ Táncsics

ターンチッチ Táncsics

タンチッチ Tancsics

タンチャ Tantia

ダンチュンスタン
Dunchunstang

タンチョス Tanczos

ダンチラ Dăncilă*

タンツァー Tanzer

ダンツァ Dancza

ダンツァー
Dantzer
Danzer

ダンツアー Dänzer

タ

ダンツァク Danczak
タンツィ Tanzi
ダンツィ
Danzi
D'Anzi
タンツィオ Tanzio
ダンツィガー
Danziger*
ダンツィーク Dantzig
ダンツィク Dantzig*
ダンツィッヒ Dantzig
ダンツィヒ Dantzig*
ダンツェ Danze
ダンツェール Dantzer
ダンツェル Danzel
タンデ Tande
ダンテ
Dante***
Daunte*
タンティ Tanti
タンディ
Tandy*
Thandie
タンディー Tandy
ダンティ
Danti
D'Anty*
ダンテイ Dahntay
ダンディ
Dandi
Dandy
D'Indy*
Dundee
ダンディー
Dandy
D'Indy
Dundee**
ターンティア Tantia
ダンディイ D'Andilly
ダンティヴァルマン
Dantivarman
タンティウェーチャクン
Tantiwetchakun
ダンティカ
Danticat**
ダンティカー Dantikā
ダンティカット
Danticat
ダンティグルガ
Dantidurga
ダンティシェク
Dantyszek
タンティピパットポーン
Tantipiphatphol
タンティボラウォン
Tantivorawong
タンディン Tandin
ダンディン
Dandin
Daṇḍin
ダンテク Dantec
ダンテス
Dante
Dantes
ダンデス Dundes
ダンテック Dantec*
ダンテマン
Duntemann

タンデム Tandem
ダンテュルク
Denturck
ダンデライオン
Dandelion
タンテリー Tantely
ダンデリン Dandelin
ダーンデルス
Daendels
タント
Tant
Thant
ダーント Dirnt*
ダント
Dant
Danto*
ダントー Danto
ダンドー Dando*
ダンドイ Dandoy
ダントウ Danto
タントゥム Tantum
タントゥラル Tantular
タントゥン Than Tun
ダントナ D'Antona
ダントーニ D'antoni
ダントーニオ
D'Antonio**
ダントニーオ
DÁntonio
ダントニオ D'Antonio
ダンドビ Dandobi
ダンドラーデ
D'Andrade
ダンドラン Dandelin
タントリ Tantri
タンドリ
Tandori
Tandory
ダンドリア D'Andrea
ダンドリィ D'Andely
タントリス Tantris
ダンドリッジ
Dandridge
ダンドリュー
Dandrieu
D'Andrieu
タンドル Tendre
ダントルカストー
D'Entrecasteaux
ダントルコール
Dentrecolles
ダントルコル
D'Entrecolles
ダンドレ Dandre
ダンドレア
Dandrea
D'Andrea**
ダントレーヴ
D'Entreves
D'Entréves
D'Entrèves
ダンドロ
Dandelot
Dandolo
ダンドロー D'Andlau
タントン
Tanton
Thang stong

タンドン Tandan
ダーントン Darnton**
ダントン
Danton*
Denton
Dunton*
ダンドン Dundon
タントンタウィー
Tangtongtavy
タンナー Tanner
ダンナ D'Anna
ダンナー Danner*
タンニ Tanyi
タンニネン Tanninen*
ダンニング Dunning
ダンヌチオ
D'Annunzio
タンヌリ Tannery
タンヌリー Tannery
ダンヌンチオ
D'Annunzio
ダンヌンチョ
D'Annunzio
ダンヌンツィォ
D'Annunzio
ダンヌンツィオ
D'Annunzio*
ダンヌンツィヨ
D'Annunzio
タンネ Tanne
ダンネ Danne
ダンネカー Dannecker
ダンネッカー
Dannecker
ダンネベルク
Danneberg
ダンネマン
Danneman
Dannemann*
タンネル
Tanner
Tunnell*
タンネン Tannen
ダンネンバウアー
Dannenbauer
タンネンバウム
Tanenbaum
Tannenbaum*
タンネンバオム
Tannenbaum
タンネンバーム
Tannenbaum
ダンネンベック
Dannenbeck
ダンノーゼル
Danhauser
タンバ Tamba
タンバー Tambor
タンパ
Dam pa
Tam pa
Tampa
Thang pa
ダンバ
Damba*
Dam-pa
ダンバー
Dumber
Dunbar***

Dunber
ダンパ Dam-pa
タンバイア Tambiah*
ダンハイサー
Dannheiser
Dannheisser
ターンバウ
Turnbaugh
ダンハウアー
Dannhauer
Donehower
タンハウザー
Thanhauser
ダンハウザー
Danhauser
ダンハウハー
Donefower
ダンバーク Dernburg
ダンバーグ Dernburg
タンパコス
Tampakos*
ダンバザウ
Dambazzau
ダンバーズ Danvers*
ダンバーズスミス
Danvers-smith
ダンバーゼ Dumbadze
ダンパット Dhanpat
ダンパト Dhanpat
ダンバドルジ
Dambadorji
ダンバービル
D'Arbanville
タンハム Tanham
ダンハム Dunham**
タンバーリック
Tamberlick
ターンバル Turnbull
ダンバンタリ
Dhanvantari
タンビ
Tanvi
Thambi
ダンビー
Dambii
Danby*
ダンピーア Dampier
ダンピア Dampier*
ダンピアー Dampier
タンピェ Tempier
タンピエ Tempier
ダンヒエル Danhier
ダンビエール Dambiel
ダンピェール Dampier
ダンピエール
Dampierre*
ダンビサ Dambisa
タンビーニ Tambini
タンビムートゥ
Tambimuttu
タンビューテ
Tambuté
タンビール Tanveer
ダンヒル Dunhill**
ダンビル
D'Anville

Dumbill
ダンビーン Dambyn
タンブー Thumboo
ダンファ Danfa
ダンフィ Dunphy*
ダンフィー
Dunfee
Dunphy
タンブエムワンバ
Thambwe
Mwamba
ダンフェール Denfert
ダンフォース
Danforth***
タンフォード Tanford
ダンフォード
Danford
Dunford**
タンフーザー
Tannhäuser
ダンブズオ
Dambudzo
ダンブゾー
Dambudzo
タンフック Tan Fook
タンプナル Tanpinar*
ダンプマン
Dambmann
タンブヤッパ
Thambyapa
タンブラ Tamboura
ダンブラ D'Ambra
タンブーリ Tamburi
ダンブリー Dambury
タンブリーニ
Tamburini*
ダンブリル Dumbrille
タンブリン
Tamblin
Tamblyn
Tamplin
タンプリン Tamplin
ターンブル
Turmbull
Turnbul
Turnbull***
タンプル Temple
ダンブル Dumbre
ダンフルヴィル
D'Amfreville
ダンブルトン
Dumbleton
ダンブレ Dembelé
ダンブレック
Dumbreck*
ダンブロージオ
D'Ambrosio
ダンブロジオ
D'Ambrosio**
ダンブロージョ
D'Ambrogio
D'Ambrosio
タンブロット Tamblot
タンブンラーチャイ
Tambunlertchai
タンベイ Tambay
タンベリ Tamberi
ダンベリ Damberg

タンヘリーヌス
Tanchelinus
ダンベール D'Albert
タンヘルム Tanchelm
タンヘルムス
Tanchelmus
ダンベレ Dembele
ダンベンゼ
Dambendzet
Dambenzet
ターンボ Turnbo
タンボ Tambo*
ダンボ Dumbo
ダンボー Dumbaugh
タンホイザー
Tannhäuser
ダンホッフ Dannhoff
タンポネ Tampone
タンボボロン
Tampubolon
ダンボワーズ
D'Amboise
タンマー Tammer
ダンマー
Dammer
Dhammā
Dunmur*
ダンマイアー Dunmire
タンマウォン
Thammavong
ダンマサヴァ
Dhammasava
ダンマゼーディー
Dhammazedi
タンマチャヨー
Thammachayō
タンマティタム
Tangmatithrrm
タンマティベート
Thammathibeet
ダンマディンナー
Dhammadinnā
ダンマナンダ
Dhammananda
ダンマ・パーラ
Dhammapāla
ダンマバラ
Dharmapala
ダンマパーラ
Dhammapāla
Dharmapāla
ダンマパラ
Dharmapala
タンマーム Tammām
タンマヤ Tanmaya*
タンマラク
Thammarak
ダンマルタン
Dampmartin
ダンマローカ
Dhammaloka
タンマン Tammann
ダンマン
Damman
Dammann
Dunman
ダンミカ
Dammika
Dhammika
タンミネン Tamminen
ダンミピ Dammipi
タンミンウー
Thant Myint-U
タンムサーレ
Tammsaare
ダンメ Damme
タンメイ Tanmay
タンメルト Tammert
タンメロ Tammelo
ダンモア
Dunmore***
タンヤ Tanja
タンヤポーン
Tanyaporn
タンユ Tanyu
タンユワッタナ
Tanyuvardhana
ダンラー Danler
ダンラップ Dunlap**
ダーンリ Darnley
ダーンリー Darnley
ダンリー
Danley
Donley
Driant
Dunlea
Dunrea
タンリクル Tanrikulu
ダンリービー
Dunleavy
ダンリービィー
Dunleavey
タンルクル Tanrukulu
ダンレイ Dunrea*
ダンレヴィー Dunlevy
ダンレビー Dunleavy
ダンロイター
Dannreuther
ダンロスキー
Dunlosky
ダンロップ
Danlop
Duinlop
Dunlop***
ダンワース
Dungworth
タンワツタナ
Tanwattana
タンワーヒン
Tang Wah Hing

【チ】

チ
Chi***
Ji**
Kcsi
Khri
Qi
Thi**
Tri*
チー
Cheah
Chee**
Chi**
Ch'i
Chí
Chieh
Chih
Ji
Kyi***
Kyi
Qi*
Tri
Trí
Trì
チーア Cia
チア
Chea**
Chear
Cheer*
Chhea
Chia*
Jia
チァアルズ Charles
チアイネン Tiainen
チアウ Cheav
チアウレーリ
Chiaureli
チアウレリ Chiaureli
チアオ
Chiao*
Jiao
チアゴ
Thiago
Thyago
Tiago
チアゴブラス
Thiago Braz
チアザ Chiazza
チアージ Tschirgi
チアスカ Ciasca
チアソン Chiasson
チアナ Tchiana
チアーニ Ciani
チアニ Tchiani
チァーノ Ciano
チアーノ Ciano*
チアノ Ciano
チアバオ Jia-bao
チアパスコ Chiapasco
チアブラ Chiabra
チアミチアン
Ciamician
チアム Thiam
チアラビグリオ
Chiaraviglio
チアラワノン
Chearavanont
チアラン Ciaran
チアリ Ciari
チアリーニ Chiarini
チアルイ Jia-rui
チアールズ Charles
チアルス Charles
チァーレス Charles
チアレス Charles
チァン Cheng
チアン
Chang**
Chiang
Jiang*
Thiam*
Zhang
チアンカ Cianca
チアンクアン
Tianquan
チアンチオ Ciancio
チアンネッリ
Ciannelli
チァンピ Ciampi
チアンフリグリア
Cianfriglia
チィ Chhi
チイ
Chii
Zhi
チィーウェイ Ji-uei
チィエリ Thierry
チイゼヴスカ
Czyzewska
チイゼル Tiesel
チイチラ Chychla
チィーラー Zierer
チィリッヒ Tillich
チィルプパ
SPyil bu pa
チィールマン Zihlman
チィン Qin
チイン Chih-yüan
チーウ Chiev
チウ Chiu**
チーヴァ Cheever
チーヴァー Cheever*
チヴァース Chivers
チヴァーズ Chivers
チヴァルディ Civardi
チヴィアン Chivian
チーヴィタ Cività
チヴィータ Cività
チヴィタ Cività
チヴィターリ Civitali
チヴィテッロ Civitello
チヴィトヴィッチ
Cvitkobich
チゥウラ Chawla
チウェ Chwe
チーウェイ
Chih-Wei*
Ji-wei
チヴェルキオ
Civerchio
チーウェン Chi-Wen
チーウォー Che-woo
チウォン Ji-won
チウカ Ciuča
チウカーエフ Tiukaev
チゥコーフスキー
Chukovskiĭ
チヴス Cheves
チゥダ Theudâs
チゥダコーフ
Chudakov
チウッチ Ciucci
チウネン Thünen
チウバ Ciuba
チゥバリヤン
Chubar'ian
チウビンスキー
Chubinskii
チウミア Chiumia
チウメ Chiume
チウラ Cziura
チウラリウ Ciurariu
チェ
Chae**
Chai
Che**
Ché
Chey*
Chie
Choe***
Choi**
Choí
Chu
Chwe
Jie*
Tse
チェー
Chế
Cheh
Cher
Cseh**
チェア
Chare
Chea*
チェアウルエラ
Chea Urruela
チェアディック Cerdic
チェイ
Chey
Choi**
チェイエ Cheie
チェイエフスキー
Chayefsky
チェイカ
Cejka
Cheika
チェイキン
Chaikin**
Chaykin*
チェイシンズ Chasins
チェイス
Chace*
Chase**
Chath
Chayes
チェイズ
Chayes
Chaze
チェイスター Chester
チェイスモア
Chasemore
チェイスン Chasin
チェイズン Chazin**
チェイセン Chasen
チェイソン
Chaisson*
Chasson
チェイター
Chater
Chaytor
チェイト Chait
チェイトリン Tseytlin
チェイトン Chaiton
チェイニ Cheyne
チェイニー
Chaney*
Cheaney
Cheney***

チ

Cheyney
チエイニィ
Chaney
Cheyney
チェイピン Chapin**
チェイフ Chafe
チェイファー Chafer
チェイフィー
Chafee**
Chafei
Chaffee
チェイフィッツ
Cheyfitz*
チェイフィン Chafin
チェイフェッツ
Chafetz*
チェイム Chhem
チェイムバーズ
Chambers
チェイワ Cheywa**
チェイン
Chain
Chein
Cheyin
Cheyne
チェインバース
Chambers
チェインバーズ
Chambers*
チェインバーリン
Chamberlin
チェインバレン
Chamberlain
チェウ
Chieu
Chiêu
Trieu
チエウ
Chiêu*
Thiēu
Trieu*
Triệu
チェーヴァ
Ceva
Céva
チェヴァ Céva
チェウアスコ Cevasco
チェヴァントン
Chevanton
チェヴィ Chevy
チェヴィー Chevy
チェヴィニー
Chevigny
チェーヴェ Keve
チェヴェ Keve
チェウォン
Chae-won*
チェウニ Cheuni
チエウホアン
Chiêu Hoàng
チエエホフ Chekhov
チェオ Cheo*
チェオサクル
Cheosakul
チェオン Cheong
チェカ Checa
チェガーニ Cegani
チェカノフ Chekanov
チェカノフスキー
Chekanovskii
チェカノーフスキィ
Chekanovskii
チェカラ Czekalla
チェカレリ
Ceccarelli*
チェカンスカ
Czekanska
チェキ
Cecchi
Tcheky
チェキショ Tshekisho
チェキソ Tshekisho
チェキーニ Cecchini
チェギョム
Chae-kyum
チェク
Čech
Çeku
チェグウィダン
Chegwidden
チェクナヴォリアン
Tjeknavorian*
チェクナボリアン
Tjeknavorian
チェクラ Cecla
チェグラー Ciegler
チェクワ Chekwa
チェケ Cseke
チェゲ Chege
チェケッチ Cecchetti
チェケッツ Checketts
チェケッティ
Cecchetti
チェケルト Takelot
チェケロ Tjekero
チェーコ Cieco
チェコ Ceco
チエゴ
Chiego
Thiego
チェサ Tchessa
チェザ Chiesa
チェサダーボディン
Chetsadabodin
チェザーナ Cesana*
チェザラーニ Cesarani
チェーザリ
César
Cesari
Tsezar
チェザーリ Cesari**
チェザリ Cesari
チェザリー Caesari
チェザリアーノ
Cesariano
チェザリオ Cesario
チェザリス Cesaris**
チェザリーニ
Cesarini*
チェザリニ Cesarini
チェサール Chessar
チェサル Cesar
チェザール Tsezar
チェザル
Caesar
Cezar
チェザルピーニ
Cesalpino
チェサルピーノ
Cesalpino
チェザルピーノ
Cesalpino
チェザルピノ
Cesalpino
チェーサレ Cesare
チェーザレ Cesare***
チェザーレ Cesare***
チェザレ Cesare**
チェザーロ Cesaro
チェザロ Cesaro
チェザロッティ
Cesarotti
チェージ Cesi
チエジ Chiesi
チェシア Cheshire
チェージオ Cesio
チェシコフスキ
Cieszkowski
チェシシュナス
Česiūnas
チェシック Chethik*
チェジナ Chezhina*
チェシャー
Cheshire**
チェシュ Tschesch
チエシュコ Ciesko
チェジーラ Cesira
チェシレヴィチ
Cieslewicz
チェーシンズ Chasins
チェース
Chase***
Chasse
チェーズ
Chase*
Chaze
チェス Chess
チェスウィック
Cheswick
チェスカ
Ceska
Cheska
チェスキー Chesky
チェスキン Cheskin
チェスコ Cesco
チェスコーフスキー
Cieszkowski
チェスコフスキ
Cieszkowski
チェスター
Chester***
チェスタアトン
Chesterton
チェスターズ Chesters
チェスタートン
Chesterton*
チェスタトン
Chesterton**
チェスターフィールド
Chesterfield**
チェスタフィールド
Chesterfield*
チェスターマン
Chesterman
チェスターリ Cestari*
チエスタントン
Chesterton
チェスチン Czeschin
チェスティ Cesti
チェステイ Cesti
チェストコフ
Zhestkov
チェストナット
Chestnut
チェストノフ
Chestnov
チェストフ Chestov
チェストミール
Čestmír*
チェストルフィールド
Chesterfield
チェストン Cheston
チェスナ
Cesna
Česna
チェスナッツ
Chestnut
チェスナット
Chesnut*
Chesnutt*
Chestnut*
チェスニー Chesney*
チェズニー Chesney*
チェスノコヴァ
Chesnokova
チェスノフリーデク
Tesnohlidek
チェスノーラ Cesnola
チェスブロ
Chesbro***
チェスブロー
Chesbro
Chesbrough
Chesebro
チェズブロ Chesbro
チェスブロウ
Chesbrough
チェスペデス
Céspedes
チェスマン
Chessman*
チェースモア
Chasemore
チェスラ Chesla
チェスラー
Chesler*
Cheslor
チェスラウ
Czeslaw
Czesław
チェスリー Chesley**
チェズルデン
Cheselden
チェスレヴィッチ
Cieslewicz
チェスロック
Cheslock
チェスワーズ
Chesworth
チェスワフ
Czeslaw*
Czesław**
チェゼッティ Cesetti
チェセラーニ Ceserani
チェゼラーニ Ceserani
チェセールスキー
Ciesielski
チェセルデン
Cheselden
チェゼルデン
Cheselden
チェセン Cesen*
チェゾイ Chedzoy
チェーター Chaytor
チェーダ Theda
チェターエフ Chetaev
チェタナーナンダ
Chetanananda
チェタム Chetham
チェタン Chetan
チェダンブラム
Chedumbrum
チェチー Jie-chi
チェチェット
Checchetto
Chechetto
チェチェーレ Cecere
チェチェワトフ
Chechevatov
チェチェン Ssetsen
チェーチャイ
Chiedchai
チェチョーニ Cecioni
チェチョル Jae-chul*
チェチーリア
Cecilia**
チェチリア
Caecilia
Cecilia**
チェチル Cecil
チェチロバ Cechlova
チェチン Chetin
チェッカー Checker
チェッカート Ceccato
チェッカルディ
Ceccardi
チェッカルド
Ceccardo
チェッカレッリ
Ceccarelli
チェッキ Cecchi**
チェッキー
Széchy
Tcheky*
チェツキ Cecchi
チェッキーニ
Cecchini*
チェッキーノ
Cecchino
チェック
Cec
Cech*
Cek
Check
Truc
チェックランド
Checkland**

チェックレー
Checkley
チェッケッティ
Cecchetti
チェッケリーニ
Ceccherini
チェッケル Checkel
チェッケレ Cecchele
チェッコ Cecco**
チェッコーニ Cecconi
チェッコリ Ceccoli*
チェッサ Chessa
チェッサー Chesser
チェッシン Khessin
チェッター Chettha
チェッタボディン
Chetsadabodin
チェッティ Cetti
チェッティヤッパン
Chettiyappan
チェット
Chester
Chet***
Triet*
チエット Triet
チェットウィンド
Chetwynd
チェットブール
Chetboul
チェットマン
Chaitman
チェッヒ Čech
チェッピ Ceppi
チェッピィ Ceppi
チェッピテッリ
Ceppitelli
チェップ Thiep
チエッフォ Chieffo
チェッラ Cella
チェッリ Celli*
チェッリーニ
Cellini*
Cerrini
チェッリニ Cellini
チェッレッティ
Cerretti*
チェッレート Cerreto
チェッローニ Cerroni
チェテ Csete
チェティ Chetty
チェディ Cheddi*
チェーティル Kjetil**
チェーティルアンドレ
Kjetil André
チェテイン Cetin*
チェティンカヤ
Çetinkaya
チェデット Chedet
チェーデン Zehden
チェト Chet
チェトウィンド
Chetwynd
チェトヴェーリコフ
Chetverikov
チェトクチ Chetcuti
チェトコヴィッチ
Chetkovich
チェトベリコフ
Chetverikov
チェトベルヒン
Chetverukhin
チェトリ
Chetri
Chhetri
チェドリンス Cedlins
チェトル Chettle
チェナグサング
Chenagtsang
チェナリー Chenery
チェナル Chenal
チェニ Tschäni
チェニー
Chaney*
Cheney**
チェニィ Kye Ni*
チェニイ
Cheney
Kye Ni
チェニッツ Chenitz
チェニーニ Cennini
チェニーリョ Chenillo
チェーニン Tenin
チェニング Channing
チェヌ Chen*
チエヌ Jian
チエヌチャオ Jianzhao
チェヌチュヌ Chenjun
チェネ Che-gnas
チェネエ Cheney
チェネリー Chenery
チェネル Chenelle
チェノウェス
Chenoweth
チェノットゥ
Chennoth
チェバ Céva
チェパイティス
Čepaitis
チェハーク Csehák
チェバセー Chavasse
チェバート Chabert
チェハノーバー
Ciechanover
チェハノフスキ
Ciechanowski*
チエパリー Cepari
チェハリン Chekharin
チェパロワ
Chepalova*
Tchepalova*
チェバン Cheban**
チェヒ Czech
チェビ Cebi
チェピエレフスカ
Ciepielewska
チェピコフ
Chepikov
Tchepikov
チェビシェフ
Chebychev
チェピル Chae-pil
チェーピン Chapin*
チェピン Chapin
チェフ
Cech*
Čech
チェファーズ Cheffers
チェフアロフ
Chufarov
チェブイシェフ
Chebychev
チェブイショーフ
Chebychev
チェブイショフ
Chebychev
チェブクルイ C'kurui
チェプコ Czepko
チェプコエチ
Chepkoech
チェプチェコバー
Cepceková
チェフチェンコ
Shevshenko
チェプチュゴフ
Chepchugov
チェプチュンバ
Chepchumba*
チェプツォフ Teptsov
チェプテゲイ
Cheptegei
チェプラク Ceplak
チェブリコフ
Chebrikov*
チェプリス Chepulis
チェプリンスキ
Cieplinski
チェプレンコ
Chepyrenko*
チェフロウウ
Cheikh Rouhou
チェフロフ Teplov
チェプロフ Teplov
チエペ Chiepe
チェペダ Cepeda
チェベル Chebel
チェーホヴァ
Chekhova
チェホーヴァ
Tschechowa
チェホヴァ
Chekhova
Tschechowa
チェボクサロフ
Cheboksarov
チェボターリ Cebotari
チェボタリ Cebotari
チェボタリオフ
Tschebotarioff
チェボタリョヴァ
Chebotareva
チェボタリョーフ
Chebotaryov
チェボタリョーワ
Chebotareva
チェボタレフスキー
Chebotarevskii
Chebotarevsky
チェポッラーロ
Cepollaro
チェーホフ
Chekhov**
Chékhov
Chekhova
チェホフ Chekhov
チェホフスカ
Czechowska
チェホフスキ
Czechowski
チェポーロ Tiepolo
チェーホワ
Chekhova*
チェホーワ
Tschechowa
チェマ Chema
チェマーズ Chemers*
チェミー Chemmy
チェミン Che-min
チェム
Chem
Chiem
チェムスファード
Chelmsford
チェムスフォード
Chelmsford
チェムタイ Chemutai
チェムバーレン
Chamberlain
チェムバレン
Chamberlain
チェムブル Chambers
チェムブルス
Chambers
チエメジエ Chiemezie
チェメルキン
Chemerkin*
チェメロ Chemero
チェモ Chemo
チェモコ Tiémoko
チェモス Chemos*
チェモル Chemor
チェヤシン Cheyassin
チェヨ Cheyo
チェヨン
Chae-young*
チェラ
Chiera
Kiera
チェラコフスキー
Čelakovský
チェラゾーリ
Cerasoli*
チェラッキ Ceracchi
チェラーティ Celati
チェラドュライ
Chelladurai
チェラーノ
Celano
Cerano
チェラノ
Celano
Cerano
チェラピラ Chellapilla
チェラーミ Cerami*
チェラミ Cerami
チェラリオ Cellario
チェラル Chelaru
チェランスキー
Čelanský
チェランド Kjelland
チェリ Celi*
チェリー
Chellie
Cherie*
Cherri
Cherrie
Cherry***
Thierry
チエリ
Thierry*
Thiery
Thiéry
チエリー Thierry**
チェリアーニ Ceriani
チェリーアン
Cherrie-Ann
チェリアン Cherian
チェリイ
Cherry
Cherryh**
チェリウス Caelius
チェーリオ Celio
チェリオス Chelios*
チェリオリ Cerioli
チェリキ
Celik
Çelik
チエリギーニ
Chierighini
チェリコ Cherico
チェリコフ Chericoff
チェリシェフ
Cheryshev
チェリス
Chellis*
Cherith
チェリチェフ
Chelichev
Tchelitchev
チェリッサ Cherissa
チェリート Cerrito
チェリト Cerrito
チェリーナ Tcherina*
チェリナ Tcherina
チェリーニ Cellini
チェリニ Cellini
チェリビダケ
Celibidache
チェリビダッケ
Celibidache**
チェリム ChaeRim
チェリモ Chelimo
チェリラス Cherilus
チェリル
Cherrill
Cheryl*
チェリーン Kjellin
チェリン
Cellin*
Kjellin
チェリンスキ Celinski
チェル

チ

Chell
Cher
Cherue
Cheryl
Kjaer
Kjell
Thiers
チエール Thiers
チェルイヨット Cheruiyot**
チェルヴァ Cerva
チェルヴィ Cervi*
チェルヴィンスカ Czerwińska
チェルヴィンスカヤ Chervínskaya
チェルウィンスキー Czerwinski
チェルヴェット Cervetto
チェルヴェッラーティ Cervellati
チェルヴェッリエーラ Cervelliera
チェルヴェニ Červený
チェルヴェニー Červený
チェルヴェンコフ Chervenkov*
チェルウッド Chelwood
チェルヴャコフ Cherviakov
チェルカスキー Cherkassky* Tcherkassky
チェルカーセンコ Cherkasenko
チェルカセンコ Cherkasenko
チェルカソヴ Cherkasov
チェルカーソフ Cherkasov*
チェルカソフ Cherkasov
チェルカソワ Cherkasova
チェルカッスキー Cherkasskii Cherkasskiĭ Cherkassky
チェルカッソワ Cherkasova
チェルキンスキー Cherkinskii
チェルクウォッツィ Cerquozzi
チェルクェッティ Cerquetti
チェルクエッティ Cerquetti
チェルクオッツィ Cerquozzi
チェルグレン Kellgren
チェルケス Çerkes
チェルケゾフ Cherkezov
チエルケゾフ Tcherkesoff
チェルコス Cherkos
チェルコフスキー Cherkovski
チェルコフスキス Cerkovskis
チェルシ Celsi
チェルシー Chelsea**
チェルシュトレーム Kjellström
チェールズ Charles
チェルスィー Chelsea
チェルスキー Czerski
チェールスキィ Cherskii
チェールスタ Kjolstad
チェルソ Celso
チェルダンツェフ TSerdantsev
チェルチ Cerci
チェルッシェーリ Cerușșēri
チェルッティ Cerruti
チェルッリ Cerulli*
チェルーティ Ceruti
チェルディッチ Cerdic
チェルディワラエサヌ Cherdivara-esanu
チェルデリン Cheldelin
チェルド Tjeerd Tjerrd
チエルド Tjeerd
チェルトク Chertok*
チェルトコウ Chertkow
チェルトコフ Tchertkoff
チエルトコフ Chertkov
チェルナ Chelna Cserna
チェルナー Cerná Czerner Tschörner
チェルナアヴィン Tchernavin
チェルナイ Csernai
チェルナウ Chernow
チェルナウスコ Chernousiko
チェルナーク Chernak
チェルナシエンコ Chernushenko
チェルナチ Černač
チェルナーヤ Tchernaja
チェルニ Cellini Czerny
チェルニー Cerny Černý Cherny Czerny***
チェルニアク Czerniak
チェルニアンスキー Cerniansky
チェルニギン Cherniguin
チェルニーク Cernik Cerník Černík
チェルニク Cerník Černík
チェルニコウスキー Tchernichowsky Tchernikovsky
チェルニコフ Chernicoff
チェルニコフスキー Tchernikovsky Tschernichowsky
チェルニコワ Chernikova
チェルニシェフスキー Chernyshevsky
チェルニシュ Chernysh
チェルニチェワ Tchernicheva
チェルニック Zelnik
チェルニホフ Chernikhov
チェルニホフスキー Tchernichovsky
チェルニャーエフ Cherniaev Chernyaev
チェルニャエフ Cherniaev Chernyaev*
チェルニャーク Cherniak Chernyak
チェルニャク Cherniak
チェルニャフスキ Czerniawski
チェルニャフスキー Cherniavsky
チェルニャーフスキイ Cherniavsky
チェルニヤホフスカヤ Cherniakhovskaia
チェルニャホフスキー Chernyakhovskij
チェルニーン Czernin
チェルニン Ĉernin Chernin Czernin
チェルヌイ Cherny Chernyi
チェルヌィシェークスキー Chernyshevskii
チェルヌィシェーフスキー Chernyshevskii Tchernyshevsky
チェルヌィシェフスキー Chernyshevskii
チェルヌイシェーフスキー Chernyshevskii
チェルヌイシェフスキー Chernyshevskii
チェルヌィシェーフスキィ Chernyshevskii
チェルヌィシェフスキイ Chernyshevskii
チェルヌイシェフスキイ Chernyshevskii
チェルヌィショヴァ Chernyshova
チェルヌイショーフ Chernyshyov
チェルヌイショフ Chernyshyov
チェルヌースキ Cernuschi
チェルヌスキ Cernuschi
チェルヌヘシェーフスキー Chernyshevskii
チェルネア Cernea*
チェルネヴィッチ Chernevich*
チェルネツォフ Chernetsov
チェルネッキー Chernecky
チェルネツキー Chernetskyi
チェルネビッチ Chernevich
チェルネフ Chernev
チェルネンコ Chernenko*
チェルネンブル Tschernembl
チェルノ Cerno Thierno
チエルノ Tierno**
チェルノウソフ Chernousov
チエルノコゾワ Chernokozova
チェルノコフ Chernokov Tchelnokov
チェルノゴーロワ Chernogorova
チェルノビチュキー Csernoviczki
チェルノーフ Chernov
チェルノフ Chernoff Chernov*
チェルノホルスキー Černohorský
チェルノマズ Cernomaz
チェルノムイルジン Chernomyrdin**
チェルノモルディク Chernomordik
チェルノワ Chernova*
チェルハ Cerha
チェルパーノフ Chelpanov
チェルハルミ Cserhalmi
チェルビヤコフ Tscherviakov
チェルピンスキー Cierpinski*
チェルベッラーティ Cervellati
チェルベナック Chervenak
チェルベンコフ Chervenkov
チェルボネンコ Chervonenko
チェルマーク Cermák Tschermak
チェルマク Csermák Csérmák* Tschermak
チェルマック Tschermak
チェルマン Kjellman
チェルミノヴァー Čerminová
チェルミンスキー Chelminski
チェルムスフォード Chelmsford
チェルモシャンスカヤ Chermoshanskaya
チェルーリ Cerulli
チェルリーニ Cellini
チェルリニ Cellini
チェルリャゾワ Cherjazova Cheryazova
チェルレージ Cerlesi
チェルローニ Cerroni
チェーレ Csere
チェレ Csere
チェレーザ Ceresa
チェレスチーノ Celestino
チェレスティ Celesti
チェレスティーナ Celestina
チェレスティーノ Celestino*
チェレゾフ Tcherezov
チェレッティ Celletti Cerretti*
チエレット Cerreto
チェレティーノ Ceretino
チェレパノフ Cherepanov
チェレビ Celebi Çelebi Chelebi

チェレビー
Çelebi
Chelebi
チェレビィ
Çelebi
Chelebi
チェレフコフ
Cherevkov
チェレプコフ
Cherepkov*
チェレプニン
Cherepnin
Tcherepnin
チェレブラーノ
Celebrano
チェレミシノフ
Cheremisinov
チェレミソフ
Cheremisov
チェレール Celer
チェーレン Kjellén
チェレーン Kjellén*
チェレン Kjellén
チェレンコフ
Cherenkov*
チェレンターノ
Celentano**
チエレンチエフ
Tierenchev
チェーロ Cielo
チェロ Chelo
チエーロ Cielo
チエロ Cielo
チェロキー Cherokee
チェロザムスキィ
Cherozamsky
チェローニ Ceroni
チェローネ Cerone
チェロノ Cherono
チェロメイ Cheromei
チェローリ Ceroli
チェーン
Chain*
Chen
Cheyne
チェン
Chan**
Chang
Cheang
Chein
Chen***
Ch'en
Cheng**
Chenn
Cheong
Cheung
Chheang
Chheng
Chien*
Chieng
Chung*
Jen
Qian*
Sechen
Tchen
Thiên
Trung
Tscheng
Tseng
Tsien*
Zheng
チエン
Chien
Thien*
Tien
Tsien
チェンイン
Ching-ying
チェンウー Qian-wu
チェンガッパ
Chengappa
チェンガワ
SPyan snga pa
チェンギッチ Cengic
チェンキャブ
Chenkyab
チェンクアン
Qian-kuan
チエンクーン
Chiangkuun
チェンゲ Chenge
チェンゲーディ
Csengődi
チェンザー Chen-zer*
チェンシウン
Chien-shiung
チェンジェライ
Chenjerai**
チェンシェン
Cheng-sheng
チェンシュン
Chien-shiung
チェンス Censu
チェンタ Centa*
チェンダ Chenda
チェンダー Zehnder
チェンチ Cenci
チェンチェッティ
Cencetti
チェンチク Chenchik
チェンチョ Cencio
チェンティグローリア
Centigloria
チェンティーニ
Centini
チェントゥリオーネ
Centurione
チェントファンティ
Centofanti
チェントラニコ
Centranico
チェンドリャコフ
Tendriakov
チェントローネ
Centrone
チェンドロフスキー
Cendrowski
チェンニ Cenni
チェンニーニ
Cennini*
チェンニーノ Cennino
チェンニン
Chen Ning
Chen-ning*
チェンパイ Chien-Pai
チェーンバーズ
Chambers
チェンバース
Chambars
Chambers***
チェンバーズ
Chambers***
チェンバーリン
Chamberlin
チェンバリン
Chamberlain
Chamberlin**
チェンバルン
Chamberlain
チェーンバレン
Chamberlain
チェンバレン
Chambenlain
Chamberlain***
Chamberlayne
Chamberlen
Chamberlin**
チェンフィ Chien-hui
チェンブリス
Chambliss
チエンベケザ
Chiyembekeza
チェンホー Chên Hê
チェンポ
Chen po
Tshempo
チェンホア Chee-hwa
チェンミン
Chien-ming*
チェンモ Cemmo
チェンロク
Cheng Lock
チョウ Chou
チオウ Chiou
ヂオクレチアヌス
Diocletianus
チオジー Ciogig
チオッフィ Cioffi
チォドス Chodos
チオーニ Cioni
チオーネ Cione
チオボー Ciobo
チオマ Chioma*
チオラ Chiola
チオル Ciol*
チオルコフスキー
Tsiolkovskii
チオールス Charles
チオルニー Chyorny
チオレ Tiollais
チオロスラン
Cioroslan
チォン Chong
チオンカン Cioncan
チオング Chiong
チオンゴ Tshiongo
チオンピ Ciompi*
チカイゼ Tchikaidze
チカウエ Chikawe
チカオンダ Chikaonda
チカス Tikas
チガーダ Cigada
チカドンス Chikadons
チカネ Chikane
チカノーヴァー
Ciechanover
チカノバー
Ciechanover*
チカヤ Tchicaya
チカラ Cicala
チガリーニ Cigarini
チガル Cihal
チカルマネ
Chikarmane
チカレス Chicares
チカレッリ Chiccarelli
チキー Csiky
チキシェフ Chikishev
チギシェフ
Tchiguichev
チギプコ Tigipko
チギュン Ji-gyoon*
チギリ Chigyri*
チギレワ Chigireva
チキロ Chickillo
チキン Cecchin
チキンデレアヌ
Tichindeleanu
チーク
Cheek**
Cheke
チク
Cheick
Chik
チーグアン Qiguang
チクァン Chi-koan
チクウィニャ
Chikwinya
チクウェ Chikwe
チグウェデレ
Chigwedere
チグサ Chigusa
チークス Cheeks
チクセントミハイ
Csikszentmihalyi**
チクセントミハリー
Czikszentmihalyi
チグネル Chignell
チグノンパ
Tignonkpa
チクビラーゼ
Chikviladze
チクモンディ
Zsigmondy
チーグラー Ziegler*
ヂーグラー Ziegler
チクラゼ Chikhladze
チグラネス Tigranes
チグラン Tigran
チクリ Cikuli
チクリス Chiklis
チグリッチ Ciglic*
チーグレル
Tiegel
Ziegler*
チクワニネ
Chikwanine
チクワンダ
Chikwanda
チーゲム Tieghem
チーゲル Tiegel
チケル
Chikelu
Cikel
チコ
Chico**
Jiko
Tycho
チゴイ Cigoj
チコイン Chicoine
チコヴァニ Chikovani
チコシュ Csikós
チコシュー Csikós
チコース Csikós
チコス Czichos
チゴズィエ Chigozie*
チコッティ Ciccotti
チコティッチ Cikotić
チコーニア Ciconia
チコニア Ciconia
チコニーニ Cicognini
チコーニャ Cicogna
チコニャーニ
Cicognani
チコニャニ Cicognani
チコニャーラ
Cicognara
チコーネ Ciccone
チコネ Ciccone
チコラリ Cicolari
チーゴリ Cigoli
チゴーリ Cigoli
チサ Tissa
チザ Chiza
チーザオ Qi-zao
チーサシュ
Cisar
Císař
チサーシュ Císař*
チサフェルネス
Tissaphernes
チーサム Cheatham
チーザム Cheatham
チサム Chisholm
チザム
Chisholm***
Chisolm
Chisum*
チサルシュ Cysarz
チーザルツ Cysarz
チザルツ Cysarz
チサレ Chisale
チーシアン Ji-xian
チシカ Zischka
チシク Tshishiku
チシコフ Tishkov
チジコフ Chizhikov
チシティー Chishtī
チジニ Chisini
チシマリチャン
Chshmaritian

チ

チジャニ Tidjani
チーシャン Qi-shan
チシュカ Zischka
チシュチェンコ
Tichtchenko
チシュティー
Chishtī
Cisthi
チジョーフ Chizhov
チジョフ Chizhov*
チショーム Chisholm
チジョワ Chizhova
チージョン Zhijiong
チシレノフ Tschlenow
チジン Chi-jin
チシンバ Chishimba
チース Thiess
チス
Chie-sou
Chis
チスウェル Chiswell
チスカ Tyszka
チズカ Tizuka
チズコ Chizuko
チスダル Tisdall
チスチャコフ
Chistiakov
チスチャコワ
Chistyakova
チスティアク
Chystiak
チスナル Chisnall
チズナール Chisnall
チスネル Chisnell
チスネロス Cisneros
チスホルム Chisholm
チーズボロー
Cheeseborough
チズマー Chizmar
チスマール Csizmár
チーズマン
Cheeseman
Cheesman*
チズム Chisholm**
チースラ Ciesla
チスラーク Čislák
チズラム Chisholm
チスラン Tisserand
チースリク Cieslik*
チスレット
Chislett
Chisrett
ヂスレーリ Disraeli
チーズン Qi-zheng
チセケディ
Tshisekedi**
チーゼリ Ciseri
チセル Chissell
チーゼン Chizen
チゼンガーウゼン
Tizengauzen
チゼンホール
Chisenhall
チゾーム Chisholm
チゾム Chisholm

チゾルム Chisholm
チゾワ Chizhova
チソン
Chi-song
Ji-sung*
Khri-sron
Zi-song
チゾン Tison**
チタ
Chita
Citha
チタク Çitaku
チダクワ Chidhakwa
チダーナンダ
Chidananda
チダナンダ
Chidananda
チータム
Cheatham**
Cheetaham
Cheetham
チタム Chitham
チダムバラム
Chidambaram**
チターラー Chitara
チタル
Chitalu
Chitaru
チタレンコ
Titarenko**
チタンバラナタン
Chitambaranathan
チダンバラム
Chidambaram
チタンバル
Chitambar
チーチ Cheech
チーチー Chi-Chih
チチ
Chi Chi
ChiChi
Chichi
Tite
チチアーノ Tiziano
チチアン Tiziano
チチウス Titius
チチェキ Çiçek
チチェスター
Chichester**
チチエフ Titiev
チチェリ Chichele
チチェリー Chichele
チチェーリン
Chicherin
チチェリン Chicherin
チチェル Chichele
チチェロ Cicero
チチェロワ
Chicherova**
チーチコフ Chichkov
チチップ Cicip
チチバービン
Chichibabin
チチャ Chicha
チチャオ Tcitchao
チチャバ Chichava
チチャーロ Chicharro

チーチュン
Chih-chung
チチョリーナ
Cicciolina
チチョン Cichon
チチリー Chichele
チチリナ Tsitsilina
チチル Cechir
チチンガル Titingar
チチング Titsingh
チツィアン Titsian
チツウォ Chituwo
チツェク Cizek
チツェーリン
Chicherin
チック
Cheek
Chic*
Chick***
Cik
Csik
Csík
Tjik
チツク Khri-gtsug
チックス Chicks
チックデツェン
Khri-gtsug-ide-brtsan
チックナー Tickner
チッコ Cicco
チッコーネ Ciccone
チッコリッティ
Ciccoritti
チッコリーニ
Ciccolini**
チッジー Chidgey
チッソ Tyssot
チッソー Tissot
チッタ
Citta
Tita
チッター Citta
チッタカ Cittaka
チッタディーニ
Cittadini
チッチオ Ciccio
チッチョ Ciccio
チッチョリーナ
Cicciolina*
チッティ Citti*
チッテリオ Citterio
チッテル Chittell
チッテンデン
Chittenden*
チット
Chit*
Cit
チットマニー
Chitmany
チットラ Chitra**
チットラーリ Citlali
チットルバラ
Chittleborough
チットロコル
Chitrakar
チッパー Chipper**
チッバア Chhibber

チッパーフィールド
Chipperfield**
チッピー Chippie
チッピング Chipping
チップ Chip**
チップス
Chipps
Chips
チップチェイス
Chipchase
チップマン Chipman*
チッフライン
Chit Hlaing
チッペル Cipper
チッペルト Tippelt
チッペンデイル
Chippendale
チッペンデール
Chippendale
チッポラ Zipporah
チッマァウン
Chit Maung
チッマウン
Chit Maung
チッラグ Csillag
チッラリオ Cillario
チッリ Cirri
チッルマンス
Tillmanns
チッレ Tille
チーツン Qi-chen
チティ Chitty
チディ Chidi
チディアック Chidiac
チディオック
Chidiock
チティック Chittick
チティリアン Chitilian
チティロヴァー
Chytilová
チデスター Chidester
チテレワ Chtereva
チテローニ Citeroni
チテンゲ Tshitenge
チート Chaet
チード Thyde
チト Tito
チトー Tito**
チトゥウォ Chituwo
チトゥヴルテック
Ctvrtek*
チトゥス Titus
チドカ Chidoka
チドジー Chidozie
チトチア Chitchian
チトテラ Chitotela
チトニツキー
Zhitnitski
チトフ Titov*
チトラ Chitra*
チドラー Chidler
チトラレカ
Chitralekha

チトラワシタ
Tjitrawasita*
チドリ Chidley
チトリツキ Cytrycki
チードル Cheadle*
チトロム Czitrom
チトワ Titova
チナ Gcina
チナウォン
Chinnaworn
チナグ Tschinag
チナッリ Cinalli
チナヌ Chinanu
チナマサ Chinamasa
チナリー Chinery*
チナワット
Shinawatra
チーナン Chi-nan
チナン Tinan
チーニ Cheney
チーニー Cheney
チニー Cheney
チーニイ Cheyney
チニヴィクス
Chenevix
チニジ Çinici
チニセッリ Ciniselli
チニセルリ Ciniselli
チニーニョ Tininho
チニブロフ Teplov
チニプロフ Teplov
チーニャ Cigna
チニャーニ Cignani
チニャローリ
Cignaroli
チニンガ Chininga
チヌ Chin
チヌア Chinua***
チヌワ Chinua
チネッリ Cinelli
チネドゥ Chinedu
チネリー Chinnery
チネール Tinayre
チネン Chinen
チーノ Cino
チノ
Chino
Tino
チノイ Chinoy*
チノッティ Cinotti
チノーデャ Chinodya
チーバー Cheever**
チーパー Chipper
チパー Chipper
チハイ Čihaj
チバウ Tjibaou
チーバオ Qi-bao
チハーコーヴァー
Ciháková
チハーコヴァー
Chihakova

チハーコヴアー
Cih'akov'a
チパサ Tshipasa
チパシビリ
Chipashvili
チパスラ Chipasula
チハチョーフ
Chikhachov
チハナ Chihana
チバナ Chibana
チハノフスカヤ
Tsikhanouskaya
チハブ Chihab
チハラ Chihara
チハリアン Ciharean
チハルチシヴィリ
Chartishvili
Chkhartishvili*
チハルチシビリ
Chartishvili
Chkhartishvili
チハルティシビリ
Chkhartishvili
チバルド Civard
チバング Tshibangu
チバンダ Tshibanda
チバンバ Chibamba
チバンベレラ
Tchibambéléla
チヒ Ji-hee
チーヒエン
Chee Hean
チヒクヴァーゼ
Chkhikvadze
チビショーフ
Chebychev
チビソワ Chibisova
チビタ Cività
チヒョールト
Tschichold
チヒョルト
Tschichold*
チーヒラー Ziegler
チピリカ Tjipilica
チビング Chibingu
チーフ
Chief*
Zief
チブ Chib
チファリエッロ
Cifariello
チフィエルトカ
Cwiertka
チフヴィンスキー
Tikhvinsky
チーフェイ Chi-huey
チプキン TSypkin
チブス Thibus
チプタ Tjipta
チプタワン Tjiptawan
チプト Tjipto
チプトラ Ciputra
チプトン Tipton
チフビンスキー
Tikhvinskii
チフラ Cifra
チブラ Ziebura
チプラス Tsipras*
チフリ Chifley
チフリー Chifley
チプリ Ciprì
チプリアーニ
Cipriani*
チプリアニー Cipriani
チプリアヌス
Cyprianus
チプリアーノ
Cipriani
Cipriano
チプリアン Ciprian
チブリク Tsybryk
チプリッチ Ćiplić
チフリノビッチ
Tsifrinovich*
チブルカ Czibulka
チブルス Tibullus
チブルスキ Cybulski
チブルスキー Cybulski
チプルーンカル
Ciplūnkar
チブレンコ
Tsybulenko
チフロンディ Cifrondi
チーフン Chee Heung
チプング Chipungu
チーブンス Cheavens
チヘイーゼ
Chkheidze*
チヘイゼ Chkheidze
チベサクンダ
Chibesakunda
チペス Csipes
チベリウス Tiberius
チペレッティ
Cipelletti
チーヘン Ziehen
チーベン
Chee Beng
Chee-beng
チヘンケリ
Chkhenkeli
チペンデール
Chippendale
チホ
Chiho
Tycho
チボ
Tibo*
Tibor
チボー
Thibaud
Thibault*
Thibaut*
チボオデ Thibaudet
チボスキー Chbosky
チホツキ Cichocki
チボッキー Zsivótzky
チポッラ Cipolla*
チボーテ Thibaudet
チボーデ
Thibaudet**
チボディ Thibodi
チボードー
Thibaudeau**
チホヌラーヴォフ
Tikhonravov
チーホノヴィチ
Tikhonovich
チーホノフ
Tihonov
Tikhonov**
Tikhonv
チホノフ Tikhonov*
チホノワ Tikhonova
チホバゼ Chkhobadze
チホフ Tikhov
チホミール Tihomir
チホミーロフ
Tihomieroff
Tihomirov
Tikhomirov
チホミロフ
Tikhomirov*
チホミロワ
Tikhomirova
チボム Chi-beom
チポラ Cipolla
チボール Tibor*
チボル Tibor*
チーホン
Tihon
Tikhon*
チホン
Cichon
Tikhon
Tsikhan**
チボンチク
Tivontchik
チーマ
Cheema
Cima
チマガッリ Cimagalli
チマコフ Timakov
チマコワ Timakova
チマチ Cimatti
チマッティ Cimatti*
チマフェ Tsimafei
チマブーエ Cimabue*
チマブエ Cimabue
チマーマン
Zimmerman
チママンダ
Chimamanda**
チマーラ Cimara
チマラ
Chmara
Cimara
チマルパイン
Chimalpáin
チマルポポカ
Chimalpopoca
チマローザ Cimarosa
チマローリ Cimaroli
チマン
Thimann
Ziman
チマンバイ
Chimanbhai
チミシュキアン
Chimishkyan
チミド
Chimid
Chinid
チミドドルジーン
Chimiddorjiin
チミネッリ Ciminelli
チミーノ Cimmino
チミノ Cimino**
チミリャーゼフ
Timiriazev
Timiryazev
チミリャゼフ
Timiryazev
チミロティッチ
Cimirotic
チーミン Qi-min*
チミン
Chi Minh
Chi-Minh
Ji-min
チム
Chhim
Chim
Thimoteus
チムコーフスキー
Timkovskii
チームセン Ziemssen
チムチュク Timciuc
チムディ Chimdi
チムニー Chimney
チムニク Zimnik**
チムマーマン
Zimmermann
チムメル Zschimmer
チムール
Timur**
Tīmūr
チムンス Chimunthu
チメグバータル
Chimegbaatar
チメディーン
Chimediin
チメド Chimed*
チメドツェイエ
Chimedtseye
チメフ Chimev
チモカリス
Timocharis
チモシー Timothy
チモシィ Timothy
チモシェウィチ
Cimoszewicz
チモシェビッチ
Cimoszewicz**
チモーシェンコ
Timoshenko
チモシェーンコ
Timoshenko
チモシェンコ
Timoshenko
Tymoshenko
チモシニン
Timoshinin
チモチェンコ
Tymoshenko
チモッコ Tymoczko
チモーヒン Timokhin
チモフェイ Timofei**
チモフェーヴィチ
Timofeevich*
Timoféevich
チモフェーエヴァ
Timofeyeva
チモフェーエヴィチ
Timofeevich
チモフェエヴィチ
Timofeevich
Timofejevich
チモフェーエヴナ
Timofeevna
チモフェーエフ
Timoféeff
Timofeev
チモフェエワ
Timofeyeva
チモレオン Timoléon
チモンボ Chimombo
チャ
Ca
Cha**
Chan*
Chia*
Tra
チャー
Cha
Chah
Char
Cheah
Tra
チャアス Chavasse
チャアタイ Çağatay
チャアダーエフ
Chaadaev
チャアルス Charles
チャアルズ Charles
チャアレス Charles
チャーアン Cagan
チャイ
Chai***
Chhay
Chi
Trai
Tsai
チャイアナン
Chaianan
チャイウット
Chaiwuti
チャイエフスキー
Chayefsky
チャイカ
Chaika
Chyka
Czayka
チャイカノヴィチ
Čajkanović
チャイキー Chykie
チャイキナ Chaikina
チャイケン Chaiken
チャイコフスカ
Czajkowska
チャイコフスカヤ
Tchaikovskaja
チャイコフスキ
Czajkowski
チャイコフスキー
Chaikovski
Chaikovskii
Czajkowski
Tchaikovsky*

チ

Tschaikowsky
チャイコーフスキィ
Chaikovski
チャイコーフスキイ
Tchaikovsky
チャイコフスキイ
Tchaikovsky
チャイサーン
Chaisang
チャイジャー Chieger
チャイゼ Chkhaidze
チャイセーン
Chaisaeng
チャイタニア
Caitanya
チャイタニヤ
Caitanya
チャイタンニャ
Caitanya
チャイタンヤ
Caitanya
チャイデ Chaide
チャイティン Chaitin*
チャイデス Chaidez
チャイト Chait
チャイトー Chaitow*
チャイナ China**
チャイニーズ
Chinese*
チャイハン Chayhane
チャイポン Chaipong
チャイム Chaim
チャイムス Chimes
チャイヤカム
Chaiyakam
Chiyakam
チャイヤサン
Chaiyasan*
チャイヤナーム
Jaiyanama
Jayanama
チャイヤロット
Chaiyarose
チャイヤワン
Chaiyawan
チャイヤン Chaiyan
チャイユット
Chaiyuth
チャイラスミサック
Chairasmisak
チャイラック Chylak
チャイラヒャン
Chailakhian
チャイリー Chhay Ly
チャイルズ
Childs***
Chiles**
チャイルド
Child***
Childe*
チャイルドレス
Childress*
チャイルンルアン
Chairoongruang
チャイレ Zscheile
チャィン Chanh
チャイン
Chain
Chanh
Tranh
チャウ
Chau***
Châu
Chiau
Chow*
Chu
Chyau
チャウアッス
Chavasse
チャヴァラ Chavara
チャヴァリア
Chavarría**
チャヴァロ Chavarro
チャヴァン Chavan
チャヴィ Chavi
チャヴィアノ
Chaviano**
チャウィーワナコン
Chaweewanakorn
チャーウェイ
Chia-Wei
チャヴェス
Chavez
Chávez
チャヴェツ Chávez
チャヴェリア
Chavarría
チャーウェル Cherwell
チャヴカ Čavka
チャウシェスク
Ceausescu**
チャウシッチ Causic
チャウシュ Chaushu
チャウダリー
Chaudhry*
チャウタング
Tchoutang
チャウドリ
Chaudhri
Chaudry
チャウトン
Cheow Tong
チャウラ
Chawla**
Chowla
チャウン Chown
チャウンシー
Chauncey*
チャウント Chaunte
チャエク Czaech
チャエフ Chaev
チャエフスキー
Chaevsky
Chayefsky
チャオ
Chao***
Chiao**
Qiao
Tchao
Tschau
Zhao*
チャオウィシット
Jaovisidha
チャオシュ Zhao-xu
チャオシュワン
Chao-shiuan
チャオチェン
Chaochen
チャオチュン
Chao Chung
チャオピア Chaophya
チャオピン Chao-pin*
チャオプラヤー
Cauphrayaa
チャオホワァ
Zhao-hua
チャオルフ Chaoulff
チャーカ Chayka
チャカ
Chaka
Shaka
チャカー Chaker
チャガー Chagger
チャガエフ Chagaev*
チャガス Chagas
チャーカスキー
Cherkassky
チャガタイ Chaghatai
チャガダイ Chaghatai
チャカチャカ
Chaka Chaka*
チャカトゥンバ
Tshiakatumba
チャカネツァ
Chakanetsa
チャカマス Chakamas
チャーカム
Charkham*
チャカモン
Chakramon
チャカロトス
Tsakalotos
チャカロフ Chakarov
チャカン Cakan
チャガン
Čaγan
Chacan
Chaghan
チャガンティ
Chaganti*
チャーキ Csáky
チャーキャンドリック
Charcandrick
チャキリス Chakiris*
チャキル Chakir
チャーキン Cherkin
チャーク
Charke
Charques
Csák
チャク Chak
チャクウェラ
Chakwera
チャーグシュ
Tsargush*
チャクベタゼ
Chakvetadze*
チャクペレ Tchakpele
チャクマ Chakma
チャクマク Çakmak
チャクマクオール
Cakmakoglu
チャクマコール
Cakmakoglu
チャクメ Chags-med
チャクラ Chakra
チャクラヴァーティ
Chakravarty
チャクラヴァルティ
Chakravarti
チャクラヴァルティー
Cakravartī
Chakravartī
Chakravarty
チャクラヴォーティ
Chakravorty*
チャクラヴォルティ
Chakravorty*
チャクラバーティ
Chakrabarti
チャクラバルシィー
Chakravarthy
チャクラバルティ
Chakrabarti
Chakrabarty
Chakravarti
チャクラバルティー
Chakravartī
チャクラボルティー
Chakraborty
チャクラポン
Chakrapong**
チャグラル Caglar
チャクラワン
Chakrawan
チャクリ Chakri**
チャクルースキー
Czuchlewski*
チャケラ Chakela
チャーゴイス Chargois
チャコチン Chakhotin
チャコティン
Chakhotin
チャコナス Chaconas
チャーコーバー
Chercover
チャコフ Shakhov
チャコファ Chakufwa
チャコフスキー
Chakovskii**
チャコール Chacour
チャコーン Chacon*
チャコン
Chacon**
Chacón
チャザピス Khazapis
チャサム Chatham
チャサレータ
Chazarreta
チャシエモフ
Chashemov
チャシナ Tchachina
チャシーン Chacin
チャジンスキー
Chudzinski
チャス Chas*
チャズ
Chas
Chaz
Chazz*
チャスカ Chaska
チャスカルソン
Chaskalson
チャスキーニ
Ciaschini
チャスタント
Chastant
チャスティン
Chastain
チャステイン
Chastain*
チャースト Chast
チャスト Chast
チャースラフスカー
Cáslavská
チャスラフスカ
Caslavska
Cáslavská*
Čáslavská
チャスン Cha-seung
チャセク Chasek
チャセル Chacel
チャゼル Chazelle
チャーゾフ Chazov
チャゾフ Chazov*
チャーダ Chadha
チャター Chater
チャダ
Chadda
Chaddha
チャタアジー
Chatterji
チャダーエヴァ
Chadayeva
チャーダーエフ
Chaadaev
チャーダエフ
Chaadaev
チャダーエフ
Chaadaev
チャタージー
Chatterjee*
チャタジー
Chatterjee**
Chatterji**
チャーターズ
Charters***
チャタートン
Chatterton*
チャタトン
Chatterton
チャダトン Chaderton
チャターベディ
Chaturvedi
チャターリ Csatári
チャタリ Csatary
チャータリス
Charteris
チャタルジー
Chatterji
チャーチ Church***
チャーチウォード
Churchward
チャチェカバ
Bya 'chad kha ba
チャチェフ Chachev
チャーチズ Cherches

チャチッチ Čačić
チャーチマン
Churchman
チャーチャー
Churcher
チャーチャーイ
Chatichai
チャーチャイ
Chartchai
Chatichai
チャチャイ
Chartchai
Chatchai
Chatichai*
Chiedchai
チャーチヤード
Churchyard
チャチャート
Chadchart
チャチュア Chachua
チャチュク Cacuk
チャーチランド
Churchland*
チャーチル
Churchil
Churchill***
チャーチワード
Churchward
チャッカーチ
Chackartchi
チャッカート
Tschackert
チャッカラカイ
Chakkalakal
チャッキー Chucky
チャック
Charles*
Chuck***
Csák
Trac
Trach
チャックスフィールド
Chacksfield
チャックパーラ
Cakkhupāla
チャックラパット
Cakkraphat
チャックラパン
Cakkraphan
チャックラワルティ
Chakravarti
チャッコ Chacko
チャッスマン
Chatsuman
チャッセル Chassell
チャッタージ
Chatterji
チャッタージー
Chatterji
チャッタジー
Chatterjee
チャッタジイ
Chatterji
チャッタートン
Chatterton*
チャッタワーラック
Jattawaalak*
チャッチャイ
Chartchai
Chatchai*
チャッチャワーン
Chatchawan
チャッテルジー
Chatterjee
Chatterji
チャッテルジェー
Chatterjee
チャット
Chat
Chatt
チャッド Chad*
チャットウッド
Chatwood
チャットーパーディヤーヤ
Chattopadhyay
Chattopadhyaya
チャットフィールド
Chatfield*
チャットマン
Chatman
チャットン Chatton
チャッハ Tzschach
チャッパローニ
Ciapparoni
チャッビー Chubby
チャッピン Chapin
チャッブ Chubb
チャッブ Chupp
チャップマン
Chapman***
チャップリン
Chaplin***
チャップロー
Chappelow
チャッペル Chappell
チャーディ Ciardi
チャディ Chadi
チャディー Chade
チャーティカワニット
Chatikavanij*
チャティカワニット
Chatikavanij
チャティプ Chatthip
チャーテリス
Charteris
チャテルジー
Cattopādhyāy
Chatterjee
Chatterji*
チャデルトン
Chaderton
チャート
Chart
Chat**
Cherd
Csath
Csáth*
チャード
Chard*
Cherd
チャトー Chatto
チャド
Chad***
Chadd
Chadwick
Tchad
チャドゥ Cha-too
チャドウィク
Chadwick
チャドウィック
Chadwick***
チャドウイック
Chadwick**
チャトウィン
Chatwin**
チャトゥシピタク
Jatusripitak*
チャトゥロン
Chaturon
Jaturon
チャトゥン Chatten
チャトコフ Shatkov
チャトシック
Chastchik
Chatschik
チャトスィコンスタンティヌ
Chatzikonstantinou
チャトチャイ
Chatchai
チャトパディヤイ
Chattopadhyay
チャトーパーディヤーエ
Caṭṭopādhyāy
Chattopadhyay
チャトバーディヤエ
Chattopadhyay
チャトパドヤヤ
Chattopadhyay
チャートフ
Chartoff
Chertoff*
チャトフィールド
Chatfield
チャトプン
Chatuphum
チャトポン Chatpong
チャドボーン
Chadbourn**
チャトマン Chatman
チャドラーヴァルィーン
Chadraavaljn
チャドラーバリイン
Chadraavaljn
チャドラーバリーン
Chadraabalïn
Chadraabalyn
チャートランド
Chartrand
チャートリー
Chaatree
Chatri
チャトリ Chatri*
チャドリー Chudleigh
チャートリアン
Chatrian
チャートリス
Charteris
チャートリーチャルーム
Chatrichaloem
チャドリッキ
Chadrycki
チャドリントン
Chadlington
チャドール Chador
チャドレイ Chudleigh
チャーナー Chernor
チャナ Chana*
チャーナウ Chernow*
チャナウォン
Chanawongse*
チャナーエフ
Chanajev
チャーナキヤ
Chānakya
チャーナック
Chernak*
チャナディ Csanádi
チャナティップ
Chanathip
Chanatip
チャナトニー
Chernatony
チャナラソポン
Chanaratsopon
チャーニ Charney
チャーニー
Charney**
チャニー Chaney*
チャーニアク
Cherniak
チャニアゴ Chaniago
チャーニィ Tscherny
チャーニイ Charney*
チャニシュヴィリ
Čanishvili
チャーニス Cherniss
チャニット Chanit
チャニバラ Chunibara
チャニャヴァナクル
Chanjavanakul
チャニャン
Chan Yang
チャーニン
Charnin
Chernin
Churnin
チャニン Chanin
チャニング
Channing***
チャヌ
Chan
Chanu
チャヌク Chan-wook*
チャーヌテル
Tscharnuter
チャヌヌガンバム
Chanu Ngangbam
チャネ
Chane
Tchane
チャーネイク
Chernaik
チャーネス Charness
チャネル Channel
チャーノ
Chano
Ciano
チャノ Chano
チャーノク Charnock
チャーノック
Charnock
チャーノフ Chernoff
チャノン Channon**
チャーパー Cāpā
チャバ Csaba*
チャパーエフ Chapaev
チャパエフ Chapaev
チャバック
Chubbuck*
チャバード Chapard
チャバナウ
Charbeneau
チャパニス Chapanis
チャバネ Chabane
チャハヤ Tjahaja
チャバララ
Tshabalala*
チャバララムシマング
Tshabalalamsimang
チャバリ Chavarri
チャバリア
Chavarria
Chavarría
チャハル
Chahar
Chaqar
チャパル Chapaêrh
チャパルチャリ
Tjapaltjarri
チャパロ Chaparro
チャバン
Chavan*
Ja-bang
チャパン Chapin
チャビ
Chhabi
Tchabi
チャビー Chubby*
チャピ Chapí
チャピー
Chapey
Chapí
チャヒオ Tjahjo
チャビス
Chavez
Chavis
チャビナンディ
Tchabinandi
チャビルダス
Chabildas
チャピン Chapin*
チャブ Chubb**
チャブ Chubb
チャーファス Cherfas
チャーフィ Chia Hui
チャーフィー Chaffee
チャーフイ Chia-hui
チャフィー
Chaffee*
Chaffey
チャブイ Čabui
チャプィギン
Chapygin
チャプイギン
Chapygin
チャフォ Chafo
チャブキアーニ
Chaboukiani

チ

Chabukiani
チャフケフ
Chakhkiev**
チャプコヴァー
Čapková
チャブシオール
Çavuşoğlu
チャプスキ Czapski
チャプソン Chapson
チャフチャヴァーゼ
Chavchavadze
チャフチャヴァゼ
Chavchavadze
チャフチャワゼ
Chavchavadze
チャプトヴァ
Čaputová
チャブハム Chabham
チャプマン
Chapman**
チャフヤディ Cahyadi
チャブラ Chhabra
チャプラ
Capra
Chapra
チャブラック Chabrak
チャプリカス
Čapilikas
チャブリス Chabris
チャプリーナ
Chaplina
チャプリン Chaplin*
チャプル Chapple
チャプルイギン
Chaplygin
チャプルス Chaples
チャプレ Chaplet
チャプロビチ Čaplovič
チャベイ Chabay
チャペク Čapek
チャベス
Chaves*
Cháves
Chavez**
Chávez***
チャペス
Chavez
Chávez
チャベダ Chabeda
チャベツ Chabez
チャペック
Capek**
Čapek*
Chapek
チャペラー
Tschäppeler
チャーベリー
Cherbury
チャベリ Chaverri
チャーベル Charbel
チャヘル Chahal
チャペル
Capel
Chapel
Chappel
Chappell***
Chappelle
チャベロ Chavero
チャペロウ
Chappelhow*
チャボ Chavo
チャポー Chapo
チャポラ Chapola
チャポン Chapone
チャポンダ Chaponda
チャホンドルジ
Čaqundorji
チャマ Chama
チャマー
Chammah
Tschammer
チャマイエフ
Chermayeff*
チャマイポン
Chamaiporn
チャマコ Chamaco
チャーマース
Chalmers
Charmers
チャーマーズ
Chalmers**
Charmers
チャーマズ Chalmers
チャマーズ Chalmers
チャーマテーウィー
Camathewi
チャマナン
Chamanand**
チャマーヤフ
Chermayeff
チャマラ Chamala
チャマレス Chamales
チャーマン Charman
チャマン Chaman
チャミ
Cami
Chami
Tchami
チャーミアン
Charmian
チャミサ Chamisa
チャミゾマルケス
Chamizo Marquez
チャミチャン
Ciamician
チャーミャン
Charmian
チャミリ Chameli*
チャミン Chamine
チャーム Charm
チャム
Cham*
Thiam
Trâm
チャムシー Chamussy
チャムシャ Chamsyah
チャムジャ Tchamdja
チャムチェン
Byams chen
チャムバー Chambers
チャムバース
Chambers
チャムブル Chambers
チャムリー
Chamlee
Chumlea
Chumley
チャムレー
Cholmondeley
チャムロン
Chamlong**
チャムーン Chamoun
チャーメル Charmel
チャモ Chamot
チャモヴィッツ
Chamovitz
チャモロ
Chamorro***
Chāmorro
チャーモンド
Charmond
チャモーンマーン
Chamornmarn
チャーヤノフ
Chaianov
Chayanov
チャヤーノフ
Chaianov
Chayanov
チャヤノフ Chaianov
チャユピ Çajupi
チャユルワ
Bya yul ba
チャーラー Cālā
チャラ
Tchala
Tchalla
チャーライン Charyn
チャラカ Caraka
チャラク Charak
チャラックリス
Characklis
チャラネロ Ciaranello
チャラビ Chalabi**
チャラビエフ
Chalabiyev
チャラムウォン
Chalamwong
チャーラヤン
Çağlayan
チャラヤン
Chalayan**
チャラル Charral*
チャラワノン
Chearavanont
チャラン Charan**
チャーランド
Charland
チャランド Challande
チャーリ Charlie
チャーリー
Charie
Charles*
Charley**
Charli
Charlie***
Charly
Charry
チャリー
Chaly
Charlie
チャリア Chalia
チャリアオ
Chaleo
Chaliao
チャーリァン Chirlian
チャリアン Chirlian
チャーリィ Charley
チャリコフ Sharikov
チャリシー Charisse*
チャーリス Chalice
チャリース
Charisse*
Charles
チャリス Challis*
チャーリッグ Charig
チャーリッシュ
Charlish*
チャーリップ
Charlip**
チャリティ
Charité
Charity
チャリナー Challinor
チャリハ Chaliha
チャリム Tchalim
チャーリャン
Chia Liang
チャーリーン
Charlene
チャーリン Charyn**
チャリン Charine
チャリング Tjalling
チャリンダ Charinda
チャール Charl*
チヤール Tyard
チャールイ Chalyi
チャルイ Chary
チャルイエフ
Charyyev
チャルイゲルディ
Charygeldi
チャルイフ Chalykh
チャルイムイラト
Charymyrat
チャルカ Charuca
チャルカシナ
Charkashyna
チャルキエヴィッチ
Charkiewicz
チャルコ Tjarko
チャルサチエン
Charusathian
チャールサティアン
Charusathian
チャールサティエン
Charusathian
チャルーシナ
Charyshina
チャルーシン
Charushin**
チャールス
Chales
Charlcs
Charles***
チャールズ
Chaeles
Chales
Charies
Charles***
Charls
Cherles
チャルス Charles
チャルズ Charles
チャールズヴァース
Charlesworth
チャールスカヤ
Charskaya
チャールストン
Charleston
チャールスビー
Charlesby
チャールスワース
Charlesworth
チャールズワース
Charlesworth**
チャルセン Chalsen*
チャールソン
Charleson**
チャルダ Tjarda
チャルチ Church
チャルチャニ
Carcani*
チャルディ Ciardi
チャルディーニ
Cialdini**
チャルトラン
Chartrand
チャルトリスキ
Czartoryski
チャルトリスキー
Czartoryski
チャルトルィスキ
Czartoryski
チャルトルイスキ
Czartoryski
チャルトルスカ
Czartorska
チャールトン
Charlton***
チャルナク
Zscharnack
チャルナック
Zscharnack
チャルニー Tcharney
チャルニアック
Czarniak
チャルネッカ
Czarnecka
チャルネッキ
Czarnecki*
チャルノグルスキー
Carnogurský*
Čarnogurský
チャルパ Chalupa
チャルハイカ
Charheika
チャルパコーン
Charupakorn
チャルハノール
Calhanoglu
チャルファ Calfa*
チャルファー Calfa
チャルファント
Chalfant
チャルフィー Chalfie*

チャルフォント Chalfont*
チャルブト Charubutr
チャルベ Charvet
チャルペック Charpak
チャールマエ Charlemae
チャルマース Chalmers**
チャルマーズ Chalmers***
チャルーム Chalerm
チャルームサック Chaleumsak
チャルームチャイ Chalermchai
チャルームティアラナ Chaloemtiarana
チャルームティアロン Chaloemtiarana*
チャルルイエフ Charlyyev
チャルレス Charles
チャルーン Caroen Chaleun Charoen
チャルンヴィト Charnvit
チャルンセータシン Jaroensettasin
チャルーンプラ Charoenpura
チャーレ Charles
チャレ Kya leh
チャレオン Chareon
チャーレス Charles
チャレース Charles
チャレック Čarek
チャレット Charet*
チャレティ Charretie
チャレフ Chaleff
チャレロ Chiarello
チャーレン Charlene
チャレンジャー Challenger*
チャレンダー Challender*
チャレンツ Charents Tcharents'
チャーロ Charo
チャロ Charo*
チャロエンワンサ Charoenwongsa
チャロキー Ciarrochi
チャロッキ Ciarrochi
チャロナー Challoner*
チャロバー Chalobah
チャローユー Chaloyu
チャロユー Chalor-u
チャロルド Charold
チャローン Charoen
チャロン Charone
チャロンゲン Challongen
チャワ Chava Tchawa
チャワラット Chavarat
チャワリット Chaovalit* Chavalit*
チャーン Cagan Chan Chern*** Cherne
チャン Chan*** Chang*** Chen Cheng Cheung** Chiang** Chuang Chun Chung** Jang*** Qiang Tjan Tran*** Trân Trần Trận Trang* Tyan Zhang** Zhāng Zheng
チヤン Qiang
チャンイク Chang-ik
チャンイル Chang-il
チャンイン Chang-in**
チャンウ Chang-woo
チャーンウィット Charnvit*
チャーンウィラクン Charnvirakul
チャンウェイ Chang-wei*
チャーンウッド Charnwood
チャンオ Chang-o*
チャンオーチャー Chan-o-cha* Chan-ocha*
チャンオプ Chang-up
チャンオン Chang-eon Chan Onn
チャンカイ Csenkey
チャンガロヴィチ Changalovich
チャンギージー Changizi
チャンキャ Lcang skya
チャンギュ Chang-kyu
チャンギョム Chang-gyom
チャング Chung**
チャングォン Chang-kwon
チャンクシ Changshi
チャングライ Chenglai
チャンクラチャンウォン Chankrachangwong
チャングン Chang-keon Chang Keun
チャンゲズ Changez
チャンゴ Tchango
チャンサモーン Chansamone
チャンサラット Chantharat
チャンサン Chang-sun
チャーンサンガヴェフ Charnsangavej
チャンサンバス Chansambath
チャーンシ Chauncy
チャンシ Chansy
チャンシー Chauncey*
チャンジェ Chang-jae
チャンシク Chang-sik
チャンシッター Kyansittha
チャンジッタ Kyansittha
チャンシャンスキイ Tian'-Shanskii
チャンジュ Chan-joo
チャンジュン Chang-jung
チャンジョ Chang-jo
チャンジョン Chan-jong
チャンシリ Chansiri*
チャーンズ Charnes
チャンス Chance*** Chang-soo Chang-su Chan-soo Jang-soo*
チャンスィッター Kyansittha
チャンスラー Chancellor
チャンスン Chang-soon*
チャンセラー Chancellor**
チャンソプ Chang-sop* Chang-sub
チャンソン Changson Chanson Chansung
チャンター Chanter
チャンダ Chanda**
チャンダー Chanda Chander Chandor
チャンダク Chandak
チャンタソン Chanthasone*
チャンダック Chandak
チャンダナ Candana
チャンタナチュラカ Chanthanajulaka
チャンダーバ Candābha
チャンダパッジョータ Caṇḍapajjota
チャンダラ Chandara
チャンダル Candar Chandar* Chang-dal
チャンダルパル Chandarpal
チャンダン Chandan
チャンチェン Changchien*
チャンチオロ Cianciolo
チャーンチャイ Charnchai
チャンチュブ Byaṅ chub
チャンチュプ Byang chub
チャンチュプゲルツェン Byang chub rgyal mtshan
チャンチューリ Cianciulli
チャンチュン Zhan-chun
チャンテ Chang-tac
チャンディー Chaṇḍī
チャンディオ Chandio
チャンディーダース Chaṇḍīdās
チャンディマ Chandima
チャンティマートーン Chanthimathon
チャンティリ Chantiri
チャンデラ Chandela
チャンデル Chandel
チャーンド Chānd
チャント Chant
チャンド Cand Canda Chand** Chānd
チャンドゥ Candu
チャンドゥナ Chandna
チャンドゥビ Chanduví
チャンドゥプ Cántýp
チャントゥリア Tchanturia
チャンドク Chang-dok
チャンドス Chandos
チャンド・バルダーイー Chāndbardāyī
チャンドバルダーイー Chāndbardāyī
チャントラー Chantler
チャンドラ Candra** Chandler Chandra***
チャンドラー Chandlar Chandler*** Chandrer Chaundler
チヤンドラー Chandler
チャンドラカーンタ Candrakānta
チャンドラキールティ Candrakirti Candrakīrti
チャンドラグプタ Candragupta Chandragupta
チャンドラゴーミン Candragomin Chandragomin
チャンドラシューカル Chandrasekhar
チャンドラシリ Chandrasiri
チャンドラセーカラ Chandrasekhara
チャンドラセカーラ Chandrasekhara
チャンドラセカラン Chandrasekaran*
チャンドラーセカール Chandrasekhar
チャンドラセカール Chandrasekar Chandrasekhar** Chandrasekhara
チャンドラセカル Chandrasekhar
チャンドラセクハラン Chandrasekharan
チャンドラセナ Chandrasena
チャンドラソニック Chandrasonic*
チャンドラーナンダ Candrānanda
チャンドラニ Chandrani
チャンドラバーヌ Candrabhanu
チャンドラブプタ Chandragupta
チャンドラマティ Candramati
チャンドラモウリ Chandramouli
チャンドラレカー Chandralekha
チャンドラン Chandran Chandruang
チャントリ Chantrey
チャントリー Chantrey

チ

Chantry
チャントーリア
Tchantouria
チャンドリカ
Chandrika**
チャンドリカパサード
Chandrikapersad
チャンドリカペルサッド
Chandrikapersad
チャントル Chanthol
チャントレー
Chantrey
チャンドレシュ
Chandresh
チャントレル
Chantrell
チャンドン
Chang-dong*
Qiangdong
チャンナ Channa
チャンナレット
Channareth
チャンニャーラート
Chanyalath
チャンニング
Channing
チャーンヌクン
Channukul
チャンネ Chang-rae*
チャンネッラ
Ciannella*
チャンネル
Channel
Channell
チャンバ Chamba
チャンバー Chambers
チャンパ Ciampa*
チャンバイ Csampai
チャンパイ Csampai*
チャンパサク
Champassak*
チャンパサック
Champassak
チャンバース
Chambers*
チャンバーズ
Chambers
チャンバッデ
Kyambadde
チャンパテンダー
Jampa Tendar
チャンパーノウン
Champernowne
チャンバーランド
Chamberland
チャンバリン
Chamberlin
チャンバーレイン
Chamberlain
チャンバーレーン
Chamberlain
チャンバーレン
Chamberlain
チャンヒ
Chang-hee
Chang-hi
チャンピ Ciampi***
チャンピー Champy*
チャンピオン
Champion**
チャンピカ Champika
チャンヒョク
Changhyok
Chang-hyuk
チャンヒョン
Chang-hyun
Changhyun
チャンビン Changbin
チャンプ
Champ**
Champe
チャンファン
Chang-whan
チャンプニー
Champney
チャンプニーズ
Champneys
チャンブリス
Chambliss*
チャンプリン
Champlin*
チャンブル Chambers
チャンブレン
Chamberlain
チャンフン
Chang-fun
Chang-hoon*
チャンベ Chang-bae
チャンベシ
Chambeshi
チャンペル
Tschampel
チャンホ
Chang Ho
Chang-ho*
Chan-ho*
チャンボコ Chamboko
チャンボリ
Chanborey
チャンポーリ
Ciampoli
チャンポン
Chang-pong
チャンマーラー
Cânm"ār"ā
チャンマン
Chang-man
チャンミェ Chanmyay
チャンミン
Chang-min
Changmin*
チャンムガム
Chanmugam
チャンムーガン
Chanmugam
チャンモ Chan-mo*
チャンモク Chan-mok
チャンユン
Chang-yoon
チャンヨル
Chang-yul*
チャンヨン
Canyong
Chang-yong*
Chang-young
Chan-Yong
Janyong*
チャンラエ Chang-rae
チャンラク Chang-rak
チャンリム Chang-rim
チャンリョン
Chang-ryong
チャンレー
Chang-rae*
チャンレイ Charnley
チャンレーム
Chanraem
チャンワン
Cheang-wan
チュ
Che
Chu**
Du
Joo*
Ju*
Tru
Zhu
チュー
Chew*
Chiu*
Choo*
Chou
Chu***
Chugh
Çig
Kyu
Tew
Thieu
Tru
Trú'
Tsou
Tu
Zhu**
Zu
チュア
Chua**
Chuah
チュアイフェット
Chuayffet
チュアシリポーン
Chuasiriporn*
チュアヌ
Chuan
Quan
チーユアン Ji Yuan
チュアン
Cheuang
Chu-an*
Chuan**
Chuang
Chuen
チュアンアン Quan-an
チュアンジン
Chunan-Jing
チュアンチュアン
Zhuang-zhuang
チュアンテ Tchuinté
チュアンフ Chuanfu
チュアンホア
Chuanhua
チュアンユー
Quan-you
チュアンユエ
Chuanyue
チュイ Thúy**
チューイエッタ Tuieta
チュイコーフ Chuikov
チュイコフ Chuikov
チュイザ Chuiza
チュイリエ
Thuillier**
チュイレアナイン
Chulleanáin
チュイン Qun
チュウ
Chew**
Chieu
Chiou
Choo**
Chu**
Qiu
Trieu
Triêu
Zhu
チュウイ Chui
チュウェイスト
Chwast
チュウェスト Chwast
チュウオン Truong
チュウケスベリ
Tewkesbury
チュウズ Tewes
チュウチャンタナキット
Chiewchantanakit
チュウブリック
Cheplick
チュウプルウノフ
TSuprunov
チュウン Chuon
チュエ Chueh
チュエイリャン
Chwei Liang
チュエカ Chueca*
チュエッカ Chueca*
チュエット Tuyet
チュエン
Chuyen
Cuyeng
Thuyen
Truyen
チュエンテ Tchuente
チューエンボウ
Chuembou
チュエンルディーモル
Chuenrudeemol
チュオン
Chuon
Chuong
Thiounn
Trong
Truong***
Tru'o'ng*
Tru'ò'ng
チュオン・ニュ Truong
チュカ Chuka
チューガエフ Chugaev
チュガーエフ Chugaev
チュカハマエ
Txucarramãe
チュカーリン
Chukarin
チュカロフ Tyukalov
チューキ
Chos kyi
Chos-kyi
チュキ Chos-kyi
チューキアット
Chookiat*
チューキニマ
Chos kyi nyi ma
チュギャム
Chogyam
Chögyam
チューキロドゥー
Chos kyi blo gros
チュキン Tjukin
チューク Tuke
チュク
Chuckwu
Chuku
Chukwu
チュクウェメカ
Chukwuemeka
チュクエメカ
Chukwuemeka**
チュグターイー
Chughtai
Chughtāī
Chugthai
チュクメリジェ
Chukwumerije
チュクリエール
Tchoukriel
チュクリエル
Tchoukriel
チュクレイ Chukhray
チュグワネ
Thugwane*
チューグワン
Zu-guang
チューゲル Zügel
チュゴシュビリ
Chugoshvili
チュコーフスカヤ
Chukovskaya
チュコフスカヤ
Chukovskaya**
チュコーフスキー
Chukovskii
チュコフスキー
Chukovskii*
Chukovskiĭ
Chuko'vskii
Chukovskij
Chukovsky
Tsukovski
チュコーフスキィ
Chukovskii
チューコルツァン
Choekhortshang
チュゴン Chugong
チューシッド Chusid
チュージナ Chudina
チュジノフ Chudinov
チュジャーク Chuzhak
チュジョイ Chujoy
チュージン Chudin*
チュース
Kjus*
Tjuus
チュス Chus
チューズディ Tuesday
チューズデイ Tuesday

チュソヴィチナ
Chusovitina*
チュソビチナ
Chusovitina
チューソン Tuson
チュソン Ju-sung
チューター Chuter*
チューダー
Tuder
Tudor***
チュダコフ
Chudacoff*
チューダパンタカ
Cūdapantaka
チュチェロワ
Chuchelov
チュチープ Chucheep
チュチャー
Tschütscher*
チューチャイ
Chiedchai*
チュチャワル
Chutchawal
チュチュオーラ
Tutuola
チュチュノフ
Tyutyunov
チュチューリン
Chechulin
チューチョ Chucho*
チュツオーラ Tutuola
チュツオーラ
Tutuola**
チュック
Chuc
Truc*
チュッチェフ
Tiutchev
Tyutchev
チュット
Chuth
Cut
Tjoet
チュッフ Chuff
チュッファーニ
Ciuffagni
チュッペ Chuppe
チューディ
Tschudi*
Tschudy
チューディー Tschudy
チュティ Chuti
チュディ Cheddi
チュディナ Chudina
チュティナン
Chutinant
チューティル Kjetil
チューディン
Tschudin
チュート
Cherd*
Chute*
チュートー Xuto
チュトー Xuto
チュードゥプ
Chos-'grub
チュードゥン Chödrön
チュドガル Chudgar
チュドニック
Chudnick
チュドフスカヤ
Chudovskaia
チュドリー Chudley
チュドレイ Chudleigh
チュナエフ Chunayev
チューニー Choonee
チュニシ Tunisi
チューニス Tunis
チュニス
Tunis
Tuniz
チュニック Tunik
チュニホフスカヤ
Chunykhovska
チューニング
Chewning
チュネ Tuner
チュネイ Tüney
チュネク Cunek
チューネン Thünen*
チュノヴィック
Chunovic
チュノビック
Chunovic
チューノフ Tiunov
チュバ
Chuba
Tuba
チュバイス Chubais**
チュバエバ Chuvaeva
チュバキン Chuvakin
チューバク Chūbak*
チュパック Chupack*
チュバリヤン
Chubar'ian
チュバール Tchubar
チュバロフ Shuvalov
チュバン Ceban
チューピアナ Tubiana
チュビエール Tubières
チュピチ Čupić
チューピニット
Chuphinit
チュービーン
Chōbīn
Chūbīn
チュービン Chubin*
チュブ Chubb
チューフォ Ciufo
チュフォリニ Ciufolini
チュフォレッティ
Ciuffoletti
チュブク Chubbuck
チュブクチュ
Çubukçu
チュプコフ Chupkov
チュフライ
Chukhrai**
チュブリロヴィチ
Čubrilović
チューブリン Züblin
チュベイ Čübei
チュホ Joo-ho*
チュポ Choupo
チューポン Chupong
チュホーンツェフ
Chukhóntsev
チューマ Chuma
チューマー Thümer
チュマ Czuma
チュマク Chumak
チュマコフ Chumakov
チュマセロ
Chumacero
チュマチェンコ
Chumachenko*
チュマルト Cumart
チューマン Chuman
チュマンドリン
Chumándrin
チュミ Tschumi*
チューミン Chu-ming
チュム Chhum*
チュムサーイ Chumsai
チュムポン Chumpol
チュームマリー
Choummaly
チュメオ
Tcheumeo**
Tcheuméo
チュヤノフ Chuyanov
チュユアン Chu-yuan
チューユイ Chu-yu
チュヨン Chu-young*
チュラ Tula
チュラー Theurer
チューラカ Cūḷaka
チューラガヴァッチャ
Cūlagavaccha
チュラノン
Chulanont*
チューラパンタカ
Chulapantaka
Cūḷapanthaka
チュラフィッチ
Culafic
チュラポウスキー
Chrapkowski
チュラポーン
Chulabhorn*
チューラーマニヴァルマン
Chūḷāmaṇivarman
チュラロンコーン
Chulalongkorn
チュラロンコン
Chulalongkorn
チュラン Thuram
チュランダー
Tillander
チュランディ
Churandy
チュリ
Thury
Tuli
チューリアン Culiang
チュリアン
Choulean*
Chuliang
Jūlān
チュリエ
Thulié
Thuries
チュリエル Turiel
チュリオ Tullio
チュリゲーラ
Churriguera
Churriguerra
チュリゲラ
Churriguerra
チュリコヴァ
Churikova
チュリコワ Churikova
チューリップ Tulip
チューリナ Tiourina*
チュリナ Tyurina
チュリニ Turigny
チュリーヌ Turine
チューリン
Thulin*
Tiurin
Tyurin
チュリン Jurin
チューリング
Turing**
チューリントン
Turlington
チュール Thur
チュルカ Csurka
チュルキン Churkin**
チュルク
Turc
Turcq
チュルクチー
Turquety
チュルケ Turquet
チュルゴ Turgot
チュルゴー Turgot
チュルゴオ Turgot
チュルコーフ Chulkov
チュルコフ Chulkov
チュルシェ Zurcher*
チュルシナ Churshina
チュールジョン
Turgeon
チュルタイオス
Tyrtaios
チュルック Tchuruk
チュールテミン
Tsultemin
チュルテム Chultem
チュルデュ Turdu
チュルニン Czernin
チュルネーブ
Turnèbe
Turnebus
チュルバーノフ
Churbanov
チュルパン Chulpan
チュルヒャー
Zürcher*
チュルリュパン
Turlupin
チュルリョーニス
Ciurlionis
Čiurlionis
チュルレネネ
Chyurlenene
チュルン
Zurn
Zürn*
チュルンバト
Chuluunbat
チュレ Tullet
チュレイ
Chulay
Ciulei
チューレラン
Jurelang**
チューレン Turen
チュレンヌ Turenne
チュローダー
Chroeder
チュローニ Turroni
チュローヤン
Tchoullouyan
チューロン Tioulong
チュワン
Chuan
Zhuang
チューン
Cheung
Choeun
Choong
Tune*
Tunen
チュン
Cheung*
Choon*
Chun**
Chung**
June
Trung***
チユン Ji Yoon
チュンイル Choong-il
チュンカ Chunka
チュンガ Čung-ga
チュンギ Choong-ki
チュンギル Chung-gil
チュング
Chung
Chun-Goo
Jung
チュングン
Chun-keun
チュンコン
Choong-kun
チュンサム Chun-sam
チュンシク
Choong-seek
チュンジョ Choong-jo
チュンシン Chun Sing
チュンス Chun-su
チュンセ Choong-seh
チュンソ Choong-seo
チュンソク
Choong-seok
チュンダ Cunda
チュンチャク Trung
チュンチュ Chun-chu
チュンドルフ Zündorf
チュンナム Chun-nam

チュンニ Trac
チュンニョル
Chung-ryoul
チュンネ 'Byung gnas
チュンハ
Chun Hwa
Chunhwa
チュンハーウォン
Choonhavan
Chunhawon
チュンバーズ
Chambers
チュンハワン
Choonhavan*
Chunhawon*
チュンハン
Choong-han
チュンヒ Chun-hi*
チュンファ
Chung-hwa
Chun-hua
チュンファン
Choong-hwan
チュンフェ
Choong-whay
Choon-hoe
チュンフェイ Qunfei
チュンフン
Choong-hoon
Joong-hoon*
チュンペル
Chöpel
Chos-phel
チュンホ Choon-ho
チュンボク
Chun-bok*
チュンボラン
Cheunboran
チュンポン Chumpol
チュンマリ
Choummaly*
チュンミ
Choon-mie*
Chun Mi
チュンミン
Ch'un Ming
チュンヨル Choon-yul
チュンヨン
Choong-yong*
チュンラサップ
Cunlasap
チュンリム
Chhun Lim
チュンルンルアンキット
Jungrungreangkit
チョ
Cho***
Chou
Chough
Jho
Jo**
Joh
Zo*
チョー
Cho**
Choo
Chor*
Co
Kyaw**
Tjoe
チョア Tjoa
チョーイ Chooi
チョイ
Choi**
Choy*
チョイアー Thøger
チョイク Choyke
チョイジ Choyiji
チョイジャブ
Choyijab
チョイジャムツィーン
Čoijamču-yin
チョイジリーン
Choijiliin
Choizhilyn
チョイジルスルン
Chojzhilsuren
チョイジルスレン
Choijilsuren
チョイジルスレンジン
Choijilsurengiyn
チョイトンノ
Caitanya
チョイノム Choinom
チョイ・バルサン
Choybalsan
チョイバルサン
Choybalsan
チョイマー Choimaa
チョイラルジャブ
Choiraljav
チョウ
Chang
Chau*
Chiau
Cho**
Choe
Chou*
Choue
Chow**
Jo
Kyaw*
Zhao*
Zhou*
チョウイ Choi
チョウイー Qiouyi
チョヴィッチ
Ćović*
Čović
チョウサー Chaucer
チョウデマンチェ
Chaudemanche
チョウドゥーリー
Chaudhuri
チョウドゥリ
Caudhurī
チョウドゥリー
Chowdhury
チョウドリ
Choudhury*
Chowdhury*
チョウドリー
Chaudhuri*
Chowdhury
チョウトン
Cheow-tong
チョウニング
Chowning
チョウハダ Couhdri
チョウハン Chouhan
チョウヤウ Cho Yaw
チョウラガイン
Chaulagain
チョウラワノン
Chearavanont
チョウレイ Chorley
チョウン
Cheung
Chone
チョウンシー
Chauncey
Chauncy
チョエキ Chos kyi
チョエク Chos sku
チョエジェ Chos rje
チョエジョル
Chos 'byor
チョエツカ Chojecka
チョエドル Chos rdor
チョーカー Chalker*
チョカエフ
Shoqaev
Shoqay
チョカチ Chokachi
チョカーノ Chocano
チョカノ Chocano
チョカン Chókan
チョギャム
Chogyam
Chögyam
チョーク
Chalk*
Chuek
チョク
Čok
Ťok
チョークウェー
Chouquet
チョクシ Choksy
チョクシー
Chokshi
Choksy
チョクデン
Mchog ldan
チョクトン
Chok Ton
Chok Tong*
チョクニャイ
Csoknyai
チョークフルオブラブ
Chalkfulloflove
チョクロアミノト
Tjokroaminoto
チョクロボルティー
Chakravarti
Chakravartī
チョクロン Chocron
チョクワタナー
Chokwatana*
チョークワッタナー
Chokwatthana
Chookhvatanaa
チョケタニ Joketani
チョケット
Choquette*
チョケワンカ
Choquehuanca
チョコーア Csokor
チョコナイ Csokonai
チョコマフ Chomakov
チョコラーテ
Chocolate
チョコル Csokor
チョーサ Chaucer
チョーサー Chaucer*
チョーサア Chaucer
チョサック Chosak
チョジェ Choeje
チョジック Chozick
チョーシッチ
Cosić
Čosić
チョシッチ Ćosić*
チョス Csosz
チョスドスキー
Chossudovsky*
チョスドフスキー
Chossudovsky
チョーズン Chozen
チョゼン Choden
チョタニ Chotani
チョーダリ Chaudhari
チョーダリー
Chaudhari
Choudary
チョーチ Jioji
チョチェフ Chochev
チョチノフ Chochinov
チョチュア Chochua
チョチョシヴィリ
Chochoshvili
チョチョシビリ
Chochishvili
チョツィノフ
Chotzinoff
チョッカ Chiocca
チョック Chock
チョックロボルティ
Cakrabartī
チョッケ
Zschocke
Zschokke*
チョッケー Zschokke
チョツケ Zschokke
チョットッパッドヤーイ
Cattopādhyāya
チョットパッダエ
Caṭṭopādhyāy
Chaṭṭopadhyay
チョップ Čop
チョーデラ Chodera
チョデン Choden
チョート Choate**
チョードゥリ
Choudhuri
チョードゥリー
Chowdhury
チョドシュ Chodosh
チョトパッダーエ
Caṭṭopādhyāy
Chattopadhyay
チョードリ
Chaudhry*
Chaudhury*
Choudhri
Choudhuri
Choudhury*
Chowdhury*
チョードリー
Chaudhary
Chaudhry**
Chaudhuri
Chaundhry
Choudhri
Choudhury
Chowdhry*
Chowdhury
チョドリ Chowdhury
チョドロ Teodoro
チョドロウ
Chodorow*
チョドロン
Chodron
Chödrön
チョーナ Chawner
チョーナー Chawner
チョナイ Tchonai
チョーニ Cioni
チョーニー
Choonee
Czornyj
チョーニェイン
Kyaw Nyein
チョニタ Chonita
チョーネ Cione
チョネ Jone
チョネク Cionek
チョネタニ Jonetani
チョーノキ Cholnoky
チョーハ Cho Ha
チョバ Csaba
チョバヌ
Cebanu
Ciobanu
チョバノグラス
Tchobanoglous
チョバノグロス
Tchobanoglous
チョーハン Chauhan
チョバンコビッチ
Čobanković
チョピアク Chopyak
チョピック Chopich
チョビッチ
Covic
Ćović
チョピッチ
Copić*
Ćopić
チョヒョン Cho-hyan
チョピン
Chopin
Choppin
チョープ Chope
チョブ Chov
チョプ Cop
チョファ Sofa
チョファリク Cofalik

チョーフィ Ciofi*
チョープラ Chopra
チョープラー Chopra
チョプラ Chopra**
チョーベー Chaubey
チョペ Chope
チョペク Czopek
チョヘリ Chokheli
チョペル Chophel*
チョボウスキー
Chbosky**
チョボスキー
Chbosky*
チョホフ Chojoj
チョーマ Csoma
チョマ Csoma**
チョムサーイ
Choomsai
チョムジンスキー
Chomczynski
チョムス Choms
チョムスキー
Chomsky**
チョムタワット
Chomtawat*
Chomtawet
チョムボ Chombo
チョムラー
Zschommler
チョモン Chomón
チョーヤオ Cho Yao
チョヤス Tjoyas
チョラク
Colak
Çollaku
チョラコフ Cholakov
チョラース Chorās
チョーラック Čolak
チョーラデーヴァ
Coladeva
チョラニー
Csollany*
Csollány
チョーリ
Cioli
Csoóri
チョーリー Chorley
チョリエフ Choriev
チョリエワ Chorieva
チョリッチ Ćorić
チョーリャン
Cho-Liang
チョル
Cheol
Chol*
Chor
Chul*
チョルウ Chul-woo*
チョルウィッキ
Cholewicki
チョルウン Chol-ung
チョルオン Chul-un*
チョルカス Tsiolkas**
チョルギュ Chul-kyu
チョルグ Cheol-koo
チョルゴシ Czolgosz
チョルゴシュ Czolgosz
チョルジン Chol Jin
チョールズ Choules
チョルス
Cheol soo
Cheol-soo*
Cheor-su*
Chol-su*
Cholsu
Chul-soo
Chul-su
チョルスン
Cheol-seung
チョルテア Ciortea
チョールデンコウ
Choldenko*
チョルトシュ Csortos
チョールトン
Chorlton*
チョールヌイ
Chernyi
Chërnyi
Chorny
チョルネ Tschorne
チョルネイ Ciornei
チョルパン Cho'lpon
チョルヒ
Cheol-hee*
Chul-hee
チョルヒョン
Chol-hyun*
チョルファン
Chul-hwan*
チョルヘ Chol-hae
チョルベア Ciorbea*
チョルホ
Chol-ho
Cholho
チョルポン Cholpon
チョルマン Chol-man
チョルミン
Chol Min
Cholmin
チョルモンドレイ
Cholmondeley
チョーレー Chorley
チョーレイ Chorley
チョロヴィッチ
Čolović
チョロシュ Cioloş
チョロデンコ
Cholodenko*
チョロナー Chaloner
チョロベク Chorobek
チョロマ Choroma
チョローン Chuluun
チョワン Zhuang
チョワンチ Chuan-zhi
チョーン Con
チョン
Cheang
Cheng*
Cheon*
Cheong*
Cheung**
Chhon
Chiong
Chon**
Chong***
Choon*
Choung
Chun**
Chung***
Jeon*
Jeong*
Jhung*
Joan
Jon*
Jong**
Juhn*
Jung***
Tiong
Tjon
Tjong*
Trong***
Truong
Zhong
チヨン
Chi-yong
Chi-young
チョンウー Chengwu
チョンウェイ
Chong Wei*
Chong-wei*
チョンウォン
Cung-won*
チョンカ Csonka
チョンカン
Cheng-gang
チョンギ Cheong-Gi
チョンギュン
Chon-gyun
Jong-kyun*
チョンキン
Tjong Khing
チョング Cheong
チョンコ Chonko
チョーンシ
Chauncey
Chauncy
チョーンシー
Chauncey**
Chauncy
チョンシー
Chauncey
Chauncy
チョーンシイ
Chauncey
チョンシイ Zhong-shi
チョンジュン
Chong-jun**
チョンション
Zheng-sheng
チョンジン
Chong-chin
Junjin*
チョンス
Chun-soo*
Jung-soo
チョンスク Jeong-suk
チョンソ Cheon-seo
チョンソン
Chong-son
Tiongson
チョンタオ Tsung-dao
チョンチェン
Chongchetn
チョンチョル
Chonchol
チョンチンユ
Tjon Tjin Joe
チョンテイ Chontey
チョンディダシュ
Caṇḍīdās
チョンディダース
Chandidās
チョントヴァーリ
Csontváry
チョンドゥク
Chun-deuk
チョントバーリ
Csontváry
チョーンドラー
Chaundler
チョンドロ Chandra*
チョンドン
Chun Dung
チョンニョン
ChunNyun
チョンビ Tchombi
チョンピン
Cheung Ping
チョンフー Zheng-hu
チョンブンワット
Congboonwasana
チョンベ
Tshombe
Tshombé
チョンホ Jong-ho
チョンボ Chombo
チョンマン Chun-man
チョンミ Chong-mi
チョンムン
Chun-moon
チョンヤー
Chong Yah
Chong-yah
チョンユー Chong Eu
チョンユアン
Zhong-yuan
チョンヨン
Chong-yeong
Chung-yong*
チョンリャン
Cheng-liang
チラ
Chila
Chira
Csilla
チライユ Terrail
チラウ Chirau
チラウロ Ciraulo
チラオロ Ciraolo*
チラーキ Chlaki
チラコー Tiraqueau
チラス Chiras
チラーズィ Chirazi
チラチャヴァ
Chilachava
チラーティワット
Ciraathivath
Cirathiwat
チラナナ Tsiranana
チラナン
Čhiranan
Ciranan*

チラペート Jirapaet
チラベルト
Chilavert**
チラム Chilam
チラユート Thirayuth
チラロート Jirarote
チランケヴィッチ
Cyrankiewicz*
チランケビッチ
Cyrankiewicz
チランジービ
Chiranjeevi
チランダー Thilander
チリ
Chili
Thiry
Tilly
チリー
Chiry
Thiry
Tilly
チリーアコ Ciriaco
チリアコ Ciriaco*
チリアーノ Cigliano
チリアンゲ Tjiriange
チリィーダ Chillida
チリエ
Thiriet
Tillier
チリーオ Chirillo
チリオ Cirio*
チリガティ Chiligati
チリキシビリ
Tchrikishvili
チーリク Cieslik
チリク Ciricu
チーリコフ Chirikov
チリコフ Chirikov
チリーダ Chillida**
チリダ Chillida
チリダテス Tiridates
チリツィ Tshilidzi
チリッチ
Cilic*
Ciric
チリッヒ Tillich
チリッロ Cirillo
チリト Thirith*
チリーノ
Chirino
Cirino
チリノ
Chirino
Cirino
チリノス Chirinos
チリフ Chirif
チリベジャ Chirivella
チリベルト Ciliberto
チリボガ Chriboga
チリボッキ Tiribocchi
チリマ Chilima
チリモコス
Tsirimokos
チリル Cyril
チーリン Chi-ling*
チリーン Kylin

チ

チリングワース
Chillingworth
チリンジャリアン
Chilingerian
チリンドゥス Tylindus
チール
Cheal
Chiel*
Thiel
チル
Chill*
Cyl
Tillous
チルヴァース Chilvers
チルウェル Chilwell
チルキー Tschirky*
チルケ Csirke
チルコヴ Chirkov
チルコット
Chilcot
Chilcott
チルコート Chilcoat
チルシュキー
Tschirschky
チルズ Chiles
チルダー Childre
チルダース
Childars
Childers*
チルダーズ
Childars
Childers*
チルチル Chirchir
チルツェネ Circene
チルデン Tilden*
チルド Child
チルトマン Tiltman
チルドム Tyldum
チルドレス
Childress**
チルトン Chilton*
チルナー Tzschirner
チルバ Chiluba**
チルバイネン
Tyrväinen
チルハンガ Chirhanga
チルピッツ Tirpitz
チールピンスキー
Cierpinski
チルファン Chil-hwan
チルフヤ Chilufya**
チルマー Tilmer
チルマシェフ
Chyrmashyev
チルマノフ
Chilmanov
チルマンス Tillmanns
チルリー Thilly
チルレル Ciller*
チルワ Chirwa
チルン Tschirn
チルンパ Chilumpha
チルンハウス
Tschirnhaus
チルンハウゼン
Tschirnhaus

チーレ Tiele
チレー Chireh
チレーア Cilea
チレア Cilea
チレキゼ Tsirekidze**
チレク Czyrek*
チレクベク Tilekbek
チレストン Tileston
チレーノフ Chlenov
チレル Tirel
チーレン Qi-ren
チレン Tschirren
チレンブウェ
Chilembwe
チレンブエ
Chilembwe
チレンベ Chilembwe
チーロ Ciro*
チロ Ciro*
チロット Chirot
チロニス Chironis
チロマバカリ
Tchiroma Bakary
チロル Chirol
チロワ
Chilova
Shilova
チロン Chiron
チロンボ Tshilombo*
チーワ Cheewa*
チワプルーク
Chivapruck
チワヤ Chiwaya
チーワン Cheewan*
チワン Ciwang
チン
Chen
Chên
Chhin
Chin**
Ching*
Chinh*
Chinn*
Cin
Htin
Jin**
Jing*
Kyin
Qin*
Qing*
Quin
Shen
Trinh***
Trịnh
Tsing
Zinn
チンアセン
Chin-a-sen
チンイ Ching-yi
チンウェイズ
Chinweizu
チンウェン Ching-wen
チンウォース
Chinworth
チンカイ Chên-hai
チンギー Chingy
チンギス
Chinggis
Chingiz***
チンギズ
Chinggis
Chinghiz
Chingiz
チンギスベク
Chyngysbek
チンギソヴィチ
Chingísovich
チンキム Činkim
チンキン Chinkin
チンク Chink
チング
Ching
Qing
Tyng*
チンクェッティ
Cinquetti
チンクエッティ
Cinquetti**
チングンザブ
Činggünzab
チングンジ Chingunji
チンケル Tschinkel
チンゴ Chingo
チーンゴウリー
Cingoli
チンザー Cinza
チンシャ Tinscher
チンシャンロ
Chinshanlo*
チンスー Qingsu
チンスラノン
Tinsulanonda
チンゾリグ Chinzorig
チンタ Cinta
チンター Cintā
チンタオ Jin-tao
チンターマニー
Chintamani
チンタラー Chintara*
チンダル
Tindal
Tyndale
Tyndall
チンチジャ
Chinchilla*
チンチャー Ciñcā
チンチャイ Chin Chye
チンチャン
Chin-chang
チンチョン
Chinchon
Chinchón
チンチーリ Chinchilli
チンツィア Cinzia*
チンツィオ Cinzio
チンツェンドルフ
Zinzendorf
チンテーザ Cinteză
チンデマン
Tindemans
チンデマンス
Tindemans
チントゥアン
Chin Tuan
チンドリ Chindori

チントレット
Tintoretto
チンナー Czinner
チンナウォン
Chinnawong
チンナコーン
Jinnakhon
チンノック Chinnock
チンノフ Chínnov
チンハイ Ching Hai
チンピアオ Jin-biao
チンピン Jin-ping
チンファト Chin Fatt
チンフィ Chin-hui
チンベリー Kinberg
チンベン
Chinben
Chin Beng
チンホウ Qinghou
チンホン Qing-hong
チンマー Zschimmer
チンマーマン
Zimmermann
チンマン Chinman
チンミン
Jing-ming
Qin-min
チンメ Thimme
チンメルマン
Zimmerman
Zimmermann
チンメルン
Zimmermann
チンモイ Chinmoy*
チンリー Chin Lee
チンリャン
Cheng Liang
チンリン Qing-lin
チンルン Chinlun*
チンレージャムソー
Prinlaijamsu
チンワン Ching-wan

【ツ】

ツ
Tu
Zi
Zu
ツー Zu**
ツァ Zur
ツア
Tua
Zur**
ツァイ
Cai*
Tsai*
ツアイ
Chai
Tsai
ツァイコフスキー
Zajkowski
ツァイシュオ Zai-shuo
ツァィジング Zeising
ツァイジング Zeising
ツァィス Zeiss
ツァイス Zeiss
ツァイスベルガー
Zeisberger
ツァイスラー Zeisler
ツァイスル Zeissl
ツァイゼ Zeise
ツァイセック Zaczek
ツァイゼル Zeisel
ツァイツ Zeitz
ツァイツェフ Zaitsev
ツァイツラー Zeitzler
ツァイデニッツ
Zeidenitz
ツァイデル Zeidel
ツァイトブローム
Zeitblom
ツァイトブロム
Zeitblom
ツァイトリン Zeitlin*
ツァイヒナー Zeichner
ツァイベル Zweibel
ツァイホウ Chai-hou
ツァイラー
Zeiler
Zeiller
ツァイリンガー
Zeilinger*
ヅァイリンガー
Zeilinger
ツァイルホーファー
Zeilhofer
ツァイルマンス
Zeijlmans
ツァヴェラ Tzavella
ツァウク Zaugg
ツァウナー Zauner*
ツァウネルト
Zaunert*
ツァウファル Zaufal
ツァウレク Zauleck
ツァウン Zaun
ツァオ
Cao*
Chao*
Tsao*
Zhao
ツァオキアン
Zhaoqian
ツアオハオ Chao-hao
ツァオユエン
Tsao Yuan
ツアオレン Chao-ren
ツァガス Tsagas
ツァガーン Tsagaan
ツァガンバータル
Tsagaanbaatar
ツアキー Tourky*
ツァキアン Turekian
ツァキエビッチ
Zaczkiewicz
ツァグロセク
Zagrosek*
ツァグロゼク
Zagrosek

ツァケルツェウスカ
Zakerzewska
ツァコ Czakó
ツァコス Tsakos
ツァゴロフ TSagolov
ツァージウス Zasius
ツァシウス Zasius
ツァジウス Zasius
ツァスロー Zaslow
ツァダス Zuddas
ツァタノヴァ
Zlatanova
ツァツィオニス
Tsatsionis
ツァツィクホーフェン
Zatzikhoven
ツァツォス Tsatsos*
ツァッコーニ Zacconi
ツァッセンハウス
Zassenhaus
ツァッハウ Zachau
ツァッヘルト Zachert
ツァディーク Zaddik
ツァドゥカ Saduqa
ツァードーク Sādôk
ツァドク
Sādôk
Zadoc
Zadok
ツァーニー Czerny
ツァーニク Czarnik
ツァニス Tzannis*
ツァニン Zanin
ツァネス Tzannes
ツァネタキス
Tzannetakis*
ツァネフ Tsanev
ツァネラ Zanella
ツァノート Zanot
ツァノーフ Tsanoff
ツァノレッティ
Zanoletti
ツァハ Zach
ツァハー Zacher
ツァハイ Tsahai
ツァハウ Zachau
ツアハウゼン
Zur Hausen
ツァバラス Tzavaras
ツァハリアェ
Zachariä
Zachariae
ツァハリーアス
Zacharias
ツァハリアス
Zacharias**
Zachrias
Zaharias
ツァハリーエ
Zachariä
Zachariae
ツァパリニ Capalini
ツァバル Tzabar*
ツァヒ
Tzachi
Tzahi

ツァヒアギン
Tsakhiagiin
ツァピシ Ţapiş
ツァヒャギン
Tsakhiagiin
ツァピンスキ Capiński
ツァフ Tsakh
ツァフェンダス
Tsafendas
ツアフクナ Tsahkna
ツァフタリス
Tsaftaris
ツァプフ Zapf
ツァベリ Tsabel'
ツァペリス Tsapelis
ツァーベル Zabel
ツァベル Zabel
ツァーベルト Zabert
ツァヘルト Zachert**
ツァーベルン Zabern
ツァペンコ Tsapenko
ツァボー Szabo
ツァポ Csapó
ツアホルスト Zurhorst
ツァマ Ntsama
ツァミ Cami
ツァーラ
Tzara
Zarah
ツァラ
Czarra
Tzara**
Zarah
ツァラー Zarah*
ツアラ
Tuala
Tzara
ツアラウレレイ
Tualaulelei
ツァラツストラ
Zarathustra
Zarathuštra
ツァラトゥストラ
Zarathustra
Zoroaster
ツァラナジ Tsaranazy
ツァリキス Tsalikis
ツァリコフ Tsalikov
ツァリブ Twalib
ツァリョーフ Tsarev
ツァリンガー Zallinger
ツァーリンゲン
Zahlingen
ツァルヴァイン
Zallwein
ツァルカラマニーゼ
Tsalkalamanidze
ツァルク Szulc
ツァルグシュ
Tsargush
ツァルケーワ
Tsarukaeva
ツァルコ Tsalko
ツァルコフ Tsarkov
ツァルザリス
Tsaldaris

ツァルダリス
Tsaldaris
ツァルチェン
Tshar chen
ツァルデット Zardetto
ツァルファティ
Tsarfati
ツァルリーノ Zarlino
ツァルンケ Zarncke
ツァールント Zahrnt
ツァーレ Čale
ツアレグラドスキー
TSaregradskiy
ツァレゴロドツェフ
TSaregorodtsev
ツァレフ Tsarev
ツァレンキエビッチ
Zarenkiewicz
ツァレンバ Zaremba
ツァーン Zahn**
ツァン
Btsan
Thuan
Tsan
Tsang*
Tshaṅ
Tsuang
Zan
Zang
Zhang
ツアン Chang*
ツァンウィル Zangwill
ツァンガー
Zanger*
Zangger*
ツァンカル Cankar*
ツァンギライ
Tsvangirai**
ツァンゲン Zangen
ツァンコフ Tsankov
ツァンジド Tsanjid
ツァンシュエ Canxue
ツァンジーレ
Tsandzile
ツァンダー Zander
ツァンチェ Zanche
ツァンツァン
Cang-cang
ツアンツゥン
Chang-chun
ツァンディ Zandi
ツァンティン
Chang-ting
ツァンデル Tsander
ツァント Zand
ツァンニーニ Zannini
ツァンニョン
Tsang Nyon
ツァンパ
Gtsang pa
Gtsaṅ-pa
Tsangpa
ツァンベッリ Zambelli
ツァンヤン
Tshaṅ
Tshaṅ-dbyaṅs
Tshans-dbyans
ツーイ Tsui

ツィー Tsiy
ツイ
Cui
Tsui*
ツィア Zia
ツィアー Ziehr
ツイアツア Tuiatua*
ツィアーニ Ziani
ツイアビ Tuiavii
ツイアビ Tuiavii
ツィアミタ Tsiamíta*
ツィアンティス
Tsiantis
ツィアンドピ
Tsiandopy
ツィイー Ziyi*
ツィヴィア Zivia
ツィエク Ziyech
ツィエスラク Cieslak
ツィエピエレヴスカ
Ciepielewska
ツィエール Zier
ツィーエン Ziehen
ツィエンキーヴィッツ
Zienkiewicz
ツィオス Tsitas
ツィオマー Cziommer
ツィオーラス Tsiorlas
ツィオリ Tsioli
ツィオルコフスキー
TSiolkovskii
Tsiolkovskii*
ツィオルコーフスキィ
Tsiolkovskii
ツィオルコーフスキイ
Tsiolkovskii
ツィオルコフスキイ
Tsiolkovskii
ツィオン Zion
ツィーガー Zieger
ツィガノーフ
Tsiganov
ツィカロ Tsykalo
ツイグ Twigg
ツィグモンディ
Tsigmondy
ツィグモンディー
Zsigmondy
ツィークラー Ziegler
ツィーグラー
Ziegler**
Zlegler
ツィグラー Ziegler
ツィクラウリ
Tsiklauri
ツィクリティラス
Tsikliteras
ツィグレワ Tsyhuleva
ツィーゲ Ziege*
ツィーゲル
Cíger
Zügel
ツィケル Cikker
ツィーゲルバウアー
Ziegelbauer

ツィーゲレ Ziegele
ツィーゲンハイン
Ziegenhain
ツィーゲンバルク
Ziegenbalg
ツィーゲンフス
Ziegenfuß
ツィザト Cysat
ツィーサルシュ
Cysarz*
ツィザルツ Cysarz
ツイシュカ Zischka
ツィシュラー
Zischler**
ツイース Thiess
ツィスカリシビリ
Tsiskarishvili
ツィスカリーゼ
Tsiskaridze*
ツイスガレタウア
Tuisugaletaua
ツィースラー Ziesler
ツィズラー Ziesler
ツイセセ Tuisese
ツィータ Zita
ツィタ Zita
ツイタマ Tuitama
ツィダンタ Zidanta
ツィーツ Zietz
ツィツァニス
Tsitsanis
ツィーツィン Tsitsin
ツイッギー Twiggy*
ツィック Zick
ツイッグ Twigg
ツィックラー Zickler
ツイッディ Twiddy
ツィッテーリ Zitelli
ツィッテル Zittel
ツィットラウ Zittlau*
ツィッパート Zippert*
ツィッピ Tzipi
ツィツマン Zitzmann
ツイーデネック
Zwiedineck
ツィデノヴァ
Tsydenova
ツィーテルマン
Zitelmann
ツィーテン Zieten
ツイード Tweed*
ツィトゥリディス
Tsitouridis
ツィートウング
Zieting
ツィドキヤ Sedekias
ツイドラキ Tuidraki*
ツィナー Czinner
ツィバ
Tsiba
Ziba
ツィバコフ Tsybakow
ツィーハマ
Tsheehama

ツ

ツィピ Tzipi*
ツイビドゥ Tsibidou
ツィピナレ
Tshipinare
ツィヒマン Szichman
ツイピン TSypin
ツィーブ Tsyb
ツィーフェルト Ziefert
ツイフェロフ
Tsyferov
Ziferoff
ツィプキン TSypkin
ツィプコ Tsipko*
ツィフラ Cziffra
ツィプラコーヴァ
Tsyprakova
ツィプラコワ
Tsyprakova
ツィプリアーン
Cyprian
ツィプリアン Cyprian
ツィプリース Zypries
ツィプル Szippl
ツィブルスキー
Cybulski
ツィブレフスキー
Cybulevskij
ツィヘラシビリ
Tsikhelashvili
ツィポラ Zipporah
ツィポーリ Zipoli
ツィポリ Zipoli
ツィーマ Zima
ツィーマー Ziemer
ツィマ Cima
ツィマー Zimmer**
ツィマクリゼ
Tsimakuridze
ツイマーティス
Czimatis
ツィマーマン
Zimerman
Zimmerman**
Zimmermann*
ツィママン
Zimmermann
ツィマラー Zimmerer
ツイマラ Tsimara
ツィーマン Ziemann
ツィミスケス Zimisces
ツイミャンスキー
Tynmianskii
ツィムジド Tsymjid
ツィームセン
Ziemssen
ツィムバリュク
Tsymbalyuk
ツィメルマン
Zimerman*
Zimmerman
ツィメルン Zimmern
ツィーメン Zimen*
ツィーメンドルフ
Ziemendorf
ツィモン Tzimon
ツィーラー
Ziehrer
Zieler
ツィラ Zylla
ツィラー Ziller
ツィランキェヴィチ
Cyrankiewicz
ツィランキェビッチ
Cyrankiewicz
ツィリア Tsllia
ツィーリアクス Cyriak
ツィリアラ Zigliara
ツィリエニチュ
Cirjenics
ヅィリオット Ziliotto
ツィーリツ Zieritz
ツィリヒ Zillich*
ツイリム Tuilimu
ツィリル Cyril
ツィリンスカヤ
Tsylinskaya*
ツイリンスカヤ
Tsylinskaya
ツィール Ziel
ツィルク
Tsirk
Zilk*
ツィルクレーレ
Zirclaere
ツィルケル Zirkel*
ツィールシュトルフ
Zielstorff
ツィルゼル Zilsel
ツィルツァー Zilzer
ツィルツォフ Zirzow
ツィルハー Zilcher
ツィルヒャー
Zilcher
Zircher
ツィルホフ Zuilhof
ツィルマー Zillmer
ツィルレ Zille*
ツイルン Zirn
ツィルンギーブル
Zirngibl
ツィレ Zille
ツィレッセン Zillessen
ツィーレップ Zierep
ツィレント Tsilent
ツイロマ Tuiloma
ツィーロンカ Zielonka
ツィン
Tsien
Tsyn
Zinn
ツイン Twin
ツィンガ Tshinga
ヅィンカ Zinka
ツィンカーナーゲル
Zinkernagel**
ツィンガレッリ
Zingarelli
ツィンガレリ
Zingarelli
ツィーンキービッチ
Zienkiewicz
ツィンク
Cink
Zing
Zink*
ツィンクグレーフ
Zincgref
Zinkgref
ツィンケ Zinke
ツィンケル Zinkel
ツィンゲル TSinger
ツィンゲルレ Zingerle
ツィンコウタ
Czinkota
ツィンコータ
Czinkota*
ツインズ Twins
ツィンツァーゼ
Tsintsadze
ツィンツァゼ
Tsintsadze
ツィンツェンドルフ
Zinzendolf
Zinzendorf
ツイントゥリーズ
Twintreess
ツィンドラー Zindler
ツィンナー
Czinner
Zinner
ツィンバリスト
Tsimbalist
ツィンプリ Tsimpli
ツィンマー Zimmer**
ツィンマーマン
Zimmerman*
Zimmermann**
ツィンママン
Zimmerman
ツィンマーリ
Zimmerli
ツィンマリ Zimmerli
ツィンメル Zimmer
ツィンメルマン
Zimmermann*
ツィンメルリ
Zimmerli
ツィンメルン
Zimmern*
ツゥ Zu
ツヴァイク Zweig
ツヴァイク Zweig***
ツヴァイグ Zweig
ツヴァイゲルト
Zweigert
ツヴァイゲンバウム
Zwaigenbaum
ツヴァイゲンバーグ
Zwigenberg
ツヴァイダー Zweider
ツヴァイテ Zweite
ツヴァイファッハ
Zweifach
ツヴァイフェル
Zweifel
ヅヴァイヤー Zwier
ツゥアジェイ Tourgée
ツヴァースキー
Tversky
ツヴァードリング
Zwerdling
ツヴァリナ Cwalina
ツゥイ Cui
ツヴィ
Tzevi
Zebi
Zevi
Zvi*
Zwi
ツヴィイチ Cvijić
ツヴィーイッチ Cvijić
ツヴィイッチ Cvijić
ツヴィエタ Cvijeta
ツヴィーク Cwik
ツヴィグン Tsvigun
ツヴィタノヴィッチ
Cvitanovic
ツヴィッカー Zwicker
ツウィッキー Zwicky*
ツヴィッキー Zwicky
ツヴィック Zwick
ツヴィッケル Zwickel
ツヴィッケルト
Zwickert
ツヴィテシッチ
Cvitešić
ツウィートメイヤー
Twietmeyer
ツヴィーバッハ
Zwiebach
ツヴィヒルシュ
Zevihirsch
ツウィーフェルホーファー
Zwiefelhofer
ツウィフェロフ
Tsyferov
ツウィーマー Zwemer
ツヴィムファー
Zwimpfer*
ツヴィヤノヴィッチ
Cvijanović
ツウィリッヒ Zwilich
ツヴィリング Zwilling
ツヴィルグマイエル
Zwilgmeyer
ツウィルグマイヤー
Zwilgmeyer
ツゥイングリ Zwingli
ツウィングリ Zwingli
ツヴィングリ Zwingli
ツウィンゲンバーガー
Zwingenberger
ツヴィンゲンベルガー
Zwingenberger
ツウウ Tuuu
ツヴェイチ Cvejić
ツヴェイッチ Cvejici
ツウェゲリ Žvegelj
ツヴェーター Zweter
ツヴェターエヴァ
Tsvetaeva
ツヴェターエワ
Tsvetaeva*
ツヴェタン
Tsvetan
Tzvetan**
ツヴェタンカ
Tsvetanka
ツヴェック Zweck
ツウェット Tsvet
ツヴェット Tsvet
ツウェテ Tshwete**
ツヴェート Tsvet
ツヴェトコーヴァ
Tzvetkova
ツヴェトコヴァ
Tsvetkova
ツヴェトコヴィッチ
Cvetković
Cvetkovici
Cvetkovikj
ツヴェトコビッチ
Cvetkovikj
ツウェトコフ
Tsvetkov
ツヴェトコーフ
Tsvetkóv
ツヴェトコフ
Tsvetkov**
ツヴェートフ Tsvetov
ツヴェベン Zweben
ツヴェルガー
Zwerger**
ツヴェルマン
Zwerman
ツヴェーレンツ
Zwerenz
ツヴェレンツ
Zwerenz**
ツウェーン Twain
ツヴェンティボルト
Zwentibold
ツウォーリキン
Zworykin
ツウォリキン
Zworykin
ツヴォリキン
Zworykin
ツヴォリンスキー
Zwoliński
ツウォル Zwolle
ツゥット Tuto
ツゥーヤ Touya
ツゥラッハ Tulach
ツウルゲエネフ
Turgenev
ツウルゲーニエフ
Turgenev
ツウルゲニエフ
Turgenev
ツゥルティム
Tshul khrims
ツゥルナイゼン
Thurneysen
ツゥルピン Turpijn
ツウンシャン
Chun-xiang

ツゥンチャオ
Chun-qiao
ツゥンドゥ Tsundue
ツゥンレン Tsun-yan
ツゥンワン
Chun-wang
ツェ Tse**
ツェー
Tse*
Zeh*
ツエー Tway
ツェアカウレン
Zerkaulen
ツェイ Tsay
ツェイトリン
Tseitlin*
Tsejtlin
Tseytlin
ツエイン Twain
ツェーヴァ Céva
ツェーヴィ Zevi
ツェヴィ Zebi
ツェヴェク Czövek
ツェウマー Zeumer
ツェーエ Zehe
ツェーエトマイア
Zehetmair
ツェガエ Tsegaye*
ツェクヴェア Zeckwer
ツェグミジーン
Tsegmidiin
ツェクラー Zöckler
ツェケディ Tshekedi
ツェゲラー
Zoeggeler**
ツェケリー Székely
ツェコア Tsekoa
ツェザアレ Cesare
ツェーザリ Tsezar
ツェザーリ Cezary
ツェザリ
Cezary
Tsezar
ツェーザル
Caesar
Cäsar
Cesar
César
ツェザール Tsezar
ツェサレツ Cesarec
ツェザロ Cezaro
ツエスカ Zeska
ツェセレ Thesele
ツェーゼン Zesen
ツェタリング
Zetterling
ツェツィリーナ
Tsetsilina
ツェツィリヤ
Tsetsiliia
ツェツェス Tzetzes
ツェックハウザー
Zeckhauser
ツェックラー Zöckler
ツェツシュヴィツ
Zezschwitz
ツェッチェ Zetsche*
ツェッチョーヴァ
Tschechowa
ツェッテル Zettel
ツェッド Zed
ツェットキン Zetkin
ツェットナー Zetner
ツェットラー Zettler
ツェッパー Zepper
ツェッヒ Zech
ツェップ Szép
ツエップラー Zepler
ツェッペリーン
Zeppelin
ツェッペリン
Zeppelin*
ツェッペンフェルト
Zeppenfeld
ツェデク Zedek
ツェデビン Tsedeviin
ツェデブ
Cedev
TSedev
Tsedev*
ツェデブスレン
Tsedevsuren
ツェデブダンバ
Tsedevdamba
ツェデルバウム
Tsederbaum
Zederbaum
ツェテン
Tseden*
Tshe-brtan
ツェデンダムビーン
Tsedendambyn
ツェテンドルジェ
Tshe brtan rdo rje
ツェデンバル
TSedenbal
Tsedenbal*
ツェデンバルジル
Tsedenbalzhir
ツェトー Cetto
ツェトゥル Zettl
ツェトキーン Zetkin
ツェトキン Zetkin*
ツェドニク Zednik
ツェトニック Cetynki
ツェートバウアー
Zehetbauer
ツェートマイヤー
Zehetmair
ツェトマイヤー
Zehetmair*
ツェードラー Zedler
ツェトラー Zettler
ツェートリッツ Zedlitz
ツェードリッツ Zedlitz
ツェトリン Tsetlin
ツェトル Zettle
ツェナー Zehner
ツェーニッヒ Cönig
ツェヌワニ
Tshenuwani
ツェネ Czene*
ツェーノ Zeno
ツェノロ Tshenolo
ツェノン Zenon
ツェハイエ Tsehaye
ツェハノフスキー
Cehanovsky
TSekhanovskii
ツェハリア Zechariah
ツェヒ Zech
ツェビ Zebi
ツェヒリン Zechlin
ツェビンスカ
Szewinska
ツェフ Cech
ツェーフェルト
Zeevaert**
ツエブツディング
TSevzding
ツェプリシャル
Zeplichal
ツェプリヤーエフ
Tsepliaev
ツェペク Zepek
ツェベクマ
Tsebegmaa**
ツェベグミイド
TSevegmid
Tsevegmid*
ツェベグミド
Tsebegmid
Tsevegmid
ツェペジ Szepesi
ツェペシュ
Tepes
Ţepeş
ツェヘトマイヤー
Zehetmair
ツェベリス Tsebelis
ツエーヘルス Zegers
ツェーベルト Zeevaert
ツェベルマー
Tsevelmaa
ツェベルマーギーン
Tsevelmaagiin
ツェマ Zemah
ツェマック Zemach**
ツェマンコバ
Zemankova
ツェムブジンスカ
Cembrzynska
ツェムラ Žemla
ツェムリンスキ
Zemlinsky
ツェムリンスキー
Zemlinsky*
ツエモ Rtse mo
ツェヤー Zeyer
ツェラ Tzara
ツェラー
Zeller**
Zoeller
Zoller
Zöller*
ツェラスキー
Cerasky
Tserasky
ツェーラム Ceram*
ツェラール Cerar
ツェラル Cerar*
ツェラルツ Celarc
ツェーラン Celan
ツェラーン Celan*
ツェラン
Celan**
Tsering*
Tshe-ring
ツェリシェフ
Tselichtchev
ツェリソ Tšeliso
ツェリチ Ceric
ツェリッシェフ
Tselichtchev
Tselishchev
ツェリッチ Ceric
ツェリリ Tzelili
ツェリン
Tsering*
Tshe ring
Tshering*
ツェリンガー Zellinger
ツェリンスカ Celinska
ツェリンスキー
Zelinsky
ツェリントンドゥプ
Tshe ring don grub
ツェル
Zell
Zöll
ツエル Zell
ツェルヴェーガー
Zellweger
ツェルガー Zelger*
ツェルカス Czerkas*
ツェルクラーエス
Tserclaes
ツェルクラエス
Tserclaes
ツェルコフスキ
Cerkovski
ツェルター Zelter
ツェルティス Celtis
ツェルディック
Zerdick*
ツェルテス Celtis
ツェールト Zehrt
ツェルナー
Zellner*
Zoellner
Zollner
Zöllner**
ツェルーニ Czerni
ツェルニー Czerny*
ツエルニイ Czerny
ツェルニカー
Tzelniker
ツェルニク Zelnik
ツェルニッツ Zernitz
ツェルニッヒ Czörnig
ツェルニン Czernin
ツェルネル Zöllner
ツェルノゴラズ
Cernogoraz**
ツェルハ Cerha
ツェルバッキー
Shcherbatskoi
ツェルバツキイ
Shcherbatskoi
ツェルブ Zerbe
ツェルフスト Zerbst
ツェルベ Tserbe
ツェルベガー
Zellweger
ツェルボ Zerbo
ツェルマッテン
Zermatten
ツェルマノフ
Zelmanov
ツェルマン Zelman
ツェルメロ Zermelo*
ツェルレッティ
Cerletti
ツエルレン Coellen
ツェレ
Ts'ele
Zelle
ツェーレーダー
Zeerleder
ツェレット Zerlett
ツェレツニアク
Zheleznyak
ツェレテーリ Tsereteli
ツェレテリ Tsereteli
ツェレナー Zerrenner
ツェレブスカ Zelibská
ツェレフスキ Zelewski
ツェレン Tseleng
ツェレンオチリーン
Čeringwčir-un
ツェレンダシ
Tserendash
ツェレンドルジ
Čerengdorji
ツェレンドルジーン
Tserendorjiin
ツェレンナー
Zerrenner
ツェレンバルタブ
Tserenbaltav
ツェレンベルク
Zellenberg
ツェローニ Cerroni
ツェロバロニコフ
Tselovalnikov
ツェロフスキ
Cerovski
Tserovski
ツェロフハド
Zelophehad
ツェローラ Zerola
ツェワン Tsewang
ツェワンドルジ
Tsewangdorji
ツェン
Tsen
Tseng**
Zheng
ツェンカー
Zänker
Zenker**
ツェンガー Zenger

ツ

ツェング Tseng
ツェンケ
Zencke
Zenke
ツェンケル Zenker
ツェンゲル Tsengel
ツェンジン Tsendiin
ツェンスキー
Tsenskii*
ツェンスキイ Tsenskii
ツェーンダー Zehnder
ツェンダー Zender*
ツエンチツキー
Zentzytzki
ツェンツキェヴィッチ
Cenckiewicz
ツェンディーン
Tsendiin**
Tsendīn
ツェンディン
Tsendyin
ツェンテク Zentek
ツェンドアヨーシ
Tsend-Ayuush
ツェンドドー
Tsenddoo
ツェンバータル
Tsendbaatar
ツェンブ Zemb
ツェンホイゼン
Zenhaeusern
ツォ
Tzuo
Zuo
ツォー Zoe
ツオ Cuo
ヅォー Zhao
ツォイ
Choi
Tsoi
ツオイ Chui
ツォイス Zeuss
ツォイテン Zeuthen*
ツォイナー Zeuner
ツォイル Zeul
ツォウ
Chor
Tsou
ツォウラス Tsouras
ツォエウ Tšoeu
ツォカス Tzokas
ツォギェル
Mtsho rgyal
ツォク Zogg
ツォグツェツェグ
Tsogtsetseg
ツォグトバータル
Tsogtbaatar*
ツォグバドラフ
Tsogbadrakh
ツオシウ Zuo-xiu
ツォターゼ Tsotadze
ツォチー Tso-chi
ツォッペッリ Zoppelli
ツォーデラー
Zoderer**
ツォトマイア
Zottmayr
ツォードリーン
Tsoodolyn
ツォートン Ze-dong
ツォニス Tzonis*
ツォネフ Tsonev
ツォノフ Tzonov
ツォハゾプロス
Tso-Khatzopoulos
Tsokhatzopoulos
ツォファル Zophar
ツォフワネ Tsogwane
ツォーベライ Zobeley
ツォーベル Zobel
ツォベル Czóbel
ツォラー Zoller
ツオラ Tsola
ツォーライ Tsê Lai
ツォーラス Tsouras
ツォリコーファー
Zollikofer
ツォリンガー Zollinger
ツオリング Zhuoling
ツォルタン Zoltán
ツォルダン Zordan
ツォルナー Zollner
ツォルベ Czolbe
ツォルモン Tsolmon
ツォルン Zorn*
ツォレル Zorell
ツォロ Tsolo
ツォロトカ Colotka*
ツォーロニス
Tsourounis
ツォーン Zorn
ツォン
Chong
Chung
Cong
Tsang
Tson
Tsoṅ
Ts'ong*
Tsung
Zeng
ツォンイー Zengyi
ツォンガ Tsonga**
ツォンガス Tsongas
ツォンカパ
Tson kha pa
Tsoṅ-Kha-pa
ツォンジエ Cong-jie
ツォンズー Chong-zhi
ツォンダオ
Tsung-dao*
ツォンデー Cong-de
ツォンデク Zondek
ツォンデック Zondek
ツォンドゥ
Brtson 'grus
Btson 'grus
ツォンポ Tshon po
ツォンミン
Cong-ming
ツォンリャン
Chung-lian
Chungliang
ツカーカンドル
Zuckerkandl
ツガン Tugan*
ツキジデス
Thoukydidēs
ツキチシビリ
Tskitishvilli
ツキディデス
Thoukydidēs
Thucydides
ツキュディデス
Thoukydidēs
ツギレイエズ
Tugireyezu
ツーク Cuk
ツグウェル Tugwell
ツクツェン
Gtsug brtsan
ツクトラネ
Tsukutlane
ツグブッド Tsugphud
ツクマイアー
Zuckmayer
ツクマイヤー
Zuckmayer
ツクマチ Tukmachi
ツクラク Gtsug lag
ツクルス Cukurs
ツーゲヘア Zugehör
ツーゲントハット
Tugendhat
ツーサン Toussaint
ツサンガ Tsanga
ツジゲシェワ
Tudegesheva
ツシッタ Thusitha
ツシパサ Tshipasa
ツジマン Tudjman**
ツシャール Touchard
ツジュ Tuju
ツシュコ Tsushko
ツーシン Zhixin
ツジンスキー
Tuzinsky
ツズキ Tsuzuki
ツスソウバ
Tousouzova*
ツスト Züst
ツーストラップ
Thustrup
ツースベルト Tusveld
ツズール Touzoul
ツーゼ Zuse
ツゾー Tuzo
ツター Zuther
ツタカワ Tsutakawa
ツタンカーメン
Tut-ankh-Amen
Tutankhamen
Tutankhamun
ツタンク Tut-ankh
ツタンクァーメン
Tut-ankh-Amen
ツチ Çuçi
ツチョルスキー
Tucholsky
ツツ Tutu***
ツツオル Czuczor
ツッカーカンドル
Zuckerkandl
ツッカーマン
Cukierman
Zucherman
Zuckerman
ツッカーリ Zuccaro
ツッカリ Zuccaro
ツッカリニ Zuccarini
ツッカルマリオ
Zuccalmaglio
ツッカーロ Zuccaro
ツッカロ Zuccaro
ツッカンテ Zuccante
ツッキ Zucchi
ツックマイアー
Zuckmayer*
ツックマイヤー
Zuckmayer
ツッケルカンドル
Zuckerkandl
ツッソーバ
Tousouzova
Touzsouzova
ツッチ Zucchi
ツット Zutt
ツツミダ Tsutsumida
ツーディン Tschudin
ツーテル Tootell
ツート Zuth
ツートー Zu-de
ツト Tut
ツトアタシ Tutoatasi
ツ・ドゥック Tu'Du'c
ツトハリヤス
Tudhaliyaš
ツートン Xi-tong
ツナ Tuna
ツーニェン Tzu Nyen
ツニャカオ
Tunacao*
Tuñacao*
ツーニョ Zugno
ツネシ Tunesi
ツネット Tonet
ツノイ Znoj
ツバー Zuber
ツバァイク Zweig
ツバイク Zweig**
ツバイブラー Zwiebler
ツバカ Tshubaka
ツハカーヤ Tskhakaya
ツハダイア Tskhadaia
ツバリ Tsabary
ツーパンク Zupanc
ツビ
Zebi
Zevi
Zvi**
ツビア Zivia
ツビィ Zvi
ツビィカ Zvika
ツビイッチ Cvijić
ツビグニェフ
Zbigniew
ツビグニュー
Zbigniew
ツビグン Tsvigun
ツビタシュ Cvitaš
ツビッカー Zwicker
ツビッキー Zwicky
ツービン Tsebin
ヅーフ Doeff
ツプア Tupua*
ツブィー Tzvi
ツブシンバヤル
Tuvshinbayar**
ツフタ Toufta
ツプテン Thupstan
ツブルイェヴァ
Zbruyeva
ツヘイゼ Chkheidze
ツベイチ Cvejić
ツベターエワ
Tsvetaeva
ツベタナ Tzvetana
ツベタノフ Tsvetanov
ツベタン Tsvetan
ツベテリーナ
Tsvetelina
ツベデンギーン
Tuvdengiin
ツベート Cveto
ツベトコヴィッチ
Cvetković*
Cvetkovikj
ツベトコビッチ
Cvetković
ツベトコフ
Cvetkov
Tsvetkov
ツベートフ Tsvetov
ツペル Tsuper*
ツベルガー Zwerger
ツポー Tupou
ツポウ Tupou**
ツポウトア
Tupouto'a*
ツボーツィル Zborzil
ツボニミル Zvonimir
ツボフ Zubov
ツホルト Zuchold
ツポレツ Tupolev
ツポレフ Tupolev*
ツボン Toubon
ツーマ
Tuma
Tůma
ツマアリイ Tumaalii
ツマンスキー
Tumanskii
ツーム Thum
ツム Zum

ツムケール Zumkehr
ツムシュテーク
Zumsteeg
ツームズ Toombs
ツムトア Zumthor
ツムバッハ Zumbach
ツメール Žumer
ツメレカ
Tsoumeleka*
ツヤ Tuya
ツューゲル Zügel
ツュファンヤ
Sophonias
Zephaniah
ツュルツェル Zuelzer
ツユルーパ Tsyurupa
ツユルパ Tsiurupa
ツュンデル Zündel
ツュンベリー
Thunberg
ツーラ Tuula*
ツラ Tura
ツライチュケ
Treitschke
ツラウトワイン
Trautwine
ツラットマン Tratman
ツラフカ Zurawka
ツランブル Trumbull
ツーリ Zuli*
ツリー Treer
ツリヴァツリ Trivatli
ツリウス Tullius
ツリガー Zulliger
ツリシチェワ
Turischeva
ツリップ Trip
ツリニ Turrini
ツリンホーヘン
Zullighoven
ツール
Tewell
Tsur
Zur
ツル Tulu**
ツルー True
ツルイ Tului
ツルヴェンコフスキ
Crvenkovski
ツルカン Turcan
ツルキアニ Tsulukiani
ツルキーゼ
Tsulukidze
ツールキンデン
Zurkinden
ツルクベナツ
Crkvenac
ツルゲエニエフ
Turgenev
ツルゲェネフ
Turgenev
ツールゲニエフ
Turgenev
ツルゲーニェフ
Turgenev
ツルゲニエフ
Turgenev
ツルゲーヌフ
Turgenev
ツルゲネエフ
Turgenev
ツルゲネニエフ
Turgenev
ツルゲーネーフ
Turgenev
ツルゲーネフ
Turgenev*
ツルゲネーフ
Turgenev
ツルゲネフ Turgenev
ツルジエフ Turdiev
ツルシダース
Tulasidasa
ツルス Tullus
ツルチンカ Trzcinka
ツルツミア
Tsurtsumia
ツルティム
Tshul khrims*
Tshul-khrims*
Tsultrim*
ツルティムケサン
Tshul khrims skal bzan
ツルテム Tsultem
ツルーデル Trudel
ツールナイゼン
Thurneysen
ツルナイゼン
Thurneysen
ツルナダク Crnadak
ツルニャンスキ
Crnjanski
ツルニャンスキー
Crnjanski
ツルノヤ Crnoja
ツルパナ Trýphaina
ツルピリウス
Turpilius
ツルヒーロ Trujillo
ツルファ Tsoulfa*
ツルファニディス
Tsoulfanidis
ツールブリェック
Zurbrugg
ツルブリッゲン
Zurbriggen*
ツルベッコイ
Trubetskoi
ツルペン
Tulpen
Tulpin
ツルベンコフスキ
Crvenkovski**
ツルポサ Tryphôsa
ツルミュール Zurmühl
ツルリハノフ
Turlykhanov
ツルンカ Trnka
ツルンワルド
Thurnwald
ツレーニン Turenin
ツレマーク Turremark
ツーロ Truro
ツロー Tullo
ツーロス Tuulos
ツーロブ
Zuelow
Zülow
ツロフ Tulloch
ツロローブ Trollope
ツロワ Turova
ツワイ Zwy
ツワィク Zweig
ツワイク Zweig*
ツワイグ Zweig
ツワイフ Zweig
ツワイフェル Zweifel
ツワイフヘル Zweifel
ツワルスキー
Twerski*
ツワン Chuan
ツワングワン
Chuan-kuang
ツン
Chen*
Cheng
Tsun
Tsung
ツンウー Cheng-wu
ツング Tsang
ツンジーニ Tunzini
ツンシン Cunxin*
ツンズー Cheng-zhi
ツンダオ
Tsung Dao
Tsung-dao
ツーンタス Tsountas
ツンタス Tsountas
ツンチク Tuncsik
ツンツ
Zuntz
Zunz
ツンデル Zundel
ツンドゥー
Brtson 'grus
ツンピン Cheng-ping
ツンブッシュ
Zumbusch
ツンペ Zumpe
ツンペク Tumpek
ツンベリ Thunberg
ツンベリー Thunberg
ツンベルク Thunberg
ツンベルグ
Thunberg*

【テ】

テ
De*
Te***
Té
Tea*
Thae
The*
Thet
テー
Htay
Tae
Te
Té
Teh*
The*
Thé
Thee
Thi
デ
Da*
De***
De'**
D'e
Dé*
Đe
Deh
Dei
Der
Des***
Dez
Di**
Du*
デー
Daix
Day*
De
テーア
Thaer*
Thea
テア
Tare
Tea
Téa**
Ter
Terr*
Thea***
デーア
Dare
Dea**
Deere
デァ Der*
デア
Dare*
Dea
Déa
Deat
Déat
Del
Der**
Dere
Derr**
デアー Dare
デアイエ Deayea
テアイテトス
Theaitētos
テアイワ Teaiwa
テアエテトゥス
Theaitētos
テアギ Teagi
デアーク Deák
デアクバルドシュ
Deak-bardos
テアゲネス Theagenēs
デアシス De Asis
デアスンカオカルバリョ
De Assuncao Carvalho
テアタオ Teatao**
デアデリック
Deaderick
デァデン Dearden
テアト Théato
デアドラ Deirdre
テアトル Théâtre
デアドール Deirdre
デアドル Deirdre
デアナ De Ana
テアノ Theano
テアハール Terhaar
デアビレス Deavilés
デアブレウ De Abreu
テアボ Teabo
デアボ D'Abo
デアボラフ Derbolav
デアラウジョ
De Araújo*
デアラブ Dearlove
デアリー Dary
デアリエンディ
De Allende
テアリキ Teariki
デアリール Daryll
デアリング Dearing
テアール Tearle
テアル Teale
デアルデン Dearden
デアルバ De Alba
テアロン Thearon
デアーロン De'Aaron
デアンジェリス
De Angelis
デアンジェロ
De Angelo
DeAngelo
デアンドリア
DeAndrea**
デアンドレ DeAndre
テアンナキ
Teannaki**
デ·アンブロジオ
D'Ambrosio
テアンボ Teambo
ティ
Di
Htay
Teii
Thi***
Thị*
This
Thit
Ti*
Ty
ティー
Tea*
Tee*
Thi**
Thì
Thy
Ty
テイ
Htay
Tay*
Tei**
Tey*
Thee
They
ディ
Da
Day*
De***

テ

Dei
Di***
Dì
Dit
Du*
Ldy
Thi
ディー
Daa
De*
Dee***
Deed
Di
デイ
Day***
Dea-eui
Dei*
Dey*
Di
デイー Dee
ティーア Tiia
ティア
Tea**
Tear
Teare*
Tia**
Tiah
ティアー
Tear
Teare
Thyer
Tier
テイア Theia
テイアー Taire
ディア
Dea
Dear
Deere
Dhir
Dia
Diah
Diatta
ディアー
Deer*
Deere
Diers
ディアイオス Diaios
ディアイオントレス
Deiontrez
テイアウア Teiaua
ディアヴォロ Diavolo
ディアエルディン
Diaaeldin
ティアオ Tiao
ディアオ Diao*
ディアカ Diaka
ディアカー Dierker
ディアガナ Diagana*
ティアギ Tyagi
ティアキアン
Thia-khiang*
ディアキテ
Diakite
Diakité
ディアーギレフ
Diaghilev
ディアギレフ
Diaghilev*
ディアーキング
Dierking
ディアーク Dirk
ディアク
Diack
Diacu*
ディアクテ Diakite
ディアクンプーナ
Diakumpuna
ティアコー Tiacoh
ティアゴ
Thiago*
Tiago**
ディアゴ Diago
ディアコヌ Diaconu
ディアコーヌス
Diaconus
ディアコヌス
Diaconus*
ディアコネスク
Diaconescu
ティアコネル
Tyrconnell
ディアコノス
Diakonos
ディアコフ Diakov
ディアコフスキ
Dyakovski
ディアゴラス Diagoras
ディアザ Deaza
ディアシオ Diasio
ディアジャ Deajah
ティーアシュ Thiersch
ディアシュ
Dias
Diaz
ティアス Tyus
ディーアス
Dias
Diaz
ディアス
Deas
De'Ath
Dias***
Diaz***
Diáz
Díaz***
ディアズ
Dias
Diaz**
Díaz
ディアスカネル
Días-canel
Díazcanel
ディアスグラナドス
Díaz Granados
ディアスサエンツバリエンテ
Diaz Saenz
Valiente
ディアスタイン
Dearstyne
ディアスバラールト
Diaz-Balart*
ディアスロベルディ
Diaz Robertti
ティーアゼ Thierse
ディアセニ Diasseny
ディアータ Djāṭa
ディアタ Diatta
ディアダン Dearden*
ディアツ Diaz**
ディアッカ Dziadzka
ディアッタ Diatta
ティアット Tiatto
ティアティア Tiatia
ディアデュ Jarju
ディアデン Dearden
ティアート Tjeerd
ティアード Tjeerd*
ディアドゥメニアヌス
Diadumenianus
ディアドコス
Diadochos
Diádochos
ディアトラ Dátra
ディアドラ Deirdre**
ディアドリ Deirdre*
ディアドリー Deirdre
ディアドリィ Deirdre
ディアドレ Deirdre
ディアドレー Deirdre
ティアナ
Tiana
Tianna*
ディアーナ
DeAnna
Diana*
Diāna
ディアナ
Deana
DeAnna*
Deanna**
Diana**
Dianna
ティアーナン Tiernan
ティアナン Tiernan
ティアーニー Tierney
ティアニー Tierney**
ディアニェ Diagne
ディアーニュ Diagne
ディアニュ Diagne
ディアーニョ Liano
ディアーヌ Diane**
ディアヌ Diane
ディアーネ Diané
ディアネ
Diane
Diané
ディアネイラ Dianeira
ティアノウ Tsiavou
ディアバ Dia Ba
ディアパー Diaper
ディアバテ
Diabate
Diabaté
ディアバト Diabate
ディアバン Diabang
ディアビ Diaby
ディアビー Diaby
ディアビラ Diabira
ディアーブ Diab
ディアブ
Dhiabu
Diab*
ディアフィールド
Deerfield
ティアーフェルド
Thierfeld
ティアプキーナ
Tyapkina
ディアフラ Diafra
ディアブル Diable
ディアブロ
Diablo
Diabro*
ディアベッリ Diabelli
ディアベリ Diabelli
ディアホールト
Dearholt
ディアボロ Diavolo
ディアボーン
Dearborn*
ディアマー Dearmer*
ディアマイアー
Diermeier
ディアマン
Dearmun
Diamant
ディアマンダ
Diamanda
ディアマンテ
Diamante
ディアマンティ
Diamanti
ディアマンディス
Diamandis*
ディアマンティディス
Diamantidis
ディアマンティドゥー
Diamantidou
ディアマント
Diamand
Diamant*
Dymants
ディアマントプル
Diamantopoulou
ディアミッド
Diarmaid
ティアミン Tian Ming
ティアム Thiam**
ティアムソン Tiamson
ディアラ
Diara
Diarra
ティアラス Tziallas
ディアラスバ
Diarrassouba
ディアラブ Dearlove*
ティアラロンジャナポン
Teeraarojjanapong
ディアリ Deary
ディアリー
Dearie
Deary
ティアリーニ Tiarini
ティアリンク
Teerlink*
ティアリング Teerling
ディアリング
Dearing*
Dering
ディアル
Dial
Diar
ディアルディン
Dialdin
ディアルド Diard
ディアルミド
Diarmait
ディアレ Diare
ディアロ Diallo*
ディアワラ Diawara
ティアン
Tian*
Tieng
ディーアン Dee-Ann
ディアン
Deanne
Dian
Diane*
Dyan
デイアン Deyan
ティアンウェイ
Tianwei
ディアンガナ
Diangana
ディアンゴ Diango
ティアンジェック
Tiangjiek
ディアンジェロ
D'Angelo*
DeAngelo
DiAngelo
Diangelo
ディアンス Dyens*
ディアンソニー
De'Anthony
ディアンテ Diante
ティアント Tiant
ティアンド Tiando
ディアンドリュー
DeAndrew
ディアンドレ
DeAndre
DiAndre
ディアンヌ
DeAnne
Deanne
Diane
ティアンヒン
Thiam Hien
ディアンブラ Diambra
ティアンポ Tiampo
ディアンボボ
Dianbobo
ティイ Tyy
ディイオリオ DiIorio
ディイゴ Dihigo
ティイス Thijs
ティウ
Thieu*
Tiu
Tử'u
ディウ Đieu
ディヴ
Dave
David
デイヴ
Dave**
David*
Davis
ディーヴァー
Deaver*
Devere
デイヴァー Davor
ディヴァイン

Devine*
Divine*
ディヴァーカラパンディタ
Divākarapaṇḍita
ディヴァーカルニ
Divakaruni
ディヴァカルニー
Divakaruni*
ディーヴァス Divas
ディヴァース Devers
ディヴァダス Devadas
ティヴァダル
Tivadar*
ディヴァラト Devvrat
ディヴァル Divall
ディヴァルカー
Divarkar
ティヴィー
Tivey
Tivy
ディーヴィ Deevey
ディヴィー
Davey
Davie
Divie
デイヴィ
Dave
Davey*
Davie
Davy
デイヴィー
Dave
Daveigh
Davey*
David
Davie*
Davy
ディヴィグ Dybvig
ディヴィシュ
Divis
Diviš
ディーヴーイス Davis
ディーヴィス Davis
ディウィーズ Deweese
ディヴィース Davies
ディヴィス
Davies*
Davis**
ディヴィズ Davies
デイヴィース Davies*
デイヴィーズ
Davies**
デイヴィス
Daives
Davice
Davids
Davies**
Davis**
Davys*
デイヴィズ
Davids
Davies*
Davis
ディヴィスン
Davisson
デイヴィスン
Davison
Davisson*
ティヴィソル Thivisol
デイヴィソン
Davison**
Davisson*
デイヴィッズ Davids
デイヴィッスン
Davidson
デイヴィッツ Davidtz
ティヴィット Tibbitts
ディーヴィッド David
ディヴィット David
ディヴィッド David*
デイヴィット
David*
Davitt
デイヴィッド
Daivid
David**
Devid
ディヴィッドスン
Davidson
デイヴィッドスン
Davidson*
ディヴィッドソン
Davidson*
デイヴィッドソン
Davidson**
デイヴィッドマン
Davidman
デイヴィッドリー
Davidlee
ディヴィティス Divitis
デイヴィディッツ
Davidtz
テイヴィド David
ディヴィト David
ディヴィド David*
デイヴィド David
デイヴィト David*
デイヴィド David**
ディヴィドスン
Davidson
デイヴィドスン
Davidson
ディヴィドソン
Davidson
デイヴィドソン
Davidson*
ディヴィーニ Divini
ディヴィヤ Divya
ディヴィン Davin
デイヴィン Davin
ディヴィンチェンツォ
DiVincenzo
ディヴェイン Devane*
デイヴエール Develle
デイヴェルソン
Deyverson
ディーヴェンドルフ
Dievendorff
ディヴォ Divo
ディーヴォイ Deevoy
ディヴォック Divock
ディヴォナ DiVona
ティーヴォリ Tivoli
デイウォルト Daywalt
ティウォン Tiwon
ディウセ Diousse
デイヴソン Davison
ディーウダード
Dīwdād
デイヴット David
デイヴッド David
ティウドゥン
Tioudoun
ディウドネ
Dieudonne
Dieudonné
ディウバテ Dioubate
ディウビル Di'bil
ディウフ
Diouf***
Joof
ディウメルシ
Dieumerci
ティウメンバエフ
Tiumenbaev
ディヴリ D'Ivry
ディヴリー D'Ivry
ディーヴリン
D'Evelyn
ディヴレイ Dibley
ディヴレック Divellec
ティエ
Tie
Tiêt
Tillet
ディエ Die
ディエイ Dièye
ティエイン Tie-ying
ティエウ
Thieu
Trieu
ティエウ
Chiêu
Thieu**
Thiēu
Trieu
ディエウ Dhieu
ディエウキダス
Dieuchidās
ティエウチ Thiệu Trị
ディエガン Diégane
ディエギス Diegues*
ディエク Diek
ティエクラ Tiecoura
ディエゲス
Dieguez
Diéguez
ディエーゴ Diego*
ディエゴ Diego***
ディエザニ Diezani
ティエサン Tie-shan
ティエス Thiesse
テイエス Thiess
ディエス
Diez*
Díez*
ティエスト Tiësto
ティエダ Tejeda
ディエター Dieter
ディエツ Dziezyc
ティエッセン Thiessen
ティエット
Thiet*
Tiet
デイエット Dayett
ティエップ
Thiep
Thiệp
Tiep
ティエッポ Tieppo
ディエデル Dieder
ディエテルレ Dieterlé
ティエト Tiedt
ティエトマール
Thietmar
ディエトラフ Detlaf
ディエトリッチ
Dietrich
ティエナン Tiénan
ディエニ Diény
ディエニー Diény
ティエヌ
Tian
Tien
ティエネ Tiene
ディエネス Dienes
ティエバ
Thieba
Tieba
Tiéba
ティエファン Tiefang
ティエフィン Tiefing
ティエフリー Thieffry
ディエヘコリエ
Dierhekolie
ディエベド Diébédo
ティエボー
Thiébault
Thiebaut
Thiébaut*
Thiebold
Thiébold
ティエーポロ Tiepolo
ティエポーロ Tiepolo
ティエポロ Tiepolo
ティエマン Tiéman
デイエミン Damien
ティエム Thiem
ディエム
Diem
Diêm
Điem
ティエムエ Tiemoue
ティエムコ Temko
ティエメ Tieme
ディエメ Diémer
ディエメール Diémer
ディエメル Diémer
ディエメン Diemen
ティエモコ Tiémoko
ティエラ Tierra
ディエラウアー
Dierauer
ティエラオナ
Tieraona
ティエリ
Thierry***
Thiery*
Tieri
ティエリー
Thierry***
Thiery*
Thieryy
ティエリイ Thierry
ティエリオ Thieriot
ティエール Thiers
ティエル Tierre
ディエル Diehl
ディエルクス Dierx
ティエルサン
Thiersant
ディエルス Diels
デイエルス Deyers
ティエルスラン
Tiercelin
ティエルソ Tiersot
ティエルノ
Tcherno
Thierno
Tierno
デイェルマルク
Degermark
ティエレ Thiele*
ディエレット Dielette
ディエレマン
Dieleman
ティエロ Thiero
ティーエン Teahen
ティェン Tian
ティエン
Thian
Thien***
Thiên
Thiện
Tian*
Tien**
Tiện
Tiến
ディエン
Deanne
Đien
Điền
ティエンウェン
Tien-wen
ティエンカイ Tian-kai
ティエンサ Tienza
ティエンジエン
Tianjian
ティエンシン
Tien-hsin
ティエンステン
Tiensten
ティエントン
Thienthong
ティエンポ Tiempo*
ティエンミン
Tian-ming
ティエンミン
Tian-ming*
ティエンリ Thierry
ティエンルー Tian Lu
ティエンワン
Thianwan
Thienwan
ティオ
Thio
Tio*
Tío
テイオ Te'o
ディオ Dio**

テ

ディーオウ Diaw*
ディオグネートス
Diógnētos
ディオクレス
Diocles
Diokles
ディオクレチアヌス
Diocletianus
ディオクレティアーヌス
Diocletianus
ディオクレティアヌス
Diocletianus
デイオケス Dēiocēs
ディオゲニアノス
Diogeniānos
ディオゲネース
Diogenes
Diogenēs
ディオゲネス
Diogenes*
Diogenēs
ディオーゴ Diogo
ディオゴ
Diogo***
Dyogo
ディオシー Diosy
ディオジェニオ
Diogenio
ディオス Dios**
ディオスクリデス
Dioskouridēs
ディオスクルス
Dioscurus
ディーオスコリデース
Dioskorides
ディオスコリテス
Dioskoridēs
ディオスコリデース
Dioskoridēs
ディオスコリデス
Dioscorides
Dioskorides
Dioskoridēs
ディオスコロス
Dioscurus
Dióskoros
ディオスダド
Diosdado*
ディオズディ Diòsdi
ティオゾ Tiozzo
ディオダーティ
Diodati
ディオダティ Diodati
ディオダート
Diodato*
ディオタルス
Deiotarus
ディオタロス
Deiotarus
デイオタロス
Deiotarus
ディオッティ Diotti
ティオテ Tioté
ティオディエール
Thiaudière
ディオティサルヴィ
Diotisalvi
ディオティス Deotis
ディオティーマ
Diotima
ディオティマ Diotima
ディオドトゥス
Diodotus
ディオドトス
Diodotos
Diodotus
テイオドラ
Theodora**
ディオドラス
Diodorus
ディオトレフェス
Diotrephes
Diotréphēs
ディオドーロス
Diódōros
Diodorus
ディオドロス
Diodoros*
Diodōros
Diódōros
Diodorus
ディオードロフ
Diodorov*
ディオドーロフ
Diodorov
ディオナタン
Dionatan
ディオーニジ Dionigi
ディオニーシー
Dionisii
ディオニシ Dionisi
ディオニシー Dionisii
ディオニジ
Dionigi
Dionisi
ディオニシア Dionisia
ディオニシアトス
Dionysiatoy
ディオニーシィ
Dionisii
ディオニシウス
Dionysios
Dionysius
ディオニージオ
Dionisio
ディオニシオ
Dionicio*
Dionisio*
Dionysio
Dionýsios
Dionysius
ディオニジオ
Dionigio
Dionisio
Dionísio
ディオニシオス
Dionisios
Dionysios*
ディオニシヤス
Dionysius
ディオニーズ Dionýz
ディオニス
Dionis
Dionys
ディオニースィ
Dionisi
ディオニスィオ
Dionísio
ディオニスィス
Dionyssis
ディオニソ Dioniso
ディオニューシウス
Dionysius
ディオニュシウス
Dionysios
Dionysius
ディオニューシオス
Dionysios
Dionýsios
ディオニュシオス
Dionusios
Dionysios*
Dionýsios
Dionysios
ディオニュソス
Dionusos
Dionysos
Dionysus
ディオパントス
Diophantos
ディオプ Diop**
ディオファントス
Diophantos
ティオフィル
Théophile
ティオフィロ Teofilo
ディオペイテス
Diopeithēs
ディオヘネス
Diógeneos
ディオマ Dioma
ディオマンデ
Diomande
ディオミディス
Diomidis
ディオミドフ
Diomidov
ディオミラ Diomira
ディオム Diome**
ティオムキン Tiomkin
ディオムバール
Diombar
ディオメデス
Diomedes
ディオメド Diomede
ティオリー Teorey*
ディオリ Diori*
ティオリエ
Thiolier
Thiollier
ティオール Tyor
ディオール Dior**
ディオレ Diolé
ディーオン Dion
ディオーン Dio
ディオン
Deion*
Deon*
Deone
Dio
Dion**
Diōn
Dionne*
Dionysius
ディオンクンダ
Dioncounda*
ティオンゴ Thiong'o
ディオンテ
Deonte
Deyonta
ディオンティー
Deontae
ディオンドレ
Deiondre'
De'Ondre
ティオンヌ Tionne
ディオンヌ
Dione
Dionne**
ティオンビアノ
Thiombiano
ティオンライ
Tiong Lai
ティーガー Tieger
テイガー Tager
ディカー Dekker
ディガ
Diga
Digga
ディガー Digard
デイカー
Dacre*
Daker
ディカイアルコス
Dikaiarchos
ディカウ Dikau
ディカエアルコス
Dikaiarchos
ディガエターニ
DiGaetani
ディカカマツォ
Dikgakgamatso
デイカーサ De Icaza
ディガシンスキ
Dygasiński
ディカズ Decoz
ディカスン Dickason
ディカーソン
Dickerson*
ディカソン Dickason
ティーカチュンハティーン
Teekachunhatean
ディガット Dygat
ティーガーデン
Teagarden
Teegarden*
ディガード Digard
ティガナ Tigana
ディーガナカ
Dīghanakha
ティガニ Tigani
ディカプア DiCapua
ティーカプティサクル
Teekaputisakul
ディカプリオ
DiCaprio**
ディーカーホフ
Dieckerhoff
ティーガーマン
Tiegerman
ディカミロ
DiCamillo**
ディカム Dicum
ディガール Digard
デイカルハノーヴァ
Daykarhanova
ディカルリ Di Carli
ディカルロ Di Carlo
ディカーロ Dicarlo
ティガン Tieghem
ディーガン Deegan*
ディカン Dikan
ディガンバラム
Digambaram
ディガンバール
Digambar
ディカンビオ
Di Cambio
ディーカンプ Diekamp
ティキ Tiki**
ディキー Dickey
ティーキアット
Tee Keat
ディキアニ Dicciani*
ディキアラ Dichiara
ティギエフ
Tigiev
Tigiyev
ティキコ
Tychichus
Tychikos
ディキシー
Dixie*
Dixy
ティキシアー Tixier
ディキシアンヌ
Dixianne
ディキシット Dixit**
ディキスト Dixit
ディキソン
Dickinson
Dickison
ディキチャン
Dikiciyan
ティギディウス
Tigidius
ディギト Digit
ティギーン Tigīn
ディーキン Deakin*
ディーギン Degen
デイキン
Dakin*
Daykin
ディーキンス Deakins
ディキンス Dickins
ディキンズ
Dickens
Dickins*
ディギンズ Diggins*
ディキンスン
Dickinson**
ディキンソン
Dickinson***
ディギンバイエ
Diguimbaye
ティーク Tieck*
ティーグ
Tadhg
Teague*
ティク Thich**
ティグ Tighe

テイク Teik
ディーク
Deak
Deek
Deke*
Dieck
Dīk
ディーグ Deeg
ディク
Dick
Dijk
Dyk
デイク
Deiq
Dyck
ディクイル Dicuil
ティクヴァ
Tikva
Tykwer**
ディクウェル D'Qwell
ティクサ Tixa
ディクシー
Dicksee
Dixie*
ディクシィ Dixie
ティクシエ Tixier
ディークシタール
Dīkṣitar
ディクシット Dikshit
ディークシト Dixit
デイクシロス
Dijk-silos
ティーグス Tiegs
ディークス
Deakes**
Deeks
ディクス Dix*
ディグス
Digges
Diggs
ディグズ Digges
ディクスィー Dixie
ディクスター Dixter
ディクスタイン
Dickstein
ディクステルホイス
Dijksterhuis*
ディークストラ
Dijkstra
デイクストラ
Dijkstra*
ディクスナール
D'Ixnard
ディクスミエ Dixmier
ティクスロン Tixeront
ディクスン
Dickson**
Dixon*
テイクセイラ Teixeira
テイクセラ Teixeira
ティクセロン Tixeront
ディクソン
Dickison
Dickson***
Dikson
Dixon***
Dixson*
ディクソンバーンズ
Dixon-barnes
ディクター
Dichter
Dictor
ティクタカー Ṭiqṭaqā
ディクティス Dictys
ティクティナー
Tiktiner
ディクテュス
Dictys
Diktys*
ディクトゥーニウス
Diktonius
ティクナー
Tickner
Ticknor
ティグナー Tignor
ディクナ Diqna
ティグナイト Tigunait
ディグナーガ Dignāga
ディグナン Deignan
ディグノ Digno*
ティクノア Ticknor
ティクバ Tykwer
ディクハート
Dickhaut
ディグビ Digby
ディグビー Digby**
ディグビィ Digby
ティグペン Thigpen
ディークホフ
Dieckhoff
ディクホフ Dickhoff
ディークマイアー
Diekmeier
ディークマン
Dieckmann**
Diekman
Diekmann
ディーグマン Digman
ディクマン Dyckman
デイクマン Dijckman
ディクメ Dikme
ディークメイヤー
Diekmayer
ディグラス DeGrasse
ティグラート Tiglath
ティグラト
Tiglath
Tukulti
ティグラトハ Tiglath
ティグラトピレセル
Tiglath-Pileser
ティグラネス
Tigranes
Tigranēs
ティグラノフ
Tigranov
ティグラン
Tigran
Tigranes
ディクリスティナ
Dichristina
ティグリット Tigrid
ティグリーニ Tigrini
ティーグリーン
Tiegreen*
ディクリーン Declan
ティクル Tickle
ディーグル Deagle
ディグル Diggle
デイグル Daigle
ディークル・ジン
Dīk al-Jinn
ディグレゴリオ
DiGregorio
ディクレメンテ
DiClemente
ディグン 'Bri gung
ディケ Dike
ディゲ Diguet
ディケイアルコス
Dicearchus
ディケイター Decatur
ティケオ Thikeo
テイゲセン Thygesen
ティーゲソン
Thygeson
ディケーター
Decatur
Dikötter*
ディケチュ Dikec
ティゲッリヌス
Tigellinus
ディケナ Dekena
ディゲネス Digenēs
ディーケマ Diekema
ティーゲム Tieghem*
ティゲラー Tiggelaar
ティゲリーヌス
Tigellinus
ティゲリヌス
Tigellinus
ディケール Dicker**
ティーゲルカンプ
Tiegelkamp
ディーケルホフ
Dieckerhoff
ディーケルマン
Diekelmann
ディーケン
Deken
Dieken
ディケン Dicken
ディケンス Dickens
ディケンズ
Dickens***
Diokens
Dykens
ディケンソン
Dickenson*
Dickinson
ティゲンフェルト
Tegenfeldt
ディケンベ Dikembe*
ティコ
Tico*
Tycho
ディーゴ Diego
ディコ
Dicko
Diko
デイコ Deiko
ティコイロトゥマ
Tikoirotuma
ティコッツィ Ticozzi
ティコティン
Ticotin*
Tykocin
ティコーニウス
Ticonius
Tyconius
ティコニウス
Ticonius
Tyconius
ディコフ Dickov
ディコフスカヤ
Dikovskaia
ティコミロフ
Tikhomiroff
Tikhomirov
デイコラ Deicola
ディゴリー Diggory
ディゴリィ Diggory
ティコル Ticoll*
ディコルシア
DiCorcia
ディコルテ De Corte
ディーコン Deacon**
ディコン Dickon*
デイゴン Dagon
ディコンシーリョ
DiConsiglio
ディコンス Dicons
ティコンドゥアンドゥア
Tikoduadua
ティサ
Tisa
Tissa
Tisza
テイサ Tisza
ディサイア DiSaia
ディサイクス Desaix*
ディサクン Diskul
ディサーシナ
Disarcina
ディサシーナ
Disarcina
ディザージョ DiZazzo
ティザック Tezak
ティザード Tizard**
ディザード Dizard
ディサーナーヤカ
Disanayake
Dissanayake
ディサナヤケ
Dissanayake
ディサノ Disano
ディサバティーノ
DiSabatino
ディザーボ Duizabo
テイサム Tatham
ティザリントン
Titherington
ディザルニ
D'izarny
D'lzarny
ディサルボ Disalvo
ディサント Di Santo
ティシー Tichy*
テイシー Tacy
ディージ Diezi
ディシー Decie
ディジー
Daisy*
Dizzy*
デイシ Daisy
デイシー Dacey
デイジ Daisy
デイジー Daisy**
テイシアス Teisias
ティジアナ Tiziana
ディジアン Daisann
テイシイ Tichy
ディシィ Dichy
ディジィオバイン
Digiovine
ティシウス Thysius
ティシエ Tissier*
テイシェ Tisser
ディーシェ Dische
ディジエ Dizier
ディシェイ
Dyche
Dyché
ディシェイザー
Deshazer
ディシェイゾ
De Shazo
ティシェイラ
Teixeira
Teixeria
テイシェイラ
Teieira
Teixeira**
Teixeria
ティシェイラダクルス
Teixeira Da Cruz
ディジェス Dijs
ティジェニ Tidjani
ディジェノバ
DiGenova
ティシェリントン
Titherington
ティシェール Tissier
ディジェロニモ
DiGeronimo
Digeronimo
ティージェン
Teetgen
Tietjen
ディジェンドラ
Dwijendra
ディジェンドロラル
Dbijendralāl
ディジェンナロ
DiGennaro
ディジオイア DiGioia
テイシクラテス
Teisikrates
ディシコ
Di Cicco
DiCicco
ディシス Daiches

テ

ディシズ Daiches
ディジス Dijs
デイシス Daiches
デイシズ Daiches
ティシチェンコ
Tishchenko
ディシック Disick
ディジック Dijck
ディジバリス
Didzbalis
ディジャコモ
DiGiacomo
デイシャス Daiches
ディージャスティス
Djustice
ティジャーニー Tijānī
ティジャニ
Tidjani
Tijani
Tijjani
ティジャーヌ Tidjane
ティシャラ Tesheira
ティーシャン
Theeshan
ティージャン Teejan
ティジャン
Tidiane
Tijan
Tjian
ディジャン
DeJean
Djian
ティジャンヌ Tidiane
ティシュ
Teich
Tisch
Tish
ディーシュ Diesch
デイシュ Daish
ティシュキエヴィッチ
Tyskiewicz
ディシューク
Dishoeck
デイシュス Daiches
ティシュチェンコ
Tishchenko**
ティシュバイン
Tischbein
ディシュブール
Dieschbourg
ティシュヤ Tishya
ティシュヤラクシター
Tiṣyarakṣitā
ティシュラー
Tischler*
ディジョヴァンニ
DiGiovanni
Digiovanni
ディジョージ
DeGeorge
ディジョージオ
DiGeorgio
ディジョブ Didjob
テイショーン
Tayshaun*
ディション Dison
ディジョン
Dijon
D'Joun
ティシラー Tishler
ディジリオ DiGilio
ティシン Tishin
ディージング Duesing
ディシング Dissing
ティース
Teece
Teese*
Thies*
Thiess*
Thiis
ティーズ Teays
ティス
This
Thisse
Thys*
Tijs*
テイス
Thase
Theys**
テイズ Taze
ディース
Deess
Dies*
Diethe
ディーズ
Deas
Dees*
Deese
Diez
ディス
Deiss
Dis
Dith*
Dys
ディズ Diz
テイズウェル Tazewell
ティスカ Tyszka
ディースカウ
Dieskau**
ディスカウ Dieskau
ディスーキ Desouqi
ディスキ Diski
ディスキー Diski**
ディスキン Diskin
ディスクン Diskul
ティスケンス
Theyskens*
ディスセポロ
Discépolo
ディズダー Dizdar
ディースターヴェーク
Diesterweg
ディースタヴェーク
Diesterweg
ディスターネル
Disturnell
テイスターマン
Tijsterman
ティズダル Tisdall*
ディズダレビッチ
Dizdarevic*
ディスタン Distin
ティースデイル
Teasdale
ティーズディル
Teasdale
Teasdill*
ティーズデイル
Teasdale
ティズデイル Tisdale
ディーステェル Diestel
ディステファーノ
DeStefano
DiStefano
Distefano
ディステファノ
Di Stefano
Distefano
ティースデール
Teasdale
ティーズデール
Teasdale*
ティスデール Teasdale
ティスデル Tisdell
ティズデール Tisdale
ディーステル
Diestel**
ディステル Distel*
ディーステルウェーク
Diesterweg
ディーステルヴェーク
Diesterweg
ディーステルウェッヒ
Diesterweg
ティステルチカヤ
Thystere Tshicaya
ディーステルベーク
Diesterweg
ディステルベルガー
Distelberger
ディーステルマイヤー
Diestelmeyer
ディースト Diest
ディストラー Distler
ディストリ Destri
ディストリー Destri
ディストリア Distria
ディストリアス
D'Istrias
ティスナ Tisna
ディスナ Tisna
ディズナー Disner
ディスナダ Disnadda*
ディズニー Disney***
ティスニカル Tisnikar
ディスノー DeSnoo
テイスバーグ Teisberg
ティスハースト
Ticehurst
ディースバッハ
Diesbach
ディスパティエ
Despatie**
ディスパート Despert
ディスピニャ
DiSpigna
ディスピニョ
Di Spigno
ディースブロック
Diesbrock
ティスベ
Thisbe
Thisbē
ディスペンサー
Despenser
ディスペンザ
Dispenza
ディスポ Dispot*
ティースマイアー
Tiesmeyer
ディスマカス
Dismukes
ディスマス Dismas
ディスミュークス
Dismukes
ディスモア Dismore
ディズモンド
Desmond
ティースラー
Thiesler*
ティスラー Tišler
ディスラー Distler*
ディスラム Dislam
ティスラン
Tisseran
Tisserand
Tisserant
ティスランド
Tisserand*
ティズリー Teasley
ディズリー
Desiree
Disley
デイズリー Daisley
ディースル Diessl
ディスル Disl*
ティスルトン
Thiselton
ディーズレー Deasly
ディズレイリ Disraeli
ディスレーリ Disraeli
ディスレリー Disraeli
ディズレーリ
Disraeli
D'israeli
ティスロン Tisseron*
ディーズンツァ
Dzundza
テイセイラ Teixeira
ディセティ Decety
テイセードル
Teyssèdre
テイセドル Teyssèdre
ティゼバ Tizeba
ディセポロ Discepolo
ティセラン Tisserand
ティセリウス Tiselius
ディゼリクセン
Diderichsen
テイセール Teysseyre
ディーゼル Diesel*
ディセル Deyssel
デイセル Deyssel
デイゼル Deysel
ティゼンガウゼン
Tizengauzen
ディゼンゴフ
Dizengoft
ディゼンゾ Dizenzo
ディセンタ Dicenta
ディセンバー
December*
ティソ
Tiso
Tissot
Tisza
Tyssot
ティソー Tissot
テイソック Tizoc
ティソホム Tjørhom
ティソン
Khri-sron
Tizón
ティゾン Tison
ディーソン Deason
ディソン Dizon*
ティソンデツェン
Khri-sron ide-brtsan
ティータ Tiitta
ティーター Teetor
ティーダ Thida
ティタ
Tita*
Titta
ティター Teter**
ティダ Tida*
テイタ Tata
ディータ
Deetah
Dieter*
ディーター
Deeter
Diete
Dieter**
Diether
ディーダ Deida
ディタ Dita*
ディター Dieter
デイター Deiter
ディータァ Dieter
ティータヴァイネン
Tietäväinen
ディダヴィ Didavi
ディダクス Didacus
ディタクン Distakul
ディダコ Didaco
ティタス Titas
ディーターズ Deiters
ディダス Didace
ディダート Didato
ディタナ Ditana
ディタマソ
DiTomasso
ディターマン
Determann
テイタム
Tatem
Tatham
Tatum*
ディーターリ Dieterle
ディータリ Dieterle
ディターリ Dieterle
ディータリヒ
Dieterich

ディターリーン
Dietterlin
ディターリン
Deterline
ディタール Dhital
ディーターレ Dieterle
ディターレ Dieterle
ティーチ Teach
デーイチ Deich
ディーチ
Deach
Deech
Dietsch
ディーチー Dietschi
ティチアーティ
Ticciati*
ティチアーノ Tiziano
ティチアノ Titiano
ティチィアナ Tiziana
ディーチェ Dietsche
ティチェナー
Titchener*
ディーチェフ Dichev*
ティーチェン Tietjen
ティーチェンス
Tietchens
Tietjens*
ディチェンゾ
DeCenzo
ディチェンタ
Di Centa*
DiCenta
ディチオ Dichio
ディチコ Dychko
ディチッコ DiCicco
ティチーナ Tïchina
ティチナー Titchener
ティチバーン
Tichbourne
テイチマン Teichman
ディチャチン Dityatin
ディチャート Dichart
ディーチュ
Dietzsch**
ディチュ Dicu
ディチロ
DiCillo
Dicillo
ティチング Titsingh
ティーツ
Teets*
Tietz*
テイツ Hteik
テイツ
Taiz
Tates
ディーツ
Deetz*
Dietz**
Diez*
ティツィア Tizia
ティツィアーナ
Tiziana*
ディツィアーニ
Diziani
ティツィアネッロ
Tizianello
ティツィアーノ
Titian
Tiziana
Tiziano***
ティツィアノ Tiziano*
ディツィオン Ditzion
ティツィング
Titsingh*
ティツゥン Tri tsun
ティーツェ Tietze*
ディーツェ Dietze
ディツェヴグ Ditseng
ディーツェル Dietzel*
ディツェン Ditzen
ディツェング Ditseng
ディッカー Dicker
ディッカーズ Dikkers*
ディッカーソン
Dickerson
ティッカナ Tikkana
ティッカネン
Ttkkanen*
ディッカーマン
Dickerman
ディッキ Dickey
ディッキー
Dicke
Dickey***
Dickie*
Dicky
DicQie
ディッキンス Dickens
ディッキンスン
Dickinson
ディッキンソン
Dickinson**
ティック
Thich
Tich
Tick
ティッグ Tigg
ティツク Khri-gtsug
ディック
Đich
Dick***
Dicke
Dik
Dyck*
ディックシュタイン
Dickstein
ディックス
Dicks**
Dix***
ディッグス Diggs
ディッグズ Digges
ディックソン Dickson
ティックナー Tickner
ディックネイト
Dickneite
ディックハイザー
Dickheiser
ディックハウト
Dickhaut
ディックフォード
Dick-forde
ディックヘイザー
Dickheiser
ディックマン
Dickmann
ディックラン Dickran
ティックル Tickle
ディッケ Dicke
ティッケル Tickell
ディッケル Dickel*
ディッケルマン
Diekelmann
ディッケルメン
Dickerman
ディーツゲン Dietzgen
ディッケン
Dicken*
Dikken
ディツゲン Dietzgen
ディッケンス Dickens
ディッケンズ Dickens*
ディッケンスン
Dickinson
ディッケンソン
Dickenson**
ディッコ
Dicko
Ditko*
ティッサ Tissa*
ティッサー Tissa
ディッサ Dissa
ディッサクン
Diskul*
Ditsakun
ティッサフェルネス
Tissaphernes
ティッサラ Thissera
ティッシェンドルフ
Tischendorf
ティッシャー
Teicher
Tischer
Tisher
ティッシュ
Tisch*
Tish
ディッシュ Disch***
ティッシュバイン
Tischbein
ティッシュビレク
Tischbirek
ディッシュマン
Dishman
ティッシュラー
Tischler
ディッシンガー
Dischinger
ティツス Titus
ディッズベリー
Didsbury
ティッセ
Tisse
Tysse
ティッセー Tisse
ディッセ Diesse
ティッセラン
Tisserant
デイッセル Deyssel
ティッセン
Thiessen
Thijssen
Thyssen**
Tissen*
ティッソ Tissot*
テイッソ Tissot
ティッタ Titta*
ディッタ Ditta
デイッダ Deidda
ディッタース Ditters
ディッタースドルフ
Dittersdorf
ディッターリン
Dietterlin
ティッチ
Ticci
Tichi
ティッチー Tichy
ディッチ Deitsch
ティッチィ Tichy
ディッチェット
Dickchett
ティッチェナー
Titchener
ディッチバーン
Ditchburn*
ティッチマルシュ
Titchmarsh
ティッツ Tits*
ディッツ Ditz
ティッツァーノ
Tizzano
ティッツィアーノ
Tiziano
ティッツェ
Tietze*
Titze
ディッツェ Dietze**
ディッツェル Ditzel
ディッテ Ditte
ディッテス Dittes
ティッテル Tittel
ディッテルス Ditters
ディッテルスドルフ
Dittersdorf
ディッテルト Dittert
ディッテンベルガー
Dittenberger
ティット
Tit
Tito
ティッド Tidd
ディット
Dith
Ditt
ディットー Ditto
ティッドウェル
Tidwell
ディットゥス Dittus
ディットシャイト
Dittscheidt
ティットーニ Tittoni
ディットフルト
Ditfurth
ディットマー Dittmer
ディットマール
Ditmar
Dittmar
ティットマン
Tittmann
ディットマン
Dittman
Dittmann*
ティットムス Titmuss
ティットモア
Tittemore
ディットリッヒ
Dittrich*
ディットリヒ
Dittrich*
ディットン
Detten
Ditton
ティッパー Tipper
ディッパー Dipper
ティッパン Thi'pan
テイッパン Teippan
ティッピ Tippi*
ティッピー Tippy
ディッヒラー Dichler
ティッピング Tipping
ティップ
Tip*
Tippu
ディップ
Dip
Dipp
ティッフィン Tiffin
ディッフェンバッカー
Deffenbacher
ティップス Tips
ディップボイ Dipboye
ディッフリンク
Diffring
ティップワーニー
Thipwani
ディッペ
Dieppe
Dippe
ディッペル Dippel
ティッボン Tibbon
ディツラー Ditzler*
ティッルウィン
Thit Lwin
ティッローパ Tillopa
ティデ Khri lde
ディデー Diday
ティティ
Tithi
Titi*
Titiek
ティティー Titie
ティディ
Tiddy
Tidy
ディーディ Deedy
ディーディー
Dee Dee
Deedee
Didi
ディテイ Diti
ディディ
DeDe
Dede*
Dee Dee
Diddy
Didi**
ディディア Didier*
ティディアネ Tidiane
ティディアン Tidiane
ティティウス Titius

テ

ディディウス Didius
ディディエ Didier***
ディディエール Didier
ディディエル
Didier*
Dieder
ディディエローラン
Didierlaurent
ティーティエン
Tietjen
ティティオ Títios
ディディオ Didiot
ディディオン
Didion***
ティディクサー
Tideiksaar*
ティティクシュ
Titikshu
ティティクル Thitikul
ディディサ Didiza
ディディザ Didiza
ティティス Titis
ティティック Titiek
ティティディウス
Titidius
ティティニウス
Titinius
ティティネン Titinen
ティティピナ
Titikpina
ディディムス
Didymus
ディティリオ
DiTillio
Ditillio
ディティール Dieter
ディデス Deedes
ティテニス Titenis
ディテビグ Ditewig
ティーデマン
Thiedemann
Tideman
Tidemand
Tiedemann*
ティテュス Titus
ティテューバ Tituba
ディデュモス Didymos
ディデュール Didur
ディテラ Di Tella*
ディデリカ Diderica
ディーデリク
Diderik
Diederik
Dirk
ディデリク
Diderik
Diederik
ディデリクセン
Dideriksen
ディーデリック
Didericus
ディデリック
Didericus
Diderik
Dietrich
ディーテリッヒ
Dieterich
ディーデリッヒ
Diederich
ディーテリヒ
Dieterich
Diterich
ディーデリヒス
Diederichs
ティテル
Titel
Tittel*
ティデル Thydell*
テイテル Teitel
ディテル Diehl
デイテル Deitel*
テイテルバウム
Teitelbaum
テイテルボイム
Teytelboym
ディーテルムジャーバー
Diethelm Gerber
ディテルラン
Dieterlen
ディテルリッジ
DiTerlizzi**
ディーデレン
Diederen
ディデロ Diderot
ディデロー Diderot
ティーテン Tidten
ディーテンベルガー
Dietenberger
ティート
Tiit**
Tito
ティード
Tead*
Teed
テイト
Teyte
Tito**
ティトー Tito*
ティド
Tead
Tidd
テイト
Taat
Tait**
Tate**
Teyte
Thate
Tito
Titu
テイド Tade
ディード Deed
ディードー Dedeaux
ディトー Ditto
ディド
Dido*
Didot
D'yd
ディドー
Dido
Didot
デイト Date
ティトゥ Titu
ディトウ Ditto
ティドウェル Tidwell
テイドウェル Tidwell
ティートゥス Titus
ティードゥス Tiidus
ティトゥス Titus*
ティトウス Titus
ティトゥバ Tituba
ディドゥリカ Didulica
ディドゥル Didur
ティトゥレスク
Titulescu
ディートガー Dietger
ティトガット Tytgat
ティートケ Tiedge
ティートゲ Tietge
ティトケプルラー
Tyetkheprure
ティトゲンス Tietgens
ティトス
Titos
Titus
ディドナート
DiDonato
ディトニー Dithny
ティトノス Tithōnos
ティドハー Tidhar**
ディートハルト
Diethard
Diethart
ティトフ Titov
ディドプロス
Dedopulos
ティドベック Tidbeck
ティドボール Tidball
ティードホルム
Tidholm**
ディートマー
Dietmar*
Dietmer**
ディトマー
Dietmar
Ditmar
Dittmer**
ティートマイアー
Tietmeyer
ティートマイヤー
Tietmeyer**
ティドマーシュ
Tidmarsh
ディトマーシュ
Ditmarsch
ティトマス Titmuss
ティートマール
Thietmar
ティートマル
Thietmar
ディートマール
Dietmar**
ディートマル
Dietmar**
ディトマール Dietmar
ティードマン
Tiedeman
ティトマン Titman
ディトミル Ditmir
ティトミロフ
Titomirov
ティトムス Titmus
ティトラー Titler
デイドラ Deidre*
ティトラウステス
Tithraustēs
ディートラム Dietram
テイトリー Tately
ディードリ Deirdre
ディードリー Deidre
ディトリ
Ditri
D'Itri
ディドリー Diddley**
ディートリクス
Dietrichs
ディドリクスン
Didrikson
ディードリクセン
Diedricksen
ディドリクセン
Didriksen
ディドリクソン
Didrickson
Didrikson
ディートリック
Detrick*
Diethrich
Dietrich
Dietrick
ディードリック Didrik
ディトリック
Dietrich
Dittrick
ディートリッヒ
Dieter
Dietrich***
ディードリッヒ
Diedrich
ディトリッヒ
Dittrich*
ディートリヒ
Diedrich**
Dietrich***
Dittrich
ディートリント
Dietlind
ティトル Tittle
ディートル Dietl**
ディードル Deirdre
ティトルーズ
Titelouze
ディトレウセン
Ditlevsen
ディトレフ Ditle
ディトレフセン
Ditlevsen
ティドロ Tidrow
ディドロ
Didelot*
Diderot*
ディドロー Diderot
ティドロウ Tidrow
ディドロオ Diderot
ディートロフ Dietlof*
ティドワース
Tidworth
ティトン
Titon
Tyton
ディートン
Deaton*
Deyton
デイトン
Dayton**
Deighton**
Drayton
ディードンク
Dierdonck
ディドンナ
Di Donna*
ティーナ
Teena*
Tiina*
Tina*
ティナ Tina***
テイナ
Taina
Teina
ディーナ
Deana
Deanna
Deena
Dena
Dina**
ディーナー Diener**
ディナ
Dana
Dena
Dina**
Dinah
Dyna
ディナー Dinah**
デイナ
Dana**
Dayna*
ディナク D'Eynac
ティナス Tinus
ディナースキー
Dynarski
ディナースタイン
Dinnerstein
ディナダン Dinadan
ティナッツィ Tinazzi
ティナティン Tinatin
ディナード
Denard
DiNardo
ディナナト Dinanath
ディナポリ DiNapoli
ディナーラ Dinara
ディナラ Dinara**
ディナリ Denari
ティナリエフ
Tinaliyev
ディーナール Dīnār
ディナルコス
Deinarkhos
デイナルコス
Deinarchos
Dinarkhos
ディナレロ Dinarello
ディナロ Dinallo**
ディーナワリー
Dīnawarī
ディナン
Dinan
Dinant
デイナン
Deignan
Dinant
ティニ
Tini*
Tīnī
Tiny

ティニー
Tinny
Tiny
ディーニ Dini**
ディーニー
Deanie
Deeney
ディニ
Dini***
Diniz
ディニー
Daenie*
Dinney
Dinnie
ティニオ Tinio
ティニオス
Tinios
Tomops
デイニオル Deiniol
ディニク Dinicu
ディニシア Dinitia
ティニーシャ
Tynisha*
ディニシュ
Dinis
Diniz
ディニース Dinis
ディニーズ Diniz
ディニス
Denis
Dinis*
ディニッシュ Dinesh
ディーニハン
Deenihan
ティニベコワ
Tynybekova
ディニュ Digne
ティニュス Tignous
ディニュート DeNeut
ティニョール Tignol
デイニョル Deiniol
ディニーン
Dineen*
Dinneen*
ティヌ Tine
テイヌ Tane
ディヌ Dinu*
ディヌズールー
Dinzulu
ディヌッチ DiNucci
ディヌディング
Di Ndinge
ティヌブ Tinubu
ディヌール Dinur
ティネ
Tine
Tinne
ディネ Dinné
ティネア Tinayre
デイネーカ Deineka
デイネカ Deineka
ディネク Dinek
ティネケ Tineke
ディーネシュ Dienes
ディネシュ Dinesh**
ティネス Thinès
ディーネス Dienes
ディネス Dines
ディーネセン
Dinesen*
ディネーセン Dinesen
ディネセン Dinesen
ディネゾーン Dineson
ディネッシュ Dinesh
ディネット Dennett
ディネフ Dinev
ティーネマン
Thienemann
ディネラリス
Dinelaris
ティーネール Tinel
ティネール Tinayre
ティネル Tinel
ディーネル Dienel
ティーノ Tino
ティノ Tino**
ディーノ Dino**
ディノ
Deino
Dino***
デイノー Daigneau
ディノーヴィ Denove
ディノクフート
Dickhut
ディノクラテス
Deinocrates
Deinokratēs
Dinocrates
デイノクラテース
Deinokratēs
デイノクラテス
Deinokratēs
ティノコ Tinoco*
ディノシャ Dinoša
ディノス
Denos
Dinos
ディノスキー
DeNosky*
ディノストラトス
Dinostratos
デイノストラトス
Deinostratos
ディノト DiNoto
ディノフ Dinov
ディノン Dīnōn
ティーハ Tiha*
ティハ Thiha
ティバー
Tabor
Tibber
テイバー
Taber*
Tabor*
テイバー Taper
ディーバー
Deaver**
Dever
ディーパ
Dcepa
Deepa*
ディバ Diba
ディパ Dipa*
ティハイ Tihai
ティバイジュカ
Tibaijuka
ディバイン
Devine**
Divine
ティパウォン
Thippavone
ティバウト Tybout
ディパオラ Di Paola
ディパオリ De Paoli
ディバカルニー
Divakaruni
ディーパク Deepak*
ディバーグ
De Berg
DeBerg
ディパク Deepak
ディバケイ Debakey
ティバシマ Tibasima
ティバース Tivers
ディーバス
Debus
Devers
ディバース Devers*
ディバーズ Devers
ディパスカ DiPasqua
ディパスカル
Di Pasquale
ディパスクェル
DiPasquale
デイバスレン
Dagvasuren
ティハーチェク
Ticháček
Tichatschek
ディハツィバエワ
Dzhasybaeva
ディーパック Deepak*
ディパック
Deepak
Dipak*
ディバッツ Divac*
ディバット Dybwad
ティバト Tibatto
ディハート DeHart
ディパート Dipert
ディ・バートラ
DiBartola
ディバートラ
DiBartola
ディバナ Devanna
ディバーナルド
Dibernardo
ディハニ Deehani
ディババ Dibaba**
ティハメール Tihamér
ティハメル Tihamer
ディバラ Dybala
ティバルディ Tibaldi
ティパルドス
Typaldos
ディバルトロメオ
Di Bartolomeo
Di Bartolommeo
ディバルブ Devalve
ディパルマ Di Parma
ディバワ Dybala
ティパワディ
Thipawadee
ティーハン Teehan
テイパン
Theik Pan
Theikpan
Theippan
ディーハン
Deehan*
Dehan
ディバンゴ Dibango
ディバント
DeVante
Devante
De'Vante
デイバント Davante
ティヒー Tichy
ティビ
TiBi
Tibi
ディービー Deevy
ディビ
Dibi
Dibie*
Diby
デイビ Deivi
デイビー
Davey
Davy*
Devi
Deybe
ディビアシ Dibiasi
テイビィ Taibi*
デイビィス Davis
デイビイス Davies
ディビィッド David
デイビィド David
ディピエトロ
Di Pietro
DiPietro*
ディーピカ Deepika
ディヒーゴ Dihigo
テイビス Tavis
ディビーズ Davies
ディビス Davis*
ディビズ Davies
デイビース Davies*
デイビーズ Davies*
デイビス
Davies**
Davis**
ティヒセン Tijssen
ディビソン Davison
ディヒター Dichter*
ディービチ Diebitsch
ディビッグ Dybvig
デイビッズ Davids
ティヒッチ Tihić**
ディービッチ
Diebitsch
ティビッツ Tibbitts
デイビッツ Davitz
ティビット
Tibbitt
Tibbitts*
ディビット David
ディビッド
David*
Devid
デイビット David*
デイビッド
DAvid
David***
デイビットソン
Davidson
デイビッドソン
Davidson*
ディヒテル
Dichter
Dichtl*
ディビド David
デイビド David
デイビドー Davidow
デイビドゥ Davidow
ディビドソン
Davidson
ディビトリー Devitre
ディビニ Divinyi
ディビニー Diviney
ディピノ DiPino
ディヒミ Deyhimi
ディビュナー
De Winne
ディヒラー Dichler*
ディピロ
DiPiro
Dipiro
ディーピロス Dīphilos
ディピロス Dīphilos
ティビロフ Tibilov
ディビン Divín
ディーピング Deeping
ティピンズ Tippins*
ティープー Tipu
ティフ
Tif
Tiff
Tikh
Tych
ティフー Tiffou
ティプ
Tip
Tipu
ティプー Tipu
ディーブ
Deeb**
Dib
ディープ Deep
ディフ Diouf
ディブ
Dave
Dib**
Dibb
ディプ Dipu
デイブ
Dav*
Dave***
David*
Dev
ティーファー Tiefer
テイフーア Tayfoor
ティーファーシー
Tīfāshī
ディファジオ Difazio

テ

テ

ティファトゥル Tifatul
ティファニ Tiffany
ティファニー
Tiffani
Tiffany**
Tiphanie*
ティファヌス
Tiphanus
ディファラ Daifallah
デイファラ
Dayfallah
Deifallah
ディーファンタル
Diefenthal
ティファンヌ
Tiphaine
ディフィ Diffey
ディフィロス Dīphilos
ティフィン Tiffin*
ディフェイス Deffeyes
ティフェーニュ
Tiphaigne
ティフェーヌ
Tiphaine
ティフエン
Thi Huyen
ティーフェンゼー
Tiefensee
ディフェンソー
Defensor*
ディフェンソール
Defensor
ディフェンダファ
Diefenderfer
ティーフェンタラー
Thiefenthaler
Tieffentaller
ディフェンディ
Defendi
ディフェンバー
Diffenbaugh*
ディーフェンバッハ
Diefenbach
Dieffenbach
ディーフェンバッハー
Diefenbacher
ディフェンバッハ
Diefenbach
ディーフェンバハ
Dieffenbach
ディーフェンベーカー
Diefenbaker
ディフォ Difo
ディフォー Defoe
ディプオ Dipuo
ディフォード
DeFord
Deford
デイフォボス
Deiphobos
ディフォレスト
DeForest
ティフォン Tiffon
ディフォンゾ Difonzo
ディフォンツォ
DiFonzo
ディプキオ DiPucchio
ティプケ Tipke
ディープゲン Diepgen
ティプサレビッチ
Tipsarevic
ティブシラーニ
Tibshirani
ティブシラニ
Tibshirani
テイブス Taves
ディブス Dibbs
ティブッス Tibbs
ディプッチオ
DiPucchio
ティブッルス
Tibullas
Tibullus
ディブディン
Dibdin***
ティーフトゥルンク
Tieftrunk
ティプトフト Tiptoft
ティプトリー
Tiptree**
ティーフトルンク
Tieftrunk
ティプトン Tipton**
テイプナー Teipner
ティブニ Tibni
ディプモニ
Dipu Moni
ティプラー Tipler*
デイーブラ Debra
ティフラーニー
Ṭihrānī
ディフランコ
DiFranco
Difranco
ディフランチェスカ
Di Francisca
ディフランチスカ
Di Francisca*
ディプランペロ
Di Prampero
ディフリク Dyfrig
ディプリスコ
DePrisco
ティプリック Tipuric
ディプリマ DiPrima
ディブリン Dibblin
ティプリング Tipling
ディフリング Diffring*
ディブル Dibble**
ディプル Dipre
デイブル Dable
ディーブルク Dieburg
ティブルス
Tibbles
Tibullus
ティブルズ Tibbles
ティブルツィオ
Tiburzio
ティブルティウス
Tiburtius
ティブルティーノ
Tiburtino
テイプレイ Tapley
ディブレイ Dibley
ディプロマチカス
Diplomaticus
ティブロン Thibrōn
ディブワッド Dybwad
ディブンギ Divungi
ティベ
Tibe
Tjibbe
ティーベイ Thiberg
ディベカール Divekar
ディペーゴ
DiPego
Dipego
ティベサー Tibesar
ディペシュ Dipesh
ディベジョ Di Bello
テイベス Taveze
デイベス D'eibes
ティベッツ
Tibbets*
Tibbetts
ティベット Tibbett
ティペット
Tippet
Tippett**
ティベディ Thibedi*
ティペネ Tipene
ディベネデット
DiBenedetto
ティーヘム Tieghem
ティーベリ Tiberg
ティベリアヌス
Tiberiānus
ティベリウ Tiberiu
ティベリウス Tiberius
ディベーリウス
Dibelius
ディベリウス
Dibelius*
Tiberius
ティベーリオ Tiberio
ティベリオス Tiberios
ティヘリノ Tijerino
ティベール Thibert
ディーベル Diebel
ディベル Dibele
デイベル Deibel
ティーベルガー
Thieberger
ティベルギアン
Tiberghien
ティベルギェ
Tiberghien
ディベルティ Diberti
ティヘレン Tichelen
ディベン Dibben*
ディーベンコーン
Diebenkorn
ディペンドラ
Dipendra*
ディーペンブロク
Diepenbrock
ディーペンブロック
Diepenbrock*
ディーペンベーク
Diepenbeeck
デイベンポート
Davenport
ティーボー Thibaw
ティホ Ticho
ティボ
Thibaut
Tibo
ティボー
Thibaud**
Thibault
Thibaut**
Thibaw
Thiebaud
Tibor*
ディポ Dipo
ディポイノス
Dipoenus
ティーボウ Tebow*
ティボウ Thibaw
テイホウ Taeho
ディーボウ Diebow
ディボウスキ
Dibowski
ティボオデ Thibaudet
ディボース Debose
ディホダー
Dak͟hau
Dihkhodā
ディポーター
DePorter
ティボット Tibbott
ティボーテ Thibaudet
ティボーデ
Thibaudet**
ティボーデー
Thibaudet
ティポテ Tipote
ティボディ Thibodi
ティボディー Thibodi
ティボドー
Thibodeau
ディボート De Voto
ディボード Debord
ディポート Dipoto
ディボナ DiBona
ディポヌゴロ
Dipo Negoro
ティボネ Tibone
ディポネゴロ
Dipo Negoro
ティホノヴ Tikhonov
ティーホノフ
Tikhonov
ティホノフ
Tikhonov
Tykhonov
デイホフ Dayhoff*
デイポボス Deiphobos
ティホミル Tihomir*
ティホーミロフ
Tikhomirov
ティホミロフ
Tihomieroff
ディボラ Deborah
ティーボリ Tiburtinus
ディポリト D'Hipólito
ティボール Tibor***
ティボル Tibor**
ディボルゴ Di Borgo
ティーポルト Tiepold
ティポルド Tipold
ディーボールド
Deibold
ディーボルト Diebold
ディーボルド Diebold
ディボルト Diebold
ディポルド Dippold
ティーポレ T-pole
ティホン
Tichon
Tikhon
Tychon
ティボン
Thibon
Tibbon
Tibone
ディボーント
DeVaunte
ディボンドレ
De'Vondre
ティマ Týma
ティマー Timmer
テイマ
Tama
Teima
ディーマー
Deamer
Diemer
ディマ
Dima
Dwima
デイマー Damer
ディマイ Demiye
ティーマイオス
Timaios
ティマイオス
Timaeus
Timaios
ティーマイヤー
Thiemeyer
Tiemeyer
ディマイヤー DeMyer
ディマイリグ
Dimahilig
ディマウロ Dimauro
ティマカタ
Timakata*
ディマーキュリオ
DiMercurio*
ティマゲネス
Timagenes
ディマージ DiMasi
ティマーシェフ
Timasheff
ティマシェフ
Timasheff
ディマシオ
Di-Maccio
DiMascio
ディマジオ
DiMaggio*
Dimaggio
DiMarzio*
ディマシュキー
Dimashqī

ティマース Timmers*
ディーマス Demus**
ディマス Dimas**
ディマースキー
Dymerski
ディマーゾ DeMarzo
ディマック Dymoke
ディマテイ Demattei
ディマティア
DiMattia
ディマティーニ
Demartini
Dimartini
ティマニナ
Timanina*
ティマーノヴァ
Timanova
ディマバカナ
Dwima-bakana
ティマーマン
Timmerman
Timmermans
ティママン Timerman
ティマーマンス
Timmermans
ディマラナン
Dimaranan
ディマリー Demaree
ティマール Timár
ディマルコ
DiMarco
Dimarco
ティマルコス
Timarchos
ディマルティノ
DiMartino
ティーマン
Thiemann
Tieman
Tiemann*
ティマン
Thimann
Timan
Timmann
ディーマン
Dieman
Tiemann
テイマンス Taeymans
ディマンチ Dimanche
ティマンテス
Timanthes
ティミ Timi
ティミー
Timi
Timmy
デイミアン
Damian*
Damien
ティミィ Timmy
ディミエ Dimier
ティミエニエッカ
Tymieniecka
デイミエン Damien
ディミオン Damion
デイミオン
Daimion
Damion
ディミーザス Dimizas
ディミジアン
Dimidjian
ディミシェル
DiMichele
ディミジェンコ
Demidenko
ディミーター
Dimiter*
ディミター Dimiter
ディミータル Dimitâr
ディミタール Dimitar
ディミタル
Dimitar**
Dimităr
Dimitr
Dimit'r
Dimitur
ディミック
Dimick
Dimmick
ディミッコ DiMicco
ディミッシェル
DeMichele
ディミット Dimmitt
ティミッヒ Thimig
ディミテール Dimiter
ディミテル Dimiter
ディミトラ Dimitra*
ディミトラーナ
Dimitrana
ディミートリ Dimitri
ディミトリ
Demitri
Dimitri***
Dimitrij
Dimitrije
Dmitri
Dmitrii
ディミトリー
Dimitory
Dimitri*
Dimitrie
Dimitrii
Dimitriy
Dmitri*
Dmitrii
Dmitry
ディミートリアス
Demetrius
ディミトリアス
Demetrius
Dimitrios
Dimitrius*
ディミトリアディス
Demetriades
Dimitriadis
ディミートリィ
Dmitrii
ディミートリイ
Dimitrii
ディミトリイ
Dimitrii
Dmitrii
ディミトリイェヴィチ
Dimitrijević
ディミトリイェヴィッチ
Dimitrijevici
ディミトリイェビッチ
Dimitrijević
ディミトリウ
Demetriou
ディミトリウス
Dimitrius
デイミトリーヴナ
Dimitriëvna
ディミトリエ
Dimitrie
Dimitrije
ディミトリーエヴィッチ
Dimitrijević
ディミトリエフ
Dimitriev*
ディミトリエンコ
Dmitrienko
ディミトリオス
Dimitrios**
Dimitris
ディミートリーズ
Demetres
ディミトリス
Demetris**
Dimitrios
Dimitris**
ディミトリービッチ
Dimitrievich
ディミートル
Dimiter
Dimitur
ディミトル Dimit'r
ディミトロ Dmytro
ディミトローヴァ
Dimitrova*
ディミトローバ
Dimitrova
ディミトロビチ
Dmitrovich
ディミトローフ
Dimitrov
ディミトロフ
Dimitorov
Dimitrov**
ディミトローワ
Dimitrova
ティーミヒ Thimig
ティミヒ Thimig
ティミュ Timu
ディミュリアス
De Murias
ディミューロ
DiMuro
Dimuro
ディミュロ
DiMuro
Dimuro
ティミラス Timiras
ティミリャーゼフ
Timiriazev
Timiryazev
ティミリヤーゼフ
Timiryazev
ティミンズ Timmins
ティミンスカ
Tyminska
ティミンスキ
Tyminski
ティミンスキー
Tyminski
ティーム
Team
Teemu
Thiem
Thijm
Tiem
ティム
Thim
Thimm
Tim***
Timm**
Timothy**
テイム
Thame
Thijm
Tim
ディーム
Diehm*
Diem
ディム
Dame
Dym
デイム Dame*
ティムケン Timken
ディムコフスカ
Dimkovska
ディムザ Dymsza
ディムシツ Dymshits
ティムシット Timsit
ティムシーナ Timsina
ティムス Timms*
ティムズ
Thames
Timms*
テイムズ Tames
ディームス
Deems
Demuth
ディームズ Deems
ディムース Demuth
ディムスキ Dymski*
ディムスキー
Dimski
Dymski
ディムズディール
Dimsdale
ディムズデイル
Dimsdale
ディムソン Dimson
ティムチェンコ
Timchenko
ディムッスィ Dimucci
ディムデ Dimde
ディムニイ Dymny
ディムネ Dimnet*
ティムパーリー
Timperley
ティムパーレーク
Timperlake
ディムファナ
Dymphana
ディムプナ Dympna
ディムブレビィ
Dimbleby*
ディームベルガー
Diemberger*
テイムム Teimumu
ティムメ Thimme
ティムラズ Teimuraz
テイムーリヤーン
Taymourian
テイムリヤン
Taymourian*
ティムリン Timlin*
ティームール Tīmūr
ティムール
Temür
Timur***
Tīmūr
テイムル Teymur
ティムルブガー
Timurbughā
ティムロッド Timrod
ティーメ Thieme*
ティメ Thimme
ティメア Timea*
ディメイ DeMay
ディメイストリー
DeMaestri
ディメイン DeMain
ディメオラ Di Meola
ディメク
Dimech
Dymek
Dymmek
デイメク Dejmek**
ティメシテウス
Timesitheus
ティメット Mtimet
ディメノーク
Demenok
Demonok
ディメフ Dimeff
ディメリー Dimery
ティメル
Timel
Timmer**
ティメルス Timmers
ティメルマン
Timerman*
ティメルマンス
Timmermans
ディーメン Diemen
ディメンスタイン
Dimenstein
ディメンテ De Mente
ティーモ Thiemo
ティモ
Timo***
Timoniel
テイモア Taymor**
ディモウ Dimow
ディモウスキ
Dimovski
ディモク Dimock
ティモクスコ
Tymoczko
ティモクラテス
Timokratēs
ティーモクレオーン
Timokreōn
ティモクレオン
Timokreōn
ティモクレス
Tīmoklēs
ティモシ
Timoci
Timothy
ティモシー

テ

Timossi*
Timothee
Timothy***
Timpthy
ティモジ Timoci
ティモジー Timothy
ティモシィ Timothy*
ティモシイ
Timothy**
ティモーシェンコ
Timoshenko
ティモシェンコ
Timochenko
Timoshenko*
Tymoshenko*
ティモシュチェンコ
Tymoshchenko
ティモショック
Temoshok
ディモス Dimos
ティモスィ Timothy
ディモステニス
Dimosthenis
ディモック
Dimmock
Dimoch
Dimock*
Dymmoch
Dymoke
ティモテ
Thimothe
Timote
Timothe
Timothee
Timothée**
ティモティ Timothy
ティモーテウス
Timotheus
ティモテウス
Timotheos
ティモーテオ Timoteo
ティモテオ Timoteo
ティーモテオス
Timotheos
ティモテオス
Timotheos
Timótheos
ディモーナ
DiMona
Dimona*
ティモニエル
Timoniel
ティモネン Timonen*
ディーモフ Dimov
ディモフ Dimov*
ティモフィ Timofey
ティモフェイ Timofey
ティモフェーヴィッチ
Timofeevich
ティモフェーエフ
Timofeev
ティモフェエフ
Timofeeff
ティモフェーエワ
Timofeeva
ディモフスカ
Dimovska
ディモフスキ
Dimovski
ティモフティ Timofti*
ティモマコス
Timomachos
ディモリツァス
Dimolitsas
ティモール Timor
ティモレオン
Timoleōn
Timoléon
ティーモン Thimon
ティモン
Timon
Timōn
ディモン
Damon
Djimon
デイモン
Damon**
Damone
ティモンズ Timmons*
ディモント Dimont
ディモンドシュタイン
Dimondstein
ディモントレ
Demontre
ティヤー
Teear
Thayer
ディヤー
Dayer
Dyer
ディヤーウッディーン
Ziauddin
ティヤーガラージャ
Tyāgarāja
デイヤコノフ
D'yakonov
ディヤコフ Diyakov
ディヤス Dyjas
デイヤス Dias
ディヤチェンコ
Diyachenko
Dyachenko**
ディヤチン Dyatchin
ティヤナ Tijana
ディヤナ
Dhiyana
Diyana
ディヤーブ Dhiyāb
ディヤブ Diyab
ティヤール
Tillard
Tilliard
Tyard
テイヤール Teilhard*
ディヤロ Diallo
ディヤン Deyan*
ディヤング
De Jong*
DeJong
Dejong
DeYoung
ディヤンチ Diyanchi
テイユ Tage
ディユ
Dieu
Dieux
Dille
ディユー Dewe
ディユク Dijk
ディユドネ Dieudonné
ディユドネ
Dieudonne
Dieudonné
ディユドンネ
Dieudonné
ディユームガール
Dieumegard
ティーユモン
Tillemont
ティユモン Tillemont
ティヨ Tiyo
ディヨ Deyo
ティヨン Tillion
ディーヨン Deayon
デイヨン Deyon
ティーラ
Teera
Theera
Thiele
Thira
ティーラー Teeler
ティラ
Thila
Thyra
Tilla
Tira
ティラー
Tayler
Taylor*
Tilar
Tiller**
テイラ Taylor
テイラー
Tailor
Tayler*
Taylor***
Tyler
ディーラー Dhīrā
ディラー
Dillah
Diller**
テイラァ Taylor
ディラアン Diran
ディライト
Delight
D-LITE
ディライラ Delilah
ティラヴァニ
Tiravanija
ティーラウィット
Theeravit
ディラウェイ Dillaway
ディラヴォー
DiLavore
ティーラウンタ
Thilawuntha
テイラオイ Teiraoi
ティラキアット
Teerakiat
ティーラキアト
Teerakiat
ティラク
Thilak
Tilak*
ディーラジ Dheeraj
ディラージ Dhiraj*
ディラシア DiLascia
ティラーズ Tillers
デイラス Dayras*
ティラスポーリスカヤ
Tiraspol'skaia
ティラーソン
Tillerson*
ディラソン Dyrason
ティーラチャイ
Theerachai
ティーラック Thierack
ティラック Tilak
ディラック Dirac**
デイラック Dirac
ティラッソー Tiratsoo
ディラッド Dyrud
ティラデンテス
Tiradentes
ティラート Tirath
ティラード Tirado
テイラード Theilade
ディラード Dillard***
ディラド
DiRado
Dirado
ティラドス Tirados
ティラナ Tirana
ディラニー
Delaney*
Delany*
ディラノ Delano
ティラパット
Thirapat
ディラボー
Dillabough
ティラボスキ
Tiraboschi
ティラポン
Thiraphong*
ティラマニ Tiramani
ティーラユット
Thirayuth
ティラユット
Thirayuth
ディララ Dilara
ティラーリ Tirali
ティラール Tirard
ディラル Dirar
テイラールイス
Taylor-lewis
ディラロ DiLallo
ディラーワル
Dilaawar
ティラン Tiran*
ディラン
Dilan
Dillon
Diran
Dylan**
ディランタ Dilantha
ディランダー
Dyrander
ティランデンテス
Tiradentes
ディーランド Deland
ディランド Deland
ティーリー Dierick
ティリ
Thiry
Tilley
Tilli
Tillie
Tilly
ティリー
Thiry
Tilley*
Tillie
Tilly***
ディーリ Deely
ディーリー
Dealy
Deely
ディリ
Dill
Dilli
ディリー
Dailey
Daly
Dilley
Dirie*
デイリ
Daly
Deili
デイリー
Dailey***
Dailly
Daily***
Daley**
Dalley
Daly**
ディーリア Delia*
ディリア Delia*
ティリアキアン
Tiryakian
ディーリアス Delius
ディリアス Delius
ディリアナ Diliana
デイリィ Daly
ティリウ Tiliw
ティリエ
Thilliez**
Thiriet
Thiriez
ディリエ
D'Hilliers
Diriye
ティリエッテ Tilliette
ティリエット Tilliette
ティリオ Tiglio
ディリオ Dilio
ティリオン
Thirion
Tirion
ディリオン Dillion
ティーリカイネン
Tiilikainen
ティリカテネ
Tirikatene
ティリキ Tiriki
ディリク Dirck
ディリクレ Dirichlet
ティーリケ Thielicke*
ティリコウ Thilykou
ティリーザ Theresa
ディリシー DeLisi
ティリス
Tillis
Tsilis
ディリス

Dillis
Dilys*
ディリーソ Diliso
ディリゾウツ
Derezotes
ティリダテース
Tiridates
ティリダテス
Tiridates
ティリック
Tilhich
Tillich
ディーリック Dierick
ティリッヒ Tillich*
ディリップ Dilip*
ティリティッリ
Tiritilli
ディリバ Diriba
ティリバゾス
Tiribazos
ディリバルヌ
D'Iribarne*
ティリヒ Tillich**
ディリープ Dilīpa
ディリプ Dilip
ディリベルト
Diliberto
ティリムサーニー
Tilimsānī
ティリヤキアン
Tiryakian
ティリャード
Tillyard*
ティリヤード Tillyard
ディリャーラ Dilyara
ティリヨン Tillion
ディリヨン Dillon
ティリル Tiril*
ディリル Dirir
ディーリン Dehlin
ディリーン Dilleen
ディリン Dylin
ティリンガー
Thieringer
ディーリンガー
Dieringer
ティリンガスト
Tillinghast
ディリンガム
Dillingham
ティーリング
Thirring
Thring
ティリンク Tiling
ティリング
Thirring
Tiling
ディーリング Deering
ディリング Dilling*
ディリングスホーフェン
Diringshofen
ティリングハスト
Tillinghast
ティリンジャー
Tillinger
ディリンジャー
Dillinger
Diringer
ティリンデッリ
Tirindelli
ティリンマーハ
Ṭirimmāḥ
ティリンマーフ
Ṭirimmāḥ
ティール
Teal*
Teale*
Tearle
Teel
Teer
Thiel*
Thiele
ティル
Thill
Til**
Till**
Tiru
Tyl**
テイル Tail
ディール
Dale
Deal**
Diehl**
Diel
ディル
Dale
Dill*
Dills
Dirr
デイル
Daill
Dale***
Dayle
デイルアリサガ
De Irruarrizaga
ティルヴァッルヴァル
Tiru-valluvar
Tiruvalluvar
ティルヴァルヴァル
Tiruvalluvar
ティルウィット
Tyrwhitt
ディルウィン Dilwyn
ティルカ Tylka
ティルカー Tilker
ティルカン
Tilkin
Tilquin
ティルキアン Tilkian
ティルク Tilke
ディルク
Dierick
Dilke*
Dirck
Dirk***
ディルクス
Dircksz
Dirks*
Dirkx
ディルクセン Dirksen*
ティルケ Tilke*
ディルケ
Dilke
Dirkē
ディールケス Dierkes
ティルゲル Tilgher
ディールケン Dierken
ディルコック Dilcock*
ティルコート
Tylecote*
ティルコネル
Tyrconnell
ティルシック Tilcsik
ティルシャル Tylsăr
ディールシャン
Deelchand
ティールシュ Thiersch
ティルシュ
Thiersch
Tyrsh
ディルシュ Dirch
ディルショド Dilshod
ディールス
Diels*
Diers
ディルズ Dills
デイルズ Dales
ティルストン
Tilston
Tilstone
ティルズリー Tilsley
ティルズリィ
Tyldesley
ティールゼ Thierse*
ディルセ Dirce
ディルセー D'irsay
ディールセン Dierssen
ディルセン Dyrssen
ティルソ Tirso*
ティルソン Tilson**
ディルソン Dilson
ティルタ Tirta*
ティルダ Tilda**
ディルータ Diruta
ディルダ Dirda*
ディルタイ
Dilthey*
Diltheys
ティルタッカデーヴァル
Tiruttakkatēvar
ディルダベコフ
Dildabekov
ティルタヤサ
Tirtayasa
ディルダルベコフ
Dildabekov
ティルタンカル
Tirthankar
ディルツ
Dilts
Diltz*
ティルデ Tilde*
ディルディ
Dilday
Dildy
ディールティエンス
Dieltiens
ティルディスレイ
Tyldesley*
ディルディラ Dyrdyra
ティルデン Tilden**
ティルト Tilt
ティルトアディスルヨ
Tirtoadhisoerjo
Tirtoadisuryo
ティルトマン
Tiltman*
ティルトン Tilton***
ティルナール Tirunal
ティルニー Tilney*
ティルネッシュ
Tirunesh*
ディルノット Dilnot
ディルバイ Dhirubhai
ティルハカ Tarqū
ティルバーグ Tilburg*
ティルバッルバル
Tiruvalluvar
ディルバル
Dilbar
Dílvar
ティルバルバル
Tiru-valluvar
ティルバーン Tilburne
ディールハンティー
Delehanty
ティルビー Tilby
ディルビー Dyrbye
ティルピッツ Tirpitz
ディルファー Dilfer*
ティルフィ Tirfi
ティルフォード Tilford
ディルブンディ
Dill-Bundi
ティルベリス Tilberis
ディルヘル Dilherr
ティールホフ Tielhof
ティルボルフ Tilborgh
ティルマラ Tirumala
ティールマン
Thielmann
ティルマン
Tilghman
Tillman***
Tillmann*
Tilman**
Tilmann
Tylman
ディールマン Deelman
ディルマン
Dillemann
Dillman**
Dillmann
Dilman
ティルマンス Tillmans
ティルマンズ
Tillmanns
Tillmans*
ティルミジー
Tirmidhī
ティルミーズ
Tilmīd̲h̲u
ティルミーズ・アル
Tilmīd̲h̲u'l
ティルミズィー
Tirmidhī
ティルミーズル
Tilmīd̲h̲u'l
ディルミット
Diarmait
ディルムッド
Diarmuid
ティルヤード Tillyard
ティルリッヒ Tillich
テイルリンク Teirlinck
ティルレア Tirlea
ティールロヴァー
Týrlová
ティルワース
Tillworth
ディルワース
Dilworth*
ティーレ
Teare
Thiele**
Tiele
ティレ Thillay
ディーレー Dealey*
ディレー
Delay
Dilley
Dyrek
ティレイ Tilley*
ディーレイ Deeley
ディレイ
DeLay*
Delay*
Dilley
デイレイ Dailey
ディレイタ Dileita
ディレィニー Delany
ディレイニ Delany
ディレイニー
Delaney*
Delany*
ディレイン Delayne
ディレヴァンガー
Dirlewanger
ディレウスカ
Dylewska
ディレオ
DeLeo
Dileo*
ディレーク Direk
ディレク Derek
テイレシアス Teiresias
ティレストン Tileston
ディレタ Dileita
ディレーツキー
Dyletskii
Dyletskiĭ
ディレック
Derek*
Direck
ティーレット Teilhet*
ティレット Tillett*
ディレッロ Dilello
ディレーニ Delany
ディレーニー
Delaney***
Delany**
ディレーニイ
Delaney
Delany
ディレニウス Dillenius
ティレーヌス Tilenus
ディレハグ Dyrehag
ディレボ Dilebo

ティーレマン
Thielemann*
Tieleman
ティレマン Tilemann*
ティレマンス
Tillemans
ディレラ DiLella*
ティレリー Tillery
ディレリ Dileri
ティレル
Tirrell
Tyrell
Tyrrell***
ディレル Dirrell
デイレル Dayrell
ディレロ Dilello
ディーレン Dieren
ディレーン Delane
ディレン Dillen
ディレンシュナイダー
Dilenschneider*
ディーレンス Delens
ディレンゾ Direnzo
ディレンバーガー
Dillenberger
Dillenburger
ディーレンファース
Dyhrenfurth
ディーレンフルト
Dyhrenfurth
デイレンフルト
Dyhrenfurth
ティーロ
Thielo
Thilo
Tiro
ティロ
THiLO
Thilo**
Thiro
Tillo
Tilo
Tiro**
ティロー
Thirault
Tirro
テイロ
Teilo
Teliau
テイロー Tayloe
ディロ
Dillo
Dir
Diro
テイロア Taylor
ディロウ Dilou
ティローカスンダリ
Tilokasundari
ティローカラート
Tilokkarat
ディロージャ
DeLozier
ディロック Dilok
ディロッコ
Di Rocco
DiRocco
ティロットスン
Tillotson
ティロットソン
Tillotson
ティロッホ Tilloch
ティロド Tirode
ティロトソン
Tillotson
ディローニー Deloney
ディロフ
Dilov*
Dílov
Dyroff
ティロリアン
Tirolian
Tirolien
ディローリオ Dilorio
ディロリオ DiIorio
ティロール Tirole*
ティロル Tirol
テイロル Taylor
デイロル Deyrolle
ティロン
Tyronn
Tyronne
テイロン Tyron
ディロン
DeLong
Dhillon
Dillon***
デイロン Dirond
ディワィス Davies
ティワリ
Tewari
Tiwari
ティワリー Tiwary
ディワン
Dāvīn
Diwan
ティン
Ding
Dinh
Htin**
Thin*
Thinh
Think
Thynne
Tin***
Tine
Ting**
Tinh*
Tĩnh
Tint**
Trinh
Tyng
テイン
Taine*
Tea-in
Tein
Thein**
ディーン
Dane
Dean***
Deane***
Deau
Deen*
Dieën
Dien
Diing
Din
Dīn
ディン
Dean
Dhien
Dien
Diing
Din***
Dīn
Ding*
Dinh***
Dình
Dịnh
Đinh
Đĩnh
Dinn
Dyn
Uddin
デイン
Dae-in
Dain**
Dane**
Dayne
ティンアウン
Htin Aung
ディーンイル Dinilu
ディンウィディ
Dinwiddie*
Dinwiddy
ディンウィディー
Dinwiddie
ディンウェディ
Dinwiddy
ディンウェル Dingwell
ティンカー
Thinkha
Tinker*
ティンガ Tinga
ディンカ Dinka
ディンガ Dinga
ディンガー Dinger
ディンガジョンド
Dinga Djondo
ディンガス Dingus
ティンガティンガ
Tingatinga
ディンガネ Dingaan
ティンカム Tinkham
ディンガモ Dingamo
ディンカル Dinkar
ディンガーン Dingaan
ディンギスワヨ
Dingiswayo
ディンキッチ Dinkić
ディンギリ Dingiri**
ティンキル Tingkir
ディンキン
Dinkin
Dynkin
ディンキンス Dinkins
ディンキンズ Dinkins*
ティング
Thing
Tyng
ディンク Dink*
ディング Ding
ディングウォール
Dingwall
ティングステン
Tingsten
ティングダール
Tingdal
ティンクトーリス
Tinctoris
ティンクトリス
Tinctoris
ティングネス
Thingnes
ディンクマイヤー
Dinkmeyer
ディングマン
Dingman*
ディンクメイヤー
Dinkmeyer
ティンクラー Tinkler
ディングラー Dingler
ティングリー Tingley*
ディングリー Dingley
ディングリンガー
Dinglinger
ディングル Dingle*
ディンクレイジ
Dinklage
ティンゲイ Tingey
ディンケヴィチ
Dinkevich
ディンケヴィッチ
Dinkevich
ディンケビッチ
Dinkevich
ディンケラ Dinkela
ティンゲリー
Tinguely*
ディーンゲリス
Deangelis
ティンケル Tinkel
ディンケル Dinkel
ディンケルー Dinkeloo
ディンゲル Dingell
ディンゲルシュテット
Dingelstedt
ティンゲン Tingen
ティンコフ Tinkoff
ティンコンミウス
Tincommius
ディンシャ Dinsha
デインジャーフィールド
Daingerfield
Dangerfield
ティンシン Ting-xing
ティンジン Ting 'dzin
ディンシン Dincin
ディーンズ
Deans**
Denes
Dienes
ディンス Dinse
ディンズ Danes
デインス Daines
デインズ
Daines
Dains
Danes
Daynes
ディンスキー Dynski
ディンスデイル
Dinsdale
ディンスデール
Dinsdale
ディーンストビーア
Dienstbier**
ディーンストビール
Dienstbier
ディンストビール
Dienstbier
ディーンストフライ
Dienstfrey
ディーンスビーア
Dienstbier
ディンズモー
Dinsmore
ディンスモア
Dinsmore*
ディンズモーア
Dinsmoor
ディンズモア
Dinsmore
ティンスラノン
Tinsulanonda**
ティンスリー Tinsley
ティンズリー
Tinsley**
ディンズル Dinzulu
ティンズレイ Tinsley*
ディンゼオ D'inzeo
ディンター Dinter
ディンダー Dinder
ティンターナティクン
Tingthaanathikul
ティンダール Tindall
ティンダル
Tindal
Tindall*
Tyndale*
Tyndall*
ディンダル
Dindall
Dindar
ティンダーロ Tindaro
ティンダロ Tindaro
ディンチェフ Dinchev
ディンチェル Dinçer
ディンツィス Dintzis
ディンツェルバッハー
Dinzelbacher*
ディーンツェンホーファー
Dientzenhofer
ティンティ Tinti*
ディンディア D'India
ディンティス Daintith
ディンティマン
Dintiman
ティンデイル Tyndale
ディンディン
Ding-ding*
ディンディンガー
Dindinger
ティンデマンス
Tindemans**
ディーンデレン
Dienderen
ディンテレン Dinteren
ティント
Tint
Tinto*
ディンド Dindo
ティントゥッ Tin Tut
ディンドサ Dhindsa

ティントナー Tintner
ティントーリ Tintori
ティンドール
Tindall
Tyndall
ディンドルフ Dindorf
ティントーレ Tintore
ディーンドレ Deandre
ティントレット
Tintoretto*
ティントレットー
Tintoretto
デイントン Dainton
ティンナ Tinna
ディンナ Dinna
ディンニク Dinnik
ティンヌ Taine
ティンネ Tinne
ディンネビーヤ
Dinnebier
ティンネフェルト
Tinnefeld
ティンバーゲン
Tinbergen**
デインバーゲン
Tinbergen
ティンバース
Timbers*
ティンバランド
Timbaland
ティンバリー Timbury
ティンパリー
Timperley*
Timperly
ティン・バーリィ
Timperley
ティンバーリィ
Timperley
ティンバーレー
Timperley
ティンバーレイク
Timberlake*
ティンバレイク
Timberlake
ティンバーレーク
Timberlake
ティンプ Timp
ティンファ Ting-fa
ディーンフェンベーカー
Diefenbaker
ディンフナ Dymphna
ディンプナ Dymphna
ディンブルビー
Dimbleby
ティンブレル Timbrell
テインペーミン
Thein Pe Mint
Thein Pe Myint
ディンペリオ
D'Imperio
ティンベルゲン
Tinbergen
ティンベルヘン
Tinbergen*
ティンボ Timbo
ティンマー Timmer
ティンマナ Timmana
ティンマブフパーラ
Thimmabhupāla
ティンマーマン
Timmermann*
Timmermans
Zimmermann
ティンマーマンス
Timmermans
ティンメルマンス
Timmermans*
ディンヤル Dinyar*
ティンラン Tian-lang
ティンリー Tinley*
ティンリング Tinling
ティンレー
Trinle
Trinley
ディーンレー Dyneley
ティンレイ
Hphrin-las
Thinley**
テウ Tae-woo**
デーウ Dev
デーヴ
Dav*
Dave*
Dev
Devdatt
デウ Deu
デウー Dehu
デヴ Dev
テウア Téhoua
デーヴァ
Dava
Deva
デーヴァイ
Dévai
Devay
デヴァイン Devine
デーヴァサッバ
Devasabba
デーヴァシャルマン
Devaśarman
デヴァソン Deverson
デーヴァダッタ
Devadatta
Devdutt
デーヴァダルマン
Devavarman
デヴァダーンミコ
Devadhammiko
デーヴァーナンピヤ
Devānampiya
Devānaṃpiya
デヴァニー Devanny
デーヴァパーラ
Devapāla
テヴァヒトゥア
Tevahitua
デヴァラジャン
Devarajan
デーヴァラーヤ
Devarāya
デヴァリエール
Desvallières*
テヴァル Théval
デヴァル Devall
デヴァルクス
Devereux
デヴァレラ De Valera
デヴァーレン Deveren
デーヴィ
Davey
Davy
デーヴィー
Davey
Davy
Devi*
デヴィ Dewi
デヴィー Dewey
デヴィ
Davi
Devi*
Dewi
デヴィー
Davey
Devi
デヴィーア Devia
テヴィス Tevis
デーヴィース Davies
デーヴィーズ Davies
デーヴィス
Davies*
Davis**
Davys
Devis
デーヴィズ
Davids
Davies
デヴィーズ DeWeese
デヴィス
Dewis
Duess
デヴィス
Davies
Davis
Tevis
デヴィズ Davids
デヴィスン
Davison
Davisson
デーヴィソン
Davison
Davisson
デヴィソン
Davison
Davisson
テヴィタ Tevita
デヴィータ DeVita
デヴィック Dewick
デーヴィッズ Davids*
デーヴイッズ Davids
デヴィッスン
Davisson
デヴィッソン
Davisson
デヴィッツ
Davids
Davitz
デ・ヴィット DeWitt
デーヴィット David
デーヴィッド David**
デヴィット
David
Dewit*
De Witt*
DeWitt**
Dewitt
デヴィット
David*
De Wit
デヴィッド
Daevid
David**
Davide
Davyd
Devid
デヴィッドスマイヤー
Davidsmeyer
デヴィッドスン
Davidson*
デーヴィッドソン
Davidson
デヴィッドソン
Davidson*
デヴィッドリー
Davidlee
デーヴィド David**
デヴィト De Witt
デヴィート DeVito*
デヴィド
David*
De Vido
デヴイド David
デヴィドスン
Davidson
デーヴィドソン
Davidson*
デヴィドソン
Davidson
デヴィリアス
De Villiers
テヴィリガー
Terwilliger
デヴィル Deville
デヴィルジリオ
De Virgilio
デヴィルデ De Wilde
テヴィン
Tevin
The-Vinh
デヴィン Dewynne
デヴィン
Devin*
Devine
テヴィンケル
Tewinkel
デヴィンスキー
Devinsky
デヴィンセンティス
Devincentis
デウウィット Dewitt
テウヴォ Teuvo
テヴェ Thevet
デウェー Dewey
テウエア Teuea
デウェイ Dewey
デヴェイン Devane
デヴェッチ Devecchi
テヴェナ Thévenaz
テーヴェライト
Theweleit
デヴェラル Deverall
デヴェール Devere
デヴェルー Devereux
テウェルデ Tewelde
デウェールト
De Weerd
デヴェルニエロ
DeVerniero
デヴェレル Deverell*
デヴェロ Devello
デヴェロー
Devereaux
Devereux
テーウェン Teeuwen
デウェン Dewen
デヴェンター
Deventer*
デヴェンドラ
Devendra
デーヴェンドラナート
Rabīndranâth
デーヴェーンドラブッディ
Devendrabuddhi
テヴォー
Thevoz
Thévoz*
デヴォー
Désveaux
De Veaux
DeVeaux
Devor
デヴォイ Devoy
デヴォゲレア
Devogelaere
デヴォーシェル
Devauchelle
テヴォス Thévoz*
デヴォス
DeVos
Devos
デウオード Deward
デヴォート
DeVoto
Devoto
テウォドロス
Tewodros
テウォフィロス
Theophilus
デーヴォル Devold*
デウォルト DeWalt
デヴォールト DeVault
デウォルフ Dewolf
テウォン
Tae-won**
Thae-won
デウォン
Dae-won
Dae Woong
デヴォン Devon*
デヴォンシャー
Devonshire
デゥーカ Duka
デウカウリオン
Deukaliōn
デウカリオン
Deukaliōn
デゥカン Duncan*
テウク
Tae-uk
Teuku
デウク Tae-wook
テウクロス Teukros

デウコタ
Devkota
Devkoṭā
デウシナ Deusina
テウス
Tews*
Thews
デーヴス
Daves
Davis
デゥース Duus
デウス Deus**
デウスデディツス
Deusdeditus
デウスデーディトゥス
Deusdeditus
デウスデーディトウス
Deusdeditus
デウスデディトゥス
Deusdeditus
デウスベリー
Duesbury
デウゼ Dieuze
デヴソン Deveson
テウタ Teuta
テウダ Theudâs
デヴダス Devadas
デーヴダット Devdatt
テウダリウス
Theudarius
デウッチマン
Deutschman*
デーヴット David
テウディギセル
Theudigisel
テウディス Theudis
テウデバルド
Theudebald
テウデベルト
Theudebert
テウデリック
Theuderic
テウドゥル Tewdwr
テウトニクス
Teutonicus
テウトラス Teuthras
テヴナン
Thévenin
Thèvenin
デヴナン Thévenin
デヴニー
Deveney
Devney
テウニッセン
Teunissen
テヴネ Thévenet*
テヴノ
Thevenot
Thévenot
テヴノー Thévenot
デウバ Deuba*
テウフィーク Tewfik
テウフィク
Tawfīq
Tevfik
Tewfik
テヴフィク
Tevfik
Tewfik
デウフィム Delfim
デヴラ Devra*
デヴリー Devry
デヴリエ Devriès
デヴリエス De Vries
デヴリエント Devrient
デヴリーガー
Devlieger
デヴリース
DeVries
Devriès
デヴリーズ
DeVries
Devries
デヴリン Devlin*
テゥール Tour
デヴルー
Devereux*
D'Evreux*
デヴルウ Devereux
テウルゴス Theourgus
デヴレー Develey
デヴロー
Deveraux*
Devereux
デウロフェウ Deulofeu
テウーン Theun
テウン
Taeeun
Tae-woong*
Tai-woong
Tai-Wung
テーエ Teje
テエ Tae
デエ Deshayes
デエー Deshayes
テェア
Thoger
Thøger
デェイヴィド David
テェイッパンマァウンワ
Theikpan Maung-Wa
テェインペーミイン
Thein-Hpe-Myint
デェヴァネッセン
Devanesen
デェヴィス
Davice
Davis
テエジ Tae-ji
デエスコバル
De Escobar
デェディッチ Dedic
デエナ Dana
テエヌ Taine
デェビィス Davis
デェビス Davis
デェビット David
デエフスキー
Dejevsky
テエホフ Chekhov
デェミードヴァ
Demidova
デエメル Dehmel
デェリング Döhring
デーエン Dehen
テーオ Theo
テオ
Teo**
Teoh
Theo***
Theo'
Théo***
Thodoros
デオ
Deo
Déo*
Đèo
テオカラキス
Theocharakis
デオガン Deogun
デオカンポ
De Ocampo*
デーオキーナンダン
Devkīnandan
テオクセーヌ
Théoxène
テオクティストス
Theoktistos
テオグニス Theognis
テオグノーストス
Theógnōstos
テオグノストス
Theognostos
デオグラシアス
Deogracias
デオグラシャス
Deogratias
デオグラティアス
Deogratias
テオクリトゥス
Theokritos
テオクリトス
Theocritus
Theokletoy
Theokritos*
デオジー Deossie
テオス Theos
テオスカー Teoscar
デオダ Déodat
デオダート Deodato*
テオダハット
Theodahad
テオダハト
Theodahad
テオダハド
Theodahad
テオダルド Theodard
テオダルドゥス
Theodardus
テオティモス
Theotimos
テオティルス
Theophilus
テオデクテス
Theodektas
Theodektēs
テオテクニウス
Theotecnius
テオテクヌス
Theotecnus
テオテクノス
Theotecnus
テオデュール
Théodule*
テオデュル Théodule*
テオデュルフ
Theodulf
テオデリクス
Theodericus
テオーデリヒ
Theodricus
テオデリヒ Theodoric
デオテレペス
Diotréphēs
テーオードア Theodor
テーオドーア
Theodor*
テーオドア
Theodor**
テオードーア Theodor
テオドーア
Theodor**
Théodore
テオドア
Theodor
Theodore
Theodre
テオードゥールス
Theōdūrus
テオドゥルフ
Theodulf
テオドゥルフス
Theodulfus
テオドオル Theodor
テオトキス Theotókēs
テオトコプーロス
Theotokopoulos
テオドシー Teodosii
テオドシア Theodosia
テオドシアス
Theodosius
テオドーシウス
Theodosius
テオドージウス
Theodosius
テオドシウス
Theodósios
Theodosius*
テオドシオス
Theodosios
Theodósios
テオドッシュウ
Theodossiou*
テオドティオーン
Theodotion
テオドティオン
Theodotion
テオドトス
Theodotos
Theódotos
テオトニウス
Theotonius
テオトニオ Theotonio
テオドバルド
Theobald
テオドビッチ
Teodovich
テオドュール
Théodule
テオドーラ Theodora
テオドラ Theodora
テオドラキス
Theodorakis**
テオドラコプロス
Theodoracopulos
テオドラーニ
Teodorani
テオドリク
Theodoric
Theodorik
Theodrich
テオドリクス
Theodoricus
テオドリーコ
Teodorico
テオドリコ Teodorico
テオドリダス
Theodoridas
テオドリック
Theoderic
Theodoric
Theodrich
テオドリッヒ
Theodoric
テオドリディス
Theodoridis
テオドリーニ
Teodorini
Theodorini
テオドリヒ
Theodorich
Theodrich
テーオドール
Theodor*
Theodore
Théodore
テーオドル Theodor*
テォドール Theodor
テオードール Theodor
テオドール
Teoder
Teodor*
Théo
Theodoor
Theodor***
Théodor
Theodore***
Théodore***
Théodre
テオドル
Teodor*
Theodor***
Theodore*
Théodore*
テーオドルス
Theodorus
テオドールス
Theodoros
Theodorus
テオドルス
Theodore
Theodorus
テオドルフ Théodulf
テオドレ Theodore*
テオドレスク
Teodorescu
Theodorescu
テオドレトゥス
Theodoretus
テオドーレートス
Theodoretus
テオドレトス
Theodoretos
Theodoretus
テオドーロ Teodoro
テオドロ
Teodoro**
Theodore

デオドロ Deodoro
テオドーロス
Theodoros
Theodōros
Theódōros
テオドロス
Tewodros
Theodore
Theodoros**
Theodōros
Theódōros
Theodorus
テオドロビッチ
Teodorovici
テオドロプーロウ
Theodoropoulou
テオドロプロス
Theodoropoulos
テオニ Theoni*
デオヌシオ Dionȳsios
テオパトル Theopator
テーオバルト
Theobald
テオバールト
Theobald
テオバルト Theobald*
テオバルド
Teobaldo
Theobald
Theobaldo
Theobold
Thibaut
テオバルドゥス
Theobaldus
テオハロヴァ
Teokharova
テオヒリュス
Theophilus
テオヒール Theohile
テオピロ Theóphilos
テオファーヌ
Théophane
テオファネース
Theophanes
Theophanēs
Theophánēs
テオファネス
Theophanēs
テォファノ
Theophano
テオファノ
Theophano
テオフィ Theophile
テオフィイル
Théophile
テオフィスト
Teofisto**
テオフィモ Teofimo
テオフィラクッス
Theophilactos
テオフィラクトス
Theophilactos
テーオフィール
Theophil
テォフィル Théophile
テオフィール
Theophil
Théophile
テオフィル
Teofil
Theophil**
Theophile
Théophile*
Théophille
Theophilus
テオフィルス
Theophilus*
テオフィレ Theophile
テオーフィロ Teofilo
テオフィロ
Teofilo
Teófilo*
Theóphilos
Theophilus
テオフィロヴィチ
Teofilovich
テオフィロス
Theophilos
Theóphilos
Theophilus
テオフュラクトゥス
Theophylactus
テオフュラクトス
Theophilactos
Theophylaktos
テオフラスト
Théophraste
Theophrastos
テオフラストゥス
Theophrastos
Theophrastus
テオフラストス
Theophrastos*
テオプラストス
Theophrastos*
Théophrastos
テオベン Theo-Ben
テオポンポス
Theopompus
デオマンポ
Deomampo
デオム Deum
デオラ Deora
デ・オラジオ D'Orazio
デオランダ
De Hollanda
デオリオ DeOrio
デオリス Deolis
デオリベイラ
De Olibeira
De Oliveira
D'Oliveira
デオリベイララモス
De Oliveira Ramos
テオリン Theorin**
デオルレアンス
De Orleans
テーオレル Theorell
テオレル Theorell**
テオン Theon
デオン
Deon**
Déon***
デオンナ Deonna
テーガー Taeger
テガ Tega
デカー Dekker
デガ Deygas
テカアネネ Tekanene
テカイアラ Tekaiara
デガイル Degair
デカイレス DeCaires
テカウ
Tecau
Tecău
デカーヴ Descaves
デカーヴァロー
DeCarvalho
テカヴェク Tekavec
デガエターニ
De Gaetani
テカクウィサ
Tekakwitha
テカクウィタ
Tekakwitha
デカーシー De Coury
デカジー Decazie
デカスティジャ
De Castilla
デカストロ
De Castro
Decastro
デガスペリ
De Gasperi
デカタンザロ
DeCatanzaro
デカノヴィチ
Dekanović
デカーバロー
DeCarvalho
デガビディア
De Gavidia
デカーブ Descaves
デガブリエル
Degabriele
デガベ Desgabets
デカポビジャ
De Capovilla
テカムサ Tecumseh
テカムセ Tecumseh
デガーモ DeGarmo*
テカリ Tekkari
テカルヴィー Tekulve
デカルグ Descargues
デカルソン Dickerson
デカルト Descartes**
デカルバロ Carvalho
デカルパントリー
Decarpentry
デカルマー Decalmer
デカルメン
Del Carmen
デガルモ De Garmo
デカーロ DeCarlo
デカロ DeCaro
デカン Descamps*
デカンヴィル
D'Équainville
デカンディード
DeCandido*
デカンポス
De Campos
テキア Tekia
デキウス Decius
テキコ Tychikos
テキシアー Texier
テキシエ Texier**
デキシップス
Dexippus
テキシュ Tekish
デキスター Dexter
テーキッチャカーニ
Tekicchakāni
デキムス Decimus
デキャンプ DeCamp
デキュ Dai-keu
デキュジス
Decugis*
Décugis
テギュン
Dae-kyun
Tae-kyun*
デギュン Dae Kyun
テギョン
Taecyeon
Tae-gyong
デキロン Desquiron
テキン Tekin**
テギン
Tägin
Tegin
Tigin
デーキン Dakin*
テキンアルプ Tekinalp
デギンドス
De Guindos
テーグ
Teague
Tegh
テク Thaek
デーグ Dégh
デグアラ Deguara
デグヴィル D'Egville
デクウインシー
De Quincey
デクエヤル
De Cuéllar**
テクォン Jae-kwon
デグォン Deguon
テクキ Taek-kee
テクシ Tekshi
テクシエ Texier*
デクシオス Déxios
デクシッポス
Dexippos
Dexippus
デグジール D'Exiles
デグジル D'Exiles
テクス Tex
デクス
Daix
D'Aix
Dex
テクスター Texter
デクスタ Dexter
デクスター Dexter***
デグズマン
De Guzman
テクスーン Teck Soon
デグセウス Dexeus
テクセル Texel
デクセル Dexel
デクソン Dixon
テクチ Tekshi
テクチャイ Teck-Chai
デグチャリョフ
Degtiarëv
デグチャーレヴァ
Degtiareva
テクック Tai-kook
デグッド Duguid
テグデール Tegüder
デクードル
Descoeudres
テグナー Tegner
デグナン Degnan
テグネール Tegnér*
テグネル Tegnér
デグネン Degnen
テクパー
Tekper
Terkper
デクハ Deckha
テクビール Tekbir
デグベ Degbe
テクペティ Tekpetey
デグベル
D'Aiguebelle
テクホン Teck-fong
テグマーク Tegmark
テクムセ Tecumseh
テクラ
Tecla
Tekla
Thecla
テクラー Thekla
テグラ Tegla*
デーグラ Degler
デグラ Degla
デグラー Degler
デグライン Degrain
デクラーク
DeClark
Declerck
DeClercq
De Klerk***
デグラス Degras
デグラーダ Degrada
デグラツィア
DeGrazia
デグラッセ De Grasse
テグラテ Tukulti
デクラーヌ Decraene
デグラーフ
De Graaf
De Graaff
デグラフ DeGraff
デクラン Declan**
デグラン Deglane
デクランガ
De Kerangat
デグランチーヌ
D'Eglantine
デグランティーヌ

テ

D'Eglantine
デグランティヌ D'Eglantine
デグリング Degeling
デーグル Daigle*
デクール Decoule
デクルー Descouleurs
デグルート
DeGroot
Degroot
デクレ Desclée
デグレ Degré
デクレア DeClaire*
デグレイ De Grey
テクレウォイニ
Teklewoini
デグレゴリ
Degregori*
デグレゴリオ
De Gregorio
デグレージア Degrazia
デクレーブ Declève
デグレーブス
DeGraves
テクレベルハン
Tekeleberhan
テクレマリアム
Tekelemariam
テクレミカエル
Teklemikael
デクレム De Crem
デクレール Declair
デクレルク De Clerck
デクロー
De Croo
Desclaux
デグロウ DeGraw*
デクロシェ
Décrochers
デクロゾー
Desclozeaux
デグローブ
Desgraupes
Dumayet
デグロフ DeGroff
デグロム
DeGrom
Degrom
デグロン Degron
デーグン Degn
デグン Dae-geun
テーケ Teoke
テーゲ Teege
テケ Tekee
デーケ Deecke
デーゲ Dege
テーケイ Tökei
テケイ Thököly
デケイロス
De Queiroz
デゲイン Degain
テケオグル Tekeoglu
テケシュ Tőkés*
テケステ Tekeste

テゲットホッフ
Tegetthoff
テーゲットホフ
Tegetthoff
テゲットホフ
Tegetthoff
デケトレ De Ketele
デゲナー Degener
テゲヌ Tegenu
テケバイ Tekebay
デケバルス Decebalus
デケバレス Decebalus
テーケリ Thököly
テケリ
Tekeli
Thököly
テケリア Tekelija
デゲリング Degering
デゲール Degale**
デーゲルマルク
Degermark
デーケン Deeken*
デーゲン Degen*
デケン Deken
テゲングレン
Tegengren
デーゲンコルブ
Degenkolb
デケンシー
De Quincey
デーゲンハルト
Degenhardt
デコ Deco*
デゴ Dego
デコーヴェン
DeKoven
デコス
Decosse
Décosse*
デゴス Degos
デコスタ D'Costa*
デコスター De Koster
デコステ DeCoste
デコスペダル
De Cospedal
デコダ Dekoda
デコック
De Cock*
De Kok
Descoqs
デコッテグニ
Decottignies
デコート
Decoto
Descotes
デコニック
DeConnick
デコーニンク
Deconinck
デコニンク
De Coninck
Dekoninck
デコニング
De Koning
デコブラ Dekobra*
デコム Dekom

テコリ Tekori
デゴル Degol
デコルテ De Korte
デコーン
DeKorne
Dekorne
デゴン Tae-gun
デコンブ Descombes
デコンフェルド
DeKornfeld
デコンベ Descombey
テーサ Tessa*
テサ Tessa**
テサー Tesar
デーサーイー
Desai
Dēsāi
Dēsāī
デサーイー Desai
デサイ
Desai**
Dēsāī
Desaix
Dessai
デサイー Desailly*
デザイアス De Zayas
デザイナー Designer
デサウアー Dessauer
テザウィック
Tetzaguic
テザウロ Tesauro
デサエ Desaix*
デザギュリエ
Desaguliers
デザギュリエル
Desaguliers
デザージュ Des Âges
デサップ Dessapt
デサナイケ
Dissanayake
デサニ Desani
デザミ Dézamy
デザミー Dézamy
デザーモ
Desormeaux**
デサーモン Desurmon
デサリオ DeSario
デザーリオ Desario
デザリック Desserich
デサリーヌ Dessalines
テサール Tesar
デーサル DeSalle
デサール
DeSalle
Desalle
デサルヴォ DeSalvo
デザルグ Desargues
デサルボ
DeSalvo*
DeSarbo
デザルマン
Desalmand
デザレー Desiree
デサレージ
Deatherage

デサレン Desalegn*
デサン Desan
デザン Desan
デサンカ Desanka*
デサンクティス
De Sanctis
DeSanctis*
デザンジュ Des Anges
デサンジョ
Ndesandjo*
デザンチ Desanti
デザンティ Desanti
デサンティス DeSantis
デサント DeSanto
デサンドル DeSandre
テージ Tesi
テシー
Tessie
Tessy
テジ Tae-ji*
デージ Desi
デージー Daisy
デシ
Deci
Desi**
Dési
デシー Desi
デジ
Dej
Desi*
Dezi
デシアー Desir
デジアニ Deziani
テシィケ Teschke
テシエ
Teissier
Tessier*
Tesssier
テジエ Tezier
デージェ Dezsé
デシェ Deshaies
デジェ
Dae-je
Dégé
Dezsö
デジェー
Dezso*
Dezsö
Dezső*
デシェイズ DeShaies
デーシェイド
Derscheid
テシェイラ Teixeira*
デシェク Bde gśegs
デシェーザー
De Shazer
テジェス Téllez*
デジェネレス
DeGeneres*
デシエノ DeSieno
テシェマハー
Teschemacher
デシェリス Dechellis*
デジェリチ Deželić
テシエール Tessier
デジェルビル
Deguerville

デジェン Dejen
デジェンナーロ
De Gennaro
テシオ Tesio
デシオ Desio
デジオ Desio
デーシカ Deśika
テシク
Tae-sick
Tai-shick
Thae-sik
デシク Dae-shick
テシケビッチ
Tyshkevich
デジサッピ
DiGiuseppe
デシスラバ Desislava
テシック Tesich
デシッテル De Sitter
デシデーリ Desideri
デシデリ Desideri
デーシーデリウス
Desiderius
デシデリウス
Desiderius*
デジデリウス
Desiderius
デシデリオ
Desiderio
Desidério
デジデーリオ
Desiderio
デジデリオ Desiderio
デシデリユス
Desiderius
デシデーリョ
Desiderio
デシデル Desider
デジデル Desider
テシナ Tessina
デジニョーフ Dezhnev
デジニョフ Dezhnev
テシネ
Techiné
Téchiné*
デージネフ Dezhnev
デジネフ Dezhnev
テシビウス Ctesibius
デシマス Decimus
デジマール Dedimar*
デジミニ Desimini
デーシムク Deshmukh
デシムス Decimus
デシモーニ DeSimone
デジモニ DeSimone
デシモン
Descimon
DeSimone
テシモンド Tessimond
デーシャ Desha
デジャ Deja
デシャイエ Deshayes
テシャエフ Teshayev
デシャザー Deshazor
テジャサーナンダ
Tejasānanda

テージャスウィ
Tejasvi
デジャゼ Déjazet
デシャネル
Deschanel*
デジャノフ Dejanov
デシャノン
Deshannon*
テジャラッチ
Tejaratchi
デ・ジャルダン
DesJardins
デジャルダン
DesJardins
Desjardins*
デジャルディンズ
Desjardins
デシャルヌ
Descharnes*
テジャン Tejan**
デージャン De-jiang
デシャン
Descamps
Deschamps***
デジャン
Degen
Dejan**
DeJean
テジャンジャロ
Tejan-jalloh
デシャンプ
Deschamp
Deschamps
デシャンプラン
DeChamplain
テシュ Tesh
テジュ Teju*
デシュ Desch
デジュー Dezső
デジュイ Dezsi
テシューヴァ
Teshuva*
テシュナー
Taeschner
Teschner
デシュナー Deschner
デシュパンデ
Deshpande**
Deshupande
テシュブ Tešub
テシュマッハー
Teschmacher
デシュムーク
Deshmukh
デシュムク Deshmukh
デシュラー Deshler
デジュール
Dejours
Desjours
デシュレット
Déchelette
テジュン
Tae-joon**
Tae-jun
T.Jun
デジュン
Dae-joong
Dae-jung**

デシュンベルト
Deshumbert
テージョ Tello
テジョ
Tedjo
Tello
デジョイア DeGioia*
デジョネット
De Johnette
テショメ Teshome**
デショルム Desholm
デショーン
DeSean
DeShawn
デション Deshon
デジョンテ Dejounte
デショーンナーフ
Deschampsneufs
テジラジ Tejraj*
デシリー Desiree
デジール Désir*
デジル Désiré
デシルヴァ DeSilva
デシールズ
DeShields
Deshields
デシルバ De Silva
デシレ Désirée
デジーレ Desiree
デジレ
Desire
Desiré
Désiré*
Désiŕe
Désirée*
デジレー
Désiré
Desiree
Désirée
デシレエ Desirée
テージワーニ Tejwani
テシーン
Tehseen
Tessin
テシン De bshin
テジン Tae-jin*
デジーン Dejean
デジン
Dae-jin
Dai-jin
テジング Tesing
デシンセイ DeCinces*
テーズ
Thase*
Thesz**
テス
Tae Soo
Tae-soo
Tess**
デース Dehs*
デーズ
Dayes
Dazé
デス
Dae-Soo
Des**
Dessie
デズ
Des
Dez

デスアール Dessuart
デスィリー Desiree
テスカ Toesca
デスカタ D'Escatha*
デスカルシ Descalzi
デスカルソ
Descalso
Descalzo
テスキ Teske
デスキ Desuqi
デスク
Dae-sook
Dae-suh
デスグアウド
Desgualdo
テスクエアラ Teixeira
デスクラファニ
Desclafani
テスケ Teske
テスケンズ Theyskens
デスコト D'Escoto**
デスコトー
DesCôteaux
テスコニ Tesconi
デスコーラ Descola
デスコラ Descola*
テスコン Tescon
デ・スーザ D'Souza
デスーザ D'Souza
テスタ Testa**
テスター
Testa*
Tester*
デスタ Desta
デスター Duester
テスタス Testas
テスタバーディ
Testaverde
テスタバルディ
Testaverde*
テスタール
Testard
Testart*
デスタン D'Estaing**
デスダン D'Hesdin
デスタンヌ Destanne*
テスチュ Testud*
デスチュット Destutt
デステ
Deste
D'Este*
テスティ Testi
デスティニー
Destinee*
Destiny
デスティネ Destinée
テスティーノ Testino
デスティン
Destin
Destinn
デステノ DeSteno
テステュ Testu
テステュー Testud
デステュット
Destutt
Destutti

テステラ Testera
デズデーリ Desderi
テステリン Testelin
テスト Test
テストヴィード
Testevuide
テストヴュイド
Testevuide
デストゥールネイユ
D'Estournelles
テストビード
Testevuide
テズドヤール
Tezduyar
デストラーデ
Destrade*
テストーリ Testori
デストレ
Destrée
D'Estrée
デストレム Destrem
デストロ Destro
デストロイ Destroy
デストロイヤー
Destroyer**
テズナ Tézenas
テスニー Tesni
デスニー Desny
デズニガ Dezuniga
デスニツカヤ
Desnitskaya
デスニツキー
Desnitskii
デスニーツキィ
Desnitskii
デスノー Desnos
デスノエス Desnoes**
デスノス Desnos*
デスパイグネ
Despaigne
デスパイネ Despaigne
デスバイン Desvignes
デスパックス Despax
デスパード Despard
デスパーニア
D'Espagnat
デスパニア
D'Espagnat
デスパニエ
D'Espagnet
デスパーニャ
D'Espagnat
デスパニャ
D'Espagnat
デスパニヤ
D'Espagnat
デスハーネ
Desharnais
デズバラ Desborough
デスピエール
Despièrre
デスピオ Despiau
デスピオ Despiau*
デスピオー Despiau
テスピス Thespis

デスピナ Despina
デスピネット
Despinette
デスブ Despeux
テスファイ Tesfai
テスファイエ Tesfaye
テスファエ Tesfaye
テスファセラシエ
Tesfasellassie
デスプラ Desplat
デースブルク
Doesburg
デスブロウ Desbrow
デスペルダー
DeSpelder
デスペレー D'Esperey
デスペロー Despeaux
デスペンサー
Despenser
デスポ Despo
デスポトヴィッチ
Despotovic*
デスポトビッチ
Despotovic
デスポパウルス
Despopoulos
デスポプロス
Despopoulos
デスポルト Desportes
デスボロー
Desborough
デスポンド Despond
テスマー
Tesmer
Tessmer
テスマール Thesmar
デスマレ Desmarais
デズマレ Desmarais
デスマレート
Desmarets
デズマン Dezman
デズマンド Desmond
デズミン Dezmin
デズメン Dezmen
デスモワノー
Des Moinaux
Desmoinaux
デスモンデ Desmonde
デスモンド
Desmond*
Desmonde
デズモンド
Desmond***
テスラ Tesla**
テスラー Tesler*
デスラー Destler*
テースラン Teisserenc
テスラン Teisserenc
デスリー Deslys
デズリー Des'ree*
デズリエール
Deshouliéres
デスリッジ
Deathridge

テ

デスルス Dessources
テスロー Tesreau
テズロー Tesreau
デスローチャース
Desrochers
デスロフ Dethloff*
デズワーン De Zwaan
デスン Dae-soon
デズンド Desmonde
テセ
Te-se*
Tesser
デセイ
DeSaix
Dessay*
デゼイ Dezei
デセイタ De Ceita
デセイン DeSain
デゼヴィッド David
テーセウス Theseus
テセウス Theseus
デゼズス De Jesus
デ・ゼッサール
Des Essarts
デセティ Decety
テセードル Teyssèdre
デセナ De Sena
デセーニュ
Dessaignes*
デゼーユ Deshayes
テセール Teisseire*
デセルヴタ
Desservetaz
デゼルチス Desertis
デーセン De-sheng
テセンガ Thesenga
デセンス Dessens
デゼンホール
Dezenhall
デソー Desoer
デゾ Dezo
デソアール Dessoir
デソアル Dessoir
デソウィッツ Desowitz
デソヴィツ Desowitz
デソウィッツ
Desowitz
デソウサ
De Sousa
De Souza
デソウザ De Sousa
テソク Tae-seok*
デソーサ De Sosa
デソーザ
De Sousa
DeSouza
デソーザアルメイダ
De Sousa Almeida
デゾジェ Désaugiers
デゾジエ Désaugiers
テソソモク
Tezozomoc
デ・ゾーテル
Des Autels
デソート
De Soto
Desoto
デソト DeSoto
デゾトレ
Deshauterayes
デソニー Desonie
テソリ Tesori
デゾリエール
Deshouliéres
テソリン Tesolin
デソルニエ
Desaulniers
デソルニエーズ
Desaulniers
デゾルミエール
Desormière
デゾルム
Desormes
Désormes
デゾルモー
Désormeaux
デソワール Dessoir
テソン
Taesun
Tae-sung*
Tai-sung
デソン Dae-sung*
デゾンビオ
Des Ombiaux
デゾンブル
Desombres
テーター Tatroe
テーダ Theda
テダ Theda
データー Dater*
デタイユ Detaille
テタウア Tetaua
テタス
Tetaz
Thetis
デターディング
Deterding*
デタディング
Deterding
デタープル D'Étaples
テタベア Tetabea
テタボ Tetabo
テタマシムバ
Tetamashimba
テータム Tatum**
デーダーライン
Döderlein
デーダライン
Döderlein
デタラモン
De Taramond
テタール
Teétart
Tétart
テダルディ Tedaldi
テータールト Teetaert
テタンコ Tetangco*
テタンジェ
Taittinger**
テダンディコ
Tedandiko
デチ Decsi
デチェオナ
D'Echeona
デチェパレ Dechepare
デチオ Decio
デチチオ Dechichio
テチッラ Tecilla
デチャ Decha
デチャイ Decsey
デチャウ Dechow*
テチャパイブーン
Techaphaibuul
テーチャブーン
Taechavbuul
テチャワーニット
Techavaanich
テチャン Tae-chang*
デチャンスキー
Dečanski
デーチュー De-zhu
テチョ Techo
テチントン
Techintong
テツ Tetsu
デ・ツァン Ide-brtsan
デーツィウス Decius
テーツィル Théophile
デツェン Ide-brtsan
デツエン Ide-brtsan
テツオ Tetsuo
デツォルト De Zolt
デッカー
Decker**
Deckker
Dekker***
Döcker
テッガアト Teggart
デッカース Deckers
デッカーズ Deckers*
デッカート Deckert*
テッキ Tecchi
デッキー
Detsky
Dickey
Dickie
デッキストル
Deckistoll
デッキンソン
Dickinson
テック
Tec
Tech
Teck*
Tek
デック
Deck
Dick
Dijk
デッグ Deag
テックス
Tex**
Texe
デックス Daix
テックパ Teck Puat
テックホイ Tek Hoay
デッケ Dettke
デッケル Dekker*
デッケルス Dekkers*
デッケルト Deckert
デッケルバック
Deckersbach
デッケンス Dickens
テッケントラップ
Teckentrup
Teckentrupp
テッサ Tessa**
デッサ Dessa*
デッサウ
Dessau*
Dessauer
デッサウァー
Dessauer
デッサウアー
Dessauer
デッサウエル
Dessauer
テッサマンガル
Tessa Mangal
テッサリ Tessari*
テッサリーニ
Tessarini
デッサルト Dessart
テッサロ Tessaro*
テッサロニカ
Thessalonike
テッサローロ
Tessarolo
デッサンツ Dessants
デッシ
Dessi
Dessí
デッシー Dessi**
テッシアー Tessier
テッシエ Tessier
テッシーナ Tessina
デッシャー Döscher
デッシュ
Desch*
Desh
テッシュナー Teschner
テッシーン Tessin
テッシン Tessin
テッセ Theysset
デッセ Desse
デッセー Dessay
デッセーナ Dessena
テッセノ Tessenow
テッセノー Tessenow
テッセブロー
Tossebro*
Tøssebro
テッセム Tessem
デッセル Dessel
デッセン Dessen**
デッソー Dessau
デッソアール Dessoir
デッソウ Dessau
デッソフ Dessoff
デッソワー Dessoir
デッソワール Dessoir
テッソン Tesson
テッター Tetter*
テッダー Tedder
デッター Detter
テッタウ Tettau
デッチュ Doetsch
テッツ Tetz
デッツ Detz
デッツァ Dezza
テッツィアーナ
Tiziana
テッツェリ Tetzeli
テッツェル Tetzel
テッツナー Tetzner
テッツラフ Tetzlaff
デッティ Detti
テット Tett*
テットー Tet Toe
テッド
Tad
Ted***
Tedd
Theodor
Theodore*
デット Detto
デッド Ded
デットヴィラー
Dettwiler
テットーニ Tettoni*
デットマー Dettmer
デッドマウス
Deadmaus
デッドマーシュ
Deadmarsh
デットマール
Dettmar*
デットマル Dettmar*
デットマン Dettman
デッドマン Dedman
デッドモン Dedmon
テットリー Tetley
テッドリー Teddlie
デットーリ Dettori**
デッドリック Dedrick
デットリン Dettling
デットリング Detring
デットレーフ Detlev
テットロウ Tetlow
デットロッフ Dettloff
デットン Detton
テッナー Tetzner
テツナー Tetzner*
テッパー
Tepper*
Töpper
デッパート Deppert
テッパーマン
Tepperman
デッパーマン
Deppermann
テッヒェルマン
Techelmann
テッヒョー Techow
デップ
Dep
Depp**
Döpp
テップァー Töpfer
テッフィ Teffi*

テッフェンハート Tepfenhart
テッブス Tebbs
テップファー Toepffer
テップフェール Toepffer
デップフナー Döpfner
デップマン Depman
テップラー Teppler
テップリッツ Toeplitz
デッペ
Deppe*
Dippe
デッベリン Doebbelin
テッペル Töppel
テッポ Teppo
デッラ
Dalla
Della**
デッラークイラ Dell'Aquila
デッラクイラ Dellaquila
デッラックゥア Dell'Acqua
テッラーニ
Terragni
Terrani*
テッラノーヴァ Terranova*
テッラノーバ Terranova
デッラバーテ Dell'Abate
テツラフ Tetzlaff*
デッラマトリーチェ Dell'Amatrice
デッラルカ Dell'Arca
テッリ Terri
デッリ
Degli
Delli
テッリーニ Tellini
デッレ Delle*
デッレアーニ Delleani
デッロ Dello*
テッロージ Terrosi
デッローペラ Dell'Opera
デッロルコ Dell'orco
テテ
Tete*
Tété*
Tetteh
デデ
Dede**
Dédé
テティ Teti
テディ
Teddi
Teddie
Teddy***
Tedi
Tedy*
テディー Teddy**
デディ Deddy
デティアー Dethier
デディア Dédia
テディアシュビリ Tediashvili
テディアン Tidiane
デディアン Dedeyan
デディェ Dedijer
デディエール Dedijer
デディエル Dedijer*
テティク Tetik
テティス Thetis
デーディチ Dedić
テティーナ Titina
デデイン De Deyne
デデウスリマ Deus Lima
テテエニョ Teteh-enyo
テデエフ Tedeyev*
テテオ Títios
デーデキント Dedekind*
デデキント Dedekind*
テデスキ Tedeschi**
テデスキーニ Tedeschini
テデスコ Tedesco*
デデチウス Dedecius
デデハルト De De Hart
デデヤン Dedeyan*
デデュー Dedieu**
デデラ Dedera
デデラー Dederer
デーデライン Doderlein
デデリウェ Dédériwé
デデリックス Dederichs
テテールニコフ Terernikov
テテルマン Tetelman
デーデルライン Döderlein
デデレタキス Dedeletakis
デーデン Dheedene
デデン Dedene
テーテンス Tetens
テーデンス Thedens
テテンス Tetens
テーテンバウム Tetenbaum
テート
Taat
Tait
Tate***
Tej
Teyte
Tödt
テド Ted
デート
Date
Dej
Deth
デード
Ded
Deed
デドー Dedeaux*
デートウィラー Dätwyler
デトゥーシェ Destouches
デトゥーシュ Destouches*
デトゥシュ Destouches
デドゥメス Dedumose
デドゥモセオス Dedumose
デトゥルフセン Detlefsen
デトゥワ Déthoua
テドク Thae-dok
デトコフ Detkov
テトス Titos
デトーニ Detoni
デトマー
Detmar
Detmer*
Dettmer
テトマイエル Tetmajer
デトマール Detmar
デドマン Dedman
デートメルス Detmers
テトラッイーニ Tetrazzini
テトラツィーニ Tetrazzini
テトラツィーニイ Tetrazzini
テトラッツィーニ
Tetrazzini
Trtrazzini
テトリ Tétry
テトリー Tetley*
デトリー Détrie
テトリクス Tetricus
テトリック Tetrick
デドリック Dedrick*
デートリッヒ Dietrich
デートリヒ Dietrich
テトルトン Tettleton
デトレ Detre
デドレ
Dedre
Deirdre
テトレイ Tetley
デトーレス De Torres
デートレフ
Detlef
Detlev***
デトレフ
Detelf
Detlef*
Detlev**
デトレフゼン Dethlefsen
テトロー Tetlow
テドロー Tedlow
デトロイト Detroit
テドロウ
Tedlow
Tedrow
デトロージャ Detroja
テドロス Tedros
テトロック Tetlock
デトロフ Dettloff
デトワイラー Detwiler
テドン Tea-dong
デートン Dayton
デトン Detton
テナ Tena
テナー
Tanner
Tener
Tenner*
Tenor
デーナ Dana**
デーナー
Dana
Dehner
デナ
Dana
Denna
Dinah
デナー
Dehner*
Dona
デナイト DeKnight
デナイヤー Denayer
テナウア Tenaua
テナクーン Tennekoon
テナス Tenace
デナス Dennas
デナスタイン Dennerstein
テナーゼ Tenadze
テナック Teynac
デナード
Denard
Dennard*
テナム Thae-nam
デナム
Dae-nam*
Denham**
Denholm
テナーリ Tenāli
テナーリア Trnaglia
テナール Thénard
デナルディス DeNardis
デナーロ Denaro
デナンクス Daeninckx*
テナント
Tenant
Tennant***
Tennent
テニ
Tenney
Tenny
テニー
Tenney**
Tenny*
Teny
デニ
Deni*
Denis*
Dénis
Denney
Denny
デニー
Denis*
Dennehy
Denney*
Dennie
Dennis
Denny***
Denver
Denys
デニア Denia
テニイ Tenney
デニィ Denney
デニイ Deny
デニィーフ De Neef
デニウソン Denilson*
テニエ Teniers
テニエウ Tenieu
テニエス Tönnies
テニエール
Tenier
Tesnière*
テニエル Tenniel*
テニエルス Teniers
テニエン Tennien
デニーキン Denikin
デニキン Denikin*
デニグリス De Nigris
デニケル Deniker
デーニケン Däniken*
デニケン Däniken
デニコ Denico
デニコラ DeNicola
デニコロ De Nicolo
デニシェフ Denisyev
デニシュ Denes
テーニス Tönnies
デニース
Deniece**
Denise**
Dennis
デニーズ
Denise**
Denyes
デニス
Dannis
Denis***
Denise**
Deniss
Deniz*
Dennis***
Denys**
デニズ
Denise*
Deniz*
Dniz*
デニストン Denniston
テニスバエフ Tengizbayev
テニスン
Tenison
Tennyson*
デニスン
Denison*
Dennison
デニーゼ Denise
デニゼ Denise
デニセンコ Denisenko*

テ

デニーソヴァ
Denisova
デニーソヴィチ
Denisovich
デニソヴィチ
Denisovich
デニーソフ Denisov
デニソフ Denisov**
デニソワ Denisova
テニソン
Tenison*
Tennyson*
デニソン
Denison**
Dennison*
デーニツ Dönitz
デニッシュ Danish
テーニッセ
Theunissen
デニッソン Dennison
テニッチ Tenitch
デニッチ Denitch
デーニッツ
Donitz
Dönitz**
デニッツ Denitz
デニーナ Denina
デーニフレ Denifle
デニフレ Denifle*
デーニャ Degna
デニヤーイェ
Deniyāye
テニールス Teniers
デニーロ De Niro
デニーン
Deneen
Denene
デニン Dennin
デニング
Dening*
Denning**
デニンクス Daeninckx
デニンジャー
Deninger
テーヌ Taine*
デヌーチ DeNucci
デヌリー Dennery
デ・ヌール Dinur
テネ Tené
テネー Tenney
デネ Denner
デネイス Denis
デーネカンプ
Denekamp
テネケス Tennekes*
テネケチェジウ
Teneqexhiu
テネシー
Tennesse
Tennessee**
テネシイ Tennessee
デーネシュ
Denes
Dénes*
Dennis
デネシュ Dénes
テーネス Thoenes
テネソン Tenneson*
デネッケ Denecke
テネット Tenet*
デネット Dennett**
デネービ Denevi
デネヒー Dennehy*
テネフ Tenev*
デネフビル Denefville
テネラーニ Tenerani
デネリー D'ennery
デーネル Dener
デネール Denner*
デネル
Dennell*
Denner
デーネルト Dehnert
デネロフ Deneroff
テネン Tenen
デーネン Dehnen
デネーン Deneen
デネン Dennen
テネング Teneng
テネンセン Tennessen
テネント Tennent
デネンド Denend
テネンバウム
Tenenbaum*
テノ Ténot
デノアイエ
Desnoyer
Desnoyers
デノーイ De Nooy
テノヴー Tenovuo
デノウ Denou
デノエット
Desnoëttes
デノケ Denoke
デーノス Denos
デノス Dennoth
デノーフィア Denorfia
テノブゥオ Tenovuo*
デノーマンディー
DeNormandie
デノーム DeNomme
テノーリオ Tenorio
テノリオ Tenorio*
テノールト Tenorth
テノルト Tenorth*
デノワ Denoix
デノワイエ
Desnoyer
Desnoyers
テノン Tenon
デノン Denon
テーバー
Taber
Tabor*
デーバ Dava
デーバー Daver
デハ Dekha
デバ Débat
デバー Dever
デバイ Debye*
デパイ Depay
デパイスター
Depeyster
デパイユ Depailler
デバイレ Debayle*
デバイン Devine
デハヴェン Dehaven
デハーヴェント
Deharvengt
デパウリ DePauli*
デパエペ Depaepe
テパエル Tepaeru
テバオ Tebao
デ・パーオラ DePaola
デ・パオーラ DePaola
デ・パオラ DePaola*
デパオラ
De Paola
Depaola
デパオリ Depaoli
デバガ Debagha
デバキ Devaki
デーパク Deepak*
デバクラ Devakula
デバージ DeBarge
デバシィシュ
Debasish
デバシシュ Debashish
デバジョティ
Debajyoti
テパス Tepas
デーバーズ Deavers
デバスク DeBusk
デパスケール
DePasquale
デバスコンセロス
De Vasconcelos
テハーダ Tejada**
テハダ Tejada*
デバダッタ Devadatta
デーハチェリョフ
Dekhterev
デバッジオ
DeBaggio*
デバッシャー
DeBusschere
デパット De Padt
デハート DeHart
デバナンド Devanand
デバニー Devaney*
デハーネ Dehaene***
デバネー Devaney
テハノ Texano
デババ Débaba
デーバパーラ
Devapāla
デハビッチ De Habich
デバフ Debuf
デパラシオ
De Palacio
デバラティ Debarati
デハラミジョ
De Jaramillo
デバリエ Devalier
デバリエール
Desvallières
デバリジャス
De Barillas
テバル Tebar
デバル Deval
デバルガス De Vargas
デバルグ Debargue
テバルディ Tebaldi**
テバルディーニ
Tebaldini
デパルデュー
Depardieu
デハルトグ
De Hartog*
デパルドン Depardon
デハルベ Deharbe
デパルマ
De Palma
DePalma
Depalma
デバレ Desvallées
デバレラ De Valera
デバレル Deverell
デパロー DePalo
デバロス De Barros
デバロナ De Varona
デバン Devan**
デパンディ DePandi
デバント Devant
デパント Despentes*
デパンフィリス
DePamphilis
DePanfilis
テヒ
Tae-hee*
Tae-hwi*
テビー
Debbie
Theby
デービ Davy
デービー
Dave
Davey**
Davie***
Davy
デヒ Deji
デビ
Davi*
Debbi*
Debbie
Debby
Debi**
Debī
Deby*
Déby*
Devi***
Dewi
デビー
Davy
Debbi*
Debbie**
Debby*
Debi
Deby
Devey
テピア Tepya
デビーア DeVier
デビアチアロフ
Devyatyarov
デビアトフスキ
Devyatovskiy
デビィ
Debbi
Debbie*
Debby
Debi
デビィス Davies
デビィソン Davisson
デビィッド David
デピエトロ DiPietro
デピエール
Despiérre
Despièrre
デピエレフ
De Pierrefeu
デヒーオ Dehio
デヒオ Dehio
テビス
Davis
Tevis
デービース Davies**
デービーズ Davies*
デービス
Daives
Davies***
Davis***
デービズ Davids
デビース Davies*
デビス
Davies
Davis*
デービスラッセル
Davis-russell
デヒゼル Dächsel
デービソン
Davison**
Davisson
デビソン
Davison**
Davisson
Debison
テビタ Tevita*
デ・ビタ DeVita
デビータ DeVita
デビダス Devidas*
デビツカ Debicka
デピッシュ Deppisch
デービッズ Davids*
デビッソン Davisson
デービッツ Davitz
デビッツ Davitz*
テビット
Tebbit
Tebbutt
テビッド David
デービット David**
デービッド
David***
Davids
Devid*
デビーッド David
デビット
David**
Devitt*
デビッド
David***

DáVid
Devid*
デビッドスン Davidson
デビッドソン Davidson
デービッドソン Davidson**
デビットソン Davidson
デビッドソン Davidson***
デービッドティー David
デビッドニール David-Neel
デビッドマン Davidmann
デービッド・リー Davidlee
デビッドリー Davidlee
デヒデ Devidé
デビデ Devidé
テビティア Thebitia
テヒテール Töchterle
デ・ビート DeVito*
デービド David
デビート Devito
デビド
David
De Vido
デービドソン Davidson
デビドソン Davidson
デビドフ Davidoff
デピナ De-pina
デピナル D'Épinal
デビニー DeVinney
デピネー D'Épinay
デービプラサド Debiprasad
デヒャオ Dechau
デビャトフスキー Devyatovskiy
デビュー Debu
デビュー
Depew
Depue
Depuy
デビュイスト De Buyst
デビュース Dubus**
デビュッシイ Debussy
テヒョウ Techow
テヒョン
Tae-hyun*
Tae-Hyung
テピョン Tae-pyong
デヒョン Dae-hyun*
デビリア
De Villa
Devilla
デビリヤ
De Villa*
Devilla
テヒル Tächl
デビル Debile
テビン Tevin*
デーピン De-ping
デビン Devin**
デビンズ Debbins
デビンスキー Devinsky
デビンチェンティ De Vincenti
デビント De Windt*
デピンホ Depinho
テーフ Taaffe
テープ Thep
テブ Teb
デーフー De-fu
デーブ
Dave***
David
デフ Def
デブ
Deb*
Deby
Dev**
テファ Thae-hwa*
デファー
Defar**
DeFer
Defoe
デファゴ
Defago
Défago*
デファースト Dewhurst
デファッラ Defallah
テファニー Téphany
デファーライ Defari
デファル Defar
デファルコ
DeFalco
Defalco
デファレス Defares
テファン
Tae-hwan*
Tae Whan
Tae-whan
デファン
Dae-hwan
Dae-whan*
Deffand
デファント Defant
テフィ Teffi*
デフィアグボン Defiagbon
デ・フィゲイレド DeFigueiredo
デフィースト Dewhirst
デフィリッピス De Filippis
デフィリッポ D'Efilippo
テフェ Tai-hwoi
デプエ Depue
デフェイ Defay
テフェラ Tefera
テフェリ Teferi
デフェリス DeFelice
デフェリータ De Felitta
デフェリッタ De Felitta
テフェル Téfel
デフェル
Deferr*
Deffer
デフェンソル Defensor
デーフェンテル Deventer
デフェンテル Deventer
デフェンデンテ Defendente
テフォ Tefo
デフォ Defoe
デフォー
Dafoe*
Defoe*
Defore
デフォウ Defoe
デフォオ Defoe
デフォッセ Defossez
デフォード
DeFord
Deford**
デフォリアート DeFoliart
デフォルジュ Deforges**
デフォレスト
De Forest*
DeForest*
Deforest
デフォンスカ Defonseca
デフォンテーヌ Desfontaines
デフガン Dehqan
テープカンチャナ Thepkanjana
テープカンチャナー Thepkanjana
デプケン Depken
デブコタ Devkota
テブザゼ Tevzadze
デブシッツ Debschitz
デフジャティアロフ Devjatiarov
テプシリ Dhepsiri*
テーブス
Tebus
Toews
テーブズ Toews
テブス Tebbs
デーブス Debus
デブス
Debes
Debs
Debus
デブズ Debs*
テープスィリ Dhepsiri
デープスィリ Dhepsiri
テープスティン Thepsutin
テフセン Tefsen
デブソン Deveson
デブータン Desboutin
デブチッチ Devčić
デブッシャー DeBusschere
テフティン Tofting
テフト Tefft
テフナクト Tefnakht
テブニ Tibni
テブネ
Tebboune
Thévenet
デブネ Debeney
テフネケト Tefnakht
デプネル Döpfner
テプファー Töpfer**
テブフィク Tewfik
テブフィク Tewfik
テプフェール Töpffer
テプフェル Töpffer
デフフト De Gucht
デフホダー
Dehkhodā
Dihkhodā
テプラー Toepler
デーブラー Döbler
デープラー Doepler
デブラ
Debelah
Debra***
Debrah
Devra
Dvera
デブラー
Debrah
Döbler
デブラーケレール Debraekeleer
デブラジ Devraj*
デブラシオ
De Blasio
DeBlasio
Deblasio*
デプラダ De Prada
デブラック DeBrücke
デフラーヌ Defrasne
デフラーフ De Graaf
デフラーフェ De Grave
デフランク DeFrank
デフランコ
De Franco
DeFranco*
デフランス Defrance
デフランツ Defrantz*
デブリ Debris
デブリー DeVrye*
デプリー
De Pree
DePree
デフリエス De Vries
デフリエント Devrient
デフリエント Devrient*
デフリース
De Vries*
DeVries
デフリーズ Defliese
デフリーズ
DeVries
Devries
テプリスキ Teplizky
デプリースター Depriester
デプリースト De Preist*
デフリーゼ Devreese
テープリッツ Toeplitz*
テプリッツ
Teplitz
Toeplitz
デブリット Debritto
デブリッヒ Dobrich
デフリーヘル De Vlieger
デブリュー Debreu
テプリン Teplin
デーブリーン Döblin*
デーブリン
Deborin
Döblin
デープリーン Döblin*
デーブリン Döblin
デブリーン Döblin
デブリン
Debrin
Devlin*
Döblin
デブリング Døvling
テフリンゲル Teflingel
デブリンジャー Deblinger
デプリンス DePrince
デフリーント Devrient
テープル Tepl
テプル Tepl
デフール Defour
デブール De Boer
デプール Depoele
デブルイネ De Bruyne
デブルーイン De Bruijn*
デブルイン De Bruin
デプルシャン Desplechin*
デブルム
De Brum*
Debrum
デブルンナー Debrunner
デフレー DeFleur
デブレ De Broe
デプレ
Deprez**
Des Prés
Després*
Despret
Desprez*
デプレオー Despréaux
デブレクシニー Debreczeny
デプレシャン Desplechin**

テ

デプレーゼス Deplazes
デブレツィオン
Debretsion
デフレッガー
Defregger
デブレット
Debrett
Devlet
デプレーティス
Depretis
デプレティス Depretis
デフレティン Defretin
デフレヌ Deffrennes
デフレル Defrel
デフレンク De Vreng
デブロー
Deveraux*
Devereux
テプロヴァ Teplova
テプロウーホフ
Teploukhov
デブロック
De Block
Deblock
DeBrock
テプロフ Teplov
テブロロ Teburoro*
テフロン Teflon
テフン Tae-hoon
テブン
Tebben
Tebboune
デブンポート
Devenport
テーベ Teewe
テベ Thebe
デーベ Deve*
テベイ Tebay
デヘウス De Geus
デベク Debec
デヘージア Dehejia
テベジウス Thebesius
デベシュ Debeche
テベス
Teves
Tevez
Tévez*
デベス DeBess
デヘスース De Jesús
デヘスス
De Jesus
De Jesús
DeJesus
テヘダ Tejeda
デベツィ Devetzi
デベック Debecque
テベッツ Tebbetts*
テベット Teveth
テペデレンリ
Tepedelenli
テヘドール Tejedor
テベニヒン
Tebenikhin
デベネシア
De Venecia*
デベネディクティス
De Benedictis
デベネデッティ
De Benedetti
Debenedetti
デベベツ Debevec
デベベッチ Debevec**
デベボイス
Debevoise*
テヘーラ Tejera
テヘラ Tejera
テペラ Tepera
デーベライナー
Döbereiner
デベライナー
Döbereiner
デベラク Debelak
テヘラーニー Ṭihrānī
テヘラニアン
Tehranian
デベリー Devery
デベリアク Debeljak
デベリアン Devellian
テペリク Teperik
テヘリーナ Tejerina
デベリャスキー
Debeljački
デベリン Develin
テーペル Tepl
デヘルヴィー
Dehlvii
Dihlavī
デベルカ Debelka
デベルナール
Debernard
テーベルマン
Toebelmann
デベレル Deverell
テベレロ Tebelelo
テヘーロ Tejero
デベロー Devereux*
デペーロ Depero
デペロ Depero
デベロン Deveron
デベン
Devean
Deven
デベンスキー
Devenski
デベンドロナト
Debendranāth
テホ Tae-ho**
テボ
Tae-bo
Tebo
テボー
Tebeau
Thebaud
Thébaud
テポー Thépaut
デーボ Debo
デホ Dae-ho*
デホー
Dafoe
Defoe
デボ Degbo
デボー De Voe
デポ Dépo
デポー De Pauw
デボア DeBoer
デホアン DuJuan
デボイス Debois
デボーヴ Desboves
デボーキン DeVorkin
テボク Thae-bok*
テーボス Tabos
デボス
DeVos*
Devos*
デボースト DeBorst
デボスト Debost*
デホダー
Dehkhodā
Dekhodā
Dihkhodā
デボティ Devoti
デボート Devoto
デボト DeVoto
デボニー Devoney
デボニシュ Devonish
デボニッシ Devonish
デボニッシュ
Devonish
デボノ
De Bono
Debono
デホフ DeHoff
デホープスヘッフェル
De Hoop Scheffer*
デポミエ Despommier
テホミーロフ
Tikhomirov
テボム Tae-bum*
テボラ Deborah
デボラ
Daborah
Debbōra
Debborah
Deboah
Debora*
Débora
Deborah***
Debórah
Déborah*
Deborrah
Debra
Devora*
Devorah
Devra
デボラー Deborah
デボラック Dvorak
デポランコ
De Polanco
デボリーニ Debolini
デボーリン Deborin*
デボリン Deborin
デーボル Devold
デボールト DeVault
デボルド Desbordes*
デポルト Desportes*
デホレスト DeForest
デボワ
De Boer
Desbois
デボワス DeBowes
テホン
Tae Heon
Tai-hong
Tejon*
テボーン Tevaun
テボン
Tae-bum*
Thae-bong
デホン Dae-heon
デボン Devon**
デボンシャー
Devonshire
デボンタ Devonta
デボンテ Devonte
デボンティー
Devontae
テーマ Temma
デマ Dema
デマー
Demar
Demer
Demmer
DerMarr
デマイオ DeMaio
デマイス DeMeis
デマイヤー DeMyer
デマウロ De Mauro
デマーカス
DeMarcus*
Demarcus
デマーク
DeMark
Demark
デマーコ DeMarco*
デマコワ Demakova
デマーズ Demers
デマス
Dēmas
Demuth
デマズィエール
Desmazières
デマスター DeMaster
テマーソン
Temerson
Themerson
テマソン Themerson
デマタ De Mata
テマテ Temate
デマティーズ
DeMatteis
Dematteis
デマーティン
DeMartin
デマデス Dēmadēs
デマトス De Matos
デマトーン Dematons
デーマートンス
Dematons*
デマニリア
De Maniglia
デマノフ Demanov
デマフ Demafouth
テマム Temam
デーマラートス
Dēmaratos
デマラトス
Dēmaratos
テマリ Temari
デマリー Demaree
デマリア
DeMaria
Demaria
デマリウス
Demaryius
デマリオ Demario
デマリス Demaris*
テマリック Temarrick
デマリーニ DeMarini
テマール Temmar
デマール Demar
デマル Demal
デマルキ De Marchi
デマルケ Desmarquet
デマルコ
De Marco**
DeMarco*
Demarco*
デマルセ Demarçay
デマルチク
Demarczyk
デマルト
Desmarteau*
デマレ
Desmarais
Desmarest**
Desmarets
デマレー Demaray
デマーレイ DeMarre
デマレイ
Demarai
Demaray
デマレイス Demarais
デマレスト Demarest
デマレテ
Damaretē
Dēmaretē
デマーロ DeMarlo
テマン
Tae-man
Temman*
デーマン Deman
デマン Deman
テマンザ Temanza
テマンツァ Temanza
デマンティウス
Demantius
デマンド Demand*
テミー Temmy
デミ
Demi**
Demme**
デミアシュケビッチ
Demiachkievitch
デミアネンコ
Demianenko
Demyanenko
デミアノヴィッチ
Dem'ianovich
デーミアン Damian*
デミアン
Damian*
Damien*
Demián
デミーオ Demio
デミケリ Demicheli
テミス Themis

デミス
Demis
Démis
デミースター
DeMeester
テミスティオス
Themistios
デミストゥラ
De Mistura*
テミストークレ
Temistocre
テミストクレウス
Themistocleous
テミストクレス
Temístocles
Themistoklēs
テミゼル Temizel
デミター Demeter
デミチェフ
Demichev*
デミチェリス
Demichelis
デミック Demick*
デミッコ DeMicco
デーミッシュ Demisch
デミディ Demiddi
デミテル Dimitar
デミードヴァ
Demidova
デミドーヴァ
Demidova
デミドヴァ Demidova
デミドウイチ
Demidovich
デミトコフ Demitkov
デミードフ Demidov
デミドフ Demidov
デミドフスキ
Demidowski
デミトリ Dimitri
デミートリアス
Demetrius
デミトリイ Dmitrii
デミトリオス
Démetrios
デミトリス Dimitris
デミトロフ Dimitrov
デミードワ Demidova
デミナ Demina
デミヤネンコ
Demyanenko
デミヤノヴィチ
Demiianovich
デミヤン
Demian
Dem'ian
Demiyan
Dem'yan*
デミュール Desmeules
デミュルジェ
Desmurget
テミョン Tai-myung
デミラーグ Demirag
デミーリア D'Emilia
デミリア D'Emilia
テミール Temir
テミル Temir
デミル
De Mille
DeMille**
Demir*
テミルカーノフ
Temirkanov**
デミルキラン
Demirkiran
デミルジ Demirci
デミルジョーレン
Demirgören
デミルタシュ
Demirtaş
デミルタス Demirtas
デミルバイ Demirbay
デミルバス Demirbas
テミルハン
Temirkhan
テミルベク Temirbek
デミレーズ Demiröz
デミレゼン Demirezen
デミレル Demirel**
デミレワ Demireva
デミロヴィッチ
Demirovic
Demirović
テミン
Taemin
Temin**
デーミン Demin
テミンク Temminck
デミング Deming**
テーム
Tame
Teemu**
テム
Tem**
Temm
Temu*
Thimme
デーム Deme
デム
Dehm
Dem
Demme
デムィキナ Demykina
テムキン Temkin
テムゲ Temüge
テムゲト Temügetü
デムコ Demko
テムジ Temsi
テムージン
Temuujin
Temuuzhin
テムジン Temüjin
テームズ
Tames
Thames
テムズ Temes
デームス Demus**
デムース
DeMuth*
Demuth
デムス
Demus
Demuth
デムスキ Demski
デムスキー
Demski
Demsky*
デムスキィ Demsky
デムチェンコ
Demtschenko
デムチエンコ
Demtchenko
デムチシン
Demchyshyn
デムチャック
Demchak
デムチュク Demchuk
デムチュクドンロブ
Demchukdongrob
デムチュグドンロブ
Demčügdungrub
デムツチェンコ
Demtschenko
テムデル Temüder
デムート Demuth
テムニク Temnyk
デムビンスキ
Dembinski
デムベーギーン
Dembeegijn
テムベヌ Tembenu
テムペラース
Tempelaars
デムベレル Demberel
デムメーニ Demmeni
デムライトナー
Demleitner
デムーラン
Desmoulins
デムラン
Desmoulins*
デームリング
Dömling*
テムル
Temur
Temür
Theml
テムレゾフ Temrezov
テムーレン Temuulen
デムレン Demoulins
デ・ムーロ Demuro
デムーロ Demuro**
デムワノー
Desmoinaux
テメ Teme
デメ Deme*
デメイオ DeMeo*
デメオ De Meo
テメキ Temeki
デメク Demek
デメクサ Demeksa
デメケ Demeke
デメジエール
De Maiziére
De Maizière
デメジブタウィ
Demedjibtawy
テメシュ Temes
テメシュイ Temessy
テメス Thömmes
デ・メゾー
Desmaizeaux
デメゾン Desmaison
デメター Demeter
デメチェル Demeter
デーメツ Demetz
デメッツ
DeMets
Demetz
デメット Demet
デメッロ DeMello
デメテリオ Dēmētrios
デメーテル Demeter
デメテール Demeter
デメテル Demeter
デメト Demet
デメトラ Demetra
デメトラコプロス
Demetrakopoulos
デメトラコポウロス
Demetrakopoulos
デメトラル Demetral
デメトリ Demetri
デメトリアス
Demetrius
デメトリアデス
Demetriades
デメトリアノス
Demetrianos
デーメートリウス
Demetrius
デメトリウス
Dēmētrios
Demetrius
デメトリオ
Demetorio
Demetrio*
Dēmētrios
Demetrius
デメトリオー
Demetriou
デーメートリオス
Demetrios
Dēmētrios
デメトリオス
Demetrios**
Dēmētrios
Demetrius
デメトリス Demetris
デメトリュー
Demetriou
デメートル Demeter
デメトルス Démétrus
テメニル Temengil
テメヌジカ
Temenuzhka
デメネゼス
De Menezes**
テメノフ Temenov
デメノンヨ
Demenonyo
デメラシュ Demelash
テメル
Temer*
Theimer
デーメル
Dehmel*
Dömer*
デメル
Demel*
Demmel
テメルケーニュ
Tömörkény
デメルス Demers
デメールスマン
Demeersman
テメルソン
Themerson
デーメルト Dehmelt*
テメルトゴー
Tömörtogoo
デメレッツ Demerec
テメレール Téméraire
デメロ
De Mello**
DeMello
デメロウティ
Demerouti
テメンギル Temengil
デメンチエヴァ
Dementieva
デメンチェフ
Dement'ev
デメンチェワ
Dement'eva
Dementieva**
デメンティエフ
Dementiev*
Dementyev
デメンティエワ
Dementieva
Dementyeva
デメント Dement**
テモ Temo
デモ
Dae-mo
Demo
デモイヤ DeMoya
デモカレス
Dēmocharēs
テモク Temoku
デーモクリトス
Dēmokritos
デモクリトス
Dēmokritos*
デモケデス
Dēmokēdēs
テモショック
Temoshok
デモス
De Mos
Demos
DeMoss
デモスティニシュ
Demóstenes
デモステヌス
Demosthenous
デーモステネース
Dēmosthenēs
デモステネス
Demosthenes
Dēmosthenēs
デモック Dimock
デモット
DeMott
Demotte
Desmottes
テモテ Timotheos
デーモドコス
Demodokos

テ

デモドコス
Dēmodokos
デモナクス
Demonax
Dēmōnax
デモナコ Demonaco
デ・モーネー
DeMornay
デモーネー DeMornay
デ・モーネイ
DeMornay
デモーネイ DeMornay
デモピロス
Dēmophilos
デモファネス
Dēmophanēs
デモフォン
Demophon
デモフォンテ
Demohonte
デモラエス
De Moraes
デモラレス
De Morales
デモリ
Demolli
De Mori
デモリーナ De Molina
デモリン Demolins
デモル Démole
デモレスト Demorest
デモロンブ
Demolombe
デモロンブ
Demolombe
デモワ Demois
デモワノー
Desmoinaux
テモン Timōn
デーモン
Daemon
Damon***
Demon
デモーン Damone
デモン
Dēmōn
Demong*
Desmons
デモング Demong
デモンゼー
Demontzey
テモンチニ Timoncini
デモンテ Demonte
デモンド Demond
デモントレヴィル
DeMontreville
デモンフォコン
Demontfaucon
テーヤー Thayer
テヤ
Teya
Tiya
デヤガー De Jager
デヤチェンコ
Diachenko
テヤブ Theyab**
デヤーヘル De Jager
テヤール Teilhard

デヤルシン
Deyalsingh
デヤルッラ
Deyarullah
デヤン Dejan**
テュー Tew
デーユー De
デュ
De**
Du***
Dux
デュー
Dew
Dewe
Dieu
Due*
テュア Tuer
デューア Dewar**
デューアー Dewar
デュア
Dewar
Dua
Duer
Dyhr
デュアー
Dewar*
Dewer
Duerr
Dürr
テュアイヨン Tuaillon
テュアイロン Tuaillon
デュアイン Duane
デュアート Duart
テュアマン Tureman
デュアムレ
Duhamelet
デュアメエル
Duhamel
デュアメル
Dubamel
Du Hamel
Duhamel***
テュアヨン Tuaillon
デュアラント Durant
デュアリオ Daurio
テュアリング Turing
デュアリング During
テューアリングス
Thürlings
テュアル Tual
デュアルーヴ Dyrløv
デュアルテ Duarte**
デューアン Dewan*
デュアン
Dewan
Duane**
テューイ
Tui
Tuohy*
テュイ Tui
デューイ
Dawey
Dewe
Dewey***
Duey**
デュイ Duy
デュイー Dewey
デユーイ Dewey

デユイ Dewey
デュイジ Duisit
デュイジット Duisit
デュイスベルク
Duisberg
テュイネイ Tuinei
デュイネヴェルト
Duijneveldt
デュイフォプリュカール
Duiffoprugcar
デュイフヘイス
Duifhuis
テュイリエ Thuillier*
テュイール Thuille
テュイレ Thuille
デュイレ Duilhé
デュイン Duyn
デューイング Dewing
デュインホーフェン
Duijnhoven
テューヴ Tuve
デューヴ Duve**
デュヴァリエ Duvalier
デュヴァル
Duval**
Duvall*
デューウィ Dewey
デューウィー Dewey
デュウィ Dewey
デュウィー Dewey
デュヴィヴィエ
Duvivier
デュヴィヴエ Duvivier
デュウィット DeWitt
デュヴィニョー
Duvignaud*
デューヴィル
D'Urville
D'Youville
デューヴィン Duveen
デュヴィーン Duveen
デュウエー Dewey
デュヴェ Duvet
デュウエイ Dewey*
デュウェイン
Dwayne*
デュヴェリエ Duvaillie
デューウェル Düwel
デュウエル Duewel
デュヴェール Duvert*
デュヴェル Düwell
デュヴェルジェ
Duverger**
Duvergier
デュヴェルジエ
Duvergier
デュヴェルジュ
Duverger
デュヴェルネ
Duvernay
デュヴェルノア
Duvernoi
Duvernois
Duvernoy

デュヴェルノワ
Duverney
Duvernoi
Duvernois
Duvernoy
デュヴォー Duvaut
デュヴォアザン
Duvoisin
デュヴォール Duvall
デュウシエー Doucet
テュウニッセン
Teunissen
デュウハースト
Dewhurst
デュウマ Dumas
デュウラン Durand
デュウリング Duhring
デュウール Duhour
デュヴルネ
Duvernay*
デュエー Dewey
デユーエー Dewey
デュエイナ Duana
デューエイン Duane
デュエイン Duane**
テュエステス Thyestēs
デュエック
Dehecq
Dueck
デュエナス Duenas
デュエネス Duenez
デューエム Duhem
デュエーム
Duhaime
Duheme
Duhème
デュエム
Duhem**
Duheme
Duhème
デューエル Deuel
デュエル Duell
デュエルダン Duerden
デュエルマン
Duellman
デュエレンバーグ
Duerenberg
テュエン Thuyen
デュエーン Duane*
デュエン Duane
デュオ Duhot
デュオフ Diouf
デューカ Dukas
デューカー
Deuchar
Duker
デュカ
Duca
Duckas
Dukas
デュガ Dugas*
デュカキス Dukakis**
デュカシー Ducasse
デューカス Dukas
デュカース Dukas
デュカス
Ducasse***

Dukas*
デュガス
Dugas
Dugasse
デュガスト Dugast
デュカセ Ducasse
デュガゾン Dugazon
デュカッス Ducasse
デュカット Dukat
デュカテ Ducaté
デュカート Dukát
デュカトー Ducatteau
デュガード Dugard*
デュガリ Dugarry
デュガリー Dugarry
デュガルド Dugald
デュカルム Ducarme
デューガン Dugan*
デュカン Dukan
デュガン
Dugain
Dugan**
Duggan
デュカンジュ
Du Cange
テューキー Tukey
デュギ Duguit
デュギー Duguit*
デュギイ Duguit
デューギナー Dugina
デュギュンジィ
Dugundji
デューギン Dugin
テューク
Tuke
Tuuk
テュク Thuc
デューク
Deke
Diuk
Duke***
Duques
デュク
Duc*
Dyk
デュクケルシー
Ducquercy
デュークス Dukes**
テュークスバリー
Tewksbury*
テュークスベリー
Tewksbury*
テュクセン Tüxen
デュクードレ
Ducoudray
デュクドレー
Ducoudray
デュークメジアン
Deukmejian
Deukumejian
デュークメージャン
Deukumejian
デュグラン Dugrand*
デュクリ Ducre
デュクレ Ducret*

デュクレー
Ducray
Ducrey
デュクレイ Ducray
デュクレール Duclert
デュクロ
Duclaux
Duclos*
Ducos
Ducros*
Ducrot
デュクロー
Duclaux
Duclos
Ducrot
デュクロオ Duclaux
デュクロク Ducrocq
デュクロケット
Ducroquet
デュケ Duque*
デュケー Duque
デュゲ
Dughet
Duguet
デュケット Duquette
デューゲニオ
D'Eugenio
デュケーヌ Duquesne
デュケノア
Duquesnoy
デュケノワ
Duquennoy**
Duquesnoy
デュケルスキー
Dukelsky
デュケンヌ
Dequenne
Duquenne
Duquesne
デュコ Ducos
デュコー
Ducaux
Ducos
デュゴウソン
Dugowson
デュコック Duquoc
デュコティ Ducoty
デュゴード Dugald
デュコマン
Ducommun
テューコルスキー
Teukolsky
デューゴルド Dugald
デュコワン Decoin
デューサ Dusa
デュサード Dusard
デュサトワール
Dusautoir
デュサパン Dusapin*
デュサール Dussart
デュサルト Dusart
デューサン Dusan
デュサン Dusan
デュザン Dusan
デューシー Ducey*
デュシ Ducis
デュシー Duthie

デュシェ
Duché
Duchet
Duchier
デュシェーヌ
Duchene
Duchêne
Duchesne
デュシェヌ Duchesne
デュシェネー
Duchesnay
デュシェン
Duchen*
Duchesnes
デュシェンヌ
Duchenne
デュシエンヌ
Duchenne
デュシコーヴァ
Dusíková
デュシス Ducis
デューシック
Dusick
Dusik
デュシャーズ
Deuchars
デューシャッテレー
Duchatelet
デュジャディン
Dujardin
デュシャトー
Duchateau
デュシャトウ
Du Chateau
デュシャトレ
Duchatelet*
Duchâtelet
デュシャーブル
Duchâble
デュジャリック
Dujarric*
デュ・ジャルダン
Dujardin
デュシャルダン
Dujardin
デュジャルダン
Dujardin**
デュシャン
Deschamps
Duchamp**
デュシャンジュ
Duchange
デュショザール
Duchosal
デュショーソワ
Duchaussoy*
デュショソワ
Duchaussoy
デュジョブネ Dujovne
デュショフール
Duchaufour
デュシル DuCille
デューシング Dûsing
デュージング
Dusing
Düsing
デュシンベリー
Dusinberre
デュース
Dewes

Dusch
Duus
デューズ Dews
デュス Dessus
デュスコ Dusko
デュスコロス
Dyskolos
デュースター Duester
デュスターベルク
Duesterberg
デューズバーグ
Duesberg*
デュースバリー
Dewsbury
デュースバリィ
Dewsbury
デュスベール
Duesberg
デュースベルク
Duisberg
デュスベルク
Duisberg
テューズリー
Tewsley*
テュゼ Tuzet
デューセ Doucet
デューゼ Duse
デュセイ
Ducey
Dusay*
デュセック Dussek
デュセニュール
Duseigneur
デュセール Dussert
デューセン Dusen
デュセン Dusen
デュセンヌ Dussenne
デューゼンバーグ
Duisenberg
デューセンベリー
Duesenberry
デューゼンベリ
Duesenberry
デューゼンベリー
Duesenberry**
Dusenbery
デュセンベリー
Dusenberry
デューゼンベリイ
Duesenberry
デューゼンベルク
Duisenberg
テュソー Tussaud
デュソー Dussaud
デュソソワ
Dussaussois
デュソトワール
Dusautoir*
デュソリエ Dussolier*
デューソン Dewson
テューダー
Tudor***
Tudur
デューダ Duda
デューダー Duder
デュダ Duda

デュタイイ Dutaillis*
デューターマン
Deutermann*
デューダーマン
Deutermann
デュチール Dutilh
デュチン Duchin
テュック Teuku
デュック Duc*
デュックス Dux
デュッケ Duque
デュッケルマン
Duckelmann
デュッケンホフ
Dyckenhoff
テュッセン Thyssen
デュッソリエール
Dussolier
デュッツァ Ducza
デュットー Dutto
デュットマン
Düttmann*
テュッフィエ Tuffier
デュッフェル Düffel**
デュップリエ Dupriez
デュッフル Dufour
デュティー Duthie
デュティエ Duthiers
デュディシア
Dhudishia
デュティーユ
Dutilleux
デュティユ Dutilleux
デュティユー
Dutilleux**
デュテイユ Duteil
テューティン Tutin
テュデウス Tydeus
デュデク
Dudeck
Dudek
テュデスク Tudesq
デュデック Duddeck
デュデバ Dudeva
デュテュイ Dutuit
テュテュオーラ
Tutuola
デュテール Dutert
デュデル Dudel
デュテロー Duterloo
デュード Dude
デュド Dudot
テュードア Tudor
デュトア Dutoit
デュトイ Du Toit
デュトイト Du Toit*
デュトゥ Duthu
デュトゥール
Dutourd**
デュトゥールトゥル
Duteurtre
デュトゥルートル
Duteurtre
デュトゥルトル
Duteurtre

デュードク Dudok
デュドク Dudok*
デュトコウスキー
Dutkowsky
デュドック Dudok
デュードニー
Deudney
Dewdney*
Dudeney
デュドニー Dudeney
デュードニィ
Dewdney
デュードネ
Dieudonné**
デュドネ
Dieudonn
Dieudonné*
デュドヤ Dyudya
テュドラン Tudoran
テュートル Tuttle
デュトルイユ Dutreuil
デュトレー Dutrey
デュトレイユ Dutrail
デュトロシェ
Dutrochet
デュトロン Dutronc
デュトワ
Du Toit**
Dutoit**
デュドン Dudon
デュードンネ
Dieudonné
デューナ Djuna**
デュナ Djuna
デュナー Dunant
デュナエヴ Dunaew
デュナガン Dunagan
デュナシ Dunash
デュナン
Dunan
Dunand*
Dunant
デュナント Dunant**
デュニエ Dunye*
テューニス Tunis
テュニス Theunis
テューニソン Tunison
デュニヤンヴィル
D'Unienvill
デューニング
Duening*
テュヌス Theuns
テューネ Thune
デュネフ Dunev
デュネール Dunér
テューネン Thünen
デュノア Dunois
デュノアイエ Dunoyer
デュノワ Dunois
デュノワイエ Dunoyer
デュハ Duha
デュバ Dubas
デュパキエ Dupâquier
デュバーク Dubberke
デュバーシュタイン

テ

Dubberstein
デュパスキエ
DuPasquier
Dupasquier
デュバースタイン
Duberstein
デューハースト
Dewhurst*
デューハスト
Dewhurst
デュハゼ Duhazé
デュバテ Dioubate
デュバニー Duvarnay
デュバリ D'Vari*
デュバリエ
Duvalier**
デューバル
Dueball
Duvall
デュバール Dubard
デュバル
Dubal*
Duval**
Duvall**
デュパール
Dieupart
Dupart
デュパルク Duparc*
デュパルケ
Duparquet
デュバルド D'ubaldo
デュバルビエ
Dubarbier
デュバロン Duvalon
テュパン Tuppen
デュバン Duban
デュパン Dupin***
デュパンル
Dupanloup
デュパンルー
Dupanloup
デュービー Dubee
デュビ Duby
デュビー Duby**
デュピ Dupuy
デュピー Dupi
デュビィ Duby
デュピィ
Dupuis
Dupuy
デュビエフ Dubief
デュヒッグ Duhigg
デュヒティンク
Düchting
デュヒティング
Duchting
Düchting
デュピトラン
Dupuytren
デュビニョー
Duvignaud
デュビニョン
Dubignon
デュビビエ Duvivier
デュビャウ Duviau

デュビヤール
Dubillard*
デュピュイ
Dupuis*
Dupuit*
Dupuits
Du Puy
Dupuy**
デュピュイトラン
Dupuytren
デュビュク
Dubucq
Dubuque
デュビュッフェ
Dubuffet*
デュビュニョン
Dubugnon
デュビュフェ Dubuffet
デュピュリュエ
Dupureur
デュピュレ Dupré
デュビラール
Duvillard
テュヒレ Tüchle*
デュビレ Doubilet*
デュービン Dubin*
デュビーン Duveen
デュビン Dubin
テュービンゲン
Tübingen
デューブ
Dube
Duve*
デュブ Dubout
デュブー Dubout
デュプー
Dupeux
Dupoux*
デュファーイ Dufay
デュファイ Dufay
テュファーノ Tufano
デューフィ Duffy
デュフィ
Duffy
Dufy**
デュフィー Duffie
デュフイ Dufy
デュプイ
Dupuis
Dupuy*
テュフィエ Tuffier
デュフェ
Du Fay
Dufay
デュフェー
Du Fay
Dufay
デュフェイ Dufey
デュフェック Duffek
テュフェンキチ
Tüfenkçi
デュフォ Dufaut
デュフォー
Defoe
Dufau
Dufaud
Dufour*
デュフォア Dutfoy

デュフォール Dufaure
デュフォワィエ
Dufoyer
デュブク Dubuc
テュブケ Tübke
デュブケア Dybkjaer*
デューブーシェ
Du Boochet
Du Bouchet
デュブッフ Duboeuf
デュプティ Dupetit
デュブニック Dubnic
デュブノフ Dubnow
デュフボーグ Dufborg
デュプュイ Dupuy
デュブュイーニュ
Debuigne
デュプラ Duprat*
デュプラー Duprat
デュプラガ Duplaga
デュブラナ Dubrana
デュブランシー
Dublanchy
デュプランティス
Duplantis*
デュフランヌ
Dufranne
デュブランフォー
Dubrunfaut
デューブリー Dupree
デュプリ
Dupree
Dupri
デュプリー
Dupree**
Dupri
デュブリッジ
DuBridge
デュプリッツァー
Duplitzer
デュフール
Duffour
Dufour**
デュブール Dubourg
デュブルイユ Dubreuil
デュフルク Dufourcq
デュフルセ Dufourcet
デュブルトン
Dubreton
デュフールマンテル
Dufourmantelle
デュフールラポワント
Dufour-Lapointe
デュプレ
Duperey
Duplaix
Dupleix
Dupre
Dupré*
Duprë
Duprez
デュプレー Duperey*
デュプレア Du Preez*
デュプレイ Duprey
デュブレイユ Dubreuil
デュプレクス Dupleix

デュプレシ
Duplessi
Duplessis
デュプレシス
Duplessis
デュフレシュ
Dufrechou
デュフレス
Dufraisse
Dufresse
デュフレスネ
Dufresne*
デュプレックス
Dupleix
デュプレッシ
Duplessis
デュプレッシー
Du Plessis
デュプレッシス
Duplessis
デュブレッソン
Dubresson
デュフレニ Dufrény
デュフレニー
Dufresny
デュフレーヌ
Dufraine
DuFrene
Dufrène
Dufrêne
Dufresne**
デュフレヌ Dufraine
デュフレノア
Dufrénoy
Dufrésnoy
デュフレノワ
Dufrénoy
Dufrésnoy
デュフレーン Dufresne
デュフレンヌ
Dufrenne**
デュープロ DuPrau*
デュフロ
Duflo*
Duflos
Duflot*
デュブロ Dubro*
デュプロー DuPraw
デュブロイユ Dubreuil
テューブロン Thubron
デュプロン
Dupron
Dupront
デュブワード Dybwad
デュプワード Dypwad
デュベ
Dube*
Dubé
Dubet*
Duvet
デュペ Dupe
デュペイ Dupey
デュペイラ Dupeyrat
デュペィロン
Dupeyron
デュペイロン
Dupeyron*
デュベク Dybeck
デュベスコ Duvesco

テューベソン
Tuvesson
デュペラク Dupérac
デュペラック Dupérac
デューベリー
Dewberry
デューベリィ Düberg
デュベリエ Duveyrier
デュベルゲ Duverger
デュベルジェ
Duverger*
デュベルジエ
Duvergier
デュベルダム
Dubbeldam*
デュベルノア
Duvernois
デュベルノワ
Duvernois
デュペルバル
Duperval
デュベルヘル
Duvergel
デュベレー Du Bellay
デュペレ Duperey
デュ・ペロン Duperron
デュペロン
Duperron
Dupeyron
デューベン Düben
デュベーン Duveen
デュペンサラー
Duppenthaler
デュホー Defaux
デュボ
Dubos
Dubost
デュボー
Deveaux
Dubov
デュボァ Du Bois
デュボア
DeBlois*
Du Bois**
DuBois*
Dubois***
Dubova
デュボアザン
Duvoisin**
デュボアレーモン
Du Bois-Reymond
デュボイス
Du Bois*
DuBois
Dubois
デュボイズ DuBois**
デュボウス DuBose
デュボウズ
DuBose
Dubose
デュボウスキー
Dubowski
Dubowsky
デュボーグ Dubourg
デュボサルスキー
Dubosarsky*
デュボシェ Dubochet
デュボース

Du Bose
DuBose
デュボーズ
DuBose*
Dubose*
デュボス
Du Bos
Dubos**
Duboscq
Du Bose
Dubost
デュボスト Dubost*
デュホッフ DeHoff
デュボフ Dubov
デュボフスキー
Dubovsky
デュボム Dubomb
デュボール Duvall
デュポール
DuPaul
Duport
テュホルスキー
Tucholsky
デュボロス Dubouloz
デュボワ
Du Bois
DuBois
Dubois*
デュボワサン Duvoisin
デュボワザン Duvoisin
デュボワレーモン
Du Bois-Reymond
デュホーン Duphorn
デュボン Dupont
デュポン
Depondt*
Dupond**
Du Pont
DuPont*
Dupont**
デュポント DuPont
デューマ Dumas*
デューマー Dumas
デュマ
Duma
Dumas***
デュマイエ Dumayet
デュマス Dumas*
デュマズディエ
Dumazedier
デュマノスキ
Dumanoski
デュマノワール
Dumanoir
デュマービル
Dumervil
デュマルシー
Dumarchey
デュマルセ
Dumarçay*
デュマン Duman
デュミトラシュコ
Dumitrashko
デュミニル Duminil
テュミヒ Thümmig
テューミン Tumin
デュム Dumme
デュムケバ Dumcheva
デュムシェル
Dumouchel*
Dupuy
デュムベ Djoumbe
テュムラー Tümmler
デュ・ムーラン
Dumoulin
デュムーラン
Dumoulin
デュムラン
Dumoulin***
デュムーリエ
Dumouriez
デュムリエ
Dumouriez
デュムリエー
Dumouriez
デュメー
Dumay
Dumée
デュメイ
Dumais
Dumay*
デュメイン Dumaine
デュメジル
Dumezil*
Dumézil*
デュメーズ Dumais
デュメスニール
Dumesnil
デュメニル
Dumenil
Duménil
Dumesnil
デュメーヌ Dumaine*
テュメーネフ
Tyumenev
テュメネフ Tiumenev
デュメリ Duméry
デュメリル Duméril
デュメル Duméril
デュモ Dumo
デュモウ Dumaux
デュモヴィッツ
Dujmovits*
デュモオリア
Du Maurier
デュモビッツ
Dujmovits
デュモラール
Dumolard
デュモーリア
Du Maurier
デュモーリエ
Du Maurier
デュモリン
Dumolin
Dumoulin
Dumourin
デュモーン Dumont
デュモン
Dumon
Dumond
DuMont
Dumont**
デュ・モンソー
Dumonceau
デュモンソー
Dumonceau
デュモンテイユ
Dumonteil
デュモント Dumont
デュモンド Dumond*
デュヤルディン
Dujardin
テューラ Tula
テュラ Tula
デューラー
Durer
Dürer*
Durrer
デュラ Duras
デュラー Durrer
デュラク Dulac
デュラス Duras**
デューラック Durack
デュラック
Dulac*
Durack*
デュラニー Dulany
テュラーヌ Tulasne
デュラネイ Dulaney
テュラノ Turano
デューラーノ Durano
デューラフォア
Dieulafoy
デュラフォア
Dieulafoy
デューラフォワ
Dieulafoy
テュラム Thuram*
デューラム Durham
デュラリー Dulary
テュラール Tulard*
デューラン
Duran
Durand
デュラン
Dulin
Dullin
Duran***
Durán*
Durand**
Durant*
Durran
Durrant
デュランヴィエール
Durand-Viel
デュラング Durang
デュランチ Duranty
デュランチー Duranty
デュランテ Durante**
デュランティ
Duranty*
デュランティー
Duranty
デュランティス
Durandus
デューラント Durant*
デューランド
Dueland
Durland
デュラーンド Durand
デュラント
Durant***
Durante
Durrant
デュランド Durand*
テュランニオン
Turanniōn
テューリー Tully
テュリ Thury
デューリ Dury
デューリー
Duly
Durie
Dury
デュリ Dury
デュリー
Duly
Durie
Durry
Dury
デュリア Dullea
テュリエ
Teulié
Turrier
デュリエ
Duriés
Duryea
テュリオ Tullio*
デュリーゲル Düriegl
デュリシン Ďurisin
デュリス Duris*
デュリック Durić
デュリックス Durix
テューリム Turim
デュリュ Duru*
デュリュー
Durieu
Durieux
デュリュアル Durual
デュリュイ Duruy
デュリュス Durus
デュリュック Duluc
デュリュット Dulhut
デュリュフレ Duruflé*
デューリョ Diulio
テューリン Thulin
デュリンガー
Düringer
テューリング
Thüring
Turing
デューリンク Döring
デューリング
Dühring
During*
Düring
デュリング During
テューリンゲン
Thüringen
デュール Duerr
デュル
Duerr*
Dürr**
デュルー
Dulout
Durieux
デュルウ Deru
デュルヴィル
D'Urville
デュルウェル Durrwell
デュルガ
Durga
Durgabai
デュルカイム
Durkheim
テュールカウフ
Thürkauf
テュルク
Turck
Türck
Turk
Türk**
テュルクティル
Turquetil
デュルクハイム
Dürckheim
Durkheim
テュルケシュ Türkes
デュルケーム
Durkheim*
Dürkheim
デュルケム
Durkheim*
デュルケン Durken
テュルゴ Turgot*
テュルゴー Turgot
デュルゴ Turgot
デュルゴー Turgot
デュールコープ
Duurkoop
デュルコープ Durkoop
デュールセン
Duhrssen
テュルソス Thyrsos
テュルタイオス
Turtaios
Tyrtaios
デュルダク Durdak
デュルタン Durtain*
デュルディコーヴァ
Durdikova
テュルデュ Turdu
テュルデン Thulden
デュルト Durt
テュールハイム
Türheim
テュルパン
Tulpin
Turpin*
デュルビアーノ
Durbiano
デュルビル D'Urville
デュルファー Dülfer
デュルフェ D'Urfé*
デュルベック
Duerbeck
デュルボーン
Dulebohn
デュルムソギュ
Durmusoglu
テュルメル Turmel
デュルメン
Dulmen
Dülmen
デュルーリー Drury
テュールリーン Türlin
テュレ Tullet
デュレ
Duret*

テ

Durey
Durre
Durrett
デュレー Durey
デューレ Duret
デュレア Dullea
デュレイ Dulay
デュレイニー Dulany
テュレジ Türeci
テューレック
Tureck
Turek
デュレット
Delaet
Durrett
デューレル Dürer
デュレル
Durell
Durrell
デューレン
Duren
Düren
デューレンダール
Dyrendahl
デュレンダール
Dyrendahl
テュレンヌ Turenne
デュレンヌ Turenne
デューレンバーガー
Durrenberger
デュレンバーガー
Durenberger
デューレンバーグ
Deurenberg
デュレンマット
Dürrenmatt**
テュロ Thureau
テュロー Thureau
デューロ Duro
デューロー Douro
デュロ Duro
デュロー Dureau
デュロシェ Durocher
デュローシャー
Durocher
テューロスコルビー
Tuuloskorpi
テューロスコルピー
Tuuloskorpi
デュロゼル Duroselle
デュロゾワ Durozoi
デュローチャー
Durocher
デュロック Duroc
デュロディエ Durodié
デュロフ Dyroff
デュロヘリー
Dulohery
デューローリエ
Dulaurier
デュロリエ Dulaurier
テュロン Tyron
デュロン Dulong
デュワー Dewar*
デュワイト Dwight*
デュワーティ Duarte*
デュワード Durward
デュワン Dewan*
テューン Tune*
デューン
Duan*
Dunn
デユン Dae-yun
デュンガ Durga
デュンカン Duncan
デュンケル
Duenkel
Dunckel*
Dunker
テュンダレオス
Tyndareōs
デュンツァー Düntzer
テュンデ Tunde
デュンバー Dunbar*
デュンハウプト
Dünhaupt
テューンベリ
Thunberg
テュンペル Tümpel*
テュンミヒ Thümmig
テーヨ Tello
デヨ Deyo
テヨピロ Theophilos
テョール Thöl
デヨル Daeyeol
テーヨン Tae-young
テヨン
Tae-yeon*
Tae-yeong
Tae-yong
Tae-young*
Thae-yong
デーヨン Deyon*
デヨン
Dae-yeon
De Jong
デヨング
De Jong**
De Jonge
デヨンゲ De Jonge
テーラ
Taylor
Terra
Thera
テーラー
Talor
Tayler
Taylor***
テラ
Terra*
Thára
テラー Teller***
デ・ラ Della
デーラー
Dähler
Dehler
デラ
Dalla
Dela
Della**
Derra
Duras
デラー
Dellar
Deller*
デライアーギリス
Deliargyris
デライカ Drlica
デライノ Delino*
テライユ Terrail**
デライラ Delilah
デライル Delisle
デライロマロマ
Delailomaloma
デライン Delaine
デラヴィ Deravy
デラヴィア Dellavia
デラヴェドバ
Dellavedova
デラウニー Delauney
デラウライヤー
DeLauriers
DesLauriers
デラウーン DeLaune
デラエー Delaey
デラエスプリエジャ
De La Espriella
デラエスプリエヤ
De La Espriella
デラガーザ
De la Garza
デラカジェ
De La Calle
デラカシャニ
Derakhshani
デラカート Delacato
テーラカーニ Telakāni
デラーギー Delargy
デラキー Delaquis
デラクア Dell'Acqua
デラグァルディア
Dela Guardia
デラグアルディア
De La Guardia
デラクイラ
Dell'Aquila
デラクシャーニー
Derakhshani
デラクシャニ
Derakhshani
デラクシャン
Derakhshan
デラクルシュ
De La Croix
デラクルーズ
De La Cruz
デラクルス
De La Cruz*
デラクロワ Delacroix*
デラコステ Delacoste
デラコート
Delacorte*
Delacôte
デラコルタ
Delacorta*
デラコンチャ
De la Concha
テラサキ Terasaki
テラサス Terrazas
デラージ Delarge
デラシェリー
Dellacherie
テラーシュ Therache
デラシュー Delassus*
デラシュス Delassus
デラシン Delasin*
テラス
Terrace
Terras*
Terrasse
デラス Dellas*
デラスサラス
De Las Salas
テラスビルタ
Teräsvirta
デラセガ Dellasega
デラセルナ
De La Serna
テラソン Terrasson
テラダ Terada
デラタッシュ
Delatush
テラチーニ Terracini
テラッスン
Thellusson
テラッツィーニ
Terrazzini
テラッツィーノ
Terrazzino
デラットル Delattre
テラップ
Telep
Terap
デラップ Delap
テラデッラ Terradella
テラデリャス
Terradellas
デラト De Rato
テラドス Terrados
デラトラ De La Torre
デラトレ De La Torre
デラトロベ
De La Trobe
デラニー
Delaney**
Delanie
Delany
デラニヤガラ
Deraniyagala
デラヌエス
De La Nuez
デラノ Delano***
デラノー Delano
デラノウ Delano
テラノヴァ Terranova
テラノバ Terranova
デラバー Delabar
デラハシャンデ
Derakhshandeh
デラパス De La Paz
デラハラ De la Jara
デラバル Delaval
デラハンティ
Delahanty
Delahunty
テラビ Telavi*
テラピアーノ
Terapiáno
デラフィールド
Delafield*
デラフエンテ
De La Fuente
デラプエンテ
De la Puente
デラフォケード
DeLaforcade
デラフォッス
Delafosse
デラフォッズ
Delafosse
デラフォン Delafons
デラフーク Delahooke
テラブスト Terabust
デラブランチャ
Delavrancea
デラフレア Derfler
デラヘィ Delahay
デラヘイ Delahaye*
テラベイネン
Teravainen*
デラベガ
De La Vega
Dela Vega
デラペーニャ
De la Peña
デラペニャ
De La Peña
デラポータス
Dellaportas
デラホーヤ
De La Hoya
DeLaHoya**
テラポン Terrapon
デラマ Delmas
デラマーター
DeLamarter
デラマター
DeLaMater
デ・ラ・マドリ
De La Madrid
デラマドリ
De La Madrid
デラマドリード
De La Madrid
デラミーア Dellamere
テーラム Taerum
デーラム Derham
デラムズ Dellums*
デラメア De La Mare
テラメネス
Thēramenēs
デーラモ D'Eramo*
テラモン Telamōn
デラモンド Deramond
デラーラ Dell'Ara
デラリー
Delarey
Delury
デラリヴィエ
Delarivier
デラリン Daralyn
テラール Tellart
テラル Terral
デラルア
De La Rúa**

デラルツ Derartu*
デラルド Derald
デラルパ Dell'Arpa
デラレンタ
De la Renta
デ・ラ・ロザ Delarosa
デラロサ
De La Rosa**
Delarosa
デラローズ Delarose
デラロチャ
De la Rocha
デラワー Delawer
テラーン Teheran
テラン
Teran**
Terán*
Terran
テーラング Telang
テラング Telang
デランク Delank*
デランシー Delancey*
デランジェラ
Dell'Angela
デランジャ Deranja
テランス
Terence
Terrance*
デランズ Derenze
デランダ
De Landa
Delanda
デランティ Delanty
テラント Terent
デランド Deland*
デランドル
Deslandres*
デランノ Dell'anno
デランバハシュ
Derambakhsh
デランブル Delambre
テリ
Teri**
Terri*
Terry*
Théry
テリー
Talley
Telly*
Terence
Teri**
Terri*
Terrie*
Terry***
Téry
Théry
デーリ
Daehli
Daly
Dery
Déry
デーリー
Daily
Daley**
Daly***
デリ
Degli
Dehli
Delli*
Deri
デリー
Dely
Derie
Derry
Dery*
Déry
Doerry
Dörrie**
デリーア D'Elia
デリア
Delia***
D'Elia
Délia
Dhélia
テリアオ Teriao
デリアス Delius
テリアッチ Tegliacci
テリアド Tériade
テリアナ Teliana
テリアノ Telliano
デリアビン Deriabin
テリアン
Telian
Terrien
Teryan
Thérien
デリアン
Derian
Derrien*
テリィ Terry
デリィ Dery
テリーヴ Thérive*
デーリヴィグ Del'vig
デリウィグ Del'vig
デリヴィク Del'vig
デリヴィグ Del'vig
デリウェ Deliwe
デリヴェラ D'Rivera
テリウェル Téliwel
デーリウス Delius
デリウス Delius**
テーリエ Terje
テリエ
Tellier**
Terje*
Theillier
デリエ Dörrie*
デリエス Dörries
テーリエセン Terjesen
テリェリア Telleria
デリエル Deriel
テリエン Terrien*
テリエンテス
Terrientes
テリオ
Terrio
Thèiault
Thériault
テリオー
Thériault
Therriault
デーリオ Delio
デリオ Delio
テリオット Theriot
デリオン DeLeon
デリガッティ
Delligatti
デリカット Derricott
デリカド Delicado
テリク Tariq
デリク
Derek**
Derrick
デリクソン Derrickson
デリグラゾワ
Deriglazova*
デリクール
D'Hericourt
デリコ D'Errico
デリコット Derricotte
デリゴナル Deligonul
デリコフ Dalichow
テリーサ
Teresa
Theresa
テリーザ Theresa**
テリサ Terisa
デリーサ DeLisa
デリシ
DeLisi
DeRisi
デリシア Delysia
テリージョ Terisio
テーリス Telles
テリーズ Telis
テリス
Tellis*
Terris**
Terriss
デリス
Delis
Dellis
Deris*
Dilys
デリスィア Delysia
デリスブール
Derisbourg
デリソッラ Dell'Isola
デリソーラ Dell'Isola
デリソン Del'son
デリダ Derrida**
テリチキーナ
Telichkina
デーリチュ Delitzsch
デリツィア DeLizia
デリック
Derek*
Deric
Derick*
Derrick***
Deryck*
テリッセ Terrisse
デーリッチ Delitzsch
デリッチ Delitzsch
デーリッチュ
Delitzsch
デリッチュ Delitzsch
デーリット Delitto
デリップ Dilip
デリーティオ Delitio
テリテオ Tertios
テリート Territo
テリト Telito
テリド Terrid
テリニ Tellini
デリバシス Delibasis
デリバス Delibas
デリパスカ
Deripaska*
テーリヒエン
Thärichen
デリビグ Del'vig
テリピヌ
Telipinu
Telipinuš
テリピヌシュ
Telipinuš
テリーブ Thérive
デリベウ Deribew
デリーベス Delibes*
デリベス Delibes**
デリベレ Déribéré
デリマ De Lima
テリマン Tel'man
テリム Terim*
デリモン Delimon
デリャエフ Deryayev
デリャーギン
Derjaguin
デリヤギン Derjaguin
デリャゲルディ
Deryageldi
デリャービナ
Deriabina
テリヤピロム
Teriyapirom
テリヤン Terrien
デリャン Dellian
デ・リーユー DeLeeuw
デリュ DeRue
デリュー DeLeeuw
デリューギン Deriugin
デリューク De Luc
デリューシナ
Delusina
Delyushina
Delyusina
テリュースキー
Telewski
デリュック Delluc
デリュデレ Deruddere
テリヨ Thério
テリョーシキナ
Tereshkina*
デリョーシナ
Delyushina
テリョン Tae-lyon
デリラ
Dalila
Delilah*
テリル
Terill
Terrill**
Terryl
Teryl
デリール Delisle
デリル
D'Eril
Deryl
デリーロ
DeLillo**
Delillo*
テリン Terrin**
デリン
Dellin
DeLynn
Derrin
デーリンガー
Dehlinger
デリンガー Döllinger
テリンガーテル
Telingater
テーリンク Teellinck
デーリング
Dearing
Döhring
Doring
Döring
デリンク Delling
デリング
Delling
Dering
Dolling
デーリンケル Dörinkel
デーリンゲル
Döllinger
デリンコン De Rincón
テリンジャー Tellinger
デリンジャー
Dellinger**
Deringer
Derringer
Dillinger
デリンスキー
Delinsky**
テリントン Tellington
テール
Teal
Thaer
Thöl
テル
Der
Tell*
Ter**
テルー Terrou
デール
Dael
Dale***
Dalle
Dayre**
Deal
Dehl
Der*
Desle
Doerr
デル
Dale
Del***
Delbert
Dell***
Dell'
Delmar
Delmer
Den
Der***
Derrill
Deru
Dill
Doell
デルー Deru
テルアキ Teruaki
デルアギラ
Del Águila

テ

デル・アミーコ
Dell'Amico
デルーイ DeRooy
デルイーズ DeLuise*
デルイゼムリャ
Deryzemlya
デルイベル
De Ruyver*
テルヴァ Telva
デルヴァ Delva
テルヴァニ Tervani
デルウァール Derwall
デルヴァル Delval
デールヴァルト
Dörwald
デルヴァンクール
Delvincourt
デルヴィイ D'hervilly
デルウィシュ
Dervis*
Derviş
デルヴィシュ Dervish
デルヴィス Delves
デルヴィル Delville
テルヴィン Terwin
デルウィン Delwyn
デルヴェ D'Hervey
デルヴェッキオ
Del Vecchio
Delvecchio
テルウェル Thelwell
テルヴェル Tervel
デルヴェール Delvert*
デルヴォ DeRuvo
デルヴォー
Delvaux**
Dervaux
デルヴス Delves
デルヴズ Delves
デルヴロア
D'Hervelois
デルヴロワ
D'Hervelois
テルオバネシアン
Ter-Ovanesyan
デルオモー
Delhommeau
デルーカ
De Luca
DeLuca*
Deluca
デルカ
De Luca
DeLuca*
デルカー Delker
デルガー Dölger
デルーカス DeLucas
デルカスティージョ
Del Castillo*
デルカスティジョ
Del Castillo
デルカスティリョ
Del Castillo
デルカセ Delcassé
デルカッセ Delcassé
デルガディジョ
Delgadillo
テルガト Tergat**
テルガド Tergat
デルガード Delgado**
デルガド Delgado**
テルカル Terkal
デルカルピオ
Del Carpio
デルカルメン
Del Carmen
デルカンブル
Delcambre*
デルギナ Deriugina
デルキュリダス
Derkulidas
デルーク De Reuck
デルク Delk
デルクール
Delcour
Delcourt
テルクルック Telukluk
デルグレーシュ
Dalgliesh
デルクロア Delcroix
デルクロス Delclos
テールケ Thoelke
テルケ Tölke
テルケス Telkes
デルケン Dölken
デルコミン Delcomyn
テルサ
Telsa
Telusa
Teresa
テルザキス Terzakis
デルサルト Delsarte
テルジ Terzi
デルシ Delcy
デルシー Delcy*
テルシェ Telsche
テルジェフ Terzieff
テルジエフ Terziev
テルシス Terzis
テルジス Terzis
テルジッチ Terzić*
テルジディス Terzidis
テルシテス Thersitēs
デルシド Del Cid
デルシモニアン
DerSimonian
デルシャー Delchar
デルジャーヴィン
Derzhavin
デルジャービン
Derzhavin*
デルシャフト
Delschaft
テルシャーンスキ
Tersánszky
デルージュ Deslouges
デルシュウィッツ
Dershwitz
テルシュキン
Telushkin*
テルシュテーゲン
Tersteegen
デルシラ Drousilla
デルシンスカヤ
Dershinskaya
デルジンスカヤ
Derzhinskaia
テルズ Telles
デルース
DeLuce
DeRoos
デルスィ Dercy
テルズィエフ Terzieff
デルスヴィル
D'Erceville
テルステーゲン
Tersteegen
テルストロム
Tellstrom
テルセイロ Terceiro
デルゼル Delzell
テルセロス Terceros
デルソー Delsaux
デルソコロ
Del Socorro
デルソラル Del Solar
デルソル Delsol
デルソン Delson*
デルタ Delta*
デルター Doelter
デルタイ Dilthey
デルタイユ Deltheil
テルダク GTer bdag
テルダクリンパ
GTer bdag gling pa
デルダーフィールド
Delderfield
デルダフィールド
Delderfield
デルーチ Dellucci
デルチェフ
Delčev
Deltchev
テルチク Teltschik*
テルチック Teltschik
テルチャンスキー
Tersztyánszky
テルチン Telchin
テルツ
Terts
Tertz
テルツァー
Toelzer
Tolzer
テルツァーギ Terzaghi
テルツァギ Terzaghi
テルツァギー Terzaghi
テルツァーニ Terzani*
テルツィ Terzi
テルツィエフ Terzieff
デールツェル Dalzell
デルッカ De Lucca
デルックス Derckx
テルッツィ Teruzzi
テルツリアヌス
Tertullianus
デルテ Dörte
テルティウス Tertius
テルティオ Tertios
デルディック Deldique
デルテイト Deltito
デルテイユ Delteil*
デルティル Delteil
テルティロ
Tertullus
Tertyllos
デルティンガー
Dertinger
デルデヴェ Derdevet
テルテオ Tertios
デルテーユ Delteil
テルテリエ Tertelije
テルテル Terter
テールデルバッハ
Tairrdelbach
デルデルマン
Doerdelmann
デルデン Delden
デルドゥエ Delduwe
デルトゥゾー
Dertouzos
テルトゥッリアヌス
Tertullianus
デルドゥリ Derdouri
テルトゥリアーヌス
Tertullianus
テルトゥリアヌス
Tertullian
Tertullianus*
デルトゥルコ
Del Turco
デルトゲン Deltgen
テルトュリアヌス
Tertullianus
デルトリー Dealtry
テルトル Tertre
テルトルス Tertyllos
テルトレ Tertrais
デルドレ Deirdre
テルトロ Tertyllos
デルトロ Del Toro*
デルトン Delton*
テルナー Toellner
デルナ Delna
デルナー
Doerner
Dorner
Dörner*
デルニス Dernis
テルニナ Ternina
デルネ Doerne
デルネグロ Del Nagro
デルネシュ Dernesch
デルノイ Delnoji
テルノフツェフ
Ternovtsev
デルノボイ Dernovoy
テルバ Telva
デルバ Derba
デルバイエ Delvalle**
テルハカ
Tarqū
Thirhāqā
デルバジェ Del Valle
デルバス Derbas
デルバート Delbert**
デルバード Delbert
テルバニ Tervani
デルバル Derbal
デルバルト Delwarte
デルバン D'Herbain
デルバンクール
Delvincourt
デルバンコ Delbanco
テルパンドロス
Terpandros
デルピ Delpy
デルピー Delpy**
デルピアノ Delpiano
デルピエール
Del Pierre
Delpierre
デルピエーロ
Del Piero
デルピエロ
Del Piero**
テルピゴーレフ
Terpigorev
デルビシ Dervishi
テルビシダグワ
Terbishdagva
デルビシャイ
Dervishaj
デルビシュ Derviş*
デルピージュー
D'Alpuget
デルピノ Del Pino
デルピュージェ
D'Alpuget
デルピラル Del Pilar
デルピール Delpire
デルピルー Delpirou
テルビン Telvin
デルビン Delvin
デルーフ Deloof
デルフ
Delf
Delph
デルプ Delp*
テルファー Telfer
デルファス Derfus
テルファード Telford
デルファブロ
Delfabbro
デルファン Delphin
デルフィ
Delphi
Delphy**
デルフィーニ Delfini
デルフィニ Delfini*
デルフィーヌ
Delphine**
デルフィヌ Delphine
デルフィーノ Delfino
デルフィノ Delfino
デルフィユ Delfieux

デルフィーン
Daphne
Delphine
デルフィン
Delfim*
Delfin
Delphin
Delphine
テルフェア Telfair
デルフェル Dörffel
デルフェルト Dörpfeld
デルフォ Delfau
デルフォー
Delfour
Delphaut
デルフォージュ
Delforge
デルフォス Delfosse
テルフォード Telford*
デルフォルジュ
Delforge
デルフォント Delfont
デルプゴリツ
Derpgol'ts
デルプーシュ
Delpeuch
デルフス
Delfs
Dörrfuß
テルプストラ
Terpstra*
デルフト Delft*
デルブーフ Delboeuf
デルプフェルト
Dörpfeld
デルプムラー
Dörpmuller
デルフラー Dörfler
デルフライン
Doerflein
デルプラス Delplace
デルプラット Delprat
デルプラート Delprato
デルプラド Del Prado
デルブラン Delblanc*
デルブラング Delblanc
デルプランク
Délphlanque
Delplancke
Delplanque
デルブリッジ
Delbridge
デルブリュック
Delbruck
Delbrück**
テルブリュッヘン
Terbrugghen
デルフリンガー
Dörflinger
デルブルック
Delbrück
テルブルッヘン
Terbrugghen
デルベ
Delbée
Delbet
Dherbey
テルベシュ Terbèche
デルペシュ Delpech*
デルベス Derbez
デルベッキオ
Del Vecchio
Delvecchio
デルペッシュ
Delpech**
テルペトロシャン
Ter-Petrosian
Ter-Petrosyan
デルベニエフ
Derbenev
デルベロ D'Herbelot
デルペーロ Delpero
デルボー
Delbo
Delboe
Delvaux
Derbaux
デルボア D'Herbois
デルボス Delbos
デルボスク Delbosc
デルボスケ
Del Bosque*
デルボスコ Delbosco
デルボーステレス
Delvaux-stehres
デルポート
Delport
Delprot
デルポトロ Del Potro
デルボニス Delbonis
テルボーフェン
Terboven
デルポポロ Delpopolo
デルボラフ Derbolav*
テルボルク Terborch
テルホルスト Terhorst
デルポルト Delporte
デルポルドテン
Deruporudoten
テルボルヒ Terborch
テル・ボルフ Terborch
テルボルフ Terborch
デルボワ D'Herbois
テルホーン Therhorn
デルボン Delvon
デルポンテ Delponte*
テルマ
Telma
Thelma*
デルマ
Delma
Delmas**
デルマー
Del Mar
Delmar
Delmer*
デルマス Delmas
デルマッツァ
Del Mazza
テルマーニ Telmányi
デルマルチノ
Delmartino
デルマルテイノ
Delmartino
テールマン Thälmann
デルマン
Dellmann
Delman
Dermane
デルマンゲム
Dermenghem
テルミサニ
Telmessani
デルミット Dermit
テルミナ Termina
テルミューレン
Termeulen
デルミラ Delmira
テルミン
Termen
Termin
テルム Tīmūr
テルムクルトチアン
Ter-Mkrtchyan
デルムズ Dellums
デルメ Delmet
デルメディゴ
Delmedigo
デルメル Doermer
デルメンゲム
Dermenghem
テルモ Telmo
デルモ Dermoz
デルモア Delmore*
デルモータ Dermota
デルモタ Dermota
デルモット Dermott
デルモト Delmotte
テルモルス Ter Mors*
デルモン
Delmon
Delmont
デルモンテ
Del Monte
Delmonte*
デルモント Delmont
デルラ
Dalla
Della*
テルラウ Terlouw*
テルラーニ Terrani
デルランジェ
D'Erlanger
デルリ Derly*
デルリー
Del Rey
Delury
デルリオ
Del Rio
Delrio
デルリコ D'Errico
デルリス Derlis
デルリュー Delerue
テールリンク Teirlinck
テルル Kerll
デルルギアン
Derlugian
Derluguian
デルルデス De Lurdes
デルレアル Del Real
デルレガ Derlega
テルレッキー
Terletskii
デルーレート
Déroulède
デルーレード
Déroulède
デルレート Derleth
デルレード Déroulède
デルロイ Delroy
テルローヴァ Terloeva
デルロサリオ
Del Rosario
Delrosario
デルロシオ Del Rocío
デルロン Delron
デルワ Delwa
デルワース Delworth
デルワール Derwael
テルンクヴィスト
Tornqvist
Törnqvist*
デルングス Derungs
テルングレン
Tärngren
Torngren
デルンフエルト
Dornfeld
デルンブルク
Dernburg
デルンブルヒ
Dernburg
デルンベルク
Dernburg
Doernberg
Dörnberg
テレ
Tele
Telê*
Teret
Terré
Theret
Théret*
Tölle
デレ
Dele
Delle
デレアー Delaire
デレアージュ Déléage
デレアヌ Deleanu
テレイ Terray*
デレイ Daley
デレイエ Delehaye
デレイケ Derycke*
デレイニ Delany
デレイニー Delany
デレイニィ Delany
テレイン Terraine
デレヴィッツ
Derewicz
デレヴィヤンコ
Derevyanko
テレウォダ Telewoda
テレウス Tēreus
テレウティアス
Teleutias
デレヴァーンコ
Derevyanko
デレヴャンコ
Derevianko
Derevyanko
テレオー Thereau
デレオ De Leo
デレオン
De Leon***
De León
DeLeon
デレガゲー Delegage
デレカース
Delle Karth
デレカート Delekat
テレキ Teleki
テレク
Terek
Török
デレク
Delek
Derec
Dereck
Derek***
Derrek**
デレグ Deleg*
テレグアリオ
Teleguario
デレクストラト
Delextrat
デレクリューズ
Delescluze
テレクレイデス
Tēlekleidēs
テレクロス Teleclus
テレゴノス Tēlegonos
テレーサ Teresa
テレーザ
Teresa**
Tereza
Theresa*
テレサ
Teresa***
Teressa
Tereza
Theresa***
Therese
Thérèse
Theresia
テレザ
Teresa*
Tereza**
Theresa*
Thérèse
Theresia
Thérésia
Thereza
デレーザー Dereser
テレージ Teresi
テレシ Teresi
テレシー Teresi*
デレージ Dalagi
テレージア Theresia
テレジア
Teresa
Térésia
Thelesia
Theresa
Thérèse
Theresia
テレシェヴァ
Telesheva
テレージオ
Telesio

テ

Teresio
テレシオ Telesio
テレジオ
Telesio
Teresio
テレシコヴァ
Tereshkova
テレシコワ
Tereshkova**
テレシタ Teresita*
テレシチェンコ
Tereshchenko**
テレシチュク
Tereshchuk
テレシッラ Telesilla
デレシュ Deresz
テレシュク
Tereshchuk
テレショーフ Teleshov
テレショフ Teleshov
テレシラ Telesilla
テレシンカ Teresinka
テーレス Telles
テレーズ
Terese*
Teréz
Thérèese
Theres
Therese***
Thérése*
Thérèse**
テレス
Telles**
Tellez
Terres
Therese
Tölis
テレズ Tellez
デーレス Derleth
デレズウィッツ
Deresiewicz
テレスカ Tereska
テレスチェンコ
Terestchenko
テレステス Telestēs
テレスフォルス
Telephorus
Telesphóros
テレスフォロス
Telesphóros
テレーセ Therese*
テレーゼ
Terese
Therese*
Threse
テレセ
Therese
Trese
テレソン Terreson
テレタ Téréta
テレツ Telets
テレツィア Terézia
デレツキ Derechkiĭ
デレック
Dereck
Derek***
テレッサ Theresa
デレッタ Deledda
デレッダ Deledda**
テレット Terrett
デレット Derrett
テレップ Telep
テレトビッチ
Teletovic
テレナ Terena
テレーニ Terreni
デレーニ Delaney
デレニク Derenik
テレーニン Terenin
テレパイ Terepai*
デレハンティ
Delehanty
テレビシダグバ
Terbishdagva
デレビャンコ
Derevyanko
デレピヤンコ
Derevyanko
テレビロフ Terebilov
テレヒン Terekhin
デレフ Detlef
デレフィンコ
Derefinko
テレフォス Tēlephos
テレフォニ Telefoni
テレフセン Tellefsen
テレヘイデン
Terheyden
テレヘン
Tellegen**
Törnqvist
テレホヴァ Terekhova
テーレホフ Terekhov
テレホフ Terekhov
テレホワ Terekhova
テレマクス
Telemachus
テレーマコ Telemaco
テレマコ Telemaco
テーレマコス
Tēlémachos
テレマコス
Telemachos
Tēlemachos
Tlemachos
テーレマン Telemann
テレマン Telemann
デレミー DeRemee
テレミン Theremin
テレム Tellem*
デレム Derems
デレリオル Derelioglu
テレリグ Telerig
テレール
Terrell
Terrelle
テレル
Teler
Terrel
Terrell***
デレル
Derre
Derrel
D'Herelle
D'Hérelle*
テレーレ Terele
テーレン Thelen
テレン
Tellen*
Terraine
デーレン
Deren
Derren
デレン
Deren
Derren
テレンシェフ
Terent'ev
テレンス
Terence***
Terrance
Terrence***
Thérence
Trence
デレンタイ Delentai
テレンチア Terentia
テレンチウス
Terentius
テレンチエヴィチ
Terentievich
テレンチェフ
Terentyev
テレンチエフ
Terent'ev
テレンツ Terrenz
テレンティウス
Terentius*
デレンドルフ
Derendorf
デーレンバック
Dällenbach
テレンバッハ
Tellenbach*
テロ
Telo
Tero**
Törő
デロ
Dello*
Delo
デロア Delloye
テロアニュ Théroigne
デロイ Delroy
デロイサー DeRoiser
テロウ Terro
デロウジオ Derozio
デロウリィ
Deloughery
テロク Thae-rok
デログ
Delogu
Derog
テローケ Theloke
デローザ
DeRosa
Derosa
デロサ DeRosa
デローザン Derozan
デロジエ Desrosiers*
デロシェール
Derocher
デロジオ Derozio
デローシュ
Desroches*
デロージュ Deloge
デロジョイオ
Dello Joio
デローズ DeRose
デロス
Delos
Deloss
デロスレイエス
De Los Reyes
デローチ Deloach*
デローチェ DeLoache
デロッシ De Rossi
デロッシュ Déroche
デロッソ De Rosso
テロッテ Telotte
テロット Terrot
デロット Dell'otto
デロップ De Ropp
テロデルガド
Telo Delgado
デローニー Deloney
デロニー Delony
テロニアス
Thelonious
テロニウス
Thelonious
デローヌ Derouesne
デロネ Delaunay
デロネー Delone
デローネイ Delaunay
デロバティス
De Robertis
デ・ロバート
DeRoburt
デロフ Deroff
デロペス De Lopez
デロベール Dérobert
デロベル Delobel
デローム
Delhome
Delhomme
Delorm*
Derome
デロヨラ De Loyola
デローラ DeLoura
デロラス
DeLoras
Deloras
デロリー Delory
デロリア Deloria**
デロリアン
DeLorean
Delorean*
デロリエ Deslauriers
デローリス Deloris
デロリス
Delores
Deloris
テーロール Taylor
テーロル Taylor
テロール Taylor
デロール De Loor
デロルッソ
Dello
Dello Russo
デロルム Délorme
デロルメル Delormel
デローレス Delores
デロレス Delores
デロレンツィ
De Lorenzi
デロワ Déloye
テロワーニュ
Théroigne
テロワニュ Théroigne
テロワーヌ Théroigne
テロン
Terron
Theron
Thērōn
デロン
Dellon
Delon*
Deron**
Derron
Dillon
デロンギ De'Longhi*
デロング
De Long
DeLong
Delong
デワイン Dewine
テワクン Devakula*
デワジエン Dewazien
デーワーナンダ
Devananda
デワナンド Dewanand
テワニマ Tewanima
テーワハッサディン
Devahastin*
テワリー Tewarie
デワール Dewael
デワルト Dewald
テワレカ Tewareka
テワン Tewan
デワン
DeJuan
Dewan
デワントロ
Dewantoro
テーン Teun*
テン
Ten***
Teng
Tenn**
Tien
デーン
Dähne
Dane***
Dean
Dehn*
Den*
Dern
デン
Den***
Dene
Deng**
Dewen
デンアロール
Deng Alor
デン・イリ Dinilu
デーン・イル Dinilu
デンヴァー
Denver*
Denvir

デンオーデン
Den Ouden
テンカ Tenca
デンカー Denker*
テンカネン Tenkanen
テンキー Tenky*
テンギス Tengiz*
テンキョン
Bstan-skyoṅ
デンキンガー
Denkinger
デンキンゲ Denkinger
テンク
Tengku
Tenk
デンク
Dencke
Denk*
テーンクヴィスト
Törngvist
Tornqvist
Törnqvist*
テングストリョム
Tengström
テングストレム
Tengström
デンクタシュ
Denktas**
テングネール Tegnér
デングラー Dengler*
デンケ Denke
テンゲイ Tengelyi
デンゲス Dönges
テンゲリ Tenggeri
デンケル Denkel
デンゲル Dengel*
デンコ
Danko
Denko
デンコヴァ Denkova*
テンコラン Tenkorang
デンコワ Denkova
テンザー Tenzer
デンザー Denzer
デンザル Denzal
デーンジェロ
D'Angelo
デンシコフ
Denschikoff
デンシモ Densimo*
デンジャー Danger
デンジャーフィールド
Dangerfield**
Dengerfield
デンシャム Densham*
デンジャーモンド
Dangermond
テンジュア Tenjua
デンシュク Denshuck
テンシュテット
Tennstedt*
デンジル Denzil**
テンジン
BsTan 'dzin
Bstan-'dzin
Bstan-hdzin*
Tenzin**
Tenzing**
デンジン Denzin
テンジンギャツォ
Tenzing Gyatso
デーンズ Danes*
デンス Dence
デンスウィル Denswil
テンスクワタワ
Tenskwatawa
デンスデール Dinsdale
デンスモーア
Densmore
デンスモア Densmore
デンズモア
Densmore*
デンスリー Densley
デンズロー Denslow
デンスロウ
Denselow*
Denslow*
デンズロウ Denslow
デンゼル
Denzel**
Denzell
Denzelle
テンソン Tensung
デンソン Denson
テンタ Tenta
テンダー Tender
テンダイ
Tendai
Tendayi
テンタシオン
Tentacion
デンタツス Dentatus
デンタトゥス
Dentatus
デンタン Dentan
デンチ Dench*
デンチェヴ Denchev
デンチフィールド
Denchfield
デンチャック
Demchak
テンチョン
Teng-cheong**
テンツァー Tenzer
デンツァ Denza
デンツィンガー
Denzinger
デンツェル Denzel
テンツラー Tänzler
デンツラー Denzler
デンテ Dente
テンティ Temte*
デンディ Dendy
デンディアス Dendias
デンティーチェ
Dentice
デンティーノ Dentino
デンティンガー
Dentinger*
テンデカイ
Tendekai
Tendekayi*
デンデジェーズ
Gyöngyössz
デンデッカー
Den Dekker
デンデビーン
Dendeviin
デンデブ Dendev
デンデベロワ
Dendeberova
デンテマロ
Dentemaro*
テンデン Tendeng
デンデンホッチ
Deng Deng Hoc
デント
Dent***
Dente
テントア Tentoa
テンドゥッチ
Tenducci
テンドゥリー Töndury
テンドゥル Thöndl
テーンドゥルカル
Tenḍulkar
テンドゥルカール
Tendulkar
テントグル Tentoglou
デントセレドン
Dent-zeledon
デントナ D'Antona
テントラー Tentler
テンドラー Tendler
デントラー Dentler
デントリカー
Dändliker
テンドリャコーフ
Tendriakov
Tendryakov
テンドリャコフ
Tendriakov
Tendryakov*
デントン Denton**
デンナー Denner
テンナクーン
Tennakoon
デンナム Denham
デンニー Denny
テンニェス Tönnies
テンニエス
Tïnies
Tonnies
Tönnies*
テンニース Tönnies*
デンニス Dennis
テンネー Tenny
デンネ Denne
テンネショウ
Tenneshaw
テンネスマン
Tönnesmann
テンネセン Tonnesen
デンネット Dennett
テンネーペル
TenNapel*
デンネボーム
Denneboom
デンネボルク
Denneborg*
デンネマン Denneman
テンバ Themba
テンパ
Brtan pa
Bstan pa
デンバ Demba
デンバー
Denver***
Denvir*
デンバーク Denberg
テンバーケン
Tenberken*
デンハード Denhard
テンパートン
Temperton*
デンハム Denham*
テンパリ Temperley
テンパリー
Temperley**
テンハルト Tennhardt
デンビ
Denbigh
Denby
デンビー
Demby
Denbigh
Denby**
デンビイ Demby
デンビィツ Dembitz
デンビッチ Dembitz
デンビッツ Dembitz*
デンビンスキ
Dembinski
デンプ Dempf*
デンフアン Den Huan
テンフィヨール
Tenfjord*
デンプヴォルフ
Dempwolff
デンフェルド Denfeld
テーンフォルス
Tägnfors
デンプシー
Dempsey***
デンプス Demps
デンプスター
Dempster**
テンフネン Tenhunen
デンプフ Dempf
テンブーム Ten Boom
テンプラー
Templar*
Templer
テンブランセル
Tenbrunsel
テンブリアチュ
Tengbliachue
Tengbliavue
テンプリン Templin
テンブリンク
Tenbrink
テンプル Temple***
デンプル Demple
テンプルウッド
Templewood
デンブルク Dernburg
テンプルスミス
Templesmith
テンブルック
Tenbrook
Tenbruck
テンプルトン
Templeton***
テンプルマン
Templeman*
デンブロン Demblon
テンヘイブ Ten Have
テンペスタ Tempesta
テンペスティ
Tempesti
テンペスティーニ
Tempestini
テンペスト
Tempest**
デンベック Dembeck
テンベラニ
Thembelani
デンヘリンク
Dengerink
テンペル Tempel
デンベルク Dörnberg
テンペルス Tempels
デンベレ
Dembele
Dembelé
テンボ Tembo
テンポ Tempo
デンボ Dembo
デンボー
Dembo
Denbow
デンホイ Teng-hui
デンボウスキー
Dembowski
デーンホフ
Denhoff
Dönhoff
デンホフ
Doenhoff
Dönhoff
デンボフスキ
Dembowski
デンホーム Denholm
テンポラン Temporão
テンポリン Temporin
デンホルム Denholm*
デンボロー
Denborough
デンボロウ
Denborough
デンボンシク
Dembonczyk
デンマ Demma
デンマーク Denmark*
テーンマス
Teignmouth
デンマン Denman
デンメ Demme
テンヤード Tenllado

テ

デンライトネル
Denleitner
デンリンガー
Denlinger
デンリンジャー
Denlinger
テンレイロ Tenreiro
デンレル Denrell
テンワ Phreng ba
デンワース Denworth

【ト】

ト
De
Do*
Tho*
Thọ
To
Tộ
Tu
トー
Taw
Thaw*
Tho
Thor
To***
Tô**
Toe
Toh*
Tor
Tord
Torr
Tow*
Tu
ド
De***
Deh
Des
Di*
Do***
Đo
Đỗ
Độ
Dos
Du**
ドー
Daux
Daw*
Dawe*
Do**
Doe
Dore
Doré
トーア
Thor*
Toor
Tor*
Toua
トア
Tor*
Torre
ドーア
Doerr***
Doore
Dore**
Dorr*
ドーアー Dauer
ドア
Doerr
Dore
Doré
Dorr**
トアイ
Thoai
Toai
トアヴァルト
Thorwald
トアーカイ Toakai
トアサガー Thorsager
トアス Toatu
ドアス Dors
トアダール Thordahl
ドーアーティ
Dougherty
ドーアティ
Daugherty*
Doherty*
ドーアティー
Daugherty
Doherty
Doughty
ドアーティー Doherty
ドアティ
Daugherty
Doherty
Dougherty**
トアネス
Toernaes
Tørnaes
ドアノー Doisneau**
トアファ Toafa*
トーアベルク Torberg
トアベン Torben
ドアマス Doremus
ドアマラル
Do Amaral**
トアラ Toara
ドアラン Douarin
トアランズ Dorrans
ドアランズ Dorrans
ドーアリン Douarin
ドアルテ Duarte*
ドアルド Doardo
ドアレ
Doaré*
Doualeh
トァン Toan
トアン
Thuan
Toan*
Tuan*
ドァン Đoan
ドアン Doan*
ド・アントニオ
D'Antonio
トーイ
Toi
Toy
Toye
トイ
Thoi
Thuy*
Toy**
Toye
ドイ Đoi
トイア Toia
ドイアル Doyal
トイヴィム Toyvim
ドーイウェールト
Dooyeweerd
トイウォ Toivo
トイヴォ Toivo*
トイヴォネン
Toivonen
ドイエ Douillet*
トイエン Toyen
ドイオン Doyon
ドイグ Doig**
トイコルスキー
Teukolsky
ドイザー Deusser
ドイジ
Doidge
Doisy*
ドイジー Doisy
トイージェ Toidze
トイシャー Teuscher
トイージュ Toidze
トイシュ Teusch
トイズ Touyz
ドイスセン Deussen
トイスラー Teusler
ドイズリー D'Oisly
ドイセン Deussen
ドイセンス Duysens
ドイセンベルク
Duisenberg*
ドイダルサス
Doidalsas
ドイダルセース
Doidalsas
トイチ
Teutsch
Toichi
ドイチ Deutsch*
ドイチェ Deutsch*
トイチェエフ
Toychiyev
トイチュ Teutsch*
ドイチュ
Deutch
Deutsch*
ドイチュクローン
Deutschkron
ドイツ
Deutsch
Deutz
トイッカ Toikka
トイッシャー Toischer
ドイッセン Deussen*
ドイッチ
Deutch
Deutsch*
Doetsch**
ドイッチェ Deutsch
ドイッチェンドルフ
Deutschendorf
ドイッチバイン
Deutschbein
ドイッチマン
Deutschmann
ドイッチャー
Deutscher*
ドィッチュ Deutsch
ドイッチュ
Deutch
Deutsch**
ドイッチュクローン
Deutschkron
Deutschkuron
ドイッチュバイン
Deutschbein
ドイッチュマン
Deutschmann
ドイティンガー
Deutinger
ドイテコム Deutekom
トイテンベルク
Teutenberg
トイト Teut
ドイニコヴァ
Doinikova
トイニッセン
Theunissen
ドイニン Dhoinine*
トイヌイチベク
Tynychbek
トイバ Teuber
トイバー
Taeuber
Teuber
トイバッカ Toivakka
トイバヤトイバ Toiva
ドイヒラー Deuchler
トイビン Tóibín
トイフィルー Toifilou
トィフェル Teuffel
トイフェル Teuffel
ドイフェンダク
Duyvendak
トイブナー Teubner*
トイプナー Teubner**
トイブラー Taeubler
ドイブラー Däubler**
ドイプラー Däubler
ドイブラーグメリン
Däubler-gmelin
トイフル Teufel
ドイブレル Däubler
トイベル Taeuber
トイボ Toivo*
トイボーネン
Toivonen
トイボネン Toivonen*
トイボヤトイボ
Toivo Ya Toivo
トイボラ Toivola
トイマー Teumer
ドイマー Deumer
ドイムシツ Dymshits
ドイムリンク
Deumling*
ドイヨル Doyal
ドイリー
Doyley
D'Oyly
ドイリング Deuring
トイール Toihir
ドイル Doyle***
トイルイエフ Toylyev
トイロロ Toilolo
ドイロン Doiron*
トイン Toyne**
トインビ Toynbee
トインビー Toynbee**
トーヴ Tove
トゥ
Du
Htut
Tho*
Thu*
Thụ
To
Tou
Tu**
Tu'
T'u
Tụ'
トゥー
Htoo
Thou
Thu**
To
Too*
Tou
Tu*
Tù'
Two
トウ
To*
Toe
Toh
Towe
トヴ
Tob
Tov**
ドーヴ Dove
ドゥ
De***
Deux
Do
Du**
Tu
ドゥー
Do
Doo*
Du
ドウ
De*
Doe*
Dohou
Dou
Dow*
ドウー Doug
ドヴ
Dob
Dov
トーヴァ
Tova
Tovah
トーヴァー Tovah
トゥーア
Thur
Toer
Tour
Tua
トゥア
Thua
Tuah
トゥアー Ture
ドーヴァ Dover
ドーヴァー Dover*
ドゥーア Duhr
ドゥア
Doua
Dua
ドゥアー
Duah

Duer
ドウア Doerr**
ドウアイ Douai
ドヴァイオン Devoyon
トウアキー Tourky
トウアジェー Tourgée
トウアジェイ Tourgée
ドヴァシュテール
Dewachter*
ドヴァス Dovaz
ドヴァスキー Tversky
ドウアズネ Dewasne
トウアソン Tuason
トウアックスバン
Thaugsuban
トウアット Thuat
ドウアティ
Douati
Douaty
ドウアディ Douady
ドウアティ Dougherty
ドウアティー
Dougherty
トウアデラ Touadéra*
ドウアト Duato*
ドーヴァーニュ
Dauvergne
トウアヌ Dean
トウアパティ Tuapati
トウアボイ Touaboy
ドウアユア Douayoua
ドウアラ Duara
ドウアラム
Doualamou
ドウアリイ Dourley
トーヴァル Thorwald
トウアール
Thouars
Tuathal
トウアル Thouars
トヴァル Tovar
ドーヴァル Dauval
ドヴァール De Waal
トヴァルコフスキー
Tvarkovskii
トーヴァルズ Torvalds
トーヴァルセン
Thorvaldsen
ドゥアルテ Duarte***
ドゥアルデ Duhalde*
ドウアルテ Duarte
トヴァルデツキ
Twardecki*
ドウアルト Druart
トヴァルドヴスキー
Twardowski
トヴァルドーフスキー
Twardowski
トヴァルドフスキー
Tvardovskii
ドウアルム Deharme
ドヴァロワ De Valois
トゥアン Thuan
トゥアン
Thuan**
Thuân
Tuan***
ドゥアン
Duan
Duang
トゥアンゼベ
Tuanzebe
ドゥアンチャイ
Douangchay*
Duang Chai
Duoangchay
ドゥアンディー
Douangdy
ドゥアンドゥアン
Douangdeuane
ドゥアンヌ Dehaene
トーヴィ Tovey
トーヴィー Tovey
トゥーイ
Tuohy
Twohy*
トゥーイー Twohey
トゥイ
Thuy**
Thùy
Thủy
Tuy
トゥイー
Thuy
Thùy
トヴィ Tovey
トヴィー Tovey*
ドゥイ
Douy
Duy
Dwi
ドヴィ Dewey
ドヴィ Devy
ドウィアー Dwier
トヴィアニスキー
Toviański
トゥイアフィトゥ
Tu'i'afitu
トヴィアンスキ
Toviański
ドゥーイヴォー
Dwyfor
ドゥイェ Duje
ドウイエー Douillet
ドヴィエンヌ
Devienne
トゥイオネトア
Tuionetoa
トゥイギー Twiggy*
トゥイグ Twigg
トウィク Tooke
トウィグ Twigg
ドゥイク Du-Ik*
トゥイグス Twigs
トゥイクソー Tuiksoo
ドゥイグナン Duignan
トゥイクロス
Twycross
ドゥイショナリ
Duishonali
ドゥイージル Dweezil
トウィーズ Tewes
トウィス
Twiss
Twisse
トゥイスタ Twista
トゥイスト Twist*
トゥイスト Twist
ドゥイスベルク
Duisberg
トゥィーズミュア
Tweedsmuir
ドゥイセノワ
Duissenova
トゥイタ Tuita
ドヴィチ Dovitch
トゥィチーナ Tychina
トゥイチーナ Tychina
トーウィチャックチャイクン
Tovijakchaikul
ドヴィツィオーゾ
Dovizioso*
トゥィッギー Twiggy
トゥイッギー Twiggy
ドゥイッキングス
Dwiggins
トゥイッグ Twigg
トゥィッケナム
Twickenham
トゥイッティ Twitty
トゥイット Tuitt
ド・ウィット Dewitt
ド・ウイット Dewitt
ドウィット
De Wit
Dewit
Dewitt
トゥィーディ Tweedie
トゥイーディ
Tweedie
Tweedy*
トゥイーディー
Tweedy
トゥイティ Touiti
トウィーディ Tweedie
トウィーディー
Tweedie*
トウィティ Twitty
トウィディ Tweedie
トゥイデル Twidell
トゥイート Tweet
トゥイード Tweed
トウィード Tweed*
ドヴィド David
トゥイトゥ Touitou
トゥイトゥンボウ
Tuitubou
ドーヴィニー
D'Aubigny
ドヴィニ Devigny
トゥイニアウ Tuineau
トゥイニャーノフ
Tïnyanov
Tynyanov*
トゥイニング Twining
トゥイネイ Tuinei
トゥイバカノ
Tu'ivakano
ドヴィファット
Dovifat
ドヴィファト Dovifat
トゥイマレアリイファノ
Tuimaleali'ifano*
トゥイマン Twyman
ドゥイムシツ
Dymshits
トゥイメバエフ
Tuymebayev
ドゥイモフ Dymow
トゥイヤ Tuija*
ドヴィーユ Deville
ドウィヨゴ
Dowiyogo**
ドウイヨゴ Dowiyogo
トゥイラー Thuiller
トゥイラエパ
Tuilaepa*
トゥイランギ Tuilagi
トゥイリー Twilly
ドゥイリ Douiri
ドゥイリウ Duiliu
ドゥイリウス Duilius
ドーヴィリエ
Douvillier
ドゥイリーオ Duilio
ドゥイリオ Duilio
トーヴィル Torvill
トウィール Toweel
ドーヴィル Douville
ドヴィル Deville***
トゥィルサー Tyrsa
トゥイレ Thuille*
ドウイレ Douillet
ドヴィレール
Devillairs
Devillers
トーウィン Twain
トーヴィン Tuwin
トゥイン Twin
ドーウィン Dorwin
ドーイン Dooin
トゥインカ Twinka
ドウィンガー Dwinger
ドヴィンガー
Dwinger**
ドゥインキン Dynkin
トウィング Thwing
ドウィング Downing
トゥインズ Twins*
ドゥーヴ Duve
ドウヴ Dove
トゥヴァー Tver
ドウヴァ Dover
ドウヴァァ Dover
ドゥヴァイヨン
Devoyon*
ドゥヴァヴラン
Dewavrin
ドゥヴァーキン
Duvakin
ドゥヴァール DeWaal
ドゥヴァルド Devalde
ドゥヴァロワ Devalois
ドゥヴァンク Devynck
ドゥヴァンテス
D'Vauntes
ドゥヴィアンヌ
Devienne
ドゥヴィヴェーディー
Dvivedi
Dvivedī
トゥヴィエ Touvier
ドゥヴィエンヌ
Devienne
ドゥウィギンズ
Dwiggins
ドゥウィツ Dewitz
トゥウィッグ Twigg
ドゥヴィードフ
Duvidov
ドゥヴィニョー
Duvignaud
ドゥヴィニヨー
Du Vigneaud
トゥーヴィム Tuwim
トゥヴィム Tuwim
ドゥーヴィル
D'Houville*
D'Ouville
ドゥヴィル Deville*
ドゥヴィレール
Devillers
トゥーヴェ Tove
トゥヴェ Touvay
ドゥヴェイ Duva
ドゥヴェイニー
Devaney
トゥウェイン Twain
ドゥウェイン Dwayne
ドゥウェック Dwek
トゥヴェットマン
Twetman
トゥヴェーデ Tvede*
トゥーヴェニン
Thouvenin
トゥーヴェリュード
Toverud
ドゥヴェール Dewaere
ドゥヴェルネ
Duverney
ドゥヴェーン DeVane
ドゥヴォ Devos
ドゥヴォー
Devaulx**
Devaux*
ドゥウォーキン
Dworkin**
ドゥヴォス Devos*
トゥウォッチトマン
Twachtman
ドゥヴォラック
Dvorak
ドゥヴォール Devaulx
ドゥヴォルジャーク
Dvořák

ト

トゥウォルシュカ
Tworuschka
トゥヴォルシュカ
Tworuschka
ドゥウォルチャッカ
Dworzcka
ドゥウォルフ DeWolf
ドゥウーゴシ Dtugosz
ドゥウゴシュ Dtugosz
トゥウス Töws
ドゥウス Duus
ドゥウースキ Dluski
ドゥウーバク Dluback
ドゥヴリエ Devriès
トゥウリッキ Tuulikki
ドゥヴルー
Devereux
Devreux*
トゥヴルトコ Tvrtko
トゥウン Thu Wun
トーヴェ Tove***
トゥーエ Thue
トゥエ
Htwe
Thue
Tue
Tuệ
ドーヴェ Dove
ドゥーエ Douhet*
ドゥエ
Douai
Douhet
Due*
ドウエ Douhet
ドヴェ Dewez
トウエイシ Tweisi
トウエイツ Thwaites
トヴェイト Tveit
トウエイドル Twaddle
ドゥエイニー
Duwyenie
ドウエイヒ Dweihi
ドウエイユ Doweyko
ドウエイラ Duwaila
ドゥエイリ Doueiri
トウエイル Toweill
トゥエイン Twain*
トウエイン Twain*
ドゥエイン Duane
ドゥエイン
Dewayne
Duane***
Dwain
Dwane*
Dwayne
ドウエイン
Dewayne
Duane
Dwane
Dwayne**
Dwyane*
トーウェス Tawes
ドヴェーズ Devèze
トヴェステン Twesten
ドゥエスブルグ
Doesburg
ドゥエック Dweck
ドウエック Dweck*
トゥエット
Thuyet
Thuyết
Tuyet
トウエドル
Tweddle**
ドゥエナ Duena
ドゥエニャス
Dueñas**
トゥエヤ Tweya
ドゥエリー Dehelly
ドヴェリア
Deveria
Devéria
ドーヴェル
D'Auvergne
ドゥエル
Doel
Dowell
Duell
ドウエル Dowell
ドヴェール Devers
トウエルヴ Twelve*
トゥエルヴトリーズ
Twelvetrees
トヴェルスカヤ
Tverskaya
トヴェルスキー
Tversky
トヴェルト Tvert
ドーヴェルニュ
D'Auvergne
ドゥエルニュ
Dehergne
ドヴェルノア
Devernois
トゥエルブ Twelve*
トゥエルブトゥリーズ
Twelvetrees
ドヴェルボリ
Doverborg
トゥエーン Twain
トゥエーン Twain*
トゥエン
Thuyen
Tuyen
Twain
トウエーン Twain*
トウエン
Tuyen
Twain
ドゥエン Duane*
ドヴェンカー
Drvenkar**
トウエンギ Twenge
トゥエンホーフェル
Twenhofel
トウエンホーフェル
Twenhofel
トゥオ
T'o
Tuo
ドゥオ Duo
ドヴォー Devaux
ドゥオーキン
Dworkin***
ドゥォーキン
Dworkin**
ドヴォジャーク
Dvořák*
ドゥオスキン Dwoskin
ドウォスキン Dwoskin
ドヴォスキン Dvoskin
ドゥオダ Dhuoda
トゥオック Thuoc
トゥオッツォ Tuozzo
ドゥオップ Duop
トゥオティロ Tuotilo
トゥオート Twort
トウォート Twort
トゥオノ Tuono
トゥオマス Tuomas
トゥオマネン
Tuomanen
トゥオミ Tuomi
トゥオミオヤ
Tuomioja
トゥオミネン
Tuominen
トゥオミレト
Tuomilehto
トゥオメイ Twomey
トゥオモ Tuomo
ドヴォライツキー
Dvolaitski
ドヴォラヴィチ
Dvoravitsch
ドヴォラヴィッチ
Dubravcich
Dvoravitsch
ドヴォラック Dvorak
トゥオリラ Tuorila
ドヴォルキン Dvorkin
ドヴォルク Dwork
ドヴォルコヴィッチ
Dvorkovich*
ドヴォルザーク
Dvorak
Dvorák*
Dvořák*
ドヴォルジェッキー
Dvorzhetskii
ドヴォルジェツキー
Dvorzhetskii
ドヴォルジャーク
Dvořák*
ドヴォルジャク
Dvořák
ドヴォルジャーコヴァー
Dvořáková
ドヴォルシャック
Dvorák
ドヴォルジャック
Dvorák
ドゥオルスキー
Dworsky
ドヴォルスキ Dvorský
ドヴォルスキー
Dvorský
ドヴォルニク
Dvornik
Dvorník
ドヴォルフ Dewolf
ドヴォロヴェンコ
Dvorovenko*
トゥオン
Thuong*
Tuong*
Tu'ong
Tu'ò'ng
ドゥオン
Du-on
Duon
Đuong
ドゥオング Duong
トゥオンブリ
Twombly
トゥオンブリー
Twombly**
トゥーカ Touka
トゥーカー Tooker
トゥーガー Touger
トゥカ
Thu kha
Tuka
ドゥーカ Duca
ドゥカ
Duca
Duka
ドゥガァール Daugall
トゥカイ Tukay
トゥガイ Tugay
ドゥガイル Dugair
ドゥカヴニー
Duchovny
ドゥカエ Decaë
ドゥカエウス Ducaeus
ドゥーカス Doukas
ドゥカス
Doucus
Doukas
Doúkas
Dukas
トゥガデ Tugade
ドゥカーティ Ducati
ドゥカート Dukát
ドゥカブニー
Duchovny*
トゥカーラーム
Tukārām
トゥカラム Tukārām
トゥガリノフ
Tygarinov
トゥガリノワ
Tugarinova
ドゥーガル
Dougal**
Dougall
ドゥガル Dougal
ドゥーガルド Dugald
ドゥガルド Dugald
ドゥカーロ DeCarlo
トゥーカン
Toukan
Touqan
トゥカーン Tuqan*
トゥカン Thu bkwan
トゥガーン Tugan
トゥガン Tugan**
トウカン Toukan
ドゥーガン
Dougan*
Dugan
ドゥガン
Dougan
Dugan
Duggan
ドゥカンティー
Doukantie
ドゥカンルチュマン
Dookunluchoomun
トゥキ Tuki
ドゥギ Deguy*
ドゥギー Deguy**
トゥーキィ Tookey
ドゥキッチ Đukić
トゥキディデス
Thoukydidēs
ドゥーギナ Dugina
ドゥギナ Dugina
トゥーキュディデース
Thoukydidēs
Thucydides
トゥキュディデス
Thoukydides
Thoukydidēs
Thucydides
Thukydides
トゥキュデイデス
Thoukydidēs
ドゥーギル Dougill
ドゥーギン Dugin
ドゥギン Dugin
ドウキンズ Dawkins
トゥーク
Took
Tooke
Tuke*
トゥク
Thuku
Tooke
Touq
Tuk
トゥグ Teguh
トゥグー Teguh
ドゥーグ Doug
ドゥク
Dâncu
Doak
Duc*
Dúc
Duku
ドウク Doak
ドゥグァン
Doo-gwan*
ドゥクガ Dukuga
トゥグジ Ṭughj
トゥクジェ Thugs rje
トゥグジュ Ṭughj
トゥクシル Tuxill
トゥクタミシェワ
Tuktamisheva*
トゥーグッド Toogood
ドゥグッド Duguid*
ドゥグデール Dugdale
トゥーグート Thugut
トゥグート Thugut
ドゥクパ Dukpa

ドゥクフレ Decouflé*
ドゥクモ Dugmo
トゥグラーイー
Ṭughrā'ī
ドゥークラウス
Dūklavs
トゥグラク Tughluq
ドゥグラス Douglas
ドゥグラス Douglas*
ドゥグラツィア
DeGrazia
ドゥークラン
Dookeran
ドゥクリィ Dukuly
トゥグリル
Toghrïl
Túghril
トゥグル Tughluk
ドゥーグル Dhugal
ドゥクルー Decroux*
ドゥグル Dugul
トゥグルク
Tughluk
Tughluq
Tughluq
Tughluq
ドゥクルス Dukurs
トゥグルック Tughluq
トゥクルティ Tukulti
トゥクレ Tuculet
ドゥクレ
Doucoure
Doucouré*
ドゥグレ
Degre
Degré*
ドゥクロス Decrosse*
ドゥケ
Duke
Duque
ドゥケット Duquette
ドゥケティオス
Ducetius
ドゥーケティス
Douketis
ドゥケーヌ Decaisne
ドゥゲルジャビーン
Dügerjab-un
トゥゲルバイ
Tugelbay
トゥーゲントハット
Tugendhat*
ドゥケンヌ
Dequenne*
トゥーゲンハット
Tugendhat*
トゥゴー Tugo
ドゥコ Duco
ドゥコー Decaux**
ドゥコーヴァン
Dekoven
ドゥコヴニー
Duchovny
ドゥゴシュ Długosz
ドゥコトゥー
De Coteau
ドゥゴニチ Dugonics
ドゥゴニッチ
Dugonics
ドゥゴライ Długoraj
ドゥーコル Dukor
トゥゴルコフ
Tugolukov
ドゥコワン Decoin*
ドゥコンブル
Decomble
トゥサ Tusa
トゥザー Tozer
ドゥーサ Dousa
ドゥーザー Duzer
ドゥサ Dhussa
ドゥサイイー Desailly
トゥーザニ Touzani
ドゥサバ Dusava
トゥサプ Tusap
トゥザール Tousart
トゥザール Touzard
ドゥサーレ Desalle
トゥーサン
Toussaint***
トゥサーン Toussaint
トゥサン
Toussain
Toussaint**
Toussaintt
トゥザン Touzaint
ドゥサン
Doucin
Dusan
ドゥサンティ Desanti
トゥサント Toussaint
ドゥサンヌ Dessenne
トゥーシー Ṭūsī
トゥシ
Tusi
Ṭūsī
ドゥージ Dusi
ドゥジ Dusi*
ドゥシア Ducia
ドゥジアー Dozier
トゥジイ Towsey
ドゥーシェ
Doucher
Douchet
Douchez
ドゥーシエ Doucher
ドゥジェイテール
Degeyter
ドゥジェウスカ
Dłużewska
トゥシェク Tušek
ドゥシェク
Dušek
Dussek
ドゥシェック
Dusheck
Dussek
トゥーシェット
Touchette
トゥシェット
Touchette
ドゥシェバエフ
Dushebayev
ドゥジェビエツキ
Drzewiecki
ドゥシェフ Dushev
トゥシェブリャク
Tusevljak
ドゥシェール
Duscher*
ドゥシェン Duchene
ドヴジェーンコ
Dovzhenko
ドヴジェンコ
Dovzhenko
ドゥジェンコワ
Dudzenkova
ドゥジェンヌ
De Gennes
ドゥジオアニ
Degioanni
ドゥーシキン Dushkin
トゥシグ Taussig
ドゥシーク
Dusík
Dussek
ドゥシク
Doo-shick
Tou-shik
トゥシコ Tyszko
ドゥシコ
Dušan
Dusko
ドゥシコウワ
Dusikova
Dusíková
トゥシシビリ
Tushishvili
ドゥジツキ Dolzycki
ドゥーシッチ Dussich
ドゥシット Douthitt
トゥジナ Tuzyna
ドゥシニスカ
Duszynska
トゥジマン
Tudjman
Tuđman
ドゥシミイマナ
Dushimiyimana
トゥーシャー Tushar*
ドゥシャ Duşa
ドゥシャーム
DuCharme
トゥシャール
Touchard
Tushar
ドゥーシャン
Dusan
Dušan*
ドゥシャン
Dusan*
Dušan***
ドゥーシュ Deutsch
ドゥシュキン Dushkin
ドゥシュコ
Dusko
Duško*
ドゥジュマバーエフ
Dzhumabaev
トゥジュマン
Tudjman
ドゥシュマン
Dushman
トゥシュムラン
Touchemoulin
トゥジュヤビ Tujyabī
トゥシュラッタ
Tušratta
トゥシュル Tuschl
ドゥジュン Du-jun
ドゥジョブヌ Dujovne
ドゥジョン Dujon
トゥーションダ
Tu-Shonda*
トゥジン Tu-jin
ドゥージン Duzhin*
ドゥジン
Doo-jin
Du-jin
ドゥジンスカヤ
Dudinskaya*
ドゥジーンツェフ
Dudintsev
ドゥジンツェフ
Dudintsev*
トゥシンハム
Tushingham
トゥーズ
Toews
Tooze
トウス
Thous
Toth
トゥズ Toews
ドゥース
Doose
Duus
ドゥーズ D'Ewes
ドゥズー Douzou*
ドウス Duus**
ドウズ
Dawes
Daws
トゥースィー Ṭūsī
ドゥスィツァ Dusica
ドゥズィーナス
Douzinas
トゥースヴァルトナー
Thuswaldner
トゥスク Tusk*
トゥスケッツ
Tusquets*
ドゥスコス Ntouskos
ドゥズーズ Dezeuze
トゥスタリー Tustarī
トゥスタン Toustain
ドゥスチェル Duscher
ドゥスチンスキー
Duschinsky
ドゥヴーステル
De Veuster
ドゥースト
Dust
Dūst
ドゥスト Douste
トゥストイ Tolstoi
トゥスプベコフ
Tusupbekov
ドゥースブルフ
Doesburg**
ドゥスマトフ
Dusmatov*
トゥスム Dus gsum
ドゥスムロトフ
Dustmurotov
トゥズメン Tüzmen
ドゥスュ Dessus
ドゥスランド
Dowsland
トゥースル Tousseul
ドゥーズレ Douzelet
ドウスン
Dawson
Dowson
トゥーゼー Touzet
ドゥーセ
Doucet*
Duse
ドゥーゼ Duse*
ドゥセ Dussey
ドゥゼ Desaix
ドウゼ Duse
ドゥゼーヴ Desaive
ドゥセク Dusek
ドゥセック Dussek
ドウセット Doucette*
ドゥゼード
De Zaides
Dezède
Dezèdes
ドゥセーユ Desailly
ドゥセリーヌ
Douceline
ドゥセル Dussel
トゥーゼン Thuesen*
ドゥーセン
Deursen
Dusen
ドウセン Deusen
ドゥセンベリー
Dusenbery
トゥゾー Touzat
ドゥーゾ Deuzo
ドゥソーヴ Desseauve
ドゥソウザ D'Souza
ドゥーソッブ Doosub
ドゥゾリーナ Dusolina
ドゥソルニエ
Desaulniers
ドゥゾルム Desormes
ドゥゾワイユ Desoille
ドゥゾン Dzon
ドウソン
Dawson
D'Ohsson
Dowson
トゥダ Töde
ドゥーダ Duda
ドゥダ Duda*
ドウダ Douda
ドゥダーエフ
Dudaev*
Dudayev

ト

ドゥダエフ Dudaev
ドゥダシュ Dudas
ドゥーダース Dudás
トゥタッチコワ
Tutatchikova
ドゥダメル Dudamel*
ドゥーダーライン
Döderlein
トゥータン
Toutain*
Toutant
トゥターン Toutant
トゥタンカメン
Tut-ankh-Amen
トゥタンク Tut-ankh
トゥタンクアメン
Tut-ankh-Amen
ドゥタンベル
Detambel
トゥチ Thuch
ドゥチェフ Dusev
ドゥチェフヤニクシュ
Douchev-Janics
Dusev-Janics
ドゥチェフヤニツ
Douchev-janic
ドゥチェミン
DuChemin
ドゥチオ Duccio
ドゥチケ Dutschke
ドゥーチス Ducis
トゥチッチ Tučić
ドゥーチッチ Ducić
ドゥチッチ Ducić
ドゥチュケ Dutschke
トウチュン Tou-chun
ドゥチョル Tu-chol
ドゥーチン Duchin
ドゥチンスキ
Duczyński
トゥーツ Toots**
トゥーッカ Tuukka
トゥッカー Tooker*
トゥッカーマン
Tuckermann
ドゥッカーリー
Dukkālī
ドゥッガル Duggal
トゥック
Thuc
Took
Tooke
Tuc
ドゥック
Duc***
Đuc
Đú'c
ドゥッケル Dukker
トゥッサン Toussaint
トゥッシオ Tuzzio
トゥッシュ Tusch
トゥッスール Tousseul
ドゥッタガーマニ
Duṭṭhagāmanī
トゥッチ Tucci*
ドゥッチ Deutsch
ドゥッチオ Duccio
ドゥッチオ Duccio
トゥッチョ Tuccio
ドゥッチョ Duccio**
トゥッチーレ Tuccille
トゥッチロ Tuccillo
トゥッティ
Tutti
Tytti
トゥット
Tut
Tuto
ドゥット Dutt
ドゥットヴァイラー
Duttweiler
ドゥッドゥノース
Doodnauth
ドゥッドリー Dudley
ドゥットン Dutton
ドゥップ Grub
ドゥッフェ Douffet
ドゥッベルス Dubbels
ドゥッラーニー
Durrānī
トゥッリア Tullia
トゥッリウス Tullius
トゥッリオ Tullio*
トゥッリーニ Turrini*
ドゥッリーヤ Durrīya
トゥッリョ Tullio
トゥッルス Tullus
トゥッロ Turro
トゥッローニ Turroni
トゥーテ Toutain
ドゥテ Detey
ドゥデ Doudet
トゥティ Toeti*
ドゥーディ Doody*
ドゥティ Doty
ドゥディ
Doody
Dudi
ドウーディ Doody
ドウティ Doty
ドウディ
Dodie
Dowdy
ドゥティエンヌ
Detienne**
ドゥディチュ
Dudich
Dudith
トゥティーリー Tuṭīlī
トゥーティル Tootill
トゥーティロ Tutilo
ドウディン Dudin
ドゥディンスカイア
Dudinskaya
ドゥディンツェフ
Dudintsev
トゥデヴ Tudev*
ドゥデウ Dudau
ドゥデク Dudek
トゥデスキーニ
Tudeschini
ドゥデック Dudek
ドゥデッケール
Dedecker
トゥデブ Tudev
ドゥテュランス
Dethurens
トゥデラ Tudela*
トゥテリャン
Tutelyan
トゥーテル Tootell
ドウーデル Daudel
ドゥデルスタット
Duderstadt
ドゥテルテ Duterte*
ドゥーデン Duden**
ドウデン Dowden
ドゥデンハウゼン
Dudenhausen
トゥート Tut
トゥト Tut
トウト Tut
トゥド Toldo
トゥトアンク
Tut-ankh
トゥトアンクアメン
Tut-ankh-Amen
Tutankhamun
トゥトゥ
Tootoo
Toto
Tutu
ドゥドゥ
Doudou*
Dudou
Dudu*
ドウドウ Dou-dou
ドゥードヴィック
Dudovich
ドゥドヴィッチ
Dudovich
トゥトゥオラ Tutuola
ドゥトゥキナ
Dutkina*
トゥ・ドゥク Tu'Du'c
トゥドゥク Tu'Du'c
ドゥドゥス Dedes
トゥドゥック Tu'Du'c
トゥトゥム
Ntoutoume
トゥトゥメス
Thutmes
ドゥートキナ Dutkina
ドゥトキナ Dutkina
トゥドセ Tudose
トゥードセン Todsen
ドゥドック Dudok
ドゥトツス Dudzus
ドゥドツス Dudzus
ドゥードニー Dudeney
ドゥドニック Dudnik
トゥトハラン
Tutkhalian
トゥトハリヤ
Tudhaliya
Tudhaliyaš
トゥドハリヤ
Tudhaliya
Tudḫaliya
Tudhaliyaš
トゥドハリヤシュ
Tudhaliya
Tudhaliyaš
トゥートブ Thutob
ドゥートフ Dutov
ドゥドフ Dudow
トゥトメス Thutmes
トゥトモス Thutmes
トゥトモーセ
Thutmes
ドゥートラ Dutra
ドゥトラ Dutra**
トゥドラケ Tudorache
トゥドリン Tudorin
トゥドール Tudor***
トゥドル Tudor*
ドゥートレ Doutre
ドゥドレ Doudelet
トゥドレル Tudorel
トゥドワ Todua
トゥトン Thuston
トゥナー Tunner
ドゥーナ Douenat
ドゥーナー Dooner
ドゥナ
Dawna
Dena
Doo-na*
Duna
ドウナー Doner
ドゥナイ Dunai
ドゥナイエウスキー
Dunayevsky
ドゥナイツェフ
Dunaytsev
トゥナイユ Tenaille
ドゥナエヴ Dunaew
ドゥナーエフ Dunaev
ドゥナエフ Dunayev
ドゥナエフスカヤ
Dunayevskaya
ドゥナミ Denamy
ドゥナム Du-nam*
トゥナリ Tunali
トゥナリウ Tunariu
ドゥーナン Doonan*
トウニー Touny
ドゥーニ Duni
ドゥニ
Denis***
Denys**
ドゥニー Denis
ドウニー
Doney
Downie
ドゥニア Dounia
トゥニアス Tunyaz
トウニイ
Tawney
Tuni
トゥニエール Teniere
ドゥニオー Deniaud
ドゥニクール
Denicourt
ドヴニコヴィチ
Dovniković
トゥニス Theunis
ドゥニース Denis
ドゥニーズ
Denis
Denise*
ドゥニス Denys
ドゥニズ Denise
トゥーニスィー Tūnisī
ドゥニチ Dunicz
トゥニッソン
Tõnisson
ドゥニミカ Duminica
ドゥニャ Dunja
ドゥニャーネーシュワル
Dñāneśvar
トゥニュクク
Tunyuquq
ドゥニヨー Deniau
トゥニョギ Tunyogi
トゥニョン Tuñón
ドゥーニーン Dunin
ドゥニン Dunin
ドゥヌ Deneux
トゥヌシュバエフ
Tïnïshbaev
トゥヌスタノフ
Tïnïstanov
トゥネカーボニー
Tonekābonī
ドゥネス Dnes
トゥーネマン
Thunemann
ドゥネール Dunér
ドゥネル Dunér
ドゥーネン Dunem
トゥネンガ Tuinenga*
ドゥノー Dhunnoo
ドゥノール Denord
トゥーハー Tucher
ドゥーパ Dhupa
ドゥパ Gru pa
ドウバ Deuba
ドウバー Dover
ドゥバイッチ Dubajic
トゥバイララ
Tuivailala
トゥバウ Tubou
トゥーパク Tupac
トゥパク
Tupac
Túpac
ドゥバシス Debasis
ドゥハチェク
Duhachek
トゥハチェフスキー
Tukhachevski
トゥハチェーフスキィ
Tukhachevski
トゥパック
Tupac*
Túpac
ドゥハッス Dehasse*
ドゥパッス Depasse

ドゥハーティ Doherty
ドゥハティ Doherty
ドゥバティ Debaty
ドゥバティス
Debatisse
ドゥハート De Hart*
トゥパーナク
Tupaarnaq*
ドゥババル Dauberval
ドゥパルドン
Depardon
トゥーパン Toupane
ドゥーハン
Doohan**
Duhan
ドゥハン Dehem
ドゥバン
Debain
Debains
Duvan
ドゥバンヌ Doubane
トゥーヒー
Toohey
Twohy*
トゥービ Tubi
トゥービー Toobi
トゥビ
Doubis
Tovey
ドゥヒ Doo-hee
ドゥビー Dobie
ドウビー Dobie
トゥビア Tuvia
トゥビアーナ Tubiana
トゥビアナ
Toubiana
Tubiana
トゥビアンスキー
Toubianski
ドゥビエツィック
Dubielzig
トゥーヒグ Twohig*
トゥビシャト
Tubishat
ドゥビスカ Dubiska
ドゥビツカヤ
Dubitskaya
ドゥビードフ
Duvidov*
ドゥビナ Dubyna
ドゥビニ Dubini
ドゥビーニン Dubinin
ドゥビニン
Dubinin**
Dubynin
ドゥビベーディー
Dvivedī
トゥービム Tuwim
トゥビム Tuwim
ドゥビュイニュ
Debuigne
ドゥビュシー Debuchy
ドゥビュス Devuyst
ドゥヒョン
Du-hyoun
Du-hyun

トゥヒライシヴィリ
Tkhilaishvili
トゥービン Toobin
トゥビン Tubin
トゥピン
Toupin
Tupin
トウビン Taubin
ドゥビン Dubin
ドゥビンスキー
Dubinskij
Dubinsky
Dwbinsky
トゥープ Toop
トゥブ Thubs
ドゥーフ Doeff*
ドゥーブ Doob**
ドゥフ
Doeff
Duf
ドゥブ Doob
ドゥブー Debout
ドゥブ
Dub
Grub
ドウブ Dove
トゥプア Tupua
ドゥファイエ Deffayet
トゥファイル Tufail
トゥファノ Tufano
ドウファーマン
Douvermann
トゥファーレ Tuwhare
トゥファレ Tuwhare
トゥファン Tufan
ドゥファン
Doo-hwan*
Doo-whan
トゥフィク Toufiq
ドゥブイニン Dubynin
ドゥフィユー Duffieux
トゥフィラーロ
Tufillaro
ドゥフェ
Defay
Doo-hwoi
ドゥフェイ Dufey
トゥフェザー
Two Feather
トゥフェックチー
Tufekci
ドゥフェネク
Duveneck
トゥフェーリ Tufferi
ドゥフェール Deferre
トゥフェンク Tufenk
ドゥー・フォー Defoe
ドゥーフォ Defoe
ドゥーフォー Defoe
ドゥフォー
Defauw
Dufuor
ドウフォー Defauw
トゥフキア Tufukia**
ドゥプケ Doepke
ドゥブシッツ
Debschitz

トゥブシンバヤル
Tuvshinbayar
トゥープス
Toops
Toups
トウブズ Taubes
ドゥブーズ Debbouze
ドゥブス Dubs
ドゥプス Dubs
ドゥプチェク Dubček
トゥフテ Tufte**
トゥブテン
Thubs-bstan
トゥプテン
Thub bstan
Thupten
Tubten
トゥーフト 'T Hooft
ドゥブトォブ
Grub thob
ドゥブノフ Dubnow
ドウブノフ Dubnov
ドゥブーフ Debeuf
トゥプフェール
Toepffer
ドゥプラ Duprat
ドウブラー H'Doubler
ドゥプライカー
De Prycker
ドゥブラヴカ
Dubravka*
ドゥブラヴコ
Dubravko
ドゥフラス Douglas
ドゥプラズ Depraz
ドゥブラフカ
Dubravka
ドゥブラブカ
Dubravka
ドゥブラフコ
Dubravko
ドゥブランク DeBlank
ドゥフランス Defrance
ドゥフランドル
Deflandre
ドゥブリ Debrix
ドゥプリー
De Pree
DePree
Depree
ドゥブリアン Devrient
ドゥブリエ Devriès
ドゥブリーキウス
Dubricius
ドゥブリキウス
Dubricius
ドゥブリッキ
Debliquy
ドゥブリュ Debru
ドゥプリュ Deplus
トゥブルジーク Tvrdík
ドゥフルニ Defourny*
ドゥブレ
Debray*
Debré
ドゥプレ Dupre

ドゥブレイ
Du Boulay
ドゥフレール Defrère
ドゥブロ Dubro
ドゥフロウ
Dhuhulow
Duchrow
ドゥブロヴィッチ
Dubrovic
ドゥプロスト Deprost
ドゥブロフ Dubrov
ドゥブロフスカ
Doubrovska
ドゥブロフスキー
Doubrovsky**
Dubrovskii
Dubrovskiy
ドゥブロフスキイ
Dubrovskii
ドゥーへ D'Hooge
ドゥベ Dube
トゥーヘイ Tuhey
ドゥベィ Debaye
ドゥベイリン Dveirin
ドゥペストル Depestre
トゥベタ Tubeta
ドゥベッケール
Debecker*
ドゥベーヌ Debaine
ドゥベラン Duverrán
ドゥベリア Deveria
トゥヘル Tuchel*
ドゥーベル Deubel
ドゥペルシャン
Depelchin
トゥベルトゥス
Tubertus
ドゥベーン DeVane
ドゥベンスキー
Dubensky
トゥボ Tubo
トゥボー Toubeau*
トゥポー Tupou
ドゥボー Debeaux*
ドゥボイ Duboy
トゥポウ
Topou
Tupou*
ドゥボヴァ Dubova
ドゥボヴィッツ
Dubowitz
ドゥボーヴェ
Debeauvais
ドゥボウスキ
Dubowski
ドゥボークルール
De Vaucouleurs
ドゥボーズ DuBose
ドゥボス Devos
ドゥホーニン
Dukhonin
ドゥボバ Dubova
ドゥボバヤ Dubovaya
ドウボバヤ Dubovaya
ドゥボフスキー
Dubovsky

ドゥボム Doo-boem
ドゥボラック Dvorak*
トゥボール
Teboul
Touboul
ドゥボール Debord**
ドゥポール Depaule
トゥホルスキー
Tucholsky*
トゥーポレフ Tupolev
トゥポレフ Tupolev
ドゥボワ Dubova*
ドゥポワトル Depoitre
トゥーボン Toubon
トゥボン Toubon*
ドゥポン Dupont
トゥーマ
Tuma*
Tůma
トゥーマー Toomer*
トゥマ
Toamma*
Tuma
トウマー Toomer
ドゥマウア Dumala
ドゥマシー Demachy
トゥーマシアン
Toomasian
トゥーマス
Thomas
Tomas
トゥマス Tumas
トウマス Thomas
ドゥーマス Dumas
ドゥマス Dumas
ドゥマーズィ Demazis
トゥマニ Toumani**
トゥマニシュヴィリ
Tumanishvili
トゥマニャン
T'umanyan
ドゥマニャン
Dumanyan
トゥマネ Tumane
トゥーマノヴァ
Toumanova
トゥマノヴァ
Toumanova
トゥマーノフ
Tumanov
トゥマノワ
Toumanova
ドゥマラ Dumala
トゥマラクディ
Thummarukudy*
ドゥマール
Demare
Demars
トゥマルキン
Toumarkin
トウマルキン
Tumarkin
ドゥマルケ
Demarques
トゥーマルト
Tūmart
Ṭūmart

ト

ドウマルヌ Demarne
ドゥマルル Demarle
トゥマワク
Tumawaku
トゥマン Thumann
トウマン Thoman
ドゥーマン
Dooman
Doumeng
ドゥマン
Demang
Doo-man
ドゥマンジュ
Demange
トゥマンデル
Thomander
トゥーマーンバイ
Tūmānbay
トゥーミー
Toomey*
Twomey
トゥミ Toumi
トゥミー Twomey
ドゥミ Demy*
ドゥミー Demy
トゥミアッティ
Tumiatti
トゥーミィ Twomey
トウミイ Toumey
トゥミウス
Thummius
ドゥミサニ Dumisani
ドゥーミック Doumik
ドゥミック Demick
ドゥミトリ Dmitri
ドゥミトル
Dumitru**
ドゥミトレスク
Dumitrescu
ドゥミトロ Dmytro
ドゥミニ Dumini
トゥーミン Tumin
ドゥミンダ Duminda
トゥム Thumm
ドゥーム
Doom
Duhm
ドゥムイ Demouy
トゥムイス
Thmoûïs
Thmuis
トゥムウェシジェ
Tumwesigye
トゥムクンデ
Tumukunde
ドゥームケートゥ
Dhūmketu
ドゥムゴル Doumgor
ドゥムジョ
Demougeot
ドゥムシレ Dumsile
トゥームズ
Tombs
Toombs
ドゥムースティエ
Demoustier*
ドゥムゾン Demouzon
ドゥムチュス Dumcius
トゥムトン
GTum ston
トゥムバゼ
Tumwebaze
ドゥムバーゼ
Dumbadze*
トゥームピッタヤパイシット
Termpittayapaisith
ドゥムラン Demoulin
トゥムリッツ
Tumlirz
Tumlitz
トゥムリルツ Tumlirz
トゥムル Tumuriin
トゥムルバートル
Tumurbaatar*
トゥムルフー
Tumurkhuu
トゥムルフレグ
Tumurkhuleg
ドゥムレル Dumler
ドゥメ Doumet
トゥーメイ Toomey
ドゥメズウェニ
Dumezweni
ドゥメッツ Demetz
ドゥメニル Duménil
ドゥーメル Doumer
ドゥメール Doumer
ドゥーメルク
Doumergue
ドゥーメルグ
Doumergue
ドゥメルグ
Doumergue*
トゥメルテキン
Tümertekin
トゥメン
Tumen
Tümen
ドゥーメング
Doumeng
トゥーモア Toomua
ドゥモーグ Demogue
ドゥモース
DeMaus
DeMause
ドゥモット DeMott
ドゥモヤ Demoya
ドゥモラン Demolins
ドゥモリ Demory
トゥモレロ Tumolero
ドゥモン Dumont
ドゥモント
Du Mont
Dumont
トゥーヤ
Thoger
Thøger
ドゥーヤ Dououya
ドゥヤー Dwyer
トゥヤガ Tuyaga
ドヴヤック Dovjak
トヴャニスキ
Toviański
ドゥヨル Du-yeol
トゥーラ
Thura
Toulat
Tura
Tuula
トゥラ
Thura
Töle
Toula
Tura
Tuula
トゥラー Toler
ドゥラ Gyula
ドゥラー Durrer
ドウラ Dora
トゥライ Turay
ドウライ Durai
ドゥライアポー
Duraiappah
ドゥライド
Duraid
Durayd
トゥライハ Ṭulaiḥa
トゥライフィ Turaifi
ドゥライミ Dulaimi
ドゥラヴォー
Delavaux
トゥラウガー Trauger
ドゥラウン Durão
ドゥラエ Delahaye*
トゥラガノフ
Tulaganov
トゥラキ Turaki
トゥラキア Turakhia
トゥラキナ Turakina
トゥラク Turak
ドゥラク Duraku
ドゥラクロア
Delacroix
ドゥラゴイ Dragoi
ドゥラシェ Delachet
トゥラジャーンザーダ
Turadzhanzoda
トゥラジャンザーダ
Turadzhanzoda
トゥラジャンザーデ
Tūrajānzāda
ドゥラージュ Delage
トゥラシュビリ
Turashvili
トゥラジョンゾダ
Turadzhonzoda
トゥーラス Thulas
ドゥラス Delas
ドゥラタ Dhurata
ドウラターバーディー
Doulatābādī
Dowlatābādī
トゥラチャン
Tulachan
ドゥラッツォ Durazzo
ドゥラットル Delattre
ドゥラテ Derathé
トゥーラーティ Turati
トゥラーティ Turati*
トゥラティ Turati
ドゥーラティ
Dougherty
ドウラティ Dougherty
トゥラード Teulade
ドウラトアーバーディー
Doulatābādī
ドゥラトゥウェル
Dratwer
ドゥラトゥール
Delatour
ドウラトシャー
Doulatshāh
ドゥラトフ Dulatov
ドヴラートフ
Dovlatov*
トゥラーニ Turani
ドゥラーニー Durrānī
ドゥラニ Durrani
トゥラニウス
Turranius
トゥラノ Thurano
ドゥラノ Durano
ドゥラノエ Delanoe
トゥラービー Turābī
トゥラビアン
Turabian
ドゥラフ Dulaf
ドゥラフォス
Delafosse
ドゥラブリエール
Delabruyère
ドゥラブルース
Delabrousse
ドゥラブロワ
Delabroy
ドゥラーマ
Dulāma
Dulāmah
ドウラモンド
Drummond
ドゥラランド
Delalande
トゥラリ Tlali
ドゥラリエフ Duraliev
ドゥラリュ Delarue
ドゥラロジエール
Delarozière
ドゥラロシュ
Delaroche
トゥーラン Toolan
トゥラン
Turan
Turán
ドゥーラン Doolan*
ドゥラーン
Duran
Durán
ドゥラン
DeLand
Duran**
Durán**
Durand
Durant
Durão*
ドウラン Dolan
ドゥラングル Delangle
トゥランゴー
Tourangeau
トゥランサー
Trouncer
トゥーラーンシャー
Tūrānshāh
ドゥランジュ Delange
ドゥランテ Durante
トウランド Toland
ドゥーラント Durant
ドゥラント Dulanto
ドゥランド
Durand
Durando**
ドゥランドゥス
Durandus
ドゥランヤ Dulanya
トゥーリ
Taulli*
Turi
トゥーリー Tooley*
トゥリ
Teri
Tri
Trieu
Try
Turi
トゥリー
Tree*
Tully
ドゥーリー
Dooley*
Dooly
ドゥリ Du-ri
ドウリー Dūrī
トゥリア Tullia
ドゥリア Deriaz
ドゥリアーズ Deriaz
トゥリアートゥ
Touliatou
トゥリアーヌス
Turrianus
ドゥリアン Durian*
ドヴリアン Devrient
ドゥリヴィエ Drivier
ドゥリヴェージ
Durivage
トゥリウス Tullius
ドゥリウス Duilius
トゥーリエ Theuriet
トゥリエ
Theuriet
Toullier
Turlier
ドゥーリエ Duriez
ドゥリエー Duryea
ドゥリエイ Duryea
トゥーリオ
Tulio
Tullio**
トゥリオ
Tulio
Tullio***
ドゥリオン Delion
トゥリク Theurig
ドゥーリゴ Durigo
トゥリシア Tricia*

トゥリジオリス
Trigeorgis
トゥリシチェヴァ
Turischcheva
トゥリシニ Turisini
ドゥリーシュ Driesch
トゥリース Treece
トゥリーズ Trease*
トゥリス Tullis
ドゥーリス
Douris
Duris
ドゥリス
Douris
Duris
ドウリス Douris
ドヴリース Devreese
ドゥリスブール
Dourisbourse
トゥリスベコフ
Turisbekov
トゥーリッシュ
Tourish
ドゥーリッシュ
Dulisch
ドゥリッチ Dulić
ドゥーリットル
Doolittle
ドゥーリトル
Doolittle***
ドゥリトル Doolittle
トゥリーナ Turina
トゥリナ Turina
トゥリーニ
Turini
Turrini*
ドゥリーニュ Deligne*
トゥリニョ Tourinho
ドゥリーヌ Delyne
ドゥーリネフ Dul'nev
トゥリーノ Turino
トゥリノ Turino
ドゥリーバー Drever
トゥリパーティー
Tripathi
Tripāṭhī
トゥリヒ Thurig
ドゥリヒ Durych
トゥリビウス
Toribio
Turibius
トゥリビオ Turibio
ドゥリフ
Dourif
Durych
トゥリブヴァナーディ
トゥヤヴァルマン
Tribhuvanādityavarman
トゥリボロ Tribolo
トゥリムンプニ
Tri Mumpuni
トゥリヤ Touriya
ドゥリュ
Deluc
Duru
ドゥリュー Durieux
ドゥリュイ Deluy
トゥリュイレ Truilhé
トゥリュウビー
Trewby
ドゥリュック Drück
ドゥリュバック
Delubac
ドゥリュリュー
Derullieux
ドゥリュル Dulull
トゥリリ Tlili
ドゥリール Delisle*
ドウリル Doreal
トゥーリルド Thorild
トゥーリン Turin
トゥリン
Trin
Tullin
Turin
ドゥリーン Doreen
ドゥーリング
Dooling**
ドゥリング Doering
ドウーリング Dooling
ドウリング Dowling
ドヴリング Dovring
トゥリンケ Trinquet
トゥリンケーラ
Trinchera
ドゥリンゲンベルク
Dringenberg
トゥール
Thor*
Toer***
Toole*
Tor
Tour**
Toure
Tours
Tuell
Tur*
トゥル
Toer
Tull
トゥルー
Tor
True
トウル
Tol
Towle
ドゥール
Doel
Doull
Duhl
ドゥル
Dor*
Dull
Düll
Durr
ドゥルー
Drew**
Drewe
Dru
Dulloo
トゥルーアー Treuer
ドゥルーアン
Drouant
Drouin
トゥルイ Tului
トゥルイユ Treuille
トゥルゥー Toulout
ドゥルウ Drew
トゥールヴィル
Tourville
トゥルヴィル
Tourville
ドゥルヴェーカミシュラ
Durvekamiśra
ドゥルヴェール
Druvert
ドゥルヴォー Delvaux
トゥルエット Truett
トゥルオグ Truog
トゥルガ Tulga
ドゥルガ Durga
ドゥルガー
Durga
Durgabai
ドゥルカア Dolkar*
ドゥルガーナンダ
Durgananda
ドゥルカル Durcal
トゥルカン Turcan
トゥルガンバエフ
Turganbaev
トゥルキ
Turchi
Turki
トゥルキー Turkī
ドゥルギエロフ
Dyulguerov
トゥルク
Tulku**
Turk
Türk*
トゥルグ Turgu
トゥルクス Turks
トゥルグット
Turgut**
トゥルグート Turgut
トゥルクマン
Turkman
トゥルゲ Treguer
トゥルケーヴィチ
Turkevič
トゥルゲエニェフ
Turgenev
トゥルゲーニェフ
Turgenev
トゥルゲニエフ
Turgenev
トゥルゲーネフ
Tourgueneff
Turgenev*
トゥルコ Turco
ドゥルコ Dulko
トゥルゴイ Trugoy
トゥルコヴィチ
Turkovic
Turković
Turkovič
トゥルコヴィッチ
Turković
トゥルコウスキィ
Turkowski
トゥルコット Turcotte
トゥルコビッチ
Turković
ドゥルコビッチ
Durkovic
トゥルシ Tursi
トゥルシー Tulsī
トゥルシエ Troussier
トゥルシーズィー
Turshīzī
トゥルシーダース
Tulsīdās
トゥルシック Tursic
ドゥルジッチ Držić
ドゥルシディオ
Dulcidio
トゥールジャンスキー
Tourjansky
ドゥルシュミート
Durschmied*
ドゥルシラ Drucilla*
トゥルシンホン
Tursinkhon
トゥールーズ
Toulouse*
トゥールス Thors
トゥールズ Toulouse
トゥルース
Truth
Truus
トゥルーズ Toulouse
トゥルス Tullus
ドゥールーズ Deleuze
ドゥルーズ
Deleuse
Deleuze**
Drewes
ドゥルス
Dulce
Durs**
トゥルスィーダース
Tulsīdās
トゥルスカ Turska*
トゥルスキ Tursky
トゥルスキー Tursky*
ドゥルスキー
Druschky
ドゥルースタル
Deloustal
トゥルースディル
Trousdale
トゥルースデイル
Trousdale
トゥルースデール
Trousdale
トゥルストルプ
Thulstrup
トゥルスナリ
Tursunali
トゥルスノフ
Tursunov
トゥルスペク
Turuspek
トゥルースロー
Truslow
トゥルスン
Tursun*
Tursún
トゥルスンクロフ
Tursunkulov
トゥルスンザーダ
Tursun-Zade
トゥルスンベク
Tursunbek*
ドゥルセ Dulce*
ドゥルセス Dulces
ドゥルセール
Delessert
ドゥルソー Durusau
トゥールソン Toulson
ドゥルタイユ
Deletaille
トゥルダット Trdat
ドゥルタロ Durutalo
トゥルチ Turci
トゥルチニスキ
Turczyński
トゥルチノフ
Turchynov*
トゥルチャーニ
Turčány
Turcsányi
トゥルチャニノヴァ
Turchaninova
トゥルチャニノフ
Turchaninov
トゥルチン Turchin
トゥルチンスカス
Turčinskas
ドゥルッケル Drucker
トゥルッコ Trucco
トゥルッツィ Truzzi
トゥルーディ Trudi
トゥルーディー Trudy
トゥルディ Turdi
ドゥルーティ Durruti
ドゥルディネツ
Durdynets
ドゥルディルイエフ
Durdylyyev
トゥルデリーゼ
Trudelise
トゥルーデル Trudel
トゥルテル Tourtel
トゥルデル Tulder
トゥルテルボーム
Turtelboom
トゥールト Tourte
トゥルド Turdo
トゥルトゥーシー
Ṭurṭūshī
トゥルトゥッロ
Turturro
トゥルドゥナジル
Turdunazir
トゥルドゥバエフ
Turdubaev
トヴルトコ Tvrtko
トゥルートマン
Troutman
トゥールナイゼン
Thurneysen
トゥルナイゼン
Thurneysen*
トゥルナション
Tournachon
トゥルナトゥーリ
Turnaturi*

ト

トゥルナン
Tournant**
トゥールニェ Tournier
トゥールニエ Tournier
トゥルニェ Tournier
トゥルニエ
Tournier***
トゥールニエール
Tournières
ドゥールニョン
Dourgnon
トゥルヌス Turnus
トゥルヌフォール
Tournefort
トゥルヌミール
Tournemire
トゥルヌリ Tournely
トゥールヌール
Tourneur
トゥルヌール
Tourneur
トゥルネ
Tournay
Tourné
トゥルネブス
Turnebus
トゥルネリ Tournely
トゥルネル
Tournaire
Turner*
トゥルノー Trouneau
ドゥルノヴォー
Durnovo
トゥルノフスキー
Turnovsky
Turnovský
ドゥルノーボ Durnovo
トゥールノン Tournon
トゥルノン Tournon
トゥルパ Turupa
トゥルバック Troubac
トゥルバト Törbat
ドゥルハム Durham
トゥルバル Trubar
トゥルハン Turhan*
トゥルービー Truby
ドゥルビエテ Druviete
トゥルヒーオ Trujillo
トゥルビツコーイ
Trubetskoy
トゥルピヌス
Turpinus
トゥルヒーヨ Trujillo
トゥルビョン
Thorbiörn
Torbjörn
トゥルピリアヌス
Turpilianus
トゥルピリウス
Turpilius
トゥルヒーリョ
Trujillo
トゥルビル Tourville
トゥルーブ Troob*
トゥループ
Troop
Troupe*
トゥルブ Tulub
ドゥルーブ Dhruv
トゥルファント
Trufant
トゥルーブニコヴァ
Trubnikova
ドゥルプパ
Dol phu pa
ドゥルプラス
Deleplace
トゥルブラム
Turburam
トゥルブレ Trouble
ドゥルベシッチ
Durbešić
トゥルベツコイ
Trubetzkoy
トゥルボ Turbo
トゥルボヴィッツ
Tulbovitz
トゥルマニゼ
Turmanidze
トゥルーマン Truman
ドゥルーマン
Durrleman
トゥールマンタン
Tourmentant
ドゥルミシ Durmisi
トゥールミン
Toulmin**
トゥルミン Toulmin
ドゥールム Doerum
ドゥルム Durm
ドゥルメフ Drumev
トゥルモ Turmo
トゥルモン Toulmon
ドゥルモン
Drummond
トゥルモンド
Toulemonde
トゥルヤンスキー
Tourjansky
ドゥルヨーダナ
Duryodhana
トゥルーラヴ Truelove
トゥルーラブ
Truelove
Trulove
トゥルラブ Trulove
トゥルーリ
Trull*
Trulli*
ドゥルーリー Drury*
トゥルリオ Tullio
トゥルーリス Troulis
トゥールル Tuğrul
トゥルル Turul
ドゥルレシチャヌ
Durlesteanu
トゥールロッホ
Turlough
ドゥルワール
Derouard
トゥールーン Ṭūlūn
トゥルン
Thurn*
Truong**
トゥルンアイエン
Thurneysen
トゥールンヴァルト
Thurnwald
トゥルンヴァルト
Thurnwald
トゥルンカ Trnka*
トゥルンドルフ
Turndorf
トゥルンパ
Trümper
Trungpa*
ドゥルンパ
Sbru lun pa
トゥールンバルト
Thurnwald
トゥルンバルト
Thurnwald
トゥルンペルドール
Trumpeldor
トゥルンワルト
Thurnwald
トゥルンワルド
Thurnwald
トゥーレ
Teulé**
Thouret
Thure
Toulet*
Touray
Toure*
Touré***
Ture
トゥレ
Thouret
Touray
Toure
Touré
Ture
Türe
ドゥレ Delay**
ドゥレー
Delay
Delaye
ドヴレ Devred
ドヴレー Develay
ドゥレアン Deléan
トゥレイ Touray
ドゥーレイ Dooley
トゥレイズ Terease
トゥレイン Thurain
ドゥレーヴィツ
Drewitz
トゥレーガー Tregear
トゥーレク Tourek
トゥレクレマタ
Turrecremata
ドゥレコール Drecoll*
トゥレジャ Tuleja
ドゥレストラン
Delestraint
ドゥレセール
Delessert*
トゥレチェク
Turetschek
トゥレチャーコフ
Tret'yakov
トゥレック Turek
ドヴレッス Devreesse
トゥレッセルト
Tresselt
トゥレティーニ
Turretini
トゥレティニ
Turretini
トゥーレーヌ
Touraine*
トゥレーヌ
Touraine**
トゥレプ Turepu
ドゥレーム Deraismes
トゥレモリエール
Tremolieres
トゥーレル Tourel
トゥレール Teulere
ドゥレル Durell
ドゥレル D'Aureles
ドゥレルム Delerm*
トゥレン Thullen
ドゥーレン Doelen
トゥレンヌ Tourenne
ドゥレンヌ Derenne
トゥロ Thulo
トゥロー Turow**
ドゥーロー Deurloo
ドゥロ
Delot
Duro
ドゥロー Deleau
ドヴロー
Devereaux
Dovlo
ドゥロイ De Roy
トゥロウ
Tlou
Trouw
Trow
ドゥーロヴァ Dulova
ドゥロヴァ Durova
トゥロウィツキー
Tulowitzki*
トゥロクメ Trocmé
ドゥローシス De Rosis
ドゥロステ Droste
トゥロスマン
Trossmann
トゥロースル Trostle
トゥロック Turok*
トゥーロップ Toorop
ドゥロッフル Deloffre
トゥーロッホ
Turlough
トゥロートン
Troughton
トゥローニ Turroni
トゥローネ Turone
ドゥローネ Delaunay
ドゥロネ Delaunay
トゥロネンシス
Turonensis
トゥロフ Turoff
ドゥーロフ Durov
トゥロブジョン
Turobjon
Turobzhon
トゥロフスカヤ
Turovskaya
ドゥローブニク
Drobnig
ドゥロム Delhomme
トゥロヤーノ Troyano
ドゥロール
Delort
Dror
ドゥロルジェ Delorge
トゥロルド Turoldo
ドゥロルム Delorme*
トゥローワ Turova
ドゥーロワ
Dulova
Durova
ドゥロワ Dulova
トゥーロン Touron
トゥロン
Touron*
Truong
ドゥーロン Dulon
ドゥローン Durón
ドゥロン Delon*
ドゥロンカウェロート
Durongkaveroj
ドゥロンク Drąg
ドゥロング DeLong
ドゥワイアー Dwyer
トゥワイス Ṭuwais
ドゥワイト Dwight*
トゥワイニー
Thuwaynī
トゥワイマン
Twyman*
ドゥワイヤー Dwyer
トゥワギラムングウ
Twagiramungu
ドゥワーキン Dworkin
トゥワクマメト
Tuvakmammet
ドゥワトリポン
Dewatripont
トゥーン
Thun*
Toon
Toone
トゥン
Htun
Thun**
Tun*
Tung**
Tùng
トゥン Tu'ong
ドゥーン
Doon
Dúin
Duun
ドゥン
Dun*
Duun
ドゥン Do-eun
トゥンイー Den-yih
トゥンエインドラボー
Htun Aeindra Bo
トゥンオウッ Tun Ok
ドゥンカー Duncker*

ドゥンガ Dunga**
トゥンカット Tuncat
トゥンガムエセ
Tungamwese
トゥンカラ Tounkara
トゥンガラ Toungara
ドゥンガルス
Dungalus
トゥンギ Toungui
トゥンキン Tunkin
トゥンク
Tengku
Teungku
Tunku
トゥング Tung
ドゥンク
Dîncu
Dunk
トゥングバラ
Toungouvara
ドゥンクマン
Dunkmann
ドゥーンケ Duhnke
ドゥンケル Dunkel
ドゥンゲル Dhungyel
ドゥンケル Duncker
ドゥンゲルスハイム
Dungersheim
トゥンジェル Tuncel
トゥンジャイ Tuncay
トゥンジョク Tuncoku
トゥーンズ Toones
ドゥンス Duns*
ドゥンズ Duns
ドウンス Duns
ドウンズ Downes
ドゥンスタン Dunstan
トゥンストレーム
Tunström
トゥンストレム
Tunström
トゥンダー Tunder
ドゥンツェ Duntze*
ドゥンディーラージ
Dhundiraj
ドゥンデン
Dhonden
Donden
Donen
トゥンド Tundo
ドゥンドゥーロ
Dunduro
トゥンドップ
Thondup
トゥントーンカム
Thoungthongkam
Thungthongkam
トゥンバ
Toumba
Tumba
トゥンパ Trungpa
ドゥンバ Doumba
ドゥンバー Dumbar
ドゥンバゼ
Dumbadze*
ドゥンビア
Doumbia**
トゥンブ Thumb*
ドゥンブヤ
Doumbouya
Dumbuya
ドゥンブラヴァ
Dumbrava
トゥーンベリ
Thunberg
トゥンベリ
Thunberg**
トゥンベリー
Thunberg
トゥーンベリエル
Tunberger
トゥーンベルィ
Thunberg
トゥンベルグ
Thunberg
トゥンメル Thümmel
ドゥンヤ Dunya
ドーエ Doe
ドエ Doe
ドエイン Duane
ドエグ Doeg
ドエジェル Deheeger
トエスカ Toesca
トエスキ
Toeschi
Toëschi
トエッティ Toety
ドエット Doett
トエニ
Thoeni*
Thöni
トエリダ Toherida
ドェーリング Duhring
ドエル Doel
ドェルフラー Dörfler
トーエン
Toyen
Twain
トェンニース Tönnies
トォイ Thuy
トオインビー Toynbee
ドォウィン Dorwin
ドオウグラス Douglas
トォクヴィル
Tocqueville
トオストイ Tolstoi
ドオーデ Daudet
ドオデ Daudet
ドオデー Daudet
ドオデイ Daudet
ドオデエ Daudet
ドオドソン Dodson
ドオノワ D'Aulnoy
ド・オブレ D'Aubray
トオマ
Thoma
Toma
トオマス Thomas
トオランス Torrance
ドオルヴィリー
D'Aurevilly
ドオルヴィリイ
D'Aurevilly
トォルスカ Turska
ドォルノワ D'Aulnoy
ドォルマン Dolman
ドォレアー D'Aulaire
ドオレーア D'Aulaire
トオレイ Torrey
ドオン Dehon
ドオンヌクール
De Honnecourt
トーカー Tokar*
トーガ Toga
トカ Toca
トカー Tokar
トガ Toga
ドガ
Degas**
Doga
ドガー Dogar
トカイ
Tokai
Tukay
ドカイル Du-qayr
ドカエ Decaë
トカーエフ Tokaev
トカエフ
Tokaev*
Tokayev
トカーズ Tokarz
ドーカス
Docus*
Dorcas*
Dorcus
ドカーズ Decazes
ドカズ Decazes
ドカストレ
De Castries
トーガスン
Thorgerson
トーガーセン
Thøgersen
トーガーソン
Torgerson
トカターケ Tokataake
ドーガーダス
Daugirdas
トカチ
Tkác
Tkatch
トカチェフ
Tkachev
Tkachëv
トカチェンコ
Tkachenko*
Tkatchenko
トカチオスタプチュク
Tkach Ostapchuk
トカチャン Tokatyan
トカチョーフ
Tkachëv
Tkachov
トカチョフ
Tkachev
Tkachëv
Tkachov
ドカティ Docherty*
ドガーディン Dogadin
トーカート Tauchert
ドガトキン Dugatkin*
ドガドフ Dogadov
ドガニス Doganis*
ドカーニュ D'Ocagne
ドカニュー
D'Ocagne*
ドガノフ Doganov
ドガベ Dogabe
トカリョーヴァ
Tokareva
ドカル MDo mkhar
トカルスカ Tokarska
トカルチュク
Tokarczuk**
ドカルモ Do Carmo
ドカルロ DeCarlo
トカレヴ Tokarev
トーカレフ Tokarev
トカレフ Tokarev*
トーカレワ
Tókareva
Tokarjewa
トカレンコ Tkalenko
トーカン Tolkan
トカン Tohtobvbv
トガン Togan
ドーガン
Dogan
Dorgan*
ドカン Decamps
ドガン Dogan***
トーキー Torke
トーギー Togie
ドーキー Doky*
ドキー DoQui
ドギー
Doggie
Dougie
トキア Tokia
ドキアディス
Doxiadis**
ドギオーム
Deguillaume*
ドキス Dekiss
トーギソン Torgeson
ドキック Dokic
トキッチ
Tokic
Tokić
ドキッチ
Dokic**
Dokić
ドキャステラ
De Castella
ド・キューナ D'Cunha
ドギュン
Do-gyun
Do-kyun
トーキョウ Tokyo
トーキョータワータナカ
Tokyotowertanaka
ドキョン Do-kyung
トーキル
Thorkil
Thorkild*
トキール Touqir
ドギル Duckil
ドギレヴァ Dogileva
ドキワリ Dokiwari
トーキン
Tokin
Tolkien
ドーキン Dorkin
ドーキンス
Dawkins**
ドーキンズ Dawkins*
ドキンズ Dawkins
トーキントン
Talkington
Torkington*
トーク
Tork
Torke
トク
Tok
Toku
ドーク Doak**
ドク
Deok*
Doc***
Duc***
Due
ドクー Decoux
ドグ
Dogou
Dogu
Doug*
トークィル Torquil
ドクィンシー
De Quincey
ドクウ Duck-woo*
トークヴィル
Tocqueville
トクヴィル
Tocqueville*
ドクウル D'Aucour
ドクキ
Deock-ki
Duck-ki
ドクキュ Duk-kyu
ドクキョム Duk-kyum
ドクーキン Dokukin
ドクグ Duck-goo
ドククァン
Tuck-kwan
ドクサン Deog Sang
ドクシアディス
Doxiades
Doxiadis*
ドクジェ Duck-jae
ドグジエフ Doguzhiev
ドクシツェル
Dokshitser
ドクジュ Duck-jou
ドクジュン
Duck-choong
ドクジュンガー
Docdjengar

ドクシン Dok-sin
ドクジン Duc-jin
トークス Talks
トグス Tögüs
ドークス Dokes*
ドクス
Dox
Duck-soo*
Duk-soo*
Tok-su
トクスヴィグ Toksvig
トグスジャルガルイン
Togsjargalyn
トグスティムール
Tögüs Temür
トクセン Toxen
トグゾフ Tohuzov
トクタ
Toktogha
Toqta
ドクター
Docter**
Doctor*
Dr.**
トクタキヤ Toqtaqiya
ドクターマン
Dochterman
トクタミシュ
Toqtamish
ドグチェフ
Duguchiyev
ドクチャーエフ
Dokuchaev
ドクチャエフ
Dokuchaef
Dokuchaev
トクト
Tokhto
Toktogha
トクトゥ Toktu
ドクトゥリシビリ
Dokturishivili*
Dokturishvili
トクトブブ
Toktobubu
トグトホ Toγtaqu
ドクトル
Doktor*
Dr.
ドクトレロ Doctolero
ドクトロー Doctorow
ドクトロウ
Doctorow***
Doctrow
トグナジーニ
Tognazini
トグネジーニ
Tognazini
Tognazzini
トグネッティ Tognetti
トクパ Tokpah
トグバ Togba
トクパクバエフ
Tokpakbayev
ドクピョ Deuk-pyo
トクビル Tocqueville
ドクファン
Dock-hwan
Duck-hwan
Duk-whang
ドクフレ Decouflé
ドクフン Tok-hun
ドグベ Dogbe
ドクホン Deok-hong
ドークマイソット
Dookmaisot
トクマコーフ
Tokmakov
トクマコフ
Tokmakov**
トクマコーワ
Tokmakova***
ドグマティウス
Dogmatius
トクマン Tokman
ドクミ 'Brog mi
ドグミド Dogmid
ドクミン Duk-min*
ドクム Dukum
ドクヨン Duk-yung
ドグラ Dogra
トグライ Toghraie
トクラス Toklas*
ドーグラス Douglas
ドグラース
De Grasse
DeGrasse
ドグラス
De Grasse
Douglas
ドーグラッス Douglas
ドグリー Dogley
ドクリストフォロ
De Cristoforo
ドクリョン
Deog-ryong
Duk-ryong
ド·クール D'Aucour
ドークール
D'Haucourt
ドクール
D'Aucour
Deaucourt
Decœur
Decour
ドクルー Decroux
トグルク Tughluk
ドクルクス Decoulx
ドクールシェル
Decourchelle
ド·クルーズ D'Cruze
ドクルトレー
Decourtray
トグルル
Toghrul*
Tughril
トグルル Tughril
ドクレ Dokle
ドグレール Deglaire
ドクレルク
De Clercq*
ドクロリ Decroly
ドクロリー Decroly*
ドクン Do-kun
ドグン Doh-keun
トクンボ Tokunbo
トケ Toke**
ドゲ Dogue
ドケイ De Quay
トーケイム Tokheim
トケイヤー Tokayer
トケイヤー Tokayer*
ドゲイユリ Degaillerie
トケシェラシビリ
Tkeshelashvili
ドケチウス Ducetius
ドゲット Doggett***
ドケーヌ Decaisne
トーケル Torkel
トーゲル Toegel
ドゲルスレン
Dugersuren*
トーケルソン
Torkelson
トケーロ Toquero
トーコ Thoko
トーゴ Togo
トーゴー Togo
トコ Thoko
ドコ Doko
ドコー Decaux
ドゴー Dogor
トーゴヴニク
Torgovnik
ドゴース Degos
トコディ Tokody*
トコト Tokoto
ドゴナゼ
Dogonadze**
トゴノン Togonon
トーゴフ Torgoff
ドコフ Doukov
ドコマルモン
De Comarmond
ドゴヨ Dogojo
ドコラ Dokora
ドゴリ Dogolea
トゴリル Togoril
ドゴール De Gaulle
ドコルノワ Decornoy
ドコルモ Do Carmo
トゴロク Togolok
ドコロマンスキー
Docolomanski
ドコワン Decoin
トゴン Toghon
ドコンブル Decomble
トーザー Tozer*
ドーサ
Dosa
Dousa
ドーザ Dauzat*
ドーザー Dauser
ドザイー Desailly
ドサエフ
Dosayev
Dossayev
トザカ Tozaka
ドザカ Dzaka
トザット Tosatto
トサーニ Tosani
トサーヌス Tossanus
ドーザブル Douzable
ドサリ
Dossary
Dousari
トサール Tosar
トサル Tosul
ドサール Dossar
ドザルグ Desargues
トーザン Tauzin**
ドサンジュ Dosanjh
ドサンセルナン
De Saint-Sernin
トーシ Tosi
トージ Tosi*
トシ Tosi*
ドーシ
Dorsey
Doshi
Dosi
ドーシー Dorsey***
ドージ Dozy
ドージー Dorsey
ドシ
Doshi
Dosi
ドシー Dechy
トージア Tauziat*
ドージア Dozier**
ドジアー Dozier
ドシアダス Dōsiadās
トジアン Tozian*
ドジアン Dejean
ドーシィ Dorsey
ドーシェ Dauchez
ドージェ Dorje
ドシェ Dossier
ドシエ Dossier
ドジェツェリン
Doje Cering
ドジェーテル
Degeyter
トシオ Tosiwo
ドージオ Dosio
ドシオ Dosio
ドシキン Dushkin
トジク Tozik
トジクズ Tjikuzu
トシコ Toshiko*
トシス Tosches
トージソン Torgeson
ドジソン Dodgson*
トーシッグ Taussig
トシッチ Tosic
ドシテイ Dositej
ドシテウス Dositheos
ドシテオス Dositheos
トジバエフ Tojibaev
ドジビオル Dziwior
トーシャ Tosha
ドージャ
Daujat
Dózsa
ドージャー Dozier
ドジャ Daujat
ドジャー Dozier
ドジャスナバイユ
Djasnabaille
ドシャレット
De Charette*
ドシャン Dechamps
ドジャン Dejean
トーシュ Tosches**
ドシュ Dos
ドシュヴラン
Dechevrens
トシュチャコフ
Toshchakov
トーシュテン Torsten
トシュテン
Thorsten*
Torsten
トシュテンセン
Thorstensen
トシュテンソン
Torstensson
ドジュニアック
De Juniac*
ドーシュン Desheng
ドジョーギーン
Dojoogiin**
ドジョーギン
Dozhoogijn
トショフスキ
Tošovský
トショフスキー
Tošovský*
ドシルギ De Silguy*
トシレソーア
Tchiressoua
トージン Tauzin
トシン
Tosin
Tusin
ドーシン Dossin
ドージン Dodin*
ドジン Doh-jin
ドジントン
Doddington
トーズ Toews*
トス
Thoss
Tos
Toth**
Tovt
ドース
Dauss
Dawes
Dors*
Dowse
ドーズ
Dawes**
Daws
Dors
Doz
ドス
Dos***

Do-soo
Doss*
Dosse
Dossou
ドズ Doz
ドスアンジョス
Dos Anjos
トスウェル Toswell
トズウン Tozoun
トスカ Toska
ドスカッシュ
Doskatsch
トスカーニ Toscani**
トスカーニーニ
Toscanini
トスカニーニ
Toscanini**
トスカネッリ
Toscanelli
トスカネリ Toscanelli
トスカーノ Toscano
ドスカリエフ
Doskaliyev
トスカン Toscan*
トスキ
Toschi
Toski*
ドスキ Doski
ドスキン Doskin
トスケル Tosquelles
ドスコチロヴァー
Doskochrová
Doskocilová
ドスコツィル Doskozil
ドスザ De Souza
ドスサントス
Dos Santos
ドスジャン Doszhan
トスタ Tosta
ドスタ Dosta
ドスター Doster*
トスタード Tostado
ドスタム
Dostam
Dostum*
ドスタール Dostál
ドスタル Dostal*
ドスタレール Dostaler
ドースチャー
Doescher
トスティ Tosti*
トスティーイ Tostig
トスティグ Tostig
トスティン Torsten
トーステン
Thorsten
Torsten
トステン Torsten
トースト Thost*
トスト
Tost
Tosto
ドースト Dōst
ドスト
Dost**
Douste
ドストイェーフスキー
Dostoevskii
ドストイェフスキー
Dostoevskii
ドストイェーフスキイ
Dostoevskii
ドストイェフスキィ
Dostoevskii
ドストイェフスキイ
Dostoevskaia
Dostoevskii
ドストエウスキー
Dostoevskii
ドストエウスキイ
Dostoevskii
ドストエーフスカヤ
Dostoevskaia
ドストエフスカヤ
Dostoevskaia
ドストエーフスキー
Dostoevskii
ドストエフスキ
Dostoevskii
ドストエフスキー
Dostoevskii*
Dostoyevsky
ドストエーフスキィ
Dostoevskii
ドストエーフスキイ
Dostoevskii
ドストエフスキイ
Dostoevskii
Dostoevsky
ドストエフスキイー
Dostoevskii
ドストブラジ
Douste-Blazy*
ドストベ
Dossou Togbe
ドスドール Dosdall
ドストロフスキー
Dostrovsky
ドスナキ
Dossou Naki
ドスハーン Doskhan
ドスフイ
Doussouhoui
ドスプラゼレス
Dos Prazeres
ドースブルク
Doesburg
ドースブルグ
Doesburg
ドースブルフ
Doesburg
ドスプレゼレス
Dos Prezeres
ドスムハンベトフ
Dosmukhanbetov
トーズランド
Toseland
ドズリ Dodsley
ドズリー Dodsley
トスリマ Taslima
ドスレイスサントス
Dos Reis Santos
ドズワース
Dodsworth
トスン Tosun
ドースン Dawson**
トーゼ Tooze
ドーセ Dausset**
ドーゼ Duse
ドセ Dotse
ドゼ
Dauzet
Desaix
ドゼー Desaix
ドセアニロン
Dossehanyron
ドーセイ Dorsey*
トーセインコウ
Taw Sein Ko
ドセウ Do Céu
ドセッター Dossetor
ドーセット
Dorset
Dorsett**
Dowsett
トゼッリ Toselli
トセリ Toselli*
トゼリ Toselli
トーセル Torssell
ドーセール D'Auxerre
トセルリ Toselli
トゼルリ Toselli
トーセン Thorsen
ドーセン Dorsen
トセンジョジョ
Tosendjojo
トソ Toso
ドソー Desault
ドゾー Desault
ドゾア Dozois***
トゾーリ Tozzoli*
トゾリーニ Tosolini
ドゾロ Dzoro
ドゾワ Dozois
トーソーン Tosone
トーソン
Thorson
Thorsson
ドーソン
Dawson***
D'Ohsson
Dorson
Dowson
ドソン Doson
ドーダー Doder*
ドダ Doda
トータイ Toutai
ドタイユ Detaille
ドダエフ
Dudaev
Dudayev
ドータカ Dhotaka
トタガムウェー
Toṭagamuwē
トーダースェ
Thaw Da Swe
トーダースェー
Thaw Dar Swe
トタニャナ
Thotanyana
ドーターマン
Dauterman
トーダル
Thordal
Tōdar
トダール Todahl
ドタール D'Otare
トダーロ Todaro
トダロ Todaro*
トダン Taudin
ドタン Dothan
ドダン Dodun
ドダンゴダ
Dodangoda
ドーチ Doczi
トーチアン De-jiang
トーチェ Teutsch*
ドチェカル Docekal
ドーチェスター
Dorchester
トチェノーワ
Tochenova
ドチェフ Dotchev
トチカシビリ
Totikashvili
トチク Totik
トチニヒ Totschnig
ドチャオ Dochao
ドチャーティ
Docherty
トチャト Tchato
トチャンガイ
Tchangai
トチュ Totyu
トツ To'
トツ Totu*
ドツェカル Docekal
トッカー Tocher
トツカ
Totka
Tótka
ドッカー Docker
トッカフォンド
Toccafondo*
トツキー Totsky
トック Thoc
ドック
Doc*
Dock*
Duc
Du'c
ドッグ
Dawg
Dog*
Dogg*
トックウィグニー
Tocquigny
トックヴィル
Tocqueville*
ドックスタッダー
Dockstader
ドックソン Doctson
トックビル
Tocqueville
トックマン Tockman
ドックラ Dockwra
ドックリー Dockery
ドックリル Dockrill
ドックレー Dockwray
ドックレル Dockrell
トッケ Tocqué
ドッケンドルフ
Dockendorff
トッコ Tocco
ドッサー Dossor*
トッシ Tosi
トッシー Tosi
ドッシ
Dossi
Dosso
ドッシー Dossey*
ドッジ Dodge***
ドッジショーン
Dodgshon
ドッジソン Dodgson
トッシャ Toscha
トッシュ
Teusch
Tosh*
ドッジョーノ
D'Oggiono
ドッス Dosse*
ドッズ
Dodds**
Dods*
ドッスィ Dossi
ドッズリー Dodsley
ドッセーナ Dossena
ドッセンバッハ
Dossenbach
ドッソ
Dossi
Dosso
トッター Totter
ドッターウィック
Dotterweich
ドッタビオ D'ottavio
トッチ Tocci
トッチリー Tuccille*
トッツ Todts
ドッツ
Dots
Dotz
トッツィ Tozzi**
トッツェッティ
Tozzetti*
トッツォ Tozzo
トッデ Todde
トッティ Totti**
トッデイ Toddi
ドッティ
Dotti*
Dottie
ドッティーノ Dottino
トッテル Tottel
トッテン Totten*
トーット Todt
トット
Todt
Tot*
Toth
トッド
Tod**
Todd***
Todt*

ト

ドット
Datt
Datta
Dodd*
Dot*
Dotto
Doutt
Dutt
ドッド
Dod*
Dodd***
ドッドウェル
Dodwell**
ドッドスン Dodson
トットセン Todsen
ドットソン Dotson**
ドッドソン
Dodson**
Doodson
トッドハンター
Todhunter*
トットマン Totman
トッドマン Todman
ドッドマン Dodman
トットミアニナ
Totmianina
ドッドラーズ
Doodlers
ドットーリ Dottori
ドッドリジ Doddridge
ドッドリッジ
Doddridge
ドッドリル Dodrill
トッパー Topper*
ドッパー Dopfer
トッパム Topham
トッピ Toppi
トッピネン Toppinen
トッピン Toppin
トッピング Topping
トップ
Top
Topp
ドッブ
Dobb*
Dobbs
ドップ Dobb
ドップァー Dopfer*
トッフォリ Toffoli
トップゲイ Topgay
ドッブス Dobbs
ドッブズ Dobbs*
トップハム Topham
トップフ Topf
トップファー Topfer
ドップマン
Doppmann
トップメラー
Toppmoller
Toppmpller
ドップラー Doppler
ドゥフルニ Defourny
トップレイディ
Toplady
ドッペル Dopper
ドッペルト Doppelt*
ドッペルフェルト
Doppelfeld
ドッペルマイアー
Doppelmayer
ドッペルマイヤー
Doppelmayer
トッペン Toppen
トッホ Toch*
トッラア Toller
トッリ
Tolli
Tölli
Torri
トッリージ Torrisi
トッリジャーニ
Torrigiano
トッリーティ Torriti
トッリネン Töllinen
トッレ Torre*
トッレセッラ
Torresella
トッレッジャーニ
Torreggiani
トッレンス Tollens
トッレンテス
Torrentes
トーデ Thode
ドーテ Daudet
ドーデ Daudet*
ドーデー Daudet*
ドテ Doté
ドデ Mdo sde
トデア Todea
トーティ Toti*
トーディ
Thody*
Todi*
Torday**
トーデイ Torday
トティ Toti*
トディ Todi
ドーティ
Doherty
Doty
Doughty*
ドーティー Doughty*
ドーディ Dodie
ドーディー Dodie
ドティ
Doti
Doty
ドティー Dottie
ドディ
Dodi
Dodie*
ドディー Dodie**
ドディエ Dodier
ドディク Dodik
ドディグ Dodig
トーディス Tordis*
トディスコ Todisco
トーディチ
Todić
Tosić
ドディック Dodik*
トディノ Todino*
ドディヤ Dodiya
ドディユ De Dieu
トティラ Totila
トティラワティ
Totilawati*
トーテヴァ Toteva
ドデエ Daudet
トーテス Toates
トーデス Todes**
トデスキーニ
Todeschini*
トデスコ
Todesco
Todisco
トーデーヤ Todeyya
ドデュ Dedieu
ドデュー De Dieu
ドーデラー Doderer*
ドデリージオ
D'Oderisio
トデリーニ Todelini
トーテル Tourtel
ドーテル
Dhotel
Dhôtel**
Dotel
ドーデル Daudel
ドテル Dotel
ドテロシュ
D'Auteroche
ドーデワード
Dodewaard
ドーテン Dauten*
ドーデン Dowden
ドデンズ Doedens
トーデンヘーファー
Todenhöfer
トート
Thoth
Todt
Toht
Tot
Toth
Tóth**
トード
Toad
Tord*
トト
Thoto
Toto*
Totò
トトー Toto
ドード Dode
ドド Dodo*
トートゥー Tautou
トトゥ Tautou*
ドドウエル Dodwell
ドドゥプチェン
Dodrupchen
トードゥラ Todra
ドートゥルメール
Dautremer
ドドスン Dodson
トードセン Todsen
ドトセンコ Dotsenko
ドドソン Dodson
ドートーダナ
Dhotodana
トドテン Todten
ドドネウス
Dodonaeus
トトネス Totnes
ドドーノヴァ
Dodonova
トトハ Tutukha
トドハンター
Todhunter*
トドハンデル
Todhunter
トトフ Toth
ドドフスキ Dodovski
トトベリル
Thottuvelil
トドホンター
Todhunter
トドホンドル
Todhunter
トトミアニナ
Totmianina**
トートミアンツ
Totomiants
トトミアンツ
Totomiants
トトメス
Thutmes
Thutmose
トトモセス Thutmose
トートラ Tortora
ドトラジアシュ
Detragiache
トドランク Todrank
ドートリー Daughtry
ドートリシュ
D'Autriche
トドリス Thodoris
ドートリス Dotrice
ドトリスィー Dotrice
ドドリッジ Doddridge
ドートリッシュ
D'Autriche
トードル Todor*
トトル Tottle
トドール
Todor
Tudor
トドル Todor*
トドルカ Todorka
ドートルロー
Doutreleu
ドードレス Doodles
ドトレス Dotres
トートレーベン
Totleben
トドロヴァ Todorova
トドロヴィチ
Todorovich
トドロヴィッチ
Todorovitch
トドログロ Todoroglo
トドロス Todros
トドロバ Todorova
トトロフ Totrov
トドロフ Todorov**
トドロフスキー
Todorovskii**
トドロワ Todorova
ドドン Dodon*
トーナー Toner
トナ Tona
トナー Toner*
ドーナ
Dohna
Doṇa
Donna
Doona
ドーナー Dorner
ドナ
Dona*
Donà
Donna***
ドナー
Donagh
Doner
Donna
Donner**
トーナウ Tornow
ドナヴァル
De Navarre
ドナウス Dornaus
ドナウディ Donaudy
ドナウバウアー
Donaubauer
ドナウリ Donauri
ドナエフ Dunaev
ドナエフスカヤ
Dunayevskaya
ドナーガン Donagan
ドナシアン
Donatian
Donatien
ドナシエ Donachie
ドナシメント
Do Nascimento
ドナシヤン Donatien
ドーナス Donath
ドナースマルク
Donnersmarck*
ドナータ Donata*
ドナータス Donatas
ドナタス Donatas*
ドナチ Donati
ドナチャ Donnacha
トナック Tonnac*
ドナッジオ Donaggio
ドナッジョ Donaggio
ドナツス Donatus
ドーナット Donat
ドナテ Donata
ドナーティ Donati***
ドナティ Donati*
ドナティアン
Donatian
Donatien
ドナディウー
Donnadieu
ドナティヤン
Donatien
ドナテッラ
Donatella*
ドナテッロ Donatello
ドナテリ Donatelli
ドナテルロ Donatello

ドナテーロ Donatello
ドナテロ Donatello*
トナト Tonato
ドーナト Donath*
ドナート
Donat*
Donath*
Donáth
Donato***
ドナト
Donat
Donato**
ドナートヴィチ
Donatovich
Donatvich
ドナードヴィチ
Donatovich
ドナートヴィッチ
Donatvich
ドーナートゥス
Donatus
ドナートゥス Donatus
ドナトゥス Donatus
ドナトーニ Donatoni
ドナドーニ
Donadoni**
ドナドニ Donadoni
ドナートビッチ
Donatvich
トナーニ Tonani**
ドーナニイ Dohnányi
ドナバール
De Navarre
ドナヒュー
Donahaue
Donahue***
Donoghue
ドナフー
Donahoe
Donahoo
Donohoe
ドナフスカ
Dounavska
Dunavska
ドナヘイ Donahaye
ドナベディアン
Donabedian
ドナホー Donohoe
ドナボン Donavon
ドナリー Donalee*
ドナリン Donalyn
ドーナル
Dohnal
Domnall
Donal*
ドナール Denard*
ドナル
Donal**
Donnal
Donnall*
ドナルダ Donalda
ドナルディーナ
Donaldina
ドーナルド Donald
ドナルド
Dnald
Donaid
Donald***
Donaldo*
Donard
ドナルドスン
Donaldson*
ドナルドソン
Donaldson***
ドーナン Dornan**
ドナン
Donaint
Donnan*
トナンボーン
Tenenbaum
トーニ
Taney
Tawney
Toni**
Tony
Touny
トーニー
Taney
Tawney*
Tonie
Tony
トニ
Toni***
Tony**
トニー
Tommy
Toney*
Toni**
Tonie*
Tonny
Tony***
Tonye
ドーニ Doni
ドーニー
Doney
Dorney
ドニ
Denis***
Denys**
Doni
ドニー
Denis
Dionysius
D'Oignie
Doney
Donie
Donnie**
Donny**
トーニア Tônia
トニア
Tonia
Tonya
ドニアー Deniaud
トーニアッツィ
Tognazzi
トニアッティ Toniatti
トーニィ
Tawney
Torney
トニイ
Tonny
Tony*
ドニイー Dony
ドニウス Donius
トニエ Tornyay
ドニェプロフ Dneprov
ドニエル Donyell
トーニオ
Tonio
Torneo
トニオ Tonio
ドニオ Donnio*
ドニオール Doniol
ドニオル Doniol*
トニオーロ Toniolo
トニオロ Toniolo
トニク Tonique*
ドニクール Denicourt
ドニケ Donike
ドニケール Deniker
ドニケル Deniker*
ドニーシ Donísh
トニス
Tonis
Tõnis
ドニース Denise*
ドニーズ
Denise**
Donise
ドニス
Denis
Donis
ドニスソープ
Donisthorpe
トニスト
Toniste
Tõniste
ドニゼッチ
Donizete
Donizeti
ドニゼッティ
Donizetti*
ドニゼッテイ
Donizetti
ドニソーン
Donnithorne*
ドニソン Donnison
ドニーダ Donida
トニツァ Tonita
ドニツェッティ
Donizetti
ドーニック Doornik
トニーニョ Toninho*
トニーノ Tonino***
トニノ Tonino
トニパンディ
Tonypandy
ドニミク Dominic
トーニャ
Tonje
Tonya**
ドーニャ Doña
ドニャ Doña
トニャッチ Tognazzi
トニャッツィ
Tognazzi*
トニャッティ
Tognazzi
ドニュジェール
Denuzière*
トーニョ Tono
ドニヨロフ Doniyorov
トニワティ Toniwaty
ドーニン Dornin
ドニン Donin
ドーニンク Doninck
トーニングシュミット
Thorning-Schmidt*
ドーニントン
Donington
ドニントン Donington
トヌ
Tonu
Tõnu
トヌー Tonu
ドーヌー Daunou
ドヌー
Daunou
Deneux
Denoueix
ドヌーヴ Deneuve**
ドーヌス
Donus
Dónusz
ドヌス Donus
ドヌデュードバーブル
Donnedieu de Vabres
ドヌーブ Deneuve
ドヌムール
De Nemours
ドヌリアズ
Deneriaz*
Dénériaz
トヌリエ Tonnelier
ドヌルド Donald
トーネ Tony
トーネー
Taunay
Tawney
トネ Taunay
トネー Thonet
ドーネ Doane
ドネ
Donnay
Donnet*
ドネー
D'Aunay
Doney
Donnay
ドネア Donaire*
トーネイ Tawney
ドーネイ Dawnay
ドネガン Donegan*
ドネス Dones
トネッティ
Tognetti
Tonetti
ドネッティ Dometti
トーネット
Thonet
Tohnet
トネット
Thonet
Tonetto
ドネット Donnet
トネッリ Tonelli
ドネーニコ Domenico
トネフ Tonev
ドネフ Donev
トネラ Tonela
ドネラ Donella*
ドネライチス
Donelaitis
ドネライティス
Donelaitis
トネラート Tonellato
ドネラン Donnellan
トネリ Tonelli
ドネリ Donnelly*
ドネリー
Donelly
Donnelly***
ドネリィ Donnelly
トネール Tonnerre
ドネール Donner
ドネル
Donnell*
Donner
ドネルス Donnels
トーネルソン
Tonelson
ドネルソン Donelson
トネロ Tonello
ドネロン Donnellon
トーネン Toonen
ドーネン Donen
ドネン
Dunem*
Dúnem
トノ Tono
ドノ Dono*
ドノー
Doneau
Donneau
ドノヴァン Donovan*
ドノス Donos
ドノーソ Donoso**
ドノソ Donoso*
トノーニ Tononi
ドノバン Donovan***
ドノヒュー
Donoghue*
Donohue*
ドノフ Donoff
ドノファン Donovan
ドノフリオ
Donofrio**
D'Onofrio
ドノホ Donohoe
ドノホー Donohoe
ドーノワ D'Aulnoy*
ドノワイエ Denoyer
ドノン Denon
トーバ
Tober
Tovah
トーバー Tober
トーパー Topor*
トバ
Toba
Tobă
トパ Topa
ドーハー Dooher
ドーバー
Dauber
Dawber
Dober
Dover**
ドーパー Dauper

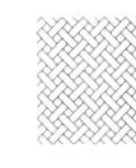

ト

ドハ Doha*
ドバイ Dobai
トバイアス Tobias**
トバイシケ Tobai Sike
ドハイフ Dhaif
ドバイユール
Debailleul
ドバーグ De Berg
トパーズ Topaz
ドバス Dubas
ドバースタイン
Doberstein
トハチェフスキー
Tukhachevski
トハチエフスキイ
Tohatievskii
トバック
Tobach
Tobak
Tobback
ドーバック Daubach
ドバッシュ
Dobadh
Dobash
ドーハーティ
Daugherty
ドーハティ
Daugherty
Dougherty
ドハーティ
Daugherty
Doherty**
Dougherty
ドハティ
Daugherty
Daughtey
Docherty
Doherty**
Dougherty*
ドハティー
Doherty*
Dougherty*
ドーバート Daubert
ドバート Dobbert
ドーハム Dorham
ドバーム Debeurme
トハリ Tohari*
ドバリー
De Barry
De Bary
ドバリシビリ
Dvalishvili
トバール Tovar
トバル
Tobar
Tovar
Tóvar
Tubal
トパル Topal
ドーバル Doval
トーバルズ
Torvalds**
ドハルティ Doherty
ドパルデュー
Depardieu**
ドパルドン
Depardon*
ドバレ Dovale
トパロスキー
Topaloski
ドバロワ De Valois
トパン Topan
ドーハン
Dohan
Doohan
ドハン Dohan
ドーバントン
Daubenton
トービー Tobey
トーピー
Topī
Torpey**
トビ
Tobie
Toby**
トビー
Tobe*
Tobey**
Tobi
Tobias
Toby**
Tohby
トピ
Topi*
Topī
トピー Toppi
ドービー
Daubié
Doby
ドビ
Dobi
Dovi
ドビー
Dobbie
Dobby
Dobie*
Doby**
トビア
Tobia*
Tobias
Tuvia
ドビア De Beer
ドビアーシュ Dobiáš
トービアス Tobias
トビーアス Tobias
トビアス
Thobias*
Tobas
Tobias***
Tobías
Tobiasse*
ドビアス Dobias
トビアン Tobian
トービイ Tobey
トビィ Toby
ドービエ
Daubié
Daubier
ドピエラワ Dopierała
ドビエルヌ Debierne
トビーゲ Tovfighe
ドビダス Dovydas
ドビチ D'Obici
トーピチュ Topitsch
トピック Topik
ドビック Dobic
ドビッシー Debussy
トピッチ Topic
ドビッチ Dovitch
トーピッチュ
Topitsch*
ドビデニエネ
Dovydeniene
トビト Tōbit
ドビドゥール
Debidour
トピナー Topinard
トピナール Topinard
ドービニ Daubigny
ドービニー
Daubigny
D'Orbigny
ドヒニー Doheny
ドビニー Daubigny
ドービニェ
D'Aubigné
ドビニェ D'Aubigné
ドビニエ D'Aubigné
ドビニク Dobinick
ドービニャク
D'Aubignac
ドービニャック
D'Aubignac
ドビーニン Dubinin
ドビニン
Dubinin
Dubynin
トビーノ Tobino**
ドビノー Devineau
トビーマック
TobyMac
トビヤ Tobias
ドビャーシ Dobiash
トビヤス Tobias
ドビュ Debu
ドビュクール
Debucourt
ドビュッシー
Debussy*
ドビュッシイ Debussy
ドビュッスイ Debussy
ドビューロ Deburau
ドビュロー Deburau
トービヨン Thorbjorn
ドヒョン Do-hyeon*
トビラ Taubira
ドビラン De Biran
トピリナ Topilina
トピリン Topilin
トービル Torvill*
ドビール Deville
ドビル Deville
トビルクン Tvircun
ドビルパン
De Villepin
トビレヴィチ
Tobilevich
トービン
Tobin**
Tobón
Tobyn
トーピン Taupin*
トビーン
Toibin*
Toíbín
Tóibín*
トビン
Tobin*
Tobyn
ドビン
Dobbin
Dobbyn
トピンコバクナプコバ
Topinkova
Knapkova
ドビンス Dobbins
ドビンズ
Dobbins
Dobyns**
ドビンスキー
Dubinsky
トーフ Tov
トーブ
Taub
Tōb
Tov
トープ Torp
トフ
Thoft
Tob
Toff
Tov
トブ
Tob
Tov
ドーフ
Dorf
Dorff*
ドーブ
Daube
Doob
Dov
Dove
ドープ
Dope
Dorp
ドフ
Doff
Dov*
ドブ
Dob
Dobb
Dov*
ドプ Khro phu
ドーファー Dorfer
トファイル Tofail
トファエオノ
Tofaeono
ドーファス Doufas
トファナ Tofana
トーファニ Tofani
トファニ Tofani
トーファノ Tofano
トファーノ Tofano
トファルドフスキ
Twardowski*
ドーファン
Dauphin**
Dorfan*
ドフィ Doffy*
ドフィー Doffy
トフィギ Tofigi
トフィク Tofik
ドーフィニー
Dauphinee
ドブイニン Dubynin
ドフィーヌ Dauphine
ドブーイヨン
De Bouillon
トフィラウ Tofilau*
トフィールド Tofield
トーフィン Thorfnn
ドーフィン Dauphin
トフィンガ Tofinga
ドーフェ Dove
ドフェ D'Offay
ドフェイ D'Offay
ドフェール Defferre*
トーフェルト Thofelt
ドーフェルド
Doerrfeld
ドフォード DeFord
ドフォリ Deforis
ドフォルク De Valk
ドフォルジュ
DeForge
Deforge
Deforges*
ドフォレスト
De Forest
ドフォントネー
Defontenay
ドブガリュク
Dovgalyuk
ドブガル Dovgal
ドブガレノック
Dovgalenok
ドブキン Dobkin*
ドブグン Dovgun
トブゲ Tobgay
トブゲイ Tobgay*
トプコフ Topkov
ドブゴーポル
Dovgopol
ドブサイ Dobszay
ドブザン Dovzan
ドブザンスキー
Dobzynski*
ドブザンスキイ
Dobzynski
トプシー Topsy
ドブシー Daubechies*
トブシア Tovosia
ドブジァンスキー
Dobzhansky
トフジェフスキ
Tchórzewski
ドブジェンコ
Dovzhenko
ドブジャヤンスキー
Dobzhansky
トプジャン Topuzian
ドブジャン Devedjian
ドブジャンスキー
Dobzhansky

トプシュ
Topçu
Topsch*
ドープシュ Dopsch
ドプシュ Dopsch*
ドープシュツ
Dobschütz
ドープシュッツ
Dobschütz
ドプシュッツ
Dobschütz
ドプシュッツ
Dobschütz
ドプシンスキー
Dobšinský
ドブジンスキ
Dobrzyński
ドブジンスキー
Dobzynski*
ドプシンスキー
Dobšinský
トプシンバト
Tuvshinbat
トーブス Taubes*
ドブス
Dbbs
Dobbs**
Dubs
ドブズ Dobbs**
ドフスキー Dubsky
トフストノーゴフ
Tovstonogov*
ドーフスマン
Dorfsman**
ドブスン Dobson*
トプセル Topsell
ドブソン Dobson***
ドプチェク Dubček
ドプチェク
Dubcek
Dubček*
トプチック Topchik*
トフツ Tofts
トーフテ Tofte
トフティ Tohti
トフティー Tohti
トーフト 'T Hooft
トフト Toft
ドフトゥローフ
Dokhturov
ドフトエフスキイ
Dostoevskii
ドブナー Dobner
ドーブニー
Daubeny
Daubney
ドブノウ Dubnow
ドブハル Dovhal
ドプファー Dopfer
トフーフト 'T Hooft
トプホーヴェン
Tophoven
トプホーベン
Tophoven
ドブマイアー
Dobmayer
トブマシャン
Tovmasyan
トーブマン
Taubman**
ドーフマン
Dorfman*
Dorfmann
トフメ Tohme
トーブラー Tobler
トーブラー Tobler
トフラー Toffler**
トブラー Tobler*
ドーフラー Doerffler
ドプラー Dobler
ドーフライン Doflein
ドフライン Doflein*
トプラク
Toplak
Toprak
ドプラス Deplace
ドフラスン
Defrasne**
ドブラッツ Dobratz
ドブラット Dovrat
ドブラートフ
Dovlatov
ドフラーヌ Defrasne
ドブラム De Brem
ドブラン Dovran
ドブランゲルディ
Dovrangeldy
ドフランス Defrance
ドブランチェワ
Dobrancheva
ドフランドル
Deflandre
ドブランマンメト
Dovranmammet
ドブリ Dobri
ドブリー Dobree
ドブリアンスキー
Dobriansky
ドブリウ Devereux
ドブリギン Dobrygin
ド・フリース
De Vries
DeVries
ドフリース
DeFries
De Vries*
ドフリス De Vries
ドブリース DaVries
ドブリスキー
Dobriskey
ドブリツァ Dobrica**
ドブリツォイユ
Dobritoiu
トプリッゼ Topuridze
ドブリツホッファー
Dobrizhoffer
ドブリャンスキー
Dobrianskii
ドブリュー Debreu**
ドプリュ Deplus
ドブリラ Dobrilla
ドブリン Dobrin
ドフリント Devrient
ドブリント Dobrindt
ドーブル Doble
ドブルー Debreu
ドブルィニン
Dobrynin
ドブルイニン
Dobrynin**
ドブルインスカ
Dobrynska**
ドブルググレーブ
Deburghgraeve*
ドブルシュカ
Dobruschka
ドブルーシン
Dobrushin
ドブルスカ Dobrska
ドブルスキナ
Dobruskina
ドーブルホーファー
Doblhofer
ドーブレ
Daubray
Daubrée
ドブレ
Daubrée
Debray**
Debré**
Dobre*
ドブレー
Daubrée
Dobree
Dobrée
ドプレ
Deprez
Després
トプレイ
Toplay
Topley*
ドフレージ De Freij
ドフレシュー
Defrêcheux
ドブレス
Daubresse
Dobles
ドブレスク Dobrescu
ドーフレスヌ
Daufresne
トプレディ Toplady
ドブレトゲルディ
Dovletgeldi
ドブレフ Dobrev*
ドフレメリ Defrémery
ドーフレンス
Daufresne
ドーフレンヌ
Daufresne*
ドブロイ De Broglie
ドブロウェン
Dobroven
ドブロヴェーン
Dobroven
ドブロヴォリスキー
Dobrowolski
ドブロヴォーリスキィ
Dobrowolski
ドブロウォルスキー
Dobrowolski
ドブロヴォルスキ
Dobrowolski
ドブロヴォルスキー
Dobrowolski
ドブロジァーヌ
Dobrogeanu
ドブロジーヌ
Dobrogeanu
ドブロジャーヌ
Dobrogeanu
ドブロジャヌ
Dobrogeanu
ドブロスコク
Dobroskok
ドブロスコフ
Dobroskok
ドブロスラフ
Dobroslav
ドブロタ Dobrota
ドブロチン Dobrotin
ドブロトヴォルスカヤ
Dobrotvorskaya
ドブロトウォルスキー
Dobrotvolsky
ドブロトヴォルスキー
Dobrotvorsky
ドブロトヴォールスキィ
Dobrotvolsky
ドブロニチ Dobronić
ドブロヌラーヴォヴ
Dobronravov
ドブロビッチ
Dobrović
トプロフ Topurov
ドブロフスカ
De Broglie
ドブロフスキー
Dobrovský
ドブロベーン
Dobroven
ドブロホートヴァ
Dobrokhotova
ドブロホトフ
Dobrokhotov
ドブロボルスキー
Dobrowolski
ドブロボルスキス
Dobrovolskis
ドブロミルスキー
Dobromylskyj
ドフロモン Defromont
ドブロリューボフ
Dobroliubov*
ドフン Do-hoon
トフンベルイ
Thunberg
トーベ Tove*
トベ
Tobe
Tové
ドーヘ D'Hooghe
ドベ Dobet
トベイ Tobey
ドベイ Debay
ドベイキー DeBakey
トベイシャト
Tbeishat
ドベイバ Dbeibah
ドヘイリ Dekhairi
ドベーキ DeBakey*
ドベシュ Dobeš
トーベス Taubes
ドベーズ Devèze
ドベス Debesse
ドペストル Depestre
トペテ Topete
ドヘニー Doheny
ドベーブ Debeve
ドベラー Doberer
ドーベライナー
Dobereiner
ドベラーレ
Dobbelaere**
ドベリ Dobelli
ドベリー Deberry
トペーリウス Topelius
トペリウス Topelius*
ドベリス De Bellis
トーペル Töpel
トベル Tobel
トペル Topel
ドーベル
Dobell*
Doubell
ドベール
D'Aubert
Devers
ドベル Dobell*
ドーベルヴァル
Dauberval
ドベルソン Deverson
ドペルト Doppert
ドーベルニュ
D'Auvergne
ドベルビル
Dauberville
ドペレ Depéret
トーベン
Toben
Torben*
トーボー Torvald
ドーホー Do-ho
ドホ Do Ho
ドボ
Debost
Dobo
Dobu
ドボー Devaux
ドボア
Debois
DeVore
ドボアー De Boor
ドーボイ
Daavoey
Dåvøy
ドボイニコフ
Dvoinikov
トポエフ Topoyev
トボギャル Tobgyel
トーボーグ Torborg
トポーコ Topooco
ドボジャーク Dvorak
ドボシュ Dobosz

ト

ドボダール
De Bodard
トボチニク Tobochnik
トホッフ 'T Hoff
ドボトン De Botton
ドホナーニ
Dohnanyi
Dohnańyi
Dohnányi*
ドホナーニイ
Dohnányi
ドボーヌ De Beaune
ドボヌ Dovonou
トホフ 'T Hoff
ドボーブ Debauve
ドボフスキー
Dubofsky
トホーフト
Hooft
T Hooft
'T Hooft*
トホミー Thommy
ドボライツキー
Dvolaitski
ドボラク
Dvorak
Dvořák
ドボラック
Dvorak
Dvorák
トポラーネク
Topolánek*
トーポリ Topol*
トホリ Toffoli
トボール
Topol*
Topor*
トポル
Topol**
Topor
ドボルー Debroux
トポルコフ Toporkov
ドボルザーク
Dvorak
Dvorák
Dvořák*
ドボルジャーク
Dvořák
トボルスキー
Tobolsky
トポールスキー
Topolski
ドボルツェボイ
Dvortsevoy
ドボールツザーク
Dvortcsak
トポルニン Topornin
トボロウスキー
Tobolowsky
トボロースキー
Tobolowsky
トポローフ Toporov
トポロフ
Toporoff
Toporov
ドボロベンコ
Dvorovenko
ドーボン D'Eaubonne

ドホン Do-hong
トーマ
Thoma***
Thomä
Thomas**
Toma
トマ
Thoma*
Thomas***
Toma*
Tomma
トマー Tomer
ドーマ
Doma*
Domat
ドーマー
Domar*
Dormar
Dormer
ドマ
Daumas
Doma*
Domat
トマイオ Tomaino
トマイチク
Tomajczyk*
ド・マイヤー DeMyer
トマエ Thomae
ドマーギーン
Dumaagiin
ドマーギン
Dumaagiyn*
ドーマク Domagk*
ドマーク Domagk
ドマゴイ
Domagoj
Domaguj
トマサ Tomasa
トマサン Thomassin
トマージ
Tomasi***
Tommasi
トマシ
Tomasi**
Tomasz
トマジ
Thomazi
Tomasi*
ドマシー Demachy
トマージウス
Thomasius
トマシウス
Thomasius
トマジウス
Thomasius
トマシェヴィチ
Tomašević
Tomaszewicz
トマシェヴィッチ
Tomasevic
Tomašević
Tomaszewicz
トマーシェク
Tomášek*
トマシェク
Tomaschek
トマシェフスキ
Tomaszewski**
トマシェフスキー
Tomashevskii
Tomaszewski

ドマジエール
Demaziere
Demazière
ドマシェンコ
Domashenko*
トマシッチ Tomasic
トマジーニ Tomasini
トマシーネ
Thomasine
トマーシュ
Tomas
Tomás*
Tomáš*
Tomasz
Tomáž
トマシュ
Tomas
Tomaš*
Tomáš**
Tomasz**
トーマーシュチク
Tomaszczyk
ドマジュール
Demazure
ドマショーヴァ
Domashova
トマショワ
Tomashova**
トーマス
Thamas
Thomas***
Thomass*
Thoms
Thormas
Tohmas
Tomas***
Tomás
Tomáš**
Tomasz
Toomas**
トマース Tomás
トマス
Thoams
Thoma
Thomae
Thomas***
Thomás*
Thomàs
Thomass
Thomaz
Thomus
Tomas**
Tomás***
Tomáš
Tommaso
トマズ Tomasz
トマズィン Thomasin
トマスコ Tomasko*
トーマスゾーン
Thomasz.
トーマスベルガー
Thomasberger
トマスホッフ
Thomashoff
トーマスマ
Thomasma**
トマスン
Thomasn
Thomason**
トマセ Thomasset
トマセヴィチ
Tomasevich
トマセオ Tommaseo

トマセーク
Tomaschek
トマゼッリ Tomaselli
ドマゼト Domazet
トマセビツ
Tomasevicz*
トマセリ Tomaselli
トマセロ Tomasello*
トマセン Thomassen
トマーソ
Tomaso
Tommaso
トマーゾ
Tomaso
Tommaso*
Tommasso
トマソ
Tomaso*
Tommaso*
Tommasso
トマソー
Thomasseau*
Tommaso
トマゾ
Tomaso
Tommaso**
Tommasso
トマソン
Thomason
Thomasson*
Tomasson*
Tomassone
トマゾン Tommasone
トーマタ Toomata
トマダ Tomada
ドマタ Domata
トマチェフスキー
Tomasevski*
Tomaševski
トマック Tomack
ドーマック Domagk
トマッシ Tomassi
ドマッシュ Domash*
トマッセロ Tomasello
トマッセン
Thomassen
トマッソ
Tomaso
Tommaso
トマッラ Thomalla
トマティス Tomatis*
トマティート
Tomatito*
トマニ Tomane
ドマニ Domani
ドマニェフスキ
Domaniewski
ドマニコ Domanico
ドマーヌ Demarne
ドマネー Démanet
トマネク Tomanek
ドマノヴィチ
Domanović
トマノバー Tomanová
トマノワ Tumanova
トマラ Tomala
ドーマラパッリ
Domalpalli

トマリア Tomalia
ドマリニス DeMarinis
トマリン Tomalin**
トマリング Tomaling
トーマル Tomar
トマール Tomar
ドーマル Daumal*
ドマール
D'Aumale
Domar
ドマルキ Domarchi
ドマルジュリ
De Margerie
ドマルセ Demarçay
ドマルセー Demarçay
ドマルセイ Demarçay
ドマルタン
Dommartin
ドマルト Domarto
ドマルニュ Demargne
トーマン
Thoman*
Toman
トマーン Thomán
トマン Thomann
ドーマン
Daumain
Dauman*
Dohmann
Dohrmann
Dolman
Doman**
Dooman
Dorman**
Dormann*
Dowman
ドマンジェ Demangel
ドマンジエオン
Demangeon
ドマンジェル
Demangelle
ドマンジュ
Demange
Domenge
ドマンジョン
Demangeon
ドマンジヨン
Demangeon
ドーマンズ Dormans
ドマンスカ
Domanska*
ドマンスキー
Domanski
ドマンタス Domantas
トマントシュガー
Tomantschger
トーマンドル
Tomandl
トーミ Thome**
トーミー
Thome
Toomey
トミ
Tomi**
Tommi*
Tommy
トミー
Thomas

Thommie*
Thommy
Thomy
Tomi**
Tomie***
Tommie**
Tommy***
ドミ Domi
ドミー
Demy
Domy
トミア Thomeer
トミアク Tomiak
ドミィトリエフ
Dmitriev
ドーミェ Daumier
ドーミエ Daumier*
ドーミエー Daumier
ドミエ Daumier
ドミエヴィル
Demiéville
ドミエビル Demiéville
トミオ Tomio*
ドミサニ Dumisani
ドミシアン Domitien
ドミシエン Domitien
トミスラヴ
Tomislav**
トミスラフ Tomislav*
トミスラブ Tomislav
トミセビッチ
Tomićević
トミタ
Taomita
Tomita
ドミタル Dimitar
ドミチアヌス
Domitianus
ドミチウス Domitius
トミチェビッチ
Tomicevic
トミツァ Tomica
ドミツィアーナ
Domiziana
ドミツィアーノ
Domiziano
トミック Tomić
ドミッセ Dommisse
トミッチ
Tomic
Tomić*
Tomiq
ドミティア Domitia
ドミティアーヌス
Domitianus
ドミティアヌス
Domitianus
ドミティアノス
Domitianós
ドミティアン
Domitien
ドミティウス
Domitius
ドミティーユ
Domitille
ドミティーラ Domitila
ドミティラ Domitilla
ドミトゥリ Dmitry
ドミトエヴィチ
Dmitrievich
ドミトラシュ
Dmytrash
ドミートリ
Dmitri
Dmitrii
Dmitry
ドミートリー
Dmitri*
Dmitrii**
Dmitriĭ
Dmitry*
ドミトリ
Dimitory
Dimitrij*
Dmitri***
Dmitrii*
Dmitrij
Dmitriy
Dmitry
ドミトリー
Dimitri*
Dimitrij
Dmitri**
Dmitrii***
Dmitriĭ
Dmitrij
Dmitriy**
Dmitry**
Dmytro
Domitrii
Dzmitry
ドーミトリイ Dmitrii
ドミートリィ Dmitrii*
ドミートリイ
Dimitrij
Dmitri
Dmitrii
ドミトリイ
Dimitri
Dmitrii*
Dmitriĭ
Dmitry
ドミトリイェヴ
Dmitriyev
ドミートリーヴ
Dmitriev
ドミトリーヴ
Dmitriev
ドミートリヴィチ
Dimitrievich
ドミートリエヴァ
Dmitrieva
ドミトリエヴァ
Dmitrieva
ドミートリエヴィチ
Dmitrievich*
ドミトリエヴィチ
Dimitrievich
Dmitrievich*
Dmítrievich
Dmitrijewitsch
ドミトリエヴィッチ
Dimitrievich
ドミートリエヴナ
Dmitrievna
ドミトリエヴナ
Dmitrievna*
ドミトリエビチ
Dmitrievich
ドミトリエビッチ
Dmitrievich
ドミートリエフ
Dmitriev*
ドミトーリエフ
Dmitriev
ドミトリーエフ
Dmitriev
ドミトリエフ
Dmitriev**
ドミトリエフスキー
Dmitrijewskij
ドミトリエフスキイ
Dmitrievskii
ドミトリエワ
Dmitrieva
ドミトリエンコ
Dmitriyenko
ドミトリク Dmytryk*
ドミトリック
Dmytryk
ドミトリューク
Dmitruk
ドミトル Dumitru
ドミトレスク
Dumitrescu
ドミトレフスキー
Dmitrevskii
ドミトレンコ
Dmitrenko
ドミトロ Dmytro
ドミナドール
Dominador
ドミニ Domini*
ドミニエク Dominiek
ドミニカ Dominika
ドーミニク Dominik
ドミニーク
Dominique
ドミニク
Domenic
Dominic***
Dominick**
Dominik***
Dominique***
Dominiqye
Dominque
Domonic
ドミーニクス
Dominicus
Dominikus
ドミニクス
Domingo
Dominicus*
Dominikus
ドミニケ Dominique
ドミニコ
Domenico*
Domingo
Dominicus
Dominigo
Dominiko
ドミニース Dominis
ドミニス Dominis
ドミーニチ Dominici
ドミニチ Dominici
ドミーニチス
Dominicis
ドミニチャク
Dominiczak
ドミニック
Dominic
Dominique***
ドミニッツ Dominitz
ドミヌス Dominus
トミネ Tomine
ドミネド Dominedo
ドミネリ Dominelli
ドミノ Domino***
トミマ Tomima*
ドミュニック
Dominique
トミュリス Tomyris
ドミュルビル
De Murville
トミーリー Tommylee
トミリン Tomilin
トミール Thomire
ドミル DeMille
トーミン Tomin
ドーミン Domin
ドミーン Domin*
ドミンガス
Domingas
Dominguez
Domingus
ドミンギン
Dominguín
ドミング Dominic
ドミンゲス
Domingues**
Dominguez**
Domínguez*
ドミンゴ
Domingo***
Dominicus
ドミンゴス
Domingos**
トム
Thom***
Thomas**
Thompson
Tom***
Tomas
Tomb
Tomeu
Tomm
Tommy
ドーム
Daum*
Dohm*
Dome*
Doohm
ドム
Dom**
Đom
Dominic
Domm
トムゥル Tömür
トムキ Thomke
トムキンス Tomkins
トムキンズ
Tomkins***
Tompkins
ドムク Domke*
ドームグラーフ
Domgraf
ドムグラフ Domgraf
トムコ Tomko
ドムシェル
Khrom bsher
ドムシャイト
Domscheit
ドムシャイトベルク
Domscheit-Berg*
トームス
Thoms*
Toombs
トームズ Tomes
トムス
Thoms
Tombs*
トムズ
Thoms
Tomes
Toms**
ドムス
Doms
Donus
トームスキー Tomskii
トムスキー
Tomskii
Tomsky
トームスキィ Tomskii
トムスコル Tomscoll
トムスン
Thompson*
Thomsen
Thomson**
Tompson
Tomsen*
トムセット Thomsett
トムセン Thomsen**
トムゼン Thomsen**
トムセンフアタガ
Thomsen-fuataga
トムソン
Thompsom
Thompson**
Thomson***
Tomson**
ドムーゾン
Demouzon*
トムチャック
Tomczak
トムティー Thomte
トムディアン
Thomdean
ドムトン 'Brom ston
ドムナ Domna
ドムナク Domenach
ドムナック
Domenach**
ドムニック Domenic
ドムニナ Domnina**
ドムニン Domnin
ドムノス
Domnos
Dómnos
ドムバーゼ Dumbadze
トムパート Tompert
トムバーリ Tombari
トムプキンス
Tompkins
トムプキンズ
Tompkins*
トムプスン Thompson
トムプソン Thompson
ドムブロフスキス
Dombrovskis*

ト

トムボーソン
Thomborson
ドムホフ Domhoff
トムマヤンティー
Thommayanti
ドムヤン Domjan
トムヤンティ
Tomyanti*
ドムラチェワ
Domracheva*
ドムラット Domurat
トムラン Thomelin
ドムーラン Demoulin
トムリー Tomley
トムリエサ Tomuriesa
トムリス Tomris
トムリソン Thomlison
トムリン
Tomblin
Tomlin**
Tomline
トムリンス Tomlins
トムリンスン
Tomlinson
トムリンソン
Tomlinson***
ドムローズ Domrose
トーメ
Thomä*
Thomae
Thome
Torme*
トメ
Thomé
Tome
Tomé
トメー Tomé
ドメ Demez
トーメイ
Thome
Tomei
Tomey
トメイ
Tomei**
Tomey
トメイコ Tomayko
トメイン Tomeing**
ドメイン Demaine
トメガドグベ
Tomegah-dogbe
トメク Tomek**
ドメジエール
De Maiziére
ドメシーヌ Demessine
ドメシュー
Demessieux
ドメス Domes
トメスク Tomescu
ドメスティチ
Domestici
ドメゾン Demaison
トメック Tomek
ドメック Domecq
ドメディシス
De Médicis
ドメナック Domenach
ドメーニカ
Domenica*
ドメニカ Domenica*
ドメニキ Domenichi
ドメニキーノ
Domenichino
ドメニク Domenig
ドメニクス
Dominikus
ド・メーニコ
Domenico
ドメーニコ
Domenico***
ドメニーコ Domenico
ドメニコ
Domenico***
Doménico
ドメニコス
Domenikos
ドメニコーニ
Domeniconi
ドメニチ Domenici**
ドメニック
Domenic**
ドメネギーニ
Domeneghini
ドメネク
Domenech**
Doménech
ドメネック Doménech
トメノフ Tmenov
ドーメーラ Domela
ドメラ Domela
ドメリン Dommelen
ドーメル
Doomer
Dormehl
ドメル Dommel
トメルティ Tomelty
ドーメルニク
Doomernik
ドーメン
Dohmen
Dorman
トメンコ Tomenko
トモ Tomo
ドモアヴル De Moivre
トモヴァ Tomowa
ドモヴィチ Domović
トモヴィッチ Tomovic
ドモウスキー
Dmowski
トーモズ Thormod
トモス Tomos
トーモッド Thormod*
ドモトリエワ
Dmitrieva
トモフ Tomov
トモフスカ Tomovska
ドモフスキ Dmowski
ドモホフスキ
Dmochowski
ドモーラン Demolins
ドモラン Demolins*
ドモランド
Drummond
ドモランビル
DeMoranville
トモリ Tomori
トモルオチル
Tomorochir*
ドモルガン
De Morgan
ドモルデル Demolder
トモワ Tomowa*
トモン Thomon
ドーモン Dormon
ドモンジョ
Demongeot
Domongeot*
ドモンティニ
De Montigny
ドモンビヌ
Demombynes
トーヤ Toyah
トヤ Toya
トヤド Toyad
ドュイスベルク
Duisberg
ド・ユーヴィル
D'Youville
ドュヴェィ Duva
ドュギー Duguit
ドュシャトー
Duchâteau
ドューセン Dusen*
ドュチェル Duthiers
ドュッソリエール
Dussolier
ドュドイト Dudoit
ドユドオ Dudow
ドュドリー Dudley
ドュードンヌ
Dieudonne
ドュニ Denis
ドュブロブシック
Dubrovshchik
ドュムケ Dumcke
ドュメ Dumée
ドュリュ Duru
トュール Tour
トュルコット
Turcotte*
ドュルセ Durce
ドュールタール
Dhurtal
ドュレン Duren
ドュロシェ Durocher
ドユン Do-yoon
トヨタタイランド
Toyota-thailand
ドヨプ Do-youp
トヨン Thollon
ドヨン
Do-yeon
Do-yeong*
Doyon
Do-youn*
トーラ
Tora
Torah*
トーラー
Toler
Torah
トラ
Thōla
Tola
Tora*
Torá
Tra
Traz
Tu-la
トラー
Toler
Toller**
ドーラ
Dora***
Ntora
ドラ
Dara
Della
Dola**
Dora***
Dorat
Dullah
ドラー
Dolar
Dollar
トラア Toller
トライ Trai
ドライ
Drey
Dry
トライアー Treier
ドライアー
Dreier*
Dreyer***
Dryer
トライアス Tieryas
トライアーノ Traiano
トライアノス
Traianos*
トライアン
Traian*
Tryon
ドライヴァー Driver*
ドライエル Dreyer
トライオン Tryon**
ドライカ Draica
ドライカース Dreikurs
ドライク Dryke
トライコ Trajko
トライコビッチ
Trajkovic
トライコフ Traikov
トライコフスキ
Trajkovski**
ドライサー Dreiser**
ドライザ Dreiser
ドライザー Dreiser*
ドライサア Dreiser
ドライショック
Dreyschock
ドライシンガー
Dreisinger
トライス Trice
ドライス Drais
トライスター Traister
ドライスデイル
Drysdale*
ドライズデイル
Drysdale
ドライスデール
Drysdale**
ドライズデール
Drysdale*
ドライスバッハ
Dreisbach
ドラーイスマ
Draaisma
ドライスマ Draaisma
ドライゼ Dreyse
ドライゼク Dryzek
トライチケ Treitschke
トライチュケ
Treitschke*
トライチョ Traicho
トライツ Trites
ドライツェク Dryzek
ドライデン
Dryden***
ドライド Durayd
トライドス Trajdos
トライーニ Traini*
トライネン Treinen
トライバー Treiber**
ドライバー Driver**
ドライバーグ
Dryburgh*
トライバス Trivas
トライブ
Treib
Tribe*
ドライフ Drife
ドライファス Dreyfuss
ドライフォート
Dreifort
ドライフケ Dreifke
ドライフス Dreifuss**
トライマン Treiman
ドライヤー
Dreier
Dreyer**
Dryer
トライラット Tairat
ドライリンガー
Dreilinger
ドライリング Dreiling
トライローカナート
Trailokanat
トライロン Trairong
トライン Trine*
トラウ
Torau
Traugh
トラウア Trower
トラウアー Trower
トラヴァース Travers*
トラヴァーズ Travers
トラヴァード Travade
トラーヴィ Travi
ドラヴィエ Delavier*
トラヴィス Travis**
トラウィック Trawick

ドラヴィッチ Dravici
ドラヴィーニュ
Delavigne
トラヴィノール
Travenol
ドラヴェ Dravet
トラヴェル Travell
トラヴェルサーリ
Traversari
トラヴェルシ Traversi
トラヴェルソ
Traverso**
トラヴェン Traven
トラヴォーズ Travers
トラヴォルタ Travolta
トラウグット
Traugutt
トラウグート
Traugutt
トラーウゴット
Traugott
トラウゴット
Traugot
Traugott*
ドラウジオ Drauzio
トラウシュ Trausch*
トラウス Torous
トラウツ Trautz
トラウテ Traute
トラウデ Traude
トラウデル Traudl
トラウト
Traut**
Trout***
ドラウト Drought
トラウドゥル Traudl*
トラウトナー
Trautner
トラウトマン
Trautman
Trautmann**
Troutman
トラウトマンスドルフ
Trauttmansdorff
トラウドル Traudl
トラウトワイン
Trautwine
トラウトン Troughton
トラヴニー Trawny
ドラウニンダロ
Draunidalo
ドラヴネ Delavenay
ドラウパディー
Draupadi
トラウブ Traub**
トラウプ
Traub
Troup
トラウフラー Trauffler
トラウベ Traube
トラウベル Traubel*
トラウベルク
Trauberg
トラウン Traun
ドラウン Drown
トラウンスタイン
Trounstine
ドラウンタ
De Lahunta
DeLahunta
トラエ Trae
ドラエ Delahaye*
ドラエー Delahaye
ドラエイ Dolahaye
トラエッタ Traetta
ドラオヴィッチ
Draovitch
ドラオッタ Drahotta
トラオル Traore
トラオレ
Traore*
Traoré**
ドラガ Draga*
ドラカキス Drakakis
ドラガサキス
Dragasakis
トラカス Trakas
ドラガナ
Doragana
Dragana
ドラガニク Draganic
トラガノフ Tolaganov
ドラガン
Doragan
Dragan**
ドラカンパーニュ
Delacampagne
ドラガンヤ Draganja
ドラーギ Draghi
ドラキ Delaquis
ドラギ
Draghi*
Dragi
トラキア Trakia
ドラキア Dholakia
ドラギシャ
Dragisa
Dragiša**
ドラキス Dorakis
ドラギッチ Dragic
ドラキット Drackett
トラキディス
Tsolakidis
ドラキュラ Dracula
ドラギラ Dragila*
トラキン Trakin
ドラギン Dragin
トラク
Thorak
Trakh
ドラグ Dragu
ドラクウルチー
Delacourtie
トラクエール Traquair
ドラクザル Draksal
ドラクシッチ Draksic
トラークス Thrax
トラクス
Thrax
Thrāx
トラクスタン Truxtun
トラクスラー Traxler*
ドラクスラー Draxler
ドラクスル Draxl
ドラクスレル Draxler
ドラグセット Dragset
トラクセル
Trachsel
Traxel
ドラグーツ Dragut
ドラグティノビッチ
Dragutinović
ドラグーティン
Dragutin
ドラグティン
Dragutin
ドラグテスク
Dragutescu
トラクテンバーグ
Trachtenberg*
トラグテンベルク
Trogtemberg
トラクトン Tracton
ドラグネア Dragnea
ドラグネバ Dragneva
ドラグネフ Dlagnev
ドラグノーフ
Dragunov
ドラクマン
Drachmann
ドラグマン Dragman
ドラクリッチ
Drakulic*
Drakulić*
Drakulich
ドラクーリデス
Drakoulides
ドラクリーノ
Draculino
トラークル Trakl**
トラクル Trakl
ドラクール
Delacour
Delacourt*
ドラクルチー
Delacourtie
ドラグレスク
Dragulescu*
Drăgulescu
ドラクロア Delacroix*
ドラクロワ
De La Croix*
Delacroix**
ドラーグン Dragun
ドラグンスキー
Dragnskii
Dragunskij
ドラグンスキイ
Dragnskii
トラケー Traquet
ドラーケ Drake
トラゲラ Tragella
ドラーゴ Drago***
ドラコ Draco
ドラゴ
Drago**
Drogo
ドラゴー Drago
ドラゴイ Dragoi
ドラゴイチェヴァ
Dragoicheva
ドラコヴァ Drakova
ドラゴヴィッチ
Dragovic
ドラゴシュ Dragos
ドラゴスラヴ
Dragoslav*
ドラゴスラブ
Dragoslav
ドラゴッタ Dragotta
ドラコニテス
Drach
Draconites
ドラゴネッティ
Dragonetti
ドラゴネット
Dragonet
ドラゴフスキ
Dragowski
ドラゴマーノフ
Dragomanov
ドラゴミール
Dragomir
ドラゴリューブ
Dragoljub*
ドラゴリュブ
Dragoljub
ドラコン Drakōn
ドラゴン Dragon**
ドラコンチウス
Dracontius
ドラコンティウス
Dracontius
ドラゴンワゴン
Dragonwagon
トラサムント
Thrasamund
トラサルディ
Trussardi*
トラサンデ Trasande
トーラジ Taurasi
トラシ Tracy
トラシー Tracy*
トラシイ Tracy
ドラシェ Delachet
トラジェディ Tragedy
ドラジェン
Drazen
Dražen
ドラジオ D'Orazio
ドラーシコヴィッチ
Drachkovitch
ドラシコビッチ
Draskovic
ドラジスティック
Dragisic
ドラジッチ Draghici
ドラジニエール
De La Geniere
トラシブロス
Thrasybulos
ドラジャ Draja
ドラジャト Drajat
ドラジャン Dragin
ドラージュ Delage*
ドラシュコヴィチ
Drašković
ドラシュコヴィッチ
Drašković
ドラシュコビッチ
Draskovic
Drašković
Draskovics
トラジュコワ
Trazhukova
ドラジュニエール
De La Geniere
トラシュブルス
Thrasybulos
トラシュブーロス
Thrasybulos
トラシュブロス
Thrasuboulos
Thrasybulos
Thrasyubulus
トラシュマコス
Thrasumakhos
Thrasymachos
トラシュメデス
Thrasymedes
トラシュロス
Thrasullos
Thrasyllos
ドラジン Drazhin
トラース Tolaas*
トラス
Torras
Torres
Truss**
トラスウェル Truswell
トラスク Trask**
ドラスゴー Drasgow
トラスコット
Truscott*
トラスティド Trusted
トラストマン
Trustman
ドラズニン Draznin
トラスラー Trusler
ドラスワミ
Doraswamy
トラーゼ Toradze*
トラセア Thrasea
ドラソー Dhorasoo
ドラソーセイ
De la Saussaye
トラーゾルト Thrasolt
トラゾルト Thrasolt
トラダーテ Tradate
ドラチコヴィチ
Drachkovitch
ドラツェフ Drattsev
ドラッカー
Draucker
Drucker**
Druker*
ドラッガー Drucker
ドラッカーマン
Druckerman
トラック

ト

Track
Truck
トラッグ Truog
ドラッグ Drag
トラックス Trucks*
ドラックス Drax*
トラックスラー
Traxler
トラックスル Trachsel
ドラッグセット
Dragset
ドラックマン
Drachman*
Drachmann*
Druckman
トラックル Truckle
トラッコ Torraco
トラッサルディ
Trussardi
ドラッジ Drudge
トラッシュ Trush
トラッセル Trussel
トラッソーニ
Trussoni*
トラッチ Tracz
ドラッツィオ
D'Orazio*
トーラット Thorat
トラットー Trattou
トラッド Tradd
ドラット Delatte
トラッドギル
Tradgill
Trudgill*
トラットナー Trattner
トラットナア Trattner
ドラットフィールド
Dratfield*
トラットマン Tratman
トラットラー Trattler
ドラットル Delattre*
トラッパー Trepper
ドラッハ Drach*
トラップ Trapp**
ドラツーフ Drach
トラッフォード
Trafford
ドラップス Draps
トラップネル Trapnell
トラッペ Trape
ドラテ Derathé
トラーディ
Tladi
Tlali
トラティ Trutty
ドラティ Dorati*
ドラテイ Dorati
トラディスカント
Tradescant
トラデニウス
Tradenius
トラド
Torrado
Trad
ドーラード Dourado
ドラート Draat
ドラード
Dollard
Dourado
ドラトゥーシュ
Delatouche*
ドラトゥール Delatour
トラドニコ Tradonico
ドラドニーツィン
Dorodnitsyn
ドラドリエール
Deladrière
トラナ Trana
ドラナ Doranna
トラーニ Trani
トラニ Trani
ドラーニ Durrani
トラニアン Toranian
ドラニコフ Dranikoff
ドラニシニコフ
Dranishnikov
ドラヌー Delanoue
トラーネ
Thrane
Trane
トラネル Tranel
ドラネル Draner
ドラーネン Draanen*
ドラノア Delannoy
ドラノヴスカイア
Dranovskaya
ドラノエ
Delanoe***
Delanoë
ドラノブ Dranove
ドラノワ Delannoy**
トラーバ Traba
トラバ Traba
ドラバウスキー
Drabowsky
トラバシオ Travascio
トラバース Travers**
トラバーズ Travers*
ドラバス Drabas
トラバースボール
Travers-Ball
トラバーチ Trabaci
トラハチェンブロート
Trakhtenbrot
トラパッソ Trapasso
トラパットーニ
Trapattoni**
トラバッレージ
Traballesi
トラバデェル Travadel
トラハテンベルク
Trakhtenberg
トラハテンベルグ
Trakhtenberg
トラーパニ Trapani*
トラパニ Trapani
トラハノ Trajano
トラバリス Travaris
トラバルシ Tarabulsi
ドラパルム
Delaparme
トラハーン Traherne
トラハン Traherne
トラハント Trahant*
トラバント Trabant*
トラビ Torabi
ドラビー Delaby
ドラピエ Drapier
トラビエソ Travieso
ドラピェール
Delapierre
ドラビキウス
Drabicius
ドラビーク Drabík
トラビス Travis***
トラピド Trapido
ドラビーニュ
Delavigne
トラビネジャッド
Torabinejad
ドラピンスカ
Drapinska
トラーフ Thoralf
ドラファン Draffan
トラファント Trufant
ドラフォス Delafosse
トラフォード
Trafford*
ドラフォン Delafon
ドラーブキナ
Drabkina
ドラブキナ Drabkina
トラフキン Travkin*
ドラブキン Drabkin
ドラブキン Drabkin
トラブシダ Trapsida
トラブショー
Trubshaw*
ドラブシン Drapšin
トラフチェンブロット
Trakhtenbrot
ドラフツ Drafts
トラフテンベールク
Trakhtenberg
ドラフト Dragt**
トラフトン Trafton*
ドラフマン Drachman
トラブラー Travler
トラーブリー Torabli
トラブル Trouble
ドラブル Drabble**
ドラーヘ Drache
ドラベ Dravet
トラヘアー Trahair
トラベア Trabea
ドラーベク Drábek
トラペーズニコフ
Trapeznikov
トラペズニコフ
Trapeznikov
トラペズーンティオス
Trapezuntios
トラペズンティオス
Trapezuntios
ドラベッキー
Dravecky
ドラベッラ Dolabella
ドラベーヌ Delaveyne
トラベーホ Trevejo
ドラベラ Dolabella
トラベル
Travell
Traver
トラベルシ Trabelsi
トラベルソ Traverso*
トラベルビー
Travelbee
トラーベン Traven
ドラベンストット
Drabenstott
ドラボ Drabo
ドラポウ Drapeau
ドラホタ Drahota
ドラホトヴァ
Drahotová
ドラホトバ Drahotova
ドラホマーノフ
Drakhomanov
ドラボラ Dlabola
トラボルタ Travolta**
ドラボルド Delaborde
ドラポールト
Delaporte
ドラポルト
Delaporte**
ドラマー Drummer
ドラマニ
Dlamani
Dramani**
ドラマヌ Dramane
ドラマネ Dramane
ドラマール Delamare
ドラマン
Delamain
Dramane
トラミー Trummy
トラーミツ Tramitz
ドラミニ Dlamini**
ドラミュラ
Delamuraz*
トラム
Tram
Trm
ドラム
Drum
Dulam
トラムカ Trumka
トラムズ Trahms
ドラムスレンギン
Dulamsurengiin
トラムブル Trumbull
トラムブレイ
Trembley
ドラムモンド
Drummond
ドラムンド
Drummond
ドラメ Drame
トラメイン
Tramain
Tramaine
Trumaine
トラメッロ Tramello
トラメール Tramer
トラメル
Tramel
Trammell*
ドラメル Delamair
ドラモア Dolamore
ドラモット
Delamotte*
ドラモンド
Drammond
Dramond
Dramund
Drummond***
Drumonnd
トラヤ Thoraya**
トラーヤーヌス
Trajanus
トラヤヌス Trajanus
トラヤン Traian
ドラランド
De Lalande
トラーリィ Tlali*
ド・ラ・リヴィエール
Delarivier
ドラーリス Doralies
ドラリュ Delarue**
トラル Toral
トラルヴ Toralv
ドラルディーナ
Doraldina
トラルバ
Torralba
Torralva
トラルフ Toralf
トラルボー Tralbaut
ドラレクス Delalex
トラーレス Tralles
トーラレンセン
Thorarensen
ドラロジエール
Delarosiere*
ドラローシュ
Delaroche
ドラロシュ Delaroche
ドラロッシュ
Delaroche
トラローリ Trallori
トーラン
Tauran
Taurin
Tolan
トラン
Tolain
Torrend
Train*
Tran**
Trân
ドーラン
Dolan**
Doran**
ドラン
Derain*
Dolan*
Doran**
Dorin*
Drain
ドランヴァロ
Drunvalo

トラング Trung
ドランク Dorank
ドラング Drang
トランクィッリ
Tranquilli
トランクイッロ
Tranquillo
トランクィリ
Tranquilli
トランクィリナ
Tranquillina
トランクィルス
Tranquillus
トランクイロ
Tranquillo*
トランクゥイッルス
Tranquillus
ドランクール
Drancourt
トランケル Trankell
ドランゲル Dranger*
ドランゴ Drango
トランコフ Trankov**
ドランサール
Dransart
ドランジェ Dollinger
トランシジオ Trasizio
トランシャン
Tranchant
ドランジュ D'Orange
トーランス Torrance*
トランス Torrance*
ドーランズ Dorrans
ドランス Dorrance
トランスキー
Tolansky
トラーンストレーメル
Tranströmer
トランストレーメル
Tranströmer
トランストロンメル
Transtromer
Tranströmer***
ドランスフィールド
Dransfield
トランスフェルト
Transfeldt
トランゾス Toranzos
トランター Tranter**
トランダー Tollander
トランダル Tollendal
トランタン Trentin
トランチダ Tranchida
ドランツ Dolanc*
ドランテ Dorantes*
トランティ Tranthi
トランティニアン
Trintignant
トランティニャン
Trintignant**
ドランテス Dorantes
トランデンコフ
Trandenkov
トーランド Toland***
トラントヴ Trantow
トラントゥール
Trantoul
ドランヌ Delanne
ドランノア Delannoy
トランバル Trumbull
ドランバロ Drunvalo
トランプ Trump***
トランファーリア
Tranfaglia
トランプラー
Trampler
Trumpler
トランブル
Trumbull***
ドランブール
Derenbourg
ドランブル Delambre
トランブレ
Tremblay**
トランブレー
Tremblay**
トランペッター
Trumpeter
トランベヤー
Trandberg
トランベル Trumbull
トランペルト
Trampert
トランボ Trumbo*
トランボア Trumbore
トランメル
Trammell*
トランリー Tranly
トーリ
Tolli
Tori**
Torii*
Torre***
Torrey
トーリー
Thole
Tolly
Torrey*
Tory*
トリ
Tolly
Tori*
Tory
Tri
Try*
トリー
Tolle
Tolley
Torii
Torrey*
Torrie
Tory*
Tre
Tree
ドーリ Doré
ドーリー
Dawley*
Dooley*
Doorley*
Doorly
Doory
Dori
ドリ Dori**
ドリー
De Lee
Dolley*
Dolly***
Dore*
Dori*
Dorie
Dorothea
Dorri
Dörrie
Dory**
トリーア Trier*
トリア
Tria
Trier*
トリアー Trier**
ドーリア Doria
ドリア
Doria*
Dori'a
Drea
ドリアー Dreer
トリアカ Triaca
トリアス Trias*
ドリアース Dreares
ドーリアック Doleac
ドリアック Dauriac
トリアッチ Togliatti
トリアッティ
Togliatti*
トリアーナ Triana
ドリアーナ Doriana
トリアーノ Triano
トリアル Trial
ドリアル Dorial
トーリアン Taurean
トリアン
Taurean
Toljan
ドリアン
Dorian**
Dorien
Dorrian
Drian
ドリアンスキー
Dryansky
ドリアンダー
Driander
トリアンタフィッリディー
Triantafillidi
トリアンダフィリディス
Triantaphyllides
トリアンダフィーロフ
Triandafillov
トリアンディス
Triandis
ドーリアント Dorleant
トリアンドス Triandos
トリアンニ Trianni
トーリィ Tolly
トーリイ Torrey
トリイ
Torey**
Torii
ドーリィ Dooley
ドーリイ Doorly
ドーリィティー
Daugherty
トリイフォッシュ
Tolgfors
ドリイン Doreen
ドリウ Drieu
トリヴァー
Taliaferro
Toliver
ドリーヴァー Dreaver
ドリヴァ Doliva
トリヴァース Trivers*
ドリヴァル Dorival
トリヴィサワウェー
Trivisvavet*
ドリヴェ D'Olivet
トリヴェッラート
Trivellato
トリヴェディ Trivedi*
トリウェトゥス
Trivetus
ドリーヴォ Dolivo
ドリヴォ Dolivo
トリーヴズ Treves
トリウス Trius
ドリウッチ Driuchi
トリウムフス
Triumphus
トリヴルツィオ
Trivulzio
トリエ Trillet
ドリエウス Dōrieus
ドリエージュ Deliège
トリエション
Torgersson
ドリエス Dries
トリエスト Triest
ドリエセン Driessen
トリエツェンベルグ
Triezenberg
ドリエッセン Driessen
ドリエド Driedo
トリエル Trier
トリエンテ Torriente
トリオー Triau
ドリオ
Dorio
Doriot
トリオゾン Trioson
トリオタフィロー
Triautafyllou
ドリオトン Drioton
トリオラ
Toriola
Triora
ドリオラ D'Oriola
トリオレ
Triolet*
Trioret
トリオレー Triolet
ドリオン
Dorion*
Drion
トリーガー Trieger
トリガー Trigger
トリカード Tricaud
トリガノ Trigano**
トリカリーコ
Tricarico
トリカール Tricart
トリカル Tricart
ドリガルスキ
Drygalski
ドリガルスキー
Drygalski
ドリク Dorrik
トリグヴェ Tryggve
トリグヴェセン
Tryggvesson
トリクウピス
Trikoupis
トリクシ Trixi
トリクシー Trixie
トリクーピス
Trikoupis
トリグベ Trygve*
トリグボフ Triguboff
トリーグラフ Trieglaff
トリグラント Trigland
トリクリニオス
Triklinios
トリーグル Treigle
トリグル Triggle
トリケット Trickett**
トリケマダ
Torquemada
トリゲロス Trigueros
トリコ Torrico
トリゴ Trigo
トリゴー
Tregoe*
Trigault
ドリーゴ Drigo
ドリゴ Drigo*
トリゴソ Trigoso
トリコピス Trikoupis
トリコミ Tricomi
トリゴン Trigon
トリーザイズ Trezise*
ドリザス Dorizas
トリージ Torrisi
ドリシ Dorisy
トリシア
Tricia**
Trisha*
Trissia
トリジアーニ
Trigiani*
トリシェ Trichet*
トリシエ Troussier
トリーシャ
Treesha
Tricia*
Trisha*
トリシャ
Tricia
Trisha**
ドリーシャー Drescher
ドリージャー Driedger
トリシャス Tolischus
トリジャーノ
Torrigiano
トリシュ Trish*

ト

ドリーシュ Driesch**
トリシュカ Trischka
トリシュース
Tolischus
トリーシュマン
Trieschman
トリション Trichon
トリーシン Trisilpa
トリシン Torshin
トーリス Thooris
トリース
Trease
Treece*
トリーズ Trease*
トリス Tris**
ドーリス Doris*
ドリース
De Lies
Derys
Dries
ドリス
Dorais
Doris***
Dorris**
Dries*
Driss*
Drys
ドリズィン Drizin
ドリスキー Driskill
ドリスキル Driskill
ドリスケル
Driskel
Driskell
ドリスコ Drisko
ドリスコール
Driscoll**
ドリスコル Driscoll**
トリスター Treaster*
トリスターノ
Tristano*
トリスターン Tristán
トリスタン
Tristan***
Tristán
トリステム Tristem
ドリステル Drisdelle
トリスト Trist
トリストラム
Tristram**
Trystram
トリスノユオノ
Trisnojuwono
トリーズマン
Treisman
トリスムンド
Thorismund
トリスモジン
Trismosin
トリスラー Trissler
ドリスラス Dorislaus
ドリスレーン Drislane
ドリスレン Dorjsuren
ドリゼ Dolidze
トリセリ Torricelli
ドリーセン Driessen
ドリーゼン Driesen
トリソ Tolisso
ドリゾ Drizo
ドリゾー Dridzo
トリソワン Trethowan
トリソン Tollison
ドリータ Dorita
ドリタ Dorita
ドリタラーシュトラ
Dhṛtarāṣṭra
ドリタン Dritan
トリチェッリ
Torricelli
トリチェリ Torricelli
トリチェリー
Torricelli
ドリチェンコ
Dorichenko
トリーチャー Treacher
ドリツァス Dritsas
トリッカ
Tríkka
Trikkaîos
トリッカー Tricker
トリッガー Trigger*
ドリッカマー
Drickamer
トリッキー Tricky
トリッギアーノ
Triggiano
トリック Trick
トリッグ Trigg
ドーリック
Doric
Dowrick
トリックス Tricks
トリッグス Triggs
ドリッサ De Lisser
ドリッサー DeLisser*
トリッシィ Trisi
トリッシーノ Trissino
トリッシノ Trissino
トリッシャ Trischa
トリッシャー Trischa
ドリッジャー Driedger
トリッシュ Trish*
ドーリッシュ Dawlish
トリッシュラー
Trischler
トリッチ
Tolić
Tolitch*
Tritsch
トリッチェリ
Torricelli
トリッチャー
Tritscher*
トリッツ Tritz*
ドリッツ Drits
トリッティン
Trittin**
トリッティンガー
Trittinger
トリッテン Tritten
トリット Tritto
トリッド Torrid
ドリット
Dorit*
Dorrit
トリットン Tritton
トリッピ Trippi
トリッピア Trippier
トリッピアー Trippier
トリップ
Trip*
Tripp*
Trippe**
トリップス Trips
ドリップス Dripps
トリッペル Trippel
トリーティ Torriti
ドリディ Doridi
ドリティマン
Dhritiman
トリテミウス
Tritheim
Trithemius
トリート Treat***
トリドゥアナ
Triduana
トリードウェル
Treadwell
トリトニウス
Tritonius
トリトハイム Tritheim
ドリドビッチ
Dolidovich
ドーリトル Doolittle
ドリトル Doolittle**
トリトン Tritton
ドリトン Driton
トリーナ
Trina**
Tríona
トリナ Trina
トリナー Triner
ドーリナ Dolina
ドリナー Doliner
ドリナール Dolinar
トリーニ
Tonino
Trini
トリニ Trini*
トリニー Torigny
ドリニー Dorigny
トリニアン Trinian
トリニダ Trinidad
トリニダッド Trinidad
トリニダード
Trinidad**
トリニダド Trinidad
トリニテ Trinité
ドリニャー Delignat
ドリニャーラヴォー
Delignat-Lavaud
ドリーニュ Deligne
ドリーニン Dolinin
トーリーヌ Taurines
ドリーヌ Dorine
トリーネ Trine*
ドリネル Dorinel
ドリネンベルク
Drinnenberg
ドリノフ Drinov
トリノン Trinon
トリバー
Toliver
Tolliver
ドリーバー
Dreaver
Driever
トリパシー Tripathy
トリバース Trivers*
ドリバス Drivas
トリパーティー
Tripāṭhī
トリパティ Tripathi
トリハトモジョ
Trihatmodjo
トリパニス Trypanis
ドリバル Dorival
トリバレン Tribarren
トリビー Tribby
トリピエー Tripier
ドリビエ Dolivier
トリービオ Toribio
トリビオ Toribio*
トリピオドーロス
Tryphiodoroz
トリピオドロス
Triphiodōros
トリビオン
Toribiong*
トリビザス Trivizas
トリビソンノ
Trivisonno
トリフ Triff
ドリーブ Delibes
ドリフ
Dourif
Drife
トリファイナ
Trýphaina
トリフィオドロス
Triphiodorus
トリブイヤール
Tribouillard*
トリフィン Triffin*
トリフォサ Tryphôsa
トリフォナス Trifonas
トリフォーニ Trifoni
トリフォニー
Triphonie
トリフォノヴィチ
Trifonovich
トリーフォノフ
Trifonov**
Trifonova
トリフォーノフ
Trifonov
トリフォノフ Trifonov
トリフォノポウロス
Tryphonopoulos
トリフォノワ
Trifonova
トリフォン
Triphon
Tryphon
トリプサ Tripsa
トリプサス Tripsas
ドリプスチ Dolipschi
トリフソン Tollifson
トリフッチ Tributsch
トリブッチ
Tributsch*
ドリフテ Drifte*
トリプトレモス
Triptolemos
トリブーノ Tribuno
トリフノブ Trifunov
トリブフヴァン
Tribhuvan
トリプラー Tripler
トリブル Trible*
トリプル
Triple*
Tripple
トリプルホーン
Tripplehorn
トリプレット Triplett
トリブワナー
Tribhuwanā
ドリベ D'Olivet
ドリベイラ D'Oliveira
ドリベイララモス
D'oliveira Ramos
トリベット
Trevet
Tribbett
トリペット Trippett
トリベディ Trivedi*
トリベニョ Triveño
トリベリ Trivelli
トリーベル Triebel
トリーペル Triepel
ドリボ Dolivo
トリーホス Torrijos
トリホス Torrijos**
トリボーニアーヌス
Tribonianus
トリボニアヌス
Tribonianus
トリホノフ Trifonov
トリポリ Tripoli
トリーボロ Tribolo
トリポン Tripon
トーリマ Taurima
トリマー Trimmer*
ドリーマー Dreamer*
ドリマー Drimmer
ドリーマイヤー
Driemeyer
トリーマン Trieman
ドリーミアス
Dreamius
トリム Trim*
トリムイヤ
Trimouillat
トリムベルク
Trimberg

トリムルトゥル
Trimurtulu
ドリムレン
Drimmelen
トリメイン
Tremaine*
Tremayne
ドリモア Dollimore
トリヤ Trillat*
トリヤー Trier
ドーリャック
D'Aurillac
ドーリヤック
D'Aurillac
トリヤトノ Triyatno
ドリヤン Dorijan
トリュ Tolj
ドリュ
Dorus
Drieu*
ドリュー
Drew***
Drieu
Jrue
ドリュア Drieu
ドリュアンティラ
Dryantilla
ドリュイ Deruy
ドリュイエ Druillet
ドリュウ
Drew
Drieu
ドリュエ Deruet
トリュオン Truong*
ドリュオン Druon***
トリュオング Truong
トリュグヴァソン
Tryggvesson
トリュグヴェ Trygve
トリュグベ Trygve
ドリューケ Drüke*
ドリュケール Drucker
ドリューシウス
Drusius
トリュショ Truchot
ドリュース
Drews
Driulis
Driulys*
ドリュスカット
Druskat
ドリュスソス
Doryssus
トリューズデル
Truesdell
ドリューゼダウ
Drüsedau
トリューセン Torjusen
トリュック Truc*
トリューニヒト
Treurnicht
トリューパー Trüper
トリュピオドーロス
Triphiodorus
トリューブ Trüb
トリューブ Trüb
トリュフォ Truffaut
トリュフォー
Truffaut**
トリュフォン
Truphōn
Tryphon
トリューブナー
Trübner
トリュープナー
Trübner
トリュブナー Trübner
ドリュモー
Delumeau**
ドリュモン Drumont
ドリュライオン
Dorylaeum
ドリュラエウム
Dorylaeum
ドリューリー Drewery
トリユルヴァイレール
Trierweiler*
トリュルシュ Trülzsch
トリュルス Torgils
トリユルバイレール
Trierweiler
トリューレン Treuren
トリュンパー
Trümper*
トリーヨ Trillo
トリョーシニコフ
Treshnikov
トリヨレ
Triolet
Trioret
ドリラー Driller
トリリア
Treille
Trilia
Trille
ドリリアン Drillien
トリリーニ Trillini**
トリリョ Trillo
トリリン Trillin*
トリリング
Tirlling
Triling
Trilling**
トーリル
Thorhid
Torill
トリール Trier
トリル Toril
ドーリル Doreal
ドリール
Delille
Delisle
Doreal
ドリル
Delille
Delisle
Delyle
トリルッサ Trilussa*
トーリルド
Thorild
Torild
トリルド Torild
トリルビー Trilby
トリルリヒ Trillich
トリローニ Trelawny
トリローニー
Trelawny*
トリローニィ
Trelawny
ドリロン Drilon
トリワーサ Trewartha
トーリン
Tolin
Torin
トリーン Treen
トリン Trinh**
ドーリーン Doreen
ドーリン
Dolin*
Dollin
Doreen
Doren
ドリーン
Doreen**
Dorien
D'reen
ドリン
Dolin
Doling
Dorin
トリンカ
Trinca
Trynka
ドリンカー Drinker*
ドリンガー Dollinger*
トリンカウス Trinkaus
ドーリング
Dawling
Doehring
Doering
Dorling*
Dowling*
ドリンクウォオタア
Drinkwater
ドリンクウォータ
Drinkwater
ドリンクウォーター
Drinkwater*
ドリンクウォター
Drinkwater
ドリンクホール
Drinkhall
ドリンクマン
Drinkman
トリンクラー Trinkler
トリンクル Trinkl
トリンシ Trinci
ドーリンジャー
Doeringer
トリンスキー Tolinski
ドリンスキ Dolinski
トリンタ Trinta
トリンダー Trinder*
ドリンダ Dorinda*
トリンダーデ
Trindade
トリンダデ Trindade*
トリンダール Trindall
トリンチャ Trincia
トリントン
Tollington
Torrington
ドリンヌ Dorinne
ドリンバ Drîmbă
ドリンフェルト
Drinfeld
ドリンフェルド
Drinfeld*
トリンブル
Tribble
Trimble***
トリンベルク
Trimberg
トール
Tall
Talle
Theule
Thor***
Thór
Toal
Tol
Toll*
Tolle*
Tor***
Tord**
Tore
Torr
Tort*
Towle*
トールー Toru
トル
Thor
Tol*
Toll
Tor
Tort
トルー
Trew*
True*
ドール
Dall*
D'Aure
Dhoore
D'hoore
Dole***
Doll**
Dor**
Dorl
Dorr*
Dort
ドル
Doll*
Dor
Dorr
Dru
ドルー
De Roo
Derreaux
Drew***
Drewe
Dru*
Drut
トルアックス Truax
ドルアール
Drouard
Drouart
トールアルネ
Tor Arne
ドルーアン Drouin*
ドルアン
Drouin
Drouyn
トルイ
Tolly
Tolui
ドルイー Drouilly
トルーイット Truitt
トルイユ Trouille
ドルーイン Drouin*
トルヴァイ Torvay
トールヴァル
Thorwald
トルヴァール Torvald*
トルヴァル Thorvald*
ドルヴァル Dorval
トールヴァルセン
Thorvaldsen
トルヴァルセン
Thorvaldsen
トールヴァルト
Thorwald
トールヴァルド
Thorwald
ドールヴィイ
D'Aurevilly*
ドルヴィイ
D'Aurevilly
ドルウィック Dolwick
ドルヴィーユ Dorville
ドールヴィリ
D'Aurevilly
ドールヴィリー
D'Aurevilly
ドルヴィリ
D'Aurevilly
ドルヴィリー
D'Aurevilly
ドルヴィリイ
D'Aurevilly
トルヴィル Trouville
ドルヴィル Dorville
トルーヴェ Truvé
トルウェイ Tluway
ドルヴォー Dorvault
トルウドオ Trudeau
トルウパック Trupak
ドールエ Drouais
ドルーエ
Drouais
Drouet**
ドルエ
Drouet
Druet
ドルエー Delehaye
ドルーエット
Drewett**
トルエドソン
Troedsson
トルエバ Trueba
ドルオ Drouot
ドルオー Drouot
トルオーグ Truog
トルガ
Tolga
Torga**
ドルーカー Druker
トルガイ Tolgay
トルガシェフ
Torgashev
ドルカス Dorkás
トルカチェフ
Tolkachev
トルカチェワ
Tolkacheva

ト

トルカートオ Torquato
トルガニーニ Truganini
トルカーピヤ Tolkāppiya
ドルガ・ラール Durgalālā
トールカン Tolkan
トルガン Thorgan
ドルガン
Dolgun
Dorgan
トルキ
Torchi
Turki
トルキア Torchia
ドルギエル Dolghieru
トルキオ Torchio
ドルギフ Dolgikh*
トルキル Thorkild**
トルキルセン
Thorkildsen
トルギルソン
Thorgilsson
トルキルドセン
Thorkildsen**
トールキン Tolkien**
トルキーン Tolkien
トルキン Tolkin
ドルギンス Dolgins
トールク Tholuck
トルク Torg
ドルーグ Droog
トルクァート
Torquato*
トルクアート
Torquato
トルクアト Torquato
トルクァトゥス
Torquatus
トルクアトゥス
Torquatus
ドルグーシン
Dolgushin
トルークス Truex
トルクセス Truchsess
トルグト Turgut*
トルグニィ Torgny
トルクノフ
Tolkunov
Torkunov*
トルクマニ Turkmani
トルクメン Türkmen
トルクリア Trkulja
トルクリャ Trkulja
トルクルス Torklus
トルグレン Thorgren
トルクワート
Torquato
トルグン Turgun
トルケシュ Türkeş
トルケスタニ
Torkestani
トルケッター
Tollkötter
ドルケヌー Dorkenoo
トルケマーダ
Torquemada*
トルケマダ
Torquemada
トルケリン Thorkelin
トルケル Torkel
トルゲルセン
Thorgersen
Tolgellsen
ドルーゲンブルート
Droogenbroodt
ドルーゲンブロート
Droogenbroodt
トルコウスキー
Tolkowsky*
トールコット Talcott
ドルゴビッチ
Dolgowicz
ドルゴピャト
Dolgopyat
ドルゴフ
Dolgov
Dolhov
ドルゴポル Dolgopol
ドルゴポロフ
Dorgoprov
ドルゴポーロワ
Dolgopolova
ドルゴル Dolgor
ドルゴルーキー
Dolgorukii
ドルゴルーコヴァ
Dolgorukova
ドルゴルスレン
Dolgorsuren
Dolgorsürengiin*
ドルゴレフ Dolgolev
ドルゴワ Dolgova
ドルゴン Dorgon
トルサ Tolsá
トルサー Tolsá
ドルサンビル
Dorsainvil
ドルシ
Dorsch
D'Orsi
ドルシー Dorsey*
ドルジ Dorji*
ドルジア Dorziat
トルシエ Troussier**
ドルジェ
D'Orgeix
Dorje
Dorji
Rdo rje
ドルジェヴィック
Drljevic
ドルジェゲルポ
Rdo rje rgyal po
トールシェーテル
Torseter
ドルジェフ Dorjeff
ドルジエフ Dorzhiev*
トルシェブーフ
Torcheboeuf
トルシエール
Troussier
ドルシェル Dorschel
ドルジスラフ Držislav
ドルジスレン
Dorjsuren
トルシッチ Tolušić
ドルジッチ Držić
ドルシッラ Drusilla
ドルジニャンブ
Dorjnyambuu
ドルジーニン
Druzhinin*
ドルジニン Druzhinin
ドルジハンド
Dorjkhandyn
トルジマン Tordjman
ドルジャーキナ
Druziakina
ドルジャーク Dolšak
トルジャーン Torgyán
トルーシュ Trusch
ドルーシュ Delouche
ドルシュ Dorsch
ドルジュヴィエツキ
Drzwiecki
トルシュタイン
Torstein
トルシュテン
Thorsten*
Torsten
トルジュマン
Tordjman
ドルジュレス
Dorgelès*
ドルシラ
Drousilla
Drusila
Drusilla*
トルーシン Trushin
トルシン Trooshin
トルジーン Tolzien
ドルジーン Dorjiin
トルジンカ Trzynka
ドルジンツレン
Doljintseren
トールズ
Toles
Towles
トルース
Troth
Truth
ドールス D'Ors
ドルース Druce
ドルーズ Deleuze
ドルス D'Ors
トルースキン Trooskin
ドルースス Drusus
ドルスス Drusus
トルスターヤ Tolstaia
トルスタヤ
Tolstaia
Tolstaya**
ドルスチウス Dolscius
トルスティー Tlusty
トールスティン
Thorsteinn*
トルステインソン
Thorsteinsson
トルステナ Trstena
トルステニャク
Trstenjak*
トルーズデル
Truesdell
トールステン
Torsten**
トルステン
Thorsten*
Torsten**
トルステンコ
Tolstenko
トールステンソン
Thorstensson
トルステンソン
Torstensson
トルステンダール
Torstendahl
ドルスト Dorst***
トルストーイ Tolstoi*
トルストイ
Tolstoi***
Tolstoï
Tolstoy**
トルストイフ Tolstyv
トルストウホフ
Tolstoukhov
トールスドッティル
Thorsdottir
トルストフ Tolstov
ドルスポール
Delespaul
トルスマ Tolsma
トールスルンド
Thorslund
ドルセ Dulce
ドルセク Drsek
トルセリーニ
Torsellini
トルセリーノ
Torsellino
トルーゼル Truszel
ドルセール Delessert
トールセン Thorsen
トルセン Thorsen
ドルセン Dolsen
トルソー Trousseau
トルーソヴ Trusov
トルソワ Trusova
トールソン Tolleson
トルソン
Thorsson
Tolson
トルーダ Truda
トルダ
Torda
Truda
ドルタ
Dorta
D'Orta
Drda
ドルダ
Dorda
Drda
ドルダー Dolder
トルダイ Tordai
トルターナ Tortora
トルタハーダ
Tortajada*
ドルダン Doldán
ドルチ Dolci*
トルチアック
Trzeciak*
トルチヴィア Torcivia
ドルチェ Dolce**
ドルチェブオーノ
Dolcebuono
ドルチェンコ
Dolchenko
ドルチニーナ
Droutchinina
ドルチーノ Dolcino
ドルチノ Dolcino
トールチーフ
Tallchief*
トルチュ Tortu**
トルチン Tolchin
トルチンスキー
Tolchinsky
トルツ Toltz*
ドルツ
Doltz
Dolz
ドルツァス Droutsas
トルツィンカ Trzcinka
ドルーツェ
Drută
Druță
Druţă
ドルツェ
Druță
Drutse
トールック Tholuck
ドルックレー
Druckrey
トルッビアーニ
Trubbiani
トルーデ Trude
ドルーデ Drude
ドルテ Dorte
トールティ Talty
トルーディ
Trudi*
Trudy*
トルディ Toldy
ドルティエ Dortier
ドルテイカ Druteika
ドルティーグ
D'Ortigue
ドルティグ D'Ortigue
トルティーニ Tortini*
トルデシャス
Tordesillas
トルデシーリャス
Tordesillas
トルデシリャス
Tordesillas
トルデッラ Tordella
トルーデル Trudel

トルテル Tortel
トルテローロ
Torterolo
ドルーテン Druten
トルデンスギョル
Tordenskjold
トルート Truett
トルード Trude*
トルードー Trudeau*
トルド
Toldo*
Tord
Trudo
トルドー Trudeau***
ドルト
Dold
Dolto**
Dort
ドルトー Dolto
ドルド Dold*
トルドウ Trudeau
ドルトゥス Dortous
トルトゥリエ Tortelier
ドルトクリ Dortkuli
ドルトグリ Durtguly
トルトーサカブレラ
Tortosa Cabrera
ドルドニ Dordoni
ドルドニェス
D'Ordoñez
トルトネフ Trutnev
トルートフェッター
Trutvetter
トルドペルト
Trudpert
トルートマン
Troutman
トルドラ Toldrá
ドルドラ Drdla
ドールトリ Daltrey
トルトリエ Tortelier*
ドールトレイ Daltrey
トルトレッラ
Tortorella*
トルトン Tolton
ドールトン
Dalton*
Daulton
Doulton
ドルトン
Dalton***
Dolton
ドルナー Dorner*
トルナイ
Tolnay*
Tornai
Torney
トルナウ Tornau
トルーナジャヤ
Trunadjaja
ドルナソ Drnaso
トルナトーレ
Tornatore**
ドルニー Dorny
ドルニエ Dornier
ドルニェイ Dörnyei
トルニオル Tornior
ドルニチャヌ
Dolniceanu
ドルニック Dolnick
トルーニョ Toruno*
トルネ Thorne
ドルネー Dor-Ner*
トルネイ
Tolnay
Torney
トルネウス Torneus
トルネーク Tornek
トールネケ Törneke
ドルネマン
Dornemann
トルネル Turner
ドルネル
Dornel
Dorner
ドルネーレス
Dornelles
ドルネレス Dornelles
トルネンコフ
Trunenkov*
トルノ Tolno
ドルノ Dorno
ドルノア D'Aulnoy
ドルノウシェク
Drnobsek
Drnovsek
Drnovšek**
トルーノジョヨ
Trunadjaja
トルノジョヨ
Trunojoyo
トルノラー Tornolah
ドルノワ D'Aulnoy
トルハ Tolchah
トルバ
Tolba
Toleba
トルバイ Turbay**
ドルバウム Dollbaum
トールバーグ Tollberg
ドルバーグ Dalberg
トルハースト Tolhurst
ドルバック
D'Holbach*
トールバット
Talbot
Talbut
トールバート Talbert
トルバート
Talbert
Tolbert**
Torbert
ドルバニ Dorbani
ドルハーノヴァ
Dolukhanova
トルハーピヤール
Tolkāppiyar
トルハーピヤル
Tolkāppiyar
トールバル
Thorvald**
トルーバル Trubar
トルバル Trubar
ドルバル
Delval
Dorval
Drbal
Durval
トールバルズ Torvalds
トルバルズ Torvalds
トルバルセン
Thorvaldsen
トールハルソン
Thórhallsson
トルハルソン
Thórhallsson
トールバルト
Thorwald
トールバン Thorvald
トルバン Torban
トルビー Truby
ドールビー Dalby
ドルヒ Dolch
ドルビー
Dalby
Dolbey
Dolby**
トルービア Torrubia
ドルビア Dolbeer
ドールビイ
D'Aurevilly
ドルビイ Dolby
ドールビイイ
D'Aurevilly
トルピーゴ Tolpygo
トルピゴ Tolpygo
トルヒージョ Trujillo
トルヒジョ Trujillo
トルビド Torbido
ドルビニー D'Orbigny
トルピミール Trpimir
トルヒューロ Trujillo
トルーヒヨ Trujillo
トルヒーヨ Trujillo
トールビョール
Thorbjørn
トルビヨルネル
Torbjörner
トールビョールン
Thorbjorn*
Thorbjørn
Thorbrorw
トールビョルン
Thorbjörn
Thorbjørn*
Thorbrorw
Torbjørn*
トールビヨルン
Thorbjoern
トルビョルン
Thorbjörn
Torbern
Torbjörn
Torbjørn
トルビョーン
Torbjörn
ドールビリ
D'Aurevilly
トルヒーリョ Trujillo
トルヒリョ Trujillo*
トルピン
Tolpin
Trupin
ドルービン Drubin
トループ
Throop
Troup*
Troupe*
トルプ
Torp
Torup
ドルフ
Dolf**
Dolph**
Dorf
ドルフィ Dolphy
ドルフィー Dolphy*
ドルフィニ Dolfini
ドルフィネ
Dauphinais
トールフィン Thorfinn
トルフィン Thorfinn
ドルフィン
Dolfin
Dolphin
ドルフェル Druffel
ドルフェン Dolfen
トルプコ Tolubko
トルプコーヴァ
Trpkova
トルプコビッチ
Trupković
ドルフース Dollfuss
ドルフス Dollfuss
トルフゼス Truchseß
ドルフナー Dorfner
トループニコヴァ
Trubnikova
ドールブニャ Dolbnia
トルブーヒン
Tolbukhin
トルブホヴィッチ
Trbuhović
トルブホビッチ
Trbuhović
ドルフマイスター
Dorfmeister**
ドルフマン
Dorfman**
Dorfmann
ドルフミュラー
Dorfmüller
ドルフュス Dollfus
トルーブラッド
Trueblood
トールブリーツ
Thorbrietz
ドルベ
D'Orbais
Dorbay
ドルベー
D'Orbais
Dorbay
ドルベアー Dolbeare
トルベウェーヴ
Tolubeyev
トルベケ Thorbecke
トルベック Tolbecque
トールベッケ
Thorbecke
トルベッケ Thorbecke
トルベツコーイ
Trubeckoj
Trubetskoi
トルベツコイ
Trubetskoi*
Trubetzkoy
トールベルク
Torberg*
ドルベルグ Dolberg
トルーヘン Truhen
トルベン
Thorben
Torben*
ドルボー Dolbeault
トールボット
Talbot*
Talbott
トルボット
Talbot
Talbott
トルポパ Dol po ba
トールボリ Thorborg
トールボリ Thorborg
トールボルク
Thorborg
トルボルグ Torborg
ドルボワ Delevoye
トルマ Torma
ドルマ Dolma**
ドルマトフ
Dolmatoff*
ドルマトフスキー
Dolmatovskii
Dolmatóvskii
トルマネン Törmänen
ドルマル
Dormael**
Dormal
トールマレン
Thormählen
トールマン
Tallman*
Talman
Tollman
Tolman*
Truman
トルーマン
Trueman*
Truman***
トルマン Tolman
ドールマン
Dohrmann
Dolman
ドルマン
Dolman
Dorman
Dormán
Dormann**
トルミー Tolmie*
ドルミッチ Drmic
トルミデス Tolmidēs
トールミン Toulmin
トルム Torm
ドルム Dhorme
ドルムシュ Durmus
トルムビチ Trumbić

ト

トルムビッチ Trumbić
トルムラー Trumler*
ドールメチュ
Dolmetsch
トルメッゾ Tolmezzo
ドルメッソン
D'Ormesson*
ドルメッチ Dolmetsch
ドルメッチュ
Dolmetsch
トルメッツォ
Tolmezzo
トールモー Tormod**
ドルモー Deloumeaux
トルモード Tormod
トルモフ Tolmoff
ドルモン
Dormont
Drummond
ドルモンド
Drummond**
ドルーヤン Druyan*
ドルヨゴトフ
Dorjgotov
トルヨルス Truyols
トルラー Toller
トルラア Toller
トールラク Thorlák
トルラク
Thorlac
Thorlák
トルーリー Truly
トルリ Torri
ドルーリ Drury
ドルーリー Drury**
ドルリー Drury*
ドルリカ Drlica
ドルリグジャブ
Dorligjav
ドルリジーン Dorligiin
ドルリャーク Dorliak
ドルリヤック D'Orliac
ドルリュ Delerue
ドルリュー
De Le Rue
Delerue
トルルス Truls*
トルールストラ
Troelstra
トルルセン Trulsen*
ドルーレ Droulers
ドルレアク Dorleac
ドルレアック
Dorleac
Dorléac
ドルレアン
Dorléans
D'Orléans*
D'orleans
トルレス Torres
トルレル Toller
トルレント Torrent
ドルーロヴィチ
Drulović
トルロニア Torlonia
トルローバ Torróba
トルロポワ Torlopova
ドルワール Drouart
ドルワル Drouart
トールワルド
Thorvald
Thorwald
ドルワールド Drouart
ドルワルド Drouart
トールン
Thorn
Toorn
Tourun*
トルン Thorn***
ドールン
Dohrn**
Doorn
ドルン Dorn***
トルンカ Trnka*
トルンガナ Trenggana
ドルンザイファー
Dornseifer
ドルンダ Durunda
トルンツ Trunz
トルンネル Trunnell
トルンプ
Trump
Trumpp
ドルンブリュート
Dornblueth
ドルンブルク
Dornburg
トルンプレル
Trumpler
ドルンベルガー
Dornberger
トルンペルドール
Trumpeldor
トルンペルドル
Trumpeldor
トーレ
Thore
Tolle
Tore**
Torre**
Toure
Touré
トーレー Torrey
トレ
Thoré
Tole
Töle
Tollet*
Tollett
Tore
Torre
Tre*
Tré
Trez
トレー Torrey
ドーレ
Dore*
Doré
Dörre*
Dorreh
ドーレー Dorey
ドレ
Delay*
Dolet
Dollé
Doray
Dore
Doré***
Doree
Doret
Drain
Dre
ドレー
Delay
Deray*
Dolet
Dre*
Drea
トレア Traer
ドーレア D'Aulaire*
ドレーアー Dreher*
ドレア Drea
トーレアイズ Torreyes
ドレアック Doleac
トレアフォア Toleafoa
トレアルバ Torrealba
ドレアン Dolléans
トーレイ Torrey
トレイ
Torrey
Trea
Trey**
ドレイ
Delay*
Dray
Dre
トレイアー Treyer
ドレイア Dreher
ドレイアー Dreher
トレィヴァー Traver
トレイヴァー Trevor
トレイヴン Traven
ドレイエル Dreyer
トレイガー
Trager
Traiger
ドレイガー Drager
ドレイカース Dreikurs
ドレイク Drake**
ドレイゴ Drago
ドレイサア Dreiser
トレイシ Tracy
トレイシー
Tracey**
Traci**
Tracie
Tracy***
トレイシィ Tracy
トレイジャー Trager
ドレイシュケンス
Dreiskens
ドレイジン Drazin
トレイス
Trayce
Tres
ドレイス Drys
トレイスィー Traci
トレイスター
Traister*
トレイストマン
Treistman
トレイスマン
Traisman
トレイダー Traeder
トレイツ Tracz
ドレイデン
Drayden
Dreiden
ドレイトン Drayton**
トレイナー
Trainer
Trainor*
Traynor*
トレイネン Treinen
トレイバー
Traver
Trevor
ドレイバー Draper
ドレイパー Draper***
トレイバル Treybal
トレイビック Treybig
トーレイフ
Thorleif
Torleif
ドレイプ Drape
ドレイファス
Dreyfas
Dreyfus***
Dreyfuss**
ドレイファック
Dreyfack
トレイフィス Traphes
ドレイフィス Dreifus
ドレイフス Dreyfus*
ドレイブス Draves
ドレイフュス Dreyfus
ドレイブラット
Dreiblatt
ドレイベク Drabek
ドレイベック Drabek
トレイボン Trayvon
トレイマニス
Treimanis
ドレイミ Dulaimi
トレイモン Tramon
ドレイモンド
Draymond
トレイラ Torreira
トレイラー
Trailer
Traylor*
トレイル
Trail
Traill**
トレイン Train*
ドレイン
Dorain
Doraine
Draine
Drane*
ドレインフォファー
Dreinhöfer
トレーヴ Trève
トレウ Treu
ドレウ De Leeuw
トレーヴァー Traver
トレヴァ Trevor*
トレヴァー
Traver
Trever
Trevor**
トレヴァース Travers
トレヴァス Trevas
トレヴァーセン
Trevarthen
ドレヴァンツ Drewanz
トレヴィーザ Trevisa
トレヴィサ Trevisa
トレヴィザーニ
Trevisani
トレヴィザン Trevisan
トレヴィシク
Trevithick
トレヴィシック
Trevithick
トレーヴィス Travis
トレヴィス Trevis
トレヴィーゾ Treviso
トレヴィッチ
Trebitsch
ドレヴィッツ Drewitz
トレヴィット Trevitt
ドレウィット Drewitt
トレヴィーナ Trevena
トレウィナード
Trewinnard
トレヴィーニョ
Treviño
Treviño
トレヴィノ Trevino
トレヴィーユ Tréville
ドレヴィヨン
Drévillon
トレヴィラーヌス
Treviranus
トレヴィラヌス
Treviranus
トレウィン Trewin*
トレーヴェ Treves
トレヴェス Treves*
ドレーヴェス Dreves*
トレヴェット Trevet
トレヴェニアン
Trevanian*
トレヴェリアン
Trevelyan*
トレヴェリャン
Trevelyan
トレヴェリヤン
Trevelyan*
トレヴェリン Trevelyn
ドレウェルマン
Drewermann
ドレヴェルマン
Drewermann
トレヴォー Trevaur
トレヴォア Trevor
トレヴォル Trévol
トレヴォロウ
Trevorrow
ドレウス Drews*
ドレヴス Drews
トレウスタドウッティル
Traustadóttir
ドレヴチエール
Drevetiére
ドレウノウスキー
Drewnowski

ドレヴノフスキ
Drewnowski
ドレエ Doré
ドレエム
Dereme
Deréme
トレェラー Tröhler
トレオ Toleo
ドレオ Dréo
ドレオスティ Dreosti
トレーガー
Traeger*
Trager
Träger
Tröger
トレガー Trager
ドレーガー Draeger
ドレガ Dolega
ドレガー
Draeger
Dreger
トレガスキス
Tregaskis
トレーガースン
Tregarthen
トレカーテ Trecate
トレカーティ Trecate
トレギアン Tregian
トレギボフ Tregybov
ドレーク Drake**
ドレーグ
Delaigue
Delègue
ドレク Derek
ドレクサー Drexler
ドレクスラー
Drechsler*
Drexler*
ドレクスル Drexel
ドレクスレ Drexler
ドレクセーリウス
Drexelius
ドレクセル
Drechsel
Drexel*
トレグベンコ
Tregubenko
トレグボフ Tregubov
トレグリア Treglia
ドレクリューズ
Delécluze
Delescluze
トレクール Trecourt
トレグロサ Torregrosa
ドレーゲ Dröge
トレゲリス Tregelles
トレーケル Trekel
トレゲルズ Tregelles
トレコ Treco
トレゴニング
Tregoning
ドレコール Drecoll
トレサ Tresa
トレザイス
Trazise
Trezise**
トレザゲ Trésaguet
トレーシ Tracy
トレーシー
Tracey*
Tracy***
Treacy*
トレシ Trecy
ドレーシー De Lacy
トレシア Trecia*
トレジアコーフスキー
Trediakovskii
トレジアコフスキー
Trediakovskii
トレーシィ
Tracey
Treasy
トレシイ Tracy
ドレジェロバー
Dolezelová
トレシダー Tresidder
トレシチ Tresić
ドレシーノ Dressino
トレジャ Tuleja
トレジャー Treasure*
ドレシャー Dröscher
トレジャコーフスキー
Trediakovskii
トレジャコフスキー
Trediakovskii
トレジャコーフスキィ
Trediakovskii
ドレジャック Drejac
ドレジャリ Dollezhal
ドレジャール Dolezal
ドレジャル Dolezal
トレジャン Trajan
トレーシュ Trasch
ドレージュ Drège
トレシューイー
Trethewey
トレシュコフ
Tresckow
ドレシュマン
Dreshman
ドレシュラー
Drechsler
トレショック
Tretschok
トレシリアン Tresilian
トーレス
Torres***
Torrez
トレース
Torres
Trace
トレーズ
Thorez
Trease
トレス
Torres***
Torrès
Tórrez
Tress
ドーレス Doles
ドレース Drees*
ドレーズ Drèze
ドレス
Delesse
Dolles
Dres
Dress*
ドレズ Drez
トレスヴァント
Tresvant
トレスカ Tresca
トレスカウ Treschow
トレスゲーラス
Tresguerras
トレスケン Troesken
トレスコウ Treschow
トレスコット
Trescot
Trescott
トレスコフ Treskow
ドレスタイン
Dorrestein
ドレスチャー Drescher
ドレステ Doreste
ドレスデン Dresden
トレスト Trest
トレストマン
Trestman
ドレスナー Dresner
ドレズナー Drezner
トレスニオウスキ
Tresniowski
トレズニヤック
Tresnjak
トーレスファルコ
Torres Falcó
トレスプシェ
Trespeuch
トレスプシュ
Trespeuch
ドレースホウト
Droeshout
ドレスメ Deraismes
トレスモンタン
Tresmontant
トレスラー Tressler
ドレスラ Dressler
ドレスラー
Dresslar
Dressler*
ドレスレル Dressler
ドレーゼ Drese**
トレゼゲ Trezeguet**
ドレーゼケ
Draeseke
Dräseke
ドレセール Delessert*
ドレセル Dressel
トレセルト Tresselt
ドレーセン Dreesen
ドレーゼン
Drazen
Drezen
トレソバン Trethowan
トレソル Tressor
トレゾール Tresor
トレタ Tréta
ドレダ Dreda
トレダウェイ
Treadaway
トレダーノ Toledano*
トレダノ Toledano**
トレチアック Treziak
トレチオカス
Trečiokas
トレチャク
Tretiak
Tretiyak
Tretyak
トレチヤク Tretyak
トレチャコーフ
Tretyakov
Tret'yakov
トレチャコフ
Tretiakov*
Tret'iakov
Tretiyakov*
Tretyakov**
Tret'yakov*
トレチヤコーフ
Tret'yakov
トレチヤコフ
Tret'yakov
トレッカー Trecker
トレッカーニ Treccani
トーレッキー
Touretzky
ドレツキ Dretske
トレツキイ Turetskii
トーレック Thorek
トレック Thorek
トレッグス Treggs
ドレックス Drexel
トレックスラー
Trexler
ドレッケル Drecker
ドレッサー
Dresser*
Drösser
トレッサン Tressan
ドレッシ Dreossi
ドレッシャー
Drescher*
Dröscher
トレッシュ
Tresch
Tresh
ドレッシュ Dresch
ドレッシング Dressing
トレッセル Tressell*
ドレッセル Dressel
トレッセルト
Tresselt**
ドレッセルハウス
Dresselhaus**
ドレッセン
Dresen
Dressen
トーレッソン
Thoresson
トレッター Tretter
ドレッタ Doretta
トレッダウェイ
Treadaway
トレッツ Trez
トレッツァ Trezza**
トレッツィ Trezzi
トレッツィーニ
Trezzini
ドレッツェル Dretzel
トレッテル Trettel
トレット
Tollett
Truett
ドレッド
Dread
Dred
トレッドウェル
Treadwel
Treadwell*
Tredwell
トレッドゴールド
Treadgold
Tredgold
トレップ Trepp
トレッファート
Treffert*
ドレッベル Drebbel
トレッホ Trejo
トレッリ
Torelli
Torrelli
ドレッリ Dorelli
トレティアコフ
Tretyakov
トレティアック
Trétiack
トレディチ Tredici
トレディッチ Tredici
トレート Tolet
トレード Toledo*
トレド
Toledo***
Toletus
ドレート Drate
トレトウ Tretow
トレトーラ Tretola
トレトラ Tretola
トレトリ Tletli
ドレートン Drayton
トレーナー
Trainor*
Traynor
Treanor*
トレナート Trennert*
ドレナン Drennan
ドレーニ Dregni
ドレニック Drenick
トレニト Trenité
トレニョーフ
Trenёv
Trenyov
トレニョフ Trenёv
トレニヨフ Trenёv
トレーニン Trenin*
トレネ
Trenet
Trénet*
トレノー Traineau*
ドレノワッズ
Drenowatz
トレーバー
Traber
Traver*
Trevor*
トレバー
Trever

ト

Trevor***
ドレーバー
Draper
Drever
ドレーバー Draper***
ドレハー Dreher
トレバサン Trevathan
トレバック Trebach
トレバートン
Treverton
トレパニア Trépanier
トレパニエー
Trepagnier
トレハブ Trehub
ドレパル Draper
トレハーン Treherne
トレハン Treherne*
トレビシック
Trevithick*
トレビッチ Trebicki
トレビノ
Trevino**
Trevińo
Treviño
トレビーユ Tréville
ドレヒュス Dreyfus
トレビラーヌス
Treviranus
トレビラヌス
Treviranus
トレビリオン
Trevillion
トレビル Trevil
トレビロン Trevillion
トレビン Trevin
ドレービン Drebin
トレビンスキ
Trzebinski*
トレーブ Trèves
トレフ Träff
ドレーフ Dreef
トレファース Treffers
トレフィル Trefil*
トレフィロワ Trefilova
トレフェセン
Trefethen
トレーフォレフ
Trefolev
トレフシス Trefusis
トレフス Tollefse
ドレーフス Drews
ドレーブス Draves
トレフセン Tollefsen*
トレフソン Tollefson
トレフツ Trefftz
トレフッツ Trefftz
トレプトフ Treptov
ドレーフュス Dreyfus
ドレフュース Dreyfuss
ドレフュス
Dreifuss
Dreyfus**
Dreyfuss*
トレブル Treboul
トレベオン Treveon
トレベック Trebek
ドレーベック Drabek*
トレベニアン
Trevanian**
トレベリ Trebelli
トレベリアン
Trevelyan**
トレベリヤン
Trevelyan
ドレベル Drebbel
トレーベン Treben
トレボー Trevor*
トレホス Trejos
トレボニアヌス
Trebonianus
トレボニウス
Trebonius
トレーボフ Trepov
トレボフ Trepov
トレボーラング
Treborlang*
トレボラング
Treborlang
トレボール
Trébor
Trevor
トレホルト Treholt
トレポレモス
Tlēpolemos
トレボロウ Trevorrow
トレボワ Trébois
トレホン
Torrejon
Torrejón
トレボン
Trevon
Trevone
トレマ Trema
トレマイン
Tremaine
Tremayne
ドレマス Doremus
トレマリャ Tremaglia
トレマレク Trémarec
ドレマン Dreman
トレミー Ptolemy
トレミニョン
Tremignon
ドレミュー
Dorémieux
トレミヨン Trêmillon
トレム
Tram
Träm
ドレーム
Deraismes
Dereme
Deréme
Derème
ドレムス
Doremus
Dorémus
トレムリナス
Tremoulinas
トレムレット Tremlett
トレメイン
Tremain**
Tremaine
Tremayne**
トレメーリウス
Tremellius
トレメール Tremeer
トレメル
Trammell
Tremmel*
ドレーメル Drehmel
トレモア
Tremois*
Trémois
トレモリエール
Trémolières
トレモレ Trémolet
トレモン Traimond
トレモンタン
Tresmontant
トレモンティ
Tremonti**
ドレーヤー Dreher
ドレヤー Dreyer
トレーヤール
Treilhard
トレヤール Treilhard
トレーラー Traylor
トレラー
Treloar
Tröhler
トレリ Torelli
ドレーリ
Dorelli
Drelli
トレリーヴェン
Treleaven
トレリオ Torrelio
トレリース Trelease
トレリンスキ Trelinski
トレール
Tholer
Traill
トレル
Torrell
Tourell
ドレール
Dallaire
Delair
ドレル
Dorel
Dorell
Drell**
トレルカティウス
Trelcatius
トレルス Trelles
トレルゼン Troelsen
トレルチ Troeltsch**
トレルチュ Troeltsch
トレルファ Trelfa
トレルファル Threlfall
ドレルブラウン
Darell Brown
ドレルム Delerm**
トレルリ Torelli
トレレーヴェン
Treleaven
ドレーレン Dreelen
トレロア Treloar
トレローニー
Trelawney
Trelawny
トレローネー
Trelawney
トレワーサ
Trewartha*
トーレン
Thoolen
Thoren
Thorén
Torén
トレン
Torén
Trenholme
Trenn
ドーレン
Doolen*
Dooren
Doren***
Duren
ドレン
Dolen
Doren
Dren
ドーレンヴェント
Dohrenwend
トレンカー Trenker
トレンガブ Trengove
トレンク
Trenc
Trenck
Trenk
トレンクウィッツ
Trenkwitz
トレンクヴィッツ
Trenkwitz
ドレングソン
Drengson*
トレンクナー
Trenckner
トレンクマン
Trenckmann*
トレンクラー Trenkler
トレンザーノ
Torrenzano
トレンサム Trentham
トレンシャード
Trenchard
トーレンス
Torrence**
Torrens
トレンス
Tollens
Torrence*
Torrens
トレンズ Torrens*
ドレンス Delens
ドレンスカ Dolenska
ドレンスキー
Dorensky
トレンダー Trender
トレンタコステ
Trentacoste
トレンダフィロワ
Trendafilova
トレンチ Trench*
トレンチャー Trencher
トレンチャード
Trenchard
トレンツ Torrents
ドーレンツ Dolenz
トレンテ Torrente*
トレンティーノ
Tolentino**
トレンティノ
Tolentino**
トレンテス Torrentes
トレンデレンブルク
Trendelenburg
トレンデレンブルグ
Trendelenburg
トレンデレンブルヒ
Trendelenburg
トレント
Torrent
Trent**
Trento*
Turrent*
トレンド Trend*
ドレント Drenth
トレンドビッツ
Trendowicz
トレントマン
Trentmann
トレーンドルフ
Thrändorf
トレントン Trenton**
ドレンノヴァ
Drennova
トレンパー Tremper
トレンハルト
Thränhardt
Thränhart
トレンブリー
Trembley*
トレンブレー
Trembley
トレンブレイ
Tremblay*
トレンブレット
Tremblett*
トレンヘイル
Trenhaile*
ドレンボス Dorenbos
トレンポール
Trennepohl
トレンメル Tremmel
トーロ Tolo
トロ
Tolo
Toro**
Tro
Troyes
トロー
Thoreau
Traa**
Troeh
Trow
ドーロ Doro*
ドロ
Dollo
Dollot
Dolo*
Doro
ドロー
Dollot
Dorough
Drot
トロア
Troy
Troyes
ドロア

DeLois
Dror
トロアイヨン Troyon
ドロアーズ Dolores
トロイ
Toloi
Torey
Treu
Troi
Troy***
ドロイ Druitt
トロイエン Troyen*
トロイージ Troisi*
ドロイゼン Droysen
トロイチュ Troitzsch*
トロイツキ Troicki
トロイツキー Troitsky
ドロイット Druitt
トロイトライン
Treutlein
トロイボ Trojborg
トロイマン Treumann
トロイメイン
Troymaine
トロイヤー Troyer*
トロイヤーノス
Troyanos
トロイルニート
Treurniet
トロイロ Troilo
トロイロス Troilos
トロウ
Teow
Trow**
トロヴァヨーリ
Trovajoli
トローウィック
Trawick
ドロヴェッティ
Drovetti
トローウェル Trowell
トロウガー Troeger
ドロウカー Draucker
トロウトマン
Trautmann
ドロウパディー
Droupadi
ドロウヒ Dlouhý**
ドロウヒー Dlouhý*
トロウブリッジ
Trowbridge*
トロウベル Traubel
ドロウレイン
Deloraine
トロエ
Thoroe
Trouet
トロエステル Troester
トロエストラ Troestra
トロエポリスキー
Troepblickii
Troepoliskij
Troepol'skii
トロエル
Troel
Troell
トローエルス Troels
トロエンコ Troenco
トローガー
Troger
Trooger
トロガー Troger
トロキー Trokey
ドロギチナ
Drogichina
ドローギン Drogin
トローク Torok
トロク
Torok
Török
ドローク Droke
トロクエ Trocquer
トログス Trogus*
トロクスラー
Troxler**
トロクタ Trotula
ドログバ Drogba**
ドログマイヤー
Droegemeier
トロクメ
Trocme
Trocmé*
トログラー Trogler
トログリオ Troglio
トログル Torogul
ドログロート
De Groot
ドロゲー Droguett
ドローゲミュラー
Droegemuller
ドロゲル Dologuele
トロケロシビリ
Torokeloshvili
ドローゴ Drogo
ドロゴス Drogosz
トローゴット
Traugott
トロコンスキー
Tolokonskii
トロサ Tolosa
ドロザリオ Dorosário
トローサルト
Trouessart
ドーロシ Dorosh
ドローシー Dorothy
ドロシ
Dorothea
Dorothy*
ドロシー
Dorothea
Dorothee*
Dorothie
Dorothy***
Doroty
Doroyhy
Drothy
Duroussy*
ドロジ Derogy
ドロシーア Dorothea
ドロシア
Dorothea***
ドロシィ Dorothy
ドロシィー Dorothy
ドロシイ Dorothy**
ドーロシェヴァ
Doroshev
ドロシェフスキー
Doroszewski
ドロシェンコ
Doroshenko
トロシック Törőcsik
トロシディス
Torosidis
トロジャー Trojer
ドロジャトゥン
Dorodjatun*
ドロジャトン
Dorodjatun
トロシャニ Troshani
トロシャン Torosyan
トローシュ Troche
トロシュ Trochu
ドローシュ Delauche
トロシュケ Troschke
ドローション Drochon
トロシン Toshin
ドロジンスキ
Dorozynski
トロス
Thoros
Trōs
ドローズ Droz
ドロス
Doros
Dorros*
Dros*
ドロスィ Dorothy
トロスキー Trosky
トロスチアンスキー
Trostyansky
ドロステ Droste**
ドロズディンスキー
Drozdynski
トロステン Trosten
トロースト
Troost
Trost
トロスト Trost*
ドロスト Drost*
トローストウェイク
Troostwijk
ドロズドフ Drozdov
ドロズドフスカヤ
Drozdovskaya
トローストベルク
Trostberg
ドロズドワ Drozdova
ドロズニン Drosnin*
トロスパー Trosper
トロスビー Trosby
ドロスマン Drossman
トロスラー Trostler
ドローゼ Droese
ドロセア Dorothea
ドロセラ Drocella
トロソック Trasak
トロタ Trota
ドロータ Dorota
ドローター Drotar
ドロタ Dorota*
トロチック Trotzig
トロチモヴィツ
Trochimowicz
ドローチャー
Durocher*
ドロチャー Durocher
トローチャーニ
Trócsányi
トロッカー Trocker
トローツキー Trotskii
トロッキ Trocchi*
トロッキー
Trotskii
Trotsky
トロツキー
Trotskii**
Trotsky
トローツキィ
Trotskii
Trotsky
トローツキイ Trotskii
トロツキイ
Trotskii*
Trotsky
トロックスラー
Troxler
トロッケル Trockel
トロッサ Tolossa
トロッジェ Trotzier*
ドロッシュ Droszcz
ドロッズ Drozd
トロッタ
Trotta*
Trotula
トロッター Trotter**
ドロッター Drotter*
ドロツダ Drozda
トロッツィグ Trotzig*
トロッツェンドルフ
Trotzendorf
トロッティ Trotti*
トロッティエ Trottier
トロッテン Trottein
トロット
Trotman
Trott**
トロットウッド
Trotwood
トーロッドセン
Thoroddsen
トロッドセン
Thoroddsen
トロットマン
Trautmann*
Trotman*
ドロットマン
Drotman
トロッパー Tropper*
ドロッパーズ
Droppers
トーロップ Toorop
トロップ Tropp
トロッペンツ
Troppenz
トロッレ Trolle
ドーロテ
Dorothe
Dorothee*
ドローテ Dorothe
ドロテ
Dorothee
Dorothée*
ドロテー
Dorothee*
Dorothée*
ドーロテア Dorothea
ドローテア Drothea
ドロテーア
Dorothea*
Drothea
ドロテア
Dorotea
Dorothea**
Drothea
トロティエ Trottier
ドロティチ Dorotić
トロティニョン
Trotignon
ドロテウス Dorotheus
ドロテオ Doroteo
ドーロテオス
Dōrótheos
Dorotheus
ドロテオス Dorotheos
ドロート Drought
トロトゥーラ Trotula
トロトゥラ Trotula
トロトマン
Trautmann
トロトランジ
Tolotrandry
トロトレル Troterel
トロートン Troughton
トローナー Trauner
ドロナイ Delaunay
トローニ Toroni
トロニエール Tronnier
トロニエル Tronier
ドロニスキ Doronjski
トロニック Tronick
ドロニーナ Doronina
トローヌ Trone
ドローヌ
Delaulne
Derosne
D'Ollone
ドローネ Delaunay*
ドローネー Delaunay*
ドロネ Derosne
ドロネー
De Rosnay
Dorner
トローネル Trauner*
ドロノブセク
Drnobsek
Drnovsek
ドロノワ Delaunois
トローバ Torróba
トロハ Torroja*
ドロバッツ Drobatz
トロバヨーリ
Trovajoli

トロハング Tlohang
ドローヒー Dlouhy
ドロビアズコ
Drobiazko
トロピアーノ
Tropeano
Tropiano*
ドロビアン De Robien
ドロビシュー Drobisch
トロビッシュ
Trobisch*
ドロービッシュ
Drobisch
ドロビッチ Dolovich
トロピーニン Tropinin
トロピモ Trophimos
トローピン Tropin*
トーロプ Toorop*
トロープ Trope*
ドローフ Deroff
ドロープ Droop
トロファイバレレイ
Tolofuaivalelei
ドロフィーヴァ
Dorofeeva
トロフィマ Trophima
トロフィム Trofim
トロフィムス
Trophimus
トロフィメンコフ
Trophimenkov
トロフィモ
Trophimos
Trophimus
トロフィモヴィチ
Trofimovich
トロフィモバ
Trofimova
ドロフェエフ
Dorofeyev
トロフォニオ Trofonio
トロフキン Tropkin
トロプケ Tropfke
ドロプシー Dropsie
トロプシュア Tropsha
トロープス Trobst
ドロフスキフ
Dorovskikh
トロフティー
Torokhtiy*
ドロフティ Doroftei
ドロブニー Drobny*
ドローブニィ Drobný
ドロブニチ Drobnič
ドロブニャク
Drobnjak
ドロブニャック
Drobnjak
ドローブネル Drobner
トローブマン
Traubmann
ドロブラス Droblas
トローブリッジ
Trowbridge
トロブリッジ
Trobridge
トローベ Trobe
トロペイ Tropea*
トロベク Tolobek
トロベッタ Trombetta
トローベル Traubel
トロペール Troper
ドロベル Delobel*
ドロベルティ
De Roberty
トローベロー
Trouvelot
トロベン Torben
トロボ Trobo
ドローポ Doropo
トローボアダ
Trovoada
トロボアダ
Trovoada**
ドローボット Drobot
トロポフ Toropov*
トロボン Trovon
トロマノフ
Toromanoff
トローマン Trauman
トロミー Tromey*
ドロミュ Dolomieu
ドロミュー Dolomieu
ドロムグール
Dromgoole*
トロムシ Toromush
トロムスドルフ
Trommsdorff
トロムリツ Tromlitz
トロメイ Tolomei
トロメーオ Tolomeo
ドローモ Dhlomo
トロヤノウスキー
Trojanowski
トロヤノス Troyanos*
トロヤノビッチ
Trojanovic
トロヤノフ
Trojanow**
トロヤノフスキー
Troyanovskii**
トロヤボルク
Trojaborg
トロヤン Trojan
トローラー Troller
ドローラ Drodah
トロランド Troland
トロリー Trolley*
ドローリ Drori
ドロリー Delory
ドローリエ
DesLauriers
トロリップ Trollip
ドロリブス Doloribus
ドロリュ Delerue
トロール
Thrall
Troll*
トロル Troll
ドロール
Delord
Delors***
Delort*
Dolor
Dror
ドロルス Dolors
トロールマン
Trollman
ドロルム Delorme*
トロルローブ Trollope
ドロレ Drolet*
ドローレス
Delores
Dolores*
ドロレス Dolores***
ドロロサ Drorosa
トロロップ Trollope
トロロープ Trollope**
トロロプ Trollope*
トローワー Trower
トロワ
Troy
Troyes
トロワー Trower
ドロワ Droit*
トロワイア Troyat
トロワイヤ Troyat***
トロワイヨン Troyon
トロワグロ
Troisgros**
トロワゼ Troisé
ドロワチュリエール
Droiturière
トロワード Troward
トロワフォンテーヌ
Troisfontaines
トロワホンテン
Troisfontaines
ドロワン Deroin
トローン Troan
トロン
Tron
Trond*
Truong*
ドローン Draughn
ドロン
Delon**
Doron**
Dron
ドロング De Long
ドロンケ Dronke**
トロンコーネ
Troncone
トロンコン Troncon
トロンシャン
Tronchin
ドロンシャン
Delongchamps
トロンスタッド
Tronstad
ドロンゼック Dronzek
トロンソン
Tronçon
Tronson
トロンダイム
Trondheim*
トロント Tronto
トロンド Trond
ドロンド Dollond
トロンバ Tromba
トロンビーニ
Trombini
トロンプ Tromp*
ドロンフィールド
Dronfield*
トロンブリー
Trombley
トロンブレイ
Trombley
トロンベッタ
Trombetta
トロンベッティ
Trombetti
トロンペテラー
Trompeteler
トロンペナールス
Trompenaars
ドロンベリ Dromberg
トロンベン Tromben
トロンボンチーノ
Tromboncino
トロンメル Trommel
トワ
Toit
Toyes
ドワ
Do'a
Du'a
Duwa
ドワー Dauer
ドワアール Douard
ドワイア Dwyer
ドワイアー Dwyer
ドワイエ Doye
トワイクロス
Twycross
トワイデル Twidell
ドワイト
Dewitt
Dwight***
Dwigt
ドワイドソン
Dawaidson
トワイニング
Twining*
ドワイフィ Duwaihi
トワイマン Twyman*
ドワイヤ Dewire
ドワイヤー Dwyer***
トワイヤン Toyen*
ドワイヤン Doyen
ドワイヨン Doillon**
トワイラ Twyla**
トワエン Twain
トワギラムング
Twagiramungu*
ドワーク Dwork
トワクス Toikeusse
トワクセ Toikeusse
ドワーケン Dworken
ドワジー D'Oisy
ドーワティ Dougherty
トワデル Twaddell
トワドル Twaddle
トワナール Toinard
トワナン Thoinan
トワノ Thoinot
ドワノー Doisneau
トワマ Thomma
トワムリー Twamley
ドワメナ Dwamena
ドワルス Dwars
トワルドウスキ
Twardowski
トワルドウスキー
Twardowski
トワルドーフスキー
Tvardovskii
トワルドフスキ
Twardowski
トワルドフスキー
Tvardovskii*
Tvardovskij
トワルドフスキイ
Tvardovskii
トワン
Thohan
Twan
ドワン
Do-wan
Dwan
トワンバ Twamba
トーン
Thon
Thorn
Tone
Toon**
Torn
トン
Dong
Thon
Thong**
Thun
Ton***
Tôn
Tong**
Tóng
Tonge
Tun
Tung*
ドーン
Dawn**
Dawne
Doan**
Doane*
Doern
Dohrn
Done**
Doorn
Dorn**
Down
ドン
Dan
Deng
Dhont
Dom*
Don***
Đon
Donald
Done
Dong**
Dōng
Đong

Donn***
Donnell
トンイェン Tung Yen
ドンイク Dong-ik
トンイル Tong-il
ドンイル Dong-il*
ドンイン Dong-in
トンウォン Tong-won
ドンウォン
Domg-won
Dong-won*
Dong-woon*
ドンウク
Dong-uk
Dong-wook*
Tong-wook
ドンウック
Dong-wook
ドンウッド Donwood
ドンウン Dong-woon
ドンカー Doncker
トンガイ Tongai
トンガウイハ
Tonga'uiha
ドンカスター
Doncaster
トンガベロ Tongavelo
ドンガーラ Dongarra
ドンガラ
Dongala*
Dongarra
ドンカン Donkan
ドンガン Dongan
ドンギ
Dong-gee
Donghi
Dong-ki
トンキス Tonkiss
トーンキスト
Tornquist
ドンキャスター
Doncaster
ドンキュ Dong-kyu
ドンギュ Dongkyu
ドンキュン
Don-kyoun
ドンキョン
Dong-Kyoon
ドンギル Dong-gill
トンキン Tonkin
ドンキン Donkin*
トンキング Tonking
トーング Tong
トング Tong
ドンク
Donck
Donk
ドング Dong
トーンクィスト
Tornquist
ドングォン
Dong-kwon
ドングザシビリ
Donguzashvili
トーンクス Tonks
トンクス Tonks*
ドンクック
Dong-gook
ドングム Dongmo
ドンクール
D'Honnecourt
ドンクル Donker
ドングレ Dongre
トングン Dong-geun
ドングン Dong-kun
トンケ Tonke**
ドンケル
Donker
Dunkel*
ドンケルス Donckers
ドンゲン Dongen**
ドンコヴァ Donkova
ドンゴエバンガ
Ndongo-Ebanga
ドンコバ Donkova
ドンコフ Donkov
ドンコル Donkor
ドンコワ Donkova
ドンコン Doung-kun
ドンゴン Dong-gun*
トンコントーン
Thongkongtoon
ドンサー Donsah
トンシ Tonci
ドンジェ Dongier
トンジェス Tonges
ドーンジェス Doenges
トンジォルジ
Tongiorgi
ドンジュ
Dong-joo*
Dong-ju
Tong-ju
ドンジュン Dong Jun
ドンジョ Dong-jo*
トンジョルジ
Tongiorgi
トンション
Dong-sheng
トーンシン
Thongsing
Thammavong
トンシン
Thongsing*
Tung-sing
ドンシン
Dong-shin*
Dong-xing
ドンジン
Dong-jin*
Tong-jin*
トンジンギン
Tunjingiin
ドンス Dong-soo
ドンスカ Donska
ドンスカー Donsker
ドンスコーイ Donskoi
ドンスコイ
Donskoi**
Donskoy
トーンスタム
Tornstam
トンスック
Thongsuk*
ドンズロ Donzelot*
ドンスン
Dong-soon
Dong-sung
ドンゼ Donzé
トンセット Tonseth
ドンゼッリ Donzelli*
ドンゼリ Donzelli
ドンゾ Donzo
ドンソク
Dong-sok
Dong-suk*
トンソン Tonson
ドンソン
Dong-sun
Dong-sung
トンダ Tonda
ドンタ Dont'a
トンダップ Thondup
トンダマン
Thondaman
ドンダリ Dontari
トンチ Tonci
ドンチェ Dong-chea
トンチェフ Tontchev
ドンチェフ
Donchev*
Dónchev
ドンチェンコ
Donchenko
ドンチッチ Doncic
トンチャイ
Thongchai*
ドンチュ Dongchu
ドンチュク
Dong-chuk
ドンチュン Tong-chun
トンチョ Tontcho
ドンテ
Dong-tae
Donte
ドンデ
Donder
Dondey*
トンティ
Tonti
Tonty
トンディ Tondi
ドーンディ Dhondy
ドンティー Dontae
ドンディ
Dhondy
Dondi
ドンティーア Donteea
ドンディス Dondis
ドンデクーテル
D'Hondecoeter
トンデッリ Tondelli*
ドンデラー Donderer
ドンデリンガー
Dondelinger
ドンデルス Donders
ドンデレス Donders
トンデン Don-ldan
トンド
Tond
Tondo
ドーント Daunt
ドント
D'Hondt
Dont
ドンド Dondo*
トントウィ Tontowi
ドンドゥコフ
Dondukov
トンドゥップ
Thondup*
トンドゥブ
Döndrub*
Don grub
Don-grub
トンドゥブジャ
Don grub rgyal
Don-grub-rgyal
ドンドギイーン
Dondogiin*
ドンドギーン Dondgīn
ドンドグドルジ
Dondogdorj
トンドラ Tondora
ドンドレ Dondre
ドントレル Dontrelle*
トンドロー Tondreau
トーントン Taunton
トントン Dongdong
ドーントン Daunton
トンナ Tonna
ドンナ
Dawna*
Donna*
ドンナー Donner
ドンナイ Donnai
ドンナルンマ
Donnarumma
ドンナン Donnan
トンヌ Tonne
ドンヌディウ
Donnedieu
トンヌラ Tonnelat
トンネ Tonne
ドンネー
Donnay
Donne
ドンネル
Donnel
Donner
ドンノ Donno
ドンノロ Donnolo
トンバ Tomba*
トンパ Tompa
ドンハ Dong-ha*
トンバイ Thongbai
トンパウ Thongpao
ドンバヴァンド
Donbavand
トンパオ Thongpao
ドーンバーグ
Doernberg*
Dornberg
ドンバスル Dombasle
ドンハッド Donnchad
トンパート Tompert
ドンババンド
Donbavand*
ドンハム Donham
トンバーリ Tombari
ドンバール
Dombasle*
トンバン Thongbanh
ドンハン Dong-han
トンビー Tonnby
ドンヒ
Donghee
Dong-heui
Tong-hui
ドンビ Dombi**
トンピアノ
Thombiano
トンピオン Tompion
トンビニ Tombini*
ドーンビーヘールカ
Ḍombīheruka
ドンヒョ Dong-hyo
ドンヒョク
Dong-hyek*
Dong-hyeuk*
Dong-hyuk
ドンビョク
Dong-byawk
ドンヒョン
Dong-hyun
ドンビル Donville
ドンピル Dong-phil
ドンビン Dong-bin
ドンファ
Donghua*
Dong-Hwa
ドンファック Donfack
ドンファン
Dong Hwan
ドンフェ
Dong-hoi
Don-hoi
ドーンフェスト
Dornfest*
ドーンフォード
Dornford
トンプキンス
Thompkins
Tompkins**
トンプキンズ
Thompkins
Tompkins*
トンプスン
Thompson*
トンプセット
Tompsett
トンプソン
Thompson***
Thompspon
Tompson
ドーンブッシュ
Dornbusch**
ドンフリード Donfried
トンブリン Tomblin
ドンブル Dhombres

ト

ドンブレット Dombret
ドンブロウスカ
Dąbrowska
ドンブロウスキ
Dombrowski
ドンブロウスキー
Dombrowski
ドンブロヴスキー
Dabrowski
ドンブロフスカ
Dabrowska
Dąbrowska
ドンブロフスキ
Dabrowski
Dombrowski
ドンブロフスキー
Dombrovskii*
Dombrovsky
Dombrowski
ドンフン
Dong-hoon
Dong-hun*
トーンブンヌム
Thongbunnum
トンベ Tombet
ドンヘ Donghae
ドンベ Dong-bae
ドンベック Dombeck
ドンベルト Dompert
ドーンヘルム
Dornhelm*
トンボー Tombaugh*
ドンホ Dong-ho
ドンボヴィ Dombovy
ドンポック Dompok
ドンホール Domhnall
ドンホン Dong-hun
トンマーシ Tommasi
トンマージ Tommasi*
トンマジーニ
Tommasini
トンマゼーオ
Tommaseo
トンマゼオ Tommaseo
トンマーソ
Tommaso*
トンマーゾ
Thomas
Tomaso
Tommaso**
Tommasso
ドンマラボ
Don Malabo
ドンマルシ
Dharm-aruci
ドンマン
Dong-man
Tong-man
トンミ
Thon-mi
Tommi**
Tonmi
トンミー Thongmi
トンミン Thon-mi
ドンミン
Dong Min*
Dong-min*
Tung-min
ドンム Dhomme
ドンムン Dong-moon
トンメ Tommè
ドンメル Dommel
ドンメルグ
Dommergues
ドンモイヤー
Donmoyer
トンヤ Tonya
ドンユィ Dong-yu
トンユクク Tonyuquq
トンユドルジェ
Don yod rdo rje
ドンユン Dong-yoon
ドンヨル
Dong-yeol*
Dong-yul
ドンヨン
Dong-young*
ドンラ Dondra
ドンラン Donlan
トンリー Tonry
ドンリ Tong-ni*
ドンリー Donley
トンリィ Tonry
ドンリーヴィー
Donleavy
ドンリービー
Donleavy**
ドンリプ Dong-leep
ドンリン
Donlin
Donlyn
トーンルン
Thongloun
Sisoulith
トンルン Thongloun*
ドンレヴィ
Donleavy
Donlevy
ドンレヴィー
Donleavy
ドンロビーン
Donrobīn*
ドンロン Donlon
ドンワイ Donwahi
ドンワン
Dong-wan*
Dongwan

【ナ】

ナ
Na***
Nah
Nha
Ra
ナー
Na*
Nah
ナア Naah
ナアウン Naung
ナアス Nahas
ナアマ Na'amah
ナアマン
Na'aman
Naimán
ナアーロ Naharro
ナアロ Naharro
ナーイ Naai
ナイ
Nai
Nay
Ney
Ngai
Nigh*
Nighy*
Nye***
ナイア
Naia
Nair**
ナイアー
Nair*
Nayar
Nyer
ナイアス Nias
ナイアド Nyad
ナイアル Niall*
ナイアン Nyan
ナイウィウス Naevius
ナイエル Kneier
ナイエレ Nayyereh*
ナイエン Nuyen
ナイエンフェイス
Nijenhuis
ナイエンローデ
Neijenroode
ナイオ Ngaio**
ナイオマ Naioma
ナイオール Niall
ナイガ Niga
ナイカーク Neikirk
ナイガード Nygård
ナーイカル Naicker
ナイカンプ Nijkamp*
ナイキ
Nike
Niki
ナイキスト Nyquist
ナイク
Naek
Naik
ナイクィスト Nyquist
ナイゲル Nigel
ナイサー Neisser**
ナイザー Nizer
ナイジェール Nigel
ナイジェル Nigel***
ナイシオン Nai Siong
ナイジチ Naidich
ナイシュ Naish*
ナイス Nice*
ナイスウォンガー
Niswonger
ナイストロム Nystrom
ナイズリー Knisley
ナイスワーナー
Nyswaner
ナイゼ Neise*
ナイセス Neises
ナイセル Neisser*
ナイダ
Nayda
Nida*
ナイダー
Neider
Nida
ナイダン Naidan**
ナイチンゲイル
Nightingale
ナイチンゲール
Nightingale**
ナイツ Knights*
ナイツェル Neitzel
ナイテ Naite
ナイディオーノヴァ
Naidionova
ナイディック Neidich*
ナイティンゲイル
Nightingale
ナイティンゲール
Nightingale*
ナイデク Najdek
ナイテッヒ Naidich
ナイデノフ
Naidenoff
Naydenov
ナイデノワ
Naydenova
ナイデファ Nideffer
ナイデファー Nideffer
ナイデル Nydell*
ナイト
Knight***
Night**
Nite
ナイド Naidoo
ナーイドゥ Naidu
ナーイドゥー Naidu
ナイドゥ
Naidu*
Nāidu
ナイドゥー
Naidoo**
Naidu
ナイドウ Naidoo
ナイドハート
Neidhart
ナイトハルト
Neidhardt
Neidhart
Nithart
ナイトフランク
Knight-Frank
ナイトホース
Nighthorse*
ナイトリー
Knightley**
ナイトリイ Knightley
ナイトリンガー
Neidlinger
ナイトレイ
Kightley
Knightley*
ナイトン Knighton
ナイナ
Naina
Nina
ナイナン Ninan
ナーイーニー Nā'īnī
ナイニー Niney
ナイニスト Niinistö
ナイノア Nainoa*
ナイハウグ Nyhaug
ナイハウト Nijhout
ナイバーグ
Naiburg
Neiberg
Nyberg*
ナイバッド Nyvad
ナイハート Neihardt
ナイハード Neidhart
ナイバート Nibert
ナイバル Naivalu
ナイパール Nipar
ナイハルト Neihardt*
ナーイピー Naaiphii
ナーイフ Nayef
ナイフ Nayef
ナイプ
Knipe
Nype
ナイフェル Kniffel
ナイフェン Neifen
ナイペルク Neipperg
ナイボール Nijboer
ナイポール
Naipal
Naipaul***
ナイボルム Nyholm
ナイーマ
Naima
Na'imâ
ナイーマー Na'imâ
ナイマ
Naima*
Na'íma
ナイマーク Naimark
ナイマルク Naimark
ナイマン
Naiman
Naĭman
Najman*
Nyman**
ナーイム Naem
ナイーム
Naeem
Na'im
Nayeem
ナイム
Naeem
Naem
Naim**
Na'im
Naím
ナイムケ Neimke
ナイヤー Neyer
ナイヤール Nayyar*
ナイヤル
Nair
Nayar
ナイラ
Naila*
Nailah*
Nayla
Nila

ナイラティカウ
Nailatikau*
ナイラネ Naïlane
ナイランド
Nijland
Niland*
Nylund
ナイリー Nyree
ナイリージー Nayrīzī
ナイリーズィー
Nayrīzī
ナーイル Nair
ナイール Nair*
ナイル
Knile
Nair*
Neil
Niall*
Nile**
ナイルス Niles*
ナイルズ Niles**
ナイレン Narain
ナイロン Neylon
ナイワート Neiwert
ナーイン Nahin*
ナイン
Naing*
Nine
ナインガマ Naiqama
ナインガム Naiqamu
ナインゴラン
Nainggolan
ナインスク
Nainasukha
ナインダ Nayinda
ナインベ Naïmbaye
ナウ
Nau**
Nou
ナウー Nuhu
ナーヴァ Nava*
ナーヴァー Narver
ナゥアー Knauer
ナウア Naur
ナヴァ
Nava
Navaz
ナヴァー Navarre
ナヴァーイー Nawā'ī
ナヴァイユ Navailh
ナヴァシン Nawaschin
ナヴァスキー
Navasky*
ナヴァセル Navacelle
ナヴァッロ Navarro
ナーヴァーラー
Navarra
ナヴァラ Navarra
ナヴァール Navarre*
ナヴァル
Naval
Navarre**
ナヴァルロ Navarro
ナヴァーロ Navarro
ナヴァロ Navarro*
ナヴァロー Navarro
ナウイ Nawi
ナヴィ Navi
ナヴィア Navia
ナヴィエ Navier
ナヴィム Navim
ナヴィーユ Naville
ナヴィル Naville**
ナウィン Navin
ナヴィーン
Naveen*
Navīn
ナヴィン Navin
ナウヴァッハ
Nauwach
ナウウェン Nouwen
ナヴェ Naves
ナヴェー Naveh*
ナウェジムンデレ
Nawej Mundele
ナヴェス Naves
ナウエル
Nahuel
Nowell
ナーウェン Nouwen*
ナウエン
Nauen
Nouwen*
ナヴォイ Nawā'ī
ナヴォイー Nawā'ī
ナヴォーネ Navone
ナヴォワジル
Navoigille
ナヴォン Navon
ナウキューデース
Naukydes
ナウキュデス
Naukydes
ナウク
Nauck*
Nauk
ナウクホフ Nauckhoff
ナウクレールス
Nauclerus
ナウクレルス
Nauclerus
ナウコーフスカ
Nalkowska
ナウコフスカ
Nalkowska
Nałkowska
ナヴサリア Navsaria
ナウジー Nause
ナウシカア Nausikaa
ナウシカアー
Nausikaa
ナウシファネス
Nausiphanēs
ナウシャド Naushad
ナウシュ Nuis
ナウス Nauth
ナウセ Nauzet
ナウゼア Nausea
ナウセーダ Nausėda
ナウソン Nauson
ナウタ Nauta
ナウダエウス
Naudaeus
ナヴディープ Navdeep
ナウド Naldo
ナウニン Naunyn*
ナウバット Nawbatt
ナウバティー Nawbati
ナウバフト Nawbakht
ナウファル Nawfal
ナウポト Naupoto
ナウマワ Naumava
ナウマン
Nauman
Naumann***
ナウーム Naum
ナウム
Nahoum
Nahum
Naum**
Naúm
ナウムブルク
Naumburg
ナウムブルグ
Naumburg
ナウモウ Naumov
ナウモヴィチ
Naumovich
ナウーモフ Naumov*
ナウモフ Naumov*
ナウモブスキ
Naumovski
ナウヤマ Naoueyama
ナウヨクス Naujocks
ナウラ Nowra*
ナヴラチロワ
Navratilova
ナウル
Naul
Naulu
Nawal
ナウルーズ Nevrūz
ナウレイズ Nauraiz
ナウロジー Naoroji
ナヴローツキー
Navrotskii
ナウンドウジー
Naungdawgyi
ナウンドージー
Naungdawgyi
ナウンドルフ
Naundorff
ナエウィウス
Naevius
Neavius
ナエヴィウス Naevius
ナエゾン Naezon
ナエッス Naess
ナエフ
Naif*
Nayef**
ナエフェ Naefe
ナエラ Nayera
ナエラティウス
Naeratius
ナエル Nahel
ナオウラ Naoura*
ナオゲオルク
Naogeorg
ナオゲーオルグス
Naogeorg
ナオド Naòd
ナオミ
Naomi***
Nōemin
ナオム Naom
ナオール Nahor
ナオロージー Naoroji
ナオロジ Naoroji
ナオロジー Naoroji
ナカ Naka
ナガ Naga
ナガー Naggar*
ナガエフ Nagayev
ナカオ Nakao
ナガオ Nagao
ナカガマ Nakagama
ナカガワ Nakagawa
ナカサイ Nakasai
ナカザト Nakasato
ナーガサマーラ
Nāgasamāla
ナカシッゼ
Nakashidze
ナカシマ Nakashima
ナカーシュ Naqqash
ナカシュ Nakache*
ナーカス Narcus
ナーガスワーミー
Nagaswami
ナーガセーナ
Nāgasena
ナガセン
Na-ch'ieh-hsien
ナカソネ Nakasone
ナカタ Nakata
ナガタ Nagata*
ナガチュ Naghachu
ナカッチ Nakkach
ナガナンド Naganand
ナカノ Nakano
ナガノ Nagano
ナガパン Nagappan
ナーガボーディ
Nāgabodhi
ナカムラ Nakamura*
ナカモト Nakamoto
ナガモートー
Nagamootoo
ナカヤマ Nakayama
ナガヤーラ
NagaYahRa
ナカラ Nakara
ナガラジャン
Nagarajan
ナガラジュ
Nagaraj
Nagaraju
ナカラット Nakarat
ナガラートナ
Nagarathna*
ナガラトナム
Nagaratnam
ナカラワ Nakarawa
ナカリャコフ
Nakariakov*
ナーガル Nāgar
ナガール Nagar
ナーガールジュナ
Nagarjuna
Nāgārjuna
ナーガルージュナ
Nāgārjuna
ナーガルジュナ
Nāgārjuna
ナーガールジュン
Nagarjuna
ナキ Naki
ナギ
Naghi
Nagi
Nagy*
ナギー
Naggi
Nagy**
ナギウ Naghiu
ナーキウィズ
Narkiewicz
ナギエフ Nagiyev
ナギザデ Naghizadeh
ナギーシキン
Nagishikin
ナギシキン Nagishikin
ナーキス Naqis
ナキスベンディ
Nakisbendi
ナーギタ Nāgita
ナキチェノヴィッチ
Nakicenovic
ナキッチ Nakić
ナギッド Nagid
ナーキド Nāqid
ナギド Nagid
ナギービン Nagibin**
ナギビン Nagibin
ナキーブ
Nakeeb
Naqeeb
ナキブ Naquib
ナギーブ
Naguib
Najib
Najīb
Najīb**
ナギブ
Naguib
Najib
Najīb
ナギマ Nagima
ナギョヴァ Nagyova
ナギョバ Nagyova
ナギョン
Na-kyon
Nak-yon
Nak-youn

ナ

ナギラポルト Nagyrapolt
ナキルスキ Nakielski
ナキールニー Nakielny
ナーク
Knaak
Nakou
ナーグ Nag
ナク Naku
ナグ
Nagou
Nagu
ナグアモ Ngauamo
ナクギ Nak-gi
ナクキュン Nack-kyun
ナークシー Nurkse
ナクシャバンディ Naqshabandi
ナクジュ Nak-joo
ナクシュバンド Naqshband
ナクジュン Nak-joon
ナグス Nugus
ナクスン
Nack-seong
Rak-seung
ナクソン Nak-seong
ナグダ Nagda
ナクチョン Nak-chung
ナクツァン Naktsang
ナクツォ Nag tsho
ナクト Nacht
ナクトウェー Nachtwey
ナクトウェイ Nachtwey*
ナクニョン Nak-nyeon
ナグパル Nagpal
ナクビ Naqvi
ナクピル
Nacpil
Nakpil
ナグベ Nagbe
ナークポン Nakpong
ナグマノフ Nagmanov
ナグム Nagoum
ナクヨン
Nak-youn
Rak-young
ナーグラー Nagler
ナグラー Naglaa
ナグラス Nagras
ナクリー Nakry
ナグリエリ Naglieri
ナグリン Nagrin
ナーグル Nagl*
ナクルズ Knuckles
ナグワ
Naguwa
Nagwa
ナグワニ Nagwani
ナケ Naquet***
ナケー Naquet
ナゲイ Nagay
ナゲイキナ Nagejkina
ナーゲーシャ Nagesa
ナケシュバンディ Nakeshbandi
ナケタシ Nakaitaci
ナケトネブテプネフェル Nakhtnebtepnefer
ナーゲル Nagel**
ナゲル
Nagel
Nagell
ナーゲルスマン Nagelsmann
ナーゲンガスト Nagengast
ナゲンガスト Nagengast
ナゲンドラ Nagendra*
ナコ Nako
ナゴ Nago
ナーゴジャン Nargozian
ナゴースキー Nagorski*
ナコーネ Nakone
ナコネチニー Nakonechnyi
ナコフスキー Nácovský
ナゴルスキ Nagorski
ナゴルスキー Nagórski
ナゴルニー Nagornyy
ナゴールヌイ Nagornyi
ナコン Nakorn
ナコンタップ Nakornthap
ナコンルアン
Nakornluan
Nakornluang*
ナーサー Nassar
ナサ Nasa
ナサー Nasar**
ナザ Nasa
ナサーイ Nasāʻī
ナサーイー Nasa'i
ナサヴィー Nasavī
ナサシラ Nasasira
ナサナエル Nathanael
ナサニーエル Nathaniel
ナサニェル Nathaniel
ナサニエル
Nathanael*
Nathaniel***
ナザニエル Nathaniel
ナサニヤル Nathaniel
ナサネール Nathaniel
ナサフィー Nasafī
ナサリー Nathalie
ナザリ Nazari
ナサリア Nathalia
ナザリアン
Nazarian
Nazaryan
ナザリウス Nazarius
ナサリク Nasalyk
ナザリナ Narzalina
ナザリャン
Nazarian**
Nazaryan*
ナサル Nassar
ナザル
Nazar
Nazare*
ナザルアーハリ Nazarahari
ナザルーク Nazaruk*
ナザルグルイ Nazarguly
ナサルディン Nasaruddin
ナザルバーエフ Nazarbaev
ナザルバエフ Nazarbaev**
ナザルバエワ
Nazarbaeva
Nazarbayeva
ナザルベキアン Nazarbekian
ナザレ Nasarre
ナザレス Nazareth**
ナザレト Nazareth
ナザレンコ Nazarenko*
ナザロヴァ Nazarova
ナザーロフ Nazarov
ナザロフ Nazarov*
ナザロワ Nazarova
ナーザン
Nathan***
Nazan
ナサン
Násan
Nathan*
ナザン Nathan
ナサンジャルガル Nasanjargal
ナサンソン Nathanson
ナサンチャムナ Nasantchamna
ナサンブルマー Nasanburmaa
ナージ
Nagy
Naj*
Naji
Näsi
Nurge
ナージー
Naci
Nāji
ナシ Nasi
ナジ
Naci
Nadi
Nagid
Nagy***
Naji**
Nazi*
ナジー
Nagji
Nagy*
Najee
Nazr
ナージァ Nadia
ナシア Nassir
ナジア Nazia
ナジアンゾス
Nadiandós
Nazianzós
ナシィ Nasi
ナジーヴィン Nazhivin
ナーシェ Nachéz
ナジエ Najie
ナジェージジン Nadezhdin
ナジェージタ Nadezhda
ナジェージダ
Nadezhda**
Nadezhida*
ナジェジダ Nadezhda
ナシェフ Nachev
ナシエフ Nassief
ナジェム Najem
ナジェヤ Nadzeya
ナジェル Nagel
ナシェルスキー Nashelsky
ナジェンドラ Nagendra
ナシオ Nasio*
ナジオット Nageotte
ナシカ Nasica
ナージク Nāzik
ナジーク Nazik
ナジク Nazik
ナーシサス Narcissus
ナーシス Narcisse
ナジタ Najita*
ナジダ Nagita
ナシチョーキン Nashchokin
ナシチョキン Nashchokin
ナーシッサ Narcissa
ナシード Nasheed*
ナジハ Neziha
ナジバーニャ Nagybánya
ナーシーフ Nāṣīf
ナーシフ Nāṣīf
ナシフ
Nacif
Nassif
ナシプ Nasip
ナジーブ
Naguib
Najīb
Najîb
Najīb
ナジフ Nazif*
ナジブ
Nagib
Najeeb
Najib**
Nayib
Nazib*
ナジーブッラー Najibullah
ナジブッラー Najibullah
ナジブラ Najibullah*
ナジマ Najma*
ナジマロシィ Nagymarosy
ナジミー Najimy
ナシミエ Natchimie
ナージム Nazim
ナシーム
Naseem
Nassim
ナシム
Nasim
Nazim
ナジーム Naseem*
ナジム
Najim
Najm*
Nazem
Nazim*
Nāzim
Nāẓim
ナジムウッディーン Nazimuddin
ナジムッディーン Nazimuddin
ナジムディノフ
Nadzhmuddinov
Nazhmuddinov
ナジムディーン Nazimuddin
ナジムディン Nazimuddin
ナジメ Najmeh
ナジメディン Najmedin
ナシメント Nascimento**
ナジーモヴァ Nazimova
ナジモーヴァ Nazimova
ナジモヴァ Nazimova
ナジモバ Nazimova
ナジーモフ Nazimov
ナジーモワ Nazimova
ナジモワ Nazimova
ナージャ
Nadia*
Nadja*
ナシャ Nasha
ナシャー Nasher
ナジャ Nadja**
ナジャー Najjar
ナジャヴィッツ Najavits
ナシャシビ
Nasha-shibi
Nashashibi
ナジャット Najat*
ナシャート

Nashāt
Nashāṭ
ナシャト Nashat*
ナジャハ Najah
ナジャフィ
Najafi
Nujayfi
ナジャム Najem
ナジャムッディン
Najamuddin
ナジャムディン
Najamuddin
ナジャラ Najara
ナジャール
Naggiar
Najjar
ナジャル Najjar
ナーシュ Naish
ナシュ Nasah
ナジュ Nagy*
ナシュカ Nash*
ナシュチョーキン
Nashchokin
ナジューミー Najūmī
ナジュムッディーン
Najm al-Dīn
ナジュムディノフ
Najmuddinov
ナジュラー Najla
ナシュワ Nashwa
ナシュワーン
Nashwān
ナジョ Nadjo
ナジラ Nazira
ナジラポルト
Nagyrapolt
ナシリ
Naciri
Nasili
Nassiri*
ナシリニア Nasirinia
ナーシル
Nasir
Naṣir
Nāsir
Nāṣir
Naṣir-i
ナシール
Naseer
Nasir*
Naṣīr
Natsir*
ナシル
Nashir
Nasir*
Naṣīr
Nāsir
Nassir
Nassirou
ナジール
Nazeer
Nazir
Naẓīr
ナジル
Nadhir
Nadir
Naṣīr
Nazir
ナシルシェラル
Nasirshelal
ナシルパル
Nāsir pal
Nāsir-pal
ナジルラディン
Naseeruddin
ナーシレ Naṣir-i
ナシロ Nassirou
ナジロフ Nazirov
ナジワ Najwa
ナシンベニ
Nascimbeni
ナシンベーネ
Nascimbene
ナース
Naas
Naes
Nourse**
Nurse**
ナーズ Nourse
ナス
NAS
Nas
Nass*
Nath*
Nuss
ナズ Nas
ナスィ
Nasi
Nāśi'
ナスィー Nasi
ナスィオ Nacio
ナースィク Nāsikh
ナースィーフ Nāṣif
ナースィフ
Nāsif
Nāsikh
ナスィーブ Nassib
ナズィーフ Naẓīf
ナースィーフル Nāṣīf
ナスィーミー
Nasimi
Nasīmī
ナズィミー Naẓimī
ナスィーム Nasīm
ナーズィムル
Nāẓimu'l
ナスィメント
Nascimento
ナースィリ Naṣir-i
ナースィリー Nāṣirī
ナスィリー Nasirî
ナズィーリー Naẓīrī
ナースィル
Naṣir
Nāsir
Nāṣir
Naṣir-i
ナズィール
Nazir
Naẓīr
ナスィールッ Naṣīr al
ナスィルッ Naṣīr
ナースィルッ・ディーン
Naṣīr al-Dīn
Nāṣir al-Dīn
ナースィルッディーン
Naṣīr al-Dīn
ナスィールッ・ディーン
Naṣīr al-Dīn
ナスィールッディーン
Naseeruddin
Naṣīr al-Dīn
ナースィレ Naṣir
ナスィーロッ Naṣīr al
ナズヴァーノヴ
Nazvanov
ナズグリ Nazgul
ナスコ Nasko*
ナスシメント
Nascimento
ナスター Knaster
ナスタシ Nastasi
ナスタシッチ Nastasic
ナスターシャ
Nastassja*
ナスタシャ Nastassja
ナスターセ Nastase
ナスターゼ Nastase
ナスタセ
Năstase*
Năstase
ナスタゼ Nastase
ナスタッチ Nastac
ナスタノビッチ
Nastanovich
ナスダーフト
Nothdurft*
ナスチオン Nasution
ナスティア Nastia*
ナスティオン
Nasution**
ナステビッチ
Nastevics
ナスト Nast*
ナストラ
Nastra*
Nastula
ナズドラチェンコ
Nazdratenko
ナスナー Nassner
ナズニーン Nazneen
ナズバ Nacuva
ナスバウマー
Nussbaumer
ナスバウム
Nussbaum*
ナスバーム Nussbaum
ナズビー Nasby
ナスーフ Nasûh
ナスフ Nasuh
ナスフィ Nasufi
ナスマッハ
Nassmacher
ナズミー Naẓmī
ナスミス
Nasmith
Nasmyth
ナスミズ Nasmyth
ナズミス Nasmyth
ナーズム
Nazim
Nazım
Nâzim
Nâzım
ナズム
Nazim
Nazım
ナズムル Nazmul
ナスラーウィー
Nasrawi
ナスラッラー
Nasrallar
ナスラム Nathuram
ナスララ Nasrallah*
ナスララー Nasrallah
ナスランド
Naslund*
Näslund
ナズランド Naslund
ナスリ
Nasli
Nasri*
ナスリー
Nasrī
Nasry
ナズリ Nazri
ナズリモフ Nazlymov
ナズリュ Nazyr*
ナスリーン
Nasreen
Nasrin*
Nassrine
ナスリン
Nasreen
Nasrin*
ナズリン Nazrin
ナスール Naceur
ナスル
Nasr
Naṣr*
ナズル Naḍr
ナスルッラー
Naṣr Allāh
Nasrollāh
ナスールマディ
Nassur Madi
ナスルラエフ
Nasrullayev
ナズルル Nazrūl
ナスレッ Nasr al
ナスレッディン
Nasr al-Din
Nasreddin
ナズロー Nazroo
ナスロッラー
Nasrollāh
ナーセ Nasser
ナセ Nhasse
ナゼ Nazé
ナセトキン Nasedkin
ナセニウス Nasenius
ナセヒ Nassehi*
ナゼム Nazim
ナーゼモル Nāẓem al
ナーゼモルエスラーム
Nāẓem al-Eslām
ナセラ Nacera*
ナーゼリー Nazeri
ナセリ
Naceri*
Nasseri
ナセリヤル Naseryar
ナーセル
Naṣir
Nāṣir
Naṣir-i
Nasser
Nassir
ナーゼル Nazer***
ナセール Nasser
ナセル
Masir
Nacer
Naser
Nasir
Nāṣir
Nasser**
Nassir
Nesir
ナーセルッ Nāṣir al
ナーセルッ・ディーン
Nāṣir al-Dīn
ナセールッディン
Naseeruddin
ナセルディン
Naser Din
ナーセロッディーン
Nāṣir al-Dīn
ナゼント Nugent
ナーソ Naso*
ナーソー Naso
ナソ Naso
ナソー Nasaw*
ナソースト Nathorst
ナーゾル Nazor
ナゾール Nazor
ナゾル Nazor
ナソンクラー
Na Songkhla
ナータ
Nahata
Nahta
Ngata
ナタ Nata*
ナター Natter
ナダ Nada
ナダイ Nadai
ナダイン Nadine
ナダカブカレン
Nadakavukaren*
ナーダシ Nádasi
ナターシャ
Nastasha
Natacha*
Nataliya*
Natasa*
Nataša
Natascha*
Natasha**
ナタシャ Nathacha
ナーダーシュ Nádás
ナーダシュ
Nádas*
Nádás
ナターソン Natterson
ナタナエラ Natanaera
ナターナエール
Nathanael

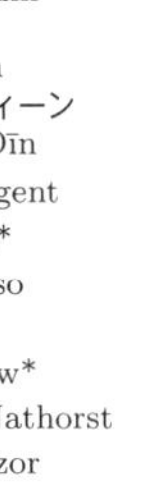
ナ

ナターナエル
Nathanael
ナタナエル
Nathanael
Nathaniel
ナタニア Natania
ナタニエル Nathaniel
ナターニャ Natanya
ナタニヤウ
Natanyahu
ナタニヤフ
Natanyahu
ナタネール Nathaniel
ナタネル Natanael
ナタノ Natano
ナタノヴァ Natanova
ナターノヴィチ
Natánovich
ナタフ Nataf
ナダーフ Naddaf
ナダブ Nadab
ナータプッタ
Nataputta
Nātaputta
ナタペイ Natapei*
ナタラジャン
Natarajan
ナタラヤン
Natarajan*
ナタラル Nathalal
ナターリ Natali
ナタリ
Natali**
Natalie
Nathalie
ナタリー
Natali
Naṭali
Natalie***
Nathalie***
Natharie*
ナターリア
Natalia**
Nataliya
Natalya
Nathalia
ナタリーア Natalia**
ナタリア
Natalia***
Natal'ia
Natália
Nataliia
Nataliya*
Natallia*
Natalya**
Nathalia*
Notaliya
ナターリエ Natalie
ナタリエ Natalie
ナタリオ Natalio
ナターリス Natalis
ナタリス
Natalis
Nataris
ナタリーニ Natalini
ナタリーノ Natalino*
ナターリャ
Natalia*
Nataliia
Nataliya
Natalya
ナターリヤ
Natalia*
Natal'ia
Nataliia
Natalija
Nataliya
Natáliya
Natalya*
Natariia
ナタリヤ
Natalia**
Nataliia
Nataliya**
Natalya
Nathalie
ナダール Nadar*
ナダル
Nadal***
Nadar
Nadeau
ナターレ Natale*
ナダレイシビリ
Nadareishvili
ナタレガワ
Natalegawa
ナータン Nathan
ナーダン Nadeen
ナターン Nathan
ナタン
Nachman
Natan**
Nathan**
ナタンソン Natanson*
ナタンバ Na Tamba
ナチェ Natshe
ナチェハ Natsheh
ナチオス Natsios*
ナチカ Nachika
ナチモーヴァ
Nazimova
ナーチャ Natja
ナチャンパサック
Na Champassak
ナチュラーレ Naturale
ナチョ
Nacho**
Naço
ナチール Natsir
ナヂル Nādir
ナチンションホル
Nachinshonhor
ナツァギーン
Natsagiin**
ナツァグ Natsag
ナツァグィン
Natsagiin
ナツァグドルジ
Natsagdorj
Natsagdorji*
Natsagdorzh*
ナツィッチ Nacici
ナツヴリシュヴィリ
Nacvlišvili
ナッガー Naggar
ナッカーシュ Naqqāsh
ナッカルド Nakkerud
ナッキー Knuckey*
ナッキーラル
Nakkīrar
ナック Nack
ナックウェイ
Nachtwey
ナックス Knox
ナックスホール
Nuxhall*
ナックビン Nachbin
ナックマン Nachman*
ナッケリーノ
Naccherino
ナッケン Nakken
ナッケンバーグ
Nachenberg
ナッコード Nackord
ナッサー
Nassar
Nasser**
Nusser
ナッサウ Nassau
ナッザーム Naẓẓām
ナッザレーノ
Nazzareno
ナッサワー Nassour
ナッシー Naschy
ナッシィン Natt Shin
ナッシブ Nassib
ナッシムベーニー
Nascimbeni*
ナッジャル Najjar
ナッシュ
Naish
Nash***
Nashe*
ナッシユ Nash
ナッシール Natsir
ナッシンベーニ
Nascimbeni
ナッシンベンネ
Nascimbene**
ナッズ Nudds
ナッスル Nussle*
ナッセ Nasse
ナッセル Nasser
ナッセン
Knudsen
Knussen**
ナッソー Nassau
ナッソウ Nassau
ナッソーニ Nassoni
ナッタ Natta**
ナッター Nutter
ナッダ Nadda
ナッターヴート
Nattavudh
ナッターノ Notturno
ナッターマン
Nattermann
ナッダーラ Naḍḍāra
ナッタル Nuttall
ナッチー Naschy
ナッチブル
Knatchbull
ナッチャー Natcher
ナッチュブル
Knatchbull
ナッチル Natsir
ナッツ Nath
ナッツァーリ Nazzari
ナッツァレーノ
Nazzareno
ナッツラー Netzler
ナッティ
Natti
Natty
ナッティエ Nattier
ナッティング
Nutting*
ナッテラー Natterer
ナット
Nat***
Nath
Natt
Nhat**
Nutt
ナッド Knud
ナッドー Naddor
ナットウィック
Natwick
ナットキール Natkiel
ナットゲン Knuttgen
ナッドセン Knudsen
ナットソン Knutson
ナッドソン Knudtson
ナットパット Natpat
ナットビーム
Nutbeam
ナットホール Nuthall
ナットマン Nutman*
ナットール Nuttall*
ナッパー Napper
ナッハース
Nahas
Nahhas
ナッパハ Nappaha
ナッハバウル
Nachbaur
ナッハマン
Nachman
Nachmann
ナッハム Nachum
ナッピ Nappi
ナッピー Nappy
ナップ
Knapp**
Nap
Napoleon
Napp
ナップチン
Napp-Zinn
ナップトン Knapton
ナップマン Knapman
ナッペイ Nappey
ナッポ Nappo
ナツマン Natuman
ナテア Natea
ナーディ Nadi
ナティ
Natee
Nathi
Natti*
ナディ
Nadi
Nnedi
ナディー Nadī
ナーディア Nadia
ナティア Natia
ナディア Nadia***
ナティヴィテー
Nativité
ナディウスカ
Nadiuska
ナティエ
Natié
Nattier
Nattiez**
ナディエジュダ
Nadezhda
ナディエズダ
Nadiezda
ナディエム Nadiem
ナーティク Nāṭiq
ナティグ Natig
ナティシン
Hnatyshyn**
ナティッシン
Hnatyshyn
ナディーヌ Nadine**
ナディヌ Nadine*
ナディーネ Nadine
ナーディネリ
Nardinelli
ナディヒ Nadig
ナティビダッド
Natividad*
ナディーム
Nadeem
Nadim
Nadīm**
ナディム
Nadiem
Nadim*
ナーディラ Nādira
ナディラ
Nadir
Nadira
ナディラゼ Nadiradze
ナディリ Nadiri
ナーディル Nādir*
ナディール Nādir
ナディル
Nadir*
Nādir
ナーディン Nadin
ナディーン
Nadeen
Nadine*
ナディン
Nadin
Nadine***
ナディンガル
Nadingar
ナティンクザック
Natynczuk
ナデェージダ
Nadezhda
ナテク
Natek
Nateq

ナテクヌーリ
Nateq-nouri*
ナテクヌリ
Nateq-nouri
ナテーサン Natēsan
ナデージジン
Nadezhdin
ナデージダ Nadezhda
ナデジーダ Nadezhda
ナデジタ Nadezhda
ナデジダ
Nadezhda
Nadezhida
ナデジデ Nādejide
ナデージディン
Nadezhdin
ナデージュジン
Nadezhdin
ナデジュダ
Nadezhda**
ナデュー Nadeau
ナテラ Natera
ナデラ Nadella*
ナデリ Naderi*
ナーデル
Nadel*
Nāder
Nādir
ナデール Nadel
ナデル
Nadel**
Nader*
ナーデルプール
Nāderpūr
ナーデルホッファー
Nadelhoffer
ナーデルマン
Nadelman
ナデルマン Naderman
ナーデン Naden
ナート
Nath**
Nāth
ナード Nardo
ナト Nato
ナトー Natheaux
ナド Nadaud
ナドー
Nadaud*
Nadeau**
ナドア Naddour
ナトアール Natoire
ナドイム Nadhoim
ナトインガル
Natoingar
ナトウ Natow
ナドヴィー Nadvī
ナトウィック Natwick
ナトゥージウス
Nathusius
ナトゥバ Natuva
ナトキール Natkiel
ナトコ Natko
ナトシール Natsir*
ナートスパー
Nartsupha
ナドゼヤ Nadzeya*
ナードソン Nadson
ナドソン Nadson*
ナドビー Nadvī
ナトビグ Natvig
ナトホ Natcho
ナートホシト
Nathorst
ナトホルスト
Nathorst
ナドミジーン
Nadmidiin
ナドミド Nadmid
ナードラー Nadler
ナドラー Nadler*
ナトラス Nattrass
ナトーリ Natoli
ナトリ
Natoli
Natori
ナトリー Nutley*
ナトール
Nutall
Nuttall*
ナドル Naḍr
ナトールスト
Nathorst
ナドルト Nadort
ナドルニー Nadolny**
ナートルフ Nathorff
ナートルプ Natorp
ナトルプ Natorp*
ナドロ Nadolo*
ナドロヴィチ
Nadolovitch
ナトロナイ Natronai
ナドワーニー
Nadworny
ナトワール Natoire
ナトワル Natwar*
ナトンデ
Natonde
Natondé
ナーナー Nānā
ナナ
Naana
Nana**
Naná
Nanna
ナナイ Nanai
ナナイア Nanaia
ナーナク Nānak
ナナジム
Nana Djimou
ナナス Nanus
ナナメーカー
Nunamaker
ナナヤッカラ
Nanayakkara
ナーナーラール
Nhānālāl
ナナリー
Nunnally
Nunnaly
ナナル Nannerl*
ナナン Nanan
ナーニ Nani
ナニ Nani**
ナニー
Nanie
Nannie
Nanny
Nonny**
ナニエフ Naniyev
ナニカ Nanneke
ナニタモ Nanitamo
ナニーニ Nannini*
ナニネ Nanine
ナニーノ Nanino
ナニャク Nanyak
ナヌ
Nan
Nanu
ナヌス Nanus*
ナヌリ Nanuli
ナーネ Nane*
ナネスタッド
Nannestad
ナネッティ Nanetti*
ナネット Nanette*
ナネフスキー
Nanevski
ナノ Nano**
ナノー Nano
ナノス Nanos
ナーハ Naha
ナーバ Nava*
ナーバー
Narver
Navah
ナバ
Naba
Nabajyoti
Nava*
ナハイ NaKhai
ナバーイー Nawā'ī
ナハイロ Nahaylo
ナーバイン Nawijn
ナハヴァンディ
Nahavandi*
ナバウィーヤ
Nabawīya
ナバカウスカス
Navakauskas
ナバカモチェア
Navakamocea
ナバグ Nabagou
ナハシ Nass
ナバジオ Navazio
ナハジャヴァーン
Nakhjavan
ナハシュ
Nahash
Nass
ナバジョッティ
Nabajyoti
ナハション Nahashon
ナハース Nahas
ナハス Nahas*
ナバス Navas
ナバスキー Navasky
ナパステック
Naparstek
ナバセル Navacelle
ナーバーダース
Nābhādās
Nābhādāsa
ナハチガル Nachtigal
ナパット Napat
ナバッロ Navarro
ナバティ Nabati
ナハティガル
Nachtegall
Nachtigal
Nachtigall
Nahtigal
ナハテガル Nachtegall
ナハテルゲーレ
Nachtergaele
ナハト Nahat
ナハトヴェイ
Nachtwey
ナハトガル Nachtgall
ナバートニコワ
Nabatnikova
ナバニエ Nabagné
ナバネセム
Navanethem*
ナバビ Navabi
ナバブキン Nababkin
ナハペドヴ
Nakhapetov
ナハペトフ
Nakhapetov
ナハマニ Nachamani
ナハマニデス
Nahmanides
ナハマノヴィッチ
Nachmanovitch
ナハマン
Nachman
Nachmann
Nahaman
Nahman*
Naḥman
ナハーム Nahum
ナハム Nahum
ナハヤン
Nahayan
Nahyan**
ナハヨ Nahayo
ナハラ Najera
ナバラ
Navarra
Navarre
ナバラウィ Nabarawy
ナハリ Nahari
ナハリン Naharin
ナーハル Nahal
ナハル Nahar
ナバール Navarre*
ナバル
Nabal
Navarre
ナーバルセーテ
Navarsete
ナバルダウスカス
Navardauskas
ナバレ
Nabare
Navarre
ナバレッテ Nabarrete
ナバレーテ Navarrete
ナバレテ
Navarete
Navarrete
ナバレマリ
Navarre-marie
ナハーロ Najarro*
ナハロ Najarro
ナバーロ
Nabarro
Navarro*
ナバロ
Nabarro
Navarro***
ナーバーン Nerburn*
ナーバン Nerburn
ナハン Nahan*
ナバーン Nabhan
ナーヒ Närhi
ナービ Nørby
ナービー Nabi
ナヒ Nahee
ナビ
Nabi**
Nabih
Naby
ナビー
Nabī
Nabīh
ナビア Navia
ナピア Napier
ナピアス Napias
ナピヴォツキー
Napiwotzky
ナビウリナ
Nabiullina*
ナビエ Navier
ナピエ Napier
ナビエフ Nabiev*
ナピエルコヴスカ
Napierkowska
ナービガ
Nābigha
Nābighah
ナビゴン Nabigon
ナヒジアン Nahigian
ナピシュティム
Napištim
ナビス Nabis
ナビチータ
Na Bitchita
ナビツカス Navickas
ナビディ Navidi
ナーヒード
Naheed*
Nahid
ナヒド Nahid*
ナビード Naveed
ナビト Nabit
ナビド Navid
ナビハ Nabih*
ナビーフ

Nabih
Nabīh
ナヒムソン
Nachimson
ナビムソン
Nachimson
ナヒーモフ Nakhimov
ナヒモフ Nakhimov
ナヒラ Nakhira
ナビーラ Nabila
ナビラ Nabila
ナビール
Nabeel
Nabil
Nabile
ナビル
Nabil**
Naville
ナヒン Nahin
ナビーン Navīn
ナビン Navin*
ナビンチャンドラ
Navin Chandra
Navinchandra*
ナビンドラ Nabindra
ナビンナ
Nabinne
Navinne
Nawinne
Nvinne
ナフ Naff
ナブ
Nab
Nabb**
Nabu
ナブー Nabū
ナーフィー Nāfi'
ナフィ Nafi
ナフィア Nafia
ナーフィイ Nāfi'
ナーフィウ Nāfi'
ナフィーサ Nafīsa
ナフィサ Nafisah
ナフィサトゥ
Nafissatou
ナフィーシー
Nafisi
Nafīsī
ナフィース Nafīs
ナフィス Nafis**
ナフィズ Nafiz
ナフィースィー
Nafisi
Nafīsī
ナフィセフ Nafiseh
ナフィル Nafile
ナフィールド Nuffield
ナプウォン Napwon
ナフェース Napheys
ナフォ Nafo
ナフカ Navka**
ナブーコ Nabuco
ナブコ Nabuco
ナフーシ Nafousi
ナブシ Nabuti
ナフシア Nafsiah
ナフス Nafus
ナブス Nabs
ナフタリ
Naftali*
Naphtali*
ナフティ Nafti
ナブディープ Navdeep
ナブハーニー Nabhānī
ナブハン Nabhan
ナブホルツ Nabholz
ナフマン
Nachman*
Nahman
Naḥman
ナフーム Nahum
ナフム Nahum**
ナフラウィ Nahrawi
ナープラヴニーク
Nápravník
ナプラヴニク
Nápravník
ナブラチッチ
Navracsics
ナブラチロワ
Navratilova*
ナプラヌーム
Naplanum
ナプラヌム Naplanum
ナフリック Knaflic
ナーブル Nabl
ナフル Nakhle
ナブール Nabour
ナブルシ Nabulsi
ナーブルスィー
Nābulusī
ナフルゾフ Navruzov
ナベ Naveh
ナペ Nape
ナヘド Nahed
ナヘラ Nájera*
ナベリア Navellier
ナーベル Nabel
ナヘル Nagel
ナベール Nabert
ナーベルフェルト
Naberfeld
ナベロス Naveros
ナボ Nabo
ナボカフ Nabokov
ナボーコフ Nabokov
ナボコフ Nabokov***
ナホザ Nahodha
ナボス Naboth
ナホッド Nachod
ナボテ Nabouthai
ナホート Nachod
ナボト Nabouthai
ナボナッサール
Nabonassar
ナボナッサル
Nabonassar
ナホーニー Nahorny
ナボニドゥス
Nabonidos
ナボニドス Nabonidos
ナボポラサル
Nabopolassar
ナボポラッサル
Nabopolassar
ナホム Nahum
ナポリ Napoli**
ナポリオーニ
Napoleoni
ナポリターノ
Napolitano**
ナホル Nahor
ナポレオーニ
Napoleoni
ナポレオーネ
Napoleon
Napoleone
ナポレオン
Napoleãn
Napoleon**
Napoleón*
Napoléon**
Napoleone*
ナポレス Napoles
ナポレターノ
Napoletano*
ナホロ Naholo
ナボーロ NaVorro
ナボン Navon**
ナボンヌ Nabonne
ナマ Namah
ナマイアス Namias
ナマジ Namazi
ナマシュルア
Namashulua
ナマジラ Namatjira
ナマタ Namata
ナマチャー
Nammacher
ナマディ Namadi
ナマティアーヌス
Namatianus
ナマティアヌス
Namatiānus
ナマティナーヌス
Namatiānus
ナーマド Nahmad
ナマドゥク Namaduk
ナーマニ
Nahamani
Nahmani
ナマヤンジャ
Namayanja
ナマラ Namara
ナマリウ Namaliu
ナマリュー
Namaliu**
ナーマル Nirmal
ナーマン
Nachman
Nahman*
ナマン Naman
ナマンガニ
Namangani
ナマンゴニ
Namangoniy
ナミ
Nam-hee
Nami
ナーミア Namir*
ナミア Nahmias
ナミアシュ
Nahmiash*
ナミアス
Nahmias
Namias
ナミェイスキ
Namieyski
ナミエール Namier
ナミク
Namig*
Namik
ナミュール Namur
ナミョートキン
Namyotkin
ナミール Namir*
ナミル Nam-il*
ナミレンベ
Namirembe
ナミン Nam-In
ナミンハ Namingha
ナム
Naam**
Nahm
Nam***
Namu*
ナムアノ Namuano
ナムイル Nam-il
ナムカ
Nam-mk'a
Nam-mkha'
ナムカイ Namkhai*
ナムガク Nam-gak
ナムガラ Namugala
ナムギ Nam-gi
ナムギェル
Namgyal
Rnam rgyal
ナムギエル
Rnam-rgyal
ナームギャル
Namgyal
ナムギャール
Namgyal
ナムギャル
Namgyal
Rnam rgyal
ナムギュン
Nam-gyun
Nam-kyun
ナムギョン
Nam-gyong
ナムギル Nam-gil*
ナームク Namik
ナムク Namik
ナムグン Namgoong
ナムゲイ Namgay
ナムゲル
Namgyal
Namgyel*
ナムジム Namjim*
ナムジャル Namǰil
ナムジュ
Nam-chu*
Nam-joo
ナムジュー Namjoo
ナムジュン
Nam June
Nam-June
ナムジョ Nam-jo
ナムジョン Nam Jung
ナムジリン Namjilyn*
ナムス
Nam Su
Nam-su
ナムスライン
Namsrain
ナムスン Nam-sun*
ナムセネイ Namsénéï
ナムタク Namdak
ナムダク
Namdag*
Namdak
ナムダグ Namdag
ナムチョル Nam-chul
ナムチル Nam-chil
ナムテ Nam-tae
ナムディ Nnamdi*
ナームデーヴ Nāmdev
ナームデーオ Nāmdev
ナームデーブ Nāmdev
ナムドク Nam-deuk
ナムナム Namnam
ナムナンスレン
Namnangsürüng
ナムパ Namupa
ナムハイ Namkhai
ナムヒョク Nam-hyuk
ナムヒョン
Nam-hyun
Nam-hyung
ナム・ホン Namhong
ナムホン Namhong
ナムマールヴァール
Mammāḻvār
Nammāḻvār
ナムヤンバ
Namuyamba
ナムラ Namla
ナムラタ Namrata
ナムランベ
Namulambe
ナムリ Namool
ナムルック Namlook
ナムワンディ
Namwandi
ナムワンバ
Namwamba
ナムンクラ
Namuncurá
ナモア Namoa
ナモネ Namone
ナモーラ Namora*
ナモリ Namory
ナモリキ Namoliki
ナモロ Namoloh
ナヤ
Naja
Naya
ナヤク Nayak

ナ

ナヤザレヴ
Nayacalevu
ナヤック Nayak
ナヤナ Nayana
ナヤブティグング
Nayabtigungu
ナヤラ Najara
ナーヤル
Nair*
Nayar
ナヤン Nayan**
ナヤンタラ Nayantara
ナユル Nayir
ナヨ Nayo
ナヨン
Na-yeon*
Na-young*
Nayoung
ナラ
Na-ra
Nara
ナーラーイ
Naaraai
Narai
ナライ Narai
ナーラカ Nālaka
ナラーキー Narāqī
ナラサニ Narasani
ナラシマ Narasimha*
ナラシムハ
Narasiṃha
ナーラーシムハーン
Narasimhan*
ナラシムハン
Narasimhan
ナーラーシンハ
Narasimha
ナラシンハ
Narashimha
Narasimha
Narasiṃha
ナラシンハグプタ
Narasiṃhagupta
ナラシンハバルマン
Narasiṃhavarman
ナラシンハン
Narasimhan
ナラス
Narasu
Narath
Narus
ナーラスィンハ
Narasiṃha
ナラスィンハ
Narasiṅha
ナラスインハン
Narasimhan
ナーラダ
Narada
Nārada
ナラダ Narada
ナラーティップ
Naraathip
ナラティップ
Naradhip
ナラーティッププラパンポン
Narathippraphan
phong
ナラティハパテー
Narathihapate
ナラテボー Naradevo
ナラニィ Naranji
ナラノン Na Ranong*
ナラマク Nalamaku
ナラーム Naram
ナラム Naram
ナラムリアン
Nalamlieng
ナラモア Narramore
ナラモチュ
Nallamothu
ナーラーヤナ
Narayana
Nārāyana
Nārāyaṇa
ナラヤナ Narayana**
ナラヤナン
Narayanan***
ナーラーヤン
Narayan***
Nārāyan
Nārāyaṇ
ナラーヤン Narayan
ナラヤン
Narayan*
Nārāyaṇ
Narayaṇa
Narayen*
ナラリ Narhari
ナラワラ Nayawaya
ナラン Narang*
ナランゲ Narang
ナランゴア Narangoa
ナランツァツラルト
Narantsatsralt**
ナランホ Naranjo
ナランリアン
Nalamlieng
ナリ
Nal'
Nali
Nari
ナリー Nally
ナリアシヴィリ
Nariashvili
ナリヴァーイコ
Nalivaiko
ナーリカー Narlikar*
ナリカ Nalika
ナリサニー Nuridsany
ナリス
Nalis
Narace
ナリック Nalick
ナリッツァーノ
Narizzano*
ナリット
Naritsaranuwatti
wong
ナリーニ Nalini*
ナリニ Nalini*
ナリーニョ Nariño
ナリニョ Nariño
ナリーノ Nallino
ナリフキン Nalivkin
ナリマニゼ
Narimanidze
ナリマノフ
Narimanov
Närimanov
ナリワイコ Nalivaiko
ナーリン Narin
ナリン
Nalin*
Narin*
Narine
ナリンス Narins
ナリンズ Narins
ナリンダー
Narindar
Narinder*
ナリンドラポン
Narindrapong
ナル
Nar
Naru
ナルアック Naluak
ナルイシキナ
Naryshkina
ナルィシキン
Naryshkin
ナルイシキン
Naruishkin
Naryshkin*
ナルヴィク Narvig
ナルエプト Narueput
ナールガング
Nahrgang
ナルキェヴィッチ
Narkiewicz
ナルキス Narkiss
ナルギス Nargis
ナルキソヴィチ
Narkisovich*
ナルキッスス
Narcissus
ナルキッソス
Narcissos
Narcissus
Narkissos
ナルゲス
Narges
Nargis
ナルケーデ Narkhede
ナルケドロゴ
Nalke Dorogo
ナルコウスカ
Nałkowska
ナルサイ
Narsai
Narses
ナルシェーヴィチ
Naruszewicz
ナルシェヴィチ
Naruszewicz
ナルジェフスキ
Nardzewski
ナルシサ
Narcisa
Narcissa
ナルシス
Narcis
Narcisse
ナルシーソ Narciso
ナルシソ Narciso**
ナルシッス Narcisse
ナルシプル Narsipur
ナルシャ Narsha
ナルシャヒー
Narshakhī
ナルジョレ Nargeolet
ナルシン Narsingh
ナルシンパンチャム
Narsingh Pancham
ナルシンフ
Narasimha
ナルス Narus
ナルスィー Narcy
ナルスィンフ
Narasiṅha
Narsiṃh
ナルスジャック
Narcejac**
ナルセー Narseh
ナルセス Narses
ナルセブ Naruseb
ナルソン Narson
ナルダ Narda
ナルダー Nalder
ナルダール Knardahl
ナルチェマシビリ
Narchemashvili
ナルチッサ Narcissa
ナルチャン Nalchan
ナルツィサ Narcyza
ナルツィザ Narcyza
ナルツィス Narziss
ナルディ
Naldi
Nardi
ナルディーニ
Naldini*
Nardini*
ナルディン Nardin
ナルデッリ Nardelli
ナルデリ Nardelli*
ナルド Nardo
ナルトヴィチ
Narutowicz
ナルドゥッチ
Narducci
ナルトサブド
Nartosabdo
ナルドーネ Nardone
ナルナート Narunart
ナルバエス
Narvaez
Narváez**
ナルバエズ Narvaez
ナルバエワ Narbaeva
ナルバサ Narvasa
ナルバンジャーン
Nalbandyan
ナルバンジャン
Nalbandian
Nalbandyan
ナルバンディアン
Nalbandian*
Nalbandyan
ナルバントオウル
Nalbantoğlu
ナールビコヴァ
Nárbikova
ナールビコワ
Narbikova**
Nárbikova
ナールブト Narbut
ナルボナ Narbona
ナルボーン Nalbone
ナルマダーシャンカル
Narmadāśaṅkar
Narmadāśaṅkara
ナルマニア Narmania
ナルマン Nulman
ナルマンゴ
Nalumango
ナルマンダク
Narmandakh
ナルミン Narmin
ナル・メル Narmer
ナルメル Narmer
ナルラ Narla
ナルリカール Narlikar
ナルロス Narros
ナルン Nairne
ナレ Naret*
ナレイン Narain
ナレカツィ Narekats'i
ナレク Narek
ナレージヌイ
Narezhnyi
ナレシュ Naresh
ナーレス Nahles*
ナレースエン
Naresuan
ナレスエン Naresuan
ナーレスキー Narleski
ナレースワン
Naresuan
ナレスワン Naresuan
ナレツ Nalecz
ナレディ Naledi
ナレド Naredo
ナレパ Nalepa
ナーレン Narain*
ナレン Naren
ナーレンズ Nerlens
ナレンドラ
Narendra**
ナレーンドラナート
Narendranāth
ナーレンホア
Naren-hua*
ナロ
Nalo
Narro
ナロコビ Narokobi
ナーロズニー Nározný
ナーロック Narlock
ナーローパ Nāropa
ナロフチャートフ
Narovchátov
ナロン
Naron
Narong*

ナ

ナロンチャイ
Narogchai
Narongchai
ナワーイー
Nawai
Nawā'ī
ナワウィー Nawawī
ナーワーウィチット
Navavichit*
ナワウィチット
Navavichit
ナワサワット
Navasavat
ナワーズ Nawaz
ナワス Nawas
ナワズ Nawaz**
ナワーブ Nawāb
ナワフ
Nawaf**
Nawwaf
ナワブ Nawab
ナワーブザダ
Nawabzada
ナワラット
Naowarat
Nawarat
ナワリヌイ Navalnyi*
ナワール
Nawal*
Nawāl
ナワル
Nawal***
Nawāl
ナワルスカス
Nawarskas
ナワルニー Navalnyi
ナーン Nan
ナン
Nain
Nam
Nan**
Nane
Nang
Nen
Nun*
Nunn**
ナンイ Nanni
ナンガ Nanga
ナンカロー
Nancarrow
ナンカロウ
Nancarrow
ナンキーヴェル
Nankivel
ナンキン Nankin
ナンクーマー
Nandcoomar
ナンクマ Nancouma
ナンクムワ
Nankhumwa
ナンゴ Nango
ナンコイエ Gnankoye
ナンコセレナ
Namkosserena
ナンコマン
Nankoman
ナンゴロ Nangolo
ナンゴンベ Nangombe
ナンサヴォンドァンシイ
Nanthavongdouan
gsy
ナンサパ Nanthapa
ナンシ Nancy
ナンシー
Nancey
Nanci**
Nancie
Nancy***
ナンジー Nanji
ナンジアータ
Nunziata
ナンシィ Nancy
ナンシェ Nanše
ナンジオ Nunzio
ナンジャ Nandja
ナンジャッパ
Nanjappa
ナンジョー Namdjou
ナーンズ Nones
ナンス Nance***
ナンズ Nunns
ナンスィ Nancy
ナンスィー Nancy
ナンスノン
Nansounon
ナンセン
Nancen
Nansen**
ナンゼン Nansen
ナンソン Nanson
ナンダ Nanda**
ナンダー
Nanda
Nandā
ナンタウォン
Nanthavong
ナンダカ Nandaka
ナンダクマール
Nandakumār
ナンダバイン
Nandabayin
ナンダムーリ
Nandamuri
ナンダラル Nandalal
ナンダン Nandan*
ナンツ Nantz
ナンティ Nanty
ナンディ
Nandi*
Nandy*
ナンディグナ
Nandigna
ナンディナ Nandigna
ナンディーニャ
Nandigna
ナンディヌダイトワ
Nandi Ndaitwah
ナンディヤ Nandiya
ナンディンザヤ
Nandinzayaa
ナンテゥイユ Nanteuil
ナンテニン Nanténin
ナンテーユ Nanteuil
ナンテリ Nanteli
ナンテル Nantel
ナント Nanto
ナンド
Nand
Nando
Rando
ナンドー
Nando
Nandor
ナントイユ Nanteuil
ナントゥイユ Nanteuil
ナンドゥッタラー
Nanduttarā
ナンドゥマー
Nandcoomar
ナンドラル Nandlall
ナーンドル Nándor*
ナンドール Nandor
ナントン Nanton
ナンナヤ Nannaya
ナンニ Nanni***
ナンニー Nanny
ナンニーニ Nannini
ナンヌッチ Nannucci
ナンネチョーダ
Nannecōḍa
ナンネリー
Nannery
Nunneley*
ナンネン Nannen
ナンバ Namba
ナーンバーガー
Nurnberger
ナンバーズ Numbers
ナンバチャ
Nanbatcha
ナンパリス Nampalys
ナンバリン
Nambaryn**
ナンビ Nambi
ナンビヤーンダル
Nambiyāndar
ナンフィ Namphy*
ナンブースリ
Namboothiri
ナンブット Nambutr
ナンブーディリッパードゥ
Namboodiripad
ナンブーディリーパッド
Namboodirīpad*
ナンブーディリーパード
Namboodirīpad
ナンブーディリパード
Namboodiripad
Namboodirīpad
ナンブーディリパド
Namboodirīpad
ナンブドリパッド
Nambudripad
ナンブレテ
Namburete
ナンマールヴァール
Nammālvār
ナンマールバール
Nammālvār
ナンム Nammu

【ニ】

ニ
Nhi
Ni*
Ní**
Ny*
Nyi
Nys
ニー
Knee*
Nee
Ney
Nghi
Ni*
Nie
Nii
Nye
ニーア Neer
ニア
Nia*
Nir*
ニアー Nir
ニアグ Neagu
ニアコサリ Niakosari
ニアジ Niazi
ニアス Niasse
ニアセ Niasse
ニアソフ Niyazov
ニアヌ Niane
ニアネ Niane
ニーアマイア
Nehemiah
ニアマイア Nehemiah
ニアマトゥラ
Nehmatullah
ニーアム Niamh*
ニアム Niamh
ニアリ Neary
ニアリー Neary*
ニーアリング Nearing
ニアリング Nearing
ニーアル Niall*
ニアール Niall*
ニアル
Nhial
Niall*
ニアルコス Niarchos
ニアレ
Nialé
Niare
ニアン
Nearne
Niang
ニアング Niang
ニアンクアラ
Niangkouara
ニアンコ Nyamko
ニアンドゥ Niandou
ニーイ Niyi
ニイ
Nii
Niyi
ニイガード Nygard
ニィクル Nickl
ニイグレン Nygren
ニィスキー Nizskii
ニィストレーム
Nystrom
ニイチェ Nietzsche
ニイナ Nina
ニイベルゲルト
Nievergelt
ニィベルラ Neverla
ニィマイヤー
Niemeyer
ニイマン Nyman
ニイムラ Niimura*
ニイメール Niemeyer
ニイメル Niemeyer
ニイラミリモ
Nyiramirimo
ニィーリー Neely
ニィリエ Nirje**
ニィール Neil
ニイル
Neil
Neill*
ニイールス Niels
ニイルス
Niels
Nils
ニィーレエンベルク
Nierenberg
ニーヴ
Neave
Neve
ニウ
Niu*
Niv
Niw
ニヴ Niv
ニウア Niua
ニヴァ Niva
ニヴァール Nivard
ニウイ Nhouy
ニーヴィアス Nevius
ニヴィット Nevitte
ニヴィンスカ
Niwińska
ニヴェア Nivea
ニーヴェス Nives
ニヴェット Knyvet
ニヴェディータ
Nivedita
ニヴェラ Nivera
ニーヴェル Knievel
ニウエル Newell
ニヴェール Nivers
ニヴェル Nivelle*
ニーヴェルスン
Nevelson
ニーヴェルソン
Nevelson
ニーヴェルト Nivert
ニーヴェン Niven
ニヴェン Niven
ニーウェンハイス
Nieuwenhuis
ニウエンハウゼン

Nieuwenhuijzen
ニーヴェンホイス
Nieuwenhuis
ニーヴォー Nevo
ニヴォラ Nivola*
ニウガ Niouga
ニウカム Newcomb
ニウコンム Newcomb
ニーヴス Neves
ニウスホルム
Newsholme
ニウセルラー
Nyuserre
ニウドソン Newdson
ニウトン Newton
ニウマアチ Newmarch
ニウマン Neumann*
ニウルカ Niurka*
ニーヴン
Nevin
Niven*
ニヴン Niven*
ニエ Nieh
ニェイズヴェスヌイ
Neizvestny
ニェイン Nyein
ニエイン Nyein
ニエウィアドマ
Niewiadoma
ニエヴェス Nieves
ニエーヴォ Nievo
ニエヴォ Nievo
ニェウスルパ
SNye'u zur pa
ニェヴロワ Neverova
ニエカワ Niekawa
ニエク Nhiek
ニェゴシュ Njegoš
ニエザビットフスカ
Niezabitowska
ニエザビツトフスカ
Niezabitowska
ニエザビトフスカ
Niezabitowska
ニェズナンスキー
Neznanskii
ニェズナンスキイ
Neznanskii
ニェズリン Nezlin
ニエタ Nieta
ニェツィスワフ
Niecisław
ニエッセル Niessel
ニェッーセン Nyessen
ニエット Niet
ニエップ Nghiep
ニェト
Gneto
Nieto
ニエト Nieto*
ニェドゴノーフ
Nedogonov
ニエドビエッキ
Niedzwiedzki
ニエヌ Nien
ニエヌジェヌ
Nien Jen
ニェネマ Gnéméma
ニエプ Nhiep
ニエープス Niépce
ニエプス
Niepce*
Niépce
ニエベアロヨ
Nieve Arroyo
ニエベス Nieves**
ニェーボ Nievo
ニエーボ Nievo
ニエポムニン
Nepomnin
ニエミ Niemi**
ニエミエツ Niemiec
ニエミネン
Nieminen**
ニエミロヴィッチ
Nemirovich
ニェム
Nghiem
Niem
ニエム
Nghiem
Nhiem
ニエムチク Niemczyk
ニェムチッチ
Nemcsics
ニェムチノウィッツ
Niemczynowicz
ニェムツェーヴィチ
Niemcewicz
ニエムツェヴィチ
Niemcewicz
ニェムツェービッチ
Niemcewicz
ニエムツェビッチ
Niemcewicz
ニェムツォヴァ
Němcová
ニェムツォヴァー
Nemcová
Němcová
ニェムツォバー
Němcová
ニェメツ Němec
ニェモリャーエワ
Nemolyaeva
ニエーリ Nieri
ニエリウス Niellius
ニェリッザニー
Nuridsany
ニエール Nyert
ニエル Niel
ニェルシュ Nyers
ニエルシュ Nyers*
ニェルス Niels
ニエルマン Niermans
ニエレ Niele
ニエレレ Nyerere*
ニェン Nguyen
ニエン Nien
ニェンズン Nien-jen
ニェンゼ Nyenze
ニェンチェン
Nien Jen
ニエンチク Niemczyk
ニエンベ Nyembe
ニェンロン Nian-long
ニオベ Niobe
ニオベー Niobe
ニオラッツエ
Nioradze
ニオンイ Nionyi
ニオンビ Nyombi
ニカ
Nica
Nika
ニガー Niger
ニカイネトス
Nikainetos
Nīkainetos
ニカウ
Nixau
N!xau
N!xau
ニーカーク Neikirk
ニカシオ Nicasio
ニーガス Negus*
ニカストロ Nicastro*
ニガード Nygaad
ニカトール Nikator
ニカトル Nikator
ニカノール
Nicanor***
Nikanōr
ニカノル
Nicanor**
Nikanor
Nikanōr
ニカノーロヴィチ
Nikanorovič
ニカノロヴィチ
Nikanorovich
ニカノロヴィッチ
Nikanorovich
ニガム Nigam
ニーカルコス
Nikarchos
ニカルコス Nikarchos
ニガールト Nygaard
ニカンダー Nikander
ニガンタ
Nigantha
Niganṭha
ニカンデル Nicander
ニカンドル Nikandr
ニーカンドロス
Nīkandros
ニカンドロス
Nikandros
Nīkandros
ニカンドロフ
Nikandrov
ニキ
Nicki
Niki**
Nikki
ニーキアース Nikias
ニキアス Nikias
ニキエマ Nikiema
ニキシュ
Niekisch
Nikisch*
ニキシン Nikishin
ニキソン Nixon
ニキータ Nikita***
ニキタ
Nichita
Nikita*
ニキータス Nikitas*
ニキタス Nikitas
ニキーチチ Nikitich
ニキーチチナ
Nikitichna
ニキーチナ
Nikitin
Nikitina*
ニキチナ Nikitina
ニキーチン
Nikitin***
Nikitine
ニキチン Nikitin**
ニキツァ Nikica*
ニキッシュ Nikisch*
ニキッツァ Nikica
ニギディウス Nigidius
ニキティチ Nikitich
ニキーティナ Nikitina
ニキティン Nikitin*
ニキトヴィチ
Nikitovich
ニギナ Nigina
ニキフォル Nikifor
ニキフォロヴィチ
Nikiforovich*
ニキフォロヴィッチ
Nikiforovich
ニキフォーロス
Nikiphoros
ニキフォロス
Nikēphóros
Nikiforos
ニキフォロフ
Nikiforov
ニキフォーロフ
Nikiforov
ニキフォロフスキー
Nikiforovskii
ニキプロウェツキー
Nikiprowetzky
ニギャーリー Nigârî
ニキラーナンダ
Nikhilananda*
ニキル Nikhil
ニキルシュ Nikhilesh
ニーク Neek
ニク
Nicu
Niek
Niku
Nique
ニグ
Nig
Nigg*
ニクヴィスト
Nykvist*
Nyqvist
ニクエ Nicoué
ニクオロ Nicuolo
ニクザド Nikzad
ニクシー Nixey
ニクシュ Niksch
ニークス Niecks
ニクス Nix**
ニクスドルフ Nixdorf
ニクソラ Nixola
ニクソン
Nickson*
Nixon**
ニクツィン Nictzin
ニクツェック Nyczek
ニクツェビチ Nikcevic
ニクパイ Nikpai**
ニークビスト Nykvist
ニクベイ Negübei
ニグマティッラ
Nigmatilla
ニグラ Gnigla
ニークラウス Niklaus
ニクラウス
Nicklaus**
Niclaus*
Niklaus**
Nikolaus
ニクラエ Niculae*
ニクラエス Niclaes
ニクラス
Nicholas
Nicklas**
Nicklaus
Niclas
Nikals
Niklas***
ニグラン Nygren
ニクランダー
Niklander
ニグリ
Niggli
Nigri
ニクリイ Nikly*
ニグリオ Niglio
ニグリス Nigris
ニクリチェック
Niklitschek
ニクリッシュ
Nicklisch
ニクリーナ Nikulina*
ニクリナ Nikulina
ニグリヌス Nigrinus
ニクーリン
Nikulin
Nikurin
ニクリン
Nicklin*
Nikulin
ニーグル Neagle*
ニクル
Nickl
Nikl
ニクルー Nicloux
ニクルス Nickles
ニクルズ Nickles**
ニクルチナ
Nikulchina
ニクレスク Niculescu
ニグレッティ Nigretti

ニ

ニーグレン Nygren*
ニグレン Nygren*
ニークロ Niekro**
ニグロ Nigro
ニグローダ Nigrodha
ニクンジ Nikunj
ニーケ Nike
ニケ
Nike
Niquet*
ニケシュ Nikesh*
ニケス Nicaise
ニゲス Niguez
ニケータス Nikētas
ニケタス
Nicetas
Niketas
ニケッティ Nichetti
ニケット Niquette
ニケーティウス
Nicetius
ニケティウス Nicetius
ニケフォルス
Nicephorus
Nikēphóros
ニケーフォロス
Nicephorus
Nikephoros
Nikēphóros
ニケフォロス
Nicephorus
Nikephoros
Nikēphóros
ニケル Nickel
ニゲル
Nigel
Niger
Níger
ニケルソン Nickelson*
ニーコ
Neiko
Nico
ニコ
Neco
Nicco
Nico**
Nicod
Nicot
Niko***
Nikolaas
ニコー
Nicaud
Nicot
ニーコウ Nico
ニコウラス Nikolaus
ニコゴシアン
Nicogossian
ニコージア Nicosia
ニコシア
Nicocia
Nicosia
ニコス
Nicolas
Nicos**
Nikos**
ニコースキー
Nitkowski
ニーコステネース
Nikosthenes
ニコステネス
Nikosthenes
ニコストラトス
Nīkostratos
ニコダモス
Nikodamos
ニコデ Nicodé
ニコディノフ
Nikodinov
ニコディム Nikodym
ニコデマス
Nicodemus
ニコデム Nikodem
ニコデームス
Nikodemus
ニコデムス
Nicodemus
Nikodēmos
ニコデモ Nikodēmos
ニコデーモス
Nikodēmos
Nikódēmos
ニコデモス
Nicodemos
Nikodēmos
ニコーテラ Nicotera
ニコテラ Nicotera
ニコトヴィチ
Nikotovich
ニコネンコ Nikonenko
ニコノーヴィチ
Nikonovich
ニーコノフ Nikonov
ニコノフ Nikonov**
ニゴーノル
Ní Dhomhnaill
ニコバミェ
Nikobamye
ニコブレ Nikoboulē
ニコポウラス
Nichopoulos
ニコポン Nīkophōn
ニコマクス
Nicomachus
ニコマコス
Nicomachos
Nikomachos
ニコミゲル
Nico Miguel
ニコム Nikom**
ニコメデス
Nicomede
Nicomedes
Nikomedes
Nikomēdēs
ニコーラ
Niccolò
Nicola
ニコラ
Niccolò
Nichola
Nicholas**
Nickola
Nicola***
Nicolas***
Nicolaus
Nicole
Nikala
Nikola***
Nikolaos
Nikolla
Nikora
ニコラァイェヴィッチ
Nikolaevich
ニコラーイ
Nikolai**
Nikolaj
ニコライ
Nicholai*
Nicholas*
Nicholi
Nickolai
Nickolay
Nicola
Nicolae
Nicolai***
Nicolaï
Nicolaj
Nicolay
Nikalay
Nikolai***
Nikolaĭ
Nikol'ai
Nikolái
Nikolăi
Nikolais*
Nikolaj*
Nikolay***
Nikorai
ニコライヴィチ
Nikolaevich
ニコライエヴィチ
Nikolayevich
ニコライェーヴィッチ
Nikolaevich
ニコライエヴィッチ
Nikolaevich
ニコライェフスキー
Nikolaevskii
ニコライエブナ
Nikolaevna
ニコライエル
Nicolaier
ニコライエワ
Nikolaeva
Nikolayeva*
ニコライシビリ
Nikolaishvili
ニコライズ Nicolaides
ニコライセン
Nicholaisen
Nicolaisen*
ニコライディ
Nicolaidi
ニコライディス
Nikolaidis
ニコライデス
Nicolaides*
Nikolaides
ニコライビッチ
Nikolaevich
ニコラウ
Nicolaou*
Nicolau*
Nikolaou
ニコラヴィチ
Nikolaevich
ニーコラウス
Nicolaus
Nikolaus
ニコラゥス Nikolaus
ニコラウス
Nicholaus*
Niclas
Niclaus
Nicolaes
Nicolaus***
Nicole
Nicolo
Niklaus
Nikolaus***
ニコラウドウ
Nikolaidou
ニコラエ
Nicolae***
Nicolaie
Nikolae
ニコラーエヴァ
Nikolaeva*
Nikolayeva
ニコラエヴァ
Nikolaeva
Nikolajeva*
Nikolayeva
ニコラーエヴィチ
Nicolaevich
Nikolaevič
Nikolaevich
Nikolaevichi
ニコラエーヴィチ
Nikolaevich
ニコラエウィチ
Nikolaevich
ニコラエヴィチ
Nikolaevich***
Nikolayevich**
Nikoraevich
ニコラーエヴィッチ
Nikolaevich
ニコラェウィッチ
Nikolaevich
ニコラエーヴィッチ
Nikolaevich
Nikolaevitch
ニコラエヴィッチ
Nikolaevich*
ニコラエウス
Nicholaeus
ニコラーエヴナ
Nikolaevna
ニコラエヴナ
Nikolaevna*
Nikoláevna
Nikolayevna
ニコラエス Nicolăescu
ニコラエスク
Nicolaescu
ニコラエービチ
Nikolaevich
ニコラーエビッチ
Nikolaevich
ニコラエビッチ
Nikolaevich*
ニコラーエフ Nikolaev
ニコラエフ
Nikolaev**
Nikolayev*
ニコラエフスキー
Nicolaevsky
Nikolaevskii
ニコラーエワ
Nikolaeva
ニコラエーワ
Nikolaeva
ニコラエワ
Nikolaeva**
Nikolayeva
ニコラエンコ
Nikolayenko
ニコラーオ Nicolao*
ニコラオ
Nicolao
Nikolaos
ニコラオス
Nicolaos
Nicolaus
Nikolaos***
Nikólaos
Nikos
ニコラサ Nicholasa
ニコラシカ
Nikolaschka
ニーコラース Nicolaas
ニーコラス Nicolas
ニコラース
Nicolaas
Nicolaes
Nicolas*
Nicolás
Nicolass
Nikolaas
ニコラス
Nicholas***
Nichols
Nickolas*
Nicolaas
Nicolaes
Nicolas***
Nicolás***
Nicolaus*
Niklas
Niklos
Nikola
Nikolaas*
Nikolai
Nikolaos
Nikolas**
Nikolaus*
ニコラビッチ
Nikolaevich
ニコラン Nicolin
ニコリー Nickolay
ニコーリス Nicolis
ニコリス Nicolis*
ニコーリスキー
Nikoljskij
ニコリスキー
Nikolśkii
Nikolsky
ニコリッチ
Nikolic
Nikolić**
Nikolici
ニコリナ Nikolina
ニコリナコス
Nikolinakos
ニコリーニ Nicolini
ニコリーネ Nikoline
ニコリーノ Nicolino
ニコリノ Nicolino
ニコリーン Nicolien*
ニコリン Nicollin*
ニコール
Nicol
Nicole***
Nicoll
Nikole
ニコル
Niccol*
Nichol**
Nichole*
Nicholl*

Nicol***
Nicole***
Nicoll**
Nicolle**
Nikol
ニゴール Nygaard
ニコールズ Nichols
ニコルス
Nicholls
Nichols***
Nicols
ニコルズ
Nicholls**
Nichols***
Nicolls
Nicols
ニコルスキー
Nikoliskii
Nikoĺskii
Nikolsky
ニコルスン
Nicholson*
Nicolson
ニコルセン Nicholsen
ニーコルソン
Nicholson
ニコルソン
Nicholson***
Nicholson-Lord
Nicolson**
ニコルブロク
Nicole Broch
ニコレ
Nicolae
Nicole
Nicolet***
ニコレー Nicolay
ニコレイ Nicolay
ニコレスク Nicolescu
ニコレッタ Nicoletta*
ニコレッティ
Nicolette
Nicoletti
ニコレット
Nicolette**
Nicoletto
Nicollette
ニコレティ Nicoleti
ニコレート Nicolete
ニーコレフ Nikolev
ニコレリス Nicolelis*
ニコロ
Niccolo
Niccolò**
Nicola
Nicolo
Nicol'o
Nicolò**
ニコロー Nicholaw
ニコロヴァ Nikolova
ニコロヴィウス
Nicolovius
ニコローシ Nicolosi
ニコロズ
Nikoloz
Nikoloz
ニコローゾ Nicoloso
ニコロディ Nicolodi
ニコロフ
Nickoloff
Nicoloff
Nikolov**
ニコロポロス
Nikolopoulos
ニコロワ Nikolov
ニーコン Nikon
ニコン Nikon
ニーサ Neesa
ニーザ Niza
ニザ Niza
ニサバ Nisabha
ニザーミ Nizāmī
ニザーミー
Niẓaāmī
Niẓām
Nizami
Nizāmī
Niẓāmī
ニザミ Nizami
ニザーム
Nizam
Nizām
Niẓām
Niẓāmu
ニザム Nizam
ニザームッディーン
Niẓām al-Din
Niẓām al-Dīn
Niẓāmu'd-Dīn
ニザムディン
Nizamuddin**
ニザームル Niẓām al
ニザームル・ムルク
Niẓāmu'l-Mulk
ニサラ Nissala
ニーザーランド
Netherland
ニザーリー
Nizari
Niẓārī
ニザーリーイェ
Niẓārī-yi
ニサール Nisar
ニザール
Nisard
Nizar
Nizār
ニザル Nizar
ニサルガダッタ
Nisargadatta
ニザン Nizan**
ニシ Nishi
ニシア Nicia
ニシエ Nishié
ニジェゴロゴフ
Nizhegorodov
ニジェゴロドフ
Nizhegorodov*
ニシェーシュ
Nisheshu
ニシェシュ Nisheshu
ニシェック Neshek
ニジェッティ Nigetti
ニジェリ Njeri
ニシェール Nichelle
ニシェル Nichelle
ニジェル
Nigel
Njeru
ニージェンス Neijens
ニジガマ Nizigama
ニジギビマナ
Nizigivimana
ニシーザ Nicieza
ニシザワ Nishizawa
ニジジレ Nizigire
ニシチェク Nyschuk
ニージニー Nizhnii
ニシマ Nisima
ニシム
Nisshim
Nissim
ニジムベレ Nijimbere
ニシムラ Nishimura
ニーシャ Nisha
ニシャ Nisa
ニジャウト Nijhout
ニジャエ Ndiaye*
ニシャーティー
Nishāṭī
ニシャニ Nishani*
ニシャニアン
Nichanian*
Nishanian
ニシャーノフ
Nishanov
ニーシャーブーリー
Nīshābūrī
ニーシャープーリー
Nīshāpūrī
ニジャラージェ
Nidzaradze
ニジャール Nijjar
ニシャン Nishant
ニシュケ Nitschke
ニシューシュ
Nisheshu
ニシュタラ Nishtala
ニジヨウ Niziol
ニジョーレ Nijole
ニジンスカ Nijinska*
ニジンスキー
Nedzynski
Nijinskii
Nijinsky*
Nizhinskii
ニジンスキィ Nijinsky
ニース
Neath
Neise
Nies*
Niese*
Nys
ニス
Nis
Nys
ニーズィー Gneezy
ニーズウォンド
Niesewand
ニスカ Niska
ニスカーナン
Niskanen
ニスカネン Niskanen*
ニスキエル Niskier*
ニスケネン Niskanen
ニスター Nister
ニスタット Nystad*
ニスティコ Nistico
ニステル Nister
ニステルローイ
Nistelrooij*
Nistelrooy
ニーステン Niesten
ニーストランド
Nystrand
ニストル Nistor
ニーストレーム
Nystroem
ニーストレム
Nystroem
ニストレム
Nystrom
Nyström
ニーストロム Nyström
ニストロム
Nystrom
Nyström
ニースバーガー
Nies-Berger
ニズビット Nisbet*
ニスフォール
Nicephore
ニスベット
Nisbet*
Nisbett*
ニズベット Nisbett
ニースマン Neasman
ニスマン Nissman
ニスモア Nismois
ニズモア Nismois
ニスリーン Nisreen
ニースリング
Neethling
ニースワンド
Niesewand*
ニースン Neeson
ニーズン Neason
ニーセ Nice
ニーゼ Niese
ニセゼラナ
Ntisezerana
ニゼティク Nižetić
ニセフォア Nicéphore
ニセフォール
Nicéphore**
ニーゼル Niesel
ニゼル Nizel
ニーセン
Niesen
Niessen*
ニーゼン Niesen
ニーセンガード
Nisengard
ニセンソン
Nisenson
Nissenson
ニセンタール
Nisenthal
ニソス Nisos
ニソビッチ Nišović
ニゾリウス Nizolius
ニソール Nesaule
ニーソン Neeson**
ニータ
Nita
Nīta
ニーター Neter
ニーダ Nida
ニーダー
Neider*
Nider
Nieder
Nyder
ニタ Nita**
ニダ Nida
ニーダーヴェールマイアー
Niederwöhrmeier
ニーダース Neiders
ニタス Nitas
ニーダースト Niederst
ニーダーフランケ
Niederfranke
ニーダーベルガー
Niederberger
ニーダーベルガアー
Niederberger
ニーダーホイザー
Niederhäuser
ニーダーホッファー
Niederhoffer
ニーダホッファ
Niederhoffer
ニーダホッファー
Niederhoffer
ニーダーマイアー
Niedermeier
ニーダマイアー
Niedermeyer
ニーダーマイヤー
Niedermayer*
Niedermeier
Niedermeyer
ニーダーマン
Neiderman
Niederman
ニーダム
Nedham
Needham***
ニーダーライター
Niederreiter
ニダル Nidal*
ニータルト Nithard
ニタルト Nithard
ニタルド Nithard
ニーダーレヒナー
Niederlechner
ニーダン Niedan
ニーチェ
Neitzsche
Nice
Nietzsche*
ニチカソフ Nichkasov
ニチサストロ
Nitisastro
ニチファ Ntifa
ニチフォロフ
Nichiforov
ニーチャ Nitya

ニ

ニチャニ Nichani
ニーチュ Nitzsch*
ニツ Nitu
ニツァ Niţă
ニツァン Nitzan
ニツォリウス Nizolius
ニッカ Nikka*
ニッカースン
Nickerson
ニッカーソン
Nickerson*
ニッカネン
Nikänen
Nikkanen
Nykänen*
ニッカバッカー
Knickerbocker
ニッカーボッカー
Knickerbocker
ニッカボッカ
Knickerbocker
ニッカボッカア
Knickerbocker
ニッカム Niccum
ニッカリ Niikkari
ニッキ
Nicci**
Nicky
Nikki**
ニッキー
Nickey
Nicki*
Nickie
Nicky***
Nikki**
Nikky
ニッキィ
Nicky
Nikki
ニッキャーシー
NiCarthy*
ニック
Nic**
Nicholas*
Nick***
Nicolay
Nigg
Nik**
ニッグ Nigg
ニックス
Nicks**
Nics
Nix
ニックソン Nickson
ニックマイヤー
Knickmeyer*
ニッグリ Niggli
ニックリシュ
Nicklisch*
ニックリッシュ
Nicklisch*
ニックリン Nicklin
ニックル Nickl
ニッグル Niggle
ニックレン Nicklen
ニックン Nickhun
ニッケ Nitske
ニッケル
Nickel*
Nickell

ニッケルス Nickells
ニッケルズ Nickels
ニッケンス Nickens
ニッケンディ Nikendei
ニッコ
Nico
Nitko
ニッコデーミ
Niccodemi*
ニッコーリ Niccoli
ニッコリ Niccoli*
ニッコリーニ Niccolini
ニッコロ
Niccolo*
Niccoló**
Niccolò**
Niccolō
Nicola
ニッコロー Niccolò
ニッコン Nickon
ニッサ Gnissa
ニッサン
Nisan*
Nissan
Nyssen
ニッシェル Nichelle
ニッシム Nissim**
ニッシュ Nish**
ニッシレ Nissilä
ニッスィム Nissim
ニッスイム Nissim
ニッスク Nix
ニッスル Nissl
ニッセル Nissel*
ニッセン Nissen**
ニッセンズ Nyssens
ニッセンバウム
Nissenbaum
ニッセンボーム
Nissenbaum
ニッゾーラ Nizzola
ニッター Knitter
ニッチ
Nicci
Nitti
Nitzsch
ニッチェ
Nitsche
Nitze
Nitzsche*
ニッチマン
Nitschmann
ニッチュ
Nitsch*
Nitzsch
ニッチュマン
Nitschmann
ニッツ
Nitz*
Nitze**
ニッツア Nitza
ニッツァン Nitzan
ニッツィン Nictzin
ニッツェ Nitze*
ニッツバーグ Nitzberg
ニッティ Nitti*
ニッティス Nittis
ニッティン Nitin

ニット Nitya
ニッパー Nipper
ニッパーダイ
Nipperdey
ニッパート Nippert*
ニッパーン Niphan*
ニッビオ Nibbio
ニッファリー Niffarī
ニッフェネガー
Niffenegger*
ニップセイ Nipsey
ニップリング
Knipling*
ニッペル Nippel
ニッペルダイ
Nipperdey
ニッポルト Nippold
ニッモ Nimmo
ニッラ Nilla
ニティ
Nidhi
Nithi*
ニディ Nidhi**
ニディア
Nidia
Nydia
ニーディグ Neidig
ニティサストロ
Nitisastro*
ニティシュ Nitish
ニディッチ Niditch
ニーティマー
Niittymaa
ニティミハルジャ
Nitimiharja
ニティヤ Nithya
ニティリキナ Ntilikina
ニティン Nitin*
ニーデカー Niedecker
ニーデッカー
Niedecker
ニーデラー
Niderer
Niederer
ニーデル Nidel
ニデール Niderst
ニーデルキルヒナー
Niederkirchner
ニーデルハウゼル
Niederhauser
ニーデルマイアー
Niedermeyer
ニーデルマン
Niedermann
ニーデルメイェール
Niedermeyer
ニデルメイェール
Niedermeyer
ニデルメイエール
Niedermeyer
ニーデルレ Niederle
ニーデルレー
Niederley
ニーデルンフーバー
Niedernhuber

ニーデレーエ
Niederehe
ニート
Neate**
Niedt
Nieto
ニード Nead
ニト Nitot
ニド Nido
ニトイケルティ
Nt-iqrty
ニドゥップ Ngedup
ニドゥプ Nedup
ニトクク Nitkuk
ニトクリス Nitocris
ニトケルティ
Nitokerti
ニトシー Nitcy
ニートナー Niedner
ニートハマー
Niethammer
ニードハム Needham
ニートハルド Nithard
ニートハンマー
Niethammer
ニトピ Nitopi
ニドフ Nidhan
ニートフェルト
Nietfeld
ニトヤクリシンダ
Nitya Krishinda
ニードラ Nedra
ニードラー Needler
ニドラ Nidra
ニードル
Needle
Neidle*
ニードルズ Needles
ニードルマン
Needleman*
ニーナ
Neenah*
Nena
Nina***
Nin'a
Nína
ニナ
Ni-na
Nina**
ニナイン Ninin
ニーナウ Nienow
ニーナン Neenan
ニーニ Nini
ニニ
Nini**
Ninni*
ニニー Ninie
ニニア Ninian
ニニアン Ninian***
ニニオ Ninio*
ニーニコスキ
Niinikoski
ニーニスト Niinistö*
ニニナハズウェ
Nininahazwe
ニーニーミン
Ni Ni Mynt

ニーニャ Niña
ニーニョ Niño*
ニニョン Nignon
ニニンビ Gnininvi
ニヌ Ninu
ニヌア Ninua
ニヌマアトラー
Nymare
ニヌルタ Ninurta
ニーネ Nine
ニネ Niney
ニネチェル Nynetjer
ニネット
Ninette**
Ninetto
ニネバー Nienaber
ニネリ Ninel
ニーノ Nino***
ニノ
Nino***
Niño
Ninot
ニノー Nynauld
ニノス Ninos
ニノバ Ninova
ニノン Ninon*
ニーバー Niebuhr*
ニーバウアー
Niebauer
ニーハウス
Niehaus***
ニーバーガル
Niebergall
ニーバガル Niebergall
ニーバーグ Nieburg
ニパーコ Niparko
ニーバージェルト
Nievergelt
ニハット Nihat
ニパット Niphat
ニパットヨティン
Nipatyothin
ニハト Nihat
ニハド Nihad
ニハミン Nikhamin
ニパム Nipam
ニバリ Nibali
ニハール
Nihal
Nihāla
ニハル Nihal
ニーハルト Nyhart
ニーハン Nihant
ニハンガザ Nihangaza
ニーハンス Niehans
ニビア Nivia
ニヒェルマン
Nichelmann
ニビギラ Nibigira
ニヒターライン
Nuechterlein
ニピット Niphit
ニビャバンディ
Nivyabandi

ニビラティジェ
Nibiratije
ニービル Niebyl
ニヒル
Nihel
Nihill
Nikhil
ニーフ
Knief*
Neef
ニーブ Neave
ニブ Knibb
ニーファー Niefer*
ニーブーア Niebuhr
ニーブーアー Niebuhr
ニーブア Niebuhr
ニーファゲルト
Nievergelt
ニフィング Knipfing
ニーフェルゲルト
Nievergelt
ニーフォ Nifo
ニフォ Nifo
ニフォントフ
Nifontov**
ニフケ Kniffke
ニプコー Nipkow
ニプコウ
Nipkov
Nipkow*
ニプシー Nipsey
ニーフース Nyhus
ニーブズ Neeves
ニブス Nibbs
ニプタナティアク
Niptanatiak
ニフネガー
Niffenegger
ニーフハス Neefus
ニブヤ Nibuya
ニブリー Nibley
ニプリング Knipling
ニーブール Niebuhr
ニプール Nipul
ニブレット Niblett*
ニブロ Niblo
ニブロック Niblock
ニフロット Niflot
ニブロム Nyblom
ニーブン Niven**
ニブン Nyi 'bum
ニーベス Nieves
ニーベリ Nyberg
ニーベール Nieberl
ニーベル
Knebel
Niebel
ニベル Nibelle
ニーベルガル
Niebergall
ニーベルシュッツ
Niebelschütz
ニーベルスン
Nevelson
ニーベルソン
Nevelson*
ニベルソン Nevelson
ニーベルドング
Nieberding
ニヘルマン
Nichelmann
ニーベン Niven
ニベン Niven
ニーベンヒューゼン
Nieuwenhuysen
ニーボ Nybo
ニーボッド Nievod
ニーポート Nieporte
ニーホフ
Niehoff*
Nyhoff*
ニポムニシ
Nepomniachtchi
ニーホルスター
Niehörster
ニーボルド Niepold
ニーボーン Kneebone
ニーボン Kneebone
ニーマ Ngeema
ニーマー Nīmā
ニマ Nima
ニマー
Nimer
Nimmer
ニーマイア Nehemiah
ニーマイアー
Neimeyer
Niemeyer*
ニーマイヤー
Niemeyer***
ニーマイル Niemeyer
ニマウーセル
Nyi ma 'oser
ニーマーク Neimark
ニマーシャイム
Nimersheim
ニーマトゥッラー
Ni'mat Allāh
ニマトゥラー
Nimatullah
ニマニ Nimani
ニマラー Nymare
ニーマル Nirmal
ニマル Nimal
ニーマン
Neaman
Neeman*
Ne'eman
Neiman**
Nieman*
Niemann**
Nyman
ニマンヘーミン
Nimmanahaeminda
ニマンヘミン
Nimmanahaeminda*
ニミ Nimy
ニミア Neemia
ニミエ Nimier**
ニーミック Niemiec
ニミッツ Nimitz*
ニミット Nimit*
ニミッド Nimid
ニミットモンコン
Nimittramongkhon
ニミブット
Nimibut
Nimibutr
ニーム
Neame**
Nghiem
Niem
ニム
Nim
Nym**
ニムエンダジュ
Nimuendajú
ニムケ Nimke**
ニムサクン Nimsakul
ニームス Nemeth*
ニムズ Nims
ニムスゲルン
Nimsgern
ニムチェンコ
Nimchenko
ニームツォウ
Niemtzow
ニムフィウス
Nimphius
ニムボナ
Nimbona
Nimubona
ニムマーンヘーミン
Nimmanhemin
ニムリ Nimri
ニムレ Nimley
ニムロッド Nimrod
ニムロデ Nimrod
ニムロド Nimrod
ニーメイヤー
Niemeyer
ニーメシュ
Niemesch
Nimesh
ニーメチェク
Niemetschek
ニメト Nimet
ニーメヤー Neimeyer
ニーメラー
Niemöler
Niemöller**
ニーモ Nemo
ニモ
Nimmo**
Nimo
ニモー Nimmo
ニモイ Nimoy**
ニーヤ Neenyah
ニャ Nha*
ニャウンジャン
Nyaungyan
ニャオレ
Gnahope
Gnahore
ニャガ Nyagha
ニャカイリマ
Nyakairima
ニャカシカナ
Nyakasikana
ニャカジャ Gnacadja
ニャカニ Nyakane
ニャク
GNyags
Nhek
ニヤク Gnirck
ニャザリエワ
Niyazalieva
ニャサンゴ Nyasango
ニヤジムベトフ
Niyazymbetov
ニャシャ Nyasha
ニャシンベ
Gnassinbé
Gnassingbe**
Gnassingbé**
ニヤジンベトフ
Niyazymbetov
ニャス Nhasse
ニヤーズ Niyāz
ニヤーズィー Niyazi
ニヤズベコフ
Niyazbekov
ニヤゾフ Niyazov**
ニャタリ Gnattali
ニャチャエ Nyachae
ニャッカ Nhaca
ニャック
Nhac
Nja'
Nyak
ニャット
Nhat**
Nhât**
ニャーティーツェンポ
Gnya' khri btsan po
ニヤト Nijat
ニャーナアムリターナンダ
Jnanamritananda
ニャナスマナ
Gnanasumana
ニャナセカラン
Gnanasekaran
ニャーナティローカ
Nyanatiloka
ニャナデシカン
Gnanadesikan
ニャニェス Ñáñez
ニャネ Nyane
ニャノ Nyanor
ニャバ Nyaba
ニャバザ Nyabadza
ニャバリ Nyabally
ニャブリ Gnabry
ニャホ Nyaho
ニャマーギーン
Nyamaagiin
ニヤミ Niyami
ニャミアン Gnamien
ニャミトウェ
Nyamitwe
ニャム
Nham*
Nhậm
Nyamu
ニャムウィザ
Nyamwiza
ニャムウィシ
Nyamwisi
ニャムガボ
Nyamugabo
ニャムジャブ
Nyamjav
ニャムタイシリン
Nyamtaishiryin
ニャムダバー
Nyamdavaa
ニャムドルジ
Nyamdorj
ニャムブア Nyambui
ニャムレル Nyammlel
ニャムンジョ
Nyamnjoh
ニャランドゥ
Nyalandu
ニャリ Gnali
ニヤリング Nearing
ニャルコ Nyarko
ニャルヒリラ
Nyaruhirira
ニャロタ Nyarota
ニャン
Nhan*
Niane
Niang
Nyan**
ニヤン Niang
ニャンガ Nyanga
ニャンガウ Nyangau
ニャング Niang
ニャンコイ Gnankoye
ニャンコエ Niankoye
ニャンソンイ
Nyangsongi
ニヤンタ Niyanta*
ニャンドウィ
Nyandwi
ニャンバヤル
Nyambayar
ニャンビウ Nhambiu
ニャンブヤ Nyambuya
ニャンレ Nyang ral
ニャンレル Nyang ral
ニュ Nhu*
ニュー
New*
Nhu*
ニューアーク Newark
ニューアート Newart
ニューアル Newall
ニュアン Nhuan
ニュイ Nhuy
ニュイエン Nuyen
ニュイス Nyhuis
ニューイッツ Newitz
ニュイッテン
Nuytten*

ニューイット Newitt
ニュイテル Nuitter
ニュイボ Nuibo
ニュイン Nyein
ニュウ
Nhu
Nuu
Nyeu
ニューウェー Neway
ニューウェイ Newey
ニュウエイド
Nuwayhid
ニューウェル
Newell**
ニュウエル Newell
ニューヴェルケルク
Nieuwerkerke
ニューウェンハイス
Nieuwenhuis*
Nieuwenhuys
ニューウェンヒュー
Nieuwenhuys
ニューヴェンフィス
Nieuwenhuys
ニューヴェンフイス
Nieuwenhuis
ニューウェンブルク
Nieuwenburg
ニュウォール Newall
ニュウニュウ NiuNiu
ニュウマン Newman
ニューエル
Newell**
Nuel*
ニューエン Nguyen*
ニュエン
Nguyen
Nuyen**
ニューエンダイク
Nieuwendyk*
ニュエンヤマ
Ngwenyama
ニュオック Nhuoc
ニューオール
Newall**
ニューオル Newall
ニュオン
Nhuong
Nyuon
ニューカーク
Newkirk*
ニューカースル
Newcastle
ニューカスル
Newcastle
ニューカッスル
Newcastle*
ニューガーテン
Neugarten
ニューガーデン
Newgarden
ニューカマー
Newcomer
ニューカム
Neukam
Newcomb**
Newcombe**
ニューカメン
Newcomen
ニューキー Newkey
ニューキスト
Newquist
ニューキャッスル
Newcastle
ニュク Nhek
ニュークウィスト
Newquist
ニューグボーレン
Neugeboren
ニュクリ Gnoukouri
ニューグレン Nygren
ニュグレン Nygren
ニューゴー Nygaard
ニューコウム
Newcomb
ニューゴーシュヴォル
Nygaardsvold
ニューコープ
Nieuwkoop
ニューコム
Neukom
Newcomb*
ニューコメン
Newcomen
ニューゴールスヴォル
Nygaardsvold
ニュゴールスボル
Nygaardsvold
ニュサエオス Nysaeus
ニュサック Nussac
ニューサム
Newsom*
Newsome*
ニューザム
Newsom
Newsome
Newzam
ニューザン Newzam
ニュシ Nyusi*
ニューシェル Neuschel
ニュージェント
Nugent***
ニューシュツ
Neuschütz
ニューショルム
Newsholme
ニュース Niels
ニュースタット
Neustadt
ニューステッター
Newstetter
ニューステッド
Newstead
ニュストレム Nyström
ニューストローム
Newstrom
ニューズナー Neusner
ニューズホーム
Newsholme
ニュスボーム
Nussbaum
ニュースマ Nieuwsma
ニュスライン
Nusslein
Nüsslein**
ニュスラインフォルハルト
Nüsslein-volhard
ニューソン
Newsom
Newson*
ニュタン Nuttin
ニュック Nyuk
ニュッスリ Nüssli
ニュッセル Nüssel
ニュット Nhut
ニューディゲイト
Newdigate
ニューディック
Newdick*
ニュート
Knute
Newt**
Newth*
Nute*
ニュードファー
Neundörfer
ニュートン
Neuton
Newton***
Newtone
ニューナム
Newenham
Newnham
ニューネル Newnel
ニューハウザー
Newhouser
ニューハウス
Neuhaus
Newhouse**
ニューバーガー
Neuberger
ニューバーグ
Neuberg
Neuburg
Newberg*
ニューハース
Neuharth**
ニューハート Newhart
ニューハード
Newhard
ニューハム Newham*
ニューバーン
Newburn
ニューバン Nhu Bang
ニュービー Newby***
ニュービイ Newby
ニュービギン
Newbigin
ニュービッグ Neubig
ニューファー Neuffer*
ニューフィールド
Newfield
ニューフェルツ
Neufeldt
ニューフェルド
Neufeld**
Newfeld
ニュフェルド Neufeld
ニューフス Nyhus
ニューブスタト
Nieuwstadt
ニューブール
Kneubuhl
ニューブル Newble
ニューブルン
Newbrun
ニューブレイウス
Nyblaeus
ニューブロー
Newbrough
ニューベッカー
Neubecker
ニューベリ
Newberry
Newbery
ニューベリー
Newberry**
Newbery***
Newbury*
ニユーベリー
Newbery
ニューベリィ Nyberg
ニューベル Nubel
ニューベルガー
Neuberger
ニューベンブルク
Nieuwenburg
ニューボウルド
Newbold
ニューポート
Newport*
ニューホフ Neuhoff
ニューホール
Newhall*
ニューボールド
Newbold*
Newbould
ニューボルト Newbolt
ニューボルド
Newbold*
ニューボーン
Newborn*
ニューボン Newbon
ニューマー Newmar
ニュマ Numa
ニューマアチ
Newmarch
ニューマイヤー
Neumeier*
Newmeyer*
Newmyer
ニューマーク
Newmark*
ニューマーチ
Newmarch
ニューマン
Neuman*
Neumann*
Neumannn
Newman***
Newmann
Numan
Nyman
ニュマン Nyman
ニュメー Numès
ニューメイア
Newmeyer
ニューメロフ
Numeroff**
ニューライタ
Neureiter*
ニューラン Newlan
ニューランズ
Newlands
ニューランド
Neuland
Newland*
Nieuwland
ニュランド Nyland
ニューリー Newley
ニュリ Nury
ニューリン
Newlin
Newlyn
ニュールセン Nuelsen
ニュルップ Nyrup**
ニュルンベルガー
Nürnberger
ニューレイ Newley
ニュレン Nyrén
ニュレンス Nullens
ニューロップ Nyrup
ニューロプ Nyrop
ニューロン Newlon
ニューワース
Neuwirth
ニューワーバー
Nieuwerburgh
ニューワーバーグ
Nieuwerburgh
ニュン
Nhung*
Nyunt**
ニュンガ Nhunga
ニュンケ Nünke
ニユンゲコ Niyungeko
ニュンジェッセ
Nungesser
ニューンズ
Newnes
Nunes
ニュンピス Nymphis
ニュンフィディウス
Nymphidius
ニーヨ Ne-Yo*
ニョ GNyos
ニョウ Nyo*
ニョッキ Gnocchi*
ニョック Nhok
ニヨット Niyot
ニョトウン Njaatun
ニョニ Nyoni
ニョファム
Gnofam
Gnofame
ニョマン Nyoman
ニヨマン Nyoman
ニョム
Nyom
Nyum*
ニヨヤンカナ
Niyoyankana
ニョーリ Gnoli**
ニョリ Gnoli

ニョール Ngor*
ニョル Ngor
ニョンガボ
Niyongabo*
ニヨンクル Niyonkuru
ニョンゴ
Nyongo
Nyong'o
ニヨンサバ Niyonsaba
ニョンロンフン
Gnonlonfoun
ニーラ Neela
ニーラー Nealer
ニラ Nila
ニライガス Ngiraingas
ニラカンス Nilakanth
ニーラカンタ
Neelakanta*
Nīlakanta
Nīlakaṇṭha
ニラーキー Nirāqī
ニラサファリ
Nyirasafari
ニーラージ Neeraj
ニーラジュ Neeraj
ニラジラ Niragira
ニラッド Nirad
ニーラネン Niiranen
ニラハビネザ
Nyirahabineza
ニラハビマナ
Nyirahabimana
ニラマルヤ Nirmalya
ニーラム Neelam
ニラーラー Nirālā
ニラーリ
Nirari
Nirāri
ニラリ
Nirari
Nirāri
ニーラン Neilan
ニランジャン
Nilanjan
Niranjan*
ニーランズ
Neilands
Neillands
ニーランデル
Nylander
ニーランド
Niland
Nyland
ニーリ Neeli
ニーリー
Nealy*
Neary
Neeley
Neelie*
Neelly*
Neely**
ニリ Nili
ニリー Nyree
ニーリィ Neely**
ニーリイ Neely**
ニリウス Nilius
ニーリエ Nirje
ニリス Nilis
ニーリッツ Nieritz
ニリナ Nirina
ニリマ Nilima
ニーリン Nilin
ニール
Kneale**
Nail
Neal***
Neale***
Neall*
Neel***
Neer
Neeru
Neil***
Neile
Neill**
Néill
Neilson
Niall**
Niel**
Niels
Nier
Niere
Nille
Nilus
Nir
ニル
Nil*
Nill
Nilus
Nir*
ニルア Nirua
ニルヴァ Nirva
ニルヴェーダーナンダ
Nirvedananda
ニールヴェン Neerven
ニルカ Niluka
ニルキ Nyrki
ニールギーン
Neergheen
ニルション Nilsson
ニールス
Neels
Neîlos
Niels***
Nils
Nilus
ニールズ
Neels**
Niels*
ニルス
Neils*
Nicolai
Niels**
Nils***
Nilus
ニルズ Nils*
ニルスソン Nilsson
ニルスツン Nilstun
ニルスヤコブ
Nils Jakob
ニールスン
Neilson
Nielsen
ニールセン
Neilsen
Nelsen*
Nielsen***
Nilsen*
ニールゼン Nielsen
ニルセン
Nielsen*
Nilsen*
Nilson
Nilsson
Nilssön
ニールソン
Nealson
Neilson**
Nielsson
Nilsson**
ニルソン
Nillson
Nilson*
Nilsson***
ニルダ Nilda*
ニルッコ Nirkko
ニールド
Neeld
Nield
ニルート Niroot
ニルナー Nilner
ニルーパ Nirupa
ニルバナス Nirvanas
ニルヒー Nirhy
ニルーファー Niloofar
ニルファー
Nelofer
Niloufar
ニルマ Nilma
ニールマラ Niermala
ニルマーラ Nirmala
ニルマラ Nirmala*
ニルマール Nirmal
ニルマル Nirmal*
ニルマルヤ Nirmalya
ニールマン Nierman
ニルマン Ngirmang
ニールマンド
Nirumand
ニルモレンドゥ
Nirmalendu
ニールント Nylund*
ニールンド Nylund
ニーレ Neill
ニレカニ Nilekani*
ニレジハージ
Nyiregyházi
ニーレシュ Nilesh*
ニレス Nilles
ニーレン Nylén
ニレーン Nylén
ニーレンダー
Nieländer
ニレンダ Nyirenda*
ニーレンドルフ
Nierendorf
ニーレンバーク
Nierenberg
ニーレンバーグ
Nierenberg*
Nirenberg**
ニレンバーグ
Nirenberg
ニーレンベルク
Nieremberg
ニーロ
Niro*
Nyro*
ニロ
Nilo*
Niro*
ニーロス
Neilos
Neîlos
ニロスラフ Niroslaw
ニロッド Nirad*
ニロファー Nilofer
ニロファル Nilofar
ニーロン
Nealon
Neelon
ニロンゴ Nyirongo
ニワットタムロン
Nivatthamrong
ニワティワ Nhiwatiwa
ニーン Kneen
ニン
Nin**
Ning**
Ninh***
ニンガトルムサヨ
Ningatoloum Sayo
ニンカン Nigkan
ニンキ Ninchi
ニンキン Ning King
ニンク
Ninck
Nink
ニーンケ Nienke
ニンコヴィッチ
Ninkovic
ニンコビッチ
Ninkovich
ニンサオ Ninsao
ニンジャ
Ninja
Nzingha
ニンチェ Nyin byed
ニンチチ Ninčić
ニンチッチ Ninčić
ニンチュウ Ning Chu
ニンツァイ Ning Cai
ニンド Nind
ニンドル Nindl
ニンドレラ Nindorera
ニンニ Ninni
ニンノボア Nin Novoa
ニンバールカ
Nimbārka
ニンボ Nyambo
ニンマ Nyi ma
ニンモ Nimmo*
ニンモー Nimmo

【ヌ】

ヌ
Ng*
Nu
ヌー
Nou*
Noue
Nu*
Nū
Nuh
ヌーア 'Noor*
ヌアー
Nuar
Nur
ヌアイマ
Nu'ayma
Nu'aymah
ヌアイミ
Nuaimi**
Nuaymi
ヌアイユ Nouaille
ヌアチューク
Nwachukwu
ヌアフェシリ Nuafesili
ヌアマーン Nu'mān
ヌアラ
Noualhat
Nuala
ヌーイ
Nooyi*
Noüy
ヌイ
Noui*
Nouy*
Noüy*
ヌイキン
Nouïkine
Nuikin
ヌイスル Nuissl
ヌイツ Nuyts
ヌーイヤー Nooyer
ヌイラ Nouira*
ヌヴー
Neveu
Neveux
ヌヴァイシュ Novaës
ヌウアニック
Neouanic
ヌウイ Noüy
ヌヴィアン Nouvian
ヌーヴィーユ Neuville
ヌヴィーリア Nuviala
ヌヴィル
Neuville*
Neville
ヌウェ Nwe
ヌウェケ Nweke
ヌウェット Nouët
ヌーヴェル
Neuvel
Nouvel**
ヌーウェン Nouwen
ヌーヴォー Nouveau*
ヌウォググ Nwogugu
ヌウォス Nwosu
ヌヴォローネ
Nuvolone
ヌウマーニー Nu'mānī
ヌウマーン Nu'mān
ヌエイミ Nueimi
ヌエス Nuez
ヌエスライン
Nuesslein
ヌエット
Nouët*

ヌ

Nouette
ヌエニミガボ
Nyenimigabo
ヌエボ Nuevo
ヌーエン Nouwen
ヌオーヴォ Nuovo
ヌオヴォ Nuovo
ヌオティオ Nuotio
ヌオリーワーラー
Nuoliwaara
ヌオリワーラ
Nuoliwaara
ヌオン
Nuon**
Nuong
ヌーカ Nouchka
ヌカ Nuka
ヌガイ Ngai
ヌカイセリー
Nkaissery
ヌガイロル Nougayrol
ヌカクラ Nqakula
ヌガコトムディオ
Ngako Tomdio
ヌガソンガ
Ngasongwa
ヌガソングワ
Ngasongwa
ヌガタ Ngata
ヌガチゼコ Ngatjizeko
ヌカテ Nkate
ヌガデ N'gade
ヌガヌジュメシ
Nganou Djoumessi
ヌカバデカ Nkavadeka
ヌガファン Ngafuan
ヌガボ Ngabo
ヌガラ Ngala
ヌガラレ Ngalale
ヌガランベ Ngarambe
ヌガリ Ngari
ヌガリエラ Ngariera
ヌガリクツケ
Ngarikutuke
ヌガリマデン
Ngarimaden
ヌガル Ngalle
ヌガルソ Ngarso
ヌガルディギナ
Ngardiguina
ヌガルバティナ
Ngarbatina
ヌガルラ Ngalula
ヌガーレナン
Ngarlenan
ヌガロ
Ngaro
Nougaro
ヌガワラ N'gawara
ヌカン Nukan
ヌガンガ Nouganga
ヌカンギ Nkangi
ヌガンダジーナ
Ngandajina
ヌガンドゥ Ngandu
ヌガンバニ
N'Gambani
ヌガンパララ
Ngcamphalala
ヌガンビア Ngambia
ヌカンブレ Nkambule
ヌキウス Nucius
ヌギゲ Ngige
ヌギディンワ
Nghidinwa
ヌギムティナ
Nghimtina
ヌキリ Nkili
ヌキリムナビシタ
Nquilim
Nabitchita
ヌキリン
Nkilin
Nquilin
ヌギル Ngilu
ヌギンビ
Ngimbi
Nguimbi
ヌギンブ Ngimbu
ヌーク Knook
ヌク Nuku
ヌグ
Ng
Ngu
ヌクア Nkoua
ヌグア Ngua
ヌグアヌム
Ngoua Neme
ヌグアビ Ngouabi
ヌグアンジカ
Ngouandjika
ヌグイユ Ngouille
ヌグインダ Nguinda
ヌグウィリジ Ngwilizi
ヌクウィンティ
Nkwinti
ヌクエ N'Koue
ヌグェ Nougués
ヌクエテ Nkuete
ヌグエニャ Nguhenha
ヌグオニンバ
Ngouonimba
ヌグカ Ngcuka
ヌグギ
Ngugi
Ngũgĩ
ヌグザ Nguza**
ヌグザル Nugzar
ヌクシ Nkusi
ヌクジ Nkusi
ヌクタ Nuqtah
ヌグトゥ
Ngute
Ngutu
ヌクトゥムラ
Nkutumula
ヌグニ Nguni
ヌグバネ Ngubane
ヌグブ Ngoubou
ヌグベユ Ngoubeyou
ヌクマン Nukman
ヌクラーシー
Nukrāshī
Nuqrashi
ヌクル
Nkoulou
Nkulu
ヌグル
Ngoulou
N'goulou
Nguele
ヌクルニザ
Nkurunziza
ヌクルンジザ
Nkurunziza**
ヌグロホ Nugroho*
ヌグワブブ
Ngwaboubou
ヌグワンドゥ
Mg'wandu
Ng'wandu
ヌグワンメッシア
Ngwanmessia
ヌクンク Nkunku
ヌクンジキエ
Nkundikije
ヌケア Nkea
ヌゲアドゥーム
Ngueadoum
ヌケカ Nkeka
ヌケザバヒジ
Nkezabahizi
ヌゲサン N'guessan
ヌゲシ Nxesi
ヌゲソ Nguesso**
ヌゲニ
Ng'eny
Ngenyi*
ヌゲーニャ Nguenha
ヌゲヌ Nguene
ヌゲマ Nguema**
ヌゲマエソノ
Nguema Esono
ヌゲマオビアンマング
Nguemaobiang
Mangu
ヌゲマオボノ
Nguema Obono
ヌゲマムバ
Nguema Mba
ヌゲレ Ngele
ヌゲレジャ Ngeleja
ヌゲレード
Nougayrède*
ヌゲンダハーヨ
Ngendahayo
ヌゲンダンガニャ
Ngendanganya
ヌゴアコ Ngoako
ヌコアナマシャバネ
Nkoana-
mashabane
ヌゴイ
Ngoy
Ngoyi
ヌゴウェムボナ
Ngowembona
ヌゴグワヌブサ
Ngogwanubusa
ヌコゲベカレ
Nkoghe Bekale
ヌコゴ
Ncogo
Nkogo
ヌゴサ Ngosa
ヌコサザナ
Nkosazana**
ヌコサナ Nkosana
ヌコシ Nkosi*
ヌゴジ Ngozi
ヌゴジチネケ
Ngozichineke
ヌコシナスィ
Nkosinathi
ヌコディ Nkodi
ヌゴマ Ngoma
ヌゴママドゥング
Ngoma
Madoungou
ヌゴム Ngom
ヌコムブラ
Nko-mbula
ヌコモ Nkomo**
ヌゴモムメノノ
Ngomo Mbengono
ヌゴル Ngor
ヌゴルヌゴル
Ngolle Ngolle
ヌゴレヌグウェセ
Ngole Ngwese
ヌコロ Nkolo
ヌコンゴ Nkongo
ヌゴンゴ Ngongo
ヌゴンジェ Ngaunje
ヌコンデ Ngconde
ヌゴンババ
N'gon Baba
ヌサ N'sa
ヌサイア Nuseir
ヌサイラト Nsairat
ヌサイル Nuṣayr
ヌサドゥ Nsadhu
ヌサムプトゥエリマ
N'sa Mputu Elima
ヌサラ Nusara
ヌサレ Nsahlai
ヌザレ Nouzaret
ヌザンガ Nzanga
ヌサンザバガンワ
Nsanzabaganwa
ヌサンゼ Nsanze
ヌサンタラ Nusantara
ヌーサンヌ Noussanne
ヌジー Njie
ヌシアク Nusciak
ヌジエ
Njie
Nugier
ヌジェイ Ndiaye
ヌジェゼ Njeze
ヌジェムン Njiemoun
ヌシェラー Nuscheler
ヌジェル Njeru
ヌジェンガ
Ngenga
Njenga
ヌジェンダハヨ
Ngendahayo
ヌージェント Nugent
ヌジェント
Nugent
Nutgent
ヌジェンボ Ndjengbot
ヌシッチ
Nusić
Nušić
Nušič
ヌシノフ Nushinov
ヌシバンゼ Nsibandze
ヌシバンビ Nsibambi
ヌジマンデ Nzimande
ヌシミリマナ
Nshimirimana*
ヌジミロ Nzimiro
ヌジャイ
Ndiaye
N'Diaye*
Njie
ヌジャイセイディ
Njiesaidy
ヌージャイム Noujaim
ヌジャエ N'Diaye
ヌジャボロ Njyabulo
ヌジャワル Ndiawar
ヌジャンカ Njanka
ヌシュケ Nuschke
ヌシュティ Nshuti
ヌーシュトレム
Norström
ヌシュランシュラ
Nhlanhla
ヌシュレコ Nhleko
ヌジョク Ndjoku
ヌジョグ Njogou
ヌジョニ Njoni
ヌジョマ Nujoma**
ヌジョムエル
Njoh Mouelle
ヌジョロゲ Njoroge
ヌジラ Nzila
ヌシル Nsilou
ヌジンガ Nzinga
ヌシンゴ Nsingo
ヌシンバ Nsimba
ヌスエ Nsue
ヌスエミチャ
Nsue Micha
ヌスエミラン
Nsue Milang
ヌスエモクイ
Nsue Mokuy

ヌスク Nusku
ヌズジ Nzuzi
ヌースター Knoester
ヌズデオ Nusdeo
ヌズハ Nouzha
ヌズバ Nzouba
ヌスバウマー
Nussbaumer
ヌースバウム
Nussbaum
ヌスバウム
Nessbaum
Nussbaum**
Nußbaum
ヌズマロ Nxumalo
ヌスラット Nusrat
ヌスラティー Nuṣratī
ヌスラト Nusrat
ヌスラトゥッロ
Nusratullo
ヌスラトゥロ
Nusratullo
ヌズラマ Nzulama
ヌスール Ensour*
ヌセ
Nse
Nsue
ヌゼ Nze
ヌセイバ Nusseibah
ヌセイベ
Nuseibeh
Nusseibeh*
ヌゼイマナ
Nzeyimana
ヌゼソ Nzesso
ヌセヌフム
Nse Nfumu
ヌゼビテゲ
Nzet Biteghe
ヌセム Nsem
ヌセンギマナ
Nsengimana
ヌセンギユムバ
Nsengiyumva
ヌセンギュンバ
Nsengiyumva
ヌゼンギンズゥンドゥ
Nziengui
Nzoundou
ヌゼント Nugent
ヌゾ Nzo**
ヌゾー Nzo
ヌソベヤ Nsobeya
ヌソベヤエフマンヌチャマ
Nsobeya Efuman
Nchama
ヌーソン Knudson
ヌゾンド Nzondo
ヌータ Nuta
ヌダ N'dah
ヌダイシミイエ
Ndayishimiye
Ndayishimye
ヌダイゼイェ
Ndayzeye
ヌダイゼイエ
Ndayizeye
ヌダイトワ Ndaitwah
ヌダイラギエ
Ndayiragije
ヌダイラギジェ
Ndayiragije
ヌダイルキエ
Ndayirukiye
ヌダウ
Ndau
N'daw
ヌタウクリリャヨ
Ntawukuriryayo
ヌタカブリムボ
Ntakaburimvo
ヌタカルチマナ
Ntakarutimana
ヌダキ Ndaki
ヌダコロ Ndakolo
ヌダダエ Ndadaye
ヌダッカラ N'dackala
ヌタニュング
Ntanyungu
ヌダヌサ Ndanusa
ヌタバ Ntaba
ヌダバニンギ
Ndabaningi
ヌダヒマナジャラ
Ndahimananjara
ヌタフ Ntafu
ヌタホバリ Ntahobari
ヌタホムブキエ
Ntahomvukiye
ヌタホメニエレイエ
Ntahomenyereye
ヌタホンビュキエ
Ntahomvukiye
ヌダムンジカム
N'dam N'jikam
ヌダラタ Ndarata
ヌタワ Ntahwa
ヌタン Ntang
ヌダンガヌディンガ
Ndanga Ndinga
ヌタントゥメイ
Ntantu-mey
ヌダンブキ Ndambuki
ヌタンヨトラ
Ntanyotora
ヌチイチイ Nučič
ヌチェンバ Nchemba
ヌチャソ Nchaso
ヌチャマ
Nchama
N'Tchama
ヌチャム Ntcham
ヌチャンゴ Ntchango
ヌチューン Noochuen
ヌチラムペバ
Ntirampeba
ヌチンビ Nchimbi
ヌーツー Nutu
ヌツ Ntsu*
ヌツァガセ Ntshagase
ヌーツィ Nuzi
ヌツィニ Ntsinyi
ヌツィバ Ntsiba
ヌツェベ Ntshebe*
ヌツォアオレ Ntsoaole
ヌッサ Nussa
ヌッシ Nucci
ヌッスバウマー
Nussbaumer
ヌッセルト Nusselt
ヌッセンブラット
Nussenblatt
ヌッタール Nuttall
ヌッチ Nucci**
ヌッチョ Nuccio
ヌッツィ Nuzzi
ヌッツォ Nuzzo
ヌツツム Ntutumu
ヌット Nuth
ヌップ Núp
ヌッペナイ Nuppeney
ヌツンガムロンゴ
Ntungamulongo
ヌツンバ Ntumba
ヌデ Ndeh
ヌーティ Nuti
ヌデイ
Ndeye
Ndèye
ヌディアイエ Ndiaye
ヌディアエ
Ndiaye
N'Diaye
ヌディアエセク
Ndiaye-seck
ヌディアエバ
Ndiaye-ba
ヌディカ N'dicka
ヌディクマゲンゲ
Ndikumagenge
ヌディクマナ
Ndikumana
ヌディクムゴニョ
Ndikumugongo
ヌディクムゴンゴ
Ndikumugongo
ヌディタビリエ
Nditabiriye
ヌディティフェイ
Nditifei
ヌティニ Nutini
ヌティハボーズ
Ntihabose
ヌティハボゼ
Ntihabose
ヌティバンツンガニャ
Ntybantunganya*
ヌディホクブワヨ
Ndihokubwayo
ヌティママ Ntimama
ヌディミラ Ndimira
ヌディラシャ
Ndirahisha
ヌティルフングワ
Ntiruhungwa
ヌテゲ Ntege
ヌテケペルラー
Nutekheperre
ヌデセ Nduese
ヌデーネ Ndéné
ヌーテバーグ
Nöteberg
ヌデベシ Noudegbessi
ヌデベレ Ndebele
ヌデマンガ Ndémanga
ヌデメゾオビアン
Ndemezoobiang
ヌデラガクラ
Nderagakura
ヌデリム Nderim
ヌーデル Nuder*
ヌテルヌンビ
Ntelnoumbi
ヌーデルマン
Noudelmann
ヌデレバ Ndereba**
ヌデンゲ Ndenge
ヌーデンシェルド
Nordenskiöld
ヌーデンフリュクト
Nordenflycht
ヌート
Knut
Newth
Nouth*
Nuto
ヌド Ndo
ヌドイ Ndoye
ヌトゥ Nutr
ヌトウ Ntow
ヌドゥアン Ndouane
ヌドゥイガ Ndwiga
ヌドウィガ Ndwiga
ヌドゥイマナ
Nduwimana
ヌドゥウィマナ
Nduwimana
ヌドゥグ Ndougou
ヌトゥシャンガセ
Ntshangase
ヌトゥトゥコ
Ntuthuko
ヌトゥトゥムエマヌ
Ntoutoume-émane
ヌトゥトゥムヌゲマ
Ntutumu Nguema
ヌドゥバ Ndouba
ヌドゥミソ Ndumiso
ヌトゥムケ Ntumuke
ヌドゥランガマンドラ
Ndlangamandla
ヌドゥリヨマン
N'dri-yoman
ヌドゥワヨ Nduwayo
ヌトゥンガムロンゴ
N'tungammulongo
ヌドウンジャイ
Ndownjie
ヌトゥンズウェニマナ
Ntunzwenimana
ヌトゥンバ Ntumba
ヌードクウィスト
Nordqvist
ヌトザケ Ntozake**
ヌードストレム
Nordström
ヌードスン Knudson
ヌードセン
Knudsen**
Knudsn
ヌドティンガイ
N'doutingai
ヌートバー Nootbaar
ヌドマ Ndoma
ヌドム Nduom
ヌドムゾビアン
Ndemezoobiang
ヌドラム Ndoram
ヌドリ N'dori
ヌドリアナスル
Ndrianasolo
ヌドリマナ
Ndorimana
ヌドル Ndolou
ヌードルズ Noodles**
ヌドレ N'dré
ヌドレマンジャリ
Ndremanjary
ヌドロブ Ndlovu
ヌドン Ndong
ヌドンエソノヤン
Ndong
Esonoeyang
ヌドンガラ Ndongala
ヌドング
Ndong
Ndongou
ヌドングヌトゥトゥム
Ndong Ntutumu
ヌドンシマ
Ndongsima
ヌドンジャッタ
Ndong-jatta
ヌドンヌゲマ
Ndong Nguema
Ndong-nguéma
ヌドンバシ Ndombasi
ヌドンミフム
Ndong Mifumu
ヌナクル Noonuccal
ヌナムディ Nnamdi
ヌーナン Noonan**
ヌーニェス
Nunez
Nuñez
Núnez
Núñez*
ヌーニエス Núñez
ヌニェーズ Nunez
ヌニェス
Nunes
Nunez*
Nuñez**
Núnez
Núñez**
Ñúñez
ヌニエス

ヌ

Nunez
Núñez
ヌニェスデオリベイラ
Nunes De Oliveira
ヌニシュ Nunes
ヌニャブ Nunyabu
ヌーニョ Nuno
ヌニョ Nuño*
ヌヌ Nunu
ヌーヌーイー
Nu Nu Yi
ヌヌクンバ
Nunu Kumba
ヌネシュ Nunes
ヌーネス
Nunes*
Nuñes
Nunez*
ヌネス
Nunes**
Nunez**
Núñez
ヌネマッカー
Nunemacher
ヌーネン Nunen
ヌネンベク
Nunnenbeck
ヌーノ Nuno**
ヌーノー Nuno
ヌノ Nuno*
ヌノモ Nnomo
ヌーハ Nūḥ
ヌーバー Nuber
ヌハイラ Nukhaira
ヌーバウアー
Neubauer*
ヌーハク Nouhak
ヌハク Nouhak**
ヌバータ Nubāta
ヌハド Nuhad
ヌハマジョ Nhamajo*
ヌーバーリヤーン
Nūbāriyān
ヌーバール
Nubar
Nūbār
ヌバル Nubar
ヌービュルジェ
Neuburger
ヌビル Neuville
ヌーフ Nūḥ
ヌフ
Nouhou
Nuh
ヌブ Neveu
ヌブ・アンクラー
Nubankhre
ヌブアンクラー
Nubankhre
ヌフェル Nuffel
ヌフェレン Nuffellen
ヌフォンテーヌ
Nefontaine*
ヌブケペルレー
Nubkheperre
ヌフシィ Nefussi
ヌプチェン
GNubs chen
ヌブネフェル
Nubnefer
ヌフマ Nfuma
ヌフム Nfumu
ヌーブルジェ
Neuburger*
ヌーベ Ncube
ヌベ Nve
ヌーベール Neubert
ヌーベル Nouvel
ヌポク Noupokou
ヌボニヌパ
Mbonimpa
ヌーマ Nouma
ヌマ Numa*
ヌマイリー Numayrī
ヌーマーニー Nu'mānī
ヌマーニー Nu'mānī
ヌマノビッチ
Numanović
ヌーマーン Nū'mān
ヌーマン
Neuman
Numan*
ヌミディクス
Numidicus
ヌムール Nemours
ヌメイリ
Nimeiry
Numeiry**
ヌメイリー
Nemery
Numayri
Numeiry
ヌメーニオス
Noumēnios
ヌメニオス
Noumēnios
Nūmēnios
ヌメラ Nummela
ヌメリアヌス
Numerianus
ヌメルドル
Nummerdor
ヌモンビ Noumonvi
ヌヤブ Nyavu
ヌヤム Nyamu
ヌヤルガボムイジ
Nyarugabomuhizi
ヌヨマ Nujoma
ヌヨンゴロ Nyongolo
ヌーラ Nuala**
ヌライ Nuray
ヌラディヌ Nouradine
ヌラニ Nurani
ヌラポ Nhlapo
ヌラル Nurul
ヌラルイ Nuraly
ヌーランド Nuland*
ヌーランラ Nhlanhla
ヌーリ
Nori*
Nouri**
Nourry
Nuri
ヌーリー
Nouri
Noury
Nuri*
Nurî
Nūrī
ヌリ
Nouri
Nourrit
Nuri**
Nurî
Nūrī
ヌリー Noury
ヌーリア Nouria*
ヌリア
Nouria
Nuria**
Núria
ヌリアリドン
Nuria Lidon
ヌーリェフ Nuriev
ヌリエフ Nuriev
ヌリエル Nouriel*
ヌリキャン Nurikyan
ヌーリシエ
Nourissier**
ヌーリジュイニ
Nouri Jouini
ヌリス Nuris
ヌリスタニ Nuristani
ヌリッジン Nuriddin
ヌリッソン
Nourrisson
ヌリット Nurit
ヌリパカーマ
Nripakāma
ヌリヤ Nouriya
ヌリャリマ Nulyarima
ヌール
Noer
Noor*
Nour
Noure
Nur**
Nūr
ヌル
Nur*
Nūr
ヌールアルディン
Nouraldin
ヌルガリ Nurgali
ヌルガリエフ
Nurgaliyev*
ヌルキッチ Nurkic
ヌルクセ Nurkse
ヌルコビッチ
Nurković
ヌルザイ Noorzai
ヌルサヘト Nursahet
ヌルサヘドフ
Noursakhedov
ヌールサリム
Noersalim
ヌルシー Nursī*
ヌルシア Nursia
ヌルシャムス
Nursjamsu*
ヌルジャン Nurcan*
ヌルス Nourse
ヌルスィー Nursî
ヌルスルタン
Nursultan**
ヌールダール Nordahl
ヌールッディーン
Nūr al-Dīn
ヌールッディン
Nurideen
ヌルッディン
Nooruddin
ヌールディヌ
Noureddine*
ヌルディーヌ
Noureddine
ヌルディノフ
Nurudinov*
ヌールディン
Noureddine
ヌルディーン
Noureddine*
ヌルディン
Noordin
Noureddine
Nurdin
Nuruddin
Nurudeen
ヌルディンヌ
Nourdine
ヌルトディノワ
Nurutdinova
ヌールハク
Noorul-Haq
ヌルハチ Nurhaci
ヌルハディ Nurhadi*
ヌルバヤ Nurbaya
ヌールハリザ
Nurhaliza
ヌルハン Nurhan
ヌルハンベク
Nurkhanbek
ヌルヒダヤ
Nurhidayah
ヌルブ Norbu*
ヌルベク Nurbek
ヌルホリシュ
Nurcholish
ヌルホリス
Nurcholis
Nurcholish
ヌルマトフ Nurmatov
ヌルマハン
Nurmakhan
ヌルマフマトフ
Nurumakhmatov
ヌルマフムディ
Nurmahmudi
ヌルマメドフ
Nurmammedov
ヌールマンド
Nourmand
ヌルミ Nurmi
ヌルミネン Nurminen
ヌルムイラドワ
Nurmyradova
ヌルムハメト
Nurmuhammet
ヌルムハンベトワ
Nurmukhambetova
ヌルメスニエミ
Nurmesniemi*
ヌルメラ Nurmela
ヌルヤナ Nuryana
ヌルラン Nurlan**
ヌルランベク
Nurlanbek
ヌルル Nurul
ヌレイニ Nuraini
ヌレエヴ Nureyev
ヌレーエフ Nureyev*
ヌレエフ
Nureev
Nureyev
ヌーレッディン
Noureddine
Nureddin
ヌレッティン Nurettin
ヌレディヌ
Noureddine
ヌーレディン
Nouredine
ヌレディン
Noureddine
Nouredine
Nuruddin*
ヌレンド Nlend
ヌロ Nuro
ヌーロッディーン
Nūr al-Dīn
ヌロールスティッヒサーリン
Noeroollstigvarin
ヌワ Nuwa
ヌワイラ
Nuwairah
Nuwayra
ヌワイリー Nuwayrī
ヌワウェア Nuwawea
ヌワキレ Nwakire
ヌワクウィ Nwakwi
ヌワース
Nuwas
Nuwās
ヌワス Nuwas
ヌワーパ Nwapa
ヌワバ Nwaba
ヌワパ Nwapa
ヌワブエゼ Nwabueze
ヌーワレイ
Kngwarreye
ヌワンコ Nwankwo*
ヌワンゼ Nwanze*
ヌーン
Noon**
Noone*
Nūn
ヌン
Ngan
Nung
Nunn
ヌーンイエス Nunez
ヌンウック Neunguk
ヌーンズ Nunes
ヌンス Nung-su*
ヌンスック Nunsuk
ヌンツィオ Nunzio

ヌ

ヌンツォ Nunzio
ヌンドゥ Nundu
ヌンドレ Ndre
ヌンビ Numbi
ヌンベリ Numberi
ヌンメリン
Nummelin*

【ネ】

ネ Ne**
ネー
Nay
Ne
Nee
Ney
ネーアー
Naeher
Neher**
ネァ Kner
ネア Nair
ネアイラ Neaira
ネアグ Neagu
ネアクス Neacsu
ネアゴー
Neergaard
Nørgård
ネアゴーア Neergaard
ネアゴエ Neagoe
ネアーズ
Nares
Neaz
ネアズ
Nares
Neaz
ネアーテ Neate
ネアルコス Nearchos
ネァン Nairn
ネアン Nairne
ネアンダー Neander
ネアンテス Neanthēs
ネアンデル Neander
ネアントロ Neantro
ネイ
Naé
Nay
Ney*
Nye
ネイアム Nahum
ネイヴ Nave
ネイウィン Ne Win
ネイヴィン Navin
ネイェドリー Nejedlý
ネイエリ Nayeri
ネイエンローデ
Nieuwroode
Nijenroode
ネイオーミ Naomi
ネイオミ Naomi*
ネイオム Naom
ネイガー Neiger
ネイガーウズ Neuhaus
ネイガウス
Neigauz*
Neygauz
ネイカンプ Nijkamp
ネイギー Nagy
ネイク Knake
ネイクイン Naquin
ネイグル
Nagel
Nagle
Neagle*
ネイゲル
Nagel
Nagle
ネイコ Neiko
ネイコバ Neykova**
ネイコフ
Neikov
Neykov
ネイサ Neysa
ネイサー Nasar
ネィサン Nathan
ネイサン
Natham
Nathan***
ネイザン
Natham
Nathan**
ネイサンズ Nathans*
ネイサンソン
Nathanson
ネイシ Neisi
ネイジェル Nagel
ネイシオ Nacio
ネイシャ Naisha
ネイシュ Naish
ネイション Nation*
ネイションズ Nations
ネイズヴェストヌイ
Neizvestnyi*
ネイスタット Neistat
ネイスビッツ
Naisbitt*
ネイズベーストヌイ
Neizvestnyi
ネイズベストヌイ
Neizvestnyi
ネイスミス
Naismith*
Nasmyth
Naysmith
ネイズミス Nasmyth
ネイズル Nazel
ネイスワース
Neisworth
ネイスン
Nason
Nathan
Nysschen
ネイセン Nijssen
ネイソン Nason
ネイダー Nader*
ネイダッチ Nayduch
ネイタン Nathan
ネイチャー Nature
ネイツ Neyts
ネイック Naick
ネイッシュ Naish
ネイディ Nady
ネイティヴィダッド
Nativdad
ネイディス Nadis
ネイディッチ Naidich
ネイディーン
Nadeen
Nadine
ネイディン Nadine
ネイテル Natel
ネイデル Nadel
ネイデルソン
Nadelson
ネイデン Naden
ネイテンバーグ
Natenberg
ネイト
Nate*
Nathan
ネイトー Nato
ネイドー Naidoo
ネイドゥ Naidoo
ネイーニ Nayini
ネイニー Neini
ネイバー
Naber
Neighbour*
ネイハイス Nijhuis
ネイバウア Neibauer
ネイバウアー
Neibauer
ネイバース Nabors
ネイハート Neyhart
ネイパトライキ
Neypatraiky
ネイハム Nahum**
ネイハルト Neikhardt
ネイピア
Napier***
Nepia
ネイピアー Napier
ネイビル Nevil
ネイビン Navin
ネイフ Naifeh
ネイブ
Knabe
Nave*
ネイプ Knape*
ネイフィ
Nefi
Neifi
ネイフェ Naifeh
ネイフェル Neevel
ネイプス Napes
ネイフラー Knaefler*
ネイブール Nijboer
ネイプルス Naples
ネイボース Nabors
ネイホフ Nijhoff
ネイポール Naipaul
ネイマーク Naimark
ネイマス Namath
ネイマール Neymar**
ネイマン
Naiman
Naman
Nayman
Neiman
Neyman
ネイミ
Neimi*
Nuaymi
ネイミー Naimee
ネイミア Namier*
ネイム
Naim*
Name
ネイヤー
Nayar
Nayer
Naylor
ネイラ
Neira
Neyra
Nheira
ネイラー
Nayler*
Naylor***
ネイランド Nayland
ネイル
Nail*
Neil*
Neile
Neill
Neille
ネイルソン Neilson*
ネイルバフ Nalebuff*
ネイロス
Neilos
Neîlos
ネイロン
Nailon
Neiron
Neylon*
ネイワンド Neiwand
ネインケ Nynke
ネーヴ Neve
ネヴ Nev
ネヴァ Neva
ネヴァース Nevers
ネヴァダ Nevada*
ネウァニック
Neouanic
Néouanic
ネウアニック
Néouanic
ネヴァーマン
Nevermann
ネヴァンリンナ
Nevanlinna
ネヴィアス Nevius
ネーヴィアント
Neviandt
ネヴィウス Nevius
ネヴィエ Neveu
ネヴィザーデ
Nevizâde
ネヴィス Neves
ネウィッタ Nevitta
ネーヴィッド Navid
ネウィット Newitt
ネヴィット
Knevitt
Nevitt
ネーヴィル
Nevill
Neville
ネヴィル
Neivelle
Nevil**
Nevile
Neville**
ネーウィン Ne Win
ネヴィン Nevin**
ネヴィンズ Nevins*
ネヴィンソン
Nevinson
ネヴェジアン
Nevejean
ネヴェジン Nevezhin
ネーヴェス Neves
ネヴェス Neves
ネヴェドムスキー
Nevedomsky
ネヴェナ Nevena
ネヴェリスキー
Nevel'ski
ネヴェリスコーイ
Nevel'ski
ネヴェリスコイ
Nevel'ski
ネーヴェリング
Neveling
ネウエル Newell*
ネヴェルスキー
Nevel'ski
ネヴェルスン
Nevelson
ネーヴェルソン
Nevelson
ネヴェルソン
Nevelson
ネーヴェルマン
Nevermann
ネヴェルリ Newerly
ネウエーロフ Neverov
ネヴェーロフ
Neverov
Neweroff
ネヴェロフ Neverov*
ネヴェロワ Neverova
ネヴェン Neven
ネヴェンカ Nevenka
ネーヴェンス Nevens
ネヴェンズ Nevens
ネヴォ Nevo
ネウォウナ
Nawowuna
ネヴォラ Nevola
ネヴザット Nevzat
ネヴシェヒルリ
Nevşehirli
ネウスキー Nevskii
ネウストプニー
Neustupný*
ネヴゾーロヴァ
Nevzorova
ネヴゾロフ Nevzorov
ネウフビル Neufville
ネヴリンスキー
Newlinsky
ネーエル Neher
ネエール Neher

ネ

ネエル Neher
ネオ Neo*
ネオアニック
Neouanic
ネオクリス Neoklis
ネオコスモス
Neocosmos
ネオス Neos
ネオト Neot
ネオパネ Nuepane
ネオフィトゥ
Neophytou
ネオプトレモス
Neoptolemos
ネオプロン Neophrōn
ネオミ Naomi*
ネカウ Necho
ネーガス Negus
ネガーズ Neggers*
ネガソ Negaso**
ネガール Nägerl
ネギ Negi
ネキベ Nekibe
ネギン Negin
ネクセ
Nexo
Nexø*
ネクセー
Nexo
Nexø*
ネクソン Nexon
ネクタ Nekht
ネクタネボ
Nectanebo
Nekht-neb-f
ネクタライン
Nuechterlein
ネクタリウス
Nektarios
ネクタリオス
Nektarios
Nektários
ネクタレブ
Nekhtharheb
ネクテル Knechtel
ネークト Negt
ネクト
Knecht
Nekht
Nekut
ネクトゥ Nectoux
ネクトゥー Nectoux*
ネクトネベフ
Nekhtnebef
ネクラーソヴァ
Nekrasova
ネクラーソフ
Nekrasov***
Nekrassov
Niekrasov
ネクラゾール
Nekrasor
ネクラーソワ
Nekrasova
ネクラソワ
Nekrassova
ネグラン Negrão
ネーグリ Negri*
ネグリ Negri***
ネグリエー Negrier
ネクリオシウス
Nekriosius
ネグリノ Negrino
ネグリャー Negrier
ネグリン
Negrin*
Negrín
ネーグル
Naegle
Nagle
Negre
ネクルィローヴァ
Nekrylova
ネグルツァ Negruta
ネグルッジ Negruzzi
ネグレ
Negret
Négret
ネグレー Negley
ネグレア Negrea
ネグレイ Negley
ネグレイロ Negreiros
ネグレイロス
Negreiros
ネグレスコ
Negulesco*
ネグレスコロール
Negrescolor
ネグレーテ Negrete
ネグレテ Negrete
ネグレド Negredo
ネグレラ Nagrela
ネクロ Nekro
ネグロ
Nagro
Negro*
ネグローニ Negroni
ネグロポンテ
Negroponte***
ネグロモンテ
Negromonte
ネグローリ Negroli
ネクロリアン
Nécrorian
ネケス Nekes
ネーゲリ
Naegeli
Nägeli
ネーゲリー Nägeli
ネーゲル
Naegele
Nagel**
ネケル Necker
ネーゲンダンク
Negendank
ネゲンツォフ
Negentsov
ネコ
Necho
Neko
ネゴ Nego
ネコダ Nekoda
ネゴーダ Negoda
ネゴダ Negoda
ネゴダイロ
Negodaylo*
ネゴロ Negoro
ネーサー Nasar*
ネーザー Naeser
ネサ Nessa
ネサイン Nathan
ネサウアルコヨトル
Nezahualcóyotl
ネザーコット
Nethercott
ネザートン Netherton
ネサニエル Nathaniel
ネザーミー
Niāzmi
Niẓaāmī
ネザーミーイェ
Nezāmīye
ネザーム Nezām
ネザーモッディーン
Nezāmoddīn
ネザーモル Nizām-al
ネサリ Nesari
ネザリー Nethery
ネサワルコヨトル
Nezahualcóyotl
ネーサン
Natham*
Nathan***
ネーザン Nathan
ネーサンズ Nathans
ネーザンソン
Nathanson
ネサンソン
Nathanson
ネシ
Nesi
Nessí
ネシー Nesse*
ネジ
Néji
Nesi
ネシェトリル
Nesetril*
ネーシオ Nacio
ネシオ Nescio
ネーシオーテース
Nesiotes
ネシオテス Nesiotes
ネシス Nesis
ネジダーノヴァ
Nezhdanova
ネジダノヴァ
Nezhdanova
ネジダーノワ
Nezhdanova
ネシチャディメンコ
Neshchadimemko
ネシッジ Nesic
ネジデット Necdet
ネジデト Nezhdet
ネジハ Neziha
ネシプ Necib
ネジブ Nejib
ネジプ Necip
ネジメ Nejmeh
ネジメティン
Necmettin**
ネシャイム Nesheim*
ネジャース Neggers
ネジャーダル Nežádal
ネジャッティ Necati
ネシャット
Neshat*
Nuzhat
ネジャット Nejat*
ネジャーティー Necâtî
ネジャティ
Necati*
Nexhati
ネジャティギル
Necatigil
ネジャディヤン
Nejadian
ネシャムキン
Nechamkin
ネジャール Nedjar
ネシュカ Neshka
ネジュマ Nedjma
ネシューリー Neşrî
ネシュリー Nesrî
ネーション Nation*
ネージョン Naigeon
ネシリ Nesyri
ネシン Nesin*
ネース Nees
ネス
Naess**
Neisse
Nes*
Ness**
Nesse
ネズ
Nez
Nezu
ネスィン Nesin**
ネスヴァードバ
Nesvadba
ネスヴァドバ
Nesvadba
ネズヴァドバ
Nesvadba
ネズヴァル Nezval*
ネスエイバー
NessAiver
ネスキオ Nescio
ネスケンス Nesquens
ネスタ Nesta**
ネスター Nestor***
ネスタロビッチ
Nesterovic
ネスティ
Nesti
Nesty
ネスティコ Nestico
ネステレンカ
Nestsiarenka*
ネステレーンコ
Nesterenko
ネステレンコ
Nesterenko*
Nestsiarenka
ネステロフ Nesterov
ネスト Nest
ネストマン Nestmann
ネストラー Nestler
ネストリゥス
Nestorius
ネストリウス
Nestorius
ネストリオス
Nestorius
ネストリープケ
Nestriepke
ネストリンガー
Nostlinger
Nöstlinger**
ネストリンヌ Nestrine
ネーストル Nestor
ネストール
Nestor**
Néstor
ネストル
Nestor**
Néstor**
ネストルエフ
Nestruev*
ネストレ Nestle*
ネストロイ Nestroy*
ネストロフスキ
Nestorovski
ネスドン Nesdon
ネスバードバ
Nesvadba
ネズバル Nezval
ネスビー Nesby
ネスビッツ Naisbitt
ネズビッツ Naisbitt
ネスビット
Nesbit*
Nesbitt**
ネズビット
Nesbit**
Nesbitt*
ネズビッド Nesbit
ネスブアネブデド
Nesbanebded
ネスフィールド
Nesfield
ネスフィルド Nesfield
ネスフヒールド
Nesfield
ネスプロ Nespoulos
ネスペズニー
Nespesny
ネスボ Nesbø**
ネスポリ Nespoli
ネスミー Nesmy
ネースミス Naismith
ネーズミス Nasmyth
ネスミス
Nasmyth
Nesmith*
ネズム Nesme
ネスメヤーノフ
Nesmeyanov
ネスメヤノフ
Nesmeyanov

ネスメーロフ
Nesmelov
ネスラー
Nessler
Nestler
ネスランド Nesland
ネスリシャー Neslisah
ネズリン Neslin
ネスル Nestle
ネスルン Nelson
ネースルンド Näslund
ネスルント
Naeslund
Näslund
ネスレ Nestle
ネスレディン Nesredin
ネスワドバ Nesvadba
ネゼ Nézet*
ネソ Netho
ネゾースキ Nezworski
ネーソン Nason
ネーター Noether*
ネーダー Nader**
ネタ Neta*
ネダ Neda
ネダゴー Nedergaard
ネダーチン Nedachin
ネタニ Netani
ネタニヤウ
Natanyahu
ネタニヤフ
Natanyahu
Netanyahu**
ネダーペルト
Nederpelt
ネタラ Netara
ネチェルウイネフ
Netjerwiimef
ネチェルケペルラー
Nutekheperre
ネーチキナ Nechkina
ネチキナ Nechkina
ネチャーエヴァ
Nechaeva
ネチャーエフ
Nechaev*
ネチャエフ Nechaev
ネチャーエワ
Nechaeva
ネチャエワ Nechayeva
ネチャス Nečas*
ネチャマ Nechama
ネチン Necin
ネツィリ Neziri
ネッカー Necker**
ネッカーズ Neckers
ネッカーマン
Neckermann*
ネッカム
Neccam
Neckam
ネック Neck*
ネッケ
Näcke
Necke*

ネッケール Necker
ネッケル
Naquet
Neckel*
Necker
ネッサ Nessa*
ネッシ
Nessi*
Nessí
ネッシー Nessie
ネッシーナ Nessina
ネッシム Nessim
ネッス Nessou
ネッスル Nestle
ネッセ Nesse
ネッセリローデ
Nesselrode
ネッセル Nesser**
ネッセルト Nösselt
ネッセルマン
Nesselman
ネッセルローデ
Nesselrode
ネッタ Netta*
ネッター Netter*
ネッチアイ Necciai
ネッチェル Netscher
ネッチャー
Netscher*
Nötscher
ネッチャート
Netschert
ネッツ Netz
ネッツァー Netzer*
ネッツェル
Netscher
Netzel
ネッテ Nette
ネッティ
Netti
Nettie**
ネッティー
Nettie
Netty
ネッテスハイム
Nettesheim
ネッテル Nettel
ネッテルズ Nettels
ネッテルベック
Nettelbeck
ネッテルホルスト
Nettelhorst
ネット
Neto**
Nett
Nette
Netto
ネットー Netto*
ネッド Ned***
ネットゥル Nettl
ネットボーイ Netboy
ネットラウ Nettlau*
ネットランド Netland
ネットル
Nettl
Nettle
ネットルトン
Nettleton*

ネットルベック
Nettelbeck
ネッパー Knepper*
ネッビア Nebbia
ネッフ Neff
ネップ Nepp
ネッラ Nella
ネッリ Nelli*
ネッロ Nello*
ネツンボ Netumbo
ネデアルコ Nedealco
ネティ Nettie
ネティー Nettie
ネディアルコフ
Nedialkov
ネディーム Nedim
ネディム Nedim
ネディモビッチ
Nedimović
ネディロフ Nedirov
ネディン Nadine
ネテッシン Netessine
ネテーニュス
Nethenus
ネテラー Neteler
ネーデル Nadel
ネデル Nedell
ネデルク Nedelcu
ネデルシェワ
Nedelcheva
ネーテルソン
Natelson*
ネデルチェフ
Nedelcherv
Nedelchev
ネーデルフェーン
Nederveen
ネーデルブルフ
Nederburgh
ネーデルマン
Nedelman
ネーデルロフ Nederlof
ネデレク Nédélec
ネーテレンボス
Netelenbos
ネート Nate**
ネト
Neto**
Netto
ネトー Neto
ネド
Ned*
Neto
ネドヴェド
Nedved*
Nedvěd
ネトゥル Nettl
ネトゥルシップ
Nettleship
ネトゥンボ Netumbo
ネトケ Netke
ネドコ Nedko
ネドコフ Nedkov
ネドジピ Nedzipi
ネドストランド
Nedstrand

ネドバル Nedbal
ネドピル Nedopil
ネドベド Nedved
ネドラ Nedra
ネトラウ Nettlau
ネトランド Netland
ネトル
Nettl*
Nettle*
ネトルズ Nettles
ネトルトン Nettleton
ネトルフォード
Nettleford
ネードレオース
Nedreaas
ネトレス Nettles
ネトレプコ Netrebko*
ネドンセル
Nédoncelle
ネーナ Nena*
ネナ Nena
ネナシェフ Nenashev
ネナデク Nenadic
ネナド Nenad**
ネナロコフ Nenarokov
ネニスキス Nenishkis
ネーネ Nene
ネネ
Nene
Neneh
ネネジッチ Nenezić
ネネム Nenem
ネノ Neno
ネノラ Nenola*
ネーハ Neharika
ネーバー Naber
ネハ Neha
ネバーイー Nawā'ī
ネハシ Nehasi
ネーバース Nabers
ネバース Nevers
ネバダ Nevada*
ネバティア Nevatia
ネハニィヨ Nehainiv
ネハブ Nehab
ネハマ Nechama
ネハマス Nehamas
ネーバーマン
Nevermann
ネハメ Nehmeh
ネバラ Nevala
ネハリ Nehari
ネパール Nepal*
ネハンカイ Niepanhui
ネバンスー Nevansuu
ネハンマー
Nehammer
ネバンリンナ
Nevanlinna
ネービー Neve
ネーピア Napier**
ネピア
Napier*
Nepia

ネピアー Napier
ネビアナ Neviana
ネピアベル
Napier-Bell
ネビオ Nevio
ネビオロ Nebiolo*
ネビス Neves*
ネビソン Nevison
ネービッド Navid
ネビット Knevitt
ネピテッロ Nepitello
ネヒト Knecht
ネヒョク Nae-hiuk
ネビラ Nebila
ネピリー Nepilly
ネビリィエラウ
Nebiryerau
ネビーリェ Neville
ネービル Nevil
ネビール Nevillne
ネビル
Nevil
Nevill*
Neville***
ネピル Nepil
ネービン Nevin*
ネビン Nevin*
ネビンス Nevins
ネビンズ Nevins**
ネーフ
Naef
Neef
Nehf
ネーブ Neve*
ネフ
Knef
Naef
Nef*
Neff***
ネブ
Nabû
Neb
ネプ Nhep
ネファウルード
Nefaurud
ネファティ Neffati
ネファーティティ
Nefertiti
ネフィー Nefi
ネフイー Nefi
ネブイイムエフ
Netjerwiimef
ネフィオドヴ
Nefyodov
ネブイリアウ
Nebiryerau
ネフィンジャー
Neffinger
ネープヴォー Nepveau
ネブウケペルラー
Nubkheperre
ネーフェ Neefe
ネフェルイブラー
Neferibre
ネフェルイルカラー
Neferirkare

ネ

ネフェールインガニ
Neferingani
ネフェルエフラー
Neferefre
ネフェルカーウ
Neferkhau
ネフェルカウホル
Neferkauhor
ネフェルカーラー
Neferkare
ネフェルカラー
Neferkare
ネフェルケプルラー
Neferkheprure
ネフェルタリ
Nefertari
ネフェルティティ
Nefertiti
ネフェルト Nefert
ネフェルト・イティ
Nefertiti
ネフェルトイティ
Nefertiti
ネフェルホテプ
Neferhotep
ネブエロフ Neverov
ネブカ Nebka
ネブカウラー
Nubkaure
ネブカデネザル
Nebuchadnezzar
ネブカドネザル
Nebuchadnezzar
ネブカドネツァル
Nebuchadnezzar
ネブカドレツァル
Nebuchadnezzar
ネブカーラー
Nebkaure
ネブケプルウラー
Nebkheprure
ネフザウィ
Nafzawi
Nefzaoui
ネブジャト Nevzat
ネーフス Neefs
ネフスカヤ Nevskaya
ネフスキー Nevskii**
ネフスキイ Nevskii
ネフゾロフ Nevzorov
ネブゾロフ Nevzorov
ネブタウイラー
Nebtawyre
ネフタリ Neftali*
ネブチャドレッザル
Nebuchadnezzar
ネプチューン Neptune
ネフツィ Neftci
ネフテル Neftel
ネフト Neft
ネプトゥン Neptune
ネプトュヌ Neptune*
ネフニア Nehunya
ネブフ Neb-f
ネブペフティレー
Nebphetyre
ネブヘペトラー
Nebhepetre
ネブペヘトラー
Nebphetyre
ネブマアトラー
Nebmare
ネブマレー Nebmare
ネブラ Nebra
ネブラー Nebre
ネブラダ Nebrada
ネブリーハ Nebrija
ネブリハ Nebrija
ネフリュードフ
Nekhlyudov
ネブレー Nebre
ネブレダ Nebreda
ネブレット Neblett
ネフレベッカ
Nehrebecka
ネーブン Neven
ネーベ Nebe
ネヘ Nehe
ネヘシ Nehasi
ネベス Neves**
ネベスリー Newesely
ネベット Nebbett*
ネーベニウス
Nebenius
ネベーニウス
Nebenius
ネベニウス Nebenius
ネベニュース
Nebenius
ネーベハイ Nebehay
ネベハイ Nebehay*
ネヘマイア Nehemiah
ネヘミーア Nehemiah
ネヘミア Nehemiah
ネヘミアー Nehemiah
ネヘミヤ Nehemiah
ネペラ Nepela
ネベラスカス
Neverauskas
ネベリスコイ
Nevel'ski
ネーヘル Neher
ネーヘルー
Nehru
Nēhrū
ネーベル Nebel
ネヘール Neher
ネヘル Neher
ネベル Knebel
ネベルソン
Nevelson
Nevel'son
ネベロビッチ
Neverovic
ネベーロフ Neverov
ネベロフ Neverov
ネベロワ Neverova
ネーベン Neben
ネベン Neven
ネベンザール
Nebenzahl
Nebenzal
ネボ
Neb-f
Nebo
ネポ Nepo
ネボイサ Nebojsa
ネボイシア
Nebojsa
Nebojša
ネボイシャ
Nebojasa
Nebojsa
Nebojša**
ネボサ Nebojsa
ネボス Neb-f
ネポス Nepos
ネホダ Nehoda
ネポティアヌス
Nepotianus
ネポティス Nepotis
ネポマシーン
Nepomucene
ネポミュセーヌ
Népomucène
ネーポムク Nepomuk*
ネポムーク Nepomuk
ネポムク Nepomuk
ネポムシン
Nepomucene
ネポムセノ
Nepomuceno
ネボリシン Nebolsin
ネボル Nebor
ネボルジーン
Nebolsine
ネボルスキー
Neborsky
ネボン Neb-f
ネーマー Nehmer
ネマ Nhema
ネマティ Nemati
ネマト Nemat
ネマトゥッロ
Nematullo
ネマトザデ
Nematzadeh
ネマトラ Ne'matollah
ネマニ Nemani*
ネマニア Nemanja
ネマニック Nemanich
ネマーニャ Nemanja
ネマニャ Nemanja*
ネマルク Nemarq*
ネーマン
Neeman**
Ne'eman
Neyman
ネマン Neiman
ネーミ Nemi*
ネーミー Nesmy
ネーミア Namier
ネーミアー Namier
ネミア Nemia
ネーミヤ Neemia
ネミリャ Nemyria
ネミール Nemir
ネミルスキ Nemirschi
ネミロヴァ Nemirova
ネミローヴィチ
Nemirovich
ネミロヴィチ
Nemirovich
ネミロヴィッチ
Nemirovich
ネミロヴイッチ
Nemirovich
ネミロービチ
Nemirovich
ネミロビチ
Nemirovich
ネミロビッチ
Nemirovich
ネミロフスキー
Nemirovsky
Némirovsky
ネミロフスキイ
Nemirowsky
Némirowsky
ネム Nesme
ネムィツキー
Nemytskii
ネムザー Nemzer
ネムサゲ Nemsadze
ネームスニック
Namesnik*
ネムゼル Nemzer
ネムチク Nemcsik
ネムチノヴァ
Nemchinova
ネムチーノフ
Nemchinov*
ネムチノフ
Nemchinov
ネムチノワ
Nemchinova
ネムツォヴァ
Nemcova
Nemcová
Němcová
ネムツォーフ Nemtsov
ネムツォフ
Nemtsov**
ネムティエムサフ
Nemtyemsaf
ネムバン Nembang
ネムホイザー
Nemhauser
ネムール Nemours
ネムル Nemr
ネムロフ Nemerov
ネーメ Neeme*
ネメク Nemec
ネメシア Nemecia
ネメシアーヌス
Nemesianus
ネメシアヌス
Nemesianus
ネメシェギ
Nemeshegyi*
ネメシオ Nemesio
ネメジオ Nemésio
ネメシオス
Nemesios
Nemésios
ネメシュ Nemes
ネメス
Nemes
Nemeth
Németh
ネメセク Nemecek
ネメセック Nemecek
ネメチェク
Němecěk
Nemeczek
ネメック Nemec*
ネメッツ
Nemec
Němec
ネーメット Németh
ネメット Német
ネーメティ Némethy
ネーメト
Nemeth
Németh**
ネメート Nemeth
ネメト
Nemeth
Németh
ネメロー Nemerow
ネメロヴ Nemerov
ネメロフ
Nemeroff
Nemerov**
ネメロブ Nemerov
ネーモー Nemo
ネモ Nemo
ネモフ Nemov*
ネモヤトベゲポレ
Nemoyato
Begepole
ネモラリウス
Nemorarius
ネモリアイェーヴァ
Nemolyayeva
ネモリャーエワ
Nemolyaeva
ネーヤ Neia
ネヤーグ Neagu
ネヤジ Neyazi
ネーラー
Naylor
Nehrer
ネラ
Nela
Nella*
ネラー
Kneller
Nella
ネラティウス Neratius
ネラートン Nélaton
ネラトン
Nelaton
Nélaton
ネラム Nellum
ネラリック Neralic
ネラン Neyrand*
ネランク
Neirinck
Neirynck
ネーリ
Nelly
Neri**

ネリ
Neli
Nelli
Nellie
Nelly*
Neri**
ネリー
Neelie
Nellie**
Nelly***
Nelson
ネリア Nelia
ネリウス Nerius**
ネリエール Nerrière
ネリオ Nerio
ネリガン
Neligan
Nelligan*
ネリグリッサール
Neriglissaros
ネリグリッサロス
Neriglissaros
ネリコート Néricault
ネリシウェ Nelisiwe
ネリース Neris
ネリス
Nelis
Nellis
Nelly's
Neris
Nèris
ネリーセ Nelisse
ネリダ Nélida
ネリーナ Nerina
ネリナ Nerina*
ネリベル Nelhybel
ネリャ Nelya
ネリン Nerin
ネーリング
Nehring*
Nering
ネリンクス Nerinckx
ネール
Neel*
Néel**
Neer
Neher
Nehru
Nehrū
Nēhrū
Ner
ネールー Nehrū
ネル
Nehrū
Nel*
Nell***
Nelle
Nelu
Nesle
Norr
Nörr
ネルー
Nehru*
Nehrū
Nēhrū
ネルウァ Nerva
ネルヴァ Nerva**
ネルヴァール Nerval
ネルヴァル Nerval*
ネルヴィ Nervi*
ネルヴォー Neveux
ネールカッセル
Neercassel
ネルガート Nergard
ネルカーラー Nerkare
ネルガル Nergal
ネルガルド Nergard
ネルギシー Nergisî
ネルキン Nelkin*
ネルケ Nölke
ネルケン Nelken
ネルシア Nerciat
ネルシーニョ
Nelsinho*
ネールス
Nehls
Niels
ネルス
Nels
Nelson
ネルスコット
Nelscott*
ネルスン Nelson*
ネルセシーアン
Nercessian
ネルセシャンツ
Nerseshants
ネルセース Nersês
ネルセス
Nerces
Nerses
Nersês
ネルセット Norsett
ネールゼン Neelsen
ネルセン
Nelsen*
Nielsen
ネルソヴァ Nelsova
ネルソバ Nelsova
ネルソープ Nelthorpe
ネルソン
Nellson
Nelso
Nelson***
Nelsson
Nerson
ネルゾン Nelson
ネルソンス Nelsons*
ネールダ Neruda
ネルーダ
Nerda
Neruda**
ネルダ
Nelda
Nerda
Neruda*
ネルタイル Neltair
ネルチェ Neltje
ネルツ Nerz
ネルディンガー
Nerdinger
ネルティング Nölting
ネルデケ Nöldeke
ネルドゥナー Neldner
ネルバ Nerva
ネルバァル Nerval
ネルバール Nerval
ネルバル Nerval
ネルバーン Nerburn
ネルビ Nervi
ネルファ Nerva
ネルファン Nerfin
ネルベック Nelböck
ネルボ Nervo
ネルホルム Nørholm
ネルマ Nelma
ネールマン Nerman
ネルミーン Nermeen
ネルミン Nermin
ネルムス Nelms
ネルリ Nelli
ネルリッヒ Nerlich
ネルリンガー
Nerlinger
ネールルンド Nörlund
ネルロ Nello
ネルワ Nerva
ネルンスト Nernst*
ネーレ Nele*
ネレ
Nele**
Nelle
Néré
Néret*
ネレー Néret
ネレウス Nereus
ネレク Narek
ネレジンスキー
Neledinskii
ネレッティ Neretti
ネレットランダース
Nørretranders
ネレップ Nelepp
ネレム Nerem
ネレル Nerell
ネーレンバーグ
Nerenberg
ネーロ Nero
ネロ
Nello
Nero**
ネロー Nero
ネロッチオ Neroccio
ネロッチョ Neroccio
ネローニ Neroni
ネローノフ Neronov
ネロン Néron*
ネワイクリストス
Newayechristos
ネワヤ Newaya
ネワル Nehwal
ネン
Nen*
Neng
ネンガ Nenga
ネンガペタ Nengapeta
ネンケ Nkenke
ネンチ Nenci
ネンチェフ Nenchev
ネンナ Nenna
ネンニ Nenni*
ネンニウス Nennius
ネンバガチンバンガ
Nengbaga Tshingbangba
ネンボット Nembot
ネンマー Nemmar

【 ノ 】

ノ
Nau*
Nho
No
Noh**
Ro
Roh**
ノー
Nau*
No
Noo
Noor
ノーア
Noah
Noor
Nore
ノア
Noa**
Noah***
Nōah
Noor**
Norr
ノアー
Noah
Noer
ノーアイ Noailles
ノアイユ Noailles**
ノアウッド Norwood
ノアク Noack*
ノアゴー Nørgaard
ノアック Noack
ノアハタ Noachtar
ノアバート Norbert
ノアビュ Nørby
ノーアブラント
Nordbrandt
ノーアム Noam
ノアーユ Noailles
ノアール Noir
ノアレ Noiré
ノアロ Noirot
ノアン Nohain
ノアンス Noens
ノイ Noy
ノイアー Neuer*
ノイヴィル Neuville*
ノイヴィルス
Neuwirth
ノイヴィルト
Neuwirth
ノイエス Noyes
ノイエンドルフ
Neuendorf
Neuendorff
ノイキルヒ Neukirch*
ノイグレッシェル
Neugroschel
Neugröschel
ノイゲバウア
Neugebauer
ノイゲバウアー
Neugebauer*
ノイゲバウエル
Neugebauer
ノイゲボーレン
Neugeboren
ノイコム Neukomm
ノイサー Neusser
ノイザー Neuser*
ノイジードラー
Neusidler
ノイシュ Naoise
ノイシュツ
Neuschutz
Neuschütz*
ノイシュテッター
Neustadter
ノイス
Neuss
Neuß
Noyce*
Noyes*
ノイズ Noyes**
ノイスナー Neusner
ノイズナー Neusner
ノイチュ Neutsch*
ノイツ Nuyts
ノイツェ Neutze
ノイッチュ Neutsch
ノイッペル Knoeppel
ノイト Nuyt
ノイド Noyd
ノイトラ Neutra*
ノイドルファ
Neudorfer
ノイナー Neuner**
ノイネッカー
Neunecker
ノイバー Neuber*
ノイパー Neuper
ノイバウァー
Neubauer
ノイバウア Neubauer
ノイバウアー
Neubauer*
ノイバウェル
Neubauer
ノイハウス
Neigaus
Neuhaus**
ノイハウゼン
Neuhausen
ノイバート Neubert
ノイビレ Neuville
ノイフヴィレ
Neufville
ノイフェルト
Neufeld
Neufeldt
Neufert
ノイブルク Neuburg
ノイベルク Neuberg*
ノイベルト Neubert
ノイペルト Neupert
ノイホーフ Neuhof
ノイホルト Neuhold

ノイマー Neumer
ノイマイア Neumeyer
ノイマイアー
Neumaier
Neumayer
Neumayr
ノイマイスター
Neumeister*
ノイマイヤー
Neumayer
Neumayr
Neumeier*
Nuemeyer
ノイマイル Neumayr
ノイマーカー
Neumärker
ノイマノバ
Neumannova*
Neumannová
ノイマルク Neumark*
ノイマルクト
Neumarkt
ノイマン
Neuman*
Neumann***
Neunann
ノイメーカー
Neumärker
ノーイヤー Nooijer
ノイヤー
Noyer
Noyeri
ノイラート
Neurath***
ノーイル Noel
ノイロー Neuloh
ノイロイター
Neureuther*
ノイロニムス
Neuronimus
ノイロール Neurohr
ノインツィヒ
Neunzig*
ノインホイザー
Neunheuser
ノーヴ Nove
ノウ Noe
ノーヴァ Nova
ノヴァ Nova**
ノヴァイオレット
NoViolet**
ノヴァイシュ Novaës
ノヴァエス Novaës
ノヴァキ Nowacki
ノーヴァク
Nowack
Nowak
ノヴァーク
Novák*
Nowak
ノヴァク
Novac
Novak**
Nowack
Nowak**
ノヴァクイエジョランスキ
Nowak-Jeziorański
ノヴァコヴァ
Novakova

ノヴァコヴィチ
Novakovi'c
Novaković*
ノヴァコヴィッチ
Novakovic*
Novakovich**
ノヴァコフスキ
Nowakowshi
Nowakowski*
ノヴァコフスキー
Nowakowski*
ノヴァチアヌス
Novatianus
ノヴァーチェク
Nováček
ノヴァーチェック
Nováček
ノヴァチェック
Novacek
ノヴァック
Novack
Novak*
Nowack
ノヴァッロ Novarro
ノヴァティアーヌス
Novatianus
ノヴァティアヌス
Novatianus*
ノヴァディアヌス
Novatianus
ノヴァティアヌス
Novatianus
ノヴァートゥス
Novatus
ノヴァトゥス Novatus
ノヴァーラ Novara
ノヴァラ Novariensis
ノヴァーリス Novalis*
ノヴァリス Novalis
ノヴァリナ Novarina
ノーヴアル Norval
ノヴァレス Novarese
ノヴァーロ Novaro
ノヴァロ Novarro
ノヴァロウ Novarro
ノーヴィ Novy*
ノヴィ Nuovo
ノウィウス Novius
ノヴィエッリ Novielli
ノーヴィグ Norvig
ノヴィク
Novic
Novik*
ノヴィコヴ Novikov
ノヴィコヴァ
Novikova
ノーヴィコフ
Novicow
Novikov
ノウイコフ Novikov
ノヴィコーフ Novikov
ノヴィコフ
Novicow
Novikoff
Novikov**
ノーウィッキ
Nowicki*
ノウィッキ Nowicki

ノウィツキ Nowicki
ノヴィッキ Nowicki
ノヴィツキー
Novitzky
ノヴィツキイ
Novitskii
ノヴィック Novick
ノーウィッチ Norwich
ノヴィーフ Novih
ノーヴィル
Norviel
Norville*
ノヴィンスキー
Nowinski*
ノーヴェ Nove
ノヴェスキー Novesky
ノヴェッラ Novella
ノヴェッラーラ
Novellara
ノヴェッリ Novelli*
ノヴェッリーノ
Novellino
ノヴェッロ Novello
ノヴェッロウ Novello
ノヴェーラ Novella
ノヴェラ Novella
ノヴェラス Novellas
ノヴェリ Novelli
ノーウェル
Noel
Norwell
ノーヴェル Norvell
ノウェル
Noel
Nowell
ノウエル
Nowel
Nowell
ノヴェール Noverre*
ノヴェル Noverre
ノヴェロ Novello*
ノヴェロー Novello
ノーウェン Nouwen
ノヴェンタ Noventa
ノヴェンバー
November
ノーヴォ Norvo
ノヴォア Novoa
ノヴォグラッツ
Novogratz
ノヴォグロッキー
Nowogrodzki
ノヴォショーロヴァ
Novoselova
ノヴォシーリツェフ
Novosiltsev
ノヴォジーロフ
Novozhilov
ノヴォスロフ
Novosseloff
ノヴォセリック
Novoselic
ノヴォセル Novosel
ノヴォセルスカヤ
Novoselskaya
ノヴォセルスキー
Novoselsky*

ノヴォセロフ
Novoselov
ノヴォトコ Nowotko
ノヴォトナ Novotná
ノヴォトナー Novotná
ノヴォトニー
Novotny
Novotný
ノヴォトニィ
Nowotny
ノヴォメスキー
Novomeský
ノヴォラツスキー
Novohradsky
ノヴォラドスキー
Novohradsky
ノウゴロズツェフ
Novgorodtsev
ノヴゴロツェフ
Novgorodtsev
ノヴゴロドツェフ
Novgorodtsev
ノヴシェク Novshek
ノウシュカ Nouchka
ノーウッド
Norwood***
ノウファン Nofan
ノウブズ Nobes
ノウラ Nowra
ノウラー Knowler*
ノウラン Nolan
ノウリア Nohria
ノヴーリス Novalis
ノヴリス Novalis
ノウルズ
Knollys
Knowles**
ノウルソン
Knowlson*
ノウレス Knowles
ノウレベック
Norebäck
ノウン Nown*
ノエ
Noe*
Noé**
Noè
Noë*
ノエセル Noessel
ノエテル Noether
ノエートス Noētós
ノエトス Noetos
ノエフ
Knoeff
Noev
ノエーミ Noémi
ノエミ
Noemi**
Noemí
Noemie
Noèmie
ノエミア Noemia
ノエラ
Noela*
Noëlas
Noella
Noëlla*
Noera

ノエラニ Noelani
ノエリー Noellie
ノエリーヌ Noëline
ノエリン
Noeleen
Noeline
ノーエル
Noel*
Noël
Nöel
ノエール Noél
ノエル
Noel***
Noel̈
Noél
Noël***
Nöel**
Noele
Noelle**
Noëlle**
Noyelle
ノエルズ Noels
ノエルソン Noelson
ノエルベーカー
Noel-Baker
ノエレ Noëlle
ノーエン Nouwen
ノエン Noel
ノオミ Noomi*
ノォーレ Nollet
ノカ Noka
ノガ Noga
ノガイデリ
Nogaideli
Noghaideli
ノーガード Norgaard
ノカプ Rho-kap
ノガーリ Nogari
ノカール Nocard
ノガレ Nogaret
ノガレー Nogaret
ノガロ Nogaro
ノガロー Nogaro
ノガローラ Nogarola
ノカン Nokan
ノーキ Knoke
ノーキー
Nokie
Norkie*
ノーキスト
Norquist**
ノギノフ Noginov
ノーキン Norkin
ノギーン Nogin
ノーク Noke
ノク
Noc
Nok
ノグエイラ Nogueira
ノークス Nokes**
ノクゾラ Nokuzola
ノクタ Nokta
ノクターナル
Knoc-Turn'al
ノグチ Noguchi
ノクトン Nocton

ノーグラー Knögler
ノグラー Nogler
ノクラシ Nokrashi
ノグリ Nogri
ノーグレット
Naugrette
ノグレーディー
Nograd y
ノクレベルグ
Nokleberg
Nøkleberg
ノーグレン
Norgren
Norrgren
ノークロス Norcross*
ノーケ Norkeh
ノケ Nocquet
ノーゲイト Norgate
ノゲイラ Nogueira**
ノケオ Nokeo
ノゲーズ Noguez**
ノゲス
Nogués
Noguès
ノケド Noked
ノゲーラ Noguera
ノゲラ Noguera
ノゲール Noguer
ノケルグルイ
Nokerguly
ノゲロ Noguéro
ノゴセック
Nogoseck
Nogosek
ノザキ Nozaki
ノザゼ Nozadze
ノサック Nossack*
ノーサップ Northup
ノザデッラ Nosadella
ノサバン Nosavan*
ノーサム Northam
ノーザリ Nozari
ノサール Nossal
ノーザン Northern
ノーザンチューク
Nosanchuk
ノーサンバーランド
Northumberland*
ノーサンバランド
Northumberland
ノーシー
Norcy
Northey*
ノージ
Nagy
Nój
ノージー Northey
ノジエ Nogier
ノシク Noh-shik
ノシター Nossiter
ノジター Nossiter
ノージック Nozick***
ノジック
Nozick
Nozik
ノジトルバイエ
Nojitolbaye
ノシビウェ Nosiviwe
ノジポ Nozipo
ノジャック Naujac
ノシャド Noshad
ノジャン Nogent
ノジュオド Nujood
ノジュキン Nozhkin
ノーシュトレム
Norström
ノシル Nosír
ノジール Nosseir
ノシルジョン Nosirjon
ノース
North***
Nourse*
ノス No-soo
ノースウェー
Northway
ノースカット
Northcutt*
ノースクリッフ
Northcliffe
ノースクリフ
Northcliffe*
ノスケ Noske*
ノスコ Nosco*
ノースコット
Northcote
Northcott*
ノースコーテ
Northcote
ノースコート
Northcote*
ノースコト Northcote
ノスコフスキ
Noskowski
ノスター Knoster
ノースタイン
Nothstein*
ノースタッド Norstad
ノスティック Nostitz
ノースト Norst
ノストラダムス
Nostradamus
Notradams
Notredame
ノスナゲル Nothnagel
ノースフィールド
Northfield
ノスブッシュ
Nosbusch
ノースブルック
Northbrook
ノースモア
Northmore
ノースモアー
Northmore
ノスラット Nosrat
ノースラップ
Northrup*
ノスラトラフ
Nosratollah
ノズルル
Najrul
Nazrul
Nazrūl
ノースロップ
Northrop**
Northrup
ノーズワージー
Norsworthy
ノセ Nosé
ノセク Nosek
ノゼク Nosek
ノセダ Noseda*
ノセック
Nosek
Nosseck
ノーセッジ Northedge
ノセラ Nocera*
ノセリ Noceri
ノーセル Noessel
ノーセン Naw Seng
ノセンコ Nosenko
ノセンティ Nocenti
ノーソフ
Nosov*
Nothof
ノソフ Nossov
ノソフスキ Nosovskii
ノゾミ Nozomi
ノソリーニ Nosolini
ノーソン Nothomb
ノータ
Nauta
Notah
ノーター Nooter
ノーダ Noorda
ノダ Noda
ノダク Noddack
ノダック Noddack
ノーダフ Nordhoff
ノタラス Notarâs
ノータリー Notary
ノターリ Notari
ノタリ Notari
ノダール Nodar*
ノダル Nodar**
ノタルジャコモ
Notalgiacomo
ノターロ Notaro
ノーダン
Naudin*
Nordan
ノーチ Noci
ノーチェ Noce
ノチェッラ Nocella
ノチェンティーニ
Nocentini
ノチング Notzing
ノツィ Notsi
ノッカー Nocker
ノッキー Knockey*
ノック
Nock**
Nok
ノックス
Knox***
Nnox
Noakes*
ノックトン Naughten
ノックリン Nochlin*
ノックルズ Nockles
ノックレベルク
Nøkleberg
ノッケ Nocke
ノッケルズ Nockels
ノッコールズ
Nockolds
ノッザーリ Nozzari
ノッサール Nossal
ノッサル Nossal*
ノッシス Nossis
ノッシャー Nosher
ノッス Noss
ノッター Notter
ノッチング Notzing
ノッツ
Knotts**
Notz
ノッティンガム
Nottingham*
ノッテージ Nottage
ノッテボーム
Nottebohm
ノッテン Noten*
ノット
Knott**
Knut
Not
Nott**
ノットニー Novenyi
ノットボム Notbohm
ノットマン Notman
ノットリーニ
Nottolini
ノッパマート
Nopphamat
ノップ
Knopf
Knopp
ノップラー Knopfler*
ノッベ Nobbe*
ノッペル Noppel
ノーテ
Note
Noté
ノーデ Naudé*
ノデ
Naudé
Naudet
ノーティ Naughty
ノディア Naude
ノティウェレカ
Notshweleka
ノディエ Nodier*
ノディーシャ Nodesha
ノティボーム
Nottebohm
ノディルホン
Nodirkhon
ノーディン
Norden
Nordin
ノディーン Nodine
ノーディング Nordeng
ノディングス
Noddings
ノディングズ
Noddings*
ノテージ Nottage
ノテスタイン
Notestine
ノテット Nottet
ノーテボーム
Nooteboom**
ノーデル Knowdell
ノデル Nodell
ノーデルマン
Nodelman*
ノテロヴィッツ
Notelovitz
ノーデン Norden**
ノーデンゲン
Nordengen
ノーデンショルド
Nordenskiöld
ノート
Neault
Noodt
Note*
Noth*
ノード
Knode*
Noad*
Nord
ノト Noto**
ノド Naudot
ノドゥルス Nodulus
ノートカー Notker*
ノトガー Notger
ノトキン Notkin
ノドク Ro-duk
ノードクイスト
Nordqvist
ノードクヴィスト
Nordqvist*
ノートケ Notke
ノトケ Notke
ノートケル Notker
ノートゲル Notger
ノトケル Notker
ノトケルス Notker
ノトスサント
Notosusanto*
ノードストリューム
Nordström*
ノードストレム
Nordstrom
Nordström
ノードストローム
Nordstrom
ノードストロム
Nordstrom
ノドセット
Nodset
Nødset
ノートナーゲル
Nothnagel*
ノードバイ Nordby
ノードハイム
Nordhielm
ノートハウス
Northouse
ノードハウス
Nordhaus*

ノ

ノ

ノードハーゲン
Nordhagen
ノートハルト Nothart
ノードフ Nordoff*
ノードフェルト
Nordfeldt*
ノードフォース
Nordfors
ノートブルガ
Notburga
ノトブルガ Notburga
ノードヘーゲン
Nordhagen
ノートヘルファー
Notehelfer*
ノードホフ Nordhoff
ノートマン Nortman
ノトーム Nothomb
ノトム Nothomb
ノードメイヤー
Nordmeyer
ノードラー Nodler
ノードランド
Nordlund*
ノードリー Nordly
ノトリー Notley
ノトーリアス
Notorious
ノードリンガー
Nordlinger
ノートル Nôtre
ノートルダム
Nostradamus
ノトルダム
Nostradamus
Nostredame
ノトロット Nottrot
ノートン
Naughton**
Norton***
Nothomb***
ノードン Naudon
ノトン Nothomb*
ノーナ Nona*
ノナ Nona
ノナト Nonato
ノーニ
Noni
Nonie*
ノニ Noni
ノニー
Nonie
Nonny
ノーニウス Nonius
ノニウス Nonius
ノニト Nonito*
ノヌー Nonu*
ノーヌッカル
Noonuccal
ノネ Nonet
ノーネス Nornes
ノネス Nones
ノーネル
Naunerle
Nonell
ノネール Nonell
ノネル Nonell
ノーノ Nono*
ノノ Nono
ノノー Nonault
ノノフォ Nonofo
ノーバー Nover
ノバ Nova**
ノバァク Novak
ノーバイ Norbye
ノバイス Novais
ノーハイム Norheim
ノバエス Novaës
ノーバーグ Norberg**
ノバーク
Novak
Novák
ノバク
Novak**
Novák
Nowak
ノーバーゲン
Noorbergen
ノーパーゲン
Noorbergen
ノバコウスキー
Nowakowski
ノバコビッチ
Novakovic
ノバコフスカ
Nowakowska
ノバコフスカジェムニアク
Nowakowska-ziemniak
ノバコフスキ
Nowakowshi
Nowakowski
ノバチアヌス
Novatianus
ノバチコフ Novachkov
ノーバック Novak
ノバック Novak*
ノーバディ Nobody
ノバティアヌス
Novatianus
ノーバート Norbert**
ノバート
Nobert
Norbert*
ノバフト Nobakht
ノバーリス Novalis
ノーバル Norval
ノバロ
Novaro
Novarro
ノバロウ Novarro
ノヒ Knoch
ノビー Nobby
ノビカウ Novikau
ノビカワ Novikava
ノービグ Norvig
ノビク Novik*
ノビコバ Novikova
ノービコフ Novikov
ノビコフ Novikov**
ノビツキ
Nowicki*
Nowitzki*
ノビツキー
Novitskii
Novitsky*
Nowitzki**
ノービック Novick
ノビック Novick
ノビッチ Nović
ノービリ Nobili
ノビーリ Nobili
ノビリ Nobili
ノビリー Nobili
ノビリオル Nobilior
ノービレ Nobile
ノビーレ Nobile*
ノビレ Nobile
ノーフ Noh
ノーブ
Norb*
Norv
ノープ Norp
ノフ
Knobf
Knoff*
ノブ Nobu*
ノファ Nova
ノーファク Norfolk
ノーフィ Nofi
ノフィ Nofi
ノフィア Novia
ノフェンテ Nofuente
ノブオ Nobuo
ノーフォーク
Norfolk**
ノフォムリ Nofomuli
ノブクール Nobecourt
ノフコフスキ
Novkovski
ノフジガー Nofziger
ノフシンガー
Nofsinger*
ノフジンガー
Noffsinger
ノブス
Nobbs
Nobs
ノブズ
Nobbs*
Nobes
ノブユキ Nobuyuki
ノフラー Knoepfler
ノーブリー Norbury
ノブリーン Novlene
ノーフル Norful
ノーブル Noble**
ノーブルクール
Noblecourt
ノブルクール
Noblecourt*
ノーブルズ Nobles*
ノーブルマン
Nobleman
ノーブレ Nobre
ノブレ
Noble
Noblet
Nobre
ノーブレガ Nobrega*
ノブレガ
Nóbrega
Nōbrega
ノフレティリ Nofretiri
ノフレテテ Nofretete
ノブロック
Knoblauch**
Knobloch
Knoblock
ノブロフ Knobloch
ノーベス Nobes
ノベスキー Novesky
ノーベック Norbeck
ノベック Noveck
ノベーリ Novelli
ノベリ Novelli
ノベリン Novelline
ノーベル Nobel*
ノベール
Naubert
Noverre
ノベル
Nobel
Novell
ノベルグ Norberg
ノーベルト Norbert*
ノベルト Nobert
ノベロ Novello
ノベロッチ Knobeloch
ノーベン Nowén
ノーボ Norvo
ノボ Gnobo
ノーボア Novoa
ノボア
Noboa**
Novoa*
ノボグラッツ
Novogratz*
ノボグロッド
Novogrod
ノボジーロフ
Novozhilov
ノボジロフ
Novozhilov
ノボスヨロフ
Novosjolov
ノボセルスカヤ
Novoselskaya
ノボセロフ
Novoselov*
ノボタルスキー
Nowotarski
ノボトコ Nowotko
ノボトナ
Novotna**
Novotná
ノボトナー Novotná
ノボトニー
Novotny
Novotný*
Nowotny*
ノボドボールスキー
Novodvorskii
ノボハツキー
Novokhatskii
ノホパリ Nohopari
ノボビエイスカ
Nowowiejska
ノボビルスキ
Novobilski
ノボメイスキー
Novomeysky
ノボラ Nopola*
ノボラドスキー
Novohradsky
ノボル Noboru
ノーボン Norbom*
ノーマ
Noma
Norma***
Normna
ノーマー
Nomar
Nomer
ノマ Noma
ノマー
Nomar*
Nomer
ノマオ Nomao
ノーマッド Nomad
ノーマン
Nauman*
Naumann*
Noaman
Noman
Nomuan
Noomane
Norman***
Normann*
Normund
Nornan
Norrman
Numan
ノーマンド
Normand*
Nourmand
ノーマントン
Normanton*
ノーミ Noomi
ノミ Nomi
ノミコス Nomikos
ノミス Nomis
ノミョン Ro-myung*
ノーミングトン
Normington
ノーム
Noam**
Norm*
Norman*
ノムヴェデ Nomvede
ノムガン Nomuγan
ノムザノ Nomzano
ノムトイバヤル
Nomtoibayar
ノムブラ Nomvula
ノメッリーニ
Nomellini
ノメンゼン
Nommensen
ノモコ Nomoco
ノヤン Noyan
ノーラ
Naura
Nola
Nora***

Norah
Nowra
ノーラー
Knowler
Noller
ノラ
Nola*
Nora***
Norah**
ノライル Norair
ノーライン Noeline
ノラス Noras*
ノラスクス Nolascus
ノラスコ
Nolasco*
Nolascus
ノラック Norac**
ノラム Noramou
ノラリン Noralynne
ノーラン
Nolan***
Nolen
Nowlan
ノラン Nolan*
ノーランズ Norleans
ノーランダー
Norlander
ノーランド
Knowland
Noland*
Nolland
Norland*
Nowland
ノーリ
Noli
Nori
ノリ
Noli*
Nori*
Norie*
Nourrissier
ノリー Norrie
ノーリア Nohria*
ノリエガ Noriega**
ノリエード Nolledo
ノリエド Nolledo*
ノリエール Nollier
ノリケンズ Nollekens
ノリコ Noriko
ノーリス Norris*
ノリス
Noris**
Norris***
Norriss*
Norrix
ノリスティ Noristi
ノリッジ Norwich*
ノーリッシュ Norrish
ノリッシュ Norrish
ノリート Nolito
ノリーナ Noreena*
ノリユキ Noriyuki
ノリリー Norilee
ノーリーン Noreen
ノーリン
Noelene
Noreen
ノリーン Noreen*
ノーリング
Knorring
Norling
ノーリンド Norlind
ノリントン
Norrington**
ノール
Knoll*
Nall*
Noel*
Nohl**
Noir
Noll*
Nool*
Noor*
Nord
ノル
Knoll*
Nol*
Noll**
Nor
ノルヴァ Norvat
ノルヴィッド Norwid
ノルヴィト Norwid
ノルカ
Noorca
Norka
ノルガード Norgaard
ノールキ Nortje
ノルグ Norguet
ノルゲイ Norgay*
ノールケンス
Nollekens
ノルケンズ Nollekens
ノルゴー Norgard*
ノルサ Norsa*
ノルシス Norusis
ノルシテイン
Norshtein
ノルジュ Norge
ノルシュタイン
Norshteyn
Norstein
ノルシュテイン
Norshtein*
Norshteyn
Norstein
ノールス Knowles*
ノールズ
Knolles
Knollys
Knowles***
ノルスト Nolst
ノールストッケ
Nordstokke
ノールスン Nalsund
ノルゼント Northend
ノールソン
Knowlson*
ノールダ Noorda
ノルダウ Nordau*
ノールダム Noordam
ノルダール Nordahl
ノルダル
Nordahl
Nordal
ノルタンド
Noluthando
ノルチェ Noortje
ノルチーニ Norcini
ノルツィーニ Norcini
ノルテ Nolte**
ノルデ Nolde**
ノールティ Nalty
ノルティ Nolte**
ノルディカ Nordica
ノルディーン
Noldin
Noordin
Nordeen
ノルディン
Noldin
Noordin*
Nordin
ノルティンク
Nolting
Noltingk
ノルティング Nolting
ノールデン Noorden
ノルデン Norden*
ノルデンシェルド
Nordenskiöld*
ノルデンショルド
Nordenskiöld
ノルデンスタム
Nordenstam
ノルデンファルク
Nordenfalk
ノルデンフェルト
Nordenfelt
ノルデンフリュクト
Nordenflycht
ノールト
Nault
Noordt
Noort
ノールド Nol'de
ノルト
Nault*
Nolt
Nolte**
Nord
Nordt
North
ノルド
Nold
Nol'de
Nord
ノルドー Nordau
ノルトウィッヒ
Nordwig
ノルドウィンド
Nordwind
ノルトヴェイト
Nordtveit
ノールトゥグ
Northug**
ノルドキスト
Nordquist
ノルドクヴィスト
Nordqvist**
ノルドクビスト
Nordqvist**
ノルドグレーン
Nordgren
ノルドグレン
Nordgren*
ノルドストリョーム
Nordström
ノルドストレーム
Nordström
ノルトソフ Nortsov
ノルトハイム
Nordheim
ノルドハイム
Nordheim
ノールドハウス
Nordhaus
ノルトバーグ
Nordberg
ノルトフ Northoff
ノールドホイゼン
Noordhuizen
ノルトホッフ Nordhoff
ノルドホッフ Nordhoff
ノルトホフ Nordhoff
ノルトマン
Nordman
Nordmann
ノルドランダー
Nordlander
ノルドランデル
Nordlander
ノルドリー Nordli
ノルドリリョ
Nardolillo
ノルドレット Naldrett
ノールトン
Knowlton
Norton
ノルトン Norton
ノルバァト Norbert
ノルバート Norbert
ノルバヌス Norbanus
ノルバール Norbert
ノルハン Norhan
ノルビ Norrby
ノルビー Norrby
ノルビイ Norby
ノルビット Norwid
ノルビト Norwid
ノルブ Norbu**
ノルプ Norup
ノルフェルト
Nordfeldt
ノルフォ Nolfo
ノルベリ Norberg**
ノルベール
Norbert***
ノルベル Norbert
ノールベルグ
Nordberg
ノルベルク Norberg
ノルベルグ Norberg*
ノルベルツス
Norbertus
ノールベルト
Norbertus
ノルベルト
Nolberto*
Norbert***
Norberto**
Norbertus
ノルベルトゥス
Norbertus
ノルポト Norpoth
ノルマ Norma**
ノールマン Nordmann
ノルマン
Knollman
Nollman*
Nollmann
Nordmann
Norman**
Normand*
Normann*
ノールマンス
Normans
ノルマンディー
Normandy
ノルマンド Normand
ノルミー Normee
ノルムラドフ
Normuradov
ノルムンズ Normunds
ノールモハメッド
Noormohamed
ノールローク
Nordraak
ノルワウィ Norwawi
ノレ
Nollet
Noré
Noreé
ノレー Nollet
ノレイカ Noreika
ノレケンズ Nollekens
ノレゴール
Norregaard
Nørregaard
ノーレジャー
Noerager
ノーレス Knowles
ノレット Nolet
ノーレットランダーシュ
Norretranders*
Nørretranders
ノレナ Norena
ノーレム Norem
ノレム Norem*
ノレリウス Norelius
ノレル Norell*
ノーレン
Nolen
Noren
Norén
ノレーン
Noreen
Norén**
ノレン
Nolen
Nollen
ノーレング Noreng
ノレンザヤン
Norenzayan
ノレンドロナト
Narendranath
ノーレンバーグ
Norenberg
ノロ Noro
ノロゥバンザト
Norovbanzad*
ノロヴバンザド
Norovbanzad
ノロオジ Noroozi**
ノロック Noroc

ノ

ノロドム
Norodom***
ノローナ Noronha
ノローニャ Noronha
ノロニャ Noronha
ノロバンザド
Norovbanzad
ノロフ Norov
ノロブ Norov*
ノロンハ Noronha
ノーワー Nower
ノワイエ
Noyer*
Noyers
ノワイユ Noailles*
ノワヴィル Noiville
ノーワーク Nowak
ノーワク Norwak
ノワク
Novak
Nowak*
ノワコフスキー
Nowakowski
ノーワース Norworth
ノワゾー Noizeux
ノワツカ Nowacka
ノワリエル Noiriel
ノワール Noir*
ノワレ
Noiré
Noiret**
ノーン
Non
Nong
Noone
ノン
Non*
Nong**
Nông
ノンゴ Nhongo
ノンコンテ
Gnonkonte
ノンシー Nongsi
ノンシャラント
Nonchalant
ノーンズ Nornes
ノンスィー Nonzee
ノンソア Gnonsoa
ノンダ Nonda
ノンタパンタワット
Nontapunthawat
ノンティケレロ
Nontsikelelo
ノンデシムココ
Nonde-simukoko
ノーントフテ
Nauntofte
ノンナ Nonna
ノンナートゥス
Nonnatus
ノンネ Nonne
ノンノス
Nonnos
Nónnos
ノンヘーブル
Nonhebel
ノンベルク Nomberg
ノンボ Nombo
ノンマーカー
Nonemaker

【ハ】

ハ
Ha**
Hà
Hah
ハー
Ha**
Hà
Har*
Harr
He
Her
Herr**
バ
Ba***
Bâ
Bah
Bas
Mbah
Vah
バー
Ba***
Bá
Bà
Bâ*
Baah
Bah
Bahr
Bar***
Barr***
Behr
Burgh
Burr**
Mbah
Ver
パ
Pa
Pas
パー
Paar
Par
Parr***
Per**
Perr
バーア Bahr
バア Bâ
パア Parr
バアアター Baatar
パァイファー Pfeiffer
ハアイブラー Haibre
パァウ Paauw
バァウイ Bowie
ハアヴェー Harvey
ハァヴェイ Harvey
パアヴォ Paavo
ハアエ Haae
パアカー Parker
パアガ Paaga
パアキンソン
Parkinson
パアクス Parkes
バアクリ Berkeley
バアクレイ Berkeley
ハアーケ Haake
ハアゲマン Hagemann
ハアゲン Hagen
バアサ Bertha
パアシー Percy
パアシィ Percy
バアシャ
Baasha
Bassa
バアシル
Baasir
Ba'asyir*
ハァス Haas
ハァースト Hurst
ハアゼンクレエフェル
Hasenclever
バァーチ Beach
ハアツ Herts
バァッシュ Bash
ハアデ Hardy
ハアデー Hardy
ハァデイ Hardy
ハアーデイ Hardy
ハアーディイ Hardy
ハアディイ Hardy
パァテエ Pathe
バアーテルス Bartels
バァテンシャウ
Bertenshaw
ハァト Hart
ハァド Haward
バーアト Bahrdt
バァード Bird
ハアドウィック
Hardwick
バァトランド
Bertrand
バアトル Bartels
バァートン Burton
バアトン Barton
バアナ Baanah
バアナアド Bernard
ハァナック Harnack
バァナード Bernard
バアナド Bernard
バアナビイ Barnaby
バアーネス Barnes
バアネス Barnes
バァネット Burnett
バアネット Burnet
ハアネル Haanel
パアパ Paapa
ハアバァト Herbert
ハアバート Herbert
ハーアベク Haarbeck
パアボ Paavo
ハアボア Harbor
バアボン Barbon
ハアマー Hamor
ハアーム
Ha-Am
Haam
ハアム
Ha-Am
Haam
バーアム Bar-Am
パアメリイ Parmelee
バアモンデ
Bahamonde
パァラバン Paelabang
パアラムウェ
Paalamwé
パアリー Parley
ハアリイ Harry
バアリイ Barrie
バアリング Baring
バアル
Baal
Baalu
Bahr
パァル Pearl
バアルバキイ
Ba'albaki
バアレ Baaré
パアレ Parley
パアレー Parley
パアレイ Parley
バアレヴェルト
Barreveldt
バアレトア Va'aletoa*
バアロー Burroughs
ハアン Hearn
ハアンショウ
Hearnshaw
バアーンス Barnes
バアンス
Barnes
Burns
バアンズ Burns
ハーイ
Hāc
Hai*
High
ハイ
Hai**
Haigh*
Hay**
Hey*
Hi
High*
Hy*
バーイ
Bāī
Vaai*
バーイー
Bai
Bāī
Bhāī
Vyam
バイ
Bai**
Baj
Bay
Baye**
Bayh*
Bayi
Bey
Bye
Pai
Vai*
Vyam
パイ
Bai
Pai**
Pie*
Pye**
ハイア
Haia
Heyer
ハイアー
Heyer
Hyer
バイーア Bayiha
バイア
Bajer
Bayer
バイアー
Baeyer
Baier**
Bajer
Bayer*
Beier
Beyer**
パイアー Peyer
バイアーヴァルテス
Beierwaltes
ハイアウィン Hiawyn*
バイアシュ Baias
ハイアース Hiers
ハイアーズ Hyers
バイアース Byers*
バイアーズ
Beyers
Byars**
Byers
バイアス
Báez
Baiasu
Bias
Byas*
バイアズ Byars
パイアース Peierls
パイアス Paias*
バイアースタイン
Beyerstein
バイアスタット
Bierstadt
ハイアセン Hiaasen**
ハイアーチェク
Hyerczyk*
バイアック Byock
ハイアッセン Hiaasen
ハイアット
Hayat
Hiatt**
Hieatt
Hyatt**
バイアット Byatt**
パイアット Pyatt*
ハイアト Hyatt
バイアード Byard*
バイアーノ Baiano*
バイアーバウアー
Bierbauer
パイアーマ Pahiama
パイアマ Paihama
ハイアム
Chyam
Hiam*
Higham**
Hyam*
バイアム
Byam*
Byham
ハイアムス Hyams
ハイアムズ Hyams**

バイアラスキー
Bialaski*
バイアラム Byrom
バイアリー
Bierley*
Byerly
バイアリムホフ
Peyerimhoff
バイアルディ Baiardi
バイアルド Bayard
バイアーレ Beierle
ハイアワサ Hiawatha
ハイアン Ryan*
バイアン
Bryne
Byrne
バイアンムンク
Bayanmunk
バイイ
Bailly*
Bally**
ハイイェン Hai Yien
ハイイン Hai-ying
バイイングトン
Byington
パイヴァ
Paiva*
Piva
パイヴァー Piver
パイヴィ Päivi
ハイウェイ
Highway**
ハイウェル
Hywel
Hywell
バイヴェル Bayvel
パイウェル Pywell*
ハイウォーター
Highwater**
バイウォーター
Bywater**
バイウォター Bywater
バイウォーターズ
Bywaters
バイウォン Baiwong
ハイウッド Haywood
バイウル Baiul
バイエ
Baillet*
Bayer
Bayet
Vayer
パイェ Payet
パイエ Payet
バイェウ Bayeu
バイエガ Baerga
ハーイェク Hajek
ハイエーク Hayek
ハイエク Hayek**
ハーイェゴード
Hagegård
バイエサ Bayissa
ハイエス Chajes
ハイエス Heyes
バイェス Bayés
バイエズ Baez
パイエス Pailles
ハイエスタット
Heiestad
パイエソン Pyeson
ハイエダール
Heyerdahl
ハイエック Hayek**
パイエッタ Pajetta
ハイエット
Hiett
Highet*
パイエット Pyett
パイエットカウスキー
Piatkowski
パイエヌヴィル
Payenneville
ハイエノールト
Heijenoort
バイエフ
Baiev*
Bayev
バイエラー Beyeler
パイェラス Payeras
バイエリンク
Beijerinck
ハイエル Hayer
バイエル
Baeyer
Baier
Bajer
Bayer*
Bäyer
Bayerl
Beier
Beyer**
パイエルス Peierls**
バイエルスドルフ
Beyersdorff
ハイエルダール
Heyerdahl
バイエルツ Bayertz*
バイエルト Bayertt
バイエルヘン
Beyerchen
バイエルマン
Beyermann
ハイエルマンス
Heijermans
Heyermans
ハイエルリ Heierli
バイエルレ Beyerle
バイエルン
Bayer
Bayern
パイエン Payen
バーイエンス Baeyens
バイエンス Buyens*
パイエンソン Pyenson
バイオ Baio**
バイオーク Baayork
バイオッコ Baiocco
バイオディス Baiodis
パイオニォス Paionios
パイオニオス
Paionios
Paiōnios
バイオフ Baiov
バイオーラ
Viola*
Viora
バイオラ
Vaiola
Viola
バイオレット Violet**
バイオン
Baione
Bion
パイオン
Pion*
Piron
パイオンニ Paionni
ハイカ Haika
バイカー Wijker
バイガー Beiger
バイカウスカイテ
Baikauskaite
パイカデー Paikeday
ハイカニ Khaikani
ハイガム Higham
バーイカラー Bāiqarā
バイカラ
Bāiqarā
Baykara
パイカリ Peikari
ハイカル
Haikal
Haykal
バイカル Baykal*
バイガング Weigang
バイガンバ
Bayigamba
バイキー Baikie
ハイキオ Häikiö
ハイキン
Hai Qing
Khaikin
Khajkin
ハイク
Haig
Haik
Heyck
ハイグ Haig
パイク
Paik**
Pike***
Puyck
Pyke
ハイクス Hykes
パイクス Paix
パイクスペース
Pikus-Pace
バイクタル Baichtal
ハイグル Heigl
バイクルト Baykurt
バイグレイヴス
Bygraves
バイグレイブ Bygrave
ハイケ Heike**
バイゲイト Bygate
パイケット Pykett
ハイケル Heikel
バイケル Bikel*
バイゲルト Weigelt
ハイケン
Haiken*
Hiken
ハイケンス Heykens
ハイゲンズ Huygens
ハイコ Heiko
バイコ
Bajkó
Vayko
バイコー Bajkó
バイコウスキー
Bykowski
バイゴット Bygott*
バイコーフ Baikov
バイコフ
Baikov**
Baykov
パイコフ Peikoff
バイコフスキー
Bichowsky
Bychowsky
Bykhovskii
バイゴン Vigon
ハイサー Hyser
ハイザ Heise
ハイザー
Heiser*
Heizer
バイサー
Baysaa
Beiser
バイザ Bajza
バイザー
Beiser
Beizer*
Weiser
パイザ Pizer
パイザー
Peyser
Pizer
バイザーヴィー
Baiḍāwī
パイザート Peisert
ハイサミ Haisami
ハイサム Haitham
ハイサン Qayisan
パイサン Phaisan
ハイシ Haishi
ハイジ Heidi*
ハイジー
Heisey
Hyzy*
パイ・シー Pai-shih
パイシ Paisii
パイシー Paisii
パイーシイ Paisij
パイシイ Paisii
バイジェイ Vijay
パイジェッロ Paisiello
パイジエッロ Paisiello
ハイジェルマン
Heijermans
パイジェルロ Paisiello
パイジェーロ Paisiello
パイジェロ Paisiello
パイジエロ Paisiello
ハイジス Heijs
ハイジック Heisig*
ハイシッヒ Heissig
ハイジッヒ Heisig
パイジマンス
Paijmans
バイシャー Beischer
バイジャ Vaidya
パイシャー Paischer
バイジュ
Baij
Baiju
バイジュー Byju
パイシュ
Paes
Pais
パイジュ Paiju
バイシュラーク
Beyschlag**
ハイシュール
Haichour
パイシン Pei-xin
ハイジンガ Huizinga
ハイジング Huijing
バイシンク Buissink
ハイジンハ
Huizinga**

ハ

ハイス
Gijs
Hais
Haiss
Heis
Heiss**
Hise*
ハイズ
Heisz
Hides
Hise
バイス
Bais
Bajs
Bice
Buys
Buysse
Vice
Vise
Weiss
Weiß
パイス
Paes
Pais**
Peis
パイズ Pise
パイスィー Paisii
パイスィイ Paisii
バイスヴェンガー
Beißwenger
バイスウッド
Bythewood
ハイスケル Heiskell*
バイスゲルバー
Weisgerber
ハイスター Heister
バイスター Byster
パイスター Pyster
バイステック Biestek
バイステル Buyster
ハイスト Haist

バイスナー
Beisner
Beissner
バイスハイト Weisheit
バイスバイラー
Weisweiler
バイスハウプト
Weishaupt
バイスフロク
Weissflog*
Weißflog
バイスマン Vaisman*
ハイスマンス
Huysmans
ハイズマンズ
Huysmans
ハイスミス
Highsmith**
ハイスム Huysum
ハイスラー Heisler*
ハイズラー Heisler
ハイスラン Haislan
ハイズラーン
Khayzurān
ハイズル Hisle
ハイスロップ Hyslop
バイスワンガー
Beiswanger
バーイスンクル
Bāysunqur
バーイスングル
Bā'isunqur
Bāysunqur
ハイセ Heise
ハイゼ
Heise**
Heyse**
バイゼ Weise
バイセイートヴァ
Baiseitova
ハイセラー Heisserer
ハイゼラー Heiseler*
ハイゼル Hisel
バイセル
Beissel
Bisel
Bycel*
Bythell
バイゼル
Beisel
Beiser
パイゼル Peisel
ハイゼルマン
Heiserman*
バイセルメル
Weissermel
ハイセン Heysen
パイゼン Paysen
ハイゼンガ Huizenga*
バイセンシュタイナー
Weissensteiner
ハイセンビュッテル
Heissenbüttel**
Heißenbüttel
ハイセンフーバー
Heissenhuber
バイセンベルガー
Weissenberger
ハイゼンベルク
Heisenberg**
ハイゼンベルグ
Heisenberg
ハイソン Hyson
バイソン Bison*
ハイソング Hysong*
バイソンゴル
Bā'isunqur
ハイター Heitor
ハイダ Heida
ハイダー
Haider***
Haydar
Heider*
Hyder
バイダ
Baida
Vaida
Vajda**
パイダー Pider
バイダーウィー
Baiḍāwī
Bayḍāwī
パイダシ Païdassi
ハイダシュドンチッチ
Hajdaš Dončić
ハイダースバッハ
Heidersbach
バイダーベック
Beiderbecke*
ハイタム
Haitam
Haitham
ハイダラ Haidalla*
ハイダリー Haydarī
ハイダル
Haidal*
Haidar**
Ḥaidar
Haider*
Haydar
Ḥaydar
バイタール
Baitār
Baytār
Bayṭār
バイタル Vital
ハイダロフ Haydarov
ハイタワー
Hightower**
ハイチ Haich
バイチ Bajcsy
バイチェヴァ
Baicheva
バイチェバ Baicheva
バイチチャク Bajcicak
バイチマン Beichman
ハイツ
Heitz*
Hite*
バイツ
Bajc
Beitz**
バイツァー Bizer
バイツェ Weitze*
バイツェホフスカヤ
Vaytsekhovskaya
ハイツェル Heitzer
バイツェル Beitzel
ハイック Heick
ハイッス Heiss
バイッセ Buysse
パイッチ Pajic
ハイツマン
Heitzman
Heitzmann
バイツマン
Weitzmann
ハイツラー Heitzler
ハイッリッヒ Heinrich
ハイデ
Hayde
Haydée*
Heide**
Heyde*
Heydé
ハイディ
Haidi
Heidi**
ハイディー
Haidee
Heidi
バイディ Baidi
バイディアナサン
Vaidyanathan
ハイディッシュ
Heidish
ハイディナガ
Hajdinaga
ハイティワジ
Haitiwaji
ハイディンガー
Haidinger
ハイティンク
Haitink**
ハイティング
Heiting*
Heyting
バイテウェッフ
Buytewech
ハイデガー
Heidegger*
バイテクーナス
Vaitiek-unas
ハイデス Hides
ハイデッガー
Heidegger**
ハイデブラント
Heydebrand
ハイデブレクト
Heidebrecht
ハイデブレック
Heydebreck
ハイデマーク
Heydemark
ハイデマリー
Heidemarie*
ハイデマン
Heideman
Heidemann**
バイデャ Baidya
ハイデュ Hajdu
ハイデュース
Heidhues
ハイデリンデ
Heidelinde
ハイデル Hidell
バイテル Beittel
バイデル Beidel
ハイデルゴット
Heidergott
ハイデルシャイト
Heiderscheit
ハイデルバーガー
Heidelberger*
ハイデルバッハ
Heidelbach*
バイデルマン
Beidelman
ハイデローレ
Heidelore
ハイデン
Haiden
Hayden**
Heiden**
Heijden*
Heyden**
Hydén
バイデン
Biden***
Weijden
バイデンス Buydens
ハイデンハイン
Heidenhain
バイデンフェラー
Weidenfeller
ハイデンフェルト
Heidenfeld
バイテンヘム
Buytenhem
ハイデンベルガー
Heidenberger*
ハイデンベルグ
Heidenberg
ハイデンライク
Heidenreich*
ハイデンライヒ
Heidenreich**
Heydenreich
ハイデンリッヒ
Heidenreich
ハイト
Haid
Haidt*
Haight
Hajto
Hajtó
Heid*
Heidt
Height
Heyd*
Heydt
Hight
Hite**
ハイド
Haide
Hayd
Heide*
Hide
Hides
Hyde***
バイト
Beit
Veit
パイト Pite
ハイドゥ
Hajdu
Khaidu
バイドゥ Baidū
バイトヴァ Baitova
ハイドゥク Heiduk
ハイドゥシュケ
Heiduschke
ハイドゥック Heyduck
バイトゥルスノフ
Baytŭrsïnov
パイトゥーン
Phaithoon
パイトウーン
Phaithun
ハイトガー Heitger*
ハイトカンプ
Heitkamp
パイトゲン Peitgen*
ハイトケンペル
Heidkämper
バイトゴゴ Baitogogo
ハイドシェック
Heidesieck
Heidsieck*
ハイトシュ Hajtós
ハイドシュッター
Heidschötter
ハイトナー
Heitner
Hytner
バイトニオ Bitonio
バイトネン Buitenen
ハイトフ
Hajtov
Khaitov*
バイトプ Baytop
ハイドフェルド
Heidfeld*
ハイトマン
Heitmann*
ハイドマン
Hyndman*
バイトマン
Weidmann*
ハイトミューラー
Heitmüller
ハイトミュラー
Heitmüller
ハイトラー Heitler**
ハイドラー Heidler**
ハイドリ Haydari
ハイドリッヒ
Heidrich*
ハイドリヒ
Heidrich
Heydrich
バイトリング Weitling
ハイドルン Heidorn
ハイドロン Heydron
バイトワ Baitova
ハイトン
Haiton
Hayton
Hethum
ハイドン
Hayden*
Haydn**
バイドン Baydoun

パイドン Phaidōn
ハイナー
Hainer*
Hayner
Heinar*
Heiner**
バイナー
Byner
Viner*
Vyner
Weiner
バイナイ Bajnai*
ハイナウ Haynau
ハイナース Heinerth
ハイナーヒルズ
Heiner Hills
バイナム
Beijnum
Bynum**
ハイナル Hajnal
ハイニ Heini
ハイニー
Heiney
Henry
バイーニ Baini
バイニー Viney
パイニアス Phainiās
ハイニガー Heiniger
ハイニキー Hueneke
ハイニシュ
Hainisch
Heinisch
ハイニツ Heinitz
ハイニッケ
Heinicke
Heynicke
ハイニッシュ Hainisch
ハイニッシュホーゼク
Heinisch-hosek
ハイニッツ Heinitz
ハイニヒェン
Heinichen
ハイニヘン Heinichen
バイニマラマ
Bainimarama*
Bainmarama
ハイニマン
Heinimann
ハイニンガー
Heininger
バイニンガー
Weininger
バイニング Vining**
ハイニンゲン
Heyningen
パイヌース Pynoos
ハイヌル
Heinl
Heinle
ハイネ
Hayne
Heine***
Heyne**
パイネ Peine
ハイネキ Heinecke
ハイネクツィウス
Heineccius
ハイネーケ Heinecke
ハイネケ
Heinecke
Heinicke
Heyneke
バイネケ Beineke
ハイネケン
Heineken**
ハイネス
Haynes
Hyens
バイネス Byrnes*
ハイネセン
Heinesen**
ハイネック Hynek
ハイネッケ Heinecke
ハイネマイヤー
Heinemeier
ハイネマン
Heineman*
Heinemann**
Hieneman
Hyneman
バイネマン
Beinemann
ハイネル Heinel
バイネルト Beinert
ハイネン Heinen*
バイネン Wijnen
ハイノ Heino*
ハイノー Heino
パイノ Paino
ハイバー
Haiber
Hyver
バイバ Baiba*
バイバー Biber
パイバ
Paiva
Piva
パイパー
Paeper
Peiper
Piper***
Pyper**
ハイバーガー
Heiberger
バイハキー Bayhaqī
ハイバーグ Heiberg
バイバコフ Baibakov*
パイバス Pybus
ハイバッハ Haibach
ハイバード Hibberd
バイバート Vibert
ハイバトゥラ
Hibatullah
バイハム Byham*
パイパール Peiperl
バイバルス Baybars
バイヒ Baich
バイビー Bybee
パイビ Päivi
ハイヒェル Heichel
パイビス Pybis
ハイビン Hyvin
バイビン Bai-bing
バイーフ Baïf
バイフ Baïf
バイブ Vibe
パイブ Paivu
パイプ Pipe*
ハイファ
Haifa
Haifaa*
パイファー
Peifer
Peiffer*
Pfeiffer
Pifer
Pipher*
Pyfer
ハイファーマン
Heiferman
ハイフィ Haifi
ハイフィールド
Hayfield
Highfield*
バイフィールド
Byfield
ハイフェッツ
Heifetz**
パイフェル Pfeiffer
ハイフェン Hai-feng
バイブクイン
Vivequin*
パイプス Pipes*
バイフート Bijvoet
ハイフナー Heifner
ハイブラー Hibler
ハイブラエフ
Khaibulaev**
ハイブリッジ
Highbridge*
バイブル Bible
バイプル Vaipulu
ハイブロナー
Heilbroner
バイブロフ Baiburov
パイブーン
Paiboon
Phaibun
バイベ Ballve
ハイベア Heiberg
ハイベク Hayboeck
ハイベタ Haiveta
バイベル Waibel
パイペル
Peiper
Piper
ハイベルク Heiberg**
ハイベルグ Heiberg*
ハイベルス Hybels*
ハイベルズ Hybels
ハイヘンス Huygens
パイペンブリング
Piepenbring
ハーイボー Haibo
ハイボー Highbaugh
ハイポライト Hypolite
ハイマー
Himmer
Hymer
バイマガンベトフ
Baimaganbetov
ハイマース Heimers
ハイマス Hymas*
ハイマート Heimert
ハイマーノト
Hāymānot
ハイマノト
Haymanot
Hāymānot
ハイマール Heimerl
ハイマン
Haiman
Heiman*
Heimann*
Heyman**
Heymann**
Hyman**
バイマン Byman
パイマン
Payment
Peymann
ハイマンス
Heijmans
Heymans*
Hymans
ハイマンズ
Heimans
Heymans
Hymans
ハイミー
Hymie
Jaime
パイミ Pahimi
ハイミート Heimito
パイミドゥベ
Payimi Deubet
ハイミル Heimel*
ハーイーム Hayyim
ハィーム Chaim
ハイーム
Chaim
Hayim*
Hayyim
ハイム
Chaim***
Geim
Haim***
Hayim**
Haym
Hayyim*
Heim**
Heym***
Hime*
バイムイラト
Baymyrad
ハイムガルトナー
Heimgartner
ハイムス Hyams
ハイムズ
Haimes
Heims*
Himes**
Hymes*
ハイムズフィールド
Heymsfield
ハイムゼート
Heimsoeth*
ハイムバーク
Heimberg
ハイムバーグ
Heimberg
ハイムバッハ
Heimbach
バイムハメト
Baimukhammet
ハイムブーハー
Heimbucher
ハイムブーヒャー
Heimbucher*
ハイムラー
Heimler
Himler**
ハイムリック Heimlich
ハイムリッヒ Heimlich
ハイメ
Haime
Heime
Jaime***
Jayme
バイメ Beyme
ハイメス
Heimes
Jaimes
バイメノフ Baymenov
ハイメラート
Heimerad
ハイメラン Heimeran
ハイメル
Heimel*
Heymel
Hymel
バイメル Beimel
ハイメロート
Heimeroth
ハイメン Hymen
ハイメンダール
Heimendahl
ハイメンドルフ
Haimendorf
ハイモ
Haimo
Haymo
Heimo
ハイモア Highmore*
ハイモヴィッツ
Haimovitz
ハイモビッツ
Haimovitz*
ハイモン Haimōn
ハイヤ Khaya
ハイヤー Hyer*
バイヤ Beyer
バイヤー
Baeyer**
Baier
Bajer
Bayer**
Beier
Beyer**
Byer*
パイヤ
Paillat
Paja
パイヤー
Payer
Peyer
ハイヤアム
Khayyam
Khayyám
バイヤインク
Beijerinck

ハ

ハイヤーズ Hyers
バイヤース
Byars**
Byers
バイヤーズ
Byars*
Byers***
バイヤースクー
Byer-suckoo
ハイヤダール
Heyerdahl
ハイヤット Hyatt*
バイヤット Byatt*
ハイヤート
Khaiyāṭ
Khayyat
Khayyāṭ
バイヤード Bayard
バイヤーニ Bajani
ハイヤーミー
Khayyām
ハイヤーム
Khayyam
Khayyám
Khayyām
ハイヤム Khayyām
バイヤーライン
Bayerlein
バイヤリー Byerly
バイヤール Bayard*
パイヤール Paillard**
バイヤルジェ
Baillarger
バイヤルジェル
Baillarger
ハイヤーン
Hayyan
Hayyán
Hayyān
Ḥayyān
ハイヤン
Haiyan
Hayyan
バイヤン
Baillén
Vailland
Vaillant*
パイヤン
Payen
Payens
バイユー
Bailleux
Bayeu
パイユ Paye
パイユー Paillou
バイユイ Bai-yu
パイユウ Paillou
ハイユージュ Ḥayyūj
バイユール Bailleul
パイユロン Pailleron
バイヨ Baillot
バイヨー
Baillot
Baillou
ハイヨース Hajós
バイヨック Byock
バイヨン
Baillon
Vaillant
ハイラ
Haila
Hila
Hilla
Hyla
ハイラー
Hairer*
Heiler*
Heiller
Huyler**
Hyler*
バイラ Vaira
バイラー
Beirer*
Byler*
バイライス Beireis
ハイライン Heinlein
バイラオホ Weyrauch
バイラーク Beirach**
バイラク Bayrak
バイラクタル
Bairaktar
Bayraktar
バイラス Bilas
パイラック Pyrak
パイラート Pilate
パイラト Pilate
バイラミ Bajrami*
ハイラム
Hiram**
Hyrum*
バイラム
Bairam
Bajram
Bayram
Bayram-i
Byram
バイラムイラドフ
Bayrammyradov
バイラムゲルディ
Bayramgeldi
バイラムコフ
Bayramukov
バイラモビッチ
Bajramovic
バイラモフ
Bayramov**
ハイララ Khairallah*
ハイラン Hailan
バイラン
Baylan
Byran
ハイランズ Hylands
ハイランチャ
Hairanca
ハイラント Heiland*
ハイランド
Heiland
Highland
Hyland**
Hylland
バイラント Weilandt
バイランド Byland*
ハイリ Khairy
ハイリー
Hailey
Hiley
バイリー
Bailey
Baillie
Bailly
ハイリグ Heilig
ハイリゲンタール
Heiligenthal
パイリサデス
Pairisades
バイリス Baylis
ハイリッグ Heilig*
バイリット Bailit
バイリッヒ Weyrich
ハイリディン
Khairiddin
ハイリニッソ
Khairinisso
ハイリヒ Heilig
ハイリーマン
Highleyman
バイリャコフ
Bayryakov
ハイリル Chairil*
バイリーン Byleen
バイリン
Bai-lin
Bailin
Bylin
パイリン Pairin
ハイリング Heyling
ハイリンヒ Heinrich
ハイル
Hailu*
Hayir
Heil**
Heill
Heyl*
Hile
Jahir
Khail
Khair
Khayr
Kheir
ハイルー Hai-lu
バイル
Bayrou
Beil
Bille
Byl
バイルー Bayrou**
パイル
Pile*
Pyle***
バイルア Vahirua
バイルシュタイン
Beilshtein
Beilstein*
バイルス
Biles*
Byles
バイルズ Biles*
パイルズ Pyles*
バイルズマ Bylsma*
ハイルッディーン
Khayr al-Dīn
ハイルッロ Khayrullo
ハイルディーン
Khayru'd-Dīn
Kheir El-dine
バイルト Baird
バイルド Baird
バイルハルツ Beilharz
ハイルパーン Heilpern
バイルビー Beilby
ハイルビヤ Herbjørn
ハイルブラン
Heilbrun*
Heilbrunn
ハイルブリン Heilprin
ハイルブルンナー
Heilbrunner
ハイルブローナー
Heilbroner*
Heilbronor*
ハイルブロナー
Heilbroner
ハイルブロン
Heilbron*
Heilbronn
ハイルブロンナー
Heilbronner
ハイルボー Hilleboe
ハイルボーン Heilborn
ハイルマイヤー
Heilmeier*
Heilmeyer
ハイルマン
Heilemann
Heilman
Heilmann*
Hileman
Hilleman
ハイルラ Hairulla
ハイルル Chairul
バイルレ Bayrle*
ハイルロエフ
Khayrulloyev
バイルン Byrne
ハイレ Haile**
バイレ
Bayle
Baylet
Mbaire
バイレー Baire
バイレイ Bailey
パイレスク Peiresc
ハイレセラシエ
Haileselassie
バイレッキー Bielecki
バイレッティ Bailetti
ハイレッティン
Hayreddin
ハイレッディン
Hayreddin
ハイレディン
Hajredin
Hayreddin
バイレフェルト
Bijleveld
ハイレマリアム
Hailemariam*
ハイレルマン
Heilermann
バイレログル
Beyleroglu
バイレンマン
Weilenmann
ハイロ
Jairo**
Jayro
バイロ Bailo
バイロー Biro
パイロー Payró
バイロイト Bayreuth
ハイロヴィッチ
Hajrovic
バイロジ Bailodji
バイロシス Baylosis
バイロック Beilock
バイロット Bylot
パイロット Pilot
ハイロフ
Khailov
Khairov
バイロム Byrom
バイロン
Bailón
Biron
Bryon
Bryron
Byrom
Byron***
パイローン Pilone
パイロン
Pilone
Pyron*
パイワリン Phaiwarin
ハイン Hanh
ハイン
Hain*
Haing*
Hanh
Hạnh
Hein**
Heine
Heyn*
Hine**
Huynh**
Hyne
バイン Banh
バイン
Bajin
Bein
Byne
Vine*
パイン
Paine
Peine
Pine**
Pines
Pyne**
バインガム Bingham*
ハインク Heink
バイング Baing
ハインケ
Heincke
Heinke
ハインケス Heynckes*
ハインケル Heinkel
バインケルスフーク
Bynkershoek
ハインジ Heinze
ハインシウス
Heinschius
Heinsius
ハインズ
Haines

Haynes
Heins
Heinz
Hinds**
Hines***
Hinze
Hynes
バインス Bijns
バインズ
Bynes*
Vines*
パインズ Pines**
ハインスト Heinst
ハインゼ
Heinse
Heinze
ハインソー Heinsoo
ハインゾーン
Heinsohn
ハインダー Hinder
バインダー Binder*
パインダー Pinder
バインダム Byndom
ハインツ
Heintz*
Heinz***
Heìnz
Heniz
ハインツー Heinz
ハインツァー Heinzer
ハインツァリング
Heinzerling
バインツィール
Weinzierl
ハインツェ
Heintze
Heinze*
ハインツェル Heinzel
ハインツェルマン
Heintzelman
ハインツェン Heintzen
バインディング
Binding
ハインテル Heintel
ハインデル Heindel**
ハインド
Hind*
Hinde***
Hynd*
Hynde
バインドゥラシビリ
Baindurashvili
ハインドゥル Heindl
パイントップ Pinetop
パイントナー Peintner
ハインドーフ Heindorf
ハインドマーシュ
Hindmarsh
ハインドマーチ
Hindmarch*
ハインドマン
Hindman
Hyndman**
ハインドラー Heindler
ハインドリー Hindley
ハインドル
Haindl
Heindl
ハインドレー Findlay
バイントン Bainton
バインナウン
Bayinnaung
ハインバーグ
Heimberg
Heinberg*
バインハート
Beinhart**
ハインブーヘ
Heinbuche
Heinrich
ハインペル Heimpel
ハインマン Hynman
ハインミュラー
Hainmüller
ハインライン
Hainline
Heinlein**
Heinleine
ハインリクス
Heinrichs
ハインリチ Heinrici
ハインリック
Heinrich**
ハインリックス
Heinrichs
ハインリッチ
Heinrich**
ハインリッツ Heinritz
ハィンリッヒ Heinrich
ハインリッヒ
Heinrich***
Heinrichs
ハインリッヒス
Heinrichs
ハインリヒ
Genrich
Heinrich***
Henrich
バインリヒ Beinlich
ハインリヒスドルフ
Heinrichsdorff
ハインリーン Heynlin
ハインロート
Heinroth*
ハーヴ Harve*
ハウ
Hau*
Hawe
Hough*
How*
Howe***
バーウー Ba-u'um
バウ
Bau
Bouw
Bow
Bowe
パーヴ Parv
パウ
Pablo
Pau**
Paul
ハウーア Haoua
ハウア
Haoua
Jaua
ハウアー Hauer***
ハヴァ Chava
ハヴァー Haver
バーヴァ Bava
バゥアー Bower
バウァー Bauer
バウア
Bauer
Baur
Bower*
バウアー
Bauer***
Baur
Bower***
パウァ Power
パウア
Pauer
Power
パウアー
Pauer
Power
バヴァヴァルマン
Bhavavarman
バーヴァヴィヴェーカ
Bhāvaviveka
ハウァウィン
Hawawine
パヴァオ Pavao
パヴァオン Pavao*
ハヴァーガル Havergal
ハヴァガル Havergal
バウアージーマ
Bauersima**
ハヴァシャム
Haversham
ハヴァシュ Havas
バウアーシュミット
Bauerschmidt
ハウアース Haworth
ハウアス Howarth
ハヴァース Havers
バウアーズ
Bauers
Bowers*
パウアズ Powers
ハヴァースカ
Chawarska
ハウアスレウ
Hauerslev
ハーヴァーソン
Halvorson
ハーヴァティ Harvati
ハヴァーティ Haverty
ハーヴァード
Harvard*
ハウァード Howard*
ハウァド Howard
ハウアード Howard
ハウアド
Haward
Howard*
パヴァート Pavard
パヴァナンディ
Pavaṇanti
Pavanati
パヴァネッリ
Pavanelli
パヴァネル Pavanel
パヴァーノ Pavano
バーヴァブーティ
Bhavabhūti
バヴァブーティ
Bhavabhūti
バウアーマイスター
Bauermeister
バウアマスター
Bowermaster
バウアーライン
Bauerlein
ハーヴァリー Khavari
バーヴァリ Bāvari
バウアリー Bauerle
パヴァリーニ Pavarini
ハヴァリョ Ivailo
バウアリング Bowring
ハウアルス Howerth
バヴァロ Bavaro
ハヴァロック
Havelock
パヴァロッティ
Pavarotti**
パヴァーン Pavane
パヴァン Pavan*
バウアンシュミット
Bauernschmidt
バウアンフェルト
Bauernfeld
ハーウィー Ḥāwī
ハーヴィ
Harvey*
Harvie
Hervey
Hovey
ハーヴィー
Harvey*
Harvie
Hervey*
ハウィ Howie
ハウィー
Howard
Howie**
ハウイ
Howey
Howie*
ハウイー
Howey**
Howie*
ハヴィ Javi
パーヴィ Purvey
パヴィ Pavie
パヴィー Pavie
パヴィーア Pavia
パーヴィアンス
Purviance
バーヴィヴェーカ
Bhavya
ハヴィエ Javier*
バヴィエ Bavier
バヴィエラ Baviera
ハヴィエール Javier
ハヴィエル Javier**
バヴィエール Bavière
ハーヴィオ Haavio*
ハーヴィガースト
Harvighurst
Havighurst
ハヴィガースト
Harvighurst
Havighurst*
ハーヴィグ Herwig
パーヴィス
Pavis
Purvis*
パヴィスラ Pavithra
ハウイソン Howison*
パヴィチ
Pavic
Pavić**
パヴィチーチ Pavičić
ハーウィッグ Herwig
バーウィック
Barwick**
Berwick*
パウイック Powicke
ハヴィックスゾーン
Havicksz.
ハーヴィッコ
Haavikko**
ハーヴィッチ Hurvich
バーウィッチ Barwich
パヴィッチ
Pavic
Pavić
ハーウィッツ
Hurwicz*
Hurwitz**
ハーヴィッツ
Hurvitz
Hurwicz
ハーウィット Harwit*
ハウィット Howitt
ハウイット Howitt*
パヴィット
Pavitt
Pavitte
パウィトラ Pavithra
パウィナ Pawina*
バヴィヤ Bhavya
パヴィヤール
Pavillard
パヴィヨン Pavillon
ハヴィラー Havilah
パーヴィライネン
Paavilainen*
ハヴィランド
Haviland*
Havilland
ハーヴィル
Harvill
Harville
ハヴィル Havil
バウイル Bauer
パヴィル Paweł
バーウィレドゥ
Baah-wiredu
パウィロナディ
Pawironadi
ハーウィン
Harwin*
Hérouin
Hiawyn*
Hurwin*
バーウィン Barwin
バヴィン Bavin
パーヴィン Parvin
ハウインク Houwink
バーヴィンク Bavink
バヴィンク Bavinck

バヴインク Bavink
ハヴィンデン
Havinden
バーウィンド Berwind
ハヴィンハ Havingha
ハウウェー Howey
ハウヴェ Hauwe
パーウウェ Paauwe
ハウウェル Howell
ハウウェレーウ
Gouweleeuw
パヴウォフスキ
Pawłowski
バヴウドリ Bavuudorj
ハーヴェ Have
ハーヴェー Harvey*
バーヴェ Bhave
バーヴェー Bhave
パーヴェー Purvey
パヴェ Pavet
ハーウェイ Harway
ハーヴェイ
Harvey**
Hervey
ハウエイ Howey
ハヴエイ Harvey
パウェウ Paweł
パヴェウ
Pawel**
Paweł*
パヴェーク Pawek
バヴェージ Bavasi
パヴェージ Pavesi
パヴェシ Pavesi
パヴェシイ Pavesi
パヴェス Pavéz
ハーヴェスト Harvest
パウェーゼ Pavese
パヴェーゼ Pavese*
ハウェット Howett
ハヴェマイヤー
Havemeyer
ハーヴェマン
Havemann*
ハヴェラー Havelaar
バヴェラス Bavelas
ハヴェラナ Javellana
パヴェリチ
Pavelic
Pavelić
パヴェリッチ Pavelic
ハヴェリャーナ
Javellana
ハーウェル Harwell
ハーヴェル
Harvell
Harwerth
ハウェル
Harwell
Howel
Howell
ハウエル
Houwer
Howel
Howell***
Howells
Hywel
ハヴェル
Havel***
Havell
バーウェル
Barwell*
Burwell*
バウエル Bauer
バウエル Bauer*
パーヴェル
Pabel
Pavel***
Pável
Pawel*
Pvel
パウェル
Pawel
Powell*
パウエル
Pauer
Pavel
Pawel**
Pawell
Powell***
パヴェル
Pavel***
Pawel
バーヴェルク Bawerk*
バウェルク Bawerk*
バヴェルク Bawerk*
ハウェルズ Howells*
ハウエルズ Howells*
パウエルス Pawels
パウエルズ Pauwels
パウェルスキー
Pawelski
ハーヴェルモ
Haavelmo
バウエルンファイント
Bauernfeind
バウエルンフェルト
Bauernfeld
パヴェレツ
Pavelec
Pawelec
ハウェロック
Havelock
ハヴェロック
Havelock*
ハーヴェン Haven
ハヴェン Haven
バウエン Bowen*
パウエン Pauen
ハヴェンス Havens
ハーウェンスタイン
Havenstein
バウェンディ Bawendi
ハウォ Hawo
バーヴォ Bavo
バヴォ Bavo
バヴォー Bavaud
パーヴォ Paavo***
バウォエン Bawoyen
バヴォージ Bavosi
ハウォース Haworth
ハヴォック Havoc
バーウォッシュ
Burwash
ハウォッチ Howatch
バーウォード
Baerwald
パヴォード Pavord*
パヴォーニ Pavoni
パヴォーネ Pavone*
ハウオファ Hau'ofa*
ハウオリ
Hauoli
Hau'oli
パヴォル
Pavel
Pavol*
パヴォレッティ
Pavoletti
パウォロフ Pavlov
パヴォン Pavon
ハウカー Howker**
ハウガー Hauger*
バウカ Balka
バウカー Bowker*
パウカ Palka
パウカー Pauker*
ハヴカイネン
Havukainen
バウカット Bawcutt
パウカパレア
Paucapalea
バウカム Baucom
ハウカル Ḥawqal
バウカルデ Baucardé
ハウキニマ
Haukinima
ハウク
Hauch
Hauck
Haug
Hauk
Houck
Houk
ハウグ Haug*
バウク Bauk
パウク
Pauc
Pauck
Pauk*
ハウクウィッツ
Haugwitz
ハウクヴィッツ
Haugwitz
ハウクス Hawks
バウクスキ Walkuski
ハウクヘースト
Houckgeest
ハウクラン Haugland
ハウグラン
Haugland*
ハウクランド
Haukland
ハウグリ
Haugilie
Haugli
ハウクル Haukur
ハウグレイヴ
Howgrave
ハウケ Hauke*
ハウゲ Hauge*
バウケ Bauke
パウケ Paucke
パウケット Pauquèt
パウケート
Pauquet
Pauquèt
ハウケネス Haukenes
パウケル Pauker
ハウゲン
Haugen**
Hougen
ハウゴーア Haugaard
バウコム Baucom
ハウサー
Hausser
Howsare
ハウザー
Hauser***
Heuser
Houser**
Howser*
バウサ Bauza
バウサーニ Bausani
パウサーニアース
Pausanias
パウサニアース
Pausanias
パウサニアス
Pausanias*
パウサニウス
Pausanias
ハウサーマン
Haussermann
バウージー Ba U Gyi
パウシアース Pausias
パウシアス Pausias
ハウシク
Hau Sik
Hausiku
バウジッチ Bowditch
パウジーニ Pausini
ハウジネイ Raundnei
バウシャー Bowsher
ハウシャビ Hawshabi
バウシュ
Bağiş
Bausch**
パウシュ Pausch*
バウシュケ Baushcke
ハウシュタイナー
Hausteiner
ハウシルト
Hauschildt
パウージン Pausin
バウジンガー
Bausinger
ハウス
Haus*
House***
Howes
Howse
ハウズ
Hawes
Houze
Howes*
Hows
バウス
Baues
Baus
バウズ
Baus
Bowes
パーヴス
Purves
Pûrves
パウス Paus
ハウスクネヒト
Hausknecht*
ハウスクロフト
Housecroft
ハウスケラー
Hauskeller*
ハウスチャイルド
Hauschild
ハウスデン Housden*
パウスト Paust
パウストーフスキー
Paustovskii
パウストフスキー
Paustovskii*
Paustovsky
パウストーフスキィ
Paustovskii
パウストフスキイ
Paustovskii
ハウストラ Huistra
ハウスドルフ
Hausdorf
Hausdorff
Housdorff
ハウストン Houston**
ハウスナー Hausner*
ハウズナー Hausner
ハウスネル Hausner
ハウスバイラー
Hausweiler
ハウスヘル Haussherr
ハウスホーフ
Haushofer
ハウス・ホーファー
Haushofer
ハウスホーファー
Haushofer*
ハウスホーフェル
Haushofer*
ハウスホルダー
Householder**
ハウスホールド
Household**
ハウスボールド
Household
バウスマ Bouwsma
バウズマ Bouwsma
ハウスマン
Hausman*
Hausmann**
Haussmann*
Houseman**
Housman**
ハウズマン
Houseman
Housman
バウスマン
Buisman**
バウズマン Bousman
ハウスヤード
Haugsgierd
ハウスライター
Hausslleiter
ハウスライト
Housewright

ハウスラート
Hausrath
ハウスワース
Hausswirth
ハウスワルト
Hauswald
ハウスン Howson
ハウゼ Hause**
バウセ Buysse
パウゼヴァング
Pausewang***
ハウゼッガー
Hausegger
ハウセット Houzet
パウゼバンク
Pausenwang
Pausewang
ハウセル Housel
バウセル Bausell
パウゼワング
Pausewang
ハウゼン Hausen**
バウゼンヴァイン
Bausenwein
ハウゼンシュタイン
Hausenstein*
ハウゼンスタイン
Hausenstein
ハウゼンブラス
Hausenblas
ハウソン Howson
バウダー Bowder
パウター Powter*
ハウタッカー
Houthakker**
ハウタマキ
Hautamaeki
Hautamäki*
パウダーメイカー
Powdermaker
ハウタラ Hautala
パウダリ Powderly
パウダリー Powderly
ハウダル Goudal
バウダルベック
Baudarbek
バウチ Bauch*
バウチスタ
Baptista
Bautista
バウチャー
Boucher**
Bouchier
Bourchier
バウチャル Bavčar
バウチャレット
Boucherett
ハウツ
Houts
Houtz
バウツ
Bauc
Bautts
Bouts
ハウツァハー
Houtzager
ハウツィッヒ Hautzig
ハウツィヒ
Hautzig**
Hautzing
ハウック Houck*
ハーウッド
Harwood***
ハウツブロム
Goudsblom
ハウツマ Houtsma
パウツマ Poutsma
パウッルス Paullus
ハウツワールト
Goudzwaard
バウデ
Baude
Baudet
ハウディー Howdy
バウディシーン
Baudissin
バウディス Baudis
バウティスタ
Baptista
Bautista**
バウディッシーン
Baudissin
バウディッシン
Baudissin
バウディッチ
Bowditch*
パウディヤル Pauḍyāl
バウディール Valdir
バウデイール Valdeir
バウデウェイン
Boudewijn
ハウデク Haudek
バウデク Waldeck
ハウデッシェル
Howdeshell
バウデート Baudet
バウデベイン
Boudewijn
バウテル
Boutell
Walter
パウデル
Paudel
Poudel
バウデルト Baudert
ハウテン Houten
バウデン Bowden
バウテンス Boutens
ハウト Hout
バウト Bauto
バウド Baudo
バウドイン Bauduin
ハウトスミット
Goudsmit
パウトナー Pautner
ハウトマン
Hautman*
Houtman*
バウドラー Bowdler
ハウドリアン
Goudriaan
ハウドル Howdle
バウドレクセル
Baudrexel
ハウトン
Haughton
Houghton*
Hutton
バウトン
Boughton
Bouton**
バウドン Bowdon
ハウナニ Haunani*
パウナル Pownall*
ハウナレナ Jaunarena
バウニー Baugniet
パウニ Pauni
パウニー Powney
パウネル Pownall
パウノフスキ
Paunovski
バウハウス
Bauhaus
Bouhuys*
パウビツキ Pałubicki
ハウフ Hauff*
ハウプ Hawpe
バウフ Bauch*
バウプ Baup
ハウフィク Haufiku
ハウフェ
Haufe
Hauffe
ハウプト Haupt***
ハウプトマン
Hauptman**
Hauptmann**
ハウフラー Haufler
パウフラー Paufler*
ハウブラーケン
Houbraken
ハウブリック
Haubrich*
ハウブリッヒ
Haubrich
バウベル Valber
ハウベン Hauben
ハウヘンス Huygens
ハウベンストック
Haubenstock*
バウホ Bauch*
ハウボルト Haubold
バウマ Bauma
バウマー
Baumer*
Baümer
Bäumer
ハヴマイアー
Havemeyer
バウマイスター
Baumeister**
バウマート Baumert*
ハウマン
Haumann
Howman
ハヴマン Havemann
バーウマン Bauman
バウマン
Bauman***
Baumann***
Baummann
Bouman
Boumann
Bowman*
パウマン Paumann
バウマンス Baumans
バウミースター
Bouwmeester
バウミール Valmir
バウム Baum***
バウムガート
Baumgart
バウムガートナー
Baumgartner**
バウムガルテル
Baumgartel
バウムガルテン
Baumgarten*
バウムガルデン
Baumgarten
バウムガルト
Baumgardt
Baumgart**
バウムガルトナー
Baumgartner**
パウムガルトナー
Paumgartner
バウムガルトリンガー
Baumgartlinger
バウムガルトル
Baumgartl
バウムゲルトナー
Baumgartner
Baumgärtner
バウムシュタルク
Baumstark
バウムスラグ
Baumslag
バウムバッハ
Baumbach
バウムバハ Baumbach
バウムホルツ
Baumholtz
バウムヨハン
Baumjohann
バウムラー Bäumler
バウムリ Baumli*
バウムリンド
Baumrind
バウムロック
Baumrock
ハウメ Jaume
ハヴメイヤー
Havemeyer
バウメルト Baumert
ハウメンファー
Houmanfar
バウモル Baumol
パウヨル Pavel
ハウラ Khawla*
バウラ Bowra*
バウラー Bowler
パーヴラ Pavla
パウラ Paula***
パウラー Pauler
パヴラ Pavla
パウライコフ
Pauleikhoff
パヴラク Pawlak*
ハヴラサ Havlasa
パウラス
Pawlas
Powlas
パヴラック Pawlak
パヴラート
Pavlat
Pavlát
パヴラトヴァ
Pavlátová
ハウラネック
Hawranek
パウラフスキー
Pawlovsky
ハヴラン Havran
ハウランド
Howland**
ハウリ
Hauri
Howley
ハウリー
Hawley**
Howley*
Howry
バウリ Bowley
バウリー Bowley
パウーリ Pauli
パウリ
Pauli**
Paulli
Pauly
パウリー
Pauly*
Powley
パヴリエ Bavelier
パウリカ Paulica
ハヴリク Havlik
パヴリーク Pawlik*
パヴリク
Paulik
Pawlik
パヴリコウスキー
Pawlikowski
パヴリコフスカ
Pawlikowska
パヴリコフスカ
Pawlikowska
パヴリーシン
Pavlishin
パヴリシン Pavlishin
パウリス Paulis
パウリスタ Paulista*
パヴリセヴィッチ
Pavlicevic
パウリセン Paulissen
パヴリチェヴィック
Pavlicevic
ハヴリーチェク
Havliček
Havlíček
Havlíčck
ハヴリチェク
Havliček
Havlíček
パヴリチェンコ
Pavlychenko
パウリッキー Pawlicki
パヴリッキ Pawlicki
パヴリツキ Pawlicki
パウリッリ Paulilli

ハ

パウリディス Paulidis
パウリーナ
Pauliina
Paulina*
パウリナ Paulina*
パヴリナ Pawlina
パウリニチュクレブス
Pavlinič-krebs
パウリーニョ
Paulinho*
パウリーヌス Paulinus
パウリヌス Paulinus*
パウリーネ Pauline
パウリネ Pauline
パウリーノ Paulino
パウリノ Paulino
パウリーノス Paulînos
パウリノス Paulinos
ハウリハン Hourihane
パヴリュチェンコワ
Pavlyuchenkova
ハウリン
Howlin*
Howlin'
バウリン Baulin
パウリン
Paulin
Pauline*
バウリング
Bowering
Bowring**
ハウル Houle
バウール Baour
バウル
Baul
Baur*
パゥル Paul
パウル
Paolo
Pau
Paul***
Paur
Poul
パウルエーリク
Paul-Eerik
バウルクーム
Baulcombe
パウルケ Paulcke
パヴルシキン
Pavlushkin
バウルジャン
Baurzhan
パウルス
Paullus
Paûlos
Pauls*
Paulus**
Powles
パウルスマイアー
Paulsmeier
ハウルズワース
Houldsworth
パウルセン Poulsen
パウルゼン
Paulsen*
Poulsen
パウルソン
Pálsson
Paulson
Paulsson
パウルハンス
Paulhans
バウルマン Baurmann
パウレ Paulé
パヴレ Pavle
ハウレイ Hawley
ハウレギ
Jauregui
Jáuregui*
ハウレス Jaures
パウレタ Pauleta*
パウレッジ Powledge
ハウレット Howlett**
パヴレティック
Pavletic
バウレナス Baulenas
パヴレンカ Pawlenka
パウレンコ Pavlenko
パヴレーンコ
Pavlenko
パヴレンコ Pavlenko
バウロ Bauro
パウロ
Paolo*
Paul*
Paulo***
Paulos
Paûlos
Paulus**
Pauro
Pavlo
Pouro
パウロー Perlo
パヴロ
Pavlo
Pavol
パヴロー Pavlou*
パヴロウ Pavlow
パーヴロヴァ Pavlova
パウロヴァ Pavlova
パヴローヴァ Pavlova
パヴロヴァ
Pavlova*
Pavrova
パーヴロウィチ
Pavlovich
パーヴロヴィチ
Pavlovich**
Pávlovich
パウロウィチ
Pavlovich
パヴロヴィチ
Pavlovic
Pavlovich*
Pavlovych
ハウロウィツ
Haurowitz
パーヴロヴィッチ
Pavlovich
パヴロヴィッチ
Pavlovic
Pavlović
Pavlovich*
Pavlovitch
ハウロウイッツ
Haurowitz
パウロウスキー
Pawloski
パヴロヴスキー
Pawlowski
パーヴロヴナ
Pavlovna*
パヴロヴナ Pavlovna
ハヴロク Havelock
パウロス
Paulos**
Paûlos
Paulus
Poulos
ハヴロック Havelock*
ハヴローニナ
Khavronina
パーヴロフ Pavlov
パヴロフ
Pavloff*
Pavlov**
パヴローフスカヤ
Pavlovskaja
パヴロフスキー
Pavlovsky*
パヴローフスキィ
Pavlovskii
パヴロプロス
Pavlopoulos*
パーヴロワ Pavlova
パヴロワ Pavlova**
ハウワー Ḥawwā
バウワー
Bauer*
Bouwer
Bower*
Verwer
ハウワァ Hower
ハウワース Howarth
バウワース Bowers
バウワーズ Bowers
バウワーブ Bawwāb
バウワマスター
Bowermaster
ハウン
Ha-eun
Haun
バウン
Baun
Bown
Bowne
パウン Paun
パウンガ Paunga
パウンガー Paungger*
パウンシー Pouncey
ハウンシェル
Hounshell*
バウンズ Bounds*
パウンズ
Pounds*
Pouns
バウンスゴール
Baunsgard
バウンスゴールド
Baunsgard
ハウンストフト
Haunstoft
ハウンスフィールド
Hounsfield
ハウンズフィールド
Hounsfield**
ハウンズロー
Hounslow
パウンダー Pounder
パウンダーズ
Pounders
バウンツ Bounds
バウンティー Bounty
バウンディー Boundy
パウンティン
Pountain
パウンテン Pountain*
パウンド Pound***
パウンドストーン
Poundstone*
パウントニー
Pountney**
バウンフォード
Bounford*
バエア Vaea
パエア Paea
バエイコフ Voeikov
ハエヴェン Hareven
ハーエク Hájek*
ハエク Hajek
バエクワ Bahekwa
バエサ Baeza
バエザ Baeza*
バエジ Vaezi
バエショノイ
Vayeshnoi
バエス
Baez
Báez*
バエズ
Baez**
Bayes
パーエス Páez
パエス
Paes**
Paez*
Páez*
バーエズザデ
Vaaezzadeh
ハエセン Haesen
バエセン Baesens
バエダ Ba'eda
ハエック
Hájek
Hayek*
パエツス Paetus
パエト Paet
パエトゥス Paetus
パエドルス Phaedrus*
ハエナ Jaena
バエナ Baena**
パエニ Paeni
パエニウ Paeniu**
バエフ Baev
パエプ Paepe
バェフスキー Baevskii
バエベック Bahebeck
バエホー Vallejo
ハエム Hem
ハーエリー Ḥā'erī
ハエル Hayel
パエール Per
パエール Paër
パエル Paër
ハエルコーネン
Härkönen
バーエワ Baeva*
ハエーン Haehn
ハエン Haën
バーエンラー Baenre
バエンラー Baenre
ハーオ Hao
ハオ
Hao**
Hau
バーオー Bar-Or
バオ
Bao***
Báo**
Bào
パオ
Bao
Pao***
Phao
パオア Paoa
ハオウ Howe*
パオーウ Paauw
バオカット Bowcott
パオクン Pao Kun
ハオケ Hauke
パオケ Pauquèt
バオケン Bahoken
バオジウ Bao-jiu
ハオシュ Hausch
ハオシュー Hao-su
バオダイ Bao Dai
ハオチャルン
Haocharoen
パオチュウ Bao-jiu
パオチンダ
Paochinda*
パオネッサ Paonessa
ハオフ Hauff
ハオボー Haobo
ハオマエ Haomae
バオマロ Vaomalo
バオマン Baumann
ハオモリ Ha'amori
パーオラ Paola
パオラ Paola***
パオラッチ Paolacci
ハオラテ Gaolathe
パオラントニオ
Paolantonio
パーオリ Paoli
パオーリ Paoli
パオリ
Paoli
Paori
パオリエーリ Paolieri
パオリエリ Paolieri
パオリス Paolis*
パオリット Paolitto
パオリーニ Paolini**
パオリーノ Paolino
パオール Paor
パオルゼン Paulsen
パオルッチ Paolucci**

パオレッティ
Paoletti*
Paoretti
パオレット Paoletto
パーオロ Paolo*
パオーロ Paolo**
パオロ
Paolo***
P̣aolo
Paoro
Paulo
パオロチーマ
Paolo Cima
パオロッツィ
Paolozzi**
パーオロフ Per-Olof
バオン Bowne
パオン Paolo
ハーカ Hacha
ハーカー Harker*
ハーガ Haga
ハーガー
Hager**
Harger
ハカ Jaca
ハガ Haga
ハガー
Haggar*
Hagger
バーカ
Barker
Vaca
バーカー
Barker***
Burker
バーガ
Vaga
Varga
バーガー
Baerger
Bargar
Barger
Barker
Berger***
Bergere*
Boerger
Buerger
Burger**
バカ
Baca*
Vaca
バガー Bagger
パーカー
Paker**
Parkar
Parker***
パガー Pagano
バカア Bakaa
パーカア Parker
ハガイ
Hagay
Haggai
Ḥaggaj
バカイ
Bacai**
Bakay
バガイ
Bagay
Baqaei
バーカイク Verkaik
パーカイザー Purkiser
バガイズ Buguise
ハカインデ Hakainde
バーカウ Berkow*
バガヴァン Bhagavan
ハーカヴィ Harkarvy
ハーカウェイ
Harkaway*
パカウヤン Pakawyan
バカエル Bacaër
バーカカティ
Barkakati
バガザ Bagaza**
バガシュヴィリ
Bagashvili
バーカス
Barkas
Burkus
バーガース Burgers
バーガーズ Burgers
バーガス Vargas
バカス Vacas
パカス Pacas*
パーカースト
Parkhast
Parkhurst*
パーカスト Parkhurst
バガスラ
Bagasra
Bagastra
バカソーヴァ
Bakasova
バーカソン Bercuson*
パーカーソン
Perkerson
Purkerson
バカタ Vakata
ハガチー
Hagerty
Haggerty
バカチ Bagach
パガチェフスキ
Pagaczewski*
バカチュク Bakatyuk
バカーチン Bakatin*
バーカーツ
Birkert
Birkerts
パーカック Parcak
バガッティ Bagatti
バカット Bhagat
ハーカップ
Harcup
Harkup
ハガーティ Hagerty
ハガティ
Hagerty**
Haggerty
Hogarty
ハガティー Haggerty*
パカティアヌス
Pacatianus
バカティアル Bakhtiar
バガディオン
Bagadion
パガディサバル
Pagadizabal
ハーガデン Hargaden
ハーカート Herkert
ハーガート Hergert
ハガート
Haggard
Haggart
ハガード
Haggard***
Huggard
バーカート
Burkert*
Burkhardt
バーカード Burkard
バーガート
Burghardt*
バーガード
Burgard
Burghardt*
バガトゥーリヤ
Bagaturiia
バガトゥール Bagatur
バガトール Bagatur
バガトル Bagatur
ハーガドン Hargadon
バカナ Bakana
ハガナス Haganäs
ハーカーニー Khāqānī
パガーニ Pagani
パガニーニ Paganini
パガニーバン
Panganiban
パガニン Paganin
パガヌッツィ
Paganutstsi
パカネッラ
Paccagnella
パガネッリ Paganelli*
パガネッロ Paganello
パガネリ Paganelli
パガネルリ Paganelli
ハカネン Hakanen
パガーノ Pagano**
パガノ Pagano**
ハカノグル
Hakanoglu*
バカノスキー
Bakanosky
バーガバ Bhargava
パーカパイル
Purcupile
バガバンディ
Bagabandi**
ハカビー
Hucaby*
Huckabee
パカビラ Pacavira
バーガフ Berghof
ハカファラ Khakafalla
バガプシュ
Bagapsh**
バカフワヌセンダ
Bakafwa Nsenda
バガポロ Bagaporo
ハーカマー Herkomer
ハカマダ
Hakamada*
Khakamada
パカーマート
Phakamat
バーガマン Bergaman
ハカミエス
Hakamies
Häkämies
バーガミニ
Bergamini*
ハカム
Hakam
Ḥakam
Ḥākim
バーカム
Barcomb**
Barkham
バーガム Bergum
バカヨコ Bakayoko*
バガヨコ Bagayoko
ハガラ Hagara**
バーカーラー Bakare
バーガラ Vergara
バカラ Bakala
バカラー Bakalar
バカラク Bacharach
バカラック
Bacharach**
パカラック Pakaluk
バカラワ Bakalawa
バカリ
Bacary
Bakari
Bakary
Bakkali
バガリー Baggaley
パカリ Pacari
バカリウス Vacarius
バガリェフ Begaliev
バガリエフ Begaliev
バカリス Baculis
バカリーセ Bacarisse
パカリタ Pakalitha**
バカリッジ
Buckeridge
バカリッセ Bacarisse
バガリッチ Bagaric
ハガリーン Hagalín
ハガル Hagar
バカール
Bacar
Bakar**
バカル
Bacal
Bacar
Bakar
Baker*
パカール Bacar
パカル Pacal
バカルジエヴァ
Bakardjieva
バカルヤン Bakalyan
パカレ Paccalet
バカレアング
Bakale Angüe
バカレイニコフ
Bakaleinikoff
Bakaleinikov
バカレオビアン
Bakale Obiang
パガレロフ Pogorelov
バカーロ Vaccaro
パガロ Pagallo
バカロイウ Vacaroiu*
バカロイユ Vacaroiu
ハガロヴァ Khagarova
バカロッティ
Vacallotti
バカロニ Vaccaroni
バカロフ Bacalov
ハーカーン Ḳāqān
ハーカン Hercun
ハーガン Hargan
ハカン Hakan*
ハガン
Hagan
Qagan
Qaghan
バーカン
Barkan
Barkun
バーガン Bergan*
バカン
Bakan
Bakang
Buchan***
バガン
Bagaão
Bagão
パガーン Pagan
パガン
Pagan*
Pagán*
バーカンキャンプ
Berkenkamp*
バーガンジ Bergonzi
バーガンジィ Bergonzi
ハーカンセン
Haakonsen*
ハカンソン Hakansson
バカンデジャ
Bakandeja
バカンブ Bakambu
バカンムボック
Bakang Mbock
ハーキー Harkey*
ハキ Haki
バーキ
Bakke
Burki
バーキー
Bâkî
Bākī
Berkey*
Berki
Birkey
Varkey
バーギー Bergey
バキ
Bakhit
Baki
Bākī
パーキー

Parkey
Purkey
パキ
Paki
Pâqui
パキアナサン
Packianathan
パキアーヌス Pacianus
パキアヌス Pacianus
パキアノ Pacchiano
バキアリウス
Bachiarius
パキウス Pacius
バキエ Bacquier
パーキエ Pasquier
パキエ
Paquier
Pasquier
バキエフ Bakiyev**
バキオキ
Bacchiocchi*
ハギオリテース
Hagiorites
パキシェ Pakishe
パキシノス Paxinos
ハキジマナ
Hakizimana
ハーギス Hargis
ハギス Haggis*
バーギース Verghese
バキス Bakis
バギース Verghese
パーキス
Pirkis
Purkis
パギス Pagis
バキステル Baxter
バキストル Baxter
バキタ Bakhita
パーギター Pargiter
バーキック Bercik
バーギッソン
Birgisson*
バーキット Burkitt**
バーキッラーニー
Bāqillānī
パキデェ Pakhiddey
パキート Paquito
パキト Paquito
バキナ Vaquina
バキーニ Bachini
ハーキマー Herkimer
ハキミ Hakimi
ハーキム Ḥākim
ハキーム
Hakeem
Hakim**
Hakîm
Ḥakīm
Jakeem
ハキム
Hakim***
Khakim
ハキムラ
Hakimullah*
パキャット Pacat
パキュメレス
Pachymeres
バキュラール
Baculard
バキュリデース
Bakchylidēs
バキュリデス
Bakchylidēs
ハギュン Ha-gyun*
ハギョン Ha-gyon
ハキラ Khakira
バギーラタ
Bhagiratha
バキリ Bakili**
バキリデス
Bakchylidēs
ハキール Haqeel
バーキル
Baqir
Bāqir
Burkill
バキル
Bakir**
Baqil*
Baqir
バキルジン Bakirdin
バーキルッ Baqir
バキロヴァ
Bachkirova
バギーロヴァ Bagirova
バギロフ
Baghirov
Bagirov
Bahgirov
ハーキン
Harken
Harkin**
バーキン
Bakin
Barkin**
Barquin
Berkin
Birken*
Birkin**
バーギン
Bergin*
Burgin**
バキン Ba Khin
バギン Bugin
パーキン
Parkin**
Parkyn
Perkin**
パキン Paquin*
バキンガム
Buckingham
バーキング Barking
バーキンショー
Birkinshaw
Burkinshaw
ハーキンス Harkins*
ハーキンズ Harkins
ハギンス Huggins*
ハギンズ
Haggins
Huggins***
バギンズ Buggins
パーキンス
Parkins*
Perkins***
パーキンズ
Parkins*
Perkins**
バギンスキー
Baginski
Baginsky
パーキンスン
Parkinson*
パーキンソン
Parkinson***
Perkinson
バギンダ Baginda
バーキンド Barkindo
バーキンヘッド
Birkinhead
ハーク
Haack
Haag
Haak
Haake
Hark*
Herc
Herk
ハーグ
Haag**
Haeg
Hague
ハク
Hac
Hak
Haq**
Haque
Hoque
Hug
Huq
ハグ
Hag
Hug
バーク
Baak
Bach
Bahrke
Bak
Balk
Bark
Barke
Berck*
Berg
Berk*
Berke
Birch
Bourke**
Bourque
Buerk
Burck*
Burk*
Burkc
Burke***
Virk
バーグ
Bagh
Berg***
Bergh*
Burg
Burge
Burgh**
Burke
Vagh
バク
Bac
Bach*
Bahk
Bak*
バクー
Bacou
Bacque
バグ
Bhagu
Bug
Bugg*
パーク
Pak
Parc
Park***
Parke**
Parque
Perck
Pugh
パク
Bahk
Bak*
Bark*
Beak
Hphags
Paik
Pak***
Paku**
Park**
Parks
パグ Pagh
バクイトジャン
Bakytzhan
バクイトベク
Bakytbek
パクィン Paquin*
パークヴァル Parkvall
バクウィ Bakhuis
パクウィウス
Pacuvius
パクヴィウス
Pacuvius
バークウィッジ
Berkowits
ハークウィッツ
Harkewicz
バークウィル Barkwill
バーグウィン
Burgwyn
バグウェル Bagwell**
バークヴェンズ
Berkvens
ハクウォン Hak-won*
ハグウッド Hagwood
ハクエ Haque
バグエ Bagouet
バクエンラネフ
Bakenranef
バークガフニ
Burke-Gaffney
ハグク Ha-guk
バクケイオス
Bakcheios
パクサス Paksas**
バクサニ Buxani*
バクサミー Baksami
ハクサル Khaksar*
バクサンドール
Baxandall**
バクシ
Baksh
Bakshi*
Baxi
バクシー Baxi
パクシ Pakśi
バクシェーエフ
Baksieev
バクシーズ Baxes
バクシック Bacsik
パクシヌー Paxinou
バクシャイ Baksay
バクシャンデ
Bakhshandeh
バクーシュ Baccouche
バクシュ
Bakhsh
Baksh
Bux
バグシュカ Baguška
バクシュラ Bukhsh
ハクジュン
Hak-joon
Hak-jun
バグショー Bagshawe
バグショウ
Bagshawe*
バグジョリーニ
Baggiolini
ハクス Hak-su
バークス
Barks
Berkes
Birks*
Burks**
バーグス Burgess
バクス
Bax*
Vachss*
パークス
Parkes*
Parks***
Parkus
Perks
パクスィノー Paxinou
バクスター
Backster
Baxter***
バグスター Bagster
ハクスタウゼン
Haxthausen
ハクスタブル
Huxtable*
パクスティー Puxty
バークスデイル
Barksdale
バークスデール
Barksdale
バーグステン
Bergsten**
バクスト
Bakst**
Baxt
ハクストハウゼン
Haxthausen
バーグストーム
Bergstrom
ハグストレム
Hagstrom
ハーグストローム
Häggström
ハグストローム
Hagstrom*
バーグストローム
Bergstrom
Bergström
バーグストロム
Bergstrom

バクストン Buxton**
パクストン Paxton***
ハクスビー Haxby
バクスボーム
Buxbaum
バーグスマ Bergsma
パクスマン
Paxman*
Paxmann
ハクスリ Huxley*
ハクスリー
Huxley***
Huxly
パグスリー Pugsley
パグズリー Pugsley
ハクスレ Huxley
ハクスレー Huxley*
ハクスレイ Huxley
ハクスン Hak-sun
パクスン Paxson
バーグセーゲル
Bergsagel
ハーグセル Herrgesell
バクセンデイル
Baxendale
ハクソーゼン
Huchthausen*
ハクソン
Hak-seon*
Hak-seong
Hak-son
Hakson
バークソン Berkson
バーグソン Bergson**
パクソン Paxson*
パクーダ
Pakuda
Paquda
パクター Pachter*
パクダ
Pakuda
Pakudha
パグタカン
Pagtakhan
バグダサリヤン
Bagdasar'ian
バグダサルフ
Bagdasarov
バクダーシ Bakdāsh
バクダシ Bakdash
バクタシュ Bektāsh
バクダーシュ
Bakdash
Bakdāsh
バクダシュ Bakdāsh
バグダーシュ
Baghdāsh
バーグダーディー
Bāghdādī
バグダディ Baghdadi
バグダーディ Bagdadi
バグダーディー
Baghdadi
Baghdādī
バグダディ
Baghadadi
Baghdadi**
バグダノーヴィチ
Bogdanóvich
バグダーノフ
Bogdanov
パクダマン Pakdaman
バクタミャン
Bakhtamyan
バークダル Barkdull*
パグダンガナン
Pagdanganan
バグチ Bagchi
バクチアル Bakhtiar*
バクチック Bacsik
ハクチュン Hark-Joon
ハクチョル Hak-chol
バーグチン Barghouti
ハグッド Hagood*
バクティ Bakhti
バクティー Bhakti*
バクディ Bhakdi
バクティアリ
Bakhtiari
バクティアル
Bachtiar*
バクティヴェーダンタ
Bhaktivedanta*
バグディェスコ
Bogdesko
バグディキアン
Bagdikian
バクティン Bakhtine
バグデード Bagdade
バクテリア Bacteria
バクテル Buchtel
パグデン Pagden
バクト Bakht**
パクトー Pacteau*
バクトイコジャ
Bakrykozha
バグドナス Bagdonas
バーグドルフ
Bergdorf*
ハーグナー Hagner*
バークナー
Berkner
Buckner
Bürkner
バーグナー
Bergner
Wagner
バクナー Buckner
バグナー
Bagner
Bugner
ハクナザリャン
Hakhnazaryan
バグナル
Bagenal
Bagnall*
バグナルディ
Bagnardi
ハクニー Hackney
ハグニー Hagney
パグニーニ Pagnini
パグニヌス Pagninus
バクーニン Bakunin*
バクニン Bakunin
パークニング
Parkening
ハークネス
Harkness**
パグネッティ Pugnetti
バグネル
Bagnell
Wagner
パグノー Pagnoux
パグノッジ Pagnozzi
バグノーラ Bagnola
バグノール Bagnall
バグノールド Bagnold
バグノルド Bagnold
ハグノン Hagnōn
パクパ Ḥphags-pa
バグハイ Baghai
バーグハウス Berghuis
パークハウス
Parkhouse
バークハウゼン
Barkhausen
バークハウト
Berkhout
ハグバーグ Hagberg
パクパク Pakpak
パグバジャビーン
Pagvajavyn
パークハースト
Parkhurst**
バーグバタ Vāgbhaṭa
バークハート
Burkhart
バーグハート
Burghardt
バーグハード
Burghardt
パクパハン Pakpahan
ハグーハムディ
Hamdy
バークハルター
Burkhalter
バグビー
Bagby*
Bugbee
バークビアス
Barkevious
バークビイ Birkby
バグビィ Bagby
バグビエゲ Bagbiegue
パークヒル Parkhill
バグビン Bagbin
バクファルク Bakfark
バークフイツェン
Barkhuizen*
パクフェン Pak-huen
ハクフォールト
Hakfoort
パクフォレ
Paqueforêt
パークプム Parkpoom
ハグブリンク
Hagbrink*
バークフレット
Birkeflet
バークベック
Birkbeck
バークヘッド
Birckhead
Birkhead*
Birkhed
Burkhead
バグボ Gbagbo**
バクホイゼン
Bakhuizen
バークホーダリアン
Barkhordarian
バーグホッフ Burghoff
バーグホフ Berghof
バークホルダー
Burkholder**
バークホルツ
Burkholz*
バークホワイト
Bourke-White
バーグマー Burgmer
バーグマイアー
Burgmeier
バクマイヤー
Bachmeier
バクマスター
Buckmaster
バクマニャ
Bakumanya
ハークマン Hurkman
ハーグマン
Bergman
Hageman
Hagman*
ハグマン
Haeggman
Hagman*
Hagmann
Hugman
バークマン
Barkman
Berckman
Bergman*
Berkman**
Burkeman
バーグマン
Bargman
Bargmann
Bergman**
Bergmann**
Burgman
Burgmann
パークマン Parkman
パーグマン Pargman
ハクムク Hak-mook
パクモ Phag mo
バークモーズ
Berkmoes
パグモドゥパ
Phag mo grub pa
ハグラー Hagler**
バークラ
Bākula
Barkla*
Verkler
バーグラー Bergler
バクラ Bakula
バグラ Bagla
バグラー Bugler
パクラ
Pacula*
Pakula
パクラー Pachler
バクライ Baklai
パクラウスキー
Paclawskyi
バクラク Bachrach
バクラーズ Baklarz
バクラゼ Bakradze
バグラチオノヴィチ
Bagrationovich
バグラチオーン
Bagration
バグラチオン
Bagration
バグラチャン
Bagratyan*
バグラティオニ
Bagrationi
バグラティオン
Bagration
バクラーノヴァ
Baclanova
バクラノヴァ
Baclanova
バクラーノフ
Baklanov**
バクラノフ Baklanov
バグラム Bagram
パグラム Pagram
パグラヤン Pagulayan
パクラル Pacuraru
ハグランド Haglund
バーグランド
Bergeland
Bergland**
Berglund
Berglundh
Bergrand
バークリ
Bakri
Barclay
Barkley
Berke
Berkeley**
バークリー
Barclay*
Barkley*
Berkeley***
Berkley
バクリ
Bacri*
Bakri
Bakrī
Bakrie*
バクリー
Bakri
Bakrī
バグリ
Bagley*
Bagri
バグリー
Bagley***
Baguley
パグリ Pagli
パグリアノ Pagliano

パグリアルーロ
Pagliarulo
パグリアルロ
Pagliarulo
バグリアンツェワ
Bagryantseva
バークリイ Berkeley
バグリイ Bagley*
ハーグリーヴス
Hargreaves*
ハーグリーヴズ
Hargreaves*
バグリオ Baglio
バグリオーシ
Bugliosi*
バグリツキー
Bagritskii*
バグリツキィ
Bagritskii
バグリツキィー
Bagritskii
パグリッシ Puglisi
バグリット Bagrit
ハクリート Hakluyt
ハクリネン Hakulinen
ハーグリーブス
Hargreaves**
ハーグリーブズ
Hargreaves*
ハクリム Hak-rim**
バグリャナ Bagryana
バグリヤーナ
Bagryana
バーグリーン
Bergreen
バーグリン Berggren
バクーリン Bakulin
バクリン Bakulin*
バークル
Barkl*
Burckle
Burkle
バクル
Bakr***
Bakru
Bakur
Baqr
Buckle
バクルー Buckelew*
パークル
Parker
Pirkl
バークルス Bakels*
ハクルート
Hackluyt
Hakluyt
パクルト Pacult
バークルマンス
Baekelmans
ハークルロード
Harkleroad
ハーグルンド Höglund
ハグルンド Haglund
バークレ Berkeley
バークレー
Barclay**
Barkley**
Berkeley
Berkley*
バグレー Bagley
バークレイ
Barclay**
Barkley*
Bearcley
Berkeley*
Berkley
Bulkeley
バグレイ Bagley
ハーグレイヴ
Hargrave*
ハーグレイヴズ
Hargraves
ハーグレイブ
Hargrave
ハーグレーヴ
Hargrave
ハーグレーヴス
Hargreaves
バークレオ Burkleo*
ハークレス Harkless
バグレスコ Bagulesco
バクレーヌ
Bacquelaine
バクーレフ Bakulev
ハーグレーブス
Hargraves
ハーグレーブズ
Hargraves
バークレム
Barklem**
ハグレルガム
Haglelgam*
ハークレロード
Harclerode
Herclerode
バーグレン Bergren*
パグレン Paglen
ハーグローヴ
Hargrove*
バークロウ Burklow
パグロツキー
Pagrotsky
ハーグローブ
Hargrove**
ハーグローブス
Hargroves
パクロフスキー
Pokrovskii
バークロフト Barcroft
バークワース
Barkworth
バグワッティ
Bhagwati
バグワット Bhagwat
バグワティ
Bhagwati**
バグワティー
Bhagwati
バグワティーチャラン
Bhagvatīcaraṇ
Bhagvaticharan
Bhagvatīcharan
バグワティープラサード
Bhagvatiprasad
バクワン Bhagwan
バグワン Bhagwan
バーグワンダス
Bhagwan
ハーグン Hagn
バークン
Barkun
Berkun
バークンヘッド
Birkenhead
ハーケ
Haacke**
Haake
Hake
ハーゲ
Haage
Hage*
バーケ Bake
バケ
Backès*
Bacqué
Bacquet
Baquet
バケー Baquet*
バゲ Bagge
パケ Paquet**
バーケイ Bakay
ハケウ Rachel
パケエフ Pakeev
ハーゲゴール
Hagegård
ハーゲーサンドロス
Hagēsandros
ハゲサンドロス
Hagēsandros
ハケス Jaquez
ハケズ Khakez
バーゲス Burgess
バケス Backès
バゲス Baguez
パケス Pakhēs
ハーゲスハイマー
Hergesheimer*
バゲセン Baggesen
バケダーノ
Baquedano
バゲッタ Baggetta
バゲッティ Baghetti
ハーゲット Herget
ハケット Hackett***
ハゲット Haggett*
バーケット
Birkett
Burket
Burkett**
バケット
Baquet
Buckett
Burkett**
バゲット Baggett
パケット
Paquet*
Paquette
Puckett**
Puckette
パゲット Paget
バケットヘッド
Buckethead
パケテ Paquete
ハーゲドルン
Hagedorn
ハーゲドーン
Hagedorn
ハゲドーン Hagedorn
バーゲナー Burgener
バゲナ Báguena
ハーゲナウ
Hagenau
Hagenauer
ハーゲナウアー
Hagenauer
パケナム
Pakenham**
パケニテ Pakenyte
ハーゲネーダー
Hageneder
ハーゲネダー
Hageneder
バケビュムサヤ
Bakevyumusaya
バーケマ Barkema
ハーゲマイヤー
Hagemeyer
ハーゲマン
Hageman
Hagemann*
バゲラ Vaghela
ハゲライダス
Hagelaidas
ハゲラーダース
Hagelaidas
バゲリ Bagheri
バケリソマクミラン
Baquerizo
McMillan
バゲリモタメド
Bagheri Motamed
バゲリランキャラニ
Bagherilankarani
ハゲリン Hagelin
ハーケル Hacker
ハーゲル
Hagel
Hager
バーケル Bāqer
バケール Bacquere
バケル
Backer
Baker
Baqer
パーゲル Pagel
ハーゲルシュタンゲ
Hagelstange*
ハーゲルップ
Hagerup**
バーゲルト Bargeld
ハーゲループ Hagerup
ハーゲルプ Hagerup
ハーゲルマン
Hagelmann
バーゲルマン
Burgelman*
バーケルマンス
Baekelmans
バゲルン Buggeln
バケロ
Baquero
Vaquero
バゲロス Vagelos
ハーケン
Haacken*
Haken**
Harken
Herken
ハーゲン
Haagen
Hagen***
バーケン Baeken
バーゲン
Bergen***
Bergin
パケン Paquin
ハーゲンシュタイン
Hagenstein
バーゲンソール
Buergenthal*
バーゲンソル
Buergenthal
ハーゲンバーグ
Hagenberg
ハーゲンバック
Hagenbach
ハーゲンバハ
Hagenbach
バーケンフェルド
Birkenfeld
ハーゲンブック
Hagenbuch
ハーゲンベック
Hagenbeck**
バーケンヘッド
Berkenhead
Birkenhead
ハーケンベルガー
Hakenberger
ハーゲンホフ
Hagenhoff
バーゲンホルム
Bågenholm
ハーゲンマイヤー
Hagenmaier
ハーゲンレイダー
Hergenrader
ハーゲンロッハー
Hagenlocher
ハーケンワース
Hakenewerth
バーゴ
Burgo
Vargo
バーゴー Bourgeau
バコ
Bacot
Bako*
Bakó
Boko
バコー
Bachau
Bacot

バゴ
Bagot
Väggö
パコ
Pacaut
Paco***
Pako
パコー
Pacaud*
Pacaut
Packo
パゴー Pagot
バコア Bakoa
バゴアス Bagoas
バーゴイン Burgoyne*
バゴーイン Burgoyne
バーコウ
Barkow
Berkow
バコウ Bacow
バコヴィア Bacovia
バーコヴィチ
Bercovitch
バーコウィツ
Berkowitz
パーコウィツ
Perkowitz*
バーコヴィッチ
Bercovitch*
バーコウィッツ
Berkowitz
バーコヴィッツ
Berkowitz
パーコウィッツ
Perkowitz
パゴェ Pha rgod
ハコエン Hacohen
バコギアニ
Bakogianni
バコーク Buckoke
バコグル Bakoglu
バココ Bakoko
バコシ Bacosi*
パゴージン Pogodin**
ハゴス Hagos
バーゴス Burgos
バコス Bakos
バゴット
Baggot
Baggott
Bagot
パゴット Pagot*
バーコッフ Berkoff
ハーコート
Harcourt**
バコニ Bakonyi
パゴニス Pagonis
ハコネン Hakonen
パゴネンジ
Pagonendji
パゴネンジヌダカラ
Pagonendjindakara
バコビア Bacovia
ハゴピアン Hagopian
バーコビチ
Bercovici
Bercovitch
バーコビッツ
Berkowitz
バーコフ
Berkhof
Berkoff**
Berkov*
Birhkhoff
Birkhoff*
バーゴフ Berghof
バコーフェン
Bachofen
バコフェン Bachofen
ハコーヘン Hacohen
ハコボ Jacobo*
ハコポ Jacopo
ハーコマー Herkomer
パコミウス
Pachomius
パコーミオス
Pachōmios
Pachomius
パコミオス
Pachomius
バーコム Barcomb
パコーム Pacôme
パコム
Pacome
Pacôme
ハーコムビー
Harcombe
ハコメ Jácome
バコヤンニ
Bakogiani
Bakoyannis*
Bakoyianni
パコラ Pakola
パゴラ Pagola
バコララオ Bakolalao
ハコリス Hagor
バゴリーニ Bagolini
バーコール Bahcall
バコール
Bacall***
Bahcall
バコル Bakoru
パコルス Pacorus
バコレ Bakore
バゴロ Bagoro
パコロス Pacorus
ハーコン Haakon
ハコン Hakon
バーゴン Burgon
バコン Bacon
バコンガ Bakonga
バーゴンジー Bergonzi
バコンスキ Baconschi
ハーザー Haaser
ハザ
Haza*
Ḥaza
バーサ
Bartha
Bertha**
Bhāsa
Birtha
バーザ Boese
バサ Vasa
バサー Bather
バザー
Bazer
Buser
パーサ
Partha*
Pertha
パーサー Purser
パーザー Perzer
パサ Passa
バーザイ Birdseye
バサーイ Bazaya
バサイア Basire
バサイーティ Basaiti
バザイティ Basaiti
ハサイネ Hasayneh
パサイライゲ
Passailaigue
ハザイール Hazair
ハザイン Huzayyin
バサヴァ Basava
パサヴァン Passavant
パサヴァント
Passavant
ハサウェー Hathaway
ハザウェー Hathaway
ハサウェイ
Hathaway**
Hatheway
Hathway
ハザウェイ
Hathaway**
ハザウエイ
Hathaway*
ハサウネ Khasawneh*
バサウリ Basauri
バサエフ
Basaev
Basayev*
ハザエル Ḥaza ilu
バーザガ Barzaga
ハサク Hasak
バサク Basak
パサコフ Pasachoff
ハサジェ Hassager
ハザズ Hazaz
バサス
Bassas
Busath
バザーズ
Bazaz*
Bazzaz
バサースト Bathurst
バサッカー Busacker
バサック
Bassuk
Vasak
バザック Bazac
パサット Pasat
ハサード Hassard
ハサド
Hassad
Hassard
ハザード
Hazard**
Hazzard
ハザド Hazzard*
バーサド Berthoud
パサード Persaud
バサトジョンデ
Buassat Djonde
パサードビセッサー
Persad-bissessar
バサドレ Basadre*
バザーナ Bazzana*
バサナーヴィチュス
Basanavičius
バサナビチュス
Basanavicius
Basanavičius
ハサナル Hassanal**
ハーサニ Harsanyi*
ハーサニー
Harsány
Harsanyi
ハサニ
Hasani*
Hassani
ハサニー Ḥasanī
バサニ Basagni
バサニニ Bassanini
ハサニヤル Hassanyar
ハサヌッディン
Hasanuddin
ハサヌル Hasanul
ハサネイン Hassanein
バサネズ Basáñez
パサネラ Pasanella
パサネン Pasanen
ハサノーヴィチ
Chasanowich
ハサノフ Hasanov
ハザーノフ Khazanov
ハサバラ Hassaballa
ハサビ Hasbi
バサビ Bassabi
ハサビス Hassabis
バサビレ Bathabile
バーサミアン
Barsamian*
ハーサム Harpham
ハサム Hassam
ハザム Khazam
バーサム
Barsam
Barsoum
バサム Ba Samb
パサモンティ
Passamonti
バザヤ Bazaya
バサラ Vasala
パサラッカ
Passalaqua
バサラバ Basaraba
バサラブ Basarab
バサラーマ
Basalamah
ハサリー Hatherley
ハザリー Hatherly
バサーリ Vasari
バサリ
Bassari
Vasari
バザーリ Vasari
バザリ Vasari
バザーリア Basaglia
バザリア Basaglia
バザリアン Bazarian
ハザリカ Hazarika
パサリブ Pasaribu
ハザーリープラサード
Hazārīprasād
バザーリャ Basaglia
バザリール Bazaleel
ハーサル Harssel
ハサル Hassall
ハザール Hazar
ハザル Khazar
バザール
Basar
Bazard
パーサル Pursall
バーザルガーン
Bazargan
バザルガン Bazargan*
バサルギン Basargin
バザルグレエフ
Bazarguruev
バザルゲティ
Bazalgette
バザルサジーン
Bazarsadyn
バザルジェット
Bazalgette
バザルデュア
Bazaldua
Bazaldur
バザルバエフ
Bazarbaev
Bazarbayev
バザルリ Vasarely
ハザレ
Hazare*
Khaza'leh
ハザレイ Hatherley
パサレラ Passarella*
バザレリー Vasarely
パサレリ Passarelli
バサレンケ
Basalenque
バザロフ Bazarov
バザーロワ Bazarova
バザロワ Bazarova
バサーワン
Basāvana
Basāwan
ハーサン Haasan
ハサーン Hasan
ハサン
Hasan***
H̄asan
Ḥasan*
Ha-sang
Hassan***
Hassane
Hassen
Khasan
ハザン

ハ

Hazan
Hazen
Hazzan
バーザン Barzun**
バサーン Bazán
バサン
Basin
Bazan*
Bazán*
Vasan
バザン
Basin
Bazan*
Bazán
Bazin***
バサンカ Bazanka
バザンジョ Bizinjo
バーサンスレン
Baasansuren
バサンダイン
Bassandyne
Bassendyne
Bassinden
バサンチーノ
Passantino
バサンティ Basanti
バサント Vasant*
ハサンベゴビッチ
Hasanbegović
パーサンラル
Parsanlal
ハサンワイ
Ḥasanwaih
ハサンワイヒ
Ḥasanwayh
ハーシ
Hersey
Hershey
Hirschi*
ハーシー
Hahessy
Hearsey
Hersey**
Hershey***
Hershy
Hirschi
ハージ
Hage**
Hajj
Hājj
ハージー
Hersey
Khadzhi
ハシ
Hashi
Hassi
ハシー Hussey
ハジ
Hadj
Hadji*
Hagi*
Haj
Haji***
Hajj
Hajji
Hājjī
Khadzi
バーシー Bhasi
バージ
Bājī
Barge
Bargh
Birge**
Buirge
Burdge
バージー Bājī
バシ
Bash
Vasi
Vaszi
バシー Bathie
バジ
Badji
Baji
バジー Buzzie
パーシ
Percy*
Persi
パーシー
Pacey*
Parcy
Pearcy
Percee
Perci
Percy***
Phasee
Piercy
Pursey
パージー Percy
パシ Passy
パシー Passy
パジ
Pagi
Pazzi
バーシア Basia*
バシア Basya
パーシア Persia
パシア Pasha
バシアコス Basiakos
バシアヌス Bassianus
バシアノス Bassianós
ハジアホンドザデ
Haji Akhondzadeh
ハジアリッチ
Hadzialic
ハーシィ Hersey
バシィ Bassey
バシイ Bacilly
パーシィ Percy*
パーシィズ Passes
ハジィニコラウ
Chadzinikolau
バシウ Baciu
バージヴァイン
Burgevine
パーシヴァル
Perceval*
Percival*
Percivale
ハーシーウィー
Hershewe
バシヴィス Bashevis
バージェ Valle
バシェ
Bachet
Baschet
Bashe
Vache
Vaché
バジェ
Badje
Batlle***
Valle**
Vallejo
パーシェ
Paasche*
Passche
パシェ Pachet
パジェ
Pagé
Pajé
ハーシェイ Hershey
バーシェイ Barshay*
バーシェイド Bercheid
バシェヴィ Bassevi
バーシェヴィス
Bashevis
バシェヴィス
Bashevis*
バージェヴィン
Burgevine
ハジェヴスキー
Hadzievski
ハーシェク Hašek
ハシェク
Hasek
Hašek**
ハシエーク Hašek
ハジェク Hayek
バシェク Vasek
パシェコ Pacheco**
ハージェス Herges
バージェス
Berges
Burges
Burgess***
Burghes
Burgis
バージェズ
Burges
Burgess
バジェス Batjes
パージェス Pagès
パジェス
Batjes
Pagés
Pagès**
Payés
ハジェスキー Hajeski
バシェスギオウル
Başesgioğlu
ハシェック Hasek**
ハジェック Hajek
ハシェッド Hached*
ハジェット Huggett*
バージェット
Bardgett
バジェット
Badgett
Budgett
パジェット
Padgett**
Paget**
Pagett
バジェッホ
Vallejo
Valléjo
パジェト Paget
バージェニーズ
Vergeneas
バシェニーナ
Bashenina
バジェーノフ Bajenov
バジェノフ Bajenov
バシェビス
Bashevis**
バージェビン
Burgevine
ハジェフ Khadjiev
バシェフ Bashev
ハーシェフェルド
Hirschfeld
ハジェブスキー
Hadzievski
バーシェフスキ
Barshefsky
バシェフスキ
Barshefsky
バシェフスキー
Barshefsky**
バジェホ Vallejo**
バジェホス Vallejos
ハシェミ Hashemi***
ハシェミアン
Hashemian*
ハシェミタバ
Hashemi-taba
ハーシェム Hashem
ハーシエム Hashem
バージェム Bergem
パジエラ Paziraye
バジェラス Phyeras
バシェリ Bascelli
バシェリエ Bachelie
ハーシェル
Herschel**
Hershel**
パージェル
Pagels
Pargels
パシエルブスカ
Pasierbska
バシェレ Bachellet
バシエレ Bassiere
バジェロス Vagelos
バージェロン
Bergeron**
バージェン Bergen
バジェン
Ballen*
Ballén
パーシェン Paschen
ハジェンス Hudgens
ハジェンズ Hudgens*
バージェンス Burgess
ハーシェンソン
Hirshenson
パシェンナーヤ
Pashennaia
パシェンナヤ
Pashennaia
バージェンホルツ
Bergenholtz
バージオ Burgio
バシオ Bascio
パーシオ Paasio*
パシオ Pasio
パジオ Pasio
ハジオアニディス
Katsiioannidis
ハジオアヌ
Chatziioannou
バジオット Bagehot
バジオティーズ
Baziotes
バジオーテス Baziotes
バジオーラ Basiola
パシオン Pasion
ハジガキス Hadjigakis
バシカロフ
Bashikarov
パーシキヴィ
Paasikivi
パーシキビ Paasikivi
バシキールツェヴァ
Bashkirtseva
バシキルツェヴァ
Bashkirtseva
バシキールツェワ
Bashkirtseva
バシキン Bashkin
ハージグ Herzig
バシク Basic
バジーク Busiek
パーシグ Pirsig*
バシクット Baskut
パシケーヴィチ
Pashkevich
パシケヴィチ
Pashkevich
パーシケッティ
Persichetti**
パーシコ Persico*
パシコ Pacheco
ハシコス Hasikos
ハーシス Haasis*
ハージス Haasis
ハシス Ḫasīs
ハジス Hodges
ハジズ Hodges
バージス Burgess
バージズ
Burges
Burgis
バシス Bassis
パーシス Persis
パジス Pagis
パージター Pargeter
ハジダキス
Chatzidakis
Hadjidakis
パシチ Pašić
パシチェンコ
Pashchenko
ハジッカ Hudicka
バシツカ Barzycka
ハーシッグ Hirsig
ハージッグ Herzig
バーシック Bursik
バシック Basiuk
ハジッチ Hadžić
バシッチ
Basic

ハ

Basici
Vasic
バシッチ
Pasic
Pašić
ハーシット Harshit
ハシット Hassitt
ハシッド Hasid
バシット
Basit
Bassitt
パジット Paget
パーシップ Persip
ハージティ Hargitay
ハージテイ Hargitay
パシテレス Pasiteles
バシト Basit
バジード Bagyidaw
バジードー Bagyidaw
バジドー Bagyidaw
パジト Paget
バジードウ Bagyidaw
パージトノフ
Pazhitnov
パジトノフ Pajitnov
バシトハノワ
Basitkhanova
ハシナ
Hasina**
Hassina*
ハジナ Hasina
パシーナ Pacyna
ハジナスト
Haxhinasto
ハージニー Khāzinī
バージニ Virginie
バージニー Virginie
バジーニ
Baggini
Bagini
パシーニ Pasini
パジーニ Pasini**
バージニア
Virginia***
ハジニアン Hadjinian
バーシニック
Bersinic*
バージニックス
Birznieks*
パシニャン Pashinyan
パシネッティ
Pasinetti**
パジネッティ
Pasinetti
パジネッリ Pasinelli
バシノ Basino
バジノビッチ
Vujnovich
パシノビッチ
Pasinović
ハシバ Hassiba
バジパイ
Bajpai
Vajpayee**
ハージババイ
Hajibabai
バジバモ Bazivamo
パーシバル
Percival***
ハージブ
Hajib
Hājib
Ḥājib
ハシブ Hassib
ハジブ Ḥājib
バシブ Bathib
パシファエ Pasiphaē
ハジファキ Hajifaqi
パシフィカス Pacificus
パシフィーク
Pacifique
パシフィコ Pacifico
バジブヘ Bazibuhe
ハジベコフ
Khadjibekov
Khadzhibekov**
バシマコーワ
Bashmakova
ハーシミー Hāshimī
ハシミ
Hashemi
Hashimi
ハジミカラキス
Hadjimichalakis
ハジミハーリ
Hatzimichali
ハーシム
Hāshim*
Haşim
Hâsim
Hâşim
ハシーム Hasheem
ハシム
Hachim
Hachimou
Hashemi
Hashim***
Hasim**
Hasjim
Hasyim*
ハジム
Hazem*
Hazim
バーシム
Basim
Bassem
バジム Vadime
バシムキリチ
Bashimklych
ハジムラト
Khadjimourat*
ハジムラド
Khadzhimurad*
ハーシャ Harsha
ハージャ Khvāja
ハージャー Harger
ハシャ Hasya
ハジャ
Hadja
Haja
ハジャー Hajarr
バーシャ Baasha
バーシャー Baasher
バージャ Barger
バージャー
Barger*
Berger***
Burger
バシャ
Bacha*
Basha
Bassa
Vazha
バシャー
Basher
Bashir
バジャ Vajta
バジャー
Badger*
Berger
パーシャ Pasha*
パシャ
Pasa
Paşa*
Paṣa
Pascha*
Pasha**
パジャ Pasha
バジャイ Bajaj
パージャイ Pajai
ハーシャイザー
Hershiser
バーシャイド
Berscheid
パシャエフ Pashayev
バシャク Wasiak
バジャス Ballaz
バジャダレス
Balladares*
Valladares
バジャック Bajac*
ハジャティー
Haggerty
バーシャーニー
Bhāshānī
バシャニ
Bashani
Bhāshānī
バシャニー Bashani
バジャーノフ
Bazhanov
バジャノフ Bazhanov
バジャノフスキー
Baszanowski
ハシャノワ
Khasyanova*
バジャノワ
Bazhanova*
バーシャフスキー
Varshavsky
バシャム Basham
バジャム Badjam
パジャム Padgham
バシャラ
Bashara
Bchara
バシャラン Bacharan
バシャリ Bashari
パジャリ Pajari
パシャリッチ Pasalic
バジャリノ Vallarino
バーシャリーフ
Ba-shareef
ハーシャル Herschel
ハシャール Ḥashar
ハジャル
Hadjar
Hajar
Ḥajar
バシャール Bachar
バシャル
Bashar
Bisher
パーシャル
Parshall**
Prchal
バジャルタ Vallarta
パジャレス Pallares
バージャロン
Bergeron*
ハシャーン Khashaan
バジャン
Ba Gyan
Bazhan*
Bhajan
パジャン Pagin
バシャンティ Vashanti
バジャンマル
Bajammal**
ハーシュ
Harsch
Hersch
Hersh*
Hirsch***
Hirsh**
Hursh
ハージュ Ḥājj
ハージュー
Khājū
Khwājū
ハシュ Hash
ハジュ Haci
ハジュー Hajdu
バーシュ
Baatsch
Barsh
バージュ
Bartges
Burge
バシュ Basch
バジーユ Bazille
バジュ Baju
バジュー
Badiou
Bagieu
パーシュ Paarsch
パージュ Page**
パシュ
Pache
Pasch
パジュー Pajou
ハジュイ Hajoui
バシュヴィス Bashevis
バシュヴィツ
Baschwitz
バシュカ Baška
パシュカ Paşca
パシュカニー
Pashukanis
パシュカーニス
Pashukanis
パシュカニス
Pashukanis
パシュキェヴィチ
Paszkiewicz
パシュキス Paschkis
バシュキム
Bashkim**
バシュキルツェフ
Bashkirtseva
バシュキーン Baškin
パシュク
Paschek
Pascu*
Paşcu
パシュクアイシュ
Pascoais
バシュクアール
Bashkuāl
バシュクット Baskut
バシュクワール
Bashkuāl
ハーシュコ Hershko*
バシュコ Vasko
ハーシュコヴィッツ
Hershkovits
ハーシュコップ
Hirschkop
ハーシュコプ
Hirschkop
バシュコンセールシュ
Vasconcellos
バジュス Ballús
パーシュース Perseus
パジュス Pagès
パシュチン Pashutin
バシュティ Vashti*
バシュティクス
Baštiks
ハシュデウ Hasdeu
パシュート Pursuit
パシュトゥン Pashtun
ハーシュトリット
Hirschtritt
ハーシュナー
Hershner
バージュナイド
Ba-junaid
バージュニ Vážny
バシュニ Basyuni
ハーシュハイザー
Hershiser*
ハーシュバーガー
Harshbarger
Hershberger
ハーシュバーク
Hirschberg
ハーシュバーグ
Hirschberg
Hirshberg
ハーシュバグ
Hirshberg
ハーシュバック
Herschbach**
ハーシュバッハ
Herschbach

ハ

バシュバニアイ
Vasbanyai
バシュビツ Baschwitz
ハーシュフィールド
Hershfield
Hirshfeld
Hirshfield
ハーシュフェルダー
Hirschfelder*
ハーシュフェルド
Hirschfeld**
バシュフォード
Bashford*
ハーシュホーン
Hirschhorn*
Hirshhorn
バシュマーコヴァ
Bashmakova
ハーシュマン
Harshman
Hershman**
Hirschman**
ハシュミ Hachemi
バシュメット
Bashmet**
バシュメト Bashmet
ハーシュラ Harshra
ハーシュライファー
Hirshleifer*
ハーシュラッグ
Herschlag
ハジュラフ Hajraf
バシュラール
Bachelard*
ハジュリ Hajri
パーシュリ Parshley
パーシュリー Parshley
パシュリー Pashley
バシュリエ Bachelier
バシュレ Bachelet**
パーシュレー Parshley
ハシュレイ Haseley
バシュロー Vacherot
バシュロッド Bushrod
バシュロナルカン
Bachelot-narquin
ハジュン Ha-joon**
ハーショー Harshaw
ハージョ Harjo
ハジョ Hajo
バージョ
Baggio
Burgio
バショ Bascio
バジョ
Badjo
Bajo
パジョ Pajot
パジョー Pajot
バショア Bashor
ハジョウ Hajo
バジョカ Bajjoka
パジョジス Pajaujis
ハーショック
Hershock
バジョット Bagehot*
バショップ Bachop
ハショティ Haşotti
バショード Bashaud
バジョーフ
Badzjov
Bazhov**
バジョフ Bazhov*
バショーモン
Bachaumont
バショモン
Bachaumont
ハーショルト Hersholt
ハーション Herhon
バーショーン
Bershawn*
バショーン Voshon
バション Vachon*
パーション
Paerson**
Pehrsson
Persson*
パション Pasion*
ハジラ Hajra
バシラ
Basilla
Bassila
バジラ Vajira
バージーラーオ
Bājī Rāo
バシラコス Vasilakos
バシラシヴィリ
Basilashvili
バシラシュヴィリ
Basilashvili
バジラチャーヤ
Bajracharya
バジラーチャリヤ
Vajracarya
Vajrācārya
ハージリー Ḥājirī
ハジリ
Hajiri
Haziri
バシーリ Vasilii
バシリ
Bashiri
Basili
Bathily
Vasili
バシリー
Vasilij
Wassily
バジーリ Basili
バージリア Virgilia
バシリアジス
Vasiliadis
バジーリィ Basily
バジーリイ Bazili
バシリウ Vassiliou**
バシリウー Vassiliou
バシリウス
Basil
Basilius*
バシリエビッチ
Vasilievich
Vasilijevic
バシーリエフ
Vasiliev
Vasiljev
バシリエフ Vasilyev
バシリオ Basilio
バジーリオ Basilio*
バジリオ
Basilio
Basílio
バシリカ Vassilika
バシリクス Basilikus
バシリコス Basilikós
バシリスクス
Basiliscus
バシリスコス
Basiliscus
バジリデシュ Basilides
バジリハマネ
Vaziri Hamaneh
バジーリャ Padilha
バジリャ Padilha
パーシリンナ
Paasilinna***
ハシル
Hashil
Hasil
Jacir
バーシル Basile
バージル
Basil
Bergel
Vergilius
Virgil**
バシール
Bachir
Basheer
Bashir*
Bashīr
Bassir
Bechir
バシル
Bachir
Bashir**
Basil**
Basile
Basirou
Bassil
Vasil
Vassil
バジール
Basil
Basile
Basir
Bazille
バジル
Basil***
Basile*
Basilius
Bassile
Bazile
Vazil
バシルェバ Vasil'eva
バシールッディン
Bashiruddin
バシーレ Basile
バシレ
Basile*
Vasile*
バジーレ Basile*
バジレ Basile
バジレア Basilea
バシレイオス
Basileios*
Basíleios
Basilius
バシレイデース
Basileidēs
バシレイデス
Basileidēs
バジレーヴィッチ
Bazilevich
バジーレク Pazdírek
バジレッティ Basiletti
バシレバ Vassileva
バジレービッチ
Bazilevich
バシレフ
Vasilev
Vassilev
バジレブス Bazilevs
バシレフスキス
Vasilevskis
バシロ Baciro
バシロス Vasilos
バシロワ Basilova
ハージン Chazin
ハシン Hasin
ハジン Ha-jin
バーシン Bersin
バージン
Ba-jin
Bergin
Burgin
Burzin
パーシン Parshin
パジン
Pasin*
Pažin
バージンガー Basinger
パーシンガー
Persinger
ハージング Herzing
ハシング Hassing
パーシング Pershing*
ハジンズ Hudgeons
ハジンスキー Hazinski
バシンスキー
Bacsinszky
Basinsky
パジンスキ Pazinski
ハシント Jacinto**
バシンドワ Basindwa
ハース
Haas***
Haase
Haass
Hars
Harth
Has
Hass
Haworth
Hearse
Hearth*
Heath
Hirth*
Hurth
Huss*
Khāṣṣ
ハーズ
Haas
Hards
Herz
ハス
Haas
Has*
Hass*
Hasse
Hasu
Haz*
Huth
Khāṣṣ
Khasu
ハズ Haz**
ハズー Hazeu
バース
Baars
Baas*
Baase
Barrs
Bars
Barss
Barth**
Bas
Bass***
Bath
Bers
Berth
Burse
バーズ
Baase*
Barrs
Bāz
バス
Bas*
Bass***
Basu*
Bath
Baz
Bus
Büsing
Buss***
Vaz
バスー Basu*
バズ
Baz**
Buz
Buzz*
Vaz**
パース
Pars
Parse
Parth
Pearce
Pearse
Peirce*
Purce
パス
Hphags
Pas
Pass**
Path*
Paz***
パズ Paz
バスア Basua
バーズアイ Birdseye
ハズアル Khazál
バズィー Busey
パースィ Parse
パースィー Percy
パズィ Pazi
パースィヴァル
Percival
ハズィザランティス
Chatzisarantis
ハーズィニー Khāzinī
ハースィブ Ḥāsib
パズィラ Pazira
バズィリ Bazyli
ハーズィン Khāzin
ハズィーン Ḥazīn

パスィンスキー
Pasynskii
パズヴァンドオール
Pazvandoğlu
バスウェダン
Baswedan
ハーズウェル Haswell
ハスウェル Haswell
バスウェル Buswell
パーズウェル Purswell
パスウォーター
Passwater*
パスウオルスキイ
Paswolskii
バスエー Ba Swe
パスエステンソロ
Paz Estenssoro
バーズオール
Birdsall*
バスカー
Basker
Bhaskar**
Bhasker
バスガー Basger
バズカ Bazuka
パスカ
Pasca
Pascal
Paskah
バスカヴィル
Baskervill
バスカーク Buskirk
バスカーコフ
Baskakov
パスカーシウス
Paschasius
パスカシウス
Paschasius
パスカジウス
Pascasius
パスカーシヌス
Paschasinus
パスカート Paskert
パスカベイジ
Pascavage*
バスカム Bascom
バースカラ
Bhāskara
Bhāskarācārya
バスカラ Bhāskara
バースカラン
Bhaskaran
バスカラン Vaskaran
パスカリ
Pasquali*
Pasqually
バスカーリア
Buscaglia
バスカリア Buscaglia*
パスカリエヴィッチ
Paskaljevic
Paskaljević
パスカリエビッチ
Paskaljevic
パスカーリス
Paschalis
パスカリス
Paschalis
Paskalis
パスカリーヌ
Pascaline
パスカリヌ Pascaline
パスカリーノ
Pasqalino
ハスカル Hascall
パスカル
Pascal***
Pascale***
Pascall
Paschal
Pascual***
Paskal
Pasqual
Pasquale*
パスカルズ Pascale
パスカルスラニスラオ
Pasqualslanislao
パスカルッチ
Pasqualucci
パスカーレ Pasquale
パスカレーヴァ
Paskaleva
パスカレッラ
Pascarella
パスカレロ Pascarello
ハズガン Khazghan
バスカン Basquin
パスガン Passegand
ハスカンプ Haskamp
ハスキー
Huskey
Huskie
バースキー
Barskii
Barsky
Buirski
バスキ Basuki*
パースキー
Perske*
Persky*
バスキア Basquiat**
パスキエ
Pasquier**
Passchier
バスキエーリ
Baschieri
パスキエル Pasquier
ハスキソン Huskisson
ハスキッソン
Huskisson
パスキーニ
Paschini
Pasuquini
パスキネッリ
Pasquinelli
バスギャング
Bussgang
ハスキュー Haskew
パスキュアル Pascual*
ハスキル
Haskell
Haskil
パスキル Pasquill
ハスキン Haskin
バスキン
Baskin**
Basskin
パスキン Pascin**
ハスキンズ Haskins**
バースク
Barsuk
Bursk
バスク
Bascou
Busck
Busk*
パースク Perske
パスク
Pask
Pasuk*
パスクア
Pascua
Pasqua**
パスクァーリ Pasquali
パスクアーリ Pasquali
パスクアリーノ
Pasqualino
パスクアル
Pascual***
Pasqual*
パスクァーレ
Pasquale**
パスクアーレ
Pasquale*
Pasquali
パスクアレ Pasquale
パスクアレッティ
Pasqualetti
パスクイーニ
Pasquini*
パスクィーノ
Pasquino
バスクティ Vaskúti
バスグプタ Vasugupta
パースグローブ
Purseglove
パスクヮル Pascual
パスクヮーレ Pasquale
パスクワ Pasqua
パスクワーリ
Pasquale
Pasquali
パスクワレ Pasquale
パスケ Paske
パスケー Pasquet
バスケイス Vázquez
パスケーヴィチ
Paskevich
パスケヴィチ
Paskevich
バースケス Vázquez
バスケス
Másquez
Vasquez**
Vásquez**
Vazquez**
Vázquez***
バズケズ Vazquez
バスケスペレス
Vasquez Perez
バスケット
Baskett
Basquette
バスケーニス
Baschenis
バスケビッチ
Vaskevitch
パスケービッチ
Paskevich*
パスケフスカ
Paskevska
ハスケル
Haskel**
Haskell***
バスコ
Baczko
Basco**
Basko
Vasco**
Vasko
パスコ Pasco*
パスコー Pascoe**
パスゴーア Passgård
パスコアイス Pascoais
パスコアル Pascoal
ハスコイング
Gascoing
バスコウ Bascou
パスコウ Pascoe
ハースコヴィツ
Herskovits
ハースコヴィッツ
Herskovits
Herskovitz
ハスコウィッツ
Herskowitz
ハズコック Hathcock
パスコット Pascot*
ハースコビッツ
Herskovits
バスコム
Bascom*
Bascomb*
パスコーリ Pascoli
パスコリ Pascoli*
バスコンセロス
Vasconcellos
Vasconcelos**
バスシェバ Bathsheba
パスジオル Pazdzior
バスシュア Bathshua
バススィード Bastide
ハーズスタイン
Herzstein
バスタ
Basta
Busta
バスター Buster**
バズダー Buzdar
パスタ Pasta
パスター Pastor**
パスダー Pasdar
パズダー Puzder
ハスダーイ Hasdai
ハスダイ
Hasdai
Hisdai
バースタイン
Bernstein
Burstein*
パスターヴィツ
Pasterwitz
パスターカンプ
Pasterkamp
ハスタッド Hustad
ハスタート Hastert**
バスタート Bastert
バスタード
Bastard*
Bastardo
パスタナク Pasternak
パスターナック
Pasternack*
Pasternak*
パスタナック
Pasternack
バスターニ Bastani
バスターブル Bastable
バスタブル Bastable
パスダーマジャン
Pasdermadjian
バスターミー Bastāmī
バスタール Bastart
バスタルド Bastardo
バスタルロー
Bastareaud
バスタン
Basten
Bastin*
バスチァ Bastiat
バスチア Bastiat
バスチアー Bastiat
バスチアン
Bastian
Bastien
バスチエ Bastier
バスチード Bastide
バスチド Bastide*
バスチャン
Bastian
Bastien
ハスチョロー
Hasi-chaolu
パースック
Pasuk*
Phasuk
パースックワニット
Phasukavanich
バスツコ Buszko
パスツシュカ
Pastuszka
パスツール
Pasteur
Pastor
バスティ Basti
パスティ Pasti
バスティア Bastiat
バスティアーニ
Bastiani
バスティアニーニ
Bastianini
バスティアーノ
Bastiano
バスティアノーニ
Bastianoni
バスティアン
Bastiaan
Bastian***
Bastien**
バスティアンス
Bastiaans*
バスティエ Bastié
パスティエ Pastier

ハ

パスティオール
Pastior*
バスティーダ Bastida
バスティダ Bastida
バスティダス Bastidas
パスティツィー
Pastizzi
パスティック Pastic
バスティッチ Vastic
ハスティード Husted
バスティード Bastide*
バースティナー
Burstiner
パスティーネ Pastine
バスティーユ
Bastille*
Busuttil
バスティラ Bastyra
ハスティロウ Hastilow
バースティン
Burstyn**
バスティーン
Bastienne
バスティン
Bastien
Bastin**
Bustin
Vastine*
パスティン Pastin
ハスティングス
Hastings*
ハスデウ Hasdeu
ハズデウ Hasdeu
バスデオ Basdeo**
バーステーゲン
Verstegen
バステッター
Bustetter
ハーステッド Harstedt
ハステッド Husted
バステト Bastet
バステバ Vasudeva
バステバン Vasudevan
バステーブル Bastable
ハズデル Hasdell*
パステル
Pastel
Pastell
パステルス Pastells*
パステルナーク
Pasternak**
パステルナク
Pasternak
ハステレン Gasteren
バーステン Bursten
バステン Basten*
バスデン Basden
ハースト
Hearst***
Hirst**
Hurst***
ハスト Hast
バースト
Bast*
Berst
Burst
バーストー Barstow
バスト Basto
パスト
Past
Pasto
パストーア Pastor
パストア Pastore
バーストウ Barstow*
ハストウィット
Hustwit
ハストヴェット
Hustvedt
パストウスキー
Pastowski
パストゥホヴ
Pastukhov
パストゥホフ
Pastukhov*
パストゥール
Pasteur***
バストゥルク Basturk
パストゥロー
Pastoureau*
パストウロ
Pastoureau
バストス Bastos**
ハーストハウス
Hursthouse
ハストベット
Hustvedt**
バストホルム
Bastholm
バストラ Bastola
パストラ Pastora
バスドライヴァー
Busdriver
パストラス Pastoras
ハストラップ Hastrup
パストラーナ
Pastrana
Pastraña*
パストラナ
Pastrana**
パストラーニア
Pastraña
パストーリ Pastori
パストリ Pastori
パストーリアス
Pastorius
パストリアス
Pastorius*
ハスドル Hasdrubal
パーストル Pásztor
パストール Pastor*
パストル
Pastor*
Pástor
ハスドルバル
Hasdrubal
パストーレ Pastore**
パストレ Pastré
ハストレイター
Hastreiter
ハーストレッチト
Haastrecht
パストレッリ
Pastorelli*
パストレリ Pastorelli
パストロ Pasto
パストローネ Pastrone
ハストロプ Hastrup*
ハーストン
Hairston*
Hurston**
ハストン Haston
バーストン
Burston
Burstone
バストン
Baston
Bastone
パーストン Parston
パストン Paston
ハスーナ Hasūna
ハスナ
Hasna
Hasnaa
ハスナー Hassner
パースナー Parsner
ハスナイン Hasnain
ハスナウィ Hasnawi
ハスヌーリン
Khasnulin
ハスーネ Hasouneh
パズネーエワ
Pozdneeva
ハスネス Johannes
バスネツォーフ
Vasnetsov
バスネツォフ
Vasnetsov
バスネット
Basnet
Bassnett
バスネト Basnet
バースパー Verspoor
パスパ Ḥphags-pa
ハースハイザー
Hershiser
ハーズバーグ
Herzberg*
ハスハーゲン
Hashagen
ハスハチッヒ
Khaskhachikh
ハースバッハ Hasbach
ハスバッハ Hasbach
パスパティス Paspatis
ハスバートル
Khasbaatar
ハスバーニ Hasbani
ハースバハ Hasbach
バスハム Bassham
パスハリディス
Paschalidis
パスハリーデス
Paschalides
ハスバルゲン
Hasbargen
パスバン・オウル
Pazvandoğlu
バスバンジュー
Vasubandhu
ハズバンズ
Husbands*
ハズバンド Husband
ハズバンド Husband*
ハスビ Hasby
バスビー Busby*
バズビ Busby
バズビー
Busby**
Buzby
ハスピール Haspiel
バスビル Bassville
ハースピンガー
Haspinger
パスフェール Pasveer
バースフェルド
Versfeld
ハスフォード
Hasford
Hosford
バスフォード
Basford
Bassford*
バスブース Basbous
ハスブラートフ
Khasbulatov*
Khasburatov
ハズブラートフ
Khasbulatov
Khasburatov
ハズブラトフ
Khasburatov
ハスブルーク
Hasbrouck
ハスブルック
Hasbroeck
Hasbrouck
パスプレ Puspure
ハスブン Hasbún
バスベインズ
Basbanes
ハズベス Hudspeth
ハスペル Haspel
ハスペルズ Haspels
ハスマ Hasmah
ハスマー Hasemer
バスマイヤー
Wasmeier*
バスマジアン
Basmajian
バスマジャン
Basmajian
パーズマーニ
Pázmány
パズマニー Pazmany
パーズマーニュ
Pázmány
バスマーノヴァ
Basmanova
バスマン Bussmann
パスマン Passman*
ハスミ Hassoumi
パスミーニョ Pazmiño
ハスミンスキー
Khas'minskii
ハズム
Hazm
Ḥazm
バズム Bazoum
パスモア
Pasmore
Passmore*
パスヤーン Pasyān
ハスユン Has-Yun
ハースラー
Haasler*
Hasler
Hassler
ハスラー
Hasler**
Hassler*
Hutsler
ハズラ Hāzrā
バスラ Basura
バスラー
Basler
Bassler
パスラ Passerat
ハスライター
Hassreiter
ハズラジ Khazraji
ハスラック Hasluck
ハズラック Hasluck
パスラック
Paslack
Passlack
ハスラット Ḥasrat
ハズラット Hazrat
ハズラト Hazrat
ハスラム Haslam**
ハズラム Haslam
ハスラン Haslam
バスラン Basselin
ハズランド Haslund
ハスリ Hassli
バースリー Bursley
バーズリー
Bardsley
Barsley
バスリ
Basly
Basri
バスリー
Basly
Baṣrī
パースリー Parsley
パーズリー Parsley
パスリー Pasley
パスリチャ Pasricha*
バスリック Bathrick
ハズリット Hazlitt*
ハスリップ Haslip
ハズリップ Haslip
ハスリンガー
Haslinger*
バズール Bazoer
バズル Basil*
パースル Purcell
バスルカ Vasulka
バスルト Basurto
バズルル Bazlur
ハズルンド Haslund
バーズレー Beardsley
バースレイ Barsley
バーズレイ Beardsley

ハスレット Haslett
ハスレム Haslem
バズレール Bazelaire
パスレル Passler
バズレン Bazlen
パースロー
Parsloe
Parslow
パスロー Passereau
パスロン Passeron*
バスワニ Vaswani
ハズワーン Hazwan
パスワン
Passouant
Paswan
バズワンドオウル
Pazvandoğlu
ハスーン Hassoun
バースン Berson
パースンズ Parsons**
ハーセ
Haase
Haasse*
Hase
ハーゼ
Haase**
Hase
Hasse
ハーゼー Hersey
バーゼ Bathe
バセ Basset**
バセー Basset
パセ Passet*
ハーセイ Hersey
パーセイ
Pursey
Purssey
バーセイヴィ Basevi
パセーイク Passik
バセイン Ba Sein
パーセヴァル Parseval
バセヴィ Basevi
バセヴィッツ
Bacewicz
ハゼウィンケル
Hazewinkel
バゼオット Bagehot
パセカ Paseka
ハセク Hasek
バセク Vasek
パセク Pacek
バセゴーダ Bassegoda
バセゴダ Bassegoda
パーセジアン
Parsegian
ハーセス Herseth*
バーゼス Burgess
パゼス Pagés
バセスク
Basescu
Băsescu
Băsescu
バセーダス Bassedas
バセチエス Baseches
パセツキー Pasetskii
ハセック Hasek
パーセック Passek
パセック Pasek
バセッジオ Baseggio
バセッティ Bassetti
パセッティ Pasetti
ハセット
Hasset
Hassett**
バセット
Baset
Basset
Bassett**
パセット Passet
パゼット Paget
バゼッラ Buzzella
バゼッリ Baselli
バーセドー Basedow
バーゼドー Basedow
バセドー Basedow
バゼドー Basedow
バーゼドウ Basedow
バセドゥ Basedow
バセドウ Basedow*
バゼドウ Basedow
バゼドヴ Basedow
ハセナ Hacenna
パセーナディ
Pasenadi
バゼーヌ Bazaine**
ハゼネイ Haseney
ハセノアール
Hasenöhrl
バセバ Vaseva
ハーゼブレック
Hasebroeck
ハセベ Hasebe
バセホット Bagehot
バゼホット Bagehot
ハセマン Haseman
ハゼム Hazem*
バセム
Basem
Bassem
ハゼラー Hazelaar
バーセラー Baseler
バセラ Vasella*
バーセリ Berceli
ハセーリウス Hazelius
ハセリース Hasselriis
バゼリッツ Baselitz*
パセリーニ Passerini
ハーゼル Hasel**
ハセル Hasell
ハゼル Hazel
バーセル Burcell**
バーゼル
Bardzell
Barzel*
Basel
Basil*
バセル Basel
バゼル
Basil
Bazell*
Buzzell*
パーセル
Pacelle*
Purcell**
Pursel
Pursell*
パセル Passer
ハーゼルヴァンダー
Haselwander
パーセルズ Parcells*
バセルスキ Baselski
ハセルタイン
Haseltine
Hasseltine
ハゼルチン Hazeltine
バーゼルト Baselt
ハーゼルベック
Haselböck
ハーゼルホフ
Hazelhoff
バーセルマ Ba-salma
バーセルミ
Barthelme**
バーセルミー
Barthelme
Barthelmie
バーセルメス
Barthelmess
バーセレミー
Barthelemy
パゼーロ Pasero
パゼロ Pasero
バゼロン Bazelon
ハーセン Hersen*
ハーゼン
Haasen
Hazen*
Khazen
ハセン
Hacen
Hacene
Khasen*
ハゼン Khazen
バゼン Bazin
ハーゼンエール
Hasenöhrl
ハーゼンカンプ
Hasenkamp
ハーゼンクレーヴァー
Hansenclever
Hasenclever*
ハーゼンクレーバー
Hasenclever
ハーゼンクレーファー
Hasenclever
ハーゼンクレーフェル
Hasenclever*
バゼンゲジ Basengezi
パセンサ Pacenza
ハセンジャガー
Hasenjager
ハセンスタブ
Hasenstab
ハーセント Harsent
ハーゼンヒュットル
Hasenhuttl
ハーゼンフラッツ
Hasenfratz
ハーゼンレイダー
Hasenrader
ハソ Hah-seogh
バーソ Baco
バソ
Ba so
Vasso
バソー Basso
バゾー Ba Zaw
パソ
Paso**
Pazo
ハソウ Hassau
バソガ Basoga
ハーゾグ Herzog
バソス Vasos
パソス
Passos***
Pazos
パゾス Pazos
ハーゾッグ Herzog
バーソッグ Burthogge
バーソット Bersot
パーソッフ Persoff
パソード Persaud
ハゾニー Hazony
バゾニ Bazzoni
パーソネン Paasonen
ハーソフ Hersov
ハーソブ Hersov
ハソプ Ha-sop
バーソープ Barthorp
バーソフ
Basov
Berthoff
バーゾフ Vazov
バソフ
Basov**
Bassoff*
Vazov
バゾフ Vazov
パーソフ Persoff
パソフ
Passoff*
Puthoff
ハゾプウロス
Chatzopoulos
パゾフスキー
Pazovsky
バゾフト Bazoft
バーソム Barsom
バソム Bassom
バーソリー Bathory
バーゾリ Basoli
バソリー Báthory
パゾリーニ Pasolini**
バーゾール Birdsall*
パソル Pasols
バソルス Bassols
バーソルディ
Bartholdy
バーソルド Berthold*
バソレ
Bassolet
Bessolé
バソロ Basolo
バーソロミュー
Bartholmew
Bartholomew***
バソワ Basova
ハーソン
Hearson
Hirson
ハソーン Hathorn
ハソン Hasson
ハゾン Chazon
バーソン
Barson
Berson
Burson*
バソン Basson
パーソン
Parson**
Pehrson
Person*
Persson
Perzon
パーソンス Parsons
パーソンズ
Parsons***
Persons*
バゾンバンザ
Bazombanza
バソンピエール
Bassompierre
バソンブリオ
Basombrío
ハータ
Herta
Hertha
ハーター
Harter
Herter
ハーダー Harder*
ハタ Hata
ハター Hatter
ハダ Hadda
ハダー Hadar
バータ
Baeten*
Bahta
Bartha
Berta
Vata
バーター Barter*
バーダ
Baarda
Bada
バーダー
Baader*
Bader**
Burder
バタ Bhatta
バター
Butah
Butler
Butter**
バダ
Bada
Badr*
Vada
バダー
Baddar
Bader
パータ
Paata
Purta
パタ
Pata
Patah

ハ

バタア Bateer
ハダイ Hady
バタイ Bataly
パタイ Patai
バタイエ Bataille
パダイガ Padaiga
バタイネ Batayneh
バタイネハ Batayneh
ハータイネン
Haatainen
バタイュ Bataille
バタイユ Bataille***
バダイユ Bataille
バタイヨーン
Bataillon
バタイヨン Bataillon
バダイン Bhadain
バダウィ
Badawi**
Badawy*
バダウィー Badawī
バタウィック
Butterwick
ハーダウェー
Hardaway
ハーダウェイ
Hardaway*
ハタウェイ Hathaway
バタウエス Vatatzes
バターウェック
Butterweck
バターウォース
Butterworth
バタウォース
Butterworth
バダーウーニー
Badā'ūnī
バダウニー Badā'ūnī
バダーエフ Badaev
パタキ
Pataki**
Pataky
パタキー Pataky
バータク Bartak
パターク Pathak
パタク Pathak
バタークリー
Butterklee*
バタグリア Battaglia*
パダケ Padacke
バタゲーリ Batagelj
パタコス Pattakos
ハダシ Hadashi
バタジア Battagia
ハダジィ Hadhazy
パータシヴィリ
Paatashvili
バダジェウスキ
Badarzewski
バダジェフスカ
Badarzewska*
バタジオン
Battaggion
バタジャ Btalla*
バタシュ Batash
パタシュ Patachou
パタシュー Patachou
パタシュニク
Patashnik
バターシル Battershill
ハータス Hartas
ハダス
Hadas
Hadath
バダス Badas
バタースビー
Battersby*
バターズビー
Battersby
バタスビー Battersby
ハタスリー Hattersley
ハタズリー Hattersley
パタースン
Paterson*
Patterson*
パタスン Paterson
パタセ
Patasse
Patassé**
ハダセビッチ
Khadasevich
バターソン Batterson
パターソン
Paterson***
Patterson***
Peterson
パタソン
Paterson*
Patterson**
パターチャーラー
Paṭācārā
バタチャリア
Bhattacharya*
Bhattacharyya
バータチャーリヤ
Bhattacharya
バタチャーリャ
Bhattacharya
バタチャリヤ
Bhattacharyya
バタチャルヤ
Bhattacharya
ハダーツェフ
Khadartsev
ハータック Hurtak
バーダック Bardach
パダッケ Padacke
ハダッタン Hadattan
ハダット Jadad
ハダッド Haddad
パタッラス Putallaz
ハダデ Adad
ハダディ
Hadadi
Hadady
Haddadi
ハダデゼル Adraazar
ハダード Haddad
ハダド
Adad
Hadad
Haddad*
ハダドエゼル
Adraazar
パタナイク Pattanaik
パタナッツィ
Patanazzi
バタニ Batani
バーダニエル
Berdaniel
パタニティ Paterniti*
バタニデス Batanides
パターネ Patanè
パタネ Patanè
パタネー Patanè
バータネン Virtanen
バタネン Vatanen*
バダノ Badano
バダノヴィッチ
Bahdanovich*
パータノストロ
Paternostro
パタノタイ
Pathanothai
Phathanothai
バダノビッチ
Bahdanovich
パタビ
Pattabhi
Pattabi
パタビジョイス
Pattabhi Jois
バタービーン
Butterbean
ハタブ Hatabu
パータプ Partap
バターフィールド
Butterfield***
Buttertfield
Buttfield
バタフィールド
Butterfield**
パターフォード
Putterford
パタプティアン
Patapoutian
バタフライ
Butterfly**
ハターヘト Hatahet
バダホス Badajoz
パタマ Patama
バダマシ Badamassi
ハーダマル Hadamar
バーダマン
Vardaman*
パターマン
Putterman
ハータミー Khatami
ハタミ
Hatami
Khatami**
ハーダム Khaddam
ハタム Hatam
ハダーム Khaddam
ハダム Khaddam**
バダム Badham**
パーダム
Perdum
Purdum
バダムジュナイ
Badamjunai
ハダモフスキー
Hadamovsky
ハダモブスキー
Hadamowsky
パダヤチ Padayachie
バターユ Bataille
バタヨン Bataillon
バタライ Bhattarai**
バタラヴォリ
Buttaravoli
パタラス Patalas
バダラッコ
Badaracco*
バーダラーヤナ
Bādarāyaṇa
ハダリ Hadary
バーダリ Bādari
バダリ Badari
パタリ Patali
バターリア Battaglia*
バタリア Battalia
ハダリィ Hadary
バタリック Butterick
パダリーノ Padalino
パータリプッタ
Pātaliputta
バターリャ Battaglia
バタリャ Btalla
バータリーン
Baataryn
バターリン Batalin
バーダール Berdahl
バーダル Bardal*
バダル
Badal
Vadal
パダル Padar
バダルウガン
Badar-Uugan*
パタルカツィシビリ
Patarkatsishvili
バダルジェフスカ
Badarzewska
バータルスフ
Baatarsukh
バダルチ Badarch
ハダルチェフ
Khadartsev
バダルチーン
Badarchiin
ハダルツェフ
Khadartsev*
バダルディン
Badaruddin
バタルデン Batalden
パダレ Padare
パダレヴスキー
Padalewski
パダレッキ PadaleCki
バターロヴ Batalov
バダロヴィチ
Badalovich
バダロッキオ
Badalocchio
バターロフ Batalov**
バタロフ Batalov
パタロヨ Patarroyo
パタロン Patalon*
バターワース
Butterworth***
バターワス
Butterworth
バタワース
Butterworth**
バタワーズ
Butterworth
バタワス Butterworth
ハタン Hatang
バータン
Burtan
Vartan*
バーダン Bardhan
バタン
Ba Than
Battan
パタン
Patang
Patin**
Patten
Pattern*
Phatan
パタンカー Patankar
ハダンク Hadank
パタンジャリ
Patañjali
バダンタ Bhadanta
パタンチュシュ
Pattantyus
バダンテール
Badinter**
バダンテル Badinter
ハーチ Hach
ハーチー Harchy
バーチ
Bacsi
Bartsch*
Birch***
Burch**
バチ
Bachi
Baty
Buatsi
バチー Ba Kyi
パーチ
Pach
Paci*
Partch
Pearch
パチ Paty
バチヴァロワ
Bćhvarova
バーチウッド
Birchwood
バチェ Bache
パーチェ
Pace*
Paci
Partsch
パチェイコー Pacheco
パーチェイス
Purchase**
ハチェク Hatschek
バチェコ Baczko
パチェーコ Pacheco**

パチェコ
Pacheco***
Pachecoo
パーチェス Purchas
ハチェソン Hatcheson
バチェック Buczek
パチェッティ Pacetti
ハチェット
Hatchett
Huchet*
バーチェット
Burchett**
パチェット
Patchett**
パチエッロ Paciello
パチェパ Pacepa
バチェバロバ
Bachvarova
バチェビッチ Bačević
ハチエフ Hadschieff
バチェフ Batcheff
パチェフ Pachev
ハチェフスキ
Haczewski
バーチェフスキー
Barczewski
パーチェム Parchem
バチェラー
Bacheler
Bacheller*
Bachelor
Batcheller*
Batchelor**
Betchelor
バチエラ Batchelor
バチェリ Baccelli
パチェリ Pacelli
ハチェリディ
Khacheridi
ハーチェル Hirschel
バーチェル Burchell*
バチェルダー
Batchelder
Batcheldor
パチエルピナク
Pacierpnik
バチェレ Bachelet*
パチェロ Paciello
ハーチェン Herrchen
パチェン Pa can
ハチェンス Hutchens*
ハチェンズ Hutchens
パチェンス Pachence
パチェンティ Pacenti*
パチオーリ Pacioli
パチオリ Pacioli
バチカ Batica
バチカージョバ
Vackarova
バチガルピ
Bacigalupi**
ハチコ Huczko
バチコ Baczko*
バチコフ Bachkov
バチシチェフ
Vatishchev
バチスタ
Baptista**
Batista*
Battista
バチステリ Battistelli
バチスト
Baptiste*
Batiste
バチストン Baptistao
ハチスン
Huchison
Hutcheson*
Hutchison
ハチゼ Khachidze
ハチソン
Hutcheson*
Hutchison**
パチソン Pattison*
バチッチ Bačić
バチッチア Baciccio
バチッチオ Baciccio
バチッチャ Baciccio
バーチナル
Burchenal**
パチーニ Pacini*
パチニール Patinir
バーチネル Birtchnell
パチーノ Pacino***
パチノッティ
Pacinotti
パチフィコ Pacifico
バーチフィールド
Burchfield*
ハチム Hachim
パーチメント
Parchment*
ハーチャー Hartcher*
バーチャ Boucher
バーチャー
Barcher
Bircher
Burtscher
バチャ Bat'a
バチヤ Batya*
バーチャイ Barcsay
パーチャイ Pachay
パチャウリ
Pachauri**
パチャクティ
Pachacútec
Pachacuti
パチャクテイ
Pachacútec
パチャクーテク
Pachacútec
パチャクテク
Pachacútec
パーチャス Purchas
バーチャスパティ
Vācaspati
バーチャック Berczuk
ハチャード Hatchard
バーチャード
Birchard*
Burchard*
ハチャトゥリァン
Khachaturian
ハチャトゥリアン
Khachaturyan
ハチャトゥリャーン
Khachaturian
Khachaturyan
ハチャトゥリャン
Khachaturian
Khachaturyan
ハチャトゥリヤン
Khachaturian
Khachaturyan**
ハチャトゥル
Khachatur
ハチャトゥーロフ
Khachaturov
ハチャトリアン
Khachatryan
Khachaturyan
ハチャトリャン
Khachatrian
Khachatryan
ハチャトリヤン
Khachaturyan
バチャナ Bachana
バチャーニ Batthyány
バチャーニュ
Batthyány
バチャーニュイ
Bacsányi
パチャノス Pachanos
パチャブト Pachabut
バーチャマ
Bar-Chama
バーチャム Burcham
バーチャル Birchall*
バチャール Bacher
バチャロ Bachalo*
バーチュ
Bertsch
Bertsh
Virtue
バーチュー Virtue**
バチュー Bachoo
バチュアイ Batshuayi
バチュオネ Vatuone
バーチュシコフ
Batiushkov
バチューシュカ
Batsiushka
バチュスカ Vachuska
バーチューチャン
Bachchan
バチュラー
Baechler
Batchelor*
パチューリア Pachulia
バチョー Ba Choe
パチョ Patxo
パチョフ Pashev
バチョフゼフ
Bachovzeff
パチョーリ
Paccioli
Pacioli
パチョリ
Paccioli
Pacioli
バチョリーニ Baciolini
ハチョル Ha-chol*
パチョレク
Pachorek
Paciorek
パチョレック Paciorek
ハチョン Hutcheon
バーチラー Birchler
バチラー Batchelor*
パチラット Pachirat
バチリ Bathily
バーチル
Bertil
Burchill
バチル Batir
バチルデ Bathilde
バチロウ Bachirou
バチロフ Batirov*
ハチン Hachin
バチン Bachin
バーチンガー
Bertschinger
ハチンズ Hutchins
ハチンスキー
Hachinski
バチンスキ
Baczyński*
パチンスキ
Patschinski
パチンスキー
Paczynski
ハチンソン
Hutchinson*
ハチント Jacinto
ハーツ
Hartz**
Hertz**
Herz*
バーツ Bartz**
バツ
Batshu
Batu
Batz
パーツ Paats
パツー Patou
パツァイチン
Patzaichin
パツァーク Patzak
バツァコ Baczakó
パツァツィア
Patsatsia*
パツァック Patzak
バツァラシュキナ
Batsarashkina*
パツァリス Patsalis
パツァリデス
Patsalides
パツィ
Patsy
Patzi
パツィー Patsy
バツィウア Batsiua
バツイエ Batlle
パツィカス Patsikas
ハーツィグ Herzig
パツィット Pázsit
パツィヒ Patzig
ハツィミハイル
Hatzimihail
バツィーレク Bacílek
バツィン Batzín
バツェヴィチ
Bacewicz
ハーツェマ Hartzema
ハーツェル
Hartsel
Hartzell
Harzer
Hertzel
Hirzel
バーツェル Batzel
ハツェルトン
Hazelton
ハーツェンバーグ
Herzenberg*
ハーツォウィツ
Hirszowicz
パツォウスカー
Pacovska
Pacovská*
Pacovsko
ハーツォーク Herzog*
ハーツォグ Herzog
パツォフスカー
Pacovska
パツォーリ Pacolli
ハッカ Hacha
ハッカー Hacker**
バッカ Bacca*
バッカー
Backer**
Backker*
Bakker*
パッカ
Pacca
Pakka
パッカー
Packer**
Patkar
バッカウアー
Bachauer
ハッカウイ Hakkaoui
パッカーシ Paccasi
バッカス
Bacchus
Baccus
Backus***
パッカスヴィルタ
Pakkasvirta
ハッカソーン
Hackathorn
Hackathorne
ハッカソン Hakanson
ハッガーティ
Haggerty
バッカティ Bakkati
ハーツガード
Hertsgaard*
ハッガート Hoggard
ハッガード
Haggard*
Hoggard
パッカート Packard
パッカード Packard**
ハッカーニ Haqqani
ハッカニ Haqqani
バッカーニ Baccani
パッカニーニ
Paccagnini

パッカネン Pakkanen

ハッカビー
Huckabee**
Huckerby

ハッカミ Jacome

ハッカミー Jacome

ハッカーミュラー
Hackermüller*

バッカム Buckham

バッカラ Baccara

パッカラ
Pahkala
Pakkala

バッカラリオ
Baccalario*

バッカリッジ
Buckeridge

バッカール Baccar

ハッカールト
Hackaert

バッカローニ
Baccaloni

バッカン Buchan*

ハッカンソン
Hakansson

ハッキ Hakki

ハッキー Ḥaqqī

バッキ Bakke

バッキー
Backy
Bacque*
Bakke
Bucky**

バツキ Batki

パッキア Pacchia

バッキアッカ
Bacchiacca

バッキアーニ
Bacchiani

パッキアム Packiam

パッキアロッティ
Pacchiarotti

パッキエッロッティ
Pacchierotti

パッキオーニ
Pacchioni

ハッキネン
Hakkinen*
Häkkinen

パッキャウ Pacquiao

パッキャオ Pacquiao*

ハッキュ Hak-kyu*

バッキュリデース
Bakchylides

バッキュリデス
Bakchylidēs

ハッキョン
Hak Kyung

ハッキラ Hakkila

バッキン Bacchin

バッキンガム
Buckingham**

バッキンガムシャー
Buckinghamshire

ハッキング Hacking**

パッキングトン
Pakington

ハッキンズ Huckins

ハッギンズ Huggins

ハーック Haack

ハック
Haack
Hac
Hack**
Hak**
Hakki
Haq*
Haq
Ḥaqq
Ḥaque
Huck**

バック
Bac
Bach***
Bách
Bạch
Back***
Bak*
Bakke
Bauck
Buch
Buck***
Bucke*
Burke

パック
Pac
Pack***
Pak*
Paque
Puck*

パッグ Pogge

バックウィート
Buckwheat

バックウィン Bakwin

バックウェル Backwell

バッグウェル Bagwell

バックウォルター
Buckwalter

バックウォルド
Buchwald***

パックウッド
Packwood

バックオッフェン
Backoffen

バックオーフェン
Backoffen

バックキエール
Bacquier

パックサナーウィン
Paksnavin

バックサル Buchthal

バックシー Bucksey

ハックス
Hacks**
Hax*
Hux

バックス
Bacchus
Bachs
Bachus
Backes*
Backs
Backus
Backx**
Bax*
Bucks
Bux

パックス Pax*

バックスター Baxter

ハックスタブル
Huxtable

ハックステップ
Huckstep

バックストロム
Bäckström*

バックストン
Buncombe
Buxton*

パックストン Paxton*

ハックスハム Huxham

バックスボーム
Bucksbaum

パックスマン Paxman

バックスムース
Wachsmuth

ハックスリ Huxley*

ハックスリー Huxley*

パックスリ Puxley

ハックスリィ Huxley

ハックスレ Huxley

ハックスレー Huxley*

ハックスレイ Huxley

バックスレイ Baxley

パックソン Puxon

バックター Buchter

バックトン Buckton

バックナー
Buchner
Buckner***

ハックニー
Hackney**

ハックネイ Hackney

バックハイゼン
Backhuysen

バックバインダー
Buchbinder

バックハウス
Backhaus*
Backhouse*
Bakhuis

バックハム Buckham

バックビー Buckby

ハックフォート
Hackfort

ハックフォード
Hackford*

バッグフォード
Bagford

バックホイセン
Backhuysen

バックホート
Buckhout

バックホルツ
Buchholtz
Buchholz**

バックホルード
Buchhold

バックホーン
Buckhorn

バックマースタ
Buckmaster

ハックマン
Hackman**
Hackmann
Huckmann

ハッグマン
Haeggman
Hagmann

バックマン
Bachman***
Bachmann**
Backman*
Bäckman
Backmann
Buchman
Buchmann*
Buckman**

パックマン
Pacquement

バックミンスター
Buckminster**

ハックラー Hackler

バックラー Buckler

バックラック
Bachrach

バックランド
Buckland**

バックリ Buckley

バックリー
Backley*
Buckley***

バックリィ Buckley

バックリニー
Backlinie

ハックリベリー
Huckleberry

バックリン
Backlin
Bucklin

ハックル
Hackl*
Hackle
Huckl
Huckle

バックル
Buccleuch
Buckle*

パックル Puckle

バックルス Buckels*

バックルズ Buckles*

ハックルート Hakluyt

バックルンド
Backlund

バックレー
Backley
Buckle
Buckley**

ハックレイ Hackley

バックレイ Buckley*

ハックレンダー
Hackländer

ハックレンデル
Hacklander
Hackländer

ハックワース
Hackworth

バックワース
Buckworth

バックワルド
Buchwald

ハッケ Hacke**

バッケ
Backe
Bacqué
Bakke

バッゲ Bagge

パツケヴィッチ
Patskevich*

バッケウス Backéus

バッケス Backes

バッゲセン Baggesen

ハッケタール
Hackethal*

バッケッリ
Bacchelli**

ハッケト Hackett

パツケビッチ
Patskevich

ハッケボルン
Hackeborn

バッケリ Bacchelli

ハッケル Hackel

バッケル
Backer
Buckel
Buckell*

パッケル Packel

ハッケルト
Hackaert
Hackert

ハッケルブリッジ
Huckelbridge

バッケルリ Bacchelli

バッケン Bakken*

ハッケンシュミット
Hackenschmidt

バッケンニスト
Bakkenist

ハッケンバーガー
Hackenberger

バッケンバーガー
Buckenberger

ハッケンバーグ
Hackenberg

バツコ Baczko

ハッコス Hackos

バツコビッチ Backović

バツコフ Bazhukov

バッコーフェン
Backofen

バッコルツ Buchholz*

ハッザー Huszar

バッサ Bassa

バッサー
Vassar
Vasser*
Wasseur

パッサー
Passer
Pusser

パッサウ
Passau
Passow

パッサヴァンティ
Passavanti

ハッサウェイ
Hathaway

パッサージュ Passarge

バッサス Vassos

ハッサナリ
Hassanali**

ハッサナル Hassanal

パッサナンテ
Passannante

ハッサニ Hassani

バッサーニ
Bassani***

バッザーニ Bazzani
パッサニティ
Passaniti
ハッサネイン
Hassanein
ハッサネン Hassanein
バッサーノ Bassano
ハッサーフ Khaṣṣāf
ハッサボ Hassabo
バッサーマン
Bassermann
Wassermann
バッサマン
Bassermann
パッサーマン
Passerman
ハッサム Hassam
バッサーム
Bassam
Bassām
バッサム Bassam*
パッサリア Passaglia
ハッサール Hassall
ハッサル
Hassal
Hassall
パッサール Passard*
パッサルゲ Passarge*
バッサレッリ
Bassarelli
バッザロ Bazzaro
パッサロ Pássaro
パッサロッティ
Passarotti
ハッサーン
Hassan
Hassān
Ḥassān
ハッサン
Hasaan
Hasan***
Ḥasan
Hassan***
Hassane
Hassann
Hassanr
Khasan*
Khassan*
パッサン Passan
ハッサンカーン
Hassankhan
ハッサンヌ Hassane
ハッサンボーイ
Hasanboy
ハーッジ
Hāj
Ḥājj
ハーッジー Ḥājjī
ハッシ Hassi
ハッシー
Hassey
Hussey**
ハッジ
Hadji*
Haj
Hāj
Haji
Hajj
Ḥājjī
Hazzi
ハッジー Ḥājjī

バッシ
Basch
Bascio
Bassi*
バッシー
Bassey*
Bassi
Vassey
バッジ
Badjie
Budge***
パッシー
Passy
Patsy
パッジ Paggi
バッシアヌス
Bassianus
バッジェ Batlle
パッシェヌス
Passienus
バッジェル Budgell
バッジェン Budgen
パッシェン Paschen
バッジオ Baggio
バッジオーニ Baggioni
パッシオーネイ
Passionei
パッシカ Passika
バッシーニ Bassini
バッジーニ
Baggini
Bazzini
パッシニャーノ
Passignano
パッシノ Passineau
ハツシバ Hatsushiba
バッシマ Bassima
ハッジャ Hajjeh
バーッジャ Bājjah
バッシャー Bashir*
ハッジャージ Ḥajjāj
バツジャシ
Vajjiputtaka
ハッジャージュ Ḥajjāj
ハッジャージュ Ḥajjāj
バッシャム Bassham
バッジャーリー
Bajjaly
ハッジャル Hajjar
バッシャール
Bashar**
Bashshār
Baššār
ハーッジュ Ḥājj
バッシュ
Bach
Basch*
Bash
Buch
バッジュ Bhajju
パッシュ
Pasch*
Pasche
バッシュビッツ
Baschwitz
ハッシュマン
Hashman

バッショ Bascio
バッジョ Baggio**
パッショナリア
Passionaria
パッショーン Pacione
パッション Pachon
パッジーリ Patgiri
バッシリキ Vassiliki
パッシン Passin**
ハッシンガー
Hassinger
ハッシンジャー
Hassinger
バッスィ Bassi*
ハッスーシアン
Hussussian
バッスス Bassus
ハーツスタイン
Herzstein
ハッスーナ Hasūna
ハッスラー
Hassler
Hutzler
ハッスル
Hassall
Hatle
Hussle
パッスール Passeur
ハッセ
Haase*
Hasse**
ハッセー Hussey*
バッセ
Bassée
Basset
ハッセイ Hussey*
バッセイ Bussey
ハッセヴェルト
Hasseveldt
バッセッティ Bassetti
バッセット Bassetto
バッセビ Bassevi
ハッセマー Hassemer
パッセラ Passera
パッセリ Passeri
ハッセル
Hassel**
Hassell*
Hasselt*
Hatherly
バッセル
Bussel
Bussell*
Vassell
パッセール Passer
パッセル
Passel
Passell*
ハッセルガード
Hasselgard
ハッセルクヴィスト
Hasselqvist
ハッセルグレン
Hasselgren
ハッセルタイン
Hasseltine
パッセルティナー
Passeltiner

ハッセルト
Hasselt
Hassert
ハッセルバインク
Hasselbaink*
ハッセルバッハ
Hasselbach
ハッセルベック
Hasselbeck
ハッセルホフ
Hasselhoff
ハッセルマン
Hasselmann
Hasselmans
バッセルマン
Bassermann
ハッセルマンス
Hasselmans
ハッセルリース
Hasselriis
ハッセン Hassen
ハッセンザール
Hassenzahl*
バッセンス Bassens
ハッセンプフルーク
Hassenpflug
ハッセンプルーク
Hassenpflug
ハッソ Hasso**
ハッソー Hasso
バッソ
Basso**
Bassøe
バッソー
Basso*
Bassoe
Boisseau
Vasso
パッソー
Passeau
Passow
Pat-sowe
バッソウ Bassow*
パッソウ Passow
パッソーニ Passoni
バッソリス Bassolis
パッソール Pasour
ハッソルト Hassoldt
バッソレッティ
Bussoletti
バッソン Bassom
バッソンピェール
Bassompierre
バッソンピエール
Bassompierre
ハッタ
Hatta***
Hutta
ハッター Hutter
ハッダ Hadda
バッタ Bhaṭṭa
バッター Vatter
バッダ Bhadda
バッダー Bhaddā
バツータ Baṭṭūṭah
パッタイ Pat Tai
ハッタカ Hatthaka
バッダギ Baddaghi

バッタグライン
Battagline
バッタサリ Bhattasali
バッダジ Bhaddaji
バッタージョ Battagio
ハッダース Hadders
パッターソン
Patterson
バッタチャヤ
Bhattacharjee
Bhattacharya
バッタチャーリャー
Bhattacharya
バッタチャリヤ
Bhattacha
Bhattacharya
Bhattacharyya
バッタチャルヤ
Bhattacharya
バッタッリア
Battaglia
ハッダーディ Hadadi
ハッダディン
Haddadin
ハッダード
Haddad
Haddād
Ḥaddād
ハッダド Haddad
ハッダードアデル
Haddad-Adel
バッタナ Vatthana
バッターニ Battānī
バッターニー Battānī
バッタニ Battānī
パッタニ Pattani
ハッターブ
Khattab
Khaṭṭab
ハッタブ
Khatab
Khattab
ハッダーム Khaddam
ハッダム Haddam
バッタライ
Bhattarai*
バッタリア
Battaglia***
ハッターローハプッタ
Hatthārohaputta
ハッチ Hatch**
バッチ
Bacci
Bach
Bucci
Butch
パッチ
Pach*
Patch**
Patti
Putch
ハッチェソン
Hatcheson
Hutcheson
ハッチェット Hatchett
バッチェッリ Baccelli
バッチェラー
Batchelor*
パッチェル Patchell

ハ

バッチェルダー
Batchelder
バッチェレット
Batschelet
バッチェン Batchen
パッチェン Patchen*
ハッチェンス
Hutchence
Hutchens
ハッチェンズ Hutjens
バッチオ Baccio
パッチオーリ Pacioli
ハッチオン Hutcheon*
バッチガルッピ
Bacciagaluppi
ハッチクラフト
Hutchcraft
Hutchcroft
バッチスタ Battista
ハッチスン
Hutchinson
Hutchison
ハッチソン
Hutcheson
Hutchison**
ハッチト Hatchett
バッチニ Baccini
ハッチャー Hatcher**
バッチャ Bacha
バッチャー Bucher
パッチャ Pacha
バッチャエ
Bachchah-e
ハッチャーソン
Hutcherson
ハッチャソン
Hutcherson
バッチャーニ
Batthyány
バッチャーニュ
Batthyány
パッチャヤ Paccaya
バッチャレッリ
Bacciarelli
バッチャン Bachchan
バッチュ Battut
バッチュー Bachehu
パッチュ Patzsch
バッチョ Baccio
バッチョッキ
Baciocchi
バッチレ Basile
パッチロ Pattillo
ハッチン
Hutchin
Hutchins
バッチン Bachin
ハッチング Hutchings
ハッチングス
Hutchings**
ハッチングズ
Hutchings**
ハッチンス
Hatchins
Hutchins**
Hutchinson
ハッチンズ Hutchins*
バッチンスキ
Buczynski
ハッチンスン
Hutchinson*
ハッチンソン
Hauff
Huchingson
Huchinson
Hutchinson***
バッツ
Batz
Butts*
Butz*
パッツ
Puts
Putz
バッツァー Batzer*
パッツァー
Pasztor
Patzer*
Putzer
バッツァーニ Bazzani
パッツァフィーニ
Pazzafini
バッツィ Bazzi
パッツィ
Patricia
Patrick
Patsy**
Pazzi
パッツィー Patsy
ハッツェ Hotze
バッツェン Butzen
パッツォレック
Patzaurek
ハッツフェルト
Hatzfeld
Hatzfeldt
ハッツフェルド
Hatzfeld
バッツフォード
Batsford
ハッティ Hattie*
ハッディ Haddi
バッティ
Battey
Batty
Bhatti**
Bhaṭṭi
バッティー Bhatti
パッティ Patti*
パッテイ Patti
バッティアート
Battiato*
バッティシル
Battishill
パッティス Pattis
バッティスタ
Battiata
Battista**
バッティスティ
Battisti
バッティスティーニ
Battistini*
バッティステッラ
Battistella
バッティストーニ
Battistoni
パッティソン Pattison
バッティフェッリ
Battiferri
バッティモ Vattimo
バッディヤ Bhaddiya
バッティラーナ
Battilana
バッティン Battin*
パッティン Pattin
パッティンガロアン
Pattinngalloang
パッティンソン
Pattison
バッデガマ
Baddegama
ハッテスタ
Hattestad**
ハッテスター
Hattestad
ハッテスタト
Hattestad
パッテソン Pattison
ハッテバーグ
Hatteberg
ハッテム Hattem
バッデリ Baddeley
バッデリー Baddeley
バッテル
Battell
Battelle
Buttel
Vattel
ハッデン Hadden
バッテン Batten**
バッデン Budden*
パッテン Patten***
パッデン Padden*
バッテンショー
Buttenshaw
ハッテンドーフ
Hattendorf*
バッテンバーグ
Battenberg
バッテンフィールド
Buttenfield
バッテンベルク
Battenberg
ハッテンロッカー
Huttenlocher
ハット
Hat
Hatt
Hatto
Hut
Hutt*
ハットー Hatto*
ハッド
Hadd
Hudd
バット
Badt
Bat*
Batt*
Bhatt*
Bhaṭṭa
Bott*
Butt*
バッド
Bad
Bud**
Budd***
Budde
パット
Pat***
Patricia*
Patrick
Patt
Patte*
Putt
ハットウィク
Hattwick
バットウェル Butwell
ハットゥシリ
Hattushili
Hattušiliš
ハットゥシリシュ
Hattušiliš
バットゥータ
Battuta
Baṭṭūṭah
Batuta
ハットウッド
Hatwood*
ハッドゥルセイ
Haddelsey
バットゥン Batten
バットカス Butkus
バッドグレイ Badgley
バットシェヴァ
Batsheva
ハットシュタイン
Hattstein
バットス Battos
バットストーン
Batstone
バットドーフ Batdorff
ハットナー Huttner
パットナム
Phatlum
Putnam**
Puttenham
Puttnam*
バッドニュース
Bad News
バッドビール
Watteville
ハットフィールド
Hatfield**
ハットフィルド
Hatfield
ハッドフィールド
Hadfield
ハットマン Huttmann
ハッドマン Hudman
バットマン Butman
バッドマン Badman
パットマン
Patman
Putman
ハットメイカー
Hatmaker
ハットメーカー
Hatmaker
パットモン Patmon
バットラー Butler
バットラア Butler
バットラム Buttram
ハットリー Hatley
バッドリー Baddeley
バットリック Butrick
ハットルグリームソン
Hallgrímsson
ハットルグリームル
Hallgrímur
ハッドルストン
Huddleston
ハッドレー Hadley
バッドレー Baddeley
ハッドレイ Hadley
バットレイ Battley
バッドレイ Baddeley*
バットロ Battro
ハーツトン Hartston
ハットン
Hatton**
Hutten
Hutton***
ハッドン Haddon**
バットン
Batten
Button*
パットン
Paton
Patton***
ハツナ Khatuna
バツネル Batuner
ハッパー Happer*
バッハ
Bach***
Bakh
バッハー Bacher
バッバ Bubba*
バッバー Bubber
パッハ Pach
パッハー Pacher
バッハオーフェン
Bachofen*
バッハオーヘン
Bachofen
ハーツバーグ
Hertzberg
Herzberg
バッハシュトローム
Bachstrom
パッパス Pappas
ハッバッド Hubbard
ハッパッハ Happach
ハッバート Hubbard
ハッバード Hubbard*
ハッパート
Happart
Huppert
パッパーノ Pappano*
バッハフィッシャー
Bachfischer
バッハフェルト
Bachfeld
ハツパブリス
Khatzipavlis
バッハホーファー
Bachhofer
バッハマン
Bachmann**
パッハマン
Pachman
Pachmann
バッハラー Bachler*
パッパラルド
Pappalardo

ハッバーリーヤ
Habbārīya
バッバール Babbar
ハーツバンド
Hartzband
ハッピー Happy
ハツヒ Hatsuhi
バッビ Babbi
パッヒァー Pacher
バッヒャー Bacher
パッヒャー Pacher
ハッフ Huff*
ハップ
Hap
Happ
Hupp
バッフ Bakh
バッブ
Bab
Babb
バップ Bab
パッフ Pfaff
パップ
Pap*
Pape
Papp**
バッファ
Buffa**
Vafa
ハッファム Huffam
バッファロー
Buffalo**
Buffaloe
ハーツフィールド
Hartsfield
Hertzfeld
バッフィン Baffin
ハーツフェルト
Hertzfeldt
ハーツフェルド
Hertzfeld
Herzfeld*
パッフェンバーガー
Pfaffenberger
ハッフェンリヒター
Haffenrichter
ハップグッド
Hapgood
ハッブス Hubbs
ハッブズ
Hobbs
Hubbs**
バッブス Babs
パップス
Pappos
Pappus
ハッブル Hubble*
ハップレ Happle
パップワース
Pappworth
Papworth
ハッペ
Happe
Happé*
パッヘ Pache
パッペ Pappe
バッベイジ Babbage
バッヘム Bachem
バッヘラー Bachler
ハッベル Hubbell*
バッベル Babbel
パッヘルベル
Pachelbel*
パッペンハイム
Pappenheim*
パッポス Pappos
ハッポネン Happonen
バッホーフェン
Bachofen
ハーツホーン
Hartshorne**
ハーツホン
Hartshorne
ハーツマーク
Hartzmark*
ハッマーディ
Hammadi
ハッマート Hammat
ハッマード Hammād
バツミケ Batumike
バーツヤーヤナ
Vātsyāyana
ハッヤーン Hayyan
ハーツラー Hertzler
ハッラー Haller
バッラ
Balla*
Barra
Valla
パッラ Parra*
パッラヴィチーニ
Pallavicini
Parravicini
パッラヴィチーノ
Pallavicino
ハッラーク Hallaq*
バッラーク Barrak
ハッラージ Hallāj
パッラージオ Parrasio
ハッラージュ Hallāj
パッラスマー
Pallasmaa
パッラダス Palladas
バッラッコ Barracco
パッラディウス
Palladius
パッラーディオ
Palladio
パッラディオ Palladio
パッラディーノ
Palladino
バッラヌービー
Ballanūbī
バッラバ Vallabha
バーツラビーク
Václavík
パッラビチーノ
Pallavicino
ハッラーフ
Khallaf
Khallāf
バーツラフ
Vaclav*
Václav**
Wenceslaus
バツラフ Václav
パツラフ Patzlaff
バッラルディーニ
Ballardini
パッラローロ
Pallarolo
パッランティ Pallanti
ハッリ Harri
ハッリー Harry
バッリ
Barri
Valli
パッリ Parri
パッリウーギ
Pagliughi
ハッリカーン
Khallikān
バツリーク Vaculík
バッリスケイル
Barriscale
バッリスタ Ballista
ハーツリッチ Herzlich
パッリーニ Parrini
バッリヤ Bhalliya
パッリューギ
Pagliughi
ハッル Hall
パッレ Palle
バッレーカ Barreca
バッレステロス
Ballesteros
ハッレスビ Hallesby
バッレット Barrett
バッレーリ Balleri
バッロ Ballo*
パッロッタ Pallotta*
パッロッティーノ
Pallottino
バッワーブ Bawwāb
バツーン Bethune
ハーテ Harte
ハーデ
Haade
Haarde*
ハーデー Hardy
バーテ Bate
バーデ
Baade*
Bade
Berde
Burde
バデ Bade
パーデ Pade
パテ
Paté
Pathe
Pathé**
パデ Padé
バデア Badea*
ハーティ Harty*
ハーティー Hatry
ハーディ
Hadi
Hardee*
Hardie**
Harding
Hardy***
ハーディー
Hādī
Hardee*
Hardie*
Hardy**
Hrdy
ハーデイ
Hardey
Hardy*
ハティ Hattie*
ハティー Hattie
ハディ
Hadi**
Huddie
Huddy
Khady
バーティ
Barty**
Bati
Berti
Bertie***
Bharti
バーティー
Bartee*
Barty
Bertie*
Burty
バーディ
Birdie
Burdi
バーディー Birdie
バティ
Badie
Bati
Battie
Batty
Baty*
バティー
Battie
Batty
バディ
Badi
Badie*
Buday
Buddy***
Vaddey*
バディー
Badī
Badīʻ
Buddee
Buddy*
パーティ Party
パーディ
Pardi
Pardy
Purdie*
Purdy***
パーディー
Pardee*
Purdie
Purdy
パーデイ Purdie
パティ
Pate
Patey
Pati
Patte
Patti***
Pattie*
Patty***
Pattye
パティー
Patti
Pattie*
Patty**
パディ
Paddy***
Padi
パディー Paddy
ハディア Hadia
バティア Bhatia
バディーア Badia
バディア
Badia**
Badía
バティアシュヴィリ
Batiashivili*
バディアシル
Badiashile
ハディアットモジョ
Hadiatmodjo
バーディアナ
Berdeana
バティアーリ Badiali
パディアン Padian
バディアンスキー
Budiansky
バディイ Badii
バディーウ Badīʻ
バディウ Badiou*
バディーウッザマーン
Badīʻ al-Zamān
バティエ Battier*
バティエー Battier
パティエラ Pattiera
バディエリャ Badiella
パティエンデ Patiendé
バティエンヌ
Batienne
バティオ Batio
ハーティカ Hertica
ハーティガン
Hartigan*
バディーギン Badigin
バーティキング
Barty-King
バティクル Baticle
バティコト Batikoto
パディコム
Puddicombe
ハディザ Hadiza
ハディーシ Hadithi
ハディシ Hadithi*
バティジ Batizi
ハディシィ Hadithi
ハディジェ Khadijeh
ハーディージャ
Khadīja
ハティージャ Hatijah
ハディージャ
Khadīja
Khadījah
ハディージャー
Khadīja
ハディジャ Khadija
ハディジャー
Khadijah
パディージャ Padilla
パディジャ Padilla
バティシル Battishill
ハーディス Hardis

ハ

バーティス Bertice
バーディース Bādīs
バーディス
Burdis
Vardys
バティス Batiz
バティス Pattis
ハディスサストロ
Hadisoesastro
バティスタ
Baptista
Batista**
Batiste
Battista**
Bautista*
バディスタ Baptista
バティスタン
Baptistin
ハーディスティ
Hardisty
バティスティ Battisti*
バティスティーニ
Battistini
バティステュータ
Batistuta
バティースト Baptiste
バティスト
Baptist
Baptiste***
Battiste
バテイスト Baptiste
バディスト Baptiste
バティストゥータ
Batistuta*
バティスン
Patteson
Pattison***
ハディセ Hadise*
ハーディソン
Hardison*
バティソン
Patisson
Pattison**
Pattisson
ハディダ Hadida
ハーディック
Hardwick
Hardyck
ハディック Hadik
バーディック
Berdik
Brudick
Burdick**
Verdick*
パティック Puttick
ハディックス
Haddix**
ハディッシュ Haddish
バーディッシュ
Bardish
パーディッタ Perdita
バティッチ Batić
パティッツ Patitz
ハディッド Hadid
パディッポーン
Paditporn
ハディディ Hadidi
ハディディアン
Hadidian
ハーディド Hadid
ハディード Hadeed
ハディド
Hadeed
Hadid**
パティナ Patina
バーディーニ Bardini*
バディーニ Badini*
バディニ Badini
パティーニ Patini
パーディニアス
Pardiñas
パティーニョ Patiño
パティニョ Patiño*
パティニール Patinir
バティーヌ Batigne
バーティネット
Bertinet
バーティネリ
Bertinelli
パティノ Patino
ペディバスト
Pedubast
バディバンガ
Badibanga
ハティビ Khatibi*
ハーティフ Hātif
ハーディープ Hardeep
ハーディフ Hadef
ハティーブ
Khatib*
Khaṭīb
Khatteb
ハティブ Khatib
バティーフ Battikh
ハーティフィー Hātifī
ハディフィールド
Hadfield
バティフェッリ
Battiferri
バティフォル Batiffol
バティフリエ
Batifoulier
ハティーブル・バグダーディー
Khaṭīb al-Baghdādī
ハディペトロ
Hadzipetros
ハーディーボーイズ
Hardie Boys
Hardie-boys
Hardieboys
ハティボヴィッチ
Hatibovic
ハディマ Chadima
バディマー Budimir
パティマト Patimat
パティマパコーン
Patimapragorn
ハーディマン
Hardiman*
ハーティム Ḥātim
ハティーム Khaṭīm
ハティム
Hatem
Hatim
ハディム Khadim
バディム Vadim**
パティムラ Pattimura
ハディムルヨノ
Hadimuljono
ハーディメント
Hardyment
ハーディモン
Hardymon*
ハディヤ Khadiya
バティヤ Bathia
パディーヤ
Padilha
Padilla*
パディヤ Padilla
バティユティーン
Badhiutheen
バティユディーン
Bathiudeen
ハーディラ Ḥādira
ハティラ Hatira
パディラ Padilla*
パディラック Padirac
パティラナ Pathirana
バティラリエフ
Batyraliev
パディーリア Padilla
パディリア Padilla*
パティリアイ Patiliai*
バティリチナ
Batyrchina
パディーリャ
Padilla***
パディリャ
Padilha
Padilla*
バディーリョ Vadillo
ハティル Khatir
ハディル
Khidhir
Khidr
バーティル Bertil
バティル
Batir
Batyr
バディール Badīl
バディル Badir
パーティル
Patil
Purtell
パティル Patil**
バティルガジエフ
Batyrgaziyev
バーティルソン
Bertilsson
バティルダ Batylda
バティルデ Bathilde
バティルディス
Bathilde
バディーレ Badile
パーティロ Purtilo
バティロフ
Batirov
Batyrov
ハーディン Hardin**
バーティン Bartine
バーディーン
Bardeen**
バーディン
Bardeen
Bardin*
Verdine*
バティン
Bathein
Batiin
Batin
バディン Badin
パーティン Partain
ハーディンガー
Hardinger
ハディンガー
Hadinger
ハーディンガム
Hardingham
パティンキン
Patinkin*
ハーティング
Harting
Herting
ハーディング
Harding***
Hardinge**
バディング Budding
バーディンクス
Badings
バーディングス
Badings
バディングス
Badings*
パーティングトン
Partington
バティンコッフ
Batinkoff
バディンジャー
Budinger
バーティンスキ
Bartynski
バーティンスキー
Bartynski
Burtynsky*
バディンスキー
Budinsky
パティンソン
Pattinson*
バディントン
Buddington
Budington
パーティントン
Partington
パテヴ Patteeuw
ハーデウィッヒ
Hadewych
ハーデウイッヒ
Hadewych
ハーデヴィヒ
Hadewych
ハデウィヒ Hadewych
ハデヴェイヒ
Hadewych
ハーデカ Hardacre
ハーデカー Hardacre
バーデキー Bardacke
バーデキン Burdekin
バデク Bádescu
バテグニウス
Bategnius
ハーデクヌーズ
Hardeknud
バテシバ Bathsheba
ハーデス Hirdes
バテス Bates
パーテス Pertes
パデスキー Padesky*
パデスキィ Padesky
バデスキュー
Bádescu*
バデスク Badescu
ハーデスティ
Hardesty
パテソン Patterson
パデータヤーザー
Padetayaza
パーデック Pardeck*
パテック Patek
バデッシ Badessi
バーデット
Bardette
Burdet
Burdett**
Burdette*
パデッリ Padelli
バデーニ Badeni
ハデニウス Hadenius
バテニウス Bategnius
バデニエル Badenier
パテニール Patinir
バデノック Badenoch
パテノード Patenaude
バデノフ Badenov
ハーデビ Hardeby
ハデミ Khademi
ハデミヌ Hademine
ハーテム
Hatem
Hatim
ハテム
Hatem**
Hatim
ハデム Khadem*
バデモーシ Bademosi
バーテュー Bartewe
バテュ Battut
バテュー Battut
パーデュー
Pardew
Perdue**
バーデュア Verdeur
バテュクレス
Bathykles
バーデュゴ
Bardugo*
Verdugo
バテュム Batum
バーテラ Vahtera
パテラ Patella
パーテライネン
Paatelainen

ハ

ハーデラック
Haderack
パデランガ Paderanga
バーデリー Bardeli*
バテリー Buttery
バデリ Badelj
バデリー Baddeley**
パテリ
Patej
Patelli
ハテリウス Haterius
バテリキ Bateriki
バテリシナ
Batyrchina*
パデリナ Paderina**
ハーテル
Härdtle
Hartel
Hertel
ハーテルー Heurtelou
ハーデル Harder
ハデル Khader
バーテル
Bartel**
Bartell*
Bartels
Barthel
Bertel
Bertell
バテル
Battel*
Battelle
バデール Bader
バデル
Badel*
Badell
Bader
パーテル
Patel
Paṭēl
パーデル Purdell
パテール
Patel
Paṭel
Paṭēl
Pater
パテル
Patel**
Paṭēl
Pater
パデル Padel
パテルクルス
Paterculus
ハデルジョナイ
Hadergjonaj
バーテルス
Bartels
Bertels*
バーテルズ
Bartels
Battels
バーテルスキー
Bartelski
バーテルスマン
Bartelsman
バーテルセン
Bertelsen
バーテルソン
Bartelson
バーテルド Barteld
バデルト Badelt
バーテルニー
Vertelney
パテルヌス Paternus
パテルノ
Paterno
Paternò
パテルノストロ
Paternostro*
パテルノストロー
Paternostro
バーテルマン
Bertelmann
バーテルミー
Barthelemy
バーテルメ Bartelme
バテルレウス
Waterreus
パデレウスキー
Paderewski
パデレフスキ
Paderewski**
パデレフスキー
Paderewski*
パーテロ Paatero
ハーデン
Haden
Harden***
バーテン Barten
バーデン
Baden**
Barden**
Bearden
Burden***
Vaden
パテン Patten
パーデングトン
Pardington
バーデンス Bardens*
バーデンズ Bardens
バデンスキー
Badenski
ハーテンスタイン
Hartenstein
ハーテンステイン
Hertenstein
パテント Patent*
ハーテンドープ
Hartendorp
ハーデンバーグ
Hardenberg
ハーデンベルガー
Hardenberger*
バーデンホイヤー
Bardenheuer
ハート
Hardt**
Hart***
Harte**
Hartt
Heart*
Herdt*
Hirt*
Hunter
Hurt**
Hurtt
ハード
Hard
Heard**
Herd
Hird**
Hurd***
ハドー Hadow
バート
Baert
Bart***
Barth
Bath
Batt
Beart
Bert***
Berte
Bhat
Birt*
Birte
Burt***
Burton
Burtt*
バートー Bartow
バード
Baird*
Bard**
Bardo
Bird***
Burd*
Byrd***
Byrde
バードー Bardoe
バト
Bath
Batho
Bato*
Bhat
バド
Bud***
Budd**
バドー
Badó
Badr
パート
Part
Peart**
パード Pardoe
パードー Pardoe
パト
Pato**
Patot*
Patto
パド Pud
パドア Padoa**
バドアーロ Badoaro
パドアン Padoan**
ハドイル Khadyr
バトイル Batyr
パドイン Padoin
バートゥ Bartu*
バートゥー Batu
バートウ Bartow
バトゥ Batu
バトゥー
Batteux*
Battut*
バドゥ
Badu*
Batu
バドゥー
Baddou
Badour
Badú
パードウ Pardoe
パトゥ Patou
パトゥー Patou
パトウ Pattou
パドゥ Padoue
パドゥー Padoux
パードヴァ Padova
パトヴァ Padova
パドーヴァー Padover
パドヴァ
Padova*
Padva
パドヴァーニ
Padovani*
パドヴァニ Padovani
パドヴァニーノ
Padovanino
パドヴァーノ
Padovano
パドヴァン Padovan
ハートヴィ Hartvig*
バドウィ Badawi
パートウィー Pertwee
ハートウィグ
Hartwig*
バードウィク
Bardwick
バドウィグ Budwig*
バトゥイシェフ
Batyshev
バードウィステル
Birdwhistell
バートウィスル
Birtwistle*
ハートウィック
Hartwig
ハートウィッグ
Hartwig
ハートヴィッグ
Hartvig
ハードウィック
Hardwick***
Hardwicke**
ハトウィック
Hattwick
バードウィック
Bardwick
バドウィッグ Budwig
パドウィック Padwick
ハートヴィッヒ
Hartwig**
ハートヴィヒ Hartwig
バトゥーイレフ
Batyrev
ハドウィン Hadwin
パドゥエク
Padumhèkou
ハートウェッグ
Hartweg
ハートウェル
Hartwell**
ハートウエル Hartwall
バードウェル
Bardwell*
Birdwell
バドゥエル Baduel
パドゥカ Paduka
バトゥーシャク
Bartusiak
バトゥシュア
Bathshua
バドゥスキー
Badowski*
ハドゥソン Hudson
バトゥータ Baṭṭūṭah
バトゥーツ Battuz
パトゥッツイ Patuzzi
バードウッド
Birdwood
ハトゥナ Khatuna
バドゥバ Vaduva
バドウバ Vaduva
バトゥハン Batuhan
ハトゥーム Hatoum
ハトゥム Hatoum
パドゥームチャイ
Phadermchai
バトゥムビラ
Batumubwira
バドゥーラ Badura*
バドゥラ Badura**
パドゥーラ
Padula
Padura**
パドゥラル Paduraru
ハドゥリ Khaduri
バドゥーリ Bhaduri*
バドゥリ Bhaduri*
パトゥリ Paturi
パトゥリーツィア
Patrizia
バトゥーリン Baturin
バトゥリン Baturin
バドゥレスク
Badulescu
ハトゥン Hatoum*
バドゥン Budden
ハートゥング
Hartung*
バトゥンバカル
Batunbakal
Batungbakal
バドエル Badoer
バトエルデネ
Bat-erdene
Baterdene
バトオチルイン
Batochiryn
バトカ Batka
バトカー Batker
パトカ Patka
パトカー Patkar
ハードカースル
Hardcastle
ハードカッスル
Hardcastle
バートカンデ
Bhātkhaṇḍe
バートカンデー
Bhātkhaṇḍe
ハートキ Hartke
ハートキー Hardtke
バードギースィー
Bādghīsī
ハードキャッスル
Hardcastle*
ハドキンス Hudkins

ハ

ハドギンス Hudgins
ハドキンソン
Hodkinson*
パトクシ Patxi
ハートグラス
Hartglass
パトクル Patkul
パドケ Phadke
パドケー Phadkē
バトコ Batoko
バドコック Badcock
ハトコフ Hatkoff
バトサイハン
Batsaikhan
パトサラス Patsalas
バードサル Birdsall
バドジェ Badjie
バト・シェバ
Bathsheba
バトシェフ Batcheff
ハトシェプスト
Hatshepsut
バートシック
Bartosik
Vertosick
バトジャルガル
Batjargal
ハートシュ Hartosh
ハトシュ Hatos
バトシュトゥバー
Badstuber
ハートショーン
Hartshorn
Hartshorne
バドス Badoz
パトスキー Patoski
ハートストン
Hartston
バードスミス
Bird-Smith
バトスーリ Batsuuri
ハトスン Hutson
ハドスン Hudson**
バトスン Batson
バートセカス
Bertsekas
ハートソー Hartsough
バードソル Burdsall
ハートソン Hartson
ハトソン Hutson**
ハドソン
Hodgson
Hodson
Hudlin
Hudson***
バトソン
Batson*
Butson*
バドソン Budson
ハドソンスミス
Hudson-smith
パトータ Patota
バトダライ Batdalai
パトチカ Patočka*
バトツェツェグ
Battsetseg
バトツェレグ
Battsereg
パトッキ Patocchi
ハートック Hártogh
ハドック
Haddock*
Hudock*
バードック Burdock
パトック Puttock*
パドック Paddock
ハトックス Hattox
パトッシ Patocchi*
ハートット Hautot
バートット Bertot
ハートッホ Hertog
バトトグトヒン
Battogtohyin
バトトルガ Battulga*
ハートナー
Harther
Hartner
Hertner
バードナー Badner
バドナー Bodnar
パトナイク Patnaik
パドナヴィース
Phadnavīs
バトナーゲル
Bhatnagar
ハドナジー Hadnagy
ハートナック
Hartnack*
パトナム
Putnam***
Puttenham
Puttnam
パトナーヤク
Pattanaik
バトーニ Batoni
バドーニ Badoni**
パトニー Putney
パドニー Pudney*
パドニィ Pudney
パドニス Phadnis
バートニチェク
Bartoníček
バートニック Burtnick
バトニック Batnick
バドニック
Budnick
Budnik*
バドニッツ Budnitz**
パトネイ Patonay
バトネイガー
Bhatnagar
バートネス Bertness
ハートネット
Hartnett**
ハートネル Hartnell
パトノー Patnoe
パートノイ Partnoy*
パトーノート
Patonôtre
パトノートル
Patonôtre
ハートノル Hartnoll
ハドノール Hudnall
パドーバー Padover
パドバ Padova
バドバーグ Budsberg
パドバーニ Padovani
バトバヤル
Batbayar*
Batbayiar
バードハンセン
Baad-Hansen
バトビ Batbie
バトビー Batbie
バドビ Badby
バドビー Batbie
バートフ Burtoft
バートブ Bartoov
バトフ Batov
バトフー Batkhuu
バートファイ Bartfai
ハドフィ Hadfi
ハートフィールド
Hartfield
Heartfield*
ハトフィールド
Hatfield
ハドフィールド
Hadfield*
ハートフォード
Hartford
バートベック Vertovec
ハートポール Hartpole
バトボルド Batbold*
パドマ Padma**
パドマヴァジュラ
Padmavajra
パドマサンバヴァ
Padmasaṁbhava
Padmasaṃbhava
パドマサンババ
Padmasaṁbhava
パドマサンバワ
Padmasaṁbhava
パドマスリー
Padmasree
パドマナブハン
Padmanabhan
バドマーニャムブーギン
Badmaanyambuu
giin
パトマワティ
Patmawati
ハートマン
Hartman**
Hartmann**
ハードマン
Hardman*
Herdman*
Hurdman
バートマン Bertman
バードマン Birdman
バトマン Batman
パトマン Patman
バトマングリ
Batmanglij
バトマンゲリジ
Batmanghelidji
パドマンジー
Padmanji
パドミニ Padmini
ハドミン Hademine*
パードム Purdom*
ハートムット Hartmut
ハートムート Hartmut
バトムンフ
Batmunkh*
パードモ Perdomo
パトモア Patmore*
パドモア
Padmore*
Patmore
パートヤン Partoyan
バトユ Battles
ハドラ Khadra
ハドラー
Hadler
Hudler**
バトラ
Batra*
Butler
バトラー
Batler*
Butler***
Butlor
Buttlar
バドラ
Badra
Bhadra
バドラー Bhadrā
パトラー Patler
バトラァ Butler
ハートライン
Hartline*
バドラヴァルマン
Bhadravarman
バドラーヴダ
Bhadrāvudha
ハートラウブ Hadlaub
バドラーギン
Badraagiin
バドラス Budras
パトラスコイウ
Patrascoiu
バートラチーニ
Bertolacini
ハトラツキー
Hatlaczky
バートラム
Bartram*
Bertram***
バドラン Badran*
ハートランド
Hartland**
Heartland
バートランド
Berterand
Bertrand**
Vatland
バトランド Butland
ハートランフト
Hartranft
ハートリ Hartley
ハートリー
Hartley***
Hartree
Heatley
Herty
ハトリ Khattry
ハトリー
Hatley
Hatry
ハドリ
Hadhri
Hadley
ハドリー
Hadleigh
Hadley***
バートリ Báthory
バートリー
Bartley*
Bertley
バトーリ Báthory
バトリ
Bathori*
Bathory
Báthory
バドリ Badri
バドリー
Baddeley*
Badley
パトリ Patry
パドリー Padley
パトリア Patriat
パトリアウ Patriau*
ハドリアーヌス
Hadrianus
ハドリアヌス
Hadrianus
ハドリアノス
Hadrianos
パトリアリス Patrialis
パトリアルカ
Patriarca
ハドリアーン Hadrian
ハドリアン Hadrian
ハートリイ Hartley
ハドリィ Hadley
ハドリウリ Hadriaoui
ハドリエ Hadlie
バトリエ Batlle
パトリエール
Patelliere
バドーリオ Badoglio
バドリオ Badoglio*
パトリオタ Patriota
パトリオット Patriot
ハードリカ Hrdlicka
バドリカ Badrika
パトリカラコス
Patrikarakos
パトリキア Patricia
パトリキウス
Patricius
バトリーク Baṭrīq
パードリク Padraic
パトリク
Patricius
Patrick
Patrik**
Patryk
パトリケーエフ
Patrikeev
パトリケフ Patrikeev

パトリコフ Patricof
パートリジ
Partlidge
Partridge
パトリーシア
Patrícia*
パトリシア
Patricia***
Patriciqa
パトリシアアレジャンドラ
Patricia Alejandra
パトリシアン Patricia
パトリシオ
Pato
Patricio***
パトリシャ Patricia*
バドリス Budrys*
パトリース
Patrice*
Patrisse
パトリス Patrice***
パトリスィア Patricia
パトリセ Patrice
パトリセリ Patricelli
パトリチア Patricia*
パトリチウ Patriciu
パトーリチェフ
Patolichev
パトリチェフ
Patolichev
ハードリチカ Hrdlička
ハドリチコヴァー
Hrdlickova
パトリーツ Patriz
パトリーツィ
Patrizi
Patrizzi
パトリツィ
Patrizi
Patrizzi
パトリツィア
Patricia*
Patrizia**
Patrycja
パトリツィオ
Patrizio*
バトリック
Battric
Battrick*
Buttrick
パードリック
Padraic*
Pdraic
パトリック
Padraic
Partrick
Patric***
Patrich
Patricius
Patrick***
Patrik**
Patryk
パートリッジ
Partlidge
Partridge**
パトリッシ Patrissi
パトリッシア Patricia
パトリッチ Patrizzi
ハードリッチカ
Hrdlička
パトリッツィ Patrizzi
パトリッツィオ
Patrizio*
パドリッド Padrid
パトリディーズ
Patrides
パトリド Patoulidou
パドリノ Padrino
ハートリーブ Hartlib
ハートリブ Hartlib
バドリーヤ Badrīya
パトリュ Patru
バトリワラ Batliwalla
ハドリン Hudlin*
バトーリン Baturin
ハートリング Hartling
バートリング Bertling
ハートル
Haertle
Hartl*
Hartle*
Hirtle
ハードル
Hardle
Hurdle*
ハドル Huddle*
バートル
Baatar
BaGhatur
Bartels
Bartl
Bartle
Bartol
Bat-Or
バトル
Battle**
Battre
Buttel
Buttle**
バドル
Bader
Badr**
Bdlr
バドルー Badloe
パートル
Pertl
Pirtle
パドルー
Padeloup
Pasdeloup
バトルキャット
Battlecat
ハトルグリミュル
Hallgrímur
パトルシェフ
Patrushev**
バトルズ Battles*
パトルス Patrus
ハドルストーン
Huddlestone
ハドルストン
Huddleston**
パトルツィンスキー
Patorzhinsky
バドルッディーン
Baderaldien
Badr al-Dīn
バートルディ Bertoldi
バドルディヌ
Badreddine
バドルディン
Badreddine
バートールド Bartold
バートルド Berthold*
バドルドーザ
Badruddoza*
パトルーニ Patorni
バードルフ Bardorf
バトルフ Buttolph
パドルフォード
Paddleford
ハードルン Hadorn
ハートレー
Hartley***
ハードレー Hadley
ハドレー Hadley**
バードレー Badley
バトレ Batlle
バドレー
Baddeley
Badley
パドレ Padre
パドレー Padley
ハートレイ Hartley**
ハドレイ Hadley*
バートレイ Bartley*
パドレイ Padraig
パドレイク Padraic
パドレイグ
Padraig**
Pádraig
バドレイシン
Badrising
バドレイフ Vadlejch
パードレク Padraic
バトレス Batres
パトレーゼ Patrese
バートレッタ
Bartoletta*
バートレッティ
Bartoletti
バートレット
Barlett
Bartlet
Bartlett**
Batlett
Bertolet
バートロ Bartolo**
バートロー Bartlow
パードロ Pardlo
パドロー Padró
パトロクルス
Patroclus
パトロクレス
Patroklēs
Patroklos
パトロクロス
Patroklos
ハドロック Hadlock
バドロック Badrocke
ハートロッシ
Hart-Rossi
バートロッタ
Bartlotta
パトロナ Patrona
バトローニ Batrouni
パトローニ Patroni
パトロニエ Patronnier
バトロバ Batorova
バートロメ Bartolomé
パトロワ Patrois
パトロン Patron**
パドロン
Padron
Padrón**
バドロング Budlong
パトワ Patwa
パドワ Padwa
ハドワイガー
Hadwiger
バードワジ Bhardwaj
バトワース
Butterworth
バドワース Budworth
パトワーダン
Patwardhan
ハートン Hartong
ハードン
Hardon
Hurdon
ハドン Haddon*
バートン
Barton***
Bartone
Batten
Berton**
Burdon
Burrton
Burton***
Verton
バードン
Bahdon
Bardon*
Bourdon
Burden
Burdon**
Vardon
Verdon**
Virdon
バトン
Baton
Bâton
Batten*
Batton
Button***
バドン Vadão*
パートン
Parton**
Purton
パードン
Purdon
Purdum*
パトン Paton
パドン Padden
バトンズ Buttons*
ハーナー
Haner
Harner*
ハナ
Chana
Ha-na
Hana**
Hanna***
Hannah***
ハナー
Hannah*
Huner
バーナ
Bahna
Bāṇa
Barna
Berna
Verna*
バーナー
Barner
Berner
Burner
Varner**
Verner
Vernor*
バナ
Bana*
Vana*
バナー
Banner
Bunner
パーナー Perner
パナ Pana
ハナアク Hanak
バーナァド Bernard
バナァド Bernard
パナイ Panayi
パナイー Panayi
ハナイアリイ
Hanaialii*
ハナイエフ Khanayev
パナイオティス
Panagiotis
Panayiotis
パナイオトゥ
Panayioutou
パナイオトポーラス
Panayiotopoulos
パナイティオス
Panaitios
バーナイト Burnite
パナイト
Panait
Panaït
パナイノス Panainos
ハナウ Hanau**
バーナウ
Barnauw
Barnouw
バーナウアー
Bernauer
ハナウェイ Hannaway
ハナウミ Hanaumi
パナーエヴァ
PanaEva
パナーエフ Panaev
パナーエワ Panaev
バナカー Banneker
バナガス Vanagas
バナーカティー
Banākatī
バナカーニ Bagnacani
パナギオタトゥ
Panajiotatou
パナギオティス
Panagiotis
ハナーク
Hanak
Hanák

ハ

ハナーコバー
Hanáková
バーナザード
Bernazard
バナザード Bernazard
バーナサン Barnathan
バナージ
Banaji
Banerji
バナジ Banaji
バナジー
Banerjea*
Banerjee**
Banerji
バナシェフスキ
Banaschewski
パナジオタトウ
Panajiotatou
パナジオート
Panagiotes
バナージュ Basnage
ハナーズ Hannerz
バーナース Berners
バーナーズ Berners**
バーナス Barnas
パーナス Parnas
パナス Panas
ハナスィ Ha-Nasi
バナスター Banastre
パナースワン
Phanasuwan*
パナーソヴィチ
Afanas'evich
バーナーダ Bernarda
パナダ
Panadda
Panudda
バナタイン
Bannatyne
バナタオ Banatao
パナチェク
Panáč Cek
ハーナッキー
Hernacki*
ハーナック Harnack
バナック Banach
バナッグ Bunnag
バーナッザ Vernazza
バナッチ Banach
バーナット Barnatt
バナッハ Banach
バーナップ Burnap
ハナティ Hanati
ハナテイ Hanati
バーナーディ Bernadi
パナティ Panati*
パナティオス Panatios
パナディッチ Panadic
バーナディット
Bernadette
バーナディナ
Bernardina
バーナーディン
Bernardin*
バーナディーン
Bernadene
バーナディン
Bernadine*
Bernardin
ハナテク Hnatek
バーナデッテ
Bernadette
バーナデット
Bernadette**
バーナデッド
Bernadette
バーナデュー
Bernadeau
パナデロ Panadero
ハーナード Hurnard
バーナートー Barnato
バーナード
Barnard***
Barnardo
Bernald
Bernard***
Bernardo*
Bernhard**
Brenard
Burnard
バーナードー
Barnardo
バーナド Bernard*
バナート Bannert
バナード
Barnardo
Bernard
バーナードウ
Barnardo
バーナドット
Bernadotte
バナナ Banana**
ハナニ Hanani
ハナニー Khananii
ハナニア Hananiah
ハナニヤ Ananias
ハナネ Hanane
バーナネン Paananen
バーナハ Banach
バナハ Banach
バーナバス Barnabas
バナバス Banabas
パナバリ Panavelil
ハナハン Hanahan
バナハン Banahan
バーナビ Barnaby
バーナビー
Barnabe
Barnaby**
Burnaby
パナヒ Panahi*
パナビー Panarby
バーナビイ Barnaby
パーナビク Parnevik
ハナーブ Janaab
ハナフ Khanafou
バーナーブ Bernabe
パナフ Pánakh
ハナーフィ Hanafi
ハナフィ Hanafi
ハナフィーヤ
Ḥanafīya
パナフィユー Panafieu
ハナフィン
Hanafin
Hannafin
ハナフォード
Hannaford*
パナフュー Panafieu
バーナベ Barnabe
パナマ Panama*
パナマレンコ
Panamarenko
バナーマン
Bannerman*
バナマン
Bannerman**
バナミュエレバリエネ
Banamuhere
Baliene
ハナム Hannam
バーナム
Barnum*
Burnam
Burnham***
Varnum
バナム
Banham*
Vanham
バナムチョン
Banamchon
バナムヘレ
Banamuhere
バナヤン Banayan
パナヨッタ Panayiota
パナヨット Panayot
パナヨティス
Panagiotis*
Panayotis
パナヨトフ Panayotov
パナヨトプル
Panayotopoulou
パナヨトープロス
Panayotopoulos
パナヨトプロス
Panagiotopoulos
Panayiotopoulos
パナラ Panara
パナリエッロ
Panariello
パナリッティ Panariti
パナリッティー
Panariti*
パナリティ Panariti
パナリナ Panarina
バーナル
Bernal*
Bernall
Vernal
バナール Bernal*
パーナル Parnall*
パナール Panhard
バナルジー
Banarjī
Banerjea
バーナルディ Bernardi
パナロ Panaro
ハナワルト Hanawalt
ハーナーン Khānān
ハナーン Hanan
ハナン
Hanan***
Hannan*
パナンカラン
Paṇaṃkaraṇaḥ
Panangkaran
バーナンキ
Bernanke**
バーナンケ Bernanke
ハナンサム Hanansam
パナンディケール
Panandiker
ハナント Hannant
バナンバー Banumbir
ハナンヤ
Ananias
Hananiah
ハーニ Hany
ハーニー
Hānī'
Harney*
ハニ
Hani**
Hany*
ハニー
Haney*
Hannie
Hanny
Hany
Honey*
バーニ
Bani
Bānī
Berni
Burney
バーニー
Bani
Barney***
Barnie
Bernard*
Bernardo
Berney*
Bernie***
Berny
Birney***
Birnie*
Bun*
Burney*
Burnie
Burny**
Varney*
Verney
Vernie
Verny*
バニ Bani***
バニー
Banī
Banny
Bonnie
Bunnie
Bunny***
パーニ
Pagni
Pani
パーニー Pany*
パニ Panni
パニー Pany
バーニアー Bernier
バニア
Bania
Vania
パーニア Parnia
パニアーガ Paniagua
パニアク Paniaq
パニアグア
Paniagua**
バーニアット
Burnyeat
バニアード Banyard
パニァーニ Pagnani
バニアン Bunyan*
パニアンプー
Parnianpour
バーニィ
Birney
Burnie
ハーニウ Hāni'
ハニーウェル
Honeywell
バニエ
Banier*
Vanier**
バニエー Vanier
バニェイン Ba Nyein
バニェス
Bañez
Bánẽz
Báñez
バニエッテマード
Banietemad
バニェリス Bagneris
ハニエル Haniel
バニエル Baniel
バニオーニス Banionis
バニオニス Banionis*
ハーニオール
Hanioğlu
ハニカ Hanika
ハニカー Huneker
バーニカー Berniker
パニカー Panikkar*
ハニーカット
Honeycutt*
ハニカット
Honeycutt**
Hunnicutt
ハニカム
Honeycombe
パニカーレ Panicale
パニガローラ
Panigarola
ハニガン
Hanigan
Hannigan*
ハーニク Harnik
ハニグ Hanig
バニク Banik
ハニゲン Hanighen
バーニコウ Bernikow*
パニコス Panikos
バーニコート
Barnicoat*
ハニコフ Khanykov
バニサドル
Banisadr*
Banī Ṣadr
ハニシェリ
Hanny-Sherry
ハーニシュ Harnish*
バニーシュワルナート

Phaṇīśvarnāth
バーニース
Barnice
Berniece
バーニーズ Bernice
バーニス
Barnice
Bernice***
バニース Bernice*
バニス Banis
パーニス
Parnis
Pernis
パニス Panis*
バニスター
Banister*
Bannister***
バニステンダール
Vanistendael
バニスロバート
Bannis-roberts
パニゾフスキー
Ponizovskii
パニゾン Panizon
バニタ Vanita
パニチェリ Panichelli
パニチャパク
Panitchpakdi**
バニチョイユ
Bănicioiu
パニツァ Panizza
パニッカル
Panikkar*
Paṇikkar
ハーニック Harnic
バーニック Bernick
バニック
Banick
Bannick
パーニック Pernick
パニック
Panic
Panik
バーニッジ Barnidge
ハーニッシュ
Hanisch*
Harnisch
Harnish
ハニッシュ Hanisch
パニッシュ Panish
パニッチ
Panić*
Panitch
Panizzi
Panych**
バーニッツ Burnitz*
パニッツァ Panizza*
パニッツァー Panizza
パニッツア Panizza
パニッツィ Panizzi
バーニット Barnitt
パーニットパック
Phanitphak
ハニティ Hannity
ハニナ Hanina
バニーニ Vanini
バニニ Vanini
パーニニ Pāṇini
パニーニ Pannini
バニーヌ Banine
パニーノ Pagnino
パニパック Panipak*
ハニバル Hannibal
バニ・パル Banipal
バニパル Banipal
ハニフ Hanif**
バニフ Bannykh
ハニーファ Ḥanīfa
ハニファ Hanifah
ハニーボーイ
Honeyboy
ハニーマン
Honeyman*
ハニム Hanim
ハニヤ
Haniya*
Hanya*
バーニャ Vanja
バーニヤー Bernier
バニヤ Banya
パーニャ Pernia
パニヤ Panya
バニャカヴァッロ
Bagnacavallo
バニャカヴァロ
Bagnacavallo
バニャカバロ
Bagnacavallo
バニャッカ Banyacya
バニャーラ Bagnara
バニャレロ
Bagnarello*
バニャン
Bagnan
Ba Nyan
Bunyan*
バニヤン Bunyan*
パニュ Panh*
パニュアシス
Panuassis
パニュアッシス
Panuassis
Panyassis
パニュエロ Panuelo
バニュエロス
Banuelos
パニューシキン
Panyushkin
バーニョ Bagno
バーニョス Baños
パニョッタ Pagnotta*
パニョーニ Pagnoni
パニョーリ Bagnoli
パニョール Pagnol
パニョル Pagnol**
パーニラ Pernilla
パニラ Pernille
パーニル Pernille
ハニン Janín
バニン Banin
パーニン Panin
パニン Panin
バーニンガー
Berninger
バーニンガム
Burningham**
ハニンク
Hanink
Hannink
Hunink
ハニング Hanning*
バーニング
Berning
Burning
バニンク Bannink
バニング
Banning
Bunning**
バーニングガム
Burningham
ハニングトン
Hannington
ハニントン
Hanington
Hannington
ハヌ Han
バーヌ Banu
バーヌー Bānū
バヌ Banu
バヌー Banū
パヌ
Panou
Pau
パヌー Panou
バヌーエリア Banuelia
ハヌカ Hanuka
ハヌーシ
Khannouchi*
バヌシ Banus
ハヌシェク
Hanuschek
ハヌシュ Hanuš
ハヌース Hanus
ハヌス Hanus
パヌス Panos
ハーヌスタイン
Herrnstein
バヌチ Vannucci*
ハヌッセン Hanussen
パヌッチ Panucci*
パヌッチョ Panuccio
パヌトン Panneton
バヌバー Vannevar
バーヌバクタ・アーチャーリヤ
Bhānubhaktācārya
バヌーブ Banoob
パヌーフニク
Panufnik
パヌフニク Panufnik*
ハヌマント Hanumant
ハヌム Khanum
ハヌーラ Hannula
パヌラ Panula*
ハヌル Ha-neul*
バヌール Vanneur
パヌレ Panerai
ハヌーン Hanoune
ハヌン Hanun
バヌン Banoun
ハネ Hanne
ハネー Honey
パネ
Pane
Pané
Panné
ハネイ
Haney
Hannay
ハネイカ Hanaka
バーネイズ Bernays*
バーネイブ Barnabe
バーネヴィク
Barnevik*
パネヴィス Pannevis
バーネウィッツ
Bernewitz
バーネウフ Bourneuf
ハネカー Huneker*
バネガ Banega
パネク Panek*
パネクーク
Pannekoek
ハネグビ Hanegbi
ハネグラフ
Hanegraaff
ハーネケ Haneke
ハネケ Haneke*
ハネコム Hanekom
パネジェム Pinudjem
バネシュ Banesh*
ハーネス
Haanaes
Harness**
ハネス Hannes**
バーネス
Barnes
Barness
Burness
バネス Vanness
パーネス Parness*
ハーネスト
Harnest
Hearst
ハーネッカー
Harnecker
バーネッケ Warnecke
バネッサ Vanessa***
バーネッシュ Banesh
パーネッタ Pernetta
パネッタ Panetta**
バネッティ Vanetti
パネッティーア
Panettiere*
ハーネット Harnett**
ハネット Hannett
バーネット
Barnet**
Barnett***
Barnette*
Barnnet
Bernett
Bernette
Burnet**
Burnett***
Burnette*
Vernet
バネット
Barnett
Burnett
Vannett
パーネット Pernetta
パネット
Paneth
Punnett*
パネッブチア
Panepuccia
バーネト Barneto
パーネト Paneth
パネート Paneth
パネノス Panēnos
バネバー Vannevar
バネハム Baneham
ハネハン Haneghan
パーネビアンコ
Panebianco
バーネビク Barnevik
パーネビク Parnevik*
バーネビック
Barnevik
パーネビック
Parnevik
ハネブート Hanebutt
ハネベルガー
Hünenberger
ハーネベルク
Haneberg
ハーネボル
Hanevold**
ハーネマン
Hahnemann
バーネラ Vernella
パネラ Panella
パネラーイ Panerai*
パネライ Panerai
バネリ Vanelli
ハネリウス Hannelius
バネリック Vanourek*
バーネル Burnell***
バネール Banér
バネル Vanel
パーネル
Parnell***
Pernell*
Pournelle***
Purnell*
パネル Panel
バーネルジー Banerjee
バネルジー
Banerjea
Banerjee**
Banerjī
バーネルジェー
Banerjee
Bannerjee
バーネルソン
Warnersson
Wörnersson
バネルリ Vanelli
パネーロ Panero
パネロ Panero*
ハーネン Haanen

ハ

ハネン Hannen
バネン Bannen
パネンカ Panenka
パネンベルク
Pannenberg**
ハーノー Harno
ハノ Hanno
バーノ Bano
バノ Bano
ハーノイ
Hanoy
Harnoy*
パノイ Panay
バーノウ Bernau
ハノーヴァー
Hannover
パノーヴァ Panova
バーノウィン
Barnouin
バノウェツ Banowetz
バノヴェッツ
Banovetz
バーノオ Barnao
ハノク Enoch
パノス Panos**
バーノータス
Bernotas
バーノタス Bernotas
バノーツィ Bánóczy
ハノック Hanoch
バノック Bannock
パノッツォ Panozzo
ハノッホ Hanoch
パノデモス
Phanodēmos
パノドロス Panódoros
パノニカ Pannonica
ハノーバー Hannover
パノバ Panova
バノビッチ Banovic
ハノフ Khanov
バーノフ Bernoff
パノフ
Panoff
Panov**
ハノーファー
Hannover
パノフキン Panovkin
パノフスキー
Panofsky**
ハノーマンジー
Hanoomanjee
パノムヨン
Phanomyong*
バノーリ Vanoli
パーノール Parnall
バノルジー Banerjea
パノルミターヌス
Panormitanus
パノーワ Panova*
ハーノン Hernon*
ハノン
Hannon
Hanon*
バーノン
Bernon
Vernon***
バノン Bannon*
ハーハ Hacha
ハーバ
Haaba
Hába
Haber
ハーバー
Haber**
Habor
Happer
Harbaugh
Harber*
Harbor
Harbour*
Heber
Herber
ハーパー
Happer
Harper***
Harpur*
ハハ Ha Ha
ハバ Hába
ハバー Haber
バーハ Vácha
バーバ
Barba
Barber
Bhabha*
Burba
Varbah
Verba*
バーバー
Baba
Bābā
Baber
Barbar*
Barber***
Barbir*
Barbour***
Berber
Bhabha
バーパー Barber
バハ
Bach
Baha
Bahá
Bahâ
Bahar
Baher
バハー
Bahā
Bahaa
ババ
Baba***
Bava
Bubba*
Vava
ババー Baber
パハー Pacher
パパ
Papa***
Pappa
パパー Papper
バハア Bahaa
バハー・アッディーン
Bahā'al-Dīn
Bahā'u'd-Dīn
バハアディン
Baha El-din
ババアハメド
Baba Ahmed
バーバイ
Babai
Bābai
パパイ Papai
パパイオアヌー
Papaioannou
パパイオアノウ
Papaioannou
パパイオアンヌ
Papaioannou
パパイオーンノー
Papaioannou
バーハイト Barhydt
バハウアー Bachauer
バハウィ Bahawi
パパヴォワーヌ
Papavoine
バハーウッ・ディーン
Bahā'u'd-Dīn
バハーウッディーン
Bahā' al-Dīn
Bahâuddîn
Bahā'u'd-Dīn
バハーウッラー
Bahā'u'llāh
パパヴラミ
Papavrami
ババエフ Babayev
ババエフスキー
Babaevskii**
ババエワ Babaeva
バハーオッラー
Bahā' Allāh
バハオーフェン
Bachofen*
バハオラ
Baha Ullah
Bahâ Ullâh
ハーバーガー
Harberger
ハバカク Habakkuk
ババカール Babacar*
ババカル Babacar
パパガロウファリ
Papagaroufali
パパキリヤコプーロス
Papakyriakopoulos
ババキル Babakir
ハーバーグ Harburg
バーバク Bābak
ババク Babak*
ハバクク Ḥabaqqūg
パパグノ Papagno
パパクリ Pape Kouly
パパクリストドール
Papachristodoulou
パパゲオルギオス
Papageorgios
ババゲルディ
Babageldy
パパゴス Papagos
パパコスタス
Papacostas
ハーバコルン
Haberkorn
ババコワ Babakova*
パパコンスタンティヌ
Papaconstantinou**
パパサケラリオ
Papasakelariou
ハーバーサック
Habersack
パパサナシウ
Papathanasiou
パパザン Papasan
パパジアマンディス
Papadiamantis
パパジアン Papazian*
パパシヴィリ
Papashvily
パパシデリス
Papasideris
ババジャニャン
Babadzhanian
ハバーシャム
Habersham
ババジャン
Babacan*
Babadzhan
ババジャンザデ
Babajanzadeh
ハバシュ
Habachi
Habash**
Ḥabash
Habbash
ハーバーシュトック
Haverstock
ハバシュネ
Habashneh
パパジョー Pavageau*
ババショフ Babashoff
パパジョルジュ
Papageorgiou
ババシン Babasin
ハーバス Harbus*
ハバーズ Havers
ハバス Habas
バーバース Babers
パーバス Purvis
パハース Pahars
パパス
Papas**
Pappas*
Pavageau
パパズ Papas*
パパスタソプーロス
Papastathopoulos
パパスタマシュウ
Papastamatiou
ハバーストック
Haverstock
ババーストック
Baverstock
パパスピリダコス
Papaspyridakos
パパゾグル
Papazoglou
パパゾグロー
Papazoglou
パパゾグロウ
Papazoglou
パパゾフ Papazov
パパゾプロス
Papadopoulos
ハーバーソン
Halvorson*
バハター Wachter*
ババタ Babata
パパダキ Papadaki
パパダキス
Papadakis*
パパダト Papadat
パパダトス Papadatos
バハダル Bahadur
バーバチー Barbaccia
ハーバーツ Harberts
ハーバック Harbach**
ハバック Hubback
バーバック
Barbach
Burbach
バーバッシュ Barbash
パパッチョ Papaccio
ハーバット
Harbutt*
Herbert
パパディアマンティス
Papadiamantes
パパディアマントポウロス
Papadiamantopoulos
バーバティス Berbatis
パパディミトリウ
Papadimitriou
Paradimitriu
パパディメトリュー
Papademetriou
パパディモス
Papademos*
バハティルクウェボ
Bahati Lukwebo
バハデゥル Bahadur
パパテオドゥールゥ
Papatheodoulou
パパデメトリオ
Papademetriou
パパデメトリュー
Papademetriou
バハデリ Bahadeli
ハーバート
Harbert*
Harvard
Herberet
Herbert***
Herdert
Hubert
ハーバード
Harberd
Harvard*
Havard
Herbers
Herbert**
Hubbard
ハバート
Hébert
Herbert
Hubbard
Hubert
ハバード
Habbard*
Hubbard***
ハパート Huppert
バーバト Barbato

ハ

バハト Bahat*
パハド Pahad
パパート
Papart
Papert**
バハドイル Bakhadyr
バハドゥーア Bahadur
バハードゥル Bahādur
バハドゥール
Bahadur**
バハドゥル
Bahadur
Bahādur
ババトゥンデ
Babatunde**
ハーバートソン
Herbertson
パパドプウロス
Papadopoulos
パパドプーロス
Papadopoulos
パパドプロス
Papadopoulos**
Papadópoulos
パパドポウロス
Pappadopoulos
バハドール
Bahadur**
バハドル
Bahador
Bahadur**
ハバートン Habberton
ババトンデ
Babatounde
ハバナ Habana*
ババナ Babana
パパナスタシウ
Papanastasiou
バーバーニ Bhabani
ハーパニエミ
Haapaniemi
パパニコラウ
Papanikolaou
パパニコロー
Papanicolaou
ババニナ Babanina
ババニヤズ Babaniyaz
パパーニン Papanin*
パパーネク Papánek
パパーネック Papanek
パパネック Papanek*
バーバネール
Barbanell
バーバネル
Barbanell*
ハーパネン Haapanen
パパーノ
Paperno
Pappano*
パパノヴ Papanov
ババーノヴァ
Babanova
ババノフ Babanov
バハーハ Bahah
パパバシロプル
Papavasilopoulou
パパパヌ Papapanou
パパパブル
Papapavlou
パパファーヴァ
Papafava
パパーブオリ
Vapaavuori
バハブーティ
Bhavabhūti
パパフリストゥ
Papahristou
ハーバーベーク
Haverbeke
パパペトロス
Papapetros
バハホーファー
Bachhofer
ハーバーマス
Habermas**
ハーバマース
Habermas
ハーバマス Habermas
ハバーマス Habermas
バハマディア
Bahamadia
ハーバーマン
Haberman
Habermann
ハーバマン
Habermann
Herbermann
バハマン
Bachmann
Bahaman
Bahman
パハマン Pachmann
パパミカエル
Papamichael
パパミツァキス
Papamitsakis
ハーバム Herpham
バーハム Bartham
バハム Baham
パーハム
Parham
Perham
ババムイラト
Babamyrat
バハムウィティ
Vahamwiti
ババムサ
Baba-moussa
バハムダン
Bahamdan
ババムラトワ
Babamuratova
ハバムレミ
Habumuremyi
ハバメンシ
Habamenshi
バハモンデ
Bahamonde
バハモンド
Bahamonde
バハヤ Bahya
パパヤニス
Papagiannis
パパヤノプロス
Papayannopoulos
ババヤロ Babayaro
パパヨアヌ
Papaioannou
ハーバラー Haberler*
バーバーラ Barbara
バーバラ
Babara*
Barbara***
Barber
Barbera
Barbra
Berbara
Burbulla
パパラーディ
Pappalardi
バハラハ Bachrach
バハラミ Bahrami
バハラーム
Baharam
Baharām
Bahram
パバラン Pabalan
ハーバーラント
Haberlandt
ハーバーランド
Haberland
Haberlandt
ハバーランド
Haberland
ハーバリー Harbury*
バーバリー
Barbaree
Burberry
バハリ Bahari
バハリー Baḥrī
バーバリア Bavaria
パハリア Paharia
パパリグーラス
Papaligouras
パパリゴプロス
Paparrigopoulos
バーバリス Verbalis
バーバリーナ
Barbarina
パハリナ Pakhalina**
バーバリン Barbarin
ハーバル Haberl
バーバル Babar
バハール Bahār
バハル
Bahar
Bahr
ババル
Babar
Vaval
パバル Paval
パバルキス Pavalkis
ハバルギラ
Habarugira
パハルス Pahars*
バーハルズィー
Bākharzī
バーハルター
Berhalter
バハルディン
Bacharuddin*
Bachruddin*
Bachrudin
Baharuddin*
ハバルト Håvard*
バハルナ Baharna
バハルール Bahlōl
ハバレー Habberley
パパレ Papale
ハハレイシヴィリ
Khakhaleishvili
ハハレイシビリ
Khakhaleichvilli*
Khakhaleishvili
パハレヴィー Pahlawī
パパレオ Papaleo
パパレークシ
Papaleksi
パハーレス Pajares**
パパレッリ Paparelli
ハバレリ Khabarelli
ババレル Bavarel
バーハレワ Bakhareva
バーバロ Varvaro
バーバロー Barbaro
ハバロック Havelock
パバロッティ
Pavarotti
ハバーロフ Khabarov
ハバロフ Khabarov
ババロラ Babalola
バハロール Bahlōl
パパローン Paparone*
バーバワイ Bābawaih
バーバワイヒ
Bābawaih
バーハン Bahan
バーバン Barban
バハン
Bahan
Buchan
Vahan
ババン
Baban
Babin**
パバン
Paban
Pavan
パパン Papin*
ババンギダ
Babangida*
バーバンク Burbank*
ハーバンス Hurbans
ババンスキー Babinski
パパンゾレウ
Papandreou
パパントニウ
Papantoniou
パパンドプロ
Papandopulo
ババンドラ Bavadra
パパンドレウ
Papandreou**
ハービー
Harvey***
Harvie
Herbie***
ハビ
Habi
Javi
ハビー
Gaby*
Javier
バービー
Baby
Barbee*
Barbie
Barbir
Burby
バヒ
Vaehi
Vähi
Vjahi
バビ
Babi
Baby
バビー
Babbie*
Babii
Baby
パービ Papi
パビ Pavie
パピ Papy
パピー
Pappy
Papy
Puppy
ハービア Harbir
ハビア Javier
ハビアー
Javier*
Javy
バービア Barbier*
バービアー Barbier
バヒア Bahiat
パビア Pavia*
パピア Papier
パピアー Papier*
バビアク Babiak
パピアース Papias
パピアス Papias
バビアック Babiuk
ハビアン Fabian
パービアンス
Purviance
ハービィ Harvey
バビイ Baby
パピィニ Papini
ハビエ Javier**
バビエ Bavier
バヒェーア Bachér*
パピエフ
Papiev
Papiyev
ハビエラ Javiera
バービエリー Barbieri
ハビエール Javier
ハビエル
Jabier
Javier***
Javierre
Xabier
Xavier***
Xavier
バビエール Bavière
バビオー Babior*
パビオ Paviot

ハ

ハービガースト
Havighurst
ハビガースト
Havighurst*
バビキル Babiker
バービーク Verbeek**
バビコフ Babikov
バービジ Burbidge
バビジ Babbage
バビシュ Babiš*
バービス
Purves
Purvis**
パビズ Parviz
ハービスト Haavisto
ハービソン
Harbison**
バビタ Babita
バビチ Babic
パビチ Pavić
バビチェフ Babichev
ハービック Herbig*
ハービッグ Herbig
バービック Berbick
バビック Babich
パーピック Prpic
パピック Papich
バービッジ
Burbidge**
バビッジ Babbage
バビッチ
Babic
Babić*
Babicz
Babits*
パビッチ
Pavic
Pavich*
パービッツ Parviz*
バヒッド Vahid
バビット
Babbit
Babbitt***
パビット Pavitt
ハビッヒ Habich
バヒディ Vahidi
バヒテル Wachtel
バヒート Bakhit*
バヒト
Bakhit
Bakhyt*
バヒド Vahid
バヒドダストジェルディ
Vahid Dastjerdi
Vahid-dastjerdi
パピナシビリ
Papinashvili
パピーニ Papini*
パピニ Papini
パピニー Papini
パピニアヌス
Papinianus
パピニイ Papini
パーピニウス Papinius
パピニウス Papinius
パヒヌイ Pahinui*
バビネ Babinet
バビネー Babinet
ハビネザ Habineza
バビノ Babineau
バビノー Babineaux
パピノ Papinot
パピノー
Papineau
Papinot
パヒノウ Paxinou
ハビバ Habiba*
ハビバー Havivah
ハービヒ Habich
ハビービー
Habībī**
Ḥabībī
ハビヒ Habich
ハビビ
Habibi**
Habībī
Habibie***
ハビヒト Habicht
ハビーブ
Habeeb
Habib
Habīb*
Ḥabīb
ハビブ
Habib***
Ḥabīb
Habibou
Habibuz
ハビーブッラー
Ḥabīb Allāh
ハビブラ Habibullah
ハビブルラー
Ḥabīb Allāh
ハビブルラフマン
Habiburrahman
ハビボラ Habibollah
パヒミ Pahimi
バーヒヤ
Bahia
Bāhiya
バヒヤ
Bachya
Bahia
ハビャリマナ
Habyarimana*
パピュス Papus*
バビュラス
Babylas
Babýlas
パピュルス Papylus
バビューレン Baburen
パピヨー Papillault
バーヒラー Bürchler
バービラ Barbira*
バーピラー Varpilah
パービライネン
Paavilainen
ハビランド
Haviland
Havilland*
バヒリ Bhiri
パピリウス Papirius
ハビリワラ
Haveliwala*
ハービル Harville
ハビール Harbir
パピルス Papylus
バビレ Babilée
パビロ Pablo
バビロフ Vavilov
バービロリ Barbirolli
ハービン
Harbin
Khavin
ハビン Hubin
バビン
Babbin
Babin*
パヒン Pajín
バービンガー
Babinger
バービンスキー
Verbinski*
バビンスキー Babinski
ハービンソン
Harbinson
ハビントン Habington
バビントン
Babington*
ハーフ
Have
Herf
ハーブ
Haab
Harb
Harv
Harve*
Herb***
Herbert**
ハープ
Harp*
Harpe
Herb
ハフ
Hahu
Hough**
Huff**
バーフ Bakh
バーブ
Baab
Bab
Bāb
Babe
Barb
Barbe
バープ Bab
バフ
Bah
Buff**
バブ
Bab
Babb
Babou
Babu
Bub
Bubb
バブー Baboo
パプー Bappou
パーフ Pfaff
パーブ
Parv
Purves
パフ
Paff
Pfaff
Puff*
パプ
Pap
Pape
Papp
バーファエル
Verfaillie
ハーファーカンプ
Haferkamp
Haverkamp
バーファキーフ
Bafaqef
ハファジー Haffajee
パプアシビリ
Papuashvili
ハファージャ
Khafāja
K̲h̲afājah
ハーファーズ Helfers
ハファダ Haffadh
バファート Baffert
ハーファーマース
Hafermaas
ハファム Huffam
バファルコス
Bafaloukos
バファロ Bufalo
ハファン Huffam
ハーフィー Khwāfī
バフィ Buffy
バフィー
Buffie
Buffy
パフィ Puffy
バーフィクト Burfict
ハーフィス Hāfiz
ハーフィズ
Hafez
Hafiz
Hāfiz
Ḥafīz
Ḥafīẓ
Ḥāfiẓ*
Hafize
ハフィーズ
Hafeez
Ḥafīẓ
ハフィズ Hafidh
ハフィズディン
Hafizuddin
ハフィゼ Hafize
パーフィット
Parfit**
Parfitt**
ハフィド Hafid
バフイト Bakhyt
バーフィールド
Barfield**
バフィン Baffin
バーフィンク Bavink
バフインク Bavinck
ハフィンズ Huffins
ハーフィンダール
Herfindahl
ハーフィンダル
Herfindal
ハフィントン
Heffington
Huffington**
バフィントン
Buffington*
Buffinton
バフヴァーロフ
Bakhvalov
パプウォース
Papworth
バーブ・ウラー
Babullah
パフェ Pfennig
ハーフェイカー
Halfacree
バーフェインド
Burfeind
ハーフェズ
Hafez*
Hāfiz
Ḥafīẓ
ハフェズ
Hafez**
Hafiz
Ḥāfiẓ
ハーフェツ Hafez
バフェット
Buffet*
Buffett**
バフェットン
Buffington
ハーフェナー Havener
ハーフェル
Haefel
Havel
ハフェルカンプ
Haferkamp
ハーフェルス Havers
ハフェルティ Hafferty
ハフェンデン
Haffenden
ハーフェンリヒター
Hafenrichter
ハーフェンレッファー
Hafenreffer
ハーフェンレファー
Hafenreffer
パフォス Paphos
ハーフォート Herford
ハーフォード
Harford*
Herford
Hurford*
ハーフォド Herford
ハフォード Hufford
バーフォード
Barfoed
Barford
Burford*
バフォン Buffone
ハプカ Hapka
バプカ Babka
ハブカイネン
Havukainen
バブカール Baboucarr
バブカルブレーズ
Baboucarr-Blaise
バーフキー Bāfqī
ハーフキン Haffkine
ハフキン

Haffkin
Haffkine
バブキン Babkine
バブギンユンビラ
Bamvuginyumvira
バブク Babuc
パプク Papuc
ハブグッド Habgood*
ハプグッド Hapgood*
ハフグレン Hafgren
ハフケ Haffke
ハプケ Hapke
パプケ Papke
パフコ Pafko
バブコク Babcock
バブコック
Babcock**
ハフサ
Hafsa
Ḥafṣa
Ḥafṣah
ハブサ Hlavsa
ハブサデ Habsade
バプシ Bapsy
ハフシア Hafsia
バーブシキン
Babushkin
バブシキン Babushkin
ハーフーシュ
Harfoush
バフシュ Bakhsh
バブシュ Babbush
ハブシュシ Habshush
ハフシュミット
Hufschmidt
ハーフズ Hafiz
ハブズ Hobbs
バブズ Babs*
バブズ Babs
パーブス Purves
ハープスター Harpster
ハフスタッド Hafstad
ハフステイン Hafstein
ハフステトラー
Huffstertler
ハーブスト Herbst**
ハーブスト Herbst
パーブスト Pabst
パブスト Pabst*
パプスト
Pabst*
Papst
ハープスフィールド
Harpsfield
ハプスブルク
Habsburg**
バブスプレーグ
Babb-Sprague
ハフスーン Ḥafsūn
バブスン Babson
バブソン Babson**
バフダ Vajda
バフタシヴィリ
Bakhutashvili
バフダノーヴィチ
Bahdanovich
ハーフダン Halfdan
バフタン Vakhtang
ハブダンク Habdank
バフタング Vakhtang
バフターンゴフ
Vakhtangov
バーブチ Barbuti
バフチェリ Bahceli
パプチス Papoutsis
バプチスタ Baptista
バプチステ Baptiste
バプチスト
Baptist
Baptiste**
パプチニスキ
Papczyński
パプチャク Papciak
バフチヤル
Bakhtiyar*
バフチーン Bakhtin
バフチン Bakhtin*
ハブッシュ Haboush
バーフット Barfoot
ハブテ Habte
バフデ Bahude
ハプティー Haptie
パプーディ Papoudi
バフティアリ
Bakhtiari*
バプティスタ
Baptist
Baptista*
バプティステ Baptiste
バプティスト Baptist
バプティスト
Baptist*
Baptiste***
バプティストコーネリス
Baptiste-cornelis
バプティストプリマス
Baptiste-primus
バフティヤール
Bakhtiyār
バフティヤル
Bakhityar
Bakhtiar
Bakhtijar*
Bakhtiyar
バプテスマ Baptista
バプテセ Baptiste
ハブテマリアム
Habtemariam
ハフト Haft*
バフト Bakht
ハフトマン Haftmann
ハプトマン
Hauptman
Hauptmann
ハフトン Hufton
バフトン Bufton
ハーフナー
Haafner
Hafner
Havenaar
ハフナー
Haffner**
Hafner**
ハプナー Hapner
ハフナウーイ
Hafnaoui
ハフナグル Huffnagle
ハフナゲル Hufnagel
バヴナニ Bhavnani
ハフニゲル Hufnagel
バフニーニ Bahnini
パフヌチー Pafnutiy
パフヌティウス
Paphnutius
パフヌーティオス
Paphnutius
パフヌティオス
Paphnutios
バーブネル Barbenel
バブバイ Babubhai
ハフバウアー
Hufbauer*
バブーフ Babeuf
ハーフペニー
Halfpenny
バフマニー Bahmanī
ハーブマン Haveman
ハフマン Huffman*
バフマン Bahman**
バフマンヤール
Bahmanyar
パフムトワ
Pakhmutova
バフメーチェフ
Bahmet'ev
Bakhmetev
バフメーチエフ
Bahmet'ev
バフメテワ
Bakhmeteva
バフヤ Bahya
バーフュス Barfuss
ハブラー Hubler
バーブラ Barbra**
バブラ Vavra*
パブライ Pabrai
パフラヴィー
Pahlavī
Pahlawī
Pahlevī
バブラーオ Baburao
バプラオ Bapurao
バブラク Babrak*
パブラク Pawlak
ハブラーケン
Habraken*
バフラーニー Baḥrānī
パフラビー
Pahlawī
Pahlevī
バフラーム Bahram
バフラム Bahram
バブラム Baburam*
バフラーム・シャー
Bahrāmshāh
バープランク
Verplank*
ハブリー Hubley
バーブリー Barbre
バフリー Baḥrī
パブリー Pavliĭ
パブリアシビリ
Pavliashvili
パプリアス
Papoulias**
ハブリエル Gabriel
バブリオス Babrios*
ハブリカ Habryka
パブリク Pavlik*
パブリクス Pabriks
パブリーシン
Pavlishin
パブリス Pavlis
パブリセビッチ
Pavlicevic*
パブリチェヴィック
Pavlicevic
ハブリーチェク
Havlíček
ハブリチェク Havliček
パブリチェビク
Pavlicevic
パブリチェンコ
Pavlichenko
パブリチッチ Pavličić
パブリック Pavlik
バーブリッジ
Burbridge
バブリッツ Bublitz
パブリディス Pavlidis
パブリデス Pavlides
パブリート Pablito
ハーブリーブス
Hargreaves
パブリャチェンコ
Pavlyatenko*
パブリュチェンコワ
Pavlyuchenkova
パブリュツ Pavluts
ハブリュツェル
Habluetzel
ハブリリシン
Hawrylyshyn
バブーリン Baburin*
バーブリンガー
Berblinger
バブリンカ
Wawrinka*
ハープリング
Harpring
バフリントン
Buffington
ハーブル Harper
ハブル
Hubbell
Hubble*
Khabul
バーブル
Babur
Bābur
バフル Baḥr
バブル Bābur
パブル Pavle
バーブルーク
Barbrooke
ハブルザニヤ
Khaburzaniya
バフルーシン
Bakhrushin*
Bakhrusin
バブルーシン
Bakhrusin
バブルス Bubbles
バブルズ Bubbles*
ハブルツェル
Hablützel
ハブレ Habré*
パブレ Pavle**
ハブレイ Hubley
パーフレイ Parfrey
パフレヴィー
Pahlavi
Pahlawī
Pahlevī
バフレダツルシ
Bachleda-curus
バブレーヌ Baboulène
ハープレヒト
Harpprecht**
バフレマーン
Bahreman
バブレン Baburen
パブレンコ Pavlenko
バーブロ Barbro
パブロ
Pablo***
Pabro
Pavlo
パブロヴァ Pavlova
パーブロヴィチ
Pavlovich
パブロヴィチ
Pavlovich
パーブロヴィッチ
Pavlovich
パフロヴィッチ
Pavlovich
パブロヴィッチ
Pavlovich
パブロウスキー
Pawłowski
パプロキ Paprocki
パブロス
Pablos
Pavlos
パブロスカ Pavloska
パブロツカヤ
Pavlotskaia
パプロツキ Paprocki
ハブロック Havelock
パプロッタ Paprotta*
ハブロット Hablot
ハブローニナ
Khavronina
Khvronina
パブロバ Pavlova
パブロビチ Pavlovich
パーブロビッチ
Pavlovich

ハ

パブロビッチ
Pavlović
Pavlovich*
パーブロフ Pavlov
パブロフ Pavlov*
パブローフスキー
Pavlovskii
パブロフスキ
Pawlowski
パーブロブナ Pavlona
パブロプロス
Pavlopoulos
バフロム Bahrom
バブロムパ
'Bab rom pa
バブロヤン
Babloian
Babloyan*
パブロワ Pavlova**
ハーブロン Harbron
バブロン Babelon
パプワース Papworth
バブン Babún
ハーフンガ Hafungγ-a
バブンスキー
Babunski*
ハーベ
Habe
Hirbe
ハーベー Harvey
バーヘ Berhe
バーベ Bhave*
バーベー Bhāvē
バベ Vave
バペー Ba Pe
パーペ Pape*
バヘ Paje
パベ Pave
パペ
Pape*
Pápe
Pappé
バヘーア Bachér
ハーベィ Harvey
ハーベイ
Harvey***
Havey*
Hervey**
ハーペイ Hape
バーヘイ Verhey
バーヘイゲン
Verhagen
バヘイン Ba Hein
パベウ
Pawel
Paweł*
バーベージ Burbage
バーベジ Burbage
バベージ
Babbage
Bavasi
バベシ Bavasi
バベジ Babbage
パベシ Pavesi
バーベス Babes
バベス Babes
パーベス Purves*
パヘス Pagés*
バーベスト Vervest
バベストック
Baveystock
パベーゼ Pavese
ハーベック Hrbek*
ハベック
Habeck*
Habek
バーベック Verbeck
バーベッジ Burbage
バベッジ Babbage
パペッシュ Papesch
パベッツァ Paveza
バーベット Barbet
バベット Babette***
パベディンスキエネ
Pabedinskienė
ハーベト Herbert
ハーベニヒト
Habenicht
バペバペ
Bapès Bapès
パーペブロホ
Papebroch
パペブロホ Papebroch
ハーベマン Havemann
ハーベラー Haberler
ハベラー Haberer
バーベラ Barbera*
バベラス Bavelas
ハーベリ Harbury
バーベリ
Babel
Babel'*
Babeli
Barbery
パーベリー Parberry
バーベリアン
Berberian*
バーベリオン
Barbellion
Barellion
バーベリス Barberis
パベリチ Pavelic
ハーベル
Habel
Haber
ハベール Haber
ハベル
Habel
Havel*
Hubbell*
ハペル Happell
バヘール Bajer
バヘル Vaher
バベル
Babel
Babell
Bābur
パーベル
Pabel
Pavel**
Pavlo*
Pawel
パベル
Pavel**
Pawel*
ハベルカ Havelka
バベルク Bawerk
ハーベルフェルド
Heberfeld
パペルボン Papelbon*
ハーベルモ Haavelmo
ハーベルラント
Haberlandt
ハーベルル Haberl*
バベレル Baverel
バベレルロベール
Baverel-Robert*
ハベロック Havelock
ハベロフ Khabelov
ハーヘン
Haagen
Hagen*
ハーベン
Haben
Harben
ハベン Haven
パーペン Papen*
ハベンガ Havenga
バベンコ
Babenco**
Babenko*
ハーペンディング
Harpending
ハーボ Harbo
ハーボー Harbaugh**
ハーポ Harpo*
ハボ Havo
バーボー
Babo
Barbeau*
Barbour
バーポ Burpo
バボ
Babaud
Babo
バボー Babuu
パーボ
DPa' bo
Paavo**
Parbo*
パボ Pavo
パボー Pavaux
パポ Kpakpo
ハーポウ Harpo
バーボゥアー Barbour
バホウィ Bahoui
ハーボウル Harbour
バーボウルド
Barbauld
バホエ Vahoe
バボーギーン
Babuu-yin
Bavuugiin
バーボザ Barboza*
バボシュ Babos
ハーボース Herborth
パポーズ Papows*
バホーゾ Barroso
バボータ Babauta
バーボチキン
Babochkin
バボッチョ Baboccio
バボット Babbott
バーホップ Burhop
バボディ Babodi
バホディル
Bahodir
Bakhodir
ハーボード Harbord
パボード Pavord
パボーニ Pavoni
バホーニン Vakhonin
パボーネ Pavone
バーホフ Verhoef
パポフ
Papoff
Papov
バホーフェン
Bachofen
バホフネル Bachofner
バーホーベン
Verhoeven**
バホボフ Vakhobov
パホーモフ
Pahomov
Pakhomov
パホモワ Pakhomova
バボラーク Baborák*
バボラク
Baborak
Baborák
パポーリス Papoulis
パポリス Papoulis*
パボリーニ Pavolini
バホリヨディン
Baholyodhin
ハーポール Harpole
パホル Pahor*
パボル Pavol**
パホルチック
Pakholchik
ハーボルド Herbold
バーボールド
Barbauld
バホルン Bahorun
パポロス Papolos
ハポン
Japon
Japón
バーボン
Barbon
Barebone
バボン Bavon
パホン
Pajon
Pajón*
Phahon
パボン
Pavon*
Pavón*
パポン Papon**
パポンカッパ
Phabongkhapa
ハーマー
Hamer
Hammer
Harmer
Hirmer
ハマ
Hama**
Hammah
Hammer*
ハマー
Hagmar
Hamer**
Hammar
Hammer***
Hanmer
Harmer
バーマ Varmah
バーマー Balmer
パーマ
Palma
Palmer
パーマー
Palmar
Palmer***
Palmour
Parmer
ハマァトン Hamerton
ハーマイアニ
Hermione
ハーマイオニ
Hermione*
バーマイスター
Burmeister
バーマイヤー
Barmeyer*
バマイン Vamain
ハマカー Hammaker
ハマークヴィスト
Hammarqvist
バマクラマ
Bamakhrama
ハマグレン
Hammargren
ハマザーニー
Hamadhānī
Hamaḏhānī
バーマシュ Barmash
ハマーシュタイン
Hammerstein*
ハマーシュトロム
Hammarstrom
Hammarström
ハマシュトロム
Hammarström
ハマーシュミット
Hammerschmid
Hammerschmidt
ハマーショルド
Hammarskjold
Hammarskjöld*
ハマショールド
Hammarskjöld
ハマース Hamers
ハマス Hamaas
バーマス Varmus*
ハマースタイン
Hammerstein**
ハマーステイン
Hammerstein
ハマーストロム
Hamerstrom
ハーマーストロンム
Hammerstrom
パーマーストン
Palmerston

パーマストン
Palmerston
ハマスハイム
Hammershaimb
ハマスホイ
Hammershoi
ハマーズリー
Hammersley
ハマースレイ
Hammersley
ハマーセン
Hammersen
ハマソン Humason
ハーマダ Ahamada
ハマダ Hamada
ハマダーニー
Hamadānī
Ḥamadānī
Hamadhānī
ハマック Hammack
バーマッシュ
Barmash
ハマット Hammatt
パーマット Permutt
ハーマッハー
Hamacher
ハマッヒャー
Hammacher
ハマーデ Hmadeh
ハマデ Hamadeh
ハマディ
Hamadi*
Hamady*
Hamdy
Hammadi**
ハマド
Hamad**
Hammaad
Hammad
Muhammad
ハマドゥ Hamadou
ハマートヴァ
Khmatova
ハマドゥーン
Hamadoun
ハマートン Hamerton
ハマトン Hamerton*
ハマニ Hamani*
ハマヌ Hamane
ハーマネス
Hammerness
ハーマネック
Heřmánek
ハマハー Hammacher
バーマハ Bhāmaha
ハマーバッカー
Hammerbacher
ハマーフ Ḥamā-hu
ハマーマ Hamama*
ハマーマン
Hammerman
ハマミ Hamami
ハマーミーザーデ
Hamâmîzâde
ハマム Hammam
ハマーメッシュ
Hamermesh
ハマラー Hammerer
パマラ Pamala
ハマライネン
Hamalainen
Hämäläinen
ハマラゼ Khmaladze
ハマリ Hamari*
ハマリー Hammerly
パーマリ Parmelee
ハマーリィ Hamerly
ハーマーリング
Hamerling
ハマル
Hamal
Hamar
Hammer
ハマレーザー
Hammaleser
ハーマン
German
Haarmann
Haman
Hamann***
Haram
Harman**
Herman***
Hermann**
Hermans
Hermen
Herrman
Herrmann**
ハマーン Hammann
ハマン
Amam
Haman
Hamann*
Hamman
バーマン
Bahman
Bahmann
Barman
Barmann
Behman
Behrman**
Behrmann
Berman***
Birman
Briman
Burman**
Veirman
バマン Vaman*
パーマン Perman
バマンイルエ
Bamanyirue
ハーマンギルド
Hermangild
ハーマンス Hermans
ハーマンズ Hermans
ハーマンセン
Hermansen*
ハーマンソン
Hermanson
Hermansson
パーマンティエ
Parmentier
ハマンド Hammond
バーマント Bermant*
パーミー Parmy
パミ Pemay
パミー Pammi
パミアス Pàmies
ハミアニ Hamiani
ハミエ Jamie*
パミエス Pàmies
ハミエット Hamiet*
ハーミオーネ
Hermione
ハーミオン Hermione
ハミシュ Hamish***
ハーミース Hermes
ハーミーズ Hermes
ハーミス Hermes*
ハミース Khamis
ハミス
Khames
Khamis**
ハミストン Humiston
ハーミダ Hermida
ハミダ Hamida
バミダイキス
Bamiedakis
ハミタッシュ
Hamitouche
ハミック Hammick
ハーミッシュ Hamish*
ハミッシュ Hamish**
パミッチ Pamich
ハミッチュ
Hammitzsch
ハーミッド Ḥāmid
ハミット Ḥamit
ハミッド Hamid**
ハミデ Hamide
ハミディ
Hameedi*
Hamidi
ハミディー Hamidi
ハーミト
Hamit
Hâmit
ハーミド
Hamad
Hāmid
Ḥāmid
ハミード
Hameed**
Hamid
Hamīd
Ḥamit
ハミト
Hamit
Ḥamit
Hammid
ハミド
Hamid***
Ḥamit
ハミード・アッディーン
Ḥamīdu'd-Dīn
ハミドゥ Hamidou
ハミードゥッ・ディーン
Ḥamīdu'd-Dīn
ハミードゥッディーン
Ḥamīd al-Dīn
ハミードゥラ
Hameed Ullah
ハミードッディーン
Ḥamīdu'd-Dīn
ハミードッ・ラー
Hamidullah
ハミードッラー
Hamidullah
ハミドフ Khamidov
ハミドホジャエフ
Khamidkhodjaev
ハミドラ Hamidulla
ハミドレザ
Hamid-Reza
バミナ Bamina
ハーミニア Herminia*
ハミミド Hamimid
バーミューデス
Bermudez
バーミューデッツ
Bermudez*
ハミューリー
Hameury
バーミューレン
Vermeulen
パミラ Pamela*
ハミリ Hamli
バーミリー Vermilye
パーミリー Parmelee*
ハミル
Hamill***
Hammill
Jamil
バミル Bamir*
ハミルカル Hamilcar
ハミルトン
Hamillton
Hamilon
Hamilton***
ハーミン Harmin
パーミンガー
Paminger
Päminger
Panninger
バーミンガム
Birmingham***
ハミング Hamming**
バーミングハム
Birmingham*
ハーム
Ham
Harm
Herman
ハム
Cham
Hahm
Ham**
Hàm
Ḥām
Hamm**
Hamu
Humm
ハムー
Hamo
Hamou
バーム
Balm
Baum
バム
Bamm
Bumm
パーム
Pahlm
Palm*
Palme
パム
Pam**
Pamela
Pamg
Pham
Phạm
ハムカ Hamka
バームガードナー
Baumgardner
Baumgradner
バムガーナー
Bumgarner*
ハムギ Ham-nghi
ハムギー Ham-nghi
パムク Pamuk**
ハムザ
Hamza***
Hämzä
Ḥamza
Hamzah***
Ḥamzah
Hamzeh*
Humza
ハムザー Hamzah
ハムザーウィ
Hamzawy*
ハムザオグルー
Hamzaoglu
ハムザタウ Hamzatau
ハムシク Hamsik*
ハムジーク Hamžík
ハムシャー Hamsher
ハムショウ Hamshaw
ハームス
Harms*
Herms
ハームズ Harms
パームス Parms
バムステッド
Bumstead*
ハムステーデ
Haemstede
ハムストラ Hamstra
ハームズワース
Harmsworth
ハームズワス
Harmsworth
ハムスン
Hamsum
Hamsun**
ハムズン
Hamsum
Hamsun
ハムゼ Hamzeh
バムゼイ Bamsey*
ハームセン Hermsen
ハムゼン Hamsen
ハムーダ Ḥamūda
ハムダーニー
Hamdānī
ハムダニ Hamdani**
ハムダラ Hamdallah
ハムダーン
Hamdan
Ḥamdān
ハムダン Hamdan
ハムチュック Hamciuc
ハムット Hamut
ハムディ
Hamdi**

Hamdy
ハムディー Hamdî
ハムディース Ḥamdīs
ハムディラ Hamdillah
ハムティン
Hemptinne
ハムテニャ
Hamutenya
バムデブ Bamdev
ハムデン Hampden*
ハムード
Hammoud
Hammud
Hamood
Hamoud
Hamud
Hamūd
Homoud
Humoud
ハムト Hamout
ハムド
Ḥamd
Hamoud
Hamud
ハムドゥッラー
Ḥamd Allāh
ハムドゥニ Hamdouni
ハムドゥーン
Hamdoon
ハムドク Hamdok
ハムドラ Hamdollah
ハムナー Hamner*
バムヌガマ
Bamunugama
ハムネット
Hamnett**
ハムバ Hamba
バームバック
Baumbach
ハムバルドズミャン
Hambardzumyan
バムビザ Bambiza
ハムピッケ Hampicke
バムピーロフ
Vampilov
ハムフェリー
Humphrey*
バムフォース
Bamforth
バムフォード
Bamford*
バムフォルト Bamford
パムプッフ Pampuch
ハムプデン Hampden
ハムフリー Humphry
バムフリー
Boumphrey
ハムフリイ Humphrey
ハムブリック
Hambrick
ハムブリン Hamblin
ハムブルック
Hambrook
ハムフレイ Humphrey
ハムブレウス
Hambraeus
ハムメーカー
Hammaker
ハムメス Hammes
バムメリ Bammel'
バムメル Bammel'
ハムモンド Hammond
ハムラ Hamra
ハムラーエヴ
Khamrayev
ハムラビ Hammurabi
ハムラピ Hammurabi
ハムラリエフ
Hamraliev
バムランガキ
Bamulangaki
ハムリー
Hambly
Hamley
パームリ Parmelee
パームリー Parmelee
ハムリスカ Jamriska
ハムリック Hamric
ハムリッシュ
Hamlisch
Hamlish*
ハームリン Hermelin
ハムリン
Hamelin
Hamlin**
Hamline
Hamlyn
Hamrin
ハムル Huml*
ハムルーシュ
Hamrouche*
バムルンポン
Bamrungphong
ハムレ
Hamle
Hamre*
ハムレー Hamley
ハムレット Hamlett
バムレット Bamlett
パムレーニ Pamlényi
ハムレン Hamlen
ハムロ Hamro
ハムロホン
Hamrokhon
Khamrokhon
パムンカス
Pamungkas
ハムンク
Hamangku
Hamengku*
バーメー Barmé
ハメイ Hameye
バーメイ Vermeij
ハメイエ Khamaïyes
ハメェリトン
Hamerton
ハメカ Hameka
ハメス James*
バメス Bammes
バーメスター
Burmester
ハメスファ
Hammesfahr
ハメスファール
Hammesfahr**
ハメッケン
Hammeken
ハーメッツ Harmetz
ハメット Hammett**
ハメッド Hamed
ハメド Hamed*
ハメネイ Khamenei**
パーメラ Pamela
パメラ
Pamala
Pamela***
Pamera**
パーメリー Parmelee
ハメリク Hamerik
ハメリン Hamelin
パメリン Pamelyn
ハーメリンク
Harmelink
ハーメル
Hamel*
Hamer*
Hermel
ハメール Hameel
ハメル
Hamel**
Hammel
Hammell
Hammer*
Hummel*
ハメルシュミット
Hammerschmidt
ハメルズ Hamels*
バーメルト Bamert
ハーメルマン
Hamelmann
ハメルマン
Hamelman
ハーメルリング
Hamerling
ハーメルン Hameln
ハメロフ Hameroff*
ハーメン
Hamen
Hammen
バメン Wammen
ハメンク
Hamangku
Hamengku**
パーメンター
Parmenter
ハモ Lhamo
バーモ Ba Maw
バーモー Ba Maw
バモー Ba Maw
ハモウダ Hamouda
バモオ Ba Maw
バモゴ Bamogo
バモシ Vamosi
ハーモス Ramos
パモツェ Phamotse
パモッリ Pammolli
パーモート Purmort
ハーモナイ Harmonay
ハーモニー
Harmony**
ハーモン
Harman
Harmon**
Hermon
ハモン Hammon**
ハモンズ
Hammonds*
Hammons
パーモンティエ
Parmentier
ハモンド
Hammond***
バーモント
Beaumont
Bermont
Vermont
バーモンド Balmond*
ハヤ Haya
バヤ Baya
パーヤー Puryear*
パヤ Payá**
パヤー Phaya
パヤオ Payao
バーヤカッリオ
Vaajakallio
ハヤカワ Hayakawa
バヤキッサ Bayakissa
ハヤシ Hayashi
パーヤーシ Pāyāsi
バヤジット Bayazit
パヤジティ Pajaziti
バヤジト Bayazit
バヤジド Bayazit
ハヤシュ Khayach
バヤズィト Bayazit
バヤズィド Bayazit
バヤダレス Valladares
ハヤチ Hayati
ハヤット
Hayat
Hyatt
ハヤティ Hayati
バヤーティー Bayātī
バヤティ Bayati
ハヤート
Hayat
Ḥayāt
ハヤト Hayat
バヤード Bayard
ハヤトウ Hayatou*
パヤドワ Payadowa
バヤニ Bayani
ラヤノ Rayano
バヤフメトフ
Bayakhmetov
パヤマ
Payama
Payhama
パヤミ Payami
ハヤム Hayam
バヤモンデ
Bahamonde
バヤラル Vayalar
ハヤール Hajjar
バヤール
Baiar
Bayar
Bayard
バヤル
Bayal
Bayar**
バヤルサイハン
Bayarsaihan
Bayarsaikhan*
バヤルツォグト
Bayartsogt
バヤルツォグド
Bayartsogt
バヤルディ
Bajardi
Bayardi
バヤルトサイハン
Bayartsaihan
バヤルバータル
Bayarbaatar
バヤン Bayan*
バヤンセレンゲ
Bayanselenge
バーユ Baj
バユー Bayeux
パユ Pahud*
ハユイ Hayyuj
バユク Bajuk
ハユス Huijs
バーユス Baius
バユス Baius
パユット Payut
パユットー
Payutto*
Prayut
バユベ Vallvé
バユミ Bayoumi
ハユリュ Häyry
バユリュネン
Väyrynen
バユルネン Väyrynen
ハユンガ Hayunga
ハーヨ
Hajo
Hayo*
バヨ Bayo
パーヨ Pajo
パヨー Payot
バヨウミ Bayoumi
バヨキサキスラ
Baayokisa Kisula
バーヨーク Baayork
ハヨーシュ Hajós
バヨナ Bayona*
バヨナピネダ
Bayona Pineda
パヨーム Phayom
バヨール Bajohr
パヨール Pavel
ハヨン Hayon
ハーラ
Hāla
Halla
Héla

ハーラー
Haller*
Harrah
Harrar**
Harrer
ハラ
Hala
Ha-ra*
Harrar
Jara**
Khara
ハラー
Haller**
Harrah
Harrer***
Hullah
バーラ
Baala
Barra*
Berra
Burla
バーラー Vaaler*
バラ
Bala
Balat
Balla*
Ballagh*
Bara**
Barat
Barra
Bhala
Bhalla
Burra
Valat
Valla
バラー
Ballagh
Barat
パーラ
Pala
Palà
Para
Parla
Parra**
Perla
パーラー
Parlour*
Perler
パラ
Pala
Palla
Para*
Parra***
パラー Paller
バラアシ Barasi
バライ
Balai
Barai
パライア Paryre
パライオロゴス
Palaeologus
Palaiológos
Palaiólogos
ハライカ Halaiqa
バライカ Valaika
ハライコ Halaiko
パライティス Palaitis
バライデン Valayden
パライト Parreidt
ハライフォヌア
Halaifonua
バライル Balail
バライルズ Baliles
バーライン Berlyne
パーライン Perrine
バラウ Barrau
パラウ Palau**
パラヴァーニ Paravani
パーラヴァン
Pahlavan
ハラウィ
Hraoui
Hrawi**
ハラヴィー Haravī
バーラヴィ Bhāravi
バラウィ
Balawi
Barawi
Brahoye
パーラヴィ Pallavi
パラヴィチーノ
Pallavicino
ハラウィラ Harawira
ハラヴェ Halavais
ハラウェイ
Haraway**
バラヴォワーヌ
Balavoine
バーラウド Burlaud
ハラウビア
Harraoubia
バラウフ Ballauff*
ハラウラウ Halawlaw
パラエオロギナ
Palaeologina
パラエオローグス
Palaeologus
パラエオログス
Palaeologus
パラエモン Palaemon
パラエンセ Paraense
パラオ Palao
バラオーナ Barahona
バラオナ Barahona*
バラオリティス
Valaoritis
バラカ
Balake
Baraka**
バラガ
Balaga
Baraga
バラガー
Balaguer
Barrager
パラガ Párraga
バラカウスカス
Barakauskas
バラカス Balakas
バラカット
Barakat
Barakatt
バラカート
Barakat*
Barakāt**
バラカト Barakat
パラガミアン
Paragamian
バラカリ Valakari
ハラカン Harakan
ハラガン Harragan*
バラカン
Balakan
Barakan
バラガン
Barragan*
Barragán**
パラガン Paragon
ハラキー Halqi*
バラキ Baraki
パラギー Palágyi
バラキアン Balakian
バラキビ Valakivi
バラーキレフ
Balakirev
バラキレフ Balakirev
ハラク Harak
バラク
Balak
Barach
Barack**
Barak***
Baraq
Barrak
パラク Parakh
パラグ Parag*
バラグエル Balaguer
ハラクシン
Haraksingh
バラクシン Balakshin
バラグタス Balagtas
パラグミ Palagummi
バラクラフ
Barraclough**
パラークラマバーフ
Parākramabāhu
バラクリシュナン
Balakrishnan
バラグレイ Baragrey
バラクロー
Baraclough
バラクロウ
Barraclough
ハラケー Harakeh
バラケ
Ballake
Barake
Barraque
Barraqué
バラゲ Balagué
バラゲー
Balaguer
Baraguay
バラゲイ Bala-gaye
バラゲール
Balaguer**
バラゲル Balaguer*
パラケルスス
Paracelsus*
パラゴ Paragot
バラコッフ Balakoff
バラゴナ Baragona
バラコフ Balakov
バラサ Barraza
パラザイダー
Parazaider
バラサキス Valassakis
バラサヒブ Balasahib
バラサラスワティ
Balasaraswati
ハラーシ Halász
ハラシー Halacy
ハラジ
Kharazi
Kharrazi**
ハラジー Halasy
バーラージ Bālājī
バーラージー
Bālājī
Bārājī
バラージ
Balaji*
Balázs
Balázsy
バラシ
Balazs*
Barasi
バラジ
Balaji
Bharaj
Váradi
パラージ
Palagi
Palágyi
パラージー Palladii
ハラシイ Halacy
バラシィ Bharathi*
パラージイ Palladii
ハラシェヴィチ
Harasiewicz
パラシオ Palacio**
パラシオス
Palacios**
Parrhasios
バラシオテス
Ballasiotes
パラシキブイユ
Paraschivoiu
パラシチェンコ
Palazchenko*
ハラシモヴィチ
Harasymowicz
ハラジャ Harazha
バラジャー Barrager
パラシャー Parashar*
パラジャーノフ
Paradzhanov*
Parajanov
ハラシャマニ
Halasyamani
パラシャール
Parashar
バラシャン Barachin
パラシャント
Prashant*
バラシャンドラン
Balachandran
バラーシュ
Balāsh
Baláz
Balazs
バラージュ
Balazs*
Balázs**
Bálazs
バラシュ
Balacs
Balas
Balaş
Balazs
Barasch
Barash*
パラシュ Paraśu
バラシュキエビッチ
Baraszkiewicz
バラシュキエビッツ
Baraszkiewicz
パラシュク Parasyuk
パラシュラーマ
Parasurama
パラジュリ Parajuli
バラージョ Varallo
パラショ Palacio
バラショウ Balashov
バラージョヴィトシュ
Balázsovits
バラショフ Balashov
パラージン Palladin
パラジン Palladine
バラシンガム
Balasingham
ハラース Halász
ハラス
Halas
Halász
Hallas
バーラス
Barlas
Burrhus
バラース Balázs
バラス
Balas
Ballas
Baras*
Barras
Bharath
Burrhus*
Burrus**
Burruss*
Varas
パラース Pallas
パラス
Palas
Pallas
Paras*
Parras
パラスィオス Paracios
パラスカ Parasca
バラスカス Balaskas*
バラスキー Balaski
パラスキヴェスコ
Paraskivesco*
パラスキベスコ
Paraskivesco
パラスケヴァ
Paraskeva
パラスケヴイ
Paraskevy
パラスケビ
Paraskevi*
Paraskeví*
パラスケビン
Paraskevin
パラスケボプロス
Paraskevopoulos
パラスケボポウロス
Paraskevopoulos

バラスコ Balasko
バラスターニャ
Palastanga
バラスチス Paraschis
ハラスティ Haraszti
パラスト Palast*
バラストル Barastole
ハラスノバ Hrasnova
バラスブラマニアン
Balasubramanian**
バラスブラマニヤム
Balasubramanyam
パラスホス Paraschos
ハーラーズミー
Harazmi
バラーズリー
Balādhurī
Balād̲h̲urī
バラスリヤ Balasuriya
パラスーン Palasoon
ハラセ Halaseh
バラゼ Barazé
ハラセウィッチ
Harasewych
バラセク Valasek
バラゾーネ Barazzone
バラゾバ Balazova
バーラタ Bharata
バラタ Bharata
パラタ Parata
パラダ Parada
バラダイオス
Barádaios
バラタシヴィリ
Baraṭashvili
パラダス Palladas
ハラタマ
Gratama
Gra'tama
バラタム Baratham*
バラダランショラカ
Baradaranshoraka
バラダル Baradar
バラダーレス
Valladares
バラダン
Appal-iddin
Baladan
Varadhan*
パラダン Paradin
バラダンダユタパニ
Baladandayuthapani
バラチ Barach
パラチオス Palacios
バラチーナ
Barrachina
パラチャーラ
Palacharla
バラチャンダー
Balachander*
バラツ Baratz
ハラヴェツスキ
Haradzetski
パラツェッティ
Palazzetti

パラツェルズス
Paracelsus
パラツォーリ
Palazzoli
バラッカ Baracca
バラッカー Varadkar*
パラッカ Palakka
パラッカマバーフ
Parakkamabāhu
バラッキ Baracchi
パラッキー Palacký
パラツキー Palacký
パラッキーニ
Paracchini
バーラック
Berlack
Berlak
バラック
Balak
Ballack*
Barac*
Barach
Barak*
Baruch
パラック Parak
バラックス Barrax
バラッサ Balassa
バラッザ Barraza
バラッシ
Balassa
Barassi
バラッシャ Balassa
バラッス Balassu
パラッゼスキ
Palazzeschi
バラッタ Baratta*
パラッチ Palacci
バラッチュ Balatsch
バラッツ Baratz**
パラッツァーニ
Palazzani
パラッツェスキ
Palazzeschi*
パラッツォロ
Palazzolo
バラッティニ
Barattini
ハラット Kharrat
バーラット
Barrat
Barratt
バラット
Barat
Barrat*
Barratt***
バラッド Barrado
パラット
Pallat
Paratte
Parrat
Parratto
ハラッハ Harach
バラッバ Barabba
ハラップ Harap
ハラッホ Harrach
ハラデー
Halladay**
Holoday
バラテ Baratay

バラテー Barathay
ハラティ Harati
バーラティ
Bharati**
Bhāratī
バーラティー
Bhārati
Bhāratī*
バラティ Bharati
バラディ Varaday
パラーディ Palade
パラディ
Palade**
Paradí**
Paradis**
パラディー Paradis
パラディウス
Palládios
Palladius
バラティエ
Baratier
Barratier*
バラディエ Valadie
パラディエス Paradies
バラティエーリ
Baratieri
バラティエリ
Baratieri
パラーディオ
Palladio*
パラディオ Palladio
パラディオス
Palladios
Palladius
パラディース
Paradies
Paradis
パラディス
Paradijs
Paradis*
パラディーソ Paradiso
パラディーゾ Paradiso
ハラディナ Haladyna
ハラディナイ
Haradinaj*
バラディーノ
Baradino
パラディーノ
Paladino
Palladino*
Paradino
パラディヨ Palladio
パラディール
Paladilhe
バラディワジ
Bharadwaj
バラディン Baradine
パラーディン Palladin
パラディン Palladin
バラティンスキー
Baratynskii
バラティーンスキィ
Baratynskii
バラティンスキィ
Baratynskii
バラデス Valadés
ハラデツカ
Hradecka*
Hradecká

ハラデッキー
Hradetzky
バラデュール
Balladur**
ハラデン Harraden
バーラテーンドゥ
Bhāratendu
Bhārtendu
バーラト Bhaarat
バラート
Barath
Baráth
バラード
Balado*
Balart
Ballard***
Bullard
バラト Bharrat**
バラド Balado*
パラード
Palade
Parrado
パラド Parad
バラトィンスキー
Baratynskii
Varatynskii
バラトインスキー
Baratynskii
バラトゥ Balatu
バーラドヴァージャ
Bhāradvāja
バラトゥインスキー
Baratynskii
Varatynskii
バラドゥーリン
Baradulin**
バラトシン
Bharatsinh
バーラトチャンドラ
Bhāratchandra
ハラドビッチ
Khaladovich
バラドランゲン
Varadorangen
パラドール Paradol
パラドル Paradol
パラトワ Paratova
バラドワージ
Bharadwaj
バラドワジャ
Bharadwaja
バラトン Baraton*
バラドン
Valadon
Valladont
パラーナ Pallana*
ハラナイ Halanay
バラナウスカス
Baranauskas
パラナル Paraṇar
ハラニ Halani
バーラーニ Bárány
バーラーニー Bárány
バラーニー Bárány
バラニ Bárány
バラニー
Baranī
Bárány*

パラニ Palani
パラニアパン
Palaniappan*
バラニイ Bárány
バラニコ Baraniko
バラニコフ
Barannikov
ハラニチ Hranić
バラニック Baranick
バラニフスキー
Baranivsky
パラニベル Palanivel
バラニャオ Barañao
パラニューク
Palahniuk**
ハラニーリャ Jaranilla
ハラネ Halane
バラネク Baranek
バラネック Baranek
バラノヴィチ
Baranović
バラノヴィッチ
Baranović
バラノウスカ
Baranowsa
Baranowska
バラノヴスカヤ
Baranovskaia
バラノウスキー
Baranovskii
Baranowsky
バラノヴスキー
Baranovskii
バラノウスキイ
Baranovskii
バラノス Balanos
バラノビチ Baranović
パラノビチ Palanovics
バラーノフ Baranov*
バラノーフ Baronov
バラノフ Baranov
バラノフスカヤ
Balanovskaia
Baranovskaia
バラノーフスキー
Baranovskii
バラノフスキ
Baranovskii
Baranowski
バラノフスキー
Baranovskii*
Baranovskiĭ
Baranowski
バラノーフスキィ
Baranovskii
バラノワ Baranova
バラハ Varahagiri*
バラバ Barabbas
バラバシ Barabási*
バラバシェフ
Barabashev
バラハス Barajas
バラバス Barabas
パラバツ Paravac
ハラハップ Harahap*
バラバーノヴァ
Balabanova

ハ

バラバノーヴィチ Balabanovich
バラバノヴィチ Balabanovich
バラバーノフ Balabanoff Balabanov
バラバノフ Balabanov*
バラーハミヒラ Varāhamihira
ハラバラ Chalabala
パーラーパリヤ Pārāpariya
ハラハン Hallahan***
バラバン Balaban* Ballaban
ハラビ Halabi*
ハラビー Ḥalabī
バーラビ Bhāravi
パーラビ Pahlavi
ハラピオ Halapio
パラビシーノ Paravicino
パラビチニ Parravicini
バラビーノ Barabino Baradino
ハラビン Harabin Horrabin
ハラフ Khalaf
ハラファッラー Khalafa Allāh
バラフィ Barahowie
パラフォクス Palafox*
ハラーフォース Hallerfors
パラフォックス Palafox
ハラブシェ Khrabsheh
バーラプトラ Bālaputra
パラプラ Palaprat
バラフラージ Balafrāj*
バラフレイジ Balafrāj
バラブレーガ Valabrega
バラフレージ Balafrāj
バラフレジ Balafrāj
パラベラム Parabellum
ハラポウリバティ Halapoulivaati
パラボスコ Parabosco
バラホノワ Balakhonova
バラホバー Valachová
パラポロ Parapolo
ハラマ Halama*
パラマー Paramor
パラマアー Palamar
ハラマイン Ḥaramain Ḥaramayn
パラマウンテン Palamountain
バラマージュ Balamage
パラマース Palamas
パラマス Palamas* Palamās
パラマッティ Paramatti
パラマートマーナンダ Paramatmananda
パラマーヌチットチノーロット Pramanuchitchinorot
パラマハンサ Paramahaṃsa Paramahansa Paramhansa
パラマリウ Palamariu
パラマル Palamar
パラマルチュク Palamarchuk
パラマンガ Paramanga
パラマンサ Paramahansa
ハラミ Jarimit
ハラミー Halahmy
バーラミ Bahrami
バラミシヴィリ Baramishvili
ハラミシュ Halamish
パラミシュワラ Paramesvara
ハラミジョ Jaramillo
バラミゼ Baramidze
パラミット Paramjit
パラミティーズ Palomides
ハラミーヨ Jaramillo
バラミル Balamir
ハラミロ Jaramillo
パラミン Pallamin
パラミンドル Paramindr
ハラム Halam** Hallam* Haram
ハラムー Hallam
バーラム Barham*
バラーム Bal'aam
バラム Balaám Balam Baram Barham*
パーラム Parham
パラム Pallam
ハラムカ Halamka
パラムシーナ Paramygina
バラムパマ Barampama
パラメイカ Palameika
パラメシュバラ Paramesvara
パラメスワラ Paramesvara
パラメッシュワラナンダ Parameshwaranan da
パラメデス Palamedes Palamedesz
パラーモ Palermo
パラモ Palamo Palermo
パラモア Parramore
パラモドフ Palamodov
パラモノヴァ Paramonova
バーラモフ Varlamoff
パラモーン Parramón
パラモン Parramón
バラヨギ Balayogi*
バララ Balala Bharara
バララス Barrass
ハラランブス Charalambous
ハラランボス Haralambos
ハーラリ Harrari
ハラーリ Harari*
ハラリ Harari*
ハラリー Harary*
バラリ Barari
バラリー Valarie
ハラリィ Harary
ハラリート Harareet
ハーラル Harald** Harold
ハラール Harald
ハラル Harald
バラール Balard Ballard Barral*
バラル Barral*
パーラル Páral*
ハーラルソン Haraldsøn Haraldsson
ハラルデ Khalaldeh
バラルディ Baraldi
パラルディ Pallardy*
ハーラルト Harald*
ハラルト Harald** Harard
ハラルド Harald*** Haralda Harold
バラールト Balart
バラルト Balart
ハラルドソン Haraldson Haraldsson
パラルナウ Perarnau
ハラーレイ Harary*
ハラレレ Hlalele
パラーロ Parralo
バラワ 'Ba'ra ba
バラワーゼ Balavadze
ハラワニ Halawani
パラワンサ Parawangsa Parawansa
ハーラン Harlan*** Harlen
ハラン Haran* Hurran
バラン Balan* Balán Balin Balland* Baran*** Vallin
パラーン Palán
パラン Palan* Parain* Parent* Parreins
パランカ Palanca
ハランギ Harangi
バランキエヴィッチ Barankiewich*
パランギョ Palangyo
ハラング Harang*
パランク Palanque
パラング Phallang
バラングルード Ballangrud
バランゲー Berenguer
バランゲラス Barangueras
パランゴー Paringaux*
バラーンコヴァー Barankova Baránková
バランコヴァ Barankova Baránková
ハランゴゾー Harangozó
バランシェ Bareacey
バランジェ Ballanger*
バランシュ Balanche Ballanche
パランジョーディ Parañcōti
パランジョティ Paranjothi
バランシラ Barancira
バランシーン Balanchine
バランシン Balanchine*
バランジン Balandin*
ハーランズ Herlands
バランス Ballance Valance Vallance
パランス Palance**
バランスィー Balansī
バランスカヤ Baranskaia Baránskaya
バランスキー Balanskii Baranski Baranskii
バランスキイ Baranskii
バランセ Barencey
バランソン Baranson
バーランダー Verlander*
バランタ Balanta
バランダ Balanda
パランダー Palander
バランタイン Ballantine* Ballantyne**
パラーンタカ Parāntaka
バランダギエ Barandagiye
バランタン Valentin
バランチヴァーゼ Balanchivadze
バランチヴァゼ Balanchivadze
バランチャイン Balanchine
バランチャク Barańczak*
バランチン Balanchine
パランツ Pallandt
バランツェーヴィチ Barantsevich Barantsévich
バランツェヴィチ Barantsevich
バーランディ Bárándy
パランティ Parenti
バランディエ Balandier**
バランディン Balandin*
バランテス Barrantes
バランデレカ Barandereka
ハーランド Haaland Harland** Herland
ハラント Harant Harranth
ハランド Harand Hulland
バーラント Barend Berlant
バーランド

ハ

Barend
Berland*
Burland*
バラーンド Varende
バラント
Barante
Baranto
Barrante
バランド
Ballande
Barrande
パーラント Pallant
パラント
Palante*
Pallandt
パラントー Parenteau
パランド Parand
ハランドニ Jalandoni
バランドーニ
Barandoni
パランドフスキ
Parandowski
バランニコフ
Barannikov*
パランハペ Paranjape
パランピル Parampil
ハランブル
Haramburu
ハーリ
Harley*
Háry
Hurley
ハーリー
Ḥālī
Hari
Harlee
Harley**
Harry
Healy*
Herlie
Horry
Hurley*
ハリ
Hali
Halle
Halley
Hallie
Hari***
Harri**
Harry
ハリー
Garry
Halee
Halley**
Hallie**
Hally
Harri
Harrie**
Harry***
Hary
Henry
Holley
Holly
Hulley
Hurry*
バーリ
Bari
Barry
Bary
Berle*
Burley
バーリー
Barley**
Barrie
Barry*
Berle
Berlie**
Birley
Buehrle*
Burghley
Burleigh*
Burley**
Bury
Varley**
バリ
Bali*
Balit
Bari**
Barri
Barrie*
Barry*
Bary
Barye
Vali
Väli
Valli
バリー
Bailly
Bari
Barre
Barrie***
Barry***
Bary*
Barye
Berlie
Berry
Burry
Bury
パーリ
Pari
Parley
パーリー
Parley*
Parry*
パリ
Bari
Palli
Paris*
Parri*
Parry*
パリー
Pally
Parry***
Phaly
Pulley
ハーリアー Herrier
ハリアー Hallier
バーリア Balia*
バリア
Baria
Barría
Varia
バリアー
Barrier
Barriere
パーリア Paglia**
パリア Paglia*
パリアシヴィリ
Paliashvili
バリアス Barrias
バリアッパ Valliappa
パリアーティ Pariati
パリアニ Palyani
パリアーノ Pagliano
パリアラーニ
Pagliarani
パリアール Paliard
パリアルディ
Pagliardi
ハリアルド Galiardo
バリアルド Baliardo
パリアルーロ
Pagliarulo
バリアン
Balian*
Varian
パリアンテ Parienté
バリアント Variant
バリアントス
Barrientos
ハーリィ
Harry
Hurley
ハリィ Harry*
ハリイ Harry***
バーリィ
Baly
Barrie
バーリイ Varley
バリイ
Barrie
Barry
パーリィ Palyi
パリィ Parry
パリウ Paliu
ハリヴァルマン
Harivarman
ハリヴァンシュ
Harivansh
バリーヴィ Baglivi
ハリウェル
Halliwell**
パリウカ Pagliuca
バリウス Barius
ハリウッド Hollywood
バーリェ Valle
バリェ Valle**
バリエ
Barille
Barrie
パリエ Palier
バリエインクラン
Valle-Inclán
ハリエス Harries
パリエス Palliez
バリェステール
Ballester
バリェステル
Ballester*
バリエステル Ballester
バリェステロス
Ballesteros
パリェタク Paljetak
ハーリエット
Harriette
ハリエット
Hariette
Harriet***
Harriët*
Harriett
Harriette*
バリエット Balliett*
ハリエッホ Vallejo
バリェッホ Vallejo*
ハリエト Harriet
バリェドール Valledor
バリエフ Bariev
バリェーホ Vallejo
バリェホ Vallejo*
バリエール
Barrier
Barrière
Vallière
Vallieres
パリエーロ Pagliero
パリエロ Pagliero
バリエワ Baliyeva
バリエントス
Barrientos*
バリオ
Baglio
Barrio*
バリオス Barrios***
ハリオット
Harriet
Harriot
Harriott
パリオット Parriott
バリオーニ
Baglioni*
Barioni
バリオヌエーボ
Barrionuevo
バリオーネ Baglione
ハリオン Hallion
バリオン Barion
ハリカ Harika
バリーカ Barrica
パリカル Parrikar
ハリカルナッセウス
Halikarnasseus
ハリガン
Halligan
Harrigan**
バーリカンプ
Berlekamp
ハリキミ Halikimi
ハリキャル
Khalikyar
Khaliqyar**
パリギン Parygin*
ハーリク Harik
バリーク Baleegh
パリーク Parikh
パリク
Parikh
Prikh
パリクス Palix
ハリクヤル
Khalikyar
Khaliqyar
ハリクリア Hariklia
ハリクレア Hariclea
パリケール Parichehr
ハリケーン Hurricane
ハリコウスキー
Khar'kovskii
ハリコフ
Kharikov
Kharkov
バリザー Walliser
パリーザ Pariza
パリサ Palisa
パリサー
Palliser***
Pariser
バリサカン Balisacan
パリサティス
Parysatis
バリサヌス Barisano
バリザーノ Barisano
ハリサロ Harisalo
ハリージ Harizi
ハリシ
Halici
Harithi
ハリシー Hallisey
ハリジ Harizi
パリーシ
Palissy
Parisi
パリージ
Parigi
Parisi
パリシ Parisi*
パリシー Palissy*
パリジ
Parisi
Parisy
Parrilli
バリシア Bariša
パリシェック
Pallischeck
バリシェワ Barysheva
パリジェンシス
Parisiensis
バリシオ Basilio
パリシオ Paricio
ハリシキヴィッチ
Hawryszkiewycz
ハリシチャンドラ
Harishchandra
バリシッチ Barišić
パリジーニ
Parigini
Parisini
バリシニコヴ
Baryshnikov
バリシニコフ
Baryshnikov*
バリシニコワ
Baryshnikova
バリシャ Bariša
パリージャー Parisier
パリジャ Parrilla
バリジャス Barillas
ハリシャンカラ
Hari Śaṅkara
ハリシャンカル
Hariśaṅkar
ハリシュ Harish*
バリシュ Barasch
パリシュ
Parish*
Parrish
ハリシュチャンドラ
Harishchandra
ハリシュチャンドル
Hariścandr
バリシュニコフ
Barichnikoff
バリジョーニ
Barigioni

ハーリス
Charis
Ḥārith
Ḥāri<u>th</u>
Harris
Khaalis
ハリーズ Harries*
ハリス
Charis
Hallis
Haris**
Harisu
Harith
Harries
Harris***
Harriss*
バリス
Baris
Barris*
Burris
Varis
パーリス
Paris
Perlis*
パリース
Paries
Parijs
Paris
パリス
Pallis
Palys
Paris**
París
Pariz
Parris**
Parys*
ハリスヴィル
Harrisville
ハリスカ Huliska
バリスカ Valiska
パリスカ
Paliiska
Palisca**
バーリスケイル
Barriscale
バリスケイル
Barriscale
バリスタ Ballista
パリスター Pallister
ハリストフ Christov
バリストレーム
Bergström
ハリストン Hariston
ハリスン Harrison**
バーリスン Burleson
パリーゼ Parise*
パリーゼー Pariset
パリゼ Pariset
パリゼー Pariset
バリセヴィック
Balicevic
バリセンティ Valicenti
パリソ
Palissot
Parisot
パリゾ Parisot
パリゾー
Parisot
Parizeau**
パリソウラ Parisoula
ハリソン
Harrison***
Harrisson
Harrysson
ハーリタ Hārita
ハーリダ Khalida
ハリダ Khalida
ハリダース Haridās
バリチ Barić
バリチェロ
Barichello
Barrichello*
バリツァー Balitzer
パーリツィン Palicyn
パリツィン Palitsyn
ハリッキ Halicki
ハリツキ Halicki
バリツキ Balicki
バリッキオ Varricchio
バーリック Barlick
バリック
Baric
Barich
バリッコ Baricco**
パリッサ Paryssa
ハリッジ Harridge
バーリッジ Berridge
バリッジ
Burrage
Burridge
パリッシ Palissy
パリッシー Palissy
ハリッシュ
Harish*
Harrish
バリッシュ
Balitsch
Barich
Barish
パリッシュ
Parish*
Parrish**
パリッセ Parisse
バリッチ Balic
バーリッツ
Baritz
Berlitz*
バリッツア Barizza
パリッツィ Palizzi
ハリッド Khalid
バーリット
Barritt
Burritt
バリット
Balit
Barritt
Burritt
パーリット Perlitt
パリッバージャコ
Paribbajako
ハーリッヒ Harich
バリッラ
Balilla
Barilla
バリッリ
Barilli
Barylli
ハリーデ Halide
ハリデ Halide
ハリデー Halliday**
パリデ Paride
ハーリーティ Hārīti
ハリディ
Haliday
Halliday*
Hallyday
Haridi
Haridy
ハリデイ Halliday**
バリテック Varitek**
ハーリート Harriet
ハーリト
Halid
Hāri<u>th</u>
ハーリド
Khaled
Khalid*
Khālid
<u>Kh</u>ālid
<u>Kh</u>ālīd
ハリート Khriit
ハリード
Khalīd
<u>Kh</u>ālid
ハリト
Halid
Halit
Harito
ハリド
Chalid*
Halid
Khaled*
Khalid**
ハリドゥ Halidou
バリトゥン Balitung
ハリトガルス
Halitgarus
ハリトノーヴァ
Kharitonova
ハリトノーバ
Kharitonova
ハリトーノフ
Kharitonov*
ハリトノワ
Kharitonova
ハリトン
Hariton
Khariton
バリトン Barrington
ハリーナ Halina**
ハリナ Halina*
バーリナー Berliner*
ハリナライン
Harrinarine
ハリナルドゥス
Halinardus
ハリナン Hallinan
パリーニ Parini*
バリニァーノ
Valignano
バーリニャ Bālina
バリニヤーニ
Valignano
バリニャーノ
Valignano
バリニヤノ Valignano
バリーニョ Baliño
パリヌッシュ
Parinoush**
パリヌルス Palinurus
パリネロ
Parinello*
Parrinello
パリーノ Palino
パリノー Parinaud
パリノオ Parinaud
バリノフ Barinov
ハリパ Xelpe
ハーリハイ Herlihy
ハリーバーウ
Haribhaw
ハリーハウゼン
Harryhausen**
Harryhousen
バリバセカ Balibaseka
ハリパソード
Harripersaud
ハリバドラ
Haribhadra
パリバトラ Paribatra
ハリバートン
Haliburton
Halliburton
Halyburton
ハリハラ Harihara
ハリハラン
Hariharan*
バリバール Balibar**
パリバン Palvan
ハーリヒ
Harich*
Harlich
ハーリヒー Herlihy
バリービ Baglivi
バリビアン Ballivián
ハーリヒイ Herlihy**
ハリピタック
Hariphithak
ハリブ Haribou
ハリーファ
Khakīfa
Khalifa*
Khalīfa
ハリファ
Khalifa**
Khalifeh
ハリファクス
Halifax**
ハリファックス
Halifax**
ハリファボボ
Khalifabobo
バリファント Bulifant
ハリーフェ Khalifeh
ハリフマン Khalifman
パリプンナカ
Paripuṇṇaka
パリペトラリア
Palli-petralia
パリベーニ Paribeni
ハリボイス
Chalybaeus
ハリホズィク
Halilhodzic
パリボディッチ
Parivodić
ハリボル Haribol
ハリーマ Houleimeta
ハリマ
Halima
Halimah*
バリマ Barimah
バリマー Barimah
ハリマトゥ Halimatou
ハリマン
Harimann
Harriman**
Holliman
ハリミ Halimi
ハリーム
Haleem
Halim*
Halīm*
Ḥalīm
ハリム
Halim***
Harim
バリモーア
Barrymore
バリモア
Barrymore***
ハリモフ Khalimov
バーリモント
Balimont
Balmont
Bal'mont*
バリモーント
Bal'mont
バリモント
Balimont
Balmont
Bal'mont*
バリモンド Bal'mont
ハリーヤ Hallier*
バリヤ Varilla
バリャダレス
Valladares
バリャチンスキー
Baryatinski
バリャーリン Ballarín
バリャルタ Vallarta
パリャルディ
Pagliardi
パリャン Par-yang
パリヤンスカヤ
Polianskaia
ハリュ Harju*
バリュ
Ballu
Varju
バリュー Ballew
パリュ
Pallu
Pallud
Palu
パリュウカ Pagliuca
バリュエル Barruel
バリュク Baruk
パリュサティス
Parysatis
バリュジ Baruzi

パリユーシュ
Pariyoush
バリューズ Baluze
バリュス Valls
バリュック Baruk
ハリューティナ
Khaliutina
バリュベネ Valiuviene
パリョ Pal'o
パリョー Parillaud
バーリョス Barrios
バリョス Barrios
バリョン
Barjon
Valon
バリラ Barilla*
パリラ Paryla
ハリラオス Charilaos
バリラック Barylak
ハリーリ Hariri
ハリーリー
Hariri*
Khalīlī
ハリリ
Hariri**
Khalili
バリーリ Barili
バリリ Barylli**
ハリリアン Khalilian
バリリエ Barilier**
パリリャ Parilla
ハーリール Khalīl
ハリール
Kahlil
Kalīl
Khalil*
Khalīl
Khalīl
ハリル
Halil**
Jalil*
Khalil
Khelil
Kh'lil
バーリル Burrill
バリル Burrill
ハリルザド Khalilzad*
ハリルジュ Halíř
ハリールッラー
Khalīl Allāh
Khalīlu'l-lāh
ハリルホジッチ
Halilhodžić*
バリルリ Barilli
バリーレ Barile
パリレニャトワ
Parirenyatwa
パーリロ Parrillo
パリーロ
Parillo
Parrillo
パリロー Parillaud*
ハリロヴィッチ
Halilovic
ハリロジッチ
Halilhodzic
パリロニス Palilonis
ハリロビッチ Halilović
ハリロフ Halylov
ハーリン
Harlin**
Jarlin
ハリン
Hallin
Harin
バーリン
Bahrin
Ballin
Berlin**
Burrin
Verlyn*
バリーン
Ballin
Vereen
バリン
Bahrin
Balin*
Ballin*
パーリン
Parin
Perlin*
Perrin
Perrine
パリン
Palin
Parin*
ハーリンガー Haringer
ハリンガ Haringa
バーリンガー
Wallinger
バリンガー Ballinger
バーリンガム
Burlingame
Burlingham
バリンガル Ballingall
ハーリング
Haring
Herling
Herring
ハリング
Haring
Harring
バーリング
Baring*
Berling
Burling**
バリンク Balling
バリング
Balling
Baring
パーリング Parling
ハリングトン
Harrington
パーリングトン
Parrington
パリングトン
Parrington
バーリングハム
Burlingham
バーリングホルスト
Baringhorst
バーリンゲイム
Burlingame
バーリンゲーム
Burlingame*
ハーリンゲン
Haeringen*
ハーリンジャー
Haeringer
バーリンジャー
Berlinger
バリンジャー
Ballinger***
Barringer*
Bollinger*
バリンス Valins
バーリンスキ
Berlinski*
バリンスキー
Balinski
Balinsky
パリンスキー Palinski
パリンストン
Pallingston*
パリンダー Parrinder*
バーリント Bálint*
バリント
Balint*
Bálint
バリンドラ Bhalendra
ハーリントン
Harrington
ハリントン
Harington
Harrington***
バーリントン
Barrington*
Burington
Burlington
バリントン
Ballington
Barrington***
Bullington
パリントン
Pallington
Parrington*
Purington
バーリンホースト
Baringhorst
パリンヤー Parinaya
ハール
Gaal**
Haar**
Hahl*
Har
Harl
Harle
Hearl
Hirl
ハル
Gal
Hal***
Hall*
Halle*
Har
Harold
Haru*
Hul
Hull***
Hulls
Khair
バール
Baal**
Baar
Bahl
Bahr***
Bal
Bar**
Bār
Barr**
Barre***
Bart*
Ber
Berle*
Burl**
Burr*
Burrell
Vaal
Waal
Wahl
バル
Bal*
Bale
Ball*
Balle
Bar***
'Bar
'Bar
Baru*
Baruj
Burr
Val***
Vall
Var*
Wal
バルー
Ballew
Ballou*
Balu
Barou
Barouh**
Baroux
Barroux
Bullough
パール
Paal*
Paar
Pahl*
Pal**
Pa'l
Pál***
Pall
Pálné
Pär
Parr**
Paul
Peal
Pearl***
Per
Perl**
Perle**
Purl
パールー Palu
パル
Pahl
Pal***
Pál
Pål
Par
Parr
Paul
パルー Palou
バルア Barua
バルアダン
Appal-iddin
バルアミー Bal'amī
バルイエス Bariēsous
バルイェル Valgerd
パルィギン Parygin
ハルイコフ Khalykov
バルィシニコヴァ
Baryshnikova
バルイマン Bergman*
バルウ Barou
ハルヴァ Harva
パルヴァー Pulver
ハルヴァクス
Hallwachs
パルヴァース Pulvers
ハルヴァーソン
Halverson
Halvorson
ハルヴァソン
Halverson
ハルヴァックス
Hallwachs
ハルヴァード
Hallvard
Halvard
パルヴァノフ
Parvanov
ハルヴァール Halvar
ハルヴァルト Halvard
ハルヴァルド Hallvard
ハルウィ Haloui
パルヴィエ Parvillez
パルヴィス
Parvis*
Purvis
バルヴィゼー Barbizet
パルウィック
Palwick*
ハルウィッツ Hurwitz
パルヴィーン Parvīn*
ハルウェイル Halweil
ハルウエイル Halweil
パルヴェーズ
Parvēz
Pervez
パルヴェラ Parvela
パルヴォ Parvo
ハルヴォシェン
Halvorsen
ハルヴォーセン
Halvorsen
ハルヴォール Halvor
ハルヴォルセン
Halvorsen**
パルヴス Parvus
ハルヴダン Halvdan
バルエコ Barrueco*
ハルエムハブ
Haremhab
ハルエル Harel
バルエル Barel
ハルオ Haruo
バルオン Bar-On
ハルカ Harka
バールカ Barca
バルカ
Barca*
Barcas
Barka*
Barkat
バルカー
Barkhah
Valcour
バルガ Varga*
バルガー Bulger
パルカ
Palca
Palka
Parca
バルカイ

ハ

Barkai
Barkaï
バルガイ Balguy
バルガヴァ Bhargava
バルカウスカス
Barkauskas
バルカカティ
Barkakati
バルカサール Balcázar
バルガシ Bargati
バルガーシム
Belqasem
バルガシュ Bargash
パルカシュ Parkash*
バルカス Barcas
バルガス
Valgas
Vargas***
バルカセル Balcácer
バルカダウド
Barkat Daoud
バルカッツ Bulkacz
バルカット Barkat
バルカト Barkat
バルカトアブディラヒ
Barkat Abdillahi
バルカトゥッラー
Barkatullah
バルカドダウド
Barkad Daoud
バルカニー Balkany
パルカニス Palcanis
パルカノバー
Parkanová
バルカノフ Valkanov
バルガノワ Varganova
ハルカパー Härkäpää
バルガバ Bhargava*
ハルカビ
Harkabi*
Harkavy
バルカマ Valkama
パルガメント
Pargament
バルカリス Balcarres
パルカル Pascale
バルカルセル
Valcárcel
ハルガルテン
Hallgarten*
バルカレッジ
Valcareggi
バルカン
Barkan
Bulkan
バルガンボア
Mbarga Mboa
ハルキ Kharki
バルキ
Balci
Varchi
ハルキア
Halkia
Khalkia
ハルキアス Halkias
バルキスーン
Balkissoon
ハルギッタイ
Hargittai
ハルキナ Halkina
パルキネン Parkkinen
バルギムバエフ
Balgimbayev
バルキヤールク
Berkyaruq
ハルキュオネ
Ḣalcyone
バルギール Bargiel
ハルギン Hargin
バルキン
Balkin
Barquín
バルギンバエフ
Balgimbayev**
ハルク
Hark*
Hulk*
Hulke
Hurk
Jalkh
バールーク Baruch
バルーク Baruch***
バルク
Balch
Balk*
Barg
Baruch*
Baruk
バルグ Bargue
パルク
Paluku
Parc
バールクイスト
Vahlquist
バルクウィル Balkwill
バルクーク Barqūq
バルグーティ
Barghouthi
Barghouti
Bargouthi
バルグナイム
Balghunaim
パルクニー Pulchny
バルクハウゼン
Balkhausen*
Barkhausen
バルグハンセン
Berg-hansen
バールクビスト
Vahlquist
バルクフレーデ
Bargfrede
バルクホフ Barkhoff
バルクホルン
Barkhorn
バルクマイヤー
Barkmeier
バルクマン Barkmann
パルクマン Parkman
バルクラーイ Barclay
バルクライ
Barclay
Barklai
パルグラム Pulgram
バルクリ Bulkley
バルクリー
Bulkeley*
Bulkley
バルグリー Balgley
バルクリシャン
Balkrishan
バルクリシュナ
Balkrishna
バルクリス Barkoulis
ハルグリームッソン
Hallgrímsson
バルクール Valcourt
バルクレー Bulkeley
パルグレイヴ Palgrave
パルグレーヴ Palgrave
パルクレーブ Palgrave
ハルグレン Hallgren
バルクローズ Valcroze
バルクロフト Barcroft
ハルケ
Harke
Jarque*
バルケ
Balke*
Barke
Walke
バルゲ Barge
バルゲス Burgess
ハルケット
Halket
Halkett
Harket
バルケネンデ
Balkenende*
バルゲリー Balguerie
バルケル Barkel
バルゲルズル
Valgerdur
バールゲルト
Baargeld
パルケレル Parkeler
バルケロ Barquero
バルケン Bulcken
バルケンホール
Balkenhol*
ハルコ
Hagor
Halko
バルコ Barco*
パルコ
Palko
Parko
バルコア Valcour
パルゴア Pallegoix
ハルゴーヴィンド
Hargobind
バルコウスキー
Bulkowski
バルコス Barcos
バールコニ Várkonyi
バルコニ Várkonyi
バルゴーヌ Bargone
ハルコネン Härkönen
バールコバー Válková
ハルゴービンド
Hargobind
バルコーフ Barkov
バルコフ Barkov
バルコフスキ
Balkovski
ハルコベツ
Kharkovets
ハルコム Halcomb
バルコム
Balcombe
Balkom
ハルコラ Halkola
ハールコルト
Harcourt
ハルコルト Harkort
バルゴルネーラ
Vallgornera
バルコワ Valkova
ハルコン Halcón
バルコン Balcon
バルサ
Balsa
Barsa
バルサー
Balcer*
Balser
バルザー Balzer
パルザー Pulzer
パルサーイー Parsāī
バルザエウス
Barzaeus
バルザコフ Barzakov
バルザコフスキー
Barzakovskii
バルサザー Balthasar
バルサザール
Balthazar
バルサック Barsacq
バルザック Balzac**
バルサーナ Barzana
バルサナ Barzana
ハルサーニ Harsány
ハルサニ
Harasanyi
Harsanyi
バルザーニ Balzani
バルザーニー Barzānī
バルザニ
Barzani*
Barzānī
ハルサヌイ Harsanyi
バルサヌフィオス
Barsanoúphios
バルサバ
Barsabas
Bar Sabba'e
バルサマン
Barshaman
バルサム Balsam
バルザモ Balsamo
バルサモーン
Balsamōn
バルサモン Balsamōn
バルサラ Balsara
バルザーリ Barzagli
ハルサル Halsall
パルサル Palusalu
パルサルエ Palusalue
ハルザルドッティル
Harđardóttir
バルサン Barzun
バルザン Barzun
バルサンティ
Barsanti*
ハルシ
Harouchi
Harthy
ハルシー Halsey*
ハルジー Khiljī
バルージ Baruj*
バルシ
Balushi
Barsi
バルジ
Baldi
Barzi
パールシー Pārsī
パルーシ Palusci
パルシー Palcy*
パルジ Palgi
バルシア Barcia
パルシア Parsia
パルシアウスカス
Palciauskas
パールシヴァナータ
Pārśvanātha
ハルジェ Khalje
バルシェ Barsch
バルジェ Balje
バルジエ Vergier
バルジェス Burgess
バルジェッス Burgess
バルジェッリーニ
Bargellini
バルシェル Barschel
パルシカール Palsikar
バルジゲル Balsiger
バルジース Barjees
ハルジタイ Hargitay
バルジチェワ
Baldycheva
パルシッツ Parschitz
ハルジット Harjit
パルシテ Palsyte
ハルージナ Kharuzina
バールジナ Bardina
パルシナ Parshina
バルジーニ
Barjini
Barzini*
ハルシニツキ
Charśnicki
バルシネ Barsinē
バルシム Barshim*
ハルシムラト
Harsimrat
バルシモン Barsimon
ハールシャ Hertha
ハルシャ
Harşa
Harsha*
バルシャイ Barshai*
ハルシャヴァルダナ

ハ

Harşa-vardhana
ハルシャヴァルマン
Harshavarman
バルジャヴェル
Barjavel
バルジャス Valjas
ハルシャーニ
Harsanyi
Harsányi
バルシャニ Palushani
バルジャベル Barjavel
パールジャマー
Pearljammer
バルシャム Balsham
バルジャン Varujan
ハルシュ Harsh
バールシュ Barros
バルシュ
Barros
Barsch
Barsh
Barusch
バルジュ Barge
パルシュ
Pars**
Parsch
パールシュヴァ Pārśva
ハルシュカ Halushka
ハルシュタイン
Hallstein*
パルシュッキ Purzycki
パールシュバナータ
Pārśvanātha
バルシュミッター
Ballschmiter
バルジュモン
Bargemont
バルジュン Buljung
ハルジョウィロゴ
Hardjowirogo*
バールショニ Bársony
バールショニー
Bársony
バルジライ
Barzilai
Barzillai
ハルシラーゼ
Kharshiladze
バルジル
Valdir
Waldir
バルシロン Barcilon*
バールジン Bardin
パルシン Parshine
バルジンダー
Baljinder
ハールス Haasl
ハルス
Hals
Hulce
Hulse**
バールス Baars
バルス Valls
バルスー Barsoux
パールズ Perls*
パルス Pars
ハルスィー
Halsey
Hulce
バルズィライ Barjillai
ハルスカ Hruska
バールスカヤ Barskaia
ハルスカンプ
Hulskamp
バルスキ Barski
バルスキー
Barskii
Barsky
バルスク
Barsouk
Barsuk
パルスグレーヴ
Palsgrave
ハルスケ Halske
バルスコバ Barsukova
バルスコフ Barsukov
バルスコワ
Barslukova
Barsukova*
パールスタイン
Perlstein
バールズディンシュ
Bārzdinš
ハールステット
Härstedt
ハルステッド
Halstead
Halsted*
ハルスデルファー
Harsdörffer
ハルステン Halsten
ハルステンベルク
Halstenberg
ハルスト Halst
パルストラ Palstra
ハルストリョーム
Hallström
ハルスドルフ Halsdorf
ハルストルム
Hallström
ハルストレーム
Hallström
ハルストレム
Hallstrom
Hallström**
バルストロード
Bulstrode
バルストロム
Wallström
ハルストン Halston
パールストーン
Pearlstone
パルズニー Paluszny
バルスバーイ Barsbaȳ
バルスバイ Barsbay
バルスボルド
Barsbold
バルスマス Barsumas
ハルスマン Halsman
バールスラーグ
Baarslag
バルズリー Balsley
パルスリエ Parcelier*
バルスレイ Balsley
バールスン Burleson
ハルセ Halse
ハルゼー Halsey*
ハルセイ Halsey
ハルゼイ Halsey
パルセイエ Parsaye
バルセイロ Balceiro
パルゼヴァル Parseval
バルセカール
Balsekar*
バルゼガル Barzegar
バルセギ Várszegi
バルセマン Balsemao*
ハルセル Halsell*
バルセル Barcel
バルセルス Balsells
バルセロ Barcelo
バールセン Bahlsen
パルソー Partho*
バールソヴァ Barsova
バルソヴァ Barsova
バルソッシーニ
Barsocchini
パルソドール
Pálsdóttir
バルソニー Barsony
バルソーラ
Balsola
Balzola
バルソラ Balzola*
バルゾーラ Balzola
バルソロウ Bartholow
バルソロミウ
Bartholomew
バルソワ Barsova
バールソン Burleson*
バルソン Balson
バルゾン Berzon
パールソン Paulson
パルソン
Palsson*
Pálsson
Parsons
パルソンス Parsons
ハルター Halter
ハルダ Hulda**
ハルダー
Haldar
Halder**
Harder
バールタ Bárta
バルタ
Balta
Barta*
Bartha
バルター
Balter*
Walter*
Walther
バルダ
Barda*
Valda
Varda
パルタ Partha*
バルダーイー Bardāyī
バルダイサン
Bar-Daisān
Bardaiṣān
ハルダウ Hărdău
バルダウフ Baldauf
バルタザーラ
Baltazara
バルダサーリ
Baldassari
Baldessari
バルダサリ
Baldassari*
バルターサル Baltasar
バルターザル
Balthasar
Balthassar
バルタサール
Baltasar*
Baltazar
Balthasar
バルタサル
Baltasar
Balthazar
バルタザール
Baltasar**
Balthasar**
Balthazar
Bartasal
Barthasar
バルタザル
Baltazar
Balthasar
Balthazar
Barthasar
バルダサール
Baldassare
パルタザール Paltasar
ハルダシュ Hardash
バルタス
Baltas
Bartas
バルダス
Baldus
Bardas
Bárdas
Valdas
バルダーストン
Balderston
ハルダースン
Halldorson
バルダチ Bardach
バルタック Bartak
バルダッサッレ
Baldassarre*
バルダッサルレ
Baldassarre
バルダッサーレ
Baldassare*
バルダッサーロ
Baldassare
バルダッチ
Baldacci**
Balducci
バルダッチーニ
Baldaccini
バルダッチノ
Baldacchino
ハルダッハ Hardach*
バルダーナ Vardhana
バルダナ Vardhana
バルダニアン
Vardanian
パルダニウス
Paldanius
バルダニャン
Vardanian
パルタニングラト
Partaningrat
パルダーヌス
Paludanus
パルダヌス Paludanus
バルダネス Bardanes
ハルダハ Hardach
バルタバス Bartabas*
バルダヒ Bardaji
バルダマーナ
Vardhamana
ハルダーマン
Halderman
バルダーマン
Baldermann
ハルダヤール
Hardayal
バルタール Baltard
バルダル Bardal
バルタルス Bartalus
ハルタルト Hartarto
バルタロス Bartalos
バルダロス Vardalos
ハルダン
Haldan*
Haldun
バルタン
Bartin
Vaarten
Vartan
バルダン
Baldan
Bardhan*
Bardin*
Gardent
Vardan
Vardhan
パールダン Paludan
パルーダン Paludan*
パルダン
Paldan
Paludan*
バルダンギン
Baldangiin**
バルタンズ Bertans
バルダンスペルジェ
Baldensperger
バルーチ
Baluchi
Baruch
バルチ
Balch
Baruch
Walch
パルチ Parti
バルチェスク
Bălcescu
Bălcescu
バルチェバ Valcheva
ハルチェフ Kharchev
バルチェフ Valtchev
バルチェル Baruchel
バルチェローナ
Barcellona

ハルチェンコ Kharchenko
バルチコフスキ Barcikowski
バルチティス Balcytis
Balčytis
バルチモア Baltimore
Bortimore
ハルチャ Harcsa
バルーチャ Bharucha
バルチャイ Barcsay
バルチャム Balchum
ハルチャンド Harchand
バールチャンド Bālacanda
バルチュ Bartsch*
パルチュ Partsch*
バルチュカイテ Valciukaite
バルチュカイテー Valčiukaitė
バルチューク Barchuk
バルチュス Balthus*
ハルチュニャン Harutyunian
Harutyunyan
ハルチュン Harutyun
パルーチョ Perucho
バルチーロン Barcilon
バルチン Balchin
ハルチンク Hartsinck
ハルツ Halse**
Hartz
Hultz
バルツ Balz*
Bartu
バルツー Barthou
パルツ Paltz
Parts
バルツァ Baltsa*
バルツァー Baltzar
Baltzer
Balzer
バルツァーギ Barzaghi
バルツァレット Balzaretto
パルツィカ Partyka
バルツィコ Balzico
バルツィーニ Barzini
パルツィンガー Parzinger
ハルツェ Halsey
バルツェヴィチ Barcewicz
バルツェル Baltzer
Barzel**
バルツェロヴィチ Balcerowicz*
バルツェロヴィッチ Balcerowicz**
バルツェロッティ Barzellotti
バルツェロビチ Balcerowicz
バルツェロビッチ Balcerowicz
ハルツェン Halzen
ハルツェンブスク Hartzenbusch
ハルツェンブッシュ Hartzenbusch
バルツォ Balczo
パルッカ Palucca
パルッキネン Parkkinen
バールック Baruch
バルック Baruch
パルック Paluck
バルッジ Baruzzi
バルッチ Barucci**
バルッツィ Baruzzi*
パルッツィ Paluzzi
Paruzzi*
ハルーツニアン Harootunian
ハルップ Hallupp
バルッフィ Baluffi
ハルツホウルン Hartshorne
ハルツホールン Hartshorne
ハルツホルン Hartshorne
ハルツマン Holzman
ハルツング Hartung
ハルテ Harte
ハルデ Harde
バルデ Balde
Baldé
Bardet*
Walde
バルデー Bardey
パルテ Parthé
パルデ Pardé
ハルディ Haldi
Hardi
Hardy
Khaldi
バールーディー Bārūdī
バールディ Bárdy
バルテーイ Bartei
バルティ Baruti
Bharti
バルディ Baldi
Bardi**
Bardí
Bardies
Bardy
Barudi
Vardi
パルティ Parouty
Partey
パルディ Pardi
バルティア Bhartia
バルディア Bardia
Bardiya
ハルティヴァンガー Haltiwanger
ハルティエ Hartje
ハルディエル Jardiel*
パルティエル Paltiel
バルディガ Baldyga
パルティカ Partyka**
ハルディカヌート Hardeknud
バルティクス Balticus
ハルディクヌート Hardeknud
Hardicanute
バルティコス Valticos
ハルディス Halldis*
バールディス Valdés
バルディス Valdis**
パルティチアコ Particiaco
バルディック Baldick*
バルディッチーニ Baldiccini
ハルティッヒ Hartig
パルディディ Pardede
バールディナ Bardina
バルティナ Baltina
ハルティニ Hartini
バルディーニ Baldini*
Bardini
バルディニ Baldini**
パルディーニ Pardini
バルディヌッチ Baldinucci
バルディヌッチー Baldinucci
バルディネ Bardinet
ハルティヒ Hartig**
バルディビア Valdivia*
バルディビエソ Baldivieso*
Valdivieso
バルディビエルソ Valdivielso
バルティマイ Bartimaeus
Bartimaîos
バルティモア Baltimore
バルティモラ Baltimora
ハルディヤンティ Hardiyanti*
バルディーリ Bardili
バルディリス Baldiris
パルディール Paldiel
バルティルド Balthild
ハルデイン Haldane
バルティン Valtin
バルディーン Valdean
バルディン Bardin
ハールディング Harding
ハルティング Harting**
Hartingh
ハルディング Harding
ハルティンクスフェルト Hartingsveld
バルデゥーチ Balducci
バルデゥール Baldur
バルデーオ Baldev
バルデオン Baldeon
Baldeón
Valdeón
パルテクサーノ Partexano
ハルデクヌート Hardeknud
ハルデクヌード Hardeknud
バルデサーネス Bardesanes
バルデサネス Bardesanes
Bardēsánēs
バルデサリーニ Baldessarini
バルデサリニ Baldessarini
ハルデス Hardes
バルテス Baltes
Barthez
バルテズ Barthez*
バルデース Valdés
バルデス Baldes
Valdes**
Valdés**
Valdez**
Valdéz
Vargas
バルデストビエル Valdes Tobier
バルデスメサ Valdés Mesa
バルデーゼ Baldese
パルテチパツィオ Particiaco
バルデック Waldeck
バルデッサリ Baldessari
バルデッティ Baldetti
バルデッリ Bardelli
バルデッリーノ Bardellino
バルデト Valdet
パルテーニウス Parthenius
パルテニオス Parthenios*
バルテーネヴァ Barteneva
バルデフ Baldev
ハルテフェルト Harteveld
バルテーマ Varthema
バルデマー Valdemar
Waldemar
バルテマイ Bartimaîos
バルデマール Waldemar
バルデマル Valdemar
Waldemar
ハルデマン Haldeman
バルデム Bardem**
バルテュ Baltus
パルデュー Pardue*
バルデューグ Baldeweg
バルテュス Balthus***
Baltus
Baltusz
パルテュリエ Parturier
バルデュリス Bardulis
バルデラス Balderas
バルデラーバノ Valderrábano
バルデラバノ Valderrábano
バルデラマ Valderrama*
バルデラモス Balderamos
バルデリ Baldelli
Bardeli
ハルテリウス Hartelius

ハルテル Hartel
バルテール Bartheel
バルテル Bartel
Bartels
Barthel*
Bartholomäus
Walter*
バルデル Bardel
バルテルス Bartels*
ハルデルマンス Haldermans
バルテルミ Barthelemy
Barthélemy*
Barthélémy
バルテルミー Barthelemy
Barthélemy
Barthélémy
バルテルミイ Barthélemy
バルデルリ Bardelli
バルテレミ Bartelem
Barthelemy
Barthélemy
Barthélémy
Bhartelemy*
バルテレミー Barthelemy*
Barthélemy
バルテレモン Barthélemon
ハルテロス Harteros*
ハルテン Hulteng

ハルデン
Harden*
Hultén
バルテン Palten
パルデン Palden**
バルデンゴ Valdengo
ハルテンシュタイン
Hartenstein*
バルテンシュタイン
Bartenstein
バルテンス Bartens
バルデンスペルジェー
Baldensperger
ハルテンバッハ
Hartenbach*
ハルデンベルク
Hardenberg
ハルデンベルグ
Hardenberg*
バルデンホイアー
Bardenhewer
ハルト
Hald*
Halt
Hardt*
Hart*
Harth
ハルド Hald
バールト
Baard
Bahrdt
Barth*
Waard
バルード Baroud
バルト
Bart**
Barth***
Barthe
Barthes**
Barto
バルトー
Barth
Barto*
バルド
Balde
Baroud
バルドー
Bardo
Bardot**
Bardow
パルド
Paldo
Pardo**
パルドー Pardoe
ハルドイ Hardoy
バルトイウッチ
Bartoiucci
バルドイン Balduin
バルトゥー Barthou
バルドゥ Bardoux
ハルトヴィッヒ
Hartwig
バルドゥイーヌス
Balduinus
バルドゥイヌス
Balduinus
バルドヴィネッティ
Baldovinetti
バルドヴィーノ
Baldovino
ハルトヴィヒ
Hartwig*
バルドウイレ Bardouil
ハルトヴィン
Arduin
Hartwin
バルトウィン Balduin
バルドゥイーン
Balduin
バルドゥイン Balduin
バルドウィン Baldwin
バルトゥウォミエイチク
Bartłomiejczyk
ハルトウェグ Hartweg
バルトゥオミ
Bartlomiej
バルトウォミエイ
Bartlomiej
パルトゥシュ
Partouche
パルドゥシュ
Pardessus
バルドゥス Baldus
バルドゥツィ Balduzzi
バルドゥッチ
Balducci*
バルドゥッチョ
Balduccio
バルトヴナ Bartowna
ハルトゥーニアン
Harootunian**
ハルトゥーリン
Khalturin
ハルトゥリン
Khalturin
ハルドゥル Halldór*
ハルドウル Halldór
バルドゥール Baldur
バルドゥル Baldur
ハルドゥーン
Khaldoun
Khaldun
Khaldūn
Khaldūn
ハルドゥン Khaldūn
ハルトゥンク Hartung
ハルトゥング
Harttung
Hartung**
ハルトウング Hartung
バルドゥンク Baldung
バルドゥング Baldung
バルトオ Bartow
ハルトーク Hartog
ハルトーグ Hartog*
ハルトグ Hártogh
バルトーク
Bartok*
Bartók**
ハルトクイスト
Hultquist
ハルトークス Hartogs
バルトクス Bartkus
ハルトケ Hartke
ハルトゲリンク
Hartgerink*
バルトコ Bartko**
バルトコヴィアク
Bartkowiak
バルドシ Bardosi
バルトシェフスキ
Bartoszewski**
バルトシャイト
Baltscheit
バルトーシュ Bartosch
バルトシュ
Bartoš
Bartoş
Bartosz**
パールトシュ Pártos
バルトシュク
Bartoshuk
ハルトシュタイン
Hartstein
バルトス Bartos**
バルドス Baldoz
パルトス Partos
バルトスカ Bartoska
バールドセン
Baardsen
バルトダノ Baltodano
ハルトック Hartog
バルドック Baldock*
パルトック Paltock
バルドッティ Bardotti
バルトッリ Bartolli
ハルトナック
Hartnack
バルドーニ Baldoni*
パルトニー Pulteney
バルトニク Bartnik
バルトニング
Bartning
バルドーヌ Bardone
バルドネロ Baldonero
ハルトノ Hartono**
バルドビッチ
Baldovici
バルドビネッティ
Baldovinetti
バルドビーノ
Baldovino
バルドビノス
Valdovinos
ハルトビヒ Hartwig
バルドヒルド Baldhild
バルドビン Baldvin*
ハルトフ
Haltof
Hartog*
バルトフ Balthoff
バルドフ Waldoch
バルトファイ Bártfai
ハルトーホ Hártogh
ハルトホ
Hartog
Hartogh
ハルトマー
Khaltmaa*
ハルトマイヤー
Haltmayr
ハルトマーギン
Haltmaagiin
ハルトマン
Haltman
Hartman
Hartmann**
ハルドマン
Haldeman
Haldman
バルトマン
Bartmann*
バルドミール
Baldomir
ハルトムット Hartmut
ハルトムート
Hartmut**
Hartmuth*
バルドメロ
Baldomero**
バルトラ Bartra
バルトライア
Bartolaia
バルトライティエネ
Baltraitienė
ハルトラウブ
Hartlaub**
バルトーリ
Bartholi
Bartoli*
バルトリ Bartoli***
バルドリアン Baldrian
バールトリド Bartol'd
バルトーリド Bartol'd
バルトリド Bartol'd*
バルトリーニ
Bartolini**
パルトリニエリ
Paltrinieri*
バルトリヌス
Bartholinus
バルトリーノ
Bartolino*
バールトリハリ
Bhartrhari
バルトリハリ
Bhartrhari
Bhartṛhari
ハルトリーブ Hartlieb
バルトリプラパンチャ
Bhartṛprapanca
バルトリン
Bartholinus
ハルトリンク
Hartling*
ハルトル Hartl*
ハルドール
Halldor
Halldór*
ハルドル Halldor
バルドル Bardolle
バルドルジ Baldorj
バルトルシャイチス
Baltrušaitis
バルトルシャイティス
Baltrusaitis*
Baltrušaitis
バルトルス
Bartholus
Bartolus
ハルドールスドッティル
Halldorsdottir
バルドルスドッティル
Baldursdottir
Baldursdóttir
バルトルタ Valtorta
バルトルッシュ
Baltrusch
バルトルッチ
Bartolucci*
バルトルディ
Bartholdi
Bartholdy*
バルトルト Barthold
バルトルド
Barthold**
バルトルハリ
Bhartṛhari
バルトレッティ
Bartoletti*
バルトレーナ
Bartolena
ハルトレーベン
Hartleben
バルドレーベン
Bardeleben
ハルトレン Haltren
バルトーロ
Bartolo
Bartolus
バルトロ
Bartoli
Bartolo*
パルトロー Paltrow
バルトロウ Bartrow
パルトロウ Paltrow**
バルトロッシュ
Bartolosch
バルトロッチ
Bartolozzi
バルトロッツィ
Bartolozzi
バルトロッツイ
Bartorozzi
バルトロッティ
Bartolotti
バールトロップ
Barltrop
バルトローニ
Bartoloni*
バルトローヌ
Bartolone
バルトロマイ
Bartholomaios*
Bartholomew
バルトロマーウス
Bartholomeus
バルトロマエウス
Bartholomaens
Bartholomaeus
バルトロマージ
Bartolomasi
バルトロミエ
Bartlomiej
バルトロミェイ
Bartołomiej
バルトローメ
Bartolomé
バルトロメ
Baltolomé

Bartholomé
Barthromae
Bartolome
Bartolomé*
Bartolomeu
Bartolommeo
バルトロメー
Bartholomee
Barthromae
Bartolomé
バルトロメーア
Bartholomea
バルトロメア
Bartholomea
バルトロメイ
Bartolomei
Bartolomey
バルトロメウ
Bartholomeu
Bartolomeu
バルトロメーウス
Bartholomäus
バルトロメウス
Bartholomaeus
Bartholomäus
Bartholomeu
Bartholomeus
Bartolomeus
バルトローメオ
Bartolomeo
バルトロメーオ
Bartolmeo
Bartolomeo*
Bartolommeo
Varfolomei
バルトロメオ
Bartolomeo*
Bartolommeo
Varfolomei
バルトロメーテ
Bartolommeo
バルトロモイス
Bartholomäus
バルトロンメオ
Bartolommeo
バルドワジ Bhardwaj
ハルトン
Halton*
Hulton
ハルドン Hardon
バルトン
Bartón
Burton*
Valton
バルドン
Bardon
Bardone*
Valdon
ハルナ
Harna
Harouna
Haruna
バルナ Barna*
ハルナイ Harney
バルナイ Varnay
バルナーヴ Barnave
バルナヴィス Balnaves
ハルナク Harnack
パルナス Parnas
ハルナック Harnack*
バルナト Barnato
バルナバ
Barnaba
Barnabas
バルナバス Barnabás
バルナーブ Barnave
バルナベ
Barnabe
Barnabé
バルナベイ Barnabei
バルナーボ Barnabò
バルナム Barnum
バルナルド Barnard
パルナン Parrenin
ハルーニ Harouni
バルニ Barni
パルニー Parny
バルニエ Barnier*
バルニカ Barnica
バルニク Värnik
バルニケ Warnicke
パルニツキ Parnicki
バルニツケ Barnitzke
ハルニッシュ
Harnisch*
ハルニッシュフェガー
Harnischfeger*
ハルニッシュマッヒャー
Harnischmacher*
バルニャーニ
Bargnani
バルヌヴィル
Barneville
バルヌエボ Barnuevo
ハルヌル Harunur
ハールーヌル・ラシード
Hārūn al-Rashīd
バルネ
Barney*
Valent
Vuarnet
バルネー
Barnet
Barney
パルネ Parnet
バルネイ Barnay*
バルネヴェルト
Barneveld
バルネコフ Barnekov
ハルネジュヘルイテフ
Harnedjheryotef
ハルネジュヘルイトエフ
Harnedjheryotef
ハルネス Jarnés
パルネス Parnes
バルネダ Barneda
バルネッケ Warnecke
バルネッタ Barnetta*
バルネット Barnet
バールネト Vaal-neto
バルネフェルト
Barneveldt
バルネル Balner
バルノゥヴ Barnouw
パルノーク Parnok
パルノフ Parnov
バルノヤ Barnoya
パルノヤ Parnoja
ハルバ
Halva
Harba
Harbah
Harva
ハルパ Chalupa
ハルパー Halper**
バルハ Baruja
バルバ Barba**
パルバー Pulver
ハールバアート
Hurlbut
バルハウス
Balhaus
Ballhaus**
バルバガロ
Barbagallo
ハルバーグ Halberg
パールバーグ
Paarlberg
バルバゲラータ
Barbagelata
ハルパゴス Harpagos
バルバジェラータ
Barbagelata
バルバシャン
Barbachan
ハルバーシュ
Kharbash
ハルバーシュタット
Halberstadt
パルバース Pulvers**
パルバーズ Pulvers
ハルバースタット
Halverstadt
ハルバースタム
Halberstam**
ハルバスタム
Halberstam
バルバストル
Balbastre
バルバストロ
Barbastro
ハルバーソン
Halverson*
Halvorson
ハルバータル
Halbertal
ハルバック Halback
ハルバックス
Hallwachs
バルバツス Barbatus
ハールバット
Hurbut
Hurlbut
ハルバット
Harbutt
Hurlbut
バルバッハ Balbach
ハルバッハス
Hallwachs
バルバディーリョ
Barbadillo
バルバディリョ
Barbadillo
ハールバート
Hurlbert
Hurlburt
ハルバート
Halbert
Hulbert*
Hurlburt
ハルパート Halpert*
バルハートヴァ
Barkhatova
バルハトヴァ
Barkhatova
バルハートゥイ
Barharty
バルバトゥス
Barbatus
ハルバトバ
Charvátová
バルバートル
Balbastre
バルバトル Balbastre
バルバニー Balbernie
バルバノフ Varbanov
パルバノフ
Parvanov*
Purvanov
ハルバハ Halbach
ハルハフティク
Warhaftig*
バルハム Barham
パルハム
Parham
Pelham
バルバーヤ Barbaja
バルバーラ Barbara*
バルバラ
Barbara***
Varvara
バルバラス Barbaras
ハルハリ Khalkhali
バルバーリ Barbari
バルバリ Barbari
パルパリ Parupalli
バルバーリア
Barbaglia
バルバリーゴ
Barbarigo
バルバリッチ Barbaric
バルバリーノ
Barbarino
バルバリョ Barbalho
ハルパリン Halperin*
バルバリン Barbarin
ハルバール Halvard*
バルバル
Barbal
Valluvar
ハルバルト Herbert
バルバレス Barbarez
バルバレスキ
Barbareschi
バルバロ Barbaro**
ハルパロス Harpalos
バルバロス Barbaros
バルバロッサ
Barbarossa
ハルバン Halban*
ハルパーン Halpern**
ハルパン Halpern*
バルバン
Balban
Barbin
バルバンガン
Barbingant
バルバンソン
Barbanson
ハルビ Halbi
ハルビー Hruby
バルヒ
Balkhi
Balkhy
バルヒー Balkhī
バルビ
Balbi
Barbi
バルビー Barbie*
バルピー Valpy
パールビー Parlby
パルヒ Parchi
バルビア Barbia
パルビアイネン
Parviainen*
ハルピウス Harphius
バルビウス Barbusse
バルビエ Barbier**
パルヒェ Parche
パルピエフ Parpiyev
バルビェリ Barbieri
バルビエーリ
Barbieri***
バルビエリ Barbieri*
バルビエーレ Barbiere
ハルビケン Harviken
パルビシ Parvizi
パルビス Parviz
パルビズ Parviz
バルビゼ Barbizet*
バルビテルラン
Barbitherlant
バルビナ Balbina
バルビヌス Balbinus
バルビーノ Balvino
バルビノ Balvino
パルヒモビッチ
Parkhimovich
バルビューウ
Barbusse
バルビュウス
Barbusse
バルビューズ
Barbusse
バルビュス
Barbusse**
バルビュッス
Barbusse
バルビュレー
Barbulée
パルビュレスコ
Parvulesco
ハルビヨルグ
Herbjorg
Herbjørg
バルビラー Balbilla
バルビロー Barbireau
バルビローリ
Barbirolli
バルビロリ Barbirolli*

ハ

ハルピン Halpin
ハルピン Halpin*
バルヒン Baruchin
バルビーン Balbín
バルビン Balbin
パルビーン
Parveen
Parvīn
Perveen
パルビン Parvin
バルビンダー
Balvinder
ハルーフ Haruf
ハルーブ Ḥarūb
ハルフ Haruf*
ハルブ
Halbout
Harb
Ḥarb
Harbou
ハルプ Harup
バールフ Baruch
バルーフ
Baruch
Baruj
バルフ
Balfe*
Baruch*
バルブ
Barbe*
Barbu
バルブー Barbu
バルファキス
Varoufakis**
ハルファクリー
Halfacree
ハルファーソン
Halverson
ハルファーティ
Halferty
ハルファーン Khalfan
ハルファン Khalfan
パルファン
Palfyn
Pulsifer
ハルフィ Khalfi
パールフィ Palfi*
ハルフィシュ Hullfish
ハルフィッシュ
Hullfish
ハルフィナ Khalfina
ハルフィン Halfin
パルフィン Palfyn
バルフィンチ Bulfinch
パルフェ
Parfaict
Parfait*
バルフェティ Barféty
バルブエナ
Balbuena
Valbuena
パルフェノーヴァ
Parfenova
パルフェノビッチ
Parfenovich
パルフェノフ Parfenov
ハルフェルト Halfeld
ハルフェン Chalfen
バルフォー Balfour*
バルフォア Balfour*
ハルフォード
Halford**
バルフォール Balfour
バルフォールト
Balfoort
ハルフォン Halfon**
ハルプカ Chalupka
バルブーザ Valbusa
ハールフース
Haarhuis*
ハルブース Khalbous
バルブス Balbus
パルブス Parvus
ハールフダーン
Halfdan
ハルフダン Halfdan*
バルブッソ Balbusso*
バルブッチ Barbucci
ハルフテル Halffter
ハルブートリー
Kharboutli
ハルフーバー
Halhuber
パルフョノフ
Parfyonov
バルブラ Barbra
パールプラッツ
Pahlplatz
バルブラン
Barblan*
Valbrun
バルプリ Valpuri
バールフリード Valfrid
バルフリド Walfrido
ハルプリン
Halperin*
Halprin
バルフール Balfour
バルブル Balbul
バルブルス Balbulus
ハルブルッゲ
Hellbrügge
ハルフレイタグ
Charfreitag
ハルフレドソン
Hallfredsson
ハルプレヒト
Harprecht
ハルブレント
Halbrendt
バールブロー Barbro*
バルブロ Barbro**
バルブロー Barbro
バルブローバ
Barboulova
ハルベ
Halbe*
Harbe
バルベ
Barbes
Barbet
Barbey
バルベー Barbey*
バルベイ Barbey*
パルベイズ Pervaiz
バルヘイロ Barreiro
バルベイロ Barbeiro
バルベエ Barbey
バルベス Barbes
パルベーズ Pervez
ハルベスレーベン
Halbesleben
ハルベック
Hallbeck
Hulbek
バルベッタ Barbetta
バルベッティ Barbetti
バルベッラ Barbella
バルペートレ Balpêtrê
バル・ヘブライウス
Barhebraeus
バル・ヘブライオス
Barhebraeus
バル・ヘブラエウス
Barhebraeus
バルヘブラエウス
Bar Hebraeus
Barhebraeus
バルヘブレーウス
Barhebraeus
バルベーラ Barbera
バルベーラック
Barbeyrac
バルベラック
Barbeyrac
バルベーリ Barberi
バルベリ
Barbery**
Wallberg
バルベリー Barberi
バルベリイス
Barberiis
バルベリス
Barberis*
Barbéris
バルベリーナ
Barberina
バルベリーニ
Barberini*
Barberino
バルベリーノ
Barberino
ハルペリン
Halperin**
バルベル Barber*
ハールベルイ Hallberg
ハルベールシュテッター
Halberstaedter
ハルペルスゾーン
Harpertszoon
バルベルデ
Valverde**
バルベーロ Barbero
バルヘロニ Bargeloni
ハルペン Halpern
パルヘン Palén
バルボ
Balbo*
Barbo
Barbot
バルボー
Barbaud
Barbault
Barbeau
Barboo
Barbot
バルボア Balboa
ハルボウ Harbou*
バルボウサ Barbosa*
ハルポクラチオン
Harpokratiōn
ハルポクラティオーン
Harpokratiōn
ハルポクラティオン
Harpokratiōn
バルボーサ
Barbosa*
Barboza
バルボーザ Barbosa*
バルボサ
Barbosa*
Barboza*
バルボザ Barbosa***
バルボザビセンテ
Barbosa Vicente
ハルボーシェン
Halvorsen
ハルボーセン
Halvorsen*
バルボトゥー
Barboteu
ハルホナク
Harchonak
バルボニ Balboni
ハールホフ Haarhoff
ハルボム Hallbom
パルホーメンコ
Parkhomenko
バルボラ
Barbora**
Valvola
バルボリーニ
Barborini
ハルボルセン
Halvorsen
ハルボーン Harborne
バルボン Barbon
ハルマ Halma
バルマ
Varma
Verma*
バルマー
Ballmer**
Balmer*
Bulmer*
Varma
Varmā
パールマー Palmer
パルマ
Palma***
Parma*
パルマー
Palmer**
Parmar
パルマア Palmer
ハルマイ Halmay
バルマキー Barmakī
パルマキアン
Parmakian
バルマキヤ
Barmakiyya
バルマク Barmak
パルマコスキ
Parmakoski
バルマサイ Barmasai
バルマス
Barmas
Valmas
パールマス Perelmuth
バルマセーダ
Balmaceda**
バルマセダ
Balmaceda
パールマター
Perlmutter*
ハルマッタ Harmatta
パールマッター
Perlmutter
ハルマティ Harmati
パルマティア
Palmatier
パルマード Palmade
パルマドッティル
Palmadottir
パルマナンダ
Parmananda
パルマノ Palmano
パルマーラ Palmara
バルマリ Balmary
パルマリー Parmalee
パルマル Palmaru
ハールマン
Haarmann*
ハルマン
Hallmann
Halman**
Hermann
バルマーン Bulmahn
バルマン
Ballmann
Balmain
Barman
Bulmahn
Bulman
Burman
パールマン
Paalman
Pearlman*
Perelman
Perlman**
パルマン Pullman
ハルマンス Harmans
パルマンティーア
Parmentier
パルマンティエ
Parmentier*
ハルミ Harumi
バルミ
Balme
Balmy
パルミエ Palmier
パルミエーリ
Palmieri*
パルミエリ Palmieri*
パルミオッティ
Palmiotti
バールミーキ Vālmīki
パルミサーノ
Palmisano*
パルミザーノ
Palmisano

パルミザノ Palmisano
パルミジァニーノ
Parmigianino
パルミジアニーノ
Parmigianino
パルミジャニ
Parmigiani
パルミジャニーノ
Parmigianino
バルミス Balmis
パールミュッター
Perlmutter
バルミル Balmir
パルミーロ Palmiro*
バルミン Barmine
パルミンテリ
Palminteri*
ハルム
Hallum
Halm*
Harm*
Härm
Hulme
バルム
Balme
Barmou
パルム
Palm**
Palme
パルムグレン
Palmgren*
パルムシュテット
Palmstedt
ハルムシュトルフ
Harmstorf
ハルムス
Halmuth
Harms*
Kharms**
パールムッター
Perlmutter*
ハルムート Hartmut
ハルムハブ Harmhab
パルムブラード
Palmblad
パルムラン Parmelin
ハルムルザエフ
Khalmurzaev*
バルメ Balme
パルメ
Palme*
Palmé
Parmet
パルメイロ Palmeiro*
バルメイン Balmain
パルメジャーニ
Parmeggiani
Parmegiani
パルメーシュワリ
Parmeshwari
バルメス Balmes
パルメタ Palmetta
パルメッサー
Parmessar
パルメッツァーノ
Palmezzano
パルメナ Parmenas
パルメニアーヌス
Parmenianus
パルメニアヌス
Parmenianus
パルメニオン
Parmenion
パルメニデース
Parmenidēs
パルメニデス
Parmenidēs
パルメラ Palmella
パルメリ Palmeri
バルメリノ Balmerino
バルメール Balmer
パルメール
Palmair
Palmer
パルメル Palmer
ハルメレン Harmelen
パルメロ Palmero
ハルメン Harmen**
バルメーン Balmain
パルメン
Palmen**
Palmén
ハルメンス Harmensz
ハルメンスゾーン
Harmensz.
パルメンティエール
Parmentier
ハルメンベルグ
Harmenberg
パルモア Palmore*
ハルモコ Harmoko**
バルモシ Balmos
ハルモス Halmos
ハルモディオス
Harmodios
バルモリ Balmori
バルモール Valmore
バルモン Balmont
バルモンド Balmond*
パルヤン Par-yang
ハルヨノ Haryono
バルヨハイ Ben-Yohai
バルヨン Baljon
バルラ Balla
パルラ Parra
パルラー Parler
バルラアム Barlaam
ハルラウト Harlaut
パルラシオス
Parrhasios
バルラージュ Balraj
バルラジュ Balraj*
パルラース Pallas
パルラダース Palladas
バルラチェ Barlatier
バールラッハ Barlach
バルラッハ Barlach
バールラハ Barlach
バルラハ Barlach*
ハルラプ Kharlap
バルラーム Barlaam
バルラム Varlam
ハルラモフ
Kharlamov
バルラーラ Ballāla
ハルラン
Harlan
Kharlan
バルラン
Valleran
Varlin
パルランジュ Parlange
パルリ Parly
バルリオ Barrio
ハルリソン Harrison
バールリンク
Baarlink**
バルル
Balulu
Barul
バルルー Valleroux
バールレ Barrelet
バルレー Vallerey
バルレーヴェン
Barloewen
パルレーカル
Parulekar
ハルレス Harless
バルレス Barlés
バルレスィ Barresi
バルレタ Barletta*
バルレッターニ
Barlettani
バルレッティ Barletti
ハールレム Haarlem
ハルレム Harlem**
パルロ Parlo
パルロー
Palló
Perlow
パルロッティ Pallotti
ハルロド Harold
パルロフ Parlov
バルロワ
Barlois
Barloy
バルワ 'Bar ba
バルワーザー
Barwahser
ハルワックス
Hallwachs
バルワネ Barwane
バルワリ Barwari
ハルワルド Halvard**
ハールーン Hārūn
ハールン Hārūn
ハルーン
Aroun
Haloun
Haroon
Haroun
Hārūn
ハルン
Haron**
Haroun
Harun
Hārūn
パルン Pärn
バルンケ Warnke
バールンス Barnes
バルンス Barnes
バルンドルフ
Barndorff
バルンドルフーニールセン
Barndorff-Nielsen
バールンハルド
Bernhard
パルンビ Palumbi
パルンボ Palumbo
ハーレ
Haleh*
Harre
ハーレー
Haley
Harleigh
Harley*
Hurley**
ハレ
Hale
Halle*
Hallé
Harre
Harré
ハレー
Halle
Hallé
Halley
Harry
バーレ
Baare
Barrae
Barre*
Barré
Barret
Berle
Valle*
バーレー
Barry
Baughley
Burley*
Varley
バレ
Bale
Ballé
Ballet
Baret
Barray
Barre**
Barré**
Barret*
Vale
Valle
Vallée
Wäre
バレー
Balay
Balet
Bare
Barets
Baroux
Barré
Barreh
Vallee*
Vallée
Valley
パーレ Pahle
パーレー Parley
パレ
Palais
Palle
Pare
Paré**
Pared
パレー
Palay
Paray
バレーア Barea
バレア
Barea*
Barrere
パレアリウス Paleario
パレアーリオ Paleario
パレアリオ Paleario
パレアーロ Palearo
ハーレイ
Haley**
Halley
Harley***
Herley
Hurley*
バーレイ
Barey*
Buley
Burley
Varley*
バレイ Bere
パーレィ Parley
パーレイ
Parley
Perley
パレイ
Palei
Paley
パレイエ Palayer
ハレイサト Khreisat
ハレイシー Halacy
バレイジ Burrage*
ハレイシム Harasym
パレイゾン Pareyson*
ハーレイデ Hareide
パレイデス Paredes
バレイラ Barreira
パレイラ Parreira**
バレイロ
Bareiro
Barreiro
バーレイン Verlain*
バレウ Balew
ハ・レヴィ Halevi
ハーレーヴィ Halevi
ハレーヴィ Halevi
ハレヴィ
Halevi**
Halevy
Halévy
バーレヴィ Berlewi
パーレヴィ Pahlavi
パーレウス Pareus
パレウスキー Palewski
ハレーヴン Hareven
ハレヴン Hareven
ハーレエイデ Hareide
パレオクラサス
Paleokrassas
パレオッティ Paleotti
パレオロギナ
Paleologina
パレオローク
Palaeologa
パレオローグ
Palaeologa
Paleologas
Paléologue*

ハ

バレオロク Palelog
パレオログ
Paleologu
Paléologue
パレオロゴス
Palaiologos
バレカ
Baleka
Valeca
バレガ Barega
パーレーカール
Palekar
バーレカンプ
Berlekamp
ハレギ Khaleqi
バレギエ Balleyguier
バーレキャンプ
Berlekamp*
ハーレク
Hálek
Halleck
バーレク Válek
パレク Parekh
パレクラ Parekura
バレケット Bareket
バレサル Balesar
バーレサン Burreson
バーレージ Berlage
バレージ Baresi*
バレシ Baresi
バレジ Baledzi
ハレシウス Halesius
バレシヌシ
Barré-Sinoussi
バレシュ Bares
バレジョン Varejão
バレース
Barrès
Vallès
バレーズ
Balaize
Varèse
バレス
Barres
Barrès*
Valles
Vallès
パレーズ Palese
パレス
Palais
Pales
Palés
Parés
Parès
Parres
バレスカス Ballescas*
バレスティア Balestier
バレステル Ballester*
バレステロス
Ballesteros***
バレストラ Balestra
バレストラッチ
Balestracci
バレストリエーリ
Balestrieri
パレストリーナ
Palestrina
パレストリナ
Palestrina
バレストリーニ
Balestrini***
バレストル Balestre*
パレストン Paleston
ハレスビ Hallesby
ハレスビー Hallesby
ハレスレベンス
Halleslevens
バーレソン Burleson
パレゾン Paraison
バレーダ Barreda
バレダ Barreda
バレータス Baletas
パレチェク
Palecek
Palecková
パレチェック Palecek
パレチコヴァー
Palecek
Palecková
パレチコバー
Palecková
バレツ Barez
バレッカ Barreca
ハレツキ Halecki*
パレツキ Palecki
パレツキー Paretsky
パレツキー
Paretsky**
ハーレック Hálek
ハレック Halleck
パレッシュ Paresh
バーレッタ Barletta
バレッタ
Barletta
Barretta
Valetta
パレッタ Paletta
ハレッツ Halletz
バレッツ Bareigts
バレッテ Valette
バレッティ Baretti
パレッティ Paretti
ハーレット Hallett
ハレット
Halet
Hallet
Hallett*
バーレット
Banzet
Barlett*
Barret
Barrett*
Valette
バレット
Balet
Balette
Baret
Barret*
Barreto**
Barrett***
Barrette*
Barretto*
Berrett
Bullett
Vallet
パーレット
Parlett*
Parlette
Parrett
Pearlette
パレット
Pallett
Pallette
Paret**
Pareto
バレッラ Barella
パレッラ Palella
バレッリ Barelli
パレデー Pareédès
バレデアルメイダ
Vale de Almeida
パレーデス Paredes*
パレデス
Paredes*
Parédes
ハーレド
Khaled**
Khālid
ハレド Khaled*
バレート Barreto*
バレト Barreto*
バレド
Bared
Barredo
パレート
Paret
Pareto*
パレト Pareto*
バレトゥー Barreto
バレナ Balena*
バレニー Barenie
パーレニーチェック
Páleníček
パレーニャス Parrenas
パレーニョ Parreño
バレーヌ Barraine
バレネチェ
Barreneche
バレネチェア
Barrenetxea
バレノ Barreno
パレハ Pareja
パレパ Parepa
ハレビ
Ha-Levi
Halevi
Halevy*
パーレビ
Pahlavi
Pahlawī
Pahlevi**
Pahlevī
パーレビー Pahlevī
ハレプ Halep
バーレブ Barlev
バレーフ Valeev
パレプ Palepu*
パレファウ Palefau
ハレーブン Hareven
ハレブン Hareven
パレーホ Parejo
パレホ Parejo
ハレマ Kgalema*
ハーレマンス
Hallemans
ハーレム Harlem
バレーム Barrême
パレム Palem*
ハーレラ Herrera
バレーラ
Barrera
Valera
Varela*
バレラ
Barrera**
Valera**
Varela**
バレランド Vallerand
バーレリー Vallely
バレーリ Valeri
バレリ
Baleri
Valeri
Valerie
Valerii
バレリー
Barrely
Valarie*
Valeri**
Valerie**
Valérie*
Valerii
Valerrie
Valery
Valéry*
Vallely
パレリ Parely
バレリア Valeria**
バレリアヌス
Valerianus
バレリアーノ
Valeriano
バレリアノ Valeriano
バレリアン
Valerian*
Valerien
Valérien
バレリウ Valeriu
バレリウス Valerius
バレリオ Valerio*
パレリス Parellis
バレリーニ Ballerini*
バレリーノ Vallerino
ハレリマナ
Harerimana
ハーレル Harrell*
ハレル
Haller
Harel**
Harell
Harrell**
Hurrell**
バーレル Burrell
バレール
Barere
Barère
Barrère
バレル
Barel
Barrell*
Berl
Burell
Burrel*
Burrell**
バレールヴィー
Barēlvī
バレルズ Barelds
ハレルスン Harrelson
ハーレルソン
Harrelson
ハレルソン
Harrellson
Harrelson*
バレールビー Barēlvī
パレルミ Palermi
パレルモ Palermo**
バレーロ Valero
バレロ Valero**
パレーロ Palero
バレロン Valeron
バレワイ Balewai
ハーレーン Harlene
ハーレン
Haaren
Haren*
Harlan
Harren
ハレーン Hallén
ハレン
Galen
Hallen
Hallén
Haren
バーレーン Verlaine
バーレン
Baaren
Balen
Bullen
Buren
Valene
Waelhens
バレーン Valene*
バレン Wallén
パーレン
Paalen
Pahlen*
Palen
Parent
パレン
Palen
Parent
Parren
ハレングレン
Hallengren
パレンケ Palenque
バレンシ Valensi
バレンシー Valency
バレンシア Valencia**
パレンシア Palencia*
バレンシアーガ
Balenciaga
バレンシアガ
Balenciaga
Balenziaga
バレンシアーノ
Valenciano
バレンシエンヌ
Valenciennes
ハレンシス Halesius
バレンジャー
Ballenger
Baranger
バレンシャガ
Balenciaga

ハ

ハレンス Harens
バレンス
Valence
Valens
バレンスエラ
Valenzuela***
バレンズエラ
Valenzuela**
バレンステイン
Palenstein
ハレンスレーベン
Hallensleben**
バレンセラ Valenzuela
バレンタ Valenta
バレンタイン
Balentine
Ballentine
Ballentyne
Valentine***
バレンタヴィッシ
Valentovish
バレンタン Valentin
バレンチ Valenti
パレンチ Parente
バレンチアヌス
Valentinianus
バレンチッチ Valencic
バレンチナ Valentina
バレンチニアヌス
Valentinianus
バレンチヌス
Valentinus
バレンチノ Valentino
バレンチノス
Valentinis
バレンチン
Ballantyne
Valentim
Valentin*
バーレンツ
Barendsz
Barents
バレンツ Barents
パレンツァーノ
Parenzano
パレンツァン
Parenzan
バレンテ Valente**
パレンテ Parente
パレンティ Parenti*
バレンティッチ
Valentič*
バレンティナ
Valentina**
バレンティナス
Valentinas
バレンティーニ
Valentini
Vanentini
バレンティーノ
Valentino
バレンティノ
Valentino*
バレンティン
Balentien
Valentim
Valentin**
Valentín***
Valentine
バーレント
Barend
Barendt
バレント
Barend**
Barendt
Barent
Bernaert
Valent
パレントー Parenteau
バレントヴィッシュ
Valentovish
パレントゥケッリ
Parentucelli
バレントビッチ
Valentovič
バレンドレクト
Barendrecht
バレンヌ Varenne
バレンバウム
Berenbaum
バーレンバーグ
Bahrenburg
バレンバーグ
Barenberg
バレンベリー
Wallenberg
バレンボイム
Barenboim**
Barenboĭm
ハーロー
Harloe
Harlow**
Harrow*
ハロー
Hallo
Hallor
Haro
Harro
Harrow
バーロ
Bahro*
Barlow
Barro
Berlo
バーロー
Barlow***
Barrow
Barrows
Burrough*
バロ
Baro*
Baró
Barot
Barraud
Barros
Borough
Varo*
Varro
バロー
Ballor
Ballot
Balogh
Baloh
Bareau
Baro
Barrau*
Barraud
Barrault**
Barreau
Barreaux
Barro**
Barrot
Barrow***
Barrowe
Bullough
Burrough*
Burrow*
パーロ
Parlo
Perlo*
パーロー Parlow
パロ
Pallo
Palo*
Parot**
Paroz
Parrot
パロー Parrot
バロア
Vallois
Valois***
パーロア Parloa
ハロアルドッティル
Haróardóttir
バロイ
Balói
Baloyi
ハロイエ Haroye
ハロイド Harold
ハーロウ
Harlow*
Harlowe
Harrow
Heroux
ハロウ Harrow
バーロウ
Ballou
Barlow**
Baro
Barrow*
バロウ
Ballou
Barlowe
Barough
Barow
Barrow***
Barrowe
Burrough**
Burrow
パーロウ Parlow*
パロウ
Palou
Palóu
バーロヴァ Baarova
バーロヴァー Baarova
バロヴァ Barova
バロヴィエル Barovier
ハロウィン Hallouin
ハローウェー
Holloway
ハロウェイ
Halloway
Holloway*
ハローウェル
Hallowell
ハロウェル
Hallowell**
バロウクリフ
Barrowcliffe**
ハロウズ
Hallowes
Hallows
バロウス Barrows
バロウズ
Barrows*
Buroughs
Burroughes
Burroughs**
Burrowes
Burrows*
バロウチ Barouch
パロウベク Paroubek*
バロエスクエスタ
Valoyes Cuesta
バロエフ
Baroev**
Valouev
バロオ
Barrau
Barrault
バロガ Baloga
ハロク Haroq
バローグ
Balog*
Balogh*
バログ
Balog
Balogh**
バログン Balogun
バロコヴィチ
Baloković
バロコビチ Baloković
ハロシ Haroche
パロシ Palocci
パロジ Parodi
バロシャンブリエ
Barro-chambrier
バロシュ Baros*
ハローズ Hallows*
バーロース
Barrows
Burrows
バーローズ Burroughs
バーロス Barros*
バロース Burroughs
バローズ
Barrows*
Burroughs***
Burrowes*
Burrows***
バロス
Baross
Barros**
パーロース Perlroth
パロス Pariès
パロスキ Paloschi
パロセル
Parrocel
Parrosel
バーローゾ Barroso
バローゾ Barroso*
バロソ Barroso
バロゾ Barroso*
パロタイ Palotai*
パロタス Palotás
バロチ Baloch
パローツィ
Paloczi
Pálóczi
バロツォス Varotsos
ハーロック Hurlock
ハロック Hallock
バロック
Ballock
Baloch
Bullock*
バロッグ Balog
バロッコ Barocco
パロッシュ Paroche
バロッソ Barroso
パロッタ Pallotta
バロッチ Barocci
パロッチャ Parrocha
パロッチャードクトレロ
Parrocha-
Doctolero
バロッチョ Barocci
バロッツィ
Barozzi
Barozzio
ハロッテ Charlotte*
パロッティ Pallotti
パロッティーノ
Pallottino
ハロッド Harrod*
バロット
Ballot
Barrott
パーロット Parrott
パロット
Parrot**
Parrott*
バロットン Vallotton
バロッハ Baroja*
ハーロッフ Harloff
ハロップ
Halop
Harrop*
バロデ Barodet
ハロティ Haloti
バローディ Baroudi
バロティ Baroti
パローディ Parodi
パロディ
Parodi*
Parody
バロディス Balodis*
バロテッリ Balotelli*
ハローデン
Harrowden
バロード Barraud
バロードリー
Barauderie
バロトン Vallotton
バローナ Varona
バロナ Varona
バローニ Baroni*
バロニアン
Baronian*
Varonian
バローニウス
Baronius
バロニウス Baronius
バローニオ Baronio
バロニオ Baronio*
バローネ Barone*
バロネ Barone
バロネス Baroness*
ハローネン Halonen
ハロネン Halonen**
パロノー Paronnaud
バロノワ Baronova*
バローハ Baroja**

ハ

バロハ Baroja*
バロビエ Barovier
バーロフ Barlough
バローフ Balogh**
バロフ Balov
バーロフ
Parloff
Perloff
パロマ Paloma**
パロマール Palomar
パロマーレス
Palomares
バローマン
Barrowman
バロミ Baroumi
パロミーノ Palomino
パロミノ Palomino
パロームニク
Palomnik
バロメオ Baromeo
パロメケ Palomeque
パロモ Palomo
バロヤン Baroyan
パロライン Paroline
ハローラン Halloran
ハロラン Halloran**
バロリ Varoli
バロリー Valory*
バロリーニ Barolini
パロリン Parolin
バロール
Ballore
Barrault
バロル Burrall
パロール Pallol
バロルスキー
Barolsky*
バロルディンゲン
Beroldingen
ハロールド Harold
ハロルド
Harald*
Harold***
Harolde
Harrold*
バロルド Barold
ハロルドソン
Haroldson
パローロ Parolo
ハロワー Harrower*
バロワ
Barrois
Valois
バロワフォルティエ
Valois-Fortier
バロワン Baroin**
ハーロン
Harron
Herron
ハロン
Haron
Harron**
Herron*
バーロン Barron
バローン Baron
バロン
Ballon**
Bar-on
Baron***
Barón*
Barone
Baróon
Barron***
Vallon
Valon
パロン Paron
バロンガ Ballonga
バロンズ Barrons
バロンスキー
Baronsky*
バロンセリ
Baronceli
Baroncelli
バロンチェッリ
Baroncelli
バロンツィオ
Baronzio
バロンデス Barondes*
ハーロンド
Harlond
Herlonde
バロンド Barrondo
パロンド Parrondo
パロンバ Palomba
パロンボ Palombo
バロンラット
Vallhonrat
ハワ Hawa
ハワー Khawar*
バーワ Bajwa
バワ Bawa*
バワー
Baur
Bower
パーワ Pahwa*
パワ Paua
パワー Power***
ハワアド
Haward
Howard
バーワイズ Barwise*
ハワウィニ Hawawini
パワーウォーターズ
Power-Waters
ハワサ Halasa
ハワージャ Khawaja
パワシュ
Palasz*
Pałasz
ハワース
Hawarth
Hawass
Haworth**
Howarth**
Howorth
ハワーズ Howorth
ハワス
Hawas
Hawass*
バワース Bowers
バワーズ Bowers**
パワース Powers
パワーズ Powers***
バワーソクス
Bowersox*
バワーソック
Bowersock
バワーソックス
Bowersox
ハーワード Howard*
ハワード
Harwood*
Haward**
Howard***
Howerd*
ハワド Howard
ハワードウォロコリィ
Howardwolokollie
バワトネ Bawatneh
ハワートメ Hawatmeh
ハワトメ
Hawatmeh**
ハワートン Howerton
バワニ Bhawani
バワーニープラサード
Bhavānīprasād
バワーブ Bawwāb
パワポン Pavaphon
バワーマン Bowerman
バワラ Bawara
パワリット Pawalit
パワリーナ Pauline
パワル Pawar**
ハワールデ
Khawaldeh
ハーワーワス
Hauerwas
ハワーワス Hauerwas
パワン Pawan*
バーワンガー
Berwanger
バワンガニオ
Bawanganio
ハーン
Haan*
Hahn**
Hahne
Hamm
Han*
Harn
Harne
Hearn***
Hearne**
Hern*
Herne
Khan***
Khān*
Kḫān
K̲han
K̲hān
K̲hānr
Q̲aγan
ハン
Hahn**
Haing
HAN
Han***
Hanch
Hang**
Hanh**
Hạnh
Hann*
Hung**
Hwang*
Jāh
Jan
Khan*
Khaṅ
Khān*
K̲hān
バーン
Baan
Bahn*
Bán
Barne
Berne**
Bham
Birn
Bonnie
Bourne
Burn***
Burne*
Byrne***
Vaughn
Vern*
Verne**
バン
Ban**
Bancroft
Bang*
Banh*
Bann
Banwari
Bun
Bunn*
Van***
Vân
Văn
Vang*
Vann**
Vaughan
Von
パーン Pan
パン
Ban*
Bang
Pain
Pam
Pamg
Pan***
Pang*
Panh*
Peng
Pin**
Pun
バンアッカー
Van Acker
バーン・アプリ Banipal
バンアルフェン
Van Alphen
バンアンデル
Van Andel*
パンヴァン Painvin
パンウィチャイ
Punwichai
パンウィツ Pannwitz
ハンウィック Hunwick
パンヴィッツ
Pannwitz
パンヴィーニオ
Panvinio
パンヴィニオ Panvinio
バンヴィル
Bainville*
Banville**
バンウィンガーデン
Vanwyngarden
ハンウェイ Hanway
パンウェイ Pan-Wei
バンヴェニスト
Benveniste*
バーンウェル Barnwell
バンヴェル Bainvel
パーンウェル Parnwell
バーンウォルト
Barnewolt
バンヴル Bainvel
バンエイジ Bunnage
バンオイエン
Van Oyen
ハンカ Hanka**
ハンカー Hunker
ハンガ Khanga
ハンガー Hunger
バンカ Bańka
バンカー
Banker**
Bunker***
バンガ Banga
パンカ Panka
パンガー Panger
ハンガウアー
Hangauer
バンカーク Van Kirk
パンカジ Pankaj*
パンカジュ Pankaj*
ハンガス Hangasu
パンカースト
Pankhurst*
パーンカット
Parncutt
バンガート Bangert*
パンカート Pankert
バンガードナー
Bumgardner
パンガニバン
Panganiban
ハンガーフォード
Hungerford*
パンガベアン
Panggabean*
パンカム Phankham
ハンカル Hankar
バンカール
Bancal
Bancquart
バンガル Bhangal*
バンガルテル
Bangalter*
パンカーロ Pancaro
パンガロス
Pangalos**
バンガロレワラ
Bangalorewala*
パンガンダマン
Pangandaman
バンガンディ
Van Gundy
ハンキ Hanke*
ハンキー Hankey*
バーンキ Bánki
バーンキー Banky
バンキ Banchi
バンキー
Bankie

Banky*
バンギ
Bangay
Bungey
Vangi
バンキー Pankey
バンキア Bankier
バンキアー Bankier
バンキェリ Banchieri
バンキエーリ
Banchieri
ハンキソン Hankison
バンキーニ Banchini*
バンキム Bankim
バンキムチャンドラ
Bankim Chandra
ハンギョン Hangeng
バンキラ Bancila
パンギーリ Pinguilly
パンギリナン
Pangilinan*
ハンギル Han-gil*
ハンキン
Hankin*
Hunkin
バンキン Vankin*
パンキン
Pankin*
Punkin
ハンギング Hanging
ハンキンス Hankins
ハンキンズ Hankins
ハンク
Hanc
Hank***
Henry*
ハング
Hang
Hung
バーンク Bánk
バンク
Bang
Bank**
Banke
Bunk
バング Bang**
パンク
Pank*
Punke
バンクアール
Benckhard
バンクエリ Banqueri
バングオ Bang-guo
バンクシー Banksy*
ハンクス Hanks**
バンクス
Bankes
Banks***
バングス Bangs**
バングズ Bangs*
バンクストン
Bankston
バングスボ Bangsbo
バンクソン Bankson
パンクック
Panckoucke
パンクナー Pancner
バンクーバー
Vancouver
バンクハースト
Pankhurst*
バンクーバーデン
Van Koeverden
バンクヘッド
Bankhead**
バングボーン
Pangborn*
バンクミケルセン
Bank-Mikkelsen
バンクムクンジ
Bankumukunzi
ハングラー Hungler
バングーラ Bangura
バングラ
Bangoura
Bangura
パンクラース
Pancrace
パンクラス Pancras
パンクラーツ Pankraz
パンクラーツィ
Pancrazi
パングラッツィ
Pangrazzi
パンクラーティウス
Pancratius
Pankratius
パンクラティウス
Pancratius
パンクラテス
Pankratēs
パンクラト Pancrate
パンクラートヴ
Pankratov
パンクラートヴァ
Pankratova
パンクラトヴァ
Pankratova
パンクラートバ
Pankratova
パンクラトフ
Pankratov*
パンクラートワ
Pankratova
パンクラトワ
Pankratova
バングリ Banguli
パングリッツ Pangritz
バンクリーフ Vanclief
バンクル Bankl
バングル Bangle
パングル Pangle
バングレ Bangre
パンクレティッチ
Pankretić
パンクロトフ
Pankratov
バンクロフト
Bancroft***
バンクロール Bankroll
ハンケ
Hancke
Handke
Hanke*
バンケ Benquet
パンケ Panke*
パンゲ Pinguet**
バンゲイ Bungay
パンケイク Pancake
パンケジェフ
Pankejeff
パンゲスツ Pangestu
パンゲストゥ
Pangestu
パンゲティ Pangeti
バンゲマン
Bangemann*
パンゲラン Pangeran
バンゲリス Vangelis
ハンケル Hankel
バンゲロフ Vangelov
ハンケン Hanken
バンコ Banco
パンゴ Pango
パンゴー Pingaud**
パンコウ Pankow*
ハンコク Hancock
パンコーク Pankok
ハンコック
Hancock***
Hawcock
パンコック Pankok
ハンコックス Hancox
パンコッティ Pancotti
バーンゴード
Warngård
バンコバーデン
Van Koeverden
バンコビッチ
Bankovic
バンコフ Banchoff
バンゴフ Bangov
パンコフ Pankow
パンコール Pancol
パンコル Pancol**
パンコルボ Pancorbo
バンコン Bancon
ハンサ Khansā
ハンサー
Hanser
Khansā
ハンザ Hanza
ハンザー Hanser
バンザ Banza
パンサ Pansa
パンサー Panther
バーンサイド
Burnside**
バーンサーギ Bánsági
ハンザック Hanzak
ハンサード
Hansard*
Hanserd
バンサドン Bensadon
ハンサム
Handsome
Hansom
ハーンサーリー
Khānsārī
Khwānsārī
バンサーリー Bhansali
バーンサル Bernthal
バンサル Bansal*
ハンザレ Hanzale
バンザロフ Banzarov
ハンサワット
Hansawat
バンサーン Bansarn
バンサン Vincent***
バンザント Vanzant
ハンジ Hansi
バンシ Banchi
バンシー Bansi
バンジ
Banzi
Bhanji
Bunge
バンジー Banzie
パンジ
Pandji
Panji
パンジー Pansy*
パンジェ Binger
パンジェー Binger
パンジェ Pinget**
パンシェク Panchyk*
ハンジェス Hanges
バンジェナー
Bungener
パンシエラ
Panciera
Paniciera
バンジェル Vangjel
バンシェルス
Banscherus
パンシェルル
Pincherle
バンジオ Banzio
ハンジーカー
Hunziker
パンジキゼ
Pandzhikidze
ハンシタイン
Hanstein
バンシッタート
Vansittart**
パンジット Pandit
パンジトア Pungitore
バーンジャ Bhāñja
バンシャ Bansha
バンジャイ Banjai
バンシャイク
Van Schaik
パンジャイタン
Panjaitan
パンジャパン
Pancaphan
パンジャビ
Panjabi
Punjabi
バンシャフト
Bunshaft
バンジャマン
Banjamin
Benjamin***
バンジャミナ
Benjamina
ハンシュ Hansch
ハンシュー Hanshew*
バンシュ Bansch
パンシュ
Pansch
Pansu
パンジュ Pange
ハンシュタイン
Hanstein**
バーンシュタイン
Bernstein
Burnstein
ハーンショー
Hearnshaw
ハンショー Hanshew
バンジョー
Banjo
BonJour
パンジョー Pingeot
バンショア Binchois
ハーンショウ
Hearnshaw
ハンショウ Hanshew
バンジョーニ Vangioni
バンショワ Binchois
バンショワー Binchois
バンジョン Banjong*
パンション
Pinchon*
Punshon
バンジル Van Zyl
バーンシルバー
Burnsilver
バンシン Bangxin
パンシン Panshin**
パンジンスキー
Panzhinskiy
ハーンス Hans*
ハーンズ
Hearns*
Hurns
ハンス
Hance*
Hang*
Hannes
Hanns**
Hans***
Han-soo
Hanss
Hanz
Heinz
Johannes**
ハンズ
Hands*
Hans
バーンス
Barnes
Bernice
Burns
バーンズ
Barnes***
Barns*
Berns*
Birnes
Birns
Burnes*
Burns***
Byrnes**
Byrns
Varnes

バンス
Bunce**
Vance***
Yance
バンズ Bangs
パーンズ Parnes
パンス
Pans
Pins
バンズィー Banzie
ハンス・イェルク
Hansjörg
ハンスイェルク
Hansjörg**
ハンスイエルク
Hansjörg
ハンスヴィルヘルム
Hanswilhelm*
ハンスウェル
Halswelle
ハンスキ Hanski
ハンスキー Hansky
パンスキー Pansky
パンスキィ Pansky
パンスコフ Panskov
バンスター Bunster
ハーンスタイン
Herrnstein
バーンスタイン
Bernstain
Bernstein***
ハンスディーター
Hans-Dieter
バーンスティール
Birnsteel
ハーンステイン
Hansteen
バーンスティーン
Bernstein
バーンスティン
Bernstein*
バーンステイン
Bernstein
バンステッド
Bumstead
ハンステーン
Hansteen
ハンステン Hansten
ハンスドター
Hansdotter*
バーンストック
Burnstock
ハーンストラ
Haanstra
バンストン Vanstone
パンズナー Panzner
バンスニック
Van Snick
ハーンズバーガー
Harnsberger
ハンスバーガー
Hunsberger
ハンスパーガー
Hensperger*
ハンスフォード
Hansford*
ハンズフォード
Hansford
ハンスブロー
Hansbrough
ハンスペーター
Hans Peter
Hans-Peter
Hanspeter*
ハンスベリー
Hansberry
ハンズベリ Hansberry
ハンズベリー
Hansberry
ハンスホルガー
Hans-Holger
ハンスマ Hansma
ハンスマイヤー
Hansmeyer
バーンズマーフィー
Barnes-Murphy
ハンスマン Hansmann
ハンズマン Hansmann
ハンスヤーコプ
Hansjakob*
ハンスーユルゲン
Hans-Juergen
ハンスユルゲン
Hans-Jürgen*
Hansjürgen
ハンスヨルク
Hansjörg
ハンスヨルグ
Hansjörg
バンスライク
Van Slyke
バンズラグチ
Banzragch
バンスラード
Benserade
ハンスリー
Hansley
Hunsley
バンスリー Bansley
パンスリ Pansuri
ハンズリアン Hanslian
ハンズリーク Hanzlík
ハンスリック
Hanslick*
ハンスル Hansle
バーンスレイ Barnsley
ハンスン
Hanson*
Hansson*
Hansung
バンスン Bunsen
ハンセ Hanse
バンセ
Banse
Vance
バンゼ Banse
パンセ Pinset
パンゼー Pansy
ハンセイカー
Hunsaker
ハンセーカー
Hunsaker
バンセス Bances
バンゼッタ Vanzetta
バンゼッティ Vanzetti
バンゼット Banzet
ハンゼマン
Hansemann
ハンセム Han-sem
パンセラ Pansera
パンゼラ Panzéra
パンゼーリ Panzeri
パンゼリ Panzeri
ハンゼリック Hanzelik
パンセリノス
Panselinos
ハンセル
Hansel
Hansell*
Hanser*
バンセル
Bancel*
Bánzer**
ハンセルマン
Hanselman
ハンゼルマン
Hanselman
Hanselmann
ハンセン
Hansen***
Han-sheng
Hanson
Hanssen*
Hanssens
ハンゼン Hansen***
バーンセン
Bahnsen
Bernsen
バーンゼン Bahnsen
バンセン Ban Seng
ハンセンス Hanssens
ハンソ Hanso
パンソナ Pinsonnat
ハーンソン Hansson
ハンソン
Hansen
Han-seon
Hanson***
Hansson**
Harrison
バーンソン Bahnson*
バンソン Bunson*
パンソン
Panson
Pinçon
ハンタ Hunter
ハンター
Henter
Hunter***
バンタ
Banta*
Binta
バンダ
Banda**
Benda*
バンダー Vander*
パンター
Panter
Punter
パンダ
Panda
Pandha
パンダー Pander
バンダイク
Van Dyk
Van Dyke
バンダイケン
Van Dyken*
パンタイノス
Pantaenus
Pantainos
バンダイン Van Dine
バンダウェイ
Vandeweghe
バンダーウォール
Vander Waal
パンタエヴァ
Pantaeva*
バンダーカーイ
Vanderkaay*
バンダーカム
Vanderkam
バンダク Bandak
バンダーケイ
Vanderkaay
バンダーザム
Vanderzalm
バンダジェフスキー
Bandazhevski
Bandazhevskiĭ
バンダス Bandas
バンダーソン
Bunderson
パンタツィス Pantazis
バンダナ Vandana**
パンターニ Pantani
パンタニ Pantani*
バンダヌート
VanderNoot
ハンダノヴィッチ
Handanovic
バンダービーク
Vanderbeek
バンダービルト
Vanderbilt**
バンダービルド
Vanderbilt
バンダープールウォレス
Vanderpool-
wallace
バンダープールワレス
Vanderpool-
wallace
バンダーベーケン
Vanderveken
バンタマ Bantama
バンダマン
Bandaman
バンダミア
VanderMeer*
バンダム Van Damme
パンタム Pantham
バンダラ Bandara
バンダラナイケ
Bandaranaike**
Bandāranāyaka
バンダーラナーヤカ
Bandaranaike
Bandāranāyaka
バンダラナーヤカ
Bandaranaike
バンダーラーン
Vander Laan
バンダーリー
Bhandari
Bhandārī
バンダリ Bhandari**
バンダーリン
Van der Ryn
バンダリン Vanderlyn
ハーンダル Hurndall
ハンダル
Handal*
Hándal
Hundal
Jandar
バンタル Bantal
バンダル
Bandar*
Bandaru
パンタル Pantale
パンダール Pindare
バーンダールカル
Bhandarkar
バンダルカル
Bhandarkar*
パンタルス Pantalus
パンダルフ
Pandulf
Pandulph
バンダレイ Wanderlei
パンタレオーニ
Pantaleoni
パンタレオニ
Pantaleoni*
パンタレオヌス
Pantaleon
パンターレオン
Pantalèon
パンタレオーン
Pantaleon
パンタレオン
Pantaleon
Pantaléon
パンタレヨン
Pantaleon
パンダロス Pandaros
パンタロン Pantalon
バンダーワーフ
Vander Werf
ハーンダン Herndon
バンタン Banton
ハンチ Hantzsch
バンチ
Bunch**
Bunche
パンチ Punch**
ハンチェ Hansche
パンチェ Pance
パンチェーヒン
Panchekhin
パンチェフスキ
Pančevski
パンチェラ Pancera
バンチェン Banchan
パンチェン
Banchan
Panchen**
Pang chen
Spang chen
パンチェンコ
Panchenko*

ハ

パンチェンコフ
Panchenkov
パンチェンラマ
Pan chen bla ma
パンチッチ Pančić
パンチバヴィ
Panchbhavi
ハンチャー Hancher*
バンチャー
Bancha
Buncher
ハンチャオ Hanchao
パンチャシカ
Pañcaśikha
パンチャス
Pontzious*
パンチャナン
Panchanan
パンチャル Panchal
ハンチャロウ
Hancharou*
ハンチャン
Beom-chan
バンチャン
Bang Chan
ハンチュ
Hantsch
Hantzsch
ハンチュコヴァ
Hantuchova*
バンチュラ
Vančura
Ventura
パンチュロー
Pinturault
パンチョ Pancho**
バンチョフ Banchoff*
パンチョホバ
Pancochova
パンチョン Puncheon
ハンチン Handschin
バンチング Bunting
ハンチングトン
Huntington
ハンチントン
Huntington*
ハンツ Huntz
バンツ
Bantu
Bantz
Banz
パンツ Pants
パンツァー Pantzer**
パンツアー Panzer
パンツァッキ
Panzacchi
パンツァーニ Panzani
パンツァニーニ
Panzanini
バンツァフ Banzhaf
パンツァル Pantzar
パンツィエーリ
Panzieri
パンツィーニ Panzini*
パンツイニ Panzini
パンツェッタ
Panzetta
バーンツェン
Berntzen
パンツェンベック
Panzenböck
ハンツォ Hanzo
パンツナー Panzner
ハンツマン
Huntsman**
ハンツリク Hanzlik
パンツル Panţuru
バンテ Bhante
バンデ
Bande
Bindé
Van de
パーンデー Pandey
パンテ
Pantè*
Panthès
パンデ
Panday
Pande*
バンテアクススアレス
Banteaux Suarez
バンデアンド
Vandenhende
ハンディ Handy***
ハンディー Handy
バンティ
Banti**
Bunty**
バンディ
Bandi*
Bandy**
Bendit
Bunde
Bundy**
Vandi
Vandy
バンディー Bundy
バンデイ Banday*
パンディ
Pande*
Pandey
Pendy
Pindy
パンデイ Panday
バンディエーラ
Bandiera
バンディエラ
Bandeira
Bandiera
パンディオン
Pandion
Pandiōn
バンディオンオルトナー
Bandion-ortner
ハンディク Handique
ハンディコット
Handicott
ハンディサイズ
Handysides
ハンディサイド
Handisyde
バンディタ Bandita
パンディタ
Pandi-ta
Pandita
パンディター Pandita
パンディック Pundick
パンディッタ Pandita
パンティッチ Pantic
ハンディッド Handed
バンディット Bandit
パンディット
Pandit**
パンディト Pandit
ハンティドン
Huntingdon
バンティニ Bantigny
バンディーニ
Bandini*
Bundini
バンディニ Bandini
バンディネッリ
Bandinelli
バンディネリ
Bandinelli
バンディネルリ
Bandinelli
パンディブイキ
Pendy-bouyiki
バンティヘルト
Van Tichelt
パーンディヤ Pandya
バンデイラ Bandeira*
パンティラット
Pantilat
ハンティリ Hantili
パンティリモン
Pantilimon
パンティルイーキス
Panteleakos
パンデイロ Pandeiro*
バンティン
Buntin
Van-Thinh
ハンティング
Hunting*
Huntington
バンティング
Banting*
Bunting***
バンディング Bunting
パンティング Panting
ハンティンダン
Huntingdon
ハンティントン
Huntington***
Huntinton
ハンティンドン
Huntingdon
ハンティントンホワイトリー
Huntington-Whiteley*
バンデウェー
Vandeweghe
バンデウォーカー
Vandewalker
バンデカバイエ
Vandecaveye
バンデグリフト
Vandegrift
バンデケイビュス
Vandekeybus
バンデッロ Bandello*
パンデニ Pandeni
バンデネンド
Vandenhende*
パンデフ Pandev
バンデベルデ
Van De Velde
バンデベンター
Van Deventer
パンデム Pandemou
バンデュ Bandur
パンデューク Pundyk
バンデューラ
Bandura**
バンデュラ Bandura
パンテュロー
Pinturault
パンデュロ Panduro
バンデーラ Bandera
バンデラス Banderas*
ハンデランド
Handeland
バンデリ Bandele
パンデリ Pandeli**
バンデリア Bandelier
パンテリス
Pantelis**
Panthelis
パンデリス Pandelis
パンテリモン
Pantelimon
バンデリール
Bandelier
ハンデル Handel***
バンデル
Bandel
Bangdel
Vander
パンテル
Pantel
Pantell
パンデル
Pandel
Pander
ハンデルスマン
Handelsman*
バンデルビーラ
Vandelvira
バンデルプローグ
Van Der Ploeg
バンデルベーケン
Vanderveken
バンデルベルデ
Vandervelde
ハンデルマン
Handelman*
バンデルメーア
Van der Meer
バンデルメルシュ
Vandermeersch
バンデルレイ
Vanderlei
Wanderley*
バンデルロ Bandello
パンテレイ Pantelei
パンテレイモン
Panteleimon*
Panteléimon
Pantelejmon
Panteleymon
パンテレーエフ
Panteleev*
パンデレラ Pandelela
バンデロ Bandello
ハーンデン Harnden
バーンデン Barnden
バンデン Vanden
バンデンバーグ
Vandenberg*
バンデンブリンク
VandenBrink
Vandenbrink
バンデンベルグ
Vandenberg
バンデンボシェ
Vandenbosche
バンデンボス
VandenBos
バンデンボッシュ
Van den Bosch
バンデンボッセ
Vandenbossche
ハンデンホーフェン
Handenhoven
ハーンド Khwānd
ハント
Hundt**
Hunt***
ハンド Hand***
バーント
Berndt*
Bernt
バーンド
Bernard
Bernd**
バント
Band
Bunt
Wand
バンド Band**
バンドー Bando
パント
Pant*
Punt
パンド Pando
パンドアンシー
Phandouangsy
バンドゥ Bandhu
バンドゥー Bundhoo
バンドウ Bandow
パーンドゥ Pandu
パンドゥ
Pandu
Phandu
パンドゥアンチット
Phandouangchit
バンドゥネム
Vandúnem
バンドゥーネン
Van-dúnem
バンドゥーラ Bandula
バンドゥラ
Bandhura
Bandula
パントゥル Pantulu
ハンドゥルディエワ
Handurdyeva
バンドゥレスパー
Vanderspar*

パンドゥロ Panduro
ハンドク Hang-duk
バントク Bantock
ハントケ Handke**
パントコート
Pentecôte
パンドジー Pandosy
ハンドシキン
Khandoshkin
ハントシン Handschin
ハントス Hantos
バントック Bantock**
バンドック Bundock
ハンドドルジ
Qangdadorji
パントーハ Pantoja
パントハ Pantoja
ハントハウゼン
Hunthausen
バンドパジャイ
Bandopadhyay
バンドパダヤイ
Bandyapadhyay
バーントープ
Berntorp
バーンドーフ Birndorf
パンドフ Pandorf
ハンドフィールド
Handfield*
ハンドフォース
Handforth
ハンドフォード
Handford**
バンドベルド
Van De Velde
バンドホルツ
Bandholtz
バンドマン Bandman
ハーンドミール
Khwāndmīr
ハンドメーカー
Handmaker
ハンドラー
Handler***
バンドラー Bandler
パンドラ Pandora
パンドランギ
Pandrangi
バンドラント
Bundrant
ハントリー
Huntley
Huntly
ハンドリー
Handley*
Hundley*
パントリー Pantley*
パントリアーノ
Pantoliano
ハントリィ Huntley
バンドリエス
Vendryes
バントリーズ
Vantrease
ハンドリック
Handrick
ハンドリン Handlin
ハンドル Handl
パンドール Pandor
パンドルフ Pandorfi
パンドルフィ
Pandolfi*
Pandorfi*
パンドルフィーニ
Pandolfini**
パンドルフォ Pandolfo
ハントレー Huntley
ハンドレ Handré
ハンドレー Hundley
ハントレイ Huntley
ハンドレイ Handley*
バンドレイ Vendrell
バンドレイジ
Bundrage
ハントレス Huntress
ハンドレック
Handreck
バンドレル Vendrell
ハンドロー Handlo
パンドロ Pandro
バンドロス Vandross
バンドロフスカ
Bandrovska
Bandrowska
バンドロフスキ
Bandrowski
ハンドワース
Handworth
バンドワール
Van De Walle*
ハーントン Hernton
ハーンドン
Herndon**
ハントン
Hanton
Hunton*
ハンドン Han-dong*
バントーン Banton
バントン
Banton
Bunton
パントン Panton
パンドン Pindon
ハンナ
Ganna*
Hana
Han-na
Hanna***
Hannah***
Hanne*
ハンナー
Hanna
Ḥannā
Hannah
バンナ
Banna*
Banner*
バンナー Bannā
パンナー Panna*
ハンナヴァルト
Hannawald
ハンナウィ Hannawi
ハンナシ Hannachi
ハンナス Hannas
ハンナック Hannak
ハンナバルト
Hannawald
ハンナフォード
Hannaford
ハンナマーチン
Hanna-martin
バンナーマン
Bannerman*
ハンナム Hannam*
パンナム Pan-nam
パンナーラール
Pannālāl
バンナワット
Bannawat
ハンナン Hannan*
バンナンテ Bamnante
バンナント Bamnante
ハンニ Hanni*
バンニ Vanni
ハンニカイネン
Hannikainen
バンニーニ Vannini
パンニーニ Pannini
バンニネン Vanninen
ハンニバリアヌス
Hannibalianus
ハンニバル
Hannibal**
ハンニバルソン
Hannibalsson*
バンニフ Bannykh
バンニャイ Banyai**
パンニャーローカ
Paññāloka
パンニョーニ Pagnoni
ハンニンク Hannink
ハンヌ Hannu***
ハンヌマン
Hanneman
ハンネ Hanne**
パーンネクーク
Pannekoek
ハンネケン
Hannecken
パンネコック
Pannekock
ハンネス Hannes**
ハンネスソン
Hannesson
パンネッラ Pannella*
バンネバー Vannevar
パンネマーケル
Pannemaker
ハンネマン
Hanneman**
Hannemann*
ハンネリウス
Hamnerius
ハンネレ Hannele**
ハンネローア
Hannelore
ハンネロール
Hannelore
ハンネローレ
Hannelore*
バンネンベルク
Bannenberg
パンネンベルク
Pannenberg
ハンノ Hanno*
バンノ Banno
バンノイ Van Noy
パンノニウス
Pannonius
パンノーニオ
Pannonio
ハンノング Hannnong
ハーンパー
Haanpaa
Haanpää
ハンバー Humber
ハンパー Hamper
バーンハー Bernhard
バンバ
Bamba*
Vamba
バンバー Bamber
バンパー Bumper
パンパ
Pampa
Pampha
バンバイア Bambaia
バーンハイマー
Bernheimer
バーンハウス
Barnhouse
バーンバウム
Barnbaum
Bernbaum
Birnbaum*
ハンバーガー
Hamberger
Hamburger
バンバーガー
Bamberger**
ハンバーグ
Hamberg
Hamburg
バンバークレオ
Van Burkleo
バンパース Bumpers
バンパーズ Bumpers*
バンパス
Bumpass*
Bumpus*
バンバータ
Bambaataa
バーンバック
Bambach
Bernbach
Birnbach
ハンパテ
Hampate
Hampaté
バーンハート
Barnhardt
Barnhart*
Bernhardt*
Bernhart
バーンハード
Bernhard*
パンパーニ Pampani
パンパニーニ
Pampanini
バンバーネベルド
Van Barneveld
バンハネン
Vanhanen*
バンバハンザ
Bamba Hamza
バーンハム Burnham
バンハム Banham
パーンハム Parnham
バンバーラ Bambara
バンバラ Bambara*
パンパーラ Pumperla
ハンバリー
Hanbury**
ハンバル Ḥanbal
バンバール Bynghall
ハンハルト Hanhart
バーンハルト
Bernhardt*
パンパレ Pimparé
バンバーレン
Bambaren*
ハンバン Hanbang
バンハーン
Banharn**
バンバン
Bam Bam
Bambang**
バーンバング
Bernspång
ハーンビー Harnby
ハンヒ Han-hee
ハンビ Han Bi
ハンビー
Hamby
Hanby*
Humby
バーンビ Barnby
バーンビー
Barmby
Barnby
Bernby
バンビ
Bambi*
Banbi
バンビー Bun B
パンピアムラット
Panpiemras
パンピアン Pumpian
ハンビィ Humby
ハンビイ Hamby
パンビエリ Pambieri
パンピオ Pampio
ハンビサ Hambissa
バンビス Banbis
バンビテリ Vanvitelli
バンビーニ Bambini
バンビニ Bambini
バンビーノ Bambino
ハンビューヘン
Hambüchen*
バンビーラ Bambirra
バーンヒル Barnhill
バンビル
Bainville
Banville**
パンヒーロワ
Panfilova

バンビンガニラ
Bambinganila
ハンフ Hanff***
ハンプ Hampe
ハンプ Hamp*
バンプ Bump
バーンファインド
Bauernfeind
バーンフィ Bánffy
バンフィ Banfi*
バンフィル Panfil
バンフィルス
Pamphilus
バーンフィールド
Barnfield
Burnfield
バンフィールド
Banfield*
パンフィーロ Panfilo
パンフィロ
Panfilo
Pánfilo
パンフィロス
Pamphilos
Pamphilus
パンフィーロフ
Panfilov*
パンフィロフ
Panfilov*
パンフィロワ
Panfilova
パンフィロン
Pamphilon
パンフェロフ Panferov
ハンフォード
Hanford*
バーンフォード
Burnford*
バンフォード
Bamford*
Burnford**
パンフォルティ
Panforti
パンプシー Pumpsie
ハンプシャー
Hampshire*
ハンフシュテンゲル
Hanfstaengel
バンプス
Bamps
Bumps
Bumpus*
ハンフソン
Humpheson
ハンプソン
Hampson**
ハンブッヘン
Hambuechen
ハンプデン Hampden
ハンフト Hanft
バンフート Vanhoutte
ハンプトン
Hampton***
Humpton
バンプトン Bampton*
バンブニスト
Benveniste
パンプファイル
Pamphile
パンフョーロフ
Panfyorov
バンブラ
Bhambra
Vanbrugh
バンブラー Vanbrugh
ハンプラーブ Hanprab
ハンプラブ Hanprab
ハンフリ Humphrey*
ハンフリー
Humfrey*
Humphery*
Humphrey***
Humphries*
Humphry*
Hunphrey*
ハンブリー
Hambly*
Hambrey
Hanbury
バンフリー
Boumphrey*
バンブリー
Banbury
Bumbry*
パンプリ Pampuri
ハンフリイ Humphry
バンブリィ Banbury*
ハンフリース
Humphreys
Humphrys*
ハンフリーズ
Hamphries
Humpherys
Humphreys***
Humphries***
ハンブリン
Hamblin*
Hamblyn
ハンフリング
Hanfling*
ハンブリング
Hambling
ハンブル Humble*
ハンプル Hample
バンブルー Vanbrugh
ハンブルガー
Hamburger*
Homburger
ハンブルク Hambourg
ハンブルグ
Hambourg
Hamburg*
バーンブルク
Barnbrook
バンブルグ Hambourg
ハンブルトン
Hambleton
ハンブルーヒ
Hambroech
ハンフレー
Humphrey*
パンフレー Pumphrey
ハンフレイ Humphrey
ハンブレーウス
Hambraeus
ハンブレウス
Hambraeus
ハンフレーズ
Humphreys
ハンブレットソン
Hambleton
ハンブレン Hamblen
ハンブロ Hambro*
パンプロ Pampuro
パンプロナ Pamplona
ハンペ Hampe**
バーンベイ Barnebey
ハンペーター
Hanpeter
バーンベック
Bernbeck
バンペッタ Vampeta*
バンベニスト
Benveniste
ハンベリ Hanbury*
ハンベリー Hanbury
バーンベーリ
Vámbéry
バンベリ Vámbéry
バンベリー
Banbery
Vámbéry
パンペリ Pumpelly
パンペリー
Pumpelly*
ハンベリュース
Hambraeus*
ハンペル Hampel*
ハンベルイェル
Hamberger*
ハンベルガー
Hamberger
バンベルガ
Bamberger
バンベルガー
Bamberger**
バンベルゲル
Bamberger
バンヘルデン
Van Helden
ハンベルト Humberto
バンベルトーベン
Van Velthooven
バンベルトホーベン
Vanvelthoven
パンボ Pambo
ハンボイズ
Hamboys
Hanboys
パンホイス Panhuys
バンボカ Bamboka
バンボークト
Van Vogt
バンボシェク
Bamboschek
バンポップル
Van Poppel
バンホーフ Vanhoof
バーンボーム
Birnbaum
パンボリディス
Pamborides
ハンポール Hampole
バーンホルツ
Bernholz
バーンホルト
Barnholt
ハンボン
Han-bong
Hanbong
バンホーン Van Horn
ハンマー
Hammar*
Hammer*
Hanmer*
バンマー Bammer
パンマキウス
Pammachius
ハンマーシュタイン
Hammerstein
ハンマーシュミット
Hammerschmid
Hammerschmidt
ハンマーショイ
Hammershoi
ハンマースェイ
Hammershoi
ハンマースタイン
Hammerstein
ハンマースホイ
Hammershoi
ハンマースリー
Hammersley
ハンマーダル
Hummerdal
パンマチウス
Pammachius
ハンマーディ
Hammadi
ハンマード
Hamad
Hammad
Hammād
ハンマーブルクシュタル
Hammer-Purgstall
ハンマーベルグ
Hammarberg
ハンマミ Hammami
ハンマルシェルド
Hammarskjöld
ハンマン Hamman
バンミールト
Van Miert
ハンムード
Hammoud
Ḥammūd
ハンムーヤ Ḥammūya
ハンムラビ
Hammurabi
ハンムラビ
Hammurabi
ハンメス Hammes
パンメネス Pammenēs
ハンメラー Hammerer
ハンメリク
Hamerik
Hammerich
ハンメル
Hammer
Hammerl
Hummel**
バンメル Bammel*
ハンメルシュタイン
Hammerstein
ハンモ Khammo
バンモアカーク
Van Moerkerke
ハンモク Hang-mook
ハンヤ Hanya
バンヤイ
BANYAI
Banyai
パンヤカンテ
Punyakante
パンヤージャン
Panyachand*
パンヤーチャートラック
Panyachatraksa
バンヤッチ Banjaci
バンヤード Banyard
パンヤラチュン
Panyarachun*
バンヤン Bunyan*
ハンユー Han-yu
パンヨーパート
Panyopat
バンヨン
Banyong
Bunyan
パンライキム
Panglaykim
ハンラッティ
Hanratty
ハンラティ Hanratty
ハンラハン
Hanrahan*
ハーンラリー Khānlarī
バンラン Binlin
バンランケル
Van Lancker
バンランデゲム
Van Landeghem
バーンランド
Barnlund
ハーンリ Hoernle
ハーンリー Hirnle
ハンリ Helen
ハンリー
Hanley**
Hanly
バンリアー
Van Liere*
Vanliere
ハンリィ Henry
バーンリイ Burnley
パンリマ Panglima
ハンリャン Han-liang
バンリール Van Riel
ハンリン Hanlin
バンルーイ Wanrooy
パンルヴェ Painlevé*
パンルベ Painlevé
バンルーン Van Loon
ハンレー Hanley*
ハンレイ Hanley

ハ

ハンロン Hanlon*
バンローン Van Loan
バーンワート Banwart
パンワール Panwar

【ヒ】

ヒ
Hee*
Hi
Hy
ヒー
Guy**
Hee
ビ
Bi
Bih
Vi
ビー
Bea
Beah
Bee**
Beecher
Bi
Bí
Bie**
Vee
ピ Pi**
ピー
Pae
Pee*
Phii
Pi
Pie
Py
Pyi
ヒーア Heer
ヒア Hiyya
ヒアー Heer
ビーア
Beah
Beare
Beer*
Beere
Ber
Bier*
ビア
Beer***
Bia
Bier*
Vere*
Via*
ビアー
Beer*
Beir
Villar
ピーア
Pia
Piia
ピア
Phraya
Pia***
Piat
Pier
Pierre*
Pija
Pyat
ピアー Pyhrr
ビアウ Biaou
ピアウアフィ Peauafi
ビーアヴィッシュ
Bierwisch
ピアーヴェ Piave*
ビアウォストッキ
Białostocki
ピアヴォニウス
Piavonius
ピアーヴォリ Piavoli
ビアウデ Biaudet
ビーアオ Vaeao
ビアオ
Biao
Vyaho
ビアガス Viagas
ビアギッテ Birgitte
ビアギット Birgit
ビアギト Birgit
ヒアキントゥス
Hyacinthus
ヒアキントス
Hyakinthos
ビアケラン Birkeland
ヒアコボーネ
Giacobone
ピアザ Piazza*
ピアサス PierSath
ビアサック Biersack
ヒアサート Hiasat
ピアサル Pearsall*
ビアージ
Biagi*
Biasi
ビアシ Biasi
ビアジ Biagi
ピアーシー Piercy
ピアシー
Piercey
Piercy**
ピァジェ Piaget
ピアジェ Piaget**
ビアシオ Biasio
ビアジオ
Baigio
Biaggio
ビアシーニ Biasini
ビアジーニ Biagini
ヒアシュ Hirsch
ビアージョ Biagio*
ビアジョ Biagio
ピアショー Piachaud
ビアジョッティ
Biagiotti
ヒアシンク Heersink
ピアジンスキ
Pierzynski*
ピアジンスキー
Pierzynski
ビーアス Beers
ビーアズ Beers
ビァース Bierce
ビァーズ Beers
ビアース Bierce*
ビアーズ Beers**
ビアス
Bias
Biās
Bierce*
ビアズ Beres
ピーアス
Peers
Pierce
ピアース
Pearce**
Pears
Pearse*
Peerce*
Peers
Peirce*
Pierce***
Piers*
Pierse
ピアーズ
Pearce*
Pears*
Peers*
Pierce
Piers**
ピアス
Pearce***
Pearse*
Peers
Peirce*
Pierce**
Piers*
ピアズ
Pearse
Piers**
ピアスキー Piasecki
ビーアスタット
Bierstadt
ビアスタット
Bierstadt
ビアスティカー
Biersteker
ビアステッカー
Biersteker
ビーアステット
Bierstedt
ビアステッド
Bierstedt
ピーアストルフ
Pierstorff
ビアズドルファー
Biersdorfer*
ピアストロ Piastro
ビアスマ Wiersema
ビアーズリー Beadsley
ビアズリ
Beadsley
Beardsley
ビアズリー
Beadsley
Beardslee
Beardsley**
ヒアスル Hias'l
ビアーズレー
Beardsley
ビアズレー Beardsley
ビアーズレイ
Beardsley
ビアスレイ Beasley
ビアズレイ Beardsley
ビアズレエ Beardsley
ピアースン Pearson
ピアスン
Pearson*
Pierson*
ピアセキ Piasecki
ピアセツキ Piasecki
ピアゼッタ Piazzetta
ビアゼットン
Biasetton
ピアセント Piasente
ピアソラ Piazzolla**
ピアーソル Pearsall
ピアソール
Pearsall**
Piersall
ピアソル
Pearsall
Peasall
Peirsol**
Piersol
ピアーソン
Pearson*
Pierson
ピアソン
Pearson***
Peason
Persson
Pierson***
Pirsson
ビアダーナ Viadana
ヒァチェ Heertje
ビアチェスラフ
Vyacheslav*
ピアチェンツァ
Piacenza
ピアチェンティーニ
Piacentini
ピアチェンティニ
Piacentini
ピアチェンティーノ
Piacentino
Piazentino
ピアツァ Pjaca
ピアツェッタ
Piazzetta
ピアッザ Piazza*
ビアッジ Biaggi*
ビアッジョーニ
Biaggioni
ピアッツァ Piazza*
ピアッツィ Piazzi
ピアッツェッタ
Piazzetta
ビアッティ Beattie
ピアッティ Piatti*
ヒアット Hiatt
ピアット
Piat
Piatt
ピアツニスキー
Piatnitsky
ビアテ Birthe
ビアティ Beatty
ピアテイ Peattie
ビアディアジェフ
Bierdiajew
ピアテイエ Piatier
ピアティゴルスキー
Piatigorsky*
ビアディラ Biadillah
ビアデュフレスネ
Vía Dufresne
ピアテリィ Piattelli
ビアテル Viertel
ビアーデン Bearden
ビーァド Beard
ビーアド Beard*
ビアート Beard
ビアード
Baird
Beard***
ビアド Beard*
ピアート Peart
ピアード Peard
ビアードゥ Beardow
ビアドウッド
Beardwood*
ビアードショー
Beardshaw
ピアトニツキー
Piatnitskii
ピアトニッキイ
Piatnitskii
ビアトリア Beatrice
ビアトリクス
Beatrix**
ビアトリース Beatrice
ビアトリス
Beatrice***
Beatriz*
ビアトリックス
Beatrix
ピアトルシェンカ
Piatrushenka
ピアトレニア
Piatrenia
ビアナ Viana**
ピアーナ Piana**
ビアーニ Viani
ピアーニ Piani
ピアニ Piani
ビアニオ Mbianyor
ピアニッチ Pjanic
ピアーネ Piane
ビアネメ Bienaimé
ピアノ Piano**
ビアバウト Beabout
ビーアバウム
Beerbohm
Bierbaum*
ビアビアニー
Biabiany
ピアフ Piaf**
ピアフコ Piavko
ビアフラ Biafra*
ビアブライヤー
Bierbrier*
ビーアブロット
Bierbrodt
ビアボー Biabaud
ビアボウム
Beerbohm*
Beerbohn
ビアホースト
Bierhorst
ビアホフ Bierhoff*
ビアボーム
Beerbohm**
ビアボム Beerbohm
ピアポント Pierpont*

ピアマルタ Piamarta
ビーアマン
Biermann**
ビアーマン Biermann
ビアマン
Bierman
Biermann*
ピーアマン Peerman
ピアマン Pearman
ビアマンズ Biermans
ヒアムズ Hyams
ピアムソンブーン
Piumsombun
ビアモンティ
Biamonti
ピアモンテージ
Piemontesi
ピアラ Pialat*
ヒアリー Healy
ビアリ Vialli
ビアリー
Beery
Bialy
Biely
Biery
ピアリ
Peary
Peery
ピアリー
Pearly
Peary**
Peery
ビアーリク Bialik
ビアリーク
Bialik
Byalik
ビアリク
Bialik**
Byalik
ビアリストク
Bialystok
ビアリック Bialik*
ビアリング Beerling
ピアリンク Peerlinck
ビアール
Biale
Biard*
Viard
ビアル
Biar
Vial
ビアルソン Berelson
ビアルドー Biardeau
ビァルマン Byerman
ビアレツカ Bialecka
ビアログスキー
Bialoguski
ビアロシチンスキー
Bialoszczynski
ビアロスキー Bialosky
ピアロッシ Pialorsi
ビアロボス Bialobos*
ヒアン
Hian
Rian
ビーアン Behan*
ビアーン Beirne
ビアン
Beirne
Bien
Bihan
Gbian
Vian
ピアン
Pian
Piang
Piano
ビアンヴィル Bienville
ビアンヴニュ
Bienvenue
ビアンエイム
Bienaimé
ビアンエメ Bien-aimé
ビアンカ
Bianca***
Bianka*
ピアンカ
Pianca
Pianka
ビアンカラナ
Biancalana
ビアンカラニ
Biancalani
ビアーンキ Bianki
ビアンキ
Bianchi***
Bianki*
ピアンキ Piankhi
ビアンキーニ
Bianchini
ビアンクッチ
Biancuzzi
ビアンケシ Bianchessi
ビアンケッシ
Bianchessi
ビアンケッティ
Bianchetti
ビアンケッテイ
Bianchetti
ビアンケット
Bianchetto
ビアンケリ Biancheri*
ビアンコ Bianco***
ビアンコーニ Bianconi
ピアンコフスキ
Pienkowski
ピアンコフスキー
Pienkowski
Pieńkowski
Pìeńkowski
ビアンコリ Biancolli
ビアンシー Bianchi
ピアンジェレッリ
Piangerelli
ビアンジェロ
V'Angelo
ビアンシォッティ
Bianciotti**
ビアンシオッティ
Biancotti
ビアンシャレッリ
Biancarelli
ピアンゾラ Pianzola
ピアンタドーシ
Piantadosi
ビアンチ Bianchi**
ピアンチコフスキ
Piencikowski
ビアンチーニ Biancini
ビアンチニ Bianchini
ビアンチン
Bianchin**
ビアンド Biando
ビアンドラーテ
Blandrata
ピアンヌコチョン
Peinnukrochon
ビアンネ Vianney
ビアンビニュ
Bienvenu
ビアンブニュ
Bienvenu
ピアンボ Piombo
ヒィ Hi
ビイ
Bie
Billy
ビイー Billy*
ピィ
Pi
Py*
ピイ Piye
ビィエ Bille
ピイエ Pye
ピイエール Pierre
ピィオトゥロウスキー
Piotrowski
ビィカーズ Vickers
ビィクトル Victor
ピイコック Peacock
ビィシュ Bysshe
ビイシュ Bish
ビィスワナス
Viswanath
ピイター Peter
ピイタア Pieter
ヒィドゥップ Hidup
ビイネンス Bijnens
ビィヨン Villon
ヒイラム Hiram
ビイリー Viles
ヒイル Hee-il
ビィルワッグ Bierwag
ビイルワッグ Bierwag
ビィン Bin*
ビィーンシュトック
Bienstock
ビイーン・シュトック
Bienstock
ピウ Piou
ビーヴァー
Beaver
Beevor
Bever
ビーヴア Beaver
ビヴァー Biver
ピーヴァ Piva
ビーヴァーズ
Beavers
Beevers
ピヴァート Pivert
ビーヴァーブルック
Beaverbrook
ビーヴァブルック
Beaverbrook
ビーヴァリー Beverly
ビヴァリ Beverly
ビヴァリー
Beverley*
Beverly*
ビヴァリイ Beverley
ビヴァリジ Beveridge
ビヴァリッジ
Beveridge*
ビーヴァン
Beavan
Bevan
ビヴァン Bevan
ヒーヴィー Hevey
ピーヴィー Peavy
ビウィック Bewick
ヒーウィット Hewitt
ピゥィーバーレイ
Puybaret
ビヴィン Bivin*
ヒゥウエル Hywel
ビーウェス Bewes
ピヴェトー Piveteau
ピヴェール Pivert
ビーヴェン Beaven
ピヴェン Piven
ビウェンガ Biewenga
ビヴェンズ Bivens
ピヴォー Pivot
ピヴォヴァルスキー
Piwowarsky
ピヴォヴァーロフ
Pivovarov
ビウォット Biwott
ピヴォット Pivotto
ビウオト Biwott
ピウォワースキ
Piwowarski
ヒウォン Hui-won
ピウカラ Piukala
ヒウース Hughes
ヒウズ Hughes
ピーウス Pius
ピウス Pius**
ピウスーツキ
Pilsudski
ピウスツキ
Pilsudski
Piłsudski
ピウスツキー
Pilsudski
ピウタウ Piutau
ヒーウッド Heawood*
ピヴトー Piveteau
ピウニカ Piwnica
ヒウブネル Hubner
ピウミーニ Piumini**
ヒヴュー Hivju
ビヴン Biven
ピーヴン Piven
ピヴン Piven
ヒエ Hye
ビエ
Bie
Biet
Billet
ピエ
Pie
Pied
Pillet
ピエア Pierre
ビェアグラウ
Bjerregrav
ピエイエ Pieiller*
ビエイラ Vieira***
ビエイラダシルバ
Vieira Da Silva
ヒェウ Hieu
ヒエウ Hieu
ビェウ Bieu
ビエウ Bieu
ビエーヴル Bièvre
ピェェル Pierre
ピエエル Pierre*
ビエガ Viega
ビエガシュ Viegas
ビエガス Viegas
ビェガンスキ
Bieganski
ビェコスラブ
Vjekoslav
ビエジィッチ Bijedic
ピェシェヴィチ
Piesiewicz*
ビエジッチ
Bijedic
Bijedić
ヒェシン Hyeshin
ビエス Bies
ピエス Pies
ビエスカス Viescas
ピエスコ Piesco
ピエスティング
Piesting
ヒエストゥッド
Hersted
ビエスワフ Wieslaw
ビエタ
Vieta
Viète
ビエダ Bieda
ピエタ Pietha
ピエター Pieter
ピエダデ Piedade
ヒエタニエミ
Hietaniemi
ヒエタネン Hietanen
ヒエタミエス
Hietamis
ピエタリ Pietari*
ピエタリネン
Pietarinen
ピェーチェー Peijian
ピエチシュイコフスキー
Pietrzykowski
ピエチンスキー
Pieczynski
ビエツォレク
Wieczorek

ヒ

ビエッシュ Bieshu
ピエッチ Pietzsch
ビエッツ Viets*
ビエット
Biet*
Vietto
ピエット Piette
ヒェップ Hiep
ヒエップ
Hiep
Hiēp
ピエーツフ Piétsukh
ヒェッラン Kielland
ビエティ
Bietti
Biyiti
ピエディ Piedi
ヒェティル Ketil
ピエティレ Pietilä
ピエティレホルムナー
Pietilae-holmner
ピエテル Peter
ピエテルス Pieters
ピエテルスゾーン
Pieterszoon
ビエト
Viet*
Viète
ピエト
Piet*
Pieter*
ビエドゥー
Billetdoux**
ビエドゥマ Biedma
ビェドニー Biedny
ビエドフ Bjedov
ビエドマ Biedma
ピエトラ Pietra
ピエドライータ
Piedrahita
ピエドライタ
Piedrahita
ピエトラガラ
Pietragalla*
ピエトラサンタ
Pietrasanta
ピエトラシャク
Pietraszak
ピエトラネラ
Pietranera
ピエトラフィタ
Pietrafitta
ピエトランジェリ
Pietrangeli
ピエトラントニ
Pietrantoni
ピエトラントニオ
Pietrantonio
ピエトリ Pietri**
ピェートル Piettre
ピエトルスキー
Pietruski
ピェトルスソン
Pétursson
ピェトルソン
Pétursson
ピエトルソン
Pétursson
ピェトルンケーヴィッチ
Petrunkevitch
ピエートロ
Pieter
Pietro
ピエトロ
Piero
Pieter
Pietro***
ピエートロコーラ
Pietrocola
ピエトロフスキ
Pietrowski
ピエトン Piéton
ビエナメ Bienaymé
ビエニアフスキ
Wieniawski
ビエニェック Bieniek
ビエネ Viénet
ビエネーメ Bienaymé
ピエーネンブルク
Pijnenburg
ピエバニ Pievani
ピエヒ Piěch**
ビェフ Biew
ビエーフ Biefve
ビエフ Bief
ピエプルー Piéplu
ビェホウネク
Behounek
ピエホタ Piechota
ピエホチンスキ
Piechociński
ヒエム Hiem
ピエム Piem
ヒエムプサル
Hiempsal
ビェラ Vieira
ビエラ
Biela
Vieira
Viera
ビエラー Bierer
ピエーラ Piera
ピエラ Piera
ビエラガジョ
Viera-gallo
ヒエラカス Hieracas
ヒエラクス Hierax
ピエラコス Pierrakos*
ヒエラックス Hierax
ピエラッツィ Pierazzi
ビエラム Bjerrum
ヒェラン Kielland
ピエランジェロ
Pierangelo*
ピエラントッツィ
Pierantozzi
ビエリ
Bieri
Vieri
ピエーリ Pieri
ピエリ
Pieri
Pierry
ピエリエシェンコ
Pielieshenko
ピエリオス
Pierios
Piérios
ビェリカ Bjlelica
ピエリシュ Pieriche
ピエリス Pieris
ビェリツァ Bjelica
ビエリッキー Bielicki
ピエリック Pierrick
ビエリッチ Bijelici
ピエリデス Pierides
ビエリト Bieryt
ピエリーナ Pierina
ピエリーニ Pierini
ピエリーノ Pierino
ピエリボン Pieribone
ピエリン Pierin
ヒェル Kjell**
ヒエル Hiar
ビェル Bjell
ビエール
Biehl
Bier
Viel
ビエル
Biel
Bjerre
Vieru
ピェール Pierre*
ピェル Pier
ピエール
Pear
Perre
Pier***
Piere*
Pieree
Pierne
Piero
Pierre***
Piérre*
Pièrre
Pietro
Pieyre**
Prosper
ピエル
Pier**
Pierre**
Pietro
ピエールアンドレ
Pierre-André
ピエールアンブロワーズ
Pierre-Ambroise
ビェルウェスト
Verwest
ヒェルオース Kjeldaas
ヒェルガード
Kjeldgaard
ピエルカン
Pierrekin
Pierrequin
ビエルグヴィンスドウチール
Björgvinsdóttir
ビェルクネス
Bjerkners
Bjerknes*
ビエルクネス
Bjerknes*
ビエルクマン
Bjorkman
ビエルクリー Bjerklie
ピエールクロード
Pierre-Claude
ビエルケ Bjelke*
ビエルゴー
Bjerregaard
ビエルコウッド
Vierchowod
ビエルサ Bielsa*
ピエールサンティ
Piersanti*
ピエルサンティ
Piersanti
ピエルジォルジョ
Piergiorgio
ビエルジュ Bierge
ピエルジョルジョ
Piergiorgio
ピエルス Pierce**
ピエールスカラ
Pierskalla
ヒェルスタ Kjaerstad
ビエルダン
Vieilledent*
ピエルタン Pieltain
ピエルッチ Pierucci
ヒェルト Wiechert
ビェルート Bierut
ビェルト Bierut
ビエールト Bierut
ビエルート Bierut
ビエルト Bierut
ピエール・ドミニコ
Pierdomenico*
ピエールドメニコ
Pierdomenico
ピエルドメニコ
Pierdomenico
ビエルナ Vierna
ビエルナツキ
Biernacki
ビエルナト Biernat
ピエルネ
Pierne
Pierné
ピエルパオリ
Pierpaoli*
ピエールパオロ
Pier Paolo
ピエルパオロ
Pierpaolo**
ピエールフウ
Pierrefeu
ピエルフェデリチ
Pierfederici
ピエールフェデリッチ
Pierfederici
ビエルホフ Bierhoff
ビエルマ
Bierma
Vielma
ピエルマッテイ
Piermattei
ピエルマリオ
Piermario*
ピエルマリーニ
Piermarini
ビエールマン Bierman
ビエルマン Vielman
ビェルム Bjerrum
ビエルム Bjerrum
ビェルリン Björlin
ピエールルイ
Pierre-louis
ピエールルイージ
Pierluigi
ピエールルイジ
Pier Luigi
Pierluigi*
ピエルルイージ
Pierluigi*
ピエルルイジ
Pier Luigi*
Pierluigi**
ヒェールルフ Kjerulf
ピエルロ Pierlot
ビェールン Björn
ビェルン Bjorn
ビエルン Bjorn
ビエルンソン
Bjørnson
ビエレ Viélé
ピエーレ Pierre*
ピエレ Pierret
ビエレツキ Bielecki*
ピエレッテ Pierrette
ピエレット Pierrette*
ヒエレミアス
Hieremias
ビエレール Bieler
ピエーロ Piero**
ピエロ
Piero***
Pierro
Pierrot
ヒエロクレース
Hierocles
Hieroklēs
ヒエロクレス
Hierocles
Hierokles
Hieroklēs
ピエロッツィ Pierozzi
ヒエロテオス
Hierotheos
ピエロデシール
Pierrot-Deselligny
ピエロート Pieroth*
ピエローニ Pieroni
ヒェロニム
Hieromim
Hieronim
ヒエローニムス
Hieronymus
ヒエロニムス
Hieronimus
Hieronymos
Hieronymous
Hieronymus**
ヒエロニモ
Hieronymo
ヒエロニモス
Hieronymos
ヒエローニュムス

Hieronymus
ヒエロニュムス
Hieronymus*
ヒエロニュモス
Hieronymos
Hieronymus
ビエロフラーヴェク
Bělohlávek**
ビエロフラーベク
Bělohlávek
ピエロラ Piérola
ヒエローン Hierōn
ヒエロン
Hieron
Hierōn
ピエロン
Piéron
Pierron
ビエワルド Biewald
ヒエン
Hien*
Hieu
ビエン
Bian
Bien
ビエンヴェニーダ
Bienvenida
ビエンエメ Bien-aime
ピエンカウスキ
Pieńkowski
ビエンコウスキ
Bienkowski
ビエンコフスカ
Bieńkowska
ピエンコフスキー
Pienkowski
Pieńkowski
ビエンストック
Bienstock
ビエンビエン
Bien Bien
ヒエンプサル
Hiempsal
ビエンベニド
Bienvenido
ヒオ Hee-oh
ビオ
Bio*
Biot
Vio
ビオー
Biot
Viau
ピーオ Pio
ピオ
Pio***
Pío***
Piot
Pius*
ピオー Pio
ビオイ Bioy**
ピオヴァーニ Piovani*
ピォヴェザーナ
Piovesana
ピオヴェザーナ
Piovesana
ピオヴェーネ
Piovene*
ヒオキ Hioki
ビオークマン
Bjorkman
ビオーサ Biaussat
ピオシュ Pioche
ビオースト Viorst
ビオセイ Biossey
ピオセユ Piocelle
ビオチャネ
Bio-Tchane
ピオッシュ Pioche
ビオッセイ Biossey
ピオッツィ Piozzi
ビオッティ Viotti
ピォッティ Piotti
ピオット
Piot**
Piotte
ビオティ Viotti*
ピオトール
Piotr
Pyotr
ピオトル Piotr**
ピオトロ Piotr
ピオトロウ Piotrow
ピオトロヴスカ
Piotrowska
ピオトロフスキー
Piotrovskii*
Piotróvskii
Piotrowski
ピオトロフスキイ
Piotrovskii
ビオーニ Bioni
ピオニオス Piónios
ビオネ Vionnet
ピオネ Pione
ピオバーニ Piovani
ヒーオブ Hiob
ピオベッタ Piobetta
ピオムボ Piombo
ビオラ
Biolat
Viola**
ピオーラ Piola
ビオラス Violas
ビオラン Violan
ピオーリ Piore*
ピオリ Piore*
ビオリカ Viorica*
ヒオル Hiol
ビーオール Beall
ビオルカーテ Biolcati
ビオレ
Biolley
Viollet
ピオーレ Piore
ピオレ
Piolet
Piollet
Piore
ビオレータ Violeta
ビオレタ
Vieleta
Violeta**
ビオレッタ
Violeta
Violetta
ピオレッツィ Pierozzi
ビオレッティ Bioletti
ビオレット Violet
ビオレル Viorel
ピオワルスキー
Piwowarsky
ビオーン Biōn
ビオン
Bion**
Biōn
Biong
ピオン Pion
ビオンチェク
Wionczek
ビオンディ Biondi**
ビオンディーニ
Biondini
ピオンテーク Piontek
ピオンテク Piontek**
ピオンテック Piontek
ピオンテッリ Piontelli
ビオンド
Biondo
Biondò
ピォントコフスキー
Piontkovskii
ピオンビ Piombi
ピオンボ Piombo
ヒーカ Hika
ヒーガー
Heeger**
Heger
ヒカ Hika
ヒガー Heger
ビーカー Beeker
ビーガー Bieger
ビガー Biggar
ピーカ Pica
ピーカー
Peaker
Pekar*
ピカ
Pica
Picat
ピカー
Pekar
Picard
ピガ Piga
ビガアス Biggers
ピカアド Pickard
ピカイゼン Pikaizen
ヒガシ Higashi
ピカシオ Picacio
ビカシュ Vikash
ピガージュ Pigage
ビーガス Bigus
ビカス Vikas
ビガース Biggers
ビガーズ Biggers**
ビガス
Bigas**
Bigasu
ビガースタッフ
Biggerstaff
ビガスタッフ
Biggerstaff
ビカーステス
Bickersteth
ビカステス
Bickersteth
ピカソ
Picasso**
Picazo
ピカタン Pikatan
ビカッスィ Bekassy
ピカッソ Picasso
ピーカッツ Piekarz
ビガッツィ Bigazzi*
ピカット Picut
ヒカディ Hikádi
ピカーディ Picardie
ピカーディー
Picardia
Picardie
ピカディ Picardie*
ヒーガード Heegaard
ビガード Bigard
ピカート
Picard*
Pickart*
ピカード
Picado
Picard***
Picardo
Pickard***
Pychard
ピカニォール Picanyol
ピガニオル Piganiol
ビガーノ Vigano
ピカーノ Picano*
ピカビア Picabia**
ピカピカ PicaPica
ピカビヤ Picabia
ヒカプ
Hee-kap
Hi-gab
ピガフェッタ
Pigafetta
ピカボ Picabo*
ヒカム Hikam
ピカモル Picamoles
ビガライ Vigaray
ビガーリ Bigari
ビガリ Bigagli
ビカリオ Vicario
ビガーリャ Bigaglia
ピカーリング
Pickering
ピカリング
Pickering***
ビカール Biquard
ビガール Bigard
ピーカル Picard
ピカール
Picard**
Picart
Piccard**
Pickar
Picquart
ピガール Pigalle
ピガル Pigalle
ピカルキヴィッツ
Piekalkiewicz
ピカルディ Picardi*
ヒカルド Ricardo*
ピカルド Piccardo
ピカレッラ Picarella
ピガレッリ Pigarelli
ビガロ Bigelow
ヒーガン Hegan
ビーガン
Beagan
Biegun
ビガン Begun
ピカンダー Picander
ヒガンテ Gigante*
ビガンデ Bigandet
ビガンデー Bigandet
ビガンド Bigandet
ビギ Vighi
ピギウス Pighius
ピキエ Picquier
ビギエフ Bigiev
ピキオウネ Pikioune
ピキオンヌ Piquionne
ピキシ Pixii
ビギータ Bigita
ピキニ Pykini
ヒギーヌス Hyginus
ヒギヌス Hyginus
ヒギノ Higino
ヒキメテ Hikmete
ヒギョン
Hee-kyung*
Heekyung
ビキラ Bikila
ビギリウス Vigilius
ビギリマナ
Bigirimana
ビギリユス Vigilijus
ビギロウ Bigelow
ビギン Begin
ヒギンス Higgins*
ヒギンズ Higgins***
ヒギンスン Higginson
ヒギンセン Higginsen
ヒギンソン
Higginson**
ヒギンボウサム
Higginbotham
ヒギンボタム
Higginbotham
ヒギンボトム
Higginbottom*
ビーク
Beak*
Beake
Beek*
Beeke*
Beke
Vik*
ビク
Bik
Byck
Byk
Vic
Vikhe
ビグ Vig*

ヒ

ピーク
Peak*
Peake**
Peek**
Pieck*
Piek
ピクー Picou*
ピグー Pigou**
ピグウ Pigou
ピクシ Pixii
ピクシー Pixie*
ビクシオ Bixio
ビグジス
Vigdis
Vigdís*
ビクシュ
Bhikshu
Bhiksu
ビクシュー Bhikshu
ヒークス Heeks
ヒグス Higgs
ビークス Beeks
ピクス Picus
ビクスィオ Bixio
ビクストレーム
Wikström
ビクストレム
Wikstroem
ビクストローム
Wikstrom
ビクスビー Bixby*
ビグズビー Bigsby
ビクスラー Bixler*
ピクスリー Pixley
ビクスレー Bixley
ビクセル Bichsel**
ビグセル Wigzell
ピクセレクール
Pixérécourt
ピクソール Pickthall*
ヒクソン
Hickson**
Hixon*
Rickson**
ヒグソン Higson*
ビクター
Victor***
Viktor*
ピクタヴィエンシス
Pictaviensis
ビクタシェフ
Biktashev
ヒグチ Higuchi
ビクチン Bikcin
ピークッフ Piecuch
ピクテ Pictet*
ピクテー Pictet
ヒグデン Higden
ビクトー Victor
ビクトォル Victor
ビクトゴ Bictogo
ビクトラン Victorin
ビクトーリア Victoria
ビクトリア
Vicoria
Victoria***
Viktoria**
Viktoriia
ビクトリアーノ
Victoriano*
ビクトリアノ
Victoriano
ビクトリアビオレタ
Victoria-Violeta
ビクトリオ Victorio
ビクトリーヌ
Victorine
ビクトリーノ
Victorino
ビクトリノ Victorino*
ビクトリャ Victoria
ビクトリヤ Viktorija
ビクトール
Victor***
Víctor
Viktor
ビクトル
Biktor
Victor***
Víctor**
Viktor***
ピクトル Pictor
ビクトワール Victoire
ヒグドン Higdon
ピクトン Picton
ヒグナー Fügner
ビークナー
Buechner*
Bueckner
ビグナ Vigna
ピクナ Pichna
ピグナテーリィ
Pignatelli
ピグニ Pigni
ビグニエフ Zbigniew
ビクーニャ Vicuña*
ビクニャ
Vicuna
Vicuña
ビグニョリ Vignoli
ヒグネット Hignett
ピクネット Picknett
ビグネフ Zbigniew
ビグネル Bignell
ピクネル Picknell
ビグネロット Vignerot
ビグネンス Bignens
ヒクバニ Haqbani
ヒグビー
Higbe
Higbee
ビグビー Bigbee
ビクブラートヴァ
Bikbulatova
ヒクマト Hikmat**
ヒクマトゥッロゾダ
Hikmatullozoda
ピグマリオン
Pygmalion
ピクマル Piquemal*
ビークマン Beekman*
ビグマン Wigman
ピークマン Peakman
ヒクメット Hikmet**
ヒクメト Hikmet**
ビグラー Bigler*
ピクラー Pikler
ビグラス Buglass
ビクラム
Bikram***
Vikram*
ピグラム Pigram
ビークランド
Birkeland*
Wikland
ビクリー Vickrey
ピークリ
Pikul
Píkuli
Pikulj
Pikuly
ピクリ Picouly*
ピグリア Piglia
ヒグリアーナ Gigliana
ビグリオン Viglione
ビクリーン Bickleen
ビークル Baechle
ビーグル Beagle**
ビグルー Vigoureux
ピクール Pikul
ビーグルズ Beagles
ピクルス Pickles
ビーグルホール
Beaglehole
ピクルマイヤー
Pichlmaier
ビーグルンズソン
Víglundsson
ビクルンド Wiklund
ビクレー Biklé
ビグレー Begley*
ピグレーフスカヤ
Pigulevskaia
ピグレフスカヤ
Pigulevskaia
Pigulevskaya
ピクレム Pickrem
ピクレル Pickrell
ビクレン Biklen
ビグロー Bigelow**
ビグロウ Bigelow
ビークロフト
Beecroft**
ピクン Picún
ビケ
Vike
Vīķe
ピケ
Picqué
Pique**
Piqué
Piquet*
ピゲ Piguet
ヒゲイラ Rigueira
ビーケズ Bekes
ビケット Bicket
ピケット
Pickett**
Pikett**
ピケティ Piketty*
ビケニベウ
Bikenibeu**
ビケフレイベルガ
Vike-Freiberga
Viķe-freiberga
Vīķe-Freiberga
ピケマル Piquemal
ビゲラ Viguera*
ビーゲライゼン
Biegeleisen
ビゲライゼン
Bigeleisen*
Bigelisen
ピケラス Piqueras
ビーゲラン Vigeland
ビゲラン Vigeland
ビゲリエ Viguerie
ビゲリセン
Biegeleisen
ヒゲリン Higelin
ヒーゲル Heeger
ビーゲル
Beegel
Biegel*
Bigel
ビーゲルセン
Biegelsen
ビケルト Bikert
ビーゲルマイア
Bigelmair
ビゲロ Bigelow
ビゲロー Bigelow*
ピケロ Piquero*
ビゲロウ Bigelow*
ビーケン
Beecken
Beeken
Beken
ビゲン Vigen
ビーケンス Wiekens
ピケンズ Pickens***
ビケンチー Vikentii
ピーケンハーゲン
Pieckenhagen
ビーコ Vico
ビーゴ Bego
ビコ
Biko
Vicaut
Vico
ビゴ
Bego
Bigot**
Viggo*
Vigo
ビゴー Bigot**
ピーコ Pico
ピコ
Picco
Pico*
Picot**
ピコー
Picault
Picot
Picou
Picoult**
Picoux
ピゴー
Pigault
Pigaut
Pigou
ビーコウ Biko
ピコウ Picot
ビコーヴァリス
Bicouvaris
ピーコク Peacock
ピゴーズ Pigors
ピゴーズニス Pigoznis
ビゴダ Vigoda
ビゴツキー Vygotskii
ビゴツキイ Vygotskii
ヒコック
Hickok*
Hicock
ピーコック
Peacock***
Peacocke
Peacok
ヒコックス
Hickcox
Hickox*
ピコッツィ Picozzi
ピゴッツィ Pigozzi
ビゴッティニ
Bigottini
ヒゴット Higgott
ビゴット Bigod
ピコット
Picot*
Picotte
ピゴット
Piggott**
Pigot
Pigott
ピコッロ Picollo
ピコヌリ Piconnerie
ピコヌリー Piconnerie
ヒゴネ Hygonet
ヒゴネット Higonnet
ビコーバリス
Bicouvaris
ビーコフ Bekoff
ビコフ
Bikov
Bykov
ビコフスカヤ
Bykhovskaia
ピコフスキー
Pikovsky
ピコーラ Pecora
ピコリ Piccoli*
ビゴリタ Vigorita
ピゴリーニ Pigorini
ビコル Vicol
ピゴール Pigors
ビゴルディ Bigordi
ビーゴロ Vigolo
ビコロ Bikoro
ピコロ Picolo
ピコローミニ
Piccolomini

ヒゴン Heegun
ビーコン
Beacon
Becon
ビーゴン Begoun
ビゴーン Begoun*
ビゴン Bigon
ピコーン
Picón
Picone
ピコン
Picon**
Picón
ビコンサル Beconsall
ビゴンジャーリ
Bigongiari*
ビーコンスフィールド
Beaconsfield
ビーコンスフィルド
Beaconsfield
ビゴンゼッティ
Bigonzetti
ヒーサー Heather
ヒーザ Heather
ヒーザー Heather
ビーサー Beaser
ビーザー Beezer
ビサー Visser
ピーサ Pisa
ピーザ
Pisa
Piza
ピサ Pisa
ピザ Piza
ヒサイ Hysaj
ビサイロン Bisaillon
ヒサオ Hisao
ピサカーネ Pisacane
ピザカーネ Pisacane
ピサクリータ
Pisacreta
ビザゲ Bizaguet
ヒサシ Hisashi
ビサース Vissers
ビサーダ Bissada
ビサッグ Besag
ビサッコ Bisacco
ビザッツァ Bisazza*
ビサート Bissert
ピサドール Pisador
ピサーニ
Picerni
Pisani
ピザーニ
Pisani
Pizani
ピサーヌ Pisanu
ピザヌ Pisanu
ピサネッロ Pisanello
ピサネルロ Pisanello
ピサネロ Pisanello
ピザネロ Pisanello
ピサーノ
Pisanello
Pisano*
ピサノ
Pisano
Pizano**
ピザーノ Pezzano
ピザピア Pisapia
ヒザム Hizam
ビーサム Beetham
ピザム Pizam
ヒサムジノフ
Khisamutdinov
ヒサムディーノフ
Khisamutdinov
ビザヤ Bijaya
ビサーリ Bizzarri
ピザーリ Pisari
ビザリア Bisserier
ビサリオノビッチ
Vissarionovich
ビサリオン Vissarion
ピサリデス
Pissarides*
ビザリール Bezaleel
ビサール Visāl
ピサール Pisar
ピザルジェブスキー
Pisarzhevskii
ビーザルスキ Biesalski
ピサルニク Pizarnik
ピサレク Pissarek
ピーサレフ Pisarev
ピサーレフ Pisarev
ピサレフ
Pisarev
Pissarev
ピサレフスカヤ
Pisarevskaya
ピサレフスキー
Pisarevskiy
ビザレリ Bizarelli
ピザレリ Pizzarelli**
ピサレワ Pisareva
ピサーロ Pizarro
ピサロ
Pissarro*
Pizarro***
ピザロウ Pizalou
ピザローニ Pisaroni
ヒサン Hee-sang*
ピサン Pisan
ピザン Pisan*
ビザング Bisang
ピサーンスクムウィット
Phisansukhumwit
ビサンダ Bisanda
ピサンタナクーン
Pisanthanakun*
ビザンチウム
Byzantium
ビザンツ Bisanz*
ビザンティン Visintin
ビーサント Beasant
ビージ Bisi
ビージー Beegie*
ビシー Bysshe
ビジー
Busey*
Buzy
ピーシー Pithey
ピージー Peasey
ピシ Pisi
ビシァ Bichat
ピシアニ Picciani
ヒジェ Hee-jae
ビシエ Bichier
ビジェ Vigée
ビジエ Vigée
ピジェ
Pige
Pisier*
ビージェイ BJ
ビジェイ Vijay**
ピーシェヴァリー
Pīshevarī
ピジェオ Pigeot
ピジェオン
Pidgeon
Pigeon
ビジェガス Villegas*
ビジェダ Villeda
ピシェッツリーダー
Pischetsrieder*
ビシェット Bichette*
ピシェット Pichette*
ピシェツリーダー
Pischetsrieder
ビシェノ Bicheno
ビジェラ Villela
ビーシェル Beashel
ビシェール Bissière
ビシェル Besher
ビシエール Bissière
ピシェル
Pichel
Pischel*
ヒーシェン Heeschen
ビージェン Bi-jian
ビジェンデル Vijender
ビシオ Viscio
ビジオ Biggio**
ビジオズ Vizioz
ピシオーニ Piscione
ピシォン Pichon
ピシキシ Pishkim
ビジク Widzyk
ピジクス Piziks
ヒシグデンベレル
Khishigdemberel
ビシクワボ
Bishikwabo
ピージス Pisis
ピシチェッリ Piscicelli
ピシチャルニコフ
Pishchalnikov
ピシチャルニコワ
Pishchalnikova
ピシック Picyk
ピジック Piziks
ビジット Vijith
ピシットカセム
Pisitkasem
ピシデース Pisidēs
ビジナ Bidzina*
ヒジナス Hyginus
ビシニエフスキー
Vishnevskii
ピシニッチ Picinich
ビジニャーナ Vijñāna
ビシニャーノ
Bisignano
ビシネフスカヤ
Vishnevskaya
ビジマナ Bizimana
ビシームワ Bisimwa
ビジムング
Bizimungu**
ヒジャ Khizha*
ヒジヤ Hijiya*
ビシャ Bichat
ビシャー Bichat
ビジャ
Vijay
Villa**
ピシャ
Pichat
Pisha
ビジャイ
Vijay**
Vijaya*
ピシャイン Peshine
ビシャーカダッタ
Viśākhadatta
ビジャク Bizjak
ビシャークハ・ダッタ
Viśākhadatta
ビジャゴメス
Villa-Gómez
Villagomez
ビジャサンテ
Villasante
ヒジャージ Hijazi
ヒジャジ Hijazi
ビシャス Vicious
ヒジャーズィー Hijāzī
ビジャック Bijak
ビジャテ Villate
ビジャトーロ
Villatoro*
ビジャヌエバ
Villanueva*
ビジャノ Villano
ビジャビセンシオ
Villavicencio
ビジャファニェ
Villafañe
ビジャファニャ
Villafaña
ビジャマジョール
Villamayor
ヒシャーム
Hischám
Hisham*
Hishām
ヒシャム
Hicham*
Hisham***
Hisyam
ヒシャムディン
Hishammuddin
ビジャモル Villamor
ビジャヤ
Bijaya
Vijaya
ビジャヤラガバン
Vijayaraghavan
ビシャーラ Bishāra
ビシャラ
Bichara
Bishara**
ビジャラニ Bijarani
ビジャラン
Villaran
Villarán
ビシャリ Bishari
ビジャール Villar
ビジャル Villar
ピシャール Pichard
ビジャルタ Villalta
ビジャルーティア
Villarrutia
ビジャルバ Villalba
ビジャレアル
Villareal
Villarreal
ビジャレッティ
Bigiaretti*
ビジャレホ Villarejo
ビジャロエル
Villarroel
ビジャロボス
Villalobos*
ビージャン Bijan
ビシャン Bishan
ビジャン Bijan*
ビジュ Bijou
ビジュー
Bijou
Bijoux
ピシュ Pius
ピシュー Pichou
ビジュー Bijou
ビージュイ Vijay
ビシュヴァンガー
Biswanger
ビシュウェンドラ
Bishwendra
ビシュエシュワル
Bisweswar*
ビシュクピッチ
Biškupić
ピシュグリュ Pichegru
ビシュコフ Bychkov*
ピシュタル Pishtar
ビシュタルタイテー
Vištartaitė
ピシュチ Piszcz
ピシュチェク Piszczek
ヒシュティ Kirsti*
ビシュト Bist
ピシュナー Pischner
ビシュヌ
Bishnu
Bişņu

ヒ

ビシュヌスバーミン
Viṣṇuṣvāmin
ビシュネフスキ
Wischnewski
ビシュバナータ
Viśvanātha
ビシュバナード
Vishvanāth
ビシュベースバラッヤ
Viśvēśvarayya
ヒーシュマン
Heishman
ビーシュム
Bhisham**
Bhishm
Bhīṣm
ビシュル Beshr
ヒジュロス Hijuelos
ビシュワ Vishva
ビシュワナタン
Viswanatan
ビシュワナート
Vishvanāth
Vishwanath**
ヒジュン Hee-jung
ビーシュン Bie-shyun
ビジョー Bijou**
ピショ Pichot
ピショー Pichot**
ピジョー
Pigeaud
Pigeot*
ビジョイ Bijoy*
ビショック Bishok
ピショット Picciotto
ビーショップ Bishop
ビショッフ
Bischof*
Bischoff**
ビショップ
Biscop
Bishop***
Bisschop
ビジョップ Bishop
ビショニエ
Bichonnier
ビショニエル
Bichonnier
ビショーフ Bischof
ビショフ
Bischof**
Bischoff***
ビショプ Bishop
ビジョフ Bischof
ビショフベルガー
Bischofberger
ビジョリア Villoria
ビジョルド
Boujoid
Bujold**
Villoldo
ピショワ Pichois**
ヒジョン
Hee-jong
Hee-jung
Heejung
ビジョン Bijon
ピーション
Pichon**
Pi-shoung
Pi-Xiong
ピション Pichon**
ピジョン
Pidgeon*
Pigeon*
ヒシラ Hisila
ビジランド Vigeland
ビジル Vigil
ヒジン Hee-jin
ピジン Pidgeon
ヒーシンガー
Hiesinger
Hisinger
ヒージンガー Hisinger
ビージンガー
Wiesinger
ピシンギーニャ
Pixinguinha
ビーシング Beesing
ビシンスキ
Wyszyński
ビシンスキー
Vyshinskii
Wyszyński
ピジンスキー
Pyszczynski
ビジンダヴィ
Bizindavyi
ビジンダビィ
Bizindavyi
ヒシントゥカ
Hicintuka
ヒース
Gies**
Heath***
Heehs
Heese
ヒス
His*
Hiss**
ビース
Beath
Vieth
ビーズ Bize
ビス
Biss**
Vis
Visse
ビズ Biz*
ピース
Peace**
Pease
Pees
Pies*
ピーズ Pease**
ピス Pisu
ピズ
Pisu*
Piz
ビズアップ Bizup
ビズウィック Bizwick
ビズエルヌ Bizouerne
ビスカイア Biscaia
ビスカイーノ
Biscaino
Vizcaino*
ビスカイノ
Vizcaino*
Vizcaíno
ビズカイーノ Vizcaino
ビスカップ Biskup
ビスカーディ Viscardi
ピスカートル
Piscator*
ピスカトール
Piscator*
ビスカラ Vizcarra
ビスカリーニ Biscarini
ビスカルディ Viscardi
ビスカルドー
Vizcardó
ビスカン Biscan
ビスキー
Bisky*
Boskey
ピスキエヴィッチ
Piśkiewicz
ヒズキヤ Hezekías
ビスキュージ Viscusi
ビスキンド Biskind
ビースク Bieszk
ビスク Bisk
ピースク Piesk
ピスク
Pisk
Piszk
ビスクシィ Viscusi
ビスクープ Biskup
ビスクペク Biskupek*
ヒースクリフ
Heathcliff
ピスクール Piskur
ピスケ Pischke
ヒスケエット Hiskett
ビスケル
Bischel
Vizquel**
ピスケル Pischel
ビスコ Visco*
ビスコー
Biscoe
Biscot
ピスコー Piskor
ヒースコック
Heathcock
ヒスコック Hiscock*
ヒスコックス Hiscocks
ピスコッティ Piscotty
ビスコット Viscott*
ビスコップ
Bischop
Biscop
Bisschop
ヒースコート
Heathcoat*
Heathcote*
ビスコビング
Biskobing
ビスコプ Biscop
ピスコポ Piscopo
ビスコポレアヌ
Viscopoleanu
ピスコロスキ
Piskorski
ビスコンチ Visconti
ビスコンティ
Bisconti
Visconti
ピスシェリナ
Pischelina
ビズジャック Bizjak
ヒスダ Hisda
ビースタ Biesta
ビスタ Bista**
ピスターズ Pisters
ヒスタスペス
Hystaspes
ビスタテイト
Vistartaite
ビースターフェルト
Biesterfeld*
ビスタボシュ
Bijsterbosch
ビスターミー Bistāmī
ピスタリーノ
Pistarino
ヒスチアエウス
Histiaeus
ビスチャン Biscan
ビスチョフ Bischoff
ピズッチ Pizzuti
ビズッティ Bisutti
ビースティ Biesty
ビースティー Biesty**
ヒスティアイオス
Histiaeus
ビスディキアン
Bisdikian*
ビスティッチ Bisticci*
ピスティッリ Pistilli
ビステル
Bystoel*
Bystøel
ピズート Pezzuto
ピストーア Pistor
ピストイア Pistoia
ピストッキ Pistocchi
ビストナー Bistner
ピストーネ Pistone*
ヒズトフト Hedtoft
ピストーリウス
Pistorius
ピストリウス
Pistorius**
ピストリオ Pistorio
ビストリスカヤ
Bystriskaya
ピストル Pistor
ピストルッチ Pistrucci
ビスドルフ Bissdorf
ビストルフィ Bistolfi
ビストレッティ
Bistoletti
ピストレット
Pistoletto*
ピストレッロ
Pistorello
ビストロプ Bidstrup
ビストロワ Bystrova
ビーストン Beeston*
ピストン Piston*
ビースナー Wiesner
ピズナースキー
Piznarski
ピスーニア Pi-Sunyer
ビスヌ Bissoune
ビスノ Bisno
ビスノース Bisnauth
ビスバナサン
Visvanathan
ヒスパーヌス
Hispanus
ヒスパヌス Hispanus
ビスバル Bisbal*
ビスピアニスキ
Wyspiański
ビスピャンスキ
Wyspiański
ビースヒューヘル
Biesheuvel*
ビスファム Bispham
ヒースフィールド
Heathfield
ビーズブロック
Biesbroeck
ビースベルガー
Wiesberger
ヒスベルト Gisbert
ビスヘルホフ
Wisgerhof
ビスマーク Bismarck
ビスマス Bismuth
ビスマック Bismack
ビスマルク
Bismarck*
Bismark*
ヒースマン Heasman
ビスマン Wissman
ピーズマン Piesman
ビスミュト Bismuth
ビスミラ Bismillah
ビスミル Bismila
ビスメッラ Bismillah
ピスメンスカ
Pysmenska
ビズヤク Bizjak
ビズヤック Vizjak
ビーズラー Beseler
ビスランド Bisaland
ヒースリー Heasley
ビースリー Beasley
ビーズリ Beazley
ビーズリー
Beasley**
Beazley***
Beesley
ビズリー Bisley
ピースリー Peaslee
ピスリ Pixley
ヒースリイ Heasley
ヒースリップ Heaslip

ピースリンガー
Piehslinger
ヒズル Khiḍr
ビースレー Beesley
ビズレー Bisley
ビースレイ Beasley
ビスレイ Bisley
ヒーズレット Heaslett
ヒスロップ
Hislop**
Hyslop*
ビスロワ Vislova
ビスワース Biswas
ビスワス Biswas***
ビスワバ
Wislawa
Wisława
ピスワン Pitsuwan
ヒスン Hui-sung
ビースン
Beason
Beeson
ビーズンスキー
Biezunski
ビスーンダス
Bissoondath
ヒセ Hi-se
ビーゼ
Biese
Vize
Wiese*
ビセ Bicet
ビゼ
Biset
Bizet
ビゼー Bizet*
ビゼイ Bijay
ビセイラ Viceira
ビゼエ Bizet
ヒゼキア
Hezekiah
Hezekías
ヒゼキヤ Hezekías
ビセグリア Bisceglia
ビセーシ Bisesi
ピセツキー Pisetzky
ヒーセック Hisek
ピゼック Pyzdek
ビセット
Bisset**
Bissett
Bissette
ビゼット
Bisset
Bizette
ビゼテリー Vizetelly
ビゼナー Vizenor
ヒセニ Hyseni
ヒセーヌ Hissène*
ビセネブスキー
Vishnevsky
ピーセムスキー
Pisemskii
ピセムスキー
Pisemskii
ピーセムスキィ
Pisemskii
ヒセラ Gisela
ビセラ Bisera
ビーセル Beissel
ビーゼル
Beisel
Wiesel*
ビセル Bithell
ビゼール Vizer*
ヒーゼン Heezen
ヒセン Hissene
ビーゼン Biesen
ビセンス
Vicenç
Vicens*
ビゼンチン Visintin
ビセンテ
Bixente*
Vicente***
Vincente
Visente
ビセンティ Vicenti
ピゼンデル Pisendel
ビセント
Bissainthe
Vicent
ビゾ
Bizot*
Bizzo
ピソ
Piso
Pīsō
ピゾ Pizzo*
ピゾー Pissot
ヒソウ Hissou*
ビソク Bi-soku
ビソチャンスカ
Wysoczanska
ビソツキー Vysotskii
ビゾニー Bizony*
ビソネット
Bissonnette*
ヒソプ Hee-sop
ピゾラット
Pizzolatto*
ピゾーリ Pizzoli
ピゾルノ Pizzorno
ヒソルフ Gisolf
ヒソン
Hee-seon*
Hee-sun
Hee-sung
ビーソン
Beason*
Beeson*
ビソン
Bison
Bisson
ビゾーン Bezoen
ビゾン Bison
ピゾン Pison
ビソンティア Vicentia
ヒーター Heater
ヒーダー Heder
ビーター Vietor
ビーダ
Bieda
Vida
ビーダー
Beder
Veeder
ビタ
Viita
Vita*
ビター
Bitar
Bitter
ビダ Vida
ビダー
Beder
Bidder
Vidor*
ピータ Peter
ピーター
Perter
Peter***
Péter
Petr
Pëtr
Petre
Petros
Petter
Pieter***
ピーダ Peter
ピタ Pita
ピター Pitter
ピータア Peter
ヒダイエット Hidayet
ピタウ Pittau**
ビータウタス
Vytautas
ビタウタス Vytautas
ビーダウルフ
Biederwolf
ピダエフ Pidaev*
ピタエフスキー
Pitaevskii
ピタカカ Pitakaka**
ピタカス Pittacus
ピーターキン
Peterkin*
ビータグス Bietags
ピタゴーラ Pitagora
ピタゴラス
Pythagoras
ピーターサ Pieterse
ヒダシ Hidasi
ヒダシェリ Khidasheli
ピーターシャム
Petersham**
ピーターシュミット
Peterschmidt
ピーターシルイージ
Petersilge
ビータス Vytas
ピータース
Peeters
Peters***
Pieters
ピーターズ
Peters***
Pieters
Pieterse
ピータズ Peters
ピタス Pettus
ピーターストルフ
Petersdorf
ピータースハム
Petersham
ピータースン
Petersen
Peterson*
ピーダースン
Pederson
ピタースン Peterson
ピーターセン
Pertersen
Petersen**
Pietersen
ピーダーセン
Pedersen*
ビダソア Bidassoa
ピーターソン
Peterson***
Petersson*
Petterson
Pettersson*
ピータソン Peterson
ピーダーソン
Pederson
ピターソン Peterson
ピタック Pitak
ヒダティウス
Hydatius
ビダート Bidart
ビダード Bedard*
ピーターナル
Pieternel
ビタニ Bitani
ビータネン Viitanen
ピーターバラ
Peterborough
ピータバロ
Peterborough
ピーターハンス
Peterhans
ピーターフィ Peterfy
ピーターフロインド
Peterfreund
ピーターボロ
Peterborough
ビタマジレ
Bitamazire
ビーダーマン
Bidermann
Biederman
Biedermann*
Wiedermann
ビーダマン
Biedermann
ビダーマン Biderman
ピーターマン
Peterman
ヒタム Hitam*
ビーダム Beedham
ビダヤ Bidaya*
ビタヤサイ Vithayasai
ヒダーヤット Hidāyat
ヒダヤット Hidayat
ヒダーヤットゥラ
Hidayatullah
ヒダヤト Hidayat**
ピタヤロンコーン
Phithayalongkhorn
ヒダラ Hydara
ビータラ Viitala
ビータラフ Bitaraf
ビダラン Vidalin
ビターリ
Vitale
Vitali
ビタリ
Vitali*
Vitalii
ビタリー
Vitalii
Vitaliy
Vitaly*
ビダリ Vidali
ビタリアヌス
Vitalianus
ビタリアーノ
Vitaliano
ビタリエ Vitalie
ビターリエフ Vitaliev
ビターリス Vitalis
ビタリナ Vitalina
ヒタル Hitar
ビータール Bitār
ビタール
Bitār*
Bittar
ビタル
Bitar
Vital*
ビダール
Bidal*
Bidar
Vidal***
ビダル
Vidal***
Vidar
ピタール Pitard
ピタル Pidal
ピダール Pidal
ピダル Pidal**
ヒダルゴ
Hidalgo*
Hidalgó
ピータルス Pieters
ピタルト Pithart*
ビダルフ Biddulph*
ビターレ Vitale
ピタロ Pitaro
ヒタロフ Khitarov
ビダン
Bedan
Bident
ピタング Pitang
ビダンディ Bidandi
ピタンパリ
Pittampalli
ビーチ
Beach***
Beech*
Beechey
Veatch
ビーチー
Beachy
Beechey
ピーチ
Peach*
Pearch
Píč
Piech
Pietsch

ヒ

ピーチー Pechey
ピーチアム Peacham
ピーチィ Beechey
ピーチィ Peachey
ビーチウッド
Beechwood
ビーチェ
Beache
Bice
ビチェ Bice
ビチェック Vicsek
ピチェッリ Pichelli
ピチェート Pichet
ピチェニック
Pieczenik**
ビチェフスカヤ
Bichevskaya
ビチェヘ Witschge
ヒチェル Hitcher
ビーチェル Beachel
ビチェルマイヤー
Bichelmeyer
ビーチェン Beechen
ヒチェンズ Hichens
ビチェンティーニ
Vicentini
ビチェンティーノ
Vicentino
ピチグリッリ Pitigrilli
ピチグリリ Pitigrilli
ビーチクロフト
Beachcroft*
ヒチコック Hitchcock
ビチコフ Bychkov
ピーチズ Peaches*
ピチット
Phichit**
Pichitnoi*
ピチットプリーチャーコーン
Phichitprichakon
ビチトル Vichitr
ビチナシュビリ
Bichinashvili
ピチナルディ
Piccinardi
ビチーニ Vicini
ビチニアレク
Wichniarek
ヒチマナ Hitimana
ビーチム Beachem
ビーチャー
Becher
Beecher***
ビチャ Bitcha
ピーチャー Peecher
ビチャイ Bhichai
ピチャイ
Bhichai*
Pichai
ビチャイラチャノン
Vichairachanon
ビチャクチッチ
Bicakcic
ピチャクペチャク
Pyciak-Peciak
ビチャス Witschas
ビチャーチョー
Bichacho
ビーチャム
Beacham*
Beachum
Beauchamp**
Beecham**
ピーチャム Peacham
ビチャラ Bichara
ビーチャル Beecher
ピチャルド Pichardo
ビーチャンプ
Bechamp
ビチュ Bichu
ビチュイク Bichyk
ピチュウ Peizhong
ピチュラ Pistulla
ビチューリン Bichurin
ピチョット
Picciotto
Pichot*
ヒチョル
Hee Cheol
Heechul
Hi-chull
ビーチル Beecher
ビチール Bichir
ビチル Bichir
ヒチレマ Hichilema
ヒチロヴァー
Chytilová
ヒチロバー Chytilová
ビーチング Beeching
ビーツ
Beats
Beatz
Beetz
Beez
Behets
ピーツ
Peitz
Pietz
ビーツァー Bizer
ビツァー Bizer
ビツァージェ Bitsadze
ピツァレリ Pizzarelli
ピツァロ Pizarro
ビツィウス Bitzius
ビツイーリ Bitsilli
ビツィンドゥ
Bitsindou
ビーツェ Vietze
ピツェク Pitsek
ピッエッテイ Pizzetti
ピツェッティ Pizzetti
ピツェティ Pizzetti
ピーツェニク
Pieczenik
ビツェンコ Bitsenko
ビツォツェロ
Bizzozero
ビッカー Vicker
ピッカー Picker*
ピッカヴァー Piccaver
ビッカース Vickers
ビッカーズ
Bickers
Vickers**
ピッカースギル
Pickersgill
ビッカースタッフ
Bickerstaffe
Bickerstapp
Vickerstaff
ビッカースタフ
Bickerstaffe
ヒッカーソン
Hickerson
ビッカーダイク
Bickerdyke
ピッカップ Pickup
ビッガーテロ
Bigatello
ビッカート Bickert
ピッカード Pickard
ビッカートン
Bickerton*
ピッカバー Piccaver
ヒッカム Hickam*
ビッカム Bickham
ビッカリー Vickery
ピッカリアーニ
Piccagliani
ピッカーリング
Pickering
ピッカリング
Pickering
ピッカール Piccard
ピッカルーガ
Piccaluga
ピッカレータ
Piccarreta
ピッカレラ Piccarella
ヒッキ Hickey
ヒッキー Hickey**
ビッキ
Vicki
Vicky
ビッキー
Vicki**
Vickie**
Vicky**
Wicky
ピッキ Picchi
ヒッキィ Hickey
ビッキィ Vicki
ビッキホード Bickford
ヒッギンス Higgins
ビッギンス Biggins
ヒッキンバサム
Hickingbotham
ヒック Hick***
ビック
Bic
Bich*
Bích
Bick**
Big
Bik
Vic***
Vich
Vick**
Vicq
Victor
ビッグ
Big**
Bigg
ピック
Phikkhu
Pic*
Pick**
ピックアップ Pickup
ビッグアロー Bigelow
ピックイエメス
Pikkujämsä
ピックヴァンス
Pickvance
ピックオーバー
Pickover**
ヒックコックス Hickox
ビッグショー Bigshow
ヒックス
Hickes*
Hicks**
Hix*
Xiques
ヒッグス Higgs**
ヒッグズ Higgs*
ビックス
Biggs
Bix**
ビッグス Biggs**
ビッグズ Biggs***
ピックス Pix
ビックストーン
Bickston
ビックスビー Bixby
ビックスラー Bixler
ピックスレー Picksley
ヒックソン Hickson
ビックネル Bicknell
ビッグハム Bigham
ピックハルト
Pickhardt
ビッグバン
Big Bang*
Big Van
ピックハン Pickhan
ピックバンス
Pickvance
ビックフォード
Bickford*
ピックフォード
Pickfoord
Pickford**
ビッグフット BigFoot
ヒックマン
Hickman***
Hickmann
ヒッグマン Higman
ピックマン Pickman
ビックモア Bickmore*
ピックヤムサ
Pikkujämsä
ビックリー
Bickley
Vickrey
ヒックリング
Hickling*
ビックル Bickle
ビッグル Biggle*
ピックルズ Pickles
ピックレン Pickren
ピックロール Pickrall
ピックワース
Pickworth
ヒッケイ Hickey
ビッケダール Vikedal
ピッケット Pickett
ピッケラル Pickeral
ピッケリング
Pickering
ヒッケル Hickel*
ビッケル
Bickel**
Bickell
ピッケル
Pickel
Pikkel
ビッケルス Bickels
ピッケン
Picken
Pickens
ピッケンズ Pickens*
ピッケンハイン
Pickenhain
ビッケンバーグ
Bikkembergs
ビッケンハーゲン
Wickenhagen
ビッケンバッチ
Bickenbach
ビッケンバッハ
Bickenbach
ヒッケンルーパー
Hickenlooper*
ビッコ Vickos
ピッコ Picco
ヒッコク Hickok
ピッコーネ
Piccone
Picone
ビツコフ Bitskoff
ピッコリ Piccoli**
ピッコリー Piccoli
ピッコルパッソ
Piccolpasso
ピッコロ Piccolo
ピッコローミニ
Piccolomini*
ピッコロミーニ
Piccolomini
ピッコロミニ
Piccolomini
ピッコロミニー
Piccolomini
ビッサー Wisser
ピッサマイ Phitsamay
ビッザーリ Bizzarri*
ビッサリオノビッチ
Vissarionovich
ビッザルリ Bizzarri
ビッサロ Bissaro
ビッシ Bysshe
ビッシー Bysshe
ピッシェル Pischel*
ビッシャー Visher
ビッシャーズ Beshers

ビッシュ
Bisch
Bish
Bysshe*
ビッシンガー
Bissinger*
ピッシンガー
Pischinger
ビッシング Bissing
ヒッジンス Higgins
ピッスワン
Pitsuwan**
ビッスン Bisson*
ビッスンデイス
Bissoondath
ビッセ Wisse
ヒッセイ Hissey**
ヒッセリング
Vissering
ビッセル
Bissel
Bissell**
ビッセルス Biessels
ビッソラーティ
Bissolati*
ビッソーロ Bissolo
ビッソン Bisson**
ビッター Bitter
ピッタ
Pita
Pitta
ピッター
Peter
Pitter
ヒッタヴァイネン
Hittavainen*
ピッタキス Pittakis
ピッタコス Pittakos
ビッタシャゴル
Bidyāsāgar
ビッターマン
Bitterman
Bittermann
ヒッタム Hitam
ピッターラ Pittara
ビッターリヒ
Bitterlich
ピッタール Pittard
ピッタルーガ
Pittaluga
ピッタルガ Pittaluga
ビッダルト Bidart
ビッタンテ Bittante
ヒッチ Hitch*
ビッチ
Bicci
Bitsch
Vicci
Vich
Witch
ピッチ
Píč
Pich
Pitch
ビッチェル Bichell
ヒッチェンズ
Hichens
Hitchens*
ピッチオーニ
Piccioni*
ヒッチコク Hitchcock
ヒッチコック
Hitchcock***
ピッチナルディ
Piccinardi*
ピッチーニ
Piccini
Piccinni
ピッチニーニ
Piccinini**
ヒッチフィールド
Hitchfield
ピッチフォード
Pitchford**
ピッチャー Pitcher**
ピッチャウバー
Petschauer
ピッチャヤ Pitchaya
ビッチュ Bitsch
ピッチョ Piccio
ピッチョート
Picciotto*
ピッチョーニ
Piccionі*
ピッチョーリ Piccioli
ヒッチョン Hitchon
ピッチョン Pitchon
ヒッチング
Fitting
Hitching*
Hitting
ヒッチングス
Hitchings*
ヒッチングズ
Hitchings*
ヒッチンス
Hitchens*
Hitchins
ヒッチンズ Hitchens*
ピッチンニ Piccinni
ヒッツ Hitz*
ビッツ Bitz
ピッツ
Pitts**
Pitz
ビッツァー Bitzer
ピッツァー
Pitzer
Pizer
ピッツアー Pitzer
ピッツィ
Pizzey
Pizzi*
ピッツィアーノ
Picciano
ヒッツィヒ Hitzig
ヒッツェ Hitze
ピッツェッティ
Pizzetti*
ピッツェッテイ
Pizzetti
ピッツェロ Piscitello
ピッツォ Pizzo
ビッツォツェーロ
Bizzozero
ビッツォッキ
Bizzocchi
ビッツォーニ Vizzoni
ピッツォーノ Pizzorno
ピッツォフェラート
Pizzoferrato
ピッツォルノ
Pitzorno**
ピッツォロ Pizzolo
ピッツート Pizzuto
フィッツナー Pfitzner
ヒッツヒェール
Hittscher
ヒッツフェルト
Hitzfeld**
ピッツヘラウリ
Pitskhelauri
ヒッツマン Hitzmann
ピッツル Pizzul*
ヒッツルスパーガー
Hitzlsperger
ピッツルノ Pizzurno
ギッテ Gitte
ヒッデ Hidde
ビッテ
Vitte
Witte*
ピッテ Pittet
ヒッティ Hitti*
ビッティ
Bitti
Vitti
ピッティオーニ
Pittioni
ビッティーノ Bittino
ピッティポン Pitipong
ピッティン Pittin
ヒッティンガー
Hittinger
ピッティンガー
Pittinger
ピッテーリ Pitteri
ヒッテル
Hyttel
Riter
ビッテル
Bittel*
Bitter
ビッデル Biddell
ピッテル Pyttel
ヒッテルマーニ
Hittelmani
ビッデン Biden
ビッテンコート
Bittencourt
ピッテンドリヒ
Pittendrigh
ヒット Hitt*
ビット
Vitt
Witt
ピット
Piet
Pit*
Pitt***
Pitte**
ビッドウェル Bidwell
ビットエイカー
Bittaker
ビットカンプ
Wittkamp
ピットキン Pitkin
ピットケスリー
Pitkethly
ピットシャウ
Pittschau
ビットナー
Biittner
Bittner**
ピットーニ Pittoni
ピットニー Pitney*
ビットーネ Vittone
ビットフェルト
Huitfeldt
ピットブラド
Pitbladdo
Pitblado
ピットプリーチャー
Phitpricha
Phitprīchā
ビットブロート
Wittbrod
ビットマン Bittman
ピットマン
Pitman**
Pittman**
ヒットラー Hitler*
ビットラー Bittler
ピットラー Pittler
ヒットラァ Hitler
ビットーリア Vittoria
ビットリアノ
Vittoriano
ビットリオ
Vitorio
Vittorio*
ビットリッヒ Bittrich
ビットリーニ Vittorini
ビットリーノ
Vittorino
ビットリングメイヤー
Bittlingmayer
ヒットル Hittle
ビットル Bittl
ビッドル Biddle
ビットルビウス
Vitruvius
ヒットルフ
Hittorf
Hittorff
ヒットルプ Hittorp
ビットーレ Vittore
ピットロー Pitloo
ビットロフ Bittrof
ピットワトソン
Pitt-Watson
ヒットン Higton
ヒッパー Hipper
ピッパ Pippa**
ピッパー Pippard
ヒッパソス Hippasos
ヒッバート Hibbert*
ヒッバード Hibbard
ヒッパリノス
Hipparinus
ヒッパルクス
Hipparchus
ヒッパルコス
Hipparchos
ビツパーレク
Vycpálek
ピッピ Pippi
ビッビア Bibbia
ヒッピアス Hippias
ヒッピウス
Gippius
Hippius
ビッビエーナ
Bibbiena
ヒッヒェルト Hichert
ヒッピュス Hippys
ビッヒラー Bichler*
ヒップ Hipp
ビッフ Biff
ビッブ Bibb
ビップ Bip
ピップ
Pip*
Pipp
ビッフィ Biffi*
ピッフェッティ
Piffetti
ヒッフェン Giffen
ビッフェン Biffen**
ピップグラス Pipgras
ヒッブス Hibbs*
ヒップス Hipps
ヒップラー Hippler
ピップリーチャ
Phitpricha*
ビッフル Biffle
ピッフル Piffl
ヒッブン Hibben
ビッベ Bibbe
ヒッペリ Hippeli
ヒッペル Hippel*
ヒッベン Hibben
ピッペン Pippen*
ヒッポ Hippo
ヒッポークラテース
Hippokratēs
ヒッポクラテス
Hippocrates
Hippokratēs*
ヒッポダメイア
Hippodameia
ヒッポダモス
Hippodamos
ヒッポーナクス
Hippōnax
ヒッポナクス
Hippōn
Hippōnax
ヒッポライト
Hippolyte
ヒッポリツス
Hippolytos
ヒッポリート Hipolito
ヒッポリトゥス

ヒ

Hippolytos
Hippolytus
ヒッポリトス
Hippolytos
ヒッポリュテ
Hippolytē
ヒッポリュトゥス
Hippolytos
ヒッポリュトス
Hippolytos*
ヒッポン Hippōn
ピツラ Picula
ピッライ Pillai
ビッラーニ Villani
ヒッリー Ḥillī
ビッリ
Billi
Willi
ビッリー Birrī
ヒッリザ Ḥilliza
ビッリング Billing
ヒッレル
Hillel
Hiller
ピッロ Pirro
ピッワン Pik-wan
ヒテ Hee-tae*
ビデ
Bidet
Wide
ビデー Bidez
ビデアヌ Videanu
ヒーティー Hiti
ビーティ
Beattie**
Beatty***
Beaty*
ビーティー
Beattie***
Beatty*
Beaty*
ビティ Biti
ビディ
Biddy*
Biti
ピーティ
Peattie*
Peaty*
Petey
ピーティー
Peattie
Peaty
ピティ Peattie
ピティアス Pytheas
ビディアダール
Vidiadhar**
ピティエ Pittié
ヒディエット
Hidayet*
ビディエラ Vidiella
ビティエル Vitier
ビティエロ Vitiello*
ピティオ Pitiot
ピティオス Pytheos
ビディカー Bidikar
ビーディカス Viidikas
ピティキン Pitkin
ピティグリッリ
Pitigrilli
ピティグリリ Pitigrilli
ピティスクス Pitiscus
ピティッキオ Piticchio
ビティッチ Bititci
ピティッチ Pitić
ビティット Vitit
ピティーノ Pitino**
ビーティービー BTB
ヒディポ Hidipo
ヒディポ Hidipo
ヒティマナ Hitimana
ビディヤーパティ
Vidyāpati
ビディヤマーヒー
Vidyamurthy
ビディヤランカール
Vidyalankar
ビテイリ Vitale
ピティリアニ
Pitigliani
ピティリアーノ
Pitiriano
ピティリム Pitirim
ヒディリン Hidilyn
ヒティル Hitil
ビーディル Bīdil
ピティロ Pittillo
ヒティロヴァ
Chytilová**
ヒティロバ Chytilová
ピーテイン Piethein
ヒディンク Hiddink**
ビーディング Beeding
ピディングトン
Piddington
ピディントン
Piddington
ピテウス Pytheas
ビテオ Biteo
ビデガライ
Videgaray*
ヒデクチ Hidegkuti
ヒデコ Hideko
ビーテーズ Vitez
ビテース Vitéz
ビテーズ Vitez
ビデス Vides
ビテズニック Biteżnik
ビテスラフ Vitezslav
ビテチェク Witeczek
ビテック
Bitek
P'Bitek**
Wittek
ビテッティ Bitetti
ビーデナー Wiedener
ビテニス Vytenis
ビデノフ Videnov*
ビテブスキー
Vitebsky
ビデーラ Videla
ビデラ Videla**
ビテリウス Vitellius
ピテリス Pitelis
ピデリト Piderit
ビーデル
Bedell
Bīdel
ビデル
Biddell
Bidel
ピーテル
Peter
Pieter**
Piter
ビーデルシュテット
Biederstaedt
ビデルース Wideroos
ピーテルス
Pieters
Pieterse
Pietersz
Pieterszoon
ピーテルスゾーン
Pietersz.
Pieterszen
Pieterszoon
ピーテルズゾーン
Pietersz.
ピーテルスマ
Pietersma
ビーデルト Biedert
ビーデルベリ
Widerberg
ビーデルベルイ
Widerberg
ビテルボ Viterbo
ビーデルマナス
Bidermanas
ビーデルマン
Biderman
Biedermann**
ヒテン Hiteng
ヒデン Hyden
ピーデン Peden
ビテンクール
Bittencourt
ビーデンコプ
Biedenkopf
ビテンツ Bitenc
ビーデンホルン
Wiedenhorn
ヒート Heat**
ヒード
Guido
Heade
ヒト Hito
ヒド
Guido**
Hidde
ビート
Beat*
Beate
Beet
Vít
Vito*
ビートー Vietor*
ビード
Beda
Bede
ビト Vito
ビトー
Bitaud
Vito
ビド
Bid
Bido
ビドー
Bidault**
Bideau
ピート
Peat*
Peet***
Peete*
Pete***
Peter*
Peto*
Piet***
Pieter*
ピード Pead
ピトー
Pitot*
Pitou
Pittau*
ピドー Pedoe
ピトア Pitois
ピトイ Pitoi
ピトイトゥア Pitoitua
ビトゥー Vitoux
ビドゥ Bidu
ピートウ Peyto
ピトゥー Pithou
ピドゥー Pidou
ビトヴァ Bittová
ビドゥアン Bidouane
ビドゥイーノ Biduino
ビドウェル Bidwell
ビトゥガ Bitougat
ビドゥカ Viduka*
ヒドゥベギ Hidvegi
ピートゥリ Petrie
ヒドゥルフ
Hidulf
Hidulphe
Hildulphe
Hydulfe
ビートゥン
Beaton
Bethune
ビドゥン Bidoung
ピドゥン Pidun
ビドゥンクプワット
Bidoung Kpwatt
ピトーエフ Pitoëff
ピトエフ
Pitoeff
Pitoëff*
ピトカ Pytka
ピトカネン Pitkänen
ピトカマキ
Pitkamaki**
ビトキェーウィチ
Witkiewicz
ビトキェビチ
Witkiewicz
ビトキエビチ
Witkiewicz
ビトキェビッチ
Witkiewicz
ビトキン Vitkin
ピトキン Pitkin*
ビトク Bitok
ビドグッド Bidgood
ピトケアン
Pitcairn*
Pitcairne
ピドコック Pidcock
ビトコバ Vitkova
ビトシェビッチ
Vitošević
ビトス Witos
ビトズ Vittoz
ビドズ Vidoz
ビトーセク Vitousek*
ビドッカ Bidochka
ビドック Vidocq
ビトナー
Bitner
Bittner
ピトーニ Pitoni
ピトニアク Pitoniak
ピトニアック Pitoniak
ピトネル Pittner
ビトバ Bittová
ビドバイ Widvey
ヒートパス Hietpas
ピトハルト Pithart**
ビドハン Bidhan
ビトビッチ Vidović
ビドビッチ Vidović
ヒトフ Hitov
ビートフ Bitov***
ピトフ
Pitof
Pitov
ピートフィールド
Peatfield
ピトフスキー Pitofsky
ヒートブリンク
Hietbrink
ピートヘイン
Piet Hein
ビドヘルツル
Widhölzl
ビトボル Bitbol
ビドマー Vidmar
ビドマーシュルンプフ
Widmer-schlumpf*
ビードマルク
Widmark
ビートマン Beatman
ビードマン Beadman
ピトマン Pitman
ビドヤ Bidhya*
ビドヤナータ
Vaidyanatha
ヒトラー Hitler*
ヒドラ Gidra
ピトラ Pitra**
ピトラー
Pitlor
Pittler
ピートライ Petri
ビートライス Beatrice
ヒトラジュ Hitraj
ビトラック Vitrac

ビドラック Bidlack
ピトラネト Pitra Neto
ビトラン Bitrán
ヒートリー Heatley*
ビトリ Vitry
ビトリー Vitry
ピートリ
Petrie
Petry
ピートリー Petrie*
ピトリー
Petrie
Petry
ビトーリア Vitoria
ビトリア
Victoria
Vitoria
Vitória
ビトリオー Vittorio
ビトリーク Biṭrīq
ピトリク Pytlik
ビトリシー Bidlisî
ビートリス Beatrice
ビトリチェンコ
Vitrichenko*
ビトリーノ
Vitorino
Vittorino
ビトリャ Vitoria
ビドリンス Bydlinski
ビドリンスキー
Bydlinski
ヒドル Khiḍr
ビードル
Beadle**
Beedle*
ビトル
Victor
Vítor
ビドール Widor
ビドル Biddle**
ピートル Peter
ピトル
Pitol**
Pitrou
ピトルー Pitrou
ヒートルーク Khitruk
ヒトルーク Khitruk
ビトルージ Bitrūjī
ビトルージー
Bitrūjī
Biṭrūjī
ピートルシュカ
Pietruska
ピドルシュナ
Pidhrushna*
ビードルズ Beadles
ヒドルストン
Hiddleston*
ビトルストン
Bittleston
ビートルト Witold
ビトルト Witold
ビトルド Witold
ビトルビウス
Vitruvius
ビドルフ Biddulph
ピトレ Pitrè
ピトレー Pitrè
ビードレス Beadles
ビトレス Vitores
ピートレック Pietrek
ピトレニエネ
Pitrėnienė
ピトレリ Pitrelli
ビードロ Vidro
ビトーロ Vitolo
ビドロ Vidro
ビドロー Bidloo
ヒトロヴ Khitrov
ピトロン Pitron
ヒートン Heaton**
ビートン
Beaton***
Beeton*
Bethune
ビードン Beedon
ビトン
Bitōn
Bitton*
Vithun
Vuitton
ピートン Peyton
ピトン Pitton
ヒーナ
Heena
Hina
ヒナ
Hee-na
Hina*
ビーナー Buehner
ビナー Bynner**
ピーナ Pina**
ピナ
Pina***
Piña
ピナー Pinner
ヒナイ Hinai
ビナイ
Binay*
Vinay
ビナイサ Binaisa**
ピナエワ Pinayeva
ピナオ Pinao
ピナキ Pinaki
ビナグワホ
Binagwaho
ビナーゴ Binago
ビーナス Venus**
ピナス
Pinas
Pynas
ヒナステーラ
Ginastera
ヒナステラ Ginastera
ピナーソ Pinazo
ピーナッツ Peanuts
ピーナット Peanut
ピナティ Pinati
ビナティエリ
Vinatieri*
ビナード Binard*
ピナート Pinato
ピナード Pinard
ビーナネン Viinanen
ピナライ Pinalai
ビナリ Binali*
ピーナール Pienaar
ピナール
Pienaar
Pinard
ピナル Pinal
ピナルディ Pinardi
ビナルデル Vinardell
ピナレロ Pinarello
ビナワー Vinawer
ヒーナン Heenan
ヒナーン Henahan
ヒナン Hinan
ピナンゴ Pinango
ヒーニー
Heaney***
Heeney
ビーニ Bini
ビーニー
Beanie
Beanny
Beenie
ビニ
Bini
Binney
Vinne
Vinny*
ビニー
Biney
Binney*
Binnie*
Binny
Vigny
Vinnie*
Vinny*
ピーニ Pini
ピニ Pini*
ピニー Pinney**
ピニァテッリ
Pignatelli
ビニアン Binyon
ビーニエ Bigne
ビニエ Vinje
ピニェイロ
Pineiro
Piñeiro*
Pinheiro***
ピニエギー Pigneguy
ビーニェス Viñes
ビニェス
Vines*
Viñes
ビニエス Biniez
ピニェーダ Pineda
ピニェーラ Piñera*
ピニェラ Piñera*
ピニエラ Piniella
ピニェーロ Piñeiro
ビニオリ Viñoly
ビニオン Binyon
ピニオン Pinion
ピニギナ Pinigina
ピニギン Pinigin
ビニコム Vinnicombe
ビニシアス Vinicius
ビニシウス
Vincius
Vinicius
Vinícius
ビニジェ Gbinije
ビニシオ
Vinicio
Vinincio*
ピニージャ Pinilla
ピニジャ Pinilla
ビーニス Benis
ビニータ Vineeta
ビニチキ Binički
ビニチャイクン
Winitchaikun
ビニツキ Binički
ビニック Binnig
ピニット
Phinit
Pinij
ビーニッヒ
Binnig
Binning
ビーニャ Vina
ビニャ Vigna
ピーニャ
Pina
Piña**
ビニャス
Vignas
Viñas
ピニャッティ Pignatti
ピニャテッリ
Pignatelli
ピニャテリ Pignatelli
ピニャテール Pignatel
ピニャテル Pignatel
ビニャバンガ
Binyavanga
ビニャール Vignal
ピニャール Pignarre
ヒニュ Higne
ビーニュ Bigne*
ビニュイ Binyuy
ピニュトス Pinytos
ピニュール Pigneur
ビニョー Vigneaud
ピニョ
Pigneau
Pinho
ピニョー Pigneau
ピニョシンワット
Pinyosinwat
ピニョニ Pignoni*
ビニョーネ Bignone*
ビニョーラ Vignola
ピニョリア Pignoria
ピニョル
Pignol
Pinol*
Piñol
ピニョレ Pignolet
ビニョン
Binyon**
Bugnon
ビニヨン Binyon*
ピニョン
Pignion
Pignon
Piñon
ビニヨンスキ
Binunsky
ピニーリャ Pinilla
ピニン Pinin
ビニンガ Bininga
ヒニングス Hinings
ビニングトン
Binnington
ピニングトン
Pinnington
ピニンファリーナ
Pininfarina*
ビーヌ Vignes
ビヌア Binoua
ピヌジェム Pinudjem
ビヌース Binous
ピヌール Pineur
ビネ
Binet***
Vinet
ビネー
Benet
Binet**
ピーネ Piene**
ピネ
Pinay
Pinet
ピネー Pinay
ビネイ Vinay
ピネイダ Pineda
ピネイロ
Pineiro
Pinheiro**
ピネオ Pinneo
ビネガー Vinegar
ビネーカル Vinekar
ピネギン Pinegin
ヒネク Hynek
ビーネク Bienek*
ピネグリエ Pinaigrier
ビーネケ Wieneke
ヒネケン Ginneken*
ビネジ Benage
ビネーシャ Vinesh
ビネシュ Vinesh
ヒネース Ginés
ヒネス
Ginés**
Ginez
ピネス Pines*
ヒネスタ Ginesta*
ビネスベル Bindesbøll
ビーネスボル
Bindesbøll
ビネタ Bineta
ピネーダ Pineda
ピネタ Pineda
ピネダ Pineda**
ビネツ Vinets
ヒネック Hynek

ヒ

ビーネック Bienek
ビネッテ Binette*
ピネッリ Pinelli**
ビネッロ Binello
ピネド Pinedo
ビネトリュイ Binétruy
ピネハス
Phineés
Phinehas
ビネバレ Bindeballe
ヒネブッシュ
Hinnebusch
ビーネマンス
Veenemans
ピネーラ Pinera
ピネラ Piniella**
ペネラピ
Penelope
Penerope
ヒネール Giner
ヒネル
Giner
Hiner*
ピネル
Pinel*
Pinnell
ヒネルズ Hinnells*
ピネルズ Pineles
ビーネルト Bienert
ピネーロ Pinelo
ピネロ Pinero*
ピネロー Pinero
ピネロウ Pinero
ピネローピ Penelope
ピネロピ Penelope
ビネロン Vigneron
ビーネン Bienen
ビネンダイク
Binnendijk
ビネント Vinent*
ヒノ Gino
ピーノ Pino***
ピノ
Pino**
Pinon
ピノー
Pinaud
Pinault**
Pineau**
Pineaux
ビノエ Binoy
ピノオ Pineau
ビノグラド Vinograd
ビノグラドスキー
Vinogradskii
ビノグラードフ
Vinogradoff
Vinogradov*
ビノグラドフ
Vinogradoff
Vinogradov
ビノグラドフス
Vinogradovs
ビノグラードワ
Vinogradova
ビノクール Vinokur
ビノクロフ Vinokurov
ビノシュ Binoche*
ピノチェット Pinochet
ピノチェト
Pinochet**
ビノック Winock
ピノック
Pinnock**
Pinock
ビノッシュ Binoche
ピノッティ Pinotti
ビノット Binotto
ビノッド Vinod*
ビノード Vinod
ピノトー Pinoteau*
ビノーバ Vinobā
ビノーバー Vinōbā
ビノバ Vinoba*
ビノパル Vinopal
ビノフラドフ
Vynohradov
ピノマ Pinomaa
ビノリィ Vinoly
ピーノルト Pinault*
ビノワ Binois
ヒーバー
Heaver
Heber*
ヒハ Giha
ビーハー Behar
ビーバ Biba
ビーバー
Beaver*
Beeber
Beevor*
Bever
Biber
Bieber**
ビバ Viva
ビバー Biver*
ピーパー
Pieper**
Piper**
ピバ Piva
ピパ Pippa
ピパー Piper
ビーバイ Beeby
ビバウィ Bebawi
ビーバガル Bebergal
ビバクルス Bibāculus
ヒパーシア Hypatia
ビーバーシュタイン
Bieberstein
ビーバース Beavers
ビーバーズ
Beavers
Beevers
ビバース Vevers*
ビバス Vivas*
ピーバーズ Peevers*
ピーパーズ Pijpers
ビバタ Bibata
ヒパチア Hypatia
ビーバック Bebak
ピパッタナサイ
Pipatanasai
ピパット Pipat
ビバップ Bebop
ヒパティア Hypatia
ヒーバート Hiebert*
ヒーバード Hebard
ヒバート
Hibbert***
Hibert
ヒバード
Hibbard*
Hibberd
ヒバド Hibberd
ビバート Vibert
ピパード Pippard
ビーバーブルック
Beaverbrook**
ビーバーマン
Biberman
ビバーマン Biberman
ビーバリー Beverly
ビハーリー Bihārī
ビハリ
Behari
Bihalji*
Bihari***
ビバリー
Beverley**
Beverly***
ビバリィ Beverley
ビーバリッジ
Beveridge
ビバリッジ Beveridge
ビバリーニ Vivarini
ヒバリーネン
Hyvärinen
ヒバリネン Hyvärinen
ビハーリーラール
Bihārīlāl
ビハリラル Bihārīlāl
ビバール
Bibard
Bivar
ピバール Pipart
ピバルエビッチ
Pivaljevic
ピーパルク Pipaluk
ビバルディ Vivaldi
ビーハン
Beahan
Behan**
Byhan
ビーバン
Beaven
Beeban*
Bevan*
ビバン
Bevan
Bibang
ビパン Bipan
ビバンコ
Vibanco
Vivanco
ビハンスキー
Vikhanskii
ビバンテ Vivante
ビバンティ Vivanti
ヒーピー Heapy
ヒビー Hiby*
ビービ Beebe**
ビービー
BeBe
Bebe
Beebe*
Beebee
Beeby*
Bībī
ビビ
Bebe***
Bibi**
ビビー
Bibby**
Vivi
ピービ Peavy*
ヒーピア Hyypia
ビビア Bevere
ビビアナ
Bibiana
Viviana
ビビアーニ Viviani
ビビアニ Viviani*
ビビアーノ Bibiano
ビビアン
Vivian**
Vivien**
Vivienne**
Vyvyan
ビビアンヌ
Bibiane
Viviane
ビビアンネ Vivianne
ビービイ Beeby
ビビィ Bibby
ビビエ Vivier
ビビエーナ Bibiena
ビビエナ Bibiena
ビビエナアリシ
Viviena 'Alisi
ビービエン Beaubien
ビビエンヌ Vivienne
ビービーキング
B.B.King
ビービコフ Bibikov
ビビコフ Bibikov
ヒビザード Bihzād
ビービージョン
Beebeejaun
ビビタチ Bibitach
ピピテ Pipite
ピヒト Picht**
ピピトン Pipitone
ビビーナ Vivienne
ヒビニスキ Chybiński
ピピヒ Pippig*
ピーヒラー Piechler
ピヒラー Pichler**
ビヒル Vigil**
ビーヒルズ Behiels*
ピーピルズ Peeples
ビヒレ Bihire
ピピロッティ
Pipilotti*
ヒビン Hibbin
ビービン Bibin
ビビン
Bipin
Bivin*
ビピン Bipin
ピピン
Pipin*
Pippen
Pippin*
ピーピング Peeping
ヒープ Heap*
ビーフ Vích
ビーブ
Bebe
Beebe*
Vives
ビフ Biff
ビブ
Bib
Bibb*
Viv
Vyv
ピープ Pepe
ヒファーナン
Heffernan*
ピファロ Pifaro
ヒフィケプニェ
Hifikepunye**
ビーブイック
Biebuyck
ビフィルコ Bifulco
ビフィン Biffin
ヒフィンガー
Hipfinger
ピフェイロ Piffero
ピフェッティ Piffetti
ビフェト Bifet
ビフォ Bifo
ヒーフォード Heafford
ピプキン Pipkin*
ヒプキンス Hipkins
ヒプキンズ Hipkins
ピプコフ Pipkov
ビフザード Bihzād
ビブシイ Bibsy*
ヒープス Heaps
ビブス Bibbs
ピープス Pepys*
ヒプソン
Hipson*
Phipson
ヒブディッチ
Hebditch
ビブティブション
Bibhutibhusan
Bibhūtibhūsan
Bibhūtibhūṣan
ピフニク Piwnik
ピブニチェル
Pivniceru
ピブニック Pivnick
ビブパエフ Vyropayev
ビーフハート
Beefheart*

ビフバハーニー
Bihbahānī
ピープマイヤー
Piepmeier
ヒーブラー Hiebeler
ヒブラ
Hibra
Khibla*
ヒブラー
Hibbler
Hibler
ヒプラー Hipler
ビブラス Bibras
ピブラック Pibrac
ビブリアンダー
Bibliander
ビブリオテカルス
Bibliothecarus
ピプリカ Piplica
ビブリシャウザー
Wiblishauser
ビブリス Biblís
ヒブル Hybl
ビーブル
Beable
Bibl
ピーフル Pifre
ピフル
Pichl
Pihl
ビブルス Bibulus
ピーブルス
Peebles**
Peevers
ピーブルズ Peebles**
ピープルズ
Peeples
Peoples
ビフレド
Vifredo
Wilfred
ビフロフ Vihrovs*
ビフン Bihun
ビブン Biven*
ピーブン Peven
ピブーン Pibul
ピブン Pibul
ピブーンソンクラーム
Phibunsongkhram
ピブンソンクラーム
Pibulsonggram
ビベ Bibehe
ビヘイリー Behary
ヒベイロ Ribeiro*
ビベカ Viveca
ビベーカーナンダ
Vivekānanda
ビベカーナンダ
Vivekānanda
ビベーケ Vibeke*
ビーベース Vives
ビーベス Vives*
ビベス Vives*
ビベスク Bibescu
ビベスクー Bibescu
ビベスコ Bibesco
ビベスシシリア
Vives i Sicilia
ビベック Vivek
ピベッタ Pivetta
ヒベット Hibbett**
ビベット Vibette
ヒーベラー Hiebeler
ピペラーレ Pipelare
ビーベリ Wiberg*
ヒペーリウス
Hyperius
ヒペリウス Hyperius
ビーヘル Biegel**
ビーベル
Bebelle*
Biebel
Biebl
Byberg
ビベール Vibert
ピーペル Peapell
ビーベルシタイン
Bieberstein
ビーベルシュタイン
Bieberstein
ビーベルシュテイン
Bieberstein
ビベルソン Biberson
ビベルティ Biberti
ヒベルト Hibbert
ビーベルバッハ
Bieberbach
ビーベルバハ
Bieberbach*
ビヘーレ Biechele
ビヘレー Biechele
ヒペレイデス
Hypereides
ビベーロ Vivero
ビベロ
Bibbero
Vivero*
ピペン Pippen
ヒホ Hee-ho*
ビボ
Vivo
Vivó
ビボー
Bibaud
Bibeau
Bibeault
Bibó
Viborg
ピーボ Peabo*
ヒポクラティダス
Hippocratidas
ヒポクラテース
Hippocrates
ヒポクラテス
Hippocrates
Hippokratēs*
ピーボディ Peabody*
ピーボデイ Peabody
ピーボディ Peabody
ビボナ Bivona
ピポニエ Piponnier
ピボバルスキー
Piwowarsky
Pyvovarskyi
ヒボム Hee-beom*
ヒポリット Hippolyte
ヒポリト Hypólito*
ビボル Bivol
ピボワロワ
Pivovarova
ヒホン Gijón
ビーマ Biema
ビーマー
Beamer*
Beemer
ビマ Bimha
ビマー
Bimmer
Wimmer
ビマーサイド
Bemersyde
ヒーマス Hemus
ピマソン
Phimmasone
ビーマーチャールヤ
Bhīmācārya
ビマーニ Bhimani
ビマニ Bhimani
ヒマネン Himanen**
ビマラ Vimala
ビマル Bimal
ビマレンドラ
Bimalendra
ヒーマン Heman
ヒマン Heman
ビーマン
Beaman
Beeman
ヒマーンシュ
Himanshu
ヒーマンズ Hemans
ヒマンスー Himansu
ヒミシュ Himmich
ビーミス Beamis
ビミス Bimis*
ピミス Psimhis
ビーミッシュ Beamish
ヒミルコ Himilco
ヒミルコン Himilco
ビーミン Beemyn
ヒームー Hīmū
ヒム Him
ビーム
Beahm
Beam*
Beame**
Beem
Behm
Biem
ビム
Bhim
Wim
ピム
Pim**
Pimm
Pym***
ビームサイン
Bhimsain
ピムシリ Pimsiri
ヒムチャン
Him-chan*
ビムプェン Wimpffen
ピムペア Pimpare
ヒムペラ Gimpera
ヒムマーク Him Mark
ヒムヤリー Ḥimyarī
ヒムラー
Himler
Himmler
ビームラーオ Bhīmrao
ヒムラル Himlal
ヒムレイ Himley
ピムロット Pimlott
ヒムロード Himrod
ヒメナ
Jimena
Ximena
ヒメナイ Hyménaios
ヒメナオ Hyménaios
ヒメーネス
Giménez
Jiménez*
ヒメネス
Gimenez**
Giménez
Jiménes
Jimenez***
Jiménez***
Ximenes
ヒメネスカイセド
Jimenez Caicedo
ヒメネスガオナ
Jiménez Gaona
ヒメーノ Jimeno
ヒメノ
Gimeno*
Jimeno
ピーメノヴィチ
Pimenovich
ピメノフ Pimenov
ヒメリウス Himerius
ヒメリオス Hīmerios
ヒメル
Himmel
Hymel
ビーメル Biemel
ヒメルスタイン
Himmelstein
ヒメルホック
Himmelhoch
ヒメルマン
Himmelman
ビーメルマンズ
Bemelmans
ピーメン Pimen
ヒーメンウェイ
Hemenway
ピメンタ Pimenta*
ピメンタル Pimental
ピメンテル Pimentel*
ビーメント Beament
ピーモーニン
P Moe Nin
ビーモン Beamon*
ピモン Pimont
ヒヤ
Hiya
Hiyya
ビーヤ Bier
ビヤ
Biya**
Villa
ピヤ P'ya
ピヤ
Pija*
Piya
Pyat
ピヤウイ Piyaui
ヒャヴィエール Xavier
ビャウォシェフスキ
Bialoszewski
ビャウォストツキ
Bialostocki
ビャウコウスキー
Białkowski
ビャーウス Bjergsø
ビャーグ Bjerg
ビャークネス Bjerknes
ビヤークネス
Bjerkners
Bjerknes
ビャグリ Byagul
ビヤケダール Birkedal
ビャーサ Vyāsa
ピヤサコン Piyasakol
ピヤサワット
Piyasvasti
ピヤシェワ Piyasheva
ビャシム Byashim
ビャシムイラト
Byashimmyrat
ビャシムムイラト
Byashimmyrat
ビャシモワ Byasimova
ビヤース Bierce
ビヤズリ Beardsley
ピヤセナ Piyasena
ビャーゼムスキー
Viazemskii
ピヤソン Pierson
ピャタコーフ
Piatakov
Pyatakov
ピャタコフ Pyatakov
ピヤタコフ Pyatakov
ピヤダーサ Piyadāsa
ビャチェスラフ
Byacheslav
Viacheslav*
Vjacheslav
Vjiatscheslav
Vyacheslav**
ビャチャニン
Vyatchanin
ヒヤツィント
Hyazinth
ピヤッチ Piatti
ビヤットネス
Bjartnes*
ビャッナソン
Bjarnason
ピヤーデ Pijade

ヒ

ピャテツキー
Pyatetski
ピャテッツキイ
Pyatetski
ピャード Beard
ピャトイフ Pyatykh
ピャトニツキー
Pyatnitskii
ピャートニツキィ
Pyatnitskii
ピャートニッツァ
Pyatnytsya
ピャトルーシ Petrúsi
ビヤヌエバ Villanueva
ビャーネ
Bjarne*
Bjärne
ビヤバウド Beabout
ビャバガンビ
Byabagambi
ヒヤーバーニー
Khiyābānī
ピャヒ Vähi*
ビヤマ Biyama
ビヤマン Bierman
ピヤマン Pijaman
ビャムバスレン
Bimbasuren
Byambasuren*
Byambasüren
ビャムバツォグト
Byambatsogt
ビャムビーン
Bimba-yin
Byambyn*
ビヤモズ Vuillermoz
ヒヤリ Khyari
ビャーリク Bialik
ビャリャツキ
Bialiatski
ビヤール
Biard
Billard*
Vuillard
ピヤル Piyal
ビャルクネス Bjerknes
ビヤルクネス Bjerknes
ビャルケ
Bjarke
Bjerke
ビヤルスラノフ
Biyarslanov
ヒャルタン Kjartan
ビャルテ Bjarte*
ピャルト Pärt
ビャルトゥマルツ
Bjartmarz
ビャルナソン
Bjarnason
ビャルニ Bjarni**
ビャルネ Bjarne
ビヤルハンガ
Byaruhanga
ビャルベ Vaelbe*
ヒャルマー Hjalmar*
ヒヤルマ Hiarma
ヒャルマール Hjalmar
ビヤロブジェスキー
Bialobzheskii
ビャーロム Bjerrum
ヒャン Hyun
ビャーン Bjørn
ビヤーン Bjarne
ビヤン Vian
ビヤンヴィル Bienville
ヒャンギ Hyang Gee
ビヤンキ Bianchi
ビヤンサン Biensan
ピヤンジャハ
Piyañjaha
ヒャンジン
Hyangjin
Hyun-jin
ヒャンス Hyang-soo
ヒャンスン
Hyang-soon
ヒャンソク
Hyung-seok
ビャンダーラ
Byandaala
ビヤンディ Biendi
ピャント Pyant
ピャンヌコチョン
Peinnukrochon
ビャンバ Byamba
ビャンバジャビーン
Byambajavyn
ビャンバスレン
Bimbasuren
Byambasuren*
ヒャンヒ Hyang-hee
ビャンホフ Bjarnhof
ヒャンミ
Hyang Mi
Hyangmi
ヒュ Hugh
ヒュー
Few
Hew
Hieu*
Høegh
Howe
Hsu
Hue*
Huge
Hugfh
Hugh***
Hughes
Huu*
Huw*
ビュ But
ビュー
Beau
Byu
Vu
ピーユ
Pilhes*
Pille*
ピュー
Pew
Pugh**
Pyu
ヒューアー Hewer
ヒュアヴェーガー
Fürweger
ヒュアキントゥス
Hyacinthus
ヒュアキントス
Hyakinthos
ヒュアコ Huaco
ビュアシャーパー
Buerschaper
ビュアタ Vuataz
ヒューアード Hewardt
ヒュアード Heward
ビュアド Buade
ビューアメスター
Burmester
ビュアリ Bury
ビュアリ Bury
ビュアリー Bury
ピュアール Puard*
ビュアルネ Vuarnet
ヒューアン Hughan
ヒュアン Huang
ビュアン Buin
ビュアンゾ Buenzod
ヒューイ
Houy
Huey**
Hughie
Huheey
Huie*
ヒューイー Hugh
ヒュイ Huie
ピュイ Puy*
ピュイグ Puig**
ピュイグルニエ
Puygrenier
ヒュイゲン Huygen
ピュイサン Puissant
ビュイス Buis
ピュイスー Puiseux
ピュイズー Puiseux
ビュイスレ Buisseret
ヒューイスン Hewison
ピュイゼ Puisais*
ピュイゼギュール
Puységur
ピュイセソ
Puissesseau
ビュイゼール Buyser
ピュイゾー Puiseux
ヒューイソン Hewison
ビュイソン Buisson*
ビュイダン Buydens*
ヒュイック
Hueck
Huyck
ビューイック Bewick
ビュイック
Bewick
Buick
ヒューイッシュ
Hewish**
ヒュイッシュ Hewish
ビュイッソン
Buisson*
ヒューイット
Hewett
Hewit
Hewitt***
Huett*
Huitt
Huyett
ヒュイット Hewitt
ビュイテラー
Buitelaar
ビュイトナー
Buettner
ピュイバレ Puybaret*
ピュイフォルカ
Puiforcat
ビュイヤール Vuillard
ヒュイラー Huwyler
ビュイラー Vuillier
ビュイルマール
Wuilmart
ヒューインス Hewins
ヒューインズ Hewins*
ヒュインズ Hewins
ヒュウ
Hieu
Hugh
Huu
ビュウ Bure
ピュヴィ Puvis
ピュヴィス Puvis
ビュウィック Bewick
ヒューウィッシュ
Hewish
ヒューウィット
Hewitt*
ヒュウェッソン
Hewesson
ヒューウェット
Hewett
ヒュウエット Hewett
ヒューウェル Whewell
ヒューヴェル Heuvel
ヒュウェル Hywel
ヒュウゴ Hugo
ヒュウス Hughes
ヒュウソン Hughson
ヒュウマー Huemer
ヒュウム Hulme
ビュウリイ Bewley
ビュエ Buée
ヒュエイ Huey
ピュエク Puech
ピュエシュ Puech**
ヒュエスティス
Huestis
ヒューエット
Hewett*
Hewitt
ピュエット Puett
ヒューエットソン
Hewetson
ヒューエル
Heuwell
Riuler
Whewell
ビューエル Buell*
ビュエル
Buell*
Buhl
ピュエル
Pierre
Puel
ビュオ Buot
ビュオー Buhot
ヒュオン Hyong
ヒューガ Heuga
ヒューガー Hüger
ビューカー Bucher
ヒュカーデ Hykade
ヒューガート
Hughart**
ビュガートナー
Bumgartner
ビュカナン Buchanan
ヒューガム Hygum
ビュキエ Bukiet
ヒューギスン
Hugessen
ヒュギーヌス
Hyginus*
ヒュギヌス Hyginus
ビュキャナン
Buchanan
ヒューギル Huegill
ヒュク Huc
ピュクイ Pukui
ビュークス Beukes**
ピュークック
Pugh-Cook
ビュークナー
Buechner
Bueckner
ビュクナー
Buechner
Bueckner
ヒューグニー
Hugueny
ピュグマリオン
Pygmalion
ピュクラー Pückler
ビューグラス Buglass
ビュークリ Buchele
ビューグリオシー
Bugliosi
ピュクレル Puckler
ビュケ Buquet
ビュゲ Buguet
ヒューゲット Huggett
ヒューゲル
Huegel
Hugel*
Hügel
ビューケルス Beukers
ビューケルマン
Beukelman
ビュケレ Bukere
ヒューゴ
Hugo***
Hugó
ヒューゴー
Hugo***
Hugoe
ヒューゴソン Hugoson
ビュザー Buser

ピュザク Vieuzac
ピューザック Vieuzac
ヒュサメッティン
Husamettin
ヒュージ Huge*
ビューシー Busey
ビュシ
Buci
Bussy
ビュシー Bussy*
ピューシー Pusey
ピュージ Pusey*
ピュージー Pusey
ビュシェ
Buchet
Buchez
ビュシェー Buchez
ピュジェ Puget
ピュジェー Puget
ヒュージェスン
Hugessen
ビューシェル Bueschel
ビュシーク Busiek
ビューシゲンス
Byushgens
ヒュージッセン
Hugessen
ビュシーヌ Bussine
ヒューシャ Fuchsia
ピュシャラ Puchala
ピュジャレ Pujalet
ピュジャレープラー
Pujalet-Plaà
ピュジャン Pugin
ピュジュー Pusiex
ピユーシュ Piyush
ビュシュゲン
Büschgen
ビュショ
Buchot
Buc'hoz
ビュジョ Bugeaud
ピュジョオル Pujor
ビュジョール Bujor**
ピュジョル Pujol*
ビュジョルド Bujold*
ピュージン Pugin
ヒュース
Hughes*
Huth
ヒューズ
Hewes*
Huges
Hughes***
Huse
Huws
ビュス
Beus
Bus
ピュース Puce
ビュスィエーレ
Bussières
ヒューズィング Hüsing
ヒュースケン Heusken
ビュスケン Busken
ビュスケンス Buskens
ビュースタッド
Bustad
ヒュースティス
Huestis
ビュースト Beust*
ビュスト
Buesst
Wüst
ビュストレーム
Byström
ビュストレム Byström
ビューストロス
Bustros
ヒューストン
Hewstone
Houston***
Housuton
Huston***
ヒュスニュ Husnu
ヒュスヌ Hüsnü
ビュスベク Busbecq
ビュズベク Busbecq
ヒュースマルク
Husmark
ヒュースマン
Huismann
ビュースマン
Busemann
ヒュスメノワ
Husmenova
ヒュースラー Housler
ピューズリー
Pughsley
ヒュスレヴ Hüsrev
ビュスロー Bussereau
ヒュースン Hewson
ビュゼ Buse
ピュゼー Pusey
ヒュゼイフェ Huzeyfe
ヒュセイン
Ḥusein
Huseyin*
Hüseyin
ヒュセインザーデ
Hüseyin-zâde
ピューセリック
Pucelik*
ビュセール Busser
ピュセル Pucelle
ピュセロ Pucelle
ヒューゼン Heusen*
ビューゼン Bieuzen
ビューソ Biuso
ヒューソン
Hewson***
Hughson
ヒューター Hüter
ピューター Puetter
ビューダイン
Beaudine
ピュータゴラース
Pythagoras
ピュタゴーラス
Pythagoras
ピュタゴラス
Puthagoras
Pythagoras
ヒュダティウス
Hydatius
ビュタニー Butany
ピュータボー
Puterbaugh
ヒュタラ Huhtala
ピュタラ Putallaz
ビュータン
Vieuxtemps
ビューチュラー
Buechler
ビュチュリー Bütschli
ヒューツ Heutsz
ピュツェップ Pütsep
ヒューツォー Huszagh
ビューツォフ Byutsov
ビュッカー
Bucker
Bücker*
ヒュック
Hueck
Hyuck
ビュック
Buch
Bugg
Wuck
ビュックス Bewkes
ピュックラー
Puckler
Pückler
ビュッケ Bueche
ヒュッケル
Huckel
Hückel
ビュッケン Bucken
ビュッサー Büsser
ヒュッサラ Hyssälä
ビュッシ
Bussi**
Bussy
ビュッシー Bussy
ビュッシェ Busscher
ヒュッシュ Hüsch*
ビュッシュ Büsch
ビュッシング
Busching
Büsching
Bushing
ビュッセ Busset
ピュッセー Pussey*
ビュッセマ Buscema*
ビュッセール Busser
ビュッセル
Buechsel
Büssel
Busser*
ピュッセール Pucelle
ビュッセンバッハ
Büssenbach
ビュッソン Busson
ヒュッター
Hutter
Hütter
ピュッター Pütter
ビュッチャー Bucher
ビュッチュリ Bütschli
ピュッツ
Putz
Pütz
ビュッツォフ Butzow
ピュッツナー Pfützner
ビュッティカー
Büttiker*
ヒュッティンガー
Hüttinger
ヒュッテマン
Houtteman
ヒュッテル
Huettel
Hüttel
Hüttl
ビュッテル Butel
ヒュッテン Hutten
ヒュッテンブレンナー
Hüttenbrenner
ヒュッテンマイスター
Hüttenmeister
ヒュットナー Hüttner
ビュットナー Büttner
ヒュッバード
Hubbard
ビュッヒア Bucher
ビュッヒァー Bücher
ビュッヒエル Büchel
ビュッヒナー
Buchner
Büchner
ビュッヒャー Bücher
ビュッヒヤー Bücher
ビュッファン Byvanck
ビュッフェ Buffet*
ビュッフェシャイエ
Buffet-Challié
ビュッフォン Buffon
ヒュッベ Hübbe*
ビュッヘラー Bücheler
ビュッヘル Büchel
ビュッヘンバッハ
Büchenbacher
ピュッリュ Putzulu
ピュッロン Pyrrhōn
ビュテ Butel*
ビュデ Badé
ピュテアス
Putheas
Pytheas
ピュティ Psuty
ピュティア Pythia
ピュティアス
Pytheas
Pȳthiās
ヒュディス Hudes
ピューディパイ
PewDiePie
ピューテオス Pytheos
ピュテオス Pytheos
ヒュテネン Hytönen
ヒューデベール
Heudebert
ヒューデポール
Hudepohl
ビューテラ Butera
ビューテル Beutel*
ビューデル Büdel
ビュテル
Butel
Butelle
ビュテルヌ Buterne
ビュテンホフ
Butenhof
ヒュト Huet
ビュート
Bute*
Butte**
ビュートー Butow*
ビュード Bude
ビュトゥクリ
Vutukuri
ヒュトナー Hüttner
ビュトナー
Buttner
Büttner
ビュドニー Biedny
ビュトラー Bütler
ビュードリー Bewdley
ビュートリッヒ
Wüthrich
ビュトール Butor***
ヒュトレーウス
Chyträus
ヒュートレル Fewtrell
ピュドロフスキ
Pudlowski
ヒュートン Houghton
ヒュードン Hudon
ピュトン Pȳthōn
ビューナー
Biewener
Buhner**
ピューナー Puner
ビューナス Beunen
ヒュニ Hüni
ヒューニア Hunia
ヒューニッヒ Hünig
ピューニョ Pugno
ヒュニング Gunning
ビューニング Buning
ビュニング Bünning
ヒュヌス Hunus
ヒューネ Huene
ヒューネカー Huneker
ヒュネカア Huneker
ヒュネケ Hüneke
ヒューネック Huneck*
ビューネマン
Bühnemann
ヒューネル Huner
ビュネル Bunel
ヒューネン Heunen
ビュノー Bunau
ビュノア Busnois
ビュノワ Busnois
ヒューバー Huber**
ヒュバー Huber
ビューハー Bücher
ヒュパチア Hypatia

ヒ

ヒュパティア Hypatia
ヒュパティアー
Hypatia
ヒュパティオス
Hypatios
Hypátios
ヒューバート
Herbert
Hubart
Huber
Hubert***
Huibert
ヒューバード Hubert
ヒュバート Hubert*
ヒューバヒ Heubach
ヒューバーマン
Huberman
ヒューバマン
Huberman
ビュバリー Bumbali
ビュバロー Bumbalo
ビーユバン Bullivant
ヒュービー
Hubert
Hubie
ビュヒ Büchi
ピュビ Puvis
ビュヒァー Bücher
ビューヒェラー
Bücheler
ビューヒェル Buchel
ピュビス Puvis
ビュヒター Büchter
ビューヒナー
Büchner**
ビュヒナー Büchner*
ビュヒナァ Büchner
ビューヒネル Büchner
ビュヒネル Büchner
ビューヒマン
Büchmann
ビューヒャー
Bücher
Büchner
ビュヒャー
Bucher
Bücher
ビュヒュナー Büchner
ビューヒライン
Büchlein
ピューピロ Pupillo
ヒュービン Hubin
ピューピン Pupin*
ヒューブ Huub
ビュファルダン
Buffardin
ビュフィエ Buffier
ビューフェ Beaufait
ビュフェ Buffet*
ビュフェトー
Buffetaut
ヒューフェル Heuvel
ビュフェール Buferd
ビューフォー Beaufoy
ビュフォー Buffault
ビューフォイ Beaufoy
ビューフォート
Beaufort
ビューフォード
Beaufond
Buford*
ビュフォード
Buford**
ビューフォルト
Beaufort
ビュフォン Buffon
ヒュプシクレス
Hypsiklēs
ヒュプシピュレ
Hypsipyle
ヒューブシャー
Hübscher
ヒューブシュマン
Hübschmann
ヒュブシュマン
Hübschmann
ヒューフテン Heugten
ヒューブナー
Hübner**
Huebner*
ヒューブナー Hübner
ヒュフナー
Huefner*
Hüefner*
ヒュブナー
Hubner
Hübner*
Huebner
ヒュプナー
Hubner
Hübner*
ヒューブナア Huebner
ヒュブネル Hubner
ビュフノアール
Bufnoir
ビュフノワール
Buffenoir
Bufnoir
ヒューブヒェン
Hübchen
ヒューブラー Huebler
ビュフラー Buchler
ヒューブリー Hubley
ヒュブリアス Hubrias
ビュブリス Byblís
ヒューブル Hübl
ヒューブレヒト
Hubrecht
ヒュブレル Hübler
ヒューベ Hube*
ヒューベナー Hübener
ビューヘラー Bücheler
ヒュペリデス
Hypereides
ヒューベル
Hubel**
Hübel
ヒュベール Hueber
ビューヘル Büchele
ビュヘル Buchel
ヒュベルタス
Hubertus
ヒューベルト Hubert*
ヒュベルト Hubert
ヒュベルトゥス
Hubertus
ヒュペルボロス
Huperbolos
Hyperbolos
ピュペルボロス
Hyperbolos
ヒュペレイデース
Hypereides
ヒュペレイデス
Hupereidēs
Hypereides
ヒューホ Hugo***
ヒューホー Hugo
ヒュホ Hugo
ビューマー Beumer
ピューマ Puma*
ヒュマーリッヒ
Hümmerich
ヒューマン
Heumann
Human*
Humann
ビューミラー Bumiller
ビュミラー Bumiller
ヒューム
Home**
Hulme**
Hume***
ヒュム Humm
ピユム Piyum
ヒュームズ Humes**
ピュムピン Pümpin
ヒューメル Hummel
ヒューメルス
Hummels
ヒュメールズ
Hummels
ヒュメルスバーガー
Hummelsberger
ヒュメン Hymmen
ビューモント
Beaumont*
ヒューラー
Fürer
Huler
ヒュラ Hylla
ヒュラー Hüller
ビューラー
Buehler
Buhler
Bühler**
Bührer
ピューラ Pyra
ヒュラス Hylas
ビューラック Burrluck
ピュラデス Pyladēs
ピュラモス Pyramos
ビュラール Bulard
ピュラルコス
Phylarchos
ビューラン Burrin
ビュラン
Buland
Bullant
Buren*
ビューリ Beaulieu*
ビューリー
Bewley
Bury
ビュリ Bury**
ビュリー Bury*
ピュリアス Pullias
ビューリイ Bury
ビューリス Burris
ピューリス Pulis
ピュリス Puris
ピュリタニス Prytanis
ビュリダン Buridan
ピューリツァー
Pulitzer
ピュリツァー Pulitzer
ヒューリック Gulik**
ビュリック Burick
ピュリッジ Pulizzi
ピューリッツァー
Pulitzer
ピュリッツァ Pulitzer
ピュリッツァー
Pulitzer***
ピュリッツア Pulitzer
ピュリッツアー
Pulitzer
ヒューリット Hewlett
ビュリビュリ
Byul-byul
ピューリファイ Purify
ピュリフォイ Peurifoy
ヒューリーマン
Hürlimann
ヒューリマン
Hurlimann
Hürlimann*
ピュリャグ Purryag*
ビュリュス Burrus
ヒューリン
Hewlin
Huryn
ヒューリング Huling
ビュリング Buring
ヒューリングス
Hughlings
ヒューリングズ
Hughlings
ピュリントン
Purinton
ビュール
Biel
Bjur
Buehrle
Buhl
Buhle
Buhr
Buol
Bure
ビュル Bulle
ピュール
Pierre
Pure
ビュルヴェニヒ
Brüvenich
ピュルヴェール Pulver
ビュールガー Bürger
ビュルガ
Burgat
Bürger
ビュルガー
Buerger
Burger*
Bürger*
ヒュルカノス
Hyrkanos
Hyrkanós
ビュルガープリンツ
Bürger-Prinz
ビュルキ
Burki
Bürki
ビュルキー Burki
ビュルギ
Bürgi
Burgy
ビュルギエール
Burguiére
Burguière*
ヒュルク Hurk
ビュルグ Bürg
ビュルグヒュラーヴ
Burggraeve
ビュールクリ Burkli
ビュルゲ Bürge
ビュルケル Bürckel
ビュルゲル Bürger
ヒュルケンベルグ
Hulkenberg*
ビュルジック Würsing
ビュルジャ Bürja
ビュルジュラン
Burgelin
ビュールス Beurse
ビュルス Buers
ビュルステット
Bjurstedt
ヒュルスト Hulst
ビュールストロム
Bjurstrøm
ビュルストローム
Bjurström
ヒュルスホッフ
Hülshoff
ヒュルスホーフ
Hülshoff
ヒュルスホフ
Hülshoff*
ヒュルゼマン
Hülsemann
ヒュルゼン Hülsen
ヒュルゼンベック
Huelsenbeck*
Hülsenbeck
ビュルダン Burdin
ヒュルツ Hültz
ビュルツ Wurtz
ヒュルツェラー
Hürzeler
ビュルティ Burty
ビュルテンベルク
Würtenberg
ビュルドー Burdeau
ビュルニエ Burnier

ビュルニエール
Burnier
ビュルヌーフ Burnouf
ビュルヌフ Burnouf
ヒュルネ Huirne
ビュルネ
Buenet
Burnet
Burney
ビュルネー Burney
ピュルビツ Purvits
ピュルフォール
Pulford*
ヒュルフローニェ
Hurgronje
ヒュルフローニエ
Hurgronje
ヒュルフロニエ
Hurgronje
ヒュールベック
Fuerboeck
ビュルヘルス Burgers
ビュルマ
Burma
Buruma
ビュルマン Burman
ヒュルマンデル
Hullmandel
ビュルラマキ
Burlamaqui
ヒュルリマン
Hürlimann
ビュルル Burles
ビュルルー Burloud
ビュルレ Burlet
ヒュルレム Hürrem
ヒュールレーン Hurlen
ピュルロス Pyrrhos
ビュルン Byrne
ヒュレ
Huelle
Hulle
ビーユレ Billerey
ビューレ Buret
ビュレ Bullet
ヒューレアット
Huleatt
ヒューレイ Hewley
ビュレス Bures
ヒューレット
Hewlett**
Hewlette*
Hewllett
Houlette
Hughlett
Hulette
ビュレット Burette
ヒューレン
Hew Len*
Vuuren
ビューレン Buren*
ビュレーン
Byléhn
Wilen
ビュレン Buren*
ピューレン Pullen
ビューレント Bülent
ビュレント
Bulent
Bülent**
ビュレンヌ Buren*
ビューロ
Bulow*
Bülow
ビューロー
Buelow
Bülau
Bulow*
Bülow*
Bureau
ビュロー
Bülow
Bureau
ビューロウ Bülow
ビュロウ Bulow
ヒュロス Hyllos
ピュロス
Pyrrhos
Pýrros
ヒューロック
Hurock
Hurok
ビュロール Burall
ビュロン Buron*
ピュロン Pyrrhōn
ピューワック Puwak
ヒューワット Hewat
ヒューワード Heward*
ヒュワード
Heward
Howard
ヒューン Huhne
ヒュン
Hyun*
Hyung
ビュン Byun
ヒュンゲス Huenges
ビュンシェ Wünsche*
ヒュンジョ Hyunjoo
ビュンダリーン
Bünderlin
ヒュンチュル
Hyung-chul
ピュンツォ Phuntsog
ビュンテ Bunte
ビュンティング
Bünting
ヒュンテラー Hünteler
ビュンニング
Bünning*
ピュンピン
Pümpin
Pünpin
ヒュンミョン
Hyun-myung
ヒュンメル Hummel
ビュンレ Bunlet
ビョー Bøe
ビヨ
Billot
Viau
ビヨー
Billaud*
Billot
Viau
ピヨ Pio
ピヨ Piyo
ビョアン Bjorn
ビョウ Biao*
ビョーエ Børge
ヒョク
Hyok
Hyuck
Hyuk*
ビョーク
Bjork
Björk*
ヒョクギュ Hyok-kyu
ヒョクジュ Hyuk-joo
ヒョクジョ Hyock-jo
ビョークストローム
Bjorkström
Björkström
ヒョクチャン
Hyuck-chang
ヒョクチュ Hyok-chu
ヒョクチョル
Hyok-chol
ヒョクビン Hyukbin
ビョークマン
Bjorkman*
Björkman*
ビョークランド
Bjorklund
ビョークレン
Bjorkgren
ビヨゲンバ
Biyoghe Mba
ビョーゴ Bjorgo
ヒョサン Hyo-sang
ピョジイ Piogey
ヒョジェ Hyo-jae
ヒョシム
Hyo Sim
Hyosim
ヒョージュ Hyo-joo
ヒョジュ Hyo-joo*
ヒョジュン
Hyo-jun
Hyo-jung*
ヒョジン Hyo-jin*
ヒョスン Hyo-soon
ヒョソク
Hyo-sok
Hyo-suk
ヒョソブ Hyo-sop
ヒョソン
Hyo Seong
Hyo-Sun
Hyo-sung
ビョソン Björnsson
ビョッソン Björnsson
ピョッツィ Piozzi
ピヨット Piot
ヒョーツバーグ
Hjortsberg***
ヒョードル Fedor*
ヒョードル Fyodor
ピョートル
Peter*
Petr***
Pëtr*
Petrúsi
Piotr**
Pjotr
Pyotor*
Pyotr***
Pytr
ピョトル
Pëtr
Piotr*
ピョートル Pëtr
ピョトール Pyotr
ピョトル
Piotr
Pyotr
ヒョドロフ Fedrov
ピョトロフスカ
Piotrowska
ヒョナ Hyun-a
ビョーナー Bjoner
ヒョヌン Hyon Ung
ビョーネル Bjoner
ビョーネルード
Bjornerud
ヒョノク Hyon-ok
ヒョファン
Hyo-hwang
ヒョミン Hyomin
ビョーム Böhm
ヒョヨン
Hyo-yeon
Hyo-yon
ビョラ
Byeol-ah*
Byoul
ビョリィエ Börje
ピョーリシキン
Peryshkin
ビョーリング Björling
ビョリング Bjorling
ヒヨル Hee-yol
ビョルイェ Börje
ビョルク
Björg
Bjork*
Björk**
Bjørk
ビヨルク Björk
ビョルクヴォル
Bjorkvold
Bjørkvold
ビョルクグレン
Björkgren
ビヨルクステン
Björkstén
ビョルクマン
Bjorkman*
Björkman
Bjorkuman
ビョルクム Björkum
ビョルクリット
Bjurklid
ビヨルクルンド
Björklund
Bojörklund
ビョルクロフ Björklöf
ビョルクンド
Bjorklund
ビョルケ Bjørke
ビョルケン Bjorken
ビョルゲン
Bjoergen
Bjorgen*
Bjørgen
ビヨルスチェルネ
Bjørnstjerne
ビョルソン Bjørnson
ビョルダル Bjordal
ヒョルティンク
Hjørting
ビョルト Björt
ビョルトンソン
Björnsson
ビョルネボ Bjrneboe
ビョルネボー
Bjørneboe
ビヨルネル Boerner
ヒョルフ Georg
ビョールリング
Björling
ビョルリンク Björling
ビョルリング Björling
ヒョルン Hjörne
ビョールン Björn
ビョルン
Bjoern
Bjorn**
Björn**
Bjørn*
ビヨルン
Bjoern**
Björn
ビョルンヴィ
Bjornvig
Bjørnvig*
ビョルンヴィー
Bjornvig
ビョルンオイ Bjørnøy
ビョルンシェーナ
Björnstjerna
ビョルンシチェルネ
Bjørnstjerne
ビョルンスターン
Bjornsterne
Bjørnstjerne
ビョルンスチェルナ
Bjørnstjerne
ビョルンスチェルネ
Bjørnstjerne*
ビョルンスチャーネ
Bjørnstjerne
ビョルンスティエルネ
Bjørnstjerne
ビヨルンステルネ
Bjørnstjerne
ビョルンストランド
Bjornstrand
Björnstrand
ビョルンソン
Bjornson
Bjørnson**
ビヨルンソン
Bjørnson
ビョルンダル Bjørndal

ヒ

ビョルンダーレン
Bjoerndalen**
Bjøerndalen
ビヨルントルプ
Björntorp
ビヨルンビー
Bjornebye
ビョルンルンド
Bjoernlund
ビョレンダル
Bjerendal
ビョロー Violeau
ヒョン
Hyeon*
Hyon**
Hyun**
Hyung*
ヒヨン
Hee-young
Hi-yong
Hui-yong
Hyung
ビョーン
Bjarne**
Bjoern
Bjorn
Björn**
Bjørn
ビョン
Byon
Byun
ビヨーン
Bjoern
Bjoŕn
Björn*
ビヨン
Bee-Young
Billon
Bjorn
Björn
Villon*
ピョン
Byun
Pyon
Pyun*
ビョンイク Byong-ik
ビョンイル Byung-il
ピョンイル Pyong-il
ヒョンウ
Hyeon-woo*
Hyeung-woo
Hyong-woo
Hyun-woo
ビョンウ Byung-woo
ビョーンヴィ
Bjornvig
Bjørnvig
ピョンウォン
Pyong-won
ヒョンウク
Hyon-wook
Hyung-wook
Hyun-uk
Hyun-wook*
ビョンウク Byonguk
ビヨンウク Byonguk
ヒョンウン
Hyun-woong
ビョンウン
Byung-woon
ヒョンオ
Hyung-o
Hyung-oh
ビョンオク Byung-ok
ビョンギ
Byeong-ki
Byung-kee*
Byung-ki*
ヒョンギュ
Hyeong-kyu
Hyung-kyu
Hyun-kyiu
ビョンギュ
Byong-kyu
Byung-kyu
ヒョンギョン
Hyon-gyong
HyunKyung
ピョンギル Pyung-kil
ヒョング Hyung-koo
ビョング Byeng-ku
ビョングァン
Byung-kwan
ヒョングォン
Hyung-kwon
ヒョングク
Hyung-kook
ビョングク
Byeong-guk
Byoung-guk
Byung-kuk
ヒョングン
Hyong-keun
Hyung-keun*
ビヨンケア
Bjornkaer
Bjornkjaer
ヒョンゴン
Hyeong-kon
Hyeon-gon
Hyong-kon
ビョンゴン
Byung-gun
ビョンサム
Byong-sam*
ピョンサン
Pyong-sham
ビョンジ Byung-ji
ヒョンジェ Hyun-jae*
ヒョンシク
Hyong-sik
Hyoung-sik*
Hyung Sik
ビョンシク
Byong-sik
Pyong-shik*
ビョンジク
Byung Jik
Pyong-jick
ヒョンジャ Hyun-ja
ヒョンジュ
Hyeon ju
Hyong-joo
Hyung-joo*
Hyun-ju*
ピョンジュ Pyong-ju
ヒョンジュン
Hyon-jung
Hyung-joong*
Hyung-jun
Hyungjun
Hyun-joon*
ビョンジュン
Byeong-Joon
Byung-joon
ヒョンジョン
Heon-jung
Hyun-chong*
Hyun Jeong
ヒョンジン
Hyong-jin
Hyung-jin
Hyun-jin
Hyunjin
ビョンジン Byung-jin
ピョンジン
Pyong-chin
ヒョンス
Hyeon-su
Hyun Soo
Hyun-soo*
Hyun-su*
ビョンス Byong-soo
ヒョンスク
Hyon Suk
Hyon-suk*
Hyonsuk
ビョーンスタッド
Bjørnstad
ビョーンスチェーネ
Bjørnstjerne
ビョーンストランド
Björnstrand
ヒョンスン
Hyun-seung*
ヒョンセ Hyun Se
ビョンセ Byung-se*
ビヨンセ
Beyonce
Beyoncé*
ピョンソ Pyong-so*
ヒョンソク Hyun-suk
ビョンソク
Byong-seok
ヒョンソプ
Hyong-sop**
Hyon-sop
Hyon-sopu*
Hyoung-sop
ビョンソプ
Byung-sup
ヒョンソン
Hyung-sung
ビョーンソン
Bjørnson
Bjørnsson
ビョンソン Byong-sun
ビヨーンソン
Bjornson
ビョンタク
Byong-tack
ヒョンチャン
Hyun-chan
ピョンチュン
Pyong-choon
ヒョンチョル
Hyeon-chul
Hyeong-cheol*
Hyong-chol
Hyun-chul
ビョンチョル
Byeong-chol
Byung-chul
Pyong-chol
ヒョンデ Hyun-dae
ビョンテ Byoung-tae
ビョンド
Byeong-do
Byung-do
ヒョンハク
Hyon-hwak*
ビョンハク Biong-hak
ヒョンヒ
Hyon Hui
Hyon-hui*
Hyun-hee
ビョンヒ Byung-hee
ビョンヒュ
Byong-hyu
ヒョンピョ
Hyung-pyo
Hyun-pyo
ビョンヒョン
Byong-hyon
Byong-hyun
Byung-hyun*
ヒョンビン Hyun-bin*
ヒョンブ Hyng-boo
ビョンファ
Byung-hwa
ヒョンファン
Hyung-hwan
ビョンフン
Byung-hoon*
Pyong-hun
ピョンフン
Pyong-hun
ヒョンベ Hyun-bae
ビョンヘイ
Byounghye
ビョンホ
Byeong-ho*
Byong-ho
Byoung-ho
Byung Ho
Byung-ho
Pyong-ho
ビヨンボ Biyombo
ビョンホン
Byung-heon
Byung-hun*
ビョンマン
Byong-man
ヒョンミン Hyunmin
ヒョンムク
Hyong-muk**
ヒョンムン
Hyuk-moon*
ヒョンモ Hyungmo
ビョンモ Byeong-mo
ヒョンモク
Hyeon-mok
Hyonng-mok
ヒョンユン
Hyung Yun
ビョンヨプ
Byong-yub
ビョンヨル
Byung-yul*
ビョンヨン
Byung-young
ビョンラン
Byung-ran*
ヒョンリョン
Hyoung-ryong
Hyung-ryong
ビヨンルソン
Bjørnson
ヒョンレ Hyung-rae*
ビョンロ Byung-ro
ビョンワン
Byong-wan
Byoung-wan
Byung-Wan
ヒラ
Hee-ra
Hila
Hilla*
Hira
ヒラー
Hillar*
Hiller***
Hillier
ビーラ Biela
ビーラー
Bealer*
Beehler
Beeler*
Biehler
Bieler
ビラ
Bilâ
Billah
Bira*
Vera
Vila***
Villa*
Villar
ビラー Biller**
ピーラー
Peeler
Piehler
Pierer**
ピラ
Bira
Pilla
Pira*
Piro
ピラー
Pilar
Pillar
Piller*
ヒライ Hilai
ビライ Viray
ピライ
Pilai
Pillai*
ヒライエル Hilayel
ビーライター Bereuter
ビライター Bereuter
ビライル Beryl
ピラヴィン Pilavin
ピラヴオール
Pilavoğlu
ピラウォン Philavong
ヒラオ Hirao
ビラカティ Vilakati
ビラーギ Biraghi
ビラーゴ Birago
ビラゴ Birago

ビラゴス Vilagos
ビラコチャ Viracocha
ピラコルテ Pilacorte
ビラサウミ
Virahsawmy
ヒラジ Hiraj
ピーラシー Phirasi
ビラジュ Viraj
ビラジョンガ
Vilallonga
ビラース Villars
ビラス Villas*
ビラスキ Biraschi
ヒラスナ Hirasuna
ビラスラオ Vilasrao
ビラセカ Vilaseca
ビラセナー Villasenor
ヒラータ Hirata
ヒラタ Hirata*
ビラタ Virata*
ピラチョウスキー
Pilachowski
ピラツカヤ Pilatskaia
ビラック
Bilac*
Billac*
ヒーラット Geerat*
ビラップス Billups**
ピラーティ Pilati*
ピラティス Pilates
ビラテネン Virtanen
ピラーテン Piraten
ヒラード Hillard
ビラード Birad
ピラート
Pilato
Pillath
ピラード Pierard
ピラト
Pilato*
Pilatos
Pilatus
ピラトー Pilato
ピラトヴィツ
Pilatowicz
ピラトゥス Pilatus
ピラートル Pilâtre
ピラトル Pilâtre
ヒラートン Hillerton
ヒーラーナンド
Hīrānand*
ビラーニ Villani
ピラーニ Pirani
ピラニ Pirani
ピラニー Pirani
ビラニウク Bilaniuk
ビラヌエバ Villanueva
ピラネージ Piranesi*
ピラネジ Piranesi
ヒラノ Hirano*
ビラノーバ
Villanovanus
ビラノバ
Vilanova*
Villainova
Villanova
Villanovanus
ビラノーバヌス
Villanovanus
ビーラパ Veerappa
ビラバイディア
Viravaidya
ピラバッキ Pilavachi*
ヒラバヤシ
Hirabayashi
ヒラハラ Hirahara*
ビラバン Biraben
ビラパン Virapin
ピラパン Pirapan
ビラヒマ Birahima
ピラピル Pilapil
ビラブ Belove
ビラベク Billerbeck
ビラーベック
Billerbeck*
ビラベラ Villabella
ビラボン Birabhongse
ビラポン Birabhongse
ヒラーマン
Hillerman***
ヒーラーム Ḥiram
ヒラム
Chiram
Hiram*
Ḥiram
ビラム Biram
ピラーム Pyrame
ピラム Pyrame
ビラメ Birame
プラモド Pramod
ビラヤト Vilayat
ヒラヤマ Hirayama
ヒラヤメキ
Pihlajamäki
ビララス Vilaras
ヒラーリ Helali
ヒラーリー Hilālī
ヒラリ Hilary
ヒラリー
Hilary***
Hillary***
Hillery**
Hirary
ビラリ Bilali
ピラリ Pillari
ヒラリア Hilaria*
ヒラリアヌス
Hilarianus
ヒラリィ Hillary
ヒラリイ
Hilary
Hillary*
ヒラリウス
Hilarius*
Hiralius
ヒラリオ Hilario
ヒラリオン Hilarion
ヒラリーン Hilarin
ピラリン Pilarín
ヒラール
Girard
Hilal
Hilāl*
Ḥilāl
ヒラル
Girál
Helal
Hilal
ビラール
Bilal*
Bilāl
Vilar
Villard
Villars
ビラル Bilal*
ピラール Pilar***
ピラル
Pilar
Pirar
ピラルギュリウス
Philargyrius
ヒラルス Hilarus
ビラルタ Vilalta
ピラルツィク
Pilarczyk
ヒラルデス Giraldez
ヒラルト Girat
ヒラルド Giraldo
ビラールト Wielaert
ビラルド Bilardo*
ビラルドゥアン
Villehardouin
ビラルビ Vilarrubí
ビラルビア
Villarrubia
ヒラレ Hirale
ビラレッリ Birarelli
ヒラレト Filaret
ビラロ Vilaró**
ビラロボス
Villa-Lobos
ビラロンガ Vilallonga
ビラワイタヤー
Viravaidya
ビラワル Bilawal*
ヒーラン Heelan
ビーラン Veeran
ビラン
Biran*
Birren
ピラン Piran*
ピランズ Pillans
ビランチア Bilancia
ピランデッロ
Pirandello**
ビランデル Wilander
ピランデルロ
Pirandello*
ピランデロ
Pirandello*
ヒランド Hylland
ビーランド
Beeland*
Wieland
ビラント Virant
ヒランニャパーニ
Hiraññapāṇi
ヒーリ
Healey
Healy
ヒーリー
Gilly
Healey***
Healy***
Heeley
Heely
Hehre
Hely
ヒリ
Gili
Girri
ヒリー
Healey
Hillie
Hilly**
ビーリ
Bieri
Bill'
ビーリー
Beery
Vealey
Viele
ビリ
Bill'*
Billi
Billy
Vili
Willy
ビリー
Billie***
Billy***
Villy
William
Willy
ピーリー
Peery
Pîrî
ピリ
Phiri
Pili
Piri
Pirie
ピリー Pirie*
ヒリア Hillier
ヒリアー
Hillier***
Hillyer
ビリア
Biglia
Villa
ビリアー Billiard
ピリア Piria
ビリアーズ Villiers
ピリアチェッリ
Pigliacelli
ヒリアード Hilliard*
ビリアート Viriato
ビリアト Viriato
ビリアナ
Biliana
Biljana*
ビリアミ
Viliame
Viliami
Villiami
ビリアム
Viliam
William
ビリアメ Villiame
ヒーリィ Healy
ヒーリイ Healy*
ビリィアロンガ
Villalonga
ビリィエル Birger
ビリヴァウー Beliveau
ビリヴェルト Bilivert
ビリウコワ Biryukova
ピリウーチ Pigliucci
ヒーリエ Hillier
ビリエ Villiers
ビリェーガス Villegas
ビリェガス Villegas
ビリエガス Villegas
ビリェーナ Villena
ビリェナ Villena
ヒリェマルク
Hiljemark
ビリエリ Biglieri
ビリエル Birger
ビーリオ Bilio
ビリオッティ Biliotti
ビリオン Villion
ビリカ Bilica
ビリガー Villiger
ビリカーヌス
Billicanus
ビリギッティ
Birighitti
ビリク Billick
ピリジャン Piligian*
ピリシュ Pires
ピリシン Pylyshyn
ヒリス
Gillis
Hiles
Hillis**
ビリス
Bilis
Willis
ピーリス Peries
ピリス Pires*
ビリズィッヒ
Billisich*
ピリスコス Philiscos
ビリスコフ Biliskov
ピリストス Philistos
ビリチャイ Bilicsi
ビリッグ Billig*
ビリッチ Bilic
ビーリッツ Bieritz
ヒリット Hilit
ビリット Birgit
ピリッピデス
Philippidēs
ビーリッヒマン
Billigmann
ヒリップ
Philip
Philipp
ピリッポス Philippos
ビリテフスキー
Bilitewski
ビリナ Bylina

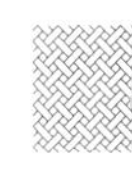
ヒ

ピリニャアク Pil'niak
ピリニャーク
Pilinyak
Pilniak
Pil'niak
Pilnyak
Pil'nyak
ピリヌス Birinus
ピリーノ Pirino
ビーリヒ Wierig
ピリヒナ Pilikhina
ビリービン
Biliben
Bilibin
Biribin*
ビリビンゼ
Bilie By Nze
ピリポ
Philip
Philippos
ビリマーク Birgmark
ピリム Pirim
ビリモヴィチ
Bilimovich
ビリモント Vil'mont
ヒリヤー
Hillier*
Hillyer*
ビーリャ Villa
ビリャ
Billa
Villa
ビリヤ
Vilija
Villa
ピリヤ Phiriya*
ビリャウルティア
Villaurrutia
ビリャエシワ
Villaecija
ビリャエスペサ
Villaespesa
ビリャク Biliak
ビリャサンディノ
Villasandino
ビリヤシン Villasin
ビリャソン Villázon
ビリャーダ Villada
ヒリヤード Hilliard*
ビリヤトラ Bilyatra
ビリヤナ Biljana
ビリャヌエーバ
Villanueva
ビリャヌエバ
Villanueva**
ビリャファニェ
Villafañe
ビリャフロール
Villaflor
ビリャベルデ
Villaverde
ビリャムーサ
Villamuza
ビリャムサ Villamuza
ビリヤムス Viliyams
ビリヤール
Billiart
Villar*
ビリャルバルボサ
Villar Barbosa
ビリャルパンド
Villalpando
ビリャロエル
Villarroel
ビリャロボス
Villalobos
ビリャロン Villarón
ビリャーン Villán*
ヒリャンダリウー
Khilendarskii
ビリャンドランド
Villandrando
ビリュアール Billuart
ピリューギン Pilyugin
ヒリュク Khyliuk
ビリューコーフ
Biryukóv
ビリューコフ Biriukov
ビリュコーフ
Biriukov
Btsriukov
ビリュコフ Biriukov
ビリュコワ Biryukova
ビリューゾフ
Biryuzov
ピリヨ Pirjo
ヒリョン Hee-ryong
ビリヨン Villion
ビリリス Bililis
ビリル Birir
ビリン
Birin
Birren
ビリンガー
Bilinger
Billinger
ビリンガム
Billingham*
ヒーリング Herring**
ヒリング Hilling
ビーリング Bieling
ビリング
Billing*
Billings
Byllinge
Bylynge
ピーリング Peeling
ピリング Pilling*
ビリングス Billings**
ビリングズ Billings*
ビリングスリー
Billingsley
ビリングズリー
Billingsley
ビリングスレイ
Billingsley*
ビリングチオ
Biringuccio
ビリングッチオ
Biringuccio
ビリングッチョ
Biringuccio
ビリングトン
Billington
ピリンシュキ
Pilinszky
ヒリンスキ Chyliński
ビーリンスキー
Bielinsky**
ビリンスキー Bylinsky
ピリンスキ
Pilinszky
Pirinski*
ピリンスキー
Pilinszky
ピリンダ Pilinda
ピリンチ
Pirincci
Pirinçci
Prinçci
ビリンデッリ
Birindelli
ビリントン
Billington***
ヒール
Heal**
Heel
Hill
Kheer
ヒル
Gil**
Hill***
Hills
ビール
Beal*
Beale**
Beall***
Beer
Biehl*
Biel**
Bier*
Bir*
Veale*
Vīr
ビル
Bil*
Bill***
Bille
Bir**
Birou
Birru
Vile
Villu
Will
William*
ビルー
Bilheux
Billout
ピール
Peale***
Peel***
Peele*
Peer
Peil
Piel
Pijl
Piles
Pilhes
Pir
Pīr
Pire
ピールー Pielou
ピル
Pil
Piles
Pill
ピルー Pielou*
ビルアドゥ
Billeaudeaux
ビルアール
Billuart
Biral
ビルアルドゥアン
Villehardouin
ビルイェル Birger*
ビルイッタ
Birgitta
Brigitta
ビルイット Birgit
ピルヴェリ Pirveli
ビルエス Virues
ヒルカ Hilke
ヒルカー Hilker
ヒルガー Hilger**
ビルガー
Birgel
Birger**
ピルカー Pirker
ビルカイティス
Vilkaitis
ヒルカーク Hillkirk
ヒルガース Hilgers*
ヒルガート
Hilgart
Hilgerdt
ヒルガード Hilgard*
ヒルカネス Hyrcanus
ヒルカノス
Hyrcanus
Hyrkanós
ビルカフス Birkavs*
ヒルガーマン
Hilgermann
ヒルカモ Hilkamo
ヒルキ Hilke
ビルキー Bilkey
ピルキー Pilkey*
ピルギエ Parghie
ビルギッソン
Birgisson
ビルギッタ
Birgitha*
Birgitta***
ビルギッテ Brigitte
ヒルキット Hillquit*
ビルギット Birgit***
ビルギテ Birgitte
ヒルキティ Khirqitī
ビルギト Birgit
ビルギナー Bilginer
ビルギニヤ Virginija
ヒルキヤ Hilkiah
ピルギュ Pil-gyu
ピルギュン Pil-kyun
ビルキル Birkir
ビルギン Bilgin
ピルキングトン
Pilkington**
ピルキントン
Pilkington**
Pilkinton
ヒルグ Xirgu
ビルク
Bilk*
Birch
Birk*
ビルグ Bilgä
ヒルクィット Hillquit
ビルクヴィスト
Billquist
ヒルクウィット
Hillquit
ビルクス Vilks
ビルクナー Birkner
ピルクハイマー
Pirkheimer
ビルクホイザー
Birkhäuser
ビルクマイアー
Birkmeyer
ビルクマイヤー
Birkmayer
Birkmeyer
ピルグラム Pilgram
ビルクリフ Billcliffe
ピルグリム
Pilgrim*
Piligrim
ビルクル Vilkul
ビルクロウ Bilclough
ヒルケ Hilke
ビルゲ
Bilgä
Bilge*
ピルケ Pirquet
ピルケー Pirquet
ピルケイ Pilkey
ビルケット Birket
ビールケト Birket
ビルケト Birket
ビルケラン
Birkeland*
ビルケランド
Birkeland
ビルゲル
Birgel
Birger
ヒルゲルトバ
Hilgertova*
Hilgertová
ヒルゲルトワ
Hilgertova
ビルゲン Bilgen
ヒルゲンドルフ
Hilgendorf*
ヒルゲンフェルト
Hilgenfeld
ビルケンフェルト
Birkenfeld
ビルケンマイヤー
Birkenmeier
ヒルコ
Hilko
Khilko
ピルコ Pirkko
ピルゴーア Pilgaard
ピルコシ Pyrkosz
ピルゴス Pyrgos
ヒルコート Hillcourt

ビルコフ Biriukov
ピルゴン Pil-kon
ビルサ Birsa
ビルザー Bilzer
ピルサー Pilcer
ピールザダ Pirzada
ビルサック Vilsack*
ピールザード Pirzâd
ヒルサム Hilsum
ビルサラーゼ
Virsaladze
ヒルシ
Hilsz
Hirsi*
ヒルジー Khiljī
ヒルシェゾン Hirchson
ヒルシェフェルト
Hirschfeld
ピルシチコウ
Pilshchykov
ビルジッタ Birgitta
ビルジット Brigit
ビルジト Birgit
ビルジニー Virginie
ビルジニア Virginia*
ヒルシバリン
Hirsch Ballin
ヒルシフェルト
Hirszfeld
ヒールシャー
Hielscher
ヒルシャー
Hilscher*
Hirscher**
ピルジャー Pilger*
ビルジャン Birzhan
ヒルシュ
Hersh
Hirsch**
Hirsh
ピルシュ Pirsch
ビールシュタット
Bierstadt
ヒルシュバイン
Hirshbein
ヒルシュハウゼン
Hirschhausen
ヒルシュバーグ
Hirschberg
ヒルシュビーゲル
Hirschbiegel*
ヒルシュフェルト
Hirschfeld*
ヒルシュフェルド
Hirschfeld
ヒルシュフォーゲル
Hirschvogel
ヒルシュベイン
Hirshbein
ヒルシュベルガー
Hirschberger*
ヒルシュベルク
Hirschberg
ヒルシュホルン
Hirschhorn
ヒルシュマイア
Hirschmeier
ヒルシュマイアー
Hirschmeier
ヒルシュマイヤー
Hirschmeier
ヒルシュマン
Hirschman
Hirschmann*
ヒルシュミュラー
Hirschmüller
ヒルシュル Hirschl
ビルショウスキー
Bielschowsky
ビルショウスキイ
Bielschowsky
ビールショフスキー
Bielschowsky
ビルショフスキ
Bielschowsky
ビルショフスキー
Bielschowsky
ビルジョン Viljoen
ビルジリア Virgilia
ビルジリオ
Virgilio
Virgílio
ビルジル Virgil
ヒルス
Gils
Hills
ヒルズ
Gilds
Hill
Hillis
Hills**
ビールス
Beals**
Birus
ビールズ
Beales
Beals*
Beers
ビルズ
Biles
Bills
ピルス
Pil-soo
Pirs
ビールスキ Bielski
ピルスズキー
Pilsudski
ビルスタイン Bilstein
ヒルスタッド
Hillestad*
ビールスタット
Bierstadt
ピルスーツキ
Pilsudski
ピルスーツキー
Pilsudski
ピルスツキ Pilsudski
ビルスティン Bilstin
ヒルステン Kirsten
ピルスドスキー
Pilsudski
ピルストーム
Pihlstrom
ヒルストローム
Hillstrom
ビルストローム
Billström
ヒルズドン Hillsdon
ビルストン Bilston*
ビルズニヤーク
Birzniak
ヒルスバーグ Hilsberg
ヒルスブルンナー
Hirsbrunner*
ヒルスベヒャー
Hilsbecher
ピルズベリ Pillsbury
ピルズベリー
Pillsbury**
ヒルスベルク Hilsberg
ビルスホイ Hvilshøj
ヒルズボロウ
Hillsborough*
ビルスマ
Bijlsma*
Bylsma*
ヒルズマン Hilsman
ヒルゼ Gilse
ビルセル
Bilsel
Birsel
ビルゼール Wiltzer
ビルゼル Bilsel
ビルセン Bilsen*
ビルゼン Bilsen
ヒルゼンラート
Hilsenrath
ヒルソン
Hilson*
Hirson
ビルソン
Billson
Bilson*
Vilson*
ピールソン Pierson*
ピルソン Pierson
ヒルダ
Gilda
Hilda***
Hylda
ヒルダー Hilder
ビルタ Biruta
ビルダ Wyludda
ビルダー Wildor
ヒルタイ Giltaij
ビルタジ Biltaji
ヒルダッハ Hildach
ビルダデ Baldad
ビルダド
Baldad
Bildad
ヒルダヌス Hildanus
ビルターネン
Virtanen
ビルタネン Virtanen*
ヒルダム Hildun
ビルタラン Birtalan
ビルダール Bildahl
ヒルチウス Hirtius
ビルチェス Vilchez
ビルチェフスキ
Bilczewski
ピルチャー Pilcher***
ビルチュ Birtsch
ビルチンスキー
Bylczynski
ヒルツ
Hilts*
Hiltz
ピルツ
Piltz
Pilz*
Pirc
ピルツァー Pilzer*
ヒルツィック Hiltzik*
ヒルツェブルク
Hirzebruch
ヒルツェブルッフ
Hirzebruch
ヒルツェブルフ
Hirzebruch*
ヒルツェル Hirzel*
ビルツェン Biltgen
ピルッカ Pirkka
ビルックネン
Virkkunen
ピルッコ Pirkko
ヒルッシュ Hirsch
ビルッダ Wyludda
ピルッティ Pilutti
ピルツハラーヴァ
Pirtskhalava
ヒルテー Hilty
ヒルデ Hilde**
ビルーテ
Birute*
Birutė
ビルテ
Birte
Birthe
ヒルティ
Hilti
Hilty*
ヒルティー Hilty
ヒルディ
Hildi
Hildy
ビールーティ
Beyrouty
ヒルティウス Hirtius
ビルティス Birutis
ヒルディック
Hildick**
ピルディッチ Pilditch
ヒルディング Hilding
ヒルデガード
Hildegard**
Hildegarde*
ヒルデガルト
Hildegard***
Hildegarde
ヒルデガルド
Hildegard*
Hildegardo
ヒルデグンディス
Hildegundis
ヒルデスハイマー
Hildesheimer**
Hildsheimer
ヒルデスハイム
Hildesheim
ビルテック Birbeck*
ヒルデバド Hildebad
ヒルデビドル
Hildebidle
ヒルデブランズソン
Hildebrandson
ヒルデブラント
Hildebrand**
Hildebrandt***
ヒルデブランド
Hildebrand**
ヒルデプラント
Hildeprand
ヒルデブランドソン
Hildebrandson
ヒルデベルト
Childebert
Hildebert
ヒルデベルトゥス
Hildebert
ヒルデマン
Hildemann
Hildmann
ヒルデリック
Childeric
Childéric
Childerich
Hilderic
ヒルデリッヒ
Childerich
ヒルデリヒ
Childéric
Childerich
ビルテール Billeter
ビルデルデイク
Bilderdijk
ビルデルデーク
Bilderdijk
ヒールデン Heerden
ヒルテン Hilten
ヒルデンブラント
Hildenbrand
ヒルデンブランド
Hildenbrand
ヒルデンベルグ
Hildenberg
ヒールト Geert
ヒールド
Heald*
Hield
ヒルト
Hilt
Hirt*
Hirth*
Hirut
ヒルド
Hild
Hilda
Hilde
ビルト
Bildt**
Bird
Birt
ビルド Vildo
ヒルドヴァル Hirdwall
ヒルドゥイヌス
Hilduinus
ヒルトゥネン Hiltunen
ビルドゥラン
Villedrouin

ヒ

ヒルドガールド
Hyldgaard
ヒルドガルトナー
Hildgartner
ヒルトグント Hiltgunt
ビルドスタイン
Bildstein
ビルドソ Vildoso
ヒルトナー Hiltner
ヒルトボルト Hiltbolt
ヒルトラオト Hiltraud
ビルドラック Vildrac*
ヒルトル Hyrtl
ビルトール Wiltord
ヒルドレス
Hildreath
Hildreth
ヒルドレッス Hildreth
ヒルドレッド Hildred*
ヒルトン
Hilton***
Hylton*
ビルトン Bilton
ビルナイ Vilnai
ピルナイ Pillney
ビールーニ Bīrūnī
ビールーニー Bīrūnī
ビールニー Bīrūnī
ビルニ
Bilney
Bīrūnī
Bylney
ピルニー Pilny
ビルニス Wilnis
ビルニューブ
Villeneuve
ビルヌーブ
Villeneuve***
ビルハ Bilhah
ビルハー Bircher
ビルバイ Bilbay
ビルハイフ Belhaif
ヒルバウ Hirvau
ヒルハウス
Gillhaus
Hillhouse
ビールバウム
Bierbaum
ビルバオ Bilbao
ヒルバーグ Hilberg**
ヒルバーザイマー
Hilberseimer
ヒルハス Hiljus
ヒルバース Hilbers
ヒルバースアイマー
Hilberseimer
ビルハック Bi-l-Ḥaqq
ヒルバート Hilbert*
ビルバドラ Virbhadra
ビルハナ
Bilhana
Bilhaṇa
ビルハヌ Birhanu
ビールバル Bīrbal
ビルハルツ Bilharz
ヒルバーン Hilburn
ヒルビ Hirvi
ビールビ Beilby
ビールビー Beilby
ビルヒ Birch
ビルビー Bilby
ビルピ Virpi*
ピルヒ Pilch
ビルヒア Bircher
ヒルピシュ Hilpisch
ビルヒッテ Brigitte*
ヒルビッヒ Hilbig
ビルヒナ Vilukhina
ビルヒニア Virginia**
ヒルビヒ Hilbig
ビールビヒラー
Bierbichler
ピルビーム Pilbeam
ビルヒャー Bircher
ビルビリ Birbili
ビルヒーリオ Virgilio
ビルヒリオ Virgilio**
ビルヒル Virgil
ビルヒルディス
Bilhildis
ヒルフ
Gilb*
Hilf
ヒルブ Hilb*
ビルプ Vilppu
ピルファ
Pil-hwa
Pilhwa
ヒルファイカー
Hilfiker
ヒルファーディング
Hilferding*
ヒルファディング
Hilferding*
ヒルファーデング
Hilferding
ヒルフィガー Hilfiger*
ビルフィンガー
Bilfinger
ヒルフェルディング
Hilferding
ビールフェルト
Bielfelt
ピルブハイ Pirbhai
ヒルブラント
Hilbrand
Hillebrand
ビルフリド Wilfried
ピルブレスク
Pîrvulescu
ビルフレッド Wilfred
ヒルプレヒト
Hilprecht
ヒールブロン Heilbron
ヒルベリー Hilbery
ヒルベリィ Hillberg
ヒルペリック
Chilperich
ヒルペリヒ Chilperich
ヒルベルザイマー
Hilberseimer
ヒルベルスアイマー
Hilberseimer
ヒルベルト
Gilberto*
Hilbert**
ヒルペルト Hilpert
ビルヘルム Wilhelm
ビルヘルムセン
Vilhelmsen
ヒルベロ Hilbero
ヒルボー Hilleboe
ビルボー Bilbo
ヒルホースト Hilhorst
ヒルホルスト Hilhorst
ヒルボーン
Hilborn
Hilborne
ピールポント
Pierrepont
ヒルマ Hilma*
ヒルマー
Hillmer*
Hilmar**
ビールマー Biermer
ビルマ Vilma*
ピルマー Pillemer
ビールマイアー
Bihlmeyer
ビルマイヤー
Billmeier
Billmeyer
ピルーマヴァ
Pirumova
ビルマーク Billmark
ビルマヘール
Birmajer
ヒルマール Hilmar
ヒルマル Hilmar
ヒルマン
Hillemand
Hillman***
Hillmann*
Hilman
ビールマン
Biermann
Birman
Villemin
ビルマン
Billman
Birman
Birmann
Villemain
ピルマン
Pillement
Pillman
Pillmann
ヒルミ
Helmi
Hilmi
Khil'mi
ヒルミー
Hilmi
Hilmî
Ḥilmī
Hilmy
ピルミーニウス
Pirminius
ピルミン
Pirmin**
Pirminius
ビルムズ Bilmes
ビルムセン Villumsen
ピルメス Pirmez
ビルメル Billmer
ピルーモヴァ
Pirumova*
ビルモス Vilmos
ピルーモバ Pirumova
ヒルモール Gilmore
ピルーモワ Pirumova
ピルモント Pyrmont
ヒルヤー Hillyer
ヒルヤード
Hillyard*
Hilyard
ビルヤル Bilyal
ビルヤルタ Bilyarta
ヒルコ Khilko
ピルヨ Pirjo
ピルヨン Pil-yong
ビルラ
Birla*
Villa*
ビルラー
Birla
Birlā
Birrer
ビルラデアヌ
Birladeanu
ピルランデロ
Pirandello
ヒルリッヒス Hillrichs
ヒルリングハウス
Hillringhaus
ビルレ Villeret
ビルレス Birulés*
ピルレス Pilles
ヒルレブランド
Hillebrand
ヒルレル
Hillel
Hiller
ビルレンバッハ
Birrenbach
ヒルレンブラント
Hillenbrand
ピルロ
Pirlo**
Pirro
ヒルロイ Hilroy
ヒルロウ Hill-Lowe
ピルログ Pirlog
ビルロート Billroth
ビルロード Vierordt
ヒルロブレス
Gil Robles*
ビルロワ Birlova
ヒルン Hirn
ピルンガディ
Pirngadie
ビルンスティル
Birnstill
ビルンスバーガー
Wirnsberger
ビルンバウム
Birnbaum**
ビルンバッハー
Birnbacher
ビルンヒール
Wirnhier
ビルンボーム
Birnbaum
ヒーレー Healey
ヒレ Hille**
ヒレー Hilley
ビレ
Bile
Bille*
Bire
Biré
Ville
ビレー Villers
ピレ
Pilet
Pillai
Pillet
ヒレーア Hilaire
ヒレア Hilaire**
ヒレアー Hilaire
ピレイ Pillay**
ビレイラ Virreira
ピレインス Piryns
ビレヴスキー Bilewski
ヒレオ Hileo
ヒレガス Hillegass
ビレク Bilek
ピレク Pyrek
ビレグジャニン
Vylegzhanin
ヒレザム Hillesum
ヒレシェイム
Hillesheim
ビレシャラン
Villechalane
ピレシュ Pires
ピーレス Pires
ピレス
Pires**
Pirès
ビレスコウ Billeskov
ビレスコフ Billeskov
ピーレスデリマ
Pires De Lima
ヒレスハイム
Hillesheim
ヒレスム Hillesum
ピレセール Pileser
ピレセル
Apil-Ešarra
Pileser
ピレゼル Pileser
ビレター Billeter
ピレタイロス
Philetairos
ピレータース Philētās
ピレタス Philētās
ピレチック Pilejczyk
ビレチャル Vylet'al
ピレッキ Pilecki
ピレツキ Pilecki
ビーレック Viereck**

ビレック Bilek
ヒレッジ Hillage
ピレッジ Pileggi*
ビレッタ Viletta*
ビレット
Bilet
Biret
Birett
ピレット Piret
ピレッリ Pirelli
ビレティチ Biletić
ビレテール Billeter
ヒレビ Hillevi
ヒレブラント
Hillebrand
Hillebrandt
ヒレブランド
Hillebrand
ヒレブレヒト
Hillebrecht
ピレブロ Pilebro
ビーレマ Wielema
ビレーム Vilém
ビレム Willem
ピレモン
Philemon
Philēmōn
ビレラ Vilela
ヒレラース Hylleraas
ピレリ Pirelli
ヒレール
Hilaire
Hillaire
ヒレル Hillel***
ビレール Villèle
ビレル
Bilel
Birell
Birrell*
Willer
ピレル
Pietro
Piller*
ビレルベク Billerbeck
ビレルメ Villermé
ピレルリ Pirelli
ヒレルン Hillern
ヒレロース Hylleraas
ヒレロス Hylleraas
ヒレン Hillen
ビーレン Beelen
ビレン
Birren
Vilén
Viren
ヒレンカンプ
Hillenkamp
ビレンキ Bilenchi*
ビレンキン Vilenkin
ヒレンケッター
Hillenkoetter
ビレンケン Vilenkin
ビレンコ Bilenko
ビレンコーフェン
Birrenkoven
ビーレンス
Beerens
Bierens*
ビレンツェク
Wylenzek
ビレンデル Birender
ビレンドラ
Birendra**
ピレンヌ Pirenne*
ビレンバウム
Birenbaum
ヒーレンバーグ
Hillenburg
ヒレンバーグ
Hillenburg
ヒレンブラント
Hillenbrand**
ヒレンブランド
Hillenbrand**
ヒーロー Hero*
ヒロ Hiro
ビロ
Biro
Birot*
ビロー
Biraud
Biro
Biró
Birot
Birraux
ピーロ Pilo
ピーロー Pearrow
ピロ
Pillot*
Pirro**
ピロー
Pillo
Pillow*
Pilou
Piroux
ピロイネン
Piiroinen**
ビーロウ Biro*
ビロウ Billow
ピロヴァノ Pirovano
ビロウス Bilous
ビロウル Bilour
ヒロカネ Hirokane
ピロクセノス
Philoxenos
ピロクテテス
Philoktetes
ピロクレス Philoklēs
ピロゴッフ Pirogov
ピロコピウス
Prokopios
ピロゴーフ Pirogov
ピロゴフ
Pirogov
Pyrohov
ピロコロス
Philochoros
ヒロシ Hiroshi
ピロシュカ Piroska
ビロジル Bilozir
ヒーロス Jhlos
ヒロス Hyllos
ビローズ
Bellows
Billows
ビロス Viros
ピローズ Pirouz
ピロス
Piros
Pyrrhos
Pyrros*
ピロズコワ
Pirozhkova
ヒロストラトス
Philostratos
ピロストラトス
Philostratos*
ピロスマナシヴィリ
Pirosmanashvili
ピロスマナシビリ
Pirosmanashvili*
ピロスマニ Pirosmani
ビロゼールチェフ
Bilozerchev
ビロゼルチェフ
Bilozerchev
Bilozertsev
ビロタ Villota
ビロツェルチェフ
Bilozerchev
Bilozertsev
ピロッタ Pirotta
ピロッツォーロ
Pirozzolo
ピロッティ Pirrotti
ピロット
Pillot
Pilotto
ビロップ Billopp
ピロッリ Pirolli
ピローティ Piloty
ピローディ Piroddi
ピロティー Piloty
ビロディド Bilodid
ピロデモス
Philodēmos
ビロドー Bilodeau**
ピーロート Piroth
ピロート
Pilot
Pilote
ピロト Pirot
ビロニ Bilony
ピローニ Pironi
ピロニデス Philōnidēs
ヒーロニムス
Hieronymus
ヒロニムッセン
Hieronymussen
ピローネ Pirrone
ヒロネリャ Gironella*
ヒロノ Hirono*
ビロノク Bilonog*
ビロパヴロヴィチ
Bilopavlović
ピロビブリアス
Philobiblius
ピロフ Pilloff
ビーロフカ Bierofka
ピロポノス
Philoponos
ピロム
Phirom
Piromya
ピロムパクディ
Phiromphakdi
ビロムバックディー
Bhirombhakdi
ヒロユキ Hiroyuki
ピロヨ Pirjo
ビロリア Viloria*
ビロル Birol
ピロロ Pirollo
ヒーロン Heron
ヒロン
Giron
Girón
ビローン Biron
ビロン
Billon
Biron
ピローン Philon
ピロン
Philon
Philōn
Phílōn
Pilon*
Piron
Pyrrhōn
ビロング Billong
ピロンコフ Pironkov
ヒロンド Girondo
ヒーン Heen
ヒン
Hin
Hing
Hinn
ビーン
Bean***
Beane*
Beene**
Bein
Biehn*
Veen*
ビン
Ben
Bin***
Bing*
Binh***
Binn
Bint
Bn
Ibn
Vin**
Vinh**
ピン
Phin*
Pin**
Pind
Ping**
Pinn
Pyn
ピンアオ Ping-wa
ビンイエ Vinje
ビンイェン Bin-yan
ピンウア Ping-wa
ヒンウッド Hinwood
ヒンガ Hinga
ビンガー Binger
ピンカー Pinker**
ピンガ Pinga
ピンカイ Pincay*
ピンカス
Pincas
Pinchas**
Pincus**
Pinkas
Pinkus
ビンガーター
Wingerter
ピンカート Pinkert
ピンカートン
Pinkerton*
ピンカトン Pinkerton
ヒンカネン Hinkkanen
ビンガマン
Bingaman*
ビンガム Bingham**
ピンカム Pinkham*
ピンカヤン
Pinkayan
Pinkhayan*
ピンガラ Piṅgala
ピンガリ
Pingali
Piṅgaḷi
ビンキー Binchy
ピンキー
Pinkie
Pinky
ビンキエレ Viŋķele
ピンキオーリ
Pinchiorri
ピンキショヴィチ
Pinksevich
ヒンギス Hingis**
ピンギヤ Piṅgiya
ピンキンス Pinkins
ヒンク
Hink**
Kinck
ビンク
Vinck
Vink
ビング
Bing***
Bin-gou
Bingu**
Byng*
Ving
ピンク
Pink**
P!NK
ピング Ping
ピングー Pingoud
ピンクウォーター
Pinkwater*
ビングオ Bing-guo
ビンクオ Bing-guo
ヒンクス
Hincks*
Hinks*
ピンクス
Pincus
Pinkse
Pinkus*
ヒングスト Hingst
ヒングストン
Hingston*
ピンクストーン
Pinkstone

ヒ

ピンクストン
Pinkston
ビングスレイ
Billingsley
ヒングセン Hingsen
ヒンクソン Hinkson
ピンクナー Pinkner
ピンクニ Pinckney
ピンクニー
Pinckney*
Pinkney**
ビングハム Bingham
ピンクハム Pinkham
ヒンクフス
Hinckfuss*
ヒンクマール
Hincmar
Hinkmar
ヒンクマル Hincmar
ヒンクマールス
Hincmar
Hincmarus
ピンクマン Pinkman
ビンクラー Winkler
ヒンクリ Hinckley
ヒンクリー
Hinckley
Hinkley
ヒングリー Hingley
ビンクリー Binkley
ピングリー Pingree
ヒンクリイ Hinckley
ヒンクル Hinkle*
ヒングル Hingle**
ヒンクレー Hinckley
ヒングレー Hingley
ビンクレー Binkley
ピングレー Pingré
ピンクン Ping-kun
ピンクン Ping-kun
ピンケ Pinke*
ビンゲイ Bingea
ピンケウイッチ
Pinkevich
ピンゲーオ Pinkaew*
ピンケット Pinkett
ビンゲマー Bingemer
ヒンケル
Ginckell
Ginkel*
ビンケル Winkel
ビンゲル Bingel
ピンケル Pinkel
ピンゲル Pingel
ピンケルト Pinkert
ビンケルヘーフェル
Winkelhöfer
ビンケルヘーフェロバー
Winkelhöferová
ピンケルル Pincherle
ピンケルレ Pincherle
ヒンケン Hinken
ビンゲン Bingen*
ビンケンスタイン
Binkenstein
ビンケンチウス
Vincentius
ビンケンティウス
Vincentius
ビンゲンハイマー
Bingenheimer
ビンコ Vinko
ピンコウスキー
Pinkowski
ピンコット Pincott
ピンコラ Pinkola*
ヒンゴラニ Hingorani
ビンサラマ Binsalama
ビンサル Binsar
ビンサント Vinsant
ビンジ Vinge**
ヒンシウス Hinschius
ヒンシェルウッド
Hinshelwood*
ビンジヤード
Ibn Ziyād
ビンシャトワン
Bin Shetwan
ヒンショー
Hinshaw**
Hinshow
ピンショー Pinchot*
ヒンショウ Hinshaw
ピンショウ Pinchot
ヒンシル Hinshir
ヒーンス Geens
ヒーンズ Heens
ヒンス Hince
ヒンズ
Hinds
Hinz
ビンス
Binnes
Binns
Vince***
ビンズ Binns
ビンスヴァンガー
Binswanger*
ビンズヴァンガー
Binswanger
ピンスカー Pinsker*
ヒンスキー Hinske*
ビンスキー Vinsky
ピンスキ
Pinski
Pinsky
ピンスキー
Pinski*
Pinskii
Pinsky**
ピンスキイ Pinsky
ピンスク Pinsk
ヒンスケ Hinske
ピンスケル Pinsker
ピンスティック
Pincetich
ヒンスディル Hinsdale
ヒンズデイル Hinsdale
ビンステッド Binsted
ビンストック Binstock
ピンストラップ
Pinstrup
ピンストロップ
Pinstrup
ビンストン Vinsten
ビンスバンガー
Binswanger
ヒンスペテル
Hinzpeter
ヒンズリ Hinsley
ヒンズリー Hinsley*
ピンズル Pinḍola
ビンズレヴ Bindslev
ビンスワンガー
Binswanger*
ピンゼニク Pinzenik
ヒンセル Ginsel
ビンゼル Binzel
ピンセル Pinsel
ピンゼル Pinzel
ビンセン Bing-sen
ビンセンサ Vincenza
ビンセンタス
Vincentas
ビンセンテ Vincente
ビンセント
Vicente
Vincent***
ピンセント Pinsent*
ヒンソン Hinson*
ビンソン Vinson*
ピンソン
Pinson*
Pinzon
Pinzón
Pynson
ヒンダー Hinder
ビンタ Binta
ビンター Winter
ビンダ Binda
ビンダー Binder**
ピンター Pinter***
ピンダ Pinda
ピンダー Pinder*
ピンダイク Pindyck
ヒンダウィ Hindawi
ピンタウロ Pintauro
ビンダグル Bin Daghr
ヒンターコプフ
Hinterkopf*
ピンタシルゴ
Pintasilgo**
ヒンダス Hindus
ヒンターゼア
Hinterseer
ピンタチャン
Pintachan
ピンタデラ Pintadera
ピンタド Pintado
ビンダーナーゲル
Bindernagel
ビンターベア
Vinterberg
ヒンターベルガー
Hinterberger**
ヒンターホイザー
Hinterhäuser
ビンダーマン
Binderman
ヒンタライトナー
Hinterleitner
ビンダル Bindl
ピンダール Pindār
ピンダレ Pindale
ピンダロス Pindaros*
ビンタン Bintang
ヒンチ Hinch*
ビンチ
Binci
Vinci*
ビンチー Binchy***
ピンチ Pinch*
ビンチェ Vincze
ピンチェス Pinczes*
ビンチェチ Vincec
ビンチェンゾ
Vincenzo
ビンチェンツォ
Vincenzo**
ヒンチクリフ
Hinchcliffe
ピンチス Pinches
ビンチッキ Binczycki
ピンチバック
Pinchback
ピンチベック
Pinchbeck
ヒンチマン Hinchman
ピンチャー Pincher*
ピンチャス Pinchas
ピンチャード
Pinchard
ピンチョー Pinchot*
ピンチョット Pinchot
ピンチョン
Pinchon
Pynchon***
ヒンチリー Hinchley
ヒンチリフ Hinchliffe
ピンチローリ Pinciroli
ヒーンチン Khinchin
ヒンチン Khinchin*
ピンチング Pinching
ヒンツ Hinz**
ピンツァ Pinza
ビンツァス Vincas
ピンツィ Pinzi
ヒンツェ Hintze*
ピンツェーシュ
Pinczés
ヒンツマン
Hintzmann
Hinzmann
ヒンテ Hinte
ヒンディ
Hindi
Hindy
ビンティ Binti**
ビンディ Bindi
ピン・ティ Ping-ti
ピンディク Pindyck
ビンディシュ
Windisch
ヒンティッカ Hintikka
ピンディック Pindyck
ビンティラ
Vintila
Vintilă
ピンティリエ Pintilie
ヒーンディン
Hieng Ding
ヒンディング Hinding
ビンディンク Binding
ビンディング
Binding**
ビンデクス Vindex
ビンデシュワル
Bindeshwar
ヒンデス
Hindes
Hindess
ビンデソル Bindesøll
ビンデバルト
Bindewald
ヒンデミット
Hindemith*
ヒンデミート
Hindemith
ヒンデミト Hindemith
ピンデモンテ
Pindemonte
ヒンデラー Hinderer*
ビンテリム Binterim
ヒンデル Hindle
ビンテル Vinter
ピンテール
Pinter
Pintér
ピンデル Pindell
ヒンテルゼーア
Hinterseer
ビンテルニツ
Winternitz
ビンデルバント
Windelband
ヒンデルブルグ
Hindenburg
ヒンテレッガー
Hinteregger
ヒンテン Hinten
ビンデング Binding
ヒンデンブルク
Hindenburg*
ヒンデンブルグ
Hindenburg*
ヒンド Hind*
ビーント Beant
ビント Bint*
ピント
Pint
Pinto***
ピントー Pinto*
ヒンドゥ Hindou
ビンドゥ Bindu
ピントゥー Pinto

ビンドゥサーラ
Bindusāra
ヒンドゥーシャー
Hindūshāh
ピントゥス Pinthus
ヒンドゥスターニー
Hindustoniy
ビンドゥーミ
Bindoumi
ヒントゥム Hintum
ピントゥリッキオ
Pinturicchio
ピントゥリッキョ
Pinturicchio
ピンドゥル Pindur
ピントス Pintos
ビンドスレウ Bindslev
ビンドセイル Bindseil
ビントード Bintord
ヒントナー Hintner
ピントナー Pintner
ピントフ
Pintoff**
Pintov
ヒンドヘーデ
Hindhede
ピンドボーグ
Pindborg
ピンドボルグ
Pindborg
ビンドラ Bindra**
ピンドーラ Piṇḍola
ビンドラーンワレー
Bhindranwale
ビンドランワレ
Bhindranwale
ビンドランワレー
Bhindranwale
ヒンドリー Hindley*
ビントリー Bintley*
ピントーリ Pintori
ヒンドリクス Hindriks
ピントーリッキオ
Pinturicchio
ピントリッキオ
Pinturicchio
ピントリッキョ
Pinturicchio
ピントリッチ Pintrich
ビンドリヒ Bindrich
ピンドリング
Pindling**
ヒンドル Hindle*
ピーンドル Piendl
ピントール Pintor
ピントルノ Pintorno
ヒンドレー
Hindery*
Hindley*
ヒンドレイ
Hidley
Hindley
ヒンドロ Hindolo
ビンドロス Bindloss
ヒントン Hinton***
ビントン Vinton**
ビンドン Bindon
ピントン Pinton
ヒンナー Hinner
ビンナー Bynner
ピンナ Pinna**
ピンナー Pinner
ヒンナーウィー
Hinnāwī
ヒンナーズ Hinners
ヒンナント Hinnant
ビンニ
Binney
Binni
ビンニッカ Winnicka
ピンニック Pinnick
ビンニャダラ
Binnya Dala
ヒンネ Hinne
ビンネー Binney
ヒンネンタール
Hinnenthal
ビンバ Bimba**
ビンバー Vinberg
ビンハイヤーン
Ibn Hayyan
ピンパオ Pimpao
ピンハス
Pinchas*
Pinhas*
ビンハム Bingham
ピンバラ Pinborough
ビンバロフ Bimbalov
ビンビ Bimbi
ビンビサーラ
Bimbisāra
ピンヒン Ping-bin
ビンビン Bing-bing*
ピンヒン Ping-bin
ピンピン Pinpin
ヒンプ Himpe
ビンフォード
Binford**
ピンフォールド
Pinfold
ビンフッタイス
Bin Futtais
ピンヘイロ Pinheiro
ビンベリ Winberg
ビンボー Bimbo
ピンボ Pinbo
ビンホアン Ben-hang
ビンボーニ Bimboni
ビンボラ
Bimbola
Binbola
ビンホール Bynghall
ピンホルスター
Pinholster
ピンボロー
Pinborough
ヒンマン Hinman
ビンムスリム
Ibn Muslim
ビンメラー
Binmoeller
ヒンメル Himmel
ヒンメルシュタイン
Himmelstein
ヒンメルスタイン
Himmelstein
ヒンメルストランド
Himmelstrand
ヒンメルファーブ
Himmelfarb*
ヒンメルブラウ
Himmelblau
ヒンメルマン
Himmelman*
ヒンメルワィト
Himmelweit
ヒンメルワイト
Himmelweit
ビンモア Binmore
ピンヤタロ Pignataro
ビンヤード Vineyard
ビンヤミン
Benjamin
Binjamin
Binyamin*
ピンヤン Pingyang
ピンヨ Pinyo
ビンヨン Binyon
ビンラーディン
Bin Laden
ビンラディン
Bin Laden**
Bin Ladin
ビンラーデン
Bin Laden
ビーンランド
Beanland
ヒンリクス Hinrichs
ヒンリクセン
Hinrichsen
ヒンリックス Hinrichs
ヒンリッチセン
Hinrichsen
ヒンリッヒ Hinrich*
ヒンリヒ
Heinrich
Hinrich*
ヒンリヒス
Henrichs
Hinrichs
ヒンリヒセン
Hinrichsen
ヒンルーペン
Hinrupen
ヒンローペン
Hinloopen

【フ】

フ
Hu*
Huni
Phu
フー
Foo
Fou*
Fould
Fu*
Fugh
He
Hoo
Hou
Hu**
Hua
Huu**
Hwu
Khoo
Phu**
Phú
ブ
Bu
Vu
ブー
Bo**
Boo**
Bou
Bouh
Bū
Būh
Buu*
Vu**
プ Bu
プー
Bu
Phu
Pooh
Pou
Pough
ファ
Fa
Fah
Fat
Hwa*
Wha
ファー
Fa
Faa
Farr***
Farre*
Fer
Fir
Fuhr
Furr
Pharr**
Ver
フア Fua
ブーア
Boore
Buhr
Voors
ブア
Boer
Bua
Buah
Vuwa
プーア Poor
プア
Poor
Poore
Pouha
Poure
Pua
Puea
プアー Poor
ファアサヴァル
Fa'asavalu
ファアッペル Fa'apale
ファアティンガ
Fa'atiga
ファアトイナ
Fa'atoina
ファアフィシ Faafisi
ファアフヌア
Fa'afunua
ファアポ Faapo
ファアモエタウロア
Faamoetauloa
ファアラヴァアウ
Faalavaau
ファアレ Faale
ファーイ
Fay
Fáy
ファイ
Fai*
Fay
Faÿ
Faye*
Fey
Pih
ブーアイ Bouhail**
ファイーア Faiia
ファイア Fire
ファイアー Fire**
ファイアーアーベント
Feierabend
ファイアサイド
Fireside
ファイアーズ Fiers
ファイアスタイン
Fierstein
Firestein
ファイアスティーン
Fierstein
ファイアスティン
Firestien
ファイアストーン
Firestone*
ファイアストン
Firestone
ファイアブレイス
Firebrace
Jones
ファイアリング Feiring
ファイインガー
Vaihinger
ファイヴ Five
ファイヴェール Feiwel
ファイヴェル
Feiwel
Fyvel
ファイエ
Fahiye
Faye
ファイエット Fayette*
ファイエラ Faiella
ファイエル
Fayer
Veiel
ファイカ Faiqa
ファイガー Fieger
ファーイク Faik
ファイク
Faik*
Feick
Fike
ファイクス Fikes
ファイグル Feigl*
ファイゲンバウム
Faigenbaum
Feigenbaum**
ファイゲンバーグ
Feigenberg
ファイコ Faiko*
ファイコー Faiko

フ

ファイーザ Faïza**
ファイザ
Faiza
Fayza
ファイザー
Faizer
Fizer
ファイサル
Faisal***
Faycal
Faysal*
Fayṣal
ファイザル Faizal
ファイサルアフマド
Faisal Ahmad
ファイジー Faizi
ファイジズ Figes
ファーイズ Fā'iz
ファイス Feis
ファイズ
Faiz**
Fayez
Feis*
ファイズィー
Faiẓī
Fayḍī
Fyzee
ファイズッラ Fäyzullä
ファイステンベルガー
Faistenberger
ファイスト Feist
ファイスナー Feissner
ファイスラー Faissler
ファイズロエフ
Faizulloyev
ファイスン Fyson
ファイセル Faicel
ファイゼル Fizel
ファイソン
Fison
Fyson
ファイタグ Feirtag
ファイダン Faydan
ファイチ Faiti
ファイチュウ Faitchou
ファイツ Fites*
ファイッケ Ficke
ファイッラ Failla
ファイディト Faidit
ファイディモス
Phaidimos
ファイデク Fajdek*
ファイテル Veitl
ファイデルスン
Feidelson
ファイテルソン
Feitelson
ファイデルベ
Faid'herbe
ファイト
Fajt
Feicht
Feit
Fight*
Fite
Veidt
Veit**
Veith

ファイド Fayed
ファイドー Fido
ファイトゥーリ
Faitouri
ファイトヘルブ
Faydherbe
ファイドラ Phaidra
ファイドラー Phaidra
ファイドルス
Phaedrus
ファイドロス Phaidros
ファイトロビッツ
Faïtlowitz
ファイドン Phaidōn
ファイナ Faina*
ファイナー
Feiner
Finer
ファイナル Fainaru
ファイナン Finan*
ファイニク Huainigg
ファイニンガー
Feininger**
ファイヌマン
Fijneman
ファイネ Feine*
ブアイネーン
Buainain
ファイヒター Feichter
ファイヒティンガー
Feichtinger*
ファイヒンガー
Vaihinger
ファイヒンゲル
Vaihinger
ファイフ
Fife*
Fyfe
Fyffe
Phife
Phyfe
ファイブ Five
ファイファー
Feifer*
Feiffer**
Fifer*
Pfeifer**
Pfeiffer**
プァイファー Pfeiffer
ファイファーバウム
Pfefferbaum
ファイフィールド
Fifield*
Fyfield**
ファイフィンガー
Pfaffinger
ファイフェル Feifel
ファイブソン Feiveson
ファイベル
Feibel
Feiwel
ファイペル Feipel
ファイベルマン
Feibelman
ファイマラガ
Faimalaga
ファイマン Faymann*
ファイミン Hwai-min

ファイヤァーベント
Feyerabend
ファイヤアーベント
Feyerabend**
ファイヤズ Faiyaz
ファイヤーステイン
Feuerstein
ファイヤド Fayyad*
ファイヤーベント
Feyerabend
ファイユ
Fail
Faille
Faye**
ファィヨール Fayol
ファイヨール Fayolle
ファイヨル
Fayol
Fayolle*
ファイラー
Feiler*
Feirer
Filer
ファイライス Feireiss
ファイラス Filas
ファイリーン Firin
ファイル
Feil
File*
Pfeil
ファイルザ Fairuza
ファイルシフター
Pfeilschifter
ファイルーズ
Fairouz
Fayrūz
ファイルズ Files
ファイルマン
Fyleman*
ファイロ
Filo*
Philo*
Vairo
ファイロウ Philo
ファイロス Phylos
ファイローニ Failoni
ファイロン Filon
ファイン
Fain
Faine
Fein*
Fine**
ファインガル Fainger
ファインゴールド
Feingold**
Finegold
ファインシュタイン
Feinstein*
ファインシルバー
Finesilver
ファインズ
Fiennes**
Fienns*
Fynes
ファインスタイン
Feinstein***
ファインスティーン
Feinstein
ファインストーン

Finestone
ファインソッド
Feinsod
ファインダー Finder
ファインタック
Feintuch**
ファイント Feindt
ファインドレイ
Findlay
ファインバーク
Feinberg
ファインバーグ
Feinberg*
Fienberg**
Fineberg
ファインハルス
Feinhals
ファインハンドラー
Feinhandler
ファインブルーム
Feinbloom
ファインベルク
Fainberg
ファインベルグ
Feinberg
ファインマン
Fainman
Feinman*
Feinmann
Feynman**
Fineman*
ファインリーブ
Feinleib*
ファーヴ Favre
ファウ Fau
ファーヴァ Fava*
ファウアー Fawer**
ファヴァ Fava
ファヴァー Favard
ファヴァージャー
Favarger
ファヴァッサ Favazza
ファヴァッツァ
Favazza
ファヴァッリ Favalli
ファヴァリオ Favario
ファヴァール Favart*
ファヴァレット
Favaretto
ファヴァーロ Favaro
ファヴィエ Favier***
ファヴィオ Fabio
ファヴィッラ Favilla
ファヴィッリ Favilli
ファヴェラ Favera
ファーウェル Farwell*
ファヴェル Favell
ファヴェロ Favero
ファウオア Fauoa
ファウォニウス
Favonius
ファヴォリ Favory
ファウォーリーヌス
Favorinus
ファウォリヌス
Favorinus

ファヴォリヌス
Favorinus
ファヴォリン Favorin
ファヴォルー
Favoreu*
ファヴォールスキー
Favorskij
ファヴォルスキー
Favorskii
Favorskiĭ
Favorsky
ファヴォールスキィ
Favorskii
ファウォロウ Pavlov
ファウクス Fowkes
ファウサル Faisal
ファウザン Fawzan
ファウジ
Faouzi
Fauzi
Fawzi*
Fawzy
Fouzi
ファウジー
Fawzī*
Fowzie
ファウジア
Fauziah
Fawzia*
ファウシェ Vuijsje
ファウジーヤ
Fauziya*
Fawziya
ファウス Faus
ファウズィア Fawzia
ファウスタ Fausta*
ファウスタ Fausta
ファウスチナ Faustina
ファウスツス Faustus
ファウスティ Fausti*
ファウスティーナ
Faustina
ファウスティナ
Faustina
Faustyna
ファウスティーニ
Faustini
ファウスティーヌス
Faustinus
ファウスティヌス
Faustinus
ファウスティーノ
Faustino*
ファウスティノ
Faustino**
ファウスト
Faust**
Fausto**
Foust
ファウストゥス
Faustus
ファウストゥルス
Faustulus
ファウストス Faustos
ファウストマン
Faustman
ファウストル Fäustle
ファウスベル Fausbøll
ファウター Fauter

ファウチ Fauci*
ファウチャー Faucher
ファウツ
Fouts
Foutz
ファウツァ Fauza
ファウト Fauth
ファウネル Fauner
ファウヒ Fouhy
ファウベル Vaubel
ファウムイア Faumuia
ファウムイナ
Faumuina
ファウラー Fowler***
ファウリー
Fowley
Fowlie
ファーヴル Favre*
ファウル Fowle*
ファウルク Foulk
ファウルジャー
Foulger
ファウルシュティッヒ
Faulstich*
ファウルズ Fowles***
ファウルハーバー
Faulhaber*
ファウレ Faure
ファヴレ Favre
ファヴレット Favretto
ファヴロー Favreau*
ファウロス Phaüllos
ファウワーズ Fawwāz
ファウンティン
Fountain*
ファウンテン
Fountain**
ファエズ
Faez
Fayez**
ファエズル Faezul
ファエセン Vaessen
ファエドルス
Phaedrus
ファエトン Phaethon
ファエニウス Faenius
ファエミ Fayemi
プアエム Phaem
ファエンツァ Faenza*
ファオシリヴァ
Faosiliva
ファオトゥシア
Fa'otusia
ファオル Fowle
ファーカー
Farguhar
Farquhar**
ブアカーオ Buakaw
ファーカス Farkas
ファーガス
Fargas
Fergus**
ファーガストローム
Fagerstrom
ファーカースン
Farquharson
ファーガスン
Ferguson*
Fergusson
ファカーゼ
Pkhakadze
ファーカーソン
Farquharson*
ファーガソン
Fagerson
Fargason
Ferguson***
Fergusson*
ファガーソン
Fergusson
ファーガソンマッケンジー
Ferguson-mckenzie
ファーガッソン
Fergusson
ファーガデリック
Fergadelic
ファカハウ Fakahau
ファガプ Hwa-kap*
ファカファヌア
Fakafanua
ファガホー
Fagerhaugh
ブアカム Bouakham
ブアカムシー
Bourkamsri
ファーカル Furcal
ファーガル Feargal*
ファガルデ Fagalde
ファガレン Fagereng
ファーガン Fagan
ファガン Fagan
ファーキー Farchy
ファーギー Fergie
ファキ Faki
ファキー Faqih
ファギー Figi
ファーギウス Fagius
ファーキオーニ
Farchione
ファーキス Ferkiss
ファキーフ
Fakeih
Faqih
Faqīh
ファキフ
Faqikh
Faquih
ファギマタ Fadjimata
ファキム
Fahim
Fakim*
ファギュス Fagus*
ファキーラ
Fakaira
Fakirah
ファキーリ Fachiri
ファキル Fakir*
ファギン Faggin
ファク
Fak
Phach
プアク Purk
ファークアー
Farquhar*
ファクイン Faquin
ファーグスン
Ferguson
ファクゼ Fakudze
ファクセル Faxel
ファーグソン
Ferguson*
ファクソン
Fackson
Faxon*
ファーグソン
Fergusson
ファクタ
Facta
Fakta
ファクター Factor**
ファーグタッド
Farstad
ファークツ Vagts*
ファクッゼ Fakodze
ファーグノリ Fargnoli
ファーグム Fa Ngum
ファクラム Facklam
ファクーリ Fakouri
ファクリ Fakhri
ファクリー
Fakhri
Fakhry
ファクルジン
Fakhruddin
ファクルディン
Fakhruddin
ファークワー
Farquhar
ファグンジス
Fagundes
ファグンデス
Fagundes
ファクンド Facundo
ファクンドゥス
Facundus
ファグンワ Fagunwa
ファーゲ Faguet
ファゲ
Faget
Faguet*
ファゲー Faguet
ファーケッチ
Ferketich
ファケッティ
Facchetti**
プアケナ Puakena
ファーゲリッド
Fagerlid
ファーゲルストローム
Fagerstrom
Fagerström
ファーゲルベリ
Fagerberg
ファーゲルベリィ
Fagerberg
ファーゲルホルム
Fagerholm*
ファーゲンホルツ
Fagenholz
ファーゴ
Fago
Fargo*
ファゴ Fagot
ファゴニー Fagone
ファゴーネ Fagone*
ファコーリ Facoli
ファーコロウィ
Furcolowe
ファーザ Fatha
ファーザー Father
ファサイニー Fasainey
ファザーエフ Fadzaev
ファザエフ
Fadzaev
Fadzayev
ファサッシ Fassassi
ファザーナ Fasana
ファザーニ Fasani*
ファサーノ Fasano
ファザーノ Fasano
ファサラ Fathallah
ファサリ Farsari
ファザーリ Fathali
ファザーリー Fazārī
ファザリ Fazzari
ファザール
Fazal
Fazar
ファザル
Fazal**
Fazle
ファーシー Fursey
ファージ Farge*
ファシ Fassi
ファジー
Fazy
Fuzzy*
ファシアネ Faciane
ファジアノ Fagiano
ファシアノス Fasianos
ファージェ
Fage
Faget
ファシエ Fouassier
ファジェイ Faddei
ブアジェイリ
Bourjaily
ブアジェイリー
Bourjaily**
ファジェーエヴァ
Fadeeva
ファジェーエバ
Faddeeva
ファジェーエフ
Faddeev
Fadeev*
ファジェエフ Fadeev
ファジェーチェフ
Fadeyechev
ファジェット Faget
ファーシエン Firshein
ファシオ Fazio
ファジオ Fazio
ファジオリ Fagioli
ファージカス Fazekas
ファージス Fargis
ファシナ Fassina*
ファージナンド
Ferdinand
ファシノ Fassino
ファジーノ Fazzino
ファシフィフリ
Fassi-fihri
ファジャ Falla
ファジャー Fajer
ファーシャイン
Firschein
Firshein*
ファージャス Farjas
ファジャース Farjas
ファジャス Fallas
ファジャル Fajar
ファージュ
Fage
Fages
Farge*
ファーシュティ
Farshtey
ファーシュト Fersht
ファジュン
Hwa-joong*
ファショラ Fashola
ファジョーリ Fagiuoli
ファジョーロ Fagiolo
ファージョン
Farjeon**
ファジョン Farjeon
ファジラ Fazila
ブアジラ Bouajila
ファシラダス
Fasiladas
ファジーリ
Fazil
Fazil'
Fazilj
ファジリ
Fazil*
Fazil'*
ファジール Fazil
ファジル
Fadzil*
Fadzir
Fajr
Fazil*
ファジン
Fagin
Hwa-Jin
ファーシング Farthing
ファージング Farthing
ブアジンスキ
Blazynski
ファース
Faas**
Faass
Firth***
Fuerth
Furs
Furse**
Furth**
ファーズ Fahs
ファス

フ

Fass
Fasth
Ruas
ファスー Fassou
ファアス Houas
ファースイー Fāsī
ファスィーヒー Faṣīḥī
ファスィーフ Faṣīḥ
ファズィル Faḍil
ファスケル Fasquelle
ファースター
Ferster
Foerster*
ブーアスタイン
Boorstein
ブアスタイン
Boorstein
ファスタス Festus
ファースタッド
Farstad
ファスティーディウス
Fastidius
ファスティディウス
Fastidius
ブーアスティン
Boorstin
ブアスティン
Boorstin**
ファスティング
Fasting
ファーステンバーグ
Firstenberg*
Furstenberg
ファステンバーグ
Furstenberg
ファースト
Fast***
Ferst
First*
Furst*
ファスト Fast*
ファストーフ Fastolf
ファストフスキー
Fastovsky*
ファーストマン
Firstman*
ファストリッヒ
Fastrich
ファストルフ Fastolf
ファスビンダー
Fasbinder
Fassbinder**
ファスビンデル
Fassbinder
ファスベンダー
Fassbaender*
Fassbender*
Faßbender
ファスマー Vasmer
ファーズマン
Furthman
ファスラー Fassler
ファズラーン Faḍlān
ファズリ Fazli
ファズリッチ Fazlić
ファズリディン
Fazliddin
ファーズル Faḍil
ファズル
Faḍl
Fazil
Fâzıl
Fazl
ファズルッラー
Faḍl Allāh
Faḍlu'llāh
ファズルラ Fazlullah
ファズルル
Fazl
Fazlul
ファズレ
Fazle*
Fazl-e
ファースン Farson
ファスン Wha-Soon
ファゼカシュ Fazekas
ファゼーカス Fazekas
ファセット Fassett*
ファセラ Facella
ファゼラ Fasella
ファーセラス
Pharcellus
ファーゼル Fahsel
ファゼル Fazel
ファセロ Fassero
ファセンダ Facenda
ファゼンダ Fazenda
ファソ Faso
ファソリ Fasoli
ファゾーロ Fasolo
ファーソン
Farson*
Ferson
ファソン
Hwa-song
Hwa-sung
ブアソン Bouasone*
ファーター Vater
ファタ
Fata
Fatah*
Fattah
ファダ Fada
ファタス Fatus
ファタック Phatak
ファータド Furtado
ファタードー Furtado
ファタヒ Fattahi
ファタヒー Fatthi
ファタフ Fattah
ファターマン
Futerman
ファタリ Fátali
ファタル Fattal
ファチ Fachi
ファチェット Fatchett
ファチェティ Facetti
ファチオ Faccio
ファーチゴット
Furchgott**
ファチリ Fachiri
ファツァーリ Fazzari
ファツィ Fazi*
ファーツィオ Fazio
ファツィオ Fazio*
ファツィオリ Fazioli*
ファーツィガー
Ferziger
ファツェフ
Pukhachev
ファッキ Facci
ファッキーニ
Facchini*
Faccini
ファッキン Facchin
ファック
Phach
Phách
ファッグ Fagg
ファックシヤル
Farrukhsiyar
ファックス
Fax
Fox
Fuchs
ファックレル Fackrell
ファッケッティ
Facchetti
ファッケンハイム
Fackenheim
ファッシー Fassie
ファッジ Fudge
ファッシーニ Fassini
ファッシュ Fasch
ファッジョーニ
Faggioni
ファッセル Fussell**
ファッタフ Fattah
ファッターペカー
Fatterpekar
ファッターマン
Futterman
ファッチ
Fuchs
Futch*
ファッチェン Fatchen
ファッチオーリ
Faccioli
ファッチーニ Facchini
ファッチネッティ
Facchinetti
ファッチョ Faccio
ファッツ Fats**
ファッツァーニ
Fazzani
ファッツィ Fazzi
ファッツィーニ
Fazzini**
ブアッツェッリ
Buazzelli
ファッティ
Fatti
Fatty
ファッテイン Fartein
ファッデン Fadden
ファット
Fajt
Fat
Fath
Phat*
ファッド
Fu'ād
Fud
ファアッド Fu'ād
ブアット Puat
ファットゥシュ
Fattoush
ファットボーイ
Fatboy*
ファットーリ Fattori
ファットレット
Fattoretto
ファッビオ Fabio
ファップ Phap
プファッフ Pfaff
ファッフェンバーガー
Pfaffenberger
ファッブリ Fabbri***
ファッブリチーニ
Fabbricini
ファップロア
Phap Loa
ファッボッツィ
Fabozzi
ファツマ Fatuma*
ファツマタ
Fatoumata
ファッラー
Faller
Farrā'
ファッラカーラ
Fallacara
ファッラーチ Fallaci
ファッラメーロ
Fallamero
ファッルッジャ
Farrugia
ファッルヒー Farrukhī
ファッルフザード
Farrukhzād
ファッルフシヤル
Farrukhsiyar
ファッロヒー
Farrokhī
Farrukhī
ファッロフザード
Farrokhzad
Farrokhzād
ファッロン Farron
ファーデ Ferde
ファテ
Fateh
Fatḥ
ファーディ
Fardy
Ferde
Ferdy
ファーディー Fardy
ファティ
Fathi*
Fathy
Fati
Fatih**
Faty
ファディ Fadi
ファディア Fadia
ファティウ Fatiou
ファティオ Fatio**
ファティカ Fatica
ファディガ Fadiga*
ファディグア Fadigua
ファディス Faddis*
ファティータ Fertitta
ファーティック Fertik
ファーディナン
Ferdinand
ファーディナンド
Ferdinand**
Ferdinando
ファティーフ Futaih
ファティフ
Fateh
Fatih*
ファーティマ
Fatema
Fatima*
Fātima
Fāṭima
Fāṭimah
ファティマ
Fatima**
Fátima*
Fātima
Fatimah
Fatma
Vatma
ファティマット
Fathimath
ファディマン
Fadiman*
ファティム
Fatim
Fatime
ファディム Vadim
ファティメ Fatime
ファディラ
Fadilah
Fadillah
ファディル
Fadhil
Fadil
ファーティン
Faten
Fatin
ファーディン Ferdin
ファデウェーヴァ
Fadeyeva
ファデエフ Fadeev
ファデーエフ
Faddeev*
Fadeev*
Fadeyev
ファデエフス Fadejevs
ファデーエワ
Faddeeva
ブアデス Buades
ファテハ Fatehah
ファテマ Fatema
ファテミ
Fatemi
Fatimie
ファテメ Fatemeh
ファテュ Fatus
ファデラ Fadéla
ファデリ Fadilj
ファーデル
Fadhel
Fardell
ファデル

Fadel*
Fadhel
Fadhil
Fadul
ファーデン Faden
ファテン Fatin
ファデン Fadden
ファート
Fath
Vaet
ファード
Fard
Farred
Fuad*
Fu'ād
Fuād
ファト Phat*
ファド Fuad*
ファード
Fahd
Fouad*
Fu'ād
ファト
Fuad
Fu'ād
Fuat
ファド
Fouad**
Fuad**
Fuád
ファートゥー Fatou
ファトゥ Fatou**
ファトゥー Fatou
ファトウ Fatou
ファトウー Fatou
ファトゥーフ Fattouh
ファトゥマ Fatouma
ファトゥマタ
Fatoumata
ファトゥミル Fatmir
ファドゥラ Fadela
ファドゥール Fadoul
ファドゥル Fadul
ファトクリナ
Fatkulina
ファトケ Vatke
ファトス
Fatos**
Fatus
ファドナビース
Phadnavīs
ファトヒ
Fathi*
Fathy
Fatthi
ファドヒル Fadhil
ファトフ
Fath
Fatḥ
Fatḥ
ファトファト Fatfat
ファドヘル Fadhel
プアードポン
Puedpong
ファトマ Fatma
ファドマ Fadhma*
ファトマタ
Fatoumata
ファトマワティ
Fatmawati
ファートマン Firtman
ファトミール Fatmir
ファトミル Fatmir*
ファトラ Fathulla**
ファドララ Fadlallah*
ファトラン Fatran
ファドラーン
Fadlan
Faḍlān
ファドリ Fadhli
ファドリー
Fadley
Fardouly
ファドル
Fadl*
Faḍl
ファトルーソ
Fattoruso*
ファドルッラー
Faḍl Allāh
ファトレル Futrell
ファドワ
Fadwa*
Fadwá
ファートン Ferton
ブアトン Bouathong
ファーナー Farner
ファナ
Juana
Vana
ファーナ Juanita
ファアナ
Joan
Juana**
ブアナ Buana
ファナイカ Fanaika
ファナイヤン
Fanaiyan
ファーナス Furnas*
プアナニ Puanani
ファーナビー Farnaby
ファーナビィ Farnaby
ファーナム
Farnam
Farnham*
Farnum*
Furnham
ファナム Hwa-nam
ファナリョフ
Fonareva
ファーナルド Fernald
ファナロ Fanaro
ファナロフ Fanaroff
ファーナン Farnan*
ファアナン Juanan
ファーナンド
Fernando
ファーニー
Farnie
Farny
ファニ
Fani*
Fanni
ファニー
Fani*
Fannie**
Fanny***
Frances
ファニア
Fania*
Fannia
ファーニィ Fernie
ファニウ Fanu
ファーニヴァル
Farnivall
Furnival
Furnivall
ファニエル Faneuil
ファニーカ Faneca
ファニカヨデ
Fani-kayode
ファーニク Farnik
ファニーシュヴァルナート
Phaṇīśvaranātha
ファーニス
Farnese
Furniss*
ファニセロ Funicello*
ファニータ Juanita
ファニタ Juanita
ファーニッシュ
Furnish
ファニッシュ Furnish
ファニヌシュ Fănus
ファニーハフ
Fernyhough
ファーニバル
Furnivall
ファニブンダ
Fanibunda
ファーニホウ
Ferneyhough
ファニホウ
Ferneyhough
ファニャーニ Fagnani
ファニャーノ Fagnano
ファニュ Fanu*
ファニュー Fanu
ファニョニ Fagnoni
ファニン Fannin
ファーニング Fanning
ファニング Fanning**
ファネゴ Fanego
ファーネス Furness**
ファアーネス Juanes
ファアネス Juanes*
ファネッティ Fanetti
ファーネット Fernette
ファネッリ Fanelli*
ファネトリ Fanetri
ファネリ Fanelli
ヴァネリ Vianelli
ファーネリウス
Fernelius
ファーネル
Farnell
Fernell
ファネル Whannel
ファネンブルグ
Vanenburg
ファーノ Fano
ファノ Fano**
ファアーノ Juanjo
ファーノウ Fernow
ファノクレス
Phanoklēs
ファノデモス
Phanodēmos
ファノラキス
Fanourakis
ファーノル Farnol
ファーノン Fernon
ファノン Fanon*
ファーバ Faba
ファーバー
Faber**
Farber**
Ferber**
ファバー Faber
ファーバー Feber
ファハイエ Fahiye
ファーバーク Furberg
ファーバーグ Furberg
ファーバース Fabres
ファハダウィ Fahdawi
ファハティ Faherty*
ファハド
Fahad**
Fahd**
ファハファハ
Fakhfakh
ファハミ
Fahmi
Fahmy*
ファハラディン
Fakhroddinn
ファハリ
Fahri*
Fakhari
Fakhri
ファハリー Fakẖrī
ファバリコ Favario
ファバール Favart
ファハルッ・ディーン
Fakẖru'd-Dīn
ファハルッ・トゥルク
Fakẖru't-Turk
ファハルド Fajardo**
ファバーレイ Fabares
ファハロ
Fakhro
Fakhroo
ファーバンク
Firbank*
ファーヒー Fahey
ファヒー Fahy
ファビ Fabi*
ファビアス Fabius
ファビアナ Fabiana*
ファビアーニ Fabiani
ファビアーヌス
Fabianus
ファビアヌス
Fabianus
ファビアネリ
Fabianelli
ファビアーノ
Fabiano**
ファビアノ Fabiano
ファビアノヴァー
Fabianová
ファビアノヴィチ
Fabianovich
ファビアノス
Fabianus
ファービアーン Fabian
ファビアン
Fabian***
Fabián*
Fábián
Fabien**
Fabijan
Fabyan
ファビアンエルナンド
Fabian Hernando
ファビアンスキ
Fabianski
ファビアンヌ
Fabienne
ファビィアン Fabyan
ファービウス Fabius
ファビウス Fabius***
ファビウンケ
Fabiunke
ファビエ Favier
ファビエル Javier
ファビエンヌ
Fabienne**
ファービオ
Fabio
Fábio
Fadio
ファビオ
Fabio***
Fábio**
ファビオス Fabios
ファビオーラ Fabiola
ファビオラ
Fabiola***
ファビオルイス
Fabio Luiz
ファービーク Verbeek
ファービッシュ
Furbish
ファヒド Fahid
ブアビド Bouabid*
ファビーニ Fabini
ファビーニョ
Fabinho*
ファヒーム Fahim
ファヒム Fahim*
ファビーラ Fabila
ファビラ
Fabila
Favila
ファーブ
Farb
Farve*
ファフ Phaff
ファブ Fab
プアプア Puapua
ファーフィ Furphy*
ファフィ Fafi
プアフィシ Puafisi
ファフィラ Fáfila
ファフィンスキ
Fafinski

フ

ファーフォー Farfor
ファーブスタイン
Farbstein
ブアブデラ
Bouabdellah
ファフド Fahd
ファフトゥラ
Fahtullah
ファフミ Fahmy
ファフミー Fahmī
ファブヤン Fabjan
ファブラ Fabra**
ファーブリ
Fabri
Fábri
ファフリ
Fakhoury
Fakhri
ファフリー Fakhrī
ファブリ
Fabbri
Fabri
Fabry
ファブリー Fabry
ファブリアーノ
Fabriano
ファブリィ Fabry*
ファブリカント
Fabricant
ファブリキウス
Fabricius*
ファフリザデ
Fakhrizadeh
ファブリシー Fabricy
ファブリシアス
Fabricius
ファブリシウス
Fabricius
ファブリシオ
Fabricio*
ファブリジオ
Fabrizio*
ファブリシュ Fabrice
ファブリース Fabrice
ファブリス
Fabrice**
Fabris**
ファブリセ Fabrice*
ファブリチウス
Fabricius
ファブリチォ
Fabricius
ファブリチオ Fabrizio
ファブリーツィ
Fabrizi*
ファブリツィ
Fabbrizi
Fabrizi
ファブリーツィア
Fabrizia
ファブリツィア
Fabrizia
ファブリーツィウス
Fabricius
Fabriezius
ファブリツィウス
Fabricius
Fabritius
ファブリーツィオ
Fabrizio
ファブリツィオ
Fabricius
Fabrizio***
ファブリツィース
Fabritiis
ファブリック Fabric
ファブリッチオ
Fabritio
Fabrizio*
ファブリッツィ
Fabbrizi
Fabbrizzi
ファブリッツィア
Fabrizia
ファブリティウス
Fabritius
ファーブリング
Farbring
ファーブル
Fable
Fabre***
Favre
ファフル Fakhr
ファブル
Fabre
Favre
ファブルィツィ
Fabrycy
ファブルス Fabullus
ファフルットゥルク
Fakhr al-Turk
ファフルディン
Fahrudin
ファーブレ Faivre*
ファブレ
Fabre**
Favre
ブアブレ
Bouabre
Bouabré
ファブレガ
Fabréga
Fábrega
ファブレガス
Fabregas
Fábregas
Fàbregas
ファブレッティ
Fabretti
ファフレッティン
Fahrettin
ファフレッディン
Fakhr al-Dīn
Fakhretdinov
ファブロ
Fabbro
Fabro
ファブロー Favreau*
ファーブロウ
Farberow
ファフロッディーン
Fakhroddīn
Frakhroddīn
ファベ Favez
ファーヘイ Fahey*
ファヘイ Fahey
ファベイ Fabey
ファーベーク
Verbeek*
ファベーラ Fabella
ファベリア Fabella
ファーベル
Faber
Ferbel
ファヘール Fajer
ファベール
Faber
Fabert
ファベル Faber
ファベルジェ Fabergé
ファベロン Faverón*
ファヘンアウア
Vachenauer
ファーポ Firpo
ファボ Fabo
プアボー Poorbaugh
ファーボス Ferbos*
ファボツィ Fabozzi*
ファボック Fabok
ファボッツィ Fabozzi
ファボラス Fabolous
ファボリ Favory
ファボルー Favoreu
ファーボルト Ferholt
ファボルン Verworn
ファーマ Fama*
ファーマー
Farmar
Farmer***
Fermor**
ファマ Fama
ブアマッド
Buamaddo*
ファーマドール
Fjermedal
ファマトン Fumerton
ファーマノフスキー
Furmanovsky*
ファマム Huamam
ファマラ Famara
フーアマン Fuhrmann
ファーマン
Faerman
Farman**
Ferman
Firman**
Fuhrman*
Fuhrmann
Furman**
ブーアマン Boorman
ブアマン Boorman**
プアマン Poorman
ファーマンシャ
Firmansyah
ファーマンス Firmans
ファーミ
Fahmi
Fahmy*
ファミ Fahmi
ファミー Famy
ファミリア
Familia
Familiar
ファーミン Firmin*
ファーム Ferm
ファム
Fam*
Fame
Pham***
Phạm*
ファムケ Famke*
ファームバラ
Farmborough
ブーアムール
Bouamour
ファメション
Famechon
ファメヌドンゴ
Fame Ndongo
ファーメロ Farmelo*
ファーモー Fermor*
ファーモア Fermor
ファモス Famose
ファヤンス Fajans
ファヤンズ Fajans
ファーユ Faye**
ファユ Faye
ファヨール
Fayol*
Fayolle
ファヨン Hwayoung
ファーラ Farrah
ファーラー
Faller
Farah
Farrar*
Ferrer*
Fuller
ファラ
Falla*
Fallat
Farah***
Farrah***
ファラー
Fallaw
Faller
Farah**
Faroult
Farrar**
Farrer*
Ferrer**
Fuller
ファアラ Farrar
ブアラー Boorer
ファラア Farrar
ファラアソウェー
Farah Assoweh
ファラアテス Phraates
ファライ
Fallai
Faraj
ファライコス
Phalaikos
ファライ・ベン
Farajben
ファライルディス
Pharaïldis
ファラウ
Farau
Forau
Fualaau
ファラウト Faraut
ファラオ
Pharaoh
Pharoah
ファラオーニ Faraoni
ファラオーネ Faraone
ファラオン Pharaon
ファラガット Farragut
ファラカーン
Farrakhan
ファラカン
Farrakhan**
ファラキー Falakī
ファラクエラ
Falaquera
ファラクス Pharax
ファラケラ Falaquera
ファラゴ Farago
ファラゴー Farago
ファラーシー Falassi
ファラージ Farage*
ファラシ Farrachi
ファラシー Faracy
ファラジ
Farag
Faraj***
Faraji
ファラジー Faraḍī
ファラジュ
Faraj
Faraje
ファラス Fallus
ファラズダク
Farazdaq
ファラースレーベン
Fallersleben
ファラダ Fallada*
ファラーチ Fallaci**
ファラッシ Falassi
ファラッド
Farhad
Farrad
ファラデー Faraday*
ファラディ Faraday
ファラディー Faraḍī
ファラデイ Faraday*
ファラテハン
Falatehan
ファラナ Falana
ファラナク Faranak
プアラニ
Pua
Pualani
ファラネジャド
Farahnejad
ファラハ
Falah
Farah
ファラハト Farhat
ファラハド Farhad
ファラーハーニー
Farāhānī
ファラハニ Farahani*
ファーラービー Fārābī
ファラービ Fārābī
ファラビ Fārābī
ファラビーニャ
Falavigna
ファラフ
Falah
Faraḥ

ファラフナズ
Farahnaz
ファラベッリ Faravelli
ファラヘン Falahen
ファラーミギル
Farah Miguil
ファラリス Phalaris
ファラル Farrell*
ファラルドー
Falardeau*
ファラロ Fararo
ファラン Farrenc
ファランク Farrenc
ファランダ Faranda
ファーランド
Farland
Farrand
Ferland
ファラント Farrant
ファランド Farrand*
ファランドリー
Falandry
ファーリ
Farhi
Farley
ファーリー
Farley***
Furey
Furley
Furry
ファリー Faree
ブアリ Buari
ブアリー Boualy
ファーリァー Ferrier
ファリア
Falla
Faria**
Faría
Farrier
ファリアー Farrier
ファリアス
Farias*
Farías*
ファリアダコスタ
Faria Da Costa
ファーリィ Farley
プアリエ Poirier
ファリエーリ Falieri
ファリエール
Falière
Fallières
ファリエル Falier
ファリエーロ Falieri
ファリガンド Falligant
ファリグール
Farigoule
ファリゴ Faligot*
ファリサニ Farisani
ファリジ Falisie
ファーリス
Faris
Fāris
ファーリズ Fārid
ファリーズ Falise
ファリス
Fares
Faris*
Fariss
Farris*
ファリズ Fariz
ファリスゾール
Farissol
ファリダ Farida
ファリッシュ Farish*
ファーリド Fārid
ファリード
Fareed*
Farid
Farīd
Fārid
Farideh
Faried
ファリト Farit**
ファリド Farid**
ファリードッディーン
Farīd al-Dīn
ファリーナ Farina**
ファリナ Farina
ファリーナス Farinas
ファリナッチ
Farinacci
Farinati
ファリナーティ
Farinati
ファリーニ Farini
ファリーニャ Fariña
ファリネッティ
Farinetti*
ファリネッラ Farinella
ファリネッリ Farinelli
ファリネリ Farinelli
ファリネル Farinel
ファリノス Farinos*
ファリハ Faleh
ファリマン Philemon*
ファリモンド
Farrimond
ファリャ Falla*
ファーリヤービー
Fāryābī
ファーリン
Falin*
Hua-ling
ファリン Farin
ファリングトン
Farrington
ファーリンゲッティ
Ferlinghetti
ファーリンゲティ
Ferlinghetti***
ファリント Balint
ファーリントン
Farington
Farrington*
ファリントン
Farington
Farrington**
ファール
Fahr
Fall
Farl
Farr
Farre
Fouard
Phalle*
Pharr
Vall
ファル
Faal
Fall*
Fallou
Phalle
ファルー
Falloux
Falú*
ファルヴァイ Falvai
ファルヴァク
Farvaques
ファルウィルゲン
Verwilghen
ファルウェル Falwell
ファルヴォ Falvo
ファルカ
Falca
Farka
ファルガ Farga
ファルカオ
Falcao**
Falcão
ファルカシュ Farkas*
ファルカス
Falkus*
Farkas**
ファルガス Fargas
ファルガスコッホ
Vargas Koch
ファルガスン
Ferguson
ファルガーニー
Farghānī
ファルガニ Farghānī
ファルカム Falcam**
ファルカン
Falcao**
Falcão**
ファルカンガー
Falkanger
ファールーキー Fārūqī
ファルギー Faroughy
ブアルキ Buarque**
ファルギエール
Falguière
Falguières
ファルギエル
Falguière
ファルキンハム
Falkinham
ファールーク Fārūq
ファルーク
Falooq
Farooq**
Farouk**
Farrukh
Faruk
Faruq
Farūq
Fārūq
Faruque
ファルク
Falck*
Falk**
Farouk
Farouq
Faruk
Farukh
Fulke
Valk
ファルグ
Fargue*
Fargues*
ファルクス
Falkus
Falx
ファルクナー Faulkner
ファルクネル Falkner
ファルクハド Farkhad
ファルクバルゲ
Falkberget
ファルクハンセン
Falck Hansen
ファールクビスト
Fahlkvist
ファルクベルゲ
Falkberget
ファルクベルゲット
Falkberget
ファルクマン Falkman
ファールクランツ
Fahlcrantz
ファールケー Phalke
ファルケ
Falcke
Falke*
Falque
ブアルケ Buarque
ファルゲティ Fargeti
ファルケニール
Valckenier
ファルケン Falken
ファルケンジ
Falkensee
ファルケンシュタイン
Falkenstein
ファルケンナウワー
Falkenauer
ファルケンハイン
Falkenhayn*
ファルケンハウゼン
Falkenhausen*
ファルケンバーグ
Falkenberg*
ファルケンブルグ
Falkenburg
Valkenburg
Valkenburgh
ファルケンベルク
Falckenberg
Falkemberg
ファルケンボーグ
Falkenborg
ファルケンホルスト
Falkenhorst
ファルケンボルヒ
Falckenburg
Valkenborch
ファルケンマーク
Falkenmark
ファルコ
Falco**
Falko
ファルコー Falkow
ファルゴー Fargeau
ファルコナー
Falconer**
ファルコーニ
Falconi**
ファルコニ
Falconi
Falconí
ファルコニエーリ
Falconieri
ファルコニエリ
Falconieri
ファルコニエル
Falconieri
ファルコーネ Falcone*
ファルコネ Falconet
ファルコネス
Falcones*
ファルコネッティ
Falconetti
ファルコネット
Falconetto
ファルコーヤ Falcoja
ファルコン
Falcon*
Falcón**
ファルザード Farzad*
ファルザト Farzat
ファルザド Farzad
ファルザナ Farzana
ファルージ Falouji
ファルシ
Farcy
Farsi
Farsy
ファルジエ Fargier
ファルシディ Farshidi
ファルシード Farshid
ファルシド Farshid
ファルシーニ Falsini
ファルシャフ
Farchakh
ファルジャーム
Fardjam
ファルジュ
Farge*
Farges
ファルシュッセル
Fallschüssel
ファルジュネル
Farjenel
ファルス Fals
ファールストレム
Fahlström
ファルセン Falsen
ファルゾ Falzone
ファルソン Falsone
ファルゾン Falzon
ファルダ Falda
ファルタク Fartak
ファルタード Furtado
ファルダン Feuardent
ファルチ Pfoertsch
ファルチオーニ
Falcioni
ファルチネッリ
Falcinelli
ファルチャック
Falchuk
ファルチャーニ
Falciani
ファルチャン Falt'an
ファルツ

フ

Fultz
Pfaltz
ファルツェーダー
Falzeder
ファルッケンベルク
Falckenberg
ファルッフィーニ
Faruffini
ファルーディ Faludi*
ファルディ Faludi*
ファルティンクス
Faltings
ファルティングス
Faltings
ファルデッラ Faldella
ファールト Vaart**
ファルド
Faldo*
Fuld
ファルドー Fardeau
ファールナー Fahrner
ファルナヴィース
Phadnavīs
ファルナケス
Pharnakes
Pharnakēs
ファルナソフ
Farnasov
ファルナディ Farnadi
ファルナバズス
Pharnabazus
ファルナバゾス
Pharnabazus
ファルニ Fahrni
ファルニエフ Farniev
ファルヌー Farnoux*
ファルネ Farné
ファルネイ Farney
ファルネジオ Farnesio
ファルネーセ Farnese
ファルネーゼ Farnese*
ファルネーティ
Farneti
ファルネティ Farneti
ファルネルト
Farnerud
ファルノー Fownes
ファルバ Farba
ファールバーグ
Fahlberg
ファルバッケン
Faldbakken*
ファルハッド Farhad
ファルハディ Farhadi*
ファルハート Farhat
ファルハト Farhat
ファルハド
Farhad
Farkhad
ファルハン Farhan
ファルハング Farhang
ファルビー Falvey
ファルビオ Fulvio*
ファルフ
Farrukh
Farukh*
ファルフザッド
Farrokhzad
ファルフトジーノフ
Farkhutdinov
ファールベルク
Fahlberg
ファールボルグ
Fahlborg
ファルマ Pharmas
ファルマキディス
Pharmakidis
ファルマキデス
Pharmakides
ファルマコフスキイ
Farmakovskii
ファルマン
Fallmann
Farman*
Firmin
ファルム Färm
ファルメライアー
Fallmerayer
ファルメール Farmer
ファールヤービー
Fāryābī
ファルラダ Fallada
ファルラーティ Farlati
ファルリー Farrelly
ファルルク Farrukh
ファルレ Falret
ファルーン
Fadden
Falloon*
ファルンハーゲン
Varnhagen
ファレ
Falay
Fallet
Faret
Farré
ブアレ Bouare
ファレアス Phaleas
ファーレイ
Farleight
Farley*
Fowley
ファレイ Farey*
ファレエル Farrère
ファレサ Falesa
ファーレス Fares
ファレーズ
Falaise
Phalěse
ファレス
Falace
Fares**
Farès
Juárez
ファアレス
Juarez*
Juárez
ファレスカ Valeska
ファレタウ Faletau
ファレッティ Faletti**
ファレット Faletto
ファーレハ Faleh
ファレバイ Falevai
ファーレフェルト
Vahlefeld
ブアレム Boualem*
ファーレモ Faremo
ファレモエ Falemoe
ファレリー Farrelly**
ファーレル
Farrell*
Farrère
Ferrel
Ferrell*
ファレール
Faller
Farrère*
ファレル
Faller
Farel
Farell
Farrel*
Farrell***
Farrère
Ferrell*
Pharrell*
ファレルスレーベン
Fallersleben
ファレレウス
Phalereus
ファーレン
Farren
Phalen
ファレン Farren
ファーレンカンプ
Fahrenkamp
Vahlenkamp
ファーレンクローク
Fahrenkrog
ファレンコフ
Fahrenkopf
ファレンタイン
Valentijn
Valentine
ファレンチノス
Farentinos
ファレンチャク
Falenciak
ファーレンティーノ
Farentino
ファレンティーノ
Farentino*
ファレンティノ
Farentino
ファレンティン
Valentin
Valentyn
ファレンテイン
Valentijn
ファーレンハイト
Fahrenheit
ファーレンバッハ
Fahrenbach
ファレンバッハ
Fahrenbach
ファーレンファイト
Fahrenheit
ファーレンホースト
Fahrenhorst
ファレンホルスト
Varenhorst
ファーロー
Farlow
Farlowe
Farrow
ファロ
Fallot
Faro
Farro
Pharo
ファロー
Farrow**
Pharoah
Pharoh
ファロア Pharoahe
ファーロウ
Farlow**
Farlowe
ファロウ
Fallou
Farrow*
ファロウフィールド
Fallowfield
ファローキ Farooqi
ファロキ Farocki
ファローズ
Fallows*
Follows
ファロッキ Farocki
ファロック
Farokh
Farrokh
ファロックザード
Farrokhzad
ファロッピオ
Fallopius
ファロップ Fulop
ファロバ Farova
ファロヒー
Farokhī
Farrukhī
ファロピウス
Fallopius
ファロピオ Fallopius
ファーロフ Farrukh
ファロファキス
Varoufakis
ファーロル Ferrol
ファーロン
Faron
Farron
Furlong
ファロン
Fallon***
Faron
Farron
Phalon
ブアロン Bualong
ファーロング
Furlong**
ファワズ
Fawaz
Fawwaz
ファーン
Fahn
Fearn**
Fern**
ファン
Ban
Fain
Fan**
Fang*
Fann
Fern
Fun
Fung*
Hawng
Huan
Hu-ang
Huang**
Hwan
Hwang**
Juan***
Pham**
Phan***
Than
Va
Van***
Von*
Whang
ファン
Fouin
Fuang
Huan*
Huang
Joan
Johannes
John
Juan***
Van
Xuan
ヴァン Van
ブアーン Bourne
ブアン
Bu-an
Buhan
プアン Puan
ファンアケレ
Vanackere
ファンアバマート
Van Avermaet
ファンアフト Van Agt
ファンアールツェン
Van Aartsen
ファンアルテン
Van Alten
ファンアルデンヌ
Van Ardenne
ファンアルムジック
Van Almsick
Vanalmsick
ファンアンデルシッペル
Van Andel-Schipper
ファンイエルセル
Van Iersel
ファンイグナシオ
Juan Ignacio
ファンヴァイク
Van Wijk
ファンエグモント
Van Egmond
ファンエーケレン
Van Eekelen
ファンエステバン
Juan Esteban
ファンエーペン
Van Eupen*
ファンエムデン
Van Emden
ファンオフェルトフェルト
Van Overtveldt
ファンガー Fanger
ファンガネル
Fanghänel
ファンカルロス
Juan Carlos
ファンキー
Fahncke
Funky
ファンギ Hwan Kee

ファンキーニ Fanchini
ファンギョン
Whang-kyung
ファンク
Fanck
Fank
Funck
Funk***
ファング
Fang*
Fung
Huang
ファンクイッケンボルヌ
Van Quickenborne
ファンクーフェルデン
Van Koeverden
ファンクマスター
Funkmaster
ファンクール
Frankeur
プアンゲッゲオ
Phuangketkeow*
ファンゲネル
Fanghänel
ファンケルコフ
Van Kerkhof
ファンゲン Fangen
ファンサーガ Fansaga
ファンサーゴ Fansaga
ファンジェ
Fange
Fanget
ファンジオ Fangio*
ファンシク
Hwang-sik*
ファンシュ
Fanch
Fañch*
François
ファンショー
Fanshawe*
ファンジョ Hwang-joe
ファンショウ
Fanshawe
ファンシルファウト
Van Silfhout
ファーンズ Ferns
ファンス Fance
ファンスカルクビック
Van Schalkwyk
ファンスタバレン
Van Staveren
ファンスタン
Fansten*
ファンステン Fansten
ファンストラーレン
Van Straelen
ファンストーン
Fanstone
ファンストン
Funston*
ファンスハールデンベルク
Van Schaardenburg
ファンスムリット
Phansumrit
ファンスラー Fansler
ファンスーリー
Fanṣūrī
ファンズロー
Fanselow
ファーンズワイス
Farnsworth
ファーンズワース
Farnsworth**
ファーンズワス
Farnsworth
ファンスワース
Farnsworth
ファンゾ Fanzo
ファンソク
Hwang-suk
ファンソープ
Fanthorpe
ファンタ Fanta*
ファンダー
Fonder
Funder*
ファンダイク
Van Dijk
ファンタウ Fantaw
ファンタジア Fantasia
ファンタスキー
Fantaskey
ファンタズマ
Fantasma
ファンタッピィ
Fantappie
ファンダーバーク
Funderburke
ブァンダーリップ
Vanderlip
ファンダーレン
Van Daalen
ファンタン Fantin
ファンチェス
Funchess
ファンチェッリ
Fancelli
ファンチェリ Fancelli
ファンチャー Fancher
ファンチュッリ
Fanciulli
ファンチュルリ
Fanciulli
ファンチョウ
Fang-zhou
ファンツァーゴ
Fansaga
ファンツォヴィッチ
Fancovic
ファンテ Fante**
ファンデ Juande*
ファンデアエイケン
Vandereycken
ファンテアヌ
Fanteanu
ファンデアベレン
Van Der Bellen*
ファン・ティ Than-thi
ファンティ Fanti
ファンデイク
Van Dijk
Van Dyck
ファンティーニ
Fantini**
ファンティニ Fantini
ファンティヌス
Fantinus
ファンティノ Fantino
ファンティン Fantin
ファンデプト
Vandeput
ファンデマーン
Vandemaan
ファンテラ Fantela*
ファン・デル Van der
ファンデル
Fander
Van der
ファンデルクロフト
Van der Kroft
ファンデルコルク
Van Der Kolk*
ファンデルサール
Van der Sar
ファンデルステュール
Van Der Steur
ファンデルバイデン
Van Der Weijden*
ファンデルバーグ
Van Der Burgh*
ファンデルバット
Van Der Vat
ファンデルビゼン
Van Der Biezen
ファンデルファールト
Van der Vaart
ファンデルフェン
Van Der Ven
ファンデルフーフェン
Van Der Hoeven
ファンデルプレートセン
Van Der Plaetsen
ファンデルブレーヘン
Van Der Breggen
ファンデルヘイデン
Vanderheyden
ファンデルヘースト
Van Der Geest
ファンデルベストハイゼン
Van Der Westhuizen
ファンデルヘルデン
Van Der Velden
ファンデルメルヴァ
Van Der Merwe
ファンデルラーン
Van Der Laan
ファンデルリンデン
Van der Linden
ファンデルレイデ
Vanderlijde
ファンデン
Van den
Vanden
ファンデンビルデンベルフ
Van Den Wildenberg
ファンデンブルーク
Vandenbroeck
ファンデンブルック
Vandenbroucke
ファンデンベルク
Van Den Berg
Vandenberg**
ファンデンベルグ
Van Den Berg
ファンデンボイナンツ
Van den Boeynants
ファンデンボシュ
Van Den Bossche
ファンデンボス
VandenBos
ファンデンホーヘンバント
Van Den Hoogenband*
ファーント Fante
ファン・ト Van't
ファント
Fant*
Funt
Van't*
ファントゥッツィ
Fantuzzi
ファントゥーレ
Fantourè
ファントエント
Van T End
ファントーニ Fantoni*
ファンドープ
Van Dorp
ファントホッフ
Van't Hoff
ファントム Funtom
ファンドライ Vandrey
ファンドラーケシュタイン
Van Drakestein
ファンドラノット
Vande Lanotte
Vandelanotte
ファントリ Fantoli
ファントル Fantle
ファンドレイ Vandrey
ファントレナ
Juantorena
ファーンドン Farndon
ファントン Fanton
ファントンゲルロー
Vantongerloo
ファンニ
Fanni
Fanny
ファンニー Fannie
ファンニア Fannia
ファンニイ Fanny
ファンニーケルク
Van Niekerk*
ファンニステルローイ
Van Nistelrooij
ファンニング Fanning
ファンネメル
Fannemel
ファンネル Funnell*
ファンバ Famba
ファンバイステルフェルト
Van Bijsterveldt
ファンバステン
Van Basten
Vanbasten
ファーンバック
Fernbach
ファンハーヘン
Van Haegen
ファーンハム
Furnham
ファンハール
Van Gaal
ファンピ Juanpi
ファンヒオ Fangio
ファンビリオン
Van Biljon
ファンピン Fang-ping
ファンファーニ
Fanfani*
ファーンファム
Furnham
ファンファン Fanfan
ファンフェルデ
Van Velde
ファンフェン
Van Veen
ファンフラン
Juanfran
ファンフリート
Van Vliet
ファンフリューテン
Van Vleuten
ファンフルンスフェン
Van Grunsven*
ファンベーク
Van Beek
ファンベッケフォールト
Vanbeckevoort
ファンヘニップ
Van Gennip
ファンベール Finbert
ファンヘルデ
Van Velde
ファンヘンゲル
Vanhengel
ファンベンタム
Van Benthem
ファンヘント
Van Gendt
ファンホ Juanjo
ファンボ Hwang-bo
ファンホ Juanjo
ファンホウテ
Vanhoutte
ファンボクステル
Van Boxtel
ファンホルコム
Van Gorkom
ファンボン Van Bon
ファンマルティ
Juanmartí
ファンミ Juanmi
ファンミデルコープ
Van Middelkoop
ファンミル Van Mil
ファンミルロー
Van Mierlo
ファンモールセル

フ

Van Moorsel*
ファンラウエンダール
Van Rouwendaal*
ファンラーフェンスワイ
Van Ravenswaay
ファンランゲン
Van Langen
ファーンリ Fearnley
ファーンリー
Fearnley*
Furnley
ファンリエセルベルゲ
Van Rijsselberge
Van Rijsselberghe*
ファンリーセン
Van Riessen
ファンルースト
Van Roost
ファンルッセル
Van Russel
ファンローイ
Van Rooy
ファンロイエ
Van Roye
ファンローイエン
Van Rooijen
ファンロイヤン
Van Rooyen
フーイ Goey
フーイー Khū'ī
フィ
Fe
Huy
Hwi*
Phi
フィー Fee**
フイ
Hui*
Huy**
Phi
ブーイ
Bouhy
Bouy
Bowie
ブイ
Boui
Bouix
Bowie
Bührer
Bui**
Bùi
Buy
プイ
Phoui
Pouy
Puey
Pui
フィーア Feuer
フィアウ Fiau
フィアガル Fergal
フィーアカント
Vierkandt
フィアカント
Vierkandt*
フィアクル Fiacre
フィアース Fears
フィアーズ Fears
フィアスコ Fiasco
フィアースタイン
Fierstein
フィアゼッラ Fiasella
フィアダ Fiada
フィアチュオ Fiatuwo
フィアチラ Fiachra
フィアット
Fait
Fiat*
フィアテル Viertel
フィアドー Feodor
フィーアハウス
Vierhaus
フィアヘラー
Fierheller
フィアベーン Fiabane
フィアマ Fiamma
フィアマン Fiarman
フィアマンテ
Fiammante
フィアミンゴ
Fiamingo
フィアメ Fiame
フィアメッタ
Fiammetta
フィアメンギ
Fiammenghi
フィアメンゴ
Fiamengo
フィアモッツィ
Fiamozzi
フィアラ Fiala**
フィアラー Fearer
フィアリ Fialli
フィアリー
Fearey*
Fyhrie
フィアーリョ Fialho
フィアリョ Fialho
フィアリング Fearing*
フィアーリンジャー
Fierlinger
フィアルカ Fialka
フィアルコフ Fialkov
フイアルド Fiard
フィアレイ Viallé
フィアレッティ
Fialetti
フィアロン Fearon
フィーアン Feehan
フィアンダー Fiander
フィアンダカ
Fiandaca
フィアンマ Fiamma
フィアンメッタ
Fiammetta
フィアンメンギーニ
Fiammenghini
フィアンリー Fearnley
ブイイ Bouilly
フィイリップ Philippe
プイウ Puiu
フィーヴァ Fevre
フィーヴァー
Feaver
Feuvre
フィーヴェ Five*
フィーヴェーグ
Vieweg
フィーヴェク Viehweg
フィウーザ Fiuza
フィウザ Fiúza
フィウザット Fiuzat
フィウミ Fiumi
フィウラウア Fiulaua
フーイェ Goeje
フーイェー Fouillee
フーイエ
Feuillet
Fouillée
フィーエー Fouillee
フィエ
Fouillee
Fouillée
フィエー Fouillee
フイエ
Feuillet*
Fouillée
ブーイエ Bouilhet
ブイエ
Bouillē
Bouillier
Bouyer
ブイエー
Bouillet
Bouyer
Buyea*
プイエ
Pouhier
Pouillet
フィエヴェ Fiévet
フィエヴスキー
Fijewski
フィエウドビ
Fie Udby
フィエスキ Fieschi*
フィエスコ Fiesco
フィエスタッド
Fjæstad
フィエーゾレ Fiesole
フィエソーレ Fiesole
フィエソレ Fiesole
フィエゾレ Fiesole
フィエタ Vietta
フィエット Huette
フィエッロ Fiello
フィーエトル Viëtor
フィエートル Viëtor
フィエトル Viëtor
フィエナンド Fjelland
フィエネナナ
Fienenana
フィエホフ Viehoff
フィエラケパ
Fielakepa
フィーエル Fiel
フィエール Feuillère
フィエル
Fiel
Fjell
フイエール Feuillère*
フィエルクラウ
Vierklau
フィエルスタード
Fjeldstad
フィエルストレム
Fjellström
フィエルツター
Fjeldstad
フィエルドスタード
Fjeldstad
フィエールモンテ
Fiermonte
フィエルリンゲル
Fierlinger
フィエロ
Fiero
Fierro*
ブイエロワ Buyelwa
フィエン
Fien
Phien
ブイエン Boeijen
フィオ Fio
フィオクル Fiocre
フィオーコフ Fialkov
フィオッコ Fiocco
フィオッタ Viotta
フィオードル Fiodor
フィオドール
Fiodor
Fyodor
フィオドローヴ
Fyodorov
フィオドロフ
Fiodorov
Fiodorow
フィオーナ Fiona**
フィオナ
Ffyona
Fhiona
Fiona**
フィオヌアラ
Fionnuala
フィオヌラ
Fionnuala
Fionnula
フィオラ Viola
フィオラヴァンテ
Fioravante
フィオラヴァーンティ
Fioravanti
フィオラヴァンティ
Fioravanti
フィオラゾ Fioraso
フィオラート Fiorato*
フィオラバンティ
Fioravanti*
フィオーリ Fiori*
フィオリ Fiori*
フィオリッロ Fiorillo
フィオリーナ
Fiorina**
フィオリナ Fiorina
フィオリーノ Fiorino
フィオリノ Fiorino
フィオリロ Fiorillo
フィオリン Fiorin
フィオール
Fior
Fiore
フィオル Fior
フィオルッチ Fiorucci
フィオルデ Feolde
フィオーレ Fiore**
フィオレ
Fiore
Fiorè
フィオレス Fiorese
フィオレッティ
Fioretti
フィオレッラ Fiorella
フィオレッリ Fiorelli
フィオレッロ Fiorello
フィオレリ Fiorelli
フィオレリーニ
Fiorellini
フィオレルラ Fiorella
フィオレルロ Fiorello
フィオレロ Fiorello
フィオレンザ Fiorenza
フィオレンツァ
Fiorenza**
フィオレンツォ
Fiorenzo*
フィオレンティーニ
Fiorentini
フィオレンティーノ
Fiorentino***
フィオレンティノ
Fiorentino
フィオロニ Fioroni
フィオン Fionn*
フイオン Fui-on
ブイカ Buica
プイカ Puica
ブイカウ Býkov
ブィガウダス
Vygaudas
ブイガス Bohigas
フイガセウスキー
Figastewski
フィカッチ Ficacci
フィガート Figart
フィカドゥ Fekadu
フィガーニー Fighānī
ブイカバ Vuikaba
フィカヨ Fikayo
フィガリ Figari
フイカリ Huikari
フィガール Figal*
フィガレド Figaredo
フィガロ
Figallo
Figaro
フィカローラ Ficalora
フィーガン
Feagan
Fegan
フィキ Fiqi
フィギー Figgie
ブイキ Bouyiki
フィギエ Figuier
フィギス
Figges

Figgis*
フィギュアード
Figueredo
フィギュエイレド
Figueiredo
フィギュレ Figurey
フィキレ Fikile
フィーギン Feagin
フィギンズ Figgins
フィーク
Feak*
Feek
フィーグ Figues
フィクー Fickou
ブイグ Bouygues*
プイーグ Puig
プイグ Puig**
フィグエロ Figuero
フィクス Fix*
ブィクス Buiks
フィクセル Fixel
フィクテルバーグ
Fichtelberg
フィクトル Victor*
フイグナア Figner
フィーグネル Figner
フィグネル Figner*
フィグラ Figura
フィグーリ Figuli
フィグリオーロ
Figliuolo
フィクリン Ficklin
フィグリン Figlin
フィグル Figl
フィーグルス
Feagles
Figulus
フィグルス Figulus
フィグルッツィ
Figliuzzi
フィクレ Fikre
フィグレー Figley
フィクレット Fikret
フィクレト Fikret*
フィグレード Fegredo
フィグレド Fegredo
フィグレフスキー
Figlewski
フィグロヴスキー
Figurovsky
フィーゲ Fiege*
フィケ Fiqué
フィゲィレード
Figueiredo
フィゲイレード
Figueiredo
フィゲイレド
Figueiredo***
フィゲス
Figes
Figgess
フィケット Fickett
ブイケビッチ
Buikevich
フィケラ Fichera
フィゲーラス Figueras
フィゲラス Figueras*
フィーゲル
Feegel*
Fiegel
Figuères
フィゲール Figuères
フィゲル Figel'
フィゲルスキー
Figlewski
フィゲレイド
Figueiredo
フィゲレス Figueres**
フィゲレード
Figueredo
Figuereido
フィゲレド Figueiredo
フィゲーロ Figuero
フィゲロア
Figeroa
Figueroa**
フィゲロアモスケラ
Figueroa
Mosquera
フィゲロウア Figueroa
フィゲロラ Figuerola
フィーゲン Vygen
フィゲンスハウ
Figenshau
フィケンチャー
Fikentscher
フィーゴ Figo**
フィコ Fico
ブイコ Buiko
ブイコヴ Bykov
ブィゴツキー
Vygodskii
プイコネン Puikkonen
ブィコフ
Bykau
Bykov*
ブイコフ Bykov***
ブイコフスキー
Bykovskii
Bykovsky
フィコローニ Ficoroni
ブィーコワ Bykova
ブイコワ Bykova*
フィーザー
Fieser*
Vieser
フィサー Visser
フィサック Fisac
ブーイサック
Bouissac*
ブイサン Buisan
フィシ Fish
プイージ Puglisi
フィシア Fisher
フィシアー Fisher
プイジアノフ
Pyzhianov
フィジィ Fygi
フィージェス Figes
フィシェッティ
Fischetti*
フィシェール
Ficher
Fischer
フィシェル
Ficher
Fischel
Fischer*
Fišer
Fishel
フィシェルソン
Fishelson
フィシェレヴィッチ
Fishelevich
フィジク Physick
フィジケッラ
Fisichella
フィジケラ Fisichella*
フィジシャン
Physician
プイシス Puišys
フィシタ Fishta
フィジック Physick
フィージデレム
Fejedelem
フィジーニ Figini
フィジーノ Figino
フィシバフ Fiszbach
フィシャ Fischer
フィシャー
Fischer
Fisher
フィシャカー Fishacre
フィシャク Fisiak
フィジャック Figeac
フィシャニルセン
Fischer Nielsen
フィシャール Fišar
フィシャル Fisher
フィジャル Fijal
フィシュ
Fish
Visch
フィシュー Fisseux
フイシュ Huish*
フィシュキン Fishkin*
フィシュグランド
Fichgrund
フィシュケン Fishken
フィシュタ Fishta
フィシュテル
Fiechter*
フィシュナラー
Fischnaller
プイシュノフ
Pouishnoff
フィシュバフ
Fischbach
フィシュベイン
Fishbane
フィシュマン Fishman
フィシュラー Fischler
フィジュリッチ Fižulić
フィシュル Fischl
フィショフ Fischoff
フィショル Fisher
フィシラウ Fisilau
フィージン
Whee Jine*
フイジンガ Huizinga
フィース
Fies
Vieth*
フィス
Fiess
Fils*
Fiss
Fiz*
ブイーズ Bouise
ブイス Bouissou
ブイスー Bouissou
プイス Pwyll
フィスカ Fisker
フィスカー Fisker
フィスカール Viscaal
フィスキー Fiesky
フィスキエッティ
Fischetti
Fischietti
フィスク
Fisk***
Fiske***
フィスケ Fiske
フイスケ Fiske
フイスケス Huiskes
フィスケットジョン
Fisketjon
フイスゲン Huisgen
フィスゴン Fisgón
フィースター
Feaster*
Fiester
Pfiester
フィスター
Fister
Pfister**
Phister
フィースティ Feisty
フィステル
Pfister
Pfster
フィースト
Feast
Feist**
フイスト Huist*
フィストゥラーリ
Fistoulari
ブィストシツキ
Bystrzycki
フィストラーリ
Fistoulari
フィスバック Fisbach*
フィスヘル Fisscher
フィスマン Fisman
フィズリ Fizuly
フィスリンガー
Fisslinger
フィセッティ Fischetti
フィセリング
Vissering
フィセル Visser
フィセルト Visser't
フィゾー Fizeau
フィソン Fisson
フィーダー Feder
フィダ Fida*
フィダー Fidā'
ブイター Buiter
フィータス Foetus
フィダティ Fidati
フィダーニ Fidani
フィータム Feetham
フィダンツァ Fidanza
フイチー Hui-zhi
フィチェット Fitchett
フィチェラ Fichera
フィチェル Fischel
フィチキデス Fitikides
ブイチチ Vujicic
フィチーノ Ficino
フィチノ Ficino
フィチュー Fitziu
フィーツ Fietz
フィツ Fitz
ブイツァ Vujica
フィツェック Fitzek**
フィツェドム Vicedom
フィツォ Fico*
フィツォフスキ
Ficowski**
フィッカー Ficker*
フィッカート Fickertt
フィツ・カラレンス
Fitzclarence
フィツキ Fitski
フィッギス
Figges
Figgis
フィツギボン
Fitz-Gibbon
フィック
Fick*
Ficke
フィッグ Figg
ブイック Buick
フィックス
Fickes*
Fix*
Fixx*
ブイックス Bouix
フィックトル Victor
フィックリング
Fickling
フィッケ Ficke
フィッケン Ficken
フィッケンシャー
Fickenscher
フィッサー Visser*
フィツサイモンズ
FitzSimons
フィッシアー
Fischer
Fisher
フィッシァルト
Fischart
フィツジェイムズ

フ

Fitz-James
フィツジェラルド
Fitzgerald
フィッシェリング
Vischering
フィッシェル
Fischer
Fischl
Fishel
Fisher
Visscher
フィッシャ Fisher
フィッシャー
Fischer***
Fisher***
Fishler
Vischer**
フイッシャー Fischer*
フィッシャア Fischer
フィッシャアー
Fischer
フィッシャーニールセン
Fischer Nielsen
フィッシャリング
Vischering
フィッシャルト
Fischart*
フィッシュ
Fisch**
Fish***
Physh
フィッシュー Fischer
フィッシュウィック
Fishwick
フィッシュバイン
Fischbein
Fishbein
フィッシュバック
Fischbach
Fishback
フィッシュバハー
Fischbacher**
フィッシュバーン
Fishburn
Fishburne*
フィッシュホフ
Fischhoff
フィッシュマン
Fischman
Fishman**
フィッシュラー
Fisheler
Fishler
フィッシュリ Fischli*
フィッシュル Fischl*
フィッシュロー
Fishlow
フィッシュロック
Fishlock
フィッシンガー
Fischinger
フィッスン Fyssoun
フィッセ Fisse
フィッセリング
Vissering
フィッセル
Fisscher*
Visse
Visser*
フィッセルス Vissers
フィッソーレ Fissore
フィッソロ Fissolo
フィッソン Fisson
フィッター Fitter
フィッタリング
Fitterling*
フィッチ Fitch***
ブイッチ Vujić
プイッチ Puig
フィッチェット
Fitchett
フィッチェン
Fitchen
Fitschen*
フィッチャー Fisher
フィッチュー
Fitzhugh
フィッチング Fitting
フィッツ
Fitts
Fitz*
Fitzhugh
フィッツァー Fiszer
ブィッツァー Pfizer
フィッツアール
Fitz-Earle
フィッツィンジャー
Pfitzinger
フィッツウィリアム
Fitzwilliam
フィッツウォーター
Fitzwater*
フィッツウォルター
Fitzwalter
フィッツエドワード
Fitzedward
フィッツエンツ
Fitz-enz
フィッツエンマイヤー
Pfizenmayer
フィッツオズバーン
Fitzosbern
フィッツギボン
Fitz Gibbon
Fitz-Gibbon
FitzGibbon
Fitzgibbon**
フィッツギボンズ
Fitzgibons
フィッツグリーン
Fitz-Greene
フィッツサイモンズ
Fitzsimons
フィッツジェイムズ
Fitz-James
Fitzjames
フィッツジェラルド
Fitzerald
FitzGerald*
Fitzgerald***
フイッツジェラルド
Fitzgerald
フィッツジェレル
Fitzgerel
フィッツシモンズ
Fitzsimmons**
FitzSimons
Fitzsimons
フイッツゼラルド
Fitzgerald
フィッツデイル
Fizdale
フィッツデール
Fizdale
フィッツトゥーム
Vitzthum
フィッツナー Pfitzner
プィッツナー Pfitzner
フィッツパトリク
Fitzpatrick
フィッツパトリック
Fitspatrick*
FitzPatrick
Fitzpatrick**
フィッツハーバート
Fitzherbert
フィッツハリス
Fitzharris
フィッツピーター
Fitzpeter
フィッツヒュー
FitzHugh
Fitzhugh**
フィッツヘンリ
Fitzhenry
フイッツヘンリー
Fitzhenry
フィッツマイアー
Fitzmyer
フィッツマイヤー
Fitzmyer
フィッツモーリス
Fitzmaurice*
Fizmaurice
フィッツモリス
Fitzmaurice
フィッツラルフ
Fitzralph
フィッツランドルフ
FitzRandolph
Fitzrandolph*
フィッツロイ
FitzRoy*
Fitzroy
フィッツロフ Fitzloff
フィッティッヒ Fittig
フィッティパルディ
Fittipaldi
フィッティヒ Fittig
フィッティング
Fitting*
フイッテンベルガー
Whittenberger
フィット
Fitt
Fitto
フィッド Phidd
フィットル Whittle
フィットロック
Whitlock
フィットン Fitton
フィツパトリック
Fitzpatrick
フィッフェ Fyffe
フィップス
Phipps**
Phips
フィップソン Phipson
フィップル Whipple
フィッベン Fibben
フィッペン Phippen
フィツモーリス
Fitzmaurice
フィツロイ Fitzroy
フィーテ Fiete
フィデ Fidès
フィーティ Whiti
フィティ Whiti
フィディアス Pheidias
フィディアン Fiddian
フィティッヒ Fittig
フィティパルディ
Fittipaldi
フィティヒ Fittig
フィデイル Fideil
フィデース Fides
フィデス
Fiddes
Fides
フィデッサー Fidesser
プイデボワ Puydebois
フィデーリア Fidelia
フィデリア Fidelia**
フィデーリス Fidelis
フィデリス
Fidelis
Fidélis
フィデール Fidele
フィデル
Fidel***
Fidele
Fidéle
Fidèle
フィテルベルク
Fitelberg
フィテルマン
Fitterman
フィデレ Fidele
ブイテン Buyten
フィデンコ Fidenco
ブイテンダーク
Buitendag
フィート Vieth
フィード Fede
フィド Fido
フイート Wheat
フィトゥーシ
Fitoussi*
フィトゥシ Fitoussi
フィトウシ Fitoussi*
フィトゥスィ Fitoussi
フイドゥロビッチ
Hujdurovic
フィートカウ Fietkau
フィトコ Fittko*
プイドバ Pouydebat
フイトフェルト
Huitfeldt
フィートラー Fiedler
フィードラ
Fiedler
Phaedra
フィードラー
Fidler
Fieder
Fiedler***
フィドラー Fidler*
フイドラア Fiedler
ブイトラゴ Buitrago*
フィトラト Fitrat
フィートリ Featley
フィトーリ Fitouri
フィトリ Fituri
フィドリア Fidelia
フィドリッチ Fidrych
ブイトール Bujtýn
フィトルス Vitrus
フィードレル Fiedler
フィードローウィックス
Fiedorowicz
フィーナ
Fena*
Fina
フィナ
Fina*
Phina
Whina
フィナケーン
Finucane
フィナッツィ Finazzi
フィナーティ Finnerty
フィナティー Finnerty
フィナテリ Finateri
フィナモア
Finnamore*
フィナラン Finneran
フィナリー Finaly
フィナルディ Finaldi
フィナン
Finan
Finnan
フィナンシ Phinansi
フィナンス Finance*
フィナンダー
Finander
フィナンド Finando
フィーニ
Feeney
Fini**
フィーニー
Feeney
Feeny
Phinney
フィニ
Feeney
Fini**
Finney
Funi
フィニー
Feeney
Fini
Finney***
Finnie*
Phinney
フイニ Fini
フィニアス Phineas*
フィニアノス Fenianos
フィニアン Finnian
フィーニィ Feeney
フィーニイ Finney
フィニィ Finney

フィニイ Finney*
フィニカソ Finikaso
フィニガン
Finigan
Finnegan
フィニグエッラ
Finiguerra
フィニグエラ
Finiguerra
フィニクス Phoenix
フィーニコフ Finikov
フィニコフ Finikov
フィニス
Finis
Finnis
フィニステール
Finisterre
フィニストン
Finniston
フィーニックス
Phoenix
フィニディ Finidi
フィーニフ Fienieg*
フィニヨン Fignon
フィニン Finnin
フィーヌ Fine
フィヌアラ Finuala
フィネアシ Fineasi
フィネアス Phineas
フィネアン Finean
フィネイ Phinney
フィネウス Phineus
フィネガン
Finegan
Finnegan*
フィネス Finesse
フィネッケ Finecke
フィネッシ Finessi
フィネッティ Finetti
フィネット Finet
フィネッリ Finelli
フィネハス Phinehas
フィネラン Finneran
フィネル
Finel
Finnell
フィネルマン
Finerman
フィーノ Finot
フィノ
Fino***
Finot
フィノー
Finot*
Phinot
フィノキアーロ
Finocchiaro
フィノグリオ Fenoglio
フィノッキアーロー
Finocchiaro
フィノッキアロ
Finocchiaro
フィノッキオ
Finocchio
フィノッティ Finotti
フィノーラ Finola
フィノル Finol
フイノロサ Fenollosa
フィーバー
Feaver
Feverman
ブイバウ Vuibau
フィーバス Phoebus
フィバッシュ Fivush
フィーハン Feehan*
フィーバーン Viebahn
フィービ Phoebe**
フィービー
Phebe
Pheby
Phobe
Phoebe*
フィビアン Fabyan
フィービガ Fibiger
フィービガー Fibiger
フィビガ Fibiger
フィビガー Fibiger
フィービゲル Fibiger*
フィビーゲル Fibiger
フィビゲル Fibiger
フィービッヒ
Fiebig
Viebig
フィヒテ Fichte**
フィヒテー Fichte
フィヒテル Fichtel
フィヒトナー
Fiechtner
フィービヒ
Fibich
Viebig*
フィビヒ Fibich*
フィビフ Fibich
フィヒマン Fichman
ピピン Pypin
プイピン Pypin
フィビンゲロワ
Fibingerová
フィーブ Fiep*
フィブ Fives
フィーファ Hwee Hua
フィーファー Feiffer
フィファー Fiffer*
フィフィ Fifi*
フィフィイ Fifi'i
フィフィタ Fifita
フィフィールド Fifield
フィプス Phipps
フィプスン Phipson
フィプソン Phipson*
フィーフット Fifoot
フィフテンゴルツ
Fikhtengolits
フィフナー Pfiffner*
フィフリ Fihri
フィーブルマン
Feibleman*
フイブレヒト
Huybrechts
フィーベ Five
フィベ Phoíbē
フィーベル Feibel
フイベルツ Huiberts
フィベン Fibben*
フィボス Phivos
フィボナッチ
Fibonacci
フィマ Fima
プイマーノヴァ
Pujmanova
プイマノヴァー
Pujmanová
プイマノバー
Pujmanová
フィーマン Feeman
フィーミ Pheme*
フィーム Pheme
フィムパー Whymper
フィムライテ Fimreite
フィメイエ Fiemeyer
フィヤウコフスキ
Fialkowski
フイーヤカント
Vierkandt
フィヤード Feuillade
フイヤード Feuillade
ブイヤール Bouillard
ブイヤル Vial
フィヤレク Fijalek
ブイヤン Bhuiyan*
フィヤング Fiyanggū
フィユー Filloux*
フイユー
Fouillou
Fouilloux
ブイユ Bueil
ブイユヴォー
Bouillevaux
フィーユスィエ
Fillacier
ブイヨ
Bouillaud
Veuillot
ブイヨー Bouillaud
プイヨー Pouyaud
フィヨードル Fedor
フィヨドール Fëdor
フィヨドル Fedor
フィョドロヴィッチ
Feodorovich
フィヨドロヴィッチ
Feodorovich
Fyodorovich
フィヨーランド
Førland
フィヨル Fillol
フィヨルニル Fjölnir
フィヨン Fillon*
ブーイヨン Bouillon
ブイヨン Bouillon*
プィヨン Pouillon
プイヨン Pouillon*
フィーラー Wheeler
フィラ Phila
フィラー
Filler
Firor
Vilar
フィラーキー Firaqi
フィラーク Firāq
フィラクリディ
Filacuridi
フィラグレス
Philagres
フィラース Firās
フィラストリウス
Filastrius
Philastrius
フィラット Firat
フィラデルフォス
Philadelphos
Philadelphus
フィラト Filat
フィラートフ Filatov
フィラトフ Filatov***
フィラートル Fillastre
フィラトワ Filatova*
フィラピル Pilapil
フィラリ Filali**
フィラルド Filardo
フィラレット Filaret
フィラレーテ Filarete
フィラレテ Filarete
フィラレート
Filaret
Philarète
フィーラン
Filan
Phelan
フィラン Filan
フィランサンユード
Fila Sainteudes
フィランジ Philangi
フィランジェーリ
Filangieri
フィランダー
Philander*
フィーリー
Fealy
Feary
Feehily
Feeley*
Feely
フィリ
Fili*
Fily
フィリー
Filie
Filley
Philley
Philly*
Phiri
フィリアス Farías
フィーリィ Farley
フィーリイ Feeley
フィリィアノーティ
Filianoti
フィリィス Phyllis
フィリィダ Phillida
フィリィップ Philip
フィリヴ Filev
ブイリエ Vliet
プィリエフ Pyriev
プィリエワ Pyryeva
フィリォ Filho*
フィリオ Filho**
フィリオザ Filliozat*
フィリオレ Filliolet
フィリオン
Filion
Fillion
フィリガ Filiga
フィリガー Villiger**
フィリキ Fikri
フィーリクス Felix*
フィリケ Filliquet
フィリコス Philikos
フィリシア Phylicia
フィリシタ Firishtah
フィリシュタ
Firishtah
フィリシン Filshin
フィーリス Wheelis
フィリス
Filis
Filiz
Fillis
Gillis
Phillis***
Phills
Phylis*
Phyllis***
フイリス Phyllis
フィリスコス
Philiskos
フィリスティオン
Philistiōn
フィリストス Philistos
フィリソラ Filizzola
フィリダ
Phillida
Phyllida
フィリタス Philitas
フィリダス Philidas
フィリックス Felix
フィリッシュ Filish
フィーリッツ Fielitz
フィリッツ Fritz
フィリッツパトリック
Fitzpatrick
フィリッパ
Filippa*
Philippa***
Phillipa*
Phillippa
フィリッパキス
Philippakis
フィリッピ
Filippi**
Fillippi
Philippi
フィリッピー
Filippi
Philippi
フィリッピクス
Philippicus
フィリッピデス
Pheidippides

フ

フィリッピーニ
Filippini*
フィリッピーヌ
Philippine
Phillippine
フィリッピーネ
Philippine
フィリッピーノ
Filippino
フィーリップ Philipp*
フィリップ
Felipe*
Fhillippe
Filip**
Filipp
Filippe
Flip
Philibert
Philip***
Philipe**
Philipp***
Philippe***
Philips*
Phillip***
Phillipe***
Phillipp
Phillippe***
Phillippi
Phillips*
Phillp
Phillpe
Philpp
Pillip
フイリップ Philippe
フィリップス
Philipps*
Philippus
Philips**
Philipse
Philipsz
Philliips
Phillipps**
Phillips***
Phillps
フィリップスベルグ
Philippsberg
フィリップセン
Philipsen
フィリップソン
Philippson*
Phillipson
フィリップゾン
Philippson
フィリップッチ
Filippucci
フィリップッチョ
Filippuccio
フィリッペ Philippe
フィリッペスキ
Filippeschi
フィリッペリ Filipelli
フィリッポ
Filippo***
Fillippo
Philip
Philippe
Philippo
Philippot
Phillipo
フィリッポウ Filippou
フィリッポヴ Filippov
フィリッポヴィチ
Filippovich*
Filíppovich
Philippović
フィリッポヴィッチ
Philippović
Philippovich
フィリッポス
Philippos
Phílippos
フィリッポビッチ
Philippović
フィリッポフ
Filippov
Filíppov
フィリッポロ
Filippolo
フィリッポン Philipon
フィリディグ Filidig
フィリードリヒ
Friedrich
フィリドール Philidor
フィリノス Philinus
フィリパ
Filipa
Philippa*
Phillipa
フィリパイ Philippi
フィリパール
Philippart
フィリピ Philippi
フィリピー Phillippe
フィリピエフ Filip'ev
フィリピエワ
Filipieva
Filipjeva
フィリピッチ Filipič
フィリピディス
Filippidis
フィリピーニ Filippini
フィリピーヌ
Philippine*
フィリピン Philippine
フィーリプ
Felipe
Philip*
Philipp
フィリープ
Filipp
Philippe
フィリプ
Filip**
Philip
Philipe
Philippe
Phlippe
フィリーファボー
Fillie-faboe
フィリフェント
Phillifent
フィリプーシス
Philippoussis
フィーリプス
Philippus
Philips
Phillips
フィリプス
Philippus
Philips
Phillipps
Phillips*
フィリプスン
Philipson
Phillipson
フィリプソン
Philipson
Phillipson
フィリプチュク
Filipchuk
フィーリペ Philippe
フィリーペ Filipe
フィリペ
Felipe*
Filipe**
Philippe
フィリペック Filipek*
フィリペッティ
Filipetti
フィリペティ
Filippetti
フィリペピ Filipepi
フィリベール
Philibert**
フィリベルト
Filiberto
Philibert
フィリベルトゥス
Philibertus
フィリペンコ
Filipenko
フィリポ
Filippo
Philip
Philippos
フィリポヴィチ
Filipowicz
フィリポウィッチ
Filipowich
フィリポヴィッチ
Filipovic
Filipović
フィリポヴスキー
Filipovský
フィリポーシス
Philippoussis*
フィリポス Philippos
フィリポネ Philiponet
フィリーポビッチ
Filippovich
フィリポビッチ
Philipovich
フィリポフ
Filipov*
Filippov*
Phillipov
フィリポフスキ
Filipovski
フィリポーン
Philippon
フィリポン Philipon*
フィリモア Phillimore
フィリモノフ
Filimonov
フィリモン
Filimon
Philemon
フィリユ Filiu
フィリューン
Viljoen**
フィーリョ Filho**
フィーリヨ Filho
フィリョ Filho**
フィリヨン Fillion
フィーリン Filin*
フィリーン Filene
フィリン Flin
フイリン
Hooi-ling
Wei-ling
フィリンガム
Fillingham
フィーリング
Feiling
Fiering
フィーリングス
Feelings
フィーリングズ
Feelings
フィリンゲインズ
Phillinganes*
フィリント Filinto
フィール
Feer
Fiel
Fiell*
Phil
Viel*
フィル
Fill
Flii
Phil***
Philip*
Phill*
Phillip*
Phyl
フィルー Filloux
プイル Pu-il*
フィルォ Filho
フィールオルト
Vierordt
ブイルガニム
Byrganym
フィールカント
Vierkandt
フィルキン Filkin
フィルキンス Filkins
フィルクシュニー
Firkušny
Firkušný
フィルクスニー
Firkušny
Firkušný
フィールグッド
Feelgood
フィルケ Firket
フィルコビッチ
Firkovitsch
フィルサック Filesac
フィールーザーバーディー
Fīrūzābādī
フィルシー Filshie
フィルジル Virgil
フィールーズ Fīrūz
フィールズ
Fieids
Field
Fields***
Fīrūz
フィルス
Phills
Philus
Phylis
フィルズ
Fīrūz
Phills*
フィルステンベルグ
Fyrstenberg
フィルスマイアー
Vilsmaier*
フィルスマイヤー
Vilsmeier*
フィールーゼ
Feeroozeh
フイルソフ Firsov
フィルソン
Filson
Philson
フィールダー Fielder*
フィルダー
Feilder
Fielder**
フィルダウシー
Firdausī
フィルダウスィー
Firdausī
フィールターレル
Vierthaler
フィルダワシ Firdausī
フィールダンク
Vierdanck
フィールツ Fierz
フィルツ Filtz
フィルツモザー
Filzmoser
フィールディ Fielding
フィールディング
Fielding***
フィルディング
Fielding
フィルデス Fildes
フィルデブラント
Fildebrandt
フィールテル Viertel
フィールデン
Fielden**
フィールデング
Fielding
フィールド
Feild
Field***
Fielde*
Fields
フィルドゥーシー
Firdausī
フィルドゥシー
Firdausī
フィルドウシー
Firdausī
フィルドゥースィー
Firdausī
フィルドゥスィー
Firdausī
フィルドウスィー
Firdausī
フィルドゥング
Virdung
フィルドーシー
Firdausī
フィルドス Firdous

フィールドハウス
Fieldhouse*
フィルナース Firnās
フィルノウ Fearnow*
フィルハウス
Vierhaus
フィルバート Philbert
フィールハーバー
Vielhaber
フィルビー
Filbey
Philby**
フィルヒナー
Filchner*
フィルヒョー Virchow
フィルヒョウ Virchow
フィルビン
Filbin
Philbin*
フィルプ Philp
フィルフェルディンク
Hilferding
フィルプス Philps
フィルブリック
Philbrick**
フィルブリヒ Filbrich
フィルブルック
Philbrook
フィールヘフェル
Viergever
フィルベール Philbert
フィルペル Pilpel*
フィルベルス
Philberth
フィルポ Firpo
フィルポッツ
Phillpotts***
フィルポット
Philpot*
Philpott
フィルマ Firmat
フィルマー
Filmer**
Vilmar*
フィルマーニ Firmani
フィルマール Vilmar
フィルマル Vilmar
フィルマン
Filman
Firmin*
Pfirrmann
フィルマンシャー
Firmansyah
フィルミアーヌス
Firmianus
フィルミアヌス
Firmianus
フィルミアーン
Firmian
フィルミクス Firmicus
フィルミヌス
Firminus
フィルミーノ Firmino
フィルミリアーヌス
Firmilianus
フィルミリアノス
Firmilianos
Firmilianus
フィルムス
Filmus
Firmus
フィルメーナ
Filumena
フィルモ Firmo*
フィルモア
Fillmore*
Filmore
Philmore
フィルモウ Villmow
フィルモン Firmont
フィルヤド Firyad
フィルユン Viljoen
フィールライト
Wheelwright*
フィールリング
Vierling
フィールリンゲル
Fierlinger
フィレー Filley
ブイレ
Bouhired
Bouilhet
フィレアス
Phileas
Philéas
ブイレカー Braiker
フィレス
Philes*
Philēs
ブイレス Builes
フィレタイロス
Philetairos
フィレタス Philētās
ブィーレック Viereck
フィレト Pilatus
フィレーネ Filehne
フィレネーフェ
Villeneuve
フィレモン
Filemon
Philemon
Philémon
Philēmōn
フィーレルス Fielers
フィレルフォ Filelfo
ブイレルミン
Vuillermin
プイレワ Pyleva*
フィレンツ
Ferenc
Fillenz
フィレンツァ Firenza
フィレンツェ Firenze*
フィレンツオーラ
Firenzuola*
フィロ
Filo
Philo**
Philōn
フィロイメア Filoimea
フィロウ Filloux
フィロカエサル
Philocaesar
フィロカルス
Filocalus
Philocalus
フィロクセネス
Philoxenus
フィロクセノス
Philoxenos
Philóxenos
Philoxenus
フィロクティティス
Philoktitis
フィロクテテス
Philoktetes
フィロクラテス
Philokratēs
フィロクレス
Filocles
Philoklēs
フィロコロス
Philochoros
フィーローズ
Firoz
Fīrūz
フィーローズー Fīrūz
フィローズ
Firoz
Fīrūz
フィロストラトス
Philostratos
フィロストルギオス
Philostorgios
Philostórgios
フィロセオス
Philotheos
フィローソヴァ
Filosova
フィロソーフ
Philosophe
フィロソーフォヴァ
Filosova
フィロタス Philotas
フィロッテ Philothée
フィロテ Philothée
フィロテウス
Philotheus
Philothêus
フィロテオス
Philotheos
Philótheos
フィロデモス
Philodēmos
Phirodēmos
フィロニー Philonie
フィロネンコ
Philonenko*
フィローノフ Filónov
フィローバ Firova
フィロパテル
Philopator
フィロパトリス
Philopatris
フィロパトール
Philopator
フィロパトル
Philopator
Philopatōr
フィーロフ Filov
フィロフ Filov
フィロフェーイ Filofej
フィロフェイ Filofei
フィロポイメン
Philpoimēn
フィロポエメン
Philpoimēn
フィロポノス
Philoponos
フィロメテル
Philomētēr
フィロメートール
Philomētōr
フィロメトル
Philomētōr
フィロメーナ
Philomena
フィロメナ
Filomena
Philomena
フィロメーヌ
Philomène
フィロメノ Filomeno
フィロメラ Philomela
フィロメレ Philomēlē
フィロメロス
Philomelos
フィロラウス
Philolāos
フィロラオス
Philolāos
フィロロマニオス
Philoromaios
フィロロームス
Philoromus
フィロワ Firova
フィローン
Philon
Philōn
Phílōn
フィロン
Filon
Philo
Philon*
Philōn
フィロンベ Philombe
フィワインコシ
Phiwayinkhosi
フィーン Fien
フィン
Fin
Finn***
Fionn
Fynn
Huynh**
Phinn
フイン
Houin
Huynh*
Huỳnh
フィンガー
Fingar
Finger*
Fingers
フィンガース Fingers
フィンガーズ
Fingaz
Fingers*
フィンガドー Fingado
フィンガーマン
Fingerman
フィンガル Fingal
フィンガレット
Fingarette*
Fingeret
フィンガロート
Fingeroth
フィンク
Finck*
Finckh
Fink**
Vink
フィンクバイナー
Finkbeiner*
フィンクベイナー
Finkbeiner
フィンクラー Finkler
フィングラス Finglass
フィングランド
Fingland
フィングルトン
Fingleton*
フィンケ
Finke**
Vincke
Vinke
フィンケラー
Finkelhor
フィンケル Finkel**
フインゲル Finger
フィンケルクロート
Finkielkraut*
フィンケルシュタイン
Finkelstein*
フィンケルシュテイン
Finkel'shtein
フィンケルスタイン
Finkelstein
フィンケルスティーン
Finkelstein
フィンケルステイン
Finkelstein
フィンケルホー
Finkelhor*
フィンケルマン
Finkelman
フィンケルンブルク
Finkelnburg
フィンケルンブルグ
Finkelnburg
フィンケルンベルク
Finkelnburg
フィンケンシュタイン
Finckenstein
フィンケンツェラー
Finkenzeller
フィンコ Finco
フィンコフ Finkov
フィンゴール Fingal
フィンジ Finzi
フィンジガル Finžgar
フィンシャー
Finscher*
フィンシュ Finsch
フィンシュネハタ
Fínsnechta
フィーンズ
Fiennes
Hewins
フイーンズ Fiennes
フィンスター Finster*
フィンスターヴァルダー
Finsterwalder

フィンスターブッシュ
Finsterbusch
フィンスターワルダー
Finsterwalder
フィンステルヴァルダー
Finsterwalder
フィンステルリン
Finsterlin
フィンストラ Feenstra
フィンストン Finston
フィンスラー Finsler
フィンゼス Finseth
フィンセット Finset
フィンセン
Findsen
Finsen
フィンセンティウス
Vincentius
フィンセント
Vincent*
フィンソン Finson
フィンダ Finda
フィンダー Finder**
フィンダイス Findeis
フィンダイゼン
Findeisen
フィンダリスキー
Findariskī
フィンタン Fintan
フィンチ Finch***
フィンチアス Phintias
フィンチェント
Vincent
フィンチャー
Fincher**
フィンチャム Finchum
フィンツ Finz
フィンツェン Finzen
フィンティアース
Phintias
フィンティアス
Phintias
フィンデイゼン
Findeizen
フィンテルシュテン
Vintersten
フィンテルマン
Fintelmann
フィンデン Finden
フィーンド Fiend
フィンドラター
Findlater
フィンドリ Findlay
フィンドリー
Findley***
フィンドリング
Findling
フィンドレー
Findlay**
Findley
フインドレー Findlay
フィンドレイ
Findlay**
フィンドレイター
Findlater
フィンドレン Findlen
フィンニー Finnie
フィンニウス Vinnius
フィンヌル Finnur
フィンネ Finne
フィンネラン
Finneran
フインバ Huynh-Ba
フィーンバーグ
Feenberg*
フィンバーグ Finberg
フィンバル Finbarr
フィンプス Phimps
フィンブリア Fimbria
フィンプル Fimple
フィンボガソン
Finnbogason
フィンボーガドゥッティル
Finnbogadóttir
フィンボーガドウフティル
Finnbogadottir
フィンボガドチル
Finnbogadottir
Finnbogadóttir*
フィンボガドッティル
Finnbogadottir
Finnbogadóttir
フィンマーク
Finmark*
フィンモア Finnemore
フィンヤーレンゲン
Vinjarengen
フィンライ Finlay
フィンリ
Finlay
Finley
フィンリー
Finlay
Finley**
フィンリア Findliath
フィンリースン
Finlayson
フィンレ Finlay
フィンレー
Findlay
Finlay*
Finley**
フインレー Finlay
フィンレイ
Finlay***
Finley*
フィンレイスン
Finlayson
フィンレイソン
Finlayson*
フィンレター Finletter
フゥ Fu
フウ
Furr
Hu
Huu*
Hũ'u
Phu
ブーヴ Beuve*
ブウ Buu
プゥ Pu
フーヴァー Hoover**
フヴァト Khvat
ブーヴァル Bouvard
ブヴァール Bouvard
フーヴァルト Houwald
フウイ Fui
ブーヴィ
Boubey
Bouvy
ブウイ Bowie
ブーヴィエ Bouvier**
フヴィエズドスラウ
Hviezdoslav
フヴィエズドスラフ
Hviezdoslav
ブーヴィエール
Bouvier
フウィオール Fwyall
フヴィステク
Chwistek
プーヴィヨン
Puouvillon
フヴィリョヴィー
Khvylovy
ブウヴ Beuve
ブウヴエー Boubey
フーヴェリンク
Heuvelink
ブーヴェ Bouvet*
ブーヴェー Bouvet
ブヴェ Bouvet
ブヴェー Bouvet
ブーヴェット
Bouvette
ブーヴェリ Bouverie
ブーヴェリー Bouverie
ブヴェール Bever
フーヴェルト Heuvelt
ブーヴェレス
Bouveresse
フヴォイコヴァー
Chvojková
ブウォジミエジュ
Włodzimierz
フヴォストーフ
Khvostov
フヴォストフ
Khvostov
ブウォノ Buwono**
フウォピツキ
Chlopicki
ブゥキエ Bouquier
フゥケー Fouqué
フウゲル Vogel
フゥゴオ Hugo
ブウサール Boussard
プウサン Poussin
プゥシキン Pushkin
ブゥシャール
Bouchard
プウシュキン Pushkin
ブゥション Bouchon
フウス Guus*
ブウセット Bousset
プウタフスカ
Półtawska
フゥチーク Fucik
ブウテ Boutet
プゥート Poeth
ブウトルウ Boutroux
ブウニン Bunin
ブウーフ Boeuf
ブウブ Beuve
フゥフェル Foufelle
ブゥラック Burack
フウリエ Fourier
ブゥリンガー
Bullinger
ブーウール Bouhours
ブゥル Bull*
ブウール Bouhours
フゥルクロワ Fourcroy
ブウルジェ Bourget
ブウルゼェ Bourget
プウルセル Pourcel
ブゥルドゥー
Bourdoux
ブーヴレス
Bouveresse**
ブウレンジャー
Boulenger
ブゥロワゾォ
Bouloiseau
フウン Hung
プウン Phoeung
フェ
Fay
Fe
フェー
Fay
Faye
フエ Hue**
ブーエ
Bouet
Vouet
ブエ
Bouée
Vouet
フェーア
Fea
Föhr*
フェーアー Phayre
フェア
Fair**
Faire
Fehr*
Phair*
フェアー
Phare
Phayre
プエア Puea
フェアウェザー
Fairweather*
Fayerweather
フェアウェル Farewell
フェアウーザ Fairuza
フェアオ Fe'ao
フェアオモエアタ
Fe'aomoeata
フェアクラフ
Fairclough
フェアグレイヴ
Fairgrave
フェアクロー
Fairclough
フェアゴ Fergo
フェアーズ Faires
フェアスター Forster
フェアスタイン
Fairstein**
Feirstein
フェアチャイルド
Fairchild***
Fairechild
フェアティス Fhertes
フェアドロス Verdross
フェアハイエン
Verheyen
フェアバリン
Fairbairn
フェアバーン
Fairbairn*
Fairburn*
フェアバンク
Fairbank**
フェアーバンクス
Fairbanks
フェアバンクス
Fairbanks***
フェアファクス
Fairfax*
Fayrfax
フェアファックス
Fairfax*
Fayrfax
フェアフィールド
Faifield
Fairfield**
フェアブラザー
Fairbrother*
Farebrother
フェアブリュッヘン
Verbruggen
フェアフール Verheul
フェアブルッヘン
Verbrugghen
フェアプレツェ
Verplaetse
フェアベアン
Fairbairn*
フェアベアンズ
Fairbairns
フェアベーン
Fairbairn*
フェアホルト Fairholt
フェアホルム
Fairholme
フェーアマン
Fahrmann
Fährmann*
フェアマン
Fahrmann
Fährmann
Fairman*
フェアメーア Vermeer
フェアラーク Verlag
フエアラース Ferrers
フェアリ Fairey
フェアリー
Fairlee
Fairley*
Fairlie
Fairly

フェアリス
Farias
Faris*
フェアリング Fearing
フェアルーザ Fairuza
フェアルポ Fairpo
フェアレイ Fairley
フェアレス Fairless
フェアレン Fearing*
フェーイー Fahey
フェイ
Fae
Fahey
Fahy*
Fay***
Faye***
Fei**
Féi
Fey*
Hui
Pha
フェイア
Faire
Fehr
フェイアード Fayard
フェイイ Fahey*
フェイヴェル Favell
フェイエ Feuillet
フェイェシ Fejes
フェイェーシュ Fejös
フェイェシュ Fejes*
フェイエシュ Fejes***
フェイェース Fejös
フェイエッド Feied
フェイェール Fejér
フェイエール
Fejér
Feuillère
フェイエン Feijen
フェイガル
Fagal
Feigal
フェイガン
Fagan**
Fagen
Fagin
フェイキール Fejkiel
フェイギン
Fagin
Feigin
フェイギンソン
Feiginson
フェイグ Feig
フェイゲン
Fagen*
Feigen
フェイゲンバウム
Feigenbaum
フェイサ
Fejsa
Feyisa
フェイサル Feisal**
フェイシー Facey
フェイジェンス
Fagence
フェイジック Fasick
フェイジョ Feijó
フェイジョー Feijó
フェイジン Faigin
フェイス
Face
Faeth
Faiss
Faith**
フェイズィオール
Feyzioglu
フェイズッラー
Feyzullah
フェイスト Feist
フェイストマントル
Feistmantl
フェイスフル
Faithful
Faithfull**
フェイスマントル
Feistmantl
フェイズラフ
Fejzulahu
フェイズーレ Feizoure
フェイゼル Fazel*
フェイソーン
Faithorne
フェイソン Faison*
フェイタ Falta
フェイター Feyter
フェイダー
Fader
Feder
フェイッフェル
Pfeiffer
フェイディアース
Pheidias
フェイディアス
Pheidias
フェイティス Feitis
フェイディッピデス
Pheidippides
フェイディピデス
Pheidippides
フェイテルスン
Feitelson
フェイテルソン
Feitelson
フェイデルブ
Faidherbe
フェイト
Fait
Faith
Fate*
Feight
Feit
Feith
Fejtö*
Fyt
フェイドー Feydeau
フェイトーザ Feitosa*
フェイトリ Whately
フェイドリム
Feidhlim*
フェイドロス
Phaedrus
フェイドン
Faden
Phedon
Pheidon
フェイナー Feiner*
フェイバ Faber
フェイバー Faber**
フェイバーズ Favors
フェイバレス Fabares
フェイヒー Fahey
フェイビアン Fabian
フェイビング Fabing
フェイブ
Fabe
Fave
フェイファー
Feifer
Feiffer
Pfeifer
フェイホ Fejió
フェイホー Feijóo
フェイミ Fehmy
フェイム Fame*
フェイヤー
Fayer
Phayre
フェイヤーウェザー
Fayerweather
フェイヤーズ Fayers
フェイヤード Fayard
フェイヨール Fayol
フェイヨル Fayol
フェイラ
Failla
Feila
フェイリン Fayrene
フェイリング Failing
フェイル
Fayle
Feil
Pfeil
Veil
フェイルケ Feilke
プエイレドン
Pueyrredón
フェイレン
Faylen
Veelen
フェイロン Phalon
フェイン
Fain*
Fane*
Fein
フェイングロス
Feinglos
フェインシルバー
Fainsilber
フェインスタイン
Fainstein
Feinstein
フェインステイン
Feinstein
フェインステーン
Feinstein
フェインソード
Fainsod
フェインソド Fainsod
フェインソン Feinson
フェインドゥーノ
Feindouno
フェインバーグ
Feinberg*
フェインベルグ
Feinberg
フェインライト
Fainlight
フェウアー Feuer
フェヴァル Féval
フェヴァン Févin
フェヴィル Febail
フェウゲルマン
Feughelman
フェヴズィ Fevzi
フェウミ Fehmi
フェヴャー
Feavearyear
フェヴリエ Février
フェウリンク Veurink
フェーヴル
Faivre
Febvre**
Févre
Fèvre
フェエール Fejér
フェーエンベルガー
Fehenberger
フェーオ Feo
フェオ
Féau
Feo
フェオクチストフ
Feoktistov
フェオクリトヴァーボレヴァ
Feoklitoverborever
フェオドシー Feodosii
フェオドシア
Feodosiia
フェオドーシイ
Feodosii
Feodosij
フェオドシエヴィチ
Fedosievich
フェオドラ Feodora
フェォドル Fedor
フェオドール
Fëdor
Feodor
Féodor
フェオドロヴィッチ
Fëdorovich
フェオドロビッチ
Feodorovich
フェオドロフ Fedorov
フェオファノワ
Feofanova
フェオファーン Feofan
フェオファン Feofan
フェオフィラクトヴィチ
Feofilaktovich
フェオレンツァ
Fiorenza
フェーガ Feuga
フェーガー Faegre
フェカ Feka
フェガー Feger
フェガール Fegerl
フェーガン Fagan
フェキ Fekki
フェキセウス Fexeus
フェキトア Fekitoa
フェキル Fekir
フェーギン Fagin
フェク Feck
フェクサス Feixas
フェーグソン
Fergusson
フェクター
Fechter
Fekter
フェクトー Fecteau
フェクトゥー Fecteau
フェークトレ Vögtle
フェクトレ Vögtle
フェクナー Fekner
フェクナム
Feckenham
フェーグラー Vögler
フェグリ Feghouli
フェグリー Phegley
フェクリストワ
Feklistova
フェクリソフ Feklisov
フェケ Feke
フェゲッサ Fegessa
フェケーテ Fekete
フェケテ Fekete
フェーゲリン
Voegelin*
フェーゲン
Fagen**
Fegen
フエゴ Fuego
フェサー Feser
フェザー
Feather**
Heather
フェザーズ Feathers*
フェザーストーン
Featherstone
フェザーストン
Featherstone*
Fetherston
フェザーストンホー
Fetherstonhaugh
フェザーマン
Featherman
フェザーリング
Fetherling
フェザリング
Fetherling*
フェザンサック
Fézensac
フェザント Pheasant
フェージ Faesi
フェジェス Fejes
フェジェルスコフ
Fejerskov
フェジェルマン
Fejerman
フェシェン Fersen
フェシク Fesik
フェジチェワ
Fedicheva
フェジト Fejtö

フ

フェシバック
Feshbach
フェシュ Fesch
フェシュネール
Fechner*
フェシュン Fesiun
フェショット
Feschotte
フェージン Fedin*
フェース Feis
フェス Fess*
ブエズ Bouez*
フェスカ Fesca*
フェスカー Fesca
フェスクール Fescourt
プエスケル Pueschel
フェスタ Festa**
フェスター Vester
フェスタス Festus**
フェスチュジエール
Festugière
フェスツス Festus
フェスティ Festy
フェスティンガー
Festinger*
フェスティング
Festing
フェステティクス
Festetics*
フェステュジエール
Festugière
フェステュス Festus
フェスト
Fest*
Phēstos
フェストゥス
Festus
Phēstos
フェストダイク
Vestdijk
フェストデイク
Vestdijk
フェスパー Vesper
フェスパーマン
Fesperman**
フェスペールマン
Vespermann
フェスラー
Fassler
Fässler
Fesler
Fessler
Feßler
フェズラー Fezler
フェセル Fesser**
フェセロルフ
Fetherolf
フェセンコ Fesenko
フェセーンコフ
Fesenkov
フェセンコフ
Fesenkov
フェセンデン
Fessenden
フェーゼンマイヤー
Fesenmeyer
Veesenmayer
フェソク Hoi-Seok
フェソプ Hoe-sop
フェゾン Faison
フェーダー Feder*
フェター
Fetter
Vetter
フェダー
Fedder
Feder*
フェタイ Fetai
フェダイク Fedyk
フェダク Fedak
フェダーシュピール
Federspiel
フェターズ Fetters*
フェダースピール
Federspiel
フェダチンスキ
Fedaczynski
フェダーブッシュ
Federbush
フェーダーマン
Federmann*
フェターマン
Fetterman
フェダーマン
Federman*
フェダマン
Faderman*
Federman***
フェダル Feddal
フェタロフ Fetterolf
フェダーン Federn
フェチコ Fetchko
フェチット Fetchit
フェチャン
Hoe-chan
Hoi-chang*
フェチング Fetting
フェツ Fetz
フェツィル Phetsile
フェッカー Fecker
フェッカイ Fekkai
フェッグ Fegg
フェックラー Feckler
フェッケ Faecke
フェッケス Feckes
フェッケナム
Feckenham
フェッサール Fessard
フェッシ Fetsch
フェッシャー Fessier
フェッシュ Fesch
フェッセム Fessem
フェッセル Fessel*
フェッセンデン
Fessenden*
フェッター
Fetter*
Vetter*
フェッダーセン
Feddersen
フェッターマン
Fetterman
フェッターライン
Vetterlein
フェッタリー
Fetterley
フェッチイット
Fetchit
フェッチャー
Fetscher**
フェッツ
Fettu
Fetz
フェッツァー Fetzer*
フェッツナー Fetzner
フェッティ Fetti
フェッティチ Fettich
フェッテル Vettel
フェッテン Whetten*
フェット
Fet
Fetto
Veth
フェッド Fedde*
フエット Huett
フェットナー Fettner
フェットマン
Fettman
Fettmann
フェットーリ Vettori
フェツトル Fetu'utolu
フェッヒナー Fechner
フェッヒネル Fechner
フェッファー
Feffer*
Pfeffer
プェッファー Pfeffer
プエッファー Pfeffer
フェッファーマン
Fefferman
フェップル
Foppl
Föppl
フェッラウー Ferraú
フェッラグーティ
Ferraguti
フェッラータ Ferrata
フェッラーニ Ferrani
フェッラボスコ
Ferrabosco
フェッラモーラ
Ferramola
フェッラーラ Ferrara*
フェッラーリ Ferrari*
フエッラーリ Ferrari
フェッラリオ Ferrario
フェッラーリス
Ferraris
フェッラーレ Ferrare
フェッラーロ Ferraro
フェッラロッティ
Ferrarotti
フェッランテ Ferrante
フェッランド
Ferrando
フェッリ Ferri**
フェッリーニ
Fellini
Ferrini
フェッルッチ Ferrucci
フェッルッチオ
Ferruccio
フェッルッチョ
Ferruccio
フェッレイラ Ferreira
フェッレギ Fellegi
フェッレッティ
Ferretti
フェッレーリ Ferreri
フェッレーロ Ferrero*
フェッロ Ferro**
フェッロナーティ
Ferronati
フェッローニ Ferroni
フェーデ
Fede
Feyder
フェデ
Fede
Fédé
Feyder
フェデー Feyder
フェティ
Fethi
Fétis
Fetti
フェディ Fedi*
フェディア Fedja
フェティエール
Féthière
フェティス Fétis
フェティズ Fettes
フェティソヴァ
Fetisova
フェティソン Fetison
フェティータ Fertitta*
フェディダ Fédida
フェディト Faidit
フェディリコ Fedirico
ブエティロボニ
Vuetilovoni
フェーディン Fedin
フェデツキー
Fedetskyy
フェデマ Feddema
フェデュテス Fedutes
フェーデラー Federer
フェデラー Federer**
フェデーリ Federi
フェデリ Fedeli
フェデリー
Federico
Federle
フェデリーカ Federica
フェデリカ Federica**
フェデリーギ
Federighi*
フェデリーコ
Federico*
Federigo
フェデリーゴ
Fedeligo
Federigo*
フェデリコ
Federico***
Federigo
フェデリゴ
Fedeligo
Federigo
フェデリーチ
Federici*
フェデリチ Federici
フェデリック Federick
フェーデル
Fedele
Feder
フェテル
Fetell
Vettel*
フェデール Feyder
フェデル Feyder
フェデルゾーニ
Federzoni
フェデルツォーニ
Federzoni
フェデルブ
Faidherbe
Faydherbe
フェーデルマン
Federmann
フェーデルン Federn
フェデーレ
Fedele
Federe
フェデレ Fedele
フェデン Fedden
フェート
Fet*
Feth**
Väth
フェードー Feydeau*
フェト
Fet
Veth
フェド Faid
フェドー
Fedor
Feydeau**
フエト Fet
フェトゥ Fetu'u
フェドゥーシア
Feduccia*
フェドゥシア Feduccia
フェドウル Fedor
フェドゥロヴァ
Fedulova
フェドキン Fedkine
フェトジェンヌ
Fetjaine*
フェドセウェーヴァ
Fedoseyeva
フェドセーエフ
Fedoseev**
Fedoseyev
フェドセーフ
Fedoseev
フェドソーヴァ
Fedosova
フェドーソフ Fedosov
フェードチエフ
Fedotiev
フェドチエフ Fedotiev
フェードチェンコ
Fedchenko
フェートチャック
Feertchak

フェドチョク Fedchuk
フェドートヴァ
Fedotova
フェドトヴィチ
Fedotovich
フェドトキナ
Fedotkina
フェドートフ
Fedotov*
フェドトフ Fedotov
フェドトワ Fedotova
フェトヒ Fethi
フェトフッラー
Fethullah*
フェードマン Feidman
フェドーラ Fedora**
フェドラ
Fedora
Phaedra
フェトラス Fetrás
フェドリーシン
Fedoryshyn
フェドリワ Fedoriva
フェードル
Fedir
Fedor
Feodor
フェドール
Fedor
Feodor
フェドル Fedor
フェドルイシン
Fedoryshyn
フェドルコ Fedorko
フェードルス
Phaedrus
フェドルチェフ
Fedorchek
フェドルチェンコ
Fedorchenko
フェドルチャク
Fedorĉak
フェドルチューク
Fedorchuk
フェドルチュク
Fedorchuk*
フェドレンコ
Fedorenko**
フェドロヴァ
Fedorova
フェードロヴィチ
Fëdorovich
フェドロヴィチ
Fedorovich
Fedorovitch
Fédorovitch
フェードロヴィッチ
Fedorovich
フェドローヴィッチ
Fedorovich
Fedorowicz
Fedrovich
Fedrovitch
フェドロス Faidros
フェドロバ Fedorova
フエドロビッチ
Fedorovich
フェドロフ
Fedoroff
Fedorov**
フェドロワ Fedorova
フェドン
Phaedon
Phedon*
フェナー
Fenner**
Foehner*
ブエナー Buehner
フェナディ Fenady*
ブエナベントゥーラ
Buenaventura
ブエナベントゥラ
Buenaventura
フェナローリ Fenaroli
フェーナンド
Fernande
フェナンド Fennand
フェニアン Faignient
フェニイベシ Fenyvesi
フェニイモアー
Fenimore
フェニエー Fenyö
フェニケル Fenichell
フェーニス Fenis
フェニック Fenwick
フェニックス
Phenix*
Phoenix**
フェニート Feneet
フェニヒェル Fenichel
フェニヘル Fenichel
フェニモーア
Fenimore
フェニモア Fenimore*
フエニモア Fenimore
フェニン Fenin*
フェニンガー
Fenninger**
フェニング
Fenning
Vening
フェヌ・グイ Fengyi
フェヌロン
Fenelon*
Fénelon*
Fènelon
フェネ Fennec
フェネイス Feneis
ブエネイバー
Buenaver
フェネオン Fénéon
フェネク Fenech**
フェネクアダミ
Fenech-adami
フェネシュ Fenech
フェネステッラ
Fenestella
フェネステラ
Fenestella
フェネダイ Venedey
フェネチアン Venetian
フェネック Fenech
フェネッラ Fenella
フェネティアン
Venetiaan**
フェーネベルク
Feneberg
フェネホール
Vennegoor
フェネマ Venema
フェーネマンス
Venemans
フェネモー Fenemore
フェネラ Fenella
フェネリー Fennelly
フェーネリウス
Fernelius
フェネール Fehner*
フェネル
Fennel
Fennell**
フェネロン Fénelon
フェーネンダール
Veenendaal
フェノ Faynot
フエノー Fenno
ブエノ Bueno**
フェノッリオ Fenoglio
フェノメーノ
Fenomeno
フェノーリオ Fenoglio
フェノリオ Fenoglio
フェノローサ
Fenollosa
フェノロサ Fenollosa*
フェーバー Faber
フェハイド Fehaid
フェハティ Faherty
フェヒ Feghhi
フェビアン
Fabian*
Fabien
フェビエン Fabien
フェビス Fabes
フェヒター Fechter
フェヒト Fecht
フェヒナー Fechner**
フェヒネル Fechner
フェヒーム Fehīm
フェビュース Phoebus
フェヒリー Fehily
フェービング Fabing
フェーファー Féfer
フェファー Pfeffer**
フェファーマン
Feferman
Fefferman*
Pfefferman
フェブジ Fevzi
フェーブス Phoebus
プエブラ Puebla
フェブラロ Febbraro
フェブリヤンティ
Febrianti
フェーブル
Faivre
Febvre*
Fevre
フェブル Fevre
フエーブル Fevre
フェーブルマン
Feibleman
フェブレー Fabares
フェブレス Febres***
フェブロニア Febronia
フェブロニウス
Febronius
フェーベ Febe
フェベ Phoebe
フェヘイラ Ferreira
フェヘラン Fejeran
フェヘリ Fehri
フェーヘル Feher
フェヘール
Feher
Fehér
フェヘル Feher
フェボ Febo
フェマン Feman
フェミ Femi**
フェーミウ Fehmiu
フェミナ Femina
フェーミュ Fehmiu
フェムカ Femke*
フェムケ Femke
フェメニア Femenia
フェーヤー Phayre
フェヤチャイルド
Fairchild
フェヨス Fejos
フェラ
Fela*
Fella
Férat
Ferra**
Ferrat**
Vera*
フェラー
Feller**
Ferra
Ferrar
Ferrer**
Völler*
フェライ
Felaj
Fellahi
フェライセン Felleisen
フェライニ Fellaini*
フェラウト Ferrauto
フェラウーン Feraoun
フェラウン Feraoun*
フェラオン Ferrão
フェラガモ
Ferragamo**
フェラース
Ferrars
Ferras
フェラーズ
Fellers*
Ferrars**
Ferrers
フェラス Ferras
フェラータ Ferrata
フェラーダ Ferrada
フェラダス Ferradaz
フェラーツィ
Ferrazzi*
フェラッジ Ferrazzi
フェラッツィ Ferrazzi
フェラテ Ferraté
フェラーティ Ferati
フェラデイ Ferraday
フェラード Ferard
フェラーニ Ferrani
フェラボスコ
Ferrabosco
フェラーラ Ferrara*
フェララ Ferrara
フェラーリ
Ferari
Ferrari***
フェラリ Ferrari***
フェラリィ Ferrary
フェラーリス Ferraris
フェラリス Ferraris
フェラリーニ
Ferrarini
Ferrarrini
フェラル Feraru
フェラレージ Ferraresi
フェラレーラ
Ferrarella**
フェラーロ
Ferraro***
フェラロ Ferraro
フェラロッティ
Ferrarotti
フェーラン Whelan
フェラン
Ferran**
Ferrán
Ferrand*
Ferrein
Phelan**
Whelan*
フェランテ Ferrante
フェランティ Ferranti
フェランデス
Ferrandez
フェランデズ
Ferrandez
フェラント Ferrante
フェランド
Ferand
Ferrando*
フェランドー
Ferrando
フェランドゥス
Ferrandus
フェランプルボ
Ferrand Prevot
フェーリ Ferri
フェリ
Félix
Feri*
Ferri**
Ferry**
フェリー
Fériet
Ferri*
Ferrie
Ferry**
Ferydoon
フェリア
Felia
Félia
Ferrier
フェリアー Ferrier*
フェリアス Felias*

フ

フェリアル
Farial
Ferial
Feryal
フェリイ Ferry
フェリィニ Ferrini
フェリエ Ferrier**
ブーエリエ Bouhélier*
フェリエール Ferrière*
フェリエル
Ferrieell
Ferriell
Ferrier
フェリガート Ferigato
フェリガン Ferrigan
フェリキアーヌス
Felicianus
フェリキアヌス
Felicianus
フェリーキタース
Felicitas
フェリキタス Felicitas
フェリキッシムス
Felicissimus
フエリク Ferri
ブエリク Vuerich
フェーリクス Felix***
フェリークス Félix
フェリクス
Feliks***
Felix***
Felíx
Félix***
Fériquz
Helix
フェリサ Felisa
フェリサッティ
Felisatti
フェリジー Felisie
フェリシア Felicia**
フェリシアーノ
Feliciano**
フェリシアン
Félecien
Felicien*
Félicien*
フエリシアン Felician
フェリシエン Felicien
フェリシオ Felicio
フェリシタ
Felicita
Felicità
フェリシタス
Felicitas
Felicity
フェリシチンスキー
Fel'shtinskii
Felshtinsky
フェリシテ Félicité
フェリシティ Felicity*
フェリシティー
Felicity*
フェリシト Felícito
フェリシャン
Felicien
Félicien
フェリシヤン
Felicien
Félicien**
フェリース Felice**
フェリス
Felice***
Félice
Felix
Félix*
Feliz*
Féliz
Feris
Ferris***
Ferriss*
Vries
フェリスエル Ferrizuel
フェリスベルタ
Felisberta
フェリスベルタダシルバ
Felisberta da Silva
フェリスベルト
Felisberto
フェリータ Felitta*
フェリーダ Ferida
フェリーチ Felici
フェリチ Felici
フェリチア Felicja
フェリチアーニ
Feliciani
フェリチアヌス
Felicianus
フェリーチェ
Felice***
Felix
Freifrau
フェリチェ Felice
フェリチェッティ
Felicetti
フェリチタス
Felicitas*
フェリツ Feliz
フェリーツィアン
Felizian
フェリーツィエ
Freifrau
フェリーツェ Felice
フェリッカ Fellke*
フェーリッキス Felix
フェーリックス Felix
フェリックス
Feliks
Felix***
Félix***
Fêlix
Félixe
フェリッタ Felitta
フェリット Ferit*
フェリッド Férid
フェリッペ Felipe
フェリト Ferit
フェリド Ferid*
フェリドゥーン
Fereydun
フェリドゥン
Feridun**
フェリドバウム
Fel'dbaum
フェリドマン
Fel'dman
フェーリナウ Felinau
フェリーニ
Fellini**
Ferrini*
フェリニスキ Feliński
フェリーニョ
Ferrigno**
フェリーノ Ferrigno
フェリビアン Félibien
フェリーペ Felipe*
フェリペ
Felipe***
Filipe
Frlipe
Philip
Philippe
フェリペアルメイダ
Felipe Almeida
フェリペス Phelippes
フェリベルト
Feliberto
Filiberto*
フェリマン Ferriman
フェリム Phelim*
フェリモン Felimon
フェリヤ Felia
フェリル Ferrill*
フェーリン Ferlin
フェリーン Ferlin*
フェリン Ferrin
フェーリンガー
Fehlinger
Voehringer
フェリンガー Fellinger
フェーリング Fehling
フェリンハ Freinga
フーエル Houel
フェール
Faire
Färe
Feer
Fehér
Fehr
Fer**
Fert*
Föhl
Veul
フェル
Fell**
Fer*
フェルー
Ferreux
Ferroud
ブエル Buell
フェルアンデズ
Fernandez
フェルイ Verruijt
フェルヴァイ Verwey
フェルヴァーイエン
Verwayen
フェルウィルヘン
Verwilghen
フェルウェー Verwey
フェルヴェイ Verwey
フェルウェイレン
Verwijlen
フェルウォルン
Verworn
フェルヴォルン
Verworn*
フェルヴールト
Verwoerd
フエルオルン Verworn
フェルカー
Felker
Voelcker
Voelker
Volker
Völker*
フェルガー
Felger
Ferger
フェルカーデ Verkade
フェルガル Fergal
フェルキ Ferroukhi
フェルキン Felkin*
フェルク Fercu
フェルグス Fergus
フエルグソン Fergson
フェルクナー
Felkner
Felknor
Völkner
フェルケ Felke
ブエルケ Buerk
フェルケル Voelckel
フェルケルク Verkerk
フェルゲレス
Felguérez
フェルゲンハウアー
Felgenhauer
フェルゴット Vergott
フェルゴワーズ
Felgoise
フェルサム Feltham
フェルサン Fersen
フェルザン Ferzan*
フェルジア Ferdiad
フェルシェリノ
Felscherinow
フェルシティン
Felsztyna
フェルジナン
Ferdinand
フェルジナント
Ferdinand
フェルジナンド
Ferdinand
Ferdinando
フェルシーニ Fersini
フェルジハジ
Felegyhazi
フェルシュエリノヴ
Felscherinow
フェルジュク
Ferdjoukh
フェルシュクーレ
Verschuere
フェルシュティナ
Felsztyna
フェルシューレン
Verschuren
フェルショー
Ferchault
フェルショール
Ferchault
フェルシング
Felsing*
Fölsing*
フェルス
Felce
Fels
フェルズ
Fells
Feruz
フェルスコ Fersko
フェルスター
Foerster**
Forester*
Forster
Förster*
Verster
フェルスタア Förster
フェルスタッペン
Verstappen*
フェルスターリンク
Forsterling
フェルステッド
Felstead
Vejlsted
フェルステハウセン
Felstehausen*
フェルステーフ
Versteeg
フェルステーヘ
Versteegh
フェルステーヘン
Verstegen
フェルステル
Ferstel
Foerster*
Förstel
Förster
フェールスト Först
フェルスト Furst
フェルストル Ferstl
フェルストロヴァー
Foerstrová
フェルスハフェル
Verschaffel
フェルスプロンク
Verspronck
フェールスマン
Fersman
フェルスマン
Fersman*
フェルズリ Ferzli
フェルセッカー
Felsecker
フェルゼッティ
Ferzetti
フェルセリゼ
Pherselidze
フェルセン
Felsen
Fersen
フェルゼン Fersen
フェルゼンシュタイン
Felsenstein
フェルゼンシュテイン
Felzensztein
フェルゼンタール
Felsenthal
フェルゼンブルン
Felsenbrunn
フェルソン Felson
フェルダ Felda*
フェルダー
Felder*
Holder

Hölder
フエルタ Huerta*
プエルタ Puerta*
フェルダウス Feldhaus
フェールターク
Feiertag*
プエルタサパタ
Puerta Zapata
プエルタス Puertas
フェルダーホフ
Felderhof
フェルタン Feltin
フェルダン Feldon
フェルチアーノ
Felciano
フェルチオ Ferruccio*
フェルヂナン
Ferdinand
フェールチャック
Feertchak*
フェルチュ Förtsch
フェルツ
Felts
Feltz
フェルツェッティ
Ferzetti
フェルツェル Velzel
フェルッチ Ferrucci
フェルッチオ
Ferruccio**
フェールッチョ
Ferruccio
フェルッチョ
Ferruccio**
フェルツマン
Feltsman*
フェルテ Ferté*
フェルデ Velde**
フェルティ Felty
フェルディ
Ferdinand
Ferdy
Földi*
フェルディー
Ferdinand
フェルティス Fertis
フェルディナン
Ferdinand***
Ferdinando
フェルディナンディ
Ferdinandi
フェルディナント
Ferdinand***
Ferdinnand
Fredinand
フェルディナンド
Ferdinand***
Ferdinando***
Ferdynand
フェルディン Fälldin*
フェルデク Feldek
フェルデケ Veldeke
フェルデシ Földes
フェルデス Feldes
フエルテス Fuertes*
フェルデナント
Ferdinand
フェルデナンド
Ferdinand
フェルデマン
Veldeman
フェルデール Felder*
フェルテン Felten*
フェルデン Velden
フェルデンクライス
Feldenkrais
フェルト
Feld*
Feldt*
Felt*
フェルド Feld**
プエルト Puerto*
フェルトヴェーク
Feldweg
フェルトウェル
Feltwell
フェルドウシー
Firdausī
フェルドゥスィー
Firdausī
フェルドウスィー
Ferdousī*
Firdawsi
フェルトゥート
Fertout
フェルドゥン Verdun
フェルトカムプ
Feldkamp
フェルトカンプ
Feltkamp
Veldkamp**
フェルトケラー
Feldtkeller
フェルドーシ Ferdowsi
フェルドシュー
Feldshuh*
フェルドシュタイン
Feldstein
フェルトスコグ
Fältskog
フェルドスタイン
Feldstein**
フェルトナー Feltner
プェルトナー Pörtner*
フェルトハイス
Veldhuis*
フェルトバウアー
Feldbauer
フェルトハウス
Feldhaus
フェルトハウズ
Velthausz
フェルドハウス
Feldhaus
フェルトハマー
Fälthammar
フェルトフーゼン
Feldhusen
フェルトホイス
Veldhuis
フェルトホフ Feldhoff
フェルトマイアー
Feldmeier
フェルトマン
Feldman
Fel'dman
Feldmann
Feltman
Veltman**
フェルドマン
Feldman**
Feldmann
プエルトラス
Puértolas*
フェルトリネッリ
Feltrinelli*
フェルトレ Feltre
フェルドロース
Verdross
フェルドロス Verdross
フェルトン Felton**
フェルドン Feldon
フェルドンク Verdonk
フェールナー Fehlner
フェルナー
Felgner
Fellner**
Ferner
Verner
フェルナウ Fernau
フェルナック Fernach
フェルナルス Fornals
フェルナルド
Fernald
Fernando
フェルナン
Ferdinand
Fernan*
Fernán*
Fernand**
Fernão
フェルナンジーニョ
Fernandinho*
フェルナンダ
Fernanda**
Fernandat
フェルナンデ
Fernando
フェルナンディ
Fernandi
フェルナンデス
Felnandez
Fernadez
Fernandes***
Fernándes
Fernandez***
Fernández***
Fernàndez
Ferrandez
Hernandez
フェルナンデズ
Fernandez
Fernández
フェルナンデスオチョア
Fernández Ochoa
フェルナンデスシュタイナー
Fernandez Steiner
フェルナンデスディアス
Fernandesdias
フェルナンデル
Fernandel
フェルナンド
Ferdinand
Fernand**
Fernanda
Fernande*
Fernando***
Fernanndo
フェルナンドプレ
Fernandopulle
フェルナンドン
Fernandao*
Fernandão
フェルニエ Fernie
フェルニオ Ferniot
フェルニク Fernig
フェルネ
Ferne
Ferney*
フェルネー Ferney
フェルネイニ Fernainy
フェルネクス Fernex
フェルネル Fernel
フェルノー
Fernau
Fernow
フェルバ Felba
フェルバー
Faerber
Färber*
Felber**
Ferber*
フエルハアレン
Verhaeren
ヴェルハァレン
Verhaeren
フェルハイ Verheij
フェルバイ
Verweij*
Verwey
フェルハイエン
Verheijen
フェルハイム
Fjeldheim
フェルハウイ Ferhaoui
フェルハト
Farhat
Ferhat
Ferhāt
フェルハーヘン
Verhagen
フェルハヘン
Verhagen
フェルハルスト
Verhulst
フェルハーレン
Verhellen
フェルハン Ferhan
フェルヒィーム
Verheem
フェルビガー Felbiger
フェルビースト
Verbiest
フェルヒーム Verheem
フェルヒュルスト
Verhulst
フェルビンガー
Felbinger*
フェルファニグ
Felfernig
フェルフィノ
Ferrufino
フェルフェ Felfe
フェルフォーセン
Vergoossen
フェルフォット
Vervotte
フェルプス
Phelp
Phelps***
フェルフーセン
Vergoossen
フェルフーフェン
Verheoven
Verhoeven
フェルプランケ
Verplancke
フェルフル Ferchl
フェルブルク Verburg
フェルブルグ Verburg
フェルフルスト
Verhulst**
フェルフールト
Vervoort
フェルブルフ Verburg
フェルブント Verbunt
フェルベーク Verbeek
フェルベック Verbeck
フェルヘーフ
Verhaegh
フェルヘーフェン
Verhoeven
フェルベール Ferber
フェルホーセン
Vergoossen
フェルホフスタット
Verhofstadt**
フェルボルン Verworn
フェルマ Fermat
フェルマー Fermat
フェルマイエン
Vermeyen
フェルマースレン
Vermaseren
フェールマン Veerman
フェルマン
Fellman
Fellmann*
Felman**
フェルマンス
Velmans*
フェルマント Vermant
フェルマンド Fermand
フェルミ
Felmy
Fermi*
Föllmi
フェルミー
Felmy
Fermi
フェルミジェ
Fermigier
フェルミジエ
Fermigier
フェルミーヌ
Fermine**
フェルミュ Felmy
フェルミン
Fermin*
Fermín
フェルム Ferm
フェルメイエン
Vermeyen

フ

フェルメイレン
Vermeylen
フェルメウレン
Vermeulen
フェルメス Fellmeth
フェルメリ Felmeṙy
フェルメール
Vermeer*
フェルメールシュ
Vermeersch
フェルメーント
Vermeend
フェルラ Ferla
フェールライン
Hoerlein
フェルラート Verlaat
フェルラボスコ
Ferrabosco
フェルラーラ Ferrara
フェルラーリ Ferrari*
フェルラリエンシス
Ferrariensis
フェルラレーゼ
Ferrarese
フェルラーロ Ferraro*
フェルラン Ferrán
フェルランテ
Ferdinand
フェルランディス
Ferrandis
フェルランディーノ
Ferdinand
フェルラント Ferland
フェルランドゥス
Ferrandus
フェルリ Ferri*
フエルリイ Ferri
フェルリッヒ
Helferich
フェルリーデ Verliefde
フェルリト Ferlito
フェルリンデン
Verlinden
フェルルッチョ
Ferruccio
フェルルーン
Verroen**
フェルレッティ
Ferretti
フェルレーロ Ferrero
フェルレンディス
Ferlendis
フェルレンベルク
Fellenberg
フェルロ Ferro
フェルロヴァー
Fürlová
フェルロシオ
Ferlosio***
フェルンコルン
Fernkorn
フェルンストレーム
Fernström
フェルンナンド
Fernando
フェルンバーグ
Fernberg
フェルンバッハー
Förnbacher
フェーレ
Fere
Veere*
フェレ
Fele
Féré
Féret
Férey*
Ferre
Ferré**
フェレー
Fellay
Ferre
フェレイ Pheley
フェレイオロ Ferraiolo
フェレイドゥン
Fereydoon
Fereydoun*
フェレイドン
Fereydoun
フェレイラ
Ferreira***
Ferreyra
フェレイロ Ferreiro
フェレイロス
Ferreyros
フェレオビオル
Ferrer Obiols
フェレオール Ferréol
フェレオル
Ferreol
Ferréol
フェレオルス
Ferreolus
フェレキュデス
Pherekydēs
フェレクラテス
Pherekratēs
フェレシュテ
Fereshteh
フェレス
Faris
Veres
フェレッソン
Fellesson
フェレッティ
Ferretti**
フェレティ Feleti
プエレドン
Pueyrredón
フェレーナ Verena**
フェレナ Verena
フェレメレン
Vermeulen**
フェレーラ Ferrera
フェレラ Ferreira
フェレラー Fellerer
フェレーラス
Ferreras**
フェレラス Ferreras
フェレーリ Ferreri
フェレリウス Ferrerius
フェーレル Ferrer
フェレール Ferrer***
フェレル
Ferrel
Ferrell**
Ferrer**
フェレルサラト
Ferrer-Salat
フェレーロ Ferrero**
フェレロ Ferrero*
フェレロワルトナー
Ferrero-waldner
フェーレン Veelen
フェレンク Ferenc
フェレンス Ferenc
フェレンチーク
Ferencsik
フェレンチク
Ferencsik*
フェレンチック
Ferenchick
Ferencic
フェレンツ
Ferenc***
Ferencz**
Ferentz
Francois
Franz
フェレンツィ
Ferenczi**
Ferenczy
フェレンツェ Ferenc
フェーレンバッハ
Fehrenbach*
Fohrenbach
フェーレンバハ
Fehrenbach
フェレンベルク
Fellenberg
フェーロ Ferro
フェロ Ferro*
フェロー
Féraud*
Ferro*
ブエロ Buero**
フェロウズ
Fellowes
Fellows
フェローズ
Fellowes*
Fellows*
フェロズ Feroz
フェロズディン
Ferozuddin
フェロタン Férotin
フェローチ Feroci
フェローディ Féraudy
フェロナート Feronato
フェロニー Felony
フェロニエール
Ferronnière
フェローネ Ferrone
フェロファノフ
Feofanov
フェロフェロ
Whero Whero
フェロム Felumb
フェロン
Ferron
Ferrón
フェーン
Fane
Fehn
Fern
Veen*
フェン
Fen
Feng*
Fenn**
Huyen
Pheng
Ven
フエン Huyen
ブエーン Buøen
フェンウィク Fenwick
フェンウィック
Fenwick**
フェンヴス Fenves
フェンガー Fenger*
ブエンカミノ
Buencamino
フェンキノス
Foenkinos*
フェンケル Fenchel*
フェンゲルケス
Juengerkes
フェンザック
Pfendsack
フエンサリーダ
Fuenzalida
フェンジェブス
Fenjves
フェンシャム Fensham
フェンシュ Fensch*
フェーンズ Huehns
フェンス Fønss
フェンスク Fenske
フェンスター Fenster*
フェンスターヘイン
Fensterheim*
フェンスターマッハ
Fenstermacher
フェンステル Fenster
フェンセル Fensel
フェンセン Faensen
フェンタ Fenta
フェンター Venter
フェンダー
Fender**
Pfaender
フェンダーソン
Fenderson
フェンチェル Fenchel
フェンツィ Fenzi
フェンツォーニ
Fenzoni
フェンツル Fencl
フェンテ Fuente
フエンテ Fuente*
プエンテ
Ponte
Puente***
フェンディ Fendi*
ブエンディア Buendia
ブエンディーア
Buendía
フェンディアス
Fendius*
フェンディナン
Ferdinand
フェンティマン
Fentiman
フェンテス Fuentes**
フエンテス
Fuentes***
フェンテスピラ
Fuentes-pila
フェンデル Fendel
フェント
Fendt
Vento
フェンドラー Fendler
フェンドリック
Fendrick
フェンドリヒ Fendrich
フェントレス Fentress
フェンドロック
Fendrock
フェントン Fenton***
フェンナー Fenner*
フェンネ Venne
フェンネマ Fennema
フェンネル Fennell*
フェンノ Fenno
フェンビー Fenby
フェンヒェル Fenchel
フェーンフス Fönhus
フェンマン Fenneman
フェンリー Fennelly**
フェンリイ Fennelly
フェンリャーナ
Fuenllana
フエンリャーナ
Fuenllana
フエンリャナ
Fuenllana
フェンレイ Fenley*
フェンロン Fenlon
フォ
Fo***
Foh
Hou*
Pho
フォー
Fau
Fo
Foa
Foe
Fogh*
Huor
フオ Huo
フォーア Foa
フォア
Foa**
Foà
Foer**
Foix*
Foy
フォアグリムラー
Vorgrimler
フォアシィ Foissy
フォアステル Foerstel
フォアド Fouad
フォアハンド
Forehand
フォァマン Forman
フォアマン
Foreman**
Forman***
Voorman
Voormann

フォアレンダー
Vorländer*
フォーイ Fouhy
フォイ
Foy**
Foye
Hui
ブオイ Puey
フォイアスティン
Feuerstein
フォイアバッハ
Feuerbach
フォイアバハ
Feuerbach
フォイアボルン
Feuerborn
フォイアーマン
Feuermann
フォイアマン
Feuermann
フォイエ Foye
フォイエルアーベント
Feuerabend
フォイエルストローム
Fogelström
フォイェルバッハ
Feuerbach
フォイエルバッハ
Feuerbach*
フォイエルバハ
Feuerbach*
フォイエルライン
Feuerlein
フォイクト Voigt**
フォイス Fois**
フォイステル Feustel
フォイタック Foytack
フォイツ Feuz
フォイテク Foitek
フォイト
Voigt
Voit
フォイニクス Phoinix
フォイヒター Feuchter
フォイビダス
Phoibidas
フォイヒタースレーベン
Feuchtersleben
フォイヒテルスレーベン
Feuchtersleben
フォイヒト Feucht
フォイヒトヴァンガー
Feuchtwanger**
フォイヒトバンガー
Feuchtwanger
フォイヒトマイアー
Feuchtmayer
フォイヒトマイヤー
Feuchtmayer
フォイヒトワンガー
Feuchtwanger
フォイヒトワンゲル
Feuchtwanger
フォイファー Pfeuffer
フォイヤ Feuer
フォイヤー Feuer*
フォイヤーヴァーカー
Feuerwerker
フォイヤーシュタイン
Feuerstein*
フォイヤヘアト
Feuerherd
フォイラン Foillan
フォイル Foyle
フォイルナー Feulner
フォイン Foyn
フォーヴ Fauve
フォウ Huou
フォウアスタイン
Feuerstein*
フォヴァルク
Fauvarque
フォヴィ Huovi**
フォウィリー Fouillee
フォーヴィンケル
Vowinckel
フォーウェル Fowell
フォーヴェル Fauvel
フォウシヤ Fowsiiya
フォーヴズ Forbes
フォウスト Fausto
フォウセット Fawcett
フォウナ Fonua
フォウリ Foley
フォウルク Foulk
フォウルクス Foulkes
フォエ Foe*
フォエニクス Phoenix
フォエバディウス
Foebadius
Foegadius
Phoebadius
フォエブス Phoebus
フォオル Fort
フォオン Von
フォカ Phoca*
フォカイディス
Fokaides
フォガシュ Fogaš
フォーカーズ Folkers
フォーカス
Falkus*
Phocas
Phōkâs
フォーガス
Fergus
Fogus
Forgas
フォカース Focás
フォカス
Phocas
Phokas
フォガツアロ
Fogazzaro
フォーガッシュ
Forgash
フォガッツァーロ
Fogazzaro*
フォガッツァロ
Fogazzaro*
フォーガッティー
Fogarty
フォーガティ
Fogarty
Fogerty
フォガーティ
Fogarty
Fogerty
フォガティ Fogerty**
フォガティー Fogerty
フォガラシ Fogarasi
フォーガルタッハ
Fogartach
フォカルディ Focardi
フォーギー Forgy
フォキエフ Fokeev
フォキオン Phōkiōn
フォキチェフ Fokichev
フォーキナ Fokina
フォーキュリデース
Phōkylidēs
フォキュリデス
Phōkulidēs
Phōkylidēs
フォーキン
Fokin**
Fokine*
フォキーン Fokine
フォキン Fokin
フォーク
Falk***
Faulk**
Fauque
Foecke
Fok
Folk
Fouke
Foulk
Foulke
Fowke
Vork
フォク Fock
フォグ
Fogg
Vogg
フォクサ Focsa
フォクシー Foxy
フォクシーズ Foxes
フォクシャ Focsa
フォークス
Faulks**
Faux
Fawkes*
Foakes
Folks
Foulkes*
Fowkes
Fowlkes*
Hawkes
フォクス Fox*
フォクスウェル
Foxwell
フォークスタッド
Folkestad
フォクストン Foxton
フォクスリ Foxley
フォクスレイ Foxley
フォクセル Foxell
フォクツ Vogts*
フォグデ Fogdoe
フォグデン Fogden
フォークト
Vogt**
Voigt*
Voogd
フォクト Vogt**
フォークトヘル
Vogtherr
フォークトマイヤー
Vogtmeier
フォークトレンダー
Voigtländer
フォークナー
Falconer*
Falkner**
Faulkner**
Faulknor
Fawkner
フォクナー Faulkner
フォークナァ Faulkner
フォークビァド
Forkbeard
フォークマン
Folkman*
フォークラー Vogler
フォーグラー Vogler**
フォグラー
Fogler
Vogler
フォークランド
Falkland
フォグリア Foglia
フォグリアコスタ
Foglia Costa
フォグリオ Foglio*
フォグリン Fogelin*
フォーグル
Fogle*
Vogl
フォーゲイ Forgey*
フォーゲラー Vogeler*
フォゲリン Fogelin*
フォーゲル
Fogel**
Vogel***
フォゲル Vogel
フォーゲルヴァイテ
Vogelweide
フォーゲルヴァイデ
Vogelweide*
フォーゲルザンク
Vogelsang
フォーゲルザング
Vogelsang
フォーゲルシタイン
Vogelstein
フォーゲルシュタイン
Vogelstein*
フォーゲルシュトローム
Vogelstrom
フォーゲルス Vogels
フォーゲルストレム
Fogelström
フォーゲルバーグ
Fogelberg*
Forgelberg
フォーゲルホルム
Fogelholm
フォーゲルワイデ
Vogelweide*
フォゲレル Fogeler
フォーケン Fooken
フォケン Focken
フォーゴ Fogo
フォゴー Faugoo
フォーコウスキー
Falkowski
フォーコニエ
Fauconnier
フォコニエ
Fauconnier**
フォーコネ Fauconnet
フォーコフ Falkoff
フォゴリーノ Fogolino
フォーコールト
Foucault
フォゴロス Fogoros
フォーコン Falcon
フォコン Faucon*
フォーコンネ
Fauconnet
フォコンネ
Fauconnet*
フォコンネー
Fauconnet
フォコンプレ
Faucompré
フォザ Fozza
フォーサイス
Forsyth***
Forsythe***
フォーサイズ Forsyth
フォーサイト Forsythe
フォサーギ Fosshage
フォザーギル
Fothergill
フォザギル
Fothergill*
フォサニー Fossani
フォサム Fossum
フォザリンガム
Fotheringham
フォーシ Fouci*
フォーシー Forsee
フォージ
Foege
Forge
フォシ
Foschi
Fosi
フォジー
Fengyi
Fozzy
フォージア
Fauzia
Fawzia
Fouzia
Fozia
フォシウス Vossius
フォーシェ
Faucher*
Fauchet
Forché
フォーシェー
Faucher
Fauchet
フォシェ

フ

Faucher*
Fossier
Foucher*
フォシエ Fauchier
フォジエ Fozie
フォーシェイ Forché
フォージェイ Forgey
フォシェイ Foshay
フォシェク Fouček
フォシェッル
Forsell
Forssell**
フォーシェル
Faucher
Forsell
フォシェル Forssell
フォーシス Forsyth
フォシタ Fosita
フォーシット Faucit
フォーシャ Fosha
フォーシャー Forcier
フォージャ Faujas
フォーシャール
Fauchard
フォシャール
Fauchard*
フォーシュ
Fors
Forsch*
フォージュ Forge
フォシーユ Fauchille
フォシュ Foch
フォシュー Faucheux
フォシュア Fauchois
フォシュベリ
Forsberg**
フォーシュルンド
Forsslund
フォーシュロー
Fauchereau*
フォーショー Forshaw
フォーショウ
Forshaw*
フォーショワ Fauchois
フォーション Fauchon
フォシーヨン Focillon
フォション
Fauchon
Focillon
フォシヨン Focillon*
フォーシル Fauchille
フォジルジョン
Foziljon
フォース
Foose
Force*
Forth
フォス
Foss***
Fosse
Fosu
Foth
Vos***
Voss**
Voß
ブオース Buaas
フォスカ Fosca
フォスカラーリ
Foscarari
フォスカリ Foscari
フォスカリーニ
Foscarini
フォスキ Foschi
フォースグレン
Forsgren
フォスケット Foskett
フォスコ Fosco**
フォスコーロ Foscolo
フォスコロ
Foscola
Foscolo*
フオスコロー Foscolo
フォスコロス
Phoskolos
フォースタ Forster
フォースター
Foerster
Forster***
Foster**
フォスター
Forster*
Foster***
フオスタ Forster
フォースタア Forster
フォースダイク
Forsdyke
フォスターヒルトン
Foster-hylton
フォスターリング
Forsterling
フォスタル Foster
フォースタン Faustin
フォスタン Faustin**
フォスタンアルシャンジュ
Faustin-Archange
フォースチェン
Forstchen
フォズディク Fosdick
フォーステイター
Forstater
フォステイター
Forstater
フォスディック
Fosdick*
フォズディック
Fosdick*
フォスティーヌ
Faustine*
フォスティノ Faustino
フォースティン
Faustin
フォスティン Faustin
フォステーター
Forstater
フォスデック Fosdick
フォステル
Foster*
Vostell
フォーステン Faustin
フォステン Fosten
フォースト Faust
フォスト Fausto
フォーストット
Forstot
フォスナー Fosner
フォズニアック
Wozniak
フォスネス Fosnes**
フォースバーグ
Forsberg**
フォズバーグ
Fosburgh
フォスヒェラウ
Voscherau
フォスベリー
Fosbury**
フォズベリー Fosbury
フォスラー Vossler*
フォスリエン Fosslien
フォースリング
Forsling
フォスル Fosl
フォズルル Fazlul
フォスレル Vossler
フォスン Fossoun
フォースンド Førsund
フォーセイ Forsey
フォーセット
Fauset*
Fausset
Fawcett***
Forsett
フォセット
Fawcett
Fosset*
フォーセル Fossaert
フォセール Fossaert
フォセルギル
Fothergill
フォソンブロニ
Fossombroni
フォータ Forta
フォーダー
Fodor*
Forder
Fowdar
フォダー Fodor
フォダア Fodor
フォダイ Foday*
フォーダイス
Fordice*
Fordyce*
フォータス Fortas
フォーダーブュルベッケ
Vorderwülbecke
フォーダム
Fordham**
フォーダラー Forderer
フォーチェック
Forczyk
フォーチエワ Fotieva
フォチオス Phōtios
フォーチャック
Forchuk*
フォーチャルド
Fauchald
フォーチュナティ
Fortunati*
フォーチュン
Fortune***
フーオッ Huot
フォッカー Fokker
フォッキング Focking
フォック
Foch
Fock**
Fok
Phuoc
フォッグ
Fogg*
Fogh
Hogg
フオック
Phúc
Phu'ó'c
プオック Phuoc
フォックス
Fox***
Foxe**
Foxx**
Foxxx
フォックスウェル
Foxwell*
フォックスジェルサルミ
Fox-Jérusalmi
フォックスピット
Fox-pitt
フォックスホール
Foxhall
フォックスレー Foxley
フォックスレイ Foxley
フォックスワージー
Foxworthy
フォックスワース
Foxworth
フォックソール
Foxall*
フォッケ
Focke
Vocke
フォッケロート
Fokkerod
Vockerodt
フォッケン Focken
フォッサス Fossas
フォッサーティ Fossati
フォッサート Fossato
フォッサム Fossum
フォッサムブローニ
Fossombroni
フォッシ Fossi
フォッシー
Fosse*
Fossey**
フォッジ Foggi
フォッジア Foggia
フォッシウス Vossius
フォッシジ Fosshage
フォッジーニ Foggini
フォッジャ Foggia
フォッシュ Foch*
フォッシュリンド
Forslind*
フォッス Fosse
フォッスム Fossum*
フォッスン Fosten
フォッセ
Fosse*
Vosse
フォッセー Fossey
フォッセイ Fossey
フォッセスタイン
Vossestein
フォッセラ Fossella
フォッセル
Forssell
Fossel
フォッセン
Fossen
Vossen*
フォッセンクール
Vossenkuhl
フォッソ Forså
フォット Huot
フオット Huot
フォッパ Foppa
フォッピ Foppe
フォップス Fupz
フォッペ Foppe
フォッリーニ Follini
フォーテ
Forte
Fouquet
フォデ Fode
フォーティ
Forte
Fortey*
Forty
フォーティー Forty
フォティ Foti
フォディ
Foday
Fodi
フォーティア Fortier*
フォーティアー Fortier
フォティア Fortier
フォティアディス
Photiádes
フォティウ Fotiou
フォティエヴァ
Fotieva
フォティエワ Fotieva
フォディオ Fodio
フォーティオス
Phōtios
フォティオス
Fotios
Phōtios
フォティガ Fotyga
フォティカーム
Photikarm
フォーティス Fotsis
フォティス Fotis
フォーティッチ
Fortich
フォーティナッシュ
Fortinash
フォーティノス
Phōteinós
フォテイノス
Photeinos
フォーティン Fortin
フォーティンブローチュ
Fortin
フォデェラロ
Foderaro

フォーテス Fortes*
フォーテスキュ
Fortescue
フォーテスキュー
Fortescue**
フォーテスク
Fortesque
フォデッラ Fodella
フォーテネイス
Fortanasce
フォデバ Fodeba
フォーテン Forten
フォーデン
Foden***
Forden
フォート
Foat
Foght
Fort**
Forte*
Fought
Fourt
Voth
フォード
Fforde**
Ford***
Forde**
フォト
Foto
Huot*
フォドー Fodor
フオト Huot
フォトゥアリ Fotuali'i
フォートガング
Fortgang*
フォトクリナ
Fatkulina
フォトグロ Photoglo
フォトコーワ Fikotová
フォートシス Fortosis
フォドゼグ Vodosek
フォートソン Fortson
フォートナウ Fortnow
フォートナト
Fortunato
フォートナム
Fortnum**
フォートニー Fortney
フォードハム
Fordham
フォートリエ Fautrier
フォードリニア
Fourdrinier
フォトリーノ
Fottorino*
フォトリノ Fottorino
フォードル Feodor
フォドル Fodor
ブーオドワ
Bouh Odowa
フォーナー
Foner*
Forner
フォナー Foner*
ブオナイウート
Buonaiuto
ブオナヴェントゥーラ
Buonaventura
ブオナオーティ
Buonarroti
フォナギー Fonagy
フォナジ Fonagy
フォーナス Fornas*
フォナタネージ
Fontanesi
ブオナッコルシ
Buonaccorsi
ブオナッコルソ
Buonaccorso
ブォナッシージ
Buonassisi
ブオナッシージ
Buonassisi*
ブオナッローティ
Buonarroti
ブオナミーコ
Buonamico
ブオナミーチ
Buonamici
ブオナメンテ
Buonamente
ブオナユーティ
Buonaiuti
ブォナルローティ
Buonarroti
ブオナルローティ
Buonarroti
ブォナロッチ
Buonarroti
ブオナロッテ
Buonarroti
ブォナロッティ
Buonarroti
ブオナロッティ
Buonarroti
ブォナローティ
Buonarroti
ブオナローティ
Buonarroti
ブオナローディ
Buonarroti
フォーニー Forney
フォーニア
Fornia
Fournier*
フォーニアー Fournier
フォーニエ Fournier
フォーニーズ Fournies
フォニーニ Fognini
フォニュ Fanu
フォニール Vonier
ブォニンセーニャ
Buoninsegna
ブオニンセーニャ
Buoninsegna
フォーネ Forne
フォネイ Fonay
フォネス Fones
フォーネル
Fornel
Fournel
フォノ Fono
ブオーノ Buono**
ブオノ
Buono*
Buwono**
フォノイモアナ
Fonoimoana*
フォノイル Fonoyll
フォーノック
Warnock
フォノトエ Fonotoe
ブオノマーノ
Buonomano
フォノル Fonoll
フォーバーグ Forberg
フォーバース Forbes
フォーバス
Faubus*
Forbath
Phoebus
フォーバート Forbert
フォーハンド
Forehand*
フォビ Fobih
フォビー Fobih
フォービアン Faubion
フォービオン Faubion
フォビオン Faubion
フォービス Forbis
フオビネン Huovinen
フォーブ Phoebe*
フォブ Fob
フォファーナ Fofana
フォファナ
Fofana
Fofanah
フォーファノフ
Fofanov
フォフィエ Fofie
フォフォナ Fofana
フォーブス
Fobes
Forbes***
フォーブズ Forbes**
フォプス Fupz
フォーブスタイン
Forbstein
フォーフト Voogt
フォベ Fauvet
フォーベック
Forbeck
Vorbeck
フォーヘディング
Vogeding
フォーヘル Vogel
フォーベル
Fauvel
Fovel
フォーペル Faupel
フォベール Faubert
フォーヘルサング
Vogelsang
フォホストレーム
Fohström
プオポロ Puopolo
フォーマイーナ
Faumuina
フォーマット Format
フォーマン
Foreman
Forman**
フォーミカ Formica
フォミチ Fomich
フォミチェフ
Fomichev
フォミチョフ Fomičev
フォミナ Fomina
フォミニチナ
Fomichina
フォーミン Fomin**
フォミーン Fomin*
フォミン Fomin
フォーム Form
フォム Vom
フォームイナ
Faumuina
フォームビー Formby
フォメンコ Fomenko*
フォモン Fomon
フォヤシュ Foias
フォーラ
Faller
Fora
フォーラー
Faller
Fohler
Fohrer
Forrer
Fowler
フォラー Forrer*
フオラー Fowler
フォライ Forrai
フォライト Foreyt
フォラウ
Folau
Forau
フォラウホラ
Folauhola
フォラカー Foraker
フォラス Follath
フォラツェン
Vollertsen**
フォーラーニ Forlani
フォラール Folard
フォーラン
Faullain
Fohlen
Foran
フォラン
Folan
Follain**
Forain
Foran
フォランス Volans
フォラント Volland
フォランド Folland
フォーリー
Faurie
Foley***
Fowley
フォリ
Foli
Folì
Voli
フォリー
Faurie
Foley*
Folie
Foly
Foree
フォリアーノ Fogliano
フォリエ
Folliet
Foriers
フォーリエル Fauriel
フォリエル Fauriel
フォリオ Foglio
フォリオット Foliot
フォリシェ Forissier
フォリシエ Forissier
フォリス Follis
フォリスター Forester
フォリスタル
Forristal*
フォーリスト Forest
フォーリット Follett
フォーリナッシュ
Forinash
フォリナッシュ
Forinash
フォリーニ Follini
フォリーノ Forino
フォリバジ Foli-bazi
フォリャンティ
Foljanty
フォリヤンティ
Foljanty
フォーリン
Fallin
Folin
Follin
フォリン Follen
フォール
Fall*
Falle
Faul
Faur
Faure***
Foale
Fohl
Fohr
Fort**
フォールー Fauroux
フォル Fort
ブオール Buol
フォルヴァルト
Vorwald
フォールウェル
Falwell*
フォルウェル Falwell
フォールオーバ
Fallover
フォルカー
Folker**
Volker***
フォルガー Folger
フォルカース Folkers
フォルガス Forggus
フォルガーチ Forgacs
フォルカーツ Folkerts
フォルカーディン
Volkerding
フォルカード
Folkard
Forcade
フォルカド Forcade
フォルーギー Forūghī
フォルギ Foroughi
フォルキンス Folkins
フォルーグ

フ

Forugh
Forūgh
フォルク
Falk
Folk
Forck
Foulke*
Volck
Volk
フォルグ Forgue
フォルクイヌス
Folquinus
フォルクウィン
Folcwin
フォルクス
Ffoulkes
Foulkes
Fowlkes
フオルクス Foulks
フォルクナー Faulkner
フォルクハマー
Forchhammer
フォルクハルト
Volkhard*
フォルクマー Volkmar
フォルクマール
Volkmar*
フォルクマル
Volckmar
Volkmar
フォルクマン
Folkman
Volckman
Volkmann*
フォルクレ Forqueray
フォルクレー
Forqueray
フォルケ
Folke*
Foluke*
Forke*
Forquet
Volke
フォルケー Forqué
フォルゲ Forgues
フォールケス Foulkes
フォルケス Foulkes
フォルケソン
Folkesson
フォルケニング
Volkening
フォルゲーラ Folguera
フォルケル Forkel*
フォルケルト Volkelt*
フォルケンバーグ
Folkenberg
フォルケンベック
Forckenbeck
フォルコ Folco*
フォルコウ Folkow
フォールコナー
Falconer
フォルゴーレ Folgore
フォルゴレ Folgore
フォールコン
Faulcon
Phaulkon
フォルコン Phaulkon
フォルサイス Forsyth
フォルサイト Forsyth
フォールサム Folsom
フォルサム
Folsom**
Folsome
フォルーザンデ
Forouzandeh
フォールシ Forsh
フォルシ Forsh*
フォルシェー
Folscheid
フォルジェ Forget
フォルシック Folcik
フォルジャー Folger
フォルジャール
Forgeard*
フォルシュ Folch
フォルジュ
Forge
Forges*
フォルシュター
Forster
フォルシュティウス
Vorstius
フォルシュトマイヤー
Forstmeier
フォルシュルンド
Forslund
フォルジョー Forgear*
フォールス
Falls
Fowles
フォールズ
Falls*
Faulds**
Folds*
Foles
Foulds*
フォルス Folse
フォルズ Foulds
フォルスガール
Folsgaard
フォルスター
Fölster
Forster*
Vorster
フォルスタイン
Folstein
フォルスタット
Verhofstadt
フォルスティンガー
Forstinger
フォルステマン
Forstemann
フォルステール
Forster
フォルステル
Förster
Vorster
フォルステンレヒナー
Forstenlechner
フォルスト Forst*
フォルストナー
Forstner
フォルストホフ
Forsthoff
フォルストホーファー
Forsthofer
フォルストロイター
Forstreuter
フォルスベリ Forsberg
フォルスマン
Forsman
Forssmann
フォルセル
Forsell
Forssell
フォルソム Folsom
フォルソン Folsom
フォルタ
Forta*
Fortat*
フォルタイン
Fortuyn*
フォルダク Fordacq
フォルタシエ
Fortassier
フォルタード Furtado
フォルタン
Foltán
Fortin*
フォルチ Forti
フォルチェ Fortier
フォルチェッラ
Forcella
フォルチェッリーニ
Forcellini
フォルチェリーニ
Forcellini
フォルチニティ
Forciniti
フォルチュニー
Fortuny
フォルチュネ
Fortune
Fortuné
フォルツ
Foltz
Folz*
Fortes
Voltz**
Volz
フォルツァーニ
Forzani*
フォルツァーノ
Forzano
フォルツナ Holzner
フォルツナト
Fortunato
フォルテ
Forte*
Fortet
フォルデアク Földeák
フォルティ Forti*
フォルディー Foldy
フォルティエ Fortier
フォルティチ Fortich
フォルティッチ
Fortich*
フォルティーニ
Fortini***
フォルティネビッチ
Foltynewicz
フォルティン
Foltin
Fortin
フォールティング
Voorting
フォルデヴィー
Foldevi
フォルテグエッリ
Forteguerri
フォルデジー Földessy
フォルデシュ Foldes
フォルテス Fortes
フォルデス
Foldes*
Földes
フォルテナーゲル
Fortenagel
フォルデマー
Voldemar
フォルテュナ Fortunat
フォルテュナトゥス
Fortunatus
フォルテュニー
Fortuny
フォルテール Forterre
フォルト Fort
フォルド Forde
フォルトゥナーティ
Fortunati
フォルトゥナート
Fortunato**
フォルトゥナト
Fortunato
フォルトゥナートゥス
Fortunatus
フォルトゥナトゥス
Fortunatus
フォルトゥナートフ
Fortunatov
フォルトゥニ Fortuny
フォルトゥニー
Fortuny
フォルトゥニイ
Fortuny
フォルトゥーニオ
Fortunio
フォルトゥニオ
Fortunio
フォルトゥニーノ
Fortunio
フォルトゥニノ
Fortunio
フォルトゥール
Fortoul
フォルトゥン Fortún*
フォルトナ Fortuna
フォルトナー
Fortner**
フォルトナト
Fortunato**
フォルトフ Fortov*
フォルトマン
Foltmann
フォルトラーゲ
Fortlage
フォルトン Forton
フォルナ Forna
フォルナー Forner
フォルナシエール
Fornasier
フォルナチアーリ
Fornacciari
フォルナーラ Fornara
フォルナーリ Fornari
フォルナリ Fornari
フォルナリス Fornaris
フォルナリーナ
Fornarina
フォルナルスカ
Fornalska
フォルナローリ
Fornaroli
フォルニ Forni
フォルニエル Fournier
フォルヌレ Forneret*
フォルネ Forné*
フォルネス
Fornes*
Fornés
フォルネフェルト
Fornefeld*
フォルネル Forner
フォルネロ Fornero
フォルノーヴォ
Fornovo
フォルーハー
Foroohar
フォルハジ Foldhazi
フォルバッハ Volbach
フォルハード Volhard
フォールハーバー
Faulhaber
フォルハルト
Volhard**
Volhàrd
フォルバン Forbin
フォールヒス Voorhis
フォルヒト Forcht
フォルヒハンマー
Forchhammer
フォルブ
Folb
Forbes
フォルファン Forfang
フォルブス Forbes
フォルベエール
Volbehr
フォルベーダ Volbeda
フォールベック
Vorbeck
フォルベック Vorbeck
フォルベルク Forberg
フォルベルグ Forberg
フォルマー
Vollmer**
Volmer
フォルマイ Formey
フォルマノワ
Formanová*
フォルマール Vollmar
フォルマル
Folmar
Vollmar
フォルマルシュタイン
Volmarstein
フォールマン Follman
フォルマン
Follmanne
Folman**
Forman
フォルミオン
Phormion

フォルミキ Formichi
フォルミキーニ
Formichini
フォルミケッティ
Formichetti
フォルミゲーラ
Formiguera*
フォルミザーノ
Formisano
フォルム Vorm
フォルムステッヒャー
Formstecher
フォルメ Formé
フォルメラー
Vollmoeller
フォルメル
Formell
Vormer
フォルメンティ
Formenti
フォルメント Forment
フォルモ Formo*
フォルモースス
Formosus
フォルモスス
Formosus
フォルラート
Vollrath
Volrath
フォルラーニ Forlani*
フォルラニ Forlani
フォルラニーニ
Forlanini
フォルラネッティ
Forlanetti
フォルラン
Forlan
Forlán*
フォルリ
Forli
Forlì
フォルリヴェジ
Forlivesi
フォルレンダー
Vorländer
フォルレンダア
Vorländer
フォールレンデル
Vorländer
フォルレンデル
Vorländer
フォルロー Follereau
フォールン Voorn
フォーレ
Faure*
Fauré*
フォーレー Foley
フォレ
Forest
Forêts**
Forey
フォレー
Fauré
Forey
フォーレイ
Foley
Forey
フォレイン Follain*
フォーレウス
Fåhraeus
フォーレオ Forleo
フォーレス
Fales
Forest
フォレス
Fores
Forés
Forrest
フォーレスター
Forrester
フォレスター
Forester***
Forrester**
フォレスタル Forrestal
フォレスティア
Forestier
フォレスティエ
Forestier
フォレステール
Forrester
フォレステル
Forrester
フォーレスト
Forest
Forrest*
フォレスト
Forest***
Forrest***
フォレーゼ Forese
フォレセー Follese*
フォレッゲル Foregger
フォーレッチ
Voretzsch
フォレッティ Foletti
フォーレット Houlette
フォレット
Follett***
Follette*
フォレリ Forelli
フォーレル
Faurel
Forel*
フォレル
Forel*
Forell
フォレルトセン
Vollertsen
フォーレン
Follen
Foren
フォレン Follen
フォレンゴ Folengo
フォレンゼティ
Fruzzetti
フォーレンフォーヘン
Vollenhoven
フォレンホーフェン
Vollenhoven
フォロー Forrow
フォーロウ Forlaw
フォローズ
Follows
Follws
フォロタル Folotalu
フォロニック Hronec*
フォロフ Forov
フォロモ Foromo
フォロルンチョ
Folorunsho
フォロン
Folon**
Foulon
フォロンジィー
Foronjy
フォワ
Foix
Foy
フォワシー Foissy
フォワシィ Foissy***
フォーワード
Forward*
フォワード
Forward***
フォワートン
Wharton
フォワニ Foigny
フォワニー Foigny
フォワニエ Foignet
フォワル Foil
フォーン
Foon
Von
フォン
Feng**
Fon
Fong***
Fons*
Hong
Huong**
Phong*
Phung
Phuong*
Van**
Vohn
Vom*
Von***
フオン
Huon
Huong***
Phuong*
Von
ブオン
Buon
Von
Vuong
フォンイン Feng Ying
フォンヴィージン
Fonvizin
フォンヴィジン
Fonvizin
フオンウィジン
Fonvizin
ブオンヴィチーノ
Buonvicino
フォンヴィリエ
Fonvilliers
フォンカルスルード
Fonkalsrud
フォンク
Fonck
Vonk**
フォング Fong
フォンクア Fonkoua
フォンクベルタ
Fontcuberta*
ブオンクリスチアーノ
Buoncristiano
フォングリュニゲン
Von Gruenigen
フォングルーニゲン
Vongruenigen
フォンケビッキー
Vonkeviczky
フォンケビュツキー
Vonkeviczky*
ブオンコンシーリオ
Buonconsiglio
フォンコンスタンツ
Fonconstanz
ブオンコンテ
Buonconte
フォンシードリッツクルツバッハ
Von Seydlitz-kurzbach
フォーンス Faunce
フォーンズ Fornes
フォンス
Fons*
Phons
フォンスー Fonsou
フォンスタッド
Fonstad*
フォンスト Fonst
フォーンスワース
Farnsworth
フォンセーカ
Fonseca*
フォンセカ
Fonseca***
Fonseka
フォンセッカ Fonseca
フォーンセット
Fornsete
フォンソカ Fonseca
フォンタ Fonta
フォンダ Fonda***
フオンダー Huonder
フォンタイナ Fontaina
フォンタイネ Fontaine
フォンタス Fontas
フォンターナ
Fontana***
フォンタナ
Fontana***
フォンタナルス
Fontanals
フォンタナローザ
Fontanarosa
フォンターヌ
Fontane*
Fontanes
フォンダーヌ Fondane
フォンターヌス
Fontanus
フォンターネ
Fontane*
Fontanes
フォンタネ
Fontanès
Fontanet
Fontaney
フォンタネー
Fontaney
フォンタネージ
Fontanesi
フォンタネッラズ
Fontanellaz
フォンタネッリ
Fontanelli
フォンタネル
Fontanel**
フォンタラビー
Fontarabie
ブォンタレンティ
Buontalenti
ブオンタレンティ
Buontalenti
フォンタン
Fontan
Fontanne
フォンダン
Fomundam
Fondahn
フォンタンネ
Fontanne
フォーンツ Fauntz
フォンツ Fontes
フォンテ Fonte
フォンデアライエン
Von Der Leyen*
フォンディ Fondy
フォンティーヌ
Fontaine
フォンティーン
Fontaine
Fonteyn
フォンティン
Fontaine
Fonteyn
Fontijn
フォンテイン
Fontaine***
Fonteyn*
Fonteyne
フォンティーンズ
Fonteyns
フォンテーゴ Fontego
フォンテゴ Fontego
フォンテス Fontes*
フォンテスリマ
Fontes Lima
フォンテット Fontette
フォンテナ Fontainas
フォンテナス
Fontainas*
フォンテーヌ
Fontaine***
Fonteyne
フォンテネレ
Fontenelle
フォンテバッソ
Fontebasso
フォンテラ Fontella*
フォンデル Vondel
フォンテレス Fontelles
フォンテーン
Fontaine
Fonteyn
フォント
Font
Fontes*
フォンドゥカヴ
Fondecave
フォンドゥーティ
Fonduti
フォンドゥング
Vondung
フォントネ Fontenay*

フ

フォントネル Fontenelle*
フォントノー Fonteneau*
フオントノア Fontenoy
フォンドラン Vondran
フォントリエール Fontrier
フォントレス Von Tress
フォントン Fonton
フォンノイマン Von Neumann
フォーンビー Formby*
フォンビージン Fonvizin
フォンヒッペル Von Hippel
ブオンフェレ Buonfere
フォンブラン Fombrun
フォンブランク Fonblanque
フォンフリードリヒ Friedrich
フォンブリュヌ Fontbrune
フォンブール Fombeure**
フォンヘッセ Von Hesse
フォンベル Fombelle**
フォンボーナ Fombona
フォンボナ Fombona
フォンボン Fombonne
フォンミン Fengming
フーカ Fuqua
フーカー Hooker*
フーガ Fuga
フカ Fuca
フカー Hooker
ブーカ
Bouka
Buka
ブーカー
Booker*
Buker
ブカ
Bhuka
Buqa
ブカー Booker
ブガ Bouga
プーカー Pucher
プカ Puka
ブカイ Bucay
ブガーイ Bugai
フガイン Fugain
ブガーエヴァ Bugaeva
ブガエヴァ Bugaeva
フガエフ Khugaev**
ブカエフ Bukaev
ブガーエフ Bugaev
ブガーエワ Bugaeva*
ブガエーワ Bugaeva
プガク Pugach
ブカサ Bukasa
ブガシュ Bugash
フガス Fougasse
フカチョヴァ Fukacova
プガチョーヴァ Pugachova
フカチョーバ Fukacova
フカチョバ Fukacova
プガチョーフ Pugachyov
プガチョフ Pugachyov
プガチョーワ Pugachova
プガチョワ Pugacheva
ブガッティ Bugatti
ブガット Bugatto
フーカート Goedhart
フーガード Fugard
フガート Fugard
フガード Fugard**
ブカート Bouckaert
ブカナン Buchanan*
ブカヌス Bucanus
ブーカブーム Beukeboom
ブカラ Bucala
ブカラム Bucaram*
ブカラン Bucaram
ブカーリ Bukhari
ブカリ
Boukari**
Boukary
Boukhari
フカル Fukal
ブカール Bucar
ブカル Boukar
ブガール Bugár
ブガルスキー Bugarski
ブーカールト Bouckaert
ブカールト Bouckaert
ブカルド Bucardo
ブカレリ Bucareli
フガロ Fugaro
ブカロフ
Boukhalov
Bukhalov
ブガーワン Bugawan
フーガン Hougan
ブカーン Bucan
ブカン Buchan
プーガン Pougin
ブーガンヴィル Bougainville*
フカンガ Fukangga
ブギ Boo-kee
プーキー Pookie
ブキア Bouquillat*
フーキェ Fouquier
フキエ Fouquier
ブキエ Bouquier
プキック Pekik
ブギッチ Bughici
ブキナ Bukina
ブキーニッチ Bukinich
ブキャナン
Buchanan***
Buchanon
ブキャノン Bucannon
フキャビィ Hucaby
ブギョム Boo-kyum
ブーキン Bukin
ブキン
Boukine
Bukin
プキンスキー Pukinskii*
フーク
Fouque*
Hoek
Hooke
Hug
フグ Hug**
フグー Fegueux
ブーク
Boeck
Bouquet
Bukh
Vuk
ブーグ Boog
ブク
Buc
Bukh
Vuc
Vuk
プーク Pook
プク Puk
フークア Fuqua
フクア Fuqua
フグイ Fugui
フクサ Fuksa
フクサス Fuksas*
ブクサノビッチ Vuksanović
フクシマ Fukushima
ブクシャ Buksha
ブクシュパン Bukshpan
ブクジル Buxil
フークス Foulkes
フクス
Fuchs*
Fuks
ブクスタイン Bukstein
ブクスティ Buksti
フグステッド Hugsted
ブクステフーデ Buxtehude
フークストラ Hoekstra
ブクストルフ Buxtorf
フクスフーバー Fuchshuber
フクスフーベル Fuchshuber
フクダ Fukuda
プークタル Pouctal
ブクチェビッチ Vukčević
ブクチン Bookchin*
フグッキオ Huguccio
フグッチョ Huguccio
プークティ Pookutty
ブクテル Bechtel
フクナガ Fukunaga*
ブグネ Bugnet
フクハラ Fukuhara
フクバルト Hucbald
フクバルド Hucbald
フグバルドゥス Hucbald
ブクビ Boukoubi
ブークベー Bukve
ブクペッシ Boukpessi
ブグマ Bougouma
フーグマン Fugmann
ブクミ Bucumi
プクミョン Pung-myong
フークーム Hookoom
ブクム Boqumu
フクヤマ Fukuyama
フグラー Fugller
ブグラ
Bhugra
Bughra
フークラス Foucras
フーグラント Hoogland
ブグリ Bugri
プグリア Puglia
プグリエセ Pugliese
フーグリード Fuglede
ブークリーフ Bukreev
ブグリーモヴァ Bugrimova
ブークルー Boukrouh
ブクル Bucur
フグルサング Fuglsang
ブークルーハ Boukrouh
ブーグレ
Bougle
Bouglé*
ブグレ Bouglé
ブクレーエフ Boukreev
ブクレシトリーフ Bukureshtliev
ブークーレシュリエフ Boucourechliev
ブクレシュリエフ Boucourechliev*
ブークレール Beukelaers
ブークロー Buchloh
ブーグロー Bouguereau
ブクロー Buchloh
ブグロー Bouguereau
プグン
Pögün
Poğün
フーケ
Foucquet
Fouque
Fouqué
Fouquet
フーケー
Fouqué
Fouquet*
フケ Fouqué
フケー
Fouqué*
Fouquet
ブーケ
Boeke*
Boucke
Bouquet**
Bousquet*
ブーゲ Bouguer
ブーゲー Bouguer
ブケ Bouquet
ブケー Bouquet
プケー Pecquet
ブーケイ Bouquet
フーケス Houkes**
ブケティツ Wuketits
ブーゲディール Boughedir
ブケニヤ Bukenya
フゲニン Huguenin
ブケム Bukem
ブーケラー Beukelaer
ブゲラ
Bouguerra
Bugera
ブーケリッチ Voukelitch
ブケリッチ
Voukelitch
Vukelić
フゲール Fougère
ブーゲール Bouguer
ブゲール Bouguer
ブケルザザ Boukerzaza
ブーケルス Beuvkels
ブーケルゾーン Beuckelszoon
ブケレ Bukele
フーケロム Heukelom
フーゲワーフ Hoogewerf
フーケン Fuhrken
ブーゲン
Boeghem
Bougen
フーゲンヴィク Huggenvik
フーゲンヴィック Huggenvik

ブーゲンヴィル
Bougainville
フーゲンキャンプ
Hoogenkamp
ブーゲンタール
Bugental
フーケンデイク
Hoekendijk
ブーゲンハーゲン
Bugenhagen
ブーゲンビル
Bougainville
フーゲンベルク
Hugenberg
ブケンヤ Bukenya
フーゲンラード
Hoogenraad
フーコー
Foucauld
Foucault**
Foucaux
フーゴ
Hugh
Hugo**
Jugo
フーゴー
Hugo**
Hugues
フコー Foucauld*
フゴ Hugo*
フゴー Hugo
ブーゴー Bougaud
プーコ Phooko
プーゴ Pugo
プゴーア Pugaard
ブコイ Buquoy
ブコヴァツ Bukovac
ブコウィツキ
Bukowiecki
ブコウェツキ
Buchowetzki
ブコヴェック Bukovec
ブコウスカ Bukowska
ブコウスキー
Bukowski**
フーゴオ Hugo
ブコサブリェビッチ
Vukosavlević
Vukosavljević
ブコシ Bukoshi
ブコス Boukossou
ブコースキ Bukowski
ブーコック Boocock
フゴナイ Hugonnai
ブコバツ Bukovac*
ブコビッチ
Vuckovic
Vukovic
Vukovich
Vukalovich
Vukobratovic
ブコベッチ Bukovec
フゴリヌス Hugolinus
プーコン Pookong*
ブーゴンディエン
Bourgondien
フーザー Hooser
フサ Husa*
ブーザ
Bouzat
Busà
ブーザー
Boozer**
Buser
ブザ Buza
フサイ Houssay
ブサイディ Busaidi
ブサイディヤ
Busaidiyah
ブーサイド Boussaid
ブーサイナ
Bouthaynah
ブサイナ Buthayna
フサイニー
Husaini
Husainī
Ḥusainī
Ḥusayni
Husaynī
Ḥusaynī
Ḥusseinī
フサイン
Fusein
Hunsayn
Ḥusain*
Ḥusain
Husayn*
Ḥusayn*
Ḥusein
Hussain**
Hussein
ブザカリニ Buzacarini
ブザーキ Buzsáki
フサーク Husák*
ブサーク Boesak
ブサク Boesak
ブサコフ Bvsakov
ブザーシ Buzássy
ブザシエ Besacier
ブーサック
Boesak
Boussac
ブーサッタ Boussatta
フザーティ Fusati
フサーニ Fusani
フサノフ Husanov
ブザノフ Buzanov
ブザノフスキ
Budzanowski
プサパティ Pusapati
フサミ Husami
フサム
Husam
Hussam
プサムティク
Psammetichos
プサメチコス
Psammetichos
プサメティコス
Psammetichos
Psamtik
プサメディコス
Psammetichos
プサラ Psarra
フサリコヴァ
Husarikova
フーザル Fusar
フサール
Fessard
Huszar
ブサール Besar
ブサル Bhusal
ブザール
Besard
Bouzar
ブサルキス Buzarquis
プサルラ Pusarla
フサロ Fusaro**
プサロス Psaros
フサロフ Husarov
フサン Khusan
フザン Faizant
ブザン Buzan**
プーサン Poussin*
プーザン Pougin
プサーン Poussin
プサン Poussin
ブザン Pesant
ブサンゴー
Boussingault
フザンサック
Fézensac
ブザンジャン
Bousingen
ブザンスノ
Besancenot*
ブザンソン
Besancon
Besançon
プサンメティコス
Psammetichos
フーシー
Fooshee
Fouchy
フージ Fouzi
フシ Fusi
フジ Fuji*
ブージ Busi
ブジー Bougie
プジ Poedji*
フージア Fouzia
ブジア Busia
プジアストゥティ
Pudjiastuti*
フジイ Fujii
プージィ Pougy
フーシェ
Fouché
Foucher*
Fouchet**
Guusje
フシェ
Fouché
Foucher
フシエ Fouche
フジエ Fugier
ブーシェ
Boesje*
Bouche
Bouché
Boucher*
Bouchet***
Bouchez
Bushe
ブシェ
Bouche
Boucher
Bouchet*
Bouchez
Bucher
ブシェー Boucher
プーシェ Pouchet
プージェ Pouget
プシエ Poussier
プジェ
Pouget
Pujeh
プジェー Pouget
ブーシェイ
Bourchier
Boushey
プシェヴォスキ
Przeworski
プシェヴォルスキ
Przeworski
ブジェジナ
Brezina
Březina
ブジェジンスキ
Brzezinski
ブジェジンスキー
Brzezinski
ブーシェズ Bouchez
ブシェーズ Bouchez
ブジェチスラフ
Bretislav
Břetislav
ブジェツィンスキ
Brzezinski
ブシェット Buschetto
ブシェティスラフ
Bretislav
ブジェティスラフ
Břetislav
ブシェート Buscheto
ブーシェドラ
Boudjedra
ブージェドラ
Boudjedra
ブシエネイ Busienei
フージェフ Huljev
ブジェフヴァ
Brzechwa
ブジェフバ
Bdzechwa
Brzechwa**
ブジェフファ
Brzechwa
フジェベイク Hrebejk
ブジェマ
Boudjema
Boudjemaa
ブジェマー
Boudjemaa
ブシェーミ Buscemi
ブシェミ Buscemi*
プシェミスル Přemysl
プシェミスワフ
Przemysl
Przemyslaw
Przemysław
プシェムィスワフ
Przemysl
ブージェムリン
Boudjemline
ブーシェラー
Buechler*
ブージェリ Bourjaily
ブシェリオン
Boucheljon
フジェール
Fougères
Fugère
ブーシェル Buechele
ブシェルバク
Busherbak
プシェレンムート
Psherenmut
ブシェロン Boucheron
フジェンカ
Khudzenka
フジオ Fujio
ブショール Buschor
プシカーシ Puškáš
プシカリ Psichari
フジカワ Fujikawa*
プーシキン Pushkin*
プシキン Pushkin
プジグ Poudiougou
プシケ Psyche
フジコ Fujiko*
ブーシコー
Boucicault
Boucicaut
ブシコー
Boucicault
Boucicaut
Bouciquaut
ブーシコート
Boucicault
プジコフ Puzikov*
フーシーシン
Hutheesing
ブジスキ Budziński
フジタ Fujita*
フジタニ Fujitani
プーシチン Pushchin
プシッチ Pusić
プジッチ Puzici
フジッリ Fusilli*
ブシテー Bouchitey
フジーナ Fusina
ブージニャック
Bouzignac
ブシニャック
Boussignac
ブジニャック
Bouzignac
ブシネ Boussinesq

ブシネスク
Boussinesq
ブシネル Bushnell
ブシハリス
Psichari
Psychares
Psycharēs
プシビシェフスカ
Przybyszewska
プシビシェフスキ
Przybyszewski
プシビシェフスキー
Przybyszewski
プジビテク Przybytek
プジビル Přibyl
プシビルスキ
Przybylski
プシブケンネ
Psibkhenne
プシブラム Przibram
プシボシ Przyboś
フジモト Fujimoto
フジモリ Fujimori*
フジャ Fuja
ブシャー Bouchard
フシャイ
Chousi
Hushai
プシャヴェラ
Pšavela
Pshavela
ブジャークマン
Bjarkman
プジャツ Pujats
ブジャッリ Bugialli
ブシャティ Bushati
ブシャード Bouchard
プジャード Poujade*
プジャド Poujade*
フシャヌフ
Chrzanowa
プシャミトラ
Puṣyamitra
プシヤミトラ
Pushyamitra
Puṣyamitra
ブシャラ Bushara
フシャール Fouchard
ブシャール
Bouchard**
Buchard
ブジャルディーニ
Bugiardini
ブシャルドー
Bouchardeau*
ブーシャルドン
Bouchardon*
フジャレ Hujaleh
ブーシャン
Bhūṣaṇ
Bhūṣaṇa
Bhushan
Buschan
ブシャン
Bhushan
Buschan
プジャン Pougin
プジャンガ Pujangga
フーシャング
Hooshang
Hūshang
ブーシャンジー
Būshanjī
フジャンディー
Khujandī
Kh̲ujandī
フシュ Fuche
ブージュ Bouju
ブジュ
Bouju
Buju
プシュ Pusch
ブシュアレブ
Bouchouareb
プシュイブィルスカ
Przybylska
フージュイロル
Fougeirol
プシュウァーラ
Przywara
プシュヴァーラ
Przywara
プシュヴァラ
Przywara
フジュウィーリー
Hujwīrī
プシュカシュ
Puscas
Puskas
フーシュカダム
Khūshqadam
プシュカラ Pushkala
プシュカレフ
Pushkarev
ブシュキン Bushkin*
プーシュキン Pushkin
フシュケ Huschke
プシュケー Psyche
プシュコフ Pushkov
ブシュシュルテ
Buschschulte
プシュタイ Pusztai
プシュチェンスキ
Pszczeński
フシュチャ Huszcza
ブシュック Bushuk
フシュトフ
Khushtov**
ブージュナー
Boujenah
ブシュナク
Bushnaq
Būshnāq
ブシュネル
Bushnell**
プシュパクマラ
Pushpakumara
プーシュパダス
Pouchpadass
プシュバーラ
Przywara
ブシュバラク
Bushbarak
プジュベ Pujebet
プシュマン
Puschmann
プシュヤミトラ
Puṣyamitra
ブーシュラ Bouchra
ブシュラ Bushura
ブシュラー
Buechler
Bushra
プージュリ Poujouly
プージュリー
Poujouly*
フージュルー
Fougeroux
フジュレ Fougeret
ブシュレット
Boucherett
フジュロール
Fougerolles
ブージュロル
Bougerol
フージュロン
Fougeron*
ブシュロン Boucheron
プシュワラ Przywara
ブジュン Bhujun
ブショー
Bouchaud
Buschor
プジョー Peugeot
フジョスタッド
Fjøstad
ブジョステク Brzostek
ブジョストフスキ
Brzostowski*
ブジョストフスキー
Brzostowski
ブジョズフ Brzozowa
ブジョゾフスキ
Brzozowski
プショニアク
Pszoniak
プショニャック
Pszoniak
プジョマルトノ
Pudjomartono
ブーショール
Bouchor*
ブーショル Buschor
プジョール Pujol**
プジョル
Poujol
Pujol**
Puyol**
プジョルス Pujols
ブジョルド Bujold
ブージョン Boujon*
ブション グ Bushong
ブジョーンヌイ
Budyonnyi
ブジョンヌイ
Budyonnyi
Buydyonnyi
フジラ Hjira
プシランデール
Psilander
フジーリ Fusilli
ブシリ Bushiri
ブジーリ Busiri
ブシリス Būsiris
プシルスキー
Przyluski
フジワラ Fujiwara
フーシン Houssin
フシン
Houcine
Husin
ブジン Bu-jin
ブージンガー
Boosinger
ブシンゲ Busingye
ブジンゴ Buzingo
ブジンスカス
Bužinskas
ブシンスキー
Buszynski
フース
Goes
Guus**
Hoos
Hoose
フーズ Hoose
フス
Fus
Fuss
Fusu
Hus*
Huss*
Huth
ブース
Beus
Boosh
Booth***
Boothe**
Buß
Buus
ブーズ
Booth
Boothe
Booz
ブス
Buss
Buß
ブズ
Buz
Huz
プース Pousse
プス Puth
プズー Pezeu*
プスィランデル
Psilander
ブースィーリー Buṣiri
ブスィーリー Buṣiri
ブズゥ Bouzout
ブズェフ Buzuev
プーズォ Puzo*
ブスカ Busca
ブスカーク Buskirk*
プスカーシュ Puskus
プスカシュ Puskas**
フスカス Fouskas
プスカス Puscasu
フスカラリウス
Fuscararius
ブスカーリア
Buscaglia*
ブスカリア Buscaglia
ブズガーリン
Buzgalin*
ブスクァーク Buskirk
フスクス Fuscus
ブスクブンバ
Boussoukouboumba
ブースケ Bousquet
ブスケ Bousquet**
ブスケー Bousquet
ブスケツ
Busquests
Busquets
ブースケット
Bousquet
ブスケート Buscheto
プスケパリス
Puskepalis
ブスケルモレン
Buskermolen
ブスケン Busken
フースコ Huusko
フスコ Fusco*
ブスコニ Busconi
ブスコバー Buzková
フスコワ Huskova
フズシュキェビチ
Szuzkiewicz
プスセンネス
Psusennes
フスター
Fuster
Huster
ブスタ Busta
ブスター Buster
フズダド Juzdado
ブスタナイ Bustanai
ブースタニ Boustany
ブスターニー Bustānī
ブスタニ
Boustani*
Bustanai
Bustani
ブスタマム
Boestamam
ブスタマンテ
Bustamante**
ブスティ Busti
ブスティー Bustī
ブスティーニ Bustini
フスティニアノ
Justiniano
フスティーノ Justino
ブースティン Boorstin
ブスティンサ Bustinza
ブステッリ Bustelli
プステト Pustet
プステヨフスキー
Pustejovsky
ブステリ Bustelli
フステル Fustel
ブーステル Veuster
プステルラ Pusterla*

フーズデン Housden
フースト Joost
フスト
Fust
Just
Justo*
ブスト
Busto
Wust
Wüst**
ブストヴァヤ
Pustovaya
フストヴェット
Hustvedt
フストウス Justus
ブストス Bustos*
プストボイチェンコ
Pustovoitenko*
プストボイテンコ
Pustovoitenko
ブストリック Bustric
ブストリヒ Wustlich
ブストルフ Bustorff
ブーストレム Boström
ブストレーム Boström
フーストン
Houston
Houstoun
ブスナ Boussena
プーズナー Peusner
ブスナリ Busnari
フスニ Husni
フスニー
Husnī
Ḥusnī
フスヌ Husnu
ブーズーバー
Bouzoubaa
プスパ
Pushpa*
Puspa
プスパヨガ
Puspanyoga
ブースビー
Boothby**
ブスビイ Busby
フスフェルト Fusfeld
ブースマ Bouwsma
フスマン Husmann
ブースマン
Boothman*
Bousmanne
ブスマン Bussmann
プースマン Posmann
フーズモラー
Husemoller
フースラー Husler
ブスラー Bussler
フスラウ
Khusrau
K̲husrau
Khusrō
フスラウ・シャー
Khusraushāh
ブスラーエフ Buslaev
フスリー Husrī
フズーリー
Fuzuli
Fuzulî
Fuzûlî
フズリ Fuzulî
ブースリ Bhusri
フズル Hizir
プースール Pousseur
プスール Pousseur**
プズル Puzur
ブズルク Buzurg
ブズルグ Buzurg
ブスルマンクル
Busurmankul
フスレ Husel
ブスレンコ Buslenko
フスロー Khusrau
ブースロイド
Boothroyd**
フスロウ Khusrau
ブーズロウ Bouzereau
ブスロビッチ
Buslovych
ブズロフ Buzlov
フーセ Huse
フーゼ Huse*
ブーセ Bousset
ブセ
Bousset
Buse
ブセー Bousset
フセイニ
Fuseini
Housseïni
Husseini**
Husseinī
Hussini
フセイニー Husseinī
フセイノヴィッチ
Huseinović
フセイノフ Huseynov
ブセイリ Busairi
フセイン
Fussein*
Hossain**
Hossein
Houssein
Husain**
Ḥusain
Husayn*
Ḥusayn
Ḥusein
Huseyin
Hüseyin*
Huseyn
Hüseyn
Hussain***
Hussein***
フセイングル
Huseingulu
フセヴォロシスキー
Vsevolozhsky
フセーヴォロト
Vsevolod
フセーヴォロド
Vsevolod**
フセウォロード
Vsevolod
フセウォロド
Vsevolod
フセヴォロード
Vsevolod
フセヴォロト
Vsevolod*
フセヴォロド
Vesvolod
Vsevolod***
Vsevolodovich
フセヴォロトヴィチ
Vsevolodovich
フセヴォロドヴィチ
Vsevolodovich
フセェウォロド
Vsevolod
ブゼク Buzek
プゼクラウスキー
Przeclawski
フゼジー Fuzesi
フセスラフ Vseslav
ブゼック Buzek**
ブーセット
Bouset
Bousset
ブセット Bousset*
ブゼット Busetto
プセッロス Psellus
ブセナ Boussena
ブセナズ Busenaz
プセニツカ Psenicka
フーセネッガー
Fussenegger
ブセネッロ Busenello
ブゼネッロ Busenello
フセーボロド
Vsevolod
Vsevolodovich
フセボロド Vsevolod
フーセマン Husemann
フーゼマン Husemann
ブーゼマン
Busemann*
フセリド Huselid*
フーゼル Fuser
フセル Hussell
フゼール Fuser
ブゼル Buzzell
プセルス Psellus
ブーゼロー Bouzereau
プセーロス Psellus
プセロス Psellus
フセワロード
Vsevolod
フーゼン
Hoosen
Husen
ブーセン Busen
ブーゼンバウム
Busenbaum
ブゼンルクナー
Busenlechner
フソー Fossoux
ブーゾ Buzo*
ブソ Bousso
ブゾー Buzo
プーゾ Puzo*
ブゾヴィウス Bzovius
ブソッティ Bussotti*
フソド Husodo
プソトキン
Poustochkine
ブソーニ Busoni
ブゾーニ Busoni*
フソビッチ Husović
フソプ Hoo-sup
ブゾフスキ Bzowski
ブゾーミ Buzomi
プソーム Pseaume
ブゾヤ Buzoya
ブーゾルト Busolt
ブゾルト Busolt
ブソン Bu-sung
フソング Hussong
フーダ
Fawdah
Houda
Huda
フタ Futa*
フダ
Fouda
Houda
Huda
フダー
Huda
Hudā
ブータ Bhūta
ブーダー Buder
ブタ Buta
ブダ
Bouda
Boudat
Buda
ブダー Buder
プーダー Puder
プター Ptah
ブダイ Buday
フタイア Ḥuṭay'a
フダイクリエフ
Khudaikuliev
フダイクルイ
Khudaikuly
フタイシ Futaisi
フダイビー
Hodaibi**
Huḍaybī
ブタイブ Boutayeb
フダイベルガノフ
Khudayberganov
フダイベルケノフ
Hudaibergenov
フダイベルディエフ
Khudaiberdyyev
ブタヴァン
Boutavant*
ブダエウス Budaeus
フダエダト
Khudaidad
ブダガヴィ Budagavi
プタカウスカス
Ptakauskas
フタガルン
Hutagalung
フダーク Hudák
フダク Hudak
プダコフ Pudakov
ブダジェッジ
Buttigieg
プタシュネ Ptashne*
プタシュン Ptashne
プタシンスキ
Ptaszynski
ブダスヴァーミン
Budhasvāmin
プタセク Ptacek
プタチニコバ
Ptacnikova
フタチュニク Ftáčnik
プタック
Ptak
Pták
ブーダディヴァ
Buddhadeva
ブダトキ Budhathoki
プタハ Ptah
プタピパット
Puttapipat
ブダペスト Budapest
フータモ Huhtamo*
フダーヤール
Khudāyār
フータラ Huhtala
ブーダラヌ Boudarene
フダリ Khudari
ブターリア Butalia*
ブタリアー Butalia
ブダリカ Boudalika
ブータリック Boutaric
ブータル Boutal
ブーダール
Boudard**
ブタル Butaru
ブダール Boudard
ブタレ Butale
ブダレヌ Boudarene
ブタレブ Boutaleb
ブータン
Boutan
Boutang
ブーダン Boudin
ブタン Boutin
ブダン
Boudin
Budan
ブタンバ Boutamba
ブーチ
Booch*
Buchi
ブチ
Buchi*
Büchi
Buci
プーチ Puig
プチ Petit**
ブーチエ Boutier
ブーチェック Boucek
フチェリーチカ
Vcelicka
プチェルニク Pchelnik
フーチェン Fu-cheng
プチオ Petiot

フ

プチカニョフ
Puchkanev
ブーチキー Bouchikhi
フーチク Fucik
フチーク
Fucik
Fučik
Fučík
プチコ Pucko
ブチコフ Vuchkov
プチコフ Puchkov
プチコフスカヤ
Puchkovskaia
ブチコフスキ
Bučkovski
Buczkowski
プチコラン Petitcollin
プチシキ Ptyushkin
プチジャン Petitjean
ブーチス Voutsis
フチック Fucik
プチデモン
Puigdemont*
フチート Fucito
フチーニ Fucini
ブチニッチ Vučinić
ブーチバ Bouchiba
プチパ Petipa
プチフィス Petitfils
プチムツェフ
Putimtsev
ブチャー Butcher*
プチャーチン Putyatin
ブチャツキ
Buceatchi
Buczacki*
プチャーティン
Putyatin
ブチャナヤンディ
Bucyanayandi
フーチャン Heuchan
ブーチャン Buchan
プーチュー Pu-chu
ブチュコウ
Butschkow*
プチュンワ
Phu chung ba
フチラ Hutyra
ブチリエ Bouthillier
プチルカ Pchilka
ブチルスカヤ
Butyrskaya
フチン Huchim
ブーチン
Bootzin
Bu-qing
プーチン Putin**
プチン Putin
ブチンスキー
Buchinski
フーツ Hoots
ブーツ
Bootes
Boots**
Bouts
Buhtz
ブーツァー Bucer
ブツァ Buca
ブツァー Bucer
ブツァルスキー
Buzalski
フツィーエフ
Khutsiev
フツィエフ Khutsiev*
フツイマ Futuyma*
フツゥ Foutsou
ブーツウェル Boutwell
ブツェア Buzea
ブツェリウス
Bucerius*
ブーツェン Boutsen
ブツェンコ Butsenko
フッカ Hooker
フッカー
Hooke
Hooker***
フッガー Fugger
ブッカ Bukka
ブッカー
Booker**
Bouckaert*
Bücker
Büker
プッカウェート
Pukkavesa
フッカス Fuchs
ブッカート Bouckaert
フッカネン Hukkanen
フッカム Hookham
ブッカン Bouquin*
フッキ Hulk*
ブッキ Bucchi
ブッキー Bucky
ブッキグナーニ
Buchignani*
フッキネン Hukkinen
フック
Fouque
Hoek
Hook**
Hooke*
Houck
Huck
Hueck
Phuc**
Phúc*
Phục
ブック
Book
Booke
Boucq
Buck
Bukh*
Vuk*
プック
Puck
Pukk
ブックアウト
Bookhout
ブックウィッツ
Buckwitz
フックウェイ
Hookway*
ブックウォルター
Bookwalter
フッククワン
Fook Kwang
プックサ Pukkusa
プックサーティ
Pukkusāti
フックス
Fox
Fuchs***
Fucks
Fuks*
Fux*
Hooks***
ブックス
Boeckx
Brooks
プックス Pucks
ブックステイバー
Bookstaber
ブックステーバー
Bookstaber*
ブックステフーデ
Buxtehude
フックストラ
Hoekstra
ブックストルフ
Buxtorf
ブックストン Buxton
ブックスバウム
Buchsbaum
Buxbaum
フックスフーバー
Fuchshuber**
ブックスヘーヴェデン
Buxhoeveden
フックスベルガー
Fuchsberger*
ブックチン Bookchin
ブックバインダー
Bookbinder
フックバルト Hucbald
フックヘースト
Houckgeest
ブックホルツ
Buchholz
フックボルト Hucbald
ブックマン
Bookman*
Buchman*
Buchmann
ブックミラー
Buckmiller
フッグラー Huggler
ブツクリ Vutukuri
ブッケ Boeke
ブッゲ
Budge
Bugge**
ブッケマ Beukema*
フッゲラー Fuggerer
ブッケラール
Beuckelaer
ブッケル Buckel
フッゲンバーガー
Huggenberger
フッゲンベルガー
Huggenberger
ブッコ Bucco
プーッコ Punkko
フッサ Hussa
ブッサ Bussa
プッサ Phussa
ブッサディー
Bhusdee*
Phusadii
ブッサドーリ
Bussadori
ブッサドリ Bussadori
フッサール Husserl**
プッサン Poussin*
ブッサンゴー
Boussingault
ブッシ Bussi
ブッシー
Bouchy*
Bushee
ブッシィ Bouchy
ブッシイ Bouchy
ブッシェ
Bouchet*
Busche*
Buschius
Bussche
ブッシェフ Bushuyev
ブッシェル Bushell**
ブッシェンドルフ
Buschendorf
ブッシャ
Buscha*
Busha
ブッシュ
Boush
Buch
Busch***
Büsch
Bush***
Bushe
Büsleh
ブッシユ Busch
ブッシュウェイ
Bushway
ブッシュキン Bushkin
ブッシュクール
Buschkuehl
ブッシュケッター
Buschkötter
ブッシュナー
Buschner
ブッシュナウ
Bushunow
ブッシュネル
Bushnell**
ブッシュホフ
Buschhoff
ブッシュマン
Buschman
Buschmann*
Bushman
プッシュマン
Puschman
Puschmann
プッジョーニ Puggioni
ブッショリー
Bouchery
フッシング Hussing
ブッジンスキ
Buczinski
プッスール Pousseur
フッスング Hussung
ブッセ
Bousset
Busse***
ブッゼ Buse
フッセイニ Husseinī
フッセイヌー
Housseynou
フッセイン
Husein
Husseinī
ブッセット Bousset
フッセネガー
Fussenegger
ブッセマー Bussemer
ブッセマーカー
Bussemaker
フッセール Husserl
フッセル
Foessel
Husserl
フッセルル Husserl
フッセン
Houssen
Hussen
ブッソー Furst
フッソヴィアーヌス
Hussovianus
ブッソッティ
Bussotti*
ブッソラーティ
Bussolati*
ブッソラティ
Bussolati
ブツゾワ Butuzova
ブッソン Busson
フッソング Hussong*
フッター
Huter
Hutter**
ブッダ
Bodha
Buchda
Buddha
ブッダグヒヤ
Buddhaguhya
ブッダグプタ
Budhagupta
ブッダグフヤ
Buddhaguhya
ブッダケティ
Buddhaketi
ブッダ・ゴーサ
Buddhaghosa
ブッダゴーサ
Buddhaghosa
ブッダシュリージュ
ニャーナ
Buddhaśrījñāna
ブッダシンハ
Buddhasiṅha
ブッダダーサ
Buddhadasa
Buddhadāsa*
ブッダダッタ
Buddhadatta
ブッタタート
Buddhadasa
プッタタート
Putthathat

ブッダデーウ
Buddahadev
ブッダデーヴァ
Buddhadeva
ブッダーデフ
Buddhadeb
ブッダデーブ
Buddhadeb
ブッタナウォン
Bouttanavong
フッタネン Huhtanen
ブッダバダラ
Buddhabhadra
ブッダバッダラ
Buddhabhadra
ブッダパーリタ
Buddhapālita
ブッダピター
Buddhapitar
フッターマン
Futterman
ブッダラージャ
Buddharāja
フッタリー Huttary
ブッダン Budan
ブッチ
Bucci*
Buci
Buschi
Butch***
プッチ
Pucci*
Puig*
ブッチァー Boucher
ブッチェッラ Buccella
ブッチェラ Buccella
ブッチェラート
Buccellato
ブッチェンホルツ
Buchenholz
フッチェンルイター
Hutschenruyter
フッチス Fuchs
プッチーナ Puccini
フッチニ Fucini
プッチーニ Puccini**
プッチニ Puccini
プッチネッリ
Puccinelli
ブッチャー
Bucher
Butchart
Butcher***
Büttcher
ブッチャート
Butchart
ブッチャレッリ
Bucciarelli
プッチャレッリ
Pucciarelli
プッチョ Puccio
プッチール Putzier
プッチン Pucheu
ブッツ Budtz*
プッツ Putz
ブッツァー Bucer
プッツァー Putzer
ブッツァーティ
Buzzati**
ブッツァンカ
Buzzanca
ブッツィ Buzzi
フッツィヤ Huzziya
プッツェ Putze
ブッツェッティ
Buzzetti
プッツガー Putzger
フッツネン Huttunen
ブッツバッハ
Butzbach
ブッツバハ Butzbach
フッテ Foote
フッデ Hudde
ブッテ Boutte
ブッデ Budde*
ブッティ Butti
ブッディ Buddhi
プッティ Putti
ブッティカイ
Buttykay
プッティタ Puttita
プッディーヌ
Puddinu*
ブッティング Butting
ブッディング Bodding
ブッデウス Buddeus
プッテマンス
Puttemans
ブッテリ Butteri
ブッテルスカヤ
Butyrskaya*
フッテン Hutten*
プッテン Putten
ブッデンブロック
Buddenbrock
ブッデンベルク
Buddenberg
フッテンロッハー
Huttenlocher
フット
Foot**
Foote*
Hut
フッド
Hood***
Hudd
ブット
Bhutto**
But
Butt*
ブットー Bhutto
ブッド Budd
フットゥネン
Huttunen*
プットカーマー
Puttkamer
ブットシュテット
Buttstett
プットセップ Pütsep
ブットディー Butdee
ブッドデブ
Buddhadeb
Buddhadeva
プットナム Putnam
フッドボーイ
Hoodbhoy
フットマン
Footman
Hootman
ブットマン
Butman*
Buttmann*
プットマン Putman**
ブットリー Buttree
プットリャスメイ
Puthreasmey
フットレ Futre
フッドレス Hoodless
フットレル Futrelle*
フッドレル Futrelle
ブットン
Buddhaghosa
ブッハー Bucher
ブッパ
Boupha
Bubba
ブッパー
Boupha
Bubphar
ブッパーヌウォング
Bouphanouvong
ブーツバハ Butzbach
ブッヒャー Bucher
ブッヒュナー
Buechner
フッフ Huch
ブッフ Buch*
ブッファリーニ
Buffarini
ブッファルマッコ
Buffalmacco
プッフェンドルフ
Pufendorf
ブッフォーニ Buffoni
ブッフォン Buffon**
フッフシュミット
Hufschmidt
フッフト Hooft
ブッフナー Buchner
ブッフハイト
Buchheit
ブッフハイム
Buchheim
ブッフバウアー
Buchbauer*
ブッフハート
Buchhart
ブッフバルト
Buchwald*
ブッフビンダー
Buchbinder*
ブッフホルツ
Buchholz**
ブッフマン
Buchmann
フッフロ Chuchro
フッペ Huppe
プッペ Puppe
ブッヘナウ Buchenau
ブッヘラー Bucherer
ブッヘル
Buchel
Buchell
プッペル Pupper
プッヘルト Puchelt
ブッヘンベルガー
Buchenberger
ブッヘンベルゲル
Buchenberger
フツマ Houtsma
プーツマ Poutsma
ブッラ Bulla
フッラダーズビフ
Khurdādhbeh
プッラン Pullan
ブッリ Burri*
ブッリオ Buglio
プッリチーノ Pullicino
ブッリーニ Burrini
フツル Futur
ブッル Bull
ブツル Butler
ブッルス Burrus
フッレ Hulle
ブッレー Bullhe
ブーテ
Boutet*
Voutey
ブーデ Boudet
ブテ Buthe
ブデ Boudet
フーディ Foody
ブーティ
Bootee
Bootie
Booty
Buti
ブーティー
Booty
Būṭī
ブティー Buṭī
ブディ Budi**
プティ
Petit***
Petitt
Petix
Puteh*
プティー Petit*
フティーア Futia
ブティア Bhutia
フーティアイネン
Hyytiäinen
プティアイネン
Poutiainen
ブティアニ Bhutiani
ブーディアフ Boudiaf
ブディアフ Boudiaf*
ブディアルジョ
Budiardjo
ブディアンスキー
Budiansky*
ブディアンタ
Budianta
ブディウ Budiu
プディウグ
Poudiougou
ブーテイエ Bouteiller
ブーディエ Boudier*
ブティエ
Bouteiller
Bouthier
ブーティエット
Boutiette
プティエール Pettier
ブディオノ Boediono*
ブティカイ Buttykay
プーティガッタ
Pūtigatta
フディーク Chudík
ブディーグ Boudigues
ブディクスマ
Budikusuma
ブディコ Budyko*
プディコム
Puddicombe
ブティジェッジ
Buttigieg
プティジャン
Petitjean*
ブーディッカ
Boadicea
ブディッシェフ
Budishchev
ブティッチ Vtic
プティット Pettitt*
プティト Petitot*
プティトー Petitot
プティトワール
Petit Thouars
プティナス Putinas
フーディーニ
Houdini*
フーディニ Houdini
ブティニー Boutigny
ブーディノ Boudinot
ブーディノー
Boudinot
ブディノヴァー
Budinová
ブティノーネ
Butinone
ブーディバ Bouhdiba
ブティバ Boutiba
プティパ
Petipa*
Petitpas
プティフィス Petitfils
プティボン Petibon*
ブディマン
Budhiman
Budiman*
プティマンジャン
Petitmangin
ブディミール
Budimir*
ブディミル Budimir
ブティメ Butime
ブテイユ Bouteielle
ブティリエ Bouthillier
ブティリオーネ
Buttiglione
ブティリョネ
Buttiglione

フディル Hydyr
ブーディロン
Bourdillon
フティン Htin
ブーティン Boutin
ブディン Budin
フデインガル
Houdeingar
ブーデヴィーン
Boudewijn
ブーテェ Büthe
ブテオ Buteo
ブーテーシャーナンダ
Bhuteśānanda
プーデース Poúdēs
フデチェク Hudeček
フーデック Hudec
フデック Hudec
ブデッケ Buddecke
プテット Pettet
ブーテナント
Butenandt*
ブテナント Butenandt
ブーデビーン
Boudewijn
ブーテフリカ
Bouteflika**
フーデマーケル
Hoedemaker
ブーテーユ Bouteille
ブデュ Bedu
フーデリ Fudel'
ブーデリ Buderi*
ブテリエル Bouteillier
フデル Khudher
ブーテル Boutel
ブデル Bedel
ブーテルウェク
Bouterwek
ブーテルヴェク
Bouterwek
ブーテルファ Boutarfa
フデルブルガ
Khuderbulga
ブーデルマン
Budelmann
プーテルマン
Pouterman
ブテレジ Buthelezi**
ブーテロー Boutelleau
フーテン Hooten
ブーテン Boateng
ブデン Bouden
フデンガー
Houdeingar
プテンカラム
Puthenkalam
ブーテンコ Boutenko
ブテンコ Butenko*
プデンス
Poúdēs
Pudens
ブデンツ Budenz
プデンツ Pudenz
プデンティアーナ
Pudentiana
プデンティアナ
Pudentiana
ブデンヌイ Budenny
フーデンバーグ
Fudenberg
ブデンホルツァー
Budenholzer
フート
Foot
Foote**
Hoet**
Hoot
Houdt
Hout
Huet
Hut
Huth*
Voet
フード
Hood*
Hūd
ブート Boot**
ブトー Buteau
プトー Pouteau
ブトイ Butoyi
フドイナザーロフ
Khdoinazarov
Khudoinazarov*
ブードゥー
Boedhoe
Voodoo
ブトゥ Butu
ブドゥ Boudou
ブドウ Budu
プトゥ Putu**
ブードゥアニ
Boudmani*
ブトヴァン Bouttevin
ブドゥイコ Budyko*
ブートヴィル
Boutteville
ブドゥエ Bedouet
ブートウェル Boutwell
ブドゥカー Budker
プトゥキアン
Putukian
プドヴキン Pudovkin
フトゥクトゥ
Qutughtu
ブトゥザザ Botozaza
プトゥシコ Ptushko
ブトゥス Buths
フドゥトゥ Fudut
フトゥーヒー Futuhi
ブドゥマ Buduma
ブトゥマヌバツアラ
Botomanovatsara
ブドゥラ Budura*
プトゥラーメント
Putrament
ブートウーリー
Boutouyrie
フートゥリエ Foutrier
ブドゥリス
Boudouris*
ブトゥリム Butrym
ブートゥール
Bouthoul
ブートゥルー
Boutroux*
ブドゥル Boudoul
フトゥワ Htwa
ブトゥン Bu-ston
ブトカ
Bîtca
Bødker
フートキンス
Hootkins
ブドク Budoc
フトクト
Qutuctu
Qutughtu
ブトケヴィチ
Budkevich
ブトケビチュス
Butkevičius
プトコ Putko
ブトコビッチ
Butković
ブトコーフ Butkov
ブトコフスキー
Butkovskii
ブドーズ Budhos
フドズィエーツ
Hudziec
ブドスコウ Bødskov
プトック
Ptok
Puttock
プトト Putoto
ブートナー Buettner*
プトナム Putnam
ブートニエ Boutonier
ブドニック Budnik
プトニック Putnik
ブトネ Boutonnet
ブドビナ Vdovina
ブードヴィル
Boudeville
プドーフキン
Pudovkin
プドフキン Pudovkin
ブドフスキー
Budovskii
ブドベルク Budberg
ブドヘン Boudehen
フートマン
Houtteman
ブードマン Boodman
ブートミー Boutmy*
ブトミー Boutmy*
フードミン Goudmijn
フトモ Hutomo
ブドラ Bdolak*
プードラ Poudra
プトラ
Putera
Putra**
ブドライティス
Budraitis
ブドラグチャーギン
Büdragchaagiin
Budragchagyn
ブドラス Budras
フトラン Futran
ブトラーン Buṭlān
フードリ Houdry
フドリ Khoudri
プトリ Putri
ブドリア Boudria
プトリッツ Putlitz
フードリニア
Fourdrinier
フードリヒ Friedrich
ブドリン Budolin
ブートル Bootle*
ブートルー
Bouteloup
Boutroux*
ブトル Boutle
ブトルー Boutroux
ブトルウ Boutroux
フトルク Khurtluk
ブトルス
Butrus
Buṭrus
ブトルスル Butrus
ブトレ Butore
プトレマイオス
Ptolemaeus
Ptolemaios*
Ptolemy
プトレマエウス
Ptolemy
フトレル Futrelle
ブートレーロフ
Butlerov
ブートレロフ Butlerov
ブトレーロフ Butlerov
ブトレロフ Butlerov
ブードロー
Boudreau**
Boudreaux
ブドロー
Boudreau
Boudreault
プトロ Putro
ブードロウ
Boudleaux
Boudreau
ブドローガニョン
Boudreau Gagnon
ブトロス Boutros**
フドロズキナ
Khudorozhkina
ブートロン Boutron
ブトロン Boutron
ブトワーユ Boutoille
フートン
Hooton*
Houghton
フードン Fu-dong*
ブートン
Bhuthong
Booton
Bouton*
ブードン Boudon*
ブトン Bouton
ブドン Boudon
プトン Bu-ston
フーナ Khouna
フナ Huna
ブナ Vuna
プナ Puna*
フナイン
Ḥunain
Ḥunayn
ブーナウ Boonow
フナキ Funaki
ブナキスタ
Benacquista**
フナテク Hnatek
ブナバンディカニャミヒゴ
Vunabandikanyamihigo
ブナム Bunam
プーナム Punam
プナム Punam
プナール Pinar
フナロ Funaro
プーナワラ
Poonawala
プナワラ Poonawalla
ブナン
Venant
Vénant
ブナンタ Bunanta
ブナンデレ
Bounandele
フーニ Juní
フニ
Huni
Juní
フニー Juní
ブーニ Bououni
プーニ
Pougny
Pugni
Puni
プーニー Pougny
プニー
Pougny
Puni
フニウス Hunnius
ブニエ
Bunye
Buyne
プニェット Punyet
フニエフ Huniehu
ブニェブチェビッチ
Bunjevcevic
フニカット Hunnicutt
フニキナ Khnykina
フニズドーフスキー
Hnizdovski
フニチェッロ
Funicello
フニックス Hunics
プニーナ Pnina
ブニーニ Bugnini
フニペロ Junípero
ブニャキ Bunjaki
ブニャコフスキー
Buniakovskii

フニャディ
Hunyadi
Hunyady*
フニャデイ Hunyadi
プニャーニ Pugnani
ブニャミン Bunyamin
プニャラージャ
Puṇyarāja
プニヤラージャ
Puṇyarāja
ブーニュー Bougnoux
ブニュエル
Bunuel
Buñuel**
プーニョ Pugno
フニョウペク
Chnoupek
Chňoupek
ブニョニ Bunyoni
フニョン
Hoon-hwan
Hoonhyun
Hunhyon
ブニョン Bugnion
フニリカ Hnilica
ブニワンガ Vuniwaqa
ブーニン
Boonin
Bunin***
プニーン Pnin
プニン Pnin
ブーヌー Bunu
ブヌ
Bn
Ibn
フヌエフ Hunu'ehu
フヌド Hunnud
ブーヌール Bounoure
プヌール Pfnür
フーネ Founè
フネ Founé
ブーネ Bune
フネイシュ Fneish
フネイファート
Huneifat
フネグラ Funegra
ブーネクラフ
Bounekraf
フネス Funes**
ブネマン Buneman
フネリウ Funeriu
フネリック Hunneric
ブネル
Bunel
Bunnell*
フネロン Fourneyron
フーネン Hoo-neng*
ブーネン Boonen
フーノー Fownes
フノ Guno
プノ Puno
プノー Penot*
ブノア
Benoir
Benois*
Benoist**
Benoit***
Benoît*
Benua
ブノアメシャン
Benoist-Méchin
ブノアン Bunoan
プノビク Puzovic
フノル Hunor
フーノルト Hunold*
ブノワ
Benois
Benoist*
Benoit**
Benoît***
ブノワット
Benoite
Benoîte**
ブノワト
Benoite
Benoîte
プノンバヤン
Punongbayan
フーバー
Ferber
Furber
Hoover**
Höver
Hubber
Huber***
フーパー Hooper***
ブーハー
Booher
Bucher
ブーバ Boubat*
ブーバー Buber**
ブバ
Bouba*
Buba
プーバ Puba
プーパ Poupa
フーハイ Fu-hai
フーバイ Hubay
フバイ Hubay
フバイシュ Ḥubaysh
ブーハイスター
Bucheister
ブバカリ Boubakary
ブーバカル Boubacar
ブバカール Boubacar
ブバカル
Boubacar
Bubacar
ブバクリ Boubakri
ブバケル Boubakeru
ブパシ Bhupathi**
ブパシャ Boupacha
ブハースカラ
Bhāskara
プハーダ Pujada
フバータル Chvátal
フハダルオグル
Cuhadaroglu
プパチョフ
Pykhachov*
フーバッカー
Hubacher
ブバット Bubat
ブパティラジュ
Bhupathiraju
フーバート Hubert
フバート Khvat
ブハドール
Bukhadhour
ブハーベ Bhave
フーバーマン
Hubermann
フーバラ Hubala
プハラツ Puhalac
ブハーリー
Bukhari
Bukhārī
Bukẖārī
ブハリ Buhari**
ブハーリン Bukharin*
ブハリン Bukharin
ブハール Bujar
ブバル Boubal*
ブーパール Poupard
ブパール Poupard
プハルス Pujals
ブーハレフ Bukharev
ブハレフ Bukharev
ブバロ Bubalo
ブハロフ Bucharoff
ブパワン
Bouphavanh*
フハン Van
プーパン Poupin
フービー Huby
フビ Jubi
ブーピ Bhūpi
プーピ Pupi
ブヒァルド Buchard
ブービエ Bouvier
ブービエー Bouvier
ブビエ Boubeye
フビェズドスラフ
Hviezdoslav
フビェズドラフ
Hviezdoslav
プピエヌス Pupienus
プピエヌフ Pupienus
フーヒェル Huchel
フヒッシャル Fisher
フヒッチンゲル
Fitzinger
プピッルス Pūpillus
フビーニ Fubini*
フビニ Fubini
ブービヤー Boobyer
ブヒャー Bucher
ブヒョルツ Bucholz
フビラ Huvila
フビライ Khubilai
フヒリテリック
Frederick
ブーヒルド Būḥīrid
プーピーン Pupin
プーピン Pupin
プピン Pupin
ブヒンガー Buchinger
フーフ Huch*
フーブ
Hub
Huub
フフ Huch
ブーフ
Beuf
Boeuf
Bœuf
Buch
ブーブ Beuve
ブフ
Boeuf
Buch
Buff
ブブ Boubou
プファー Pfarr*
ププア Pupua*
プファイデラー
Pfleiderer
プファイファ Pfeiffer
プファイファー
Pfeifer
Pfeiffer*
プファウドラー
Pfaudler
プファッフ Pfaff*
ブファヌ Bufanu
フファネ Houffaneh
プファフ Pfaff*
フファム Huffam
プファラー Pfarrer
ブファリーノ
Bufalino**
ブファル Boufal
プファルツ
Pfaltz
Pfalz
ブファーロ Bufalo
ブファロ Bufalo
プーファン Pu-fang
プファンシュティール
Pfannstiehl
プファンド Pfund
プファンナー Pfanner
プファンメラー
Pfannmoller
Pfannmöller
ブフィ Bufi*
ブフィジス Bufithis
プフィスター Pfister
プフィステラー
Pfisterer
プフィツェンマイエル
Pfizenmayer
プフィッツェンマイヤー
Pfitzenmaier
プフィッツナー
Pfitzner*
プフィッツマイアー
Pfizmaier
プフィッツマン
Pfitzmann
プフィツナー Pfitzner
ブーフヴァルト
Buchwald
プフェ Pufe
プフェッチャー
Pfettscher
プフェッテンバッハ
Pfettenbach*
プフェッファー
Pfeffer*
プフェッファーコルン
Pfefferkorn
プフェッフェルコルン
Pfefferkorn
プフェニング
Pfenning
プフェニングス
Pfennings
プフェファー Pfeffer
プフェフェール
Pfeiffer
フーフェーラント
Hu'feland
フーフェラント
Hufeland
Hu'feland
フーフェランド
Hufeland
Hu'feland
フフェランド
Hu'feland
プフェーリングァー
Pförringer
プフェルトナー
Pförtner
フーフェン Hoeven
プフェンダー Pfänder
プフェントザック
Pfendsack
プーフェンドルフ
Pufendorf
プフォーゲル Puvogel
フフォストフ
Khvostov
ブフォード Buford
ブフォネス Bujones
プフォル Pforr
プフォルテン
Pfordten*
プフォルトナー
Pförtner
プフォールマン
Pfohlmann
プーフォロ Phoofolo
ブフォン Buffon
ブブカ
Boubka*
Bubka*
ブブクール
Boubekeur
フプケス Hupkes
ブフサー Buchser
フブシュミット
Hubschmid
フープス Hoopes
プーフスバウム
Puchsbaum
プフタ Puchta
ブフティーシューア
Bukhtīshū'
プフデラー Pfuderer
フーフト Hooft

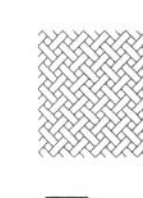
フ

フープト Houpt
フフト Vugt
ブフト Bucht
ブフトゥリー Buḥturī
プフトラー Puchtler
ブフトリー Buḥturī
フブナー Hubner
ブーフナー Buchner
ブープナー Bubner
ブフナー Buchner**
ブブナ Bubna
ブブナー Bubner*
プフナー Puchner*
フーフナグル
Hoofnagle
フーフナーゲル
Hufnagl
フフナーゲル
Hufnagel*
ブブニース Bubnys
ブフネル Buchner*
ブブノヴァ Bubnova
ブブノビッチ
Bubnovich
ブブノフ
Bubnoff
Bubnov*
Bubunov
ブブノーワ Bubnova
ブブノワ Bubnova*
ブーフハイム
Buchheim**
フフバートル
Huhbator
ブーフビンダー
Buchbinder
ブーフフェルナー
Buchfellner
ブーフフォルツ
Buchholz
ブフペ Buhpe
ブーフベルガー
Buchberger
ブフベルガー
Buchberger
ブーフホルツ
Buchholz*
ブーフホルツァー
Buchholzer
フープマイアー
Hubmayer
フープマイア
Hubmayer
フープマイアー
Hubmayer
ブフマイア
Buchmayer
フープマイヤー
Hubmayer
フーブマン Hubmann
フープマン
Hoopmann*
ブーフマン
Buchmann**
ブーブメリ
Beuve-Méry
プフュッツェ Pfütze
フーブラー Hoobler
プフライデラー
Pfleiderer*
プフライデレル
Pfleiderer
プフラウム Pflaum
プフラウメル
Pflaumer
フーブラーケン
Houbraken
フーブラケン
Houbraken
プフラッグ Pflug
ブフラル Bouhlal
ブブラン Bublan
ブフリ Buchli
ブブリ Boubouli
プーブリウス Publius
プブリウス
Publius*
Pūblius
ププリウス Publius
プブリウステレンティウス
Publius Terentius
ブーブリエム
Boubryemm
プーブリオス
Póplios
Poúblios
Poúplios
ブーフリーザー
Buchrieser
ブーブリーナ
Bouboulina
ブブリーナ
Bouboulina
ブブリナ Bouboulina
ププリニエール
Pouplinière
フーブリヒト
Hubricht*
プフリューガー
Pfluger
Pflüger
プブリリウス
Publilius
Publius
フーフル Hoofr
プフール Pfuhl
ププル Pupul*
プフルーク Pflug
プフルーグ Pflug
プフルークバイル
Pflugbeil**
プフルグバイル
Pflugbeil
プフルック Pflugk
フブルリ Khubuluri
ブフルール Buhlūl
ブーブレ Buble*
プーブレ Poupelet
プフレーガー Pfleger
ブーブレス
Bouveresse
ブフレール Boufflers
プフロック Pflock
フフンカ Huhuňka
プフングスト Pfungst
プフント Pfund
ブブンバ
Bbumba
Bubumba
フーペ Hupe
ブーベ
Boubez
Bouvet*
ブベ Bouvet
プペ Poupee
フーベアト Hubert
フベイダ Huvayda
ブベジェーンスキー
Vvedenskii
ブーベズ Boubez
フベタス Hubertus
プーペット Phouphet
プペッラ Pupella
フベドシューク
Khvedosyuk
ブーヘナウ Buchenau
フベナールス
Hoevenaers
ブベニチェク
Bubeníček*
フヘヒネル Fechner
ブーヘラー Bucherer
フーヘランド
Hufeland
Hu'feland
ブーベリ Boberg
ブーヘリオン
Boucheljon
フベリーヌス
Huberinus
フーヘル Huchel**
フーベル
Heuvel
Huber
フーペル Hooper
フベール
Huber
Hubert
ブベール Boubert
プーベル Poubelle
プーペル Poupel*
フベルツス Hubertus
フベルテュス
Hubertus
フーベルト
Habert
Hubert***
フベルト Hubert*
フーベルトゥス
Hubertus**
フベルトゥス
Hubertus
フーヘルフォルスト
Hoogervorst*
フーベルマン
Huberman
Hubermann
ブベルワ Buberwa
ブーベレ Bouveret
フーベン Rubem
ブベンコ Bubenko
フベンティーノ
Juventino
ブーベンノフ
Bubennov
ブベンノーフ
Bubennov
ブベンノフ
Bubennov*
ブーヘンベルガー
Buchenberger
フホ Huch
プーポ Pupo
プポ Pupo**
プポー
Poupaud
Poupeau
フホイエルバッフ
Feuerbach
フホイグト Voigt
ブホヴェツキー
Buchowetzki
フボステンコ
Khvostenko
フボストフ Khvostov
ブホネス Bujones
プホール Pujol*
プホル Pujol*
プホルス Pujols**
ブーホルツ Bucholtz
フホン Von
プポン Poupon
ブーマ
Bouma
Buma
ブーマー Boomer*
プーマ
Phouma*
Puma
フマイディ
Humaidi
Humaydi
フマイディー
Humaydi
フマイド
Humaid
Humayd
フマィン Hmaing
フマイン Hmaing
フマガッリ
Fumagalli*
フマクワイ
Foumakoye
フマコイ Foumakoye
ブマコフ Bumacov
ブマーシュテート
Bummerstaedt
フマゾーニ Fumasoni
フマディ
Houmadi
Hummadi
フマド
Humado
Hummad
フマーナ Humana
プマピ Phumaphi
フマフィ Phumaphi
フマム Humam
プマメイヨン
Pummayyon
ブマヤ Bumaya
フマーユーン
Humayūn
Humāyūn
フマユーン
Humayoon
Humayun
フマユン
Humayun**
Humayuna*
Humāyūna
フマーラワイフ
Khumārawayh
プマリエガ
Pumariega
フマルダニ
Humardani
フーマン
Houman
Human
Humann
ブーマン Bouman
フマンティ Fumanti
ブーミー Boutmy
プーミ Phoumi*
プーミー
Phoumi
Phoumy
Phūmi
フミアーニ Fumiani
フミェレフスカ
Chmielewska*
フミェロフスキ
Chmielowski
プーミサク Phumisak
プミサク Phumisak
プーミサック
Phumisak*
プーミターウォン
Phumithawon*
フミッチ Fumic
プーミポン
Bhumibol*
プミポン Bhumibol**
フミラヨ Fumilayo
フミリタス Humilitas
ブミン Bumïn
フーミンネ Goeminne
フム
Him
Hum
ブーム Boom
ブムケ Bumke*
プームサバン
Phoumsavanh
プームサワン
Phoumsavanh**
プムジレ Phumzile**
フムス Hummus
ブームスマ Boomsma
ブームソン Boumsong
フムード
Humood
Humoud

フ

ブームニエル
Boumnijel
プムピャンスキー
Pumpiankii
プムフースル Pumhösl
フムボルト Humboldt
フムボルド Humboldt
フムラ Chmura
フムル Huml
フメイダ H'meyda
フメイダン Humaidan
フメイディ Hmeidi
フーメイド Houmeid
フメイド Humaid
フメーソン Humason
ブーメディエン
Boumedienne
Boumédienne
フメド Houmed
フメリニツカヤ
Khmel'nitskaia
フメリニーツキー
Khmel'nitskii
フメリニツキー
Khmel'nitskii
フメリニーツキィ
Khmel'nitskii
フメル
Chmel
Hummel
フメルアウアー
Hummelauer
フメルニツキ
Khmel'nitskii
フメレフスキー
Khmelevskiy
プーモン Peuhmond
フーヤー Gooyer
ブヤ
Bouya
Buja
プヤ Puja*
ブヤク Wujak
ブーヤクーブ
Bouyacoub
フヤコーン Huyakorn
ブヤチェスラフ
Vyacheslav
ブヤチッチ Vujacic*
ブャーテ Bjarte
ブヤディン Vujadin
プヤーナ Puyana
ブヤノヴィッチ
Vujanovic
Vujanović*
ブヤノビッチ
Vujanovic
Vujanović
ブヤーノフ Buianov
ファヤド Fayad
フヤル Khyar
ブヤール Bujar*
ブヤル Bujar
ブヤルスキー
Buialskyi
ブヤルニー Bjarni
ブヤン Buyan
プヤンネ Pouyanné*
ブヤンヤフ Buyanjav
フユ Fu
フュー
Fugh
Phieu**
フューアー Feuer*
フュアースト Fuerst
フュアド Fuat
フュアリー Fury**
ブューアル Buell
フュアルダン
Feuardent
フューヴァー Feuvre
フュエーター Fueter
フュエトラー Füetrer
フーユエール Feuillère
フューエル Fewell
ブュエル Buell
フュエンテス Fuentes
ブーユオー Bouillaud
フュオーコ Fuoco
ブーユオン Bouillon
フューガー Füger
プューカー Puker
ブユカクジャイ
Buyukakcay
フュガード Fugard
フューギット Fugitt
フューク Fyk
フュークァ Fuqua
フュークス Fuchs
ブユクタシ Büyüktas
フューゴ Hugo
フュージ Fuge*
フュージエ Fouére
フュジエ Fugier*
フュジェッタ Fuggetta
フュジェール Fugère
フュジット Fugit
フュシュト
Fust
Füst
フュースター Fewster
フュステール Fuster
フュステル Fustel
フュステンベルク
Furstenberg
フュースト Fuest
フュースリ Füssli
フューズリ
Fuessli
Fuseli
Füssli
フュスリ Füssli
フュズリエ Fuzelier
フュスレ Fussler
フュゼ
Fusée
Fuzée
フューゼリ Füssli
フューセンス
Huyssens
フューター Fueter
フューチュバウアー
Füchtbauer
フュック Fuck
フュックス Fuchs*
フュッシー Fussey
フュッスト Fürst
フュッスリ Füssli
フュッセル Füssel
フュッテラー
Fuetterer
フュッレッセム
Hullessem
ブュテル Butelle
フュートレル Fewtrell
フュドロフ Fedorov
フュニュ Fanu
ブュニュエ Bugnet
フュネー
Funes
Funès
フュネス Funes
ブュフネル Buchner
フュマロリ
Fumaroli**
フューマン
Fühmann*
フュミーサ Phumisa
フュミーサー Phumisa
フュメ Fumet
フュメイ Fumey
フューラー
Führer
Fuller
Fürer
フュラー Fuller
フュラルコス
Phularkhos
Phylarchos
フューリー Fury
フューリク Furyk**
フューリック
Furick
Furyk
フューリヒ Führich
フュール
Fuhr
Führ*
Fur*
Für*
フュルーザーン
Füruzan
フュルシェ Foucher
フュルステナウ
Fürstenau
フュルステンベルク
Fuerstenberg
Furstenberg*
Fürstenberg*
フュルスト Fürst*
フュルダ Fulda
フュルチェール
Furetière
フュルチエール
Furetière
フュルティエール
Furetière
フュルニス Fürniss
フュルハウザー
Fürhauser
フュルヒテゴット
Fürchtegott
フュールブリンガー
Fürbringer
フュルブリンガー
Fürbringer
フュルベール Fulbert
ブュールマン
Bühlmann
フュルンベルク
Furnberg
フューレ Furet
フュレ Furet**
フュレー Furet
フューレイ Furey*
フューロップ Fulop
フュロップ Fülop
フュロマコス
Phuromakhos
Phyromachos
フューン Fuehne
フユン Huyung
ブュンル Bugnle
フヨ Huyo**
フョードル
Fedor***
Fëdor
Feodor*
Fiodor
Fjodor
Fyodor**
フョドール
Fedor
Fëdor
フョードロヴィチ
Fedorovich
Fëdorovich
Fëdorovin
Fëdrovich
Feodorovich
Fyodorovich
Fyodorovitch
Fyodoruvich
Fyodrovich*
フョドロヴィチ
Fëdorovich
フョードロヴィッチ
Fedorovich
Fëdorovich
Fedorovitch
フョードロヴナ
Fedorovna
Fëdorovna
Feodorovna
Fjoporovna
Fyodorovna*
Fyodrovna*
フョードロビッチ
Fedorovich
フョードロフ
Fedorov**
Fëdorov
Feodorov
Fyodorov*
フョードロブナ
Fëdorovna
Fyodrovna
フョードロワ
Fedorova
Fyodorova
ブーヨビッチ Vujović
ブヨヤ Buyoya**
フョルト Fjord
ブヨン Boo-young
フーラー
Fuhrer
Fuller
フラ
Fra*
Hla**
フラー
Fleur
Fuller***
Furrer
ブーラ
Bouras*
Bourla
ブーラー
Boorer
Buhler*
ブラ
Boula
Bras*
Bulla*
Vola
ブラー
Blah
Brahi
Buller*
プーラ
Pourat
Pourrat
プーラー Pooler
プラ
Phra**
Pla
Plá
Plã
Plas
Pourrat
Prat
プラー
Phra
Plaà
Pourrat
Prat
Pullar
フラアケ Flake
ブラアス Brath
フラアテス Phraates
プラアテン Platen
ブラアミ Brahami
フライ
Fley
Fly
Fray
Frei**
Frey***
Fry***
Frye***
Vrij
ブラーイ Braij
ブライ
Blay
Blei*
Bley
Bligh**
Bly***
Blye
Bry

フ

プライ
Prey*
Pulai
フライア
Freia*
Freya*
Frye
Fryer
フライアー
Freyer
Fryer**
ブライア Breillat
ブライアー
Blair
Breier*
Briar
Brier*
Bryar
Bryher
プライア
Prior**
Priore
Pryor*
プライアー
Preyer
Prior***
Priore*
Pryer
Pryor***
フライアイゼン
Freyeisen
ブライアイン Brian
フライアーズ Fryers
ブライアーズ
Briers*
Bryars
ブライアナ Brianna
ブライアニ Bryony
フライアーノ Flaiano
フライアリ Friary*
ブライアリ
Brierley
Brierly
ブライアリー
Brierley*
Brierly*
ブライァン Brian
ブライアン
Braian*
Brain
Brian***
Briane
Bryan***
Bryant
Bryn
Bryon
ブライアント
Briant
Bryant***
フライヴァルト
Freiwald
ブライエ Boullaye
ブライエー Brayer
フライエスレーベン
Freiesleben
プライエル
Pleyel
Preyer
ブライエン Breien
フライエンフェルス
Freienfels
フライエンフェルズ
Freienfels
プライオー Pryor
ブライオニー
Briohny
Briony
Bryony
ブライオン
Brion
Bryon
ブライカーン
Buraykān
フライガング Freigang
プラーィキ Plaatje
プラーイキ Plaatje
プライキ Plaatje
フライク Fleig
フライグ Fleig
ブライク Vlaicu
プライク Pryke
プライクナー Plaikner
ブライケン Bleicken
ブライコ Brico
フライサー
Fleisser
Fleißer
フライザー Fraiser
プライサー Preisser
プライザー
Preiser*
Prizer
ブライザッハ
Breisbach
プライサンド Priesand
プライザント Prizant
ブライジ Blige*
プライシグ Preissig
ブライジヒ Breysig
フライシマン
Fleischmann
フライシャー
Fleischer***
Fleisher***
フライシヤー Fleischer
フライシャッカー
Fleischacker
フライシャワー
Frischauer
フライシュ Fleisch*
ブライシュ Bleich
フライシュタート
Freishtat
フライシュハウアー
Fleischhauer**
フライシュマン
Fleischman***
Fleischmann**
Fleishman
フライシュラー
Freisler
フライシュレン
Flaich'len
Flaischlen*
フライショ Fleisch
フライジング Freising
フライス
Fleiss*
Gruijs
フライズ Fries
ブライス
Blais
Blyth**
Blythe**
Braith
Brice**
Brise
Bruce
Bryce***
ブライズ
Blythe**
Brythe
プライス
Preis*
Preiss**
Price***
Pryce**
Pryse
ブライスウエイト
Braithwaite
プライスヴェルク
Preiswerk
ブライスキー Breisky
ブライストーン
Blystone
フライスナー Friesner
ブライスバッハ
Breisbach
ブライズマン
Blitheman
Blithman
プライスマン
Priceman**
プライスラー Preisler
ブライスランド
Bryceland
プライスレル Preisler
フライズワイド
Frideswide
ブライスン Bryson
プライゼンダンツ
Preisendanz
プライソック Prysock
ブライソン
Brayson
Brison*
Bryson**
ブライタ Brita
フライターク
Freitag**
Freitak
Freytag*
フライターグ Freitag
フライタク Freitag
フライタッハ Freytag
フライターハ Freytag
プライダム Pridham
フライダンク Freidank
フライチ Frajt
ブライチェンコ
Braichenko
フライツ Fraits
ブライッチ Bulajic
プライット Pruitt
フライデー Friday
フライディ Friday
ブライティ Brighty
ブライティー Brighty
ブライディ Bridie*
ブライディー Bridie
ブライデイヴスキー
Bridavsky
ブライディッチ
Bridich
フライディン Freidin
ブライティンガー
Breitinger
ブライディング
Breiding
プライデラー
Pfleiderer
ブライテル Britell
ブライデルト Breidert
フライデレル
Pfleiderer
プライデレル
Pfleiderer
フライデン Freiden
ブライテン Breyten
ブライデン
Blyden*
Bryden*
プライデンヴルフ
Pleydenwulff
ブライテンシュタイン
Breitenstein
ブライテンスタイン
Breitenstein
ブライデンソール
Bridenthal
フライデンバーグ
Frydenberg
ブライテンバッハ
Breitenbach
Breytenbach
ブライデンバッハ
Breidenbach
ブライテンフェルト
Breitenfeld
プライデンブルフ
Pleydenwulff
フライデンベルグ
Frydenberg
ブライテンベルク
Braitenberg
ブライテンライター
Breitenreiter
フライト
Flight
Frajt
Hurajt
フライド Fried
ブライト
Blight
Blyth*
Breit**
Bright***
Brite**
ブライド
Bride
Bright
プライド
Praed
Pride**
Pryde*
ブライトウェル
Brightwell*
ブライトウェン
Brightwen
ブライトゥング
Breitung
ブライトクロイ
Breitkreutz
プライトゲン Pleitgen
ブライトコプ
Breitkopf
ブライトコプフ
Breitkopf
ブライトシャイト
Breitscheid
ブライトシュヴァルツ
Breitschwerdt
ブライドッチ
Braidotti
ブライドッティ
Braidotti
ブライドット Braidot
ブライトナー
Breitner*
ブライトハウプト
Breithaupt*
ブライトバート
Breitbart
ブライトバルト
Breitbarth
ブライトフィールド
Brightfield
ブライトホープ
Brighthope
ブライトマン
Braitman
Breitman*
Brightman**
ブライトミヒェル
Braitmichel
ブライトメイヤー
Breitmaier
ブライトリンク
Breitling
ブライトリング
Brightling
ブライドル Bridle
フライドルフス
Fridolfs
ブライトン
Blyton**
Breitung
Brighton
フライナー Fleiner*
ブライナ Bryna
ブライナー
Briner
Bryner
ブライナースドルファー
Breinersdorfer
フライナーデメッツ
Freinademetz
フライナデメッツ
Freinademetz
ブライニー Briney
ブライニーナ Brainina
ブライニン Brainin*
ブライネ Bruyne

ブライネス
Braines
Breines
フライバーガー
Freiberger
フライバーク Fraiberg
フライバーグ
Fraiberg*
Freiberg*
Freyberg
Friberg
ブライハーゲン
Breiehagen
フライハティ Flaherty
ブライヒ Bleich
ブライヒレーダー
Bleichroeder
プライヒンガー
Plaichinger
ブライファー Bleifer
フライフィ Khulaifi
ブライフェル Briefel
フライフェルダー
Freifelder
フライフェルト
Freifeldt
ブライブトロイ
Bleibtreu
ブライプトロイ
Bleibtreu*
フライベ Freybe
フライヘア Freiherr
フライヘール Freiherr
フライヘル
Freiher
Freiherr*
Frhr.
ブライヘル Bliecher
フライベルク Freiberg
フライベルグ Friberg
フライヘルン Freiherr
フライホルト Freyhold
プライポーン Praipol
フライマー Frymer
ブライマ Braima
ブライマー
Brimah
Brymer*
ブライマイスター
Bleimeister
フライマーク
Freimarck
Frymark
プライマス Primus
ブライマディアバクテ
Bouraïmadiabacte
フライマン
Freiman
Freymann*
Fryman**
ブライマン Bryman
フライミラー
Freymiller
フライム
Flaim
Frahim
ブライム Brahim
プライム Prime*
フライムート
Freimuth
フライムト Freimut
プライムル Preiml
ブライメーコム
Brimacombe
フライヤ Freya
フライヤー
Freier
Freyer*
Frier
Fryar
Fryer**
ブライヤ
Bleyer
Bryher
ブライヤー
Bleyer
Breyer*
Bryer*
Bryher
プライヤー
Preyer
Pryer
Pryor**
フライヤア Freyer
ブライヤーズ Bryars
ブライヤン
Blajan
Bryan
ブライヤント Bryant
ブライユ
Blaye
Braille
プーライユ Poulaille
フライラ Hurayra
ブライラー
Bleiler*
Brailer
ブライリー
Blilie
Briley
ブライリィ Breidlid
フライリッチ Freirich*
フライリヒラート
Freiligrath
フライリングスハウゼン
Freylinghausen
フライリングハウゼン
Freylinghausen
フライル Fryhle
ブライル Bleyl
ブライルズ Briles*
フライーレ Fraile
フライレ Fraile
ブライレヴン Blyleven
ブライレブン Blyleven
ブライロ Blairo
ブライロフスキー
Brailovsky
Brailowsky
フライン
Fruin
Hlain
Hlaing**
ブライン
Blain
Bryn
プライン
Prein
Prine*
Pruyn*
フライング Flying
プラインシュタイン
Prinstein
ブラインジョルフソン
Brynjolfsson*
フラインス Frijns*
ブラインズ
Breines
Brines*
ブラインスキー
Brywczynski
ブラインダー
Blinder**
ブラインダーマン
Blinderman
フラインテイッカウンティン
Hlaing Hteikkhaungtin
ブラインド Blind*
ブラインドリー
Brindley
ブラインホイ
Bregnhøi
ブラインホルスト
Breinholst
ブラインリィ Brynly
フラウ Frau*
ブラーウ Blaeu
ブラウ
Blaeu
Blau***
Blauw
Braw**
Burrau
プラウ Plaut
ブラウァー Brauer
ブラウア Brauer
ブラウアー
Blauer
Braue
Brauer**
Braugher
Brouwer
Brower**
フラヴァーコーヴァ
Hlavácová
フラヴァーチェク
Hlaváček
フラヴァーチコヴァ
Hlavackova*
Hlaváčková
ブラヴァツカ
Bravatska
ブラヴァーツカヤ
Blavatsky
ブラヴァッキー
Blavatsky
ブラヴァツキー
Blavatsky*
ブラヴァツキィ
Blavatsky
プラヴァト Pravat
プラヴァーハナ
Pravāhaṇa
ブラヴァール Belaval
フラウィ
Hraoui
Hrawi
ブーラウイ Bouraoui
ブラーヴィ Bravi
ブラヴィ Bravi
プラヴィ Prawy*
フラーウィア Flavia
フラヴィア Flavia**
フラウィアヌス
Flavianus
フラヴィアーノ
Flaviano
フラウィアノス
Flavianus
Phlaouianos
フラーウィウス
Flavius
フラウィーウス
Flavius
フラウィウス Flavius*
フラヴィウス Flavius
ブラヴィエ Blavier
フラヴィエル Flavier
フラーヴィオ Flavio
フラヴィオ
Flavio***
Flávio
フラーウィオス
Flavius
フラウィオス
Flāvios
Flavius*
ブラウィジャヤ
Brawijaya
ブラヴィック Bravig
プラーヴィッツ
Prawitz
プラウィッツ Prawitz
プラヴィッツ Prawitz
プラウィット
Pravit*
Prawit
フラヴィニー Flavigny
プラウィラ Prawira
プラウィラヌガラ
Prawiranegara
プラウィラネガラ
Prawiranegara
プラヴィーリシチコフ
Plavilishchikov
プラウィロ Prawiro
プラウィロスントノ
Prawirosentono
プラウィロディルジョ
Prawirodirdjo
フラヴィン Flavin
ブラーヴィン Bulavin
ブラウィング
Browning
ブラウウェル Brouwer
ブラーヴェ Brawe
ブラヴェ
Blavet
Bravais
プラウェッキ Plawecki
ブラヴェット Blavett
プラウェート Prawet
フラヴェル Flavel
ブラウエル Brouwer
ブラウエルト Blauert
ブラウエン Brauen*
プラウエン Plauen
フラウエンクネヒト
Frauenknecht
フラウエンシュテット
Frauenstädt
ブラウェンステイン
Brouwenstijn
フラウエンフェルダー
Frauenfelder
フラウエンローブ
Frauenlob
ブラーヴォ Bravo*
ブラヴォ Bravo*
ブラヴォー Bravo*
プラヴォスラフ
Pravoslav
プラウガー Plauger*
ブラウグ Blaug*
フラウケ Frauke
プラウゴ Plawgo
ブラウコップ
Blaukopf
ブラウコップフ
Blaukopf
ブラウコプフ
Blaukopf*
ブラウザー Blauser
ブラウシュタイン
Blaustein
ブラウシリ Brauchli
ブラウス Brauss*
ブラウズ Browse
プラウス
Plous
Prauss*
プラウズ
Prouse
Prowse*
ブラウスタイン
Blaustein
プラウスニッツ
Prausnitz
プラウゼ Prause*
ブラウゼヴェッター
Brausewetter
ブラウダー Browder*
プラウダ Pravda
プラヴダ Pravda
フラウチ Frautschi
プラウチゥス Plautus
プラウチウス Plautius
プラウチャン Plavčan
プラウツ Plautz
ブラヴツキー
Blavatsky
プラウツス Plautus
ブラウデ Braoude
ブラウディ Broudy
プラウティ Prouty*

フ

ブラウティ Prouty*
ブラウティアヌス
Plautianus
ブラウティウス
Plautius
ブラウティハム
Brautigam
ブラウティラ Plautilla
ブラウディン Prawdin
ブラウデン Plowden
フラウド
Floud
Froud**
ブラウト Blauth
ブラウド
Braoude
Braud*
Braudo
プラウト
Plaut*
Praught
Prout**
プラウド
Praud
Proud
プラウトゥス Plautus*
プラウトス Plautus
プラウドマン
Proudman
ブラウトン Broughton
ブラウナ Brauna
ブラウナー
Blauner*
Brauner*
Brawner
Browner*
ブラウナイス Brauneis
ブラウニー
Browne
Brownie*
ブラウニアス
Braunias
ブラウニウス
Braunius
ブラゥニング
Browning
ブラウニング
Browning***
ブラウネ Braune
ブラウネク Braunek
ブラウネル
Brauner*
Brownell**
ブラウバー Brouwer
フラウヒガー
Frauchiger*
フラウヒゲル
Frauchiger
ブラウヒッチュ
Brauchitsch*
ブラウフマン
Braufman
ブラウフレ Brauchle
ブラウホルン
Blauhorn
ブラウマニス
Blaumanis
フラウマーネ
Flaumane
ブラウマン
Brahmavan
プラウマン Plowman
ブラウミュラー
Braumüller
プラウメン Ploumen
ブラウラー Blaurer
プラウライト
Plowright
フラウリー Frawley*
ブラウリー Brawley
ブラウリオ Braulio**
ブラウロク Blaurock
ブラウワー
Brawer
Brouwer*
Brower
プラウワー Prawer
ブラウワーズ
Brouwers**
ブラウン
Braum
Braun***
Brawn**
Broun*
Brouwn
Brown***
Browne***
プラウン Prown
ブラウンウィン
Bronwyn*
ブラウンエル Brownell
ブラウンカー
Brouncker
ブラウンガート
Braungart
フラウングルーバー
Fraungruber
ブラウンシュヴァイク
Braunschweig*
ブラウンシュヴァイグ
Braunschweig*
ブラウンシュタイナー
Braunsteiner
ブラウンシュタイン
Braunstein*
ブラウンシュバイク
Braunschweig
ブラウンジョーン
Brownjohn
ブラウンジョン
Brownjohn
ブラウンス
Brauns
Brouns
ブラウンズ Brauns*
ブラウンズウェグ
Braunsweg
ブラウンスコム
Brownscombe
ブラウンスタイン
Brownstein*
ブラウンスタン
Braunstein
ブラウンスティン
Brownstein**
ブラウンストーン
Brownstone
ブラウンスベルガー
Braunsberger
ブラウンスン
Brownson
ブラウンソン
Brownson*
ブラウンダウアー
Brandauer
ブラウンタール
Braunthal
ブラウント
Blount*
Braund
Brount
ブラウンド
Braund
Brownd
ブラウントラフトン
Brown Trafton
Brown-Trafton
ブラウンニング
Browning
プラウンハイム
Praunheim
ブラウンバック
Brownback*
ブラウンフェルス
Braunfels*
ブラウンフェルズ
Braunfels
ブラウンフット
Brownfoot*
ブラウンブルク
Braunburg*
ブラウンベック
Braunbeck
フラウンホーファー
Fraunhofer
フラウンホーフェル
Fraunhofer
ブラウンミュール
Braunmühl
ブラウンミラー
Brownmiller*
ブラウンリー
Brownlee**
Brownley
Brownlie
ブラウンリッグ
Brownrigg
ブラウンル Bräunl
ブラウンレス
Brownless
ブラウンロー
Brownlow
ブラウンロウ
Brownlow
ブラウンワルト
Braunwald
ブラウンワルド
Braunwald
ブラーエ
Brache
Brahe
プラエセンス Praesens
プラエテクスタトゥス
Praetextatus
フラエフ Graef
プラエポシティヌス
Praepositinus
プラエポジティーヌス
Praepositinus
フラエルマン
Fraerman
フラオー
Flahault*
Flahaut
ブラオ Blau
ブラオビック
Brajovic*
ブラオホレ Brauchle
フラオルテス
Phraortes
ブラオン Brown
フラガ Fraga**
ブラーカー Blaker
ブラーガ Braga
ブラガ
Blaga*
Braga**
Bulaga
プラーガ Praga
プラーガー Prager*
プラガー
Plager
Prager
プラーガイ Prágay
プラカーシ Prakāśa
プラカシ Prakash
プラカーシュ Prakash
プラカシュ Prakash**
ブラカースキー
Blacharski
フラカストーロ
Fracastoro
フラカストロ
Fracastoro
フラカッシーニ
Fracassini
フラカッソ Fracasso
ブラガドッティル
Bragadottir
フラガパネ Fragapane
ブラガンカ Bragança
ブラガンサ
Braganca
Braganza
ブラガンザ Braganza
ブラガンス Bragance
フラカンツァーノ
Fracanzano
プラーキ Plaatje
フラーキウス Flacius
フラキウス Flacius
ブラキエール
Blaquière
ブラギシュ Braghis
ブラキシル Blaxill
ブラキストン
Blakiston
ブラギーゼ Blagidze
プラキディア Placidia
プラキドゥス Placidus
ブラギナ Bragina
ブラーギン Brargin
プラーキン Prakin
プラキン Praquin
ブラギンスキー
Braginskii
フーラーグー Hūlāgū
フラーグ Hūlāgū
フラク Hu-rak*
フラグ
Flagg
Hūlāgū
Hülegü
ブラーク
Braak*
Burak
Burāk
Burāq
ブラク
Brack
Bulag
Bullock
ブラグ Bragg
プラーク
Praag
Praagh
Prag
プラーグ
Praag*
Praagh
プラク
Prak
Pulak
プラグ
Plug
Praagh
フラグエラ Fraguela
プラクサゴラス
Praxagoras
プラクシッラ Prāxilla
プラクシテス
Praxiteles
プラークシテレース
Praxiteles
プラクシテレス
Praxiteles
フラクション Fraction
プラクシラ Prāxilla
フラークス Flerx
ブラクス Brax
フラーグスター
Flagstad
フラクスタ Flagstad
フラグスタ Flagstad
フラグスター Flagstad
ブラクスター Blaxter
フラグスタット
Flagstad
フラグスタッド
Flagstad
ブラグスタッド
Bragstad
フラグスタート
Flagstad
フラグスタード
Flagstad
フラグステッド
Flagstead
ブラクストン
Braxton**

フラクスマン
Flaxman*
フラクセアス Praxeas
プラクセディス
Praxedis
プラクセデス
Praxedes
ブラグデン Blagden*
フラクトン Flacton
ブラクトン Bracton
ブラグドン Bragdon*
ブラクニ Brakni
プラクネット
Plucknett*
ブラクマン
Brackmann
ブラグマン Brugman
プラグマン Plagman
フラグメン Phragmén
ブラクモン
Bracquemond
フラグラー Flagler*
プラクラン
Phrakhlang
Phrakhrang
ブラグリア Braglia
フラーケ Flake**
ブラケ Blake
プラーゲ Plage
プラーケシン
Pulakesin
プラケーシン
Pulakesin
プラケシン
Pulakesin
Pulakeśin
フラゲスタ Flagestad
ブラケット
Blacket
Blackett*
Brackett**
プラケット Plunkett
ブラーケル Brakel
ブラケル Brakel*
ブラゲル Vragel
ブラーケレール
Braekeleer
ブラゲン Blagen
プラケンティヌス
Placentinus
フラゴー Flagor
ブラコ Braco
ブラゴーイ Blagoi
ブラゴイ
Blagoi
Blagoj
ブラゴイエ Blagoje
フラコヴィ Hrachovy
ブラゴウィドゥ
Bragowidow
ブラゴヴェスト
Blagovest*
ブラゴエヴァ
Bragoeva
ブラゴーエフ Blagoev
ブラゴエフ Blagoev*
ブラゴエワ Blagoeva
プラコサ Prakosa
フラゴソ Fragoso
ブラゴダーロワ
Blagodarova*
フラゴナール
Fragonard*
ブラゴニア Bragonier
ブラコニエ
Braconnier*
ブラゴヌラーヴォフ
Blagonravov
ブラゴヌラヴォフ
Blagonravov
ブラゴヌラボフ
Blagonravov
ブラコノ Braconnot
ブラコノー Braconnot
ブラコフ
Bulakov
Burakov
ブラゴボリン
Blagovolin
ブラーコム Blarcom
フラコール Flakoll
プラコン Prakong
プラコンタル
Pracomtal
ブーラサ Bourassa
ブラサ Bourassa
ブラザ
Braza
Brazza
Brotha
ブラザー Brother*
プラサ Plaza**
プラサー Prather
プラザ Plaza
プラザー Prather**
ブラザウスカス
Brazauskas**
ブラザース Brothers
ブラザーズ
Brothers**
プラザス Plazas
ブラザーストーン
Brotherstone
プラサーダム
Prasadam
プラサダム Prasadam
プラサチンピマイ
Prasathinphimai
ブラザック Blaszak
プラザック Prazak
ブラサット Brussat
プラサッド Prasad
ブラサード
Brassard*
Brossard*
プラサート Prasert
プラサード
Prasad*
Prasād
プラサト Prasat
プラサド
Prasad***
Prasād
プラサートセット
Prasartset
プラーサートトーン
Prasatthong
ブラザートン
Brotherton*
ブラザトン
Brotherton
プラーサートーン
Prasatthong
ブラサナツ Brasanac
プラサヤボン
Phraxayavong
ブラサンス Brassens
プラサンタ Prasanta
プラサンティ
Prasanti*
ブラーシ Blasi
ブラージ Blasi*
ブラジ
Blazy
Brazi
ブラジー Blazy
プラシー Plachy
ブラシア Brashear
フラジアダキス
Fragiadakis
ブラジアック
Brasillach*
ブラシウ Vraciu
ブラシウス Blasius
ブラジーウス Blasius
ブラジウス Blasius
ブラーシェ
Blacé
Brachet
ブラシェ
Blaché
Brachet
ブラシェー Brachet
ブラシエ Brassier
ブラジェ
Blaže*
Brasier
ブラジエ Brazier
ブラジェイ Blažej
ブラジェク Blažek
フラジェッロ Flagello
フラシェリ Frashery
ブラジェーンヌイ
Blažennyj
ブラジェンヌイ
Blazhennyi
ブラシオス Blasius
ブラシカ Brascia
ブラシケ Blaschke
ブラジコー Blazhko
ブラシス
Blasis
Bradis
ブラジス
Blasis
Bradis
ブラシダス Brasidas
ブラジチ Bulajich
ブラシック Vlasic
ブラシッチ
Vlasic
Vlašić*
フラジット Flaget
プラシット
Prasidh
Prasit
Prasith
プラシッド Placide
プラシード Placide
プラシド
Placid
Placide
Placido**
Plácido*
フラシーノ Frascino
プラシノス Prassinos*
ブラジーミル
Vladimir
ブラジーミル
Vladimir
ブラジミール
Vladimir
ブラジミールツォフ
Vladimirtsov
ブラーシム
Balāsim
Blasim*
ブラジャ Bradja
ブラシャイ Brassai
プラジャーク Pražák
フラジャーコモ
Fragiacomo
ブラシャーズ Brashers
プラシャスタパーダ
Praśastapāda
Prasastapādācārya
ブラジャック
Brasillach
ブラジヤック
Brasillach*
プラシャド
Prasad
Prashad
プラジャパティ
Prajapati
フラーシャリ Frashëri
フラシャリ Frashëri
プラシャント
Prashanth
フラシュ
Flach
Flasch
ブラーシュ Blache*
ブラシュ
Blache
Brasch
プラーシュ Prache
ブラシュカ Blaszka
ブラシュケ Blaschke
プラシュケ Plaschke
ブラシュコヴィツ
Blaskowitz
ブラジュザック
Blaszczak
プラジュニャーカラグプタ
Prajñākaragupta
プラジュニャーカラマティ
Prajñākaramati
ブラシュフィールド
Blashfield
プラジュモフスキ
Prazmowski
プラシュル Praschl*
フラジョー Hla Kyaw
ブラショー Blashow
フラジョレ Flajolet
フラション Frachon
ブラション Blachon
ブラジョーン Blazon*
ブラジラ Bouajira
ブラジリア Brasilia
ブラシリアーノ
Bracigliano
ブラジリエ Brasilier*
ブラジル
Brazil**
Brazile*
プーラシロカ
Pula-shiroka
プラジン Prajin
ブラシンゲイム
Blasingame
ブラシンスキー
Brashinskii
ブラジンスキー
Blazynski
Braginski
Brykczynski*
フラス Fluss
ブラース
Blass
Braas
Braath
Braz
ブラースー Bressoud
ブラーズ
Blaze
Bras
Brasz
ブラス
Blas***
Blass***
Blaß
Bouras
Bras*
Brass**
Braz*
Bruss*
Buras
ブラズ Braz
プラース
Plaass
Place*
Plas
Plath
プラス
Place**
Places
Plass
Plath**
Pūras
プラズ Pras
ブラズウィック
Blazwick
ブラスウェイト
Blathwayt*

フ

Brathwaite**
ブラスウェル Braswell
フラスカ Frasca
ブラスカ
Blaska
Brusca*
プラスカー Plasker
プラスガー Plasger
プラスカウ Plaskow
フラスカーニ Frascani
ブラスキ Braschi
プラスキ Pulaski*
プラスキット Plaskitt
フラスキーニ
Fraschini
プラスキン Plaskin
ブラスク Blask
フラスクルド
Flaskerud
ブラスケス Blazquez
プラスケット Plaskett
プラスケリック
Plusquellic
フラスケンバー
Flaskamper
フラスコ Hlasko
ブラスコ
Blasco***
Blasko*
プラスコーヴィア
Praskovia
Praskov'ia
プラスコーヴィヤ
Praskov'ia
Praskoviia
Praskoviya
ブラスコッター
Bruskotter
フラスコーナ
Frascogna
フラスコーニ Frasconi
ブラスコワ Blaskower
ブラスタ Vlasta
プラスター
Plaster
Pleister
プラスターク Plasterk
ブラスタリス Blástaris
ブラスダーレ Blasdale
フーラスチェ
Fourastié
フラスチェ Fourastié
プラスチラス Plastiras
ブラズッキ Blazucki
フーラスティェ
Fourastié
フーラスティエ
Fourastié
フラスティッチ
Hrastic
フラズディーラ
Hrazdíra
プラスティラス
Plastiras
プラステルク Plasterk
フラスト
Flast
Flaste
ブラスト
Brust
Vlasto
プラスート
Prasert
Prasoet
プラストー Plastow*
プラストウ Plastow
ブラストウィック
Brustowicz
プラストック Plastock
フラストニク Hrastnik
プラストフ Plastov
ブラストベルガー
Brastberger
フラストラ Glastra**
ブラストランド
Blastland
プラストリック
Plastrik*
プラスニク Plassnik
プラスネッガー
Plassnegger
フラスネリ Frasnelli
フラスバーグ Flusberg
ブラスバーグ
Blasberg**
フラスバールタッハ
Flaithbertach
プラスハルト
Plasschaert
フラスフェラー
Flapohler
フラスベック
Flassbeck
ブラスペニンクス
Braspennincx
ブラスベルク Blasberg
プラスマン
Plassman
Plassmann*
ブラスム Brasme**
ブラスラウ Braslau
ブラスラベッツ
Braslavets*
フラスリエール
Flacelière
ブラスール Brasseur
ブラスロー Braslau
プラスーン Prasun
ブラゼー Brasey
ブラゼヴィッチ
Blazevic
プラセウス Placeus
ブラゼク Blazek
フラゼッタ Frazetta
ブラセッティ Blasetti
ブラゼッティ
Blasetti*
プラセーナジット
Prasenajit
フラセル Fraser
ブラセル Blasselle
ブラゼル
Brasel
Brazell
プラセール Placer
ブラゼルトン
Brazelton
フラーセン Fraassen
ブラゼンカ Blazenka
ブラセンコ Vlasenko
プラセンシア
Plascencia*
Plasencia
プラセンジット
Prasenjit
ブラゼンタ Blazenta
プラセンテ Placente
ブラゾバン Brazoban
ブラーソフ Vlasov
ブラソフ Vlasov*
ブラソプロス
Vlassopoulos
プラソロフ Prasolov
プラソン Prasong*
フラーター Frater
フラター Frater*
ブーラダ Bourrada
ブラーター Brater
ブラダ Vlada
ブラダー Vladar
プラータ Prata
プラーダ Prada
プラタ
Plata
Prata*
プラター Prater
プラダ Prada**
フラタース Flatters
プラーダス Pradas
プラタス Platas
プラダス Pradas
ブラダック Bradach
プラタニオティ
Platanioti
ブラタノビック
Bratanovic*
プラタパディトヤ
Pratapaditya
プラタープ Pratāp
プラタプ Pratap**
フラタマ Gratama
ブラダミアー
Vladimir
プラダリェ Pradalié
プラダル Pradal
ブラタン
Bratan
Bratun
ブラダン
Braddan
Bradin
Vladan
プラタン Pratan
プラダン
Pradhan***
Pradhān
ブラータント
Blaatand
Blåstand
ブラチアヌ
Bratianu
Brătianu
フラチアン Fratianne
プラーチェ Plaatje
フラチェズ Flachez
プラチェット
Prachett**
Pratchett*
ブラチェッリ Bracelli
フラチェフ Khrachev
フラチカ Fratica
ブラチガルシア
Brachi Garcia
プラチコフ Plachkov
ブラチスラフ
Vratislav
ブラチチュ Vlačič
プラチード Plácido
プラチド
Placido
Plácido
プラチナス Prātīnās
プラチニ Pratini
フラチャ Hrachya
ブラチャ Bracha
プラチャ Pracha
プラチャー Pracha
プラチャイ
Prachai*
Purachai
プラチャオ Phracao
プラチャーティポク
Prajadhipok
プラチャーティポック
Prajadhipok
プラチャヤー
Prachaya
プラチャンダ
Prachanda
プラチュアップ
Prachuab*
プラチュワップ
Pracuap
ブラーチョ Bracho
ブラチョ Bracho
プラーツ Praz*
プラツ Prats
ブラツィイェフスキ
Blazejewski
プラツェク Platzeck*
ブラッカー
Blackah
Blacker**
Blocher
Bracker
Brucker*
ブラッガー Brägger
プラッガー Prager
ブラッカイマー
Bruckheimer**
ブラッカダー
Blackadder*
ブラッカード Blackard
ブラッカビー
Blackaby
ブラッカム Blackham
フラッカーロ
Fraccaro*
ブラッキー Blackie
プラッキ Pracchi
フラッキア Fracchia
ブラッキア Braccia
ブラッキイ Blackie
ブラッキーン
Brackeen
Brakeen
ブラッキン Brackin
ブラッキング
Blacking*
フラック
Flach*
Flack**
フラッグ
Flag
Flagg**
ブラック
Blach
Black***
Blaque
Bluck
Brac*
Brach*
Brack**
Bragg
Braque*
Bruck
Bulluck
Vlack
ブラッグ
Blagg*
Blavk
Bragg***
プラック
Pluck
Prack
Prak
ブラックウィル
Blackwill
ブラックウェル
Blackwell***
ブラックウェルダー
Blackwelder
ブラックウッド
Blackwood***
ブラックウルフ
BlackWolf
ブラックオール
Blackall
ブラックシア
Blackshear
ブラックジャック
Blackjack
ブラックショー
Blackshaw*
ブラックショウ
Blackshaw
フラックス
Falaccus
Flaccus
Flacks
ブラックス Bracks
ブラッグス Braggs
ブラックスタッフ
Blackstaffe
フラッグステッド
Flagstead
ブラックストォン
Blackstone

ブラックストーン
Blackstone*
ブラックストン
Blackstone
Braxton
ブラッグストン
Braxton
フラックスマン
Flaxman*
ブラックスミス
Blacksmith
ブラックスランド
Blaxland
ブラックスン
Blackson
ブラックソン
Blackson
ブラックトン
Blackton
Bracton
ブラックハイマー
Bruckheimer
ブラックハースト
Blackhurst
ブラックバーン
Blackbum
Blackburm
Blackburn***
Blackburne
Brackburn
ブラックヒース
Blackheath
ブラックビル
Brackbill
ブラックフォード
Blackford*
ブラックホール
Blackhole
ブラックボーン
Blackbourn
ブラックマー
Blackmar
Blackmur*
Blacmer
ブラックマン
Blachman
Blackman***
Blackmun
Brackman**
Brackmann
Bruchman
ブラッグマン
Bruggeman
プラックマン
Pluckhan
ブラックムーア
Blackmoore
ブラックモア
Blackmore***
ブラックモン
Blackmon
Bracquemond
ブラックラー Blackler
ブラックリッジ
Blackledge
プラックローズ
Pluckrose
ブラックンジュ
Branges
フラッケ Flacke*
ブラッケー Blackie
ブラツケ Bratzke*
フラッケイ Fluckey
ブラッケイジ
Brakhage
ブラッケージ
Brakhage*
ブラッケット
Blackett
Brackett
ブラッケビィ
Blackeby
フラッケルトン
Frackelton
ブラッケン Bracken**
ブラッケンヒルム
Bråkenhielm
ブラッケンベリー
Blackenbury
ブラッケンリッジ
Brackenridge
フラッコ Flacco*
ブラッコ Bracco*
ブラッゴ Braggo
ブラツコ
Blazhko
Bratko
プラッコ Plutko
ブラッコリ Bruccoli
ブラッコール Blackall
フラッサー Flusser
ブーラッサ Bourassa*
ブラッサイ
Brassai
Brassaí
Brassaï**
ブラッサール
Brassard*
Brassart
フラッサン Frassen
ブラッサン Brassens
ブラッサンス
Brassens*
ブラッシー
Blassie*
Brassey
プラッシー Platthy
ブラッシア Brashear
ブラッシェ Brachet
ブラッシェアーズ
Brashares**
フラッシネッティ
Frassinetti
フラッシネッロ
Frassinello
ブラッシマン
Brashman
フラッシャー
Flusser
Fratzsher
ブラッシャー
Brashear
Brasher
フラッシャール Flašar
フラッシュ
Flach
Flasch
Flash*
Frasch
Frash
Frush
ブラッシュ
Blash
Blush
Brach
Brasch**
Brash
Brush**
プラッシュ
Plasch
Prasch
ブラッシュフィールド
Blashfield
ブラッシュフォード
Blashford
ブラッシュラー
Brashler
ブラッシュワイラー
Bruschweiler
ブラッジョッティ
Braggiotti
プラッシング Prussing
ブラッス Brass
ブラッズ Blatz
プラッスィング
Prussing
ブラッスール
Brasseur**
ブラッセー Brassey
プラッセ Prasse
ブラッセール Brasselle
ブラッセル Brussel
ブラッセルト Brassert
フラッセン Frassen
プラッソン Plasson*
ブラッター Blatter**
プラッター Platter
ブラッタウ Blattau
フラッタリ Frattali
プラッタール Plattard
ブラッタン Brattain*
フラッチ Fracci*
ブラッチ
Blatch
Bracci
Bruch
ブラッチアリ Bracciali
ブラッチァリニー
Braccialini
ブラッチェスコ
Braccesco
プラッチェット
Pratchett
ブラッチオ Braccio
プラッチナー
Pratschner
ブラッチフォード
Blatchford*
プラッチャヤー
Prachya*
ブラッチャリーニ
Braccialini
ブラッチュリー
Blatchley
ブラッチョリーニ
Bracciolini
ブラッチンスキー
Blaszczynski
フラッツ Flatts
プラッツ
Platts*
Platz*
Prats*
プラッツァー Platzer*
フラッツィ Frazzi
ブラッツィ Brazzi
ブラッツイ Brazzi
ブラッツェ Bryze
プラッツエル Platzer
フラッツコーヴャク
Frackowiak
フラッツシャー
Fratzscher
プラッツマン
Platzman
ブラッツラー Bratzler
プラッテ Platte
フラッティ Fratti
ブラッティ
Blatty***
Burati
ブラッディ Braddy
プラッティ Platti
プラッティー Platty
フラッティッヒ
Flattich
フラッティーニ
Frattini*
フラッティヒ Flattich
ブラッティン Brattain
ブラッテリ Bratteli
ブラッテン Brattain
プラッテンハルト
Plattenhardt
フラット Flatt
フラッド
Flood**
Fludd
ブラット
Blatt*
Brad*
Brat
Bratt*
ブラッド
Blood***
Brad***
Bradford
Bradley
Vlad*
プラット
Plat
Platt***
Prat*
Pratt***
Pullattu
ブラッドウェイ
Bradway*
ブラッドウェル
Bradwell
ブラッドウォーディン
Bradwardine
ブラットヴォルド
Bratvold
プラットガイ
Prat Gay
ブラッドシャー
Bradshaw
Bradsher*
ブラッドシャウ
Bradshaw
ブラッドショー
Bleasdale
Bradshaw**
ブラッドショウ
Bradshaw*
Bradshow
ブラッドスキー
Bradski
ブラッドストリート
Bradstreet*
ブラッドストーン
Bloodstone
ブラットナー Blatner
プラットナー
Plattner**
ブラットバーグ
Blattberg*
ブラッドハム
Bradham
ブラットバリー
Bradbury
ブラッドバリー
Bradbury*
ブラッドビー Bradby
ブラッドフィールド
Bradfield**
Brodfield
ブラッドフォード
Bradford***
ブラッドフォルド
Bratvold
ブラッドブルク
Bradbrook*
ブラッドブルック
Bradbrook
ブラッドベリ
Bradberry
Bradbury***
ブラッドベリー
Bradberry
Bradbury***
ブラッドベリイ
Bradbury
フラッドボーブラン
Flood-beaubrun
フラットマン Flatman
ブラットマン
Blattman
Blattmann
Bratman
ブラッドマン
Bradman*
ブラッドラフ
Bradlaugh
フラットラン Flatland
フラットリー Flatley
ブラッドリ Bradley*
ブラッドリー
Bradlee*
Bradley***
Bradly
ブラッドリィ
Bradley*
フラットレー Flatley
ブラッドレー
Bradley**
ブラッドレイ

フ

Bladley
Bradley*
ブラッドロー
Bradlaugh
Bradlow
ブラッドワース
Bloodworth*
ブラッドワス
Bloodworth
ブラッドワーディーン
Bradwardine
ブラッドワーディン
Bradwardine
ブラッドワディーン
Bradwardine
ブラットン
Bratton
Bruton
ブラッドン
Braddon**
プラットン
Pratten
Prutton
フラッハ Flach
ブラッハ Brach
ブラッハー
Blacher*
Bracher**
プラッハ Plugge
ブラッハヴォーゲル
Brachvogel
ブラッハト Braght
ブラッハフォーゲル
Brachvogel
ブラッヒャー Blacher
プラップ Prap*
ブラッファー Blaffer
フラッペ Frappe
プラーツマン
Platsman
ブラーデ Brade
ブラデ Vlade*
プラーテ Plate
プラーデ Prade
プラデ Prades
フラーティ Flaherty
フラーティー Flaherty
フラディ Hlady
ブラディ
Brady*
Brody
Vlady
ブラディー Brady
プラーティ Prati
プラティ Prati
フラディアーニ
Fradeani
ブラティアヌ
Bratianu*
Brătianu
Brătianu
プラティヴァ Prativa
プラティウィ Pratiwi
プラディウムナ
Pradyumna
プラディエ Pradier
プラティエール
Platière
プラティーク Prateek
プラティクノ Pratikno
フラディケ
Fradique**
ブラディゲロフ
Vladigerov
ブラディス Vladis
ブラティスラヴァ
Bratislava
ブラティスラバ
Bratislava
ブラティスラフ
Bratislav
ブラティスラブ
Bratislav
ブラディスラフ
Vladislav
ブラディック
Braddick
プラティック Pratik
ブラディッチ Bradić
プラディット Pradit
プラディットパイロ
Praditphairo
プラティップ Pratip
プラーティナ Platina
プラティナス Prātīnās
フラティニ Frattini**
プラティーニ Platini
プラティニ Platini**
プラディーヌ Pradine
フラティーノ Fratino
ブラディノバ
Vladinova
プラティバ Pratibha*
プラティヒ Plattig
プラティープ
Prateep**
プラディープ
Pradeep*
ブラディマイア
Vladimir
ブラディミール
Vladimir**
ブラディミル
Vladimir
ブラディミレスク
Vladimirescu
フラディレク Hradilek
ブラティン Brattain
ブラティンガ
Brattinga
フラーデク Chládek
プラテーク Pratek
プラテーシ Pratesi
プラテージ Pratesi
フラーテス Phraates
ブラデス Blades
ブラテスク Bratescu
フラデツキー
Hradecky
Hradetzky
ブラデッキ Bradecki
フラデック Chladek
ブラデッタ Vladeta
プラテッラ Pratella
プラデッリ Pradelli
フラテッロ Fratello
ブラテリ Bratteli
プラテル
Platel*
Plater
プラデル
Pradel
Pradelle
Prader
プラデルバン
Pradervand
プラデーレ Pradères
フラーテン Flaatten*
ブラーテン Braaten
ブラーデン Braden*
ブラテン
Brattain
Bratton
ブラデン Braden
プラーテン Platen*
プラテン Platen
プラデン Prudden
プラテンカム
Platenkamp
プラーテンシス
Pratensis
フラート Flad
フラード
Fraade
Jurado*
フラトー
Flateau
Flatow
フラド Jurado**
ブラート Bulat**
ブラード Bullard**
ブラト Bulat
ブラド
Vlad*
Vlado
ブラドー Brodow
プーラード Pūlād
プラート
Plath
Praet*
Prat
Prato
プラード
Prade
Prades
Prado**
Praed
Pullard
プラト
Prat
Prato
プラトー
Plateau
Plato
プラド
Prado**
Pradot
プラドー Pradeau
ブラトイ Braatøy
フラトウ Flatow
ブラトゥ Bratu
ブラトヴィチ
Bulatović*
ブラトーヴィッチ
Bratovic
Bulatović
ブラトヴィッチ
Bulatović**
ブラトゥシェク
Bratuşek*
フラトゥス Fratus
プラトオン Plato
ブラトカ Vlatka
ブラドカ Vladka*
プラトカニス
Pratkanis
ブラドキー Brodkey
フラドキン Fradkin
ブラドキン Brodkin
プラトキン Platkin*
プラトクス Pratx
ブラドケ Bradtke
ブラトコ Bratko
フラトコフ Fradkov*
ブラトシス Blatsis
プラードス Prados
プラドス Prados*
ブラドストリート
Bradstreet
ブラドストレーム
Bladström
プラトソン Pratson
ブラドック
Braddock*
Bradock
ブラドーナ Bradna
ブラドナー Bradner
プラートナー Platner
プラトーニ Platoni
ブラトニック Blatnick
プラトニック Platnick
プラトネーリ
Pratoneri
プラトネール Plattner
プラトーノヴィチ
Platonovich
プラトノヴィチ
Platonovič
Platonovich
プラトノヴィッチ
Platonovich
プラトーノフ
Platonov**
プラトノフ Platonov
ブラトービッチ
Bulatović
ブラトビッチ
Bulatović*
ブラートフ
Bulatov*
Bulatović
プラートフ Platov
プラトフ Platov*
ブラドブルック
Bradbrook
ブラドベリ Bradbury
ブラドベリー
Bardbury
Bradbury
フラドモーン
Phradmon
ブラドリー
Bradlee
Bradley*
プラトリー Pratley
フラドリイ Fradley
プラトリウス
Platorius
プラトリーニ
Pratolini**
ブラドレー Bradley
ブラドレイ Bradley
ブラドレン Vladilen
フラドロペス
Jurado Lopez
ブラドワディーン
Bradwardine
フラートン
Fularton
Fullarton
Fullerton***
ブラートン Blurton
ブラドン Braddon
プラトーン
Plato
Platōn
プラトン
Plato
Platon
Platōn
Platone
プラドン Pradon
フラナ Frana
フラナー Flanner*
ブラーナ Brana
ブラナー
Blanar
Branagh*
Branner
Brunner**
プーラナ
Pūraṇa
Pūrana
プラーナ
Plana
Purāṇa
プラナイティス
Pranaitis
ブラナウアー
Brunauer
ブラナウカ Bulanauca
フラナガン
Flanagan***
Flannagan
Franagan
ブラナガン
Branagan
Brannagan
フラナギン Flanagin
ブラナシルピン
Buranasilpin
プラナス Planas
プラナタルティ
Pranatharthi
ブラナック
Breathnach*
ブラナネス Breines
プラナブ Pranab***

フ

ブラナプラサラッス
Buranaprasertsuk
ブラナマン
Brannaman
ブラナム Branham
フラナリー
Flanery*
Flannery**
ブラナン Brannan*
ブラナンスキー
Brunansky
プラナント Prananto
フーラーニー Hourani
フラニー
Franey
Franny
ブラニ Brani
ブラニー Blaney
プラニー Pranee
フラニア Frania
プラニアフスキー
Planyavsky
ブラニアン Branyan
フラニオ Franjo**
プラニオル Planiol
フラニガン Flanigan
ブラニガン
Branigan*
Brannigan*
ブラニク
Blahnik
Blanik**
ブラニスラヴ
Branislav
ブラニスラフ
Branislav
ブラニスラブ
Branislav
Branisrav
ブラニチャル Vraničar
プラーニツ Planitz
プラニツァー
Planitzer
フラニツキ Hulanicki
フラニツキ
Vranitzky**
フラニツキー
Vranitzky
ブラニック Brannick
プラーニッツ Planitz
ブラニマー Branimir
ブラニミール
Branimir*
ブラニミル Branimir*
フラーニャ Fráňa
ブラーニャ Braña
ブラニヤン Branyan
プラニュス Planus
フラーニョ
Flano
Franjo
プラニョル Plagnol
ブラニング Blanning
プラニンツ Planinc*
プラヌーデース
Planudes
プラヌデース
Planoudes
プラヌデス Planudes
ブラネ Bulane
フラネイ Franey
フラネク Franek
フラネス Flannes
プラネス Planes*
フラネック Hranek
プラネッタ Planetta
プラネット
Planet
Plucknett
ブラネッリ Buranelli
フラネリ Flannery
フラネリー
Flanery
Flannelly
Flannery*
ブラネリ Buranelli
フラネリイ Flannery
プラネル
Planel
Planell
ブラネン Brannen*
フラノ Frano*
プラノ Plano
フラーノイ Flournoy
フラノイ Flournoy
ブラノム Branom
プラノール Planhol
ブラノン Brannon*
ブーラパー
Burapha*
Buuraphaa
ブラーハ
Braach
Bracha
ブラハ Blaha*
ブラパー Buuraphaa
プラーハ
Praag
Prag
プラハ Prag
プラバ Praba
プラパカモル
Prapakamol
プラバーカラ
Prabhākara
プラバカラン
Pirapaharan
Prabhakaran**
プラバカール
Prabhakar
プラバカント
Prabhakant
ブラバーグ Blaabjerg
プラバーサワット
Prabhasawat
ブラバゾン Brabazon
フラバチ Hlavec
フラバーチコバ
Hlavackova
Hlaváčková
ブラバッカ Bravatska
ブラバツキー
Blavatsky
ブラバッスキイ
Blavatsky
プラパット Prapat
フラハーティ Flaherty
フラハティ Flaherty*
フラハティー Flaherty
フラパティ
Khrapaty
Khrapatyi
ブラハート Blahut
ブラハト Blachut
プラバート Prabhat
プラパート Praphat
ブラバトニック
Blavatnik
フラバーヌス
Hrabanus
フラバヌス Hrabanus
ブラハム
Baerheim
Braham*
ブラバム Brabham**
プラハラッド
Prahalad
プラハラード
Prahalad
フラパーリ Khrapali
フラバル Hrabal**
プラハール Prachar
プラバル Prabal*
ブラハルツ
Bracharz**
プラパワデ
Prapawadee
プラパワデ
Prapawadee*
ブラバン
Brabant*
Brabban
ブラバンダー
Brabander
プラバンダム
Prabandham
プラパンチャ
Prapañca
ブラバンツ
Brabants**
ブラバンデール
Brabandere
ブラバンデレ
Brabandere
ブラバント Braband
プラパンポン
Praphanphong
フラビ Churavy
ブラヒ Bleich
ブラビー Braby
プラヒー Plachý
フラビア
Flavia*
Fravía
フラビアヌス
Flavianus
フラビアーノ Flabiano
フラビアノ Flaviano
フラビアノス Flavian
フラビアン Flavien
フラビウス
Flavious
Flavius
フラビエ Flavier
フラビエ
Frapie
Frapié*
Frappier
ブラビエ Vrabie
フラビエンヌ
Flavienne
フラビオ
Flavio*
Flávio
フラヒゲル Frauchiger
ブラヒック Brahic
フラヒナル Fraginals
プラビニス Pļaviņš
プラビニス Plavins
ブラヒマ Brahima
ブラヒミ Brahimi**
ブラヒム Brahim**
プラビリシコフ
Plavil'shchikov
フラビン Flavin
ブラービン Bulavin
ブラビン
Brabin
Bulavin
プラビーン Praveen
プラビン
Pravin
Pravind**
フラーフ
Graaf
Graaff
Graeff
ブラーブ Blab
ブラーブ Blab*
ブラフ
Braff*
Brough*
プラフ Praff
プラブ Prabhu
ブラファー Blaffer
フラーフィヨル
Frafjord
フラーフェサンデ
Gravesande
フラーフェザンデ
Gravesande
フラーフェン Graaven
フラフェンステイン
Gravenstijn
ブラフォード
Bruford*
フラーフカ Hlávka
ブラフシッチ Vlahušić
プラブシッチ
Plavsic**
ブラーブス Buraves
プラーブダー
Prabda**
プラフタ Plachta
ブラブツォバニーブルトバ
Vrabcova-Nyvltova
ブラフト
Blachut
Bragt*
プラプト Prapto
フラフニルドル
Hrafnhildur
フラプノフ
Khrapunov
プラブパーダ
Prabhupada
Prabhupāda
プラブハット Prabhat
プラブフ Prabhu
ブラフマーグプタ
Brahmāgupta
ブラフマグプタ
Brahmāgupta
ブラフマダッタ
Brahmadatta
ブラフマーナンダ
Brahmananda
ブラフマナンド
Brahmanand
ブラフマーユ
Brahmāyu
ブラフマーリ
Brahmāli
ブラフマン Brafman
プラーフマン
Praagman
プラフラ Prafulla
フラブラーリス
Flabouraris
フラーフラント
Graafland
フラーフランド
Graafland
プラフル Praful
プラフルラ Prafulla
フラブレ Frable
フラフンスドッティル
Hrafnsdóttir
フラペ Hla Pe
ブラーヘ Brahe
ブラベ Bravais
ブラベツ Brabec
ブラーベック Brabec
ブラベック Brabeck
プラベトーニ
Pravettoni
フラベル Flavell
プラヘンスキ
Placheński
ブラーボ Bravo
ブラホ Vlaho
ブラボ
Bravo**
Vlaho
ブラボー Bravo**
ブラーホヴァー
Bláhová
フラポヴィーツキー
Khrapovitsky
プラボウォ Prabowo*
プラボカー
Prabhakar*
ブラホス Vlahos

フ

ブラホスラフ
Blahoslav
ブラホード Bradford
ブラホビッチ
Błachowicz
Vlahović
フラマー Flammer
ブラーマ Bramah
ブラーマー Bramah
ブラマ
Boulama
Bramah*
Bulama
Burama
ブラマー
Bhramar
Blumer
Bramah
Brammer
プラマー
Plammer
Plumer
Plummer***
ブラーマグプタ
Brahmāgupta
プラマス Pramas
プラマタルスキ
Pramatarski
ブラーマッハ
Blathmac
ブラマーニ Bramani*
プラマニク Pramanik
プラマハーモントリー
Phramahaamontrii
プラマハーラーチャクルー
Phramahaaraacha khruu
ブラマバンダヴ
Brahmabandhav
フラマリオン
Flamarion
Flammarion*
フラマン
Flamand
Flamant*
Flament
Vlaemminck
ブラーマン
Blaman
Brahmann
ブラマン
Blaman
Braman
プラーマン Plamann
プラマーン
Pramarn**
ブラマンク Vlaminck
ブラマンテ
Bramante*
ブラマンディス
Brandeis
ブラマンティーノ
Bramantino
フラマンド Flamand
ブラミ
Boulami
Brami
ブラミア Blamire
ブラミエリ Bramieri
ブラミス Vlamis*
ブラミッチ Bromwich
フラミニ Flamini*
フラミニウス
Flamininus
Flaminius
フラミーニオ
Flaminio
フラミニオ Flaminio*
フラミニヌス
Flamininus
プラミラ Pramila
プラミーンコヴァー
Plamnikova
フラーム Frahm*
フラム
Flam
Flamm
Fulhame
Fullam
ブラーム
Braam
Braham*
Brahm**
ブラム
Blom
Blum**
Blume
Brahm
Bram***
Brame
Brumm*
プラム
Pflum
Plum**
Plumb*
Prum
Pullum
ブラムウェル
Bramwell*
フラムキン Frumkin
ブラムシュテット
Bramstedt
ブラームス
Brahms***
ブラムス Brams**
フラムスチード
Flamsteed*
フラムスティード
Flamsteed
ブラムセン Bramsen
フラムソン Flamson
ブラムソン
Bramson**
プラムック Puramuk
プラムディア
Pramoedya
プラムディヤ
Pramoedya***
Pramudya
フラムトコフ
Khramtsov
プラムナッツ
Plamenatz*
プラムニコヴァ
Plamnikova
フラムハイン
Framhein
ブラムバーグ
Blumberg
ブラムバッティ
Brambatti
フラムバード
Flambard
ブラムフィット
Brumfit
Brumfitt
ブラムブス Brambs
プラムプトル
Plumptre
フラムプトン
Frampton
ブラムホール Bramhal
フラムホルツ
Flamholtz*
ブラムライン
Blumlein
プラムラン Pflimlin
フラムリ Framery
ブラムリー
Blamly*
Bramley
Bramly
プラムリー Plumlee
プラムリッジ
Plumridge
プラムリン Pramling
フラムル Flamur
プラムレー Plumley
ブラムレット
Bramlett
ブラメスフェルト
Bramesfeld
ブラメット Brummet
プラメナ Plamena
プラメナツ Plamenac
プラメリッジ
Plummeridge
フラメル Flamel
ブラーメル Bramer
ブラメル Brummell
ブラメルド Brameld*
フラメン Flameng
プラメン Plamen**
ブラメンソール
Blumenthal
Blumenthaul
ブラモ Blamo
プラモイ Pramoj
プラモジ Pramoj
プラーモーダワルダニー
Prāmodawardhanī
プラーモート Pramoj
プラモート Pramoj*
プラモド
Pramod
Pramodo**
ブラモルスキー
Bramorski
ブラモン Blamont
プラモン Pramon*
プラモンドン
Plamondon
プラヤ Phraya
プラヤー Phraya
プラヤシ Pulayasi
ブラーユ Braille
プラユキ
Phra Yuki
Phrayuki
プラユット Prayuth*
プラヨゴ Prajogo
ブラヨビッチ Brajović
プラヨーン Prayoon
プラヨン Prayong
ブラーラ Blarer
ブラーラー Blarer
フラーリー Flury
フラリー Frary
ブラリ Burali*
プラリャク Praljak
フラリン Fralin
ブラル
Brul
Brull
プーラール Poelaert
プラール
Poullart
Prahl
ブラルカ Bularca
フラルチク Fularczyk
フラールチック
Fularczyk
フラルップ Flarup
プーラールト Poelaert
プーラルト Poelaert
プラールト Poelaert
プラルト Poelaert
ブラルドネ Blardone
プラルノ Perarnau
フラレー Fraley
ブラレ Burale
ブラレィ Braley
ブラレイ Braley*
ブラロック Blalock*
ブラロン Bralon
フラワー
Fleur
Flower**
ブラワー
Brawer
Brower
プラワー Prawer**
フラワア Flower
フラワーズ Flowers**
ブラワツキー
Blavatsky
プラワット Prawat*
フラワーデュー
Flowerdew
ブラワヨ Bulawayo**
フーラン Hulan
フラン
Flann**
Fran***
Franc*
Frances
Franck
Frann
Frans
Fullan
Hulan
ブーラーン Būrān
ブーラン
Boulin
Bouran
Bourin**
ブラーン Blaan
ブラン
Balanc
Belain
Belin
Blain**
Blanc***
Bland
Blant
Blin**
Bram
Bran*
Brand
Brann
Brun***
Būlān
Buran
プーラン
Phoolan**
Phulan
Pooran*
Poulain**
Poulin
Poullain
プラーン Poullain
プラン
Plan
Poulain
Pran*
Puran
プランヴァル Plinval
ブーランヴィーエ
Boulainvilliers
ブーランヴィリエ
Boulainvilliers
ブランヴィリエ
Boulainvilliers
Brinvilliers
ブランヴィル
Blainville
ブランウィン
Branwyn
ブランウェル Branwell
ブランウェン Branwen
ブランヴォルド
Branvold
フランエコ Francesco
ブランエス Vranjes
フランカ
Franca**
França
Franka*
フランカー Frumker
ブランカ
Blanca*
Blanche
Blanka**
Blanquat
Branca**
Branka
ブランカー Brouncker
フランカウ Frankau
フランカヴィッラ
Francavilla*
フランカヴィラ
Francavilla
フランカヴィーリャ
Francaviglia
ブランカース
Blankers**

ブランカス Blancas
フランカステル
Francastel*
ブランカーツ
Blankertz
ブランカッチオ
Brancaccio
ブランカッチョ
Brancaccio
ブランカーティ
Brancati**
ブランカティ Brancati
ブランカート
Brancato
ブランカトー
Brancato
ブランガート
Brungardt
ブランカニエベ
Blancanieve
フランカビラ
Francavilla
フランカマリア
Francamaria
フランカム
Francome*
Frankham
フランカリ Frankaly
フランカール
Flanquart
Francart
フランカル Francart
ブランカール
Blancard
フランカン Franquin*
ブランカン Blancan
フランキ
Franchi
Francqui
Franqui*
フランキー
Fankie
Francky
Frank
Frankie***
Franklin
Franky
Frenkie
フランギ Frangi
ブランキ
Blanke
Blanqui*
プランギー Prange
プランキアーデス
Planciades
プランキアデス
Planciades
ブランギエ
Brenguier
Briguier
フランキスクス
Franciscus
ブランキッチ Vrankić
フランキッティ
Franchitti**
フランキーナ
Franchina
フランキナ Franchina
フランキニー
Frankeny

ブランキーニ
Branchini*
ブランキーニョ
Branquinho
フランキーノ
Franchino
ブランキーノ
Branquinho
ブランキャン
Blanquin
ブランギン Brangwyn
ブランキング
Blanking*
フラーンク Frank
フランク
Franc**
Francese
Francis*
Franck***
Francke
Franckh
Francois
Francq
Frank***
Franke
Franklin
Franky
Furank
フラング Frang*
ブランク
Blanc**
Blanck*
Blank**
Blunck
Branco
Brunck
プーランク
Planck
Poulenc*
プランク
Planck**
Plank**
Planque
Plunk
Poulenc
プラング Prang*
ブラングィン
Brangwyn
ブラングイン
Brangwyn
ブラングウィン
Brangwyn
ブラングヴィン
Brangwyn
ブランクーシ
Brancusi**
ブランクージ Brancusi
フランクシナ
Frankcina*
ブランクーシュ
Brancusi
フランクス
Francks*
Franks***
ブランクス Blanks*
プランクス Plancus
ブランクスタイン
Blankestijn
フランクストン
Frankston
ブランクストン
Brankston

フランクハウス
Frankhouse
フランクハム
Frankham
フランクバルム
Franquebalme
ブランクファイン
Blankfein*
フランクファーター
Frankfurter
フランクファート
Frankfurt*
ブランクフィールド
Blankfield
フランクフォート
Frankfort*
フランクフォール
Francfort
フランクフルター
Frankfurter
フランクフルト
Frankfurt
フラングメン
Phragmén
フランクラン
Franclin
Franklin*
フランクランド
Frankland**
フランクリン
Franck
Franklin***
Franklyn*
フランクリンアダムズ
Franklin-Adams
フランクール
Francoeur
Francœur
Frankeur
フランクル
Frankel*
Frankl**
フランクワルター
Frank-Walter*
フランケ
Francke
Franke***
Franquet
ブランケ
Blanque
Blanquet**
プランゲ Prange**
プランゲー Prange
フランケチエンヌ
Frankétienne*
フランケッティ
Franchetti*
フランケッテイ
Frachetti
ブランケット
Blunkett**
プランケット
Planquette
Plunket
Plunkett**
フランケト Franquet
プランケード
Prankerd
フランケナ Frankena
ブランケナーゲル
Blankenagel

フランケビッチ
Frankiewicz
フランケモント
Franquemont
フランケル
Frankel***
Frankell
ブランケルス Blankers
ブランケルツ
Blankertz
ブランゲルノン
Blanguernon
フランケン
Francken
Franken*
Vrancken
Vranken
ブランケン Vranken
フランケンサーラー
Frankenthaler*
ブランケンシップ
Blankenship**
プランケンシュタイナー
Plankensteiner
フランケンシュタイン
Franckenstein
Frankenstein
ブランケンシュタイン
Blankenstein
フランケンハイマー
Frankenheimer**
フランケンハイム
Frankenheim
フランゲンハイム
Frangenheim
フランケンハウザー
Frankenhaeuser
フランケンバーガー
Frankenberger
フランケンバーグ
Frankenberg*
Frankenburg
ブランケンバーグ
Blankenburg
ブランケンビューラー
Blankenbuehler
ブランケンブルク
Blanckenburg
Blankenburg**
ブランケンブルグ
Blankenburg
ブランケンブルヒ
Blankenburg
ブランケンベイカー
Blankenbaker
フランケンベルク
Franckenberg
Frankenberg
フランケンベルグ
Frankenberg
フランコ
Fraanco
Franco***
Francois
François
Francos
Franko*
フランコー
François
Frankau
Franko

ブランコ
Blanco***
Branco***
Branko***
フランコーア
Francoeur*
フランコイス Francois
ブランコヴィチ
Branković
フランコヴィッチ
Frankovich
ブランコヴィッチ
Branković
ブランゴチオ
Brangoccio
フランコット
Francotte
フランゴディス
Frangoudis
フランコーナ
Francona
フランコナ Francona*
フランコパン
Frankopan
フランコマーノ
Francomano
フランコム
Franchomme
ブランコム
Brun-Cosme
フランコーン
Francone
フランコン
Ffrangcon
Francon
フランサ
Franca*
França
ブランザ Branza
フランサン Francen
フランシ Franzi
フランシー
Francey
Francie**
Francy
ブランシ Blanche
ブランジ Branzi*
プランシー Plancy
プランジ Prange
フランシア Francia*
フランジィーリ
Frangilli
フランシェ Franchet
フランジーエ Franjieh
フランジエ Franjieh*
ブーランジェ
Boulanger***
Boulenger*
ブランシェ
Blanche
Blanché
Blanchet*
ブランジェ
Boulanger
Branges
プランシェ
Planche
Planché
フランジェス Franges

フ

ブランシェス
Branches
フランシェスカッティ
Francescatti
ブランシェット
Blanchett*
Blanchette*
ブランジェット
Blanchett
フランシオサ
Franciosa*
フランジオーニ
Frangioni
フランシオン
Francione
フランシク Francique
フランシクス
Francisque
フラーンシス
Frances
Francis
フランシース Fransīs
フランシス
Frances***
Francesca
Francesco
Francess
Francie
Francien
Francis***
Francisco
Franciss
Francois*
Franees*
フランシズ Francis
フランシスカ
Frances
Francesca
Francisca*
Franziska
フランジスカ
Franzisca*
フランシスカス
Franciscus**
フランシスカノ
Franciscano
フランシスク
Franciscus
Francisque*
フランシスクス
Franciscus
フランシスコ
Fco.
Frances
Francesco**
Francisco***
Franciscus*
Francisque
Francois
Fransisco*
Fransiscus
Phanxicô
フランシスシ Francisci
フランシスデラ
FrancisDela
フランシーナ
Francina*
フランジーニ Franzini
ブランジーニ Blangini
フランシーヌ
Francine***
プランシャー Plancher
プランジャー Pranger

ブランシャード
Blanshard
フランシャビージョ
Franciabigio
ブランシャール
Blanchar
Blanchard***
Blanchart
ブランシャン Blanchin
フランジュ Franju*
ブランシュ
Blanche***
プーランジュ
Poulanges
プランシュ Planche
ブランシュヴァイガ
Braunschweiger
ブランシュヴィク
Brunschvicg
ブランシュヴィック
Brunschvicg*
Brunschvig
フランシュヴィル
Francheville
ブランシュビク
Brunschvicg
ブランシュビック
Brunschvicg
フランシュビル
Francheville
プランシュレル
Plancherel
フランショー
Franshawe
フランジョ Franjo
ブランショ
Blanchot***
ブランショネ
Blanchonnet
フランショム
Franchomme
フランショワ
Franchois
フランション
Fransson
ブランション
Blanchon
プランション
Planchon**
フランシロン
Francillon
フランシーン
Francine*
フランシン Francine
フラーンス Franz
フランス
France***
Frances
Francis
François
Frans***
Franz*
フランズ
Flans
Franz
ブランズ
Brandes
Brands**
Brans
Bruns**

プランス
Prance**
Prince*
Prins
プランズァス
Poulantzas
フランスィス Francis
フランスィスコ
Francisco
フランスィーヌ
Francine
フランスィン Francine
ブランズウィク
Brunswik
ブランスウィック
Brunswick
ブランスヴィック
Brunswick
ブランズウィック
Brunswick
ブランスカム
Branscomb
Branscum*
ブランスキ Brunski
プランスキー Plansky
ブランスキル
Brunskill
フランスコービアック
Franscoviak
ブランスコム
Branscomb
Branscombe
フランズセン
Frandsen
フランスゾーン
Fransz.
ブランスタイン
Brunstein
ブランスタッド
Branstad**
ブランズデン
Blunsden
ブランストロム
Brännström*
ブランストーン
Blunston
Blunstone
ブランストン
Branston
ブランスフィールド
Bransfield
ブランズフィールド
Bransfield
ブランスフォード
Bransford
ブランスボルト
Brunsvold
ブランズマ Brandsma
ブランスマン
Brunsman*
フランスリン
Francelyn
フランスワ Francois
フランスン Franson
ブランスン Branson
フランセ
Français
Françaix*
Francés
Francey

ブーランゼー
Boulanger
ブランゼイ Branzei**
フランセス
Flances
Frances***
Francis
プランセス Princesse
フランセスカ
Francesca**
Fransesca
フランセスカッティ
Francescatti
フランセスク
Frances
Francesc**
フランセスコ
Francesco
フランゼーゼ Franzese
フランセッチ
Franceschi
フランセット
Francette*
フランセラ Fransella
フランセリア
Francelia
フランセル
Francell
Franscell
フランセーン
Franzén*
フランセン
Frandsen
Franssen
Franzén
フランゼン
Frandsen
Franzen**
ブランセン
Brang Seng
フランソァ François
フランソア
Francois
François**
フランソァーズ
Françoise
フランソアーズ
Françoise
フランソーズ
Francoise
Françoise
フランゾーニ Franzoni
フランソワ
Faucher
Franciscus
Francoi
Françoi
Francoie
Francois***
François***
Frančois*
Françoise*
Franqis
Fransois
František
フランソワザビエル
Françoins-Xavier
フランソワーズ
François**
Francoise*
Françoise***
Françoize

フランソワズ
Francoise
Françoise
フランソワフィリップ
François-Philippe
フランソン Fransson
ブランソン
Bransom
Branson**
Brunson*
プランソン
Plancon
Plançon
Planson
フランタ Franta*
ブランダ Bulanda
ブランダー Brander*
プランタ Planta
ブランダイス
Brandeis**
ブランダウアー
Brandauer
プランタウア
Prandtauer
プランタウアー
Prandtauer
ブランダウン Brandão
プランダガスト
Prendergast
プランタジネット
Plantagenet
プランタジュネ
Plantagenêt
フランダース
Flandars
Flanders*
Flounders
フランダーズ Flanders
ブランダーニ
Brandani
ブランダーヌス
Brandanus
ブランダム Brandom
プランタムラ
Plantamura*
ブランダムール
Brind'Amour
プーランダラ
Purandara
プランダラダーサ
Purandaradāsa
フランダーン
Flandern
フランダン Flandin
ブランダン
Blandin*
Brandão*
Brandon
Breandán
Brendan
プランタン
Plantin
Printemps
ブランダンブルグ
Brandenburg
ブランダンロドリゲス
Brandão
Rodrigues
フランチ
Franchi*

Franci
フランチー Franchy
ブランチ
Blanch
Blanche**
Branch**
フランチア Francia
フランチアビジオ
Franciabigio
フランチゥェスコ
Francesco
フランチウス Franzius
フランチェ France
ブランチェ Blanche
フランチェスカ
Francesca***
Franchesca
Francheska*
Francisca
Frantisek
Franziska*
フランチェスカッティ
Francescatti*
フランチェスカート
Francescato*
フランチェスキ
Franceschi
フランチェスキーニ
Franceschini
Franceskini
フランチェスキーノ
Franceschino
フランチェスク
Francesc
フランチェスクス
Francesc
フランチェスクッチョ
Francescuccio
フランチェスコ
Francesco***
Franceseco
Francisco
Franciscus
フランチェスコーニ
Francesconi
フランチェスチェッリ
Franceschelli
ブランチェット
Blanchette
フランチオーザ
Franciosa
フランチオーリ
Francioli
フランチシェク
Franciszek***
Františck*
Frantisek*
František**
Frantíšek
フランチシェック
Frantisek
フランチシス
Franciscis
フランチシュカ
Franciska
フランチスカ
Francesca
Francisca*
Franciska
Franciszka
Franziska*
フランチスク Francisc
フランチスクス
Franciscus
フランチスコ
Francisco
フランチセック
Frantisek
フランチーニ Francini
フランチニ Franchini
ブランチフィールド
Blanchfield
フランチャ Francia
ブランチャート
Blanchaert
ブランチャード
Blanchard**
Branchard
フランチャビジオ
Franciabigio
フランチャビージョ
Franciabigio
ブランチャフ
Brandchaft
ブランチャール
Blanchart
ブランチャン
Blanchan
プランチュ Plantu
プランチュウ Plantu
フランチョット
Franchot
フランチョーネ
Francione*
フランチルロ Francillo
フランツ
Ferenc
Flantz
Franc
Francisco
Frans*
Frants
Frantz**
Franz***
Fritz
ブランツ Brants
プランツ Plunz
プーランツァス
Poulantzas
フランツィシェク
Franciszek
フランツィシュカ
Franciszka
フランツィスカ
Franciska
Franzisca
Franziska***
フランツィスクス
Franciscus
フランツウルリヒ
Franz-Ulrich*
フランツェ
Franc
Francè
ブランツェク
Brandtzäg
フランツェス
Phrantzes
フランツエスコ
Francesco
フランツェッティ
Franzetti
フランツェリン
Franzelin
ブランツェル Branzell
フランツェロ Franzero
フランツェン
Franzen*
フランツォイ Franzoi
フランツォース
Franzos*
フランツォフ Frantsov
フランツキー Franzki
フランツケ Franzke
フランツマン
Frantzman
Franzmann
フランツミカエル
Franz-Michael
フランデ Flinde
プランテ Planté
ブランティ Bulanti
ブランディ
Blandy
Brandi*
Brandie
Brandy
ブランディー
Brandie
Brandy*
プランティ
Planty*
Prunty
プランディ Prandi
プランティアー
Plantier
ブランディアーナ
Blandiana
ブランディアン
Brandian
フランティエ Flantié
プランティエ
Plantier**
プランティエリ
Plantery
ブランデイジ
Brundage*
フランティシェク
Frantisek
Frantisěk
František**
Frantíšek
フランティシェック
František
ブランディス
Brandis**
Brandys*
ブランデイス
Brandeis*
フランティスツク
Frantisck
フランティセク
Frantisek
František
フランディソン
Grandisson
ブランディッジ
Brundage
ブランディナ
Blandina
プランディーニ
Prandini
ブランディーヌ
Blandine*
ブランディーネ
Blandine
プランティリア
Plantilla
ブランディン Brandin
ブランデイン Brandin
プランティンガ
Plantinga**
ブランティング
Branting*
ブランディング
Blanding*
ブランデージ
Brundage*
ブランデジー
Brandegee
フランデス Flandes
ブランデス
Brandes**
Brandis
プランデッリ
Prandelli*
プランテーリ Plantery
プランテリ Plantery
プランテリー Plantery
フランデル Flander
ブラーンテル Blanter
ブランテル Blanter*
ブランデル Blundell**
ブランデルブルク
Brandenburg
ブランデン
Blunden**
Blunsden
Brandan
Branden*
ブランデンバー
Bradenbaugh
ブランデンバーガー
Brandenbuger
Brandenburger
ブランデンバーク
Brandenberg
ブランデンバーグ
Brandenberg**
Brandenburg*
ブランデンブルガア
Brandenburger
ブランデンブルク
Brandenburg*
ブランデンブルグ
Brandenburg
ブランデンブルヒ
Brandenburg
ブランデンベルク
Brandenberg*
フラント Hrant
ブラーント Brandt
ブラント
Bland
Blount*
Blunt**
Brand**
Brandt***
Brant**
Brunt*
ブランド
Bland***
Blando
Blund
Brand***
Brande*
Brando**
Brandon
Brandt
ブランドー
Brandeau
Brandow
プラント
Plant**
Plante**
ブランドウ Brandow
フラントヴァー
Frantová
ブランドウェイン
Brandwein
ブランドウエイン
Brandwein
ブランドゥコフ
Brandukov
プラントゥムプ
Printemps
ブラントシュテッター
Brandstatter
Brandstätter
Brandstetter
ブランドステッター
Brandstetter
ブラントステッテル
Brandstaetter
ブランドストラップ
Brandstrup
フランドセン
Frandsen
ブランドナー
Brandner*
ブランドーニ
Brandoni
プランドーニ
Prandoni
ブラントフォード
Brantford
ブランドフォード
Blandford*
フランドフォルス
Frändfors
ブランドフォンブレナー
Brandfonbrener
ブラントホルスト
Brandhorst
ブラントマーク
Brantmark
ブラントーム
Brantome
Brantôme
ブーランドラ
Bulandra
ブランドラー Brandler
ブランドラータ
Blandrata
フランドラン
Flandrin*
フランドリ Flandoli
ブラントリー
Brantley**
Brantly**
ブランドリ Brändli

ブランドリット
Brandriet
ブランドリーニ
Brandolini*
ブラントリンガー
Brantlinger
フランドル Frandl
ブランドル
Brandl**
Brundle*
プラントル
Prandtl*
Prantl
プランドル Prandl
フランドルス
Flandrus
ブランドルップ
Brandrup
ブランドルマイヤー
Brandlmeier
ブラントレイ Brantley
ブランドレイ
Brandley
ブランドレス
Brandreth
ブランドレッド
Brundrett
フランドロー
Flandrau
フランドロワ
Flandrois*
ブランドワイン
Brandewyne
ブラントン
Blanton**
Branton*
Brunton*
ブランドン
Blandon
Brandān
Brandon***
Brendan
Brendon
ブランナー
Brandner
Branner*
Brunner
ブランナス Brennus
ブランニング
Blanning
Brunning
ブランヌ Bourhane
ブランネン Brannen
ブランノン Brannon
プランパー Plamper
ブランバーグ
Blumberg**
Brunnberg
フランバーズ Flanbers
ブランバッハ
Brambach
ブランハム
Bramham
Branham
ブランパン
Blampin
Blanpain**
ブランビー Brumby
ブランビッラ
Brambilla*
ブランビラ Brambilla
ブーランビリエ
Boulainvilliers
ブランビリエ
Brinvilliers
ブランビーリャ
Brambilla
ブランフィールド
Branfield
ブランフォード
Blanford
Branford*
プランプトリ
Plumptre
Plunptre
フランプトン
Frampton**
ブランプトン
Brumpton*
プランプトン
Plumpton
ブランフマン
Branfman
ブランブル Bramble
フランベール
Flambert
Freinsnerg
ブランベル Brambell
フランベルガー
Framberger
ブランベルゲル
Branberger
プランペロ Prampero
ブランボ Bulambo
ブランボー
Brumbaugh
プランマー Plummer*
ブランメル Brummell
フランメンベルク
Flammenberg
ブランラト Branlat
ブランリ
Bramly
Branly
ブランリー
Branley
Branly
Branrey
ブランリュード
Brandrud
ブランレー Branley
ブランロ Blanlo
ブランロト Blanlot
フーリ
Khuri
Khûri
フーリー
Fourie*
Hooley
Whooley
フリ Phly
フリー
Flea*
Free**
Freeh**
Frie
Vries
ブーリ
Buri
Būri
Burri
ブーリー Būrī
ブリ
Bris
Bry
Burri
Vries
ブリー
Blee*
Bree
Brie
Bury
プーリ Puri
プーリー
Pooley*
Pouri
Pulley
Puri*
プリ
Prim
Puri*
プリー
Pree
Pulley*
Puri
フーリア
Houriya
Julia**
フリーア
Flier
Freer
Frere
フリーアー
Freear
Frier
フリア
Frere
Furia
Houriah
Julia*
Juliá
フリアー Friaa
ブリア
Bhuria
Bliah
Breer*
Bria
Brillat
ブリアー
Boullier
Breer
プリア
Pria
Priya
プリアー Preer
フリアオ Juliao
フリアカ Friaca
ブリアザック Briazack
ブリアシュ Buriash
フリーアス Frías
フリアーズ Frears**
フリアス
Frias
Frías
ブリアーズ
Blears
Briers
ブリアス Bryas
ブリアータ Briata*
ブリアット Briatte
プリアップ Preap
ブリアーティ Briati
ブリアートン Brereton
ブリアトン Brereton
ブリアナ
Briana
Brianna*
プリアーニ Priani
プリアニシュニコフ
Prianishnikov
フリアノン Rhiannon
プリアパティオス
Priapatius
ブリアプ Brāp
プリアム Pulliam
プリアモス Priamos
ブリアリ Brialy**
ブリアリー
Breary
Brierley*
ブリーアリイ Brierley
ブリァリイ Brierley
ブリアリィ Brearley
ブリアール Briard
ブリアルモン
Brialmont
フリアン
Friant
Julian
Julián***
ブリーアン
Brian
Briean
ブリアン
Brian**
Briand*
Briant*
Bryan*
Buriam
Burian**
ブリアンション
Brianchon*
ブリアンツァ Brianza
ブリアンテ Briante
ブリアント Bryant
ブリアンナ Brianna
ブリアンヌ Brianne
フリアンノン
Rhiannon
プリアンバムルン
Plienbamrung*
フリィガレ Flygare
プリイストリイ
Priestley
フリィツ Fritz
フリィドリッヒ
Friedrich
フリィドリヒ
Friedrich
フリイドリヒ
Friedrich
フリイマン Freeman
ブリウ Brieux
ブリウー Brieux
プリヴァ
Privas*
Privat
プリヴァー Privat
プリヴァーロフ
Privalov
プリーヴィエ Plievier
プリヴィエ Plievier
プリヴィエー Plievier
プリヴィエズィエンツェヴ
Priwieziencew
ブリーヴィオ Brivio
ブリヴィオ Brivio
フリーウェイ Freeway
プリヴェス Prywes
プリヴェット Privett
フリゥゲル Flügel
ブリウゲル Brueghel
フーリウス Furius
フリウス
Furius
Fūrius
ブリウスター
Brewster
プリウーリ Priuli
フーリエ
Fourie
Fourier*
フリエ
Fourier
Frere
ブーリエ
Boulier
Boullier
Bourrie
ブリエ
Beurier
Blie
Blier*
Boulier
Bourrier
Brier
プーリエ Peuillier
プリエ Purje
プリエクシャーンス
Pliekšans
プリエージ Pugliesi
フリエス
Friesz
Vries
プリエーセ Pugliese
プリエーゼ Pugliese*
プリエセ Pugliese
フリエタ Julieta*
ブリエツケ Brietzke
ブリエット
Bruyette
Vliet*
プリエート Prieto*
プリエト Prieto*
プリェートニェヴァ
Pletneva
ブリエニウス
Bryennios
ブリェビッチ Buljević
フリエフナスキダエワ
Friev Naskidaeva
フリエヘル Vlieger
プリエリアス Prierias
フリエル
Friel*
Frier

ブーリエール
Bourlière
ブリエール
Briere
Brière*
Brierre
Bruyere*
ブリエル Briel
フリエロス Frieros*
ブリエンニオス
Bryennios
ブーリエンヌ
Bourrienne
ブリエンヌ
Bourrienne
Brienne
フーリオ
Furio*
Julio
フリオ
Furio**
Julio***
ブーリオ Buglio
ブーリオー Boulliau
ブリオ
Briot
Buglio
ブリオー Bourriaud
プーリオ Pouliot
プリオ Prío
プリオー Priaulx
フリオイス Vlieghuis
ブリオスキ Brioschi
ブリオスコ Briosco
ブリオディ Briody*
ブリオーニ Buglioni
ブリオニ Vryoni
ブリオニー Briony
ブリオネス Briones
プリオリス Prioris
プリオール Prior
プリオル Pourriol
プリオレット Priollet
プリオロ Priolo
ブリオン Brion*
プリオン
Plihon
Prion
フリーガー Flieger
フリガ Friga*
ブリーカー
Bleecker
Bleker*
ブリーガー Brieger*
ブリカー Blicher
ブリガ Buliga
プリーガー Pfleeger*
プリカ Prika
フリーガオフ Fliegauf
ブリガガン Brigagão
ブリガジン Brigadin
フリガス Frigues
ブリカス Bricusse
フリガスト Frigast
プリガターノ
Prigatano
プリガタノ Prigatano
ブリガム Brigham*
フリガレ Flygare
ブーリガン Bouligand
ブリガンティ Briganti
ブリガンティノ
Brigantino
ブリーキー Breakey
ブリーギ Brighi
ブリキ Briki
ブリギイタ Brigitta
フリギウス Phrygius
ブリギタ Brigita
ブリキック Brkić
ブリギッタ
Brigida
Brigita
Brigitha
Brigitta*
ブリギッテ Brigitte**
ブリギット Brigitte*
ブリギッド
Bridget
Brigid
ブリギテ Brigitte
プーリキナ Pul'kina
プリキナ Pul'kina
ブーリキネ
Bourykine*
フリギン Flygind
グーリク Gulik
フリーク
Freek
Freke
ブーリク Buhlig
ブリーク
Bleek
Brik*
ブリク
Bricout
Burik
ブリグ Brig
プリーグ Preeg
プリグ Pullig
ブリクサ Blixa
ブリクシ Brixi
フリクション Friction
フリークス
Fleecs
Fleeks
ブリクス
Blix**
Brix
ブリグス Briggs
ブリグズ Briggs
ブリクセン Blixen**
ブリクセンコヴァ
Bryksenkova
フリクソス
Frixos
Phrixos
フリクトン Fricton
ブリークネル Brikner
ブリグノラ Brignola
ブリクモン Bricmont
ブリクリウ Bricriu
ブリークレイ
Bleackley
ブリケ Briquet
フリケット Flicket
プリケット Prickett**
ブリゲリ Brighelli
フリゲリオ Frigerio
フリーゲル Fliegel
ブリーゲル Briegel
ブリケル
Brickell
Briquel
ブリゲール Briegel
ブリケルト Burkert
ブリケン Briken
プーリケン Pouliquen
プリケン Pouliquen
ブリコ
Bourricaud
Brico
ブリコー Bourricaud
プーリゴ Puligo
ブリコウ Bricaud*
プリゴジーヌ
Prigogine
プリコジン Prigogine
プリゴジーン
Prigogine*
プリゴジン
Prigogine*
Prigozhin
プリゴダ Prigoda
プリコプ Pricop
プリゴフ Prigov
プリゴロフ
Prygorov
Pryhorov
フリーザー Frieser*
フリーザイラー
Freezailah
プリザーヴド
Preserved
ブリサク Brissac
ブリサック Brissac
ブリザック Brisac
プリーサック Plesac
ブリザード Blizzard
フリサル Flisar
ブリザール
Brisard*
Brizard
プリサール Plissart
ブリザン Brězan
プリーサント Pleasant
プリザント Prizant
フリーシー Freethy
フリシ
Flissi
Fryś
ブリジ
Brigi
Brij*
プリージ Puglisi*
プリシ Puglisi
プリシー Puglisi
プリシア Priscilla
フリシィク Hricik
プリーシヴィン
Prishvin**
プリシヴィン
Prishvin*
ブリジウォーター
Bridgewater
フリシウス Frisius
フリージェシ Frigyes
フリジェシ Frigyes
フリジェシュ
Frigyes**
フリジェス Frigyes
ブリジェス Bridges
ブリジェズ Bridges**
ブリジェット
Bridget**
Bridgett
Brigette
プリジェット Pridgett
フリジェーニ Frigeni
プリシェペンコ
Prischepenko
フリジェリオ Frigerio
ブリジェンス Bridgens
プリジオーニ Prigioni
ブリシオーネ
Briscione
フリージケ Friesike
フリジス Frigyes
ブリジス Bridges
プリシス Plessis
ブリジーダ Brigida
フリシチェンコ
Hryschenko
ブリジッタ Brigida
プリシッチ Pulisic
ブリジッテ Brigitte
ブリジット
Bridget**
Bridgette*
Brigette
Brigid*
Brigit
Brigitte***
ブリジッド
Brigid***
Brigitte
ブリシディーズ
Vlissides
ブリシデイース
Vlissides
ブリシデス Vlissides
ブリジド
Bridget
Brigid
プリジナー
Prusinar
Prusiner
プリーシビン Prishvin
プリシビン Prishvin

プリシマ Purisima
ブリジマン Bridgman
フリジメーリカ
Frigimelica
ブリジャー Bridger
プリシャジニュク
Prysyazhnyuk
プリジャン Prigent
フリーシュ Frijsh
フリシュ
Fliche
Friche
プリシュカ Plishka
フリシュクネヒト
Frischknecht
プリシュタップ
Prezystup
フリシュマン
Frischman
フリショ Frichot
フリショー Frichot
ブリジョ Burillo
プリショタ Plichota*
プリシーラ Priscila
プリシラ
Priscila
Priscilla**
Prishilla
ブリージール
Breazeale
ブリジール Breazeal
フリージンガー
Friesinger**
ブリジンス Bridgens
フリース
Fliess
Freas
Frees
Freese*
Freeth*
Frese
Fries*
Friesz
Friis***
Vries**
フリーズ
Frease
Freese
Freeze*
Frese
Fries*
Friese*
Frieze
Frize
Vries
フリス
Friis*
Fris
Frith**
ブリース
Bleeth
Blyth
Blythe
Breese
Brice
Vries**
ブリーズ
Brees*
Breese
Breeze
Brize
ブリス

フ

Bliss**
Blythe
Brice***
Briss
Briz
Bullis
Burris
ブリズー Brizeux
プリース
Pleeth
Preece
プリーズ Pleas
プリス
Brice
Pliss
Prys
フリズイ Frisi
ブリーズィ Breezy
ブリスヴィル
Brisville***
ブリスウォルド
Brithwald
ブリスエラ Brizuela
プリスカ
Pliska
Prisca
Priscah
Príska
ブリスカル Blyskal
ブリスキ Briski
プリスキアーヌス
Priscianus
プリスキアヌス
Priscianus
ブリズギナ Bryzgina
プリスキラ
Priscilla
Príska
Prískilla
プリスキリアーヌス
Priscillianus
プリスキリアヌス
Priscillianus
フリスキン Friskin
ブリスキン Briskin
ブリスク Briske
プリスク Plisk
プリスクス
Pricus
Priscus
フリスケン Frisken
ブリスコ
Brisco**
Briscoe
ブリスコー
Brisco
Briscoe*
プリスコ Prisco
プリスコス
Priscus
Priskos
ブリースコルン
Brieskorn
プリースター Priester
プリスター Priester
フリースタッド
Friestad
ブリスタノフ
Blistanov
プリスターフキン
Pristavkin**
Pristávkin
フリスチアーニン
Khristianin
フリスチアン
Christian
フリスチェンコ
Khristenko
プリステ Prieste
フリスティアナ
Hristiana
フリスティアノーヴィチ
Khristianovich
フリスティアノヴィチ
Khristianovich
フリースティツィ
Hristić
フリスティッチ
Hristic
Hristić
フリスティナ
Khristina
ブリーズデイル
Bleasdale
フリーステデン
Fliesteden
ブリーズデール
Bleasdale
フリステンコ
Khristenko**
フリスト
Christo
Frist*
Hristo**
Khristo**
ブリスト Vlist*
ブリストー Bristow
プリースト Priest***
フリストゥ
Christou
Khristou
ブリストウ Bristow*
フリストヴァ Hristova
フリストス
Chrêstos
Christos
Chrístos
プリストースキー
Prystowsky
フリストドゥロス
Christodoulos
プリーストナー
Priestner
フリストバ Hristova
フリストフ
Christov
Hristov
Khristov
プリストフ Prezystup
フリストフィアス
Christofias**
フリストフォロス
Christoforos
プリーストマン
Priestman
フリストラドノフ
Khristoradnov
プリーストランド
Priestland
プリーストリ
Priestley*
プリーストリー
Priestley***
プリストリ Priestley
プリーストリィ
Priestley
ブリストール Bristol
ブリストル Bristol**
プリーストレー
Priestley
プリーストレイ
Priestley
フリストワ Khristova
フリーストーン
Freestone*
フリストン Friston
プリストン Preston
フリーズナー Friesner
フリスナー Friesner
ブリズナコフ
Bliznakov
プリスニエ Plisnier
プリースニッツ
Priessnitz
ブリズニュク Bliznyuk
フリースバッハ
Fliessbach
ブリズバール
Brisebarre
ブリスバルター
Briswalter
フリスビー Frisby
フリスビィ Frisby
プリズビラ Przybilla
ブリスビル Brisville
プリスビロー
Przybylo
ブリズビン Brisbin
ブリスベーン Brisbane
ブリスベン Brisbane
ブリズベーン Brisbane
ブリズベン Brisbane
フリスボールド
Frisvold
ブリースボワ
Briesbois
ブリースマイスター
Briesmeister
プリスマーノワ
Prismánva
フリーズマン
Friesmann
フリスマン
Fleishman*
ブリースマン
Briesmann
プリスメンスカ
Pysmenska
ブリスラヴ Burislav
フリースランダー
Vrieslander
ブリスランド Bilsland
プリースランド
Priestland
ブリスリー Brisley*
ブリズリー Brisley
フリーズリク
Friedrich
フリズレイフスドッティル
Fridleifsdottir
プリズレニ Prizreni
フリスワルド
Frithuwald
フリーゼ
Friese
Frieze
フリゼー Frisé*
ブリーゼ
Bliese
Briese
ブリセ Brisset**
ブリセー Brisay
プリーセ Pugliese*
ブリセイス Briseis
プリセツカイア
Plisetskaya
プリセーツカヤ
Plisetskaya
プリセツカヤ
Plisetskaia
Plisetskaya**
ブリセッティ Briccetti
ブリセット
Blissett*
Brissett
Brissette
ブリーゼニク
Briesenick
ブリセーニョ
Bricenõ
Briceño
ブリセニョ Briceño
ブリーゼマイスター
Briesemeister
フリーゼル Friesel
フリゼール
Frisell*
Frissell
フリゼル Frizzell
フリーセン Friesen
フリーゼン
Friesen*
Vriezen
ブリーセン Briessen
ブリーゼン Briesen
プリーゼンス
Pleasance
ブリゼンディーン
Brizendine
フリーゼンハーン
Friesenhahn
フリソー Friso
フリゾ Frizot
ブリソ
Brissaud
Brissot
ブリソー
Brissaud
Brisseau*
Brissot
フリソストミデス
Chrysostomides
フリゾーニ Frisoni
ブリソネ Briçonnet
フリソフォイディス
Chrisochoidis
ブリゾラ Brizola
フリーソン Fleeson
フリゾン Frison
ブリソン
Brisson
Brysson
ブリゾン Brizon
プリソン Plisson
ブリソンネー
Briçonnet
フリーダ
Freada
Freda**
Freeda
Freida*
Frida**
Frieda**
Frínda
フリーダー Frieder*
フリダ Frida*
ブリタ Brita*
プリータ Purita*
プリーダー Preeda*
プリダ Prida
ブリタニー
Brittainy
Brittany***
ブリタニクス
Britannicus
ブリダーヌス Buridan
ブリダヌス
Buridan
Buridanus*
プリータム
Pritam
Prītam
プリタム Pritam
プリダム Pridham
フリダヤ Hridaya
ブリダル Bridal
フリーダン Friedan**
ブリタン Brittan**
ブリダン Buridan
フリダンソン
Fridenson
ブリタンニクス
Britannicus
フリチ Frycz
ブリーチ Bleach
フリーチェ Friche*
プリチェット
Pritchett**
プリチェッリ Puricelli
プリチェリ Puricelli
フリチオフ Frithiof
ブリーチキナ
Brichkina
フリチゲルン Fritigern
ブリチコフ Brychkov
ブリチス Bricis
プリチネージョ
Prichinello
プリーチャー
Preacher*
Preecha

Prichā
ブリチャー Pricha
プリーチャーコーン
Priichaakoon
プリチャード
Prichard**
Pritchard**
プリチャニッチ
Pličanič
ブリチュラーゼ
Burchuladze
フリチョフ
Fridtjof
Fritjof
フリーツ Frits
プリツァー Pulitzer
フリッカー
Flicker*
Fricker**
ブリッカ Blicher
ブリッカー
Blicher
Bricker*
ブリッガー Bligger
プリッカー Prikker*
プリツカー Pritzker**
ブリッカス Bricusse
ブリッガム Brigham
フリッキオーネ
Fricchione
フリッキンガー
Flickinger
フーリック
Gulick
Gulik*
フリック
Flick**
Flik
Frick***
Fullick
フリッグ Frigg
ブリック
Blik
Brick*
Bricq
Bulic
Burik
ブリッグ Brigg
プリック Prick
ブリックス
Blix
Brix**
ブリッグス
Brigges
Briggs**
ブリッグズ Briggs***
プリックス Prix*
ブリックスナー
Brixner
ブリックディル
Brickdale
ブリックナー Brickner
ブリックハウス
Brickhouse
ブリッグハウス
Brighouse*
ブリックヒル
Brickhill*
フリックヒンガー
Frickhinger
ブリックマン
Blickman
ブリッグマン
Bridgman
Brigman*
Bryggman
ブリックヤード
Brickyard
フリックランド
Fryklund
ブリックリン Bricklin
ブリックレ Blickle
フリッケ Fricke*
ブリッケル
Blicher
Brickell*
ブリッケン
Blickhan
Bricken
フリッケンガー
Flickenger*
フリッケンシルト
Flickenschildt
ブリッケンスデルファー
Blickensdörfer
フリッシー Flichy
ブリッジ
Bridge*
Bridges
Burridge
ブリッジウォーター
Bridgewater**
フリッシェ Frisch
ブリッジェス Bridges
ブリッジェズ Bridges*
ブリッシェン Blishen*
ブリッジス Bridges**
ブリッジズ
Bridges***
Brydges
ブリッジタワー
Bridgetower
フリッシネ Freyssinet
ブリッジポート
Bridgeport
ブリッジマン
Bridgeman
Bridgman**
ブリッジャー Bridger*
フリッシャウアー
Frischauer
ブリッジャーズ
Bridgers
フリッシュ
Fliche
Frisch**
Frish
Friss
ブリッシュ
Blish**
Brisch
フリッシュアイゼン
Frischeisen
フリッシュマン
Frischman
Frischmann
Frishman*
フリッシュムート
Frischmuth
フリッシュリーン
Frischlin
フリッシュリン
Frischlin
ブリッショー Bricceau
ブリッス Bliss
ブリッセ Brisset
フリッセル Frisell
フリッゼル Frizzell
フリッセン Frissen
ブリッセンデン
Brissenden
ブリッソ Brissot
ブリッソー Brissot
フリッソーニ Frissoni
ブリッソン
Brisson*
Brysson
プリッソン Plisson
フリッタ Fritta
フリッター Fliter*
ブリッタ Britta**
プリッダート Priddat*
ブリッターニ
Brittanie
ブリッタニー Brittany
フリッタマン
Flitterman
ブリッタン Brittan
フリーッチー
Frietschie
フリッチ
Fritchie
Fritsch*
Fritzsch
フリッチー Fritchie
ブリッチ Brycz*
プリッチ Puric
フリッチェ
Fritsch
Fritsche
Fritzsche*
プリッチェット
Pritchett
プリッチェト
Pritchett
フリッチナー
Fritschner
ブリッチャー Brecher
フリッチャイ Fricsay*
プリッチャード
Pritchard**
フリッチュ
Fritsch**
Fritzsche
Frycz
ブリッチュ Britsch
フリッチュラー
Fritschler
フリッチョフ
Fridtjof*
Frithiof
Frithjof
Fritjof*
プリッチン Pritchin
フリッツ
Frits**
Fritts
Fritz***
Friz
ブリッツ
Blitz*
Brietz
Brits
Britz
ブリッツァー Blitzer
プリッツァーリ
Plizzari
フリッツィ
Fritzi
Fritzie
ブリッツィ Brizzi*
フリッツェ Fritze*
フリッツェル
Frizelle
Frizzell
フリッツォン Fritzon
プリッツォーン
Prizzon
プリッツカー Pritzker
ブリッツスタイン
Blitzstein
フリッツソン Fritzson
フリッツネル Fritzner
フリッツハント
Fritzhand
フリッツハンド
Fritzhand
ブリッツブロウ
Blitzblau
ブリッツマン
Breitzman
Britzman
ブリッテイン Brittain
ブリッティング
Britting*
ブリッテン Britten
フリット Gullit*
フリッド Frid*
ブリット
Brit*
Brito*
Britt**
Britto
Bullett
Bullitt
ブリッド Brid
プリット
Plitt
Pritt
ブリッドウェル
Bridwell**
フリットクロフト
Flitcroft*
フリットナー Flitner*
ブリットネル Britnell
フリットフム
Fritthum*
ブリッドポート
Bridport
フリッドマン
Fridmann
プリットマン
Plitmann
ブリーツトラ Vlietstra
ブリットランド
Britland
フリットリ Frittoli**
ブリットン
Britton*
Brritton
フリッピン Flippin
フリップ
Flip**
Fripp*
Philip
プリップ Prip
ブリッフォート
Briffault
ブリッフォールト
Briffault
ブリッフオルト
Breffault
フリッペン Flippen
フリッポ Flippo
フリッロ Furillo
フリーデ Fride
ブリーディ Bready
ブリティ Burity
ブリディ Blidi
プリーティ Preety
プリーディ Preedy
プリーディー Pridi
プリティ
Pretty*
Priti
Prittie
Pṛthvī
プリディ
Priddy*
Pridi*
ブリティウス Britius
フリティオフ
Frithiof
Fritiof
ブリディガム
Bridigum
フリティゲルン
Fritigern
ブリーディティス
Brieditis
プリティフロンザック
Pretti-Frontczak
プリティマン
Prettyman*
プリディヤトン
Pridiyathorn*
ブリティン Brittin
ブリテイン Brittain
ブリーディング
Breeding
ブリテェイン Brittain
フリーデク Friedek*
フリーデゴード
Fridegård
ブリーデス Bredes*
ブリテス Brites
フリデスウィデ
Frideswide
フリデスヴィーデ
Frideswide
ブリテナム
Brittenham
ブリデーヌ Bridaine
フリーデブルク

フ

Frideburg
Friedeburg
フリーデベルク
Friedeberg
フリーデベルト
Friedebert
フリーデマン
Friedemann**
フリデリ Fridelli
フリデリカ Friderica
フリデリク
Frédéric
Friedrich
フリーデリーケ
Friederike
フリーデリケ
Friederike*
フリデリーケ
Friederike
フリデリケ Friederike
フリーデリスト
Hudelist
フリーデリーツィ
Friederici
フリデリーツィ
Friderici
フリーデリッチ
Friederich
フリーデリヒス
Friederichs
フリーデリント
Friedelind
フリーデル
Friedel*
Friedell*
Frieder
フリデル
Fridell
Friedel
ブリーデル Bridel
ブリデル Bridel*
フリテルス
Frijters
Frjiters
フリーデン
Freeden
Frieden**
ブリーデン
Blyden
Breeden**
ブリテン
Britain*
Brittain**
Brittan
Britten*
ブリデン Bridenne
フリーデンスブルク
Friedensburg
フリーデンスブルヒ
Friedensburg
フリーデンスベルク
Friedensburg
フリーデンスライヒ
Friedensreich**
フリデンソン
Fridenson
フリーデンタール
Friedenthal*
フリーデンバーグ
Friedenberg
フリーデンベルグ
Friedenberg
フリーデンライヒ
Friedenreich
フリデンルント
Frydenlund
フリート
Fleet**
Fleetwood
Flete
Flit
Fried*
Vliet**
フリード
Frede
Freed**
Fried**
ブリート
Brith
Brito
ブリード
Breed*
Breedt
ブリト
Brito
Britto
ブリトー Brito*
プリート
Preet
Prieto
Priit*
プリード
Pread
Pulido
プリドー Prideaux*
プリドウ Prideaux
プリトヴィ
Prithvi
Pṛthvī
フリドヴィッチ
Fridovich
ブリトヴィッチ Britvić
プリトヴィーラージ
Prithvīrāj
プリトヴィーラージャ
Pṛthvīrāja
プリトヴィーラージュ
Prithvīrāj
プリトヴィラージュ
Prithviraj
プリトゥヴィーラージ
Prithvīrāj
プリトゥヴィーラージァ
Prithvīrāj
プリトゥヴィーラージャ
Prithvīrāj
プリトゥヴィラージャ
Prithvīrāj
ブリドウェル Bridwell
フリドゥギス Fridugis
フリートウッド
Fleetwood**
フリートウド
Fleetwood
フリードゥル Fliedl*
ブリトゥン
Brittain
Britten
フリードキン
Freedkin
Friedkin**
ブリトス Britos
フリードソン Freidson
フリートナー
Fliedner
Flitner
フリードナー Fliedner
ブリドナー Blidner
ブリトニー
Britney*
Brittney**
フリドーノ Fridono
フリートハイム
Friedheim
フリードハイム
Freedheim*
Freidheim*
Friedheim
フリドハイム
Fridheim
フリードバーグ
Freidberg
Friedberg*
フリードバッカー
Friedbacher
フリードバンファルビ
Fried-Bánfalvi
プリトビ Pṛthvī
フリードビヒレル
Friedbichler
プリトビーラージ
Prithvīrāj
プリトビラジ
Prithviraj
プリトビラジェシン
Prithvirajsing
プリトビラシン
Prithvirajsing
フリードヒリ
Friedrich
フリートフ Vriethoff
フリードファチーグ
Friedfertig
フリートベルク
Friedberg
フリードベルク
Friedberg*
フリードベルグ
Friedberg*
フリードベルゲル
Friedberger
フリートヘルム
Friedhelm
フリードヘルム
Friedhelm*
フリートホッフ
Frithjof
フリートホーフェン
Friedhofen
プリドボロフ
Pridvorov
フリートマル
Friedmar
フリートマン
Friedman
Friedmann*
フリードマン
Freedman***
Freidman
Frideman
Fridman*
Fridmann
Friedemann*
Friedman***
Friedmann**
Frydman
フリドマン Fridman
フリートユンク
Friedjung
フリートユング
Friedjung
フリートライヒ
Friedreich
フリードライヒ
Friedreich
プリトラブ Pritlove
プリートラリー
Prītlaṛī
フリドラン Fridolin
フリードランダー
Friedlander**
Friedländer
フリードランド
Freedland*
Friedland
フリードリー Freedley
フリードリク
Friedrich
フリードリクス
Friedrichs*
フリードリクセン
Fridrichsen
フリドリクセン
Fridrichsen
フリドリクソン
Fridrikson
Fridriksson
フリードリック
Friedrich
フリドリック Fridrik*
フリードリックス
Friedrichs
フリードリッシュ
Friedrich
フリートリッヒ
Friedlich
Friedrich*
フリードリッヒ
Fridrikh*
Friedrich***
フリドリッヒ
Friedrich
フリードリッヒス
Friedrichs
フリートリヒ
Friedrich*
フリードリヒ
Frédéric
Frederik
Freidrich
Freiedrich
Fridrikh
Friederich
Friedlich
Friedrchich
Friedrich***
フリドリヒ
Friedrich
Frydrych
フリードリヒス
Friedrichs
フリードリープ
Friedlieb
フリードリヤンド
Fridliand
フリードリーン
Fridolin
Friedolin
フリードリン Fridolin
フリドリン Fridolin
フリートル Friedl
フリードル
Friedel
Friedl*
ブリトル Brittle*
プリドル Priddle
フリードルヒ
Friedrich
フリドルフ Fridolf
フリードレー Freedley
フリードレヴィッツ
Frydlewicz
フリドレーンジェル
Fridlender
フリートレンダー
Friedlaender
Friedländer*
フリードレンダー
Friedlaender
Friedländer
フリードレンデル
Fridlénder
Friedlaender
Friedlander
ブリードン Braedon
ブリトン
Briton
Britten
Britton***
ブリドン Bredon
フリーナー Fleener
ブリナ Vrinat
ブリナー Brynner*
プリーナ Prina
フリーニ Furini
フリーニー
Freeney*
Freeny
ブリニ Brini
プリニイ Plinius
プリーニウス Plinius
プリニウス
Plinius*
Pliny
プリニェ Plisnier
プリニエ Plisnier
ブリニェッティ
Brignetti
プリーニオ Plinio
プリニオ Plinio
プリニース Prineas*
ブリニッグ Brinig
ブリニャック Brignac
フリニャーティ
Fulignati
ブリニョウルフソン
Brynisifsson
Brynjólfsson

ブリニョーネ
Brignone
ブリニョネ Brignone
ブリニョーリ Brignoli
ブリニョルフソン
Brynjolfsson*
ブリニョン Bourignon
ブリニヨン Bourignon
ブリニン Brinnin**
ブリヌル Brignull
フリネ Phrynē
ブリネアス Prineas
ブリネス Brines*
フリネビチ
Hrynevych
ブリネル Brinell
フリノー Freneau*
プリノ Prenot
ブリーノヴ Blinov
プリノジル Prinosil
フリノフ Khlynov
ブリノフ Blinov*
ブリノワ Blinova
プリバー Privat
プリバイル Pribyl
フリーバーガー
Freiberger
フリーバーク Freeburg
フリーバーグ
Freberg
Freeburg
プリーバス Priebus*
プリバーセック
Plibersek
プリバディ Pribadi
プリハトミ Prihatmi
ブリハドラタ
Bṛihadratha
プリバロフ Privalov
フーリハン
Houlihan
Hourihan
フリーハン Freehan
フリハン
Hourihane
Hourlhane
プリービエ Plievier
プリビエー Plievier
ブリビエスカス
Bribiescas
プリービスラフ
Pribislav
プリビテラ Privitera*
ブリヒド Brigido*
プリビリネツ
Pribilinec
プリビル Pribyl*
ブリーヒン Brechin
ブーリフ Vulikh
ブリーフ Brief
ブリフ Blif
ブリファ Briffa
プリフィカシオン
Purificación
Purificatión
プリフィテラ Prifitera
ブリフォー Brifaut
ブリフォート Briffault
ブリフォールト
Briffault
ブリフオルト Briffault
プリブケ Priebke
フリプケンス Flipkens
ブリーフス Briefs
プリーブスト Priebst
フリプセ Flipse*
ブリフトヴァ
Brychtová
プリブラム Pribram
プリブル Pribyl
フリブーレ Friboulet
プリプレム
Preeprem*
プリーベ Priebe
フリーベリ Friberg
フリヘリオ Frigerio
フリーヘル Vlieger
フリーベル Friebel
プリベール Privert
プリーベルク Prieberg
ブリヘンティ
Brighenti
フリーヘントハルト
Vliegenthart
フリーボー Fribault
フリボ Fribo
フリボー Fribault
フリポ Flipo
プリボーイ Priboi
プリボイ Priboi*
プリホチコ Prikhodko
プリホドチェンコ
Prikhodtchenko
フリホリー
Gregory
Grigorii
フリホリイ
Gregory
Grigorii
フリーボリン
Friebolin
フリーボロー
Freeborough
フリホロヴィチ
Grigor'evich
フリーボーン
Freeborn
フリマー Frimmer
ブリーマー Breamer
ブリマ Brima
ブリマー
Brimmer
Brimner*
プリーマー Priemer
プリマ Prima*
プリマー
Plimer
Plimmer*
プリマヴェーラ
Primavera
プリマヴェラ
Primavera
プリマコーフ
Primakov
プリマコフ
Primachenko
Primakov***
プリマーシウス
Primasius
プリマシウス
Primasius
プリマス
Primas
Primus
プリマチェンコ
Primachenko
プリマック
Premack
Primack*
プリマティッチオ
Primaticcio
プリマティッチョ
Primaticcio
フリーマン
Feeman
Fleeman
Fleming
Freedman
Freeman***
Frieman
Frimann
フリマン
Friman
Frimann
ブリーマン Vreeman
フリマンソン
Frimansson**
フリーマントル
Freemantle**
プリミアーノ
Primiano
プリミケーリウス
Primicerius
プリミュー Primeau
プリミュージク
Premuzic
プリミュジック
Premuzic
ブリミロ Brimilo
ブリミン Brimin*
ブリミンキプロプ
Brimin Kiprop
フリーミング
Fleeming*
フリム
Flimm
Frim
Grim
ブリーム Bream**
ブリム Brim
プリム
Prem*
Prim**
プリームス Primus
プリムス Primus
プリムソル Plimsoll
ブリムソン Brimson
ブリムナー Brymner
ブリムホール Brimhall
フリムラン Pflimlin*
ブリムリー Brimley*
フリムル Friml
ブリムレイ Brimley
プリムローズ
Primrose**
フリメル Frimmel
プリーモ Primo**
プリモ Primo**
ブリモア Bullimore
プリモジック Primozic
プリモーシュ Primoz
プリモシュ Primoz
プリモジュ
Primmoz*
Primoz
Primož**
プリモラツ Primorac
プリモラッチ
Primorac
フリーモン Fremont
フリーモント
Fremont*
Frémont
フリモント Fremont
フーリャ Julia
ブリャ Burya
ブリヤ Brillat
プーリヤ Pouria*
プリヤ Priya*
プリヤダルサナ
Priyadharsana
プリヤダルシャナ
Priyadharshana
プリヤディ Prijadi
フリャナ Fullana
プリャーニシニコフ
Pryanishnikov
プリャニシニコフ
Pryanishnikov
プリヤニシニコフ
Prianishnikov
プリャニシュニコフ
Pryanishnikov
プリャーニチニコワ
Prianichinikova
Pryanichnikova
プリャーヒン
Priakhin
Priakhn
プリヤランジャン
Priyaranjan
フリヤン Furijan
ブリヤン
Brillant
Burian
プリヤンカラ
Priyankara
プリヤンス Priyansu
ブリャンチャニーノフ
Brjančaninov
Bryanchaninov
ブリャンツェフ
Bryantsev*
ブリヤンテス
Brillantes**

プリヤンバダ
Priyamvada
フリュー Flew
ブリュ Bru
ブリュー
Belew
Brew
Brieux**
ブリユー Brieux
プリュー Plewe
フリューア
Flur
Flür
ブリューア
Breuer
Brewer
ブリューアー
Blüher
Brewer
ブリュア
Brewer
Bruhat*
ブリュアー
Breuer
Brewer
フリューアウフ
Frueauf
ブリュアクシス
Bryaxis
プリュアル Prual*
ブリュアン
Brillouin*
Bruant*
Bruyn
ブリユアン Brillouin
ブリュイエエル
Bruyèré
ブリュイエール
Bruyèré
ブリュイエール
Bruyere
Bruyère
Bruyèré
プリュイット Pruitt
ブリュイヤール
Bruillard
ブリュイール Bruyr
プリュイレール
Pruilhere
プリューイン Pruyn
プリュイン Pruyn
ブリュウ
Brieux
Brühl
プリュヴァー Prüwer
ブリュヴァル Bruwal
フリューヴィルト
Frühwirt
プリュウフェル Prufer
ブリュエス Brueys
ブリュエット Blewett
プリューエット Pruett
ブリュエル
Bruel*
Bruyèré
ブリュエンニオス
Bryennios
Bryénnios
フリューガー Pfüger

フ

ブリューガー Pflüger
ブリュガレ Bryggare
ブリュガレニーナ
Bryggare och Nina
ブリュギエール
Bruguière*
フリュキガー
Flückiger
フリュク Fryk
フリュクセル Fryxell
プリュークフェルデル
Plyukfelder
フリューゲ Flügge
フリューゲェ Flügge
フリューゲル
Fliügel
Fluegel*
Flügel*
ブリューゲル
Bruegel*
Brueghel*
ブリュゲルマン
Brügelmann
フリュゲン Fluggen
ブリュゴス
Brugos
Brygos
プリューゴープト
Pflughaupt
フリューザン Flusin
プリュザン Pruzan
ブリュージェ Bruges
ブリュジェイユ
Brugeilles
フリュシェール
Fluchère
ブリュジェール
Brugère
ブリュジエール
Brugière
ブリュジーズ
Bruzzese*
ブリュージュ Bruges
ブリュシュ Bluche
プリューシュ Pluche
プリュシュ Pluche
フリューシュトゥック
Frühstück
フリュショー
Fruchaud
ブリュース Bruce*
ブリュス Bruce
プリュース Preuss
プリュス
Plus
Prüss
ブリュスカンビーユ
Bruscambille
ブリュースター
Brewster*
フリュスティン
Clustine
ブリュセンドルフ
Brusendorff
ブリューソヴァ
Briusova

ブリューソフ
Briusov
Bryusov**
ブリュソロ
Brussolo**
プリューターク
Plutarchus
プリュターク
Plutarchus
プリュダンス
Prudence
ブリュチ Blutch
プリュチャウ
Plütschau
プリュッカー Plücker
フリュッキガー
Flückiger
フリュック Flueck
ブリュック
Bruck
Brück
Bryk
ブリュックゲマイアー
Brüggemeier
ブリュックナー
Bruckner
Brückner*
Brueckner*
プリュックナー
Prückner
ブリュックネール
Bruckner*
ブリュックベルジェ
Bruckberger
ブリュッグマン
Brüggemann
フリュッゲ
Flugge
Flügge*
ブリュッケ Brücke
ブリュッゲ Brügge
プリュッケ Pluquet
ブリュッゲマン
Brueggemann
Brüggemann
ブリュッケル Brucker
ブリュッス Brusse
ブリュッセイ Blussé*
プリュッティング
Prütting*
ブリュットマン
Bruttmann
ブリュッハー Blücher*
ブリュッヒャー
Blücher*
Brücher*
ブリュッヘ
Bruche
Bruges
Brugge
ブリュッヘル
Blücher
Blyukher*
ブリュツヘル Blücher
ブリュッヘン
Brueggen
Brüggen**
ブリューデイ
Brühl Day

ブリュディユ Brudieu
フリューディング
Fröding
ブリュデュー Brudieu
ブリュテュス Brutus
ブリュテル Burutel
ブリューデレ Brüderle
フリューデンタール
Freudenthal
フリュート Flute
ブリュトー Bluteau*
プリュドオム
Prudhomme
ブリュートナー
Blüthner
プリュドニコフ
Prudnikov
フリュトベルク
Frydtberg
プリュードム
Prudhomme
プリュドム
Prudhomme**
Prud'homme
プリュードン
Prud'hon
プリュドン
Prudhomme
Prud'hon
Prudon
プリュドンム
Prudhomme
ブリューナ Brunat
ブリュナー Brunat
ブリュナッシュ
Brunache
ブリュナメェル
Brunhammer
ブリュナメール
Brunhammer
ブリュニウ Brunius
プリュニエ Prunier
ブリューニェス
Brünjes
プリュニエール
Prunier
Pruniéres
Prunières
フリュニコス
Phrunikhos
Phrynichos
フリューニコス
Phrynichos
プリュニコス
Phrynichos
ブリュニール
Bruyneel
ブリューニング
Brüning*
ブリューヌ Brunhes
ブリュヌ
Brune
Brunhes
ブリュヌチエール
Brunetière
ブリュヌティエール
Brunetière
ブリュヌラン Brunelin
フリュネ Phrynē

フリュネー Phrynē
ブリューネ Brunet
ブリュネ Brunet**
ブリュネラン Brunelin
ブリュネル Brunel*
ブリューノ Bruno**
ブリュノ
Bruno**
Brunot**
ブリュノー
Bruneau*
Brunold
Brunot*
ブリューノフ Brunhoff
ブリュノフ
Brunhoff***
ブリュノール Brunold
ブリュノワ Brunoy
ブリュノン Brunon
ブリュハノフ
Briuchanov
Bryukhanov
ブリュハンコフ
Bryukhankov
ブリュヒャー Blücher
プリューファー
Prüfer
Pruüfer
ブリュフォード
Bruford
ブリューベーカー
Brewbaker
フリューベック
Frühbeck**
ブリューベリ Vruberi
ブリューヘル
Blyukher
Bruegel
Brueghel
プリュボ Pruvost
ブリュホネンコ
Bryukhonenko
ブリューミン Bliumin
ブリューム
Blühm
Blüm
Blume
ブリュム Blum
プリュム
Plume
Prüm*
ブリュムナー Blümner
ブリューメル Brumel
ブリュメル Brumel
ブリューメンターリ
Bliumental'
ブリュモン Brumont
フリューラー Flüeler
ブリューラー Bleuler
フリューリング
Frühling
ブリュール
Bruhl*
Brühl**
Brüll
ブリュル
Bruhl*
Brull
Brüll*
Bruls
プリュール Prieur
フリュールシャイム
Flürscheim
ブリュールマン
Brühlmann*
ブリューレ Brûlé*
ブリュレ
Brule
Brulé
Brûlé*
Bruley
ブリュレル Bruller
ブリューロフ Bryullov
ブリュローフ Bryullov
ブリュロフ Bryullov
フリューワー Frewer
ブリューワ Brewer*
ブリューワー
Brewer**
ブリュワー Brewer*
ブリュワード Breward
ブリューン
Brun
Brunhes
Bruyn*
ブリュン
Brun
Brunhes
ブリュンチェール
Brunetière
ブリュンチエール
Brunetière*
ブリュンティエール
Brunetière*
ブリュンヌ Brunhes
ブリュンヒルデ
Brunhilde
プリュンマー
Prümmer
ブリュンユルフ
Brynjulf
プリョイセン
Proysen
Prøysen*
ブリョースキ Brioschi
フリョーディング
Fröding
フリョーデング
Fröding
プリョードル Prodl
フリョーロフ Flerov*
ブリヨン Brion**
ブリョンダル Blöndal
プリラー Priller
プリラツキー
Prelutsky**
フリラブ Fullilove
ブリランテ Brillante
フリーラント Fryland
フリーランド
Freeland*
Fryland
ブリーランド
Breeland
Vreeland**
フリーリ Freely

フ

ブリーリー Brealey
ブリリアント Brilliant
ブリリオート Brilioth
ブリリョヴァ Blilova
ブリリョーワ Bryleva
ブリリンガー
Brillinger
フリーリンク Frieling
フリーリング
Freeling***
フリーリングハイゼン
Frelinghuysen
フリリングヒューゼン
Frelinghuysen
ブリリンスキー
Brylinsky
フリール
Flier*
Freel*
Friel***
Friell
ブリール Breel
ブリル
Bril
Brill**
Burrill
プリール Pflier
プリル
Pril
Prill**
ブリルアン
Brillouin**
プリルコフ Prilukov
フリールズ Friels
ブリルスカ Bryská
プリルツキー
Prilutskii
Prilutsky
ブリルハート Brillhart
フリルマン Frillmann
ブリルメイアー
Brielmaier
プリレジャーエヴァ
Prilezhaeva
プリレポフ Prilepov
フリーレング Freleng
フリロ Furillo
ブリロフ Briloff
プリワロワ Privalova*
フーリン Chulainn
フリン
Chulainn
Flin
Flindt*
Flinn**
Flynn***
Fryn
ブーリン
Beurling
Boleyn
Boulin
Bullen
ブリーン
Bohlin
Boleyn
Brean*
Breen***
Bruyne
Bullen
ブリン
Blin
Blinn*
Boleyn
Brin**
Brinn
Bryhn
Bryn**
Bryne
Bullen
Vulin
プーリン Purin
プリーン Prien*
プリン
Prin
Prine
Prynne
Pullein
Pullin**
フリンカ Hlinka**
ブリンカー
Blinker
Brinker*
ブリンガー Bullinger
プリンガー Pullinger*
ブリンカット Brincat
ブリンカホフ
Brinkerhoff
プリンキー Prinkey
フリンク
Flinck
Flink
Frink*
フリング Vring
ブーリング Buringh
ブリンク
Brink***
Brinke
ブリング Bring
プリング
Pring*
Pulling
ブリンクイン Brinquin
フリングス Frings*
プリングスハイム
Pringsheim**
ブリンクトリネ
Brinktrine
ブリンクハウス
Brinkhaus
ブリンクボイマー
Brinkbäumer
ブリンクホルスト
Brinkhorst
ブリンクホーン
Blinkhorn
ブリンクマン
Brinckmann*
Brinkman**
Brinkmann**
ブリングマン
Brinkmann
ブリンクリ Brinkley*
ブリンクリー
Brinkley***
Brinkly
ブリンクリィ Brinkley
フリングル Hringur
プリングル Pringle**
ブリンクワース
Brinkworth
ブリンケビチウテ
Blinkeviciute
Blinkevičiūtė
ブリンケーホフ
Brinkerhoff
フリンゲリ Fringeli
ブリンゲル Bullinger
ブリンケン Blinken
ブリンコウ Blincoe**
プリンシパル
Principal
プリンシピ Principi
プリンジャー
Pullinger*
フリンス Frijns
ブリンス Brence
ブリンズ Bullins*
プリンス
Prince***
Prins*
Printz
プリンスィパル
Principal
ブリンスコ Brinsko
ブリンスター Brinster
プリンスター Prinster
プリンスタイン
Prinstein
プリンステレル
Prinsterer
プリンストン
Princeton
ブリンズミード
Brinsmead*
ブリンズリ Brinsley
ブリンズリー
Brinsley*
プリンゼ Prinze
プリンセシータ
Princesita
プリンセッサ
Princessa
プリンセップ Prinsep
プリンセプ Prinsep
プリンセン
Princen
Prinsen
プリンゼン Prinsen
ブリンソン Brinson*
フリンタ Frynta
フリンダース
Flinders*
フリンダーズ Flinders
フリンタム Flintham
ブリンチェフスキー
Blinchevskii
プリンチプ Princip
プリンチーペ Principe
プリンチペ Principe*
ブリンチマン
Brinchmann
ブリンツ Brinz
プリンツ
Prints
Printz*
Prinz**
Prinze
プリンツィープ
Princip
プリンツィプ Princip
プリンツホルン
Prinzhorn*
ブリンツラー Blinzler
プリンツラー Prinzler
ブリンデン Brynden
フリーンド Friend
フリント
Flindt
Flint***
Flynt**
Frint
ブリント
Blind
Brint
ブリンド Blind
プリント Print
フリントフ Flintoff*
ブリンドリ Brindley
ブリンドリー Brindley
ブリンドル Brindle
プリンドル Prindl
ブリンドルマイアー
Brindlmayer
フリントワ Frintova
フリントン Fullington
ブリントン Brinton**
ブリンナー Brynner*
プリンプトン
Plimpton***
Plympton
ブリンブルコーム
Brimblecombe
ブリンブルコム
Brimblecombe
ブリンベヒ Bürinbeki
ブリンヨルフソン
Brynjolfsson*
フール
Fuhr
Hoel
Hool
Hoole
Hur
フールー Fouroux
フル
Hull
Hur
Hure
フルー
Flew*
Flu
Flue
Fouroux
ブール
Boer**
Boole*
Bouir
Boule
Boulle***
Bour*
Bourg
Bourre
Buhl*
Buhr
Bull
Bur
Burr
ブールー
Beaulieu
Bouloux
ブル
Brou
Bul
Bull***
Bur
ブルー
Bleu
Blew
BLU
Blue***
Brew
Brou
Brout
Bru
Brue
プール
Peur
Pfuhl
Poel
Pole
Pool**
Poole***
Poor
Puhl
プル
Poel
Pul
Pull
Pulu
プルー
Plew
Proulx**
Prue
Prugh
フルーア Fleure
フルーアー Frewer
フルア Fleur
ブルーア
Bloor*
Breuer
Brewer*
ブルーアー
Brewer
Bruer
ブルア Bloor*
ブルアー Brewer
プルアイッチ Pruaitch
ブルアニ Bourhani
プールアハマッド
Pourahamad*
ブルーアム
Brougham*
ブルーアン Blouin
ブルーイ Bluey
フールイェルム
Furuhjelm
フルイェルム
Furuhjelm
フルィオリナ Flyorina
ブルイギナ Bulygina
ブルィギン Bulygin
ブルイギン Bulygin
ブルイク Bruyck
プルイザー Pruyser
プルィス Plewis
フルイストン
Khlystun

フ

ブルイゼ Pruidze
ブルーイット Bluiett*
ブルーイット
Pruett*
Pruitt**
ブルイット
Preuitt
Pruitt
フルイトス Fruitós
ブルイネ Bruïne
フルィネヴィチ
Grynevyč
フルィホーリイ
Hryhoriĭ
Hryhoriy
フルィホロヴィチ
Grigor'evich
フルィミッチ
Hrymych
プルイム Pluim
ブルイヤール
Brouillard*
ブルイユ Breuil*
フルイラー Fulwiler
フルーイン Fruin
ブルーイン
Blouin
Bruhin
Bruin
Bruyn
ブルイン
Bruin
Bruyn
プルーイン
Pruin
Pruyn
プルイン Pruyn
ブルーインズ Bruins
ブルウ
Bleou
Brou
プルーヴ Proeve
ブルウァー Bulwer
ブルウアー Breur
ブルヴァ Bulva
プルヴァー Pulver
プルーヴァル Proval
フルウィア Fulvia
フルヴィア Fulvia
プルヴィーア Pluvier
フルウィウス Fulvius
フルヴィウス Fulvius
フルヴィオ Fulvio*
フルウィッツ Hurwitz
フルヴィッツ
Hurvits
Hurwicz
Hurwitz*
プルウィット Prewitt*
ブールヴィル Bourvil
プルウィルス Pulvillus
フルーヴィルト
Fruwirth
ブルウィンケル
Bullwinkel
プルーヴェ
Prouve
Prouvé*
プルヴェ Prouve
ブルウェル Brouwer
プルーヴォ Prouvost
フルヴォイエ Hrvoje
プルヴォスト
Prouvost
フルウス Fulvus
プルウスト Proust
フルウッド Fullwood
プルウドン Proudhon
ブルウムヒールド
Bloomfield
ブルーウン Bruen**
ブルウン Bruun
ブルーエ
Blouet
Blouët
Broue
Broué*
ブルエ Beureueh
プルエ Pruett
ブルエーヴィチ
Bruevich
ブルーエット Blewett
プルーエット Pruett
フルエラ Fruela
フルエリン
Flewelling**
ブルーエル
Brouwer
Bruehl**
ブルーエン Bruen*
ブルオク Brieuc
ブルオン Buron
フルーカー Fluker
フルカ
Hulka
Huluka
フルガー Fulger
ブルーカー Brooker
ブルカ
Bulka*
Burka*
ブルガ Bourgat
ブルガー
Boulger
Brugger*
Burger***
プルカー Pulker
ブルガーク Bulgak
ブルガク Bulgak*
ブルガコーヴァ
Bulgakova
ブルガーコフ
Bulgakov**
ブルガコフ Bulgakov
フルガス Fargus
フルカーソン
Fulkerson
ブルガダ Brugada
フールカデ Fourcade*
フルカード Fourcade*
プルガトーリ
Purgatori
ブルガーニン
Bulganin*
フルカネリ Fulcanelli
フルガム Fulghum*
プルカヤスタ
Purkayastha
ブルガラキス
Voulgarakis
ブルガリ Bulgari*
ブルガリス Voulgaris
ブルガーリン Bulgarin
フルカル Furcal
ブルカール Bourcart
プルガル Pulgar
ブルガルス Bulgarus
ブルカルテル
Burkhalter*
ブルカルト
Burckard
Burkard*
Burkart*
ブルカルドゥス
Burchardus
プルガルビダル
Pulgar-vidal
ブルガレッリ
Bulgarelli
プルカレーテ
Purcărete
ブルガレリ Bulgarelli
フルカン
Fourquin
Furkan
ブルカン Brucan*
ブルガン Bourgain*
フルガンス Fulgance
ブルカンプ Burkamp
フルーギー Furūghī
フルギ
Frugi
Frūgī
フルギー Furughi
ブルーギー Bluege
ブルキ Bürki
ブルギ Burgui
フールキエ Foulquié
フルキエ
Foulquié
Foulquier
ブルキエッティ
Burchietti
ブルキエッロ
Burchiello
ブルキエロ Burchiello
ブルキッチ Brkic
フルギッツ Frgic
プルキニェ Pukyně
プルキニエ Pukyně
フルギニテイ Fulginiti
ブールギニョン
Bourguignon
ブルギニョン
Bourguignon**
ブルギノン
Bourguignon
ブルギーバ
Bourguiba
Būrqība
ブルギバ
Bourguiba*
Būrqība
ブールギャルド
Burghardt
ブルギリョス
Burguillos
フルギン Khurgin
ブールキン Bourquin
プルキンイェ Pukyně
プルキンエ Pukyně
ブルーキングズ
Brookings
フールク Fulk
フールグ Frug
フルーク Fluke**
フルーグ Froug
フルク
Forugh
Foulques
Fulk
Fulke
フルグ
Frug
Pflug
ブールグ Bourgue
ブルーク
Bourke
Broeck
Broek
Brooke*
Brooks
Broucke
ブルク
Birke
Bourke
Bourque*
Broek
Burck
Burg*
Burgk
Burk
Buruk
ブルグ
Bourg
Bourgue*
Burg
プルーク Pflug
ブルクウィンケル
Burgwinkel
ブルクヴィンケル
Burgwinkel
ブルークシュ Brugsch
ブルクシュタラー
Burgstaller
プルクシュタール
Purgstall
プルクシュタル
Purgstall
ブルークス
Broocks
Brookes
Brooks**
ブルクス Brooks
プルークス Proulx
ブルクスタラー
Burgstaller
プルグスタール
Purgstall
ブルグスドルフ
Burgsdorff
プルグチエワ
Plugtschieva
フルクトゥオースス
Fructuosus
フルクトゥオーズス
Fructuosus
フルクトゥオスス
Fructuosus
フルクトゥオッソ
Fructuoso
ブルクナー Brukner
ブルグナミ Brugnami
プルクナル Prucnal
ブルクネル Brukner
ブルグノラ Brignola
ブルクハウザー
Burghauser
ブルクハウゼン
Burghausen
ブルグハウゼン
Burghausen
ブルクハート
Burkhard
ブルクハルト
Bruckhardt
Brukhardt
Burckhard
Burckhardt**
Burghard**
Burghart
Burkhard***
Burkhardt*
Burkhart
フルーグフェルダー
Pflugfelder*
ブルクマイア
Burgkmair
ブルクマイアー
Burgkmair
ブルクマイヤー
Burgkmair
ブルクマイル
Burgkmair
ブルークマン
Brugmann
Brügmann
ブルーグマン
Brueggeman
Brueggemann
Brugmann
ブルクマン Brugmann
ブルグマン
Bruggmann
Brugman
Brugmann
ブルクミュラー
Burgmuller
Burgmüller
ブルグミュラー
Burgmuller
Burgmüller
フルグラ Furughllha
フルーグラス Flugrath
フルクラン Fulcrain
ブルグレッド Burgred

フールクロア Fourcroy
フルクロア Fourcroy
フルクロワ Fourcroy
ブルグワーネ
Burgoyne
ブルグンディオ
Burgundio
ブルグンドファラ
Burgundofara
フルケ
Fourquet*
Fulke
ブルケ
Bourque
Bulcke*
Burke
ブルゲ
Boerge
Børge
Bürge
プルーケ Ploucquet
ブルーケス Brookes
ブルゲス Burgess
ブルケニヤ Burkenya
ブルゲーラ Bruguera
ブルゲラ Bruguera*
プルケリア Pulcheria
ブルゲール Brugère
ブルゲル Burger
プルケル Pulcher
フルケルス Foucher
ブルケルト Burkert**
ブルゲルマイスター
Burgermeister
ブルーゲン Bruggen
フルゲンチウス
Fulgentius
フルゲンチオ
Fulgencio
フルゲンティウス
Fulgentius
フルコ Fulco
ブルゴ Burgo
ブルゴー
Bourgault
Bourgeau
ブルゴア Burgoa
ブルゴアン Bourgoing
フルコイウス Fulcoius
ブルコヴ Burkov
ブルコヴィッチ
Brković
フルコス Hurkos
ブルゴス Burgos**
ブルゴズ Burgos
フルゴタ Hrgota
フルゴーニ Frugoni**
ブルゴーニャ
Borgonha
ブールゴーニュ
Bourgogne
ブルゴーニュ
Bourgogne
ブルゴニョーネ
Brugognone
ブルコフ
Burkov
Vâlcov
ブルゴール Bourgault
ブルゴルディン
Bourgondien
ブルゴワン
Bourgoin*
Bourgoing**
ブルゴンデン
Bourgondien
フルサ Fursa
フルザ Flouzat*
ブールザ Brusa
ブルーサー Brucer
ブルーザー Bruiser*
ブルザ Bourzat
プルーサー Preusser
ブルザク Brzák
ブルーザーズ
Brouthers
ブルザソルチ
Brusasorci
ブルザゾルチ
Brusasorci
プルサック Prusak*
ブルサッテ Brusatte
ブルサット Brusatte
ブルサード Broussard
ブルーサル Bluthal
ブルサール Broussard
ブルサル Bursali
ブールサン Boursin
ブルサン Boursin
ブルザン Burzan
プルサン Pourçain
フールーシ Hulusi
フルシ Fursch
フルシー Fuglsig
ブルーシー Brucie
ブルージ Bruzzi
ブルシ Blushi
ブルーシア Bruscia
ブルシア Bruscia*
プルシアス Prusias
ブルジアン Bursian
フルシアンテ
Frusciante*
フルシェ Flucher
ブールジェ Bourget**
ブルシェ
Bourcier*
Bursche
ブルジェ
Bourget
Burger
ブルシェイ Bruchey
プルジェヴァリスキー
Przheval'skii
プルジェヴァーリスキィ
Przheval'skii
プルジェヴァルスキー
Przheval'skii
プルーシェク Průsek
ブルジェス Bourges
ブルジェスモヌーリ
Bourgés-
Maunoury
ブルジェティスラフ
Břetislav
プルジェバリスキー
Przheval'skii
プルジェバルスキー
Przheval'skii
フルシェフスキー
Hrushevskii
ブルジェール Brugère
ブルジェーワ
Brzechwa
プルジェワリスキー
Przheval'skii
プルジェワルスキー
Przhevalskiĭ
Przheval'skii*
プルシェンコ
Plushenko**
Plyushchenko
ブルシーク Brusík
ブルシコ Boursicot
フルシチェフスキ
Chruszczewski
フルシチョーヴァ
Khrushchova
フルシチョーフ
Khrushchev
フルシチョフ
Khrushchev**
ブルシティン
Brushtein
フルシト Hurşit
フルシド
Hurshid
Khurshid
プルシナー
Prusinar
Prusiner
プルジナー
Prusinar
Prusiner*
フルージニティ
Fulginiti
フルジヘルム
Furuhjelm
プルジーホダ Příhoda
フルジーマリー
Hřímalý
フルシャ Hrusa*
フルシャー Fulscher
ブルジャ Bourgeat
ブルジャイレ Buryaile
ブルジャッド
Bourgeade*
ブルジャナゼ
Burjanadze*
フルジャノフスキー
Khrzhanovsky
ブールジャン
Bourgin*
ブルジャン Bourgin
フルジャンス Fulgence
フルージュ Fluegel
ブールジュ Bourges**
プルーシュ Preusch
プルシュ Pruche
フルシュカ Hruschka
フルシュデヤン
Khurshudyan
ブルジュラ Bourgelat
ブルシュリーンスキー
Brushlinskii
ブルジョ
Bourgeau
Bourgeault
ブールジョア
Bourgeois
Bourgeoys
ブルジョア
Bourgeois**
プルショウ Pruchou
プルショッタム
Purshottam
フルショフ Hulshoff
ブルジョワ
Bourgeois***
Bourgeoys
ブルジョン
Bourgeon
Brejon
フルジリカ Hrdlicka
ブルシーロフ Brusilov
ブルシロフ Brusilov
フルシーンスキー
Hrusínský
フルジンスキー
Hludzinski
プルシンスキ
Plucinski
Pruszyński
プルース Prus
フルス Hulse
ブールス
Booles
Bource
ブルース
Bluth**
Breus
Brousse
Bruce***
Bruice
Brus
Bruse
Brusse
ブルーズ
Bruce
Bruse
ブルス
Boursse
Brousse
Bruce*
Brus*
Bulusu*
Burrus
プルース
Pluth
Prus
プルーズ
Plews
Prouse
プルス Prus**
ブルスィヒ Brussig**
プルスカヴェツ
Prskavec
プルスカベツ Prskavec
ブルスカンティーニ
Bruscantini*
ブルースキー Bruschi*
ブルスキ Bruschi
プルスキ Pulszky
ブルスケティ
Brusquetti
ブルースタ Brustad
ブルースター
Brewster***
ブルースタイン
Bleustein*
Bluestein
Blustein
フルスタート
Hulstaert
ブルスタート Brustad
フルスタリョーフ
Khrustalv
フルスタレワ
Khrustaleva
ブルスチイン Burstyn
フルスティネン
Hurstinen
ブルースティン
Blustein
ブルスティン
Blustein
Burstin
ブルステイン Burstyn
フルステンベルク
Furstenberg
フルスト
Fulst
Furst
Hulst*
Hurst
ブルースト Brust*
ブルスト Burst
プルースト Proust***
ブルストラー Boelstler
ブルストレーム
Burström
ブルストロン
Brustolon
ブルーストーン
Bluestone*
ブルーストン
Bluestone
プルスナー Pleuthner
フルズハースト
Fulleshurst
ブルスベーン
Brusveen
ブルースマ Bruinsma
フールーゼ Goulooze
ブルーセ Broussais
ブルセ
Boursse
Broussais
Bruce
プルセ Prce
ブルセイエ Bourseiller
ブールセイユエール
Bourseiller
ブルーセヴィッツ
Brusewitz
ブルゼジンスキー

フ

Brzezinski
ブルゼスカ Brzeska
フルゼッティ
Fruzzetti
フールセット
Furuseth*
フルセッヘ Hulsegge
フルセト Furuseth
ブルセーユ Bourseiller
ブルセル Broussel
プールセル Pourcel*
プルセル Pourcel
フルセン Hulsen
フルゼン Fulzen
ブルセーン Brusén
フルセンコ Fursenko
プルゼンシオ
Prudencio
ブルーソー
Brousseau
Brusaw
ブルソー
Boursault
Brousseau
プルソ Prso
ブルゾーエー Burzōē
フルゾーニ Frusoni
ブルーソニ Brusoni
ブールソフ Bursov
ブルゾボハティー
Brzobohatý
フルソン Fulson
ブルーソン Blousson
ブルソン
Brousson
Bruson
ブルゾン Bruson*
プールソン Poulsson
フルター
Flutter
Hurter
フルダ
Fulda**
Hulda
Huldah
フルダー Fulder*
ブルーダー Bruder
プルター Prueter
プルターク
Plutarch
Plutarchos
Plutarchus
ブルダコーヴァ
Buldakova
ブルダコフ Buldakov
ブルダコワ Buldakova
フルータス Frutas
ブルータス Brutus***
ブルタス Brutus
フルダーズビヒ
Khurdādhbih
フルダーズビフ
Khurdādhbeh
フルダーズベ
Khurdādhbeh
フルダーズベー
Khurdādhbeh
ブールダッハ Burdach
フルタード Furtado*
フルタド Furtado
フルダードベ
Khurdādhbeh
フルダードベー
Khurdādhbeh
フルタニ Furutani
ブルターニュ
Bretagne
ブールダハ Burdach
ブルダハ Burdach
プルーダム
Prudhomme
プールタラット
Poontarat
ブルダリッチ Brdaric
ブールダルー
Bourdaloue
ブルダルー
Bourdaloue
プルタルコ Plutarco
プルータルコス
Plutarchos
Plutarchus
プルタルコス
Plutarchos
Plutarchus
プルータレス
Pourtalès
プルタレース
Pourtales
Pourtalès
プルタレス Pourtalès
フルダレック
Hurdalek
フルダン Furdan
ブールダン Bourdin
ブルタン Broutin
ブルダン Bourdin
フルチ
Fulci*
Hultzsch
ブルチ Burti
プルチ Pulci
フルチェ Furche
プルーチェク
Pluchek**
ブルチエリ Burchielli
ブルチェンハイム
Bruechenhein
ブルチカ
Burcica*
Burcică
フルチグノニ
Fulchignoni
ブルチス Broutsis
プルチック Plutchik
フルーチト Fruechte
プルチブラム
Przibram
フルチャー Fulcher
ブルチャ Burcea
ブルチャク Bruchak
ブルチャック
Bruchac*
ブルチャン Bručan
フルチュ Hultzsch
プルチョウ
Plutschow**
プルチョワ Plutschow
ブルチン Burtchin
ブルチンスキー
Burczynski
フルーツ Fruit*
フルツ Fultz
ブルツァールト
Brutsaert
ブルツィオ Burzio
プルツィゴッダ
Przygodda
フルツェヴァ Furtseva
フルツェッティ
Fruzzetti
ブールツェフ Burtsev
ブルツェフ Burtsev
ブルツェリウス
Burzelius
プルツェル Pruetzel
ブルツォシュテク
Brzostek
プルツォーネ Pulzone
プルツォンツィオーノ
Przondziono
ブルッカー
Brooker**
Brucker
ブルッガー Brugger
プルッガー Prugger
フルッキガー
Fluckiger
Flueckiger
フルッキンガー
Fluckinger
ブルッキング
Brooking**
ブルッキングス
Brookings
ブルッキンス
Brookins
ブルッキンズ
Brookins
フルック
Flook
Fluck
ブルック
Broeck
Broek***
Broeucq
Broke
Brook***
Brooke***
Brooks
Bruch
Bruck*
Brucks
プルックサコーン
Prucksakorn
ブルックシエアー
Brookshier
Brookshire
ブルックシャー
Brookshear
ブルックス
Brookes***
Brooks***
ブルツクス
Brutskus
Brutzkus
ブルックスバンク
Brooksbank
ブルックスビー
Brooksby
ブルック・スミス
Brooksmith
ブルックスミス
Brookesmith*
ブルックナー
Brookner***
Bruckner***
Brückner*
Brukner
ブルックネル
Bruckner
ブルックバラ
Brookeborough
ブルックハルター
Burckhalter
ブルックハルト
Burckhardt
ブルックフィールド
Brookfieid
Brookfield
ブルックヘイス
Brookhuis
ブルックベルジェ
Brückberger
ブルックマイア
Brookmyre**
ブルックマイヤー
Brookmeyer
ブルックマン
Bruckman
Bruggmann
ブルッグマン
Brueggemann
Brugmann
ブルッゲマン
Brueggemann
ブルッゲル Brøgger
ブルッケン Brucken
ブルッケンズ
Brookens
ブルッケンベルト
Bruggenwert
ブルッコリ Bruccoli*
フルッサー
Flasser
Flusser*
フルッサル Flusser
ブルッサール
Broussard*
ブルッシーノ Brussino
プルッシュ Plusch
ブルーツス Brutus
ブルッセ
Broussais
Brusse
プルッセ Prusse
ブルッソ Bruzzo
プルッツ Prutz
ブルッツィ Brüzzi
ブルッツェーゼ
Bruzzese
ブルッティウス
Bruttius
フルッテーロ Fruttero
フルッテロ Fruttero
プルット Pruett*
ブルッフ Bruch**
ブルッフフェルド
Bruchfeld*
ブルッフ・ミュラー
Bruchmuller
ブルッヘン Bruggen
フールツュワ Furtseva
ブールデ Bourdet*
ブールデー Bourday
ブルテ Burte
ブルデ Bourdet
フルーティ Flutie
フルーティー Flutie*
フルティ Huszti
フルディ Hrdy
ブルディ Bourdy
プルティ Pruthi
ブルディエ Bourdier
プルティエ Pourtier
ブルディオール
Bourdiol
フルティガー Frutiger
フルティーゲル
Frutiger
ブールディション
Bourdichon
ブルディション
Bourdichon
ブルディック
Broudic*
ブルディッソ Burdisso
ブルディナツ
Bouloudinats
プルディヤトノ
Purdijatno
ブールデイユ
Bourdeilles
ブルティール Bulteel
ブルティル Brutil
ブルディル Bourdil
ブルティン Burtin
ブルデチュカ Brdečka
フルテナーゲル
Furtenagel
プルーテヌス
Prutenus
ブルデーユ
Bourdeilles
ブルデュ Bourdieu
ブルデュー
Bourdieu**
Bourdil
ブールデル
Bourdelle**
ブルーデル Bourdelle
ブルテル Bretel
ブルデル
Bourdelle
Bredel
プルデル Prudel
プルーデルマッハー
Pludermacher*
ブルーデルラム
Broederlam

フルテーン Hultén
ブルーテン Brittain
ブルテン Brittain
プールテン Poorten
プルデン Prudden
ブルデーンコ
Burdenko
ブルデンコ
Burdenko*
プルデンシオ
Prudencio
Prudêncio
プルーデンス
Prudence*
プルデンチウス
Prudentius
プルデンテ Prudente
プルデンティア
Prudentia
プルーデンティウス
Prudentius
プルデンティウス
Prudentius*
フルテンバッハ
Furttenbach
フルテンバハ
Furttenbach
フールド Fould
フルート
Flute
Froot
Fruth*
Furht
フルード
Froud
Froude
Frude
Khouloud
フルト Hult
フルド
Fould
Fuld*
ブールド Bourde
ブールドー Bourdow
ブルート
Bruté
Bruto
ブルード Broude
ブルト
Blute
Bulut
Woerth
ブルド Burd
ブルドー
Bourdeau
Bourdeaut*
プルート
Pluto*
Pruitt*
ブルトイユ Breteuil
フルトゥ Fourtou*
ブルトゥイユ Breteuil
フルトウェングラー
Furtwängler
フルトヴェングラー
Furtwangler
Furtwängler**
フルトヴェングレル
Furtwängler
ブルートゥス Brutus

ブルトゥス
Bruto
Brutus
プルドゥニコバス
Prudnikovas
フルトゥル Flutur
プルートォ Prouteau
プルトキン Prutkin
フルトクビスト
Hultqvist
ブルトコ Brutoco
プルトコーフ Prutkov
フルトス Frutos*
プルトニ Pulteney
プルトニー Pulteney
ブルトニエール
Bretenières
Bretonnière
ブールドネー
Bourdonnais
ブルドネ
Bourdonnais
ブルードネル
Brudenell
ブルトノー
Bretonneau
ブルトハウプト
Bulthaupt
フルートヘイゼ
Groethuysen
フルトベングラー
Furtwängler
プルードホッメ
Pryd'homme
ブルートマン
Bluttman
ブルトマン
Bultmann*
Wurtman
フルトミューラー
Furtmuller
プルドーム
Prud'homme*
プルドム
Prudhomme
Purdom
プルードラ Pludra**
フルドライヒ
Huldreich
フルドリク Huldrych
フルドリチカ Hrdlička
フルードリッヒ
Friedrich
フルードリヒ
Friedrich
フルトリーヒ
Huldreich
フルドリヒ
Huldreich
Huldrych
Ulrich
ブルドリャク Vrdoljak
フルトルフ Frutolf
ブールドレー
Beurdeley
ブルドロ Bourdelot
ブルドロー Bourdelot
フルートン Fruton

フルトン
Fruton
Fulton***
ブールドン Bourdon*
ブルートン
Brewton
Brueton
Bruton**
ブルトン
Boulton
Breton**
Bruton
Burton
ブルドン Bourdon*
プールトン Poulton
プルードン
Proudhon*
Prudon
プルドーン Proudhon
プルドン Proudhon
ブルトンヌ Bretonne*
ブルドンヌ Bretonne
プルナ Purna
ブルーナ
Bruna***
Bruner
ブルーナー
Brooner
Bruner**
ブルナ Burna
ブルナー
Bruner*
Brunner**
プールナ
Purna
Pūrṇa
プルナ
Prună
Purna
プールナヴァルダナ
Pūrṇavardhana
ブルナチーニ
Burnacini
プールナ・チャンドラ
Purnacandra
ブルナビッチ
Brnabić*
ブルナ・ブリアシュ
Burnaburiash
ブルナブリアシュ
Burnaburiash
プルナマ Purnama
プルナール Poulenard
プールナワルマン
Pūrnavarman
プルナン Prenant
ブルーニ Bruni**
ブルニ Bruni*
プルニー Plný
ブルニアス Brunious
ブルニウス Brunius
フールニェ Fournier
フールニエ Fournier*
フルニェ Fournier
フルニエ Fournier***
ブルニエ
Brunier
Burnier
プルニエ

Plisnier
Prunier
ブルニェッティ
Brugnetti*
フールニエール
Fournière
プルニエール Prunier
ブルニカ Burincă
フルニーク Hurník
ブールニケル
Bourniquel*
ブルニーズ Brunis
ブルニッチ Burnic
ブルーニッヒ Bruenig
ブルニフィエ Brenifier
ブルニョーリ Brugnoli
ブルニョン Brugnon
ブルーニング
Breuning
Bruning*
ブルヌヴィル
Bourneville
ブルヌス Brunus
ブルヌティアン
Bournoutian
ブールヌトン
Bourneton
ブルヌフ Bourneuf
フルネ
Fournet***
Frenet
フルネー Fournet
ブルネ
Brenet
Brunet*
ブルネー Brunet
プルネ Purne
フールネイロン
Fourneyron
フルネイロン
Fourneyron
フルーネヴェーヘン
Groenewegen
フルーネウォルト
Groenewold
ブルネーズ Brenez
ブルネス Bulnes
ブルネッタ Brunetta
ブルネッティ
Brunetti*
ブルネット
Brunet
Brunette
Brunetto
ブルネットー
Brunetto
ブルネッラ Brunella
ブルネッリ Brunelli
ブルネッレスキ
Brunelleschi
ブルネッロ Brunello
フルーネフェルト
Groeneveldt
フルーネベーヘン
Groenewegen
ブルネマン
Brunnemann

プルネラ Prunella
ブルネリ Brunelli
フールネル Fournel
フルネル Fournel
ブルーネル Brunel
ブルネル Brunel
ブルネルマイヤー
Brunnermeier
ブルネレスキ
Brunelleschi
ブルネレスコ
Brunelleschi
ブルネロ
Brunello**
Brunero
フールネーロン
Fourneyron
フルネーロン
Fourneyron
フルネロン
Fourneyron
プールネン Puurunen
プルネンドラ
Purnendra*
フルノ
Furno
Furnò
フルノー
Fourneau
Furneaux
ブルーノ
Bruno***
Burno
Buruno*
ブルーノー Bruno*
ブルノ
Bruno**
Buruno
ブルノー Bruno**
ブルノア Boulnois
ブルノニア Brunonia*
ブルノフスキー
Brunovsky
プルノモ Purnomo
ブールノール Bougnol
ブルノン Brenon
ブルノンウィル
Bournonville
ブルノンヴィル
Bournonville
ブールノンビル
Bournonville
ブルノンビル
Bournonville
ブルハ Brugha
プルーハ Prucha
ブールハーヴェ
Boerhaave
ブールバキ Bourbaki
ブルバキ Bourbaki*
ブルバシス
Bouloumpasēs
ブルーバッハー
Brubacher
ブルバッハー
Brubacher
プールバッハ
Peuerbach

フ

フルパティ Chlupatý
ブルハーヌッ・ディーン
Burhānu'd-Dīn
ブルハーヌッディーン
Burhān al-Dīn
Burhanuddin
ブルハヌッディン
Burhanuddin
ブルハヌディン
Burhanuddin**
ブルハネッティン
Burhaneddin
ブルハネッディン
Burhaneddin
ブルハーノヴ
Burkhanov
ブルバノフ Vurbanov
プルバノフ Purvanov
プールバハ Peuerbach
フルパフ Hulpach
ブールハーフェ
Boerhaave
プルハール Pluhar
ブールハルディ
Burchardi
フルーバン Hruban
フルバン Hurban
ブルハーン Burhān
ブルハン
Bourhan
Burhan*
ブルハンフセイン
Boulhan Houssein
フルービー
Hruby
Hrubý
ブルピー Bulupiy
フルビオ Fulvio
フルヒターマン
Fruchterman
プルピッチ Prpić
フルビッツ Hurvitz
ブルピット Bulpitt
フルビマーリ
Fulvimari*
ブルヒャルト
Burchard*
プールビュ Pourbus
プールビュス Pourbus
プルビュス Pourbus
フルヒュルスト
Verhulst
フルビーン
Hrubin
Hrubín*
ブルーヒン Blokhin
ブルーフ Bruch
ブルフ
Burgh
Wolf
プルーフ
Plouffe
Proof
プルファー Pulver*
プルファローフ
Pourfarrokh
ブルフィー Bruffy
ブルフィンチ
Bulfinch*
プルブエヴナ
Purbuevna
フルフォード
Fulford**
ブルーフォード
Bruford*
ブルフォン Bulfon
プールブス Pourbus
プループス Proops
フルーフト Vlugt*
フルブライト
Fulbright**
ブルブリス
Burbulis**
フルフリツキー
Vrchlický*
プルフリヒ Pulfrich
ブールブール
Bourbourg
ブルブール
Bourbourg
ブルブル BulBul
フルブルック
Fulbrook
フルブロック
Fulbrook
フルフローニェ
Hurgronje
フルフローニュ
Hurgronje
ブールブーロン
Bourboulon
プルーベ Prouvé
ブルーベイカー
Brubaker*
ブルベイカー
Brubaker*
ブルベーカー
Brubaker
ブルペスク Vulpescu
プールヘースト
Poelgeest
フルベッキ Verbeck*
フルーベック
Fruhbeck
フルベック Verbeck
ブルーベック
Brubeck*
フルベット Chrbet
ブールペープ
Boulpaep
プールヘム Polhem
ブルーベリ Vruberi
フルベール Fullbert
ブルベール Bruvel
フルベルク Furberg
フルベルツス
Fulbertus
ブルヘルト Brüchert
フルベルトゥス
Fulbertus
フルヘンシオ
Fulgencio
ブルボー Bourbeau
プールボー
Poorbaugh*
フルボエ Hrvoje
プルボスラフ Prvoslav
プルホネン Purhonen
ブルボン
Borbón
Bourbon***
ブルーボンド
Bluebond
ブールボンビュッセ
Bourbon Busset
フルマー
Fullmer
Fulmer**
ブールマ Boerma
ブルーマ Bluma
ブルーマー
Bloomer*
Blumer**
ブルマ
Bruma
Buruma*
ブルマー Blumer
プルーマー
Plomer
Plumer*
プルマー
Plummer
Plümmer
ブルマイスター
Burmeister
フルマジ Hourmadji
ブルマション
Brumachon
フルマナビチウス
Furmanavičius
フールマノフ
Furmanov*
フルマーノフ
Furmanov
フルマノフ Furmanov
ブルーマール
Bloemaert
ブルーマールト
Bloemaert
フールマン
Fuhrman
Fuhrmann*
Holman
フルーマン Flühmann
フルマン
Frllman
Fullman
ブールマン
Buhlman
Bühlmann
ブルーマン Brooman
ブルマーン Bulmahn
ブルマン
Brumagne
Bullmann
Bulman
Burman
プールマン
Poehlman
Poolman
プルマン
Pullman***
Purrmann
フルマンティ
Froumenty
フルミエ
Fremiet
Frémiet
ブルミッヒ Brummig*
ブルーミングデイル
Bloomingdale*
フールム Hurum
フルーム
Frome
Froom*
Froome**
フルム Flum
ブルーム
Bloem*
Bloeme*
Bloom***
Bloome*
Bluhm*
Blum**
Blume***
Brome*
Broom***
Broome**
Brougham
Vroom*
ブルム
Bbum
Blom*
Blum***
Brum
プルーム
Plume*
Prume
ブルームオール
Broomall
ブルームガルト
Blumgart
フルームキナ
Frumkina
フルームキン Frumkin
フルムキン Frumkin
ブルームク Bluemke
ブルームクイスト
Bloomquist
ブルムクビスト
Blomkvist
ブルムクピスト
Blomkvist
フルムジアーディス
Hurmuziadis
ブルームス Broomes
ブルムズ
Broms
Bröms
ブルームスティーン
Blumstein
ブルムステット
Blomstedt
ブルームストーン
Bloomstone
ブルムダール
Blomdahl
プルムネル Plumenail
ブルームバウム
Bloombaum
ブルームバーク
Bloomberg
ブルームバーグ
Bloomberg**
Blumberg
ブルムバーグ
Brumberg
ブルームバーゲン
Bloembergen*
ブルームハルト
Blumhardt*
ブルムハルト
Blumhardt
ブルムビー Brumby
ブルームフィールト
Bloomfield
ブルームフィールド
Bloomfield**
Broomfield*
ブルムフィールド
Bloomfield
ブルームホール
Broomhall
ブルムラー Blumler
ブルームライン
Blumlein
ブルームリク Brumlik
ブルームリック
Brumlik*
ブルームリヒ
Blumrich
フルーメ Flume
ブルーメ
Blume**
Brume
ブルメ Blume*
ブルメー Broomé
ブルメイステル
Bourmeister
Burmeister
ブルメスター
Burmeister
Burmester
ブルメット Brummett
フルメリー Frumerie
ブルメリ Brumel*
ブルーメル Bluemel*
ブルメル
Brumel
Brummel
ブールメルカ
Boulmerka*
ブルメルスミス
Brummel-Smith
フルーメン Vroemen
ブルーメン
Bloemen*
Bluman
ブルーメンクランツ
Blumenkranz
ブルーメンクローン
Blumencron
ブルーメンシェイン
Blumenschein
ブルーメンシャイン
Blumenschein*
ブルーメンシュタイン
Blumenstein
ブルーメンスン
Blumenson
ブルーメンソール
Blumenthal*

ブルメンソール
Blumenthal
ブルーメンソン
Blumenson
ブルーメンタール
Blumenthal**
ブルメンタール
Blumental
Blumenthal*
フルメンチウス
Frumentius
フルメンティウス
Frumentius
フルメンティオス
Frumentius
ブルーメンバッハ
Blumenbach
ブルーメンバハ
Blumenbach
ブルーメンフィールド
Blumenfield
ブルメンフェリト
Blumenfeld
ブルーメンフェルト
Blumenfeld*
ブルーメンフェルド
Blumenfeld
ブルメンフェルド
Blumenfeld*
ブルーメンベルク
Blumenberg*
ブルモア Bullmore*
ブルモハンマディ
Pour-mohammadi
フールモン Fourmont
フルモン Fourmont
ブールモン Bourmont
ブルモン Bourmont
フルヤ Hulya
ブルーヤ Bruya
ブルーユ Breuil
ブルュイエール
Bruyèré
ブルュース Bruce
ブルュス Plus
ブルュックネール
Bruckner
ブルュール Bruhl
ブルュル Bruhl
フルラ Frulla
フルラー Fuller
ブルラ
Bourla
Burla
ブルーラヴァス
Pururavas
ブルラーク Burlak
ブルラツキー
Burlatskii*
Burlatsky
ブルラーツキイ
Burlatskii
フルラド Fulrad
フルラネット
Furlanetto**
フルーラン Flourens
フルラン
Fleurant*
Flourens
Furlan
フルーランス Flourens
フルラーンス Flourens
フルランス Flourens
フルーリ
Fleury
Fluri
フルーリー
Fleury
Floury
Flury*
フルリ Fleury
フルリー
Fleury
Floury
ブルリ Purli
ブールリアゲ
Bourliaguet*
フルーリォ Fleuriot
ブルリッチ
Brlić
Bullrich
プルリッチ Prlić
ブルリャーイェヴ
Burlyaev
ブルリャーエフ
Burlyaev
ブルリューク
Burliuk*
Burlyuk
ブルリュック Burliuk
ブルリンガス
Burlingas
フルーリング Fruhling
フルール
Fleur**
Fluhr
ブルール
Bruhl
Brule
Brulé
プルール Proulx
ブルールセン Broersen
フルールノア
Flournoy
フルールノイ
Flournoy
フルールノワ
Flournoy
フルーレ Flourez*
ブールレ Burle
ブルレ Brelet*
ブールレス Bourlès
フルレツ Frlec*
フルレッツ Frlec
ブルレネ Bleu-lainé
フールレブッシュ
Hurlebusch
Hurlebush
フルレブッシュ
Hurlebush
フルーレン Fluellen
フルレンゾス
Flourentzos
ブルロ Brelot
ブルロック Bullock
フルロング Furlong
ブルーワ Brewer
ブルーワー Brewer***
ブルワ Bulwer
ブルワー
Brewer**
Bulwer*
Burwer
フールン Horn
フルーン Groen
ブールン Bourne
ブルーン
Bruhn
Brüne
Bruun**
ブルン
Bruhn*
Brun**
Brunn*
ブルンヴァン
Brunvand
ブルンガート
Brungardt
ブルンク
Blunck**
Brunk
ブルンクホルスト
Brunckhorst
Brunkhorst
ブルンケット
Brunkert
フルンザベルデ
Frunzăverde
ブルーンジー Broonzy
ブルーンジィ Broonzy
ブルーンシヴィツ
Brunschwicz
ブルンシュ Bruns
ブルンシュウィク
Brunschwig
ブルンシュウィッヒ
Brunschwig
ブルンシュテート
Brunstäd
フルーンズ Vroons
ブルーンス Bruhns*
ブルンス
Bruhns
Bruns*
ブルンスウィック
Brunswic
Brunswik
ブルンスヴィヒ
Brunswig
プルンスキエネ
Prunskienė
プルンスキネ
Prunskiene*
プルンスケネ
Prunskiene
ブルンストローム
Brunnstrom
ブルンスドン
Brunsdon
フルンスフェン
Grunsven**
ブルンスベルト
Brunsveld
ブルンスュリー
Bluntschli
フルーンゼ Frunze
フルンゼ Frunze
ブルンチェリー
Bluntschli
プルンチット
Ploenchit
ブルンチュリ
Bluntschli
ブルンチュリー
Bluntschli
ブルンツェル Brunzel
フルンツベルク
Frundsberg
ブルンツリー
Bluntschli
ブルンディン Brundin
ブルント
Blount
Blunt
ブルントラン
Brundtland
ブルントラント
Brundtland**
ブルントランド
Brundtland
ブルンナー
Brunneer
Brunner**
プルンナー Prunnar
ブルンネマン
Brunnemann
ブルンネル Brunner
ブルーンノフ Brunnov
ブルンノフ Brunnov
ブルンバック
Brumback*
ブルンバン Brunvand
ブルンヒルダ
Brunhilda
ブルーンヒルデ
Brunhilde
ブルンヒルデ
Brunhilda
Brunhilde
ブルンヒルト
Brunhilda
プルンブ Plumb
ブルーンフェルス
Brunfels
ブルンフェルス
Brunfels
ブルンフーバー
Brunnhuber
ブルンベリィ
Brunnberg
フルンベルク
Grunberg*
ブルンベルク
Blomberg
ブルンメンフェルト
Blummenfelt
ブルンリー Brun-lie
フーレ Fourré
フーレー Fuglø
フレ
Fraix
Fre
Hurre
フレー
Frei
Frey
Freyd
Phule
ブーレ
Beulé
Beuret
Boere*
Boulet
Boullée
Boure
Buhre
Bule
Bulle
ブーレー
Boulay*
Boullée
ブレ
Blais**
Boulay*
Boulet
Bray
Brée
Bret**
Bule
Bulle
Bure*
ブレー
Blais
Boulay
Bouley
Boullaye
Boullée
Bray*
Brée
Brès
Bret
Bureh
Vlay
プーレ
Pouillet
Poulet**
Puhle
プレ
Pellet
Play
Plé
Plée
Plessis
Pre
Pré*
Prés
Prez
Pule
プレー
Play
Prés
Prey
フレーア Freya
フレア
Fleur
Frare
Freer
フレアー
Flair**
Freier
Frere
ブレーア Brea
ブレア
Blair***
Brea
ブレアー Blair*
プレア
Pleah
Preez
ブレアース Blears
フレアティ
Flaherty**
ブレアートン Brereton

ブレアトン Brereton*
プレアハ Preah
プレアハウザー
Preahauser
ブレアフィンディ
Blairfindie
ブレアマン Blairman
ブレーアム Braham
フレアリー Frary
ブレアリー
Brealey
Brearley
フレアール Fréart
ブレアール Bréard
ブレアル
Breal
Bréal
フレィ Frey
フレイ
Flay
Fraih
Fray
Frei***
Frey***
Freyre
Gré
ブーレイ Boulay*
ブレイ
Blay**
Blei
Bley***
Blij
Brae
Bray**
Brey**
Burell
プレイ
Perey
Pray
フレイア Freya
ブレィア Blair
ブレイアー Blair
ブレイヴァー Braver
ブレイヴァス Blaivas
ブレイヴァーマン
Braverman
ブレイヴァマン
Braverman*
フレイヴィン Flavin*
フレイヴェル Fravel
フレイヴル Flavell
ブレイエ
Brayer*
Bréhier**
ブレイエル Brayer
プレイエル Pleyel
ブレィエンダール
Bregendahl
フレイカー Fraker*
ブレイカー
Blaker
Braiker
プレイガー Praeger
ブレイカス Braekhus
ブレイキー Blakey
ブレイキストン
Blakiston
フレイク
Flaig
Frake
フレイグ Fleig
ブレィク Blake
ブレイク
Blaik
Blake***
Blaq
Braig
Brake*
Broeck
ブレイクウェイ
Blakeway
フレイクス
Flacks
Frakes
ブレイクストン
Breakston
ブレイクスリー
Blakeslee**
ブレイクナム
Blakenham**
ブレイクニー
Blakeney*
ブレイクマン
Brakeman
ブレイクモー
Blakemore
ブレイクモア
Blakemore*
ブレイクリー
Blaikley
Blakeley
Blakely*
Blakley*
フレイグル Flagle
ブレイクル Brakle
プレイゲル Praeger
ブレイケンリッジ
Braikenridge
フレイコヴァー
Frejková
フレイザー
Fraizer
Fraser**
Frasier
Frasor
Frazar
Frazer*
Frazier*
ブレイザー
Blaser*
Blasingame
Fraser
プレイサー Prather*
プレイザー Prather
フレイジ Freij
フレイジー
Fraase
Frazee
ブレイシー
Bracey
Bracy
ブレイジ Brage
フレイジァ Frazier
フレイジアー Frazier
プレイジア Plazier
フレイジェル Fragel
フレイシャー Fleisher
フレイジャー
Frager
Fraizer
Frasier*
Frazier**
ブレイシャー
Brashear
Brasher
ブレイジャ Brazier*
ブレイジャー
Brashear
Brasier
Brazier
フレイシュタット
Freishtat
フレイシュマン
Fleishman
フレイジョー Frazee
フレイジング Fleising
フレイズ
Frase*
Fraze
ブレイス
Blaise
Blaisse
Brace**
Braith
Breysse
ブレイズ
Blades*
Blaise*
Blaze
プレイス Place*
ブレイスウェイト
Braithwaite***
Braithwaith
Brathwaite
ブレイスウェート
Braithwaite
Brathwaite
ブレイスウェル
Bracewell
ブレイスエイト
Braithwaite
ブレイスガードル
Bracegirdle
プレイスケル Preiskel
プレイズ・ゴッド
Praisegod
プレイズゴッド
Praisegod
フレイスタット
Fraistat
プレイスタルクス
Pleistarchus
ブレィズデル Blasdel
ブレイスデル Blaisdell
ブレイズデル
Blaisdell
Blasdel
プレイストアナクス
Pleistoanax
ブレイストラップ
Braestrup
フレイスネロバ
Fleissnerova
ブレイスブリッジ
Bracebridge
プレイスラー Preisler
ブレイスワイト
Braithwaite
フレイセ Vrijsen
ブレイゼック Blazek
ブレイゼル Brazell
ブレイセルトン
Braselton
ブレイゼルトン
Brazelton
フレイター Frater
フレイダ
Frayda*
Frijda
ブレイター
Brater
Breiter
ブレイダー Brader
プレイター
Plater*
Playter
Prater
Pretor
フレイタシュ Freitas
フレイタス Freitas***
フレイタスダシルバ
Freitas Da Silva
フレイダルション
Hreidarsson
フレイチュア Fraiture
ブレイツィンカ
Brezinka
フレイディ Frady*
ブレイディ Brady**
ブレイディー Brady
プレイディ Plaidy*
プレイディー Plaidy*
フレイテス Fréitez
ブレイデリス Bleidelis
プレイデル Pleydell
ブレイテン Breyten*
ブレイデン Braden**
プレイテン Playten
ブレイテンバッハ
Breytenbach*
フレイデンベルグ
Freidenberg
フレイド
Flade
Freyd
ブレイト
Brate
Breit
ブレイド
Blade
Braid*
プレイト
Plait
Prata
プレイトー
Plato
Prato*
プレイド Praed
フレイトウ Flatow
ブレイドウッド
Braidwood*
フレイドキナ
Freidkina
ブレイトナー Breitner
ブレイトネル Breitner
ブレイトバート
Breitbart
ブレイトマン
Breitman*
Breitmann
フレイドリク Fredrik
フレイドン Fereydoun
ブレイトン Brayton
フレイドント
Freydont*
フレイナ Fraina
ブレイナ Branagh
ブレイナー Breiner
ブレイナード
Brainard**
Brainerd**
ブレイニー
Blainey
Blaney
Blayney
ブレィニイー Blainey
ブレイネル Breyner
ブレイバー Braver
フレイバーグ Fraiberg
ブレイバーグ Blaiberg
ブレイバス Blaivas
ブレイバーマン
Braverman
フレイバルス
Freivalds
フレイハン Fleihan
ブレイバーン
Brabourn
Brabourne
ブレイビー Blabey
ブレイビク Breivik
ブレイビック Breyvic
フレィビン Flavin
フレイビン Flavin**
ブレイビン Brabin
フレイフ Khleif
ブレイファー Bleifer
プレイフェア
Playfair*
プレイフェアー
Playfair
ブレイフォーグル
Breyfogle
プレイフォード
Playford
プレイフット Playfoot
ブレイブマン
Braveman
ブレイブルック
Braybrooke
フレイベルガ
Freiberga
フレイベルク Fraiberg
ブレイベン Brayben
ブレイホヴァ
Brejchová
ブレイホヴァー
Brejchová
ブレイホバ Brejchová
ブレイホルスト
Breinholst
ブレイホルダー
Blaeholder
ブレイマ Boureima

ブレイマー Bramer
フレイマン
Freiman*
Freymann**
ブレイマン
Breiman
Breymann
ブレイミー Blamey
フレイミンガム
Framingham
フレイム
Flaim
Frame***
ブレイム Braim
プレイム Plame**
ブレイムブリッジ
Braimbridge
ブレイモファット
Bray-Moffat
フレイモン Freymond
フレイヤ Freya
フレイヤー
Frayer
Freier
Freyer
ブレイヤ Breillat*
ブレイヤー
Breillat
Breyer
プレイヤー Player**
ブレイユ Breuil
フレイリ Freire
フレイリー
Frailey
Fraleigh
Fraley
ブレイリー Brayley
フレイリング
Frayling*
フレイル Freire
ブレイルズ Brailes
ブレイルズフォード
Brailsford
フレイレ
Freire***
Freire
Freyle
Freyre**
ブレイロウスキー
Brailowsky
ブレイロック
Blalock
Blaylock**
フレイン
Frain
Frayn**
Frayne
ブレイン
Blain
Blaine**
Blane**
Blayne
Brain**
Braine**
Brian
プレイン
Plain
Prain
Preben
Pulleyn
フレインドリフ
Freindrikh
フレインドン
Fereydoun
ブレインバウアー
Breinbauer
ブレインホスト
Breinholst
ブレインホルスト
Breinholst
ブレインホルム
Brejnholm
プレーヴァ Plewa
プレヴァス Prevas
プレヴァット Prevatt
ブレヴァード Brevard
ブレヴァートン
Breverton
ブレーヴァーマン
Braverman
ブレーヴァマン
Braverman
ブレヴァル Bréval
プレヴァール Prevrhal
プレヴァル Préval
プレヴァン
Pleven
Pléven
プレヴィアーティ
Previati
ブレヴィアリオ
Breviario
プレヴィターリ
Previtali
フレヴィッチ
Hurewicz
フレヴィッツ
Hurewicz
ブレヴイッツ Brewitz
プレヴィッツ Previts
プレヴィット Previto
プレヴィテ Previté
プレヴィーユ Préville
フレヴィル
Freville
Fréville
ブレヴィル Bréville
フレウィン Frewin
フレヴィン Flavin
ブレーウィン Brewin
プレヴィン Previn
ブレヴィンス Blevins
フレヴィンホーヴェン
Grevinchoven
プレーヴェ
Plehwe
Pleve*
Pröve
プレーヴェディ
Prevedi
プレヴェラキス
Pravelakis
Prevelakis*
プレヴェール
Prevert
Prévert**
プレヴェル Prevel
プレヴェン Pleven
プレヴォ
Prevost
Prévost*
Prevot*
Prévot
プレヴォー Prévost**
プレヴォース Prévost
プレヴォスト
Prevost*
Prévost
プレヴォズニック
Prevoznik
プレヴォタ Prévotat
ブレウス Breus
フレヴニューク
Khlevniuk
プレヴネリエフ
Plevneliev*
フレエ Frei
ブレエ Beureueh
フレェグスタ Fløgstad
ブレエズ Blaise
フレエネ Fresnaye
ブレーエンダール
Bregendahl
ブレオ Breo
ブレオー
Bréau
Bréaud
Breault
プレオ Puleo*
プレオー Préault
プレオオ Prévost
プレオブラジェーンスカ
Preobrajenska
プレオブラジェンスカ
Preobrajenska
プレオブラジェンスカヤ
Preobrajenska
Preobrazhenskaia
Preobrazhenskaya
プレオブラジェンスキー
Preobrazhen-skii
Preobrazhenskii
Preobrazhensky
プレオプラジェンスキー
Preobrazhenskii
プレオブラジェーンスキィ
Preobrazhen-skii
プレオブラチェンスキ
Preobrazhenskii
プレオブラチェンスキー
Preobrazhenskii
ブレオン
Breon
Bréon
フレーカー Fraker
フレーガー Frager
フレガ Frega*
フレガー Phleger
ブレーカー
Blaker*
Braker
Bräker
Breker
ブレーガー
Braegger
Breger
Broger
Bröger*
ブレカー Breker
ブレガ Brega
ブレガー
Brögger
Brøgger*
プレーガー
Pfleger
Pleger*
Praeger
Prager
Preger
プレカ Preca
プレガー Prager*
プレカアノフ
Plekhanov
プレカス Plecas*
プレーガマン
Plagemann
プレガルディエン
Prégardien*
ブレカロ Brekalo
ブレーキ Blaikie
ブレーキー Blakey**
フレキシナー Flexner
ブレーキストン
Blakiston
フレキスナー Flexner
プレギツァー Pregizer
ブレキリアン
Brekilien
Brékilien
フレーク
Flake
Freek
フレグ
Fleg
Hülägü
Hūlāgū
ブレーク
Blake***
Bleek**
ブレグ Bregu
ブレグヴァゼ
Bregvadze
ブレグヴァード
Blegvad
ブレグヴァド Blegvad
ブレクウル Brécourt
プレクシャー Preksha
フレークス Frakes*
フレクス Flex
プレークス Preecs
フレグスタ Fløgstad
フレクスナー Flexner*
ブレークスリ
Blakeslee
ブレークスリー
Blakeslee*
フレクセル Flekser
フレクセン Flexen
プレクター Prechter
ブレクト Brecht
プレクトル Prechtl
プレクトルーディス
Plektrudis
ブレクナー Brøchner
ブレークナム
Blakenham
ブレークニ Blakeney
ブレクネ Brekne
ブレグバッド Blegvad
ブレグバード Blegvad
ブレグバド Blegvad
ブレクマン
Blechman*
ブレグマン Bregman*
プレグムンド
Plegmund
ブレクラキ Brecoulaki
プレグラン Pelegrin
フレグリー Fregly
ブレークリー
Blakely**
ブレークリィ
Blakely
Blakley
ブレクリング
Breckling
プレーグル Pregl
ブーレグレーン
Buregren
ブレークロック
Blakelock
ブレークロンド
Brakelond
ブレクンリッジ
Breckenridge
フレーゲ
Flöge
Frege**
ブレゲ Bréguet
ブレゲー Bréguet
ブレーゲリ Bregel'
フレーゲル Flegel
ブレーゲル Bregel'
プレーゲル Preger
プレゲルジュ Pregelj
フレゲルト Fregert
ブレーケレンカム
Brekelenkam
ブレーゲン Blegen
ブレゲン Blegen*
プレゲンズ Plagens
ブレーゲンダール
Bregendahl*
フレゲンハイマー
Flegenheimer
ブレーケンリッジ
Breakenridge
フレゴ Flego
ブレゴヴィチ Bregović
プレコヴィッチ
Preković
フレゴシ Fregosi**
プレゴジン Pregosin
ブレコット Brechot
プレコップ Prekop
プレコート Precourt
フレゴーニ Fregoni

フ

フレゴニーズ
Fregonese
ブレーゴボリン
Blagovolin
フレゴレント
Fregolent
フレーザー
Flather
Fraser***
Frazer***
Frazier*
フレサー Fraser
フレザー Fraser
ブレーザー
Blaeser*
Blaser
Blasor
Blazer*
ブレサ Breza
ブレザ Breza*
プレーサー Prather
プレーザー Prather
ブレザーズ Braisaz
ブレザートン
Bretherton
プレサニス Presanis
ブレサネ Bressane
フレーザープライス
Fraser-Pryce
フレーザーホームズ
Fraser-holmes
フレーザーモレケティ
Fraser-moleketi
ブレザリック
Bretherick
フレサン Fresán
ブレサン Brayssing
プレザン Prezan
フレサンジュ
Fressange*
プレザンス Pleasence
プレサンセ
Pressense
Pressensé
Préssensé
プレザンツ Pleasants
プレサント Presant
プレザント Pleasant*
フレージ Fresi
ブレーシー
Blasey
Bracey
ブレジ Vrej
プレーシ Plessis
プレシ
Plessis**
Plessys
プレシー Plessis
フレージア Frazier
ブレシア
Brescia**
Brixiensis
プレシアド Preciado
プレシアム Presian
プレシアン Presian
フレシィエ Fréchet*
フレシェ Fréchet*
フレシエ
Flaissier
Fléchier
フレジェ Fréger
ブレシェ Brechet
フレシェット
Frechette**
Fréchette**
Freschet
プレシェット
Pleshette*
ブレジェリー Bregerie
プレシェルン
Prešeren
Prešern
ブレシェレト
Brecheret
プレーシェレン
Prešeren
プレシェレン Prešeren
フレジェンハイマー
Flegenheimer
プレジオーシ Preziosi
ブレジオン
Bregeon
Brégeon
ブレーシコ Breshko
ブレシコ Breshko
ブレシコーフスカヤ
Breshkovskaia
ブレシコフスカヤ
Breshkovskaia
ブレシース Bresheeth
ブレジス Brézis
プレシス Plessis*
プレシチェーエフ
Pleshcheev
プレシチェーフ
Pleshcheev
ブレシック Blecic
プレシックス Plessix
ブレシッチ Brešić
ブレジナ Brezina
フレーシヌー
Frayssinous
フレシヌス
Frayssinous
フレーシネ Freycinet
フレーシネー
Freycinet
フレシネ
Freycinet
Freyssinet
ブレジネヴァ
Brezhneva
ブレジネフ Brezhnev*
ブレジーヒン
Bredikhin
プレジホフ Prežihov
プレジボン Pregibon
プレージマン
Plagemann
フレージャー
Frager
Frazier**
フレジャー Frazier*
ブレーシャ Brescia
ブレージャー Brazier
ブレシャー Brecher*
プレジャー Pledger
プレシャコフ
Pleshakov*
プレシャス Precious
ブレジヤック Brésillac
プレシャック Préchac
ブレシャド Breshad
ブレシャーニ
Bresciani
ブレシャニーノ
Brescianino
ブレジャン
Bréjan
Brězan
プレジャン
Prejean
Préjean
フレーシュ Frèches*
ブレーシュ Brache*
ブレシュ
Bures
Bureš
プレシュ Pretsch
プレジュア Pleasure
フレシュニー
Freshney
フレシュフィールド
Freshfield
フレショ
Flesjå*
Frešo
ブレジョセフ
Blé Joseph
ブレジヨン Brézillon
ブレシラ Blesilla
ブレジラック Brésillac
ブレージル Brazil
フレージンガー
Freisinger
ブレジンスキー
Bresinsky
Brzezinski***
Brzinski*
ブレシントン
Blessington
フレース Fraisse
フレーズ Fraze
フレス
Floeth
Fraisse*
フレズ Fresu
ブーレーズ Boulez**
ブレース Brace
ブレーズ
Blades*
Blaese
Blaise***
Blaize*
Boulez
Brase
ブレス
Bles
Brès
Brest
Bures
ブレズ Blaise
プレース Place
プレス
Pless*
Press**
Pruess
プレズ Plez
プレスィック Preisig
プレスイール
Pressouyre
ブレズウィック
Blazewicz
ブレースウェイト
Braithwaite
Brathwaite**
ブレースウェート
Braithwaite
ブレスエット
Breathed**
プレスカ Plesca
ブレースガードル
Bracegirdle
フレスキ Freschi
ブレスキ Braschi
ブレスキン Breskin
ブレスク Bresc*
ブレスクヴァール
Breskvar
フレスケ Fresquet
ブレスゲン Bresgen
フレスコ
Francesco
Fresco*
プレスコット
Prescott***
プレスコッド Prescod
フレースコバルディ
Frescobaldi
フレスコバルディ
Frescobaldi
フレスコバルディ
Frescobaldi
プレスサス Presthus
プレススタップ
Prezystup
プレスタ Presta
プレスター Prester
ブレスダン Bresdin
ブレズダン Bresdin
プレスタン Plestan
フレズティ Fredsti*
プレスティ Presti
フーレスティエ
Fourestier
フレスティエー
Fourestier
プレスティジャコモ
Prestigiacomo
ブレスティッド
Breasted
プレステス Prestes*
ブレステッド
Breasted*
ブレステド Breasted
プレステラ Prestera
ブレスデール
Bleasdale
プレステル Prestel
ブレスト
Blest
Brest
ブレスド Blessed
プレスト Prest*
プレストヴィチ
Prestvich
プレストウィッチ
Prestvich
Prestwich
プレストウィッツ
Prestowitz**
ブレスドーフ
Bredsdorff
プレストル Prestre
ブレスドルフ
Bredsdorff
フレストン Freston
プレストン
Preston***
Puleston
フレスナー Flesner
ブレズナ Brzezna
プレスナー Plessner**
ブレスナック
Breathnach
ブレスナハン
Bresnahan
ブレスナーン
Bresnahan
ブレズナン Bresnan
プレスニエクス
Plesnieks
ブレズニック Bresnick
ブレスニッツ Bresnitz
フレズネ Fresney
フレスネダ Fresneda
プレスネル
Presnel
Presnell
Pressnell*
フレスノ Fresno*
プレスノール Presnall
プレスパー Presper*
プレズバ Presba
プレスバーガー
Pressburger*
プレスビテル
Presbyter
プレスフィールド
Pressfield**
プレスブルガー
Pressburger
プレスブルゲル
Pressburger*
プレスヘジ Pries-Heje
プレスベリー Presbrey
ブレスマン
Bleathman*
Bresman
プレスマン
Pressman**
フレスミング Fleming
ブレスラー
Bresler*
Bressler
プレースラー Proesler
プレスラー
Pressler***

ブレスラウ
Breslau
Bresslau
ブレスランド
Presland
Pressland
プレスリー
Presley***
Pressley
Pressly
プレズリー Presley
フレズリク Frederik
ブレスリック
Bretherick
ブレスリン Breslin*
ブレズリン Breslin**
フレスル Flessl
フレスレ Fresle
ブレスレル Bresler
ブレスロー
Breslau
Breslow
Bresslaw
ブレズロー Breslow*
ブレスロウ Breslow*
ブレズロウ Breslow
フレースワイク
Vreeswijk
フレーゼ
Freese
Frese
フレーゼー Freese
ブレセ Bresset**
ブレゼ Brézet
プレセチュニク
Presečnik
ブレゼック Brezec
プレセット Plesset
フレセド Fresedo
フレセニィュス
Fresenius
フレゼーニウス
Fresenius
フレゼニウス
Fresenius
フレセニユス
Fresenius
フレゼリク Frederik
フレーゼル Frazelle
フレセル Flessel**
プレセル Plößel
フレセルコロビク
Flessel-Colovic
プレセレン Prešern
プレゼンス
Pleasance
Pleasence*
フレソズ Fressoz
プレソフスキー
Plesofsky
ブレソーラ Bresola
ブレソワー Brethower
フレーゾン Freidzon
フレソン Freson
フレータ Fleta
フレーダ Freda
フレーダー Freder
フレタ Fleta
フレダ Freda*
ブレーター Brater
ブレーダ Breda
ブレタ Bretta
ブレダ Breda*
プレター Preter
プレダ Preda
ブレダウ Bredau
ブレダエル Bredael
ブレターコス
Brettakos
フレータス Freitas*
フレダッハ Fledach
ブレーダラム
Braederlam
フレタール Fretard
ブレタン Bretan
ブレダン Bresdin
ブレチェク Bulechek
フレチェット
Frechette*
Fréchette
フレチェロウ
Freccero*
ブレチェン Blechen
プレチコシツ
Pletikosic
プレチコシッチ
Pletikosic
ブレチスラフ
Bretislav
ブレチタ Blechta
プレチニク Plečnik
フレーチャ Flecha
フレチャー Fletcher
ブレチャージク
Blecharczyk
プレチュニク Plečnik
ブレチン Brechin
プレーツ Preetz
ブレツィナ
Brezina**
Březina
ブレツィンカ
Brezinka*
ブレツェット Brezet
ブレツェリ Brecely
フレッカー Flecker*
ブレッカー
Brecher*
Brecker**
Bröcker
Broecker*
Bruecker
ブレッガー
Brägger
Brögger
ブレッキー Blackie
ブレッキーン
Brecheen
ブレッキンリジ
Breckinridge
ブレッキンリッジ
Breckinridge
フレック
Fleck*
Vleck
フレッグ
Fleg
Flegg
ブレック
Blech
Bleck
Brech
Breck**
Brekk
Vleck*
フレックス Flex
フレックスナー
Flexner*
ブレックナー
Bleckner*
Brechner
Breckner
フレックネル
Flecknell
フレックノー Flecknoe
フレックハウス
Fleckhaus
ブレックビル
Breckbill
ブレックフィールド
Breakefield
ブレックマン
Blechman
Braeckman*
ブレックライン
Brechtlein
ブレックル Breckle
ブレッケ
Brekke*
Bretzke
ブレッゲル Brögger
フレッケンシュタイン
Fleckenstein
ブレッケンリッジ
Breckenridge
ブレッサー Blesser
プレッサー Presser
ブレッサーズ Bressers
ブレッサールト
Bressart
ブレッサン
Bressan
Bressand*
プレッシ Plessis
プレッシー
Plessis*
Plessy
Plessys
Pressey
プレッジ Pledge
ブレッシア
Brescia
Brixiensis
ブレッシアーニ
Bresciani
フレッシェ Fréchet
フレッシネ
Fraissinet
Freyssinet
ブレッシヒ Blessig
フレッシフィールド
Freshfield
プレッジマン
Plagemann
フレッシャー Flesher
ブレッシャー Brescia
プレッジャー Pledger
ブレッシャーズ
Breashears
Breshears
ブレッシャーニ
Bresciani
ブレッシャン
Breschan*
フレッシュ
Flesch**
Flesh
Fresh*
ブレッシュ
Blesh
Bresch
Buresh
プレッシュ Plesu
ブレッシュナー
Blechner
フレッシュフィールド
Freshfield*
ブレッシュリーベ
Breschliebe
ブレッシン Blethyn*
ブレッシング
Blessing*
Vlessing
ブレッシングトン
Blessington
ブレッシントン
Blessington
フレッス Fraisse
フレッズ Freze
フレッセマン
Flesseman
ブレッセル Bresser
プレッセル Pressel*
ブレッソ Brezzo
ブレッソー Bledsoe
ブレッソード
Bressoud
フレッソン Fresson*
ブレッソン
Bredeson
Bresson***
プレッソン Presson
ブレッタ Buretta
フレッチア Fletcher
ブレッチアロリ
Brecciaroli
フレッチェル Fletcher
フレッチャ Fletcher
フレッチャー
Fletcher***
フレッチヤー Fletcher
ブレッチャ Breccia
ブレッチャー
Blecher
Bletcher
Brecher
Bretscher
フレッチャア Fletcher
ブレッチャッハー
Bletschacher
フレッツ Fretz
ブーレッツ Bouretz
ブレッツ Bretz
プレッツ Ploetz
プレッツァー Pretzer
プレッツェイユ
Pretceille
プレッツェル Plaetzer
フレッツォリーニ
Frezzolini
プレッツォリーニ
Prezzolini*
フレッディ Freddie
フレッディー Freddie
プレッテンベルク
Plettenberg
プレッテンベルグ
Plettenberg
フレット
Flett
Fred*
フレッド
Fred***
Frederic*
Frederick*
Fredie
ブーレット Bourret
ブレット
Barrett
Bredt
Bret***
Brett***
Bullet
ブレッド
Bled
Brett
プレット
Plet
Plett
プレッド Pred
ブレットヴィル
Bretteville
フレットウェル
Fretwell*
ブレットシュナイダー
Bretschneider
Brettschneider
ブレットシュネイダー
Brettschneider
ブレットシュネイデル
Bretschneider
ブレッドソー
Bledsoe**
Bredsoe
フレットナー
Flettner
Flöthner
Flötner
ブレットナー
Blattner
Blättner
Bretnor
フレットハイム
Fretheim
フレッドバーグ
Fredberg
ブレッドバーグ
Bredberg
フレッドボルグ
Fredborg
フレッドホルム
Fredholm
フレッドマン
Fredman*

フ

フレッドランド
Fredland
プレットル Prettre
フレッドルンド
Fredlund
フレットレー Frettlöh
ブレットン Bretton*
ブレッヒ Blech*
ブレッヒェン Blechen
ブレッヒビュール
Brechbühl
ブレッヒャー Brecher
ブレッヘ Blech
フレッペル Freppel
ブレッヘン Blechen
フレーデ
Froede
Vreede
フレデ
Frode
Vrede
ブレーデ Wrede
プレーテ Prete
フレーディ Fredi
フレディ
Freddie***
Freddy***
Fredi**
Fredis
Fredy
フレディー
Fred
Freddie*
Freddy
Frederick
Frédy
ブレーディ Brady**
ブレーディー Brady
ブレディ Brady
ブレディー Bready
プレーティ Preti
プレティ
Preti
Pretty
ブレーディア Bladier
ブレディウス Bredius
フレディエ Freydier
プレディエーリ
Predieri
ブレディキン
Bredikhin
プレーディス Predis
プレディス Predis
ブレーディッヒ Bredig
ブレディッヒ Bredig
フレティニ Frétigny
ブレーディヒ Bredig*
プレティヒャ Pleticha
ブレディーヒン
Bredikhin
ブレディフ Brédif*
フレディリック
Frederick
Friedrich
ブレディン
Bleddyn*
Bredin*

フレーディング
Fröding
フレディンバーグ
Fredinburg
フレーデガル Fredegar
フレデガール Fredegar
ブレーデカンプ
Bredekamp**
ブレデカンプ
Bredekamp
フレデギスス
Fredegisus
ブレデキャンプ
Bredekamp
フレデグンデ
Feédégonde
Fredegunde
フレデゴンド
Feédégonde
ブレテシェール
Bretécher
ブレデス Vlădescu
フレデスマン
Fredesman
ブレーデセン
Bredesen
ブレデセン Bredesen
フレデッテ Fredette
ブレデフェルド
Bredefeldt
フレーデマン
Vredeman
Vredman
Vreedman
ブレデラ Bredella
フレデリカ
Frederica**
Fredericka
Friederike
フレデリキ Frederick
フレーデリク Frederik
フレデリク
Frederic**
Fredéric
Fréderic
Frédéric**
Frédérìc
Frederick*
Frederik***
Frederique*
フレデリクス
Fredericks**
Fredericus
Frédérix
フレデリクセン
Frederiksen*
Fredriksson*
フレデリクソン
Frederickson*
Fredrickson
Fredriksson
Fridrikson
フレーデリケ Friedrike
フレデリーケ
Frederieke
Friederike
フレデリコ Frederico
フレデリッキ
Frederick
Friedrich
フレデリック

Flederique
Fredelic*
Frederic***
Frédéric***
Frèdèric
Frēdēric
Frederich*
Frederick***
Frédérick**
Fredericks
Fredericq
Frederik***
Frédérique**
Fredric**
Fredrick
Fredrik**
Fridrik
Friedrich
フレデリックス
Fredericks*
フレデリックソン
Fredrickson
フレデリッック
Frederick
フレデリッヒ
Friedrich
フレデル Freidel
ブレーデル
Blaedel*
Blædel
Bredel*
ブレデル Bredell
プレテル
Pretel
Pretell
Pretelt
フレデルスドルフ
Fredersdorff
ブレーデルラム
Broederlam
フレデレッキ
Frederick
フレデレック Frederic
ブレーデロ Bredero
ブレーデロー Bredero
ブレデロ Bredero
ブレデロー Bredero
ブレデローデ
Brederode
フレーデン Friden
ブレーデン
Braden**
Braeden
Breaden
ブレデンカンプ
Bredenkamp
フレーデンブルフ
Vreedenburgh
フレート
Fred**
Greet
フレード Fred
フレド
Fred
Fredo
ブレード
Blade*
Brade
Braid
ブレド Bledi
ブレドー Bredow
プレード Praed
プレト

Preto
Pretto
ペレド Peled
ブレドウ Bredow
ブレドゥスキー
Bledowski
ブレードウッド
Braidwood
フレドゥロン Fredelon
フレドゥン Fredun*
ブレドオルベン
Breadalbane
プレドコ Predko
ブレートシナイダー
Bretschneider
ブレトシネイデル
Bretshneider
プレトシュ Pletsch
ブレートシュナイダー
Bretschneider
ブレトシュナイダー
Bretschneider
ブレドソー Bledsoe*
フレドソン Fredson
フレートナー Flötner
フレトナー Flötner
ブレードナ Brodner
ブレードナー
Broedner
ブレドニ Bredni
プレトニェフ Pletnëv
ブレードニヒ
Brednich*
プレトニョーヴァ
Pletneva
プレトニョーフ
Pletnëv
Pletnyov
プレトニョフ
Pletnev
Pletnëv*
プレトネル Pletner
ブレトノー
Bretonneau
フレドビョーン
Fredbjørn
フレードボッレ
Fred Boerre
フレードホルム
Fredholm
フレドホルム
Fredholm
ブレードホルン
Bloedhorn
ブレドマン Bledman
プレドユ Predoiu
ブレトラウ Bretlau
プレドラーク Predrag
プレドラーグ Predrag
プレドラグ Predrag**
プレドラッグ Predrag
ブレトリ Brötli
プレートリウス
Preetorius
プレトーリウス
Praetorius
Prätorius

プレトリウス
Praetirius
Praetorius*
Prätorius
Pretorius*
フレドリーカ Fredrika
フレドリカ
Fredlica
Fredrika*
フレードリク Fredrik
フレドリク
Frederic
Frederick
Frederik
Fredric
Fredrich
Fredrick
Fredrik**
フレドリクス
Fredricks*
フレードリクソン
Fredriksson
フレドリクソン
Fredrickson
Fredricson
Fredriksson**
フレドリケ Fredrike*
フレドリック
Frederic
Frederick**
Fredric***
Fredrich
Fredrick*
Fredrik***
Friedrich
プレトリック Pretrick
フレドリックス
Fredericks
フレドリックソン
Fredrickson
フレドリッチ
Friedrich
フレードリッヒ
Friedrich
フレドリッヒ
Friedrich
フレードリヒ
Friedrich
プレートル
Prestre
Prêtre*
Prȇtre
プレトル Prestre
フレドロ Fredro
ブレトン
Breton*
Bretón
ブレドン
Braddon
Bredon*
プレートーン Plethōn
プレトン
Plethon
Plethōn
プレドンザーニ
Predonzani
ブレナ Brena
ブレナー
Brenaa
Brener
Brenner**
Brönner*
Bryner

プレーナー Planer
ブレナウアー
Brennauer
ブレナル Brondal
ブレナン
Brenan***
Brennan***
フレーニ Freni**
フレニ Vreni
ブレーニー Blaney
ブレニー Brenny
フレニイ Freny*
ブレニエ Brenie
フレニクル Frénicle
ブレニック Brenig
ブレニナ Burenina
ブレーニャ Breña
ブレニヤー Brenyah
ブレーニョ Bregno
フレーヌ Fresne
ブレーヌ Boulaine
フレヌーズ Fresneuse
ブレヌム Brøndum
フレネ
Freinet*
Frenais
Frenay*
Freney*
Fresnaye
フレネー
Fresnay
Fresnaye
ブレネ Brenet
ブレネー Brené
プレーネ Pleynet
プレネ Pleynet**
フレネエ Fresnaye
ブレネケ Brennecke
ブレネス Brenes
プレネスティーノ
Prenestino
ブレネッケ
Brennecke*
ブレネマン
Breneman*
Brenneman*
フレーネル Frohner
フレネル Fresnel
ブレネール Brenner*
プレネル Plenel*
ブレネン Brennen
フレノ
Fraineau
Freneau
フレノー
Fraineau
Frénaud**
Freneau
Fresneau
ブレーノ Breno
ブレノ Breno
ブレノウィッツ
Brenowitz
フレノオ
Frénaud
Freneau
ブレノン Brenon
フレーバー Freber
プレーバー Proeber
プレパー Propper
ブレバウ Blubaugh
フレバーグ Freberg
ブレハッチ Blechacz*
フレバート Frevert
ブレバード Brevard
プレハーノフ
Plekh
Plekhanov*
プレハノーフ
Plekhanov
プレハノフ
Plekhanov*
ブレーバーマン
Braverman*
プレパラータ
Preparata
プレバル Préval**
ブレバン Braibant
プレバン Pleven
ブレヒ Blech
ブレビア Brebbia
ブレビアリオ
Breviario
フレヒシヒ Frechsig
フレヒジヒ Flechsig
ブレビス Brebis
ブレビスタ Burebista
ブレビソン Brébisson
プレビッシュ
Prebisch*
プレヒテル Prechtel
フレヒト Frecht
ブレヒト Brecht**
プレヒト Precht*
フレヒトハイム
Flechtheim
ブレヒビュール
Brechbühl*
ブレヒマ Bréhima
ブレヒマン Blechman
ブレヒャー Blecher
プレビャック Plevyak
フレビル Freville
プレビロン Prévilon
フレビン Flavin
ブレビン Brevin
プレビン
Previn**
Pureviin
フレビンカ Grebenka
ブレビンス Blevins
プレビンスキー
Plewinski
フレーブ Frape
ブレーブ Brave
プレブ
Pulev
Purev
プレブ Purev
ブレファリー Blefary
プレーフェア
Playfair*
フレーフェル Frevel
フレーフェルト
Frevert
フレフェン Vreven
ブレフォー Briffault
プレーフォード
Playford
プレフォンテーヌ
Préfontaine
プレプク Prepuk
プレブジャビーン
Pürevjavyn
プレブジャビン
Purevjavyin
プレブジャブ
Purevjav
Purevjavyn
プレブジャルガル
Purevjargal
プレブスレン
Purevsuren
プレブツ Prevc
プレブツ Prevc
ブレーブトリー
Bleibtrey
プレブドルジ
Purevdorj*
PÜrevdorj
Purevdorjiin
フレフナ Hrefna
ブレブナ Brebner
ブレフニー Brefni
フレーブニコフ
Khlebnikov*
フレブニコフ
Khlebnikov*
フレーブニコワ
Khlebnikova
ブレブーフ Brébeuf
ブレブフ Brébeuf
ブレーブマン
Braveman
ブレフマン Brekhman
プレフーモ Prefumo
プレーブランク
Pulleyblank
プレブル
Prebble
Preble*
ブレーブン Braven
フレーベ Fröbe*
ブレベ Brevé
プレーベ Pleve
フレーベス Fröbes
ブレベット Brevett
プレベナ Prebenna
ブレベフ Brébeut
フレベリャノヴィチ
Hrebeljanović
フレーベル
Frobel
Fröbel*
Froebel
フレペル Freppel
ブレヘル Blejer
プレヘル Plöchl
プレベール
Prevert
Prévert
プレヘルム Plechelm
ブレーヘン Breggen
プレベン
Pleven
Preben
プレベンナ Prebenna
フレボー Frébault
プレボ
Prevost
Prévost
Prévot
プレボー Prévost*
プレボウ Prévost
プレボオ Prévost
プレボスト Prevost
プレホーダ Prehoda
ブレホフスキー
Brehovszky
プレボララキ
Prevolaraki
プレボワ Prébois
プレボワース Préboist
ブレーマー
Bramer
Brehmer
ブレマ
Boureima
Brema
ブレマー
Bremer**
Bremmer*
ブレマイケル
Bremiker
フレマイヤー
Fremeyer
プレマジャヤンタ
Premajayantha
フレマス Flem-Ath*
ブレーマーズ Bremers
プレーマダーサ
Premadasa
プレマダーサ
Premadasa
プレマダサ
Premadasa*
プレマック Premack*
プレーマーナンダ
Premānanda
プレーマーナンド
Premānanda
フレマール
Flémal
Frémart
フレマル Flémal
プレマール
Premare
Prémare
フレマン Vreman
ブレーマン Brayman
ブレマン Breman
フレミ Frémy
フレミー Frémy
ブレーミー Blamey
ブレミ Bremi
プレミア Premier
フレミエ Frémiet
プレミェリ Plemelj
フレミオー Frémiot
ブレミカー Bremiker
フレーミク Flehmig
プレミシャウ
Przemyslaw
プレミニウス
Pleminius
フレミネ Fréminet
フレーミヒ Flämig
ブレミュデース
Blemmýdēs
ブレミュデス
Blemmýdēs
フレミヨ Frémyot
フレミン
Fleming
Flemming*
プレミンガー
Preminger
フレーミング Fleming
フレミング
Fleeming
Fleming***
Flemming**
Flemyng
Freming
プレミンジャー
Preminger*
フレーム Frame**
フレム Flem*
ブレーム
Bräm
Brehm*
Brême
ブレム
Brem*
Breme
Bureme
プレーム Prem
プレム
Prem**
Premdut
フレムケ Fraemcke
プレムジ Premji
プレムジッチ
Premužić
ブレムス Brems
フレムスタッド
Fremstad
フレムスタード
Fremstad
ブレムセン Brömssen
プレームチャンド
Premacanda
Premchand*
プレムドゥット
Premdut
ブレムナー Bremner*
プレムナス Premnath
ブレムネス Bremness
フレムメン Flemmen
フレムラ Fremura
フレムリン Fremlin**
ブレーメ
Brehme
Breme

ブレメ Vreme
プレメラニ
Premerlani
フレーメル Froemel
ブレーメル Bremer
ブレメール Bremer
ブレメルマン
Bremerman
Bremermann
ブレーメン
Breemen
Bremen*
ブレーメンダール
Bloemendal
プレメンドロ
Premendra
フレモー Frémaux*
ブレモー Brémaud
プレモリ Premoli
フレモル Fremolle
フレモン Frémont
ブレモン
Blémont
Bremond*
Brémond
プレモン Premont
プレモンズ Plemmons
フレモント
Fremont*
Frémont
フレヤ Freya**
ブレーヤー Blayer
ブレヤー
Blair
Bleyer
プレーヤー Player
ブレヤリー Brearley
フレユ Frey
ブレーユ Braille
フレョエベル Frobel
ブレラ Bruera
プレラー Preller**
フレライ Freligh
フレラス Fleras
プレラツキー
Prelutsky
ブレーラック Blalock
フレーラッジ
Flerlage*
プレラドヴィチ
Preradović
プレラドビチ
Preradović
フレランダー
Froelander*
Frölander
ブレランド
Blerand
Breland
フレーリ Freri
フレーリー
Fraley
Frehley
Friary
フレリー Fraley
ブレーリー
Brayley
Brealey*
ブレリオ Blériot*
ブレリオー Blériot
フレリック Frelich
ブレリック Vlerick
フレーリックス
Freericks
フレリックス Frerichs
フレリッチ Frerichs
フレーリッヒ
Froehlich
Frohlich
Fröhlich*
フレリッヒ Frolich
フレーリヒ
Froelich
Frohlich
Fröhlich*
Frolich
Frölich
フレリヒス Frerichs
フレーリヒャー
Frölicher
ブレリム Blerim
フレーリング
Freleng
Fröling
フレール
Flers
Fréhel
Frere*
Frére
Frère*
ブーレル Boolell
ブレル
Bourel
Bourelle
Brel**
Brelles
プレール Presle*
プレル
Prel
Proll
Pröll*
Purrel
ブレルク Blerk
フレルクス Frercks
プレルジョカージュ
Preljocaj*
フレルスフ
Hurelsuh
Khurelsukh*
Kurelsukh
ブレールスフォード
Brailsford
フレルバータル
Khurelbaatar
フレルバートル
Khurelbaatar
フレルヒンガー
Flörchinger
ブレルレイク
Brellreich
フレーレ
Freire
Fréret
Freyre
ブレレトン Brereton
フレレング Freleng
ブレロア Breloer
ブレロアー Breloer
プレローグ Prelog*
ブレーロック Blalock
プレロックス
Proellochs
フレロフスキー
Flerovskii
フレロン Fréron
ブレーワー Brewer
フーレン Fu-reng
フレーン Frêne
フレン Frayn
ブーレン
Boelen
Boleyn
Bullen
ブレーン
Blain
Blaine**
Blane*
Braein
Braen
Brain
Breen
Brehm
Bullen
ブレン
Bren
Brenn
Bullen
プーレン Pullen
プレン
Plane
Prehn
Prenn
Pullen*
Pulleyn
ブレンヴィーユ
Brainville
ブレンウェーバー
Wullenwever
ブレンカス Brenkus
ブレンキンソップ
Blenkinsopp
フレンク
Ferenc
Frenck
Frenk
プレンク
Plenck
Plenk
フレンクラー Frenkler
ブレングル Brengle
プレンゲ Plenge
フレンケバ Frenkeva
フレンケリ
Frenkel
Frenkel'
フレンケル
Fraenkel*
Frankel
Fränkel
Frenkel**
Frenkel'
ブレンコ Brenko
ブレンゴー
Braendgaard
ブレンコウ Blencowe
プレンコヴィッチ
Plenković*
プレンコビッチ
Plenković
ブレンゴラ Brengola
ブレンサイン
Burensain
ブレンジンスキー
Brzezinski
プレンスキー Prensky
ブレーンステス
Brönsted
Brønsted
ブレーンステズ
Brönsted
Brønsted
ブレンステズ
Brönsted
Brønsted
ブレンステッズ
Brondsted
ブレンステッド
Brönsted
Brønsted
ブレンステド
Brønsted
フレーンズドルフ
Frendsdorff
フレンズドルフ
Frensdorff
ブレーンスドルフ
Blänsdorf
ブレンストレム
Brännström*
フレンゼル Frenzel*
フレンセン Frenssen
ブレンソン Brenson
ブレンタ
Brenta
Brentano
ブレンダ Brenda***
ブレンダー Brender**
プレンター Prenter
プレンダー Plender
プレンダーガスト
Prendergast
プレンダーギャスト
Prendergast*
プレンダギャスト
Prendergast
ブレンダーヌス
Brendanus
ブレンダヌス
Brendanus
ブレンターノ
Brentano**
ブレンターノー
Brentano
ブレンタノ Brentano*
ブレンタノー
Brentano
ブレンダル Brøndal
ブレンダン
Brendan**
Brendanus
フレンチ
French***
Frenchy
フレンチー Frenchy
ブレンチ Brench
ブレンチェス Brentjes
フレンチェン
Frenchen
プレンチース Prentiss
プレンチス
Prentice
Prentiss
ブレンチッチ Brenčič
フレンツ Frenz*
ブレンツ
Brentz
Brenz
フレンツェル
Frenzel**
フレンツェン
Frentzen*
プレンツドルフ
Plenzdorf**
フレンツル Fränzl
ブレンデ Brende
ブレンディ
Blendi
Brende
プレンディヴィル
Prendiville
ブレンティエンス
Brentjens*
プレンティス
Prentice*
Prentis
Prentiss*
ブレンデール Brender
ブレンデル
Brendel***
ブレンデン
Brendan
Brenden*
ブレンデンゲンイエンセン
Brendengen Jensen
ブレンデンバーグ
Brendenberg
フレンド
Fred
Frend
Frendo
Friend**
ブレント
Braend
Brendt*
Brent***
ブレンド
Brend
Brent
ブレントエンス
Brentjens
ブレンドストレーム
Brändström
ブレンドライン
Brändlein
フレンドリー
Friendly**
ブレンドリ Brandli
ブレンドリィ Brändli
フレンドリッチ
Friedrich
フレンドリッヒ
Friedrich
フレンドル Frendl
ブレントレ Brändle
ブレントロ Brendtro

ブレンドロー
Brendtro
ブレントン Brenton**
ブレンドン
Brendon**
ブレンナ Brenna*
ブレンナー
Bremner*
Brenner***
ブレンナウ Blennow
ブレンナン Brennan
フレンニコーヴァ
Khrennikov
フレーンニコフ
Khrennikov
フレンニコフ
Khrennikov*
ブレンヌス Brennus
ブレンネス Bremness*
ブレンネック
Brennecke*
ブレンネッケ
Brennecke
ブレンネル Brenner
ブレンノス Brennus
ブレンヒオ Blengio
ブレンビラ Brembilla
ブレーンビル
Blainville
ブレンフルト
Burenhult
プーレンブルフ
Poelenburgh
プレンペ
Prempe
Prempeh
ブレーンベルフ
Breenberch
ブレンボー Brendborg
ブレンマルク
Brönmark
ブレンマン Brenman
ブレンミュデス
Blemmýdēs
ブレンリー Brenly
フーレンワイダー
Fulenwider
フレンワイダー
Fullenwider
ブレンワルド
Brennwald
フーロー Foureau
フロ
Flo*
Fullo
フロー
Flo*
Flor
Flot
ブーロー
Bouleau*
Boureau*
Bullough*
ブロ
Blot
Bro*
Burro
ブロー
Belot
Blau*
Blore
Blow*
Brau
Brault*
Breau
Breaux**
Brough
Bullough
プーロ Poulot*
プロ
Pelot**
Perot
Poulot
Pro
Prot*
Puro
プロー
Peraud
Ploegh
フロア Froid
ブロア
Blois
Bloy*
ブロアー
Broer
Brower
プロアイレシオス
Prohaeresius
プロアキス Proakis
フロアサール Froissart
ブロアーズ Broers
ブロアーゼン Broersen
ブロアム Brougham
フロアラック Floirac
ブロアール Brohard
ブローアン Brohan
ブローイ Broglie*
ブローイー Broglie
ブロイ
Bloy*
Bloye
Breu
Broglie**
プロイ Pourroy
フロイア Floyer
ブロイア Breuer*
ブロイアー
Brauer
Breuer*
プロイア Proia
プロイェクタ Projecta
プロイエッティ
Proietti
ブロイエル
Bleuel
Bräuel
Brauer
Bräuer
Breuel
Breuer*
Broyelle
ブロイカー Breuker
ブロイゲル Breugel*
フロイゲン Freuchen
プロイシェン
Preuschen
ブロイシュ Breusch
プロイショフ
Preuschoff*
プロイシル Preucil
フロイス
Frois*
Fróis
プロイス
Preus**
Preuss**
Preuß
Proisl
プロイスナー
Preussner
フロイスマン
Hroisman*
プロイスラー
Preussler***
プロイセン Prussia
ブロイチガム
Brautigam
ブロイチャー Broicher
フロイツハイム
Froitzheim
フロイデ Freude
プロイティ Proiti
フロイディス Froydis
フロイデンシュタイン
Freudenstein
フロイデンタール
Freudenthal*
フロイデンタル
Freudenthal
フロイデンバーガー
Freudenberger
フロイデンバーグ
Freudenberg
フロイデンベルガー
Freudenberger*
フロイデンベルク
Freudenberg
フロイト
Floyd
Freud***
フロイド
Flloyd
Floid
Floyd***
Freud*
ブロイド
Broido
Broyd
フロイトガー
Freudiger
プロイトス Proitos
ブロイニング
Breuning
フロイネス Froines
ブロイノウスキ
Broinowski
プロイハー Ployhar
フロイヒ Fráech
フロイヘン Freuchen
フロイモビッチ
Froymovich
フロイヤー Floyer
ブロイヤー Breuer**
ブロイヤード Broyard
プローイュ Plooij
プローイユ Plooij
フロイラー Freuler
ブロイラー Bleuler**
フロイラン Froilan
フロイリシェ
Froyliche
ブロイル Bruil
ブロイルズ Broyles
フロイレル Freuler
フロイロン Fleuron
フロイン Fruin
ブロイン Bruyn*
ブロインガー Broinger
プロインシァス
Proinsias*
フローインスティン
Vroeijenstijn*
フロイント Freund***
フロインド Freund*
フロイントリッヒ
Freundlich
フロインドリッヒ
Freundlich
フロイントリヒ
Freundlich
フロウ
Flo
Froh
ブロウ
Blough
Blow**
Brough
Bullough
フローヴァ Frova*
ブローウァー Brouwer
ブロウアー Brougher
プロウアー Prawer
プロヴァイン Provine*
プロヴァズニコヴァー
Provazníková
プローヴァセク
Prowazek
プロヴァツェック
Prowazek
プロヴァン
Provan
Provent
Provins
プロヴァンサール
Provençal
プロヴァンサル
Provençal
プロヴァンシェ
Provencher
プロヴァンス
Provence
Province
ブローウィ Blowey
プロヴィエ Plovier
ブローヴィック
Bromwich
ブローウィッツ
Blowitz
ブロヴィッツ Blowitz
プロウイン Plouin
プロヴィン Provine
ブロウウェル Brouwer
プロウヴォウスト
Provoost
ブローヴェ Browe
ブローウェイ Blowey
ブロウエズ Browaeys
プロヴェラ Provera
ブローウェル
Brouwer*
ブロウェル Brouwer
ブロウエル Brouwer*
ブローヴェルト
Blauvelt
プロヴェンザノ
Provenzano
プロヴェンセン
Provensen
プロヴェンツァーレ
Provenzale
プロヴォ Provost
プロヴォス Provost
プロヴォースト
Provoost
プロヴォスト Provost*
ブロヴォルスキー
Dobrowolski
プロヴォワュール
Provoyeur
ブロウカ Bróvka
ブロウカー Bullokar
ブロウカリング
Brokering
ブロウサード
Broussard
ブロウスティス
Broustis
ブロウスティン
Blaustein
ブロウスニキナ
Brusnikina*
ブロウダス Broadus
ブロウツマン
Brotzman
フロウデンバーガー
Freudenberger
フロウド
Floud*
Froud
ブロウド Broad
プロウト Prout
ブロウニング
Browning
ブロウネル Brownell
プロウビー Proby
ブロウフィ Brophy
ブロウベルト Blauvelt
フロゥホック Frohock
ブロウム Brome
ブロウヤー Brallier
プロウヤン Proujan
プロウライト
Plowright*
ブロウワア Brower
ブロウン Brown
ブロウンリー
Brownlee
ブロエク Broeck*
フロエス Froez
プロエセル Ploßel

フ

ブロエット Brouette
フロェトナー Flötner
ブロェマェルト
Bloemaert
フロエリッヒ Frohlich
ブローエル Brouwer*
プロエルス Proelß
プロエンサ Proenca
フローエンフェルダー
Frauenfelder
ブロォク Blok
フロォベエル Flaubert
フロオベール Flaubert
フロオベル Flaubert
フロォンメル Frommel
ブローカ Broca
ブローカー Blöcker
ブローガー
Bröger
Brogger
ブロカ Broca*
プローガ Plauger
プローガー Plauger
プロガー Progar
プロカシェワ
Prokasheva
プロカッチ Procacci*
プロカッチーニ
Procaccini
フロガット Froggatt
フロガート Froggatt*
ブロカード Broquard
ブロカール Brocard
ブロカルド Brocardus
ブロカルドゥス
Brocardus
ブローガン Brogan
ブロキャビチュス
Burokevičius
Burokyavichus
ブロキントン
Brockington
ブローク
Blok**
Broke
ブローグ Blaug*
ブロク
Block
Blok
プローグ Ploog
プログ Plog
ブロクサム Bloxam
プロクシュ
Procksch
Proksch*
ブロークス Broackes
ブロクス Broks
ブロークストラ
Broekstra
ブロクストン Broxton
ブロクスマ Blocksma
プロクター
Prockter
Procter*
Proctor**
ブロクディス
Broquedis
ブログドン Brogdon
プロクナウ Prochnow
プロクニッキー
Prochnicky
プロクネ Prokne
ブログノ Brogno
プロクノー
Prochnau*
ブロクハイゼン
Blokhuijsen
ブロクハイゼン
Blokhuijsen
プログハウス
Ploghaus
ブロクハン Bloxham
プロクペッツ
Prokupets
ブロークマン
Broekman
ブロクマンド
Brochmand
プロクリス Prokris
プロクルス Proculus
プロクルステス
Prokroustēs
ブログレ Brogle
プロクレマー
Proclemer
プロクロス
Proclus
Proklos*
プロクロロフ
Prokourorov*
ブロークンシャー
Brokenshire
フロケ Floquet*
フロケー Floquet
ブロケイル Brocail
ブローケス Brockes
ブロケット Brockett
ブロコー Brokaw
ブロコウ Brokaw*
プローコシュ
Prokosch*
プロコシュ Prokosch
ブロコス Brokos
プロコツォフ
Prokopcov
プロコッシュ
Prokosch
ブロコップ Brockopp
プロコップ
Prokop**
Prokopp
プロコピウス
Procopius
Prokopios
プロコピオ Procópio
プロコピオス
Procopius
Prokopios
プロコピス
Prokopios
Prokopis*
ブロコビッチ
Brockovich
ブロコフ Brokoff
プローコプ Prokop
プロコプ Prokop*
プロゴフ Progoff*
プロコーフィエヴァ
Prodofjeva
プロコフィエヴィチ
Prokofbevich
プロコフィエーヴィッチ
Prokof'evich
プロコフィエバ
Prokof'eva
プロコーフィエフ
Prokof'ev*
Prokofiev
プロコフィエフ
Prokof'ev*
Prokofieff
Prokofiev*
プロコーフィエワ
Prokof'eva
Prokofieva
プロコフィエワ
Prokofyeva
プロコフスキー
Prokovsky*
プロコプチュク
Prokopchuk
プロコプツカ
Prokopcuka
プロコペ Procopé
プロコペック
Prokopec
プロコペンコ
Prokopenko
プロコポーヴィチ
Prokopovich
プロコポーヴィッチ
Prokopovich
プロコポヴィッチ
Prokopovich
プロコポービチ
Prokopovich
プロコポービッチ
Prokopovich
プロコポビッチ
Prokopovič
ブロコリ Brocoli
プロコロ Próchoros
プロコロス
Prochoros
Próchoros
フロコン Flocon
ブローザ Brosa
ブロサ Brossat
プロサイス Prosise*
ブロサス Brozas
フロサッチ Frossati
フロサッハ Frossach
フロサドッティル
Flosadóttir
ブロサール Brossard*
プロザロ Prothero
ブロサン Bulosan*
フローシ Flosi
ブロージ Brogi
ブロシ Broshi
ブロシアス Brosius
プロシアンツ
Prochiantz
ブロシウス
Blosius
Blossius
フロジェ
Froger
Froget
ブローシェー Brocher
ブロシェ
Blochet
Brochet*
ブロシェー Brocher
ブロシエ
Brochier
Brossier
プロジェ Projet
プロジェクタス
Projectus
ブロジェット
Blodgett*
フローシェルズ
Froeschels
ブロシェンコ
Bloshenko
ブロージオ Brosio
ブロシオ
Brocio
Brosio
ブロジオ Brosio
ブロジス Brodzisz
フロシナ Frosina
プロシネチキ
Prosinečki*
プロシネツキ
Prosinecki
Prosinečki
ブロジミエシュ
Wlodzimierz*
プロージャー
Plaugher
フローシャイム
Florsheim
フロシャウアー
Froschauer
フロージャク Flaujac
フロジャク Flaujac
ブローシャス Brosius*
フロージャック
Flaujac
フロジャック Flaujac
フローシャマー
Froschammer
ブロシャール
Brochard*
プローシャン
Proschan
プロシャンスキー
Proshansky
フロシュ Frosch
ブローシュ
Bloesch
Burroughs
ブロシュー Brochu
プロシュ Prosch
プロシュキン
Proshkin
プロシュターニ
Plloshtani
ブロジョネゴロ
Brodjonegoro
フロシンガム
Frothingham
ブロジンスキ
Brosinski
プロシンスキー
Prosinski
フロース Floethe
ブーロス Boolos
ブロース Buraas*
ブローズ
Braose
Broes
Broose
Broze
Burroughs
ブロス
Blos*
Bross*
Brosse*
Brosses
ブロズ Broz*
プーロス Pulos*
プローズ Prose
プロス
Pelosse
Ploss
Pross*
フロスヴィタ
Hroswitha
ブロスウェル
Brothwell
プロスカ Proska
プロスカウアー
Proskauer
プロスカウエル
Proskauer
プロスキー
Ploski
Prosky
プロスクリャコフ
Proskuriakov
プロスクリン
Proskurin
プロスクロフ
Proskrov
プロスケ Proske
ブロスゴル Brosgol
プロスジャー Ploszaj
ブロスター Broster*
フロスティ Frosty
フロスティー Frostee
フロスティッグ Frostig
フロスティヒ Frostig
フロースト Froest
フロスト
Frost***
Fröst
ブロスト Brost
プロスト Prost*
ブロストフ Brostoff

フロストマン
Frostman
フロスドルフ Flosdorf
ブロストルプ
Brostrup
ブロスナッチ
Brosnatch
ブロズナハン
Brosnahan*
ブロスナン Brosnan**
ブロズナン Brosnan
フロズニ Hrozný
フロズニー Hrozný
プロスニッツ
Prossnitz
プロスパー Prosper
プロスパア Prosper
プロスペー Prosper
プロスペリ Prosperi*
プロスペール
Prosper*
Prosperus
プロスペル
Prosper***
プロスペルス
Prosperus
プロスペロ Prospero*
フロスホー Froshaug
ブロスボル Brosbøl
ブロスマン Brosmann
ブロズマン Brozman*
プロズメンシコワ
Prozumenshchikova
プロスロー Protheroe
フローゼ Froese
プロセス Psellus
プロセソ Proceso
ブロゼック Brozek
プロセック Prosek*
フロセル Flocel
プロセル Proelß
プロセロ Prothero
ブロゾヴィッチ
Brozovic
ブロソレ Brossollet
ブロソレット
Brossolete
ブローソン Brorson
ブローダ Broda
ブローダー
Broder**
Brodeur*
Brooder
Browder*
ブロダー Broder
フロータイシュ
Groothuis*
プロータゴラース
Prōtagorās
プロタゴラス
Prōtagorās
プロタザーノフ
Protasanof
Protazanov
プロタザノフ
Protasanof
プロターシウス
Protasius
プロタシウス
Protasius
ブロータース
Broodthaers
ブローダス
Broaddus*
Broadus*
ブローダースト
Broadhurst
ブローダセン
Brodersen
ブロダーセン
Brodersen
プロタソフ Protassov
ブロダティ Brodaty
フロタート Flotats
ブローダル Brodal
ブロダール Brodahl
フローダン Hlodan
プロダン Prodan
フローチ Froch*
ブローチ
Brauch
Broach*
Broatch
プローチ
Proach
Prouty
プローチー Prouty
ブロチエー Brothier
ブロチェーロ
Brochero
プロチダ Procida
プロチノス
Plōtinos
Plotinus
フローチャー
Frotscher
プロチャスカ
Prochaska
プロチュカ Protschka
プロチュース Proteus
プロチョロウ
Prochorow
フロツヴィタ
Hroswitha
プロツェンコ
Protsenko
ブロツォ Bloch
フロッカ Floca
フロッカー Flocker*
ブロッカ Brocka*
ブロッカー
Blocker
Broecker**
Broker
ブロッガー Brøgger
ブロッカーズ Brockers
ブロツカヤ Brodskaia
フロッカリ Floccari
ブローツキー Brodskii
ブロッキ Brocchi*
ブロッキー
Blockey
Brocchieri
Brockie
Brocquy*
Brodskii
ブロツキ Blocki
ブロツキー
Brodski
Brodskii*
Brodsky***
ブローツキィ Brodskii
ブロツキイ Brodsky
ブロッキエーリ
Brocchieri*
ブロッキントン
Brockington
フロック
Floch
Flock*
Floeck
ブロック
Black
Bloch***
Block***
Blok*
Blook
Bouloc
Brock***
Bulloch**
Bullock***
Bulock
ブロッグ Bloch
プロック
Plotke
Prock*
ブロックヴィル
Broqueville*
ブロックウェー
Brockway
ブロックウェイ
Brockway*
ブロックウェル
Brockwell*
ブロックケット
Brockette
ブロックシュミット
Brockschmidt
ブロックス
Blockx
Broks
Brooks
Brox*
ブロックスクミッド
Brockschmidt
ブロックスミス
Brocksmith*
ブロックデン
Brockden*
ブロックドルフ
Brockdorff
ブロックハウス
Brockhaus*
Brockhouse**
フロックハート
Flockhart*
ブロックバンク
Brockbank
ブロックビル
Broqueville
ブロックホイス
Blockhuys
ブロックホッフ
Brockhoff
ブロックホーベン
Broeckhoven
ブロックマイヤー
Brockmeier**
フロッグマン Frogman
ブロックマン
Blochman*
Brochmann
Brockman**
Brockmann**
ブロックラント
Blocklandt
ブロックランド
Blokland
ブロックリー
Blockley*
ブロックルハースト
Brocklehurst
ブロックルマン
Brockelman
ブロッケス Brockes
ブロッケット Brockett
ブロッケル Blokker
ブロッケルバンク
Brockelbank
ブロッケルマン
Brockelmann*
ブロッケンブロー
Brockenbrough
ブロッコ Brocco
ブロッコウ Brockow
ブロッコフ Brockhoff
ブロッコリ Broccoli
ブロッコリー Broccoli
ブロッサ Brossat
プロッサ Prosser
プロッサー Prosser*
ブロッサム Blossom*
ブロッサムゲーム
Blossomgame
フロッサール
Frossard*
ブロッサール Brossard
ブロッジ Broggi
ブロッシウス Blossius
ブロッジト Blodget
ブロッジーニ Broggini
ブロッジャ Broggia
フロッシュ
Floch*
Floćh
ブロッシュ
Bloch*
Brosh
フロッシュアンマー
Froschammer
ブロッス Brosse
ブロッズマン
Brozman
ブロッセ Brosset
ブロッソー Brosseau
プロッター Protter
ブロッダドッティル
Broddadóttir
ブロッチ Broggi
フロッチャー
Frotscher
フロッツ Frotz
ブロッツ
Ploc
Plotz
ブロッツァー Blotzer
プロッツァ Plozza
ブロッツマン
Broetzmann
Brötzmann
プロッツマン
Prottsman
Protzman
Protzmann
フロッテ Frote
プロッティ Protti
フロッティア Frottier
ブロット
Blot
Blott
Brott*
ブロッド Brod
プロット Plott
ブロッドスキー
Brodsky
フロットナー Flötner
ブロットナー Blottner
プロットニック
Plotnick
ブロッドベック
Brodbeck
ブロッドヘッド
Brodhead
フロッドマン
Flodman
ブロットマン
Brotman*
Brottman
ブロッドマン
Brodman
ブロットン Brotton
プロッパー
Plopper
Propper
ブロッフ Buloff
プロップ Propp*
プロッペ Proppé
ブロッホ
Bloch***
Broch**
Broche
ブロッホマン
Blochmann
プロツマン Protzman
ブロツラン Broteland
フローテ Groote
フローデ
Frode**
Frohde**
プロテ
Protais
Prothée
ブローディ
Broadie
Brodie*
Brody*
Bródy**
ブローディー
Brodie*
Brody
ブローデイ Bródy
ブロディ

フ

Braude
Brodie**
Brody**
Broudie
ブロディー
Brodie*
Brody*
ブローティ Prouty
ブローティー Prouty
プローディ Prodi**
プロディ
Praudi
Prodi
ブロティエ
Brothier
Brottier
ブローティガン
Brautigan**
ブロティガン
Brautigan
プロディコス Prodikos
プロテイス Protais
プロティチ Protić
プロティッチ Protić
プロティナ Plotina
プローティーノス
Plōtinos
プロティノス
Plotinos
Plōtinos
Plotinus
ブロディン
Brodin
Brodine
フローディング
Fröding
プロテウス Proteus
プロテシラオス
Prōtesilaos
ブロデッキー
Brodetsky
ブロデツキー
Brodetsky
ブロデック Brodek
フロデノ Frodeno**
ブローデュアー
Brodeur
ブロデューア
Brodeur*
ブロデュウァ Brodeur
プロテュース Proteus
ブロデュール Brodeur
ブロデュン Brodhun
フロデラールス
Grondelaers
プロテリオス
Proterios
Protérios
ブローデリック
Broderick*
ブロデリック
Broderick**
ブローデリップ
Broderip
ブロデリップ Broderip
ブローデル Braudel**
ブロデル Braudel
フローテン Vloten
ブローテン
Braatan
Braaten*
Bråten
ブローデン Brogden*
フロート
Floth
Flotow
Groot*
フロートー Flotow
フロード Flood
フロトー Flotow
ブロート
Bloth
Brault
Brod**
ブロード
Bloth
Broad**
Brod*
Brode*
ブロト Broto
プロート
Proth
Prout
フロドアール
Flodoard
フロドアルド
Flodoard
フロトウ Flotow
ブロードヴィチ
Brodovitch
ブロドヴィッチ
Brodovitch
ブロードウェイ
Broadway
ブロードウェル
Broadwell
プロートゥス Protus
プロトゥス Protus
ブロードウッド
Broadwood
フロドゥル Frodl*
ブロドカ
Brodka
Bródka*
ブロドキー Brodkey**
プロトキン Plotkin*
プロトゲネス
Protogenes
ブロードスカイ
Brodsky
ブロートスキー
Brodsky
ブロドスキー
Brodskii
Brodsky*
Brodský
ブロドスキイ Brodskii
プロトセヴィッチ
Protosevich
ブロトニク Blotnick
プロトニコヴ
Plotnikov
プロートニコフ
Plotnikov
プロトニコフ
Plotnikoff
Plotnikov
プロトノターロ
Protonotaro
プロドノワ
Prodounova
ブロドバー Brodber
ブロードハースト
Broadhurst*
プロトパパス
Protopapas
ブロドビン Brodbin
ブロードフィールド
Broadfield
プロートプラソップ
Plodprasop
ブロートフン Brodhun
ブロドベック
Brodbeck
ブロードヘッド
Broadhead*
ブロードベルト
Broadbelt
ブロドベルト
Brodbelt
フロドベルトゥス
Frodobertus
ブロートベント
Broadbent
ブロードベント
Broadbent**
プロトポーポフ
Protopopov
プロトポポフ
Protopopov*
ブロドマイヤー
Brodmeier
ブロートマン
Brotman
プロドーム
Preud'homme
プロドム
Prod'homme
ブロトランド
Brotelande
ブロドリク Brodrick
ブロードリック
Broadrick*
ブロドリック
Broderick
Brodrick
ブロドリブ Brodribb
フロドール Flodoard
プロドロムス
Prodromus
プロドロモス
Prodromos
Prodromus
フロドン Frodon*
ブーロトン
Bourloton
Broughton
ブロートン
Broughton**
ブロードン Brogdon
ブロトン Brotton
プロードン Plowden
ブローナー
Blauner**
Broner*
ブロナー
Bronaugh
Bronner
プロナー Proner
ブロナス Bronäs
ブロニー Bronnie
プロニ Prony
ブロニィリン Bronilyn
フローニウス Fronius
ブロニェフスカ
Broniewska
ブロニエフスカ
Broniewska
ブロニェフスキ
Broniewski
ブロニエフスキ
Broniewski*
プロニコフ Pronikov
フロニス Hroniss
ブロニスラウ
Bronisław
ブロニスラヴァ
Bronislava
ブロニスラフ
Bronislaw**
ブロニスラワ
Bronislava
ブロニスロー
Bronislaw
ブロニスロウ
Bronislaw
ブロニスワヴァ
Bronislava
ブロニスワフ
Bronislaw*
Bronisław**
フロニッキ Chronicki
ブローニッシュ
Bronisch
ブローニット Bronitt
プローニナ Pronina
ブローニャ Brogna
ブロニャ Bronia
ブロニャーラ
Brognara
ブロニャール
Brongniart
ブーローニュ
Boulogne*
ブローニュ Boulogne
ブローニング
Browning*
フローニンゲン
Groningen
ブローネ Brauner
プローネ Pulone
ブローネカー
Braunecker
ブローネマルク
Brånemark
ブローネル Brauner
ブロネン Bronnen
ブロノー Bronaugh
フロノイ Flournoy*
ブロノウスキー
Bronowsky
ブロノスフスキー
Bronowski
フロノフスキ
Chronowski
ブロノフスキー
Bronowski*
Bronowsky
フローバ Frova
ブロハー Blocher
プロハ Prohas
プロバ Proba
プロパー Proper
ブロバイル Brobeil
プロバイン Provine
ブロバーグ Broberg
プロハースカ
Procházka
Prohászka
プロハスカ
Procházka
Prohaska*
プロハズカ
Prochazka
Procházka
プロハースコヴァー
Prochazkova*
Procházkova
Procházková
フロパーチェフ
Khlopachev
ブロバック Broback
ブローバート Breuvart
プロバート Probert
プロパート Propert
プロハノフ Prohanov
ブロハマー Brohamer
プロバン Provent
プロバンサル
Provençal
プロバンス Provance
プロバンチャ
Provancha
フロービシャー
Frobisher
プローヒタプッタ
Purohitaputta
ブロビック Brovick*
フロービッシャー
Frobisher
フロビッシャー
Frobisher
プロビドキナ
Providokhina
プロヒューモ
Profumo*
フローピン Khlopin
ブローヒン Blokhin
ブロヒン Blokhin**
プロビン Probyn
ブロヒーンツェフ
Blokhintsev
ブロヒンツェフ
Blokhintsev
フーロプ Hørup
フローブ Froeb
ブーロフ Burov
ブロフ Burov
プロフ Prokh

ブロファー Profar
ブローフィ Brophy**
ブローフィー Brophy
ブロフィ Brophy*
ブロフィー Brophy
プロフィト Proffit*
プロフィレ Profillet
ブロフィンツェフ
Blokhintsev
プロフェッサー
Professor
プロフェット
Prophet*
プロフエット Prophet
プロフェニールス
Proveniers
ブロフェーリョ
Brofferio
ブロフェルド Blofeld
プロフォジク
Profozich
Profozlck
ブロフォス Brofos
プロフォスト Provost
ブロフカ Bróvka*
プロフカー Plofker
ブロフコ Brovko
プロブス Probus
ブロフスカ Broglie
ブロフスキー Blovsky
プロープスト
Probst**
Propst
プロブスト Probst**
プロプスト
Probst
Propst
プロブスラブ Prvoslav
プロフノウ Prochnow
プロフノヴ Prochnow
プロフモ Profumo
フロブラー Grobler
ブロプレ Bropleh
フロベエル Flaubert
フローベス
Froboess
Froböß
フロペツキー
Khlopetskiĭ
ブロベック Brobeck
ブロベト Brovetto
フロベーニウス
Frobenius
フロベニウス
Frobenius
フローベール
Flaubert*
フローベル
Flaubert
Frobel
Froebel
フロベール Flaubert*
ブローベル
Blobel**
Blogel
Brover
ブロベルゥ Broberg
フローベルガー
Froberger
プロペルチウス
Propertius
プロペルティウス
Propertius
プロペルティウス
Propertius
フローベン Froben
ブロベン Broben
プロベンセン
Provensen**
プロベンツァーノ
Provenzano
ブロホヴィッツ
Brochwitz
ブロホヴィッツ
Blochwitz*
プロボステ Provoste
プロボステジョ
Probosutedjo*
プロボスト Provost
フロホック Frohock*
フロポニン Khloponin
プロホノフ Prochnow
ブロホビッツ
Blochwitz
ブロホール Brohäll
ブロボル Brovold
プロホレンコ
Prokhorenko
プローホロフ
Prokhorov
プロホロフ
Prokhorov***
プロホロワ
Prokhorova
フローマー Frommer
フロマ Froma
フロマー Frommer
ブローマー Bromer
ブロマー Bromer
フロマス Hromas
ブローマス Broumas
ブロマーズ
Blommers*
フロマッタン
Fromentin
フロマートカ
Hromadka
Hromádka
フロマトカ Hromádka
ブロマヒム
Bromaghim
ブロマールト
Blommaert
フローマン
Florman
Frohman*
Froman*
Vroman
フロマン
Froman*
Froment**
Frommann
ブローマン
Brauman*
Broman
Vroman
ブロマン Broman
プロマン Proment
フロマンス Vromans
フロマンス Vromans*
フロマンタル
Fromental*
フロマンタン
Fromentin*
プロミオ Promio
プローミス Promis
プロミス Promis
プロミスロウ
Promislow
プロミッツァー
Promitzer
プロミラ Promilla*
ブロミレイ Bromiley
ブロミロ Brimilo
ブロミロー Bromilow
プローミン Plomin
プロミン Plomin
フローム
Flaum
Frome
Vroom
フロム
Frome
Fromm**
Fromme
ブローム
Blohm
Blom
Brohm
Broohm
Brougham
ブロム
Blom*
Brom
Bromm
プロム
Pflaum
Plum*
プロームィスロフ
Promyslov
プロムイスロフ
Promyslov
ブロムウィチ
Bromwich
ブロムウィッチ
Bromwich
プロムォン Phrom-on
ブロムカンプ
Blomkamp*
フロムキン Fromkin*
ブロムクヴィスト
Blomquist
Blomqvist
ブロムグレン
Blomgren
ブロムシュテット
Blomstedt**
ブロムストロム
Blomstrom
ブロムダール
Blomdahl
フロムチェンコ
Khromchenko
プロムノック
Promnok
フロムバーグ
Fromberg*
プロムパット
Promphat
ブロムフィールド
Blomfield
Bromfield**
ブロムフイルド
Bromfield
ブロムベリ Blomberg
ブロムベリィ
Blomberg
ブロムベルイ
Blomberg
フロムベルガー
Frommberger
ブロムベルク
Blomberg
ブロムホッフ
Blomhoff
ブロムホフ Blomhoff
ブロムホール
Bromhall
フロムホルト
Fromholt
フロムホルド
Frommhold
ブロムマート
Blommaert
ブロムメ Bromme
ブロムリ
Bromiley
Bromley
ブロムリー
Blomly
Bromley
Bromly
ブロムレー Bromley
ブロムレイ
Bromlei
Bromley
プロムレック Promlek
フロメ Fromet
ブローメ Blome*
プロメガー
Prommegger
ブロメージ Bromage
プロメス Promes
ブロメット Bromet
プロメテウス
Prometheus
フロメル Frommel
ブロメル Bromell
フロメンタル
Fromental
フロメンボーム
Flaumenbaum
フロモ Flomo
プロモーション
Promotion
プロモード Promod*
プロモト Pramath
プロモド Promod
フロモワ Khromova
プロヤス Proyas
ブロヤード Broyard
フローラ
Flora***
Flòraidh
フロラ Flora***
ブロラ Vlora
プローライト
Plowright
フロライン Florijn
フロラート Florath
フローラン
Florent***
フロラン Florent*
フローランス
Florance
Florence***
フロランス
Florence**
フロランスィ
Florencie
フローランタン
Florentin
フロランタン
Florentin
フロランテ Florante
フロランティノ
Florentino
フローランド Florand
フローリ
Florey
Flory
フローリー
Fleury
Florey*
Flory*
Frawley
フロリ Flori
フロリー
Florit
Flory
ブローリ Brohly
ブローリー
Blawley
Brawley
フロリアーナ Floriana
フローリアーヌス
Florianus
フロリアーヌス
Florianus
フロリアヌス
Florian
Florianus
フロリアーノ
Floriano*
フローリアーン
Florian
Flórián
フローリアン
Florian**
Florián
Flórián
フロリアン Florian**
ブローリイ Brawley
フローリオ Florio
フローリオー Florio
フロリオ Florio*
フロリオー Florio
ブローリオ Broglio
フロリカ Florica

フローリク Frolich
フロリケ Florike
フロリジェーリオ
Florigerio
フローリス
Flores
Floris**
フロリス Floris**
フロリゼル Florizel*
フロリダ Florida**
フロリダグランカ
Floridablanca
フロリダブランカ
Floridablanca
フローリック Frolich
フロリッセン
Florissen
フローリッチャー
Froelicher
フローリッヒ
Froehlich
Fröhlich
Frolich
フロリディ Floridi
フロリドール Floridor
フロリヌス Florinus
フロリープ Froriep
フローリモ Florimo
フロリモン
Florimon
Florimond
フロリヤナ Florijana
フロリヤン Florian
フローリン
Florin*
Florine
フロリン
Florin*
Florine
ブローリン Brolin*
ブロリン Brolin
ブロリング Bröring
フロリンスキー
Florinsky
フロリンダ Florinda*
フロリンド Florindo
フロール
Fleur
Flor*
Flore
フロル
Flore
Grol
ブロール Braure
ブロル
Brol
Bror
プロール
Plohl
Proal
Prole
Proulx
フロルカン Florkin
フロルシュッツ
Florschuetz
Florschüetz
Florschütz
フロールス Florus
フロルス Florus
ブロルソン Brorson
フロールチェ Floortje
フロルベーラ Florbela
フロルベラ Florbela
フロレ Floret
フロレア Florea*
フローレイ Frawley
フローレイク Vrolijk*
フローレス
Flores***
Florez
Flórez*
フロレス
Floórez
Flores***
Florez
Flórez*
プローレス Proles
フロレスアラオス
Flores-aráos
フロレスク Florescu
プロレスコフスキー
Proleskovsky
フローレスターノ
Florestano
フロレスターノ
Florestano
フロレスタン
Florestan
ブロレトワ Bruletova
ブロレニウス
Brolenius
フローレル Florelle
フローレン
Flören
Florent
フロレン Florent
フローレンコフ
Frolenkov
フロレンザーノ
Florenzano
フローレンシア
Florencia
フロレンシオ
Florencio*
フローレンス
Florence***
Florens*
Flores
フロレンス
Florence**
Florens
フロレンスキー
Florenskii
フロレンスキイ
Florenskii*
フロレンセ Florence
フロレンチノ
Florentino*
フローレンツ Florenz*
フロレンツ Florenz
フロレンツィ Florenzi
フロレンツィア
Florentia
フロレンツィオ
Florencio
フロレンツオーリ
Florenzuoli
フロレンティ Florenty
フロレンティア
Florentia
フローレンティウス
Florentius
フロレンティウス
Florentius*
フローレンティナ
Florentina
フロレンティーナ
Florentina
フロレンティナ
Florentina
フロレンティーニ
Florentini
フロレンティーノ
Florentino**
フロレンティノ
Florentino
フローレンティン
Florentin
フロレンティン
Florentin
フローレント Florent
フロレント Florent
フローロ Floro*
フロロ Floro
ブロロ Brollo
フーロス Floros
フロロスキー
Florovskiy
フロロバ Frolova
フーロフ Frolov
フロロフ Frolov*
フロロヴァ Frolova
フロロワ Frolova*
プロロンジョ
Prolongeau
ブローワー
Brawer
Brouwer
Brower
ブロワ
Blois
Bloy*
ブロワー Brower
プローワー Prawer
プロワ Proix
フロワサール
Froissart**
ブロワーズ Blowers*
フロワドヴィーユ
Froideville
フロワモン Froidmont
フロワラン Froilan
フーロン Fulong
フローン
Flohn
Vroon
フロン
Flon*
Fron
ブーロン Bouillon
ブローン Braun*
ブロン
Belon
Blon
Blond**
Braun
Bron*
Bronn
Bullon
Burlon*
Buron
プロン Pron*
ブロンウィン
Bronwyn
ブロンウェル Bronwell
ブロンウェン Bronwen
プロンガー Pronger**
ブロンカード
Broncard
ブロンク Bronk*
プロンク Pronk*
ブロンクビスト
Blomqvist
ブロンクホルスト
Bronckhorst
Bronkhorst*
ブロングリアン
Blomgren
フロングワネ
Hlongwane
プロンコ Pronko*
プロンザート
Pronzato
ブロンサルト Bronsart
ブロンザルト Bronsart
ブロンジット Bronzit
ブロンシテイン
Bronshtein
ブロンジーニ Bronzini
プロンジーニ
Pronzini**
プロンジニ Pronzini
ブロンジーノ
Bronzino
ブロンシュヴィク
Braunschvig
ブロンシュテイン
Bronshtein
Bronstein
ブロンズ
Brons
Bronze
ブロンズィーノ
Bronzino
ブロンスウイック
Bronswijk
ブロンスカヤ
Bronskaja
Vronskaya
フロンスキー Hronský
ブロンスキ Wronski*
ブロンスキー
Blonskii
Blonskií
Blonskij
Blonsky
Bronsky*
ブロンスキ Błoński
プロンスキー Pronsky
ブローンスキイ
Blonskij
ブロンスタイン
Bronstein
ブロンストン
Bronston
ブロンスヘースト
Bronsgeest
ブロンスン Bronson*
ブロンゼッティ
Bronzetti
ブロンソン
Bronson***
ブロンダー Bronder
ブロンダニ Brondani
ブロンダン
Blondin***
フロンチェク Froncek
フロンチヌス
Frontinus
フロンツ Fronc
ブロンツィーニ
Bronzini*
ブロンツィーノ
Bronzino
ブロンテ
Bronte**
Brontë*
ブロンデ
Blondel
Blondet
ブロンテア Bronterre
フロンティ Fronty
ブロンティ Brontë
ブロンティー Brontë
ブロンディ
Blondi
Blondy
Brondi
ブロンディー Blondie
フロンディシ
Frondizi*
ブロンティス Brontis
ブロンディス Blondis
フロンティーヌス
Frontinus
フロンティヌス
Frontinus
フロンテナク
Frontenac
フロンテラ Frontera
フローンデル
Freundel*
ブロンデール Blondeel
ブロンデル
Blondel**
Blondell
Blondelle
Brondel
ブロンデン Blondin
フロント
Front
Fronto
Hlond
フロントー Fronto
ブローント Blount
ブロント Blount
ブロンド
Biondo
Blonde
Blondeau
Brondos
ブロンドー Blondeau
ブロンドス Brondos

フロントナック
Frontenac
フロントーニ Frontoni
フロントニ Frontoni
フロントニアヌス
Frontonianus
フロントン Fronton
ブロンナー Bronner*
ブロンニアール
Brongniart
ブロンニャール
Brongniart
ブーロンニュ
Boulongne
プローンネク
Proenneke
ブロンネン Bronnen*
フロンバーグ
Fromberg**
ブロンバーグ
Bromberg*
ブロンビー Bromby
プロンプ Plomp
フロンフィールド
Fronefield
ブロンフェン Bronfen
ブロンフェンブレナー
Bronfenbrenner
ブロンフェンブレンナー
Bronfenbrenner*
ブロンフマン
Bronfman**
ブロンベリ Blomberg
ブロンベルク
Blomberg
ブローンベルジェ
Braunberger
ブロンベルジェ
Braunberger
ブロンホフ Blomhoff
フロンマー Frommer
フロンマン
Frommann
プロンミン Prommin
フロンメル
Frommel*
Frommelt
ブロンヤ Bronja
ブロンロー Blondlot
フワ Fwa
ブーワ Bhuva
ブワイ Buwaih
プワイ Puai
フワイエ Foyer
ブワイサ Buvaisa*
フワイジ Houej
フワイシュ Huwaish
フワイティル
Khuwaiter
ブワイフ Buwaih
フワイリド Khuwaylid
ブワキラ Bwakira
フワージャ Khwāja
フワージュー Khājū
ブワシュチク
Blaszczyk
ブワシュチコフスキ
Blaszczykowski
ブワシュチャク
Błaszczak
プワスキ Pulaski
フワスコ
Hłasco
Hlasko
ブワディスワフ
Władysław
フワド Fouad
ブワナカワ
Bwana Kawa
フワーリーズミー
Khwārizmī
フワーリズミー
Khwārizmī
Khwārizmī
フワリズミ
Khwārizmī
フワリズミー
Khwārizmī
フワーリン Farlin
フワン
Hwang
Juan*
Van
ブワン Bouin
フワーンサーリー
Khwānsārī
フワンソア François
フワーンダミール
Khwāndmīr
フーン
Foon
Hoen
Hoon*
Huhn
Huun
Phoon
フン
Foun
Fung*
Gun
Heung
Hoon*
Hun**
Hung***
Hu'ng
Hunn
Phung*
Phụng
Phuong*
ブーン
Boom
Boon**
Boone***
ブン
Ben
Bin
Bn*
Boun**
Bun*
Ibn**
プーン
Phoum
Phoun*
Poon*
プン
Phoeun
Pun
Pung
フンアフプー
Hunahpu
ブン・アルアラー
Ibnu'l-'Alā
ブン・アルハティーム
Ibnu'l-Khaṭīm
ブン・アルワリード
Ibnul-Walīd
Ibnu'l-Walīd
ブンアン Boong-ang
フンウ Heung-woo
フンヴオン
Hung-Vuong
フンカ Junca
フンガー Hunger*
ブンカ Bunka
プンカ Punka*
フンガイ Fungai
ブンカセン Bunkasem
ブンカチョーン
Bunkhachorn
ブンガート Bungert
ブンカム Bounkham
ブンガラン Bungaran
フンキ Hun-ki
フンギト Junuguito
フンキャン
Hng Kiang
フンギュ Heung-kyu
フンギル
Fun-gil
Hung-gil*
フンク
Funck*
Funk*
ブンク Bunk
ブンクート Bounkeut
フンクハウザー
Funkhouser
プングラ Pungura
ブンクン Bulkul
フンケ
Funcke**
Funke**
Hunke
ブーンゲ Bunge*
ブンケ Bunke
ブンゲ Bunge
ブンゲイ Bungei**
フンケル Funkel
ブンゲルト Bungert
フンケンハウザー
Funkenhauser
フンコ Junco
ブンゴー
Bundegaard
Bundsgaard
フンコデルピノ
Junco Del Pino
プンゴル Pungor
フンゴン Fung-on
ブンコーン Bounkong
ブーンサック Boonsak
ブンサック Bunsuk
フンシア Funcia
プンジェア Pungea
フンシク Hong-sik
フンジッケル
Hunsicker
ブンシット Bunsithi
プンジャジ Poonja
ブンジャムノン
Boonjumnong
フンジュ Hung-zuh
フーンス Goens
フンス
Heung-soo*
Hung-soo
フンスー Hounsou
ブンスアイ
Bounxouei*
フンスゥ Hounsou
ブンステール Bunster
ブンステル Bunster
ブーンストラ
Boonstra
フンズトルファー
Hundstorfer
フーンズブルーク
Hoensbroech
ブーンスリー
Buunsree
フンスン Heung-Soon
ブンスン Bunson
プンセット Punset
プンセル Puncel
フンセン Hun Sen
ブンセン Bunsen
ブンゼン Bunsen
フンソク Fun-sok
ブーンソン Boonsong
ブンソン
Boonsong
Bunsong
ブンソンパイサーン
Boonsongpaisal
ブンタウィー
Bunthawi
ブンタヴィー
Bunthawi
フンダオ Hung Đao
フンタクーン
Huntrakul
Huntrakuul
フンダス Foundas
フンダートプフント
Hundertpfund
フンターナ Fontana
フンダーヌス
Fundanus
ブンタビー Bunthawi
フーンタラクン
Hoontrakul
プーンタラット
Poontarat
プンダリ Pundari
ブンダーリッヒ
Wunderlich
ブンダーリヒ
Wunderlich
ブンダール
Bundār
Wunderle
ブンチ
Boumtje
Bumçi
プンチ Punchi
ブンチェン Bündchen
ブンチャイ
Bun Chhay
Bunchhay
ブンチャイスック
Boonchaisuk
ブーンチャラクシ
Boonchalaksi
ブンチャン
Bounchanh
ブンチュー Bunchuu
ブンチュムノン
Boonjumnong*
フンチル Heung-chul
プンツ Pundt
プンツァギーン
Puntsagiin
プンツァグイン
Puntsagiin**
プンツィ Punzi
フンツィカー
Hunziker
フンツィンガー
Hunzinger
フンツエーダー
Hundseder
ブンツェル Bunzel
プンツェル Punzel
プンツォク
Phun-tshogs
Phuntsog
プンツォクワンゲル
Phun tshogs
dbang rgyal
フンテ Hunte
ブンデ Bunde
ブンティアム
Bountiem
プンティシュ Pontes
ブーンティチャローン
Boondicharoen
ブンティッチ Buntic
プンティロ Puntillo
フンテク Funtek
フンデスハーゲン
Hundeshagen
フンテラール
Huntelaar
フンデール Funder
プンテル Puntel*
フンデルトヴァッサー
Hundertwasser***
フンデルトバッサー
Hundertwasser
フンデルトワッサー
Hundertwasser
フンテンブルグ
Huntenburg
フント
Hund
Hundt*

フ

Hunte
ブント
Bint
Wundt
ブンド
Bunde
Bundo
プント
Pundt
Punto
ブンドゥ Bundhoo
フントウィックス
Funtowicz
フンドゥク Funduq
フンドゥクルル
Findiklili
プントゥラープ
Puntularp
ブンドノ Boundono
ブンドノシマンゴイ
Boundono
Simangoye
フンドハウゼン
Hundhausen
フンドラ Fundora
ブントーン
Bounthong
プンナ
Puṇṇa
Pūrna
プンナー Puṇṇa
プンナカ Puṇṇaka
ブンナーク
Bunnag
Bunnak
ブンナポン
Bounnaphonh
プンナマーサ
Puṇṇamāsa
ブンニ
Bounni
Bunni
フンニウス Hunnius
プンニカー Puṇṇikā
ブンニャヴォン
Bounyavong
ブンニャン
Boungnang
Bounnhang
Bounnyang*
Bounyang
ブンバ Bumba
プンパ Pumpa
ブーンパクディー
Boolpakdee
フンパーディンク
Humperdinck
フンパーディング
Humperdinck
フンパディンク
Humperdinck
ブンパラ Boonpala
フンバラジュ
Humbaraci
ブンヒ Bunhui
プンピアンスキー
Pumpyanskii
プンピャンスキー
Pumpyanskii
フンヒョン
Hoon-hwan
ブンピン Boon Ping
フンファ Heung-hwa
フンファルヴィ
Hunfalvy
ブンフィー
Boon-hwee
ブンブラウスカス
Bumblauskas
フンフリッド Humfrid
フンフリート Hunfried
フンブルク Humburg
プンプルス Pumpurs
プンブン Pungbun
フンペルディンク
Humperdinck
フンベルト
Humbert
Humberto
フンベルトゥス
Humbertus
ブーンペーン
Bounpheng
ブンヘーン Bun Heng
ブンヘン Boon Heng
フンボ Houngbo
フンホーフ Funhof
フンボルト
Humboldt*
フンボン Fung-bong
ブンホン Boon Heong
ブンポン Bounpone
ブンミ
Boonmee
Bunmi
ブンミー
Boonmee
Bounmy
ブンミョン
Pung-myong
フンミラヨ
Fumilayo
Funminalayo
フンミン Heung-min
フンムン
Heung-Moon
フンメル Hummel**
フンメルアウアー
Hummelauer
フンメルス Hummels
ブンヤキアット
Boonyakiat
ブンヤシット
Boonchai
Boonsithi*
ブンヤシリ Bunyaširi
プンヤシリ Puṇyaśrī
フンヤディ Hunyadi
ブーンヤナン
Boonyanan
ブーンヤプレデ
Boonyapredee
ブンヤラガリン
Boonyaratglin*
ブンヤン Boon Yang
フンユン Fung-yun
ブーンラクン
Bunlakun
ブンラタット
Bunratat
ブンロート Boonrawd
ブーンロン Boonlong
ブンワリ Bunwaree
ブンワン Boon Wan

【へ】

へ
He
Hye
ヘー
Hay
Hee
Hoë
ベ Bae*
ベー
Bae*
Bastijaan
Baye
Behr
Bey
Bø
Boe**
ペ
Bae*
Bai
Pae
Pez
ペー
Dpal
Pe
Re
ヘーア
Hare
Heer
ヘア
Gea
Hair
Hare***
Hehr
Herre
ヘアー
Haire
Hara
Hare*
Heer
Heir
ベーア
Baer**
Bahr
Bähr*
Bär*
Beer**
Behr***
Beier
Wehr
ベーアー Beer
ベァ Bair
ベア
Baer**
Bair
Bare
Bea**
Beah*
Bear***
Béatrice
Beer**
Beér
Behr
ベアー
Baehr
Baer**
Bär
Bare
Bear
Beer
Behr
ペーア
Pea
Peer
ペア
Paire
Pare*
Pea
Per*
ペアー
Pear
Peer
Per
ベアイヌ Veainu
ヘアヴァルト
Herwarth
ベーアウォルド
Baerwald
ベアウォルト
Baerwaldt
ヘアウッド Harewood
ペアキチ Peakić
ベーアグ Béhague
ベアーグ Béhague
ベアグル Behagle
ヘーアケンネ
Herkenne
ベアゴンツィ Bergonzi
ヘアサイン Hairsine
ベアジャイナ
Behajaina
ペアション Persson
ヘアシン Hairsine
ヘアーズ Heirs
ベアーズ
Bearse
Beres
ベアス
Beasse
Béasse
Bers
ペアース Pearce
ペアーズ
Pares
Pears
ペアズ
Pares
Pears*
ベアステッド Bearsted
ベアストー Bairstow
ヘアーストン Hairston
ヘアストン Hairston
ヘアズナップ
Haresnape
ベアズレイ Beardsley
ピアーソン Pearson
ペアソン Pearson
ベアタ Beata**
ベアタランフィー
Bertalanffy
ベアチェスラフ
Veaceslav
ヘアツ Hertz
ヘアツォーク Herzog
ヘアツォグ Herzog
ベアット Beat*
ベアーテ
Beate**
Birthe
ベアテ Beate**
ベアティー Beatie
ベアティス Beatis
ベアティル Bertil
ヘァデゲン Herdegen
ヘアデゲン Herdegen
ベアテル Bertel
ベアデルスン
Bertelsen
ベアーデン Bearden
ベアデン Bearden*
ヘアート Keert
ヘアード Heird
ヘアト Head
ベアート
Beat
Beato
ベアード
Baird**
Beard*
ベアト
Beat*
Beato*
ベアド Baird
ベアートゥス Beatus
ベアトゥス Beatus
ベアトリ
Beatrix
Béatrix**
ベアトリクス
Beatrix**
ベァトリス Beatrice
ベアトリス
Bátrice
Beatrice***
Béatrice**
Beatriz***
ベアトリーチェ
Beatrice*
Béatrice
ベアトリツ Beatriz
ベアトリーツェ
Beatrice
ベアトリックス
Beatrix*
ヘアトリング Hertling
ベアドン Beardon
ベアーナ Beána
ベアナウ Bernau*
ベアナート Bernhard
ヘアニネ Jeanine
ペアネル Pearnel
ペアーノ Peano
ペアノ Peano*
ベアハトルト
Berchtold
ベアバルト Berwald
ヘアバーロ Heaverlo
ベアビー Berube

ベアフィールド
Barefield
ベアフット Barefoot
ヘーアブラント
Heerbrand
ベアベル
Barbel*
Bärbel
ヘアベルト Heaberht
ベアボーン
Barbon
Barebone
ヘアーマン Herman
ヘアマン
Herman
Herrmann
ベーアマン Behrman*
ベアマン Behrman
ペアマン
Pairman
Pearman*
ペアムウィライ
Peamwilai
ベアメイホウ Bermejo
ベァラ Bara
ベアラー Barer
ベアラウ Berlau
ヘアラン Haeran
ヘアリー Healy
ベアリ Béalu
ベアリー Barry
ぺァリ Parry
ペアリ Parry
ペアリー Peary
ヘアリッヒ
Geerligs
Herrlich
ベアリナー Berliner
ベアリュ
Bealu
Béalu*
ベアリン Baring
ベーアリング Baring
ベアリング
Baring***
Beerling
ベアリングールド
Baring-Gould*
ベアール
Beard
Béart*
Behar**
Béhar*
ベアルツォット
Bearzot
ベアレスフォード
Berresford
ベアレプシュ
Berlepsch
ペアレル Parley
ペアレント Parent**
ベァワルド Baerwald
ベアワルド Baerwald*
ベァン Beirne
ベアン Behan
ペアン Péan
ベアンザン Behanzin
ヘアンスタイン
Herrnstein
ベアンストーフ
Bernstorff
ベアンテ Berndt*
ベァーント Bernt
ベアント Bernd
ベアントセン Berntsen
ベアンハート
Bernhard
ベアンハード
Bernhard
ヘアンヘオン
Hean Heong
ヘイ
Haigh
Hay***
Haye**
Hei
Hey
Hoey
ベイ
Bay***
Beg
Bei*
Bey***
Vaye*
ペイ
Pay
Paye
Pei**
ヘイア
Haire
Heyer
ヘイアー Heyer
ベイァー Beier
ベイア Baer
ベイアー
Baer*
Beyer
ペイア Paea
ベイアード Baird
ペイアン Payen
ペイイェン Pei-yan
ベイヴァー Boever
ペイヴァ Paiva
ペイヴァー Paver**
ヘイヴァーカンプ
Havercamp
ヘイヴァース Havers
ヘイヴァーズ Havers
ヘイヴァン Haven
ペイヴァン Peyvan
ヘイヴィ Helvi
ペイヴィオ Paivio
ベイヴェール
Beillevaire
ヘイウォード
Hayward
ペイヴグリオ Paveglio
ヘイウッド
Haywood***
Heywood***
ヘイヴン Haven*
ヘイヴンズ Havens*
ベイエ Bayet
ペイエ
Payet
Peje*
Peyer
ヘイエス Hayes
ペイエット Payette
ベイエナ Beyene
ベイエナム Beijnum
ベイエリンク
Beijerinck*
ヘーイエル Höijer
ヘイエル Heyel
ベイエル Beyer*
ヘイエルダ Heyerdahl
ヘイエルダール
Heyerdahl***
ヘイエルマンス
Heijermans
ベイエレ Beyle
ベイエレン Beyeren
ベイオ Baio
ヘイカー Haker
ヘイガー
Hagar*
Hager*
ベイカー
Baicker
Baker***
Bakur
Barker
ベイガ Veiga
ペイカー Paker
ヘイガース Haygarth
ヘイガーマン
Hagerman
ヘイカラ Heikala
ヘイカル
Haykal
Heikal*
ベイカル Bakal
ヘイガン
Hagan*
Hagen
Hagin
ベイカン Bakan
ペイガン Pagan
ヘイキ
Heiki*
Heikki**
ヘイギー Hagy
ベイキー
Baikie
Bakey
ベイギハルチェガニ
Beigi Harchegani
ヘイキン Haykin
ペイキン Paquin
ペイキントン
Pakington
ヘイク
Haake
Hake**
ヘイグ
Hage*
Hague***
Haig***
Haigh*
ベイク
Bake
Boig
ベイク Paik
ペイグ Peig
ベイクウェル Bakewell
ヘイグウッド
Haguewood
ヘイクス Hakes
ベイクスト Bakst
ヘイグセッツ
Hageseth
ヘイグッド
Hagood
Haygood*
ヘイグマスター
Hagemaster
ヘイグマン Hageman
ベイクマン Beichman
ヘイクラフト Haycraft
ベイクランド
Baekeland
ヘイグル Heigl*
ベイグルマン
Baigelman
Beigelman
ヘイケ Heike*
ヘイゲイト Heygate
ヘイゲマン Hageman
ヘイケム Hakem
ベイゲル Baigell
ペイゲル Pagel
ペイゲルス Pagels
ヘイゲン Hagen
ヘイゲンスティーン
Hagenstein
ペイコ Peiko
ベイコソ Veikoso
ヘイコックス Haycox
ベイコム Bacom
ベイコン Bacon*
ベイコンソープ
Baconthorpe
ヘイザー
Heiser
Heyzer
ベイサー Beisser
ペイサー Peyser
ペイザー
Pazer
Peyser*
ヘイザス Jesús
ベイサット Beissat*
ベイザーデ Beyzâde
ベイザーマン
Bazerman
ヘイサム
Haysom
Hayson
ベイサム Betham
ベイザル Basil
ペイザン Payson
ペイザント Payzant
ペイサンドロス
Peisandros
ヘイジ Hage*
ヘイジー Hagy
ベイシ Veysi
ベイシー Basie
ベイジ Bage
ベイジー Vaisey
ペイジ
Page***
Paige**
ベイシア Basia
ベイシェナリエワ
Beishenaliyeva
ペイシェンス
Patience*
ペイジェンス Patience
ベイジェント
Baigent**
ベイシェンバイ
Beyshenbay
ペイシストラトス
Peisistratos
ペイジブル Paisible
ベイジホット Bagehot
ヘイジモーザー
Hagemoser
ヘイジャー Hager
ペイシャ Pejsa
ペイジャー Pajor
ヘイジャーマン
Hagerman
ヘイジャン Hagen
ペイシャンス
Patience*
ヘイシュ Heche
ベイシュ
Bache
Basu
ペイシュ Paish
ペイジュク Pajk
ベイジョー Bajo*
ペイショット
Peixoto**
ペイショート Peixoto
ペイショートー
Peixotto
ペイショト Peixoto
ベイション Beishon
ベィジル Basil
ベイシル
Basil
Vasile
ベイジル Basil*
ベイシン Bei-xing
ペイジン Paquin
ヘイジンガー
Hasinger
Hassinger
ベイシンガー Basinger
ペイシンガー
Paysinger
ヘイス
Gijs
Hase
Hayes
Haythe
Heiss*
ヘイズ

Hales
Hayes***
Hays**
Hayz
Haze
Heyes*
ベイス
Base
Bass
Bayes
Bays
Beith
Beys
ベイズ
Bayes
Bays*
ペイス
Pace**
Paeth
Paice
Peijs
Peys
ペイズ Pays
ベイスィンガー
Basinger
ヘイズウィンケル
Hazewinkel
ペイスウォン Pacewon
ヘイスカーネン
Heiskanen
ヘイスカネン
Heiskanen
ヘイスコックス
Haithcox
ヘイスセン Geijssen
ヘイスターバング
Heisterberg
ヘイスティ
Hastie*
Hasty
ヘイスティー Hastie
ヘイスティング
Hastings*
ヘイスティングス
Hastings**
Heistings
ヘイスティングズ
Hastings***
ヘイステッド
Hasted*
Haystead
ヘイステル Heister
ヘイスト Haist
ヘイストン Haston
ペイズナー Paisner*
ヘイスバート
Haysbert
ベイスハート
Basehart
ベイズモア Bazemore
ヘイスリー Heisley
ペイスリー Paisley
ペイズリー Paisley**
ヘイズリット
Haslett*
Hazlitt
ヘイスリップ Hayslip*
ヘイズル Hazel
ヘイズルウッド
Hazelwood
Hazlewood*
ヘイズルリグ Hesilrig
ヘイスレット Haislett
ヘイズレット Hazlett
ヘイスロップ
Haislop
Hyslop
ヘイズン Hazen
ペイスン Payson*
ヘイセ Heise
ベイセ Veysset
ベイセヴィッチ
Bacevich
ヘイセック Heisecke
ベイセムビーノフ
Bejsembinov
ヘイゼル
Hazel**
Hazell
ベイセル Veysel
ベイゼル Beisel*
ペイセル Peyceré
ヘイゼルグローブ
Hazelgrove*
ヘイゼルコーン
Hazelkorn
ヘイゼルタイン
Hazeltine
ヘイゼルトン Haselton
ヘイゼルベイカー
Hazelbaker
ヘイセレン Haselen
ヘイセン
Gijsen
Hasen
ヘイゼン Hazen*
ベイソロー Beysolow
ヘイソン Hayson
ペイソン
Pason
Payson*
ヘイソーンスウェイト
Haythornthwaite
ヘイター Hayter**
ヘイダー
Hader
Hayder**
Heyder
ベイタ Bejta
ベイダ Vayda
ベイダー
Bader*
Vader**
ペイター Pater*
ペイダー Peader
ペイタァ Pater
ベイタイ
Bejtaj
Vaitai
ベイタオ Bei-dao
ベイダーギー
Beidaghi*
ヘイダーズ Haders
ヘイダック Hejduk*
ヘイダーニュス
Heidanus
ヘイダリ Heidari
ヘイダリー Hadary
ヘイダル
Heidar
Heydar**
Heydar
ヘイダロフ Heydarov
ベイチ
Bache
Baitch
ペイチ Paich
ペイチー Pei-qi*
ペイチェヴァ
Peycheva*
ペイチェバ Peycheva
ベイチェル
Bachel*
Vachel
ペイチッチ Pejcic
ベイチュ Bache
ベイツ
Baetz
Baitz
Bates**
Beitz
ヘィッキ Heikki
ヘイッキ Heikki***
ヘイッキネン
Heikkinen
ヘイッキラ Heikkilä
ベイツスン Bateson
ヘイツベリ
Heytesbury
ヘイツマン Hejcman
ペイツマン Peitzman
ヘイツラー Hejzlar
ヘイデ Heide
ヘイティ Hettie
ヘイディ Heidi
ベィティ Batey*
ベイティ
Batey
Baty**
Beatty*
ベイティー
Batey
Beaty
ベイテイ Baty
ペイティ Patty
ベイティア
Beitia*
Veitia
ペイディアス Pheidias
ヘイディド Haddad
ヘイティング Heyting
ヘイティンハ Heitinga
ヘイデューク Hayduke
ベイテル Beitel
ペイテル Patel
ペイデル Padel
ヘイデン
Haden***
Hayden***
Heyden*
Heydorn
ベイテン Baten
ベイデン Baden**
ベイテンス Baetens
ヘィデンスタム
Heidenstam
ヘイデンスタム
Heidenstam**
ヘイト
Haight*
Hayt
Heidt
Heydt
ヘイド
Haid
Heid*
Heide
ベイト
Bate**
Beit
ベイド
Bade
Baid
Wade
ベイドー Baido
ペイト Pate**
ペイド Pade
ヘイドゥク
Heyduck
Heyduk
ヘイドゥック Heyduck
ベイトゥラ Baitullah
ヘイドゥル Heidur
ベイドゥーン
Baydoun
ベイドゥン Baden
ヘイドガーケン
Heidgerken
ヘイドカンプ
Heydkamp
ヘイトコッター
Heitkoetter
ベイトスン Bateson
ベイトソン Bateson*
ベイトハム Bateham
ベイトマン
Bateman**
Batemon
Beitman
ペイトマン Pateman
ペイトレス Paytress
ヘイトン
Haiton
Hayton*
ヘイドン
Haden*
Hayden***
Haydn
Haydon**
Heydon*
ベイトン Beighton
ベイドン Baden
ペイトン
Paton**
Payton*
Peyton***
ペイドン Paden
ヘイナー
Haner*
Hayner*
ベイナー
Beiner
Boehner*
ペイナッケル
Pijnacker
ベイナード
Baynard**
ペイナード Peinado
ヘイナネン Heinänen
ベイナム Baynham
ヘイナルオマ
Heinäluoma
ヘイニ Haney
ヘイニー
Haney**
Henry
ベイニム Banim
ヘイニング Haining**
ベイヌク Vainuku
ベイヌム Beinum
ベイネ Beinet
ベイネー Beinet
ペイネ Peynet*
ベイネイデック
Benedek
ベイネケ Beneke
ヘイネケン Heineken
ヘイネス
Haines
Haynes
ペイネス Peines
ベイネデク Benedek
ヘイネン Heynen
ベイネン
Beijnen
Beynen
ベイノ
Bayno
Beno
ヘイノヴァ
Hejnova*
Hejnová
ベイノサ Baynosa
ヘイノネン Heinonen*
ヘイノバ
Hejnova
Hejnová
ベイノン Beynon**
ペイノン Peignon
ヘイバー Haber*
ベイバー
Baber
Babor
Baver
ペイバー Paver*
ヘイバーグ Heiberg*
ヘイバーン Heyburn
ヘイバンズ Havens
ベイビー Baby**
ベイビーフェイス
BabyFace
Babyface
ベイヒル Bahill
ベイビン Bavin
ペイビン
Pavin
Piven*

ペイピン Papin
ヘイブ Have
ヘイプ Heip
ベイブ Babe*
ペイプ Pape
ヘイファー Hafer
ペイファー
Peifer
Peiffer
ベイファス Beyfus
ヘイフィー Hafey
ヘイフィッツ Kheifits
ヘイフィールド
Hayfield
ヘイフェリー Haefele
ペイフェール Peiffer
ヘイフォード
Hayford*
ベイブット Beibut*
ベイブト Beibut
ヘイプニイ Halfpenny
ヘイフマン Hafemann
ヘイブマン Haveman
ベイフリー Beighley
ヘイフリック
Hayflick*
ベイブル Bejbl
ヘイブンズ Havens
ペイペイ Paye-baye
ペイペイ Pei-Pei
ヘイヘナール
Hijgenaar
ヘイベリ Högberg
ヘイベル
Habel
Heiberg
ペイペル Pijper
ヘイベルイ Heiberg
ヘイベルグ Heiberg
ヘイベルト Huibert
ヘイホー
Hayhoe
Heyhoe
ヘイボール Hayball
ヘイマー
Hamer*
Haymer
ベイマー Beymer
ペイマー
Paymar*
Paymer
ペイマニ Peymani
ヘイマン
Hayman**
Heyman**
Heymann*
Heymans
ベイマン Bijman
ヘイマンス
Heymans
Hymans
ヘイミシュ Hamish
ヘイミソン Heimisson
ヘイミッシュ
Hamish**
ヘイム
Haim
Hayim
Heim
ベイム
Baim
Baime
Baym
Behm
Boehm
ヘイムス
Haims
Haymes
ヘイムズ
Hames
Haymes
ヘイムスフェルド
Heymsfeld
ヘイムソン Haimson
ヘイメーカー
Haymaker
ヘイモア Haymore
ヘイモービックス
Heimovics
ヘイモン Haymon*
ヘイヤー
Haire
Hayer
Heyer*
ベイヤー
Baer*
Baeyer
Bayer**
Beyer*
ペイヤー Payer
ベイヤーズ Beyers
ベイヤード Bayard**
ベイヤド Bayard
ベイヤラー Beyeler
ヘイヤール Heyer
ベイヤール Beyaert
ペイヤール Peillard*
ベイユ
Veil
Weil
ペイユ Paye
ペイヨ
Pejo
Peyo
ペイヨー Payot
ペイヨヴィッチ
Pejovic
ペイヨン Peillon
ヘイラー Hayler
ベイラー
Bailar*
Bailor
Baylor***
ペイラノ Peirano*
ヘイララ Heilala
ベイラル Beylal*
ヘイリー Haley
ヘイリー
Hailee*
Hailey***
Haley**
Halie*
Hayley**
Haylie
Heily
ベィリー
Bailey
Baillie
ベイリ
Bailey*
Baillie
Baily
Bayley
Bayly*
ベイリー
Bailey***
Bailie**
Baillie***
Baillieu
Bailly*
Baily*
Bairy
Baley
Baly
Bayley***
Bayly**
Berry
ペィリー Paley
ペイリ Paley
ペイリー Paley**
ヘイリィ Haley
ベイリィ
Bailey
Bailly
ベイリイ Bayley
ペイリィ Paley
ベイリオル Balliol
ヘイリクス Heiricus
ベイリシテイン
Beilshtein
ベイリス
Baylis**
Bayliss*
Beilis
ペイリス Peiris
ペイリトオス
Peirithoos
ベイリネン Väyrynen
ベイリュー Baillieu
ヘイリン
Heylin
Heylyn
ベイリン
Bailin
Bailyn*
Balin
Valin
ペイリン
Palin**
Pei-lin
ベイリング Baring
ペイリング Paling
ヘイル
Geyl
Hae-il*
Hail
Haile
Hale**
Hales
Heil
Hejl
Heyel
Heyl
Kheir
ベイル
Bail**
Baile
Bale**
Ball
Bayle
Beyle*
Vaile
Vale*
Veil
ペイル
Peil
Peile
Pijl
ヘィルヴィ Halevy
ヘイルウッド
Hailwood
ベイルキン Beylkin
ヘイルシャム
Hailsham
ヘイルス Hales
ヘイルズ
Hailes*
Hails
Hales*
Hayles
ベイルース Beyruth
ベイルス Vails
ベイルズ
Bailes
Bales
Bayles
ペイルス
Peyrous
Pijls
ヘイルスコフ Hejlskov
ペイルスタイン
Palestine
ベイルダム Baildam
ベイルド Baird
ベイルドン Bayldon
ベイルネ Beirne
ヘイルバット Heilbut
ベイルビ Beilby
ベイルビー Beilby
ペイルフィット
Peyrefitte
ヘイルフォルト
Heilfort
ヘイルブロンナー
Heilbroner
ヘイルベク Kheir Bek
ベイルベルド
Beyleveld
ペイルポイ Palepoi
ヘイルマン Heilman
ベイルマン Bergman
ペイルモン Palemon
ペイルルヴァッド
Peyrelevade
ベイレー
Bailey
Baillie
ペイレ Peyret
ヘイレイ Hailey
ペイレイ Paley
ベイレス Bayless
ペイレフィッテ
Peyrefitte
ベイレフェルト
Bijleveld
ペイレラド Peyrelade
ペイレール Peyrère
ベイレルト Bijlert
ヘイレン
Halen**
Haren
Heylen
ベイレン Beilen
ペイレン Palen
ベイレンソン
Bailenson
Beilenson
ペイロ
Peiró
Peyró
Peyrot
ベイロイル Bailleul
ペイロウ Peyrou
ヘイロウスキー
Heyrovsky
ベイログ Balogh
ペイロニ Peyrony
ヘイロフスキー
Heyrovsky
ペイロール
Peirol
Peyrol*
ペイロルズ Peyrols
ベイロン
Baylon
Veyron
ペイロン
Payron*
Peyron
ヘイワース
Hayworth**
Heyworth
ヘイワード
Hayward***
Heyward**
ヘイン
Gheyn
Gijn
Haien
Hain
Haine
Hane
Hayn
Hayne*
Hein*
Heyn
Heyne*
ベイン
Bain**
Baine*
Baines
Bane*
Bayne*
Behn*
Vane**
Veng
ペイン
Pain**
Paine**
Payne***
ペインコファー
Peinkofer*
ヘインシウス Heinsius
ペインジャー Panjer

ペインショード
Painchaud
ヘインス
Haines
Haynes
Heinz
ヘインズ
Haines**
Hances
Hanes*
Hayne
Haynes***
Heynes
Heyns*
ベインズ
Baines***
Bains
Banes
Baynes***
ペインズ Paynes
ヘインストック
Hainstock
ヘインズレー
Haynesley
ヘインズワース
Hainsworth
ヘインゾバー
Heinzove
ベインター Bainter
ペインター
Painter**
Paynter
Peinter
ペインダビス
Pendarvis
ヘインチェ Heintje
ヘインツ Heinz*
ヘインツェ Heinze
ペインティング
Painting
ヘーイントン
Heighington
ベイントン
Bainton*
Baynton*
ペイントン
Painton
Peyton
ヘインバーグ
Haneberg
ペインビアンコ
Panebianco
ベインブリジ
Bainbridge
ベインブリッジ
Bainbridge***
ベインホースフォード
Bain-horsford
ベインホッカー
Beinhocker
ヘインマン
Heynaman
Heyneman
ベインモン Beynnon
ヘインリック Heinrich
ヘインリッチ Heinrich
ヘインレイツ
Haenraets
ベヴ
Ber
Bev*
Beverly
ヘウアー Heuer
ベーヴァー Bewer
ヘーヴァース Havers
ベヴァーズ Bevers
ベヴァートン
Beverton
ベヴァリ Beverley
ベヴァリー
Bevarly
Beverley*
Beverly*
ベヴァリジ Beveridge
ベヴァリッジ
Beveridge*
ベヴアリッジ
Beveridge
ヘーヴァールト
Gevaert
Goeyvaerts
ベヴァン
Bevan*
Bevin
ペーヴァン Pavan
ベヴァンモッグ
Bevanmogg
ヘヴィ Heavy*
ベヴィ Bevi
ベヴィアー Bevier*
ヘヴィエル Hevier
ヘヴィサイド
Heaviside
ヘヴィシージ
Heavysege
ベヴィス Bevis
ヘウィッシュ Hewish
ヘウィット Hewitt
ベヴィニャーテ
Bevignate
ベヴィラックァ
Bevilacqua***
ベヴィラッククワ
Bevilacqua
ベヴィラックワ
Bevilacqua
ヘヴィン Heavin
ベヴィン Bevin
ベヴィングトン
Bevington
ベヴィンス Bevins
ヘヴェシ Hevesy
ヘヴェシー Hevesy
ヘヴェジィ Hevesi
ヘウェット Hewett
ヘヴェデス Höwedes*
ヘヴェトソン
Hewetson
ベヴェリー Beverly*
ヘヴェリウス Hevelius
ベヴェリッジ
Beveridge
ベーヴェリング
Böewering
ベーウェル Bebel
ヘーヴェルマン
Hövelmann
ヘウォン
Hea-won
Hye-won
Hyewon
ペウケスタス
Peukestas
ベウケリンフ
Beukering
ヘウス Geus*
ベウス Beus
ペヴスナー Pevsner*
ペウズネル Pevzner
ペヴスネル Pevsner
ペヴズネル
Pevzner*
Pezner
ベウゼリン Beuzelin
ベウダン Beudant
ヘーウッド
Haywood
Heywood
ヘウニ Hye-ŭn-i
ペヴニー
Pevney
Pevný
ベウノ Beuno
ベウフ Beuf
ベウラ Beulah
ベヴリン Bevlyn
ヘーヴン Haven
ヘヴン Haven
ベヴン Beavin
ベーエ
Behe*
Boehe
ベエ Beye
ベェイク Veinik
ベエイスト Bast
ベェイヤー Bear
ヘエウッド Heawood
ペエクソク Pecsok
ヘエゲル Hegel
ペェシェック Pesek
ペエシエンス Patience
ベエジル Basil
ヘエス Haes
ペエタア
Pater
Peter
ペェタァゼン Petersen
ペエツ Peez
ペエテル Peter
ベエトウェン
Beethoven
ベェトゲ Baetge
ペエトコヴィッチ
Petković
ベエーヌ Behaine
ベエヌ Behaine
ペーエフ Peev
ベェーム Böhm
ベエメ Bohme
ヘエメヨースツ
Hyemeyohsts**
ベエヤア Beer
ベーエル Baeyer
ベエール Béer
ヘェルストレェーム
Hälström
ペェレェ Perry
ヘェーレン Hoeren
ベエレンス Behrens
ベエロ Béla
ペェンスゲン
Poensgen
ヘオ Heo
ペオ Peo
ベーオウルフ Beowulf
ベオウルフ Beowulf
ペオスキー Pehoski
ベオーニオ Beonio
ベオニオ Beonio*
ペオニオ Peonio
ベオール Weor
ベオルコ Beolco
ヘオルヒーナ
Georgina*
ヘオルヒナ Georgina
ヘオルヘ Georges
ベオルンウルフ
Beornwulf
ベオーンウルフ
Beornwulf
ベオーンレッド
Beornred
ヘーガー
Hager
Hegar
Heger*
Hoeger
Hoger
Höger
ヘガー Häger
ベーカ Baker
ベーカー
Bakar
Baker***
Barker
ベーガ Vega*
ベーガー
Bager
Hveger
Vega
ベカ
Beccat
Beka
ベカー Bakker
ベガ
Bega
Begha
Vega***
Vigga
ペーカ Paca
ペカ
Pekah
Phakee
ベガイ Begaj
ペガイアニ Pigaiani
ベカイェ Becaye
ベカイユ Bécaye
ベカウリ Bekauri
ヘカク Hyei-kak
ベガーグ Begag
ベガグ Begag
ヘカケペルラー
Heqakheperre
ペーカサ Perkasa
ヘガジ Hegazy
ペカシ Pekař
ヘーガーシュトレーム
Hägerström
ベーガス Begas
ベカス Becas
ベガス
Begas
Vegas
ペガス Pegas
ペガスス Pegasus
ベガスタッフ
Beggarstaff
ベカゼ Begadze
ヘカタイオス
Hecataeus
Hekataios
ヘカテ Hékate
ヘガーティ Hegarty
ヘガーティー Hegarty
ヘガティ Hegarty
ヘカテーオス
Hecataeus
ヘーガード Heegaard
ヘガート Haegert
ベカード Beckhard
ベカトル Bekatorou**
ベカーヌス Becanus
ベカノ Bacanu
ベカノビッチ
Becanovic
ペカヒア Phakeias
ペカヒヤ Phakeias
ヘカフ Helakh
ペカフヤ Phakeias
ヘカベ Hekabe
ヘカマアトラー
Heqamare
ベーガム Begum
ベガム Begum
ペカム Peckham
ペカムス Peckham
ベーガラー Begarhā
ベガラ Vegara
ベガララ Vegalara
ベーカリー Bakery
ベカリアン Bekerian
ペカリーク Pekarik
ヘーガル Hegar*
ヘガール Hegar
ヘガル Hegal
ベーガール Vegard
ベーガル Vegar
ペカール Pecar*
ヘガルト Hegarth
ベカルト Bekaert

ベガレッリ Begarelli
ヘーガン
Hagan*
Hagen*
ヘガン Heggan
ベガン Béguin*
ペーガン Pagan
ペガーン Pagan
ヘカンソン Häkanson
ヘギ Hegi
ヘギー
Hagy
Heggie
ベーキ Bechi*
ベーキー
Baikie
Bekey
ベキ Beki
ベギー Beghe
ペギー
Peggie
Peggy***
Peguy
Péguy*
Pegy
ヘキア Hekia
ヘーギアース Hegias
ヘギアス Hegias
ベキィ Bekky
ペギィ Pegguy
ペギイ Péguy
ヘーギウス Hegius
ヘギウス Hegius
ベギエ Beguyer
ベギーチ Begich
ベーギチェフ
Begichev
ベギチェフ Begichev
ベキッチ Vekić
ペキッチ Pekić
ベキト Bekit
ペキネル Pekinel
ペキノ Pequignot
ヘキミアン Hekimian
ベキム Bekim
ペギャン Péguilhan
ベキュ Bécue
ベギュ Béguec
ベギュエ Begue
ヘギョ Hye-gyo*
ベギョプ Baek-Yeop
ヘギョン
Hye-Gyong
Hye-kyung
ペギラン Péguilhan
ベキリ Bekiri
ベギリスタイン
Beguiristain*
ベキル Bekir
ベキロワ Vekilova
ベギン Begin**
ペーキンス Perkins
ベキントン
Beckington
Bekynton
ペギントン Pegington
ペキンパー
Peckinpah*
ヘーク Hoek
ヘーグ
Haag
Hague
Haig
ベーク
Baeck
Beeck
Beek*
Beg
Bek
Boeckh
Book
Böök*
ベーグ
Baig*
Beg
Bēg
Bēgne
Végh
ベーグー Veygoux
ベク
Baeck
Baek*
Beg
Bek
Bey
ベグ
Beg*
Bēg
Begu
Bey
ベグー
Becu
Bégou
ペク
Baek*
Baik
Bak
Paek**
Paik*
Peak*
Peck
Pek
ペグ
Peg**
Pégues
Peig
ベクヴァルク Bekwark
ベークウェル Bakewell
ベクエイ Bequai
ベグエン Bégouën
ヘグクリステンセン
Hogh-Christensen
ベクザット Bekzat*
ヘクサム Hexum
ペクサン Paixhans
ベクシー Vecsey
ヘクシェル Heckscher
ベクシガス Bexigas
ヘクシャー
Heckscher**
ベクシャク Beksiak
ベクシンスキ
Beksinski
Beksiński
ベクシンスキー
Beksinski
ヘークス Hakes
ベクス Beckx
ベグズィーン
Begje-yin
Begziin
ヘクスター Hexter
ヘグスタ Hegstad
ベクステッズ
Baeksted
ヘクスト Hext*
ヘクストラ Hoekstra
ヘーグストランド
Högstrand*
ベクストローム
Beckström
ペクストン Pexton*
ベクスラー
Veksler
Wexler
ベクセル Bexell**
ベクゾド Bekzod
ヘクター
Hechter
Hector***
Héctor
ベクター Waechter
ベクターシュ
Bektas
Bektāsh
ベクタシュ Bektāsh
ベクダル Bechdel
ベクタン Vechten
ベクチューリン
Bekchurin
ヘーグッド Haygood
ベクツルガノフ
Bekturganov
ヘクデ Hegde*
ベグディキャン
Bagdikian
ベクテミル Bektemir
ベクテル Bechtel**
ベクテレフ Bekhterev
ベクテン Vechten
ペグデン Pegden
ヘクト
Hecht**
Hector
Hegt
ベクトフ Beketov*
ペクトリオス
Pectorios
ヘクトール
Hector*
Héctor
Hektor
ヘクトル
Hector*
Héctor*
Hektor
ベクトルシェイマー
Bechtolsheimer
ベクドルト Bechdolt*
ヘーグナー Högner
ヘグナー
Hegner
Hegnor
Högner
ベグナー Wegner
ベグニ Begheni
ペクニー Pekny
ペクニョ Pequegnot
ベクネル Becnel
ベグネル
Baegner
Boegner
ベグビー Begbie
ベークブデル
Beigbeder
ベーグブデル
Beigbeder
ベクブラートヴィチ
Bekbulatovich
ベグベデ Beigbeder**
ベクボエフ Bekboev
ベークホルム
Bøgholm
ベーグホルム
Bøgholm
ヘクマチアル
Hekmatyar
ヘクマット Hekmat
ヘクマティアル
Hekmatyar*
ヘクマティヤル
Hekmatyar
ヘクマトプール
Hekmatpour
ヘーグマン Haegeman
ベークマン
Beeckman
Beekman
Beekmann
Boeckmann
ベーグマン Begemann
ベクマン Beckmann
ベクマンベトフ
Bekmambetov*
ベクムイラト
Bekmyrat
ベグムイラト
Begmyrat
ベグムラドフ
Begmuradov
ベクムロド Bekmurod
ペクヨン Paik-yong
ヘーグラー Hegler
ヘクラー
Hächler
Hechler
Heckler*
ヘグラー Hegeler
ベクラ Vecla
ペグラー Pegler*
ペグラム Pegrum
ベグラリャン
Beglaryan
ベクラール Béclard
ヘグランド Hegland*
ベークランド
Baekeland
ベーグランド
Baekeland
Bakeland
ヘグリ Vecla
ベクリー Beckley*
ベグリー Begley**
ペクリ Pekli
ベグリィ Begley
ベグリイ Begley
ベグリャコワ
Beglyakova
ベクリョン
Baek-ryong
ヘグル Hegle*
ベクール Becourt
ベクル Bakr
ペクール
Pécourt
Pecqueur*
ペグルス Pegels
ヘグルント Hägglund
ヘグルンド
Hägglund
Hoglund*
Höglund**
ベグルンド Höglund
ヘグレ Hegre
ベグレー Backley
ペクレ Péclet
ベグレイ Begley*
ベクレシェフ
Bekleshev
ベークレス Bakeless
ベクレス Beckles
ペクレス Pécresse
ベクレメシェヴァ
Beklemesheva
ベクレル Becquerel*
ヘーケ Höke
ベーケ
Beecke
Beeke
Beke
ペケ
Pecquet
Peque
ペケー Pecquet
ペゲ Pege
ベケイ Bekey
ベゲイ Begay
ヘーゲヴァルト
Hegewald
ベーケーシ Békésy
ベーケーシー Békesy
ベーケシ Békesi
ベーケシー Békésy
ベケシ Békésy
ベケシー
Bekessy
Békesy
Békésy
ヘゲシアス
Hēgēsias
Hēgēsiās

ヘゲシアナクス
Hēgēsianax
ヘゲシップス
Hegesippus
ヘーゲーシッポス
Hegesippus
ヘゲシッポス
Hēgēsippos
Hegesippus
ヘーゲシトランド
Hägerstrand
ベケシュ
Bekes
Bekeš
ヘーゲス Höges
ヘゲスタッド
Heggestad
ベケタエフ Beketayev
ヘゲダス
Hegedus
Hegedüs
ベケッシー Békesy
ヘゲッチュヴァイラー
Hegetschweiler
ベケット
Bechet
Becket
Beckett***
ベゲット Beghetto
ペケット Peckett
ベゲティウス Vegetius
ヘゲデュシ Hegedüs
ヘゲデューシュ
Hegedüs
Hegedűs
ヘゲデュシュ
Hegedüs
Hegedűs
ヘゲデュス
Hegedus
Hegedüs
ベケデレモ
Bekederomo
ベケデロモ
Bekederomo
ヘゲドゥシュ Hegedüs
ベケートフ Beketov
ベーゲナー Wegener
ペケノ Pequeno*
ヘゲマン Hegeman*
ベーゲマン Begemann
ヘーゲモニオス
Hēgemónios
ヘゲモニオス
Hegemonios
ヘーゲーモーン
Hegemon
ヘゲモン Hēgēmōn
ヘーゲラー Hegeler
ヘゲラー Hegeler
ペゲラー Pöggeler**
ベーケラール
Beuckelaer
ヘゲリーン Höglin
ヘーゲル
Hagel**
Hegel*
ヘゲル Heger
ベケル Becheru
ペーケル Pekel
ペケル Peker
ヘーゲルシュトランド
Hägerstrand
ペゲルス Pegels
ヘゲルスタム
Haegerstam
ヘーゲルストレーム
Hägerström
ヘーゲルストレム
Hägerström
ベケルッチ
Becherucci
ベーゲルード
Bergerud
ベーゲルト Baegert
ペケルハーリング
Pekelharing
ヘーゲルフォルシュ
Hegerfors
ヘーゲルマン
Hagermann
ペケルマン
Pekerman*
ベゲルンド Bogelund
ヘーゲレ Haegele
ベケレ Bekele**
ヘーケレン Heekeren
ヘケロップ Hækkerup
ヘーゲロン Hegelund
ヘーケン Hoecken
ヘーゲン
Hagen*
Hagin
Högn
ヘゲン Heggen
ヘーゲンヴァルト
Hegenwalt
ヘーケンス Heerkens
ヘーゲンス Hagens
ベゲンチ Begench
ベーゲンドルフ
Boegendorff
ヘーゲンバルト
Hegenbarth
ベーコ Bekoe
ベコー Bécaud**
ベゴ Bego
ペコ
Peco
Peko
ペコー
Pacoe
Pecaut
Pécaut
ベゴウ Bego
ベコーヴィチ
Bekovich
ベコヴィチ Bekovich
ベゴヴィッチ
Begovic
Begovici
ベゴス Begos
ペゴティー Pegotty
ペコティック Pecotic
ベコート Bacote
ベゴドー
Bégaudeau**
ベゴナ Begona*
ベゴーニャ
Begona
Begoña
ベゴニャ Begoña
ペーコネン Pehkonen
ベコバ Becoba
ペコビッチ Pekovic
ベコフ
Bekoff*
Bekov
ペコラ Pecora*
ペゴラノ Pegoraro
ペコラーロ Pecoraro
ペコラロスカーニオ
Pecoraro Scanio
ペーコリ Pe-cori
ペコリック Peckolick
ペコリーノ Pecorino
ペコルト Peckolt
ペーゴロ Pegolo
ペゴロ Pegolo
ペゴロッチ Pegolotti
ペゴロッティ
Pegolotti
ベーコン Bacon***
ベゴン Begon*
ベーコンソープ
Baconthorpe
ヘーザー Häser
ヘザー Heather**
ベーザー Boeser
ベサ
Besa
Vesa
ベザ Bèze
ペザー Peder
ベザイ Bezzai
ベサイテ Vėsaitė
ベザイデンホウト
Bezuidenhout
ヘザーウィック
Hetherwick
ヘザウィック
Heatherwick
ベザギュ Bézagu
ヘーサケルス
Heesakkers
ベサーズ Bethards*
ベザース Bethards
ペーザセン Pedersen
ベザット Behzad
ベーザド Behzād
ベサード Beyssade
ヘザートン
Heatherton
ベサニー
Bethanie
Bethanne
Bethany*
ベサニス Bethanis
ペサーニャ
Pessanha**
ベサニーリャ
Bezanilla
ペザノウスキー
Pezanowski
ベサビー Bethsabée
ペサベント Pesavento
ペサホビッチ
Peisakhovitch
ベサラ Bessala
ベサラブ Bessarab
ベサラム Bethurum
ヘザリ Hetherly
ヘザリー Hetherly
ベザリー Bezaly*
ベサリウス Vesalius
ヘザリングトン
Hetherington
ヘザーリントン
Hetherington*
ヘザリントン
Hetherington**
ベサル Bethell
ペサール Pessard
ヘザーレイ
Heatherley
ベサレル Besalel
ペサロ Pesaro
ペサロッシ Pezzarossi
ヘサン Hae-Sun
ベサン Bethan
ベサンコ Besanko
ベサンツォーニ
Besanzoni
ベサンティノス
Bēsantīnos
ペサンテス Pesántez
ベサント
Besant*
Bessant
ベザント Besant
ペサンド Pesando
ヘシ Hesi
ベーシー Basie*
ベシー
Besse
Bessie*
Bessy
ベジ
Beji
Béji*
Gbedji
ページ
Page***
Pages
Paige
ペシ
Pesce*
Pesci*
ベシア Bethea
ベジーア Besier
ペシィック Pethick
ヘジウス Hesius
ヘジェ Heje
ベシェ Bechet
ペシェ
Peche
Péché
Pesce
ペシエ Peschier*
ベジェキルスキー
Bezekirsky
ペシェク
Pešek
Peszec
ペジェグリーニ
Pellegrini*
ペジェグリニ
Pellegrini
ペジェグリーノ
Pellegrino*
ベジェスナ Vegesna
ペシェッティ Pescetti
ペシェッテイ Pescetti
ベジェット Behgjet
ページェット Paget
ベジェティ Bexheti
ペジェトスソン
Pjetursson
ベシェニェイ
Bessenyei
ベジェネーエフ
Vedeneev
ペシェフスキ
Peshevski
ベジェリン Bellerin
ヘシェル Heschel
ベシエール Bessière
ベジェル Beigel
ペシェール Pechère
ペシェル Peschel
ペシェロット Pécherot
ページェン Padjen
ベジェンク Bejenke
ペーシェント Patient
ヘーシオドス
Hesiodos
Hēsiodos
ヘシオドス
Hesiodos
Hēsiodos
Hesiodus
ヘシオネ Hēsionē
ペシオン Pétion
ベージガー
Boesiger
Bösiger
ヘジカイア Hezekiah
ヘシキ Hae-shick
ペシキン Peshkin
ヘーシク Hasik
ベシク Besik*
ペシク Pethick
ベシクチ
Besikci
Besikçi
ヘシグバト Kesigbatu
ヘシコ Heshko
ペシコヴァ Peshkova

ベジコヴィチ
Besicovitch
ベシコヴィッチ
Besicovich
ベシコビッチ
Besicovitch
ペシコフ Peshkov
ベシス Bessis
ペシス Pessis
ペシチ Pesic
ペシック Pethick*
ペジック Pesic*
ベシッチ Besic
ペシッチ
Pesic
Pešić**
ベジディ
Vecdi
Vezhdi
ベジド Bellido
ペシーナ Pessina
ヘジニアン Hejinian
ベジネ Vézinet
ベシーノ Vecino
ベシノ Vecino
ベジノ
Besineau
Bésineau
ベジノー Bésineau*
ベージノフ Vezhinov
ベジノフ Vezhinov
ヘジペス Hedgepeth
ベージホット Bagehot
ベシミ Besimi
ペシミヤー Pessemier
ベシーム Besim*
ベシム Besim
ペジム Pezim
ヘジャ Hye-ja*
ページャー Pajor
ペジャ
Peja
Pézsa
ベジャウィ Bedjaoui
ベシャウシュ
Beschaouch*
ベジャク Bezjak
ヘジャーズィー Hejāzī
ベジャビア Bellavia
ヘシャーム Heshaam
ペシャラ Pechalat
ベジャール
Bejart
Béjart**
Bejart
ペシャロフ
Pechalov*
Peshalov
ヘシャン Hessian
ベジャン
Béghin
Bejan
ベーシュ Beche
ベシュ Besch
ペーシュ Paish
ペシュ Pesch*
ペシュー Peschoux*
ペジュ Péju
ペシュカ Peschka
ヘーシュキオス
Hēsychios
ヘシュキオス
Hesychios
Hesýchios
Hēsychios
ヘジュケペルラー
Hedjkheperre
ペシュコー Pesko
ベジューズ Bezduz
ヘジュック Hejduk
ベシュテル
Bechtel
Waechter
ベジュメンスキ
Bezymenskii
ペシュラ Pechura
ペシュラール Pécheral
ベジュリフ Bedrich
ペシュル Pöschl
ペシュレ Paicheler
ベシュレル Baechler*
ベシュロス Beschloss
ベジュワン Béjoint
ヘジュン Hejun
ベシューン Bethune
ヘジョ Hye-Cho
ベージョ Bello
ベジョ
Bejo
Bello
ベショールイ Vesyolyi
ペショルダ Pešorda
ヘジョン
Hae-jeong*
Hye-jeong
Hye Jung
Hye-jung
ペーション Persson**
ペション Péchon
ベジーラ Bezilla
ベシリンド Vesilind
ベジリンド Vesilind
ベーシル Basil
ベージル Basil*
ベシール
Bechir
Bethel
ベシル
Basil
Bechir
Béchir
Beşir
ベジル Basil
ヘージルリグ Hesilrig
ヘジルリッジ
Hesilrig
Hesilrige
ヘジン
Hae-jin*
Hedinn
Hye-jin*
ベーシンガー
Basinger*
ヘーシンク Geesink**
ヘジンボサム
Heginbotham
ヘース
Hayes
Hees
ヘーズ
Hayes
Hays
ヘス
Hess**
Heß
Hesse**
Hessou
Hesz
Hoss
Höss*
Hye-soo*
ベース Bass
ベーズ
Bayes
Bèze
ベス
Bes*
Bès
Bess**
Besse**
Besu
Beth**
ベズ Bez
ベズー Bézout
ペース
Pace**
Pacé
Paese
ベズアシビリ
Bezhuashvili
ベズィミョンスキー
Bezymenskii
ベズィメンスキー
Bezymenskii
ベズイメーンスキー
Bezymenskii
ベズイメンスキー
Bezymenskii
ベスウィック
Beswick*
Beswicke
ベズウィック Beswick
ヘスウス Jesus
ヘスカ Heska
ベスガ Vesga
ベズカー
Bodker
Bødker
ペスカウ Pescow
ペスカトール
Pescatore
ペスカラ Pescara
ベスカラヴァィヌィ
Beskaravajny
ベスカン Vescan
ヘスキー Heskey*
ベスキ
Beschi
Bethke
ベスキー Bethke*
ペスキ Pesci
ペスキー Pesky*
ヘスキース Hesketh
ヘスキス Hesketh*
ペスキーヌ Peskine*
ベスキマギ Veskimägi
ペスキーモ Peskimo
ペスキン Peskin
ヘスク
He-sook
Hesook
ペスクッチ Pescucci
ベスゲ Bethge
ペスケ Peske
ヘスケス Hesketh*
ヘスケット Heskett
ヘスケル
Herschel
Heschel
ペスケンニウス
Pescennius
ベスコ Besco
ペスコ
Pesco
Pesko
ベスコーヴ Beskow
ベスコウ Beskow
ベスコヴ Beskow
ベスコフ
Beskov
Beskow**
ペスコフ Peskov
ベスコン Bescond
ヘスサ Jesusa
ベズジェコバー
Bezdekova
Bezdeková
ヘスース
Jesus*
Jesús**
ヘスス
Hessus
Jess
Jesus**
Jesús***
Jésus**
ヘズス
Jesus
Jésus
ベススメルトヌイ
Bezsmertny
ベススメルトヌイフ
Bessmertnykh*
ベススメルトノワ
Bessmertnova
ヘスタ Hester
ヘスター
Hester***
Hestor
ベスター
Bester**
Bestor**
ペスタ Pesta
ヘスタア Hester
ベスダイン Besdine
ベスタエフ Bestaev
ベスタエワ Bestaeva
ベスタガード
Vestergaard
ヘースタース Heesters
ベスターダイン
Westerduin
ペスタナ Pestana
ペスターナック
Pasternak
ベスタビー Vesterby
ヘスターベルク
Hesterberg
ベスターマン
Besterman
Westermann
ベスタマン Besterman
ヘスタリー Hesterly
ベスタリング
Westering
ベスタル Vestal*
ベスタルド Bestard
ペスタロッチ
Pestalozzi*
ペスタロッチー
Pestalozzi*
ペスタロッツァ
Pestalozza
ペスタロッツィ
Pestalozzi
ベスタンディグ
Bestandig
ベスタンディゴワ
Bestandigova
ペスチ Pesci
ペースチェリ Pestel'
ペスチェリ Pestel'
ベズチャスナヤ
Bezchastnaya
ヘースチング Hasting
ヘースチングス
Hastings
ヘースチングズ
Hastings
ヘスチングス Hastings
ベスツエス Westhues
ペスツォフ Pestsov
ペスツム Pestum
ベステ Beste
ベステアー Vestager
ペスティオー Pestiau
ベステイロ Besteiro*
ヘスティング Hesting
ヘースティングス
Hastings**
ヘースティングズ
Hastings**
ヘスティングス
Hastings
ヘスティングズ
Hastings*
ベズデック Bezdek
ヘステネス Hestenes*
ベステミアノワ
Bestemianova
ヘーステラヌス
Geesteranus
ペーステリ Pestel'
ペステリ Pestel'
ヘステル Gestel

ベステル
Paster
Pestel
ヘーステールス
Heesters
ベステルホフ
Westerhof
ペステンホーファー
Pestenhofer
ヘースト Geest
ヘスト Hest
ベスト
Best***
Vest*
Vesto
ベスド Bessudo
ベストゥージェフ
Bestuzhev
ペストゥム Pestum*
ベストウル Bestor
ペストカ Pestka
ペストス Phēstos
ベストハイゼン
Westhuizen
ベストパレン
Westphalen
ペーストフ Pestov*
ペストフ Pestoff*
ベストファル
Westphal
ヘーズトフト Hedtoft
ベストブロ Vestbro
ベストマン Böstman
ヘストリー Hestrie
ベストリス Vestris
ベストール Bestall
ベズドルジツ
Bezdružic
ヘスドルファー
Hesdorffer
ヘストン Heston***
ベストン Beston*
ペストン Peston
ベスナ Vesna
ベスナー Bessner
ベスナール Besnard
ベズニエ Besnier
ベスニク Besnik
ベスニナ Vesnina*
ベスニン Vesnin
ベズノシウク
Beznosiuk
ベズノシューク
Beznosiuk
ヘスバ Hesba*
ベスパー Vesper
ヘスバーグ Hesburgh*
ベスパシアヌス
Vespasianus
ベスパジアーノ
Vespasiano
ベースハート
Basehart
ベスパーマン
Vesperman*
ベーズバルアー
Bezbaruā
ベスビー
Besby
Bethsabee
ヘスプ Hesp
ヘスフス Heßhus
ヘスフーゼン
Heßhusen
ベスブッチ Vespucci
ベスプッチ Vespucci
ヘスブルク
Haesebrouck
Heisbourg
ベスフルグ Boespflug
ヘスフロト Høsflot
ヘスペ Hespe
ベスベス Besbes
ベズーホッフ
Bezukhov
ベズボロードワ
Bezborodova
ペースマスター
Pasemaster
ベスマートニー
Bessmertny
ベズマリノヴィック
Bezmalinovic
ヘスマン
Hesseman
Hessman*
Hethmon
ベスマン
Bessman
Biesmann
ペスマン Pesman
ヘスミュール Jesmuel
ヘスミラー Hessmiller
ベスメルトニフ
Bessmertnykh
ベスメルトノーヴァ
Bessmertnova
ベスメルトノワ
Bessmertnova
ベズモーズギス
Bezmozgis**
ベスモンド Besmond
ヘースラー Haesler
ヘスラー
Haesler*
Hasler
Häsler
Hässler*
Hessler*
ベスラー
Besler*
Boesler
ペスラー Pessler
ヘスラム Heslam
ベスラン Beslan
ヘスリ Jesli
ベスリー
Besly
Besserie
ベズリー Besley
ヘスリッヒ Hesslich
ヘスリップ Heslip
ヘスリン
Heslin
Hoesslin
ヘスリンガ Heslinga
ヘスリンク Hesselink*
ヘスリング Hessling
ベスル Besl
ペスル Pessl*
ベズルコーワ
Bezrukova
ベズルチ
Bezruc
Bezruč*
ベズルッチ Bezruč
ヘズルティン
Heseltine
ヘーズルリッグ
Hesilrig
ヘスレ Hösle**
ベスレー Beslay
ベズレー Vézelay
ベスレッカ Besredka
ヘーズレット Heaslett
ヘーズレト Heaslett
ベスレトカ Besredka
ベスレドカ Besredka*
ベスレン Bethlen
ヘスロヴ Heslov
ヘスロップ Heslop*
ヘズロップ Heslop
ヘスロフ Heslov
ヘスロプ Heslop
ベズワダ Bezwada
ベスワフ Wieslaw
ベスーン Bethune**
ベスン Bethune
ヘーゼ Haese
ヘセ Jese
ベーゼ
Bose
Böse
ベセ
Besse
Besset
ベセア Bethea
ヘゼカイア Hezekiah
ヘゼキア
Hezekia
Hezekiah
ヘゼキール Hesekiel
ベゼク Bezek
ペゼシュキアン
Pezeshkian
ベセーソ Bessaiso
ペセタ Peseta
ペセック Pesek
ベセット Bessette*
ペゼット Paget
ペゼッリーノ Pesellino
ヘゼッレ Gezelle
ベセトフスキー
Besedovskii
ベセドフスキー
Besedovskii
ペゼナス Pezenas
ベセニア Bethenia
ベセベス Besebes
ヘセマン Hesseman
ベーゼラー Beseler
ベセーラ Becerra
ベセラ Becerra***
ベセラー Veselá
ベゼラ Bezerra*
ペーゼラ Peizerat*
ベーゼラガー
Boeselager
ベセリー Vesely
ペゼリ Peceli
ベゼリデス
Bezzerides*
ペセリーノ Pesellino
ベセリノフ Veselinov
ベセリン
Veselin*
Vesslin
ベゼリン Veselin
ヘセリング Hesseling
ヘーゼル
Haeser
Hazel**
ベセル
Bessel*
Besser
Bethel
Bethell**
ペーゼルセン
Pedersen
ヘーゼルタイン
Heseltine*
ヘーゼルデン
Hazelden
ヘセルデン Heselden*
ヘーゼルリグ Hesilrig
ヘーゼルリーダー
Haselrieder
ヘゼレ Gezelle
ベセロフスキー
Veselovskii
Vesselovsky
ヘーゼン Hazen
ベセン Besen
ベセンス Baesens
ペセンティ Pesenti
ペゼンティ Pesenti
ペソーア Pessoa
ペソア
Pessoa**
Pessôa
Pessõa
ベーソース Vesaas
ベソース Vesaas
ベゾス Bezos**
ペソッタ Pesotta
ベソッツィ Besozzi
ベゾッツィ Besozzi
ベゾッツォ Besozzo
ペソット Pessotto
ヘゾニャ Hezonja
ペソネン Pesonen
ベソフ Besov
ベゾブラゾヴァ
Besobrasova*
ベゾブラーゾフ
Bezobrazov
ベゾブラソフ
Besobrasov
Bezobrazov
ベゾブラーゾフ
Bezobrazov*
ベソム Besom
ベソーユ Besoiu
ペソーラ Pesola
ベゾルト Besold
ペゾルド Petzold*
ベソロ Veloso
ベゾロフスキ
Wesołowski
ヘソン
Hae-seong*
Hesung
Hyesang
Hye-seon
Hye-Song
Hyesung*
ベソン
Besson
Bessón
ヘーダ Heda
ヘーダー Heda
ヘダ Heda
ヘダー Heder
ベータ Beata
ベーター Bator
ベーダ
Baeda
Beda*
Bede*
ベーダー
Bader**
Vader
Weder
ベター Bettah
ベダ
Beda
Béda
Bédat
ベダー
Vader
Vedder
Weder
ペータ
Peta*
Peter*
ペーター
Pater
Perter
Petar
Peter***
Péter
Pëter
Petre
Petter*
Petŭr
Pieter
ペーダ Pehda
ペーダー
Peder
Peter
ペタ Peta
ペター
Peter
Petter**
ペダー
Pedder
Peder

ペータア Peter
ペダウ Wedau
ペタヴィウス Petavius
ヘダーウィック
Hedderwick**
ベタウエル Betawell
ヘーダエートゥッラ
Hedayetullah
ベターキ Betáki
ヘタグ Khetag*
ヘタグリ Khetaguri
ヘタグーロフ
Khetagúrov
ペタジーニ Petagine*
ペタジャン Petajan
ペターション
Petterson
ペタション Petersson
ペーターシルカ
Petersilka
ペータース
Peeters**
Peters**
ペタス Pettas*
ペータースゾン
Petersson
ペーターセン
Petersen***
ペーターゼン
Petersen***
ペータセン Petersen
ペータゼン Petersen
ペーダーセン
Pedersen*
ペーダセン Pedersen
ペターセン Petersen*
ペターゼン Petersen
ペダーセン
Pedersen***
Petersen
ペダーゼン Pedersen
ペダセン Pedersen
ベターソン Betterson
ペーターソン Peterson
ペターソン
Peterson
Petersson
Petterson
Pettersson
ペダーソン
Pedersen*
Pederson
Peterson
ペーターソンスミス
Paterson-Smith
ベタッティ Bettati*
ベダード Bedard*
ベタートン Betterton
ベタニー Bettany**
ペダニ Pedani
ベターニア Bethânia
ペダニウス
Pedanios
Pedanius
ペダニオス Pedanios
ペターニャ Petagna
ペタヒア
Petahyah
Pethahiah
ペタビーノ Pettavino
ペーターフォイント
Peterfeund
ペーターフロイント
Peterfreund
ペダーホルク
Peder Holk
ベターマン
Bettermann
ペーターマン
Petermann
ベタム Betham
ヘダヤ Hedaya
ヘダーヤト
Hedayat*
Hedâyat*
Hedāyat*
Hidāyat
ヘダヤート Hedayat
ベターリッジ
Betteridge
ベタリッジ Betteridge
ベタリンフ Wetering
ベダール
Bedard*
Bédard
ペータル
Petar**
Petâr
Peter*
ペタール Petar*
ペタル
Petar*
Petâr
Peter*
Petre
ペダルソン Pedersen
ペタルニコス
Petsalnikos
ベダン
Bédan
Bedin
Vedin
ペタン
Petain
Pétain
Pétan
Peten
ベタンクール
Betancourt**
Betancur
Betancurt*
Bethancourt
Béthancourt
Bettencourt
Vetancur
ベタンコート
Betancourt*
Bethancourt
ベタンコール
Betancor
ベタンセス Betances
ベタンソス Betanzos
ベタンゾス Betanzos
ベタンゾスモロ
Betanzos
ベタンヌ Bettane
ベーチ
Bache
Beci
ベチ Béti
ペチ Peci
ペチー Petty
ペーチェ Pece
ベチェイ Vecsey
ペチェイ
Pechey
Petchey
ペチェヴィー Peçevî
ペチェック Petschek
ベーチェト Behçet
ペチェフスキー
Pechefsky
ベチェマン Betjeman
ベチェリ Vecellio
ベチェリオ Vecellio
ペチェーリン Pecherin
ベーチェル Vachell
ペチェルスカヤ
Pecherskaya
ペチェルスキー
Pecherskij
ペチェールスキイ
Pečerskii
Pecherskii
ペチェルニコヴァ
Pechernikova
ペチェンキナ
Pechenkina*
ペチオダット
Péchiodat
ペチオニ Pecchioni
ヘチカシビリ
Khechikashvili
ペチキアン Petikyan
ベチケ Bechke
ペチコフ Petkov
ペチコーン
Petchkoom
ペチシカ Petiska*
ペチシュカ Petiska
ベチック Becík
ヘチッヒ Hettich
ベチテル Bechtel*
ベチナ Betina
ペチノッティ
Peccinotti
ペチパ Petipa
ペチパー Petipa
ベチミフィラ
Betsimifira
ベチャ Beqaj
ベチャー Boetcher
ベチャイ Beqaj
ペーチャイ Pécsi
ベチャマン Betjeman
ペチャルニコス
Petsalnikos
ベチャワ Beczala*
ヘチャン Hae-chan*
ペチュ Pötzsch**
ペチュヴィー Peçevî
ペチュコフスキー
Pechkovsky
ペチュニコフ
Petschnikov
ベチューヌ Béthune
ペチュラ Petura
ペチュル Petschull
ベチューン Bethune*
ペチョルスキー
Pechorskij
ペチョンキナ
Pechonkina
ベチリ Beqiri
ペチールカ Pecirka
ベチロヴィッチ
Bećirović
ベーツ
Bates***
Beets
ペーツ Peez
ペツ Pez
ヘツァー Hetzer
ベーツァ Veza
ベツァベス Betzabeth
ベツァーリ Vezzali**
ベツァルエル Bezaleel
ベツァレル Bezalel
ベツァワ Beczala
ベツィ Betsy*
ベツィー Betsy*
ペツィーアン Pecían
ベツィグ Betzig*
ペツェク Pecek
ペーツェル Pezel
ペツェル Pezel
ペツォー Petzow
ペツオー Petzow
ペツォス Petsos
ベーツォルト Bezold
ベツォルト Bezold
ペーツォルト
Petzoldt
Pezoldt
ペツォールド Pätzold
ペツォルト
Petzold
Petzoldt*
Pezoldt
ペツォルド Petzold
ヘッカー
Haecker*
Hecker**
Hekker
Höcker
ベッカ
Baecker
Becca*
ベッカー
Baecker
Beckah
Becker***
Bekkar
Bekker**
Boecker
Wecker*
ペッカ
Pecka
Pekka**
ヘッカア Hecker
ベッカア Bekker
ベッカイ Bekai
ヘッカース Heckers
ベッカーズ Beckers
ベッカーデー
Becker-Dey
ベッカデリ Beccadelli
ベッカデルリ
Beccadelli
ヘッカート
Heckart*
Heckert
ベッカート
Beckert***
ペッカネン Pekkanen*
ベッカフーミ
Beccafumi
ベッカーマン
Beckerman
ベッカム Beckham**
ペッカム
Pecham
Peckham*
ペッカラ Pekkala
ベッカリ
Beccali
Beccalli
ベッカリー Beccarie
ベッカリーア
Beccaria*
ベッカリア Beccaria
ペッカリネン
Pekkarinen
ベッカリヤ Beccaria
ヘッカリング
Heckerling
ベッカーリンク
Bekkering
ヘツキ Hedtke
ベッキ
Bächi
Becchi*
Vecchi*
ベッキー
Beckie
Becky**
Betsky
ベツキー Betsky
ペッキア Pecchia
ペッキィ Petzke
ベッキオ Vecchio*
ベッキオーネ
Vecchione
ベッキョ Vecchio
ヘッキング
Hecking
Hekking
ベッキング Becking
ベッキンセイル
Beckinsale
ベッキンセール
Beckinsale*
ペッキンポー
Peckinpaugh
ヘック
Hech
Heck***
Hek
ヘッグ
Hägg

Hegg
Hegge
ヘック
Back
Bäck
Baeck
Baecque
Beak
Bec
Bech*
Beck***
Beckh*
Beckx
Becque
Bek*
Böck
Böckh
Boeck
ベッグ
Begg**
Bey
ペック
Paik
Pec
Peck***
Poeck
ペッグ
Pegg*
Pegge
ヘックアート Heckart
ベックウィス
Beckwith**
ベックウィズ
Beckwith**
ベックウェイ Bequai
ヘックシャー
Heckscher
ベックシュタイン
Bechstein
ベックス
Becks
Beckx
ベッグス Beggs*
ヘッグステッド
Hegsted
ヘックストール
Heckstall
ベックストローム
Beckstrom
Beckström
ベッグスミス
Begg-Smith
ヘッグトバイト
Heggtveit
ベックナー Beckner
ベックネル Becknell
ベックハート
Beckhart
ベックハード
Beckhard
ベックハルト
Beckhart
ベックフォード
Beckford**
ベッグフォード
Beckford
ベックヘファー
Bechhoefer
ベックホファー
Bechhofer
ヘックマイアー
Heckmair
ヘックマイヤー
Heckmair
ヘックマン
Heckman**
Hekman
ベックマン
Backman
Bechmann
Beckman**
Beckmann**
Böckmann
Boeckman
Weckmann
ペックマン Pechman
ベックム Bekkum
ベックラー
Bechler
Böckler*
ベックランド
Becklund*
ベックリー Beckley*
ベックリーン Böcklin
ベックリン
Becklin
Böcklin
ヘックル Hechle
ベックル Böckl
ベックルズ Beckles
ベックルツ Beckurts
ヘックレー Hackley
ベックレ Böckle
ベックレー
Baechle
Beckley
ベックレイ Beckley
ベックレイク Becklake
ベックレーク Becklake
ベックレル
Becquerel*
ベックレルー
Becquerel
ベックレン Becklén
ヘックロース
Heckroth
ベックロフ Beckloff*
ベックワース
Beckwourth
ヘッケ
Haecke
Haeckel
Hecke**
ヘッゲ Hegge
ベッケ
Becke
Bethge*
ヘッケウェルダー
Heckewelder
ベッケージ Beckage
ベッケドルフ
Beckedorff
ヘッゲム Heggem
ベッケメレム
Bekkemellem
ペッゲラー Pöggeler
ベッケラート
Beckerath*
ベッケラートウ
Beckerath
ヘッケル
Gekker
Häckel
Haeckael
Haeckel**
Heckel*
Hecker
ヘッゲル Haegel
ベッケール Becker*
ベッケル
Beckel*
Becker**
Becquer
Bécquer*
Bekker
ベッケルス Bekkers
ペッケルスハイム
Peckelsheim
ヘッケルト
Heckert
Höckert
ベッケルト Beckert*
ヘッケルマン
Heckelman
Hoekelman
ベッケン Bekken*
ベッケンシュタイン
Bekenstein
ベッケンスタイン
Beckenstein
ベッケンバウアー
Beckenbauer**
ベッケンハウプト
Boeckenhaupt
ベッケンバッハ
Beckenbach
ベッケンフェルデ
Bockenforde
Böckenförde
ベッコ
Bokko
Bøkko
ペツコ Petsko
ベッコス Békkos
ペッコリーニ
Peccorini
ベッコン Beckon
ヘッサ Hessa
ヘッサー Hesser**
ベッサ Bessa**
ベッサー Besser*
ヘッサート Hessert
ペッサーニャ
Pessanha
ベッサラー Bessallah
ペッサラート
Petsarath
ベッサリオン
Bessarion
Bēssaríōn
ベッサン Bethan
ペッサン Pessan*
ヘッシ Hesse
ヘッジ
Hedge*
Hedges**
ベッシ Gbessi
ベッシー
Bessie**
Bessy*
Betsy
Vessey*
ペッシ
Pesce
Pessi
ベッシィ
Bessy
Vessey
ベッシイ
Becy
Besty
ペッシェ Pesce
ヘッジェス Hedges
ベッシェニェイ
Bessenyei
ヘッシェル Heschel*
ベッシェール Bessière
ベッシエール
Bessières
ペッシェル Peschel
ベッシク Wessig
ヘッジコー Hedgecoe*
ペツシコーワ
Petushkova
ヘッジス Hedges*
ヘッジズ Hedges**
ヘッジドーン
Hagedorn*
ヘッジペス Hedgpeth
ベッシャー Bescher
ペッシャウアー
Petschauer
ヘッシュ
Heche*
Hösch*
ベッシュ Besch
ベッシュー Bessieux
ペッシュ
Pech*
Pesch*
ペッショ Pescio
ヘッジョス Hedges
ヘッション Hession
ヘッシン Khessin
ペッシン Pessin
ヘッシンガー
Hessinger
ヘッシング Hessing
ヘッス Hess
ベッスィー Bessey
ヘッスィヤン
Hessayon
ヘッスス Hessus
ヘッスル Hösl
ヘッセ
Hesse***
Jesse
ベッセ Veysset
ヘッセキエル
Hessekiel
ペッセージャ Pezzella
ベッセマー Bessemer
ベッセラ Besserat
ベッセラー Besseler
ベッセリ
Besseli
Wessely
ベッセリーナ
Vesselina
ヘッセリンク
Hesselink**
ベッセリンク
Besselink
ヘッセル
Hessel*
Hessell
ベッセル
Bessel*
Bethell
ヘッセルグレン
Hesselgren
ヘッセルス Hessels
ベッセルス Wessels
ヘッセルト Hessert
ヘッセルバイン
Hesselbein*
ヘッセルベルグ
Hesselberg
ヘッセン
Gessen
Hessen*
ベッセン Bessen
ヘッセンバーグ
Hessenberg
ヘッセンラント
Hessenland
ヘッソ Hesso
ペッソア Pessoa
ベッソス Bessos
ペッソット Pessotto
ベッソノワ
Bessonova**
ベーツソン Bateson
ベッソン Besson**
ペッソン Persson
ヘッダ
Hedda*
Khedda
ベッタ
Betta
Vetah
ベッダー Bedder
ペッター
Petter*
Poetter
ベッタイエブ Bettaieb
ベッターストロム
Wetterström
ペッターセン
Petterssen*
Pettersson
ペッターソン
Petterson
ペッタツォーニ
Pettazzoni
ベッターティ Bettati
ペッダナ Peddana
ベッターリ Bettari
ベッタリーニ
Bettarini
ヘッチ Hoetzsch
ベッチ
Veatch
Vetch
ベッチー Betsey
ペッチ

Pecci
Pech
ベッチウ Becciu
ヘッチェ Hettche
ペッチェイ Peccei*
ベッチェマン
Betjeman*
ヘッチェル Hecher
ベッチェル Bechtel
ベッチーニョ
Betinho*
ベッチーノ Bettino
ペッチノッティ
Peccinotti
ベッチマン Betjeman
ヘッチャー Hatcher
ベッチャー
Betcher
Bettcher
Boettcher
Bottcher
ヘッチュ Hetsch*
ベッチュマン
Bätschmann
ペッチュル Petschull*
ペッチョウ Petschow
ヘッチンガー
Hechinger
ヘッチンジャー
Hechinger
ヘッツ
Hetts
Hetz
ベッツ
Betts**
Betz*
ペッツ
Pets
Petz
ヘッツァー Hetzer
ヘッツア Hetzer
ペッツァーノ Pezzabo
ベッツァリ Vezzali
ベッツィ
Betsy**
Bettie
Bezzi
ベッツィー Betsy**
ベッツイ Betsy**
ペッツィー Patsy**
ペッツィンガー
Petzinger*
ペッツェッラ Pezzella
ヘッツェナウアー
Hetzenauer
ヘッツェル Hetzel*
ベッツェル
Bezzel
Wötzel
ペッツェル Petzel
ベッツェレン
Boetzelen
ヘッツェンドルフ
Hötzendorf
ベッツェンベルガー
Bezzenberger
ペッツォ Pezzo*
ベッツォージ Vezzosi*
ベッツオーリ Bezzuoli
ペッツォルト
Petzold*
Petzoldt**
ペッツォーロ Pezzolo
ペッツート Pezzutto*
ヘッツラー Hätzler
ペッツーロ Pezzulo
ペッツワン
Petchsuwan
ベッテ Bette**
ベッデ Bedde
ヘッティ
Hettie
Hetty
ヘッティー Hettie
ヘッディ
Heady
Heddi
ベッティ
Bette
Betti***
Betty*
ペッティ
Petti
Petty
ペッティー Petty
ベッティオル Bettiol
ベッティガー
Bottiger
Böttiger
ベッティゲル Böttiger
ベッティション
Pettersson
ベッティス Bettis
ペッティス Pettis
ペッティチョード
Pettichord
ベッティーナ
Bettina***
Bettinna
ベッティナ Bettina**
ペッティナ Pettina
ペッティナート
Pettinato
ペッティナーリ
Pettinari
ベッティーニ
Bettini**
ベッティニー
Bettignies
ベッティニィエ
Bettignies
ベッティネッリ
Bettinelli
ベッティネリ
Bettinelli
ベッティーノ
Bettino**
ベッティハー
Böttischer
ベッティヒャー
Böttischer
ベッティル Berthil
ベッティン Bettin
ヘッティンガー
Hettinger
ペッティンガー
Pettinger*
ベッティングハウス
Bettinghaus
ペッティンジェル
Pettingell
ベッディントン
Beddington
ペッテション
Peterson
Petersson
Pettersson*
ベッテス Bettes
ベッテッティーニ
Bettetini
ペッテット Pettet
ペッテーナ Pettena
ベッテネイ Bettenay
ベッテーラ Bettera
ペッテリ Petteri*
ヘッデリヒ Hedderich
ベッテル
Bettel*
Vetter
ペッテル Petter**
ペッテルス Petters
ペッテルソン
Petterson*
Pettersson
ベッテルハイム
Bettelheim***
ヘッテルレ Hetterle
ベッテローニ
Betteloni
ベッテンコート
Bettencourt**
ペッテンコーファー
Pettenkofer
ペッテンコーフェル
Pettenkofer
ペッテンコーフェン
Pettenkofen
ベッテンソン
Bettenson
ベッテンドルフ
Bettendorf
ヘット
Het
Hett
ヘッド Head***
ベット
Bet
Bett*
Bette**
Betto
Vet
ベッド Ved
ベッドー Beddoe
ペット Phet
ベットイーア Bettoia
ペットウェイ
Petteway
Pettway
Petway
ベッドウェル Bedwell
ヘッドウェン
Heddwen
ベットガー Böttger
ヘットガーシュ
Hetto-gaasch
ヘットカンプ
Hetcamp
ベッドグッド
Bedggood
ペットコ Petko
ベットシー Betsy
ベットジャー Bettger
ヘッドストローム
Headstrom
Hedström
ベッドソン Bedson
ヘットナー Hettner*
ベットナー Boettner
ベットーニ Bettoni
ヘットネル Hettner
ベットヒャー Böttcher
ヘットフィールド
Hetfield*
ベットフォード
Bedford
ベッドフォード
Beddford
Bedford**
ベッドブルック
Bedbrook
ヘッドブルーム
Headbloom
ベットホイザー
Betthäuser
ヘットホーフト
'T Hooft
ヘッドマン
Hedman
Hedmann
ベットマン Bettmann
ペットマン
Pettman**
ヘッドラム Headlam*
ヘッドランド
Headland
Hedlund
ヘッドリー
Headlee
Headley**
Hedley
ベットーリ Bettoli
ベットリー
Betteley
Vettori
ヘッドリク Headrick
ベットリッガー
Betterridge
ヘッドル Heddle
ヘッドルンド Hedlund
ヘッドレー Headley
ヘッドレイ
Headley
Headly
ヘッドン Headon
ベットン Betton
ヘツネカー
Hetznecker
ヘッパー Heper
ベッハー Becher
ペッパー
Peper
Pepper***
ペッパーコーン
Peppercorn
ペッパーズ Peppers
ベッハター Wachter
ペッパード Peppard
ペッパレル Pepperrell
ヘッバーン Hepburn
ヘッヒ Höch
ペッヒ Pöch
ベッヒシュタイン
Bechstein
ペッヒシュタイン
Pechstein
ペッピーノ Peppino
ベッヒマン Bechmann
ベッヒャー Becher***
ペッピング Pepping
ベッビントン
Bebbington
ヘッブ Hebb*
ヘップ
Hepp
Hiep*
ベッブ Bebb
ペップ
Paepe
Pep*
ヘッファー Pfeffer
ペッファ Peffer
ペッファー
Peffer
Pfeffer*
ヘッファメール
Heffermehl
ヘップウォース
Hepworth
ヘップウォス
Hepworth
ヘッフェ
Hoffe
Höffe**
ヘップナー
Heppner*
Hoppner
Höppner
ヘップバーン
Hepburn*
ヘップバーン Hepburn
ヘッフル Höfl*
ヘップル Hepple
ヘッフルバウアー
Heffelbower
ヘップルホワイト
Hepplewhite
ヘップルワイト
Hepplewhite
ベップレ Boepple
ヘップワース
Hepworth*
ヘッペ Heppe
ベッペ Beppe**
ペッペ Peppé
ヘッベル
Hebbel*
Hebbl

ヘ

ヘッペル Heppell
ベッヘル Becher
ペッペル Pöppel
ペッペルシテイン
Peppershtein
Peppershteĭn
ヘッヘルマン
Hechelmann
ペッペルマン
Pöppelmann
ヘッペンスタール
Heppenstall
ベッポ Beppo
ベッポー Beppo
ペッポ Peppo
ペッポヴィジョン
Peppovision
ベッラ
Bella
Vella
ベッラー Bella
ベッラヴェーレ
Bellavere
ヘッラーコスキ
Hellaakoski
ペッラチーニ
Pelliccioni
ペッラティ Pellati
ヘッラディオス
Helladios
ヘッラニコス
Hellanikos
ベッラーノ Bellano
ベッラルミーノ
Bellarmino
ベッリ
Belli*
Verri
ベッリオ Berrio*
ペッリグラ Pelligra
ペッリコ Pellico*
ペッリコーリ Pellicori
ペッリッチョーリ
Pelliccioli
ペッリッツァ Pellizza
ベッリーニ Bellini*
ベッリニアーノ
Bellininano
ペッリパーリオ
Pellipario
ベッリーン Berlin
ベッリンチョーニ
Bellincioni
ベッリンツァーニ
Bellinzani
ペツル Petzl
ベッルッシ Bellusci
ベッルッチ Bellucci
ベッルッツィ Belluzzi
ベッルーティ Berruti
ペッレグリーニ
Pellegrini**
Pelligrini
ペッレグリネッティ
Pellegrinetti
ペッレグリーノ
Pellegrino*

ベッレッタ Berretta
ベッレッツァ Bellezza
ベッレッティ Berretty
ベッレットーニ
Berrettoni
ヘッレラン Helleland
ヘッレル Heller
ベッロ Bello
ベッローシ Bellosi
ベッロッキョ
Bellocchio
ペッロッタ Perrotta
ベッロット Bellotto
ペッローネ Perrone
ベッローリ Bellori
ベッロンチ Bellonci
ヘーデ Heede*
ベーテ
Beate
Bethe***
Betle
Bette
ベーデ Bede
ベテ
Bettez
Vete
ベデ Bede
ペーデ Pede
ペテー
Peter
Pettee
ヘーディ Hédi
ヘティ Hetty*
ヘディ
Heady
Heddy
Hedi*
Hédi
Hedy**
ベーティ
Batey
Beöthy
ベーディー Bēdī
ベティ
Beatty
Beti
Béti**
Bette**
Betti
Bettie**
Betty***
Bettye
Bety
ベティー Betty**
ベテイ Betty
ベディ
Bedi
Beidi
ペティ
Petie*
Pétis
Petit
Pettee
Petty***
ペティー
Pettee
Petty
ペテイ Petty
ペディ Pedi
ペディー Peddi

ベディア Bedia
ベティアソモ
Beti Assomo
ペディアヌス
Pediānus
ベディヴィア Bedivere
ペティヴィッチ
Petievich*
ベディエ
Bedie*
Bedier
Bédier*
ベディエント Bedient
ヘーディオ Hedio
ペティオン Pétion
ヘディガー Hediger*
ベティカー
Boetticher*
ベディク Bedik
ペティグリー
Pettegree
ペティグリュー
Pettigrew
ペティグリュウ
Pettigrew
ペティグルー
Pettigrew**
ペティシコヴァ
Pteišková
ペティショード
Pettichord
ペティジョン
Pettijohn
ベティス Bettis*
ペティース Pettes
ペティス Pettis*
ヘーティスベリ
Heytesbury
ヘディソン Hedison
ヘディックス Haddix
ペティックス Petix
ペティット
Petit*
Petitti
Pettiet
Pettit*
Pettitt
Pettitte**
ヘティッヒ Hettich**
ヘデイド Hedeid
ペティート
Petit
Pettit
Pettitte
ペティト
Petite
Pettit*
Petyt
ヘディートリヒ
Dietrich
ベティーナ
Betina
Bettina*
ベティナ
Betina
Bettina*
ペティナ Petina**
ペティナート
Pettinato

ベディハ Bediha
ペティパ Petipa
ヘディバート Hedibert
ペティビッチ
Petievich
ペティファー Pettifor
ペティフォー Pettifor
ペティフォード
Pettiford
ペティボン Pettibon
ベティマラス
Beti-marace
ペティヨン
Pétillon
Pétion
ペティリア Petilla
ペティリウス Petillius
ベーディル Bīdel
ペティレク Petyrek
ヘディン Hedin**
ベティン Bettin
ベディン Bedin
ヘーディンガー
Hedinger
ヘティンガー
Hettinger
ヘディンガー
Hedinger
ベディンガム
Bedingham
ヘディング Heading
ベティング Beting
ヘディングス
Headings
ベディングハム
Bedingham
ベディングフィールド
Beddingfield
Bedingfield
ペティンゲル
Pettingell
ヘティンジャー
Hettinger*
ベディントン
Beddington*
ベーデカー
Baedeker
Bodeker
Bödeker
ベデカー
Böddeker
Boedeker
ヘデガルド Hedegard
ヘデゴー
Hedegaard**
ペデシェン Pedersen
ペテシュ Pethes
ペーテション
Peterson**
ペテション
Peterson
Pettersson
ベテスニク Vetesnik
ペデゼール Pédézert
ベテタ Beteta
ベデッカー

Bedecker
Böddecker
Boedecker
ヘーデッケ Hädecke
ペテッション Peterson
ペテット Pettet
ヘテニュイ Hetényi
ベデニン Vedenin
ペテネーラ Pettenella
ヘテピイブラー
Hetepibre
ヘテプ
Hetep
Hotep
ペテーフィ
Petőfi
Petőfi
ペテフィ Petőfi*
ヘテプヘレス
Hetepheres
ヘテマイ Hetemaj
ヘーデマン
Hedemann*
ベテミット Betemit
ベテュエル Betuel
ベテューヌ
Béthune
Betune
ペテューラ Petula
ペーテュルソン
Pétursson
ヘーデュロス Hedylos
ヘデュロス Hēdulos
ベテューン Béthune
ヘデラ Hedera
ペーデラー Paederer
ペテランセル
Peterhansel*
ペテランダー
Peterander
ベデリ Bedeli
ベデリア Bedelia
ペデリアーリ
Pederiali*
ベデリアン Bederian
ペテリウス Petelius
ペーテリス Pēteris
ベテリッジ Betteridge
ヘデル Kheder
ベーテル Bötel
ベテル Betel
ベデル
Bedell
Vedel
ペーテル
Peder
Petel
Peter***
Péter***
Pieter
ペーデル
Peder*
Peter
ペテール Peter
ペテル
Peter***
Péter
Petr*

Petter*
ヘーデルヴァーリ
Hédervàry
ヘーデルヴァリ
Hédervàry
ペテルカ Peterka*
ペテルション
Pettersson
ペデルス Bedells
ペーテルス
Peeters**
Peters**
Petersz
ペテルス Peters*
ペーデルセェン
Pederssøn
ペーテルセン
Petersen*
Peterssen
ペーテルゼン Petersen
ペーデルセン
Pedersen**
ペテルセン
Petersen*
Pettersen**
Pettersén
ペデルセン
Pedersen***
Pederssön
ペーテルソヌス
Pētersons
ペテルソネ Petersone
ペデルソーリ
Pedersoli
ペーテルソン
Peterson
Petersson
Peterssson
ペテルソン
Peterson*
Petersson*
Pettersson*
ペテルツァーノ
Peterzano
ペデルツィーニ
Pederzini
ペデルニコフ
Vedernikov
ペデルニコワ
Vedernikova
ペテルノッリ
Peternolli
ペテルハイム
Bettelheim
ペテルバリモリナル
Petervari-molnar
ペテルビエフ
Beterbiev
ペテルファルヴィ
Peterfalvi
ペーテルマン
Petermann
ペテーレン Bethlen
ペテロ
Peter
Petros
ヘテロア Jetelová
ペテロヴィチ
Petrovich
ペデロッツォリ
Pederzolli
ヘーデン
Haden
Heyden
ベーテン Baeten
ベーデン Baden*
ベテン Betten
ヘーデンヴィンド
Hedenvind
ベテント Betetto
ベーデンパウエル
Baden-Powell
ベテンボーリ
Bettembourg
ヘート Haight
ヘード Hede
ベート
Bate
Beeth
Beth
Beydts
ベード
Bade**
Beda
ベト
Bet
Beto
Viet*
ベド
Gbedo
Ved*
ベドー Beddoe
ペート
Paeth
Pate
Peter
ペト
Peto
Pheto
ペトー
Petau
Pétau
ペドー Pedoe*
ベートアン Báetán
ベドウ Beddoe
ペートゥ Peetu*
ペドウ Pedoe
ベドーヴァ Bedova
ヘードヴァル Hedvall
ベドゥアン Bédouin
ベドゥイ Bedoui
ヘドヴィガ Hedwiga
ヘドヴィーク Hedwig
ヘドヴィク Hedwig
ヘドヴィグ Hedvig
ヘドヴィッヒ
Hedvig
Hedwig
Jadwiga
ヘートヴィヒ Hedwig
ヘードヴィヒ Hedwig
ヘトヴィヒ Hedwig
ヘドウィヒ Hedwig
ヘドヴィヒ Hedwig
ペドヴィン Poidevin
ベートーヴェン
Beethoven*
ベートヴェン
Beethoven
ベドウス Beddoes
ベドウズ
Beddoes
Beddows*
ペドゥッツィ Peduzzi
ペドゥッラ Pedullà*
ベドゥナージ Bednár
ベドゥナージョヴァー
Bednářová
ペドゥバステ
Pedubast
ペトゥホーヴァ
Petukhoya
ペトゥホフ Petukhov
ペトゥホーワ
Petukhoya
ベドゥマ
Bedouma
Bédouma
ヘトゥム Hethum
ベドゥムラ Bedoumra
ペトゥラ Petura
ベトゥル Betul
ペトゥル Petru*
ペートゥルッソン
Pétursson
ベドゥルナ Vedruna
ベトウレイム
Bettelheim
ベートゥレーム
Bettelheim*
ベトゥレーム
Bettelheim
ペドゥロ Pedro
ペトゥロヴァ Petrova
ベトエル Bethuel
ペトエルロ Petoello
ベートォヴェン
Beethoven
ヘトガー
Hoetger
Hötger
ベートガー Böttger
ベトカー Bødker
ベトガー
Bettger*
Böttger
ペトカノフ Petkanov
ヘドクヴィスト
Hedqvist*
ヘドケ Hedtke
ベートケ Betke
ベートゲ Bethge
ベトケ Bethke
ベトゲ
Batge
Bethge
ベートゲン Baethgen
ペトコ Petko
ペトコヴァ Petkova
ペトコヴィック
Petkovic
ペトコヴィッチ
Petkovic*
ペトコバ Petkova
ペトコビッチ
Petkovic*
Petković
ペトコフ Petkov*
ペトコブセク
Petkovsek
Petkovšek*
ペトコワ Petkova
ベドジヒ Bedřich
ベドジフ Bedřich
ベドジャ Bedoya*
ベードーズ Beddoes
ベドーズ Beddoes
ベドス Bedos
ヘードストレム
Hedström
ヘドストレム
Hedström
ベートスン Bateson
ベートソン Bateson**
ベトソン Bateson
ベトッキ Betocchi*
ペドッティ Pedotti
ベトトバ Vechtova
ベドナー Bednar*
ベドナージョバー
Bednárová
ベドナリク Bednarik
ベトナリック
Bednarik
ベドナール Bednár*
ベドナルスキー
Bednarski
ベドナルチュク
Bednarczuk
ベドナルツィク
Bednarczyk
ベードヌィ Bedny
ベードヌイ
Bedny
Bednyi
ベトノーツ Bednorz
ベトノルツ Bednorz
ベドノルツ Bednorz*
ヘドバーグ Hedberg*
ベドパサ Bedopassa
ヘードバル Hedvall
ベトヒー Vetchý
ヘドビグ Hedvig
ペトフ Petoff
ペトーフィ Petőfi
ベートーフェン
Beethoven
ベドフォード
Bedford*
ベトベーズ Betbèze
ヘードベリ Hedberg
ヘードベリー Hedberg
ヘドベリ Hedberg
ベドベリ Bedbury*
ベートーベン
Beethoven*
ベートホーヴェン
Beethoven
ペドマ Padma
ヘドマティ Khedmati
ヘードマン Hedman
ヘドマン Hedman
ベートマン
Bateman
Bethmann*
ベードム Vedum
ベドーヤ Bedoya
ペトヤ Petaja
ベドヤン Bedjan
ペートラ Petra*
ペトラ
Petera
Petra**
Petura
ペトラー Pettler
ペドラ Pedra
ペドラー
Pedlar
Pedler*
ペトライズ Petrides
ペトラウスカス
Petrauskas*
ペトラーキ Petrachi
ペトラキス Petrakis
ペトラグリア
Petraglia
ペトラコフ
Petrakov**
ペトラーサ Pedrasa
ペドラーサ Pedrasa
ペドラサ Pedraza*
ペドラザ Pedraza
ペドラザス Pedrazas*
ペトラシェーフスキー
Petrashevskii
ペトラシェフスキー
Petrashevskii
ペトラシェーフスキィ
Petrashevskii
ペトラシコーヴァ
Pietraszkowa
ペトラジツキー
Petrazhitskii
ペートラジャ P'etraja
ペトラス
Petras*
Petrus*
ペトラーチェ Petrache
ペートラーチャー
P'etraja
Phetracha
ペトラック Petrak
ペトラッシ
Petrassi*
Petrucci
ペトラッツィ Petrazzi
ペドラッツィーニ
Pedrazzini
ペトラトゥ Petratu
ペトラネック
Petranek
ペトラノヴィック
Petranovic
ペトラフ Peteraf
ペトラマーリト Petra
ペトラマリーナ
Petra-Marina*
ペトラム Bertram

ペトラリア Petraglia
ペドラリアス
Pedrarias
ペドラリャス
Pedrarias
ペトラルカ Petrarca*
ヘトラン Hetland**
ベドラン Vedran
ヘトランド Hetland
ヘドランド Hedlund
ヘドリ
Hedley
Khedri
ヘドリー
Headly
Hedley**
Hedly
ベドーリ Bedoli
ベドリ Bedri
ペートリ
Peter
Petri
Petry
ペトリ
Petri**
Petrie*
Petry*
ペトリー
Petree
Petrie**
Petry*
ペドリ Pedri
ペドリー Pedley
ペトリア Petria
ペトリアシビリ
Petriashvili
ペトリエ Petrie
ペトリオーリ Petrioli
ペトリク Petrik
ペトリコビッチ
Petrikovics
ペトリコフ Petrikov
ペトリサ Petrissa
ペトリス Petris*
ペトリソン Petorison
ペトリチェイク
Petriceicu
ペトリチカ Petricka
ペトリツキー
Petritskii
ヘドリック Hedrick**
ペトリック Petrick*
ペドリック
Pedrick
Petrlik
ヘドリックス Hedricks
ベトリッジ Bettridge*
ペトリッチ
Petrich*
Petritsch
ペドリッチュ Pedrycz
ペトリット Petrit
ヘードリッヒ
Haedrich*
ヘドリッヒ Hedrich
ペドリート Pedrito
ペトリーナ Petryna
ペトリーニ Petrini**
ペドリーニ Pedrini
ペトリニャーニ
Petrignani
ベドリヌ Védrine**
ペトリノス Petrinos
ベドリフ Bedrich
ペトリフ Petriv**
ペドリャ Pedrya
ペトリャノフ
Petrianov
Petryanov
ペトリューシカ
Petruska
ペトリュス
Petrus
Pétrus
ペトリューラ Petlyura
ペトリュラ Petlyura
ペトリラ Petrila
ペトリリエリ
Petriglieri
ヘドリン Hedrin
ベドリン Védrine
ペトリン Petrin
ヘトリンガー
Hettlinger
ヘトリング Hetling
ベートリンク
Böhtlingk
ヘドル Heddle*
ペートル
Peeter
Peter
Petr
ペトル
Peter
Petr***
Petru
ペトルーシ Petrúsi*
ペトルシェフスカヤ
Petrushevskaia*
Petrushevskaya*
ペトルシェーフスキー
Petrushevskii
ペトルシェフスキー
Petrushevsky
ベトルジハ Bedřich
ベドルジヒ Bedřich
ベドルジフ Bedřich
ペトルシャーンスカヤ
Petrushanskaia
ペートルス Petrus
ペトルス
Peterus
Petros
Petrus**
Pétrus
Poitiers
ペトルスドッティル
Petursdottir
ペトルーセ Petrusz
ペトルセリ Petrucelli
ペトルセワ Petruseva
ペトルソン Petursson
ペトルチ Pettoruti*
ペトルチアーニ
Petrucciani
ペトルチェッリ
Petrucelli
ペドルーチョ
Pedrucho
ペトルチン
Petruccione
ペトルッソン
Petursson
ペトルッチ Petrucci
ペトルッチオーリ
Petruccioli
ペトルッツィ Petruzzi
ペトルドリク Petrdlik
ベドルナ Vedruna
ペトルニアス
Petrounias
ペトルニク Petrunek
ベトルハイム
Bettelheim
ペトルマン
Pétrement*
ペトルリック Petrlik
ヘドルント Hedlund
ヘドレー Hedley
ペトレ
Petre**
Petré
ペドレー Pedley*
ペトレアス Petraeus*
ヘドレイ Hedley*
ペドレイ Pedley
ペトレイウス Petreius
ベトレエム Bethléem
ベドレス Beadles
ペトレスク
Petrescu**
ペドレッティ Pedretti
ベドレッティン
Bedreddin
ペトレッラ Petrella
ペトレーテイ Petrétei
ベドレディン
Bedredin
ベトレーム
Bettelheim
ベトレム Betlem
ペトレーラ Petrella*
ペトレリ Petreley
ペドレル
Pedrell
Predrell
ヘドレン Hedren*
ベトレン Bethlen
ベドレン Vedrenne
ペトレンコ Petrenko*
ベトロ Betro*
ペードロ Pedro
ペトロ
Pedro
Peter
Petr
Petre
Petro**
Petros
Pétrot
Pietro
ペトロー Petrou
ペドロ
Pedoro**
Pedro***
Pietro
ペドロイア Pedroia*
ペトローヴァ Petrova
ペトロヴァ Petrova**
ペトローヴィチ
Petrovič
Petrovich*
Petróvich
Petrovych
Pettovich
ペトロウィチ
Petrovich
ペトロヴィチ
Petrovic
Petrović
Petrovich*
ペドロヴィチ
Petrovich
ペドロヴィック
Petrovic
ペトローヴィッチ
Petrovich
ペトロヴィッチ
Petrovic*
Petrovich*
Petrovitch
ペトロウスキー
Petrowsky
ペトロウトソス
Petroutsos
ペトローヴナ
Petrovna
ペトロウナ Petrovna
ペトロヴナ Petrovna
ペトロク Petrock
ペトロコキノス
Petrokokkinos
ペドロサ Pedrosa*
ペドロージアン
Bedrosian
ペドロシアン
Bedrosian
Bedrossian
ペトロシェフスキー
Petroshevskii
ペトロジッロ
Petrosillo*
ペトロシャーン
Petrosjan
ペトロシャン
Petrosian
Petrosyan
ペトロシャンツ
Petros'iants
ペトロショヴィッツ
Petrasovits
ペトロショビッツ
Petrasovits
ペトロス
Petros**
Pétros
Petrus
ペドロス Pedros
ペトロスィアン
Petrosian
ペトロスキ Petroski
ペトロスキー
Petroski*
ペトロセッリ
Petrocelli
ペトロセリ Petrocelli
ペドロソ Pedroso**
ペトローチェ Petroche
ペトロチェッリ
Petrocelli
ペトロチェリ
Petrocelli
ペトロチェンコ
Petrusenko
ペドロッコ Pedrocco
ペトロッシアン
Petrossian
ペドロッティ Pedrotti
ペトロッフ Petroff
ペトロナ Petrona
ペトロナクス
Petronax
ペトローニ Petroni
ペトロニア Petronia
ペトローニウス
Petronius
ペトロニウス
Peteronius
Petronius*
ペトロニウム
Petronius
ペトロニエビチ
Petronijević
ペトローニオ Petronio
ペトロニオ Petronio*
ペトロニラ Petronilla
ペトロニリャ
Petronilla
ベトローネ Betrone
ペトローネ Petrone
ベドローネ Betrone
ペトロバ Petrova
ペトロービィチ
Petrovich
ペトロービッチ
Petrovich
ペトロビッチ
Petrovic
Petrovich*
Petroviq
ペトロビッツ
Petrovits
ペトローフ Petrov*
ペトロフ
Peterov
Petorov
Petroff*
Petrov***
Petróv
ペトロブ Petrov
ペドロフ Petrov
ペトロフスカヤ
Petrovskaya
ペトロフスキー
Petrovskii**
Petrovsky
Petrowsky
ペトローブナ
Petrovna*
ペトロブナ Petrovna

ペトロプーロス
Petropoulos
ペドロラポソ
Pedro Raposo
ペドローリ Pedroli
ペドロルロ Pedrollo
ペドローロ Pedrollo
ペドロロ Pedrolo
ペトロワ Petrova**
ペドロン Pedron
ベードワ Bedova
ベドワイエール
Bédoyère
ヘドワース Hedworth
ヘードン Hayden
ペートン Paton***
ヘナー Henner
ベーナー
Bener
Bohner
Böhner*
ベナー
Bennar
Benner*
ペーナ Pena
ペナ
Pena**
Peña
ペナー Penner*
ペナイア Penaia*
ベナイサ Benaissa
ベナイム Benaim
ベナインド Benaindo
ベナヴィデス
Benavidez
ヘナウス Genäuß
ペナウベル Penalber
ベナエルト Benaerts
ヘナガン Hennagan
ベナキスタ
Benacquista**
ペナク Pennak
ベナグリア Bénaglia
ベナサジャグ
Benasayag
ベナサール
Bennassar*
ヘナジー Hennadii**
ベナシー Benassy
ベナジ Benazzi
ペナシュー Penashue
ベナシュヌー
Benachenhou
ベナシュル Benachour
ベーナジール Benazir
ベナージル Benazir
ベナジール Benazir*
ベナジル Benazir**
ベナーズ Venners
ペナス Penas
ベーナズィール
Benazir
ベナセラフ
Benacerraf**
ベナゼラフ Bénazéraf
ベナター Benatar
ベナタン
Ben-Natan
Bennatan
ベナツキー Benatzky
ペナック Pennac**
ベナッサイ Benassai
ベナッシ Benassi
ベナッリオ Benaglio
ベナティ Benati
ベナティア Benatia
ヘナティオス Genatios
ヘナート Hennart
ベナード
Benade
Benard
Benarde
ベナドゥーチ
Benaduci
ベナードット
Benardot
ベナードリック
Benardrick
ヘナーナ Henana
ヘナーナー Henana
ベナナフ Benanav
ベナニ Benani
ベナパイ Pena-Pai
ベナハム Bennahum
ヘナハン Henahan
ベナビッド Benabid
ベナビディス
Benavides
ベナビーデス
Benavides
ベナビデス
Benavides
Benavidez
ベナブル Venable
ベナブルズ Venables*
ベナーブレス Venables
ベナベンテ
Benavente**
ベーナム Burnham
ベナム
Behnam
Benham
Benhamou
ベナモウ Benamou
ベナヤ Benaiah
ベナーリ Benali
ベナリー Benary
ベナリーヴォ
Benarrivo
ベナリオ
Benaglio
Benario
ペナリオ Pennario*
ヘナール Henard
ベナール
Bénard
Besnard*
ペナール Pennart
ベナルアン
Benalouane
ベナルカーサル
Benalcázar
ベナルド Bennardo
ベナルドース
Benardos
ベナルドス Benardos
ベナルビア Benarbia
ヘナレ Henare
ヘナロ Genaro**
ベナロッハ Benarroch
ベナン Benan*
ベナンシア Venantia
ベナンシオ Venâncio
ベナンス Venance
ベナンゾ Venanzo
ベナンツィオ
Venanzio
ベナンティ Benanti
ペナント Pennant*
ペナンリー
Pennant-Rea
ヘーニー Haeney
ヘニー
Henie
Henne
Henney
Hennie
Henny**
ベニ
Beni*
Benni
Benny*
Beny
ベニー
Beni
Benjamin
Bennie*
Benny***
Benyi
ペニ Peni
ペニー
Penney***
Pennie
Penny***
ベニア Bennia
ペーニア Peña
ペニアコフ Peniakoff
ベニアト Beniato
ベニアミナ Beniamina
ベニアミーノ
Beniamino*
ベニアミノ Beniamino
ベニアミーノブナ
Veniaminovna
ベニアミン
Benjamin
Veniamin
ベニイ Benny
ペニイ
Penney
Penny
ベニヴィエーニ
Benivieni
ベニエール Baigneres
ベニオフ Benioff**
ベニオフスキー
Benyowsky
ベニオン Bennion
ヘニガー Henniger
ヘニガア Heniger
ヘニカン Henican
ヘニガン Hennigan
ヘーニグ Hoenig*
ヘニグ
Henig
Henning
ベーニグ Wenig
ベニク Benik
ベーニグセン
Bennigsen
ベニクセン Bennigsen
ベニグヌス Benignus
ベニグノ Benigno**
ベニケス Beniquez
ペニコー Pénicaud
ペニーコット
Pennycott
ベニサド Benissad
ベニシア Venetia*
ベニシオ Benicio*
ペニシマニ
Penisimani
ベニーシャ Venetia
ヘーニシュ Haenisch
ベニシュ
Bénichou
Boenisch*
Bonisch
ベニシュー Bénichou*
ヘニス Hennis
ベニス
Benis*
Bennis**
Venice
ベニスティ Benisty
ペニストン Peniston
ベニズリ Benizri
ベニスン Benison*
ペニセラ Penicela
ベニゼーロス
Venizelos
ベニゼロス Venizelos
ベニソン
Benison
Bennison
ベニータ Benita*
ベニタ Benita*
ベニダ Benida*
ベニチ Benizi
ペニチェ Peniche
ベニチオ Benicio*
ベニーツィ Benizi
ヘーニック
Henik
Hoenig
ヘニック Hennig
ヘニッグ
Henig*
Hennig
ベニック Benic
ペニック
Penick*
Pennick*
ヘニッケ Hennicke*
ヘーニッシュ
Haenisch
ヘニッシュ
Hänisch
Henisch*
ベーニッシュ
Behnisch*
Bönisch
ベニッツ Benitz
ベニット Venit
ヘニッヒ Hennig*
ベニッヒゼン
Bennigsen
ペニッラ Pernilla*
ベニテ Benite
ヘニディ Henedi
ベニテス
Benites
Benitez***
Benítez
ベニテズ Benitez*
ベニート Benito**
ベニト Benito***
ベニトー Benito
ペニード Penido
ペニナ
Penina*
Peninnah
ベニーニ
Benigni**
Venini*
ベニーニュ
Bénigne
Benignus
ベニニュ Bénigne
ベニニュス Benignus
ベニーニョ Benigno
ヘニネン Hønningen
ベニノック Benenoch
ペニーパッカー
Pennypacker**
ベニハレフ Benikhlef
ヘーニヒ Hoenig
ヘニヒ
Hennig
Henning
ヘーニヒスヴァルト
Hönigswald
ベニヒゼン Bennigsen
ヘーニヒハウゼン
Hönnighausen
ペニベイカー
Pennebaker
ベニャ Benat
ペーニャ
Pena*
Peña
Peña***
ペニャ
Pena*
Peña**
ペニャアブレウ
Pena Abreu
ペニャイリジョ
Peñaillillo
ペニャエフ Penyaev
ペニャエレラ
Peñaherrera

ベニャチコヴァ
Beňačková
ペニャニエト
Peña Nieto*
ペニャフィエル
Peeñafiel
ペニャフォルテ
Penafort
ペニャフォルト
Penafort
ベニャミーノ
Beniamino*
ベニヤミン
Beniamín
Benjamin
ペニャランダ
Penaranda
Peñaranda
ペニャルベール
Peñalver
ペニャルベル Penalver
ペニャローサ
Peñalosa
Peñaloza
ペニャロサ
Penalosa
Peñalosa*
ベーニュ Bēgne
ペニュエル Penuel
ベニュク Beniuc
ベニュシュ Benus
ベニュス Benyus
ベニョフスキ
Benyovzky
ベニョフスキー
Benyovszky
Benyovzky
Benyowsky
ベニヨフスキー
Benyowsky
ベニヨン Bennion
ペニラ Pernilla
ペニール Pernille
ベニルド Bénilde
ヘニン Henning
ベニン Benin
ヘニンガー Heninger*
ベニンガ Benninga*
ベニンガー Weninger
ベニンカーサ
Benincasa*
ヘニング
Hennig
Henning***
ベーニング
Behning*
Vening
ベニンク Bennink
ベニング
Bening**
Benning*
Vening
ペニンク Penninck
ヘニングス Hennings
ペニンクス Penninx
ヘニングスン
Henningsen
ヘニングセン
Henningsen**
ヘニングソン
Henningson
ペニングトン
Pennington
ヘニングフィールド
Henningfield
ベーニンゲン
Beuningen
ベニンテンディ
Benintendi
ベニントン
Bennington**
ペニントン
Penington
Pennington*
ベニンホフ
Benninghoff
ベーヌ
Behaine
Béhaine
Bèna
Veyne
ベヌ
Bennu*
Venu
ペーヌ
Pène
Pesne
ベヌア
Benois
Benua*
ベヌアー Benua
ベヌクポ Gbénoukpo
ベヌサム Bentham
ベヌシ Benussi
ベヌステ Venuste*
ベヌスティアーノ
Venustiano
ベヌッシ Benussi
ベヌッチ Benucci
ベヌーティ Venuti
ペヌティエ Pennetier*
ヘヌリ Henry
ヘヌリー Henry
ペヌル Pennell
ヘーネ
Hoehne
Hohne
Höhne*
ヘネー Haney
ベーネ Bene**
ベネ
Bene'
Béné
Benet
Benét**
Benne
ベネー
Benet*
Benét
ペネ
Pène
Pennes
ベネイ Benet
ベネィクト Benedict
ベネイテス Benéitez
ペネヴ Penev
ベネヴェッリ
Benevelli
ベネヴェリ Benevelli
ベネーヴォリ Benevoli
ベネヴォーリ Benevoli
ベネヴォリ Benevoli
ベネーヴォロ
Benevolo
ベネヴォロ Benevolo*
ベネェリ Benelli
ベネーガス Venegas
ベネガス Venegas**
ベネガル Benegal
ヘネガン
Henaghan
Heneghan**
ベネキ Beneke
ベネキー Beneke
ベネギ
Benegui
Bénégui
ヘーネク Hoënegg
ベネク Beneich
ベーネケ Bèneke
ベネケ
Benecke
Beneke
ヘネケット Hennequet
ベネケンシュタイン
Benneckenstein
ヘネシー
Hennessey
Hennessy***
ベネシ Benes
ベネシア Venetia
ベネジクト Benedíkt
ベネジークトフ
Benediktov
ベネジクトフ
Benediktov
Venediktov
ベネジット Benedito
ベネシュ
Benes*
Beneš
Benesch*
ベネショヴァー
Benešová
ヘネス
Henes
Hennes
ベーネス Benes
ベネス Benes*
ペネス
Penes
Penev
ベネスタッド
Benestad
ベネスティアーノ
Venustiano
ベネゼー Benezet
ベネゼット Benezet
ペネソーン
Pennethorne
ベネター Benatar*
ペネダ Peneda
ベネチアーノ
Veneziano
ベネチオ Benicio
ベネツィアーノ
Veneziano
ベネックス
Beineix*
Beinex
ヘネッケ Hennecke
ベネッケ Benecke
ベネッケン Benecken
ベネッケンドルフ
Beneckendorff
ベネッシュ Benesh
ベネッツ Bennetts
ベネッティ Benetti
ベネッディネ
Beneddine
ベネット
Benet*
Benét
Benett*
Bennet**
Bennett***
Benoit
ヘネップ Gennep*
ベネッリ Benelli*
ベネディクス Benedix
ベネディクソン
Benediktsson
ベネディクタ
Benedicta
ベネディクタス
Benedictus
ベネディクツス
Benedictus
ベネディクテ
Benedikte
ベーネディクト
Benedict
Benedikt
Benedix
ベネディクト
Benedict***
Bénédict
Benedicte*
Bénédicte*
Benedicto*
Benedictus
Benedikt***
Bennedict
Venedikt
ベネディクトゥス
Baruch
Benedict
Benedictus**
Bénédictus
ベネディクトス
Benedictus
ベーネディクトソン
Benedictsson
Benediktsson
ベネディクトソン
Benedictsson
Benediktsson**
ベネディクトフ
Benediktov
ベネディコ Benedico
ベネディチェンティ
Benedicenti
ベネディック
Benedek
Benedick*
Benedicks
ベネディックス
Benedix
ベネディッタ
Benedetta
ベネディッティ
Benedetti
ベネディット
Benedito
ベネディティ
Benedetti*
ベネディト Benedito
ベネデェック Benedek
ベネデク Benedek**
ベーネデック Benedek
ベネデック Benedek
ベネデッタ Benedetta
ベネテッタル
Bennettetal
ベネデッティ
Benedetti***
ベネデッテイ
Benedetti
ベネデット
Benedetto**
ベネデットー
Benedetto
ベネデート Benedetto
ベネデト Benedetto
ベネデュース
Beneduce
ベネーデン Beneden
ベネデン Beneden
ベネト Veneto
ベネトー Benneteau
ペネトー Penneteau
ベネドゥーチェ
Beneduce
ベネトン
Benetton**
Beneyton
ベネドン Benedon
ペネニッチ Panenić
ベネネイト Benenate
ベネビチノフ
Venevitinov
ベネビデス Benavides
ヘネヒテン
Genechten*
ペネフ Penev**
ベネフィアル Benefial
ベネフィールド
Benefield
ベネフォルティ
Beneforti
ペネベイカー
Pennebaker
ペネベーカー
Pennebaker*
ベネベッリ Benevelli*
ベネベル Benebell
ヘネベルガー
Henneberger
ヘーネポラ Henepola
ベネボリ Benevoli
ベネマ Venema
ベネマン
Beneman

Veneman*
ペネラピ Penelope
ベネラン Vénérand
ヘネリー
Heneri
Hennelly
ベネリ Benelli**
ベネーリン Venelin
ベネリン Venelin
ヘーネル
Haehnel
Haenel
Hanel*
Hänel
ヘネル Hänel
ベネール Venner*
ベネル Bennell*
ペネル Pennell**
ペネルラ Penella
ベネルリ Benelli
ベネロ Benero
ヘネロソ Generoso
ペネローピ Penelope*
ペネロピ Penelope***
ペネロピー
Penelope**
ペネロープ
Penelope**
Pénélope
Pennelope
ペネローペ Penelope*
ペネロペ
Penelope*
Penélope*
Penelopeia
ペネロペイア
Penelopeia
ヘネン Hennen
ベネンソン Benenson*
ベネンティ Benenti
ベネント Bennent
ペネンバーグ
Penenberg
ペネンベイカー
Pennebaker
ヘネンホッファー
Hennenhofer
ヘネンロッター
Henenlotter*
ベーノ Beno
ベノ
Benno*
Beno
ベノー
Benaud
Benoit*
Benot
ペノー
Pedneau*
Penaud
Peneux
Pénot
ベノア
Benois
Benoit*
Benua
ベノイスト Benoist
ベノイト Benoit**
ベノイトシュ
Benoytosh
ベノウ Benno
ペノヴィチ Penović
ペノエル Penoel
ヘノク Henoc
ベノクレイティス
Benokraitis
ベノスタ Venosta
ペノック Pennock
ベノッツォ Benozzo*
ヘノッホ Henoch
ベノーニ Benoni
ペノーネ Penone*
ヘノベス Genovès
ヘノベバ Genoveva**
ヘーノホ Henoch
ヘノホ Henoch
ベノーラ Venora
ベノリエル Benoliel
ベノワ
Benoist
Benoit**
Benoît
Bénoît
ベノン Benon
ヘーバー Haber
ヘパー Heper
ベーハ Bega
ベーハー Baehr
ベーバー
Baver
Weber
ベバ Beba
ベバー Bebber
ベバ Wepa
ペーバー Paver
ペーパー Pepe
ペパー
Peper
Pepper*
ペパア Pepper
ヘーパイスティオーン
Hēphaistiōn
ヘパイスティオン
Hephaestion
Hēphaistiōn
ヘパイストス
Hephaistos
ベーハイム
Behaim
Beheim
ベハイム Behaim
ベハーゲル Behaghel*
ペパーコーン
Peppercorn
ヘーバース Havers
ペパーズ
Pappers*
Peppers*
ヘバーデン Heberden
ヘバート
Hebbert
Hebert
ヘバード Hebard
ペパード Peppard*
ペーパーナウ
Papernow
ベハナン Behanan
ペパノス Pepanos
ペハノバ Pechanova
ペパーバーグ
Pepperberg
ベハピ Vehapi
ペパーベルグ
Pepperberg
ベーハム Beham
ベハーム Beham
ベハラノ Bejarano
ベハラル Beharall
ベバランド Beverland
ベハリー Beharrie
ベバリー
Bevarly
Beverley
Beverly*
Bevery
ベバリィ Beverly
ベバリイ Beverly*
ベバリジ Beveridge
ベバリッジ
Beveridge**
ヘーバーリーン
Häberlin
ヘーバリーン Häberlin
ヘバーリン Häberlin
ベハール Behar*
ヘバーレ Heberle
ヘバーン Hebern
ヘバン Hepburn
ベーハン Behan
ベーバン Bevan
ベバーン Bavan
ベバン
Beban
Bevan*
ペパン
Pépin*
Pippin
ベバンダ Bevanda
ヘーヒ Höch*
ベービー Baby
ベービー Pavey
ペービ Pepi
ペピ Pepi
ペピー Pepi
ベビア Bevir
ヘビアシビリ
Kheviashvili
ペピアット Peppiatt
ヘビエル Hevier
ヘビサイド Heaviside
ベヒシュタイン
Bechstein*
ペヒシュタイン
Pechstein**
ヘーヒシュテッター
Hoechstetter
ベービス Bevis
ベビス Bevis
ペピス Pepys
ヘヒスト Höchst
ベヒター Wächter
ペピータ Pepita
ベヒッチ Behic
ペピット Pepito
ベヒティーリフ
Bekhterev
ベヒテル Bechtel
ベヒテレフ Bekhterev
ヘヒト Hecht
ベヒト Becht
ペヒト Pächt
ペピート Pepito
ベヒトラー Bechtler*
ベヒトールト Bechtold
ベヒトレ Bechtle
ペピトーン Pepitone*
ペピトン Pepitone
ペピーノ Peppino
ヘービヒ Hebich
ベビーフェイス
Babyface
ベヒャー Becher
ヘヒョ Hae-hyo
ベビヨルン Vebjoern*
ヘヒラー Hächler*
ベヒラー
Bächler
Bechler
ペピリヤーワラ
Pepiliyawala
ベビル Beville
ヘビン Hye-bin
ベビン Bevin
ペービン Pavin*
ペヒン Pehin
ペピン
Pépin
Pepping
ベビングトン
Bebington
ヘブ
Hab
Heb
Hebb*
Jebb
ベーブ
Babe**
Beebe
ベフ
Befu**
Beh
Bekh
ベブ
Beb
Bebb*
Bev**
ペフ
Pech
Pef*
ペプ Pep
ヘーファー Höfer
ヘファ Héfer
ヘファー Heffer
ペファー Peffer
ヘファイスチオン
Hēphaistiōn
ヘファイスティオン
Hēphaistiōn
ペファッフェンラート
Pfaffenrath
ヘファーナン
Heffernan*
ヘファナン Heffernan
ヘファーマン
Feferman
ベファラ Beffara
ヘファリン Hefferlin
ヘファールト Gevaert
ヘファーレン
Hefferren
ヘフェリー Haefeli
ヘフェリン Haefelin
ヘーフェル
Haefel
Hefele
Hövel
ベフェルグアニパ
Weffer Guanipa
ベフェルス Wevers
ヘーフェレ Hefele
ヘフェロン Hefferon
ヘフォード Heafford
ベフォルト Weffort
ヘプカー
Hoepker*
Höpker
ペフキオス Pefkios
ペプキン Pipkin*
ペフクル Pevkur
ヘフゲン Höffgen
ヘプゲン Hebgen
ヘプケン Höpken
ペフゲン
Paffgen
Päffgen
ベプコ Bepko
ヘプサ Hesba
ベフザード Behzād
ペープシュ Pepusch
ペプーシュ Pepusch
ペプシュ Pepusch
ヘーフス Haefs*
ヘフス Hoefs
ペプス Pepys
ベブステル Webster
ペフスナー Pevsner
ペブスナー Pevsner*
ペブスネル
Pevsner
Pevzner
ペブズネル Pevzner
ペフゾフ Pevtsov
ベフダド Behdad*
ベフチェット BehÇet
ベブチャック Bebchuk
ペフツォーフ Pevtsov
ペフツォフ Pevtsov
ペープッシュ Pepusch

ヘフテ Jefte
ヘフティ Hefti
ヘブディジ Hebdige
ヘーフディング
Hoeffding
ヘフディング
Hoeffding
Höffding*
ヘプティンストール
Heptinstall
ベーフテレフ
Bekhterev
ベフテレフ Bekhterev
ヘフデング Höffding
ヘフト
Heft*
Hoeft
ヘプトゥラー Heptulla
ヘフトリヒ Heftlich
ヘフトル Heffter
ヘーフナー Hefner
ヘフナー
Häfner
Heffner
Hefner**
Höffner
Höfner
ヘブナー
Hebner
Hevner
ヘプナー
Hepner
Heppner*
Hoepfner
Hoepner
ヘーブニー Halfpenny
ペブニー Pevney
ヘフネル Hæffner
ベフバハーニー
Behbahani
Behbahānī
ベフバハニ Behbahani
ベフバヤル Bekhbayar
ヘプバーン
Hepburn***
ベフブーディー
Behbudiy
ヘーフミースター
Hafemeister
ペフム Pehm
ヘーフラー
Hofler
Höfler
ヘーブラ Hebra
ヘーブラー Haebler
ヘフラー
Hechler
Höffler
Hofler
ヘブラ Hebra
ヘブラー
Haebler*
Hebbler
Hebler
ヘプラー
Hepler
Hopler
ペプラー Pepler
ベブラウィ Beblawi*

ヘブラェウス
Hebraeus
ヘブラエウス
Hebraeus
ペプラスキ Peplaski
ベフラムオウル
Behramoğlu
ベフランギー
Behrangī
ヘブラング Hebrang
ヘフリー Hefley
ベブリー Beverley
ペブリー Pebley
ヘーフリガー
Haefliger
ヘフリガー
Haefliger**
Häfliger
ヘーフリッヒ Hoeflich
ヘフリッヒ Hoeflich
ヘーフリヒ Höflich
ペフリワン Pehlivan
ヘフリン
Heflin*
Hoefflin
Höfflin
ベーブリンガー
Böblinger
ヘーフリング Höfling
ペプリンスキー
Peplinski
ヘブル Hebl
ペプル Pepple
ベフルーズ Behrooz
ペブルス Pebbles
ヘブルスウェイト
Hebblethwaite
ヘプルホワイト
Hepplewhite
ヘフルリーシュ
Höfl-Riesch
ヘフレイ Heffley
ベフレロバ
Bechlerowa
ベブレン Veblen*
ペブロー
Pebereau
Pébereau
ペプロー
People
Peplau
Peploe*
ペプロウ Peplau
ヘブロック Hebrok
ヘフロン Heffron*
ヘブロン
Hebron
Hevron
ヘプワース
Hepworth*
ヘブン Heaven
ベブン Beavin
ヘブンス Havens*
ヘブンズ Havens
ヘブンスタイン
Havenstein

ヘプンストール
Heppennstall
Heppenstall
ベベ Bebe*
ベベ Beppe*
ペーペ Pepe
ペペ
PePe
Pepe***
Pépé
Peppe*
Peppé
ベヘアーマン
Bhaerman
ベベアール Bébéar*
ヘーベイ Harvey
ベヘイダ Beheida
ベベウ Bebel
ヘベク Haebek
ヘベシ Hevesy
ヘベシー Hevesy
ベヘシュチ Beheshti
ベヘシュティー
Beheshtī
ベベック Bebek
ベベット Bebeto*
ヘペティパ Hepetipa
ペペテラ Pepetela
ベベート Bebeto
ベベト Bebeto
ベベニョン
Gbevegnon
ベヘビライネン
Vehviläinen
ヘーベラー Heberer
ベヘラ Behera
ベヘラノ Bejerano
ベヘランギー
Beherangi
ベーベリー Beverly
ベベリー Beverly
ベベリイ Beverly
ヘベリウス Hevelius
ヘーベル Hebel*
ヘベル Heber
ベーベル
Bärbel
Bebel*
ベベール Weber
ベベル
Bevell
Veber
ペーベル Poebel
ペーベル Pöpel
ベーベルスドルフ
Bewersdorff
ヘーベルト Hebert
ペペルニャック
Pepelnjak
ベヘールマン
Beherman
ヘーベルリーン
Häberlin
ヘーベルリン Häberlin
ヘーベルレ Häberle

ヘベルレ Heberle*
ペペルンジャク
Pepelnjak
ヘベーロ Rebelo
ベボ Bebo
ペーボ Pääbo*
ペーポ Pepo
ベボアリミサ
Beboarimisa
ペポネ Peponnet
ベホバル Vehovar
ヘホメ Hehomey
ペポリ Pepoli
ベホリアム Behoriam
ヘボーン Hebborn*
ヘボン Hepburn*
ペーボン Pabon
ヘーマー Hamer
ヘマ
Gema*
Gemma
Hema
Hemma
ヘマー Hemmer
ベーマ Bömer
ベーマー
Behmer
Boehmer*
Böhmer*
Bøhmer
ペーマ Padma
ペマ
Pad-ma
Pema**
ペマァウンティン
Pe Maung Tin
ペマイ Pemay
ベーマイヤー
Wehmeyer
ペーマウンティン
Pe Maung Tin*
ヘーマカ Hemaka
ヘーマキールティ
Hemakeerthi
ヘーマサトン
Hemasathol
ヘーマチャンドラ
Hemacandra
ヘーマムーン
Hemamūn
Hēmamūn**
ヘマリング Hemerling
ヘマール Hämmerle
ヘマル Hemal
ヘーマン Hayman
ベーマン Behrman
ペーマン Paiement
ペマン Pemán
ヘマンズ Hemans
ヘマンタ Hemanta
ヘマント Hemant
ヘミオ Jemio
ペーミオス Phemios
ヘミオン Hemion*
ベミスター Bemister*

ヘミッシュ Hamish*
ヘミナ Hēmīna
ヘミラ
Hemila*
Hemilä
ヘミング
Heming*
Hemming**
Hemyng
ベミング Beming
ヘミングウェー
Hemingway*
ヘミングウェィ
Hemingway
ヘミングウェイ
Hemingway***
ヘミングス
Hemmings***
ヘミングズ Hemmings
ヘミングセン
Hemmingsen
ヘミングソン
Hemmingsson
ベーミングハウス
Boeminghaus
ヘーム Heem
ヘームー Hēmū
ヘム Hem
ベーム
Behemb
Behm
Boehm**
Boehme
Bohm
Böhm***
Böhme*
ベム Bem*
ペーム
Pohm
Pöhm
ヘムザ Hamza
ベムーサ Benmoussa
ヘムサス Hemsath*
ハームスケルク
Heemskerck
Heemskerk**
ヘムスターホイス
Hemsterhuis
ヘムステッヘ
Hemstege
ヘムステルホイス
Hemsterhuis
ヘムストリート
Hemstreet
ヘムスリー Hemsley
ヘムズリー Hemsley
ヘムズリイ Hemsley
ヘムスレイ Hemsley
ヘムズレイ Hemsley
ヘムスワース
Hemsworth
ヘムズワース
Hemsworth
ヘムソール Hemsoll
ベームドルファー
Bohmdorfer
Böhmdorfer

ヘムニーツェル
Hemnitser
ヘムニッツェル
Hemnitser
ペムパイト Pempeit
ヘムフェルト Hemfelt
ヘムブロー Hembrow
ベムベン Bemben
ベムボード Bemporad
ヘムメル Helmer
ヘムラウ Khemurau
ベムラパリ
Vemulapalli
ヘムリ Hemley
ヘムリー Hemley*
ヘムリック Hemrick
ヘムレブ Hemmleb
ヘムレーベン
Hemleben
ベーメ
Boehme
Bohme
Böhme**
ベーメー Boehme
ヘメウェイ
Hemenway
ベーメケ Böhmeke
ヘメス Jemez
ヘーメセン Hemessen
ヘメッセン Hemessen
ベメツリーデール
Bemetzrieder
ベメツリーデル
Bemetzrieder
ヘメライネン
Hämäläinen
ヘメリー Hemery*
ヘーメル
Hamel
Hämel
ヘメル
Hamel*
Hemel
ヘメルディンガー
Hemmerdinger
ベーメルト Böhmert
ベーメルマンス
Bemelmans**
ヘメルリ Hemmerli
ヘメルリーン
Hemmerlin
ヘメルレ Hämmerle
ベーメルレ Boehmerle
ヘメンウェイ
Hemenway**
ベメント Bement
ベモル Bémol
ヘモン Hemon**
ベモン Bémont
ヘモンド Hemond
ベヤ Beja
ベヤー
Baer
Beyer
ペヤ
Per
Peya
ベヤジバ Vejjajiva*
ベヤシュ Veyash
ベヤチェスラフ
Veaceslav
ベーヤード Bayard
ベヤトル Beyatli
ペヤノビッチジュリシッチ
Pejanović-Đurišić
ベヤーラ Beyala*
ベヤラ Beyala
ヘヤリッヒ Geerligs
ベヤリング Baring
ベヤール
Beyaert
Beyerle
ベヤールガンス
Weyergans**
ベーヤン DPal byams
ベーユ Weil
ベユリュネン
Väyrynen*
ヘユン Hye-yoon*
ペーヨ
Péio
Pejo
ペヨ
Péio
Pejo
Peyo*
ペヨヴィッチ Pejović
ペヨーブ Peillaube
ヘヨン
He-yong
He-young
Heyoung
Hye-young*
ヘラ
Hela
Hella*
Hera
Herah
Herath
ヘラー
Hellen
Heller***
Herer
Holler
Höller
ベーラ
Bela**
Béla**
Bella
Bélla
Vera*
ベーラー
Bailar
Baylor
Behler
Boehler
ベラ
Bela**
Béla***
Bèla
Belhaj*
Bella***
Bellat*
Bérat
Berra**
Vela*
Vella
Vera***
Véra
Věra**
ベラー
Bělař
Bellah**
Beller*
ペーラ Pere
ペラ
Pella
Pera*
Peyrat
ペラー
Peller
Perer
ベライ Belay
ベライー Belyea
ペライ Perrey**
ペライア Perahia*
ベライズ Belaiz
ベライター Bereiter
ベライド Belaid
ヘライナー Helleiner
ベライブ Belaib
ベライル Belisle*
ベライン Belayneh*
ベーラウ
Bohlau
Böhlau
ヘラウアー Hellauer
ベラヴァー Bellaver
ベラヴァル Belaval
ヘラーウィー Hirawi
ヘラウィ
Hraoui
Hrawi
ヘラヴィーサ Hellawes
ベラヴィティス
Bellavitis
ベラーヴィン Belavin
ベラウンデ
Belaunde
Belaúnde*
ペラエス Peláez
ベラオ Berao
ペラガッティ
Pelagatti
ペラガッロ Peragallo
ベラキ Beraki
ペラギー Pelagie
ペラギア
Pelagia
Pelagía
ペラギウス Pelagius*
ペラキス Perakis
ペラギッチ Pelagić
ペラキラ Peräkylä
ベラク Belak*
ヘーラクラス Hēraklâs
ヘラクラス Heraklas
ヘラクリアヌス
Heraclianus
ヘラクリウス
Heraclius
ヘーラクリオス
Heraclius
ヘラクリーデス
Hērakleídēs
Heraklides
ヘーラクレイオス
Heraclius
ヘラクレイオス
Heraclius
ヘーラクレイデース
Heracleides
ヘラクレイデス
Hērakleidēs
ヘーラクレイトス
Hērakleitos
ヘラクレイトス
Heraclitus
Herakleitos
Hērakleitos*
ヘラクレオナス
Heracleonas
ヘーラクレオーン
Hērakleon
ヘラクレオン
Herakleon
Hērakleon
ヘーラクレース
Herakles
ヘラクレス Herakles
ベーラゲ Wehlage
ペラゲーヤ Pelageya
ペラゲヤ Pelageya
ペラゴッティ
Pelagotti
ヘラーコリン
Heller Korin
ベラザ Belaza*
ペラーサ Peraza
ペラーザ Peraza
ペラサ Peraza
ペラジー Pelagie
ペラジア Pelagia
ベラシス Bellasis
ベラジック Velagic
ヘラシメニア
Herasimenia**
ベラシュ Bailhache
ペラージョ Pelagio
ペラジョ Pelayo
ベラショーヴァ
Berashova
ヘラス
Heras*
Herath
ベラース Bellers
ベラーズ Bellers*
ベラス
Bellas
Veraas*
Veras
ペラーズ Perrers
ペラス Perras
ベラスケス
Velasquez**
Velásquez*
Velazquez
Velázquez**
ベラズケズ Velázquez
ベラスケル Velásquez
ベラスコ
Belasco**
Velasco***
ヘラースコフ
Kheraskov
ヘラスコフ Kheraskov
ヘラスバーグ
Hellersberg
ペラゼラ Perazella
ペラタ Pélata*
ペラダン
Peladan
Péladan*
ベラチーニ Veracini
ベラチョウ Belachew*
ベラツァーノ
Verrazzano
ベラツアノ
Verrazzano
ベラック
Bellac
Bellack
Bellak
ペラッシー Pelassy*
ベーラッタシーサ
Belaṭṭhasīsa
ペラッツ Perutz
ベラッツァーノ
Verrazzano
ベラッティ
Belatti
Bellati
ベーラッティプッタ
Belaṭṭhiputta
ヘーラット Herath
ヘラット Herath
ベラット Verraszto
ペラット Perrott
ベラッパン Velappan
ヘラデ Herrade
ヘラーティー Herātī
ヘラティ Heraty*
ベラーディ
Berardi
Berardy
ベラディ Berardy
ベラディーノ
Beradino
Berardino
ベーラティプッタ
Belaṭṭhiputta
ヘラート Herrath
ヘラード Hellard*
ヘラト Herath
ベラート Beradt
ベラト Berat
ペラト Pélate
ヘラドゥス Gerardus
ベラトリス Beratlis
ペラトン Perraton
ベラーニ Belani
ベラニー Bellany*
ヘラーニーコス
Hellanikos
ヘラニコス Hellanikos
ベラネク Beranek
ベラネス Veranes*

ペラネスガルシア
Veranes Garcia
ベラネック Beranek
ベラーノ Vellano
ペラノスキー
Perranoski
ベラノフ Belanoff
ペラハイア Perahia
ベラバル Bélaval
ベラバンス Bellavance
ベラビイ Bellerby
ベラヒーノ Berahino
ベーラブ
Beirab
Berab
ベラフィオーレ
Bellafiore
ペラフィネ
Pellat-finet*
ベラフォンテ
Belafonte**
ベラフォント
Belafonte
ベラフスキ Belafsky
ペラプラ Pellaprat
ヘラベール Gelabert
ヘラベルト Gelabert
ペラボーニ Peraboni
ベラマッジ
Vela Maggi
ベラーマン
Bellermann
ベーラミ Behrami
ベラミ Bellamy*
ベラミー Bellamy***
ベラミイ Bellamy
ペラム Pelham*
ベラムリーンスキー
Belomlinskij
ベラーヤチー Velayati
ベラヤチ Velayati*
ペラーヨ Pelayo*
ペラヨ Pelayo
ペラライト Pellerite
ベララビ Bellarabi
ヘラーリ Harary
ヘラーリー Harary
ヘラリー Heraly
ベラリ Bellali
ペラーリン Pellerin
ベラール
Bellar
Bellard
Berard
Bérard*
Vérard
ベラル
Bellal
Berrall
ペラル Pellar
ベラルカサル
Belalcazar
ヘラルギ Herargi
ベラールジョン
Baillargeon
ペラルタ Peralta**
ベラルデ
Velarde
Verarde
ベラルディ Berardi**
ベラルディニ
Bérardini
ベラルディニス
Berardinis*
ベラルディーノ
Berardino
ベラルデスカ
Berardesca
ヘラルデュス
Gerardus*
ヘーラルト
Gerard
Gerhard
ヘラルト
Geraerd
Gerard*
Gerhard
ヘラルド
Gerald
Geraldo*
Gerard
Gérard
Gerardo**
Gerhard
Gherardo
Harald*
Hellard
Herald*
ベラルド
Berardo
Berardus
ペラルト Perard
ペラルド Peraldo
ヘラルドゥス
Gerhardus
Herardus
ベラルドゥス
Berardus
ヘラルドス Gerardus
ペラルナウ Perarnau
ベラルビ Belarbi
ベラルミヌス
Bellarmine
ベラルミーノ
Bellarmino*
Bellarminus
ベラルミノ
Bellarmino
ベラルミン
Bellarmino
ペラーレス Perales
ベラーレン Verhaeren
ヘラン
Helland
Heron
ベラン
Belan
Beland
Béland
Bélin
Bellan
Bérain
Beran*
Béran
Berann*
Berran
ペラーン Per-Arne
ペラン
Pelen
Pelenc
Perin
Périn
Perran
Perrein*
Perrin***
ベランガー Belanger
ベランガール
Bélingard
ベラーンコヴァー
Beránková
ベランコート
Vaillancourt
ベランコバ Berankova
ベランコワ Berankova
ベランジェ
Bélanger*
Bellenger
Béranger*
Bérenger
ベランジェール
Bérangère
Bérengère
ベランジェル
Bérangelle
ベランジャー
Belanger
Beranger
ベランジュ Bellange
ベランス Bérence
ヘランダー Helander
ペランダ Peranda
ベランティン Velantin
ヘランデル Herander
ヘランド Helland*
ベランド Béland
ペラント Pellant*
ベラントーニ
Bellantoni
ベランドリー
Verendrye
Veréndrye
ヘーランニャカーニ
Herañãakāni
ヘーリー Haley**
ヘリ
Ha-ri*
Heli*
Heri
Herri
Hye-ri
ヘリー
Heley
Helly
Hery*
ベーリ
Bailey
Baillie
Barry*
Bayley
Be'eri
Beerli
ベーリー
Bailey**
Baillie
Baily
Baley
Bayley
Berry
Boehly
Bury
ベリ
Belli*
Berg
Bergh*
Beri
Berri**
Berry*
Bheri
Bury
Veli
Verí
Verri
ベリー
Bailly
Barry*
Bayley
Belly
Berrie
Berry***
Bery
Bhēly
Bury*
Verey
ペーリ
Paley
Peri
ペーリー
Paley**
Perry
ペリ
Pelli*
Peri*
Péri*
Perri
Perry**
Péry
ペリー
Parry*
Peery
Peli
Pelley
Pelly
Péri
Perri**
Perrie*
Perry***
ヘリアー
Helier
Herrier
ベリア
Beria
Beriya
ベリアー Berriat
ベリアイ Veliaj
ベリアヴスキー
Belyavsky
ベリアエフ Belyayev
ベリアコワ Beliakova
ベリアス Veliath*
ペリアス Pelias
ベリアッティ Begliatti
ベリアード Belliard
ベリアニゼ Berianidze
ベリアーノ Bereano
ベリアル Balliol
ベリアン Berian
ペリアン Perriand**
ペリアンドロス
Periandros
ベリィ Berry
ベリイ Berg
ペリィ Perry
ベリィグレン
Berggren*
ベリィストレーム
Bergström
ベリィストロム
Bergström
ベリィマン Bergman
ベリイマン Bergman*
ベリィリンド Berglind
ベリヴィエ Bellivier
ヘリウェル Helliwell*
ヘリウォード
Hereward
ヘーリウス Helius
ヘリエ Helge
ベリエ
Berryer
Börge**
Börje
Verrier*
ペリエ
Périer*
Périers
Perrier*
Peslier**
ペリエゲテス
Periēgētes
ペリエラ Periera
ベリエール
Belliere
Bellière
ベリエル Berger
ペリエロ Pellielo
ヘリオ Helio
ベリオ
Berio**
Bériot
Berriot
Boerio
Verrio
ベリオー Berriault
ペリオ Pelliot*
ペリオー Pelliot
ヘーリオガバルス
Heliogabalus
ヘリオガバルス
Heliogabalus
ベリオス
Belios
Berrios
ベリオゾフ Beriozoff
ベリオソワ Beriosova
ベリオゾワ Beriosova
ヘリオット
Heriot
Herriot**
Herriott*
ヘリオドルス
Heliodorus
ヘーリオドーロス
Hēliodōros
ヘリオドロス
Heliodoros
Hēliodōros*
ヘリオポリス
Heliopolis
ベリオール Baliol
ベリオールト
Berriault
ベリオン Bellion
ヘリガ Helge

ペリカ
Běrikhâ
Verica
ペリカ Perica
ペリカーヌス
Pellicanus
ペリカヌス Pellicanus
ペリカーノ Pellicano
ペリカヤ Velikaya
ペリガン
Beligan
Berigan*
Berrigan***
ペリカーン
Perikán
Pilikán
ペリカン
Pelikan**
Pelikán
ペリガンド Pelligand
ヘリキ Felix
ペリキャック Pericak
ペリキンド Bel'kind
ペリク Berik
ペリグ Perrig
ペリクイエス
Berikjesu
ペリークヴィスト
Bergqvist*
ペリクス Phēlix
ヘリクソン
Hellickson*
Henrikson
ヘリクツェル Heliczer
ペリクビスト
Bergqvist
ペリクル Pericle*
ペリクレ Pericle*
ペリクレース Perikles
ペリクレス
Pericles**
Perikles
ペリグレン
Berggren**
ペリグロ Peligro*
ヘーリゲ Helige
ヘリゲル Herrigel*
ペリコ Veljko*
ペリーコ Perico
ペリコ
Pellico
Perico
ペリゴ
Péligot
Perigo
Périgot
ペリゴー Péligot
ペリコーデ
Perricaudet
ペリコード
Perricaudet
ペリコーネ Pellicone
ペリコビッチ
Bel'kovich
ペリコフ
Belikov
Velikov
ペリコフスキー
Velikovsky
ペリコーリ Pericoli
ペリコリ Pericoli
ペリゴリツ Berggolits
ペリゴール Périgord
ペリコーロ Pericolo
ペリコワ Belikova
ペリコーン Perricone*
ペリサー Pellicer
ペリザウリ Perisauli
ペリサリウス
Belisarius
ペリサリオ
Belisario**
Bellisario
ペリザーリオ Belisario
ペリサリオス
Belisarius
ペリサン
Perisan
Perrissin
ペリシェ
Pellissier
Pelshe*
ペリシエ
Pélicier
Pélissier
Pellisier
Pellissier
ペリシエー Pellissier
ペリシェク Pelischek
ペリジキ Beriziky
ペリシッチ Perisic
ペリシモ Verissimo
ペリシャ
Belisha
Berisha**
ヘリス Herries*
ベーリス
Baylis
Bayliss
ベリーズ
Beliles
Berys
ベリス Bellis
ベリズ Beriz*
ペリス
Peris
Perris*
ベリスカヤ Bel'skaia
ベリスキー Belsky
ベリスタイン
Beristaín
ベリストレーム
Bergstöm
Bergstrom
Bergström*
ベリストレム
Bergstrom
Bergström
ベリストローム
Bergstrom
Bergström
ベリストロム
Bergstrom
Bergström
ペリスニーボン
Peris-Kneebone
ベリスフォード
Beresford*
ベリズフォード
Beresford
ベリスラフ Berislav
ヘリスン Hellison
ベリゼ Berizė
ベリゼール Belizaire
ペリセル Pellicer
ペリソー Persoz
ペリゾニウス
Perizonius
ペリゾニュース
Perizonius
ベリソン Bellison
ペリソン Pellisson
ペリゾン Pelizzon
ベリタ Belita
ベリタシヴィーリ
Beritashvili
ベリタシュビリ
Beritashvili
ベリチェフ Verichev
ヘリチカ Hrdlička
ベリチコ Velichko
ベーリチコフ Veličkov
ベリチコフ
Belchikov
Velitchkov
ベリチック
Belichick*
Bellchick
ペリチョリ Perricholi
ベリツ Belits
ペーリツ Pölitz
ベリツァ Verica
ペリツァ Perica
ペリツァリ Pellizzari
ヘリック
Hendrick
Herik
Herrick*
ベリック Berwick
ペリック
Perić
Perick
ヘリックソン
Hellickson
ベリツコビッチ
Velickovic
ヘリッジ Herridge
ベリッジ Berridge*
ペリッシエ Pélissier
ペリッシエー Pellissier
ペリッシノット
Perissinotto**
ベリッシモ
Bellissimo
Verissimo
Veríssimo
ヘーリッシュ Hörisch
ペリッシュ Perrish
ペリッセ Périsset*
ベリッゾ Berizzo
ペリッソロ Pélissolo
ベリッチ
Belić
Belich
ペリッチ
Peric
Perić
Pericchi
ヘリッツ
Gerritsz
Gerryts
ベーリッツ Boelitz
ベリッツ Belitz
ペリッツァーリ
Pelizzari*
ヘリッツェン
Gerritsen
ペリッツォーリ
Pelizzoli
ヘリッツス Gerritsz
ヘリッツゾーン
Gerritsz.
ヘリット
Gerard
Gerrit**
ベリット
Berit
Berrit
ヘリットセン
Gerritsen
ヘリットゾーン
Gerritsz.
ヘーリッヒ Geerligs
ヘリッヒ Herig
ヘリッピダス
Hērippidas
ペリッロ Perillo
ベリティ Verity
ヘリテイジ Heritage
ベリデイル
Berriedale*
ヘリテッジ Heritage
ヘリテル Härtel
ヘリト
Gerard
Gerrit
ベリド
Bellido
Bellído
Berido
ベリトフ Beritov
ベリトマン Vel'tman
ベリドール Bélidor
ベリーナ
Belina
Verena
ベリナ
Belina
Velina
ペリナ Perina
ベリナート Berinato
ペリナール Périnal
ヘリナンドゥス
Helinandus
ベリーニ Bellini**
ペリーニ Perini*
ベリニョー Bernigaud
ペリーヌ Perrine*
ベリネッリ Belinelli
ベリネリ Belineli*
ベリネール Berliner
ペリネン Pellinen
ベリーノ Bellino
ペリーノ
Perino*
Perrino
ペリノ
Perino
Perrineau
Perrino
ペリノー Perrineau
ペリノア Pellinore
ベリバサキス
Belibasakis
ヘリパハ Hellpach
ペリバン Pehlivan
ペリフィモウ
Perifimou
ヘリフォード Hereford
ヘリベルタ Heriberte
ヘーリベルト Heribert
ヘリベルト
Heribert**
Heriberto
ヘリベルトゥス
Helibertus
Herbert
Heribert
ベリホフ Velikhov
ヘリホル Ḥry-ḥr
ヘリマン Herriman
ベリーマン
Bergman
Berryman*
ベリマン
Bergman
Berreman
Berryman**
ペリーマン Perryman
ペリマン
Perriman
Perryman*
ベリミール Velimir
ベリミル Velimir
ヘリム Hye-rim
ベリーム Belime
ベリム Belime
ヘリモン Herrymon
ベリモン Bérimont*
ヘリヤー Hellyer
ベーリャ
Beria
Beriya
ベーリヤ
Beria
Beriya
ベリヤ
Beria
Beriya
ペリヤ Périllat
ベリャーイェヴァ
Belyayeva
ベリャーエフ
Beliaev*
Beljaev
Belyaev*
ベリャエフ
Beliaev
Belyaev

ヘ

Belyavev
ベリヤーエフ Belyaev
ベリヤエフ
Belyaev
Belyavev
ベリャーエワ Belyaeva
ベリャコーヴィチ
Beryakovich
ベリャコーヴィッチ
Belyakovich*
ベリャコフ Belyakov
ベリヤコフ Belyakov
ベリヤード
Belliard
Veryard
ベリャフスキー
Belyavskiy
ベリヤミノフ
Velyaminov
ベリャム Periam
ベーリヤル Balliol
ベリヤールヴァール
Periyāḻvār
ベリャーンキン
Belyankin
ベリヤンド Berliand
ベリュー Pellew
ベリュイエ Berruyer
ベリュウ Belew
ベリューキン Beliukin
ベリュクイスト
Bergqvist
ベリュショ
Perruchot*
ベリュション
Pelluchon
ベリューズ Péruse
ベリュス Pérus
ベーリュスチン
Belliustin
ベリュベール Bellver
ベリュル Bérulle
ベーリュロス Bēryllos
ベリュロス Beryllos
ヘリョ Heljo
ベーリョ
Bello
Velho*
ベリョ Bello
ベリョー Bello*
ベリョーソヴァ
Beriosova
ベリョーゾワ
Berezova
ヘリョン Hye-ryeon
ベリリ Perilli
ヘリル Khelil
ベリール
Belle
Belle-Isle
Berrill
ベリル
Beril
Beryl***
ヘリルバルドル
Helir-Valdor
ベリルンド Berglund*
ベリロ Bellillo
ペリロ Perillo
ヘリロス Hērillos
ヘリワード Hereward
ヘリーン Helene
ヘリン
Helin
Herrin
ベリーン
Belien
Vereen
ベリン Bellin*
ペリン
Palin
Pelin*
Perin*
Perine
Perlin
Perrin**
Perrine
ヘリンガ Hellinga
ヘリンガー Hellinger*
ベーリンガー
Behringer
Beringer*
ベリンガー
Bellinger
Beringer
ペリンカ Pelinka
ベリンガム
Bellingham*
Berrigan
ベリンキ Belinky*
ヘーリンク Häring
ヘーリング
Haehling
Haering
Haring
Häring**
Heering
Hering
Herring*
Hoehling
ヘリンク
Ghellinck
Hellinck
ヘリング
Haring**
Helling
Hering*
Héring
Herring**
ベーリング
Baehring
Behling
Behring*
Beling*
Bering
Buehring
ベリング
Balling
Belling
Bering
Bölling
ペリング
Pelling
Perring
ヘーリンクス
Geerinckx
Geulincx
Heerinckx
ヘリンクス
Hellinckx
Herincx
ヘリングス Hellings
ベリングスハウゼン
Bellinsgauzen
ベリングロート
Bellingrodt
ベリンゲン Beringen
ベリンコ Belinco
ベーリンジャー
Behringer
ベリンジャー
Bellinger
ペリンズ Perrins*
ベリンスガーウゼン
Bellinsgauzen
ベリンスガウゼン
Bellinsgauzen
ヘリンスキ Helinski
ベリンスキー
Belinskii
Belinsky
ベリーンスキィ
Belinskii
ベリーンスキイ
Belinskii
ベリンスキイ Belinskii
ベリンスタイン
Berinstein
ベリンダ Belinda**
ベリンチェク
Berinchyk
ベリンチォーニ
Bellincioni
ベリンチオーニ
Bellincioni
ヘリントン
Herrington*
ペリントン Perrington
ヘール
Geel
Geer
Ger
Hail*
Hale***
Heel
Heer**
Hehl
Khair
ヘル
Gerrie
Hell***
Helu
Her
Herr
Höll*
ヘルー Hélou*
ベール
Baer*
Bahr
Bähr*
Baire
Bale**
Bär
Bayle*
Beel
Beer**
Behl
Behr*
Bel
Bél
Belu
Ber
Berd
Berg*
Berl
Berr*
Berre
Bert*
Böhl
Bohr
Böhr
Vaile
Vair
Veil
Ver
Veyre
ベル
Bel***
Bēl
Bell***
Belle***
Belu
Ber
Berr
Bert
Beyle
Boell
Boll
Böll**
Vellu*
ベルー
Belew*
Berrut
ペール
Pär*
Peel
Peer**
Pehr***
Peire
Per***
Pere*
Père*
Perr
Peyre
Pöhl**
ペル
Dpal
Pell***
Per**
Pere
'Phel
ペルー
Pelloux
Perroud
Perroux*
Peyroux*
ヘルイ
Herui
Heruy
ベールィ Belyi
ベールイ
Bely*
Belyi**
ベルイ Berg
ベルイェル Berger
ベルイェングレン
Bergengren
ベルイクヴィスト
Berghvist
ベルイグレン
Berggren
ベルイストレム
Bergström
ベルイストローム
Bergstrom
Bergström
ベルイチュコ
Belytschko
ベルイード
Belaïd**
Belied
ベルイビスト
Berghvist
ペルイブセン Peribsen
ベルィマン Bergman
ベルイマン
Bergman***
Berguman
ベルヴァ Belva*
ヘルヴァエウス
Hervaeus
ヘルヴァジュオウル
Helvacioğlu
ヘルヴァート
Helwerth
ベルヴァール Berval
ベルヴァル Berval*
ヘールヴァルト
Heerwart
ヘルヴァルト
Herwarth*
ベールヴァルト
Berwald
ベルヴァルト Berwald
ベルヴァルド Berwald
ヘルヴィ Helvi*
ベールヴィ Bervi
ベルヴィ Bervi
ヘルウィウス Helvius
ペルヴィエ Pervillé
ヘルウィグ Hellwig
ペルヴイシン
Pervyshin
ヘルウィス Helwys
ベルヴィソ Belviso
ヘルウィッグ
Hellwig
Helwig
ヘルヴィック Herwig
ベルヴィック Berwick
ベルヴィッチ
Belevitch
ヘルウィッヒ
Hellwich
Hellwig
ヘルヴィッヒ
Hellwig*
Herwig*
ヘルウィーディウス
Helvidius
ヘルウィディウス
Helvidius
ヘルウィネン
Herwijnen
ヘルウィヒ Hellwig
ヘルヴィヒ
Hellwig
Herwig
ベルヴィユ Belleville
ベルウィン Belwin
ベルヴィン Belvin
ペルヴェ Perevet
ヘルヴェーウス
Herveus

ヘルヴェウス Herveus
ヘルウェーク Herwegh
ヘルウェグ Hellweg
ヘルヴェーク Herwegh
ヘルヴェク Hellweg
ヘルヴェグ Helveg*
ヘルヴェーゲン
Herwegen
ヘルウェッグ Helweg
ベルヴェデーレ
Belvedere
ヘルヴェトゥス
Hervetus
ヘルヴェルデン
Herwerden
ベルヴォー Belvawx
ベルウッド
Bellwood**
ヘルウヘルマアト
Herhermaat
ベルエス Börjes
ヘルエスタム
Hägestam
ベルエーテ Beruete
ベルエテ Beruete
ペルエンマアト
Perenmaat
ヘールカー Heruka
ヘルガ
Helga**
Helge*
Jürgen
ヘルガー Herger
ベルカ Belka**
ベルカー
Belker
Welcker
ベルガ Verga
ベルガー
Barger
Berger***
Burger
ペルカ Pelka
ペルガー Perger
ベルカウワー
Berkouwer
ベルカーシム
Belqasem
ベルガス Bergasse
ベルカステル
Bercastel
ベルカセム Belkacem*
ヘルガソン Helgason*
ベルガッセム
Belgassem
ベルガード Belgado
ヘルガドッティル
Helgadottir
Helgadóttir*
ベルガノ Vergano
ベルガーハウゼン
Bergerhausen
ベルガマスキ
Bergamaschi
ベルガマスコ
Bergamasco
ベルガマスチ
Bergamasti
ベルガミーニ
Bergamini*
ベルガミン Bergamín
ベルカメン
Vercammen
ペルガメンシコフ
Pergamenschchikov
Pergamenschikov
ペルガメンシチコフ
Pergamenschchikov*
ベルカヤト Belkayat
ベルガラ
Bergala
Bergara
Vergara
ベルガルド Bellegarde
ベルカン
Berkane
Berkant
Berquin
ベルガンサ
Berganza**
ベルガンティ Verganti
ベルガンティニョス
Bergantinos
ベルガント Bergant
ベルカンプ
Bergkamp**
ベルガンブ
Bellegambe
ベルカンポ Belcompo
ヘルギ Helgi*
ヘルギー Helgi
ベルキ Berki**
ベルギ Bellugi
ペルギア Peruggia
ヘルギアニ Khergiani
ベルギーイ Belleguie
ベルギウス Bergius*
ベルキオル Belchior
ベルキス Belkis
ヘルキスト Helquist
ベルキッチ
Belkic
Belkić*
ベルギット Bergit
ベルキムバエワ
Berkimbaeva
ベルギュ Vergnes
ヘルキューレス
Hercules
ヘルキュレス Hercules
ベルギリウス Vergilius
ベールキン Belkin
ベルキン Belkin**
ペルキン Perkin
ベルキンゲトリクス
Vercingetorix
ペルキンス Perkins
ヘルク Helck
ベールク Berg
ベルク
Belk*
Berck
Berg**
Bergh
Bergk
Berk
Berque**
ベルグ
Berg**
Berga
Bergh*
ペルク Perk
ヘルクヴィスト
Hellquist
ベルクヴィスト
Bergkvist
Bergqvist
ベルクウィット
Berkwitt
ベルグクエスト
Bergquist
ベルググラーフ
Berggrav
ベルグジャン Wergzyn
ベルクシュトレーサー
Bergsträsser
ベルクシュトレッサー
Bergsträsser
ベルグション
Bergsson
ベルグスタイン
Bergstein
ベルグステット
Bergstedt
ベルグストレーム
BergStröm
ベルグストローム
Bergström*
ベルグスマ Bergsma*
ペルクゼン Pörksen
ヘルグソン Helguson
ベルクソン Bergson**
ベルグソン Bergson*
ベルグゾン Bergson
ペルクタリト
Perctarit
ペルクチン Perkučin
ベルクテール
Vercoutter
ベルグデルモ
Bergdolmo
ベルクート Berkhout
ベルクトフ Berkutov
ベルクートル
Vercoutre
ベルクドルト Bergdolt
ヘルクナー Herkner
ベルクナー Bergner
ベルグナー Bergner*
ベルグノウド
Vergnaud
ベルクハイデ
Berckheyde
ベルクハウス
Berghaus
ベルクハウト
Berkhout
ベルクバル Bergvall
ベルクハーン
Berghahn*
ベルクハン Berckhan*
ベルクヘイデ
Berckheyde
ベルクボーム
Bergbom
ベルグマイヤー
Bergmeyer
ベルグマニス
Bergmanis
ベルクマン
Bergemann
Bergman*
Bergmann***
Berkman
ベルグマン
Bergemann
Bergman**
Bergmann*
ペルクマン Pelkmans
ベルグマンズ
Berghmans
ペルクマンス
Pelkmans*
ベルクム Berkum**
ベルグラード Belgrade
ヘルクラヌス
Herculanus
ベルグラーノ
Belgrano
ベルグラノ Belgrano
ベルグラン
Belgrand
Berggruen*
ペルグラン Pellegrin*
ヘルグリ Hergli
ベルクリー Bjerklie
ペールクリスティアン
Per-Kristian
ペルグリーノ
Pellegrino*
ベルクール
Bellecour
Bellecourt
ベルグルンド
Berglund
ベルグレイヴ Belgrave
ヘルクレス
Herakles
Hercules
ベルクレディ Belcredi
ベルグレーブ Belgrave
ベルグレム Bergrem
ヘルグレン Hellgren
ベルグレーン
Berggreen
Bergreen
ベルグレン Berggren
ヘルグロッツ Herglotz
ヘルケ Helke**
ヘルゲ Helge***
ベールケ Böhlke
ベルケ
Berke*
Berquet*
Boelcke
ベルゲ
Berge*
Berget*
Berghe
ペールケ Pehlke
ベルゲアト Bergeat
ヘルゲイ Sergei
ヘールゲゼル
Hergesell
ヘルゲゼル Hergesell
ヘルゲセン
Helgesen**
ベルゲソン Bergethon
ベルゲーテ
Berruguete
ベルゲテ Berruguete
ベルゲデプレ
Verge-depre
ベルケト Berchet
ベルゲーニュ
Bergaigne
ベルケノール
Balkenhol
ベルゲマン
Bergemann*
ベルゲラン Wergeland
ヘルゲランド
Helgeland*
ベルケリエフ
Berkeliev
ベルゲリオ Vergerio
ベルゲリンク
Boergeling
ベルケル Berkel
ベルゲル
Bergel
Berger**
ヘールケルケン
Geelkerken
ベルゲルソン
Bergelson
ヘルゲルト Helgerud
ベルケン Berken
ベルゲン
Bergen*
Berghen
ベルゲングリューン
Bergengruen*
ベルゲングリュン
Bergengruen
ベルゲンダール
Bergendahl
ベルゲンツ Bergentz
ヘルゲンバーガー
Helgenberger
ヘルゲンレーター
Hergenröther
ヘルゴー Helgoe
ベルコ Bercot
ペルコ Perko
ペルゴー Pergaud**
ベルコヴィシ
Bercovici**
ベルコヴィッチ

Perković*
Perkovich
ヘルコヴィッツ
Hercovicz
ベルコヴィッツ
Bercovitz
ベルコーウェル
Berkouwer
ペルコウスキー
Perkowski
ベルゴース Berghaus
ベルゴースト
Bergoust*
ヘルゴット
Hergot
Herrgott
ペルコート Percoto
ベルゴニョーネ
Bergognone
ベルコビッチ
Bercovici
Berkovic
ペルコビッチ Perkovic
ベルコビッツ
Berkowitz
ベルコフ Berkhof
ベルゴフェン
Bergoffen
ペルコフスキ
Perkowski
ヘルコマー Herkomer
ベルコム Belkom
ペルゴラ Pergola
ペルゴリア Perugorria
ベルゴーリツ
Berggolits
Berggol'ts
ベルゴリッツ
Berggolits
ペルゴリーニ
Pergolini*
ベルコール Vercors
ペルゴレーシ
Pergolesi
ペルゴレージ
Pergolesi*
ベルゴワ Vergova
ベルゴンズィ Bergonzi
ベルゴンツィ
Bergonzi**
ベルゴンヅィ Bergonzi
ベルゴンツォーニ
Bergonzoni
ベルサ
Bartha
Bersa
ベルサー Belser
ベルザー
Belser
Welser
ペルザー Pelzer**
ベルサイエス Versalles
ペルサイオス Persaios
ペルサウド Persaud
ペルサキス Persakis
ベルサーチ Versace
ベルザック Belzacq
ベルサナウ Bersanau
ベルサーニ Bersani**
ペルサーノ Persano
ヘルサレム Jerusalem
ペルサン
Dpal bzang
Percin*
ペルサンポ
Dpal bzang po
ヘルシ Hersi
ヘルジ Herzi
ベルーシ
Bellucci
Belushi*
ベルシ Beloushi
ベルシー
Belsey*
Berci
ベルジ Verdy
ベルジー
Belsey
Verdy
ペルシ Persse
ペルシー
Percy
Persie*
ペルジ Persie
ペルージア Perugia
ペルシア Persia
ベルジァエフ Berdiaev
ペルシアーニ Persiani
ベルジイ Verdy
ベルジゥ Berge
ペルシウス Persius*
ペルーシウム
Peloúsion
Pelusium
ベルシェ
Berchet
Berger*
Bolsche
Bölsche
ベルジェ
Bergé**
Berger**
Bergier*
Bersier
Vergé
ベルジェー Berger
ベルジエ
Bergier
Bersier
ペルシェ Percier
ペルシエ Percier
ベルシェヴィッツァ
Belševica
ベルジェエ Berger
ベルジェス Vergés
ベルジェニ Berzsenyi
ヘルシェル Herschel
ベルジェール Bergère
ベルジェロッティ
Bergerotti
ベルシェロン
Bergeron
ベルジェロン
Bergeron*
ペルシエロン
Percheron
ペルージオ Perusio
ペルシケッティ
Persichetti
ペルシーコ Persico
ペルシコ Persico
ペルジゴン Perdigão
ベルシシェ Berchiche
ベルシス Versis
ペルシス Persis
ベルジツァ Berzicza
ベルシーニ Bersini
ベルシニ Versini
ベルジーニ Berzini
ペルシニ Persigny
ペルシニー Persigny
ペルジーニ Perugini
ペルジーノ Perugino*
ベルジベク Berdibek
ベルジミラト
Berdimirat
ヘルシャー
Hoelscher
Hölscher
ベルシャー Belsher
ペルージャ Perugia
ベルジャーエフ
Berdiaev*
Berdyaev
ベルジャエフ Berdiaev
ペルシャク Peršak
ベルジャクエフ
Berdiaev
ベルシャザル
Bēl-šarra-uṣur
ベルシャツァル
Belshazzar
ベルシャッザル
Bēl-šarra-uṣur
ベルシャドスキー
Bershadskii
ペルシャーニ Persányi
ヘールシャム
Hailsham**
ベルシャム Belsham
ベルジャロン
Bergeron
ベルジャン Beljan
ヘルシュ
Hersch
Hersh
ベルシュ
Boersch
Welsh
ベルジュ
Belges
Berge*
Berger
Bergier
Vergès*
ペルシュ Paersch
ペルシュイ Perschy
ベルジュイス
Velthuijs**
ベルーシュカ
Veruschka
ヘルシュコ Hershko
ヘルシュコビッチ
Hershkowitz
ヘルシュタット
Herstatt
ベールシュトルド
Berchtold
ヘルシュドルファー
Herschdorfer
ヘルシュトレーム
Hellström
ヘルシュネル
Hälschner
ヘルシュマン
Herschmann
ヘルジュマン Heřman
ベルジュラ Bergerat
ベルジュラック
Bergerac**
ベルジュロン
Bergeron*
ペルシュロン
Percheron
ベルショー Belshaw
ペルジョヴスキ
Perjovschi
ベルショーズ
Bellechose
ペルジョル Paljor
ヘルジランド
Helgeland
ベルジロン Bergiron
ペルシン Pershin
ベルシンガー
Belsinger
ヘルシング Hellsing**
ヘルジング Helsing
ベルジンシ
Berzins
Berzinš
Bērzinš*
ベルジンシュ
Berzins
Bērzinš
ヘールズ
Hales**
Halesius
ベールス Bohrs
ベールズ
Bales**
Bayles
ベルーズ Belleuse
ベルス
Belzu
Verus
ベルズ Bells
ペルース Pérouse
ペルーズ
Pelouze
Pérouse*
ペルス
Pels
Peltz*
Perls
Pērōz
Perrus
Pers
Perse**
Peruth
ベルスイ Berti
ベルスィル Bertil
ベルズィン Berzin
ペルスヴァル Perceval
ベルスヴォルト
Berswordt*
ベルスキ Belsky
ベルスキー Belsky**
ペルスキー Peruski
ベルスキイ Belsky
ヘルスケ Gelske
ヘルスコ Hersko
ヘルスコヴィッツ
Herskovits
ヘルスコビッチ
Herskovic
ヘルスコビッツ
Herskovits
ペルスソン Persson
ヘルスター Hoerster
ペルスター Pelster
ヘールスタディウス
Hörstadius
ヘルスターン
Hellstern
ヘルステン Hellsten
ヘルスト Helst
ヘルストスキー
Helstosky
ベルストラエテン
Verstraeten
ヘルストリョーム
Hellstrom
Hellström
ベルストルフ Bellstorf
ヘルストレム
Hellström**
ベルストレーム
Bergström
ヘルストローム
Hellstrom*
ヘルスバーグ
Hejlsberg
ヘルスビー Helsby
ヘルスフェルト
Hersfeld
ベルスフォード
Beresford
ベルスフォルド
Beresford
ヘルスベルク
Hellsberg*
ベルスマ Bersma*
ベルスレー Belsley
ヘルスレブ Hersleb
ヘルセー Halsey
ヘルゼー Hersey
ベルセ
Bercé**
Berset*
ベルゼ
Barzelle
Berse
ペルゼ Peyrouzet
ベルセアヌ Berceanu
ペルセウス Perseus
ベルセーオ Berceo

ベルセオ Berceo
ベルセジオー Bersezio
ペルセース Perses
ペルセス Persēs
ベルセッリ Berselli
ペルセフォネ
Perșephone
ベルセーリウス
Berzelius
ベルセリウス
Berzelius
ヘルセル
Helsel
Herschel
ヘルゼル Hoelzel
ペルゼル Pelzel*
ベルセロッティ
Vercellotti
ヘルセン Helsen
ペールセン Peursen
ヘルセント Hersent
ヘルソ Helso
ベルーゾ Belluzzo
ペルーソ Peluso
ペルーゾ Peluso
ペルソ Peluso
ペルソー Persoz
ベルゾイーニ Berzoini
ヘルゾグ Herzog
ペルソナ Personnaz*
ペルソネ Personè
ヘルソビッチ
Herscovitch
ベルーソフ Belusov
ベルソフ Belousov
ペルソフ Persov
ベルソール
Bellesort
Bellessort*
ベルソワ Belousova*
ヘルソン Gerson
ベルソン
Bellson*
Belson
Berson
Berthon
ペルソン
Person
Persson*
ペルゾーンス
Persoons
ペルソンヌ Personne
ヘルタ
Herta**
Hertha**
ヘルター Härter
ヘルダ
Gerda
Herda
Herta
ヘルダー
Gelder*
Helder*
Hélder
Herder*
Hölder
ベルーター Bereuter
ベルタ
Bartha
Berta**
Bertha*
ベルダ
Belda
Verda*
ベルダー Verdad
ヘルダァリーン
Hölderlin
ヘルタイ Heltai*
ヘールタイダ
Geertuida
ベルタイナ Bertaina
ベルターギ Beltagy
ベルタギ Beltagi
ベルダゲ Verdaguer
ベルダゲル Verdaguer
ヘルダース Helders
ベルタス Bertus
ペルタソン Peltason
ベルタッコ Bertacco
ベルタッジア
Bertaggia
ベルターティ Bertati
ベルタナ Bertana
ベルターニ Bertani
ベルターニャ
Bertagna*
ベルダーバー
Verderber
ヘルダーマン
Helderman
ベルタランフィ
Bertalanffy*
ベルタランフィー
Bertalanffy
ベルターリ Bertali
ヘルダーリーン
Hölderlin
ヘルダーリン
Hölderlin*
ヘルダリーン
Hölderlin
ベルダル Berdal
ヘルダレック
Hurdalek
ベルタレリ Bertarelli
ベルタン
Bertand
Bertin*
ベルダン
Berdin
Verdun
ペルタン Pelletan
ベルタンド Bertand
ヘルチ Hertzsch
ペルーチ Perucci
ペルチヴァッレ
Percivalle
ペルチヴァーレ
Percivale
ベルチエ Berthier
ペルチェ Peltier
ペルチエ
Peletier
Pelletier
Peltier
ベルチェアヌ
Berceanu
ベルチェシ Berchesi
ベルチェスク Bălcescu
ベルチェフ Velchev
ヘールチェン
Geertgen
ヘルチスキ Chelčiský
ベルチチェ Berchiche
ヘルチツキー
Chelčiský
ペルチナクス Pertinax
ベルチーニ Bertini
ペルチーニ Pertini*
ペルチヒ Poelzig
ベルチャー
Belcher***
ペルチャー Peltier
ベルチャシビリ
Beruchashvili
ペルチャル Pelczar
ヘルチュ Hertzsch
ベルチュ Bertsch
ペルーチョ Perucho
ベルチリ Verchili
ペルチンスキ
Pelczynski
ペルチンスキー
Pelczynski
ヘールツ Geerts
ヘルツ
Gertz
Hertz*
Herz**
Hörz
ベルツ
Baelz*
Balz
Bälz
Beltz
Belz
ペルーツ Perutz
ペルツ
Peltu
Peltz*
Pelz*
Pertz
Perutz**
ベルツァー Beltzer
ペルツァー
Pelzer
Perzer
ペルツィ Peruzzi
ペルツィッヒ Poelzig
ヘルツィヒ Herzig
ペルツィヒ Poelzig
ペルツィン Pertsin
ペルツィンスキー
Perzyński
ヘルツェ
Holtje
Höltje
ベルツェ Belce
ヘルツェグ Herczeg
ベルツェッチ Berceci
ベルツェリー
Berczelly
ベルツェーリウス
Berzelius
ベルツェリウス
Berzelius
ヘルツェル
Herzl
Hölzel*
ペルツェル
Pelzer
Perczel
ペルツェワ Pertseva
ヘルツェン
Hertzen
Herzen
Holzen
Hölzen
ヘルツェンバイン
Hoeltzenbein
ヘルツェンバーグ
Herzenberg
ヘルツォーク
Hertzog
Herzog***
ヘルツォーグ
Hertzog
Herzog*
ヘルツォク Herzog
ヘルツォグ
Herczog
Herzog*
ヘルツォーゲンベルク
Herzogenberg
ヘルツォッグ Herzog
ペルツォーフ Pertsov
ペルツォフ Pertsov
ヘルツォホ Hertzog
ヘルツカ
Hertzka
Herzka
ペルツゲン Pörzgen
ベルッシ Bellucci
ペルッジ Peruzzi
ヘルツシュプルング
Hertzsprung*
ヘルツスプルング
Hertzsprung
ベルツセニー
Berzsenyi
ヘルツゾマー
Herz-Sommer
ベルッチ
Bellucci*
Bellutti
Berruti
Berucci
ペルッツ Perutz**
ベルッツィ
Belluzzi
Beluzzi
ペルッツィ Peruzzi**
ペルッツイ Peruzzi
ベルッティ Bellutti*
ペルッティ Pertti**
ベルッティス Berztiss
ヘルツナー Helzner
ヘルツニヤン
Harutyunyan
ヘルツバーガー
Herzberger
ヘルツバーグ
Herzberg*
ベルツフ Bertuch
ヘルツフェルデ
Herzfelde
ヘルツフェルト
Herzfeld*
ヘルツフェルド
Herzfeld
Herzfelde
ペルッフォ Peluffo
ヘルツベリ Hertzberg
ヘルツベルガー
Hertzberger
ヘルツベルク
Hertzberg
Herzberg
ヘルツベルグ
Herzberg
ヘルツベルハー
Hertzberger
ヘルツマノヴスキィ
Herzmanovsky
ヘルツマノフスキー
Herzmanovsky
ヘルツム Herzum
ヘルツリープ Herzlieb
ヘルツリンガー
Herzlinger**
ヘルツル
Herzl**
Hoelzl*
Hölzl*
Hölzle
ヘルデ Herde
ベールテ
Boelté
Wehlte
ベルテ
Berte
Berté
Berthe*
Berthé
Velte
Welte
ベルデ
Berder
Velde
Verde*
Verdet
ペルテ Perthes
ヘルティ Hölty*
ヘルティー Hölty
ベルティ
Berrutti
Berti**
ベルディ
Berdi
Verdi
ペルティ
Pelty
Perti
ベルディーア Veldheer
ペルティア Peltier
ヘルディウ Heldiw
ヘルティエ Höltje
ベルティエ
Berthier**
Bertier*
ベルディエ Verdier

ペルーティエ
Pelloutier
ペルティエ
Peletier
Pelletier**
Peltier*
ベルディエフ
Berdiev
Berdiyev
Berdyev
Berdyyev
ベルティエンス
Bertjens
ペルディカス Perdicas
ペルディギエ
Perdiguier
ペルディタ Perdita**
ベルディチェヴスキー
Berdichevsky
ベルディチェフスキー
Berdyczewski
ペルディッカス
Perdiccas
Perdikkas
ヘルティッヒ Hertig
ベルティーナ Bertina*
ペルティナクス
Pertinax
ベルティーニ
Bertini***
ベルティニ Bertini
ベルティヌス Bertin
ベルティネッリ
Bertinelli
ベルティノロ
Bertinoro
ベルディハ Berdych
ベルディヒ Berdych*
ベルディホヴァー
Berdychová
ベルティーユ Bertille
ペルディユース
Perdieus
ベルティヨン Bertillon
ベルティラ Bertilla
ペルティラ Perttilä
ベルディリオーネ
Verdiglione
ベルティル
Berthil
Bertil
ペルティーレ Pertile
ペルティレ Pertile
ベルティン Bertin
ペルディンガー
Pöldinger
ヘルディンク
Herding*
ヘルディング Helding
ベルティンク Belting
ベルティング
Belting**
Berting
ベルディング Belding
ペルテウ Pertev
ペルテヴ Pertev
ベルテオーム
Bertheaume
ペルテガス Pertegaz
ヘルデク Herdeg
ヘルデーゲン
Herdegen
ヘルデゲン Herdegen
ベルテコバ Bartekova
ヘルテージ Herrtage
ベルデシア Verdecia*
ヘルデス Helders
ペルテス Perthes
ベルデチーニ
Baldiccini
ベルデツ Verdet**
ベルテッリ Bertelli**
ベルテッレ Bertelle
ベルデニック
Verdenik*
ベルテネ Berthenet
ベルデホ Verdejo
ベルデマンディス
Beldemandis
ベルテュー Berthieu
ベルデュッチ Verducci
ベルテラ Bertela
ベルテラン Berthelin
ベルデリ Verdelho
ベルテリエ Berthelier
ヘルテリッヒ Hertlich
ヘルデリッヒ
Hoelderich
ヘルテル
Härtel
Hertel
ヘルデル
Gelder
Helder
Hélder
Herder
ベルテル Bertel
ベルテルセン
Bertelsen
Berthelsen*
ペルテルソン
Pertelson
ヘルデルリーン
Hölderlin
ヘルデルリン
Höldelrin
Hölderlin
ベルテレ Bertelle
ヘルデレン Gelderen
ベルテロ Berthelot
ベルテロー Berthelot
ヘールデン Heerden
ヘルテン Helten
ベールデン Weerden
ベルデン
Belden**
Waerden
ペルデン Dpal ldan
ベルテンス Bertens
ヘルデンハウアー
Geldenhauer
ヘルテンフーバー
Hortenhuber
ヘールト
Geert**
Gerhard
ヘルト
Geert
Gerd
Gert*
Held**
Heldt*
Helt
Heltai
Herdt
Hert
ヘルド
Heald
Held**
ベルト
Belt
Bert***
Bertaud
Berthe*
Berto***
Bertolt
Veldt
Wert
Werth*
ベルトー
Bertaut
Bertaux*
Berteau
Berteaut
Berthaud*
Berthault
Berthaut
Bertheau
ベルド Veld
ベルドー Beldo
ペールト
Pärt
Perlt
ペルト
Part
Pärt*
Pelt**
Pelto
Perthes
ベルトイア Bertoia*
ベルドイエフ Berdyev
ベルドイムハメドフ
Berdimuhamedov*
Berdymukhamme
dov
ベルトゥ
Bertaut
Berthoud
ベルトゥー Berthoud*
ベルドゥ Verdoux
ベルドゥイ Bérdy
ヘルトヴィッヒ
Hertwig
ヘルトウィヒ Hertwig
ヘルトヴィヒ Hertwig
ベルドゥーゴ
Berdugo
Verdugo
ペルトゥージ Pertusi*
ベルトゥス Bertus*
ペルドゥタ Perduta
ベルトゥチェリ
Bertuccelli
Bertucelli*
ベルトゥッチ Bertucci
ベルトゥッチョ
Bertuccio
ベルトゥルー
Berteloot
ヘルトゥルディス
Gertrudis
ベルトゥルフ Bertulf
ベルトウルフ
Berhtwulf
ベルトゥロ Berthelot*
ペルトゥン Pelton
ベルトオ Bertaut
ベルトオルト Bertolt
ヘルトカー Höltker
ペルートカ Peroutka
ベルトグリオ
Bertoglio
ヘルトゲン Höltgen*
ペルトス Peterus
ベルトッジ Bertozzi
ベルトッチ Bertocci*
ベルトッツィ Bertozzi
ベルトッティ Bertotti
ベルトット Bertotto
ベルトッド Berthod
ベルトティ
Bertoti
Bertotti
ベルトート Berthod
ヘルトナー
Hartner
Härtner
ペルトナー
Pöltner*
Pörtner
ベルトーニ Bertoni*
ペルトニエミ
Peltoniemi
ベールドニコフ
Berdnikov
ベルトニコフ
Berdnikov
ベルドニコフ
Berdnikov
ベルトーネ Bertone
ベルトネシュ
Bertonèche
ペルトネン Peltonen*
ベルトフ
Bertow
Vertov
ヘルドブラー
Holldobler
Hölldobler*
ヘルトベアー Heltberg
ヘールトヘン
Geertgen
ベルトホルト Berthold
ヘルトマン Heldmann
ヘルドマン Heldman*
ヘルトマンス
Hertmans
ベルトメ Berthomé
ペルドーモ Perdomo
ペルドモ Perdomo*
ヘルトヤン Gertjan
ベルトーラ Bertola*
ペルトラ Peltola
ベルトラシ Bertolasi
ベルトラッチ
Bertolacci
ベルトラッティ
Beltratti
ベルトラーミ Beltrami
ベルトラミ Beltrami*
ベルトラミーニ
Beltramini
ベルトラム
Beltram
Bertram**
ベルトラーメ
Beltrame
ベルトラメ Beltrame
ベルトラメッリ
Beltramelli*
ベルトラメリ
Beltramelli
ベルトラーモ
Beltramo
ベルトラーン
Beltran
Bertrán
ベルトラン
Beltran**
Beltrán*
Beltrand
Beltrão
Bertrad
Bertram*
Bertran
Bertrán*
Bertrand***
ベルドラン Verdran
ベルトランド
Bertrand*
Bertrando
ベルトーリ Bertoli
ベルトリ Veltri
ペルドリア Perdriat
ペルドリエール
Perdrière
ヘルドリッチ Hildreth
ベルトリッチ
Bertolucci*
ベルトリーナ Bertolini
ベルトリーニ Bertolini
ヘルトリヒ Herttrich
ヘルドリヒ Heldrich
ヘルトリンク Hertling
ヘルトリング
Hartling
Härtling***
Hertling
Hortling
ヘルドリング Heldring
ベルトール
Bertauld
Bertholle
Bertl
ベルトル Bertolt
ベルトルッチ
Bertolucci***
ベルトルディ
Bertholdi
ヘルトルディス
Gertrudis
ベルトールト

Berthold
Bertold
Bertolt
ベルトルード Berthold
ベルトルト
Berthold***
Bertholt
Bertold
Bertolt**
ベルトルド
Berthold
Bertholdus
Bertoldo
ベルトルドゥス
Bertholdus
ヘルドルフ
Helldorf
Helldorff
ヘルドルプ Gerdorp
ヘルトレ Hartle
ベルトーレ Berthollet
ベルトレ
Beltre*
Bertelé
Bertholet
Berthollet
Bertle
ベルトレー
Bertholet
Berthollet
ベルドレ Veldre
ベルトレイ Beltre
ベルトレート
Bertholet
ベルトレフ Bertleff
ベルトロ
Berthelot
Bertolo
ベルトロー
Bertelot
Berthelot
ベルドロー Berdrow
ベルドロウ Berdrow
ベルトロッティ
Bertolotti
ベルトローテ
Bertolote
ベルトローニ
Veltroni**
ベルドロニロフ
Berdnikov
ベルトロン Bertholon
ベルトワ Berthois
ベルトワーズ
Beltoise*
ベルトワン Berthoin
ヘルトン Helton*
ベルトン
Belton*
Berthon
Berton*
ペルトン Pelton**
ベルドンク Verdonk
ヘルナー
Hellner**
Hörner*
ベールナー Boerner
ベルナ
Balena
Berna*
Verne
ベルナー
Bernat
Berner*
Boerner
Börner
Werner*
ペルナ Perna*
ペルナー
Pelner*
Perner*
ベルナァル Bernard
ベルナアル Bénard
ベルナイス Bernays**
ベルナイム
Bernheim*
ベルナウ Bernau
ベルナウアー
Bernauer*
ベルナジネル
Bernagenel
ベルナージュ Bernage
ベルナス Bernath
ベルナズ Bernaz
ベルナスコーニ
Bernasconi
ベルナダク Bernadac
ベルナダック
Bernadac*
ベルナチク Bernatzik
ベルナツィーク
Bernatzik*
ベルナッキ Bernacchi
ベルナツキー
Vernadskii
Vernadsky
ベルナック Bernac*
ベルナット Bernat
ベルナッド
Bernadotte
ベルナップ
Belknap***
ヘルナーディ
Hernadi*
ベルナディーノ
Bernardino
ベルナディンヌ
Bernadine
ベルナデッタ
Bernadetta
Bernadette*
ベルナデッテ
Bernadette
ベルナデット
Bernadette***
ベルナデットゥ
Bernadette
ベルナデテ
Bernadette
ベルナート Bernat*
ベルナード
Bernád*
Bernard*
Bernardi
Bernardo
Bernardus
ベルナト Bernat*
ベルナートヴァー
Bernáthová
ベルナドッテ
Bernadotte**
ベルナドット
Bernadotte*
ベルナトーニス
Bernatonis
ベルナトニス
Bernatonis
ヘルナーニ Hernani
ヘルナニ Hernani
ベルナノス
Bernanos**
ベルナーベ Bernabe
ベルナベ
Bernabe*
Bernabé
ベルナベーイ
Bernabei
ベルナベイ Bernabei
ベルナベウ Bernabeu
ベルナボ
Bernabó
Bernabō
ベルナーリ Bernari*
ベールナール
Beernaert
ベルナール
Benard
Bernal*
Bernár
Bernard***
Bernarr
Bernart
Bernhardt*
Besnard
ベルナル
Bernal*
Bernard
ベルナルダ Bernarda*
ベルナルダキス
Vernardakis
ベルナルダン
Bernardin*
ベルナルダンルドゥ
Bernardin Ledoux
ベルナルディ
Bernardi*
ベルナルディツァ
Bernardica
ベルナルディーニ
Bernardini
ベルナルディヌ
Bernardine
ベルナルディーヌス
Bernardinus
ベルナルディヌス
Bernardinus
ベルナルディーノ
Bernardino**
ベルナルディノ
Bernardino
ベルナルディン
Bernardim
Bernardin
ベルナルデス
Bernardes
ベルナルデスキ
Bernardeschi
ベールナールト
Beernaert
ベルナールト
Beernaert
Bernaert
ベルナールド Bernard
ベルナルト
Bernard***
Bernhard
ベルナルド
Bernard***
Bernardo***
Bernardus
Bernerdo
ベルナルドゥ
Bernardo*
ベルナルドゥス
Bernardus*
ベルナーレ Bernard
ヘルナン Hernan
ベルナン
Bernand*
Vernant
ベルナンケ Bernanke
ヘルナンデス
Hernandez***
Hernández*
ベルナンデッテ
Bernadette
ヘルナンド
Fernand
Hernando
ベルナンド Bernardo
ペルナンブカノ
Pernambucano*
ベルニ
Berni*
Bernis
Verny
ベルニー
Bernie
Bernies
Verny
ペルニア Pernia*
ベルニウス Bernius
ベルニエ
Bernier***
Vernier
ベルニエール
Bernier
Bernieres*
Berniéres
Bernières*
ペルニエル Pernier
ベルニエレス
Berniéres
ベルニオー Vergniaud
ペルニオーラ
Perniola*
ベルニケ Berníkē
ベルニゴー Bernigaud
ベルニス
Bernice*
Bernis*
ベルニーチェ Bernice
ペルニーチェ Pernice
ベルニック Bernicke
ヘルニッツ Hernits
ベルニーニ Bernini
ベルニニ Bernini
ベルニハルト
Bernhard
ベルニャエフ
Verniaiev*
ベルニュ Vergne
ペルニラ Pernilla*
ペルニール Pernille
ペルニレ Pernille
ベルニング Berning
ベルヌ
Verne*
Vernoux
ベルヌー Berneux
ペルヌー Pernoud**
ベルヌーイ Bernoulli
ベルヌイ Bernoulli
ベルヌイユ Verneuil
ベルヌヴァル Berneval
ベルヌジュール
Vernejoul
ベルヌス Bernus
ベルヌーリ Bernoulli
ベルヌリ Bernoulli
ベルヌルフ Bernulf
ベールネ Börne
ベルーネ Verne
ベルネ
Berne
Bernet
Börne*
Verne
Vernet
ペルネ Pernet
ベルネイ Verney
ベルネェド Bernede
ベルネカー Berneker*
ヘルネス
Hernaes
Hernes
Hoernes
ベルネスク Vernescu
ヘルネック Herneck
ベルネッティ Bernetti
ベルネット
Bernett
Vernet
ペルネット Pernette
ベルネード Bernede
ベルネフェルト
Berneveld
ベルネーム Bernheim
ベルネム Bernheim
ベルネリ Berneri
ヘルネル Hellner
ベールネール
Beernaert*
ベルネール
Bernert
Verner
ベルネル
Berner
Verner**
ベルネーロ Bernero
ベルノ Berno
ベルノー
Berno
Vernot
ペルノ Perno
ペルノー

Perennou
Perrenot
ベルノア Vernois
ベルノヴィル
Bernoville
ベルノス Bernos
ベルノッチ Bernocchi
ベルノット Bernot
ベルノラーク
Bernolák
ベルノルド Bernold
ベルノルドゥス
Bernoldus
ベルノン Vernon
ヘルバ
Helva
Herba
ヘルバー
Gerber
Herber
ヘルパー Helper*
ベルハー Berger
ベルバ
Belva
Berber
ベルバー
Belber
Berber
ベルハアレン
Verhaeren
ペルバイズ Pervaiz
ベルハイド Verheyde
ヘルハウゼン
Herrhausen
ベールバウム
Beerbaum**
ベルハージ Belhaj
ベルハジ Belhaj
ベルバシ Belbase
ヘルバシオ Gervasio*
ベルハジュ Belhaj
ヘルバース Herbers
ヘルバス Relvas
ベルハセン Belhassen
ヘルパーツ Herpertz
ベルハッセン
Belhasen
ペルパット Perrupato
ヘルパッハ Hellpach*
ベルハデム
Belkhadem**
ヘルバート Herbert*
ベルバトフ
Berbatov**
ベルハヌ Berhanu
ベルハネ
Berhane
Birhane
ヘルパハ Hellpach
ベルハーベン
Belhaven
Welhaven
ペルハム Pelham
ペルパリム PerParim
ベールパル Veerpalu
ベルバル Berval
ヘルハールト Gerhard
ヘルハルト Gerhard
ヘルバルト
Herbart
Höllwarth
ベルハルト
Berhard
Bernhard
ベルハーレン
Verhaeren*
ヘルバーン Helburn
ベルハン Berhan
ペルバント Perbandt
ヘルピ Gelpi
ベールビ
Beilby
Bervi
ベルビ Beilby
ベルビー Berreby
ペルビー Pervi
ベルビエ Berbié
ベルヒェム Berchem
ヘルヒェン Herrchen
ヘルビガー Hörbiger
ヘルビグ Hellvig
ペルビク Pervik
ベルビス Bellvís
ペルビス Pervis
ヘルビック Helbig
ベルビック Bervic
ベルビッチ Verbić
ヘルビッヒ
Helbig
Hellwig*
Helwig
Herbig
ベルヒトールト
Berchtold*
ベルヒトルト
Berchtold*
ヘルビヒ
Helbig**
Hellwig
Herbig*
ベルヒマン Bergmann
ベルヒャー Belcher
ベルピライ
Velupillai**
ベルヒリンゲン
Berchlingen
ヘルビルク Helbing
ベールヒン Berkhin
ベルビン Belbin**
ヘルビング Herbing
ヘルブ Herb
ベルフ
Berg
Bergh
ベルブ Veréb
ヘルファ Helfer
ヘルファー Helfer*
ヘルファウイ
Khelfaoui
ヘルファース Helfers
ヘルファット Helfat
ヘルファート
Helfert*
Herfert
ペルファール Perfahl
ヘルファンド Helfand
ベルフィオール
Belfiore
ペルブイシン
Pervyshin
ベルフィース Verhees
ベルフイス Berghuis
ペールフィット
Peyrefitte***
ペルフィリエヴィチ
Perfilievich
ベルフィールド
Belfield
ベルフェ Berve
ペルフェクト Perfecto
ペルフェッチ Perfetti
ペルフェッティ
Perfetti
ヘルフェリッチ
Helffrich
ヘルフェリッヒ
Helfferich
ヘルフェリヒ
Helferich
Helfferich*
ヘルフェルト Hellfeld
ヘルフェン Helfen*
ベルフォート Belfort
ベルフォード Belford
ベルフォニック
Verhonick
ベルフォレ Belleforest
ヘルフゲン Helfgen
ヘルフケンス Herfkens
ヘルフゴット
Helfgott**
ヘルプス Helps*
ヘルプスト Herbst**
ベルフスマ Bergsma*
ベルフトリック
Berhtric
ペルフヒン Pervukhin
ヘルプマン
Helpman*
Helpmann
ベルフマン Bergmann
ベルフマンス
Berchmans
ヘルブラフ Helbrough
ヘルブランディ
Gerbrandy
ヘルブラント
Gerbrand
ベルプリ Velpuri*
ペルフリー Pelfrey
ペルプリース Perplies
ヘルフリック Helfrich
ヘルフリッツ Helfritz
ヘルフリッヒ Helfrich
ヘルフリート Helfried
ヘルブリュゲ
Hellbrügge
ヘルプリン Helprin**
ベルフリン Wölfflin
ヘルブルガー
Herburger
ヘルブルッケ
Hellbrügge
ヘルブルッゲ
Hellbrügge
ベルブルーノ
Belbruno
ペルフレイ Pelfrey
ベルフレージ
Belfrage*
ヘルブロー Helbrough
ベールブロック
Beerblock
ペルフロム Pelgrom*
ヘールブロン Heilbron
ベルフワイン
Bergwijn
ベルーベ Berube
ベルヘ
Berghe
Berhe
ベルペア Belpaire
ベルペアー Belpaire
ヘルベイ Helveg**
ベルベイ Belbey
ベルベオーク
Belbéoch
ヘルベーク Herwegh
ペルベズ Pervez**
ペルペツア Perpetua
ヘルベック Herbeck*
ヘルベッテ Herbette
ペルーベット Peloubet
ベルベッロ Belbello
ペルペトゥア
Perpetua
ペルペトゥウス
Perpetuus
ヘルベノハー
Herbenová
ベルヘム Berchem
ヘルベリ Hellberg
ベルベリアン
Berberian
ヘルベリィ Hellberg
ヘルベル Gelber
ヘルペル Herpell
ベルベール
Bärbel
Berber
ベルベル
Barbel
Bärbel*
Berber
ヘルベルガー
Herberger
ヘルベルシュタイン
Herberstein
ヘルベルツ Herbertz
ヘルヘルト Gerhaert
ヘルベルト
Hebert
Helbert
Herbart
Herbert***
ヘルベルド Herbert
ベルベルト Wölpert
ヘルベルトゥス
Heribert
ベルベーロヴァ
Berberova
Berbérova
ベルベローヴァ
Berbérova
ベルベーロバ
Berberova
ベルベロバ Berberova
ベルベーロワ
Berberova*
Berbérova
ベルヘン Bergen
ベルベン Belben
ペルベン Perben
ヘルボー Hervéou
ベルボー Belvawx
ペルホ Perho
ペルボアル Perboyre
ヘルボイ Herboly*
ベルホウリアド
Verkhogliad
ベルホシャンスキー
Verkhoshanskil
ベールホフ Werlhof
ベルホフスキー
Verkhovsky
ベルポリーティ
Belpoliti*
ヘルボルド Helmbold
ヘルボルン Hellborn
ペルボワール
Perboyer
ベルボーン Verworner
ヘルマ
Helma**
Herma
ヘルマー
Hellmer
Helmer**
Helmers
ベルマ
Velma
Verma
ペルマイアー
Permeier
ヘルマイオス
Hermaeus
ベールマイヤー
Werremeier
ヘルマゴラス
Hermagoras
ヘルマース Hellmers
ヘルマス Hermas
ベルマス Belmas
ヘルマッシ Hermassi
ヘルマット Helmut
ベルマディ Belmadi
ヘルマート Helmert
ヘルマナ Hermanna
ヘルマニュス
Hermanus
ヘルマヌス

Hermannus
Hermanus
ヘルマネック
Hermanek
ヘルマーノ Hermano
ヘルマリング
Helmering*
ヘルマール Helmar
ベルマール Bellemare
ヘルマルコス
Hermarkhos
ベルマーレ Bellemare
ヘルマワン Hermawan
ヘールマン
Heermann
Hörmann
ヘルマン
Gelman**
German**
Germán***
Harmann
Hellman***
Hellmann**
Helman
Herman***
Hermann***
Hermannus
Herrman
Herrmann**
Hörmann
ベールマン
Behrman
Behrmann
Berman
Wehlmann
ベルマン
Baermann
Bellemin
Bellman**
Berman**
Velleman
ペールマン
Pellman
Pöhlmann*
ペルマン
Pellman
Pelman*
ヘルマンス
Hellemans
Hermanns*
Hermans**
ヘルマンソン
Hermannsson**
Hermansson
ヘルマンダー
Hörmander**
ヘルマント Hermand*
ベルマント Bermant
ヘルマントーラー
Helmantoler
ヘルマンヌス
Hermannus
ヘルミ
Helmi
Helmy
ヘルミアス
Hermeias
Hermeías
Hermias
Hermías
ヘルミオネ Hermionē
ヘルミク Helmich
ヘルミス Hellmiss*
ヘルミック Helmig
ヘルミッソン
Hermisson
ヘルミッチ Helmich
ヘルミッヒ
Helmich
Hölmich
ヘルミッポス
Hermippos
ヘルミーナ Hermína
ヘルミナ
Hermina*
Herumina
ヘルミニヤ Herminia
ヘルミーネ Hermine
ヘルミネ Hermine
ヘルミヒ Helmich
ペルミャコフ
Permyakov
ヘルミラ Hermila
ヘルミング Helming
ヘルム
Helm***
Herm*
ベルム
Baelum
Beloum
ベルムウエドラオゴ
Beloumouedraogo
ヘルムウト Hellmuth
ヘルムカンプ
Helmkamp
ヘルムース Hellmuth*
ヘルムス
Hellmuth
Helms*
ヘルムズ Helms***
ヘルムスタエドター
Helmstaedter
ヘルムスダル
Helmsdal
ヘルムステッター
Helmstetter**
ヘルムズリー
Helmsley
ヘルムット Helmut
ベルムデス
Bermudez**
Bermúdez*
ヘルムート
Hellmut***
Hellmuth*
Helmut***
Helmuth***
Hermut
Hermuth
ヘルムト Helmut
ベルムード
Bermudo
Vermudo
ベルムト Vermut
ヘルムトルート
Helmtrud
ヘルムホルツ
Helmholtz
ヘルムホルツ
Helmholtz*
ヘルムボルト
Helmbold
ヘルムライク
Helmreich
ヘルムーリン Hermlin
ヘルムリーン
Hermlin**
ヘルムリン Hermlin
ヘルムント Hellmund
ヘルムンド Hellmund
ヘルメ Helme**
ペルメー Permeh
ヘルメイアス
Hermeiās
ヘルメイウー
Hermeíou
ベルメイショ
Vermexio
ベルメイレン
Vermeylen
ベルメオ Bermeo
ベルメーカー
Belmaker
ペルメーク Permeke
ペルメク Permeke
ヘルメーシアナクス
Hermēsianax
ヘルメシアナクス
Hermēsianax
ヘルメス Hermes*
ベルメス Vermes
ヘルメスト Helmeste
ヘルメスベルガー
Hellmesberger
ペルメック Permeke
ヘルメニルギド
Hermenilgido
ヘルメネギルドゥス
Hermenegildus
ヘルメネヒルド
Hermenegildo
ベルメーホ Bermejo
ベルメーホー Bermujo
ベルメホ Bermejo*
ベルメモ Bermujo*
ヘルメリンク
Hermelink
ベルメール Bellmer*
ヘルメルト Helmert
ヘルメン Helmen
ヘルモ Helmo
ヘルモー Helmore
ベルモ
Belmont
Vermot
ヘルモア Helmore
ベルモア Bellmore
ベルモイ Bermoy**
ヘルモクラテス
Hermokratēs
ヘルモクレス
Hermoklēs
ヘルモゲニアヌス
Hermogenianus
ヘルモゲネース
Hermogenes
ヘルモゲネス
Hermogenes
Hermogenēs
ペルモーザー
Permoser
ペルモーゼル
Permoser
ヘルモドーロス
Hermodoros
ヘルモドロス
Hermodoros
ベルモフタール
Belmokhtar
ベルモフタル
Belmokhtar*
ヘルモヘネス
Hermogenes
ヘルモルト
Helmold
Helmolt
ベルモン Belmont*
ベルモンテ
Belmonte**
Belmontet
ベルモンテガルシア
Belmonte Garcia
ヘルモント Helmont
ヘルモンド Helmond
ベルモント
Belmont**
Belmonte
ベルモンド
Belmondo**
Vermande
ヘルヤ Heljä
ヘルヤー Helyar*
ベルヤット Beriat
ベルヤンセバ
Belyantseva
ベルラ Bierla
ペルラ Perla**
ヘルラア Heller
ベルラウ Berlau
ベルラーゲ Berlage
ベルラコビッチ
Berlakovich
ペルラス Perlas
ヘルラート Herrad
ベルラーヘ Berlage*
ベルラン
Bellerin
Bertrand
ペルラン
Pélerin
Pellerin*
ベルランガ Berlanga*
ベルリ
Belli
Berry
Verri
ペルリ Perry
ベルリアン Berleand
ベルリオ Berlioz
ベルリオース Berlioz
ベルリオーズ
Berlioz**
ベルリオズ Berlioz
ヘルリグル Höllrigl
ヘルリグレ Höllrigl
ヘルリーゲル
Hellriegel
ペルリコ Pellico
ペルリス Perlis
ヘルリツィウス
Herlitzius*
ヘルリッカ Herlitzka
ヘルリッツ Herlitz
ベルリッツ Berlitz***
ヘルリッヒコッファー
Herrligkoffer
ベルリッヒンゲン
Berlichingen
ベルリーナー Berliner
ベルリナー Berliner
ベルリーニ Bellini
ベルリニ Bellini
ベルリネール Berliner
ベルリネル Berliner
ヘルリヒコッファー
Herrligkoffer
ベルリヒンゲン
Berlichingen
ベルリーブ Bellerive
ヘルリーン Herlin
ヘルリン Herlin
ベルリン Berlin**
ペルリン Perlin
ヘルリンガー
Herrlinger
ベルリンガー
Berlinger
ベルリンギエーリ
Berlinghieri
ベルリンギエリ
Berlinghieri
ベルリンギェーロ
Berlinghieri
ベルリンギエーロ
Berlinghieri
Berlinghiero
ベルリンク Berling
ベルリング Berling
ベルリングェル
Berlinguer
ベルリングエル
Berlinguer*
ベルリンゲル
Berlinguer
ペルリンジェイロ
Perlingeiro*
ベルリンスガウゼン
Bellinsgauzen
ベルリンスキ Berlinski
ヘルリンデ Herlinde
ベルール
Bellour*
Béroul
ベルル Berl*
ベルルース Belleruth
ベルルスコーニ
Berlusconi**
ベルルッティ Berluti*
ヘルルト Herlth

ペルルミュテール
Perlemuter**
ベルルンド Bärlund
ヘルレ Harle
ベルレー Verley
ペルレア Perlea
ベルレエヌ Verlaine
ペルレス Perlès
ベルレッツァ Bellezza
ベルレットーニ
Berretoni
ベルレーヌ Verlaine
ベルレプシュ
Berlepsch
ベルレユング
Berlejung
ヘルレル Heller
ヘルレルマン
Hellermann
ベルレロフォンテ
Bellerofonte
ベルロー Bellew
ペルロー Peyrelon
ベルロカン Berloquin
ベルロット Bellotto
ベルローニ Berloni
ペルロフ Perlov*
ペルワ Dpal ba
ベルワルト Berwald
ヘルン
Hearn*
Hern
ベルン
Bern
Bernd*
Verne
ペルン
Perren
Perun
ベルンヴァルト
Bernward
ヘルンガ Herunga
ベルンガー Bernger
ベルンガールドヴィチ
Berngardovich
ベルンガルドヴィチ
Bernardovich
Berngardovich
ベルングラドビッチ
Berungardovich
ベルンシテーイン
Bernshtein
ベルンシテイン
Bernshtein*
ベルンシュタイン
Bernshtein*
Bernstein**
ベルンシュタム
Bernshtam
ベルンシュテーイン
Bernshtein
ベルンシュテイン
Bernshtein
Bernstein
ベルンシュトルフ
Bernstorff
ヘルンシュミット
Herrnschmidt
ベルンスタイン
Bernstein
ベルンスタン
Bernstein*
ベルンステーン
Bernstein
ベルンステン
Bernstein
ベルンゼー Bernsee
ベルンセン Bernsen
ベルンデス Berndes
ベルント
Baron
Bernd***
Berndt**
Bernt**
Berund*
ベルンド
Bernard
Bernd**
ベルントセン
Berntsen*
ベルントゼン
Bernthsen
ベルントソン
Berndtson
ベルンドル
Berndl
Wörndl
ヘルンドルフ
Herrndorf**
ベルンドルフ
Berndorff
ベルンナルド
Bernnard
ベルンハイム
Bernheim**
ベルンハート
Berhnard
Bernhard*
ベルンハード
Bernhard*
ベルンハルズ
Bernhard
ベルンハルディ
Bernhardi*
Bernhardy
ベルンハルディー
Bernhardi
ベルンハルディーネ
Bernhardine
ベルンハルト
Bernhad
Bernhard***
Bernhardt*
Bernhart
ベルンハルド
Bernhard
Bernhardt
ベルンハルドゥス
Bernhard
ベルンハント
Bernhard
ベルンフェルト
Bernfeld
ベルンヘア Wernher
ベルンヘイム
Bernheim
ベルンュスタイン
Bernstein
ヘルンライン Hörnlein
ヘルンレ
Hoernlé
Hörnle
ベルンレフ Bernlef*
ベルンワルト
Bernward
ヘーレ Heere
ヘレ
Hele*
Helle**
Hellē
Herre
Hölle
ベーレ
Behle*
Berre
ベーレー Bailey
ベレ
Bellay
Belle
Beller
Bere
Bère
Vélez
Vere
ベレー Bellay*
ペーレ Pere
ペーレー Paley
ペレ
Pedro
Pele*
Pelé**
Pelle
Pellet
Pere**
Péré*
Peret
Péret*
Perez
Pérez*
Perrée
Perret**
ペレー
Pelle
Pelley
Peres
Perey
Perret*
ベレア Bellaire
ペレア
Pellea
Perrea
ベレアーズ Bellairs**
ペレアス Pelleas
ペレアル Perréal
ベレイ Bellay
ペレイオ Peréio
ベレイスキー Verejskij
ベレイド Belaid
ペレイラ
Pereira***
Pereyra
Perreira
ベレイロ Berreiro
ペレイロ Pereiro
ヘレイン Helaine
ペレインス Pereyns
ペレーヴ Perreyve
ベレヴィル Belleville
ペレーヴィン
Pelevin**
ヘレヴェ Helleve
ヘレヴェッヘ
Herreweghe*
ペレヴェルゼヴ
Pereverzev
ペレヴェールゼフ
Pereverzev
ペレヴェルゼフ
Pereverzev*
ペレヴォーシシコフ
Perevoshikov
ペレヴォースチコフ
Perevozchikov
ペレウス Peleus
ベレエ Bellay
ベレエズ Beleze
ペレオ Pelayo
ベレオケン Beleoken
ヘレガー Heregger
ベレガンブ
Bellegambe
ペレキューデース
Pherekydēs
ペレキュデス
Pherekydēs
ベレーク Berek
ベレーグ Bellaigue
ベレク Berek
ペレク
Perec*
Pérec
ペレクラテス
Pherekratēs
ペレグラン Pellegrin
ペレグリ Pélégri
ペレグリーニ
Pellegrini*
ペレグリニ
Pellegrini**
ペレグリヌス
Peregrinus
ペレグリーネ
Peregrine
ペレグリーノ
Pellegrino**
ペレグリノ
Pellegrino
Peregrino
ペレグリノス
Peregrinus
ペレグリン
Pelegrín
Pellegrin
Peregrine
ベレケ Bereket
ベレケイ Vereckei
ペレケゼラ
Phelekezela
ベレケト Bereket
ペレケーノス
Pelecanos**
ペレーゴ Perego
ペレゴ Perego*
ペレゴー Perregaux
ベレゴヴォワ
Bérégovoy*
ヘレゴッズ Herregods
ペレゴーネッツ
Peregonets
ベレゴボワ Bérégovoy
ベレサーエフ Veresaev
ペレサグア Perezagua
ペレサダ Peresada
ペレサラ Pelesala
ベレジ Beregi
ペレシ Peleshi
ペレシェンコ
Peleshenko
ペレジカ Perezchica
ベレジコフ Berezhkov
ベレシチャーギン
Vereshchagin
ペレシーニ Peressini
ペレシャン Pelechian
ベレシュ
Béres
Beresh
Veres*
Voros*
Vörös
ベレシュマルティ
Vörösmarty
ベレージン Berezin
ベレジン Berezin
ヘレス
Jerez
Xeres
Xerez
ベーレス Vélez
ベレス
Velez*
Vélez**
Veres*
Vérez
Verres
ベレズ Berez
ペーレース Perez
ペーレス
Peresu
Pérez
ペレーズ
Peláez
Perez
Pérez
Pérèz*
ペレス
Pélez
Peres***
Pérès*
Peress*
Perez***
Peréz
Pérez***
Pé'rez
Prez
ペレズ
Perez**
Pérez
ベレズイン Berezin
ペレスヴェートフ
Peresvetov
ベレスエタ
Berrezueta
ペレスカステホン
Pérez-Castejón
ペレスク Peiresc
ペレスコ Pelesko

ベレズツキ Berezutski
ベレスティン
Berestain
ベレステギ
Peresztegine
ベレステツキー
Berestetskii
ペレスデルカスティジョ
Pérez Del Castillo
ベレスト Berest
ベレストフ
Berestov**
ベレスドーフ
Beresdorf
ベレズナヤ
Berezhnaya*
ベレスニエワ
Beresnyeva
ベレスニューウィッツ
Beresniewicz
ベレスハイム
Bellesheim
ベレスフォード
Beresford***
Berresford*
ベレスフオード
Beresford
ベレズフォード
Beresford*
ペレスベトフ
Peresvetov
ベレズホフ Berezhkov
ペレセ Perese
ヘレゼス Helleseth
ヘレソイ Hellesøy
ベレゾーフスキー
Berezovskii
ベレゾフスキ
Berezovsky
ベレゾフスキー
Belesovskii
Beresovskii
Berezovskii**
Berezovsky
Berezowski
ベレソール Bellessort
ベレゾワ Berezova
ベレソン Berenson
ペレータ Pereda
ペレーダ Pereda
ペレダ Pereda
ベレチェット Berechet
ペレチャギン
Peretyagin
ヘレツ Gerets
ベレツ Berecz
ペレツ
Perets*
Peretz***
Perez**
ヘレツェン Gerretsen
ベレツキー Beletsky
ベレーツキイ Beletskii
ペレック
Perec*
Pérec*
ベレッタ
Beretta**
Valetta
ペレッツ
Peretz
Perez
ベレッツァ Bellezza
ヘレッツグルーバー
Helletsgruber
ベレッティ Belletti
ペレッティ Peretti*
ベレッティーニ
Bellettini
ベレット
Bellet
Bellett
Belletto*
Berett
Berrett
Bret
Vered
Verrett
ベレッド Vered
ペレット
Pellett
Perret*
Perrett*
Perrette
ヘレットソン
Gerretson
ベレッリ Bellelli
ベレテ Belete
ベレディ Bereday
ペレティ Peretti
ヘレディア Heredia
ペレティア Pelletier
ペレティアー Pelletier
ペレティエ
Pelletier**
Pelletiere
Pelletière
ペレティエー Pelletier
ペレド Peled
ペレドゥル Peredur
ヘレーナ Helena*
ヘレナ
Elena
Helena**
Helēna
Helene
ヘレナー Hoerner
ベレーナ Verena
ベレナ Verena
ベレナト Berenato
ベレニ Boloni
ペレーニ Perényi*
ヘレニウス Herennius
ベレニケ
Berenice
Berenike
ペレニケ Pelenike
ヘレニコ Hereniko
ベレニス
Berenice**
Bérénice
ペレニセ Perenise
ベレニーチェ Bérénice
ベレニュク Beleniuk*
ヘレーヌ Helene
ヘレーネ
Helene*
Hélène
ヘレネ
Helene*
Hélène
ヘレネー Helene
ペレネラ Perenara
ヘレノ Heleno
ヘレノス Helenos
ベレビー Berreby
ベレービッチ Belēvičs
ペレービン Pelevin
ベレブ Vereb
ベーレフェルト
Berefelt
ヘレフォード Hereford
ベレブールトセ
Willeboordse
ペレフレスト
Perekhrest
ヘレブレッカーズ
Hellebrekers
ペレベ Pérévet
ペレペチェノフ
Perepetchenov
ペレペチコ
Perepeczko
ヘレベッヘ
Herreweghe
ペレペルキン
Perepelkin
ペレベルゼフ
Pereverzev
ヘーレマンス
Heremans
ヘレマンス
Hellemans
Heremans
ヘレミア Heremia
ヘレム Helem
ペレム Pelham
ヘレムホルツ
Helmholz
ベレムンドゥス
Veremundus
ベレヤー Bellaire
ヘレーラ
Fereira
Harrera
Herrera**
Herrerra
ヘレラ Herrera
ヘレラー Höllerer***
ベレラ Verela
ペレーラ
Pereira
Perella
Perera
ペレラ
Perella
Perera**
ペレラデスサマビロー
Pereira De Sousa Mabileau
ベレリ
Belleli
Bellelli
ヘレリウス Helenius
ペレリウス Parelius
ベレリス Verelis
ヘレリマナ
Hererimana
ペレリマン Perel'man
ペレリン Pellerin
ベレール Belair
ベレル
Baehrel
Beeri
Berl
ペレール
Péraire
Pereire
Peyrère
ペレル Perel*
ペレルス
Perels
Perrers
ベレルソン Berelson
ペレルバーグ
Perelberg
ペーレルマン
Perelman
ペレルマン
Perelman**
Perel'man
ヘレロ Herrero*
ベレロフォン
Bellerophōn
ベレワ Berewa
ヘレワード Hereward
ヘーレン
Geelen*
Heeren
Herren
ヘレーン
Hären
Helene**
ヘレン
Helen***
Helene**
Hélenè
Héléne
Hélène
Hellen*
Hellēn
Heln
Heren
Herren
ベーレン
Beelen
Beeren
Behrend
ベレン
Belen*
Belén*
ペーレン
Palen
Peelen
ペレン Perren*
ヘレンガ Hellenga*
ベレンガー
Berenger
Bérenger*
ベレンガリア
Berengaria
ベレンガリウス
Berengario
Berengarius
ベレンガーリオ
Berengario
ベレンガリオ
Berengar
Berengario
ベレンガーリョ
Berengar
Berengario
ベレンガール
Berengar
ベーレンカンプ
Beelenkamp
ベレンキ
Belenki
Belenkiy*
ベレンギ Bellenghi
ヘレンケイ HelenKay
ベレンゲール
Berenguer
ベレンゲル
Berengar
Berenguer*
ベレンコ Belenko*
ベレンゴ Berengo
ヘレンコール
Herrenkohl
ベレンジャー
Berenger*
ヘレンス Hellens
ベーレンス
Behlens
Behrens***
ベーレンズ Behrens
ベレンズ Berens*
ペレンス Perens
ベレンスタイン
Berestain
ベレンスティン
Berenstain*
ベレンスン
Berenson**
ベレンセク Velensek
ベレンゼン Berendzen
ベレンソン
Bellenson
Berenson**
ヘレンダール
Hellendaar
ベーレンツ
Baerends
Behrends
ベレンデン Bellenden
ベーレント
Bärend
Behrend*
Behrendt**
Behrent
Berendt*
Berent
ベレント
Berend
Berendt*
Berent*
ベレンド Berend**
ペーレント Parent
ベーレンドゼン
Behrendsen
ベレンドセン
Berendsen*
ベーレンドルフ
Behlendorf
ベレンドン Bellenden
ベレンニ Berrenni

ヘレンニア Herennia
ヘレンニウス
Herennius
ペレンニウス
Perennius
ペレンニス Perennis
ベーレンバウム
Berenbaum*
ベレンバウム
Berenbaum
ヘレンバルト
Hellenbart
ヘレンブラント
Hellenbrand
ペレンベ Pelembe
ベレンホルツ
Barenhort
Berenholtz*
ペレンマアト
Perenmaat
ヘロ
Hello
Hērō
ベーロ Below
ベロ
Belaud
Belleau
Bello**
Bellot
Belo**
Belot
ベロー
Belleau
Bello
Bellot
Bellow***
Belot
Below*
Beraud
Béraud*
ペロ
Pero
Perro
Perrot*
ペロー
Pairault
Pellow
Pelot
Peraud
Perot***
Perraud
Perrault**
Perraut
Perreau
Perreault*
Perro*
Perrot**
Perrott
Perrow*
ベローア Berroa
ベロア Berroa
ベロアー Bellore
ベロアルド Béroalde
ヘロイーズ
Heloise
Héloïse
ベローヴ Belov
ベロウ
Bello
Bellow*
Belo
Below
Berrow*
ペロウ Perrault
ベローヴァ Berova
ベロヴァー Bellová
ペロヴィッチ Perovici
ベロヴィン Bellovin
ベロウス Belous
ベロウズ Bellows*
ペロウスキー
Pellowski
ベロウーソヴァ
Belousova
ベロウーソフ
Belousov*
ベロウソフ Belousov*
ヘロウド Heraud*
ペロウフ Pelouch
ヘロエポエトリ
Heroepoetri
ベロオ Bereau
ペロオ Perrault
ベロカル Berrocal
ベローキ Beloqui
ペロキン Peloquin
ベーログ Balogh
ベログラーゾフ
Beloglazov
ベログラゾフ
Beloglazov
ベロクール Belokur
ペローシ Pelosi
ペロージ Perosi
ペロシ Pelosi*
ペロション Perochon
ヘロス Gelós
ベローズ Bellows**
ベロス Bellos*
ペーローズ
Peroz
Pērōz
ペロースキー Pelosi
ベロースス Bērōsos
ベロスト Belloste
ベロセルスキー
Beloselskiy
ベローゾ Veloso*
ベロソ Veloso
ベロゾグル Belozoglu
ベーローソス Bērōsos
ベロソス Bērōsos
ペロソフ Pelossof
ヘロダス
Hērōdas
Hērōndās
ペロタン
Perotinus
Perrotin
ペローチェ Pelloutier
ベロツァフ Belozerov
ベロツェルコオフスキイ
Belotserkovskii
ベロツェルコフスキー
Belotserkovskii*
Belotserkovsky
ベロツエルコーフスキイ
Belotserkovskii
ベロツェルチェフ
Bilozerchev
Bilozertsev
ベロッキォ Verrocchio
ベロッキオ
Bellocchio*
Verrocchio
ベロッキョ Verrocchio
ベロック Belloc**
ベロッソス Bērōsos
ペロッタ Perrotta*
ベロッティ Belotti
ペロッティ Perotti
ペロッテイ Perotti
ベロット Bellotto
ペロット
Perotto
Perrott
ベロツハイマー
Berolzheimer
ベロッホ Beloch*
ヘロデ
Herod
Herodes
Hērōdēs
Herod's
ヘロディア Hērōdias
ヘロディアス Hērōdias
ヘロディアヌス
Hērōdianos
ヘーローディアーノス
Hērōdiānos
ヘロディアノス
Hērōdianos
Hērōdiānos
ヘロディコス
Herodikos
ペロティーヌス
Perotinus
ペロティヌス
Perotinus
ペローディン
Perraudin
ヘーローデース
Herodes
ヘロデス
Herodes
Hērōdēs
ペロテット Perrottet*
ベロデディチ
Belodedici
ヘロデヤ Hērōdias
ベロテラン
Berroterán
ベロート Belote
ヘロドタス Herodotus
ヘーロドトス
Hērodotos
Herodotus
ヘロドトス
Hērodotos
Herodotus
ヘロドロス Hērodōros
ヘローナ Gerona
ベローナ Verona*
ベロナ Verona*
ペローナ Perona*
ベローニ
Belloni
Beloni
ペーロニ Peyronie
ペロニ Peroni
ベロニカ
Veronica***
Verónica*
Veronika*
ベロニク
Veronique
Véronique*
ベロニーズ Veronese
ベロニック Véronique
ヘローニモ Geronimo
ヘロニモ
Geronimo*
Gerónimo
Jeronimo
Jerónimo*
ペーロネー Peyronet
ペローネ Perrone**
ペロネ
Péronnet
Perrone
Perronet
Perronnet
Peyronet
ベロネージ Veronesi
ベロネジ Veronesi
ベロネーゼ Veronese
ペロノー Perroneau
ベロノゴフ
Belonogoff
Beronogov
ペロノミ Pelonomi
ペロピダス Pelopidas
ヘーロプ Hørup
ベローフ Belov***
ベロフ
Belof
Beloff*
Belov*
Béroff*
Berov**
Bialou
ペーロフ Perov
ペローフ Perov
ペロフ Perov
ヘロフィロス
Herophilos
ベロフヴォスティコーヴァ
Belokhvostikova
ベロフウォストフ
Belokhvostov
ペロプス Pelops
ペローフスカヤ
Perovskaia
Perovskaya
ペロフスカヤ
Perovskaia
ベロフスキー Belofsky
ペロフスキー
Perovskii
ベロブーバ
Bello Bouba
ベロブラーデク
Bēlobrádek
ペロプラトン
Peloplaton
ベローブル Belaubre
ベロホ Beloch
ペロホ Perojo
ベロポリスカヤ
Belopolskaya
ベロポリスキー
Belopolskii
ベロポーリスキィ
Belopolskii
ベロポルスキ
Belopolskii
ベロポルスキ
Belopolski
Belopolskii
ベロム Belhomme
ベロモイナ Belomoina
ベロヤン Beroian
ベローリ Bellori
ベロール Bérault
ペロル
Perol
Pérol**
Perols
Pérols
ベロルコワ
Belorukova
ベロルツハイマー
Berolzheimer
ヘロルト
Herold
Höroldt
ヘロルド Herold*
ペロルド Perold
ベローワ Berova
ベロワ
Belloy
Belova
ペロワ Perova
ヘロン
Heron***
Herón
Herron**
Vernon
ベロン
Bellon***
Belon
Velon
Veron*
Verón*
Véron
ペローン Perowne*
ペロン
Payron
Pelon
Perón**
Perron***
ペロンズ Perrons
ベロンスキー
Berounský
ヘーローンダース
Herondas
Hērōndās
ヘーロンダース
Herondas
ヘロンダス Hērōndās
ベロンチ Bellonci**
ペロンパー Pellonpaa
ペロンペー Pellonpaa
ヘーワード
Hayward
Heyward

ベワニョン
Bewa-Nyong
ヘーワルド Hawald
ヘワルド Hewald
ヘワルドゥス Hewalds
ヘーン
Hahn
Hähn
Hayne
Hehn*
Hoehn*
Hohn
Höhn
ヘン
Chen
Hen
Hén
Heng**
Henn*
Henne
ベーン
Bain
Behn**
Boehn*
Vane
Vern
ベン
Ben***
Benedict
Beng*
Benh*
Benjamin*
Benn***
Benne
Ibn
Venn
ペーン
Pain
Paine
Payne
Pene
Pène*
ペン
Pen***
Pene
Pène*
Peng**
Penn***
Pheng
ベンアイサ Ben Aïssa
ベンアシェル
Ben-Asher
ベンアシュール
Ben Achour
ベンアバ Ben-Abba
ベンアハメド
Benahmed*
ベンアブダラ
Ben Abdallah
ベンアブドラ
Benabdellah
ベンアブヤー
Ben-Avuyah
ベンアモツ
Ben-Amotz
ベンアリ Ben Ali
ベンアルツィ
Ben Artzi
ベンイエデル
Ben Yedder
ベンイサク Ben-Isaac
ベンイスラエル
Ben Israel
Ben-Israel
ベンイズリ Ben Yizri
ペンウィック Penwick
ベンヴェニスト
Benveniste
ベンヴェニーダ
Benvenida
ベンヴェヌウト
Benvenuto
ベンヴェヌッティ
Benvenutti
ベンヴェヌーティ
Benvenuti**
Benvénuti
ベンヴェヌート
Benvenuto**
ベンウェル Benwell
ヘンウッド Henwood*
ペンエーク Pen-ek*
ペンエク Pen-ek
ベンエフダ
Ben-Yehuda
ベンエリエゼル
Ben-Eliezer*
ベンエリシャ
Ben-Elisha
ベンエリヤ Ben-Elijah
ヘンガー Hienger
ベンガー Benger
ペンカー Penker
ベンカアト Benkard
ベンカイア Venkaiah
ベンカイティス
Venckaitis
ベンカタ Venkata*
ベンカタマキ
Veṅkaṭamakhi
Veṅkaṭamakhin
ベンカタラマン
Venkataraman**
ベンカット Venkat
ベンカート Benkert
ベンカト
Venkat
Venkatram
ペンカート Penkert
ベンカトラマン
Venkatraman**
ベンカトラン
Venkatram
ベンカブラ Benchabla
ペンカベル Pencavel
ベンガマリエル
Ben-Gamaliel
ペンカミー
Phengkhammy
ベンガリ Bengaly
ベンガルビーヤ
Bengarbia
ベンカン Benkan
ベンガン Ben-Gan
ヘーンカンプ
Hanekamp
ヘンキ Henki
ヘンキー Henke
ヘンギ Hänggi
ベンギ Biengi
ペンキエル Pękiel
ベンギギ Benguigui
ヘンキース Henkys
ヘンギスト
Hengest
Hengist
ベンキタキャラム
Venkitachalam
ヘンキュス Henkys
ベンキラー Benkirane
ペンギラン
Pengiran*
Pg
ペンギリー Pengilly
ヘンキン
Henkin*
Henkine
Khenkin
ヘンキント Henkind
ヘンク
Henck*
Hendrik
Henk**
Henke
ヘング Heng
ベンク
Benck
Benk
Benke
ベング
Beng
Weng
ペンク
Pench
Penck**
Penk
Penque
ベンクアッシミ
Benquassmi
ペングィンデ
Pengwindé
ヘンクジャン HenkJan
ベングシュ Bengsch
ヘンクス Henkes**
ヘングステンベルク
Hengstenberg*
ベンクト
Bengt***
Benqt
ベングト Bengt**
ベングトション
Bengtsson
ベンクトソン
Bengtson
Bengtsson
ベングトソン
Bengtson
Bengtsson**
ヘンクマン
Henckmann
ベンクラー Benkler
ベングリオン
Ben-Gurion
ベングリス Benglis
ベングリーン
Ben-Gurion
ペングリン Peregrine
ヘンクル Henkle
ヘンケ Henke**
ヘンゲ Hengge*
ベーンケ
Behncke
Behnke*
Boehncke
Boehnke
ベンケ
Behnke
Benke
ペンケ Penke
ヘンゲヴェルド
Hengeveld
ヘンゲスト Hengest
ベンゲスラ Bengesla
ベンゲブリ
Benghebrit
ヘンケマンス
Henkemans
ヘンゲラー Henggeler
ペンゲリー Pengelly
ヘンケル
Hankel
Henckel*
Henckell
Henkel***
Hennequel
ヘンゲル Hengel*
ベンゲル
Bengel*
Bengell
Wenger**
ペンゲル Pengel
ベンゲルショム
Ben-Gershom
ヘンケルス Henckels
ベンケルファ
Benkhelfa
ヘンゲルブロック
Hengelbrock*
ベンゲーロフ
Vengerov
ベンゲローフ
Vengerov
ヘンケン
Hencken
Henkin
ヘンゲン
Hengen
Höngen
ベンケン Benken
ベンケンドールフ
Benkendorf
ベンケンドルフ
Benckendorf
Benkendorf
ベンコ Benko*
ベンゴ Bengo
ベンゴア Bengoa
ベンコヴィッチ
Bencovich
ベンコスキー
Benkoski
ベンコビック
Benkovic
ペンコフ Penkov*
ベンコフスキー
Benkovski
ペンコフスキー
Pen'kovskii
Penkovsky
ペンコフスキイ
Pen'kovskii
ベンサ Bensa
ベンザ Bensa
ベンザー Benzer**
ペンザー Penzer
ベンサイド
Bensaïd
Bensid
ベンザカイ
Ben-Zakkai
ベンザクエン
Benzaquen
ベンザゴ Venzago
ベンサソン
Ben-Sasson
ペンサック Pensack*
ベンサム Bentham*
ベンザム Bentham
ベンサムエル
Ben Samuel
Ben-Samuel
ベンサレム
Ben Salem
Bensalem
ベンシー BenShea
ベンジ
Benge*
Benji
ベンジー
Bengie
Benjamin
Benji
ペンシー Penssi
ペンジアス Penzias*
ペンジアズ Penzias
ベンジアン Benzian
ベンジィオン
Ben-Zion
ペンジウォル
Pendizwol*
Pendziwol
ベンシェシナ
Ben-Sheshna
ベンジェスク
Bengescu
ベンジェディド
Bendjedid**
ヘンジェム Heng Jem
ベンシェリフ
Bencherif
ヘンシェル
Henschel
Henschell*
Hentschel*
ベンジェルール
Bendjelloul*
ヘンシェン Henschen
ベンジオ Bengio*
ベンシオン Bension
ベンジガー
Baenziger
Benziger
ベンジク Bendik
ベンシニョール
Bensignor*

ベンジーノ Benzino
ベンシムハー
Ben-Simchah
ヘンシャー Hensher
ベンジャーエフ
Bendiaev
ペンジャス Penzias
ベンジャバラー
Bendjaballah
ベンジャマン
Benjamin*
ベンジャマンディディエ
Benjamin Didier
ベンジャミ Benjamin
ベンジャミナ
Benjamina
ベンジャミン
Benjamin***
Benjamín
Benyamin
ベンジャミンズ
Benjamins
ベンシャラル
Benchallal
ヘンシャル Henshall
ヘンシュ Hänsch**
ヘンシュケ Henschke
ベンシューフ
Benshoof
ヘンショー Henshaw
ヘンショウ Henshaw
ベンショップ
Benschop
ヘンショール Henshall
ベンジョール Benjor*
ベンジョン Benzion
ペンシリ Pensiri
ベンシン Bencin
ベンシンガー
Bensinger
ベンジンガー
Bensinger
ベンジンク Bensing
ベンジング Bensing
ヘーンズ
Geens
Haynes
ベーンズ Baynes
ベンス Bence
ベンズ
Bens
Benz
ペンス
Pence***
Pense
Penz
ベンスイラ
Bensouilah
ベンズキッゼ
Bendukidze
ペンズケニ Pendukeni
ベンスーサン
Bensoussan*
Bensussan
ベンスサン
Bensoussan

ベンスッサン
Bensoussan
ベンステッド
Benstead
ヘンステル Henstell
ヘンステンバーグ
Hengstenberg
ヘンストック
Henstock
ベンストック
Benstock
ベンスドープ
Bensdorp
ヘンストラ Henstra
ヘンストリッジ
Henstridge*
ベンストロング
Benstrong
ベンストン Benston
ヘンスバーガー
Hensperger
ベンスバーグ
Bensberg
ヘンスペルガー
Hensperger
ヘンスベルヘン
Hensbergen*
ヘンスマン Hensman
ヘンスラー Henssler
ペンズラー Penzler*
ベンスラマ Benslama
ヘンスリー Hensley**
ヘンズリ Hensley
ヘンズリー Hensley*
ベンズリー Bensley
ペンスルスキ Penšliski
ヘンスレー Hensley
ヘンズレー Hensley
ベンズレー Bensley
ヘンスレイ Hensley
ヘンズレイ
Hensleigh
Hensley
ヘンズロー
Henslow
Henslowe
ヘンズロウ Henslowe
ヘンスン Henson*
ベンスン Benson*
ペンスン Peng Soon
ベンゼ Bense*
ベンセスラオ
Wenceslao**
ベンセード Bensaïd
ベンゼマ Benzema*
ヘンゼラー Henseler
ヘンゼル
Haensel
Hänsel
Hensel**
ベンセル Bensel
ベンゼル Benzel
ヘンゼルト Henselt
ヘンゼルマン
Henselmann

ヘンゼン Hensen
ベンセン
Bemdtsen
Bendtsen
Bensen*
ヘンゾ Renzo**
ベンソ Benso
ペンソ Penso
ベンソーダ
Bensouda*
ヘンソム Henthome
ベンソール Benthall
ベンソロモン
Ben Solomon
Ben-Solomon
ヘンソン
Hanson
Henson***
ベンソン
Banson
Bengtsson
Benson***
Bensone*
Bentzon
ベンゾン Benzon
ペンソン Penson
ベンソンポープ
Benson-pope
ベンソンモイトイ
Venson-moitoi
ベンター
Bender
Benter
Venter**
ベンダ
Benda**
Bender
ベンダー Bender***
ペーンター Painter
ペンダ Penda
ペンダー Pender**
ヘンダアスン
Henderson
ベンダヴィッド
Bendavid
ペンダーグラス
Pendergrass*
ペンダーグラスト
Pendergrast*
ペンダグラスト
Pendergrast
ペンタコタ Pentakota
ベンダサン BenDasan
ベンダース Wenders
ペンダース Penders
ベンダースキー
Bendersky
ヘンダースン
Henderson*
ヘンダスン Henderson
ヘンダーソン
Henderson***
ヘンダソン
Henderson*
ペンタック Pentak
ベンダッツォーリ
Bendazzoli
ベンダット Bendat

ペンタディウス
Pentadius
ベンダート Bendat
ペンダトゥン
Pendatun
ベンダニエル
BenDaniel
Bendaniel
ベンダーニャ Bendaña
ベンダニャ Bendaña
ベンダビッド
Ben-David
ベンタフリッダ
Ventafridda
ベンタム Bentham*
ベンタヤ Ventaja
ペンタラ Penttala
ベンダリー Benderly
ベンダル Bendall
ペンダールカール
Pendharkar
ベンタレブ Bentaleb
ペンダロフスキ
Pendarovski
ベンタン Benton
ベンダン Bendann
ヘンチ Hench*
ヘンチー Heng-chee
ベンチ
Bench*
Benci
ペンチアス Penzias
ベンチェ Bence
ベンチェス Benjes
ベンチェラ Ventura
ヘンチェル
Hentschel*
Hentschtl
ベンチェル Vencel
ベンチック Bencich
ベンチッチ Bencic
ベンチディウス
Ventidius
ベンチーニ Bencini
ペンチニ Pentjini
ベンチーニョ
Bentinho
ベンチモル Benchimol
ヘンチュ Hentsch
ペンチュ Pencz
ベンチュラ
Ventura***
ベンチューリ Venturi*
ベンチュリー Venturi
ベンチュリニ
Venturini
ペンチョ Pentcho
ベンチョリーニ
Benciolini
ベンチリー
Benchley***
ベンチレイ Benchley
ベンチンク Bentinck
ヘンツ
Chonz
Chönz
Hentz
Henz*
ベンツ
Bent
Bentz*
Benz**
Buenz
Wentz
ペンツ
Pencz
Pentz
Penz
ベンツァイン Benzien
ペンツァク Pfendsack
ヘンツィ
Hentzi
Henzi
ベンツィ Benzi*
ベンツィスラフ
Ventsislav
ベンツィンガー
Benzinger
ベンツィンバーグ
Benzinberg
ヘンツェ
Hentze*
Henze**
ベンツェ Bence
ベンツェスラウス
Wenceslaus
Wenzeslaus
ベンツェマフ
Ben-Zemah
ベンツェル
Benttsl'
Wenzel
ヘンツェン
Hentzen
Henzen
ベンツェン Bentsen**
ベンツェンヘーファー
Benzenhöfer
ベンツェンベルク
Benzenberg
ペンツォ Penzo
ペンツォッティ
Penzotti
ペンツォールト
Penzoldt
ペンツォルト
Penzoldt*
ペンツォルド Penzoldt
ペンヅケニ Pendukeni
ベンツソン Bengtsson
ペンッティ Pentti**
ベンツビ Ben Zvi
ペンツャク Pfendsack
ヘンツラー Henzler*
ペンツリン Pentzlin
ヘンデ Hende
ベンテ Bente**
ペンテ
Pente
Puente
ペンテアード
Penteado
ヘンティ Henty
ヘンディ Hendy
ヘンディー Hendy

ベンティ Benti
ペンティ Pentti
ペンティー Penty
ペンテイ Penty
ペンテイー Penty
ベンディア
Ben Dhia
Ben Dhiaa
ベンティヴェーニャ
Bentivegna
ベンティヴォリオ
Bentivoglio*
ベンティヴォーリョ
Bentivoglio
ヘンティエス
Haentjens
Haentjes*
ベンディク
Bendig
Bendik
ベンディクス Bendix*
ベンディクセン
Bendixen*
ベンディクソン
Bendixson*
ペンティコースト
Pentecost**
ペンティコスト
Pentecost
ベンディシュ Bendish
ベンディス Bendis
ベンディスン Bendisn
ベンデイック Bendick
ベンディックス
Bendix*
ベンディット
Bendit*
Bendito
ヘンティッヒ
Hentig**
ベンディティ Venditte
ベンディト Bendito
ヘンティヒ Hentig
ベンティボリオ
Bentivoglio
ペンティラ Penttilä
ヘンティレ Gentile
ヘンティレッティ
Gentiletti
ヘンディン Hendin*
ベンティーン
Benthien
Bentyne*
ベンティン Bentin
ベンティンク Bentinck
ベンティング Bentinck
ベンディンク Bentinck
ペンテウス
Penteus
Pentheus
ベンデグス Bendeguz
ベンテケ Benteke
ペンデシュ Pendeš
ペンテシレイア
Penthesileia
ベンデック Bendek
ベンデット Bendett
ヘンテナール
Gentenaar
ベンデービッド
Bendavid
ベンデビット
Bendavid
ベンデビッド
Bendavid
ベンデビル Vendeville
ベンデマン
Bendemann
ベンテューラ Ventura
ベンデュレ Bendure
ベンデラ Vendela
ベンテラディオン
Ben-Teradyyon
ヘンデリック
Hendrick
ヘンデル
Haendel**
Handel*
Händel
Hendel
ベンデル Bendel
ヘンデルソン
Henderson
ペンデルトン
Pendleton
ヘンデルリーン
Hölderlin
ベンテレ Bentele
ペンデレッキー
Penderecki
ペンデレツキ
Penderecki**
ペンデレツキー
Penderecki
ヘンデン Henden
ベンデン Venden
ヘンテンリック
Hentenryk
ヘント
Gent
Gento
Hent
ベント
Bendt
Bengt*
Bent**
Bento*
Bhend
Vendt
Wendt
ベントー
Bento
Bentow*
ペーント Pehnt
ベントイウ Bentoiu
ベンドウ Bendow
ヘントヴァ Khentova
ベントウィッチ
Bentwich
ベントヴィム
Bentovim
ベンドゥージ Bendusi
ペントゥスロシマヌス
Pentus-rosimannus
ベントゥネス
Bentounès
ベントゥーラ
Ventura**
ベントゥラ Ventura
ベンドゥラ Vendula
ベントゥーリ
Vanturi
Venturi
ベントゥリーニ
Venturini
ベンドゥル Bendure
ベントゥレ Bentele
ヘントゲン Hentgen*
ペントコースト
Pentecost
ペーンドセー Pendse
ベントセン Bentsen
ベントソン
Bengtsson**
Bentson
ベントナー Bendtner*
ベントネリ Bentonelli
ベントネルリ
Bentonelli
ヘントフ Hentoff***
ベントフ Bentov*
ベンドフェルト
Bendfeldt
ヘンドラ Hendra**
ヘンドラー Hendler
ベンドラー Vendler
ペンドラゴン
Pendragon*
ペントラージ
Pentlarge
ヘンドラワン
Hendrawan
ペントランド
Pentland
ヘンドリ
Handley
Hendri
ヘンドリー
Hendrie
Hendry**
ベントリ Bentley
ベントリー
Bentley***
Bently
ペンドリー Pendreigh
ヘンドリアン
Hendrian
ベントリィ Bentley
ヘンドリカ Hendrika
ヘンドリカス
Hendrikus**
ヘンドリキエ
Hendrikje
ヘンドリク
Hendricxz
Hendrik**
ヘンドリクス
Hendricks
Hendrickse*
Hendrik
Hendriks*
Hendrikus
Hendrix*
Hendryx
ヘンドリクセン
Hendriksen
ヘンドリクソン
Hendrickson**
ベントリス Ventris
ペントリース
Pentreath
ヘンドリック
Hendrick*
Hendrik***
Hendrix
Henrik
ベンドリック Bendrik
ヘンドリックス
Hendrichs
Hendricks***
Hendrickx*
Hendriks
Hendrikus
Hendrix**
Hendryx
ヘンドリックセン
Hendriksen
ヘンドリックソン
Hendrickson*
ヘンドリヒス
Hendrichs
ベントリリア
Ventriglia
ベンドリン Bendlin
ベンドリンガー
Wendlinger
ベントール Benthall
ベントル Bentil
ベンドール Bendall*
ベンドル
Bendl
Bendle
ペンドルトン
Pendleton***
ベンドルフ Benndorf
ペンドルベリー
Pendlebury
ベントレー Bentley*
ベントレィ Bentley
ベントレイ Bentley*
ベントレーズ Ventres
ベントレラ Ventrella
ベンドレル Vendrell
ペンドレル Pendrel
ヘンドレン Hendren
ヘーントワ Khentova
ヘントン Henton
ヘンドン Hendon*
ベントン Benton***
ペントン
Penton
Pentón
ヘンナ Henna
ベンナー Benner*
ペンナ Penna
ペンナッキ Pennacchi
ヘンナディ
Hennadii
Hennady
ベンナール Bennar
ヘンニ Henny
ヘンニー Henny
ベンニ Benni**
ペンニ Penni
ベンニア Ben Hnia
ヘンニゲ Hennige
ヘンニッケ Hennicke
ヘンニッヒ Hennig
ヘンニヒ Hennig
ヘンニング Henning*
ベンニングセン
Benningsen
ヘンヌカール
Hennecart
ヘンネ Henne
ヘンネケ Hennecke
ヘンネッキン
Hennequin
ペンネッタ Pennetta*
ベンネット
Bennet
Bennett
ヘンネベルガー
Henneberger
ヘンネベルク
Henneberg
ヘンネベルグ
Henneberg
ベンネマルス
Wennemars**
ヘンネマン Henneman
ヘンネル Haenel
ペンネル
Pennel
Pennell
ヘンネルベリ
Hennerberg
ヘンネン Hennen
ペンネン Pennen
ヘンネンベルク
Hennenberg*
ベンノ Benno**
ベンノー Benno**
ペンノ Penno
ペンノック Pennock
ベンハー Ben-Hur
ベンバ Bemba
ペンバ Pemba
ペンバー Pember
ペンパ Penpa
ペンパー Pemper
ベンハイム Ben-Haim
ペンバウアー
Pembaur
ベンバーグ Wennberg
ベンハーゲン
Bennhagen
ベンバサート
Benbasat
ベンハシ Benhassi
ペンバーシー
Penberthy
ベンバジズ Benbaziz
ベンバダ Benbada

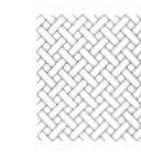
へ

ベン・ハダド
Benhadad
ベンハーダド
Benhadad
ベーンハッカー
Beenhakker*
ベンバッハー
Wembacher
ベンバディス
Ben Bādīs
ベンハドラ
Benkhadra
ペンバートン
Pemberton**
ペンバトン
Pemberton
ベンハナニア
Ben-Hananiah
ベンハニナ
Ben-Hanina
ベンハニナイ
Ben-Chaninai
ベンババ Ben-Bava
ベンハビブ Benhabib*
ベンハビレス
Benhabyles*
ベンハマ Ben-Hama
ベンハマディ
Benhamadi
ベンハミン
Benjamin*
Benjamín
ベンハム Benham
ベンハムザ
Ben Hamza
ベンハモス
Benhamous
ベンハラフタ
Ben-Halafta
ペンハリゴン
Penhaligon
ペンハロー Penhallow
ペンハロウ
Penhallow*
ベンバンバ
Bembamba
ベンビイ Benbihy
ヘンヒェ Henche
ヘンヒェン
Haenchen*
Hänchen
ベンヒーダ Benhida
ベンヒレル Ben-Hillel
ベンビンダ Benvinda
ベンファー Benfer
ベンファイ Benfey
ベンファット Benfatto
ベンファーリ Benfari
ベンフィー Benfey
ベンフィート Benfeito
ヘンフィル Hemphill*
バンフィールド
Banfield
Benfield
ペンフィールド
Penfield*
ヘンフィンダール
Herfindal
ベンフェイ Benfey
ベンフェナティ
Benfenati
ベンフォード
Benford**
ペンフォールド
Penfold*
ベンブジット
Benbouzid
ベンブジド Benbouzid
ヘンプステッド
Hempstead
ベンブダウ
Benboudaoud
ヘンプトン Hempton
ヘンプヒル Hemphill*
ヘンプフリンク
Hempfling
ベンフミダン
Ben Hmidane
ヘンブラーコ
Gemblaco
ヘンブリー Hembree
ベンブリー Bembry
ベンフリス Benflis**
ペンブリッジ
Pembridge
ヘンプリッチ
Hemprich
ペンブル Pemble
ペンブルク Pembroke
ペンブルック
Pembroke
Pembrooke
ペンブローク
Pembroke*
ベンブンダル
Ben-Bundar
ベンベ Bembe
ヘンベスト Henbest
ベンペダッド
Ben-Pedat
ベンベニスト
Benveniste
ベンベヌーチ
Benvenuti
ベンベヌチ Benvenuti
ベンベヌーティ
Benvenuti
ベンベヌティ
Bembenutty
ベンベヌート
Benvenuto
ベンベヌト Benvenuto
ヘンヘーファー
Henhöfer
ベンベラ Ben Bella
ヘンペル Hempel**
ペンペル Pempel*
ベンベルク Bemberg
ヘンボ Heng-bo
ベンボ Bembo
ベンボー
Bembo
Benbow
ベンボウ Benbow
ベンホリン Ben-Holin
ベンホルト
Bennholdt*
ベンマイモン
Ben-Maimon
ベンマスンディ
Ben Massoundi
ヘンマティ Hemmati
ヘンマート Hemmert
ヘンマン Henman*
ベンマン Bemmann*
ペンマン Penman*
ベンマンスール
Benmansour
ヘンミ
Hemmi
Hemmij
ヘンミー Hemmij
ベンムーバンバ
Ben Moubamba
ベンムルー Bommel
ヘンメイ Hemmij
ベンメイヤー
Ben Meïr
ベンメイル Ben Meïr
ベンメラディ
Benmeradi
ヘンメル Hemmer*
ヘンメルリング
Hämmerling
ヘンメルレ Hemmerle
ベンモシェ
Benmosche*
ベンモーセ
Ben-Moses
ベンモーゼス
Ben Moses
Ben-Moses
ベンモハジ
Ben Mohadji
ベンヤ Benya
ベンヤイル
Ben Yair
Ben-Yair
ベンヤコブ
Ben Jacob
Ben-Jacob
ベンヤヒア Ben Yahia
ベンヤヒヤ
Ben Yahia*
ベンヤフェト
Ben-Japheth
ベンヤーミン
Bemjámin
ベンヤミーン
Benjamin
ベンヤミン
Benjamin***
Benyamin
ペンヤム Peng Yam
ベンユダ
Ben Judah
Ben-Judah
ベンユネス Benyounes
ベンヨ Benjo
ベンヨセフ
Ben-Joseph
ベンヨナ Ben Jonah
ヘンライ Henri*
ヘンライン Henlein
ベンラキシュ
Ben-Lakish
ベンラート Benrath
ヘンラルド Henrard
ヘンリ
Hanry
Henley
Hennelly
Henri**
Henrique
Henry***
ヘンリー
Haley
Hamley
Hanley
Henery
Henle
Henley***
Henlry
Henrey
Henri***
Henrie
Henrique
Henry***
Hénry
ペンリ Penry
ペンリー
Penley
Penry
ヘンリィ Henry
ヘンリイ
Henley
Henrey
Henry**
ヘンリーウィルソン
Henry-wilson
ヘンリエッタ
Henrieta
Henrietta**
Henriette*
ヘンリェッテ
Henriëtte
ヘンリエッテ
Henriëtt
Henriette**
Henriette*
Henritte
ヘンリオット Henriot
ヘンリオン Henrion
ヘンリカス Henrikas
ヘンリーク
Henrik
Henryk*
ヘンリク
Henrich
Henrik***
Henrikh
Henrique
Henryk***
ヘンリクス
Heinrich
Henri
Henricus*
Henriques
ヘンリクセン
Henricksen
Henriksen*
ヘンリクソン
Henrikson
Henriksson
ヘンリケ
Henrike
Henriques
ヘンリーケス
Henriques*
ヘンリシ Henrici
ヘンリスン Henryson
ヘンリソン Henryson
ヘンリチ Henrici
ヘンリーツィ Henrici
ヘンリック
Heinrich
Heinrik
Henric
Henrich**
Henrick*
Henrik***
Henryk**
ヘンリックス
Henrichs
Henricks
Henricus
Henriques
Hienrichs
ヘンリックセン
Henrichsen
Henricksen
ヘンリッシー Henrici
ヘンリッチ
Heinrich
Henrici*
ヘンリッチー Henrici
ヘンリッツ Henrichs
ヘーンリッヒ Henrich
ヘンリッヒ
Heinrich
Henrich**
Hinrich*
ヘンリード Henried*
ベーンリード Wernlid
ヘンリヒ Henrich
ヘンリヒス Henrichs*
ベンリョホ Benlloch
ペンリン Penrhyn
ペンリングトン
Penlington
ヘンル Henle
ベンル Benl
ヘンルィク Henryk
ペンルイス
Penn-Lewis
パンルヴェ Painlevé
ベンルージュ
Benrouge
ベンルービ Benrubi
ヘンルマン Herman
ヘンレ
Henle
Henry
ヘンレー
Henley
Henry
ヘンレイ Henley
ベンレイ Benrei
ベンレヴィ Ben-Levy
ヘンレク Henrik
ヘンレティグ Henretig
ペンロウズ Penrose
ペンローズ Penrose**

ヘンローチン
Henrotin
ペンロッド Penrod
ヘンローティン
Henrotin
ベンロムダーネ
Ben Romdhane
ベンワー Benoit*
ベンワイケレ
Benwikere

【ホ】

ホ
Heo*
Ho**
Huh**
Hur
ホー
Haugh
Haw**
He
Ho***
Hoag
Hoe
Hoh
Hor**
Howe*
Huo
ボ
Bo***
Bot
Vo
ボー
Baud*
Baudilio
Baugh**
Baus
Beau***
Beaud*
Beaux
Bo***
Bø
Boe*
Bor
Bort
Bow
Vau
Vaulx
Vaux
Vieaux
Vo***
ポ
Pho
Po
Poh
ポー
Pau*
Pho
Po**
Pô
Poe***
Poë
Poh
Poo
Por
ホーア
Hoar*
Hoare**
Hoor
Hore
ホア
Hawe
Hoa**
Hòa
Hoar
Hoare*
Hore
Horr*
Hua*
ホアー
Hoā
Hoar*
Hoare**
ボーア
Boer
Bohr**
Boor
Bour
ボーアー Bauer
ボァ Bois
ボア
BoA
Boa*
Boar
Boer
Bois*
Boix
Bor
ボアー Bois
ポーア Poer
ポア Poer
ホァイ Hoai
ホアイ
Hoai**
Hoài*
ボアイエ Boyer
ボアイエー Boyer
ホアイト White
ホアィン Hoanh
ホアウッド Horwood
ボアエルデュー
Boieldieu
ボアカイ Boakai
ボアカマラ
Boie-kamara
ホアキナ Joaquina
ホアキム
Joachim
Joakim
Joaquim*
ボアギーユベール
Boisguillebert
ボアギュベール
Boisguillebert
ボアギユベール
Boisguillebert
ボアギルベル
Boisguillebert
ホアキーン Joaquín
ホアキン
Joaguim*
Joakin
Joaquim*
Joaquin***
Joaquín***
Josquín
ボァクサン Borksand
ボアゴベ Boisgobey*
ボアゴベー Boisgobey
ボアコベイ Boisgobey
ボアゴベイ Boisgobey
ボアサール Boissard
ボアザン Voisin
ボアシ Boissy
ボアシー Boissy
ポアシ Poasi
ボアジウ Boagiu
ボアシェ Boissier
ボアシエ Boissier
ボアジェイリー
Bourjaily
ボアジュラン
Boisgelin
ボアジュロ Boigelot
ホアス Hoaas
ボーアス Boas
ボーアズ
Boas
Boase
ボアース Boas
ボアーズ Boas
ボアス Boas**
ボアズ
Boas*
Boaz**
Boers
Bóes
ポアズイユ Poiseuille
ボアスゴベ Boisgobey
ボアステル Boister
ボアスレ Boisserée
ポアゼイユ Poiseuille
ボアセル Boissel
ボアソナード
Boissonade*
ポアソン Poisson*
ボアタ Boata
ボアターニ Boitani
ボアタール Boitard
ボアダン Boidin
ボアチ Boakye
ポアチエ Poitier
ボアチュール Voiture
ポアッソン Poisson
ポアティエ Poitiers
ボーアディケア
Boadicea
ボアディケア
Boadicea
ボーアティーン
Boertien
ボアティン Boateng
ボアデフル
Boideffre
Boisdeffre
ボアテル Boitel
ボアデルデュー
Boieldieu
ボアテング Boateng
ボアトー Boiteux
ポアトゥー Poitou
ボアドン Boisdon
ホアナ Juana
ホアニス Joahnys
ボアーニョ Boagno
ボアヌ Boine
ボアネ Boynet
ホアーネス Juanes
ポアハ Poach
ボアハリニアイナ
Voahariniaina
ボアビダ Boavida
ボアブディル Boabdil
ボアヘン Boahen
ボアベントゥラ
Boaventura
ボアボードラン
Boisbaudran
ボアボドラン
Boisbaudran
ボアマ Boamah
ボアマール Boismard
ボアーマン Boorman
ボアマン
Boreman
Bormann
ボアミエ Boismier
ボアムニュ Boismenu
ボアモルティエ
Boismortier
ボアラー Boaler
ポアランガン
Poarangan
ボアリ Boari
ポアリイヌ Pauline
ポアリエ Poirier*
ボアリール Boislisle
ボアリング Boring
ボアール Boal*
ボアル Boal*
ボアルト Boalt
ボーアルネ
Beauharnais
ボーアルネー
Beauharnais
ボアルネ Beauharnais
ポアレ Poiret
ポアレー Poiret
ボアレーヴ Boylesve
ホアレス Juárez
ボアレーブ Boylesve*
ボアロー Boileau*
ボアロベール
Boisrobert
ホァン
Hoang
Huang*
ホアン
Hoan**
Hoang***
Hoàng**
Huan*
Huang**
Hwang
Joan***
Joannes
Joao*
João*
Johannes
Juan***
ボーアン Bauhin
ボアン Bohan**
ボアンヴィル Boinville
ポアンカーレ Poincaré
ポアンカレ
Poincaré**
ポアンカレー
Poincaré*
ホアング Hoang
ポアンスネ Poinsenet
ポアンソ Poinsot
ポアンソー Poinsot
ボアンビル Boinville
ホーイ
Hoey
Hoeye*
Hoy
ホイ
Hoi
Hoj
Hooi
Hoy***
Hui**
Joy
ボーイ
Boi
Bowie
Boy**
Boye
ボイ
Boi**
Boy***
Boye
ポーイー
Po yee
Po-yee
ホイーア Wheare
ホイア Hoyer
ホイアー Häuer
ボイアー
Boer*
Boyar
Boyer
ポイアーバッハ
Peuerbach
ホイアマン Heuerman
ボイアルト Boiardo
ボイアルド Boiardo
ポイアレス Poiares
ポイアレスマドゥーロ
Poiares Maduro
ボイイエ Boije
ホーイイェン Goyen
ホーイイエン Goyen
ホイイェン Huiyan
ホイイン Hui-ying
ホイウィン Hoi-wing
ホイヴェルス
Heuvers*
ホイヴォルト Heuwold
ホイエ Høie
ボイエ
Boie**
Boje
Boye**
ボイエイコフ Voeykov
ボイエス Boyes
ボイエセン Boyesen
ボイエット
Boyett*
Boyette
ホイエル
Goyer*
Heuer
Hoyer

ホ

ボーイェル Bojer*
ボーイエル Bojer*
ボイエル Bojer*
ボイエルデュー
Boieldieu
ホイエルバウム
Feuerbaum
ボイエルバッハ
Peuerbach
ボイエルバハ
Peuerbach
ホイエルマン
Heuermann
ボイエルル Bäuerl
ボイエルル
Peuerl
Peyerl
ボイエルレ Bäuerle*
ホーイェン Goyen
ホイエン Goyen
ボイエン Boyen
ボイオー Boiō
ボイオニウス Boionius
ボイカー Beuker
ボイガー Boiger
ボイカー Peuker
ホーイカース
Hooykaas
ボイーガス Bohigas*
ボイカート
Peuckert
Peukert*
ボイキン Boykin*
ボイキンス Boykins
ホイク
Heuch
Heuck**
ボイク
Boik
Voicu
ホイクール Haukur*
ホイクロット
Heukrodt
ホイケ Heucke
ホイゲル Heugel
ボイケルス Beukers*
ホイケンカンプ
Heukenkamp
ホイゲンス Huygens
ボイコ
Boiko*
Boyko*
ボイコット Boycott
ボーイコフ Voikov
ボイコフ Boykoff
ボイコライネン
Poikolainen
ホイザー
Heuser
Heusser
ボイザー Poyzer
ホイサーマン
Haeusserman
Häussermann
ボイザーリー
Boisserée

ホイシ Heussi
ホイシー Heussi
ボイジー Voysey
ホイシェレ Heuschele
ボイシック Poyssick
ホイシャー Heuscher
ボイシャー Beuscher
ホイジンガ
Huizenga*
Huizinga**
ホイジンガー
Heusinger**
ホイジング Huijsing
ホイジングトン
Hoisington
ホイジントン
Hoisington
ホイジンハ Huizinga*
ホイス
Heuss*
Hojs
Royce**
ホイズー Hui-zi
ボーイズ Boyes*
ボイス
Beuys**
Boece
Boice
Boies
Bois*
Boyce***
Boyes
Boys*
Buijs
Buys
Voith
ボイズ
Boise
Boys
ボーイス Powys*
ボイス
Powys
Poyss
ボイスヴァート
Boisvert
ボイスター Boister
ホイスディンク
Hausding
ボイスト Beust
ボイストゴワ
Poistogova
ホイストン Whiston
ホイスナー Heussner
ボイズナー Poizner
ホイスヘム Heusghem
ホイズマン Huysmans
ボイスマン Buijsman
ホイスマンス
Huysmans
ホイスム Huysum
ホイスラー
Häusler
Häussler
Heusler*
Whisler
Whistler
ホイスラア Whistler
ボイスラヴ Vojislav

ボイスラフ Vojislav*
ボイスラブ Vojislav
ボイスレス Poythress
ボイセ Buysse
ホイゼル Heuser
ボイゼル Boiselle
ボイゼル Poisel
ホイセン Huijssen
ボイセン
Boisen
Bojsen
Boysen*
ボイゼン Boysen
ホイゼンガ Huizenga
ボイセンス Buyssens
ホイセンスタム
Heussenstamm
ボイゼンベ
Boyssembe
ホィーター Wheater
ボイタ Vojta
ボイタス Voytas
ボイタック Boytac
ボイタノ Boitano*
ボイチェコフスキ
Wojciechovski
ボイチェフ
Vojtěch
Wojciech
ボイチェホフスカ
Wojciechowska*
ボイチェホフスキ
Wojciechowski
ボイチャウ Boi Chau
ボイチャック
Wojtczak
ボイチュク Boychuk
ボイツァー Peucer
ホイック Heuck
ホイッストン Whiston
ホイッスラー
Heusler
Whistler*
ホイッター Whittier
ホイッタカー
Whitaker
Whittaker*
ホイッタム Whitham*
ホィッタル Whitall
ホイッタル Whitall
ホイッチア Whittier
ホイッチカット
Whichcote
ホイッチャー
Whitcher
ホイッチャア Whittier
ホイッツマン
Whitzman
ホイッティア
Whittier*
ホイッティアー
Whittier
ホイッテイカー
Whittaker

ホイッティカー
Whittaker
ホイッテイカー
Whittaker
ホイッティヤー
Whittier
ホイッティンガム
Whittingham
ホイッティング
Whiting
ホイッティングトン
Whittington
ホイッティントン
Whittington*
ホイッテーカー
Whittaker
ホイッテカー
Whittaker
ホィッテケル
Whitteker
ホイッテン Whitten**
ホイット
Howitt
Hoyt*
Whit*
Whytt
ホィットカム
Whitcomb
ホイットカム
Whitcomb
ホイットギフト
Whitgift
ホイットコム
Whitcomb
ホイットテイカー
Whittaker
ホィットニー Whitney
ホイットニ Whitney
ホイットニー
Whitney***
ホイットバーン
Whitburn
ホイットビ Whitby
ホイットビー Whitby*
ホイットフィールド
Whitefield
Whitfield***
ホィットフォード
Whitford
ホイットフォード
Whitford
ホイットブレッド
Whitbread
ホイットマイア
Whitmire
ホイットマーシュ
Whitmarsh**
ホイットマン
Whitman***
ホイットモア
Whitmore**
Whittemore**
ホイットモント
Whitmont
ホイットラム
Whitlam**
ホイットリー
Whitley**
ホイットール Whittall

ホイットル Whittle**
ホイットルセー
Whittlesey
ホイットルゼー
Whittlesey
ホイットルセイ
Whittlesey
ホイットルトン
Whittleton
ホイットレー Whitley
ホイットロー Whitlow
ホイットロウ Whitrow
ホィットロック
Whitlock
ホイットロック
Whitlock
ホイットワース
Whitworth
ホイットン Whitton
ホイップ Whipp
ホイッフェン Whiffen
ホィップル Whipple
ホイップル
Whippie
Whipple***
ホイテ
Hoyt
Hoyte**
ボイテ Woithe
ボイデ Boyde
ボイディエル Boydiel
ホイティカー
Whitaker*
ホイティック
Whittick
ボイティン Beutin
ボイティンガー
Peutinger
ボイティーンスキー
Voitinskii
ホイテカー Whitaker
ボイテク Voitec
ホイテッカー
Whittaker
ホイテーマ Hoijtema
ボイテル Beutel
ボイデル Boydell
ボイテルスバッハー
Beutelspacher*
ボイテルスパッヒャー
Beutelspacher
ボイデン Boyden
ボイテンダイク
Buytendijk
ボイテンディーク
Buytendijk
ボイテンディク
Buytendijk
ホイート Wheat
ホイト
Heydt
Hoit
Hoyt***
Hoyte
ホイド Hoyde
ボーイト Boito*

ボイート Boito
ボイト
Beuth
Boit*
Boito*
Boyd*
Boyte*
Voight*
Voigt**
ボイド
Boido
Boyd***
Voyde
ホィートストン
Wheatstone
ホイートストーン
Wheatstone
ホイートストン
Wheatstone
ホイトニー Whitney
ホイトニイ Whitney
ホィトラ Whitla
ボイトラー
Beutler*
Boytler
ホィートリ Wheatley*
ホィートリー
Wheatley
ホイートリー
Wheatley*
ホイートリイ
Wheatley
ホイトリイ Wheatley
ホイトレー Whitley
ポイトレス Poythress
ホイートン Wheaton
ホーイドンク
Hooijdonk
ホイナ Whina
ボイナ Boina
ポイナー
Poinar
Poyner
ホイナツカ Chojnacka
ボイナンツ
Boeynants**
ホイニェ Hoigné
ホイニケ Heunicke
ホイニシュ Hojnisz
ポイニャント
Poignant*
ポイニングズ
Poynings
ボーイネ Boine
ボイネ Boine
ボイネア Voinea
ボイネシティ Voinesti
ボイノビチ
Voinovich
Vojnović
ボイノビッチ
Voinovich*
ホイノフスカ
Chojnowska
ボイノワ
Voinova
Voynova
ホイバウム Heubaum
ホイバーグ Hoiberg
ボイヒ Bauch
ホイヒトワンガー
Feuchtwanger
ホイビュルク
Højberg
Hojbjerg
ホイフェル Heuvel*
ホイフト Heuft
ホイブライン
Häublein
ホイプル
Häupl
Whipple
ホイブローテン
Hoeybraaten
Høybråten
ホイベルガー
Heuberger*
ホイベルス Heuvers
ホイヘンス Huygens
ポイボー Poibeau
ホイホルト Højholt
ボイマ
Boima
Boimah
ボイマー
Baumer
Bäumer**
ホイマン Heumann**
ボイマン Beumann
ボイマンス Boymans
ボイム
Boim
Boime
Boym
ボイムカー
Baeumker
Bäumker
ボイムラー Baeumler
ボイムレル Baeumler
ボイメル Boymel
ポイメン Poimen
ホイヤー
Heuer
Hoijer
Hoyer**
ボイヤー
Bowyer*
Boyar
Boyer***
ポイヤー Poyer*
ボイヤーズ Boyers*
ホイヤーラーセン
Hoyer-Larsen
Høyer-Larsen
ボイヤン Boyan
ポイユラ Poijula
ボイヨン Boykin
ホィーラー Wheeler*
ホィラー Wheeler
ホイーラ Wheeler
ホイーラー
Wheeler***
ホイラー
Royler*
Wheeler*
ボイラ Boila
ボイラブ Bojrab
ホイラールツ
Hoylaerts
ボイラン Boylan**
ホイランド
Hoilland
Hoyland
ホイーリス Wheelis
ボイリール Boilil
ボイリング Boyling
ホイール Wheal
ホイル
Ho-il
Hoyle***
ボイル
Bhoil
Borrell
Boyle***
Boyles
Boyll
ポイル Poile
ホイルズ
Hoiles
Hoyles
ボーイルズ Boyles
ボイルス Boyles*
ボイルスタイン
Boylstein
ボイルストン
Boylston*
ホイールドン
Wheeldon
ホイルネ Huirne
ポイルバッハ
Peuerbach
ホィールライト
Wheelwright
ホイールライト
Wheelwright**
ボイルリーン Beurlin
ホイレブレック
Huylebroeck
ボイレン Boylen
ホィーロック
Wheelock
ホイーロック
Wheelock
ホイワイ Joy Way*
ホイン Ho-in
ボーイン Boyne
ボイン Boyne**
ホーイング Hoying
ホイング Heung
ボーイング Boeing
ホインズ Hoynes
ボインス Boynes
ポインセット
Poinsett*
ポインター
Pointer*
Poynter*
ポインチング
Poynting
ポインティング
Poynting
ポインデクスター
Poindexter*
ポイントナー Pointner
ボイントン
Boyington*
Boynton**
ポイントン
Pointon
Poynton
ホインパー Whymper
ホインフィールド
Whinfield*
ホゥ
Hoeg*
Høeg
Hu
ホウ
Gouw
Haw
Hawe
Ho
Høeg
Hou*
Howe*
ボーウ Bowe
ボーヴ Bove*
ボウ
Baugh
Beau
Bo**
Bou
Bow
Bowe*
ポウ
Po
Poe
Pow
Pugh
ボーヴァ Bova
ボウァ Boers
ボウアー Bower*
ボヴァ Bova
ポヴァー Povah
ホーヴァス Horvath
ボウアーズ Bowers
ボウアズ Boas
ホーヴァーステン
Hoversten
ボヴァッソ Bovasso
ホーヴァット Horvat*
ホーヴァート
Horvath*
ホヴァート Govert
ボヴァード Bovard
ホヴァネス
Hovhaness
Hovhannes
ホウアリ Houari
ホーヴァル
Havard
Håvard*
ボーヴァル Bauval*
ボヴァール Beauvoir
ホーヴァルト Howald
ボーヴァルレ Bauvalre
ボヴァルレ
Beauvarlet
ボヴァレ Beauvallet
ホゥアン Huang
ホーウィ Howie*
ホーウィー Howie
ホーウイ Holuj
ホーヴィ Hohwy
ホウイ Hoye
ホヴィ Hovey
ボーウィ Bowie
ボーヴィ
Bouvy
Bovée
ボウィー Bowie
ボウイ
Bouye
Bowie***
ボウイー
Bowie
Boy
Gbowee**
ボヴィ Bovy
ポウィー Powe
ポヴィ Povey
ボヴィエ Bovier*
ボヴィオ Bovio
ポウイク Powicke
ホーウィス Haweis
ホーヴィス Hovis
ボヴィス Bovis
ポウィス Powis*
ポウイス Powys*
ホウィスト Holyst
ホウィストン Whiston
ホウィスラー Whistler
ホウィータムステッド
Whethamstede
ボヴィチェッリ
Bovicelli
ホウィチカット
Whichcote
ホーウィッチ
Horwich*
Horwitch
ホーウィッツ
Horwitz**
ホーヴィッツ
Horvitz
Horwitz
ホウィッティア
Whittier
ホウィッティカー
Whitaker
Whittaker
ホウィッティンジャム
Whittingham
ホウィッティンハム
Whittingham
ホーウィット Howitt
ホウィット Howitt
ホウィットギフト
Whitgift
ホウィットチャーチ
Whitchurch
Whytchurch
ホウィットニ Whitney
ホウィットビ Whitby
ホウィットフィールド
Whitefield

Whitfeld
Whitfield
ホウィットフォード
Whitford
ホウィットマン
Whitman*
ホウィットン Whitten
ホウィップル Whipple
ホウィティカー
Whitaker
ホウィートリ
Wheatley
ホゥイートン
Wheaton
ホウィーラー Wheeler
ホウィーラン Whelan
ボーヴィリエ
Beauvilliers
ボーヴィル Bovill
ホウィールライト
Wheelwright
ホウィーロク
Wheelock
ボーウィン Bawin
ボーヴィン Bovin*
ボウイン Bowen
ホーヴィング Hoving*
ボウヴ Bove
ボウヴァル Bauval
ホウウィング Houwing
ボウウェル Powell
ホーヴェ Hove*
ホゥエ Hoe
ボーヴェ Beauvais*
ボウエー Bauer
ボヴェ
Bové**
Bovée
Bovet**
ボヴェー
Bovee
Bovet*
ボヴェアード Bovaird
ボーヴェイ
Beauvais
Bovey
ボヴェイ Povey
ホヴェイダ Hoveyda
ホヴェイダー Hoveyda
ホウェイト Whates
ホウェイトリ
Whateley
ホウェイリー Whalley
ホウェザム Whetham
ボヴェダ Poveda
ボヴェトキン Povetkin
ホウェトリー Whately
ホウエニプエラ
Houenipwela
ホーヴェラー Hoeveler
ホーウェリー Howely
ボーヴェリ Boveri
ボヴェリ Boveri*
ホーウェル Howell
ホーヴェル Heuvel
ホウエル Howell
ボーヴェル Bovell
ボウエル Bower
ボヴェール Bovell
ボヴェル Bovell
ボーウェル
Pauwels***
Powell
ボーヴェール
Pauvert*
ボウエル Pawel
ボウエル Powell*
ボーウェルス
Pauwels*
ボウエルズ Pauwels
ホーヴェルソン
Höövelson
ボウエルマン
Bowerman
ホーヴェルモ
Haavelmo
ホーヴェルモー
Haavelmo
ボーウェン
Bauwen*
Bowen*
ボーヴェン Boven
ボゥエン Bowen
ボウェン Bowen
ボウエン
Bowen**
Boyens
ボーヴェンシェン
Bovenschen
ボヴェンス Bovens
ボヴォ Bovo
ボーヴォアール
Beauvoir
ボーヴォアル
Beauvoir
ホウォートン
Wharton
ボウォノ Buwono
ボーウォーラデート
Boworadet
ホウォロワ Hovorova
ボーヴォワ Beauvois*
ボーヴォワール
Beauvoir**
ホウカー Hawker
ボウカー
Boker
Bowker*
ボウガエバ Bougaeva
ホウガース Hogarth
ボウカス Baucus
ホーヴガード
Hovgaard
ホヴガード Hovgaard
ボウカム Bauckham
ホウガン Hogan
ボウガン Bogan
ホウギー Hoagy
ホウキンス Hawkins
ホウク
Hauk
Hoch*
ホウグ Hoag**
ボウク Boake
ボウク Polk
ホウクス Hawkes
ホウグランド
Hougland*
ボウグランド
Beaugrande
ボウケット Bowkett*
ホウゲルゼイル
Hogerzeil
ボウコク
Pocock
Pococke
ボウコット Bowcott
ボウコロヴスキー
Boukolowski
ボウサー Bousser
ボウジー Posey
ホウジーア Hosea
ホウジャ Khoudia
ボウシャー Bowsher
ボウシュコヴァ
Bouskova
ボウシンスキー
Boshinski
ホウズ Hawes*
ボウス Boutu
ボウズ
Boase
Bose
Bowes
ボウス Pous
ホウズエ Hou-ze
ボウスキー Boesky
ボウスト Post
ボウストカ Poustka
ボウスビブ Bousbib
ボウズロフ Bouzlov
ボウズンキット
Bosanquet
ボウソ Bouso
ボウソーニョ Bousoño
ボウソニョ Bousono
ホウソーン
Hawthorne
ホウソン Hawthorne
ボウダ Bouda
ホウダス Hodous
ボヴタック Povtak
ボウタラ Poutala
ボウチー Bochy*
ボゥーチャーズ
Borchards
ボウチョン Bouchon
ホウツ Houts
ボウツ
Boaz
Bouts
ホウッカル Hooker
ホーウッド
Horwood**
ホウツマ Houtsma
ボウツマ Poutsma*
ホウディ Hody
ホヴディ Hovdey
ボウディア Boudia**
ボウディチ Bowditch
ボゥディッカ
Boadicea
ボウディッカ
Boadicea
ボウティラ Voutila
ボウデカー Bodecker
ボウデビン
Boudewijn*
ボウテール Boutelle
ボウテル Boutell
ボウデル Powdyel
ホウテン Houten
ボウデン Bowden*
ホウト Goudt
ボウト
Bhote
Wout
ボウド Bode
ボウドアン
Boudouani
ボウドイン Bauduin
ボウドウ Bodo
ボウトニ Boutni
ボウドーパヤー
Bodawpaya
ホウトマン Houtman
ボウドラー Bowdler
ホウドリ Hoadly
ホウドレモン
Houdremont
ホウトン Houghton
ボウトン
Boughton
Bouton
ボウナ Bouna
ボウネス Bowness
ボウハタン Powhatan
ホウバート Hobart
ホウバン Hoban
ボウヒー Boughey
ボウピレフ Poupyrev
ホウプ Hope
ボウブ Bove
ボウプ Pope*
ボウファード Bouffard
ボウフォート Beaufort
ボウフラウアー
Boutflower
ホウブラーケン
Houbraken
ボウブリル Boublil
ホウブレクト
Hoberecht
ホウマー
Homer
Hommer
ボウマ Bouma*
ホウマン Hovmand*
ボウマン
Baughman
Baumann
Beauman**
Beaumont
Bouman**
Bouwman
Bowman**
ホウム
Holm
Holme*
Home
ボウム Baum
ボゥム Paume
ホウムズ
Holmes*
Homes
ボウメスター
Bouwmeester
ボウモル Baumol
ボウモント
Beaumont*
ボウヤー Bowyer
ボウヤード Bolyard
ボーヴュ Beauvue
ボウラ Bowler
ボウラー
Bouhler
Bowler**
ボヴラ Povla
ボウラス Bolus
ボウラス Powlus
ホウラーニー
Hawrānī
Ḥawrānī
ホウラハン Houlahan
ホヴラン Hovland
ホヴランド Hovland
ホウリー
Hawley
Khawrī
ボウリー Bowley
ボウリー Pawley
ボウリス Powlis
ホウリハン Houlihan
ボゥリュー Beaulieu
ボウリン Pauline
ボウリング
Boring
Bowling*
Bowring
ボウリング
Pauling
Powling
ホウリングウォース
Hollingworth
ホウール Hoel
ホウル Hoel
ボウル
Bawr
Boal
ボウル
Paul**
Poul***
ホウルゲイト
Holdegate
Holgate
ホウルコット Holcot
ホウルコム Holcombe
ホウルズ Holes
ボゥルズ
Bolles
Bowles

ホ

ボウルス Bowles
ボウルズ
Boles
Bolles
Bolls
Bowels
Bowles***
ポウルス Paulus
ホウルスタン Holstun
ホウルスト Holst
ホウルストン
Houlston
ホウルズワース
Holdsworth
ポウルセン Poulsen*
ポウルソン Poulsson
ホウルダー Houlder
ボウルター Boulter*
パウルチ Paolucci
ボウルディン Boulden
ボウルディング
Boulding
ボウルティングハウス
Boultinghouse
ホウルデン Holden
ボウルデン Boulden*
ホウルト Holt*
ホウルト Holt
ボウルト Bowlt
ホウルトム Holtom
ホウルトン Houlton
ボウルトン
Bolton
Boulton***
ポウルトン Poulton
ボウルノイフ
Bourneuf
ボウルビー Bowlby*
ボウルビィ Bowlby*
ポウルフス Paulhus
ホウルマン Holman
ホウレット Howlett
ポウロ Poulot
ボウロニーズ
Bolognese
ボウワー Bower
ホウワットリー
Whately
ボウン
Bohn
Bohoun
Bone
Bown*
ポウン Phone
ポウングゾムレー
Poungsomlee
ボウンメスター
Bouwmeester*
ホーエ Hoë
ホエ
Hoe
Hòe
ボエ Boye
ボエー Boë
ポエ Poer
ホエイ Hui
ホエイ
Hoey*
Khoei
ボエイコフ Voeikov
ホエイル Whale
ボエクス Boex
ボェークラー Boecler
ホエザム Whetham
ボエシ Boétie
ボエシー Boétie
ホエス Hoes
ボエス Boex
ポエース Powis
ポエズ Poeze
ボエスフルグ
Boespflug
ボエセ Boësset
ポエセ Poese
ホエセン Hoesen
ボエーゼン Boyesen
ボエチウス
Boethius
Boetius
ポエチャー Poetscher
ボェック Böck
ボエックマン
Boeckmann
ホエッド Whedon
ボエット
Boetto
Voet
ポエット
Poet
Poête
ホエットリー Whately
ボエッヒャー
Boetticher
ボエティアヌス
Boetianus
ボエーティウス
Boethius
ボエティウス
Boethius
Boëthius
Boetius
Boëtius*
ボエトス Boēthos
ボエトナー Boettner
ボエトナァ Boettner
ホエートリー Whately
ボエドロ Boedoro
ボエニシュ Boenisz
ホエニハ Khoeniha
ホーエネク Hoënegg
ボエバー Boever
ポェヒハッカー
Pöchhacker
ボエフ Boev
ホエーフェル Hoëvell
ボエフスキ Boevski*
ボエボダ Voevoda
ホーエム Hoem
ボーエム Bohem
ボェーム
Bohm
Böhm*
ボエーム Boehm
ボエム Boehm
ボエーモン
Bohemond
Bohemund
ボエモン Bohemond
ボエモンド Boemondo
ホェラン Whelan
ホェーリー Whaley
ホエーリー
Whaley
Whalley*
ボエリ Boëly
ポエーリオ Poerio
ポエリオ Poerio
ポエリョ Poerio
ホエーリング Whaling
ホーエル Hoel
ホエール Whale
ホエル Joel**
ボーエル
Bauer
Boer
Bojer
Bowell
ボエル Boel*
ポーエル Powell**
ポエール Poher*
ポエル Poel
ホーエルズ Howells
ボエルスマ Boersma
ボエルマン Boëllmann
ホーエルライン
Hoerlein
ポエーレ
Poele
Poële
ホエレラー Höllerer
ホエーレン Whalen*
ホェン Uyen
ボーエン Bowen***
ホーエンアデル
Hohenadel
ホーエンシュタイン
Hohenstein
Hohenstin
ボーエンズ Boyens
ホーエンスタウフェン
Hohenstaufen
ボエンドラダット
Bhoendradatt
ボエンネック Boënnec
ホーエンハイム
Hohenheim
ホーエンハウス
Hohenhaus
ホーエンバーク
Hohenberg
ホーエンバーグ
Hohenberg
ホーエンバルト
Hohemwarth
ホーエンフェルス
Hohenfels
ホーエンベルク
Hohenberg
ホーエンベルグ
Hohenberg
ホーエンローエ
Hohenlohe
ホオ Ho
ボオ Baud
ポオ Poe*
ホォイ Hui
ホオソオン
Hawthorne
ホオソーン
Hawthorne
ホオソン Hawthorne
ポオタア Porter
ホオトレイ Hawtrey
ボォドレェル
Baudelaire
ボォドレール
Baudelaire
ホオピイ Ho'opi'i
ホオプ Hope
ホオフマンスタアル
Hofmannsthal
ホオマア Homeros
ボオマルシエエ
Beaumarchais
ボオマルセイ
Beaumarchais
ボオマルセエ
Beaumarchais
ポオラン
Pauflan
Paulhan
ホオリング Holing
ホオル Hall
ボオル Bor
ポォル Paul
ポオル Paul*
ボォロンコーワ
Voronkova
ボオンゴ Boongo
ホーカー Hawker*
ホーガー
Hoeger
Hoger
Holger
ボーカー
Boker
Borker
Bowker
ボカ
Boca
Bocka*
Boka
ボカー Bokar
ボガ Boga
ボガー
Bogaert
Bogar
ポーカ Pauca
ポーカー Pauker
ボガアダス Bogardus
ポーカイウドム
Pokai-udom
ボガウ Vogau
ボガエヴィッチ
Bogayevicz
ボガエール Bogaert
ポカゴン Pokagon
ボカサ Bokassa**
ボカージェ Bocage
ボカージュ Bocage*
ホーガース Hogarth*
ホガース Hogarth**
ボーカス Baucus**
ポカスキ Pokaski
ボーガーソン
Borgerson
ボガソン Bogason
ボガタイ Bogataj
ボガーダス
Bogardus*
Bohardus
ボガチェンコ
Bogachenko
ボカチカ Bocachika
ボガチカ Bogacka
ポガチュニク
Pogačnik
ボガチレフ Bogatyrev
ボガーチン Bogatin
ボーカーツ Boekaerts
ボガーツ
Bogaerts
Bogerts
ボガツカ Bogacka
ボガツキ Bogacki
ボガッキー Bogacki
ボガツキ Bogacki*
ボガツキー
Bogacki
Bogatzky
ボーガッタ Borgatta
ホカット Hocutt
ボーガット Bogut*
ホガーティ Hogarty
ボガティ
Bogati
Bogaty*
ボガティリョヴ
Bogatylyov
ボガティリョワ
Bohatyriova
ボガティレバ
Bogatureva
ボガティレフ
Bogatureva
ボガティン Bogatin
ポガテツ Pogatetz
ホーガード Haugaard
ホカート Hocart*
ホガート Hoggart**
ホガード Haugaard**
ボーガード Bogart
ボーガト Bogart
ボガート
Bogaert
Bogart***
Bogert
Boogaerts
Borgardt

ボガード
Bogaerd
Bogard
Bogarde**
Bogart
ボガトゥイリョーフ
Bogatyrev
Bogatyryov
ボガトゥイリョフ
Bogatylyov
Bogatyrev*
Bogatyryov
ホガートン Hogerton
ポーガーニ Pogany
ポガーニ
Pogany
Pogány
ポガーニー
Pogany
Pogány
ポガニー Pogany*
ポガーニュ Pogány
ボカネグラ Bocanegra
ホカーノ Jocano
ボガノワ Boganova
ホカビアン Hocabian
ボガホールド
Boegehold
ポーカホンタス
Pocahontas
ポカホンタス
Pocahontas
ポーガム Paugam
ボカリ Bocary
ボガリ Bogaliy*
ボカリウス Boccarius
ボカリエ Bockarie
ボガリョ Bogalho
ボガリーン Bogarín
ホーカル Ḥawqal
ボカール
Bocar
Bokar
ボカル Bocar
ボガルト Bogaert
ポカレル Pokharel
ポーカロ Porcaro**
ホーカン
Hakan*
Håkan***
Hākan
ホーガン
Hagan
Haugan
Haugen
Hogan***
Horgan**
Hougan*
ホカン Håkan
ボーカン Borkan
ボーガン
Baughan
Bogan*
Vaughan**
ボカン Boquin
ホカンソン Hokanson
ボーカンソン
Vaucanson

ホ

ホーキー Hawkey
ホーギー Hoagy*
ボーキー Bokii
ポーキー Pokey*
ポギ Poggi
ボーキィ Bokii
ボーキエ Beauquier
ボキエフ Boqiev
ボギエフ
Bogiev*
Bogiyev
Bozhyev
ポギオ Poggio
ポギシオ Poghisio
ボキッキョ
Bochicchio
ホキッシュ Jokisch
ボギーニ Boggini
ホキュ Hokyu
ボギュエ Vogüé
ボーキューズ Bocuse
ボキューズ Bocuse**
ポキュリデース
Phōkylidēs
ポキュリデス
Phōkylidēs
ホギュン Ho-kyun
ホギョン
Ho-gyeong
Ho-gyong
ボギョン Bo-kyung*
ボキロン Bocquillon
ホーキン Joaquim
ボーキン Borkin
ボーキン Bhokin
ホーキング
Hawking***
ポーキングホーン
Polkinghorn
Polkinghorne*
ホーキンス
Hawkins***
Howkins
ホーキンズ
Hawkins***
Hawkyns
ボキンスカイ
Bokinsky
ボギンスカヤ
Boginskaya*
ホーキンソン
Hokinson
ホーク
Hauck**
Hauk
Hawk**
Hawke***
Hoak
Hoch
Hoke
Hook
Houk
Howk
ホーグ
Hoag*
Hoegh
Hoge*
Hogue

ホク
Haque*
Hoc
Hock
Hok*
Hoque
Huq
ホグ Hogg
ボーク
Balk*
Boak*
Boake
Boeke
Bok*
Bork
Bourke
Voake
ボーグ
Boag
Bogue
Boog
Borg**
Bourg
ボク Bok**
ポーク Polk*
ポーグ
Poage
Pogue*
ポク
Pok
Poku
ポグー Pogue
ホークアイ Hawkeye
ホークァード
Halkyard
ボクィヌス Boquinus
ボークウィル
Balkwill**
ホークウッド
Hawkwood
ホグウッド
Hogwood**
ボー・グエン
Vo-nguyen
ホグクリステンセン
Hogh-Christensen
ボクサ Bochsa
ボクサー Boxer**
ボグザ Bogza*
ポクシシェフスキー
Pokshishevskii
ボクシチ Boksic
ボクシッチ Boksic
ホグシャー Hogshire
ボグシュ Bogusz
ホークショー
Hawkshaw
ボクシル Boxhill*
ボクシン Bok-sin
ホークス
Hawkes***
Hawks**
Howks
ホーグズ Haugse*
ボークス
Boakes
Vaux
ボーグス Bogues*
ボグス Boggs
ホクスィー Hoxie

ボクスウェル Boxwell
ボクスオール Boxall
ホクスター Hoxter
ボークスタイン
Booksteijn
ホクステッドラー
Hochstedler
ホグステル Hogstel
ボクステル Boxtel
ホーグストラーテン
Hoogstraten
ホークストーン
Hawkestone
ホークスビー
Hauksbee
ホクスブロ
Hoxbro*
Høxbro
ホグスヘッド
Hogshead
ボクスベルク
Boksberg
ホークスムア
Hawksmoor
ホークスモア
Hawksmoor
ボグスラヴ Boguslaw
ボグスラウスキー
Boguslawski
ボグスラフスキー
Bogousslavsky
Boguslavskii
Boguslavsky
ホークスリー
Hawksley**
ホークズリー
Hawksley
ホクスレー Huxley
ボクスレイトナー
Boxleitner
ボーグスロー
Boguslaw
ホークスワース
Hawkesworth
ボグスワフ
Boguslaw*
Bogusław*
ボグスワフスキ
Bogusławski
ボグセビッグ
Bogusevic
ホークセマ Hoeksema
ボクセル Boxsel
ボクセンバーグ
Boksenberg
ボクソール Boxall
ホクソン Foxon
ポクソン Poxon
ポグソン Pogsnn
ボクター Boctor
ボグダナー Bogdanor
ボグダニッチ
Bogdanich
ボクダノア Bogdanar
ボグダーノヴァ
Bogdanova

ボグダノーヴァ
Bogdanova
ボグダノーヴィチ
Bogdanovich
ボグダノヴィチ
Bogdanovíc
Bogdanovich
ボグダノヴィッチ
Bogdanovic
Bogdanović
Bogdanovich*
ボグダノヴィッツ
Bogdanowicz
ボグダノス Bogdanos
ボグダノービチ
Bogdanovich
ボグダノビッチ
Bogdanovic*
Bogdanović
Bogdanovich*
ボグダーノフ
Bogdanov**
ボグダノフ
Bogdanoff
Bogdanov**
ボグダノフスキー
Bogdanovsky
ボグダノワ
Bogdanova*
ボグダム Bogdan
ボクダン Bogdan*
ボグダン
Bogdan***
Bohdan
ボクチャン Bok-chang
ボグツキー Bogutskyi
ホーグッド Hawgood
ボクティ Bochte
ボグデン Bogden
ボークト Vogt
ボーグド Bogud
ボクト Vogt***
ボグト Vogt
ボグド
Boγda
Bogdo
ボグドゥク Bogduk
ボグドノフ Bogdonoff
ホグドン Hodgdon
ボクトン Bok-dong
ボクドン Bok-dong
ボクナー
Bochner
Bogner
ボグナ Bogna
ボグナー
Bognar
Bogner**
ポクナ Pochna
ポグナ Pogna
ボーグナイン
Borgnine**
ボクナニ Bognanni
ボグナール Bognár
ボグナル Bognar

ホグニ Høgni
ホクニエン Hock Nien
ホグネ Hogne
ホグネス Hogness*
ボグネス Bogsnes
ボクバ Pogba
ボグバ Pogba
ボクヒ Bock-hee
ボーグヒルド Borghild
ホグビン Hogbin*
ホーグフェルト
Hoogvelt
ボーグフォード
Borgford*
ボクペティ Boukpeti
ホグベン Hogben*
ボグベン Hogben
ホークマン Hoekman
ホーグマン Hoegeman
ホグマン Hodgman
ボーグマン
Borgman
Borgmann
ボクミアニン
Vokhmyanin
ボーグミル Bogumill
ボグミール Bogomil
ホークヤード
Hawkyard
ボクヨン Bok-yong
ボグラ
Boghra
Bogra
ボグラー
Voglar*
Vogler
ホクライトネル
Hochleitner
ボグラショフ
Bograshov
ポクラス Pokras
ホーグラステイン
Hauglustaine
ボグラッド Bograd
ボグラド Bograd
ホーグラム Houglum
ボーグラム Borglum
ボグラルカ Boglarka
ボークラン Vauquelin
ボーグラン
Beaugrand
ボクラン Vauquelin
ポクラン Poquelin
ホーグランド
Hoagland***
ホグランド Hoglund*
ポクラント Pockrandt
ホークリー Hawksley
ホクリー Hockley
ボーグリ Bögli
ポグリアニ Pogliani
ホクリーヴ Hoccleve
ボグリオリ Boglioli
ホクリシビリ
Khokrishvili
ボクリス Bockris*
ポクリス Poklis
ホグリフ Hogrefe*
ホグリン Höglin
ボーグル Bogle***
ボーグルソン
Vogelsong*
ボーグルト Boogert
ボークルール
Vaucouleurs
ボークレア Beauclair
ボーグレーヴィンク
Borchgrevinck
ポグレバン Pogreban
ポグレビン Pogrebin
ポグレビンスキ
Pogrebinskii
ポグレブ Pogreb
ポグレブニチコ
Pogrebnichko
ホーグレーベ Hogrebe
ホグレーベ Hogrebe
ポクロウスキー
Pokrovskii
ホグローギアン
Hogrogian*
ホグロギアン
Hogrogian**
ボグロフ Bogrov
ポクローフスキー
Pokrovskii
ポクロフスキー
Pokrovskii**
ポクローフスキィ
Pokrovskii
ポクロフスキイ
Pokrovskii
ホクン Ho-gan
ホグン Ho-koon*
ボークン Bokun
ボグン Bo-geun
ポクン Pocoun
ボクングアスム
Bokung Asumu
ボーグンドヴァーグ
Borgundvaag
ポグントケ Poguntke
ホーケ Hoke
ホーゲ
Hoghe
Hooge*
ボーゲ Waage
ボケ Bocquet
ボゲ Boguet
ポーケ
Pauquet
Pauquèt
ボーケア Beaucaire
ボケイハン
Bökeykhan
ボケージ Bocage
ホゲス Roguès
ボーゲス Borghese
ポーゲズ Porgez
ボゲーソン Bogason
ホケット Hockett
ホゲット Hoggett
ボゲナ Boguena
ボーゲニクト
Borgenichit
Borgenicht*
ボーケマイヤー
Bokemeyer
ホーゲリ Haughery
ホーゲル Vogel
ボーゲル
Boekel
Boger
Vogel***
Vogels
ボケール Vaucaire
ボケル
Bokel
Boquel
ボーゲルサング
Vogelsang
ボーゲルズ Bögels
ボーゲルスタイン
Vogelstein
ボーゲルト Bogert
ボーゲルバック
Vogelbach
ホーゲルフォルスト
Hogervorst
ボーゲルプール
Vogelpohl
ホーケン Hawken*
ホーゲン
Haugen
Hogan
ボーゲン
Bogen
Boghen
ボケン Bocken
ホゲンカンプ
Hogenkamp
ボーケンコッター
Bokenkotter
ホーゲンソン
Hogenson
ホーケンダイク
Hoekendijk
ホゲントグラー
Hogentogler
ボコ
Boco
Boko
ボコー Boqor
ボゴイヤビッチ
Bogojević
ポコウ Pokou
ボコヴァ Bokova*
ボコーヴン Bockoven
ボゴエフ Bogoev
ボゴサブリェビッチ
Bogosavljević
ボゴシアン
Boghossian*
Bogosian
ボゴジアン Bogosian
ポゴシアン Pogossian
ボゴジェヴィッチ
Bogojevic
ポゴジェレツ
Pogorzelec
ボゴシャン
Boghossian
ポゴシャン
Poghosyan
Pogosian
Pogosyan*
ポゴージン Pogodin*
ボーコス Voulkos*
ボゴスロフスキー
Bogoslovskij
ポコーダ Pochoda
ボコチ Bakacs
ホーコック Hawcock
ボコック Bocock
ポーコック
Pocock**
Pococke
ポコック Pocock*
ポゴド Kpogodo
ポコトア Pokotoa
ポゴナトス Pogonatus
ポコーニー Pokorny
ポコニ Pokorny
ポゴーニイ Pogonii
ポコーニク Pokornik
ボゴビチ Bogovič
ボゴフ Bogoch
ポコベッロ Pocobello
ボコボ Bocobo*
ボゴミャコフ
Bogomyakov
ボゴミラ Bogomila
ボゴミール Bogomil
ボゴミロバ
Bogomilova
ホーコム Haukom
ボゴモーレツ
Bogomolets
ボゴモレッツ
Bogomolets
ボゴモーロフ
Bogomolov
ボゴモロフ
Bogomolov**
ボゴヤブレンスキー
Bogoiavlenskii
ボゴラガマ
Bogollagama
ボゴラーズ Bogoraz
ボゴラス Bogoraz*
ボゴラズ Bogoraz
ボゴリ Vongoli
ボゴリーボフ
Bogoliubov
ボゴリュブ Bogoljub
ボゴリューブスキー
Bogolyubskii
ボゴリュブスキー
Bogolyubskii
ボゴリューボヴ
Bogolyubov
ボゴリューボフ
Bogoliubov*
Bogolyubov
ボゴリュボワ
Bogolyubov
ボコル Bokor
ポコルニ Pokorni**
ポコルニー
Pokorny*
Pokorný
ボコレ Bokole
ボゴレーポフ
Bogolepov*
ボゴレポフ Bogolepov
ポゴレリスキー
Pogorel'skii
ポゴレーリスキイ
Pogorelskii
Pogorel'skii
Pogorel'skiĭ
Pogorelsky
ポゴレリチ
Pogorelić
Pogorelich*
ポゴレリッチ
Pogorelich
ポゴレールイ
Pogorelyi
ポゴレーロフ
Pogorelov
ポゴレロフ
Pogoreloff
Pogorelov
ボコロ Bokolo
ボゴロドスキー
Bogorodsky
ポコロバ Pocorova
ボコーワ Bokova
ホーコン
Haakon**
Håkan
Hakon
Håkon
ホーコンセン
Haakonssen
ホーザ
Hoza
Rosa
ボーサ Bosa
ボーザー Boser
ボサ
Botha
Boza
ボザ Bozza*
ポーザー Poser
ポザー Pozar
ホザイ Khozai
ボザイ Bozay
ポサイ Posai
ボーサイカム
Bosaikham
ホサイン

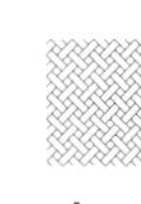
ホ

Hosain
Hossain*
Ḥusain
Ḥusayn
ボサヴェツ Posavec
ボーザギ Borzage
ボザーギ Borzage
ボサク Bossak
ボザコフ Podsakoff
ボサコワ Bosakova
ボーザージ Borzage
ボサス Pozas
ボサストウ Bosustow
ボサーダ Posada
ボサダ Posada***
ボザーダ Posada
ボサダス Posadas*
ホサック
Hosack
Hossack
ホザック Hozack
ボサック Bossak
ボザック Bosc
ボーザート Boezaart
ボサート Bossert
ボサード Bossard
ボザート Bozart
ボサニ Posani
ボサニンボラ
Vosanibola
ボサビ Bossavit
ホーサフュス
Hausafus
ボザマンティエ
Posamentier
ホサム
Hossam
Hotham
ボサム
Bossam
Botham*
ボサメ Possamai
ボザメンティア
Posamentier
ボーサヤクリット
Posayakrit
ポーサーラ Posāla
ボサラ Posala
ボサラック Pošarac
ポーサリーノ
Porcellino
ボーザルー Bouzereau
ボーサン
Baussan*
Beaussant
Bosan
ボサン
Bosan
Bo-sang
Bossan
Bozán
ボーザン Pauzin
ボーザンケー
Bosanquet
ボサンケ Bosanquet*
ボサンケー Bosanquet
ボザンケ Bosanquet
ボーサンケット
Bosanquet
ボーザンケット
Bosanquet
ボサンケット
Bosanquet
ボザンケット
Bosanquet
ボーサンケト
Bosanquet
ボーザンケト
Bosanquet
ボサンケト Bosanquet
ボザンケト Bosanquet
ホージ Hosie
ホージー
Hoagy
Hosey*
Hosie
ホジー Hosie
ボジ Boji
ポージ Poage
ポージー
Posey**
Posy*
ポジ Pozzi
ポジー Posy
ホージア Hosier
ホジーア Hosea
ホジアクバル
Hojiakbar
ポージイ Posey*
ポジィ Poggi
ボージゥ Beaujeu
ボージゥー Beaujeu
ボジヴォイ Bořivoj
ボジウカ Vougiouka
ホージウシ Hosius
ホシウス Hosius
ホジウス Hosius
ポシウス Pocius
ホジェ Ho-jae
ボーシェー Baucher
ボージェ Beaugier
ボシエ Baussier
ボジェ
Baugé*
Boye
ポジェ
Poje
Poyet
ホシェア
Hosea
Hōšēé
ポジェア Pogea
ホージェイゴ
Howgego
ボシェク Bociek
ポジェジンスキ
Porzeziński
ポージェス Porges
ボージェソン
Borjesson
ホジェッツ Hodgetts
ボシェト Bosheth
ボジェナ
Bozena
Božena
ボーシェーヌ
Beauchesne
ポジェブラット
Poděbrad
ポジェブラディ
Poděbrad
ポジェブラド
Poděbrad
ボシェマンピナール
Beauchemin-
pinard
ホジェリオ Rogerio*
ホーシェル Horschel*
ホジェル Roger**
ボシェル
Boshell
Boushell
ボシエール Bossiére
ボーシェン Bauchesne
ボージオ Bosio
ボシオ Bosio*
ボジオ
Bosio
Bozzio*
ボジガー Boesiger
ポシカム Phosikham
ホジキン Hodgkin***
ホジキンス Hodgkins*
ホジキンズ Hodgkins
ホジキンソン
Hodgkinson**
ホシク
Ho-shik
Ho-sig*
ボジク
Bozic
Bozyk
ボシコ Bozhko
ボシコフ Boshikov
ホジス Hodges
ホジズ Hodges
ボシーズ Vocies
ポージス Porges***
ホジスキン Hodgskin
ホジスン Hodgson**
ボジゼ Bozizé*
ホジソン
Hoddeson
Hodgson***
ホシターディウス
Hörstadius
ポジターノ Positano
ボジダール Bozidar
ボジダル
Bojidar
Bozhidar
Božidar
ボジダルカ Bozidarka
ホジダン Hodgdon
ボシック
Bosic
Bossick
ホジッチ Božič
ボジッチ Bozic
ホジッツ Hodgetts
ボシディ Bossidy*
ポジティヴ Positive
ポシディウス
Possidius
ボジート Bozeat
ポシドニオス
Poseidōnios
ホシネ Hocine*
ホシノ Hoshino*
ボジノヴィク
Bozinovic
ボジノビッチ
Božinović
ボジノフ Bozhinov
ボジボイ Borivoj
ホージマー Holzemer
ホシマルオルランド
Jossimar Orlando
ボジム Borzym
ボジムスキ Borzymski
ボジモ Bozimo
ホージャ
Khoujah
Khwāja
ホジャ
Hoca
Hodža
Hoxha*
Khojah
Khwājah
ホジャー Roger*
ボーシャー Bosher
ボージャ
Bhoja
Bhōja
Borgia
Borja
ボージャー
Boger
Bojar
ボシャー Bosher*
ポーシャ
Pochat
Porcia
Portia**
Posiya
ホシャイ Chousi
ホジャイ Hoxhaj
ホジャエフ
Khodjayev
Khojäev
Xo'jayev
ホジャグルバノフ
Khodzhagurbanov
ポジャコフ
Podd'yakov
ボージャス
Borjas
Bourjos
ボシャーズ Boshers
ポーシャス Pocius
ホジャステープル
Khojastehpour
ボシャタイ Bochatay
ボジャック Vojak
ボジャット Boggiatto
ポシャット Pochath
ホジャティ
Hojati
Hojjati
ホジャート Hodgart
ホジャト Hojat
ボシャード Bosshardt
ボージャニ Bhojwani
ボジャノウスキ
Bojanowski*
ボジャノフ Bozhanov
ボシャブ Boshab
ホシャフィアン
Khoshafian
ホジャマメドフ
Hojamammedov
Khodzhamammedov
ホーシャム Horsham
ボーシャム
Beauchamp
ホジャムイラト
Khodzhamyrat
ホジャムハメット
Hojamuhammet
ホジャムハメト
Hojamuhammet
Khodzhammukha
met
ホジャムハメドフ
Hojamuhammedov
ホージャリー
Haughery
ボジャリアン
Bohjalian
ホシヤル Hoshiyar
ボシャール Bochart
ポジャールスキー
Pozharskii
ポジャルスキー
Pozharskii
ポジャールスキィ
Pozharskii
ポーシャルト
Poschardt*
ポジャルノフス
Pozarnovs
ボーシャン
Bauchant*
Beauchamp*
ボージャン
Baugin
Beaujean
Bojan*
ボジャン Bojang
ポシャン Pochan
ポジャン Pollán**
ボジャンキーノ
Bogianckino
ホジャンディー
Khujandī
ホーシュ Horsch
ボーシュ
Bauche
Bausch**
Booch
ボージュ
Bauge
Beaujeu

Borje
ボージュー Beaujeu
ボシュ
Basu
Bausch*
Bosch*
Bose
Bossu*
Bossut
Wosz
ボーシュ Poush
ボシュア Bossuat
ボージュアン
Beaujouan
ボシュエ Bossuet
ボシュエー Bossuet
ホーシュカ Hauschka
ボジュガイ
Pozsgai
Pozsgay
ボシュケル Boschker
ボシュコヴィッチ
Boscovich
ボシュコビッチ
Bošković
ボシュコフ Boshikov*
ボージューザ Borgese
ホシュタリア
Khoshtaria
Xoštaria
ボシュチャン Bostjan
ボシュティアン
Bostjan
ボシュナー Bochner*
ボシュナ Pochna
ボシュニアコーヴィチ
Boshnyakovich
ボシュニャコヴ
Boshniakov
ボシュニャコビッチ
Bošnjaković
ボシュネク Bochenek
ボシュピシル Pospisil
ボーシュマン
Beauchemin*
ボーシュマンナドー
Beauchemin-nadeau
ボージュラ Vaugelas
ボージュール
Beaujour
ボシュロン Baucheron
ホジュン
Ho-joong
Hojun
Ho-jung
ボジュンガ Bojunga
ボーショー
Bauchau**
ボージョ Bosio
ボショ Boschot
ボジョ
Bozo
Božo
ボジョ Bollo
ボジョアイユー
Beaujoyeulx
ボージョウコス
Boujoukos
ホジョス Hoyos
ホショースキー
Hoshowski
ボジョナ Bodjona
ボショフ Boshoff*
ボージョワユー
Beaujoyeulx
ボジョワルド
Bojowald
ボーション
Beauchamp
Poh-hsiung
ボージョン Beaujon
ボジョン Beaujouan
ボーション
Poh-hsiung
ボション Pochon
ホシルド Khorshid
ボシーレク Bosilek
ボジロフ Bozhilov
ホシン Hocine
ホジン
Hodgin
Ho-jin*
ボーシン Pochin
ボジン Posin
ボージンク Bosing
ボシンゲル
Poschinger
ホジンズ Hodgins**
ボジンスキー
Bosinski*
ホース
Hauss
Horse**
Hose
ホーズ
Hawes**
Haws
ホス
Haas
Hos
Hoss**
ホスー Josue
ホズ Hoz
ボース
Boos
Booth
Booz
Borse
Bose**
Böse
Bours
Vose
ボーズ
Boase
Booth
Bose**
ボス
Bass
Boos
Bos***
Bosch**
Boss**
Bosse*
Bosz*
Vos
Voss*
Voth
ボズ Boz**
ポース Poos*
ポーズ Pause*
ボースウィク
Borthwick
ボースウィック
Borthwick
ボスウイック
Borthwick
ボーズウェル Boswell
ボスウェル
Boswell*
Bothwell
ボズウェル
Boswell***
ボスウォース
Bosworth
ボズウォス Bosworth
ボスウォルス
Bosworth
ボスウッド Boswood
ボスエ Bossuet
ボスカ Bosca
ボスカー Bosker
ポスカ Posca
ボスガニア Vosganian
ボスカルディン
Boscardin
ボスカロ Boscaro
ボスカン Boscán
ボスキ Boschi**
ホスキソン Hoskisson
ポスキット Poskitt*
ボスキーニ Boschini
ボスキリア Boschilia
ホスキン
Hoskin
Hosking
ボスキン
Boskin**
Boskind*
ホスキング Hosking**
ホスキンス
Hoskins**
Hoskyns*
ホスキンズ
Hoskins**
Hoskyns**
ボースーク Borsook
ボスク
Bosc
Bosch
ホスグッド Hosgood
ボズクル Bozkir
ボスケ
Bosque**
Bosquet**
ポースケ Paaske
ボスケージ Boschesi
ボスケッティ
Boschetti
ボスケーロ Boschero
ホスケン Hosken
ボスケン Bosken
ボスコ
Boschot
Bosco***
Bosko
ボスコー Bosco
ボスコヴィチ
Boscovich
ボスコーヴィッチ
Boscovich
ボスコヴィッチ
Boscovich
ボスコーエン
Boscawen
ボスコビチ Boscovich
ボスコビッチ
Boscovich
Boskovic
ボスコフ
Boskov
Boškov
ボスコフスキー
Boskovsky*
ボスコボイニコフ
Voskoboinikov
ボスコボワ
Voskoboeva
ボスコリ Boscoli
ボスコル Voskuhl
ボスコロ Boscolo
ボスシャールト
Bosschaart
ホースゼン Gooszen
ホズソン Hodgson
ボズダー Bozdağ
ポスタ
Posta
Pósta
ポスター Poster**
ボズタエヴァ Boztaev
ポスタッキーニ
Postacchini
ポスタート Postert
ホスタリヤ Khostariia
ボスタン Bostan
ポスタン Postan*
ボスタンジオール
Bostancioglu
ホスチリアヌス
Hostilianus
ホスチリウス Hostilius
ボズッフィ Bozzufi
ポスツマ Posthuma
ポスツムス Postumus
ホステ Hoste
ホスデ Hocedez
ホスティウス Hostius
ボスティウス Bostius
ホスティエンシス
Hostiensis
ボスティコ Bosticco
ボスティック
Bostic**
Bostick
ホスティノ Justino
ポスティフ Postif
ホスティリアヌス
Hostilianus
ホスティリウス
Hostilius
ホースティング
Horsting
ホスティンスキー
Hostinský
ポステコグルー
Postecoglou
ホステッター
Hostetter
ホーステッド Husted
ホステットマン
Hostettmann
ホステトラー
Hostetler**
ポズデナ Pozdena
ポステル
Postel**
Postell
ポステルスウェイト
Postelthwaite
ホーステン Hosten
ボーステン Boesten
ホースト
Hoost*
Horst**
ホスト Host
ボースト
Borst
Viorst
ボスト Bost**
ポースト
Poast
Post*
ポスト Post***
ポストウ Postow
ボストウィック
Bostwick*
ホストヴスキー
Hostovsky
ポストゥミウス
Postumius
ポストゥムス
Posthumus
Postumus
ボストク Bostock
ポストゲイト Postgate
ポストゲート
Postgate**
ボストック Bostock
ポズトニアコワ
Pozdnyakova
ポズドニェーエフ
Pozdneev
ポストニコヴァ
Postnikova
ポストニコフ
Postnikov
ポズトネェフ
Pozdneev
ポズドネーエフ
Pozdneev
ポズドネフ Pozdneev
ポストノウズ
Posdnous
ポストフスカヤ
Postovskaia
ホストフスキー
Hostovský
ポストマ Postma**

ホ

ホストマーク
Hostmark
ホーストマン
Horstman
Horstmann
Hostman
ボストマン Postman*
ボストメス Postmes
ボストヤルコ
Postoyalko
ポストリ Postoli
ポストリー Postley
ポストリガイ
Postrigay**
ボストリッジ
Bostridge**
ポストリノ Postorino
ホストル Foster
ポーストル Postle
ボスドルフ Boszdorf
ポストレヒン
Postrekhin
ボーストレム Boström
ポストレル Postrel
ボーストロプ Bostrup
ボストロム
Bostrom*
Boström
ボストン Boston***
ポストン
Poston
Postone
ホズナー Holzner
ボスナー
Bonser
Bosner
ポスナー Posner**
ポズナー
Posener
Posner**
Pozner
ボスナク Bosnak
ボスナック Bosnak*
ポスナック Posnack
ポズナンスキ
Posznanski
ポズナンスキー
Poznanski
ホスニ
Hosni**
Husni
Ḥusnī
ボスニア Bosnia
ポズニェーエフ
Pozdneev
ポズニッキ Poznyak
ポスニック Posnick
ボスニッチ Bosnich
ボスニャク Bosnjak
ポズニャク Pozniak
ポズニャコワ
Pozdnyakova
ボズネセンスキー
Vosnesensky
Voznesenskii
ポスネット Posnett
ホースネル Horsnell
ポズネル Pozner*
ボスハウベェルス
Boshouwers
ボスバーグ
Vosburg
Vosburgh
ホスパーズ Hospers
ボスハート Bosshart
ホスバハ Hossbach
ボズバルソン
Bodvarsson
ボスハルト Bosshard
ホスビー Hothby
ホズビー Hothby
ボースビー Bausby
ポスピーシル Pospíšil
ポスピシル
Pospisil
Pospíšil
ポスピシロバ
Pospisilova
ポスピスィル Pospisil
ホスピタル Hospital*
ホスピニアン
Hospinian
ホスプ Hosp**
ホースフィールド
Horsefield
Horsfield
ホースフィルド
Horsefield
ボスフィールド
Bousfield
ホスフェルト Hoßfeld
ボスフェルト Bosvelt*
ホースフォール
Horsfall*
ボースブーム
Borsboom
ホースブラフ
Horsbrugh
ホースブルグ
Horsbrugh
ポスペーロフ Pospelov
ポスペロフ Pospelov
ポスポス Pospos
ボスポート Bospoort
ボスボーム Bosboom
ホーズマー Hosmer
ホスマー Hosmer*
ホズマー Hosmer*
ボースマ
Boersma
Bosma
ボスマ
Bosma
Bothma
ホースマン
Haussman
Horsman
ボーズマン
Boseman
Bozeman
ボスマン Bosman**
ボズマン
Bosman
Bozman
ボスマンス Bosmans*
ポスムイシ Posmysz
ボズムバエフ
Bozumbayev
ホスラー Hosler
ボスラ Bothra
ホスラヴィー
Khosravī
ボスラク Boslak
ポスラズニー
Posluszny
ボーズラップ Boserup
ボズラップ Boserup
ホスラビ Khosravi
ボスラフ
Bohuslav
Boslaugh
ホースラル Goslar
ポスランス Posluns
ボスランド Bosland
ホースリ Horsley
ホースリー Horsley*
ホーズリ Horsley
ホーズリー Horsley*
ホズリ Hosli
ボズリ Bosley*
ホースル Hoesl
ホスル Hosl
ボーズル Bosl*
ボスール Bosseur
ボスル Bosl
ポスルスウェイト
Postelthwaite
Postlethwaite*
ポスルーズニー
Posluszny
ホーズレー Horsley*
ボースレー Bhosle
ボスレー Bosley
ボズレー Bosley*
ホースレイ Horsley
ホーズレイ Horsley
ボスレイ Bosley
ボスレット
Boslet
Boßlet
ボスレンスキー
Voslensky
ホスロ K̲husrau
ホスロー
Khusrau
K̲husrau
Khusrō
ボズロー Boslough
ボスロイド Bothroyd
ホスロウ
K̲husrau
Khusrō
ボスロウ Boslough
ホスロヴィー
K̲husrawī
ホスロー·シャー
Khusraushāh
ホスロハヴァル
Khosrokhavar
ホスローマリク
Khusrau Malik
ボスワーシック
Boswarthick
ボスワース Bosworth*
ボズワース
Bodsworth
Bosworth***
ボズワーズ
Bodsworth
ホスン
Ho-seung*
Husn
ポースン Pawson
ボーズンキット
Bosanquet*
ホーゼ Hose
ホセ
Hose
Jose***
Jos'e
José***
Jośe
Josee
Josée
Josep*
Joseph
Josue
Joxe
Xosé
ホセー
Jose
José
Joseph
ホゼ
Joes
Jose**
José**
ボーセ
Bausset
Beaucé
Bosé
ボーゼ
Beauzée
Bose
Boze
ボセ
Bosé
Bosser
ボゼ
Bosé
Boser
ボゼー Bosé
ホセア
Hosea*
Hōsēē
ホゼア Hosea
ボーゼイギ Borzage
ボーゼイジ Borzage
ポセイディッポス
Poseidippos
ポセイドニウス
Poseidōnios
ポセイドーニオス
Poseidōnios
ポセイドニオス
Poseidōnios
ポセイドン Poseidon
ホセイニ
Hoseini
Hosseini
ホセイニー Hosseini*
ホセイン
Hosein*
H̱oseyn
Ḣossain*
Hossein**
Houssein
Husayn
Ḥusayn
ポーセイン Poe Sein
ポセヴィノ Possevino
ホセウス Hoseus
ボーゼーギ Borzage
ポセケリ Pothecary
ボーゼージ Borzage
ホセダニエル
Jose Daniel
ポセチ Poseci
ボゼツキー Bosetzky
ボゼック
Bozec
Bozek
ポーゼック Poseck
ポゼッサー Pozzessere
ボセッティ Bosetti*
ポセッティ Posetti
ホーセット Fawcett
ボゼット Bozzetto
ホセップ Josep
ボセッリ Boselli
ボセテ Bosheth
ボセト Boseto
ボゼト Bozzetto
ポセドニック
Podsednik
ポーゼナー Posener*
ボーセニュー
Beauseigneur*
ホセハ Josefa
ホセバ Joseba*
ホセフ Josef
ホセプ Josep
ホセファ
Josefa
Josepha
ホセフィナ Josefina
ポセプニ Pošepný
ホセマリア
Josemaría
José María
ホーゼマン Hosemann
ホセリ José
ポーセリエ
Peaucellier
ホゼリッツ Hoselitz
ホセリート Joselito*
ホセル
Hosell
Joselu
ボゼル Bösel
ポーセル Peaucelle
ポセル Posser
ポゼル Posell
ボーゼルセン
Bodelsen
ポーセロ Porcello

ボセロプ Boserup
ホーセン
Goossen
Hoesen
ボーセン Bo Seng
ボーゼン
Posen**
Pozen
ボゼーン Posehn
ボゼン Posen
ボセンガ Bossenga
ボーセンカム
Bosengkham
ホーセンス Goossens
ボーゾ Boso
ポソ Pozo*
ポゾ Pozo
ホソカワ Hosokawa
ホソク Ho-suk*
ボゾーク Bozhok
ポソーシコフ
Pososhkov
ポソシコーフ
Pososhkov
ポソシコフ Pososhkov
ボーソス Borsos*
ポソス Pozos
ボソゼルス Bonsels
ポソニー Possony
ポゾニック Posnick
ボソーブル Beausobre
ボゾルグ Bozorg*
ホーソルン
Hawthorne
ボーソレイユ
Beausoleil
ホーソーン
Hawthorn
Hawthorne*
ホーソン
Hawthorn
Hawthorne***
Hawthrne
Howson
ホソン
Ho-Seon
Ho-song
ボソン
Bo-seong
Bosson
Bo-sun
ボゾン Bozon
ポーソン
Pawson**
Porson
ホーソンデン
Hawthornden
ホーター
Gorter
Hauter
ホーダー
Haarder
Horder
ホタ Jota
ホダ Huda
ホダー
Hoda
Hodder*
ボータ Botha**
ボーター Wooter
ボーダ Bode
ボーダー
Boeder
Border
Bouder*
ボタ Botha**
ボダ Bodha
ポータ
Porter
Pota
ポーター
Porter***
Poter*
Potter
ポター Potter**
ポダ Poda
ポタアペンコ
Potapenko
ポタアペンコー
Potapenko
ホダイ Hodai
ホダイアック Hodiak
ボダイオ Bodio
ポダイスキー
Podhajski
ボーダイン Beaudine
ポータヴィー
Powdthavee
ホダエイ Khodaei
ホタカイネン
Hotakainen**
ホタク Ho-tak
ボダケン Bodaken
ホダコフ Khodakov
ボダーサ Bodurtha
ポータシ Poutasi
ボタシュ Botash
ボダージュ Bordage
ポタシュナー
Potashner
ポタショフ Potashov
ボータース Vaughters
ボーダース Borders
ボーダーズ Borders*
ボーターセ
Bouterse**
ホダセーヴィチ
Khodasévich
ホダセヴィチ
Khodasévich
ホダダッド
Khodadad*
ホダダド Khodadad
ボタチーニ Bottazzini
ポタック Potach
ボーダッシュ
Bourdaghs
ポタッシュ Potash*
ボタッツォ Bottazzo
ホダッド Khodadad
ポーダッハ Podach
ホーダップ Hodapp
ホダップ Hodapp
ボタニアテス
Botaneiates
ボダニス Bodanis
ポターニン Potanin**
ポタニン Potanin
ボタバ Votava
ポーターフィールド
Porterfield*
ポータフィールド
Porterfield
ポタペ Potape
ボーダベリー
Bordaberry
ポターペンコ
Potapenko*
ポターペンコー
Potapenko
ポタペンコ Potapenko
ポタポヴ Potapov
ポターポヴァ
Potapova
ポタポヴィッチ
Potapovich
ポタポフ Potapov
ボーダマー Bodamer
ボタマンズ
Botermans*
ポタミアエーナ
Potamiaena
ポタミウス Potamius
ポタミエナ
Potamiaena
ポタム Potame
ポタモン Potamon
ボーダーヤナ
Bodhāyaṇa
ホータラ Hautala
ボタラミク
Bodharamik
ボダリオ Bordallo
ボタリコ Bottalico
ポダリデス Podalydes
ボタリル Botterill
ボーダル Bohdal
ボダール Bodard**
ポータル Portal
ポダルコ Podalko
ホーダルコフスキー
Khodarkovsky
ボダルス Wodars
ポータルッピー
Portaluppi
ボダルト Bodart*
ポータルピ Portalupi
ポダレイリオス
Podaleirios
ボタロ Botallo
ボダーロ Bódalo
ホーダーン Hordern*
ホーダン Hordern
ボータン
Bautain
Bootan
Botan**
Bow Tan
ボーダン
Baudin*
Beaudin
Bodin
Bohdan**
ボダン
Baudin
Bodin*
ポタン Potain
ボダンスキー
Bodansky*
ボタンツキー
Bodanzky
ボダンツキー
Bodanzky
ボーチ Borch
ボーチー
Bochy
Bo-qi
ボーチ
Po-chih
Porch
ポーチー Pochi
ポチ Poci
ポチアテク Počiatek
ボーチアン Bo-jiang
ボーチェ Bouchez
ポチエ
Pothier
Pottier*
ボーチェイ Bouchey
ポチェッティーノ
Pochettino
ボーチェット Bouchet
ボチェッリ Bocelli**
ポチェティーノ
Pochettino
ボチェネック
Bochenek
ホチェバル Hocevar
ポチェヒナ
Potyekhina
ボチェフ Botev
ポチェブニャ
Potebnia
ボーチェンズ
Bauchens
ボチカイ Bocskay
ボチカリョーヴァ
Bochkareva
ポーチガル Portigal
ボチカレヴァ
Bochkareva
ホチキス Hotchkiss*
ボチコ Bochco**
ボチコフ Bochkov
ボチトラー Bochtler
ボチナ Bochina
ポチノク Pochinok
ポチバルシェク
Počivalšek
ポーチャー Porcher
ポチャ Po-chia
ボーチャーズ
Borcherds
Borchers*
ホチャチカ
Hochachka
ボーチャート Borchert
ボーチャード
Borchardt
ボチャラリ Boccellari
ボチャロヴ Bocharov
ボチャロフ Bocharov
ボチャロワ Bocharova
ボーチャン
Beauchamp
ポーチュガル Portugal
ポチョッキ Pochocki*
ボチョフ Botev
ポチョームキン
Potemkin
Potyomkin
ポチョムキン
Potemkin
Potyomkin**
ホチョル Ho-chol*
ホーチョン
Ho-cheung*
ポチロン Potillon
ホチン Hocine
ポーチン Pochin
ボチンスキー
Bochinski
ポチンチュク
Pochinchuk
ボーツ
Boots
Borts
Bots
ポーツ Ports*
ボツァキス Botzakis
ボツァリス Botsaris
ポツイゼン Pothuizen
ボーツウェイン
Boatswain
ボツェット Bozzetto
ボツェーナ Bozidarka
ボツェフスキ Bocevski
ホツォ Khotso
ホッカー Hocker
ボッカ Bocca*
ボッカシオ Boccaccio
ボッカシーニ
Boccassini*
ボッカース Boccaccio
ボッカス
Boccaccio
Bocchus
Bockus
ボッカーチオ
Boccaccio
ボッカチオ Boccaccio
ボッカチーニ
Boccacini
ボッカチヨ Boccaccio
ボッカッチォ
Boccaccio*
ボッカッチーノ
Boccaccino
ボッカッチョ
Boccaccio*
ボッカッツィ Boccazzi
ホッカデイ Hockaday
ボッカーティ Boccati

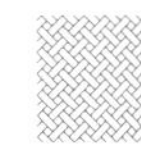
ホ

ボッカドーロ
Boccadoro
ボッカーマン
Bockermann
ポッカラサーティ
Pokkharasāti
ボッカリーニ
Boccalini
ポツカルスキー
Podskalský
ボッカルディ Boccardi
ボッカルド
Boccard
Boccardo
Boccrdo
ホッキ Roque
ホッキー Hockey
ボッキ Bocchi
ポッキネン Pokkinen
ボッキーノ Bocchino
ホッキン Hockin
ホッキング Hocking**
ホッキンソン
Hockinson*
ホック
Haq
Hoc*
Hoch***
Hock**
Hoock
Houck
ホッグ Hogg**
ボック
Boc**
Bock***
Bok**
ボッグ Bogg
ポック Pock
ボックウィンクル
Bockwinkel
ホックウォルト
Hochwalt
ホックシタット
Hochstadt
ボックシュターラー
Bockstahler
ホックシールド
Hochschild**
ホックス Fox
ボックス
Bocchus
Box***
Vox
ボッグス Boggs*
ボッグズ Boggs*
ホックステイター
Hochstatter
ボックステトル
Bockstette
ホックストラッサー
Hochstrasser
ボックスバーガー
Boxberger
ホッグスヘッド
Hogshead
ボックスホルン
Boxhorn
ボックスライトナー
Boxleitner
ホッグソン Hoggson
ボックナー Bochner*
ホックニー
Hockney**
ホックフィールド
Hockfield
ボックホルト
Bockholt
ホックマン
Hochman*
Hookuman
ホッグマン Hodgman
ボックマン Bochmann
ボックミュール
Bockmühl
ホックリー
Hockley
Hockry
ホックリーヴ Hoccleve
ボックリス Bockris
ホックリーブ Hoccleve
ホックレイク
Hochreich
ホッケ Hocke**
ホッケー Hockey
ポッゲ Pogge*
ホッケノス Hockenos
ボッケミュール
Bockemühl
ボッケリーニ
Boccherini
ホッケル Hockel
ポッケルス Pockels
ボッケルマン
Bockelman
Bockelmann
Bokelmann*
ホッケン Hocken*
ホッケンスミス
Hockensmith*
ポッゲンドルフ
Poggendorff
ボッコ
Bocco
Bøkko*
Vuokko
ボツコ Boczko
ボッコーヴン
Bockoven
ボッコムス Bouckoms
ボッコリーニ
Boccolini
ボッザ Bozza
ボッザッキ Bozzacchi
ボッサート
Bossert
Bosshart
ボッサード Bossard
ボッザーノ Bozzano
ホッサム Hossam
ポッサム Possum*
ホッサールト Gossaert
ポッサルト Possart
ホッシ Rossi
ホッジ
Hodge***
Hodges
Hoge
ボッシ
Bosh
Bossi**
Bossis
ボッシー
Bossi
Bossy
ポッジ
Pogge
Poggi*
Pozzi
ポッジェシ Poggesi
ホッジェス Hodges
ホッジェン Hodgen
ボッシェン Borssén
ボッジオ Boggio
ポッジオ Poggio*
ポッジオーリ Poggioli
ホッジキン Hodgkin
ホッジース Hodges
ホッジス
Hodges***
Hodgetts
ホッジズ Hodges*
ボッジス Boggess
ホッジスキン
Hodgskin
ホッジソン Hodgson*
ポッシディウス
Possidius
ボッシーニ Bossini
ボッシネンシス
Bossinensis
ホッジマン
Hodgman*
ホッシャ Rocha
ホッジャ
Hodza
Hoxha*
ボッシャー Bôcher
ポッシャー Poscher
ポッジャー Podger*
ボッシュ
Bogsh
Bosch***
Bosh*
Bossch
ポッシュ Posch*
ポッシュマン
Poschmann
ポッジョ Poggio
ポッジョーリ
Poggioli*
ホッシンガー
Hoessinger
ホッジンス Hodgins
ホッス Hosszu*
ホッスー
Hosszu**
Hosszú
ボッス
Bos
Bosch
ボッズォ Bozzo
ボッズッフィ Bozzufi
ボッスハールト
Bosschaert
ポッスルウェイト
Postlethwaite
ボッセ
Beaucé
Bosse**
ポッセ Posse***
ホッセイニ Hosseini**
ポッセヴィーノ
Possevino
ポッゼット Pozzetto
ホッセル Hossell
ポッセル Possel
ボッセルト Bossert
ポッセルト Posselt
ボッセン Bossen
ポッセンティ Possenti
ホッセンフェルダー
Hossenfelder
ボッソ Bosso
ポッソシコヴ
Possoschikow
ポッソニー Possony
ボッソリ Bossoli
ボッソン Bosson
ホッター Hotter**
ホッダー Hodder*
ボッタ Botta**
ボッダ Bodda
ポッター
Potter***
Potters
ボッターイ Bottai
ボッタイ Bottai
ポッターエフロン
Potter-Efron
ポッタートン
Potterton
ボッターリ Bottari
ボッタリコ Bottalico
ホッチ Hoch
ボッチ
Bocci
Botche
ホッチェヴァール
Hocevar
ポッチェッティ
Poccetti
ボッチェリ Bocelli
ボッチォーニ Boccioni
ボッチオーニ Boccioni
ホッチキス Hotchkiss
ホッチキッス
Hotchkiss
ボッチチェリ
Botticelli
ホッチナー
Hotchner**
ポッチャンティ
Poccianti
ボッチョーニ
Boccioni*
ボッチン Botchin
ボッチンスキー
Botschinsky
ホッツ Hotz
ボッツ
Botte
Botts*
ポッツ
Pots
Potts**
ポッツァ Pozza
ポッツァナイム
Potzernheim
ボッツィ
Bozi
Bozio
Bozzi
ポッツィ
Pocci
Pozzi**
ボッツェッティ
Bozzetti
ボッツェット Bozzetto
ホッツェル Hotzel
ボッツェンハート
Botzenhart
ポッツォ Pozzo*
ポッツォセッラート
Pozzoserrato
ボッツォーラ
Bozzolla*
ポッツォーリ Pozzoli
ポッツォリ Pozzoli
ホッツパー Hotspur
ボッツフォード
Botsford
ボッツマン Botsman
ホッツル Hotzel
ボッテ Bottet*
ボッデ
Bodde
Vodde
ボッティ Botti*
ボッディ
Boddey
Boddie
ボッティオン Bottion
ポッテイガー
Potteiger
ボッティジェリ
Bottigelli
ホッディス Hoddis
ボッティチェッリ
Botticelli*
ボッティチェリ
Botticelli**
ボッティチェルリ
Botticelli
ボッティチーニ
Botticini
ボッティチャー
Boetticher
ホッティンガー
Hottinger
ポッティンガー
Pottinger*
ボッティング Botting
ポッティンジャー
Pottinger
ボッテガーリ
Bottegari
ポッテージ Pottage
ボッテシーニ
Bottesini

ホ

ボッテジーニ
Bottesini
ホッテズ Hotez
ボッテル Bottel
ポッテル Potter
ボッテーロ Botero
ボッテロ Bottéro
ボッテーロン
Botteron
ボッテン Borten
ボッデン Bodden
ボッテンフィールド
Bottenfield
ホッテンロット
Hottenrott
ホッテンロート
Hottenroth
ホット
Chod
Hot
ホッド Hod*
ボット
Bot
Bott*
Botte
Votto*
ボッド
Bodde
Bodt
ポット
Phoch
Pot
Pote*
Pott*
Potte
ボッドウィン
Boddewyn
ボットゥガー Böttger
ボットゥーラ Bottura
ポットス Potts
ホットストン Hotston
ホットスパー Hotspur
ホットソン Hotson*
ボットナー Bottner
ボットーネ Bottone
ポツドネェフ
Pozdneev
ポットハースト
Pottharst*
ポットハスト
Potthast*
ポットヒーテル
Potgieter
ゴットフリート
Godfried
ポットホフ Potthoff*
ポッドホレッツ
Podhoretz
ホットホーン Hothorn
ホットマン Hotson
ポットマン Potman
ボットモア
Bottomore*
ボットリガーリ
Bottrigari
ボットリン Bottelin
ボットロール Bottrall
ホットン
Hotten
Hutton
ポツナンスキ
Poznanski*
ポツニャコフ
Pozdniakov
Pozdnyakov
ボツネセンスキー
Vosnesensky
Voznesenskii
ホッパー Hopper***
ボッバ Bubba
ボッパー Bopper
ポッパー Popper**
ポッパイア Poppaea
ポッパエア Poppaea
ポッパエウス
Poppaeus
ホッハーゲン Hohagen
ホッパール Hoppal
ボッビオ Bobbio**
ポッピート Poppito
ホッピン Hoppin
ホッフ
Hoff*
Holf
Hough
ホップ
Hop
Hopf**
Hopp*
Hoppe
ボッフ Boff
ボッブ Bob
ボップ Bopp**
ポッフ Povh
ポップ
Pop***
Popp**
ホッファ
Hoffa***
Hoffer
ホッファー
Hoffa
Hoffer**
Hotter
ボッファ Boffa*
ボッファード Boffard
ボッフィ Boffi
ポップウェル Popwell
ホップウッド
Hopwood**
ボッフェイ Boffey
ホッフェカー
Hoffecker
ポッフェンバーガー
Poffenbarger
ホッフェンバーグ
Hoffenberg
ポッフェンベルガー
Poffenberger
ボッフォード Botsford
ボツフォード
Botsford*
ホップカーク
Hopkirk**
ホップキンス Hopkins
ホツプキンス Hopkins
ホップグッド
Hopgood
ホップクロフト
Hopcroft
ポップコーン
Popcorn*
ポップジー Popsie
ホッブス
Hobbes*
Hobbs*
ホッブズ
Hobbes*
Hobbs***
ホップス Hopps
ポップス Pops
ホッフスタッター
Hofstadter
ポップソバ Poptsova
ホップソン Hopson
ホップナー Hoppner
ポップナー Hoppner
ホップネル Hoppner
ホッフバウアー
Hofbauer*
ホッブ・ハウス
Hobhouse
ホッブハウス
Hobhouse*
ホッププ Hopf
ホップファー Hopfer
ホップフェン Hopfen
ホッフマイスター
Hoffmeister
ホッフマイステル
Hoffmeister
ホッフマン
Hoffman
Hoffmann
Hofmann
ボッフラン Boffrand
ポップルストーン
Popplestone*
ホッヘ Hoche*
ホッペ
Hoppe***
Höppe
ポッベ Pobbe
ポッペ Poppe**
ホッベマ Hobbema
ゴッベル Gobbel
ポッペル Poppel
ポッペン Poppen*
ポッペンオー Popenoe
ホッペンステット
Hoppenstedt
ポッペンディーク
Poppendieck*
ホッペンフィールド
Hoppenfeld
ホッペンフェルド
Hoppenfeld
ホッペンベルグ
Hoppenberg
ホッホ
Gogh*
Hoch
ポッポ Poppo
ホッホヴェルダー
Hochwälder
ホッホシールド
Hochschild
ホッホシルト
Hochschild
ホッホスタイン
Hochstein
ホッホスタット
Hoogstad
ボッホナー Bochner
ホッホハイマー
Hochheimer
ホッホバーグ
Hochberg
ポッホハンマー
Pochhammer
ボッホマン Bochmann
ホッホムート
Hochmuth
ホッホライトナー
Hochleitner
ボッホルト Bocholt
ポーツマス
Portsmouth
ボツマン Botsman
ボッラ Borra
ポッライウオーロ
Pollaiuolo
ボッラドリ Borradori
ボッラーニ Borrani
ホッラミー Khurramī
ポッラローロ
Pollarolo
ボッリ Borri
ボッリエッロ Borriello
ポッリオ Pollio
ポッリーニ Pollini
ポッルクス Pollux
ボッレ
Boerre
Bolle*
ボッレベク Vollebaek
ホッロ Hollo*
ポッロ Porro
ボッロツィッノ
Borrozzino
ポッロナーラ
Pollonara
ボッローノ Borrono
ボッロミーニ
Borromini
ボッロメーオ
Borromeo
ボツワリ Botswali
ホテ Ho-tae
ボーテ
Bode
Bohte
Bote
Bothe*
ボーデ
Baudet
Baudez
Birde
Bode**
ボーデー Bodet
ボテ Bottée
ボデ
Bode
Bodeh
Bodet
ボデー Bodet
ボテアック Boteach*
ホティ Hoti
ボーテイ Vauthey
ボーディー Bodie
ボティ Boti
ボテイ Botey
ボディ
Baudy
Boddie
Boddy
Bode*
Bodie*
ボディー
Boddy
Bodie
ポティ Pottie
ボティア Botia
ボディアス Bodias
ポーティアス
Porteous*
ホディアック Hodiak
ボーディアン Bodian
ボディアン Bodian
ポーティウス Porteous
ボーティエ Vauthier
ポティエ
Pauthier
Pothier*
Pottier*
ホディエフ Khodiyev
ポディエブラート
Podiebrad
ポディエブラト
Poděbrad
Podiebrad
ボーディオ Baudiot
ボティオ Bottieau
ボティオー Botiaux
ポディオ Podio
ポーティオス Phōtios
ポティオス Phōtios
ボーディコン
Bodichon
ボーディサットヴァ
Bodhisattwa
ポーティサララート
Phothisalarat
ポーディジ Pordage
ボティシュ Botiş
ボディシュチャヌ
Bodisteanu
ボディション
Bodichon
ホーディス Hodes*
ホディス Hoddis
ポーティス
Portes
Portis*
ボティチェリ
Botticelli

ホ

ホ

ボディチョン
Bodichon
ボディッカー
Boddicker*
ホディック Hodick
ボーディック
Baudic
Bordick
ボティックハイマー
Bottigheimer
ポティート Poteat*
ポティトゥス Potitus
ボディーニ Bodini*
ボーディヌス Bodinus
ポティヌス Potheinós
ボティノ Bottino
ボティノー Bottineau
ポティノス Potheinós
ポテイノス Potheinós
ホディノット
Hoddinot
ボーディバドラ
Bodhibhadra
ポディビンスキー
Podivinsky
ポティファル
Petephrēs
Potiphar
ボティプカ Votipka
ポテイミアン
Potamian
ホディモ Hodimo
ポティラ Potila
ポーティラック
Phothirak
ポティリツィナ
Potylitsina
ホデイル Khodayir
ボーディル Bodil*
ボティル Botir
ボディル Bodil*
ポーティロ Portillo**
ポテイロ Poteiro*
ボディロガ Bodiroga*
ボーディロン
Bourdillon
ホーティン Hawtin
ホーディン Hodin
ボーディン
Bodin
Bodine
Boodin
Bordin
Borduin
ボーデイン
Bourdain**
ボティン Botín
ボディーン
Bodeen
Bodine
ボディン
Bodin
Bodine
ポディーン Podein
ポーティンガ
Poortinga
ホディング Hodding*
ボティング Botting
ポティング Poting
ポティンジャー
Pottinger*
ボーティンスタ
Bautinsta
ボーデウィヒ Bodewig
ホテーエヴァ
Khoteeva
ホテク Chotek
ポテク Potec*
ボデゲン Bodeghem
ボテザートゥ
Botezatu
ボテザトゥ Botezatu
ポデシャール
Podechard
ホーデス Hodes
ポデスキ Podeschi
ポテスタ Potestad
ポデスタ
Podesta**
Podestá
Podestà*
ポデスティ Podesti
ホーデスン Hoddeson
ボーデッガー
Bodecker
ポテック Potteck
ホテップ Hotep
ボーデッラ Boadella
ボテトート Botetourt
ボーデナム
Bodenham
ポテノー Pothenot
ポテパット Potepat
ポテパル Petephrēs
ポテヒーナ Potechina
ポテーヒン
Potekhin
Potékhin
ホテプ Hotep
ボーテフ Botev
ボテフ Botev*
ポテブニャ Potebnia
ポテブニャー
Potebnia
ボーデヘム Bodeghem
ボーデュ Baudu
ボーデュアン
Beauduin
ボデュアン Beauduin
ボデューク Bauduc
ボデュール Bodyul
ボテラ Botella
ボテラー Boteler
ポーテラ Portela
ポテラ Poterat
ボテーリョ Botelho
ボテリョ Botelho
ホテリング Hotelling
ホーデル Hodel*
ホデル Hodel
ボーデル
Baudel
Bodel
ボデル
Bodel
Bodell
ポーデル
Paudel
Powdyel
ポテル Potel
ボーデルシュヴィンク
Bodelschwingh
ボーデルシュヴィング
Bodelschwingh
ボーデルセン
Bodelsen**
ボーテルダール
Boterdael
ホーデルト Godert
ホテレ Hotere
ボテーロ Botero
ボテロ
Botelho
Botero***
Bottero
Bottéro*
ホーデン Howden
ボーテン Borten
ボーデン
Bawden***
Beauden*
Boaden
Boden*
Borden***
Bordon
Bowden*
Vodden
Vousden
ボテン Bautain
ポテン Pothain
ボデンヴィーザー
Bodenwieser
ボーテング Boateng*
ボーデンシャッツ
Bodenschatz
ボーデンシュタイン
Bodenstein*
ボーデンシュテット
Bodenstedt
ホーテンス Hortense*
ボーテンス Boutens
ホーデンスミス
Howdensmith
ボーデンディステル
Baudendistel
ポテンティヌス
Potentinus
ホデント Hodent
ポテント Potent
ポテンパ Potempa
ボーデンハイマー
Bodenheimer*
ボーデンハウゼン
Bodenhausen
ボテンハーゲン
Botenhagen
ボーデンハマー
Bodenhamer
ボーデンブルク
Bodenburg**
ボーデンブルグ
Bodenburg
ボーデンマン
Bodenmann
ボーテンラウベン
Botenlauben
ホート
Goot
Haught*
Hort*
Hoth
Hotho
ホード
Hard
Hoad
Hoedt
ホト Hotho
ホトー
Hotho
Hothorn
ホド Chod
ボート
Boot
Both
Botho**
Vogt*
Voto
Vought
ボートー Botho
ボード
Bard
Baude
Baudo
Baudot
Beaude
Board*
Bode**
Bodo**
Bodó
Bord
ボードー
Baudeau
Baudot
Bodo*
ボト
Bot
Both
Boto
Botto
ボトー Votaw
ボド
Baudo
Baudot*
Bod
Bodo*
ボドー
Baudot
Bodua
ポート
Poate
Pohrt*
Poort
Poot
Port
Porte
ポト Pot*
ボードアン
Baudouin*
Beaudouin
ポドイスカヤ
Podoiskaia
ポドイニコバ
Podoinikova
ポティリチャク
Potil'chak
ホドイリョフ
Khodyrev
ボードイン
Bauduin
Beaudoin
ボドゥ Baudou
ボドゥー Baudoux
ボードゥアン
Baldwin
Baudouin*
ボードウァン Bauduin
ボドゥアン Baudouin
ボードゥイ Baudouy*
ホドヴィエツキ
Chodowiecki
ホドヴィエツキー
Chodowiecki
ボードウィッツ
Bordowitz
ボトウィニク
Botwinick
ボトウィニック
Botwinick
ホードゥイリョフ
Khodyrev
ボードゥイン Bauduin
ボードゥィン
Bauduin
Beaudouin
ボトウィン Botwin
ボドウィン Boddewyn
ボードウェイ
Boadway
ポートウェイ Portway
ボードウェル Bordwell
ポドヴォイスキー
Podvoiskii
ポドヴォーイスキィ
Podvoiskii
ポドヴォロツキー
Podvolotskii
ポトゥク Potuk
ボドゥソン Bodson
ボドウパヤ
Bodawpaya
ボドウパヤー
Bodawpaya
ポトゥプチク
Potupchik
ボトゥラライ
Botralahy
ボトゥリーニ Boturini
ボドゥルカ Bodurka
ボトゥルフ
Botolph
Botulf
Botulph
ポドゥロ Poderos
ボードゥワン
Baudouin
ポートゥン Po Tun
ボトカー
Bo dker
Bodker
Bødker
ポトカー Potokar
ポドガイヌイ
Podgainy

ボートキー Bodky
ボドキー Bodky
ボトギーター
Potgieter
ボートキン Botkin
ボトキン Botkin**
ボドキン Bodkin
ポトキン Potkin
ホドキンソン
Hodkinson
ポトク Potok***
ポドクシク Podoksik
ホトクト
Qutuctu
Qutughtu
Qutuγtu
ポトクニック
Potocnik
ホトケーウィチ
Chodkiewicz
ホトケル Hötker
ポトコニャック
Potkonjak
ポトコネン Potkonen
ポドコパエワ
Podkopayeva*
ポドゴールナヤ
Podgornaya
ポドゴルヌイ
Podgornyi*
Podgornyj
ポトコワツ Potkovac
ホートサング
Hortsang
ボートシュティーバー
Botstiber
ホドス
Hodos
Hódos
ボトス Botos
ポドスカ Poduska
ボトストレーム
Bodstrom
Bodström
ボドストレム
Bodström*
ボトスフォード
Botsford
ホドソン Hodson**
ポトチュニク Potočnik
ポトツカ Potocka
ポトツキ Potocki*
ポトツキー Potocki
ボドック Bodoc**
ポトック Potok
ボトッソ Botosso
ポトーティ Potorti*
ホドトビッチ
Khodotovich
ボトナー Botoner
ボドナー
Bodnar*
Bodner
ポートナー Portner
ボトナリ Botnari
ボドナール Bodnár
ボドナル Bodnar
ボドーニ Bodoni
ポトニ Potonie
ポトニー Potonie
ボドニークス
Bodnieks
ポドニークス
Podnieks
ポートネイ Portney
ホドネット Hodnett
ポドハスキー
Podhajsky
ボードーパヤー
Bodawpaya
ポドビェルスキ
Podbielski
ポトヒーテル
Potgieter
ボトビノフ Botvinov
ボドピャノフ
Vodop'yanov
ボドピャノフ
Vodop'yanov
ボドピヤノフ
Vodopiyanov
Vodop'yanov
ポドビールニアク
Podbielniak
ポドビールニャック
Podbielniak
ボトビンニク
Botvinnik
ボドフ Bodoff
ポートフ Portoff*
ボドフィッシュ
Bodfish
ポトフスキー Potofsky
ポドブニク
Podobnik**
ポドフラースキー
Podhrasky
ホートベイト Haatveit
ポドベッド Podobed
ポドベドワ
Podobedova*
ポドボルスキー
Podborski
ボートマー Bodmer
ボードマー Bodmer
ボトマ Botma
ボドマー Bodmer*
ポトマ Potma
ポドマジェルスキー
Podmajersky
ホトマーヌス Hotman
ホードマン
Hoedeman*
ボートマン
Boatman
Bortman
ボードマン
Boardman***
Bordman
ボドマン Bodman**
ポートマン
Portman***
ボトム
Bottom*
Bottome*
ボトムズ Bottoms*
ホトムスカ
Chotomska*
ボトムリ Bottomley
ボトムリー
Bottomley**
ポトメシル Potmesil
ホードラー Hodler
ホドラー Hodler**
ボトラー Boteler
ボートライト
Boatright
Boatwright
ポトラック
Potorac
Pottruck*
ポドラッツ Podratz
ポドラドチコフ
Podladtchikov**
ボトラル Bottrall*
ボートラン Vautrin
ボドランド Bodlund
ポートランド
Portland*
ホートリ Hawtrey
ホートリー
Hawtree*
Hawtrey
ホードリ Hoadly
ホードリー
Hoadley
Hoadly
ボードリ
Baudri
Baudry*
Beaudry
ボードリー
Baudry
Boudrieau
ボトリー Bottley
ボドリ
Baudry
Bodley
ボドリー
Baudry
Bodley
パードリー Powderly
ボードリイ Baudry
ボードリエ Baudrier
ボドリエ Baudrier
ホドリゲス Rodrigues
ホドリゴ
Rodorigo*
Rodrigo
ポドリジニー
Podluzhnyi
ポドリスキー
Podolsky
ポドリスキイ
Podol'skii
ボードリソムシンスキー
Beaudry-
Somcynsky
ボードリック
Bauderlique
ポドリャシューク
Podliashuk
ボードリャール
Baudrillart
ボードリヤール
Baudrillald
Baudrillard**
Baudrillart
ボドリヤール
Baudrillart
ボートリン Bortolin
ポドリン Podlin
ホドル Hoddle
ポートル Poeltl
ポドルーグ Podrug
ホドルコフスキー
Khodorkovskii*
ボートルズ Bortles
ポドルスキ
Podolski**
ポドルスキー
Podolskiy
Podolsky
ポトルツイン
Poturzyn
ポドルニー Podolny*
ボトルバ Votruba
ボトルフ Botolph
ホートレー Hawtrey
ホートレイ Hawtrey*
ホードレイ Hoadley
ボードレエール
Baudelaire
ボードレエル
Baudelaire
ボドレェル Baudelaire
ポドレス Podres**
ポトレーソフ Potresov
ポトレソフ Potresov
ポドーレツ Podhoretz
ポドレッキ Podlecki
ポドーレッツ
Podhoretz
ボートレル Bottrell
ボードレール
Baudelaire*
ボトレル Bothorel*
ボドレール Baudelaire
ボードレンダー
Bodländer
ボードロ Baudelot
ボトロ
Botelho
Botoro
ポトロ Potro*
ホドロウスキー
Jodorowsky
ホドロヴスキー
Jodorowsky
ポドロガル Podlogar
ボードロック
Baudelocque
ボドロフ Bodrov**
ホドロフスキー
Hodorovski
Jodorowsky**
ボトロール Bottrall
ボドロンネフェルド
Bodoronneferd
ポトワ Po to ba
ボードワイエ
Vaudoyer
ボードワン
Baldwin
Baudoin
Baudouin*
Beaudoin
ボドワン Baudouin*
ホートン
Haughton*
Hawton
Horton***
Houghton***
Wharton
ホードン Hawdon
ボートン
Boateng
Borton**
Boughton
Worton
ボードン
Borden
Bourdon*
Bowdon
ボトン Botton*
ボトンリー Bottomley
ホーナ Horner
ホーナー
Hohner
Honor
Horner***
ホナー Honor
ボーナ Bona
ボーナー
Bohner
Bonar*
Boner
ボナ
Bona**
Bonar
Bonna
Bonnat
ボナー
Bohner
Bonar*
Boner
Bonner***
ボナア Bonar
ボナアル Bonnard
ホーナイ Horney*
ボナイ Boni*
ボナイティ Bonaiti
ホナイン Ḥunain
ホーナウアー Honauer
ホナウアー Honauer
ボナヴァンチュール
Bonaventure
ボナヴァンテュール
Bonaventure
ボナヴィーア Bonavia
ボナヴィア Bonavia
ボナヴェンチュラ
Bonaventura
ボナヴェンツウラ
Bonaventura
ボナヴェンツラ
Bonaventura
ボナヴェントゥーラ

ホ

Bonaventura**
ボナヴェントゥラ
Bonaventura*
Bonawentura
ボナヴェントウラ
Bonaventura
ボナヴェントゥル
Bonaventure
ホナヴォグト
Honervogt
ボナヴォーリア
Bonavoglia*
ボーナガリ
Bhownagary
ボナグイーダ
Bonaguida
ボナグーラ Bonagura
ボナグラー Bonagura
ボナサール Bonassar
ホナサン Honasan*
ボナーシャ Bonascia
ボナジュンタ
Bonagiunta
ホーナス Honus*
ホナス Jonás
ボーナス Bownas**
ボナーズ
Bonerz
Bonners*
ボナス
Bonas*
Bonath
ホーナセック
Hornacek**
ボナゾーネ Bonasone
ボナチェッリ
Bonacelli
ボナチッチ Bonacic
ボナツェホ
Ponatshego
ボーナッカー
Bohnacker
ボナッキ Bonacchi
ホーナック Hornak
ボナッチ Bonatti
ボーナッツ Bonatz
ボナッツ Bonatz
ボナッツァ Bonazza
ボナッツォーリ
Bonazzoli
ボナッティ Bonatti**
ボナッフェ Bonnafé
ボナーティ Bonati*
ホナート Honert
ボナード Bonnard
ボナネ Bonanet
ボナーノ Bonanno
ボナノ
Bonanno
Bonano
ボナノヴァ Bonanova
ボナノス Bonanos
ボナノッテ
Bonanotte*
ボナーバーグ
Vonarburg
ボナパート Bonaparte
ボナバルト Bonaparte
ボナパルト
Bonaparte**
Buonaparte
ボナビア Bonavia
ボナフ Bonafoux*
ボナフー Bonafoux
ボナファシオ
Bonifacio
ボナフェ Bonnaffé
ボナフォンテ
Bonafonte
ボナベンツラ
Bonaventura
ボナベントゥーラ
Bonaventura
ボナベントゥラ
Bonaventura
ボナベントゥーレ
Bonaventure
ボナボー Bonabeau
ホナボグト Honervogt
ボナボロンタ
Bonavolontà
ボナーミ Bonami
ボナミ Bonamy
ボナミー Bonnamy
ボナミーコ Bonamico
ホナム Hur-nam
ボーナム Bonham*
ボナム Bonham**
ボナムナ Bonamna
ボナムペルマ
Ponnamperuma
ボナモー Bonameau
ボナヤ Bonaya
ボナラック Bonallack
ボナリー Bonaly*
ボナリー Ponnary
ボナール
Bonald
Bonar
Bonnard**
ボナル
Bonal
Bonàl
Bonar
Bonnal
ボナルド Bonald*
ホーナン Honan*
ボナン
Bonang
Bonin
Bonnand
Bonnin
ホーナング Hornung*
ボナンジンガ
Bonansinga**
ボナンニ Bonanni
ボナンノ Bonanno**
ボナンペルマ
Ponnamperuma
ホーニー Horney
ホニー
Honey
Jonny
Jony
ボーニ Boni*
ボニ Boni***
ボニー
Bauny
Boni
Bonie
Bonney***
Bonnie**
Bonny*
Bony*
Boonnie
ポニ Poni
ポニー Pony*
ポーニア Poonia
ポニア Ponniah*
ポニアチク Poniachik
ポニアトウスカ
PoniaTowska
Poniatowska*
ポニアトウスキ
Poniatowski**
ポニァトフスキ
Poniatowski
ポニアトフスキ
Poniatowski
ポニアトフスキー
Poniatowski
ホーニイ Horney
ボニイ Bonyi
ホニイェク Honyek
ボニヴァー Boniver
ボニーヴァール
Bonivard
ボニウェル Boniwell
ホーニウス
Honius
Honnius
ホニーウッド
Honywood
ボーニエ
Baugniet
Beaunier
ボニエ Bonnier*
ボニエー Bonnier
ポニエ Ponhea
ホニエク Honyek
ボニエック Bonniec
ホニエル Johnnier
ホーニグ
Hoenig
Honig
ポニクサン Ponicsan
ホニグスバウム
Honigsbaum
ホニグマン
Honigmann
ボニージャ Bonilla***
ボニジャ Bonilla
ボーニシュ Bónis
ボニス Bonnice
ボニセル Bonnissel
ボニゼール Bonitzer
ボニゾッリ Bonisolli*
ポニゾフスキー
Ponizovskii
ボニソン
Bonissone
Vonison
ボニータ Bonita*
ボニタ Bonita*
ボニチ Bonnici*
ボーニツ Bonitz
ボニツェール
Bonitzer*
ホーニッグ
Honig
Hornig*
ホニッグ Honig*
ホニッグマン
Honigmann
ホーニッシュ
Hornish*
ボーニッシュ
Boenisch
Borniche
ボニッチ Bonnici
ボーニッツ Bonitz
ボニッツ Bonitz
ボニッツィ Bonizzi
ボニート Bonito*
ボニーナ Bonina
ボニーニ
Bongini
Bonini*
ボニーヌス Boninus
ボニーノ Bonino**
ホーニヒスハイム
Honigsheim
ホニヒマン
Honigmann
ボニファ Bonifas
ボニファキウス
Boniface
Bonifacius
Bonifatius
ボニファシア
Bonifacia
ボニファシオ
Bonifacio*
Bonifácio
ボニファス
Boniface*
Bonifaz
ボニファチイ Bonifatii
ボニファチウス
Bonifacius
Bonifatius
ボニファーチオ
Bonifacio
ボニファチオ
Boniface
Bonifacio
ボニファチーノ
Bonifacino
ボニファーチョ
Bonifacio
ボニファーツィウス
Bonifatius
ボニファツィオ
Boniface
Bonifacio
ボニファッツィオ
Bonifazio
ボニファーティウス
Boniface
Bonifacius
Bonifatius
ボニファティウス
Boniface
Bonifacius
Bonifatius
ボニファティオス
Bonifatios
ボニファティス
Bonifatius
ボニフェイス Boniface
ボニフェース Boniface
ボニフェスムチェル
Boniface
ホーニマン Horniman
ボニーマン
Bonnyman
ポニマン Ponimam
ボニーム Bonime
ボニーヤ
Bonilla*
Bonnier
ボニヤ Bonilla
ポニャトウスカ
PoniaTowska
ポニャトスキー
Poniatowski*
ポニャトフスキ
Poniatowski
ポニョ Ponyo
ポニョムー
Kpoghomou
ボニーラ Bonilla
ボニラス Bonillas
ボニリア Bonilla
ボニーリャ Bonilla**
ボニリャ Bonilla
ボーニン
Bonin
Bonnin
ボニン Bonnin
ホーニング
Hornig
Horning
ボーニング Borning
ボニング
Bonning*
Bonynge*
ボーニングハウゼン
Bönninghausen
ボニンセーニャ
Boninsegna
ボニントン
Bonington**
ボーヌ Beaune*
ボヌ Bonou
ボヌイユ Bonneuil
ポヌィルコ Ponyrko
ポヌイルコ Ponyrko
ボーヌヴ Beauneveu
ボーヌヴー
Beauneveu
ボヌヴァル Bonneval
ボヌヴィ Bonnevie
ボヌジョワ Bonnejoy
ボーヌス Bonus
ボヌス Bonnus
ボヌッチ Bonucci

ホ

ボヌッティ Bonutti
ボヌート Bonutto
ボーヌブー
Beauneveu
ボヌフォア Bonnefoy
ボヌフォワ Bonnefoy*
ホーヌマン
Hornemann
ボヌメール
Bonnemère
ボヌラ Bonura
ボヌール
Bonheur
Bonnoure
ボヌル Bonull
ホネ Hone
ボーネ
Bohne*
Boone
ボネ
Bonet
Bonnet**
ボネー Bonnet
ボネヴィー Bonnevie
ボネウィッツ
Bonewitz
ホーネガー
Hohenegger
ホネカー Honecker
ボネガット
Vonnegut***
ボネキ Bonechi
ホーネク Horneck
ボーネケンバー
Bonekemper
ボネコハル
Bonehkohal*
ホーネス Honess
ボネステル Bonestell
ホネストス Honestos
ホーネッカー
Honecker**
ホネッカー Honecker
ホネッガー Honegger
ホーネック
Honeck*
Horneck
ホネック Honeck
ボーネック Bahunek
ボネッタ Vonetta*
ボネッティ
Bonetti*
Bonnetty
ホーネット Hodnett
ホネット Honneth**
ボーネット Bohnet
ボネット
Bohnet
Bonet*
Bonetto
Bonnet*
Bonnett*
ボネッファー
Bonhoeffer
ボネッリ Bonelli
ボネテ Bonete
ホネト Honeth
ボネト Bonet
ボネバ Boneva
ボネビル Bonneville*
ホネフ Honnef
ホネフェルダー
Honnefelder
ボーネマルク
Bornemark*
ホーネマン Horneman
ボーネマン
Bornemann
ボネモン Ponemon
ボネーラ Bonera
ボネリ Bonelli*
ボネリウス Bonerius
ホーネル
Honel
Hornell
ボーネル
Bohner
Bonnell*
ボネール Bonnaire*
ボネル Bonnell
ポーネル Poehnell
ポネル Ponnelle*
ボネルリ Bonelli
ボネロドリゲス
Bonne Rodriguez
ホーネン
Hohnen
Hönen
ボーネン
Bohnen
Boonen*
ボーネンベルガー
Bohnenberger
ボーノ Bono*
ボノ
Bonnet
Bonnot*
Bono**
ボノー
Bonneau*
Bonnot
ボノアン Bonoan
ホノヴィッチ
Honovich
ボノオ Bonneau
ポノオパペ
Pono Opape
ボノコレ Buonocore
ボノス Bonos
ボノースス Bonosus
ボノスス Bonosus
ボノド Bonod
ボノーニ Bononi
ボノネス Vonones
ホノハン Honohan*
ボノフ Bonoff
ボノボ Bonobo
ポノマリオフ
Ponomariov
ポノマリョフ
Ponomarev**
Ponomaryov
ポノマリョワ
Ponomaryeva
ポノマレワ
Ponomareva
ポノマレンコ
Ponomarenko*
ポノマレンコヤニッチ
Ponomarenko Janic
ボノーミ Bonomi*
ボノミ Bonomi*
ボノミーニ Bonomini
ボノーム Bonhomme
ボノム
Bonhomme
Bonnome
ボノメリ Bonomelli
ボノーモ Bonomo
ボノモ Bonomo
ホノーラートゥス
Honoratus
ホノラトゥス
Honoratus
ポノラン Ponoran
ボノーリ Bonoli
ボノリ Bonoli
ホノリア Honoria
ホノーリウス
Honorius
ホノリウス Honorius*
ボノール Bonnaure
ポノル Ponor**
ホノルカ Honolka
ボーノワイエ
Beaunoyer
ボノンゲ Bononge
ボノンチーニ
Bononcini
ボノンム Bonhomme*
ホーバ Hoeber
ホーバー Hoeber
ホパー Hopper
ボーハー Borja
ボーバ
Borba
Bova*
ボーバー
Boever
Bowbeer
ボバ
Bova
Vova
ボパ
Bopha
Buppha
ポーパ Popa*
ポパ Popa
ホパー
Hopper
Popper*
ホバアト Hobart
ポパイ Popeye
ボーハイダー Bohidar
ホハシビリ
Khokhashvili
ボバジリャ Bobadilla
ホーバス
Horvath
Hovasse
ボーハス Borjas
ボバース Bobath
ポーハタン Powhatan
ボハーチコヴァー
Boháčková
ボハーチコバー
Boháčková
ボハーツ Bohác
ホーバッス Horvatth
ボハッタ Bohatta
ホーバット Horvat
ボバット Vopat
ホーバッハ Hohbach
ボバディジャ
Bobadilla
ボバディリャ
Bobadilla
ボハテク Bohatec
ホーバート
Hobart
Horvath*
ホバート Hobart**
ボバード Bovard
ホバナ Hobana*
ボバナ Bobana
ボハナン Bohannan
ホバニシャン
Hovhannisyan
ボハニック Bojanic
ボハネ Bokhane
ポパネ Popane
ホバネシアン
Hovanessian
ホバネス
Hovhaness*
Hovhannes
ホバネツ Chovanec
ホハーノフ Fofanov
ボハノン
Bohannon
Bohanon
ホバーマン
Hoberman**
ホバマン Hoberman
ポパム Popham*
ボハラ Bohara
ボハーリー Bukhāri
ホーバル Håvard
ボーバル Bauval
ボハルデ Bogarde
ホーバルト
Havard
Howald
ポバルニツィン
Povarnitsyn
ポパルラン Popirlan
ホーバン Hoban***
ボーハン Vaughan
ボーバン Vauban
ボバン
Boban*
Bobin
ポーハン Pohan
ポハン Pohan
ボパンナ Bopanna
ポハンバ Pohamba**
ホーヒー Haughey**
ホービー Hoby
ホビー
Hobbie*
Hobby*
Hobie
Hoby
Hovey
ボービー Bauby
ボヒ Bo-hi
ボビ
Bobi
Bovy
ボビー
Bob
Bobbe
Bobbi*
Bobbie***
Bobby***
Bovey
ポビ Pobi
ポビー Pobee
ポピー
Poppe*
Poppy**
Popy
ボービアン Beaubien
ボビィ Bobbi
ボビイ Bobbi
ポピイ Poppy
ポピヴァノフ
Popivanov
ポピエウシコ
Popieluszko
ポピエラ Popiela
ホーヒェンアウ
Hochenau
ボービエンカム
Boviengkham
ボビオ Bobbio
ポピキン Popkin
ホビク Hovik
ボヒジャン Bohigian
ボビージーン
BobbieJean
ホービス Hovis
ホーピス Houpis
ボビス Bóbis
ポピック Popik
ボビッチ Bobic*
ホービッツ
Horvitz
Howitz
ポーピッツ Popitz
ポピッツ Popitz
ボビット
Bobbit
Bobbitt*
ホビト Jovito*
ボビート Bobbito
ポヒバ Pohiva
ホピヒラー
Hoppichler*
ポピヤッツ Popijać
ボビヨ Bobillot

ホ

ホピョン Hopyong
ボヒョン Bohyun
ポビラス Povilas
ポピリウス Popillius
ボビリエ Bobillier
ボービル Bovill
ボビーロ Bobillo
ポヒワラ Pochwala
ボービン Bovin
ボビン
Bobbin*
Bobin
Vovin
ホービング Hoving**
ボヒンスキー Bohinski
ボビンスキー Bobinski
ボヒンツ Bohinc
ホーフ
Hof**
Whorf
ホーブ
Haub
Hobe
ホープ
Hoop*
Hope***
ホフ
Haff
Hof*
Hoff***
Hough
Hugh
ホブ Hobb
ボーブ
Boevé
Bove*
ボフ Boff**
ボブ
Bab
Bob***
Bobb
Bobby
Bobe
Bove
ポープ Pope***
ボフ
Povh
Povkh
ポプ
Pop
Povkh
ホーファー
Hoefer
Hofer*
ホファー
Hofer
Hoffer
ボファ Bopha
ホーファカー Hofacker
ホーファアカー Hofacker
ホーファッカー
Hofacker
ホーフアッカー
Hofacker
ポファム Popham
ポファラ Pofalla
ボファルイ Bofarull
ホファールツ Govaerts
ホフィー Hofer
ボフィット Boffito
ボブィニン Bobynin
ポフィラ Pophillat
ボフィリィ Bofill
ボブイリョフ Bobylev
ボフィール Bofill**
ボフィル Bofill
ポフィレ Pauphilet
ホーフィンガー
Hofinger*
ボーフィンガー
Bofinger*
ホーフィング Hoving*
ホープウェル
Hopewell
ポブウォッカ Poblock
ポブウォツカ
Pobłocka
ホーフェ Hove
ホフェッシュ Hofesh*
ホフェル Hoffer
ホーフェルト
Govaert
Govert
ホーフェルド Hohfeld
ホフェルト Govaert
ホーフェン Hoven
ボーフェンジーペン
Bovensiepen
ホーフォード
Horford*
ボーフォート Beaufort
ボーフオート Beaufort
ボフォール Beaufort
ホープカーク
Hopekirk
ホブキーク Hobkirk
ボブキャット Bobcat
ホプキン Hopkin*
ポプキン Popkin*
ホプキンズ Hopkins
ホプキンス
Hopkins***
ホプキンズ
Hopkins***
ホプキンスン
Hopkinson
ホプキンソン
Hopkinson**
ホプグッド Hopgood
ホプクラフト
Hopcraft
ホプケ Hopcke
ポプケス
Popkes*
Popkess
ホプコ Hopko
ホプコー Hopko
ボブコヴァー Bobková
ポプコフ Popkov
ボフシェウィツォウナ
Bohuszewiczowna
ポプシェンツカ
Poprzecka
ホーブシュ Hobsch
ホーフシュテッター
Hofstatter
Hofstätter
ホフシュテッター
Hoffstetter
Hofstätter
Hofstetter
ホーフシュトラッサー
Hochstrasser
ホフシュナイダー
Hofschneider
ホフショネル
Hochschorner
ホフショルネル
Hochschorner*
ボブジンスキ
Bobrzyński
ホープス
Hoops
Hopes
ホブス Hobbs
ホブズ Hobbs
ボーブス Bobes
ボフス Bohus
ボブス Bobs
ホフスタター
Hofstadter
ホーフスタッター
Hofstadter*
ホフスタッター
Hofstadter**
ホフスタッダー
Hoffstadter
ホフステイド Hofstede
ホフステッタ
Hofstetter*
ホーフステッド
Hofstede
ホフステーデ Hofstede
ホフステード
Hofstede**
ホーフストラーテ
Hoogstraten
ホーフストラーテン
Hoogstraeten
ホフスバッケン
Hoffsbakken
ホブズボウム
Hobsbaum
Hobsbawm
ホブズボーム
Hobsbawm***
ボフスラヴ Bohuslav
ボフスラフ
Bohuslav**
Bohuslaw
ホブスン Hobson**
ボブスン Bobson
ホフセット Fawcett
ホブソン
Hobson**
Robson
ホプソン Hopson*
ボブソン Bobson
ホブタ Khobta
ボフダノヴィッチ
Bohdanowicz
ホーフダレム
Hoogdalem
ボフダロヴァー
Bohdalová
ボフダン Bohdan*
ボブチェッリ Bobcelli
ポプチェンコ
Popchanka
ボブチャンチン
Vovchanchyn*
ボフチョーク Vovchok
ボプチョン
Beop Jeong*
ポプツォフ Poptsov
ボフツキー Bohutsky
ホブデー Hobday*
ホブデイ Hobday*
ホブデン Hobden
ホーフト Hooft**
ホフト Hoft
ホプト Hopt
ホプトマン Hoptman
ホプトン Hopton
ホフナー Hoepfner
ホーフナーゲル
Hoefnagel
ホフナニアン
Hovnanian
ボーブナルグ
Vauvenargues
ホフニ Hophni
ホフヌング Hoffnung
ボブネーヴァ Bobneva
ホーフハイマー
Hofhaimer
ホフハインズ Hofheinz
ホーフバウアー
Hofbauer
ホフバウアー
Hotbauer
ホブハウス
Hobhouse*
ホブバッハ Hobbacher
ホーフハーネス
Hovhaness
ホフパワー Hoffpauir
ホブハンネス
Hovhannes
ホプフ Hopf
ホプフェンベック
Hopfenbeck
ホブフォル Hobfoll*
ホフブランド
Hoffbrand
ホーフマ Hoogma
ポプマ Popma
ホフマイアー Hofmeyr
ホーフマイスター
Hoffmeister
Hofmeister
ホフマイスター
Hoffmeister*
Hofmeister
ホフマイヤー
Hoffmeyer
ホーフマン
Hofmann**
ホフマン
Hochman*
Hoffman***
Hoffmann***
Hoffmans
Hofman*
Hofmann***
Hohmann
Hohuman
ホブマン Hobmen
ホプマン Hopman
ボフマン Bochmann
ボープマン Poorman
ホフマンズ Hoffmans
ホーフマンスヴァルダウ
Hofmannswaldau
ホフマンスヴァルダウ
Hoffmannswaldau
ホーフマンスタァル
Hofmannsthal
ホフマンスタアル
Hofmannsthal
ホーフマンスタール
Hofmannsthal**
ホフマンスタール
Hofmannsthal*
ホーフマンスワルダウ
Hofmannswaldau
ホフマンスワルダウ
Hofmannswaldau
ホーフミラー
Hofmiller
ボーフミル Bohumil
ボフミール Bohumír
ボフミル
Bogumił
Bohumil***
ボーフム Boehm
ホフメーア Hofmeyr
ホフメクラー
Hofmekler
ホフモー Hofmo
ホフラー Hoefler
ポブラ Povla
ホーブライト
Hoberecht
ホフライト Hoffleit
ホフライトネル
Hochleitner
ポーフライン
Poe Hlaing
ポプラウスキー
Poplawski*
ポーフラジー
Po Hla Gyi
ポプラシェン
Poplasen*
ポプラーフスカヤ
Poplavskaja
ポプラフスカヤ
Poplavskaja
ボーフラワー
Boutflower
ボーフラン Beaufrand
ボーブラン Beaubrun
ボフラン Boffrand

ホフラント Hofland
ホフランド
Hofflund
Hofland**
ホブランド Hovland
ホフリ Hochuli
ホプリー Hopley
ボブリ Bobri
ポプリコラ Poplicola
ボブリツキー
Bobritsky
ボブリック Bobrick*
ボブリッジ Bobridge
ホープリッチ
Hoeprich
ホブリッツェル
Hoblitzel
ホブリット Hoblit
ホフリャコヴ
Khokhryakov
ホフリンガー
Hoefflinger
ホフリング Hofling
ボーフル Beaufre
ポープル Pople**
ホーブルク Hoburg
ポプルトン Poppleton
ボーフルール
Boufflleurs
ボーフレ Beaufret
ポブレ Pobre
ホブレイ Hobley
ポプレイ Popley
ホープレス Hopeless
ホブレッカー
Hobrecker
ホブレット Hoblet
ポブレテ Poblete
ホブレヒト Obrecht
ボブロ Bobro
ボブロー Bobrow
ボブロウ Bobrow*
ホフローヴァ
Khokhlova
ボブロウスキ
Bobrowski
ボブロウスキー
Bobrowski
ボブロウスキイ
Bobrowski
ボブログ Bob Log
ホフロフ Khokhlov*
ボブローフ Bobrov
ボブローブ Bobrove
ポプロフ Poploff
ボブロフスカヤ
Bobrovskaia
Vobrovskaia
ボブロフスキ
Bobrowski
ボブロフスキー
Bobrowski**
ボブロフスキイ
Bobrovskii
ホフロワ Khokhlova
ボブロワ Bobrova
ポプワフスキ
Popławski
ホーへ Hoche
ホーベ Hove**
ホーペ Hope
ボーベー Bobet
ボベ
Bo-bae*
Bobet
Bovet
ボベー Bovée
ポーベ Poewe
ホーヘアヴェルフ
Hoogerwerf
ホーヘイ Jorge*
ホベイ Hovey
ボーヘイ Bowhay
ポベイ Povey
ポペイ Popay
ホベイカ Hobeika*
ホベイダ Hoveyda*
ホベク Ho-baek
ボベスク Bobescu
ポペスク
Pepescu
Popescu**
ポペスクタリチェアヌ
Popescu-tăriceanu
ボベスコ Bobesco*
ポペスコ Popesco
ボベダ Boveda
ポベダ Poveda*
ボベック Bobek
ポペッサ Popessa
ボベッティ Bovetti
ボベット Bovet*
ポベトキン
Povetkin**
ポベドノスチェフ
Pobedonostsev
ポベドノースツェフ
Pobedonostsev
ポベドノスツェフ
Pobedonostsev
ポベドノースツェフ
Pobedonostsev
ホベナゲール
Houvenaghel
ポペーノー Popenoe
ポペノー Popenoe
ボヘムント
Bohemond
Bohemund
ボヘムンド
Bohemund
ホベヤン Hoveian
ボーベリ Boberg
ボベーリ Boveri
ボベリ Boveri
ボヘリオン
Boucheljon
ホベリャーノス
Jovellanos
ホベリャノス
Jovellanos
ホベリャール Jovellar
ホベリャル Jovellar
ホーベル Hoebel
ホベル Jover
ボベール
Bober
Bovaird
ボベル
Bobel
Bovell
ボベール Bover
ポペル Popell
ホベルク Hoberg
ボーベルターク
Bobertag
ホベルト Roberto*
ボーヘルト Boogerd
ボベルフェルト
Boberfeld
ボーヘルマン
Bogermann
ボベルマン
Bobermann
ホーベルモ Haavelmo
ホーベルモー
Haavelmo
ホベレン Hobbelen
ボベロ
Bauberot
Baubérot
ホーベン
Hoban
Hoben
Hoeven
Houben
ボーベン Boven
ホベンカンプ
Hovenkamp
ボヘンスキ Bocheński
ボヘンスキー
Bochenski
Bocheński
Bochénski
ホーヘンステイン
Hohenstein
ポペンチェンコ
Popenchenko
ホーヘンドルプ
Hogendorp
Hoogendorp
ホーヘンハイム
Hohenheim
ホーヘンハウス
Hohenhaus
ホーヘンバーク
Hohenberg
ホーヘンバルケン
Hohenbalken
ホーヘンバント
Hoogenband*
ホーヘンベルデルン
Hohenveldern
ホーヘンベルフ
Hogenberg
ポベンマイヤー
Povenmire
ホーヘンローへ
Hohenlohe
ホーホ Hooch
ボーボ Bohbot
ボホ Boho
ボボ Bobo*
ポボア Povoa
ボーボーアウン
Bo Bo Aung
ボーボアール
Beauvoir
ポポヴ Popov
ポポーヴァ Popova*
ポポヴァ Popova
ポポヴィチ Popović*
ポポヴィチュ Popovics
ポポヴィッチ
Popovic*
Popović
Popovici
ポポヴィッツ Popovic
ホーホヴェルダー
Hochwälder
ボボエフ Boboev
ボボカロノフ
Bobokalonov
ホーホクート
Hochhuth
ホーボーケ Hoboken
ホーボーケン Hoboken
ポホジャーエフ
Pokhozhaev
ホーホシュテター
Hochstetter
ポポースキー
Popowski
ポポスキ Poposki
ホーホスター
Hochster
ホーホストラーテン
Hochstraten
Hoogstraeten
ボボゾダ Bobozoda
ボボック Boboch
ボボト Boboto
ボホナー Bochner**
ポポナワ Poponawa
ポポノフ Poponov*
ボホノン Bohonnon
ポポーバ Popova
ポポバ Popova
ポポビッチ
Popovic*
Popović
Popovich
ホーホフ Hohoff
ポポーフ Popov*
ポポフ
Popoff**
PoPov
Popov***
Popow
ポポフスキ Popovski
ポポフツァー
Popovtzer
ホーホフート
Hochhuth**
ホーホブルッカー
Hochbrücker
ホーホマン
Hochmann
ボーポミエ
Beaupommier
ホーボム Hobohm
ポホヨラ Pohjola*
ボボラ
Bobola
Bobòla
ボボラ Bobola
ホホル
Chochol
Khokhol
ボボルイキン
Boborykin
ポボルスキー
Poborski
Poborsky*
ホーホルト Høholdt
ボホルヘ Bojorge
ボボレンタ Bovolenta
ホホロフ Khokhlov
ポポーワ Popova*
ポポワ Popova*
ボーボワール
Beauvoir*
ボーボン Borbon*
ホーマ
Homa
Houma
ホーマー
Homer**
Homeros
Homēros
Homerus
ボーマ Bouma
ボーマー
Boehmer
Bohmer
ボマ Boma
ボマー
Bomar
Bomer
ポーマ Poma
ポーマー Polmar
ポマ Poma
ポマー Pommer
ホーマァ Homer
ホーマア Homeros
ホマイアー Homeier
ボーマイアー
Bohmeier
ポーマイア Paumier
ホーマイヤー Homeier
ホマイラ Homaira
ポマガルスキ
Pomagalski
ポマシィー
Kpomassie
Kpomassié
ポーマス Pomus*
ボーマズバック
Bommersbach

ホ

ポマチャン
Phommachanh
ホーマッツ
Hormats**
ポマト Pomat
ホーマナワヌイ
Hoomanawanui
ボーマノアール
Beaumanoir
ボーマノワール
Beaumanoir
ボマノワール
Beaumanoir
ポマハク Pomahac
ポマラッサ Pomalaza
ポマランチョ
Pomarancio
ポマランツェフ
Pomerantsev
ボマリト Bommarito
ポマール Pomar
ボーマルシェ
Beaumarchais*
ボーマルシェー
Beaumarchais
ボーマルシエ
Beaumarchais
ボマルシェ
Beaumarchais*
ホマルス Gomarus
ポマレ
Pomare
Pommaret*
ポマレス Pomares
ポマロイ Pomeroy
ホーマン
Hoeman
Hohmann
Homan*
Homann
Hormann*
ボーマン
Baughman
Bauman
Baumann**
Bohman**
Boman*
Bomann
Borman**
Bormann*
Bouman
Bowman***
Wohmann
ボマン Baumann*
ホーマンズ Homans*
ホマンズ Homans*
ホーミ Homi
ホミ Homi*
ボミ Bo-mee
ポーミア Paumier
ポミアン Pomian*
ポミアンコフスキー
Pomiankowski
ボーミエ Baumier
ボミエ Baumier
ポミエ Pommier*
ボミチアデ Vomitiadé
ホミディン Khomidin
ポミドア Pomidor
ホミドフ Khomidov
ポミーニ Pomini
ホミャーコフ
Khomiakov
ホミャコーフ
Khomiakov
Khomyakov
ホミャコフ
Khomiakov
ポミャノフスキ
Pomianowski*
ポミャフロフスキイ
Pomialovskii
ポミャローフスキー
Pomialovskii
ポミャロフスキー
Pomialovskii
ポミャローフスキィ
Pomialovskii
ポミャロフスキィ
Pomialovskii
ホミユス Hommius
ホミリウス Homilius
ポミリオ Pomilio
ホミルド Romildo
ホミンスキ Chominski
ホーム
Holm*
Holme*
Home**
Hon
Hougham
ホム Hom
ボーム
Baum**
Baume**
Boehm
Bohm**
Boom*
Borm
Boum
ボム
Baum
Beom
Bom
Bum*
ポーム
Paulme
Poom
ポム Pomme
ポムウィハーン
Phomvihane
ホームウッド
Homewood*
ボームガースバー
Baumgarthuber
ボームガール
Baumgardt
ボームガルテン
Baumgarten
ボームガルトネール
Baumgartner
ポムギ Pom-gi
ボムグン Bum-keun
ポムジュン Pum-joon
ボムシン Bum-shin
ホームス Holmes
ホームズ
Holmes***
Holmès
Holms*
Homes**
ボムス Boom Soo
ホームストロム
Holmstrom
ボームスラグ
Baumslag
ポムゼル Pomsel
ボムソ Bum-soe
ボムソク
Beom-seok*
Bom-sok
Bum-suk
ボムソリ Bomsori
ボムソン
Bom-son
Bom-song
ホムート Homoet
ホームバーグ
Holmberg
ボムバル Bombal
ポムビハン
Phomvihane*
ポムピュイ
Pommepuy
ホムフェルド Homfeld
ボムフォード Bomford
ホムブルク Homburg
ポムフレット Pomfret
ポムペ Pompe
ポムペイウス
Pompeius
ポムペオ Pompeo
ホームベルク
Homberg
ホムベルク Hoemberg
ボムホ Bum-ho
ボムボア Bombois
ポムマチャン
Phommachanh
ボムミョン
Bum-myung
ホムメル Hommel
ボムメル Bommer
ホームヤード
Holmyard*
ポムラ Pommerat
ポムロール Pomerol
ホムロワ Khomrova
ボーメ Baumé
ボメ Bohme
ホメイアー Homeier
ホメイディ Himedi
ホメイニ Khomeini**
ホメイニー
Khomeini
Khomeinī
Khomeyni
ポメイレ Pomerai
ホメキ Homeky
ホメギ Homeghi
ホーメス Hormess
ボーメツェ
Boometswe
ポメーラ Pomella
ポメランス
Pomerance**
ポメランツ
Pomerants
Pomerantz*
Pomeranz
ポメランツェヴァ
Pomerantseva
ポメランツェフ
Pomerantsev
Pomerántsev
ボメリウス
Bommelius
ポメーリウス
Pomerius
ポメリオ Pomerio
ホメル Hommel
ボーメール Baumert
ボーメル Beaumelle
ボメル Bommel**
ポメルン Pomerania
ポメロ Pomerlo
ポメロイ Pomeroy**
ホメーロス
Homeros
Homēros
Homerus
ホメロス
Homeros*
Homēros*
Homerus
ホメンコフ
Khomenkov
ボモ Bomo
ポモー Pommaux**
ホモキ Homoki*
ホモサピアン
Homosapien
ポモドーロ
Pomodoro*
ポモナ Pomona
ホモボーヌス
Homobonus
ホモボヌス
Homobonus
ボーモル Baumol**
ホモルカ Homolka
ポモルスカ Pomorska
ポモルツェフ
Pomortsev
ホモロゲテス
Homologetes
ボーモン
Baumont
Beaumont**
Beaumount
ボーモント
Beaumont***
ホーヤ Hoya
ホヤ Hoya
ボーヤー
Bojer
Bowyer
ポーヤ
Polya
Pólya*
ポヤ Phoya
ボーヤイ Bolyai
ボヤイ Bolyai
ボヤジェフ
Boyadzhiev
ボヤツィス Boyatzis*
ボヤーニ Bojani
ボヤヒュー Bojaxhiu
ボヤーリン Boyarin
ボーヤル Bojer
ボヤール Bojar
ポヤル Pojar
ポヤルコフ
Poiarkov
Poyarkov
ボヤルスキー Boiarskii
ボヤルスキフ
Boyarskikh
ボヤルチコフ
Boyarchikov**
ボヤルディ Boiardi
ボーヤン Bojan*
ボヤン
Bojan*
Boyan
ボヤンネメフ
Buyannemekü
ポーヤンパロ
Pohjanpalo
ボヤンマンドホ
Buyanmanduqu
ホユチソン Hutchison
ホヨス Hoyos
ボヨティ Boyoti
ホヨン
Ho-yon
Ho-yong
ホーラー
Haller
Hauer
Hohler
Horler**
ホラ Hora
ホラー
Hollar
Holler*
ボーラ
Bhola*
Bora
Borah
ボーラー
Bohrer**
Borah
Bowler**
Vogler*
ボラ
Bhola
Bola*
Bora*
Borra*
ボラー
Bholah
Boller
Borah
ポーラ
Paula***
Pola**
Polla
Puala
ポーラー
Paller
Poehler

ボラ Pho lha
ボラー Pollar
ボーライ Bohley*
ボライ Pollay
ボライウォーロ
Pollaiuolo
ボライウォロ
Pollaiuolo
ボライウオロ
Pollaiuolo
ホライス Horeis
ボーライス Boulais
ボライソ Bolitho
ボライソー Bolitho*
ボライテス Polites
ホライト White
ボライト Boright
ボライト Polite
ホライン Hollein*
ボーライン
Pauline*
Polaine
ボラウ Borau
ボラウデル Polavder
ボラカ Polaca
ホーラク Horak
ホラーク
Horak
Horák*
ホラク Horak
ボラグ
Bao-ligao
Bulag
ボーラク Pawlak
ボラーク Polak
ボラク
Polak
Pollak
ボラクン Bhalakula
ボラコ Polacco
ボラコウスキー
Polakowski
ボーラサ Bourassa
ボラサ Borrassá
ボラサー Borrassá
ホラーサーニー
Khorāsānī
ホラシ Horace
ボラーシ Borasi
ボラジ Bolaji
ボーラジ Paulraj
ボラシエ Bolasie
ホラシオ Horacio
ボラージオ Borasio
ボラジオ Borasio
ボラシック Polascik
ボラージュ
Balázs
Bálazs
ボラジンスカ
Porazinska
Porazińska
ホーラス Horace*
ホラース Horace
ホラーズ Hollars
ホラス Horace**
ボーラス Borrus*
ボラス
Bolas
Bollas
Boras*
Borras
Borrás
ボーラス Paulus
ボラス
Porath
Porras**
ボラスキ Polaski*
ホラズミー
Khwārazmī
ボーラタ Boullata
ボラダ Porada
ボラタイコ Polatajko
ボラタイバオ
Polataivao
ホラチウス Horatius
ボラーチェク
Polacek
Poláček*
ボラチェク
Polaczek
Pollaczek
ホラチェック Horáček
ボラチェック
Pollatschek
ボラチク Polaczyk
ボラチット Vorachith
ボラチンスキー
Boratyñski
ホラーツ Hollaz
ホラツィウ Horatiu
ホラツィウス
Hollatius
ホラック Horak
ボーラック Beaulac
ボーラック Pollack
ボラック
Polack
Polak**
Pollack***
Pollak**
Pollock*
ボラックス Borax
ボラッコ Polacco**
ボラット Boratto
ボーラット Porat
ボーラッド Pohlad
ボラット Porat*
ホラディ Holladay
ホラーティウス
Horatius*
ホラティウス
Horatius*
ボラティンスキ
Boratynski
ボラティンスキー
Boratynski
Boratyñski
ボラート Wollert
ボラト
Bolad
Bolat
ボーラード Pollard
ボラート
Pollert
Porat
ボラード
Pollard**
Pollárd
ボラト
Porat*
Porath
Porato
ボラド Polad
ボラトジ Polatci
ボラナ Borana
ボラナー Polaner
ホーラーニー
Hawrani
Hourani
ボラニ Bolani
ボラーニ
Polani
Polanyi*
Polányi
ボラーニー Polány
ボラニ
Polanyi
Polányi
ボラニー
Polanyi*
Polányi
ボラーニョ
Bolano
Bolaño*
Bolaño
ボラニョス Bolaños**
ボラヌス Bolanus
ボラーヌス Polanus
ボラネ Pho-lha-nas
ホラーバッハ
Hollerbach
ホラバード
Holabird**
ホーラハン Hallahan
ホラビン Horrabin*
ホラブ Holub
ホラフス Khoraphas
ホラフスキー
Cholawski
ボーラブラガーダ
Bollapragada
ボラブラガダ
Bollapragada
ホーラボウ
Hollabaugh
ボーラボルチャイ
Boorapolchai
ボラマットウィナイ
Pramudwinai
ボラマル Polamalu*
ホラーマン
Hollerman*
ホーラム Hallam
ホラム
Khoram
Khorram
ボーラム Bolam
ボラム
Bolam*
Boram*
ボーラメイ
Paula-Mae
ボラメリ Polameri
ホラーモフ Khramov
ホラーラン
Holleran**
ボラリス Polaris
ボラーリョ Borralho
ホラル Hollar
ボラール Vollard
ボラルディエール
Bollardiere
ボラールト Bollaert
ボラレーヴィ
Boralevi**
ボラローリ Polaroli
ホーラン Horan*
ホラン
Holan
Horan*
Khulan
ボーラーン Bōrān
ボーラン Baulin
ボラーン
Bolan
Boland
ボラン
Bolan*
Borin
Borren
ボーラン
Paulhan*
Paulin
Pawlan*
Pollan**
Pollen
ボラン
Paulhan*
Paulin
Polin*
Pollan*
Poran
ボーランガー
Boulanger
ボランコ Polanco**
ボーランジェ
Bohringer**
ボーランジュバン
Pau-langevin
ボランスキ
Polanski
Polański
ボランスキー
Polanski*
Polański
Polansky
ボーランスドルフ
Polansdorf
ホランズワース
Hollandsworth*
ホランダー
Hollaender
Hollander***
Holländer
Hollender
ボーランダー
Bolander
ホランダア Hollander
ホーランダル
Hollander
ボランチェツ Polančec
ホランデル Hollander
ホーランド
Holland***
Hollands*
ホラント Holland**
ホランド
Holand
Holland***
ボーランド
Boland*
Borland*
Bourland
ボラーンド Boland
ボラント Bolland
ボランド
Boland
Bolland
Buland
ボーランド
Pallandt
Poland**
ボランド
Poland
Polland
ボランドゥス
Bolland
Bollandus
ボランニ Polanyi
ボランニー Polanyi**
ボランバ Bolamba
ホランビィ Hollamby
ボランボア
Porumboiu
ホーリ Hohri
ホーリー
Hawley***
Hawly
Holley*
Holly*
Hory
Khoury
Wholey
ホリ
Holly
Hori*
ホリー
Foley
Hally
Holley**
Holli*
Holly**
Hollý
Holy*
Holý
Whalley
ボーリ
Baulig
Bori
ボーリー
Bawly
Borrie
Bowley*
ボリ
Boli
Boly
Borg
Bories
Borri
Bory
ボリー
Borie
Borje
Borrie
Bory
ボーリ

ホ

Paul
Pauli
Poli*
ポーリー
Pauly**
Pawley
Pohly*
Polley*
Polly*
Powrie**
ポリ
Poli*
Pólit
ポリー
Polii
Polley
Polly***
Pulley
ホリア Horia*
ホリアー Holger
ボリア Boria*
ボリアー Bollier
ポリア Pólya*
ポリアー Polier
ボリアイ Bolyai
ポリアーギ Pogliaghi
ポリアコフ
Poliakoff
Poliakov*
Polyakov
ポーリアス
Paulias
Paulius
ポリアチク Poliacik
ポリアック Poljak
ポリアナ
Poliana
Pollyanna
ポリアルシュ
Polyarush
ホリアン Holian
ポリアン Pollien
ポリアンスキー
Polianskii
ポリアンデル
Polyander
ホーリィ Hawley
ホーリイ
Holly
Hooley
ホリィ Holli
ボリィ Borg
ポーリィ
Pauly
Pawley
ポリィ
Pauly
Polly
ポリイ Polii
ポリィカーブ
Polykarp
ホーリイズ Hollies
ボーリゥー Beaulieu
ボリウ Baulieu
ポーリウ Pawliw
ボリヴァー Bolivar
ポリヴァーノフ
Polivanov
ポリヴィ Polivy
ボリヴォイ Borivoj
ホリウッド Hollywood
ボーリウマルシャン
Beaulieu-Marchand
ボーリエー Bouiller
ボリェ Börje
ボリエー Bollier
ポリエ Polye
ボリエス Borries
ポリエッティ Poglietti
ポリエッテイ Poglietti
ボリエッロ Borriello
ボーリエデル
Bauriedel
ポリエリ Polieri
ボリオ Vollio
ポーリオ Pollio
ポリオ Pollio*
ホリオーク
Holyoak
Holyoake*
ボリオス Brios
ホリガー Holliger*
ボリガー Bolliger**
ボーリガード
Beauregard*
ポリカープ Polykarp*
ポリカール Policard
ポリカルプ Polycarpe
ポリカルポ Policarpo
ポリカールポフ
Polikarpov
ホリガン
Horigan
Horrigan
ポリカンスキー
Policansky
ボリク Volik
ボリグ Bollig
ポリグ Polig
ポリグノトス
Polygnotos
ポリクラテス
Polykratēs
ポリクレイトス
Polykleitos
ポリクロニュー
Polychroniou
ボリゲル Bolliger
ボリケンシティン
Vol'kenshtein
ボリケンシュテイン
Vol'kenshtein
ボリコ Borico
ホリコフ Khorikov
ポリコフ Polikoff
ボリコモイセス
Borico Moisés
ボリサウ Borisav*
ボリサブ Borisav
ポリシ Polisi
ボーリシェフ Bolishev
ボリシャコフ
Bolshakov*
Bol'shakov
ボリシャデ Borishade
ボリシャド Borishade
ボーリシュ Borish
ボリシュ Boris*
ポリシュク Polishuk
ホーリス
Hollis
Horace
ホリーズ Hollies
ホリス
Gorris
Holles
Hollis**
Horace*
ボーリス
Boris**
Bouris*
Voorhis
ボリース Boris*
ボリーズ Vories
ボリス
Bolis**
Boris***
Borís
Borris
Borys*
Voris
ポーリス Paulis
ポリーズ Pories
ポリス
Polis*
Pollice
Pollis
ボリスカ Bol'ska
ボリスキー Volskii
ポリスキー Poritsky
ポリズコヴァ
Porizkova
ホリスター Hollister*
ボリスラヴ Borislav
ボリスラフ Borislav*
ボリスラブ Borislav
ボリセヴィチ
Borisevich
Borysewicz*
ボリセノーク
Borisenok
ボリセビチ
Borysewicz
ポリセラ Policella
ボリセンコ
Borysenko*
ボリソー Bolitho
ポリゾイデス
Polyzoides*
ボリソウ Borisov
ホリソヴァー Holisová
ボリソヴァ Borisova
ボリーソヴィチ
Borisovich
ボリソヴィチ
Borisovich*
Borísovich
ボリーソヴィッチ
Borisovich
ボリソヴィッチ
Borisovich
Borisovitch
ボリーソヴナ
Borisovna
ボリソグレフスカヤ
Borisoglevskaia
ボリソグレフスキー
Borisoglebsky
ポリゾッティ
Polizzotti
ボリソービッチ
Borisovich
ボリーソフ Borisov*
ボリソフ
Borisov***
Borissov
ボリソワ Borisova
ホリダーネス
Holderness
ポリターノ Politano
ポリタリス Portalis
ホーリチ Qauliči
ボリツァー Boritzer
ポーリツァー Politzer
ポリツァー Politzer*
ポリツィアーノ
Poliziano*
ポリツィアノ
Poliziano
ポリツィン Polzin
ポリツェル Politzer*
ポリツキ Policki
ポリツキー Poritsky
ホーリック
Hallick
Hollick
Horlick
ホリック
Holick
Hollick
ボーリック Bolick**
ボリック Borwick
ポーリック
Paulick*
Powlik
ホリックス Horricks
ボーリッケ Boericke
ホーリッジ Horwich
ホリッシナ Horishna
ポーリッシュ Polish
ボリッチ Boric
ホリッチャー
Holitscher
Hollitcher
ホリッツ Horwitz
ポーリッツ Pollitz
ポーリッツァー
Politzer
ポリッツァー
Politzer
Pollitzer
ポリッツアー Pollitzer
ポリッティ
Politi
Politti
ボリット Boritt
ポーリット
Pohlit
Polit
Porritt
ポリット
Pollit
Pollitt*
Porrit*
Porritt*
ホリデー
Holiday**
Holliday**
ホリディ
Holiday
Holliday*
ホリデイ
Holiday**
Holliday**
ポーリティ Politi
ポリーティ Politi
ポリティ Politi*
ポリティアヌス
Poliziano
ポリティキ Politycki
ホリディス Holidis
ポリティス Politis
ポリテス Polites
ポリート Polito
ポリト
Polit
Polito
ポリドーア Polydore
ポリドア Polydore
ポリトゥス Politus
ポリトゥスキー
Politovskii
ポリトウスキイ
Politovskii
ポリトコフスカヤ
Politkovskaia
Politkovskaya
ポリトフ Politoff
ポリドラス Polidoras
ポリドリ Polidori*
ポリドール
Polidor
Polydore
ポリドーロ Polidoro
ポーリーナ
Paulina
Paurina
ポーリナ Paulina
ポリーナ
Paullina
Polina**
ボリーニ Borini
ボリニ Bollini
ポリーニ Pollini**
ポリニキス Polynikis
ポリニャク Polignac
ポリニャック
Polignac*
ポリニヤック Polignac
ボリーニン Volinine
ポーリーヌ Pauline*
ポーリヌ Pauline
ポリーヌ Pauline*
ポーリネ Pauline
ポリネイケス
Polyneikes

ホリネグ Horínek
ボーリノ Paulino
ボリーノ Pollino
ボリバ Voliva
ボリバー Bolivar
ボリーバル Bolívar
ボリバル Bolívar
ホリハン Hollihan
ボーリヒ Pohlig
ポリビオス Polybios
ホリーフィールド
Holyfield
ホリフィールド
Hollifield
Holyfield**
ポリフェモス
Polyphemos
ポリーフカ Polívka
ポリフカ Polivka
ポリーブランク
Polyblank
ボリペル Vol'per
ホリーマン Hollyman
ホリマン
Holleyman
Holliman*
ボリミロフ Borimirov
ホーリム Ho-rim
ボリムラドフ
Volmuradov
ポリメニ Polimeni
ポリメロス Polymeros
ホリモン Holimon
ホーリヤー Holyer
ポリヤ Pólya
ボリャイ Bolyai
ポーリャク Poliak
ポリャク Polyák
ポリャコフ
Poliakov
Polyakov**
ポリヤコーフ Poliakov
ポリヤコフ
Polyakoff
Polyakov
ポリャコワ Polyakova
ポリャチェンコ
Polyachenko
ポリヤック Polyák
ポリャーン
Polian
Polyan
ボリャンスカヤ
Volyanskaya
ポリャンスキー
Polyanski
Polyanskii
Polyanskiy
Polyansky
ポリャンスキイ
Polyansky
ポリヤーンスキイ
Polianskii
ボーリュ Beaulieu
ボーリュー
Beaulieu**
ボーリユー Beaulieu
ボリュー Beaulieu*
ボーリュー Beaulieu
ポリュアイノス
Poluainos
Polyaenus
Polyainos
ポリュイストル
Polyhistōr
ボーリュウ Beaulieu
ポリュエウクテス
Polyeuctes
ポリュエウクトス
Polyeuktos
ポリュカルプ
Polykarp
ポリュカルポス
Polycarpus
Polykarpos
ポリュクセニダス
Poluxenidas
ポリュクセネ
Polyxene
ポリュグノートス
Polygnotos
ポリュグノトス
Polugnōtos
Polygnotos
ポリュクラテース
Polykratēs
ポリュクラテス
Polykrates
Polykratēs
ポリュクレイスト
Polykleitos
ポリュクレイトス
Polukleitos
Polykleitos
ポリュクレス Poluklēs
ポリュクロニオス
Polychrónios
ボリュシク Borysik
ポリューシュキン
Polushkin
ポリュストラトス
Polystrate
ポリュスペルコン
Polyperchon
ポリュデウケース
Polydeukes
ポリュデウケス
Pollux
Polydeukēs
ポリュデクテス
Polydectes
ポリュドーロス
Polydoros
ポリュドロス
Polydoros
Polydōros
Polydorus
ポリュネイケス
Polyneikēs
ポリュビウス Polybius
ポリュビオス
Polybios*
ポリュヒストル
Polyhistōr
ポリュペルコン
Poluperkhōn
Polyperchon
Polyperchōn
ポリュムネストス
Polumnēstos
ポリュメデス
Polymedes
ボリョイ Bolyai
ホリヨーク Holyoake
ボリリン Borilin
ボリリンド Börjlind
ボリル Boril
ボリロン Vorilhon*
ポリワーノフ
Polivanov
ポリワノフ Polivanov
ホーリン
Horin
Horine
Howlin
Jorrin
ホリン
Chorin
Holin
Jorrin
ボーリン
Ballin
Bohlin*
Bo-lin*
Bolin*
Boling
Borin
Volin
ボリン
Bolin*
Bolling
Borin*
ポーリーン
Paulene
Paulien
Pauline***
ポーリン
Paulin***
Pauline***
Pauling
Pawlyn
Po-lin*
Polin*
Pollin*
Poulin**
ポリーン Pauline
ホリンガー Hollinger*
ボーリンガー
Boehringer
ホリンガム
Hollingham
ボーリンガル
Ballingall
ホーリング Halling
ホリング Holling*
ボーリング
Balling
Bauling
Böhling
Boling
Bolling*
Boring*
Bowling
Bowring
ボリング
Boling
Bolling*
ポーリング
Pauling**
Poehling
Poling**
Powling
ポリング
Palling
Poling
Polling
ホリングズ Hollings*
ホリングスヘッド
Hollingshead
ホリングスワース
Hollingsworth*
ホリングズワース
Hollingsworth
ホリングデール
Hollingdale*
ホリングハースト
Hollinghurst**
ボリングブルク
Bolingbroke
ボーリングブルック
Boldingbroke
Bolingbroke
ボリングブルック
Bolingbroke
ボーリングブローク
Boldingbroke
Bolingbroke
ホリングワース
Hollingsworth
Hollingworth**
ボリンゴリ Bolingoli
ホリンシェッド
Holinshed
Hollinshead
ボリンジャー
Bolinger
Bollinger*
ポーリーンジーン
Paulyn Jean
ホリンズ Hollins*
ポリンスカー Polinská
ポリンスキー Polinsky
ホリンスタート
Holinstat
ホリンズヘッド
Hollinshead*
ボリンチェス
Bolinches*
ホリンデイル
Hollindale*
ホリントン Hollington
ホール
Goor
Hall***
Halle
Hoel
Hohl*
Hol
Hole*
Holl**
Holle
Hoor
Hore
ホル
Hol*
Holl*
Hor
ボール
Ball***
Baur
Boal
Bohl
Bole
Boll
Bor
Borle
Bort*
Vohor
Wohl
ボル
Bol***
Boli
Boll**
Bor*
Voll
Volle
ボルー Boru
ポール
Paal
Pahl
Pal*
Pall**
Paolo
Paul***
Paule***
Paull*
Paulo
Paurd
Pawel
Poel*
Poele*
Pohl***
Pohle
Pol**
Pole*
Poll
Pool
Poole*
Poul***
Poulet
Powle
ポル
Paul
Pohl
Pol***
Poll*
ボルーア Boru
ポルア Porrua
ボルアルテ Boluarte
ホールアンデル
Hörmander
ポールアントワーヌ
Paul-Antoine
ホルイ Hołuj
ボルイ Borg*
ボルイストレム
Borgström
ボルイノフ Boruinov
ボルィンスキー
Volynskii
ボルインスキー
Volynskii
ホールヴァイン
Hohiwein
ホルヴァース Horvath
ホルヴァット Khorvat
ホルヴァティチ
Horvatić
ホルヴァート
Horvat
Horvath*

ホ

Horváth**
ホルヴァートヴァー
Horváthová*
ホルヴァートフ
Horváth
ボルヴァーリ Bolváry
ホルヴィッツ
Horwitz*
ボルヴィット Porwit
ホルヴィッヒ Hollwich
ボルヴィーノ Polvino
ボールウィン Balwin
ボルウィン Borwin
ポルヴィンスキー
Polubinskii
ホルウェー Hollway
ホールウェイ Hallway
ホルウェイ Holway
ボールウェイン
Borwein
ホルウェーク
Hollweg*
ホルウェグ Holweg
ホルヴェーク Hollweg
ホルヴェーグ Hollweg
ボールウェル Bolwell*
ポールウェル Paulwell
ポルヴェロージ
Polverosi
ポルヴェロシ
Polverosi
ポールヴールド
Poelvoorde
ホルエムヘブ
Harmhab
Ḥr-m-ḥb
ポールエリク
Poul-Erik
ポルオエ Porhoët
ポールオーギュスト
Paul-Auguste
ホルガ Holger
ホルガー
Holgar
Holger***
ボルカー
Bolker
Volcker***
Volker
ボルガ Volga
ボルガー
Bolger
Borger
ポルガー Polgar*
ボルカイ Borkai
ボルガイ Bolγai
ボルカキス Volikakis
ボルガス Borgas
ボルガッティ Borgatti
ボルカート Volkaert
ポルカノワ Polcanova
ホルカム Holkham
ポルカリ Porcari
ホールカル Holkar

ボールガール
Beauregard*
ボルガール
Beauregard
Beaurgard
ボルガル Borgal
ポルガル Polgar
ポルカーロ Porcaro
ホルカン Horkhang
ボルカン
Bolkan*
Volkan
ホルキー Holke
ボルキ Borucki
ボルギ Borghi
ボルキア Bolkiah**
ポルキア Porcia
ポルキウス Porcius
ホルキナ
Chorkina*
Khorkina
ボルギーニ Borghini
ポールキプケモイ
Paul Kipkemoi
ホールギン Holguin
ボルギン Volgin
ボルキンク Borckink
ポルキングホーン
Polkinghorne*
ボルク
Bolk
Borc
Borch*
Bork
Borkh
Burke
ボルグ
Bolk
Borg**
ポルク
Polk
Porcq
ホルクイスト Holquist
ホルクウィスト
Holquist*
ボルクゲルウィンク
Borchgrevink
ボルクス Bolks
ポルクス Pollux
ボルグストローム
Borgstrom
ホルクハイマー
Horkheimer*
ボルークバーシー
Bulūkbāshī
ボルクバシ Bolukbasi
ボルクバゼ Bolkvadze
ボルグフォルド
Borgford
ホルクマン Holcman
ボルクマン
Borkman
Volckman
Volkman
ボルグマン Borgman*
ボルグラーヴ
Borchgrave

ポルグラース Polglase
ポルグリーン Polgreen
ポールグレイヴ
Palgrave
ポールグレーヴ
Palgrave
ポールグレーブ
Palgrave
ホールクロフト
Holcroft
ホルクロフト Holcroft
ボールクンバーグ
Valkenburgh
ホルゲ Jorge
ボルゲ Borge*
ポールケ Pohlke
ポルケ Polke**
ホルゲア Holger
ボルゲイ Bourqeie
ホールゲイト Holgate
ホルゲイト Holgate*
ボルゲーシ Borghesi
ボルゲージ Borghesi
ボルケス Volquez
ボルゲス Borges*
ポルゲス Porges
ボルゲーゼ
Borgese**
Borghese**
ホルゲート Holgate*
ボルケナウ Borkenau*
ホルケリ Holkeri**
ホルゲル
Holger
Kholger
ボルゲルト Borgelt*
ボルゲーロ Borghero
ボルゲン Borgen*
ボルケンシュタイン
Wolkenstein
ボルケンシュテイン
Vol'kenshtein
ボルゲンステイム
Borgenstam
ボルコ Bolko*
ボルゴ Borgo*
ボルゴー Borgeaud
ボルコーヴァー
Bolchover
ボルコヴスキ
Borkowski
ボルコヴスキー
Borkowski
ホルコウム Holcombe
ボルコゴノフ
Volkogonov
ホルコット Holcot
ボルゴーニャ
Borgoña
Borgonha
ボルゴニョーネ
Borgognone
ボルゴノーヴォ
Borgonovo

ボルゴノーボ
Borgonovo
ボルコビッツ
Wolkowitz
ボルコフ
Borkowf
Volkoff
Volkov*
ボルコフスキー
Borkowski
Borkowsky
ボルコフスキイ
Borkowski
ホルコム
Holcomb***
Holcombe
ボルコム Bolcom
ボルゴンゾーニ
Borgonzoni
ホルサ Horsa
ホルザー
Hoelzer**
Holzer
ボルサ Borsa
ボルザ Bolza
ホルザイ Holsey
ホルサイス Holthuis
ボルザガ Borzaga*
ポルサク Polsak*
ボルザコフスキー
Borzakovskii*
Borzakovskiy
ホルザッハ Holzach
ホルサム Holtham*
ボルサレロ Borsarello
ボルサン Borsan
ポールザンパール
Portzamparc
ポルザンパルク
Portzamparc**
ホールジー Halsey
ホルシー
Halsey
Holsey
ボルシー Volcy
ボルジ
Bolgi
Borg
ポルジ Polge*
ボルジァ Borgia
ボルジア
Borgia*
Borja
ボルシェ Borsche
ボルジェ Borje
ポルシェ
Porche
Porché
Porcher
Porsche**
ホルシエシ Horsiesi
ボルジェス Borges*
ボルジェーゼ
Borgese*
ボルージェルディー
Borūjerdī

ホルシェルト
Horschelt
ポルシオ Porzio
ボルジギン Borjigin
ホルジク Khoruzhik
ポルジツ Polžic
ボルジッヒ Borsig
ホルシード Khurshid
ホルシド Khorshid
ボルジヒ Borsig
ホールシマ Halsema
ホルシャ Holusha
ボールジャー Bolger
ボルジャ Borgia
ボルジャー Bolger**
ボルシャコーフ
Bolshakoff
ボルシャコフ
Bolshakov
ホルシャーニ Harsány
ホルシャニ
Harsány
Horchani
ホルジャヤ
Khoruzhaia
ボルジャンニ
Borgianni
ホルシュ Horsch
ホルシュー Hornschuh
ボルシュ
Borch
Borsch
ボルジュク Bordjug
ボルシュグラーヴ
Borchgrave
ボルシュグラーブ
Borchgrave
ボルシュグレヴィンク
Borchgrevink
ボルジュージャ
Bordyuzha
ボルジュジャ
Bordyuzha*
ホルシュタイン
Hollstein**
Holstein
ボルシュテット
Bollstädt
ホールシュトレーム
Hallström
ホールシュナイダー
Holschneider*
ポルシュネフ
Porshnev
ボルシュノフ
Bolshunov
ボルジュロワ
Boldzhurova
ボルショフ
Borshoff
Boruchov
ホルショフスキ
Horszowski
Horzowski
ホルショフスキー
Horszowski*
ボルジョーリ Borgioli

ボルジョリ Borgioli
ボルシル Porcile
ボルシーレ
Porcile
Porsile
Porsille
ボルジン Boldin
ボルシン Polcyn
ホルシンガー
Holsinger*
ボルシンガー
Bolsinger
ボルジンギス
Porzingis
ボルシンスキー
Bol'shchinskii
ホールス Halse
ホールズ
Halls*
Holles
ホルス
Halls
Holthe*
Horus
ボールス
Boles
Bolles
Bors
Bowles
ボールズ
Balls*
Boals
Bohls
Boles*
Bolles
Bowels
Bowles**
ボルス
Bols
Kvols
Wols
ポールス Poros
ポールズ
Paulze
Poehls
Poles*
ホルスアップル
Holsapple
ボルスヴェルト
Bolswert
ホルスカー Hoelscher
ボルスキー
Bolsky
Borský
Volsky
ポルスキー Polusky
ボールスーク Borsook
ボルスク Borsuk
ボルスス Borsus
ボルスター Bolster
ポルスター Polster
ホルスタイン
Hollstein
Holstein**
Holstine
ボルスタッド
Bolstad*
Volstad
ホルスタン Holstun
ホルスティ Holsti
ボールスディ Borstdt
ホルスティン
Holstein
Horsting*
ホルステージ Holstege
ホールステッド
Halstead
Halsted*
ホルステッド
Halstead*
Halsted
ホルステーニウス
Holstenius
ホルステニウス
Holstenius
ホルステン Holsten
ホールスト Holst
ホルスト
Holst***
Horst***
ボルスト Borst*
ポルスト Porst
ボルストフ Bolstorff
ホルストマン
Horstmann*
ボルスドルフ Borsdorf
ホルストン Halston*
ボールスドン Balsdon
ホルズナー Holzner
ホルスバーグ Holsberg
ポルスビー Polsby
ホールズビイ Houlsby
ポルスブルック
Polsbroeck
Polsbroek
ホールズベリ
Halsbury
ホルズワイス
Holzweiss
ホールズワース
Haldsworth
Hallsworth
Holdsworth**
ホールズワーズ
Holdsworth
ホルゼイ Halsey
ボルセク Bolsec
ポルセッロ Porcello
ポルセナ Porsenna
ポルセリ Porcelli
ポルセリス Porcellis
ポルセル Porcel
ボルセン Borssen
ポールセン
Paulsen**
Poulsen*
ポールゼン Paulsen
ホルゼンターラー
Holzenthaler
ポルセンナ Porsenna
ボルソ Borso
ボルソー Worsaae
ボルソーヴァー
Bolsover
ボルソヴァー Bolsover
ボルソディ Borsody
ボルソナロ Bolsonaro
ボルゾフ Borzov
ホルソム Folsom
ホールソン Halson
ボルソン Borson
ポールソン
Pålson
Paulson**
Paulsson*
Poulsom
Poulson
ボルソン Polson
ホールダー Holder*
ホルタ Horta***
ホルター
Halter*
Holter
ホルダ
Holde
Jordá
ホルダー
Halldor
Holder**
ボールター Bolter
ボールダー
Baldor
Bolder
ボルタ Volta
ボルター
Balter
Bolter*
ボルダ
Borda*
Volda
ボルダー Bolder
ポルタ Porta***
ホルタイ
Holtei
Holtey
ホルダウ Holdau
ホルタウス Holthaus
ボールダーウッド
Boldrewood
ボルダーウッド
Bolderwood
Boldrewood
ボルタース Wolters
ボルダス Bordas
ポルタス Portas
ボルダーストーン
Balderstone
ホルダーズビー
Khurdādhbeh
ホルダーズベ
Khurdādhbeh
ホルダーズベー
Khurdādhbeh
ホルタツィス
Chortatsis
ボルダック Bolduc
ボルタッセヴァ
Boltasseva
ポルターニャ Portaña
ポルタニャ Portaña
ホールダーネス
Holderness
ホールダネス
Holderness
ホルダーネス
Holderness*
ホルダネス
Holderness
ホルダービー
Holderby
ポルダーファールト
Poldervaart
ポルタフスキー
Poltavskii
ポルタベツ Poltavets
ポルタベッラ
Portabella
ボルダベリ
Bordaberry*
ボルダベリー
Bordaberry*
ホルターマン
Holterman
Holtermann
ホルダーマン
Holderman
Holdermann
ボルダーマン
Bolderman
ポルタラニン
Poltoranin
ポルタリス Portalis
ボルダーリョ Bordallo
ポルタル
Portal*
Porter
ホルタルス Hortalus
ボルタルスキー
Boltanski
ポルタレオーネ
Portaleone
ポルターレス Portales
ポルタレス Portales
ホールダン Haldan
ホルタン Holtan
ホルダン
Jordan
Jordán
ボルタン Boulton
ポルターン Porthan
ポルタン Porthan
ボルダンス Bordans
ボルタンスキ
Boltanski
ボルタンスキー
Boltanski**
ホールチ Khuurch
ホルチ Horthy
ボールチ Balch
ボルチ
Balch
Bolch
Borch
Volti
ホルチェ Holtje
ボルチモア
Baltimore*
ボルチャコフ
Bolchakov
ボルチャンスキー
Boltianskii
Boltyanskii
ポルチュ Portu
ポルチュガル
Portugal*
ボールチン
Balchin*
Boltin
ボルチン
Boltin
Borchin**
ポルチンスキー
Polchinski
ホルツ
Holtz**
Holz*
ボルツ
Baltz
Boelts
Bolz**
Bortz*
Boruc*
Volz
ホルツァー Holzer**
ボルツァ Bolza
ポルツァー Polzer
ホルツァイ Holzhey
ホルツアップフェル
Holzapfel
ホルツアッペル
Holtzapfel
ボルツァーノ Bolzano
ボルツァノ Bolzano
ホルツァハ Holzach
ホールツアプエル
Holtzapffel
ホルツアプフェル
Holzapfel
ボルツィ Borzillo
ホルツィウス
Goltzius
Gortzius
ボルツィウス Boltzius
ポルツィオ Porzio
ポルツィヒ Porzig*
ボルツィロ Borzillo*
ホルツィンガー
Holzinger*
ホルツィング Holzing*
ホルツヴァルト
Holzwarth**
ホルツェル Holzel
ホルツェン Holzen
ホルツェンドルフ
Holtzendorff
ボルツォーニ Bolzoni
ホルツガング
Holzgang
ボルツキ Borucki
ホルツクネヒト
Holzknecht
ホルツグレーフェ
Holtgrefe
ホルツクロー
Holtzclaw
ホルツシューアー
Holzschuher
ホルツシュラグ
Holzschlag
ホルツデッペ
Holzdeppe**
ホルツナ Holzner
ホルツナー Holzner*

ホ

ホルツナーゲル
Holznagel
ホルツネル Holzner
ホルツバウアー
Holzbauer
ホルツハウザー
Holtshouser
Holzhauser
ホルツハウス
Holtshouse
ボルツフェルド
Wolzfeld
ホルツマイスター
Holzmeister
ホルツマイヤー
Holzmair
ホールツマン
Holzman
ホルツマン
Holtzman*
Holtzmann
Holzman
Holzmann*
ボルツマン
Boltzmann*
ホルツミューラー
Holzmueller
ホルツムエラー
Holzmueller
ホルツライテル
Holczreiter
ホルデ Holde
ボルテ
Bolte
Bordet
Börte
Wolde
ボルデ
Border
Bordes
Bordet*
Wolde
Wollde
ボルデー
Border
Bordet
ポルテ Porte
ボルテア Voltaire
ホルティ Horthy
ホルティー Horthy
ホルディ Jordi**
ボールディ Bauldie
ボルティ Volti
ボルティエ Vaultier**
ボルディエ Bordier
ボルディーガ Bordiga
ボルティゲルン
Vortigern
ボルディコワ
Boldykova
ポルティージョ
Portillo
ポルティジョ
Portillo**
ボルディッキャ
Bordicchia
ボルディック
Baldick**
ホルティッツ Choltitz

ホールティナー
Haltiner
ポルティナリ
Portinari
ポルディナリ
Portinari
ボルディーニ Boldini
ポルディーニ Poldini
ポルディニ Poldini
ボルディニョン
Bordignon
ホールディマンド
Haldimand
ボールティモア
Baltimore*
ボルティモア
Baltimore
ポルティーヤ Portilla*
ポルティーヨ
Portillo**
ポルティーリョ
Portillo
ボルディレフ
Boldyrev
ホールディン Haldane
ホールデイン
Haldane*
ボールディン
Balldin
Bouldin
ボルディン
Boldin*
Bordin
ホールディング
Holding*
ボールティング
Boulting*
ボールディング
Bolding
Boulding**
ポールディング
Paulding
Polding
ポルテウス
Porteus
Portteus
ボルデシュハイム
Baldersheim
ポルテス Portes*
ボルテッラ Volterra
ポルテッリ Portelli
ホルデナー Holdener
ポルデノーネ
Pordenone
ボルデマーラス
Voldemaras
ボルデマール
Woldemar
ボルデマン
Boldemann
Wordemann
ボルデュー Bordeianu
ボルデュク Bolduc
ボルテラ Volterra
ポールデラ Paul Della
ポルテラ Portela
ポルテラリバス
Portela Rivas
ホルテル Gorter*

ボルテール Voltaire*
ポルテル Porter
ボルデワイク
Bordewijk
ホールデーン
Haldane*
ホールデン
Haldane**
Holden***
Houlden
ホルテン Holten
ホルデーン Haldane
ボールデン
Bolden***
Boulden
ボルテン
Bolten*
Borten**
ボルデン Borden
ポルテン Porten
ポルデン Polden
ボルデンガー
Baldinger
ホルテンシア
Hortensia
ホルテーンシウス
Hortensius
ホルテンシウス
Hortensius
ボルテンシュテルン
Boltenstern
ホルテンセ Hortense
ホールト Holt*
ホルト
Hohlt*
Hold
Holt***
Hort*
Hoult*
ホルトー Holt*
ボールト
Bolt*
Boult*
ボールド
Bald*
Bauld
Bold*
ボルト
Boldt*
Bolt**
Bolte
Bolté
Bordo
Borth
Borut*
Voort
ボルド
Bold
Borde
Bordes
Bordo*
Vold
Wold
ボルドー Bordeaux**
ポルト
Poort
Porte**
Porto*
ボルドィレフ
Boldyrev
ボールドイン Baldwin
ボルドゥ Bordeu

ボルドゥー
Boldù
Bordeu
ポルトヴァン Portevin
ポルトヴァン Portevin
ホルドヴィック
Hordvik
ボルドウィリョフ
Boldyrev
ボルドゥイレフ
Boldyrev
ボールドウィン
Baldwin***
Boldwin*
ボールドウイン
Baldwin
ボルドウィン
Baldwin*
Baldwinin
ポルトゥオンド
Portuondo*
ポルトゥガル Portugal
ホルトゥーゼン
Holthusen**
ボールトウッド
Boltwood
ボルトウッド
Boltwood
ボルドウッド
Boltwood
ホルトゥラーナ
Hortulana
ポールドゥリス
Poledouris
ホルトエフ Kholtoyev
ボルドオ Bordeaux
ポルトガル Portugal
ポルトカレロ
Portocarrero
ボルトキウィッチ
Bortkiewicz
ボルトキウィッツ
Bortkiewicz
ボルトキエーヴィチ
Bortkiewicz
ボルトキエヴィチ
Bortkiewicz
ボルトキェヴィツ
Bortkiewicz
ボルトキェヴィッチ
Bortkiewicz*
ボルトキエビチ
Bortkiewicz
ボルトキエビッチ
Bortkiewicz
ホールドゲイト
Holdgate
ポルトゲージ
Portoghesi
ホールドゲート
Holdgate
ホルトシュナイダー
Holtschneider
ホルトズ Holtz
ホールドストック
Holdstock**
ホールドーソン
Halldorson
ボールドック Baldock

ポルトック Paltock
ポルトナト
Phortounâtos
ポルトナール
Portenart*
ボルドーニ Bordoni
ボルドニ Bordoni
ボルトニク Bortnik
ボルトニャンスキー
Bortnianskii
ボルトニャーンスキィ
Bortnianskii
ボルトニャーンスキイ
Bortnianskii
ボルトニュイク
Bortnyik
ポルトヌーブ
Porteneuve
ボルトーネ Bortone
ボルドーネ Bordone
ポルトノイ
Portenoy
Portnoi
Portnoy
ポルトノフ Portnov
ホルトハイム
Holdheim
ホルドハイム
Holdheim
ホルトハウゼン
Holthausen
ホルトバック
Holtback
ポルトハン Porthan
ホルトビー Holtby*
ポルトビヒ Portwich
ポルトフ Polutov
ポルドフスキ
Poldowski
ホルトフーゼン
Holthusen
ポールトフリート
Poortvliet*
Pourtvliet
ホルトフレーター
Holtfreter
ホールドマン
Haldeman**
ホルトマン
Holtman
Holtmann
ポルトマン
Portmann**
ポルドミンスキー
Porudominskiĭ
ポルドミンスキイ
Porudominskii
Porudominskiĭ
ホルトム Holtom
ポルトラ Portola
ポルトラク Poltorak
ボルトラッフィオ
Boltraffio
ボルトラッフョ
Boltraffio
ポルトラーニ
Portolani
ポルトラーニン
Poltoranin

ボルトラーノ
Portolano
ボールドリ Baldry
ボールドリー Baldry*
ボルトリ Bortoli
ボルドリー
Baldry
Bauldry
ボールドリッジ
Baldridge
Baldrige
ボルドリッジ
Baldridge
Baldrige*
ポルトリッシュ
Porto-Riche
ボルドリーニ
Boldorini
Boldrini*
ボルドリニ Boldrini*
ボルドリーノ Boldrino
ボールドリン Boldrin
ボルドリン Boldrin
ホルドルク Holdorf
ボルトルッツィ
Bortoluzzi
ホルドルフ Holdorf
ボルドレッド Baldred
ホールドレン Holdren
ホルドレン Holdren
ボルトロッティ
Bortolotti
ホールトン
Holton*
Houlton
ホルトン
Holton*
Horton
ボールトン
Bolton
Boulton*
ボルトン
Bolton***
Boulton*
ボルドン
Boldon*
Bordon
ポールトン Poulton*
ポルトン Polton
ホルナー Horner*
ボルナー Borner
ポルナー Pollner
ホルナイ Horney
ホルナゲル Hollnagel*
ポルナック Pollnac
ホルナディ Hornaday
ポルナノン
Pornanong
ポルナレフ Polnareff*
ホルニー Horny
ボルニ
Boruń
Wolny*
ボルニー Volney
ボルニエ Bornier
ホルニク
Hornick
Hornigk
ホルニック Hornick
ボルニック Bolnick
ボルニッシュ
Borniche*
ボルニッツ Bornitz
ホルニッヒ
Hornig
Hornigk
ボルニト Bornito
ポルーニン Polunin
ポルニン Polunin
ホルニング Horning
ボルヌ Borne**
ホルヌング Hornung*
ホルネ Horne
ホルネー Horney
ボルネ
Borne
Bornet
ボルネー Volney
ホルネイ Horney
ボルネイユ
Borneil
Bornelh
ボルネオ Borneo
ホルネケン Hornecken
ホールネス Holness
ホルネス Holness*
ホルネック Horneck
ホルネッファー
Horneffer
ホルネバー Horneber
ホルネファー
Horneffer
ホルネマン
Hornemann
ボルネマン
Bornemann
ボルネミッサ
Bornemisza*
ボルネーユ
Borneil
Bornelh
ホルネーユス
Hornejus
ボルノー Bollnow**
ボルノウ Bollnow*
ボルノワ Volnova
ホールバー Holubar
ホルバー Holubar
ホルパー Halper
ボルハ
Borja**
Volha
ボルパー Volper
ポルバ Polva
ボールハイマー
Ballheimer
ホールハイム Horheim
ホルハイム Horheim
ホールバイン
Hohlbein**
ホルバイン Holbein*
ボルハウス Borrhaus
ホールバウム
Hohlbaum
ホールバーク Hallberg
ホールバーグ
Hallberg*
ボールハチェット
Ballhatchet*
ホルバット
Horvat
Horváth
ホルバッハ Holbach
ホルバート
Halbert
Holbert
Horvat**
Horvath
Horváth*
ホルバト Horváth
ホルバートン
Holberton
ホルバハ Holbach
ボルバラン Borbalan
ボルハルト
Borchardt
Vollhardt*
ホルバーン Holburn
ボルバーン Bollwahn*
ポールハンス
Paulhans
ボールビー Bowlby
ボルヒ Borch
ボルピ Volpi***
ボルピー Volpe
ボルヒァルト
Borchardt
ボルヒアルト
Borchardt
ホルビウス Horbius
ホルヒェ Horche
ボルビエフ Borbiyev
ボルヒェルト
Borchert**
ボールヒーズ
Voorhees
ホルビッツ
Horvitz*
Horwitz
ボルヒト Borght
ボルヒャース Borchers
ボルヒャーズ Borchers
ボルヒャート Borchert
ボルヒャルス Borchers
ボルヒャルト
Borchard
Borchardt**
ポルビュス Pourbus
ポルヒュリウス
Porphyrios
ポルピュリオス
Porphyrios*
Porphyry
ポルピュロゲネートス
Porphyrogenetus
ボルヒリング
Borchling
ホルブ
Holub**
Horb
ホルプ
Holpp
Holub
Horb
ボルフ
Borch*
Volf
Wolf
Wolff*
ボルプ Volpe
ポルブー Poorvu
ボルブア Borbúa
ポルファー Polfer
ボルファーマン
Wolfermann
ボルファリ Bolvary
ボルファリン
Bolfarine
ボルフィス Bolhuis
ポルフィリ Porfiri
ポルフィーリエヴィチ
Porfirevich
ポルフィリェヴィチ
Porfirevich
ポルフィリエヴィチ
Porfirevich
ポルフィリオ
Porfirio**
ポルフィリオス
Porphyrios
Porphyry
ホルフィリャ Horfilla
ポルフィレヴィッチ
Porfirevich
ポルフィロゲネテ
Porphyrogenete
ホルフォード Holford
ボルフガンク
Wolfgang
ボルフガング
Wolfgang*
ポルフス Polfus
ボルフゼニウス
Borchsenius
ホルプツェワ
Khloptseva
ポルフュリウス
Porfyrius
ポルフュリオス
Porphyrios
ポルフュロゲニトゥス
Porphyrogenetus
ポルフュロゲンネトス
Porphyrogenetus
Porphyrogennetos
ホールブライシュ
Halbreich
ボルフラム Wolfram*
ポールフリ Palfrey
ポールフリー Palfrey
ポルフリー Palfrey
ホルブルーク
Holbrook
ホールブルック
Holbrooke
ホルブルック
Holbrook***
Holbrooke***
ポールブールド
Poelvoorde
ホルブロック
Holbrook
ホルヘ
Gorge
Jorge***
Jorgo
ボルヘ
Borge*
Børge
ボルペ Volpe
ホルベア Holberg
ボールペア
Beaurepaire
ボルベイ Borbéy
ホルベーク Hollweg
ボールベス Boulbès
ボルヘス
Borges***
Bórges
ホルベック
Holbek
Hollweg
Holubec
ホルベリ Holberg
ボルベリ Borbely
ホールベリーシャ
Hore-Belisa
ボールペール
Beaurepaire
ボルペール
Beaurepaire
ホルベルク Holberg
ホルベルグ Holberg
ボルヘルト
Borchelt
Borchert
ポルベロシ Polverosi
ボルベン Borben
ホルボエット Holvoet
ボルボシン Balboshin
ボルボーニ Borboni
ボルポーニ Volponi
ホルボフスキ
Horbowski
ポルボヤリノフ
Poluboiarinov
ポルホラ Pörhölä
ポルポラ Porpora
ポルポラーティ
Porporati
ホルボルン Holborn
ホルボロー Holborow
ボルボログ
Borboroglu
ホルボーン
Holborn
Holborne
ボルボン Borbón
ボルボンゾダ
Polvonzoda
ホルマ Horma
ホルマー Holmer
ボルマー
Bormaa
Vollmer**

ホ

ポルマー
Pollmer*
Polmar
Polmear
ホールマイアー
Hormayr
ホールマイル
Hormayr
ホルマイル Hormayr
ホルマトヴィッチ
Kholmatovich
ホルマノワール
Formanoir
ボルマラ Vormala
ボルマル Vollmar
ホールマン
Hallman**
Hollmann
Holman*
ホルマン
Hollmann*
Holman***
Holmann*
Hörmann
ボールマン
Bohlman*
Bohlmann
Bollman
Bolman*
Bormann
ボルマン
Bollmann*
Borman
Bormann*
Borrmann*
Vollmann
Volman
Wolman
ポールマン
Paulman
Pohlman
Pohlmann*
Poleman
ポルマン
Pollmann
Polman*
ボルマンス Bormans
ポルマンテ Pormente
ホルミズ
Hormidz
Hormizd
ホルミスダス
Hormidz
Hormisdas
ホルミズド Hormizd
ホルミダス Hormidas
ポールミヤー
Pallmeyer
ホルム
Holm***
Holme
Holmes
Holum*
ボルム
Bolm
Bolum
Boreum
ホルムキスト
Holmquist
ホルムクヴィスト
Holmquist
ホルムクビスト
Holmqvist
ホルムグレン
Holmgren***
ホルムシュトレーム
Holmström
ホールムス Holmes
ホルムス Holmes
ホルムズ
Holmes*
Holms
ボルムス Borms
ボルムズ Worms*
ホルムステン
Holmsten
ホルムズド Hormzd
ホルムストラップ
Holmstrup
ホルムストレーム
Holmström
ホルムストロム
Holmström
ホルムセン Holmsen
ホルムート Hurmuth
ホルムバーグ
Holmberg
ホルムバリ Holmberg
ホルムベリ Holmberg
ホルムベルイ
Holmberg*
ホルムボー Holmboe
ホルムルント
Holmelund
ホルムルンド
Holmlund
ボルメ Bolme
ホルメイ Holmey
ボールメイン Balmain
ボルメランジェ
Vormeringer
ホルメル
Hollmer
Holmer
ホルメルツ Holmertz
ホルモス Holmas
ホルモフスカヤ
Kholmovskoi
ホールモン Hallmon
ボルモン Bolmont
ポルヤン Poluyan
ホルラア Horler
ホルライザー
Hollreiser
ボルライン Bollaín
ポールラジ Paulraj
ボールラス Vollrath
ポルラード Pollard
ホルラニーニ
Forlanini
ボルラン Borlin
ポルリーニ Pollini
ポルリーノ Porrino
ボルレ
Bolle
Borlet
ボルレー
Bolle
Borlee
ホルレーベン Holleben
ボルロー Borloo
ポルロ Porro
ホルロイッフェル
Holleuffer
ホルロイド
Holroyd*
Holroyed
ポルロク Pollock
ボルローネ Borlone
ボルロメオ Borromeo
ホールワース
Hallworth
ホールワード Halvard
ホルワード Hallward
ホールン
Hoorn*
Horn
ホルン
Holund
Horm
Horn***
Horne
ボールン Born
ボルン
Born**
Bourne
ホルンガハー
Horngacher
ボルンカム
Bornkamm
ボルンゲッサー
Borngässer
ボルンゲビチウテ
Volungeviciute
ボルンシュタイン
Bornstein
ホルンスタイナー
Hollnsteiner
ボルンダ Borunda
ポルンティップ
Porntip
ボルンド Bolund
ボルンハウゼン
Bornhausen
ボールンハク Bornhak
ボルンハーク
Bornhak*
ボルンハック Bornhak
ホールンベーク
Hoornbeek
ホルンボー Holmboe
ホルンボエ Holmboë
ホルンボーゲン
Hornbogen
ホルンボステル
Hornbostel
ホルンル Hoernle
ホールンルアン
Hoorungruang
ホーレ
Hole
Horle
ホーレー Hawley
ボーレ Bohle
ボーレー Bowley*
ボレ
Bole
Borre
ボレー
Bolet
Borré
ポーレ Pohle*
ポーレー Pauley*
ポレ
Paulais
Polet
Pollet*
Poree
Porée
Porrée
ポレー Porrée
ボレーア Bolea
ボレア Bolea
ホーレイ Hawley
ボーレイ
Boley
Borley
Bowley
ポーレイ Pollay
ボレイコ Boreyko
ボレイコウ Boreyko*
ホレイシ Khouraïchi
ホレイシア Horatia*
ホレイシオ Horatio
ホレイシオー Horatio
ホレイシャ Horatia
ホレイシャス Horatius
ホレイショ
Horaicio
Horatio**
ホレイショー Horatio
ホレイショウ Horatio
ホレイス Horace*
ホレイティ Huraiti
ホレイハート Khleifat
ボレイン Boraine
ポレウォイ Polevoi
ポレヴォーイ Polevoi*
ポレヴォイ Polevoi**
ボーレガード
Beauregard*
ボレガラ Bollegala
ボレク Borek
ボーレゴ Borrego
ポレジャーエフ
Polezhaev
ボレシュ Bolesch
ポレシュ Pollesch**
ホレーショ Horatio*
ホレショ Horatio
ホーレス Horace**
ホレース Horace**
ホレス
Hollace
Horace***
Horacee
Horres
ボーレス
Boles
Bolles
ボレス
Boles
Bolles
Boreth
Boris
ポーレス Porres
ポレス Porres
ボレスウァフ Bolesław
ポレスカ Poleska
ボレスタ Bolesta
ホーレスト Hallest
ボレスラウ Bolesław
ボレスラヴ Boleslaw
ボレスラフ
Boleslav
Bolesław
ボレスラフスキー
Boleslavski
Boleslavsky
ボレスロー Bolesław
ボレスワウ Bolesław
ボレスワフ
Boleslaw*
Bolesław**
Boreslaw
ホレセック Holecek
ホーレーダー
Holleeder
ポレタエフ Poletaev
ホレチェク
Holecek
Holeček
ホレチェック Holecek
ボレツ Borec
ボレツキー Boletzky
ポレーツキー Poretskii
ポレツキー Poretski
ホレッタ Roleta*
ボレッティ Boretti
ポレッティ Poletti*
ボレッティエリ
Bollettieri
ボレット
Bolet*
Bollet
ポーレット
Paulette**
Pauletto
Pollet
ポレット
Paulette
Polet*
Poletto*
Pollet
ボレッラ Borella
ボレッリ
Borelli
Borrelli
ホレーニア Holenia**
ボレニアン Boranian
ボレーヌ Boraine
ホレバス Holebas
ボレハム Boreham
ボレビッチ Borevich
ホレビン Horrabin
ボーレフ Borev
ボレフ Volev
ボレフスキー Bolewski
ホレーベン Holleben
ホレボー Horrebow
ポレボイ Polevoi*

ボレホフスキ
Bolechowski
ポレマス Polhemus
ホレマン Holleman
ポレミウス Polemius
ポレム Polem
ボレムンゲテンゲバレラ
Bolengetenge
Balela
ポレモ Polemo
ポレモン
Polemo
Polemōn
ボレラ Bollella
ボレリ
Borelli
Borrelli*
ボレリー Borély
ホレリス Hollerith
ボレール Bohler
ボレル
Borel***
Borell
Borer
Borrel*
Borrell
ポレール Poller
ポレル Porel*
ポレルチ Pollert
ポーレルト Poelaert
ボレルリ Borelli
ボレーロ Borrero
ボレロ
Bolero
Borello
Borrero*
ボレロモリナ
Borrero Molina*
ホレワ Khoreva
ホーレン
Foren
Horlen
ボーレン
Ballen
Bohen
Bohlen*
Böhlen
Bohren*
Bolen*
Boren
ボレン
Bolen
Bollen
Boreng
Borren
ポーレン
Pohlen
Pohren
Pollen*
ポレン Pollen
ホレンウェガー
Hollenweger
ボレンガ Bolenga
ボレンゲ Voreqe*
ポレンザーニ
Polenzani
ボーレンジー
Borlenghi
ホレンシテイン
Horenstein
ホーレンシュタイン
Holenstein*
Horenstein
ホレンシュタイン
Horenstein
ホーレンスタイン
Horenstein
ボレンスタイン
Borenstein
ホーレンダー
Hollender*
ホレンダー
Hollaender
Hollander
Holländer*
Hollender
ボレンダー Bolender*
ポレンダー Pollender
ポーレンツ
Polentz
Polenz
ホレンナー Holländer
ホーレンバウト
Horenbout
ポーレンバーグ
Pallenberg
ホーレンベック
Hollenbeck
ホーレンベーヤ
Hohlenberg
ボロ
Bolo
Boro
ボロー
Borror
Borrow
ポーロ
Paul
Polo*
Porro
ポロ
Pollo
Polo**
Porro
ポロー
Paulot*
Porot
ボロイアン Boroian*
ホロウ
Hollow
Horrow
ボロウ Borrow
ボロヴァンスキー
Borovansky
ボロウィ Borowy
ポロウィ Pollowy
ボロヴィアック
Borowiak
ボロヴィコフスキー
Borovikovsky
ホロヴィツ
Horovitz
Horowitz
ホロヴィッチ
Horovitch
ポロヴィッチ Polovich
ホロウィッツ
Haurowitz
Horowitz***
Horwitz
ホロウイッツ
Horowitz
ホロヴィッツ
Horovitz
Horowitz**
ポロヴィッツ
Pollowitz
ポロヴィンキン
Polovinkin
ホロウェー Holloway*
ホローウェイ
Holloway
ホロウェイ
Holloway**
ホロウエイ Holloway
ホロウェイチャック
Holowaychuk
ボロウォイ Borovoy
ホロウスキー
Horowski
ボロウスキ Borowski
ボロウスキー
Borowski
Borowsky
ボロヴスキー
Borowski
ポロウスキ Porowski
ポロウスキー
Pawlowski
ホロウベク Holoubek
ボロヴレヴァー
Borovleva
ホロエンコ
Holowenko*
ボロガセス Vologaeses
ボーローグ Borlaug**
ボロク Borok
ポロク Pollock
ホロクス Horrocks
ボロゲセス Vologaeses
ポロコヴシコヴ
Porokhovshchikov
ホロコウム Holcombe
ボロジェイキン
Vorozheikin
ボロシェンコ
Voloshchenko
ポロシェンコ
Poroshenko*
ホロシコフスキー
Horoshkovskyi
ボロシナ Voloshyna
ホロシビ Holosivi
ボロジミール
Volodymyr
ポロジャニ Pollzhani
ボロシュ Boros
ボロシーロフ
Voroshilov
ボローシン Voloshin
ボロシン Voloshin
ボロジーン Borodin
ボロジン Borodin*
ホーロス Khoros
ボローズ Burroughs
ボロス Boros
ポロス Poros
ボロスキー Boroski
ホロスコ Horosko
ポロスコフ Polozkov
ボロズデイン
Borozdin
ホロストフスキー
Hvorostovsky
Khvorostovskii
ポロゼニ Polozeni
ボロソジャル
Volosozhar
ポロソフ Polosov
ボロソワ Volosova
ボロソン Boroson
ポロタ Polota
ボロダコワ
Borodakova*
ボロダフキン
Borodavkin*
ボロダフコ
Borodavko
ボロダールスキー
Volodarskii
ボロチェン Vollertsen
ホロチャー Hollocher
ボロチュツォフ
Vorozhtsov
ボロチョフ Borochov
ボロチン Bolotin
ボロツキー Volockij
ポーロツキー Polockij
ポロツキー
Polockij
Polotsky
ポーロツキイ Polockij
ホーロック
Hohloch
Horlock
ポーロック Pollock**
ポロック
Pollock**
Pollok
Polock
ホロックス Horrocks*
ボロッシュ Boross*
ボロッフ Boroff
ボロディナ Borodina*
ボローディン
Borodin
Volodin
ボロティン Bolotin
ボロディーン Borodin
ボロディン
Boroden
Borodin**
ボロデオク Bolodeoku
ホロデッキー
Horodezky
ホロデック Horodeck
ボロテリ Bollettieri*
ボロテリー
Bollettieri**
ボロテン Bolloten*
ホロデンコ
Kholodenko*
ホロート Groot
ボロト
Bolod
Bolot
ボロトヴァ Bolotova
ホロドヴィッチ
Kholodovich
ボロドゥリナ
Borodulina
ボロドコフ Volod'kov
ボロートニコフ
Bolotnikov
ボロトニコフ
Bolotnikov
Vorotnikov
ホロードヌイ
Kholodnyi
ボーロトフ Bolotov
ボロトベク Bolotbek
ボロトラ Borotra*
ボローナ Bologna*
ポロナ Polona
ボロナット Boronat
ボロナート Boronat
ボローニ
Bölöni
Borroni
ポローニ Poloni
ポロニー Polony
ボローニア Bologna
ポロニア Polonia
ボロニェーゼ
Bolognese
ボロニク Bolonik
ボロニナ Voronina
ボロニーニ Bolognini
ボローニャ Bologna*
ボローニュ Bologne
ボローニン Voronin
ボロニン Voronin
ポローヌス Polonus
ボロネージ Bolognesi
ボロノフ
Boronov
Voronoff
Voronov
ボロノブスキス
Boronovskis
ホロパイネン
Holopainen
ボロバシュ Bollobás
ボロバッシュ Bollobás
ボロバッツ Boravac
ポロパティック
Poropatich
ボロビエフ Vorobiev
ボロビエワ
Vorobieva*
ボロビコフスキー
Borovikovsky
ボロビコワ Borovikov
ボロビック Borovik
ホロビッツ
Horovitz
Horowitz**
Horvitz
Horwich

ホ

ボロビョフ Vorobiov
ホロビン
Horobin
Horrobin*
ボロフィー Brophy
ホロフェルネース
Holophérnēs
ホロフェルネス
Holophérnēs
ホロフカ Holowka
ホロフコ Holovko
ボロフコフ Borovkov
ボロフスキ Borowski*
ボロフスキー
Borobský
Borofsky
Borovskii
Borovsky*
Vorovskii
ボロブスキー
Borowski
ボロフチク
Borowczyk
ホロペルネース
Holophérnēs
ボロベワ Vorobyova
ボーロホフ Borochov
ボロホフ Borochov
ホロホルディン
Khorokhordin
ホロミア Horomia
ボロミーニ Borromini
ボロミニ Borromini
ホロムコヴィッチ
Hromkovic
Hromkovič
ボロムトライロカナート
Boromtrailokanat
ボーロムマコート
Borommakot
ボロムラーチャー
Boromracha
ボロメウス Borromeo
ボロメーオ Borromeo
ボロメオ Borromeo
ボロモラジャ
Boromaraja
ホロラン Holloran
ボーローリエ
Beaulaurier
ボロル Bolor
ボロルマー Bolormaa
ホロレンショー
Holorenshaw
ボロロ Phororo
ホロン Hollon*
ボロン
Bollon*
Bolon
Boron*
ボーロング Borong
ボロンゴ Bolongo
ボロンコーワ
Voronkova
ボロンゴンゴ
Bolongongo
ボロンスカヤ
Polónskaya
ボロンスキー
Voronskii
ボロンスキ Polonsky
ボロンスキー
Polonskii*
Polónskii
Polonsky**
ボロンスキイ
Polonskii
ボロンソー Polonceau
ボロンチキン
Voronchikhin
ボロンツォフ
Vorontsov
ボロンテ Volonté
ホロンド Hollond
ボロンボイ Bolomboy
ホヮイバーン
Whyburn
ホーワー Howser
ホワ
Hua*
Wah
ボーワ Bowa*
ボワ Bois*
ホワァド Howard
ホワイ Howai
ボワイー Boilly
ボワイエ
Boyer**
Boyet
ホワイチン Whiting
ホワイティ Whitey*
ホワイティング
Whiting***
ホワイテッド
Whited
Whitted
ホワイテン Whiten
ホワイテントン
Whitenton
ホワイト
Whight
White***
Whyte**
ホワイトウェイ
Whiteway
ホワイトゥン Whiten*
ホワイトクロス
Whitecross
ホワイトサイズ
Whitesides**
ホワイトサイド
Whiteside*
ホワイトセル
Whitesell*
ホワイトソン
Whiteson
ホワイトチャーチ
Whitechurch*
ホワイトナー
Whitener
ホワイトナック
Whitenack
ホワイトハウス
Whitehause
Whitehouse**
ホワイトハースト
Whitehurst
ホワイトヒル
Whitehill*
ホワイトフィールド
Whitefield
ホワイトフェザー
WhiteFeather*
Whitefeather
ホワイトフォード
Whiteford
Whitford
ホワイトブック
Whitebook*
ホワイトヘアー
Whitehair
ホワイトヘッド
Whitehead***
ホワイトホース
Whitehorse
ホワイトホーン
Whitehorn
Whythorne
ホワイトマン
Whiteman*
ホワイトモア
Whitemore*
ホワイトリー
Whiteley*
Whitley
ホワイトリード
Whiteread
ホワイトレイ
Whiteley
ホワイトロー
Whitelaw***
ホワイトロウ
Whitelaw
Whitlow
ホワイトロック
Whitelock
Whitlock
ホワイトワース
Whitworth
ホワイバラウ
Whybrow
ホワイバーン
Whyburn
ホワイブラウ
Whybrow*
ホワイブロウ
Whybrow
ホワイマン Whyman
ボワイヤン Poyen
ボワイヨン Boyon
ボワヴァン
Boivin**
Boyvin
ホワウッド
Whorwood
ボワーヴル Poivre*
ボワヴール Poivre
ボワエルデュー
Boieldieu
ボワエンヌ Voyenne
ボワオ Bowao
ボワギユベール
Boisguillebert
ボワギルベール
Boisguillebert
ホワーキーン Joaquin
ホワーキン Joaquin
ホワキン Joaquin
ボワクトヴァン
Poictevin
ボワザ Poizat
ボワサール Boissard
ボワザール Voisard
ボワザン Voisin
ボワシエ
Boissier*
Boissiére
ボワシエール Boissière
ボワジュラン
Boisgelin
ホーワース Haworth
ホワース
Haworth
Howarth
Howorth
ボワーズ Bowers
ボワス Boisse
ボワズイユ Poiseuille
ボワスヴァン
Boissevain
ホワズエ Hua-ze
ボワスジェル Boisgel
ボワステール Boistel
ボワステル Boistel
ボワスリエ Boisselier*
ボワスレ Boisserée
ボワスレー Boisserée
ボワズロン Boisrond
ボワセ Boysset
ボワセベン Boissevain
ボワセリエ Boisselier
ボワソー
Boisseau
Boyceau
ボワソナード
Boissonade*
ボワソン
Boisson
Boysson
ボワソン Poisson*
ボワダッツ Poidatz
ボワチエ
Poitier
Poitiers
ホワチン Hua-qing
ボワッソン
Boisson
Boysson
ボワッソン Poisson
ホワット Howat
ホワットコート
Whatcoat
ホワットモー
Whatmough
ホワットリー Whatley
ボワティエ
Poitier***
Poitiers
ボワデッフル
Boisdeffre
ボワデフル
Boisdeffre*
ボワテル Boitel
ホーワード Howard
ホワード Howard*
ボワトー Boiteux
ボワトゥ Poitou
ボワトヴァン
Poitevin
Poittevin
ボワドバール
Poidebard
ホワトン Hua-teng
ボワナール Boisnard
ボワニ Boigny*
ボワニョ Poignault
ボワネ
Boinet
Boynet
Voynet
ボワノ Boinot
ボワバン Boivin
ボワーブル Poivre
ボワボードラン
Boisbaudran
ボワーマン Bowerman
ボワモルティエ
Boismortier
ボワラーヌ Poilâne*
ボワリ Boiry
ボワリー Boilly
ボワリエ
Poirié
Poirier**
ボワリエール Poirier
ホワーリズミー
Khwārizmī
ボワルヴェ
Poillevé
Poilvet
ボワルキー Powalky
ボワルディウ
Boieldieu
ボワルドン Boisredon
ボワルベ Poilve
ボワレ
Boilet*
Boillet
ボワレ
Poiree
Poirée*
Pöirée
Poiret*
ボワレー Poiret
ボワレーヴ Boylesve
ボワレヴェ Poillevé
ボワロ
Boileau
Boillot*
ボワロー Boileau***
ボワロ Poirot*
ボワロー Poirot**
ボワロベール
Boisrobert*
ボワロン

Boislond
Boisrond
ホワン
Huān
Huang*
Hwan
Hwang*
Joan
Juan*
ボワン Boin
ポワン Point*
ポワンカレ Poincaré
ボワンコ Bowanko
ポワンソ Poinsot
ポワンテル Pointel
ポワント Pointe
ボワンビル Boinville
ホーン
Haun
Hawn**
Hohn
Hone*
Horn***
Horne***
Hrone
Whone*
ホン
Fong
Hoang
Hon**
Hong***
Hộng
Hồng
Hung
Huong
Jon
Qong
Von
ボーン
Baughan
Boen
Bohn**
Bohun
Bone**
Boon
Born*
Borne*
Bourn**
Bourne***
Bown
Vaughan***
Vaughn**
Vorn*
ボン
Bom
Bon***
Bôn
Bong**
Bộng
Bồng
Bonn
Bont*
Boon
Buon
Von**
Vong
Vonn**
Vorng
ポーン
Pawn
Pone
ポン
Bong*
Peng*
Phon
Pon
Pons
Pont**
ホンイル Hong-il
ボンヴァロ Bonvalot
ボンヴァン Bonvin
ボンヴィシニ
Bonvicini
ボンヴィチーニ
Bonvicini*
ボンウィル Bonwill
ボンヴィル Bonville
ボンヴェシン
Bonvesin
ボンヴェチ Bonwetsch
ボンヴェチュ
Bonwetsch
ボンウェル Bonwell
ホンウォン
Hong-won*
ボンウォン Bong-won
ボンヴーロワール
Bonvouloir
ホンエク Honyek
ボンガ Bonga
ホンカコスキ
Honkakoski
ボンガーツ Bongaarts
ボンガード Bongard
ホンカネン Honkanen
ホンカラ Honkala
ボンガール Bongár
ボンガルツ Bongartz
ホンガン Honggang
ホンギ
Hong-gi
Hongi
Hong-kee
Hong-ki
Hun-gi
ボンギ Bonghi
ポンキエッリ
Ponchielli
ポンキエリ Ponchielli
ポンキエリ Ponchielli
ボンギジィズウェ
Bongizizwe
ボンキム Bankim
ボンキムチョンドロ
Baṅkimcandra
Bankim Chandra
ホンギュ Hong-kyu
ホンギュン Hong-pyo
ボンギュン
Bong-kyun*
ボンギル Bong-gil
ホング
Hong*
Hong-goo
Hong-koo*
Hongkoo
Houng
ボンク Bonk
ボング
Bong
Bong-koo
ポンク Ponk
ポングラチュ
Pongracz
ボングラン
Bongrand*
ボンクール Boncour
ボーングレーバー
Borngräber
ホングレーブ
Gonggrijp
ホーングレン
Horngren*
ボングン
Bong-kuen
Bong-kun
ボンクングバリマ
Bonkoungou-balima
ボーンケ Bohnke
ボンケ Bonnke*
ポンケー Phomkhe
ボンゲル Bonger
ホンコ Homco
ホンゴー Hongo
ボンゴ Bongo**
ボンコディン
Boncodin
ホンコポヴァー
Honcoopova
ホーンコール
Hornkohl
ホンゴルツ Hongoltz
ホンゴン Hong-kun
ボンゴンゴ Bongongo
ボンゴンダ Bongonda
ボンコンパン
Boncompain*
ポンサ Pongsa
ポンサクレック
Pongsaklek*
ホンサクン
Hongsakun
ボンサコタ Banskota
ボンサック Bonsack
ポンサック Pongsak
ポンサナ Ponsana
ポンサブット
Phongasabut
ホンサリ Khonsari
ボンサル Bonsall
ポンサール Ponsard*
ポンサルマーギン
Punsalmaagiyn*
ポンサワット
Phongsavath
ポンサン
Poncin*
Poncins
Pongsan
ボンサンティ Bonsanti
ホーンジー Hornsey
ボンシ Bonsi
ボンジ Bondi
ボンジィ Bonzi
ホンジェ Hun-jai*
ボンジェ Bontje
ボンジェリ Bongeli
ホンシク Hong-shick
ボンシク
Bong-shik
Bon-shik
ボンシニュール
Bonsignour
ボンシニョーリ
Bonsignore
ボンシニョーレ
Bonsignori
ボンジボー
Bongibault
ホンジャー Hongjia
ボンジャ Bonja
ボンジャース Bongers
ボンシャン Bonchamp
ボンジャン
Bon-jang
Bonjean
ボンジャンニ
Bongianni
ホンジュ
Hong-choo*
Hong-joo
ボンジュ
Bong-ju
Bon-ju
ポンジュ
Ponge**
Pong-ju*
ホーンシュタイン
Hornstein
ボーンシュタイン
Bornstein
ボンシュテッテン
Bonstetten
ボーンシュテット
Bohrnstedt
ボンジュール
Bonjour*
ホンシュン
Hong-sheng
ホンジュン
Hong-june*
Hong-jung
ボンジョ Bong-jo
ポンショー
Ponchaud*
ボンジョヴァンニ
Bongiovanni
ボンジョビ Bon Jovi
ボンジョール Bondjol
ボンジョル
Bondjol
Bondjor
Bonjol
ボンジョルニ
Bongiorni
ボンジョルノ
Bongiorno
Buongiorno
ポンション Ponchon
ボンシルヴァン
Bonsirven*
ホンシン Hong-shin
ホンジン
Hong-jin
Hong-zin
ボンジン Bong-jin
ホンジンガー
Honsinger*
ホンシンジャー
Honsinger
ホンス Hong-soo
ボーンズ Bones*
ボンス
Bong-soo
Bongsoo
Bonsu
ボンズ Bonds***
ポンス
Ponce
Pons***
ポンズ Pons
ボンスク Bong-sook
ホーンスタイン
Horenstein
Hornstein*
ボーンスタイン
Bornstein**
ボーンステイン
Bornstein
ボンステッテン
Bonstetten
ボンステル Bonstell
ポンステーン
Ponsteen
ホーンスビー
Hornsby*
ホーンズビー
Hornsby*
ホーンスビイ Hornsby
ポンスフォード
Ponsford
ポーンスフト
Pauncefote
ポンスミス
Pondsmith
ボーンスレー Bhonsle
ボンスレー Bhonsle
ポンスレ Poncelet
ポンスレー Poncelet
ボンゼ Bonze
ポンセ
Ponce***
Poncet**
ホーンゼイ Hornsey
ボンセッター
Bonnsetter
ポンセナ Pholsena
ボンセニョール
Bonsenyor
ポンセラ Poncela*
ボンゼル Bonzel
ポンセル Ponselle
ポンゼル
Pomsel
Ponselle
ボンセルス Bonsels
ボンゼルス Bonsels**
ボーンセン Bahnsen
ボンゼン Bonsen
ポンソビー Ponsonby
ボンソール Bonsall
ボンソル Bonsall
ボンソン

ホ

Bonson
Bon-sung
ボンゾン Bonzon**
ボンソン Ponson*
ボンソンビ Ponsonby
ボンソンビー
Ponsonby*
ホンター Honter
ホンダ
Gonda
Honda**
ボンタ Bonta
ボンダ
Bonda
Vaunda
Vonda**
ポンタ Ponta
ポンダー Ponder*
ホン・タイジ Hongtaiji
ホンタイジ
Hongtaiji
Qong Tayiji
Qongtayiji
Qontayi-ji
ボンタイン Bontine
ボンタエ Vontae
ポンターク Pontac
ボンダジェフスカ
Badarzewska
ボンタシュ Bontas
ポンタヌス Pontanus
ホンタネジー
Fontanesi
ポンターノ Pontano
ホンダミール
Khvāndamīr
ボンターム Bontemps
ボンタム Bontemps
ボンタリアス
Vontarrius
ポンタリス Pontalis*
ボンダル Bondar
ポンタル Pontal
ポンダル Pondal
ボンダルク Bondaruk
ボンダルチューク
Bondarchuk
ボンダルチュク
Bondarchuk
ボンダレフ
Bondarev**
ボンダレンコ
Bondarenko**
ボンタン Bontemps**
ボンチ
Bonch
Bonci
ポンチアヌス
Pontianus
ボーンチェ Boontje*
ボンチェオル
Bongcheol
ポンチェコールヴォ
Pontecorvo
ポーンチャイ Pornchai
ポンチャイ Pornchai
ポンチャス Pontzious
ホンチャール
Gontchar
Honchar
ホンチャルク
Honcharuk
ボンチャン Bon-chan
プーンチュー
Poon Chew
ポンチュス Pontus
ポンチュン Pong-chun
ポンチョ Poncho
ボンチョル
Bongchol
Pong-chol
ポンツァ Ponza
ポンツァー Pontzer
プンツァギン
Puntsagiin
ボンツァニーゴ
Bonzanigo
ポンツィアーニ
Ponziani
ポンツィオ Ponzio
ポンツィッロ Ponzillo
ポンツィーニ Ponzini
ポンツィリョーネ
Ponziglione
ポンツゥス Pontus
ポンツェッロ Ponzello
ポンツォ Pontšo
ボンテ Bon-tae
ボンデ Bonde
ポンテ Ponte**
ポンデ Ponde
ボンディ
Bondi**
Bondy*
Vondie
ポンティ
Ponti**
Ponty**
ポンティアク Pontiac
ポンティアス Pontius
ポンティアック
Pontiac
ポンティアーヌス
Pontianus
ポンティアヌス
Pontianus
ポンティアーン
Pontiaen
ポンティアン Pontien
ホンディウス Hondius
ポンティウス Pontius*
ポンティエ Pontier
ポンティエル Pontier
ポンティクス
Ponticus
Pontikos
ポンティケス
Pontikes*
ボンティーゴ
Vonteego
ポンティコス
Ponticus
Pontikos
ポンティセリ
Ponticelli
ポンティッジャ
Pontiggia**
ボンディーノ Bondino
ポンティフ Pontifs
ポンティフィセ
Pontifece
ボンディレーヴェ
Bondireva
ポーンティワ
Pornthiva
ボンティン Bontine
ポンティング
Ponting*
ボンデヴィック
Bondevik**
ボンテクー
Bontecou
Bontekoe
ポンデクスター
Pondexter
ホンデクーテル
Hondecoeter
ポンテコルヴォ
Pontecorvo**
ポンテコルボ
Pontecorvo
ボンテズ Vontaze
ポンテス Pontes
ボンデスタム
Bondestam
ボンデソン Bondeson
ポンテッリ Pontelli
ポンテデラ Pontedera
ボンデビック
Bondevik
ポンテープ
Phongthep
Pongthep
ポンテフラクト
Pontefract
ボンテムプス
Bontemps
ボンテムペッリ
Bontempelli
ボンテムペルリ
Bontempelli
ボンデュ Bondue
ボンデュラント
Bondurant**
ボンデリ Bondeli
ホンデリック
Honderich
ホンテル Honter
ポンテル Pontell
ホンテレス Hontelez
ポンテン Ponten
ポンテング Ponting
ボンテンピ Bontempi
ボンテンプ
Bomtempo
ボンテンペッリ
Bontempelli**
ボンテンペリ
Bontempelli
ボンテンペルリ
Bontempelli
ボンテンポ
Bomtempo
ホント
Hond
Hondt
Hont*
ホンド Hond
ボント
Bondt
Bonto
ボンド
Bond***
Bonds
Boond
ポント Ponto
ポンド Pond*
ボンドゥ Bondoux
ボンドゥー Bondoux*
ボンドヴィル
Bondeville
ポントゥス Pontus
ポントゥランドルフォ
Pontrandolfo
ホンドゥル Hondru
ポントス Pontikos
ボンドック Bondoc
ボンドーヌ Bondone
ボンドーネ Bondone
ボンドネ Bondone
ホントハイム
Hontheim
ボンドパッダーエ
Bandyopādhyāy
ボンドパッダエ
Bamdobadhyay
Bandyopadhyay
Bandyopádhyáy
Bandyopādhyāy
Bandyopādhyāya
Bandyopandhyaya
ポントピダン
Pontoppidan**
ボンドフィールド
Bondfield
ホントホルスト
Honthorst
ボンドラ Vondra
ポントリエロ
Pontoriero
ポントリャーギン
Pontriagin
Pontryagin*
ボンドル Bondol
ホントルスト
Honthorst
ボンドルフィ Bondolfi
ポントルモ
Pontormo*
ポンドレー Pondray
ボンドロイト
Bondroit
ホンドロス Hondros
ボンドロビチ
Vondrovič
ポントワ Pontois*
ポントン Ponton*
ボンナ
Bonna
Bonnat
ボンナー Bonner
ポンナッパ Ponnappa
ホンナム Hong-nam
ボンナルド Bonnard
ボンニエッサン
Bongnessan
ボンニーチ Bonnici
ボンニチ Bonnici
ポンニミット
Ponnimit*
Ponnmit*
ポーンニャ Ponnya
ポンニャ Ponnya
ポンニュン Pomnyun
ホンニョル
Hong Nyeol
ボンヌ
Bonne*
Bonnes
Bonnet
ボンヌイユ Bonneuil
ボンヌヴィル
Bonneville
ボンヌカーズ
Bonnecase
ボンヌカレール
Bonnecarrére
ボンヌショーズ
Bonnechose
ボンヌタン Bonnetain
ボンヌビル Bonneville
ボンヌフォア
Bonnefoit
Bonnefoy
ボンヌフォワ
Bonnefoit
Bonnefoy**
ボンヌフォン
Bonnefond*
ボンネ
Bonne
Bonné
Bonnée
Bonnet
ボンネヴィーク
Bondevik
ボンネビック
Bondevik
ホンネフ Honnef
ボンネマ Bonnema
ボンネル Bonner**
ボンネルジャ
Bonnerjea
ボンノー Bonnot
ボンバ Bomba*
ボンパ Bompa
ポンパ Pompa
ポンパイチット
Phongpaichit*
Phongpaicht
Phongphaichit
ポンパイブーン
Phongphaibuun
ボンバエル Von Baer
ホーンバーガー
Hormberger

ホ

ホンバーガー Homburger
ボンバーグ Bomberg
ボンハーゲ Bonhage
ボンパス Bompas
ボンバストゥス Bombastus
ホーンバッカー Hornbacher
ホーンバック Hornback
ボンバック Bomback
ポンパドゥール Pompadour
ポンパニッチ Pongpanich
ボンハム Bonham
ボンバリー Bomberry
ポンパリエ Pompallier
ボンバール Bombard
ボンバル Bombal
ポンバル Pombal
ボンバルディエーリ Bombardieri
ボンバン Bonvin
ポンパン Phongphan
ホーンビー Honby Hornby***
ホンヒ Hong-hi*
ボンビー Bonnevie
ボンピアーニ Bompiani
ボンピァニィ Bompiani
ポンピアン Pompian
ホーンビィ Hornby*
ボンビエーリ Bombieri
ボンビエリ Bombieri*
ボンビチット Vongvichit*
ボンビチト Vongvichit
ボーンビッチ Baumbich*
ポンピッリ Pompilli
ポンピドー Pompidou**
ポンピドゥー Pompidou
ポンピニャン Pompignan
ポンピパーク Phomphiphak
ホンピャオ Hong Piow
ホンピョウ Hong Piow
ボンヒョク Bong-hyuk
ポンピリウス Pompilius
ポンピリオ Pompilio*
ボンビレイン Bonvillain
ホンビン Hongbin Hongbing
ボンビン Bonvin
ボンフー Bonnefoux
ポンプ Pomp
ボンファ Bonfa*
ボンファッティ Bonfatti
ボンファデッリ Bonfadelli
ボンファンスィ Bonfanti
ボンファンテ Bonfante*
ボンファンティ Bonfanti*
ボンフィグリオリ Bonfiglioli
ボンフィス Bonfils*
ホーンフィッシャー Hornfischer
ボンフィム Bonfim
ボンフィーリ Bonfigli
ボンフィリ Bonfil
ボンフィリオ Bonfiglio*
ボンフィリオリ Bonfiglioli*
ボンフィールド Bondfield Bonfield*
ポンフェイ Peng-fei
ボンフォード Bomford
ボンフム Bong-heum
ポンプラパー Phonprapha Phorplaphaa
ボンプラバン Bongsprabandh
ポンプラヨーン Pongprayoon
ボンプラン Bonpland
ホーンブルガー Homburger
ホンブルガー Homburger
ホンブルク Homburg
ホーンブルック Hornbrook
ホンブルフ Homburg
ホンフレー Humphrey
ボーンブレイク Bonebrake
ボンブレイマン Vonbreymann
ポンフレット Pomfret*
ボンブレーメン Von Bremen
ボンフレール Bonfrère
ホーンブローアー Hornblower
ホーンブロウア Hornblower
ポンベ Pombe**
ポンペ Pompe*
ポンペアーティ Pompeati
ボンベイ Bombay
ポンペイ Pompei Pompey
ポンペイア Pompeia Pompéia
ポンペイアヌス Pompeianus
ポンペーイウス Pompeius
ポンペイウス Pompeius* Pompēius
ポンペイユス Pompēius
ポンペーオ Pompeo
ポンペオ Pompeo*
ポンペジョ Pompeyo
ポンペス Pompez
ホーンベック Hornbech Hornbeck
ボンベック Bombeck**
ボンヘッセ Von Hesse
ボンヘッファー Bonhoeffer*
ボンベッリ Bombelli Bomdelli
ボンヘファー Bonhoeffer*
ボンベリ Bombelli
ポンペリ Pompéry
ホンベルガー Homberger
ボンベルク Bomberg
ホンボー Hong-bo
ボンホ Bong-ho Bon-ho
ポンボ Pombo*
ボンボア Bombois
ポンボシルバ Pombo Silva
ボンホート Bonhote
ポンポナッチ Pomponazzi
ポンポナッツィ Pomponazzi
ポンポナッツイ Pomponazzi
ポンポーニア Pomponia
ポンポーニウス Pomponius
ポンポニウス Pomponius
ポンポーニオ Pomponio
ポンポニオ Pomponio
ポンポニュウス Pomponius
ボンボランド Bomboland
ボンポルティ Bonporti
ボンボワ Bombois
ポーンポン Pongpol
ポンポン Pompon Pongpol**
ポンマー Pommer
ホンマドフ Hommadov
ボンマリー Von-mally
ボンマルシャン Bonmarchand
ホンマン Hong-man*
ボンマン Bonmann
ボンム Bon-moo*
ポンム Pomme
ポーンメク Phonemek Ponemek
ポンメーク Ponmek
ホンメス Hommes
ボンメゾン Bonnemaison
ホンメル Hommel**
ボンメル Bommer
ボンモ Bong-mo
ポンモニラット Porn Moniroth
ホンモラ Hommola
ボンヤスキー Bonjasky*
ホーンヤンスキー Hornyansky
ボンヨン Bohn-young Bon-young
ホンラダロン Hongladarom
ボンラム Bonnelame
ポンリット Ponlid
ポンリド Ponlid*
ボンリュー Bonlieu
ホンレオン Hong Leong
ボンレム Bonnelame
ボンロク Bong-lok
ホンワナ Honwana*

【マ】

マ Ma*** Mah
マー Ma*** Maa Mah* Mahé* Maher Mar** Marr**
マーア Ma'a
マア Ma Ma'a*
マアー Meagher*
マアイブラー Maibre
マアヴェル Marvell
マァウン Maung
マァウン Maung**
マァウンターヤ Maung Thâ Ya
マァウンティン Maung Htin
マアカス Marcus
マアガレット Margaret
マアキンタイア Macintire
マアク Mark
マアクス Marks
マアケ Ma'ake
マアケルウラー Makherure
マアシャル Ma'shar
マアス Marth
マアスアシ Mahazoasy
マアスーミヤーン Masoomiyan
マアセヤ Maasaia
マアセル Mursell
マアタル Maatar
マアチン Martin
マアッド Ma'-add
マアッリー Ma'arrī
マアティア Maatia*
マアテルランク Maeterlinck
マアテルリンク Maeterlinck
マアデルング Maeterlinck
マアトカーラー Makare
マアドック Murdoch
マアニュ Magne
マアネン Maanen
マアバド Ma'bad
マアビン Marvin
マアフ Ma'afu
マアマリ Ma'amari
マアムドゥ Mahamoudou
マアムーン Mamoun** Ma'moun Ma'mūn
マアーヤア Maa'yaa
マアヤーニ Maayani
マアラー Nymare
マアーリー Ma'ālī
マアルーフ Maalouf** Maârouf
マアルフ Ma'ruf

マ

マアルーフル
Ma'rūfu'l
マアレー Murray
マアレイ Murray
マアレエ Marrey
マアレク Marek
マアロオ Malot
マアン Maan
マーイ
Mahy
Mai
マーイー Mahy
マイ
Mae
Mai***
Maï
Maj***
May**
Mayy
Mey*
My
マイァー Meyer
マイア
Maia**
Mai'a
Maïa
Maya
Mayer
Mayr*
Meir
Mia
Mya
マイアー
Maier*
Mair**
Mayer*
Mayr*
Meier**
Mejer
Meyer**
Muir
マイアーインク
Meyerinck
マイアシンシー
Maesincee
マイアース Myers
マイアーズ
Meiers
Meyers*
Myers*
Myres
マイアズ Myers
マイアーズコフ
Myerscough
マイアーソン
Meyerson
マイアソン Myerson*
マイアーニ Majani
マイアーノ Maiano
マイアーフェルスター
Meyer-Förster
マイアーベーア
Meyerbeer
マイアベーア
Meyerbeer
マイアーホーフ
Meyerhof
マイアホーフ
Meyerhof
マイアーボールド
Myhrvold
マイアミ Miami
マイアール Maillart
マイアル
Mial
Miall*
マイアレン Maialen
マイアンス Mayans
マイイア Meyer
マイインゲル
Maj-Inger
マイヴァート Mivart
マイヴェーヴィチ
Matveevich
マイウェン Maïwenn
マイウーリ Maiuri
マイエ
Maillet**
Maye
Mayet
マイエー Mayer
マイエグン Maiyegun
マイエッタ Maietta
マイエット Mayet*
マイエッロ Maiello
マイェティチ Majetić
マイエト Mayet
マイエフスキー
Maievskii
マイエーフスキィ
Maievskii
マイエラ Majella
マイェル Meijer
マイエール
Maier
Mayer
マイエル
Maier*
Mayer*
Meier
Meyer*
マイエルソン
Meyerson
マイエルベーア
Meyerbeer
マイエルベール
Meyerbeer
マイエルホッフ
Mayerhoff
マイエルホーフ
Meyerhof
マィエーレ Mayele
マイエレ Mayel
マイエロヴァ
Majerová
マイエローウィッツ
Meyerowitz
マイエロヴィッツ
Meyerowitz
マイエロットー
Meierotto
マイエローニ
Majeroni
マイエロバー
Majerová
マイエン
Maien
Meyen
マイエンス Maeyens
マイエンドルフ
Meyendorff
マイエンヌ Mayenne
マイエンブルク
Mayenburg*
マイエンベルク
Meyenberg
マイオ Maio
マイオッティ Maiotti
マイオーネ Mayone
マイオフィス Majofis
マイオリーノ
Maiorino
マイオール
Maior
Miall
マイオルカ Maiorca*
マイオルス
Maiolus
Mayeul
マイオレスク
Maiorescu
マイオレッリ
Maiorelli
マイカ
Maika*
Majka
Micah**
Mika
Mikah
マイカー Micah
マイガ
Maiga
Maïga
マイカパル Majkapar
マイカム Malcolm
マイガリ
Maigari
Maïgari
マイカル
Maykall
Michael
Michal
Mychal
マイカン Mikan*
マイキー
Mikey*
Mikie
Mikki
マイキビ Maïkibi
マイーク Mayiik
マイク
Maik
Meik
Mic*
Michael**
Mick
Miguel
Mijk
Mike***
Miku
Myke
マイクス Mikes*
マイクスナー Meixner
マイクセル Mikesell
マイクトム Michtom
マイクリーディーズ
Michaelides
マイクル
Maikl
Michael***
Micheal*
Michel
Michl
マイクルザック
Majchrzak
マイクルズ Michaels
マイクルスタッド
Myklestad
マイクルバスト
Myklebust
マイクルホワイト
Micklewhite
マイクロ Maikro*
マイクロジアナキス
Mikrogianakis
マイクロス Michalos
マイグロフ Maigourov
マイクロフト Mycroft
マーイケ
Maaike*
Maayken
マイケ
Maaike
Maike
マイゲ Maige
マイケナス Maecenas
マイケラ Michaela
マイケリス Michaelis
マイケル
Maikel
Maikl
Micael**
Michaeel
Michaek
Michael***
Michaël*
Michaele
Michail
Michal**
Michall
Micheal*
Mícheál
Michel**
Michele
Michèle
Michell*
Michelle
Mickael
Mikael
Mikal*
Mikel*
Mikell*
Mikhail*
Mitchell
Mychael
Mycle*
Mykel*
マイケルス Michels
マイケルズ
Michaels***
Michals
Michels
Mikels*
マイケルスン
Michelson
マイケルセン
Michaelsen
Michelsen
Mikaelsen
マイケルソン
Michaelson
Michalson
Michelson*
Mikalson*
マイケルマン
Michelman
マイケロン Michelon
マイケン
Maiken*
Majken
マイケンバウム
Meichenbaum*
マイコ
Majko*
Miko
マイゴシ Maïgochi
マーイコフ Maikov
マイコフ Maikov*
マイコラス Mikolas
マイコール MyCole
マイコン Maicon*
マイサ
Maitha
Maysa
マイザー Meiser*
マイサク Maisak
マイサニ Maizani
マイザマ Maizama
マイサリ Maisari
マイシオ Mycio
マイシャ Myisha
マイシュ Meisch
マイシュリック
Meislich
マイズ Mize*
マイスキー
Maiskii
Maisky*
マーイスキィ Maiskii
マイスター
Maister*
Meister**
Meystre
マイスターフェルド
Meisterfeld
マイスターマン
Meistermann
マイスナー
Meisner*
Meissner**
Misner
マイズナー
Meisner*
Meissner**
Misner
Mizener*
マイスニッツァー
Meissnitzer**
マイズーラ Maizurah
マイズラー Meisler
マイスラーゼ
Maisuradze
マイスリ Meisle
マイスリヤン
Maisurian
マイスル Meisle
マイスーン Maysūn
マイゼーダー
Mayseder

マイセック Mycek
マイセル
Maisel
Marcel
Meisel*
マイゼル
Maisel
Meisel**
マイゼルス Maizels
マイゼルズ Maizels
マイセン
Meissen
Meißen
マイゼン Meisen*
マイゼンハイマー
Meisenheimer
マイゼンバッハ
Meisenbach
マイゼンバハ
Meisenbach
マイゼンブーク
Meysenbug
マイセンブルク
Meissenburg
マイセンベルク
Maisenberg*
マイゼンベルク
Maizenberg
マーイタ
Maaytah
Maayteh
マイーダ Maida
マイタ Mayta
マイダ
Maida
Majda
マイタイ Maitai
マイダギ Maïdagi
マイタチネ Maitatsine
マイターニ Maitani
マイダーニー Maidānī
マーイタハ Maaitah
マイタミ Maytami
マイダン Majdan
マイダンス Mydans**
マイダンズ Mydans
マイツェン
Majcen
Meitzen
マイテ
Maite*
Maïte
Maïthé
マイティ
Maiti
Mighty
マイディ Maidy
マイディーヌ
Mahiedine
マイティネ Maïtine
マイティリーシャラン
Maithilī Sharan
マイディン Maidin
マイテル
Meiter
Mitter
マイデル Maydell*
マイデン Muyden
マイト
Meid
Meit
マイトナー
Meidner
Meitner**
マイトランド
Maitland
マイトリパラ
Maithripala*
マイトルーヤ
Maitreya*
マイトレーヤ
Maitraya
Maitreya
マイトン
Mighton
Mytton
マイナ Maina*
マイナー
Miner***
Minor**
マイナイチェワ
Minaicheva
マイナキー Mainaky
マイナク Mainak*
マイナサラ
Maïnassara
マイナシ Minasi*
マイナーズ Mynors
マイナット Mynatt
マイナード Mynard
マイナム Maimouna
マイナーリ
Mainali
Mainālī
マイナリ Mainali
マイナルデ Mainardi
マイナルディ
Mainardi
マイナルドゥス
Meinardus
マイーニ Maini
マイニ
Maini*
Miani
マイニー
Meine
Meinig
マイニア Minear
マイニエリ Mainieri*
マイヌルフ Meinulf
マイーネ Mayne
マイネア Minear
マイネカ Mineka
マイネケ
Meinecke
Meineke
マイネス Meinesz
マイネック Meinecke
マイネッケ
Meinecke**
Meineke
マイネーリ Maineri
マイネリ Meineri
マイネル Meinel
マイネルツ Meinertz
マイネルト
Meinert
Meynert
マイーノ Mayno
マイノウグ Minogue
マイノット Minot***
マイノング Meinong*
マイバウム Maybaum
マイパカイ Maipakai
マイバーク Mayberg
マイバーグ Myburgh
マイハース Myhers
マイバッハ Maybach*
マイバハ Maybach
マイバラー Myburgh
マイヒトリ Meichtry
マイヒル Myhill
マイファールト
Mayfart
Meyfart
マイファルト
Meyfarth
マイフェア Maifair
マイフジャク
Majchrzak
マイーフスキー
Maievskii
マイブーム Meyboom
マイブリッジ
Muybridge
マイブリット
May-Britt*
マイベック Majbäck
マイベルク Meyberg
マイヘルベック
Meichelbeck
マイホーファー
Maihofer*
マイボーム Meibom
マイマンガ
Mai Manga
マイマンディー
Maimandī
Maymandī
マイミ Mahinmi
マイミストヴェフ
Maimistov
マイミル Maimir
マイミン Maymin
マイムナ Maïmouna
マイムナー Maimunah
マイムーン
Maimūn
Maymūn
マイメツ Maimets
マイモーニデス
Maimonides
マイモニデス
Maimonides
マイモーン Maimon
マイモン Maimon*
マイヤ
Maia
Maiia
Maĭia
Maija*
Mailla
Maiya***
Maya
Mayr
Myers
マイヤー
Maeyer*
Maier***
Mair
Mayer***
Mayr***
Meier**
Meijer
Meir
Meyer***
Myer*
Myers**
Myhre
マイヤァ Meyer
マイヤア Mayer
マイヤーウィッツ
Meyerowitz*
マイヤウィッツ
Meyerowitz
マイヤーオーレ
Meyer-Ohle
マイヤーグレーフェ
Meier-Graefe
マイヤシェーンバーガー
Mayer-
Schönberger
マイヤース
Mayers
Meyers**
Myers**
マイヤーズ
Mayers
Meyers**
Myer
Myers***
マイヤスコウ
Myerscough
マイヤースン Myerson
マイヤーソン
Meyerson*
Myerson*
Myreson
マイヤソン Myerson
マイヤット Myatt
マイヤーノ Maiano
マイヤーバーグ
Myerburg
マイヤーフェーファー
Mayerhöfer
マイヤーブレーカー
Meyerbröer
Meyerbröker
マイヤーベーア
Meyerbeer
マイヤベーア
Meyerbeer
マイヤーベール
Meyerbeer
マイヤーヘルステル
Meyer-Förster
マイヤーホーフ
Meyerhof
マイヤーホフ
Meyerhof
Meyerhoff
マイヤーラ Mayyaleh
マイヤリーサ
Maijaliisa
マイヤール
Mailart
Maillard
Maillart*
マイヤーロホ
Meyer-Rochow
マイユ Mayeux
マイユール
Maillart
Mayeul
Mayeur
マイヨ Maillot*
マイヨー Maillot*
マイヨール
Maillol*
Mayol**
Mayor*
マイヨン Mahillon
マイラ
Maila
Maira*
Mayila
Mayra
Mila
Mira*
Myla*
Myra***
マイラー Myrer*
マイラウ Mailau
マイラジアマド
Mairaj Ahmad
マイラック Meilach
マイラニ Mailani*
マイラファ Mailafa
マイラン Myran
マイランダー
Mylander
マイラント
Mayland
Meiland
マイランド Myland
マイリ
Mairi
Meili*
Miley
マイリー
Mairi
Meili
Miley*
マイリィ Mairi
マイリオン Meirion
マイリークァン
Mai Lý Quang
マイリス
Mailis
Maylis
マイリック
Mailick
Myrick*
マイリックス Myricks
マイリル Myril
マイリンク Meyrink**
マイリング Meiling
マイリンダ Majlinda*
マイール Meïr
マイル

Mael
Mailu
Mayr*
Meyer
マイルー Maillu
マイルス
Miles***
Mills
Myles*
マイルズ
Mails*
Miles***
Mills
Myles**
マイルストウン
Milestone
マイルストーン
Milestone*
マイルストン
Milestone
マイルダー Milder
マイルドメイ
Mildmay
マイルナ Myrna
マイルハーマー
Meilhamer
マイルハム Mileham
マイルホーファー
Mayrhofer
マイルホーフェル
Mayrhofer
マイレ Maïlé
マイレー Miley
マイレイ Miley
マイレーダー
Mayreder
マイレッカー
Mayröcker*
マイレット Mylett
マイレト Mairet
マイレーナ Mairena
マイレンバーグ
Muilenburg
マイロ Milo**
マイロー Mailloux
マイロヴィツ
Mairowitz
Meyrowitz
マイロヴィッチ
Meirovitch
マイロウィッツ
Mairowitz
マイロヴィッツ
Meyrowitz
マイロス Milos
マイローニス Maironis
マイロニス Maironis
マイローファー
Mayrhofer
マイロン
Milon
Miron
Myron***
マイロング Mylong
マイワルド Maiwald
マイワンディ
Maiwandi
マィン Manh
マイン
Hmaing
Manh**
Marne
Mayne
Meyn
マインウェアリング
Mainwaring
マインケ Meinke
マインズ Meins*
マインゾーン
Meinsohn
マインダート
Meindert*
マインチェス Meintjes
マインツ Mayntz*
マインツァー
Mainzer**
マインツアー Mainzer
マインデルト
Meindert
マインデン Minden
マインハート
Meinhardt
Mynhardt
マインハルト
Meinhard*
マインヘーヴェル
Meinhövel
マインベルク
Meinberg*
マインホーフ Meinhof
マインホフ Meinhof
マインホルト
Meinhold
マインマン
Minnemann
マインラート Meinrad
マインラード Meinrad
マインラドゥス
Meinrad
マインレンダー
Mainländer
マインロー Meinloh
マインロホ Meinloh
マーウ
Machu
Mahu
マーヴ
Marv*
Marvin
Mervin
マウ
Maheu
Mau*
Mauk
Mouw
マウア
Mauer
Maur
Mower*
マウアー
Mauá
Mauer*
マウアット Mowatt
マウアルーガ
Maualuga
マーウィ Maaoui
マウイ Maui
マウィア Mavia
マウィシュ Malysz
マーヴィス
Mavis
Mervis
マーヴィック Marwick
マヴィッサカリアン
Mavissakalian
マウィニー
Mawhinney
マーウイヤ
Maaouiya*
Maaouya
マウイヤ Maouya
マウイリウ Mauiliu
マーウィン
Marwin
Merwin**
マーヴィン
Marvin*
Marvyn
Mervyn*
Murvyn
マヴィンクルヴェ
Mavinkurve
マウヴェ Mauve
マーウェ Måwe
マーヴェ Merwe
マーヴェイル Mervale
マウエス
Mauas
Maues
マーヴェデル
Marwedel
マウェニ Maweni
マーヴェル
Marvel
Marvell*
マウエル
Mauel*
Mauer*
マウエルスベルガー
Mauersberger
マウエルマイヤー
Mauermayer
マーヴェン Marven
マウェン Mawene
マウォコ Mawoko
マウォリトゥス
Mavoritus
マウガ Mauga
マウク Mauk
マウグ Maugg
マウクス Mauch
マウクファーソン
McPherson
マウゲーリ Maugeri
マウゴジャータ
Malgorzata*
Małgorzata
マウゴジャタ
Malgorzata*
Małgorzata**
マウサー Mouser
マウサエウス
Mausaeus
マウシ Mawussi
マウシリー Mawsilī
マウス
Maus*
Mouse
マウスィリー
Mauṣilī
Mawsilī
Mawṣilī
マウスナー Mausner
マウスバッハ
Mausbach
マウスバハ Mausbach
マウスフェルト
Mausfeld
マウソロス Mausolos
マウソン Mawson
マウダー Maudr
マウチェリ Mauceri
マウチェリー Mauceri
マウツ
Mautz
Mauz
マウツジニスキ
Małcużyński
マーウッド Marwood*
マウテ Maute
マウデ
Maoude
Maoudé
Maude
マウド Maud
マウトゥサミー
Moutoussamy*
マウドゥーディー
Maudoodi
Maudūdī
Mawdūdī
マウドゥード Maudūd
マウトエ Mawutoé
マウドガルヤーヤナ
Mahāmaudgalyāyana
マウトナー
Mauthner
Mautner
マウニー Mauny*
マウノ Mauno**
マウハー Maucher**
マウヒニー
Mawhinney
マウーブ Mahouve
マウフ Mauch
マウフェ Mauve
マウブルヌス
Mauburnus
マウマル Ma ‘mar
マウムーン
Maumoon**
マウラ
Maura*
Maurer*
Mauro
Mowla
マウラー
Maurer***
Mowrer**
マヴラ Mavra
マヴライ Mavraj
マウラッハ Maurach
マウラテ Maurate
マウラーナー
Maulānā
Mawlana
マウラナ
Maoulana
Maulana*
Molana
Moulana
マウラント Mourant
マウリ Mauri**
マウリー
Maury
Mowrey
Mowry
マウリエッロ
Mauriello
マウリキウス
Mauricius
マウリキオス
Mauricius
マウリシオ
Mauricio***
Maurício*
Maurizio
マウリース Maurice
マウリス Maurice*
マウリスィオ
Mauricío
マウリダ Maoulida
マウリチ Maurizi
マウリチウス
Mauritius
マウリツ
Maurits
Mauritz
マウリツィ Moritz
マウリツィオ
Maurizio**
マウリッチオ
Maurizio*
マウリッチャ
Mariuccia
マウリッツ
Mauris
Maurits
Mauritz*
マウリッツィオ
Maurizio**
マウリッリ Maurilli
マウリディ Maulidi
マウリティウス
Mauritius
マヴリディス Mavridis
マーヴリナ Mavrina*
マウリーナ Maurina
マウリーニョ Maurinõ
マウリヌス Maurinus
マウリャ Maurya
マウリリオ Maurilio
マウリワルマデーワ
Mauliwarmadewa
マウリーン Maureen
マーヴル Marvell
マウル
Maol
Maul*
Maule
Maull*
Mawr

Moule
マーウルアイナイン Mā'al-'Aynayn
マウルス
Marius
Maurus**
マウルスタッド Maurstad
マウルターシュ Maultash**
マウルード Mauloud
マウルーフ Mauroof
マウルペコトファ Ma'Ulupekotofa
マウルペルチ Maulbertsch
マウルベルチュ Maulbertsch
マウルペルチュ Maulbertsch
マウレー Murray
マウレガト Mauregato
マウレッリ Maurelli
マウレル Maurer**
マウレン Maurren*
マウレンイガ Maurren Higa
マウレンシグ Maurensig**
マウレンブレヒャー Maurenbrecher
マーウロ Maulo
マウロ Mauro***
マウロイ Mauroy
マヴロゲーヌス Mavrogenous
マヴロゲヌース Mavrogenous
マヴロコルザトス Mavrokordatos
マヴロゴルダート Mavrogordato
マヴロコルダトゥ Mavrokordatos
マヴロコルダートス Mavrokordatos
マヴロコルダトス Mavrokordatos
マヴロージン Mavrodin
マヴロディン Mavrodin
マヴロミハリス Mavromichalis
マウロリーコ Maurolico
マウロリコ Maurolico
マウロントゥス Maurontus
マウワド Moawwad
マウン
Maun*
Maung***
Maunga
マウンジー
Maung Gyi
Mounsey
マウンダー Maunder*
マウンターヤ Maung-Thaya
マウンツ Maunz
マウンティン
Maung Htin
Mountain
マウンテン Mountain**
マウント Mount**
マウンド Mound
マウントエバンス Mountevans
マウントカッスル Mountcastle
マウントキャッスル Mountcastle
マウントジョイ Mountjoy
マウントバッテン Mountbatten*
マウントフォート Mountfort
マウントフォード Mountford*
マウンマウン Maung Maung
マウンミンニョウ Maung Min Nyo
マウン・ワ Maungwa
マウンワ
Maung Wa
Maung-Wa
マーエ
Mahé*
Maillet
マエ
Mae*
Mahé
Maye
マエー Mahée
マエキアヌス Maecianus
マエキリウス Maecilius
マエグリ Maegli
マエケーナス Maecenas
マエケナス Maecenas
マエケル Michael
マエサ Maesa
マエシュ Mahesh
マエス Maes
マエストゥ Maeztu
マエストリ Maestri*
マエストリニ Maestrini
マエストリピエリ Maestripieri
マエストレ Maestre
マエストロ Maestro*
マエダ
Maeda
Mayeda
マエヌウ Maenu'u
マエノ Maeno
マエフスカ Maevska
マエフスキ Majewski**
マエモフ Mahemoff
マエラン Maelanga
マエリア Marea
マエリウス Maelius
マエリッケ Maelicke
マエル Maëlle
マエルス
Maels*
Majerus
マエレ
Maele
Maere
マエロフ Maerov
マエンツァ Maenza
マオ
Mao***
Maoh
Maoz
マオー Mahaut
マオア Mouer*
マオアテ Maoate*
マオコラ Maokola
マオコラマジョゴ Maokola-majogo
マオシェルジ Maosherji
マオシン Maoshing
マオズ Maoz
マオニー Mahony
マオバ Malba*
マオフォン Mao-feng
マオペ Maope
マオホ Mauch
マオマ Mahoma
マオラー Maurer
マオリ Maori
マオリッツオ Maurizio
マオール Maor
マーカー
Marker**
Mercker
Merker
マーガ
Maga
Māgha
Marga
マーガー Mager*
マカ Maka
マカー Macur
マガ Magga
マガー
Mager
Maghā
McGerr**
マカアー Macquer
マカーイ
Makaay*
Makkai*
McKay
マカイ
Mackay*
MacKaye
Makai
マガイアー
McGuire
Mcguire
マカイヴァー
McIver
McIvor
マカイナイ Makainai*
マガイネス McGuinness
マカイバー
McIvor*
Mcivor
マガイヤー
Maguire
Mcguire
マカイユ Marcaillou*
マカウ
Makau*
McCaw
マカウァン Macgowan
マガウアン
Macgowan
McGowan**
マガヴァーン McGovern
マガヴァン McGovern
マカウィ Makkawi
マカヴェーイェフ Makavejev
マカヴェイエフ Makavejev*
マカヴェーエヴァ Makaveeva
マカヴォイ
MacAvoy
McAvoy
マカウスキ Murkowski*
マカウチ McCouch*
マカウライ Macaulay
マガウワン McGowan
マカオン Machaōn
マガキアン McGuckian
マーカーキス Markakis
マガキャン Magak'ian
マガグラ Magagula
マカーゴウ McKergow
マカーサー MacArthur
マカーシー
MacCarthy
McCarthy*
Mccarthy
マカジ Makadji
マガジ
Magagi
Magaji
マガジナー Magaziner*
マガジャネス Magallanes
マーカス
Marcus***
Marcuse
Markus**
マーガス Margus
マカス Macas
マガス Magas
マカスキー McCaskey*
マカスキル McCaskill
マガスバ Magassouba
マーカーソン Merkerson
マカーター
McArtor
McCarter
マカダム
Macadam
McAdam
マカダムス McAdams
マガダン Magadan
マーカタンテ Mercatante
マカッチャン
McCutchan
McCutcheon*
マガッツィーニ Magazzini
マガッティ Magatti
マーカット
Marquat
Murcutt*
マーカティ Mercati*
マカーティ McCarty
マカーティー
McCartee
McCarty
マカーディ
MacCurdy
Macurdy
McCurdy*
マカティー McAtee
マガーティー McGarty
マカティア McAteer
マーカート
Markert
Marquardt*
マーカード
Marquard
Marquardt*
マカト Makgato
マカド Macedo
マガート Maggert
マガト
Magat
Magath*
マカドゥー
McAdoo
Mcadoo
マカートニ Macartney*
マカートニー
Macartney*
McCartney
Mccartney
マカトニー Macartney
マガートランド McGartland
マカードル
Macardle
McArdle
マカドル Macardle
マカナ Makana
マガナウェ Maganawe

マ

マカナルティ
McAnulty
マカナルティー
McAnulty
マカーニー McCarney
マガニグル
McGunnigle
マカニコ Maccanico
マーガニータ
Marghanita*
マーガニタ
Marghanita
マカニダス
Machanidas
マカニック Machanic
マガニーニ Maganini
マガーニャ Magaña
マガニャ Magana**
マカーニン Makánin
マカヌフォ Macanufo
マカネスピー
McAnespie
マカネラ Makanera
マガノ Magano
マガノフ Maganov
マカバイオス
Makkabaios
マカパガル
Macapagal**
マガヒー McGahey
マカビンズ
McCubbins
マカファーティ
MaCafferty
McCafferty*
マカファティ
McCafferty
マカフィー McAfee*
マガフィ McGuffy
マガフィー McGuffy
マカフリー
McCaffree
Mccaffree
マカベ McCabe
マカベイエフ
Makavejev
マカベーエフ
Makavejev
マカベオス
Makkabaios
マカベロ 'Makabelo
マカボイ
MacAvoy
McAvoy*
マーカム
Malcolm
Marcum*
Markham**
Markhan
マーカーム Maqām
マーカムソン
Malcolmson*
マカメ Makame
マカモア
Muchamore**
マガヤ Magaya

マカラ
Macara
McCullough
マカラー
McCullagh
McCullough
マカライグ Macaraig
マーガライト
Marguerite
マカラウ Makarau**
マカーラク
McCullough
マカラク Mccullough
マガラシヴィリ
Magalashvili
マカラシビリ
Makarashvili
マカラーズ McCullers
マカラック
McCullough
マガラネス
Magallanes
マカラム
McCallum
McCollum
マカラリー McAlary
マカラン McCarran
マカランカ
Makaranka
Makarenko
マカランダン
MacAlindin
マーガリ Margary
マーガリー
Margaree
Margary
マカーリ Makari
マカーリー Makary
マカリー
Makarii
Makary
McCully
マガリ
Magali***
Magalí
Magalie
マガリー Magalie
マカリアー McAleer
マカーリイ Makarij
マカリイ Macarius
マカリウス
Makarios
Makarius
マガリエフ Magariaf*
マカーリオ Macario
マカリオ Macario
マカリオス
Makarios*
Makários
マガリカエス
Magalhaes*
マーガリーズ
Margulies
マーガリス
Margalis
Murgallis
マカリース
McAlees
McAleese**
マカリスキー
McAliskey
マカリスター
MacAlister*
Macalister
MacAllister*
McAlister
McAllister**
Mcallister
Mccalister
McCallister
マカリストン
McCarriston
マーガリータ
Margarita
マガリッジ
Muggeridge
マーガリット
Margalit
Margaret
Marguerite
マガリティー
McGarity
マーガリート
Margarite
Marguerite**
マガリーニ Magalini
マカリム Makarim
マガリャインシュ
Magalhães
Magellan
マガリャインシユ
Magalhães
マガリャエシュ
Magalhães
マガリャエス
Magalhaes
Magalhães
マガリャエンシュ
Magalhães
Magellan
マガリャネス
Magallanes*
マガリャンイシュ
Magalhães
マガリャンィース
Magalhães
マガリャンイス
Magalhães
Magellan
マカリン McCallin
マカリンタール
Makalintal
マーカル Maakal
マカール
Macal*
Mácal*
Maqar
マカル
Macal
Macalou
Makal**
Makalou
マカルー McCullough
マガール Magerl
マガル Magal
マガルシャック
Magarshack
マカルーソ Macaluso

マーカルト Makart
マカルト Makart
マカルパイン
McAlpine**
マカルビー McKelvie
マカルピン
McAlpine
McArpine
マカルホーン
McAlhone
マカルマン
McCalman
マカルーン MacAloon
マカレ Makalé
マカレー Macauley
マーガレッタ
Margaretta*
マーガレット
Magaret
Magret
Margaret***
Margareta
Margarete*
Margaretha
Margarett
Margeret
Margot
Margret
Marguerite
マーガレーテ
Margarete
マカレーニャ
Makarenia
マーガレフ Margalef
マカレル McCarrell
マカーレンコ
Makarenko
マカレンコ
Makarenko*
マーガロ Margalo
マカロ Macarro
マカロー McCullough
マカロウ McCullough
マカーロヴァ
Makarova
マカロヴァ Makarova
マカーロヴィチ
Makarovich
マカロック
MacCulloch
McCulloch
Mcculloch
McCullough*
マガロッティ
Magalotti
マガローナ Magallona
マカーロフ Makarov*
マカロフ Makarov**
マガロフ Magaloff*
マカロフス Makarovs
マカロル Macarol
マカーロワ Makarova
マカロワ Makarova**
マカローン
Maccarone*
マカロン McCarron
マカン
Makan*
McCann*

マガン
Magán
Maghā
McGahern
マガンガムサブ
Maganga
Moussavou
マカンガラ
Makangala
マーカンジャ
Markandya*
マーカンダヤ
Markandaya
マガンツァ Maganza
マガンデ Magande
マーガンディヤ
Māgandiya
マーカンド
Marquand**
マカンドリュー
Macandrew
マカンドレス
McCandless
マカンバ Makamba
マーキ
Marki
Marqui
マーキー
Markey*
Markie
Marquis
マーギー
Margi**
Margie
マキ
Macchi
Macky
Maki
Mäki
マキー McKie
マギ
Maggi**
Maggy
Magi
マギー
MacGee
Magee***
Maggee
Maggi**
Maggie***
Maggy
Maguire
Maguy*
Margaret
Margie
McGee**
Mcgee
McGehee
McGhee**
Mcghee
マキァヴェッリ
Machiavelli
マキアウエッリ
Machiavelli
マキアヴェッリ
Machiavelli*
マキァヴェリ
Machiavelli
マキアヴェリ
Machiavelli*
マキアヴェリー
Machiavelli

マ

マキアヴェルリ
Machiavelli
マキアヴエルリ
Machiavelli
マキアシ Makiashi
マキァーネル
MacCannell
マキアベリ
Machiavelli
マキアベロ
Macchiavello
Machiavello
マギアリ Magyari
マキーヴァー MacIver
マキヴァー MacIver
マキヴェイ Mcquivey
マギウス Magius
マーキエヴィチ
Markievicz
マーキェヴィッツ
Markievicz
マギエラ Magiera
マギエルスキ
Magierski
マキエンゴ Maquengo
マキーオン McKeon
マキオン
McKeon
Mckeon*
McKeown
Mckeown
マキカ Makika
マギガン McGegan
マギーギ Mazighi
マキサック
McKissack*
Mckissack
マキシ Maxi**
マキシー Maxie
マキシック Mckissic
マキシーヌ Maxine
マキシミアヌス
Maximianus
マキシミアーノ
Maximiano
マキシミリアヌス
Maximilian
マキシミリアーノ
Maximiliano
マキシミリアノ
Maximilian
Maximiliano
Maximilianus
マキシミリアン
Maximilian*
Maximilianus
Maximilien
Maximillian
マキシーム Maxime
マキシム
Maksim**
Maxim***
Maxime***
マキシムス Maximus
マキシモ
Maximo*
Máximo
マキシモヴィチ
Maksimovich
マキシモウィッチ
Maksimovich
マキシモヴィッチ
Maksimovic
Maksimovich
マキシモビッチ
Maksimovich
マキシモフ Maksimov
マキシモワ
Maksimova
マキジャニ Makhijani
マキシーン
Maxene
Maxine**
マキシン Maxine***
マーキス
Marqise
Marquez
Marquis**
Marquise
マキス Max
マギステル Magister
マーキソン Markison
マギダ Magida
マキタリック
McKitterick
Mckitterick
McKittrick
マキーチン McEachin
マーギッツァ
Margitza
マーギット Margit
マギット Maggitt
マギッド Magid
マギード Maged
マギト Magito
マキナニー
MacInerney**
McInerney**
McInerny**
マキナン Mackinnon
マキニー McKinney
マキニス
MacInnes
McInnis*
マギニス McGinnis*
マギニティ
McGinnity
マキーヌ Makine**
マギヌン Magnum
マキネス
MacInnes
McInnes
マギネス McGuinness
マキネン
Makinen*
Mäkinen*
マキノン
MacKinnon
Mackinnon
McKinnon
マキーバー MacIver
マキパー Mäkipää*
マーキーフ Markieff
マギファート
McGiffert
マギボン MacGibbon
マキム McKim
マギャヴィン
McGavin
マキャヴェッリ
Machiavelli*
マキャヴェリ
Machiavelli
マキャヴェリー
Machiavelli
マキャヴェルリ
Machiavelli
マキャップ Macapp
マキャフェリー
McCaffery
マキャフリー
McCaffrey**
マキャフリィ
McCaffery
マキャフリイ
McCaffrey*
マキャベッリ
Machiavelli
マキャベリ
Machiavelli
マキャベロ
Macchiavello
Machiavello*
マキャモン
McCammon**
マキャリオン
McCallion*
マギャリティ
Mcgarrity
マキャロル McCarroll
マキャン
McCann
Mccann
マギャン McGann
マキュー McHugh
マキューアン
MacEwan
McEwan**
McEwen
マキュアン
McHughen
マギュイ Maguy
マキューエン
Macewen
McEwen**
マキュエン McEwen
マキューシック
McKusick
マキュージック
McKusick*
Mckusick
マーキューズ
Marquese
マキューズィック
Mckusick
マーキューセン
Markusen
マキューゾ Mancuso*
マキューラス
McKuras
マーキュリー
Mercury**
マーキュリオ
Mercurio*
マキューリオ
Mercurio
マーギュリーズ
Margulies
マーギュリス
Margulis*
マーギュレット
Marguerite
マーキュロ Mercuro
マキューン
McCune*
McKeown
Mckeown*
McKuen*
Mckuen
マキラ Makila
マギーリー Maghīlī
マギリス McGillis
マキリップ
Makillip
McKillip**
Mckillip*
マーキル Merkyl
マギール Magir
マギル
MacGill
Magill*
McGill*
マキルヴァン
McIlvane
マキルウェイン
McIlwain*
マキルヴェイン
McIlvaine
マキルウェーン
McIlwain
マキルウエン
McIlwain
マギルトン
Magilton
McGilton
マキルベイン
Mcilvaine
マキロイ Mcilroy**
マギロウェイ
McGilloway*
マキロップ McKillop*
マーキン
Markin
Merkin
Mirkin
Murkin
マキーン Makīn
マキン Makine
マギン
Maggin
Maginn
McGinn
マーキンズ Makens*
マキンダー Mackinder
マキンタイア
McIntire
McIntyre
マキンタイアー
MacIntyre
Maclntyre
Mclntyre
マキンタイヤー
McIntire
マギンティ McGinty
マーキンド Markind
マキンドー McIndoe
マキントシュ
Mackintosh
McIntosh
マキントッシュ
Macintosh
Mackintosh*
McIntosh*
マキントン Makinton
マキンリ McKinley
マキンリー McKinley
マギンリー
Maginley
McGinley
マギンレー McGinley
マーク
Maac
Maag*
Mack
Malk
Marc***
March
Marcus*
Mark***
Markus
Mirc
Myrc
マーグ
Maag
Marg*
マク
Mac
Mạc
Mak
Maku
Mark
McC.
マグ Mag
マグァイア
Maguire
McGuire*
Mcguire
マグアイア
Maguire
McGuire
Mcguire
マグアイアー Maguire
マクアイヴァ MacIver
マクアイヴァー
McIver
マクアーサー
MacArthur
マクアダムス
McAdams
マクアッテルス
McWatters
マークァート
Marquard
マークァドゥー
McAdoo
マクアドゥー McAdoo
マクアリー MacAree
マクアリア McAleer
マクアリスター
McAllister
マクアルーン
McAloon
マークァンド
Marquand
マークアンド
Marquand

マクアントニー
Mac Anthony
マクイーウェン
McEwen
マクイオワン
MacEoin
マークィス Marquis
マークイス Marquis
マクイストン
McQuiston
マグィネス
McGuinness
マクィーン McQeen
マクイーン McQueen
マグィン McGuinn
マークゥアンド
Marquand
マクウィア McWhir
マクヴィカー
MacVicar
McVicar
McVicker
マグウィガン
McGuigan*
マークウィス Marquis
マクヴィティ
McVittie
マクウィニー
MacWhinney
McWhinney
マクウィリアム
McWilliam*
マクウィリアムス
McWilliams
マクウィリアムズ
McWilliams*
マクウィーン
McQueen
マクウェイ
Mackway
McQuay
マクヴェイ MacVeagh
マクウェイグ
McQuaig
マクウェイド
McQuade
マクヴェイニー
McVaney
マクヴェイン Mcvean
マクヴェーグ
MacVeagh
マクヴェティ McVety
マクウェール
McQuail**
マクウェル McQuail
マクウェン McEwen
マクウェンゲ
Makwenge
マクウォーターズ
McWaters
マクウォーリー
Macquarrie
McQuarrie
マクエイ Makuei
マクエイカーン
MacEachern*
マクエイケルン
MacEachern*
Maceachern
マークェイス
MarQueis
マクエイド Mcquaide
マークェス Marquess
マークエステル
Marcestel*
マクエバーズ
McEvers*
マクエボイ Mcevoy
マクエルダリー
McElderry
マクエーン Maguen
マグェーン McGuane
マークォード
Marquard
マクガア McGerr
マクガイア
Maguire*
McGuire**
Mcguire*
McGwire
マクガイアー
McGuire*
マグガイア McGwire
マグガイアー Maguire
マクガイガン
McGuigan
マクガイヤ McGuire
マクガイヤー McGuire
マクガゥ McGaw
マクガヴァーン
McGovern*
マクガヴァン
McGavin
McGovern*
Mcgovern
マクガーヴィー
McGarvey
マクガヴィン
McGavin
マクガーヴェイ
McGarvey
マクガウン McGown
マクガキン McGuckin
マクガーク McGuirk*
マクカーター
McCarter
マクガッキアン
McGuckian
マクガーティ
McGarty
マクカーテン
McCarten*
マクガート McGirt
マクガーハン
McGahan
マクガハン
MacGahan
McGahan
McGahern**
マクガバーン
McGovern
マクガバン
McGovern**
Mcgovern*
マクガビン McGavin
マクガフ McGough
マクガフィ
McGaffey
McGuffy
マクガフィン
McGuffin
マクカラア
McCullagh
マクガリグル
McGarrigle
マクガレル McGarrell
マクガーワン
McGowan
マクガワン
Macgowan
McGowan
マクカン MacCunn
マクガン McGann
マクギー
McGee*
McGhee
マクギア McGear
マクギアン McGuigan
マクギーガン
McGegan
McGuigan
マクギガン McGuigan
マクギッフィン
Mcgiffin
マクギーディー
McGeady
マクギナス
McGuinness
マクギニス
McGinnis*
Mcginnis
McGinniss
マクギネス
McGinness
McGuiness
Mcguiness
McGuinness**
Mcguinness
マクギブニー
McGiveny
Mcgivney
マクギボン
MacGibbon
McGibbon
マクキャシュ McCash
マクギャバン
McGavin
マクギャリー
McGarey
McGarry
マクギャレー
McGarey
マクギャレイ
McGarey
マクギャン McGann
マクキャンツ
McCants
マクキャンドレス
McCandless
マクギリヴレイ
MacGillivray
マクギリカディ
McGillicuddy
マクギリガン
McGilligan
マクギリス McGillis
マクギリブレー
MacGillivray
マクギル
Mac Gill
McGill*
Mcgill
マクギルベリー
McGilvery
マクキーン McKean
マクギン McGinn
マクギンティ
Macginty
McGinty
マクギンティー
Mac Ginty
McGinty
マクグアーク
McGuirk
マクグーガン
McGugan
マクグーハン
McGoohan
マクグラース
McGrath
マクグラス
McGrath*
Mcgrath
マークグラーフ
Marggraf
マクグリゴア
McGregor
マクグリービー
McGreevy
マクグリフ McGriff
マクグリール McGreal
マクグリン McGlynn
マクグルー McGrew
マクグレイド
McGrade
マクグレガー
McGregor
マクグレース
McGrath
マクグレード
McGlade
マククレラン
McClellan
マクグロー McGraw
マクゲイリー McGary
マクゲイン McGuane
マクケベット
McKevett
マクゲーリィ McGary
マクケルビー
McKelvie
マクゴー McGaw
マクゴーアン
McGowan
マクゴウアン
McGowan
マクゴーウィン
McGowin
マクゴニガル
McGonigal*
マクゴネガル
McGonegal
マクゴフ McGough
マクコラム McCollum
マクゴーラン
MacGowran
マクゴーリ McGorry
マクゴールドリック
McGoldrick
マクコルマク
MacCormac
マクゴーワン
McGowan
マクゴワン McGowan
マクザ Makuza
マグサイサイ
Magsaysay
マクサコヴ Maksakov
マクサーコヴァ
Maksakova
マクサコフ Maxakow
マクサト Maksat
マクサマック
Maksimuk
マクサム Maxam
マクサルジャブ
Magsarzhav
マクサーンス Maxence
マクサンス
Maxence**
マグザンス Maxence
マクサント Maxant
マクザンバ
Mackouzangba
マークージー
Markoosie
マークシー Marqusee
マクシー
Maxcy
Maxey
Maxie
マグシー Muggsy
マクシウム Maximus
マクジェイムズ
McJames
マクシェイン
MacShane*
McShane
マクシェフリー
McSheffrey
マクシェリー
McSherry
マクシェーン
Macshane
McShane*
マクジェンキン
McJenkin
マクージック
McKusick
マクシマ Maxima
マクシマン Maximin
マクシミー Maximy*
マクシミアーヌス
Maximianus
マクシミアヌス
Maximianus
マクシミウク
Maksymiuk

マ

マクシミーヌス
Maximinus
マクシミヌス
Maximinus
マクシミラ Maximílla
マクシミリアーヌス
Maximilianus
マクシミリアヌス
Maximilianus
マクシミリアーノ
Maximiliano
マクシミーリアーン
Maximilian
マクシミーリアン
Maximilian
マクシミリアーン
Maximiliaan
Maximillian
マクシミリアン
Maksimilian
Maksymilian
Maximilian***
Maximilien*
Maximilienne
Maximilijan
Maximillian
マクシーム Maksim
マクシム
Maksim***
Maksím
Maksym
Maxim**
Maxime*
マクシムス
Maximinus
Maximus*
マクシムチャック
Maksimchuck
マクシメンコ
Maksymenko
マクシモ
Maximo
Máximo
マクシーモア
Maksimova
マクシモア
Maksimova
マクシモヴァ
Maksimova*
マクシモヴィク
Maksimovic
マクシモーヴィチ
Maksimovich
マクシモヴィチ
Maksimović
Maksimovich*
マクシーモヴィッチ
Maksimovich
マクシモーウィッチ
Maksimovich
マクシモヴィッチ
Maksimovic
Maksimović
マクシモス
Maksimos
Maximos
Máximos
Maximus*
マクシモバ
Maksimova
マクシーモビッチ
Maksimovich
マクシモービッチ
Maksimovich
マクシモビッチ
Maksimovic
Maksimovich
マクシーモフ
Maksimov**
マクシモーフ
Maksimov
マクシモフ Maksimov
マクシーモワ
Maximova
マクシモワ
Maksimova*
マクシャ Makusha
マクシャイン
McShann
マクジャニ Makhijani
マクシャフリー
McShaffry
マクシャリー
Macsharry
マグジャルチク
Magdziarczyk
マクシャン McShann*
マクジュンキンス
McJunkins
マクジョージ
McGeorge
マクジョーンズ
McJones
マクジルトン
McJilton*
マクシーン Maxine*
マクシン Maxine*
マクシンスキ
Makuszynski
Makuszyński
マクシンスキー
Makuszynski
マークース Markus**
マークス
Maex
Malks
Marcus*
Marks***
Markus**
Marx*
Merks
マクス
Maks
Max*
マグス
Mags
Magus
Muggs
マクスィ Maxie
マクスィーン Maxine
マクスウィーニー
MacSwiney
McSweeney
マクスウィニー
MacSweeney
マクスウェル
Maxwel
Maxwell***
マクスウエル
Maxwell*
マクスウド Maqsood
マクスエル Maxwell
マクスキミング
McSkimming
マクスクェア
McSquare
マクスケリー Mcskelly
マクスジー Macsuzy
マークスタイン
Markstein*
マクスティーン
McSteen
マクスード Maqṣūd
マクストフ Maksutov
マクストン Maxton
マクスパーレン
McSparren
マクスフィールド
Maxfield*
マクズラック
Maczulak
マクスリー Moxley
マクセイ
Macksey*
Maksay
Maxey
マクゼイ Macksey
マクセランド
McCelland
McClelland
マクセル
Maksel
Maxwell
マークセン Markusen
マクセン Maxene
マクセンス Maxence
マクセンチウス
Maxentius
マクセンティウス
Maxentius
マクソーリ McSorley
マクソーリー
McSorley
マークソン Markson
マーグソン Margeson
マクソン Maxson
マクタ Mackta
マクダ Magda
マグダ Magda***
マクタイ McTighe
マクダイアミッド
MacDiarmid**
マクダイス McDyess
マクダウェル
MacDowell
McDowall
McDowell**
Mcdowell
マクダウエル
MacDowell*
McDowell**
マクダエニルズ
McDaniels
マクタガート
McTaggart***
Mctaggart
M'Taggart
マクダガート
Mctaggart
マクダグル McDougle
マクダナ McDonough
マクダナー
McDonough*
マクダナウ
McDonough
マクダニエル
McDaniel**
Mcdaniel
マグダニエル
McDaniel
マクダニエルズ
McDaniels**
マグダニス Magdanis
マグダネラ
Magdalena
マクダネル
McDannell
McDonell*
McDonnell
マクダフ McDuff**
マクダフィ MacDuffie
マクダフィー
McDuffie
マクダーマット
McDermott
マクタマニー
McTamany
マクダーミッド
MacDiarmid*
McDermid
マクダーミド
McDermid**
マクダーモット
MacDermot
Macdermot
McDermott**
Mcdermott
マクダラー McDarrah
マグダラ Magdala
マクタール Maktar
マグダレーナ
Magdalena
マグダレーナ
Magdalena***
マグダレナ
Maddalena
Magdalen
Magdalena***
マグダレーネ
Magdalene*
マグダレン
Magdeleine
マグダレン
Magdalen**
Magdeleine
マグダロウ Magdalou
マクタンジェ
Machtinger
マクーチ Makuch
マクチャーグ
McChargue
マクデアミッド
MacDiarmid
マグディ Magdi*
マクティア
Mactier
McTeer*
マクティアーナン
McTiernan
マクティアナン
McTiernan
Mctiernan
マクディアーミッド
MacDiarmid
マクディアミッド
MacDiarmid
McDiarmid
マクデイヴィッド
McDavid
Mcdavid
マクディシー Maqdisī
マクディスィー
Maqdisī
マグディックス
Magdics
マクディル Mcdill
マクデヴィット
MacDevitt
McDevitt*
マクデッド McDaid
マクデード McDade
マクデービッド
McDavid
マクデビット
McDevitt*
マクデブルク
Magdeburg
マグデブルク
Magdeburg
マクデーミド
MacDermid
マクテヤ McTyeire
マクテル McTell
マクト Macht
マグドー Magdoff
マクドゥアルゲイ
Mocdouall-gaye
マクドゥウエル
McDowell
マクドーウェル
McDowell
マクドウェル
MacDowell*
McDowall
McDowell*
マクドウエル
McDowell
マクドウォール
McDowall*
マクドゥーガル
MacDougal**
MacDougall*
Macdougall
Makdougall
McDougal*
McDougall***
マクドゥガル
MacDougall*
McDougal
McDougall*
マクドウガル
MacDougal
MacDougall*
マクドゥーガルド
McDougald
Mcdougald

マ

マクドゥーグル
McDougle
マクトゥス Machutus
マクトゥーム
Maktoum*
Maktūm
マクドゥーム
Makhdoom
マグトゥムグリ
Magtymguly
マグトゥム・クル
Magtymguly
マグトゥムグル
Magtymguly
マクドーガル
McDougall
マクドガール
McDougall
マクドガル
McDougall
マクドナー
MacDonagh
Macdonough
McDonagh
McDonough*
マクドナウ
McDonough
マクドナフ
McDonough
マクドナール
Macdonald
マクドナル
Macdonald
マクドナルド
Mac Donald
MacDonald***
Macdonald***
Margolis
McDonald***
Mcdonald*
McDonard
マグドナルド
MacDonald
マクドーネル
Macdonell
マクドネル
MacDonell
Macdonell*
Macdonnell
McDonell
McDonnel
McDonnell**
Mcdonnell
マクドノー
McDonagh
McDonough**
Mcdonough
マクドノウ
McDonough
マグドフ Magdoff*
マクドーマンド
McDormand*
Mcdormand
マクトム Maktoum**
マクドール McDowall
マグドルナ Magdolna
マグドレーヌ
Magdeleine
マクドワル McDwall
マグナ Magna

マグナー
Magner
Magnier
マクナイチェ
Makunajte
マクナイト
McKnight*
Mcknight
McNight
マクナージル
McGonagill
マクナス Magnus
マグナス Magnus***
マクナーズニー
McNerthney
マグナセン Magnusen
マグナソン
Magnason**
Magnuson*
マグナッセン
Magnusson
マクナット McNutt*
マクナップ Macnab
マクナーニ Mclnerney
マクナーニー
McNarney
McNerney
マクナニー McNerney
マクナハテン
Macnaghten
マクナブ
MacNab
Macnab
McNab*
McNabb**
マクナマス McManus
マクナマラ
MacNamara
Macnamara*
McNamara**
Mcnamara
マクナミー
MacNamee
McNamee**
マクノリー
McNalley
McNally***
Mcnally
McNary
マーグナル Magnar
マクナル McNall
マクナルティ
MacNulty
McNulty
マクナレー McNally
マクナロン McNaron
マグナン Magnan*
マクニー
MacNee*
Macnee
McNee
マグニ Magni*
マクニア McNear
マグニア Magnier
マクニアリー
McNeary
マクニイル McNeill
マグニエ Magnier

マクニエル
Macmichael
マクニクル McNickle
マクニコラス
McNicholas
マクニコル
MacNicol*
McNichol
McNicol
McNicoll
マクニーシュ
MacNeish
マクニース
MacNeice*
Macneice
マクニス Mackness
マグニス Maguiness
マグニツキー
Magnitsii
Magnitskii
マグニツキイ
Magunitzkii
マクニック Macknik
マクニッシュ
MacNish
McNish**
マクニフ McNiff
マグニフィコ
Magnifico
マクニーブン
McNiven
マクニブン McNiven
マクニーリ McNealy
マクニーリー
McNealy
McNeely**
McNeilly*
マクニーリィ
McNeely
McNeilly*
マクニール
MacNeal**
Mac Neil
MacNeil*
Macneil*
MacNeill***
McNeal
McNeil*
Mcneil
McNeill**
Mcneill
マクニル McNeill
マグニン Magnin
マーグヌス Magnus
マグヌス
Magnus***
Magnús
Magunus
マグヌスキー
Magunuski
マグヌースソン
Magnússon
マグヌスソン
Magnusson
Magnússon
マグヌスドッティル
Magnúsdóttir
マグヌスン
Magnuson
Magnusson
マグヌセン

Magnussen
Magnusson
マグヌソン
Magnuson*
Magnusson*
マグヌッセン
Magnussen*
マグヌッソン
Magnusson*
マクネー Mcnay
マグネ Magne**
マクネーア MacNair
マクネア
MacNair
Macnair
McNair***
マクネアー
MacNair
McNair*
Mcnair
マクネアリー McNary
マクネイル
McNeil
McNeill
マグネウリス
Magneuris
マグネース
Magnes
Mágnēs
マグネス
Magnes
Magness
マグネナート
Magnenat
マクネフ McNeff
マクネヤ Macnair
マクネリー
MacNelly*
McNealy*
マグネリ Magnéli
マグネリヒ Magnerich
マクネール
McNair
Mcnair
マクネルー McNeile
マグネロ Magnello
マグネンチウス
Magnentius
マグネンティウス
Magnentius
マグノ Magno*
マグノアルト
Magnoald
マグノウスン
Magnusson
マクノウハー
Mcnaugher
マクノート
MacNaught
McNaught**
Mcnaught
マクノートン
Macnaghten
MacNaughton*
Macnaughton*
McNaughton**
Mcnaughton
マグノフ Magnoff
マクハ Makukha

マクバ Makuba
マグバウナ Magbauna
マクハーグ
McHarg*
McHargue
マクハージー
Mukherjee
マグバシ Magvaši
マクハーソン
Macpherson
マクパーソン
Mcpherson
マクハーディ
McHardy
マクバード MacBird*
マクパートランド
McPartland*
マクバーニ McBurney
マクバーニー
McBurney**
McBurnie
マクハフィー
McHaffie
マークハム Markham
マクハリー McHarry
マグーハン
McGoohan
マークビー Markby
マクビー
McBee
McVie
マクピー Mcphee
マクビカー McVicar
マクピーク
Mcpeak
McPeek
マクビッカー
Mcvicker
マクビーティ
McVety*
マクビティ McVittie
マクヒュー McHugh*
マクービン McCubbin
マクビーン Mcbean
マクファー McFarr
マクファイル
MacPhail
Macphail
McPhail
マクファーカー
MacFarquhar**
マクファースン
MacPherson
Macpherson
McPherson
マクファーゼン
Mcfadzean
マクファーソン
MacPherson**
Macpherson*
McPherson**
Mcpherson
マクファソン
Mcpherson
マクファター
McPhatter
マクファッデン
Mcfadden

マ

マクファディン
McFadyen**
マクファーデン
MacFadden
Macfadyen
McFadden
マクファデン
MacFadyen
McFadden**
マクファーラン
McFarlan*
マクファラン
McFarlan
マクファーランド
MacFarland*
Macfarland
McFarland**
Mcfarland
マクファランド
McFarland
マクファーリン
Mcferlin*
McFerrin
マクファーリング
Mcfarling
マクファーレイン
Macfarlane
McFarlane
マクファーレーン
Macfarlane
マクファーレン
MacFarlane*
Macfarlane**
McFarlane**
Mcfarlane
マクファレン
MacFarlane
Macfarlane
Macfarren
マクフィー
Macfie
MacPhee
McFee
McPhee**
Mcphee
マクフィアスン
McPherson
マクフィーターズ
McPheeters
マクフィーラン
McFarlan
マクフィーリー
McFeely
マクフィリー McFeely
マクフェイグ
McFague
マクフェイデン
MacFayden
マクフェイト McFate
マクフェイル
MacPhail
Macphail
McPhail*
Mcphail
マクフェターズ
McFeters
マクフェデリス
McFedries
マクフェドリーズ
McFedries
マクフェリン
McFerrin

マクフェルミー
McPhelimy
マクフォーター
McWhorter
マクフォード Macford
マグフォード Mugford
マクフォール
McFaul
Mcfaull
マクブヤ Makubuya
マクブライト
MacBride
McBride
McBright
マクブライド
MacBride**
Macbride
McBride**
Mcbride
McBryde
Mcbryde
マクブラウン
McBrawne
マクブラットニィ
McBratney
マグフリ Magufuli**
マクブリド
McBride
Mcbride
マクブリーン
McBreen
Mcbreen
マクブール
Maqbool*
Maqboul
マクブル Maqbul
マクブレ Makbule
マクブレー
McCubbrey
マクベイ
MacVeagh
Mcvay
Mcveigh*
McVey*
マクベイニー
McVaney
マクヘイル
MacHale*
McHale*
マクベイン
McBain***
Mcvean
マクベス
MacBeth**
Macbeth*
McBeth
マクヘンリー
McHenry**
マクポール Mcpaul
マクホルム McHolm
マクマイケル
MacMichael
McMichael
マクマイン McMain
マクマウン
MacMahon
マクマオン
MacMahon
マクマキン
McMackin
McMakin

マクマスター
MacMaster
McMaster***
Mcmaster
マクマスターズ
McMasters*
マクマーチン
Macmartin
マクマーティン
McMartin
マクマード
Mackmurdo
マクマードー
Mackmurdo
マクマートリー
McMurtry**
Mcmurtry*
マクマナーズ
McManners
マクマナス
MacManus*
McManus*
Mcmanus
マクマナマン
McManaman*
マクマニス Mcmanis
マクマーハン
McMahan
マクマハン McMahan
マクマーホン
McMahon
マクマホーン
McMahon
マクマホン
MacMahon***
Macmahon
McMahon***
Mcmahon
マクマラン
McMullan*
マクマーリ
MacMurray
McMurry
マクマリ McMurry
マクマリー
MacMurray*
McMurray
McMurry*
マクマリン McMullin
マクマレー
MacMurray
Macmurray
マクマーレイ
McMurray*
マクマレイ
MacMurray
Macmurray
McMurray
マクマレン
McMullen*
マクマロー
Mac Murrough
マクマロウ
Mac Murrough
MarcMurrough
McMorrow
マークマン
Markman*
マクマーン
MacMahon
McMahan
McMahon**

Mcmahon
マクマン
McMahon
Mcmann
McMullen
マクミーキン
McMeekin*
マクミュラン
McMullan
マクミューレン
McMullen
マクミラン
MacMillan**
Macmillan**
McMillan**
Mcmillan*
McMillen
マクミリン
Macmillen
McMillin*
マクミレン
McMillen
Mcmillen
マクミロン Mcmillon
マクミン McMinn
マクムルクー
Mac Murrough
マクメイン McMein
マクメナミー
Mcmenamy
McMenemy*
マクメナミン
McMenamin
マクメネミー
McMenemy
マクモーディー
McMordie
マクモニーグル
McMoneagle
マクモニーズ
Macmonnies
マクモニズ
MacMonnies
マクモラン McMoran
マクモリス Mcmorris
マクモロ
Mac Murrough
マクモロー
McMorrough
Mcmorrow
マクユーイング
Mcewing
マクユーエン McEuen
マークラ Markkule
マクラ Makoura
マクラー Mackler
マグラ McGrath
マグラー McGrath
マグラア McGrath*
マクラーイ Maklai
マクライ
Maclay
Maklai
Makray
マクライズ Maclise
マクラヴァティ
MacLaverty
マグラウィ Maghlaoui
マグラウイ Maghlaoui

マクラウス McLouth
マクラウド
MacLeod***
Macleod**
McCloud*
McLeod**
Mcleod
McLoed
McLoud
マクラオド
MacLeod
Macleod
マクラガー
McCullagh
マクラーガン
McLagan*
マクラガン
Maclagan*
McLagan
マクラキエヴィッチ
Maklakiewicz
マクラキス Makrákēs
マクラーキン
McClurkin
McCrackin
マクラクラン
MacLachlan**
McLachlan*
Mclachlan*
McLachlin*
マクラクリン
McCracklin
Mclaughlin*
マクラグレン
McLaglen*
マクラケン
MacCracken
McCracken
マグラザリー
McGlathery
マグラス McGrath**
マクラスキー
McCluskey*
Mccluskey
McClusky
マクラスター
McCluster
マクラッキン
McCrackin
マクラッケン
MacCracken
McCracken***
Mccracken
マクラッチ McLatchie
マクラッチー
Mcclatchey
McClatchie
McClatchy*
McLatchie
マクラッハラン
McLachlan
マクラーティ
MacLarty*
McLarty**
マクラナサン
McLanathan
マクラナハン
McClanahan*
McClannahan
マクラーナン
McLernan

マ

マクラーナンド
McLernand
マクラバティ
McLaverty*
マクラビー Mcilravy
マグラビ Maghrabi
マグラビー Magrabi
マーグラフ Margraff
マクラファティー
McLafferty
マクラーフリン
MacLaughlin
マクラフリン
McLaughlin*
Mclaughlin*
マクラム
MacNeil
Makram
McCrum
McCrumb**
マクラーリー Makláry
マクラリー McClary
マクラルティー
McClaugherty
マクラーレン
MacLaren
Maclaren
McClaren
McLachlan
McLaren**
Mclaren*
McLarren*
マクラレン
MacLaren
Maclaren*
McClellan
McLaren**
マグラン
Magrin
McGauran
マクラング McClung
マクランシー
MacClancy
マクリ Macri**
マクリー
MacRae
McCrea
マグリ Magri
マグリー Maglie
マクリア
Maclear
McCrea
Mclear
マクリアー Maclear
マクリアヌス
Macrianus
マクリアリー
MacLeary
McCreary
マクリーアル Maclear
マグリーヴィ
McGreevy
マグリーヴェイ
McGreevey
マグリオ
Magglio*
Maglio
マクリージー Maqrīzī
マグリシオ Maglischo

マクリーシュ
MacLeish**
McCreesh
McLeish**
Mcleish
マークリス Makris
マーグリス
Margulis**
マクリーズ Maclise
マクリス Maklis
マグリス Magris**
マクリーズィー
Maqrīzī
マグリスコ
Maglischo*
マクリスタル
McChrystal
マクリダキス
Makridakis*
マクリッコ Maglicco
マグリッジ Magrige
マクリッシュ McLish
マクリッチ
MacLullich
マーグリット
Margaret*
Margrit
Marguerite
マーグリッド
Margaret
マグリット Magritte*
マクリーディ
Macready
マーグリート
Margriet
Marguerite**
マクリーナ Macrina
マクリナ Macrina
マクリヌス Macrinus
マクリネー Macrina
マクリーノ Macrino
マクリービー
McCreevy
マグリービー
McGreevey
マグリビー Maghribī
マグリフ McGriff*
マクリーベ McAleavy
マクリマン McLimans
マクリーモア
MacLiammóir
マクリヤニス
Makriyánnes
マクリャモア
Macliammýer
マクリューア
MaClure
Maclure
マクリュア
Maclure
McClure
マクリュール Maclure
マクリーランド
McClelland*
マクリーリ McCleery
マクリーリー
MacLeary

McCleery
McCreery
マグリル Magrill
マークリーン Maclean
マーグリン Marglin*
マクリーン
MacLean**
Maclean**
McCleen*
McLean***
Mclean*
McLynn
マクリン
Machlin
Macklin
Maclean
Maclin
McAlinn
McLinn
Mclynn
マグリン
McGlyn
McGlynn
Mcglynn
マクリンティック
McClintick
マクリントク
McClintock
マクリントック
McClintock**
マクリンドル
McCrindle
マークル
Maerkle
Markle
Merkle*
マークルー Marklew
マーグル Magre
マクルー McLure
マグルー
Magrou
McGrew
マクルーア
Maclure
McClure***
Mcclure
McLure
マクルァ McClure
マクルア
Maclure
McClure
マクルアー McClure*
マクルキン McQuilkin
マクルスキー
McCluskey
マグルーダー
Magruder
Mcgruder
マグルトン Muggleton
マクルナーニ
Mclnerney
マクルーハン
McLuhan*
マクルーフ Makhlūf
マクルホース
MacLehose
マクルホーズ
MacLehose
Maclehose
マクルラス McLlrath
マクルランド

McClelland
McLelland
Mclelland
マクルーリー
McCleery
マクルーン McLoone
マークルンド
Marklund**
マークレー Marclay**
マクレー
Maclay
MacRae*
Macrae
McClay
McCrae*
McRae**
Mcrae
マクレア
Maclear*
Mcrae
マクレアー McClure
マクレアリ McClary
マクレアリー
McCreary
マクレアレン
McClaren
マークレイ Merkley
マクレイ
Machray
Maclay**
MacRae
Macrae
McCray
Mccray
McRae*
Mcrae
マクレイヴァティ
MacLaverty
McLaverty
マクレイヴン
McRaven
マクレイシ Mcleish
マグレイス McGrath
マグレイディ
McGrady
マクレイト McCreight
マクレイニー
McRaney*
マクレイノルズ
McReynolds*
マクレイン
MacClain
MacLaine
Maclaine
MacLane
MacLean
Maclean
McClain*
Mcclain
McClane
McCrane
McLain*
Mclain
McLaine
McLane
McLean
Mclean
マグレイン
Magrane
McGrayne*
マクレエ McRae
マクレオッド
Macleod
McLeod

マクレオート Macleod
マクレオード Macleod
マクレオド
Macleod
McLeod**
Mcleod
マクレガー
MacGregor**
McGregor**
マグレガー
MacGregor**
Macgregor*
McGregor**
Mcgregor
マクレガン McLagan
マグレゴル
MacGregor
マグレス Magoulès
マークレスク
Marculescu
マーグレッタ
Margretta
マグレッタ Magretta
マークレット Margret
マーグレット
Margret**
Margrett*
マクレッド Macleod
マグレッリ Magrelli
マーグレーテ
Margrete
マクレディ
Macready
McCreadie
マグレディ
McGrady***
マクレナン
MacLennan**
Maclennan*
McLennan*
Mclennan
マクレノルズ
McReynolds
マグレビー Maghribī
マグレビィ Magleby
マクレホーズ
Maclehose
マクレムボリティッサ
Macrembolitissa
マクレモア
McLemore*
マクレーラン
McLerran
マクレラン
Maclellan
McCellan
McClellan**
Mcclellan
McClelland*
McLellan*
Mclellan
Mclellen
McLerran
マクレランド
McClelland*
McLelland
Mclelland
マクレリー
McCrery
McLerie

マ

マクレーリン
McClellin
マクレーン
MachLaine
MacLaine**
Maclaine
MacLean
Maclean
McClain*
McClane
McClean
McCleane
McLain*
McLane*
Mclane
McLean*
マクレン McClen
マグレーン Magrane
マクレンドン
McClendon*
Mcclendon
McLendon
マークロ Markello
マクロ Macro
マクロー
Maccraw
McCraw
マグロー
MacGraw
McGraw***
Mcgraw
マクロイ
McCloy**
McCrory
McElroy
マクロイド McLeod
マグロイン McGloin
マクロウ
McCollough
McCraw
McCullough*
Mucklow
マグロウ McGraw*
マクロウィッツ
Machlowitz
マクロークリン
McLaughlin
マクロクリン
McLaughlin
Mclaughlin
マクログリン
Mclaughlin
マクロスキ
McCloskey
マクロスキー
McCloskey**
McClosky
McCroskey
マクローチ
MacCulloch
マクロッサン
McCrossan
マグロット Maglott
マクロード
MacLeod*
Macleod
McLeod*
Mcleod
マクロニ Macloni
マクロバーツ
Mcroberts
マクロバート
MacRobert
マクロビー McRobbie
マクロビウス
Macrobius
マーグロフ Margroff
マクーロフ Makhlouf
マクロフリン
Mcloughlin
マクローラン
McLauchlan
マクローリ Macrory
マクローリー
McClorey*
McClory
McCrory*
Mccrory
McRorie
マクロリー McCrorie
マグローリー
McGrory
Mcgrory
マグローリウス
Maglorius
マクローリン
MacLaughlin
Maclaurin
McLaughlin*
McLoughlin*
Mcloughlin
マグロール Magloire
マグロワール
Magloire**
マクローン
Macrone*
Makron
McClone*
マクロン
Macklon*
Macron**
Makrōn
マグロン
Magrao
Magraõ
Magron
マグロンヌ
Maguelonne*
マグワァイア Maguire
マクワイア McGwire
マグワイア
Maguire**
McGuire**
McGwire*
Mcgwire
マグワイアー
Maguire
Mcguire
マグワイヤ Maguire
マグワグワ
Magwagwa
マクワース
Mackworth
マクワーター
McWhirter*
Mcwhirter
マークワート
Marckwardt
マクワラ Makwala
マクワン Macouin*
マークワンド
Marquand
マグーン
Magoon*
Magoun*
マケ
Macquer
Maquet
マケー Mackay
マケイ
Makei
Makey
マーケイキス
Markakis*
マケイグ MacCaig
マゲイジョ Magueijo*
マーケイティー
Marchetti
マケイド McQuaid
マケイブ
MacCabe
McCabe*
マケイル Mackail
マケイン
McCain**
McKain
マケヴィ McEvey
マケーエフ Makeev
マケクニー
McKechnie*
マケクロン
MacEachron
マケークン
MacEachen
マーケスタッド
Maakestad
マーケストン
Marqueston
マーケーゼイ
Marchese
マケダ Macheda
マケッカン
MacEachen*
マケックニー
Mckechnie
マーケッタ Marchetta
マーケッティ
Marchetti
マーケッティー
Marquette
マゲッティー
Maggette
マーケット
Marquat
Murkett
マーゲットソン
Margetson
マゲッリッジ
Muggeridge
マケト Maketo
マケドニウス
Macedonius
マケドーニオス
Makedonios
マケドニオス
Macedonius
Makedonios
Makedónios
マケドニクス
Macedonicus
マケーナ
Mackenna
McKenna
Mckenna
マケナ
Mackenna
McKenna
マケナリー
McEnally
McEnery
マケネリー McEnery
マケバ Makeba**
マケビー McEvey
マケーブン Mackeben
マケベ Makébé
マケベニュ
McEvenue*
マケボイ
McEvoy
Mcevoy
マケミ Makemie
マケミー Makemie
マケミッシュ
McKemmish
マケムソン Makemson
マケラ
Makela*
Mäkelä**
マーゲライト
Marguerite*
マケラヌメラ
Makela-Nummela**
マケリゴット
McElligott*
マーゲリータ
Margherita
Marguerita
マーゲリット
Marguerite
マーゲリーテ
Marguerite
マーゲリート
Marguerite*
マーケル
Markel*
Markell
Markelle
Merkel
マケール
Macaire
Mackail
Macquer
マケル
Macer
Maker
マケルウィー
McElwee
マケルウェイン
Macelwane
マケルウェーン
Macelwane
マケルエイン
Mcelwain
マーケルズ Markelz
マケルダウニー
McEldowney
マケルマリー
McElmurry
マケルロイ McElroy
マゲレ Magele
マケレレ Makelele*
マケロー McKerrow
マゲロウスキー
Magerovskii
マーケン
Maken
Marken
Merken
マーゲン
Magen*
Margen
マケンケシ
Makhenkesi
マーゲンサーラー
Mergenthaler
マケンジ
MacKenzie
Mackenzie
マケンジー
Mackenzie
McKenzie
マケンジイ Mackenzie
マーゲンターラー
Mergenthaler
マケンティー McEntee
マケンドリ Mckendree
マケンナ
Mackenna
McKenna
マゲンベ Maghembe
マーコ
Marco
Marko
Mirco
マーコー Markoe*
マーゴ
Mago
Margaux**
Margo**
Margot**
マーゴー
Mago
Margaux
Margot*
マコ Mako
マゴ Mago
マコーイ McCoy**
マコイ
McCoy
Mccoy
マーコウ Markoe
マコウ
Makou
McCaw**
マコウア Makower
マーコヴィアク
Markowiak
マコウィアク
Mackowiak
マコーヴィウス
Maccovius
マーコヴィツ
Markowitz
マコヴィツキー
Makovický
マコヴィック
Matkovic
マーコヴィッチ
Marcovicci
マーコウィッツ
Markowitz*

マ

マコーヴェイ
McCovey
マコヴェイ Macovei
マコヴェスク
Macovescu*
マコヴェツ
Makovecz*
マコヴェツキー
Makovetskii
マコヴェック
Machovec
マコヴェッツ
Makovec
Makovecz
マコーウエル
Makower
マコヴスカ Makowska
マーコウスキー
Murkowski
マコウスキー
Makowsky*
マコーヴチック
Markovchick
マコウレイ Macaulay
マゴグ Magog
マコークル McCorkle
マーゴシス Margosis
マコシニ Makhosini
マーコス
Marcos
Markos*
マコス Makos
マゴス Magus
マコースカ Makowska
マーコスキー
Merkoski
マコースキー
Mackowsky
マコスコ Macosko
マコソ Makosso
マコーダック
McCorduck
マコックラン
McCaughrean*
マコックレン
McCaughren
マコッシュ McCosh
マコッシユ McCosh
マーゴッタ Margotta
マゴッチ Magocsi
マーコット
Marcot
Marcotte
マーゴット
Margot***
マコッリ Makolli
マコーティー
McCourty
マーコーデス
Marcordes
マーコード
Marquardt
マコート
McCourt***
Mccourt
マコード McCord
マゴナ Magona**
マコナキー
Maconachie
マコナヘイ
McConnaughey**
マーコニ Marconi
マコニ Makoni
マゴニ Magoni
マゴニーグル
McGonigle
マゴヌス Magonus
マコネ Makone
マゴネット Magonet
マコーネル
McConnel
McConnell**
Mcconnell
マコネル
McConnell**
マコネルーグ
McConneloug
マコノキー
Mackonochie
マコノギー
McConaughy
マコノヒー
McConaughey
McConnaughey
マコーバー Machover
マゴバーン McGovern
マコービー McCorvey
マコビー Maccoby*
マコービイ Maccoby
マコビィ Maccoby
マコビチック
Macoviciuc
マーコビッツ
Markowitz**
マコービッツ
Markowitz
マーコフ
Markoff*
Murkoff
マコフ Makhov*
マゴフ McGough
マコーフスキー
Makovskii
マコフスキ Makowski
マコフスキー
Makovskii
Makóvskii
Makowski
マコベイ Macovei
マコベスク
Macovescu
マゴベタネ
Magobetane
マコベツ
Makovec
Makovecz
マコベッキー
Makovetskii
マコーマク
MacCormack
マコーマス McComas
マコマス McComas
マコーマック
MacCormack
McCormac
McCormack**
Mccormack
McCormmach
マコーミク
McCormick
マコーミック
MacComick
MacCormack
MacCormick*
McCormack
McCormick**
Mccormick*
マーコム Malcolm
マコーム Macomb
マコームズ McCombs
マゴメド Magomed
マゴメードフ
Magomedov
マゴメドフ
Magomedov*
マコラック
McCulloch
マコーラム
MacCollum
マコラム MacCollum
マゴーラン McGauran
マコーリ
Macaulay*
Macauley
McCauley
マコーリー
Macaulay*
MacAuley
Macauley
McAuley***
McCauley
マコーリアン
McCaughrean*
McCauhrean
マゴリアン
Magorian**
マコーリィ McCauley
マコーリイ McAuley*
マーゴリウス
Margoliouth
マーゴーリス Margolis
マーゴリーズ
Margolies
Margolyes
マーゴリス
Margolies
Margolis**
マーゴリック
Margolick*
マコーリフ
McAuliffe**
マーゴリュース
Margoliouth
マゴリョ Magolyo
マーゴリン
Margolin**
マコーリン
McCaughrean
マコール
MacCall
Mackall
McCall*
マコルガン Mccolgan
マーゴールド Margold
マコールモン
McAlmon
マコルラン MacOrlan
マーコレー Macaulay
マコーレ Macaulay
マコーレー
Macaulay**
マコレー
Macaulay
MacCauley
マコーレィ Macaulay
マコーレイ
Macaulay**
Macauley
McAuley
McCauley
マコーレク Macourek
マコロリー Mccorory
マコーワー Makower*
マコワー Makower
マゴーワン
McGowan*
マゴワン
Magowan
Mcgowan
マコーン McCone
マコン
Machōn
Makhōn
マゴーン McGown**
マゴン
Magón
Magōn
Magone
マコンヴィル
McConville
マコンキー
Maconchy
McConkey
マゴンゴ Magongo
マコンチイ Maconchy
マコンネル
McConnell
マコンネン
Makonnen
Mäkonnen
マコンバー Macomber
マコンビー
McCombie*
マコンル McConnell
マーサ
Marth
Martha***
Marthe*
Maza
Mercer*
Murtha*
マーサー
Martha
Mercer***
Murcer*
マーザー
Maser*
Merzer*
マサ
Masa*
Massa
Maza
マサー Masur
マザ Maza
マザー
Mather**
Mazarr*
Mother**
マーザァ Maser
マサアキ Masa-Aki
マサイ Masai**
マサイアス
Mathias***
Matthias*
マザイオス Mazaios
マサイス Massys
マサイディエ M'saidie
マサイド Masaid
マザウィ Mazawi
マザーウェル
Motherwell
マザウェル
Motherwell
マサウドゥ
Massaoudou
マサオ Masao
マサカズ Masakazu
マサキ Masaki
マザーク Mazák
マサクワ Massaquoi
マサグン Masagung
マサゲ Massagué
マサーコイ Mssaquoi
マサゴス Masagos
マサシ Mathathi
マザーシル Mothersill
マザース Mazas
マザーズ Mathers**
マザースキー
Mazursky*
マサソ Masasso
マサソイト Massasoit
マサッチオ Masaccio
マザッチオ Masaccio
マサッチョ Masaccio
マザッチョ Masaccio
マサット Massat
マサッラ Masarra
マサデ
Masaadeh
Masadeh
マサト Masato*
マサド
Massad
Masud
マザード Mazade
マサニ Masani
マザニエッロ
Masaniello
マサニエロ Masaniello
マサネ Massanet
マザネス Masanès
マザネック
Masannek**
マサネル Masanell
マサノビッチ
Mašanović
マザノーブル
Mazzanoble

マサハリア Masakhalia
マザハル Mezher
マサハルタ Masahart
マサビュオー Massabuau*
マサヒロ Masahiro
マサフェリー Mazzaferri
マザヘリ Mazaheri
マサミ Masami
マサム Masham
マサヨ Mathayo
マーサラ
Maesala
Marsala
マサラ Masala
マザーラ Mazara
マザラック Mazairac
マサラート Massarrat
マザラン Mazarin
マサーリ Masali*
マサリ Mazali
マサリー Massary
マザリ Mazali
マサリエゴス Mazariegos
マサリエフ Masaliev
マーサリク Masaryk
マサリク Masaryk*
マーサリス Marsalis
マサリック Masaryk*
マサリーティノヴァ Massalitinova
マザリーニ Mazarini
マザリーヌ Mazarine
マーサリーン Marcelline
マーザリン Mahzarin
マサール
Massar
Massard
Massart
マザール
Mazar*
Mazars
マザル Mazar
マーサルジャワイー Māsarjawaih
マーサルジャワイヒ Māsarjawaih
マサルディ Massardi*
マザルト Mazalto
マザレイ Mazarei
マサレラ Massarella
マザレラ Mazaleyrat
マサロ Masaro
マザロッピ Mazaropi
マザロフ Mazaroff
マーサワイヒ Māsawayh
マサーワイヒ Māsawayh
マーサワイフ Māsawayh
マーサン Marshan
マサン
Massan
Massin
マサンエス Maçães
マザンカウスキー Mazankowski
マザンコフスキ Mazankowski*
マーザンダラーニー Māzāndarānī
マーシ
Marci
Marsh
Masi
マーシー
Macy
Marcella
Marci*
Marcie*
Marcy**
Masi
Massey
Mercy
マージ
Madge
Maggi*
Magne
Majd**
Marge***
Margie
Masi**
マージー
Margie*
Marjie
Mersey
マシ
Masi
Masih
マシー
Masci
Massee
Massey*
Massie*
Massy
Mathy
マジ
Madji
Maj
Mayi
マジー Maggie
マーシァ
Marcia
Marsha
マーシア
Marcia*
Mercier
マシア
Macía
Masia
Masiá
マジーア Maziere
マシーアス Macías
マシアス
Macias*
Macías
Mathias*
Matthias
マシアッセン Mathiassen
マージアッド Margiad
マージアド Margiad
マシアーニ Masiani
マシアーノ Musciano
マジアーノ Maggiano*
マシアラス Massialas
マーシアル Marshall
マーシィ
Marcy
Mercy
マージィ Marge
マシイ Macie
マジィ Muzzy
マシィーズ Matthies
マシゥ Matthew
マシゥー Matthew
マシウ Matthew
マシウース Mathews
マシウス
Masius
Mathews
Matteis
マシウリス Masiulis
マシウル Matior
マシエ
Masie
Mesie
マジェ Madjé
マジエ Mazier
マジェア Mallea
マジェイチュク Madejczyk
マシェク
Machek
Mašek
マシェケ Masheke*
マージェス Merges
マジェスキー Majeski
マジェスケ Majeske
マシェダー Masheder
マシェック Mattheck
マシェッテ Machete
マーシェット Marchette
マシェット Mushet
マジェット Madgett
マージェットソン Margetson
マジエッロ Masiello
マジェト Mudgett
マジェド Majed
マジェドエディン Majd Eddin
マジェラ Magela
マジェラー Majella
マジェラス Majerus
マジェラニッチ Mazuranić
マシェラン Masschelein*
マジェラン Magellan
マージェリ Margery**
マージェリー Margery**
マージェリィ Margery
マーシェル Marcel
マシェル Machel*
マシエル
Maciel*
Maziel
マジェール
Mader
Madjer
Maziere
Mazière
マジェル Mayer
マシェローニ Mascheroni
マジェンタ Magenta
マシェンベラ Matchembera
マシオス Mathios
マシオテネ Mašiotene
マジガイヤ Majgaiya
マジキン Masikin
マシーグリー Massigli
マシグリ Massigli
マシケ Maschke
マシコーフ Mashkov
マシシ Masisi
マジシ Mazisi**
マジシドフ
Madjidov
Madzhidov
マーシス Massys
マシーズ Matthies
マシス
Massis*
Mathis*
マジストリス Magistris
マジストレッティ Magistretti
マシースン Matthiessen
マシスン
Matheson***
Mathieson
Mathison*
Matteson
マシーセン
Mathiesen
Matthiessen***
マシセン Matthiessen
マシーソン
Matheson
Mathieson
マシソン
Matheson*
Mathieson
Mathison*
マジソン
Madison
Matheson
マージダ Majida
マシタ Masitah
マジダ
Magida
Majda
マシチェワ Masycheva
マーシック Marsick
マジック Magic
マジッチ
Majdic
Majdič*
マージット Margit
マシッド Macid
マジッド
Madjid
Magid
Majid**
マシップ
Macip
Masip
マジディ Majidi**
マーシディス Mercedes
マージド Mājid
マシード Macedo
マシド Masid
マジード
Majeed*
Majid*
Majīd
マジト Mazhit
マジド
Madjid
Magid
Majd
Majeed
Majid**
Majīd
マジドゥード Majdūd
マジドゥーブ Majdoub
マジドフ Majidov
マジドフブ Majdhub
マシーナ Masina*
マジーナ Masina
マージナウ Margenau
マージニー Māzinī*
マシーニー Matheny*
マジーニ
Magini
Masini*
マジニ Mazini
マーシニアック Marciniak*
マシニスキ Maszyński
マシニッサ
Masinissa
Massinissa
マーシニャク Marciniak
マジーニョ Mazinho
マシニョン Massignon
マシーノ
Masino
Massimo
マジノ Maginot
マシハディー Mashhadī
マシヒ Masihi
マシプ
Macip
Massip
マシフィーロ Masifilo
マジブコ Mazibuko
マジブリ
Majbri
Majibri
マシマ Massima
マシミラ Massimilla

マ

マシミリアーノ
Massimiliano
マジメル Magimel*
マシモフ
Masimov
Massimov
マーシャ
Macha
Marcia***
Marsha***
Martha*
Masa
Mascha
Masha*
Mashe
マージャ
Māja
Marja
マシャ Masha
マシャー Machard
マジャ
Maja
Maya*
マーシャーアッラー
Māshā'allāh
マシャイ Mashaei*
マシャイカ Mashaika
マシャエル Mashaer
マシャカダ
Mashakada
マーシャーク
Marschark
マーシャク
Marshack
Marshak
マジャーク Mařák
マシャクベ
Mashagbeh
マシャコ Mashako
マーシャック
Marschak
Marschark
Marshack
Marshak
マシャティレ
Mashatile
マシャード
Machado**
Machardo
マシャド
Machad*
Machado**
マシャードゥー
Machado
マシヤトゥ
Massiyatou
マジャドレ Majadele
マジャノビッチ
Marjanovic
マシャベ Machabey
マシャベラ Machavela
マージャベル
Marjabelle
マーシャム Marsham
マシャム Masham
マージャリ Marjorie*
マージャリー
Margery*
Marjarie
マジャリ Majali**
マジャリチ Mad'arič
マジャリワ Majaliwa
マーシャル
Marcel
Marchal
Marcial
Marschall
Marshal*
Mar-shall
Marshall***
Martiall
Ma'shar
マシャール
Machar
Machard
マシャル Mashaal**
マジャール
Madiar
Mad'iar
Magyar*
マジャル
Mad'iar
Magyar
マジヤール Madiar
マシャルカ
Masharkha
マージャル・カズウィーニー
Māja al-Qazwīnī
マシヤロ Massialot
マーシャン
Marchand
Marchant
マシャン Machin
マジャンジー
Magendie
マジャンディ
Magendie
マジャンディー
Magendie
マーシュ
Marsh***
Moersch
マージュ Mage
マシュ
Massu
Matthew
マシュー
Massu*
Mathew***
Mathieu**
Mathiew
Mathu
Mattehew
Mattew*
Matth
Matthaeus
Matthew***
Matthieu
Mtthew
マシュイカ Maciuika
マシュウ
Mathieu
Matthew*
Matthews
マシュウィッツ
Maschwitz
マシュウス Mathews
マシュウズ
Mathews
Matthews
マジュエル Mazuel
マシュカット
Mashqatt
マシュキン Mashkin
マシュケ
Maschke*
Masheke
マジューシー Majūsī
マシュース
Mathews
Matthews
マシューズ
Mathers
Mathews***
Mathiews
Matthews***
マジュースィー Majūsī
マジュズーブ Majzoub
マシューセン
Matthiesen
マシューソン
Mathewson**
マジュダラーニ
Majdalani
マシュチュク
Maszczyk
マジュド Majd
マジュドゥーリン
Majdouline
マシュナー Maschner
マシュニク Masznyik
マシュヌク Mashnouq
マジュヌーン Majnūn
マシュノー Machnaud
マシュハディー
Mashhadī
マジューブ Mahjoub
マシュフッエフ
Mashfev
マシュフーリー
Mashhuri
マジュプリア
Majupuria
マシュフール
Mashhour*
Mashhur*
マシュベーフ
Machebeuf
マシュマイヤー
Maschmeier
マーシュマン
Marshman
マジュムダール
Majumdār
マシュラー
Maschlar
Maschler*
マシュラケング
Mahlakeng
マジュラニチ
Mažuranić
マジュラニッチ
Mazuranić
Mažuranić
マシュラブ
Mashrab
Mäshräb
マシュラングヌカビンデ
Mahlangu-nkabinde
マーシュリアーノ
Marciuliano
マジュリスィー Majlisī
マジュリーティー
Majirītī
Majrīṭī
マジュール Masures
マシュレ Macherey*
マシュレー Macherey
マシュレル Masurel
マジュレル Masurel*
マシュレンコ
Mashurenko
マシュロボ Mahlobo
マシュワマ
Mashwama
マジュンダ
Majumdar
Majumder
マージョー Marjoe
マショー
Machault
Machaut
マジョ
Mallo
Mayo
マジョゴ Majogo
マジョジ Majozi
マジョド Majod
マジョーニ Maggioni
マジョブ Mahjoub
マジョラーニ
Maggiorani
マージョラム
Marjoram
マジョラル Mayoral
マージョーリー
Marjorie
マージョリ
Marjorie*
Marjory
マージョリー
Margery
Marjorie***
Marjory**
Morjorie
マジョリ Marjorie
マジョリー
Majorie
Marjorie*
マージョリィ
Marjorie
Marjory
マージョリイ
Margery
Marjorie
マジョリーノ
Majorino
マジョリール Majolier
マジョリーン
Marjolijn
マジョリン Marjolijn
マジョール Major
マジョル
Major
Mayol
Mayor
マジョルガ Mayorga
マジョレール
Majorelle
マジョレル Majorelle
マジョロ Majoro
マーショーン
Marshaun
マージョン Marjon
マション Machon
マシヨン Massillon
マーシラス Mercilus
マジリ Mazzilli
マーシリイ Marsilii
マジリエ Mazilier
マシリエンシス
Massiliensis
マジリオ Magglio
マシリンギ Masilingi
マーシル Marcille
マジル
Mahdzir
Mazilu
マシルド Mathilde
マシーレ Masire**
マシレ Masire
マジレ Masire
マジロフ Madzirov
マーシン
Marcin
Marcine
マージン
Margene
Mazin
マシーン
Machin
Massine
マシン
Masisi
Massine
マジン
Mazin
Mazisi
マシンガ Masinga
マシンゲ Massingue
マシンジャー
Massinger
マシンティア
Macintire
マース
Maas***
Maass**
Maes*
Marrs
Mars
Marth
Marthe
Marz
Math
Merce**
マーズ
Maas
Marrs
Mars*
Marz
Maze
マス
Mads*
Mas**
Mass
Massu*

マ

Massú
Mathes
Muss*
マズ Maz
マスア Masur
マズーア
Masur
Mazour
マズア
Masur**
Mazeas
マスアク Masuaku
マースィ Mercey
マスィス Mathis
マスィーソン
Matheson
マーズィニー Māzinī
マスィニヨン
Massignon
マズヴィ Madvig
マズヴィグ Madvig
マスウーデ
Mas'ūd
Mas'ūd-i
マスウーディ Mas'udī
マスウーディー
Mas'udī
Mas'ūdī
マスウディー Mas'udī
マスウード
Masoud
Masscūd
Mas'ud
Mas'ūd
マスウードー Mas'ūd
マスカー Musker*
マスカエフ Maskaev*
マスカス Maskus
マスカット
Muscat
Muskat*
マスカーニ Mascagni*
マスカニー Mascagni
マスカラ Muscala
マスカラス Mascaras*
マスカール Mascart
マスカレーナス
Mascarenhas
マスカレナス
Mascarenhas
マスカレーニャス
Mascarenhas
マスカレニャス
Mascarenhas
マスカレル Mascarell
マスカレンハス
Mascarenhas
マスカロ Mascaró
マスカロン Mascaron
マースキー Mirsky
マスキー Muskie*
マスキノ Maschino*
マスキリン Maskelyne
マスキン
Maskin*
Muskin
マスキンスコフ
Maskinskov
マスク
Mask
Masuk
Masuku
Musk*
マスクド Masked
マスクビナー
Moskvina
マスグボジ
Massougboji
マスクレ
Masclet
Masquelet
マスグレイヴ
Musgrave*
マズグレイヴ
Musgrave
マスグレイヴス
Musgraves
マスグレイブ
Musgrave*
マスグレイブス
Musgraves
マスグレーヴ
Musgrave
マスグレーブ
Musgrave
マスグロウブ
Musgrove
マスグローブ
Musgrove*
マスケ Maske*
マスケビッチ
Maskevich
マスケラ Maschera
マスケライン
Maskelyne
マスケラーノ
Mascherano*
マスケリー Maskéry
マスケリエ
Masquelier
マスケリーニ
Mascherini
マスケリーノ
Mascherino
マスケリン Maskelyne
マスケル Maskell**
マスケレ Masquelet
マスケローニ
Mascheroni
マスケロニ
Mascheroni
マスコ Masco
マスコウィッツ
Moskowitz*
マスコス Marcos
マスコトーバ
Masgutova
マスコビッツ
Moskowitz
マスコリーノ
Muscolino
マスコーレル
Mas-Colell
マスコロ Mascolo*
マスコワ Mašková
マスサ Masutha
マスサルスキー
Massalsky
マスーシ Masucci
マスジェドジャメイ
Masjed Jamei
マスジドジャメイ
Masjid Jamei
マーズーズ Maâzouz
マースセン Maassen
マスーダ Masooda
マスタ Masta
マスター
Master**
Muster
マズダー Mazdzer
マスタイ Mastai
マスダウェル
Masdewel
マズダク Mazdak
マースターズ Masters
マスタース Masters
マスターズ
Masters***
Musters
マスタースン
Masterson
マスタスン Masterson
マスターソン
Masterson**
マスタード Mustard*
マスタートン
Masterton***
マスタナバル
Mastanabal
マスターフィールド
Masterfield
マースタマン
Masterman
マスターマン
Masterman**
マスタマン
Masterman
マスタラーム
Mastaram
マスタロフ Masteroff*
マスタンドレア
Mastandrea
マズチ Masucci
マズッチョ Masuccio
マスーディ Mas'udī
マスティ Muste
マスティー
Mastī
Muste
マスディ
Masodi*
Masudi
マースティン Marsten
マースディン Marsden
マスティン
Mastin
Mustin
マステッレッタ
Mastelletta
マステパノフ
Mastepanov
マーステラ Marstella
マステラ Mastella
マステール Master
マステル Mastel
マステルコワ
Masterkova*
マーステン Marsten
マーステン
Marsden***
マーズデン
Marsden**
マステン Masten
マステン Masden
マステンブルーク
Mastenbroek
マステンブローク
Mastenbroek
マスード
Masood**
Masoud**
Mas'oud
Massoud
Mas'ūd
Mas'ud
マスト
Mast
Muste
Musto
マストー Mustoe
マスド Masud
マスードゥ Massoud
マストゥール Mastur
マストニー Mastny*
マストランジェロ
Mastrangelo
マストラントニーオ
Mastrantonio
マストラントニオ
Mastrantonio*
マストリアーニ
Mastriani
Mastrianni
マストリウス Mastrius
マストリーリ Mastrilli
マストリリ Mastrilli
マストレン Mastren
マストロ Mastro
マストロイアンニ
Mastroianni
マストローコラ
Mastrocola*
マストロジャコモ
Mastrogiacomo
マストロチンクエ
Mastrocinque
マストロナルディ
Mastronardi
マストローニ
Mastroni
マストロピエーロ
Mastropiero
マストロマリーノ
Mastromarino
マストロモナコ
Mastromonaco
マストロヤンニ
Mastroianni**
マストロロレンソ
Mastrolorenzo
マーストン
Marston**
Merston
マストン Muston
マスナゲッティ
Masnaghetti
マスナダ Masnada
マズニック Masnick
マスヌ Masne
マスネ Massenet*
マスネー Massenet
マスネエ Massenet
マズノ Mazenod
マズノー Mazenod
マズノフ Mazunov
マスハドフ
Maskhadov**
マスバフ Mesbah
マズハリー Maz'hari
マズハル Maẓhar
マスパン Massepain*
マスビアウ Madsbjerg
マスビェア Madsbjerg
マスプラット
Muspratt*
マスペス Maspes
マスペーロ Maspero
マスペロ
Maspero**
Maspéro
マスペロー Maspero
マスーマ Maasouma
マズマニアン
Mazmanian
マーズマン Marsman
マスマン
Massman
Massmann
マスミ Masumi
マースーム Māsūm
マスーム Masoum*
マスム Masoom
マズムダー Mazumder
マズムダル
Mazumdar*
マスムーディ
Masmoudi
マスムーディー
Maṣmūdī
マスーメ Masoumeh*
マスユース Mathews
マズュール Masure
マズーラ Mathura
マスラーク Maslach
マスラク Maslak
マスラック Maslach
マーズラフ Marzluff
マスラマ Maslama
マスラロワ Maslarova
マスランカ Maslanka
マスランスキー
Maslansky
マースランド
Marsland
マスランド Masland

マ

マスリ
Masri**
Masuri
マスリー
Masry
Miṣrī
マスリエ Massoulié
マズリシュ Mazlish
マスリス Masulis
マズリッシュ Mazlish
マスリベツ Maslivets
マスリュコフ
Maslyukov**
マスリン
Maslin
Mathurin
マスリング Masling
マスル Masur
マズール
Masuhr*
Mazur
Mazure
マズルーイ Mazrouei
マズルイ Mazrui*
マズルキ Mazurki
マズールキエヴィチ
Mazurkiewicz
マズルキエヴィーチ
Mazurkiewicz
マスルク Masuruk
マズルケビッチ
Mazurkiewicz
マズルコ Mazzurco
マーズルーミプール
Mazloumipour
マスレ Masseret
マスレー Maszlay
マスレエフ Masleev
マスレニコフ
Maslennikov
マズレンコ
Mazurenko
マスレンニコヴァ
Maslennikova
マスレンニコフ
Maslennikov*
マスロ Massullo
マスロー
Maslow*
Nmaslow
マズロー Maslow*
マスロウ Maslow
マスロウスキー
Maslowski
マズロク Mazurok
マズロナク
Mazuronak
マズローニス
Mazuronis
マズロバ Mazurova
マスロバル Maslovar
マースロフ
Maslov
Mazurov
マスロフ Maslov
マズロフ Mazurov*
マスロフスカ
Maslovska
マスロフスカヤ
Maslovskaia
マスロフスキー
Maslowski
Masurovsky
マズロン Maslon
マースン Madsen
マスーン Masoon
マスン
Madsen*
Mazún
マズンガ Mazunga
マズング Mazoungou
マスンディ Massoundi
マーゼ Maase
マセ
Mace*
Macé**
Masé
Massé
Masset*
Maze
マゼ Maze**
マーセア Mircea
マセイ
Massey
Masthay
マセイエフ Masseyeff
マセイコフ Maseikov
マセイス Massys
マセイラ Maceira
マセーヴィチ
Massevitch
マセオ Maceo
マセケラ Masekela*
マセコ Maseko
マセスン Matheson
マセソン Matheson
マゼソン Matheson
マセダ Maceda*
マセック Masseck
マセッティ
Mascetti*
Mazzetti
マゼッティ Mazzetti
マーセット Marcet*
マセット
Masset
Massett
マゼット Mazette
マゼッパ Mazepa
マゼッリ Maselli
マセディバ Masediba
マーセデス
Marcedes
Mercedes**
マセード Macedo
マセド
Macede
Macedo*
マセドニオ
Macedonio*
マセナ
Massena
Masséna
マセニー Matheny*
マゼーニェ Masegne
マセバ Mazepa
マゼーパ Mazepa
マゼパ Mazepa
マセボ Masebo
マセメネ Masemene
マーセラ
Marcela
Marcella*
Marsella
マゼラ Mazzella
マーセラス
Marcellas*
Marcellus
マゼラン Magellan
マーセリーナ
Marcellina
マーセリノ Marcellino
マセリバネ
'Maseribane
マセリール Masereel
マーセリーン
Marcellene
マーセリン
Marcelene
Marcellin
マーセル
Marcel**
Marcell
Marcelle*
Murcell
Mursell
マーゼル Maazel
マゼール Maazel**
マゼル
Maazel
Maisel
Marcel*
Masel
Mazel**
マーセレール Masereel
マゼレール Masereel
マセロ Masello**
マゼロ Mazzello
マゼロスキー
Mazeroski
マーセン Maassen*
マーゼン Madsen
マセン Madsen*
マーセンス Maessens
マゼンタ Magenta
マセンヤニ Masenyani
マーソ
Maso
Mazo
マーゾ Maso
マソ
Maso
Massot
Mazo
マソー
Massau
Massaud
マゾー Mazaud
マゾウ Mazaud
マゾヴィエツキ
Mazowiecki**
マソウミ Masoumi
マゾオ Mazaud
マゾコ Mazzocco
マソジ Masoji
マソック Mathok
マゾッティ Masotti
マゾッホ Masoch
マゾッホ Masoch*
マーゾッロ Marzollo
マゾーニー Mazzone
マソニス Masonis
マソネ Massonnet
マゾネット Mathonet
マソノー Massonneau
マゾノウィッツ
Mazonowicz
マゾーハ Masokha
マゾビェツキ
Mazowiecki
マゾビエツキ
Mazowiecki
マソフ Massof
マソプスト
Masopust**
マゾーラ Mazzolla
マーソリ Marsoli
マソリーノ Masolino
マゾリーノ Masolino
マソール Masol
マソル
Masol**
Massol*
マゾレラ Madzorera
マソロ Masoro
マゾーロ Marzollo
マゾワー Mazower*
マゾワイエ Mazoyer
マーソン
Marson*
Merson**
マソン
Mason
Masson**
マゾン Mazon**
マーソンズ Marsons
マータ
Marta
Martha*
Mata*
Máta
Matta
Murtagh
マーター
Marter
Mata*
マーダ Maada
マーダー
Mader*
Marder
Murder
マタ
Mata***
Matha
マター
Matar
Matter
マダ Mada
マダー Mader
マタアファ
Mataafa
Mata'afa
マータイ Maathai**
マタイ
Matai
Mataja
Mathai
Mattei
Matthaios
マダイ Madaj*
マタイアシ Mataiasi
マタイオス
Matthaios
Matthaîos
マタイス
Mataix*
Matthijs
マタイセン
Mathijssen
マタイトガ Mataitoga
マダーイニー Madāynī
マタイラブラ
Matairavula
マータイン Martine*
マーダヴ
Madhav
Mādhav
マダウ Madau**
マーダヴァ Mādhava
マーダヴァデーヴァ
Mādhavadeva
マダヴァン Madhavan
マーダウィ Maadawy
マタヴェシ Matavesi
マーダヴデーヴ
Mādhavadeva
マタエウス Matthaeus
マダキ Madaki
マーダク Murdac
マタク Matak
マタケビッチ
Matakevich
マータス Matas
マターズ Matters
マタス Matas**
マダース Madders
マタスケレケレ
Mataskelekele*
マタソン Matterson
マタタ Matata
マーダーターナー
Maderthaner
マダーチ
Madach
Madách
マダチ Madachy
マタチッチ Matačić*
マダーチュ
Madach
Madách
マータッグ Murtagh
マダックス Maddux**
マタディ Matadi
マタティア
Mattathias
マタティアス
Mattathias
マタディゴ Matadigo
マダドハ Madadha

マ

マダトフ Madatow
マタニ Mahtani
マダニ
Madani**
Madanī
Medany
マダニー Madanī
マタニア Matania
マターニュ Matagne
マタネ Matane
マダネス Madanes*
マタノ Matano
マタノビッチ
Matanović
マーダバ Mādhava
マタバ Mathaba
マタハリ Mata Hari
マダビ Madhabi
マータビス Martavis
マタビソ Mathabiso
マダブ Madhav*
マダブシン
Madhav Sinh
Madhavsinh*
マタブリ Matavulj
マダヘ Madahe
マタベーレ Matabele
マタベレ Matabele
マダミノフ
Madaminov
マダム
Madam
Madame
マタモロス
Matamoros
マタヤ Mataja
マタヨシ Matayoshi
マダラ
Madara
Maddala
マタラタ Mattalata
マタラッソー
Matarasso
マタラッツォ
Matarazzo
マタラム Matalam
マダリ Madari
マダリアーガ
Madariaga*
マダリアガ
Madariaga*
マダリャーガ
Madariaga
マダリャガ Madariaga
マダリン Madalin
マタール Matar*
マタル Matar
マタレ Mataré
マタレーズ Matarese
マダレーナ Madalena
マダレナ Madalena
マダレン Madeleine
マダロニ Maddaloni
マタワル Matawalu
マーダン Madden
マターン Mattern*
マタン
Matan**
Matin
マダーン Maddern
マダン
Madan
Maddern
マータンガプッタ
Mātaṅgaputta
マタング Matingou
マタングル
Matungulu
マダンジート
Madanjeet
マタンボ Matambo
マータンリー Matanle
マーチ
Maati*
March***
Marchi
Marti
Murch*
マーチー Murchie
マチ
Machi
Maci
Matyi
マチー Machi
マチア Matia
マチアス
Mathias**
Matias
Matthias
Mattias
マチアッセン
Mathiassen
マチィク Ma cig
マチウ
Mathieu*
Matthieu*
マチウス Matthews
マチエ
Mat'e
Mathiez*
マチェイ
Maciej*
Matěj
マチェイカ Matějka
マチェク
Macek
Maček
マチェーズ Mathiez
マチエス Mathies
マチェズニー
McChesney
マチェツキ Machetzki
マチェック Maciek
マチェッラーリ
Macellari
マチエド Machiedo
マチェドーニオ
Macedonio
マチェドンスキ
Macedonski
マチェドンスキー
Macedonski
マチエヨフスキー
Maciejowski
マチェリー Macherey
マーチェル Machell
マチェル Machel
マチェレウィチ
Macierewicz
マーチェンコ
Martchenko
マチカイネン
Matikainen
マチカオ Machicao
マチジアク Matysiak
マチシク Matuschak
マーチス Matthias
マチス
Machis
Mathies
Matis
Matisse**
Matthies
マーチスン Murchison
マチスン Matheson
マチーセン
Mathiesen*
Mathisen
マーチソン Murchison
マチソン
Mathieson
Mathison
Mattison
マチート Machito
マチニック Muchnick
マチネア Machinea
マーチネット
Martinet
マチバー Mathivat
マーチバンク
Marchbank
マチャヴァリアーニ
Machavariani
マチャキーニ
Maciachini
マチャケラ Machakela
マーチャーシュ
Matthias
Matyas
Mátyás*
マーチャシュ
Mátyás
Màtyàs*
マーチャース Mátyás
マチャス Matyas
マチャヤセーヴィチ
Matiyasevich
マチャヤゼウスキー
Matyjaszewski
マチャード
Machado**
マチャド Machado**
マチャベロ
Macchiavello
Machiavello
マチャリア Macharia
マチャレロ
Maciariello
マチャワリアニ
Machavariani
マーチャン Marchand
マーチャント
Marchant**
Merchant**
マーチャンド
Marchand*
マチュ Mathieu
マチュー
Matěj
Mateu
Mathieu***
Matieu
Matthew
Matthieu**
マチュア Mature
マチューアルベルトダニエル
Mathieu Albert Daniel
マチュイ Maciej
マチュウ Mathieu
マチュウス Matthews
マチュウズ Matthews
マチューカ Machuca
マチュシェフスキー
Matyushevsky
マチューズ Matthews
マチュス Matyus
マーチュッシ
Martucci
マチューテス Matutes
マチュート Matute
マチューナス
Maciunas
マチュラ Matula
マチュラット
Matschullat
マチュラン Mathurin
マチューリン
Maturin*
マチュリン Maturin
マチュンワ
Machungwa
マチョ Macho
マチョス Matschoss*
マチョーニ Machoni
マチルダ
Mathilda*
Matilda
Matil'da
Matilde
マチルデ
Mathilde*
Matilde*
マチルド Mathilde***
マーチン
Marcin
Martin***
Martín
Martine
Martyn**
Matin
マチン
Machin
Martin
マチンギ Macinghi
マーチンズ Mertins
マチンスキー
Matinskii
マーチンデール
Martindale
マーチントン
Marchington
Marchinton
マーツ
Martz*
Mats
Mertz
Merz
マーツァ Matsa*
マーツァイケル
Maetsuycker
マーツァル Macal
マツァール Mazal
マツァルス Mazars
マツァレロ
Mazzarello
マーツィ Marzi**
マツイ Matsui
マツィエフスカヤ
Matsievskaia
マツィコ Matsiko
マツィス
Massys
Matsys
マツィーラ Matsila
マツィリア
Marzillier*
マッウエイ Mackway
マツエイ Matei
マツエイコ Macejko
マツエイチュク
Matseichuk*
マツエク Macek
マツェッティ
Mazzetti*
マツェナウアー
Matzenauer
マツーエフ Matsuev*
マツェペ Matsepe
マツェペカサブリ
Matsepe-casaburri
マツェラ
Mazella
Mazzella
マツェル Matzel
マツオ Matsuo
マツォウカス
Matsoukas*
マツオカ Matsuoka
マツォッキ Mazzocchi
マツォン Matson
マッカ Maka
マッカアシー
McCarthy
マッカイ
MacKay
Mackay***
MacKaye
Makkai
McKaie
McKay*
Mckay*
マッガイア McGuire
マッカイエ Mackaye
マッカイザック
MacIsaac
マッカイル McKayle
マッカイレイス
MacIlraith

マ

マッカウ
MacCaw
McCaw
マッガウ
McGaugh
McGough
マッカーヴァー
McCarver
マッガウアン
Macgowan
マッカーヴォイ
Mac'avoy
マッカヴォイ
Mac'avoy
M'Avoy
マッカウン Mckown
マッカーカー
Maercker
マッガキアン
McGuckian
マッカーゴ McCargo
マッカーサ McArthur
マッカーサー
MacArthur***
Macarthur
McArthur**
Mcarthur
マッカーシ McCarthy
マッカーシー
MaCarthy*
MacCarthy*
McCarthy***
Mccarthy
マッカージー
Mckersie
Mukherjee
マッカシー
McCarthy*
マッカジー
Mukherjee
Mukherji
マッカーシイ
McCarthy*
マッカス Machkhas
マッカースィ
McCarthy
Mccarthy
マッカスカー
McCusker
マッカスキー
McCaskey*
マッカスキル
MacAskill
McCaskill
マッカーター
McAteer
McCarter*
マッカダム McAdam
マッカーチー
McCarthy
マッカーチャン
McCutcheon
マッカッセー
Macassey
マッカッチェン
McCutchen*
Mccutchen
マッカッチョン
McCutcheon

マッカーテー
McCartee
マッカーデー
McCurdy
マッカーティ
McCarry
McCartee
McCarty*
マッカーティー
McCartee
McCarty*
Mccarty
マッカーディー
McCurdy
マッカティ McCatty
マッカデイ Mccurdy
マッカーティン
McCartin
マッカーデル
McCardell
マッカデン
McCudden
マッカート MaCart
マッカード McCord
マッカドゥ McAdoo
マッカドゥー
McAdoo*
マッカートニー
Macartney**
McCartney**
McCourtney
マッカードル McArdle
マッカーナ MacCana*
マッカーナン
McKiernan
マッカーニー
McCarney
マッカニコ Maccanico
マッカニン Mackanin
マッカーネス
Mackarness
マッカネス Mackaness
マッカネル
MacCannel
マッカバイオス
Makkabaios
マッカバエウス
Makkabaios
マッカバーグ
McCarberg
マッカビー McAbee
マッカヒル McCahill
マッカビン McCubbin
マッカファティ
McCafferty
マッカフィー McAfee
マッカフレィ
McCaffrey
マッカボイ Mac'avoy
マッカホン McCahon
マッカマン
McCamant
マッカーラ McCalla
マッカラ
McCullough**
マッカラー
McCullough*

マッカラウ
McCullough
マッカラーズ
McCullers**
マッカラーフ
McCullaugh
マッカラフ
McCullough
マッカラム
MacCallum
MacCollum
McCallum**
Mccallum
McCollom
McCollum**
Mccollum
マッカラン
McCarran
McClung*
McCullin
マッカーリ
Maccari
McQuarrie
マッカーリー
McAleely
McCurley
マッカリ
Makkhali
McCulley
マッカリー
Makkhali
Maqqarī
McCarry
McCully*
McCurry*
McQuarrie
マッカリース
McAleese
マッカリスター
McAlister
マッカル
Mackal
Mackall
マッカルシー
McCarthy
マッカルッチ
Maccarucci
マッカルッツィ
Maccarucci
マッカルテヌス
Maccarthenus
マッカルバニー
McAlvany
マッカルマン
McCalman
マッカルーン
MacAloon
マッカーレ McHale
マッカレー McCulley*
マッカーレイ
McCulley
マッカレイ McCulley
マッカレエ McCulley
マッカロー
McCullough*
マッカロウ
McCullogh
マッカロク
McCulloch
マッカロック
MacCulloch

McCulloch
McCullough
マッカローネ
Maccarone
マッガワン
McGowan*
マッカーン
McCann
McKern*
McKhann
Mckhann
マッカン
Macan
MacCann
MacCunn
McCann
Mccann
マッカーンス
McKerns
マッカンドー McIndoe
マッカンバー
McCumber
マッキ
Macki
Macky*
Makki**
マッキー
Mackee
Mackey**
Mackie*
Macky*
Makie
Makkī
Mckay
McKee**
Mckee*
McKey
McKie*
McKié
Mckie*
Mukhi
マッギ
Maggi
McGee
マッギー
MacGee
McGee*
Mcgee
McGhee
Mcghee
マッキア Macchia*
マッキアヴェッリ
Macchiavelli
マッキーアン McEuen
マッキィヴァー
MacIver
マッキーヴァー
MacIver*
McKeever
マッキヴァ MacIver
マッキヴァーン
McGivern
マッギヴァーン
McGivern
マッギヴァン
McGivern
マッキウス Maccius
マッキエッティ
Macchietti
マッキオ Macchio
マッキオーネ
McKeone
マッキオロ Macchioro
マッキーオン

McKeon
McKeown
マッキオン McKeon
マッキーカーン
MacEachern
マッキシック
McKissick
マッキース McKeith
マッキーチ
McKeachie
マッキーチェン
McEachen
マッキーチレン
MacEachren
マッギッフオート
McGiffert
マッキトリック
McKittrick
マッキナーニー
McInerney
マッキナニー
McInnerney
マッキナリー
McInally
マッキニー
MacKinney
McKenney
McKinney**
Mckinney*
Mckinnie
マッキニス McInnis
マッギニス McGinnis
マッキネス
MacInnes**
McInnes
マッギネス
McGuiness
McGuinness
マッキネリー
McInnery
マッキノン
MacKinnon**
Mackinnon
McKinnon***
Mckinnon*
マッキーバー
MacIver
McIver
McKeever**
Mckeever
マッキーハン
McKeehan
Mckeehan
マッギバーン
McGivern*
マッキビン McKibbin
マッギファート
McGiffert
マッキベン
McKibben
Mckibben*
マッキボイ McEvoy
マッキボン McKibbon
マッキム
McKim*
Mckim
McKimm
マッギャヴィン
McGavin
マッキャデー
MacCurdy

マッギャハン
McGahern
マッキャフェリー
McCaffery
マッキャモン
McCammon
マッキャリー
McCarry**
マッキャリオン
McCallion
マッキャロル
Mccarroll
マッキャロン
McCarron**
マッキャン
MaCann
MacCann
McCann**
Mccann
McKhann
マッギャン McGann*
マッキャント
McCants
マッキャンドルズ
McCandless
マッキャンドレス
McCandless
マッキャンリーズ
McCanlies
マッキュー
McCue
Mccue
McHugh
マッキューアン
Macewen
McEwan
マッキュアン
Macewen
McEwan
McEwen
マッキュイティ
MacQuitty
マッキューイン
MacEwen
マッキューエン
McEwen
マッキュージック
McKusick
Mckusick
マッキュラ Markkule
マッキュロッチ
McCulloch
Mcculloch
マッキューン
McCune***
McKeown
マッキラン
McQuillan
Mcquillan
マッキリアムズ
MacWilliams
マッギリヴレイ
MacGillivray
McGillivray
マッギリブレー
McGillivray
マッギル
Macgill
McGill*
マッキルヴァニー
McIlvanney
マッキルウェーン
McIlwain
マッギルヴレイ
McGilvray
マッキルバニー
McIlvanney**
マッキルロイ McIlroy
マッキロップ
MacKilllop
MacKillop
McKillop
マッキーワン McEwen
マッキーン
MacEoin*
MacQueen
Macqueen
McKean**
Mckean*
McKeen*
McKeon
マッキン
Machin
Mackin*
マッギン
Maggin
McGinn*
McGuinn
マツキン Matzkin
マッキンジー
McKinzie*
マッキンズ
MacInnes
Macinnes
MacInnes
マッキンストリー
McKinstry*
マッキンセー
McKinsey
マッキンゼイ
McKinsey
マッキンソン
McKimson
マッキンダー
Mackinder*
マッキンタイ
McIntyre
マッキンタィア
McIntyre
マッキンタイア
MacIntyre**
Macintyre*
MacIntyre
McIntire
McIntyre***
Mcintyre
Mckintire
マッキンタイアー
MacIntyre
Macintyre**
McIntire
McIntyre
マッキンタイヤ
McIntyre
マッキンタイヤー
MacIntyre
Macintyre
McIntyre**
Mcintyre
マッキンティ
McKinty*
マッギンティ
McGinty*
マッキントーシュ
Mackintosh
マッキントシュ
Macintosh
マッキントッシ
Mackintosh
マッキントッシュ
Macintosh*
MacKintosh
Mackintosh**
McIntosh**
Mcintosh
McKintosh
McIntosh*
マッキンニー
McKinney
マッキンネー MacIney
マッキンネィ
McKinney
マッキンネル
McKinnell*
マッキンノン
MacKinnon*
McKinnon
マッキンリ McKinley
マッキンリー
Mackinlay
McKinlay**
McKinley**
マッギンリー
McGinley*
マッキンリイ
McKinley*
Mckinley*
マッキンレー
MacKinlay*
Mackinlay*
McKinlay
McKinley**
マッギンレー
McGinley
マッキンレイ
MacKinlay
Mackinlay
McKinlay
McKinley
Mckinley
マッギンレイ
McGinley
マッキンンズ McInnes
マック
Mac***
Mach
Mack***
Mackay
Macque
Mak*
Makk
Mauck
Max
Mc
McG
マックアイヴォール
McIvor
マックアイザック
MacIsaac
マックアイバー
MacIver
マックアヴォイ
McAvoy
マックアーサー
MacArthur
マックアーサル
MacArthur
マックァリー
McQuarrie
マックアリスター
McAllister*
マックアルピン
MacAlpin
マックアレスター
McAlester
マックアンドルー
McAndrew
マックーイ McCooey
マックイヴァ MacIver
マックイガン
Maccuigan
マッグイガン
MacGuigan
マックイーチイン
McEachin
マックィーニ
McWeeny
マックィーラン
McQuillan
マックィラン
McQuillan*
McQuillen
マックィルキン
McQuilkin
マックィーン
MacQueen
Macqueen
McQeen*
McQueen**
MeQueen
マックィン McQuinn*
マックイーン
McQeen
McQueen*
Mcqueen
マックインス
MacInnes
マックヴィッカー
McVickar
マックウィニー
McWhinney
マックウィリアム
McWilliam*
マックウィリアムス
McWilliams
マックウィリアムズ
McWilliams
マックウイリアムス
McWilliams
マックヴェ Macve
マックウェイ
Mackway
McQuay
マックヴェイ McVey
マックウェイド
McQuade
マックウェラー
Mackellar
マックウェール
McQuail
マックヴォイ McEvoy
マックウォーリー
Macquarie
マックエイグ
McQuaig
マックエイド
McQuade
マックエム McM
マックエルホーン
McElhone
マックエルマリー
McElmurry
マックエルマリイ
McElmurry
マックエルロイ
McElroy*
マックォーリ
McQuarrie
マックォーリー
Macquarie
マックオーリー
Macquarie
マックオリー
Macquarie
マックォールン
Macquorn
マックオーン
Macquorn
マックガイア
McGuire
Mcguire
マックガイアー
McGwire
マックガヴァーン
McGovern
マックカウエン
McCowen
マックガーク
McGuirk
マックカスリン
McCaslin
マックカッチェオン
McCutcheon
マックガーバン
McGovern
マックカラーズ
McCullers
マックカリスター
McCallister
マックガル MacGarr
マックカン McCann
マックギー
McGee
McGhee
マックギヴァー
McGiver
マックギヴニー
McGiveney
マックギーチー
McGeachy
マックギニス
MacGinnis
McGinnis
マックギネス
McGuinness*
マックギフィン
McGiffin
マックギボン
MacGibbon
マックギャヴラン
McGavran

マ

マックキャスル
McCaskill
マックキャファティ
McCafferty
マックギャブラン
McGavran
マックキャフレー
McCafrey
マックギャレイ
McGarey
Mcgarey
マックキャロル
McCarroll
マックキュー McQue
マックギラフィ
MacGillavry
マックギリカディー
McGillicuddy
マックギリス McGillis
マックギリン McGillin
マックギール McGuirl
マックギル
MacGill*
McGill
マックギルヴァリー
McGilvary
マックギルブレイ
McGilvray
マックギン
McGinn
McGuinn
マッククゥオーリー
MacQuarrie
マッククック McCook
マッククライスター
McClister
マッククラウド
McCloud
マッククラーキンス
McClerkins
マッククラーグ
McClurg
マックグラース
McGrath
マックグラス
McGrath*
マッククラッケン
McCracken
マッククラリー
McCrary
マックグリーヴィ
McGreevey
マックグリン
McGlynn
マッククリンドル
McCrindle
マックグルー McGrew
マッククレイ McCray
マックグレイル
McGrail
マッククレイン
McCrane
マックグレガー
MacGregor
McGregor
マックグレシャン
McGlashan
マックグロウ
MacGraw
マックゲイヴィン
McGavin
マックケイリー
McCary
マックケイル Mackaill
マックケイン McCain
マックケキニー
McKechnie
マックケラー
McKellar
マックケンジー
Mackenzie
マックケンブリッジ
McCambridge
マックゴー
McGaugh
McGough
マックコーキンデイル
MacCorkindale
マックコート
McCourt
マックコネル
McConnell
マックゴーハン
McGoohan
マックコマス
McComas
マックゴーラン
MacGowran
マックゴーワン
Macgowan*
マックシェイン
McShane
マックジェネット
McJennett
マックシェーン
McShane
マックシェン
McShane
マックーシック
McKusick
マックジャネット
McJannet
マックシャリー
Macsharry
マックシャーン
McShane
マックシャン
McShann
マックジョージ
McGeorge
マックス
Max***
Maxwell
Maxx
マッグス Maggs
マックスアム Maxam
マックスィーニー
McSweeney
マックスウィーニー
McSweeney
マックスウィニー
MacSweeney
マックスヴィル
Maxvill
マックスウィーン
MacSween
マックスウェル
Maxwell***
マックスウエル
Maxwell
マックスカレッド
McSquared
マックスクエア
McSquare
マックストゥーラー
Max-theurer
マックスパデン
McSpadden
マックスフィールド
Maxfield*
マックスユディアン
Maxudian
マックダイアミッド
MacDiarmid
マックダイサン
McDysan
マックダウェル
MacDowell
マックダッラ
McDarra
マックダニエル
McDaniel
マッククック McCook*
マックデイド McDade
マックデヴィット
McDevitt
マックデルモット
McDermott
マックトゥ Machtou
マックドゥーガル
McDougall
マックドーナルド
MacDonald
マックドーマンド
Mcdormand
マックナー McNeer
マックナイト
MacKnight
Macknight
McKnight*
Mcknight
マックナッブ McNabb
マックナーニ
McNerney*
マックナマル
McNamer
マックナリー McNally
マックナルティ
MacNulty
マックーニ Makkuni
マックニコル
MacNicol*
McNichol
マックニース
MacNeice
MacNiece
マックニーズ McNeese
マックニス Mclnnis
マックニッシュ
Macnish
マックニュー
McKnew
マックニール
MacNeil
McNeil
McNeill
マックネア
MacNair
McNair
マックネアー MacNair
マックネイル
MacNeil
McNeill
マックネス Mackness*
マックネヤ MacNair
マックネリー McNelly
マックネール McNeil
マックネル Mcneill
マックノウスキー
Macknowski
マックハッティー
McHattie
マックパートランド
McPartland
マックハリー
McHarry
マックバン McBan
マッグーハン
McGoohan*
マックピーク McPeak
マックビッカー
McVickar
マックヒュー McHugh
マックファイル
MacPhail
McPhail
マックファーカー
MacFarquhar
マックファークァー
MacFarquhar
マックファクハー
Macfarquhar
マックファーソン
MacPherson
Macpherson
McPherson
マックファッデン
McFadden
マックファーデン
MacFadden
McFadden
マックファデン
McFadden
マックファーランド
McFarland
マックファリー
McQuarrie
マックファーレン
MacFarlane
Macfarlane
McFarlane
マックフィー
MacPhie
McPhee
Mcphee*
マックフィリップス
McPhilips
マックフィルター
McWhirter
マックフェ McFee
マックフェラン
McPherran
マックフェリン
McFerrin
マックフォーター
McWhorter
マックブライド
MacBride
MacBryde
McBride*
マックブルーム
McBroom
マックベイ Macvey
マックペイク McPake
マックヘイル McHale
マックベイン McBain
マックベリー McVerry
マックヘール McHale
マックベーン McBain
マックヘンリー
McHenry
マックボイ McEvoy
マックマインズ
McMinds
マックマス McMath*
マックマスター
McMaster
マックマード
Mackmurdo
マックマードー
Mackmurdo
マックマリー
McMurry
マックミーカン
McMeekan
マックミラン
Macmillan
McMillan*
マックミリオン
McMillion
マックミーンズ
MacMeans
マックモーディ
Mcmordie*
マックモロー
Mcmorrow
マックヤング
MacYoung
マックラー
Mackler*
Macler
Mcclure
マックラウド
Macleod*
McCloud
McLeod
マックラーカン
McClurkan
マックラース
McCullers
マッグラス McGrath
マックラッケン
McCracken
マックラハラン
McLachlan
マックラーフリン
McLaughlin
マックラム
McCrum*
McCrumb
マックラレン
Maclaren
マックラング
McClung*

マ

マックリー McCrea
マックリアマー
MacLiammoir
マックリアム McLiam
マックリアムモイル
MacLiammoir
マックリアリー
McCleary
マックリス Macklis
マッグリッジ
Muggeridge
マックリッシュ
McLish
マックリュア McClure
マックリュアー
McClure
マッグリュウ McGrew
マックリーランド
McClelland
マックリーリー
McCleery
McCreery
マックリール
Makkreel*
マックリーン
MacLean
Maclean
Mcclean
McLean*
Mclean
マックリン
Machlin
Macklin*
Macklyn
マッグリン McGlynn*
マックリンティック
McClintic
マックリントック
McClintock
マックリントン
McClinton
マックール McCool*
マックル
Mackel
Mackle
マックルー McClure
マッグルー McGrew
マックルーア
MaClure
McClure*
Mcclure
McCure
マックルア McClure*
マックルーグ McClurg
マックルストーン
Mucklestone
マッグルーダー
McGruder*
マックループ Machlup
マックルモア
Macklemore
マックルーリック
MacLulich
マックレー
Macrae
McCrae
Mccray
McRae
マックレア McCrea
マックレイ
Macklay
MacRae
McCray
Mcrae
McRay
マックレイン
MacLaine
MacLane
McLane
Mclane
マックレオド McLeod
マッグレガー
Macgregor
McGregor
マッグレゴア
McGregor
マックレディ
MacCready*
McCready
マックレディー
MacCready
マックレナン
MacLennan
マックレノン
McClenon
マックレメント
McClement
Mcclements
マックレモア
McLemore
マックレラン
McClellan
McLellan*
マックレランド
McClelland*
マックレル Mackrell
マックレーン
MacLane*
McClain
McLain
McLane*
Mclean
McLennan
マックレン McClen
マックレンスキー
McCrensky
マックレンドン
McClendon*
McLendon
マックロー
McCraw
McCulloch
マッグロー
MacGraw
McGraw
マッグロアティ
McGroarty
マックロイ McCloy*
マックロウ
McCulloch
McCullough*
マッグロウ McGraw
マックロスキー
McCloskey**
マックロッホ
McCulloch
マックロビー
McRobbie
McRobie
マックローリー
McGrory
マッグローリー
MacGrory
マックローリン
Maclaurin
McLaughlin
マックローン
McCrone
マッグワィア McGuire
マックワース
Mackworth
マックーン McKune
マックン McCune
マッケ Macke*
マッケー
Mackay
MacKaye
マッケィ McCay
マッケイ
MacKay*
Mackay***
MacKaye
Mackaye
Mackey**
McCay**
McKay*
Mckay**
Mckey
McQuay
マッケイー Makay
マッケイガン
McKagan
マッケイグ
MacCaig
McCagg
McCaig**
McKaig
マッケイド
McKade
McQuaid
マッケイバリー
MacAvery
マッケイブ
MaCabe
MacCabe*
McCabe*
マッケイラ McKayla*
マッケイル
MacKail
Mackail
Mackaill
マッケイン
MacKain
McCain*
Mckain
Mckane
マッゲイン
McGeuane
McGuane*
マッケヴォイ McEvoy
マッケオゥン
MacKeown
マッケオン McKeon
マッケーカー
McKercher
マッケカーン
MacEachern
マッケーグ McQuaig
マッケクニ
McKechnie
Mckechnie
マッケクニー
McKechnie
マッケクロン
MacEachron
マッケシー
Mackesy**
マッケジー Mackesy
マッケット Mackett
マッケナ
McKenna**
Mckenna**
マッケナリー
McEnery
マッケーニー
Mckechnie
マッケニー
McKenney
Mckenney
マッケネリー
McEnery
マッケノン
McKennon
マッケビリー McEvily
マッケーブ
MacCabe
McCabe*
Mccabe
マッケベン Mackeben
マッケボイ
McEvoy*
Mcevoy
マッケマー Machemer
マッケラー
Mackellar
McKellar*
マッケラス
Mackerras**
McElrath
マッケラン
McKellen**
マッケリー
McCarey
McCary
McQuerry*
マツケリー
Mazzucchelli
マッケール Mackail
マッゲル McGual
マッケルウィー
McElwee
マッケルウェイン
McElwain
マッケルビー
McKelvey*
マッケルビン
Mckelvin
マッケルロイ
McElroy**
マッケレス Mackereth
マッケレーブ
McCaleb
マッケレン McKellen
マッケロー
McKerrow*
Mckerrow
マッケロイ McElroy
マッケローニ
Maccheroni
マッケワン Mcewan
マッケーン Mckeon
マッケン
Machen**
Macken*
McCann
マッケンジー
Mackensie
Mackenzi
Mac Kenzie
MacKenzie**
Mackenzie***
Mackenzy
McKenzie***
Mckenzie**
マッケンジィ
Mackenzie
マッケンジィー
Mckenzie
マッケーンス
McCanse
マッケンゼン
Mackensen*
マッケンタイアー
McEntyre
マッケンタイヤー
McIntyre
マッケンティー
McEntee
マッケンドリー
Mckendry
マッケンドリック
Mackendrick*
マッケンナ
McKenna*
Mckenna*
マッケンノール
Mackennal
マッケンハウプト
Muckenhoupt
マッケンヒル
McEnhill
マッケンブリッジ
McCambridge**
マッケンリー
McKenley
Mckenley
マッケンロー
McEnroe*
マッケンロート
Mackenroth
マッゴー McGaw
マッコイ
McCoy***
Mccoy*
McHoy
McKoy
Mckoy
マッコイル McCoil
マッコーヴァー
Machover
マッコヴィー
McCovey
マッコウエン
McCowen
マッコウムズ
McCombs
マッコウン
McCown
Mccown
マッコーエン
McKeown
マッコーキンデイル
MacCorkindale

マ

マッコークル
McCorkle
マッコスキー
McCosky
マッコーダック
McCorduck
マッコート McCourt
マッコード
McChord
McCord**
マッコートリー
McAughtry
マッコナウヒイ
McConaughy
マッコナッキー
McConnachie
マッコナーフィ
McConaughy
マッコニー Maconie
マッコーニイ
McConaughy
マッコニカ McConica
マッコーネル
McConnel
McConnell*
マッコネル
McConnel*
McConnell*
マッコノーヒー
McConnaughey
マッコビー
Maccoby
McCovey
マッコビィ Maccoby
マツコフスキー
Matskovskii
マッコベイ McCovey
マッコーマー
Macomber**
マッコマー Macomber
マッコーマス
McComas
マッコーマック
MacCormack*
マッコーミック
McCormick*
マッコーム
Macomb
McComb
McCombe
マッコム McCombs
マッコームズ
McCombs
マッコーラム
MacCollum
McCollum*
Mccollum
マッコーリー
MacAuley
MaCcauley
Macquarrie
McCauley*
McCawley
マッコリー
McAuly
McCally
McCauley
McCoury
マッコーリフ
McAuliffe

マ

マッコーリーン
McCaughrean**
マッコール
MacColl***
McCall**
Mccall
McColl
マッコル MacColl
マッコルガン
McColgan
Mccolgan
マッコルビン
McColvin
マッコールマン
McCalman
マッコルラン
Mac Orlan
MacOrlan*
マッコーレー
McCauley
McCawley
マッコレー McCauley
マッコーレイ
McCauley
マッコーレン
McCaughren
マッゴーワン
McGowan
マッコーン
Macquorn
McCone
McKone
マッコンキー
MacConkey
McConkey
McConkie
マッコンキィ
McConkey
マッコンネル
McConnel
McConnell
マッサ Massa**
マッサー
Masser
Musser*
マッサイス Massys
マッザクラーティ
Mazzacurati
マッサド Massad
マッサナ Massana
マッサニ Massani
マッサビオ Massabiau
マッサム Masham
マッサメッソ
Massamesso
マッサヤ Massaja
マッサーリ Massari*
マッサリ
Massari
Massatani
マッサリー Massary
マッサリア Massalia
マッサール
Massard
Massart
マッサールカビンダマカガ
Massard Kabinda Makaga

マッザレルロ
Mazzarello
マッサーロ Massaro*
マッサン Massin
マッシ Massi
マッシー
Massee
Massey***
Massie***
Massy
マッジ
Madge**
Maggi*
Mudge*
マッシィ Massey
マッシイ Massie
マッシウズ Mathews
マッジェ Matje
マッシェル Mascher
マッジオ Maggio*
マッジオラーニ
Maggiorani
マツシカ Matuschka
マッシス
Massis
Matthys*
マッシーニ
Masini
Massini*
マッジーニ Maggini
マッジニイ Mazzini
マッシニッサ
Massinissa
マッシニョン
Massignon
マッシーネ Massine
マッシミリアーノ
Massimiliano***
マッシミリアノ
Massimiliano
マッシミリアン
Massimilian
マッシメッロ
Massimello*
マッシモ Massimo***
マッシャード
Machado
マッジャンティカ
Majjhantika
マッシュ
Mash
Matthew
Mosch
マッシュー
Mathew
Matthew*
マッシュウ Matthew
マッシュース
Matthews
マッシューズ
Mathews
Matthews
マッシュバーン
Mashburn*
マッジョ Maggio
マッジョット
Maggiotto

マッジョーラ
Maggiora*
マッジョーリ
Maggiori
マッジョリーニ
Maggiolini
マッジョーレ
Maggiore
マツシラ Matusila
マッシローニ
Massironi
マッシンガム
Massingham
マッシング Massing
マッシンゲール
Mcingvale
マッシンジャー
Massinger
マッズ Mads*
マッスィミーニ
Massimini
マッスィーモ Massimo
マッズカート
Mazzucato
マッズケリ
Mazzucchelli
マッスディ Massoudi
マッスミ Massumi
マッスルホワイト
Musselwhite
マッスン Masson
マッセ
Massais
Masse*
Massé
Masset
マッセー Massey
マッセィ Massey
マッセイ
Massei
Massey**
Matthaei
Mussey
マッセイス Massys
マッセナ Masséna
マッセラ Massera
マッセリア Masseria
マッセリンク
Masselink
マッセル Massel
マッセロ Masello*
マッセン
Madsen*
Massen
Mussen
マッセンツィオ
Massenzio
マッセンバーグ
Massenburg
マッソ Massot
マッソー
Massow
Matthau**
Matthew
マツーソウ Matusow
マッソグリア
Massoglia
マッソーニ Massoni

マッソーネ Massone
マッソマ Massoma
マッソン
Mason
Masson**
Mattson
マッゾンシーニ
Mazzoncini
マッタ
Marta*
Matta**
マッター
Matter
Motter
マッタイ Mattei
マッタエウス
Matthaeus
マッターシュトック
Matterstock
マッタティア
Mattathias
Mattathías
マッタティアス
Mattathías
マッタルノヴィ
Mattarnovi
マッタレッラ
Mattarella**
マッダレーナ
Maddalena
マッタレリー
Mattarelli
マッダロニ
Maddaloni*
マッターン Mattern
マッタン Mattan
マッダーン Maddern*
マッタンザ Mattanza
マッチ
Macchi
Matti*
Mutch
マッチー Mutchie
マッチアス Matthias
マッチィ Mazzini
マッチィーセン
Matthiessen
マッチイニ Mazzini
マッチオ Macchio*
マッチオーネ
Maccione
マッチック Matchick
マッチーニ Mazzini
マッチニ Mazzini
マッチニック
Muchnick*
マッチャ Matcha
マッチャー Matchar
マッチャード
Machado
マッチュー
Matthieu
Mattu
マッチョーニ
Maccioni
マッチルダ Mathilda
マッチンガー
Matschinger
マッツ

Mads*
Mats**
Matt
Matz*
Mazzù
マッツァ
Matza
Mazza*
マッツァフェッラータ
Mazzaferrata
マッツァフェルラータ
Mazzaferrata
マッツァフェロー
Mazzaferro
マッツァーリ
Mazzarri
マッツァリオール
Mazzariol
マッツァリーノ
Mazzarino
マッツァルコ
Mazzurco
マッツァレッラ
Mazzarella
マッツァレロ
Mazzarello*
マッツァンティーニ
Mazzantini**
マッツィアンティーニ
Mazzantini
マッツィオッティ
Mazziotti
マッツィテッリ
Mazzitelli
マッツィーニ
Mazzini*
マッツィーニー
Mazzini
マッツイーニ Mazzini
マッツィーノ Mazzino
マッツィンギ
Mazzinghi
マッツェ Mathse
マッツェイ Mazzei*
マッツェオ Mazzeo
マッツエオ Mazzeo
マッツェッティ
Mazzetti**
マッツェナウアー
Matzenauer
マッツェリガー
Matzeliger
マッツォ Mazzo*
マッツォッキ
Mazzocchi
マッツォーニ Mazzoni
マッツォーネ Mazzone
マッツォーラ
Mazzola**
マッツォライ
Mazzolai
マッツォーリ Mazzoli
マッツオーリ
Mazzuoli
マッツォリーノ
Mazzolino
マッツォレーニ
Mazzoleni*
マッツカート
Mazzucato
マッツケ Matzke
マッツーケーリ
Mazzucchelli
マッツッケッリ
Mazzucchelli
マッツッコ
Mazzucco**
マッツッコテッリ
Mazzuccotelli
マッツナー Matzner
マッテー Mattay
マッテアッシ
Matteassi
マッテーイ
Mattei
Matthey
マッティ
Mateo
Mathy
Matti***
Matty
マッテイ
Mattei
Matthaei
Matty
マッディ Maddi
マッティーア Mattia
マッティア Mattia*
マッティアス
Matthias*
Mattias
マッティアンジェリ
Mattiangeli
マッティエセン
Mathiesen
マッティエッリ
Mattielli
マッティオーリ
Mattioli
マッティス Matteis
マッテイス Matteis
マッティーセン
Matthiessen
マッディソン
Maddison
マッテイーニ Matteini
マッティラ Mattila*
マッティワザ
Mattiwaza
マッティン Martin*
マッティングリー
Mattingley
Mattingly**
マッティングリィ
Mattingly
マッティンソン
Martinson
Mattinson
マッテウス Mattaeus
マッテウッツィ
Matteuzzi*
マッテーオ Matteo
マッテオ Matteo***
マッテオッティ
Matteotti
マッテオーニ
Matteoni
マッテオーリ Matteoli
マッテス
Mattes
Matthes*
マッテソン Mattheson
マッテゾン Mattheson
マッテヤ Matthias
マッテーラ Mattera
マッテラ Mattera
マッテル Mattle
マッテルン Mattern
マッテン Matten
マッデン Madden**
マット
Mat**
Mât
Matt***
Matthew*
Matto*
Mott
Mutt
マッド
Mad
Mudd
マットイス Matthäus
マットゥ Mattu
マッドウェイ Madway
マットウォフ Matusov
マットゥッチ
Matteucci
マットシェロト
Mattscherodt*
マッドセン Madsen*
マットソン
Mathsson
Matteson
Mattson*
Mattsson*
マットタウシュ
Mattausch
マットックス Mattox
マッドドッグ
Mad Dog
マットーニ Mattoni
マットフィールド
Matfield
マットホイス
Matthäus
マットリ
Mattli
Mattoli
マッドリブ Madlib
マットリン Mattlin
マットル Mattle
マットレイ Matray
マツナガ Matsunaga*
マッハ Mach*
マッハイ Machaj
マッパリクス
Mappalicus
マッハル Machar
マッハルプ Machlup
マッピン Mappin
マップ
Map*
Mapp*
マッフィ Maffi
マッフィア Maffia
マッフェーイ Maffei
マッフェイ
Maffei*
Mafféi
マッブーク
Mabbog
Mabboug
Mabbug
Mabbugh
マップス Mapps
マッフル
Maffey
Maffre
マップルソープ
Mapplethorpe
マツモト Matsumoto
マッモール Maamor
マッラ Malla**
マツラ Matsura
マッラーシュ Marrāsh
マッラードラ
Malladra
マッリ
Malli
Marri
マッリア Mallia
マツリア Mazria
マッリカー Mallikā
マッリカールジュナ
Mallikārjuna
マッリーナ Marrina
マッリナータ
Mallinātha
マッルー Mallū
マーテー Máté
マテ
Mate**
Maté
Máté
Mathé
Matte*
マデ Made
マデー Made
マテア
Matea
Matere
マテアスダッテル
Matheasdatter
マデァール Mad'iar
マーティ
Marte
Martha
Marti*
Martin*
Marty***
Mathis
Murty
マーティー
Martie*
Martin*
Marty**
Murty
マーテイ Marte
マーディ
Mardy
M'Madi
マティ
Matei
Mathy
Mati*
Matthi**
Matti*
Mattie*
Matty**
Maty
マティー Mattie*
マテイ
Matei*
Matej
Mattei**
Matteí
Mattéi
Matthay
Matthei
マディ
Maddi
Maddy*
Madi**
Mady*
Madys
Mmadi
Muddy*
マディー Maddie*
マデイ Madej
マティーア Mateer*
マティア
Mathias
Matia
Matja
Matje*
Matthias
Mattia
マティアー Mateer
マディア Madia
マーティアス
Mathias*
マティーアス
Mathias
Matias
Matías
Matthias*
Matthías
マティアース Matyás
マティアス
Maltias
Mathias***
Matias*
Matías
Matthias***
Matthías
Mattias
Matyas
Mátyás
マティアスコ
Matiasko
マティアセン
Mathiasen
マティアソン
Matiasson
マティアッセン
Mathiassen
マディアノス
Madianos
マーディアン Mardian
マティアン Mathien
マティアンギ
Matiangi
マティウ
Mathieu
Matiu
Matthieu
Matthiw
マティウー Mathieu
マティヴァ Mathivat
マティヴェ Mathivet
マティウス Mātius

マ

マティエ
Matej
Mathiez
マディエ Madier*
マティエイカ Matějka
マティエウ Mathieu
マティエス
Matthies
Matthijs
マティエッガ
Matiegka
マティエッリ Matielli
マディエナ Madieyna
マティオ Mathiot
マティオス Matthias
マティオベス
Mathiowetz
マティオリ Mattioli
マディオール Madior
マディオル Madior
マーティカ Martica
マディカバ Madikaba
マディガン
Madigan**
マディキゼラ
Madikizela**
マーディギャン
Mardiguian*
マーティグ Mertig
マーディクス Mardyks
マディケ Madické
マテイケン Matheiken
マテイコ Matejko
マティザック
Matyszak
マティシク Matysik
マーティーズ Mertes
マーティス Martis
マーティズ Mates
マティース
Mathies
Mathis
Matīss
Matthies
マティス
Marthis
Mathes
Mathias
Mathies
Mathis**
Mathys
Matisse**
Matthies
Matthijs
Matthys
Mattis*
Matyas
マテイス
Mattheis
Mattheus
Matthijs
マティスヤフ
Matisyahu*
マティスン
Matheson
Matthiessen
マディスン Madison
マティセ Matthijsse
マーティセン
Mathiesen
マティーセン
Mathiesen
マティセン Mathisen
マテイセン Mathijsen
マティソフ Matisoff
マティソン
Matheson
Mathison
Matthisson
Mattison**
マディソン
Maddison**
Madison***
マティチェク Maticek
マティッカ Matikka
マティック
Matic
Mattick
マディックス Maddix
マティッチ
Matic
Matić
マティディア Matidia
マーティーナ Martina
マーティナ Martina*
マティーナ Martina
マディーナ Madina
マディナ Madina
マーティニ Martini
マティーニ Martini
マーティーニズ
Martinez
マティニョン
Matignon
マーティヌー
Martineau
マーティネス
Martinez*
マーティネッティ
Martinetti
マーティネット
Martinet
マティネンガ
Matinenga
マーティノ Martino
マーティノー
Martineau
マティバ Mathivat
マディーハ Madeeha
マティプ Matip
マティベリ Mathibeli
マディヘレ Madigele
マティベンガ
Matibenga
マディマン
Muddiman*
マティヤ Matija
マティヤシェク
Matyjaszek
マティヤス
Mathias
Matijass
マーティラ Myrtilla
マティラ Matila
マデイラ Madeira
マデイラス Medeiros
マティラーム
Matirām
Matirāma
マティルダ
Mathilda
Mathilde
Mathylda
Matilda*
Matilde
マティルデ
Mathilde
Matilda
Matilde***
マティルド
Mathilde*
Matilde
マーティーン
Martine*
マーティン
Maarten
Marten*
Martijn
Martin***
Martín
Martine**
Marttin
Martyn***
Matin
Matyn
マーディン
Mardin*
Murdin
マティーン Mateen
マティン
Martin
Matin
マディン
Maddin
Madin
マティングリ
Mattingly
マティングリー
Mattingly
マーティンゲイル
Martingale
マーティンコ
Martinko
マーティンス
Martinez
Martins**
マーティンズ
Martins**
マーティンソン
Martinson*
マーティンデイル
Martindale*
マーティンデール
Martindale*
マディンバ Madimba
マーティンブロー
Martinbrough
マテウ Mateu
マテウシャク
Mateusiak
マテウシュ Mateusz**
マテーウス
Mattäus
Matthaeus
Matthäus
Mattheus
Matthias
マテウス
Mateus*
Mateusz**
Matheus*
Matthäus**
Matthews
Matthias
マテウズ Mateusz
マテウッチィ
Matteucci
マテウッツィ
Matteuzzi
マデゥレイヌ
Madeleine
マテエネ Mateene
マテーオ Mateo
マテオ
Mateo**
Matteo**
マデオ Madeo*
マテオス Mateos
マテオプーロス
Matheopoulos*
マテオリ Matteoli
マテオリッチ
Mattheo Ricci
マテカネ Matekane
マテキトンガ
Matekitonga
マテグラーノ
Mategrano
マテジ Mattesi
マテシアス Muthesius
マテシウス Muthesius
マテジウス
Mathesius*
マテシック
Mattessich
マテシッチ
Mattessich
マテシッツ
Mateschitz
マテシャ Mateša*
マデジャ Madeja
マテジャン Matellan
マーテス Martes
マテス
Mates
Mathes
Mattes*
Matthes
マテソン
Matheson
Matteson
マテゾン Mattheson
マテチナー Matečná
マテック
Matek
Mattek
Mattheck
マテックサンズ
Mattek-Sands
マデックス Maddex
マテテ Matete*
マデトヤ Madetoja
マテナ Matena
マテニア Mathenia
マテバツォ
'Matebatso
マテパラエ Mateparae
マテフスキー
Matevski**
マテヤ Mateja**
マテュー
Mateu
Mathieu**
Matthieu
Mattieu
マデュ
Madhu*
Madhur
マテュイディ Matuidi
マテュウ Mathieu
マテュース
Matheus
Mattheeuws
マテュッシ Mattiussi
マデュット Madut
マテューテス
Matutes*
マデュラ Madura
マテュラン
Mathrin
Mathurin
マテュリン Maturin
マテーラ Matera
マテラ Matera
マデラ Madera
マデライ Madeley
マデライン
Madelaine
Madelein
Madeleine
Madeline
マーテラス Martellus
マテラッツィ
Materazzi**
マテラルト
Mattelart*
マーテリ Martelli*
マーテリー Martelly
マデリーヌ Madeline
マテリーフ
Matelief
Matelieff
マーテリン Marttelin
マデリーン
Madelaine
Madeleine**
Madeline**
マデリン
Madeleine*
Madeline**
Madelyn*
マーテル
Martel**
Martell*
マーデル Mardell
マテル
Mater
Mattel
マデル
Madeer
Máder
マデルガリウス
Madelgarius
マーデルスペルガー
Madersperger
マテルナ Materna
マデルナ Maderna

マテルヌス
Maternus
Matērnus
マデルノ
Maderna
Maderno
マーテルランク
Maeterlinck
マーテルリンク
Maeterlinck
マーデルング
Madelung
マデレイネ Madeleine
マデレイン Madeleine
マデレヴァ Madeleva
マデレナ Madalena
マデレーヌ Madeleine
マデレーン
Madelaine
Madeleine**
マデレン Madeleine
マデーロ Madero
マデロ Madero*
マデロノ Maderono
マテロバ Matelova
マデロン Madelon
マテーロング
Mateelong
マーテン
Maarten**
Marten*
Martin
マーデン
Maden
Marden**
Murden
マデーン Maden
マデン Madden*
マーテンス
Martens
Mertens
マーテンズ
Martens*
Mehrtens
Mertens
マデンスキー
Madansky
マーテンセン
Martensen*
マテンダ Matenda
マテンデーレ
Mathendele
マート
Maet
Mahrt
Mart*
Murto
マト
Mathot
Mato*
マトー
Matho
Mathot
マド Mado
マドア Madore*
マトアヤ Matoaya
マトイス Matthäus
マートウ Murtaugh
マトゥー
Mattoo
Mattu
マドゥ
Madet
Madhu*
マドゥー Madhu
マドヴァ Madhva
マトゥアネ Matooane
マドヴァン Madhaven
マトヴィエフスカヤ
Matvievskaia
マトヴィエンコ
Matvienko*
Matviyenko
マトヴィッチ Matovič
マトゥウ Matu'u
マトウェイ Matvei
マトヴェーイ Matvej
マトヴェイ Matvei*
マトヴェイェーヴィチ
Matvejevic
Matvejevitch
マトヴェイエヴィチ
Matveyevich
マトヴェイエフ
Matveev
マトヴェイチュク
Matwiejczuk
マトヴェーヴィチ
Matveevich*
マトヴェーヴィッチ
Matveevich
マトヴェウェーヴ
Matveyev
マトヴェエヴィチ
Matveevich
マトヴェーエフ
Matveev*
マトヴェエフ
Matveev
Matveyev
マトヴェーエワ
Matveeva
マドゥエケ
Madueke
Maduekwe
マトヴェフ Matveev
マトゥカ Matuka
マドゥカル Madhukar
マトゥク
Matuq
Ma'tuq
マドゥグ Madougou
マトゥザレム
Matuzalem
マトゥシェク
Matushek
マトウシェク
Matousek
Matoušek
Matoušek
マトゥシエール
Matussiere
マトゥシャック
Matusiak*
マトゥス Matus
マドゥス Madaus
マドゥスーダナ
Madhusūdana
マトウゼク Matousek
マトウセック
Matussek
マトゥソフスキー
Matusovsky
マトゥーテ
Matute***
マトゥテ Matute*
マトゥテス Matutes
マドゥナ Maduna
マトゥブ Matoub
マドゥフ Madeuf
マドゥブチ
Madhubuti
マドゥマバンダラ
Maddumabandara
マトゥメロ Matumelo
マトゥーラ Matura
マトゥラ
Matla
Matura
マトゥライティス
Matulaitis
マトゥラクチュ
Matrakçi
マトゥラーナ
Maturana*
マートゥラーノ
Marturano
マトゥラール
Mattelart
マトゥラン Mathurin
マードゥリー Madhuri
マートゥリーディー
Māturīdī
マードゥル Mádl
マトゥール Matull
マドゥル Madulu
マトゥルカ Matulka
マトゥレヴィチ
Matulewicz
マトゥーロ Matturro*
マドゥーロ Maduro
マドゥロ Maduro*
マトゥロビッチドロプリッチ
Matulović-dropulić
マトゥロン
Matheron**
マトゥーン Mattoon*
マトウーン Mattoon
マドゥン Madden
マトゥングル
Matungulu
マドエンククク
Madyenkuku
マドカ Madoka
マトカリム Matkarim
マドキャット Mudcat
マードク Murdoch
マトーク
Ma'atoug
Matouq
マドクス Maddox*
マドクール
Madkour
Madkūr
マトコヴィチ
Matković
マトコビッチ
Matković
マトコフスカ
Matkowska
マトコフスキ
Matkowski
マトシアン Matossian
マトーシェク
Matouschek
マトシュ Matoš
マトス
Matos***
Mattos
Motos
マドスーダナ
Madhusūdana
マトスフェルナンデス
Matos Fernandes
マトスン
Matsen
Matson
マドスン Madsen*
マドセン Madsen**
マトーソ Matoso
マトソウカス
Matsoukas
マトソポウロス
Matsopoulos
マトソン
Matson*
Mattson
Mattsson
マドソン Madson
マトチキナ
Matochkina
マードック
Murdoch***
Murdock**
Murdok
マトック Mahtook
マドック
Maddock*
Madoc
Murdoch
マトックス
Mattocks
Mattox
マドックス
Maddocks
Maddox**
Madox**
マトット Matott
マトード Mattord
マトト Matoto
マートニー Martony
マドーニ
Maddoni
Maddonni*
Madouni
マドニ Madni
マドニー Madoni
マドニア Madonia
マドニック Madnick
マトニヤゾワ
Matniyazova
マドバ Madhva
マドハヴァン
Madhavan*
マトハーノワ
Matkhanova
マドハバン Madhavan
マドハブ Madhav
マートビー Maltbie
マトビエンコ
Matvienko
Matviyenko*
マドフ Madoff*
マドファ Madfa
マドブリ
Madbouli
Madbouly
マトベイェビッチ
Matvejević
マトベイチュク
Matveichuk
マトベーエフ Matveev
マートマン Maatman
マトム Matom*
マドムン Madmun
マドモアゼル
Mademoiselle
マドモワゼル
Mademoiselle
マドヤン Madyan
マトライ Matray
マトライーニ Matraini
マトラクチュ
Matrakçı
マトラス Matras
マドラーソ Madrazo
マドラーゾ Madrazo
マトラック Matlack
マトラックス Mutrux
マートララージャ
Mātrarāja
マトラーン Maṭrān
マトラン Mattlan
マドラン Madelin**
マトランガ Matranga
マトリ
Matori
Matri
マトリー Mutrie
マドリ Madrid*
マドリイネ Madeleine
マトリカルディ
Matricardi
マトリコン Matricon
マートリチェータ
Mātṛceta
マトリック Mattrick*
マドリック Madrick*
マドリード Madrid
マトリュボフ
Matlubov
マトリン Matlin**
マドリーン Madeleine
マドリン
Madeline***
Madlyn
Madolyn
マトリンズ Matlins
マートル Myrtle*

マ

マードル Mádl**
マドール Madaule*
マドル Mádl
マドルーガ Madruga
マトルチ Matolcsy
マドルッツォ
Madruzzo
マトルーフ Maṭrūḥ
マトルブホン
Matlubkhon
マドルルー
Mudrooroo
マードレ
Madre
Mâdre
マトレ Matoré
マドレ Madre
マドレイヌ
Madeleine*
マドレイン
Madelaine
Madeleine
マドレーヌ
Maddalena
Madelaine*
Madelein
Madeleine***
Madelène
Madeline
Magdeleine
マートレル Martrell
マドレーン Madeleine
マードロシャン
Mardorossian
マトロシーロヴァ
Motroshilova
マトロソワ Matrosova
マートロック
Mortlock
マトロック Matlock**
マドロック Madlock*
マトロナ Matrona
マトロニック
Matronic
マトロフ Matloff
マトロン Matrōn
マドロン
Maddron*
Madron
マトワ Matova
マートン
Martens*
Marton*
Martone
Merton***
Murton*
マードン Mardon
マトン
Mathon
Maton
Matton
マドン
Madden*
Maddon*
マートンズ Martens
マトンド Matondo
マドンナ Madonna**
マトンバ Matomba
マーナ
Mahner
Merna
Myrna**
マーナー
Marner
Merner
Moerner
Myrna
マナ
Mana*
Mana'
Manna
マナー Manor
マナア Mana'a
マナイ Manaj
マーナヴァ Māṇava
マナウィダン
Manawydan
マナーエフ Manaev
マナエン Manaēn
マナエンコフ
Manaenkov
マナケ Manake
マナコルダ
Manacorda
マナサ Manasa
マナシ Minasi
マナシエフスキ
Manasievski
マナシュ Manac'h
マナース Manners
マナーズ Manners**
マナズ Mahnaz
マナスター Manaster
マナセ
Manasse
Manasseh**
Menasseh
マナセス Manasses
マナセロ Manassero*
マナソン Mnásōn
マナタワイ
Manatawai
マナッセス Manassēs
マナット
Manat*
Manatt*
マナドゥ
Manaudou**
マナナエラ
Manana Ela
マナニ
Manani
Manany
Mannany
マナーハイム
Mannerheim
マナハン Manahan
マナビ Manavi
マナブジトシン
Manavjit Singh
マナプル Manapul
マナベーンドラ
Manabēndra
マナモレラ
Manamolela
マナーラ Manara*
マナラ Manara
マナラスタス
Manalastas
マナラニ Manalani*
マナラン Manalang
マナリノ Mannarino
マナーリン
Munnerlyn
マナリン Munnerlyn
マナリング
Mainwaring*
マナルスワミガラ
Mannarswamighala*
マナルト Manalt
マナロ Manalo
マナローロ Manalolo
マーナン Murnane
マナン
Manent
Manin
Mannan*
マナンダル
Manandhar
マナンツア
Manantsoa
マーニ
Maani
Magni
Marni*
マーニー
Maany
Mahoney
Mānī
Marney*
Marnie
Mernie
Murney
マニ
Maani
Mani*
Mānī
マニー
Magny*
Maine
Mamy
Mannie
Manny**
Manuel
Mauny
Money
マーニア Mania
マニアー Munyer
マニアク
Maniach
Maniaoch
マニアッチ Maniacci
マニアーニ Magnani
マーニイ Mahoney
マニイ Magny
マニウ Maniu*
マニヴェル Manivel
マーニウス Manius
マニウロワ
Maniourova
マーニエ Magné*
マーニエ Meusnier
マニエ Mañé
マニエ
Magne
Magné*
Magnier*
Manier
マニェット Magnette
マニェリ Magnelli
マニエル Manuel**
マニェロ Mañero
マニエーロ Maniero
マニェンジ Manhenje
マニオティス Maniotis
マニオン Mannion
マニーカ Manyika
マニカ
Manicka*
Manniche*
Manyika*
マニガ Manigat**
マニカス Manikas
マニーク Manigk
マニク
Mānik
Maniku
Munnik
マニクス Mannix
マニクチャンド
Manickchand
マニグリエ Maniglier
マニケ
Manique
Manniche
マニケー Menike*
マニコ Man'ko
マニシェ Maniche*
マニーシャ Maneesha
マニーシャー Manisha
マニシュ Manish
マニシュトゥシュ
Maništusu
マニシュトゥス
Maništusu
マニス
Manes
Mannes
Mannis
マニーゼル Manizer
マニタキス Manitakis
マニタス Manitas
マニーチ Manici
マニチャンド
Manichand
マニーツィウス
Manitius
マーニッカ Māṇikka
マニック Mannick
マニックス Mannix**
マニッシュ Manish
マニッチ Manic
マニート Maneet
マニトランジャ
Manitranja
マニーナ Manina
マニーニ Magnini
マニノ Mannino
マニーフ Maneev
マニフィカ Manificat
マニフィコ Magnifico
マニフォウルド
Manifold
マニベ Manibe
マニーペニー
Moneypenny
マニム Magnim
マニャ Manya*
マニヤ Manya
マニャーゴ Magnago
マニャスコ Magnasco
マニャーセック
Manásek
マニャゼワル
Manyzewal
マニャーニ
Magnani**
マニヤーニ Magnani
マニャニャ Magnagna
マニャネッリ
Magnanelli
マニャネト Mañanet
マニャバル Magnabal
マニャリチ Mañalich
マニャール Magnard
マニャン
Magnan**
Magnen
Maniang
Manyang
マニヤン Magnien
マーニュ Magne**
マニュ Manu
マニュアル Manuel
マニュイ Manyi
マニュエラ
Manuela
Manuella
マニュエル
Mannuel
Manuel***
マニュス Manus
マニュロワ
Manyurova
マーニョ Magno*
マニョ Magno
マニョカヴァッロ
Magnocavallo
マニョーヌ Magnone
マニョルフィ Magnolfi
マニョンガ Manyonga
マニラキザ
Manirakiza
マニラトナム
Mani Ratnam
マニラム Manniram
マーニーリウス
Manilius
マニリウス
Manilius
Mānīlius
マニル Manil**
マニロー Manilow
マニロウ Manilow*
マニーワン
Maneewan*

マ

マニン
Manin**
Mannin
マーニンカ Maaninka
マニンガー
Manninger
マニンガム
Manningham
マーニング Manning
マニング
Manning***
Mannyng
マニングス Mannings
マニングズ Munnings
マヌ
Manu**
Mánu
マヌア Manoury
マヌアレサガララ
Manualesagalala
マヌイラ Manuila
マヌィリスキー
Manuilskii
マヌイーリスキー
Manuilskii
マヌイルスキー
Manuilskii
Manuil'skii
マヌーヴァ Manuva
マヌヴリエ
Manouvrier
マヌエウ Manuel
マヌエーラ Manuela
マヌエラ Manuela**
マーヌエル Manuel
マヌエール Manuel
マヌエル
Manoel
Manouēl
Manueel
Manuel***
Manueru
マヌエレ Manuele
マーヌカ Mānuka
マヌキアン
Manoukian
マヌキャン
Manukian
Manukyan
マヌーク Manook
マヌク Manuk
マヌグエルラ
Manuguerra
マヌシー Manucy
マヌシャル
Manuchar*
マヌーシュ
Manoush
Manush
マヌシュキン
Manushkin
マーヌス Manus
マヌス Manus**
マヌタヒ Manutahi
マヌチェアー
Manuchair
マヌーチェッリ
Manoochehri
マヌーチェフリー
Manūchihrī
マヌチェフル
Manouchehr*
Manuchehr
マヌーチェヘル
Manouchehr
マヌーチフリー
Manūchihrī
マヌーツィオ
Manutius
Manuzio
マヌック Manuck
マヌッス Manesse
マヌッチ Manucci
マヌティウス
Manutius
マヌート Manute*
マヌト Manus**
マヌーバ Manuva
マヌブリエ
Manouvrier
マヌーリ Manoury
マヌリ Manoury
マヌリウ Manliu
マヌリタ Manurita
マヌリッタ Manuritta
マヌル Manoro
マヌンタ Manunta
マーネ Mane
マネ
Mane
Mané
Manet*
Monnet
マネー
Manès
Manet
Money**
マネア Manea*
マーネイ Marney
マネイア Manaea
マネイル Manale
マーネイン Murnane
マネカ
Manek**
Maneka
マネガッティ
Menegatti
マネクショウ
Manekshaw*
マーネゴルト
Manegold
マネゴルト Manegold
マネザ Maneza*
マネシエ Manessier*
マネーシャ Maneesha
マネーシュ Maneesh
マーネス
Manes
Mánes
マネス
Manes*
Manès**
Mannes*
マネスカウ Manescau
マネスク
Manescu*
Mănescu*
マネック
Maneck
Manek
マネッシュ Manesh
マネッセ Manesse
マネッティ Manetti
マーネット Marnett
マネット
Manet
Manette
マネッリ
Manelli
Mannelli
マネテ Mannete
マネト Manetho
マネトー Manetho
マネトアリ Manetoali
マネトン Manetho
マネニアル
Maneniaru
マネバ Maneva
マネビッチ Manevich
マネフスキ Manevski
マネープン Maneepun
マネーペニー
Moneypenny
マネポラ Manepora'a
マネポン Maneepong
マネラ Manera
マーネル Marnell
マネル
Manel
Manner
Manuel
Munnell
マネロ Manero
マネワ Maneva
マーネン
Maanen**
Manen*
マネン Manén
マーネンスミス
Mahnensmith
マノ Mano**
マノア
Manoa
Manoah
マノイ Manoj*
マノイロヴィッチ
Manojlovici
Monojlovich
マノヴァルダ
Manowarda
マノヴィッチ
Manovich
マノエル Manoel**
マノキャン
Manoukian
マノージ Manoj
マノジ Manoj
マノシェク
Manoschek
マノジュ Manoj
マノス Manos*
マノッキア
Manocchia
マノック Mannock*
マノッティ Manotti
マノッフ Manoff
マノーニ Mannoni
マノニ Mannoni*
マノーパコーンニティターダー
Manopakonnititha
da
マノハラン
Manoharan
マノーハル Manōhar
マノハール Manohar
マノハル Manohar
マノバルダ
Manowarda
マノピモク
Manopimoke
マノフ Manoff*
マノラキス Manolakis
マノラケ Manolache
マノラス Manolas
マノーラマー
Manorama
マノラマ
Manorama*
Marorama
マノリ Manoli
マノリウ Manoliu
マノーリオ Manolio
マノリキ Manoriky
マノリス
Manoles
Manolis
マノリュー Manoliu
マノル
Manoll
Manor
マノルヤ Manolya
マノレスク Manolescu
マノレスコ Manolesco
マノレテ Manolete
マノーロ Manolo
マノロ Manolo*
マノロハンタ
Manorohanta
マノロフ Manolov
マノン
Manon***
Manone
マノンマニ
Manonmani
マーハ
Macha
Mácha
Maher*
Meagher*
マーハー
Maher*
Meagher
マーバ Marva
マーバー Marber**
マハ Maha***
マハー
Maha*
Mahā
Mahar
Maher
Meagher
マハイニ Mahayni
マハイム Mahaim
マバイレ Mavhaire
マハウ Mahau*
マハーヴィーラ
Mahāvīra
マハヴィラ Mahāvīra
マハーヴィールプラサード
Mahāvīrprasād
マーハウス Marhaus
マハウト Méhaut
マーバーガー
Marburger
マハーガヴァッチャ
Mahāgavaccha
マハーカウシュティラ
Mahakauṣṭhila
マハーカッチャーナ
Mahākaccāyana
マハーカッチャーヤナ
Mahākaccāyana
マハーカッピナ
Mahākappina
マハガマ Mahagama
マハーカーラ
Mahākāḷa
マーバーグ Marburg
マハーグ MacHarg
マハグーブ Mahgoub
マハークン Mahakhun
マハーコッティタ
Mahakauṣṭhila
Mahākoṭṭhita
マハザカ Mahazaka
マハサティー Mahsatī
マハーシ
Mahasi
Mahāsi
マハーシー Mahasi
マハジャン
Mahajan**
マハジューブ
Mahjoub
マハシン Mahashin
マハースウェーラチャイ
Mahasuverrachai
マハースェー
Maha Swe
Mahaswe
マハースォエ
Maha Swe
マハスーリ Mahsouli
マハーセーナ
Mahāsena
マハセモイロア
Mahase-moiloa
マハゾアジ
Mahazoasy
マーハーダジー
Māhādajī
マハーダジー
Māhādajī
マハダビキア
Mahdavikia

マ

マハダビキャニ
Mahadavi
Mahadavi Kani*
マハーダマティンジャン
Mahadhammathin gyan
マハーダムマヤーザディパティ
Mahadamayazadipa ti
マハーダムロンクーン
Mahaadamrongkuul
マハタン Machtan
マハチ Mahachi
マハチェク
Machacek
Machatschek
マハチェック
Machatschek
マハーチュンダ
Mahācunda
マーバット Marbut
マハティ Machaty
マハティー Machaty
マハディ
Mahadi
Mahdi***
Mehdi
マハディー
Mahdi
Mahdī
マハ・ティーラウンタ
Mahathilawuntha
マハーティラウンタ
Mahathilawuntha
マハティール
Mahathir**
マハーデーヴァ
Mahādeva
マハーデーヴィー
Mahādevī
マハデバ Mahadeva
マハデバッパ
Mahadevappa
マハテーラ
Mahathera
マハト
Macht
Mahat
Mahato
マハトバ Mohandas
マハートマ Mohandas
マハートマー
Mohandas
マハトマ
Mahatma
Mahātma
Mohandas*
マハトリンガー
Machtlinger
マハーナーガ
Mahānāga
マハーナーマ
Mahānāma
マハーナーマン
Mahānāma
マーハーニー Māhānī
マハノ Majano
マハーパジャーパティー
Mahāpajāpatī
マハーバット
Mahābat
マハーバト Mahābat
マハーパドマ
Mahapadma
マハーパトラ
Mahapatra
マハパトラ
Mahapatra*
マハーパンタカ
Mahāpanthaka
マハーバンドゥーラ
Mahabandula
マハーバンドゥラ
Mahabandula
マハービーラ
Mahāvīra
マハビーラ Mahāvīra
マハビル Mahavir
マハファリ Mahafaly
マハフィ Mahaffy
マハフィー
Mahaffey
Mahaffy
マハフェイ Mahaffey
マハフーズ
Mahfouz
Mahfuz
Mahfûz
Maḥfūẓ
マハフード Mahfoodh
マハブーバ Mahbūbah
マハブブ Mahbub
マハマ Mahama**
マハーマウドガリヤーヤナ
Mahāmaudgalyāya na
マハマット Mahamat
マハマト Mahamat
マハマドゥ
Mahamadou**
マハマヌ
Mahamane**
マハーマーヤー
Mahāmāyā
マハマン
Mahaman
Mahamane
マハムッド Mahmud
マハムーディ
Mahmoudi
Mahmudi*
マハムード
Mahamoud
Mahmood
Mahmoud**
Maḥmoud
Mahmud
Maḥmūd
マハムド
Mahamoud**
Mahamud
Mahmoud*
Mahmud
Mahmūd
Maḥmud
マハムドゥ
Mahamoudou
マハメダウ
Mahamedau
マハメドラスル
Mahammadrasul
マハーモッガラーナ
Mahāmoggallāna
マハーヤーナ
Mahāyāna
マハヤン Mahajan
マハラ Mahara
マバラ Mabala
マハラージ Maharaj
マハラジ Maharaj
マハラジャ Maharaja
マハラゼ Makharaze
マハーラッターラ
Maha Rahtathara
マハラート Maharat
マハラニ Maharani
マハーラノビス
Mahalanobis
マハラノビス
Mahalanobis
マハラブ Mahlab*
マハラファ Maharafa
マハラボ Maharavo
マハラレラ Mahlalela
マハラント
Maharante
マーバリー Marbury
マハーリ Mahāli
マハリ Mahali
マハリー
Maharey
Maharry
マハリシ
Maharish
Maharishi*
Maharshi
Maharṣi
Mahesh
マハリス Maharis
マハリッジ Maharidge
マハリナ Makhalina*
マハリン Mahurin
マハリンガム
Mahalingam
マハール
Mahal*
Mahall
Mahar
マハル
Machar
Mahal
Mahar
Mahr
Matharu
マハルコ Michalko
マハルシ
Maharshi
Maharṣi
マハルース Mahroos
マハルーフ Makhlouf
マハループ Machlup
マハルプ Machlup
マハールベク
Makharbek*
マハルベク
Makharbek*
マハルベック
Makharbek
マハルマダン
Mahalmadane
マハレー Maharey
マバレ Mabale
マパレサ Mapalesa
マハン
Magang
Mahan**
Mahon*
マバンク Mabanckou
マパング Mapangou
マパンジェ Mapanje
マハンタ Mahanta*
マハンドラ Majandra
マバンドラ Mabandla
マバンロ Mabanglo
マーヒー Mahy***
マヒ Mahi
マヒー
Maggie
Mahy
マビアラ Mabiala
マヒエディヌ
Mahieddine
マヒエディン
Mahieddine
マヒエル Macheir
マヒガ Mahiga
マビカ Mabika
マピサヌカクラ
Mapisanqakula
マービス Mervis
マービック Myrvik
マビティ Mavity
マヒド Mahid
マビトレ Mabitle
マヒドーン Mahidol
マヒドン
Mahidol
Mahidon
マビーニ Mabini
マビニ Mabini*
マビヌオリ
Mabinuori*
マヒマ Mahima
マヒュー
Maheux
Mahiue
Mahu
マビーユ Mabille
マビュース
Mabeuse
Mabusé
マビューズ Mabusé
マビヨオ Mabilleau
マビヨン
Mabillon*
Mabilon
マビラ Mabilat
マビリ Mabili
マーヒル
Maher
Māhir
マヒル Mahir
マビール Mabire
マピルトン Mapilton
マービン
Marvin***
Melvin
Mervin**
Mervyn**
マヒンダ Mahinda**
マヒンダナンダ
Mahindananda
マヒンドラ
Mahindra*
マーフ Marfe
マーブ
Marv*
Merv
マフ
Mach
Muff*
マブ Mab
マプ
Mapou
Mapu
マプー Mapu
マファニ Mafany
マファルダ Mafalda*
マーフィ Murphy***
マーフィー
Murphy***
マフィ Mafi*
マーフィア Maffia
マーフィット
Murfitt
Murphet
マフィット Maffitt
マフィーユ Mafille
マーフィン
Merfyn
Murfin
マフェイ Maffei
マフェーウス Maffeo
マフェオ Maffeo*
マフェゾリ
Maffesoli**
マーフェット
Murphet*
マフェトン Maffetone
マフォニー Mahoney
マフォワルド
Mahowald
マフカモフ
Makhkamov*
マフグーブ Mafgoub
マブサ Mabuza
マブザ Mabuza
マフサティー Mahsatī
マプシ Mapushi
マフジューブ
Mahjoub
マブジューマーピレンゲ
Mabujaa-bilenge
マフズーン Mahzun
マブーゼ Mabusé
マブセ Mabusé
マブゼ Mabusé

マ

マフソン Mufson
マフタ Mahuta
マフティ Mufti
マフディ
Mahdi**
Mahdī
Mahdie
マフディー
Mahdi**
Mahdī*
マーフード Mahfood
マフード Mohfoudh
マフトゥ Maftuh
マフドゥーミ
Makhdūm-i
マフドゥーム
Makhdoom
マフドゥム Makhdúm
マフトゥムクリ
Makhtumkuli
Makhtumkulí
マプトン Mapilton
マフナシェヴァ
Mokhnacheva
マフネウ Makhneu
マフネワ Makhneva
マフノ Makhno
マフノー Makhno
マブバニ
Mahbubani**
マフハム Mafham
マフフーズ
Mahfoudh
Mahfouz
Mahfuz
Mahfûz
Mahfūz**
Maḥfūẓ
マフフド Mahfud
マフブーバ Maḥbūba
マプフーモ Mapfumo
マブーブル
Mahbub
Mahbubu
Mahbubu ul
マブフンガ Mavhunga
マフマダミノフ
Mahmadaminov
マフマダミン
Mahmadamin
マフマドトイル
Mahmadtoir
マフマドナザル
Makhmadnazar
マフマルバフ
Makhmalbaf**
マフムッド Machmud
マフムート Mahmût
マフムード
Mahmood*
Mahmoud**
Maḥmoud
Mahmud*
Mahmûd
Mahmūd***
Maḥmūd
Maḥmud
Maḥmūd*
マフムト
Mahmoud
Mahmud
Mahmūd
Mahmut**
Maḥmut
Makhmud*
Muhmut
マフムド
Machmud
Mahmoud*
Maḥmoud
Mahmud
Mahumud
マフムドヴィチ
Makhmúdovich
マフムドフ
Makhmudov
マフムノフ
Mahmudov
マフモウド Mahmoud
マフモディン
Mahmodin
マフモード Mahmood
マフユディン
Mahjudin
マフユーブ Mahyub
マフラ Mafura
マブーラ Mvula*
マフラガ Mahlagha
マフラス Machlas
マフラヒ Maflahi
マーフリー Murfree*
マーブリー
Mably
Marbury*
マブリ
Mably
Mabri
マブリー Mably
マプリ Mapuri
マーブリナ Mavrina
マブリナ Mavrina*
マフリハノフ
Mavlikhanov
マーブル Marble*
マフール Majul
マブル Mavrou
マブルーク
Mabrouck*
Mabrouk
マブルク Mabruk
マープルス Marples
マープルズ Marples
マフルス Mahrous
マフルスキー
Machulski
マプルソン Mapleson
マフルーフ Makhlouf
マフルーフィ
Makhloufi
マーブレー Marbley
マフレズ Mahrez
マフレト Mavlet*
マブロコルダトス
Mavrokordatos
マブロージン
Mavrodin
マブロディン
Mavrodin
マブロニコラス
Mavronicolas
マブロノワ
Mavlonova
マフロフィ
Makhloufi**
マブロミカリス
Mavromichalis
マブンダ Mabunda
マブンドゥ
Maboundou
マブンバ Mabumba
マヘ Mahe
マベ
Mabe
Smra ba'i
マヘアラン Mahealani
マーベイ Mulvey
マヘイ Mahy
マベオ Mabeo
マヘシ Mahesh*
マヘーシュ Mahesh*
マヘシュ Mahesh**
マヘシュヴァラナンダ
Maheshvarananda
マヘシュワリ
Maheshwari
マヘスワリ
Maheswari
マーベック
Marbeck
Merbecke
マヘッシ Mahesh
マヘッシュ Mahesh
マーペット Marpet
マベット Mabbett
マベッリーニ
Mabellini
マーヘフカ Marhefka
マペラ Mapera
マーベリー
Marberry
Marvalee
マヘーリア Mahalia
マヘリア
Mahalia*
Mahelia
マーヘル
Maher*
Mahil
Māhir
Marherr
マーベル
Mabel
Marvel
Marvell
マヘル
Maher*
Mahir
マベル Mabel
マヘルム Mahelm
マベルリー Mabberley
マヘレロ Maherero
マヘン Mahen
マベンガ Mabenga
マヘンゾ Magendzo
マヘーンドラ
Mahēndra
マヘンドラ
Mahendra**
マヘーンドラヴァルマン
Mahendravarman
マヘンドラヴァルマン
Mahendravarman
マヘーンドラパーラ
Mahendrapāla
マヘーンドラバルマン
Mahendravarman
マヘンドラン
Mahendran
マホ
Macho
Majó
マーホヴァ Makhova
マホヴェッツ
Machovec
マホヴスキー
Machowski
マホエ Māhoe
マボエエ Maboee
マポカ Maphoka
マホーター
McWhorter
マホチーヌイ
Makhotin
マボテ Mabote
マホーニー
Mahoney
Mahony
マホニ Mahoney
マホニー
Mahoney**
Mahony*
マホーニィ
Mahoney*
Mahony
マホニイ Mahoney
マホニン Machonin
マホネイ Mahoney
マホバ Machová
マーホフ Mahov
マホフ Makhov*
マホフスキ
Machowski
マホフスキー
Mahovsky
マホームズ Mahomes*
マホメット
Meḥmet
Muhammed
マホメッド
Mahomed
Muhammad
Muhammed
マホル Mahal
マーホールズ Merholz
マホワ Makhova
マホーワルド
Mahowald
マホーン
Mahon
Mahone*
マホン Mahon
マポン Mapon
マポンガ Maponga
マボンゾ Mabonzo
マホンホン
Mahengheng
マーマ Mama
マーマー
Marmar
Marmer*
Marmor
Marmur
ママ Mama
ママー Momah
ママイ Mamai
マーマウ Maamau*
マーマエア Mamaea
ママエア Mamaea
ママキ Mamachi
ママコス Mamakos
ママサリエフ
Mamasaliyev
ママシュク
Mamashuk
ママス Mamas*
ママーター Mamata
ママタ Mamata*
ママダリ Mammadali
ママタリエフ
Mamataliev
ママチェク Momatiuk
マーマーツア
Maamaatua
ママディ
Mamadi
Mamady
Momaday
ママデイ Momaday*
マーマデューク
Marmaduke
マーマド Mahmud
ママート Mummert
ママトゥ Mamatou
ママドゥ
Mamadaou
Mamadou***
Mamadu
Mamadú
Mamdou
ママドゥー Mamadou
ママドゥバ
Mamadoub
Mamadouba
ママドゥファディア
Mamadu Fadia
ママドショ
Mamadsho
ママドフ Mammadov
ママドリ
Mammadli**
ママトワ Mamatova
ママニ Mamani
マーマニス Marmanis
ママヘレ Mamahele
マーマリ Ma'amari
ママリ
Mamari
Mummery
ママリー Mummery*

ママリス Mamalis
ママリゾ Mamarizo
ママル Mamar
ママレー
Ma Ma Lay*
Mamalay
マーマローサ
Marmarosa
ママロニ Mamaloni**
マーマン
Meerman
Merman*
Murmann
ママン
Maman
Mamane
ママンガキス
Mamangakis
ママンディウラ
Maman Dioula
マーミ Mami
マミ Mamy
マミー
Mamie
Mamy
Mumy
マミアシヴィリ
Mamiashvili
マミアシビリ
Mamiashvili
マミアシフィリ
Mamiashvili
マミアーニ Mamiani
マーミアン Marmion
マミコニアン
Mamikonian**
マミコン Mamikon
マミザラ Mamizara
マミシュザダ
Mamishzada
マーミーズ Mermuys
マミティアナ
Mamitiana
マミヤ Mamiya
マミリアーノ
Mamiliano
マミリウス Mamilius
マミロフ Mamyrov
マーミン
Mamin**
Mermin
マミン Mamin
マーム
Mahmoud
Mamu
マム
Mam
Mame
Mumm
マムー Mamou*
マムイトフ Mamytov
マムイトベコフ
Mamytbekov
マムウド Mamoud
マムカ Mamuka
マムカシヴィリ
Mamukashvili
マムケグ Mamkegh
マームズバリー
Malmesbury
マームズベリ
Malmesbury
マームズベリー
Malmesbury
マムター Mamata*
マムダーニ Mamdani
マムーティ
Mammootty
マムーディ
Mahmoody
マームード Mahmud
マームド
Mahmood
Mahmoud*
Mahmud
マムード Mahmoud
マムドゥ Mamdouh
マムドゥーハ
Mamdouh
マムドゥーフ
Mamdouh
マムドゥフ Mamdouh
マムドク Mamdhouq
マムトラ Mamtora
マムーニ Mamouni
マムヌーン
Mamnoon*
マムフォード
Mumford
マムベタリエワ
Mambetalieva
マムベトフ Mambetov
マムポノ Mamphono
マムメデュルディ
Mammetdurdy
マームラ Marmura
マムラ Mamula
マームリ Maamri
マムリ Mammeri**
マムーリアン
Mamoulian*
マムル Mamur
マムレ Mamre
マムレーエフ
Mamléev
マームーン
Ma'mūn
Ma'mūn
Maumoon
マムーン
Ma'moun
Mamun*
Ma'mūn
マムン
Mamun*
Ma'mūn
マメ Mame
マメア Mamaea
マメヴ Mameve
マメダリエフ
Mamedaliev
Mamedaliyev
マーメッシュ
Marmèche
マメット Mamet**
マメディヤロフ
Mamedyarov
マメド Mamed
マメードヴァ
Mamedova
マメドクリザデ
Mamedkulizadé
マメドゲリディエフ
Mamedgeldiyyev
マメトゲルドイエフ
Mammetgeldyyev
マメドフ
Mamedov
Mammadov
マメドベコフ
Mamedbekov
マメドワ Mamedova
マメブ Mameve
マメーリ Mameli
マメリ Mammeri
マーメル
Marmel
Marmell
マメール Mamert
マーメルスタイン
Mermelstein
マメルチニ Mamertini
マメルチヌス
Mamertinus
マメルティヌス
Mamertinus
マメルト Mamerto
マメルトゥス
Mamertus
マーメレイラ
Marmeleira
マーメン Mammen
マメン Mammen*
マモ Mamo*
マモウド Mahmoud
マーモット Marmot*
マモナ Mamona
マモーノヴァ
Mamonova
マモノフ Mamonov
マモーム Mamoum
マーモル Marmol
マーモン Marmon**
マーモント Marmont
マーモントフ
Mamontov
マーヤ
Maarja
Maja
Maya
マーヤー Māyā
マヤ
Madeline
Maia**
Maija
Maja**
Maya***
マヤー Mailla
マヤカ Mayaka
マヤコーフスキー
Maiakovskii
Mayakovskii
Mayakóvskii
マヤコフスキー
Maiakovskii
Mayakovskii*
Mayakóvskii
Mayakovsky
マヤコーフスキィ
Mayakovskii
マヤコーフスキイ
Maiakovskii
Mayakovskii
Mayakóvskii
マヤコフスキイ
Maiakovskii
Mayakóvskii
マヤス Mayas
マヤーソン Meyerson
マヤーノ Maiano
マヤノ Maiano
マヤホフ Myerboff
マヤラ Mayara
マヤール
Mailart
Maillard
Maillart
マヤルオマ
Majaluoma
マヤワティ
Mayawati*
マーヤン
Maayan
Maryann
マヤングサリ
Mayangsari
マヤンジャ Mayanja
マヤンツ Maiants
マーユ Maille
マユ Mahut
マユミ Mayumi
マユーラ Mayūra
マユリ Mayuri
マユール Mayur
マユーロフ
Mairov
Maiurov
マユンケ Majunke
マーヨ
Majo
Mayo
マヨ Mayo*
マヨー
Maillot
Mayaux
Mayo
マヨッキ Majocchi
マヨナラ Majorana
マヨーニー Majone
マヨーネ Majone
マヨラ Mayora
マヨーリ Majoli*
マヨリ Majoli*
マヨリアーヌス
Majorianus
マヨリアヌス
Majorianus
マーヨーリーヌス
Majorinus
マヨリヌス Maiorinus
マーヨル Major
マヨール
Maior
Major
Mayol
Mayor**
マヨルガ Mayorga
マヨールス Majolus
マヨルス Maiolus
マヨレスク Maiorescu
マヨロシュ Majoros*
マヨロワ Mayorova*
マヨンベ Mayombe
マーラ
Mahler
Mala
Mara***
Marla**
Marra**
マーラー
Mahler**
Mala
Mara
Marler
Maurer
Møller
マラ
Mala*
Malla
Mara***
Marah
Marat
Marra
マラー
Mahler
Marah
Marat
Mare
Muller**
Mullur
マーライ
Malai
Márai*
マライ
Malaj
Marei
マライア
Maria*
Mariah**
マラーイカ
Malaika
Malā'ika
Malā'ikah
マライカ Malaika*
マライケ Marijke
マライス
Malais
Marais**
マライーニ
Maraini***
マライニ Maraini
マライヤ Marije
マライレ Maraire
マライン Marein
マラウ Marau
マラヴァル Maraval
マラヴィア
Malavia
Mālavīya
マーラヴィジャヨットゥンガヴァルマン

Māravijayottuṅga valman
マーラヴィジャヨートゥンガヴァルマン
Māravijayottungga varman
マーラヴィーヤ
Mālavīya
マラヴィーリャ
Maravilla
マラヴォワ Malavoy
マラヴスキー
Malawsky
マラカ Malaka
マラカー Malakar
マラカイ
Malachi*
Malakai
マラカス Marescaux
マラカーノフ
Molokanov
マラガムワ
Malagamuwa
マラカラ Malacara
マラガリィ Maragall
マラガール Maragall
マラガル Maragall
マラガンバ
Malagamba*
マラーキー
Malarkey
Mularkey
マラーギー
Marāgaī
Marāghī
マラキ
Malachias
Malachy
マラキー Malachy**
マラキーアス Malachy
マラキス Malakis
マラーク Mallakh
マラク
Malak
Mallac
Mařák
マラクコウスカ
Marakukouska
マラークシェフ
Marakushev*
マラグナ Malagna
マラグラゼ
Malaghuradze
マラグリス Maragris
マラグリーダ
Malagrida
マーラークン Malakun
マラーゲイー
Marāghe'ī
Marāgheyī
マラゴス Maragos
マラゴディ Malagodi
マラザリボ
Malazarivo
マラシ Marashi
マラジ Maraj
マラシガン Marasigan
マラーシキン
Malashkin
マラシコ Malashko
マラシチ Maracich
マラシノー
Maracineanu
マラシワリ
Malleswari
マラシンスキー
Malacinski
マーラシンハ
Marasinghe
マラス
Maras
Marrus
マラスコ Marasco*
マラスト Marrast
マラスピーナ
Malaspina
マラスリス Maraslis
マラゾーグ Malazogu
マラタ Malata
マラチ
Malachi
Marach
マラチー Malachy
マラチンスキー
Malacinski
マラツ Malats
マラック
Mallach
Marrack**
マラッケ Maracke
マラッタ Maratti
マラッツィ Marazzi*
マラッツィーナ
Marazzina
マラッツォーリ
Marazzoli
マラッティ Maratti
マーラット Marlatt*
マラット
Mallatt
Marat
マラディアガ
Maradiaga
マラディナ Maladina
マラティンスキー
Malatinský
マラテスタ
Malatesta*
マラテール Malaterre
マラデン Maraden*
マラート Marat
マラード
Mallard
Mallord
Mullard
マラト Marat**
マラド Malado
マラドゥディン
Maradudin
マラドーナ
Maradona***
マラドラ Malladra
マラトレ Maratray
マラーニ
Malani
Marani**
マラニ
Malani*
Mullany
マラニー Mullaney*
マラニス Maraniss*
マラニーニ Malagnini
マラニョン Marañón
マラーノ Marano*
マラノヴィッチ
Malanowicz
マラノフスキ
Malanowski
マラバエフ Malabaev
マラバグ Malabag
マーラパネ Marapane
マラバル
Maraval
Maravall
マラパルテ
Malaparte**
マラハン Mallahan
マラビー Mallaby**
マラビカ Malavika
マラビッティ
Marabitti
マラビーニ Marabini
マラヒミン
Marahimin*
マラヒモフ
Marahimov
マーラビーヤ
Mālavīya
マラビーヤ MaliVai
マラビリャス
Maravillas
マラーブ Malabre
マラフ Mallah
マラブー Malabou*
マラファ Marafa
マラフィ Malafi
マラフィオッティ
Marafioti
マラフェーエフ
Malafeev
マラフォス Malafosse
マラフベコフ
Malakhbekov
マラーブル
Malabre
Marabre
マラブル
Malable
Malabre
Marable*
マラベ Malave
マラペ Marape
マラベル Marabel
マラボ Malabo
マラホビッチ
Malajovich*
マラーホフ
Malakhov*
マラホフ Malakhov
マラホーフスカヤ
Malakhovskaya
マラマ Marama
マラマット Malamat
マラマッド
Malamud**
マラミ Malami
マラミス Maramis
マラミル Malamir
マラム
Malam
Mallam*
Marram
マラムジン Maramzín
マラムッド Malamud
マラムード
Malamood
Malamud
マラムド Malamud
マラムフィー
Malamphy
マラメッド Malamed
マラメド Malamed
マラモッティ
Maramotti*
マラモド Malamud
マラヤ Mariah*
マラヤット Marayat
マララ Malala**
マラライ Malalai**
マララス
Malalās
Malálas
マララセーカラ
Malalasekera
マラーリー Mulally
マラリー
Mallery
Maralee
Mullally
Mullaly
マラリアス Maralious
マラリアーノ
Maragliano
マラリーク Maralík
マラリス Maralys
マラリャーノ
Maragliano
マラリン Maralyn
マラール Mallard
マラル
Malal
Maral
マラルチック Malartic
マラルディ Maraldi
マラルド Maraldo
マラルメ Mallarmé*
マラーレンス
Marahrens
マーラワナ Malawana
マーラン Maran
マラン
Malam**
Malan**
Malin
Maran*
Marant*
Marin**
Mullane
マランヴィル
Maranville
マランヴォー
Malinvaud**
マランガ Malanga
マランク Maranke
マラング
Mahlangu
Malingue
マランゴーニ
Marangoni
マランゴニ
Marangoni
マランゴン Marangon
マランシェ Marenches
マランジュ Marangue
マランソン
Malencon
Malençon
Melancon
マランチュク
Malanchuk
Malanczuk
Malantschuk
マランツ Marantz**
マランツク
Malantschuk
マランディ Marrandi
マーランド Marland
マラント Maranto
マランド
Maland
Malando
Malland
マランドラ Malandra
マランパチー
Mallampati
マランビル Maranville
マランボ Malambo
マランボー Malinvaud
マーリ
Maali
Mari*
Marie
Marley
Marray
Murray*
Murry
マーリー
Mahle
Mahley
Mairi
Majerle
Mārī
Marlee*
Marley**
Mary
Murray
Murry
Myrlie
マリ
Magli
Mali
Mally*
Maly
Mari***
Marie***
Mariia
Marri
Mary
Moray
Murray**
Murry*
マリー
Maile
Maire

マ

Malee
Maley
Mallee
Malley*
Maly
Malý
Maree
Mari*
Maria*
Marie***
Marié
Marit
Marlie
Mary***
Merie
Moray
Murray***
Murry*
マーリア
Maria*
Mária*
マリーア
Maria**
María***
Marīa
Marie
Mario
Mariya
マリア
Malhia
Malia
Maria***
Mariá
María***
Mária*
Mariám
Marie*
Mariia*
Mariya**
Marj
Marja*
Marla
Marya
Maryam
Maryia
マリアアレクサンドラ
Maria Alexandra
マリアヴァン
Malliavin*
マリアエマ
Mariaemma*
マリアガブリエラ
Maria Gabriela
マリアキアラ
Mariachiara
マリアグアダルペ
Maria Guadalupe
マリーアス Marías*
マリアス
Marias
Marías**
Marius**
マリアステラ
Mariastella
マリアセレン
Maria Suelen
マリアッチ Mariachi
マリアット Marryat*
マリアッパ Mariappa
マリアテーギ
Mariátegui
マリアテギ
Mariategui
Mariátegui*
マリアテレーザ
Mariateresa*
マリアトゥ
Mariatou
Mariatu
マリアーナ
Mariana***
Maryana
マリアナ
Mariana**
Marianna*
Marianne
マリアナッチ
Marianacci
マリアーニ Mariani**
マリアニ Mariani*
マリアニト Marianito
マリアーヌス
Marianus
マリアヌス Marianus
マリアーネ Marianne*
マリアネッリ
Marianelli
マリアネラ
Marianela*
マリアーノ
Mariano***
Marianodi
マリアノ Mariano***
マリアーノス
Marianos
マリアノス Mariānos
マリアノビッチ
Marijanovic
マリアヘスス
Maria-Jesús
マリアホ Mariajo
マリアボ Maliavo
マリアマ Mariama**
マリアム
Mariam**
Maryam***
Mayram
マリアムネ Mariamne
マリアリス Malliaris
マリーアリーン
Marie-Aline
マリアル Marial
マリアレオノール
Maria Leonor
マリアローザ
Mariarosa*
マリアロザリア
Mariarosari
マリアーン
Marian
Marián
マリアン
Malyn
Mariam
Marian***
Mariann
Marianne***
Marien
Marijan
Marion**
Marjan
Maryan
Maryann**
Maryanne*
マリアンジェラ
Mariangela*
マリアンジュ
Marie-Ange
マリアンスキー
Maryanski
マリアンナ
Maria Anna
Marianna**
マリアンヌ
Mariane
Marianna
Marianne***
Marie-Anne
Maryanne
マリアンネ
Marianne***
マリアンヘレス
Mariangeles
マーリーイ Maareeye
マーリィ Marley*
マーリイ Mály
マリィ
Mairi
Marye
Murry
マリイ
Marie
Mary
Murray
マリイズ Maryse
マリイナ Marina
マリーイブ Marie-Eve
マリーヴ Maleev
マリーウィン
Mary-Wynne
マリヴォー Marivaux*
マリウシェ Mariusz
マリウシュ Mariusz*
マリウス
Marius***
Màrius
マリウスラウル
Marius-Raul
マリウソヴナ
Mariusovna
マリウッチャ
Mariuccia*
マリーエ Marie
マリエ
Malie
Marie***
Marié
Mariez
Mariye
マリェイロ
Malheiro**
マリエスキ Marieschi
マリエッタ
Marietta**
Mariëtte
Marrieta
マリエッテ Mariette
マリエッティ
Marietti*
マリエット
Malliet*
Mariët
Mariette*
Marietto
マリエッラ Mariella*
マリエトア
Malietoa**
マリエフランス
Marie France
マリエラ
Mariela*
Mariella*
マリエリ Marielle
マリエール Marielle*
マリエル
Mariel**
Mariell
Marielle**
Muriel
マリエルラ Mariella
マリエレガオイ
Malielegaoi*
マリーエレーヌ
Marie-Helene
マリエン Marien
マリエンコ Mar'enko
マリエンゴーフ
Mariengóv
マリエンバッハ
Marienback
マーリオ
Mario***
Mariò
マリオ
Malio
Mária
Mario***
Marío
Mário***
Morio
マリオス Marios
マリオータ Mariota
マリオッコ Magliocco
マリオッティ
Mariotti**
マリオット
Mariotte
Mariotto
Marriott***
マリオナ Mariona
マリオネット
Marionnet
マリオリーナ
Mariolina
マリーオロール
Marie-Aurore
マーリオン Marion
マリオン
Marion***
Marione
Marrion
Maryon
マリーカ Marieke
マリカ
Malika*
Mallika
Marica
Marika**
Maryka*
マリカルジュン
Mallikarjun
マリカルメル
Marie-Carmel
マリカン Mullican
マリガン Mulligan***
マリカンバル
Malikambar
マリキ Maliki*
マリキーリャ
Mariquilla
マリキン Malikin
マーリク
Malik
Mālik*
マリーク
Maliek
Malik
マリク
Malek
Malick
Malik***
Marc
Maríc
Mariq
Melik
マリグ
Malig
Marig
マリク・シャー
Malikshāh
マリークリスティーヌ
Marie-Christine*
マリクール Maricourt
マリークレール
Marie-Claire
マリークロード
Marie-Claud
Marie-Claude
マリーケ Marieke*
マリゲーラ Marighella
マリケリーヌス
Marcellinus
マリケン Mulliken*
マリコ
Maliko
Mariko
マリコヴァ Marikova*
マリコビッチ
Maljkovic
マリゴールド
Marigold*
マリゴレト
Marie-Goreth
マリーサ Marisa*
マリーザ
Marisa*
Mariza
マリサ
Malosa
Marisa**
Marissa
Marysa
マリザ Marisa
マリサビーナ
Marisabina*
Marisabino
マリジー Maligie
マリシア Marcia*
マリシアー Malliciah
マリシェヴァ
Malysheva
マリシェフ Malishev
マリシェフスキ
Maliszewski

マリジェーン
Marijane**
マリシカ Marisica
マリシク Malyshik
マリーシャ Marisha*
マリシャル Marichal
マリシュ Malysz**
マリシュカ Marischka
マリシュコ
Malyshko*
マリシュニグ
Maritschnigg
マリジョー Mari-Jo
マリージョイス
Marie-Joyce
マリージョゼ
Marie-Josee
マリジョゼ
Marie-Josée
マリジョルジュ
Marie-George
マーリーズ Mirrlees**
マーリス
Maris
Marlys
マリース
Marreese
Maryse
マリーズ
Malise*
Marise
Marlies
Maryse**
マリス
Mallis
Maris***
Māris
Marise
Mariss**
Marris*
Mullis**
マリズ Maryse
マリスカ Mariska*
マリスカル
Mariscal**
マリスクス Mariscus
マリスコ Malyszko*
マリスコリ Mariscoli
マリスチェッリ
Mariscelli
マリズニック
Marisnick
マリスピーニ
Malispini
マリーゼ Maryse
マリセッティ
Marisetti
マリセト Maricet
マリソール Marisol
マリソル Marisol*
マリソン Malison
マリータ Marita**
マリタ Marita**
マリタート Maritato
マリタン Maritain*
マリチ
Maríc
Marich**
マリチェバ Mal'tseva
マリチェフ Marichev
マリツァ
Marica
Maritza
マリツィア Malizia
マーリツェフ Mal'cev
マリツェフ
Maltsev
Mal'tsev
マリツキ Malicki
マリック
Malick*
Malik*
Mallick
Marick
Marric
マリックス Marix
マリッサ
Marisa
Marissa**
マリッザ Maritza
マリッジ Marriage
マリッシュ Malisch
マリッタ Maritta
マリッチ
Maric*
Marić*
マリッツ
Malitz
Maritz**
マリッツァ Maritza
マリッツア Maritza
マーリット
Maarit
Marit**
マリット
Marit**
Marrit*
マーリーテ Mārīte
マリテレーズ
Marie-Thérèse
マリテン Maritain
マリト Marit*
マリートゥ
Mary Teuw
マリドハル Murlidhar
マリドマ Malidoma
マリーナ
Malina**
Marena
Maria
Marina***
Marlena
Maryna
マリナ
Malina
Marina***
Maryna
マリナー
Mariener
Mariner
Marriner***
Mullinar
マリナス Marinus
マリナッチ Marinacci
マリナーリ Marinali
マリナーロ Marinaro
マリナンジェリ
Marinangeli*
マーリニ Marlini
マリーニ
Malini
Marini**
マリニ Malini
マリニー Marigny*
マリニクス Mulliniks
マリニス Marinis
マリニックス Mulinix
マリーニナ
Marinina**
マリニナ Malinina
マリニャク Marignac
マリニャック
Malignac
Marignac
マリニャーノ
Marignano
マリーニュス Marinus
マリニュス Marinus
マリーニョ
Marinho
Marino
マリニョ
Marinho
Mariño
マリニョッリ
Marignolli
マリニョーリ
Marignolli
Maringori
マリニョリ Marignolli
マリニョルリ
Marignolli
マリーニン Malinin
マリニン
Malinin
Marinin**
マリーヌ Marine**
マリヌ Marine
マリーヌス Marinus
マリヌス Marinus*
マリヌツァ Marinuta
マリヌッツィ
Marinuzzi
マリーネ
Malene
Marine
Marlene
マリネージョ
Marinello
マリネス Marinez
マリネスキュー
Marinescu*
マリネッチ Marinetti
マリネッツィ
Marinetti
マリネッティ
Marinetti*
マリネッテイ
Marinetti
マリネッティイ
Marinetti
マリネッリ
Marinelli**
マリネリ Marinelli
マリネリョ Marinello
マリネン Malinen
マリーノ Marino**
マリーノー Mallineux
マリノ
Marino**
Marinot
マリノー
Malineau
Morineau
マリノヴァ Marinova*
マリノヴスカヤ
Malinovskaya
マリノウスキー
Malinowski*
マリノウスキイ
Malinowski
マリーノス Marînos
マリノス Marinos*
マリノーニ Marinoni
マリノバ Marinova*
マリノビッチ
Marinović
マリノフ
Marinoff*
Marinov
マリノーフスキー
Malinovskij
マリノフスキ
Malinovski
Malinowski*
マリノフスキー
Malinovskii
Malinovskij
Malinovskiy
Malinowski**
マリノーフスキィ
Malinovskij
マリノワ Marinova
マリーハ Maleeh
マリーバ Maleeva
マリハ Maliha*
マリーハーバーディー
Malīhābādī
マリピエール
Marie-Pierre
マリピェロ Malipiero
マリピエーロ
Malipiero
マリピエロ Malipiero
マリヒュー Marihugh
マリヒン Malîhin
マリーブ
Maleev
Marieb
マリプー Maripuu
マリファント
Maliphant
マリブラン Malibran
マリフロー Mariflo
マリベス Maribeth*
マリベル Maribel
マリヘン Marigen
マリボー
Malibeaux
Marivaux
マリポール Maripol
マリマ Malima
マリマドリーヌ
Marie-Madeleine
マリマンティア
Marimantia
マリム Maalim
マーリャ Marya
マーリヤ
Marie
Mariia
Māriya
マリーヤ
Maria
Mariia
Mariya
マリヤ
Maria*
María
Mariám
Mariia*
Marija*
Marilhat
Mariya**
Marja
Marya*
Maryia
マリヤイエ Mallaye
マリヤース Maljers
マリヤック Marillac
マリヤッタ Marjatta*
マリヤット Marryat*
マリヤーナ Marjaana
マリャノビッチ
Marjanovic
マリャービン
Malyavin
マリヤム
Mariam
Mariyam
マリャレーナ
Marjaleena
マリャン Marjan
マリヤン
Marijan
Maryan
マリヤンスキー
Maryanski
マリュ Malus
マリュウス Marius
マリュシュカ
Maruschka
マーリュス Marius
マリュース Marius
マリュス Malus
マリユス Marius*
マリユール Mariur
マリヨ Marijo
マリョーア Malhoa
マリョレイン
Marjolein*
マリヨン
Marion
Mariyon
Maryon
マリラ
Malila
Marilhat
Marilla
マリラク Marillac

マ

マリリー
Marilee
Marylee
マリリア
Marilia
Marília
マリリーズ Marylise
マリリーン
Mary Lynn
マリリン
Marilin
Marillyn*
Marilyn***
Marilynn**
Marilynne**
Marlyn
Marylène
Marylin
Mary Lynn
マリール Mariel
マリールー Mary-Lou
マリル
Marill
Marilou*
Marilu*
Marilú
Maryl
Murrill
マリルー
Marilou*
Marilù
Marylou
マリールイーゼ
Marieluise*
マリールイゼ
Marieluise
マリルンゴ Marilungo
マリレーナ Marilena*
マリレーヌ
Marie-Reine
マリーローレンス
Marie-Laurence
マーリーン
Marleen
Marlene*
Merlene**
マーリン
Maalin
Malin
Mallin
Marin
Maring
Marleen
Marlene*
Marlin**
Marlyn
Merlin**
マリーン
Malynes
Mareen
Marín
Marine*
Marlene*
Merlene
Merline
マリン
Malin*
Mallin
Manley
Marijn
Marilyn
Marin***
Marín***
Marine*
Marrin*
Mullin**

マリンヴェルニ
Malinverni
マーリンガー
Mahringer*
Maringer
マリンカー Marinker
マリンガ Mallinga
マリンガー Mallinger
マーリンク Mahling
マーリング
Mahling*
Marling
マリング Malling
マリングス Mullings
マリングズ
Mülling
Mullings
マリーンクロット
Mallinckrodt
マリンクロット
Mallinckrodt
マリンコヴィチ
Marinković*
Marinkovich
マリンコヴィッチ
Marinkovic
マリンコビチ
Marinković
マリンズ
Marins
Mullins***
マリンスキー Malinski
マリンソン
Mallinson*
マリンチェ
Malintzin
Marina
マリンチャック
Malinchak
マリンツィン
Malintzin
Marina
マリンド Marhinde
マリントッピ
Malintoppi
マリンバ Malimba*
マリンバルド
Marimbaldo
マール
Maar**
Mahl
Mahr***
Male
Mâle**
Mall
Mar**
Mār
Mare
Marl
Marle
Marr**
Mars
Meile
Merle**
マル
Maal
Mal***
Mall
Malle*
Malu
Marou
Marr
Maru

Mull
マルー
Malot
Malou
Maloux
Marrou*
マルアーン Marouane
マルアン Marouane*
マールィー Malyi
マルイ Maruy
マルイー Marei
マルイシェフ
Malyshev
マルイシキン
Malyshkin
マルィナ Maryna
マルイユ Mareuil
マルヴ Malves
マルヴァ Malva
マルヴァイク
Marwijk*
マルヴァジーア
Malvasia
マルヴァズィー
Marvazī
マルヴァル Marval
マルヴァーン Malvern
マルヴィ
Malvy
Mulvey
マルヴィー
Malvy
Mulvey*
マールウィッツ
Marwitz
マールヴィッツ
Marwitz
マルヴィッツ Marwitz
マルヴィーナ
Malvina
Marvina
マルヴィナ Malvina*
マルウィーヌ Malwine
マルヴィノン
Mulvenon
マルヴィユ Marville
マルヴィーロバーツ
Mulvey Roberts
マルヴィン
Malvin
Marvin
Marwin
マルヴェイ Mulvey
マルヴェッツィ
Malvezzi
マルヴェッツイ
Malvezzi
マルヴェルン Malvern
マルウォト Marwoto
マルヴジョル
Marvejols
マルヴーリア
Marvuglia
マルーエ Malouet
マルエホル Maruejol
マルエル Malouel
マルカ

Malka*
Marca
Marcas
Maruca
マルカー Malcor
マルガ Marga
マルガイ
Margai
Margall
マルカインド
Malkind*
マルカウ Markau
マルカキス Markakis
マルカス
Marcus
Markus
マルカスター
Mulcaster
マルガダン
Margadant*
マルカデ Marcadé
マルカデー Marcadé
マルカティ Marcati
マルカード
Marquard
Mercado
マルガドンナ
Margadonna
マルガニ Margani
マルガニー Margh̲anī
マルカネン
Markkanen
マルカーノ Marcano
マルカノ Marcano
マルカブリュ
Marcabru
マルカム
Malcolm***
Malcom
Marc
Markham
マルガリア Margaria
マルカリアン
Markarian
マルガリィ Margall
マルガリオ Margaglio
マルガリス Margolis
マルガリータ
Margarete
Margarita***
Marguerite
マルガリタ
Margareta
Margarita*
Margaritha
Marguerite
マルガリティス
Margaritis
マルガリート
Margalit*
Margarito
Marguerite*
マルガリトーネ
Margaritone
マルカリヤン
Markarian
マルガリャン
Margarian**
Margaryan

マルカル
Marcal
Marcel
Markale*
マルガル
Margal
Margall
マルカルト
Markart
Markwart
マルガレータ
Margaret
Margareta**
Margarete
Margaretha*
Margherita
マルガレッテ
Margareth
マルガレット
Margaret
マルガレーテ
Margarate
Margareta
Margarete***
Margarethe**
Margherita
Margrete
マルガレテ Margareta
マルガレート
Margaret**
Margarethe
Margherita
Margret
マルガロ Margallo
マルカン
Malkan
Marken
Marquand*
マルガン Mulgan*
マルカーンズ
Mulkerns
マールカンデーヤ
Markandeya
マルカントアーヌ
Marc-Antoine
マルカントーニオ
Marc-Antonio
Marcantonio
Marc'-Antonio
Marc'Antonio
マルカントニオ
Marcantonio
Marc'Antonio
マルカントワーヌ
Marc-Antoine
マールギー Maiucchi
マルキ
Malki
Malki!
Marchi*
Marqui
Marquis*
マルギ Margi
マルキア Marcia
マルキアヌス
Marcianus
マルキアノス
Markianos
Markianós
マルキウス Marcius
マルキェヴィッチ
Markievicz
マルキエヴィッツ

Markievicz
マルキエビッチ
Markiewicz
マルギエフ Marghiev
マルギエワ Marghieva
マルキオディ
Malchiodi*
マルキオーリ
Marchiori
マルキオーン Marcion
マルキオン
Malchīōn
Marcion
マルキォンニ
Marchionni
マルキオンニ
Marchionni
マルキオンネ
Marchionne*
マールキシ Markish
マルキシ Markish
マルキーシオ
Marchisio
マルキージオ
Marchisio
マルキシュ Markish
マルキス
Marchis
Markis*
Marquis
マルギス Margis
マルキゼ Marquiset
マルギータ Margita
マルギッタ Margitta
マルギット Margit***
マルキデス Markides*
マルギト Margit*
マルキーナ Marquina
マルキナ Marquina*
マルキーニョ
Marquinho
Marquinhos
マルキーニョス
Marquinhos*
マルキャファーバ
Marchiafava
マルキヤン Markijan
マルキュウ Marcus
マルキュス Marcus
マルキール Malkiel**
マルギル Mal-gil
マールキン Markin
マルキン
Malkin***
Markin
マルーク Mallouk
マルク
Marc***
March
Marck
Marcoux
Mare
Mark***
Marq*
Marquet
Mulk
Mulkrāj
マルクー
Marcou
Marcoux*
マルグ Margue
マルクアルト
Marquard
マルクアントワヌ
Marc-Antoine
マルクイーン
Mulqueen
マルクウ Marcoux
マルクヴァルト
Markwart
Marquard
Marquardt*
Marquart
マルクウォルト
Markwort
マルクヴォルト
Markwort
マルクエベゴール
Mark Overgaard
マルクグラーフ
Marggraf
マルクグラフ
Marggraf
マルクサー Marxer
マルクシェヴィチ
Markushevich
マルクシース
Marcoussis
Markschies*
マルクシス
Marcoussis
マールクシュ Márkus
マルクシュ Markus
マルクジンスキ
Małcużyński
マールクス Marcus
マルクース Marcus
マルクス
Marcks**
Marcus***
Mārcus
Marks
Markus***
Marucus*
Marx***
マルグス Margus
マルクスコルス
Marxkors
マルクスセン
Marxsen*
マルクーゼ Marcuse**
マルクセン Marxsen
マルクソバー
Marksová
マルクッチ Marcucci*
マルグッチ Marguc
マルクッツォ
Marcuzzo*
マルグテル Marguetel
マルグニオス
Margoúnios
マルクハム Markham
マルクフィリップ
Marc-Philippe
マルグベラシヴィリ
Margbelashvili
マルグベラシビリ
Margbelashvili*
Margvelashvili
マルクマス Malkmus
マルクム Malkum
マルクラ Markula
マルク・ラジ Mulkrāj
マルクラス Markoulas
マルグランジュ
Malgrange
マルクリー Marquerie
マルグリ Marguery
マルグリイト
Marguerite
マルクリス Marcoullis
マルグリース
Margulies*
マルグリス
Margulis**
マルグリット
Margaret
Margrit*
Marguerite***
Margueritte*
マルグリッド
Marguerite
マルグリート
Margriet**
Marguerite**
Margueritè
マルグリト
Marguerite
マルクール Marcour
マルグル Margull
マルグルー Mulgrew
マルグレイ
Margueray
Mulgray*
マルグレイヴ
Mallgrave
マルグレイブ
Mallgrave
マルクレス
Malclès
Marcles
マルグレス Margules
マルグレット
Margaret
Margret
マルグレーテ
Margaret
Margrete
Margrethe**
マルグレート
Margret*
マルクヮルト
Marquardt
マルクワット
Marquardt
マルクワルト
Markwart
マルクン Markun
マルクンツォフ
Markuntsov
マルケ
Marcke*
Marquet**
マルケー Marquet
マルゲ
Margai
Maruge
マルケーイ Mulcahy
マルケイ
Mulcahy
Mulkay
マルケィヒー Mulcahy
マルケイヒー
Mulcahy*
マルケヴィチ
Malkevich
Markevich
Markevitch
マルケーヴィッチ
Markevich
マルケヴィッチ
Markevitch
マルケーサ Marquesa
マルケサーニ
Marchesani
マルケーシ Marchesi
マルケージ
Marchesi**
マルケシ Marchesi
マルケジアーニ
Marchegiani
マルケジニス
Markesinis
Markezinis
マルケジャーニ
Marchegiani
マルケース Marqués
マルケス
Margues
Marques**
Marqués*
Marquez**
Márquez***
マルケスゲーデス
Marques Guedes
マルケーゼ Marchese
マルケタ Marketa*
マルケチニス
Markezinis
マルゲッツ Margetts
マルケッティ
Marchetti**
マルケット
Marchetto*
Marquette
マルケッリヌス
Marcellinus
マルケッリノス
Markellīnos
マルケッルス
Marcellus
マルゲーニュ
Malgaigne
マルゲーヌ Margaine
マルケビチ
Malkevich
Markevich
Markevitch
マルケビチウス
Markevicius
Markevičius
マルゲム Marghem
マルケラ Marcella
マルゲラズ Margairaz
マルゲラン Marguerin
マルケリウス
Markelius
マルゲリータ
Margerita
Margherita*
Marguerita
マルゲリット
Marguérite
Margueritte
マルゲリーテ
Marguerite
マルゲリテ
Margueritè
マルゲリティ
Margheriti
マルゲリート
Marguerite*
Margueritte
マルケリーナ
Marcellina
マルケリナ Marcellina
マルケリーヌス
Marcellinus
マルケリヌス
Marcellinus
マルケル
Markel
Markell
Marker*
マルゲール Marguerre
マルケルス Marcellus
マルケロス
Marcellus
Markellos
Márkellos
マルケロフ Markelov
マルゲン Margain
マルコ
Malko
Marc
Marco***
Marcos
Mark
Marko**
Markos
マルコー Markó
マルゴ
Margo
Margot
マルゴー
Margaux
Margot*
マルコアウレリオ
Marco Aurelio
マルコウ Malchau
マルコーヴァ Markova
マルコヴァ Markova
マルコヴァルド
Marcovaldo
マルコヴィチ
Marcovici
Markovic*
Marković**
Markovich
マルコヴィック
Markovic
マルコヴィッチ
Malkovich

マ

Marcovicci
Marcovitch
Markovic*
Marković*
Markovich
Markovici
マルコヴィッツ
Marcovitz
Markovits
Markowitz
マルコーヴニコフ
Markovnikov
マルコヴニコフ
Markovnikov
マルゴザータ
Malgorzata
マルゴシビリ
Margoshvili
マルゴジャータ
Malgorzata
Margorzata
マルゴジャタ
Malgorzata
マルコーズ Marcousé
マルコス
Malchos
Malchus
Marcos***
Markos*
Márkos
Mârkos
マルゴス Margus
マルゴスカ
Małgorzata
マルコスバ
Maruskova
マルコッスン
Marcosson
マルゴッタ Margotta
マルコッツィ
Marcozzi
マルコッティ Marcotti
マルゴット Margot**
マルコテ Marcotte
マルゴート Margot
マルコーニ Marconi**
マルコニー Marconi
マルゴーニ Malgoni
マルコーバ Markova
マルコバ Markova
マルコビチ Markovic
マルコビッチ
Malkovich*
Markovic
Marković
マルコビッツ
Markowitz*
マールコフ Markov
マルコフ
Malkov
Markoff*
Markov***
Markow
マルコブスキー
Malkowski
マルコフニコフ
Markovnikov
マルコプロス
Markopoulos
マルコーム
Malcolm
Malcom
マルコム
Malcolm***
Malcolme
Malcom**
Malkom
マルコラ Malcorra
マルゴラン Margolin
マルゴリー
Margolies*
マルゴーリス Margolis
マルゴリス Margolis*
マルゴリータ
Malgorzata
マルコリーニ
Marcolini*
マルゴーリン
Margolin
マルゴルサータ
Malgorzata
マルゴルザータ
Malgorzata
マルコルム
Malcolm*
Malcom
マルコレッリ
Marcorelli
マルコーワ Markova*
マルコワ Markova*
マルゴワール Malgoire
マルコン Marcon*
マルゴンカール
Malgonkar
マルゴンカル
Malgonkar
マルコンチーニ
Marconcini
マルサ
Marisa
Marsá
Martha
Murça
マルザ Maluza
マルサギシビリ
Marsagishvili
マルサス Malthus*
マルサック Marsac
マルザック Malzac
マルサーニ Marsani
マルザーニ Marzani
マルザーノ Marzano
マルサリス Marsalis**
マルザリュク
Marzaliuk
マルサル
Marçal
Marsal
マルサルズ Marusarz
マルサレク Marsalek
マルサン
Marchand
Marzán
マルザン Malzahn
マルシ
Malusi
Marci*
Marsee
Marsy
マルシー Malsy
マルシア
Marcia*
Marcillat
マルシアーノ
Marciano**
マルシアノ Marciano*
マルシアール Marcial
マルシアル
Marcial
Marshall
Martial
マルシウス Marcius
マルシェ
Marchais**
Marché
Marchex
マルジェ Marzieh
マルジエ Marzieh
マルジェク Mařek
マルシェックス
Marchex
マルシェッソー
Marchesseau
マルジェラ Margiela*
マルシェル
Marcelle
Marshall
マルジェル Margel
マルシオ
Malusio
Marcio**
Márcio*
マルシカノ
Marsicano*
マルシク Marsick
マルシグリア
Marsiglia
マルジス Marjisse
マルシック Marsick
マルジック Mrzyk
マルシッチ Marušič
マルシード Malseed
マルシナ Marsinah
マルシニア Malsenior
マルシャ Marchat
マルシヤ Marcillat
マルジャ Marja
マルシャーク
Marshak**
Marshark
マルシャク Marshak
マルジャーク Mařák
マルシャック
Marschak
Marshak
マルジャニシヴィーリ
Mardzhanishvili
マルシャネー
Martianay
マルシャル
Marchal*
Marchand
Marcial*
Marschall*
Marshall**
Martial*
マルシヤル Martial
マルシャルク
Marschalk
マルシャーン
Marchand
マルシャン
Marchand***
マルジャン Marjane**
マルシャンアルビエ
Marchand-arvier
マルシャンドー
Marchandeau
マルーシュ Malouche
マルシュ
Malsch
Marche
Marsch
Marsh
マルジュー Malzieu
マルシュアス Marsyas
マルーシュカ
Maruschka
マルシュコバ
Maruskova
マルシュナー
Marschner
マルジュリ Margerit
マルジョッリョ
Malgioglio
マルジョラン
Marjolein
マルジョリ Marjory
マルション Marchon
マルジョン Margeon
マルシーリウス
Marsilius
マルシリウス
Marsilius*
マルジリウス
Marsilius
マルシーリオ
Marsiglio
Marsilio
マルシリオ
Marcílio
Marsiglio
Marsilio
マルシリナ Marcilina
マルシリャチ
Marsillach
マルシリョ Marsiglio
マルーシン Marusin
マルシン Marcin
マールシンク
Maarsingh*
マルス
Mars*
Marus
マルスィア Marcia
マルスィアル Martial
マルスィッラク
Marsillach
マルスィーユ Marcilly
マルスィラッチ
Marsillach
マルズーキ Marzouki*
マルズキ Marzuki
マルスク Mal-sook
マルズーク
Marzouk
Marzouq
Marzūq
マルスス Marsus
マルスディ Marsudi*
マルスティーニ
Marstini
マールステン Marsden
マールストラン
Marstrand
マールストローム
Marström
マルズバーン
Marzbān
マルスマン Marsman
マルズーヤ Marzūya
マルスーラン
Marsoulan
マルスラン
Marcelin**
Marcellin
マルスリイヌ
Marceline
マルスリーヌ
Marceline*
マルスワン Marsouin
マルセ
Marcé
Marcet
Marsais
Mercè
マルセー
Marsay
Marsé**
Mercè
マルセイユ Marseille
マルセウス Marseus
マルセット Marcet
マルセド Merced*
マルセム Marcel
マルセーユ Marseille
マルセユ Marcel
マルセーラ Marcela
マルセラ
Marcela**
Marcella**
マルセラン
Marcelin
Marcellin
Mercellin
マルセリ Marceli
マルセリーニョ
Marcelinho*
マルセリーヌ
Marceline
マルセリーノ
Marcelino**
Marcellino
マルセリノ
Marcelino**
マルセル
Marcel***
Marcell**
Marcelle**
マルゼルブ
Malesherbes
マルセーロ Marcelo*
マルセロ
Marcello**

マ

Marcelo**
Marcero
マールセン Maarsen*
マルーゾー
Marouzeau*
マルソー
Marceau***
Marceaw
Marsault
Marsot
マルゾー Marzo
マルソオ Marceau
マルゾッキ Marsocci
マルソーフ Multhauf*
マルゾフ Marzolf
マルソーリ Marsoli
マルソル Marsol
マルゾルフ Marzolf
マルゾーロ
Marzollo**
マルソン
Malson
Marcao
Marson
マルゾーン Malzone*
マールタ
Marta
Márta*
マルーター Marūthā
マルーダ Malouda
マルタ
Malta*
Marta***
Márta
Märta
Martha***
Märtha*
Marthe
マルダー
Muldaur
Mulder**
マルタイン Martijn
マルダイン Mardayn
マルダヴィージ
Mardawīj
マルタシュ Maruttash
マルダーシュタイク
Mardersteig
マルータス
Maroutas
Marouthas
マルダセナ
Maldacena
マルターナー
Malthaner
マルターニ Martani
マルダニ Mardani
マルダノフ Mardanov
マルダム Mardam
マルタリアーティ
Maltagliati
マルダワー Muldaur
マルタン
Marterns
Martin***
Martins
マルダーン Mardaan
マルタンゲ Martingay
マールターンダ
Mārttāṇṭa
マルチ
March**
Marci
Marty
Maruchi
マルチアヌス
Martianus
マルチアーノ
Marchiano
マルチアリス
Martialis
マルチウク Marchuk
マルチウス Martius
マルチェヴスカ
Marczewska
マルチェガリア
Marcegaglia*
マルチェッティ
Marchetti
マルチェッラ
Marcella*
マルチェッリ Marcelli
マルチェッリーノ
Marcellino
マルチェッロ
Marcello***
Mariella
マルチェナ Marchena
マルチェフスキ
Malczewski
Marczewski
マルチェフスキー
Malczewski
マルチェラ
Marcela
Marcella
マルチェリアヌス
Marcellian
マルチェリヌス
Marcellinus
マルチェリーノ
Marcellino*
マルチェリノ
Marcelino
マルチェル
Marcel
Marcell
マルチェルス
Marcellus
マルチェロ
Marcello***
マールチェンコ
Márchenko
マルチェンコ
Marchenko**
Martchenko*
マルチナ Martina**
マルチナン Martinand
マルチーニ Martini
マルチニ Martini
マルチニウス
Martinius
マルチニス Martinis
マルチニャック
Marciniak
マルチーヌ Martine*
マルチヌ
Martine
Martineau
マルチヌー Martinů
マルチヌス Martinus
マルチネ Martinet
マルチネク Martinek
マルチネス
Martinez**
Martínez
マルチネスク
Martinescu
マルチネスールイス
Martinez-Ruiz
マルチネーゼ
Martinez
マルチネリ Martinelli
マルチーノ Martineau
マルチノ Martino
マルチノー Martino
マルチノビッチ
Martinovic
マルチノフ
Martinov
Martynov
マルチノワ
Martynova
マルチャ Marcsa
マルチャノ
Marchanno
Marciano
マルチャーノバ
Mart'ianova
マルチャリ Marczali
マルチューク
Marchuk**
マルチュク
Marchuk**
マルチュケ
Marutschke*
マルチュワイティス
Marczulajtis
マルチョー Malchow*
マルチロシャン
Martirosian
Martirosyan
マルチロス Marchiros
マルチロスリャン
Martirosyan
マルチーン Martin
マルチン
Marcin*
Martin**
Martín
Martino
マルチンキーヴィチ
Marcinkiewicz
マルチンクス
Marcinkus
マルチンス Martins*
マルチンソン
Martinson
マルチンダル
Martindale
マルツ
Maltz*
Malz
Martz
マルツァノ Marzano
マルツァリ Marczali
マルツァーン Maltzan
マルツィ
Martzy
Marzi
マルツィア Marzia
マルツィアリ Marziali
マルツィアーレ
Marziale
マルツィオ Marzio
マルツィーノ Marzino
マルツィヤ Marziia
マルツィン Marcin
マルツィンケヴィチウス
Marcinkevičius
マルツェフ Malitsev
マルツェラ Marcella
マルツェル Marcel
マルツォ Marzo
マルツォーニ Marzoni
マルッキ Marucchi
マルック
Marck
Markku**
Marric
マルツーザ Martuza
マルッシ Malusci
マルッシグ Marussig
マルッティ Martti**
マルツバーガー
Maltsberger
マルツバーグ
Malzberg**
マルッロ Marullo
マルツロフ Martzloff
マルテ
Maltais
Malte*
Malthe
Marte*
Martet
Marthe*
Marthé
Marti
マルデ Malde
マルティ
Marti**
Martí**
Martti**
Marty**
マルティー
Marti
Marty
マルディ Mardi
マルティアーヌス
Martianus*
マルティアヌス
Martianus
マールティアーリス
Martialis
マルティアーリス
Martialis
マルティアリス
Martial
Martialis
Martiālis
マルティアル Martial
マルティイス Martiis
マルティウス Martius
マールティエ Maartije
マルティカ Martika
マルディガニアン
Mardiganian
マルデイガニアン
Mardiganian
マルティカン
Martikan**
Martikán
マルディキアン
Mardikian
マルデイキス
Maldeikis
マルティータ Martita
マルティチ Martić
マルティーナ Martina
マルティナ
Martina***
Martyna
マルティナス
Martinus
マルティナック
Martinak
マルティーニ
Martini***
マルティニ
Martini***
マルディーニ
Maldini**
マルディニ Mardini
マルティニアヌス
Martinian
Martinianus
マルティニウス
Martinius
マルティニエア
Martiniere
マルティニエッロ
Martiniello
マルティニツ Martinic
マルティニッチ
Martinič
マルティニャック
Martignac
マルティーニュス
Martinus
マルティーニョ
Martiho
Martinho
マルティーヌ
Martine**
マルティヌ Martine
マルティヌー
Martinu
Martinů
マルティーヌス
Martinus
マルティヌス
Marthinus
Martin
Martinus***
マルティヌッチ
Martinucci
マルティネ
Martine
Martinet**
マルディネ Maldiney
マルティーネス
Martinez
Martínez*
マルティネス
Martinell
Martines

マ

Martinez***
Martínez***
Martinos
マルティネズ
Martinez*
Martínez*
マルティネスパラシオ
Martinez Palacio
マルティネッティ
Martinetti*
マルティネッリ
Martinelli**
マルティネリ
Martinelli**
マルティネル
Martinell
マルティネルリ
Martinelli
マルティネロ
Martinello*
マルティネンゴ
Martinengo
マルティーノ
Martin
Martino***
マルティノ
Martino*
Martinod
マルティノー
Martineau*
マルティノヴィチ
Martinovics
マルティノウィッツ
Martinowitz
マルティノガ
Martynoga
マルティノト
Martinot
マルティノビチ
Martinovics
マルティノビッチ
Martinovics
マルティノフ
Martynov***
マルティノラガルド
Martinot-lagarde
マルティノン
Martinon
マルティモール
Martimort
マルディヤント
Mardiyanto
マルティリョ Martillo
マルティル
Martell
Martir
Martire
Martyl
Martyr
マルティーレ Martire
マルディロ
Mordillo**
マルティロシャン
Martirosyan
マルティーン
Martin**
Martine*
マルティン
Maltin
Maritn
Martin***
Martín***
Martinus
マルテイン Martijn
マルティンガーノ
Martingano
マルティンコ
Martinko
マルティンシュ
Mārtiņš
マルティンス
Martins*
マルティーンセン
Martienssen*
マルティンセン
Martinsen
マルティンソン
Martinson
マルティンデール
Martindale
マルデーカル
Marḍhekar
マルテット Malthête*
マルテッラ Martella
マルテッリ Martelli*
マルテッロ Martello
マルテーヌ Martène
マルデノフ Mladenov
マルデヘム
Maldeghem
マルテーユ Marteilhe
マルテラ
Martela
Martella
マルテラー Malterer
マルテランジュ
Martellange
マルテリー Martelly*
マルテル
Martel**
Martell*
マルデルシュテイン
Mardershtein
マルデレ Maldere
マールテン
Maarten*
Marten
Mearten
マールデン Malden*
マルテン
Maarten
Malten
Marten*
Martin
Martins
マルデン Malden**
マールテンス Martens
マルテンス
Marten
Martens***
マルテンセン
Martensen
マルテンゼン
Martensen
マルデンセン
Martensen
マルテンソン
Mårtensson
マルト
Malte
Mart**
Märt
Marthe**
Marto
マルトー Marteau
マルトィノフ
Martynov
マルトイノフ
Martynov
マルトゥィノフ
Martynov
マルトゥイーノフ
Martynov
マルトゥイノフ
Martynov*
マルドゥク Marduk
マルトゥシエッロ
Martusciello
マルトゥス Martus
マルトゥッチ
Martucci*
マルドゥーフ
Mardhouf
マルトゥラーノ
Marturano
マルドゥール
Marudur
マルトゥレイ
Martorell
マルドゥロー
Muldrow
マルドゥーン
Muldoon**
マールトス Martos
マルトス Martos
マルドナード
Maldonado
マルドナド
Maldanado*
Maldonado*
マルドナルド
Maldonado
マルトニ Martonyi
マルドニオス
Mardonios
マルトーネ Martone*
マルドネス Mardones
マルトノ Martenot**
マルトバイ Maltby
マルトハウス
Malthouse
マルトハルトノ
Martohartono**
マルトビー Maltbie
マールトフ Martov
マルトフ Martov*
マルトラーナ
Martorana*
マルトリオ Martoglio
マルトリッツ Maltritz
マルドリュウス
Mardrus
マルドリュース
Mardrus
マルドリュス Mardrus
マールトル Myrtle
マルトル Martre
マルドール Muldaur
マルトレリィ
Martorell
マルトレール
Martorell
マルトレル Martorell
マルトワルドヨ
Martowardojo
マールトン Márton
マルトン
Malton
Marton*
マルドーン Muldoon*
マルトンヌ
Martonne*
マルナ
Malna
Marnat*
Maruna
マルナス Marnas*
マルーニ Mrouni
マルーニー Marooney
マルニー Marny
マルニィ Marny
マルニクス Marnix
マルニシア Malsenior
マルネ Marnay
マルネロス Marneros
マルバ Marbà
マルバ Mar pa
マルバイク Marwijk
マールハイネケ
Marheineke
マルハイネケ
Marheineke
マルバーグ Malberg
マルハショーフ
Markhasev
マルハス Malhas
マルハズ Malkhaz
マルパス Malpass
マールバック
Muhlbach
マールバッハ Marbach
マルバト Marvat
マルバニ Marvanyi
マルバニー Mulvaney
マールバハ Marbach
マルハボ Marhabo
マールバラ
Marlborough
マルハリャタ
Marharyta
マルバール Malvar
マルバル Malval*
マルパルテ Malaparte
マルハーレーター
Margherita
マルハレータ
Margaret
マルハーン Mulhern*
マルバーン Malvern
マルバングン
Marbangun*
マルヒ March
マルヒヴィッツァ
Marchwitza
マルヒオニニ
Marchionini
マルヒオーン
Malchíōn
マルピカ Malpica
マルピカーティ
Marpicati
マルピーギ Malpighi
マルピギー Malpighi
マルヒナ Malukhina
マルビーナ Malvina
マルヒャント
Marchand
マルビュレ Malburet
マルヒル Margil
マルビン Malvin*
マルヒンガー
Malchinger
マルーフ
Malluf
Maloof
Malouf**
Marouf*
Maruf
マルフ Ma'ruf
マルファ
Malfa
Marfa
マルファッチ Malfatti
マルファッテイ
Malfatti
マルファド Mulford
マルファンテ
Malfante
マルフィターノ
Malfitano
マルフィラートル
Malfilâtre
マルフェイト Malefijt
マルフォ Marfo
マルフォード
Mulford**
マルフース Malchus
マルブス Marbus
マルブラー Marbler
マルブランク
Malbranque
マールブランシュ
Malebranche
マルブラーンシュ
Malebranche
マルブランシュ
Malebranche*
マルブリ Marvulli
マルフリート Margriet
マルフリド Malfrid
マールプルク Marpurg
マルプルク Marpurg
マルフレー Malfraye
マルブレス Marbres
マルフレフスキ
Marchlewski
マルフロイ Malfroy

マ

マルフーン Marhoon
マルベ Marbe
マルヘア Mulhare
マールベク Marbeck
マールベック Marbech
マールベート Marbeth
マルベール Malberg*
マルベルゥ Malberg
マールベルク
Mahlberg
マルベンダ Malvenda
マルボ Marbeau
マルボー
Malveau
Marbot
マルポ Marpeau
マルボード Marbode
マルホトラ Malhotra*
マルホランド
Mulholland**
マルホール Mulhall*
マールホルツ
Mahrholz
Mahrhoz
マールホルム
Marholm
マールボロ
Marlboro
Marlborough
マールボロー
Marlborough
マールボロー
Marlborough
マルボーン Malbone
マールマイスター
Mahlmeister
マールマン
Mahlmann
マルマン Marmand
マルミエ Marmier
マルミエルカ
Malmierca*
マルミオン Marmion*
マルミッタ Marmitta
マールム Marum
マルーム Malloum
マルム Malm*
マルムクィスト
Malmquist
マルムグレン
Malmgren
マルムース Malmuth
マルムスティーン
Malmsteen**
マルムステン
Malmsten*
マルムストラム
Malmström
マルムストルム
Malmstrom
マルムストローム
Malmström
マルムストロム
Malmström
マルムバーグ
Malmberg
マルムフェ Malmsjö
マルムベルイ
Malmberg
マルムロス Malmros
マルメリンク
Marmeling
マルメリング
Marmeling
マルメル Malmer
マルモ
Marmo
Marumo
マルモッタン
Marmottan*
マルモット Malmrot
マルモニエ
Marmonier*
マルモラ Marmora
マルモール Marmor
マルモル
Marmol
Mármol
マルモレク Marmorek
マルモレホス
Marmolejos
マルモン
Marmon
Marmont
マルモンテル
Marmontel*
マールヤ Marya
マルヤ Marja
マルヤヴィーナ
Malyavina
マルヤッタ Marjatta
マルヤティ Maryati**
マルヤーナ
Marjaana
Marjana
マルヤム
Mariam
Maryam
マルヤン Marjan
マルーユ Mareuil
マルユットゥ Marjut
マルユト Marjut
マルヨ Marjo
マルヨマキ
Marjomäki
マルヨライン
Marjolijn*
マルラ
Malla
Marra*
マルライ Marurai**
マルラン Marland
マルランダ
Marulanda
マールラント
Maerlant
マルリ Maruli
マルリー
Marly
Maurie
マルリエ Marliere
マルリエス Marlies
マルーリス Maroulis*
マルリース
Marlies**
Maroulis
マルリス Marlis*
マルリチ Marulić
マルリーディ
Mulready
マルリョケ Marjoke
マルリーン Marleen*
マルリン Marlin
マルル Marr
マルルーツ Malroutu
マルルーニ Mulroney
マルルーニー
Mulroney**
マルレ
Malleret
Marlé
Marlet
マルレー Marlé
マルレディ Mulready
マルレニ Marleny
マルレーヌ
Marlaine
Marlene
Marlène*
マルレーネ Marlene**
マルレネ Marlene
マルレーン
Marleen
Marlen
マルレン Marlen*
マルロ Marlo
マルロー
Malraux***
Marleau
Marlot
マルロウ
Malraux
Marlow
マルロヴ Marlow
マルロオ Malraux
マルロス Marlos
マルローニー
Mulroney
マルロラート
Marlorat
マルロン Marlon
マルワ Marwa
マルワラ Marwala
マルワル Malwal
マルワーン Marwān
マルワン Marwan**
マルーン Maroon
マルン Marún
マルンガ Malunga
マールンクヤプッタ
Mālunkyaputta
マルンベリ Malmberg
マーレ
Marle
Moore
マーレー
Marlee
Marley
Murray*
マレ
Male
Malet**
Malle
Mallé
Mallet***
Marais
Mare
Maré*
Maret*
Marets
Marey
Marrĕ
Murray
マレー
Malet
Mallee
Mallet**
Malley*
Marais**
Mare
Marée
Marées
Maret
Marey
Marray
Maurey
Muray
Murray***
Murrey
マレア Marea
マーレィ Murray
マーレイ
Marlais
Marley*
Murray***
Murry
マレィ Murray
マレイ
Malay
Maley
Marey
Murray***
Murry
マレイアーネ
Maleiane
マレイケ
Mareike
Marijke
マレイノス Maleinos
マレイノフ Maleinov
マレイン
Marijn
Mullane
マレーヴァ Maleeva
マレーヴィチ
Malevich**
マレヴィチ Malevich
マーレヴィッチ
Malevich
マレーヴィッチ
Malevich
マレウェジ Malewezi
マレエ Murray
マレーガ Marega
マレガ Marega
マレキー Mālekī
マーレク
Málek
Marek
マレーク
Marek
Marék*
マレク
Malec
Malek***
Málek
Marek***
マレクザデ
Malekzadeh
マレクス Mareks
マレザーニ Malesani
マレーシウス
Maresius
マレジウス Maresius
マレシャ Malecha
マレシャル
Maérchal
Maréchal
マレシュ
Mareš*
Maresch
Maresh
マレシュカ Maleszka
マレース
Marais
Marées
マレーズ Marèze
マレス
Mares
Marès
マレスカ Maresca
マレスカルキ
Marescalchi
マレスカルコ
Marescalco
マレスギア
Mares Guia
マレスコッティ
Marescotti*
マレスピーニ
Malespini
マレースミス
Murray-Smith*
マレソン Malleson
マレチェラ Marechera
マレチャル Marechal
マレチン Maletine
マレツ Maletz
マレツカヤ
Maretskaia
マレッキー Malecki
マーレック Marek
マレック
Malec
Malek*
Málek
Malleck
Marek
マレックス Mallex
マレッケ Maletzke
マレツケ Maletzke
マレッシ Maleissye*
マレッソ Maresso
マレッタ Marretta
マレット
Malet
Mallet
Mallett*
Mallette
Mareth
Marett*
Mullet*
Mullett
マレッペ Marepe

マ

マレッラ Marella
マレッリ Marrelli
マレッロ Marrero
マレーディ Melady
マレード Mairead
マレト Maret
マレドッズ Maredudd
マレーナ Malena*
マレニアス Mallenius
マレニッチ
Marenic
Marenić
マレーヌ Malene
マーレーネ Marlene*
マレーネ Marlene**
マレーバ Maleeva*
マレーバフラニエール
Maleeva-Fragniere
マレービアン
Mehrabian
マーレビチ Malevich
マレービチ Malevich
マーレビッチ
Malevich
マレービッチ
Malevich
マレフ Marek
マレーフスキー
Malevskii
Malevsky
マレボ Malebo
マレポロ Maleporo
マレヨンボ
Maleyombo
マレラ Marella*
マーレリ Marrelli
マレリー Mallery**
マレリキ Marelichi
マーレル
Mahler
Marele*
マレール Marele
マレル
Morrell**
Murrell***
マレルバ Malerba***
マレルブ Malherbe*
マレーロ Marrero
マレロ
Marello
Marrero
マレワ
Marewa
Marewah
マーレーン
Marlane
Marleen
Merlene
マーレン
Maren*
Marlen
Marlene
Merlen
マレーン
Mallen
Marleen
マレン
Maren*
Marén
Mullen**
マーレンカ Marlenka
マレンカ Malenka
マレンガ Malenga
マレングロー
Maleingreau
マレンコ
Malenko
Marenco
マレンコフ
Malenkov*
マレンザパ
Malénzapa
マレンス Mullens
マレンダー Mullender
マレンツィオ
Marenzio
マレント Marent
マーレンホルツ
Marenholtz
マレンボン Marenbon
マーロ
Malot
Marlo*
マーロー
Marleau
Marlo
Marlow
Marlowe*
マロ
Malo
Malot*
Maro
Maroh
Marom
Marot*
マロー
Malot*
Maloux
Maro
Maroh
Marot*
Marrou
Marrow*
Morrow
Murrow
マローアン Mallowan
マーロイ Malloy
マロイ
Malloy*
Maloi
Maloy
Mulloy
マロイダ Maleuda
マーロウ
Marlow*
Marlowe***
マロウ
Malot
Malraux
Morrow
マーロウィー Marlowe
マロヴィッチ
Marović*
マロウィッツ
Marowitz*
マロウチック
Murowchick
マロオ Malot
マロキニス Malokinis
マローク Mallouk
マロク Maloku
マロクィン Marroquin
マロザ Maloza
マロシ Marosi
マロス
Malos
Maros
Maross
マロタ Marota
マロツィア Marozia
マーロック
Marok
Merlock
マロック
Malloch**
Mallock*
Mulock
マロッケッティ
Marocchetti
マロッコ Marrocco
マロッタ Marotta*
マロッツィア Marozia
マロッティ Marotti
マロット
Malott*
Malotte
Marot
Marotte
マロッフ Maroff
マロッホ Malloch
マローティ Maróti
マロート
Mallord
Marót
Maroto
マロード Mallord
マロト Maroto
マローニ
Maloney
Maroni
マローニー
Maloney**
Malorny
Moloney
Mulroney*
マロニ Maroni
マロニー
Maloney**
Maroney**
マローニィ Maloney
マロニィ Maloney
マロビッチ Malović
マーロフ Malov
マローフ Malov
マロフ
Maroh
Marov
マロブ Mallove
マロフェーエフ
Malofeev*
マロボドゥウス
Maroboduus
マロマト Malomat
マロミール Malamir
マロヤ Maloya
マロヤン Maloyan*
マロユ Maroiu
マローリー Malaurie
マロリ
Mallory*
Malory
マロリー
Mallory**
Maloley
Malorie**
Malory*
マロリン Marjolein
マローレ Marore
マローワン Mallowan
マロワン Mallowan
マーロン
Mahlon***
Malone
Marlon**
マローン
Mallon**
Malone***
Maron*
Márōn
Marone*
Marron*
Marrone
マロン
Mallon**
Malon
Malón
Malone
Malong
Maron**
Marron
Mullon
Mulon
マロンジュ Marongiu
マロンダン Malandain
マロンチェッリ
Maroncelli
マワ Mahuad*
マワイ Mawae*
マワジュデ Mawajdeh
マワパンガ
Mawapanga
マワホフスキ
Malachowski
マワリ Mawali
マワリー Mowery
マーワルディー
Māwardī*
マワレ Mawere
マーン
Maan*
Mahon
Mān
Māna
Marn
Marne
Mune
マン
Mahn
Mam
Man***
Mané
Mang*
Mann***
Manne**
Mans
Meun
Meung
Mun**
Munn*
マンイシュトゥシュ
Maništusu
マンイシュトゥス
Maništusu
マンウィ Maan-ee
マンヴィル Manville*
マンウェアリング
Manwaring
マンヴェル
Manvell
Monvell
マンウォリング
Manwaring
マンウォン Man-won
マンウッド Manwood
マンオク Man-ok
マンカ
Manca
Mankah
マンカー
Mancur
Manker
マンガ Manga
マンガー
Manger
Monger
Munger**
マンガサリアン
Mangasarian
マンガス Mangus
マンカスター
Muncaster
マンカダン Mancadan
マンカッド Mankad
マンガド Mangado
マンガニ Mangwani
マンガネッリ
Manganelli**
マンガネリ
Manganelli
マンガーノ
Mangano**
マンガノ Mangano
マンガプ Man-gap
マンガベイラ
Mangabeira
マンガム Mangum
マンガメリー
Montgomery
マンガラ
Mangala
Mangγala
マンガラジャ
Mangaraja
マンガリン
Mangalyn*
マンガル Mangal
マンガルバイ
Mangalbhai
マンガレサ Mangaleśa
マンガレリ
Mingarelli**
マンガロン Mingalon
マンガン
Mangan**
Mangen
Mingand
マーンキ Mahnke
マンキー Mankey

マ

マンギー Menguy*
マンキーウィッチ
Mankiewich
マンキーウィッツ
Mankiewicz**
マンキウィッツ
Mankiewicz
マンキェヴィチ
Mankiewicz
マンキエフ
Mankiev**
マンギエーリ
Mangieri
マンキージョ
Manquillo
マンギソーニ
Mangisoni
マンキヌス Mancinus
マンギャン Manguin
マンキュー Mankiw**
マンギュアン
Manguin
マンキューソ
Mancuso*
マンキュソ Mancuso
マンギュルカール
Mangrulkar
マンキン Mankin*
マンキンス Mankins
マンギンダアン
Mangindaan
マンク
Mang
Minc*
Mink
Monck
Monk
Munck
マング
Mang
Mangu
Mangue
Möngke
マングー Möngke
マンクウェ Mankwe
マングウェンデ
Mangwende
マングエル
Manguel**
マンクォイッツ
Mankowitz
マングサトゥラット
Mangthaturat
マンクーシ Mancusi*
マンクーソ Mancuso
マンクーゾ
Mancuso***
マンクテロウ
Manktelow
マンクトン Monckton
マングノー
Maingueneau
マンクバルティー
Mankubirnī
マングバルティー
Mankubirnī
マングビルティー
Mankubirnī

マングラプス
Manglapus*
マングラマ
Mangulama
マングラム Mangrum
マンクール Mankeur
マングルタイ
Manggūltai
マンクロス Munkres
マングワナ
Mangwana
マングンウィジャヤ
Mangunwijaya**
マングンクスモ
Mangunkusumo
マーンケ Mahnke
マンゲ Mangue
マンゲアインゴノ
Mamgue Ayingono
マンゲイラ Mangueira
マンゲオバマヌフベア
Mangueobama Nfubea
マンケカー Mankekar
マンゲサ Mangeza
マンゲザ Mangeza
マンゲーシュカル
Mangeshkar
マンゲナ Mangena
マンケル
Mankel
Mankell**
Munkel
マンゲル
Mangel
Manger
Manguel
マンゲルスドルフ
Mangelsdorf
Mangelsdorff
マンゲーレ Manguele
マンケン Mahnken
マンゲンス Mangenz
マンケンダ Mankenda
マンコ Manco
マンゴ
Mango
Mungo**
マンゴー
Mango*
Mingau
Mungo*
マンゴウ Mungo
マンゴヴァ Mangova
マンコウィッツ
Mankowitz*
マンゴスツ
Mangosuthu**
マンコーニ Manconi
マンゴーネ Mangone
マンコビッツ
Mankowitz
マーンコプフ
Mahnkopf
マンコプフ Mannkopf
マンゴマ Mangoma

マンコラ Manchola
マンゴールト Mangold
マンゴールド
Mangold**
マンゴルト
Mangold
Mangoldt*
マンゴルド Mangold
マンコーン Mangkon
マンゴーン Mangone
マンサ Mansa
マンサー
Mancur*
Manser*
Mensha
マンザー
Manser
Manzer
マンサート Manshard
マンサニリャ
Manzanilla
マンザネラ
Manzanera
マンサネーロ
Manzanero
マンサーノ Manzano
マンザノ Manzano
マンサール Mansart
マンサル
Mansall
Mansare
マンサレー Mansaray
マンザレク
Manzarek**
マンザレック
Manzarek
マンシ
Mancz
Mansi
Munsey
マンシー
Manthey
Mounsey
Muncey
Munchy
Munsey
マンジ Manzi
マンジー
Manzi
Munsey
マンシィーヤ
Mancillas
マンジェザ Monjeza
マンシェット
Manchette**
マンシオ Mancio
マンジォーネ
Mangione
マンシク Man-sik*
マンシクール
Manchicourt
マンシージャ Mansilla
マンシジャ Mansilla
マンシズ Mansiz
マンジット Manjit
マンシップ Manship
マンシーニ Mancini**
マンシニ Mancini

マンジーニ Manzini
マンジャー Manger
マンジャガッリ
Mangiagalli
マンジャカプレ
Mangiacapre
マンシャート
Manshardt
マンジャニ
Maniani
Manjani*
マンジャレス
Manjarrez
マンジャロッティ
Mangiarotti**
マンジャン
Mangean
Mangin*
マンジヤン Manjian
マンシュ
Manche*
Munsch
マンジュ Manju
マンジュー Menjou
マンジュキッチ
Mandzukic
マンジュコヴ
Mandjukov
マンジュシュリ
Manjushree
マンジュシュリー
Manjusri
マンシュタイン
Manstein*
マンジュノ Mangenot
マンジュノー
Mangenot
マンジュマタン
Mangematin
マンジュラ Manjula
マンシュール Mansur
マンジュル Manjul
マンシュレック
Manschreck
Manshreck
マンジョ
Mandjo
Mangeot*
マンジョット Manjot
マンジョーニ
Mangione
マンジョーネ
Mangione
マンショワー
Munshower
マンション Mansion
マンジョン Mangione
マンシル Mancill*
マンシン Munshin
マンシンガー
Munsinger**
Musinger
マーンズ Mearns
マンス
Mance**
Manns
Mans

Man-soo
Man-su
Manzur
Munce
マンズ
Mannes*
Manns
Manz
Munz
マンズー
Manzú
Manzù*
マンズィ Manzi
マンズィウク
Mandziuk
マンズィーニ Manzini
マーンスィンフ
Mānsiṃh
マンスエーティ
Mansueti
マンズオーリ
Manzuoli
マンスキ Manski
マンスキー
Manske
Manski*
マンズーク Munzuk
マンズシッツ
Mandusitz
マンスズ Mansiz*
マンスネー Mansenee
マンズバック
Mansbach
マンスフィイルド
Mansfield
マンスフィールド
Mansfield***
マンスフィルド
Mansfield
マンスフェルト
Mansfeld
Mansvelt*
マンスブリッジ
Mansbridge
マンスホルト
Mansholt*
マンズラ Manzura
マンスーリ
Mansoori
Mansouri
Mansuri*
マンスーリアン
Mansourian
マンスリプール
Mansuripur
マンスール
Manseur
Mansoor*
Mansor
Mansour***
Mansur**
Mansūr
Manṣūr*
Monsour
マンスル
Mansel
Man-sul
Mansur
マンズール
Manzoor
Manẓūr
マンズロ Manzullo

マ

マンスーロヴァ
Mansurova
マンスロープ
Manthorpe
マンスロフ
Mansurov**
マンスロン Manceron
マンスン Munson
マンセッリ Manselli
マンセリ Mantheri
マンセル
Mancel
Mansel**
Mansell**
Munsel
Munsell
マンゼル Manser*
マンソ
Manso*
Manson
Mansot
Manzo
マンソー
Manceau
Manceaux
Manseau
Mansot
マンゾ
Manso
Manzo
マンゾッキ Manzocchi
マンゾッティ
Manzotti
マンゾーニ
Manzoni***
マンソプ
Mahn-sup
Man-sup*
マンゾーリ Manzoli
マンゾリーニ
Manzolini
マンソール Mansor
マンソル Mansor
マンソン
Manson***
Mansson
Monson
Munson**
マンダ Manda*
マンダー
Mander*
Munder
マンタイ Mantey
マンダイン Mundine
マンダウィ
Mandawuy
マンダヴイル
Mandeville
マンタク Mantak
マンダクニ
Mandakuni
マンダース Maunders
マンタップ Manteb
マンダナ Mandana
マンダナミシュラ
Maṇḍanamiśra
マンダニ Mamdani
マンターニプッタ
Mantāniputta
マンダネー Mandane
マンダバ Mandaba
マンタブ Manteb
マンダラ
Mandala
Mandara
マンダール Mandahl
マンダル Mandal
マンダレ Mandarés
マンダン
Mandan
Mandin
マンダンダ Mandanda
マンダンディ
Mandandi
マンチ Munsch*
マンチェスター
Manchester*
マンチェフ
Manchev
Mantchev
マンチェフスキ
Mančevski
マンチェフスキー
Manchefski
Mančhevski
マンチェリヤン
Muncheryan
マンチェンター
Manchester
マンチーニ
Mancini***
マンチニー Mancini
マンチネッリ
Mancinelli*
マンチネリ Mancinelli
マンチネルリ
Mancinelli
マンチャム
Mancham*
マンチョン Manchon
マンチランター
Mäntyranta
マンツ
Mantz
Manz**
マンツァレク
Manzarek
マンツィ Manzi
マンツィウス
Mantzius*
マンツィオス
Mantsios*
マンツィオーニ
Manzione
マンツィック Manzuik
マンツィーニ
Manzini*
マンツィヌス
Mancinus
マンツェンライター
Manzenreiter
マンツォーニ Manzoni
マンテ
Mante
Manthe
マンデ
Mande
Mandé
マンデー
Mandy
Munday
マーンディ Mándy
マンティ Manti
マンティー Mantee
マンテイ
Mantei
Montae*
マンディ
Manday*
Mandi
Mandy**
Monday
Munday
Mundy
マンディー
Mandy
Monday
Mundy
マンデイ
Monday
Mondey
Munday*
マンディア
Mandia*
Mandya
マンディアルク
Mandiargues
マンディアルグ
Mandiargues**
マンディギ Mandigui
マンディキアン
Mandikian
マンディク Mandic
マンディーサ Mandisa
マンディシ Mandisi
マンティジャ Mantilla
マンティス Mantis
マンディス Mandis
マンディチ Mandic
マンディチェフスキ
Mandyczewski
マンディッチ
Mandić*
Mandich
マンティーニャ
Mantegna
マンディーノ
Mandino*
マンディープ
Mandeep
マンディヨ Mordillo
マンティラ Mantila*
マンディラー
Mandylor
マンディライン
Mundelein
マンディロア
Mandylor
マンディワンジラ
Mandiwanzira
マンティン Muntean
マンディン Mundin
マンディンガ
Mandinga
マンデヴィル
Mandeville*
マンテガ Mantega
マンテガッツァ
Mantegazza*
マンテク Mantek
マンテコン Mantecon
マンデシ Mandessi
マンデス
Mendes*
Mendés
Mendès**
Mendéz
Mundis
マンテーニャ
Mantegna*
マンデハツァラ
Mandehatsara
マンデビル
Mandeville
マンデーユ Mendaille
マンテュラ Mäntylä
マンデラ Mandela***
マンデライン
Mundelein
マンデリ Mandelli*
マンデリシターム
Mandelishtám
Mandelshtam
Mandel'shtam
マンデリシタム
Mandel'shtam
マンデリシュターム
Mandelishtam
Mandel'shtam*
Mandelstam
マンデリシュタム
Mandel'shtam
マンテル
Mantel***
Mantell**
マンデル
Mandel***
Mandell*
Mander
Minder
Mundel
Mundell**
マンデルカー
Mandelker*
マンデルカーン
Mandelkern
マンデルケルン
Mandelkern
マンデルシェイド
Manderscheid
マンデルシュタム
Mandelstam
Mandelstamm
マンデルソン
Mandelson**
マンデルバウム
Mandelbaum**
マンデルブロ
Mandelbrot*
マンデルブロー
Mandelbrojt
Mandelbrot**
マンデルブロア
Mandelbrojt
マンデルブロート
Mandelbrot
マンデルボウム
Mandelbaum
マンデルボーム
Mandelbaum*
マンテルリ Mantelli
マンデロ Mandello
マンデン Munden*
マント
Mant
Manto*
Mund
マントー
Manto
Mantō
マントアニ Mantuani
マントイフェル
Manteuffel
マントゥ Mantoux*
マントゥー Mantoux
マントウ Mantoux
マンドゥ Mamdooh
マントヴァ Mantova
マントヴァーニ
Mantovani*
マンドヴィル
Mandeville
マンドゥラース
Mendras
マントゥロフ
Manturov
マンドオエ
Mandawuy
マンドキ Mandoki
マントゴメリ
Montgomery
マントザルリス
Mantzarlis
マントナー Muntner
マントーニ Mantoni
マンドネ Mandonnet
マンドネー
Mandonnet
マントノン Maintenon
マントバーニ
Mantovani*
マンドビル
Mandeville
マントラー Mantler
マンドラ Mendras
マンドラー Mandler*
マンドラゴラ
Mandragora
マンドラーテ
Mandlate
マントラン Mantran
マンドラン Mandrin
マントリ Mantri
マントリー Mantley
マンドリコワ
Mandlikova
マンドリロ Mandrillo
マントル Mantle**
マンドル Mandl
マンドルー Mandrou
マントレ
Mantelet
Mentré
マントレイ Mantley
マンドレコ Mandreko

マントロ Mantlo
マンドロン Maindron
マントワ Mantoy
マントン
Manton*
Menthon
Munton
マントンバザナ
Mantombazana
マンナ Manna**
マンナイア Mannaia
マンナリーニ
Mannarini
マンナン Mannan
マンニ Manni
マンニー Manny
マンニーナ Mannina
マンニネン
Manninen**
マンニーノ
Mannino**
マンニラ Mannila*
マンニル Magnhild
マンニロニ Manniron
マンニング Manning*
マンヌー
Mannu
Mannū
マンヌッチ
Mannucci*
マンネ Manne
マンネス Mannes
マンネスマン
Mannesman
マンネル Mannell*
マンネルハイム
Mannerheim
マンネルヘイム
Mannerheim*
マンノ Manno*
マンノーネ Mannone
マンノネン Mannonen
マンノメーク
Mangnormek
マンハ Man-ha
マンバ
Mamba
Mumba*
マンバー Manber
マンハイア Manhire
マンハイマー
Manheimer
Mannheimer
マンハイム
Manheim
Mannheim**
マンハイヤー Manhire
マンハーツ Manhertz
マンハート Manhart
マーンハム Marnham
マンハールト
Mannhardt
マンハルト
Mannhardt
マンハレス Manjarrez
マンビー
Manby*
Munby*
マンビュライ
Mamburay
マンビル Manville*
マンブ Mambou
マーンフィー Marneffe
マンフィラ Manfila
マンフェルト
Manferto
マンフォート
Mumford
マンフォード
Mountford
Mumford**
Munford*
マンブニャリ
Mambou Gnali
マンプヤ Mampouya
マンプヤマンツォネ
Mampouya
Mantsone
マンフリー
Mumphery
Mumphrey
マンフリート Manfred
マンブリーニ
Membrini
マンフリノ Manfrino
マンフリン Manfrin
マンブール
Maimbourg
マンブレイ Mumbray
マンフレット
Manfred*
マンフレッド
Manfred***
Manfredo*
マンフレーディ
Manfred
Manfredi*
マンフレディ
Manfred
Manfredi***
マンフレディー
Manfredi
マンフレデイ
Manfredi
マンフレディーニ
Manfredini
マンフレデイニ
Manfredini
マンフレディーノ
Manfredino
マンフレート
Manfred***
マンフレード
Manfredo
マンフレド
Manfred
Manfrédo
マンフローチェ
Manfroce
マンフンビ
Manfoumbi
マンベティ Mambety
マンベトフ Mambetov
マンベラ Mamphela
マンベル
Manvell
Monvell
マンボ Manbo
マンボク
Man-bok*
Man-pok
マンホード Mumford
マンホランド
Munholland
マンマ
Mamma
Momma
マンマエア Mamaea
マンマス Mammas
マンマタ Mammaṭa
マンマナ Mammana
マンマリー Mummery
マンマン Meun
マンミーノ Mammino
マンメトヌイヤズ
Mammetniyaz
マンメドワ
Mammedova
マンメリー Mummery
マンメリイ Mummery
マンモーハン
Manmohan
マンモハン
Manmohan**
マンヤニ Manjani
マンラ Menras
マンラーイ Mangrai
マンライ Mangrai
マンラオイ Manraoi
マンラブ Manlove
マンリ
Manley
Manly
マンリー
Manley***
Manly***
Mauley
Mun-lee
マンリイ
Manley
Manly
マンリウス Manlius
マンリオ Manlio**
マンリーケ Manrique
マンリケ Manrique*
マンリッヒャー
Mannlicher
マンリハー
Mannlicher
マンリヒャー
Mannlicher
マンリング Manring
マンレー Manley
マンレイ
Manley*
Manrai
マンロ Munro*
マンロー
Monro
Munro***
Munroe*
Munrow
マンロウ
Munro
Munroe*
Munrow
マンワニ Manwani

【ミ】

ミ
Mi
My*
ミー
Mae
Me
Mee**
Mie
My*
ミーア
Mear
Meer**
Mia
ミア
Mea
Meer
Mia**
Mía
Miah
ミアー
Meer
Mier
ミアイユ Miailhe
ミアイール Mihail
ミアウリス Miaulis
ミアオ Miao
ミアオーリス Miaoulis
ミアシャイマー
Mearsheimer*
ミアース Meares*
ミアーズ
Meares**
Mears*
Measrs
ミアズ
Mears
Meres
ミアスコヴスキー
Miaskowski
ミアスニコヴァ
Myasnikova
ミアタ Miata
ミアッツォ Miazzo
ミアーニ Miani
ミアーノ Miano
ミアノ Miano
ミーアバウム
Meerbaum
ミアバッハ Miabach
ミアバルト Mirwald
ミアボルド Myhrvold
ミーアマン Meerman
ミアラレ Mialaret
ミアリ
Meary
Mialy
ミアリー Miry
ミアル Miall
ミアルス Mearls
ミアルチンスキ
Miarczynski
ミアレ Mialet
ミアロム Miarom
ミーアン Meighan
ミアン Mian*
ミアング Miangue
ミアンコワ
Miankova*
ミアントノミ
Miantonomi
ミアンボ Mihambo
ミイ Milly
ミイー Milly
ミィウラア Muller
ミイシュスティン
Mishustin
ミィチェルスキー
Michalski
ミイツア Mi-cha
ミィド Meade
ミイナ Miina
ミイユ Mille
ミイラー Miller
ミィリ Millie
ミィロヴィスカヤ
Mirovitskaya
ミィントゥウン
Min Thu Wun
ミーヴ Maeve*
ミウ
Miou
Miu
ミーヴィル
Mieville*
Miéville
ミウォシェフスキ
Miloszewski
Miłoszewski
ミウォシュ
Milosz*
Miłosz**
ミウコーフスキ
Milkowski
ミーウセン Meeusen
ミウッチャ Miuccia*
ミウトン Milton*
ミウミウ Miou-Miou
ミウラ
Mihura
Miura
ミゥルレル Müller
ミエ
Mi-e*
Millet
ミェアー Muir
ミエヴィーユ Miéville
ミエヴィル
Mieville
Miéville**
ミエコ Mieko
ミエゴムビーン
Miegombyn*
ミェジェライティス
Mieželaitis
ミェシコ Mieszko
ミエシコ Mieszko
ミエシネイ Mercy
ミェシュコ Mieszko
ミエシュコフスカ

ミ

Mieszkowska
ミエダ Mjeda
ミエダン Miédan
ミェチスウァフ
Mieczysław
ミエチスラヴ
Mieczyslaw
ミェチスラフ
Mieczyslaw
ミエチスラフ
Mieczyslaw*
Mieszko
ミェチスワフ
Mieczyslaw
Mieczysław*
ミエチスワフ
Mieczyslaw
Mieczysław*
ミエチネン Miettinen
ミエッジェ Miegge
ミエッセ Musset
ミエッティネン
Miettinen
ミエットー Mietto
ミエト Mieto
ミエラ Miela
ミエーリ Mieli
ミエリ Mieli
ミエール
Miele
Mier
ミエル
Miel
Miell
Mier
ミェルチェフスキ
Mielczewski
ミエルト Miert**
ミエルロ Mierlo
ミエレ Miele
ミエレス Mieres
ミエロスラフスキー
Mieroslawski
ミェロスワフスキ
Mieroslawski
ミエロスワフスキ
Mieroslawski
ミエロスワワスキ
Mieroslawski
ミーエン Meighen
ミエン
Mien
Mine
Myenne
ミオー Miau
ミオシチ Miošić
ミオシッチ Miošić
ミオット Miotto*
ミオード Miot
ミーオドヴニク
Miodownik
ミオドラーク Miodrag
ミオドラグ Miodrag**
ミオーニ Mioni
ミオネ Mionnet
ミオマンドル
Miomandre
ミオミラー Miomir
ミオミル Miomir
ミオラン Miolan
ミオリス Miollis
ミオン Mion
ミーカ
MIKA
Mika*
ミーカー
Meaker**
Meeker**
ミーガー Meagher*
ミカ
Micah*
Micha**
Michaias
Mieke
Mika**
Mikah
Muecke
ミカイーリス
Michaelis
ミカイル
Michail*
Mikail
Mikha'il
ミカイロヴィッチ
Mikhaylovich
ミカイロビッチ
Mikhailovich
ミカウタゼ
Mikautadze
ミカエラ
Micaela*
Michaela**
Mikaela*
ミカエーリス
Michaelis
ミカエリス Michaelis
ミーカエール Michael
ミーカエル Michael
ミカエール Michael
ミカエル
Micael*
Michael***
Michaël*
Michaēl
Michaëlle*
Michaels
Michel
Mickael**
Mickaël
Mickaelle
Mickaëlle
Mikael***
Mikaël*
Mikhaël
Mikhail
ミカエルセン
Michaelsen
ミカエルソン
Mikaelsson
ミカエルデス
Michaelides
ミガキ Migaki
ミガサーラー
Migasālā
ミガシーサ Migasīsa
ミガジャーラ Migajāla
ミカティ Mikati**
ミカート Mikat
ミカベリーゼ
Miqaberidze
ミカーヤ Micaiah
ミカヤ
Micah
Micaiah
Michaias
ミカラ Michala*
ミカライティス
Mikalaitis
ミカーリ Micale
ミカリ Micali
ミカリス Michalis**
ミカリテ Mikarite
ミカル
Melchol
Michael*
Michal
Micheál
Mikal
ミカルスカ Michalska
ミカルスキ
Michalski*
Mikulski*
ミカロウィッツ
Michalowicz
ミカローユス
Mikalojus
ミカロユス Mikalojus
ミーガン
Meagan
Meaghan*
Meegan
Megan**
Meghan
Mehegan
Meighan
ミガン Migan
ミキ
Michi
Miki*
Miky*
ミギアキス Migiakis
ミギェー Mignet
ミギェーニ Migjeni
ミギエニ Migjeni
ミキエル Michiel
ミキエレット
Michieletto*
ミキーシン Mikishin
ミキス Mikis**
ミキータ Mikita
ミキチューク Mikitiuk
ミキテンコ Mikitenko
ミキナ Mikina
ミキプサ Micipsa
ミキャエル
Mickael
Mikael
ミキュトス Mikuthos
ミキョエ Mi bskyod
ミキョン Mi-kyung
ミギョン
Mi-gyon
Mi-kyung*
ミキール
Micheel
Michiel
ミギル Miguil
ミキレナ Miquilena
ミギロ Migiro*
ミーキン
Meakin
Meekin
ミーク
Meek**
Meeke*
Mieke
Mique
ミク Mique
ミクー Micoud*
ミグ Mig
ミクアン Mickan
ミクウス Mickus
ミクエル Miquel
ミグエル Miguel
ミグエンス Miguéns
ミクサート
Mikszath
Mikszáth
ミクサロット
Mix-A-Lot
ミクシェ Miksche
ミクシス Miksis
ミクシュ Miksch
ミクシンスキ
Mikusinski
ミクシンスキー
Mikusinski
ミークス Meeks*
ミクス Mix
ミクスター Mixter
ミクスン Mixon
ミクセル Mikser*
ミクソン Mixon
ミクダシ Mikdashi
ミクダド Miqdad
ミグダル Migdal*
ミグダレク Migdalek
ミグドゥ Migdow
ミクナース Mouknass
ミクブライド McBride
ミークラ Mikura**
ミクラ Mikula
ミクラウチ
Miklautsch
ミクラウチチュ
Miklavčič
ミクラウツ Micklautz
ミクラク Mikulak
ミクラーシ Mikuáš
ミクラーシュ
Mikuláš**
ミクラシュ Mikuláš
ミクラス
Miklas*
Mikulas
ミグラニ Miglani
ミグラニャン
Migranyan*
ミグラニヤン
Migranyan
ミグラン Migran
ミクリ
Mikli
Mikuli
ミグリア Miglia
ミクリアス Miklius
ミグリアール Migliar
ミクリアン McLean
ミグリオリ Migliore
ミグリオワ Migliore
ミクリチ Mikulicz
ミクリッチ
Mikulić*
Mikulicz
ミクリッツ
Miklitz
Mikulicz
ミクリーノワ
Miklínová
ミクリャン Mikuljan
ミクーリン Mikulin*
ミクリンスキー
Mikulinsky
ミークル Meikle*
ミクール Micool
ミクル
Meikle
Mikulu
ミグル Miguel
ミクルジョン
Meiklejohn
ミクルスウェイト
Micklethwait**
ミクルーハ Miklukho
ミクルーホ Miklukho
ミクルホ
Miklouho
Miklukho
ミクルライトナー
Miklleitner
ミクレ Mykle
ミクレア Miclea
ミグレナ Miglena
ミクロウィッツ
Miklowitz
ミクローシ Miklósi
ミクロシ Miklósi
ミークロシチ Miklošić
ミクローシチ Miklošić
ミクロシッチ Miklošić
ミクローシュ
Miklos*
Miklós***
Miklóš
ミクロシュ
Miklos
Mikloš*
ミクロス
Micklos
Miklos
Miklós**
Mikos
ミクロニウス
Micron
Micronius
ミクロバー Mikulová
ミーケ Mieke
ミケ Mike
ミケイラ Mikaila*

ミ

ミケイリア Michaelia
ミケイル Mekale
ミゲウ Miguel*
ミゲェル Miguel
ミケシュ
Mikes*
Mikesh*
ミケス Mikes
ミゲス
Miguez
Míguez*
ミケッツ Mikec
ミケッティ Michetti
ミケッラ Michela
ミケッリ Michelli
ミケティ Michetti
ミゲティウス Migetius
ミケーナス Mikenas
ミゲネス Migenes
ミーケム Meakem
ミケーラ
Michaela
Michela
Mikaelah
ミケラ
Michaela
Michela
ミケライニー
Michelinie
ミケランジェリ
Michelangeli*
ミケランジェロ
Michaelangelo
Michel-Angelo
Michelangelo***
Michelangero
ミケランゼロ
Michelangelo
ミケーリ
Micheli
Michelli
ミケリ Micheli
ミケリス Michelis*
ミゲリート Miguelito
ミケリーニ Michelini
ミケリーノ Michelino
ミケリノス Mykerinos
ミーケル Miquel
ミーゲル
Miegel*
Miguel
ミケール
Michael
Michal
ミケル
Michael
Michel
Michele
Mickel
Mikal
Mikel**
Mikkel*
Miquel**
Mykkele
ミゲール
Miguel***
Miquel
ミゲル
Micgel
Migel*
Miguel***
Mikkel
Miquel
Miugel
ミケルアンジェロ
Michelangelo
ミゲルアンヘル
Migel Angel
Miguel Angel
ミケルシュテーテル
Michelstaedter
ミケルス Michels**
ミケルステテル
Michelstädter
ミケルセン
Michelsen*
Mikkelsen**
ミゲルセン Mikkelsen
ミケルソネ Mikelsone
ミケルソン
Mickelsen
Mickelson***
Mikhelson
ミケルッチ Michelucci
ミケルッツィ
Micheluzzi
ミケルティ Mykelti
ミゲルルイス
Miguel Luis
ミケルン Mikeln
ミケーレ
Michele***
Micheli
ミケレ Michele
ミゲレコ Migereko
ミケレス Micheles
ミケレッティ
Micheletti*
ミケレット Micheletto
ミケレーナ Michelena
ミケロッツィ
Michelozzi
Michelozzo
ミケロッツォ
Michelozzo
ミケロッティ
Michelotti
ミケロット Michelotto
ミケンズ Mickens
ミゲンス
Miguens
Miguéns
ミーコ Meco
ミコ Mikó
ミコー
Micaud
Mikó
ミゴ Migot
ミゴー Migot
ミコヴァイ
Mikolaj
Mikołaj
ミコウスキー
Mikowski
ミコエルス Mikhoels
ミコジャチャク
Mikołajczak
ミコシュ Mikosch
ミコス Mikos
ミコッツィ Micozzi
ミコッド Michod
ミコーニウス
Mykonius
ミコニウス
Myconius
Mykonius
ミコバ Mikova
ミコフ Mikov
ミコヤーン Mikoyan
ミコヤン
Mikoian
Mikoyan
ミコラ
Mikola*
Mykola**
ミコライ
Mikolai
Mikolaj
ミコライェヴスカ
Mikolajewska
ミコライカ
Mikolaycak
ミコライチェフスキ
Mikolajczewski
ミコライチク
Mikolajczyk
ミコライチック
Mikolajczyk
ミコライチャク
Mikolajczak
ミコライチュク
Mikolajchuk
Mikolajczyk
Mikołajczyk
ミコライティス
Mykolaitis
ミコライト Mikoleit
ミコラス
Mikolas
Mykolas
ミコラヨヴィチ
Mikoláiovich
ミコル
Micol*
Mikol
ミコロ
Micolo
Mikolo
ミコワイ
Mikolaj*
Mikołaj**
Míkołaj
ミコワイチク
Mikolajczyk*
ミコーン Mikon
ミコン
Michon
Mico
Micon
Mikon
ミゴン Migon
ミコンベロ
Micombero
ミサ
Misa
Missa
ミザーヴ Meserve
ミサーウイ Missaoui
ミサエル Misael*
ミサオ Misao
ミサカ Misaka
ミサーク Missag
ミサク
Missagh
Mysak
ミザーズ Mithers
ミサック Misak
ミザーデ Mirzadeh
ミザーニ Misani*
ミサヤロフスキ
Misajlovski
ミサルーチャ
Misalucha
ミザレ Mizele
ミザン Mizan*
ミサンギ Misangyi
ミサンチャク
Misanchuk
ミサンボ Missambo
ミシ Misi
ミシー Michy
ミジ
Midzi
Mij
ミージア Mísia
ミシア Misia
ミシアーノ Misciano
ミシアノ Misiano
ミジェイ Mizsei
ミシェウ Michael
ミジェット Midgette*
ミジェニ Migjeni
ミジエニ Migjeni
ミジェネス Migenes
ミシェラ Michela
ミシェランジュ
Michel-Ange
ミシェリー Michaely
ミシェリーニ
Micheline
ミシェリン Micheline
ミジェリンスカ
Mizielińska
ミジェリンスキ
Mizieliński
ミーシェル Miescher
ミシェール
Michael*
Michel*
Michele**
Michèle*
Michelle*
ミシェル
Mechele
Me'Shell
Michael*
Michel***
Michele**
Michéle**
Michèle***
Michell**
Michelle***
Micher
Michiel
Mischel*
Mishal*
ミシェルズ
Michels
Michiels
ミシェルソン
Michélsen
ミシェルリー
Michelle-Lee
ミシェレ
Micere
Michele*
Michelle
ミシエーレス
Micieces
Micieres
Mizieres
ミシェレット
Michelet*
ミジオ Mizio
ミシオネ Misioné
ミシカ Mishka
ミシキン Mysjkin
ミシギーン Mishigiin
ミシグ Mishig
ミシクチョノク
Mishkutenok
Mishkutienok
Mishkutionok
ミシコフ Mishkoff
ミジコフスキー
Mizikovsky
ミーシシェンコ
Mishchenko
ミシシッピ
Mississippi
ミシジャン
Miesiedjan
ミシタ Misita
ミシチュク Mishchuk
ミーシナ Mishina
ミシーノ Misino
ミシハイラブウィムションガ
Misihairabwimusho nga
ミーシャ
Meesha
Micha
Mischa**
Misha
Myisha
ミーシャー Miescher
ミシャ
Micha
Mischa
Misha
ミジャ Mi-ja
ミシャウド Michaud
ミシャコフ Mischakoff
ミジャースキー
Migurski
ミジャーヌ Mijanou
ミシャネック
Michanek*
ミシャバエ Mishabae
ミーシャム Measham
ミシャラ Mishra
ミシャラク Michalak

ミ

ミシャーリ Mishaārī
ミシャリ Mishari
ミシャール Michard
ミシャル Mishal
ミジャル Miyar
ミシャルスキ
Michalski
ミシャレ
Michalet
Michel
ミジャレス Millares
ミシャロン Michallon
ミジヤワ Mijiyawa
ミシャン Mishan**
ミーシュ Miche
ミージュ Miege
ミシュ Mische
ミーシュカ Michka
ミシュカ Myszka
ミシュガ Myszuga
ミシュキン Mishkin
ミシューク Mishouk
ミシュク
Mischke
Mishouk
ミシュコヴィッチ
Miskovic
ミシュコフ Miškov
ミシュスチン
Mishustin
ミシューチン Misutin
ミシュック Mishchuk
ミシュニク
Mischnick*
ミシュニック
Michnick
ミシュラ
Mishra
Mishura
Miśra
ミシュラー
Mishler
Mishra
ミシュラン
Michelin**
ミシュリーヌ
Micheline**
ミシュリン
Micheline**
Mishlin
ミシュール Michael
ミシュル Miśr
ミジュール Mizsér
ミシューレー Michelet
ミシュレ Michelet*
ミシュレー Michelet
ミシュレル Mischler
ミシュロ Michelot*
ミショ Mišo
ミショー
Michaud**
Michaut*
Michaux**
Micheau
Micheaux*
ミショオ
Michaud
Michaux
ミショット Michotte
ミショリ Mishori
ミション Michon
ミジョン
Migeon*
Mi-jeong
Mi-jung
ミジリ Midgley
ミジリー Midgley
ミシリヴィエッチ
Mysliwiec
ミシリエ Missillier
ミシリビエッチ
Mysliwiec*
ミシル Misir
ミシローリ Missiroli
ミーシン Mishin
ミジン Mi-jin
ミース
Mees
Meese
Meiss
Mies**
ミーズ
Meads
Mears
Meath
Mees
ミス
Mi-soo
Miss***
Myss*
Mysz
ミスアリ Misuari*
ミスカ Miska*
ミズガイティス
Mizgaitis
ミスカロフ Miskarov
ミスカワイヒ
Miskawayh
ミスカワイフ
Miskawayh
ミスキナ Myskina*
ミスキーン Miskin
ミスキン Miskin
ミスキンド Mischkind
ミスケリー Miskelly
ミスコ Misko
ミスコーヴィチ
Miskovitch
ミスコッテ Miskotte
ミスジャハ Misjaḥ
ミスジャフ Misjaḥ
ミスター Mr.
ミスタキドウ
Mystakidou
ミースターズ Meesters
ミスターペッツ
Mr.Pets*
ミズダル Mizdal
ミスターローディ
Mr.Lordi
ミスタンゲット
Mistinguett*
ミスック Meesook
ミースディ Measday
ミーズディ Measday
ミスティ Misty**
ミスティア Misstear
ミスティカ Mystica
ミスティカル
Mystikal*
ミスティック Mystic
ミステリー Mystery
ミスト Myst
ミストゥラ Mistura
ミストゥル Mistoul
ミストラール Mistral
ミストラル Mistral**
ミストリ Mistry
ミストリー Mistry**
ミズナー Misner
ミスネル Mysner
ミスバ Misbach
ミスバフ Misbach
ミズバン Mizban**
ミースフェルド
Miesfeld
ミスフェルト Misfeldt
ミスマリ Mismari
ミースラー Miessler
ミスラ Misra
ミスラヴ Mislove
ミスラキ Misraki
ミスラダテス
Mithridates
Mithridatēs
ミズラック Misrach*
ミズラヒ
Mizrachi
Mizrahi**
ミスラン Misslin
ミスリー Miṣrī
ミズーリ Mizouri
ミスリヴェチェク
Mysliveček
ミスルカニェ
Missouloukagne
ミズレー Miserey
ミスレル Mistler
ミスレンタ Myslenta
ミズロウ Mislow
ミズロック Mizroch
ミスワコフスキ
Mysłakowski
ミズワール Mizwar
ミズワル Mizwar
ミーズン Mizun
ミズン
Mithen
Mizen
ミセキ Miseki
ミセジニコフ
Misejnikov
Misezhnikov
ミーゼス
Mieses
Mises*
ミセス Mrs.
ミセリ Miceli*
ミセル Michel
ミゼル
Mizel
Mizell*
Mizelle
ミセルズ Mysels
ミゼルスキ Misersky
ミセレンディーノ
Miserendino
ミゼロッキ Miserocchi
ミゼローニ Miseroni
ミーセン Miesen
ミゼンゴ Mizengo
ミーゼンベック
Miesenböck
ミソス Mysós
ミソチコ Misochko
ミソフ Missoffe
ミーソムスープ
Miisomsuuup
ミソンゴ Missongo
ミータ Meta
ミーター
Meeter
Meter
ミーダー
Meader
Meador
Mieder
ミタ Mita*
ミタキス Mitakis
ミタキドウ
Mitakidou*
ミタス Mitas
ミダス
Midas**
Midhath
ミタソワ Mitasova
ミタチェク Mitacek
ミーダナー Miedaner*
ミダナ Midana
ミタラス Mytaras
ミタリ Mitali
ミタリプ Mitalip
ミーチ Meech*
ミチー Michie
ミチアル Michael
ミチェク Miczek
ミチェニェヴィッチ
Michniewicz
ミチェーリ Miceli
ミチェリ Miceli
ミチェール Michael
ミチェル
Michel*
Michelle*
Mitchell*
ミチェルス Michels
ミチェルスカ
Mycielska
ミチェルセン
Michelsen
ミチェレ Micere
ミチェレッティ
Micheletti*
ミチェレム Myqerem
ミチェロッツォ
Michelozzo
ミーチェン Meachen
ミチオ Michio
ミチコ Michiko
ミチスン Mitchison*
ミチソン Mitchison*
ミチナー Michener
ミーチャ
Miča
Míča
Mitja
ミチャ
Micha
Mitja
ミーチャイ
Mechai
Michai
ミチャイ Mechai**
ミチャイル Michail
ミチャエル Michael
ミチャード Mitchard*
ミチャビリャ
Michavilla
ミーチャム
Meacham**
ミーチャン Meechan
ミチャン Michan
ミチュキ Michuki
ミチュコフ Mityukov
ミチューノヴィチ
Mićunović
ミチュノビッチ
Mićunović
ミチューリナ
Michurina
ミチューリン
Michurin*
ミチョード Michaud
ミチョビッチ Micovic
ミーチン Mitin
ミチン
Michine*
Mishin
ミチンスキ Miciński
ミーツ Miez
ミツ Mitsou
ミツィ Mizzi
ミツィアス Mitsias
ミツィオス Mitsios
ミツエ Mitsuye
ミツオ Mitsuo
ミツォタキス
Mitsotakis**
ミッガ Migga
ミツカ Mitzka
ミッカエル Michael
ミッカネン Mykkanen
ミッカハリッチ
Mickaharic
ミツカハリッチ
Mickaharic
ミッキ
Micki
Mikki
ミッキー
Michael*

ミ

Michie*
Micke
Mickey***
Micki*
Mickie
Micky
Mikky
ミッキイ Mickey
ミツキェーヴィチ
Mickiewicz
ミツキェヴィチ
Mickiewicz
ミツキエヴィチ
Mickiewicz*
ミッキエヴィッチ
Mickiewicz
ミツキェーヴィッチ
Mickiewicz
ミツキェヴィッチ
Mickiewicz
ミツキエヴィッチ
Mickiewicz
ミツキェビチ
Mickiewicz
ミツキエビチ
Mickiewicz
ミツキェビッチ
Mickiewicz
ミッキトリック
McKittrick
ミツキュヴィチ
Mickiewicz
ミック
Mic
Mich
Mick***
Mik
Mique
ミックス Mix**
ミックスマスター
Mixmaster
ミックフィ McPhee
ミックマン Michman
ミックミラン
McMillan
ミックラック Mikulak
ミックリン Micklin
ミックル Mickle
ミックレム Micklem
ミッケ Mitke
ミッゲ Mugge
ミツケーウィチ
Mickiewicz
ミッケービッチ
Mickiewicz
ミッケリー Micheli
ミッケル Mikkel**
ミッケルスプラス
Mikkelsplass
ミッケルセン
Mikkelsen
ミッコ Mikko*
ミッコネン Mikkonen
ミッコラ Mikkola*
ミッシー
Mische
Missy*
ミッジ Midge
ミッシェリーヌ
Micheline
ミッシェール Michael
ミッシェル
Machaelle
Michael**
Michaël
Michel***
Michele**
Michèle
Michell*
Michelle**
Mischel
Mishell
Mitchell
ミッシェルズ Michels
ミッシーナ Missiuna
ミッシャ
Micah
Micha
Mischa**
Misha*
ミッシャエル Michael
ミッシュ Misch**
ミッショー Mischo
ミッジリー Midgley**
ミッジリィ Midgley
ミッシルダイン
Missildine
ミッシレ Michelet
ミッジレー Midgely
ミッシローリ Missiroli
ミッストリ Mistry
ミッセ Musset
ミッセル Mischel
ミッセン Missen
ミッソーニ Missoni**
ミッタ Mitta
ミッター
Mittā
Mitter
ミッダ
Mida
Midda*
ミッタイス Mitteis*
ミッタカーリー
Mittakālī
ミッターク Mittag*
ミッタグ Mittag*
ミッタシュ Mittasch
ミッタバウアー
Mitterbauer
ミッターマイアー
Mittermaier
ミッタマイアー
Mittermaier
ミッターマイヤー
Mittermaier
Mittermayer
Mittermeier*
ミッタル
Mittal*
Mitter
ミッチ
Mitch***
Mitchell*
Mitsch
Mitzi*
ミッチー
Mitcy
Mitzi
ミッチアンチオ
Micciancio
ミッチェナー
Michener*
ミッチェリーニ
Michelini
ミッチェリーヌ
Micheline
ミッチェル
Michael
Michel
Michele*
Michell**
Michelle*
Mitchel***
Mitchell***
Mithchell
ミッチェルズ Michels
ミッチェルヒル
Mitchelhill
ミッチェルリッヒ
Mitscherlich
ミッチェルリヒ
Mitscherlich
ミッチェンナー
Mitchener
ミッチェンフェルダー
Michenfelder
ミッチオ Miccio
ミッチソン Mitchison
ミッチナー Michener*
ミッチャー Mitscher
ミッチャード
Mitchard
ミッチャム
Mitcham**
Mitchum**
ミッチャーリッヒ
Mitscherlich*
ミッチャーリヒ
Mitscherlich**
ミッチンソン
Mitchinson
ミッツァー Mitzer
ミッツィ
Mitzi
Mizzi
ミッツェンマハー
Mitzenmacher
ミッツマン Mitzman
ミッティカ Mittica
ミッティング Mytting
ミッテラー Mitterer
ミッテラウアー
Mitterauer*
ミッテラン
Mitterand
Mitterrand**
ミッテル Mitter
ミッテルシュタット
Mittelstadt
ミッテルシュトラース
Mittelstraß*
ミッデルシュルテ
Middelschulte
ミッテルスタッド
Mittelstaedt
ミッデルトゥーン
Middelthun
ミッテルドルフ
Mitteldorf
ミッテルバーグ
Mittelberg
ミッテルバック
Mittelbach
ミッテルバッハ
Mittelbach*
ミッデルホフ
Middelhoff*
ミッテルホルツァー
Mittelholzer
ミッテルマイヤー
Mittermaier
ミッテルマン
Mittelman*
Mittleman
ミッテルレーナー
Mitterlehner
ミッテン Mitten
ミッデン Midden
ミッテンタール
Mittenthal
ミッテンツヴァイ
Mittenzwei
ミッデンドルフ
Middendorf
Middendorh
ミット Mitt**
ミットゥ Mittoo
ミットゥン Midthun
ミッドガー Midgaard
ミットガング
Mitgang*
ミッドキフ Midkiff
ミットグッチ
Mitgutsch
ミットグッチュ
Mitgutsch**
ミッドグレー Midgley
ミッドグレイ Midgley
ミッドサン Midthun
ミットソン Mitson
ミッドハット Midhat*
ミットフォード
Mitford**
ミットフォルド
Mitford
ミットマイヤー
Mittmeyer
ミットラー Mittler*
ミットラン Mitterand
ミッドルトン
Middleton
ミットロ Mitra
ミットン
Mitton*
Mytton
ミツナ Mitzna*
ミッハル Michal
ミッヒ Mich
ミッヒェルス Michels
ミッヒェレット
Michelet
ミッヒラー Michler
ミッヘル Michel
ミッヘルス Michels
ミッラ
Mirra
Mírra
ミツラー Mizler
ミッリ Milli
ミッリコ Millico
ミッリセント Millicent
ミッロ Millo*
ミーテ Miethe
ミディ
Midi
Midy*
ミディア
Medea
Midia
ミーディエート
Mediate*
ミティエリ Mitieli
ミティソン Mithison
ミティタイアギメネ
Mititaiagimene*
ミティッチ Mitic
ミティレーシュワル
Mithileshwar
ミーティン Mitin
ミーディン Meaden
ミテキ Miteki
ミーテク Mieczysław
ミテッリ Mitelli*
ミテヤ Mitja
ミテル Mitel
ミデルコップ
Middelkoop
ミテルブロン
Mittelbronn
ミテワ Miteva
ミーデン
Meaden
Myden
ミデン Meddain
ミーテンビュラー
Mitenbuler
ミート Meat
ミード
Mead***
Meade***
Meadows
Mede*
Meed**
ミト Mette
ミードウ Meadow
ミトゥ Mitu
ミドウイ Mideoui
ミドゥラ Midura
ミトゥーリチ
Miturich*
ミトゥーリッチ
Miturich*
ミートケ Miethke
ミトゴ Mitogo
ミトコフ Mitkov
ミトコワ Mitkova*
ミトニック
Mitnic**
Mitnick
ミトハット Mithat

ミ

ミドハット Mithat
ミトハト Mithat*
ミドハト
Midhat*
Mithat
ミトハーナ Mitjana
ミトフ Mitov
ミドファーイ Midfa'i
ミトフォード Mitford*
ミトマリット
Mette-Marit
ミトヤ Mitja*
ミトラ Mitra**
ミドラー Midler**
ミトラダーテース
Mithradates
ミトラダテス
Mithradates
Mithridates
Mithridatēs
ミトラーニ Mitrani
ミトラニー Mitrany
ミトラニイ Mitrany
ミトラン
Mitran
Mitterand
ミトリ
Metri
Mitri*
Mitry
ミドリ Midori
ミドリコフ Middlecoff
ミトリタ Mitrita
ミトリダーテース
Mithradates
Mithridatēs
ミトリダテス
Mithradates
Mithridates
Mithridatēs
ミトル Mitrou
ミドル Midol
ミドルカオフ
Middlekauff
ミドルコフ Middlecoff
ミドルジュ Mydorge
ミドルズ Middles
ミドルトン
Middleton***
Myddleton
ミドルバーグ
Middleberg*
ミドルブルック
Middlebrook
ミドルブルックス
Middlebrooks
ミドルホフ Middelhoff
ミドルマス
Middlemass
ミトレ Mitre
ミトレア Mitrea
ミトレワ Mitreva
ミトロ
Mitra
Mitró
ミトロウ Mitrou
ミトロヴィチ Mitrović
ミトログル Mitroglou
ミトロパウロス
Mitropoulos
ミトロヒン Mitrokhin
ミートローフ
Meat Loaf*
ミトロフ Mitroff
ミトロファーノヴィチ
Mitrofanovich
ミトロファノヴィチ
Mitrofanovich
ミトロファン Mitrofan
ミトロプウロス
Mitropoulos
ミトロプーロス
Mitropoulos
ミトロプロス
Mitropoulos
ミトロポリスキー
Mitropoliskii
ミトワ Mittwer
ミトン Mitton
ミドン Midon*
ミーナ
Meena**
Mena
Miina
Mina**
Mīnah
ミナ
Mina*
Miná
Min-ah*
Minah
Minna
ミナー
Minnaar
Minner*
ミーナーイー Mīnāī
ミナイ Minai
ミナーヴァ Minerva
ミナーエフ Minaev*
ミナエフ Minaev
ミナカー Minaker
ミナキル Minakir*
ミナクシスンダラム
Minakshisundaram
ミーナークマーリー
Meenakumari
ミナシ Minasi
ミナシアム Minassiam
ミナシャン Minasyan
ミナージュ Minaj*
ミナース Minirth*
ミナス Minas
ミナーチ Mináč
ミナッシャン
Minassian
ミナッツォーリ
Minazzoli
ミナハン Minahan*
ミナブロ Minaburo
ミナミ Minami
ミナヤ Minaya
ミナラ
Minala
Minallah
ミナリク Minarik
ミナリック Minarik
ミナリッチ Mlinarić
ミナルディ Minardi
ミナルドス Minardos
ミーニ Meany
ミーニー
Meaney*
Meany*
ミニ Mini
ミニー
Minney*
Minnie***
ミニーア Mynheer
ミニアウィ Miniawy
ミニィ Minnie
ミニウ Mineau
ミニウシ Miniussi
ミニェ Mignet
ミニェー Mignet
ミニエ
Minié
Minier**
ミーニオ Minio
ミニオン Mignon*
ミニグ Minning*
ミニス Minnis**
ミニスター Minister
ミニター Miniter*
ミニック Minnick**
ミニッチ Minnich*
ミニッヒ Minich
ミニバエフ Minibaev
ミニバニ Mineebani
ミーニヒ
Minikh
Münnich
ミニヒマイヤー
Minichmayr
ミニャーエフ Minyaev
ミニャール Mignard
ミニャン Mignon
ミーニュ Migne
ミニュ Migne
ミニュアス Minyas
ミニュエ Mignet
ミニューチン
Minuchin
ミーニョ Miño
ミニョ
Migno
Mignot
ミニョー Mignot
ミニヨ Mignot
ミニョソ
Minoso
Miñoso
ミニョーネ Mignone*
ミニョーラ Mignola*
ミニョレ Mignolet
ミニョン
Mignon**
Min-yong
ミニヨン Mignon*
ミニヨンヌ Mignnone
ミーニン Minin
ミニンガー Minninger
ミニング Minning
ミニンツ Minints
ミヌ
Min-woo*
Minwoo*
ミヌー
Minoo
Minou*
ミヌーイ Minoui
ミヌイ Minoui
ミヌイット Minuit
ミヌキウス Minucius
ミヌス Minuth
ミヌゾ Minuzzo
ミヌッチ Minucci
ミヌートコ Minutko
ミネ
Mine*
Miné
ミネア Minear
ミネイエワ Mineeva
ミネイジアン
Minasian
ミネイロ Mineiro*
ミネウィット Minuit
ミネウス Mineus
ミネオ
Mineo*
Minéo
ミーネクモス
Menaechmus
ミネケ Mineke
ミネタ Mineta**
ミネッツィ Minetti
ミネッティ Minetti
ミネット Minette**
ミネッリ Minelli
ミネハン Minehan
ミネリ
Minelli
Minnelli*
ミネリー
Mignerey
Minnery*
ミネルウァ Minerva
ミネルヴァ Minerva*
ミネルヴィニ
Minervini
ミネンコフ Minenkov
ミネンドラ Minendra
ミーノ Mino*
ミノ
Mino
Minot
ミノー
Minaux*
Mineau
ミノウ Minow*
ミノヴスキー
Menovsky
ミノウチ Minouche
ミノエス Minoes
ミノカ Minoka
ミノーグ Minogue**
ミノザ Minoza*
ミノーシュ Minouche
ミノス Minos
ミノースキー
Minorsky
ミノスキ Minoski
ミノソ Minoso
ミノッキ Minocchi
ミノッティ Minotti
ミノティス Minotis
ミノーヤ Minoja
ミノリオ Minoglio
ミノール Minor
ミノル
Minol
Minoru
ミノルスキー
Minorskii
ミノーレ Minore
ミノレ Minoret
ミノワ Minois*
ミハ
Micha
Miha
ミハアイル Mikhail
ミーハイ Mihály
ミハーイ
Mihai
Mihaly
Mihály**
ミハーイー Mihály
ミハイ
Mihai***
Mihail
Mihaly**
ミハイエヴィッチ
Mihaljevic
ミハイエフ Mikheev
ミハイチャック
Mihychuk
ミハイツァ Mihai
ミハイラヴィチ
Mikháilovich
ミハイリー Mihály
ミハイリディス
Michaelides
ミハイリン
Mikhaylin**
ミーハーイール
Mīkhā'īl
ミハイール
Michail
Mikhail*
ミハイル
Michael**
Michaël
Michail**
Michal
Michel*
Mihail**
Mihhail
Mihir
Mikail
Mikhael
Mikhail***
Mikhaíl
Mikheil
Mikhil
Milkhail

ミハイレスク
Mihailescu
Mihăilescu
ミハイロ
Michael
Mihailo**
Mihajlo*
Mikhail
Mikhailo
Mikháilo
Mykhailo
Mykhaylo
ミハイロヴ
Mihajlov
Mikhailov
Mikhajlov
ミハイロヴァ
Mihailova*
Mikhailova
Mikhaylova*
ミハーイロヴィチ
Mikhailovich
Mikhaĭlovich
ミハイーロヴィチ
Mikhailovich
ミハイロウィチ
Mikhailovich
ミハイロヴィチ
Michajlowitsch
Mihailovich
Mihaylovich
Mikhailovich**
Mikhaĭlovich
Mikháilovich
Mikhaylovich*
Mikkilovich
ミハーイロヴィッチ
Mikhailovich
ミハイロウィッチ
Mikhailovich
ミハイロヴィッチ
Michailovitch
Mihailovic*
Mihajilovic
Mihajlovic*
Mihajlović
Mikhailovich**
Mikhaylovich
ミハイロヴナ
Mikhailovna*
ミハイロバ Mihailova
ミハイロビチ
Mikhailovich
ミハイロビッチ
Mihajlivić
Mihajlovic*
Mihajlović
Mikhailovich*
ミハーイロフ
Mikhailov
ミハイロフ
Michailov
Mihajlov
Mihalov
Mihaylov
Mikailov
Mikhailov**
Mikhaylov*
ミハイロフスカヤ
Mikhailovsky
ミハイローフスキー
Mikhailovskii
ミハイロフスキ
Mihajlovski
ミハイロフスキー
Michailovskii
Mikhailovskii*
Mikhailovskij
ミハイローフスキィ
Mikhailovskii
ミハイロフスキイ
Michailovskii
Mikhailovskii
ミハイロワ Mihailova
ミハイン
Mijain*
Mijaín
ミーハウ Michal
ミハウ
Michal*
Michał*
Michele
ミハウヴィシニョヴィエツキ
Michael
Wiśniowiecki
ミハウェック
Michałek
ミハウォウスキ
Michalowski
Michałowski
ミハウォフスキ
Michałowski
ミハエスク Mihăescu
ミハエラ
Michaela*
Mihaela**
ミハエリス
Michaelis*
Michaels
ミハエール Michael
ミハエル
Michael***
Michaēl
Michal
Michel
Michiel
Mihael
Mikhael
Mikhail
ミーバハ Miebach
ミハフェイ Mehaffey
ミパム
Mi pham
Mi-pham
Mipham
ミパムギャンツォ
Mi pham rgya
mtsho
ミハラケ Mihalache
ミハラスキー
Mihalasky
ミハリー Mihaly*
ミハリェーヴィチ
Mikhalevich
ミハリク Michalik
ミハリス Michalis
ミハリック Michalik
ミハリッチ
Mihalic
Mihalić
ミハール Mihál
ミハル
Michael
Michal***
Mihal
Mikhal
ミハルコヴ Mikhalkov
ミハルコヴィチ
Mihalkovič
ミハルコビチ
Mihalkovič
ミハルコーフ
Mikhalkov
ミハルコフ
Mikhalkov**
ミハルジェビック
Mihaljevic
ミハルジャ Mihardja
ミハルスキ Michalski
ミハルスキー
Michalski
ミハルチェンコ
Mykhal'chenko
ミハレス Mijares*
ミハレビッチ
Mikhalevitch
ミハレフスキー
Mikhalevskii
ミハロヴィチ
Michalowicz
Mihalovich
Mihalovici
Mihalovics
Mikhailovich
ミハロヴスキー
Michalowski
ミハロビチ Mihalovici
ミハロビッチ
Mikhalovich
ミハロブスキ
Michalowski
ミーハン Meehan*
ミハンゴス Mijangos
ミハンボ Mihambo
ミヒ Mi-hi
ミヒアエリス
Michaelis
ミヒアエル Michael*
ミヒェラー Micheler
ミヒェリス Micheles
ミヒェル
Michael
Michel**
ミヒェルシュテッテル
Michelstädter
ミヒェルス Michels**
ミヒェルマン
Michelmann
ミヒェレット Michelet
ミヒジャン Miḥjan
ミヒック Mihic
ミーヒャ Micha*
ミヒャ Micha
ミヒャエラ
Michaela**
ミヒャエーリウス
Michaelis
Michaëlius
ミヒャエーリス
Michaelis
ミヒャエリス
Michaelis
ミヒャエール Michael
ミヒャエル
Michael***
Micheal
ミヒャエルスビールバウム
Michaels-
beerbaum
ミヒヤール Mihyār
ミヒャルケ Michalke
ミヒャルスキィ
Michalski
ミヒャールゼン
Michalsen
ミヒャレヴィッチ
Mihaljevic
ミヒャレスコ
Michailesco
ミヒョン Mi-hyun*
ミヒラクラ
Mihirakula
ミヒラグラ
Mihiragula
ミービル Miéville
ミヒール Michiel*
ミヒル
Michiel
Michl*
Mihir
ミーブ Maeve
ミープ Miep**
ミフ
Mif*
Miff
ミファ Miwha
ミブイ Mibuy
ミフケル Mihkel
ミフジャン Miḥjan
ミフスッド Mifsud*
ミフスッドボンニチ
Mifsud-bonnici
ミフスド Mifsud
ミフターハ Muftah
ミフナ Michna
ミフナーシェフ
Mikhnushev
ミフナフ Mikhnaf
ミフニク Michnik*
ミフネア Mihnea
ミフネビッチ
Mikhnevich
ミフビ Mihoubi
ミフベク Mihbek
ミフヤール Mihyār
ミフラーフ Mikhlafi
ミフラーフィ Mikhlafi
ミフリン Mifflin
ミフリング Mueffling
ミフル Mihr
ミヘ Mi-hae
ミヘアル Michael
ミヘイル Mikheil*
ミヘイレアニュ
Mihaileanu*
ミベーデル Mivedel
ミヘネ Migene
ミヘリッチ
Mihelic
Mihelić
ミヘル Michel*
ミヘルス Michels*
ミヘルゾン Michelson
ミヘレス Micheles
ミホ Miho
ミホエルス Mikhoels
ミボト Myboto
ミーホフ Meekhof
ミホール
Míceál
Micheal*
Mícheál*
ミホル
Micheal
Micheál
ミボーン Mibourne
ミマ Mima
ミマール Mimar
ミミ
Meme
Mimi**
Mimí
Mimì
ミミコ Mimiko
ミミツァ Mimica
ミミャギュー
Mimiague
ミミュー Mimieux
ミミュウ Mimieux
ミーム Mihm
ミム Mim*
ミムシー Mimsy
ミムジー Mimsy
ミムス Mims*
ミムズ
Mimms
Mims
ミムニ Mimouni*
ミムネルムス
Mimnermos
ミムネルモス
Mimnermos
ミムノ Mimno
ミムモ Mimmo
ミムーン Mimoune
ミムン Mimoun
ミモ Mimmo
ミモザ Mimoza
ミモーズ Mimose
ミモーニ Mimouni*
ミーヤ Mija
ミャ
Mya***
Myat
ミヤ
Mia
Miya
ミャオ Miao*
ミャオコー Miao-ke
ミャキシェフ
Miakishev
ミャグコヴ Myakhkov
ミャクシュコ
Miakushko
ミャグマル Mjagmar
ミャグマルサムボー
Myagmarsambuu

ミャグマルジャヴ Miagmarzhavyn
ミャコーティン Myakotin
ミャコフ Myagkov
ミヤサル Miyassar
ミャスコーフスキー Myaskovskii
ミャスコフスキー Myaskovskii
ミヤスコフスキー Myaskovskii
ミャスコーフスキィ Myaskovskii
ミャスニコビッチ Myasnikovich
ミャソエードフ Myasoedov
ミヤソエードフ Myasoedov
ミャタビーン Shanzhmjatavyn
ミャタンティン Mya Than Tint
ミヤト Mijat
ミヤトヴィチ Mijatovic
ミヤトヴィッチ Mijatovic
ミヤトビッチ
Mijatovic*
Mijatović
ミャーフコフ Myakhkov
ミャフコフ Myagkov
ミャミャ Mya Mya
ミャミャウィン Mya Mya Win
ミヤラレ Mialaret
ミャリツァ Myalytsya
ミヤルデ Millardet
ミャワディ Myawaddy
ミヤーン Millan
ミヤンダ Miyanda
ミュー Mew*
ミューア
Muir**
Mure
ミュア Muir***
ミュアー Muir*
ミューアヘッド Muirhead*
ミュアヘッド Muirhead*
ミュアリアル Muriel
ミュアリエル
Muiel
Muriel
ミュアンバ Muamba
ミュイアーヘッド Muirhead
ミュウ Miou*
ミュウセイ Musset
ミューエ Mühe*
ミュエ Muet
ミュエック Mueck*
ミュエンスターバーガー Muensterberger
ミュオロ Muolo
ミュガビュール Mugabure
ミュークス Meux
ミュクラン Mykland
ミュクレ Mykle
ミュグレ Mugler
ミュグレー Mugler*
ミュクレブスト Myklebust*
ミュクレム Mukrem
ミュゲ
Muge
Mügge
ミュケーシー Mukasey
ミューケルト Muckelt
ミューゲルン Mügelin
ミュコーニウス Mykonius
ミュコニウス Mykonius
ミューサー
Muser*
Muther
ミューザー
Mueser
Muser
ミューサーシウス Muthesius
ミューザーム Mühsam
ミューザム Mühsam
ミュージアル Musial**
ミュシェンブルーク Musschenbroek
ミュジカ Muzyka
ミュージカント Musicant
ミュージク Muzik
ミュージグ Musig
ミュージック
Music
Musick
ミュジック Muzik
ミュシッヒ Mussig
ミュジドラ Musidora
ミュシャ Mucha**
ミュシャンブレッド Muchembled*
ミューショー Mewshaw
ミュショウ Mewshaw
ミュース
Muhs
Muth**
ミューズ
Meeus*
Meuwese
Mews
Muse*
ミュス Mus
ミュスティコス Mystikós
ミュスナー Müssner
ミュズリ Muselli
ミュズリエ Muselier
ミュセ Musset
ミュゼ Muset
ミューゼラー Müseler
ミュゼリ Muselli
ミューゼル Meusel
ミューゼン Musen
ミュセンブルーク Musschenbroek
ミュソ Mussot
ミュソッフ Musolf*
ミュターティース Müterthies*
ミューダール Myrdal
ミュッカネン Mykkänen
ミュックラー Mueckler
ミュッケ
Mucke
Mücke
ミュッケンハウゼン Mückenhausen
ミュッシェンブローク Musschenbroek
ミュッシャンブレ Muchembled
ミュッセ
Musset*
Mussett
Mussey
ミュッセェ Musset
ミュッセンブルーク Musschenbroek
ミュッソ Musso*
ミュッソン Musson
ミュッラリヤ Muller-Lyer
ミュデ Mudde
ミューディ Mudie
ミューディー Mudie
ミュティアン Mutien
ミュデジ Müjdeci
ミュテフェッリカ Müteferrika
ミューテル Müthel
ミュテル Mutel
ミュートニック Mutnick
ミュドルハムメル Muddlehammel
ミュナ Muna
ミューナン Munan*
ミュニエ Mugnier
ミュニズ Muniz
ミューニッツ Munitz
ミュニッツ Munitz*
ミューニヒ Münnich
ミュニヒ Münnich
ミュニル Münir
ミューノス Muñoz
ミュノーナ Mynona
ミューバーン Mewburn
ミューフリング Mueffling
ミューヘイム Muheim
ミューホート Mewhort
ミュユラー Muller
ミューラ Myyrä
ミューラー
Moller
Möller
Mueller**
Mühler
Muller**
Müller**
ミュラ
Müller
Murat**
Myrrha
ミュラー
Moller
Møller
Mueller**
Müeller
Müler
Muller**
Múller
Müller***
Muralt
Murat
ミューラア Muller
ミュラア Muller
ミュラーアイゼルト Müllereisert
ミュライ Murai
ミュライユ Murail*
ミュラシオル Muracciole
ミュラス Mulas
ミュラータイム Muller-Thym
ミューラック Mulock
ミュラック Murach
ミュラッド Murad
ミュラティアン Muratyan
ミュラド Murad
ミュラトール Muratore
ミュラム Muram
ミュラーリヤー Muller-Lyer
ミューラル Müller
ミューラン
Mullane*
Murrain
ミュラン Mullan
ミュランバ Mulumba
ミューリー
Mühry
Murie
ミューリァル Muriel
ミュリアル Muriel
ミューリウス Mylius
ミュリウス Mylius
ミューリエル Muriel
ミュリエル Muriel***
ミュリグ Meurig
ミュリス
Mullis*
Murrills
ミュリセ Muriset*
ミュリタテュリ Multatuli
ミューリッヒ Müelich
ミュリナゥ Mullineux*
ミューリヒ Müelich
ミュリール Mulier
ミュリン
Murrin*
Muryn
ミューリンク Mühling
ミュリング Mülling
ミュール
Mecall
Muhl
Mühl
Muir
Mule
Mulle
Muris
Murre
ミュルヴィル Murville*
ミュルヴェ Mülvey
ミュルケ Mulkey
ミュルジェ Murger
ミュルジェール Murger
ミュルシュタイン Muhlstein**
ミュルゼ Murger
ミュルタトゥリ Multatuli
ミュールダール Myrdal
ミュルダール Myrdal***
ミュルダル Myrdal
ミュルデル Mulder
ミュルナー Müllner
ミュールバウアー Muellbauer
ミュルハウゼン Mülhausen
ミュールバウワー Muhlbauer
ミュールバーガー Mühlberger
ミュールハン Mühlhan
ミュルビヒル Mulvihill
ミュルビル Murville
ミュールフェンツル Mühlfenzl
ミュールホイザー Mühlhäuser
ミュールホフ Mühlhoff
ミュールマン Mühlemann
ミュルラー Müller
ミュルレ
Myllylä
Myllylae*

ミュルレル
Muller
Müller
ミュルレンジーフェン
Müllensiefen
ミューレ
Muhle
Mühle
ミュレ
Muller
Muret
Muretus
ミュレー
Muller
Murray
ミュレイ Murray
ミュレイン Mullane*
ミュレーズ Murase
ミューレッカー
Muhlocker
Mühlöcker
ミューレック
Muehlegg
Mühlegg
ミュレヘーヴェ
Møllehave
ミューレマン
Mühlemann*
ミューレル
Muller
Müller**
Murrell
ミュレール
Muller*
Müller
Muraire
Murer
ミュレル
Muller
Murrell
ミュレルツ Mülertz
ミュレロヴァ
Müllerovà
ミュレロバー
Müllerová
ミューレン
Meulens*
Muhlen
Mühlen
Mullen*
Müllen
Muren*
ミュレン Müren
ミューレンヴェグ
Mühlenweg
ミューレンス
Meulens
Muhlens
ミューレンダイク
Meulendyke
ミュレンハイム
Mullenheim
Müllenheim*
ミューレンバーグ
Muhlenberg
Mühlenberg
ミューレンベルク
Mühlenberg
Mullenberg
ミュレンホッフ
Müllenhoff
ミュレンホフ
Müllenhoff
ミュロー Mureau
ミューロック Mulock
ミュロック Mulock
ミュロニデス
Muronidēs
ミュローン Myron
ミュロン
Murōn
Myron
ミュンカー Müncker
ミュンガー Munger
ミュンク Münk
ミュンクス Münks
ミュンケル Münkel
ミュンシテルベルヒ
Munsterberg
ミュンシャー
Münscher
ミュンシュ
Munch
Münch*
ミュンスター
Münster*
Mynster
ミュンスタアベルヒ
Munsterberg
ミュンスターバーグ
Münsterberg
ミュンスターベルク
Münsterberg
ミュンスタベルク
Munsterberg
ミュンスターベルヒ
Munsterberg
ミュンスタベルヒ
Munsterberg
ミュンスターマン
Münstermann
ミュンステラー
Münsterer
ミュンステル Münster
ミュンステルベルク
Munsterberg
Münsterberg
ミュンステルベルグ
Munsterberg
ミュンステルベルヒ
Munsterberg
Münsterberg
ミュンター Münter*
ミュンチンゲル
Münzinger
ミュンツ
Müntz
Münz
ミュンツァー Münzer
ミュンツェ Munze
ミュンツェル Münzer
ミュンツェンベルク
Münzenberg*
ミュンツェンベルグ
Münzenberg
ミュンツナー
Münzner
ミュンディンガー
Mundinger
ミュンテフェリング
Müntefering**
ミュンニヒ Münnich
ミュンハ Munch
ミュンヒ
Munch
Münch**
ミュンヒ・ハウゼン
Münchhausen
ミュンヒハウゼン
Münchhausen**
ミュンヒマイアー
Münchmeyer
ミュンヒンガー
Münchinger*
ミュンフ Munch
ミュンフム
Myung-whun
ミュンフン
Myung Whun
Myung-whun
ミュンロー Munro
ミーヨー Milhaud
ミョー Myo
ミヨ
Mijo
Millau
Millot
ミヨー
Milhaud*
Millau
Millaud
ミヨシ Miyoshi
ミヨマンドル
Miomandre
ミョリスヒョッフェル
Moellishoeffer
ミョルス Moers
ミョン
Meung
Myung
ミヨン
Millon*
Mi-yeon
Mi-yong
ミョンイン
Myeon-gin
Myong-gin
ミョンギ Myung-ki
ミョンギュ
Myeong-kyu
Myoung-kyu
ミョンギュン
Myoung-gyon*
ミョンギル Myung-kil
ミョングァン
Myeong-kwan*
Myong-kwan*
Myung-kwang
ミョンクワン
Myong-kwan
ミョングン
Myong-gun
ミョンゴン
Myong-gon
Myung-gon*
ミョンジェ Myung-jae
ミョンシク Myung-sik
ミョンジャ
Myong-ja
Myung-ja
ミョンジュン
Myeong-joon
ミョンジン
Myung-Jin
ミョンス
Myong-su*
Myung-soo
ミョンスク
Myeong-sook*
Myong-sook
Myong-suk
ミョンスン
Myong Sun
Myung-soon
ミョンセ Myeong-se
ミョンソク
Myong-suk*
ミョンソプ
Myung Seob
Myung-sup
ミョンチョル
Myong-chol*
ミョンナム
Myongnam
ミョンニョン
Myung-nyun
ミョンハク
Myong-hak
Myung Hak
ミョンバク
Myung-bak*
ミョンヒ Myong-hui
ミョンピョ Myungpyo
ミョンヒョク
Myong Hyok
ミョンファ
Myung-hwa*
Myung-wha
ミョンファン
Myung-hwan*
ミョンフム
Myung-whun
ミョンフン
Myung Whun
Myung-whun*
ミョンボ Myung-bo*
ミョンホア
Myung-wha
ミョンミン
Myung-min*
ミョンユン
Myung-yoon
ミョンヨン
Myong-yong
ミョンロク
Myong-rok**
ミーラ
Meara
Meera
Meira
Mila
Mira
Mīrā
ミーラー
Mealer
Mira
Mīrā
Moeller
ミラ
Mid-la
Mila**
Milá
Milà
Milka
Milla*
Miller
Mira***
Mirra*
Myra
ミラー
Milar
Miler
Millar***
Millard*
Miller***
Mira
Mueller*
Myller
ミラア Miller
ミラアト Mir'at
ミライム Milaim
ミラヴァル Miraval
ミラウツ Millautz
ミラエウス Miraeus
ミーラク
Mirak
Mīrak
ミラーグ Meerhaeghe
ミラク Milák
ミラクー Mirakhur
ミラクル Miracle*
ミラグロス Milagros
ミラゴリ Mitragotri
ミラージェス
Miralles**
ミラーシュ Milasch
ミラシュ Miraš
ミラス Milas
ミラゾー Milazzo
ミラソウ Mirassou
ミラソール Mirasol
ミラーソン Millerson
ミラダ Milada
ミラーチ Mirarchi
ミラッキー Milacki
ミラディノフ
Miladinov
ミラディン Miladin
ミラーデン Mladen
ミラード
Milad
Milland
Millard***
Millarde
Millerd
ミラド Milad
ミラドーリ Miradori
ミラトン Milaton
ミラーナ Milana
ミラナ Milana
ミラーニ Milani
ミラヌッツィ
Milanuzzi
ミラネージ Milanesi
ミラネース Milanes
ミラネス Milanés

ミ

ミラネーゼ Milanese
ミラーノ Milano
ミラノ Milano**
ミラノヴァ Milanova
ミラノヴィッチ
Milanović**
Milanovich
ミラノフ Milanov**
ミラノフスキー
Miranowski
ミーラーバーイー
Mīrā Bāī
ミラバイ Mirabai
ミラバル Mirabal*
ミラビト Mirabito
ミラブロル Mirabror
ミラベッロ Mirabello
ミラベラ Mirabella*
ミラベル Mirabel
ミラボー Mirabeau**
ミラボオ Mirabeau
ミラミオン Miramion
ミラム
Milam*
Millam
ミラムタン
Milam Tang
ミララス Mirallas
ミラリ Mirali
ミラリエフ Miraliyev
ミラーリッチ
Miller-Ricci
ミラル Myral
ミラールド Millard
ミラルト Millard
ミラレス Miralles
ミラレーパ
Mid-la ras-pa
ミラレパ Mi la ras pa
ミラレム Miralem
ミーラーン Mīrā
ミーラン Milan
ミラーン
Milan
Milán
ミラン
Mielants*
Milam
Milan***
Milán
Millan**
Mi-ran**
Miran
Mirin
ミランカ Milanka
ミランコ Milanko
ミランコヴィッチ
Milankovich
Milankovitch
ミーラーン・シャー
Mīrānshāh
ミランスキー
Milunsky*
ミランダ Miranda***
ミランテ Mirante
ミランデ Merande
ミランティ Miranti
ミランティエフ
Milant'ev
ミランド
Milland*
Mirando
Mirlande*
ミランドーラ
Mirandola
ミランドラ
Mirandola*
ミランファシャンディ
Miran Fashandi
ミランボ Mirambo
ミーリ Mili
ミーリー Mele
ミリ
Mele
Mili
Milli
Miri
ミリー
Melly
Mili
Millie**
Milly*
ミリア Millia
ミリアス Milius**
ミリアッチ Migliacci
ミリアッチョ
Migliaccio
ミリアナ Mirjana**
ミリァム Mirjam
ミリアム
Mariám
Miriam***
Mirjam**
Mirriam
Miryam
Myriam***
Myriem
ミリアーラ Migliara
ミリアン
Milian*
Millien
Miriam
Mirian
ミリヴィーリス
Myriveles
ミリヴィリス
Myribhēlēs
Myriveles
Myrivilis
ミリヴォイ Milivoj
ミリヴォイェ
Milivoje*
ミリヴォイエ Milivoje
ミリヴォエヴィッチ
Milivojevici
ミリエズ Milliez*
ミリェニッチ Miljenić
ミリエーム Myriem
ミリエル Millière
ミリェンコ Miljenko
ミリオティ Milioti
ミリオーネ Milione
ミリオリーニ
Migliorini
ミリカ Milica*
ミリカン
Millican
Millikan*
ミリガン Milligan**
ミリキタニ
Mirikitani**
ミリキン Millikin
ミリク Milik
ミリケン Milliken**
ミーリス Mieris
ミリス
Milis*
Millis*
Mills
ミリセント
Milicent
Millicent**
ミリタル Militaru
ミリーチ Milíč
ミリチ Milic
ミリチェヴィチ
Malićević
ミリチャンプ
Millichamp
ミリーチュ Milíč
ミリチュ Milíč
ミリツァ Milica*
ミリーツィア Milizia
ミリッジ Millidge
ミリッシュ Mirisch*
ミリッチ Milic
ミリッツァ Militsa
ミリテロ Militello
ミリトシアン
Militosian
Militossian
Militosyan
ミリトン Millington
ミリナー Milliner
ミリニエミ
Myllyniemi
ミリネア Milinaire
ミリネル Mil'ner
ミリノヴィッチ
Milinovic
ミリノビッチ
Milinovic
Milinović
ミリバンド
Miliband**
ミリビリス Myrivilis
ミリポルスキー
Miripolsky
ミリマノフ
Mirimanov*
ミリマン Mil'man
ミリヤ Mirja
ミリャード Millard*
ミリヤーナ Mirjana
ミリヤナ Mirjana*
ミリャニッチ Miljanic
ミリヤニッチ Miljanic
ミリヤム
Miriyam
Mirjam
ミリャール Millyar
ミリャーレス Millares
ミリャン
Miljan
Millán*
ミリヤン Miljan
ミリュウ Miliex
ミリュエル Muriel
ミリューコフ
Milykov
Milyukov
ミリュコーフ
Milyukov
ミリュコフ
Miliukov
Milyukov**
ミリュータ Miriuta
ミリューチン
Miliutin
Milyutin*
ミリョ Miryo
ミリヨ Milliot
ミリョン
Miljon
Millon
ミリレン Milliren
ミーリン Mealin
ミリン
Millin
Mirin*
ミーリング Mealing
ミリングトロ
Miringtoro
ミリングトン
Millington*
ミリンコヴィッチ
Milinkovic
ミリンスキー Milinski
ミリンダ
Milinda
Millinda
ミリンダー Millinder
ミリントン
Milington
Millington**
Mullington
ミール
Meer*
Miel*
Miell
Míl
Mir**
Mīr
Mire
Mirr*
Moer
ミル
Mil**
Mile
Mill*
Mille**
Mills
Milous
Mir*
ミルヴァ Milva
ミルヴァーン Milburn
ミルウィド Milwid
ミルヴィト Milwid
ミルヴィル Milleville
ミルウォード
Millward*
ミルヴォワ Millevoye
ミルウッド
Millwood**
ミルオン Millon
ミルカ
Milca*
Milcah
Milka**
Mirka
ミルカウ Milkau
ミルカゼミ Mirkazemi
ミールガニー
Mīrghanī
ミルガニ Mirghani*
ミルカン Millecan
ミルキヌ Mirkin
ミルキヌー Mirkine
ミルク Milk
ミルクマン Milkman
ミルグラム
Milgram**
ミルグリム Milgrim*
ミルグレン Myrgren
ミルグロム Milgrom*
ミールケ
Miehlke
Mielke**
ミルケ
Milke
Milquet
ミルゲイト Milgate
ミルケン Milken
ミルコ
Milco
Milko*
Mirco**
Mirko**
ミルコウスキー
Milkowski*
ミルコタ Milkota
ミールザー
Mīrzā*
Mīrzā'
ミルザ
Milza
Mirza**
Mírza
Mīrzā
ミルザー
Milser
Mirzā
Mīrzā
ミルザイ Mirzai
ミールサイド Mirsaid
ミルザエフ
Mirzaev
Mirzayev
ミルザエワ Mirzaeva
ミルザシュヴィーリ
Mirzashvili
ミルサタエフ
Myrsatayev
ミルザッカニアン
Mirzakhanian*
ミルサップ
Millsap
Milsap
ミルサド Mirsad
ミルサーニ Milsani

ミルザハニ
Mirzakhani*
ミルザヒドフ
Mirzakhidov
ミルサン Milcent
ミルシア Mircea
ミルシティン Milstein
ミルシテイン Milstein
ミールジナー
Mielziner
ミルジーナー
Mielziner
ミルシニ Myrsini
ミルジャリリ Mirjalili
ミルジャン Miljan
ミルシュタイン
Milstein
ミルジヨエフ
Mirziyoyev*
ミールズ Miehls
ミルス Mills**
ミルズ
Miles
Milles
Mills***
Milnes
Mils*
ミルスキー
Mirskii*
Mirsky
ミルスタイン
Millstein*
Millstine
Milstein**
ミルステイン
Millstein
Milstein*
ミルステッド Milsted
ミルストーン
Millstone
ミルスポー
Millspaugh
ミルズポー
Millspaugh
ミルスワ Mierswa
ミルセア Mircea
ミルゾ
Mirzo**
Mírzo
ミルゾエフ Mirzayev
ミルゾショフルフ
Mirzoshokhrukh
ミルソープ Milthorpe
ミルソム Milsom
ミルゾヤン Mirzoyan
ミルソン Milson
ミルタ
Mirta
Mirtha
Myrna
ミルダ Milda*
ミルダー Milder*
ミルタジェッディニ
Mir-tajeddini
ミルダート Mildert
ミルタリポヴァ
Mirtalipova
ミールダール Myrdal
ミルダール Myrdal
ミルダル Myrdal
ミルチァ Mircea
ミルチア Mircea*
ミルチアデス
Miltiades
Miltiadēs
ミルチェ Mircea
ミルチェア Mircea*
ミルチェフ Milchev*
ミルチノビッチ
Milutinovic
ミルチベルグ
Milchberg
ミルチャ Mircea***
ミルチャア Mircea
ミルチャン Milchan
ミルチャンダニ
Mirchandani
ミルチョ
Milcho
Milčo
ミルチン Milutin
ミルック Mirkku*
ミルツフラワ
Mirtskhulava
ミルデ Milde
ミルティア Milteer
ミルティアディス
Miltiadis
ミルティアデース
Miltiades
ミルティアデス
Miltiades
Miltiadēs
ミルティオティッサ
Myrtiotissa
ミルティツ
Miltitz
Miltiz
ミルティテ
Meilutyte**
ミルティノヴィッチ
Milutinovic*
Milutinović*
ミルティノビッチ
Milutinovic*
Milutinović*
ミルティル Myrtil
ミルティン Milutin
ミルディン Myrddin
ミルディンホール
Mildinhall
ミルテンバーガー
Miltenberger*
ミルデンバーガー
Mildenberger
ミルデンブルク
Mildenburg
ミルト
Mildt
Milt***
Milton
Mirto
ミルドヴァン Mildvan
ミルトスキノフ
Miltschinoff
ミルトセレスタン
Myrtho Célestin
ミルドニアン
Mildonian
ミルドレッド
Mildred***
ミルドレド Mildred
ミルトン Milton***
ミルナ
Mirna*
Miruna
Myrna
ミルナー
Millner**
Milner***
Milnor**
ミルヌ Milne
ミールヌイ Mirnyi
ミルヌイ Mirnyi**
ミルネ Milne
ミルネス Milnes
ミルネール Milner*
ミルネル Milner
ミルバ Milva**
ミルハイザー Millhiser
ミルハウザー
Millhauser**
ミルハウス
Milhous
Milhouse
ミルバーグ Milberg
ミルハム Milham
ミルバーン
Milburn**
Milburne
Millburn
ミルバンク Milbank*
ミール・ハーンド
Mīrkhwānd
ミルヒ Milch
ミルビナ Millvina
ミールフェルト
Mierevelt
ミルフォード
Milford**
ミルブト Mirbt
ミルブルガ Milburga
ミルブレイス
Milbrath
ミルブレス Milbrath
ミルフレッド Milfred
ミールフワーンド
Mīrkhwānd
ミールヘイダール
Mirheydar
ミルベコフ Mirbekov
ミルベル Mirbel
ミルベルヒ Myrberg
ミルボー Mirbeau*
ミルボウ Mirbeau
ミルボーエル
Milbauer
ミルボオ Mirbeau
ミルホセイン
Mirhossein*
ミルホーリン
Millhollin
ミルボルド Myhrvold
ミルホロン Millhollon
ミルボーン Milbourne
ミール・ホーンド
Mīrkhwānd
ミールホンド
Mīrkhwānd
ミルマン
Millman*
Milman
Mirman
ミルモ Myrmo
ミルモー Milmoe
ミルヤ
Milja
Mirja
ミルューティン
Miliutin
ミルラー Miller
ミルラン Millerand**
ミルリー Milly
ミルレ Milleret
ミルレー Miller
ミールレル Miller
ミルレル
Miller
Millera
ミールレンダー
Maerlender
ミルロ Millo
ミルロー Mierlo**
ミルロイ
Milroy*
Mylroie*
ミルロッド Milrod
ミルロン Millerom
ミルワイス Mirwais
ミルワード
Millward
Milward**
ミルン
Miln
Milne**
ミルンズ
Millns
Milnes**
ミーレ Miele*
ミレ
Mile
Millet**
Mi-rae
Miret
ミレー
Miley
Millais
Millay*
Miller
Millet*
ミレイ
Mealey
Milei
Miley
Millais
Millay
Mirei
ミレイア Mireia**
ミレイエ Mirailhet
ミレイヌ Mireille
ミレイユ Mireille***
ミレーヴァ Mileva
ミレヴァ Mileva*
ミレヴィ Milevi
ミレヴィッレ
Milleville
ミレウェ Mileve
ミレウスキ Milewski
ミレウム Mileum
ミレエ Millet
ミレカン Millecan
ミレガン Millegan
ミレキャン Millecan
ミレク Mirek**
ミレージ Milesi
ミレース Millais
ミレス Milles*
ミレスク Milescu
ミレスマイリ
Miresmaieli
ミレチティッチ Miletic
ミレッカー Millöcker
ミレツキー Miletsky
ミレッティ Miletti*
ミレット
Millet
Millett***
Millette
ミレッラ
Mirela
Mirella*
ミレティチ Miletich
ミレディング
Milleding
ミレド Miled
ミレトス Miletus
ミレーナ Milena*
ミレナ
Milena*
Miléna
ミレーヌ Mylène**
ミレノバ Mirrenova
ミレバ Mileva
ミレフ Milev*
ミレブ Milev
ミーレフェルト
Mierevelt
ミレフスカ Milevska
ミレフスキ Milewski
ミレブスキー
Milevsky
ミレヤ Mireya**
ミレーユ Mireille**
ミレラ
Mirela*
Mirella
ミーレル Miller
ミレール Miller**
ミレル
Miler**
Miller**
Myhrer*
ミレルラ Mirella
ミレワ Mileva
ミレン
Milen*
Millen*
Miren
Mirren**

ミ

ミレンコ Milenko
ミレンコビッチ
Milenkovic
ミレンスキー Milenski
ミレンダ Mirenda
ミレンダー Millender
ミレンダーマクドナルド
Millender-McDonald
ミーレンドルフ
Mierendorff
ミーロ Milo*
ミロ
Milo***
Milon
Mirho
Miro**
Miró**
Mylo
ミロー
Mileau*
Millot
Mireaux
Mirho
Miró
ミロイ Milloy
ミロイエ Mylroie
ミロイカ Milojka
ミロヴァノヴィチ
Milovanovic
ミロヴァン Milovan*
ミロヴィチ Mirovitch
ミロオス Milosz
ミログリオ Miroglio
ミロサヴリェヴィッチ
Milosavljevici
ミロサブリェビッチ
Milosavlević
Milosavljević
ミロシェヴィチ
Milosevic
ミロシェヴィッチ
Milosevic
Milošević
ミロシェビッチ
Milosevic
Milosevič*
Milošević*
ミロシナ Miroshina
ミロシニチェンコ
Miroshnichenko*
ミローシュ
Milloss
Milosz
Miłosz
ミロシュ
Millosh
Milos*
Miloš**
Milosch
Milosz**
Miłosz
Miroš*
Míroš
ミロシュニチェンコ
Miroshnichenko
ミロシュラフ Miroslav
ミロショスキ
Milososki
ミロース Milosz
ミロス
Milos**
Miloš*
Milosz
ミロスラウ
Miloslav
Miroslav
ミロスラヴ
Miroslav**
Miroslov
ミロスラヴァ
Miroslava*
ミロスラバ
Mirka
Miroslava*
ミロスラフ
Miloslav*
Miroslav***
Miroslov
Myroslav
ミロスラブ Miroslav
ミロスロフ Miroslav
ミロスワフ
Miroslaw
Mirosław
ミロセヴィッチ
Milosevici
ミロセビッチ
Milosevič
Milošević
ミロソヴィッチ
Milosovici
ミロソビッチ
Milosovici
ミロチニチェンコ
Miroshnichenko
ミロツウォルツェフ
Mirotvortsev
ミロッス Milosz
ミロティッチ Mirotic
ミロナ Milona
ミロナス Milonas
ミローヌ Milone
ミロノヴァ Mironova
ミローノヴィチ
Mironovich
ミロノギアニス
Milonogiannis
ミローノフ Mironov
ミロノフ Mironov**
ミロノワ Mironova
ミロバノビッチ
Milovanovic
Milovanović
ミロバノフ Milovanov
ミロバン Milovan
ミロビチ Mirovitch
ミロビッチ Milovic
ミロフスラフ Miroslav
ミロラード Milorad*
ミロラド Milorad***
ミロラードヴィチ
Miloradovich
ミロラドヴィチ
Miloradovich
ミロラドビッチ
Miloradovich
ミロリオ Miroglio
ミロリューブ Miroljub
ミロリュブ Miroljub
ミーロン Myron
ミローン Milone
ミロン
Millon**
Milon*
Miron*
Mirón
Myron*
ミロンチイッチ
Mironcic
ミロンチュクイワノワ
Mironchyk-Ivanova
ミーン Mien
ミン
Min**
Mīn
Ming***
Minh***
Minn
Minne
Mint
Myint*
Mynt
ミンー Min
ミンウ
Min-u*
Min Woo
ミーンウェル
Meanwell
ミンカ Minka
ミンガ Minga
ミンガー Minger*
ミンカイル Minkailu
ミンガウン
Min Gaung
ミンガース Mingers
ミンガス Mingus*
ミンガド Minggad
ミンカラ Minkara
ミンガロ Mingarro
ミンガントゥ
Minggantu
ミンギ Min-gi
ミンギス Menzies
ミンキネン Minkkinen
ミンキャン Ming-kian
ミンギュ
Min-gyu*
Min-Kyu
ミンギョン
Min-kyong*
Min-kyung*
ミンキン Minkin
ミンギンズ Mingins*
ミンク
Minc
Mink**
ミング Min-koo*
ミンクス Minkus
ミングス Mings
ミングスト Mingst
ミンクッツィ
Mincuzzi
ミングッツィ
Minguzzi**
ミングブルヌ
Mankubirnī
ミンクヤン Minkjan
ミンクラー Minkler
ミンケ Minke
ミンゲ Minge
ミンゲイ Mingay
ミンケイビッチ
Mientkiewicz
ミンケス Minkes
ミンゲス
Minges
Mínguez
ミンゲッティ
Minghetti
ミンゲット Minguet
ミンケラ Minchella
ミンゲラ Minghella**
ミンケル Minkel
ミンゲール Mingyur
ミンコ Minco
ミンゴ Mingo
ミンコウスキー
Minkowski*
ミンゴス Mingos
ミンゴッツィ
Mingozzi
ミンゴッティ Mingotti
ミンゴーテ Mingote
ミンコーナイン
Min Ko Naing
MinKo Naing
ミンコフ
Minkoff*
Minkov*
ミンコーフスキ
Minkowski
ミンコーフスキー
Minkowski
ミンコフスキ
Minkowski**
ミンコフスキー
Minkowski**
ミンジ
Mingdé
Minjee
ミンジー
Mingyi
Minjee
ミンシア Min-xia
ミンシェー Minshew
ミンジェ Minje
ミンシェン
Mingsheng
ミンジオーネ
Mingione
ミンシク Min-sik*
ミンジュ
Mingju
Ming-zhu
ミンシュエン
Mingxuan
ミンジュル Minjur
ミンジュン
Min-joon*
Min-joong
ミンジョー
Min Kyaw*
ミンジョーネ
Mingione
ミンジョン
Min-jeong
Min-jung*
ミンシン Minxin
ミンジン
Min-jin
Minjin
ミンジング Minding
ミーンス Miense
ミーンズ Means**
ミンス Min-soo*
ミンスー Minsoo
ミンズ Minns
ミンスキー
Minski
Minskii*
Minsky**
ミンスキイ Minskii
ミンスター Mynster
ミンステルベルヒ
Munsterberg
ミンストレル Minstrel
ミンスン Min-soon*
ミーンセ Miense
ミンセンティ
Mindszenty
ミンゼンティ
Mindszenty*
ミンゼンバーグ
Minzenberg
ミンソ Min-seo
ミンソク
Min-seok
Min-suk
ミンソン
Min-seon
Min-sun
Min-sung
ミンゾン Ming Zeng
ミンタ Minta
ミンター Minter**
ミンダー Minder
ミンダウガス
Mindaugas
Mindowe
ミンダウドゥ
Mindaoudou
ミンターズ Minters
ミンダーゼ Mindadze
ミンタナ Mintana
ミンダルト Mindert*
ミンチ Muench*
ミンチー Minchey*
ミンチェヴァ
Mincheva
ミンチェバ Mintcheva
ミンチェフ Minchev
ミンチェン
Ming-cheng
ミンチオッティ
Minciotti
ミンチーク Minčík
ミンチニョ Minkyinyo
ミンチミル Mintimer

ミ

ミンチャー Mincher
ミンチョル
Min-chol
Min Chul
ミンチン
Minchin
Minchine
ミンチントン
Minchinton*
ミンツ
Minc
Mints
Mintz**
ミンツー Ming-soo
ミンツァ Mincza
ミンツァー Mintzer*
ミンツァナバルド
Mincza-nébald
ミンツィ Mintzi
ミンツィッチ Mincici
ミンツェンティ
Mindszenty
ミンツガー Mintzker
ミンツバーグ
Mintzberg**
ミンツロフ
Mintslov
Míntslov
ミンデ Minde
ミンティ Minty
ミンティー
Ming-tee
Minty
ミンディ
Mindi
Mindy*
ミンディー Mindy
ミンディア Mindia
ミンテインカ
Min Thein Kah
Min Thein Kha
ミンディング Minding
ミンテコエ Mintekoé
ミンデル
Mindel
Mindell*
ミンデルフート
Minderhoud
ミンデン Minden
ミント
Mint
Minto*
Myint**
ミントー Minto*
ミントゥーウン
Min Thu Wun
ミントウウン
Min Thu Wun
ミントゥルノ
Minturno
ミントケイビッチ
Mientkiewicz
ミントケンボー
Mintkenbaugh
ミンドージャー
Ming-Jer
ミントセンティ
Mindszenty
ミントフ Mintoff**
ミンドーフク
Mindowe
ミンドーベ Mindowe
ミンドラシヴィリ
Mindorashvili*
ミンドラシビリ
Mindorashvili
ミンドリン Mindlin
ミンドレッド Mindred
ミントロム Mintrom
ミントン Minton**
ミンドン Mindon
ミンナ Minna*
ミンニーティ Minniti
ミンニハノフ
Minnikhanov*
ミンニョス Minhós
ミンヌ Minne*
ミンネ Minne*
ミーンネット
Minhinnett
ミンハ Minh-ha**
ミンハージ Minhāj
ミンヒ Min-hee**
ミンヒニック
Minhinnick
ミンヒョン
Min-hyung
ミンビン Minbin
ミンファン Min-hwan
ミンフェ Min-hae
ミンフォード Minford
ミンフォン
Min fong
Minfong**
ミンベ Min-bae
ミンホ
Min-ho*
Minho
ミンホー Ming Ho
ミンボ Mingbo
ミンポン Mingpeng
ミンマ Mimma*
ミンマウン
Myint Maung
ミンマン Minh Mang
ミンミン Ming-ming
ミンムーン Mingmoon
ミンヤナ Minyana
ミンユイ Ming-Hui
ミンユエ Ming-yeh
ミンリャン
Ming-liang*
Mingliang
Mingliyang
Min-liang
ミンレーチョウディン
Minyekyawdin
ミンレディッパ
Minyedeikba

【ム】

ム Moo
ムー
Meur
Moe*
Moo
Mu*
ムーア
Moa
Mooore
Moor**
Moore***
Moores
More
Muhr
Muir
ムーアー Moore
ムア
Moore*
Mua
Mur*
ムアイヤッド Muayad
ムーアイヤド
Mu'ayyad
ムアイヤド
Mu'ayyad
Mu'ayyad
ムアイヤドゥッディーン
Mu'ayyad al-Dīn
ムアーウィア
Mu'āwiya
ムアーウイア
Mu'āwiya
ムアウィア Mu'āwiya
ムアーウィヤ
Mu'āwiya
ムアウィヤ Mu'āwiya
ムーアクラフト
Moorcraft*
ムーアクロフト
Moorcroft
ムアクロフト
Moorcroft
ムーアコック
Moorcock
ムアコック
Moorcock**
ムアザム Muadzam
ムアシェル Muasher
ムアジジバイエ
Mouadjidibaye
ムアジャーニ
Moorjani
ムーアズ Moores
ムアーズ Moores
ムーアタワーズ
Moore-towers
ムアッザム Mu'aẓẓam
ムアッハル Mouakher
ムーアッヤド
Mu'ayyad
ムアッラ Mu'alla
ムアッリム
Muallim
Mu'allim
ムアッワド Moawwad
ムアテテマ
Muatetema
ムーアハウス
Moorhouse*
ムアハウス
Moorhouse**
ムーアビー Moorby
ムーアフィールド
Moorefield
ムアフムア
Muafumua
ムーアヘッド
Moorehead**
Moorhead
ムアーヘッド
Moorehead
ムアヘッド
Moorehead**
Moorhead
ムーアベティ
Moore-Betty
ムアマドゥ
Mouhamadou
ムアマル
Muammar**
Mu'ammar
ムアマン Moorman
ムアラ
Muala
Mualla
ムアリア
Mualia
Muaria
ムアリミ Mualimi
ムアルリム Mu'allim
ムアレム Muallem**
ムアワッド Mouawad
ムアワド Moawwad
ムアン Muan
ムアンギ Mwangi
ムアンスク
Muangsook
ムアンドゥーム
Mwangdoem
ムアンドゥンバ
Muandumba
ムアンバ Mouamba
ムアンボ Muambo
ムアンマル
Muammar
Mu'ammar
Mu'ammar
ムーイ
Mooi
Mooij
ムイ Mui**
ムイア Muir
ムーイアールト
Moeyaert
ムーイェ Mu-Ye
ムイエジマンゲズ
Muyej Mangez
ムイキッチ Mujkič
ムィコラ Mykola
ムイシキン Myshkin
ムイジネクス
Muižnieks
ムイス
Moeis
Muis
ムイズ Muizzu
ムイズディンシャー
Muizzuddin Shah
ムィスリフチェンコ
Myslivchenko
ムイゼンバーグ
Muyzenberg
ムイチン Mujcin
ムイッズ
Mu'izz
Muìzz
ムイッズィー Mu'izzī
ムイッズッ・ダウラ
Mu'izz al-Dawla
ムイッズッダウラ
Mu'izz al-Dawla
ムイディンヌ
Mouhidine
ムイナルスキ
Mlynarski
ムイーヌ Mu'īnu
ムイーヌッディーン
Mueenuddin
Mu'īn al-Dīn
ムイブリッジ
Muybridge
ムイフーン
Mui Hoong
ムイベルガー
Muhlberger
ムイヤ Muia
ムイヤールト
Moeyaert**
ムイユロン
Mouilleron
ムイラト Myrat
ムイラトゲルディ
Myratgeldi
ムイラドフ Myradov
ムイルザフメトフ
Myrzakhmetov
ムイーン Mu'īn
ムインバイ Mynbay
ムインバエフ
Mynbayev
ムウア Moore
ムーヴァーマン
Moverman
ムウイ Moüy
ムヴィェルワ
Mvuyelwa
ムウィグル Mwingulu
ムウィジャゲ
Mwijjage
ムウィニ Mwinyi**
ムウィラ Mwila
ムウィラリア
Mwiraria
ムウェジ Muhwezi
ムウェシジェ
Mwesige
Mwesigye
ムウェテ Muwete
ムウェニエ Mwenye*
ムーウェン Mouwen
ムウェンゼ Mwenze
ムウェンダ Mwenda
ムヴェンバ Mvemba

ム

ムヴォゴ Mvogo
ムウォドゼニェツ
Mlodozeniec
Mlodoźeniec
Młodoźeniec
ムウォノ Mwoono
ムウシナック
Moussinac
ムウタスィム
Mu'tasim
ムゥタッズ M'tazz
ムウタッズ Mu'tazz
ムゥタミド Mu'tamid
ムウタミド Mu'tamid
ムウテル Muther
ムゥヒェ Muche
ムウミン Mu'min
ムゥラー Müller
ムエウ Mwewu
ムエジ Muyej
ムエジンオール
Müezzinoğlu
ムエゼ Mweze
ムエックス Moueix
ムエル Meunier
ムエルコンビ
Mouelle Kombi
ムエンザー Muenzer*
ムエンベ Muyembe
ムーオ Mouhot
ムオ Mouhot*
ムオイ Muoi**
ムカーイ Mqhayi
ムカイダイス
Muqeddes
ムカイマ Mkaima
ムカサ Mukasa
ムーカジ
Mukherjee**
ムカージ Mukerji
ムカジー
Mukerjee
Mukherjee**
ムガジー Moghazy
ムカジョフスキー
Mukarovsky
Mukařovský
ムカダ Moukadas
ムカッダシー Maqdisī
ムカッダスィー
Maqdisī
ムガット Megat
ムカッファ Muqaffa'
ムカッファー
Muqaffa'
ムカッファア
Muqaffa'
ムカッファイ Muqaffa
ムガニ Mougany
ムカパ Mkapa**
ムカバグウィザ
Mukabagwiza
ムガビ Mugabi
ムガベ Mugabe**

ムガボ
Mguabo
Mugabo
ムガマンダ
Ngamanda
ムカラ Mukala
ムカライヌスング
Mukalayi Nsungu
ムカラウィレ
Mkalawile
ムカリ Mukhali
ムガール Mughal
ムカルジー Mukharjee
ムカルリザ
Mukaruriza
ムカンガ Mukanga
ムガンガ Mganga
ムカンガラ
Mukangara
ムガンザ Muganza
ムガンダ Mganda
ムカンタバナ
Mukantabana
ムカンナ Muqanna'
ムカンナー Muqanna'
ムガンワ Muganwa
ムーキー Mookie*
ムーギー Moogwi
ムキ Muki
ムキア Mukhia
ムキアヌス Mūciānus
ムギィ McGehee*
ムキウス Mucius
ムキエリ Mucchielli
ムキサ Mukhisa
ムギムワ Mgimwa
ムキヤ Mukhiya
ムキン Mukin
ムーク
Moock*
Muck
ムーグ Moog
ムクアム Muqam
ムグァン Mu-gwang
ムクウェゲ Mukwege
ムクゥエジ Mukwege
ムクター Muqtar
ムクダーサニット
Mukdasanit
Mukdasnit
ムクダスニット
Mukdasnit
ムクタダ Muqtada*
ムクタディー Muqtadī
ムクタディル
Muqtadir
ムクターナンダ
Muktananda
ムクターピーダ
Muktāpīda
ムクタフィー
Muktafī
Muqtafī
ムクタリ Muktari

ムクタール Mouctar
ムクタル
Moukhtar
Mukhtar
Muktar
ムクチカ Mkuchika
ムクティ Mokti
ムクティボード
Muktibodh
ムクナ Mukuna
ムグニ Mougouni
ムグニエ Mughnieh
ムクパット Mkpatt
ムクビル Muqbil
ムクベル Muqbel
ムクマ Mukuma
ムクヤ Mkuya
ムクーラ Mkura
ムグラリス Mouglalis
ムクリン Muqrin*
ムクル Mukul
ムグル
Mugur*
Mugurel
ムグルサ Muguruza
ムクルチアン
Mkrchyan
ムクルチャン
Mkrtchian
Mkrtchyan
ムクルマニア
Mukulumanya
ムクルング
Mukulungu
ムグレ Mugliett
ムクロ Mkulo
ムクロー Mucklow
ムグワグワ Mgwagwa
ムクワヤ
Mukuwaya
Mukwaya
ムクワワ Mkwawa
ムグン Moo-keun
ムクンガ
Mukunga
Mukwanga
ムクンダラーム
Mukundarām
Mukundarāma
ムクンドラーム
Mukundarām
ムーケ Mouquet
ムーゲイヤー
Mougayar
ムゲェ Muguet
ムケシマナ
Mukeshimana
ムケシャイラ
Mukesyayira
ムケーシュ Mukesh
ムケシュ Mukesh*
ムーケスー
Mookhesswur
ムーケスウル
Mookhesswur

ムケッシュ Mukesh
ムケナ Mukena
ムケバ Mukeba
ムゲブリシビリ
Mghebrishvili
ムーケルジ Mookerji
ムケルジー
Mookerjee
Mukerjee
Mukherjee
ムケールジェー
Mukherjee
ムゲルワ Mugerwa
ムケンディ Mukendi
ムゴ Mugo*
ムココサンバ
Mukoko Samba
ムココムボンジョ
Moukoko Mbonjo
ムゴシ Mugosi
ムコッパダエ
Mukhopadhyay
ムコッパッダーエ
Mukhopadhyay
ムコノウェシューロ
Mukonoweshuro
ムコパディアイ
Mukhopadhyay
ムコパディエイ
Mukhopadhyay
ムコパディヤーイ
Mukhopadhyay
ムゴレウェラ
Mugorewera
ムゴン Moo-kon
ムコンド Mkhondo
ムーサ
Moosa
Moossa
Mousa*
Moussa**
Musa
Mūsa
ムーサー
Musa
Mūsa
Mūsā*
ムーザ
Moussa
Musa
ムーザー Meuser
ムサ
Moosa
Mousa
Moussa***
Musa***
Mussa
ムサー
Musa
Muther
ムザ Mouzat*
ムーサイオス
Mousaios
ムサイオス Musaios
ムサイド
Musaed
Musaid
ムサイリマ
Musaylima

ムーサウイ Moussaoui
ムーサヴィー
Mousavi
Mūsavī
ムサウィ Musawi
ムサウイ
Moussaoui*
Musavi
ムザヴィザドゥ
Mousavizadeh
ムサエウス Musaeus
ムサエド Musa'ed
ムサエフ Musaev
ムサエムラ
Muysaemura
ムサカ Msaka
ムサガラ Musagala
ムサッヴィル
Muṣavvir
ムサッキオ Musacchio
ムザッティ Musatti
ムザッヒブ
Mudhahhib
ムザッファル
Muzaffar
Muẓaf-far
Muẓaffar
ムザッファルッ
Muẓaffar al
ムザッファロディーン
Moẓaffar al-Dīn
Muẓaffar al-Dīn
ムザディ Muzadi*
ムサド Musad
ムサートフ Musatov
ムサトーフ Musatov
ムサトフ Musatov
ムザニー Muzanī
ムサバハ Msabaha
ムサビ
Mousavi*
Moussavi
Musavi
Mussavi
ムザヒム Muzahim
ムサビラリ
Mousavilari
ムーサフ Musaph
ムサフ Musaph
ムサブ
Moussavou
Musab
ムザファ Muzaffar
ムザファー Muzaffar
ムサフィリ Musafiri
ムーサム Mootham
ムザラス Mouzalas
ムザリ Mzali**
ムサリア Musalia
ムサリモフ Musalinov
ムサル Musar
ムザル Muḍar
ムザンギザ Muzangisa
ムサンテ Musante*
ムーサンデル
Mosander

ムサンナ Muthanna
ムザンメル
Muzammel
ムーシー
Moorthy
Moussy
ムージ Mooji
ムジ Muzj
ムシア Muthiah
ムシウタス
Moushioutas
ムーシェ
Moucheg
Mouchet
ムシェヴェリジェ
Mshevelidze
ムシェーグ Mushel
ムシェジブ Mushezib
ムシェジャ Musheja
ムシェテスク
Muşetescu
ムーシェル Mouchel
ムシェル Mushel
ムジェール Mjör
ムシェロヴィチ
Musierowicz**
ムジオ Muzio
ムシカ Msika
ムジカ Mujika
ムシカリ Musikari
ムシキワボ
Mushikiwabo
ムシク
Moo-sik
Mussik*
ムシケートフ
Mushketov
ムジズラト Mghizrat
ムジタバ Mujtaba
ムジタバー Mujitaba
ムジチ Mujić
ムジチェンコ
Muzychenko
ムシディ Mushidi
ムジト Muzito
ムシーナ Mussina*
ムーシナク Moussinac
ムーシナック
Moussinac
ムシナック Moussinac
ムシビ Msibi
ムジブル Mujibur*
ムシマング Msimang
ムーシャ Mucha
ムシャイ Mshai
ムジャイドゥ
Moudjaîdou
ムシャウィフ
Mushaweh
ムシャウォヴィチ
Musialowicz
Musiałowicz
ムシャーカ Mushāqa
ムシャッラフ
Musharraf
ムシャッリフ
Mosharref
ムジャディディ
Mojaddidi**
ムジャヒ Mujahi
ムジャーヒド Mujāhid
ムジャヒド Mujahid
ムシャーミー
Muthuswamy
ムシャラフ
Musharraf**
ムジャワマリヤ
Mujawamariya
ムジャワル Mujawar*
ムジャンガ Mujangga
ムシャンタト
Mushantat
ムシャンプ
Muschamp
ムシュク
Muschg**
Mushyk
ムジュグンバ
Mujugumba
ムシュコーヴァ
Myshkova
ムシュタク Mushtaq
ムシュタバ Mujtaba
ムジュデ Müde
ムジュラニ Mjdlani
ムジュリエ Mesurier
ムジュル
Mujur
Mujuru
ムーシュロン
Moucheron
ムショウエ Mushowe
ムショカ Musyoka
ムショキ Musyoki
ムージョス Mougios
ムショット Mouchotte
ムジョノ Mudjono
ムショブエカ
Mushobueka
ムショーペ
Mhlope
Mhlophe
ムジョル Musioł
ムショロンゴ Mhlongo
ムジリカジ Mzilikazi
ムーシル Musil
ムージル Musil**
ムシル
Moussilou
Musil
ムジール Musil
ムジル Musil
ムーシン Mysin
ムシン Musin
ムシンバ Mushimba
ムース
Möeth
Moose*
Muhs
Muthu
Muuss
ムーズ Muse
ムス
Moo-soo
Mus
Muss
Musse
Musu
ムスアド Mosad
ムスィドーラ
Musidora
ムスカ Muscă
ムスカウ Muskau
ムスカット Muscat
ムスキン Muskin
ムスクーリ
Mouskouri*
ムスクールス
Musculus
ムスクルス Musculus
ムスグレーブ
Musgrave
ムスグローヴ
Musgrove
ムスケンス Muskens
ムースコス Mouskos
ムスコス Mouskos
ムースコップス
Moeskops
ムスター Muster*
ムスタアスィミー
Musta'ṣimī
ムスタアスィム
Musta'ṣim
ムスターイーン
Musta'īn
ムスタイーン
Musta'īn
ムスタウフィー
Mustaufī
ムースタカス
Moustakas
ムスターカス
Moustakas*
ムスタカス Moustakas
ムスタキ
Moustaki***
ムスターク Mushtaq
ムスタク
Mushtaq
Mustaque
ムスタクフィー
Mustakfī
ムースタシュ
Moustache
ムスタースィム
Musta'ṣim
ムスタズヒル
Mustaẓhir
ムスタディー
Mustaḍī'
ムスタド Moustaid
ムスタドロイン
Moustadroine
ムスタパ
Mustapa
Mustappha
ムスタパー Mustapää
ムスタパルタ
Mustaparta
ムスタヒル Mustahil
ムスタフ
Moustaph
Mustapha
ムスターファ Mustafa
ムスタファ
Mostafa
Mostapha
Mostefa
Moustafa*
Moustapha*
Moustpha
Musta-fa
Mustafa***
Muṣṭafa*
Mustapha**
Mustaphá
Mustapha
Musthafa
ムスタファー
Mustafa
Muṣṭafa
Muṣṭafā
ムスタファイ
Mustafaj
ムスタファヴィ
Mostafavi
ムスタファエフ
Mustafayev
ムスタフィ Mustafi
ムスタフィズー
Mustafizur
ムスタフィズル
Mostafizur
ムスタフィナ
Mustafina**
ムスタフィン
Mustafin
ムスタフォヴィチ
Mustafievich
ムスタフォフ
Mustafov
ムスタムスィク
Mustamsik
ムスターリー Musta'lī
ムスタール Moustard
ムスタルシド
Mustarshid
ムスタンジィド
Mustanjid
ムスタンジド
Mustanjid
ムスタンシル
Mustanṣir
ムスタンスィール
Mustanṣir
ムスタンスィル
Mustanṣir
ムスチスラーフ
Mstislav
ムスチスラフ Mstislav
ムスティエネス
Mustienes
ムスティスラフ
Mistislav
Mstislav**
ムステイン Mustaine*
ムスト
Must
Musto*
ムストネン
Mustonen*
ムストプロス
Moustopoulos
ムスナー
Mussner
Mußner
ムスパー Musper
ムスバッハ Mussbach
ムスハフィー Mushafī
ムースハルト
Moeshart*
ムズヒル Mudhir
ムズヒルッ・ディーン
Muẓhiru'd-Dīn
ムズヒルッディーン
Muẓhir al-Dīn
ムースブラガー
Moosbrugger
ムスヘリシヴィーリ
Muskhelishvili
ムスヘリシビーリ
Muskhelishvili
ムズメキ Musumeci*
ムスメーチ Musumeci
ムスラキス
Mousourakis
ムスラスリク
Musrasrik
ムスラティ Musrati
ムスラヒ Muslahi
ムズラフ Muzraf
ムスリフ Mosharref
ムスリム Muslim
ムスリモフ Muslimov
ムスリラ Msulira
ムスリン Musulin
ムスルス Musurus
ムスルベス
Moussoulbes**
ムスルリス
Moussouroulis
ムスレー Musleh
ムスレポフ Musrépov
ムスレラ Muslera
ムスレング Musleng
ムズロヴィッチ
Muzurovic
ムスロス Mūsūros
ムスワジ Mswaji
ムスワチ Muswati
ムスワティ
Mswati**
Muswati
ムスンガイバンパレ
Musungayi
Bampale
ムズング Muzungu
ムセ
Mousset*
Muse
Museh
ムセイエフ Moussaieff
ムセヴェニ Mseveni

ムーゼウス
Musaeus
Musäus
ムゼーウス
Musaeus
Musaus
Musäus*
ムゼウス Musäus
ムセクラ Musekura
ムセベニ
Musebeni
Museveni*
ムセボ Musebo
ムセマ Musema
ムセミナリ
Museminari
ムゼリス Mouzelis
ムセル Müesser
ムゼンダ Muzenda
ムゼンビ Muzembi
ムーセンブロック
Muszenbrook
ムソ Muso
ムソー Mousseaux
ムソエワ Musoyeva
ムソカ Musoka
ムソコトワネ
Musokotwane
ムソニ Musoni
ムソニアヌス
Musonianus
ムソーニウス
Musonius
ムソニウス Musonius
ムソーネ Musone
ムソラ Msolla
ムソリーニ Mussolini
ムソリーノ Musolino
ムーソルグスキー
Musorgskii
ムソルクスキー
Musorgskii
ムソルグスキー
Musorgskii*
Mussorgsky
ムーソルグスキィ
Musorgskii
ムゾレワ Muzorewa**
ムソン
Moo-song
Moo-sung
ムソングスキー
Musorgskii
ムソンゲ Musonge
ムソンダ Musonda
ムータ
Moota
Mutha
ムーター Muther
ムター Mutter*
ムダ
Mda
Muda
ムタアズ Mutaz
ムタイ Mutai**
ムタイア Muthiah
ムタイエ Moutaye
ムタイブ Mutaib
ムタガンバ
Mutagamba
ムダグリ M'daghri
ムタサ Mutasa
ムータシム Mu'tasim
ムダシル Mudathir
ムタズ
Mutaz
Mu'tazz
ムータスィム
Mu'tasim
Mu'taṣim
ムタズエサ
Mutaz Essa
ムダチルー
Moudachirou
ムタッキル Mutakkil
ムタッシム Mutassim
ムータッズ Mu'tazz
ムータッド Mu'tadd
ムタッリズ Muṭarriz
ムタッリズィー
Muṭarrizī
ムタデー Muhtadee
ムタティ Mutati
ムダディー Mudadi
ムータディド
Mu'taḍid
ムタード
Mu'taḍid
Mu'tamid
ムタナッビー
Mutanabbī
ムダバディ Mudavadi
ムタハハル Mutahhar
ムタハミ Mutahami
ムタハル
Mutahar
Muttahar
ムタヒ Mutahi
ムタヒル Mutahir
ムタフ Mtafu
ムダファーラ
Mudhaffar
ムダファル Mudhafar
ムータフィ Mutaafi
ムタフチエフ
Mutafchiev
ムタボバ Mutaboba
ムータミド Mu'tamid
ムタムミム
Mutammim
ムダーラ Mudarra
ムダラ Mudarra
ムタラム Mutalamu
ムタランミス
Mutalammis
ムータリー Mu'talī
ムタリ Moutari
ムタリカ
Mutharika**
ムタリク Mutalik
ムタリボフ
Mutalibov*
ムタリモフ
Mutalimov
ムダル
Mudar*
Muḍar
ムタレ Mutale
ムタワ
Mutawa
Muttawa
ムタワキ Moutawakil
ムータワキル
Moutawakel*
ムタワキル
Mutawakel
Mutawakil
ムタワッキル
Mutawakkil
ムタワッリー
Mutawallī
ムタワリラ Mtawarira
ムタンギジ Mutangiji
ムタンバラ
Mutambara
ムタンビ Muthambi
ムダンミク
Mudammiq
ムタンミム
Mutammim
ムーチー Moochie
ムチ Muci
ムチェドリーゼ
Mchedlidze
ムチェドリゼ
Mchedlidze
ムチェナ Muchena
ムチェル Mucheru
ムーチェレ
Mutschelle
ムチオ
Muccio
Muzio
ムーチニク Muchnik
ムーチャオ Mu-qiao
ムチヤネ Mthiyane
ムチャミ Mchami
ムチャーリ Mtshali**
ムチュラー Mutschler
ムチュワイロ
Mutswairo
ムチリ Muchiri
ムチングリ
Muchinguri
ムーツ
Mootz
Muths
ムツァレリ Muzzarelli
ムツァングワ
Mutsvangwa
ムツィ Muzi
ムツィアーノ Muziano
ムーツィオ Muzio
ムツィオ Muzio
ムツェクワ Mutsekwa
ムッカーマン
Muckermann
ムッカマン
Muckermann
ムツキ Mutsuki
ムック
Muc
Muck
ムックフィース
McGuffey
ムックル Muckle
ムッケルマン
Muckermann
ムッゲンターラ
Muggenthaler
ムッサ
Moussa
Mussa
ムッサー Musser
ムッサート Mussato
ムッサラーム
Musallam
ムッシ Mussi
ムッシアーノ
Musciano
ムッシェンハイム
Muschenheim
ムッシェンブレーク
Musschenbroek
ムッシオ Muscio
ムッシーナ Mussina
ムッシーニ Mussini
ムッシーノ Mussino
ムッスリ Mussulli
ムッセ Mousset
ムッセンブルック
Musschenbroek
ムッソ Musso*
ムッソーニ Mussoni
ムッソリーニ
Mussolini**
ムッソリーニー
Mussolini
ムッソリニ Mussolini
ムッソルグスキー
Musorgskii
ムッター
Muttā
Mutter
ムッタキー Muttaqī
ムッタリブ Muttalib
ムッチーノ Muccino*
ムッチュ Mutsch
ムッチョーリ Muccioli
ムッツァレッリ
Muzzarelli
ムッツィ Muzzi
ムッツィオ Muzio
ムッティ Mutti
ムッティー Mu'tī
ムッディー Moody
ムッテルゼー
Muttelsee
ムット Mut
ムッド Mudd
ムットゥ Muttu
ムットーニ Muttoni
ムッドラック
Mudrack
ムッファト Muffat
ムッヘ Muche
ムッラ Mulla
ムッラー Mullā
ムッライナタン
Mullainathan
ムツリ Mutrie
ムッル Murru
ムッルーン Merroun
ムッレール
Moller
Møller
ムーテ Moote
ムーデー Moody
ムーティ
Mootee
Muti**
ムーディ
Moddie
Moodie*
Moody***
Moudhi
ムーディー
Moodie*
Moody**
ムーデイ Muudey
ムティー
Mutī
Muṭī
ムデイ Mudey
ムティア
Meutia
Moutia
Mutia
ムテイア Muteia
ムティアーヌス
Mutianus
ムティアヌス
Mutianus
ムティーイ Muṭī'
ムティーウ Muṭī'
ムーティエ Moutier
ムディエイ Mudiay
ムーティス Mutis
ムティス Mutis*
ムーディソン
Moodysson*
ムティティ
Mtiti
Mutiti
ムディディ Mudidi
ムティニリ Mutinhiri
ムティミール Mutimir
ムディヤンセラーゲー
Mudiyanselage
ムディヤンセラゲ
Mudiyanselage
ムティラン Mutilan
ムティンガ Mutinga
ムティンデ Mutinde
ムディンベ Mudimbe
ムテカ Muteka
ムテサ Mutesa
ムテージウス
Muthesius
ムテジウス Muthesius
ムテゾ Mutezo

ム

ムテトワ Mthethwa
ムテラギラヌワ
Muteragiranwa
ムデンゲ Mudenge
ムテンバ Muthemba
ムテンビマハニェレ
Mthembi-mahanyele
Mthembimahanyele
ムート
Moote
Mouat
Muth*
ムード Mood
ムドイジュ Medeij
ムトイブ Mutuib
ムトゥ Mutu**
ムトゥア Mutua
ムトゥイ Mtui
ムトゥイブ Mutuib
ムトウォル Mutwol
ムドゥドゥジ
Mduduzi
ムトゥムケ Mtumuke
ムトゥムニ
Muthumuni
ムトゥーメ Mtume
ムトゥラ Mutula
ムドゥラック Mudrak
ムドゥルルー
Mudrooroo
ムドゥンビ Mudumbi
ムトコ Mutko
ムトツェル Mutzel
ムトニ Muthoni
ムトラ Mutola**
ムトラク Mutlaq
ムドラドラナ
Mdladlana
ムドラノフ
Mudranov*
ムトラブ Matlab
ムトラーン
Maṭrān
Muṭrān
ムトル Mutlu*
ムードルイ Mudryi
ムドルリ Mdluli
ムトルワ Mutorwa
ムートン Mouton*
ムトン Mouton*
ムトンボ Mutombo*
ムドンボ Ndombo
ムナ Muna*
ムナガーラ Munagala
ムナガラ Munagala
ムナサルカス
Mnasalkas
ムナサルケス
Mnasalkēs
ムナジェド Mounajed
ムナジド Munajjid
ムナシンゲ
Munasinghe
ムナス Menasce
ムナソン Mnásōn
ムナチョ Munacho
ムナツァカニャン
Mnatsakanyan
ムナツァカン
Mnatsakan
ムナッヴァル・カリ
Munavvarqori
ムナッセル Munasser
ムナットサカニアン
Mnatsakanian
ムナッビヒ Munabbih
ムナッビフ Munabbih
ムナッワル Munawar
ムナバル Munavvar
ムナフォ Munafò
ムナーリ Munari**
ムナーリー Munari
ムナリ
Mounari
Munari
ムナロ Munaro
ムナワル Munawar
ムーナン
Mounin*
Murnan
ムナンガ Munanga
ムナンガグワ
Mnangagwa*
ムナントー
Menanteau
ムーニ
Mooney
Muni
ムーニー
Mooney**
Moony*
ムニ Muni
ムニア Mounia
ムニアイン Muniain
ムーニィ Mooney
ムーニイ Mooney
ムニヴァル Munival
ムーニェ
Meunier
Mounier
ムーニエ
Meunier
Meusnier
Mounier*
Mousnier
ムーニエー Meunier
ムニエ
Meunier**
Mounier**
ムニエサ Muniesa
ムニェス Munyes
ムニェニェエンベ
Munyenyembe
ムニェニェンベ
Munyenyembe
ムニエル Munier
ムニオス Muñoz
ムニオン Munion*
ムニク Munich
ムニクー Mounicou
ムニクウ Mounicou
ムニス
Muniz
Muñiz
ムニズ Muniz
ムニダーサ Munidāsa
ムニック Mnich
ムーニッツ Moonitz
ムーニハム
Mooneyham
ムニーフ Munīf
ムニブ Munib
ムニポラ Mulipola
ムニャー Mnyaa
ムニャオ Munyao
ムニャカヤンザ
Munyakayanza
ムニャチコ Mňačko**
ムニヤッパ
Muniyappa
ムニャンガニジ
Munyanganizi
ムニャンパラ
Mnyampala
ムニャンビ Mnyambi
ムニュー Menu*
ムニューシン
Mnuchin*
ムーニョ Munoz
ムニョース Muñoz
ムニョス
Mugnos
Muños
Munoz*
Muñoz***
Muñóz
Muñuz
ムニョスハラミジョ
Munoz Jaramillo
ムニョソロモン
Munyo Solomon
ムニョーネ Mugnone
ムニョル Mun-yol
ムーニラル Moonilal
ムニーリャ Munilla
ムニール
Mounir
Muneer
Munir*
Munīr
ムニル Nunir
ムヌー Menou
ムヌーキン Mnookin
ムヌーシュキン
Mnouchkin
Mnouchkine*
ムヌス Munuz
ムヌナ Mounouna
ムーネ Mounet
ムーネー
Mooney
Mounet
ムネ Mounet*
ムネイムネ Mneimneh
ムネサルコス
Mnēsarchos
ムネシクレ Mnēsiklēs
ムネーシクレース
Mnēsiklēs
ムネシクレス
Mnēsiklēs
ムネシデ Mnēsiklēs
ムネシマコス
Mnēsimachos
ムネモシュネ
Mnemosyne
ムーネン Moonen
ムネンブウェ
Munembwe
ムノン Menon
ムーバー Mover
ムハ Mucha
ムバ
Mba**
M'ba
Mbah
ムバア
Mava'a
Meva'a
ムバアバソレ
Mba Abessole
ムバイ
M'bay
Mbaye
M'Baye
Mbayi
ムバイエ Mbaye
ムバイエサム
Mbaye Samb
ムバイクア
Mbaikoua
M'baïkoua
ムハイシン Muhaisin
ムバイタジム
Mbaïtadjim
ムハイミン Muhaimin
ムバイヤド Moubayed
ムバイラウ Mbailaou
ムハイリク Muhairiq
ムハイルビ Mhailbi
ムパウェナヨ
Mpawenayo
ムバエ Mbaye
ムバオバメ
Mba Obame
ムバオロ Mba Olo
ムハガマ Mhagama
ムバキ Mbaki
ムバケ Mbacké
ムハジ Mhadji
ムパシェーレ
Mphahlele
ムハーシビー
Muḥāsibī
ムハジール Muhajir
ムハジル Muhajir
ムハシン Muhsin
ムハースィビー
Muḥāsibī
ムハセン Muhsen
ムバソコ Mbasogo
ムバソゴ Mbasogo
ムバタ Mbata
ムパタ Mpata
ムハチョフ
Mukhachev
ムハッキク Muḥaqqiq
ムバッザア Mbazaa*
ムハッマッド
Mohammed
Muḥammad
ムハッマド
Muhammad
ムバッラド Mubarrad
ムバディンガ
Mbadinga
ムバニク Mbagnick
ムバヌゲマ
Mba Nguema
ムババジ Mbabazi
ムバヒョ Mbayo
ムバフ Mbafou
ムバブ Mbabu
ムバペ Mbappe
ムバマ Mbama
ムハマッド
Muhamad
Muhammad*
Muḥammad
Muhammed
ムハマト
Mahamad
Mahamadkadyz
ムハマド
Mohammad**
Mohammed*
Muhamad
Muhammad***
Muḥammad
Muhammed
ムハマンド
Muhammad
Muḥammad
ムバミ Mbani
ムハムディ Mhamdi
ムハムマド
Muhammad
ムハメジャノフ
Mukhamedzhanov
ムハメッド
Meḥmet
Mohammed
Muḥamed
Muhammed*
ムハメッドジャニー
Muhamedcani
ムハメディアロフ
Mukhamedyarov
ムハメディウルイ
Mukhamediuly
ムハメディン
Muhamedin
ムハメド
M'Hamed
Muhamed
Muhammad*
Muhammed
ムハメドグルイ
Muhammetguly
ムハメトゲルディ
Mukhammetgeldi
ムハメドジャノフ
Mukhamedjanov

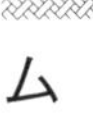
ム

ムハメドナザル
Mukhammednazar
ムハメトヌル
Muhammetnur
ムハメドフ
Muhammedov
Mukhamedov*
Mukhammedov
ムバヤ Mbaya
ムバーラク
Mubarak
Mubārak
ムバラク
Mubarak**
Mubārak
ムバラワ Mbarawa
ムハリ Mukhali
ムハーリク
Mukhāriq
Mukhāriq
ムバーリズ Mubārīẓ
ムバーリズッディーン
Mubārīẓ al-Dīn
ムパリワグワニャニャ
Mpariwa-
gwanyanya
ムハル Muhal
ムバルガアタンガナ
Mbarga Atangana
ムバルック Mbaruk
ムハルヒル Muhalhil
ムバルラ Mbalula
ムバルリト Muballit
ムパルワ Mpahlwa
ムバレ M'baré
ムバレク
M'barek
Mubarek
ムハレム Muharrem
ムバング Mbengue
ムハンゴ Mhango
ムバンコ Mbango
ムバンゴ Mbango**
ムパンゴ Mpango
ムバンデ Mbande
ムパンデ
Mpande
Mphande
ムハンド Muhando
ムバンドゼニ
Mbandzeni
ムハンナ Muhanna
ムハンナディ
Mohannadi
ムハンナド
Muhannad
ムバンバ Mbamba
ムパンバ Mpamba
ムハンベト
Mukhambet
ムハンマッド
Mohammed**
Muhammad*
Muḥammad
Muhammed
ムハンマディー
Muḥammadī
ムハンマト
Muhammad
ムハンマド
Mohamad
Mohamed***
Mohammad**
Moḥammad
Mohammaed
Mohammed***
Moḥammed
Mouhammad
Muhammad***
Muhämmäd
MuḤammad
Muḥammad*
Muhammado
Muhammed*
Muhammmad
Muhanmmad
Muhd.
ムハンマドイドリース
Muḥammad Idrīs
ムハンマドゥ
Muhammadu*
ムハンメトカリー
Mukhammetkaly
ムバンヤ Mbanya
ムヒー Mohī
ムヒエディン
Muhieddin
ムヒーカ
Mugica
Mujica*
ムヒカ
Múgica
Mujica**
ムビカイ Mbikayi
ムビサ Mbissa
ムヒタリアン
Mkhitaryan
ムヒタル Mkhitar
ムヒッブッディーン
Muḥibb al-Dīn
ムヒーティ Muḥīṭī
ムビティ Mbiti
ムヒディノフ
Muhiddinov
Mukhiddinov
ムヒディン
Muhiddin
Muhyddine
Muhyiddin
ムヒト Muhith
ムヒトディノフ
Mukhitdinov
ムーヒナ Mukhina
ムヒナ Mukhina
ムビハニ Mbiganyi
ムヒャディン
Muhyadin
ムビュー Mbu
ムビュンバ Mbumba
ムヒョン Moo-hyun**
ムビョン Moo-byong*
ムピラ Mupira
ムビリ Mbilli
ムービリエ
Mourvillier
ムビリニ Mbilinyi
ムピロ Mpilo***
ムーヒン Mukhin*
ムピンダ Mpinda
ムフ
Mouffe*
Much
ムプ Mphu
ムファ Muffat**
ムファジャンデ
Muffat-Jeandet
ムファッザル
Mufaḍḍal
ムファッダル
Mufaḍḍal
ムファット Muffat
ムファト Muffat
ムファフィ Mphafi
ムファマディ
Mufamadi
ムファレジュ Mufarrej
ムファレレ
Mphahlele**
ムファング Moufang
ムファンコロ
Mufwankolo
ムブイセニ Mbuyiseni
ムフイッディーン
Muhyi al-Dīn
ムフィード
Mofeed
Mufid
Mufīd
ムフィド
Mofid
Mufeed
ムブイレニ
Mbulaeni**
ムブウィンガビラ
Mbwinga Bila
ムフウェジ Muhwezi
ムフェリハット
Muferihat
ムブオ Mvouo
ムプオ Mpouho
ムフォンコロ
Mufonkolo
ムフォンフォ Mfomfo
ムブカ Mbuka
ムブガル Mbougar
ムブグア Mbugua
ムブサ Mbusa
ムフシン
Mohsen
Muhsin
ムフセン Mohsen
ムブソ Mbuso
ムフタ Muftah
ムフタシャム
Muḥtasham
ムフタディー Muhtadī
ムフタフ Muftah
ムフタール
Mokhtar
Moktar
Mukhtar*
Mukhtār
Mukhtār
ムフタル
Muhtar
Mukhtar*
Mukhtar
Mukhtār
ムフテ Mufti
ムフティ Mufti*
ムフティク Muftic
ムフトゥー Mfoutou
ムプトゥ Mputu
ムブナバンディ
Mvunabandi
ムブバ Mvouba
ムプミラ Mupfumira
ムフム Mfoumou
ムブムア Mboumoua*
ムフムオンド
Mfoumou Ondo
ムブヤンブ
Mbuyambu
ムブユ Mbuyu
ムブラクブザ
Mbulakubuza
ムフラバ Mhlaba
ムフリジュ Mufrej
ムフリズ Muḥriz
ムブル Mboulou
ムブンバ Mbumba
ムブンバンゼンギ
Mboumba
Nziengui
ムブンブミヤク
Mboumbou
Miyakou
ムーヘ Muche
ムペオ Mpeo
ムベガオビアンリマ
Mbega Obiang
Lima
ムベキ Mbeki**
ムベグ Mbegu
ムベテ Mbete
ムヘナウイ Mhenaoui
ムヘヤ Muheya
ムベヨ Mbeyo
ムベラ Mbella
ムーベリ Moberg
ムベリ Mberi
ムベレ Mbelle
ムベレブベヤ
Moubelet Boubeya
ムベング Mbengue
ムベンゴオ
Mebe Ngo'o
ムベンゴノ Mbengono
ムペンザ Mpenza*
ムベンチュ
Mbwentchou
ムヘンニ M'henni
ムベンバ
Mbemba
M'Bemba
ムベンバフンドゥ
Mbemba Fundu
ムホ Mpho
ムボ
M'bo
Mbot
ムポ Mpho
ムボイ Mboi
ムボウ
Mbow
M'Bow*
ムボウェ Mbowe
ムボカニ Mbokani
ムボゴ Mbogo
ムポコ Mphoko
ムポコマンジ
M'pokomandji
ムボジ Mbodj
ムボジセン
M'bodji Sene
ムポゼリニガ
Mpozeriniga
ムボゾ Mboso
ムボッジ Mboge
ムボドゥ Mbodou
ムボネラネ
Mbonerane
ムポフ Mpofu
ムボミオ Mbomio
ムボーヤ Mboya
ムボリ Mboli
ムボリアエダス
Mboliaedas
ムホルトワ
Mukhortova
ムーホワ Mu-hua
ムボワソナ
M'boïssona
ムボンガバ
Mbon'gaba
ムボンゲニ
Mbongeni*
ムホンゴ Muhongo
ムポンダ Mponda
ムボンバック
Mbomback
ムボンボ Mbombo
ムポンポ Mpombo
ムマ M'mah
ムマディ Mhoumadi
ムマディシディ
Mhoumadi Sidi
ムマン Mu'man
ムマンガ Mmanga
ムミア Mumia
ムミウス Mummius
ムーミナ Moumina
ムーミーン Mūmīn
ムーミン
Moumin
Mu'min
Mūmin
Mūmīn
ムミンジョン
Muminjon
ムム Mumm
ムムジュ Mumcu
ムームタス Mumtaz

ムムターズ Mumtaz
ムムニ
Moumouni
Mumuni
ムムベンゲウィ
Mumbengegwi
ムメンタラー
Mumenthaler
ムヤ Muya
ムヤカ Muyaka
ムヤン Muyan
ムューラー Müller
ムヨ Mucyo
ムヨタ Mujota
ムヨン Mu-yong
ムーラ
Moura
Mura
ムーラー Murer*
ムラ
Merat
Moullac
Mula
Mulla
Mullā
Mullah*
Mura*
Murra
ムラー
Moller*
Møller
Mulla
Mulla'
Mullah
Muller*
ムーライ
Moulay
Mulay
Mūlay
ムライ
Moulay
Moulaye*
Muray
ムラヴィエフ
Muraviyov
ムラヴィオーヴァ
Muravyova
ムラヴィーナ Mravina
ムラヴィヨヴァ
Murav'eva
ムラヴィヨーフ
Muraviëv
Muraviyov
Muravyov
ムラヴィヨフ
Muraviyov
Murav'yov
ムラヴィヨワ
Muravyova
ムラヴィンスキー
Mouravliansky
Mravinskii*
ムラウジ Mulaudzi**
ムラウスカス
Murauskas
ムラウスキー
Murawski
ムラウタ Morauta
ムラウチック
Muravchick
Muravchik
ムラカミ Murakami
ムラカル Mlakar
ムラギルディン
Mullagildin*
ムラク
Mrak
Mulak
ムラクタリタシュ
Mrak-taritaš
ムラシェフ Murashev
ムラシャニ Mrashani*
ムラジャン
Mlađan
Muradyan
ムラーズ Mraz*
ムラズ Muraz
ムラースコヴァー
Mrázková
ムラースコバー
Mrásková
Mrozkove
ムラソ Murazzo
ムラソリ Murasoli
ムラダ Mlada
ムラタジ Murataj
ムラーチェク Mráček
ムラチェック Mraczek
ムラツ Mulatu
ムラツェック Mracek
ムラック Mrak
ムラッサーノ
Mulassano
ムラッツァーニ
Mulazzani**
ムーラッド Mourad
ムラット Murat
ムラッド
Morad
Mourad*
Murad
Murat
ムラティ
Moulaty
Murati
ムラディアン
Mooradian
ムラディッチ Mladić*
ムラディヤン
Muradyan
ムラーデク Mládek
ムラデノヴィッチ
Mladenovic
ムラデノビッチ
Mladenovic
ムラデノフ
Mladenoff
Mladenov***
ムラデノフスカ
Mladenovska
ムラーデン Mladen
ムラデン Mladen**
ムーラート Mulert
ムーラド Mourad
ムラート Murad
ムラード
Murad
Murād
ムラト
Mourad**
Murad
Murat**
ムラド
Mourad
Murad**
ムラトゥ Mulatu*
ムラートヴァ
Muratova
ムラードヴィチ
Murádovich
ムラトヴィッチ
Muratović
ムラートバ Muratova
ムラトハン
Murathan*
ムラトビッチ
Mratovic
Muratovic*
ムラトフ Muratov
ムラドフ Muradov**
ムラドフスキー
Mladovsky
ムラトベク Muratbek
ムラトーリ Muratori
ムラトリ Muratori*
ムラトール Muratore
ムラトーレ Muratore*
ムラートワ
Muratova*
ムラトワ Muratova
ムラニー Mullany
ムラネ
Moulinet
Mullane
ムラーノ Murano
ムラビヨフ Muraviyov
ムラビヨワ
Mouravieff
Murav'eva
ムラビンスキー
Mravinskii
ムラブチック
Muravchik
ムラベ Mrabet
ムラベイ Mouravei
ムラーベト M'rabet
ムラホフスキー
Murakhovskii
ムラマニー
Mouramani
ムラモル Mramor
ムラーリ Murāri
ムラーリー Mulally*
ムラリ Merari
ムラリー
Mullally
Muralee*
ムラリエフ Muraliyev
ムラリダー
Muralidhar
ムラリダラ
Muralidhara
ムラリダール
Muralidhar
ムラルチク Mularczyk
ムラルト Muralt
ムラロ Muraro
ムラローニ Mularoni
ムーラワルマン
Mūlawarman
ムーラン
Moulin**
Mourrain
Mullan
ムラン
Melun
Moulin
Mullan
ムランガ Mlanga
ムランギブコス
Moulenguiboukos sou
ムランゲニ Mlangeni
ムランバ Mramba
ムランボ Mlanbo
ムランボヌクカ
Mlambo-Ngcuka*
ムーリ
Meuris
Mooli
ムーリー
Moorey*
Moorley
Murie
ムリ
Meuli**
Mouly
Murri
ムリー Mouly
ムリア Muria
ムリアイナ Muliaina*
ムリアルド Murialdo
ムリイラ Muliira
ムーリエ Moulier
ムリエ Mourrier
ムリエス Mouriés
ムリエタ Murrieta
ムリエラ Mourieraz
ムリエラス Mourieraz
ムリエル
Muriel**
Murillo
ムーリオ Murilo*
ムリオケラ Kuliokela
ムリオム Mouliom
ムーリカー Moeliker
ムリガン Mulligan*
ムリガンデ
Murigande
ムリコフ Mulikov
ムリシュ Mulisch**
ムリージョ Murillo
ムリショ Mrisho**
ムリジョ Murillo
ムーリス
Meurice
Meurisse
Muris
ムリス
Meurice
Meurisse
Mouris
Mullis
Muris
Murris
ムリタノーフスキー
Mul'tanovskii
ムリタロ Mulitalo
ムリッキー Mlicki
ムーリッシュ Mulisch
ムリッチ Muric
ムリドゥラー Mridula
ムリナーシ
Mlynar
Mlynár
ムリナージ Mlynář
ムリナーシュ Mlynář
ムリナリニ Mrinalini*
ムリナール Mrinal
ムリナル Mrinal*
ムリナルスカ
Mlynarska
ムリナルスキー
Mlynarski
ムリナレット
Mulinaretto
ムリニエ
Molinié
Moulinié
Moulinier
ムリーノ
Morino
Murino
ムリノ Mulino
ムリノスキー
Mlynowski
ムリノフスキ
Mlynowski**
ムリムリヴァル
Murimurivalu
ムリュ Moulu
ムリュール Mullür
ムリラ Mulira
ムリーリョ Murillo
ムリリョ Murillo
ムリリヨ Murillo
ムリロ Murillo
ムリワナ Muliwana
ムリン Mullin
ムリンズ Mullins
ムリンダ Murinda
ムール
Meur
Moor
Moule
Mours
Muir
Mur
Murr
ムールー Mouroux
ムル
Mourou
Mul
Murr
ムルー
Mourou
Mouroux
ムルア
Murua
Murúa
ムルアカ Muluaka
ムールヴァ Mourlevat
ムルヴァニッゼ
Murbanidze

ム

ムルヴァル Mrvar
ムルヴィッツ Murvitz
ムルウィラ Murwira
ムルヴィル Meurville
ムルカ Mulka
ムルガ Muruga*
ムルカイ Mulcahy*
ムルガニッチ
Murganič
ムルガンク Mrugank
ムルキ Mulki*
ムルギ Murugi
ムルギーア Murguía
ムルキッチ
Mrkic
Mrkić
ムールク Muhlke
ムールグ Mourgue
ムルーク Mulūk
ムルク
Moeloek
Mulk**
Mulkrāj
Murk
ムルグ Murgu
ムルク・ラージ
Mulkrāj
ムルク・ラジ Mulkrāj
ムルゲ Mourguet
ムルケア Mulcare
ムルゲイティオ
Murgueytio
ムルケン Mulcken
ムルコー Mlcoch
ムルコニッチ
Mrkonjić
ムルサリエフ
Mursaliyev
ムルサレ Mursale
ムールサン Moolsan
ムールージ Mouloudji
ムールジー Mouloudji
ムルージ Mouloudji*
ムルジ Muluzi**
ムルシア Murcia
ムルシウス Meursius
ムルシェツ Murschetz
ムルシェド Murshed
ムルシダン
Mursyidan
ムルシッチ Mrsić
ムルシド Murshid
ムルジャ Murgia
ムルシュチーク
Mrštík
Mrštíkové
ムルシュハウザー
Murschhauser
ムルシリ
Murshili
Muršili
Muršiliš
ムルシリシュ Muršiliš
ムルシリス Muršiliš

ムルス
Meurs
Mróz
ムルスィー Mursī
ムルスヴィーク
Murswiek
ムルセロフ Murselov
ムルタ Murtagh*
ムルター Murtagh
ムルダー Mulder***
ムルタザ Murtaza
ムルタサリエフ
Mourtasaliyev*
ムルタザリエフ
Murtazaliev
Murtazaliyev
ムルタダ Murtada
ムルタダー Murtaḍā
ムルタテューリ
Multatuli*
ムルタトゥーリ
Multatuli*
ムルタトゥリ
Multatuli
ムルダニ Murdani*
ムルタフ Murtaugh
ムルタラ
Multala
Murtala
ムルチャー Multscher
ムルツイモフ
Myrtsymov
ムルテ Mourthé
ムールティ Murthy*
ムールティー Murthy*
ムルティ
Murthi
Murthy
Murti
ムルティー Murthy
ムルティア Murtiyah*
ムルディヨノ
Moerdiono*
ムルデル Mulder*
ムールード
Mouloud**
ムルード Mouloud
ムルト Meurthe
ムルド Mouloud*
ムルトソス
Mouroutsos*
ムルトハウプ
Multhaup
ムルトポ Murtopo*
ムルドロー Muldrow
ムールトン Moulton
ムルナー Murner
ムールナウ Murnau
ムルナウ Murnau
ムルニ Muruni
ムルニエツェ
Mūrniece
ムルバ
Mulbah
Mulva*

ムールバッハ
Mühlbach
ムルバド Mulvad
ムルバリエビッチ
Mrvaljevic
ムルフィ Murphy
ムルフォード Mulford
ムルホール Mulhall
ムールマン Moolman
ムールマンパシオ
Moolman-pasio
ムルムー Murmu
ムルメリウス
Murmellius
ムルヤニ Mulyani*
ムルヨノ Moeljono
ムルラーヌ Mourlane
ムルリ
Murli
Muruli
ムルリンダル
Murlidhar*
ムルルヴァ
Mourlevat*
ムルロ Mourlot
ムルロイ Mulroy
ムルロヴァ Mullova
ムルロワ Mullova
ムールロン Mourlon
ムルロン Mourlon*
ムルン Murn
ムルンガ Murunga
ムルンガル
Murungaru
ムルンギ
Mouloungui
Murungi
ムルングラオディギエラ
Mulungulaodigiera
ムルンバ Mulumba
ムーレ
Moure
Mouret
ムーレー Murray
ムレ
Moullet
Mouret*
Mourret
Mulè
ムレー
Melet
Moulay
Mulay
Murray
ムーレイ Murray
ムレイ Murray
ムレイコ Mureiko
ムレヴリシュヴィリ
Mrevlishvili
ムレク Moullec
ムレケジ Murekezi
ムレタ Mureta
ムーレック Moullec
ムレトゥス Muretus
ムレーナ Murena
ムレフ Mleh

ムレラ Mulela
ムレーラス Morreras
ムレール Muller*
ムレル
Mueller
Murer*
ムレルト Mulert
ムレルワ Murerwa
ムーレン Muhlen
ムレンガ Mulenga
ムレンジ Murenzi
ムレンス Muelenz
ムレンスエレラ
Mulens Herrera
ムーロ Muro*
ムロ Murro
ムロイ Mulloy
ムローヴァ Mullova*
ムロウスキー
Murawski
ムロジウィッツ
Mroziewicz
ムロージェク
Mrozek
Mrożek
ムロジェク Mrożek**
ムロージェック
Mrożek
ムロジェック
Mrozek
Mrożek
ムロジョン Murodjon
ムロズ Mroz
ムロズイーフスキー
Mlodzieevskii
ムロースカ Murawska
ムロゾヴスカ
Mrozowska
ムロダリ Murodali
ムロック Mulock
ムロディナウ
Mlodinow*
ムロートク Mlotok
ムロトジェック
Mrożek
ムロニ Muloni
ムローバ Mullova
ムロフ Murov
ムローロ Murolo
ムローワ Mullova
ムーロン
Meuron*
Mouron
ムロン Melon
ムロンゲ
Moulonguet*
ムロンゴティ
Mulongoti
ムワアンガ Mwaanga
ムワイ Mwai*
ムワイリヒー
Muwayliḥī
ムワウ Mwau
ムワカサ Mwakasa
ムワキェンベ
Mwakyembe

ムワキエンベ
Mwakywmbe
ムワキュサ Mwakyusa
ムワクウェレ
Mwakwere
ムワゾ Mwazo
ムワタッリ
Muwattalliš
ムワタリ
Muwattalli
Muwattalliš
ムワッタリ
Muwattalliš
ムワッタリシュ
Muwattalliš
ムワッファク
Muwaffaq
ムワナ Mwana
ムワナカトゥエ
Mwanakatwe
ムワナムベカ
Mwanamveka
ムワナワサ
Mwanawasa**
ムワパチュ Mwapachu
ムワペ Mwape
ムワリム Mwalimu*
ムワレ Mwale
ムワワ Mwawa
ムワーンガ Mwaanga
ムワンガ Mwanga
ムワンギ Mwangi**
ムワング Mwangu
ムワングファンバ
Mwangu Famba
ムワングンガ
Mwangunga
ムワンケ Mwanke
ムワンゲ Mwange
ムワンサ Mwansa
ムワンザ Mwanza
ムワンド Mwando
ムワンドシャ
Mwandosha
Mwandosya
ムワンドロ Mwandoro
ムワンバ
Mwamba
Mwanba
ムワンバジ
Mwambazi
ムーン
Monn
Moon***
ムン
Hun
Moon**
Mun
Mung
ムンイー Mun Yee
ムンウン Moon-ung
ムンガ Munga
ムンガイ Mungai
ムンカイラ Mounkaila
ムンカダ Moncada*
ムンカーチ

Munkácsi
Munkácsy
ムンカッチ Munkacsi
ムンカッツィー
Munkáczy
ムンガメソンジ
Munga Mesonzi
ムンガラ Moungalla
ムンガン Mungan*
ムンガンバ
Mungamba
ムンギ Mungi
ムンギーア Munguía
ムンギア Munguía
ムンキズ Munqidh
ムンギョン
Mun-gyong
ムンク
Munch**
Münch
Munck*
Munk**
ムングアンベ
Mungwambe
ムングンダ
Mungunda
ムンケオ Mounkeo
ムンゲナスト
Mungenast
ムンケルト Munkelt
ムンゴ Mungo
ムンゴシ Mungoshi**
ムンザー Munther
ムンザール Munzar
ムンサン Mun-san
ムーンシー Mooncie
ムンシ Munshi*
ムンシー
Munshī
Munśī
ムンジ Moungi
ムンジウ Mungiu*
ムンジャ Mun-ja
ムンジュ Mun-ju
ムンジョン
Moon-jong
ムーンジーン
Moonjean
ムーンス Moens
ムンス Moon-su
ムンズ Munz
ムンスィフ Munṣif
ムンズィル Mundhir
ムンスキ Munski
ムンスク
Moon-sook
Moon-suk
ムンズーク Munzuk
ムンセラ Montserrat
ムンセル Munther
ムンゾー Monzó
ムンター Munter*
ムンダ
Munda
Munḍa
ムンタカ Muntaka
ムンタガ Mountaga
ムンタギロフ
Muntagirov*
ムンタサル
Muntasar**
ムンタザル Muntaẓar
ムンタスィル
Muntaṣir
ムンターボーン
Muntarbhorn
ムンチャヌ Munteanu
ムンチョウ
Muenchow
Münchow
ムンチンガー
Munzinger*
ムンツァート Munzert
ムンテ Munthe*
ムンテアーヌ
Munteanu
ムンテアヌ Munteanu
ムンテアヌー
Munteanu
ムンテアヌウ
Munteanu
ムンテアン Muntean
ムンディ Mundy
ムンディア Mundia
ムンティアヌ
Munteanu
ムンティリ Mutiri
ムンディル Mundhir
ムンディンガー
Mundinger
ムンティング
Muntinghe
ムンディング
Munding
ムンテヤーヌ
Munteanu
ムンテヤヌ Munteanu
ムンデル Mundell
ムンデレヌゴロ
Moundele-ngollo
ムント
Mund*
Mundt
Munt
ムンド
Moon-doh*
Mundo*
ムンドゥンガ
Moundounga
ムントシュトック
Mundstock
ムンドヒル
Mondhir
Mundhir
ムンドレ Mundle
ムントン Munton
ムントンジマ
Mntonzima
ムンニー Munni
ムンバ Mumba
ムーンハート
Moonheart
ムンバマティパ
Mumba Matipa
ムンビオコ Mumbioko
ムンビン Moon Bin
ムンフオリギル
Munkhorgil
ムンフザヤ
Munkhzaya
ムンフジャンツァン
Monkhjantsangiin
ムンフジン Munkhjin
ムンフチョローン
Munkhchuluun
ムンフツェツェグ
Munkhtsetseg
ムンプニ Mumpuni
ムンフバット
Monkhbatyn
ムンフバト
Munkbat*
Munkhbat
ムンフバヤル
Munkhbayar
ムンベンゲグウィ
Mumbengegwi
Munbengegwi
ムーンポーサイ
Mounphosay
ムンマ Mumma*
ムーンマン Moonman
ムンミウス Mummius
ムンヨン Moon-young
ムーンライト
Moonlight
ムンロ Munro*
ムンロー Munro

【メ】

メ
Me
Mée*
メー
Mae*
May
メーア
Mahre
Mare*
Meer
Mehr
メーアー Meyer
メア
Maher*
Mair
Mare**
メアー
Marius
Merrer
メーアヴァイン
Meerwein
メアク Morch
メアーシェーアート
Meerschaert
メアーズ
Mairs*
Mares
Mears
メアス Moers
メアズマン Meersman
メアッツァ Meazza
メアッリ Mealli
メアナ Meana*
メアニー Meany
メーアバウム
Meerbaum
メアフェルト
Meerveld
メーアマン
Meermann
Möhrmann
メアラス Mailath
メアラム Mealamu
メァリ Mary
メアリ
Mari
Mary***
Marye
Mealy
メアリー
Marie*
Marry
Mary***
Marye
Mealy*
メァリアン Marianne
メアリーアン
MaryAnn
メアリアン
Marian
Marianne*
Marion
Maryann
Maryanne*
メアリイ Mary
メアリ・エレン
MaryEllen
メアリーエレン
Mary-Ellen
Maryellen
メアリエレン
MaryEllen
メアリジャニス
Mary Janice
MaryJanice*
メアリード Mairead
メアリベス Marybeth
メアリーマーガレット
Mary-Margaret
メアリリー Marylee
メアレット Mairet
メアレール Meirleir
メアロー Meerloo
メァーンズ Mearns
メアンズ Mearns
メーイ
May
Mei
メイ
Mae***
Mai*
May***
Maye*
Mei**
Meigh
Meij
Mey
メイア
Mayer
Meir*
Meïr
メイアー
Mayer
Meier*
Meir
Meyer
メイアーズ Meyers
メイアスガルシア
Mejias Garcia
メイアーリンク
Meyerink
メイアン Mahan
メイイェル Meijer*
メイヴ
Maeve*
Meav
Medbh
メイヴァ Maeva
メイヴィス Mavis
メイウェザー
Mayweather**
メイヴェン Maven
メイヴォー Mavor
メイウッド Maywood
メイエ
Maier
Maillé
Meier
Meillet*
Meyer**
メイエー Meyer
メイエス Meyjes
メイエム Mayim
メイェール Meyer
メイエール
Mayer
Meyer**
メイエル
Mayers
Meier
Meijer
Meyer*
メイエルス Meijers
メーイェルソン
Meyerson
メイエルソン
Meyerson
メイエルホーリド
Meierkholid
メイエルホリト
Meierkhold
Meierkholid
メイエルホリド
Meierkhold
Meierkhol'd*
Meierkholid
メイエレ Meyere
メイエローヴィツ
Meierovics
メイエロービツ
Meierovics
メイエンシャイン
Maienschein
メイエンドルフ
Meiendorf
Meyendorff

メ

メイオ Mayo*
メイオー Mayo
メイオウン May Oung
メイオット Mayotte
メイオール Mayall*
メイオル Me'or
メイカ Meika
メイカー
Makar
Maker
メイガ Meiga
メイカン Macon
メイガン Meighan
メーイカンダデーヴァ
Meykaṇḍadeva
メイキン Makin
メイキンソン
Makinson
メイク
Make
Meike
メイクシンス
Meiksins*
メイクシンズ Meiksins
メイグス Meigs
メイグズ Meigs
メイクスナー
Maixner
Meixner
メイクハム Makeham
メイクピース
Makepeace*
メイケル Makel
メイケンス Makens
メイコウ Makow
メイコック Maycock*
メイコム Macomb
メイコン Macon
メイサ Mather
メイサー
Macer
Mathor
Mathur
メイザー
Mather*
Mazer**
Mazur*
メイザース Mathers
メイサミ Meisami
メイシー
Macey
Macie
Macy**
Maisey
Masi
メイジー
Maysie
Mazie**
メイシイ Macy
メイジェル Majel*
メイシオ Maceo
メイシス Mathis
メイジック Matejic
メイジャ Maja
メイジャー
Mager
Major**
メイジャース Majors
メイジャーズ Majors
メイシャン Méchain
メイシュエット
Mayshuet
メイショア Mashore
メイジーン Maygene
メイジン Masin
メイシンガー
Maysinger
メイス
Mace**
Mase
Maze
Mees
Myss
メイズ
Maes
Mais
Maizes
Mayes*
Mays**
Maze*
メイスィー Macy
メイスター Maystre
メイスタット
Maystadt*
メイステル Meister
メイスト Maisto
メイスナー Meisner
メイスフィィルド
Masefield
メイスフィールド
Masefield*
Mesefield
メイスル Macel
メイズル Meisle
メイスルズ Maysles*
メイズルス Maysles
メイズルズ Maysles*
メイズロール
Mazerolle
メイスン Mason**
メイセル Maisel
メイゼル
Maisel*
Maizell
メイセルズ Meisels
メイゼルス Maizels
メイゼルズ Maizels
メイゾ Mazo
メイソン
Maison
Mason**
Mayson
メイゾンヌーヴ
Maisonneuve
メイター Mehta*
メイダー Mader
メイタス Matus
メイタッグ Maytag
メイダニ
Meidani*
Mejdani
Mijdani
メイダニス Meidanis
メイダン Meydane
メイチェ Mei-che
メィチェン Machen
メイチェン Machen
メイチック Maychick
メイチャー Macher
メイチン Machin
メイツ Mates
メイッサー Meisser
メイテ
Maite
Meite
メイデ Meyde
メイディアス Meidias
メイディーク
Maidique*
メイデュー Maydew
メイデル Meidell
メイテルリンク
Maeterlinck
メイデン Maden
メイテンス
Meytens
Mijtens
Mytens
メイト Mate
メイトゥス Meitus
メイトソン Matson
メイトネル Meitner
メイドメント
Maidment
メイトランド
Maitland**
メイドリー Madeley
メイトレーナー
May-Treanor
メイナ Maina*
メイナイロ Mainiero
メイナード
Maynard***
メイナール Meynard
メイナルディ
Mainardi
メイニー
Maney*
Meine
メイニエール Meynier
メイニャン Meignan
メイネス Meinesz
メイネル
Meinel*
Meynell*
メイネロ Mainairo
メイノー Meynaud
メイノード Mayneord
メイハー Maher**
メイバー Mavor
メイバーダック
Maybarduk
メイバック Maibach
メイハール Mahar*
メイバーン Mabern
メイバンク Maybank
メイヒー Mahy
メイビー Mabey*
メイヒウ Mayhew
メイビス Mavis*
メイヒデ Meijide
メイヒュ Mayhew*
メイヒュー
Mayhew***
Mayhue
メイヒュウ Mayhew
メイピルトン
Mapilton
メイビン
Maven
Maybin
メイブ
Mabe*
Maeve**
Mave
メイフィア Mayfair
メイフィールド
Mayfield**
メイプス Mapes**
メイブリー
Mabry*
Maybury
メイブリィ Maybury
メイブリン Mayblin
メイブル Mable
メイプル Maple
メイプルス Maples
メイプルズ Maples
メイプルソープ
Mapplethorpe*
メイヘイ Mahay
メイベック Maybeck
メイヘッド Mayhead
メイベリー
Maberry
Mayberry*
メイベル
Mabel***
Maybelle
メイペル Mapel
メイホッフ Mayehoff
メイボム
Meibom
Meibomius
メイホン Mahon
メイボン Mabon
メイマナリエフ
Meymanaliyev
メイマラキス
Meimarakis
メイマン
Maiman*
Meiman
メイミー Mamie
メイム
Maimes
Meimou
メイヤ
Maier
Meja*
Meyer
メイヤー
Mahre
Maier
Mair
Maria
Mayer***
Mayor**
Mayr
Meier**
Meijer*
Meir
Meyer***
メイヤーズ
Mayers
Meyers**
Myers
メイヤスー
Meillassoux*
メイヤーソン
Meyerson*
メイヤック Meilhac*
メイヤーホフ
Meyerhoff
メイヤロフ Mayeroff
メイヤン Meilhan
メイヨ
Mayen
Mayo**
メイヨー
Maillot
Mayeaux
Mayhew
Mayo**
Mayoh
メイヨウ
Mayo
Mayou
メイヨット Mayotte
メイヨム Mayom
メイヨール Mayall
メイヨワ Mayowa
メイラ
Meir
Meira*
メイラー
Mahler
Mailer***
Meyler
メイラン
Mayran
Mayrand
Meijlam
Meijlan*
Meylan
メイランド Meiland
メイリ
Mary
Mayo
Meiri
メイリー
Maley
Mayle
Meilir
メイリア Malia*
メイリイ Mary
メイリック Meyrick
メイリード Mairead*
メイリュー Meyrieu
メイリン
Mei-ling*
Meiling
メイリンク Meyrink
メイリング Maling**
メイリンズ Malins
メイール

メ

Meir*
Meïr
メイル
Mael*
Maille
Mayle***
Meile
Meir**
Me'ir
Meïr
Meïr
Meyr
メイルース Meyrueis
メイルーナス
Meilunas
メイルハウス
Meilhouse
メイルベルグ Myrberg
メイルマン Mailman
メイレ Meile
メイレット Maylett
メイレーレス Meireles
メイレレス
Meireles
Meirelles*
メイロ Meilo
メイロー Mailloux
メイロウィッツ
Meyrowitz*
メイロス Mayros
メイロン
Mayron
Meillon
メイワン
Mae-wan*
Maione
メイン
Main*
Maine***
Mane
Manes
Mayne***
Mehn
Mein
Meyenn
メインコス Meinkoth
メインズ
Maines**
Manes*
Maynes
Meyns
メインストーン
Mainstone*
メインストン
Mainstone
メインスマ Meinsma
メインチェス Meintjes
メインツ Meinz
メインディラッタ
Maindiratta
メインデルツ
Meinderts**
メインデルト
Meindert
メインドル Meindl
メインラッド Meinrad
メインランド
Mainland
メーウ Meeuw
メーヴ Maeve
メウイス Mewis
メヴィッセン
Mevissen
メウーウイス
Meeuwisse
メヴェル Mevel
メヴェンヌス
Mevennus
メーウス Meeus
メウセン Meeuwsen
メウッチ Meucci
メーウビス Meeuwis
メエ Mae
メエイ May
メェース Mace
メェストル Maistre
メエスフィルド
Masefield
メエテルリンク
Maeterlinck
メエニュリ
Méhaignerie
メエビウス Mobius
メエリイ Mary
メエリケ Mörike
メエリング Mehring
メーエル Meijer
メーエルソン Meerson
メエン Méen
メーオ Meo
メーオー Mayo
メオ Meo
メオーテ Méhauté
メオーナ Maeona
メオーニ Meoni
メオラ Meola
メオン Meon
メーカ Merker*
メーカー
Maerker
Merker
メカ Meka
メカヴィック
Mekhavic
メガグ Maygaag*
メガクレス Megakles
メカサ Mekasa
メカシェラ Mékachéra
メカス Mekas**
メガース Meggers
メガーズ Meggers
メガステネース
Megasthenes
メガステネス
Megasthenes
メカニック Mechanic
メガハーツ Megahertz
メガヘド Megahed
メガポレンシス
Megapolensis
メカム Mekamne
メガラ Megara
メカリー Mechaley
メガリ Megarry
メガリー Megarry
メカル Mechal
メガロン Megaron
メガワティ
Megawati**
メーガン
Meaghan
Megan**
Meghan*
メガン Megan**
メガンク Meganck
メガンダー Megander
メキ
Meki
Mekki
メキアヌス Maecianus
メギヴィネトゥフツェーシ
Megivinetukhutsesi
メキシベナバ
Mekhissi
Mekhissi-Benabbad
メギット Meggitt
メギド Meguid**
メーギヤ Meghiya
メーギャン Meignan
メーキン Makin
メギンゴーズ
Megingoz
メギンソン Megginson
メーク
Meik*
Mörk
メグ
Margaret
Meg**
Megan
Megh
Meghraj
メークサワン
Meksawan
メクシ Meksi**
メグジ Meghji*
メクシロ Mekshilo
メグス Meigs
メグズ Meigs*
メクセス Mexes*
メクゼーパー
Meckseper
メクセペル Meckseper
メクティッチ Mektić
メクティルド
Mechtilde
メグド Megged
メグナ Megna
メグナッド Meghnad*
メーグナード
Meghnad
メグナド Meghnad
メークピース
Makepeace
メグミ Megumi
メクメドフ
Mekmedov
メグラ Meghraj
メグラヒ Megrahi
メクリア
Mekuria
Mukuria
メクリン Mechlin
メクル Mecre
メグレ
Maigret
Megre
Mégret
Meigret
メグレナ
Maglena
Meglena
メクレンバーグ
Mecklenburg
メクレンブルク
Mecklenburg
メーグロー Maigrot
メグロ Maigrot
メグロー Maigrot
メゲ Mège
メーケット Merket
メゲッド Meged
メゲド Meged*
メケリン Mechelin
メーゲルライン
Maegerlein
メケレ
Mäkelä
Mekere**
メゲレア Megelea
メケレイネン
Makarainen
メーゲンブルク
Mögenburg
メーゲンベルク
Megenberg
メコ
Meco
Meko
メゴ Mego
メコアベメ
Meko Aveme
メコキシュビリ
Mekokishvili
メゴット Megot
メコネン Mekonnen**
メゴワン Megowan
メーコン Macon
メコンネン Mekonnen
メーサ Mesa
メーサー Mather*
メーザ Mesa
メーザー
Mather*
Mazur
Moser
Möser
メサ
Mesa**
Messa
Meza**
メサー Messer
メザ Meza
メサイア Massiah
メサウーディ
Messaoudi
メサージェ Messager
メサジェ Messager*
メサジェー Messager
メサジュ Messager
メーザーズ Mathers**
メサック Messac
メサーディア
Messaadia*
メサディエ Messadie
メザテスタ
Mezzatesta
メサデロペス
Meza De Lopez
メザーブ Meserve
メサヘル Messahel
メサーリー Maṣālī
メザール Mézard
メサロヴィッチ
Mesarović
Messarovitch
メサロヴィッツ
Mesarovic
メーサーロシュ
Mészáros**
メーサロシュ
Mészáros
メサーロシュ
Mészáros
メサロシュ
Meszaros
Mészáros
メザロス Mészáros
メーサーロッシュ
Mészáros
メサロビッチ
Mesarović
メサロビッツ
Mesarovic
メサン
Messan
Meyssan
メサンゲアボム
Messengue Avom
メサンバ Messamba
メーシー
Macey
Macy*
Meese
メシ Mesi
メジ Mezy
メシア
Messiah
Mexia
メシアン Messiaen**
メーシィ Macy
メジィー Mezie
メシウス Messius
メシェ
Meshé*
Messier
メシエ Messier***
メジェ Metzger
メジェシ Medgyessy
メシェシャ Meshesha

メ

メジェライチス
Mezhelaitis
メーシェル Möschel
メシエル Mechele
メジェール Meller
メジエル Meyer
メジエール
Maiziére*
Mézières
メジェレン Meggelen
メシェン Méchain
メシク Meschik
メジクンヌ
Medjkoune
メシコフ Meshkov*
メシコフス
Meschkowski
メシコフスキー
Meschkowski
メジシ Medici*
メジソン Medison
メジチ Medici
メシチェリャコフ
Meshcheryakov
メシチェリヤコフ
Meshcheriakov
メシチェールスカヤ
Meshcherskaia
メシチェルスキー
Meshcherskii
メシチェールスキィ
Meshcherskii
メシチャニーノフ
Meshchaninov
メシック Messick*
メジック Mezick
メシッチ
Mesic
Mesić*
メジット Majīd
メシティ Mesiti
メシテルハージ
Mesterházi
メジト Majīd
メジド
Majīd
Medzhid
メジドフ Medzhidov
メシーナ Messina**
メジーナ Megina
メシノ Meschinot
メシバ Misbah
メシボフ
Meshibov
Mesibov
メジホフ Mesibov
メジボフ Mesibov
メジボブ
Meshibov
Mesibov
メージャ Meja
メージャー
Major**
Mauger
メシャ
Mehmed
Meša
Mesha
Mōsa
メジャ
Mea-ja*
Meja*
Mejía
メジャー
Majer
Major**
Measures
Mejàre
メシャク Misach
メジャーズ Majors
メーシャツ Mesyats
メシャック
Meschack
Meshack
メジャニ Medjani
メジャフェ Mellafe
メシャフリ
Mechahouri
メジャミラド
Mejamirado
メシャール Meshaal
メジャール Mejàre
メシャン
Méchin*
Meschan
メージュ Mège
メジュア Mazur
メジューエヴァ
Mejoueva
メジューエワ
Mejoueva**
メシュエン Methuen
メシュカティ
Meshkati
メシュクール
Mechkour
メシュコ Meško
メシュコフスキー
Meschkowski
メシュコーワ
Meshkova
メシュテルハージ
Mesterházi
メジュドゥーブ
Mejdoub
メシュトロウィチ
Meštrović
メシュトロヴィチ
Meštrović
メシュトローヴィッチ
Meštrović
メシュトロヴィッチ
Meštrović
メシュトロビチ
Meštrović
メシュトロビッチ
Meštrović
メシュベルガー
Moeschberger
メシュラー Meschler
メシュラム Meshulam
メシュレフ Meshref
メショニック
Meschonnic*
メジリ Mejri
メジリアク
Meziriac
Méziriac
メジル Mezile
メジロー Mezirow
メジロフ Mezilov
メシン Mitin
メシンシー Maesincee
メジンスキ Mejinschi
メジンスキー
Medinsky
メース
Mace**
Maës
Mees*
メーズ Mays
メス
Mes
Messou
Messu
メズ Mezz
メズアール Mezouar
メスアンニパッダ
Mesannepadda
メスアンネパッダ
Mesannepadda
メズィエーレ Mézières
メズイック Messick
メスヴァン Methven
メスエン Methuen
メスガーリ Mesghali
メスガリ Mesghali
メスキ Mesqui
メスキアグヌンナ
Meskiagnunna
メスキアグヌンヌ
Meskiagnunna
メスギシュ Mesguich
メスキータ Mesquita*
メスキーニ Meschini
メスクイタ Mesquita
メスクラン Mesclun
メースケ Meeske
メズゲブ Mezgebu
メスコフ Meskov
メズジ Messzi
メスセレール Messerer
メーズソン Measson
メスタ Mesta*
メスター
Messter
Mester
Meystre
メスダグ Mesdag
メスダッグ Mesdag
メスダッハ Mesdag
メスダハ Mesdag
メスダフ Mesdag
メスット Mesut
メスデー Mesdag
メスーディ Mesoudi
メステッキー
Mestecky*
メーステル Meester
メステル Mestel
メステルス Mesters
メステレス Mesters
メスート Mesut**
メスード
Mehsud*
Messud*
メスト
Mesut**
Möst*
メストゥソーニ
Mesturini
メストメッカー
Mestmacker
Mestmäcker
メストラレ
Mestrallet*
メストリーニョ
Mestrinho
メストリン Mästlin
メーストル Maistre*
メストール Maistore
メストル Maistre
メストレ
Maistre*
Mestre
メストレス Mestres
メストロ Maestro
メストロウイッチ
Mestrovic
メストン Meston
メスナー Messner***
メスナーニ
Methnani*
メスナリック
Mesnaric
メスネル Messner*
メスバー Mesbah
メスバウアー
Mössbauer**
メスハールト
Messchaert
メスヒ Meskhi
メースフィールド
Masefield*
メスフィン Mesfin**
メスプレ Mesplé
メスペルブルン
Mespelbrunn
メスベン Methven
メスマー
Mesmer*
Messmer**
メスマール Mesmar
メスメル
Mesmer
Messmer**
メスラー Mesler**
メズラグ Mezrag
メズラブ Mezrab
メスリ Mesri
メスリアン Meslien
メスリエ Meslier
メスリエール Mesurier
メズリシェ Mezriche
メズリック Mezrich**
メスリーヌ Mesrine
メーズレー Mézeray
メスレー Meslay
メズレー Mézeray
メスレム Meslem
メズロー Mezzrow
メズロウ Mezzrow
メスロブ Mesrob
メスロプ Mesrob
メースン Mason*
メーゼ Mese*
メーセイ Mészöly*
メゼイ
Mezei
Mezel
Mezey*
メセゲ
Messegue
Mességué
メゼケヴェスト
Mezökövesd
メセダリア
Messedaglia
メセーニ Metheny
メセニー Metheny**
メセル Messel
メセルヒ Messelhi
メセレト Meseret*
メセレール Messerer
メセロール Messerole
メセン Mesén
メゼンツェフ
Mezentsev
メゼンツェワ
Mezentseva
メゼンツォフ
Mezentsov
メゼンティウス
Mezentius
メセント Messent
メーゼンブルク
Meesenburg
メーゾ Mazo
メゾー Mezö
メゾ Mazo
メゾー Mezö
メゾジ Mesozi
メソス Methos
メソット Methot
メソッド Method*
メゾティチュ
Mesotitsch
メソド Messod*
メソニエ
Meissonier
Meissonnier
メソヌ Messone
メゾヌーヴ
Maisonneuve
メゾヌーブ
Maisonneuve
メソネロ Mesonero
メソメデス
Mesomēdēs
メゾラコ Mesoraco
メソルド Methold

メーソン Mason***
メーゾン Maison
メゾン Maison
メゾンヌーヴ
Maisonneuve*
メゾンルージュ
Maisonrouge
メータ
Mehta***
Meta
メーター
Mehta
Meter
メーダ
Meda*
Méda
Meder
メーダー
Maeder
Möedder
メタ
Mehta
Meta***
メダ Meda
メダー Meder
メダアディー Meadadi
メタアリンク
Maeterlinck
メタイス Métais
メダウ Medau
メダヴァー Medawar
メダウォー Medawar
メダウォア Medawar*
メタクサ Metaxa
メタクサス Metaxas*
メタゲネス Metagenes
メタコム Metacom
メーダサーナンダ
Medhasananda
メタスターシオ
Metastasio
メタスタージオ
Metastasio
メタスタシオ
Metastasio
メタスタジオ
Metastasio
メタスタージョ
Metastasio
メダースト Medhurst
メダード Medard
メタノムスキー
Metanomski
メーターピスィット
Methapisit
メタフラステイ
Metaphrates
メタフラステス
Metaphrates
メタフラスト
Metaphrastes
メダリア Medalia
メタリアス Metalious
メタル Métall
メダール Médard
メダールド Medard
メダルト Medard**
メダルド
Medard
Medardo*
メダルドゥス
Medardus
メダワー Medawar**
メタワリ Metwalli
メーチー Maechee
メチアル Mečiar*
メーチヴィエ Métivier
メチヴィエ Méthivier
メチェスラフ
Mecheslav
メチェバ Mecheba
メチェリアコフ
Meshcheriakov
メチェル Mieciel
メーチェン
Machen
Mädchen
メチージュ
Mecir
Mecír
Mečíř
メチスラフ Mecheslav
メチタール Mechitar
メチック Mezzich
メチニコッフ
Metchnikoff
メーチニコフ
Mechnikov*
メチニコフ
Mechnikov*
Metchnikoff
Metchnikov
Metschnikoff
Métschnikoff
メチュー Metsu
メチュク Metschuck
メチュニコフ
Mechnikov
メチンスキ Meczinski
メツ
Metsu**
Metsue
メツー
Metsu
Metsue
メツァンジェ
Metzinger
メーツィッヒ Maetzig
メーツィヒ Maetzig*
メツィン Metsing
メツゥ Metsu
メツェルス Metsers
メツォラ Metsola
メッカー
Maecker
Metzker
メッガー Metzger
メツカー Metsker*
メツガー
Metzgar
Metzger*
Mezger*
メッカウアー
Meckauer
メッキ
Mecchi
Mekki
Mekky
メッキン Meckin
メッギンソン
Megginson
メック
Meck
Mecke
メックス Möcks
メッグス Meggs
メッグズ Meggs*
メックラー Meckler
メックリン Mecklin
メックリング
Mechling
メッグレ Meggle
メッケス Meckes
メツケス Metzkes
メッケネム Meckenem
メッケル
Meckel**
Mockel
Möckel
メッゲル Mezger
メッゲンドルファー
Meggendorfer
メッサー Messer*
メッサア Messer
メッサウダ
Messaouda
メッサーシュミット
Messerschmidt*
Messerschmitt
メッザストリス
Mezzastris
メッサースミス
Messersmith
メッザードラ
Mezzadra
メッサニー Mesthene
メッサム Messam
メッサラ Messala
メッサリ Messali
メッサリーナ
Messalina
メッサリナ Messalina
メッサリヌス
Messalinus
メッサンジェ
Metzinger
メッサンジェー
Metzinger
メッシ Messi**
メッジ Metge
メッジェ Metge
メッジェシ
Medgyessy**
メッシェンモーザー
Meschenmoser
メッシオ Messio
メッシーナ
Messina***
メッシナ Messina
メッシャー Mescher
メッシュ Meche
メッジョリーニ
Meggiorini
メッシンガー
Moeschinger
メッシング Messing
メッシンジャー
Messinger
メッズィーナ Mezzina
メッズィーニ Medzini
メッセゲ Mességué
メッゼッティ
Mezzetti*
メッセーニウス
Messenius
メッセマー Messemer
メッセーリ Messeri
メッセール Messerer
メッセル
Messel*
Messer
メッセルシュミット
Messerschmitt
メッセレル
Messerer**
メッセン Messéan
メッセンジャー
Messenger
メッセンベック
Mössenböck
メッソニエ
Meissonier
Messonnier
メッソーリ Messori*
メッタ Metta*
メッタグー Mettagū
メッタジ Mettaji
メッタニヒ
Metternich
メッチェ Maedche
メッチェン Mädchen
メッチニコッフ
Mechnikov
メッツ
Matze
Mets*
Metsu
Metts
Metz***
Mez
メッツァー Mezger*
メッツアー Mezger
メッツァサルマ
Mezzasalma
メッツァーノ Mezzano
メッツァバルバ
Mezzabarba
メッツァリラ
Mezzalira
メッツァンジェ
Metzinger
メッツィ
Metsy*
Metzi*
メッツィーニ Medzini
メッツィヒ Metzig
メッツィンガー
Metzinger
メッツェラー
Metselaar
メッツェルダー
Metzelder**
メッツォ Mezzo
メッツォジョルノ
Mezzogiorno*
メッツォファンティ
Mezzofanti
メッツォラ Metsola
メッツガー Metzger**
メッツジェ Metzger
メッツドルフ
Metzdorf
メッツナー
Maetzner
Metzner*
メッツマッハー
Metzmacher*
メッツラー Metzler*
メッツロウ Mezzrow
メッテ Mette**
メッティカー Mettikā
メッテーヤ
Metteya
Metteyya
メッテリ Motteli
メッテル
Metter
Metzger
メッテルニッヒ
Metternich*
メッテルニヒ
Metternich*
メッテンバーガー
Mettenberger
メッテンライター
Mettenleiter
メット
Met
Mett
メッド Med
メッドウェイ Medway
メットキャルフ
Metcalf
メッドグン Medgoen
メットナー Medtner
メットネル Medtner
メッドハースト
Medhurst
メットモ Mettomo
メットレール Mettler
メッナー
Mätzner
Metzner*
メッフェン Meffen
メッペリンク
Meppelink
メッヘレン Mechelen
メッモリ Memmoli
メッラ
Mehla
Mella
メッラー Möller
メッラー Metzler*
メッラーフ Mellah
メッリ Merri

メ

メツル Metzl
メッレル Möller
メッレロウィッチ
Mellerowicz
メッレンドルフ
Moellendorff
Mollendorff
メッロ Mello
メーデ Moede
メテ
Mete*
Mette
メデーア Medea
メデア Medea*
メーディ Mehdi
メディ
Medhi
Medhy
Medy
Mehdi**
メティア Metia
メディア
Medea*
Medeia
メデイア Medeia
メディアノス
Medianos
メディアルデア
Medialdea
メディウ Mediu
メティヴィエ
Méthivier
メティウス Metius
メディエート Mediate
メディカ Medica
メディクス Medicus*
メディコ Medico
メディシス Médicis
メディス Meddis
メディスン
Madisyn
Medicine
メディソン Medicine
メーディチ Medici
メディチ
Medici**
'Medici
Médicis
メディック Medick*
メディッチ Medich
メディーナ Medina*
メディナ Medina***
メディナガリゲス
Medina Garrigues
メディナモラ
Medina-mora
メディル Medill
メディルシュ
Medeiros*
メディルース
Medeiros
メデイロシュ
Medeiros
メディロス Medeiros*
メデイロス Medeiros
メティン Metin*
メディン Medin
メディンガー
Medinger
メディング Meding
メディングス
Meddings
メディンスキー
Medinsky
Medynskii
メディンスキイ
Medynskii
メテヴェーレス
Metevelis
メデスキ Medeski*
メテッラ Metella
メテッリ Metelli
メテッルス Metellus
メデトベク Medetbek
メテファラ Metefara
メデマ Medema
メデム Medem
メテヤード Meteyard
メデュナ Meduna
メデュワ Meddour
メテラ Metella*
メデリス Medearis
メテリッシャン
Meterissian
メーデル Maedel
メテル Mételt
メデル Medel*
メデルシ Medelci
メテルス
Matellus
Metellus
メデルチ Medelci
メーテルランク
Maeterlinck*
メテルランク
Maeterlinck
メーテルリンク
Maeterlinck**
Maeterlink
メーテルリング
Maeterlinck
メテルリンク
Maeterlinck
メーデン
Meden
Mehden
メーデンドルプ
Meedendorp
メト Meto
メド Med
メドー
Meador
Meadow
Medaugh
Meddaugh**
メドイエヴィッチ
Medojevic
メドウ Meadow
メドヴ Medb
メトゥイセラ
Metuisela
メドウィック
Medwick
メドウィン Medwin
メドヴィン Medvin
メドウインスキー
Medynskli
メドヴェイ Medvei*
メドヴェージ Medved
メドヴェージェヴア
Medvedevoi
メドヴェージェフ
Medvedev***
メドヴェジェフ
Medvedev
メドヴェージェワ
Medvedeva*
メドヴェーデフ
Medvedev
メドウエド Medwed*
メドヴェトキン
Medvedkin
メドヴェドコヴァ
Medvedkova
メドヴェドツェワ
Medvedtseva*
メドウォール Medwall
メドウクロフト
Meadowcroft
メドウサン Medecin
メドウス Meadows*
メドウズ
Meadows**
Mesdows
メドゥール Meddour
メドガー Medgar
メトカーフ
Metcalf*
Metcalfe*
メトカフ Metcalfe*
メドカーフ Medcalf
メトカルフ
Metcalf*
Metcalfe**
メドカルフ Medcalf
メトカルフェ
Metcalfe*
メトキテス
Metochites
Metochitēs
メトゴ Metogho
メトコヴィッチ
Metkovich
メトジェイ Metoděy
メトシェラ
Methuselah
メドース Meadows
メドーズ Meadows
メトセラ Methuselah
メトゾー
Metezeau
Métezeau
メドック Maedoc
メトディオス
Methodios
Methódios
メドニアンスキー
Mednyánszky
メドニクス Mednieks
メドニコフ Mednikov
メドニック Mednick
メートネル
Medtner
Metner
メトネル
Medtner
Metner
メドハースト
Medhurst*
メドハート Medhurt
メドハト Medhat
メドバール Medovar
メドヒン Medhin
メドフ
Medof
Medoff
メドフォース
Medforth
メトフォード Metford
メドフォード Medford
メドフス Medhus
メドベイ Medvei*
メドベジ Medved
メドベシェク
Medvesek
メドベージェフ
Medvedev
メドベジェフ
Medvedev
メドベージェワ
Medvedeva
メドベツェフ
Medvedtsev
メドベディエフ
Medvedev
メドベデフ
Medvedev*
メドベデワ
Medvedeva
メドベド Medved*
メドベドエンコ
Medvedenko
メドボ Medbo
メトーム Mettome
メドモワゼル
Mesdemoiselles
メトラ
Metola
Métra
Metras
Mettra
Mottola
メトラー Mettler
メドラー
Mädler
Medler*
メトラーノ Metrano
メトラノ Metrano
メドラーノ Medrano
メドラノ Medrano
メドラン Medran
メートランド
Maitland
メトリ Mettrie*
メトリー Mettrie
メトリイ Mettrie
メトリコヴィツ
Metlicovitz
メトリック Mettrick
メートリッヒ Mädrich
メトリュ Métru
メドリン Medlin
メドリング Medling
メートル
Maistre
Maitre
Maître
Meitre
Metre
メードル Mödl*
メトル Methol
メトレ Mettler
メドレー
Medley*
Medoley
メドレイ Medley
メドレス Medress
メトロ
Metraux*
Metro
メトロー Métraux*
メドロー Medleau
メトロクレス
Mētroklēs
メトロドロス
Mētrodōros
メドロフ Mednov
メトロファーネス
Mētrophánēs
メトロファネース
Mētrophánēs
メトロファネス
Metrophanes
メドワル Medovar
メトン
Mes ston
Meton
メーナ Mena*
メーナー
Möhner
Myrna*
メナ
Mena**
Menna*
メナイクモス
Menaichmos
メナーカー Menaker
メナカヤ Menakaya
メナガリシビリ
Menagharishvili
メナサーラ
Mainassara*
メナーシ Menasci
メナシェ
Manasseh
Menasche
Menashe
Menasseh
メナーシュ Menache
メナージュ Ménage
メーナース
Menas
Mēnâs
メナス Menas
メナズ Menaz
メナスラ Menasra
メナセ Ménasé
メナセー Menasseh
メナチェム Menachem

メナデュー Menadue*
メーナート Mehnert
メーナード Maynard
メーナードー
Maynard
メナート Mehnert
メナード
Maynard
Menard**
Ménard
Mennard
メナト Menat
メナードギブソン
Maynard-gibson
メナトリー Menatory
メナナ Menana
メナナエラ
Menana Ela
メナブオイ Menabuoi
メナブレア Menabrea
メナフロー Menafro
メナヘム
Manaēm
Menachem**
Menahem***
メーナール Maynard
メナール
Mainard**
Maynard
Menard
Ménard**
Mesnard
Meynard
メナル Meynell
メナルディエール
Ménardière
メナルト Menalt
メナンド Menand
メナンドロス
Menandros*
メーニ Meni
メニ Men
メニー Menie
メニアテース
Meniátēs
メニイ Mény
メーニウス Menius
メニウス Menius
メニエール
Mayneiel
Ménière
メニエル Mayneiel
メニオ Menio
メニキネッリ
Menichinelli
メニケ Mennicke
メニケッティ
Menichetti*
メニケッラ Menichella
メニケッリ Menichelli
メニケム Menikheim
メニケリ Menichelli
メニシコフ
Men'shikov
メニシュ Menis
メニショフ
Menshov
Men'shov
メニチュコフ
Men'chukov
メニック
Menick*
Mennick
メニッサ Menissa
メーニッヒ Moennig
メニッヒ Mönnig
メニッポス Menippos
メニーノ Menino*
メニヘールト
Menyhért
メニヘルート
Menyhért
メーニャ Meña
メニャ Meña
メニャン Mégnin
メニューイン
Menuhin**
メニューク Menyuk
メニューズ Menuez*
メニューヒン
Menuhin*
メニュヘールト
Menyhért
メーニュリ
Méhaignerie
メニュリ Méhaignerie
メニリ Meniri
メニル Mesnil
メニン Mennin
メニンガー
Menninger**
メニング Menning
メニングハウス
Menninghaus**
メニンジャー
Menninger
メーヌ Maine*
メヌ Maine
メヌアシュ Menuaš
メヌッティ Mennuti
メヌル Meynell
メーネ Mehne
メネイカー Menaker
メネガッツォ
Menegazzo
メネギーニ Meneghini
メネキーネ Menechino
メネグッツォ
Meneguzzo*
メネクラティス
Menekratis
メネクラテス
Menelaos
メネクレイダス
Menekleidas
メネゴ Ménégoz
メネゴー Ménégoz
メネゴーズ Menegoz
メネシエ Ménessier
メネジェル Meneghel
メーネース Mēnēs
メネス Mēnēs
メネズ Menuez
メネスカル Menscal
メネスゲン
Menesguen
メネセス
Meneses**
Menezes*
メネゼス Menezes**
メネチーノ Menechino
メネデモス
Menedēmos
メネテワブ
Menetewab
メネトラ Ménétra
メネナ Menena
メネニウス Menenius
メネヒルディス
Menechildis
メネフィー Menefee
メネム Menem**
メネラウス
Menelaos
Menelaus
メネラーオス
Menelaos
メネラオス
Menelaos
Menelaus
メネリク Menelik*
メネリック Menelik
メネル
Mennell
Meynell*
メーネルト Mehnert
メネレク Menelik
メネロコズ
Moenne Loccoz
メネン Menen
メネンデス
Menendez*
Menéndez**
メノ
Menno*
Meno
Meynaud
メノー
Menno
Meno
メノイケウス
Menoikeus
メノカル Menocal*
メノッティ
Menotti***
メノティ Menothy
メノドロス
Menodoros
メノラスチーノ
Menolascino
メノラッシーノ
Menolascino
メノルヴァル
Ménorval
メーノーン
Menon
Mēnōn
メノン Menon***
メーバー Mavor
メハーグ Meharg
メバザア Mebazaa
メハジ Mehazi
メハッフェイ
Mehaffey
メハフィー Mehaffey
メハムード Mehmood
メハメド Mehemed
メハル Mehal
メバルキ Mebarki
メヒーア Mejia
メヒア
Mejia*
Mejía**
Mexia*
メヒーアス Mejías
メヒアス Mejias
メビアネ Meviane
メービィウス Möbius
メービウス
Mobius
Möbius
メビウス
Maebius
Mebious
Möbius
Moebius**
メヒコ Mexico
メービス Moebis
メヒタール Mechitar
メヒチルディス
Mechthild
メヒチルド Mechtilde
メビッセン Mevissen
メヒディザデ
Mehdizadeh
メヒティル Mechtild
メヒティルト
Mechthild*
Mechtild*
メヒテル Mechtel
メヒトヒルト
Mechthild*
メヒトリー Mechtley
メヒトレ Mächtle
メピボセテ
Memphibosthe
メーヒュー Mayhew
メヒョー Mechow
メーブ
Maeve
Medbh
メファート Meffert
メフィボシェト
Memphibosthe
Mephibosheth
メフェルト Meffert
メブス Mebs
メプス Mebs**
メーブセン Meeuwsen
メフタ Mehta
メフタヘジノワ
Meftakhetdinova**
メフチー Mekhtí
メフットナディル
Mehmet Nadir
メフティ Mehdi
メフディ
Mahadi
Mahdi
Mehdi**
メフディー Mehdī
メフディエフ
Mehdiyev
メフディーコリー
Mehdīqolī
メフディザヘディ
Mehdi Zahedi
メフート Mejuto
メフト Mejuto
メブトゥ Meboutou
メフヘメト Meḥmet
メフメット
Mehmed
Mehmet**
Meḥmet
Muḥammad
メフメト
Mehmed
Mehmet**
Meḥmet
Muḥammad
メフメド Mehmed
メフラン Mehran
メーブリー Mabry
メブリュト Mevlüt
メーブル Mable
メフル Mehru
メフルアリザーデ
Mehr-alizadeh
メフルジ Mehrzi
メープルズ Maples*
メープルソープ
Mapplethorpe
メープルソン
Mapleson
メフルヌーシュ
Mehrnoosh
メーベー Medbøe
メベイン Mebane
メーヘシュ Méhes
メベス Meves
メヘター
Mahetā
Mehta
Mehtā
メヘディ
Mahdi*
Mehdi**
メヘムード Mehmood
メヘメット
Meḥmet
Muḥammad
メヘラビアン
Mehrabian
メヘラーン Mehran**
メヘラン Mehran
メーベル
Mabel*
Mable
メヘル Meher
メヘルバ Mehelba
メヘルンニサー
Mehrunnisa

メ

メヘロトラ Mehrotra
メホリック Meholic
メーボン Maybon
メホンツェフ
Mekhontcev*
Mekhontsev
メーマン Maiman
メミ
Memi
Memmi
メミセビッチ
Memisevic
メム Mem**
メムシ Memushi
メムシャイ Memushaj
メムナトゥ
Memounatou
メムノン
Memnon
Memnōn
メムブリヴェス
Membrives
メムミ Memmi
メムリ Memli
メムリンク Memling
メムリング Memling
メーメット Mehmet*
メーメディ Mehmedi
メーメト Mehmet
メメニカラワ
Mwemwenikarawa
メメヌ Memene
メモット Memmott
メモリ Memoli
メモリー Memory
メモン Memon
メーヤ Mare
メーヤー
Maier
Mayer
Meyer
メヤ Meyer
メーヤーズ Mayers
メヤースタブレ
Meyer-Stabley
メュール Mehul
メユール Méhul
メユル Méhul
メーヨ Mayo
メーヨー Mayo**
メヨ Mejo
メーヨオ Mayo
メヨコ Meyoco
メヨール Mejàre
メーラ
Meara
Meera
Mehra
メーラー
Mailer
Mehler*
Mehrer
Möhler
Möller*
メラ
Mela*
Mella*
Mera*
Méra
Mérat
メラー
Meller*
Mellor*
Merah*
Merer
Moeller***
Møeller
Möhler
Möhller
Moller**
Möller**
Møller**
メラア Mellor
メライ
Merai
Meray
メライレイ Melairei
メライン Melaine
メラヴ Merav
メラク Melaku
メラクリーノ
Melachrino
メーラジナ Meḷajina
メラース Möllers
メラーズ
Mellars
Mellers
メラス Melas
メラスニエミ
Melasniemi
メラット Melat
メラディー Meladee
メーラート Mählert
メラート Melato*
メラーニ Melani
メラニ Melanie
メラニー
Melanie***
Mélanie*
Melany
Mellanie
メラニア
Melania**
Melanía
メラニウス Melanius
メラニオ Melanio
メラニッピデス
Melanippidēs
メラニン Melanin
メラノビッチ
Melanowicz
メーラビアン
Mehrabian
メラビシビリ
Merabishvili
メラフ
Meraf
Merav
メラブ Merab
メラブ Merab
メラフェ Merafhe
メーラム Meerum
メラムド Melamed
メラメッド Melamed
メラメド Melamed*
メラリ Merali
メラリー Mullally
メラリソング
Malaythong
メラーリング
Moellering
メラール Merhar
メラルティン Melartin
メラーロヴィツ
Mellerowicz
メラロヴィッチ
Mellerowicz
メーラン Maeland
メラン
Mailland
Mairan
Mehran
Melan
Mélin
Mellan*
Mellin
Mérand*
Meylan
メランギ Melingui
メランション
Melenchon
メランソン Melanson
メランダー Mellander
メランティオス
Melanthios
メランデル Melander
メラント Merante
メランドリ
Melandri**
メランビー Mellanby
メランビイ Mellanby
メランヒトン
Melanchthon*
メランプス Melampus
メランベルジェ
Mehrenberger
メーリ
Mary*
Mehli*
Meli
メーリー Mary
メリ
Meli*
Meri**
Merí
Merry
Méry
メリー
Marie
Mary***
Melle
Melly*
Mely
Merrie
Merry**
Méry*
メリア Melia
メリアセク Meriasek
メリアドク Meriadoc
メリアナ Mellyana
メリアフ Meliakh
メリアム
Meriam
Merriam***
メリアメン Meryamun
メリアモン Meryamun
メーリアン Merian
メリーアン
Mary Ann
MaryAnn
メリアン
Marian
Marianne
Melian
Melyan
Meriamne
Merian*
Merrien
メリアンヌ Méliane
メリィ Mary
メリイ Mary
メリーウイン
Mary-Wynne
メリヴィン Melvin
メリヴェイル Merivale
メリウェザー
Meriwether**
メリヴェール Merivale
メーリウス Melius
メリウス Melius
メリエ Meslier*
メリエー Méliès
メリエス
Melies
Méliès**
メリエタムン
Meryetamun
メリエム Meriem
メリエル Meriel
メリオット Merriott
メリオーラ Megliola
メリオランスキー
Melioranskii
メリオール Meriol
メリオル Meriol
メリオーレ Meliore
メリガー Melliger
メリカーラー
Merykare
メリカリオ Merikallio
メリカント Merikanto
メリーギ Merighi
メリク
Malik
Melik
Meyrick
メリグイ Meliguy
メリクジエフ
Melikuziev
メリクスク Mericske
メリクスケ Mericske
メリグーノフ
Mel'gunov
メリクヤン Melikyan
メリクール Méricourt
メリクル Mericle
メーリケ
Morike
Mörike*
メリケ
Melike
Merike
Mörike
メリゲッティ
Merighetti
メリケルテス
Melikertēs
メリコ Meriko
メーリコフ Melikov
メリコフ Melikov
メリサ
Melissa
Merissa
メリサニディス
Melissanidis*
メリサルデ Merizalde
メリサンティ
Melissanthi
メリサンド Mélisande
メリザンド
Mélisande*
メリジ Merisi*
メリージオ Merisio
メリジョー Mérigeau
メリージーン
Mary Jean
MaryJean
メーリス Mehlis*
メリス
Melis
Meliz
メリスワ Mehliswa
メリタ
Melita**
Melitta*
メリダ Merida
メリダー Merida
メリーチ Merici
メリチ
Meriç
Merici
メリチェル Meritxell
メリチャンプ
Mellichamp*
メリック
Mellick
Merric
Merrick***
メリックス Merricks*
メリッサ
Marrissa
Melissa***
メリッシュ Mellish
メリッソス Melissos
メリッツ Melitz
メリット
Merit*
Meritt
Merrit**
Merritt***
メリディアン
Meridean
メリティオス
Meletius
Melitios
Melítios
メリディス Meredith
メリティナ Melitina
メリディーン
Meridean
メリデール Merridale
メリデル Meridel*

メリデン Merriden*
メリト
Melito
Melitō
Merit
メリド Melido
メリトアメン
Meryetamun
メリトゥス Mellitus
メリトニス Melitonis
メリトニスゼ
Melitonis dze
メリドール
Melidor
Meridor
メリトーン Melitō
メリトン
Melitō
Meliton*
Melitón
Méliton
Meriton
Merrington
メリーナ Melina*
メリナ Melina*
メリナン Mélinand
メリーニ Merini
メリニカイテ
Mel'nikaite
メリニク Melnik
メーリニコフ
Melinikov
Melnikov
メリニコフ
Melinikov
Melnikov
Mel'nikova
メリニコワ
Mel'nikova
メリニチェンコ
Melnichenko
Mel'nichenko
メリニャック
Merignac
メリニューク
Maryniuk
メリーヌ Méline
メリーノ
Merino
Merlino
メリノ Merino**
メリーノフ Merinov
メリハル Melichar
メーリヒ Mehlich
メリヒ Merighi
メリヒャル Melichar
メリフ Melich
メリフィールド
Merrifield**
メリブラー Meryibre
メリーマン
Merriman
Merryman
Meryman
メリマン
Merriman***
Meryman
メリマンス
Merimance
メリメ
Merimee
Mérimée*
メリメー Mérimée
メリメエ Mérimée
メリャ Mella
メリュ Meirieu
メリュラ Merula
メリヨン Méryon
メリラー Meryre
メリライネン
Meriläinen
メリリー
Merilee
Merrilee
Merriley
Merrily*
メリリン Merilyn
メリールー Marylou
メリル
Mellery
Meril
Méril
Merill*
Merrell*
Merril
Merrild
Merrill***
Merryl*
Meryl**
メリルオト Meriluoto
メリルス Merrills
メリレーヌ Marylène
メリーロ Melillo
メリロ Melillo
メーリン Melin
メリーン Mellin
メリン
Melin*
Mellin
Merin*
Merryn
メーリンガー
Mehlinger
Meringer
メリンガー
Mehringer
Mellinger*
メーリンク
Mehring
Mering
Möhring
Möring*
メーリング
Mehring***
Mehrling
Mering*
メリング Melling**
メリンゴフ
Mellinghoff
メリンジャー
Mellinger
メリンズ Merrins
メリンダ Melinda**
メリンテ Melinte*
メリンノ Melinnō
メリンホフ
Mellinghoff
メール
Máel
Maelle
Maëlle*
Mair
Maire**
Male
Meer**
Mehl*
Mer**
Mère
Merle
Mörl
メル
Mel***
Mell*
Mello
Melquiades
Melvin*
Melvyn
Mer
メルア Melua*
メルアンクラー
Merankhre
メルヴ
Marū
Merv
Merw
メルヴァート Mervat
メルヴァト Mervat
メルヴィ Mervi
メルウィッシュ
Melhuish
メルヴィル
Melvil*
Melville*
メルヴィン
Melvin**
Melvyn*
メルヴェト Mervet
メルヴォルド Melvold
メルウセルラー
Meruserre
メルヴルィ Melville
メルエグ Mel Eg
メルエン Mer-en
メルエンプタハ
Merenptah
メルエンラー Merenre
メルオール Merrall
メルガ Merga
メルカウラー
Merkaure
メルカダンテ
Mercadante*
メルカーティ Mercati
メルカディエ
Mercadier
メルカディエール
Mercadier
メルカデル Mercader
メルカデルコスタ
Mercader Costa
メルカード Mercado*
メルカド Mercado*
メルガード Møllgård
メルカートル
Mercator
メルカトール
Mercator
メルカトル Mercator
メルカム Melkamu
メルカリ Mercalli
メールガール
Máelgarb
メルガル Melgar
メルカールス Melchers
メルガレホ Melgarejo
メルカントン
Mercanton
メルキ Melki
メルキー Melky*
メルキアデス
Miltiades
メルキオ Melquiot
メルキオー
Melchior**
メルキオッリ
Melchiorri
メルキオッレ
Melchiorre
メルキオール
Melchior
Merquiole
Merquior
メルキオル Melchior
メルキオーレ
Melchiore
Melchiorre
メルキセデク
Melchisedek
メルキゼデク
Melchisedek
Melchizedek*
メルギム Mergim
メルキュリ Mercuri
メルキュール Mercure
メルキョール Melchior
メルキヨール Melchior
メルキン Merkin
メルク
Melk
Merck
Merk*
Mørk
メルグ Moelgg
メルクウリ Mercouri
メルクエド Mørkved
メルクス
Merckx*
Merkus
メルクツェル Melczer
メルクーリ Mercouri*
メルクリ
Märkli
Mercury
メルクリアーリ
Mercuriali
メルクリアリス
Mercurialis
メルクリウス Mercury
メルクリエヴ
Merkuryev
メルクーリェフ
Merkul'ev
メルクリオ Mercurio
メルクリオス
Merkurios
メルクール
Mercoeur
Mercœur
Mercoure
メルクル
Märkl**
Merkl
メルクレ
Merckle
Merkle
メルクーロフ
Merkulov
メルクロフ Merkulov
メルクロワ
Merkulova*
メルケス Merkès
メルケフ Mørkøv
メルケリス Merkelys
メルゲリヤン
Mergelyan
メルケル
Merkel***
Merker
メルケルバハ
Merkelbach
メルケンス Merkens
メルゲンターラー
Mergenthaler
メルコ Melko*
メルゴー Melgaard
メルコゥ Morkov
メルコフ Merkov
メルコム Melcombe
メルコール Melchor*
メルゴール Mergault
メルザック
Melzack*
Merzaq
メルシ
Melzi
Merusi
メルシー Mercy*
メルシェ
Mercier**
Merse
メルシエ
Mercié
Mercier*
メルジェ
Mergea
Merger*
メルジェス Melges
メルシェプセスラー
Mershepsesre
メルジオヴスキ
Mersiowsky
メルシオール
Melchior*
メールシャイト
Meerscheidt
メルジャニ Merjani
メルジャニー Merjani
メルジャーノフ
Merzhanov
メールシュ Meersch*
メルシュ
Meersch
Melhuish
Mersch*
Moersch
Mörsch

メ

メルショール Melchor
メルショワール
Melchior
メールス
Meersch
Moers*
メルスィエ Mercier
メルズィフォンル
Merzifonlu
メルスヴィン Merswin
メルズキ Merzouki*
メルスハイマー
Melsheimer
メルスマン
Mersmann*
メルズリキン
Merzlikin
メルズリャコーフ
Merzlyakov
メルスン Melson
メルセ
Merce
Mercé
Mercè*
Mérsé
メルセケムラー
Mersekhemre
メルセデス
Marcedes
Mercedes***
Mercédès
メルセド Merced
メルセナリオ
Mercenario
メルゼブルク
Merseburg
メルセル Melcer
メルセロー Mersereau
メルセン
Melsen
Mersenne
メルセンヌ Mersenne
メールソン Meerson
メルソン Melson
メールタ Märta
メルタ
Märta
Merta
メルダシ Merdassi
メルダース Mölders
メルダッド Mehrdad
メルダル Meldal
メルチィ Merci
メルチェット Melchett
メルチェデス
Mercedes
メルチオール Melchior
メルチメク Mercimek
メルチャー Melcher*
メルチャーズ Melchers
メルチャート
Melchart
Melchert
メルチョラ Melchora
メルチョール
Melchor*
メルチョル
Melchior
Melchor
メルツ
Marz
März
Mertz*
Merz***
メルツァー
Meltzer***
Melzer
メールツァハギ
Mehlzahagi
メルツィ Melzi
メルツィガー Merziger
メルツェル Maelzel
メルツェンドルファー
Märzendorfer
メルツォフ Meltzoff*
メルッチ Melucci*
メルツバッハ
Merzbach
メルツル
Mencl
Molzl
メルデ Melde
メルディニャン
Merdinyan
メルティン
Martin
Märtin
メールディンク
Meerdink
メルテク Meltek
メルテザッカー
Mertesacker
メルデッジ Meldegg
メルデニウス
Meldenius
メルテル Mertel
メルデール Meldaert
メルデルスゾーン
Mendelssohn
メールデルフォールト
Meerdervoort
メールデルフールト
Meerdervoort
メルテン
Marten
Märten
Mertens
メルテンス
Mertens
Mertense
メルト Mert
メルドー Mehldau*
メルトベイト Meltveit
メルドラ Meldola
メルドラム Meldrum*
メルトリク Mertlík
メルトル Mertl
メルドレ Mørdre
メルトン
Melton**
Merton
メルナーティ Melnati
メルニク
Melnik
Melnyk*
Merleni
メルニコフ
Melnikoff
Melnikov*
メルニコワ Melnikova
メルニーシー
Mernisi
Mernissi*
メルニースィー
Marnīsī
メルニチェンコ
Melnichenko*
メルニック
Melnick*
Melnyk
メルネ Mer-en
メルネフェルラー
Merneferre
メルネプタ
Mer-en-Ptah
メルネプター
Mer-en-Ptah
メルネプタハ
Mer-en-Ptah
Merenptah
メルバ
Marva
Melba**
Merbah*
メルバー Melber*
メールハーク
Meirhaeghe
メルバット Marvat
メルバハ Merbah
メルハム Melham
メールハルタッハ
Muirchertach
メルバールデ
Melbārde
メルバルディス
Melbārdis
メールハルト Merhart
メルバーン
Melbourne
Melvern*
メルビー Melby*
メルヒオーア Melchior
メルヒオット Melchiot
メルヒォール Melchior
メルヒオール
Melchior*
メルヒオル Melchior
メルヒタール
Melchthal
メルピビア Merpibia
メルヒャー Melcher
メルヒャス Melchers
メルヒュイッシュ
Melhuish
メルビール Melville
メルビル
Melvil
Melvill
Melville***
メルビン
Mellbin
Melvin***
Melvyn**
Mervin
Mervyn
メルヒンガー
Melchinger
メルフィ Melfi
メルフィン Melvin
メルフォード
Melford*
メルフォール Mailfort
メルベイユ Merveille*
メルヘテプラー
Merhetepre
メルベリ Mellberg
メルヘルス Melchers
メルベン Merven
メルポ Melpo
メールポール
Meerpohl
メールホルツ
Mehrholz
メルホルツ Merholz
メールホルン
Mehlhorn
メルボルン Melbourne
メールホーン
Mehlhorn
メルボーン Melbourne
メルマズ Mermaz
メールマン
Mehlman*
Moehlman*
Moehlmann
Mohlmann
メルマン Melman*
メルミノー Merminod
メルミヨ Mermillod
メルミヨー Mermillod
メルメ Mermet*
メルメー Mermet
メルメサ Mermesha
メルメッド Melmed
メルメド Melmed
メルモス Melmoth
メルモン Miermont*
メルヤ Merja
メルヨシン Melyoshin
メールラ Merula
メルーラ Merula
メルラ Merula
メルラン Merlin*
メルーリ Mellouli**
メルリ
Mellery
Merli
メルリエ Merlier
メルリーニ Merlini
メルリーノ Merlino
メルリン
Maryellen
Mörlin
メルル Merle***
メルレ
Merle
Merlet
メルレニ Merleni**
メルレム Merrem
メルレル Moller
メルレルレ Meruserre
メルレン Merlin
メルレンドルフ
Möllendorf
メールロ Merulo
メルーロ Merulo
メルロ
Merleau*
Merlo**
Merulo
メルロー
Merleau*
Merlo
メルローズ Melrose*
メルロッコ Merlocco
メルローポンティ
Merleau-Ponty
メルロポンティ
Merleau-Ponty
メールワール Melewar
メルン Mylne
メーレ
Maehle
Maire
Mairet
Mele
Mero
メレ
Mairet*
Maré
Mele*
Melle**
Mere
Méré
Meret
Merret**
メレー
Méray
Méré
Merer
メレアグロス
Meleager
Meleagros
メレアゲル Meleager
メレイス Meleis
メレーガ Melega
メレカ Meleka
メレク
Melek
Merek
メレケエフ Melekeyev
メレゲッティ
Mereghetti
メレシコ Merezhko
メレジコウスキー
Merezhkovskii
メレジコウスキイ
Merezhkovskii
メレシコーフスキー
Merezhkovskii
メレシコフスキー
Merezhkovskii*
Merezhkovsky
メレジコーフスキー
Merezhkovskii
メレジコフスキー
Merezhkovskii*
メレシコーフスキイ
Merezhkovskii
メレシコフスキイ

メ

Merezhkovskii
メレジコーフスキィ
Merezhkovskii
メレジコフスキイ
Merezhkovskii
メレシーナ Melesina
メレシュコウスキー
Merezhkovskii
メレジュコゥフスキイ
Merezhkovskii
メレジュコーフスキー
Merezhkovskii
メレジュコフスキ
Merezhkovskii
メレジュコフスキー
Merezhkovskii
メレシュコーフスキイ
Merezhkovskii
メレシュコフスキイ
Merezhkovskii
メレジュコーフスキイ
Merezhkovskii
メレジュコフスキイ
Merezhkovskii
メレージョ Merello
メレス
Mairesse
Meles**
Melles
メレセイニ Merseini
メレーチイ Meletij
メレチウス Meletius
メレチオス Meletios
メレチンスキー
Meletinskii
メレツェ Melece
メレツキー Meletskii
メレッス Mairesse
メレット
Meret
Merrett
メレッリ Merelli
メレッロ Merello
メレーテ Merete
メレテ Merete
メレティオス Meletios
メレティス Meletis*
メレディス
Meradith
Meredith***
Merediz
Meredyth
メレデース Meredith
メレート Meleto
メレトグル
Meletoglou
メレドフ Meredov
メレトプロス
Meletopoulos
メレニク Merenik
メレフ
Melech
Melekh
メレプ Merep
メレマン
Möllemann**
メーレル
Moeller
Möhler
メレール Mehler*
メレル
Merel
Merrell*
Moeller
Moller
Möller
メレローウィチ
Mellerowicz
メレロヴィチ
Mellerowicz
メレロヴィツ
Mellerowicz
メレローヴィッチ
Mellerowicz
メレロウィッツ
Mellerowicz
メレロビッチ
Mellerowicz
メーレン
Mehren**
Meulen*
メレーン Melaine*
メレン Mellen
メレンキャンプ
Mellencamp**
メレンダ Merenda
メレンチェフ
Melent'ev
メレンチエフ
Melentiev
メレンティン
Mellenthin
Mellentin
メレンテス Merentes
メレンデス
Melendez**
Meléndez
Mellendeth
メレンテフ Melentiev
メーレンドルフ
Möllendorf
メレンドルフ
Moellendorff
Möllendorf
メレンヌ Merenne
メレンベルク
Möllenberg
メーロ
Mello*
Melo***
Merlo
Mero
メロ
Mello***
Melo***
Mero
メロー
Mello*
Mellor
Mellow
Méreaux
Merrow
メロウ Merrow
メロヴェヒ Merovech
メロタキス Melotakis
メロダク
Marduk
Melodach
Merodach
メロダクバラダン
Merodachbaladan
メロダチ Melodach
メローチェ Meloche
メロッキ Melocchi
メロッシ Melossi*
メロッシュ Melosh
メロッツォ Melozzo
メロッティ Melotti
メロット Melotte
メロディ
Mellody*
Melodie*
Melody*
Mélody
メロディー
Melodee
Melodie*
Melody*
Mélody
メロード Mérode
メロト Meloto*
メロードス Melodos
メロドス Melodos
メーロトラ Mehrotra
メロートラ Mehrotra*
メロトラ Mehrotra
メロナン
Meyronneinc
メローニ
Melloni
Meloni*
Merloni*
メロニ Meloni
メロニー
Mellonie
Meloney
メローニッグ Mellonig
メローネ Melone
メロバウデス
Merobaudes
メロピー Merope
メロービス Merovech
メロペ
Merope
Meropē
メローヨ Marroyo
メローラ
Melora*
Merola
メロラ Merola
メーロン Myron
メローン
Melloan
Mellone
メロン
Mellon***
Meron
メワ Mewa
メワセ Mewaseh
メーワン Maewan
メーン Maine*
メン
Maeng
Mann
Men*
Mend
Meng*
Menn**
Mian
メンイ Menye
メンウアジュラー
Menwadjre
メンガ Menga
メンガー Menger*
メンガア Menger
メンカウ Men-kau
メンカウホル
Menkauhor
メンカーウラー
Menkhaure
メンカウラ
Men-kau-Ra
メンカウラー
Men-kau-Ra
メンガキス Menegakis
メンカラー Menkare
メンガリーニ
Mengarini
メンガレッリ
Mengarelli
メンキー Menke
メンギスツ
Mengistu**
メンキーニ Menchini*
メンキン Menkin
メンギーン Menghin
メンギン Menghin
メンク Mengke
メンクー Men-kau
メング Meng*
メングアル Mengual
メンクス Menkes
メングス Mengs
メングデン Mengden
メンケ
Menke**
Mönke
メンゲ
Menge
Mengue
Möngke
メンケス Menkes*
メンゲス Menges**
メンケプルウラー
Menkheprure
メンケペルラー
Menkheperre
メンゲメングアン
Mengue
M'engouang
メンゲモウォノ
Mengue M'owono
メンケリオス
Menkerios
メンゲリング
Mengering
メンゲル Menger
メンゲルベルク
Mengelberg
メンゲレ Mengele
メンケン
Mencken*
Menken**
メンコ Manco
メンゴッツィ
Mengozzi
メンゴッティ
Mengotti
メンコーニ Menconi
メンゴーニ Mengoni
メンコフ Menkov*
メンコフスキー
Menkovskii
メンゴーリ Mengoli
メンゴリ Mengoli
メンゴルド Mengold
メンサ
Mensa
Mensah
メンサー
Mansour
Mensah*
メンザ Menza
メンザー Menzer
メンザス Mentzas
メンサック Mensack
メンジー Menzie
メンシェ Mensje*
メンジェス Menges
メンシコウ
Men'shikov
メンシコーヴァ
Menshikova
メーンシコフ
Menshikov
メンシコフ
Menshikov*
Men'shikov
メンジース Menzies
メンジーズ Menzies*
メンジス Menges
メンジズ Menzies
メンシック Menschik
メンジーニ Menzini
メンジャー Menger
メンシャーウィ
Menshawi
メンジャーセン
Mengersen
メンシャーロス
Mensáros
メンシュートキン
Menshutkin
メンシュトキン
Menschutkin
メンショーフ
Menishov
メンシンク Mensink
メンシング
Mensching
Mensing
Menssingh
メンジンスカヤ
Menzhinskaia
メンジンスキー
Menzhinskii
メンジーンスキィ
Menzhinskii
メーンス Meens
メンズ Menz

メ

メンスィーク Mensík
メンズィーズ Menzies
メンズィング
Mensing*
メンスキー
Menski
Menskii
Mensky
メンズブルグ
Mensbrugghe
メンスリウス
Mensurius
メンゼル
Maizell
Menzel**
メンセン Menssen
メンセンディーク
Mensendiek
メンソー Menso
メンソニデス
Mensonides
メンター
Menter
Mentor
メンダス Mendus
メンダナ Mendaña
メンダーニャ
Mendaña
メンダニャ Mendaña
メンダル Mendall
メンチ Mench
メンチェリヤコフ
Mentchelijakov
メンチェン Menchén
メンチク Menchik
メンチコフ
Mentschikoff
メンチャーカ
Menchaca
メンチュ Menchú**
メンチュー Menchú
メンチュウ Menchú
メンチュエムサフ
Mentuemsaf
メンチュエムハト
Mntw-m-ht
メンチュヘテプ
Mentuhotep
メンチン Menchin
メンチンスカヤ
Menchinskaia
メンチンスキ Mecinski
メンツァー
Mentzer
Menzer*
メンツィ Menzi
メンツィーニ Menzini
メンツェ Menze*
メンツェリウス
Mentzelius
メンツェル
Menczel
Mentzel
Menzel***
メンツェンベルグ
Mentzenberg
メンツル Mencl
メンテ Mente*
メンデ Mende*
メンディ
Mendiburu
Mendy
メンディウス Mendius
メンディエータ
Mendieta
メンディエタ
Mendieta**
メンディエッタ
Mendieta
メンディサーバル
Mendizábal
メンディサバル
Mendizábal
Mendizábel
メンティス Mentis
メンディス Mendes
メンディット
Menditto
メンディーニ Mendini
メンディリバル
Mendilibar
メンティル Menzel
メンディロウ
Mendilow
メンデオマランガ
Mende Omalanga
メンデス
Mendes***
Mendès
Méndes
Mendez**
Mendéz
Méndez**
Mëndez
メンデスデビゴ
Méndez De Vigo
メンデスペレイラ
Mendes Pereira
メンテッシ Mentessi
メンデリソン
Mendel'son
メンテル
Mentel
Menter
メンデル
Mendel***
Mendell
メンデルカーン
Mandelkern
メンデルサンド
Mendelsund
メンデルス Mendels*
メンデルスゾーン
Mendelsohn
Mendelssohn*
メンデルスハウゼン
Mendershausen
メンデルスン
Mendelson
メンデルソーン
Mendelsohn*
メンデルソン
Mendelsohn*
Mendelson*
メンデルゾーン
Mendelsohn
メンデルブラット
Mendelblatt
メンデレ Mendele*
メンデレーエフ
Mendeleev*
メンデレエフ
Mendeleev
メンデレス Menderes
メンテワブ
Menetewab
メンテン Menten*
メンデン Mengden
メンデンホール
Mendenhall**
メント Mentu
メンド
Mende
Mendo
メントゥ Mentu
メントゥアブ
Menetewab
メントゥエムサフ
Mentuemsaf
メントゥヘテプ
Mentu-hotep
メントゥホテップ
Mentu-hotep
Mentuhotep
メントゥホテブ
Mentuhotep
メントゥホテプ
Mentu-hotep
Mentuhotep
メンドーサ
Mendoça
Mendonça
Mendosa
Mendoza**
メンドーザ Mendoza*
メンドサ
Mendoça
Mendoza***
メンドサイハニー
Mendsaihany
メンドサイハニィ
Mendsaikhani*
メントノン Maintenon
メンドモ Mendomo
メンドーヨー
Mend-Ooyo
メントライン Mentlein
メントール Mentor
メントル Mentōr
メンドル Mendl
メントルップ Mentrup
メンドンサ
Mendonca
Mendonça**
Mendonsa
メンドンンカ
Mendonca
メンナ Mennas
メンナー Manner
メンナン Mennan
メンニ Menni
メンニッヒ Mönnich
メンニンジャー
Menninger
メンネア Mennea*
メンネル Mennell
メンネン Mennen*
メンノ Menno
メンノー Menno
メンヒ Mönch*
メンヒェン Mänchen*
メンピス Menpes
メンヒバル
Mengíbal
Menjívar
メンフィ Menfi
メンフィス Memphis*
メーンブール
Maimbourg
メンベ Membe
メンペフティラー
Menpehtyre
メンベリー Membery
メンポ Mempo
メンマアトラー
Menmare
メンマレー Menmare
メンミ Memmi***
メンミイラー
Menmire
メンミウス Memmius
メンモ Memmo
メンラーイ Mengrai
メンワ Menwa

【モ】

モ Mo**
モー
Mau
Maugh
Maw*
Meaux
MO
Mo**
Moe***
Mohd
Mohr
Moo
Morris
モーア
Moa
Mohr*
Moor**
Moore
More*
モア
Moa
Moeur
Mohr*
Moir
Mooa
Moore*
More**
モアー
Mohr
Moore
モアイヤド Moayyad
モアーヴル Moivre
モアヴル Moivre
モアエ Moyë
モアカニン
Moacanin*
モーアキ Moeaki
モーアクラフト
Moorcraft
モーアクロフト
Moorcroft
モアコット Morkot
モアサール Moissard
モアサン Moissan
モアシル Moacir
モアズ
Moers
Mores
モアセ Moise
モアゼム Moazzem*
モアッサン Moissan
モアッティ Moatti
モーアット Mowat
モアテン Morten
モアトリエー Moitrier
モアトン Moreton
モアナ Moana*
モアナーク Moynac
モアナック Moynac
モアナフラハ
Moinafouraha
モアノ Moignot
モアノー Morneau
モアハウス
Morehouse**
モアビー Moorby
モアビーク Moerbeek
モアブ Moab
モアーブル Moivre
モアブル Moivre
モアベック Moerbeek
モアヘッド
Moorehead
Morehead
モアホーフ Morhof
モアマン Moerman
モアラン Moirans
モアランド Moreland*
モアリノ Moirignot
モアリム Moallim
モアル Moal
モアレム Moalem
モアワド Moawad
モアン Moan*
モーイ Mooij
モイ
Moi***
Moy*
モイア
Máire
Moir
Moja
モイアー Moyer
モイエ Moyet*
モーイェッディン
Mohyeddin
モーイェフ Moev
モイェンス Mogens
モイオリ Moioli*
モイカ Mojica
モイゲングラクト

Meulengracht
モイザー Meuser
モイサンデル
Moisander
モイジ
Moisi
Moïsi*
モイジー Moïsi
モイシウ Moisiu*
モイシェ
Moishe
Moyshe
モイシェイェヴィチ
Moissejewitsch
モイシェイエビッチ
Moiseevich
モイジス Moyzis
モイジャー Moijueh
モイーズ
Moise*
Moïse***
Moyes**
Moyse*
Moÿse
モイス Moyes
モイズ
Moise
Moïse
Moyes
Moyse**
モイスィーバ
Moisseieva
モイスブルガー
Meusburger
モイゼ
Moise
Moïse
モイセイ
Moisei
Moisey
モイセイヴィチ
Moisevich
モイセイヴィッチ
Moiseiwitsch
Moisevich
モイセヴィチ
Moisevich
Moiseyevich
モイセーヴィッチ
Moiseevich
モイセヴィッチ
Moisevich
モイセーエヴィッチ
Moiseevich
モイセエエフ Moiseev
モイセーエフ
Moiseev**
Moiseyev*
モイセエフ
Moiseev**
Moiseyev
モイセーエワ
Moiseeva
モイセーエンコ
Moiseenko
モイセエンコ
Moiseenko
モイセス
Moises
Moisés*
Moyses
モイセズ Moises**
モイゼス
Moises
Moisés
Moyzes
モイセビッチ
Moisevich
モイゼル Meusel
モイソ Moiso
モイソフ Mojsov**
モイゾフ Mojsov
モイツ Mojca
モイツァ Mojca*
モイツィス Moyzis
モイッシ Moissi
モイッシー Moissi
モイツテーゲ
Meutstege
モイテン Meuthen
モイトランド
Moitland
モイナ Moyna
モイナー Moynagh
モイナハン
Moynahan**
モイニ Moini
モイニハン
Moynihan***
モイヌッディーン
Moinuddin
モイヌディン
Moinuddin
モイネス Moynes*
モイヒ Moihi
モイヘル Mokher*
モイマン Meumann*
モイヤ Moya*
モイヤー
Moir**
Moyer***
モイヤース Moyers
モイヤーズ Moyers*
モイラ
Máire
Moira***
Moyra*
モイラー
Maurer
Meurer*
モイライ Moirai
モイラト Mailáth
モイラネン Moilanen
モイリー Moily
モイール Máire
モイル Moyle
モイルウィン
Moelwyn
モイーロヴァ Moirova
モイーン
Moeen*
Moin
Mo'īn
Moyeen
Mu'īn
モイン Moine
モーヴ Maeve
モゥ Moe
モウ
Maw*
Meaux
Moe
Mowe
モウアー
Mawer
Mower
モウアット Mouat
モーヴァン Malvern
モーヴィヨン
Mauvillon
モーヴィル
Morville
Moville
モウイン Moen
モヴィン Movin
モーヴィンケル
Mowinckel*
モウィンケル
Mowinckel
モヴィンスキー
Mowinski
モウヴィル Moville
モウェット Mowat
モウギー Mougey
モウサ Moussa
モウザ Moussa
モウザー Moser
モウザーマン
Mosiman
モヴシュク Movshuk
モウショビッツ
Mowshowitz
モウズ Mause
モウズリ Mozley
モウゼズ Moses*
モウソープ
Mowthorpe
モウツ Moates
モーウッド Morwood
モウディ Moudy
モウティーニョ
Moutinho
モウド
Maud*
Maude
モウドド Moudud*
モウネズ Mones
モウパスサン
Maupassant
モウパッサン
Maupassant
モウバリ Moberly
モウファット Moffat
モウブレー
Mowbray
Mowbrays
モウブレイ Mowbray*
モウマ Mouma
モウミニ Moumini
モウム Maugham
モゥーモゥ Moe Moe
モゥモゥ Moe Moe*
モウラ
Moula
Moura*
Mouro
モウラー
Maurer
Moler
Mowrer
モウラト Mourat*
モウラナ Maulānā
モウラン Mourao
モゥリー Moley
モウリー
Maury
Mowry
モゥリス Maurice
モウリソン Morrison
モウリチオ Maurizio
モウリツ Maurits
モウリッツ Mourits
モウリッツェン
Mouritzen
モウリットセン
Mouritsen
モウリーニョ
Mourinho**
モゥリーン Maureen
モウリーン Maureen*
モウリン Maureen
モウル
Mole
Moule
Mowll*
モウルズワス
Moleworth
モウルダー Moulder
モゥルティス Moultis
モウルド Mould
モウルトゥン Moulton
モウルトン Moulton*
モウレ Moure
モウロア Maurois
モウワット Mowat
モエ Moe*
モエアキオラ
Moeakiola
モエケツィ Moeketsi
モエケツェ Moeketse
モエコフスキー
Morkovský
モエズ Moyez
モエスゴー
Moesgaard
モエスタジャ
Moestadja
モーエセン
Mogensen**
モエダノ Mohedano
モエダン Modan
モエッズィー Mu'izzī
モエト Mawet
モエナ Moyna
モエマ Moema
モェラー Moeller
モエラネ Moerane
モエルアウゼン
Moellhausen
モーエン
Moen*
Mohen
モエン
Moeng
Mohen*
モエング Moeng
モーエンス
Mogen
Mogens
モエンス Moens
モーエンセン
Mogensen
モオ
Moe
Moo*
モオグアム Maugham
モオクレル Mauclair
モオツァルト Mozart
モオデル Mordell
モオニエ Maulnier
モオパスサン
Maupassant
モオパッサン
Maupassant
モーオヒン Muuökin
モオブラン Maublanc
モオラン Morand
モオリア Maurier
モオリアック Mauriac
モォリィ Morley
モォリス Maurice
モオリス Maurice
モオリヤ Maurier
モオリヤック Mauriac
モオルトン Moulton
モオロア Maurois
モカ Moka
モガー Moggach**
モカイラ Mokaila
モカエ Mokae
モガエ Mogae
モガック Moggach
モカッラム Mokarram
モガッレビ Mogarrebi
モーガナ Morgana
モカヌ Mocanu*
モカマネデ
Mokamanede
モガミ Mogami
モカラケ Mokalake
モーガラージャ
Mogharāja
モガール Maugars
モーガン
Maughan
Maugin
Morgan***
Morgann
Morgen
モーガンスターン
Morgenstern
モーキ Mochi
モキ Mochi
モギー Moguy

モ

モキーア Mokyr
モキイア Mokyr
モーキス Maurkice
モキソム Moxom
モギッシ Moghissi
モキーフ Mokeyev
モギーラ Mogila
モギリョフ Mohylov
モーギル Mogil
モギルニー Moguilny
モギレウスキー
Mogilevskii
モギレーフスキー
Mogilevskii
モギレフスキー
Mogilevskii*
Mogilevsky
モギレーフスキィ
Mogilevskii
モーキン Morkin
モーギン Mougin
モキン Mokin
モーク
Mauch
Mauk
Moak
Mog
Moog*
Mook
モーグ
Maugue
Moog
モク
Moch
Mok**
モグ Mogg
モクイ Mokuy
モクイムバオボノ
Mekuy Mbaobono
モクウィツィ
Mokgweetsi
モクォトゥ Mokgothu
モクカン Mu-kan
モクサム Moxham
モクシー Moxey
モクシーイングラハム
Moxey-ingraham
モークシャーカラグプタ
Mokṣākaragupta
モクスレイ Moxley
モクソン Moxon
モクター Moctar
モクタラニ
Mokhtarani
モクタリ Mokhtari
モクタール
Moctar
Mohktar
Mokhtar
モクタル
Moctar
Mokhtar*
Moukhtar
モクテスマ
Moctezuma
Montezuma
モクテズマ
Moctezuma
モクテフィ Moktefi
モグハル Moghal
モクベル
Maqbel
Moqbel
モクラーニー
Mukhānī
モークリー
Mauchly*
Moakley*
モクリ Mokri
モーグリッジ
Morgridge
モクリッジ Mockridge
モグリッジ
Moggridge*
Mogridge
モーグル Mogul
モークレール
Mauclair*
モクレール Mauclair
モークレルク
Mauclerc
モーグレン Mogren
モグレン Mogren*
モクロー Mocquereau
モクロウソフ
Mokrousov
モグロベホ Mogrovejo
モクンビ Mocumbi
モケ Moke
モケーヴィチ
Makeevich
モケエビチ Mokeevich
モケット Mockett**
モゲナラ Moguenara
モゲリーニ
Mogherini*
モケレトラ Mokeretla
モーゲン Morgen
モーゲンサーラー
Morgenthaler
モーゲンサル
Morgenthal*
モーゲンシュターン
Morgenstern
モーゲンス
Mogens
Morgens
モーゲンスターン
Morgenstern**
モーゲンステン
Morgenstem
モーゲンセン
Mogensen
モゲンセン Mogensen
モーゲンソー
Morgenthau**
Morgenthou
モーゲンソーラー
Morgensoror
モーゲンソン
Mogenson
モーゲンタール
Morgenthal*
モーゲンベッサー
Morgenbesser
モーコ Mauco
モコ Moko
モコエナ Mokoena
モコキ Mokoki
モコシ Mokhosi
モコセ Mokose
モーコック Morkoç
モーゴット Morgott
モコト Mokoto
モコトゥ
Mokgothu
Mokhothu
モコネ Mokone
モコペテ Mokopete
モコマ Mokoma
モーコール Maucorps
モゴール Mogol
モーゴルド Maughold
モコンヤネ
Mokonyane
モーサー Moser
モーザ Moser**
モーザー
Moser***
Möser
モザー Moser*
モザイア Mosiah
モサイェビ Mosayebi
モサウ Mossau
モサエド Mosaed
モサコフスキー
Mosakowski
モサック Mosak*
モサッデク
Moṣaddeq
Moṣadeq
モサッデグ
Moṣaddeq
Mossadegh
モザッファリ
Mozaffari
モザッファロッディーン
Moẓaffar al-Dīn
モサディク
Mossadegh
モサデク
Moṣaddeq
Moṣadeq
Mossadegh
モサデグ
Moṣaddeq
Moṣadeq
Mossadegh
モザデク
Moṣaddeq
Mossadegh
モザド Moazed
モザネル Mosaner
モサブ Mosab
モザファル Mozafar
モザメル Mozammel
モサン Mohsen
モザンス Mozans
モーサンデル
Mosander
モサンデル Mosander
モーザンド Moursund
モージ Mózi
モージー
Mauzy
Mózi
モーシァー Mosher
モシア Moccia
モシアロス Mossialos
モーシィ Moshe*
モーシェ
Mōšeh
Moses
Moshe**
Moshé*
モシェ
Moses
Moshe***
Moshè
モシェー Moshe
モージェイ Mojay*
モジェイェフスカ
Modrzejewska
モシェシェ Moshesh
モシェシュ Moshesh
モジェスカ Modjeska*
モジェスキー
Modjeski
モジェフスキ
Modrzewski
モシェラ Moschella*
モシェリノ Mosherino
モシェレス Moscheles
モシェンスキー
Moshenskii
モシオ Mocio
モジーカ Mojica
モジカ Mojica
モシク Moszyk
モシコ Moscho
モシコフ Moshkov
モシコーフスキー
Moszkowski
モシシリ Mosisili**
モージス Moses
モージズ Moses
モジタバ Mojtaba
モジタバイ Mojtabai*
モシチツキ Mościcki
モシツキー Mościcki
モジニェー
Mosionier*
モシブディ Mosibudi
モジブル Mozibul
モジマン Mosiman
モーシャー
Mosher*
Mosier
モージャー
Moger
Mosier
モシャー Mosher*
モジャ Moya
モシャイ Moshaei
モジャーイスキィ
Mozhaiskii
モシャイム Mosheim
モジャーエフ
Modaev
Mozhaev*
モシャッレフ
Mosharref
モシャニャナ
Moshanana
モジャバビー
Modjtabavi
モシャビ Mohlabi
モジャービー Mojabi
モシャラフ
Mosharaf
Mosharraf
モーシャワー
Morshower
モージャン Maujan
モジャーン Morjane*
モーシュ Mauch
モージュ Moges
モシュ Moshe
モシュエシュエ
Moshesh
モシュコフスキ
Moszkowski
モシュコフスキー
Moszkowski*
モシュシュ
Moshoeshoe
モジュタバ
Modjtaba*
Mujtaba
モジューヒン
Mosjoukine
モシュフェグ
Moshfegh*
モジュムダル
Majumdar
Majumdār
モシュモシュ
Moshoeshoe
モジュリー Maugeri
モジョ
Madja
Mojo
モショエショエ
Moshoeshoe*
モショエショエニ
Moshoeshoe
モショド Moshood
モショニ Mosonyi
モショニイ Mosonyi
モショノヴ Moshonov
モジョリ Mojoli
モジョルシ Mogyorósi
モーション Motion**
モション Mochon
モションジェク
Mosiążek
モシリ Moshiri
モジリアニ Modigliani
モシワ Mosiuoa*
モーシン Mohsin**

モ

モシン
Mohsin
Mosin
Mossin
モジン Modin
モシンスキー
Moshinsky
モシンソン Mossinson
モシンホフ
Mossinghoff
モース
Maas
Maus
Mauss*
Mohs*
Moos*
Mores
Morse***
Morss
Mose
Moses
Mosse
モーズ
Mause
Morse
Mose*
モス
Moos
Mos
Mose
Moss***
Mosse**
モーズィズ Moses
モースカ Mosca
モスカ Mosca**
モスカウ Moscow
モスカウイッツ
Moskowitz
モスカット Moscatt
モスカーティ
Moscati*
モスカトー Moscato
モスカビチャス
Mockevicius
モスカル Moscal
モスカルデルリ
Moscardelli
モスカレウィッツ
Moskalewicz
モスカレンコ
Moskalenko*
モズガロワ Mozgalova
モスキオン Moschiōn
モスキーニ Mosquini
モスキーノ Moschino
モスキン
Moschin
Moskin
モスクヴィノフ
Moskvinov
モスクヴィーン
Moskvin
モスクヴィン Moskvin
モスクス Moschus
モスクッチ Moscucci
モスクビン Moskvin
モスグローヴ
Musgrove
モスクワ Moscow
モスケイオ Moscheo
モスケーダ Mosqueda
モスケーラ Mosquera
モスケラ Mosquera*
モスコ Mosco
モスコー
Moscow*
Moskow
モスコウ
Moscow
Moskow
モスコヴィチ
Moscovici
モスコヴィッシ
Moscovici
モスコヴィッチ
Moscovich
Moscovici
Moscovitch
モスコウィッツ
Moskowitz*
モスコヴィッツ
Moskovitz
Moskowitz*
モスコウスキー
Moszkowski
モスコス
Moschos
Móschos
Moskhos
モスコソ Moscoso**
モスコーナ Moscona
モスコナ Moskona
モスコニ Mosconi
モスコビシ Moscovici
モスコビッチ
Moscovich
Moscovitch
Moskowitz
モスコビッツ
Moskovits
モスコフ Moskov
モズゴフ Mozgov
モスコフスキ
Moskovski
モスコプロス
Moschopoulos
モスゴラー Mosgoller
モスコワ Moskova
モズジュヒン
Mozzhukhin
モスターク Mostaque
モスタッチ Mostacci
モースタッド Morstad
モスタート Mostert
モスタファ Mostafa**
モスタール Mostar
モスタールト
Mostaert
モースタンド Morstad
モスチン Mostyn
モスティル Mostil
モスティン Mostyn*
モステパネンコ
Mostepanenko
モステラー Mosteller
モステール Mostaert
モステル Mostel
モズデル Mosdell*
モースト
Moost*
Most*
Mosto
モスト
Most*
Mosto
モストウ Mostow**
モストヴォイ
Mostovoi
Mostvoi
モストウスキ
Mostowski
モストボイ
Mostovoy
Mostvoi
モストラス Mostras
モーストロップ
Moestrup
モスナー
Mosner
Mothner
モースハイム
Mosheim
モスハイム Mosheim
モースバーガー
Morsberger
モスバカー
Mosbacher**
モスバーグ Mosberg
モスバッカー
Mosbacher
モスバッハー
Mosbacher
モスハーマー
Mosshamer
モーズビー Moresby
モスビー
Mosbey
Mosby
モズビー
Mosby*
Moseby
モスビュ Mosby
モースブルッガー
Moosbrugger
モスホ Moscho
モースホルツァー
Moosholzer
モズマナシビリ
Modzmanashvili
モスマン
Mossman
Mossmann*
モースラッド
Morstead
モースリー Mosely
モーズリ
Maudslay
Maudsley
Moseley
Mosley
モーズリー
Maudslay
Maudsley**
Mawdsley*
Moseley*
Mosely
Mosley*
Mousley
モスリ Mossely*
モスリー
Moseley*
Mosley
モズリ Mozley
モズリー
Moseley**
Mosely
Mosley**
モズリィ
Moseley
Mosley
モズリイ Mosley*
モーズレー
Maudslay
Maudsley
Moseley
モスレー Mosely
モズレー Mosley*
モースレイ Moseley
モーズレィ Moseley
モーズレイ
Maudslay
Maudsley
Moseley*
モスレイ Mosley
モズレイ
Mosely
Mozley
モスレヒ Moslehi
モスレン Moslen
モースント Moursund
モーセ Moses
モーゼ
Mosè
Moses*
モセ Mossé
モゼ Mosè
モセアヌ Moceanu
モーセイ Mauzey
モーゼイ Mosey
モゼヴィウス
Mosewius
モーゼシュ Moses
モーセス
Moses
Mousēs
Mōusēs
モーセズ Moses
モーゼス
Moses***
Mosès*
モーゼズ
Morzez*
Moses*
モゼス Moses
モーゼスゾーン
Mosessohn
モゼテイグ Mosettig
モーセニン Mohsenin
モセベンジ Mosebenji
モーセラ Morsella
モゼラック Mozeliak
モゼラーヌス
Mosellanus
モーセル Moser*
モーゼル
Mauser
Mooser
Mosel
Moser
Möser
Mouser
モセルヒ Moselhi
モゼレーカチェ
Moselekatse
モゼレフスキ
Modzelewski
モーセン Mohsen
モーゼン Mosen
モゼンセン Mogensen
モソ Mosso
モーソースト
Morthorst
モゾタ Mozota
モソツォアネ
Mosothoane
モソプ Mosop
モソロフ Mosolov
モーソン Mawson**
モーター Morter*
モタ
Mota**
Motta
モダー Moder
モダーウエル
Motherwel
モダウェル Motherwel
モーダウント
Mordaunt
モタキ Motaqi
モタゼ Motaze
モタセム Motasem
モタソアレス
Mota Soares
モーダーゾーン
Modersohn*
モーダゾーン
Modersohn
モダーゾーン
Modersohn
モーダック Morduch
モダック Modak
モタッハリー
Moṭahharī
モダッレス Modarres
モダティ Modotti
モタニャネ
Motanyane
モダノ Modano*
モタメディ Motamedi
モダール Modahl*
モタン Motin
モダン Mordaunt
モタング Motang
モーチ Mauch
モチアン Motian*
モチェアヌ Moceanu
モチェット Mocetto
モチェニーゴ
Mocenigo
モチェハ Motshekga

モチェンバッハ
Motchenbacher
モチヅキ Mochizuki*
モーチマー Mortimer
モチャヌ Moceanu*
モチャル Moczar*
モチャルスキ
Moczarski
モチャーロフ
Mochalov
モチャロフ Mochalov
モチューリスキー
Mochulskii
Mochul'skii
モチュリスキー
Mochul'skiy
モチュルスキー
Motulsky
モチョボロアネ
Mochoboroane
モーツ
Moats
Motz
モツァファー Mozaffar
モーツァルト
Mozart**
モツアルト Mozart
モツェチョア
Mothetjoa
モツェレハニェ
Motsereganye
モツェンヤネ
Motsuenyane
モツォアハエ
Motsoahae*
モツォアレディ
Motsoaledi
モッカ Macha
モッカー Mocker
モッカペトリス
Mockapetris
モッガリプッタ
Moggaliputta
モッキー Mocky*
モツキン Motzkin
モック
Kmoch
Moc
Moch
Mock***
Mogk
Mok**
Moock
モッグ Mogg*
モックスター Moxter
モックフォード
Mockford*
モックラー Mockler
モックリー Mochly
モッケル Mockel
モッコ
Mocco
Mokko
モッコーゼ Moccozet
モッサウ Mossau
モツザス Motuzas
モッシ Mossi*
モッシェ
Moshe
Moshé
モッシェロシュ
Moscherosch
モッシャー Mosher*
モッシュ Mosch
モッスベリ Mossberg
モッスベリィ
Mossberg
モッセ
Mosse**
Mossé
モッソ Mosso
モッタ Motta*
モッター Motter
モッタキ Mottaki**
モッタデリ Mottadelli
モッチュ Motsch
モッツ
Motte*
Motz*
モッツィ Mozzi
モッツェッティ
Mozzetti
モッツォーニ Mozzoni
モッテ
Mothe
Motte
モッティス Mottis
モッティーニ Mottini
モッテルソン
Mottelson*
モッテルリーニ
Motterlini
モッテン Morten
モット
Mothe
Mott***
Motte***
モットー
Matt
Mott
モットゥ Motte
モットヴィル
Motteville
モットスミス
Mott-Smith
モットビル Motteville
モットラ Mottola
モットラム Mottram*
モットル Mottl
モッフォ Moffo*
モッホ Moch
モツミ Motsumi
モッラ Molla*
モッラー
Molla
Mollâ
Mollā
Mullā
モッリコーネ
Morricone
モッリッソン
Morrisson
モッル Moll
モッローネ Morrone
モツワハエ
Motswagae
モーテ
Maute
Moute
モーデ
Maude
Maudet
モデ Maudet
モデアン Modean
モーティ Mauti
モーディー
Maudie
Modi
モティ
Motee
Moti*
モティー Motee
モディ
Moday
Modi**
モディー Mody
モデイ Modi*
モティア Motyer
モディア Modéer
モディアーノ Modiano
モディアノ
Modiano**
モティエ
Mot
Motie
Mottier
モディカ Modica*
モーディカイ
Mordicai
モディカイ Mordecaj
モーディグ Modig
モーディケイ
Mordecai
モーディス Modis
モディス Modis
モディーナ Modena
モディボ Modibo
モディボウマル
Modibbo Umar
モーティーマー
Mortimer
モーティマー
Martimer
Mortimer***
Mortimore
モーティラム Motīrām
モーティーラール
Mōtīlāl
モーティラール
Mōtīlāl
モディリアーニ
Modigliani**
モディリアニ
Modigliani*
モーディリャニ
Modigliani
モディリャーニ
Modigliani
モティレフ Motylev
モーディン Modean
モディーン
Modean
Modine*
モディン Modine
モティング Moting
モティンゴ Motinggo*
モーデカイ Mordecai*
モテクーソーマ
Montezuma
モデシット Modesitt*
モテシノス Motesinos
モテーズ Mottez
モテス Moteti
モデステ Modeste
モデースト Modest
モデスト
Modest**
Modeste
Modesto*
Modst
モデストゥス
Modestus
モデストカーウェン
Modestecurwen
モテック Mottek
モテット Mottet
モーデナ Modena
モデーナ Modena
モデナ Modena*
モデネーゼ Modenese
モデーノ Modderno
モーデュ Mordue
モーデュイ Mauduit
モデュイ Mauduit
モーテラー Mauterer
モデラトゥス
Moderatus
モーテル
Mortel
Mortell
モーデル
Model
Mordell
モテル Motel
モデル
Model
Modell**
モデルスキー
Modelski
モーデルゾーン
Modersohn
モデルト Modert
モデルヌ Moderne
モデルノ Moderno
モデルハイ Mordecai
モデルモグ
Moddelmog*
モデレ Modéré*
モーテン
Mårten
Morten**
Moten
モーデン Morden
モーテンスン
Mortenson
モーテンセン
Mortensen**
Morterson
モーテンソン
Mortenson
モート
Moate
Mort***
Morton
Mothe
モード
Maud***
Maude**
Mound
モト
Mothe
Motto*
モド
Mod
Modot
Mohd
モード&ミスカ
Maud & Miska
モトィリ Motyl
モトイレフ Motylev
モトゥ Motu
モドゥ Modou
モドゥー Modoux
モドゥアクゼビンダン
Modu Acuse
Bindang
モドウィナ Modwena
モードヴィノフ
Mordvinoff
モトウイレフ Motylev
モトゥシ Mothusi
モドゥシュドン
Madhusūdan
モードゥド Moudud
モドゥーニョ
Modugno*
モドゥニョ Modugno
モトゥル Motl
モドウル Modr
モドゥルジェイェウスカ
Modjeska
モドゥレスキ
Modleski
モードキン Mordkin
モドキンス Modkins
モトク Motoc
モトコ Mothokho
モドシュ Modos
モドシンスカ
Modrzynska
モードスレイ
Maudsley
モドッティ Modotti
モドーニ Modoni
モードビノフ
Mordvinoff
モトボリ Motoboli
モトマ Motum
モートマン Mortman*
モトムブリ
Motombrie
モトムマモニ
Mottommamoni
モドューノ Modugno
モトーラ Mottola
モトラナ Motlana*
モトラム Mottram
モトラレントア
Motlalentoa

モトランテ
Motlanthe*
モートリー Montri
モードリー Modeley
モトリ Motley
モトリー
Motley*
Mottely
Mottley*
モードリス Modris*
モドリッチ
Modric
Modrić*
Modrich*
モトリニーア
Motolinia
Motolinía
モトリニア Motolinía
モードリュ Maudru
モドリン Modlin*
モードリング
Maudling
モトル Mottl
モトルケ Moltke
モドルジンスカヤ
Modrzhinskaia
モトルスキー
Motulsky
モトレー Motley
モトレアヌ Motreanu
モドレイ Modley
モトロ Motro
モドロー Modrow
モードロウ Modrow
モドロウ Modrow**
モートロック
Mortlock*
モドロフ Modorov
モトロヘロア
Motloheloa
モトワニ Motwani*
モートン
Moreton**
Morten*
Morton***
Moten
Moton*
Motum
モーナ
Mona
Morna*
Morrnah
モーナー
Moerner*
Mörner
モナ Mona***
モナーガス Monagas
モナガス Monagas
モナガーン Monaghan
モナガン Monagan
モナキノ Monachino
モナク Monaque
モーナコ Monaco
モナコ Monaco**
モナコフ
Monakov
Monakow
モナシュ Monash*
モナーズ Mohnaz
モナスツィリョフ
Monastyrev
モナスティルスキー
Monastyrskiĭ
Monastyrsky
モナストラ Monastra
モナッシュ Monash
モナッパ Monnappa
モナード Monath
モナト
Monat
Monatte
モナハン
Monaghan*
Monahan*
Monahon
モナフォ Monafo
モナーリ Monari
モナルディ Monaldi
モナレ Monare
モナン Monin
モニ Moni*
モニー
Monie*
Monney
モニア Monea
モニアー Monier
モーニィン Moe Nin
モニヴォン Monivong
モーニエ
Maulnier**
Maunier
モニエ
Maulnier
Monier*
Monnier**
モニエル Monier
モニオ
Moniot
Monniot
モーニカ
Monika*
Mónika
モニカ
Monica***
Mónica*
Mônica
Monika**
Monnica
モニーク
Monique**
Mo'nique
モニク Monique**
モニグ Monigl
モーニケ Mohnike
モニシャ Monisha
モーニシュ Moniz
モニシュ Moniz
モーニス Moniz*
モニス
Monis
Moniz
モニズ Moniz*
モニセ Monise
モニチェッリ
Monicelli
モニチェリ Monicelli*
モーニック Maunick*
モニック Monique**
モーニッケ Mohnike
モニッケン Monicken
モニッシュ Mohnish
モニヤー Monier
モニャネ Monyane
モニャマネ
Monyamane
モニューシコ
Moniuszko
モニュシコ Moniuszko
モニューシュコ
Moniuszko
モニュシュコ
Moniuszko
モーニン Monin
モニン Monin
モーニング
Mourning*
モニング Moning
モーニングスター
Morningstar
モーニントン
Mornington
モーヌーリー
Maunoury
モーヌリー Maunoury
モヌーリ Maunoury
モヌリー Monnerie*
モヌレ Monneret*
モヌロ Monnerot
モヌロン Monneron
モーネ Mone
モネ
Monet**
Monett
Monnet**
モネー
Monet
Money
Monnet
モネイ Monáe
モネイム Moneim
モネイロン
Monneyron
モネオ Moneo
モネガリオ Monegario
モネガル Monegal
モネグンディス
Monegundis
モネゲッティ
Moneghetti*
モネゴ Monego
モネゴー Monego
モネスティエ
Monestier*
モネータ Moneta
モネタ Moneta
モネッチ Monetti
モネット
Monet
Monette**
モネッリ Monelli
モネド Monedo
モネネムボ
Monénembo**
モネブ Monev
モネム Munem*
モーネメント
Mornement
モネール Moner
モノ
Monnot
Monod**
モノー Monod*
モーノウ Morneau
モノエル Monoel
モノソン Monoson
モノッソン Monosson
モノド Monod
モノマクス
Monomachus
モノマーフ
Monomakh
モノマフ Monomakh
モノリ Monory**
モノリー Monory
モノレ Monore
モノワイエ Monnoyer
モノワール Maunoir
モーパ Maupas
モハー Moher**
モバ Mova
モハイ Mohay
モーハウプト
Mohaupt
モハウプト Mohaupt
モハエ Mogae**
モバーグ Moberg*
モーバーゴ
Morpurgo**
モバサカニャ
Movasakanya
モハシ Mohácsi
モハジェラニ
Mohajerani*
モハシン Muhsin
モーパス Morpuss
モハセン Mohsen
モハダム Moghaddam
モハタル Mokhtar
モハッケク Mohaqqeq
モーパッサン
Maupassant*
モパッサン
Maupassant
モハッシェタ
Mahāśbeta
Mahasweta**
モハッマド Mohamed
モハディ Mohadi
モハート Mohart
モーハーニー Mōhānī
モハネド Mohaned
モハバット Mohabbat
モバヘッド Movahed
モハマッド
Mohamad***
Mohammad*
Mohammed
Mohd
Muhammad
モハマディ
Mohammadi
モハマディアン
Mohammadian
モハマディザデ
Mohammadizadeh
モハマド
Mohamad**
Mohamed*
Mohammad***
Mohammed*
Mohd
Mohd.
Mohhamad
Mohmaed
Mohmod*
Muhamad*
Muhammad*
モハマドゥ
Mohammadu
モハマドジャバド
Mohammad Javad
Mohammad-Javad
モハマドシャリフ
Mohammad-Sharif
モハマドポウルカルカラグ
Mohammadpour karkaragh
モハマドユゾフ
Mohammad Yusuf
モハマドラ
Mohammadullah
モハマドレザ
Mohammad Reza
Mohammad-Reza
Mohammadreza*
モハマン Mahamane
モハムード
Mohamoud
モハムド
Mahmoud
Mohammed
Mohamud*
モハメッド
M'Hamed
Mohamed**
Mohammad**
Mohammed**
Muhammad
Muhammed*
モハメド
Mohamed***
Mohamedo
Mohammad
Mohammed***
Mohd
Muhammad**
Muḥammad
Muhammed
モハメドアフメドマンソイブ
Mohamed Ahmed Mansoib
モハメドアミネ
Mohammed Amine
モハメドアリ
Mohamed Ali

モ

モハメドゥ
Mohamedou
モハメドザイン
Mohamed Zain
モハメドディディ
Mohamed Didi
モハメドラルビ
Mohamed-Larbi
モハメドレミン
Mohamed-lemine
モバリ
Moberly
Movalli
モバリー Moberly*
モーハン
Mohan**
Mōhan
モーバン
Mauban
Maubant
モーパン Maupin
モハン
Mohan***
Mōhan
Mohanbir
モバン Maubant
モーハンダース
Mohandas
モハンダス
Mohandas**
Mohandās
モーハンティー
Mohanty
モハンティ
Mohanti
Mohanty*
モハンド Mohand
モハンバー Mohanbir
モハンマディ
Mohammadi*
Muhammadī
モハンマディー
Mohamedi
モハンマド
Mohammad***
Moḥammad
Mohammed
Moḥammed
Muhammad*
Muḥammad
モハンマドアリ
Mohammad Ali
モハンマドジャバド
Mohammad Javad
モハンマドバゲル
Mohammad Baqer
モハンマドル
Mohammado
モハンマドレザ
Mohammad Reza
Mohammadreza
モハンメッド
Mohamed
モハンメド
Mohammed
モーハンラール
Mohanlal
モハン・ラールー
Mohanlal
モービー
Moby*
Morby
モヒ Mohi*
モビアス Mobius*
モヒウッディン
Mohiuddin
モヒエディン
Mohieddin*
モヒェルディン
Mohyeldin
モヒカ
Mohica
Mojica*
モービーク Moerbeek
モヒディン Mohidin
モビド Mobido
モヒトラル Mohitlāl
モヒニー Mawhiney
モピピ Mopipi
モヒブ Mohib
モヒブラ Mohibullah
モヒューディン
Mohiuddin
モヒラ Mohyla
モビリー Mobily
モービル Morville*
モビール Mobile
モヒレヴェル
Mohilewer
モヒレバー Mohilewer
モービン Morvin
モーピン Maupin**
モヒン Mohin
モビーン Mobeen
モビンゲル Mowinckel
モヒンデル Mohinder
モヒンドラ Mohindra
モーブ
Maeve
Mauve
モーブー Maupeou
モプー Maupeou
モーファー Maufer*
モファズ Mofaz*
モファッザル
Mofazzal
モファット
Moffat*
Moffatt**
Moffitt
モファト Moffat
モーフィ Morphy*
モフィット
Moffit
Moffitt**
モフィッド Mofid
モフェット Moffett**
モフェレヘツィ
Mofelehetsi
モフォード Mofford
モフォロ Mofolo
モフォロルンショ
Mofolorunso
モフシシャン
Movsisyan
モブシシャン
Movsissyan
モプシャトラ
Mopshatla
モフショビッツ
Movshovitz
モブス Mobbs
モフセン
Mohsen**
Muhsin
モプソス Mopsos
モフタ
Mochuta
Moftah
モフタシャム
Mohtasham
モフターリー
Mokhtārī
モフタール
Mochtar
Mohtar
Mokhtar
Moktar
モフタル
Mochtar*
Mokhtar*
モフチャン Movchan
モブツ Mobutu**
モーブッサン
Mauboussin*
モーブッシン
Mauboussin*
モーフッド Mawhood
モフナツキ
Mochnacki
モーフラ Maufra
モフラ Maufras
モーブラン Maublanc
モフラン Mo-Franck
モブラン Maublanc
モーブリー
Maubrey
Mobley
モブリー Mobley**
モブール Maubourg
モーフレ Mauffret*
モーブレー Mowbray
モーブレィ Mowbray
モーブレイ
Moubray*
Mowbray
モブレイ Mobley
モヘ Mohie
モヘイグ Moheig
モペス Moppès*
モヘッディーン
Mohie-eldin
モヘディン
Mohieddin
Muhī
Muhī al-Dīn
モーヘブ Moheb
モーベリ Moberg**
モベリ Moberg
モヘール
Mocher
Mokher
モヘル Mokher
モベル Moberg
モーベルイ Moberg
モーペルチュイ
Maupertuis
モーペルテューイ
Maupertuis
モーペルテュイ
Maupertuis*
モペルテュイ
Maupertuis
モヘレ
Mokhehle*
Mokhele
モーベン Moven
モホイ Moholy
モホセニエジェイ
Mohseni Ezhei
モホセン Muhsin
モーホッティワッテ
Mohottivatte
モボーニュ
Mauborgne
モーホフ Mokhov
モボラジ Mobolaji
モホリ Moholy*
モホリー Moholy
モホリタ Mohorita
モボルニュ
Mauborgne
モホロヴィチッチ
Mohorovičić
モホロビチッチ
Mohorovičić
モホン Mōhan
モホンビ Mohombi*
モーマイヤー Momyer
モーマス Momus
モマディ Momaday
モマート Mommert
モマニ Momani
モーマン
Mohrman
Mohrmann
モマンド Momand
モミッリャーノ
Momigliano
モミニ
Maumigny
Momigny
モミリアーノ
Momigliano
モミル Momir**
モーミン Mōmin
モーム
Maugham***
Mome
モム
Mam
Mom
モムジャン Momjian
モムゼン Mommsen**
モムタ Mamata
モムターズ Mumtāz
モムタズ Momtaz
モムタズウッディン
Momtazuddin
モムチロ
Momcilo
Momčilo
モムナリエフ
Momunaliev
モムベルト Mombert
モメカ Moemeka
モメハド
Mohammed
Mohamud
モーモー Moe Moe
モモ
Momo
Momoh**
モモー Momoh
モモス Momos
モモタロウ Momotaro
モモドゥ
Momodou
Momodu
モモドゥー Momodou
モヤ
Moja
Moya**
モヤーノ Moyano
モヨ Moyo*
モーラ
Maura*
Moala
Mohler
Mola
Mora*
Móra*
Morag**
Morlat
Moura**
モーラー
Maurer
Moehler*
Moeller
Mohler*
Moller
Møller
Moorer*
モラ
Mola*
Molla*
Mólla
Mollat*
Mora**
Morra
Moura
モラー
Maurer
Moller***
Møller
Mueller*
モライア Moriah
モライシュ Moraes
モライス
Moraes*
Morais**
モライン Molijn
モラーヴィア
Moravia*
モラヴィーア Moravia
モラヴィア
Moravia***
モラウィエツキ
Morawiecki*
モラヴィエッツ
Morawetz

モラヴィーチ
Morawiecz
モラヴィツ Moravetz
モラヴィック
Moravcik
Moravick
モラヴェク
Moravec
Moravek
モーラヴエツ
Moravetz
モラヴェツ Moravec
モラヴェック
Moravec*
モラウェッツ
Morawetz
モラヴェッツ
Moravec*
モラウスカ Morawska
モラヴスキー
Morawski
モラウタ Morauta**
モラウチーク
Moravčik
モラヴチク Moravcik
モラウン Mourao
モラエイ Mollaei
モラエス
Moraes**
Morais
モラガ Moraga
モラガセミ
Mollaghassemi
モラガン Moraghan
モーラグ Morag
モラグ Morag*
モラーゴ Morago
モラゴ Morago
モラゴダ Moragoda
モラサーン Morazán
モラサン Morazán
モラシーニ
Moracchini
モラシュレヒ
Molahlehi
モーラス
Maurras*
Maurus
モラース
Maurras
Morath
モラス
Maurras
Molas*
Moras
Morath**
モラスキー Molasky*
モラゼ Moraze
モラータ Morata
モラタ Morata*
モラーチェ Morace
モラチェフスキー
Morachevskii
モラーツ Moraz*
モラッツォーニ
Morazzoni*
モラッツォーネ
Morazzone
モラッティ Moratti
モーラッド Moorad*
モラディ Moradi*
モラディザデフ
Moradizadeh
モラティノス
Moratinos
モラティン
Moratin
Moratín
モーラード Moulard
モラート
Morath
Morato
モラトリオ Moratorio
モーラナ Maulana
モラナ
Maulana
Molana
Morana
モラニス Moranis*
モラーヌ Maurane**
モラーヌス Molanus
モラーノ Molano
モラノ
Molano
Morano
モラハン Morahan
モラビ Mohlabi
モラビア Moravia*
モラフコバ Moravcova
モラフスキ Morawski
モラフチク Moravčík*
モラブツォバ
Moravcova
モラベツ Moravec*
モラベック Moravec*
モラベルディ
Molaverdi
モラポ Molapo
モラマルコ
Moramarco
モーラム
Mowlam*
Mowlem
モラリ Morali
モラリー Moraly*
モラリーダニノス
Morali-Daninos
モラリュー Morariu
モラール
Molard
Mollard*
Moral
Morar
モラル
Moral*
Morall*
Moraru
Morral
Morrall*
モラールジー Morarji
モラルジ Morarji*
モーラルト Moralt
モラルト Moralt
モラーレ Morale
モラレ
Molale
Mollaret
モラーレス Morales**
モラレス Morales***
モラレスモンロイ
Morales Monroy
モーラン
Maurain
Maurin*
Moeran*
Moran**
Morand**
Morin
モラーン Moran
モラン
Maurand
Maurin
Molan
Moran***
Morán*
Morand*
Morant
Morin***
Mourão
Mullan
モランヴィユ
Molainville
モランヴィル
Molainville
Moranville*
モランジュ
Morange
Morhange
モランス Molins
モランタ Moronta
モランダー Molander*
モランテ Morante**
モランデ Morandé
モランディ
Morandi**
モランディェール
Morandière
モランディエール
Morandière
モランディーニ
Morandini*
モランデール
Molander
モランデル Molander
モーランド
Moland
Molland
Moreland
Morland*
モラント Morant
モランドゥス
Morandus
モランビル Moranville
モーリ
Maury*
Moley
Molly
Morey*
Mori*
Morley*
モーリー
Maurice
Maurie*
Maury**
Moley
Mollie**
Molly***
Morey
Mori
Morie
Morlery
Morley***
Morrey
Mourey
Murray
モリ
Moli
Mori***
Mory*
Möry
モリー
Maury
Mollie**
Mollier
Molly***
Morey
モーリア
Mauriat**
Maurier*
Moglia
Morier
モーリアー Maurier
モリア
Mauriat
Maurier
Morias
モーリアク Mauriac
モリアス Morias
モーリャック Mauriac
モーリアック
Mauriac*
モリアック Mauriac
モリアーティ
Moriarty**
Moriaty
モリアーニ Moriani
モリアル Morial*
モリアルティ
Moriarty
モリアン Mollien
モリアンヌ Maurienne
モーリィ
Maury
Morley
モーリイ
Morrie*
Murray
モリィ
Molly
Mory
モリイス Morice
モーリエ
Maurier**
Mauries
Mauriès
モリエ Mollier
モリエー Morier
モーリエイ Maurier
モリエェル Molière
モリエス Mauriès
モリエール
Maurier
Moliere
Molière*
モリエル
Mauriel
Molière
Moriel
モリエロ Moriello
モリエンテス
Morientes*
モリオオ Molio'o
モリオカ Morioka
モリオーネ Morrione
モリオール Morreall
モリオン Morion
モリカル Morical
モリカワ Morikawa
モリガン Mulligan
モリギュリス Morgulis
モリク Molik
モリケ Morikè
モリコ Morico
モリコーネ
Morricone**
モリサ
Molisa
Molissa
モリサレ Molisale
モーリシー Maurycy
モリージ Morisi
モリシー Morrissey
モリジー Morigi
モーリシアス
Mauritius
モーリシオ Mauricio
モリージャ Morigia
モーリシュ Molisch
モリション Morichon*
モーリス
Maurice***
Mauricee
Mauris
Maurise
Morisse*
Morris***
Mourice
モリース
Maurice
Morris
モリーズ Moritz
モリス
Maurice**
Morice**
Moris
Morrice*
Morris***
Morriss
モーリスモ Mauresmo
モリズロー
Morrisroe*
モリスン
Morison
Morrieson
Morrison*
モーリセ Mauricet
モーリセイ Morrissey
モリセイ Morrissey
モリセッテ Morissette
モーリセット
Mauricette
モリセット
Morissette*
Morrissette
モリソ Morisot
モリソー
Mauriceau
Moriceau
Morisseau

モ

モリゾ
Morisot*
Morizot
モリゾー
Morisot
Morizot
モリソン
Marrison
Mollison*
Morison**
Morrison***
Morrisson
Moryson
モリタ Morita
モリター Molitor*
モーリッ Moricz
モーリツ
Maurits
Mauritz
Moricz
Móricz*
Moritz**
Moriz
モリツ Moritz**
モリツェヴィチ
Moritsevich
モリック Molique
モリッサ Molissa*
モリッシー
Morresey
Morrisey
Morrissey**
モリッジ Moriggi
モーリッシュ Molisch*
モリッシュ Morrish
モリッス Morriss
モリッセイ Morrissey
モリッソ Morisseau
モーリッツ
Maurice
Maurits
Mauritz
Maurycy
Mohlitz
Móricz
Moritz**
Moriz
Mortz
モリッツ
Moric
Moritz*
モリテルニ Moliterni
モリテルノ Moliterno
モーリド Mowlid
モリトール Molitor
モリトル Molitor
モリーナ Molina***
モリナ
Molina***
Morina
モリナーリ
Molinari**
モリナリ Molinari*
モリナル Molinar
モリナーロ Molinaro*
モリナロ Molinaro**
モリーニ
Molini
Morini*
モリニエ
Molinié
Molinier*
モリーニゴ Morínigo
モリニーゴ Morinigo
モリニゴ Morínigo
モリニュークス
Molyneux
モリヌー Molyneux
モリヌークス
Molyneux
モリヌス Morin
モリネ Molinet
モリネーリ Molineri
モリネロ Molinero
モリーノ
Molino
Morino
モリノ Molino
モリノー
Molyneaux
Molyneux
Morineau
モリノス Molinos
モリバン Molyvann**
モリビアティス
Molyviatis
モリペ Molipe
モリマンド
Morimando
モリモト Morimoto
モリヤー Morier
モーリャック
Mauriac*
モーリヤック
Mauriac**
モリヤマ Moriyama
モリャン Morgan
モリュー
Moreau
Morieux
モリーヨ Morillo
モリヨン Morillon
モリラ Morilla
モーリリャ Morilla
モーリル Morrill
モリル Morrill*
モリワ Moliwa
モーリーン
Maureen**
Maurine
モーリン
Maureen**
Maurin
Maurine
Molien
Molin*
Morin**
Moryn
モリーン
Maureen*
Mohlin
Moline**
モリン
Molin
Morin**
Morine*
モーリング
Mohring*
Mooring
Moring
モリンズ Morins
モリンスキー
Molinsky
モール
Mall
Maul**
Maule
Maure
Moehl
Mohl*
Möhl
Mohr*
Mole*
Moles**
Moll
Molle
Moór
Mor*
Mór
More
Mort
Moule
モル
Mol**
Moles
Moll***
Mor
More
モルー Moreux
モルア Moloua
モルウ
Maure
Moreux
モルヴァン Morvan*
モルヴィーグ Molvig
モルウィン Molwyn
モルヴェン Molven
モルヴォー Morveau
モルガ
Morga*
Morgat
モルガチェワ
Morgachyov
モルガド Morgado
モルガーナ Morgana
モルガナ Morgana
モルガーニ Morgagni
モルガネッラ
Morganella
モルガーノ Morgano
モルカル Morcar
モルガール
Mollgaard*
モルカルド Morcaldo
モルガン
Morgan***
Morgand
モルガンティ
Morganti
モルギン Morgin
モルク
Moerk
Molke
Molkhou
Mork
Mørk*
Mulk
モルクナー Morgner
モルグナー Morgner
モルグノワ
Morgunova
モルグロフ Morgulov*
モルグン Morgun
モルケット Morquette
モルゲン Morghen
モールゲンシュテルン
Morgenstern
モルゲンシュテルン
Morgenstern***
モルゲンス Mogens
モルゲンスターン
Morgenstern
モルゲンスチャールネ
Morgenstierne
モルゲンステルヌ
Morgenstern*
Morgensterne
モルゲンステルン
Morgenstern
モルゲン・ターレル
Morgenthaler
モルゲンターレル
Morgenthaler
モルゲンベッサー
Morgenbesser
モルゲンロート
Morgenroth*
モルコ Molcho
モルコス Morqos
モルゴット Morgott
モルコフ Morcov
モルコルム Malcolm
モルシ Morsi**
モルシエ Morsie
モルジェッロ Morgello
モルシェディー
Morshedī
モルシェド Morshed
モルシード Molseed
モルシュタット
Morstadt
モルシュバッハ
Morsbach
モルシュホイザー
Morschheuser
モールス
Maurice
Maurus
Morse*
Morus
モールズ Moles
モルス Mors
モールスウオース
Molesworth
モルスオース
Molesworth
モールスタッド
Maurstad
モルスタッド Molstad
モルスバーガー
Molsberger
モルスバッハ
Morsbach
モールスワース
Molesworth
モールズワース
Molesworth**
モールズワス
Molesworth
モルズワース
Molesworth
モルズワス
Molesworth
モールスン
Maulson
Moursund
モルセッリ Morselli
モルセリ
Morceli
Morcelli*
Morselli
モルセリーノ
Morsselino
モールセル Moorsel
モールソン
Malleson
Maulson
モールダー Moulder
モルター Molter
モルダー Mulder
モルダウ Moldow
モルダヴァン
Moldavan
モルダック Mordacq
モルタティ Mortati
モルダノフ Moldanov
モルダバン Moldavan
モルタラ Mortara
モルタラー Molterer
モルターリ Mortari
モルタンゲス
Mortanges
モルチエ Mortier
モルチャノフ
Molchanov
モールツ Maltz
モルツ
Maltz*
Molz
モルツァ Molza
モルツァ ン Molzahn
モルツェン Molzen
モルッツィ Moruzzi
モルツバーガー
Maltsberger
モルテ Morte
モルティ Morte
モルディウコヴァ
Mordyukova
モルティエ
Mortier***
Mortillet
モルディス Moldiz
モルティモア
Mortimore
モルティール Mortier
モルディロ Mordillo
モールディン
Maulden
Mauldin**
モルディン Mauldin
モールディング
Moulding*
モルデカイ

Mordecai***
Mordechai
モルテザ Morteza*
モルテザー Morteza*
モルテッサグネ
Mortessagne
モルテーニ Molteni**
モルデハイ
Mordecai
Mordechai**
モルテヤーロ
Mortellaro
モルテラー Molterer
モルテルマンス
Mortelmans
モルテレト Mortelette
モールデン
Mauldin
Moulden
モルテン Morten**
モルデン Mardøn
モルデンケ Moldenke
モルテンセン
Mortensen
モルデンハウアー
Moldenhauer
モールド Mould*
モルト
Molt
Mort*
Morto
モルド
Mold
Molde
Moldo
Mould
モルドヴァ
Moldova*
Moldva
Moldvaer
モルドヴァン
Moldovan
モルドヴェアヌ
Moldoveanu
モールトガト
Moortgat
モルトキン Mordkin
モルドキン Mordkin
モルトケ Moltke**
モルトシュタイン
Mordstein
モルドナーシュミット
Moldner-schmidt
モルドバヌ
Moldovanu
モルドバン Moldovan
モールトビー Maltby
モルトビー
Maltbie
Maltby*
モルドベアヌ
Moldoveanu**
モルトマン
Moltman
Moltmann*
モルドムサ
Moldomusa
モルトラ Mortara
モールトライ Moultrie
モールトリー Moultrie
モルドレッド Mordred
モルドレム Moldrem
モールトン
Moulton***
モルトン
Morton
Moulton
モルナー
Molnar**
Molnár
モルナアル Molnár
モルナーブル
Mornable
モルナール
Molnar**
Molnár*
Mólnár
モルナル
Molnar
Molnár
Mornar
モルニ Morny
モルニー Morny
モルネ
Molné*
Morné*
Mornet*
モルネー
Mornay
Mornet
モルノー Morneau*
モルノス Molnos*
モールパ Maurepas
モールバ Maurepas
モルパ Maurepas
モールバッハ Morbach
モールバラ
Marlborough
モルビデリ
Morbiderri*
モルフ Morf
モルフィ Murphy*
モルフィーノ Molfino
モルフェオ Morfeo*
モルフェッタ
Molfetta**
モルフォー Morfaux
モルフーク Molhoeck
モルプルゴ
Morpurgo*
モルベカ Morbeka
モルベッリ Morbelli
モルベルイ Mollberg
モールベルク
Mohlberg
モルホ
Molcho
Molho
モルボ Morveau
モルボー Morveau
モルホーフ Morhof
モルポワ Maulpoix**
モルマンド
Mormando
モルメク Mormeck*
モルメンティ
Molmenti**
モルモリ Morcelli
モルライテル
Morlaiter
モルラエ Morlaye
モルラッキ Morlacchi
モルラッチ Morlacchi
モルラーユ Morlaye
モルリイ Morelly
モルリーニ Morlini
モルレ
Morellet*
Morlay
Morlaye
モルレー
Morlay
Murray*
モルレイ Murray
モルレオ Morleo
モルレシン Morlesin
モルレル Morell
モルロー Morlot
モルロッティ
Morlotti*
モルワイド Mollweide
モールンゲン
Morungen
モーレ
Maule
Mauret
Mohrle
モーレー
Maurey
Maury
Moorey
Morey
Morley*
Morrey
Murray
モレ
Molé
Mollé
Mollet*
Moré
Morée
Moret*
モレー
Molay
Molé
Moray
Moré*
Moreh
Morrey
モレア Morea
モレアス Moréas**
モーレイ
Molay
Moray
Morey
Morley*
モレイ
Molay*
Moray*
Morei
モレイコ Mureiko
モレイス Morais**
モレイズ Moraes
モレイティス Moraitis
モレイラ Moreira**
モレイラダシルバ
Moreira Da Silva
モレイン
Molijn
Morain
モレーヴナ Morevna
モレカ Moleka
モレケティ Moleketi
モレコ Moleko
モレジーニ Molesini
モレシャン
Moréchand
モーレショット
Moleschott
モレショット
Moleschott
モレス
Mores
Moreti
モレスキ Moreschi
モレスキー
Molesky
Moreschi
モレスコ Moresco
モーレスコット
Moleschott
モレスコット
Moleschott
モレスホット
Moleschott
モレスモ
Mauresmo**
モレーゼ Molese
モレソン Molleson
モレゾーン
Moretzsohn
モレゾン Molaison
モレツァネ Moletsane
モレツキ Morecki
モレッツ Moretz*
モレッティ Moretti**
モレッティーニ
Morettini
モーレット Maurette
モレット Moretto
モレットォ Moretto
モレッリ Morelli**
モレッロ Morello
モレート
Maighread
Moret
Moreto
モレト Moreto
モレナ Morena
モレナー Molenaar
モレナール
Molenaar
Molenaer
モレニ Moreni
モレネス Morenés
モレーノ Moreno***
モレノ Moreno***
モレノオカンポ
Moreno-Ocampo*
モレフィ
Molefhi
Molefi
Morefi
モレホン
Morejon
Morejón
モレマ
Molema
Mollema
モーレム Mowlem
モレーラ Morera
モレラ
Morella*
Morera
モレリ
Morelli***
Morelly*
Moréri
モレリー Morelly
モレリイ Morelly
モレリオ Molerio
モーレリンゲ
Moellering
モーレル
Maurel*
Morel
Morrell
モレール
Møller
Morell
モレル
Maurel
Moller
Morel**
Morell*
Morrel
Morrell**
モレールス Moreelse
モレールセ Moreelse
モレルリ Morelli
モレレキ Moleleki
モレロ
Merello*
Molero
Morello*
モレーロス Morelos
モレロス Morelos
モレロン Morelon
モレワ Molewa
モーレン
Maureen*
Molen
Mooren
Moren
Moreń*
モレン Morten
モレンガ Morenga
モレンコフ
Mollenkopf*
モレンダイク
Molendijk
モーレンツ Morenz
モーレンハウアー
Mollenhauer
モレンハウアー
Mollenhauer**
モレンハウエル
Mollenhauer
モレンバーグ
Molenberghs
モレンバーグズ
Molenberghs
モレンホフ
Mollenhoff*
モーロ
Mauro*

モ

Molo
More
Moro
モロ
Mollo
Molo
Moreau
Moro**
Morot*
モロー
Molo
Moreau***
Moreaux
Moreux
Morrow***
モーロア Maurois*
モロア
Maurois
Mauroy
モーロイ Molloy
モロイ
Molloy**
Moroi
モロイセ Moloise
モロウ
Maurois
Moreau
Morow
Morrow*
モロウィッツ
Morowitz
モロヴィッツ
Morowitz
モロエ Molloy
モロカ Moroka
モロク Moloka
モロゴ Morogo
モロジェン Molojen
モロシーニ Morosini
モロジーニ Morosini*
モロジノット
Morosinotto
モロジャコフ
Molodiakov*
モロジュク Moroziuk
モローズ Moroz
モロス
Moros
Morros
モロスコ Morosco
モロストーヴァ
Morostova
モロストーワ
Morostova
モローゾフ Morozov*
モロゾフ
Morozoff
Morozov***
Morozow
モローゾワ Morozova
モロダ Moroda
モロダー Moroder
モロツィ Molotsi
モーロック Morlok
モロッツィ Morozzi
モローデル Moroder
モロデンコフ
Molodenkob
モロドガジエフ
Moldogaziev*

モーロトフ Molotov
モロトフ Molotov**
モローニ
Moloney**
Moroni**
モローニー
Molony
Moroney
モロニー
Moloney*
Molony
Moroney*
モローネ Morone
モロフ
Mollov
Morof
Moroff
モロフカ Morofka
モロポ Molopo
モーロワ
Maurois**
Mauroy**
モロワ
Maurois*
Mauroy
Morova
モーロン Mauron
モロン
Mollon
Molōn
Moron
Morón
モーワー Mower
モワイエ Moilliet
モワーヴル Moivre
モワヴル Moivre
モワサン Moissan
モワザン Moisan
モワジ Moisy
モワッサン Moissan
モワッセフ Moisseeff
モーワット Mowatt
モワット
Moitte
Mowat**
Mowatt
モワテュリエ
Moiturier
モワニュ Moigné
モワーヌ Moyne
モワノー
Moinaux
Moineau
モワブル Moivre
モワヤン Moyen
モワール Moir
モワロン Moillon
モワン
Moins
Moyne
モワンヌ Moine
モーン
Maughan
Mohn*
Mone
モン
Meng
Mong
Monn
Mont

Monts
モンウ Mong-woo
モンヴァル Monval
モンヴァロン
Montvalon
モンヴェル Monvel**
モンヴォワザン
Monvoisin
モンカ Monca
モンカー Moncur
モンガイト Mongait
モンカイラ Monkaila
モンカダ Moncada
モンカド Moncado
モンガーネ Mongane
モンカルヴォ
Moncalvo
モンカルム Montcalm
モンカレ Mönkäre
モンガーン
Mongán
Mongane**
モンギ Mongi
モンギーニー Mongini
モンキュア Moncure
モンギンシディ
Monginsidi
モンク
Monck
Moncur
Mong-koo*
Monk***
Mounk
Munch
Munk*
モングコンピシット
Mongkolpisit
モンクス Monks*
モングッチ Monguzzi
モングッツィ
Monguzzi*
モンクット Mongkut
モンクトン
Monckton*
モンクリッフ
Moncrieff
モンクリーフ
Moncrief
Moncrieff*
モンクリフ
Moncrief
Moncrieff
モンクルトワ
Moncourtois
モングレジイン
Mongredien
モングレジャン
Mongredien
モンクレチアン
Montchrétien
モンクレチヤン
Montchrétien
モンクレティアン
Montchrétien
モングレディアン
Mongrédien
モングレディエン
Mongredien

モンクロ Montclos
モンケ Möngke
モンゲ Möngke
モンケビチウス
Monkevicius
Monkevičius
モンケン Monken
モンゲンシュテルン
Morgenstern
モンゴ Mongo**
モンゴージ Moncorgé
モンゴス
Moggós
Mongós
モンゴメリ
Montgomerie
Montgomery*
モンゴメリー
Mntgomerie
Montgomerie***
Montgomery***
モンゴメリィ
Montgomery
モンゴリアン
Mongolian
モンコルビエ
Montcorbier
モンゴルフィエ
Montgolfier*
モンコン Mongkol
モンコンウィライ
Mongkhonvilay
モンコンブ
Monkombu**
モンコンブル
Moncomble*
モンサブレ Monsabré
モンサブレー
Monsabré
モンサラット
Monsarrat
モンサルバーチェ
Montsalvatge*
モンザン Mondzain
モンサンジャン
Monsaingeon
モンサンジョン
Monsaingeon**
モンシー Moncey
モンジェル Mongel
モンシオン Moncion
モンシニ Monsigny
モンシニー Monsigny
モンシバイス
Monsivais
Monsìváis
モンシャナン
Monchanin
モンジャル Monjal
モンシャン
Monchamp
モンジャン
Mongin*
Monjan
モンジュ Monge*
モンシューユ
Montcheuil

モンジュラ Montgelas
モンジュワラ
Monjuara
モンジュン
Mong-joon*
モンショー
Monchaux
Montsho*
モンジョ Mondjo
モンジョー
Monjo
Montjau
モーンス Mogens
モーンズ Mones*
モンス
Mons*
Monsu
モンスー
Monsu
Monsù
モンスキー Monsky
モンスター Monster*
モンステルレ
Monsterleet
モンストルレ
Monstrelet
モンズマン Monsman
モンスレ Monselet
モンセ
Monce
Monsett
Montse**
モンセー Moncey
モンセイ Moncey
モンセフ
Moncef*
Monsef
モンセラ Monserrat
モンセラー
Montserrat*
モンセラット
Monserrat
Montserrat
モンセラーテ
Monserrate
モンセラート
Montserat
Montserrat*
モンセル
Moncer
Monsell
Montcel
モンセン Monsen
モンソー Monceaux**
モンソロー
Monsoreau
モンソン
Monson*
Monzon*
Monzón
モンソンヘーフェル
Monson-Haefel
モーンダー Maunder*
モンタ Monta
モンター Monter
モンダ Monda
モンダー Maunder*
モンタウ Montau
モンダヴィ Mondavi

モ

モンターギュ
Montagu
Montague
モンターギュー
Montagu
Montague
モンタギュ
Montagu
Montague*
Montagut
モンタギュー
Montagu**
Montague**
モンタギュウ
Montagu
Montague
モンターク Montag*
モンターグ
Montag
Montague
モンタサル Montassar
モンタージ Momtazi
モンタス
Montas
Montás
モンタゼリ
Montazeri*
モンタゼリー
Montazeri
Montaẓerī
モンタゼール
Montaser
モンダドーリ
Mondadori
モンタナ Montana**
モンタナーナ
Montagnana
モンタナーリ
Montanari**
モンタナリ
Montanari**
モンタナーロ
Montanaro*
モンタニー
Montagny*
モンタニェ
Montagné*
モンタニエ
Montagner
Montagnier**
モンタニェース
Montañés
モンタニェス
Montañes
Montañés
Montanez
Montañez
モンタニオ Montanio
モンタニス Montañés
モンターニャ
Montagna*
Montanha
モンタニャーナ
Montagnana
モンタニャーニ
Montagnani
モンターニュ
Montagne
モンターニョ
Montano
Montaño*
モンタニョ Montaño
モンターヌス
Montano
Montanus*
モンタヌス
Montanus*
モンタネス Montanez
モンタネッリ
Montanelli*
モンタネリ
Montanelli*
モンターネル
Montaner
モンタネール
Montaner
モンタネル Montaner
モンターノ Montano
モンタノ Montano**
モンタノアロヨ
Montano Arroyo
モンターノス
Montanos
モンタノス Montanus
モンダビ Mondavi*
モンダビー Mondavi
モンタペルト
Montaperto
モンタランベール
Montalembert*
モンタリオ Montario
モンタルヴァ
Montalva
モンタルヴァン
Montalván
モンタルソロ
Montarsolo
モンタルチーニ
Montalcini**
モンタルツィーニ
Montalcini
モンタルド Montaldo*
モンタルバ Montalba
モンタルバーノ
Montalbano
モンタルバノ
Montalbano
モンタルバン
Montalban**
Montalbán***
Montalván**
モンタルボ
Montalvo**
モンターレ Montale**
モンタン
Montan
Montand**
モンタンドン
Montandon
モンチ
Monch
Monte*
モンチェン
Mon Cheng
モンチセリ Monticelli
モンチッソリ
Montessori
モンチニスキ
Maczyński
モンチーノ Moncino
モンチュークラ
Montucla
モンチュクラ
Montucla
モンチョ Montcho
モンツァ Monza
モンツォ Montsho
モンツチ Montuschi
モンツローズ
Montrose*
モンテ
Mont
Monte***
Montet
Monthe
モンテー Montet
モンデ Monde
モンデー Mondeh
モンテアグード
Monteagudo
モンテアグド
Monteagudo
モンテアレグレ
Montealegre
モンティ
Monte**
Montford
Montgomery
Monti***
Monty***
モンティー Monty
モンテイ Monta*
モンディ
Monday
Mondy
モンディー Mondy
モンティア Montier
モンティアス Montias
モンティエ
Monteilhet
Montier
Montillet
モンテイエ
Monteilhet*
モンディエ Mondiet
モンティエル Montiel*
モンディエール
Mondiere
モンティオン
Montyon
モンティジアニ
Montigiani
モンティジョ Montijo
モンティース
Monteath
Monteith
モンティス Monteith*
モンティセリ
Monticelli
モンティナーリ
Montinari
モンティーニ Montini
モンティニ Montini
モンティニー
Montaigne
Montigny
モンディーノ
Mondino
モンディノ Mondino
モンティフィオア
Montefiore
モンティフィオーリ
Montefiore*
モンティーユ
Montillet*
モンテイユ Monteil*
モンティヨン
Montyon
モンティラー
Montaillier
モンティーリャ
Montilla
モンティール Montiel
モンテイル Monteiro
モンティロ Monteiro*
モンテイロ
Monteiro***
Montero
モンテイロドデアン
Monteiro Dodean
モンティロン
Montillon
モンティン Montine
モンテイン Montanye
モンデイン Mondain
モンテヴェッキー
Montevecchi
モンテヴェルデ
Monteverde
モンテヴェルディ
Monteverdi*
モンテヴェルデイ
Monteux
モンテェニュ
Montaigne
モンテオレーネ
Monteleone
モンテーギュ
Montagu
Montague
モンテギュー
Montagu
Montague
モンテーグ Montagu
モンテクッコリ
Montecuccoli
モンテクレール
Montéclair
モンテ・コルヴィノ
Montecorvino
モンテコルヴィーノ
Monte Corvino
Montecorvino
モンテサー Monteser
モンテサーノ
Montesano
モンテサント
Montesanto
モンテーシ Montesi
モンデシー Mondesi*
モンデジー Mondesir
モンテシオンズ
Montecions
モンテシーノ
Montecino
Montesino
モンテシノ
Montesino
Montesinos
モンテシーノス
Montesinos
モンテシノス
Montesinos
モンテシュ Montessus
モンテス
Montes*
Montés
Montès
Montez
モンテズ Montez
モンテスキウ
Montesquieu*
モンテスキュ
Montesquieu
モンテスキュー
Montesquieu*
モンテスゴンゴラ
Montes Gongora
モンテスパン
Montespan
モンテスマ
Montezuma
モンテズーマ
Montezuma
モンテゼモーロ
Montezemolo*
モンテソリー
Montessori
モンテゾリ
Montessori
モンテック Montek*
モンテッソーリ
Montessori*
モンテッソリ
Montessori*
モンテツーマ
Montezuma
モンテツマ
Montezuma
モンテッラ Montella
モンテーニ Montani
モンテーニュ
Montaigne*
モンテーヌ Montaigne
モンテネグロ
Montenegro**
モンテフィオーリ
Montefiore*
Montefiori
モンテフィオール
Montefiore
モンテフィオル
Montefior
Montefiore
モンテフィオーレ
Montefiore
モンテフィオレ
Montefiore
モンテフェルトラーノ
Montefeltrano
モンテフェルトロ
Montefeltro
モンテフォルテ
Monteforte

モ

モンテフォルト Montefur
モンテフスコ Montefusco
モンテフル Montefur
モンテベルデ Monteverde
モンテベルディ Monteverdi
モンテベロ Montebello
モンテーホ Montejo
モンテホ Montejo*
モンテマヨール Montemayor*
モンテマヨル Montemayor
モンテメッジ Montemezzi
モンテメッズィ Montemezzi
モンテメッツァーノ Montemezzano
モンテメッツィ Montemezzi
モンテメッヅィ Montemezzi
モンテモール Montemayor
モンテーユ Monteil
モンテュクラ Montucla
モンテユス Montéhus
モンテュペ Montupet
モンテラ Montella*
モンテリ Mondelli
モンテリウス Montelius*
モンテリオン Monteleone*
モーンデル Mander
モンテール Montier
モンテル
Montel*
Montell
モンデール Mondale**
モンデル Mondel
モンテルオーニ Monteleone**
モンテルビオ Monterrubio
モンテルーポ Montelupo
モンテルラン Montherlant*
モンテレイ Monterey
モンテレオネ Monteleone
モンテーロ Montero**
モンテロ
Montello
Montero
モンテローザ Monterosa
モンテローズ Monterose
モンテロス Monteros
モンテロソ Monterroso
モンテロッソ Monterroso**
モーント Mondt
モント
Mond
Mont*
Monte
Montt*
モントー Monteux
モンド
Mond*
Mondo
モントゥ
Monteux
Montt*
モントゥー Monteux*
モントゥア Montour
モントゥオーリ Montuori
モントゥセニ Montseny
モントゥート Montoute
モントゥナール Montenard
モントウバン Montauban
モントゥリオール Monturiol
モントゥリオル Monturiol
モントゥルイユ Montreau
モントゥロー Montreau
モントクレア Montclair
モントゲラス Montgelas
モントゴメリ Montgomery*
モントゴメリー
Mntgomerie
Montgomery**
モントゴメリイ Montgomery
モントゴメルー Montgomery
モントージャ Montoya
モントショー Montsho
モントジョ Montojo
モントセニー Montseny
モントニー Montonye
モントーネ Montone
モントノワ Montenoy
モントーバン Montauban
モントフィエ Montaufier
モントフォート
Montfort
Montofort
モントフォード
Montford
Mountford
モントフォールト Montfoort
モントブラン Montebrun
モントブール Montebourg
モンドヘル Mondher
モントホ Montojo
モントミニー Montminy*
モントーヤ
Montoya***
Montoyo
モントヤ Montoya**
モンドラゴン Mondragoń
モンドラーネ Mondlane
モンドラネ Mondlane
モントリ
Montori
Montri*
モンドリー
Mondry
Montdory
モンドリアーン Mondriaan
モンドリアン
Mondriaan**
Mondrian*
モントリーヴォ Montolivo
モントリュー Montoliu*
モンドール Mondor
モントルイユ
Montreau
Montreuil
モントルソーリ Montorsoli
モントルファノ Montorfano
モンドルフォ Mondolfo
モントルレ Montrelay
セントレザー Montresor
モントレズ Montrezl
モントレソール Montresor
モンドレル Maundrell
モントロ Montoro
モントロー Montreau
モントロウズ Montrose
モントローズ Montrose*
モントロス Montross*
モンドローニ Mondoloni
モントロン Montholon
モンドン Mondon
モンドンヴィル Mondonville
モンナ Monna*
モンナン Monnin
モンヌリー Monnerie
モンノ Monno
モンパー Momper
モンハイト Monheit*
モンハイム Monheim
モンバウケット Monbouquette
モーンハウプト Mohnhaupt
モンパーカー Montparker
モンパティ Mompati
モンパル Mompart
モンバロン Monbaron
モンパンシェ Montpensier
モンパンシエ Montpensier
モンピエ Monpie
モンビオ Monbiot
モンビオット Monbiot
モンプー Monpou
モンフィス Monfils
モンフェッラート Monferrato
モンフェラー Montferrat
モンフェラート Montferrat
モンフェラン Montferrand*
モンフェリー Monféry
モンフォー Montfort
モンフォーコン Montfaucon
モンフォコン Montfaucon
モンフォート
Monfort*
Montfort
モンフオリギル Monkhorgil
モンフォール
Monfort
Montfort*
モンフォル Montfort
モンブーケット Monbouquette
モンブケット Monbouquette
モンフーズル Munkhzul
モンフバット Munkhbat
モンブラン
Montblanc*
Montbrun*
モンブリアル Montbrial*
モンブリツィオ Monbrizio
モンブリーティウス Mombritius
モンプル Monple
モンブルケット Monbourquette
モンフルーリ Montfleury
モンフルーリー Montfleury
モンフレー Monfreid
モンプレイジア Momplaisir*
モンプレサー Montplaisir
モンフレッド Monfreid
モンフロワ Monfroy*
モンブロン Monbron
モンヘ Monge**
モンベーク Monbeig
モンベショラ Mombeshora
モンベショロ Mombeshoro
モンヘス Monges
モンペッソン Mompesson
モンベーフ Monbeig
モンベリー Mombelli
モンベール Monvert
モンペル Momper
モンベルト
Molnár
Mombert*
モンボイス Momboisse
モンポウ Mompou*
モンボッドー Monboddo
モンボドー Monboddo
モンホワ Meng-hua
モンホン Mong-hun*
モンマ Momma
モンマイユール Montmayeur
モンマス Monmouth
モンマルシェ Monmarche
モンメルル Montmerle
モンモニア Monmonier
モンモラン Montmollin
モンモランシー Montmorency
モンモリヨン Montmorillon
モンモール Montmort
モンユ Mengyu
モンラ Mengla*
モンラズ Monrad
モンラート Monrad
モンラード Monrad
モンラム Smon lam
モンリュク Monluc
モンリュック Monluc
モンル Monrou
モンルブ Monloubou
モンレアル Monreal
モンロ Monro

Munro
モンロー
Monlaur
Monro**
Monroe***
Munroe
モンロイ Monroy*
モンロウ
Meng-rou
Monro
Monroe
モンロジエ Montlosier
モンローズ Mountrose
モンロール Montlaur
モンワイエ Monnoyer

【ヤ】

ヤ
Ja
Ya**
ヤー
Ya
Yaa
Yah
ヤア
Ya
Yaa*
ヤアウェイ Yawei
ヤアクービー Ya'qūbī
ヤアクーブ
Yaacoub
Ya'qūb
ヤアコヴ
Yaacov
Yaakov
Ya'akov
ヤアコブ
Jacob
Yaacov
ヤアッコ Jaakko
ヤアッコラ Jaakkola
ヤアラー Ya'lā
ヤアラブ Yarub
ヤアルブ Ya'rub
ヤァロー Yalow
ヤアロン Ya'alon*
ヤァン Yan
ヤイ
Yai
Yayi*
ヤイア
Yahia
Yaia
ヤイエ Yaye
ヤイエル Jahier
ヤイザー Yaiser
ヤイス Jais
ヤイスマン Jeismann
ヤイゼル Yaiser
ヤイソン Jayson
ヤイター Yeutter*
ヤイタネス Yaitanes
ヤイディ Jeidy
ヤイデルス Jeidels
ヤイトラー Jeitler
ヤイノティス
Gianniotis*
ヤイメ Yaime
ヤイヤ Jaja
ヤイリ Yairi*
ヤィール Yair
ヤイール
Jair
Yair
Yare
ヤイル
Iaïr
Yair*
ヤイルイム Yaylym
ヤイロ
Iáeiros
Iairos
Jairo
Yairo
ヤイロス
Iáeiros
Iairos
ヤインドル Jaindl
ヤウ
Yau*
Yaw*
Yow
ヤヴァーバウム
Yaverbaum
ヤーヴィン Yarvin
ヤヴィン Yavin
ヤヴェルス Jawerth
ヤヴェロウ Yevelow
ヤヴォフスカ
Jaworska
ヤーヴォル Jávor
ヤヴォル
Javor
Yavor
ヤヴォルスカ
Jaworska
ヤウォルスキ Jaworski
ヤウォルスキー
Yaworski
ヤヴォルスキー
IAvorskii
Javorskii
ヤヴォールスキイ
Javorskii
ヤウォレヌス
Javolenus
ヤヴォロヴィチ
Jaworowicz
ヤーヴォロフ
Iavorov
Ýavorov
ヤヴォロフ
Iavorov
Ýavorov
ヤウギッツ Jaugitz
ヤウク Yauch*
ヤウス
Jaus
Jauss**
ヤーウッド Yarwood
ヤウヌティス Jaunutis
ヤウヒ Jauch*
ヤウフ Jauch
ヤウホ Jauch
ヤウホヤルヴィ
Jauhojärvi*
ヤウマン Jaumann*
ヤヴリンスキー
Yavlinskii*
Yavlinsky
ヤウレク Jauregg
ヤウレック Jauregg*
ヤウレッグ Jauregg
ヤウレッツ Juarez
ヤウレンスキー
Iavlenskii
ヤヴレンスキー
Iavlenskii
ヤヴレーンスキイ
Iavlenskii
ヤウンゼメグレンデ
Jaunzemegrende
ヤエニッケ Jaenicke
ヤエル
Iaēl
Yael*
Yaël*
ヤエンソン Jaensson*
ヤオ
Yao**
Yau*
Yaw
Yeo
ヤオシュン
Yao-hsun
Yao-Shun
ヤオツー Yao-ci
ヤオハ Jauch
ヤオビ Yawovi
ヤオホ Jauch
ヤオルー Yao-ru
ヤオワパ Yaowapa
ヤオンゼム Jaunzeme
ヤーガー
Jagr*
Jágr*
Yarger
ヤガー Yagher
ヤガイラ Jagiełło
ヤガチャク Jagaciak
ヤカボシュ Jakabos
ヤカリス Yacalis
ヤカール Yakar*
ヤーガン Yeargan
ヤギ Yagi
ヤギェウォ
Jagiello
Jagiełło
ヤギエヴォ Jagiełło
ヤギエオ Jagiełło
ヤーギエロ Jagiełło
ヤギエロ Jagiełło
ヤギエロニチク
Jagiellónczyk
ヤーキーズ Yerkes
ヤーキス
Jaax
Yerkes
ヤーキズ Yerkes**
ヤギッチ Jagič
ヤキーノ Jachino
ヤキマ Yakima
ヤキメンコ
Yakimenko
ヤキーモヴァ
Iakimova
ヤキモフスキ
Jakimovski
ヤキール IAkir
ヤギール Yagil
ヤーギン Yergin**
ヤキン Yakin
ヤーク
Jaak*
Yark
ヤグエ Yague
ヤクエーリオ Jaquerio
ヤグェーロ Yaguello
ヤクォブ Yaqob
ヤクーシキン
Iakushkin
Yakushkin
ヤクシキン Yakushkin
ヤグシゲルディ
Yagshygeldy
ヤクシチ Jakšić
ヤクシャ Yakusha
ヤクシュ
Jaksch
Yakis
ヤグジラー Yağcilar
ヤークス Yerkes*
ヤクスリー Yaxley
ヤグディン Yagudin**
ヤークート Yāqūt
ヤクート Yāqūt
ヤクトーヴィチ
Jakutovich*
ヤクトーヴィッチ
Jakutovich
ヤクトゥク
G-Yag phrug
ヤグドフェリド
Yagdfelid
ヤクバ Yacouba
ヤークービー Ya'qūbī
ヤクピ Yakupi
ヤグービ Yaghoubi
ヤクビンスキイ
Jakuvinskij
ヤークーブ Ya'qūb
ヤークブ
Yakup
Ya'qub
ヤクーブ
Yaacoub
Yacoub*
Yaqoob
Yaqoub
Ya'qūb
ヤクブ
Jacub
Jakub**
Yacoub*
Yacoubou
Yakoubou
Yakub
Ya'kub
Yakubu*
Yakup
Yaqub*
Ya'qūb
ヤクプ
Jakób
Jakub
Jakup
Yakup
ヤグブ Yagub
ヤクブアム Yakboam
ヤグプスキー
Yagupsky
ヤクブチャク
Jakubczak
ヤグベア Yagbea
ヤクボーヴィチ
Iakubovich
Yakubovich
ヤクポヴィッチ
Jakupovic
ヤクボウスカ
Jakubowska
ヤクボウスキー
Jakubowski
ヤクボービチ
Iakubovich
ヤクボフスカ
Jakubowska
ヤクボーフスキー
Yakubovskii
ヤクボフスキー
IAkubovskii
Yakubovskii
ヤクボーフスキィ
Yakubovskii
ヤグマー Yaghmā
ヤグマイ Yaghmai
ヤクマウス Yukmouth
ヤクヤ Yahya
ヤクラ Yakoura
ヤーグラン Jagland*
ヤーグラント Jagland
ヤーグランド Jagland
ヤーグル Jágr
ヤグロム
IAglom
Yaglom
ヤーゲ Jagge
ヤケシュ Jakeš*
ヤケット Jachet
ヤケテ Yakete
ヤーゲマン Jagemann
ヤーゲル Jagel
ヤゲル Jaegher
ヤーゲルフェルト
Jägerfeld*
ヤゲーロ Yaguello*
ヤゲロ Jagiełło
ヤゲロー Jagiełło
ヤーゲン Jurgen
ヤーゲンソンス
Jirgensons
ヤーゲンドルフ
Jagendorf

ヤ

ヤーコ Jaakko**
ヤーゴ Yago
ヤコ Jaco*
ヤゴ Yago
ヤゴー Jagoe
ヤーコヴ
Yaacov
Ya'acov
Yaakov
Ya'akov
ヤコヴ
Jakov
Yakov
ヤゴウ Jakov
ヤコヴァッチ
Jacovacci
ヤコヴィチ
Iakovlevich
Yakovlevich
ヤコヴィッツ
Jackovitz
ヤコウスキー
Jakowski
ヤコヴレヴ Yakovlev
ヤーコヴレヴァ
Yakovleva
ヤコーヴレヴァ
Yakovleva
ヤコヴレヴァ
Iakovleva
ヤーコヴレヴィチ
IAkovlevich
Iakovlevich*
Jakovlevič
Yakovlevich
Ýakovlevich
YaKovrevich
ヤコウレヴィチ
IAkovlevich
ヤコヴレーヴィチ
Yakovlevich
ヤコヴレヴィチ
Iakovlevich
Yakovlevich
ヤーコヴレヴィッチ
IAkovlevich
Iakovlevich
ヤコヴレヴィッチ
Iakovlevich
Yakovlevich
ヤーコヴレヴナ
Iakovlevna
Yakovlevna
ヤーコウレフ
IAkovlev
ヤーコヴレフ
IAkovlev
Yakovlev
ヤーゴウレフ
IAkovlev
ヤコヴレフ
IAakovlev
IAkovlev
Yakovlev**
ヤコヴレワ Yakovleva
ヤコカ Iacocca*
ヤゴシ Jagos
ヤコジスツ Jakosits
ヤコシッツ Jakosits
ヤコスト Jaksto
ヤーゴダ Yagoda
ヤゴーダ Yagoda
ヤゴダ
Jagoda
Yagoda
ヤコッビ Jacobbi
ヤーコップ
Jacob
Jakob
ヤーコニー Yarkony
ヤコノ Yacono
ヤコバ Jacoba
ヤコバシビリ
Yakobashvili
ヤコバトス Jakobatos
ヤコービ
Jacobi*
Jacoby*
ヤコービー Jacoby
ヤコビ
Jacobi**
Jacoby
Jakobi
Yakob
ヤコビー Jacoby*
ヤーコビィ Jacoby
ヤコビイ Jacoby
ヤーコビス Jacobis
ヤコビス Jacobis
ヤコビナ Jakovina
ヤコビーニ Jacobini
ヤコビニ Jacobini
ヤコビーネ Jacobine
ヤコピーノ Iacopino
ヤーコービュス
Jacobus
ヤコービュス Jacobus
ヤーコープ Yaakhoob
ヤーコフ
Iakov
Jakov
Yaakov
Yakov
ヤーコブ
Iakov
Jacob*
Jacobus
Jakob**
Yaacob
Yaacov**
Yaakob
Yaakov
Yakov
ヤーコプ
Iakovlevich
Jacob**
Jacog
Jacop
Jacques
Jakcob
Jakob***
Jokob
ヤコーブ
Jacob
Jakob
ヤコープ Jacob
ヤコフ
IAkov
Jakov
Yakov**
ヤコブ
Iacob
Iacovou
Iakōb
Iákōbos
IAkov
Jacob***
Jacobs
Jacobus
Jakob***
Yaacob
Yaacov
Yaakob
Yaakov*
Yacob*
Yakov*
Ya'qob
Yaqoob
ヤコプ
Jacob*
Jakob
ヤコフキン IAkovkin
ヤコブション
Jakobsson
ヤーコプス
Jacobs**
Jacobsz
Jacops
ヤーコーブス
Jacobus
Jacopo
Jakobus
ヤコブス
Iacobus
Jacob
Jacobs**
Jacobus**
Jacopo
Jakobs
Jakobus
ヤコブズ Jacobs
ヤコプス Jacobs**
ヤーコプスゾーン
Jacobsz.
ヤーコプスタール
Jacobsthal
ヤーコプスドウフティル
Jakobsdóttir
ヤコブスドッティル
Jakobsdottir
Jakobsdóttir*
ヤコブスン Jacobsen
ヤコプスン Jakobsen
ヤーコブセン
Jacobsen
ヤーコプセン
Jacobsen
ヤコブセン
IAkobson
Jacobsen***
Jakobsen*
ヤコプセン Jacobsen
ヤーコブソン
Jakobson*
ヤーコプソーン
Jakobson
ヤーコプソン
Jacobson
ヤーコプゾーン
Jacobsohn
ヤコブソン
IAkobson
Jacobson***
Jacobsson*
Jakobosson
Jakobson**
Jakobsson
Yakobson
ヤコプソン Jakobson
ヤコブチッチ Jakovčić
ヤコフツェフスキー
IAkovtsevskii
ヤコブヘル Yaqob-her
ヤコブリエヴィッチ
Jakovljevic
ヤコブリジ Iacob-ridzi
ヤーコブレヴィッチ
Iakovlevich
ヤコブレヴィッチ
Yakovlevich
ヤコブレビチ
Yakovlevich
ヤコブレビッチ
Yakovlevich*
ヤーコブレフ
IAkovlev
Yakovlev
ヤコフレフ Jakovlev
ヤコブレフ
IAkovlev
Yakovlev*
ヤコブレワ Yakovleva
ヤコペッティ
Jacopetti**
ヤコベッロ Iacobello
ヤコベルロ Jacobello
ヤコベンコ Yakovenko
ヤーコボ Jacopo
ヤーコポ
Iacopo
Jacopo
ヤコボ
Jacobo*
Jacopo
ヤコポ
Iacopo
Jacopo**
ヤコーボス Iákōbos
ヤコボス Iacovos
ヤコポーネ
Iacopone
Jacopone
Ja'copone
ヤコポネ Jacopone
ヤコボビッチ
Jacobovici
ヤコメッティ
Jacometti
ヤーコラ Jaakkola
ヤコレウィッチ
IAkovlevich
ヤコントフ
Yakhontoff
ヤサ Yasa
ヤサイ Yasay
ヤサヴィー
Yasavī
Yasawī
ヤサダッタ Yasadatta
ヤサーニ Jasani
ヤサール Yasār
ヤサル Yasar
ヤーサン G-Ya' bzang
ヤザン Yazan
ヤサーント Hyacinthe
ヤサント Hyacinthe
ヤーシ Jaszi
ヤジィ Yazzie
ヤシェニツァ
Jasienica
ヤシエル Yasiel
ヤシェンスキ
Jasieński
ヤジェンプスキ
Jarzebski
ヤシオ Yashio
ヤジコフ Iazykov
ヤージジー Yāzijī
ヤジジ Yazigi
ヤジディ Yazidi
ヤジド Yazid
ヤージニク Yajnik
ヤジニーク Yajnīk
ヤジニク Yajnik
ヤシーヌ Yacine**
ヤシヌ Yacine
ヤシネ Yassine
ヤシノウスキー
Jasinowski
ヤシノフ IAshnov
ヤシャ
Jascha
Jasia
Yascha
ヤシャリ Jashari
ヤシャール Yashar
ヤシャル
Yasar
Yaşar**
ヤシャワンタ
Yashavantha
ヤシュ
Yash**
Yax
ヤシュケ Jäschke
ヤージュナ・ヴァルクヤ
Yājnavalkya
ヤージュニャヴァルキヤ
Yajnavalkya
Yājñavalkya
ヤージュニャバルキヤ
Yājñavalkya
ヤージュニャワルキヤ
Yājñavalkya
ヤシュノフ IAshnov
ヤシュパール
Yaśapāla
Yashpal
Yaśpāl
ヤシュルティー
Yashrutī
ヤシュルティーヤ
Yashrutiya
ヤシュワント
Yashwant**
ヤショーヴァルマン
Yaśovarman
ヤショヴァルマン
Yaśovarman
ヤショーダラー
Yaśodharā

ヤショーダルマン
Yaśodharman
ヤショーバルマン
Yaśovarman
ヤショバルマン
Yaśovarman
ヤショーミトラ
Yaśomitra
ヤーシル Yasir
ヤシル Yassir
ヤシルド Jersild**
ヤジロウ Yajiro
ヤーシーン Yāsīn
ヤーシン
IAshin
Yashin*
ヤシーン
Yasin
Yāsīn
ヤシン
Jassin*
Yacin
Yacine
Yashin*
Yasin
Yasseen
Yassin**
Yassine
ヤシンスキ
Jasinski
Jasiński
ヤシント Jacinto
ヤス
Iyasu
Yassu
ヤズ Yas
ヤスイ Yasui
ヤズイーコフ Iazykov
ヤズイコフ
Iazykov
Yazykov
ヤーズィジー Yāzijī
ヤズィジザデ
Yazijizadeh
ヤズィーディー
Yazīdī
Yazīdīyūn
ヤズィード Yazīd
ヤースィル Yāsir
ヤースィーン
Tāshfīn
Yāsīn
ヤースィン Yaseen
ヤースカ Yāska
ヤスカ Jascha
ヤスカリ Jaskari
ヤズガン Yazgan
ヤスキー Yassky
ヤズギ Yazghi
ヤスキン Yasskin
ヤズグリ Yazguly
ヤスケ Jeschke
ヤスケビッチ
Yaskevich
ヤースケライネン
Jaaskelainen
ヤスコ Yasko
ヤスコルジンスカ
Jaskorzynska
ヤスコルスキー
Jaskolski
ヤズジュ Yazici*
ヤズジュオール
Yazıcıoğlu
ヤスター Yaster
ヤスダ Yasuda
ヤズダギルド
Yazdgard
ヤズダニ Yazdani
ヤズダニチャラティ
Yazdanicharati
Yazdani Cherati
ヤズディ Yazdi
ヤズディー
Yazdī
Yezdī
ヤーステイン Jarstein
ヤズデギルド
Yazdgard
ヤズデゲルド
Yazdgard
ヤズド Yazdi
ヤズドガルド
Yazdgard
ヤストルジェムスキー
Yastrzhembskii
Yastrzhembsky
ヤストルジェムブスキー
Yastrzhembskii
Yastrzhembsky
ヤーストレボヴァ
IAstrebova
ヤストレムスキー
Yastrzemski*
ヤストロウ Yastrow*
ヤストロジェムフスキー
Yastrzhembskii
Yastrzhembsky
ヤスナ Jasna*
ヤスニエル Yasnier
ヤスノジェフスカ
Jasnorzewska
ヤスノフ Yasnoff
ヤスパー Jasper*
ヤスパァス Jaspers
ヤスパース Jaspers*
ヤスハラ Yasuhara
ヤースフェルト
Jaarsveld
ヤズベク Yazbek
ヤスペル Jasper
ヤスペルス Jaspers
ヤスマニ
Yasmani
Yasmany
ヤズマニ Yasmani
ヤスマニーダニエル
Yasmany Daniel
ヤスミナ Yasmina**
ヤスミーヌ Yasmine
ヤスミラ Jasmila*
ヤスミーン Yasmeen
ヤスミン
Jasmin
Yasmin**
Yasmine
ヤズミーン Yasmeen
ヤズミン Yasmin
ヤスミンコ Jasminko
ヤズムイラト
Yazmyrat
ヤズムイラドフ
Yazmyradov
ヤズムハメドワ
Yazmuhammedova
ヤセク Jacek*
ヤセミン Yasemin*
ヤセムスキー
Yaszemski
ヤーセル Yaser
ヤセル
Yāser
Yāsir
Yasser**
ヤセン
Jasen
Yasen
Yeh-hsien
ヤセンスキー
Jasienski
Jasieński
Jasieńskii
ヤセンスキイ
Jasienski
ヤゾヴァ Yazova
ヤソヴァルマン
Yaśovarman
ヤソージャ Yasoja
ヤソーダラー
Yaśodharā
ヤーゾフ Yazov
ヤゾフ Yazov*
ヤゾラ Yazora
ヤソン
Iason
Jason
ヤソンナ Yasonna
ヤータイ Yathay
ヤーダヴ
Yadav
Yādav
ヤーダスゾーン
Jadassohn
ヤダースゾーン
Jadassohn
ヤダースゾン
Jadassohn
ヤダスゾーン
Jadassohn
ヤーダバプラカーシャ
Yādavaprakāśa
ヤタバレ Yatabare
ヤダブ
Yadav*
Yadhav
ヤダムスレン
Yadamsuren
ヤダムバト Yadambat
ヤタールドゥ
Yath'ar Dhu
ヤチェク Jacek
ヤチェンコ Yatchenko
ヤチーニ Jacini
ヤーツイア Jadwiga
ヤツェク Jacek**
ヤツェニュク
Yatsenyuk*
ヤツェンコ Yatsenko
ヤッカリーノ
Yaccarino*
ヤッキア Jacchia
ヤツキエウィチ
Jackiewicz
ヤッキーニ Jacchini
ヤック
Jak
Jakku
ヤックーシーヴォネン
Jakku-Sihvonen
ヤッゲ Jagge*
ヤツケビッチ
Yatskevich
ヤッケル Jaeckel
ヤーッコ Jaakko*
ヤッコ
Jaakko
Jacco*
Jacko
ヤツコ Yatsko*
ヤーッコラ Jaakkola
ヤッサー Yasser
ヤッシャ Jascha*
ヤッシュ
Jasch
Yash
ヤッソ Yesso
ヤッチョ Jacso
ヤットルッド Gertrud
ヤツバ Yatsuba
ヤッハマン
Jachmann
Yachmann
ヤッピー Jappie
ヤップ
Yap**
Yapp
Yep
ヤッファ Yaffe
ヤッフェ
Jaff
Jaffe
Jaffé
Yaffe**
ヤッブーリ Jabbouri
ヤッペッリ Japelli
ヤッペリ Japelli
ヤッヘンス Jachens
ヤティ Yati**
ヤディエル
Yadiel
Yadier**
ヤティシュワラーナンダ
Yatiswarananda
ヤティム Yatim*
ヤディラ Yadira
ヤティルマン
Yatilman
ヤーディン Ya Ding
ヤディン Yadin**
ヤティンドラ Yatindra
ヤーデニ Yardeni
ヤーデルード
Garderud
ヤーデン Yarden
ヤーデンフォシュ
Gärdenfors
ヤーテーンマキ
Jäätteenmäki*
ヤート
Jatho
Yat
ヤード
Gerd
Yard
ヤト Yato
ヤトー Jatho
ヤド Yade
ヤドウィガ Jadwiga
ヤドヴィーガ Jadwiga
ヤドヴィガ Jadwiga**
ヤドキン Yudkin
ヤトコフスカ
Jatkowska
ヤトトゥ Yathotou*
ヤドビガ Jadwiga
ヤドラシュコ
Jędraszko
ヤドランカ
Jadranka**
ヤドランコ Jadranko
ヤードリ Yardley
ヤードリー Yardley*
ヤトリ Yatori*
ヤドリーンツェフ
Iadrintsev
ヤドリンツェフ
Iadrintsev
ヤードレー Yardley*
ヤドロウカー
Jadlowker
ヤドロフカー
Jadlowker
ヤドロフケル
Jadlowker
ヤードン Yourdon
ヤーナ Jana
ヤナ
Jana***
Yana**
Yanah
ヤナー Janah
ヤナイ Yanai
ヤナウシェク
Janauschek
ヤナーエフ Yanaev**
ヤナオカ Jan-Aake
ヤナキエスキ
Janakieski
ヤナキエフ Yanakiev
ヤナーク Janák*
ヤナク Yiannakou
ヤナス
Janas
Yannas
ヤナーチェク
Janáček*
Janćek
ヤナチェク Janáček

ヤ

ヤナーチェック
Janáček
ヤナチェック Janáček
ヤナツィネン
Janatuinen
ヤナツイネン
Janatuinen
ヤナック
Jannach
Yanuck
ヤナマダラ
Yanamadala
ヤーナル Yarnall
ヤーニ Joni
ヤニ
Ioannis
Jani*
Yani*
ヤニー
Jannie
Janny
Yanni
ヤニヴ Yaniv
ヤニウスカ Yaniuska
ヤニェヴィチ
Janiewicz
ヤーニェス Yañes
ヤニェス
Yañez
Yáñez
ヤニオティス
Gianniotis
ヤニク
Janik
Jannik
Jannike
Yanik
Yannick*
ヤニーグロ Janigro
ヤニグロ Janigro*
ヤニコヴスキー
Janikovszky
ヤニコフスキ
Janikovszky*
Janikowski
ヤニコフスキー
Janikovszky
ヤニシェフスキ
Janiszewski
ヤーニス Jānis*
ヤニス
Giannēs*
Giannis*
Gihannēs
Ianis
Iannis*
Janis
Jannis
Joannis
Yanis**
Yannis**
Yiannis
ヤニセン Janniksen
ヤニツ
Janic
Janics**
ヤニツァ Janica*
ヤニツィス Yiannitsis
ヤニツェヴィッチ
Janicijevici
ヤニツキ Janicki
ヤニック
Jannik*
Yanick
Yannick**
ヤーニッケ Janicke
ヤーニッシュ Janisch
ヤニッチ Janic
ヤニッヒ Janich*
ヤニーナ
Janina*
Jannina
ヤニナ
Janina*
Yanina*
ヤニーネ Janine
ヤーニヒ Janich
ヤニャトヴィチ
Janjatović
ヤニロブ Yanilov*
ヤーニン Yanin
ヤニング Janning
ヤニングス Jannings
ヤーヌ Jerne
ヤヌアーリウス
Januarius
ヤヌアリウス
Januarius
ヤヌコヴィッチ
Yanukovych*
ヤヌザイ Januzaj*
ヤヌサイティス
Janusaitis
ヤヌシ Janusz*
ヤヌシェ Janusz
ヤヌシェヴスキ
Januszewski
ヤヌシェック Janušek
ヤヌシャック
Januszczak*
ヤーヌシュ Janusz
ヤヌーシュ Janusz*
ヤヌシュ Janusz**
ヤーヌス
Iōannēs
Jaanus
Janus
ヤヌス
Ianus
Janus**
Janusz**
ヤヌセリ Yannuzzelli
ヤヌソニス Janusonis
ヤヌツ Janusz
ヤヌト Yanit
ヤーネ
Jane
Jerne
ヤネク Janek
ヤーネシ Eanes
ヤーネス Yanes
ヤネス
Jänes
Janez**
Jannes*
Jonez
Yanes
Yanez*
ヤネズ Janez**
ヤネチェック Janecek
ヤネツ
Janez
Jonez
ヤネッカ Janecka
ヤネッツ Yannets
ヤネッテ Jeanette*
ヤネト Yanet*
ヤネフ
Janev
Yanev
ヤーネフェルト
Järnefelt
ヤネフェルト Janefelt
ヤネフスキー Janevski
ヤーネル Yarnell*
ヤネル Janelle
ヤネンコ Yanenko
ヤノ Yano
ヤノヴィツ Janowitz
ヤノヴィッツ
Janovitz
Janowitz*
ヤノウィン Yenawine
ヤーノシ Jánosi
ヤーノシー Jánossy
ヤノシ János
ヤノーシェク Janósek
ヤーノシーク Jánošík
ヤーノシュ
Janos**
János***
Janosch**
ヤノシュ
Janos
János
Janosch
ヤノス
Iōannēs
Janos
János
Yiannos
ヤノータ
Janota
Janotha
ヤ ノッシュ Janosch
ヤノッシュ Janosch*
ヤノハ Janocha
ヤノビチ Janowicz
ヤノービッチ Janovich
ヤノビッチ Yanovych
ヤノビッツ Janowitz
ヤーノフ Yanov*
ヤノフ Janov
ヤノブ Janoff
ヤノフスカ Janowska
ヤーノフスカヤ
Yanovskaya
ヤノーフスカヤ
Ianovskaia
ヤノフスカヤ
IAnovskaia
ヤノフスキ Janowski*
ヤノフスキー
IAnovskii
Janowski
Yanovski
ヤノーホ Janouch*
ヤーノルド Yarnold**
ヤパ Yapa
ヤハイヤ Yahaya
ヤハウイ Yahyaoui
ヤバヴィ Yabavi
ヤパオフー Yapaoher
ヤーバッハ Jabach
ヤハテンベルフ
Jagtenberg
ヤハドゥン Yahdun
ヤハマン Jachmann
ヤーハム Yarham
ヤハヤ
Yahaya
Yahya*
ヤハヤー
Yahyā
Yaḥyā*
ヤバラーハー
Yaballaha
ヤバル Jabal
ヤーハン Jahan
ヤハンソン Jahnsson
ヤハンダ Yahanda
ヤパンデ Yapande
ヤハンバイ Ykhanbai
ヤービー Yerby**
ヤピ Yapi
ヤヒア
Yahia
Yahya*
ヤービィ Yerby
ヤビド Javid
ヤヒム Jachym
ヤヒヤ
Yahia
Yahiya
Yahya**
Yehia
ヤヒヤー
Yahya
Yahyâ
ヤヒヤガ Jahjaga*
ヤーピン
Ya-ping
Yaping
ヤビン Iabin
ヤーブ Jab
ヤープ Jaap***
ヤフアー Yahyā
ヤファイ Yafai
ヤファイー Yafaee
ヤーファス Yāfaṯh
ヤファロフ Jafarov
ヤーフイ Yahui
ヤーフィイー Yāfi'ī
ヤブウォノフスキ
Jabłonowski
ヤフェ Yaffe
ヤフェス Yeafesh
ヤフェット Yaphet
ヤフェト
Iapheth
Japheth
ヤブオニスキ
Jablonski
Jaboński*
ヤブグ Yabgn
ヤフケ Jaffke
ヤプコ Yapko
ヤブコソン Jakobson
ヤフザ Yahouza
ヤフズ Yavuz
ヤフダ
Yahuda
Yehuda
ヤフナーテク
Jahnátek
ヤブネリ Yavene'eli
ヤフマー Yaghmour*
ヤブムラン
Yav Muland
ヤフヤ Yahya
ヤフヤー
Yahya
Yaḥyā
ヤブライロフ
Jabrailov
ヤブラノビッチ
Jabllanoviq
ヤブリャン Jaburyan
ヤブリンスキー
Yavlinski
Yavlinskii
Yavlinsky
ヤブールコヴァー
Jabůrková
ヤフルフ Yakhluf
ヤーブロ Yarbro
ヤーブロー
Yarborough
Yarbrough
ヤーブロウ
Yarbrough
Yarbrougt
ヤーブロコフ
Yablokov
ヤブロコフ
IAblokov
Yablokov*
ヤブローチキナ
Iablochkina
ヤーブロチコフ
Iablochkov
ヤブロチコフ
Iablochkov
ヤブロノフスキー
Jablonow'ski
Jabłonowski
ヤブロンカ Jablonka
ヤブローンスカヤ
Jablonskaja
ヤブロンスカヤ
Yablonskaya
ヤブローンスキー
Yablonskii
ヤブロンスキ
Jablonski
Yablonski
ヤブロンスキー
Jablonski**
Yablonski
Yablonsky*
ヤペセ Yapese
ヤペテ

Iapheth
Jāfet
ヤーベル Jervell
ヤベル Yaver
ヤーベルク Jaberg
ヤーヘルスマ
Jagersma
ヤベロウ
Yavelow
Yevelow
ヤホダ Jahoda*
ヤボチンスキー
Jabotinsky
ヤボティンスキー
Jabotinsky
ヤホート IAkhot
ヤホドバ Jahodova
ヤボーホラン
Yabuqulan
Yavuukhulan
ヤボリフスキー
IAvorivskii
ヤボル Yavor
ヤーボロー
Yarborough
ヤボロウ
Yarborough
Yarbrough
ヤーボロフ
Iavorov
Javorov
ヤボロフ Iavorov
ヤーホントフ
IAkhontov
ヤマウチ Yamauchi*
ヤマグチ Yamaguchi
ヤマサキ Yamasaki
ヤマザキ Yamazaki
ヤマシタ Yamashita*
ヤーマス Yarmouth
ヤマスム Yamassoum
ヤマダ Yamada
ヤマーニー
Yamanī
Yamānī
ヤマニ Yamani*
ヤマニー Yamani
ヤマニタ Yamanita
ヤマネ Yemane
ヤマハン Jachmann
ヤマーマ Yamāma
ヤマーリ Yamāri
ヤマル Jamal
ヤーマン
Yalman
Yaman
ヤマン Yaman
ヤマンカ Jamanka
ヤマンドゥ Yamandu
ヤミ Yami
ヤミナ Yamina
ヤミル Yamil
ヤーミン
Jamin
Yaameen
ヤミーン
Yameen*
Yamīn
ヤミン
Jamin
Yamin**
ヤム Yam*
ヤムキ Yamqui
ヤムクリンフング
Yamklinfung
ヤムサ Yamoussa
ヤムト Mamouth
ヤームナ Yámuna
ヤムナ Yamuna
ヤムニッツァー
Jamnitzer
ヤムファ Yamfwa
ヤムフワ Yamfwa
ヤムポリスキー
IAmpol'skii
ヤメ Jamme
ヤーメイ Ya-mei
ヤメオゴ Yameogo*
ヤーメス James
ヤメチ Yamechi
ヤーヤ
Jaya
Yahaya
Yahya
ヤヤ
Yahya**
Yaya*
ヤヤロ Jajalo
ヤヤン Yayan*
ヤユス Jajus
ヤーラ
Jára
Yaara
ヤラ
Jara
Yala
Yalá**
ヤーライ
Jarai
Járai*
Jaray
ヤーラオシュ Jarausch
ヤラス Jarass
ヤーラチ Jaracz
ヤーラト Jarlath
ヤラドゥア
Yar'Adua**
ヤラファ Yarafa
ヤラペア Yarapea
ヤラベアム
Ieroboam
Jeroboam
ヤラワチ Yeluwadji
ヤーリー Yali
ヤリ
Jari**
Yari
ヤリーヴ Yariv*
ヤリエンス Jaliens
ヤリギン Yarygin
ヤリスレイ Yarisley
ヤリード Järryd
ヤーリフ Yariv
ヤーリブ Yariv
ヤリーブ Yariv*
ヤリフ Yariv
ヤリブ Yariv*
ヤリョメンコ
Yaremenko
ヤリローヴァ IArilova
ヤーリン
Yaling
Yarin*
ヤーリンク Jahrling
ヤリング Jarring**
ヤリングトン
Yarington
ヤール
Jahl
Jahr
Jarl
Yaar
ヤル
Yar
Yarou
ヤルアドゥア
Yar'Adua
ヤルヴァチ Yalvac
ヤルヴィ Järvi*
ヤルヴィネン Järvinen
ヤルヴェト Yarvet
ヤルヴェラ
Jarvela*
Järvelä
ヤルヴェンパー
Jarvenpaa
Järvenpää
ヤルーガ Jaruga
ヤルカ Yarka
ヤルガノワツカ
Jaruga-nowacka
ヤルク Yark
ヤルケ Jarcke
ヤルコヴスキー
Jarkovský
ヤルゴスキー
Jargocki
Jargodzki*
ヤールシャーテル
Yārshāter
ヤルジンカヤ
Yalcinkaya
ヤルゼルスキ
Jaruzelski**
ヤルゾー Jaluzot
ヤルタ Yaltah*
ヤルダ Jarda
ヤールダーニ Járdányi
ヤルチュン Yalçin
ヤルチュンバユル
Yalcinbayir
ヤルデニ Yardeni
ヤルドレイ Yardley
ヤルナッハ Jarnach
ヤールナハ Jarnach
ヤルナハ Jarnach
ヤルニ Jarni
ヤールネフェルト
Järnefelt
ヤルネフェルト
Järnefelt
ヤルノ Jarno*
ヤルノヴィク
Jarnowick
ヤルビ Järvi
ヤルビーネン Järvinen
ヤルビネン Järvinen*
ヤルビル Jervill
ヤルブ
Yarub
Yárub
ヤールブソヴァ
IArbusova
Yarbusova
ヤルブーソヴァ
Yarbusova*
ヤールブソワ
Yarbusova
ヤルベット Jarbet
ヤルベラ Jarvela
ヤルヘリス Yargelis*
ヤルペンパー
Jarvenpaa
ヤルボー Jarboe
ヤルホフスキー
Jarchovsky*
Jarchovský
ヤルマ Yaluma
ヤルマール Hjalmar**
ヤルマル Hjalmar**
ヤルマン Yalman*
ヤルミラ Jarmila*
ヤルムハメト
Yarmuhammed
ヤルモネンコ
Iarmonenko
Yalmonenko
ヤルモリンスカ
Jarmolinska
ヤルモレンコ
Yarmolenko
ヤルンコバー
Jarunková
ヤーレ Yared
ヤレ Yalé
ヤーレス Yahraes
ヤレスコ
Jaresko
Yaresko
ヤーレット Yarlett
ヤレド Yared
ヤレニス Yalennis
ヤーレミィチ
IAremich
ヤーレン Jahren
ヤーロ Jaro
ヤーロー
Jaro
Yarrow
ヤロ Yaro
ヤロー
Yalow*
Yarrow
ヤーロウ
Yalow
Yarrow*
ヤロウ
Yalow
Yarrow
ヤロウィッツ
Yalowitz**
ヤロヴェツ Jalowetz
ヤロシェウィチ
Jaroszewicz
ヤロシェヴィチ
Jaroszewicz
ヤロシェウィッチ
Jaroszewicz
ヤロシェヴィッチ
Jaroszewicz*
ヤロシェビッチ
Jaroszewicz
ヤロシェフスキー
IAroshevskii
ヤロシェーンコ
Iaroshenko
ヤロシェンコ
Iaroshenko
Yaroshenko
ヤロシチュク
Yaroshchuk
ヤロシュ Jarosz
ヤロシンスカヤ
Yaroshinska
Yaroshinskya
ヤロス Yarros
ヤロスラヴ
Jaloslav
Jaroslav
ヤロスラヴァ
Jaroslava
ヤロスラーヴィチ
Yaroslavich
ヤロスラウスキー
IAroslavskii
ヤロスラウスキィ
IAroslavskii
ヤロスラーバ
Yaroslava
ヤーロスラフ
Jaroslav*
ヤロスラーフ Iaroslav
ヤロスラフ
Iaroslav*
Jaloslav
Jaroslav***
Jaroslay
Yaroslav*
ヤロスラーフスキー
Iaroslavskii
ヤロスラフスキー
Iaroslavskii
ヤロスラブスキー
IAroslavskii
ヤロスラーフスキィ
Iaroslavskii
ヤロスラワ Yaroslava
ヤロスロウ
Jaroslaw
Jarosław*
ヤロスワフ
Jaroslaw
Jarosław**
Jsrosław
ヤロチニスキ
Jarociński
Jarocińki
ヤロツカ Yarotska
ヤロップ Yallop*

ヤ

ヤロネン Jalonen
ヤーロフ Yalof
ヤロフ Yarov*
ヤロブアム
Ieroboam
Jeroboam
ヤロフラフ Jaroslav
ヤロベツ Jalowetz
ヤロポルク Yaropolk
ヤロミチアヌ
Ialomitianu
ヤーロミール Jaromir
ヤロミール
Jaromil
Jaromir**
Jaromiŕ
Jaromír**
ヤロミル Jaromir
ヤーロム Yalom*
ヤロム Yalom
ヤロリム Jarolim
ヤーロン Yaron*
ヤローン Yalon
ヤロン Yaron*
ヤワ Yawa
ヤワキャン Javakhyan
ヤワル
Yahuar
Yawar*
ヤヲルスキ Jaworski
ヤーン
Goran
Jaan***
Jahn***
Jahnn**
Jan***
Ján***
Jann
Jerne
Jørn
Yan
ヤン
Danh
Dbyańs
IAn
Ian
Iand
Jan***
Ján**
Jang
Janis
Jann
János
Jean*
Jens
Jess
Jhan
Johann
Johannes
John
Jon
Yan***
Yang***
Yann**
Yeung*
Yong
Young**
Yuan
Zheng
ヤンイー Yan Yee
ヤンウィレム
Janwillem*
ヤンウク
Yang-uk
Yong Uck
ヤンエリック Jan-Erik
ヤンオーベ
Jan Ove
Jan-Ove
ヤンカ
Janca
Janka**
Yanca
Yanka
ヤンカー
Jancker*
Janker
Yanker
Yunker
ヤンガ Yanga
ヤンガー Younger**
ヤンカウスカス
Jankauskas
ヤンガービス
Yangervis
ヤンカリク Jancarik
ヤンガン Yang-kang
ヤンキー Yankey
ヤンギャ Yangya
ヤンク
Iancu
Janku
Yank*
ヤング
Jonge
Joungh
Jung
Yang**
Yeung
Yong
Yonge
Young***
Youngs
ヤングサン Youngson
ヤングス Youngs**
ヤングズ Youngs
ヤングスック
Yeoungsuk
ヤングスト Juengst
ヤングソン
Youngson*
ヤンクト Jankto
ヤンクバ
Yankouba
Yankuba
ヤングバーグ
Youngberg
ヤング・ハズバンド
Younghusband
ヤングハズバンド
Younghusband**
ヤングバード
Youngbird*
ヤングブラッド
Youngblood*
ヤングホーム
Youngholm
ヤングマン
Jungmann
Youngman*
ヤンクラ Yankura
ヤングレン Youngren
ヤンクロフスカ
Jankulovska
ヤンクロフスキ
Jankulovski
ヤンクーン Jankuhn
ヤーンケ Jahnke*
ヤンケ Janke*
ヤンケイ Yankey
ヤンケル
Jankel
Yankel*
ヤンケレヴィッチ
Jankélévitch
ヤンケロビッチ
Yankelovich*
ヤンゲントブ
Youngentob
ヤンコ
Janco
Janko*
Jankó
ヤンコー
Janko
Jankó
ヤンゴー Youngor
ヤンコウィッチ
Jankovich
ヤンコヴィッチ
Jankovic**
Jankovici
ヤンコヴィヤク
Jankowiak
ヤンコヴスカ
Jankowska
ヤンコウスキー
Jankowsky*
ヤンコヴスキー
Jankovsky
Yankovsky
ヤンコスキー
Jankowsky
ヤンコバ Yankova
ヤンコビック
Yankovic
ヤンコビッチ
Jankovic*
ヤンコフ Yankov
ヤンコフスキ
Jankowski*
ヤンコフスキー
IAnkovskii
Jankovský
Jankowski
Yankovskii**
Yankowski
ヤンゴン Yang-gon**
ヤンサネ Yansane
ヤンシー
Yancey**
Yancy*
Yoncy
ヤンシィー Yangsze
ヤンシク Yang-shik
ヤンシャ Janša*
ヤンジャ
Yandja
Yang-ja
ヤンシュ Jansch*
ヤンシン
Yang-shin*
Yanshin*
ヤンス
Jans*
Jansz
Yang-soo
ヤンスゾーン
Janszoon
ヤンスドッター
Jansdotter*
ヤンスルード
Jansrud*
ヤンセ Janse*
ヤンセニウス
Jansenius
ヤンセン
Jansen***
Janssen**
Lansen
ヤンゼン
Jansen*
Janssen
ヤンセンス
Janssen
Janssens
ヤーンソン Jaanson
ヤンソン
Janson**
Jansson***
Janszoon
Yang-sung
Youngson
ヤンソンス
Jansons**
Yansons
ヤンダ
Janda*
Yanda
ヤンダルビエフ
Yandarbiev**
ヤンチェフスキ
Janczewski
ヤンチェン
Dbyans can
ヤンチース Jantjies
ヤンチャウスカイテ
Jančiauskaitė
ヤンチャール Janczar
ヤンチャル Jančar
ヤンチュケ Jantschke
ヤンチョー Jancsó*
ヤンツ
Jansz
Jantsch
Janz
ヤンツァーリク
Janzarik**
ヤンツァリク Janzarik
ヤンツェック Jancsek
ヤンツェン Jantzen*
ヤンツォム Yangzom
ヤンツォン Yangzong
ヤンッティ Jäntti
ヤンティーン
Jantien**
ヤンデル
Jandel
Yandel
Yandell
ヤント Yount
ヤンドー Jandó
ヤンドゥル Jandl***
ヤンドル Jandl*
ヤンドロコビッチ
Jandroković
ヤンナイ Yannai
ヤンナイオス Janneus
ヤンナコーニ
Janaconi
Jannaconi
ヤンニ Yanni
ヤンニス Yannis
ヤンヌ Yanne*
ヤンヌッツィ Jannuzzi
ヤンネ Janne**
ヤンネウス Janneus
ヤンネッラ Jannella
ヤンネル Janner
ヤンバイ Younbaii
ヤンハインツ Janheinz
ヤンバキ Yabaki
ヤンヒ Yang-hee
ヤンビセ Yambise
ヤンビレン Janwillem
ヤン・フィリップ
Jan-Philipp
ヤンフィリップ
Jan-Philip
ヤンフェイ Yanfei
ヤンブラトフ
Yambulatov
ヤンプラパーコン
Yangpraphaakr
ヤンブリコス
Iamblichos
ヤーンベリ Jernberg
ヤンベリ Jernberg
ヤーンベリィ
Jahnberg
ヤンベルク Jannberg
ヤンホ Yang-ho*
ヤンボ Yambo
ヤンホネン Janhonen
ヤンポリスキー
IAmpol'skii
Yampolsky
Yampol'sky
ヤンポルスキー
IAmpol'skii
Yampolsky
ヤンボン Jambon
ヤンマー Jammer
ヤンマート Janmaat
ヤンミ Youngme
ヤンヤ Janja
ヤンヤン
Janjan
Yuan-yuan*
ヤンリアン Yan Lian

【ユ】

ユ
Lew
Rhyu

Ryu*
Yoo**
You*
Yu***
ユー
Eu
Hue**
IUrii
Ye
Yew*
Yiu
Yoo
You
Yóu
Yu**
Yue*
Yueh
ユーア
Ewa
Ure*
ユア Ure
ユーアキム Joachim
ユアグロー
Yourgran
Yourgrau**
ユーアット Youatt
ユアット Youatt
ユーアート Ewart*
ユーアト Ewart
ユアート Ewart
ユアニ Uani'
ユアニータ Juanita
ユアヌ Yuan
ユアリ Ury
ユアリス Uris
ユアール
Huard
Huart
ユアレック Jauregg
ユーアン
Euan
Ewan
Johan
Juan
ユアン
Euan*
Ewan**
Ioan
Iuan
Weng
Yuan**
Yuán
Yuen
Yuhan
ユアンズ Ewans*
ユアンチェ Yuan-tseh
ユアンチン Yuan-qing
ユアンツアオ
Yuan-chao
ユアンツェ
Yuan Tseh
ユアンツェー
Yuan-tseh
ユアンユアン
Yuan-yuan
ユアンレン Yuan Ren
ユーイ
Ewy
Ywy
ユイ
Ewy
Huy
U-ie*
Yu*
ユイグ
Huigue
Huyghe**
ユイコン Yue-kong
ユイージュ Huyghe
ユイス Uys
ユイスー Huissoud
ユイスマン
Huisman
Huysmans
ユイスマンス
Huysmans**
ユイバン Hvibano
ユイム Yim
ユィヤ Jujja
ユイル Yuill
ユイレ Huillet**
ユーイン Yu-ying
ユイン Yuin
ユーイング Ewing***
ユウ
Ung
Yew
Yu**
ユウー Yue
ユヴァクラン
Yuvakuran
ユヴァーラ
Iuvara
Juvarra
ユーヴァル Yuval
ユヴァル Yuval*
ユーウィッタヤー
Yoovidhya
Yuwitthaya
ユーウィラー Yuwiler
ユーウィン
Ewen
Ewin
ユーウィング Ewing
ユウィング Ewing
ユーウェイン Ywain
ユウェナーリス
Iuvenalis
Juvenalis*
ユウェナリス
Iuvenalis
Juvenalis
ユヴェナリス
Juvenalis
ユヴェール Huver
ユーヴェルマンス
Heuvelmans
ユーウェン Ewen*
ユウェンクス
Iuvencus
Juvencus
ユウェンティウス
Juventius
ユウオデヤ Euodía
ユウォノ Juwono*
ユウゲ Junge
ユウゴウ Hugo
ユゥゴォ Hugo
ユウジ Yuji
ユウジイン Eugene
ユウジニエヌ Eugene
ユウジン Eugene
ユウトゥス Justus
ユヴラン Huvelin*
ユウリス Julius
ユウワー Euwer**
ユウワディー Euwadee
ユーエー Huet
ユエ
Huet*
Yue*
ユエグ Yuegu
ユエーサイ Yue-Sai
ユエシュン Yue-xun
ユエット Huet
ユエティン Yueting
ユエヌ Yuen
ユエヌシェン
Yuansheng
ユエフォー Yuet Foh
ユエホン Yuehong
ユエラン Yue-ran
ユエリュート Jõerüüt
ユーエル Ewell
ユエル Juel
ユエルタ Huerta
ユーエン
Ewen
Yuen
ユェン Yuen*
ユエン
Yuan
Yuen*
ユエントン
Yuen Thong
ユエンミン
Yuan-ming
ユエンユエン
Yuan-yuan
ユオザス
Juozas
Yuozas*
ユオーン Iuon
ユオン
Huon
Iuon
Juon
Yuon
ユーガ Iuga
ユーカース Ukers
ユーカーズ Ukers*
ユカライネン
Jukarainen
ユガル Yugar
ユーキ Yuki
ユキーデ Urquidez
ユーギュ Hugues
ユーキリス Youkilis*
ユキン Ukin
ユーク Juch
ユーグ
Hugh
Hughes*
Hughues
Hugo
Hugues***
ユク
Huc
Lluc
Yook
Yuk
ユグ
Hugo
Hugues*
Jug
ユクサ Yuk-sa
ユクスキュール
Uexküll
ユクスキュル
Uexküll*
ユーグスター Eugster
ユグダ Yuguda
ユグット Huguette
ユクテスワ Yukteswar
ユクト Öckto
ユークナ Yukna
ユクナ Jukna
ユグナン Huguenin
ユグニー Hugueny
ユクネヴィシウス
Juknevicius
ユクネビチエネ
Juknevičienė
ユークリッド
Euclid*
Eukleidës
Eukleidēs
ユークリデス Euclides
ユグルタ Jugurtha
ユグレ Hugrée
ユークレスタ
Juklestad
ユーグロウ Uglow
ユーケ Jouke
ユーゲ Hugues
ユゲ
Hugue
Huguet
ユゲー Huguet
ユーケス Joekes
ユケッター Uekötter
ユーゲット Huguette
ユゲット Huguette**
ユゲト Huguette
ユーゲーネ Eugene
ユーゲン
Eugen
Eugene
Evgenii
Jurgen
Jürgen
ユーゴ
Hugo**
Hugues
Ugo
ユーゴー
Hugh
Hugo**
Jugo
ユゴー
Hugault
Hugo**
ユーゴウ Hugo
ユコウィッツ
Jutkowitz
ユーゴオ Hugo
ユゴオ Hugo
ユコサ Juncosa
ユーゴビッチ Jugovic*
ユコーラ Ukkola
ユーコン Yue-kong
ユコン
Yukhon
Yukol
ユゴン Hugon*
ユコントー Yukanthor
ユーサー Uther
ユーザス Yuthas
ユーサティーン
Usatine
ユーサフ Yousaf
ユサフ
Yousaf
Yousuf*
ユーサム Yousem
ユーザリィ Ussery
ユーザン Euzhan*
ユサン You-sang
ユザンヌ Uzanne
ユーシ Uschi
ユーシー
Jousse
Yuxi
ユージ Yuji
ユージー Ug
ユシー Jussi
ユージア Youjia
ユジア Yujia
ユージィヌ Eugène
ユシェ Huchet
ユージェイニオウ
Eugenio
ユジエエヌ Eugène
ユージェニ Eugénie
ユージェニー
Eugenie
Eugénie
ユジェニー Eugénie
ユージェニア Eugenia
ユージェニオ
Eugenio**
ユージェニデス
Eugenides**
ユーシェーヌ Eugène
ユージェーヌ
Eugene*
Eugéne
Eugène*
ユージェヌ Eugène
ユジェーヌ
Eugen
Eugene
Eugène*
ユシエネ Jusiene
ユージェル Yücel
ユジェール Yücel
ユジェル Yücel
ユーシェーン Eugène

ユ

ユーシェン Eugen
ユージェン
Engene
Eugen
Eugene*
Eugène
ユーシェンコ
Yushchenko*
ユシェンコフ
Yushenkov
ユージェーンヌ
Eugéne
ユージェンヌ
Eugene
Eugène
ユシケーヴィチ
Iushkevich
Youschkevitch
ユシケービッチ
IUshkevich
Yushkevich
ユシコ
Iushko
Yushko
ユーシージ Yūshīj
ユーシージュ Yūshīj
ユージース Eugène
ユシチェンコ
Yushchenko
ユージック IUzik
ユシナ Juschina
ユージーナス
Eugeniusz
ユージニ Eugenie
ユージニー
Eugenie*
Youzhny
ユージーニア
Eugenia*
ユージニア
Eugenia***
ユージニアス
Eugenijus
Eugenius
ユージニウスキ
Zauszniewski
ユシービアス
Eusebius
ユーシフ Yousif
ユシマッツ
Youshimatz
ユシーム Useem*
ユーシャ Usha
ユジャ Yuja
ユージャコフ
Iuzhakov
ユジャノフ Yuzhanov
ユジュー Hugeux
ユシュケヴィッチ
IUshkevich
ユジューヌ
Eugene*
Eugène
ユーシュン Yu-hsun
ユジョン
Yoo-jung
You-jeong
Yu-jung
ユシルマン Yusirman

ユージーン
Eugene***
Eugène
Eygene
ユージン
Eugeen
Eugen
Eugene***
Eugéne
Eugène**
Eugenene
Iudin
IUzhin
Vujin
Yevgeny*
Yudin*
Yu Jing
ユジーン
Eugene
Eugène
ユジン
Yoojin
Yudin
Yu Jin
Yu-jin
ユージンスキ Uscinski
ユース Youth
ユーズ
Youds
Yuz
ユスギアントロ
Yusgiantoro
ユスケーヴィチ
Youskevitch
ユースケヴィッチ
Youskevitch
ユースケビッチ
Youskevitch
ユスケビッチ
Youskevitch
ユスコ Jusko
ユスコビアク
Juskowiak
ユスコフ Yuskov
ユスタ Yuzda
ユースタキオ
Eustachio
Eustacchio
ユースターキョ
Eustachio
ユスターシュ
Eustache*
ユスタシュ Eustache
ユースタス Eustace**
ユスタス
Eustace*
Justus
ユーズチェック
Juszczyk
ユスチナ Justyna*
ユスチーニアーヌス
Justinianus
ユスチニアーヌス
Justinianus
ユスチニアヌス
Justinianus
ユスチヌス Justinus
ユスチノス
Joustinos
Justinus
ユスチノフ Ustinov
ユスッス Justus

ユスティ Justi
ユースティス Eustis
ユーステイス Eustace
ユスティーナ Justina
ユスティナ
Iustina
Justina
ユスティナス Justinas
ユスティニアーニ
Justiniani
ユスティニアニ
Justiniani
ユースティーニアーヌス
Justinianus
ユースティーニアヌス
Justinianus
ユスティニアーヌス
Justinianus
ユスティニアヌス
Justinianus
ユスティニアン
Justinian
ユスティーヌス
Justinus
ユスティヌス
Justin
Justinus*
ユスティノヴ Ustinov
ユスティーノス
Justinus
ユスティノス
Ioustinos
Justinus
ユースティノフ
Ustinov
ユスティノフ
Ustinov**
ユースティン Justin
ユスティン Justin
ユーステース Eustace
ユーステス Eustace
ユステセン Justesen*
ユステール Huster
ユステル Juster
ユーステデン Eusden
ユースト Joost**
ユスト
Ioûstos
Just*
ユーストゥス Justus
ユストゥス
Iustus
Joos
Justus**
ユストウス Justus
ユストユース Justus
ユーストレル Eustrel
ユスヌー Husnoo
ユスノー Hussenot
ユズバシャン
Yuzbashyan
ユースフ
Yoosuf
Yousif
Youssef*
Yousuf
Yusif
Yussef
Yusuf*

Yūsuf***
ユスーフ Yūsuf
ユスフ
Jusuf***
Yousef
Yousouph
Youssef*
Youssouf*
Yousuf
Yussuf
Yusuf***
Yusuff
Yusup
Yusupha
ユスプ Yusup
ユースファ
Youssoupha
ユスファ Youssoufa
ユースーフィ
Youssoufi**
ユースフィー Yousfi
ユスフィ Youssoufi
ユスフォヴィッチ
IUsufovich
ユスフォフ Yusufov
ユスフザイ
Yousafzai**
Yousufuzai
ユスポフ
Youssoupoff
Youssoupov
Yusupoff
Yusupov
ユスポワ Yussupova
ユスマン Jusman
ユスメイル Yusmeiro
ユスラ Yusra
ユースランダーズ
Usländer
ユースリ Yousry
ユスリー
Yousry
Yusri
Yusrī
ユスロン Yusron*
ユスン Yu soon*
ユセイン Yusein
ユーゼーヌ
Eugene
Eugène
ユゼーヌ Eugène
ユーセフ
Yousef*
Yousif
Youssef**
Yusef*
Yusuf*
ユーゼフ
Józef*
Youssef
ユセフ
Youcef*
Yousef
Youssef*
Yusef
Yusuf
ユゼーブ Eusèbe
ユゼフ
Josef
Jóseph
Jozef*
Józef***

Józrf
József
ユゼファツカ
Józefacka*
ユーセフィ Yousefi
ユセフィ Yusefi
ユセフィー Yusefi
ユゼフォーヴィチ
IUzefovich
ユーセフソン
Josephson
ユセリンクス
Usselincx
ユーソフ
Uthoff
Yūsof
ユーゾフ Youssouf
ユソフ
IUsov
Youssouf
Yusof**
Yusoff
Yusov
ユーダ Juda
ユタ
Juta
Jutta*
Uta*
ユダ
Ioudas
Iudas
Judah
Judas
ユダー
Judah
Judāh
ユーダイヒ Judeich
ユダクバ
G-yu brag pa
ユーダース Judas
ユーダス Judas
ユダス Judas
ユータナ Euthana
ユーダル
Udall*
Uvodalo
ユタン Hutin
ユチェ Yoo-chae
ユチェレン Yucelen
ユーチェン Yu-Chien
ユーチェンコ
Yuchengco*
ユーチェンコウ
Yurchenco
ユチチャル
Yuetchechar
ユーチャス Jučas
ユーチュン Yu-chun*
ユチョン
Yucheon
Yuchun
ユッカ Jukka**
ユッカー
Jucker**
Uecker*
ユッカート Ueckert
ユック Huc*
ユックスキュル
Uexküll
ユッケル Jucker

ユッシ Jussi**
ユッスー Youssou*
ユッセラー Uesseler*
ユッセン Jussen*
ユッソン Husson
ユッタ
Jutta***
Yutta
ユッター Jutta
ユッタウォン
Yuthavong*
Yuthawong
ユッタナー Euthana*
ユッツィ
Jutze
Jutzi
ユッテ
Jette
Jutte**
Jütte
ユッテヴォン
Youtevong
ユッテン Jütten
ユット Huth
ユットワー Yuet-wah
ユッフ Juch
ユップ Jupp*
ユッペール Huppert
ユーツラー Youtsler
ユーデ Jude
ユテ Ute*
ユデ
Eudes
You Dae
ユデー Judae
ユーディ Yehudi*
ユディ
Udy
Yuddy
ユディシュティラ
Yodhisthira
ユディスティラ
Yudhistira*
ユティッカラ
Jutikkala
ユーディット
Jehūdīt
Judith**
ユディット
Judit*
Judith*
ユーディト Judith**
ユディト
Jehūdīt
Judit
Judith*
ユーディナ Yudina
ユディフ Iudif
ユーティライネン
Juutilainen*
ユーディン Yudin
ユーデクス Judex
ユテコ Eútychos
ユデス Yudes
ユデスキー Udesky
ユデーニチ
Iudenich
Yudenich
ユデニチ Iudenich
ユーデニッチ Iudenich
ユデニッチ Iudenich
ユーテル Utell
ユーデル Youdell
ユーデルマン
Yudelman
ユーデン Juden
ユーデンキューニヒ
Judenkünig
ユーデンキュニヒ
Judenkünig
ユテンブルック
Uyttenbroeck
ユーテンホーフェ
Utenhove
ユート Jud
ユード
Eude
Eudes
Uhde
Youde*
ユド Yudo
ユトヴィック Utvich
ユドゥリジエ
Hudrisier
ユドキン Yudkin
ユードクソス Eudoxos
ユトケーヴィチ
Yutkevich
ユトケヴィッチ
Yutkevich
ユトケビッチ
Yutkevich
ユドニス Udonis
ユドフスキー
Yudofsky
ユドヨノ
Yudhoyono**
ユードーラ Eudora
ユードラ Eudora***
ユドーラ Eudora
ユードリ Udry
ユードリー Udry*
ユードリイ Udry*
ユトリロ Utrillo*
ユードル Udall
ユドール Udall*
ユトレイー Utley
ユトレヒト Utrecht
ユートン
Yu-tong
Yu-tung
ユドン Hudon*
ユーナ Una
ユナ
Una
Yoon-a*
Yoona
Yoon Ah
Yoon-ah
Yuna
ユナイタス Unitas*
ユーナク Uhnak
ユナク Yoon-hak
ユナコビッチ
Junakovic
Junaković**
ユーナス
Eunice
Jonas*
ユナス Yunus
ユーナソン Jonasson
ユーナック Uhnak*
ユナピング
Yunupingu
ユナル Unal
ユナン Hunin
ユニ
Jouri
U;Nee
ユニアス Iouniâs
ユーニアーヌス
Junianus
ユニアヌス Junianus*
ユニアント Junianto
ユーニウス
Iunius
Junius
ユニウス
Iūnius
Ivnio
Junius
ユニェ Hugnet
ユニエスキー
Yuniesky
ユニオル Iūnior
ユニケ Euníkē
ユーニス Eunice***
ユニス
Eunice***
Younes
Younis
Yunis
ユニスジェプキルイ
Eunice Jepkirui
ユニチェフ Yunichev
ユニティ Unity*
ユニョン
Yoo-hyun
Yun-young
ユニリウス
Junilius
Junillus
ユーヌス
Younos
Yunus
Yūnus
ユヌス
Younous
Yunus**
ユヌスミ Younousmi
ユヌスメトフ
Yunusmetov
ユヌゾヴィッチ
Junuzovic
ユヌソフ Yunusov
ユヌピング
Yunupingu
ユヌベル Hunebelle*
ユーヌマン Jünemann
ユネキス Unekis
ユネケン Uneken
ユネシ Yunesi
ユーネス
Younes
Youness
ユネス
Younes*
Yunez
ユーネマン
Juenemann
Jünemann
ユネル Yunel
ユノ Yun-ho*
ユノス Eunos
ユハ
Juha**
Yu-ha*
ユバ
Hubas
Juba
Youba
ユーハイム Juchheim
ユーバーウェーク
Ueberweg
ユーバーヴェーク
Ueberweg
ユバクス Ubaghs
ユハシ Juhász
ユーバーシェア
Ueberschär
ユハース Juhász**
ユハス Juchacz
ユハズ Juhász
ユバック Ubac
ユハニ Juhani**
ユーハネス Johannes
ユハネス Johannes
ユバフス Ubaghs
ユーバムルン
Ubumrung
ユバラ Juvarra
ユバール
Hubbard
Huwart
ユバル
Jubal
Yucal
Yuval**
ユバルド Ubald
ユハレワ Yukhareva
ユーハン
Johan*
Johann
Juhan
ユハン
Juhan**
Yoo-hang
ユーパンキ Yupanqui
ユバンキ Yupanqui
ユパンキ
Yupanqui***
ユパンギ Yupangui
ユーバンク
Eubank
Ewbank*
ユーバンクス
Eubanks*
ユーハンソン
Johansson*
ユーハンナー
Yūḥannā
ユハンネス Johannes
ユービー Eubie*
ユビ Youbi
ユビー Huby
ユープ Youp
ユフ Juch
ユーファン
Euphan
Yu-fang
ユファン You-hwan
ユフィング Juffing
ユーフェミア
Euphemia
ユフェルマンス
Juffermans
ユフォンバ Ufomba
ユフス
Jusuf
Yussuf
Yusuf
ユフダ Yehuda
ユフト Juht
ユプト Yuput
ユーブナ Huebner
ユブネル Hubner
ユプホフ Uphoff
ユブラー Hubler
ユーフラジ Euphrasie
ユフラジー Euphrasie
ユブラジ Yubraj
ユフレイズ Euphrase
ユーベ Uebe**
ユーベア Hubert
ユペダール Djupedal
ユベナリス Juvenalis
ユーベル
Huber
Hubert
ユベール
Hebert
Huber
Hubert***
ユベル Hubert
ユペール Huppert*
ユーベルアッカー
Ueblacker
ユーベルヴェーク
Ueberweg
ユベルチーヌ
Hubertine
ユペルツ Hupperts
ユベルティ Huberty
ユベルティーヌ
Hubertine
ユベルド Huberdeau
ユーベルベーク
Ueberweg
ユベルマン
Huberman**
ユベロス Ueberroth*
ユーベン Euben
ユーベンクス
Juvencus
ユーホー Yuho
ユホ Juho
ユボー Hubeau

ユ

ユーホック Yew Hock
ユホック Joe Hok
ユボン
You-bong
Yvon
ユマ
Uma*
Yuma
ユーマオ Umaw
ユマーシェフ
Yumashev
ユマシェフ
Yumashev**
ユーマン
Youman
Youmans
ユーマンス Youmans
ユーマンズ Youmans*
ユマンズ Youmans
ユミ Yumi*
ユミカー Umiker
ユミコ Yumiko
ユミット Umit
ユミト Umit
ユミレイディ
Yumileidi*
ユム Youm
ユムジャーギィン
IUmzhagiin
ユムジャギン
Yumzhagiyn*
ユムティティ Umtiti
ユムン Yumn
ユーメイ You-mei
ユメール Humair
ユメンヨラ
Umenyiora*
ユモ Yu mo
ユーモルフォプロス
Eumorfopoulos
ユヤン Yuyan
ユーユー You-you
ユーラ
Eula
Uhler
Youla
Youra
ユラ
Youla
Yura
ユライ Juraj*
ユライア Uriah
ユーライト Jureit
ユーラジ Juraj
ユラソフ Yurasov
ユーラック Ulak
ユラック Jurack
ユラフスキ Juravschi
ユラム Ulam
ユーラリー Eulalie*
ユラール Hurard*
ユーラン
Goran
Göran
ユラン Jullan
ユーランダー
Uhlaender
ユーリ
Iouri*
IUrii
IUriĭ
IUrij
Juli*
Julii
Jüri*
Uli
Ulli
Ure
Urey
Uri
Ury
Youri**
Youry
Yuri**
Yurii*
Yurij
Yury**
ユーリー
Eury
Ewry
IU
IUrii
IUriĭ
Iurii*
Jirí
Juraj
Juri
Jüri
Jurij*
Uhle
Urey*
Ury*
Youri
Yulee
Yuli
Yulii*
Yuri***
Yurii***
Ýurii
Yurij
Yuriy*
Yurlii
Yury***
ユリ
Juri
Jyri
Ure
Uri**
Ylli
Yuli
Yu-ri
Yuri**
ユリー
Julie
Julij
Uri**
Urie*
Urry
Yulii
Yurî
Yurii**
ユーリア
Julia**
Júlia
Yrjo
Yrjö
Yulia
ユリア
Ioulia
Ioúlia
Iulia
Iuliia**
Julia***
Júlia
Julija*
Juliya*
Juria
Yulia**
Yuliia
Yuliya*
ユリアス Ioúlios
ユリアーナ Juliana
ユリアナ
Julian
Juliana**
Uliana
ユーリアーヌス
Julianus
ユリーアヌス Julianus
ユリアーヌス Julianus
ユリアヌス
Iulianus
Julianus*
ユリアーネ Juliane*
ユリアネ Juliane
ユリアーノ Iuliano
ユーリアーノス
Ioulianos
ユリアノス
Ioulianós
Iulianos
ユリアーン
Julian
Juriaan
Jurriaan
Jurrian
ユリアン
IUlian
Julian**
Yulian
Yurian
ユリアーンス
Juriaans
Jurriaanse
ユリアンティ Yulianti
ユリアンティラ
Ylianttila
ユリアンナ Yulianna*
ユーリィ
IUrii
Iurii
Iuriia
Yurii
Yurij
ユーリイ
Yurii*
Ýurii
Yurij
Yury
ユリィ Jurij
ユリィー Jurij
ユリイ
IUrii
Iurii
ユリウシュ Juliusz*
ユーリウス
Giulio
Julius***
Július
ユリウース Juliusz
ユリウス
Giulio
Ioúlios
Iulius
Iūlius
Julius***
Juliusz
Jurius
Jurjus
ユリウスドッティル
Juliusdottir
ユーリウソン
Júlíusson
ユーリエ Julie
ユリエ
Huriet*
Iurie
Jurrie
Yrjo
ユーリエヴァ Iurieva
ユーリエヴィチ
IUr'evich
Iurievich
Yulievich
Yuriich
ユリエヴィチ
IUr'evich
Iurievich
ユーリエヴィッチ
IUr'evich
Iurievich
ユリエヴィッチ
IUr'evich
ユーリエヴナ
Yurievna
ユリエヴナ Yurievna
ユリエス Julius
ユリエスキ
Yulieski
Yuliesky*
ユリエッテ Juliette*
ユーリエビッチ
Iurievich
ユリエビッチ
IUr'evich
Yurievich
ユーリェフ IUr'ev
ユーリエフ Yuriev
ユリエフ IUr'ev
ユリエル Uriel
ユリエン Jurriën
ユリエンス Jurriëns
ユリオ Jules
ユリオルキス
Yuriorkis*
ユリカ Jurica
ユリクス Jurichs
ユーリゲン
Jurgen
Jürgen
ユリコ Yuriko
ユリサンディ
Yurisandy
ユリシーズ
Ulysees
Ulysses*
ユリシス Ulises
ユーリス
Jeurys
Jhoulys
Uris**
Uyless*
ユリス
Jurijs
Juris
Ulis
Ulysse
Uris
ユリズジツキー
Yurizaitsky
ユリセル Yurisel*
ユリーチェク Juríček
ユリチッチ Jurčič
ユーリック
Eurich
Uhlig*
Ulick
Urich*
Urick
Yourick
Yurick*
ユリッタ
Iulitta
Julitta
ユーリッチ
Eurich
Ulrich
Urich
ユリッチ Juric*
ユーリッハー Jülicher
ユーリッヒ Julich
ユーリッヒャー
Jülicher
ユーリディシー
Eurudice*
ユーリディス
Eurydice
ユリナ Jurina
ユリナツ Jurinac
ユリナッチ
Jurinac
Jurinać
ユリナッツ Jurinac
ユリーネク Julínek
ユリネッツ Jurinetz
ユーリビ Uribe
ユーリピデス
Eurīpidēs
ユーリヒャー Jülicher
ユリマル Yulimar
ユーリヤ
Iuliia
Juliane
Yuria
ユリヤ
Ioúlia
Iuliia
Julia
Yulia**
Yuliya**
ユリヤナ Julijana
ユリュー Iuliu
ユリュース Julius
ユリョ Yrjö
ユリヨ
Yrjo*
Yrjö*
ユーリン
IUlin
Jeroen
Julin
Uehling
Ulin
Yue-ling
Yueling
Yuilleen
Yu-lin
Yulin
ユリン Yu-ling
ユーリンガー
Uehlinger

ユ

ユーリング Yu-ling
ユーリングス Eurlings
ユーリンゲン Jürgen
ユール
Euell
Ewell
Juel
Juhl*
Jul
Juul*
Youell
Youl
Yuill
Yuille
Yule**
ユル Yul*
ユルアノス Julianus
ユールウィリアムズ
Yuille-williams
ユールカ Yurka
ユルカ
Jurkka
Yurka
ユルガ Jurga
ユルキ Jyrki**
ユルギエル Jurgiel
ユルギェレビチ
Jurgielewicz
ユルギェレビチョーバ
Jurgielewiczowa
ユルギス Jurgis**
ユルク
Juerg*
Jurg*
Jürg***
ユルグ
Joerg
Jörg
Juerg
Jürg
ユルクス Jürgs*
ユルクスタス Yurkstas
ユールグラウ
Yourgrau
ユールゲン Jürgen
ユルゲン
Juergen**
Jüergen*
Jüergern
Jurgen**
Jürgen***
ユルゲンス
Jurgens*
Jürgens**
ユルゲンスマイアー
Jürgensmeier
ユルゲンスマイヤー
Juergensmeyer**
Jurgensmeyer
ユルゲンセン
Jürgensen
ユルゲンゼン
Juergenssen
ユルゲンソン
Jurgenson
ユルコーヴィッチ
Jurkovich
ユルコフ
IUrkov
Yurkov
ユルコフスキ
Jurkowski*
ユルシェウスカ
Jurševska
ユルジス Jurgis
ユルジツァ Jurzyca
ユールズ Eulls
ユルス Iullus
ユールスキー Yursky
ユルスキー Yurskii
ユルスト Hulst
ユールスナール
Yourcenar
ユルスナール
Yourcenar**
ユルスナル Yourcenar
ユルスマン Yulsman*
ユルズマン Uelsmann
ユルダクル Yurdakul
ユルチェク Vlcek
ユルチェニア
Yurchenya
ユルチェンコ
Yurchenko*
ユルチッチ
Jurčić
Jurčič
ユルチャク Yurchak
ユルチョク Jurczok
ユルドゥズ Yildiz
ユルドゥルム
Yildirim**
Yildrim
ユルドシェフ
Yuldoshev
ユールバーグ Eulberg
ユルバック Ulbach
ユルバン Urbain**
ユルファラキャン
Julfalakyan
ユルフェ Urfé
ユルヘー Jylhä
ユルベー Urbain
ユールベリ Djurberg
ユルベルヘン
Yurberjen
ユルヘン Jurgen
ユルベーン Urbain
ユルベン Urbain
ユルマズ
Yilmaz***
Yulmaz
ユルマンデル
Hullmandel
ユルムセール
Wurmser
ユルメ Ulmer
ユルヨ Yrjö
ユールヨーゲンセン
Jorgensen
ユルリク Ulrick
ユルリック Ulric
ユルリナ Jurlina
ユールン
Jeroen
Yue-lin
Yu-luen
ユーレ
Jule
Jure**
ユレ
Huré*
Huret
Jure
ユーレイ Urey
ユーレク
Jurek*
Yurek
ユレク
Jurek
Yurek
ユーレケ Uehleke
ユーレス Uyless
ユレチカ Jurečka
ユレック Julek
ユーレッシュ Uresh
ユレティッチ Juretić
ユレニア Yurenia
ユレニャ Jureňa
ユレニョフ Yurenyov
ユレーネフ Yurenev
ユーレン
Julen
Ulen
U'Ren*
ユーレンハンマー
Gyllenhammar
ユーレンベック
Uhlenbeck
ユーロ
Eulo*
Yulo
ユーロー
Eulau
Yuro
ユロー Hureau
ユーロウ Yuro
ユロウスキ Jurowski*
ユロウタス Eurotas
ユロージュ Euloge
ユーロセビッチ
Urosevich
ユーロフスキー
IUrovskii
ユロフスキー
IUrovskii
ユロワ Yurlova
ユーワグバ Uwagba
ユーワーズ Ewers
ユワン Ewan
ユーン
Yoon**
Yoong*
ユン
Dung
Hung*
Jon*
Jun
Jung***
Ljung
Yeung
Yon*
Yoon**
Youn*
Yuan
Yuen*
Yum
Yun***
Yung*
ユンウ Yoon-woo*
ユンカー
Juncker
Junker*
ユンガ Jünger
ユンガー
Junger**
Jünger**
ユンガイ Yungay
ユンカース Junkers
ユンカーズ Junkers
ユンガーネル
Junghaenel
Junghänel
ユンカーマン
Junkerman**
ユンギ
Yoon-ki*
Yun-gi
ユンギウス Jungius
ユンク
Jung*
Jungk**
Junk
ユング
Hung
Jung***
Jungius
Jungk
Ljung
Yung
ユンクィアン
Uncuyan
ユングヴァリ Ungvari
ユンクヴィスト
Ljungkvist
ユングヴィルト
Jungwirth
ユングクヴィスト
Jungkvist
Ljungquist
ユンググレーン
Ljunggren
ユングステッド
Ljungstedt
ユングスラーガー
Jungslager
ユングニッケル
Jungnickel*
ユンクハインリヒ
Jungheinrich
ユングビアト
Jungwirth
ユンクビルト
Jungwirth
ユングフライシュ
Jungfleisch
ユングブルート
Jungblut
Jungbluth*
ユングフーン
Junghuhn
ユングヘーネル
Junghänel
ユングベリ
Ljungberg**
ユングマン
Jungman
Jungmann*
Yungman
ユングラス Junglas
ユングン
Yoon-keun
Yun-gun
ユーンケ Juhnke
ユンゲ
Junge***
Jüngel
ユンケラ Yumkella
ユンケル
Juncker**
Junker*
Yunker
ユンゲル
Jungel
Jüngel*
Jünger
ユンケルス Junkers
ユンケルマン
Junkelmann
ユンゲルマン
Jungermann
ユンゲン Jürgen
ユンジェ
Yunjie
Yun-jye
ユンシク Yun-sik
ユンシャン
Yun-shan
Yunxiang
ユンジュ Yoon-joo
ユンシュアン
Yun-hsuan
ユンジュン Eunjung
ユンジョン
Yoon-jeong*
Youn-jeong
ユンジン
Yoon-jin
Yun-jin*
ユンス
Yoon-soo
Yun-soo
ユンセ Yoon-se
ユンソク
Yoon-suk
Yun-seok*
ユーンソン Johnson*
ユンソン
Eunson*
Johnson
ユンチョル
Yoon-chul
Yun-chol*
Yunchol
Yun-churl*
ユンッティ Juntti
ユンテ Yunte
ユンデ Yoon-dae
ユンディ Yundi
ユンティラ Junttila
ユンテン
Yongden
Yon-tan

ユ

ユント Yundt
ユントゥビ Yuntuvi
ユンドク
Yoon-deok
Yun-duk
ユンニルド Gynnild
ユンハク Youn-hak
ユンバーグ Ljungberg
ユンバート Humbert
ユンヒ Yun-hui
ユンファ
Eun-Hwa
Yuen-fat*
Yun-Fat
ユンファン
Yoon-whan**
ユンフォン Yun-feng
ユーンプン Yoonpund
ユンホ
Yoon-Ho
Youn-ho
Yunho*
ユンミ
Yun Mi
Yun-mi
ユンモ Yun-mo
ユンリン
Yun-lin
Yun-ling
ユンワ Yoon wah

ヨ

【ヨ】

ヨ
Jo*
Yeo*
ヨー
Jo**
Joe
Johanna
Joo
Yaw
Yeo**
Yeoh*
Yew
Yo*
Yoe
ヨア Yoah
ヨアヴ Yoav
ヨアカム Yoakam
ヨアキム
Ioachim*
Joachim*
Joakim**
Joaquim
Jojakim
ヨアクィナ Joaquina
ヨアサフ Joasaph
ヨアシ
Iōas
Jehoash
Joash
ヨアシム Joachim
ヨアシュ Iōas
ヨァーズ
Joors
Yoors
ヨアス Joas
ヨアチム Joachim
ヨアディムナジ
Yoadimnadji*
ヨアナン Yohanan
ヨアニキウス
Joannicius
ヨアニシアニ
Ioannisiani
ヨアーニス Ioannis
ヨアニス
Ioannis*
Joannis
Yannis
ヨアニディ Ioannidi
ヨアニデス Ioannides
ヨアネス
Ioanes
Ioannes
Jean
Joannes
Johannes
ヨアハズ
Iōachas
Jehoahaz
ヨーアヒム Joachim*
ヨアーヒム Joachim
ヨアヒム
Joachim***
Joachin
Joahim
ヨアヒムスターラー
Joachimstaler
Joachimsthaler
ヨアブ
Iōab
Joab
Yoav
ヨアル Joar
ヨアン
Eoin
Ioan**
Joan*
Jóan
JoAnn
Joao
Johanna
John
Jorgen*
Jørgen*
Jørn
Yoan
Yoane
Yoann**
Yohan
Yohann
ヨーアンセン
Jörgensen
Jørgensen*
ヨアンセン Jörgensen
ヨアンソン Johansson
ヨアンダー Yohander
ヨアンナ
Joan
Joanna**
Yohana
ヨアンニキオス
Ioannikios
ヨアンニス
Gioannes
Jean
ヨーアンネース
Ioannes
Iōannēs
Iōánnēs
Joannes
Johannes
Jōhannēs
ヨアンネス
Ioannes
Ioánnes
Iōannēs
Iōánnēs
Iohannes
Joannes*
Johannes
Jōhannēs*
ヨイアク Jozwiak
ヨーイチ Yoichi
ヨイッチ Jojic
ヨウ
Yaw
You
ヨーヴァイシャ
Jovaiša
ヨヴァナ Jovana
ヨヴァノヴィチ
Jovanović
ヨヴァノヴィッチ
Jovanovic
Jovanovici
ヨヴァノヴスキー
Jovanovski
ヨヴァン Jovan**
ヨウィアーヌス
Jovianus
ヨウィアヌス Jovianus
ヨヴィアヌス Jovianus
ヨウィータ Jovita
ヨヴィッチ
Jovic*
Jovič
Jovici
ヨウィニアーヌス
Jovinianus
ヨウィニアヌス
Iovinianus
Jovinianus
ヨーヴィネ
Jovine
Jòvine
ヨーヴィル
Yeovil
Youville
ヨウヴィル Yeovil
ヨヴェティッチ
Jovetic
ヨウェリ Yoweri**
ヨウォン Yo-won*
ヨウコ Jouko
ヨウココココ Yokococo
ヨウシフ Yousif
ヨウダー Yoder
ヨウチェー Yu-chieh*
ヨウナス Jónas
ヨウハネソン
Jóhannesson
ヨウハン Jóhann
ヨウハンヌ Jóhann
ヨウハンネスソン
Johannesson
Jóhannesson
ヨウラ Youra
ヨウリス Yowlys
ヨゥン
Jón
Younes
ヨウーン Jón
ヨウン Jón
ヨウンスドッティル
Jónsdóttir
ヨウンソン
Jonsson
Jónsson
ヨーエ
Joe
Yohe
ヨエニス Yoenis*
ヨーエル
Joel
Youell
ヨェール Jöhr
ヨエル
Iōēl
Joel*
Jō'el
Yoel*
ヨェルク Jörg
ヨェルグ Jörg
ヨエルク Jörg
ヨェルゲンゼ
Jørgensen
ヨェルゲンセン
Jørgensen
ヨェルゲンゼン
Jørgensen
ヨエルセグンド
Yoel Segundo
ヨエルソン Yoelson
ヨェルデン Joerden
ヨーエンセン Joensen
ヨオアヒム Joachim
ヨオク Yo-ok*
ヨオハン Johann
ヨーカ Yoka
ヨカ Yoka*
ヨガ Joga
ヨーカイ
Jokai
Jókai
ヨーガスワルパナンダ
Yogaswarupananda
ヨガナンダ
Yogananda
ヨカノビッチ
Jokanovic
ヨカブジム
Yokabdjim
ヨーカム
Yoakam
Yoakum*
Yocum*
ヨカム Yocum
ヨカムスン
Jochumsen
ヨーガン
Jörgen
Juergen
Jurgen*
Yohan
ヨガンソン Yoganson
ヨーキー
Yawkey
Yorkey
ヨーギ Yogi
ヨーギー Yogi*
ヨキ Yoki
ヨギ Yogi**
ヨキアム Joachim
ヨーキズ Yerkes
ヨギダ Yogida
ヨキッチ
Jokic
Jokić
ヨキネン Jokinen
ヨギヘス Jogiches
ヨギラジ Yogiraj
ヨキランタ Jokiranta
ヨーキール Jokiel
ヨキレット Jokilehto*
ヨーキン Yorkin
ヨーギーンドラ
Yogindra
ヨーク
Joke*
Jörg
York***
Yorke***
ヨク Yok*
ヨークサ Yerxa*
ヨクシモビッチ
Joksimović
ヨークシャー
Yorkshire
ヨクスアン Yock Suan
ヨクスオール Yoxall
ヨークストン
Yorkston
ヨクマン Jochmann
ヨクムソン
Jochumsson
ヨクリン Yoke Lin
ヨクンドゥス
Iocundus
ヨーケ Joke
ヨケ Lloque
ヨゲヴ Yogev
ヨーゲシヴァラナンダ
Yogeshwaranand
ヨゲシュワル
Yogeshwar
ヨーケル Jokl
ヨケルソイ Ljøkelsøy
ヨーゲン Jorgen*
ヨーゲンセン
Joergensen
Jorgensen*
ヨーゲンドラ
Yogendra
ヨーコ Yoko*
ヨーゴス Georgios
ヨコス Yoccoz
ヨコツ Yoccoz
ヨコビッチ Jokovic
ヨーコランド
Yokoland
ヨザース Yothers
ヨサフ Yousof
ヨサファット
Josaphat

ヨサファト Iosafat
ヨザファト Josaphat
ヨサム Yo-sam**
ヨージー Josy
ヨシ
Iasi
Joshi
Yosh
Yossi
ヨシア Josiah
ヨジアコフスカ
Józwiakowska
ヨージアス Josias
ヨジアス Josias
ヨシィフォビッチ
Iosifovich
ヨージェ
Joze
József
ヨージェフ
Jozsef
József**
Józsf
ヨジェフ Jožef
ヨシオ
Yoshio
Yosiwo
ヨーシカ Jósika
ヨージカ Jósika
ヨージク Yorzyk
ヨシク Yoshik
ヨシコ Yoshiko*
ヨシップ
Josef
Josip**
ヨジップ Josip**
ヨシテル Yoshiteru
ヨシト Yoshito
ヨシトミ Yoshitomi
ヨシナガ Yoshinaga
ヨシフ
Iasif
Iosif*
Joseph*
Josip
Yosif
Yossif
ヨシプ
Josef
Josip**
ヨシフォヴィチ
Iosifovich
ヨシフォヴィッチ
Iosifovich
ヨシフォヴナ
Iosifovna
ヨシフォビッチ
Iosifovich
Yosifovich
ヨシフォフ Yossifov
ヨシペル Iosiper
ヨシペンコ
Yosypenko
ヨシポヴィッチ
Josipović*
ヨシポビッツ
Josipovic
ヨシムラ Yoshimura
ヨシヤ
Iōsías
Josiah
ヨジャ Joža
ヨシャパテ
Iōsaphát
Jehoshaphat
ヨシャファト
Iōsaphát
Jehoshaphat
ヨシヤマ Yoshiyama*
ヨシュ Jos
ヨシュア
Jehōšū'a
Joshua**
Josua
Yehoshua
Yoshua
ヨシュカ
Joschka**
Jožka
ヨシユキ Yoshiyuki
ヨジュン Yeo-joon
ヨジョン
Yo-jong*
Yuh-jung
ヨース
Hjorth**
Joos*
Joose
Jooss
Joosse
ヨス
Jos*
Joss
Yer-su
ヨーズア Josua
ヨスィ
Jose
Yossi
ヨスィーネ Josine
ヨスィプ Josip
ヨスコビッツ
Yoskovitz
ヨースタ Gösta
ヨースタイン
Jostein**
ヨーステン
Joosten
Josten
ヨースト
Joest
Johst*
Joost**
Jost**
Yost*
ヨスト
Jost**
Yost*
ヨストス Justus
ヨスバニ Yosbany
ヨズビク Jozwik
ヨーゼ José
ヨセ
Ioseph
José*
Josse
Josué
Yose
ヨーセーフ Joseph
ヨーセフ
Josef*
Joseph
Józef
Yosef
ヨーゼフ
Iosif
Josef***
Joseph***
Jóseph
Josephus
Jozef
Józef
Jozsef
József*
ヨセフ
Ioseph
Iosif
Josef***
Josefa
Josepf
Joseph***
Jozef
Jozsef
József
Yosef***
Yoseph*
Yosif
Yossef*
Yousef
Youssef
ヨゼフ
Josef***
Joseph***
Jóseph
Josephus
Jozef***
Józef***
József*
ヨーゼファ Josepha
ヨセファ Jozefa
ヨゼファ Josepha
ヨゼフィーネ
Josephine
ヨセフィン Josefin
ヨーセフォス Iōsephos
ヨセフォス
Iosephos
Jōsephos
Josephus
ヨセフス Josephus*
ヨゼフス Josephus
ヨーセフソン
Josephson
ヨセフソン
Josefson
Josephson**
ヨゼフゾーン
Jozefzoon
ヨセフュス Josephus
ヨーセーボス
Josephus
ヨセリン Josselin
ヨゼル
Josef
Josel
ヨーゼルマン
Joselman
Joselmann
ヨセレヴィチ
Joselewicz
ヨーゼンハンス
Josenhans
ヨゾ
Jozo*
Jozo
ヨソディプロ
Yosodipuro
ヨソプ Yo-seop
ヨソン Yeo-sun*
ヨータ Göta
ヨーダー Yoder**
ヨダ Yoda
ヨダー Yoder
ヨダコンコボ
Yoda-konkobo
ヨタピアヌス
Jotapianus
ヨタム
Iōátham
Jotham
ヨーダル Jordal
ヨーダン Yordan
ヨーチ Yauch
ヨチェム Jochem
ヨチェムセン
Jochemsen
ヨーチェン Joutsen
ヨチッチ Jočić
ヨチャン Yo-chan
ヨツィアス Jozias
ヨック
Yock
Yok
ヨックス Jocks
ヨックタイ Yokthai*
ヨックム Jockum*
ヨックムソン
Jochumsson
ヨッシ Yossi
ヨッシー
Yosef
Yossi
ヨッセル
Iossel
Joessel
ヨッツォ Jotzo
ヨッティ Yotty
ヨット
Hjort
Jakob
Yot
ヨッハイム Joachim
ヨッハム Jochum
ヨッヒェン Jochen**
ヨップ Dop
ヨッフィー Yoffie
ヨッフェ
Ioffe***
Joffe**
Yoffe
ヨッフェン Jochen
ヨッフム Jochum**
ヨッペ Joppe
ヨッヘン Jochen**
ヨッポン Yordphol
ヨーティ Yorty
ヨーティン Yothin
ヨーデル Youdell
ヨート
Hjort
Hjorth*
ヨトゥニ Jotuni
ヨドークス Jodocus
ヨドクス Jodocus
ヨドゴロイ Yodgoroy
ヨトバ Iotova
ヨトフ Yotov
ヨトファト Yodfat
ヨトポロス
Yotopoulos
ヨートマニー
Yodmani
ヨードル Jodl*
ヨートン Yorton
ヨードン Yourdon*
ヨーナ
Yona
Yonah
ヨナ
Ionas
Jona
Jōnā
Jonah*
Yeonah
Yona***
Yonah
Yu-na*
ヨナサン
Jonathan
Yhonathan
ヨナサンズ Jonathans
ヨーナス
Jonas**
Joonas
ヨナス
Jonas***
Joonas
Yonas
Yonath
Younus
ヨーナスソン
Jonasson
ヨナセン Jonassen
ヨナーソン Jonasson
ヨナソン
Jonasson**
Jónasson
ヨナダブ
Iōnadab
Jonadab
ヨーナタン Jonathan
ヨナタン
Iōnathan
Jonatan*
Jonathan*
ヨーナック Jonak
ヨナッソン Jonasson
ヨナット Yonath*
ヨナート Jonath
ヨナル Önal
ヨニ Yoni
ヨニー Johnny
ヨニェヴス Joņevs
ヨニナ Jónína
ヨヌーツ Ionut
ヨーネ Johne
ヨネス Jones
ヨネスク
Ionescu
Jonescu

ヨ

ヨネスコ Ionesco
ヨネダ Yoneda
ヨネル
Ionel
Jonel
Yonnel
ヨーネン Johnen
ヨハイ
Jochai
Yochai
ヨーハウグ Johaug**
ヨパート Yopaat
ヨハナ
Iōánna
Joanna
Johanna
Yohana
ヨバナ Jovana
ヨハナン
Iōánan
Johanan
Johann
Yohanan
ヨハニ Juhani
ヨバニ Yovani*
ヨハニス Iohannis*
ヨハニソン
Johanisson
ヨハニティウス
Johannitius
ヨハニデス Johanides
ヨハネ
Ioannes
Iōannēs
Iohannes
Iōnnēs
Joannes*
Johan
Johann
Johanne
Johannes***
Jōhannēs
Juan*
ヨーハネス Johannes
ヨハーネス Johannes
ヨハネス
Iōannēs
Jahannes
Jean
Joannes*
Johanes*
Johann
Johannes***
Jōhannēs
Johannnes
ヨハネスドッティル
Johannesdottir
ヨハネセン
Johannesen
Johannessen*
ヨハネソン
Jóhannesson*
ヨハネッセン
Johannesen
ヨハネッソン
Johannesson
ヨハネパウロ
Johannes Paulus
ヨハネユ Joannes
ヨハノ Johano
ヨバノビッチ
Jovanovic
Jovanović
ヨハヒム
Joachim*
Joashim
ヨハレム Yohalem
ヨーハン
Joann
Johan**
Johann**
Johannes
John
ヨハーン Johann*
ヨハン
Iogan
Jean
Joachim
Joan
Johan***
Johann***
Jóhann
Johannes*
Johau
John
Jörn
Yo-han
Yohan*
ヨバン Jovan*
ヨハンション
Johannsson
Johansson
ヨハンス
Johanns
Johans
ヨーハンスドルフ
Johansdorf
ヨハンスドルフ
Johannsdorf
Johansdorf
ヨハンスマイアー
Johannsmeier
ヨハンセン
Johannsen
Johansen**
Johanson
ヨハンゼン
Johannsen
Johansen
ヨーハンソン
Johannssohn
Johannsson
Johansson
ヨーハンゾン
Johanson
ヨハンソン
Jóhannsson*
Johansen
Johanson*
Johansson***
Jönsson
ヨハンナ
Iōánna
Iōánnēs
Joan
Johanna***
Jóhanna*
ヨハンナーバー
Johannaber
ヨハンヌ Johanne
ヨハンネ Johanne*
ヨハンネース
Johannes
ヨハンネス
Joannes
Johannes***
Jōhannēs
ヨヒエン Jochen
ヨビチェビッチ
Jovicevic
ヨビッチ Jovič
ヨピッヒ Joppich
ヨービネ Jòvine
ヨヒムセン Jochimsen
ヨヒムゼン Jochimsen
ヨーブ Joob
ヨープ
Job
Joop*
ヨブ
Iōb
Job*
Jobé
Yob
ヨプ Job
ヨファン
Iofan
Yoe-hwan
ヨフィー
Joffe
Yoffie*
ヨプケ Joppke
ヨフコフ
Jovkov
Yovkov
ヨープスト Jobst*
ヨプスト Jobst
ヨブチェフ
Iovtchev
Yovchev
ヨーフム Jochum
ヨブレギャット
Llobregat
ヨベス Yobes
ヨペック Jopek
ヨヘベッド Yocheved*
ヨヘム Jochem
ヨベル
Yober
Yobert
Yovel*
ヨヘルソン Jochelson
ヨーベルト Joubert
ヨヘン
Joche
Jochen*
ヨボ Yobo
ヨホヤキム Johoiakim
ヨマ Yoma
ヨーマン Yeoman*
ヨーマンズ Yeomans
ヨミョン Yeo Myeong
ヨム Yom**
ヨムジェ Yum-je
ヨムトブ Yom Tov
ヨムトブ Yom-tov
ヨムマラート
Yommarat
ヨメリ Jommelli
ヨヤキム Jehoiakim
ヨヤキン Jehoiakin
ヨヤダ
Iōdae
Jehoiada
ヨーヨー
Yo-Yo*
Yoyo
ヨラシュキー
Joraschky
ヨラス Yorath
ヨラーナ Yolana
ヨーラム Yoram*
ヨラム
Iōrám
Jehoram
Yoram*
ヨーラン
Goran
Göran**
ヨラン
Goran
Göran
Jolan
Jolande
Yoran
ヨーランソン
Goransson
Göransson
ヨーランダ
Yolanda
Yolande
ヨランタ Jolanta
ヨランダ
Iolanda
Jolanda
Yolanda***
Yolande*
ヨランデ
Jolande
Yolande*
ヨーラーンド Yolande
ヨーランド Yolande
ヨランド Yolande*
ヨーリ
Georg
Joli
ヨリ
Jolly
Jöri
ヨリー Jolly
ヨリエン Jolien
ヨリオズ Jorioz
ヨリク Yoric
ヨーリス
Joisz
Joris*
ヨリス Joris**
ヨーリスゾーン
Joriszoon
ヨリック Yorick
ヨリッセン Jorissen*
ヨリッツ Jolitz
ヨリット Jorrit*
ヨリツマ Jorritsma
ヨリト Jorrit*
ヨリン Jorien*
ヨーリンクス Yorinks*
ヨール
Hrsg
Johr
ヨル
Jolle
Yeol
Yorou
ヨルー Yalouz
ヨールイ Yolly
ヨルガ Iorga
ヨルガトゥ Georgatou
ヨルギア Georgia
ヨルギアデス
Georgiades
ヨルギオス Georgios*
ヨルキス Yorkis
ヨルク
Jorg*
Jörg*
Yorck
ヨルグ
Joerg*
Jorg
Jörg
ヨルゲン
Jorgen**
Jörgen
Jørgen**
ヨルゲンス Jörgens
ヨルゲンセン
Joergensen
Jorgensen**
Jörgensen**
Jørgensen*
ヨルゴス
George
Georgios
Giorgos*
Yiorgos
Yorgos*
ヨルゴバ Yorgova
ヨルゴワ Yorgova
ヨールソン Ioel'son
ヨルダシ Yldash
ヨルダーヌス
Jordanus
ヨルダヌス
Iordanus
Jordan
Jordanus
ヨルダーネス Jordanes
ヨルダネス Jordanes
ヨルダノ Yordano
ヨルダノバ Yordanova
ヨルダノフ
Jordanov*
Yordanov
ヨルダル Jordahl
ヨルダン
Iordan
Iordán
Jordan**
Yordan
ヨルダンカ Yordanka
ヨルダーンス Jordaens
ヨルダンス Jordaens
ヨルディ
Jordy
Yoldi
ヨールディス Hjördis
ヨルディス Hjördis
ヨルデット Jordet
ヨルト
Hiort
Hjort
Hjorth
ヨルトン Yolton

ヨ

ヨルバルス Yolbars
ヨルヘリス Yorgelis
ヨールベルク Jolberg
ヨルマ Jorma**
ヨルマー Yolmer
ヨルム Yeol Eum
ヨルヤディス
Georgiades
ヨルン
Jeroen*
Jorn
Jörn*
Jørn**
Jorunn
ヨーレウスカヤ
Yauhleuskaya
ヨレシュ Jorisch
ヨーレス Jores
ヨレス Jolles*
ヨレッツ Jolesz
ヨレフスキ Jolevski
ヨレル Görel
ヨーレン
Jørgen
Yolen**
ヨレンテ Llorente
ヨロ Yoro
ヨロヴィツ Jolowicz
ヨロフ Yorov
ヨワノヴィッチ
Jovanović
ヨワンソン Johansson
ヨーン
Georg
Ioan
Ion*
John**
Jon*
Jón*
Jorn
Jörn
Yohn
Yong
Yoon*
ヨン
Ion*
John**
Jon***
Jón**
Jorn
Yeong*
Yeun
Yon**
Yone
Yong**
Young*
Yun
Yung
ヨンア Young-ah
ヨンイ Yung-euy
ヨンイク Yongik
ヨンイル
Yong-il**
Young-iel
Young-il
ヨンウ
Yong-woo
Young-woo
Yung-woo*
ヨンウォン
Yong-won
Young-won
ヨンウク Yon-wook
ヨンウン
Yong-eun
Yong-un*
Yong-woon*
ヨンエ
Yeong-ae*
Young-ae*
ヨンオ
Yong-o
Yong-oh
ヨンオク Young-ok
ヨンカー Jonker
ヨンガク Young-gack
ヨンカーズ Yonkers
ヨンカン Yong-kang
ヨンキー Jongkie
ヨンギ
Yong-gi*
Young-gi
ヨンギュ Young-kyoo
ヨンギュン
Jong-gjun
Yong-gyun
Yonggyun
Yong-kyun
Young-gyun
Young-kyun
ヨンギョ Young-kyo
ヨンギョン
Yeon-koung*
Young-kyoung
ヨンギル
Yong-gil*
Young-gil*
ヨンキント Jongkind
ヨンキンド Jongkind
ヨンク
Jong
Jonk
ヨング
Jong**
Jongh*
Yeong
Yong
Yonge
Yong-koo
Young
Young-koo
Young-ku
ヨングァン
Yong-gwan
Yong Gwang
Yong-gwang
Yong-kwan
Young-kwan
Young-kwang
ヨングキント
Jongkind
ヨングク Yong-guk*
ヨングスマ Jongsma
ヨングハンス
Junghans
ヨンクブルート
Jongbloed
ヨングン
Yeong-kun
Young-gwon*
ヨンケ Jonke
ヨンゲ
Jonge
Jongen
ヨンゲイ Yongey
ヨンゲラス
Llongueras
ヨンケル
Jonkel
Jonker
Junker
ヨンゲン Jongen
ヨンゴン Yong-gon
ヨンサム
Yong-sam
Yongsam
Young-sam**
ヨンサン
Yong-sang
Young-san
Young-sang
Yun-sang
ヨンジェ
Yong-jae
Young Jae
Young-jae*
Youngje
ヨンジェン Yong Jian
ヨンシク
Yong-sik*
Yongsik
Youngseok
Young-sik
ヨンジク Yong-jik
ヨンジャ
Yong-Ja
Yon-ja*
ヨンジュ
Yeong-ju*
Yong-joo
Yong Ju
Yong-ju**
Young-joo
Young-ju
ヨンジュン
Yong-joon*
Yong-joong
Yong-jun
Yong-shun*
Young-joon
Young-jun
ヨンジョ
Yong-jo
Yongjo
Young-cho
Yun-joe
ヨンジョン
Yong-jeung
Young-johng
Yung-chung
ヨンジョンジャ
Yungdrung Gyal
ヨンシン
Yong-shin
Yongxing
Youg-xing
ヨンジン
Yong-chin
Yongdzin
Yong-jin**
Young-jin
ヨンス
Jonas
Jöns
Yeon-su*
Yong-soo
Yong-su
Young-soo
Young-su
ヨンスク
Yong Suk
Young-sook**
ヨンスドゥター
Jónsdóttir
ヨーンスドッティル
Jónsdóttir*
ヨンストン
Jonstons
Jonstonus
ヨンストンス Jonstons
ヨンスル Johnsrud
ヨンスン
Yong-sun**
Young Soun
ヨンセ Young-se
ヨーンセン
Joensen
Johnsen*
ヨンセン
Johnsen**
Jonsen
Young-saeng
ヨンソ Young-so
ヨンソク
Yong-sok
Yong-suk
Youg-suk
Young-seok
Youngseok
Young-souk
Young-suk
ヨンソプ
Yong-sop
Yong-sup
ヨーンソン
Johnson
Johnsson
Jónsson
ヨーンゾン Johnson**
ヨンソン
Johnson
Johnsson
Jonsson**
Jönsson*
Yong-seon
Yong-son
Yong-sun
Yong-sung*
Young-sun*
ヨンダー Yonder
ヨンタイ Yong-tai
ヨンタク Young-tak
ヨンダル Young-dal
ヨンチェ Yong-chae
ヨンチェフ Ionchev
ヨンチャイユット
Yongchaiyudh
Yongchaiyuth
ヨンチャイユート
Yongchaiyudh*
Yongchaiyuth
ヨンチャン
Yong-chan
Yongchan
Young-Chan
ヨンチュン
Yong-chun**
Youn-choon
Young-chun
ヨンチョル
Yeon-chul
Yeong-Cheol
YongCheol
Yong-chol**
Yong-choul
Yong-chul
Young-chel
Young-cheol*
Young-choul
Young-chul
Yung-chul
ヨンチン Yung-ching
ヨンチンファ
Jong Tjien Fa
ヨンテ
Yong-tae
Yon-tae
Young-tai
ヨンデ
Jonge
Yong-dae*
Young-dai
Young-tae
ヨンテク
Yong-teack*
Young-taek
Yun-taek
ヨンテン Yon tan
ヨンテン・タクパ
Yon tan grags pa
ヨーント Yount*
ヨンド Young-do**
ヨンドゥ
Young-doo*
Yung-du
ヨンドク
Yong-deok
Young-deok
Yung-duk*
ヨントーブ Yomtoob
ヨンドン
Yondon
Young-don
ヨンドンギーン
Yondongiin
ヨンナ
Jonna*
Youngna
ヨンナム
Yong-nam*
Young-nam
ヨンネ
Jonne*
Young-rae
ヨンノク Yong-nok
ヨンハ
Yong-ha*
Yong-hak
Young-ha*
ヨンハオ Yong-hao
ヨンハク
Yong-hak
Young-hak
ヨンハッ Yong-hak*
ヨンパルト
Llompart**
ヨンハン Young-han
ヨンヒ
Yong-hee
Yong-hui
Young-hee**
Young-hie
ヨンピョ Yong-pyo*

ヨ

ヨンヒョン
Yon-hyon
Young-hyun
ヨンピョン
Yong-pyung
ヨンピル Yong-pil*
ヨンピン Yong Ping
ヨンブ Young-boo
ヨンファ Yong-wha
ヨンファン
Yong-fan
Yong-hwan
Young-hwan*
Yung-whan
ヨンブノ Yombouno
ヨンフン
Yong-hoon*
Yonghoon
Yong-hun
Young-hoon**
ヨンヘ
Jonge
Young-hae
ヨンベ Young-bae
ヨンホ
Yeon-ho
Yeonho
Yong-ho*
Young-ho
ヨンボ Yombo
ヨンボー Yongbo
ヨンボウノ Yombouno
ヨンボク
Yong-bok
Young-bock
Young-bok
Yung-bok
ヨンボム Young-bum
ヨンホワ Yong-hua
ヨンマン Yong-man*
ヨンミ Young-mi*
ヨンミョン
Yong-myung
Young Myung
Young-myung
ヨンミン
Jeong-min*
Yeong-min
Young-min
ヨンム
Yong-mu*
Young-moo*
ヨンムン
Young-moon
ヨンメッリ Jommelli
ヨンメリ Jommelli
ヨンモ
Yong-mo
Young-mo
ヨンモク Young-mok
ヨンユット
Yongyoot
Yongyuth*
ヨンユート Yongyuth
ヨンヨル Young-yol
ヨンリ Yonli
ヨンリプ Yong-rip
ヨンリム Yong-rim*
ヨンレ Young-rae
ヨンロク Yong-rok

【ラ】

ラ
Hla*
La***
Las
Le
Ra**
ラー
Lah
Lahr
Lal
Lar*
Le
Loehr
RA
Ra
Rae
Rah
ラアエルレエフ
Lagerlöf
ラアクソネン
Laaksonen
ラアゲルレエヴ
Lagerlöf
ラァザレフ Lazareff
ラアジャソン
Rahajason
ラアダリ Laadhari
ラアテナウ Rathenau
ラアド Ra'ad
ラアトブルフ
Radbruch
ラアナン Raanan
ラァネッド Learned
ラアビディ Laabidi
ラアヘル Rahel
ラアリー Laharie
ラアルプ La Harpe
ラーイ
Rāi*
Ray
Rāy
Rōy
ライ
Lai**
Lay*
Laye
Leigh
Ley
Lye
Rai**
Rāi
Ray*
Rōy
Ry*
Rye
Wrye
ライア
Lia
Ryer
ライアー
Laier
Reiher
Reyer
Reyher*
ライアカット Liaquat
ライアス Lias
ライアススリー
Wriothesley
ライアスン Ryerson
ライアーソン Ryerson
ライアソン Ryerson
ライアック Riach
ライアード Laird
ライアト Laiat
ライアニエミ
Rajaniemi*
ライアネ Riane
ライアノン Rhiannon
ライアム Liam*
ライアモン Layamon
ライアル
Lyall***
Ryal
Ryall
ライアルズ Ryalls*
ライアン
Liane
Lion
Lyon**
Rayan*
Rayyane
Rhian
Rian**
Riane
Ryan***
Ryane
Ryanne
Ryon
Ryun
ライアンズ
Lyons**
Ryans
ライアンダ Lyanda
ライアント Rylant
ライイング Reihing
ライヴ Ryave
ライヴァ Riva*
ライヴィー Rivey
ライヴィク Leivick
ライヴス Rives
ライヴズ Ryves
ライヴリ Lively
ライヴリー Lively*
ライヴリィ Lively
ライェ Laye*
ライエ Rayet
ライエル Lyell
ライエル
Lyall
Lyele
Lyell*
Reyher
ライエルスゾーン
Reijerszoon
ライエン Leyen*
ライエンダイク
Luyendijk
ライエンデッカー
Leyendecker
ライオシスリ
Wriothesley
ライオス Laios
ライオット Riotte
ライオネット
Lionnet
Lyonnet
ライォネル Lionel
ライオネル
Lionel***
Lyonel
ライオラ Raiola*
ライオール Ryall
ライオン
Lion**
Lyon**
Ryon
ライオンス Lyons
ライオンズ Lyons*
ライカ Rajka
ライカー
Liker*
Riker
ライガ Lyga*
ライガー Reiger
ライガーダ Raygada
ライカート
Leichhardt
Reichardt
Reichert
ライカールト
Rijkaard**
ライカン Lycan
ライキ Rajki
ライキン
Raikin*
Rajkin
ライク
Raick
Raikh
Rajk*
Rayk
Reich***
Reik
Rijk
Rike
Ruigh
Ryk**
ライクス
Raikes
Reichs**
ライクヘルド
Reichheld*
ライクマン Rajchman
ライクラー Reichler*
ライグラフ Leygraf*
ライクリー
Raichle
Reichle
ライクル
Reichl*
Reichle
ライクレン Raichlen*
ライクロフト Rycroft
ライケマン Ryckeman
ライゲルース
Reigeluth
ライケン
Laiken*
Luiken
Ricken
Rijken
Ryken
ライケンス
Likens
Rijkens*
ライケンズ Likens
ライケンバーグ
Reichenberg
ライコ Rajko
ライゴ
Laigo
Lygo**
ライコヴィッチ
Rajkovic
ライコート
Ricaut
Rycaut
ライコネン
Räikkönen*
ライコフ Raikov*
ライーサ Raisa
ライーザ Raisa
ライサ
Raisa**
Raissa*
Raïssa
ライサー
Reisser
Ricer
ライザ
Lisa*
Liza**
Raisa
Raiza
Ryza
ライザー
Leiser*
Leyser
Lizer
Lyser
Raiser
Reiser*
Riser
ライザーソン
Leiserson
ライサチェク
Lysacek**
ライザート Reisert*
ライザハ Reisach
ライサミ Laismit
ライザーン Ra'Zahn
ライシ
Raisi
Reich
Reisch
ライジ Ryge
ライジー
Leisi
Leisy
ライシァウアー
Reischauer
ライシェル Reichl
ライシガー Reissiger
ライシッヒ Reisig
ライジハー Reiziger*
ライシヒ Reissig
ライジヒ Reisig
ライジャー Leisure
ライシャウアー
Reischauer
ライシャワ Reishauer

ライシャワー
Reischauer**
ライシャン Laishan
ライシュ
Reich**
Reisch*
ライシュラム
Laishram
ライシュリン Reichlin
ライシュレ Reischle
ライジン
Reisine
Reizin
ライジンガー
Leisinger
Reisinger
ライジング
Reising
Rising
ラーイス Raiss
ライース
Raees
Rais
ライス
Lais
Laïs
Laith
Layth
Leiss
Leith
Lys
Lyth
Rais**
Raisz
Reis
Reiss**
Reisz**
Rhys
Rice***
Ruysch
Ryce*
Ryse
ライズ
Raize
Reise
Rhys
Ries*
Rydze
ライズィ Leisi*
ライスカブ Rajskub
ライスキ Rayski
ライスケ Reiske
ライスター Leister*
ライスダール
Ruysdael
ライズダール
Ruysdael
ライスティコー
Leistikow
ライズディール
Ruysdael
ライスト Leist
ライストナー Leistner
ライストリック
Raistrick
ライスドルフ
Leinsdorf
Reisdorph
ライスナー
Leisner
Raisner
Reisner*
Reissner
Reißner
ライズナー
Leisner
Reisner*
ライズバーグ Reisberg
ライスフェルド
Reisfeld
ライスブラック
Rysbrack
ライスブルック
Ruysbroeck
ライズベロ Risebero
ライスマー Lysmer
ライスマン
Reisman*
Reismann
Reissman
Reissmann
ライズマン
Raizman
Raizuman
ライスラー Leisler
ライスランド
Reissland
ライスレーン
Laysreng
ライゼ Reise
ライゼヴィッツ
Leisewitz
ライゼガング
Leisegang
ライゼス Reizes
ライセスター Leicester
ライゼナール
Ruizenar*
ライセニア Laisenia**
ライゼリング
Leisering
ライセル Raisel
ライゼン
Leisen
Raizen
Reisen
Risen*
Rizen
ライゼンシュタイン
Reizenstein
ライゾ Laiso
ライソート Lysaght
ライソン Lyson
ライタ
Lajtha
Laytha
Raita
ライター
Lajtha
Leiter***
Reiter**
Righter
Rightor
Ruiter
Writer
ライダ
Lida
Lyda*
Raida
ライダー
Leider*
Reidar
Reider
Rida*
Rider**
Ryder***
ライタナワ
Reitenauer
ライダル Rydahl
ライタン Litan**
ラーイチ Raich
ライチ
Leitch
Raich
Reitsch
ライチェ Reitsch
ライチェア Raicea
ライチェビッチ
Raicevic
ライチェフ Raichev
ライチェル Raichle
ライチェン Rychen
ライチマン Rajchman
ライチャー Reicher*
ライチャーク Lajčák*
ライチャート
Reichardt
ライチュ
Leitch
Reitsch
ライチョードゥリー
Raychaudhuri
ライツ
Leitz
Reisz
Reits
Reitz**
Rights
Rytz
ライツィ Lightsy
ライツェンシュタイン
Reitzenstein*
ライツェンスタイン
Reitzenstein
ライッケネン
Räikkönen
ライッサ Raissa
ライッチ Reitsch
ライツマ Reitsma
ライツマン
Wrightsman
ライテ Leithe
ラーイディ Laïdi
ライティ Leighty
ライディ
Laity
Raiti
ライティー Lighty
ライディ Leidy
ライティオ Laitio
ライティック Leitich*
ライディッヒ Leydig
ライティネン Laitinen
ライティヒ Leitich
ライディヒ Leydig
ライティン Lichine
ライディーン Rydeen
ライティンガー
Reitinger
ライディング
Riding*
Ryding
ライデスドルフ
Leydesdorff*
ライデッカー
Lydecker
Lydekker
ライデナー Ridenour
ライデマイスター
Reidemeister
ライテマイヤー
Reitemeier
ライテラー Reiterer
ライテル
Lytle
Ruyter
ライデル
Reidel
Rydell*
Ryder
ライテルス Luijters*
ライデルバック
Reidelbach
ライデン
Layden
Leiden*
Leyden**
Lyden*
Ryden*
ライデンバーグ
Reidenberg
ライデンフロースト
Leidenfrost
ラーイド Raed
ライート Rayito
ライト
Leight
Light**
Lite
Lyte
Reid
Reit***
Wright***
ライトー Lai-to
ライド
Lyde
Reid
Ride**
Wride
ライドアウト Rideout
ライトウッド
Lightwood
ライトゲープ Leitgeb
ライトストーン
Lightstone*
ライトスン Wrightson
ライトソン
Wrightson***
ライトナー
Leitner***
Lightner
ライトニン
Lightnin
Lightnin'
ライトハイザー
Lighthizer*
ライトハウザー
Leithauser
ライトバウン
Lightbown*
ライトバーガー
Ritberger
ライトバーン
Lightburn**
ライトヒル Lighthill
ライトフット
Lightfoot**
Ligthfoot
ライトフート
Lightfoot
ライトブールン
Lightbourne
ライトヘッド Leithead
ライトボディ
Lightbody
ライトホール
Lighthall
ライトボーン
Lightbourne
Lightbown
ライドマ Raidma
ライトマイアー
Reitmaier
ライトマイヤー
Reithmayer
ライトマン
Leitman
Leitmann
Lightman**
Reitman**
ライトル
Leitl
Lytle***
Lyttle*
ライドル
Leidl
Lidle**
ライドレー Ridley
ライドロー Laidlaw
ライトン
Laighton
Leighton
Lleyton*
Righton
Wrighton
ライドン Lydon**
ライナ
Raina**
Räinä
Rainer
Reina
ライナー
Liner
Rainer***
Rayner
Reiner***
ライナア Rainer
ライナーウィルケ
Reiner-Wilke
ライナース Reiners
ライナス
Linus**
Lynas
Raynus
ライナソン Rynearson
ライナック
Reinach
Reinecke
ライナッハ Reinach
ライナード
Rainard
Rinard
ライナハ Reinach

ラ

ライナム Lynam
ライナルター
Reinalter
ライナルツ Reinartz
ライナルディ Rainaldi
ライナルト Rainald**
ライナルド
Rainaldo
Raynaldo
ライナルドゥス
Rainardus
ライニアソン
Rinearson
ライニガー Reiniger
ライニク Reinick
ライニシュ Reinisch
ライニス Rainis*
ライニッシュ
Reinisch*
ライニッツ Reinitz
ライニッヒ Reinig
ライニヒ Reinig
ライニルケンス
Reinirkens
ライニンガー
Leininger
Reininger*
ライニング Reining
ライネ
Laine
Rhyne
ライネケ Reinecke
ライーネス Lainez
ライネス
Láines
Lainez*
Láinez**
Reines**
ライネッキー Reinecke
ライネッケ Reinecke*
ライネフェルト
Rijneveld
ライネマン
Reinemann
ライネリ Raineri
ライネリウス
Rainerius
ライネリオ Rainerio
ライネル
Lynelle
Rainer
ライネルス Reiners*
ライネルト
Reinert*
Reinerth
ライノル Lionel
ライノルディ Rainoldi
ライノルト Reinold
ライノン Rhiannon
ライハ Reicha
ライハー Reiher
ライバー
Leiber**
Reiber
ライパー Riper
ライバア Liber
ライハウゼン
Leyhausen*
ライバス Rivas
ライバック Ryback**
ライバード Liburd
ライハーニー Rayḥānī
ライハルト
Reichardt
Reikhardt
ライパルト Leipart
ライハーン Raihān
ライバーン Reynvaan
ライヒ
Raich**
Reich***
Righi
ライヒアー Reicher
ライヒヴァイン
Reichwein*
ライヒヴァルト
Reichwald
ライヒエ Reiche**
ライヒエナウ
Reichenau
ライヒエナウアー
Reichenauer
ライヒエノー
Reichenow
ライヒエル Reichel**
ライヒエルト
Reichelt
Reichert*
ライヒエンスペルガー
Reichensperger
ライヒエンバッハ
Reichenbach
ライヒエンバハ
Reichenbach
ライヒエンフェルト
Reichenfeld
ライヒエンベルガー
Reichenberger
ライヒシュタイン
Reichstein**
ライヒスフライヘル
Reichsfreiherr
ライビッチ Reivich
ライヒテントリット
Leichtentritt*
ライヒトフリード
Leichtfried
ライヒバート
Reichbart
ライヒハルト
Leichhardt
Reichhardt
Reichhart
ライヒホルフ
Reichholf
ライヒマン
Leichman
Rajchman
Reichman
Reichmann**
ライヒヤ Reicha
ライヒヤスベルク
Reichersberg
ライヒヤード
Reichard
ライヒャルト
Reichard
Reichardt
Reichert
ライヒラー Reichler
ライヒリヒ Reichlich
ライヒレ Reichel
ライビンガー
Leibinger
ライヒング Reihing
ライフ
Leif*
Life
Lyfe
Raif*
Reif*
Reiff
ライブ
Leib
Libes
ライプ
Laib**
Leib*
Leip*
ライファ Raiffa
ライファー
Leifer
Raiffa
Reifer
ライファイゼン
Raiffeisen
ライフアイゼン
Raiffeisen
ライファイマー
Leipheimer
ライファート Leifert
ライフェルド Liefeld
ライフェンシュタイン
Reiffenstein
ライフェンシュテュール
Reiffenstuel
ライフェンシュトゥール
Reiffenstuel
ライフェンベルク
Reifenberg
ライフスナイダー
Reifsnider
ライフソン Lifeson
ライブソン Liveson
ライプニツ Leibniz
ライブニッツ Leibniz
ライプニッツ
Leibniz*
Leipnitz
ライプブラント
Leibbrand
ライプホルツ
Leibholz*
ライフマイル
Reibmayr
ライプマイル
Reibmayr
ライフマン Reifman
ライブリー Lively**
ライブル Leibl
ライプル Leibl
ライヘ
Reiche
Reihe
ライヘノー Reichenow
ライヘル
Reichel**
Reiher
ライベル
Raiber
Rivele
ライペルツ Leipertz
ライヘルト Reichert
ライベルト Leibelt
ライペルト Leipert
ライヘルン Reichlin
ライベングッド
Libengood*
ライベンシュタイン
Leibenstein
ライベンスタイン
Leibenstein
ライヘンバーガー
Reichenberger
ライヘンバッハ
Reichenbach*
ライヘンバハ
Reichenbach
ライヘンベルガー
Reichenberger
ライホ Laiho
ライホー Laiho
ライボ Raivo
ライボヴィッツ
Leibovitz
ライボビッツ
Leibowitz
ライボルグ Riborg
ライポルト
Leipold**
Leipoldt
ライマ Rima
ライマー
Leimer
Reimar
Reimer**
Rhymer
Riemer
Rimer
Rymer**
ライマエケルス
Raijmaekers
ラーイマーケルス
Raeymaekers
ライマケルス
Raymakers
ライマース Reimers*
ライマールス
Reimarus
ライマルス Reimarus
ライマン
Laymann
Leiman
Lyman***
Raiman
Raimann
Reiman*
Reimann**
Ryman***
ライマンド Raimund
ライミ
Rahimi*
Raimi**
ライミス Ramis*
ライミン
Lai-Ming
Laiming
ラーイム Rahim
ライム Lyme
ライムス Rimes*
ライムズ
Rhimes
Rhymes
Rymes*
ライムート Reimut
ライムドータ
Laimdota
ライムバハ Leimbach
ライムンダス
Raimundas
ライムント
Raimund**
Rajmund
Raymund
ライムンド
Raimund
Raimundo*
Raymund
ライムンドゥス
Raimundo
Raimundus
Rainmundus
Raymundus
ライメル Raimel
ライメルスワーレ
Reymerswaele
ライモ
Laimo
Raimo*
ライモン Lymon
ライモンダ Raimonda
ライモンダス
Raimondas
ライモンツ
Raimonds*
ライモンディ
Raimondi***
ライモンド
Raimond
Raimondo
Rajmond**
Raymond
Roymond
ライヤ Raija*
ライヤー
Leier
Reyer
Ryer
ライヤール Raillard
ライラ
Laila**
Leila*
Lila*
Lilah
Lilla
Lira*
Lyla
Raila**
ライラス Lylas
ライラト Layla
ライラン
Lailan
Rylan
ライランス Rylance*
ライランズ Rylands*

ライランダー
Rylander
ライラント Rylant**
ライランド Ryland
ライリ
Reilly*
Riley*
ライリー
Leiris
Liley
Lowry
Reilly***
Riley***
Ryrie**
Ryril
ライリィ Riley
ライリイ
Reilly*
Rylee
ライリウス Laelius
ライリス
Lilith
Ryllis
ライリッヒ Reilich
ライリヒ Rajlich
ライリング Reiling
ライール
Lahire*
Lair
Rahir*
ライル
Hrair
La-ilu
Lisle**
Lyle***
Lysle
Reil
Ruyle*
Ryle**
Ryles
ライルス
Lyles
Ryles
ライルズ
Liles
Lyles*
ライルド Laird
ライレアヌ Raileanu
ライレッセ Lairesse
ライワー Laiwa
ライン
Lain
Laín
Line*
Lyne**
Lynne
Rein*
Rhijn
Rhine*
Rhyne
Rijn
Ryne**
ラインアルター
Reinalter*
ラインヴァルト
Reinwald
Reinwarth
ラインウエベル
Leinweber
ラインウォールド
Rheinwald
ラインエール Reinohl
ラインガルト
Reingard
ラインキング
Reinking
Reinkingk
ライング Laing
ラインケ
Reincke
Reinke*
ラインケマイヤー
Reinkemeyer
ラインケン Reinken**
ラインケンス
Reinckens
Reinkens
ラインコ Rainko
ラインゴールド
Reingold*
Rheingold**
ラインシュ Reinsch**
ラインシュミット
Reinschmidt*
ラインス
Lainz
Reince*
ラインズ
Lines**
Lynes
Rhines
Rines
ラインスター
Leinster*
ラインスタイン
Reinstein
ラインスドルフ
Leinsdorf*
ラインズドルフ
Reinsdorf
ラインスミス
Rhinesmith*
ラインダース Rynders
ラインデッカー
Linedecker
ラインデル
Raindl
Reinder
ラインド Rhind
ラインハアルト
Reinhard
ラインバーガー
Linebarger*
Rheinberger
ラインバーグ
Reinberg
Rineberg
ラインバック
Leimbach*
Lineback
Reinbach
ラインハート
Reinhard*
Reinhardt***
Reinhart*
Rhinehart
Rinehart***
ラインハード
Reinhard
ラインハルツ
Reinhartz
ラインハルト
Reinhard***
Reinhardt***
Reinhart*
ラインハルド
Reinhard
ラインヒル Wrinehill
ラインヒルト Reinhild
ラインフィエスタ
Lainfiesta
ラインフェルダー
Leinfelder*
ラインフェルデン
Rheinfelden
ラインフェルト
Reinfeld
Reinfeldt*
ラインフェルド
Reinfeld
ラインフェルナー
Leinfellner
ラインフランク
Rheinfrank
ラインブリンク
Linebrink
ラインベック
Reinbeck
ラインベルガー
Leinberger
Rheinberger
ラインベルト Reinbert
ラインベルド
Ryneveld
ラインホウルド
Reinhold
ラインホールト
Reinhold
ラインホールド
Reinhold*
ラインホルト
Reinhard
Reinhold***
ラインホルド
Reinhold
ラインボールド
Reinbold
ラインホルム
Reinholm
ラインホント
Reinhold
ラインマー Reinmar
ラインマール
Reinmar*
ラインマル Reinmar*
ラインマン Reinmann
ラインムース
Reinmuth
ラインムート
Reinmuth
ラインランダー
Rhinelander
ラインル Reinl
ラーウ Rau
ラーヴ Rahv
ラウ
Lau***
La'u
Law
Lou
Low*
Raoult
Rau***
Rauh
Rawe
Rhau
Roud
ラヴ
Lave
Love**
Rab̲
ラヴー Ravoux
ラウア Lauer
ラウアー
Lauer*
Laur
ラヴァ Lava
ラヴァー Lover
ラヴァア Lover
ラヴァイオーリ
Ravaioli
ラヴァイヤック
Ravaillac
ラヴァゲット
Lavagetto
ラヴァージ Ravasi
ラヴァジェット
Lavagetto
ラヴァスチン
Lavastine
ラーヴァーター
Lavater
ラーヴァター Lavater
ラヴァーター Lavater
ラヴァター Lavater
ラヴァチェック
Hlavacek
ラヴァッキオーリ
Ravacchioli
ラヴァック Lavach
ラヴァット
Lavat
Lovat*
ラヴァーティ Laverty*
ラヴァド Lavado
ラーヴァナ Rāvaṇa
ラヴァナス Ravanas
ラヴァナン Lavanant
ラヴァニーノ
Lavagnino
ラヴァーニープール
Ravānīpūr
ラヴァネリ Ravanelli
ラヴァヤック
Ravaillac
ラヴァラード
Lavallade
ラウアリ
Laouali
Lowrie
ラヴァリー Lavery
ラヴァリイ Lavallee*
ラヴァリエール
LaValliere
ラヴァリオン
Ravallion
ラヴァリング Lovering
ラヴァール
Laval
Ravard
ラヴァル
Laval*
LaValle
Raval
ラヴァルダン Lavaldin
ラヴァルマナナ
Ravalomanana
ラヴァレー
Lavalée
Lavallee
ラヴァレット
Lavalette
ラヴァレーロ
Lavarello
ラヴァロマナナ
Ravalomanana
ラ・ヴァーン Lavern
ラウアン
Laouan
Rauan
ラヴァーン
Lavern
Laverne
La'verne
ラヴァン Lavant*
ラーヴァント Lavant
ラヴァント Lavant
ラーウィ Lawi
ラウィ Rawi**
ラヴィ
Lavi
Lavie**
Ravi**
Ravy
ラヴィー
Lavie*
Lovie
ラヴィア Lavia
ラヴィヴ Raviv
ラヴィエ
Lavier
Ravier
ラヴィオラ LaViola
ラヴィカント
Ravikant
ラヴィグプタ
Ravigupta
ラヴィシー Ravesi
ラヴィジェリ
Lavigerie
ラヴィシャンカ
Ravishankar
ラヴィシャンカール
Ravishankar
ラヴィジュリ
Lavigerie
ラヴィジュリー
Lavigerie
ラヴィス
Lavis
Lavisse*
ラヴィスカウント
Laviscount
ラヴィチ Ravich
ラーヴィック Lawick
ラウィック Rawick
ラヴィッス Lavisse
ラヴィッソ Lavizzo
ラヴィッチ
Lovich
Ravich
Ravitch

ラ

ラウィッツ Rawicz
ラウイッツ Rawicz
ラヴィット Lovett
ラヴィドヴィッツ Rawidowicz
ラヴィナ Lavinia
ラヴィーニ Lavini
ラヴィーニア Lavinia
ラヴィニア Lavinia**
ラヴィニャク Lavignac
ラヴィニャック Lavignac*
ラヴィニャン Ravignan
ラヴィーニュ Lavigne*
ラヴィニール Lavenier
ラヴィノビッチ Lahvinovich
ラウィハ Rawih
ラウィヤ Rawiya
ラヴィユニ Lavillenie
ラヴィリアス Ravilious
ラーウィル Lerwill
ラヴィル
Laville*
LaVyrle
Ravil
ラヴィルヘン Lavirgen
ラヴィレオン Lavilleon
ラヴィロット Lavirotte
ラーヴィン Lavine
ラヴィーン
Lavigne*
Levine
ラヴィン
Lavin*
Ravin
ラヴィング Loving*
ラヴィーンドラ Ravindra
ラヴィンドラ Ravindra
ラヴィントン Lavington*
ラヴウェル Lovewell
ラーヴェ Lave
ラウエ Laue*
ラヴェ
Lavet
Raveh
Ravet
ラヴェイ Lavey
ラウエサリ Lauezzari
ラヴェソン Ravaisson
ラヴェック LaVeck
ラウエッケル Rauecker
ラヴェッソン Ravaisson*
ラヴェッチ Ravetch
ラヴェッツ Ravetz*
ラヴェット Lovett**
ラウエッラ Louella
ラヴェト Lovat
ラヴェドリン Lavédrine
ラヴェナム Lavenham
ラヴェーニュ Lavergne
ラウェハ Raweh
ラヴェーラ Ravera*
ラヴェラ Raverat*
ラヴェラン Laveran
ラヴェリック Laverick
ラウエル Rowell*
ラヴェール Lavere
ラヴェル
LaVelle
Lavelle
Lovell*
Ravel**
Ravell
ラヴェルダン Laverdunt
ラヴェルティ Raverti
ラヴェルニ Lavergne
ラヴェルニェ Lavergnee
ラヴェルニュ Lavergne
ラヴェロ Ravello
ラーヴェン
Laven
Loewen
ラウエンシュタイン Lauenstein
ラヴェンスキフ Ravenskikh
ラヴェンズクロフト Ravenscroft
ラウエンスタイン Lauenstein
ラウエンステイン Löwenstein
ラヴェンダ Lavenda
ラヴェンダー Lavender
ラヴェンニ Ravenni
ラヴェンヌ Ravenne
ラヴォー
Lavaud
Lavor
Ravaut
Raveau
ラヴォア
Lavoie
Lavoix
ラヴォアジェ Lavoisier*
ラヴォアジェー Lavoisier
ラヴォアジエ Lavoisier
ラヴォイ Lavoie
ラヴォーダン Lavaudant*
ラヴォネン Lavonen
ラウオフォ Lauofo
ラヴォリ Lavori
ラウォール La Wall
Raoul
ラヴォル Lavolle*
ラヴォワ Lavoix
ラヴォワジェ Lavoisier
ラヴォワジエ Lavoisier
ラヴォン
Lavon
La Vonne
Lavonne
ラウガークシ Laugāksi
ラヴガーデン Lovegarden
ラウキサム Laoukissam
ラウキデス Loukides
ラウク Lauck*
ラウグヴィッツ Laugwitz*
ラウクハルト Laukhard
ラウクホースト Rauckhorst
ラヴクラクト Lovecraft
ラヴクラフト Lovecraft*
ラウグル Laugul
ラヴグローヴ Lovegrove*
ラウゲルー Laugerud
ラウサ Rausa
ラウサー Rowser
ラウザー
Lowther
Rawther
ラウザーバーグ Loutherbourg
ラウジ
Lawzi
Roughsey
ラウジー
Roughsey
Rousey
ラウジィ Roughsey
ラウシェン Rauschen
ラウシェンバーグ Rauschenberg**
ラウシェンバハ Raushenbakh
ラウシエンブシ Rauschenbusch
ラウシェンブシュ Rauschenbusch
ラウシェンブッシュ
Rauschenbusch*
Raushenbush
ラウシェンベルガー Rauschenberger
ラウシャー Rauscher
ラウシュ
Rauch*
Rausch
Raush
Roush
ラウシュター Lauster
ラウシュニンク Rauschning
ラウシュニング Rauschning
ラヴジョイ Lovejoy*
ラウース Lahousse
ラウス
Louth
Lowth
Raúl
Raus
Rous*
Rouse***
Routh**
Rowse*
ラウズ Rouse*
ラヴスキー Lovsky
ラウスター Lauster
ラウスティアラ Raustiala
ラウスティオラ Laustiola
ラウスベルク Lausberg
ラウスマー Rausmaa
ラウゼ Lause
ラヴゼイ Lovesey*
ラウソン Lawson
ラウゾン Rowson
ラウター Lauter
ラウダ Lauda**
ラウダー Lowder
ラウターヴァッサー Lauterwasser
ラウタヴァーラ Rautavaara**
ラウダシル Raudaschl
ラウダーデール Lauderdale
ラウダーニ Laudani
ラウターバー Lauterbur**
ラウターパクト Lauterpacht
ラウターパハト Lauterpacht
ラウタバーラ Rautavaara
ラウタフィ Lautafi
ラウターベルグ Rauterberg
ラウダミルク Loudermilk
ラウダレス Raudales
ラウタロ Lautaro
ラウダン Laudan
ラヴダン Lavedan*
ラウチ
Louch
Rauch
ラウチアヴィチウス Lauciavicius
ラウツェン Luitzen
ラウッツィーニ Rauzzini
ラウッピ Raupp
ラウテ Raute
ラウデ Laudet
ラウディ
Raudi
Raudy
ラヴデイ Loveday
ラウティアイネン Rautiainen
ラウディシナ Laudicina
ラウディブッシュ Roudybush
ラウデス Ráudez
ラウテルバッハ Lauterbach
ラウテレロヴァー Lautererová
ラウデン Lowden*
ラウテンザック Lautensack
ラウテンザッハ Lautensach
ラウテンザハ Lautensach
ラウテンシュトラウフ Rautenstrauch
ラウテンシュトラオホ Rautenstrauch
ラウテンバハ Lautenbach
ラウテンベルク Rautenberg
ラウト
Lauth*
Raoult
Rout
ラウド
Raud**
Roud
ラウドシク Raudsik
ラウドセップ Raudsepp
ラウドニオ Laudonio
ラウトマン
Lautman
Rautmann*
ラウトリジ Routledge
ラウトリッジ Routledge
ラウドルップ Laudrup**
ラウドン
Laudon*
Loudon**
Loudoun
ラウナー Launer
ラウナスマー Lounasmaa
ラウニ
Launy
Rauni
ラウニス Launis
ラウニツキー Rawnitzky
ラウバー Lauber
ラウハイゼン Raucheisen
ラウハウス Rauhaus
ラヴバグ Lovebug
ラウパッハ Raupach*

ラウパハ Raupach
ラウハラ Rauhala*
ラウヒ Rauhi
ラウビン Laubin
ラウーフ
Raouf*
RA'ûf
Rauf*
ラウフ
Raouf
Rauch
Rauf**
Ra'uf
Raúf
Rauff
ラウブ
Laub
Raub
ラウプ
Loup
Raup*
ラウファー
Laufer**
Lauffer
ラウフアイゼン
Raucheisen
ラウファン Lau-Fong
ラウフィトゥ Laufitu
ラウフェンシュタイナー
Lauffensteiner
ラウフェンブルガー
Lauffenburger
ラウフス Laufs
ラウフハウプト
Rauchhaupt
ラウフミラー
Rauchmiller
ラウプリヒ Rauprich*
ラウフン Ruyven
ラウベ Laube*
ラウベンタール
Laubenthal*
ラウホ Rauch
ラウマー
Laumer*
Raumer
ラウマヌルペ
Laumanulupe
ラウマン Laumann
ラヴマン Loveman
ラヴョーロフ
Laverov*
ラウラ
Laoura
Laura***
ラウラーナ Laurana
ラウラナ Laurana
ラウラヤイネン
Laulajainen
ラヴラン Laveran*
ラヴランス Lavrans
ラヴランド Loveland
ラウーリ Raoul
ラウリ
Lauri**
Lowry
Rauli
ラウリー
Laurie
Lavry
Lourie*
Lowery
Lowrie*
Lowry*
Rowly*
ラヴリー
Lavry
Lovely
Løvlie
ラウリーア Lauria
ラウリア Lauria
ラウリカ Raulica
ラ・ウリーズ Laurids
ラウリーセン
Lauridsen
ラウリセンス
Lauryssens*
ラウリツ Lauritz
ラウリッセン
Lauridsen*
ラウリツセン
Lauritzen
ラヴリッチ Lavrich
ラウリッツ
Laurits
Lauritz*
ラウリッツェン
Lauritzen
ラウリッドソン
Lauridsen
ラウリト Laurito
ラウリドセン
Lauridsen
ラヴリリエ Lavrillier
ラウリーン Laurin
ラウリン
Laurin
Lauring
ラヴリン Lavrin
ラウリング Rowling
ラウリンソン
Rawlinson
ラウール
Rahul
Raoul***
Raoult
Raul*
Raúl
Rudolf
ラウル
Laourou
Laur*
Laura
Laure
Raoul***
Raoult
Raul***
Raúl***
Rawle
ラヴル Lavr
ラウルケル Raunkiaer
ラウルス Laurus
ラウルズ Rawls
ラウルセン
Laurijssen
Laursen
ラウルヒア Laulhere
ラウレ Laure
ラヴレー Laveleye
ラウレアーティ
Laureati
ラウレアーノ
Laureano
ラウレアノ Laureano
ラヴレイス
Lovelace**
ラヴレイセン
Lavreysen
ラヴレエ Laveleye
ラウレス Laures*
ラヴレース Lovelace*
ラヴレス Lovelace
ラウレッジ Rowledge
ラウレーティ Laureti
ラウレナウ Laurenau
ラウレニエフ
Lavrenev
ラウレニョーフ
Lavrenev
ラヴレニョーフ
Lavrenyov
ラヴレニョフ
Lavrenev
Lavrenyov
ラウレル
Laurel**
Laurell
ラウレン Lauren*
ラウレンシオ
Laurenshio
Laurent
ラウレンス Laurens*
ラヴレンス Lovelace
ラウレンセ Laurence
ラヴレンチー
Lavrentii
ラウレンチウス
Laurentius
ラヴレーンチエヴァ
Lavrent'eva
ラヴレーンチエフ
Lavrentiev
ラヴレンチェフ
Lavrentiev
ラヴレンチエフ
Lavrentiev
ラウレンチック
Laurencich
ラウレンツ Laurentz
ラウレンツァ
Laurenza
ラウレンツィウス
Laurentius
ラウレンツォ
Laurenzo
ラウレンティ Laurenti
ラウレンティー
Lavrenty
ラヴレンティー
Lavrentii
Lavrentti
ラウレンティウス
Laurentius
ラウレンティオス
Laurentios
ラウレンティース
Laurentiis
ラウレンティス
Laurentiis**
ラウレンティノ
Laurentino
ラウレンベルク
Lauremberg
ラウロ Lauro*
ラヴロヴ Lavrov
ラヴロヴィチ
Lavrovich
ラヴロック Lovelock*
ラヴロネンコ
Lavronenko
ラウロフ Ralov
ラヴローフ Lavrov
ラヴロフ
Lavroff
Lavrov**
ラヴロフスキー
Lavrovsky
ラヴワジエ Lavoisier
ラウン
Laun
Lown**
Ravn
ラヴン Rafn
ラウンキェー
Raunkiaer
ラウンケア Raunkiaer
ラウンケル Raunkiaer
ラウンズ
Lowndes*
Rounds*
ラウンズヴィル
Rounseville
ラウンズヴェル
Rounsevelle
ラウンズベリ
Lounsbury
ラウンスレー
Rawnsley
ラウンズレー
Rawnsley
ラウンタ Lahunta
ラウンツリー
Rountree
Rowntree
ラウンディ Roundy
ラウンデス Lowndes
ラウンデル Roundell
ラウンテンバッハー
Lautenbacher
ラウンド Round*
ラウンドツリー
Roundtree
ラウンドトゥリー
Roundtree
ラウンドトリー
Roundtree
ラウントリー
Rowntree*
ラウントリイ
Rowntree
ラウンハルト
Launhardt
ラーエ Rāy
ラエ
Lahaie*
Rae
Ray
Rāy
Rāya
Rōy
ラエウィウス Laevius
ラエウィヌス Laevinus
ラエタ Laeta
ラエチョウドゥリ
Rāycaudhurī
ラエティシャ Laetitia
ラエティティア
Laetitia
ラエート Laet
ラエド Raed
ラエトゥス Laetus
ラエナス Laenas
ラエネク Laënnec
ラエネック Laënnec
ラエフ
Raeff
Rayev
ラエフスキー Raevskii
ラエーフスキィ
Raevskii
ラエリアヌス
Laelianus
ラエリウス Laelius
ラーエル
Laer
Rahel
ラエル
Lael*
Rael*
Raël*
ラエルチオス Laertius
ラーエルティオース
Laertios
ラーエルティオス
Laërtios
ラエルティオス
Laertios
Laërtios
Laertius
ラエルテス Laertes
ラエルレーフ Lagerlöf
ラエンネック Laënnec
ラーオ
Laau
Lao
Rao
Rāo
ラオ
Lao*
Lão
Rao***
Rau
Rauh*
ラオオル Rouaud
ラーオカムホーム
Laawkhamhoom
ラオケイン Laokein
ラオコオン Laokoōn
ラオコーン Laokoōn
ラオコン Laokoōn
ラオシリクル
Laosirikul
ラオス
Laos
Lars

ラ

Raos
ラオタムマタット
Laothammathat
ラーオーテ Raote
ラオディケ Laodike
ラオニコス Laonikos
ラオニッチ Raonic*
ラオペアム Laopeam
ラォホ Rauch
ラオホ Rauch
ラオホカラト
Rauch-kallat
ラオホフライシュ
Rauchfleisch*
ラオメドン Laomedōn
ラオラ Rahola
ラオリ Laoly
ラオール
Lahor
Raoul*
ラオル Raoul
ラオレ Laore
ラオン
Laon
Rahon
ラオンタン Lahontan*
ラカー
Laqueur**
Racah
Rakha
ラガ Laga*
ラガー
Lager*
Ruger
ラガイエット
Lagayette
ラカイユ Lacaille
ラーガヴァン
Raghavan
Rāghavana
ラガヴァン Raghavan
ラーガヴァーンカ
Rāghavāñka
ラーガヴァンカ
Rāghavaṅka
ラガヴォイ Ragavoy
ラカサニュ
Lacassagne
ラカジェ Lacalle*
ラカジェポー
Lacalle Pou
ラガーシュ Lagache
ラカジョ Lacayo
ラカーズ Lacaze*
ラカス
Lacasse
Lakas**
ラガス Ragas
ラカゼ Lacaze
ラカゼット Lacazette
ラガーツ Ragaz
ラガッシュ Ragache*
ラガッセ Lagasse*
ラガッタ Lagatta
ラガッツ Ragaz
ラガッツィ
Lagazzi
Ragazzi
ラカッラ Lacarra*
ラカディー Lacadie
ラガーディア
La Guardia
LaGuardia
ラカド Rakad
ラガト Lagat**
ラカトシュ Lakatos**
ラカートス Lakatos
ラカトス Lakatos
ラカトン Lacaton
ラガナ Lagana*
ラカナル Lakanal
ラカネル Racanel
ラカバ Lacaba*
ラカバニ Raqabani
ラガバニ Ragabani
ラガバン Raghavan
ラガブ Ragab
ラガーフィールド
Lagerfeld
ラガーフェルト
Lagerfeld
Lagerfelt
ラガーフェルド
Lagerfeld**
ラガフェルド
Lagerfeld
ラカプラ LaCapra*
ラーカム
Larkham*
Larkum
ラカモイレ Lacamoire
ラカーユ Lacaille
ラカヨ Lacayo**
ラカラ Lacarra
ラガリア Ragalia
ラカリエール
Lacarrière*
ラガルス Lagarce
ラガルデ Lagarde
ラガルド Lagarde**
ラカレス Lakharēs
ラガレス Lagares
ラーガン Ragan
ラカン
Lacam
Lacan**
Lacão
Racan
ラガン
Ragan
Raguin
ラカンスキ Racansky
ラカンチヌリ
Lacantinerie
ラカンドゥラ
Lakandula
ラカンブル Lacambre
ラーキー Larkey
ラーギ Raugi
ラキ
Rakhis
Raki
Raky
ラキー
Lackie
Raky
ラギー Ruggie*
ラーギア Larguia
ラキアトゥ Rékiatou
ラギエ Laguiller
ラギオニ Laguionie
ラギオニー Laguionie
ラーキサ Rakhitha
ラキシ Rakishi
ラキシュ Lakish
ラキス Rakhis
ラキータ Rakita
ラキーチ Rakic
ラキツキー Rakitskii
ラーキッチ Rakić
ラキッチ
Lakich
Rakic
Rakić*
ラギツプ Lagitupu
ラキティッチ Rakitic
ラキーバ Raqība
ラーギブ Rāgib
ラキブ
Rakieb
Raqib
ラキーム Rakeem
ラキム
Lakim
Rakim
ラギムペルト
Raginpert
ラギモフ Ragimov
ラキューザ LaChiusa
ラキュゾン Lacuzon
ラキュデス Lakydēs
ラーキン
Lakein
Larkin***
ラーキンス Larkins
ラーク
Laake
Lalk
Lark
Larke*
Lauke
ラーグ Lange
ラク
Lac
Lak
ラクー Lacoue**
ラグ Lagou
ラクーア Lacour*
ラクア Laquait
ラクアトラ Laquatra
ラグアルディア
Laguardia
ラクヴァ Laqua*
ラグヴィール
Raghuvīr
ラクウェイ LaQuey
ラクウォン Rak-won
ラクエル Raquel
ラクエル Raquel**
ラクオアネ Rakuoane
ラクオン Laquon
ラクーザ
Ragusa
Rakusa*
Rakuša
ラクサ Raksa
ラグーザ Ragusa*
ラクサイ Lark Sye
ラクサナウィシット
Laksanawisit
ラクサマナ
Laksamana
ラクサール Laxalt
ラグーシス Ragoussis
ラクシマン Lakshman
ラクシミ Lakshmi*
ラクシミー Laksmī
ラクシミィ Lakshmi
ラクシモヴ
Raczymow
ラクシュ Rakusz
ラクシュマナ
Lakshmana
Lakṣmaṇa
ラクシュマナン
Lakshmanan
ラクシュマン
Lakshman***
ラクシュミ
Lakshmi**
Laksmī
Laxmi
ラクシュミー
Lakshmi*
Laksmī
ラクシュミーカンサム
Lakshmikantham
ラクシュミーシャ
Lakṣmīśa
ラクシュミーバーイー
Laksmī Bāī
ラクシュミーンカラー
Lakṣmīṃkarā
ラクシン Raksin
ラグジンスキー
Raguzinskii
Raguzinsky
ラークス Laux
ラクース Lakhous**
ラクス
Lacs
Laks
Luks
ラグーズ Raguse
ラグス Rags*
ラグズ Raguz
ラグスデイル
Ragsdale
ラグスデール
Ragsdale
ラクストン
Laxton
Ruxton
ラクスネス Laxness**
ラークスマン
Laksman
ラクスマン
Laksman
Laxman
ラクセン Rakusen
ラークソ Laakso
ラクソ Lakso
ラークソネン
Laaksonen
ラクソノ Laksono*
ラクソルト Laxalt*
ラクソン Luxon
ラグダフ Laghdhaf*
ラクタポンパイサーン
Ruktapongpisal
ラクダール Lakhdar*
ラクタンチウス
Lactantius
ラクタンティウス
Lactantius*
ラクチェビッチ
Rakcevic
ラクチミ Laxmi
ラクチミー・プラサード
Lakṣmīprasād
ラクーチュール
Lacouture
ラクチュール
Laccuture
Lacouture*
ラグチン Lagutin
ラグッツィーニ
Raguzzini
ラクトゥアリスア
Rakotoarisoa
ラクトゥニライニ
Rakotonirainy
ラクトゥマモンジ
Rakotomamonjy
ラクトゥンドラスア
Rakotondrasoa
ラクトンドラザカ
Rakotondrazaka
ラーグナ Ragnar
ラクナー Lakner
ラグーナ Laguna
ラグナ
Laguna
Ragna
ラグナー
Ragnar*
Ragner
ラグナーション
Ragnarsson
ラグナータン
Raghunathan*
ラグナタン
Raghunathan
ラグーナット
Raghunath
ラグーナデン
Ragoonaden
ラグナート
Raghunāth
Raghunātha

ラグナル
Ragnal
Ragnar**
Ragner
ラグニルト Ragnhild
ラグニーン Rajneesh
ラグネ Raguenet
ラーグネマルム
Ragnemalm
ラグノ Ragno
ラグノー
Ragueneau**
ラクバ Lakva
ラクハニ Lakhani
ラグバルシン
Raghoebarsing
ラグバンシュ
Raghuvansh
ラクヒ Rak-hui
ラグビール Raghubir
ラーグブ
Ragıb
Rāgib
ラクーペリー
Lacoupérie
ラクーペリ
Lacoupérie
ラクペリ Lacoupérie
ラクペリー
Lacoupérie
ラクマン
Lachman
Lachmann
Rahman*
ラグマン Rugman
ラグムジヤ
Lagumdžija
ラクラウ Laclau*
ラグラーヴ Lagrave
ラグラヴェネーズ
Lagravenese
ラグラム Raghuram*
ラークラン Lachlan
ラクラン Lachlan*
ラグラン
Laglenne
Raglan*
ラグランジュ
Lagrange**
Lagrangé
ラグランド
LaGrand
Ragland**
ラクリス Ruchlis
ラクリン
Lauchlin
Laughlin
Rachlin**
ラグリン Raglin
ラクール
Lacour
Lacourt*
ラグル Lagrue
ラクルス La Cruz
ラグルス Ruggles
ラグルズ Ruggles
ラクルテール
Lacretelle
ラクルテル
Lacretelle**
ラグルネ
Lagrené
Lagrenée
ラクレア
Laclaire
Leclaire*
ラグレインジ
La Grange
ラクレウ Rachlew
ラクレード Laclède
ラグレナード
La Grenade
ラクレフ Rachleff
ラクロ
Laclos*
Lacroix
Raclot
ラクロー Lacroix
ラクロア
LaCroix
Lacroix**
ラクローズ Racloz
ラクロス
LaCross
LaCrosse
ラクロット Laclotte*
ラクロワ
La Croix
LaCroix
Lacroix**
ラクロンクアン
Lac-Long-Quan
ラクンサ Lacunza
ラクンタカ Lakuṇṭaka
ラグンバルド
Ragnvald
ラグンヒル Ragnhild
ラグンヒルド
Ragnhild
ラグンヘイオウル
Ragnheiđur
ラーゲ
Laage
Lage
ラケ Racquet
ラゲ
Ragué
Raguet
ラゲー Raguet
ラケヴィルツ
Rachewiltz
ラーケーシュ
Rākeś
Rākesh
ラケシュ Rakesh**
ラケス Lachēs
ラゲス Lages
ラケスタ Lucuesta
ラーケセン Laerkesen
ラケダイモニオス
Lakedaimonios
ラケダイモン
Lakedaimon
ラケッチ Rakic
ラケット Luckett
ラゲット
Ragette
Raggett*
ラゲトコ Lagetko
ラケトフ Raketov
ラゲブ Ragheb**
ラーケル Rakel
ラケール Rakel
ラケル
Lacer
Laquel
Rachael
Rachel**
Rakel
Raquel*
ラゲール Laguerre
ラゲルウ Lagerlöf
ラーゲル・クヴィスト
Lagerkvist
ラーゲルクウィスト
Lagerkvist
ラーゲルクヴィスト
Lagerkvist*
ラーゲルクビスト
Lagerkvist
ラーゲルクランツ
Lagercrantz**
ラケルス Rakels
ラーゲルストレーム
Lagerstrøm
ラーゲルブリング
Lagerbring
ラゲルベルフ
Lagerberg
ラーゲル・リョーブ
Lagerlöf
ラーゲルリョーブ
Lagerlöf
ラーゲルレーヴ
Lagerlof
Lagerlöf**
ラゲールレーヴ
Lagerlöf
ラーゲルレーフ
Lagerlöf*
ラーゲルレーブ
Lagerlöf*
ラーゲルレーブ
Lagerlöf
ラーゲルレフ Lagerlöf
ラゲルレーフ Lagerlöf
ラゲルレフ Lagerlöf
ラケーレ Rachele
ラケン Laken
ラーコ Rahko
ラーゴ
Lago*
Largo
Rago
ラーゴー Lago
ラコ
Lakoe
Raco*
Racot
ラコー
Rako
Rakow
ラゴ Lago***
ラコウスカ Rakowska
ラゴウスキー
Lagowski*
ラコグニャタ
Lacogñata
ラーコシ Rákosi
ラコシ
Rakosi
Rákosi
ラコシー Lacosse
ラコジ Rakosi
ラコス
LaCoss
Lakos
ラゴス Lagos**
ラゴスタ Ragosta
ラコステ Lacoste**
ラコスト Lacoste*
ラゴスニク Ragossnig
ラーコーツィ
Rákóczi
Rákóczy
ラコック
LaCock
Lacocque
ラコット Lacotte
ラコート Lacôte
ラコト Rakoto
ラコトアリマシ
Rakotoarimasy
ラコトアリマナナ
Rakotoarimanana
ラコトゥリピス
Lakkotrypis
ラコトゥール
Lacouture
ラコトザフィ
Rakotozafy
ラコトバオ Rakotovao
ラコトバヒニー
Rakotovahiny
ラコトマモンジ
Rakotomamonjy
ラコトマララ
Rakotomalala
ラコトミハンタリザカ
Rakotomihantariza
ka
ラコニ Raconis
ラゴーニ Lagoni
ラゴニ Lagoni
ラコニショック
Lakonishok
ラゴネグロ Lagonegro
ラコービニエー
Lacorbiniere
ラコビニエール
Lacobiniere
ラコピーノ Lacopino
ラーコフ Rakov
ラコフ
Lakoff
Rakoff
Rakov
ラコーフスキー
Rakovskii
ラコフスキ
Rakovskii
Rakowski*
ラコフスキー
Lorkowski
Rakovskii
ラゴマシーノ
Lagomasino
ラーコム Larcom
ラコーム Lacombe
ラコムブ Lacombe
ラゴヤ Lagoya
ラゴーリオ Lagorio
ラコルチール
Lacordaire
ラコルデール
Lacordaire
ラーコン Rákosi
ラゴーン Ragone
ラゴン Ragon**
ラゴンデ Ragondet
ラコーンブ Lacombe
ラコンブ
Labombe
Lacombe*
ラーザ Laza
ラーザー
Laser
Lazar
ラサ
Lasa
Lasser
Latha
Rasa
ラサー
Lasser
Loeser
Rasaw
ラザ Raza**
ラザー
Lazar
Lazear
Rather*
Raza
Razā
Wrather*
ラザアフオード
Rutherford
ラザイ Rezaei
ラサイイ Lassailly
ラサイク Lasike
ラザヴィ Razavi
ラザヴィー Razavi
ラサウリス Lathouris
ラザカ Razaka
ラザク
Razack
Razak**
Razaq
Razzaq
ラサクエロ Lasaquero
ラサクリシュナン
Rathakrishnan
ラザコビッチ
Lazakovich
ラザコフ Razakov
ラサージック Lasarzik

ラ

ラサス
Rasas
Rassas
ラザズ Razzaz
ラザースフェルド
Lazarsfeld*
ラザーズフェルド
Lazarsfeld
ラサーソン Laserson
ラザーソン Lazerson
ラサター Lasater*
ラザダリッ Razadarit
ラサック Lassaque
ラザック
Razak
Razzaq
Razzaque
ラサート Russert
ラザート Luthert
ラサナ Lassana
ラザナマハソア
Razanamahasoa
ラサネ Lassané
ラサーネン Räsänen
ラサネン
Lasanen
Räsänen*
ラザノ Razzano
ラザビ Razavi
ラザファード
Rutherfurd**
ラザフィトンブ
Razafitombo
ラザフィナカンガ
Razafinakanga
ラザフィマエファ
Razafimahefa
ラザフィマナザト
Razafimanazato
ラザフィマンジャート
Razafimanjato
ラザフィマンディンビ
Razafimandimby
ラザフィマンディンビマナナ
Razafimandimbimanana
ラザフィミハリ
Razafimihary
ラザフィンジャチアマニリ
Razafindrandriatsimaniry
ラザフィンジャトゥブ
Razafinjatovo
ラザフィンジャトボ
Razafinjatovo
ラザフィンダンボ
Razafindambo
ラザフィンデイベ
Razafindehibe
ラザフィンドロリアカ
Razafindroriaka
ラザーフォード
Rutherford*
ラザフォード
Rutherford***
Rutherfordo
ラザフォド
Rutherford
ラザフンジャランブ
Razafindramiandra
ラサミンジャクツカ
Rasamindrakotrokotra
ラーサム Latham
ラサム Latham
ラザム Latham
ラサモエリ
Rasamoely
ラザラス
Lazarus***
Razarus
ラーザリ Lazar
ラザリ
Lazar*
Lazar'
Lazari
Lazzari
Razali**
ラザリディス
Lazaridis
ラザリデス Lazarides*
ラザリーニ Lazzarini
ラーザール Lázár*
ラサール
La Salle*
LaSalle*
Lasalle
Lassalle*
Lassar
Lazar
ラサル
La Salle
Lassalle
ラザール
Lasar
Lasard
Lazar***
Lazard*
Lazare**
ラザル
Lazar*
Lazăr
Lazăr
Lazare
Lazarus
ラザルス
Lazarus***
Lazzaro
ラザーレ Lazare
ラザレ Lazarre
ラザレー Razaleigh
ラザレイ Razaleigh*
ラザーレヴィチ
Lazarević
ラザレヴィチ
Lazarević
ラザレス Lazareth
ラザレビチ Lazarević
ラーザレフ Lazarev
ラザレフ
Lazareff
Lazarev**
ラザレワ Lazareva
ラザレンコ
Lazarenko*
ラサロ
Lazaro
Lázaro
ラザーロ
Lázaro
Lazzaro*
ラザロ
Lazalo
Lazar
Lazaro
Lázaro*
Lazaros
Lazzaro
ラザロヴァ
Lazarova**
ラザロス Lazaros
ラザローニ Lazaroni
ラザロニ Lazaroni*
ラサーン Lassahn*
ラサン
Lha-bzan
Rassam
ラザン Lazan*
ラザンフォード
Rutherford
ラージ
Large**
Raj**
Rasi
ラージー
Radii*
Rājī
Rāzī
Rhazes
ラシ
Hashi
Lacy
Lassi
Rashi
Rasi
ラシー
Lacy
Rashi
ラジ
Raj*
Raji
Rajih
Razi
ラジー
Raji
Razee
ラジーア
Lagier
Lazear
ラジア
Lagier
Lazear
ラジアー
Lazear
Lazier
ラシアノフ
Russianoff*
ラシィ Lathi
ラシイヌ Racine
ラージーウ Rajiv
ラジーヴ Rajiv
ラジヴ Rajiv
ラジウィウ Radziwiłł
ラジヴィウ Radziwiłł
ラジヴィウォヴィッチ
Radziwilowicz
ラジヴィロヴィーチ
Radziwilowicz
ラシヴェール
Lachiver*
ラジウッディン
Raziuddin
ラーシェ Larcher
ラジェ
Lager*
Laget
Lha rje
Ratkje
ラジェイ Rajai
ラシェーヴァー
Laschever
ラシェーヴル
Lachèvre
ラジェシ Rajesh
ラジェシュワ
Rajeshwar
ラジェシュワラ
Rajeswar
ラシェーズ
Lachaise
Lachièze
ラジェス Lages
ラジェスワリ
Rajeswari
ラシェタ Rašeta
ラジェーチニコフ
Lazhechnikov
ラジェッシ Rajesh
ラジェッシュ Rajesh
ラーシェド Rashed*
ラシェド
Rashed
Ra'Shede
ラージェドラ
Rajendra
ラジェナ Lagena
ラシェノヴァ
Laschenova
ラシェノバ
Laschenova
ラシェノワ
Laschenova
ラジェービチ
Radevich
ラシェフ
Rashev
Reshef
ラシーエブスキー
Rasiejewski
ラシェル
LaShelle
Racheal
Rachel**
Rachelle**
Rascel
Rashel
ラジェル Rajel
ラジエル
Rasiel*
Raziel
ラシエルダ Lacierda
ラーシェン Larsen
ラジェンダー
Le Gendre
ラージェンダル
Rājendar
ラージェント Largent
ラージェーンドラ
Rajendra*
Rājendra
Rājēndra
ラージェンドラ
Rajendra
ラジェンドラ
Rajendra***
Rājendra
ラージェーンドラヴァルマン
Rājendravarman
ラージェンドラヴァルマン
Rājendravarman
ラージェーンドララーラ
Rājendralāla
ラジェンドラン
Rajendran*
ラージェーンドル
Rājendr
ラジオ Raggio
ラジオネンコ
Rodionenko
ラジオン Rajion
ラシガ Laciga
ラジガイチェ
Ladigajte
ラシキー Rashke
ラージク Rāziq
ラジクマリ
Rajkumārī
ラージクマール
Raajkumar
ラジゲ Radiguet
ラジコフ Radkov
ラシザーデ
Rasi-Zade*
ラシザデ Rasizade
ラージシェーカル
Rajshekar
ラジシェコル
Rājsekhar
ラジーシチェフ
Radischev
Radishchev
ラージズ Rhazes
ラジス Lagis
ラジスラウ Ladislav
ラジスラフ
Ladislav***
ラジゼンスカヤ
Ladyzhenskaia
ラーシダ Raasida
ラシター Lassiter*
ラシダ
Rachida*
Rashida*
ラジタ Rajitha
ラシチェンコ
Lashchenko
ラシチュプキン
Rashchupkin
ラジツィウシュ
Laziczius
ラジツィウス
Laziczius
ラシツキ Lasicki

ラシツケネ Lasitskene
ラシッチ
Rasič
Rašić
ラジッチ Lazic
ラシッド
Rachid**
Raschid
Rashid**
Rashīd
ラシッヒ Raschig
ラシーデ Rashīd-i
ラシーディ Rasheedi
ラシーディー
Rashidi
Rashīdī
ラシティ
Lacity
Raciti
ラシディ
Rashidi*
Rasjidi
Rasyidi
Rushdie
ラシティウス Lasitius
ラーシディーン
Rāshidīn
ラーシド Rāshid
ラシード
Rachid*
Rasheed**
Rashid**
Rashīd*
Rāshid
Rashīd'Ālī
ラシド
Rachid
Racid*
Rashed
Rashid***
ラシードゥッディーン
Rashīd al-Dīn
ラシードケシシュ
Rachid Kechiche
ラシードッディーン
Rashīd-i
Rashīdoddīn
ラシトフ Rashitov
ラシドフ Rashidov*
ラシドール Rashdall
ラシーナ Racina*
ラシナ Lacina*
ラシナック Lacinak*
ラジナート Raj Nath
ラージニー Rajni
ラシーニー Laciny
ラジニ Rajni
ラジニカーント
Rajinikanth*
Rajnikant
ラジニーシ
Rajaneesh
Rajneesh*
ラジーニャ Radzinya
ラシーヌ Racine*
ラシヌー Racineux
ラシネ Racinet*
ラジネーシ
Rajaneesh
Rajneesh
ラージネーシュ
Rajnesh
ラジノウィッチ
Radzinowicz
ラジハ Rajiha**
ラージパット Lājpat
ラジパット Lājpat
ラージパト Lājpat*
ラージパトラーイ
Lājpat Rāi
ラシヒ
Lashkhi
Raschig
ラジビル
Radzivil
Radziwill
ラジーブ
Rajeev*
Rajiv
ラジフ Rajiv
ラジブ
Rajib
Rajiv**
ラシプラム
Rasipuram
ラシブルック
Rushbrooke
ラジマニ Rajmani
ラジミ
Lajimi
Lajmi
ラーシム Rasim
ラシム
Rasim
Rassim
ラージメイカーズ
Raijmakers
ラジモハン
Rajimohan*
ラーシャ Lasha
ラージャ
Raja
Rājā
Rājya
ラシャ
Lachat
Lasha*
Rachad
ラジャ
Radja
Raja***
ラジャー Roger
ラジヤ Raziya
ラジャーイー Rajai
ラジャイ Rajai
ラジャウナ Rajaonah
ラジャウナリブル
Rajaonarivelo
ラジャオナリソン
Rajaonarison
ラジャオナリベロ
Rajaonarivelo
ラジャオナリマンピアニナ
Rajaonarimampia
nina*
ラージャーゴーパーラーチャリ
Rajagopalachari
ラージャゴーパーラーチャーリー
Rājagōpārāchārya
ラジャゴパラチャリ
Rājagōpārāchārya
ラージャゴーパーラーチャーリア
Rājagōpārāchārya
ラジャゴパラチャリア
Rājagōpārāchārya
ラージャゴーパーラーチャールヤ
Rājagōpārāchārya
ラジャゴパラン
Rajagopalan
ラジャゴパル
Rajagopal
ラジャコビッチ
Rajakovic
ラジャサ Rajasa*
ラージャサナガラ
Radjasanagara
ラージャージー Rājājī
ラージャシェーカラ
Rājaśekhara
ラジャシンガム
Rajasingham
ラージャシンハ
Rajasimha
ラージャス Lajas
ラージャスィンハ
Rājasimha
ラージャダッタ
Rājadatta
ラジャック Rajak
ラシャッド
Rachad
Rashad
ラジャット Rajat*
ラージャーディラージャ
Rājādhirāja
ラシャード
Rashaad
Rashad
Rashard
ラシャド Rashad*
ラジャード Rudyard
ラシャドゥ Rachad
ラシャーナ Lashana
ラジャニ Rajani
ラジャノフ Rajunov
ラージャパクサ
Rajapaksa
ラジャパクサ
Rajapaksa*
Rajapakse
ラジャパクセ
Rajapakse
ラジャバルダン
Rajyavardhan
ラジャブ
Radjab
Rajab
ラジャブザーデ
Rajabzadeh*
ラジャブマド
Rajabmad
ラシャペル
LaChapelle*
Lachapelle
ラジャボフ
Radzhabov
ラジャポフ
Rajabov
Rajapov
ラージャマウリ
Rajamouli
ラジャマナー
Rajamannar
ラジャマニ Rajamani
ラジャマル Rajammal
ラージャム Rajam
ラシャムジャ
Iha byams rgyal*
Lha byams rgyal
Lha-byams-rgyal
ラジャラクシミイ
Rajalakshmi
ラージャラージャ
Rājarāja
Rājārāja
ラジャラトナム
Rajaratnam*
ラジャラーマン
Rajaraman
ラージャラーム
Rajaram
ラジャラム Rajaram*
ラシャル Rushall
ラジャル Rajar
ラーシャロテー
La Chalotais
ラシャロテー
La Chalotais
ラシャーン Lachin
ラシャン
Lachant
Lachens
Rashaan
ラジャン Rajan**
ラシャンズ LaChanze
ラシャンスカ
Lashanska
ラーシュ
Laasch
Lars***
ラージュ
Laage
Laâge
Lage
Raj
ラシュー Lassus
ラジュ
Lajus
Radjou
Raj
Raju*
Rudge
ラジュー Raju*
ラーシュエーリク
Lars-Erik
ラシュカ
Raschka*
Rashka
ラシュガリ Lashgari
ラシュガル Lachgar
ラシュキ Raschke*
ラジュケスウール
Rajkeswur*
ラシュコ
Lashko
Raško
ラシュコフ Rushkoff*
ラシュコフスキー
Rashkovskiy
ラシュス Lassus
ラシュダル Rashdall
ラシュディ
Rachedi*
Rashdi
Rushdie**
ラシュトフカ
Lastovka
ラシュドール Rashdall
ラシュドル Rashdall
ラシュトン Rushton*
ラシュナー Lashner*
ラシュナウアー
Lachenauer
ラシュナル Lachenal
ラジュネス
Lajeunesse
ラシュビー Rushby*
ラジュヒ Rajhi
ラジューブ Rajoub
ラシュファース
Rushfirth
ラシュブルック
Rushbrooke
ラシュマー Rushmer
ラシュマノワ
Lashmanova**
ラシュマン Rushman
ラシュミ Rashmi
ラシュリ Lashley
ラシュリー Lashley*
ラジュリー Rudgley*
ラシュリエ Lachelier
ラシュール Lachuer
ラシュルト
Rahschulte
ラシュレー Lashley
ラシュレイ Lashley
ラシュワース
Rushworth
ラシュワン Rashwan*
ラジュン Layun
ラショー Lachaux
ラジョ
Rajo
Rajoo
ラジョー Rageau
ラジョア Lajoie
ラジョアー Lajoie
ラジョイ Lajoie*
ラジョエリナ
Rajoelina*
ラショッド Rashod
ラジョニア Lasjaunias

ラショフ Lashof
ラショーム Lachaume
ラショル Lachor
ラショーワ Roshova
ラジョワ Lajoie*
ラジョワニ Lajoinie
ラーショーン Larsson
ラーション
Larsson***
ラショーン
LaShawn*
RaShaun
Rashaun
Rashawn
Roshown
ラジョン Rajon*
ラジョンソン
Rajohnson
ラシラ
Lassila*
Răcilă
ラジリー Rudgley
ラジリック Rajlich
ラシルド Rachilde**
ラージーン Lājīn
ラージン Razin*
ラシーン
Lachin
Racine
Rasin
Rasseen
Rassine
ラシン Rusin
ラジン Razin
ラシンスキー
Lashinsky
ラジンスキー
Ladínskii
Radzinski
Radzinskii**
Radzínskii
Radzinsky
ラシンダ Lashinda*
ラシントン
Lushington
ラース
Laas
Lars***
Lers
Raes
ラーズ
Lars**
Ráz
ラス
Las*
Lass*
Ras
Rash
Rass
Rath*
Raths
Rus*
Russ***
Russell**
Ruth
ラスー Lasceux
ラズ
Raju
Raz**
ラスアニ Lassouani
ラースイ Raši
ラーズィ
Radhi
Rhazes
ラーズィー
Rāzī
Rhazes
ラズィッヤ Raḍiyya
ラスィーヌ Racine
ラズィーヤ Raḍiyya
ラズィヤ Raḍiyya
ラズヴァン
Razvan*
Răzvan
Răzvan
ラスヴィツ Lasswitz
ラスヴィッツ
Lasswitz*
ラスウェル Lasswell*
ラズウェル
Lasswell
Laswell*
ラスヴェン Ruthven
ラズウモフスキー
Razumovskii
ラスヴルム Russwurm
ラスエン Lasuén
ラースカー Lasker
ラスカ
Lasca
Laska
Lasker
Raska
ラスカー
Lascher
Lasker**
ラズガイティス
Razgaitis*
ラスカサス Las Casas
ラスカス Laskas
ラースガード
Larsgaard*
ラスカトフ Raskatov
ラスカム Luscombe**
ラスカラトス
Laskaratos
ラスカリ Laskari
ラスカリス
Lascaris
Laskaris
ラスカリドウ
Laskaridou
ラスカリナ Laskarina
ラスカル
Rascal*
Raskall
ラスカン Ruskan
ラスキ Laski**
ラスキー
Laskey
Laski
Lasky***
ラスキイ Laski
ラスキナ
Raskina
Rasquinha
ラスキーヌ Laskine*
ラスキン
Laskin*
Laskine
Luskin*
Raskin***
Ruskin**
ラスク
Lask*
Lusk*
Rask*
Rusk**
ラスクー Lascoux
ラスゲバー Rathgeber
ラスケル
Lasker
Laskier
ラスコ
Lasco
Rasco
ラスコー
Lascault
Lascaux
Racicot
Rasco
ラズコー Raczko
ラスコウ Laskow
ラスコーヴァ Raskova
ラスコヴィッチ
Ruskovich
ラスコヴスカ
Laskowska
ラスコースキー
Laskowski
ラスコブ Raskob
ラスザラ Ruszala
ラスジェン Rathjen*
ラスジャ Rasoja
ラスシュク Raschke
ラスジン Rathgen
ラスーズ Las Cases
ラスセル Russell
ラスタ Rasta*
ラスター Raster
ラスタティ Rastati
ラスタード Raastad
ラスタミ Rastami
ラスターリア
Lastarria
ラスダン Lasdun**
ラスチェル Rascel
ラスチャク Ruschak
ラスツースキー
Laszewski
ラスット Rathod
ラスティ Rusty**
ラスディ Rusdi
ラスティグ Lustig**
ラスティスラヴ
Rastislav
ラズティナ Lazutina*
ラスティン Rustin*
ラステッター
Rastetter
ラステッド Lusted
ラステッリ Rastelli
ラステラ La Stella
ラステル
Rastall
Rastell
ラースト
Laast
Last
ラスト
Last*
Lust
Rast
Rust**
ラスードヴァ
Rassudova
ラストヴォロフ
Rastvorov*
ラストガーテン
Lustgarten*
ラストジ Rustgi
ラストナー Rastner
ラストバーグ
Lustberg*
ラストベイダー
Lustbader
ラストベーダー
Lustbader**
ラストボロバ
Rastvorova
ラストマイアー
Rustemier
ラストマン
Lastman
Rustmann*
ラストリカーティ
Lastricati
ラストリーギン
Rastrigin
ラストリギン
Rastrigin
ラストリック Rastrick
ラストルグエフ
Rastorguev
ラストレッティ
Lastretti
ラストレッリ Rastrelli
ラストレリ Rastrelli
ラストレールリ
Rastrelli
ラストン Ruston
ラスドン Lasdon
ラスナッチ Rasnačs
ラズニ Rajine
ラスニック
Lassnig
Rasnic
ラズニック Rasnic**
ラスネール Lacenaire
ラスバ Lasuba
ラスパイユ Raspail*
ラスパイレス
Laspeyres
ラスバック Rasbach
ラスパーユ Raspail
ラスパユ Laspalles
ラズハル Lazhar
ラズバルト Rusbult
ラスバーン Rathburn
ラスバン Rathbun*
ラズバン Răzvan
ラスプ Rasp*
ラスプーチン
Rasputin***
ラスプーティン
Rasputin
ラスプラー Raspler
ラスプリカ Rasplica
ラスブリッジャー
Rusbridger*
ラスペ Raspe
ラスベリー Lathbury
ラズベリー Rasberry
ラスヘリナ
Rasoherina
ラスベルク Lassberg
ラズボロフ Razborov*
ラスボーン
Rathbone*
ラスボン Rathbone
ラズボーン
Rathbone**
ラスマス Rasmus
ラスマセン
Rasmusson
ラズマッジェ
Razmadze
ラスマッセン
Rasmussen
ラスマネ Lasmane
ラズマラ Razmara
ラスマン
Lassmann
Rathmann**
ラズミ Razmi
ラズミク Razmik
ラスミュッセン
Rasmussen
ラズミンスキー
Rasminsky
ラズム Razem
ラスムス
Rasmus**
Rassmus
ラスムセン
Rasmusen
Rasmussen***
Rasmusson
ラスムソン Rasmuson
ラスムッセン
Rasmussen*
ラズムッセン
Rusmussen
ラスムニー Rasumny
ラズームニク
Razumnik**
ラズムネービッチ
Razumnevich
ラズモーフスキ
Razmovski
Razumovskii
Razumovsky
ラズモーフスキー
Razmovski
Razumovskii
Razumovsky
ラズモフスキー
Razumovskii
Razumovsky
ラズモフスキイ
Razmovski
Razumovskii
Razumovsky

ラ

ラスララ Rasulala
ラスランド Laslandes
ラズリー
Lasley
Lasry
ラスリンガー
Luthringer
ラスール
Rasoul
Rassoul
Rasual
Rasul**
ラスル Rasul*
ラスルザーデ
Räsulzadä
ラスルズ Lascelles
ラスルゾダ Rasulzoda
ラスルテギ Lasúrtegui
ラスルナイ
Rasolonahy
ラスルフニリナ
Rasolofonirina
ラスルンドライベ
Rasolondraibe
ラズレグ Lazreg
ラスレット Laslett*
ラズレット Laslett
ラスーレフ Räsülev
ラースロ
Laszlo
László**
ラースロー
Ladislas
Laslo
Laszlo**
László***
ラーズロー Laszlo
ラスロ
Laszlo
László
ラスロー
Laszlo*
László
ラズロ
Laslo*
Laszlo**
László
László**
Lázló
ラズロー Laszlo**
ラースロウ Laszlo
ラスロウ László
ラスロップ
Lathrop**
Lothrop
ラースローネー
Lászlóné
ラスロフ Rasulov
ラースン
Larsen
Larson
Lasn
ラズンダラ
Razundara
ラセ Rasse
ラゼ Raje
ラセグ Lassègue
ラゼク Razek
ラーゼス Rhazes
ラゼズ Rhazez
ラセター Lasseter**
ラセッター
Lasseter
Lassetter
ラセッティ Laccetti
ラセット
Lacet
Racette
Russett**
ラセーナジット
Prasenajit
ラセーニュ Lassaigne
ラゼブニック
LaZebnik
Lazebnik
ラセペード Lacépède*
ラゼモン Razemon
ラセラ Lázara
ラセラス Lasheras
ラゼリ Lazzeri
ラゼーリウス Raselius
ラゼリウス Raselius
ラーセル Lasserre
ラーゼル Rahzel
ラセール
Lascelle
LaSelle
Lasserre*
ラセル
Lasell
Lassell
Russell
ラゼール
Lazare
Lazear
Lazere
ラゼル Lazell
ラセルヴ Lasserve
ラセルソン Laserson
ラセルダ Lacerda*
ラセルナ
La Serna
Laserna
ラーセン
Larcen
Larsen***
Larssen
ラゼンビー Lasenby
ラーソ Lazo
ラソ
Lasso*
Lazo*
Raso
ラソー Lasaulx
ラゾー Lazo
ラソアザナネラ
Rasoazananera
ラソアマナリヴォ
Rasoamanarivo
ラゾウィック
Lazowick
ラゾヴィッチ Lazovic
ラソク Lasok
ラソス Lāsos
ラソーダ Lasorda**
ラソッガ Lasogga
ラゾッタ Lassotta
ラソーヌ Lassone
ラーソネン Laasonen
ラゾビッチ Lazović
ラソフスカヤ
Lasovskaya
ラゾフスキー
Lazovskii
ラゾリョノフ
Razoronov
ラソール Rasoul
ラゾロノフ Razoronov
ラーソン
Larson**
Larsson**
Lasson
ラゾン Razon*
ラーダ
Rada*
Rade
Rādha
ラーダー
Rader
Rahder
Redha
ラタ
Lata
Latta
Rata
ラター
Lata
Lateur
Latter
Rutter*
ラダ
Lada*
Rada*
Radha*
ラダー
Rader
Rudder
ラータイ Rathey
ラタイチャーク
Rateitschak
ラタイチャク
Ratajczak
ラタイネル Lateiner
ラタウット Rattawut
ラダクリシュナ
Radhakrishna*
ラーダークリシュナン
Radhakrishnan*
Rādhākrishnan
ラダークリシュナン
Radhakrishnan
ラダクリシュナーン
Radhakrishnan
ラダクリシュナン
Radhakrishnan**
Rādhākrishnan
Rādhākrshnana
ラタクン Rattakul
ラタケレ Ratakele
ラダコヴィッチ
Radakovich
ラダコビッチ
Radakovich*
ラダコフ Rudakov
ラタシ
Latash
Latasi*
ラーダス Lahdas
ラタス Ratas
ラダス Ladas
ラタターラ
Rahtathara
ラダック Radák
ラタッシュ Latash*
ラダッツ
Radatz
Raddatz
ラタッツィ Rattazzi
ラダット Ladatte
ラタナ Ratana
ラタナヴァン
Ratanavanh
ラタナヴォン
Ratanavong
ラタナカムフ
Rattanakhamfu
ラタナクン
Rattanakun
ラタナゴーン
Rattanakorn
ラターナスワン
Ratanasuwan
ラタナンド Lattanand
ラダニアン
LaDainian*
ラダニュー
Ladagnous
ラタネ
Latane
Latané
ラタネイーヤ
Rataneyya
ラダノワ Radanova
ラタビアス Latavius
ラダビドソン
Radavidson
ラダビノード
Radhabinod
ラダマ Radama
ラーダマッチャー
Radermacher
ラーダーマッハー
Radermacher
ラータマン
Latermann
ラターマン
Lattermann
ラダーマン Laderman
ラダマンテュス
Rhadamanthys
ラダム Ladame
ラダメス
Radames
Radamés
ラダメル Radamel*
ラダヤード Rudyard
ラターリー Ratterree
ラーダリアス
Lardarius
ラダリアス
LaDarius
Ladarius
ラーダル Lerdahl
ラダール Rodahl
ラダロドリゲス
Rada Rodriguez
ラダワン Laddawan
ラタン
Lathan
Ratan**
Rattan
Ruttan*
ラタンコマール
Rattankoemar
ラタンシ Rattansi
ラタンジー Lattanzi
ラダンスキー
Radunsky
ラタンゼ Lattanze
ラーチ
Larch
Rácz
ラチー Lachie
ラチアルバラ
Ratsiharovala
ラーチェ Laatsch
ラチェ Lache
ラチェヴィルツ
Rachewiltz
ラチェッキ Lachecki*
ラチェデリ Lacedelli
ラチェル
Lacer
Rachel
ラチェンス
Lutyens
Rathjens
ラチェンズ Lutyens
ラチコフ Rachkov
ラチチュラー
Ratschiller*
ラチド Rachid
ラチナウ Lachinau
ラチニナ Latynina
ラチーニョ Ratinho
ラチーノフ Lachinov
ラチバ Rachyba
ラチファンドリアマナナ
Ratsifandrihamanana
ラチマン Rachman
ラチーモ Racimo
ラチモア Lattimore
ラーチャー Larcher
ラチャ Hrachya*
ラーチャトン
Rajadhom
Rajadhon
ラチャノック
Ratchanok
ラーチャブリー
Ratchaburidirekrit
ラチャン Račan**
ラチャンス
LaChance
Lachance
ラーチャンタブン
Lachathaboune
ラーチュ
Racz
Rácz
ラチュアダ Lattuada
ラチュウブカ
Rachubka

ラ

ラチュキ Rački
ラーチョータイ
Raachoothai
ラチョーフ
Rachev
Rachëv
ラチョフ
Rachev
Rachëv
Rachov
ラチラウナナ
Ratsirahonana*
ラチラカ Ratsiraka**
ラチーン Lacheen
ラーツ
Raatz
Rácz
Rahtz
ラッ
Lat
Latt
ラツ Ratu*
ラツー Ratu
ラツァム Latham
ラツァール Lazar
ラーツァルス Lazarus
ラツァルス Lazarus
ラツァン Lha-bzan
ラツィオーシ Laziosi
ラーツィス
Lācis*
Latsis
ラツィス Latsis*
ラツィック Lazic*
ラツイム Ra'im
ラツィラウナナ
Ratsirahonana
ラツィラカ Ratsiraka
ラツィン Ratsin
ラツィンガー
Ratzinger
ラツェベルガー
Ratzeberger
ラーツェル Ratzel
ラツォ Ladislav
ラッカ Lakha
ラッカー
Laqueur
Racker
Rucker**
Rücker
ラツカ Ratzka*
ラッカソン Luckasson
ラッカナー Lakkana
ラッカーバーマー
Racherbaumer
ラッカム Rackham**
ラッガム Raggam
ラッキ Lucke
ラッキー
Lackey**
Lackie
Latzky
Luckey*
Lucky*
Lucy
ラツギ Razeghi
ラッキィ Lucky
ラッキタ Rakkhita
ラッキン Lackin
ラッキング Lucking*
ラッキントン
Lackington
ラッキンビル
Luckinbill
ラック
Lac
Lach
Lack*
Luck**
Lucke
Luk
Rack
Ruck
Wrack
ラッグ
Rugg*
Wragg
ラックア Lacqua
ラックス
Laks
Lax*
Lochs
Luks
Lux*
ラックスタル
Ruckstull
ラックストン Ruxton*
ラックスネス Laxness
ラックスバッチャー
Luxbacher
ラックスフォード
Luxford
ラックスマン
Lakshman
Laksman
ラックソン Lackson
ラックティーン
Lackteen
ラックデュッシェル
Ruckdeschel
ラックナー Lackner
ラックハースト
Luckhurst
ラックハム
Luckham
Racham
Rackham
ラックマン
Lachman
Lachmann*
Luckmann
Luqman
Rachman*
Ruckman*
ラックラン Lachlan
ラックランド
Lackland
ラッグルス Ruggles
ラッグルズ Ruggles*
ラックレス Luckles
ラーッケ Raacke
ラッケイ Lackaye
ラッケルズハウス
Ruckelshaus*
ラッケルマン
Rackelmann
ラッケンメイヤー
Lachenmeyer
ラッコ Racco
ラッサー Lasser*
ラッサァル Lassalle
ラッザーク Razzāq
ラッザーズ Razzaz
ラッサナ Lassana
ラッサーノ Rasano
ラッサポーン
Latsaphone
ラッサーム Rassam
ラッサム Rassam*
ラッザーリ Lazzari
ラッザリーニ
Lazzarini
ラッサール
Lassalle
Lassar
ラッサルレ Lassalle
ラッサレー Lassalle
ラッサロ Lazaro
ラッザーロ Lazzaro
ラッザロ Lazzaro
ラッサン Lussan
ラッサンダー
Lassander
ラッシー Raschi
ラッジ
Ladji*
Raggi**
ラッシア Lascia
ラッシェ Rasche
ラッシェーズ Lachaise
ラッシェル
Rachel**
Reuschel
ラッシェルト Raschert
ラッジェン Luggen
ラッシオ Ruscio
ラッジカク Rajcak
ラッシッシ Lassissi
ラッシーナ Lassina
ラッシナ Lassina
ラッシモヴ Rassimov
ラッシャー
Lascher
Lusher
Rusher
ラッシュ
Lars
Lasch*
Lash**
Lasso
Lusch
Lush*
Rache
Rasch*
Rash
Rusch**
Rush***
ラッシュド Rashed
ラッシュドール
Rashdall
ラッシュトン Rushton
ラッシュネル
Rushnell*
ラッシュビー Rushby
ラッシュフォース
Rushforth
ラッシュフォード
Rashford
ラッシュマー
Rushmer
ラッシュワース
Rushworth*
ラッシラ Lassila
ラッシン
Rushin
Russin
ラッシング Rushing**
ラッズ Laz
ラッズィ Razzi
ラッスス Lassus
ラッスル Russel
ラッセ Lasse**
ラッゼスバーガー
Ratzesberger
ラッセル
Lassell
Lasselle
Lasserre
Lussell
Rusel
Rusell
Russeell
Russel***
Russel'
Russell***
Russelle
ラツセル Russell*
ラッセルズ
Lascelles**
ラッセン Lassen**
ラッセンバッハ
Rauschenbach
ラッソ
Lasso**
Rasso
Russo*
ラッソー Lasso
ラッソン Lasson*
ラッタ Latta*
ラッター
Lutter
Rutter
ラッタウット
Rattawut**
ラッタクーン
Rattakul
ラッタクン Rattakul*
ラッタッツィ Rattazzi
ラッタナパンヤー
Rattanapanya
ラッタナラック
Rattanarak
ラッタナルアーン
Ratanaruang*
ラッタパーラ
Raṭṭhapāla
ラッターマン
Lattermann
ラッターラ
Rahtathara
ラッタリーノ
Rattalino
ラッタレル Lutterell
ラッタン Ruttan
ラッタンシ Rattansi*
ラッタンズィー
Lattanzi
ラッタンツィオ
Lattanzio
ラッチ Ruch
ラッチェ Rathje*
ラッチェル
Rachel
Ratzel
ラッチェンス Lutyens
ラッチェンズ Lutyens
ラッチカ Raczka
ラッチフォード
Latchford
ラッチマン
Latchman
Rachman
ラッチャタ Rajata
ラッチャタナーウィン
Rajatanavin
ラッチャナ Latchana
ラッチンガー
Ratzinger
ラッツ
Latz
Lutz**
Raats
Rahtz*
ラッツァ Latza
ラッツァー Lutzer
ラッツァラート
Lazzarato
ラッツァーリ Lazzari
ラッツァリーニ
Razzarini
ラッツァリニ
Lazzarini
ラッツァーロ Lazzaro
ラッツィ
Ratsey
Razzi*
ラッツィンガー
Ratzinger*
ラッツェル Ratzel*
ラッツェローニ
Lazzeroni
ラッツェンバーガー
Ratzenberger
ラッツェンホーファー
Ratzenhofer
ラッツェンホーフェル
Ratzenhofer
ラッツォーリ
Razzoli**
ラッテ Rutte
ラッデ Radde
ラッティ Ratti
ラッディアード
Rudyard
ラッティカン Rattikan
ラッティカングーンノイ
Rattikan Gulnoi
ラッティモア
Lattimore
ラッデル Ladelle
ラッテルミュラー
Rattelmüller

ラ

ラッテンバリー
Rattenbury
ラット
Lat**
Rat
Ratto
ラットー Latto
ラッド
Lad*
Ladd***
Ledd
Lud
Rad*
Radd
Rudd**
ラットゥアーダ
Lattuada**
ラットゲン Rathgen
ラットゲンス Luttgens
ラッドネッジ
Radnedge
ラットネット Ratnett
ラッドバウト
Radboud
ラッドビル Radbill
ラッドフォヴド
Radford
ラッドフォード
Radford
ラットマン
Latman
Luttman
Rutman
Ruttman
ラッドマン Rudman
ラッドヤード
Rudyard*
ラットランド Rutland
ラットル
Lattre
Rattle
ラットレー Rattray
ラットレイ Rattray
ラッドレイ Ladley
ラットレッジ
Rutledge
Ruttledge
ラットン Lupton
ラッハ Lach
ラッバー Rabbah
ラッパス Lappas
ラッバディア
Labbadia
ラッハナー Lachner
ラッバーニー Rabbani
ラッバニ Rabbani
ラッパポート
Rappaport
ラッハマン
Lachmann*
ラッハーム Lahham
ラッハム Lahham
ラッパラン Lapparent
ラッパルト Rappard
ラッバーン Labbān
ラッバン
Rab-ban
Rabban
ラッピ Lappi
ラッピウス Lappius
ラッヒェル Rachel
ラッビヒ Rabbihi
ラッビフ Rabbihi
ラッピン
Lappin
Rappin'
ラッフ Raff
ラッブ Rabbe
ラップ
Lap**
Lapp***
Rap*
Rapf
Rapp***
Rappe
Rupp*
ラッファ Ruffa
ラッファー Laffer**
ラッファイ Raffay
ラッファエッリーノ
Raffaellino
ラッファエッロ
Raffaello
ラッファエーレ
Raffaele*
ラッファエレ Raffaele
ラッファエロ Raffaello
ラッファム Lapham
ラッファン
Laffan
Lapham
ラッファンティ
Raffanti
ラッフィヌス Raffinus
ラッフィン
Raffin
Ruffin
ラッフェル
Raffel*
Ruffell
ラッフェンズバーガー
Raffensberger
ラップス Rappus
ラップハム Lapham
ラップマン Rappman
ラップマンド
Rapmund
ラップムンド
Rapmund
ラッブラ Rubbra
ラッフリン Loughlin
ラッフル
Raffl
Raffle
Ruffle
ラッフルズ Raffles
ラップワース
Lapworth*
ラッペ
Lappe
Lappé
Rappe
Rappé
ラッヘル Rachel
ラツヘル Latuheru
ラッベルトン
Labberton
ラッヘンブルック
Lachenbruch
ラッペンベルク
Lappenberg
ラッヘンマン
Lachenmann*
ラッポ Lappo
ラッポー Lappo
ラッポポール
Rappoport
ラッポルト
Rappold
Rappolt
ラッヤード Rudyard
ラッラ Lalla*
ラッリ
Lalli
Ralli
ラッルージー Lallūjī
ラッルー・ラール
Lallūlāl
ラッルーラール
Lallūlāl
ラツロ
Laszlo
László
ラヅロ László
ラッロクウェット
Larroquete
ラッワス Rowas
ラーデ
Raade
Rade
ラデ
Rade*
Radhe
Rudd
ラーティ
Lahti*
Rathi
ラーティー Lahti
ラーディ
Lardy*
Radi
ラーディー
Rādī
Rāḍī
ラティ
Lattey
Laty
Luty
Rati
Ratih
Ratty
ラティー Lutie
ラテイ Ratej
ラディ
Lady
Luddy
Radi
Rhadi
ラディー
Raḍī
Rady
Rudy
ラティア Ratia
ラディア Radia*
ラディアナ
LaDeana
Rahdiana
ラディイヤ Raḍiyya
ラディウス Radius
ラティウメ Latiume
ラテイエ Latteier*
ラティエール Lathière
ラティエンズ Lutyens
ラディオ Radio
ラディーガー
Rudiger*
ラディカ
Radhika*
Radica
ラディガー Rudiger
ラティガン Rattigan*
ラティキウス
Ratichius
ラティク Latyk
ラディク Radik
ラディゲ Radiguet**
ラティシ Letiche*
ラティシェフ
Latyshev**
ラディシッチ
Radiśić**
ラディシュ Radis
ラディジンスキー
Ladizinsky
ラディス Radice
ラティスボナ
Ratisbona
ラティスボンヌ
Ratisbonne
ラディスラウ
Ladislav*
ラディスラヴ
Ladislav
Radislav
ラディスラウス
Ladislas
Ladislaus
ラディスラーオ
Ladislao
ラディスラオ
Ladislao*
ラディスラス Ladislas
ラディスラフ
Ladislav**
ラディスラブ Ladislav
ラディソン Radisson
ラーディチ Radić
ラディチ Radić
ラディーチェ Radice
ラディチェ Radice
ラディチェヴィチ
Radičević
ラディチェス
Radiches
ラディチコフ
Radíchkov
ラディツォヴァー
Radičová*
ラティック Latyk
ラディック
Hladik
Radick
Ruddick
Rudick
ラディッシュ Radish*
ラディッチ
Radic
Radić*
ラティッラ Latilla
ラディティス Ruditis
ラティーニ Latini
ラティニウス Latinius
ラティニス Latinis
ラティニナ Latynina
ラディーニナ
Ladynina
ラティヌス Latinus
ラーティネン
Lahtinen
ラディーノ Radino*
ラーディノイス
Lardinois
ラティノヴィチュ
Latinovits
ラティーヒウス
Ratichius
Ratke
ラティヒウス
Ratichius
ラディビロフ
Radivilov
ラティーフ
Lateef
Latheef
Latif*
Laṭif
Laṭīf
Retief
ラティフ
Latif*
Latiff
Lteef
ラティブ Ratib
ラティファ
Latifa*
Latifah
ラティーフィー Latifī
ラティフェ Latife**
ラディフォギッド
Ladefoged**
ラディポ Ladipo
ラティポフ Latipov
ラティマ Latimer
ラティマー
Latimer*
Latimor
ラティマール Latimar
ラディミル Radimir
ラティモー Lattimore
ラティモーア
Lattimore
ラティモア
Latimore
Lattimore**
ラディヤー Rudyard
ラディヤード
Rudyard*
ラティール Latyr
ラティル Latil
ラーディン
Laden

Ladin
ラティン Lattin
ラディン
Laden*
Ladin
Radin*
Radine
Rudin*
ラディンガー
Radinger
ラディングトン
Ludington
ラティンジャー
Luttinger
ラディンスキー
Ladejinsky
Radinsky*
ラディントン
Ludington
ラデヴァ Radeva
ラーデウェインス
Radewijns
Radewyns
ラデカン Ladekan
ラーデク Radek
ラデク Radek**
ラーデグンデ
Radegunde
ラデグンディス
Radegundis
ラデグンド
Radegunde
ラデゴー Ladegaard
ラデシャム
Radhe Shyam
ラデジンスキー
Ladejinsky*
ラデスカ Radesca
ラーデストック
Radestock
ラデッキー Radecki
ラデツキ
Radecki
Radetzky
ラデツキー
Radecki
Radetskii
Radetsky
Radetzky
ラデーツキィ
Radetskii
ラテック Lattek
ラデック Radek*
ラデッケ Radecke*
ラテーナー Lateiner
ラーテナウ Rathenau
ラテナウ Rathenau
ラデビチャ Radevica
ラーテブ Rāteb
ラデフ Radev**
ラデベ Radebe
ラデボー Radebaugh
ラーデマッハ
Rademacher
ラーデマッハー
Rademacher
ラーデマッヘル
Rademacher*
ラデマッヘル
Rademacher
ラーデマハー
Rademacher
ラーデマヒャー
Rademacher
ラデメーカーズ
Rademakers
ラテモーア Lattimore
ラテュ Räty*
ラデュ
La Du
Radu*
ラデュー LaDue
ラデュサー Ladusaw
ラデュースキー
Ladewski
ラデュチェル
Raduchell
ラテュード Latude
ラデュリ Ladurie**
ラデュリー Ladurie
ラテュリッペ
Latulippe
ラーデュロース
Ladulås
ラデュロース Ladulås
ラテラヌス Lateranus
ラテーリウス
Ratherius
ラテリエー Latelier
ラテル
Latell
Ratelle
ラデル
Radell
Ruddell
ラデルキ Laderchi
ラデロ Ladero
ラーデン
Laden
Ladin
Lardon
Radden
Raden
ラデン
Raden
Rudden
ラーデンガスト
Ladengast
ラーデンブルガー
Ladenburger
ラーデンブルク
Ladenburg
ラート
Laat
Lert
Rad*
Radt
Rath
Ráth
ラード Raad
ラードー
Rado
Radó
ラト
Lat
Lato
Rath*
Rato*
ラトー
Lateau
Rateau
ラド
Lado
Rado
Radó
Radot
ラドー
Lado
Radau
Rado
Radó
ラドイ Radoi
ラドイェ Radoje
ラドイエ Radoje*
ラドィギナ Ladygina
ラドイジェンスカヤ
Ladyzhenskaya
ラドイチャ Radojica
ラトゥ
Latou
Latu
Ratu*
ラトゥー Latour
ラトウ Latu
ラドゥ
Ladu
Radu**
ラドゥー
Radoux
Radu
ラトゥーア Latour*
ラドヴァニー
Radványi
ラドヴァノヴィッチ
Radovanovic
ラドヴァン
Radovan**
Radwan
ラドヴァンスキー
Radvansky
ラトヴィア Latvia
ラドゥイギン Ladygin
ラドウィグ Ludwig
ラドウィグソン
Ludwigson
ラードヴィツ
Radowitz
ラドウィツ Radowitz
ラドウィック
Ludwick*
Rudwick
ラドウィッグ
Ludwig*
Ludwin
ラードヴィッツ
Radowitz
ラドウィッツ
Radowitz
ラドヴィッツ
Radowitz
Radwitz
ラトゥイニナ
Latynina
ラトヴェイ Retrouvey
ラドウェイ Radway
ラドウェル Ludwell
ラドゥカン
Raducan*
Răducan
ラドゥク Răducu
ラトゥジェベール
Rathgeber
ラトゥーシュ
Latouche**
Lstouche
ラドゥシュケヴィチ
Radushkevich
ラトゥシュコ
Latushko
ラトゥシンスカヤ
Ratushinskaia
Ratushinskaya**
ラドゥスキー
Ladowsky
ラトゥナーカラヴァルニ
Ratnākaravarṇi
ラトゥニャラワ
Ratuniyarawa
ラドゥノビッチ
Radunović
ラトゥーフ Lattouf
ラトゥブマララ
Ratovomalala
ラトゥプルウィラネガラ
Ratu
Prawiranegara
ラドゥメグ
Ladoumegue
ラドゥラス Ladulås
ラードゥリ Radul'
ラトゥール
La Tour
Latour***
ラトウール La Tour
ラドゥルフス
Radulfus
ラドゥレスク
Rădulescu
ラトゥーレット
Latourette
ラトゥレット
Latourette*
ラドゥロヴィッチ
Radulovic*
Radulović
ラドゥワヘッティ
Ladduwahetti
ラトゥンジ Latoundji
ラドゥンスカヤ
Radunskaia
ラドゥンスキー
Radunskii
Radunsky*
ラドエビッチ
Radojevic
Radojević
ラトガー Rutger
ラトカイ
Ratkai
Rátkai
ラートカウ Radkau
ラトカウ Ladtkow
ラトガース Ruettgers
ラトガーズ
Ruettgers
Rutgers
ラドキ
Radke*
Radoki
ラドキー
Radke
Radtke
ラトキス Ratchis
ラトキン
Lutkin
Rudkin
ラドキン Rudkin
ラトクリッフ Ratcliff
ラドクリッフ Radcliffe
ラトクリフ
Radcliffe
Ratcliff**
Ratcliffe*
ラドクリフ
Radcliff
Radcliffe***
Radclyffe*
ラトクリフェ Ratcliffe
ラートケ Rathke
ラトケ
Radcke
Radke*
Rathke
Ratke
ラドケ Radtke
ラートゲーバー
Rathgeber*
ラトケビッチ
Ratkevich
ラートゲーブ Ratgeb
ラートゲン Rathgen*
ラトコ Ratko**
ラドコウ Radkow
ラトコフスキス
Latkovskis
ラドーサー Ladouceur
ラドサフ Radosav
ラドシー Radocy
ラドジ Radzi
ラトーシュ Latouche
ラドシュ Radoš
ラドシンスキー
Radschinsky
ラドスゥール
Ladouceur
ラドスタ Radosta
ラドスティン
Radostin
ラドスト Radost
ラドスラヴ Radoslaw
ラドスラーヴォフ
Radoslavov
ラドスラヴォフ
Radoslavov
ラートスラデート
Lertsuridej
ラドスラフ
Radoslav*
Radoslaw
ラドスラブ Radoslav
ラドスール Ladouceur
ラドスワフ Radosław

ラドセヴィッチ
Radosevich
ラドソン Ladson
ラドチェンコ
Radchenko*
ラドチグ Radtsig
ラドチョウ Raducioiu
ラドック Ruddock
ラトッフ Ratoff
ラートドルト Ratdolt
ラードナー
Lardner***
ラトーナ Latona
ラトナー
Ratner***
Rattner
ラドナー
Lardner
Radnaa
Radner*
Rudner
ラトナーカラ
Ratnākara
ラトナーカラシャーンティ
Ratnākaraśānti
ラトナキールティ
Ratnakīrti
ラトナシリ
Ratnasiri**
ラドナースンベレリーン
Radnaasumbereliin*
ラトナム Ratnam*
ラトナヤケ
Rathnayake
Ratnayake
ラトナリンパ
Ratna gling pa
ラドニア Ladnier
ラドニツ Radniz
ラトニック Lutnick*
ラドニック Rudnick*
ラドニッツ
Radnitz
Radniz
ラドニヤク Radonyak
ラドネーシスキー
Radonezhskii
ラドネシスキー
Radonezhskii
Radonezhsky
ラドネッジ Radnedge
ラドノーティ Radnóti
ラトノフ Ratnoff
ラートハウス Rathaus
ラドバン
Radovan*
Radwan
ラドヒ Radhi
ラドビッチ
Radovic
Radović
ラドビッツ Radowitz
ラトフ Ratoff
ラトフィ Lutfi
ラトフェン Ruthven
ラドフォース Ladfors
ラドフォード
Ludford
Radford**
ラドフラ Radochla
ラートブルク
Radbruch
ラートブルッフ
Radbruch*
ラードブルッフ
Radbruch
ラードブルヒ
Radbruch
ラートブルフ
Radbruch*
ラードブルーフ
Radbruch
ラードブルフ
Radbruch
ラドベク Radbek
ラドベルク Rudberg
ラドベルトゥス
Radbertus
ラドボド Radbod
ラトボマララ
Ratovomalala
ラドポルスキー
Radopol'skii
ラドボーン Radbourn
ラドマノヴィッチ
Radmanović*
ラドマノビッチ
Radmanovic
ラートマン Rahtmann
ラトマン Lattmann
ラドマン Rudman**
ラトマンスキー
Ratmansky*
ラドミラ Radmila*
ラドミール Radomir
ラドミル
Radomil*
Radomir
ラドミロー
Ladmirault
ラドム
Radom
Radomia
ラトームス Latomus
ラトムス Latomus
ラドムスカ Radomska
ラドムスキ Radomski
ラドメルスキー
Ladomerszky
ラドモーズ Rudmose
ラトーヤ La Toya
ラドヤ Radoja
ラドヤード
Rudyard**
ラトーラ Lertora
ラトーラッカ
Latorraca
ラドラム
Ludlam
Ludlum***
ラトラムヌス
Rathramnus
Ratramnus
ラドランスキー
Radlanski
ラトランド Rutland*
ラードリ Radul'
ラドリ Radhule
ラドリー
Radhule
Radleigh
Radley*
Rudley
ラードリアン
LaAdrian
ラドリエール Ladrière
ラトリジ
Routledge
Rutledge
ラードリック
Roderick
ラトリッジ
Rutledge**
ラトリフ
Ratlife
Ratliff*
ラトリフクライン
Ratliff-Crain
ラドリン Rudlin
ラドリンスキー
Radlinsky
ラートル Radl
ラードル Rádl
ラトール
Latour
Rathore
ラトル
Lattre
Rattle*
Ruttle
ラドル
Radl
Radle
Ruddle*
ラドルコーファー
Radlkofer
ラトルチュ Latortue*
ラードルフ
Lerdorf
Lerdorff
ラドルフ Lerdorf
ラトーレ Latorre*
ラトレ Latorre
ラトレイ
Ratray
Rattray*
ラトレイユ Latreille
ラトレッジ
Routledge
Rutledge*
ラトレーユ Latreille
ラトレル
Latrell*
Luttrell
ラドロー Ludlow**
ラトロイ LaTroy
ラドロウ Ludlow*
ラトロ・ジャナハリ
Ratolojanahary
ラドロビッチ
Radulovic
Radulović
ラートロフ Radlov
ラードロフ Radlov
ラトローブ Latrobe
ラドロフ
Radloff
Radlov*
ラドロン
Ladrón
Ladrönn
ラトワッテ Ratwatte
ラドワン Radwan
ラドワンスカ
Radwanska*
Radwańska
ラドワンスキー
Radwanski
ラードン Lardon
ラトン Raton
ラドン
Hladon
Laddon
Ladon
Raddon
Radon
ラドンチッチ
Radoncic
Radončić
ラーナ
Rana**
Rhana*
ラーナー
Larner*
Learner
Lerner***
Ragner
Rahner**
Rana
Rānā
ラナ
Lana***
Rana*
Rāṇā
ラナー
Lanner
Renner
ラナイ
Lanai
Lanaj
ラナイバアリボ
Ranaivoharivony
ラナイボ Ranaivo
ラナイボソア
Ranaivosoa
ラナヴァルナ
Ranavalona
ラナヴァロナ
Ranavalona
ラナカー Runacre
ラナガン Lanagan*
ラナジット Ranajit
ラナシンハ
Ranasinghe**
ラナーズ Lanners*
ラナッリ Ranalli
ラーナーデー Rānaḍē
ラーナデ Ranade
ラーナデー
Ranade
Rānaḍē
ラナーデ
Ranade
Rānaḍē
ラナデ Ranade
ラナディヴェ
Ranadive
Ranadivé
ラナトゥンガ
Ranatunga
ラナム
Lanham
Ranum
ラナーリ Lanari
ラナリット
Ranariddh**
Ranaridoh
ラナルド
Ranald
Ranaldo*
Ronald
ラナルフ
Ranulf
Ranulph
ラナロウ Ranalow
ラナワカ Ranawaka
ラナワット Ranawat
ラーナン
Raanan
Ra'anan
ラナン Ranan
ラナンパ
Lha nang pa
ラニ
Lani*
Lanni
Lany
Rani*
ラニー
Lanny**
Lonny
Lunney
Lunny*
Ranney
Ranny
Renee
ラーニア Rania
ラニーア Lanier
ラニア
Lanier**
Lanyer
Rania*
ラニアー
Lanier***
Lanyer
ラニアン
Runyan
Runyon*
ラーニェ Rañé
ラニエ Lanier
ラニェーリ Ranieri
ラニエーリ Ranieri
ラニエリ Ranieri**
ラニエール Lanier
ラニエル Laniel
ラニエーロ Raniero
ラニエロ Raniero
ラニオン Runion
ラニガン Lanigan*
ラニガンオキーフ
Lanigan-okeeffe
ラニグ Lanig
ラニクルズ
Runnicles*
ラーニシュ Ranisch

ラ

ラニース La Niece
ラニッキ Ranicki
ラニッキー Ranicki
ラニツキ Ranicki*
ラニッチ Lanicci
ラーニッド Learned
ラニット Lannit
ラニッヒ Lanig
ラーニド Learned*
ラニーノ Lanino
ラーニャ Raña*
ラニャード Lanyado
ラニヤード
Lanyado
Ranyard
ラニャン
Runyan
Runyon*
ラニヤン Runyon
ラニョー Lagneau
ラニョン Runyon
ラニヨン
Lanyon*
Runyon*
ラニル Ranil**
ラニング Lanning*
ラーヌ Lane
ラヌ Lan
ラヌー
Lannou
Lanoue
Lanoux**
ラヌウィヌス
Lanuvinus
ラヌエット Lanouette
ラヌーサ Lanuza
ラヌシュ Hranush
ラヌス Lanusse
ラヌーセ Lanusse*
ラヌッサン Lanessan
ラヌッチ
Ranucci
Runucci
ラヌッチオ Ranuccio
ラヌッチョ Ranuccio
ラヌッツィオ
Ranuccio
ラヌルフ
Ranulf
Ranulph
ラーネ Lane
ラネヴスカヤ
Ranevskaia
ラネエ Lanöe
ラネカー Langacker*
ラネガン Lanegan
ラネサン Lanessan
ラネス Lannes
ラネッソン Lanessan
ラーネッド
Larned
Learned*
ラーネト Laanet
ラネーフスカヤ
Ranevskaia

ラーネマ Rahnema
ラーネヤク Ratnayake
ラネルズ
Rannells
Runnells
Runnels
ラノ Rano
ラノー
Laneau
Runnoe
ラノア Lanois
ラノイル Lanoil
ラノーヴ Lanauve
ラノヴォーイ Lanovoi
ラノヴォイ Lanovoi
ラノッキア Ranocchia
ラノッテ Lanotte
ラノット Lanot*
ラノーブ Lanauve
ラノミ Ranomi*
ラノワ
Lannoy
Lannoye
Lanois
Lanoye
ラノン Ranong*
ラノンラック
Ranongruk
ラーハ Laher
ラーバー Laber
ラハ Laha
ラバ
Hlava
Labat*
Lava
Rabah
Rava
ラバー
Laber
LaVar*
Lavar
Laver
Rabah*
Rabbah
Raveh
ラパー Rapper
ラバア Raba'a
ラーバイ Rábai
ラーパイ Lahpai*
ラバイ Ravai
ラバイオッティ
Rabaiotti
ラパイユ Rapaille
ラバイン Labine*
ラパイン Rapine
ラハイングスア
Rahaingosoa
ラパヴィツァス
Lapavitsas
ラパウリ Lapauri
ラハエル Rahael
ラバカアタ
Lavaka-Ata
ラバキー Labaki
ラバク Labak
ラパグリア LaPaglia
ラバグリアティ
Rabagliati

ラバグリノ Rabaglino
ラバゲット Lavagetto
ラバゴ
Rabago
Rábago
ラバーサ Rabassa
ラバサ Rabasa
ラバサニ Lavasani
ラバサル Rabaçal
ラバージ LaBerge
ラバシ Labashi
ラバジェーハ
Lavalleja
ラバジェハ Lavalleja
ラハシャ Rahasya
ラパージュ Lappage
ラバシュール
Levasseur
ラバショル Ravachol
ラバース Lubbers
ラバス Rabasse
ラパス
Lappas
Lapuss
Rapace*
ラバスクス Labuskes
ラバスコール
Rabascall
ラバスティダ
Labastida*
ラバスティール
LaBastille*
ラハスネス Laxness
ラパセ Lapasset
ラハセン Lahcen
ラーバター Lavater
ラバーター Lavater
ラハダル Lakhdar
ラハダン Lahdan
ラパチェック
Hlavacek
ラパチオリ
Rapacioli
Rappaccioli
ラパツィンスキ
Lapaczinski
ラパツキ Rapacki
ラバック
Hlavac
Lubbock
ラバッコ Labacco
ラパッチーニ
Rapaccini**
ラパッツ Rapatz
ラバッティ Rabatti
ラバット
Labat
Labatt
Lasbats
Lavat
Rabbat
ラバテ
Rabaté
Rabatè
ラハティ Lahti
ラバディ Labadie*

ラハテラ Lahtela**
ラハト Lahat
ラハド Lahad
ラバード Labad
ラバト
Labat
Labato
ラバド
Labud
Lavado
ラパート Ruppert
ラパドゥーラ
Lapadula
ラバドス Lavados
ラバトマンガ
Ravatomanga
ラバートン Rabarton
ラハナー Lachner
ラパナ Rapana'
ラバナック
Ravannack
ラバナレス
Rabanales*
ラバニ
Rabagny
Rabbani**
ラバニーニ Lavanini
ラバニャ Lavagna
ラバヌス Hrabanus
ラバネッリ Ravanelli
ラバネリ Ravanelli*
ラハバ
Rahabar
Rahbar
ラバハ
Rabah
Rabbah
ラハバウアー
Rachbauer
ラパビスタス
Lapavitsas
ラハビノード
Radhabinod
ラハーブ Rahav
ラハフ Rahaf
ラハブ Rahab
ラバブ
Rabab
Rababe
ラバーベラ LaBarbera
ラパポート
Rapaport*
Rapoport*
Rappaport*
Rappoport
ラパポルト
Rapaport
Rappoport
ラハマデギド
Lkhamdegd
ラハマト Rahamat
ラハマニ
Rahamani
Rahmani
ラハマニノフ
Rakhmaninov
ラハマニファズリ
Rahmani Fazli

ラハマーノヴァ
Rachmanova
ラハマーノワ
Rachmanova
ラハーマン Rahaman
ラハマーン
Rahaman
Rahman
Raḥmān
ラハマン
Lachamann
Lachmann
Rachman
Rahmah
Rahman
ラバーマン Laverman
ラハミロヴィチ
Rachmilovichi
ラハミロヴィッチ
Rachmilovichi
ラハミロビチ
Rachmilovichi
ラハミン Rahamin
ラハムゥ Rahamou
ラハヤ Rahaya
ラバヤン Labayan
ラハユ Rahayu
ラパラ Laparra
ラハラン Lachlan
ラバラン Labaran
ラハリ Rahali
ラバリ Rabary
ラバリー
Labaree
Lavallee
Ravelli
ラバリェハ Lavalleja
ラバリスア Rabarisoa
ラバリスン Rabarison
ラバリソン Rabarison
ラバリッジ
Loveridge*
ラハリマララ
Raharimalala
ラハリミ Lahlimi
ラハリン Rachlin
ラハール Rahal
ラバール
LaBarre
LaVerl
ラバル
Laval*
Rabal**
ラパール Rappard
ラバルカ Labarca
ラハルジャ Rahardja
ラハルジョ
Rahardja
Rahardjo*
ラパルセリー
Laparcerie
ラバルテ Labarthe
ラバルト Labarthe**
ラバルナ Labarnaš
ラバルナシュ
Labarnaš
ラバレー Labaree

ラ

ラバレイヨ Lavarello
ラーバレスティア
Larbalestier**
ラバレール Labarrère
ラバロマナナ
Ravalomanana
ラバーン
Labahn
Lambourne
Lauvergne
Lavern
Levern
Raburn
ラバン
Laban*
Labben
Labin
Lavern
Raban*
Rabban
ラパン
Lapin
Rapin
ラバーンウェイ
Lavarnway
ラハンタララウ
Rahantalalao
ラーバント Laband
ラバント
Laband
Labant
ラバンド
Laband
Labande*
Lavand
ラバンニャ Lavanya
ラバンヌ Rabanne*
ラーヒー Rāhī
ラービ
Raabe
Rabi*
ラヒ Ra-hee*
ラビ
Lavi
Rabbi*
Rabhi
Rabi*
Rabii
Rabine
Raby
Raveendra
Ravi*
ラビー
Labie
Labye
Lovie
Rabbie**
Rabii
Raveendra
ラピ
Lapi
Lappi
ラピー Lapie
ラービア
Rābi'a
Rābi'a-yi
ラビーア
Rabī'a
Rābi'a
Rabiah
ラビア
Labia
Rabia
Rabiah
Rabiya*
Rebiya
ラビアー Rābi'a
ラピーア La Piere
ラピア Rapia
ラビアガ Labiaga
ラビアス Rabius
ラビーイー Rabi'ī
ラビイー
Rabiei
Rabi'ī
ラビーウ Rabī'
ラビウ
Rabiou
Rabiu
ラビエ Rabier
ラビエヌス Labienus
ラビエリ Ravielli
ラヒエル Rahiel
ラピェール Lapierre
ラピエール
LaPierre
Lapierre***
ラビオ Rabiot
ラピコヴ Lapikov
ラビコヴィッチ
Ravikovitch
ラビコビッチ
Ravikovitch
ラピコフ Lapikov
ラビザ
Rabiza
Ravizza
ラピサルディ
Rapisardi
ラピザルディ
Rapisardi
ラヒジ Lahidji
ラビシエ Labissiere
ラビシャンカール
Ravi Shankar
Ravishankar*
ラビシャンカル
Ravishankar
ラビーシュ Labiche
ラビシュ Labiche
ラビジュリー
Lavigerie
ラビス Lavisse
ラピーズ Lapize
ラビタ Rabita
ラピタ Lupita*
ラピタイス Lapitajs
ラピダス Lapidus
ラピダス Lapidus
ラビーチ Labeach
ラピチダ Lapicida
ラピツィダ Lapicida
ラピツキ Lapicki
ラービック Lawick
ラピック
Lapicque
Lapique
ラビッシュ Labiche*
ラビッス Labisse
ラビッチ
Lovich
Ravitch
ラビット
Rabbit
Rabbitt*
Rabbitte
ラピット Lapid
ラピッド Lapid*
ラピーデ Lapide
ラピデ Lapide*
ラビディ
Laabidi
Labidi
ラビード Labīd
ラビドー Rabideau
ラピード Lapide
ラピド
Lapid
Lapido
ラピドゥス Lapidus*
ラピドウス Lapidus
ラピドス Lapidus
ラピドット Lapidot
ラビーナ Rabina
ラビナ Ravina
ラビナー Rabiner
ラビーニ Labini
ラビニア Lavinia
ラビニャック
Lavignac
ラビーニュ Lavigne
ラビネ Ravinet
ラビノー Rabinow
ラピノー Rapinoe
ラビノウ Rabinow*
ラビノーヴィチ
Rabinowitsch
ラビノヴィチ
Rabinovich
Rabinovitch
Rabinowitch
ラビノーヴィチュ
Rabinowitsch
ラビノーヴィッチ
Rabinowitsch
ラビノウィッチ
Rabinowitch
ラビノヴィッチ
Rabinovitch
Rabinowitch
ラビノウィッツ
Rabinowicz
Rabinowitz**
ラビノヴィッツ
Rabinowitz
ラビノビチ
Rabinowitz
ラビノビッチ
Rabinovich*
Rabinovitch
Rabinowitch
Rabinowitz
ラビノビッツ
Rabinovitz
Rabinowitz
ラビハ Rabiha
ラビーパット
Rabibhadana
Raphiiphat
Raphiphat
ラーヒブ Rāhib
ラービフ Rabīḥ
ラビーフ Rabīḥ
ラビブ
Labib
Raviv
ラヒマ Rahima*
ラヒーミー Rahimi**
ラヒミ Rahimi
ラヒーム
Raheem
Rahim
ラヒム
Rahim**
Rakhim*
ラヒムゾダ
Rahimzoda
ラヒモフ
Rahimov*
Rakhimov
Räkhimov
ラヒモワ Rakhimova
ラビーユ Labille
ラビューズ Labuze
ラビュタン Rabutin
ラビュート LaBute
ラビユニ Lavillenie*
ラビョーロフ Laverov
ラビラ Ravila
ラヒリ Lahiri**
ラビーリ Ravielli
ラビーリウス Rabirius
ラビリウス
Rabirius
Rabīrius
ラピリオ Lapilio
ラビリオーネ
Raviglione
ラビリンス Labyrinth
ラビール LaVyrle
ラビル
Laville
LaVyrle*
ラビレニ Lavillenie
ラビロ Labilo
ラピロフ Lapirov
ラーピン Lapin*
ラヒーン Raheen
ラビーン
Lavigne*
Lavine
ラビン
Labin
Labine
Lavin**
Lavín
Lavine
Rabin***
Ravin
Rubin
ラピン
Lapine
Lappin*
Rapin
Rappin
ラビング Loving
ラービンジャー
Lerbinger
ラビンス Rabins
ラビンズ Rabins
ラピンスキー
Lapinskii
ラビンダー Ravinder
ラビンドナー
Rabīndranâth
ラビンドラ
Rabindra*
Ravindra*
ラビンドラナアト
Rabīndranâth
ラービンドラナート
Rabindranāth
Ravindranāth
ラビーンドラナート
Rabindranāth
Ravindranāth
ラビンドラナート
Rabindranath*
Rabindranāth*
Rabīndranāth
Rabīndranāth
Ravindranāth
ラビーンドラン
Raveendran
ラビンドラン
Ravindran
ラビンドル Rabindre
ラーフ Ralph*
ラーブ Raab
ラープ
Laabs
Raab**
Raap
ラフ
Raf*
Raff**
Raph
Rough
Ruff**
ラブ
Lab
Labou**
Lab'Ou
Love***
Rab
Rabb**
Rabbe
Rob
Rub
ラブー
Labou
Rabou
ラプ Lapu
ラーファー Laufer
ラファ Rafa*
ラファー Lafer
ラファイ Laafai
ラ・ファイエット
Lafayette
ラファイエット
La Fayette*
Lafayette*
ラファイエル Raphael
ラファイユ Lafaille
ラファイロヴィチ
Rafailovich
Rafaílovich

ラ

ラファイロフスカ
Rafajlovska
ラファウ
Rafal*
Rafał*
ラファウイ Larfaoui
ラファエウ
Rafael
Raffael
ラファエッラ Raffaella
ラファエッリ Raffaelli
ラファエッロ Raffaello
ラファエラ
Rafaela*
Raffaela
Raffaëla
Raffaella
ラファエリ Raffaelli**
ラーファエル
Raphael*
ラファエル
Lafell
Rafa
Rafael***
Rafał
Rafel
Raffael
Raffaele*
Raphael***
Raphaël***
Raphaële*
Raphaell
Raphaelle
Raphaëlle
ラフアエル Raffaello
ラーファエルスゾーン
Raphaelszoon
ラファエルソン
Raphaelson
ラファエルリノ
Raffaellino
ラファエルロ Raffaello
ラファエレ Raffaele*
ラファエロ
Rafaelo
Raffaello*
ラファエロヴィッチ
Rafaelovich
Rafelovich
ラファエロフ Rafaelov
ラファギュ Lafargue
ラファザニス
Lafazanis
ラファージ
La Farge*
LaFarge*
ラファージュ
La Farge
LaFarge
ラーファター Lavater
ラファーター Lavater
ラファーティ
Lafferty
Rafferty
ラファティ
Lafferty***
Rafferty*
ラファティー Rafferty
ラファト Ra'afat
ラファーニノフ
Rakhmaninov

ラファラン Raffarin*
ラファール
Raffard
Raphael
ラファル Rafal
ラファルク Lafargue
ラファルグ
Lafargue*
Lasfargues
ラファルグ Laffargue
ラファルスカ Rafalska
ラファルド Raffald
ラファーロ LaFaro
ラファロ
LaFaro
Ruffalo*
ラファロヴィッチ
Raffalovich
ラファロビッチ
Rafalovich
ラファン
Laffin
Raffin
ラファンティ Raffanti
ラフィ
Laffite
Raffi
Raffy
Rafi
Rafie
ラフィー
Rafi*
Rafī
ラフィア
Lafia
Rafaâ
ラフィアトゥ Rafiatou
ラーフィイー Rāfiʿī
ラーフィウ
Rafaa
Rafe'a
ラフィーヴァー
Lefebvre
LeFever
ラフィエルスン
Raphaelson
ラフィカ Rafiqa
ラフィーク
Rafeeq
Rafik
Rafique
ラフィク
Rafik***
Rafiq**
Rafique
ラフィクル Rafiqul
ラブイス Labouisse
ラフィダ Rafidah**
ラフィタエルナンデス
Laffita Hernandez
ラフィック Rafic*
ラフィット
Laffit*
Laffite*
Laffitte*
Lafitte*
ラフィディマナナ
Rafidimanana
ラフィトー Lafitau
ラフィニ Rafini

ラフィーニャ Rafinha
ラフィーバー
LaFeber*
Lefebvre
ラフィーバース
LaFevers*
ラフィラール
L'Affilard
ラフィリンガ
Rafiringa
ラフィル Raphael
ラフィン
Laffin
Raffin
Ruffin*
ラフィング Ruffing
ラフィンズ Ruffins
ラフェ Raffe
ラフェー Raffée
ラフェアル Raphael
ラフェイ Laffey
ラフェイエット
Lafayette
ラ・フェイブ LaFave
ラフェス Rhafes
ラーフェステイン
Ravesteyn
ラフェティ Raffety
ラフェト Rafet
ラフェーブル Lafebre
ラフェリエール
Laferière
ラフェリエール
Laferière
Laferriere
Laferrière**
ラフェル Lafer**
ラフェルソン
Rafelson**
ラフェレール
Laferrère
ラーフェンスベルグ
Ravensberg
ラフェンテ Lafuente
ラフエンテ Lafuente*
ラフォージ LaForge
ラ・フォス Lafosse
ラフォース Lafosse
ラフォス Lafosse
ラ・フォッス Lafosse
ラフォーニ Raffoni
ラフォリ Lafaurie
ラフォルグ
Lafargue
Lafforgue*
Laforgue*
ラフオルク Laforgue
ラフォルジュ Laforge
ラフォレ
Lafore
Laforet*
Laforêt*
ラフォレー Laforet*
ラフォレスト Laforest
ラフォレット
La Follette
LaFollette

Laforet*
ラフォン
Laffon*
Laffont*
Lafon*
Lafond
Lafont***
ラフォンゾ LaPhonso
ラフォンティーヌ
La Fontaine
ラフォンティン
LaFontaine
ラフォンテイン
La Fontaine
La Fountaine
ラフォンテーヌ
La Fontaine
LaFontaine
Lafontaine**
ラフォンド
LaFond*
Lafond
ラフカ Rafqa
ラフカジオ Lafcadio
ラフカゼオ Lafcadio
ラフカディオ
Lafcadio*
ラフカデオ Lafcadio
ラブガーデン
Lovegarden
ラブカリ Laboucarie
ラブカン Ruvkun
ラフキン Lufkin
ラブキン
Lubkin
Rabkin*
ラブクラフト
Lovecraft*
ラブグレン Lovegren
ラブグロウブ
Lovegrove
ラブグローブ
Lovegrove*
ラプケス Lapkes
ラフコフ Ravkov
ラプサク Rapsak
ラブサル Ravsal
ラフサンジャーニー
Rafsanjani
ラフサンジャニ
Rafsanjani**
ラプサンスキー
Lapsanski
ラフシー Roughsey
ラフジー Roughsey
ラプシー Rapsey
ラブジャー Rabǰai
ラプジャード
Lapoujade
ラブジャムパ
Rab 'byams pa
Rab 'byams pa
ラフシャーン
Rakhshan
ラフシャン Ravshan
ラプージュ
Lapouge**

ラブシュカ Rabushka
ラブジョイ Lovejoy**
ラブシン Lovsin
ラブジン Rabuzin
ラーブス Laabs
ラブス Labus
ラプス Lapus*
ラプスリー Lapsley*
ラプスレー Lapsley*
ラブゼイ Lovesey*
ラプセゾン Lapzeson
ラブセル Rab-gsal
ラフソン Raphson
ラブソン
Labson
Rabson
Rapson
ラプソン
Lapthorn
Rapson*
ラフター Rafter*
ラブーダ Labuda
ラブダ Labuda
ラフダル Lakhdhar
ラブダン Lavedan
ラブチェニュク
Rabchenyuk
ラープチェフ Laptev
ラプチェフ Laptev*
ラプチック Lapchick
ラープチャルーンサップ
Lapcharoensap**
ラプチャルンサプ
Lapcharoensap
ラブチャンパ
Rab 'byams pa
ラプチン Lapshin
ラプチンスキー
Lapchinskii
ラブツカ Labucka
ラブデー Loveday
ラーフーティー Lāhūtī
ラブティア Ravutia
ラプティス Raptis
ラフテリー Raftery
ラブデン Ravden
ラプテン
Rabten
Rapten
ラフード
Lahood
Lahoud**
ラフト
Luft*
Raft*
ラフド Lahoud
ラブトゥアリスン
Rabotoarison
ラブドウンマ
Lab sgron ma
ラフトス Raftos*
ラプトン Lupton**
ラフナー
Lachner

Ruffner
ラブナー Rubner
ラブニツキー
Rawnitzki
ラフニト Lachnit
ラブニャク Ravnjak
ラフネートル
Lafenestre
ラブノー Rappeneau*
ラフバラ
Loughborough
ラフバール
Raghoebar
ラブーフ Labeouf*
ラブフェッティ
Rabuffetti
ラフヘッド Roughead
ラフホッス Lafosse
ラフーマ Rahoma
ラフマ
Laffemas
Raḥma
ラフマス Laffemas
ラフマット
Rachmat*
Rahmat
ラフマティ Rahmati
ラフマト Rahmat
ラフマトゥラエフ
Rakhmatullaev
ラフマトフ Rahmatov
ラフマナリエフ
Rakhmanaliev
ラブマナンジャラ
Rabémananjara**
ラフマーニノフ
Rakhmaninov
ラフマニノフ
Rachmaninoff
Rachmaninov
Rakhmaninov*
ラフマーノヴァ
Rakhmanova
ラフマノフ
Rakhmanov
ラフマーン
Rafmān
Rahman*
Rahmān
Raḥmān*
ラフマン
Rachman
Raffman
Rahman*
Rahmān
Raḥman
Raḥmān
Rakhman*
Ruffman
ラブマン Loveman
ラフミ Rahmi
ラフミー Rahmi
ラプムンド
Rapmmund
ラフメティ Rahmeti
ラフモノフ
Rahmonov
Rakhmonov*
ラフモン
Rahmon*
Rakhmon
ラフューズ Rafuse
ラーフラ
Rahula
Rāhula
ラフラ
Laffra
Lafura
ラフラー
Löffler
Raffler
ラブラ
Rabboula
Rabbula
Rabulas
Rubbra*
ラブラー Rubbra
ラプラアス Laplace
ラブラーシュ
Lablache
ラブラス Rabulas
ラプラース Laplace
ラプラス Laplace*
ラブラダ Labrada
ラブラト Labrat
ラプラード Laprade*
ラプラーヌ Laplane
ラーフラバドラ
Rāhlabhadra
Rāhulabhadra
ラブラブ Lavulavu
ラブラン Laveran
ラブランガス
Lavrangas
ラブランク LaBlanc**
ラプランシュ
Laplanche**
ラフランス
LaFrance**
Lafrance
ラフランツ LaFrentz
ラプランテ
LaPlante
Laplante
ラブランド
Loveland
Lövland
ラプラント
LaPlante**
Laplante
ラフランボワール
Laframboise
ラフーリ Rahouli
ラフリー
Lafley*
LaFree*
Loughery*
ラブリ Labry
ラブリー
Labrie
Lovely
ラプリ Lapli*
ラプリー
Rapley
Rupley
ラブリィ Lavry
ラブリエ Labourier
ラブリオーラ
Labriola*
ラブリオラ Labriola*
ラブリオル Labriolle
ラーフリコフ Lavrikov
ラフリッジ
Loughridge
ラフリッチ Lavric
ラフリネンコ
Lavrinenko
ラブリノビッチ
Lavrinovich
Lavrynovych
ラブリュイエール
La Bruyère
Labruyere
ラブリュス Labrusse*
ラブリュニー
Labrunie
ラプリューヌ Laprune
ラプリュヌ Laprune
ラーフリン Laughlin
ラフリン
Laughlin**
Loughlin*
Rakhlin
ラーフル Rāhul
ラーブル
Labre
Rabl*
ラフール Rahul
ラフル
Raful
Rahul**
ラブール Labouré
ラブル
Labre
Rabl
ラフルーア LaFleur*
ラフルカド
Lafourcade
ラブルース
Labrousse**
ラブルス Labrousse
ラフルスキー
Rafflewski
ラブルースト
Labrouste
ラブルスト Labrouste
ラブールダン
Rabourdin
ラブールデット
Labourdette
ラブルデット
Labourdette
ラブルトンヌ
La Bretonne
ラ・フルール La fleur
ラフルール Lafleur
ラブールール
Laboureur
ラブルール Laboureur
ラブレ
Labouré
Rabelais
ラブレー
Labouré
Laveleye
Rabelais*
ラブレ Labouret
ラフレイ Roughley
ラブレイ Laveleye
ラプレイ Rapley
ラブレイス Lovelace*
ラプレヴォット
Laprevotte
ラフレウリエル
Lafleuriel
ラブレク LaBrecque*
ラブレース
Lovelace**
ラブレス Loveless*
ラブレック
Labrecque*
ラフレニエール
LaFreniere
ラブレニョーフ
Lavrenyov
ラブレニョフ
Lavrenyov
ラフレネー
La Fresnaye
ラブレノフ Laurenau
ラフレーリ Lafrèri
ラフレンセン
Lafrensen
ラブレンチ Lavrentii
ラブレンチエフ
Lavrentiev
ラブレンティ
Lavrentti
ラブロ
Labro**
Ravulo
ラブロウスキー
Rublowsky
ラブローカ Labroca
ラブロック
Lovelock**
ラブロッス Labrosse
ラプロビットラ
Laprovittola
ラブロフ Lavrov*
ラブロフスキー
Lavrovskii
Lavrovsky
ラブロワ Lavrova
ラプワース Lapworth
ラブン Rabun
ラブンスキ Labunski
ラーベ
Raabe**
Rabbe*
Rabe**
ラヘ Lage**
ラベ
Labbé**
L'Abbé
Labé*
Rabbe
ラベー Labbé
ラペー
Rapee
Rapée
ラーベア Rābe'a
ラベア Labaer
ラベアリヴェロ
Rabeàrivelo
Rabéarivelo
ラベアリヴロ
Rabéarivelo
ラヘイ LaHaye**
ラベイ Rabei
ラペイ Rapee*
ラベイト L'Abate
ラペイル Lapeyre
ラペイレット
Lapeyrette
ラーベオ Labeo
ラベオ Labeo
ラベオー Labeo
ラーベク Rahbek
ラベク Labèque
ラペーサ Lapesa
ラペサ Lapesa*
ラベサハラ
Rabesahala
ラペシュ Rupesh
ラベソン Ravaisson
ラーベック Rahbek
ラベック Labèque
ラベッソン Ravaisson
ラベッチ Ravetch*
ラベッツ
Labedz
Ravetz**
ラベッツァリ
Lavezzari
ラペッティ Rapetti
ラベット
Labbette
Lovett**
ラペッリ Rapelli
ラペティナ Lapetina
ラペデス Lapedes
ラベド Labed
ラーベナー Rabener
ラベニャーニ
Ravegnani
ラベニリナ
Rabenirina
ラベニンスキー
Raveninsky
ラベハ Rabehah
ラペビー Lapébie
ラヘブ Raheb
ラベフ Rabeh
ラベマアウ Lavemaau
ラベマナンジャラ
Rabemananjara
Rabémananjara
ラヘラ Rahela
ラベライス Rabelais
ラベラスカラモジーノ
Ravera-
scaramozzino
ラベラック Laverack
ラベラン Rabélin
ラベリ
Laveli
Lavelli*

ラ

Ravelli
ラベリー
Lavallee
Lavery
Raveri
ラベリウス Laberius
ラヘリエル Laferriere
ラーヘル Rahel
ラーベル Rabel
ラヘル
Rachel**
Rahel
ラベール
Labère
Rabehl
ラベル
LaBelle
Labelle
Lavell
Lavelle*
Lovell**
Rabel
Ravel
ラペール Lapeyre
ラペル Ruppel*
ラベルアリジョナ
Raveloarijaona
ラペルーザ
Laperrousaz
ラベルジュ Laberge
ラペルーズ
La Pérouse*
ラペルトゥリ
Lapelletrie
ラベルトニ
Laberthonie
ラベルトニエール
Laberthonnière
ラペルトリ Lapelletrie
ラーヘレ Rahere
ラヘーレ Rachele
ラヘレ Raheleh
ラベレー Laveleye
ラペレ Lapeyre
ラベロ Ravello
ラベロナリボ
Ravelonarivo
ラペロニー
Lapeyronie
ラベロハリソン
Raveloharison
ラベロフ Laverov
ラベロマナナ
Ravalomanana*
ラベロマナンツア
Ravelomanantsoa
ラベロン Laverón
ラーベン Raben*
ラベン Raben
ラーベンヴォルフ
Labenwolf
ラベンスキフ
Ravenskikh
ラベンスクロフト
Ravenscroft
ラベンダー Lavender
ラペンタ
LaPenta
Lapenta
ラベンデール
Lavendel
ラペンナー Lapenna
ラーベンボルフ
Labenwolf
ラーボ Lapo
ラボ
Labo
Rabaud
Rabbo
ラボー
Labò
Rabaud*
Rabaut*
Rabow
Raveau
ラボーア Laboa
ラボアジェ Lavoisier
ラボアジエ Lavoisier
ラポアント Lapointe
ラホイ Rajoy*
ラボイ Lavoy
ラボイエ LaVoie
ラホイブレイ
Rajoy Brey
ラポイント
LaPointe
Lapointe
ラボウ Rabow
ラボウズ Labows
ラホウゼン Lahousen
ラホウニク Lahovnik
ラホウル Lahouel
ラポガン Rapongan
ラボーシュ Labauche
ラボーズ Labows
ラボスキー Hrabosky
ラポーゾ Raposo
ラポソ Raposo
ラポゾ Raposo
ラポータ Laporta
ラボタス Labotas
ラボチェッタ
Laboccetta
ラボツィベニ
Labotsibeni
ラホッキ Rachocki
ラボック Lubbock*
ラホティ Lahoti
ラーホテプ Rahotep
ラボート Labourt
ラボートー
Laborteaux
ラボード Laborde
ラポート
LaPorte
Laporte
Rapport*
ラボーニ Raboni
ラボフ
LaBouff
Labov
Raboff
ラボフスキー
Hrabovsky
ラポフスキー
Lapovsky
ラポポート
Rapoport**
ラポポルト
Rapoport
Rappaport
Rappoport
ラポムレ
Lapommeraye
ラボランス Laborans
ラボリ
Laborie
Laborit**
ラホール Lahore
ラボルダ Laborda
ラポルタ
La Porta*
LaPorta
ラボルデ Laborde**
ラポルテ
LaPorte
Laporte
ラポルディ Rappoldi
ラボルデール
Labordère
ラポルト Laporte
ラボルトー
Laborteaux
ラボルド Laborde*
ラポルト Laporte*
ラポルド Rappold
ラボルドリ
Laborderie
ラホルム Raholm
ラホロ Rakoro
ラボワー Lavoix
ラポワント Lapointe*
ラボーン
Labone
Rabone
ラボン
Lavon
Lavone
ラポンシュ Laponche
ラポンダ Raponda
ラボンテ
Labonte
Lavonte
ラポンデール
Laponder*
ラーマ
Lama*
Larma
Rahma
Rama**
Rāma
ラーマー
Larmer
Larmor
Rama
ラマ
Lama***
Lamah
Rama***
ラマー
Lamar***
La Marr
LaMarr
Lamarr*
Lamarre*
Lamer**
Lammer
Remer
ラマイ Ramahi
ラマイリ Ramaili
ラーマイル Rameil
ラマウナ Ramona*
ラマエマ Ramaema**
ラマーカス
LaMarcus*
Lamarcus
ラマカント Ramakant
ラマグ Lamug
ラーマクリシュナ
Ramakrishna
Rāmakṛṣṇa
ラマクリシュナ
Ramakrishna*
Ramkrishna*
ラーマクリシュナン
Ramakrishnan
ラマクリシュナン
Ramakrishnan**
ラーマーケルス
Raemaekers
ラマコス Lamachos
ラマザニ Ramazani
ラマザノグル
Ramazanoglu
ラマザノフ
Ramazanov
ラマザノワ
Ramazanova
ラーマサーミ
Ramasami
ラマザーン Ramaḍān
ラマザン
Ramaḍān
Ramazan**
ラマザンオール
Ramazanoğlu
ラーマシャンドラ
Rāmachandra
ラマーシュ Lamarsh
ラーマース Lamers
ラマース
Lamers
Lammers*
ラマーズ
Lamaze
Lamers
Lammers
Ramaz
ラマス
Lamas*
Lamothe
ラマズ Ramaz
ラマストラ LaMastra
ラマーズドルフ
Lamersdorf
ラーマスワーミ
Ramasami
Ramaswami
Ramaswamy
ラマスワミ
Ramaswamy**
ラマゾッティ
Ramazzotti
ラマゾン Ramazon
ラマタ Ramata
ラマダー Ramadhar
ラマダーシン
Ramadharsingh
ラマダーニ
Ramadhani*
ラマダニ Ramadhani
ラマダネ Ramadane
ラマダルジャ
Lamadarja
ラマダン
Ramadan**
Ramadane
ラマダンイブラヒム
Ramadan Ibrahim
ラマダンモハメド
Ramadan Mohamed
ラマーチ LaMarche
ラマチャラカ
Ramacharaka
ラーマチャンドラ
Ramachandra*
ラーマチャンドラン
Ramachandran
ラマチャンドラン
Ramachandran**
ラマチュ Lamatsch
ラマツ Ramatou
ラマツィーニ
Ramazzini*
ラマツォッティ
Ramazzotti
ラマッキ Lamacchi
ラマック Lamac
ラマッチニ Ramazzini
ラマッツィーニ
Ramazzini
ラマティ
Ramati
Romati
ラマディエ
Ramadier*
ラーマーティボディー
Rama Thibodi
ラーマティボディー
Rama Thibodi
ラーマデーヴァ
Rāmadeva
ラマデルカ
Ramadeluka
ラマート Lammert*
ラマトゥライ
Ramatoulaye
ラマトフ Ramatov
ラマトラペン
Ramatlapeng
ラマドリ Ramadori
ラマトロディ
Ramatlhodi
ラマートン Lamerton
ラーマナ Ramaṇa
ラマナ
Lamanna
Ramana
Ramaṇa
ラマナウスカス
Ramanauskas

ラマナサン
Ramanathan
ラマナシュラマム
Ramanasramam
ラーマナータ
Rāmanātha
ラマナン Ramanan
ラーマーナンダ
Rāmānanda
ラーマナンダ
Rāmānanda
ラマナンダ
Ramananda
ラマナンツァ
Ramanantsoa
ラマナンツア
Ramanantsoa
ラマナンツォア
Ramanantsoa
ラマナンテナソア
Ramanantenasoa
ラーマーナンド
Rāmānanda
ラマナントソア
Ramanantsoa
ラーマニ
Rahmani
Rrahmani
ラマニシャイン
Romanyshyn
ラマニーヤヴィハーリン
Ramaṇīyavihārin
ラマニーヤクティカ
Ramaṇīyakuṭika
ラーマーヌジャ
Rāmānuja
ラーマーヌジャム
Ramanujam
ラマヌジャム
Ramanujam
ラーマーヌージャン
Ramanujan
ラーマーヌジャン
Ramanujan
ラーマヌジャン
Ramanujan
ラマーヌジャン
Ramanujan
ラマヌジャン
Ramanujan**
ラーマネッヤカ
Rāmaṇēyyaka
ラマノヒソア
Ramanohisoa
ラーマバイ Ramabai
ラマーバーイー
Ramabai
ラマバイ Ramabai
ラマパイ Ramabai
ラマフォサ
Ramaphosa
ラーマプッタ
Rāmaputta
ラマーブル LaMarbre
ラマポーザ
Ramaphosa*
ラマムラ Lamamra
ラマモーシー
Ramamurthy
ラマモンジソア
Ramamonjisoa
ラーマラーオ
Rama Rao
ラーマラオ Rama Rao
ラーマラージャ
Rāmarāja
ラマラソン
Ramalason
ラーマラーヤ
Rāmarāya
ラマーリョ Ramalho*
ラマリョ Ramallo
ラマリンガ
Ramalinga*
ラマーリンガイアー
Ramalingaiah
ラマール
Lamare
Lamarr*
Lamarre*
ラマル Lamalle
ラマルカ LaMarca
ラマルク
Lamarck*
Lamarque
ラマルケ Lamarque*
ラマルシェ LaMarche
ラマルシュ Lamarche
ラマルスン
Ramaroson
ラマルセル Ramarcel
ラマルソン
Ramaroson
ラマルチイヌ
Lamartine
ラマルチーヌ
Lamartine*
ラマルチヌ Lamartine
ラマルティーヌ
Lamartine
ラマルティヌ
Lamartine
ラマルモラ
La Marmora
ラマレイ Ramaley
ラマロー Ramalho
ラマロソン
Ramaroson
ラマロバー Lamarová
ラーマン
Larman*
Lehrman
Lerman*
Luhrmann**
Rahamana
Rahman***
Rahmān
Raḥmān
Rāhmān
Rahmann
Raman**
Ramann
ラマーン Raman
ラマン
Laming
Raman*
Ramann
ラマンガン Lamangan
ラマンデ Lamandé
ラマンディエ
Lamandier*
ラマンディンビアリスン
Ramandimbiarison
ラマンナ
LaManna*
Lamanna
Ramanna
ラーミー Rāmī
ラミ
Lami
L'Ami
Lamie
Lamy**
Llambi
Rami*
ラミー Lamy**
ラミア Lamia*
ラミアラマナナ
Ramiaramanana
ラミアンテロ
Rami Antero
ラミーイー Lamī'ī
ラミィ Lamy
ラミイ
Lamy
Ramey
ラミエ Ramié
ラミーエフ Rämiev
ラミエール Ramière
ラミオ Lammio
ラミク Ramik
ラミザナ Lamizana
ラミーシャプイ
Lamy Chappuis
ラミシュ Ramish
ラミス
Lamis
Lummis**
Ramis
ラミズ
Ramez
Ramiz**
ラミチャネ
Lāmichāne
ラミッド Ramid
ラミド Lamido
ラミーナ Lemina
ラミニ Dlamini
ラミニー Larminie
ラミーヌ Lamine
ラミヌ Lamine
ラミネ Lamine
ラミュ
Lamuré
Ramuz**
ラミュー Ramuz
ラミューズ Ramuz
ラミュス Ramuz
ラミュズ Ramuz
ラミリ Ramil
ラミル Ramil
ラミレイス Ramirez
ラミーレス
Ramarez
Ramírez*
ラミレス
Ramirez***
Ramírez**
Ramìrez
ラミレズ Ramirez*
ラミレスジェペス
Ramirez Yepes
ラミレツ Ramirez
ラミレッツ Ramirez
ラミーロ Ramiro*
ラミロ Ramiro***
ラーミン Ramin*
ラミーン
Lemine
Ramin
ラミン
Lamin
Lamine***
Ramin**
Ramine*
ラーミング Raming
ラミング
Lamming**
Ramming
ラミンヌ Lamine
ラーム
Lahm*
Lamb
Lamm
Rahm*
Ram**
Rām
Rama
Rāma
Raman
Rham
ラム
Lam***
Lamb***
Lambe*
Lamm**
Lamou
Lum**
Lumb
Ram***
Rām
Rama
Ramë
Ramm*
Rham
Rumm
ラムーア
Lamour
L'Amour*
Lamur
ラムゥニ Rahmouni
ラムエル Lemuel
ラームカムヘーン
Raamkhamhaeng*
Rama Khamheng
ラムカラワン
Ramkalawan
ラムガルド Rämgård
ラムグーラム
Ramgoolam**
ラムグラーム
Ramgoolam
ラームクリシュナ
Rāmakṛṣṇa
ラム・クリシュナ
Ramkrishna
ラムクリシュナ
Ramakrishna*
ラムサ Ramtha
ラムザイヤー
Ramseyer*
ラムザウア Ramsauer
ラムザウアー
Ramsauer*
ラムサミー
Ramsammy
ラムサム Lamsam
ラムサラン Ramsaran
ラムサン Ramthun*
ラムザン Ramzan*
ラムシ Lamouchi
ラムジ
Ramsay
Ramsey
Ramzi*
Ramzy
ラムジー
Ramsay*
Ramsey**
Rumsey
ラムジィ Ramzi
ラムジイ Ramsey
ラムージオ Ramusio
ラムジオ Ramusio
ラムジャッタン
Ramjattan
ラムジャビーン
Lamjavyn
ラムシュ Ramush*
ラムシュタイン
Ramstein
ラームス Ramus
ラムス
Rams*
Ramus*
Rhames
ラムズ
Ramus
Ramuz
ラムスアウアー
Ramsauer
ラムズィ Ramsey
ラムズイ Rumsey
ラムスウス Lamszus
ラムスター
Lamster
Ramster
ラムスタイン
Lamstein
Ramstein
ラムスタランド
Remsland
ラムスツス Lamszus
ラムステッター
Ramstetter
ラームステット
Ramstedt
ラムステット
Ramstedt
Ramustedt
ラムステッド
Ramstedt*
Ramustedt
ラムスデル Ramsdell
ラムスデン
Lumsden
Ramsden*

ラ

ラムズデン
Lumsden*
Ramsden*
ラームズドルフ
Lamsdorf
ラムスドルフ
Lambsdorff**
Lamsdorf
ラムズドルフ
Lamsdorf
Lamzdorf
ラムスドン Lumsdon
ラムズドン Lumsdon
ラムスパーガー
Ramsperger
ラムズビー Rumsby
ラムスフィエル
Ramsfjell*
ラムズフェルド
Rumsfeld***
ラムスプリンク
Lambsprinck
ラムズボサム
Ramsbotham
ラムスレンギン
Lhamsurengiin**
ラムスン Lamson
ラムセー Ramsay
ラムゼー
Ramsay*
Ramsey***
Rumsey
ラムセイ Ramsey
ラムゼイ
Ramsay***
Ramsaye
Ramsey**
Rumsey**
ラムセイアー
Ramseier
ラムセス
Ramesses
Ramses
ラムゼス Ramzes
ラムセラール
Ramselaar
ラムセワク
Ramsewak*
ラムゼン Lumsden
ラムソン
Lamson*
Ramson
ラームダース Rāmdās
ラムダス Ramdass
ラムタン Ramtane
ラムダン Ramdane
ラムチャラン
Ramcharan
ラムチャンドラ
Ramchandra
ラムッセン Ramussen
ラムディン
Lambdin*
Ramdien
ラムデブ Ramdev*
ラムデン Lambden
ラムート Lamut
ラムドス Ramdoss
ラムドール Ramdohr
ラムドルリ LaMdluli
ラムトン Lambton*
ラムナス Ramunas
ラムナライン
Ramnarine
ラムナリーン
Ramnarine
ラームニディ
Rāmanidhi
Rāmnidhi
ラ・ムネー Lamennais
ラムネ Lamennais
ラムネー
Lamennais
Rumney
ラムバー Lambaa
ラムバアト Lambert
ラムパイパンニー
Ramphaiphanni
ラムバーグ Lamberg
ラムハット Lamhut
ラムパーティ
Lamperti
ラムバート
Lambert
Rambert
ラームババ Rambach
ラムバリー Rambally
ラムビー Lambie*
ラムビラス Ramvilas
ラムファルシー
Lamfalussy*
ラムフォード
Rumford
ラムプニャーニ
Lampugnani
ラームプラサード
Rāmaprasāda
Ramprasad
Rāmprasād
ラムプレヒト
Lamprecht
ラムブロウ Lambrou
ラムペ Lampe
ラムペルティ
Lamperti
ラムベルト Lambert
ラムベルトン
Lamberton
ラムペン Lempen
ラムボ Lambo
ラムボー Lambeaux
ラムボウ Rimbaud
ラムボオ Rimbaud
ラムボルド Rumbold
ラームモーハン
Rām Mōhan
ラムモホーン
Rām Mōhan
ラムラー
Ramler*
Rummler
ラムラカン
Ramlakhan
ラムラグリア
Lamuraglia
ラームラーコップ
Ramrakhop
ラムラス
Lamlas
Ramrus
ラムラニ Lamrani**
ラムラル Ramlall
ラムリ Ramli**
ラムリー
Lumley*
Ramlee
Rumley
ラムリイ Lumley
ラムール
Lammle*
Lamour**
Lamoureux
ラムル
Lammle
Lamuru
Ruml
Rummel
ラムルー Lamoureux
ラムルム Lamloum
ラムレイ Lumley**
ラムレル Rammler
ラムローガン
Ramlogan
ラーメ
Lamé
Rame*
ラメ
Lame
Lamé
Rame
Ramë
Ramée
Ramey
ラメー
Lamé
Ramée
Ramus
ラメアー Lamare
ラメイ
Lamey
Ramey
ラメイヒュー
Lemahieu
ラメコ Lameko
ラメザニ Ramezani
ラメージャー Lameijer
ラメジャラー
Lemesurier*
ラメーシュ Ramesh
ラメシュ Ramesh*
ラ・メス Ramses
ラメーズ Lamaze**
ラメス Ramses
ラメズ Ramez**
ラメスエン Ramesuan
ラーメースワン
Ramesuan
ラメスワン Ramesuan
ラメセス
Ramesses
Ramses
Rhaméssēs
ラメゾン Lamaison
ラメック Lameck*
ラメッシ Ramesh*
ラメッシュ Ramesh*
ラメッシュチャンドラ
Rameshchandra
ラメット Lameth
ラメッリ Ramelli
ラメト Lameth
ラメトリ La Mettrie
ラメトリー
La Mettrie
ラメトリイ
La Mettrie
ラメノフスキー
Ramenofsky
ラメラ Lamela
ラメラス Lamelas
ラーメル Rahmel
ラメール Ramel
ラメル
Ramel*
Rummel
ラメルジー
Ramm : ell : zee
ラメルティンク
Lammertink
ラメルト Rammelt
ラメルハート
Rumelhart
ラメロウ Ramelow
ラメンクーサ
Lamancusa*
ラーモ Ramo
ラモ
Rammo
Ramo
Ramos*
ラモー
Rameau*
Ramo*
ラーモア
Larmor
Larmore*
ラモシテル
Lamositele
ラモシュキエネ
Ramoškienė
ラーモス Ramos
ラモス Ramos***
ラモスポーキ
Ramos-Poqui
ラモター Ramotar*
ラモチ Rammotsi
ラモッタ
LaMotta
Lamotta
ラモッテ Lamotte
ラモッティ Ramotti
ラモット
Lamothe
Lamott*
La Motte
Lamotte*
ラモーテ Lamote
ラモトケ Lamotke
ラモーナ Ramona**
ラモナ Ramona*
ラモニ Ramón y
ラモニカハル
Ramón y Cajal
ラモニナリ
Lamoninary
ラモネ Ramonet**
ラモネダ Ramoneda
ラモノフ Ramonov*
ラモノワ Lamonova
ラモビッチ Ramovic
ラーモフスキー
Ramenofsky
ラモーラ Ramora
ラモラ Lamola
ラモラウ Lamoreaux
ラモラック Lamorak
ラモーリ L'Amaury
ラモリ L'Amaury
ラモリス Lamorisse
ラモリナラ
LaMolinara
ラモリニエール
Lamorinière
ラモリーノ Ramolino
ラモール Lamore
ラモルシエール
Lamorcière
ラモルティ
Ramamoorti
ラモルマイニ
Lamormain
ラモルマン
Lamormain
ラモワティエール
Lamoitier
ラモワニョン
Lamoignon
ラモワン Ramoin
ラモーン
Ramon
Ramón
Ramone**
ラモン
Lamon*
Lamont
Raimundus
Ramon***
Ramón***
Raymond
Román
Romón
ラモンターニュ
Lamontagne
LaMontange
ラモンテ
La Monte
LaMonte
ラモンデ Ramonde
ラモンデッタ
Ramondetta
ラモンデッリ
Ramondelli
ラーモント Lamont
ラモント
Lamont***
Lumont
ラモンド
LaMond
Lamond*
Ramond
ラーヤ
Raya
Rāya

ラ

Rhaya
ラヤ
Laya
Raja
Raya*
Raye
ラヤトン Rajaton
ラヤマキ Rajamäki
ラヤマジ Rayamajhi
ラーヤモン Layamon
ラヤモン Layamon*
ラヤラ Rajala
ラーヤワー Rayawa**
ラユナイ Rajnai
ラユネン Lajunen*
ラヨシュ Lajos***
ラヨス Lajos
ラヨパドイ
Rajopadhye
ラヨール Layolle
ラヨロ Lajolo
ラーラ
Lara**
Larra
ラーラー Lara
ララ
LaLa*
Lala*
Lalah
Lale
Lalla
Lara***
Larra
Rare
ラライア Laraia
ラライズ Laaraidh
ラライーン Larraín
ララインン
Larrain
Larraín
ララウニス Lalaounis
ララキ Laraki**
ララサバル
Larrazabal
ララス
Lalas
Larraz
ララズ Larraz
ララック Larach
ララット Larratt
ララティアナ
Lalatiana
ララーナ Lallana
ララナーガ
Larranaga
Larrañaga
ララナガ Larranaga
ララニ Lalani
ララニャーガ
Larrañaga
ララニャガ
Larranaga
Larrañaga*
ララネーガ Larranaga
ララバ
Laraba
Ralava
ララハリサイナ
Lalaharisaina
ララビー
Larabee
Larrabee*
ララビイ Larrabee
ララフィ Lahlafi
ララベッティ
Larrabeiti
ララマン Lallemand
ララミ Lalami
ララメンディ
Larramendi
ララン La lande
ラランジョ Laranjo
ラランド
Laland*
Lalande
ラランヌ Lalanne
ラランバラブ
Lalabalavu
ラーリ
Lari*
Raleigh
ラーリー Lārī
ラリ
Lali
Lalli
Lally
Lari
Larry
ラリー
Lally**
Laray
Lari
Larri
Larry***
Lary*
Lawrence*
Lelie
Raleigh*
Rales
ラリアー
Lariar
Larrier
ラリィ Larry
ラリイ Larry*
ラリウ Larrieu
ラリヴ Larive
ラリヴァイユ
Larivaille
ラリヴェー Larivey
ラリエフ Laliyev
ラリオ Lario
ラリオス Larios*
ラリオティス Laliotis
ラリオノヴ Larionov
ラリオノーヴァ
Larionova
ラリオーノヴィチ
Larionovich
ラリオノヴィチ
Larionovich
ラリオノビッチ
Larionovich
ラリォノフ Larionov
ラリオーノフ Larionov
ラリオノフ Larionov*
ラリオノワ
Larionova*
ラリオン Larion
ラリーサ
Larisa***
Larissa*
ラリサ
Larisa*
Larissa*
ラリーシャ Lalisha
ラリジャニ Larijani*
ラリス
Laris
Rallis**
ラリスタ Larista
ラリソン
Larison
Ralison
Rallison
ラリソンラマロソン
Rarison
Ramaroson
ラリタ
Lalita
Lalitha
ラリター Lalita
ラリタシバジ
Lalita Shivaji
ラリターディティヤ
Lalitāditya
ラリターディトヤ
Lalitāditya
ラリチェフ Larichev
ラリツェウィチ
Rarizevich
ラリツェヴィッチ
Rarizevich
ラーリッグ Rahrig
ラリック
Lalich
Lalique***
Laric
Larrick
ラリッサ
Larisa
Larissa**
ラリッシュ Larisch
ラーリッチ Lalić
ラリッチ
Lalić*
Lalich
ラリット Lalit
ラーリナ Larina*
ラリーニ Larini
ラリニエ Larinier
ラリバ Lariba
ラリバテ Lalibert
ラリハムビカ
Lalihambika*
ラリビエー La Rivière
ラリフ Ral'f
ラリフィケーション
Larification
ラリベ
Laribe
Larivey
ラリベー Larivey
ラリベラ Lalibela
ラリベルテ Laliberté*
ラリベルト LaLiberte
ラリボー Larribeau
ラリモア Larimore
ラリモール Larrimore
ラリュ La Rue
ラリュー
Larrieu*
Larrieux
Larue
ラリュエット Laruette
ラリュエル Laruelle
ラリュス Larus
ラリュソフ Laryukov
ラリュミエール
Lalumiére
ラーリン Larin**
ラリーン Laline
ラリン Larin*
ラール
Laar***
Laer
Lahl
Lahr*
Lal**
Lāl*
Rahl*
Rall
ラル
Lal**
Lall
Lalle
Lull*
Ral
Rall
Raru
ラルー
Lahlou
Lalloo
Lalou*
Laloux**
Lalu
La Rue
LaRue
Larue
ラルーイ La Rooy
ラルウ
Lahlou
Lalou
Laloux
ラルヴォヴァー
Larvore
ラルーエ Lallouet
ラルエル Laruelle
ラルエンス Larence
ラルオイ Larrouy
ラルーカ Raluca
ラルカ Raluca
ラルガエスパダ
Largaespada
ラルカカ Lalkaka*
ラルキウス Larcius
ラルキエ Larquié
ラルギエ Larguier
ラルキン Larkin
ラルケ Larquley
ラルケー Larquley
ラルゲ Large
ラルコ
Larco*
L'Arco
Lárco
ラルゴ Largo*
ラルコフ Larkov
ラルコム Larcom
ラルーサ
La Russa*
LaRussa
ラルーシ Laroussi
ラルシ Laroussi
ラルシェ
Larcher
Larchet
ラルジェンタ
L'Argenta
ラールシャンカル
Lalaśankara
ラルーシュ
LaRouche*
ラルシュ Lars
ラルジョ Largeault
ラルジリエール
Largilliére
ラールス Lars**
ラルース Larousse
ラルス Lars***
ラルスキー Larskaya
ラルストン Ralston**
ラールセン Larsen
ラルセン
Larsen***
Larsén
ラルゼン Larsen
ラールソン Larsson
ラルソン
Larson
Larsson**
ラールダーイン
Lāludāyin
ラルダイン Lardijn
ラルッサ
La Russa
Larussa
ラールテ Raalte*
ラルテ Lartet
ラルデ Lardé
ラルティーグ
Lartigue**
ラルティグ Lartigue
ラルテギ Lartéguy
ラルテギー Lartéguy
ラルデュエト Larduet
ラルデラ Lardera
ラルドゥエト Larduet
ラルドゥノワ
Lardenois
ラルドネル Lardner
ラルドロ
Lardreau
Lardrot
ラルドロー Lardreau*
ラルナク Larnac
ラルネット Learned
ラールネデ Learned
ラルネデ Learned
ラルバ Larva
ラルビ Larbi*

ラ

ラルビエール Larviere
ラルフ
Ralf***
Ralpf
Ralph***
Ranulf
Rartf
ラールフス Rahlfs
ラルベス Rahlves**
ラルヘル Larcher
ラルボー Larbaud**
ラルボオ Larbaud
ラルボレット
Larbolette*
ラルマン
Laleman
Lalemant
Lallemand
Lallemant*
ラールマンス
Laermans
ラルマンス Laermans
ラルミナ Larminat
ラルミナー Larminat
ラルレット Larroulet
ラルーン Laroon
ラルンノ L'Alunno
ラーレ Lale
ラーレー Raleigh
ラレ
Laleh
Lalle
Larrey
ラレー
Larrey
Raleigh*
ラレーア Larrea
ラレア
Laraia
Larrea*
ラレイン
Laraine*
Larrain
ラレウィチ Lalewicz
ラレウラ Larreula
ラレカ Laleka
ラレスコ Lalesco
ラレータ Larreta
ラレチャテ Ralechate
ラレック Larrecq*
ラレットナ Laretna*
ラレテイ Laretei
ラレード Laredo*
ラレド Laredo
ラレハテ Ralechate
ラレマン Lalemant
ラーレン Lahren
ラレーン
Larrain
Larraín
ラレンコバ Ralenkova
ラレンコフ Lalenkov
ラーレンツ Larenz**
ラレンツ Larenz
ラレンティア Larentia
ラロ
Laleau
Lalo*
Rallo*
ラロー
Lalo
Lareau**
LaRoe
ラロイ
La'Roi
LaRoy
ラロウ Rallou
ラロカ LaRoca
ラロクエット
Larroquette
ラローサ Larosa
ラローザ Larosa
ラローシェ LaRoche
ラ・ロシェル
Larochelle
ラロシェル
La Rochelle
LaRochelle
ラロジャ Laloggia
ラローシュ
LaRoche*
Laroche
ラロシュ Laroche*
ラロシュフーコー
La Rochefoucauld
ラロシュフコー
La Rochefoucauld
ラロシュフコオ
La Rochefoucauld
ラロース Larose
ラローズ
Lalloz
LaRose
Larose
ラロス Laros
ラローチャ
Larrocha**
ラロツィア Ralotsia
ラロッカ
LaRocca*
Larroca
ラロック
LaRoche
La Rocque
Laroque**
Larroque*
ラロッシュ Laroche
ラロバ Lalova
ラロバッツ Lalovac
ラロバナ Larovana
ラロビッチ
Lalovic
Lalović
ラロフ Ralov
ラロミギエール
Laromiguière
ラロワ Laloy
ラロワコリオ
Lalova-collio
ラローン Larone
ラロン
LaLonde
LaRon
ラロンジュ L'Arronge
ラロンデ Lalonde
ラロンド
La Londe
Lalonde*
Laronde
Larrondo
ラワース Raworth*
ラワット Rawat*
ラワト Rawat*
ラワニ Lawani
ラワヒ Rawahi
ラワブデ Rawabdeh*
ラワリアー Lauwerier
ラワリーズ Lauwerys
ラワール Laval
ラワル
Lawal*
Rawal
ラワンガナ
Lawan Gana
ラワンダ LaWanda
ラワンチャイクン
Rawanchaikul
ラワンドゥジ
Rawanduzi
ラーン
Laan*
Learn
Ragni
Rahn**
ラン
Glang
Laeng*
L'Ain*
Lam
Lan**
Lang**
Lanh
Lann
Laon
Lun
Lunn*
Lynn
Ran***
Rang*
Rhins
Run
ランイン Ran Ying
ランヴァル Lenval
ランヴァン Lanvin*
ランヴィエ Ranvier
ランヴィル Rainville
ランウェアン
Llanwern
ランヴェイク
Rannverig
ランヴェルサッド
Renversade
ランヴォード Ranvaud
ランヴォワゼ Renvoisé
ランエイカー Runacre
ランガ
Langa
Lingat
ランガー
Langer***
Langr
Lingat
ランガヴィース
Rhangaves
ランガヴィス
Rangavis
ランカス Lankas
ランカスタ Lancaste
ランカスター
Lancaster***
ランガスワーミィ
Rangaswamy
ランガット Langat*
ランカーティ Rancati
ランガート Rangert
ランガード Rangert
ランカトーレ
Rancatore*
ランガナサン
Ranganathan
ランガナス
Ranganath*
ランガナータン
Ranganathan
ランガナタン
Ranganathan
ランガネ Langaney
ランガネー Langaney
ランガハルユール
Rangacharyulu
ランガビス Rhangaves
ランガベー Rangabè
ランガーマン
Langerman
ランガム
Langham
Wrangham
ランガラジャン
Rangarajan*
ランガリバレレ
Langalibalele
ランカルト Langgaard
ランカルド Langgaard
ランガルト
Langgaard
Langgard
ランガルド Langgard
ランカルナシオン
L'Incarnation
ランカーン Runcorn
ランカン Rancan
ランガン
Langan**
Rangan
ラーンキ
Ranki
Ránki*
ランキ
Lunke
Ranchi
ランギ
Langhi
Langi
Lunghi
ランキィマン
Runciman
ランキイン Rankine
ランギウス Langius
ランギェウィチ
Langiewicz
ランギエリ Ranghieri
ランキキウス
Lancicius
ランキスター
Lanckester
ランギヒロア
Rangihiroa
ランキャスター
Lancaster
ランキャラニ
Lankarani
ランギュパン
Languepin
ランキラー Rankilor
ランキン
Rankin***
Rankine*
Rankinen
ランギンギア Ragiagia
ランキンス Rankins
ランキンズ Rankins
ランク
Lang*
Ranc
Ranch
Rank*
ラング
Laing**
Lang***
Lange***
Langhe
Lung
Rang*
ラングー
Lang
Langr
ラングヴィル
Langville
ラングカンプ
Langkamp
ラングゲーサー
Langgässer
ランクゲッサー
Langgässer
ラングゲッサー
Langgässer
ランクコール
Lanckohr
ランクシア Lankshear
ランクシャー
Lankesheer
ラングショー
Langshaw
ランクス Ranks*
ラングース Langguth
ラングス Langs*
ラングズ Langs
ラングスタッッフ
Langstaff
ラングスタッフ
Langstaff*
ラングスドルフ
Langsdorf
Langsdorff
ラングストレーム
Rangström
ラングストレム
Rangström
ラングストロース
Langstroth
ラングストローム
Langstrom

ラングストン Langston**
ラングスフォード Langsford
ラングスレー Langsley
ラングセン Langsen
ラングダン Langdon
ラングデル Langdell*
ランクトー Lanctôt
ラングトフト Langtoft
ラングトリー Langtry*
ラングドリッジ Langdridge
ランクトン Lankton
ラングトン Langton***
ラングドン Langdon**
ラングナー Langner*
ラングナール Ragnar
ラングネス Langness
ラングバイン Langbein
ラングバド Langvad
ラングハマー Langhammer
ランクハンス Langhans
ラングハンス Langhans
ラングフィット Langfitt
ラングフェルト Langfeldt
ラングフェルド Langfeld
ランクフォード Lankford*
ラングフォード Langford**
ラングフュス Langfus
ラングブリッジ Langbridge
ラングベーン Langbehn
ラングホフ Langhoff
ラングホルツ Langholz
ラングホーン Langhorne**
ラングマイヤー Langemeier
ランクマン Lancman
ラングマン Langman / Langmann*
ラングミード Langmead
ラングミューアー Langmuir
ラングミュア Langmuir*
ラングミュアー Langmuir
ラングメア Langmere
ラングモア Langmore
ラングラー Wrangler
ラングラード Langlade*
ラングラン Lenglen / Lengrand
ラングランズ Langlands
ラングランド Langeland / Langland
ラングリ Langley / Langli
ラングリー Langley*
ラングリッジ Langridge*
ラングリッシュ Langrish*
ラングリーブ Landgrebe
ランクリン Lancrin
ランクル Lancre / Rankl / Rankle* / Runkel / Runkle
ラングル L'Engle
ランクルノン Lancrenon
ランクレ Lancret
ランクレー Lancret
ラングレ Langlais / Langlès / Langre*
ラングレー Langley**
ラングレィ Langley
ラングレイ Langley**
ラングレス Langlès
ラングレン Langren / Luncgren / Lundgren** / Rundgren**
ランクロ Lanclos / Lenclos*
ラングロー Langloh*
ラングロア Langlois*
ラングロイス Langlois
ラングロツキ Langrocki
ラングロッツ Langlotz
ラングロワ Langlois**
ラングンヒル Ragnhild
ランケ Ranke**
ランゲ Lange*** / Langes / Languet / Linguet / Ringuet / Runge
ランゲー Languet
ランゲーアンエンベルク Langehanenberg
ランゲヴァィデ Langeweyde
ランゲヴィーシェ Langewiesche
ランケスター Lankester*
ランケスタア Lankester
ランケステール Lankester
ランゲック Langegg
ランゲッグ Langegg
ランゲッサー Langgässer*
ランゲテープ Langetepe
ランゲネッカー Langenecker
ランゲバーテル Langebartel
ランゲビーシュ Langewiesche*
ランゲフェルト Langeveld**
ランゲフェルド Langeveld
ランゲベック Langebaek
ランゲリング Rungeling
ランケル Rankl / Runkel
ランゲル Langer / Rangel
ランケルスター Lankester
ランゲルハンス Langerhans
ランケン Ranken
ランゲン Langen**
ランゲンカンプ Langenkamp
ランゲンシャイト Langenscheidt
ランゲンシュタイン Langenstein
ランゲンドルフ Langendorff
ランゲンドン Langendoen
ランゲンドンク Langendonck / Langhendonck
ランゲンハン Langenhan
ランゲンビック Langenbick
ランゲンファス Langenfass
ランゲンベック Langenbeck*
ランゲンベルク Langenberg
ランゲンホーフェン Langenhoven
ランコ Lange / Ranko**
ランゴー Langgaard
ランコウ Lankow
ランコヴィチ Ranković*
ランコート Rancourt*
ランゴート Langhout
ランゴーニ Langone
ランコビチ Ranković
ランコビッチ Ranković
ランコフ Lankov* / Lan'kov
ランコーン Runcorn
ランゴーン Langone*
ランゴン Langone
ランサ Lanza
ランザ Lanza*
ランサカーラ Lansakara
ランザック Lanzac
ランザート Lanzaat
ランサナ Lansana**
ランサム Ransom** / Ransome**
ランサン Lunssens / Rangsan
ランザン Ransan
ランシー Lancy / Rainsy / Runcie*
ランジ Lange / Langridge / Ramge / Ranzi
ランシーア Landseer
ランシア Lancia / Landseer
ランジアナザリ Randrianazary
ランジアフェノ Randriafeno
ランジアマナンツア Randriamanantsoa
ランジアマンドラント Randriamandranto
ランジアンジャトボ Randrianjatovo
ランシェ Lanchais
ランジェ Lange / Langer / Ringer
ランジェス Langes
ランジェッティ Langetti
ランジェバ Ranjeva
ランジェラ Langella*
ランジェラン Langelaan
ランシェール Rancière
ランシエール Lanssiers** / Rancière*
ランジェル Rangel
ランシエン Lancien*
ランジェン Rantzen
ランジオ Rangio
ランジス Landis
ランジット Ranjit / Ranjīt / Ranjith
ランジート Ranjīt
ランジト Ranjīt
ランジートシンジー Ranjitsinhji
ランシナ Lancina
ランシーニ Lanzini
ランジバー Ranjbar*
ランジバスン Ranjivason
ランジバソン Ranjivason
ランシマン Rangsimant / Runciman***
ランジャトエリナ Ranjatoelina
ランジャン Ranjan
ランジャンド Lingendes
ラーンジュ Lange
ランジュ Lange* / Ringer
ランジュー Rendu
ランジュヴァン Langevin**
ラーンシュタイン Lahnstein*
ランシュナー Lantschner
ランジュニュ Langenus
ランジュニュー Langenieux
ランジュバン Langevin*
ランシュブルグ Ranschburg*
ランジュベ Ranjeva
ランシュマン Runciman
ランジュラン Langelaan*
ランジン Rangin*
ランシング Lansing***

ラ

ランス
Lance***
Lancellotti
Rance*
Reims
Rheims**
Rhins
ランズ
Rands
Rhins
ランズウィック
Runswick
ランスヴィル
Rounsaville
ランスカヤ Lanskaia
ランスキー Lansky**
ランスコーイ Lanskoi
ランスタ Landstad
ランズダウン
Lansdowne
ランズデイル Lansdale
ランズデール
Lansdale**
ランズデル Ransdell
ランスト Ranst
ランストーム
Ranstrom
ランストン Lanston
ランズバーグ
Landsberg
Landsburg**
Lansberg
ランズバリ Lansbury
ランスビー Ransby
ランスフィールド
Lancefield
ランスフォード
Lansford
Lunceford*
Lunsford
ランスブルグ
Lansburgh
ランズベリー
Lansbury**
ランズベルガー
Landsberger
ランズベルギス
Landsbergis**
ランスベルグ
Lansberge
ランズベルク
Landsberg
ランズベルグ
Landsberg
ランズボロ
Landsborough
ランスマイアー
Ransmayr*
ランスマイヤー
Ransmayr
ランズマン
Landsman
Lanzmann**
ランズリー Lansley
ランスリン Lancelyn*
ランズレイ Ransley
ランスロ Lancelot*
ランスロー Lancelot
ラーンスロット
Lancelot
Launcelot
ランスロット
Lancelot*
Launcelot
ランスン Lanson
ランセ
Lance
Rancé
Rincé
ランセー Rancé
ランセス Langseth
ランセット Lancet
ランセリオ Lancerio
ランセリン Lancelyn
ランセル Laenser
ランセロッティ
Lancellotti
ランセロート
Lanceloot
ランソム
Ransom
Ransome
Romsome
ランソン
Lampson
Lançon
Lanson*
Ransom
Ranson*
ランタ Lanta
ランター Lunter
ランダ
Landa***
Randa
ランダー
Landar
Lander*
Landor*
ランダイト Landuyt
ランダウ Landau**
ランダウアー
Landauer*
ランダエタ Landaeta*
ランダカ Randaqa
ランタカリ Rantakari
ランダース
Landers**
Randers**
ランダーズ Landers**
ランダスドルファー
Landersdorfer
ランダゼッセ
Randazzese
ランダゾ Randazzo
ランダッチョ
Randaccio
ランダッツォ
Randazzo
ランターナ Lantana
ランターナー
Lanternier
ランタネン
Rantanen*
ランダベルデ
Landaverde
ランダホ Landajo
ランダール
Landerl
Randall
ランダル
Randal**
Randall***
ランダルマ
Glang darma
ランダワー Landauer
ランタン
Lantins
Lentin
ランタンパ
Glangthang pa
ランタンフ Lintanf*
ランチ
Lanci
Lansch
Lunch
Reinsch
ランチェスター
Lanchester***
ランチェッティ
Lancetti*
ランチェロッティ
Lancelotti
ランチーシ Lancisi
ランチージ Lancisi
ランチベリー
Lanchbery*
ランチャーニ Lanciani
ランチャーノ
Lanciano
ランチュナー
Lantschner
ランチュン
Rang byung
ランチョシュ Lanczos
ランチョス Lanczos*
ランチョッティ
Lanciotti
ランチョン Luncheon
ランチロット
Lancilotto
ランチン Lan-qing
ランツ
Lantz**
Lanz*
Lentz
Luntz
ランツァ Lanza**
ランツァウ Rantzau
ランツァーク Ranczak
ランツァーニ Lanzani
ランツィ
Lánczy
Lanzi
ランツェッタ Lanzetta
ランツェッティ
Lanzetti
ランツェナウアー
Lanzenauer
ランツォ
Rantšo
Ranzo
ランツォス Lanczos
ランツォーニ Ranzoni
ランツコフスキー
Lanczkowski
ランツコロンスカ
Lanckorońska
ランツバーク
Landsberg
ランツフート
Landshut
ランツベルガー
Landsberger
ランツベルギス
Landsbergis
ランツベルク
Landsberg
ランツマン Lanzmann
ランテ Lante
ランデ
Landais
Lande
Landé
Linder
ランデー
Landay
Linder
ランティ Lanti
ランディ
Landey
Landi*
Landis
Landry
Landy**
Lunde*
Lundy*
Randall
Randee
Randi***
Randolph
Randy***
ランディー
Landy
Lundy
Randall
Randy**
ランデイ
Landay**
Randy
ランティエ
Lanthier
Lantier
ランティエーリ
Lantieri
ランティエリ Lantieri
ランティガ Lantigua
ランディガム
Landingham
ランディガン
Lundigan
ランティグア
Lantigua
ランティシ Rantissi*
ランディージ Randisi*
ランディジャー
Randegger
ランティス Lantis
ランディス Landis***
ランディチョ
Landicho
ランディーニ Landini*
ランディーノ Landino
ランディーバル
Landívar
ランディバル
Landívar
ランティモス
Lanthimos
ランディール Randhir
ランデイロ Landeiro
ランディーン Lundeen
ランディン
Landing
Lundin*
ランティング
Lanting*
ランディンビソア
Randimbisoa
ランデス Landes**
ランデタ Landeta*
ランデーチョ
Landecho
ランデチョ Landecho
ランデベルトゥス
Landebertus
ランデュ Rendu
ランデラー Landerer
ランテリ Lanteri
ランデリウス
Landelius
ランデリン Landelin
ランデール Linder
ランデル
Landell
Landelle
Lander
Linder
Lundell
Randel*
Randell**
Rundell
ランテルゲム
Renterghem
ランデルス Landells
ランデルズ
Landelles
Landels
ランデルティンガー
Landertinger
ランテルナーリ
Lanternari
ランデルマン
Randleman*
ランデレル Landerer
ランデーロ Landero*
ランデロ Landero
ランデン
Landen*
Lundin
Randen*
ランデンバーガー
Landenberger
ラーンド Learned
ラント
Land
Lant
Lanto
Lunt*
ラントー Lanteau
ランド
Land**
Landais
Lande
Lando*
Landor
Lhande
Lund**
Rand***
Rando*

ラ

ランドー
Landau**
Landauer
Lando
Landor*
ランドア
Landois
Landor
ランドアルド
Landoald
ランドゥ Landau
ランドウ
Landau**
Landow
ランドゥア Landua
ランドゥス Landus
ランドウスカ
Landowska
ランドウスキ
Landowski
ラントゥッチ
Rantucci
ランドゥッチ
Landucci
ランドゥルフス
Landulfus
ランドガーテン
Landgarten
ランドクウィスト
Landquist
ラントグート Landgut
ラントグラーフ
Landgraf
ランドグレ Landgrae
ラントグレーベ
Landgrebe
ランドグレーベ
Landgrebe*
ランドグレン
Lundgren*
ランドサート
Landzaat
ランドシーア
Landseer
ランドシア Landseer
ラントシュ
Lantos*
Räntsch
ラントシュタイナー
Landsteiner
ランドシュタイナー
Landsteiner*
ランドショフ
Landshoff
ラントス
Lantos*
Lautos
ランドストローム
Landstrom
Landström*
Lundström
ランドストロム
Landstrom
Lundstrom
Lundstróm
ランドスベルク
Landsberg
ランドスベルグ
Landsberg
ランドスホフ
Landshoff
ラントナ Lanthenas
ランドーネ Randone
ランドバーク
Lundberg
ランドバーグ
Lundberg*
Lundburg
ランドバール Randver
ランドフェア Landfair
ラントフォイクト
Landvoigt
ランドフスカ
Landowska
ラントフリート
Landfried
ランドベイター
Landvater
ランドベリ Landberg
ランドベル Landver
ランドベルイ
Lundberg
ランドボルク
Lundborg
ランドホルム
Lundholm
ラントマン
Landmann*
ランドマン
Landman
Landmann**
ラントーム
Lanteaume
ラントラード
Lantrade*
ラントラートフ
Lantrotov*
ランドラム Landrum*
ランドラン
Landelin
Landrin
ラントリー
Langtry
Lantree
Lantry
ランドリ Landry
ランドリー Landry***
ランドリアナンビニナ
Randrianambinina
ランドリアーニ
Landriani
ランドリアマンピオノナ
Randriamampiono
na
ランドリアリマナナ
Randriarimanana
ランドリカン
Landrigan
ランドリガン
Landrigan
ランドリュー
Landrieu*
ランドール
Landor
Randall***
ランドル
Landolt
Randal*
Randall***
Randle**
ラントルア Lantrua
ランドルス Landrus
ランドルズ Randles
ランドルト Landolt
ランドルフ
Landorf
Randolf
Randolph***
Randorph
ランドルフィ
Landolfi*
ランドルミ Landormy
ランドルミー
Landormy
ランドルミイ
Landormy
ランドレー Landray
ランドレス
Landless
Landreth
ランドロー
Landreau
Landreaux
ラントン Langton*
ランドン
Landon***
Langdon**
Lindon*
Randon
ランナ
Lanna*
Ranna
ランナー Lanner
ランナース Lanners
ランナート Lannert
ランニング
Lanning
Running
ランヌ
Lannes
Lasne*
ランネル Rannel
ランネルス Runnels
ランネルズ Runnels*
ランノイ Lannoy
ランバ
Lamba
Rangba
ランパ Rampa*
ランバウ Rumbaugh
ランバーグ
Lamberg*
Ramberg
ランパーサッド
Rampersad
ランパサッド
Rampersad
ランパーサド
Rampersad*
ランパジウス
Lampadius
ランバース Lambers
ランバーズ Lumbers
ランバス Lambuth*
ランバーセン
Lambertsen
ランパソナ
Lampasona
ランパダリオス
Lampadarios
ランバチャン
Rambachan
ランバーツ Lamberts
ランバーツェン
Lambertsen
ランバック
Rambach**
ランバッハ Rambach
ランバーティ
Lamberty
ランパディウス
Lampadius
ランバート
Lamberd
Lambert***
Rambert*
ランバード Lambert
ランパート
Lampart
Lampert
Lempert
ランパード
Lampard**
ランバハ Rambach
ランハム Lanham
ランバラット
Rambharat
ランパラニ
Ramparany
ランバル
Lamballe
Rambal
ランパル Rampal**
ランバルディ
Lambardi
Rambaldi**
ランバルデイ
Lambardi
ランバロス
Rambharos
ランバン
Lambin
Lambinus
Lanvin
ランパン Lampin
ランハンス Langhans
ランビ Rambi
ランビー Lambie
ランピ Lampi
ランピー
Lampe
Lumpe
ランビエ Ranvier
ランビエール
Lambiel**
Lambier
ランビエル Lambiel
ランビオット
Lambiotte
ランビス Rambis
ランピット Lampitt
ランビヌス Lambinus
ランピネン Lampinen
ランピーノ Rampino
ランピュエ Lampue
ランビュール
Rambures
ランビヨット
Lambillotte
ランピラ Lampila
ランビリー Lambilly
ランヒルト Ragnhild
ランピレヒト
Lamprecht
ランブ Lambe
ランプ
Lamp
Lampe*
ランファイア
Lamphere
ランファル
Ramphal**
ランファン
Lanfant
Lenfant
L'Enfant
ランブイエ
Rambouillet
ランフェルマン
Lanfermann
ランフォード
Lanford**
Langford
Ramfjord
Rumford*
ランブカ Rabuka*
ランプキン
Lampkin
Lumpkin*
ランブクウェラ
Rambukwella
ランプサコス
Lampsacus
ランブース Lambuth
ランプソス Lampsos
ランプソン Lampson*
ランプッラ Rampulla
ランプティ Lampty
ランフト Ranft
ランブード
Lambourde
ランプトン
Lampton*
Rampton*
ランプニャーニ
Lampugnani*
ランプマン
Lampman*
ランブラキス
Lambrakis
ランブラン Lamblin
ランフランク
Lanfranc
ランフランクス
Lanfranc
Lanfrancus
ランフランコ
Lanfranco**
ランブランツィ
Lambranzi
ランブリ Lambri
ランブリー Lambry

ランブリエール
Remblière
ランブリン Ramblin'
ランブリング
Rampling*
ランブール
Lambours
Limbour
Limbourg
ランブル Rumble
ランプル Lample
ランプルー Lamplugh
ランプルゥ
Lempereur
ランブルジア
Limburgia
ランブルスキーニ
Lambruschini
ランプレアベ
Lampreave
ランブレクト
Lambrecht
ランブレーティ
Lambuleti
ランブレヒト
Lambrecht*
ランプレヒト
Lamprecht*
ランブロー Lambrou
ランブロス Lambros
ランプロンテ
Lampronti
ランヘ Lange
ランベ Lambe
ランペ Lampe*
ランペイジ Rampage
ランベク Lambek
ランベス Lambeth
ランペス Rampes
ランペズーザ
Lampedusa
ランペーター
Lampeter
ランベッリ Rambelli*
ランペドゥーサ
Lampedusa*
ランペドゥーザ
Lampedusa*
ランペラー
Lempereur
ランヘラク Langerak
ランペリエール
Lamperiére
ランヘル Rangel
ランベール
Lambert***
Rambert**
Runberg
ランペル Lampel*
ランベルアリゾンヌ
Rambeloalijaona
ランベルク Ramberg
ランベルティ
Lamberti
ランペルティコ
Lampertico
ランベルト
Lambert*
Lamberto**
ランペルト
Lampert
Lamperth
ランベルトゥス
Lambert
Lambertus
Rambertus
ランペルベール
Rampelberg
ランペレ Ramphele
ランベロー Rumbelow
ランベーン Langbehn
ランボ
Lambo
Rambo
ランボー
Lambeaux
Lambo
Lambour
Langbo
Raimbaud
Rambaud*
Rambeau*
Rambo*
Rambow
Rimbaud*
Rumbaugh*
ランボヴァ Ramboba
ランボオ Rimbaud
ランボット Lambot
ランポッラ Rampolla
ランポート Lamport
ランポーニ Lamponi
ランポーラ Rampolla
ランボルギーニ
Lamborghini*
ランボールド
Rumbold
ランポルラ Rampolla
ランボルン
Lambourne*
ランボレル
Lamborelle*
ランボーン
Lamborn
Lambourne
ランポン Lampōn
ランマー Lammer
ランマッシュ
Lammasch
ランマン Lanman
ランミッヒ Lammich
ランメダル Lammedal
ランメロ Ramnerö
ランヤード Ranyard
ランヤン Runyan**
ランヨン Lanyon
ランラン Lenglen
ランリエ Lanllier
ランリタンパ
Glangrithang pa
ランリッジ Langridge
ランルンパ
Glang lung pa
ランレザック
Lanrezac
ランレット Ranlett

【リ】

リ
Le*
Lee*
Li**
Ly
Ri**
Rin
リー
Le***
Lea***
Leah*
Leahy
Lee***
Leer
Lees
Legh
Leigh***
Leo
Leroy
Ley
Li***
Lie*
Liegh
Lih
Lu
Ly**
Lý
Lye
Rae
Rea*
Ree
Rees
Rey
Rhea
Rhee
Ri*
Rie*
リーア
Lea
Lyer
Rhea*
リア
Lea*
Leah**
Lear***
Leir
Lia***
Lier
Lya
Ria
Riah
リアー
Lear
Liehr
Lier
Lyer
リーアイ Reay
リアウ Liaw
リアオ
Liao
Riao
リアカット Liaqat
リアカト
Liaqat
Liaquat
リアク Riak
リアクアト Liaquat
リアグル Liagre
リアクレー Liaklev
リアザノヴ Ryazanov
リアザノフ Ryazanov
リアーシ Riachi
リアシェンコ
Liaschenko
Liashenko
リアシャット Riashat
リアーズ Lears
リアス Lierse
リアズ
Riadh
Riaz
リアダン Riordan
リーアック Riach
リアディ Riady*
リアデン Rearden
リアト
Liat
Liato
リアド
Riad*
Riadh
Riyad
リアードフ Liadov
リアトリス Leatrice
リアドン
Rearden
Reardon**
リアーナ
Leanna
Rihanna*
リアナ
Liana*
Rhianna
リアニス Lianis
リアーニョ Riaño
リアーヌ Liane**
リアーネ Liane*
リアノー Leonore
リアノシェク
Rianoshek
リアノス Rhianos
リアノン Rhiannon**
リアハマー
Lierhammer
リアビ Riabi
リアピス Liapis
リアブコ Riabko*
リアプノフ Lyapunov
リアマ Mariama
リアマウント
Learmount
リアマンス
Learmonth
リアミン Liamin
リーアム Liam**
リアム Liam***
リアムエーン
Riam'eeng
Riamqeng
リアムテッド Leamted
リアヤット Riayat
リアリー Leary**
リアリィ Leary
リアリオ Riario
リアリン Lialin
リーアル Leh-er
リアル
Real**
Réal
Rial
Rials
Riehl
Ryall
リアルズ Reals
リアルト Riart
リアルミュート
Realmuto
リアレ Rialet
リーアン
LeAnn
Leanne
Lee-Ann
LeighAnn
Leon
Riane*
リァン Leang
リアーン Liane**
リアン
LeAnn*
Leann*
Leanne*
Leon
Lian*
Liane*
Liang*
Lianne
RaeAnne
Rian
Ryan
リアンクール
Liancourt
リーアンダー Leander
リアンダー Leander*
リアンティアルノ
Riantiarno
リアンドラ Leandra
リアンドリア
Le'Andria
リアンドロ Leandro*
リアンヌ
Liano
Lianne*
リーイ Leahy
リィー Lee
リイ
Lee
Leigh*
Li
Lie
Ly
Read
Rey*
リィアムプットーン
Liamputtong
リィヴェー Rivet
リーイエス Reyes
リイェダール Liljedahl
リィオレンス Llorenç
リイグル Riegl
リイコック Leacock
リイサ Liisa*
リイサマイヤー
Liisamaija
リイシ Liisi
リイチ Leitch

リ

リイッタ Riitta
リイド Read
リイドビーター
Leadbeater
リィナス Llinás
リイプクネヒト
Liebknecht
リイラダン
L'Isle-Adam
リイル
Lisle
L'Isle
Riehl
リイルアダン
L'Isle-Adam
リーヴ
Lif
Liiv
Liv
Raeve
Reeve**
Rive
リウ
Lew
Liu**
Riou
リウー
Lioult
Rieu
Rihoux
Riou*
Rioux
リヴ Liv**
リーヴァ Riva*
リーヴァー
Leaver*
Leever
Lever*
リヴァ
Riva**
Rivaz
River
リヴァー
Revere
River*
リーヴァイ
Levay*
Levi*
リヴァイ Rivai
リヴァイン Levine
リヴァシーズ Levathes
リーヴァス Rivas
リヴァース Rivers*
リヴァーズ Rivers*
リヴァス Rivas*
リーヴァスミクー
Rivas-Micoud
リーヴァソン Leverson
リヴァティ Revathi
リヴァード Rivard
リーヴァノ Lievano
リヴァノヴ Livanov
リヴァノス Livanos
リヴァノフ Livanov
リーヴァーヒューム
Leverhulme
リーヴァヒューム
Leverhulme
リーヴァフッド
Lievegoed
リヴァプール
Liverpool
リヴァーモア
Livermore
リヴァモア
Livermore*
リヴァヤ Livaja
リヴァリウス Livarius
リヴァール Rivard
リヴァル Rivalz
リヴァロール Rivarol
リヴァロル Rivarol
リヴァン Ruthven
リヴァンス Rivans
リヴァンダー
Levander
リヴァント
Levant
Livant
リーヴィ
Leavy
Levey*
Levy
リーヴィー
Levi
Levy
リヴィ
Levi
Livi*
リヴィー Levy
リゥイア Livia
リウィア Livia
リヴィア
Livia**
Revere
リヴィアー Revier
リヴィウ Liviu*
リーウィウス
Livius
Livy
リウィウス
Livius
Livy
リヴィウス Livius
リウィエー Rivier
リヴィエ Rivier
リヴィエー Rivier
リヴィエア Riviere*
リヴィエエル Rivière
リヴィエール
Riviere*
Riviére
Rivière*
Rivièrè
Rivieres
Rivières
Rivire
リヴィエル Reviel
リーヴィオ Livio
リヴィオ Livio*
リヴィグストン
Livingstone
リーヴィス Leavis
リウイソン Lewisohn
リーヴィット Leavitt*
リヴィッレ Reville
リヴィニャク Livinhac
リヴィヌス Rivinus
リヴィル Revill
リヴィングズ Livings
リーヴィングストン
Livingston
リヴィングストーン
Livingston
Livingstone
リヴィングストン
Livingston*
Livingstone*
リウヴァ Liuva
リゥヴィル Liouville
リウヴィル Liouville
リーヴェ Reeve
リヴェ
Livet
Rivé
Rivet*
リヴェー Rivet
リヴェスト Rivest
リヴェット
Revett
Rivett
Rivette**
リヴェッリ Rivelli
リヴェラ
Rivera*
Rivere
リヴェラーニ Liverani
リーヴェリ Reaveley
リヴェリ
Rivelli
Rivery
リーヴェル
Leavel
Leavell*
リヴェール
Rivere
Rivère
リヴェル Rivele
リヴェレス Rivelles
リヴェロ Rivero
リーヴェン Lieven
リウェン
LeUyen
Rhiwen
リーヴェンス Lievens
リーウェンバーグ
Leeuwenburgh
リヴォー Rivaux
リヴォイラ Rivoira
リヴォーヴァ L'vova
リヴォーヴィチ
Lvovich
リヴォヴィチ
Livovich
Livóvich
Lvovich
L'vovich*
リヴォーヴナ
Livóvna
Lvovna
L'vovna
リヴォヴナ
Livovna
Lvovna
L'vovna
リヴォビッチ Lvovich
リヴォーフ
Livov
Lvov
リヴォフ
Lvov
L'vov
リヴォラ Rivola
リヴォリ Rivoli
リヴォール Rivault
リヴォルシー Livolsi
リヴォルタ Rivolta
リゥオルド Rewald
リウォルド Rewald
リヴォーワ Livóva
リヴォワ Lvova
リヴォワール
Rivoire
Rivoyre**
リヴォン Levon
リウガ Liuga
リウカス Liukas*
リヴキン Rivkin
リウゲット Liuget
リヴジー Livesey
リヴシッツ Liwschitz
リーヴス
Leeves
Reaves*
Reeves**
Reves
リーヴズ
Reaves
Reeves**
Reves
リウス
Lewes
Rius**
リヴズィー Livsey
リウスカ Liwska
リーヴスラシル
Lífcrasir
リヴスレー Livesley
リーヴセイ Lievsay
リヴセイ
Livesay
Livesey
リウッコ Liukko
リウッチ Liucci
リウッツィ Liuzzi*
リウッツォ Liuzzo
リウトケ Lutke
リウドゲル Liudgerus
リウドゲルス
Liudgerus
リウドハルド
Letard
Liudhard
リーウトプラント
Liutprand
リウトプラント
Liutprand
リウトプランド
Liudprand
Liutprand
リウドプランド
Liudprand
リウトプランドゥス
Liutprand
リウトペルト Liutpert
リヴトン Leveton
リヴニ Livni*
リウネ Livne
リウヒエール Rivière
リウビル Liouville
リウボミラス
Liubomiras
リウマナ Riumana
リヴリー
Lively
Reveley
リヴロン Livron
リエ
Lieh
Riez
Ryer
リエー Lieh
リェウ Lieu
リエウ Lieu
リエヴォーレ Lievore
リエク Riek
リエクスティンシュ
Riekstinš
リエーグレン Liljegren
リエーゴ Riego
リエゴ Riego
リエージ Liegi
リエジェ Liégé
リエージュ Liège
リエス
Lyes
Riès*
リエスゴ Riesgo
リエストラ Riestra*
リエセルベルゲ
Rijsselberghe*
リエター Lietaer*
リエチエ Reachea
リエッティ Rietty
リエップ Riepp
リエーティ Rieti
リエトカ Liedtka
リエトベルトゥス
Lietbertus
リエーナス Lienas
リエナール
Lienard
Liénard*
Liénart
リエパ Liepa*
リエバノ Lievano
リェフ Lev
リエフ Lew
リエフデン Liefden
リエブュス Liebus
リエベルス Liebers
リエボー Liébeault
リエミエン Ryemyen
リエム Liem**
リエラ
Liera
Riera
リエラオヘーダ
Riera Ojeda
リエーラス Lléras

リ

リエリー
Rieley
Rielly
リーエル Lier*
リエル
Lier
Liyel
Riel
リェルカ Ljerka
リーエン Lien
リエン
Lien*
Liên
Rien
リエンコー
Lian-ke
Lianke
リェンソン Lien-sung
リーエンツ Lienz
リエンツィ Rienzi
リエンツォ
Rienzi
Rienzo
リエンテー Lien Teh
リエント Riento
リエンナール
Lienhard
リーエンハルト
Lienhart
リェンレン Lian-ren
リーオ Leo
リオ
Leo**
Lio*
Lyor
Lyot
Rio***
Río
Rioch
リオウ Liow
リーオウクム Leokum
リオコ Lioko
リオジエ Liogier
リオス
Liost
Rios**
Ríos
リオタール
Liotard
Lyotard**
リオーダン
Riodan
Riordan***
リオダン Riordan
リオッタ Liotta**
リオット Riot
リオトー Liautaud*
リオトール Riotor
リオナ Liona
リオナード Leonard
リオーニ Lionni
リオニダ Leonida
リオニダス Leonidas
リオーネ Lione
リオネ
Lionnet
Lyonnet
リオネッティ Lionetti
リオネット Lionette
リオネッラ Lionella
リオネッリ Lionelli
リオネッロ Lionello
リオネール Lionel
リオネル
Leonel
Lione
Lionel***
Lionelle
リオネロ Lionello
リオノ Leonore
リオノア Leonore
リオノール Leonor
リーオバ Lioba
リオバ Lioba
リオフランク Leofranc
リオブランコ
Rio Branco
リオペール Riopelle
リオペル Riopelle
リーオポルド Leopold
リオーム Riaume
リオム Ryom*
リオラ Liora
リオラン Riolan
リオール Riall
リオル Lior
リオルズー Liorzou
リオルダン Riordan
リオレ Lioret
リオワ Rihoit*
リーオン
Leon*
Lion
リオン
Leon*
Leone
Leong
Liohn
Lion***
Liong
Lions*
Lyon***
Lyons*
リオンギナス
Lionginas
リオング
Liyong
Riong
リオンス Lions**
リオンズ Lyons*
リオンティ Lionti
リオンニ Lionni
リオンヌ Lionne
リオンネ Lionne
リーカ Liedtke
リーガ Ryga
リーガー
Reager
Reger
Rieger**
Riegger
リカ
Licar
Rica*
Richa
Rika*
リカー
Likar
Ricard
Ricker**
リガ
Riga
Ryga*
リカァド Ricardo
リカァドウ Ricardo
リカアドォ Ricardo
リカイゼン
Rickayzen*
リカウコ Licauco
リガウド Rigaudo
リカウルテ Ricaurte
リカオン Lykaon
リガジオ Rigazio
リーガス Rigas*
リカーズ Rickards**
リガス Rigas
リカーソリ Ricasoli
リカーゾリ Ricasoli
リカソーリ Ricasoli
リカソリ Ricasoli
リカーダ Ricarda
リカタ Licata
リガチョフ
Ligachev*
Ligachyov
リガツォロ Ligazzolo
リガッティ Rigatti
リカップ Licup
リカーディ Riccardi*
リカティー Rickerty
リーガート Riegert
リカート
Likert
Rickert
リカード
Ricard
Ricardo*
Riccardo
Richard
Rickard***
Rickards
リカードー Ricardo
リカド Licad*
リカードゥ Ricardo
リカードソン
Rikardsson
リーガートナー
Lee-Gartner
リーカーネン
Liikkanen
リーカネン Liikanen
リカビー Rickerby
リカフィカ Lykawka
リーガブエ Ligabue
リカーマン
Likierman
Liquorman
リーカム Leekam
リカラ Rikala
リガラード Regalado
リカーリ Licari
リガーリ Ligari
リカリウス Richarius
リガーリウス Ligarius
リガリデス Ligarides
リーガル Regal
リカール Ricard**
リカル Ricard
リガール Rigal
リカルジーニョ
Ricardinho**
リカルダ Ricarda*
リカルダス Ricardas
リカルツィ Licalzi*
リカルテ Ricarte
リカルディ Riccardi
リガルディー
Regardie
Rigardy
リカルディス
Richardis
リカルト Richard*
リカルド
Licardo
Ricard*
Ricardo***
Riccard
Riccardo**
Richard*
Rikard*
リカルドゥー
Ricardou**
リカルドゥス
Richard
Richardos
Richardus
リガルドゥス Rigaldus
リカルドソン
Richardson
リカルドーネ
Ricaldone
リーガルバットゥー
Regalbuto
リカレフ Likharev
リーガン
Reagan*
Regan**
リガンズ Riggans
リーキー Leakey**
リーギ Righi
リキ Riki
リギ Ligi
リギー Righi
リキウス Licinius
リキエ Riquier
リキエル Rykiel**
リキクエ Likikouet
リキチッタ
Likhitjittha
リキテンシュタイン
Lichtenstein
リキテンスタイン
Lichtenstein**
リキーニ Richini
リギーニ Righini*
リキニアーヌス
Licinianus
リキニアヌス
Licinianus
Liciniānus
リキーニウス Licinius
リキニウス
Licinis
Licinius
リギハイニガー
Riggi-Heiniger
リキマニ Likimani
リキミルス
Richimirus
リーキメル Ricimer
リキメル Ricimer
リーキャッシュマン
Lekachman
リキュムニオス
Likymnios
リギョール Ligneul*
リギョル Ligneul
リキン Liking
リギン Riggin
リキング Liking
リギンス Liggins
リギンズ
Liggins
Riggins*
リーク
Leak
Leake*
Leek
Loek
Reeke
リーグ League*
リク
Liku
Ricky
Rik
リクー Ricou
リグ Rigg**
リークァン Lý Quang
リクイエ Riquie
リクウァイ Lik-wai*
リクゥイエ Riquier
リクエア Ricquier
リグオーリ Liguori
リグォロ Liguoro
リクシー Rixey
リクシーゲ Ricsige
リークス
Leaks
Liecks
リクス Rix*
リグス Riggs
リグズ Riggs**
リクスタット Richstad
リクセト Lyckseth
リクソン
Rixon
Wrixon*
リクター Richter*
リクターマン
Lichterman
リグダン Rigdon
リクタンベルジェ
Lichtenberger
リクチェス Rictus

リ

リクチュス Rictus
リクッキ Ricucci
リグット Rigutto*
リクディ Licudi
リクテン Lichten
リグデン
Lingdan
Rigden*
リクテンスタイン
Lichtenstein*
リクテンフェルド
Lichtenfeld
リクト Licht
リクトブラウ
Lichtblau
リクトマン
Lichtman
Lychtman
リクトルーディス
Rictrudis
リグドン Rigdon
リグニー Rigney*
リグニイ Rigney
リグノット Lignot
リークパイ Leekpai*
リグビー
Rigbey**
Rigby*
リークマン Riekeman
リグモール Rigmor
リーグラー Riegler*
リクラー Richler
リグランド Legrand
リグリー Wrigley**
リクリア Likulia
リグリィ Wrigley
リクリス Riklis*
リクリット Rirkrit
リーグル
Liegle
Riegl*
Riegle
リクール
Ricoeur**
Ricœur
リグル Riggle
リクルゴス Lykourgos
リクルス Reclus
リグルマン
Riggleman*
リグルワース
Wrigglesworth
リグレ Lygre
リグレー Lóegaire
リグレイ Wrigley
リクレンジョス
Likourentzos
リグロ Rigoulot*
リグロン Ligron*
リクワート Rykwert*
リグン Liqun
リーケ
Leke
Lieke
Riecke
リーゲ
Lighe
Riget
リケー Riquet
リゲス Ligges
リケッツ Ricketts**
リケッティ
Ricchetti
Riqueti
リゲッティ Righetti*
リケット
Liquette
Rickett
リゲット
Leggett
Liggett*
リケッリ Licchelli
リゲッリ Righelli
リケティ
Riqueti
Riquetti
リゲティ
Ligeti**
Ligety**
リケトゥス Lychetus
リゲトバリ Ligetvári
リケーナ Riqueña
リーケル Riekel
リーゲル
Riegel
Rieger
Rigel
リーケルス Riekeles
リーゲルスキー
Regelski
リーゲルソン Regelson
リケルソン Richelson
リゲルト Rigert
リーゲルマン
Riegelman
リケルメ Riquelme**
リケレツ Likerecz
リケレリ Likeleli
リーケン
Reken
Riecken
Rieken
リケン Likeng
リーケンズ Rieckens
リゲンツァ Ligendza
リケンディー
Lilkendey
リーコ Rico
リーゴ Rigo
リコ
Ricardo
Ricco**
Rico**
リコー Ricaud
リゴ
Rigault
Rigaut
Rigo
リゴー
Rigaud*
Rigaut**
Rigaux*
Rigot
リゴッキ Ligocki
リーコック Leacock*
リコッサ Ricossa
リゴッツィ Ligozzi
リコッティ Ricotti
リゴッティ
Ligotti
Rigotti
リゴット Riggott
リコップ Licoppe
リコーナ Lickona*
リゴーニ Rigoni***
リコーバー Rickover
リゴバート Rigobert
リゴフスキ Ligowski
リゴベール
Rigobert**
リゴベルタ
Rigoberta**
リゴベルト
Rigobert
Rigoberto*
リコホ Lykho
リコボーニ Riccoboni
リコーマン
Liquorman
リコメル Richomer
リコメレス Richomer
リゴリ Liguori
リゴーリオ Ligorio
リゴリオ
Ligorio
Liguori
リコリッシュ
Lickorish*
リゴーリョ Ligorio
リコール Ricord
リゴル Rigol
リコルゴス Lykourgos
リコルダーノ
Ricordano
リコルディ Ricordi
リコルト Rikord
リコルド
Ricoldo
Rikord
リコルドゥス Ricoldo
リゴーロ Rigoulot
リーゴン
Ligon
Li-gong
Reagon
リゴンドウ
Rigondeaux**
リーサ
Liisa**
Lisa**
Lise
Risser
リーサー
Leasor
Leeser
Lisa
Reaser
Reeser
Reiser
Rieser
Riesser
リーザ
Lisa***
Lise*
リーザー
Leasor
Leeser
Reiser
リサ
Lesa
Liisa
Lisa***
Lissa*
Liza**
Lyssa
Rhissa
Risa**
リサー Risser
リザ
Leza**
Lisa***
Lise
Liza**
Riza
Rizā
リザー
Riḍā
Risser
Riza
Rizā
リサアル Rizal
リザーイー Rizai
リーサウァウェット
Leesavavech
リザエッディン
Rizaetdin
リサガレー Lissagaray
リサク Lysak
リーサゲル Riisager
リサコヴスキー
Lysakowski
リザシェ Risacher
リサジュ Lissajous
リサジュー Lissajous
リーサック Lissack*
リサック
Hricak
Lussac
リザック
Lysak
Ryzuk
リザディノワ
Rizatdinova
リサド Risad
リサーニー Lisānī
リサーネ Lisanne
リーザネク Rysanek
リザネク Rysanek
リザネック Rysanek
リーサビイ Lethaby
リサーフ Lesurf
リザフィザ Rizafizah
リザベス Lizabeth*
リザベット Lisabet
リサマス Risamasu
リーサム
Leatham*
Letham
リサーラガ Lizárraga
リザラガ Lizarraga
リサラグ Lissarrague
リサラゲ Lissarrague
リザラズ Lizarazu*
リザーランド
Litherland
リサリサ Lisa Lisa
リサリノ Rizalino
リサール Rizal*
リザル
Rifzal
Rizal**
リサルディ Lizardi
リサルド Lizardo
リザルベルト
Lisalverto
リサロッテ Liselotte*
リーサワットラクーン
Leeswadtrakul
リサンチ Lisanti
リサンドラ Lisandra
リサンドロ Lisandro
リサンドロス
Lysandros
リザンブール
Risenburgh
リーシ Lisi
リーシー Lucy
リージ
Lisi***
Rege
Risi*
リシ
Rishi*
Ritchie
リシー Lissy
リジ
Lij
Lizzy
Risi*
リジー
Lidzey
Lij
Lisi*
Lizi
Lizzie**
Lizzy
リシア
Lícia
Lysias
リジア
Lidija
Ligia
Lygia**
リシアス Lȳsiās
リシアック Lysiak
リシアテ Lisiate
リシアルレ Richarde
リシィ
Lizzy
Riccy
リジイ Ryzhii
リージウス Lysius
リーシェ Liesche
リシェ
Riche
Riché**
Richée
Richer*

リ

Richet*
Richez
Rische
リシェー Richez
リシエ Richier
リシエー Richet
リジェ
Liger
Ligier*
リジエ Ligier
リージェイ Lee-jay
リジェイ Lidzey*
リシエウスカ
Lisiewska
リジエヴスカ
Lisiewska
リジエス Lísias
リジェストローム
Liljeström
リシエツキ Lisiecki*
リジェット Lidgett
リシェドリー
Riechedly
リシェネル Richenel
リシェフスキー
Lishevskii
リシェリュー
Richelieu
リシェール Richert
リシェル
Richel
Richelle*
Rischel
Rishel
リシエル Richer
リジェール Regehr
リジェンベ Lijembe
リジオ Riggio
リシキ Lisicki*
リジク Ridzik
リシグリアーノ
Ricigliano
リジコフ Ryzhkov
リージス Regis
リシタンベール
Lichtenberg
リシチアン
Lisitsian
Lisitsyan
リジチェフ Lizichev
リシチキン Lisichkin
リシチン Lisitsyn
リシチンスカ
Lishchynska
リシツイン Lisitsyn
リシツカヤ Lisitskaia
リシッキー Lissitzky
リシツキー
Lisitskii
Lisitskij
Lisitsky
Lisitzky
Lissitzky*
Lysytsky
リーシック Resick
リシッコ Risikko
リシッポス Lysippos
リシトワン Lishtvan
リーシナ Lisina
リシナ Lisina
リシニオ Licínio
リシーヌ Lichine
リシーノヴァ Lisinova
リジフ Rijff
リシマコ Lisímaco
リシマコス
Lysimachos
リシマル Richmal
リーシマン Leishman
リーシャ Lesa
リージャー
Leger*
Leisure
リージヤ
Lidiya
Lídiya
リシャ Licha
リシャー
Lischer
Lischner
Richard*
リジャ
Rija
Ryzih
リジャー Reger
リジヤ
Lidiia
Lidiya**
リジャイナ Regina
リシャース Reishus
リシャタイム
Rsathōm
リシャック Lishak
リシャット Rishat*
リージャート Riegert
リシャード Rishard
リシャド Rishad
リジャートウッド
Lijertwood
リジャブ Rijab
リシャフォール
Richafort
リシャール
Ricard
Richard***
Rischard*
リシャル
Richard
Rishal
リジャル Rijal
リシャルデス
Richardes
リシャールド Richard
リシャルト
Ryszard***
リシャルド Ryszard
リシャルノウ
Richarnaud
リシャレ Richalet
リシャロン Lisheron
リシャンドロ
Lisciandro
リーシュ
Rich*
Riche
Riesch**
リシュ
Rich
Riche
Risch
リジュー Lisieux
リシュアタイム
Rsathōm
リシュアード Richard
リシュアン Lucien
リシュオム Richeôme
リシュカ
Lischka*
Liska
Liška
リジュク Ryzhuk
リシュケビッチ
Ryschkewitsch
リシュタンベルジェ
Lichtenberger*
リシュタンベルジエ
Lichtenberger
リシュタンベルジェル
Lichtenberger
リシュタンベルジュ
Lichtenberger
リシュチュン
Hryshchun
リシュテンベルジェ
Lichtenberger
リシュナー Lischner*
リシュネロヴィッチ
Lichnerowicz
リシュパン Richepin*
リーシュマン
Leishman
リシュリュー
Richelieu*
リシュレ Richelet
リージョ Lillo
リショー Richaud
リジョ Lillo
リショイ Rishoi*
リショド Rishod*
リショーン Richaun
リションム Richomme
リジリー Ridgely
リジリオーネ
Risiglione
リシール
Lishir
Richir*
リージン Lidin
リシン
Lichine
Rischin
リージング Rising
リシンスキ Lisinski
リース
Leas
Lease
Leath
Leece*
Lees
Leese
Leiss
Leith**
Leys
Lies
Lis
Liss
Lys*
Reas
Ree
Reece*
Rees***
Reese***
Reis
Reiss*
Reith*
Res
Ress
Rhees
Rhys***
Ries**
Riese
Riess**
Riesz*
Riis*
リーズ
Lease
Leeds*
Lees**
Leys
Lies
Lise**
Reeds
Rees***
Reese***
Rhees
Rhys
リーズー Li-zhi
リス
Lies
Lis*
Liss***
Liz
Lys*
Lyth
Rhys**
Ris
Riss
リズ
Lidz
Lis
Lise*
Liz***
Rhys
Riz*
リズィ Lizzie
リズヴィー Rizvi
リスヴェドス Rissveds
リスカ Lisca
リズカ Rizqa
リスカイ Liszkai*
リスカノ Liscano
リスカル Ryskal
リスキ
Liski
Riski
リスキー Reisky
リスキエヴィチ
Liskiewicz
リスキエフ Riskiyev
リスキン
Leskin
Riskin**
リスキンド Ryskind
リスク
Lisk
Rizk
リズク
Rizk
Rizq
リスクーン Liskun
リースケ Lieske
リスケ Riske*
リスケス Risques
リースゴー
Lægsgaard
リスコ
Licsko
Lischkow
Lisco
Liscow
Liszko
Risco
リスコー
Liscow
Riscoe
リスゴー Lithgow
リスゴウ Lithgow*
リスコヴィウス
Liscovius
リスコット Lythcott
リスコフ Liskov
リスジョルド Risjord
リーズズ Leathes
リースター Riester*
リスタ Lista
リスター
Lister**
Lyster
リスタウ Ristau
リスタッチ Listach
リスタナンナ
Ristananna
リステ Riste
リスティキヴィ
Ristikivi
リスティク
Ristic
Ristig
リスティチ
Ristic
Ristič
リスティッチ Ristič
リズデイル Ridsdale*
リスティング Listing
リステシュ Lisztes
リーステラー
Riesterer
リーズデール
Redesdale
リズデール Ridsdale*
リステンパルト
Ristenpart
リースト Least**
リスト
List**
Liszt**
Rist**
Risto*
リズート Rizzuto
リズト Rizzuto*
リズトー Rizzuto
リストゥ Hiristu
リストウ Risteau

リストヴィッチ
Ristovic
リストウィン Listwin
リストゥッツィ
Listuzzi
リストガルテン
Listgarten
リストハウグ Listhaug
リストフ Risztov**
リストフスキ
Ristovski
リーストマー
Leestma*
リストム Ristom
リストーリ Ristori
リストリ Ristori
リストーロ Ristoro
リストン
Liston*
Ritson
Wriston*
リスドン Risdon
リースナー
Riesener
Riesner
リーズナー
Reasoner*
Riesner
リスナー Lissner*
リズニチ Riznichi
リスニャンスカヤ
Lisnýanskaya
リーズネー Riesener
リーズネル Riesener
リスバ Lissouba**
リスパ Rispal
リースハウト Lieshout
リスバーグ Lythberg
リースバッケン
Lysbakken
リースパッサー
Riess-Passer*
リズバルスキ
Lidzbarski
リズバン Rizvan
リズビー Lisbie
リスビク Rijswijk
リスフラン Lisfranc
リスベ Lisbet
リスベク Rysbek*
リスペクター
Lispector
リスペクトール
Lispector*
リスペクトル
Lispector
リーズベス Liesbeth
リスベス
Liesbeth*
Lisbeth*
リズベス Lisbeth
リーズベック Riesbeck
リースベット Liesbet
リスベット
Liesbet
Lisbeth
リスベート Lisbeth**
リスベト
Lisbet
Lisbeth
リスベドス Rissveds*
リスベリィ Risberg
リスペンス Rispens
リスボア
Lisboa
Lisbôa
リズボア
Lisboa
Lisbôa
リスボイ Risboy
リスポリ Rispoli*
リースマイヤー
Riethmeier
リスマニーニ
Lismanini
リースマラー
Riethmuller
リースマン
Liessmann
Reisman*
Riesman**
Riessman
リーズマン Lesemann
リスマン
Lisman
Lissmann
Lithman
Rissmann
リスム Risum
リスモア Lissemore
リスモン Lismont
リスヤク Lisjak
リースヨハンセン
Riisjohansen
リスラー Rissler*
リスランド Rissland
リズリ Risley
リズリー Risley
リースリングシュー
ファー
Reithlingshoefer
リースル Lisl
リーズル
Liesl
Lisl
Ryzl
Rýzl
リズル Lisl
リースレ Riessle
リスレ Risler
リスロッテ Liselotte
リズロン Liseron
リズワン Rizwan
リースン
Leeson*
Reason
リーズン
Leason
Reason*
リズン Ruthven*
リーセ
Lise
Reese
Riise
リーゼ
Liese*
Lise**
Ries
Riese
Risë
リセ
Lise
Rise*
Risë
Risset
リゼ Risë
リセアガ Liceaga
リセウスキー Lisewski
リセオ Liseo
リーセガ Riisager
リセク Lisek
リーセゲン Lyseggen
リゼック Lysek
リゼッツ Riseth
リセッテ
Licette
Lisette
Lissette
Lysette
リセット
Licette
Lisette*
Lycette
Lysette
リゼット
Lisette*
Lizette
リーゼナー Riesener
リーゼネル Riesener
リーゼマン
Riesemann
リーゼル
Leisel*
Liesel
Liezel*
Lisel
リゼル Lisl
リーゼルマン
Lizelman
リセレ Lisel
リーゼロッテ
Lieselotte
Liselotte**
リセロッテ
Lise Lotte
Liselotte*
リゼロッテ Liselotte
リーゼロット Liseiott
リーセン Riessen
リーゼン
Leisen
Riessen
リセンコ
Lissenko
Lysenko*
Lyssenko
リセンスキー Lisensky
リゼンド Legendre
リーセンバーガー
Riesenberger
リーゼンバーグ
Riesenberg
リーゼンフェルト
Liesenfeld
リーゼンフーバー
Reisenhuber
Riesenhuber*
リーゼンブルヒ
Risenburgh
リーソー Leasor*
リソ
Riso*
Rizo
リゾ Rizzo*
リゾー
Lizot
Rizzo**
リソアイン Lizoain
リソゴール Lisogor
リソス Ritsos
リゾス Rizos
リゾフ Rizov
リソフスカヤ
Lisovskaia
Lisovskaya
リソフスキー Lisowski
リゾポウロス
Rizopoulos
リソム Risom
リゾラッティ
Rizzolatti
リソルグ Lyssorgues
リソワスキー Lisowski
リーソン
Leeson**
Reason
リゾン Lison
リータ
Leta
Rheta*
Rita**
リーター
Riether
Rueter
リーダ
Lida
Lyda
リーダー
Leader
Leder
Leeder
Lieder
Reader*
Reeder*
Rieder*
リタ
Lita*
Retta
Rheta*
Rita***
Ritha
リター
Lithur
Ritter*
リダ
Lida*
Lyda
Ridha
リダー
Ridā
Riḍā
リタイ Lithai
リタウエル Littauer
リタウディン
Rithauddeen
Rithaudeen
リタジャーナンダ
Ritajananda
リーダス
Redus
Reedus*
リダッカ Lidaka
リダデール Lidderdale
リーダーバーグ
Lederberg
リーダーバッハ
Liederbach
リーダーブッシュ
Ridderbusch
リーダーマン
Leiderman
リターマン Litterman
リーダム Leedom
リダヤス Hridayesh
リターユヒル
Rytter Juhl
リタル Lital
リターン Return
リーチ
Leach***
Leech***
Leitch**
Reach*
Reich
Rich
Rietsch
Ritchie
リーチー Ritchie
リチー
Richie**
Ritchie*
リチア Licia**
リチァード Richard
リチァド Richard
リチアルド Richard
リチィ
Ritchie
Rizzi
リチイ Richie
リチウティ Ricciuti
リーチェ Lee-tzsche*
リチェオ Licio
リチェーリ Rychely
リーチェル
Rietschel**
リチェルソン
Richelson*
リチェン Liqun
リチェンズ Richens
リチティンヘル
Lichtinger
リチートラ Licitra*
リチーナ Licina
リチーニオ Licinio
リチニオ Licinio
リチニスター
Litchinister
リチネツキー
Litinetskii
リチノフスキー
Lichnowsky
リチバン Lishtvan
リチマル Richmal

リ

リーチマン Leachman
リチモント Richmond
リチモンド Richmond
リーチャ Licia
リチャ Litja
リチャアド Richard
リチャアルディ
Ricciardi
リチャース Richards
リチャーズ
Richards***
リチャーソン
Richerson
リチャート
Richard
Richert
Ritchhart
リチャード
Reichard
Reinhard
Richaed
Richand
Richar
Richard***
Richards**
Richardt
Richart
Richert
Richrad
Ritchard
Rityado
リチャド Richard
リチャードスン
Richardson*
リチャードソン
Richardson***
Richardsson**
リチャードポール
Lichiardopol
リチャルド Richard*
リーチュアヌ Lichuan
リーチュイン Li-qun
リチョウ Lichaw
リーチョン Li-qying
リチン Li-qin
リーツ
Lietz*
Reitz
Riesz
Rietz
Rith
リツ Rydz
リツァ
Litsa
Rizza
リーツアン Li-chang
リツィウス Ricius
リツィバ Litsiba
リツォアネ Lits'oane
リツォス Ritsos
リーッカ Riikka
リッカ
Ricca
Riikka
リッカー Ricker*
リッカーズ Rickards
リッカチ Riccati
リッカーティ Riccati
リッカティ Riccati
リッカート
Likert
Richert
Rickart
Rickert*
リッカード Richard
リッカートセン
Rickertsen*
リッカビ Rickerby
リッカボニ Riccaboni
リッカルディ
Riccardi
Ricchardi
リッカルディーニ
Riccardini
リッカルド
Riccardo***
Richard
リッキ Ricchi
リッキー
Ricardo
Richy
Rickey**
Ricki
Rickie**
Ricky***
Rikki
Rikky
リツキー Lidsky*
リッキーニ Richini
リッキーノ Richini
リッキント Lickint
リック
Lich*
Lick
Lieck
Lyck
Ric**
Rich*
Richard*
Rick***
Ricke
Rickert
Rickey
Ricky
Rik*
Rikard
Ryck*
リッグ Rigg*
リツク Rizk
リックウッド
Rickwood
リックス
Licks*
Ricks**
Rix**
リッグス Riggs**
リッグズ Riggs**
リックスティーン
Lichstein
リックスティン
Lichstein
リックスナー Rixner
リッグスビー Rigsbee
リックセン Ricksen
リックソン Rickson
リックバーロー
Lickbarrow
リックフォード
Rickford
リックマン
Lichtman
Rickman***
Rikman
Ryckman
リックマンス
Ryckmans
リックライダー
Licklider*
リックリター Lickliter
リックルズ Rickles
リックレフズ Ricklefs
リックワード
Rickword
リッケ
Ricke**
Rikke**
リッゲ Rygge
リッケイ Richey
リッゲス Ligges
リッケツ Ricketts
リッケッツ Ricketts
リッケベルク
Lykkeberg
リッケル Rickel
リッケルト
Richert
Rickert**
リッケン
Lykken
Ricken
Rickne
リッケンバッカー
Rickenbacker*
リッケンバッハー
Rickenbacher
リッゲンバハ
Riggenbach
リッコ
Licco
Licko
Ricco
Riccò
リッコーバー
Rickover*
リッコボーニ
Riccoboni
リッサ
Lissa*
Rhissa
リッサー Lisser
リッザ Rizza
リッサウアー Lissauer
リッサガレー
Lissagaray
リッサネン Rissanen
リッサラーグ
Lissarrague
リッサン Rissin
リッシ
Lissi
Lissy
Rizi
リッシー
Lissy
Ricci
リッジ
Lidge
Ridge***
リッジウェー
Ridgeway
Ridgway*
リッジウエー Ridgway
リッジウェイ
Ridgeway**
Ridgway**
リッジウェル Ridgwell
リッジス Ridges
リッシャー Rischer
リッシュ
Lish
Rich
Riche**
Richer
Risch
Rish
リッシュマン
Lishman*
リッジリー Ridgely*
リッズ Lidz*
リッズデール Ridsdale
リッスンビー
Listenbee
リッセ Risse*
リッセン Lessem
リッソ Risso*
リッソーニ Lissoni
リッソーネ Rissone
リーッタ Riitta
リッタ Riita
リッター
Lichter
Ritter***
Ryther
Rytter
リッダー Ridder**
リッタコン Rittakol
リッターシャウゼン
Rittershausen
リッターズハウゼン
Rittershausen
リッターバント
Ritterband
リッダーブッシュ
Ridderbusch
リッターマン
Litterman
リッチ
Ricci***
Rich***
Richard*
Richie
Ritchie*
リッチー
Ricci*
Richard
Richey
Richie***
Richmond
Ritchey*
Ritchie***
リッヂ Ricci
リッチアルディ
Ricciardi
リッチアレッリ
Ricciarelli
リッチィ Richie
リッチイ Ritchie
リッチウエル Richwell
リッチウティ Ricciuti
リッチェソン
Richeson
リッチェル
Ritchel
Ritschel*
リッチェルソン
Richelson
リッチェン Richens
リッチオ Riccio
リッチオーニ Liccioni
リッチォーリ Riccioli
リッチオリ Riccioli
リッチズ Riches
リッチバーグ
Richberg
Richburg
リッチフィールド
Lichfield*
Litchfield*
Richfield
リッチマル Richmal
リッチマン
Reichman
Richman**
リッチモント
Richemont
リッチモンド
Richmond***
リッチャー
Richer
Richter*
Ritcher
Ritscher
リッチャート
Ritschard
リッチャルディ
Ricciardi
リッチャレッリ
Ricciarelli*
リッチャレルリ
Ricciarelli
リッチュル Ritschl*
リッチョ Riccio
リッチョッティ
Ricciotti
リッチョット
Ricciotto
リッチョーニ Riccioni
リッチョーリ Riccioli
リッチラー Richler**
リッチリング Richling
リッチン Ritchin
リッツ
Lidz*
Litz
Liz
Rits
Ritts**
Ritz**
Rydz
リッツァ
Litza*
Rizza
リッツァー Ritzer
リッツア Ritzer
リッツァーニ Lizzani*
リッツアニディ
Litsanidis
リッツィ
Rizzi**
Rizzo
リッツイ Rizzi*

リッツィオ
Riccio
Rizzio
リッツェッロ Rizzello
リッツェマ Ritsema*
リッツェル Ritzler
リッツェルロ Rizzello
リッツォ Rizzo**
リッツォス Ritsos*
リッツォーリ Rizzoli
リッツティ Rizzuti
リッツト Rizzuto*
リッツネン Littunen
リッツマン
Litman
Litzman
Litzmann
Ritzmann
リッテ Ritter
リッティ Litty
リッティク Ritwik
リッティロン
Ritthiron
リッティンガー
Rittinger
リッテル
Littell
Rittel
Ritter
リッデル
Liddell
Ridder
リッデルストラレ
Ridderstrale
リッテルトン
Lyttelton**
リッデルハート
Liddell Hart
リッテルマイアー
Rittelmeyer
リッテルマイヤー
Rittelmeyer*
リッテン Litten
リッテンハウス
Rittenhouse*
リッテンバーグ
Rittenberg*
リット
Litt**
Litto
Ritt**
リッド Rid
リットグライ
Rittikrai*
リッドゲイト Lydgate
リッドス Lidth
リットスマ Ritsema
リットナー Rittner
リットビン Litwin
リットマン
Litman
Littman*
Littmann**
リットラー Littler
リットリン Littorin
リットル Little
リッドル
Liddell
Riddle
リッドルト Liddell
リットルトン
Lyttleton
リットルページ
Littlepage
リットレ Littré
リットワイラー
Litwhiler
リットン
Liddon
Litton*
Lytton**
Lyttond
リッパ
Lippa
Ripa**
リッパー
Lipper
Ripper
リツパ Respha
リッパート Lippert**
リッパード Lippard
リッパリーニ
Lipparini
リッヒ Rich
リッピ
Lippi***
Rippe
リッピー
Lippi
Lippy
リッピイ Rippy
リッヒェベッヒャー
Richebächer
リッピンコット
Lippincott**
リッフ Riff
リップ
Lip
Lipe
Lipman
Lipp**
Rip***
Rippe
リツフィンコ
Licwinko
リッフェル Ryffel
リッフェンバーグ
Riffenburgh
リッフォ Riffo
リップオフ Lipoff
リップキング Lipking
リップコウスキー
Ripkowski
リップシアス Lipsius
リップシュタット
Lipstadt*
リップシュッツ
Lipschutz
リップス
Lipps*
Lips**
Rips*
リップスカム
Lipscomb
リップスコーム
Lipscomb
リップセット Lipset
リップナック Lipnack
リップニッキー
Lipnicki
リップハーゲン
Riphagen
リップハム Lipham
リップマン
Lipman**
Lipmann**
Lippman**
Lippmann**
リップマンブルーメン
Lipman-Bluman
リップル Ribble
リップル
Ribble
Rippl
リップルウッド
Ripplewood*
リッペ
Lippe*
Rippe
リッペイ Rippey
リッペル Rippel
リッペルスハイ
Lippershey
リッペルスヘイ
Lippershey
リッペルダ Ripperda
リッヘルト Richert
リッペルト
Lipfert
Lippelt
Lippert*
リッペンコット
Lippencott
リッベントロップ
Ribbentrop
リッペントロップ
Ribbentrop
リッベントロップ
Ribbentrop
リッベントロープ
Ribbentrop
リッポ Lippo
リッポネン
Lipponen**
リッポマーノ
Lippomano
Lippoomano
リッポルト Lippoldt
リッポルド Lippold
リッポン Rippon
リツマ Ritsma*
リーツマン
Lietzmann*
リーツラー Riezler*
リッラ Lilla
リツラー Ritzler
リッレヴィー Lillevi
リッレヴィーク
Lillevik
リッレマイール
Lillemyr
リッレール Liller*
リーテ Riethe
リーデ Wrede*
リデー Rider
リーディ
Leedy
Reedy
Reidy
リーディー
Leedy
Reedie*
Reedy
リティ
Liti
Rithy*
リディ
Liddy
Lidie
Lydie
リディー Liddie
リーティア Lydia
リディーア Lidiya
リディア
Lidia***
Lídia
Lidiia*
Lidya
Lydia***
Lydía
リディアード
Lydiard*
リディアン Rhidian
リーディウス Lydius
リディウス Lydius
リディエイト Lydiate
リディオ Lidio
リディギール
Rydygier
リディコート
Liddicoat
リティーシャ Letitiia
リディセ Lídice
リディダ Lidia
リティツ Littiz
リディック Riddick*
リティティア Laetitia
リティティヨ Lititiyo
リティネツキー
Litinetskii
リディヤ
Lidiia
Lidija
Lidiya
Lydia
リディヤード Lydyard
リディール Rideal
リーディン
Ledeen
Lidin
リティン Littin
リディン Lidin*
リーディンガー
Ridinger
Riedinger
リーディング
Reading
Reding
Riding
リディング Ridding*
リディントン
Liddington
Lidington
リーデヴァルト
Riedewald
リデゴー Lidegaard
リテシュ Ritesh
リテーズ Litaize
リーデスデイル
Redesdale
リデッカー Lydekker
リデック Lidec
リーデマン
Riedemann
リテュエルセス
Lityersēs
リーデラー Riederer
リーデル
Lyder
Riddell
Riedel**
Rieder
リテル
Litel
Littell**
Lytell
Ritter
リデール Riedel
リデル
Liddel
Liddell**
Liddle
Lidell*
Lider
Riddell**
Ridder*
Riddle
Ridel
Rydel
Rydell
リデルハート
Liddell Hart
リテレス Literes
リーデン Lidén
リデン
Lidén
Ryden
Rydén
リテンバーガー
Lichtenberger
リーテンブルク
Rietenburg
リート
Leet
Leete
Leto*
Ried
Riet
Rijt
リード
Lead
Leed*
Leeds
Read***
Reade**
Reed***
Reid***
Reld
Rhead
Ried
Wrede
リト
Leto
Lid

リ

Lith
リド
Lido
Rido
リドー
Lido
Lidow
Rideout
リトゥ
Ritoo
Ritu
リトヴァ Ritva*
リドーヴァ Lidova
リトヴァイティス
Litvaitis
リトヴァク Litvak*
リドヴァル Rydvall
リトヴァーン Litván
リドヴィナ Lidwina
リトヴィネンコ
Litvinenko**
リトヴィノヴィッチ
Litvinovich
リトヴィーノフ
Litvinoff
Litvinov
リトヴィノフ
Litvinoff
Litvinov**
リードウィル Riedwgl
リトウィン Litwin*
リトヴィン Litvinne
リドウイン Liduïn
リトヴィンヌ Litvinne
リトゥエフ Lituyev
リドウェル Lidwell
リートヴェルト
Rietveld
リトヴォ Ritvo
リトヴォー Ritvo
リトウォク Litwak
リトゥカ Rytka
リドゥリー Ridley
リトガー Littger
リトキー Littky
リドグリー Ridgley
リトクワ Litokwa**
リートケ
Liedke*
Liedtke*
リトケ Litke
リドゲイト Lydgate
リドゲート Lydgate
リドストロム
Lidstrom
Lidström*
リートゾウ Lietzow
リトソス Ritsos
リトソン
Rison
Ritson
リドック Riddoch
リトナー
Ritenour*
Rittner*
リドナー Ridner
リードネル Lidner
リトバ
Litva
Ritva
リトバーク Litvak
リドバーグ Lidberg
リドパス Ridpath*
リトバック Litvak
リトバルスキー
Littbarski**
リドバン Ridvan
リード・ビーター
Leadbeater
リードビータ
Leadbeater
リードビーター
Leadbeater*
リードビター
Leadbitter
リドビッチ Ridovics
リトビネンコ
Litvinenko*
リトビーノフ Litvinov
リトビノフ
Litvinoff
Litvinov*
リトビン Litvin
リトビンチュク
Litvinchuk
リドフ Lidoff
リートフェルト
Rietveld*
リトフツェヴァ
Litovtseva
リートブルク Rietberg
リードベック
Lidbeck**
Rydbeck
リドベック Lidbeck
リードベリ Rydberg
リードベリー Rydberg
リドベリ
Lidberg
Rydberg
リードベルィ Rydberg
リートベルゲン
Rietbergen
リトボ Ritvo
リードホルム
Liedholm*
リトマネン
Litmanen*
リートマン
Riedmann
Rietman
Rietmann
リードマン
Lidman**
Reedman
リドマン Lidman
リトラ Ritola
リトラー Littler
リドラー Ridler*
リドリ Ridley
リドリー Ridley***
リトリージ Retreage
リートリス Leatrice
リードル
Riddell
Riedl**
リトル
Little***
Lytle*
Lyttle
リドール Ridall
リドル
Liddell*
Liddle
Riddel
Riddell
Riddle**
リトルウッド
Littlewood**
リドルエホ Ridruejo
リトルジョン
Littlejohn*
リトルジョンズ
Littlejohns
リドルストーン
Riddlestone*
リトルチャイルド
Littlechild
リトルデイル
Littledale
リトルデール
Littledale
リトルトン
Littleton**
Lyttelton*
Lyttleton*
リートルフ Litolff
リトルフ Litolff
リドルフィ Ridolfi
リトルフィールド
Littlefield*
リドルフォ
Ridolfi
Ridolfo
リトルヘイルズ
Littlehales
リトルホール
Littlehale
リドルメイヤー
Redelmeier
リトルモア Littlemore
リトレ Littré
リドレー Ridley**
リードレイ Leadlay
リドレイ Ridley
リドレビクツ
Rydlewicz
リードロフ Liedloff
リトローフ Littrov
リトワイラー
Litweiler
Litwhiler
リトワク Litwak
リトワック
Litwack
Litwak
リドワーン
Radwan
Riḍwān
リドワン Ridhwan*
リートン
Leighton
Leyton
リトン
Lytton*
Riton
リドン
Liddon
Lidón
Lydon
リーナ
Leena*
Lene**
Liina
Lina*
Rena
Riina*
Rina
リーナー Liener
リナ
Lena**
Lina***
Linah
Linna
Rena
Rhina
Rina*
リナー Rinner*
リーナウ Rienow
リナウィーバー
Linaweaver
リナカー Linacre
リーナキス Linakis
リーナス Linus**
リナーズ Lenerz
リナス
Linas
Linus
リナーティ Linati
リナード Leonard
リナト Rinat*
リーナメン Linamen*
リナール Linard
リナルディ
Rinaldi*
Rinardi
リナルディス Rinaldis
リナルド Rinaldo**
リナーレス Linares
リナレス Linares**
リナン Lynen
リナンコスキー
Linnankoski
リナンヘイモ
Linnanheimo
リーニー
Reaney
Renee
リニ
Lini**
Rini*
リニー
Lini
Linney*
Linnie
Renee
リニウス Linius
リニエルス Liniers
リニチュク Linichuk
リーニッシュ
Rheinisch
リニッチ Linić
リニバヌアロロア
Lini Vanuaroroa
リニャック Lignac
リニャーノ Rignano
リニュ Ligne
リニュール Ligneul
リニョール Rignault
リーニング Leaning
リーヌ Line*
リヌ Lin
リーヌス Linus*
リヌス
Linus
Rinus**
リヌッチーニ
Rinuccini
リヌーフ Renouf*
リーヌマン
Lienemann
リーネ
Lene**
Line
Liné
リネー Linné
リネア Linnea*
リネイ
Renay
Reney
リネイカー Linaker
リーネイグル Reinagle
リネーヴィチ Linevich
リネヴィチ Linevich
リネヴィッチ Linevich
リネカー Lineker*
リネキン Linnekin
リネク Linek
リネーケ Rineke
リネケ Rineke
リネス Lineth
リネッキー Linetzki
リネツキー Linetskii
リネッテ
Linette
Lynette*
リネッティ Linetty
リネット
Linet*
Linett
Linnet
Lynette**
Lynnette
リネットスキー
Linetsky
リネト Renate
リネハン Linehan*
リネビッチ Linevich
リネヤ Linaya
リネラ Linera
リーネル Rhyner*
リネール Riner**
リネル
Linnell
Ryner
リーネン Lienen
リネン Lynen*
リネンジャー
Linenger*

リネンソール
Linenthal
リーノ Lino
リーノー
Leno
Reno
リノ
Lee Know
Lino***
Reno***
Rino
リノー Reynaud
リノーイ Rinnooy
リノイ Linoy
リノヴ Linow
リノース Linowes
リノス
Linos
Línos
リノーフ Renouf*
リノフ Linoff
リーハ Riha
リーバ
Liebe
Lieve*
Reba
Reva
Riba
Riva*
Ryba
リーバー
Leever
Leiber*
Lever
Lieber**
Rebar
Reber
Riber
Rieber
リーパ Ripa**
リーパー
Leaper*
Leeper
リハ Riha
リバ
Riba
Riva
Ryba
リバー River
リパ
Lipa*
Lipă
Lipă
Ripa
リーハイ Leahy
リーバイ Levi*
リハイ Lehigh
リバーイ Libaya
リバイ Levi
リーバイス Levis
リバイルト Libaert
リバイン Levine
リバウ Libavius
リバウィウス Libavius
リバヴィウス Libavius
リバウド
Ribaudo
Rivaldo*
リーバーキューン
Lieberkuhn
Lieberkühn
リーバキューン
Lieberkühn
リーハーク Rehak*
リハク Rehák
リバーグ Liberg
リバコ Rybakou
リバコフ
Ribakove
Rybakov*
リーバーサル
Lieberthal
リバシー Livesey
リバシッジ Liversidge
リバージャ Rivža
リーバース Liebers
リーバス
Ribas*
Rivas
リバース
Liebaers
Ribas
Rivers***
リバーズ Rivers***
リバス
Ribas
Rivas***
リバスアルテアガ
Rivas Arteaga
リバセッジ Liversedge
リバソール
Lieberthal*
リーバーソン
Lieberson
リバダービア
Rivadavia
リバダビア Rivadavia
リハチョーフ
Likhachev
リハチョフ
Likhachev*
リバック Rybak
リバッシー Libassi
リパッティ Lipatti
リバット Ribbat
リバティ Liberty**
リバーティナ
Libertina
リパティン Lipatin
リバデネイラ
Ribadeneira
Ribadeneyra*
Ribadeneyro
Rivadeneira
リバデネイロ
Ribadeneyro
リーバート
Leebaert
Liebert
リバート
Levert
Libert*
リバード
Liburd
Lippard
リパート Lippert
リパード Lippard*
リパートフ Lipátov
リーバートン
Leaverton
リバートン Liverton
リパートン Riperton
リパトン Riperton
リバニア Libania
リバニウス Libanios
リバニオス Libanios
リバノ Rivano
リハーノフ Likhanov*
リハノフ Likhanov
リバビウス Libavius
リバプール
Liverpool***
リバフレーチャ
Ribafrecha
Rivaflecha
Rivafrecha
リバーベンド
Riverbend*
リーバーマン
Lieberman**
Liebermann**
Loberman
リーバマン
Liberman
Lieberman
Liebermann
リバーマン
Liberman**
Lieberman*
リバモア Livermore**
リパモンティ
Ripamonti
リバヤ Libaya
リパリ Lipari
リバリス Liveris*
リハール Richard
リハル Ryhal
リバール Ribard
リバル Ribar
リバルカ Rybalka
リパルスキー Repulski
リバルタ Ribalta
リパルダ Ripalda
リハルツ Rihards
リパルテリアニ
Liparteliani
リハルト Richard
リハルド Richard
リバロフ Ribalow
リバローラ Rivarola
リバロラ Rivarola
リバロール Rivarol
リバロル Rivarol
リーハン
Lehan
Rehan
リーバン Lieban
リバン
Liban
Livan*
リパン Rippon
リーハング Lee Hang
リーバンクス Rebanks
リーヒ Leahy*
リーヒー
Leahey
Leahy**
リービ
Leavy
Levy
リービー
Leavy
Levey*
Levy*
リーピー Leapy
リヒ Rich
リヒー Leahy
リビ
Libbi
Libi
Livi*
リビー
Libbie*
Libby**
リピー Ripy
リヒア
Ligia
Lygia
リビア
Livia**
Revere*
リヒァルト Richard**
リヒアルト Richard**
リヒアルド Richard
リーヒイ Leahy
リビィ Libby
リピィ Ripy
リビウ Liviu*
リビウス
Libius
Livius
リビエ Rivier*
リビエア Riviere
リピェツ Lipiec
リヒェツキー
Rychetsky
Rychetský
リピエッツ Lipietz**
リビエラトス
Livieratos
リビェール Rivière
リビエール
Riviere
Rivière*
Rivire
リビェルグ Livbjerg
リヒェルト Richert
リビエールリュバン
Rivière Lubin
リピエン Lipien
リヒェンツァ
Richenza
リビオ
Livio*
Lívio
リビオン Le'Veon
リビコフ Ribicoff
リビシ Ribisi*
リービス
Leavis
Revis*
リビス Libis
リヒタ Richter
リヒター
Lichter
Richiter
Richter***
Rihter
リヒタア Lichter
リヒタース Richters
リヒターディン
Richter-Dyn
リヒタンベルジェ
Lichtenberger
リヒツェンハイン
Richtzenhain
リビッキ Rybicki
リビック Ribic*
リビッチ Ribic
リービット
Leavitt*
Levitt
リピット
Lippit
Lippitt*
リーヒッヒ Liebig
リービッヒ
Liebich
Liebig
リヒツフェルト
Richtsfeld
リヒテ Lichte*
リヒテネガー
Lichtenegger
リヒテリッヒ
Richterich
リヒテル
Lichter
Richtel
Richter**
Rikhter*
リヒテンエッガ
Lichtenegger
リーヒテンシュタイン
Liechtenstein
リヒテンシュタイン
Lichtenstein**
Liechtenstein
リヒテンシュテルン
Lichtenstern
リヒテンスタイジャー
Lichtensteiger
リヒテンスタイン
Lichtenstein
リヒテンターラー
Lichtenthaler
リヒテンタール
Lichtenthal
リヒテンバーガー
Lichtenberger*
リヒテンバーグ
Lichtenberg*
リヒテンベルガー
Lichtenberger
リヒテンベルク
Lichtenberg*
リヒテンヘルド
Lichtenheld
リヒト Licht
リピート Lippeatt

リ

リピト Lipit
リヒトヴァー Lichtwer
リヒトヴァルク
Lichtwark*
リヒトシュタイナー
Lichtsteiner
リヒトハイム
Lichitheim
Lichtheim
リヒトブラウ
Lichtblau
リヒトホオフェン
Richthofen
リヒトホーフ Rickttoff
リヒトホーフェン
Richthofen*
リヒトホーヘン
Richthofen
リヒトマイヤー
Richtmyer
リヒトマン Lichtman*
リヒトリー Ligtlee*
リーヒナー Rychner
リヒナー Rychner
リピニスキ Lipiński
リヒネロヴィチ
Lichnérowicz
リビノ Livio
リヒノヴスキー
Lichnowsky
リヒノフスキー
Lichnowsky
リヒハルト Richard
リービヒ Liebig*
リーヒブオリ
Riihivuori
リヒャード Richard*
リヒャルツ
Richartz
Richarz
リーヒャルト Richard
リーヒャルド Richard
リヒャルト
Rchard
Richard***
Richert
リヒャルド Richard*
リヒヤルト Richard
リヒヤルド Richard
リーヒュス Rehfuess
リピューマ
LiPuma*
Lipuma
リービル Reavill
リービン Libin*
リーピン
Li Ping
Li-ping*
リビン
Libin
Rivin
Rybin
リピン
Ripin*
Rippin
リーピング Leibing
リビングズ Livings
リービングストン
Livingston
リビングストーン
Livingston
Livingstone
リビングストン
Livingston***
Livingstone***
Livingstons
リピンコット
Lippincott*
リピンスカイア
Lipinskaia
リピンスキー Lipinsky
リピンスキ Lipinski*
リピンスキー
Lipinski**
リビンビ Liwimbi
リーフ
Leaf***
Leif**
Lief*
Lieff
Raef
Reif
Reiff
Relf
Rief
Rieff
リーフー Li-fu
リーブ
Leeb
Leib*
Lieb**
Liebb
Liev
Liv
Reeve***
Ribes
Riebe
Rive**
Rives
リープ
Leap
Leape*
Leib
Lieb
Li-Pu
Reepu
Riepp
リフ
Lif
Liff
Rif
Riff*
Riffe
Ryf
リブ
Lib
Liv**
Ribes*
リブー
Riboud**
Ribund
リプ Lipu
リーファ LiHua
リーファー
Leaffer
Leifer
リファーア Rifāʻa
リファーイー Rifāʻī
リファイ
Rifai**
Rivai*
リファテール
Riffaterre
リファート Rifaat*
リファト
Rifat*
Rifot
リファール Lifar*
リフィ Rifi
リフィチウ Lificiu
リフィック Liffick
リフィール Liffile
リーフィールド
Leifield
リーフェルス Liefers
リーフェルト
Rehfeldt
Rieffert
リーフェルド Leefeldt
リーフェン Lieven
リーフェンシュタール
Riefenstahl**
リーフェンス
Levens
Lievens
リフォ Riffaud
リフォー Lefor
リーフォード
Wreford*
リブカ
Rivka
Rybka
リプカ Lipka
リフキ Rifki
リープキナ Lipkina
リフキン Rifkin**
リブキン Rivkin*
リプキン
Lipkin
Lipkind
Rivkin
リフキンド Rifkind**
リプキンド Lipkind*
リプクス Lipkus
リーブクネヒト
Liebknecht
リープクネヒト
Liebknecht*
リプケン Ripken**
リプコーウィッツ
Lipkowitz
リブゴーシュ
Rivgauche
リーブゴット Liebgott
リプコフ Lipkov
リプコフスカ
Lipkovska
リプサイト Lipsyte
リブジー
Livesey
Livsey
リプシー Lipsey*
リプシアス Lipsius
リプシィ Lipsey
リプシウス Lipsius
リプジウス Lipsius
リブシェ
Libuse
Libuše
リーフシツ
Lívshchits
Lívshits
リフシツ
Lifshist
Lifshits
Livshits**
リプシーツ Lipchitz
リプシツ
Lipchitz
Lipszyc
リプシッチ Lipšic
リフシッツ
Lifschitz*
Lifshits
Lifshitz
リプシッツ
Lipchitz
Lipschitz
Lipsitz
Lipszic
Lipszyc
リプシット Lipsitt
リプシム Rhipsime
リーブシャー
Liebscher
リープシャー
Liebscher
リブシャー Liebscher
リブシャベール
Libchaber
リーブシュタインスキー
Liebsteinský
リーブシュツ
Liebschutz
リプシュッツ
Lipschutz
Lipshutz
リプシュルツ
Lipschultz
リフジョージ
Refshauge
リブジンスキー
Rybczynski*
リーブス
Liebes
Liebs
Reaves*
Reeves***
Rives*
リーブズ
Reaves
Reeves**
Rives
リブス
Libes
Riggs
Rybus
リブズィー Livsey
リプスキ Lipski*
リプスキー Lipsky**
リプスコウム
Lipscomb
リプスコーム
Lipscomb
リプスコム
Lipscomb**
Lipscombe
リープスター Liebster
リプスタイン Ripstein
リプステイン
Ripstein*
リーフスナイダー
Reifsnider
リプスマン Lipsman
リブスレー Livesley
リブスレイ Livesley
リブセ Libuse
リブセイ Livesay
リプセイ Lipsey
リプセット
Lipset**
Lipsett
リプセンタール
Lipsenthal
リフソン Lifson*
リブソン Liveson
リプソン Lipson*
リプタイ Liptay
リプタク Lipták
リプタパンロップ
Liptapanlop
リプチック Lipchik
リプチャク Repchuk
リフチン Riftin
リブチンスキ
Rybczynski
リブチンスキー
Rybczynski
リプチンスキ
Lipczynski
Rybczynski*
Rybczyński
リプチンスキー
Rybczynski*
リフティン Liftin
リプティンスキー
Rybczynski
リフテル Richter
リブトゥンバヌ
Livtuvanu
リフトン Lifton**
リプトン Lipton**
リーブナー Liebner
リブナー Ribner
リプナック Lipnack
リブナット Livnat
リブニ Livni
リプニツカヤ
Lipnitskaya*
リプニッキー
Lipnitskii
リプニャッカ
Lipniacka
リブハイム Livheim
リーブハウスキー
Liebhafsky
リプハーヘ Riphagen
リブハーベル
Libkhaber
リーブハルト Liebhart
リフビエア Rifbjerg**
リフビャウ Rifbjerg

リフビャフ Rifbjerg
リープヘン Liebchen
リーフマン Liefmann*
リーブマン
Leibman*
Liebman*
Liebmann
リープマン
Leapman*
Liebman
Liebmann*
Liepmann
Lipman
Lipmann
リプマン Lipman*
リブモン Ribemont*
リーブラ Lebra
リブラ Lebra*
リーブライヒ
Liebreich
リーフランクス
Lieferinxe
リブランダ Libranda
リーブラント
Leibrandt
リブリ Libri
リプリ Ripley
リプリー Ripley***
リプリイ Ripley
リフリツキ Rychlicki
リブリッツ Reblitz
リプリッヒ Lieblich*
リブリン Rivlin***
リプリン Lippin
リーフリング Riefling
リーブリング
Leibling
Liebling
Riebling*
リープリング Liebling
リプリンゲル
Ripplinger
リーブル
Liebl
Livre
リブル Libur
リーブルックス
Liebrucks
リプレー Ripley
リプレイ Ripley*
リブレクト Libbrecht
リブレスク Librescu
リーブレヒト
Liebrecht
リブレン Rivlin*
リブロール Riberolles
リーベ Liebe
リーペ Liepe
リベ Ribé
リベー Ribet
リベイ Libay
リベイロ
Ribeiro**
Ribeyro**
リベカ Rebecca
リーベーク Riebeeck
リーベク Libaek
リベク Ribbeck
リーベシュッツ
Liebeschütz
リベジンスキー
Libedinskii*
リベジンスキイ
Libedinskii
リーベス Reeves
リベス Ribes
リペス Lipez*
リベスキンド
Libeskind**
リベスト Rivest
リヘツキー Rychetský
リーベック
Lybeck
Riebeeck
リベック Ribbeck
リベッティ Rivetti
リベット
Libet
Rivett
Rivette**
リペット Lippett
リペッリーノ
Ripellino
リベディンスキー
Libedinskii
リベテインスキイ
Libedinskii
リベディンスキイ
Libedinskii
リペトウ Rippetoe
リベナ Rībena
リーベナイナー
Liebeneiner
リベーラ
Ribera
Rivera*
リベラ
Libera**
Ribera*
Rivela
Rivera***
Rivere*
リベラー Reveler
リベラス Liberace
リベラーチェ Liberace
リベラーティ Liberati
リベラティ Liberati*
リベラート Liberat
リベラートゥス
Liberatus
リベラトゥス
Liberatus
リベラトーレ
Liberatore
リーベラーリス
Liberalis
リベラリス Līberālis
リベラル Léibral
リベラーレ Liberale
リーベリ
Liberi
Lyberg
リベリー
Lively
Ribery*
リーベリウス Liberius
リベリウス Liberius
リベリェス Rivelles
リベリオ Liberio
リーベル Lieber
リベール
Libeer
Libert
リペール Ripert
リーベルキューン
Lieberkuhn
リベルグ Liberg
リベルジェ Libergier
リーベルス Liebers
リベルタ Libertad
リベルタード Libertad
リベルティーニ
Libertini
リベルティヌ
Libertine
リーベルト
Liebelt
Liebert
リベルト
Libelt
Liberto
Lyberth
リーベルマン
Liberman*
Libermann
Lieberman*
Liebermann
リベルマン
Liberman
Libermann
Liverman
リベレ Rivele
リーベレイ Lieberei
リベレンド Riverend*
リーベロ Libero*
リベロ
Libero*
Rivero*
リベロス Riveros
リベロール
Ribeerolles
リーベン
Liben
Lieben*
Lieven*
Reaven
Ruben
リベン Liben
リーベンアイナー
Liebeneiner
リペンガ Lipenga
リーベンサール
Leventhal
リーベンス
Leavens
Levens*
Ribbens
リベンスキー
Libenský
リーベンソン
Liebenson
リベンツィ Libenzi*
リーペンバートン
Leigh-Pemberton
リーベンベルク
Liebenberg
リーベンボイム
Ribenboim*
リーボ
Leabo*
Lebo
リホ Rijo
リボ
Libo
Ribot
Rivo
リボー
Lebow
Ribaud*
Ribault*
Ribaut
Ribot**
リポ Lipo
リーポア Leapor
リボア Libois
リーボイ Levoy*
リポイ Ripoll
リーボウ Liebow*
リボウ
Libow
Riboud**
リポヴァチャ
Lipovača
リボーヴィチ L'vovich
リーボウィッツ
Leibowitz
Liebowitz
リーボヴィッツ
Leibovitz
Liebowitz
リポウィッツ Lipowitz
リポヴェツキー
Lipovetsky*
リポヴシェク
Lipovsek
Lipovšek
リポヴスカ Lipowska
リボウスキー
Ribowsky*
リポウスキー
Lipowski
リボオ Ribot
リホク Lifok
リボクール Ribaucour
リホツキー Lihotzky
リポット Lipót
リポート Lipót
リホノーソフ
Likhonósov
リボーピエール
Ribaupierre
リボピエール
Ribaupierre
リホビツキー
Likhovitskiy
リーボビッツ
Leibovitz**
リーボフ Leebov
リボフ Lvov
リポブシェク Lipovšek
リボム Libom
リボリ
Riboli
Rivoli
リボリウス Livorius
リボーリオ Liborio
リボリオ Liborio
リホリホ Liholiho
リホール Ryhor**
リボル
Libolt
Libor*
リポル Ripoll
リボルグ Leborg
リーボールド Leibold
リーボルド Leibold
リポールド Lippold
リボワ Lvova
リーホン Lee-hom
リボン
Libon
Libōn
Ripon
リポン Ripon
リボンズ Ribbons
リボンボ Libombo
リーマ
Leymah**
Lima
Reema
リーマー
Leamer*
Lijmer
Reamer*
Reemer
Reimer
Remer
Riemer*
Rihmer
リマ
Lima***
Rima*
リマー
Limmer
Remar
Remer
Rémur
Rimmer**
リマイ Limaj
リマエ Limaye
リマジタ Rimadjita
リーマーシュミット
Riemerschmid
リーマーシュミート
Riemerschmid
リマス
Remus*
Rimas
リマズイスキー
Rymaszewski
リーマタイネン
Liimatainen
リマツェウスキ
Rymaszewski
リマッサ Rimassa*
リーマット Lhermette
リーマート Reimert
リマノーフスキ
Limanowski

リマホン Limahon
リマム Limam
リマリック Limerick
リマリッリ Limarilli
リマール
Limahl
Rimāl
リマルディ Rimardi
リマルド Limardo**
リーマン
Leaman*
Leeman*
Lehman**
Lehmann**
Lehrman
Leman**
Liman**
Lyman
Reeman*
Riemann**
リマン Limann*
リーマンスナイダー
Reimensnyder
リマンタス Rimantas
リマンテ Rimantė
リマントゥール
Limantour
リーミイ Reamy*
リーミッド Rímid
リミナ Limina*
リミナルディ
Riminaldi
リーミニ Rimini
リミーニ Rimini
リミニ Rimini
リミュール Limur
リーミン Liming
リーミング
Leaming
Leeming*
リミングトン
Remington
リミンジ Lyminge
リミントン
Rimington**
Rimmington
リーム
Leam
Liehm
Liem
Ra'im
Ream
Reem
Riehm*
Rihm
Rim
Rīm
リム
Liem*
Lim***
Limb
Rim**
Rīm
Rimm
リームエル Lemuel
リムケコ Limqueco
リムーザン Limosin
リムザン Limosin
リムジャノフ
Rymzhanov
リムシュ
Rimuš
Rimush
リームシュナイダー
Riemschneider
リムシュナイダー
Riemschneider
リームス
Reems
Remes
リームズ Reams*
リムスカヤ Rimskaia
リームスキー Rimskii
リムスキー
Rimskii*
Rimsky
リームスキィ Rimskii
リムスキイ Rimskii
リムスキーコルサコフ
Rimskii-Korsakov
リムセン Remsen
リムバーキス
Limberakis
リムバーナー
Lymburner
リムビー Rimbey
リムビダス Rimvydas
リムビンク Rimbink
リムボウ Limbaugh
リムボン Lim
リムマ Rimma**
リムラー Rimler
リムランド Rimland
リムル Riml
リムレムトン
Limlamthong
リメ Rimet*
リメイ Lemay*
リーメスタ Rimestad
リーメタ Rimeta
リメタヌス Limetanus
リメリック Limerick
リーメル Riemer
リメール Remaley
リーメルシュミット
Riemerschmid
リーメン Remen*
リーメンシュナイダー
Remensnyder
Riemenschneider
リモザン Limosin*
リモージュ Limoges
リモジョン Limojon
リモーネン Limmonen
リモーノフ Limonov
リモール Limor
リモルディ Rimoldi
リモワーヌ Lemoine
リモン
Limon
Limón*
リモンチェリ
Limoncelli
リヤー Lyer
リャイッチ
Ljajic
Ljajić
リャオ Liao**
リヤーカット Liaqat
リヤーカート Liaquat
リヤーカト Liaqat
リヤク Riak
リャクドゥ Ryacudu
リャザップ Ryazanov
リャザノヴァ
Ryazanova
リャザーノフ
Ryazanov*
リャザノフ
Riazanov*
Ryazanov**
リヤザノフ Ryazanov
リャザノフスキー
Riazanovskii
Ryazanovskii
リヤザノフスキイ
Riazanovskii
リャザノワ Riazanova
リヤザンツェフ
Riazantsev
リヤーシー Riyāshī
リャシコ Lyashko
リャシコー Lyashko
リヤシコ Lyashko
リャジスキー Ryajiski
リャーシチェンコ
Lyashchenko
リャシチェンコ
Liashchenko
Lyashchenko
リヤシチェンコ
Lyashchenko
リヤーズ Riaz
リャーセンツェフ
Riasentsev
リヤチード Richard*
リャード Richard*
リャド
Lladó
Lyadh
リヤード Riyād
リヤド
Riyad
Riyadh
リャトシンスキー
Lyatoshinskii
リャードフ Liadov
リャドフ Liadov
リャドワ Lyadova
リヤナーゲ Liyanage
リヤナゲー Liyanage
リャナス Llinás
リャネラス
Llaneras**
リャーノ Llano
リャノ Llano
リヤノ Liano
リャーノス Llanos
リャノス Llanos
リヤヒ Riyahi
リャビーニン Riabinin
リャービン Riabin
リャービン Lyapin
リャフ Lyakh
リャブコ Ryabko
リャーブシキン
Ryabushkin
リャブチンスカ
Riabouchinska
リャブチンスカヤ
Ryabchinskaya
リャプーノフ
Liapunov
Lyapunov
リャプノーフ
Liapunov
Lyapunov
リャプノフ Liapunov*
リヤベク Rijavec
リャペシュカ
Liapeshka
リャベフ Ryabev
リャホビッチ
Lyakhovych
リャホフ Ryahov
リャボフ Ryabov
リャマサーレス
Llamazares**
リャミザルド
Ryamizard
リャーミナ Liaminoi
リヤミン Lamine
リャール Liard
リヤルド Richard
リャーン Leanne*
リャン
Leung*
Lian
Liang**
Ryan
Ryang**
リャンカ Leancă
リャンゲ Liangge
リャンシー Rainsy
リャンシュン
Lianshun
リャンダー Ryander
リャンババジェ
Lyambabaje
リャンユイ Liang-yu
リュ
Liu*
Lu
Rue
Ryoo*
Ryu**
Yu*
リュー
Lew**
Lieux
Liou
Liu**
Lü
Luu**
Rew
Rhue
Rieu
Rue
Ryu*
リユ Riu
リュアノ Ruano
リューアマン
Lührmann
リーユアン Li-yuan
リュイ Lu
リュイ
Lhuys
Llull
Luis
Ro
Ruy
リュイエ
Ruillé
Ruillier*
Ruyer
リュイエール Ruyer
リュイジニ Luigini
リューイス Lewis
リュイス
Lewis*
Lluís*
リユイス Lew's
リュイック Luick
リュイテリ
Rüütel*
Ryuytel
リュイテル Ryuytel
リュイナール Ruinart
リュイーヌ Luynes
リュイリエ Ruillier*
リューイン Lewin**
リュイン Lewin
リューインケル
Rehwinkel
リュインドゥラ
Luyindula
リュウ
Lew
Lieu*
Liu**
Liú
Lu
Luu
Rieu*
Ryu
リュヴァン Lubin
リュウイ Rewi
リューウィス Lewes
リュウィス Lewis
リュウイス Lewis
リュヴィッツ Lubicz
リューウィット Lewitt
リューヴィル Liouville
リュヴィル Liouville
リューウィン Lewin
リュウイン Liu Ying
リュウエー Ruwet
リューウェリン
Llewhellin
リュウェリン
Llywelyn
リューヴェン Reuven
リュウキナ Lyukhina
リュウス Lowis

リュウデヴィト
Ljudevit
リュウノスケ
Ryunosuke
リューエ
Luehe
Rühe*
リュエ
Luyet
Rué
Rye
リューエック Rüegg
リュエッグ Rüegg
リュエット Luyet
リュエデイ Rüedi
リュエフ Rueff
リュエラ Luella
リュエル
Ruel*
Ruelle
リューガー Rueger
リュカ
Luca
Lucas*
リューカイザー
Rukeyser*
リュカオン
Lykaon
Lykaōn
リューカス Lucas
リュカス Lucas
リュカート Rückert
リュカノ Lucano
リュカン
Lucan
Lucand
リュガン Lugand
リュキオス Lykios
リューキン
Lioukine
Liukin**
Lyukin
リューク Luecke
リューグ
Lueg
Ruegg
Rüegg
リュク Luc**
リュク・アルベール
Lucalbert
リュクサン Luccin
リュクサンブール
Luxembourg
リュグダムス
Lygdamus
リュグノー Luguenot
リュークマン
Lukeman*
リュグラン Lugrin
リュクリーシア
Lucretia
リュクル Rükl
リュクールゴス
Lykourgos
リュクルゴス
Lycurgus
Lykourgos
リューゲ Luguet
リュケ
Luke
Lüke
Luquet
リュゲ Luguet
リュゲイア
Rugaiya
Ruqaiya
リュケイザー
Rukeyser
リュケエ Luquet
リュケトフト
Lykketoft
リュケル Rucker
リュケン Lucken*
リューケンス Lukens
リューゲンベルク
Ruegenberg
リュコフロン
Lykophrōn
リュコプローン
Lykophrōn
リュコプロン
Lykophrōn
リュコーム Lukom
リュコメデス
Lukomēdēs
リュコルタス Lycortas
リュコン Lukōn
リューサ Llusa
リューサー Ruether*
リュサ
Llusa
Llusá
リュサック Lussac
リュサト Lussato
リュザルシュ
Luzarches
リュサンドロス
Lysandros
リュシ Lucie**
リュシー
Lucie*
Lucy
Lussy
リューシアース
Lysias
Lysiās
リュシアス
Lysias*
Lysiās
リュシアン
Luciano
Lucien***
リュシエ Russier
リュジエ Ludger
リュシェール
Luchaire*
リュシエール
Luchair
Luchaire
リュシエン Lucien
リュシェンヌ
Lucienne
リュシエンヌ
Lucienne*
リュシク Liusik
リュジク Ryzhik
リュシス Lysis
リュシストラトス
Lysistratos
リュージッチ Iljitsch
リューシッポス
Lysippos
リュシッポス
Lysippos
リュシディ
Rüşdi
Rüshdi
リューシドール
Lucidor
リュシニ Lussigny
リュジニャン
Lusignan
リュシマクス
Lysimachos
リュシマコス
Lysimachos
リューシャー Luescher
リュシャー Lüscher
リュシヤン
Lucian
Lucien*
リューシュ Ruesch*
リュシール Lucile
リュシル
Lucile*
Lucille
リュース Luce*
リュス Luce**
リュスィアン Lucien
リュスィアンヌ
Lucienne
リュスター Rüster
リュスタン Rustaing
リュスティジェ
Lustiger
リュステム Rüstem
リュステルニク
Liusternik
Lyusternik
リュスト Lust
リュストー
Rustow
Rüstow
リュストウ Rüstow
リュストフ Rüstow
リュスネ Lucenet
リュセット Lucette*
リューソン Lewson
リューター Rüter
リューダー
Luder
Lüder
Lueder*
リュダ Luda
リュダー Leudar
リュダクリス Ludacris
リュータース Ruthers
リューダース
Luders
Lüders*
リューダーズ Lüders
リュダール Rydahl*
リュタン Luten
リュタンス Lutens*
リュチア Lyutia
リュチュミーナライド
Lutchmeenaraidoo
リューチン Ryutin
リューツ
Luez
Ruetz
リュツィアノヴィチ
Lyutsiánovich
リュツェラー
Lützeler*
リュツォー Lötzow
リュッカ Luca
リュッカー Rücker*
リュッカート
Rückert*
リュツキンス Lyttkens
リュック
Luc***
Lyche
Ruck
リュッグ Ruegg
リュックス Lux
リュックハイデ
Luckheide
リュックリーム
Rückriem
リュッケ
Lücke
Lykke
リュッケルス Ruckers
リュッケルト
Rückert**
リュッシャー
Luscher
Lüscher
リュッシュ Rüsch
リュッターマン
Rüttermann
リュッタン Rutten
リュッチエン Lütjen*
リュッツェラー
Lützeler
リュッツェン Lutzen
リュッツォー Lützow
リュッツオー Lützow
リュッテ Lüttge
リュッティンク
Rütting
リュッテン Rütten
リューツトゲ Luttge
リュットゲ Lüttge
リュップ Lypp
リュッファー Rüffer
リュッフェル Ruffel
リュッベ
Lubbe
Lübbe*
リュッペル Rüppell
リュッベルトゥス
Lubbertus
リュッベン Lubben
リューデ Rudé*
リューティ
Luthi*
Lüthi
Lüuthi
リューディ
Lüdi
Ruedi
リュティ
Luthi
Lüthi
Lüthy
Ryti
リュティー Lüthi
リューディア Lydia
リュティア Lydia
リュディア Lydia*
リュディアダス
Ludiadas
Lydiadas
リュディヴィーヌ
Ludivine*
リューティエン
Lutjen
Lütjen
リューディーガー
Rüdiger
リューディガー
Rudiger*
Rüdiger**
Ruediger
リュディガー
Rudiger
Rüdiger**
リューディゲル
Rüdiger
リュティニエ Lutinier
リューティマイアー
Rütimeyer
リューディン Rüdin
リューディンガー
Rüdinger
リューデッケー
Lüdecke
リューテナン
Lieutenant
リューデマン
Ludeman
Lüdemann
リューデリッツ
Lüderitz*
リューテル Rüütel
リューデル Rüdel
リュテル
Luter
Ruter
リュデル Rudel*
リューデルス Lüders
リュート
Luth
Lüth
Ruud
リュード Rude
リュト Ruth
リュド Ludot
リュートイェンス
Lütjens
リュードヴィク
Lyudvit
リュドウィク Lyudvig

リ

リュドヴィーグ
Ludvig
リュドヴィク
Liudvig
Ludovic*
Ludvic
Lyudvig
リュードヴィゴヴィチ
Ljudovigovič
リュドヴィゴヴィチ
Ljudovigovič
リュドヴィック
Ludovic**
リュトウィッツ
Lüttwitz
リュトヴィッツ
Lüttwitz
リュドヴィート
L'udovīt
リュドウィン Lydwine
リュートケ
Lüdke
Luedtke
リュトケ
Lüdke
Lutke
リュトゲ
Lutge
Lütge
Lüttge
リュートケマン
Lütkemann
リュトゲルト Lütgert
リュートゲン Lutgen
リュートゲンス
Lütgens
リュドゴーフスキー
Lyudogovskii
リュードス Lydos
リュドス
Lydos
Lȳdos
リュドック Ludoc
リュドビク
Ludovic
Lyudvig
リュドビック Ludovic
リュトビッツ Lüttwitz
リュドビート Ĺudovít
リュトファリエヴナ
Lutfalievna
リュトフィ Lütfi
リュトフィアール
Lütfiyar
リュトブッフ
Rutebeuf
リュトブーフ
Rutebeuf
リュトブフ Rutebeuf*
リュードベック
Rudbeck
リュードベリ
Rydberg*
リュードベリー
Rydberg
リュードベリィ
Rydberg
リュードベルィ
Rydberg
リュドミューラ
Lyudmila
リュドミーラ
Liudmila
Ludmila
Lyudmila
リュドミラ
Liudmila**
Liudmira
Liudmyla*
Liudomira
Ljudmila
Ludmila**
Ludmilla**
Lyudmila**
リュドミル Ljudmil
リュードルフ
Lühdorf
Rudolph
リュドロー Ludlow
リュートン Lewton
リュニェ Lugné
リュニエ Lugné
リューニング Lüning
リューネ Lyne
リュネ Lugné
リューネシュロス
Lüneschloß
リューネベリ
Runeberg
リューネベリー
Runeberg
リューネベルィ
Runeberg
リュネル Lunel
リュノー Luneau
リューバ
Leuba
Ljuba*
Luba
Lyuba
リューバー Rüber
リュバ Luba
リュバク Lubac
リューバック Rybak
リュバック
Lubac*
Rybach
リュバトヴィチ
Liubatovich
リュバトーヴィッチ
Liubatovich
リュパノ Lupano
リュバーマン
Luebbermann
リュバン Lubin
リュパン Rupen
リュビ Ruby
リュビー Ruby
リュピ Lupi
リュピアン Lupien
リュビサ Ljubisa
リュビチッチ
Ljubicic
Ljubičić
リュビツァ Ljubica
リュービッチ Ljubić
リュビッチ Ljubić
リュビッツ Lubicz
リュヒナー Rychner
リュービモフ
Lyubimov
リュビーモフ
Liubimov
Lubimov*
Lyubimov**
リュビモフ
Liubimov
Lubimov
Lyubimov*
リュービン Reubin*
リューピング Ruping
リュープ Leupp
リュフ
Ruff
Rufus
リュファン
Ruffin
Rufin**
リュフィエ Ruffié
リュフィンヌ Ruffine
リューフェル Ryffel
リュフォ Rufo*
リュプケ
Lübcke
Lübke
リュプサム Rübsam
リュープザーメン
Rübsamen
リュブシャンスキー
Lubtchansky
リューブシン
Lyubshin
リュブシン Lyubshin
リュープス Lübs
リュブチャンスキー
Lubtchansky
リュブチョ
Ljubco
Ljubčo*
Ljupcho
Ljupco
リュフティルディス
Lüfthildis
リューフナー
Rüfner
Rüfuer
リュブリナ Lubrina
リュブリュキ
Rubruquis
リュブリンスカヤ
Liublinskaia
リュプレスク
Lupulesku
リュプレヒト
Rueprecht
リュペ Luppé
リュベア Ryberg
リューベク Ljubek
リューベック Lübeck
リュベック Lybeck
リュベッケ Lübbecke
リューベトキン
Lubetkin
リュベリ Ryberg
リューベル
Lewbel
Rübel
リュベル Rubel*
リュペール
Rupert
Ruppert
リュベルト Lubbert
リューベン
Leeuwen*
Liuben*
Lübben
Lüben
Lyuben**
Ruben
リュベン
Liuben
Ljuben
Lýuben
リューベンス Rubens
リュベンス Rubens
リュベンスタイン
Rubenstein
リューベンフック
Leeuwenhoek
リュボ Ljubo
リュポー Lupot
リュボヴ Liubov'
リュボーヴィ Lyubov
リュボシッツ
Liuboshits
リュボシュッツ
Luboschutz
Luboshutz
リュボスラウ
L'uboslav
リュボスラフ
Luboslav
リューボフ
Lyubov
Lyubovi
リュボーフ Lyubov'
リュボフ
Lioubov*
Liubov
リュポフ Lupoff
リュボーフィ
Liubov'*
Liubovi
Lubofi
Lubov*
Lyubov'
Lyubovi*
リュボフィ
Lubov
Lyubov
リュポーフィ Lyubov'
リュボミアスキー
Lyubomirsky
リュボミール
Ljubomir
L'ubomír
Ĺubomír
Lyubomir
リュボミル
Ljubomir
L'ubomír
Lyubomír
リュボヤ Ljuboja
リューマー Lumer
リューマン
Lewman
Rühman
Ruhmann
リュミエール
Lemière
Lumière*
リューミン Ryumin
リューム Rühm
リュムケ Rümke
リュームコルフ
Rühmkorf
Ruhmkorff
リュムニオーヴ
Rumnyov
リュムレー Lumley*
リューメリン
Rümelin*
リュモン Lumont
リューラー Ruler*
リューランス
Lieurance
リューラント Rueland
リュリ Lully
リュリー
Lully
Lurie
リューリェ L'Huiller
リュリエール
Rulhière
Rullière
リューリク Ryurik
リューリケ Rülicke
リューリコフ
Rýurikov
リューリック
Lewrick
Ruryk*
Ryurik
リューリング Rühling
リュール
Ruehl
Rühl
リュル
Lu
Lullus
リュルサ
Lurcat
Lurçat*
リュルサー Lurçat
リュールップ Rürup
リュールマン
Lühlmann
Ruhlmann
Rühlmann
リュルマン
Lüllmann
Ruhlmann
リューレ Rühle*
リューレマン
Ruhlemann
リュレル Lurel
リューロート Lüroth
リュロフス Lulofs
リューロルト Rührold
リュン Ljung

リュンガー Rünger
リュング Ljung
リュングスタッド
Lyngstad
リュングレン
Ljunggren
リュンケウス Lynkeus
リューンコルフ
Ruhmkorff
リューンズ Runes
リュンドクヴィスト
Lundkvist
リュンドマルク
Lundmark
リュンフ Rumph
リュンベリ Ljungberg
リューンベルク
Ljungberg
リューンベルグ
Ljungberg
リョ Yeo
リヨ Lyot
リヨー Lyot
リョウ
Liao
Liu*
リョヴォチキナ
Levochkina
リョウク Ryeowook
リョウト Lyoto
リョウパイラット
Liewpairat
リョウワーリン
Liauwaarin
Lyovarin*
リョーサ Llosa
リョサ Llosa**
リョースレル Roesler
リヨタジョリ
Liyota Ndjolii
リヨタール Lyotard
リョーダン Riordan
リョーテ Lyautey
リヨーテ Lyautey
リヨーテー Lyautey
リヨテ Lyautey
リヨテー Lyautey
リョネ Lyonnet
リヨネ
Lionnais
Lyonnet*
リヨネル
Lionel*
Lyonel
リヨハ Rioja
リョパルト Llopart
リョーフシン
Levshin
Lëvshin
リョフシン Levshin
リョベー Llobet
リョベート Llobet
リョボチキナ
Levochkina
リョム Ryom
リョーリフ Roerich
リョリョン
Ryeo-ryeong
リョレンテ Llorente
リョン
Leong*
Leung*
Lyon
リヨン
Liyong
Lyon*
Lyons
リョング Leong*
リヨング Liyong*
リョングク
Ryong-guk
リョンシク Liong Sik
リョンチュル
Ryon-chul
リョンチョン
Ryong-chon
リョンナム
Ryong-nam
リヨンネ Lionnet
リョンヘ Ryong-hae*
リョンボーム
Lönnbohm
リョンミ Ryon-mi
リョンヨン
Ryong-yun
リョンルント
Rönnlund
リョンロット Lönnrot
リョンロート Lönnrot
リョンワイ Leung-wai
リーラ
Leela*
Leila***
Lela
Lila*
リーラー Leela
リラ
Leela
Lila**
Lilas
Lilla**
Lira
Rilla
リラー Lillah
リライ Riley
リーライト
Lee-Wright
リラク Lillak
リーラシトン
Leelasithorn
リラダン
L'Isle-Adam*
リーラック Lehrach
リラード Lillard**
リラフォード Relaford
リラール Lilar
リーラワティー
Leelawati
リラン Li-lan
リランゾ Liranzo
リーランド
Lealand
Leland***
Leyland**
リランド Leland
リーリ Lely
リーリー Lely
リリ
Lil
Lili**
Lilli**
Lillie
Lilly
Lily*
Lyly
リリー
Leelee*
Lely
Lili**
Lilley***
Lilli**
Lillie*
Lilly***
Lily***
Lyly*
Riley
リリア
Lilia**
Liliya**
Liljas
Lillia
ReLeah
リリアス
Lilias
Lilius
Lillias
リリアーナ Liliana**
リリアナ
Liliana**
Liliyana
リリアーヌ Liliane
リリアーネ Liliane
リリアーノ Liriano
リリアノ Liriano
リリアム Liliam
リリアーン Lilian
リリアン
Lilian***
Liliane*
Lilianne
Lillian***
Lilyan
リリアンソール
Lilienthal
リリアンヌ Liliane
リリィ
Lilly*
Lily
リリーヴェルド
Lelyveld
リリウォカラーニ
Liliuokalani
リリウォカラニ
Liliuokalani
リリウオカラーニ
Liliuokalani
リリウオカラニ
Liliuokalani
リリウス Lilius**
リリェクイスト
Liljequist
リリエクヴィスト
Liljequist
リリエシャーナ
Lilliestierna
リリエダール Liljedahl
リリーエフェック
Lilliehöök
リリェフォルス
Liljefors
リリエフォルス
Liljefors
リリェロート Liljeroth
リーリエン Lilien
リリエン
Lilien
Lillien
リリエンクロオン
Liliencron
リーリエンクローン
Liliencron*
リリエンクローン
Liliencron*
リリエンソール
Lilienthal**
リーリエンタール
Lilienthal
リリエンタール
Lilienthal**
リーリエンファイン
Lilienfein
リーリエンフェルト
Lilienfeld
リリエンフェルト
Lilienfeld
Lilienfel'd
リリエンフェルド
Lilienfeld
リリエンブルム
Lilienblum
リーリオ Lilio
リリオカラニ
Liliuokalani
リリーカ Lilika
リリカ Lilika
リリカー Lilleker
リリカス Lillikas
リリクイスト
Lilliquist
リリス
Lilith*
Lillis
Ryllis
リリタ Lilita
リリッチ Lilić*
リリッヒ Lillich
リリト Lilith
リーリナ Lilina
リリーフック
Lilliehöök*
リリーホワイト
Lillywhite*
リリム Lirim
リーリャ Lilya*
リリャ Lilja
リリヤ
Lilia
Liliya
Lilja
Lilya
リリャーナ Ljiljana
リリャナ Lilyana
リリヤナ Liliyana*
リリュー Rillieux
リリョ
Lillo**
Lylo
リリン Lilin*
リリング Rilling**
リリングス Rillings
リール
Delille
Lael
Leer
Lier
Lisle*
L'Isle
Lyre
Reel*
Reil
Riehl**
Riel*
リル
Lil*
Lil'
Lill**
Lisle
Lyll*
Ryll
リルー Lilou
リルアシュヴィリ
Liluašvili
リルイェ Lilje
リルエ Lilje
リル・キム Lil'Kim
リルケ Rilke**
リルゲ Lillge
リルジェダール
Liljedahl
リルゼンツィン
Liljenzin
リルデ Lierde
リルティ Lilti
リルハーゲ Lillhage
リルバーン
Lilburn
Lilburne
リルモウ Lillemoe
リルランク Lillrank*
リルリ Lilli
リル・ロメオ
Lil'Romeo
リルワヌ Rilwanu**
リルワン Rilwan
リーレ
Lóegaire
Riehle
リレー Lyle
リレイ Riley
リレイブン Le'Raven
リレグ Lillegg
リレサ Lilesa
リレスフォード
Relethford
リレッグ Lillegg
リーレフェルト
Relyveld
リレホルト Lilleholt
リレロン Lillelund

リレンティー Lerentee
リーロー Lee-lo
リロ
Lillo*
Lilo
リロー Lillo
リーロイ Leroy**
リロイ
LeRoi***
LeRoy**
Leroy**
Reloy
リーロウ Lierow
リロエオルセン
Lilloe-Olsen
リーロフ Lilov
リロフ
Lilov*
Rylov*
リロラ Lirola
リロワ Rylova
リローン Lerone
リロンデル L'hirondel
リワ Liwa
リウィウス Livius
リワイワイ
Liwayway**
リワグ Liwag
リワノフ Livanov
リワノワ Livanova
リワン Lewan
リワンディー Rawandi
リーン
Lean**
Leanne
Leen*
Lynn
Lynne
Rene
René
Rien*
リン
Leng
Licn
Lihn
Lim*
Lin***
Line
Ling*
Linh***
Linn**
Lyn***
Lyne*
Lynford
Lynn***
Lynne***
Reen
Rene
Rinn
Ryn
Rynn
Rynne
リンヴィク Lindvik
リンヴィル
Linvill
Linville
リンヴェルド Rynveld
リンウッド
Linwood**
Lynnwood*
Lynwood
リンカ
Linca
Linka
リンカー
Linker
Rinker*
リンガー
Linger**
Ringer**
リンカース Linkers
リンガッパ Lingappa
リンガード Lingard**
リンガニ Lingani
リンカルト Rinkart
リンカーン
Lincoln***
リンカン Lincoln*
リンガン Ringan
リンキー Linkey
リンギ Ringi*
リンギィ Ringi
リンキーズ Linkies
リンギス Lingis*
リンキスト
Lindquist
Linquist
リンキン Linkin
リンク
Linck
Ling*
Link***
Linke
Rinck*
Ring
Rink
Rynck
リング
Ling*
Link
Ring***
リングアイゼン
Ringeisen
リンクイスト
Lindquist
リングヴァルト
Ringwald
リングウォールド
Ringwald
リングウォルド
Ringwald
リングウッド
Lingwood
Ringwood
リングゴールド
Ringgold
リーンクス Rienks
リンクス
Links
Rings
リングステズ Ringsted
リングストローム
Lingstrom
リングスハル
Ringshall
リンクスワイラー
Lynxwiler
リングダール
Ringdahl
リングトゥヴィズ
Ringtved
リンクナー Linkner
リングナウ Lingnau
リングバック
Ringbakk*
リンクビスト
Lindqvist
リングフォード
Lingford
リングホーファー
Ringhofer
リングボム Ringbom
リングホルム
Ringholm
リングマ Ringma
リングマン Lingmann
リングメルト
Lingmerth
リングランド
Ringland
リングリング Ringling
リングル Lingle**
リンクレイター
Linklater*
リンクレーター
Linklater**
リンクレター
Linkletter
リングレン
Lindgren
Lingren
Ringgren
リングワルド
Ringwald
リンケ
Lincke
Linke**
Rinke*
リンゲ
Linge
Ringe
リンケヴィシウス
Rinkevicius
リンケビシャス
Linkevičius
リンケビチウス
Linkevicius
リンケビチュス
Linkevičiūtė
リンケービッチ
Rinkēvičs
リンゲマン Lingeman
リンケル
Ringer
Rinkel
リンゲル Ringel
リンゲルシュタイン
Ringelstein
リンゲルタウベ
Ringeltaube
リンゲルナッツ
Ringelnatz*
リンゲルバッハ
Lingelbach
リンゲルブルーム
Ringelblum
リンゲルブルム
Ringelblum*
リンケン Lin Ken
リンゲン Lingen
リンゲンタール
Lingenthal
リンケンバック
Linkenbach
リンゲンフェルター
Lingenfelter*
リンコー Linkow
リンゴ Ringo***
リンゴー Ringo*
リンコウン Lincoln
リンコフ Rinkoff
リンコフスキー
Lincovsky
リンゴルティンゲン
Ringoltingen
リンゴールド
Ringgold
リンゴルド Ringgold
リンコルン Lincoln
リンコーン Lincoln
リンコン
Lincoln*
Lincon
Rincon
Rincón*
リンザ Linza
リンザー Rinser***
リンザァー Linzer
リンサンガン
Linsangan
リンジ
Lindsay
Lindsey
Linzi
Lynsi
Ringe
リンジー
Lindesy
Lindsay**
Lindsey***
Linsay
Linzie
Linzy
Lyndsay**
Lyndsey
Lynsey**
リンジィ Lindsay
リンジイ
Lindsay*
Lindsey
リンジェ Ling Djie
リンシェハ Loingsech
リンシェン Lin-Sheng
リンシカム Lincicome
リンシコム
Lincicome*
リンシュ Rynsch*
リンシュトロームベルク
Linstromberg
リンジン Rinzin
リンス
Lins**
Linz*
リンズ Lynds**
リンズィー Lindsay
リンズイー Lindsay
リンスカム
Lincecum*
Linthcum
リンスキー
Linskey
Linsky
リンスキル Linskill
リンスク Linsk
リンスコット
Linscott**
リンステット Linstedt
リンストルム
Linstrum
リンストローム
Lindström
リンスホーテン
Linschoten
リンズラー Rinzler
リンスリー Linsley
リンスレー Linsley
リンズレー Rinsley
リンズレイ Lindsley
リンセ Lynce
リンゼ Linse*
リンゼー
Lindsay***
Lindsey*
Lyndsey
リンゼィ Lindsey
リンゼイ
Lindesy
Lindsay***
Lindsey***
Lindzey
Linsay
Linsey
Linzey
Lyndsey
Lynsay
Lynsey*
リンゼット Lindsey
リンゼル
Lindsell
Rinser
リンゼルト Linsert
リンゼルナッツ
Ringelnatz
リンセン
Linssen
Linszen
リンゼンホッフ
Linsenhoff
リンゼンマン
Linsenmann
リーンダー Leander*
リンタ Rinta
リンダ
Linda***
Linde*
Lynda**
リンダー Linder*
リンダイヤ Lindeijer*
リンダウ
Lindau*
Rindau
リンダウアー
Lindauer

リ

リンダウェニ
Lindaweni
リーンダーズ Leenders
リンダース
Lindars
Rynders
リンダスカ Linduska
リンダート Lindert
リンダムード
Lindamood
リンダール Lindahl**
リンダル
Lindahl
Lyndall
リンタン Lintang
リンダン Lingdan
リンチ
Linch*
Ling-chi
Lynch***
Wrinch
リンチェ Rintje*
リンチェフスキー
Linchevskii
リンチェン
Rinčen
Rin chen
Rin-chen
Rinchen**
リンチェンサンポ
Rin chen bzang po
リンチェンセル
Rin chen gsal
リンチツ Linchitz
リンチノ Rinchino
リンチンニャム
Rinchinnyamiyn*
リーンツ
Lientz
Lienz
リンツ
Lindt
Linz**
リンツェル Lintzel
リンツナー Linzner
リンツメイヤー
Linzmayer*
リンツラー Rinzler
リンデ
Linde**
Lindet
Lindhe
Lynde
リンディ
Linde
Lindi
Lindy*
Lyndall
Rindi
リンディー
Lindee
Lindy
Lyndy
リンディウェ Lindiwe
リンティカム
Linthicum*
リンディタ Lindita
リンディッグ Lindig
リンデキュー
Lindeque
リンデグレーン
Lindgreen
リンデグレン
Lindegren
リンデベリ Lindeberg
リンデマン
Lindeman*
Lindemann**
リンデル
Lindell*
Linder*
Rindell*
リンデルクネヒト
Rinderknecht
リンデルス Linders
リンデルト Rindert**
リンデルビカルビー
Lindell-vikarby
リンデルフ Lindelof
リンデルホルム
Linderholm
リンデーレーフ
Lindelöf
リンデレーフ Lindelöf
リンデレフ Lindelöf
リンテレン Rintelen*
リンデロート
Linderoth
リンデロフ Lindelof
リンデン
Linden**
Lindén
Lynden
リンデンシュトラウス
Lindenstrauss
リンデンソール
Lindenthal
リンデンハウゼン
Lindenhuizen
リンデンバウム
Lindenbaum*
リンデンフィールド
Lindenfield*
リンデンベルク
Lindenberg
リンデンベルグ
Lindenberg
リンデンベルフ
Lindenbergh
リント
Lind
Lindt*
Lint**
Linth
Ljndot*
Rindt
Rinto
Rjndt
リンド
Lind***
Lindae
Lindh**
Lindhout
Lindo*
Lynd**
Lynde*
Rhind
Rind
Rinde
リンドーア Lindor
リントゥ Lintu
リンドウ Lindow
リンドヴァル Lindvall
リントヴェル Lindwer
リントヴォルスキー
Lindworsky
リンドヴォルスキー
Lindworsky
リンドウッド
Lyndwood
リンドウルム Lindorm
リンドキスト
Lindquist
リンドクィスト
Lindqvist
リーンドクヴィスト
Lindquist**
リンドクウィスト
Lindquist
Lindqvist
リンドクヴィスト
Lindquist*
Lindqvist**
リンドクビスト
Lindqvist
リンドグレーン
Lindgren***
リンドグレン
Lindegren
Lindgren**
Lindgrén
リントシュトレーム
Lindstrom
Lindström
リンドスコーグ
Lindskoog
リンドステッド
Lindstedt
リンドストレム
Lindstroem
Lindström
リンドストロム
Lindstrom
Lindström*
リンドスミス
Lindesmith
Lindsmith
リンドセー Lindsey
リンドセイ Lindsay
リンドセル Lindsell
リントット Lintott
リントナー
Lindner**
Linter
Lintner
リンドナー
Lindner***
リントネル Lindtner
リンドネル Lindner*
リンドノード
Lindnord
リンドハイム
Lindheim
リンドハウト
Lindhout
リンドバーク
Lindbergh
リンドバーグ
Lindberg**
Lindbergh***
Lindborg
Lindebergh
リンドバル Lindvall
リンドハルト
Lindhard
リンドーフ Lindorff
リンドフィールド
Lindfield
リンドフォース
Lindfors*
リンドブーム
Lindeboom
リンドフライシ
Rindfleisch
リンドブラッド
Lindblad*
リンドブラート
Lindblad
リンドブラード
Lindblad
リンドブルーム
Lindblom
リンドブルム
Lindblom
リンドブロム
Lindblom*
リンドベック
Lindbeck**
リンドベリ
Lindberg**
リンドベリー
Lindberg
リンドベリイ
Lindberg*
リンドベルイ
Lindberg*
リントベルク
Lindberg
リンドベルグ
Lindberg
リントホルム
Lindholm
リンドホルム
Lindholm*
リントマイヤー
Lindtmayer
リンドマン Lindman
リントラー Lindlar
リンドラー Rindler
リンドランド
Lindland
リンドリ Lindley
リンドリー Lindley**
リンドル Lindl
リンドレー Lindley*
リンドレイ Lindley
リンドロス
Lindroos
Lindros*
リントン
Lington
Linton***
Lynton*
Rhinthon
Rhintōn
リンドン
Linden
Linton
Lynden**
Lyndon***
Rindom*
リンナ Linna*
リンナンコスキ
Linnankoski*
リンナンコスキー
Linnankoski
リンニク Linnik
リンヌ Lyne
リンネ
Linne
Linné*
Lynne
Rinne**
リンネー Linné
リンネア Linnea
リンネウス Linnaeus
リンネット Lynnette
リンネバハ Linnebach
リンネマン
Lindeman
Linneman
Linnemann
リンノスボ Linnosvuo
リンバー Limber
リンパ Gling pa
リンパウ Rimpau
リンバーガ
Linebarger
リンバーグ
Limburg
Lynberg
リーンバッハー
Lienbacher
リンバッハ Limbach*
リーンハート
Lienhardt
リーンハード
Lienhard
リンハート Linhart
リンパート Limpert
リンパニー
Lympany**
リンバル Linval
リーンハルト
Leenhardt
Lienhard*
Rienhardt
リンハルト
Linhart*
Rijnhart
リンビオ Limbio
リンビル Linvill
リンフィールド
Linfield
リンフェルト Linfert
リンフォード
Linford**
リンフット Linfoot
リンブルク
Limbourg
Limburg
リンブルジア
Lymburgia
リンブルフ Limburg
リンプレル Rimpler
リンプン Rin spungs

リ

リンベヤー Linberg
リンベリー Lymbery
リンヘルバハ
Lingelbach
リンペレ Limpele
リンボー Limbaugh
リンボウ Limbaugh*
リンポチェ
Rin po che
Rinpoche**
リンホフ Linnhoff
リンボルク Limborch
リンボルヒ Limborch
リンボンベ Limbombe
リンマ Rimma
リンヨン
Lin Yone
Lin Youn
リンリー
Linley*
Lynley**
リンリスゴー
Linlithgow
リンリン Lin-lin
リンレー Lynley
リンレイ
Linley
Lynley*
リンレパ Gling ras pa

【ル】

ル
Al*
Le***
Leu
Lu**
Lú*
Roux*
ルー
Leeuw
Leu**
Lew***
Lewis
Lo
Loe*
Loo
Lou***
Loue
Louh
Louis*
Loup**
Lu**
Lue**
Luu*
Luzerne
Rhue*
Roo*
Roux***
Rue**
Rugh
Ruh
Ruhe*
Ruud
ルーア Ruar
ルーアー
Lauer
Luehr
ルア
Loua
Lua
Rua*
Rúa
ルアー
Leuer
Luer
ルアイビ Luaibi
ルーアク Rourke
ルアーク Rourke
ルアク Ruak*
ルーアズ Luhrs*
ルアーズ
Luers
Ruurs
ルアセン Luerssen
ルアット Luat
ルアテキ Ruateki
ルアード Luard*
ルアド Lourdes
ルアナ Luana*
ルアニ Louani
ルアーネ Lurene
ルアネ Rouanet
ルアーノ Ruano*
ルアノ Ruano**
ルアノパスクアル
Ruano Pascual
ルアバ Luaba
ルアマー Ruhamah*
ルアリー Lurie
ルーアル Reuel
ルアール
Louart
Luart
Rouard
ルアル Lual
ルアルサボヴィチ
Luarsábovich
ルーアルス Ruarus
ルアルディ
Lualdi
Luardi
ルアールハティ
Lualhati*
ルアレン Luallen*
ルーアン
Louan
Louann*
Rouan
Rouen
Ruan
ルアーン Luann
ルアン
LouAnne
Louanne
Luan
Luang
Luann
Luanne*
Rouen
Ruan
ルアンカマ
Leauangkhamma
ルアンゴ Luongo
ルアンシン Ruangsin
ルアンスワン
Ruangsuwan
ルアンディノ
Luandino
ルアンヌ
Luanne**
Ruanne
ルアンバ Rouamba
ルアンハルド
Leenhardt
ルーイ
Loewy
Looi
Louie
Louis*
ルイ
Lodewijk
Lois**
Louie**
Louis***
Louÿs*
Lowie
Loys
Lui
Luis***
Luís
Rewi*
Rui***
Ruy***
ルイー Louie
ルイア Ruia
ルイアード Reuillard
ルイアラモ Luialamo
ルイアルベルト
Rui Alberto
ルイヴァン Layvin
ルイエ
Loeillet
L'Œillet
Louie
Rouyer
ルイエンダイク
Luyendyk*
ルイカート Luikart
ルイギ Luigi*
ルイギー Luigi
ルィキン Rykine
ルイキン
Lykin
Lykine
ルーイク
Luick
Luig
Luik
ルイク Luik
ルイグイ Luigi
ルイクト Ruigt
ルィコシン Lykoshin
ルイコスタ Rui Costa
ルイコーフ Rykov
ルイコフ Rykov
ルイコワ Rykova
ルーイーザ Louisa
ルイーサ Luisa
ルイーザ
Louisa**
Louise
Luisa*
ルイサ
Lluisa
Louisa
Luisa***
ルイザ
Louisa*
Louise
Luisa***
Lujza
ルイサダ Luisada*
ルイサナ Luisana
ルイサリエフ
Rysaliyev
ルーイシ Rouissi
ルィージ Luigi
ルイージ
Louis
Luigi***
Luisi**
ルイジ
Louis*
Louisy
Luigi***
Luisi*
Ruixi
ルイジアーヌ
Louisiane*
ルイシコフ
Ryzhkov**
ルイジコフ Ryzhkov
ルイシト Luisito
ルイジーナ Luigina
ルイジーニ Luigini*
ルイジーニョ Luisinho
ルイジーヌ Louisine
ルイシャルド Ryszard
ルイシュ
Luis
Ruysch
ルイジョヴァ Ryzhova
ルイジン Lyzhyn
ルイシング Luising
ルーイーズ Louise
ルーイス
Lewes
Lewis*
Louis*
Louiss
Louÿs
ルーイズ
Lewis
Louis
ルィーズ Louise
ルイース
Lewis
Louise*
Louyse
Luis
Luís**
Ruiz*
ルイーズ
Loise
Louis*
Louise***
Louyse
Luise*
Ruiz*
ルイス
Leuis
Lewe
Lewes
Lewis***
Lewith
LLuis
Lluis*
Lois
Louis***
Louís
Louise**
Louiss
Louys
Louÿs**
Lovis
Luis***
Luís***
Luise
Luiz***
Luois
Rice
Ruess
Ruis
Ruiz***
Ruíz
Ryss
ルイズ
Lewis
Louis*
Louise***
Luis
Ruiz**
ルイスエスパルサ
Ruiz Esparza
ルイスカリ Ryskal
ルイスダール
Ruysdael
ルイスト Ruist
ルイストロ Luistro
ルイス・パラシオス
Ruizpalacios
ルイスフェリペ Luiz
ルイスブラック
Rysbrack
ルイスフランシス
Lewis-francis
ルイスブルック
Ruysbroeck
ルイスホエル
Luis Joel
ルイスマシュー
Ruiz Massieu
ルイスメット
Louismet
ルーイスン Lewisohn
ルィーゼ
Louise
Luise
ルイーセ Louise
ルイーゼ
Louise*
Louize
Lovisa
Luise***
ルイゼ
Leuise
Louise**
Luise*
ルイセラン Røiseland
ルイセリ Luiselli
ルイセリー Luiselli
ルイゼル Louisell
ルィセンコ Lysenko
ルイセーンコ Lysenko
ルイセンコ Lysenko**
ルイゾッティ
Luisotti*
ルーイソン Lewisohn
ルーイゾン Lewisohn
ルイソーン Lewisohn
ルイソン
Lewisohn
Louison

ルイゾーン Lewisohn
ルイゾン
Lewisohn
Louison
Luisao
Luizao
ルイツ Ruiz
ルイツェン Luitzen
ルーイック Ruick
ルイテン
Luiten
Luyten*
ルーイド Lugaid
ルイド
Lhwyd
Llwyd
ルィドニク
Rridnik
Rydnik
ルィトヘウ
Rytkheu
Rytkhzu
ルイトヘウ
Rytkheu*
Rýtkheu
ルイトポルト
Luitpold*
ルイーニ Luini
ルイネンバーグ
Luynenburg
ルイバク Rybak
ルイバコウ Rybakou
ルィバコフ Rybakov*
ルイバコフ
Rybakov**
ルイパコワ
Rypakova**
ルイバチュク
Rybachuk
ルイパート Luypaert
ルイバル Ruibal
ルイビン Rybin
ルイファン Rui-fang
ルイプキン Rybkin*
ルイブニコフ
Rybnikov
ルィフリツキ
Rychlicki
ルイヘ Luis
ルイペルス Luypers
ルイペレス Ruipérez
ルイペン Luijpen
ルイホアン Rui-huan
ルイマリ Louis-Marie
ルイミン Rui-min
ルイメディーン
Luimediin
ルイヤール Rouillard
ルイリエ L'Huillier
ルイリスキー
Rýlskii
Rylsky
ルイリスホセ
Luillys Jose
ルィレーエフ Ryleev
ルイレーエフ Ryleev
ルーイン
Lewin*
Rouine
ルイーン Ruin
ルイン
Lewin*
Lewine
Lwin**
ルインジナ Ryndina
ルイーンジン Ryndin
ルインスキ Lewinsky
ルインスキー
Lewinsky
ルゥ
Loo
Lou
ルゥー Roux
ルウ
Lew
Lou*
Louis
Loup
Lu*
Luu
Lu'u
Roux
ルウー Luu
ルヴァ
Reva
Rêvah*
ルヴァイアン
Levaillant*
ルヴァイン Levine
ルヴァク Lewak
ルヴァスール
Levasseur*
ルヴァソール Levassor
ルヴァッサー
LeVasseur
ルヴァッスール
Levasseur
ルヴァール
Levar
Louvard
Louvart
ルヴァンソン
Levenson
Levinson
ルヴィ
Levy
Lévy
ルヴィア Levere
ルゥィイ Louÿs
ルヴィヴィエ Levivier
ルーヴィエ Rouvier
ルヴィエ
Louvier
Rouvier*
ルヴィーサ Lovisa
ルーウィス Lewis
ルーヴィス Luvois
ルゥイス Lewis
ルウィス
Lewis
Louis*
Louÿs
ルウィズ Louis*
ルウィソーン
Lewisohn*
ルヴィツァ Luviza
ルウィッキー Lewicki
ルウィツキー
Lewitzky
ルウィット
Le Witt
LeWitt
Lewitt*
ルーヴィッヒ Ludwig
ルヴィニ
Louvigni
Louvigny
ルヴィネ Rouvinez
ルヴィユ Levieux
ルヴィーヨ Revilliod
ルヴィリヨー
Revilliod
ルウイル Rouire
ルヴィロ Revilo
ルヴィロワ Rouvillois
ルーウィン Lewin**
ルウィン
Lewin
Lwin**
ルヴィーン
Levene
Levine
ルウィンスキ
Lewinsky
ルヴィンスキース
Ruvinskis
ルウィンター
LeWinter
ルウィントン
Lewington
ルウィンドン
Lewindon
ルーヴェ
Llouvet
Louve
Louvet
Love
Reuver
ルヴェ
Lever*
Rever
ルヴェー LeVay
ルウェエマム
Rweyemamu
ルヴェーネン
Leväinen
ルヴェリエ Leverrier
ルヴェリエール
Révéllière
ルーウェリン
Llewellyn
ルウェリン
Llewellyn***
Llewelyn**
ルーヴェル Rouvel
ルヴェール Levert
ルヴェル
Level*
Revel**
ルーヴェルチュール
L'Ouverture
ルヴェルチュール
L'Ouverture
ルヴェルディ
Reverdy*
ルヴェルディー
Reverdy
ルーヴェルテュール
L'Ouverture
ルヴェルテュール
L'Ouverture
ルヴェルヌ LuVerne
ルーヴェン Reuven**
ルヴェーン Lovén
ルウェンゲ Lwenge
ルヴェンス Lvens
ルーヴェンホルスト
Rouwenhorst
ルヴォ
Le Vau
Revault
ルヴォー
Le Vau
Levaux
Leveaux*
Revault
ルーヴォア Louvois
ルヴォア Louvois
ルヴォヴィツ Lvovic
ルヴォーニス Levounis
ルウォフ Lwoff*
ルヴォフ
Lowff
Lwoff
ルヴォル Revol
ルーヴォワ Louvois
ルヴォワ Louvois
ルヴォワル Revoyr*
ルヴォン Revon*
ルーウォンティン
Lewontin
ルゥキリオス
Loukilios
ルゥク Lu'c
ルウケン Luyken
ルウーサー Luther
ルウシイ
Lucy
Roucy
ルウジョン Roujon
ルウス Loos
ルウセル Roussel
ルウソー Rousseau
ルウソオ Rousseau
ルウッソオ Rousseau
ルーウッド Lourwood
ルウドヴィッヒ
Ludwig
ルゥドウイヒ Ludwig
ルウトヴィヒ Ludwig
ルウドウィヒ Ludwig
ルゥドルフ Rudolf
ルゥバティエール
Loubatière
ルウフワス
Rufus Frederick
ルウベンス Rubens
ルウホーネン
Ruuhonen
ルウマア Rumer
ルウムシスキー
Rumshiskii
ルヴラ Levrat
ルヴール Reboul
ルウルウ Lu'lu'
ルーヴレル Rouvrel
ルーヴロワ Rouvroy
ルヴロワ Rouvroy
ルヴロン Levron
ルエ
Røe
Rouer**
Rue
ルエイ
Louei
Ruey
ルーエガー Lueger
ルエーガー Lueger
ルエガー Lueger
ルーエケン Lueken
ルエーシュ Roueche
ルエーダ Rueda
ルエダ Rueda**
ルエット Louette*
ルエッラ Luella
ルエテ Ruete
ルエデク Louedec
ルーエト Ruët
ルエト Luheto
ルエノ Le Héno
ルーエマン
Ruhemann
ルエヤ Luella
ルエラ
Louella*
Luella
ルエラン Ruellan
ルーエリン
Llewellyn*
Llewelyn
ルエリン Llewellyn
ルーエル
Reuel
Rouelle
Rouher
Ruel
ルエール
Rouher
Ruelle**
ルエル
Luer
Rouelle
Rouher
Ruel
Ruell
Ruelle
ルーエン Luyen
ルエン Luen
ルエンハウプト
Lewenhaupt
ルーエンバーガ
Luenberger
ルーエンバーガー
Luenberger*
ルエンベ Louembe

ル

ルエンロング
Ruenroeng
ルオ
Luo*
Ruo
ルオー
Louault
Luol*
Rouaud**
Rouault**
Ruaux
ルーオス Ruoss
ルオスゥイ Ruo-shui
ルォツァライネン
Ruotsalainen
ルオツァライネン
Ruotsalainen
ルオック Luoc
ルオッポロ Ruoppolo
ルオツン Ruo-cheng
ルオデ Lehodey
ルオデー Lehodey
ルオトネン Luotonen
ルオナルド Leonardo
ルオニン Ruo-ning
ルオフ Ruoff*
ルオホネン Ruohonen
ルオホラ Ruohola
ルオマ Luoma
ルオワン Ruo-wang
ルオン
Loung*
Luong***
ルオンゴ Luongo*
ルーカ
Louca
Luca***
Rucka
ルーカー
Lūqā
Rooker
ルーガー
Lugar**
Luger
ルカ
Leca
Louka
Loukas
Luca***
Lucas
Lucka
Luka**
Lūkās
Luke
Rucker*
Ruka
ルガ Le Guat
ルーカイザー
Rukeyser*
ルカイザー Rukeyser
ルーカイズ Loukides
ルカイヤ
Ruqaiya
Ruqaiyyah
ルカイヤート
Ruqayyāt
ルカイユ Lecaye
ルカイヨン Lecaillon
ルカヴィシニコフ
Rukavishnikov
ルカヴィナ Rukavina
ルガヴェア Lugavere
ルカヴスキー
Lukavský
ルカウフ Ruckauf*
ルカク Lukaku*
ルカサー
Lukather*
Lukther*
ルカシ Lucaci
ルカーシェヴィチ
Łukasiewicz
ルカーシエヴィチ
Lukasiewicz
ルカシェーヴィチ
Lukasiewicz
ルカシェヴィーチ
Lukaszewicz
ルカシエーヴィチ
Lukasiewicz
ルカシェーヴィッチ
Lukasiewicz
ルカシエヴィッチ
Lukasiewicz
ルカーシェビチ
Lukasiewicz
ルカーシエビチ
Lukasiewicz
ルカシェービチ
Lukasiewicz
ルカシエービチ
Lukasiewicz
ルカシェビッチ
Lukasiewicz
ルカシェフスキー
Lukashevsky
ルカシェンコ
Lukashenko**
ルカーシキン
Lukashkin
ルカーシュ
Lukas
Lukáš
ルカシュ
Lukas
Lukáš*
Lukash
Lukasz
ルカジュースキー
Lukaszewski
ルカショフ Lukashov
ルーカス
Loucas
Loukas
Lucas***
Lukas***
Łukasz
Lukes
ルーガス Rugaas
ルカース Lukás
ルカス
Loukas*
Lucas**
Lukas*
ルカスキー Lukaski
ルカーチ
Lukacs**
Lukács**
ルカチ Lukács
ルカチェフスキー
Lukachevskii
ルカチク
Lukachik
Lukashik
ルカーチジ Lukács
ルカチッチ Lukačič
ルカーチュ Lukács
ルカッチ Lukács
ルカッチマン
Lekachman
ルーガード Lugard
ルカート Rueckert
ルカード Rookard
ルガード Lugard
ルカドウ Lucadou
ルガーニ Rugani
ルガニス Louganis
ルガーニュ Lugagne
ルカニュエ Lecanuet*
ルカニン Lukanin
ルーカーヌス
Lucan
Lucanus
ルカヌス Lucanus
ルーカネン Luukanen
ルカノフ Lukanov*
ルカビシニコワ
Rukavishnikova
ルカミエ Récamier
ルカヤツ Ruqayyatu
ルカヤルビ Rukajarvi
ルカーユ Lecaye
ルガリアンヌ
Le Gallienne
ルーカリス Loukaris
ルカリス Loukaris
ルカリーニ Lucarini
ルーカル Lucal
ルガル Lugal
ルガル・ザグギシ
Lugalzagesi
ルガル・ザグゲシ
Lugalzagesi
ルガルザゲシ
Lugalzagesi
ルカルスキ Loukarsky
ルカルディ Lucardie
ルガルバンダ
Lugal-anda
Lugalbanda
ルガレ Rugare
ルカレッリ
Lucarelli**
ルガロア Legallois
ルガロワ Legallois
ルーカン Lucan
ルカン
Lechan
LeCun
Lekain
ルガンスキー
Luganskii*
ルカンツォフ
Lukantsov
ルーキー
Loukie
Rookie
ルギ Rougui
ルキア
Lucia
Rukiah*
ルキアーニ Luciani
ルキアヌス Lucianus
ルキアノヴァ
Luk'ianova
ルーキアーノス
Lucianus
Lukianos
ルキアーノス
Lucianus
ルキアノス
Loukianos
Lucianus
Lukianos
ルキアノフ Lukianoff
ルキウ Le Queux
ルーキウス Lucius
ルキウス
Lucius*
Lūcius
ルーキエ Rouquier*
ルキエ
Lequier
Lequiller
Rouquie
ルキエール Rouquier
ルキオ Loúkios
ルキオス Loukios
ルキオーネ Ruccione
ルキタ Lukita
ルキダス Loukides*
ルキチュ Lekić
ルーキッチ Lukitch
ルキッチ Lukic
ルキッリオス Lūkillios
ルキドゥス Lucidus
ルーキーナ Lucina
ルキナ Lukiana
ルキナート Luchinat
ルキーニ Luchini*
ルキニア Lukinia
ルキニアヌス
Lucinianus
ルギニーン Luginin
ルキーノ
Luchino*
Lucien
ルキノ Luchino*
ルーキフェル Lucifer
ルキフェル Lucifer
ルキヤ Rukiya
ルキャネンコ
Lukyanenko
ルキヤネンコ
Lukyanenko*
ルキヤーノビッチ
Lukyanovich
ルキヤーノフ
Lukyanov
ルキヤノフ
Lukyanov*
ルキュ Le Queux
ルキュー Le Queux
ルキュウ Le Queux
ルキラ Lucilla
ルギラ Lugira*
ルーキーリウス
Lucilius
ルキリウス
Lucilius
Lūcīlius
ルーキーリオス
Loukilios
ルーキン Lukin
ルキーン Lukin
ルキン Lukin**
ルーキンオッティ
Lueckenotte
ルキンガマ
Rukingama
ルーク
Leuck*
Loek*
Luc*
Lucius
Luke***
Luuk*
Reuc
Rook
Rooke*
Rourke*
ルーグ Loog
ルク
Lequeu
Luc*
Luk*
Rukh*
ルクー
Lekeu
Lequeu*
Lequeux
ルグ Lug
ルグイ Legouis
ルクィエ Lecuyer
ルクヴィ Lukuvi
ルクウィッチ
Lukowich
ルグウィン Le Guin
ルグーヴェ Legouvé
ルグヴェ Legouvé
ルクーヴルール
Lecouvreur
ルクヴルール
Lecouvreur
ルグエン Le Guen*
ルクオクトアン
Le Quoc Toan
ルクサナ Rukhsana*
ルクサルド Luxardo
ルクサンダ Ruxanda
ルクシッチ Lukšić*
ルグジムバルキ
Leguezim-balouki
Legzimbalouki
ルクシャフスキー
Luksovsky
ルクシュイ Lukschy
ルクシンジャー
Luchsinger

ルークス
Loucks
Loux
Lukes**
Rookes
Rooks
Roux
ルクス Lux
ルクスタ Lucusta
ルクセンバーグ
Luxenberg
ルクセンブルク
Luxembourg
Luxemburg**
ルクセンブルグ
Luxemburg*
ルクソリウス Luxorius
ルクーター
Le Couteur
LeCouteur
ルクッルス Lucullus
ルクテンバーグ
Leuchtenburg*
ルグト Lugt
ルクトゥ Lecouteux
ルクナー Lukner
ルグーニュ
Le Gougne
ルクヌッ・ダウラ
Ruknu'd-Daulah
ルクヌッダウラ
Rukn al-Dawla
ルークハート
Lukehart
ルクバン Lukban
ルグビンスキー
Legwinski
ルクフル Lecoufle
ルクブルール
Lecouvreur
ルグホド Lughod
ルクマナ Rukmana*
ルグマヨ Rugumayo
ルークマン Lukeman
ルクマーン Luqmān
ルクマン
Lukman**
Rukman
ルクミニー Rukmiṇī
ルクモ Lucumo
ルクヤー L'Ecuyer
ルグラ Legras
ル・グラテン LeGlatin
ルクラン Reuchlin
ルグラン
Legrain
Le Grand
Legrand***
Legrant
ルクランシェ
Leclanché
ルグランド Legrand
ルグリ Legris*
ルクリーシア Lucretia
ルグリブ Leglib
ルクリュ Reclus*
ルクリュビユ
Lecrubier
ルークル
Rukl
Rükl*
ルークルー Roucoules
ルクール
Lecoeur
Lecours
Lecourt*
ルクル Lukl
ルクルス
Lecluse
Lucullus
ルクルトワ Lecourtois
ルクルビエ Lecrubier
ルグレ Ruggle
ルクレーア
LeClair
Leclaire
ルクレア
LeClaire
LeClercq
ルクレーシア Lucretia
ルクレシア
Lucrecia
Lucretia
ルクレチア Lucretia
ルクレチウス
Lucretius
ルクレーツィア
Lucrezia
ルクレツィア
Lucretia
Lucrezia
ルクレーティア
Lucretia
ルクレティア
Lucretia
Lucrezia
ルクレーティウス
Lucretius
ルクレティウス
Lucretius*
ルクレール
LeClair
Leclair
Leclaire*
Lecler
Le Clerc
Leclerc***
Leclercq***
Leclére
Leclerre
ルクレルク
Leclerc
Leclercq
ルグロ Legros*
ルクロイ Lucroy
ルクロウ Lecraw
ル・グロス LeGros
ルクロス
Le Clos*
Lucullus
ルグロス LeGros
ルークロフト Roocroft
ルクロン
Le Crom
Le Cron
ルグワビザ
Rugwabiza
ルグンダ Rugunda
ルクンド Rukundo
ルーケ
Luque
Rourke*
ルーゲ Ruge**
ルケ
Lucke
Luque*
ルゲ
Legay
Leguay
Lougue
Lougué
ルゲー Leguay*
ルケア Lucea
ルゲイ Legay
ルケィア Lucaire
ルケーシー Lucchesi
ルケシーニ
Lucchesini*
ルケシュ
Lukes
Lukeš*
ルケショバー
Lukesova
Lukesová
ルケショワ Lukesová
ルケス Lukes
ルケッティ Luchetti
ルーケット
Rouquett
Rouquette
ルケット Rouquette
ルケード Lucado*
ルケーヌ Lequenne
ルーゲバ Lugeba
ルゲバ Lugeba
ルケマン Le Quement
ルケラ Lukela
ルケレ Lukhele
ルゲレク Leguellec
ルーゲン Rugen
ルケーン Le Quesne
ルゲン Luggen
ルケンカニャ
Rukenkanya
ルケンケムペル
Lückenkemper
ルーケンス Lukens
ルケンヌ Lequesne
ルーゲンベルク
Rugenberg
ルーゴ
Lugo*
Rugo
ルコ Luko
ルゴ Lugo**
ルコウ Lukow
ルゴヴァ Rugova
ルーコヴィッチ
Luckevich
ルコヴィッチ
Lukovich
ルゴエレル Legoherel
ルゴカブレラ
Lugo Cabrera
ルゴーシ Lugosi
ルゴシ Lugosi
ルコジヤノフ
Lukod'ianov
ル・コック Lecoq
ルコック
Lecocq
Le Coq*
LeCoq
Lecoq*
ルゴッド Lughod
ルゴド Lughod*
ルコーニン Lukonin*
ルゴーネス Lugones*
ルゴネス Lugones*
ルゴバ Rugova**
ルコバツ Lukovac
ルーコフ
Lukoff
Reukauf
ルゴフ Le Goff
ルコフスキ Lukowski
ルゴフスコイ
Lugovskoĭ
Lugovskoy
ルコポロス
Loucopoulos
ルコムスキー
Lukomski
ルコムニク Lukomnik
ルゴール Legault
ルコルギーユ
Le Corguille
ルコルビュジェ
Le-Corbusier
ルコルビュジエ
Le Corbusier
ルコレ Le Corre
ルゴロ Rugolo
ルーゴワ Lewgoy
ルコワントル
Lecointre
ルコンデ Lukonde
ルコント
LeCompte*
Lecomte**
Le Conte
Leconte**
ルコンプ LeCompt
ルーサ
Luther
Roosa
Russa
ルーサー
Loeser
Lother
Louther
Luther***
Reuther*
Ruether
ルーザ Louzã
ルーザー
Luther
Reuther
ルサ Rusza
ルザー
Riza
Rıza
ルザイミ Ruzaimi
ルサカ Lusaka
ルサク Rusak
ルーサーグレン
Rutherglen
ルサケビッチ
Rusakevich
ルサコフ Rusakov*
ルザサ Rzasa
ルサージ LeSage
ルサージュ
Le Sage
Lesage
ルサジュ Lesage
ルサス Rusas
ルザッティ
Luzzati
Luzzatti
ルサット Lussert
ルザット Luzzatto
ルサッフル Lesaffre
ルザッフル Lesaffre
ルザーティ Luzzati
ルザト
Luzzato
Luzzatto
ルザナ Ruzana
ルザニー Rzany
ルサーノス Rousânos
ルサーノフ Rusanov
ルサノワ Rusanova
ルザービン Ruzavin
ルサーフィー Ruṣāfī
ルサフオード
Rutherford
ルサフール Lesaffre
ルサール
Lesaard
Lessard
ルザルカ Rusalka
ルザーレス Luzares
ルサレータ Lusarreta
ルザレム Rusalem
ルーサン
Roussan
Ruthann
ルサン
Lussan
Luthans
Luzán
Roussin*
ルーサンス Luthans
ルザンテ Ruzzante
ルーシ Lucy
ルーシー
Luce
Lucey
Luci*
Lucie**
Lucile
Lucille
Lucy***
Rusie
Ruthie
ルージー
Lougy
Rusie
ルシ

ル

Luis
Rusi
ルシー
Luce
Lucie*
Lucy
Lüthy
Russi
Russie
ルジ
Luzi
Rulli
ルシア
Lucia***
Lucía**
Lúcia*
Lussier
Lysias
ルーシアス Lucius
ルシアス
Lucius*
Lysias
ルシアナ Luciana
ルシアーノ Luciano*
ルシアノ Luciano
ルシアン
Lucian**
Lucianus
Lucien***
ルーシィ Lucy
ルーシイ Lucy
ルシイ
Lucie
Lucy
ルシウス
Lucius
Lusius
ルーシェ
Loussier*
Rouche
Rouché
Roueche
Roueché
Ruscha
Rusche
ルージェ
Rougé
Rouget
ルシェ Ruscha*
ルシエ
Loussier
Lucier
Lussier
ルジェ
Legeai
Rougé
Rouget
ルジェー
Legéay
Lejay
Rouget
ルーシェイ Ruscha
ルジェヴィチ
Różewicz*
ルジェーヴィッチ
Rózewicz
ルジェヴィッチ
Rózewicz
Róźwicz
ルジェシェヴスキー
Rzheshevsky
ルジェツカヤ
Rzhetskaia
ルジェック Ludek

ル

ルシエヌ Lucienne
ルジェーヌ Legêne
ルジェービチ
Rózewicz
ルジェビチ Różewicz
ルシェフ Lushef
ルジエフ Ruziev
ルジェフスカヤ
Rzhevskaya
ルジェフスキー
Rzhevskii
ルージェリー Rougérie
ルジエーリ Ruggieri
ルシェール Luchaire
ルシェル Ruschel
ルシェルメイエル
Lechermeier
ルジェーロ
Ruggieri
Ruggiero*
ルジェロ
Ruggero*
Ruggieri
Ruggiero***
ルジエーロ Ruggiero
ルシエン
Lucien
Lucienne
ルジェンコ Ryzhenko
ルシェンテス
Lucientes
ルシエンテス
Lucientes
ルシエンヌ Lucienne
ルシェンブルコ
Luxemburgo
ルシェンブルゴ
Luxemburgo*
ルシオ
Lucio**
Lúcio**
ルジオ Lucio
ルシク Lushiku
ルシコフ
Lushkov
Luzhkov**
Russikoff
ルジコフスキー
Rudkovsky
ルジーシン Rzishchin
ルーシス Lusis
ルシータ Lucita
ルジターノ Lusitano
ルジーチカ Ružička
ルジチカ Ružička
ルージチコヴァー
Růžičková
Růžičková
ルジチッチベネデク
Ruzicic Benedek
ルージチュカ Růžička
ルジツカ Ruzicka
ルージッチカー
Ruzicka
ルーシッド Lucid
ルシティ Rushiti
ルシドール Lucidor

ルシーナ
Lusina
Rusiná
ルジーナ Luzhina
ルジニー Luzhny
ルシニィオル
Lusinyol
Rusiñol
ルーシニグ Loeschnig
ルジニスキ Rudziński
ルシニョール Rusiñol
ルシーヌ Lucienne
ルシーネック Rusinek
ルシーノ Luceno**
ルシノバ Roussinova
ルシノビッチ
Russinovich*
ルジーハ Ržiha
ルシバエア Lusibaea
ルジマートフ
Ruzimatov*
ルジマトフ
Ruzimatov
ルシモーア Rushmore
ルーシャー Luescher
ルージャ Rouja**
ルシャ Ruchat
ルシヤ
Lucija
Lysias
ルジヤ Ruziia
ルシャイロ
Rushailo**
ルーシャス
Lucious
Lucius***
ルシャッド Reshad
ルシャトリエ
Le Chatelier
ルジャニ Rzany
ルジャニーツィン
Rzhanitsyn
ルシャーノワ
Lushanova
ルーシャール
Louchard
ルジャーレン Lejaren
ルーシャン
Licien
Lucian
Lucien*
Luschan
ルシャン
Le Shan
LeShan*
Leshan
Luschan
ルジャンティ Legentil
ルジャンテル LeGentil
ルジャンドル
Le Gendre
Legendre**
ルーシュ
Roosh
Rouch**
Roush*
Routh
Ruch**
ルージュ

Logue
Rouge
Rougier
ルシュ Lusch
ルジュアン Lejeun
ルシュヴァリエ
Lechevalier
LeChevallier
ルジュウン Lejeune
ルシューズ Rouchouse
ルシュチコフ
Lushchikov
ルシュディ Rushdie*
ルシュテュ Rustu
ルシュド Rushd*
ルジューヌ Lejeune*
ルジュヌ Lejeune*
ルシュノク
Rušnok
Rusnoku
ルージュマン
Rougemont
ルージュモン
Rougemont**
ルジュモン
Rougemont*
ルシュラン Reuchlin
ルージュリ Rougerie
ルーシュール
Loucheur
ルシュール
Lesieur**
Lesueur
Lesur**
Lesure
Loucheur
ルジュール
Leger
Lesueur
Lesure
ルシュワル Rushwal
ルジューン Lejeune*
ルジュンヌ Lejeune**
ルショフ Lushev
ルショーン LeShaun
ルション Roussillon
ルシヨン Roussillon
ルシラ
Lucila
Lucilla
ルーシール Lucille
ルーシル Lucile
ルシール
Lucile*
Lucill
Lucille**
ルシル
Lucile*
Lucill
Lucille*
ルーシン
Lushin
Rushin
Rusin
ルージン Luzin
ルシン Luccin
ルーシンク Roossinck
ルジンスカ Ruzhinska
ルジンスキ Rudziński

ルジンスキー
Luzinski
Rudzinski
ルシンダ Lucinda**
ルシンチ Lusinchi**
ルース
Loes
Loos**
Loose**
Luce**
Lueth
Luz*
Reuss
Roos**
Roose
Rooth
Rousse**
Ruse*
Russ*
Ruth***
ルースー Rusu
ルーズ
Loose
Roose
Rudes
Rued
Ruse
ルス
Loes
Luce
Luz*
Rus
Rusch
Russ*
Russell*
Rusu
Ruth*
Ruz*
ルースア Luusua
ルースィ Ruthy
ルスィー Lucie
ルスイ Rusyi
ルスィア Lucía
ルスィアーナ Luciana
ルスィアーニ Luciani
ルスィアールド
Lusiardo
ルーズィエール
Rouziére
ルスィーニ Luchini
ルスィノヴァー
Rusinová
ルーズヴィ Ludvig
ルズヴィ Ludvig
ルースヴェルト
Roosevelt*
ルーズヴェルト
Roosevelt*
ルースヴェン
Ruthven*
ルスウール Lesueur*
ルスヴルム Russwurm
ルースヴン Ruthven
ルースカ Ruuska
ルスカ
Rusca
Ruska**
Ruszka
ルースカネン
Ruuskanen
ルスキ Ruschi
ルスキウス Luscius

ルスキヌス Luscinus
ルスキル Ruskyle
ルスクロフ Rïsqŭlov
ルスケ Ruske
ルスコ Rusko
ルスコーニ Rusconi*
ルスコビッチ
Rusković
ルスゴル Ruskol
ルスタ Rusta
ルスタヴェーリ
Rustaveli
ルスタヴェリ
Rustaveli
ルスタードスツーネン
Rustadstuen
ルスタフ Rostēh
ルスタベリ Rustaveli
ルスターホルツ
Rusterholz
ルスタム
Roestam
Rustam***
ルスタモワ
Rustamova
ルスタル Loustal
ルスタン Restayn*
ルーズック Lewczuk
ルスーティ Rusuti
ルスティオーニ
Rustioni*
ルスティク Lustig**
ルスティグ Lustig
ルスティクス
Rusticus
Rūsticus
ルスティケッリ
Rustichelli*
ルスティケッロ
Rustichello
Rusticiano
ルスティコ Rustico
ルスティジェ
Lustiger*
ルスティチ Rustici
ルスティヒ Lustig
ルステム Rustem
ルーステール Lonsdale
ルステンベコフ
Rustenbekov
ルステンベルガー
Lustenberger
ルースト
Roest
Rust
ルスト
Lust*
Roest
Rust*
ルストムジ Rustomji
ルストレンジ
Le Strange
ルスナク Rusnak
ルズナック Rusnak
ルスナーティ Rusnati
ルスネイ Rusney
ルズバハニ
Rouzbahani
ルーズビハーン
Rūzbihān
ルースブオリ
Ruusuvuori
ルスブユルト
Russbüldt
ルスブリッジ
Lethbridge
ルースブルック
Ruusbroec
ルズベタク Luzbetak
ルーズベルト
Roosevelt***
Rousbelt
ルースベン Ruthven
ルスベン Ruthven
ルスマイアー
Rußmeyer
ルスマイリ Rusmajli
ルースモア Loosemore
ルースラー Ruseler
ルースラーティ
Ruoslahti*
ルスラナ Ruslana
ルスラノーヴァ
Ruslanova
ルスラーノフ
Ruslanov
ルスラン Ruslan***
ルースランド Rusland
ルスリ Rusli*
ルスリア Luthria
ルースリエール
Rousselière
ルスリエール
Rousselière
ルースリン Roslin
ルスール Loucheur
ルスールヌ Lesourne
ルースルンド
Roslund**
ルースレイ Loosley
ルースロ
Rousselot***
ルスロ Rousselot*
ルスロー Rousselot
ルスワー Ruswā
ルーセ
Roussert
Rousset*
ルーゼ Rousée
ルセ Rousset*
ルゼ Roser*
ルゼー Lézey
ルーセイユ Rousseil
ルゼェ Roser
ルゼク Ruzek
ルセサバギナ
Rusesabagina*
ルセツキー Rusetsky
ルセック Russek
ルゼック Rydzek*
ルセット
Lucette
Rosset
ルーゼドスキー
Rusedski*
ルセーナ Lucena
ルセナ Lucena*
ルセニ
Loucény
Lousény
Luseni
ルセーニウス
Rosenius
ルセーノ Luceno
ルセフ
Rousseff*
Rusev
ルセフスキー
Rusevski
ルーセル
Roussel**
Roussél
ルーゼル
Luther
Rousselle
ルセール Roussel
ルセル Roussel
ルセルクル Lecercle*
ルセルフ Lecerf
ルセロ Lucero
ルセロー Lucero
ルーセンクヴィスト
Rosenqvist
ルセングワミヒゴ
Rusengwamihigo
ルーゼンスキー
Ruszcynski
ルセンテ Lucente
ルセンティ Lucenti
ルセンヌ Le Senne
ルーセンバーグ
Ruthenberg
ルーセンベリ
Rosenberg
ルーソ
Loussop
Ruzo
ルーソー
Rousseau
Russo
ルソ Russo
ルソー
Rousseau***
Rousseaux
Rousso
ルゾー
Rouzaud
Rouzeau
Ruzo
ルーソウ Rousseau
ルソウ Rousseau
ルーソオ Rousseau
ルソォ Rousseau
ルソナ Lusona
ルソフ Lessov
ルソム Russom
ルゾール Lesort
ルーソルド Leuthold*
ルゾロ Luzolo
ルソン Lussón
ルゾン Reson
ルータ
Rotha
Ruta*
Rūta
ルーダー
Ludecke
Ruder**
ルタ Ruta*
ルター
Luther**
Lutter*
Rüther
ルタイーフ Lutayyif
ルタイユール
Letailleur
ルーダヴェイク
Lodewyk
ルダオ Ludao
ルーダーギー Rūdakī
ルーダキー Rūdakī
ルダコフ Ludakov
ルダシュ Ludas
ルーダーズ Lueders**
ルーダス Rudas
ルダーズ Ludders
ルダス Rudas
ルダック Leduc
ルタティウス Lutatius
ルタニア Rutanya
ルダノ Rudeanu
ルタブリエ Letablier
ルーダーマン
Ruderman
ルダーマン Ruderman
ルーダル Roodal
ルタル Letalle
ルダル Rudall*
ルタルイイ
Letarouilly
ルータルト Luthardt
ルタレック Luterek
ルダレビチウス
Rudalevicius
ルタロ Lutalo
ルーダン Lewden
ルタン Letin
ルダン Ludan
ルタンス Lutens
ルタンド Luthardt
ルーチ
Liucci
Ruch
ルチ Ruth
ルチー Lucie
ルチーア Lucia*
ルチア Lucia**
ルチアーナ Luciana*
ルチアナ Luciana*
ルチアーニ Luciani*
ルチァーノ Luciano
ルチアーノ
Luciano***
ルチアノ Luciano*
ルチアン Lucian*
ルーチェ
Luce**
Roueché*
ルチエ Routier
ルチェウリシヴィリ
Rcheulishvili
ルチェコ Luchko
ルチェスク Lucescu*
ルチェッラーイ
Rucellai
ルチェッライ Rucellai
ルチェラーイ Rucellai
ルチェライ Rucellai
ルーチェンス
Lutyens
Rutyens
ルチェンティーニ
Lucentini
ルーチオ Lucio
ルチオ
Lucio**
Ŀucio
ルチコフ Luchkov
ルチスキー Luchitskii
ルチッカ Ružička
ルチツキー Luchitskii
ルチーツキィ
Luchitskii
ルチッチ Lucic*
ルチナ Lucyna
ルチーニ Lucini
ルーチニク Luchnik
ルチフェル Lucifer
ルチヤ Lucija
ルチャーナ Luciana
ルチャーノ Luciano*
ルチャン Lucjan
ルチュー Luchau
ルーチュエン Le-quan
ルーチョ Lucio**
ルチョウ Rutschow*
ルチラウォン
Rucirawong
ルチリウス Rutilius
ルチーリオ Lucilio
ルチル Ruchir
ルーチン Ru-jun
ルチン Lučin
ルチンスキ Ruciński
ルチンスキー
Luchinskii*
Lucinschi
ルーツ
Lutz*
Luz*
Roets
Rootes
Roots*
Ruth
ルツ
Lutz*
Luz*
Ruth*
ルツァー Lutzer
ルツアッチ Luzzatti
ルツァッティ Luzzatti

ル

ルツァット
Luzzato
Luzzatto
ルーツィ Luzi***
ルツィー Lucie
ルツイ Lutui
ルーツィア Lucia
ルツィアーン Lucian
ルツィアン Lucian
ルーツィウス Lucius
ルツィウス Lutzius*
ルーツィエ Luzie
ルツィカ Ruzicka
ルツィチュカ
Ruziczka
ルツィーナ Lucyna*
ルツィナ Lucyna
ルーツィンガー
Leutzinger
ルツェービチ
Lutsevich
ルツェンコ Lutsenko
ルツェンベルガー
Lutzenberger
ルッカ
Lucca*
Rucka**
ルッカー Looker
ルーッカネン
Luukkanen*
ルッカリネン
Lukkarinen
ルッキ
Lucchi
Rucki
ルッギー Luggi
ルッキーナ Lucchina
ルッキーニ Lucchini
ルッキーノ Lucchino
ルッキンランド
Lookinland
ルック
Look
Luc**
Lucas
Luck*
Luk
Rooke
Ruck*
ルックヴァルト
Luckwaldt
ルックス
Loucks
Luks
Lux
Rooks
ルックスバーカー
Luxbacher
ルックスビー Rooksby
ルックテシェル
Ruckteschell
ルックネル Luckner
ルックハルト
Luckhard
ルックマン
Lookman
Luckmann*
ルッケ Lucke*
ルッゲ Rugge
ルッケル Ruckel
ルッコ Luukko
ルツコイ Rutskoi**
ルツコスキ Rutkoski*
ルーッコネン
Luukkonen
ルッサ Russa
ルッサウ Rousseau
ルッサール Rosell
ルッサルト Lussert
ルッサン Roussin**
ルッザンテ Ruzzante
ルッシ
Crussi
Russi
ルッジ
Rudge
Ruge
ルッシィ
Lussi
Russi*
ルッジウ Ruggiu
ルッシェ Ruscha
ルッジェーリ
Ruggeri
Ruggieri
ルッジェリ
Ruggeri
Ruggieri
ルッジエーリ Ruggieri
ルッジエリ Ruggieri
ルッジェーロ
Roger
Ruggero*
Ruggiero***
ルッジェロ
Ruggero*
Ruggiero*
ルッジエーロ Ruggero
ルッジェローネ
Ruggerone
ルッシノヴァ
Russinova
ルッシャー Lüscher*
ルッシュ Rusch
ルッス
Lussu*
Russ
Russu
ルッスアルン
Loussouarn
ルッスィアー Lussier
ルッスレ Rousselet
ルッスロ Rousselot
ルッセ
Rousset
Russet
ルッセル
Roussel
Russell
ルッソ
Lucco
Russo***
ルッソー Rousseau
ルッソォ Rousseau
ルッソロ Russolo
ルッター
Luther
Rutter*
ルッタア Luther
ルヅタック Rudzutak
ルッターヨハン
Lutterjohann
ルッタロート
Lutteroth
ルッチ
Liucci
Rucci*
ルッチオ Ruccio
ルッチオーニ Luccioni
ルッチスキー
Loutchisky
Luchitskii
ルッチプラパ
Rujiprapa
ルッチョーニ Luccioni
ルッツ
Ludwig
Ludz
Luts
Lutz**
Rutz
ルッツァスキ
Luzzaschi
ルッツァスコ
Luzzasco
ルッツァッティ
Luzzatti
ルッツァット
Luzzatto*
ルッツァーティ
Luzzati
ルッツァートー
Luzzatto
ルッツァンテ
Ruzzante
ルッツィ
Liucci
Luzzi
ルッツィア Ruzzier
ルッツィーニ Ruzzini
ルッツェ Lutze
ルッツェン Rutzen
ルッツォローネ
Ruzzolone
ルッテ Rutte*
ルッティショー
Luttichau
ルッテマン Lutteman
ルッテン Rutten
ルッテンバーグ
Ruttenberg
ルット Rut
ルットナー Ruttner
ルットマン Ruttman
ルットワーク Luttwak
ルッパート Ruppert
ルッピ Luppi
ルッピン Ruppin*
ルップ Rupp**
ルッファ Ruffa
ルッフィーニ Ruffini*
ルッフォ Ruffo
ルッフォロ Ruffolo
ルップレヒター
Rupprechter
ルップレヒト
Rupprecht
ルッベルトゥス
Lubbertus
ルッペンソール
Ruppenthal
ルッボ Rubbo
ルッポール Luppol
ルッモ Rummo
ルッリ
Lugli
Lulli
ルツーリ Luthuli
ルツリ Luthuli
ルーテ Luthe
ルーティ
Lewty
Luti
ルーティー Luty
ルーディ
Ludi
Roudy
Rudi*
Rudy*
Ruedi*
ルーディー
Loudiyi
Loudy*
ルティ
Luti*
Routie
ルディ
Ludi
Rudi***
Rudolph
Rudy**
ルディー
Rudi
Rudy*
Ruedi
ルデイ Rudolf
ルディアンタラ
Rudiantara
ルディウス Ludius
ルーディエ Roudié
ルディェク Ludek
ルディエール
Loudières*
ルティエンス Lutyens
ルーティガー Rudiger
ルーディガー
Rudiger
Ruediger
ルディガー Rudiger
ルディカル Ludikar
ルディギエル Rudigier
ルディコフ Rudikoff
ルディシャ Rudisha**
ルティチャウ
Lüttichau
ルーディック Rudyk
ルディック Luděk
ルディティス Ruditis
ルティーニ Rutini
ルディニ
Rudini*
Rudinì
ルディネスコ
Roudinesco**
ルディヒ Rudich
ルティマン
Reutimann
ルティユ Loutil
ルティリアーノ
Rutigliano*
ルティーリウス
Rutilius
ルティリウス
Rutilius
Rutīlius
ルティーリオ Rutilio
ルティルス Rutilus
ルーディン
Ludin
Rudin
ルディーン Rudin
ルディン
Rudin*
Rüdin
ルディング
Luding
Ruding
ルディングトン
Ludington
ルデオ Le Déaut
ルデカ Ludeca
ルデク Ludek
ルーテクス Routex
ルーデクス Ludecus
ルデケ Ludeke
ルデジ Rudez
ルーデス Lourdes
ルテス Rutes
ルテステュ Letestu*
ルテッキ Rutecki
ルデツキー Rudetsky
ルーデック Ludek
ルテーヌス Rutenus
ルーデマ Roedema
ルーデマン
Ruedemann
ルテマン Ruttеman
ルデヤ Lydía
ルデュク
LeDuc
Leduc
ルデュック Leduc*
ルデラス Luderus
ルテリ Rutelli*
ルテリエ
Le Tellier
Letellier*
ルテリエール Leterrier
ルーテル
Luther
Rüütel
ルーデル Rudel*
ルテール Reuter
ルデール Rudel
ルデル
Ruddell
Rudel
ルテルスドティル
Luthersdottir
ルデルソン Rudelson

ル

ルーデルバック
Rudelbach
ルーデルバハ
Rudelbach
ルーテルブール
Loutherbourg
ルテルム Leterme*
ルーテン Rooten
ルーデン
Louden
Luden
ルテン Rutten
ルーテンカッター
Ruttencutter
ルデンコ Rudenko**
ルデンコフ Rudenkov
ルーデンスタイン
Rudenstein
Rudenstine*
ルーデンドルフ
Ludedorff
Ludendorff*
ルーテンベルク
Rutenberg
ルーテンベルグ
Rutenberg
ルート
Loet
Lute*
Root***
Roote
Rut
Ruth***
Ruud**
Ruut*
Ruuth
ルード
Rood
Rud
Rude
Rund
Ruud*
ルト
Ruth
Ruto
Rutto
ルド
Ledoux
Ludo
Rudo
ルドー
LeDoux
Ledoux
Ludo
Ludovicus
Roudaut*
ルドアラン
Le Douarin
ルドイ Rudoy
ルードイッヒ
Ludvig
Ludwig
ルドイッヒ Ludwig
ルー・ドゥ Ludu
ルートゥー Rutu
ルードゥ Ludu*
ルードウ Ludwig
ルドゥ Ludu**
ルドゥー
Ledeux
LeDoux
Ledoux*
ルトゥアング
Routouang
ルドウィー Ludvig
ルドウィ Ludvig
ルドヴィイ Ludvig
ルドヴィカ Ludovica
ルートウィク Ludwig
ルートヴィク Ludwig
ルードウィク Ludwig*
ルードヴィーク
Ludwik
ルードヴィク Ludwig
ルードヴィグ Ludvig
ルトヴィク Ludvík
ルドウィク
Ludwig
Ludwik
ルドウィグ
Ludvig
Ludwig***
ルドウイグ Ludwig
ルドヴィーク
Ludvík**
Ludwíg
ルドヴィーグ Ludvig
ルドヴィク
Ludovic
Ludvík
Ludwik
ルドヴィグ Ludvig*
ルドヴィクァ
Ludovica
ルドヴィークス
Ludovicus
ルドヴィクス
Ludovicus
ルドヴィクセン
Ludvigsen
ルードヴィコ Ludwico
ルドヴィーコ
Lodovico
Ludovico
ルドヴィーゴ
Ludovico
ルドヴィコ
Lodovico
Ludovico**
ルドヴィージ Ludovisi
ルドヴィシ Ludovisi
ルードヴィセ
Ludovice
ルドウイチ Ludovici
ルドヴイチ Ludovici
ルードウィック
Ludwig**
ルードヴィック
Ludovic
ルドウィック
Lodewijk
Ludvík
Ludwig*
Ludwik
Rudwick
ルドウィッグ Ludwig*
ルドウイッグ Ludwig
ルドヴィック
Ludovic
Ludvig
Rudwick
ルードヴィックス
Ludwigs
ルドウィッジ
Lutwidge
ルートウィッチ
Rutych
ルートウィッヒ
Ludwig
ルートヴィッヒ
Ludwich
Ludwig*
ルードウィッヒ
Ludwig*
ルードヴィッヒ
Ludwig**
ルードヴイッヒ
Ludwig
ルトヴィッヒ Ludwig
ルドウィッヒ Ludwig*
ルドヴィッヒ Ludwig*
ルドヴィート Ľudovít
ルートウィヒ
Ludwig**
ルートヴィヒ
Ludvig
Ludwig***
Ludwigm
Luwig
ルードウィヒ Ludwig*
ルードウイヒ Ludwig
ルードヴィヒ
Ludwig***
ルトウィヒ Ludwig
ルトヴィヒ Ludwig
ルドーウイヒ Ludwig
ルドウィヒ Ludwig*
ルドヴィヒ Ludwig
ルートウィワットウォンサー
Lertwiwatwongsa
ルードゥヴィヒ
Ludwig
ルドゥウーフラ
Ludu U Hla
ルードヴェイ
Ludvig
Ludwig
ルトヴェラーゼ
Rtveladze
ルトヴェラゼ
Rtveladze
ルドヴォンガ
Ludvonga
ルトゥカ Rutka
ルトゥクタ Lutukuta
ルードゥス Loodus
ルドゥーテ Redouté*
ルドゥーデ
Redoute
Redouté
ルードウヒ Ludwig
ルトゥフ Luṭf
ルトゥフィ Lutfi
ルトゥフィー
Lutfi
Luthfee
ルドゥミラ Ludmila
ルトゥーリ Luthuli
ルトゥリ Luthuli
ルトゥルノー
Le Tourneau
LeTourneau
Letourneau
ルトウルノ
Letourneau
ルドゥレダ Rodoreda
ルドウレーダ
Rodoreda
ルートガー Ludger
ルトガー
Roettger
Rutger**
ルドガー Ludger**
ルトガルディス
Lutgardis
ルトキェヴィチ
Rutkiewicz
ルトキエビッチ
Rutkiewicz
ルトクヴィスト
Rutqvist
ルトケ
Lütke
Luttke
ルトケビッチ
Rutkiewicz
ルドゲルス Ludger
ルトゲン Luttgen
ルドコ Rudko
ルトコウスキー
Rutkowski*
ルドコウスキー
Rudkowski
ルトコフスカ
Rutkowska*
ルドコフスカヤ
Rudkovskaya
ルトコフスキ
Rutkowski
ルトジェンス Lutjens
ルトスウァフスキ
Lutoslawski
ルトストレーム
Ruthström
ルトスラフスキー
Lutoslawski
ルトスワフスキ
Lutoslawski*
Lutosławski
ルトセンコ Lutsenko
ルドック Rudock
ルードニェフ Rudnev
ルドニェフス Rudnevs
ルドニク Rudnik
ルドニツカ
Roudnitska
ルドニツカヤ
Rudnitskaia
ルドニツキ
Rudnicki**
ルードニック Rudnick
ルドニック Rudnick*
ルドニャンスカ
Rudnianska
Rudniańska*
ルドネ
Redonne
Redonnet
Rodonnet
ルードネフ Rudnev
ルドネフ Rudnev
ルトノ Retno*
ルートハルト
Luthardt
Ruthardt
ルートバーンスタイン
Root-Bernstein
ルトビガー Ludwiger
ルドビク
Ludovic
Ludvik
Ludvík
Ludwig
ルードビクセン
Ludvigsen
ルドビグセン
Ludvigsen
ルドビーコ Lodovico
ルドビコ Ludovico
ルードビック
Ludovic**
ルドビック
Ludovic
Rudwick
ルードビッヒ Ludwig
ルドビッヒ Ludwig
ルートビヒ Ludwig*
ルードビヒ Ludwig
ルドフ Rudolf
ルートフィ Loutfy
ルトフィ
Lutfi
Luṭfi
Lutfy
ルトフィー Lûtfi
ルトフイ Luṭfi
ルトフィウ Lutfiu
ルトフォ Lutfo
ルドフスキー
Rudofsky*
ルートベック Rudbeck
ルードベック Rudbeck
ルドベック Rudbeck
ルトヘルス Rutgers
ルードマン
Ludeman
Roodman*
ルトマン Lutman
ルドミナ Rudomina
ルドミノ Rudomino
ルードミラ Lyudmila
ルドミラ
Ludmila**
Ludmilla**
ルドミル Ludomir
ルドラヴァルマン
Rudravarman
ルードラウフ
Rudrauff
ルドラタ Rudraṭa

ル

ルドラワティー
Rudrawatee
ルドリアン Le Drian*
ルトリエ Letellier
ルトリシア Lutricia
ルートリッジ
Routledge*
ルドリフ Rudolf*
ルドリフォヴィチ
Rudolifovich
Rudólifovich
ルドリュ Ledru
ルドールズ Le Dorze
ルートルフ Rudolf
ルードルフ
Ludolf
Ludolphus
Rodolphe
Rudolf***
Rudolph**
Rudorff
ルドルフ
Ludolf
Ludolph
Rodolphe
Rolf
Rudloff
Rudolf***
Rudolff
Rudolph***
Rudorf
Rudorff
ルドルフォ Rudolfo**
ルードルフス Rūdolfs
ルドルフス
Ludolfus
Rodolphus
Rudolphus**

ルートレッジ
Rutledge
ルトレッジ Rutledge*
ルトレル
Luterel
Luttrel
ルドレール Roederer
ルドロウ Ludlow
ルドロワ Ledroit
ルドワイエン Ledoyen
ルドワイヤン Ledoyen
ルトワク Luttwak**
ルトワック Luttwak*
ルドワラン
Le Douarin
ルートン
Lewton
Lugton
Luton
ルードン Loudon
ルトン Luton
ルドン Redon**
ルトンダール Letondal
ルーナ Luna*
ルナ Luna***
ルナー Rúnar
ルナアル Renard
ルーナウ Ruhnau
ルナウシ Lounaouci
ルナチャアルスキイ
Lunacharskii
ルナチャールスキー
Lunacharskii*
ルナチャルスキー
Lunacharskii*
ルナチャールスキィ
Lunacharskii
ルナチャルスキイ
Lunacharskii*
ルナリロ Lunalilo
ルーナル Renard
ルナール
Renard***
Renart
Runar
ルナルディ
Lunardi
Renardy
ルナルド Runaldo**
ルナン
Lenain
Renan*
Renant
ルーニー
Looney
Roney*
Rooney***
Rūnī
ルニ Le Ny
ルーニア Runia
ルニア Lenior
ルーニウス Runius
ルニェ Runje
ルニエ
Renié
Renier
ルニオン Runnion
ルニス Lniz
ルニャール
Regnard
Regnart
ルニョー Regnault
ルーニング Luening
ルヌー
Renou
Renoux
ルヌーアル Renouard
ルヌアール Renouard
ルヌヴー
Lenepveu
Leneveu
ルヌーヴァン
Renouvin
ルヌーヴィエ
Renouvier
ルヌヴィエ
Renevier
Renouvier
ルヌヴィエー
Renouvier
ルヌッスィ Renucci
ルヌッチ Renucci
ルヌーバン Renouvin
ルヌービエ Renouvier
ルヌビエ Renouvier
ルーネ Rune
ルネ
Lene
Rena
Rene***
René***
Renè
Réne
Renee*
Renée***
Renèe
Rhené
Rune*
Runé
Runée
Runñee
ルネー
Lunøe
René
Renee*
Renée
ルネヴィル
Reneville
Renéville
ルネス Lounès
ルーネスラート
Luneslat
ルネソン Runeson
ルネッタ Lunetta
ルーネッド Rougned
ルネッリ Lunelli*
ルネハン Renehan
ルネプブー
Le Nepvou
ルーネベリ Runeberg
ルーネベリー
Runeberg
ルーネベルイ
Runeberg
ルネベルイ Runeberg
ルーネル
Lunel
Runer*
ルネル
Lener
Lunel
Renel
Renner
ルーネルストロム
Runnerström*
ルネルリ Lunelli
ルーネンフェルト
Lunenfeld
ルーネンベルク
Lunenberg
ルノ Runö
ルノー
Luhnow*
Renaud***
Renauld
Renault***
Renaut**
Renoux
ルノアール
Lenoir
Renoir*
ルノアル Renoir
ルノウ Renaud
ルノオ Renault
ルノーデ Renaudet
ルノデ Renaudet
ルノーディ Renaudie
ルノード
Renaude
Renaudot
ルノド Renaudot
ルノドー Renaudot
ルノートル
Le Nôtre
Lenotre
Lenôtre*
ルノーバッソ
Renaud-Basso
ルノール Renault
ルノルマン
Lenormand*
Lenormant
ルノワール
LeNoir
Lenoir**
Renoir**
ルノンドー
Renondeau
ルーバー Luber
ルーパー
Looper
Rupa
ルバ
Le Bas
Lebas
Luba
Rubba
ルハアー Luhaäär
ルバイ
Le Bail
Rubai
ルバイアン Levaillant
ルバイイ Lebailly
ルパイパー Rupiper
ルバイン Levine*
ルバヴ Lubove
ルハカ Luhaka
ルハカナ Ruhakana
ルバキナ Rybakina
ルパキヨティス
Roupakiotis
ルハグバスレン
Lkhagvasuren
Lkhagvasüren
ルバシェフスキー
Rubashevskii
ルバージュ Lepage
ルパージュ
LePage
Lepage**
ルバシュビリ
Rubashvili
ルバショフ Rubashov
ルバスキー Lubarsky
ルバスク Lebasque
ルバスール Levasseur
ルパータス Rupertus
ルバダン Lebadang*
ルバチェフスキー
Lubachivskii
ルーバック Roebuck
ルバック Ruback
ルーバッシュ Rubes
ルパップ Lepape
ルバテ Rebatet
ルーバティエール
Loubatière
ルバティエール
Loubatière
ルパテッリ Lupatelli
ルーバート
Lewbart
Roubert
ルーパート Rupert**
ルバート
LeBert
LeVert
ルバード
LeBard
Lebard
ルパート
Rupart
Rupert***
Ruppert
ルバナ Lubanah
ルーパナンダー
Rūpanandā
ルバニス Roubanis
ルパニョール
Lepagnol
ルバヌタンボ
Luba Ntambo
ルバノビック
Lubanovic
ルバノフ Rubanov*
ルパーノフ Lupanov
ルパープ Lepape
ルパプ Lepape
ルハマ Ruhama
ルーバーマン
Luebbermann
ルハムスレンギィーン
Lhamsurengijn
ルパリーニ Luparini
ルバリン Lubalin*
ルハル Ruhal
ルバール Lewal
ルバル
Lebar
Lu Valle
ルパルー Leparoux
ルバルカーバ
Rubalcaba
ルバルカバ
Rubalcaba*
ルバルスキー
Lubarsky
ルバルド Rubaldo
ルバロン Lebaron
ルーハン
Luhan**
Lujan*
ルーバン
Luban
Roubin
Ruban
ルーパン Roopun
ルハーン Luján
ルハン
Lujan*
Luján
ルバン Ruban**
ルパン
LePan
Lepin
ルーバンズ Lubans
ルバンスキ Lubański
ル・バンドウスキー

Lewandowski
ルパンネ Lepennec*
ルバンバ Lubamba
ルハンビオ Lujambio
ルーヒー Rūḥī
ルービー
Luby
Ruby
ルーピ Lupi**
ルビ
Roubi
Rubi
Ruby**
ルビー
Hruby
Luby
Rubby
Rubie
Ruby***
Rubye
ルピ
Lupi
Rupi
ルビア Rubbia*
ルピア Lupia
ルビアニカー
Lubianiker
ルビアーヌス
Rubianus
ルビアヌス Rubianus
ルピアネス Lupiáñez
ルビアーノ Rubiano
ルヒアン Ruhian*
ルービイ Looby
ルーピィ Loupy
ルビインシュタイン
Rubinshtein
ルビエ
Loubier
Rouvier
ルビエア Reviere
ルヒェニ Lucheni
ルービエール Loubière
ルビエール Rouviere
ルビエル Loubière
ルビエンスカ
Lubienska
Rubienska
ルビオ Rubio***
ルビオス Rubios
ルビオロドリゲス
Rubio Rodriguez
ルピカ Lupica*
ルピカール
Lepicard**
ルピキヌス Lupicinus
ルビク Rubik
ルビクス Rubiks
ルビグル Lebigre
ルピシェ Lepicié
ルピシエ Lepicié
ルピージョ Lupillo
ルピション
Le Pichon
LePichon
ルビス Lubis*
ルピタ Lupita
ルビタス LeVitus
ルービック
Lubich
Rubik
Rubiks
Rubjc
ルビック Lubich
ルビッシュ Lubitsch
ルービッチ Lubitsch
ルビッチ Lubitsch
ルービッチュ Lubitsch
ルビッチュ Lubitsch
ルヒテンベルク
Luchtenberg
ルヒト
Lucht
Rucht
ルービナ Rubina
ルビーナー Rubiner
ルビナ
Rubina*
Rubiner
ルビナー Rubiner
ルービニ Roubini*
ルビーニ Rubini**
ルビニ Rubini
ルビニョーニ
Rubinjoni
ルビヌス Lubinus
ルビネク Rubinek
ルピネク Lupinek
ルビネック Rubinek
ルビーノ Rubino**
ルビノ Rubino*
ルピーノ Lupino
ルピノ Lupino*
ルビノウ Rubinow
ルビノーヴィチ
Rubinowicz
ルビノヴィッツ
Rubinowicz
ルピノス Rūphīnos
ルビノビッツ
Rubinowicz
ルビノフ Rubinoff
ルビム Ruvim
ルビモフ
Liubimov
Lyubimov
ルピヤ Rupiah**
ルービーヤック
Roubiliac
ルビヤック Roubillac
ルビャンツェフ
Lubjantsev
ルビュール Revault
ルビュルトン
Leburton
ルビラール Rebillard
ルビーリッチ
Ruby Rich
ルビール Rebiere
ルビル Rubil
ルービン
Lubin**
Reuben*
Ruben
Rubin***
Ruvin
ルーピン
Leping
Ruping
ルビーン
Levine
Rubin
ルビン
Rubin**
Rubine
ルピン Ruppin
ルービンシタイン
Rubinstein
ルビンシチェーイン
Rubinshtein
ルビンシテーイン
Rubinshtein
ルビンシテイン
Rubinshtein
Rubinstein
ルービンシテン
Rubinshtein
ルビンジャー
Rubinger
ルービンシュタイン
Rubinshtein
Rubinstein*
ルビンシュタイン
Rubenstein
Rubinshtein
Rubinstein**
ルービンシュテイン
Rubinstein
ルビンシュティン
Rubinshtein
ルビンシュテイン
Rubinshtein*
Rubinshteĭn
Rubinstein
ルビンスキー Lubinski
ルービンスタイン
Rubenstein
Rubinshtein
Rubinstein*
ルビンスタイン
Rubinstein**
ルービンステイン
Rubinstein
ルビンステイン
Rubinstein
ルビンソン Levinson
ルビンダ Lubinda
ルビンチク Rubinchik
ルヒンディ Ruhindi
ルービンファイン
Rubinfien
ルビンファイン
Rubinfien
ルビンフェルド
Rubinfeld
ルーフ
Leuf
Louf
Rouff
ルーブ
Louv
Reuben
Rube*
ループ
Loop
Loup
Lupu
Roup
Rupe
ルフ
Ruff**
Rukh
ルブー Reboux
ルプ Lupu*
ルプー Lupu**
ルーファ Ruefer
ルーファー Rufer*
ルファ Leffa
ルファー
Rouffart
Rufer
ルファイ Rufai
ルーファス
Rufas
Rufus***
ルファス Rufus
ルファート Ruffato
ルファーブル Lefevre
ルファン Rufin
ルフィーヴァ LeFevre
ルフィウス Rūfius
ルフイキリ Rufyikiri
ルフィナ Rufina
ルフィーニ Ruffini*
ルフィニ Ruffini
ルフィニャック
Rouffignac
ルフィーヌス Rufinus
ルフィヌス Rufinus
ルフィネリ Ruffinelli
ルフィーノ
Ruffino
Rufino*
ルフィノ Rufino*
ルーフィーノス
Rouphinos
ルフィーノス
Rouphinos
ルフィン Rufin*
ルーフェ Rufe
ルフェー Lefay
ルフェーヴル
Lefebvre**
Lefèbvre*
LeFevre
Lefevre*
Lefévre
Lefèvre***
ルーフェナハト
Rufenacht
ルフェビュール
Lefébure
Lefebvre
ル・フェーブル
Lefebvre
ルフェーブル
Lefaivre
Lefèbre
Lefebvre***
Lefèbvre
Lefevre*
Lefèvre*
ルフェブール Lefébure
ルフェブル
Lefebvre
Lefèbvre
ルブェーブル Lefèvre
ルフェール Lefert*
ルーフェン Ruijven
ルーフォー Ruffo
ルフォシュー
Lefaucheux
ルフォシュール
Lefaucheur
ルフォーショー
Lefaucheux
ルフォス Rhoûphos
ルフォフスキー
Lvovsky
ルフォール
Leford
Le Fort
Lefort***
ルフォル Lefoll
ルフオル Lefort
ループケ Lubke
ルブサンギーン
Luvsangiin
ルブサンダシーン
Luvsandashiin
ルブサンチュルテム
Luvsanchültem
ルブサンワンダン
Lubsanvandan
Luvsanvandan
ルブシェ Leboucher
ルーフス
Rufus
Rúfus**
ループス Lupus
ルフス
Rufus*
Rūfus
ルプス Lupus
ルフタ Lufter
ルフタネン Luhtanen
ルブタン Louboutin*
ルフチ Ruchti
ルブチェンコ
Lubchenco*
ループチャン
Roopchand
ルブツォフ Rubtosov
ルブツォーフ
Rubtsóv
Rybtsov
ルフット Luhut
ルプティ Lepetit*
ルブティリエ
Lebouthillier
ルーフト Lugt
ルフト
Lucht**
Lufft
Luft
Luhut
ルフトナー Luftner
ループトン Lupton
ルーブナ Loubna

ル

ループナー Rubner
ルブナ Lubna*
ルブナー
Lubner
Rubner
ルブナー Rubner
ループナライン
Roopnaraine
ループナリン
Roopnarine
ルプニク Rupnik
ルブヌ Revenu
ルブーフ Leboeuf
ルブフ Leboeuf
ルーフボロー
Loofbourrow
ルフュー Ruffieux
ルフュエル Lefuel
ルプラト Rupprath
ルブラノ Lubrano
ルフラン
Lefranc
Lefrane
ルブラン
Leblan
LeBlanc**
Leblanc***
Leblang
Lebran
Le Brun
Lebrun***
Levrant
ルブランク LeBlanc
ルブランシュ
Lebranchu
ルプランス
Le Prince
Leprince*
ルブランブシェ
Leblanc-Boucher
ルブリ Loubry
ルブリス Le Bourhis
ルブリック Rubruquis
ルブリナ Lublina
ルブリョーフ Rublyov
ルブリョフ Rublyov
ルブリン
Lublin
Lubline
ルブリンスキー
Lublinski
ループル Ruble
ルブール
Lebourg
Reboul*
Rebour
ルブルク
Le Blouch
Rubruck
Rubruquis
Ruysbroeck
Ruysbroek
ループルック
Rubruquis
ルブルック
Rubruquis
Ruysbroeck
ルブルトン
Lebreton
Leburton

ルブレ Lebret
ルプレー Le Play
ルプレトル Leprêtre
ループレヒト
Ruprecht
ルプレヒト
Rupert
Rupprecht**
Ruprecht**
ルブレフ Rublyov
ルブレフスカ
Rublevska
ルプレボス Leprevost
ループロア Rouvroy
ルフロア
Le Flore
LeFlore
Leufroy
ルプロオン Leprohon
ルフロック LeFloch
ルブロン Leblond*
ルブロンド
Le Blond
LeBlond
ルプンガ Lupunga
ルーベ
Loubet
Roubaix
Rube
ルーベー Loubet
ルーペ Lupe
ルベ
Lebet
Loubet
ルベー
LeVay
Loubet
ルペ
Rupe
Rupé
ルベアーヌス
Rubianus
ルーベイ Rubey
ルベイ LeVay*
ルペイジ Le Page
ルベイス Rubeis
ルベイロ Rebeyrol
ルーベイン Ruben
ルヘイン Lehane**
ルベオ Rubeo*
ルベーグ
Lebègue
Lebesgue*
ルペシュー
Le Pechoux
ルペシンゲ
Rupesinghe**
ルーベス Rubes
ルペスキュ Lupescu
ルベスコ Lebesco
ルペストゥス Rupert
ルベツキ Lubezki
ルベック
Lebesque
Lubeck
Rebecque
ルベッグ Lebesgue

ルベッソン Lebesson
ルベット Lubet
ルベットキン
Lubetkin
ルペテイ Lupetey
ルベトキン Lubetkin
ルベナウ Lubenaw
ルーベニ Reuveni
ルベニ Luveni
ルーペニアン
Roupenian
ルベニス Rubenis
ルベノフ Liubenov
ルベマジエル
Le Bemadjiel
ルヘマン Ruhemann
ルベリウ Reberioux
ルベリウス Rubellius
ルベリエ
Leverrier*
Reverier
ルーベル
Lubell
Rewbell
Rubel**
Rübel
Wrubel
ルベール
Loubère
Ruberl
ルベル
LeBel
Lebel*
Lebél
Lebell
Lubell
Rebel
Rebell
Revel
Rewbell
Rubel
Rubell
ルペール Lepère
ルペル
Rupel
Rupelle
ルペルクス Lupercus
ルベルサ Libersa
ルペルシェ Lepelletier
ルペルシオ Lupercio
ルベルス Lubbers**
ルペルチェ Lepelletier
ルベルチク Lubelczyk
ルーベルチュール
L'Ouverture
ルベルチュール
L'Ouverture
ルベルディ Reverdy
ルペルティ Ruperti
ルペルティエ
Lepeletier
Lepelletier
Lepeltier
ルーベルテュール
L'Ouverture
ルベルテュール
L'Ouverture
ルーペルト
Hrodpert

Rupert**
ルペルト
Rupert*
Ruperto*
ルペルトゥス
Rupertus*
ルベルフェルド
Lubelfeld
ルベルワ Ruberwa
ルベワユール
Reveillere
ルーベン
Reuben**
Rheuban
Rouben*
Rouven
Ruben***
Rubén*
Rueben
Rupen
ルーペン
Leupen
Rupen
ルベーン
Ruben
Rubén*
ルベン
Reuven
Rhoubēn
Ruben**
Rubeń
Rubén**
ルペン
Le Pen**
Rubén
ルーベンシテイン
Rubenstein
ルーベンシュタイン
Rubenstein*
ルーベンス
Reubens*
Rubens***
ルベンスキー
Lubensky
ルーベンスタイン
Rubenstein*
ルヘンバ Ruhemba
ルーベンフェルト
Rubenfeld
ルーベンフェルド
Rubenfeld**
ルーベンホールド
Rubenhold
ル・ボ Lebot
ル・ボー LeBea
ルーボー
Lubowe
Roubaud*
ルーポ Lupo*
ルボ Luvo
ルボー
Lebaud
Le Beau
LeBeau*
Lebeau
Lebeaux
Lebow*
Leveaux**
Rebaud
ルポ
Lupo*
Rupo*

ルーボア Louvois
ルポア
Le Poer
Lepore
ルボウ Lebow
ルボヴィッチ
Lubovitch
ルボウスキー
Lubowski
ルーボーシャッツ
Luboschutz
Luboshutz
ルボシュ
Luboš
Lubosch
ルーボス Lubos
ルポス Rhoûphos
ルボスラフ
Luboslav**
ルボツキー Lubotskii
ルボック Lubbock
ルーホッラー
Rūh Allāh
Ruhollah
ルーボディ
Roubaudi*
ルポート Lepaute
ルポートル Lepautre
ルボーフ LeBoeuf*
ルポフ Lupoff*
ルボベ Lubove
ルボミア Lubomír
ルボミール
Lubomir*
Lubomír*
ルボミル Lubomir
ルボーム Lebeaume
ルホラ
Rouhollah
Ruhollah*
ルボリ Rubboli
ル・ポール Rupaul
ルポール Lepore
ルボルスキー
Luborsky
ルーポルト Lupold
ルボワ LeVoi
ルボワィエ Leboyer
ルボワイエ Leboyer**
ルボワイエール
Leboyer
ルボン
Le Bon
LeBon
Lebon
Revon*
ルポーン LuPone*
ルーマ
Ruma
Rumer*
ルーマー Rumer**
ルマ Ruma*
ルマース Remmers
ルマス Rumas
ルマスター LeMaster
ルマセ Lemasset
ルマソン Lemasson

ル

ルマーチャンド
Lemarchand**
ルーマナス Roumanas
ルマニー Lemagny*
ルーマニエール
Rousmaniere*
ルマーニエール
Rousmaniere*
ルーマニーユ
Roumanille
ルマニーユ
Roumanille
ルマヌ Lumanu
ルマル Lemar
ルマルク
Lemarque*
Remarque
ルマルシャル
Lemarechal
ルマルシャン
Lemarchant
ル・マレシャル
Lemaréchal
ルマレシャル
Le Maréchal
Lemaréchal
ルーマン
Lewman
Luhmann**
Luman
Rehman
Roman
Roumain
Rulon
Ruman
ルマーン Rumaan
ルマン
Leman*
Roumain
ルーミー
Roumi
Rumi*
Rūmī*
ルミ
Remi
Remy
Rémy
Rumi
ルミー Rémy
ルミア Lumia
ルミアナ Rumiana
ルミイ Rémy
ルミエール
Lemierre**
Lumière
ルーミス Loomis**
ルミース Loomis
ルミス Lummis
ルミナティ Luminati
ルミャンチェフ
Rumiantsev
ルーミャンツェフ
Rumiantsev
ルミャーンツェフ
Rumyantsev
ルミャンツェフ
Rumiantsev
Rumyantsev
ルミヤンツェフ
Rumianzev
Rumyantsev
ルミュー
Lemieux*
Lemioux
ル・ミュエ LeMuet
ルミール Lemire
ルミン Lmine
ルーム
Room
Roome*
Rooms
ルム
Loume
Rim
ルームコルフ
Ruhmkorff
ルムシュテル
Rumschöttel
ルムスデン Lumsden
ルムヒ Rumhy
ルムペ Rumpe
ルムペル Rumpel
ルムヤナ Rumyana*
ルムヤンチェフス
Rumjancevs
ルムラン Lemelin*
ルムルク Al-Mulk
ルムンバ Lumumba*
ルーメ Roome
ルメー
Lemay
Rummé*
ルメイ
Le May
LeMay*
Lemay*
Loumaye
Lumeji
ルメイジ Lumeij
ルメイヒ Rumaihi
ルメエトル Lemaitre
ルメジュラー
Lemesurier
ルメット Lumet**
ルメートル
Lemaistre
Lemaitre**
Lemaître*
Lemêtre
ルメトール Lemaitre
ルメーヌ Lemaine
ルメラント Rumelant
ルメリ Lémery
ルーメル
Luhmer*
Rumer
ルメール
Le Maire
Lemaire***
LeMare
Lemerre*
ルメル
Lemel
Rumer
Rummel*
ルメルシェ
Lemercie
Lemercier
ルメルシエ
Lemercie
Lemercier**
ルメルト Rumelt
ルーメルハート
Rumelhart
ルメルル Lemerle*
ルーメン
Roomen
Rumen
ルメン
Le Men
Rumen*
ルーメンズ Rumens
ルモ Lemot
ルーモーア Rumohr
ルモアーヌ
Lemoine
Lemoyne
ルモアヌ Lemoine
ルモアンヌ Lemoine
ルモーテル Remoortel
ル・モニエ Lemonnier
ルモニエ
Lemonier
Lemonnier
ルモニック Lemonick
ルモフスキー
Rumovsky
ルーモール Rumohr
ルモール
Rumohr
Rumor*
ルモロ Rummolo
ルモワーヌ
Lemoine*
Lemoyne
ルモワヌ Lemoine
ルモワン
Lemoine
Lemoyne
ルモワンヌ Lemoine*
ルーモン Reumont
ルモンド LeMond
ルーヤー Rouyer
ルヤィソフ Riayzov
ルヤール Rouillard
ルヤンス Lujās
ルュシアン Lucien
ルュース Luce
ルュステム Rüstem
ルュセイユ Russeil
ルューデンベルヒ
Rudenberg
ルユンベック
Ljungbeck
ルーヨ Lujo*
ルーヨー Lujo
ルヨ Lujo
ルーラ
Lula*
Roula
Rula
ルーラー
Ruler
Ruller
Rurer
ルラ Lula*
ルラーヴ Relave
ルラウサス Llausás
ルラウラドー
Llauradó
ルラギ Luraghi
ルラクリ Raklli
ルラーゴ Lurago
ルラセル Llacer
ルーラック Lulach
ルラッシュ Rurarz
ルーラーデ Roeraade
ルラーブ Relave
ルラマ Lulama
ルラルジュ Lelarge
ルーラン
Rouland
Roulin
ルランギス Lerangis
ルラングァ Rurangwa
ルランジス Lerangis
ルーランス Lieurance
ルーランツ Roelants
ルーラント
Roeland
Roelandt
ルーランド Reuland*
ルランド Leland*
ルーリー
Leury
Loirie
Lurie***
Lury
Rooley*
Ruaidrí
Rury
ルリ
Lery
Lugli
Ruli
ルリー
Luli
Lurie
ルーリア
Louria
Luria*
ルリア
Lulia
Luria**
Luriia
ルリアス Ruelius
ルリアヌス Rullianus
ルーリィ Lury
ルリィシュ Leriche
ルーリエ
Lourie
Lur'e
ルリエ
Loulié
Lourie
Lourié
Lur'e
Rullier
ルリエーヴル
Lelièvre*
ルーリオ Luglio
ルリオ Lulio
ルリキウス Ruricius
ルリジオ Lurigio
ルリダス Louridas
ルーリック Ryurik
ルリック Lulich
ルリッシ Leriche
ルーリッシュ Leriche
ルリッシュ Lerich
ルリッチ Lulic
ルリデック Le Lidec
ルリヤ Luriia
ルリュロン Le Luron
ルーリン
Lurling
Ruhlin
ルール
Leur
L'Eure
Lourd
Luhr
Lulu
Roel
Roëll
Roule
Ruehl
Ruel
Ruhl
Rule**
ルールー Lulu
ルル
Liull
Loulou
Lul
Lull*
Lulu***
ルルー
Leleu
Leleux*
Leloup
Le Roux
Leroux**
L'Heureux
ルルア Rurua
ルルゥ Le Roux
ルルウ Leroux
ルルエ Lerouet
ルールオティチー
Luruodiji
ルルカー Lurker*
ルールカン Rulekan
ルールク Rourke
ルルジム Lulzim
ルルーシュ
Lellouche*
Lelouch*
ルルージュ Lerouge
ルルス
Lulls
Lullus*
Rūllus
ルールストン
Roulston
ルールズマ Roelfzema
ルルツ Lurz**
ルールデ Lourdet
ルールティオズ
Lourtioz
ルルデス Lourdes
ルルデル Lourdel
ルルド Lourdes
ルルヒオ Lurgio
ルルフォ Rulfo**
ルールフセマ
Roelfsema

ル

ルールマン
Lüllmann
Ruhlman
Rulman
ルルラーイ Lullaya
ルルラヤ Lullaya
ルーレ
Leuret
Roulet*
ルレ
Leuret
Lule
ルレー Leray*
ルレイ Leray
ルレカス Lourekas
ルレーナ Llerena
ルレマ Rurema
ルーレマン
Ruhlemann
ルーロー
Reuleaux
Rouleau
ルロア
Leroi*
Le Roy
Leroy*
Reroi
ルロアー Leroy
ルロアール Leloir*
ルロイ
LeRoi
Le Roy
LeRoy*
Leroy**
ルロット Lelotte
ルーロフ Roelof*
ルロフ Roelof*
ルロフス
Lulofs
Ruloffs
Rurohusu
ルーロフセン
Roelofsen
ルロール Lelord*
ルロレント Llorente
ル・ロワ Leroy
ルロワ
Leroi**
Le Roy**
LeRoy
Leroy***
Lerøy
ルロワグーラン
Leroi-Gourhan
ルロワール
Leloir
Leloire
ルーロン Rulon*
ルローン Lelong
ルロン
Lelong**
Roullon
Rulon
ルワイシャン
Rawishan
Ruwayshan
ルワウ Luwawu
ルワカ Lwaka
ルワカイカラ
Rwakaikara

ルワカバンバ
Lwakabamba
ルワシ Lwazi
ルワーズ Rewers
ルワス Ruwas
ルワブオゴ Rwabwogo
ルワブヒヒ
Rwabuhihi
ルワルスキー Lewalski
ルーワン Leeuwen**
ルワン Lujan
ルワンガ Lwanga
ルワンゴムブワ
Rwangombwa
ルワンソーン
Lewinsohn
ルワンヒ Lwanghy
ルーン
Leung
Loon**
Luhn
Roone
Rühn
Rune
ルン
Leng
Leung*
Loong
Lun
Lund
Lung
Lunn
ルンカ Lunka
ルンガ Lunge*
ルンガス Rungas
ルンガルディア
Runggaldier*
ルンガルディエル
Runggaldier
ルンギ Lunghi
ルンキナ Lunkina*
ルンギン Lungin
ルンク Rung
ルング
Lung
Lungu*
ルンクヴィスト
Lundquist
ルーングレルングスーク
Roongrerngsuke
ルングワングワ
Lungwangwa
ルンケ Runge
ルンゲ
Lunge
Runge**
ルンケウィチ
Runkevich
ルーンケン Ruhnken
ルンゲンハーゲン
Rungenhagen
ルンシマン Runciman
ルンシン Leung Shing
ルンス Luns**
ルンストレーム
Runnström
ルンスワン
Reungsuwan

ルンセニ Lounsény
ルンセン Run-sheng
ルンダ
Lunda
Lunde
ルンツ Lunts
ルンデ
Lunde***
Runde
ルンディング Lunding
ルンデグ Lundeg
ルンデクヴィスト
Lundequist
ルンデクバム
Lundekvam
ルンデゴールド
Lundegardh
ルンデゴルド
Lundegardh
ルンデスタッド
Lundestad*
ルンデベルク
Lundeberg
ルンデル Rundel
ルント
Lund*
Lunt
Rund
ルンド
Lund**
Rund
ルンドヴァル
Lundwall
ルンドゥウェ Lundwe
ルンドゥプ Lhundrup
ルンドガード
Lundgaard
ルンドキスト
Lundquist
Lundqvist
ルントク Luṅ-rtogs
ルンドクィスト
Lundquist
ルンドクイスト
Lundquist
ルントクヴィスト
Lundqvist
ルンドクゥイスト
Lundquist
ルンドクヴィスト
Lundkvist*
Lundqvist
ルントクビスト
Lundqvist
ルンドクビスト
Lundqvist
ルントグレーン
Lundgreen
ルンドグレーン
Lundgren
ルンドグレン
Lundgren**
Rundgren*
ルントシュテット
Rundstedt*
ルントシュトレーム
Lundström

ルンドステット
Lundstedt
ルンドストレーム
Lnudström
Lundström
ルンドバーグ
Lundberg
ルンドバル Lundwall
ルンドビー Lundbye
ルンドブラッド
Lundblad*
ルントベリ Lundberg
ルンドベリ Lundberg
ルンドベリー
Lundberg
ルンドベリィ
Lundberg
ルンドベル Lundberg
ルントベルク
Lundeberg
ルンドベルク
Lundberg
ルンドベルグ
Lundberg
ルントボルク
Lundborg
ルンドホルム
Lundholm
ルンナン Rung-nan
ルーンバ Loomba
ルンパ Lung pa
ルンバウト Rumbaut
ルンバック Lembach
ルンバラ Lumbala
ルンビ
Lumbi
Lundby
ルンビー Lundby
ルンプ
Rump
Rumpf
ルンフィウス
Rumphius
ルンブイエ Lumbye
ルンブウェ Lumbwe
ルンプラー Rumpler
ルンブレラス
Lumbreras
ルンベア Lundberg*
ルンベッキ Lundbäck
ルンベラ Lumbera
ルンベルク
Lundberg*
ルンベワス
Rumbewas
ルーンホウト
Loenhout
ルンマ Rumma
ルンマー Lummer
ルンメイ Lun-mei*
ルンメニゲ
Rummenigge*
ルンメル
Rummel
Rummell

【レ】

レ
Le***
Lé
Lê*
Ra
Rais
Re
Ré
Retz
Rey
Wreh
レー
Lai
Lay
Le*
Lê*
Lee
Rae
Rais
Ray*
Re
Rea
Ree
Rée
Reh
Retz
Rey*
レーア
Lear
Lehr*
Löhr
Rea*
Röhr
レア
Lair
Lea**
Léa*
Leah**
Lear
Lehr
Leia
Löer
Rea**
Rehr
Rhea*
レアー
Lehr
Loehr
レアウ Leal
レアヴィ Reavis*
レアオン Leão
レアージュ Réage
レアシュ
Reach
Réache
レアゾン Reason
レアーダム Rørdam
レアッツ Reatz
レアテギ
Reategui
Reátegui
レァード Laird
レアード
Laid
Laird***
レアド Laird*
レアブア Leabua*
レアマー Laermer
レアミー Laremy
レアーメ Reame

レアモア Lairmore
レアーリ Reali
レアリ Réaly
レアリー Leary*
レアリーノ Realino
レアール
Leal
Rhéal
レアル
Leal***
Real
Réal*
Rheal
レアルサンチェス
Leal Sanches
レアルド Realdo
レアルフォンツォ
Realfonzo
レアーレ Reale
レーアン
Layens
Rehan
レアン
Lean
Leão
Réan
レアンダ Leander
レアンダー Leander**
レアンテ Leante
レアンデール Leander
レアンデル Leander
レアンドリ Leandri
レアンドロ Leandro**
レアンドロス
Leandros
レァーンロード
Ruangroj
レイ
Lai**
Lay***
Laye
Le
Lê
Lei*
Leigh***
Len
Les
Ley**
Lèye
Leys
Li
Rae***
Raj
Ray***
Raye**
Raymond*
Rea*
Reah
Reay**
Rej*
Rey***
Reynaldo
Wray**
レイア
Leah*
Lehr**
Leyah
レイアタウア Leiataua
レイアマン Lehrman
レイアロハ Leialoha
レイイェン Reijen
レイヴ
Lave
Leif
レイヴァ Leiva
レイヴァー Laver
レイヴァーズ Lavers
レイヴァリ Lavery
レイヴァリー Lavery
レイヴァル Revel
レイヴァン Lavan
レイヴァンズクロフト
Ravenscroft
レイヴィスカ Leiviskä
レイヴィック Leivick
レィヴィット Leavitt
レイウィン Raewyn
レイヴィン Lavin
レイヴェン Leeuwen
レイヴェンズクロフト
Ravenscroft
レイヴェンソン
Lavenson
レイヴォー Ravoux
レイヴン Raven*
レイヴンズクロフト
Ravenscroft
レイヴンヒル
Ravenhill
レイヴンホルト
Ravenholt
レイエ
Leye**
Reillier
Reyer
レイェス Reyes
レイエス Reyes***
レイエール Reyer
レイエル
La'el
Leyel
Reyer
レイカー
Laker
Raker
レイガー Reiger
レイガダス Reygadas
レイカールト
Rijckaert
レイガン
Ragan*
Ragin
レイキー Lakey*
レーイキン Leikin
レイキン Lakin
レイギン Ragin
レイキンド Laikind
レイク
Lake**
Leick
Rake
Reich
Wrake
レイグ
Leygues
Reig
レイクウォン
Raekwon
レイクス
Lakes
Raikes
Reichs*
レイクセンリング
Leichsenring
レイクネス Leiknes
レイクフョルドゥ
Reykfjörđ
レイグラフ Leijgraaf
レイクル Raichle*
レイグル Reigle*
レイケ Rijke
レイケルス Rijkers
レイケン
Laken
Rijcken
レイコ Reiko*
レイコウスキ
Reykowski
レイコック Laycock*
レイコフ
Lakoff*
Rakoff
レイコブ Lacob*
レイゴンデュー
Reygondeau
レイサー Reiser*
レイザ Lazar
レイザー
Layzer*
Lazar
Lazer
Raiser
Razor
レイサイド Raeside
レイサス Rathus
レイサーマン
Reitherman
レイサム Latham***
レイザム Latham
レイサラガ Leizarrage
レイサン
Lathan
Lathen*
レイザン Lathen
レィジー Reisie
レイシ Lacey
レイシー
Lacey**
Lacy**
Laithi
レイジ Reij
レイジー Rasy
レイシイ Lacy
レイシェ Reisheh
レイシェル Reichel*
レイシグ Reissig
レイジーシーブ
Lazysheep
レイシッグ Reissig
レイシッチ Rajsich
レイジハー Reiziger
レイシャック Reixach
レイシャルト
Reichardt
レイジュー Laseau*
レイション Leyshon
レイジン Reizin*
レイシング Leisching
レイシンゲル
Reisinger
レイジンダース
Reijinders
レイス
Lais
Leith
Leys**
Luis
Race*
Rase
Raysse*
Reis*
Reiss
レイズ
Lewis
Leys
Raize
Reyes*
レイスィ
Lacey
Lacy
レイスウェイト
Laithwaite
Raithwaite
レイスキン Reiskin
レイスター Leyster
レイステル Leyster
レイステン Leisten
レーイストロプ
Løgstrup
レィスナー Laistner
レイスナー Reisner
レイズナー
Raizner
Reisner
レイズニエツェオゾラ
Reizniece-ozola
レイズニック Rasnic
レーイスネル Reisner
レイスネル Reisner
レイスフェルド
Reisfeld
レイズブルーク
Ruysbroeck
レイズマン
Raisman**
Reisman
レイスロップ
Lathrop*
レイスン Lathen
レイセ Rijssen
レイセスター
Leycester
レイセニウス
Rijssenius
レイセルベルヘ
Rysselberghe
レイセン Leysen
レイゼン
Reisen
Reyzen
レイゼンビー
Lazenby*
レイソー Laiso
レイゾフ Reizov
レイソム Lathom
レイソン
Dyrason*
Leyson
Rayson
レイゾン Raison
レイタ Rheita
レイター Reiter
レイダー
Leider
Rader**
Raida
Raider
Reder
Reidar
レイタウ Leitão
レイタオ Leitão
レイタォン Leitao
レイターマン
Reiterman
レイダーマン
Lederman
Leiderman
レイダル Reidar**
レイタン Leitão
レイダント Radant
レイタンマルケス
Leitão Marques
レイチ
Leitch
Reich
レィチェル Rachel
レイチェル
Racel
Rachael**
Rachel***
Rachelle
Raychelle
Reichel
レイチェルズ Rachels
レイチェンド Reycend
レイチャート
Reichart
Reichert*
レイチャード
Reichard*
レイチャル Rachel
レイツ Reitz
レイツェラル Leitzelar
レイツェル Leitzel
レイッケネン
Raikkonen
レイッシュ Raisch
レイット Raitt**
レイツマ Reitsma
レイテ Leite*
レイティ
Leïty
Leyti
Ratey*
レイティー Ratey
レイディ
Lady
Leydi
Reidy
レイディー Reidy
レイディン Radin
レイテス Leites
レイデン
Laden
Layden*

Leiden
Leyden
Raden
レイデンスドルフ
Leydensdorff
レイデンソン
Ladenson
レイデンバーク
Reidenberg
レイデンバッハ
Reidenbach*
レイデンフロスト
Leydenfrost
レイト
Lait
Raitt
Rejto
Wraight
レイトー Rejtő
レイド
Raidt
Reid**
レイトス Latos
レイトナー
Laettner
Laytner
Leitner
レイドパス Reidpath
レイドマン Laidman
レイドメイカーズ
Rademakers
レイドラー Laidler*
レイドラドゥス
Leidradus
レイトリフ Rateliff
レイドル Radle
レイドロー Laidlaw**
レイドロウ Laidlaw
レイトン
Laton
Layton***
Leighton**
Leyton**
Rayton
レイナ
Raina*
Rayna
Reina***
Reyna
レイナー
Lehner
Leyner*
Rainer**
Rayner**
Raynor*
Reiner*
Reyner
レイナウド Reinaldo
レイナック Reinach
レイナード
Ranade
Reynard*
レイナードソン
Reynardson
レイナム
Lanham
Rainham
レイナル
Raynal
Raynald
Reynald
レイナルディ
Raynaldy
レイナルド
Ranald
Raynald
Reinald
Reinaldo**
Reynald
Reynaldo***
レイニ
Laini*
Rainy
Reini
レイニー
Laney**
Rainey***
Rainnie
Rainy
Raney*
Reaney
Rhaney
レイニア Reinier
レイニアー Reinier
レイニアーズ Regniers
レイニイ
Rainey
Raney
レイニウス Reinius*
レイニエ Rainnie
レイニエイ Rainier
レイニエル Reinier
レイニス Reinis
レイニッシュ Reinsch
レイニール Regnier
レイニル Leinil
レイニールス Leyniers
レイニンガー
Leininger
レイヌ Reine
レイネー Regniers
レイネリス Reineris
レイネル Reynell
レイネルセン
Reinertsen
レイノ Leino**
レイノー
Raynaud**
Raynor
Reinaud
Reynaud*
レイノア Raynor
レイノオ Reynaud
レイノサ Reinoso
レイノーソ Reinoso
レイノソ Reynoso
レイノーラ Leonora
レイノルジ Reinhold
レイノールズ
Reynolds
レイノルズ
Rannells
Raynolds
Reignolds
Reynolds***
レイノールド Reinald
レイノルド
Raynold
Reinold*
Reynold
Reynolds
レイハ
Reicha
Rejcha
レイバ
Leyba
Leyva**
レイバー
Leiber*
Raber
Raver*
Reiber
レイパー
Leiper*
Raper
レイバアン Reyburn
レイバウド Raybaud
レイバカベシー
Leiwakabessy
レイバーズ Lavers
レイバス Leivas
レイバット Laybutt
レイバッハ Leybach
レイバリー Lavery
レイバリック Laverick
レイバーン
Raburn
Raeburn**
Rayburn
Reyburn
レイバン
Laban
Leeuwen
Raban
Rayburn
レイハンプール
Reihanpour
レイヒ
Lahey
Leahy
Rahe
レイヒー
Lahey
Leahy
レイビー
Rabe
Raby**
Reibey
レィビアック Labiak
レイビスカ Leiviskä
レイビラー Rabiller
レイヒル Reihill
レイピーン Lepine
レイピン Lapin
レイフ
Leif**
Leigh
Rafe*
Ralfh
Ralpf
Ralph**
Reif
Reïf
Reiff
Rijff
レイブ
Lave
Leib
Leyb
Rabe*
レイプ Leib
レイファー Rafer
レイフィール Rayfiel*
レイフィールト
Layfield
レイフィールド
Layfield
レイフェイブル
Lefebvre
レイフェルクス
Leiferkus*
レイフォード
Leyford
Rayford*
Wreyford
レイブシュ
Leib
Leibuch
Leybush
Leybusz
レイブシュタイン
Reibstein
レイフス Leifs
レイブソン Laibson
レイブゾン Leibzon
レイプハルト
Lijphart*
レイフマン Reifman
レイブラント
Leibbrandt
レイブル Leibl
レイブルック
Reybrouck
レイフルフ Reiulf
レイブロック Leibrock
レイブン Raven**
レイブンウルフ
RavenWolf
レイブンズクロフト
Ravenscroft
レイベル
Leibel
Reibel
レイヘルド Reiherd
レイベン Raven
レイベンクルブ
Leibengrub
レイベングルブ
Leibengrub
レイベングルプ
Leibengrub
レイベンゾン
Leibenzon
レイホ Rekho
レイボ Leivo
レイボウ Rabow
レイボーヴィッツ
Leibowitz
レイボヴィツ
Leibowitz
レイボヴィッチ
Leibovici
レイボウィッツ
Leibowitz
レイボヴィッツ
Leibowitz
レイポート Rayport
レイボビッツ
Leibowitz
レイホール Rahal*
レイボールド
Raybould
レイボーン
Laybourn
Laybourne
Leybourn
Leybourne
Raborn*
レイマー
Ramer
Raymer
Reimar
Reimer
レイマーズ Reimers
レイマズ Lamothe*
レイマン
Laman
Layman
Lehmann
Leyman
Leymann
Reiman
Reimann
レイマンド
Raimund
Raymond
Raymund*
レイミ
Lamy
Raimi
Reymi
レイミー Ramey*
レイミス Ramis
レイミン Reymin
レイム
Lame
Rehm
Rhame
レイムグルーバー
Laimgruber
レイムス Rhames
レイムボールト
Raimbault
レイムン Reimund*
レイムンド
Raimundo
Raymundo
レイメイカー
Raymaker
レイメナ Leimena
レイメルスワーレ
Reymerswaele
レイメント
Rayment
Reyment
レイモ Raymo*
レイモー Ramo
レイモア Leymore
レイモルド Reimold
レイモン
Laymon**
Raimon
Raimond
Ramon*
Raymon*
Raymond***
Raymont
Reymond
レイモント
Raymond
Reymont*

レ

レイモンド
Laymond
Raimond
Raimund
Ramond
Raymond***
Raymonde
Reymond*
Reymont
レイヤード Layard*
レイヤモン Layamon
レイヨ Reijo
レイヨン Lejon
レィヨンフーヴッド
Leijonhufvud
レイヨンフーヴッド
Leijonhufvud
レイヨンフーフブッド
Leijonhufvud
レイヨンボリ
Leijonborg
レイラ
Laila*
Lalah*
Layla
Leila***
Leïla**
Leyla*
Lila
Raile
レイラー Lalor*
レイラード Leyrado
レイランダー
Rejlander
レイランド
Leyland
Reiland
レィリー Reiley
レイリ Layli*
レイリー
Lary
Railey
Rayleigh**
Reilly**
レイリアン Reiljan
レイリウス Leilius
レイリス Leilis
レイリーン Raylene
レイリング Reiling
レイル
Lael
Leil
Rayl
Reyl
レイルー Raylu
レイルス Reirs
レイルズバック
Railsback*
レイレ Leire
レイレス Reyles
レイローサ
Rey Rosa**
レイワード Rayward
レイン
Lain
Laine**
Laing**
Lane***
Layn
Layne**
Rain**
Raine***
Rayne
Rein**
Rijn
レインヴィル Rainville
レインウォーター
Rainwater*
レインキング
Reinking
レイング Laing
レインゴーア
Reingaard
レインコネ Leingkone
レインゴリト
Reingol'd
レインゴリド
Reingol'd
Reinhold
レインゴールド
Reingold
レインサル
Rainsalu
Reinsalu
レインジャー Rainger
レインズ
Lanes
Raines**
Rains**
Raynes*
Rayns
Reyns
レインスティン
Reinstein
レインズフォード
Rainsford
Raynsford
レインセル Reinsel
レインダース Reinders
レインツリー Raintree
レインデルス
Reynders**
レインバーク Rijnberk
レインハード
Reinhardt
レインハルト
Reinhardt
レインハンマー
Reinheimer
レインビア Laimbeer
レインフェルド
Reinfeld
レインフォース
Rainforth
レインボー
Rainbow**
レインボウ Rainbow*
レインホリド
Reinhold
レインホールド
Reinhold
レインホルト
Reinhold
レインホルド
Reinhold
レインマン Rainman
レインメイヤー
Reinemeyer
レインリーダー
Rheinlænder
レインワンド
Leinwand*
レーウ
Leeuw**
Loew
レーヴ
Leeuw
Loew**
Löw*
レヴ
Lev*
Lévy
レーヴァー Laver
レヴァ Reva
レヴァー Levar
レーヴァイ Revai
レヴァイス Lewis
レヴァイン Levine*
レヴァース Løvaas
レヴァーソン Leverson
レヴァソン Leverson
レーヴァタ Revata
レヴァーティ Levati
レヴァディティ
Levaditi
レヴァティーン
Levertin
レヴァデティ Levaditi
レヴァート LeVert
レヴァートフ Levertov
レヴァトフ Levertov*
レヴァニューク
Levaniuk
レヴァノヴィチ
Levánovich
レヴァーヒューム
Leverhulme
レーヴァリ Lavery
レヴァリー LeValley
レヴァル
Reval
Réval
レヴァルオーマ
Leväluoma
レーヴァルト Lewald
レヴァルト Leward
レヴァルド Lewald
レヴァン Levan
レヴァンジー Levangie
レヴァンソン
Levenson
レヴァンダ Levanda
レーヴァンティ
Levanti
レヴァント Levant
レヴァンドフスキ
Lewandowski**
レーウィ Loewi
レーヴィ
Leevi
Levi***
Lēvi
Loewi*
Loewy
Lowy
Löwy*
レーヴィー Levi
レヴィ Lewy
レヴィ
Lavy
Leavy
Levey
Levi***
Lévi***
Levie
Levy***
Lévy***
Lewi
Lewis
Lewy
Löwy
レヴィー
Levi
Lévi
Levir*
Levy*
Lévy
Löwy
Revie
レヴィア Revere
レ・ウィエン LeUyen
レヴィサン Levithan
レーヴィス
Lavis
Lewis
レウィス Lewis
レヴィス
Levis
Lewis*
レヴィスティック
Levstik
レヴィストラウス
Lévi-Strauss
レウィゾーン
Lewisohn
レヴィゾーン Levison
レヴィータ Levita
レヴィタ Levita
レヴィタス LeVitus
レヴィターン Levitan
レヴィタン
Levitan*
Levitin
レヴィーチン Levitin
レヴィチン Levitin
レヴィツカ
Lewycka**
レヴィツカー Levická
レヴィッキ Reviczky
レヴィッキー
Lewytzkyj
レヴィツキ Levitzki
レヴィツキー
Levitskii
Levitsky
Levitzki
Levitzky
Reviczky
レヴィーツキィ
Levitskii
レヴィック Levick
レーウィッシュ
Löwisch
レーヴィッシュ
Löwisch*
レヴィッチュ
Löwitsch
レーヴィッツ
Levitz
Löwith
レヴィッツ Levits
レーウィット Löwith
レーヴィット
Leavitt*
Levitt
Löwith*
レヴィット
Leavitt*
Levit
Levitt*
Lowith
Löwith
レーウィッヒ Löwig
レーヴィッヒ Löwig
レヴィティン Levitin
レーウィト Löwith
レーヴィト Löwith
レヴィト Löwith
レヴィートフ Levitov
レヴィトフ Levitov
レヴィドワ Levidova
レヴィトン Leviton
レーヴィナ Levina
レヴィーナ Levina
レヴィナ Levina
レヴィナス
Levinas
Lévinas*
レヴィノヴィッツ
Levinovitz
レーヴィヒ Löwig
レヴィブリュル
Lévy-Bruhl
レーヴィーユス Revius
レヴィヨン Révillon
レヴィラ Revilla
レウィラク Rewilak
レーウィル Lerwill
レヴィール Réville
レヴィル
Levir
Revill
Réville
レーウィン Lewin
レーヴィン
Lavin
Lavine
Levin
Levine
Lewin*
Lhévinne
レウィーン Levene
レウィン
LeUyen
Lewin
レヴィーン
Leveben
Levene*
Levien
Levine*
Lewin
Lhevinne
Lhévinne
レヴィン
Leven
Levin***
LeVine
Levine*
Lewin*

Lhévinne
レヴイン Levien
レヴィンサール
Leventhal
レヴィンジャー
Levinger
レヴィンシュタイン
Levinstein
レヴィンズ Leavens
レウインスキー
Lewinski
レヴィンスキー
Levinskii
Lewinski
レヴィンスン
Levinson*
レヴィンソール
Levinthal
レウィンソン
Lewinsohn*
レヴィンソーン
Levinson
レヴィンソン
Levinsohn
Levinson*
レヴィンゾーン
Levinson
Lewinsohn
レウィントン
Lewington
レウヴァン Reouven
レウヴェニ Reuveni
レーウェ Loewe
レーヴェ
Loéve
Loewe*
Lowe
Löwe*
Reve
レヴェ Levet
レヴェア Revare
レヴェイエ Leveillé
レヴェカ Revekka
レヴェク LeVeque
レーヴェース
Revesz
Révész
レウエス Lewes
レヴェスク
Levesque
Lévesque
レヴェスコンテ
Levesconte
レヴェツ Révész
レーヴェツォー
Levetzow
レヴェック
Lévêque
Levesque
Lévesque
Lévesques
レヴェッリ Revelli
レーヴェニヒ
Loewenich
レウェニンギラ
Leweniqila
レヴェリアン Révérien
レヴェリッジ
Leveridge
レヴェリット Leverritt
レウェリン
Llewellyn*
Llewelyn
レヴェリング Levering
レーヴェル Löwer
レヴェール Le Velle
レヴェル
Revel
Revell
Revelle
レーヴェルス Revers
レヴェルズ Revels
レヴェルタ Revuelta
レヴェルティン
Levertin
レーウエルト Lowelt
レーヴェルトッフ
Levertoff
レウエルマルック
Rehuher-marugg
レヴェレンツ Leverenz
レーウェン Leeuwen
レーウエン Leeuwen
レーヴェン Lowen*
レヴェン Leven*
レーヴェンアドラー
Löwenadler
レーヴェンクラーフ
Löwenklav
レヴェンコ Revenko
レーヴェンサール
Leventhal
レーヴェンサル
Loewenthal
レーウェンシュタイン
Löwenstein
レーヴェンシュタイン
Loewenstein
Lowenstein
Löwenstein
レーヴェンシュテルン
Löwenstern
レーヴェンスウェーイ
Ravenswaay
レーヴェンスキョル
Løvenskjld
レーヴェンスクロフト
Ravenscroft
レーウェンスタイン
Loewenstein
レヴェンスン
Levenson
レーヴェンゾーン
Loevensohn
レヴェンソン
Levenson
レヴェンターリ
Levental
レーヴェンタール
Lowenthal
レヴェンタール
Lewenthal
レヴェント Levent
レーヴェントロ
Reventlow
レーヴェントロー
Reventlow*
レヴェントロー
Reventlow
レーヴェントロウ
Reventlow
レーヴェンハイム
Löwenheim
レヴェンバック
Levenback
レーウェンフーク
Leeuwenhoek
レーウェンフク
Leeuwenhoek
レーウェンフック
Leeuwenhoek
レーヴェンフック
Leeuwenhoek
レウエンフック
Leeuwenhoek
レーヴェンヘルツ
Röwenhertz
レヴォ Reveaux
レウォン Rae-won*
レヴォン Levon
レウォンティン
Lewontin
レウキッポス
Leukippos
レヴキン Revkin
レーヴグレーン
Löfgren
レウゴイ Lewgoy
レヴゴヤ Lewgoy
レウサー Reuser
レウジンゲル
Leuzinger*
レーヴス Loewus
レウス Reus
レウスキッポス
Leukippos
レウステアヌ
Leusteanu
レヴスティク Levstik
レーヴステット
Löfstedt
レヴソン Leveson
レウトヴスキー
Leutvskii
レヴニ Levni
レヴニー Levni
レヴハイム Revheim
レウベン
Reuven*
Rivlin
レウリス Leuris*
レウリン Llewellyn
レーヴリング Löfling
レヴリング
Levering
Levring
レウルス Leurs
レーヴン Raven
レウン Leung
レヴン Levine
レヴンウォース
Leavenworth
レーヴンスクロフト
Ravenscroft
レヴンズクロフト
Ravenscroft
レーエ Löhe
レエ Rey
レェーヴェイド Løveid
レェヴェス Révész
レェーエフ Leeuw
レェーシュ Losch
レェースルマイヤー
Röslmeier
レェート Röd
レエナウ Lenau
レエニン Lénin
レェービシ Loebisch
レエプケ Roepke
レエマン Lehmann
レェモン Raymond
レエモンド Raymond
レエライン Loehlein
レエルス Knoeles
レエルモントフ
Lermontov
レエンマーク
Rönnmark
レーオ Leo*
レオ
Léaud*
Leeuw
Leo***
Leó
Léo***
Leon
Leonardo
Leoni
Leopold
Leor
Léos
Lev
Réaux
Reo
レオー
Léaud
Leó
Réau
Réaux
レオヴィギルド
Leovigild
レオカディア
Leokadia
レオカディオ
Leocadio
レオカディス Leocadis
レオーカレース
Leochares
レオカレス Leochares
レオクム Leokum
レオクリティア
Leocritia
レオシュ
Leos
Leoš**
レオス
Leos*
Léos
Leoz
レオステネス
Leōsthenēs
レオータ Leota
レオタ Leota
レオタディウス
Leotadius
レオタール
Leotard
Léotard**
レオチャク Leociak
レオックム Leokum
レオーテ Leaute
レオディエンシス
Leodiensis
レオディス Leodis
レオデガリウス
Leodegarius
レオテュキダス
Leotychidas
Leotychides
レオテュキデス
Leotychides
レオトー Léautaud**
レオドルター
Leodolter
レオーナ Leona
レオナ Leona**
レオナード
Leonard***
Leonhard
レオナール
Leonard*
Léonard*
Léonarl
Leonhard
レオナルダ Leonarda
レオナルダス
Leonardas
レオナルディ
Leonardi*
レオナルディナ
Leonardina
レーオナルド Leonard
レオナルト
Lennart
Leonard
Leonhard
レオナルド
Leonard***
Leonardo***
Léonardo
Leonhard
Reonald
レオナルドゥス
Leonardus
レオナルドヴナ
Leonardovna
レオナルドセン
Leonhardsen
レオナン Leoninus
レオーニ
Leoni**
Leonie
Lionni**
レオニ
Leonie**
Lionni*
レオニー
Leonie***
Léonie**
レオニイド Leonid
レオニウス Leonius
レオニウソン
Leonilson
レオニス Leonys
レオニゼ Leonidze
レオーニダ Leonida

レオニーダ Leonida
レオニダ Leonida*
レオーニダース
Leonidas
Leōnidas
レオニダス
Leonid
Leonidas***
Leōnidas
Leonidis
レオニチェノ
Leoniceno
レオニット Leonid
レオーニデース
Leōnídēs
レオニデス Leōnídēs
レオニート Leonid*
レオニード
Leonid***
Leoníd
Leonide
Léonide
レオニト
Leonid
Leonida
レオニド
Leonid***
Leonide
Léonide
レオニドゥ Leonid
レオニードヴィチ
Leonidovich*
レオニドヴィチ
Leonidovich
レオニードヴィッチ
Leonidovich*
レオニードヴナ
Leonidovna
レオニードビチ
Leonidovich
レオニードビッチ
Leonidovich
レオニードフ
Leonidov*
レオニードブナ
Leonidovna
レオニーヌス
Leoninus
レオニヌス Leoninus
レオニヤ Leonia
レオニラ
Leonila
Leonilla
レオニルデ Leonilde*
レオーヌ Leone
レオーネ
Leon
Leone**
レオネ Leone**
レオネサ Leonesa
レオネック Léonnec
レオネッタ Leonetta
レオネッティ Leonetti
レオネット Leonetto
レオネッロ Leonello*
レオネリ Leonelli
レオネル
Leonel**
Lionel
レオノー Leonore
レオノーア Leonore
レオノア Leonore
レオノヴ Leonov
レオーノヴァ Leonova
レオノヴィッチ
Leonidovich
レオノーウェンス
Leonowens
レオノーウェンズ
Leonowens
レオノウェンス
Leonowens*
レオーノフ Leonov***
レオノフ Leonov
レオノーラ
Leonora***
レオノラ Leonora
レオノール
Eleanor
Leonoir
Leonor**
Léonor
Leonore
レオノル Leonor
レオノーレ Leonore*
レオノレ Leonor
レオノワ Leonova*
レオパイラタナ
Leophairatana*
レオパルディ
Leopardi*
レオパルデイ Leopardi
レオパンド Leopando
レオビギルド
Leovigild
レオビヒルド
Leovigild
Leovigildo
レオブ Leob
レオポリタ Leopolita
レオポリド Leopol'd
レオポリドブナ
Leopoldvna
レオポール
Leopold
Léopold**
レオポル Léopold
レオポルディーナ
Leopoldina
レオポルディナ
Leopoldina
レオポルディーネ
Leopoldine
レーオポルト
Leopold*
レーオポルド Leopold
レオボルド
Leophld
Leopold
レオポールド Leopold
レオポルト
Leopold***
Leopoldo
Leopoldt
レオポルド
Leophld
Leopold***
Léopold***
Leopoldo***
レオポルドヴナ
Leopoldvna
レオーミュール
Réaumur
レオミュール
Réaumur
レオモギー
Leo Moggie
レオーラ Leora*
レオラ
Leola
Leora
レオワルト Leowald
レオーン Leon
レオン
Layyoun
Lean
Leao*
Leon***
León***
Leōn
Léon***
Lèon
Leone*
Leong*
Leung**
Lyon
Rheon
レオンアラルコン
Leon Alarcon
レオンエマニュエル
Léon-Emmanuel
レオンカヴァッロ
Leoncavallo*
レオンカヴァルロ
Leoncavallo
レオンカヴァロ
Leoncavallo
レオンカバッロ
Leoncavallo
レオンカバルロ
Leoncavallo
レオンカバロ
Leoncavallo
レオンキン Leonkin
レオンシオ Leoncio*
レオンシス Leonsis
レオーンス Léonce
レオンス
Leonce*
Léonce**
レオンスカヤ
Leonskaja*
Leonskaya
レオンタイン
Leontyne
レオーンチイ Leontij
レオンチヴィッチ
Leontievich
レオンチウス Leontius
レオンチェヴァ
Leontyeva
レオンチエヴィチ
Leont'evich
Leontievich
レオンチエヴナ
Leontievna
レオーンチェフ
Leontiev
レオーンチエフ
Leontev
Leontiev
レオンチェフ
Leont'ev
Leontief
Leontiev
レオンチエフ
Leontief
Leontiev
レオンチェワ
Leont'eva
レオンチュク
Leonchuk
レオンチュワ
Leont'eva
レオンツィ Leontzi
レオンテ Leonte
レオンティ Leonty
レオンティアス
Leontias
レオンディアス
Leontias
レオンティアデス
Leontiades
Leontiadēs
レオンティウス
Leontius
レオンティェフ
Leontief
レオンティエフ
Leont'ev
Leontief*
レオンティエン
Leontien
レオンティオス
Leontios
Leóntios
Leontius
レオンティオン
Leontion
レオンティドゥ
Leontidou
レオンティーナ
Leontina*
レオンティーヌ
Leontine
Léontine
レオンティーネ
Leontine
レオンティン Léontine
レオントヴィチ
Leontovich
レオントヴィッチ
Leontovich
レオントゥーヴィッチ
Leontovich
レオンナトス
Leonnatos
レオンハート
Leonhard
Leonhart
レーオンハルト
Leonard
Leonardus
Leonhard*
Leonhardt*
レオーンハルト
Leonhard
レオンハルト
Lekonhard
Leonard
Leonardus
Leonhard***
Leonhardt***
Leonhart
レオンハルド Leonard
レオンフォルト
Léonforte
レオンブルーノ
Leombruno
レーカ Rocca
レーカー
Laker
Rekha
レーガ Léga
レーガー
Lager
Reger**
Röger
レカ
Leca
Leka*
Rekha
レカキス Lekakis
レカク Lekhak
レガシュ Regush*
レガス
Legaz
Regás
レガスピ
Legaspi
Legazpi
レガータ Legarda
レカタラ Récatala
レガツォーニ
Regazzoni*
レガツォーネ
Regazzoni
レガッシュ Regush
レカッチマン
Lekachman
レガッツォ Regazzo
レガッツォーニ
Regazzoni
レガット
Legatt
Leggatt
レガート Legat*
レガト Legato
レカナティ
Recanati
Récanati
レカバレン
Recabarren
レガビ Reghabi
レカブ
Rechab
Rhēcháb
レカブレ Lécavelé
レカペヌス Lecapenus
レカペノス Lecapenus
レカーミ Recami
レカミエ Récamier
レーカム Reekum
レガメ Régamey*
レガメー Régamey
レガラ Regalla
レガラード Regalado
レガラド Regalado

レ

レガーリ Regali
レガリ Leghari**
レガーリア Regalia
レガリアヌス
Regalianus
レーガル Legal
レカルカーティ
Recalcati
レガルタ Legarda
レガルダ Legarda
レカルデ Recalde
レカルト Rechardt
レガルド Regaldo
レガーレ Legare
レカーレド
Recared
Rekkared
レカレド
Recared
Reccared
Rekkared
レカーロス Lecaros
レーガン
Ragan
Ragin
Ragins
Reagan**
Regan*
レーキー Leky
レキ Leki
レキー Leckie
レギーア Leguía
レギア Leguía
レギウス Rhegius
レギオモンタヌス
Regiomontanus
レキーク Rekik
レギサモン
Leguizamon
レキシー Lexi
レキシス Lexis*
レギス Regis
レキスヴィル
Lekishvili
レキセル Lexer
レキット Reckitt
レキーナ Lekhina
レギーナ Regina*
レギナ Regina*
レギナド Reginad
レーギナルト Reginald
レギナルト Reginald
レギナルド Reginald*
レギナルドゥス
Reginaldus
レギーネ
Regina
Regine**
レーギノ Regino
レギーノ Regino
レギノ Regino
レギノー Regino
レギノン Regino

レギマンタス
Regimantas
レギャレッテ
LeGarrette
レキャン Recean
レキュ Le Queux
レキュイエ Lécuyer
レギュイエ
Leguillier
Léguillier
レキュイエール
Lecuyer
レキュエー Lecuyer
レギュラ Regula
レキュルール Lécureur
レギールングスラート
Regirngsrad
レギーン Legien
レギンスカ Leginska
レーク
Lake***
Loek
Reeg
Reek**
レク Lekh
レグ
Legh
Reg**
レグイ Reguly
レグイザモ
Leguizamo*
レクイン Lequin
レクエ Lekue
レグエラ Reguera
レクエロ Recuero
レクオ Lequio
レクオーナ
Lecuona
Lucuona
レクオナ Lecuona
レグコビット Legkobit
レグコフ Legkov*
レクサ Lexa*
レクサー Lexer
レクザンスカ
Leszczynska
レクシー
Lexi*
Lexie
レクシス Lexis
レグシュ Regush
レクス Rex
レクスィー Lexy
レクスフォード
Rexford
レクスロス Rexroth**
レクスロート
Rexrodt**
レクセル
Leksell
Lexell
レクソ Rekso
レクソー Lexau
レクソディメジョ
Reksodimedjo

レクソハディプロジョ
Reksohadiprodjo
レグソン Legson
レクター
Lechter*
Rector**
Rekhter
レグターズ Legters
レークタック
Lake-tack
レクチャリョフ
Lekchalëv
レクト
Lecht
Recto
レクトシャッフェン
Rechtschaffen*
レクトマン Lechtman
レクトール Rector
レクトン Lekuton
レークナー Rögner
レーグナー Rögner
レクナー Lechner
レグナ Legna*
レクナート Lekhnāth
レグナール Regnault
レグニアー Regnier
レグニアーズ Regniers
レクニィツ Rognitz
レグニツァ Legnica
レグニツィ Legnicy
レーグニッツ Rognitz
レクニャー Regnier
レグネール Regnér
レグネル
Regnell
Regner
レクパ Legs pa
レクフレール
Lescouflair
レクペ Legs pa'i
レグボルト Legvold
レグボルド Legvold
レグホーン Leghorn
レグマン Legman
レグミ
Regmi
Regumi
レクヤ Reckya
レーグラ Regula
レクラ Recla
レクラー Lechler*
レグーラ Regula*
レグラ
Regla*
Regula
Röggla*
レグラー
Legler
Regler
レクラウ Reklau
レグラギ Regragui
レクラーク Leclerc
レークラム Reclam

レクラム
Leklem
Reclam
レグリー Legaré
レクリヴァン
Lécrivain
レクリューズ Lécluse
レークリン Röglin
レグリンディス
Reglindis
レーグル Laigle
レクール Lescœur
レグルス Regulus
レクレー Lecrae
レグレ Legre
レクレール Leclerc
レグレンツィ Legrenzi
レグレンツィオ
Legrenzio
レクロー Le Clos
レクロアール Lécroart
レグロス LeGros
レグロッタリエ
Legrottaglie
レクロン Le Cron
レクンコフ Rekunkov
レクンズ Lekoundzou
レーケ Rijke
レーゲ Rege
レゲァスティ
Legerstee
レゲイフェロス
Requeiferos
レゲイロ Regueiro
レゲヴィー
Legewie
Leggewie*
レゲカムプフ
Reghecampf
レゲザ Legeza
レゲジー Regezi
レケスウィント
Recceswinth
レケスヴィント
Recceswinth
レゲセ
Legese
Legesse
レゲゼル Regasel
レケセンス Requeséns
レゲツ Regez
レゲット Leggett**
レケテケテ Leketekete
レケト Lekhetho
レーゲナー Regener
レケーナ Requena
レケナ Requena
レーゲニ Régeny
レゲーニ Régeny
レゲニー Régeny
レーゲニュ Régeny
レケネ Lekene
レゲフ Regev

レゲブ Regev
レケムチューク
Rekemchúk
レゲーラ Reguera
レーゲル Regel
レゲール Leguere
レーケン Löhken
レーゲン Roegen**
レーケンス Leekens
レーゲンスブルク
Regensburg
レゲント Legent
レーケンパー
Rehkemper
レゲンバヌ
Regenvanu
レーゲンボーゲン
Regenbogen
レーゴ
Rago
Rego*
レコ Leko*
レゴ
Legaut
Lego
Rego**
レゴィオス Regoyos
レゴイオス Regoyos
レコタ Lekota**
レゴツイ Regőczy
レゴツキ Legocky*
レコード
Record
Recorde
レゴネッサ Regonessa
レコバ Recoba*
レーコフ Lakoff
レコムテ Lecomte
レゴーヨス Regoyos
レコラ Rekola
レゴラ Legora
レコルヴィッツ
Recorvits
レコルビッツ
Recorvits
レゴレッタ
Legorreta**
レコンバルムトポンボ
Leckombaloumeto-
pombo
レーサー
Leser
Lesser
Loeser
レーザ Reza
レーザー
Lazer
Leser
Loeser
Löser
Roeser
レサ
Lessa
Lexa
Reza
レサー Lesser*
レザ

Reḍā
Reza**
Rizā
RZA
Rza
レザー
Lazar
Leather**
Redā
Reḍā
Reza**
Rezā*
Rizā
Riżā
レザイ Rezaee*
レザーウッド
Leatherwood
レザウッド
Leatherwood
レザウル Rezaul
レザエ Rezaei*
レザエイ Rezaei
レサオ Lesao
レザク Lezak
レザーザーデ
Rezazade
レザザデ
Reza Zadeh
Rezazadeh*
レザーシッチ
Leathersich
レザック Lezak*
レザーデ Rezazadeh
レサーナ Lezana
レザーノフ
Rezanov
Rezánov
レザノフ
Rezanov
Rezánov
レサビ Lethaby
レサビー Lethaby
レザビー Lethaby
レサビイ Lesaby
レザボロー
Leatherbarrow
レサーマ Lezama
レサマ Lezama*
レーサム Latham
レサム Lethem
レザム Latham
レザーランド
Letherland
レサール Laissard
レザル Resal
レザレン Letheren
レザン Laisant
レザンジェ Reisinger
レザンス Rethans
レザンツェフ
Rezantsev
レーシー
Lacey**
Lacy**
Racey
レシ
Lesi
Lleshi*
Resh
レシー Laissy
レジ
Reg**
Regge
Regi
Regis
Régis*
Regy*
Régy
レジー
Regge
Reggie***
Regie
Reginald
Régis
レシア Lecia
レジア Lazear
レジアーニ Reggiani
レジアニ Reggiani
レシヴ Lesiv
レジェ
Leger
Léger***
レジェー
Leger
Léger
Rezső
レジエ
Légier
Regier
Rezsö*
レシェク Leszek***
レージェス Reyes
レジェス Reyes*
レシェチッキー
Lešetický
レシェック Leszek
レジェップ Recep
レシェティツキ
Leschetizky
レシェティツキー
Leschetizky
レシェディツキー
Leschetizky
レシェートニコフ
Reshetnikov
レシェトニャーク
Reshetnyak
レシェトフ Reshetov
レシェトフスカヤ
Reshetovskaia
レジェノ Legeno*
レジェピ Rexhepi
レジェブ Rexhep
レジェプ
Recep*
Redzhep
Rejep
Rexhep**
レジェプドゥルディ
Redzhepdurdy
レジェポフ Rejepov
レジェモルテル
Regemorter
レシェラデウ
Lešehradu
レジェール Léger
レジェン Legien
レジェンド Legend*
レジェンドラ
Rajendra
レシェンバック
Reichenbach
レージオー Rouzioux
レシオ Recio
レジオ
Reggio
Régio
レシオフ Leschiov
レシグ Resig
レジシ Legizi
レシシアン Letitia
レジース Régis
レジス
Regis**
Régis***
Rejis
レジスター Register*
レシチェフ Lemechev
レジーチカ Růžička
レシチニスキ
Leszczyński
レシチンスカ
Leszczynska
レシチンスキ
Leszczyński
レシチンニスキ
Leszczyński
レジツキー Rezitskii
レシック Resick
レーシッチ Rajsich
レシット Reshit
レジット
Legget
Legit
レジティーミュ
Légitimus
レシト Reshit
レージナ Regina
レジーナ
Regina**
Regine*
レジナ Regina**
レジナード Reginald
レジーナパズ
Regina Paz
レジナーリウス
Resinarius
レジナリウス
Resinarius
レジナルド
Reginald***
Reginaldo
Resinald
レジナルドゥス
Reginaldus
レジーニ Regini
レシニェフスキ
Leśniewski
レジニナ Lezhnina
レシーニョ Rescigno
レジーヌ
Regine*
Régine***
レージネヴァ
Lezhneva*
レシネス Resines
レシーノス Recinos
レシノス Recinos
レジノルド Reginold
レジミ Redjimi
レシミャン Leśmian
レーシャ Lesia*
レージャー
Leisure
Rager
レシャ
Lesia
Lesya
レシャー Löscher
レジャ Leja
レジャー
Ladger*
Ledger
Leger*
レジャーイーザーデ
Recâîzâde
レジャイザーデ
Recâîzâde
レシャイナ Reshaina
レジャヴァ Lezhava
レシャソー
Lechasseur
レシャッド Reshad
レシャード
Reshad
Reshard
レシャト
Resat
Reşat
Reshat
レジャード Ledgard
レシャヌ Lesanu
レジャーヌ Réjane*
レジャヌ Réjane
レジャバ Lezhava
レジャレン Lejaren*
レジャン
Regent
Régent
Réjean
レジャンダー
Le Gendre
レシャンバック
Reichenbach*
レーシュ
Loesch
Resh
レージュー Laseau
レシュ
Laissus
Lesch
Lesh
Loesch
Losch
Resch
Resh
レシュー Lesjø
レジュ Réju
レジュア
Laizure
Lesieur
レシュカ Leska
レシュケ Reszke
レシュジナー
Leschziner
レシーユス Lessius
レシュチンスキ
Leszczyński
レシュナー Leshner
レジューヌ Lejeune
レジュネ Lejeune*
レージュネフ Lezhnev
レーシュブルク
Löschburg
レシュブルク
Loschburg
Löschburg*
レシュマ Reshma
レーシュマン
Leishman
Röschmann
レシュミ Reshmie
レシュレン Reichlen
レジュロン
Legeron
Légeron*
レジューン Lejeune
レショートニコフ
Reshetnikov
レジョナルド Reginald
レジョリー Le Joly
レショーン
LeSean
LeShaun
レジョンガー
Lesjongard
レションスキー
Leschonski
レジリオ
Regilio
Regillio
レーシン Lesin
レシン Rösingh
レジン
Lezin
Raassōn
レージング Resing
レジンスカ Leginska
レシンスキー
Leschinsky
レジンスク Lezinsk
レジンスター
Reginster
レース
Lees
Race
Raeth
Rais
レーズ Raisz*
レス
Les***
Leslie
Less
Leß
Leth
Rais
Res
Ress
Retz
レスィア Leccia
レスィーグ LeSieg

レ

レスウィック
Leswick*
レスウイック Leswick
レスヴィック Reswick
レスカァボラ
Lescarboura
レスカアボラ
Lescarboura
レスカイ Leskaj
レスカス Lescasse
レスカニック Leskanic
レスカーノ Lezcano
レスカノ
Lescano
Lezcano
レースガフト Lesgaft
レスキ Lesky
レスキー
Lesky
Roesky
レスキュール Lescure
レスキュレル
Lescurel
L'Escurel
レスキリアン
Reschiglian
レスキーン Leskien
レスキン Leskin
レスキンド Reskind
レスク Lesk*
レスクライド Lesclide
レスクワ Lescroart*
レスケ Reszke
レスゲン Roesgen
レスコ
Lescot*
Lethco
レスコー Lescot
レスコヴァル Leskovar
レスコーニ Resconi
レスコバ Rezkova
レスコヒア Lescohier
レスコーフ Leskov
レスコフ Leskov*
レスコラ Rescorla
レスゴールド Lesgold
レスコルネル
Lescornel
レスコワ
Leskov
Leskova
レズシュ Rezso
レスゼック Leszek
レスタ
Lester
Resta*
レスター
Laseter
Leicestea
Leicester*
Les
Lester***
Leycester
レスターク Restak
レスタク Restak
レスタック Restak*
レスターディウス
Laestadius
レスタディウス
Laestadius
レスタニー Restany**
レスタリ Lestari
レスタル Lester
レスタンディ
Lestander
レスチンスキー
Lestschinsky
レスツォワ
Restzova
Reztsova
レスティエンヌ
Lestienne*
レスティーノ Restino
レスティフ Restif
レステリーニ
Restellini*
レステル
Lestel
Röstel
レーズデン Leusden
レスト Rest
レストゥー
Restout
Restoux*
レストウ Restout
レストカール
L'Estocart
レストック
Lestocq
L'Estocq
レストナック
Lestonnac
レストマン Lesman
レストラード Lestrade
レストラング
L'Estrange
レストランジュ
L'Estrange
レストレーポ
Restrepo**
レストレポ
Restrepo**
レストレンジ
L'Estrange
レストン
Leston
Reston*
レースナー Reisner
レスナー
Lesnar*
Lessner
Resner
Ressner
Rössner
Rößner
レズナー Reznor*
レスニー Lesnie
レスニアク Lesniak
レスニク Resnick
レズニク
Resnik*
Reznik
レズニコー Resnicow*
レズニコウ Resnicow
レズニコフ
Reznikoff*
Reznikov
レズニチェク
Reznicěk
レスニチェック
Rezniček
レズニチェック
Rezniček
レズニチェンコ
Reznichenko
レスニック
Lesnick
Resnick
レズニック
Resnick***
Resnik*
Reznick
Reznik
レスピオー Lespieau
レズビオ Lésbio
レスピーギ
Respighi**
レスピナス
Lespinasse
Lesspinasse
レスブリッジ
Lethbridge
レスブロ Lesbros
レスペランス
L'Esperance
レスマイヤー
Ressmeyer
レスマン
Lessmann*
Resman
Rethman
レースラー Roesler
レスラ Ressler
レスラー
Resler
Ressler*
Roesler
Rösler**
Rossler
Rössler*
Rsler
レズラズィ Rezrazi
レスリ Leslie*
レスリー
Lesley**
Lesli
Leslie***
Lesly
Lesslie
レズリ Leslie
レズリー
Lesley***
Leslie***
レズリア Lesléa
レスリイ Leslie
レズリィ Leslie
レスリエ Leslie
レスリスバーガー
Roethlisberger
レスール Resul
レスル Lössl
レスールザーデ
Rəsulzadə
レスルベルディ
Resulberdy
レスレクシオン
Resurrección
レースレル Roesler
レスレール Reszler
レスロー Leslau
レースン Lathen*
レスン Lesun*
レーゼ Reese*
レゼ
Lezey
Reiser
レゼー
Lezey*
Lézey
レーゼウィッツ
Resewitz
レセギエ Rességuier
レゼク Leszek*
レセスビント
Recesvinto
レセップス Lesseps
レーゼナー
Lösener
Rösener*
レゼピ Redzepi*
レセプス Lesseps
レゼプバイ Rezepbai
レセホ Lesego
レゼポブス
Redzepovski
レセム
Lessem
Lethem**
レーゼル Rösel*
レセル Lexell
レゼルス Lessells
レセルソン Lesserson
レーセン Resen
レゼンジ Rezende
レゼンデ
Resende*
Rezende
レゼンテス Rezentes
レソ Leso
レゾ Rezo
レソェ Laessøe
レソス Rhesos
レゾット LeZotte
レソバヤ Lesovaia
レソフスキー
Ressovsky
レソール Wreathall
レソレ Lesole
レゾン
Raison
Razōn
レソンダック
Lesondak
レーター Löther
レーダ
Leda*
Rada
Réda
レーダー
Lader
Leda
Leder*
Leeder
Rader**
Raeder
Reder
Rehder*
Roeder
レタ
Leta
Rheta
レダ
Leda*
Reda
Réda**
レダー
Leder*
Rödder
レタウ
Lettau
Retau
レダウェイ Reddaway
レターナ Retana
レタナ Retana
レーダーバーク
Lederberg
レーダーバーグ
Lederberg**
レダーバーグ
Lederberg
レダーハンドラー
Lederhandler*
レタベック Letavec
レタマル Retamar**
レーダーマン
Lederman**
レターマン
Leterman
Letterman*
レダーマン
Lederman*
Ledermann
レダミール Vladimir
レダラー Lederer
レタラック Retallack*
レタリック Retallick
レダローゼ Ledderose
レタン L'Etang
レダン
Ledan
Ledden
Redan
Reddan
レチ Réczi
レチー Rechy*
レチウス Retzius
レチェバ Letcheva
レーチェル
Racel
Rachel**
レチキン Redkin
レチクス Rheticus
レチッチ
Lečić
Rechichi**
レチナー Lechner
レーチネン Lehtinen
レチフ
Restif*
Rétif
レチン Lechín
レツ Retz

レツァツィ Letsatsi
レツィ Retty
レツィウス Retzius
レツィエ Letsie**
レツィン
Raassōn
Rezin
レツェル Letzel
レツォサ Letsosa
レッカー
Lecker
Recker
レッカイ Lekai
レッカート Leckart
レッカード Lechard
レッキ Lecky
レッキー
Leckey
Leckie**
Lecky
レッギー
Luggi
Reggie
レツキー Letsky
レッキア Recchia
レック
Leck
Löck
Reck
Roeck*
Rökk
Wreck
レッグ
Legg
Legge*
Reg*
レッグガット Leggatt
レックス
Lex**
Rex***
レッグス Legs
レックスハウス
Rexhouse
レックスハウゼン
Rexhausen
レックスフォード
Rexford*
レックスロス Rexroth
レックスロート
Rexrodt
レックスロード
Rexrode
レックナー Reckner
レックナーゲル
Recknagel
レックバリ
Läckberg**
レックホルム Lekholm
レックマイヤー
Reckmeyer
レックマン Leckman
レックリッジ
Leckridge
レックリングハウゼン
Recklinghausen
レッケ
Luecke
Raecke
Recke
レッゲ Legge
レッケル Röckel
レッケルマン
Reckermann**
レッコ Recco
レッサ
Lessa***
Lesser*
Ressa
レッサー
Leser
Lesser**
Loesser
レッジ Reg
レッシア
Recchia
Ressia
レッジアーニ Reggiani
レッシウス Lessius*
レッシェ
Loesche
Losche
Lösche*
レッジェ Regge
レッシグ Lessig*
レッシャー
Lesher
Loscher
Löscher**
Rescher
レッジャー Ledger
レッシャーヴ
Lesschaeve
レッジャーニ
Reggiani*
レッシュ
Lesch*
Lösch*
Rech
Resch**
Resh
Rösch
レッシュマン
Röschmann
レッジョ Reggio*
レッシング
Lessing***
Ressing
レッスル
Lossl
Roessl
Rössl
レッセム Lessem
レッセラー Roessler
レッセル
Lessel
Lessell
Lesser
Ressel
レッセン Lessen
レッセンティーン
Lessenthien
レッソン Raisson
レッタ Letta**
レッター Retter
レッダ Ledda**
レッタウ Lettow
レッターハウス
Letterhaus
レッチ
Reig
Roetsch
レッチー Rechy
レッチウス Retzius
レッチェ Lecce
レッチェル Loetscher
レッチフォード
Letchford
レッチュ Rätsch*
レッツ
Lec
Letts***
Letz
レッツア Rötzer
レッツェ Losche
レッツェリーニ
Lezzerini
レッツェル Letzel
レッツオ Retzow
レッツォウ Retzow
レッツオーリ Rezzori
レッツマット
Letmathe
レッツラフ Retzlaff
レッテ Retté
レッティー Rettie
レッディ Reddi
レッティエリ Lettieri
レッティヒ Rettich*
レッティンガ Lettinga
レッテリ Letteri
レッテルブッシュ
Rettelbusch
レッデン Redden*
レッテンベック
Rettenbeck
レッテンホーヴェ
Lettenhove
レッテンホーフェ
Lettenhove
レッテンマンド
Rettenmund
レット
Leth
Lett*
Lette*
Rett
Rhett**
レッド
Red***
Redd**
Wrede
レッドヴァーズ
Redvers
レッドヴァス Redvers
レッドウィッジ
Ledwidge
レットウィン Letwin
レッドウィン Redwin
レッドウィング
Redwing
レッドウォルド
Redwald
レッドウッド
Redwood*
レッドウルフ Redwulf
レットガー Röttger
レッドガー Röttger
レッドガード Ledgard
レッドクリフ Redcliffe
レッドクリフト
Redclift
レッドグレア Redglare
レッドグレイヴ
Redgrave
レッドグレイブ
Redgrave
レッドグレーヴ
Redgrave
レッドグレーブ
Redgrave**
レッドグローヴ
Redgrove
レッドグローブ
Redgrove
レッドコード Redcode
レットサム Lettsom*
レッドストーン
Redstone**
レッドソム Leadsom
レッドハウス
Redhouse
レッドパス Redpath*
レッドバンク
Redbank
レッドビーター
Leadbeater*
レッドファーン
Redfern**
レッドファン Redfern
レッドフィールド
Redfield**
レッドフォード
Redford**
レッドベター
Leadbetter**
Ledbetter*
レッドヘッド
Red-Head
Redhead**
レッドベリー
Leadbelly
レッドボーン Redbone
レットマン
Letman
Lettmann
レッドマン
Redman***
レッドマンド
Redmond
レッドメイン
Redmayne*
レッドモンド
Redmond*
レッドローブ Redrobe
レッドワルド Redwald
レットン Retton
レッハー Lecher
レッバッハ Retzbach
レッパード Leppard
レッパネン
Leppanen
Leppänen
レッヒ
Lech
Rech
レッピィ Reppy
レッヒェンベルク
Rechenberg
レッヒェンペルク
Lechenperg
レッピヒ Leppich
レッヒベルク
Rechberg*
レッヒャー Lecher*
レッピン Leppin
レッブ Lebbe
レップ
Lepp*
Repp
レッフェル Loeffel
レップス Reps
レップマン
Lepman*
Leppmann
Rebmann
レップレ Lapple
レッフレル Leffler
レッベ Rebbe
レッペ Reppe
レッペネン Löppönen
レッペル Lepper
レツヘルト Letschert
レッペン Reppen
レッメンス Lemmens*
レッヤー Let Ya
レツヤクス Lecjaks
レッラ Lella
レッリ Lelli
レツル Letzel
レッロ
Lello*
Lerro
レーテ Reete
レーデ
Rheede
Wrede
レテ
Lété*
Lethe
Retté
レテー Lettie
レデー Leidy
レーティ
Réthy
Réti
レーディ Redi
レーディー Ledi
レーデイ Rhédey
レティ
Leti
Lettie
Letty
Reti
レディ
Lady*
Leddy
Ledy
Ready
Reddi
Reddie*
Reddy**
Redi

レ

レディー
Lady*
Ready**
Reddie
レディア Lidia
レディアン Ledian
レティエリ Lettieri
レディカー Rediker
レディカン Redican
レティキウス Reticius
レティグ Rettig
レディグ
Radig
Redig
レーティクス Rheticus
レティクス
Rhaeticus
Rhäticus
Rheticus
レティジ Letizi
レティシア
Laetitia**
Leticia*
Letícia
Letitia**
Letiyia
Letizia
レティジア Letizia
レティシャ
Laetisha
Letitia*
レティス Lettice*
レディース Redies
レティスィア Leticia
レティチア Letícia
レティーツィア Letizia
レティツィア
Laetitia
Letizia**
レティッグ Rettig
レディック
Reddick**
Redick
レディッシュ Redish
レーティッヒ Rothig
レティッヒ Rettich
レティティア Letitia
レティニッチ Letinić
レティネン
Lehtinen*
Lyytinen
レティパンニイタ
Letipannita
レーディヒ Ledig
レティヒ Rettich*
レティーフ Retief**
レティフ
Restif*
Retif
レディマン Ladyman
レーディン
Rodin
Rödin
レディーン Ledeen
レディン
Ledin
Radin
レーディング Reding
レディング
Reading*
Redding**
Reding**
レディングズ
Readings*
レデカー Redeker
レテギス Reteguiz
レデケル Redeker
レデコップ Redekop
レデスデール
Redesdale
レデスマ
Ledesma
Ledezma
レデツカ
Ledecka
Ledecká
レデッキー Ledecky**
レデット Ledet
レテーナ Renate
レテノアソヌエ
Reteno Assonouet
レデバー Ledebur
レーデブーア
Ledebour
レーデブール
Ledebour
Ledebur
レーデュ Laydu
レデュク Leduc
レーテラ Lehtelä
レーデラー Lederer*
レデラー Lederer*
レデラック Lederach
レテリエ Leterrier*
レテリエル Letelier
レデリンハイス
Redelinghuys
レーテル
Rethel*
Roethel
レーデル
Raeder*
Redel**
Roder
レテル Roethel
レーデルレ Lederle
レーデルン Redern
レデレル Lederer
レーデン Reden
レテン Letén
レデンティ Redenti
レテンドル Letendre
レデンバッカー
Redenbacher
レーテンバッハー
Redtenbacher
レーデンバハー
Redenbacher
レート
Lehto**
Leto
Roeth
レートー Lehto
レト
Leto
Reto
レトー Leto
レトアール L'Estoile
レトゥ Lettow
レドゥー LeDoux
レドヴァース Redvers
レドヴァーズ Redvers
レドウィズ Ledwith
レドウィッジ
Ledwidge*
レドヴィッツ Redwitz
レトウィン Letwin
レトヴィン Lettvin
レドウォン Ledwon
レドゥク Leduc
レドゥホフスカ
Ledóchowska
レドゥホーフスキー
Ledóchowski
レドゥホフスキ
Ledóchowski
レトガー Röttger
レトキ Roethke*
レトキー Roethke
レドキン Redkin
レドグレイヴ
Redgrave
レドグレーブ
Redgrave
レドグローヴ
Redgrove
レトケ Roethke
レトゲン Röttgen
レドゴロヴ Ledogorov
レドチャウスキー
Ledochowski
レドナー Ledner
レドナップ Redknapp
レートニコフ Letnikov
レドニス Redniss
レドニッキー
Lednicky
レドネフ Lednev
レートネン Lehtonen
レドハ Redha*
レドフィールド
Redfield
レドフォード
Ledford
Redford
レドフスカヤ
Ledovskaya*
レートヘイ Réthelyi
レートベルク
Rethberg
レードベルク
Rethberg
レトベルク Rethberg
レドホーフスカ
Ledóchowska
レドホーフスキ
Ledóchowski
レドマン Redman
レドモン Redmon**
レドモンド
Redmond***
レードラー
Laidler
Roedler
レドラー Lederer*
レードラア Laidler
レドリ Redli
レドリー
Ledley*
Redley
レトリア Letria
レトリスベルガー
Röthlisberger
レートリッヒ Redlich
レートリヒ Redlich*
レドリン Redlin
レドリング Redling
レドリンジャー
Redlinger
レートル Redl
レトル Rettl*
レドル
Redl
Redol
レトレ Réthoret
レドレー Ledley
レドレイ LeDray
レドレール Roederer
レドレル Roederer
レートロー Redlow
レトロイ Letroy
レトロトロ Letlotlo
レトワール L'Estoile
レドワルド
Raedwald
Redwald
レドワン Redwan
レートン
Layton
Leighton
レドン Ledón
レードンヴィルタ
Lehdonvirta
レドンド Redondo**
レーナ
Leena**
Lena**
Rayner
Rena*
レーナー
Lehner*
Lerner*
Löhner
Rehner
レナ
Legna
Lena***
Lene*
Lenna
Rena**
Renna**
レナー
Leiner
Léner
Rener
Rennay
Renner**
レナイスキ Reneysky
レーナウ Lenau*
レナウ Lenau
レナウド Renaud
レーナエル Reynaert
レーナク Reinach
レナス Llenas
レナータ Renata***
レナタ Renata
レナチーニョ
Renatinho
レナーツ Lehnerts
レーナック Reinach
レナック Reinach
レナーテ Renate**
レナテ Renate
レーナード
Leonard
Ranade
レナート
Lenat*
Lennart**
Lennat
Renaat
Renate*
Renato***
Rennert
レナード
Lenard*
Lenhard
Lennard*
Leonard***
Leonhard
Leonhardt
Renard**
Renato*
レナト
Lenat
Renat
Renate
Renato***
レナートゥス Renatus
レナトゥス Renatus
レナーヌス Rhenanus
レナヌス Rhenanus
レーナール Leenhardt
レーナル Raynal
レナール
Leenhardt
Raynal
Regnard
Renard*
レナル
Raynal
Reynal
Reynard
レナルズ
Reynals
Reynolds**
レナールツ Lenaerts
レナルツ Lennartz
レナルデイ Renardy
レーナールト
Lenard
Lénárt
レーナルト
Leenhardt*
Lehnert
Lenard*
レーナルド Reynaldo
レナールト Lenárd

レナールド Lenard
レナルト
Lenard
Lenart
Lenárt
Lennart***
レナルド
Lenard
Renaldo**
Renard
Renauld
Reynaldo
Reynold
レナレズ Reynolds
レナン Renan
レーニ
Laney
Leni
Rainy
Rehni
Reni
レーニー
Laney
Leney
Raney
Rheney
レニ
Leni**
Lenni*
Lenny
Rene
Reni
Rennie
レニー
Laney
Lany
Leni
Lennie*
Lenny**
Leny
Leonard
Renaldo
Renee**
Renée**
Renie
Rennie***
Renny**
Reny
Reynie
レーニア Lenya
レニア
Lénia
Lenya
レーニイ Rényi
レニイ Rényi
レニウ Leniu
レーニウス Rhenius
レニウス Rhenius
レーニエ
Rainier**
Regnier
Regniers
Reynier
レニェ
Régner
Régnier
レニエ
Rainier
Regnier**
Régnier**
Regniers*
Renier
レニエー Régnier
レニエエ Régnier
レニエーリ Renieri
レーニエル Laignel
レニエール
Rénier
Reynière*
レニエル
Lenier
Renier
レニェーロ Leñero
レニカー Reniker
レニキー Roenicke
レニク Renwick
レニケ Rénique
レニース Renesse
レニス Renis
レニソン
Renison
Rennison**
Rennyson
レニータ Renita
レニタ Lenita
レニツァ Lenica
レニッキー Roenicke
レニック
Renick
Renik
Rennick
Renwick
Resnick
レニックス Lennix
レニッケ Renicke
レニッツァ Lenica
レニッヒ Lennig
レニーニ Lenine
レニハン Lenihan*
レーニャ Lenya*
レニヤ Lenya
レニャーニ
Legnaghi
Legnani
レニョー
Regnauld
Regnault
レニョン Régnon
レニール LeNir
レニルデ Renilde*
レーニン
Lenin**
Lénin
レニン
Lenín*
Lénin
レニンガー Leininger*
レーニング
Lehning
Loening
レニング Lønning
レーニンジャー
Lehninger*
レニンジャー
Leininger
レニントン
Lennington
レーヌ
Laine
Lesne*
Reine**
Renu
レヌ Renu
レヌー Renu
レーヌアール
Raynouard
レヌアール
Raynouard
レーヌカ Renuka
レヌッチ Renucci
レーヌワール
Raynouard
レーネ
Laisné
Leene
Lehne
Lene*
Reine
レネ
Laine**
Lainé
Laisne
Lene**
Lenné
Rene**
René*
Reñe*
Réné
Renee
Renée
Resnais**
レネー
René
Renee*
Renée*
レネイ
René
Renee
Renée
レネイグル Reinagle
レネガー Reneger
レネキー Roenicke
レネーグル Reinagle
レネスト Renesto
レネタ Reneta
レネック
Laënnec
Reinegg
レネッケ Lennecke
レネッタ Renetta*
レネップ Lennep*
レネバーグ Lenneberg
レネハン Lenehan
レネフェ Leneve
レネベルク
Roenneberg
レーネラー Lehnerer
レーネル
Lenel
Léner
レネル
Lenéru
Rennell
Reuel
レーネルツ Lehnertz
レーネルト Lehnert
レーネン Rainen
レーノー
Raynaud
Reinaud
Reynaud
レノ
Leno*
Lenos
Raynaud
Reno*
Reynaud
レノー
Lenore
Raineau
Raynaud
Reinaud
Reynaud
Reyneau
レノア Lenore*
レノウェンズ
Leonowens
レノス
Lenos
Lenox
レノックス
Lennox***
Lenox
Renox
レノード
Renaud
Renauld
レノト Renoth
レノビツァ Renovica
レノフ Renoff
レノマ Renoma
レノーラ
Lenora
Leonora
レノラ Lenora
レノール Lenore
レーノルズ
Reynals
Reynolds*
レノルズ
Rainolds
Reynals
Reynolds*
レーノルド Reynold
レノールト Renault
レノルド
Renold
Reynold
レノルマン
Lenormand
レノーレ L'Henoret
レノレ
L'Henoret
L'Hénoret*
レノワール Rainoird
レノン Lennon**
レーバー
Labor
Laver
Leber*
Raeber
Roeber
レーパ Ras pa
レハ Recha
レバ
Lebas
Reva
Rheba
レバー
Lever
Rober
レパ Ras pa
レパー Lepper
レーバァマン
Lebermann
レバイ
Lévai
Rebay
レバイン Levine**
レーバーガー
Rehberger
レバグリアティ
Rebagliati*
レーハーゲル
Rehhagel*
レバサ Rebaza
レバジ Revaz
レバス
Lebas
Revazi*
レパス Reppas
レバソーン Levisohn
レハタ Lehata
レーパチ
Repaci
Répaci
レハチ Lehaci
レパチョリ Repacholi
レハック Rehak
レ・バッシール
Levasseur
レパッチ Répaci
レバート
LeVert
Levert
レパート Leppert
レパード Leppard*
レバトフ Levertov*
レバナ Levanah*
レハニ Rehani
レパニ Lepani
レバニゼ Lebanidze
レバノフ Lebanov
レバノン Libano
レハバム Rechavam*
レハブアム Rehoboam
レハベアム Rehoboam
レバーラー Leberer
レパラタ Reparata
レバリアーティ
Rebagliati
レハール Lehár*
レパルト Repard
レハレタ Lejarreta
レバレンド Rev.
レバロン LeBaron
レーバーン Raeburn
レーバン Raeburn
レハン Lehane
レバン Levan
レパン Repan
レバンジー Levangie
レバンソン Levenson
レバンダー
Leavander*
レバンディ Levandi
レパント Lepant

レ

レバンドフスキ
Lewandowski
レハンヤ Lekhanya**
レーヒー Leahy*
レービ
Levi
Loewi
レービー Loewi
レヒー Leahy
レビ
Leuís
Levi***
Lévi*
Levie
Levy**
Lévy
Lewi
Revy*
レビー
Levi*
Levy*
Lévy
レヒァイス Recheis
レヒアイス
Recheis***
レビアン Levien
レビィ
Levi
Lévi
Levy
レビィット Leavitt
レビィン Levin
レヒコイネン
Lehikoinen
レビコフ Rebikov
レビサン Levithan*
レビーシュ Labis
レービス
Lavis
Lewis
レビス
Lewis*
Reavis
Revis
レビスキー Lewicki
レピズス Lepidus
レピスト Lepisto
レビソン Levison*
レビゾーン Lewisohn
レヒター Lechter
レビタン Levitan
レビチン Levitin
レビツカー Levická
レビッキー Levitskii
レビツキー
Levitskii
Levitsky
Levitzki
レピヅス Lepidus
レビッソーン
Levyssohn
レビッチ
Levitch
Rebic
レピッチ Repicci
レビッツ Levitz
レピッツ Lippitz
レビッツキー Levitzky

レ

レービット
Leavitt*
Löwith
レービッド Löwith
レビット
Leavitt***
Levit*
Levitt***
Levitte
レヒテ Lechte
レピディ Lepidi
レヒティネン Lehtinen
レヒテラ Lehtela
レヒテルス Lögters
レヒテンバーグ
Lechtenberg
レヒト Lehto
レピドゥス Lepidus
レヒトネン Lehtonen*
レビートフ Levitov
レビトレイ Levitre
レヒナー
Lechner**
Löchner
レビーナ Levina
レビナス
Levinas
Lévinas
レヒナルド
Reginaldo*
レヒニツァー Rehnicer
レピーヌ
Lepine
Lépine
レピネ Lépinay
レヒネル Lechner
レヒーノ Regino
レヒベルク Rechberg
レビモンタルチーニ
Levi-Montalcini
レヒャト Lechat
レービュー Lay Phyu
レーピュー Lay Phyu
レビュ Rebut
レビュション
Trébuchon
レビュファ
Rebuffat
Rébuffat**
レヒラー Lechler
レピラ Repila
レビリエーゴ
Reviriego
レヒリオ Regilio
レビリャヒヘド
Revillagigedo
レヒリング Röchling
レビール Levir
レビル Revill
レビルス Rebilus
レビロー Rebillot
レービン
Lavin
Levin
Lewin
レーピン Repin**

レビーン
Leveen
Levene
Levien
Levine**
レビン
Lavin
Levene
Levin***
Levine***
Lewin*
Lhévinne
Rabin
レビンズ Levins
レビンスキー Lewinski
レピンスキー Repinski
レビンソール
Levinthal*
レビンソン
Levenson
Levinsohn
Levinson**
レービンダー
Rehbinder
レビントン Levinton
レピントン
Repington
Repyngdon
レーフ
Leif*
Lev
Lööf
Ralph
レーブ
Lave
Leeb
Lev
Loeb
Loew
Rabe**
Raeve
Rèbe
Reeb
レープ
Leeb
Leob
Löb
Loeb
レフ
Lech**
Leff
Lehu
Leo
Lev***
Lew
レブ
Lebbe
Lev**
Reb*
レファーツ Lefferts*
レファート Refardt
レファニウ Le Fanu
レファニュ
Le Fanu
LeFanu
レファルト Refardt
レファロ Refalo
レフィ Levi
レフイ Levy
レブィー Levi
レフィク Refik
レフィスゾーン
Levijssohn
Levyssohn

レフィーチェ Refice
レフィチェ Refice
レーフィッシュ
Rehfisch
レブイーヌス
Lebuinus
レフィロエ Refiloe
レフィン Reffin
レブイン Lebuin
レフィングウェル
Leffingwell*
レーフェ Reve
レフェビュア Lefebure
レフェーブル Lefebvre
レフェブル
Lefebvre
Lefevre
レフェブレ Lefèbre
レフェルス Levels
レブエルタ Revuelta
レブエルタス
Revueltas
レーフェルト Lehfeldt
レーフェルド Rehfeld*
レフェルト Lefeld
レフォース LeForce
レフォード Wreford
レフォールト Lefort
レフォルマツキー
Reformatsky
レフォーレン Lefoulen
レフカ Levka
レプカ Repka
レフキ Loeffke*
レブキン Revkin*
レーフグレン
Lofgren
Löfgren
レプケ
Repke
Röpke
レープゴー Repkow
レフコ Lefco*
レプコー Repkow
レプコ Repko
レプゴー
Repgow
Repkow
レプゴウ Repgow
レフコウィッツ
Lefkowith
Lefkowitz*
レプコウスキー
Rzepkowski
レプゴオ Repkow
レフコート Lefcourt*
レフコビッチ
Lefkovitz
レフコビッツ
Lefcowitz
Lefkovits
Lefkovitz
レフコーブィット
Legkobyt
レブザ Reboza
レーブザック Löbsack

レブサマン Rebsamen
レブジアク Lebziak*
レプシウス Lepsius*
レフシェッツ
Lefschetz
レプシス Repshis
レプシンガー
Lepsinger*
レーフス Leifs
レプス
Leps
Reps
レフスキ Levski
レプスキー Lepschy
レフスティク Levstik
レフステット Löfstedt
レフスナイダー
Refsnyder
レプセ Repše*
レブソルト Repsold
レプソルト Repsold
レフソン Leffson
レブソン
Leveson
Revson
レプチェック
Repcheck
レフチェフ Lévchev
レフチェンコ
Levchenko
Levcheňko
Levtchenko
レフチェンコワ
Levtchenkova
レプチンスキー
Repchinsky
レプッチ Repucci
レーフテ Leegte
レフティ Lefty*
レプティネス Leptinēs
レフティマキ
Lehtimäki
レフテリ Lefteri
レフテル Lefter
レフト
Left
Regt
レフトウィッチ
Leftwich
レーブトン Leveton
レプトン Repton
レープナー Rebner
レブナ Lebna
レブナグ Lebnag
レプニン Repnin
レブハー Lebhar
レフフィッシュ
Rehfisch
レブホルツ Rebholz
レープマン
Löbmann
Rebmann
レブマン Leibman
レフラ Rehula
レフラー

Leffler*
Leflar**
Lefler
Loeffler*
Löffler***
レブラ Lebra
レプラ Lepra
レブラシャ Rebraca
レブランク Leblanc
レフラント Lefrant
レフリー
Lefley
Lifley
レプリ
Lepre
Lepri
レブリク Leblich
レブリャーヌ
Rebreanu*
レブリャヌ Rebreanu
レブリヤヌ Rebreanu
レプリール Repplier
レーブリング
Roebling
レープリンク
Lehbrink
レーブリング Rebling
レブリング Levring
レーブル
Lebl
Lievre
Löbl
レブル
Levolo
Loebl
レフルカ Rehulka
レーブレ Reble
レブレー Reboulet
レプレ Lepre*
レブレクト Lebrecht
レブレトン Le Breton
レーブレヒト Lebrecht
レブレヒト Lebrecht*
レブレヤヌ Rebreanu
レフレル
Leffler
Loeffler
Löffler
レプレール Leipleire
レブレーロ Levrero*
レブロフ Rebrov**
レブロン
Leblond
LeBron*
レプロン
Lepront
Lépront
レーブン
Leven
Raven
レフン Refn*
レブンウォース
Leavenworth*
レブンズクロフト
Ravenscroft
レーベ
Lewe
Löbe*
Loewe
Löwe*
レベ
Levet*
Reve
レペ L'Épée
レベイカ Lebeyka
レーヘイン Leyhane
レヘイン Lehane**
レベウス Lebbeus*
レベカ
Rebeca
Rebecca
Rebeka
Rebekah
レベカー Rebekah
レベコ Reveco*
レベサ Lebesa
レーベジ Lebed'
レベジ Lebed'**
レーベジェヴァ
Lebedeva
レベジェヴァ
Lebedeva
レーベジェフ
Lebedev**
レベージェフ Lebedev
レベシェフ Lebeshev*
レベジェフ
Lebedev**
Lebegev
レーベジェワ
Lebedeva
レベシス Lebesis
レベージャ Rebella
レベジン Loevesijn
レペシンスカヤ
Lepeshinskaya
レペシーンスカヤ
Lepeshinskaia
レペシンスカヤ
Lepeshinskaia*
Lepeshinskaya*
レペシンスキー
Lepeshinski
レーペズ Lopez
レヘスマア Lehesmaa
レペタ Repeta*
レベチェフ Lebedev
レベッカ
Rebbecca*
Rebecca***
Rébecca
Rebekah*
Rebekka
レベッカアットウォーター
RebeccaAtwater
レベック
Lebech
Lévêque*
Lévesque*
Rebeck
Rebek
レベット Levett
レペット Repetto
レベーテ Levete
レヘティネン Lehtinen
レベディンスキー
Lebedynsky
レベデヴ Lebedev
レベデヴァ Lebedeva
レベテス Rebetez
レベデバ Lebedeva
レーベデフ Lebedev**
レベデフ
Lebedeff
Lebedev*
Levedev
レーベデワ Lebedeva
レベデワ Lebedeva**
レペト Repetto
レペトゥーヒン
Lepetukhin
レヘトマキ Lehtomäki
レヘトライネン
Lehtolainen**
レベナ Rébéna
レペニース
Lepenies**
レペニーズ Lepenies
レベネ Levene*
レベノ Leveno
レヘビウール Lefebure
レベヒメネス
Revé Jimenez
レヘブヴル Lefebvre
レーベラ Leberer
レベリエール
Révéllière
レベリン Rebellin
レベリング Levering
レーベル
Löbel
Loeber
Raber
Reber
Réber
レヘル Lehel
レベール
Rabello
Rabelo
Rebello
Rebelo
レベル
Lebel
Raber
Rebel
Rebell**
Reibel
Revel
Revell
Revelle
レーベルガー
Rehberger
レーベルク Rehberg*
レベルク Rehberg
レベルズ Levels
レベルテ Reverte**
レベルティン Levertin
レーベルト Lebert*
レベルト Lebert
レーベレ Loebele
レベレ Rey-Bellet
レーベレヒト
Leberecht
レベレヒト Leberecht
レベレンズ Leverenz
レベロ
Rebello
Rebelo
レベロデソウザ
Rebelo De Sousa*
レベロル Reverol
レーベン
Levene
Raben
Raven*
レベン
Leben
Levent
Reuben
レベンクロン
Levenkron*
レベンコ
Revenco
Revenko
レーベンサール
Leventhal
レベンサール
Leventahl
Leventhal
レーベンジューク
Rebengiuc
レーベンシュタイン
Loewenstein
レーベンシュテイン
Lebensztejn
レーベンズ Lebens
レベンズ Levens
レベンスクロフト
Ravenscroft
レーベンスブルク
Rebensburg**
レーベンソール
Leventhal
レーベンゾーン
Lebensohn
レベンソン
Levenson**
Revenson
レベンゾーン
Lebensohn
レベンゾン Lebensohn
レベンターリ
Levental'
レーベンタール
Leventhal
レーベントラウ
Lebentrau
レベントロー
Reventlow
レーベントロウ
Reventlow
レーホ Rekho
レーボー Reybaud*
レボ
Lebo
Reveaux
レボー
Leboo
LeBor
Rebbot
レポ Lépeaux
レポー
Lépeaux
Lepor
レボウ Lebow
レボヴィシ Lebovici
レボーヴィチ Levovich
レボウィツ Lebowitz
レボヴィツ Leibowitz
レボヴィック Lebovic
レーボヴィッツ
Leibowitz
レボウィッツ
Lebowitz*
レボヴィッツ
Leibowitz*
レポウスキー
Lepowsky
レポシアヌス
Reposiānus
レボジェド Rebolledo
レボジョ Rebollo
レポーズ Repoz
レホツキー Lehoczky
レポート Lepaute
レボナマン
Lebonamang
レーホニ Lechoń
レホニ Lechoń
レボネト Rebonato
レポネン Reponen
レポノ Lepono
レボハン Lebohang
レボハング Lebohang
レーホーファー
Lehofer
レホボアム Rehoboam
レーボラ Rebora
レホラ Lehohla
レボリ Rebori
レポリウス Leporius
レポール Lepore
レボールド Lebold
レポーレ Lepore
レポレッシー Leporesi
レホン Lechoń
レボン
Lebbon**
Levon**
レボンチン Levontin
レーマ
Lerma
Rèma
レーマー
Lehmer
Remer
Roemer*
Römer
Rømer
レマ Lema
レマー
Lämmer
Remar
Remer*
レマーク
Remak
Remark
レマク Remak
レマクルス Remaclus
レマーゲン Remagen
レマース Remmers

レ

レマス Lemass
レマスター Lemaster
レマート Lemert*
レーマトゥラ
Rehmatullah
レマニ Lemani
レマーネ Remane
レマメア Lemamea
レーマリー Leymarie
レマリー
Lemery
Leymarie*
レマル Lemalu
レマルク
Remark
Remarque**
レマレンコ
Remarenco
レーマン
Laman
Lehman***
Lehmann***
Lehrman
Leman
Rehman**
Rehmann
レマン
Lehmann
Lemann*
レマンス Lemmens
レマンスキー
Lemanski
レーミ Remy
レミ
Remi*
Rémi**
Remigius
Rémis
Remy*
Rémy***
レミー
Lemmy*
Raemy*
Remy**
Rémy**
レミア Lemire
レミィ
Remy
Rémy
レミイ Remy
レミギウシュ
Remigiusz
レーミギウス
Remigius
レミギウス Remigius*
レミギノ Remigino
レミギユス Remigijus
レミグ Remig
レミージョ Remigio
レーミゾフ Remizov*
レミゾフ Remizov
レミック Remick*
レーミッシュ Ramesh
レミッシュ Lemish
レミディウス
Remigijus
レミナ Lemina
レミヒオ Remigio
レーミュ Raimu
レミュ
Lemieux
Raimu
レミュー
Lemieux*
Lemioux*
レミュエル Lemuel
レミューザ Rémusat
レミュザ Rémusat
レミュズ Remus
レミラード Remillard
レミール Lemyre
レミレ Lemire
レーミン Lemin
レミーン Lemine
レミン Lemine
レミング Lemming
レミングトン
Remington
レミントン
Remington*
レーム
Lame
Lehm
Lerm
Rehm
Röhm**
レム
Lem***
Lemme
Rem**
Rèm
Rhem
レムエル Lemuel
レムキー Lemke
レムキン Lemkin
レムクウィッツ
Remkiewicz
レムクリ Lemkulj
レームクール
Lehmkuhl**
レムクール
Lehmkuhle
レームケ Rehmke
レムケ
Lembcke
Lemke*
Rehmke
レムケス Remkes
レムコ
Remco*
Remko
レームス Lehmus
レームズ Rhames
レムス
Lemus*
Remus
レムセン Remsen
レムゼン Remsen*
レムゾー Lermusiaux
レムソン Remson
レムナル Lemnaru
レムナント Remnant
レムニウス Lemnius
レムニツ Lemnitz
レムニツァー
Lemnitzer*
レムニック
Remnic
Remnick*
レムニッツ Lemnitz
レムピキ Lempicki
レムピツカ Lempicka
レームヒルト
Römhildt
レムプ
Lemp
Lempp
レムファー Rempfer
レムフリー Remfry
レームブール
Raimbourg
レームブルク
Lehmbruck
レームブルック
Lehmbruck
レームブルッフ
Lehmbruch*
レームブレッフ
Lehmbruch
レムベルク Remberg
レムベルト Rembert
レムラボット
Lemrabott
レムリ
Laemmle
Lémery
レムリー
Laemmle
Lémery
レムリンジャー
Remlinger
レムレ Laemmle
レーメ
Leme
Rehme
レメーア Lemare*
レメイン Remijn
レメク Lamech
レメシェフ Lemeshev
レメショウ Lemeshow
レメス Remes*
レメズ Remez
レーメゾフ Remezov
レメディアス
Remedios*
レメディオス
Remedios*
レメーニ Lemeni
レメーニイ
Remenyi
Reményi
レメニイ Remenyi
レメリー Lemery
レメリク
Remeliik
Remelik
レメリンク
Remmelink
レーメル
Lämel
Rehmer
Romer
Römer*
Rømer
レメル Remmel
レメルメ Rey-Mermet
レメンゲサウ
Remengesau*
レメンス Lemmens
レメンスキ Remenski
レメンダー Remender
レーモ Remo*
レーモー Ramo
レモ Remo*
レモイネ
Le Moine
Lemoine
レモス Lemos*
レモッカー Remocker
レモッティ Remotti
レモニー Lemony**
レモニアー Lemonier
レモニック Lemonick
レモフ Lemov
レモワン Lemoine
レーモン
Raimond
Ramon**
Raymond***
Reymond
レモン
Lemmon***
Lemon***
LeMond
Lemond
Raimon
Raimond**
Raymond***
Remond
Rémond*
Reymond*
レモンズ Lemons
レーモンダス
Rémoundos
レーモント Reymont
レーモンド
Raymond*
レモント Lemont
レモンド
Lemond
Raimondo
Remond
レーモンポンス
Raymond Pons
レーヤ Leja*
レーヤー Loehr*
レーヤード Layard
レヤード Layard
レーヤモン Layamon
レヤモン Layamon
レヤーレン Lejaren
レヤンヌ Rayanne
レーラ Lera
レーラー
Lehrer***
Löhrer
Roehler*
Rohler
Röhler
Rörer
レラ
Lela*
Lella
Lera
レラーニョ Relaño
レーラン Løland
レランジス Lerangis
レランツ Roelandts
レランデル Relander
レラント Reland
レランド Leland
レーリ
Lely
Rayleigh
レーリー
Lely
Rayleigh
レリ
Lely
Leri
Regli
Relly
Reri
レリー
Lely*
Lély
Léry
Lhérie
Relli
Relly
レリア
Lelia
Lélia
Leria
Relyea
レーリオ Lelio
レリオ Lelio**
レリガ Religa
レリゴ
Lerrigo
Lerringo
レーリス Leiris
レリス Leiris**
レリチュク Lel'chuk
レーリッヒ
Roerich
Röhig
レリッヒ Rellich
レーリッフ Rerikh
レリト Lelito
レリーニ Rellini
レーリヒ
Rerikh
Roerich*
Röhrig
Röllig
Rörig
レーリヒト
Roericht
Röhricht
レリヒンチェス
Reijntjes
レーリフ Rerikh
レリーフェルト
Lelieveld
レリベウス Leribeus
レリベルド Lelyveld*
レリャ Relja
レリュー Lerew
レーリン Relin
レリン Relin
レーリンク Röling*

レ

レーリング Röling*
レリング Loelling
レーリンツ
Lőrinc
Lorincz
Lőrincz
レール
Leer
Lehl*
Lehr
Löhr
Raehl
Roehl
Röhl
レル
Lel
Lerroux
Ral
Röll
レルー
Lerew
Lerroux
レルア Leroy
レルウィスコウ
Relwyskow
レルカー Roelker
レルカリ Lercari
レルカーロ Lercaro
レールケ Loerke*
レルケ
Lerche
Loerke
Roelcke
レルケシュ Lelkes
レルケス Lelkes*
レルジェ Lerger
レルシュ Lersch
レルシュターブ
Rellstab
レールス
Leers
Lehrs
Röhrs*
レルスナー Lersner
レルダム Rørdam
レルチャック
Lelchuk*
レルド Lerdo
レルトラ Lertora
レルナー Lerner
レルヌー Lernoud
レルネット Lernet**
レルネート Lernet
レルネト Lernet
レルネル Lerner
レルハー Lercher
レルハイマー
Lercheimer
レルヒ Lerch*
レルヒェ Lerche
レルビエ L'Herbier
レルヒャー Lercher
レルフ
Relf
Relph**
レルベルグ
Lerberghe*
Rerberg
レルベルジュ
Lerberghe
レルマ Lerma*
レールマン Lehrman
レルマン
Lerman
Relman*
レルミット
L'ermite
L'Hermite*
Lhermitte**
L'Hermitte*
レルミナ Lermina
レルム Lerme
レルモロ Lermolo
レールモントフ
Lermontov*
レルモントフ
Lermontov
レルラ Lella
レルワ Leroy
レルワボリュー
Leroy-Beaulieu
レルン
Larn
Lärn
レーレ Lele
レレ Lele
レレイ Lelei
レレーヴィチ Lelévich
レレウェル Lelewel
レレヴェル Lelewel
レレケ Rölleke*
レレティ Leleti*
レレバル Lelewel
レレベル Lelewel
レーレルト Raelert
レーレンツ Lorenz
レレンバーグ
Lellenberg
レロ Lello
レロアボーリュー
Leroy-Beaulieu
レロアール Leloir
レロイ
Leory
Le Roy
LeRoy
Leroy*
レロス Leros
レロソリ Lerotholi
レロップ Loerop
レロバ Leloba
レロル Lalor
レロワール Leloir
レロン
Lelong
Leron
レワ Reva
レーワティー Revathy
レワニカ Lewanika
レワノヴィチ
Levánovich
レーワルト Lewald
レーワルド Loewald
レワルト Lewald
レワルド Lewald
レワン Levan
レーン
Laine*
Lane***
Leen*
Lehn*
Löhn
Rane
Rehn**
René
レン
Lane
Len**
Leng
Lenn
Leonard
Rehn
Ren*
Renn*
Wren**
Wrenn*
レンヴァル Renvall
レンウィック
Renwick**
レーンウォーター
Rainwater
レンヴォール Renvall
レンカ Lenka
レンカー
Lencker
Lenker
レンガー
Renger
Wrenger
レンガチェリー
Rengachary
レンガート Reingard
レンガラジャン
Rengarajan
レンカルナシオン
L'Incarnation
レンキスト
Rehnquist*
レンギル Lengyel
レンキン Renkin
レンク
Lenk**
Lenku
Renck
Renk
レング
Leng*
Reng
レーンクィスト
Rehnquist
レーンクイスト
Rehnquist
レンクィスト
Rehnquist
レーンクヴィスト
Renqvist
レンクヴィスト
Lönnqvist
レングストルフ
Rengstorf
レングボルン
Lengborn
レングル
L'Eengle
L'Engle
レングレーン
Lenngren
レングレン Lenngren
レンケ
Lemke
Rennke
レンケフィ Lenkeffy
レンケマ Renkema
レンゲリング
Lengeling
レンゲル Lengel
レンコ Renko
レンコー Lemkow
レンコヴ Lenkov
レンコフ Lenkov
レンゴモ Lengomo
レンザ Renza
レンザー Lenser
レンサワット
Lengsavad
Lengsavat*
レンシ Rensi
レンシー
Lency
Leng-xi
Rainsy**
レンジ
Lange
Lenzi
Range*
Renzi
レンジェル
Lengel
Lengyel**
Renjel
レンシオーニ
Lencioni*
レンシス Rensis
レンシック Rencic
レンシナ Lencina
レンジノー Lenginour
レーンジャー Langer
レンジャー
Ranger*
Renger
レンシャル Wrenshall
レンシュ
Lensch
Rensch
レンシュトラント
Rönnstrand
レンシュニック
Rentchnick*
レンショー Renshaw*
レンショウ Renshaw
レンジリー Rangeley
レンシン Rensin
レーンス Löns
レーンズ Rains
レンス
Lens
Löns*
Rönns
レンズ
Lens
Lenz
レンズィ
Lensi
Lenzi
レンスキ Lenski
レンスキー
Lenski*
Lenskii
Lenskyj
レンスケ Renske
レンズコールド
Lenskold*
レンスター Leinster
レーンストラ
Leenstra*
レンストレーム
Renström
レンスナ Lesner
レンズバーガー
Rensberger
レンズメント
Lensment
レンスラー
Rensselaer*
レンズーリ Renzulli*
レンゼフスキ
Lenzewski
レンセラー Rensselaer
レンセラール
Rensselaer
レンセラル Rensselaer
レンセレアー
Rensselaer
レンセン
Lensen
Lenssen*
レンゼン Lenzen
レンセンブリンク
Rensenbrink
レンゾ Renzo**
レンソン Lenson
レンソンブーンスック
Rengsomboonsuk
レンタ
Renta**
Rentta
レンダ Renda
レンダー Lender
レンダース Lenders
レンダーノ Rendano
レンダル Rendall
レンダワ
Red mda' ba
レンチ
Lench
Linch
Rench
Wrench
Wrensch*
レンチェ Rensch
レンチェン Röntgen
レンチニー Renchinii
レンチャー Rencher
レンチャン
Leng Chan
レンチュ
Lentsch
Rensch
Renzsch
レンチュラー
Rentschler
レンチョ Lenčo

レンチョン Ren-qiong
レンチン Ren-qing
レーンツ
Lenz
Reents
レンツ
Lents
Lentz**
Lenz***
Renz
レンツィ Renzi**
レンヅィ Renzi
レンツィコフスキー
Renzikowski
レンツェ Lenze
レンツェッリ Renzelli
レンツェン Lenzen
レンツェンドー
Rentsendoo*
レンツォ Renzo**
レンツォウスキー
Lenczowski
レンツナー
Lentsner
Lenzner
レンツルス Lentulus
レンテ Lente
レンディナ Rendina
レンディナーラ
Lendinara
レンディナラ
Lendinara
レンティーニ Lentini
レンディーネ Rendine
レンテリーア Renteria
レンテリア
Renteria**
Rentería
レンテリーヤ Renteria
レンデル
Rendel
Rendell***
Rendle
レーンデルト
Leendert*
レンテルン Renteln
レンデロ Rendero
レンテン Lenteren
レント
Lendt*
Lent**
Lento
レンドヴァイ
Lendvai*
レンドヴィー Lendvay
レントゥル Rentoul
レントゥルス Lentulus
レントゥーロフ
Lentulov
レントゲン
Roentgen
Röntgen*
レントコ Rentko
レントシュミット
Rendschmidt*
レンドバイ Lendvai*
レントヘン Röntgen

レントモア
Wrentmore
レンドラ Rendra***
レンドリー Rendely
レントリッキア
Lentricchia**
レントール
Lenthall
Rentoul
レンドル
Lendl*
Rendle*
レーンドルフ
Lehndorff
レントルフ Rendtorff*
レントレ Lendle
レントン
Lenton
Renton*
Röntgen
レンドーン Rendon
レンドン Rendon
レンナー Renner*
レンナウ Rønnaug
レンナット Lennart
レンナート
Lennant
Lennart***
レンナルト Lennart
レンニー Rennie
レンニエ Lennie
レンヌ Rennes
レンネク Laënnec
レンネップ Lennep
レンネバーグ
Renneberg
レンネプ Lennep
レンネル Rennell
レンネルツ Lennerz
レンネルト
Lennert
Rennert
レンネンカンプ
Rennenkampf
レンネンカーンプフ
Rennenkampf
レンネンカンプフ
Rennenkampf
レンノックス Lennox
レンパー Lemper*
レンバーグ
Lemberg*
Renberg
レーンバッハ Lenbach
レンバッハ Lenbach
レンハート
Lenhart*
Leonhart
レンハード
Lenhard
Lenhardt
レンバート
Rembert
Renvert
レーンバハ Lenbach
レンバハ Lenbach
レンハルツ Lenhartz

レーンハルト
Lehnhardt
Lenhart*
レンハルト Lenhard
レンバレンバ
Lembalemba
レンビ Rembi
レンピッカ Lempicka
レンピツカ Lempicka*
レンピネン Lempinen
レンヒフォ
Rengifo
Renjifo
レンプ
Lemp
Lempp
Rempp
レンファーリンク
Lenferink
レンブケ Lembke
レンプシェスキー
Rempusheski
レンプト Rempt
レンブラント
Rembrandt*
Rembrant
レンフリー Renfree
レンフリュー Renfrew
レンフルー Renfrew**
レーンブルック
Lehmbruck
レンブルック
Lehmbruck
レンプレス Lempres
レンフロ Renfro**
レンフロー
Renfro
Renfroe
レンフロウ Renfrow
レンベック Lembeck
レンベッケ Lembecke
レンペニング
Renpenning
レンベリ Lemberg
レンベール Reinberg
レンペル Rempel
レーンベルイ
Reenberg
レーンベルゥ
Reenberg
レンペルト Lempert
レンベルトゥス
Rembertus
レンベン Leng Beng*
レンボー Lembo
レンボイツ Renvoizé
レンボス Lembos
レンホフ Lennhoff
レーンホルム
Leonholm
Löhnholm
レーンボロー
Rainborow
レンボーン
Lembourn
Renbourn
レンボン Lembong

レンマ Lemma
レンマー Lemmer
レーンマン Rainman
レンマン
Lenman
Rhenman
レンミウス Remmius
レンミンカイネン
Lemminkäinen
レンム Renmu
レンメ Lemme
レンメル Lämmel
レンメルト Remmert
レンメレ Lemmer
レンメン Lemmen
レンメンス Lemmens
レンヤ Lenya
レンリー Lenrie
レンロット Lönnrot
レンロート
Lönnrot
Renroot
レンロト Lönnrot

【ロ】

ロ
Lo***
Lot
Luo
Ro
Rotz*
ロー
Lau
Laur
Law***
Lawe
Lo***
Lô
Lods
Loe*
Loë
Löe
Loewe
Loh*
Lohr*
Lohre
Loo**
Lôo
Lot
Louw
Low**
Lowe**
Lu
Rau*
Rauh
Rault
Raux
Rho
Rhoe
Ro
Roe**
Roh*
Rohe
Rohr
Roo
Rotz
Row
Rowe**
Wroe
ローア
Laura
Lohr
Rohr

ローアー
Loher**
Rhoer
ロア
Lah
Loa
Loehr
Lohr
Lore**
Lorr
Roa**
Roi
Roy**
ロアー
Laugher*
Loehr
Lore
ロアイエ Royer
ローアイザ Loaiza
ローアイザー Loaiza
ロアイサ
Loaiza
Loaysa
ロアイヨンネ
Loyonnet
ロアーク Roark*
ロアジ Loisy
ロアジー Loisy
ロアゼ Loyset
ロアゾー Loyseau
ロアゾン Loyson
ロアダム Rørdam
ロアット Roitt
ロアード Roald
ロアバック Rohrbach
ローアバハ Rohrbach
ロアボー Rohrbaugh
ローアーマン
Lauerman
ロアム Rorem
ロアラ Loalwa
ローアライズ
Lauwerys
ロアリ ズ Lauwerys
ローアル Roald
ロアール Rohart
ロアル
Roald
Roar*
ロアルト Roald
ロアルド Roald***
ローアン
Louann
Rohan
ロアン
Loan**
Rohan
ローアンス Loans
ローアンド Rowand
ロアンヌ Roanne
ローイ
Loewi
Loewy
Looy*
Lowie
Rāy
Rooy
Roy
Rōy*

ローイー Lowie
ロィ Loy
ロイ
Hoi
Leu
Lloy*
Lloyd
Loi*
Lo'i
Loie
Loy***
Loye
Lui
Ray
Reu
Roi**
Roig*
Roy***
Rōy
ロイアー
Reuber
Reuer
ロイアル
Royal
Royale
ロイヴェリーク
Leuwerik
ロイヴェリック
Leuwerik
ロィエ Loje
ロイエ
Loie
Rauhe**
ロイエリング Leuering
ロイエロ Loiero
ロイエン Royen
ロイエンタール
Reuental
ロイエンバーガー
Leuenberger
ロイエンベルガー
Leuenberger***
ロイガー Läuger
ロイカート Leukart
ロイカルト Leuckart
ロイキッポス
Leukippos
ロイク
Loic
Loïc
Loík
Lojk
ロイグ Roig
ロイコ Royko*
ロイコス Rhoikos
ロイサガ Loizaga
ロイジェー Loizeaux
ロイジス Roidis
ロイジディス Loizidis
ロイシュ
Loish
Reusch**
Ruesch
ロイジュー Loizeaux
ロイシュナー
Leuschner
ロイシーン Róisín
ロイジン Roisin
ローイス Lois
ローイーズ Lois
ロイス
Lois***
Lōís
Louis*
Loys
Reus
Reuss**
Roiç
Roice
Royce***
Røys
Ruysch
ロイズ
Lois
Loizou
Royds*
Royes
ロイスター Royster
ロイスダール
Ruysdael
ロイストン Royston*
ロイスナー
Reusner
Reussner
ロイスブルーク
Ruysbroeck
ロイスブルック
Ruysbroeck
ロイズマン Roizman
ロイゼ
Lojze
Loyset
ロイセン Loy Seng
ロイゼン Roizen
ロイター
Reuter***
Reutter**
ロイチャー Leutscher
ロイチョウドゥーリ
Roychowdhury*
ロイチョードゥーリ
Roychowdhury
ロイツ Leutz
ロイツェ Leutze
ロイツェン Luitzen
ロイック
Loic*
Loïc**
ロイッター Reutter
ロイット
Rohit*
Roitt
ロイツル Loitzl*
ロイディ Loidi
ロイディーン Lloydine
ロイディンガー
Roidinger
ロイテマン
Reutemann
ロイテラー Reuteler
ロイテル
Reuter
Roiter
Ruyter
ロイテルダール
Reuterdahl
ロイデン Royden*
ロイテンエッガー
Leutenegger
ローイド Lloyd
ロイト
Leuth
Reuth
Royte
ロイド
Lloyd***
Llyod
Loyd*
ロイトウィラー
Leutwiler
ロイトヴィラー
Leutwiler
ロイドジョーンズ
Lloyd-Jones
ロイドジョンズ
Lloyd-Jones
ロイトハウザー
Leuthäuser
ロイトハルト
Leuthard*
ロイトホイザー
Leuthäuser
ロイトホイサーシュナレンベルガー
Leutheusser-schnarrenberger
ロイトホルツ
Leutholtz
ロイトホルト
Leuthold*
ロイトマン Roitman
ロイトメ Loitme
ロイトリンガー
Reutlinger
ロイトル Ruijter
ロイトルスベルガー
Loitlsberger
ロイトワイン
Leutwein
ロイドン Royden*
ロイナ Rowena*
ロイナー Leuner
ロイニース Leunis
ロイネ Roine
ロイバー Reuber
ロイパ Loipa
ロイバス Rõivas
ロイバル Roybal
ロイヒ Róich
ロイヒター Leuchter
ロイヒト Leucht
ロイヒリーン Reuchlin
ロイヒリン Reuchlin
ロイピン Leupin*
ロイーブ Loew
ロイフ Roikh
ロイブ
Loeb
Loew
Roibu
ロイフェ Roiphe
ロイブッセル Reubssel
ロイブナー Loibner
ロイブリーン Reublin
ロイブル Loibl
ロイプレヒト
Leuprecht
ロイベ Leube
ロイベン Reuben
ロイポルト Leupold
ロイマン Leumann
ロイヤー
Rojer
Royer*
ロイヤース Royers*
ロイヤル
Royal**
Royall*
ロイランド Reuland
ロイル Royle*
ロイルバック
Reulbach
ロイレッケ Reulecke
ローイン Lowin
ロイン Loyn**
ローウ Lowe
ローヴ Loew
ロウ
Lau*
Lauwe
Law***
Lo
Loew
Loewe*
Lou*
Louw
Low**
Lowe***
Raw*
Roe*
Roug*
Rowe***
ローヴァ Lova
ロウアー Lower
ロヴァーシキ Lovasik
ロヴァース
Lovaas
Lovász*
ロヴァス Lovaas
ロヴァッティ Rovatti
ロヴァット Lovat
ロヴァディナ
Lovadina
ロヴァート Lovato
ロヴァーニ Rovani
ロヴァーノ Lovano
ローウァン Rowan
ローヴァン Lovan
ロウアン Rowan
ロヴァン Lovan
ローウィ
Loewi
Loewy**
Lowe
Lowey
Lowi
Lowie
Lowy
Rowi
ローウィー
Lowie
Lowy*
Löwy
ロウィ
Lowi
Lowy
ロウィー Loewi
ロウイ Loewi
ロウイー
Loewy
Louie
ロヴィ Lowy
ロヴィーサ Lovisa*
ロヴィサ Lovisa
ローヴィス Lovis
ロヴィス Lovis*
ロヴィツキ Rowicki
ローウィック Rawick
ローヴィック Rorvik
ロヴィック Lovick
ローヴィッツ Lowitz
ロウィッツ Lowitz
ロウイッツ Lowitz**
ロヴィッツ Lovitz
ローウィット
Lowit
Rowett
ローウィナ Laouina
ロウィーナ Rowena
ロウィナ Rowena
ロヴィニャク Rovnyak
ロヴィネスク
Lovinescu
ロウィラ Lowilla
ロヴィローザ Rovirosa
ローウィン
Lorwin
Lowin
Rowan
ロヴィーン
Lovin
Lövin**
ロヴィン Rovin*
ローウィング Lowing
ローウィンスキー
Lowinsky
ロヴィンスキー
Lovinski
Lowinsky
ローウェ
Loewe
Lowe
Rowe**
ローヴェ
Lauwe
Love
ロウェ Rowe
ローヴェス Roëves
ローウェダー
Rohwedder
ローウェッダー
Rohwedder
ロウエッタ Louette
ロヴェッタ Rovetta
ロヴェッツァーノ
Rovezzano
ロヴェッリ Rovelli*
ローヴェーデル
Rohweder
ロウェーナ Rowena
ロウェナ Rowena

ロ

ロヴェニウス
Rovenius
ロヴェラス Lloveras
ローウェリー
Lauwerys
ロウェリー Lowery
ローウェル
Lowell***
Rowell*
ローヴェル Lovell
ロウェル
Lowell**
Reuel*
ロウエル
Lowell*
Reuel
ロヴェル Lovell
ロヴェルシ Roversi*
ローヴェルジョン
Lauvergeon*
ローヴェレ Rovere
ロヴェレ Rovere
ロヴェロ Rovéro
ローウェン
Loewen
Lowen
Rowen
ローヴェン Roven
ロヴェーン
Löfven
Lovén
ロウエンサル
Loewenthal
ローヴェンシュタイン
Lovenstein
ローウェンス Lowens
ロヴェンスキー
Rovenský
ローウェンスタイン
Loewenstein
Lowenstein**
ロウエンスタイン
Lowenstein
ローウェンタール
Loewenthal
Lowenthal
ローヴェンタール
Lowenthal
ローウェンハイム
Loewenheim
ローウェンバーグ
Loewenberg
ローウェンハーツ
Lowenherz*
ローウェンフィッシュ
Lowenfish
ローウェンフェルト
Lowenfeld
ローウェンフェルド
Lowenfeld
ローウォーター
Lohwater
ローヴォルト Rowohlt
ロヴォンバラ
Lovobalavu
ロウカー Roker
ロウギ Logie
ロゥキマ Roukema
ロウク Rauck
ロウケス Loukes
ロウコラ Loukola
ロウザー Rother
ロウシェル Rochelle
ロウジャー Roger
ロウジャヤ Loujaya
ロウス
Louis
Lous
Wroth
ロウズ
Lawes
Laws
Lowes
Rhoades
Rhodes
Rose
ロウズィー Rosie
ロウズウェル Rosewell
ロウズヴェルト
Roosevelt
ロウスキ Rawski
ロウズナウ Rosenau
ロウズマリー
Rosemary
ロウスン Lawson
ロウズンベリ
Rosenbury
ロウセク Lousek
ロウゼッティ Rossetti
ロウゼン Rosenn
ロウソン Lawson
ロウゾン Lauzon
ロウタ L'owta**
ロウター
Lothar
Louter
ロウダ Rhoda
ロウダーミルク
Lowdermilk
ロウチ Rauch
ロウチャー Locher
ロウディ Rowdy
ロウデヘイヴァー
Rodeheaver
ロウト Rout
ロウトン Lawton
ロウドン Rowdon
ローヴナー Loevner
ロウナ Louna
ロウニー
Lowney
Rowny*
ロウノリス
Low-Norris
ロウパー Roper*
ロウパース Ropars
ロゥバーソ LoVerso
ロウハナ Rouhana
ロウハニ
Rouhani**
Rowhani
ロウヒ Louhi**
ロウヒミエス
Louhimies*
ロウビンズ Robins
ロウブ Loeb
ロウプス Ropes
ロウブスン Robeson
ローヴベリ Lofberg
ロウボトム
Rowbottom
ロウマー Romer
ロウマクス Lomax
ロウマーニズ
Romanes
ロウマン
Loughman
Roman
ロウメイン Romaine
ロウメン Romen
ローウラー Lawler
ロウラ Rohullah*
ロウラー
Lawler*
Lawlor*
ロヴラック Lovrak
ロウランズ
Rowlands*
ロウランスン
Rowlandson
ロウランド
Roland
Rowland*
ロウリー
Laurie
Lawrie
Lori
Lowery
Lowrey*
Lowri
Lowry**
Rowley
ロヴリー Løvlie
ロウリエン Roulien
ロウリサ Laurisa*
ロヴリック Lovric
ロウリング Rowling
ロウリングス
Rawlings
ロウリングズ
Rawlings
ロウル
Rawl
Rawle
Rolle
ロウルヴァーグ
Rölvaag
ロウルズ
Rawls**
Rowles*
ロウルデス Lourdes
ロウレイ Rowley
ロウレイロ Loureiro
ロウレス Lawless
ロヴレン Lovren
ロウレンス
Laurens
Lawrence
ロウレンソ Lourenço*
ロヴロ
Lovro*
Lovullo
ロウロフス
Roelofs
Roelofse
ロウン Loan
ロウンズ Lowndes
ロウンデズ Lowndes
ロウントリー
Rowntree*
ロウントリイ
Rowntree
ローエ
Lohe
Lowe
Ro'eh
Roehe
Rohe**
ロエー Leue
ロエウ Loew
ロエク Loaëc
ロエース Reus
ロエステンバーグ
Roestenburg
ロェスレル Roesler
ロエスレル Roesler
ロエニス Roenis
ロェフ Loeff
ロエブ Loeb*
ロエブル Loebl
ロエーラス Roelas
ロエラス Roelas
ローエル
Lauer
Lowell**
Reuel
Rowell*
ロエール Lauer
ロエル
Roehl
Roel**
ロエルズ Roels
ロエロフ Roelof
ローエン
Loen
Lowen*
Rohen*
Rowen
ローエングリン
Lohengrin
ローエンサル
Lowenthal
ローエンシュタイン
Lohenstein
ローエンスタイン
Loewenstein
ローエンタール
Lowenthal*
ローエンタル
Lowenthal
ロエンバ Loemba
ローエンバーグ
Lowenberg
ローエンフェルド
Lowenfeld
ロオウェル Lowell
ロオェブ Loeb
ロオカ Raucat
ロオザ Rosa
ロオザア Rother
ロオジエ Losier
ロオズモンド
Rosemonde
ロオゼゲル Rosegger
ロォゼンハイン
Rosenhain
ロオダンバック
Rodenbach
ロオデンバック
Rodenbach
ロオデンバッハ
Rodenbach
ロオト Roth
ロオドベルトゥス
Rodbertus
ロオトレアモン
Lautréamont
ロオマン
Romain
Romains
ロオミュス Loomis
ロオメエン Romains
ロォラン Rolland
ロオラン Roland
ロオランサン
Laurencin
ロオランス Lawrence
ロオリッヒ Roerich
ロオリングス
Rawlings
ロオリングホーフエン
Loringhoven
ロオルフ Rolfe
ロオレンス Lawrence
ローカ
Raucat
Róka
ローガー Roger
ロカ
Loca*
Roca**
Rokha
ロカー Locker
ロガー Roger
ローガウ Logau*
ロガウ Logau
ロガサ Logasa
ロガシアン Rogatien
ロカシン
Loukachine*
Lukashin
ローカス Rokas
ロガス Logas
ロガスキー Rogasky*
ロカスト Loquasto
ローガソン Laugeson
ロガチェフスキー
Rogachefsky
Rogachevski
Rogatchewsky
Rogatschewsky
ロガチョフ
Rogachev**
ロガチョワ Rogachova
ロガック Rogak
ロカッテリ Locatelli
ロカディア Locadia
ロカティス Locatis

ロカテッリ
Locatelli**
ロカテリ Locatelli*
ロカート Lockhart
ロカト
Lockhart
Rochat
ロカトモザー
Rochat-Moser*
ロカナサン
Lokanathan
ローカナータン
Lokanathan
ロカビー Lockerbie
ローカフェルテ
Rocafuerte
ロカフエルテ
Rocafuerte
ロカフォート Rocafort
ロカベルト Rocabert
ローカム Rohkamm
ロカモラ Rocamora
ロガラ Rogala
ローガル Rogall
ロカール
Locard
Rocard**
ロガルスキー Rogalski
ロカレッツ Lockeretz
ローカン Logan
ローガン
Logan***
Loughan
Rogan***
ロガーン Rogán
ロガン
Logan
Rogin
ロカンテ Locante
ローガンビル
Loganbill
ロギー Logie
ロキア Rokeya*
ロキアトゥ Rokiatou
ロキエテック Lokietek
ロキサンナ Roxanna
ロキシー
Roxie
Roxy
ロキタンスキ
Rokitansky
ロキタンスキー
Rokitansky
ロキーチ
RoKeach
Rokeach*
ロキツァナ
Rockyczana
Rokycana
ロキッツ Lokitz
ロキヤー Lockyer
ロキャン
Lokian
Lokyan
ロキール Lochiel
ロギール Rogier
ローキン Lokin
ロギン Loghin
ロギンス Loggins*
ロギンズ Loggins
ローク
Lauck
Lohrke
Roach
Roarke
Roke
Roock
Rook
Roques
Rorke*
Rouke
Rourke**
ローグ
Laug
Logue*
Roeg*
ロク
Loc*
Lock
Lok
Loke
Roch
Rog
Rok
ログ
Logg
Rog
ロクア Lokua
ロクァスト Loquasto
ロクヴィグ Lokvig
ログヴィネンコ
Logvinenko
ロクヴィユ Loqueville
ロクヴェール
Roquevert
Roquvert
ログウッド Logwood
ロークエ Roque
ロクゲ Lokuge
ロクサーナ Roxana**
ロクサナ
Roxana*
Roxanē
Roxanne*
ロクサーヌ
Roxane
Roxanne*
ロクサヌ Roxane
ロクサーネ Roxanē
ロクサネ Roxanē
ロクサン
Roxan
Roxanne
ロクサンディチ
Roksandic
ロクサンヌ Roxane
ロクシー Roxie*
ロークシン Lokshin
ロクシン
Locsin*
Roxin
ロークス Roches
ロクス Roch
ログステッド
Logsted**
ログストラップ
Løgstrup
ロクストン Loxton*
ログスドン Logsdon**
ロクスバーグ
Roxburgh*
ロクスラーナ
Roxelana
ロクソラン Roksolan
ロクソン Roxon
ロクテ Lochte**
ロクティ Lochte*
ロクドゥ Lokudu
ログナー
Roegner
Rogner
ロクナン Loughnane
ログノーフ Logunov
ログノフ Logunov*
ログノワ Logunova
ロクバンダラ
Lokubandara
ログビネンコ
Logvinenko
ロクベール
Roquebert
Roquvert
ロクベンツ Lokvenc
ログボール Logevall
ロークマーカー
Rookmaaker
ロクマワティ
Rochmawati
ロクマーン Lokman
ロクマン Lokman
ロクマンヘキム
Lokmanhekim
ロクミン Rokhmin
ロクラン Lachlan
ロクランツ
Lokrantz
Rokurantu
ログリアッチ Rogliatti
ログリッチ Roglič
ロークリン Lauchlin
ロクリン Laughlin
ロークール Raucourt
ロクル Locle
ログロシーノ
Logroscino
ログロッシーノ
Logroscino
ローケ Roque
ローゲ
Roger
Rogge
ロケ
Rocquet
Roque***
Roqué*
ロゲ
Roge
Rogge**
Roguet
ロケア Rokeah
ロゲインズ Loggains
ロゲズドン Logsdon
ロケッシュ Lokesh*
ロケッタ Rocchietta
ロケッツ Rockets
ロケット
Lockett
Rocket
Rockett
ローケーニュ
Laucaigne
ローケニュー
Laucaigne
ロケーニュ Laucaigne
ロケニュ Laucaigne
ロゲバル Logevall
ローゲベルク
Rögeberg
ロケベルト Roquebert
ロゲベーン Roggeveen
ロゲマン Logemann
ロケヤ Rokeya
ロゲリン Logelin
ローゲル
Loger
Roger*
Rogers
ロゲル Rogel
ロゲルバーグ
Rogelberg
ローケン
Loken
Løken
ローゲン Rogen
ロケーン Locane
ロゲン Roggen
ロケンスグラッド
Lokensgrad
ロケンドラ
Lokendra**
ロゲンドルフ
Roggendorf
ロコ
Loko
Rocco*
Roco
Roko
ロコー Rochow
ロゴ Rogo
ロゴイスカ Rogoyska
ロコウ Rochow
ロゴウ Rogow*
ロコヴィイ Logovi'i
ロコヴィッチ
Luckovich
ロゴヴィン Rogovin
ロゴエノフ Logunov
ロゴグルー Logoglu
ロゴザンスキー
Rogozinski*
ロゴシュ Logosz
ロゴージン Rogosin
ロゴシン Rogosin
ロゴジン Rogozin
ロゴジンスキー
Rogosinski
Rogoziński
ロゴズ Rogoz*
ロコソフスキ
Rokossowski
ロコソフスキー
Rokossowski
ロコツイ Lokotui
ロゴテティス
Logothetis
ロゴテトス Logothus
ローコトフ Rokotov
ロコートフ Rokotov
ロコトフ Rokotov
ロゴビー Rogovyi
ロゴビン Rogovin*
ロコフ Rokoff
ロゴフ
Rogoff*
Rogov
ロゴフスカ
Rogowska**
ロゴフスキー
Rogowski
ロコラ Lokola
ロゴラ Rogora
ロコレ Lokolé
ロコンダ Lokonda
ロゴンベ Rogombé*
ローサ
Lorser
Rausa
Roosa
Rosa**
Rotha
ローサー
Lawther
Loesser
Lowther*
ローザ
Loeser
Losa
Loza
Lozza
Roosa*
Rosa***
Rosaz*
Rosza
Roza**
Róza
Rozsa
Rózsa*
ローザー
Rosar
Roser
Rother
ロサ
Lothar
Rosa***
ロサー Rosser
ロザ
Rosa***
Roza
ロザー Rother
ロザア Rother
ローサイ Rosai
ロザヴィオ Losavio
ロザキス Rozakis
ローザク Roszak**
ローサス Rosas
ローザス Rosas
ロサス
Rosas*

Rozas
ロザスコ Rosasco
ロザスピーナ
Rosaspina
ロサーダ
Losada*
Lozada
ロサダ
Losada
Lozada
ロサチャベス
Rosa Chávez
ローザック Roszak*
ロザック Rozach
ロサーティ Rosati
ロサティ
Rosati**
Rosatti
ロザーティ Rosati*
ロザティ Rosati
ロサディジャ
Rosadilla
ロサート
Losert
Rothert*
ロサード Rosado
ロサド Rosado
ロザート
Rosato
Rothert
ロザド Rosado
ロサナ
Rosana*
Rossana
Roxana
ロザーナ
Rosanas
Rosanna
Rossana
ロザナス Rosanas
ロサーノ Lozano*
ロサノ
Losano
Lozano*
ロザーノ Lozano
ロザノ Lozano
ローザノヴァ
Rozanova
ローザノフ Rozanov*
ロザノフ Rozanov*
ローザノワ Rozanova
ロザバル Rosabal
ロザフォート
Rosaforte
ロザベス Rosabeth*
ロサベリーゼ
Losaberidze
ローザマンド
Rosamund
ロザミーア
Rothermere
ロザミア Rothermere
ローザム Rozum
ロサムンダ
Rosamunda
ロザムンデ
Rosamunde
ロザムンド
Rosamund**
Rosamunde***
ロサモンド Rosamond
ロザモンド
Rosamond***
Rosamund
ロザラム Rotherham
ローザリ Rosalie
ロサリ Losari
ロザリ
Rosalie
Rothery
ロザリー
Rosalie***
Rothery
ロサリーア
Rosalia
Rosalía
Roslía
ロサリア
Rosalia
Rosalía*
ロザリア
Rosalia**
Rosalía
Rosaria*
Rozaliia
ロサリオ Rosario**
ロザーリオ Rosário
ロザリオ
Lothario
Rosario**
ロザリーヌ Roselyne
ロザリヤ Rozaliia
ロザリーン Rosaleen
ロザリン
Rosaleen
Rosalene
Rosaline
Rosalyn**
Rosalynn*
ロサリンダ Rosalinda
ロザリンダ Rosalinda
ロザリンド
Rosalind**
ロザル Rosal
ロサルド Rosaldo
ロサルバ Rosalba*
ロザルバ Rosalba*
ロサーレス Rosales*
ロサレス Rosales
ロザレス Rosales
ロザレム Roosalem
ローサン Luosang
ローザン
Lauzun
Rozan**
ロサン
Blo-bzan*
Blo-bzań
Blo bzang
Lobsang
Rosan
Rosán
ロザン
Roseanne
Rozann
ロザンヴァロン
Rosanvallon
ロザンシルド
Rosenschild
ロザーンス Rosanes
ロザンスキ Rozanski
ロザンスチエール
Rosenstiehl*
ローザンスティール
Rosenstiehl
ロサンタクパ
Blobzan grags-pa
ローザンタール
Rosenthal
ロザンタール
Rosenthal**
ローサンダワ
Luosang-Dawa
ローザンド
Rosand
Rozand
ロサント Rossant
ロザント Rossant
ロサントス Losantos
ロザンナ
Rosanna**
Rosannagh*
Roseanna
Rossana
ロザンヌ
Rosanne*
Roseanne
ロザンバロン
Rosanvallon
ローザンフェルド
Rosenfeld
ローザンベール
Rosenberg
ロザンベルグ
Rosanberg
ロサンヘレス
Los Angeles
ロザンボ Rosanbo
ローシ
Losj
Rosi
Rothesay
ローシー
Losey
Rosi
ロージ
Lorge
Rosei
Rosi***
ロージー
Losey*
Rosemary
Rosey
Rosie**
Rosy*
Rozi
Rozy
ロシ Losee
ロジ Rosi
ロジー
Logie
Rosie
ロジア Roger
ロジアー
Lozier
Rozier
ロシアク Losiak
ロージァーズ Rogers
ロージァス Rogers
ロージァズ Rogers
ロジアック Rosiak
ロージアン
Lothian
Lowthian**
ロシアン Lothian
ロシイ Rosie
ロジィー Logie
ロージヴァル Rosiwal
ローシェ
Roche
Roché
ロージェ
Laugier
Rode
Roger
ロージエ
Laugier
Rozier
ロシェ
Roche*
Roché
Rocher*
Rochet*
ロシエ Rochier
ロジェ
Rauger*
Rogé**
Roger***
Roget**
Rogier
Rojer
Rosier*
Rozier
ロジェー Roger*
ロジエ
Laugier
Rogier*
Rosiers
Rozier**
ローシェイ Laushey
ロジェイブ
Roger-Yves
ロジェク Rojek
ロジェジェラール
Roger-Gérard
ロジェストウェンスキー
Rozhestvenskii
ロジェストヴェンスキー
Rozhdestvenskii**
Rozhdestvensky
Rozhestvenskii
ロジェーストヴェンスキィ
Rozhestvenskii
ロジェストウェンスキィ
Rozhdestvenskii
ロジェストヴェンスキィ
Rozhestvenskii
ロジェストベンスキー
Rozhdestvenskii
Rozhdestvensky
Rozhestvenskii
ロジェーツキン
Rozhetskin
ローシェック Roucek
ロシェット
Rochette**
ロシェフ Losev
ロシェリ Roscelli
ロジェリオ
Rogerio*
Rogério*
ローシェル Rauscher
ロージェル
Raugel
Rogell
ロシェール Rossier
ロシェル
Rochell
Rochelle*
ロジェール Roger
ロジェル Roger
ロジエル Rogier
ロジェロ Rollero
ロシェロン Rocheron
ロジェンコ Rozhenko
ロージェント Rogent
ローシェンバーグ
Rauschenberg
ロシオ
Rocio*
Rocío*
Roscio
Rossiaud
ロジオノフ
Rodionov**
ロジオン Rodion
ロジカ
Rosika
Rozsika
ロシキン Lozkin
ロジキン Rodkin*
ロシコフ Roshkov
ロシコーワ Rozhkova
ロジジアン Logigian
ロジジェストヴェンスカヤ
Rozhdestvenskaia
ロジスキー Rozycki
ロシータ Rosita
ロシター
Rodditer
Rossiter*
ロジータ Rosita*
ロジタ Rosita
ローシチン Roshchin
ロシツキー Rosicky**
ロジツキ Rositzke
ロシック Losick
ロシディ Rosidi**
ロジデストワェンスキイ
Rozhdestvenskii
ロシト Rossit
ロシーナ Rosina
ロシナ Rosina
ロジーナ Rosina*
ロジナ Rosina
ロシニョル Rossignol
ロジーヌ Rosine*
ロジーヌス Rosinus
ロシノフ Rusinov
ロジノフスカー
Rožnovská
ロシハン Rosihan*
ロシフコー
Rochefoucauld
ローシフト Roskifte

ロシミアン Lossimian
ローシャ Rocha***
ローシャー Rosher
ロージャ
Rosa
Rozsa*
Rózsa*
ロージャー
Rodger
Roger*
ロシャ
Rocha*
Rochat
ロシャー
Rochat
Roscher
ロシヤ Rocha
ロジャ
Loggia
Roger
Roja
ロジャー
Lndger
Rodger**
Roger***
Rogers*
Rogger
ロシャク Lochak
ロージャース Rogers*
ロージャーズ Rogers
ロージャズ Rogers
ロージヤース Rogers
ロジャース
Rodgers***
Rogers***
ロジャーズ
Rodgers***
Rogers***
ロジャーソン
Rogerson*
ロジャッリ Rogialli
ロジャナスティエン
Rojanastien
ロシャニー Roshani
ロジャニー Rojany
ロージャベルギ
Rózsavölgyi
ロシャーリ Roshali
ローシャール Rochard
ロシャン
Rochant
Rothan
ロジャーンコ
Rodzyanko
ロジャンコ
Rodzyanko
ロジャンコフスキー
Rojahkovsky
Rojankovsky*
ロシャンボー
Rochambeau
ローシュ
Lohse
Lorsch*
Roche*
Roš
ロージュ
Lorge
Rowsch
ロシュ
Losch*
Roch**
Roche*
Roches
ロジュ
Roger
Rojoux
ロシュコ Roshko
ロシュコヴァーニ
Roskoványi
ロシュコフ
Losyukov**
ロシュジャクラン
Rochejacquelein
ロシュシュワール
Rochechouart
ロシューゼン
Rothuizen
ロシュディ Roschdy
ロシュディー Roshdi*
ローシュテーター
Lohstöter*
ロシュテーン
Rothstein
ロシュト Rost
ロシュニ Roshni
ロシュフゥコオ
Rochefoucauld
ロシュフォート
Rochefort
ロシュフォール
Rochefort***
Rochfort
ロシュフーコ
Rochefoucauld
ロシュフーコー
Rochefoucauld*
ロシュフコ
Rochefoucauld
ロシュフコー
Rochefoucauld*
ロシュフコオ
Rochefoucauld
ロシュマゾン
Roche-Mazon
ロジュマナ Rojumana
ローシュミット
Loschmidt
ロシュミット
Loschmidt
ロシュロー Rochereau
ロシュワルト
Roschwald
Roshwald
ロージュワレン
Logeswaran
ロショー Rochow
ロジョ
Loyo
Rojot
ローション Rochon*
ロション Lochon
ロションチ Losonczi*
ロションツィ Losonczi
ローシン
Loshin
Losin*
ロージン Rogene
ロシン
Losin
Roshchin
ロジン
Rosin
Rosine
Rosing*
Rozin
ロージンガー Rosinger
ロジンガー Rosinger
ロージング
Rosing**
Rozing
ロシング Lossing
ロージングレイヴ
Roseingrave
ロージングレーヴ
Roseingrave
ロジンスキ Rodzinski
ロジンスキー
Lozinskii
Rodzinski
Rosinski
ロシンヌ Rosine
ローシンハン
Lo Hsing Han*
ロース
Laws
Loos**
Looss
Loth
Rauth
Rohs
Roos*
Rorth
Rose*
Roth*
Rouse
Wroth
ローズ
Lawes
Laws**
Lohs
Lords**
Lose
Lowes
Rause*
Rhoades*
Rhoads*
Rhodes***
Roads**
Roese
Rohase
Roos
Rosa
Rose***
Roz
Roze**
ロス
Los***
Los'
Loss*
Loth
Roos
Ros**
Roscoe
Rose
Ross***
Roß
Rosse
Rosu*
Roşu
Roth***
Russ
Wros
Wroth
ロズ Roz*
ローズアン
Rose-Ann
Roseanne
ロズィエ Rosier
ロズイエフ Rozyev
ローズィエール
Lauzier
ロズィエール Rozier
ロスイゼン Rothuizen
ロスィータ Rosita
ロズィーヌ Rosine
ロズイムイラト
Rozymyrat
ロズヴァドフスキ
Rozwadowski
ロズヴァドフスキー
Rozwadowski
ロースヴァル Rosvall
ロスウィータ
Hroswitha
ロスウィタ Roswitha
ロスヴィータ
Hroswitha
Roswitha*
ロスヴィタ Hroswitha
ロスヴィート
Hroswitha
ロスウィリアムズ
Ross-williams
ロスウェイデ
Rosweyde
ローズウェル
Rosewell*
ロスウェル
Roswell
Rothwell**
ロズウェル
Roswell*
Rothwell*
ローズヴェルト
Roosevelt*
ロスウェンゲ
Roswaenge
ロスヴェンゲ
Rosvaenge
Roswaenge
ロズヴェンゲ
Rosvaenge
ローズウォーター
Rosewater
ローズウォール
Rosewall**
ローズウォーン
Rosewarne
ローズウッド
Rosewood
ローズエイカーマン
Rose-Ackerman
ロスカ
Rosca
Roşca
ロスカム
Roscam
Roskam
ロスカルゾ Loscalzo
ロスカルツォ Loscalzo
ロスキ Rosqui
ロスキー Losskii
ロースキィ Lossky
ロースキイ Losskii
ロスキイ
Losskii
Losskij
ロスキウス Roscius
ロスキーニ Roschini
ロスキール Loskiel
ロスキル Roskill
ロスキン Roskin
ロスクヴァ Röskva
ロスクスリー Losksley
ロスクートフ
Loskutov
ローズクランス
Rosecrance*
Rosecrans
ローズクランズ
Rosecrans
ローズグラント
Rosegrant
ロスクロウ Roskrow
ロズクロフ Rozukulov
ロースケ Roeske
ロスケ Loske*
ロスケリヌス
Roscelinus*
Roscellinus
ロスコ Rothko**
ロスコー
Rosco
Roscoe**
Rothko
ロスコウ
Rosco
Roscoe*
ロスコオ Roscoe
ロズコシュニー
Rozkošný
ロスコス Loscos
ロスコスキー Roskoski
ロズゴニ Rozgonyi
ロスコビチ
Rothkovich
ロスコフ Rothkopf
ロースコプフ
Rothkopf
ロスコプフ Roßkopf
ロスコモン
Roscommon
ローズザス Raudszus
ロスジェン Loesgen*
ロスシュタイン
Rothstein*
ロスシールド
Rothschild
ロースタイン
Rothstein
ロススタイン
Rothstein*
ロースティーン
Rothstein
ロスステイン
Rothstein
ロセリーノ
Rossellino
ロスセルリ Rosselli

ロ

ロースソーン
Rawsthorne
ロスダ Laussedat
ロスタイン
Rostain
Rothstein
ロスタミ Rostami*
ロースタム Råstam
ロスタム
Rostam*
Rustam
ロスタール Rostal
ロスタル Rostal
ロスタン
Rostain
Rostand**
Rostang
ロスタンド Rostand*
ロスチスラヴォヴィチ
Rostislavovich
ロスチスラフ
Rostislav*
ロスチャイルド
Rothchild**
Rothschild***
ロステ Rostēh
ロステー Rostēh
ロスティスラフ
Rostislav
Rostyslav
ロスティーラ Rostila
ロスティン Rostin
ロステイン Rostaine
ローステッド Raasted
ローズデール
Rosedale*
ロステン
Losten
Rosten**
ロステンコウスキ
Rostenkowski
ロステンコウスキー
Rostenkowski
ロースト Roast
ロスト
Lhoste
Rost**
ロストー Rostow
ロストウ Rostow**
ロストーヴァ Rostova
ロストウォロフスキ
Rostworowski**
ロストウツェフ
Rostovtsev
ローズトゥリー
Rosetree
ロストゴー Rostgaard
ロストッキー
Rostotsky
ロストツキー
Rostotskii*
ロストーノフ
Rostunov
ロストフ Rostow
ロストーフスキー
Rostovskii
ロストフスキ
Rostowski
ロストフスキー
Rostovskii
Rostovsky
ロストーフスキィ
Rostovskii
ロストーフスキイ
Rostovskii
ロストプチナ
Rostopchina
ロストプチナー
Rostopchina
ロストプチーヌ
Rostopchine
ロストプチーン
Rostopchin
ロストプチン
Rostopchin
Rostopchine
ロストーフツェフ
Rostovzeff
ロストフツェフ
Rostovtsev
Rostovtzeff
Rostovzeff
ロストホルン
Rosthorn
ロストミャン
Rostomyan
ロストリア Laustriat
ロスドルスキー
Rosdolsky
ロストルップ Rostrup
ロストロポーヴィチ
Rostropovich**
Rostropovitch
ロストロポヴィチ
Rostropovich
ロストロポーヴィッチ
Rostropovich
ロストロポービチ
Rostropovich
ロストロポービッチ
Rostropovich
ロストロン Rostron
ロストン Roston
ローズナー Rosenoer
ロスナー
Roessner*
Rosner
Rossner**
Rothner
ロズナー Rosner*
ロズナイ Roznai
ローズナウ Rosenau*
ロズナウ Rosenau
ロスナーガル
Rossnagel
ロスナーゲル
Rossnagel
ロスニー Rothney
ロズニー Rosney
ロスニイ Rosny
ロズニツァ Loznitsa
ロズニョイ Rozsnyói
ロスネー Rosnay
ロスネス Rosnes
ロズノー Rosnau*
ローズノア Rosenoer*
ローズノウ Rosenau
ロスノウ Rosnow
ロズノウ Rosenau
ロスバウアー
Rothbauer
ロスバウト Rosbaud*
ロスバウム Rothbaum
ロスバーグ
Rosburg
Rossberg
Rothberg
ロスバック
Rosbak*
Røsbak
ロスバッシュ Rosbash
ロースバッハ
Rossbach
ロスバート Rothbart
ロスバード Rothbard
ロスハマー
Rothhammer
ロースビー Loasby
ロスビ Rossby
ロスビー
Losby
Rossby
ロスピグリオシ
Rospigliosi
ロースビータ
Roswitha
ロスファス
Rothfuss**
ロスフィーダー
Rothfeder
ロスフィールド
Rothfield
ロスフェダー
Rothfeder*
ロスフェルド Rothfeld
ローズブーム
Roseboom
ロスブラット
Rothblatt
ローズベリ Rosebery
ローズベリー
Roseberry*
Rosebery*
ロズベルグ Rosberg**
ローズベルト
Roosevelt*
ロズボッテン
Rødbotten
ローズボーム
Roozeboom
ローズボロ Roseboro
ロスボロー
Rosborough
ローズマ Rozema
ローズマー Rosmer
ロズマー Rosmer
ロスマニス
Rossmanith
ローズマリ
Rosemary*
ローズマリー
Rose-Marie
Rosemarie**
Rosemary***
Rosmarie
ローズマリィ
Rosemary
ロースマン Rothman
ローズマン Roseman*
ロスマン
Losman
Lossmann
Rosman
Rossman
Rossmann
Rothman**
Rothmann
ロズマン
Rossman
Rozman**
ロスミーニ Rosmini
ロスミニ Rosmini
ロズミーニ Rosmini
ロズミロヴィチ
Rozmirovich
ローズムーア
Rosemoor*
ロズムンダ Rosmunda
ロスメッスラー
Rossmässler
ローズメリー
Rosemary
ロスメル Rosmer
ロスモ Rossmo
ロズモ Rossmo
ローズモント
Rosemont
ローズモンド
Rosemond*
ロズモンド
Rosemond*
Rosemonde
ロースラー Roessler
ロスラー Rosler
ロスラヴェツ
Roslavets
ロスラヴレフ
Roslavlev
ロズラン Lozerand*
ローズリ Loosli
ローズリー Roselee
ロスリー Rothley
ロスリシャム
Roslisham
ロスリスバーガー
Roethlisberger*
ロズリーヌ
Roseline*
Roselyne
ロスリーン Roslin
ロスリン
Roslin
Roslyn*
Rothlin*
ロズリン
Rosalyn
Roseline
Roslyn*
Roslynn
ロスリング Rosling
ロスル Rosl
ロズールド Losurdo
ロスレンダー
Roslender
ロスロック Rothrock*
ロースロップ Lothrop
ロスロップ Lothrop*
ロースロプ Lothrop
ロスワイラー
Rothweiler*
ロースン
Lawson*
Rawson*
ローセ
Lohse
Rose**
ローゼ
Lohse*
Loose
Rode
Rohde
Rose***
ロセ
Rosset*
Rousseau
ロセー Rosset
ロゼ
Rosay
Rose*
Rosé**
Roser
Rozet
ロゼー
Losee*
Rosay
Rosé
ロゼアヌ Rozeanu*
ローゼイ Rose
ロセイ Rothay
ロゼイ
Losay
Rozay
ロセイルズ Rosales
ローゼガー Rosegger
ローゼクランス
Rosecrans
ロセス Roces
ロセター Rosseter
ロゼタ Roseta
ローゼッガー
Rosegger
ロゼッガー Rosegger
ロセッタ Rosetta
ロセッター Rosseter
ロゼッタ Rosetta*
ロセッチ Rossetti
ロゼッチ Rossetti
ロセッティ
Rosseti
Rossetti*
ロセッティー Rossetti
ロセッテイ Rossetti
ロゼッティ
Rosetti
Rossetti
ロセット
Rosset*
Rossett
Rossetto
ロゼット Rosette*
ロセッラ Rossella

ロセッリ
Roselli
Rosselli
ロゼッリーナ
Rosselina
ロゼッリーニ Rosellini
ロセティ Rossetti
ロゼーティ Rosati
ロセトス Rossettos
ローゼナウ Rosenau
ロセニウス Rosenius
ローセノウ Rohsenow
ローセフ Losev*
ロセフ Losev
ローゼボーム
Roozeboom
ローゼマリー
Rose-Marie
ロゼマリエ Rosemarie
ローゼマン Roozeman
ロゼマン Rosemann
ロゼラ Rosella*
ロゼリア Rosélia
ロセリオ Rogerio
ロゼリーニ Rosellini
ロゼリーヌ Roselyne
ロゼリン
Rosellen*
Roselyn
ロゼリンド Rosalind
ローセル
Roszel
Roussel
ローゼル
Rosel
Rosell
Roser
Roszel*
ロセール Rocher
ロセル
Blo gsal
Rosel
Rosell
Roser
ロゼール
Rosaire
Roser
Rozelle
ロゼル
Roger
Roselle
Rozell
ロセルウビアル
Rosellubial
ローゼルス Rogers
ローゼルベルク
Rosenberg
ロセレ Hlothere
ロゼレ Roselle
ロセレット Rosselet
ロセーロ Rosero**
ロセロ Rosero
ロゼロ Rossello
ローセン
Laursen
Rosen**
ローゼン
Roazen
Roosen
Roozen
Rosen***
Rosén
Rozen**
ロセン Rosen*
ロゼン Rozenn
ローゼンウォールド
Rosenwald
ローゼンウォルド
Rosenwald
ロゼンガッター
Rothengatter
ローゼンガーテン
Rosengarten
ローゼンガード
Rosengard
ローゼンクィスト
Rosenquist
ローゼンクイスト
Rosenquist**
ローゼンクビスト
Rosenqvist
ローゼンクランツ
Rosenkrantz*
Rosenkranz*
ローセングレン
Rosengren*
ローゼングレン
Rosengren
ローゼンクロイツ
Rosenkreutz
ロセンコ Losenko
ロゼンコ Rozenko
ローゼンコップ
Rosenkopf
ローゼンサール
Rosenthal*
ローゼンシュタイン
Rosenstein
ローゼンシュトック
Rosenstock
ローゼンズウィーグ
Rosenzweig*
ローセンスタイン
Rothenstein
ローゼンスタイン
Rosenstein
Rothenstein
ローゼンスターク
Rosenstark
ローゼンスティール
Resenstiehl
Rosenstiehl
Rosenstiel
ロゼンスティール
Rosenstiehl
ローゼンステイン
Rosenstein
ローゼンストック
Rosenstock***
ローセンストレーム
Rosenström
ローゼンストーン
Rosenstone*
ローゼンスワイグ
Rosensweig
ローゼンソール
Rosenthal*
ロセンダ Rosenda
ローゼンターリ
Rozental'
ローゼンタリ
Rosental'
ロゼンターリ
Rozental'
ローゼンタール
Rosenthal***
Rozental
ローゼンタル
Rosenthal*
ローゼンダール
Rosendahl
Rozendaal
ロセンタル Rosenthal
ロゼンタル Rosenthal
ローゼンツァイク
Rosenzweig
ローゼンツヴァイク
Rosenzweig*
ローゼンツヴァイグ
Rosenzweig
ロゼンツヴァイク
Rosenzweig
ローゼンツワイク
Rosenzweig
ローゼンツワイグ
Rosenzweig
ロセンド Rosendo*
ローゼンドルフ
Rosendorf
ローゼンドルファー
Rosendorfer
ローゼンハイム
Rosenheim
ローゼンハイン
Rosenhain
ローゼンバウアー
Rosenbauer
ローゼンハウス
Rosenhouse
ローゼンバウム
Rosenbaum**
ローゼンバウモワ
Rosenbaum
Rosenbaumová
ローゼンバーガー
Rosenberger*
ローセンバーグ
Rothenberg*
ローゼンバーク
Rosenberg*
ローゼンバーグ
Rosenberg***
Rothenberg**
Rozenberg
ローゼンハーゲン
Rosenhagen
ローゼンバック
Rosenbach
ローゼンバッハ
Rosenbach*
ローゼンバハ
Rosenbach
ローゼンバーム
Rosenbaum
ローゼンバラット
Rosenblatt
ローゼンハン
Rosenhan
ローゼンフィールド
Rosenfield*
ローゼンフェリド
Rozenfel'd
ローセンフェルト
Rosenfeldt**
ローゼンフェルト
Rosenfeld**
Rosenfeldt
Rosenfelt*
Rozenfeld
ローゼンフェルド
Rosenfeld**
Rosenfel'd
Rozenfel'd
ロゼンフェルド
Rosenfeld
ローゼンブッシュ
Rosenbusch
ローゼンブラット
Rosenblat
Rosenblatt*
Rosenbradt
ローゼンブラッド
Rosenblatt
ローゼンブラム
Rosenblum**
ローゼンブリェーム
Rosenblum
ローゼンプリュット
Rosenplüt
ローゼンブリュート
Rosenblueth
ローゼンプリュート
Rosenplüt
ローゼンブリュム
Rosenblum
ローセンブルグ
Roosenburg
ローゼンブルース
Rosenbluth*
ローゼンブルーム
Rosenbloom*
ローゼンブロック
Rosenbrock*
ローゼンベック
Rosenbek
ローゼンヘッド
Rosenhead
ローセンベリ
Rosenberg
ローゼンベリ
Rosenberg
ローゼンベリー
Rosenberg
Rosenberry
ローゼンベルガー
Rosenberger
ローゼンベルク
Rosenberg**
Rozenberg*
ローゼンベルグ
Rosenberg*
Rozenberg*
ロセンベルグ
Rozenberg
ロゼンベールク
Rozenberg
ローゼンベルヘル
Rothenberger
ローゼンボウム
Rozenbaum
ローゼンホーフ
Rosenhof
ローゼンボーム
Rosenbaum
Rosenboom
ローゼンホルツ
Rosenholtz
ローゼンマン
Rosenman**
ローゼンミュラー
Rosenmüller
ローゼンメラー
Rosenmoeller
ローゼンリヒト
Rosenlicht
ローゼンロート
Rosenroth
ローゼンワイン
Rosenwein
ローゼンワルト
Rosenwald
ローソー Rosow*
ロソー Rosow
ロゾー Lozeau
ロゾヴィック
Lozowick
ロソヴィッチ
Rossovich
ロソウスカ Losowska
ロソウスキー
Lozovskii
ロゾウスキー
Lozovskii
ロゾヴスキー
Lozovskii
ロゾウスキイ
Lozovskii
ロソス
Losos
Lossos
ロソッティ Rossotti*
ロソハ Rosocha
ローゾフ
Rosoff*
Rozov**
ロソフ
Rosof
Rosoff
Rosove
ロゾフ
Lozoff
Rozov
ロソフスキー
Rosovsky*
ロゾーフスキー
Lozovskii
ロゾフスキー
Lozovskii*
Rosovsky
ロゾブスキ Lozovskii
ロゾーフスキィ
Lozovskii
ロゾーフスキイ
Rozovskii
ロソモン Rosomon
ロゾラート Rosolato

ロ

ロソリーノ
Rosolino**
ロソリーモ Rossolimo
ロゾル Rosol
ロソロバ Rosolova
ローソーン
Rawsthorn
ローソン
Laursen
Lawson***
Lowson*
Rawson**
Rowson*
Rowthon
Rowthorn
ロソン Rosón
ローソンシー Losoncy
ロータ
Rota*
Rotha
ローター
Lauter*
Lothar***
Lother**
Roter
Rother**
ローダ
Lodha
Rauda**
Rhoda*
Roda**
ローダー
Lauder***
Loader*
Loder**
Lowder
Roder
Roeder
ロタ
Lothar
Rota*
ロター
Lothar*
Rotter
ロダ
Rhódē
Rodat
ロダー Lodder
ロタイ Rotai
ロダオ Rodao
ロダキ Rodaki
ロダコフスキ
Rodakowski
ロータース
Roeters
Roters*
ロータス Lotus*
ローダス Rodas
ロダス Rodas
ローターステイン
Lauterstein**
ロタツ Lottaz
ロータッカー
Rothacker*
ローダット Rodat
ロダット Rodat*
ロータッハ Rotach*
ローダーデイル
Lauderdale
ローダーデール
Lauderdale
ローダテール
Lauderdale
ローダデール
Lauderdale
ロタード Rothadus
ロダート Lodato**
ロダド Rodado
ロタードゥス
Rothadus
ロダヌス Rodanus
ローダーバーグ
Roderbourg
ローターパクト
Lauterpacht
ロータボーン
Lauterborn*
ローダーミルク
Lowdermilk
ロダム
Roddam
Rodham*
ロータームント
Rotermund
ローダラー Roederer
ローダリ Rodari
ロターリ
Rotari
Rothari
ロタリ Rothari
ロダーリ Rodari***
ロタリオ
Lothair
Rotario
ロダリック Roderick*
ロータール Lothar**
ロータル
Lothar***
Lother
ロタール
Lotario
Lothair
Lothar**
Lother
Rother
ロタル Rotaru
ロダール Lodahl
ロダル Rodal*
ロダーレス Lodares
ロダレス Lodares
ローターン Roothaan
ロータン Lauthan
ローダーン Roudan
ローダン
Laudan
Lordan
Roden
ロタン Lottin
ロダン
Rodan
Roddam
Rodin*
Roudhan
ロダンソン Rodinson
ロタンダ Rotunda
ローダンバック
Laudenbach
Rodenbach
ロダンバック
Rodenbach
ローチ
Loach**
Rauch*
Reoch
Roach***
Roache
Roche**
Roig*
Rotch
ロチ
Loti*
Rochi
ロチー Loti
ローチェ
Locche
Roache
ロチェスター
Rochester*
ロチェフ
Rochev
Rotchev
ロチェル Rochelle
ロチェン Roćen
ローチェンコ
Rozhenko
ロチマ Lotsima
ローチャー Raucher
ロチャ Rocha*
ロチャナプルック
Rojanaphruk*
ロチャヌー
Lotianou
Lotyanu
ロチャリー Lochary
ローチュレレイ
Lotulelei
ロチルド
Rotchild
Rothschild
ロチン Lochin
ローツ Lods
ローヅ Rhodes
ロツァー Lotzer
ロツアワ
Lo tsā ba
Lo tsā bā
ロツィカ Rozsika
ローツェン Roozen
ロツェンベルク
Rozenberg
ロッカ Rocca**
ロッカー
Locker**
Lockhart
Rocker*
ロッカタッリャータ
Roccatagliata
ロッカタリアータ
Roccatagliata
ロッカート
Lockhart
Rockart*
ロッカード Lockard
ロッカフェラー
Rockafellar
ロッカン Rokkan*
ロッキ
Locchi
Roque
ロッキー
Locke
Lockey
Lockie*
Locky
Rocco
Rockey
Rocky***
Roky
ロツキー Lhotzky
ロッキアー Lockyer
ロッキード Lougheed
ロッキャー Lockyer*
ロッキヤー Lockyer
ロッキンガム
Rockingham
ロック
Loche
Lock**
Locke***
Lok
Luoc
Roc
Roch*
Roche
Rock***
Rocque
Rok
Rook
Rooke
Roque*
Roques*
ロッグ
Rog
Rogg
ロックウェル
Rockwell***
Rocwell
ロックウッド
Lockwood***
Rockwood
ロックウード
Lockwood
ロックカインド
Rochkind
ロックシュタイン
Rockstein
ロックジョー Lockjaw
ロックス Rocks
ロックストローム
Rockström*
ロックストン Loxton
ロックスパイザー
Lockspeiser
ロックスバーグ
Roxburgh
ロックスバラ
Roxburgh
ロックスビー Roxby
ロックスリー Locksley
ロックスレイ Loxley
ロックスン Rockson
ロックナー Lochner
ロックニー Rockne
ロックネル Lochner
ロックハイマー
Lockheimer
ロックバウム
Lochbaum
ロックバーグ
Rochberg*
ロックハート
Lockhart***
Lockheart
ロックバーン
Rockburne
ロックヒル Rockhill
ロックフェラー
Rockefeller***
Rockfeller
ロックフォード
Rockford*
ロックヘッド
Lochhead*
ロックベール
Roquebert
ロックマン
Lockman*
Rockman
ロックモア
Rockmore*
ロックモール
Roquemaurel
ロックモーレル
Roquemaurel
ロックャー Lockyer
ロックヤー Lockyer
ロックライフ Rockliffe
ロックリー
Lockley*
Rockley
ロックリア Locklear
ロックリッジ
Lockridge
ロックリッフ Rockliffe
ロックリフ Rockliff*
ロックリン
Laughlin
Locklin
Locklyn
Rocklin*
ロックレイ Lockley*
ロックロワ Lockroy
ロックワイルダー
Rockwilder
ロックワード
Lockward
ロッケ
Lokke
Løkke*
ロッゲ Rogge
ロッゲム Loggem
ロッケル Rockell*
ロッケンバウアー
Rockenbauer
ロッコ Rocco***
ロッサー Rosser*
ロッサート Rossato
ロッサーナ Rossana
ロッサナ
Rosanna
Rossana**
ロッサーニ Lossani
ロッサーノ Rossano*
ロッサノ Rossano
ロッサビ Rossabi
ロッサム Rossum*
ロッシ
Losse

Raucci
Roche
Rosi
Rossi***
Rossí
'Rossi
ロッシー
Rossi
Rossie
ロッジ
Lodge***
Rossi
ロッシァー Roscher
ロッジア Loggia
ロッジァース Rogers
ロッシィ Rossi
ロッシウス Lossius
ロッシェ Losch
ロッシエ Roché
ロッシェル
Rochelle**
Roscher
ロッジェロ Roggero
ロッシオ Rossio
ロッシター Rossiter
ロッシタア Rossiter
ロッシット Rossitto
ロッシデス Rossides
ロッシーニ Rossini**
ロッシニ Rossini
ロッシニョイル
Rossignoli
ロッジマン Roggeman
ロッシャ Rocha*
ロッシャー
Loscher
Roscher*
ロッジャー Rodger
ロッシャーリ
Roshal
Roshali
ロッシュ
Loche
Lorsch
Losch
Roche***
Roches
Roesch*
Rosch
Rösch
Roshch
ロッシュグロス
Rochegrosse
ロッシュフォール
Rochefort*
ロッシュフコー
Rochefoucauld
ロッシュフコオ
Rochefoucauld
ロッシュマゾン
Roche-Mazon
ロッシング
Lossing
Rossing
ロッス Ross*
ロッスィター Rossiter
ロッスィングトン
Rossington
ロッスコプフ
Rosskopf
ロッスマン Rossmann
ロッスム Rossum**
ロッセ Rosset*
ロッセッテ Rossetti
ロッセッティ Rossetti
ロッセッティーニ
Rossettini
ロッセッラ Rossella**
ロッセッリ Rosselli*
ロッセッリーニ
Rossellini
ロッセッリーノ
Rossellino
ロッセッロ Rossello
ロッセティ Rossetti
ロッセーニ Losseni
ロッセラ Rosella
ロッセリ
Rossel'
Rosselli
ロッセリィ Rosselli
ロッセリーニ
Rosselini
Rossellini**
ロッセリーノ
Rossellino
ロッセル
Rossel
Rossell
Rosser
ロッセロ Rossello
ロッセン Rossen
ロッセンスウィート
Rosensweet
ロッソ
Rosso***
Russo
ロッソヴィッチ
Rossovich
ロッソン Rosson*
ロッタ
Lotta**
Rotta
ロッター
Lotter
Roetter
Rotter
ロッダ Rodda**
ロッダー Lodder
ロッダム
Roddam*
Rodham
ロッチ
Loti
Roig
Rotch
ロッチェ
Roche
Rotsh
ロッチャ Rocha*
ロッチュ Rotzsch*
ロッチルド Rothschild
ロッツ
Lotz**
Lotzi
ロッツェ Lotze
ロッツォル Rotzoll
ロッツラー Rotsler**
ロッテ Lotte**
ロッティ
Loffi
Lotti*
Lottie**
Rothi
ロッティー Lottie
ロッディ
Loddi
Roddie
ロッティス Lottice
ロッディス Roddis
ロッテク Rotteck
ロッテスリー
Wrottesley
ロッテスレー
Wrottesley
ロッテラー Lotterer**
ロッテール Loetterle
ロッテル Rotter
ロッテルダム
Rotterdam
ロッデン Rodden
ロッテンシュタイナー
Rottensteiner
ロッテンバーグ
Rottenberg
ロッテンハマー
Rottenhammer
ロッテンハムマー
Rottenhammer
ロッテンハンマー
Rottenhammer
ロッデンベリー
Roddenberry*
Roddenbery
ロッデンベリイ
Roddenberry
Roddenbery
ロッテンベルク
Rottenberg
ロット
Lot*
Lott**
Lotto*
Rott
ロッド
Rod***
Rodd*
Rodde*
Rodney*
Rodrigo
ロッドウェイ
Rodway*
ロッドウェル Rodwell
ロットナー Lottner
ロッドナイト
Rodnight
ロッドニー Rodney
ロッドフォード
Rodford
ロットブラット
Rotblat
ロッドベル Rodbell*
ロットホーネン
Lotjonen
ロットマイア
Rottmayer
ロットマイアー
Rottmayer
ロットマイル
Rottmayer
ロットマン
Lottman*
Rothmann
Rotman*
Rottman
Rottmann
ロッドマン
Rodman***
ロットランダー
Rottländer
ロットルッフ Rottluff
ロットルツフ Rottluff
ロットルフ Rottluff
ロッドレイ Rodley
ロットロイトナー
Rottleuthner*
ロッパー Ropper
ローツハイム
Roetzheim
ロッビア Robbia
ロッビアーティ
Robbiati
ロッヒェル Locher
ローツビト Hroswitha
ロッヒャー Locher
ロッフ Lof
ロッブ
Lobb
Robb*
ロップ
Lopp
Robb
Rop
Ropp
ロッフィ Roffey*
ロッフェ Loffe
ロップス
Lopes
Rops*
ロップフェ Loepfe
ロッフレード Loffredo
ロッベ Lobbe
ロッペス Lopes
ロッヘフェーン
Roggeveen
ロッベルス Robbers
ロッベン Robben*
ロッホ
Loch**
Roch
ロッポ Loppo
ロッホーナ Lochner
ロッホナー Lochner
ロッホマン
Lochman
Roghman
ロッホラン Lochlann
ロッホリツ Rochlitz
ロッホル Rocholl
ロッラ Rolla
ロツラー Rotsler
ロッリ
Lolli*
Rolli
ロッロブリジーダ
Lollobrigida
ローテ
Lotte
Rothe
ローデ
Løhde
Rade
Rode*
Rodhe
Rohde*
ロテ
Blo-gros
Lotay
Rothe
ロデ
Lodde
Lotte*
Rhoda
Rhódē
Rodet
ロデー Loday
ローティ
Lortie
Rorty**
ローディ
Lodi**
Lordi*
Rhode
Rhody
Rodi*
Roedy*
ローディー
Lodī
Lōdī
Lūdhī
ロティ
Loti**
Loty
Roty
ロティー Lottie
ロテイ Lotay
ロディ
Lodi
Lōdī
Logie
Roddie*
Roddy***
Rodi*
Rodie
Rody
ロディー
Lodī
Lody
Roddy*
ロディアン Rodian
ロティエ Rothier
ロディエ Rodier
ロディエール Rodier
ローディオ Rodio
ロディオス
Rhodios
Rhodius
ロディオナス Rodions
ロディオーノフ
Rodionov
ロディオノフ
Rodionov
ロディオノワ
Rodionova
ロディオン Rodion*
ローディガー
Roediger
ロディカ Rodica*

ロ

ロディガリ Rodigari
ロティキウス
Lotichius
ロディーギン Lodygin
ロティス Lotis
ロディス Rodis*
ロティチ Rotich
ロディック
Roddick***
Rodic
ローディッシュ Lodish
ロディッシュ Lodish*
ロティッチ Rotich
ロティーナ Lotina
ロディーニ Rodini
ロディノ Rodino*
ロティーヒウス
Lotichius
ロティミ Rotimi
ロディリック
Rhoderick
ロティリャ Rotilla
ローデイル Rodale
ロデイル Rodale
ロディロ Rodero
ロデイロ Lodeiro*
ロディン
Roddin
Rodin
ローディング Rawding
ロディング Lodding
ローデヴァイク
Lodewijk
ローデウェイク
Lodewijk
ロデヴェイク
Lodewijk
ローデギエーリ
Rodeghier
ロテク Rotteck
ローデス
Lourdes
Lurdes
Rhodes**
Rodes
ロテック Rotteck
ロデック Rodek
ロテッリ Rotelli*
ローデナス Ródenas
ロデビイクス
Lodewijks
ロデビク Lodewijk
ローデフェルト
Rodefeld
ローデブッシュ
Roudebush
ローデマン
Lodemann*
ローテム Rotem
ロテム
Lotem
Rotem
ローテムンド
Rothemund
ロデューカ LoDuca
ローテラー
Lauterer
Rotellar
ローデラー Roederer
ロテラ Rotella
ローデリーク Roderic
ロデリーク Roderyk
ロデリク Roderick
ロデリゲス Rodriguez
ロデリーゴ Roderigo
ロデリゴ Roderigo
ロデリス Rodelys
ローデリック
Roderick*
ロデリック
Roderic**
Roderick***
Rodrigo
ローデリヒ Roderich
ローテル Lothaire
ローデル
Loader*
Rodell
ロテール
Lothaire
Lother
ロデール Lodder
ロデル Rodell
ローテルト Roetert
ローテルムンド
Rotermund*
ロテルラ Rotella
ロデレール Röderer
ロデロ Rodero
ローテン
Looten
Wroten
ローデン
Loden
Lorden
Lowden
Rhoden
Roden*
Rohden
ロテン
Loten
Rothen
ロデン Blo ldan
ローデンヴァルト
Rodenwaldt
ローテンガッター
Rothengatter
ロデンスキー
Rodensky
ローデンステイン
Lodensteijn
Lodenstein
ローテンスレーガー
Lautenslager
ローテンバーグ
Lautenberg**
Rotemberg
Rotenberg*
ローデンバーク
Rodenbach
ローデンバーグ
Rodenburg
ローデンバック
Rodenbach*
ロデンバック
Rodenbach
ローデンバッハ
Rodenbach*
ローデンバハ
Rodenbach
ローデンバルト
Rodenwaldt
ローテンハン
Rotenhan
ローテンブルガー
Rothenburger
ローテンブルク
Rotenburg
ローデンブルク
Rodenburg
ローデンベック
Rodenbeck
ローテンベルガー
Rothenberger*
ローデンベルク
Rodenberg
ローテンレーウェン
Rothenlöwen
ローデンワルト
Rodenwaldt
ロート
Laut
Lauth
Lhote**
Loth*
Roodt
Root
Roth***
ロード
Laud
Laude
Load*
Lord***
Lorde**
Lubbock
Rhode**
Rhodes*
Rhodo
Road
Rod
Rode
Rohde*
Rood
Roud*
ロト
Lot
Lotto
Roth*
ロド
Rod*
Rodó
ロドー Rodó
ロートアッカー
Rothacker
ロトアラ Lotoala
ロドイダムバ
Lodojdamba
Lodoydamba
ロドイダンバ
Lodoidamba
Lodojdamba
ロドヴァルト Rodwald
ロトゥイガ Lotu-iiga
ロードウィク
Lodewijk
ロドウィク Lodowick
ロドヴィーコ
Lodovico*
Ludovico
ロドヴィコ Lodovico
ロドヴィチ Rodowicz
ロードウィック
Lodewijk
ロドウィック
Lodowick
Lodwick*
ロドヴィッチ
Rodozica
ロドウィン Rodwin
ロドウェル
Rodwel
Rodwell
ロドゥスカ Loduska
ロドウフォ
Rhodolfo
Rodolfo
ロードゥリ Rhodri
ロトゥール Rotours
ロドゥルフォ Rodulfo
ロドゥルフス
Rodulphus
ロトゥンノ Rotunno
ロドェ Blo gros
ロートエルメル
Rothärmel
ロトカ
Lhotka*
Lotka*
ロトガース Rotgers
ロドガスト Rodegast
ロドキー Rodkey
ロートキルヒ
Rothkirch
ロトキルヒ Rotkirch
ロドキン Rodkin
ロートゲン Roeltgen
ロトシテイン
Rotoshtein
ロートシュタイン
Rothostein
Rothstein
Rotshtein
ロートシルト
Rothschild**
ロードス Rhodes*
ロドースキー
Rodowsky*
ロートスミットクーン
Leassumitrakul
ロドスラフ Radoslav
ロードセップ
Raudsepp
ロードチェンコ
Rodchenko
ロトチェンコ
Rodchenko*
ロドチェンコ
Rodchenko
ロドチェンスカ
Radochonska
ロトド Lotodo
ロートナー Lautner
ロトナー Rotner
ロドニ Rodney
ロドニー
Rodnay
Rodney***
Rodoney*
ロドニィ
Rodney
Rodoney
ロドニィー Rodney
ロドニイ Rodney
ロードニエール
Laudonniére
ロドニエール
Laudonnière
ロドニナ Rodnina*
ロドニナー Rodnina
ロドネー Rodney
ロドネイ Rodney
ロートネル Lautner*
ロドネル Rodnell
ロートハウゼン
Rothausen
ロトバウム Rothbaum
ロトバーグ Rotberg
ロートハッカー
Rothacker
ロドハム Rodham
ロートハーン
Roothaan
ロドビコ Lodovico
ロドフ Rodov
ロトフィ
Lotfi*
Luṭfī
ロートフェルス
Rothfels*
ロートフェルト
Rotfeld
ロトフォラ Lotfollah
ロートフス Rothfuss*
ロードブッシュ
Rodebush
ロートブラット
Rotblat**
ロートベルク Rotberg
ロートベルツス
Rodbertus
ロードベルツス
Rodbertus
ロートベルトゥス
Rodbertus
ロードベルトゥス
Rodbertus
ロトベルトゥス
Rodbertus
ロドベルトス
Rodbertus
ロートボード
Rautbord
ロートマール Lotmar
ロートマン
Lotman**
Rothmann**
Rottmann
ロトマン
Lautman
Lotman
Rotman
Rottman
ロドマン Rodman

ロートミューラー
Rothmueller
ロトミュレル
Rothmüller
ロトムント
Rothmund
Rotmund
ロドラ
Llodra**
Lodola
ロドラウアー
Rodlauer
ロートラウト
Rotraut*
ロートラオト Rotraut
ロトランジェ
Lotoringer*
Lotringer
Rotoringer
ロードリ
Lodoli
Rhodri*
ロトリ Rotoli
ロドリ
Lodoli**
Lodori
ロドリー
Rhodri**
Rodley
ロドリアン
Rodorian
Rodrian
ロドリーグ Rodrigues
ロドリク Rodric
ロドリグ
Rodrigue
Rodrigues
ロドリゲシュ
Rodrigues
ロドリーゲス
Rodrigues
Rodriguez
Rodríguez
ロドリゲス
Rodoriges
Rodorigues
Rodoriguez*
Rodoríguez
Rodriges
Rodrignez
Rodrigues***
Rodrígues*
Rodriguez***
Rodríguez***
ロドリゲスアギアル
Rodriguesaguiar
ロドリゲスオリバー
Rodriguez Oliver
ロドリゲズシオス
Rodriguez Sios
ロドリゲスバーケット
Rodrigues-birkett
ロードリゲツ
Rodriguez
ロドリーゴ
Rodrigo***
ロドリゴ
Rodorigo*
Rodrigo***
ロードリック
Roderick*
ロドリック
Roderic
Roderick**
Rodrik*
ロドリックス Rodricks
ロドリュブ Rodoljuv
ロートリン Rothlin
ロートリンゲン
Lothringen**
ロトルー Rotrou
ロトルウ Rotrou
ロトルーディス
Rotrudis
ロトルフ Rottluff
ロドルフ
Rodolphe**
Rodulfo
Rudolf
Rudolph
ロドルフェ Rodolphe*
ロドルフォ
Rodolfo***
Rudolf
ロートレアモン
Lautréamont*
ロートレイモン
Lautréamont
ロートレク Lautrec
ロドレーダ Rodoreda
ロドレダ Rodoreda
ロートレック Lautrec*
ロトレックル Rotrekl
ロトロ Rotolo
ロートン
Laughton*
Lawton**
Loton*
Lowton
Rhoton
Rowton
ロードン
Loudon
Lowdon
Rawdon**
ロドーン Rhodo
ロドン
Roddon
Rodon
ロドンギーン
Lodongiin
ロトンディ Rotondi*
ロドンディ Rodondi
ローナ
Lona
Lorna***
Lornah*
Rhona**
Rona*
Róna
ローナー
Launer*
Lawner
Lochner
Lohner
Rohner*
Röhner
ロナ
Rhona
Rona*
Ronat
Ronna*
Wrona
ロナー
Lonner
Ronner
ローナイ
Rónai
Ronay*
ロナイ Rónai
ロナウジーニョ
Ronaldinho**
ロナウド
Ronald*
Ronaldo**
ローナーガン
Lonergan
ロナーガン Lonergan*
ロナガン Lonergan
ロナメイ Lonamei
ローナル Ronald
ロナルズ Ronalds
ロナルダス Ronaldus
ロナルト Ronald**
ロナルド
Ranald*
Roland
Ronald***
Ronaldo*
Ronard*
ロナルドソン
Ronaldson
ローナン
Loughnane
Ronan**
ロナン
Rónáin
Ronan*
Ronane
Ronen*
ローニ
Ronni
Rony
ローニー
Lawney
Loney
Looney
Lowney
Rhoney
Roney
ロニ
Loni*
Roni*
Ronnie
Rony*
Rosny
ロニー
Loney*
Lonni
Lonnie**
Lonny*
Ronald
Ronee
Roney*
Roni*
Ronne
Ronni
Ronnie***
Ronny**
Rony
Rosny*
ロニアコ Raniaco
ローニアス Launius
ロニアン Lonien
ロニイ Ronny
ロニエル Roniel*
ロニオン Rognon
ロニス Ronis
ローニツ Lonitz
ローニック Roenick
ローニット Ronit
ロニット Ronit
ロニョ Roño
ロニョーニ Rognoni
ロニルド Ronild
ローニング
Loening
Rønning
ロニングスタム
Ronningstam*
ロニンゲン
Ronningen
Rönningen
ロヌルド Ronald
ローネ
Lone***
Rohne
ローネー Launay
ロネ
Launet
Lone*
Lonne
Ronet
Rosnay
ロネー
Launay*
Roney
Rosnay
ローネイ Launay
ロネイ Rosnay*
ロネット Lonette*
ローネル Rohner
ロネル Ronell
ローネルト Rohnert*
ロネロ Ronello
ローネン Ronen
ロネン Ronen
ロノ
Lono**
Rono
ロノア Launoy
ロノウ Lonnov*
ロノフ
Lonoff
Ronov*
ローハー Roher
ローバー
Lauber**
Lober
Lorber*
Rober
Roethel
Roper
ローパ Ropa
ローパー
Lauper**
Loper*
Roper***
ロハ Rocha
ロハー
Locher
Roger
ロバ
Loba
Roba*
ロバー Rober
ロパ Lopa*
ロバアツ Roberts
ロバァート Robert
ロバァト Robert
ロバアト Robert*
ロバアトソン
Robertson
ロハーイ Rohály
ロハイダ Rohaidah
ロバイナ Robaina**
ローハイム Róheim*
ローバオ Lauvao
ロバーグ Loberg
ロバシ Lovász
ロバシイ Lovasy
ロバシュ Lovas
ローハス Rojas*
ロハス
Rojas**
Roxas**
ロバース
Lovaas
Lovász
Robers
ロバーズ
Robards**
Roberds
ロバズニュク
Lobazniouk
ロハスリベラ
Rojas Rivera
ロバースン Roberson
ロバーソー Loverso
ロバーソン
Roberson**
ロバータ Roberta***
ロパタ Lopata*
ロバータス Robertus
ロバチ Lobatch
ロハチェフスキ
Rohaczewski
ロバチェーフスキー
Lobachevskii
ロバチェフスキー
Lobachevskii
ロバチェーフスキィ
Lobachevskii
ロバチェフスキイ
Lobachevskii
ロバチェワ Lobacheva
ロパチョフ Lopachev
ロパーチン
Lopatin
Lopátin
ロバーツ
Robarts
Robers
Robert*
Roberts***
ローバック
Laubach*
Robach
Roback
Roebuck**
Roorbach*
ロパック Lopuck
ロハッジ Rohatgi

ロバッティ Rovati
ロバット
Lobato*
Lovat
ロバットー Lobátto
ロパット Lopat
ロバーティ
Roberti
Roberty
ロバーティー Roberty
ロバティ Roberty
ロパティ Ropati
ロバーティエロ
Robertiello
ロハティン
Rohatyn**
ロパティン Lopatin
ロパティンスキー
Lopatinskii
ローバート Robert
ローバト Robert
ロバート
Lobato*
Lobert
Rebert
Robbert
Robelt
Roberd
Robers
Robert***
Roberta
Roberto*
Roberts
Roburt
Rorbert
Rovert
ロバード
Robard
Robards
Robert
ロバト
Lobato**
Lovato
Robert
ロパート Lopert
ロハトギ Rohatgi
ロパートキナ
Lopatkina*
ロバートショー
Robertshaw
ロバートスン
Robertson**
ロバトスン Robertson
ロバートソン
Rebertson
Robertson***
ロバトソン Robertson
ロパトニコフ
Lopatnikoff
ローバトム
Rowbotham
ロバートン Roberton
ロバトン Lobaton
ロハナ Rohana
ロバナ Rovana
ローハーニ Rouhani*
ロハニ
Lohani
Rohani
ロハノ Rojano

ロバーノ Lovano
ロバーノフ Lobanov
ロバノフ Lobanov*
ロバノフスキー
Lobanovsky
ロバノワ Lobanova
ローバリー Rowbury
ロパール Ropartz
ロパルツ Ropartz
ロバルト Robert
ロバルトソン
Robertson
ロバロ Lovallo
ローハン
Lohan*
Rohan*
ローバン
Laubhan
Loban
ロハン Rohan*
ロバーン Lovern
ロバン
Lobão
Lobban*
Roban
Robein
Robin**
ロバンサイ Lovansai
ロバンジュール
Lovenjoul
ロバンソン Robinson
ロバンヌ Robinne
ローヒー Rohee
ロービー Robey
ロビ Robi
ロビー
Rabe
Robbi
Robbie***
Robby**
Robert
Robey*
Robie*
Roby**
ロービア Rovere
ロヒア Lohia
ロビア Robbia
ロビアーニ Robbiani
ロピアノ Lopiano
ロビアンニ Robiamny
ロビエ Laubier
ロビエット Robiette
ロピキュット
Ropiequet
ロビケ Robiquet
ロビケー Robiquet
ロピケット Ropiequet
ロビサ Lovisa
ロビシェワ Lobysheva
ロビショー
Robichaud
Robichaux*
ロービショード
Robichaud
ロピス López
ロビスキー Robiskie

ロビスン Robison
ロビソン
Robinson
Robison**
ロヒタ Rohitha
ロビダ Robida*
ロビダー Robida
ロピタル
L'Hôpital
L'Hospital
ロビチェク Robichek
ロビチェック
Robichek
ロービック Rorvik*
ロビック Robiquet
ローヒッチャ Lohicca
ロビット Rovit
ロビテイル Robitaille
ロビドー Robideaux
ロヒナ Lohyna
ロヒナー Lochner
ロビナ Rovina
ローヒニー Rohiṇī
ロビニヒ Lobnig
ロビーニョ Robinho*
ロビネ Robinet
ロビネー Robinet
ロビネスク Lovinescu
ロビネッティ
Robinette*
ロビネット
Robinet
Robinett
Robinette**
ロビーノ Robino
ロビノー Robineau
ロビノヴィッツ
Robinovitz
ロビヤール Robillard
ロビュション
Robuchon*
ロヒョー Rochow
ロビラ Rovira**
ロビライズ Lobprise
ロビラント Robilant*
ロビリャール
Robillard
ロヒール Rogier
ロビロサ Rovirosa
ロービン Robin
ロビーン Lovén
ロビン
Lovin
Robbin**
Robbyn
Robin***
Robyn***
Rovin
ロビンギア Lobingier
ロビンコーカー
Robbin-coker
ロビンス
Lovins**
Robbins***
Robins**
Robyns
ロビンズ

Lovins
Robbins***
Robins**
Robyns
ロビンスキー
Rovinski*
ロビンスン
Robinson**
ロービンソン
Robinson
ロヒンソン Robinson
ロビンソン
Robinson***
Robison
ロビンソンレジス
Robinson-regis
ロビンツェフ
Lobintsev
ロビンドロナト
Rabindranāth
Rabīndranāth
ロヒントン
Rohinton**
ローフ
Loaf
Lööf**
Roaf
Rolfe
ローブ
Lobe*
Loeb**
Loebl
Lööf
Roob
Rove*
ロープ
Lop
Roop
Rope
ロフ
Loff
Roff*
Rolf
ロブ
Lob
Rob***
Robb**
Robbe***
Robert*
ローファー Laufer*
ロファ Roffat
ローファラン Loveren
ロフィ Roffey
ロフィー Roffey*
ローフィンク
Lohfink*
Lovink
ロープヴァッサー
Lobwasser
ローフヴィツカヤ
Lokhvitskaia
Lókhvitskaya
ローフェ Rofe
ロフェ
Rofe
Roffe*
ロフェール
Raufer
Rover
ローフェン Loeffen*
ローフェンス Loovens

ローフォード
Lawford**
ロフォレーゼ
Lo forese
ローブカン
Robequain
ロブグリエ
Robbe-Grillet
ロブグリオ LoBuglio
ロフグレン
Lofgren*
Löfgren
ロブコヴィツ
Lobkowicz
ロプコヴィツ
Lobkowitz
ロブサート Robsart
ロブサン
Blo bzang
Lobsang**
Luvsan
ロプサン
Blo-bzain
Blo-bzań
Lobsang
ロブサンダンジン
Blo-bzain-bstan-hdzin
Lobsangdanjin
ロブサンティンレー
Blobsantinlai
ロブサンドルジーン
Luvsandorzhiĭn
ロブサンナムスライ
Luvsannamsrai
ロブサンニャム
Luvsannyam
ロブサンワンダン
Luvsanvandan
ロプシッツ Lopshits
ロブシャー Loubscher
ロープシャイト
Lobscheid
ロフシャン Rovshan*
ロープシュタイン
Lobstcin
ロブショウ Robshaw
ロブジョワ Lobjois
ロブション
Robuchon**
ロブジョーンズ
Robjohns
ロープシン Ropshin*
ロプーシン Ropshin
ロプシン Ropshin
ローフス
Loofs*
Rochus*
Rofes
ロープス
Lopes*
Ropes
ロフス Rochus
ロプス Rops*
ロフスキー Rofsky
ロブスキー Robsky
ロブスタイン Lobstein
ロブスティ Robusti

ロ

ロブスティーン
Lobstein
ロブステリ Robustelli
ロブズハニゼ
Lobzhanidze
ローブスン Robeson
ロブスン
Robeson*
Robson*
ロブセンツ Lobsenz
ロブゾー Lobbezoo
ロブソルフ Lobsdorf
ローブソン Robeson
ロブソン
Rabson
Robeson*
Robson***
ロフタス
Lofthouse
Loftus**
ロフツ
Lafts
Lofts**
ロフティン Loftin
ローフティング
Lofting
ロフティング
Lofting**
ロフテスネス
Loftesness
ロブデル Lobdell
ロフテン Loften
ロフデン Lovden
ローフート Rouvoet
ロフト Loft
ロフトゥス Loftus
ロフトゥル Loftur*
ロフトハウス
Lofthouse*
ロフトン Lofton**
ロフバル Rohbar
ロプヒン Lopukhin
ローブーフ Laubeuf
ロブベモンド
Robbemond
ローフベルグ Lofberg
ロプホーフ Lopukhov
ロプポーワ Lopokova
ロフマン
Loughman
Rahman
Roffman
ロブマン Lobman
ロフヤティ Rohyati
ローフラー Loeffler
ロフラー Loeffler
ロブラン
Robelin
Roblin
ロフランド Lofland*
ロブリー Robley**
ロプリー Ropley
ローブリアヤオ
Lobriayao
ロプリエノ Loprieno
ロブリック Lovric
ロブリヤオ Lobliayao
ロフリン Rokhlin
ロブリン Lovrin
ローブリング
Roebling
ロブル
Lobl
Robl
ロブレ Robleh
ロブレクツ
Robberechts
ロブレス
Robles**
Roblès**
ロブレスキー
Wroblewski*
ロプレスティ
Lopresti*
ロブレード Robledo
ロブレト Robleto
ロブレド
Robledo
Robredo
ロブレニィオ
Robrenyo
ロブレヒト
Robberecht
ロフレン Lochlainn
ロブロ
Lovro
Lovullo
ロブロット LoBrutto
ローベ
Lobe**
Rowe
ローペ
Lobe
Lope*
ロベ Robais
ロペ Lope*
ローベイ Robey
ロベイシー Robeisy*
ロヘイズ Rohase
ロペイト Lopate
ロベヴァ Robeva
ロベエル Robert
ロペシュ Lopes
ローペス Lopes
ロヘーズ Rohase
ロペス López
ロペス
Lopes***
Lópes
Lopez***
Lopéz
López***
ロペズ
Lopez*
López
ロペスアセア
López Acea
ロペスアロチャ
Lopez Arocha
ロペスサライバ
Lopes Saraiva
ロペストルヒッリョ
López Trujillo
ロペスヌネス
Lopez Nunez
ロベスピェール
Robespierre
ロベスピエール
Robespierre
ロペスビダル
López i Vidal
ロベスピール
Robespierre
ロペスボニジャ
López Bonilla
ロペスモレイラ
López Moreira
ロベツ Lopez
ロペツ Lopez
ローベック
Lobeck
Robeck
ロペック Ropeik
ロベッタ Robetta
ロベッチオ Lovecchio
ローペッツ Lopez
ロベッティ Lobetti
ロベット
Lobett
Lovett*
ロベート Robert
ローベドウ
Rowe-Beddoe
ロベナ Robena
ロベバ Robeva
ロベリ Lobelli
ロベリー Robery
ロヘリオ
Regelio
Rogelio**
ローベール Robert
ローベル
Lobel**
L'Obel
Lovell
Robert**
Wrobel
ロヘル Roger
ロベール
Lobert
Robbert
Robert***
Robèrt**
Roberts*
Robertus
ロベル
Lobel
L'Obel
Lobell
Lovell
Robert
Rovell
ロベルヴァル
Roberval
ローベルグ Lohberg
ロベルジェ Roberge
ロベルジュ Roberge*
ロベルス Robbers
ロベルタ
Rhoberta
Roberta**
ロベルタス Robertus
ロベールチ Roberti
ロベルチ Roberti
ロベルチス Robertis
ロベルツ Roberts
ロベルツス
Robert
Robertus
ロベルット Robert**
ロベルデ Roberday
ロベルデー Roberday
ロベルティ
Roberti*
Roberty
ロベルティー Roberty
ロベルディ Roberti
ロベルティス Robertis
ローベルト
Robelto
Robert***
Robertus
ロヘルト Robert
ロベルト
Robbert*
Robelt
Robert***
Róbert
Roberto***
Roberts
Robertus
Roberuto
ロベルトー Roberto
ロベルトヴィチ
Robertovich
ローベルトゥス
Rodbertus
ロベルトゥス
Robert
Robertus*
ロベルトス Roberts
ロベルドス Loverdos
ロベールミション
Robert-Michon
ロベルム Roberm
ロベルランディ
Robertlandy*
ロペレイアート
Lopreiato
ロベレース Lovelace
ロベーン Löfven*
ローベングーラ
Lobengula
ローベングラ
Lobengula
ロベングラ Lobengula
ローベンス Robens
ロベンスタイン
Lobenstine
ロベンソン Robenson
ロベンディ Lobendi
ローベンハイマー
Raubenheimer
ローベンハイム
Lovenheim*
ローホ Rojo
ローホー Loreau
ローボ Lobo
ローボー Rohrbaugh
ロホ Rojo**
ロホー Rochow
ロボ Lobo***
ロポ Loppo
ローボウ Lobo
ロポコヴァ Lopokova
ロポコワ Lopokova
ローボサム
Rowbotham
ロボサム
Robotham**
ローボス Lobos
ロボス Lobos
ロボズ Roboz
ローボータム
Rowbotham
ロボーツ Roborts
ローボック Rohbock
ロボック Robock
ローポッチャナラット
Rojpojanarat
ローボトム
Rowbottom
ロホナー Lochner*
ロボニョン Lobognon
ロポネン Roponen
ロホビイ Rohovy
ロボフ
Lobov*
Robov
ロポポロ Lopopolo
ロホマン
Rahman
Rochman
ロホラン Loughran
ロボリウ Roboliu
ロボリク Loborik
ロボルテロ Robortello
ローボルト Raubolt
ロボルド Robert
ロボルトソン
Robertson
ローボーロー
Loughborough
ロボロフスキー
Roborovskii
ロボワ Lobova
ロボンツ Lobont
ロボント Lobont
ローマ
Rohmer
Roma*
Romana
Rome
ローマー
Laumer**
Lormer
Roemer**
Rohmer**
Romer**
ロマ
Rhoma
Roma*
ロマー
Romar
Romer*
Rommer

ロマイ Romay
ローマイアー
Lohmeyer
ロマイア Lomaia
ロマイケ Romeike**
ローマイス Romeiss
ローマイヤー
Lohmeyer
ロマイローン
Romairone
ロマイン
Romein
Romine
Romyn*
ロマーエフ Lomaev
ロマキン Lomakin
ローマクス Lomax*
ロマクス Lomax**
ロマコ Romako
ローマサ Lomasa
ロマシコーワ
Romashkova
ロマシナ
Romashina**
ロマショーフ
Romashov*
ロマショフ Romashov
ロマーシン
Romashin*
ロマージン Romadin
ロマシン Romashin
ローマス Lomas
ロマス Lomas*
ロマゾウ Lomazow
ロマチェンコ
Lomachenko**
ローマック Romac
ローマックス Lomax*
ロマックス Lomax*
ロマッツイ Lomazzi
ロマッツォ Lomazzo
ロマデカ Hromadka
ロマトウスキー
Romatowski
ロマドカ
Hromadka
Hromádka
ロマーナ Romana*
ロマナ Romana
ロマーニ Romani*
ロマニ Romani
ロマニウク Romaniuk
ロマニェー Romagné
ロマニエロ
Romaniello
ロマニーシン
Romanyshyn
ロマーニズ Romanes
ロマニス Romanis
ロマニスト
Romanisten
ロマニーニ Romanini
ロマニーノ Romanino
ロマーニャ Romaña
ロマニャーノ
Romagnano
ロマニュク Romanuke
ロマニョーシ
Romagnosi
ロマニョージ
Romagnosi
ロマニョシ
Romagnosi
ロマニョーリ
Romagnoli
ロマニリョス
Romanillos
ロマーヌ Romane*
ロマーヌス Romanus
ロマヌス
Romanos
Romanus*
ロマヌッチ
Romanucci
ロマネク Romanek*
ローマネス Romanes
ロマーネス Romanes
ロマネス Romanes*
ロマネッリ Romanelli
ロマネリ Romanelli
ロマネルリ Romanelli
ロマネンコ
Romanenko
ロマーノ Romano***
ロマノ
Lomano
Romano***
ロマノヴ Romanov
ロマーノヴァ
Romanova
ロマーノヴィチ
Romanovich*
ロマノヴィチ
Romanovich
Romanowicz
ロマノヴィッチ
Romanovich
ロマノウスキー
Romanowski
ロマーノヴナ
Romanovna
ロマノヴナ
Romanovna
ローマノス
Romanos*
Romanus
ロマノス
Rhōmanos
Romanos
Romanus
ロマノーソフ
Lomonosov
ロマノネス
Romanones*
ロマノビッチ
Romanovich*
ロマーノフ
Romanof
Romanov*
ロマノーフ Romanov
ロマノフ
Romanoff
Romanov***
ロマノフスキー
Romanovskii*
Romanovsky
ロマーノブナ
Romanovna
ロマノワ Romanova*
ロマーリオ
Romario
Romário*
ロマリオ Romario
ロマリック Romaric
ロマリヒ Romarich
ロマリン Romarin
ロマルダ Romalda
ロマルド
Romaldo
Romuald
ローマン
Laumann
Lawman
Lohman*
Lohmann*
Loughman
Lowman
Råman
Rohmann*
Romain
Roman***
Román
ロマーン Roman**
ロマン
Romain***
Romains*
Roman***
Román**
Romand*
Romane
Romann
Romão
ロマンコフ Romankov
ロマンザ Romanza
ロマンジーク
Romanczyk
ロマンス
Romance*
Romans
ロマンチェンコ
Romantschenko
ロマンチク
Romanczyk
ロマンツェフ
Romantsev*
ロマンツォヴ
Romantsov
ロマント Lomanto
ロマントウスカ
Romantowska
ローミ
Lomi
Romy
ロミ
Romi*
Romy
ロミー Romy**
ロミーイ Romilly
ロミイ Romilly**
ロミオ Romeo
ロミジェ Lomidze
ロミゼ Lomidze
ロミゾウスキー
Romiszowski
ロミータ
Lomita
Romita
ロミタ Rommita
ロミッチ Romić
ロミッヒ Romich
ロミティ Romiti*
ロミート Romito
ロミナ Romina
ロミュー Romieu
ロミュアルド
Romuald
ロミュラス Romulus*
ローミュルラ
Lomuller
ロミラ Romila
ロミリ Romilly
ロミリー Romilly*
ロミルダ Romilda
ローミン Romijn
ロミン
Romijn
Romyn
ロミング Roming
ローム
Roam
Roehm
Rohm*
Rome**
Romme
Room
ロム
Lhomme
Lom*
Lomb
Rom**
Romm*
Romme*
ロムー Lomu**
ロムアルディ
Romualdi
ロムアルデス
Romualdez
ロムアルド
Romuald*
Romualdo
ロムアルドゥス
Romuald
ロームス Lormus
ロムスキー Romski
ロムソン Romson
ロムダン Romdhane
ロムート Lomuto
ロムト Lomuto
ロムニ Romney
ロムニー Romney***
ロムニッキ Lomnicki
ロムニツキ Lomnicky
ロムネイ Romney
ロムバウト Rombout
ロムバーグ Romberg
ロムバッハ
Rombach**
ロムバート Lombard
ロムパル Lompar
ロムーフ Romeuf
ロムブローゾ
Lombroso
ロムブロゾー
Lombroso
ロムブロゾオ
Lombroso
ロムラ Romula
ロムルス Romulus
ロムレエ Romree
ロムレル Romrell
ロムロ
Lomuro
Romulo***
Rómulo**
ローメ Rheaume*
ロメ
Laumet
Rome
Romme*
ロメイ
Lomey
Romay
Romei*
ロメイエ Romeyer
ロメイン
Romain*
Romaine**
Romeijn
Romein
ロメウ Romeu
ロメエル Romer
ロメエン Romains
ロメーオ Romeo
ロメオ
Lomeo*
Romeo**
Roméo
ロメシ Romesh
ロメシャ Romesha
ロメシュ Romesh
ロメスブルグ
Romesburg
ロメッシュ Lormesh
ロメッティ Rometty*
ロメト Lometo
ロメトハイト
Rommetveit
ロメニ
Lomenie
Loménie
ロメニー Loménie
ロメーヌ Romaine*
ロメネク Lomenech
ロメラル Romeral
ロメリ Lomelí*
ロメリル Romeril**
ローメル Romer
ロメール
Rohmer**
Romer
ロメル
Rohmer
Romelu*
Romer*
Rommel
Rommell
ロメレン Romoeren
ロメーロ Romero*
ロメロ

ロ

Romerc
Romero***
ロメロロサダ
Romerolozada
ローメン Roomen
ロメーン Romaine
ロメン
Romain
Romains
ロモ Romo*
ロモウ Lomow
ロモニエ Laumonier
ロモノーソフ
Lomonosov
ロモノソフ
Lomonosov
ロモフ Romoff
ロモーラ Romola*
ロモラ Romola*
ロモリ Romoli
ローモロ Romolo
ロモーロ Romolo
ロモロ
Romolo
Rômolo
Romulo
ロモン Lhomond
ロモング Lomong
ロモント Lomont
ロモンド Lomond
ロヤ
Loya
Roya*
ロヤーコノ Lojacono
ロヤシェヴィチ
Lojasiewicz
ロヤック Loeak*
ロヨ Royo*
ローヨウン Law-Yone
ロヨラ Loyola*
ロヨラー Loyola
ローラ
Laura***
Laurat
Laure
Lauren
Lola***
Lolah
Lora*
Loula
Loura
Rola**
Rolla
ローラー
Laurer*
Lawler**
Lawlor
Lohrer
Lollar
Rohrer**
Roller
Rorer
ロラ
Laura
Lola
Lora
Rola
Rora
ロラー
Laura
Roller
ローラアン
Laura-Anne
ロライン Lorine
ローラス Lorus
ローラーソン
Raulerson
ローラック
Laurac
Rolak
ロラック
Lorac*
Lorak
Rolak
ローラッヘル
Rohracher
ロラデュー
L'Auradieu
ローラード Rowlard
ローラメアリー
LauraMaery
ローラリー Lauralee*
ローラル Loral
ロラール Rollard
ローラン
Laulan*
Laurain
Laurant
Lauren
Laurence
Laurens
Laurent***
Loran
Lorant
Lorrain
Lorrane
Loughlan
Loughran*
Raulin
Rolan
Roland***
Rolane
Rollan
Rolland**
Rollin*
ロラン
Laurand
Laurant*
Laurens
Laurent***
Lorand*
Lorànt
Lorin
Lorrain**
Raulin
Rolan
Roland***
Rolin
Rolland**
Rollin*
ローランサン
Laurencin*
ローランシー
Laurencie
ロランジ Lorange
ローランジェ
Roellinger
ローランシャルル
Laurent-Charles
ロランジュ Lorange
ローランス
Laurance*
Laurence**
Laurens*
Lawrance
Lawrence
Lorance
Rowlands
ローランズ
Rowlands**
ロラーンス Laurens
ロランス
Laurence*
Laurens**
Lawrence*
ローランソン
Rowlandson*
ロランダス
Rolandas**
ローランタン
Laurentin*
ローランツ Roelants
ロランツ Rolands
ロランディス
Rolandis
Rollandis
ローラント
Lorant
Rohland
Roland***
ローランド
Laurent
Loland
Lorand
Roland***
Rolando*
Rolland*
Rolnad
Rowland***
ロラント Roland*
ロランド
Roland***
Rolando**
ロランドゥス
Rolandus
ローランドソン
Rowlandson
ローリ
Laurie*
Lauriei
Lori*
Lowrie
Lowry
Raleigh**
Rowley
ローリー
Laulie
Laurene
Laurey*
Lauri*
Laurie***
Laury
Lawrie**
Lawry
Lolly*
Loree
Lorey
Lori**
Lorie**
Lorrie**
Lorys
Lourie*
Lowery
Lowrey
Lowrie*
Lowry***
Raleigh*
Rawley
Rawlins
Roland
Rolle
Rollie*
Rolly
Rori
Rory*
Rowley**
Ruairí
ロリ
Laury
Lolli
Lori**
Lorit
ロリー
Lolly
Lori**
Lorrie
Lory
Rory**
ローリア
Lauria**
Laurier
Loria**
ローリアー Laurier
ロリア
Lollia
Loria*
ロリアヌス Lollianus
ロリアーノ Loriano
ローリアン Laurieann
ロリアン
Lorian
Lori-Ann
ローリアンス Lorians
ローリィ
Laurie
Lory
Loughary
ローリイ
Lawley
Rowley*
ロリィ Rory
ロリウー Laurioux*
ロリヴァール Lorival
ロリウス
Lollius
Lorius*
ローリエ
Laurie
Laurier*
Lauriers
ロリエ
Laurier
Lauriers
Loliée
Rollier
ローリエン Roulien
ロリオ
Lorío
Loriod*
Loriot
Lorrio
ロリガ Loeliger
ロリキウス Lorichius
ロリグ Lorig
ローリーズ Lorys
ローリス Lauris**
ロリース Loris
ロリス
Lloris
Lollis
Loris**
Lorris*
Roriz
ロリスト Lorist
ローリストン
Lauriston*
ローリセラ Lauricella
ローリセン Lauridsen
ローリゼン Lauridsen
ローリタ Lolitha
ロリータ
Laurita
Lolita**
ロリツァー Roriczer
ローリッグ Lorig
ロリッグ Lorig
ロリッス Lorris
ローリッチ Lolich
ロリッチ Lolich
ローリッツ Lauritz
ロリード Loureide
ロリーナ Lorena
ロリナ Rollinat
ローリナイティス
Laurinaitis
ロリーナス Laurenus
ローリーニ Laurini
ロリニカイテ
Rolinikaite
Rolnikaitė
Rolnikaytė
ロリーヌ Laurine
ロリビエ Lolivier
ローリヘト Roligheđ
ロリマー Lorimer**
ロリマン Lorriman
ロリヤ Loria
ロリュー Lorieux
ロリユー Lorieux
ロリルー Lorilloux
ローリーン
Laureen*
Laurene
Laurien
ローリン
Laurien
Laurin
Lauryn**
Lorin*
Lorine
Lorrin
Loughlin
Rohlin
Roling
Rollin*
ロリーン
Loreen
Lorene
ロリン
Lorin**
Rollin
ローリンク Lorring
ローリング
Loaring
Lörincz
Loring*
Lorring
Rawlings
Roehling
Röling
Rowling**
ロリング
Loring
Röling
ローリングス
Rawlings***

Rollings*
Rowlings
ローリングズ
Rawlings*
Rowlings
ローリンクホーフェン
Rolinkhofen
ローリングホーフェン
Loringhoven
ローリンザー Lorinser
ローリンス Rawlins
ローリンズ
Rawlins*
Rollins*
ロリンズ Rollins**
ローリンスン
Rawlinson
Rowlinson
ローリンソン
Rawlinson*
Rowlinson*
ローリンダ Laurinda
ローリンツ Lörincz
ローリンド Laurindo*
ロール
Kroll
Laure***
Loll
Loor
Rawle
Roel
Rohl
Rohr
Rol
Roll***
Rolle
Rool
ロル
Rold
Roll*
Rolle*
ロルア Lolua
ロルヴァケル
Rohrwacher
ロールヴィーク Rørvik
ロールヴェルド
Roeleveld
ロルカ Lorca***
ロルコス Lorços
ロルシー Lorcy*
ロルジウ Lorjou
ロールシャッハ
Rorschach*
ロールシャハ
Rorschach
ロルジュ Lorjou
ロルジュリル Lorgeril
ロールス
Louruz
Rohls
Roles
ロールズ
Rawls***
Rholes
Rolles
Rolls**
ロールストン
Ralston*
Rolston
ロルストン Rolston
ロルセス Rolseth
ロールダ Roorda
ロールダー Roleder
ロルダーノ Roldano
ロルダーン Roldán
ロルダン
Roldan*
Roldán
ロルタンギ
Rol-Tanguy
ロルツ Lortz
ロルツィング Lortzing
ロルッソ Lorusso*
ロルト Rolt*
ロルド Lorde
ロルドス Roldos
ロルドン Lordon
ロルナ Lorna*
ロルニク Rolnik
ロルニック
Rollnick*
Rollnik
ロールニヤ Lorgna
ロルバー Lorber
ロールバウ
Rohrbough
ロールバーグ Rölvaag
ロールバシェ
Rohrbacher
ロールバシェール
Rohrbacher
ロールバッハ
Rohrbach
ロールバハ Rohrbach
ロールビー Roerbye
ロルビエツキ
Lorbiecki
ロルフ
Lorf
Ralph
Roelf
Rohlf
Rolf***
Rolfe**
Rolph**
ロルフェス Rolfes
ロールフス
Rohlfs*
Rolffs
ロルフス
Roelfs
Rohlfs**
Rolfs
ロルフフス Rolfhus
ロルフヨーラン
Rolf-Goran
ロルーペ Loroupe*
ロルペー Rol pa'i
ロールベック
Rohrbeck
ロールベッヒャー
Lohrbächer
ロルマリー
Laure-Marie
ロルミヤン Lormian
ロルム
Lolme
Lorm
Lorme
L'Orme
ロルメス Lormes
ロルモー Lormeau
ロールモーザー
Rohrmoser
ロールワーゲン
Rollwagen
ロルン Lorne
ロールングスン
Rowlingson
ロルンゼン Lornsen*
ローレ
Laure
Loleh
Lore*
Lorez
Lorre*
Raulet
Rolle
Rore
Rowley
ローレー Raleigh
ロレ
Lauret
Lorre
Rolle
Rollet
ロレー Loleh*
ローレイ
Laurey
Lawley
ロレイヌ Lorraine
ローレイン
Larraine
Lorrain
Lorraine*
Louwrien
Lurlene
ロレイン
Larraine
Lorain
Lorayne
Lorrain
Lorraine***
Lorrayne
ローレヴィンク
Rolevinck
ローレス
Lawless*
Rorres
ロレス
Loreth
Lorez**
ローレストン
Rolleston
ロレストン Rolleston
ロレタ Loreta
ロレタガリン
Loreta-garin
ロレダーナ Loredana*
ロレダン Loredan
ローレッタ Lauretta
ロレッタ
Lauretta***
Loletta
Loretta***
ローレッツ
Loretz
Roretz
ロレッツォ Loretzo
ローレット
Lauretta
Laurette
ロレット
Laurette
Lloret
Lorret
Roulet
ロレッド Llored
ロレッラ Lorella
ロレデモラ
Loret De Mola
ロレート
Loreto
Roreto
ロレト Loreto
ロレーナ Lorena**
ロレナ Lorena
ロレーヌ
Loraine
Lorene
Lorraine**
Roleine
Rolene
ローレム Rorem
ロレム Rorem
ロレヤール
Laureillard
ロレラ Lorella
ローレル
Laurel**
Laurell
Lorell
ロレル Lorelle
ローレン
Laulent
Lauren***
Laurene
Laurent**
Loraine
Loren**
Lorraine
Rohlen*
Rolen**
Rolén
ロレーン Lorraine**
ロレン
Lauren
Lorain
Loren*
Lorren
ローレンガー
Lorengar
ロレンガー Lorengar
ロレンサーナ
Lorenzana
ロレンザーナ
Lorenzana
ローレンシア
Laurentia
ロレンシノ Lorenzino
ロレンジャー
Loranger
ローレンス
Laurance
Laurence***
Laurens**
Laurenz
Lauwereyns
Lawence
Lawrance
Lawrece
Lawrence***
Lorenc
Lorence
Lorenz
Lourence
Lourenço
Lowrence*
Rollens
ロレンス
Laurence***
Laurens*
Lawrence***
Lorenz
Lowrence*
ロレンズ Lorenz*
ローレンストン
Laurenston
ローレンスヤン
Laurens-Jan
ローレンスン
Lawrenson
ローレンセン
Lorensen
ローレンゼン
Lorenzen
ロレンセン
Lorentzen
Lorenzen
ロレンゼン Lorenzen
ロレンソ
Lorenço
Lorenzo***
Rolenso
ロレンゾ Lorenzo**
ローレンソン
Laurenson
Lawrenson
ロレンチン Lorencin
ローレンツ
Laurents***
Lorencz
Lorents
Lorentz*
Lorenz***
ロレンツ
Lorencz
Lorentz
Lorenz**
Lorenzo
Roelandts
ローレンツァ Lorenza
ロレンツァ
Laurenza
Lorenza***
ロレンツァー Lorenzer
ロレンツァーニ
Lorenzani
ロレンツィ
Lorentzi
Lorenzi*
ロレンツィオ
Laurentiu
ロレンツィーニ
Lorenzini
ロレンツィーノ
Lorenzino
ロレンツィン Lorenzin
ロレンツェッティ
Lorenzetti
ロレンツェティ
Lorenzetti
ローレンツェン
Lorenzen
ロレンツェン
Lorentzen
Lorenzen
ローレンツォ Lorenzo

ロ

ロレンツォ
Laurentius
Lorenzo***
ロレンツォーニ
Lorenzoni
ロレンツォン
Lorenzon
ロレンテ Lorente*
ローレンティ Laurenti
ロレンティウス
Laurentius
ロレンディス Rolendis
ロレンティヌ
Laurentine
ロレンティーノ
Lorentino
ローレンティン
Laurentien
Laurentin
ローレント Laurent**
ロレンハーゲン
Rollenhagen
ローロー Lawlor
ロロ
Lolo
Loro**
Lorot
Rollo***
Roro
ロロー
Loraux
Rollo
ロロヴァ Lolova
ロロエン Lilien
ロロック Rollock
ローロフ Roloff
ロロフ Roloff***
ロロフソン Rolofson
ロロブリジーダ
Lollobrigida*
ロロブリジダ
Lollobrigida
ロロン
Rollo
Rollon
ローワー
Loewer
Lower
Rohwer
ロワ
Loic
Loys
Rohwer
Roi*
Rowa
Roy***
ロワー Lower
ロワイアン Loyen
ロワイエ
Loyer
Royer**
Royet
ロワイエー Royer
ロワイエール Royère
ロワイダ Rowaida
ロワイヤル Royal**
ロワエール Loyer
ロワグ Roig
ロワサ Lowassa
ロワザン Roisin
ロワジ Loisy
ロワジー Loisy
ロワース Lauwers
ロワゼ Loyset
ロワゼル Loisel
ロワゾー
Loiseau**
Loyseau
ロワゾウ Loiseau*
ロワゾン Loyson
ロワダ Loada
ロワーチ Llowarch
ロワチー Lowachee*
ローワット
Rowat
Rowett
ロワトフェルド
Roitfeld*
ロワヤル Royal
ロワヨンネ Loyonnet
ロワラン Loirand**
ロワリー Lowery
ロワレット Loyrette*
ローワン
Roughan**
Rowan**
ロワン Rowan*
ロワンス Lowance
ローワンド Rowand
ロワンド Rowand
ローン
Lawn
Lone**
Loon**
Lorne**
Rawn
Rhone
Roan*
Rohn
Rong
Roon*
ロン
Leong*
Lon**
Lone*
Long***
Lönn
Lonne
Lonnie
Loon
Lun
Lund*
Lung*
Ron***
Ronald*
Rond
Rong**
Ronn
Rønn
Ronnie
ロンアート Ronart
ロンイアー Longyear
ロンカ Rönkä*
ロンガ Longa
ロンカイネン
Ronkainen
ロンカグリオロ
Roncagliolo
ロンガーステイ
Longerstaey
ロンカッリ Roncalli
ロンカッリア
Roncaglia
ロンカティ Roncati
ロンガバーガー
Longaberger
ロンガバディ
Longabardi
ロンガメイ Longamei
ロンカーリア
Roncaglia
ロンカリア Roncaglia
ロンカルリ Roncalli
ロンカン Rong-kang
ロンキ Ronchi
ロンギ
Lange**
Longhi**
ロンギナ Longina
ロンギニョス
Longuinhos
ロンギヌス Longinus
ロンギーノス
Longinos
ロンギノス
Longinos
Longīnos
Longinus*
ロンギュス Longus
ロンキラ Lonkila
ロンギン Longin
ローング Loang
ロンク Ronk
ロング
Leung
Long***
Longe
Wrong
ロングイヤー
Longyear
ロングヴァル
Longueval
ロングヴィル
Longueville
ロングウェル
Longwell
ロングエーカー
Longacre
ロングクロフト
Longcroft
ロングショー
Longshaw*
ロングショア
Longshore
ロングス Longus
ロングスウォース
Longsworth
ロングスウォード
Longsword
ロングスタッフ
Longstaff*
Longstff
ロングストリート
Longstreet*
ロングストレス
Longstreth*
ロンクスリ Ronksley
ロングスワース
Longsworth
ロングズワース
Longsworth
ロングッド Longgood
ロングデン Longden*
ロングドン Longdon
ロングネカー
Longenecker
ロングネッカー
Longnecker
ロングハースト
Longhurst
ロングビル
Longueville
ロングフェラウ
Longfellow
ロングフェロー
Longfellow*
ロングフェロウ
Longfellow
ロングフォード
Longford*
ロングヘア Longhair
ロングボーン
Longbourne
ロングマイヤー
Longmire
ロングマン
Longman**
ロングマンス
Longman
ロングミュアー
Longmuir
ロングモア Longmore
ロングランド
Longland
ロングリ Longley
ロングリー Longley**
ロングリグ Longrigg
ロングリークック
Longley-Cook
ロングリッグ Longrigg
ロングリッジ
Longridge
ロングリューヌ
Longuelune
ロングール Longour
ロングレー Longley
ロングレン
Lonegren*
Lönngren
ロングワース
Longsworth
Longworth*
ロンゲ
Longuet
Ronge*
Rongé
ロンゲー Longuet
ロンゲア Longair*
ロンケイ Ronchey
ロンゲイカー
Longacre
ロンゲイラ Longueira
ロンゲヴァル
Longeueval
ロンゲット Longuet
ロンゲーナ
Longhena*
ロンゲネッカー
Longenecker*
ロンゲン Rongen
ロンゲンバック
Longenbach
ロンコ Ronco
ロンゴ Longo**
ロンゴシワ Longosiwa
ロンゴス
Longos
Longus
ロンゴド Longgodo
ロンコーニ Ronconi**
ロンゴーニ Longoni
ロンゴバルディ
Longobardi*
ロンゴボルギーニ
Longo Borghini
ロンゴマイ Rongomai
ロンゴリア Longoria*
ロンコローニ
Roncoroni*
ロンゴワル Longowal
ロンゴワルシト
Ronggawarsita
ロンザ Rhondda
ロンザーノ Lonzano
ロンサール
Ronsard*
Ronthal
ロンシー Longxi
ロンジ Longy
ロンジー
Jung-chi*
Rong-ji
ロンジェ
Londjet
Longet
ロンジネリ Rondinelli
ロンシャン
Longchamp
Longchamps
ロンジュ Longet
ロンシュタット
Ronshtadt
Ronstadt
ローンシュトック
Rohnstock*
ロンシング Lonsing
ローンズ
Lohnes
Lowndes
ロンスキ Wronski
ロンスタッド
Ronstadt*
ロンスダール Lonsdale

ロンズデイル
Lonsdale*
ロンズデール
Lonsdale**
ローンスバッハ
Lounsbach
ロンズブラ
Lonsbrough
ロンスブロー
Lonsbrough
ロンスレー Ronsseray
ロンスン Ronson
ロンセニー Loncény
ローンセン Lornsen
ロンゾ Lonzo
ロンソム Rom zom
ロンソン
Ronsom
Ronson*
ロンソンベーカー
Robinson-baker
ローンダー Launder
ロンダ
Londa*
Rhonda**
Rhondda
Ronda*
ロンダー Londer
ロンダーニ Rondani
ロンダール Lonsdale
ロンチ Ronchi
ロンチェビッチ
Rončević
ロンチェン
Klong chen
ローンチベリー
Launchbury
ロンチャル
Loncar*
Lončar
ロンツァール Loncar
ローンツリー Lonetree
ロンデ Rondc*
ロンディ
Londi
Rondi
ロンディー Londi
ロンデイ Rondae
ローンティエンス
Loontjens
ロンディナ Rondina
ロンディネッラ
Rondinella
ロンディネッリ
Rondinelli
ローンデス Lowndes
ロンテス Rontez
ロンデル
Rondel
Rondell
ロンド
Rond
Rondo**
Rondot
ロンドー Rondeau**
ロンドウ Rondeau
ロンドギーン
Lodongijn*
ロンドーニオ
Londonio
ロンドーニョ Londono
ロンドニョ Londoño
ロンドバーグ
Rondberg
ローントリー
Rowntree
ロンドリーノ
Rondolino
ロンドル Londres
ロンドルー Rondeleux
ロンドレ Rondelet
ロントン Rong ston
ロンドン
London***
Rondon*
Rondón
ロンドンデリ
Londonderry
ロンナロン
Ronnarong
ロンニエ Ronnie
ロンニョン Longnon
ロンネケ Lonneke
ロンネスタッド
Rønnestad
ロンネフェルト
Ronnefeld
ロンネル Ronnel
ロンバ Lomba
ロンバー Lombard
ロンパイ
Rompay
Rompuy*
ロンパウ Rompuy
ロンバウアー
Rombauer
ロンバウツ Rombouts
ロンバウト Rombout
ロンバーグ Romberg*
ロンバック Rombach
ロンバッハ Rombach*
ロンバーディ
Lombardi
ロンバート Lombard*
ロンバード
Lombard*
Lombardo**
ロンバハ Rombach
ロンバール Lombard*
ロンバルディ
Lombardi**
ロンバルト Lombard
ロンバルド
Lombardo*
ロンバルドゥス
Lombardus*
ロンバン Lomban
ロンピン
Long-ping
Lung-bin
ロンブ Lomb
ロンプ Romp
ロンファー Yung-fa
ロンファーニ Ronfani
ロンフェデル
Ron-Feder
Ronfeder
ロンフェルニーニ
Lonfernini
ロンフォ Ronfaut
ロンプレ Longpré
ロンブロオゾオ
Lombroso
ロンブローソ
Lombroso
ロンブローゾ
Lombroso*
ロンブロゾー
Lombroso
ロンブロゾオ
Lombroso
ロンブロム
Ronnblom
Rönnblom
ロンベ Lombe
ロンペッシュ
Lompech
ロンベリ Lomberg
ロンベルク Romberg
ロンベルグ Romberg
ロンベルフ Romberg
ロンボー
Rombaut
Rombeau
ロンポ Lompo
ローンホイゼ
Roonhuyze
ロンボーグ Lonborg
ロンボサム
Longbotham
ロンボシュ Lombos
ローンホース
Roanhorse
ロンボルグ Lomborg*
ロンム
Romm
Romme
ロンメダール
Rommedahl
ロンメル
Lommel*
Rommel***
ロンメルスパッハー
Rommelspacher
ロンメン Rommen
ロンランド Rönnlund
ロンリー Lonely
ロンルート Lönnrot
ロンルド Ronald
ロンレイ Lonlay
ロンロン Rong Rong

【ワ】

ワ Wa**
ワー
Wah
Warr
ワァイホン WaiHong
ワァグナア Wagner
ワアズウォース
Wordsworth
ワアズワアス
Wordsworth
ワアズワス
Wordsworth
ワアド Ward
ワアナア Warner
ワァルター Walter
ワァーレイ Whalley
ワアワー
Wa'wā
Wa'wā'
ワァーン Juan**
ワイ
Wai**
Way
Wye**
ワイア
Weir
Wire
Wyre
ワイアー
Wire*
Wyer
ワイアカー Wireker
ワイアシュトラース
Weierstrass
ワイアット
Wayatt
Wyat
Wyatt***
ワイアル Wyal
ワイアント Wyant
ワィヴィル Wyville
ワイヴィル Wyville
ワイエス Wyeth**
ワイエダ Vayeda
ワイエルシュトラス
Weierstrass
ワーイエン Waeijen
ワイエンベルク
Wayenberg
ワイオミア Wyomia
ワイカ Wyka
ワイカー
Weicker
Wiker
ワイガェーオ
Wun'gaeo
ワイカート Weikart
ワイガート Weigert
ワイガンド
Weigand
Weigend
Wigand
ワイク
Weick*
Wyck
Wyk*
Wyke*
ワイクス Wykes
ワイクマン Wijkman
ワイグリー Weigley
ワイクリフ
Wyclef
Wycliff
ワイクル Weikl
ワイグル
Waiguru
Weigl
Wigle
ワイケル Weikl
ワイゲル
Waigel*
Weigel*
ワイゲルト
Weigelt
Weigert
ワィコッフ Wyckoff
ワイコッフ Wyckoff
ワイコフ
Woeikov
Wyckoff*
Wycoff*
ワイゴール Weigall*
ワイサー Weiser
ワイザー
Weiser*
Weisser*
Weizer
Wiser*
Wizar
ワイサケ Waisake
ワイザート Weisert
ワイサン Waysang
ワイザンスキー
Wyzanski
ワイシェーデル
Weischedel
ワイシック Weissich
ワイシャク Wyshak
ワイジャース Wijers
ワイシャンプル
Weishampel
ワイシャンペル
Weishampel*
ワイショーズ
Weisshaus
ワイジレスキー
Wasileski
ワイシンガー
Weissinger
ワーイズ
Wā'iz
Wā'iẓ
ワイス
Wais
Waiss
Wajs
Weis**
Weiss***
Weiß
Weisz
Wice
Wijs
Wisse*
Wyeth
Wyss**
Wythe
ワイズ
Weiss*
Weisz**
Wise***
Wyse*
ワイスガード
Weisgard**
ワイズガード
Weisgard

ワイスカンプ
Weiskamp
ワイスゲルバー
Weisgerber
ワイスコッター
Wieskoetter*
Wieskotter
Wieskötter
ワイスコップ
Weiskopf
Weisskopf**
ワイスコフ
Weiskopf
Weisskopf
ワイスゴール Weisgall
ワイスチェクコルダス
Wieszczek-kordus
ワイズナー
Wiesner
Wisner
ワイスハー Weishaar
ワイスハイディンガー
Weisshaidinger
ワイスハウプト
Weishaupt
ワイスバーガー
Weisburger*
ワイズバーガー
Weisberger**
ワイスバーグ
Weisberg**
Weissberg*
ワイズバーグ
Weisberg*
ワイズ・バッシュ
Weisbuch
ワイズバッシュ
Weisbuch
ワイスバッハ
Weisbach
ワイズバッハ
Weisbuch
ワイスバート
Wisebart
ワイスバード
Waisbard
Weisburd
ワイズハート
Wisehart
ワイスバンド
Weisband
ワイスフェルド
Weisfeld*
ワイスブラット
Weisblatt
ワイズブレン
Waisbren
ワイスブロット
Weisbrod
ワイスブロッド
Weissbrodt
ワイズブロッド
Weisbrod*
ワイズベッカー
Weisbecker*
ワイスベルガー
Weissberger
ワイスベルク
Weissberg

ワイスボード
Weisbord
ワイズボード
Weisbord
ワイズマ Wiersma
ワイスマラー
Weissmuller
ワイスマン
Waisman
Waismann
Weisman**
Weismann*
Weissman**
Weissmann*
Wiseman
Wissman
Wuissman
ワイズマン
Vaizman
Waisman
Weisman**
Weismann
Weissman*
Weizman
Weizmann
Wiesmann
Wiseman***
Wizemann
ワイスマンテル
Weismantel
ワイズミューラー
Weissmuller
ワイズミュラー
Weissmuller*
ワイスラー Weisler
ワイズリー Wisely
ワイスル Weissl
ワイスワイラー
Weisweiler
ワイセ Weisse
ワイゼ Weise
ワイセア Waisea
ワイゼッカー
Weizsäcker
ワイセッション
Wysession
ワイセル Waisel
ワイセルベルグ
Weisselberg
ワイセレ Waisale
ワイセンシー
Weisensee
ワイゼンバウム
Weizenbaum
ワイゼンバーグ
Winzenburg
ワイセンフェルト
Wisenfeld
ワイゼンフェルド
Weisenfeld
ワイセンブルク
Weißenburg
ワイセンベルク
Weissenberg**
ワイソッキ Wysocki
ワイタ Huaita
ワイター Whiter
ワイダ
Wajda**
Wayda
Weida

ワイダー Weider
ワイチェ Wyche
ワイチェリー
Wycherly
ワイツ
Waitz**
Weits*
Weitz**
ワイツァー Weitzer*
ワイツェッカー
Weizsäcker
ワイツェル Weitzeil
ワイック Wyck
ワイツゼッカー
Weizsacker
Weizsäcker***
ワイッツマン
Weitzmann
ワイット Wyatt
ワイツマン
Waitzman
Weismann
Weitzman*
Weizman**
Weizmann
Witzmann
ワイデ Weide
ワイテク Wei-tek
ワイデコップ
Wijdekop
ワイデナー Weidenaar
ワイデマイヤー
Weydemeyer
ワイデマン
Weidemann
ワイデン
Weiden
Weyden
Widén
Wyden**
ワイデンシリング
Weidenschilling
ワイデンバウム
Weidenbaum
ワイデンバック
Weidenbach
ワイデンバーム
Weidenbaum
ワイデンフェルト
Weidenfeld
ワイデンブルク
Waldenburg
ワイデンブルック
Weidenbruch
ワイデンボシュ
Wijdenboshe
ワイデンボーム
Weidenbaum*
ワイデンライヒ
Weidenreich*
ワイト
Weidt
Weit
White
Whyte
Wight*
ワイドナー
Weidner*
Widener
ワイトホルト Witholt

ワイトマン
Weidmann
Wightman**
ワイドマン
Weidman**
Wideman**
ワイトラー Waitoller
ワイドラ Wydra
ワイトラワフ Weitlauf
ワイドリッヒ
Weidlich
Weildlich
ワイドリンガー
Weidlinger
ワイトリング Weitling
ワイドロー Wydro
ワイナ
Huayna
Waena
ワイナー
Weiner**
Winer*
Wyner*
ワイナイナ
Wainaina**
ワイナミョイネン
Väinämöinen
ワイナモイネン
Väinämöinen
ワイナンス Winans
ワイナンズ Winans
ワイナンツ Wynants
ワイナント
Winant
Wynant
ワイニガー Winegar
ワイニンガー
Weininger*
ワイニング Weining
ワイニンゲル
Weininger
ワイネガー Wynegar
ワイネック
Weineck
Weinek
ワイネット Wynette
ワイネルト Weinert
ワイノ Vaino*
ワイノニー Wynonie
ワイノーネン
Vainonen
ワイノネン Vainonen
ワイピスキー Wypyski
ワイブラウ Whybrow
ワイブリンガー
Waiblinger
ワイブル Wible
ワイブレイ Whybray
ワイベル Waibel
ワイヘンマイヤー
Weyhenmeyer
ワイポラ Waipora
ワイマー
Weimer
Wymer
ワイマーク Wymark*

ワイマーン Weimarn
ワイマン
Weiman*
Whyman*
Wieman**
Wyman***
ワイマント
Whymant**
ワイモア Wymore*
ワイヤ Wire
ワイヤー
Weir
Weyer
Weyr*
Wires
ワイヤキ Waiyaki
ワイヤーシュトラース
Weierstrass
ワイヤーシュトラス
Weierstrass
ワイヤーズ Wiers
ワイヤット
Wyat
Wyatt**
ワイヤリンガ
Wieringa
ワイラ Vaira**
ワイラー
Weiler*
Wyler**
ワイラター Weirather
ワイランド
Weiland
Wyland
ワィリー Wylie
ワイリ
Vail
Waili
Wylie
ワイリー
Whiley
Wiley***
Wyle*
Wylie***
Wyllie*
Wylly
ワイリィ
Wylie
Wyllie
ワイリック
Weihrich*
Weirich
Wirick
ワーイル Wael*
ワイル
Wael*
Weil***
Weill**
Weyl**
Wile
Wyle**
ワイルキエンス
Weilkiens
ワイルス Wiles
ワイルズ
Wildes**
Wilds
Wiles**
Wyles
ワイルダー
Welles
Wilda

ワ

Wilder***
ワイルダア Wilder
ワイルダマス
Wildermuth
ワイルデ Wilde
ワイルディッシュ
Wildish
ワイルディング
Wilding**
ワイルデック Wyldeck
ワイルド
Wild***
Wilde***
Wyld*
Wylde
Wylder
ワイルドウッド
Wildwood*
ワイルドグース
Wildgoose
ワイルドスミス
Wildsmith***
ワイルドフッド
Wildhood
ワイルドボルツ
Wildbolz
ワイルドホーン
Wildhorn*
ワイルドマン
Wildman*
ワイルマン Wileman*
ワイレー Wiley
ワイレン
Wilen
Wiren
ワイレンガ Wierenga
ワイレンスキー
Wilensky
ワイレンマン
Weilenmann
ワイワダー Wilder
ワイン
Wayne**
Weine
Wijn
Wine*
Wynn
Wynne
ワインガーズ
Wijngaards*
ワインガスト
Weingast
ワインガーデン
Weingarten
Wyngaarden
ワインガード
Weingart
Winegard
Wyngarde
ワインガートナー
Weingärtner
ワインガードナー
Winegardner*
ワインガルテン
Weingarten**
ワインガルト
Weingart
ワインガルトナー
Weingartner**
ワインガルトナア
Weingartner
ワインガルトネル
Weingartner
ワーイング Warning
ワインクープ
Wynkoop
ワイングラス
Weinglass
ワインクランツ
Wajnkranc
ワインシテイン
Vainshtein
ワインシュタイン
Vainshtein
Weinstein
ワインシュッツ
Weinschütz
ワインシュテイン
Weinstein
ワインシュトック
Weinstock
ワインス Wines
ワインズ Wines**
ワインスタイン
Weinstein**
ワインスタブル
Weinstabl
ワインスティーン
Weinstein
ワインスティン
Weinstein
ワインストック
Weinstock*
ワインダム Wyndham
ワインチェンク
Weinschenk
ワインツワイグ
Vaintsvaig
ウィント Wint
ワインド Wynd*
ワイントゥラウブ
Weintraub
ウィントラウブ
Weintraub
ワイントラウブ
Weintraub*
ワイントラウプ
Weintraub
ワイントラーブ
Weintraub*
ワインドルッヒ
Weindruch
ワイントローブ
Weintraub*
Winetrobe
ワイントロープ
Weintraub
ワイントン Wynton
ワインハウス
Winehouse*
ワインバーガー
Weinberger**
Winberger
ワインバーク
Weinberg
ワインバーグ
Weinberg***
Wineberg
Wineburg
ワインバック
Weinbach*
ワインバッハ
Weinbach
ワインバーン
Weinbren
ワインハンドル
Weinhandl
ワインフライド
Winefryde*
ワインブレナー
Winebrenner
ワインブレヒト
Weinbrecht
ワインブレンナー
Weinbrenner
Winebrenner
ワインヘーバー
Weinheber
ワインベルガー
Weinberger
ワインベルク
Weinberg
ワインボウム
Weinbaum
ワインマン
Weinman***
Weinmann
ワインメーカー
Winemaker
ワインヤード
Wynyard
ワインライク
Weinreich
ワインライヒ
Weinreich
ワインランド
Wineland*
ワインリッヒ
Weinrich
ワインリヒ Weinrich
ワウ
Wau
Wow
ワウイ Uauy
ワーウィッカー
Warwicker
ワーウィック
Warwick***
ワウウェルマン
Wouwerman
ワウェ Wauwe
ワウエルマンス
Wouwerman
ワウター Wouter
ワーウッド Worwood
ワウデ Woude
ワウテル Wouter*
ワウテルス Wouters
ワウネカ Wauneka
ワウリンカ
Wawrinka*
ワエド Wa'ed
ワエリ Waeli
ワーエル Wael
ワエル
Waal
Wael
ワォーカー Walker
ワォード Ward
ワォリス Wallis
ワーカー Werker
ワーガ Warga*
ワカ
Wacha
Waka
ワカー Waqar
ワガ Waqa
ワカク Huacac
ワカコ Wakako
ワカース Waqqās
ワカス Waqas
ワカツキ Wakatsuki
ワーカップ Warcup
ワカナ Wakana
ワガナー Waggoner
ワカナゲル
Wackernagel
ワガノヴァ Vaganova
ワガーノワ Vaganova
ワガノワ Vaganova**
ワカバヤシ
Wakabayashi
ワカマツ
Wakamatsu*
ワカム Wakeham
ワカル Waqar
ワカルチュク
Vakarchuk
ワカレ Wakale
ワキウリ Wakiihuri*
ワキサカ Wakisaka
ワーキディー Wāqidī
ワギネル Wagner
ワキル Wakil*
ワーキーン Joaquin
ワーク
Wark*
Work
ワークス Works
ワグスタッフ
Wagstaff
Wagstaffe
ワグスタフ Wagstaff
ワクスベルク
Vaksberg
ワクスマン
Waksman
Waxman
ワクセル Waxell
ワークター Waaktaar
ワクター Wachter
ワクタワスキ
Wactawski
ワグディ Wagdy
ワグデマル Wagdemal
ワクテル Wachtel*
ワーグナー
Wagenaar
Wagener
Wagner***
Wegner
ワグナー
Wagner***
Wägner
Wegner
ワーグナア Wagner
ワーグナーアウグスティン
Wagner-augustin
ワグネ Wagner
ワグネー Wagner
ワーグネル Wagner
ワクネル Wagner
ワグネル
Vagner
Wagener
Wagner**
ワグノー Wagneau
ワグノリュス
Vagnorius*
ワグハルター
Waghalter
ワグホーン Waghorn*
ワーグマーケル
Waghemakere
ワークマン
Workman**
ワーグマン
Wageman
Wirgman*
ワグマン Wagman
ワグラ Wagura
ワクリー Wakley
ワクレー Wakely
ワグレー Wagley
ワーグレイ Wagley
ワグレイ Wagley
ワクレンコ Vakulenko
ワクング Wakhungu
ワーゲ Waage
ワケ
Wake
Waké
ワゲ Wague
ワケーヴィチ
Wakevich
Wakevitch
ワーゲナー Wagener
ワゲナー Waggener
ワケナゲル
Wackernagel*
ワケナン Wackenheim
ワーゲマン
Wagemann
ワゲルル Waggerl
ワーゲンザイル
Wagenseil
ワーケンチン
Warkentin
ワーゲンバーグ
Wagenber
Wagenberg
ワーゲンバッハ
Wagenbach
ワーゲンファイル
Wagenpfeil
ワーゲンフユール
Wagenfuhr

ワ

ワーケンホースト
Walkenhorst
ワーゲンホファー
Wagenhofer
ワーゲンメイカーズ
Wagenmakers
ワーゴ Wargo
ワコ Wako
ワコスキ Wakoski*
ワコスキー Wakoski
ワコソン Wakoson
ワーゴナー Wagoner
ワゴナー
Waggoner
Wagoner***
ワゴン Wagon*
ワーザー Werther*
ワサ Wadjed
ワサイ Wasay
ワーサイム Wertheim
ワザガシビリ
Vazagashvili
ワサースタイン
Wasserstein
ワーサム Worsam
ワーザム Wortham
ワーサル Warsal
ワサルケ
Wassalke
Wassalké
ワーサーン Werthern
ワザン Wazzan*
ワサンティ
Vaasanthi*
ワーシ Warsi
ワーシー Worthy
ワージー Worthy**
ワシ Wasi
ワシー Wasi
ワシアク Wujciak
ワシィー Washi
ワジェド Wadjed
ワジェニナ Vazhenina
ワージェヌ Eugène
ワジーエフ Vaziev*
ワジエフ Vaziev
ワーシク Wāthiq
ワージク Würsing
ワーシクン Wāthiq
ワシコウスカ
Wasikowska*
ワシチェンコ
Vashchenko
ワシチコフスキ
Waszczykowski
ワーシック Wasik
ワシック Wasik
ワシッシング
Wirsching
ワシーティ Wasiti
ワジディ Wajdi
ワシナ Vasina
ワジナー Wojner*
ワジハ Wajih
ワジヒー
Vajhī
Wajhī
ワーシフ Wasif
ワシフ Wasif
ワジフ Wajih
ワシム
Ouasim
Wasim*
ワジム
Vadim**
Vadím
Vadym
Vadzim
Valim
ワシムギール
Washmgīr
ワシャキゼ
Vashakidze
ワシャクラフーン
Waxaklajuun
ワシャゼ Vashadze
ワシャバウ Washabau
ワジャハット Wajahat
ワシュカ Waschka*
ワシュケ Waschke
ワシュティ Vashti
ワシュテル Wachtel
ワシュニク Vasyunik
ワシュネック
Waschneck
ワシュバーガー
Waschburger
ワシュムート
Wassmuth
ワジュラビーナ
Wadjularbinna
ワーショウ Warshaw
ワシラ Wassira
ワジーラ Wajira
ワシーリ
Vasili
Vasilii
Vasily
Vassily
ワシーリー
Vasili
Vasilii**
Vasiliĭ*
Vasílii
Vasilij
Vasily
Vassili*
ワシリ
Vassili
Vasyl
ワシリー
Vasili
Vasilii***
Vasiliĭ
Vasílii
Vasily*
Vassili
Vassilii*
Vassiliy
Vassily
Wassili
Wassily**
ワジリ Waziri
ワシーリイ
Basil
Vasilii*
Vasiliĭ
Vasily
ワシリィ Vasilii
ワシリイッチ
Vasil'evich
ワシリヴナ Vasilivna
ワシーリェヴィチ
Vasil'evich
ワシーリエヴィチ
Vasil'evich
Vasilievich
Vesil'evich
ワシリエヴィチ
Vasil'ervich
Vasil'evič
Vasilevich
Vasil'evich*
Vasilievich
Vasílievich
Vasiljevich
Vesil'evich
ワシリエヴィッチ
Vasilievitch
ワシリェヴナ
Vasilievna
ワシリエヴナ
Vasilievna
ワシリエバ
Vasilieva
Vassilieva
ワシリエビッチ
Vasil'evich
Vasilievich
Vasil'jevich
ワシーリェフ Vasil'ev
ワシーリエフ
Vasil'ev
Vasiliev*
Vassiliev
Vassilyev*
ワシリェフ Vasil'ev
ワシリエフ
Vasiliev
Vasilyev
Vassiliev
ワシーリエワ Vasilieva
ワシリエワ
Vacil'eva
Vasilieva
Vasilyeva
Wassiliewa
ワシーリオヴィチ
Vasíliovich
ワシリコフ Vasilkov
ワシリコワ Vasilkova
ワシリサ Vasilisa
ワシリスク Vasilísk
ワシリチコフ
Vasil'chikov
ワーシル
Wasil
Wāṣil
ワシル Vasyl**
ワジール Wazir
ワジル
Wazeer
Wazil
Wazir
ワシレヴィチ
Vasilevich
ワシレーフスカヤ
Vasilevskaya
ワシレフスカヤ
Vasilevskaya
Wasilewska
ワシレーフスキー
Vasilevskii
ワシレフスキー
Vasilevskii
ワシレワ Vasil'eva
ワシレンコ Vasilenko*
ワジロフ Vazirov
ワシン Vasin
ワシンガー
Waschinger
ワーシング Wersching
ワシンク Wassink
ワシンタン
Washington
ワーシントン
Worthington*
ワージントン
Worthington*
ワシントン
Washington***
ワース
Wace
Werth**
Wirth***
Worth**
ワーズ Wāʻiz
ワス Wass
ワースィティー Wāsiṭī
ワスィフ Waṣif
ワースィル Wāṣil
ワズィール
Wazir
Wazīr
ワーズィンガム
Warthingham
ワスカー Wascar
ワスカル Huáscar
ワスキ Laski
ワズゲン Vazgen*
ワスコ Wasco
ワースター Wurster
ワスディワ Vasudeva
ワーズディン Wasdin
ワズディン Wasdin
ワスデーヴァ
Vasudeva
ワーズデル Worsdell
ワースト Wurst
ワスト Wast
ワストベルイ
Wästberg
ワスナ Wasna
ワスニク Wasnik
ワスニック Wasnick
ワスネツォフ
Vasnetsov**
ワースノップ Worsnop
ワースバ Wersba**
ワーズビー Wiersbe
ワースフ Waṣif
ワスフィ Wasfi
ワスベリ Wassberg
ワスマイヤー
Wasmeier
ワスマン Wasmann
ワスマンドルフ
Wassmandorff
ワスムス Wassmuss
ワスモシ Wasmosy*
ワズラウィック
Watzlawick
ワスラフ
Vaslav
Vatslav
ワースリー Worsley*
ワーズリー Worsley
ワースレイ Worsley*
ワスロン Vasselon
ワーズワース
Wadsworth
Wordsworth*
ワーズワス
Wordsworth*
ワズワース
Wadswarth
Wadsworth**
ワズワス Wadsworth
ワスン Wathen
ワセ Wase
ワセイラ Waseilah
ワセージュ Waseige
ワセニウス Wasenius
ワセフ Wassef
ワーゼム Vazem
ワゼム Wazem
ワーゼン
Warthen
Worthen*
ワソー Wasow*
ワソウ Wasow
ワーゾフ Vazov
ワータイム Wertime
ワータース Wouters
ワーターソン Watterson
ワタナー Watana
ワタナクン
Watanakun
ワタナシリタム
Wattanasiritham
ワタナシリタン
Wattanasiritham
ワタナチャイ
Watanachai
ワタナベ Watanabe*
ワダニ Wadagni
ワータネン Wirtanen
ワダムズ Wadhams
ワタラ Ouattara*
ワータリンク
Waterink
ワタル Wataru
ワダル Wadal
ワタン Wadan
ワタンダル Watndal
ワタンナ Watanna
ワーチ Wertsch*

ワチェ Vache
ワチェスバーガー
Wachesberger
Wachsberger*
ワチック Wacik
ワチャワルク
Wajjwalku
ワチュラロンコン
Vajiralongkorn
ワチラヤーン
Wachirayanawaro
rot
ワチラロンコン
Vajiralongkorn**
ワチンガ Wachinga
ワーツ
Waarts
Wertz
Wirtz
Wurts
ワーツェル
Wortzel
Wurtzel**
ワッカー Wacker
ワッカース
Waqqās
Waqqāṣ
ワッカーナーゲル
Wackernagel
ワッカーハージ
Wackerhage
ワッカーマン
Wackermann
ワッガール Waggerl
ワッカーレ Wackerle
ワッキー
Wackie
Watsky
ワックス
Wachs*
Wacks
Wax
ワックスウェール
Waxweiler
ワックスマン
Waksman
Waxman**
ワックスワイラー
Waxweiler
ワックバック
Waschbusch
ワックワック
Oak Oak
ワツケ Watzke
ワッゲルル Waggerl
ワッゲンハイム
Wagenheim
ワッケンローダー
Wackenroder
ワッケンローデル
Wackenroder
ワッサー Wasser*
ワッサースタイン
Wasserstein***
ワッサスタイン
Wasserstein
ワッザーニー Wazzānī
ワッサーバーグ
Wasserburg
ワッサーフ Waṣṣāf
ワッサーマン
Wasserman**
Wassermann*
ワッサム Wasserman
ワッシェバーン
Washburn
ワッシャー Washshā'
ワッス Wass
ワッズ Wazz
ワッズワス
Wadsworth
ワッスン
Wasson
Watson
ワッセルマン
Wasserman*
Wassermann*
ワッソン
Wasson*
Watson
ワッター Watter
ワッターズ Watters
ワッタード Watterud
ワッタナ Vadhana
ワッタナー Vatanaa
ワッタナウェキン
Vattanavekin
ワッタナワランクン
Wattanavrangkul
ワッチャー Wachter
ワッチャジッタパン
Watchajittaphan
ワッチャラポン
Watcharaphon
ワッツ
Watt
Watts***
ワッティ
Watson
Watty
ワッティー Watty
ワッデイー Waddy
ワッティス Wattis
ワッデル
Waddel
Waddell*
ワッテン Watten*
ワッデン Wadden
ワッテンバーグ
Wattenberg*
ワッテンメイカー
Wattenmaker
ワット
Wat
Watt***
Watto
ワットー
Watteau
Wattoo
ワッド Wade**
ワットヴィル
Watteville
ワットサン Watson
ワットソン Watson
ワットネル Wattnall
ワットフォード
Watford
ワッドマン Wadman
ワットモア Whatmore
ワットリング
Watling
Wotring
ワットレイ Wattley
ワットン Watton
ワッハ
Wach
Wacha
ワッパース Wappers
ワーツバック
Wurtzebach
ワッハーブ
Wahab
Wahhab
Wahhāb
ワッパリア Waparia
ワッブ Wabbes
ワッファ Wafaa
ワッファオゴー
Waffa-ogoo
ワップナー Wapner*
ワップリントン
Waplington
ワッペウス Wappaus
ワッペルス Wappers
ワツラウィック
Watzlawick**
ワツラヴィック
Watzlawick
ワツラヴォヴィチ
Vatslavovich*
ワッラーダ Wallāda
ワーツラフ Václav
ワツラフ
Václav
Vatslav*
ワッレン Warren
ワデ Wade
ワーティー Wātī
ワティ Wati
ワディ
Waddy*
Wadi
ワディア Wadia
ワディウェル Wadiwel
ワディエ Wadie
ワディーカ Wadyka
ワディスワフ
Ładysław
Władysław
ワティニー Wathinee
ワディム Vadim*
ワディングトン
Waddington
ワディントン
Waddington***
ワデキ Wadecki
ワテソニ Watesoni
ワテリー Whateley
ワーテル Walter
ワーデル
Wardell
Wordell
ワテル Wachtel
ワデル Waddell*
ワーデルセラム
Ouabdelsselam
ワーデルマン
Wordelman
ワーデン
Wadden
Warden
Worden
ワテン Waten**
ワーテンベイカー
Wertenbaker*
ワーテンベーカー
Wertenbaker
ワーテンベルグ
Wartenberg
ワート
Weart
Wert
Wirt
ワード
Wade
Ward***
Warde
ワトー Watteau*
ワド Wad
ワドゥワ Wadhwa
ワトキン Watkin*
ワトキンス
Watkins***
ワトキンズ
Watkins***
ワドキンス Wadkins*
ワトキンスン
Watkinson
ワトキンソン
Watkinson**
ワトク Watzek
ワトシュタイン
Watstein
ワードスミス
Wordsmith**
ワトスン Watson*
ワトソン
Watoson
Watson***
Weiner
ワトチェンコ
Vatchenko
ワートハイマー
Wertheimer
ワトビッツ
Wojtowycz
ワートマン
Wartman
Weertman
Wortman*
Wortmann
ワドマン Wadman
ワトモア Watmore
ワドラー Wadler*
ワドラウ Vadlau
ワトラス Watrous
ワートリー Wortley
ワトリー Watley*
ワトリング Watling
ワドリントン
Wadlington
ワードル Wardle
ワドル
Waddell
Waddle
ワトルズ Wattles
ワドレー Wadleigh
ワドロー Wadlow
ワドワ Wadhwa*
ワトワート Waṭwāṭ
ワートン Wharton*
ワーナ Werner
ワーナー
Wahner
Wanner
Warner***
Werner***
Wernher
ワナ Wunna
ワナー Wanner
ワナウィラ Wanawilla
ワナーグ Wonarg
ワナコット
Wonnacott
ワナシ Wanasi
ワナビー Warnaby
ワナーマン
Wanerman
ワーナム
Walnum
Wernham
Wornum
ワナメイカー
Wanamaker
ワナメーカー
Wanamaker**
ワナラット Wannarat
ワナルドゥム
Wijnaldum
ワナンディ Wanandi*
ワーニー Warney
ワニ Wani
ワニアー Wannier
ワニアマ Wanyama
ワニーヴィ Uanivi
ワーニエ Warnier
ワニエク Waniek
ワーニック Wernick
ワニット Vanich
ワーニャ Woyna
ワニング Wanning
ワネ Vane
ワーネット Wernet
ワネル Whannell
ワノ Vano
ワノー Vano
ワーノック
Warnock**
ワノーフスキー
Vannovskii
ワーバー Werber
ワパカブロ
Wapakhabulo
ワハシー Waḥshī
ワハシーヤ
Waḥshīyah

ワーハースト
Warhurst
ワハター Wachter
ワーバック Werbach
ワーバッス Warbasse
ワハッブ Wahab
ワーバートン
Warburton
ワハブ
Wahab
Wahb
ワーバラ Verburgh
ワパリア Waparia
ワハリーズ Wahriz
ワハン Vahan
ワヒ Wahi
ワヒッド Wahid
ワヒディ Vahidi
ワヒディン Wahidin
ワーヒド
Wahid
Wāḥid
ワヒード
Waheed*
Wahīd
ワヒド Wahid***
ワヒードゥッラ
Waheedullar
ワヒバ Waheeba
ワヒブ Wahib
ワビーロフ Vavilov
ワピンスキ Lapinski
ワーブ Werb
ワープ Warp
ワフー Wahoo
ワファ Wafā
ワファー Wafā
ワファーイー Wafai
ワファオグー
Wafa-Ogoo
ワフィオ Wafio
ワフィカ Wafiqa
ワフィク Wafiq
ワフイブラー Wahibre
ワブイブラー Wahibre
ワーフィールド
Warfield
ワーフェル Wurfel*
ワフォード Wofford
ワフカーラー Wahkare
ワフシー Waḥshī
ワフシーヤ
Waḥshīyah
ワプショット
Wapshott*
ワーフスブラック
Wirfs-Brock
ワフタンガゼ
Vakhtangadze
ワフタング Vakhtang
ワフターンゴフ
Vakhtangov
ワフタンゴフ
Vakhtangov
ワブデヤ Wabudeya
ワプナー Wapner*
ワープニック Wapnick
ワプニック Wapnick
ワフバ Wahba
ワフビ Wahbi
ワフブ Wahb
ワブリチェク
Wawrzyczek
ワーブルク Warburg
ワプレス Waples
ワフワナ Wafwana
ワブン Wabun*
ワヘクア Uahekua
ワーヘナー
Waagenaar
ワーヘナール
Wagenaar*
Wagenaer
ワペナール Wapenaar
ワベリ Waberi**
ワーベル Wavel
ワベルズ Wubbels
ワホノ Wahono*
ワホラム Wahoram*
ワポル Wapol
ワーホルム Warholm
ワーマー Wermer
ワマー Wummer
ワマルワ Wamalwa
ワーマン
Werman
Wurman*
ワマン
Huaman
Waman
ワミ Wami*
ワーミントン
Warmington
ワームザー Wormser
ワムザー Wamser
ワームース Wermuth
ワームズ Worms
ワムズリー Wamsley
ワームスレイ
Walmsley
ワムバ
Oýe-Mba
Wamba
ワームビア Warmbier
ワムボンボ
Wa Mbombo
ワームリンガー
Wermelinger
ワムンディラ
Wamundia
ワーメル Wermel
ワヤン Wayan*
ワーラー
Waller
Warrer**
ワラ
Wala
Walla
ワラー Waller*
ワライチ Warraich
ワラウェンダー
Walawender
ワラエフ Varaev
ワラカ
Waraguah
Waraqa
ワラク Wallach
ワラシ Wallace
ワラシェビッチ
Walasiewicz
ワラジャー Walajāh
ワラス
Wallace*
Wallas
ワラースタイン
Wallerstein
ワラセ Walasse
ワラセク Walasek
ワラチ Wallach
ワラック Walach
ワーラッハ Wallach
ワラッハ Wallach
ワラディ Waradi
ワラテープ Warathep
ワラード Wallard
ワラド
Veled
Walad
Warad
ワラドアリ Ould Ali
ワラフ Vallah
ワラフリド Walafrid
ワラヤングル
Warayahgle
ワーランド Worland
ワラント Wallant
ワーリ Wahli
ワーリー
Wally
Whalley
ワリ
Valj*
Wali**
Wally
Wāti
ワリー
Valī
Walī
Wally
Waly
Whalley
ワリア
Walia*
Wallia
ワリアッチ Warriach
ワリー・ウッラー
Walīullāh
ワリーウッラー
Walī-allāh
ワリウッラー
Waliullah
ワリエヴィチ
Vasilievich
ワリオ Wario
ワリオー Walior
ワリオニス Valionis
ワーリス Wāris
ワリス
Walis
Wallis
Waris*
Warith
ワリソン Wallison
ワーリック Worick*
ワーリッチャ Waricha
ワーリッツァー
Wurlitzer
ワーリッヒ Werlich
ワーリド Walid
ワリード
Waleed
Walid**
Walīd
ワリードー Walīd
ワリド Walid*
ワリドゥ Walidou
ワリナー
Wariner
Warinner
Warriner
ワリニー Varigny
ワリニャーニ
Valignano
ワリーヌ Waline
ワリハーノフ
Wälikhanov
ワリハノフ
Wälikhanov
ワリフ Warif
ワリベルフ Valberkh
ワリモン Warlimont
ワーリン
Wallin
Werlin
ワリーン
Oualline
Wallin
ワリン Wallin
ワーリング Waring*
ワリンスキー
Walinsky
ワリントン
Wallington
Warington
ワール
Waal
Wahl
Wuhl
ワルア Walua
ワルイ Warui
ワルインジ Waruinge
ワルーエフ Valuev*
ワルガ Varga*
ワルガシュキン
Vargashkin
ワルガフチク
Vargaftik
ワルグラーヴ
Walgrave
ワルゲンヒューラー
Wargenhuler
ワルケン・ホースト
Walkenhorst
ワルケンホースト
Walkenhorst
ワルケンホルス
Walkenhorst
ワルケンホルスト
Walkenhorst
ワルゴッキ Wargocki
ワルサー
Walser
Walther*
ワルザー Walser**
ワルサメ
Warsame
Warsameh
ワルジーナ Waljinah
ワルシャウスキー
Warschawski*
Warshawski
Warshawsky
ワルシャフスキ
Varshavskii
ワルシャフスキー
Varshavskii
Warshavsky
ワルシュ
Walch
Walsh
ワルショウ Warshaw
ワルショフスキー
Warshofsky
ワールス Waals*
ワルス Walz*
ワルスィン Wulsin
ワールストロム
Wahlstrom
ワルストン Wallston
ワルスワス Walsworth
ワールセイ Worlsey
ワルゼラシビリ
Vardzelashvili
ワールダー Warder
ワルタ
Walter
Wartha
ワルター
Walter***
Walters
Walther***
ワルダ Warda
ワルダー Walder
ワルダイエル
Waldeyer
ワルダイヤー
Waldeyer
ワルダク Wardak
ワルタース Walters
ワルダス Valdas**
ワルタースハウゼン
Waltershausen
ワルダーゼー
Waldersee
ワルダナ Wardhana
ワルタニャン
Vartanian
ワルダニャン
Vardanian
Vardanyan
ワルタリ Waltari*
ワルタル Walter
ワルダン Vardan

ワ

ワルチケビッチ
Walczykiewicz
ワルチン Valtin
ワルチンスキー
Wallechinsky*
ワルツ
Waltz*
Walz*
ワルツァー Walzer
ワルツェル
Waltzel
Walzel
ワルツマン Wartzman
ワルデ
Walde
Wardeh
ワルディ
Wardi
Wardī
ワルディー Wardī
ワルディール Waldyr
ワルデック Waldeck**
ワルデトルーディス
Waldetrudis
ワルデナール
Wardenaar
ワルデマー
Waldemar*
Woldemar
ワルデマアル
Waldemar
ワルデマール
Valdemar
Waldemar***
ワルデマル
Waldemar**
ワルテール Walter
ワルテル
Walter***
Wálter
Walther
ワルデルゼー
Waldersee
ワルテルフェルナンド
Walter Fernando
ワルテレズ Varteres*
ワルデン
Waerden
Walden*
ワルデンブルク
Waldenburg
ワルテンベルク
Wartenberg
ワールト Waart*
ワールド
Wald
Wrld
ワルト
Wald
Waldo
Walt
ワルド
Wald
Waldo**
Walide
Ward
Warde
Wold
ワルドー Waldo
ワルドゥス
Waldo
Waldus
ワルドォ Waldo
ワルトシュミット
Waldschmidt
ワルトゼーミュラー
Waldseemüller
ワルトトイフェル
Waldteufel
ワルトナー Waldner
ワルドナー Waldner*
ワルトハイム
Waldheim**
ワルドバウアー
Waldbauer
ワールドピース
World Peace
Worldpeace
ワルドビュッサー
Waldbusser
ワルトブルク
Wartburg
ワルドベルグ
Waldberg*
ワルドホーセン
Waldhausen
ワルドマン
Waldmann
ワルトミュラー
Waldmüller
ワルトラウト
Waltraud*
Wartraud
ワルトラムス
Waltramus
ワルドル Wardle
ワルトルタ Valtorta
ワールドロップ
Waldrop*
ワルドロン Waldron
ワルトン Walton*
ワルナース Warners
ワルナッハ Warnach
ワルネー Warunee
ワルネッケ Warnecke
ワルネファー
Wallnöfer
ワルノー Warnod
ワルパ Huallpa
ワールバーグ
Wahlberg
ワルバーグ Walberg
ワルビタ Walubita
ワルヒホファー
Walchhofer
ワルヒャ Walcha
ワルフ Wale
ワルブ Walb
ワルフォード Walford
ワルフォロメイ
Varfolomei
ワルフガング
Wolfgang
ワルフホド Walford
ワルブルガ Walburga
ワールブルク
Warburg*
ワールブルグ Warburg
ワルブールド
Walvoord*
ワールブルヒ Warburg
ワルヘル Walcher
ワールベルク
Wahlberg
ワールベルグ Walberg
ワルベルク Wallberg
ワルヘンティン
Wargentin
ワールポラ Walpola
ワルポール Walpole
ワルマー Walmer
ワールマン Warman*
ワルマン Wallman
ワルミキ Valmiki
ワルミング Warming
ワルムズ Warmuz
ワルモ Walmo
ワルヤティ Walujati*
ワルヨー Walujo
ワルラ Walras
ワルラァス Walras
ワルラス Walras*
ワルラッハ Wallach
ワルラハ Wallach
ワルラフ Wallraff
ワルラーム Varlám
ワルラム Varlam
ワルレイ Varley
ワルレス
Wallace
Walles
ワルレン Warren
ワルロ Varro
ワルワ Walwa
ワルワーラ
Barbara
Varvara*
ワルワラ Varvara*
ワルンケ Warnke
ワーレ
Väre
Waare
Wahle
Werle
ワレ
Wale
Walle
Ware
Wulle
ワーレイ
Warley
Worley
ワレイ Whalley
ワーレイン Werlein
ワレウスカ Walewska
ワレーザー Walleser
ワレサ
Walesa*
Wałesa
Wałęsa
ワーレス Wallace
ワレース Wallace
ワレス Wallace*
ワレスタ Waleska
ワレッカ Walecka
ワレック Walleck
ワレット
Oualett
Walett
ワレニウス Varenius
ワレフスカ Walevska*
ワーレム Wallemme
ワレーリ Valerii
ワレーリー
Valeri
Valerii*
Valérii
Valery*
Valirij
ワレリー
Valeri*
Valerii***
Valeriĭ
Valeriu
Valeriy*
Valery**
ワレリア
Valeria
Valeriia
Valeriya
ワレリアノヴィチ
Valeriánovich
ワレリアン
Valerian*
Valerián
Valeriian
ワレーリイ Valerii
ワレリイ
Valerii
Valery
ワレリウス Valerius
ワレリマーノヴナ
Valerianovna
ワレーリヤ
Valeriia
Valeriya*
Valériya
ワレリヤ Valeriya
ワーレルー Wareru
ワレル Wareru
ワレーワ Valeeva
ワーレン
Warenne
Warren*
Whalen
ワレン
Walen
Wallen
Warren*
Whalen
ワレンサ Walesa
ワレンシュタイン
Wallenstein
ワレンシユタイン
Wallenstein
ワレンシュテイン
Walenstein
ワレンダ Wallenda
ワレンチーナ
Valentina
ワレンチナ
Valentina**
ワレンチノヴィチ
Valentinovich
ワレンチン
Valentin***
Valentín
ワレンティナ
Valentina*
ワレンティン
Valentin*
Wallentin
ワレンニコフ
Varennikov*
ワレンバーグ
Wallenberg
ワレンベリ
Wallenberg
ワレンベルク
Wallenberg
ワレンベルグ
Wallenberg
ワーロー Warlow
ワロー Wallot
ワロア Valova
ワロキエ Waroquier
ワロジォーワ
Vorontsova
ワーロック
Warlock
Worlock*
ワロワ Valova
ワロン Wallon**
ワロンカー Waronker
ワロンツォーワ
Vorontsova
ワワ Wawa
ワーワース Werwath
ワワラグ Wawalag
ワーン
Waln
Warne
Wearne
Wern
Worne
ワン
Hwang
ONE
Vang
Wan***
Wane
Wang***
Wann*
Wong*
ワンヴィール Wanveer
ワンカ Wanka
ワンガー Wanger
ワンガェーオ
Wun'gaeo
ワンガオ Wangao
ワンガニンブロトゥ
Waqaniburotu
ワンガリ Wangari**
ワンカール Wankar
ワンカン Wang Khan
ワンギェル
Dbang rgyal
Dbań-rgyal
Wangyal*
ワンギュ
Wan-gyu*
Wan-kyoo
Wan-Kyu

ワンギョン
Wan-gyong
ワンギラ Wangila
ワンク Wank*
ワング
One-Koo
Wang*
Wan-gu
Wangu*
Wan-koo*
ワングイ Wangui
ワンクリン Wanklyn
ワンケ Wanke***
ワンゲ Wangue
ワンゲーオ Wun'gaeo
ワンゲオ Wun'gaeo
ワンゲリ Vangeli
ワンゲリン Wangerin*
ワンゲンスティーン
Wangensteen
ワンゲンレーナー
Wangenlehner
ワンサン Wan-sang
ワンジェリン
Wangerin*
ワンジェル Wandjel
ワンジュ Wan-Joh
ワンジュガ Wanjuga
ワンジュナイディ
Wan Junaidi
ワンジラ Wanjira*
ワンジル Wanjiru**
ワンジロ Wanjiru
ワンシン Wan-xin
ワンシンク Wansink
ワーンズ Warnes*
ワンス Wan-su
ワンズ Wanz
ワンズガンス
Wambsganss
ワンスシェール
Wanscher
ワンストラス
Wanstrath
ワンセル Wansell
ワンソ Wan-so*
ワンソク Wang-suk
ワンソプ Wan-seop
ワンダ
Vand
Vanda
Wanda***
ワンダー
Wander*
Wangda
Wonder***
ワンダコラソン
Wanda Corazon
ワンダースマン
Wandersman
ワンダーズマン
Wandersman
ワンダフル Wonderful
ワンダーマン
Wunderman
ワンタヤコーン
Waithayakon
ワンダラー Wanderer
ワンダラグ Wandrag
ワンダーリ Wunderle
ワンダーリック
Wunderlich*
ワンダレイ Wanderley
ワンチ Wunsch
ワンチー Wan-qi
ワンチコワ
Vanchikova
ワンチャイ Vanchai
ワンチューク
Wangchuck
ワンチュク
Dbang phyug
Wangchuck**
Wangchuk*
ワンチュック
Wangchuck
ワンチョペ
Wanchope*
ワンツァン
Wan-chang
ワンツェル Wantzel
ワンデ
Ouande
Wende
ワンディ
Wandee
Wandy
Wangdi
ワンディー Wandee**
ワンディサ Wandisa
ワンディラ Wandira
ワンデマル Waldemar
ワンデル Wandell
ワンデルシェック
Wanderscheck
ワンデンブルグ
Waldenburg
ワント Wand
ワントー Wan-tho
ワンドウェルト
Vandevelde
ワントケ Wandtke
ワーントフト
Werntoft
ワンドレイ Wandrei
ワンドレス Wandres
ワンナ Wanna
ワンニアラッチ
Wanniarachchi
ワンニェン Wan-nian
ワンバック
Wambach**
ワンヒ Wan-hee
ワンブイ Wambui
ワンプラー Wampler*
ワンブリ Wanbli
ワンベルト Wamberto
ワンポ
Dbang po
Dban po
ワンボイ Wambui
ワンボゴ Wambogo
ワンムハマド
Wan Muhamad
ワンモ Wangmo
ワンヤン Wang-yang
ワンラヤーンクーン
Wallayangkul
Warayahgle
ワンリー
Wanglee
Wangli
ワンリポードム
Vallibhotama
Wanliphodom
ワンレス Wanless

【ン】

ン Ng*
ンァオクラチャン
Ngaokrachang
ンヴォヴォ Mvovo
ンォ Ngo
ンガイ Ngai
ンガイオ Ngaio
ンガタ Ngata
ンガベヒ Ngabehi
ンガム Ngam
ンガリオ Ngailo
ンガワン Ngag dbang
ンガンガ Nganga
ンガングラ Ngangura
ング Ng*
ングイ Nguy
ングウェニア
Ngwenya
ングーギ Ngugi
ングギ Ngũgĩ
ングバネ Ngubane
ングルーベ Ngulube
ンクルマ Nkrumah
ンクルンジザ
Nkurunziza
ングンザ Ngunza
ンゲッサン N'guessan
ンケティア Nketia*
ンゲマ Ngema*
ンケムディック
Nkemdiche
ンゲームンガーム
Ngemngam
ンゲラ Qera
ンゴー Ngo
ンゴイ
Ngoi*
Ngoie
Ngoyi
ンゴエペ Ngoepe
ンコーシ Nkosi*
ンゴズィ Ngozi**
ンコモ Nkomo
ンジェンゲ Ndzengue
ンジキザワ Njikizawa
ンジャ Njaa
ンジャイ Ndiaye
ンジャブロ Njabulo*
ンジャミ Njami
ンジュジ Nzuji
ンジンガ Nzinga
ンゾ Nzo**
ンダリチャコ
Ndalichako
ンディアイ
NDiaye*
Ndiaye*
ンディオイ Ndiyoi
ンデゲオチェロ
Ndegeocello
ンデベレ Ndebele**
ンドゥカ Nduka
ンドゥジ Ndudi
ントゥトゥムエマヌ
Ntoutoume Emane
ンドゥール
Ndour
N'Dour*
ンドゥンダ Nduda
ントザケ Ntozake
ンドレ Ndre
ンドロ Ndoro
ンナウエ Nnauye
ンナカ Nneka
ンネディ Nnedi
ンペポ Mphepo
ンワーパ Nwapa*
ンワパ Nwapa

ン

最新 カタカナから引く 外国人名綴り方字典

2024年12月25日　第1刷発行

発 行 者／山下浩
編集・発行／日外アソシエーツ株式会社
〒140-0013 東京都品川区南大井6-16-16 鈴中ビル大森アネックス
電話（03）3763-5241（代表）FAX(03)3764-0845
URL　https://www.nichigai.co.jp/

電算漢字処理／日外アソシエーツ株式会社
印刷・製本／シナノ印刷株式会社

《中性紙北越淡クリームキンマリ使用》

ISBN978-4-8169-3033-1　　Printed in Japan,2024